HKEX
香港交易所

主席周松岗

香港交易所 —连接中国与环球市场的先行者

2017 年是香港交易所取得重大突破的一年，在推进战略规划以建设香港交易所成为全球领先、连接中国与全世界的多资产类别交易所上，取得显著成绩。不仅启动了近 25 年来最重大的一次上市制度改革，而且在年内成功推出债券通，将互联互通延伸至股票以外的领域，进一步提升了我们市场的竞争力，同时证券及衍生产品市场均刷新多项纪录，《2016-2018 战略规划》中许多目标也都一一实现。

沪深港通

2017 年，沪港通及深港通继续交投活跃。南北向成交量均显著增加，北向成交总额达人民币 22,660 亿元，较 2016 年增加 194%；南向成交总额达 22,590 亿元，增长 170%。当中，南向平均每日成交金额激增至近三倍达 98 亿元，在香港股票市场日均成交额中的占比已超过 5%。自沪深港通推出以来，截至 2017 年年底，内地和香港市场的净资金流入分别达人民币 3,480 亿元及 7,260 亿港元。

截至 2017 年 12 月 31 日，香港共有 2,118 家上市公司（主板：1,794 家，创业板：324 家），总市值达 339,988 亿港元，2017 年香港新上市公司数目也创历史新高，达 174 家。香港交易所旗下证券化衍生产品（衍生权证及牛熊证）的成交金额连续 11 年全球夺冠，2017 年，香港衍生权证成交额高达 30,077 亿港元，牛熊证成交额高达 11,892 亿港元。2017 年新上市的牛熊证及衍生权证的数目分别为 13235 只及 7989 只，分别打破 2015 年及 2010 年的纪录。2017 年全年期货及期权成交合约共 214,845,348 张，较 2016 年增加 14%。期权成交合约总数创 137,785,021 张历史新高，较 2016 年增加 32%。年末的未平仓合约为 11,155,770 张，高于去年年底的 9,296,110 张。

2017 年香港交易所附属公司伦敦金属交易所 L M E 总成交量录得 1.574 亿手（相当于 12.7 万亿美元及 35 亿吨金属），较 2016 年上升 0.5%。

证券市场

- 证券市场市价总值于 2017 年底为 34 万亿元，创下历史新高，按年上升 37%。
- 恒生指数于 2017 年底收市报 29919.15 点，较 2016 年底上升 36%。
- 2017 年的平均每日成交金额为 882 亿元，较 2016 年的 669 亿元上升 32%。
- 2017 年共有 21,224 只新上市结构性产品（衍生权证及牛熊证），为历史新高，并较 2016 年 13,771 只上升 54%。
- 2017 年有 174* 家新上市公司，较 2016 年的 126* 家上升 38%。
- 2017 年的总集资金额为 5,799 亿元，较 2016 年的 4,901 亿元上升 18%。
- 2017 年的交易所买卖基金平均每日成交金额为 43 亿元，较 2016 年的 41 亿元上升 5%。

* 包括由创业板转到主板的上市公司

www.hkex.com.hk
地址：香港中环港景街 1 号国际金融中心一期 12 楼
电话：+852 2522 1122　传真：+852 2295 3106
电邮：info@hkex.com.hk

互联互通市场迈向新里程碑

2017 年 6 月，MSCI 决定 2018 年将中国 A 股纳入其新兴市场指数及所有国家世界指数，肯定了沪深港通在开放内地股市方面的重要角色。国际投资者亦对投资中国 A 股及使用沪深港通的兴趣日浓。我们将继续与监管机构及内地交易及结算同业合作，丰富交易产品的种类，包括推出 ETF 通和进一步完善机制安排，譬如假期交易安排及北向交易的投资者识别系统。

集团行政总裁李小加

债券通

债券通北向交易于 2017 年 7 月 3 日成功推出，是互联互通市场计划又一重要里程碑。债券通是开放内地债券市场的一大突破，让更多不同的国际投资者得以经香港进入中国银行间债券市场。香港交易所并与中国外汇交易中心合资成立债券通有限公司，支援债券通相关交易服务、投资者教育及其他服务。自债券通推出以来，外国投资者在中国银行间债券市场本地债务证券的整体持有量已达人民币 11,470 亿元，较 2017 年 6 月 30 日升 36%。

2017 年 7 月 3 日，债券通正式开通

七家发行人在债券通开通仪式上共同举行了一级发债启动仪式。

2017 年 10 月 27 日，举行证券界聚会告别场内交易

衍生产品市场

- 2017 年的期货及期权平均每日成交量为 869,819 张合约，较 2016 年的 761,744 张上升 14%。
- 2017 年的股票期权平均每日成交量为 428,499 张合约，较 2016 年的 297,903 张上升 44%。
- 2017 年的人民币货币期货平均每日成交量为 3,025 张合约，较 2016 年的 2,206 张上升 37%。
- 2017 年 12 月 6 日，小型恒生指数期权的成交创下 19,094 张合约的历史新高。
- 2017 年 12 月 27 日，恒生中国企业指数期权的未平仓合约创下 3,465,052 张合约的历史新高。
- 2017 年 12 月 28 日，恒指股息点指数期货的未平仓合约创下 13,902 张合约的历史新高。

中国建设银行将恪尽职守，勤勉尽责，牢固树立“以客户为中心”的经营理念，不断加强风险管理和内部控制，严格履行托管人的各项职责，切实维护资产持有人的合法权益，为资产委托人提供高质量的托管服务。

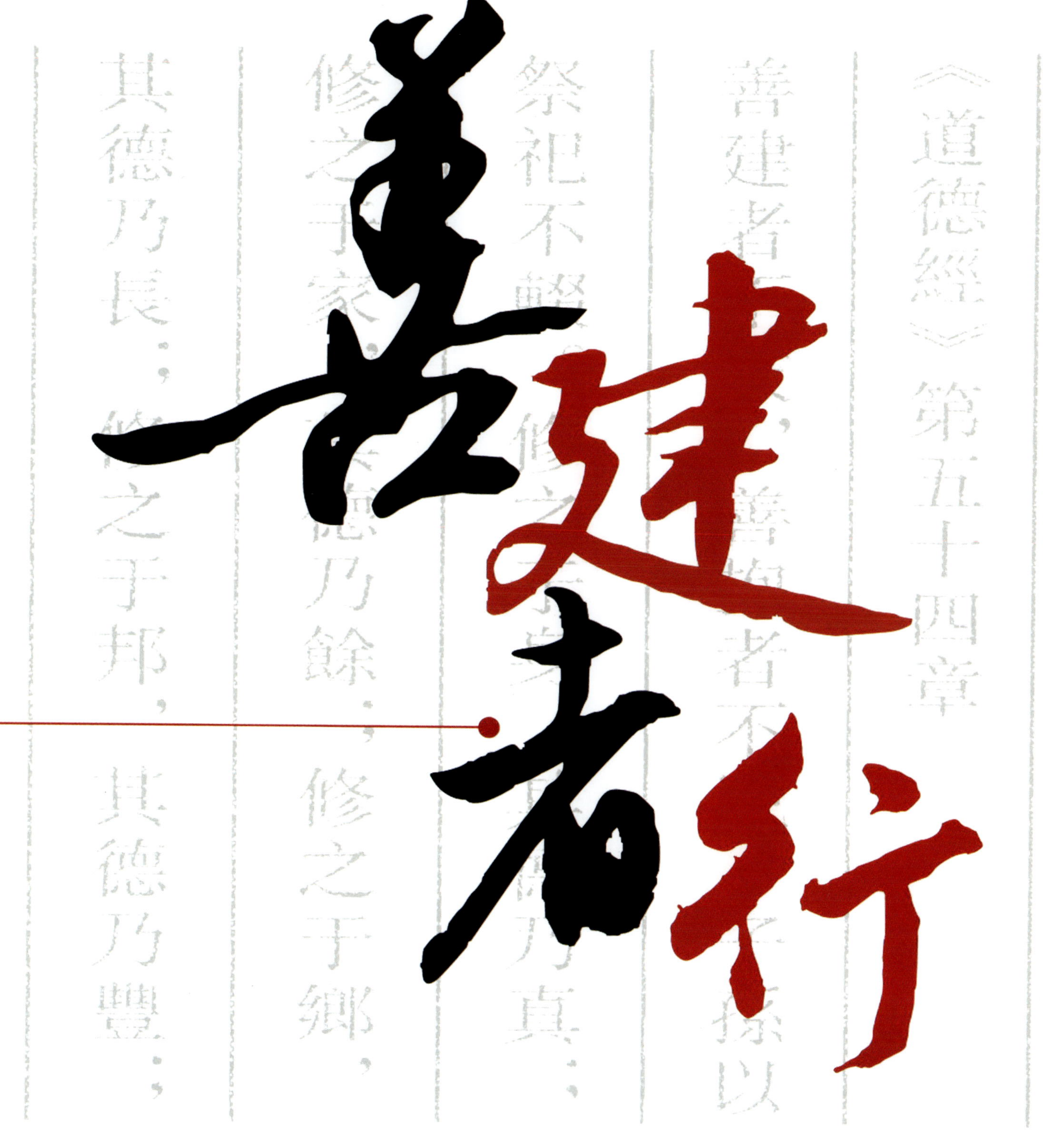

善建者不拔，善抱者不脱。——《道德经》

大行德广

ICBC 工银国际

共创 共赢 共发展

2017年5月13日，工银国际陪同工商银行易会满董事长会见沙特能源大臣兼沙特阿美公司董事会主席哈立德·法利赫、沙特财政大臣穆罕默德一行。

2017年8月24日，由中国国家发改委和沙特阿拉伯能源矿产资源部联合主办、中国工商银行承办的“中沙产能合作与投资论坛”在沙特吉达市举行，工银国际作为发言嘉宾出席。

2017年10月18日，工银国际组织集体观看十九大开幕式直播。

2017年10月19—20日，工银国际 清华大学五道口金融学院邀请，EMBA2016秋季班授课。

工银国际控股有限公司（“工银国际”）是中国工商银行股份有限公司（“工商银行”）在香港的全资子公司。

工银国际依托母行卓越的品牌、雄厚的资金实力、广泛的客户基础以及领先的金融产品，立足香港，面向世界，向广大海内外融资客户及投资者提供四大产品线服务：

（1）企业融资，提供股票保荐承销、增发配售、企业并购重组、财务顾问服务、债券发行承销等；（2）投资业务，投资范围覆盖资本市场、房地产，以及能源、消费、科技、环保等产业；（3）销售交易，覆盖港股、沪深港通A股、美股等多个市场的证券销售与交易，并提供期货等衍生产品服务；（4）资产管理，包括私募基金、第三方资产管理等。工银国际同时提供覆盖全球宏观经济、金融市场及热门行业的市场研究服务。

作为工商银行唯一的全资、全牌照境外企业融资平台，工银国际拥有高素质的国际化专业人才和管理团队，丰富的国际资本市场运作经验和业绩。公司成立至今，累计完成上百个企业融资项目，IPO项目募资总额逾1300亿美元。据Dealogic数据，工银国际是2017年在港中资投行全球IPO承销规模排名第一。2015年至2017年，工银国际助力母行获《财资》杂志评选为“中国最佳债券承销商”。

工银国际拥有一支兼具服务全球专业投资者丰富经验与独到视角的研究团队，提供覆盖宏观经济、资本市场，以及金融、消费、TMT、房地产、能源、医疗等热门行业的市场研究服务。2017年，工银国际研究团队荣获《机构投资者》评选为“机构投资者大中华最佳分析师团队”。

地址：香港中环花园道3号中国工商银行大厦37楼
电邮：info@icbci.com.hk
电话：+852-26833888
传真：+852-26833900
网址：www.icbci.com.hk

2017年10月26-27日，工银国际举办2017企业投资高端论坛。

2017年11月6日，工银国际出席香港中国企业协会举办的“中资企业与林郑月娥特首年度会晤”活动。

2017年11月30日，工银国际访问土耳其伊斯坦布尔市政府，与当地大型能源及金融企业、中资企业深入交流。

2018年2月7日，工银国际应邀出席香港中国企业协会举办的“2018新春酒会”。

企业融资

拥有丰富企业融资及顾问服务经验，依托工商银行的网络和资源，为客户量身定做最佳解决方案。

投资业务

资金实力雄厚，投资范围广阔，为企业高速发展提供充足动力，能灵活处理各行业大小规模资金需求。

销售交易

高效多渠道的交易平台，服务全球和大中华区的主权基金、大型企业、金融机构和高净值个人客户。

资产管理

熟悉中国市场，通晓国际金融规则，产品策略多元化，能满足全球机构客户个性化需求。

市场研究

研究团队在业界屡获殊荣，覆盖宏观经济、股票策略、固定收益，以及金融、能源、房地产、消费、科技、医疗等行业。

中原银行高层合影

中原银行股份有限公司（以下简称“中原银行”或“本行”）是河南省唯一一家省级法人银行，成立于 2014 年 12 月 23 日，总部设在河南省省会郑州市。截至 2017 年 6 月 30 日，中原银行在河南全省 18 个省辖市全部设立了分行，拥有营业网点 429 家；作为主发起人，在河南省内设有 9 家村镇银行和 1 家消费金融公司；2017 年 7 月 19 日，在香港联交所主板挂牌上市。

成立至今，中原银行始终秉承“稳健、创新、进取、高效”的核心价值观，以“稳健”为前提，将“创新”视为生存条件，把“进取”作为责任担当，依靠“高效”确保工作质量。倡导和坚持“以人为本，业绩导向”的经营理念，深入贯彻落实“传统业务做特色、创新业务找突破、未来银行求领先”三大战略发展方向，并在此基础上进一步布局“上网下乡”战略，顺应新时代的发展要求，探索数字化转型战略，不断拓展新的发展空间。

金融科技加速布局

本行坚持“科技立行、科技兴行”，把金融科技作为突破方向，积极探索数据银行、科技银行转型发展道路。一是夯实基础。在筹建之初即启动科技规划和数据大集中，历时 18 个月新建了一套满足商业银行经营管理需要、能够支持银行长远发展的基础骨干 IT 系统群，并实现 13 家分行新老系统切换，在业内创造了同步建设系统最多、整合时间最短的纪录，为实现全行业务的集约化运营管理奠定了基础。二是强化保障。在思想上，树立共识，明确科技是驱动业务发展的重要力量，依靠科技驱动，跟从市场导向，不断强化客户的中心地位，进一步提升客户体验和运营效率。在投入上，科技经费逐年增加，科技基础设施建设稳步实施。在郑州、上海搭建了数据和容灾备份“两地三中心”，2017 年成功进行两次业务连续性演练核心业务系统容灾切换演练，为河南省内城商行首例。同时，占地面积 55 亩、建设面积 16 万平方米的科技中心建设正在加快推进。三是加强研发。启动大数据平台建设，明晰了风险控制、精准营销、客户画像、精细化管理等开发方向，与华为、清华大学等联合开展大数据联合应用创新、区块链技术等研究。四是创新应用。手机银行不断迭代更新，部分功能处于行业领先。直销银行、信用卡、消费金融等领域充分运用大数据、人工智能等技术，实现业务在线申请、自动审批。在业内创新住房抵押个人贷款新模式，开发线上金融产品“永续贷”，获得中国金融行业最佳创新项目奖。

股票简称：中原银行　股票代码：1216.HK

www.zybank.com.cn

中原银行总行办公大楼

2017 年 7 月 19 日，河南省政协副主席史济春（左）和中原银行董事长窦荣兴（右）在香港证交所为中原银行鸣锣上市

2017 年 6 月 29 日，中原银行召开香港上市路演新闻发布会现场

中原银行大事记

- 2014 年 12 月，本行在中国河南省郑州市正式成立；
- 2015 年 3 月，本行与河南省濮阳市政府签署首个战略合作协议；
- 2015 年 12 月，本行注册资本增资扩股 1,204,459,259 股内资股，实缴资本达到人民币 16,625,000,000 元。
- 2016 年 7 月，以 2015 年 12 月 31 日的一级资本计，本行在《银行家》于 2016 年公布的“全球 1000 家大银行”中位居第 210 位，即在上榜国内所有商业银行中位居第 31 位，并在上榜国内所有城市商业银行中位居第 9 位。
- 2016 年 8 月，本行在河南省首批惠农支付服务点开业。
- 2016 年 10 月，本行首款线上房产抵押贷款产品——“永续贷”上线，获《金融电子化》授予“2016 年度金融行业产品创新突出贡献奖”。
- 2016 年 11 月，本行洛阳分行正式开业，标志着本行实现河南省 18 个省辖市全覆盖。
- 2017 年 2 月，本行与格莱珉普惠金融与精准扶贫国际合作项目签约。
- 2017 年 7 月，本行在香港联合交易所主板上市。

关于中金

中国国际金融股份有限公司（中金或“公司”，3908.HK）是中国首家中外合资投资银行。凭借率先采纳国际最佳实践以及深厚的专业知识，我们完成了众多开创先河的交易，并深度参与中国经济改革和发展，与客户共同成长。我们的目标是成为一家具有全球影响力的世界级金融机构。

自1995年成立以来，中金一直致力于为客户提供高质量金融增值服务，建立了以研究为基础，投资银行、股票业务、固定收益、财富管理和投资管理全方位发展的业务结构。凭借深厚的经济、行业、法律法规等专业知识和优质的客户服务，中金在海内外媒体评选中屡获“中国最佳投资银行”“最佳销售服务团队”“最具影响力研究机构”等殊荣。

中金一直以高标准开展业务，并始终坚守以下核心价值：以人为本，以国为怀，勤奋专业，积极进取，客户至上，至诚至信，植根中国，融通世界。

2015年，中金在香港联交所主板成功挂牌上市。2017年，中金与中国中投证券有限责任公司（中投证券）的战略重组完成，中投证券成为中金的全资子公司。本次交易使公司规模显著扩大，综合实力进一步提升，将实现对大、中小企业及机构、个人客户更为深度的覆盖，构建更为均衡的一、二级市场业务结构。

中金总部设在北京，在境内设有多家子公司，在上海和深圳等地设有分公司，在中国大陆28个省、直辖市拥有200多个营业网点。公司亦积极开拓海外市场，在香港、纽约、新加坡、伦敦、旧金山五个国际金融中心设有分支机构。凭借广泛的业务网络及杰出的跨境能力，中金能够为客户提供全方位的金融服务。

秉承“植根中国，融通世界”的理念，通过境内外业务的无缝对接，中金将持续为客户提供一流的金融服务，协助客户实现其战略发展目标。

投资银行 | 股票业务 | 固定收益 | 财富管理 | 投资管理 | 研究

中国内地 · 香港 · 纽约 · 新加坡 · 伦敦 · 旧金山

2015年 中国国际金融股份有限公司在香港联交所主板挂牌上市

2017年 中金与哈萨克斯坦阿斯塔纳国际金融中心签署合作备忘录

2018年 中金与其美国子公司金瑞基金（Krane-Shares）在纽约证券交易所举办"一带一路"峰会，同时庆祝带路ETF在纽交所上市

2017年 中金香港成立二十周年志庆

2017年 中金公司在安徽省岳西县设立贫困家庭子女助学专项基金

2016年 中金与湖南省古丈县人民政府签署结对帮扶战略合作协议

股票简称：甘肃银行
股票代码：02139.HK

特色立行 行稳致远

2017年12月29日中午，管理层出席IPO大型投资者推介会

2017年12月29日下午，举行IPO新闻发布会

2018年1月18日，高级管理层在上市仪式上合影留念

基本概况

甘肃银行股份有限公司（“甘肃银行”）是经中国银行业监督管理委员会批准，通过合并重组原平凉市商业银行和原白银市商业银行，联合其他发起人共同设立的，由甘肃省政府直接管理的唯一一家省级法人股份制商业银行。2011年11月19日正式挂牌开业，成立之初注册资本34.86亿元，资产总额69.81亿元，一般性存款余额54.75亿元，各项贷款余额37.78亿元；下辖总行营业部以及平凉分行、白银分行两家一级分行，共有营业网点41家、616人。

截至2017年末，资产总额2711.48亿元，负债总额2545.35亿元，一般性存款余额1922.31亿元，贷款余额1302.84亿元，2018年1月18日成功在香港联交所主板挂牌上市，成为西北地区首家上市的商业银行。根据英国《银行家》杂志的统计，以2017年末一级资本计，本行甘肃银行位于全球银行1000强第391位。

荣誉奖项

自2011年成立至今甘肃银行5次获得“省长金融奖”，4次获得全省脱贫攻坚“民心奖”，先后被《银行家》杂志评为“老百姓最喜欢的城市商业银行”，被金融时报社授予“十佳城商银行”、“十佳精准扶贫银行”荣誉称号。多次获得中国人民银行《金融电子化》杂志“金融科技创新突出贡献奖”，中国银监会“银行业信息科技风险课题研究三类成果奖”，中国人民银行兰州中心支行“全省反洗钱考核A类行”。2017年先后获得中国金融认证中心（CFCA）“2017年直销银行创新应用奖”、中央国债登记结算有限公司“2017年度中债优秀成员--优秀自营机构奖”“2017年度中债优秀成员--优秀发行机构奖”、中国计算机用户协会数据中心“2017年度中国优秀数据中心”“2017年度中国数据中心优秀项目管理团队奖”等。

2011年11月19日，甘肃银行正式挂牌成立

2013年10月22日，甘肃银行成立以来新设首家分行—庆阳分行正式揭牌运营

2017年10月29日，甘肃银行新一代核心银行系统成功投产切换成功

2016年12月18日，甘肃银行搬入新办公楼

2018年1月18日，甘肃银行在香港联交所主板成功上市

甘肃银行在定西市举行精准扶贫专项贷款发放仪式

2014年5月15日，甘肃银行员工在兰州市开展“打击和防范经济犯罪”宣传活动

2016年9月20日，在首届丝绸之路(敦煌)国际文化博览会上，甘肃银行主办的世界精品油画展开馆迎客

社会责任

甘肃银行自成立以来，始终秉持“普惠金融，扶贫济困，关心公益，回馈社会”的社会责任理念，热心社会公益事业和扶危济困，积极参加社会公益活动，崇德尚善，奉献爱心，六年来，已经累计为全省各类公益事业捐资超过3300万元，以实际行动践行了一家国有企业的责任和担当。扎实开展对口帮扶工作。从基础设施建设、村中道路建设、受损道路修复、群众饮水、危房改造、易地扶贫搬迁等亟待解决的问题入手，出资738万元、协调228万元为帮扶点东乡县龙泉乡中岭村、那楞沟村和大树乡米家村、郑家村、南阳洼村修建道路、自来水，建成文化广场、农家书屋，建设生态林、经济林等民生工程。为联系村量身定制“富民贷”“餐饮贷”信贷产品，发展养羊和餐饮产业，已分别投放贷款1142万元、967万元。着力做好精准扶贫。向定西市6县1区累计发放精准扶贫贷款65.95亿元，惠及建档立卡贫困户14.66万户。围绕“担保难”，积极探索推行农村土地承包经营权抵押、农机具抵押、林权抵押、多户联保、“公司+农户”担保等多种担保方式，致力于提升涉农客户贷款可得率。

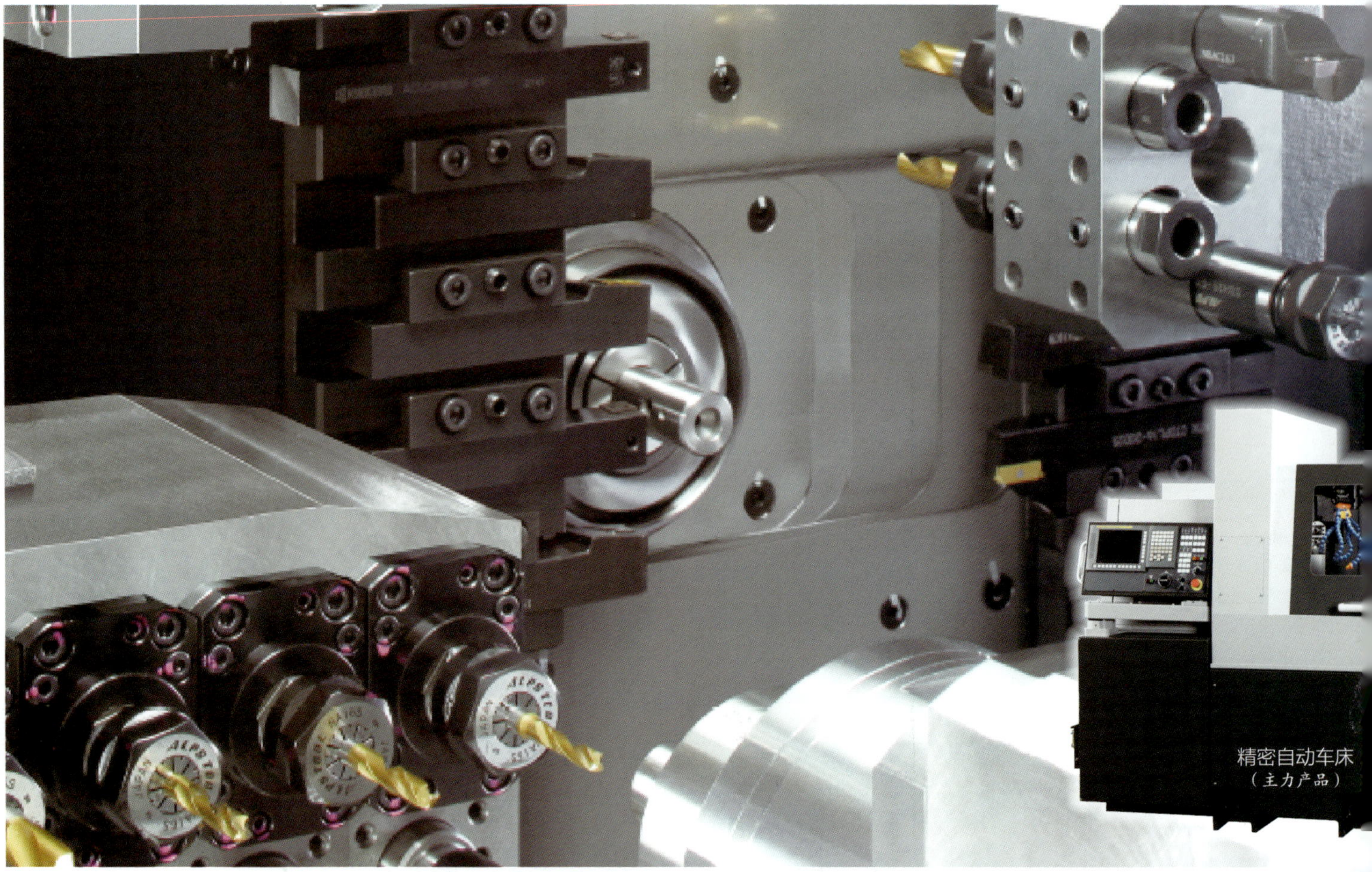

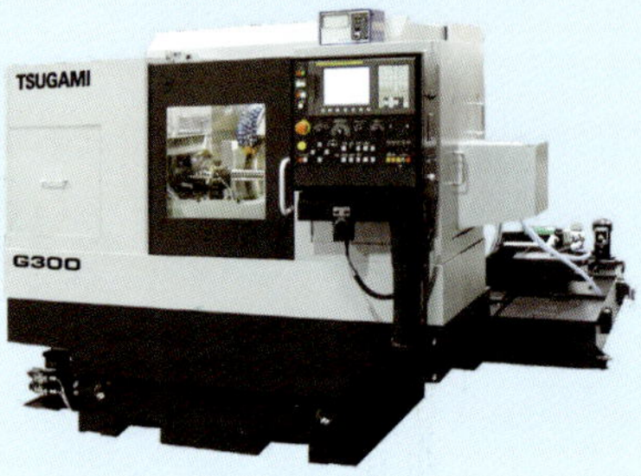

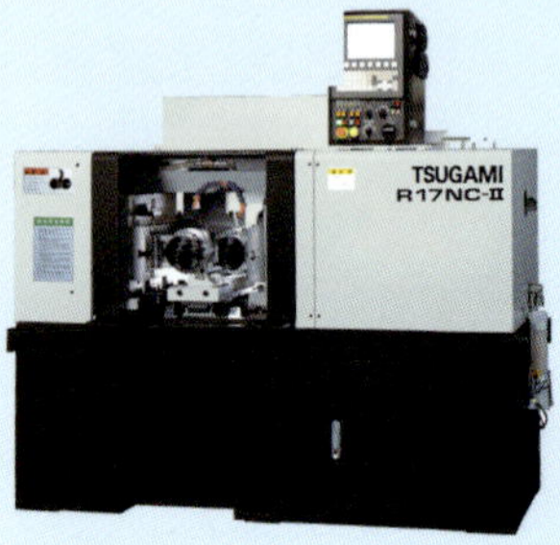

成功登陆香港资本市场

市占率居行业前四　股东背景实力雄厚
技术优势领先同业　未来市场潜力无限

集团行政总裁兼执行董事唐东雷博士阐述公司未来发展潜力

唐东雷博士（左）及中共平湖市委书记祁海龙先生（右）于联交所内敲响铜锣

津上精密机床（中国）有限公司管理层参加集团于联交所之上市仪式

津上精密机床（中国）有限公司为中国历史悠久的外资数控高精密机床制造商，于2017年9月25日于香港联合交易所成功上市。集团主要从事一系列TSUGAMI品牌数控高精密机床的制造及销售，为客户提供按照标准化设计及规格制造的数控高精密机床，亦可提供机床解决方案，并就数控高精密机床作出各种规格或订制。根据弗若斯特沙利文资料，于2016年，集团以收入计在中国数控高精密机床行业位居第四，在中国精密自动车床市场位居第一，所占市场份额约为34.8%。

日本领先技术　结合国内强大订制及生产实力

源自日本津上，集团目前制造及销售TSUGAMI品牌数控高精密机床，TSUGAMI品牌一直深受从事各个行业（包括IT及电子产品、汽车、医疗器材、气动部件制造及工程机械）制造商的广泛认可。凭借多年来所累积丰富的行业专业知识及品牌声誉，加上其订制及开发能力及严格的品质监控，集团已于中国数控高精密机床行业取得领先地位及维持稳定忠诚的客户群。

集团的数控高精密机床可划分为五大产品类别，即精密自动车床、精密刀塔车床、精密加工中心、精密磨床及精密滚丝机。集团于中国拥有完善的销售网络及强劲的客户基础，同时拥有先进的生产技术、强大的订制及开发实力、严谨的生产过程及质量监控。集团自2011年起已获得ISO 9001认证，在中国现已取得68项注册专利及6项注册版权。

管理团队经验丰富　带领集团屡获殊荣

作为中国最大的外资数控高精密机床制造商，集团拥有一支经验丰富的管理团队，在引领集团营运及发展策略中担当重要角色。在管理团队的卓越领导下，集团在市场上屡获殊荣：2015年获浙江省安全生产监督管理局颁发“安全生产标准化二级企业(机械)”称号；集团已连续多年获得平湖市人民政府颁发的“明星企业”称号，2017年获平湖市“功勋企业”称号、嘉兴市“十佳外资企业”称号。

蓄势待发　把握未来增长机遇

根据弗若斯特沙利文资料，未来十～二十年，中国市场将迎来高端数控机床的持续快速成长。最近三～五年，汽车行业的技术转型及环保要求的提高，以及IT电子产品的创新发展，为集团提供了发展机遇。集团设立十三年，已经成为中国数控机床的最大外资企业，在市场中占据了领先地位。集团将全力扩大和加强销售网络，不断投入新产品，进一步加强开发和制造能力，力争取得更大的市场份额。

回顾国元国际从成立至今的十二年，从无到有，从小到大，从单一的经纪型券商逐步向全功能型现代投行转型，每一步的决策都彰显着公司领导的独具慧眼，每一步的迈进都浸透着国元人的辛勤汗水，每一步的成长都展现出国元人的锐意进取。

逆市起航 开辟新版图

2006年，在香港鸿运、大发、永业等本地证券行相继倒闭，不少中小型券商大叹“生意难做”之际，国元证券却反其道而行之，抢占先机，果断创建国元证券（香港），使之成为经中国证监会批准的首家在港开业的内地券商，开启了国元证券国际化的新征程。在公司创建之时，国元证券董事长蔡咏接受香港明报记者采访时表示：“境外机构要进来（中国），同时国元也要走出去，香港是国际金融中心，同时跨越国际国内市场，是走向国际化最好的桥头堡。香港市场大，透过特定的（内地）客户定可找到一席之地。” 公司领导视野广阔，眼光独到。记者慨叹：有人辞官归故里，有人漏夜赶科场。(明报2006.09.06《内地首家券商循正途攻港》)

国元证券（香港）作为母公司国际化进程中的桥头堡，成立初期选择相对稳健的经营策略，先从自身熟悉的领域入手，先经纪、后投行；先零售，后机构；从无到有、从小到大，先后设立了证券经纪、资产管理、期货经纪、企业融资等专业子公司,目前已持有香港证监会第1、2、4、5、6、9号牌照及放债人牌照，全面开展投资银行、环球证券与期货经纪、资产管理、固定收益、结构性融资、自营等业务。凭借香港国际金融中心的区域优势，依托母公司境内广泛的销售网络和丰富的客户资源，国元证券（香港）逐渐建立起海外业务平台，完善了集团化和国际化布局，实现了全牌照经营，各项业务蓬勃发展，成为国元证券全球化的一个良好开端。

迎难而上 构建新格局

香港作为全球知名的国际金融中心之一，因其市场化的经济体系和规范化的法律体系，汇聚了大量来自世界各地的资金资本，也吸引了许多国际金融机构在香港布局。高盛、摩根、美林、瑞银等欧美跨国大行在香港市场占据着领先地位，中资券商作为参与者之一，前期因客户基础薄弱、专业人才短缺和产品服务单一只能在这高度开放、竞争激烈的市场边缘夹缝求生。如何在这大鳄繁多、强手如林的市场争得一席之地?

思路决定出路。设立初期，面对上述激烈的竞争环境，国元证券（香港）深刻认识到要生存和壮大，必须找到一条适合自己的差异化发展路径——致力于成为中资概念上市公司的价值发现者和合作伙伴。通过不断深化研究服务，强化研究时效性和持续性，深度挖掘中小市值成长性中资概念股的投资价值，契合了客户和市场的需求，建立了良好的研究品牌，吸引了内地大批的高净值个人客户和机构客户，为公司的发展奠定了良好的客户基础。

布局决定结局。业务单一、盈利过分依赖经纪业务是大部分内地券商在香港难以逾越的一道坎。在积累了一定的客户基础和品牌知名度后，国元证券（香港）谋划战略转型，全面推进可持续发展。2013年，公司开始实施多元化、全牌照经营战略，全面打造证券期货经纪、投资银行、资产管理等综合业务平台，为客户提供全方位的投融资服务，实现公司的稳健发展。公司在2014年10月取得了投行业务牌照，并取得初步成效，向国际化战略迈出了实质性的一步；大力推动本土化，建立香港经纪人团队，推动公司客户基础的扩展和多元化；积极探索固定收益、结构性融资等业务，拓宽业务领域并丰富产品种类；升级优化交易平台和信息管理平台，布局金融科技；以客户需求为导向，增强研究咨询的广度和深度，提升公司研究品牌，进而推动业务的开展。一年一小步，五年一大步，国元证券（香港）逐步建立起独特的发展模式，实现了从单一的经纪型券商向全功能型现代投行的历史跨越。

强基固本 再上新台阶

经过多年的快速发展，国元证券（香港）已全面完成多元化业务布局，面对国内投资者日益强烈的跨境多元化资产配置需求及国内企业日益旺盛的海外扩张投融资需求，唯有顺应行业发展趋势，多措并举，加快转型升级的步伐，着力提升核心竞争力，才能在国际化发展道路上行稳致远。

多方筹资保障实力。为应对香港市场激烈的竞争，2015年国元证券（香港）通过增加注册资本金来扩大公司业务规模，并全面提升母子公司战略协同，推进国际化战略的部署。同时公司通过中国银行、渣打银行等大型金融机构提供融资额度，为各项业务的开展提供充足的资金保障。

以人为本构建团队。只有选择精兵强将、拥有专业素质的人才队伍才能获取未来的长足发展。公司坚持把人才队伍建设摆在突出位置，成功引进了一批从业经验丰富的复合型专业人才，并不拘一格挖掘、培养内部人才，为进一步发展奠定了坚实的人才基础。与此同时，公司通过拓展训练、专业培训等团队建设活动，有效融合两地文化，培育特色企业文化，营造良好企业氛围，增强全体员工的归属感和凝聚力。

抢抓机遇乘势而上。随着中国经济的高速增长，国内高净值投资者的海外资产配置需求热切，中国企业海外扩张、投融资需求也日益增强，而沪港

地址：香港中环干诺道中3号中国建设银行大厦22楼
网址：http://www.gyzq.com.hk
电话：(852)-3769 6888
传真：(852)-3769 6999
服务热线：大陆 (86)-400-888-1313 或 香港 (852)-3769 6828

通、深港通的开通，开启两地资本市场的互联互通，同时也给中资券商带来巨大的市场机遇。公司建立“以客户为中心”的服务及销售理念，大力拓宽营销渠道，强化团队建设，着力提升服务水平，为客户提供全方位、多元化、一站式的综合金融服务，实现了托管资产、交易量、佣金收入、孖展规模等大幅增涨，市场占有率排名连年上升，跃居在港中资券商第二梯队前列。

深耕资管打造品牌。国元证券（香港）是首批获得RQFII资格的中资券商之一，随着国内资本市场的进一步开放，人民币国际化进程的进一步加速，海外资金投资中国股票、债券市场的需求也越来越大，公司通过大力拓展资产管理业务，RQFII累计获批额度达73亿，名列中资券商第二，资产管理规模最高时超过100亿港币，取得了一定的行业领先地位。

布局投行纵深推进。早在2013年公司成功参与徽商银行H股发行上市工作后，就开始申请机构融资牌照，同期开始组建投行团队，于2014年10月获香港证监会颁发第6号牌照（可担任保荐人），成为真正意义上的全牌照现代投资银行。公司逐步开展配售、财务顾问、IPO保荐、收购兼并顾问等服务。2017年8月，国元融资（香港）有限公司担任独家保荐人、联席账簿管理人及联席牵头经办人的高丰集团控股有限公司在香港主板成功上市（招股时获得472倍超额认购），此项目是公司投行业务重要的里程碑，体现了国元全方位的保荐服务能力与优异的销售能力；2018年4月，国元融资（香港）作为独家全球协调人、独家账簿管理人和独家牵头经办人成功为绿旗控股有限公司完成一笔总规模1亿美元的高级无抵押债券的公开发行，填补了公司在债券发行领域的空白。五年来累计完成IPO、债券发行、配售、财务顾问等项目近三十单,为公司的多元化发展拓展了新的领域，开辟了新的利润增长点，全牌照、多元化的综合经营优势逐步显现。

立足风控严守合规。在快速发展业务的同时，公司实施全面风险管理、构建合规风控体系，完善合规风控长效机制，强化全员合规风控意识，有效提升合规风控管理能力，让合规风控为公司各项业务保驾护航，实现业务发展与合规风控能力同步提升，动态平衡。

为进一步推进国际化进程，国元证券（香港）于2017年8月更名为国元国际控股有限公司，现已建立起金融控股的架构，业务转型初见成效，资产规模日益扩大，收入结构明显优化，经营业绩稳步提升，逐步确立了在香港中资券商中的优势地位，荣获港交所颁发“沪港通交易大奖”，腾讯网“最佳港股券商”大奖及“用户体验最佳”单项奖等。在为客户提供优质金融服务的同时，公司还主动履行企业社会责任，大力倡导公益文化，捐款捐物资助慈善机构，身体力行服务弱势群体，并荣获香港社会服务联社颁发『商界展关怀』殊荣，市场知名度和社会影响力显著提升。

谋篇布局 实现新突破

在多元化业务布局全面完成后，国元国际各项业务有序开展，经营业绩稳步提高。董事总经理王尔宏开始探索新的方向，创设性地提出要以投行的思维和前瞻的眼光去深度挖掘客户的需求和价值，并快速响应，为客户提供财富管理、股权融资、债权融资、财务顾问、兼并收购及业务撮合等全方位一站式的金融服务，与客户建立可持续的长期关系，成为客户的战略合作伙伴。

为了深度拓展业务的空间，经纪业务要从“通道”转向“入口”，围绕客户需求，多元化交叉销售，有序推进财富管理转型落地；资管业务是连接项目端和资金端的桥梁，要积极提升自身投研能力、产品创设能力和风险管理能力，完善产品线，推动资管业务的可持续发展；研究不仅要创造价值，还应主动挖掘上市公司投融资方面的需求，为其提供投行、资管等相关服务；同时资管、自营、经纪、结构性融资等业务又服务于投行，为投行业务的开展提供全面的配套服务。环环相扣，步步深入，真正做到大经纪、大资管、大投行，全面实现全牌照经营的协同，发挥规模效应，为客户提供一揽子产品和服务，真正实现公司与客户的互利共赢。

继往开来 谱写新篇章

多年来，经过经营管理层的精心布局和全体员工的不懈努力，国元国际经历了2008年金融风暴，2011年欧债危机及2015年股灾等重大考验，锻炼了队伍，完善了制度，建立了控股架构，真正实现了全牌照经营，取得了良好的经济效益和社会效益。国元国际在没有可以借鉴成功经验的前提下，努力探索出一条具有自身特色的发展之路，成为国内券商接轨国际资本市场的探索者，成为在港中资券商中具有一定知名度的先行者！

如今的国元国际，正站在再出发的新起点上，将进一步加快国际化发展步伐，搭建综合金融服务平台，加强境内外的协同合作，打造独特优势，掀开新的发展篇章，迎接更广阔的发展空间！

行业地位

★ 中国最早成立的评级机构之一，积累了丰富的信用数据和评级经验

★ 首批获得中国人民银行、国家发改委、中国证监会认可的评级机构

★ 中国评级方法数量最多的评级机构，行业评级方法对一级行业覆盖率达到100%

★ 中国率先走向国际市场并开展业务的评级机构之一

★ 作为唯一的非政府机构受邀参与中国人民银行《社会信用体系建设“十二五”规划》编制工作

分支机构

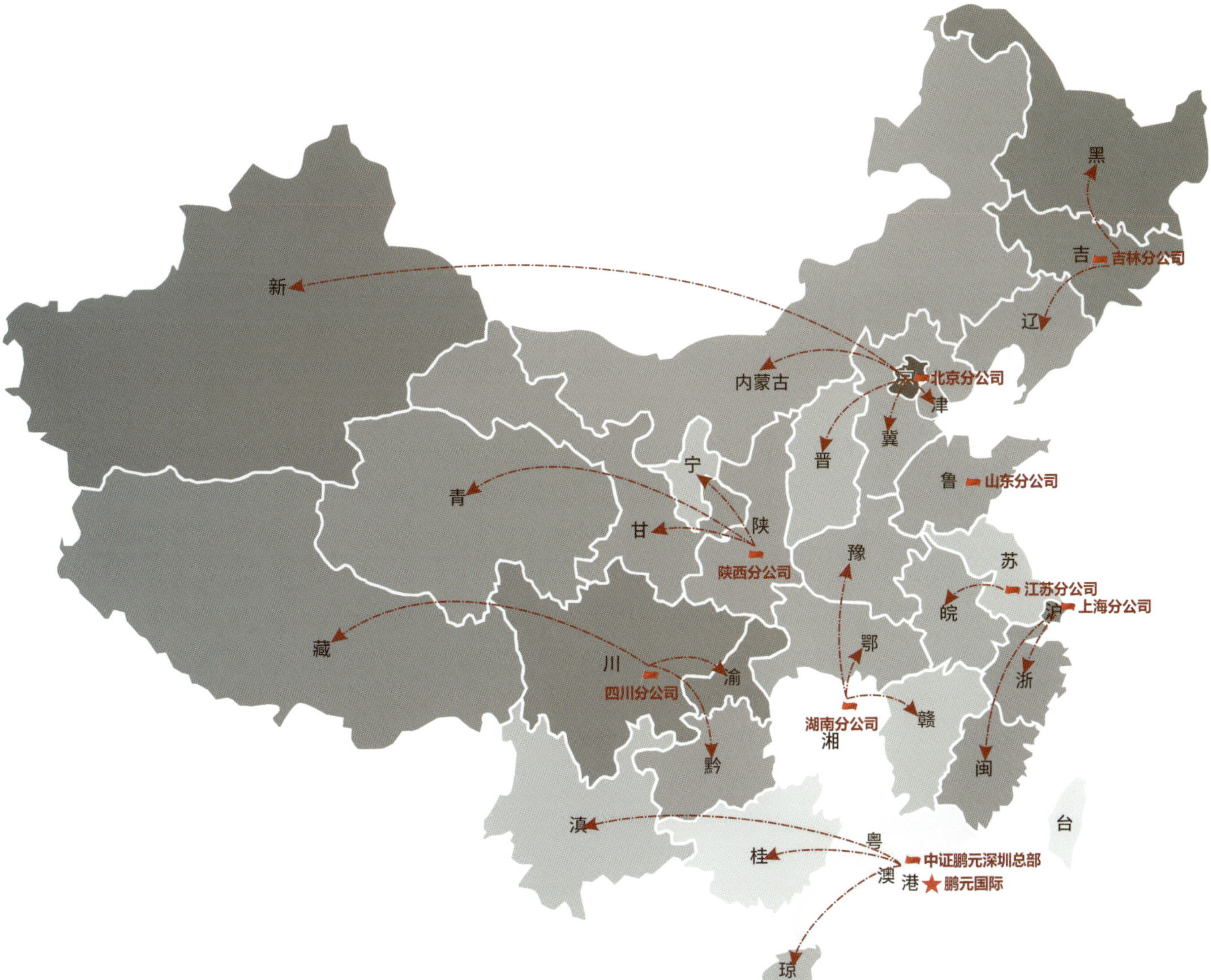

黑
吉 吉林分公司
辽
新
内蒙古
京 北京分公司
津
冀
晋
鲁 山东分公司
宁
青
甘
陕
陕西分公司
豫
苏
江苏分公司
沪 上海分公司
皖
藏
川
四川分公司
渝
鄂
浙
湖南分公司
湘
赣
黔
闽
台
滇
粤
桂
中证鹏元深圳总部
澳
港 ★ 鹏元国际
琼

地址：深圳市深南大道7008号阳光高尔夫大厦三楼
电话：0755-8287 2333　传真：0755-8287 2090
网址：www.cspengyuan.com

中车财务有限公司
CRRC FINANCE CO., LTD

地址：北京市丰台区芳城园一区15号楼附楼1-5楼
邮编：100078
电话：010-51897086
电邮：caiwugsb@crrcgc.cc
网址：www.crrcgc.cc

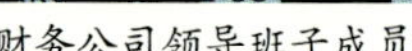

财务公司领导班子成员

财务公司BI建设启动大会

中车财务有限公司第一次工会会员大会合影留念

公司基本情况

中车财务有限公司是集团第一家持牌金融机构，由中国北车集团财务有限公司与南车财务有限公司按照对等合并原则组建而成，合并后公司于2017年1月18日正式更名为“中车财务有限公司”，注册资本22亿元，其中中车集团出资1.9008亿元，持股8.64%，中车股份出资20.0992亿元，持股91.36%。

经营概况

2017年，公司面对国内金融市场资金面持续偏紧，金融监管力度加大，公司运营模式发生重大改变，公司制度、业务、人员、文化加速融合的内外部经营形势，迎难而上，全年实现营业收入6.64亿元（净收入），较上年同期增长15.37%；实现净利润4.59亿元，较上年同期增长17.62%；不良资产率和不良贷款率为0；计提贷款损失一般准备1.66亿元，拨备充足；2017年日平均流动性比例为42.55%，年末流动性比例为81.12%，流动性情况良好。2017年末资本充足率13.61%。2017年，公司荣获集团“2017年度突出进步奖”。获评财协“A类”评级，其中资金集中管理能力、经营与服务水平、风险管理能力、盈利能力各项指标均获高分。

信贷业务

2017年，公司积极推进以自营贷款为核心的各类信贷服务，全面推进票据业务，大力拓展保函业务和贴现业务，业务规模和服务种类均取得快速发展，较好地发挥了金融平台作用。全年信贷投放最高值达180亿元，较2016年底增幅达20%，年末公司自营贷款余额140亿元。全年实现自营贷款利息收入和中间业务收入合计6.3亿元，比上年增加4400万元，增幅8%。

同业业务

2017年，公司存放同业业务收益及管理水平不断提升。全年实现存放同业定期日均规模48.02亿元，平均利率达4.47%，同业活期资金规模31.02亿元，平均利率达2.81%。年末时点同业定期余额205亿元，较去年同期增长74亿元，增长1.56倍。期末时点办理的同业定期存款平均利率5.88%，较去年年末的4.57%高出1.31个百分点。同业拆入低成本资金229亿元，平均利率2.85%,交易日均拆入额度5.7亿元。

票据业务

2017年全年为60余家成员单位累计开立约2000张50亿元承兑汇票，同时减免手续费和保证金为成员单位节约财务费用约1800万元。累计办理票据贴现4亿元，同比增加3.3亿元。2017年公司完成上海票交所系统切换和核心业务系统电票功能优化，持续推广财司电票，努力拓宽财司电票流转渠道，通过票据互认打通铁总财务公司开具的商票在集团和供应商范围内贴现融资路径。稳步推进票据池建设，确定集团票据池建设总体方案。

结算和资金集中

2017年，公司日均吸收存款规模222亿元（其中人民币为208亿元），较上年同期192亿元（其中人民币为191亿元）增长16%。年末时点吸收存款余额508亿元（其中人民币为488亿元，外币折合人民币20亿元），较上年同期352亿元增长44.32%，达到历史最高点；年末时点全口径资金集中度约69%，较上年同期64%增长约5个百分点。全年平均全口径资金集中度约52%，较上年同期45%增加7个百分点。

外汇业务

2017年公司结售汇业务步入良性发展轨道，共办理即期代客结售汇业务21笔，合计折美元15125万元，实现177.94万元的结售汇收益，同时也为成员单位节约汇兑成本约42.43万元。2017年，公司在原有五大外币币种的基础上新增新加坡元和澳大利亚元的开户、直连、归集和结汇业务。

财务公司“迎新杯”羽毛球比赛

“拥抱自然，携手同行”—2017年财务公司秋游活动

业务创新

2017年公司启动基于核心业务系统的移动互联平台建设，立足核心企业打造移动办公平台、票据管理平台、信息交互平台，为面向全产业链提供金融服务奠定基础。保函业务取得突破性进展，累计办理各类保函73笔15亿元。2017年，公司创新服务模式，组建项目团队，实地调研了解成员企业资金管理现状及存在的问题并为其提供金融服务咨询。

风险管理和内部控制

2017年公司在金融监管风暴下，完成了一系列强监管规定动作。与此同时扎实做好风险监测、监控工作，对流动性比率、资本充足率等关键监管指标进行持续跟踪，并建立预警机制；公司不良资产继续实现了“双0”目标（0不良资产余额和0不良资产比例）。此外，2017年在监管局指定内审、审计署项目自查以及巡视组审计过程中，公司积极配合审计工作，对发现的问题迅速核实、研究、整改。

财务管理

2017年，公司严格执行全面预算，分解下达内部分解指标并持续按月推进主要经营指标滚动预算；开展银行业各类日报表、月报表和金融市场信息披露；完善专业化板块的绩效考核指标体系设计方案；开展提质增效，开拓完成经营指标的内部激励方案的落地、预算细则的拟订；开展财资管理项目的专题研究和项目实施，提出新企业会计准则的研究和应对方案；2017年，公司完成合并事项的税收汇缴工作，突破性争取了财政补贴；公司进一步管理集团及股份94个银行账户和资金结算业务和记账业务，财务工作质量和贡献进一步提升。

综合管理与人力资源管理

2017年1月，公司正式更名为中车财务有限公司。目前共有在岗员工47人，拥有本科及以上学历的员工100%。2017年公司进一步优化新公司的治理架构，完善“三会一层”公司治理结构；通过系统的整章建制、规范流程工作，共计新制、修订152部业务相关制度。

信息化建设

2017年，公司基于大数据平台一期项目基础，充分利用公司现有各项数据资源，完成财资管理大数据分析专题建设，实现全集团范围投、融资规模的监控，充分发挥财务公司作为司库的管理职责。2017年，公司还大力开展移动互联平台建设，将传统业务与互联网高度融合，项目完成后，将实现票据池管理、票据融资管理、沟通平台管理等多项功能。

党群工作与企业文化建设

2017年，公司全面贯彻落实党的十九大重大决策部署，以党委书记讲党课、党委中心组扩大会议、党支部会议等各种方式学习传达党的十九大精神。公司党委通过建立健全制度体系，着手建立党员干部培训培养机制，并通过政治理论学习、“两学一做”教育等不断加强思想政治引领，通过成立党小组，完善基层组织制度建设、严格执行三会一课制度，定期组织民主生活会、规范选举制度等严肃党内政治民主制度，通过签署“党员廉洁自律承诺书”、参观教育基地、自查整改巡视组监督检查意见等方式，不断加强党风廉政建设，全面夯实了财务公司党建基础，精神文明建设务实走心。

2017年，公司党委将党建工作、文化建设与规划发展、业务经营更加紧密地有机结合在一起。基层党组织规模进一步扩大，干部队伍素质进一步提高，群众组织建设进一步加强。2017年，公司捐赠扶贫款39.2万元。

易方达

易方达基金管理有限公司

2009年8月，广爱小学落成-孩子们和新学校

爱心小学开工典礼

帮扶田心小学及贫困学生捐助仪式

公司概况

易方达基金成立于2001年，是一家领先的综合性资产管理公司，通过市场化、专业化的运作，为境内外投资者提供专业的资产管理解决方案，努力实现投资者资产持续稳定的保值增值。截至2018年6月30日，总资产管理规模超过1.3万亿元，其中非货币公募基金规模排名行业第一。公司服务于7600万客户，自成立以来仅公募基金累计分红超过1000亿元，为投资者创造了可观的回报。

公司始终专注于资产管理业务，依托专业化的团队、着力打造在专业领域的核心竞争优势，坚持价值导向、研究驱动的投研理念，致力于深度研究为基础的价值发现，追求长期、稳健、可持续的投资回报。旗下主动权益类基金自2001年公司成立以来的简单平均年化净值增长率为13.99%、债券类基金自2008年首次发行以来的简单平均年化净值增长率为7.54%，均位居国内基金行业前列，并大幅战胜股、债市场基准指数，其中基金科翔自2001年成立以来累计净值增长17倍，年化收益近19%。

公司提倡开放、民主、协同的管理理念，经过十七年的发展沉淀，逐步形成了以“持信、抱朴、存谐、笃进”为核心内涵的特色公司文化及一支稳定而长期富有激情的专业团队。凭借规范的运营与持续稳定的业绩，易方达赢得社会各界的广泛认可，在市场上牢固树立起了“专业、规范、稳健、绩优”的品牌形象。

注：以上内容如无特别注明，皆为截至2018年6月30日。

业务结构

易方达现有主动权益、指数量化、固定收益、国际投资、多资产投资、另类投资等六大板块，能较好地整合市场资源，为境内外投资者提供个性化、多样化的投资管理服务。

主动权益投资形成了价值型、均衡成长型、积极高成长型三种主要的投资风格；同时，也推出多只主动管理的行业主题基金。

指数量化产品包括ETF及联接、分级、指数增强、商品基金等，覆盖国内主要指数品种和香港、美国的多只重要指数。

固定收益产品包括货币类、短期理财类、纯债、一级债基、二级债基、混合偏债、债券指数投资等。

多资产投资目前主要包括FOF和MOM专户。

国际投资包括QDII业务、以及以易方达香港为主要平台投资于涵盖多种资产类别及投资策略的境内外资本市场。

另类投资主要以易方达资产为平台，涉及股权投资、私募FOF基金、资产证券化和不动产投资。

易方达助学金见面会

易方达绿色中国行

易方达运动会

核心优势

易方达基金历经17年的发展，逐渐在经营管理、风险管理、业务创新及IT等方面形成了核心优势。

经营管理上，易方达始终保持着开放、民主的经营管理理念，把握市场最新变化，不断创新和突破自我。各业务条线、各工作岗位主动根据市场变化以及新技术、新业务模式的发展，持续检验公司业务发展的各个方面，不断优化、创新。这种良好的治理结构和开放、民主的企业文化造就了易方达稳定而持续富有激情的专业团队。22名创始团队中仍有15人在职，投研人员离职率持续多年低于行业平均水平。

易方达建立了健全、严谨的风险管理体系。作为一家连续12年公募基金管理规模排名行业前五的基金公司之一，易方达及旗下产品通过持续完善的合规风控制度、深入人心的合规风控文化、全面先进的合规风控体系及专业资深的合规风控团队，在历次市场风险事件中始终保持稳健运营。

在产品及业务创新方面，易方达作为国内公募行业的先行者，始终坚持全面创新，引领行业发展，并屡获殊荣。2018年，旗下三只产品均分别获得公募基金业创新大奖，为客户提供持续、多元化的服务奠定了基础。

此外，易方达高度重视持续、前瞻的信息技术系统建设，具有行业领先的信息技术研发能力。系统研发团队经验丰富，研发覆盖面广，业务介入程度深，响应速度快。目前公司IT应用系统已覆盖所有业务及部门，在投研管理、产品运作、绩效评估、风险控制等方面发挥重要作用。

风险管理

公司自成立伊始，就深刻认识到风险管理是实现公司发展战略的前提、是保证业务持续稳定发展的根本。公司建立了良好的风控文化，倡导“人人都是风险管理者”的理念，重视发挥自下而上风险管理机制的作用，督促并引导员工自觉执行制度、主动发现并报告风险和问题。公司构建了健全有效、职责清晰的风险管理架构，将风险控制纳入到公司的组织架构和业务流程中，使风险管理贯穿于业务发展的每一环节，并落实到每一岗位的工作之中。董事会、管理层、风险管理职能部门及每个岗位、业务部门严格按照法律法规和公司章程履行相应职责，形成有效运转并有效制衡的运行机制。公司注重根据监管要求、市场环境的变化以及业务发展实际，对风险管理体系及各项制度流程进行持续检验和改进完善。十七年来，公司严谨健全的风险管理体系，为各项业务的稳健快速发展奠定了坚实基础。

国投瑞银基金　用心投资未来

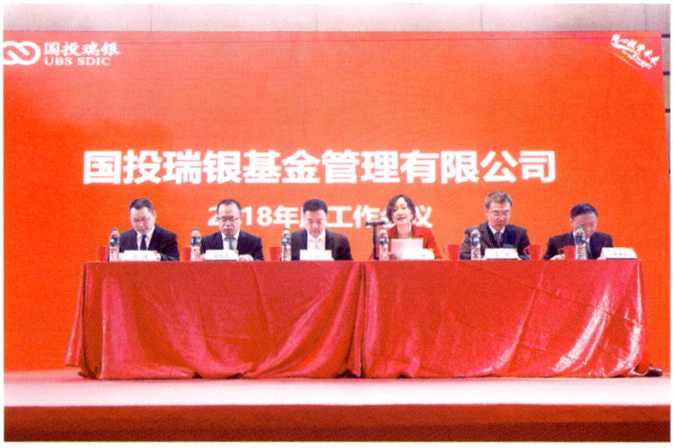

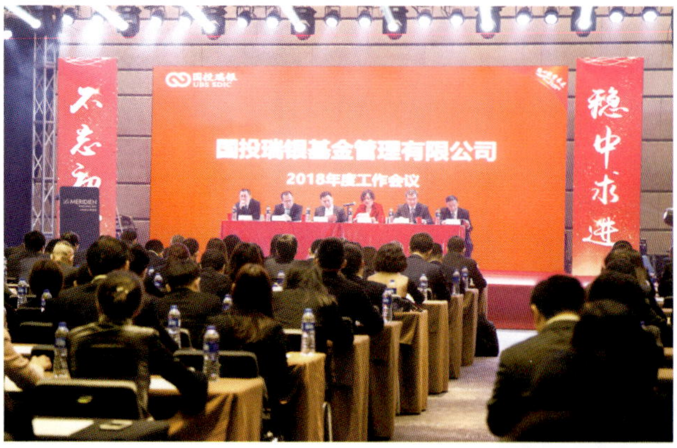

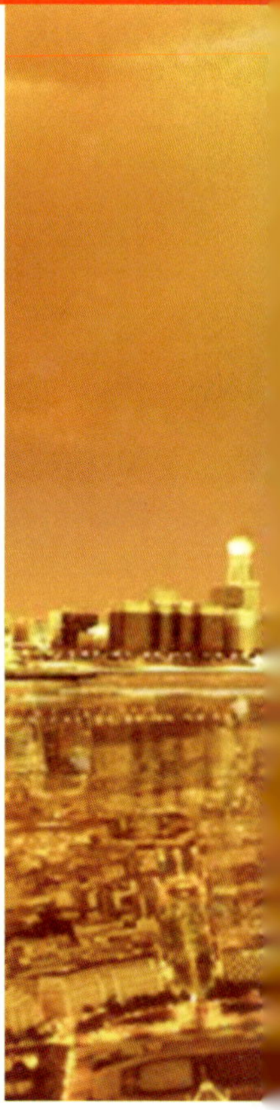

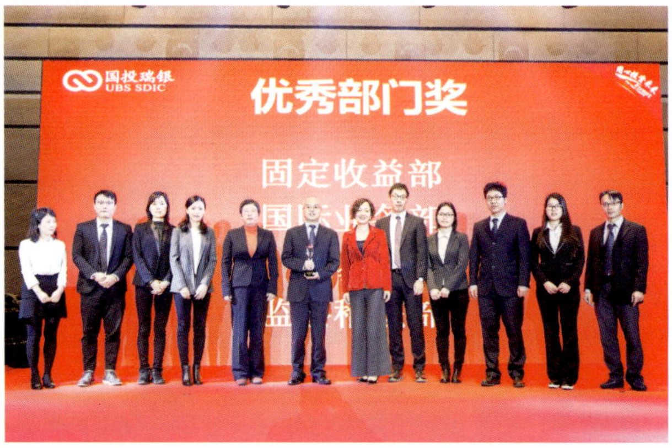

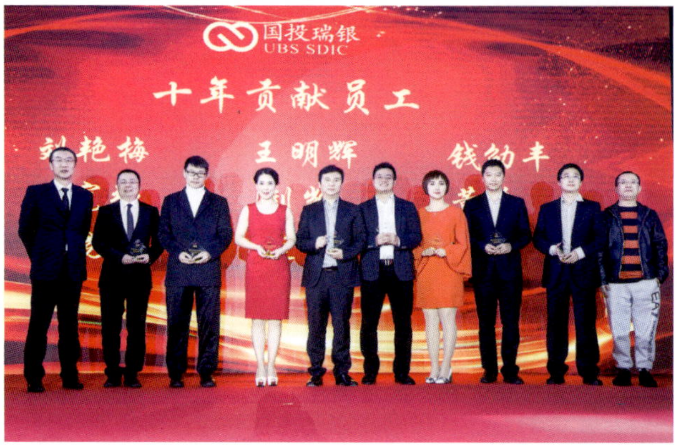

国投瑞银基金管理有限公司成立于2005年6月8日，是第一家外方持股比例达49%的合资基金公司。公司股东为国投泰康信托有限公司（国家开发投资集团有限公司控股子公司）和瑞银集团（UBS AG），持股比例分别为51%和49%。中外股东强强联合，旨在建立一家品牌认知、投资业绩、资产规模、产品创新及诚信声誉均达一流的资产管理公司。

自成立以来，国投瑞银基金展现出快速发展的蓬勃朝气和勇于创新的开拓精神，迅速成长为一家具备较强综合实力的基金公司。目前业务范围已涵盖公募基金、专户产品、专项资产管理，并已获得QDII、RQFII、QFII、QDIE等业务资格。银河证券数据显示，截至2017年底，公司共管理68只公募基金，公募基金管理规模1000亿元人民币，业内排名29/122，公司非货币基金管理规模290.66亿元，业内排名45/121，母公司专户规模203.58亿元，专户子公司管理规模610.97亿元，香港子公司管理规模65亿元，公司管理各类资产规模合计1880亿元人民币（含公募、专户、香港子公司、专户子公司）。截至2017年底，公司为超过698万持有人提供投资管理服务，累计为持有人分红237亿元。

公司下设19个一级职能部门，上海、深圳、北京3家分公司，以及国投瑞银资产管理（香港）有限公司和国投瑞银资本管理有限公司两家全资子公司。截至2017年底，公司（包括两家子公司）共有员工239人，平均年龄33岁，其中，硕士及以上学历人员所占比例为62%，平均证券从业年限为7年，在公司工作平均年限为4年。办公地点包括上海、深圳、北京、香港四地。

国投瑞银基金投资能力业内居前，公司拥有15年债券投资经验，固定收益产品中长期业绩稳健。海通证券数据显示，截至

股票投资领先的
多资产管理专家

景顺长城基金管理有限公司成立于 2003 年 6 月 12 日，是国内第一家中美合资的公募基金管理公司，由景顺集团下属景顺资产管理有限公司与长城证券股份有限公司联合开滦（集团）有限责任公司和大连实德集团有限公司共同发起设立，其中景顺资产和长城证券各持有 49% 的公司股份。公司以“为客户持续创造财富”为企业使命，致力于成为中国资产管理行业持续领跑者。

景顺长城成立15周年

景顺长城获得基金业20周年
优秀基金管理公司及优秀管理层奖

景顺长城获得金牛奖

公司注册资本 1.3 亿元人民币，总部设在深圳，在北京、上海、广州设有分公司。截至 2018 年 8 月 31 日，公司旗下共管理 142 只产品，已经建立起覆盖高中低风险等级的较为完善的产品线，并在股票型基金的管理上形成了显著的优势。公司管理总规模为 1,604 亿元。

地址：北京市海淀区西三环北路11号海通时代商务中心C1座
电话：4008198866　传真：010-68731199　邮编：100089
网址：www.ncfund.com.cn　邮箱：service@ncfund.com.cn

董事长陈重先生

张宗友总经理与2017年度策略会参会嘉宾合影

张宗友总经理在策略会上致辞

获得2016年度四项金牛大奖

公司奖项

2017年度

《中国证券报》"固定收益投资金牛基金公司"奖

《证券时报》"2017年度固定收益投资明星团队"

《上海证券报》"2017年度金基金·股票投资回报基金管理公司"

2016年度

《上海证券报》"2016年度金基金·股票投资回报基金管理公司"奖

《证券时报》"三年持续回报明星基金公司"

2015年度

《中国证券报》"金牛进取基金公司"

《上海证券报》"2015年度金基金·股票投资回报基金管理公司"奖

《证券时报》"三年持续回报明星基金公司"奖

2014年度

《中国证券报》"金牛进取基金公司"

《上海证券报》"金基金"成长基金管理公司奖

《证券时报》2014年度"十大明星基金公司奖"

2013年度

《上海证券报》"2013年度金基金·股票投资回报公司奖"

2012年度

《上海证券报》"2012年度金基金·股票投资回报公司奖"

2011年度

《上海证券报》"2011年度金基金·股票投资回报公司奖"

《证券时报》"明星基金公司成长奖"

2009年度

《上海证券报》"金基金·成长公司奖"

《中国证券报》"金牛进取基金公司"

《证券时报》"十大明星基金公司"

2017 中國證券業年鑒

CHINA SECURITIES YEAR BOOK

协办单位

总第二十五期

声　明

图书在版编目(CIP)数据

中国证券业年鉴. 2017/ 中国证券业年鉴编辑委员会 编.
上海:复旦大学出版社, 2018.11
ISBN 978-7-309-14026-2

Ⅰ. 中… Ⅱ. 中… Ⅲ. 证券业—中国—2017—年鉴 Ⅳ. F832.91-54

中国版本图书馆 CIP 数据核字(2018)第 248305 号

中国证券业年鉴(2017・总第二十五期)
中国证券业年鉴编辑委员会 编

责任编辑　方毅超　姜作达　戚雅斯　谢同君　王雅楠
封面设计　上海众证文化传播有限公司
出版发行　复旦大学出版社有限公司出版发行
　　　　　上海市国权路 579 号　　邮编 200433
经　　销　新华书店
印　　刷　上海晨昶电脑排版印刷有限公司
开　　本　850mm×1168mm　1/16
印　　张　130.75
插　　页　210
字　　数　5540 千字
版　　次　2018 年 11 月第 1 版　2018 年 11 月第 1 次印刷

定　　价　人民币 1980 元　港币 2480 元　美元 400 元

编 辑 说 明

《中国证券业年鉴》秉承客观、公正、全面的原则，忠实记录我国证券市场的发展轨迹，向海内外各界人士宣传、展现我国证券市场的发展成就，并给后人查阅、研究我国证券市场历史年度的动态，提供权威资料。做好中国证券业历史的编辑整理工作，保证中国证券业历史记录的有序延续，是我们的历史使命。自1993年创刊以来，《中国证券业年鉴》已经逐渐成长为一个展示公司业绩、总结市场成就、记录中国证券业历史、向海内外各界人士展现和推介中国证券市场形象的权威窗口。《中国证券业年鉴》每年出版一次，分上、中、下三册向国内外公开发行。

《中国证券业年鉴》（2017 · 总第二十五期）主要反映本年度中国金融、证券、基金、期货市场及企业制度建设和发展方面的情况和最新动态，供海内外有关机关、社团、学校、研究部门、企事业单位及社会各界人士做进一步研究参考使用，为推动中国证券业的规范化和国际化、建设中国特色社会主义市场经济服务。

《中国证券业年鉴（2017）》内容设置专论、中国金融市场、中国证券市场、中国基金市场、中国期货市场、香港地区证券市场、新三板市场、企业纪实与人物访谈、中国证券业年度人物等部分，另有彩色图片1200幅。

《中国证券业年鉴（2017）》的资料直接来源于公司的公告和报告，国务院有关部委及各省、自治区、直辖市相关单位提供的材料，保证了年鉴的权威性和准确性。《中国证券业年鉴（2017）》基本保持上一期的内容和体例，同时丰富了香港证券市场的详细资料，记录了香港证券市场年度发展动态与市场成就，进一步展示了部分市场参与主体的良好形象。但由于中国证券业仍处于快速发展阶段，加上各地区的发展不平衡以及我们的水平有限，难免出现一些疏漏，敬请读者谅解和指正。

《中国证券业年鉴》由上海证券交易所、深圳证券交易所、香港交易所协助中国证券业年鉴编辑委员会共同编辑出版，在编辑过程中得到了国务院有关部门，中国证券监督管理委员会及各省、自治区、直辖市证监局，上海证券交易所，深圳证券交易所，香港交易所，全国中小企业股份转让系统及证券界有关领导、专家的指导和支持，在此我们表示最诚挚的感谢。

中国证券业年鉴编辑部

中国证券业年鉴理事会

（以下排名不分先后）

李晓安	华龙证券股份有任公司	董事长
孔祥清	华宝基金管理有限公司	董事长
许义明	景顺长城基金管理有限公司	总经理
陈　重	新华基金管理股份有限公司	董事长
王　彬	国投瑞银基金管理有限公司	总经理
何　伟	长城基金管理有限公司	董事长
朱治理	万和证券有限责任公司	董事长
范　力	东吴基金管理有限公司	董事长
余　政	民生证券股份有限公司	董事长
许金超	农银汇理基金管理有限公司	总经理
吴　坚	西南证券股份有限公司	总裁
秦斯朝	中证鹏元资信评估股份有限公司	副总裁、评级总监
王文京	用友网络科技股份有限公司	董事长、总裁
杨　超	证通股份有限公司	综合管理部总经理
任开宇	金元顺安基金管理有限公司	董事长
徐建军	北京德恒律师事务所	副主任
张近东	苏宁云商集团股份有限公司	董事长
袁　泽	新疆新鑫矿业股份有限公司	董事局主席
陈　平	马应龙药业集团股份有限公司	董事长
李春宏	江苏连云港港口股份有限公司	董事长
徐　进	安徽口子酒业股份有限公司	董事长、总裁
方同华	黑龙江珍宝岛药业股份有限公司	董事长
倪永培	安徽迎驾贡酒股份有限公司	董事长
高　庆	南方产权联合交易中心有限责任公司	董事长
刘世春	金融街控股股份有限公司	董事长
于九洲	唐山冀东水泥股份有限公司	副董事长、总经理
宁中伟	安徽金种子酒业股份有限公司	董事长
谢长军	龙源电力股份有限公司	总经理
张永年	四川成渝高速公路股份有限公司	董事会秘书
刘　建	泰达宏利基金管理有限公司	总经理
吴晓东	华泰联合证券有限责任公司	董事长

中国证券业年鉴编辑委员会

地　　址： 上海浦东桃林路 18 号环球广场 B 座 2809 室
邮　　编： 200135
电　　话： 021 －61990079
传　　真： 021 －68781179
邮　　箱： bjb@ csybook. com

目　录

第一编　专　论

第二编　中国金融市场

第三编 中国证券市场

第四编　中国基金市场

第五编　中国期货市场

特载：
香港回归二十周年　聚焦香港资本市场

第六编　香港地区证券市场

第七编　中国新三板市场

第八编　中国证券市场企业发展实录

第九编　中国证券业人物纪实与访谈

插页目录

上　册

中　册

扉页

下　册

扉页

综合版

2017 中国证券业年度人物

聚焦香港资本市场

特载

互联互通市场——连接两地市场全开放时代

跨境交易持续增长 互联互通迎来三周年

2017年11月14日

沪港通迎来三周年。香港交易所公布过去三年香港与内地股票市场互联互通机制的主要交易数据。数据显示，截至2017年10月31日，港股通三年以来累计成交33,270亿港元，为港股市场带来了6,375亿港元净资金流入，内地投资者利用港股通投资港股的持股金额已达8,088亿港元，较2016年底增长一倍以上。今年首十个月，港股通日均成交额在港股市场的占比增至7.2%，远高于2015年的2.4%和2016年的4%。

北向的沪股通和深股通成交也日渐活跃。截至今年10月31日，沪股通和深股通累计成交40,550亿人民币，为内地股票市场带来了3,263亿人民币的净资金流入。截至2017年10月31日，香港和海外投资者合计持有沪市股票3,103亿人民币，深市股票1,814亿人民币。

2014年11月17日，连接香港和上海股票市场的沪港通机制开启。

深港联合举办深港通一周年座谈会

2017年12月5日

深港通迎来一周年。自2016年12月5日推出以来，深港通一直运作顺畅，成交额稳步增长，跨境资金呈现净流入趋势。截至2017年12月1日，深股通成交8753亿元人民币，深港通下港股通成交4759亿港元；深股通累计净流入1485亿元人民币，深港通下港股通累计净流入1115亿港元。

债券通正式开通

2017年7月3日

债券通于7月3日启动，为中国内地债市发展带来重大突破。债券通是香港交易所互联互通市场机制的一部分，让国际投资者可以透过香港，便捷高效地联入中国内地银行间债券市场。香港特别行政区行政长官林郑月娥等来自内地和香港的逾500名贵宾见证了债券通开通仪式。

香港中國金融協會
Chinese Financial Association of Hong Kong

香港中国金融协会成立于 2008 年，协会首席名誉赞助人为香港特别行政区前行政长官梁振英先生，现任主席为中国人寿保险（海外）副董事长兼总裁刘安林先生。协会永远名誉主席为中银香港顾问朱燕来女士，光大控股执行董事兼首席执行官陈爽先生，以及建银国际董事长兼总裁胡章宏博士。

香港中国金融协会旨在团结曾在中国接受教育或工作的香港金融业界人士，促进香港与内地海外金融界的交流，加强与各界有关机构的合作，为香港、内地金融服务业的改革与发展做出贡献，目前拥有 24 位主席团成员、50 位理事及 700 余名香港金融行业的精英会员，涵盖银行、证券、保险、基金、法律、传媒、教育、审计等金融市场多个领域。

中国天使投资联席会“走进香港”论坛

2016 年 12 月，协会主办的中国天使投资联席会“走进香港”论坛，邀请了蔡文胜、曾李青、李开复、王刚等四十余位国内著名天使投资人参加，体现了协会主动拥抱新经济，积极为香港经济发展注入新动力的责任感与使命感。

全国金融青联赴港访问团一行来访

2017 年 1 月，协会接待了全国金融青联主席郭鸿率领的赴港访问团，并举办了“全国金融青联赴港访问团与香港金融青年代表大团圆”活动，为两地金融青年加强交流打造了良好的平台。

粤港金融机构交流会

2018 年 1 月 15 日，广州金融首次境外推介会——2018 穗港金融合作推介会在香港成功举办。香港中国金融协会首席经济学家、香港交易所首席经济学家巴曙松教授发表了“粤港澳大湾区框架下的金融合作趋势”的主题演讲。本次推介会是由广州市人民政府、广东省人民政府金融工作办公室指导，广州市金融工作局主办，香港中国金融协会作为支持单位之一。

香港中国金融协会联合主办香港金融服务界新春酒会

2017 年 2 月 13 日，由香港金融服务界十家团体联合主办的香港金融服务界 2017 丁酉年新春酒会于香港交易所展览馆隆重召开，时任香港中国金融协会主席胡章宏博士代表大会主席团致辞。

金融发展局研讨会

2017 年 2 月 13 日，香港金融发展局在香港政府总部召开了以“进一步提升香港金融服务业竞争力”为主题的研讨会。香港金融发展局主席查史美伦女士主持会议，时任香港中国金融协会主席胡章宏博士、协会副主席、丝路金融有限公司首席执行官李山、协会副主席、中国光大银行香港分行行长陈林龙、协会副主席、浦发银行香港分行行长张丽、协会副主席、中国人寿保险(海外)公司副董事长兼总裁刘安林(副总裁方军代表)、秘书长曾昱等受邀出席。

协会庆香港回归 20 周年新春联谊活动

2017 年 3 月 3 日，香港中国金融协会举办迎香港回归 20 周年新春联谊活动。香港特别行政区政府财政司司长陈茂波、时任香港中国金融协会主席胡章宏博士、香港中国金融协会名誉主席、光大控股执行董事兼首席执行官陈爽、港交所首席中国经济学家兼香港中国金融协会首席经济学家巴曙松、协会副主席：孙明春、浦永灏、陈东、陈林龙、张丽、翟普、刘安林、潘浩文、阎峰、罗佳斌(以上按姓氏繁体笔画排列)，新任副主席中投国际(香港)公司代理总经理黎涛、长城环亚国际总经理欧鹏、秘书长曾昱，特邀嘉宾复星集团副董事长兼首席执行官梁信军、香港证券学会会长李细燕、民生银行香港分行行长杜云飞以及协会理事、会员代表、荣誉法律顾问李伟斌律师与荣誉审计师 KPMG 代表徐明慧女士等嘉宾出席。

2016 “港股百强”评选颁奖典礼

2017 年 4 月 18 日，由财华社与腾讯网联合主办、2017 年度“香港上市公司 100 强”(简称“港股 100 强”)颁奖典礼，在香港成功举办，香港中国金融协会为本次活动的支持机构之一。

香港金融服务界庆祝香港回归 20 周年酒会

香港金融服务界庆祝香港回归 20 周年酒会于 2017 年 6 月 15 日举行，香港特别行政区行政长官梁振英先生、香港特别行政区侯任行政长官林郑月娥女士、中央人民政府驻港联络办副主任仇鸿女士、香港特别行政区财政司司长陈茂波先生、香港政府财经事务及库务局局长陈家强教授等担任主礼嘉宾。香港中国金融协会作为大会筹委会机构之一。

中环大讲堂第 7 讲

2017 年 7 月 5 日晚，香港中国金融协会与安永联合举办了“中环大讲堂”第七讲——“海外并购与税务筹划精讲”。本次活动邀请了安永的两位税务专家何力鹏先生及邓依雯女士以投资美国及德国为例，通过分享安永最前沿并购案例，探讨中资企业如何应对出海投资的核心风险，实现海外投资收益最大化。

香港中國金融協會
Chinese Financial Association of Hong Kong

香港中国金融协会是一个在香港金融界发挥着重要作用，富有影响力的协会。香港中国金融协会将通过各种努力以达至以下目标：为会员提供讯息交流的平台，组织行业的相关活动，促进会员间的互助和友谊，维护会员的合法权益；与相关专业团体、大专院校、行业研究机构等建立联系，扩大协会的网络和影响力；组织与商界有关的机构及大专院校、研究机构的互动合作；研讨市场热门的专业话题，包括香港、内地、亚太地区及国际经济和金融课题；举办讲座、研讨会、工作坊，协助小区及咨询服务等活动；参与特区政府发起的有关金融业界的活动，提供专业的意见和建议；促进与内地业界和专业机构的联系，协助会员进修和考取专业资格等。

香港金融青年会暑期实习团启动仪式

2017 年 8 月 17 日，由香港金融青年会主办、香港民政事务局及青年事务委员会赞助的【金融青年汇】暑期实习团在中环举办启动仪式，香港中国金融协会支持并参与了本次启动仪式。

台北金融协会客人来访

2017 年 8 月 29 日，由香港中国金融协会与台北金融研究发展基金会联合主办的“2017 FinTech 考察研习班”专题论坛成功举办。时任香港中国金融协会主席胡章宏博士，台北金融研究发展基金会董事长周吴添先生出席活动并致辞。本次活动是继 2016 年台北金融研究发展基金会首次来访后的又一次交流活动。

2017 周年会员大会成功召开

2017 年 9 月 22 日晚，香港中国金融协会举行了 2017 周年会员大会。协会主席胡章宏、名誉主席陈爽、候任主席刘安林、副主席丁晨、王永、浦永灏、陈林龙、黄少明、杨浩、欧鹏、阎峰、谭岳衡（以上按姓氏繁体笔划排序）、首席经济学家巴曙松、以及协会理事、会员代表、协会荣誉法律顾问李伟斌律师行与核数师 KPMG 等 150 余位嘉宾出席了活动。

香港金融服务界联合举办庆祝国庆晚会

2017 年 9 月 28 日晚，为加强香港金融界的沟通、增强香港金融界的团结精神及凝聚共识，由金融服务界十二个团体联合举办的庆祝国庆六十八周年晚会于香港大会堂隆重召开。本次大会邀请到香港特区政府财政司司长陈茂波、香港特区政府财经事务及库务局局长刘怡翔、中联办经济部副部长雷海秋、立法会金融服务界张华峰议员等为主礼嘉宾。

慈善行山

2017 年 10 月 21 日，香港中国金融协会连续第 4 年组织会员参加半边天基金会慈善行山活动，并进行现场募捐，共同传递公益爱心。协会副主席陆挺、理事祁海英、徐建红、常健率队出席活动。

第七届香港国际金融论坛暨中国证券金紫荆奖评选

11 月 23 日，由香港大公文汇传媒集团主办，香港中国金融协会作为联合主办机构之一的第六届“中国证券金紫荆奖”颁奖典礼在香港隆重举行。中央政府驻港联络办副主任仇鸿、全国政协委员、香港大公文汇传媒集团董事长姜在忠、香港中国企业协会会长岳毅、时任香港中国金融协会主席胡章宏博士、香港中资证券业协会会长谭岳衡等担任颁奖主礼嘉宾。

杭州亚太资产管理论坛

首届亚太资产管理高峰论坛于 2017 年 12 月 12 日在全国金融科技“高地”杭州成功举办，香港中国金融协会参与协办本次资管盛会。香港中国金融协会副主席、弘源资本创始合伙人兼首席投资官浦永灏和香港中国金融协会副主席、香港大学中国金融研究中心主任、武汉大学经济与管理学院院长宋敏出席了本次论坛。浦永灏副主席代表协会发表了主题演讲，宋敏副主席主持了分论坛活动。

京港经济合作研讨洽谈会金融服务合作专题活动

第 21 届京港经济合作研讨洽谈会金融服务合作专题活动于 2017 年 11 月 28 日下午 14:00 在香港会议展览中心召开，香港中国金融协会作为承办单位之一。香港中国金融协会刘安林主席作致辞。

首届「海港论坛－保险科技与医疗创新」

2017 年 12 月 13 日，由中国人寿金融保险研究中心、中国人寿保险(海外)股份有限公司(「中国人寿(海外)」)全力策动，香港经济日报主办，香港中国金融协会协办的首届「海港论坛－保险科技与医疗创新」于 12 月 13 日在红磡中国人寿中心成功举办。

2009 年 12 月香港中资证券业协会成立暨第一届董事会

协会代表参与香港金融服务界六十七周年国庆联欢晚会

协会回应国家战略，编写“一带一路”专著《香港如何“带”“路”？》

协会积极迈出对外合作步伐，2016 年夏天远赴欧洲，与华沙交易所签署合作备忘录

香港中资证券业协会前身为香港中国企业协会于 2007 年设立的证券行业委员会，最初共有 8 家会员单位。随着内地证券公司“走出去”步伐的加快，在港中资券商队伍日益壮大。为更好地适应两地资本市场不断融合的新形势，发挥会员单位的两地联通优势，进一步加强在港会员单位与政府、监管机构及同业间的沟通交流，证券行业会员进行了改组，并由 19 家中资券商共同发起，于 2009 年 10 月 14 日正式成立了香港中资证券业协会。

香港中资证券业协会的宗旨是加强在港从事证券业务的中资企业会员间的协作，成为行业间沟通和与中央和香港特区政府有关部门沟通的桥梁，维护中资证券企业的共同利益，促进香港经济的稳定繁荣。

香港中资证券业协会成立至今，已发展至 119 家会员单位，协会的会籍分为四类别，（一）理事会员，即中资在港证券类企业；（二）普通会员，即除理事会员外，在港从事证券相关行业的知名企业；（三）名誉会员，即对协会有特别贡献或在业界名声较大的企业及在社会有威望的知名人士；（四）专业会员：经认可具有某项专业资格之团体，如会计师事务所、律师事务所

十周年发展回顾

2017年5月，香港特区政府行政长官梁振英先生为交银国际董事长谭岳衡先生颁发协会会长委任状

2018年度协会会员周年大会合影

2018年初，与巴西交易所签署合作备忘录

协会举办友好篮球联赛

协会组织专题研讨会

等。截止2017年12月末，按会员行业分类，证券系会员47家；银行系会员10家；基金系会员22家；期货系会员20家；其他会员18家。按会籍类别分类，理事会员77家，普通会员33家，荣誉会员2家，专业会员5家。协会吸纳了最具实力和代表性的中资证券公司、资产管理公司、期货公司，以及服务于证券业的会计师事务所、律师事务所、IT服务中心等专业团体加入协会。

在过去十年，在协会全体会员的共同推进下，协会取得了持续的发展，参与了香港各个时期多项金融产业政策的研究，推进和完成了多项金融创新项目，开展了多次外部访问交流活动，联合香港金融服务界其他团体积极参与“爱国爱港”各项互动。同时，为会员单位举办了覆盖面广的行业职业技能培训，组织了形式多样的协会会员交流活动，在凝聚中资机构力量、维护行业利益、支持特区政府依法施政方面发挥着越来越重要的作用。经过十年的探索和发展，协会已逐步发展成为市场化、专业化的行业自律组织，塑造了中资机构在香港市场的行业品牌和社会形象。

香港上市公司商會
THE CHAMBER OF HONG KONG LISTED COMPANIES

■ 关于我们

香港上市公司商会成立于 2002 年，是本港唯一专注上市公司事宜的市场组织。成立初期由 66 间公司会员组成，至今上市公司会员已经超过 240 家，会员包括蓝筹、国企、红筹以及多家本地公司。会员公司总市值超过十万亿港元，占市场三分之一以上。

商会多年来致力推动香港缔造高效有序、合理及信息流通的上市集资环境，借着提高企业管治水平创造理想的资本及证券市场，保持香港作为中国首要集资市场及亚太区金融中心的优势。

■ 增进沟通

商会常务委员会由不同背景上市公司之董事及行政人员组成，一直担当上市公司与监管机构之间的沟通桥梁，透过不同形式的会面以及大型市场咨询论坛，就条例修订及重要市场议题向监管当局力陈意见，竭力维护上市公司权益，促进市场良性发展。

■ 中港交流

有见中港股市联系日趋紧密，商会早于 2012 年及 2014 年分别于上海和深圳举办大型论坛让中港股市之上市企业及监管机构代表就企业治理及市场发展及操作议题互动交流。

商会亦不时举办北京访问团，让会员加深了解国家在金融及经济方面的发展及政策。

香港上市公司商会十五周年回顾

卓越十五载
汇商迎未来

1	2	5	6	7
3	4	8	9	10

1、商会于 2007 年与香港浸会大学联合创立“香港公司管治卓越奖”，中国工商银行为首届得奖公司之一

2、商会于 2007 年与香港浸会大学联合制定《香港公司管治约章》，时任商会主席何猷龙摄于传媒发布会

3、2007 年举办“基金经理眼中之中国上市公司投资机遇”午餐研讨会

4、2008 年举办“公司管治：成功之道与挑战”讲座

5、2012 年于上海举办上市公司企业治理论坛

6、香港交易所行政总裁李小加于 2012 年上市公司企业治理论坛上发言

7、北京大学汇丰商学院代表团到访本会

8、2014 年主办“上市公司企业治理 － 深圳论坛”

9、2014 年“上市公司企业治理 － 深圳论坛”开幕盛况

10、2016 年主办“上市监管咨询论坛”，梁伯韬主席及罗嘉瑞副主席于会上发言

香港上市公司商會
THE CHAMBER OF HONG KONG LISTED COMPANIES

■ 加强了解

商会定期举办讲座、研讨会、专门的「董事培训系列」,以至午餐会为会员公司传递最新信息,提供不同市场观点。商会亦出版季刊Momentum,与市场决策人士、专家进行深入访谈,分析市场发展及监管趋势。 此外,商会亦多次就新条例撰写专门指南以协助会员履行监管要求。

■ 推广公司管治

商会积极推广公司管治,于 2007 年与香港浸会大学公司管治与金融政策研究中心发表香港首份公司管治约章,并举办首届「香港公司管治卓越奖」,鼓励企业对公司管治及持续发展作出整体性规划和承担,并表扬有卓越成就之杰出企业。奖项以严谨及全面的评选准则见称,成为上市公司管治水平的指标,竖立公司管治的典范。

■ 力创新机

商会举办多元化的联谊活动,予上市公司高层一个沟通互动的平台,加强香港上市公司之间之联系。

香港上市公司商会十五周年回顾

卓越十五载
汇商迎未来

1	2	5	6	7
3	4	8	9	10

1、(左起)商会副主席罗嘉瑞医生、中央人民政府驻香港特别行政区联络办公室副主任仇鸿、香港特别行政区财政司司长陈茂波、及商会主席梁伯韬摄于商会主办之“2017 年度香港公司管治卓越奖颁奖典礼暨商会成立 15 周年晚宴”

2、(左起)时任财经事务及库务局副局长刘怡翔、证券及期货事务监察委员会主席唐家成、及商会时任主席辛定华摄于商会新春酒会

3、2014 年拜访深圳交易所

4、“2017 年度香港公司管治卓越奖”得奖公司代表与评奖委员会成员及颁奖嘉宾大合照

5、2016 年北京访问团

6、2016 年北京访问团拜会中国人民银行

7、香港交易所主席周松岗担任商会成立 10 周年晚宴主题演讲嘉宾

8、2016 年度新春酒会，时任财经事务及库务局局长陈家强教授担任主礼嘉宾

9、2017 年于深圳举行“港股企业及内地研究所交流会”

10、商会庆祝成立十周年晚宴

香港中資基金業協會
Chinese Asset Management Association of Hong Kong

- 作为中国基金业协会在港的特别会员，加强香港中资资产管理业与中国基金业协会的沟通、交流与合作；
- 支持在香港从事基金投资管理业务的中资公司，包括但不限于大陆基金管理公司在香港设立的子公司；
- 协助确立基金管理行业内各领域的专业标准，促进会员在基金及资产管理业务中遵循高标准的职业操守；
- 为会员及整个基金管理行业提供相应的咨询、帮助和指导。

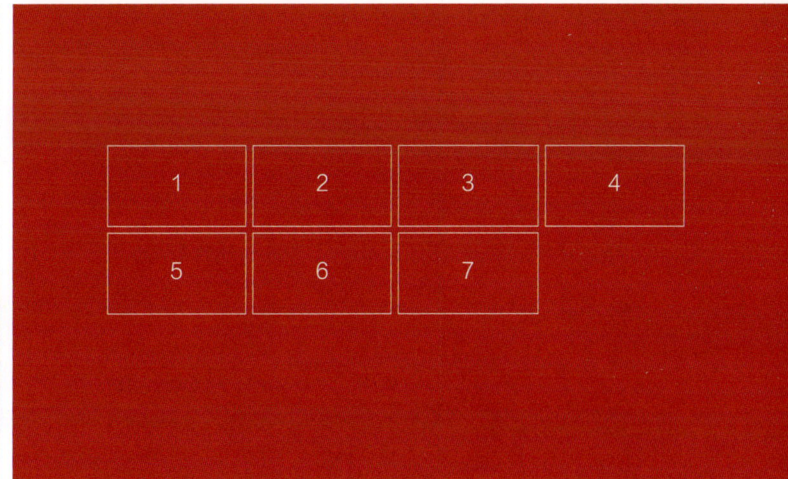

1、2013年9月，香港中资基金业协会在香港正式成立，南方东英资产管理总裁丁晨女士（左三）当选为香港中资基金业协会第一届主席

2、香港中资基金业协会主办“香港金融界庆祝中华人民共和国68周年国庆联欢晚会”，香港特区财政司司长陈茂波先生（前排左起第八位）与 香港中资金业协会 会长 丁晨女士（左一）一起主持会议

3、香港中资基金业协会精英代表参加“香港金融服务界庆祝香港回归20周年酒会”为香港回归20年取得的成就喝彩

4、2014年，香港中资基金业协会成立一周年，会长丁晨女士致辞总结一年来协会工作

5、2015年，香港中资基金业协会同彭博举办第一届“离岸中资基金大奖”，向国际投资人推荐最优质的海外发行的中国资产管理产品（左六为丁晨女士）

6、2016年第二届“离岸中资基金大奖”，香港金融各界积极参与（左十为丁晨女士）

7、2017年第三届“离岸中资基金大奖”，其已经成为香港中资资管行业的一大盛会，深受业界认可（左九为丁晨女士）

香港特许秘书公会

香港特许秘书公会（于香港注册成立的担保有限公司）

香港特许秘书公会（公会）是一个独立专业团体，一直致力于订定与执行良好公司治理政策，在香港以至中国内地提升会员所担当的角色，同时推动「特许秘书」专业的发展。

公会于 1949 年成立，最初为设立在英国伦敦的特许秘书及行政人员公会 (ICSA) 的属会，于 1990 年成为 ICSA 的香港分会，并于 1994 年在香港正式注册成为独立专业团体，亦从 2005 年至今为 ICSA 的中国 / 香港属会。

公会亦是公司秘书国际联合会 (CSIA) 的创会成员之一，CSIA 于 2010 年 3 月于瑞士日内瓦成立，从 2017 年 CSIA 迁移至香港，并以香港担保有限公司形式运作，在国际上代表全球公司秘书和管治专业人士发声。

公会现拥有超过 5,800 名会员及 3,200 名学员。

■ 宗旨

· 促进公司以及其他工商界与公共事务机构的良好公司治理、管理与行政效率
· 促进学习与研究公司秘书及行政的法律与实践
· 支持及维护本会会员、毕业学员及学员的资格、地位及利益
· 促进会员的服务效率与实用性，提高会员的专业操守，并考虑影响公司秘书专业的各种议题

■ 内地工作概览

自 1990 年以来，公会与内地上市公司及相关监管机构建立联系，致力于倡导董事会秘书的专业化发展，并积极为董事会秘书提供专业持续培训，培养公司治理专业人才，推动中港两地公司治理研究与实务的发展。

20 周年 – 发展历程

1	2	3	4
5	6	7	8

■ 会员的专业资格及认可

公会会员是具备公司法、财务、公司治理、公司秘书实务及企业管理的丰富知识及经验的专业人士，主要在各上市公司及专业服务公司担任公司秘书及其他要职，为各行业的良好公司治理作出贡献。会员持有「特许秘书」执业的全球性专业资格，可于全球 80 多个国家 / 地区执业。

此外，根据香港交易及结算所有限公司（港交所）《主板上市规则》第 3.28 条及《创业板上市规则》第 5.14 条，公会会员是港交所认可的可担任公司秘书的专业资格之一。

1、1996 年，公会北京代表处成立。

2、2005 年 1 月，公会首批联席成员出席在香港举办的第一期联席成员讲座及公会周年晚宴。

3、2007 年，公会在北京设立“国际专业知识评审考试”考点，并于同年 6 月在内地举办首次考试，之后公会于 2012 年增设上海考点。

4、2009 年 12 月，公会于广州举办“香港与内地两地上市公司董事会秘书高峰论坛”。

5、2011 年 1 月，公会与上海证券交易所（上交所）签署合作备忘录并于 11 月开始联合举办一年一次的 A+H 股公司董事会秘书后续培训班。

6、2014 年 2 月，公会发布由联席成员研究小组撰写的《A+H 股公司内幕信息披露实务指引》。

7、2015 年 7 月，公会与中国上市公司协会（上中协）签署合作备忘录。

8、2016 年 3 月，公会与深圳证券交易所（深交所）签署合作备忘录。

香港特许秘书公会

公会董事会秘书培训与公司治理研讨会

1996 年 6 月，公会与深交所合办首届董事会秘书培训课程。

1998 年，公会与港交所和国务院港澳办信息研究所联合举办一年一次的 H 股公司董事会秘书培训。

自 2006 年起，公会连续三年在内地举办"公司治理研讨会"，首次研讨会于北京举办，此后，治理研讨会的主要内容与联席成员讲座培训课程合并。

2010 年 12 月，时任公会会长兼公司秘书国际联合会(CSIA)首任会长陈姚慧儿出席上交所举办的第九届公司治理研讨会并致辞。

2011 年 9 月，公会作为首任 CSIA 会长机构与上交所在上海联合举办首期 CSIA 国际公司治理研讨会。

20 周年 – 专业总览

访问交流

自 90 年代起，公会代表开始对中国证券监督管理委员会（证监会），国务院国有资产监督管理委员会（国资委），中国财政部，中国商务部等内地监管部门以及中上协等内地自律组织进行定期访问。

2005 年 11 月，公会代表访问证监会，时任主席尚福林（右）出席接见。

2010 年 11 月，公会代表访问中国财政部会计司。

2012 年 2 月，中上协成立，双方开始互访。

2014 年 10 月，公会及英国特许秘书及行政人员公会(ICSA)代表访问上海证券交易所（上交所）总经理黄红元。

2017 年 11 月，公会代表访问证监会，证监会副主席姜洋会见了公会代表。

香港特许秘书公会

公会举办的讲座

自 2005 年起，公会开始每年为其联席成员举办“强化持续专业发展讲座”并受到时任证监会主席尚福林的肯定。截至 2017 年 12 月，公会拥有注册联席成员 187 人(H 股公司共 252 家)，共举办了 45 期联席成员讲座，累计参加讲座逾 5500 人次。

2015 年 9 月，证监会国际部副巡视员杨柳受邀在公会第三十八期联席成员强化持续专业发展讲座上担任讲者。

2016 年 4 月，香港交易所上市部副总裁彭京玲(左)受邀在公会第四十期联席成员强化持续专业发展讲座上担任讲者。

2016 年 7 月，公会第四十一期联席成员强化持续专业发展讲座之走进上市公司：中国华融资产管理股份有限公司。

IQS 考试

2008 年，国际理事会同意公会制定针对内地董事会秘书的专业资格考试(中文)计划。

公会成立 IQS 中文考试大纲制定专家组并聘请部分内地监管机构代表和大学教授为顾问。

2008 年 11 月，公会聘请时任上海证券交易所副总经理周勤业担任 IQS 中文考试顾问。

2016 年 9 月，公会透过香港公开大学举办的首期高级企业管治研修班于上海开课。

20周年 – 专业总览

公会内地董事会秘书专业研讨与地区董事会秘书活动

2009年8月，公会在广州举办中国内地与香港董事会秘书高峰论坛，自2010年11月开始，公会相继于北京、上海、广州、深圳及西南地区（成都和重庆）五地建立地区性董事会秘书小组并于各地区举办地区性董事会秘书圆桌会议。截至2017年12月，公会共举行地区性董事会秘书圆桌会议25期，研讨主题涵盖两地内幕信息披露，关连交易管控，风险管理，股东沟通与参与，必备条款修订，企业管治报告编制等广泛领域，并征集了对香港证监会有关内幕信息法规、港交所关于关连交易法规修订等多个咨询文件的意见。

2014年10月，公会及ICSA代表与上海地区董事会秘书聚会。

2016年2月，公会在中国中车股份有限公司举办北京地区董事会秘书圆桌会议。

研究

公会自2008年开始在内地组织会员及联席成员开展有关内地与香港两地上市法规实务指引及法规修订调研工作。

2013年12月，公会代表讲授由联席成员研究小组撰写的《A+H股公司内幕信息披露实务指引》。

2014年2月，公会与中上协联合成立“关于建议修订《特别规定》和《必备条款》调研小组”。2014年11月，公会透过中上协联合向证监会提交“关于建议修订《特别规定》和《必备条款》改善H股公司发展环境”的研究报告。

香港特许秘书公会

公会联合培训与公司治理研修班

自 2011 年 11 月起，公会与上交所联合举办一年一次的“A+H 股公司董事会秘书后续培训班”。

2015 年 3 月，公会与中国保险行业协会签署合作备忘录并于同年 6 月于香港联合举办首期“中国保险行业董事会秘书企业规管高级研修班”，之后每年联合举办中级和高级公司治理研修班两期。

公会在内地获得的主要奖项及重要庆典活动

2009 年 5 月，公会荣获由中国上市公司市值管理研究中心和《经济观察报》联合发布的“2009 中国资本市场最佳创富服务奖”。

2014 年 12 月，公会于北京举办晚宴，庆祝公会成立 65 周年及联席成员计划实施 10 周年。

2017 年 11 月，公会在中国证券“金紫荆”颁奖典礼上获颁“香港回归二十周年资本市场特别贡献奖”，此奖项充分肯定了公会 20 多年来对两地资本市场特别是上市公司治理水平提升的突出贡献。时任公会会长谭国荣受邀参加颁奖典礼并致辞。

2017 年 11 月 25 日，时任公会会长谭国荣受邀参加“钱江弄潮——中国金融科技创新与上市公司产业发展高峰论坛暨中国董秘百人会论坛启动仪式”并致辞。

ICBC 工银国际

2009 年 2 月，工银国际第一届董事会在香港召开。

2015 年 5 月 29 日，工银国际参加“赣港金融业发展合作暨工商银行支持赣企‘走出去’恳谈会”，助力江西企业与境外资本市场对接。

2017 年 4 月 6 日，第一期“狮子山下・工银国际大讲堂”圆满举行，工商银行杨凯生行长发表主旨演讲。

工银国际在 2017 年成功举办多期“了解中国、爱我工行”大型主题培训，累计逾 200 名香港员工赴工商银行总行、数据中心等部门参观。

工银国际控股有限公司（“工银国际”）是中国工商银行股份有限公司（“工商银行”）在香港的全资子公司。

工银国际依托母行卓越的品牌、雄厚的资金实力、广泛的客户基础以及领先的金融产品，立足香港，面向世界，向广大海内外融资客户及投资者提供四大产品线服务：(1) 企业融资，提供股票保荐承销、增发配售、企业并购重组、财务顾问服务、债券发行承销等；(2) 投资业务，投资范围覆盖资本市场、房地产，以及能源、消费、科技、环保等产业；(3) 销售交易，覆盖港股、沪深港通 A 股、美股等多个市场的证券销售与交易，并提供期货等衍生产品服务；(4) 资产管理，包括私募基金、第三方资产管理等。工银国际同时提供覆盖全球宏观经济、金融市场及热门行业的市场研究服务。

2016 年 10 月 12 日，工银国际参加桂港 CEPA 服务业务合作交流会。

2017 年 2 月 16 日，工银国际陪同工商银行易会满董事长会见时任香港特区行政长官梁振英先生。

2018 年 1 月 14 日，工银国际参与香港历史悠久、极具代表性的慈善筹款活动"公益金百万行"。众多员工及家属身体力行，为香港的家庭及儿童福利服务机构筹款献爱心。

2018 年 2 月 23 日，工银国际按照香港习俗举行了醒狮到贺及采青开工仪式。

作为工商银行唯一的全资、全牌照境外持牌企业融资平台，工银国际拥有高素质的国际化专业人才和管理团队，丰富的国际资本市场运作经验和业绩。公司成立至今，累计完成上百个企业融资项目，IPO 项目募资总额逾 1300 亿美元。据 Dealogic 数据，工银国际是 2017 年在港中资投行全球IPO 承销规模排名第一。2015 年至 2017 年，工银国际助力母行获《财资》杂志评选为"中国最佳债券承销商"。

工银国际拥有一支兼具服务全球专业投资者丰富经验与独到视角的研究团队，提供覆盖宏观经济、资本市场，以及金融、消费、TMT、房地产、能源、医疗等热门行业的市场研究服务。2017 年，工银国际研究团队荣获《机构投资者》评选为"机构投资者大中华最佳分析师团队"。

中原银行
ZHONGYUAN BANK

Welcomes the Listing of

Zhongyuan Bank Co., Ltd.

中原銀行股份有限公司

(Stock Code: 1216)

中原银行股份有限公司（以下简称“中原银行”或“本行”）是河南省唯一一家省级法人银行，成立于 2014 年 12 月 23 日，总部设在河南省省会郑州市。截至 2017 年 6 月 30 日，中原银行在河南全省 18 个省辖市全部设立了分行，拥有营业网点 429 家；作为主发起人，在河南省内设有 9 家村镇银行和 1 家消费金融公司；2017 年 7 月 19 日，在香港联交所主板挂牌上市。

成立至今，中原银行始终秉承“稳健、创新、进取、高效”的核心价值观，以“稳健”为前提，将“创新”视为生存条件，把“进取”作为责任担当，依靠“高效”确保工作质量。倡导和坚持“以人为本，业绩导向”的经营理念，深入贯彻落实“传统业务做特色、创新业务找突破、未来银行求领先”三大战略发展方向，并在此基础上进一步布局“上网下乡”战略，顺应新时代的发展要求，探索数字化转型战略，不断拓展新的发展空间。

股票简称：中原银行
股票代码：1216.HK

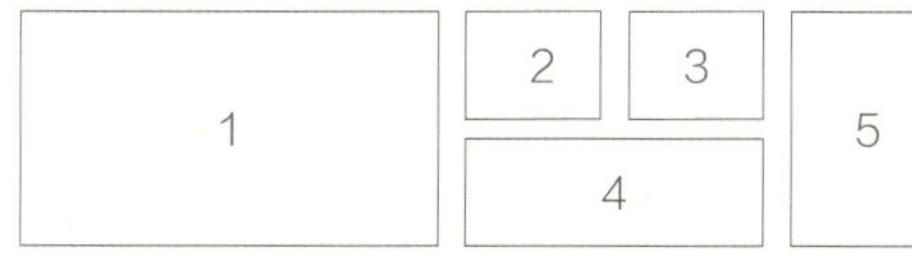

1、中原银行总行领导合影

2、2017 年 7 月 19 日，河南省政协副主席史济春（左）和中原银行董事长窦荣兴（右）在香港证交所为中原银行鸣锣上市

3、2017 年 7 月 19 日，中原银行董事长窦荣兴（中）、行长王炯（右）、监事长马国梁（左）在香港证交所为中原银行鸣锣上市祝贺

4、2017 年 6 月 29 日，中原银行召开香港上市路演新闻发布会现场

5、中原银行总行办公大楼

LUCION 山东省国际信托股份有限公司
SHANDONG INTERNATIONAL TRUST CO., LTD.

山东省国际信托股份有限公司（简称：山东国信，代码：01697.HK）初创于1987年3月，是经中国人民银行和山东省人民政府批准设立的非银行金融机构。2007年8月，获中国银监会批复同意换发新的金融许可证，名称变更为“山东省国际信托有限公司”。2015年7月，整体变更为股份有限公司更名为“山东省国际信托股份有限公司”。现为中国信托业协会理事单位。

2017年12月8日，公司在香港联交所交易馆举行H股主板上市挂牌仪式，股票简称“山东国信”，代码01697.HK，实现了内地信托公司香港上市“零”的突破，成为内地信托登陆国际资本市场第一股和港股信托第一股。在2017年中国融资大奖评选活动中，山东国信荣获“2017年度最佳IPO奖”。

股票简称：山东国信
股票代码：1697.HK

1	2	3	4
5	6	7	8

1、2016 年 11 月，当选中国慈善联合会慈善信托委员会顾问单位

2、2016 年 11 月，荣获“2016 最佳创新信托公司”奖

3、2017 年 5 月，荣膺 2016 年度“诚信托 - 卓越公司奖”

4、2017 年 7 月，财富传承系列家族信托获评“2017 年度优秀家族信托计划”

5、2017 年 11 月 27 日，山东国信在港举行投资者推介午餐会和全球发售新闻发布会

6、2017 年 12 月 8 日，山东国信 H 股主板挂牌上市

7、山东国信到参股企业实地调研

8、山东国信组织员工开展拓展训练，增强团队凝聚力

浦发银行 SPD BANK 香港分行 Hong Kong Branch

2002 年 1 月 21 日　浦发银行香港代表处正式开业。时任董事长张广生(左 2)主持代表处开业仪式

2011 年 6 月 8 日，浦发银行香港分行开业，左起：张丽女士、上海银监局时任副局长谈伟宪、浦发银行时任行长傅建华、上海市金融办时任副主任葛大维、浦发银行时任副行长刘信义

浦发香港举办中资企业国际化的机遇与挑战研讨会

2017 年 7 月，与周大福签订战略合作协定，同年为其筹组 13 亿美元的大型银团

上海浦东发展银行股份有限公司于 1992 年 8 月 28 日经中国人民银行批准设立，1993 年 1 月 9 日开业，1999 年在上海交易所挂牌上市(股票交易代码：600000)，是一家全国性股份制商业银行，总部设在上海。在英国银行家杂志公布的 2017 全球银行 1000 强排名中，以一级资本计算，浦发银行排名第 27 位。浦发银行香港分行(以下简称浦发香港)于 2011 年 6 月 8 日正式对外营业，是香港当时第 149 家持牌银行，第 8 间可于香港从事所有银行业务的中资银行，亦是浦发银行首家境外分行。历经将近 7 年的发展，凭借前瞻性的思维和专业的服务水平，浦发银行香港分行已在香港树立良好的品牌形象并赢得市场地位，以总资产计算，已进入香港银行排名前 35 位。浦发银行香港分行将继续依托香港的国际金融中心的地位，利用沪港金融合作的契机，“放眼全球、心系中国、立足香港”。

张丽行长出席 2011 年浦发香港开业仪式

浦发香港《亚洲周刊》颁发卓越品牌大奖

张丽行长出席 2017 年浦发银行香港同业研讨会

浦发香港分行荣获《华富财经杰出企业大奖 2017——杰出国际化银行业务大奖》

浦发香港"为爱开跑，靠浦一生·香港站"慈善长跑筹款活动

"浦发普爱"长者探访活动

长久以来，浦发香港坚持稳健、合规的经营理念，合规记录优异，在香港的监管当局建立了良好的形象。

浦发香港实施全面风险管理控制，根据香港金管局监管要求，应对经营中面对的信贷风险、市场风险、利率风险、流动性风险、操作风险、声誉风险、法律风险及策略风险，及其中衍生的其它类别风险。浦发香港已据此建立了全面风险管理体系，制定了适当的政策、程序、授权及管控措施，以有效管理上述风险。

展望未来，在中资企业"走出去"、"一带一路"、"粤港澳大湾区建设"和全球资本流动的大背景下，中资企业选择进行海外融资、跨境并购的主要驱动力是通过海外资产的配置，获取高新技术、市场和具有生产要素价格优势的外部资源，从而实现产业转型或升级。浦发香港将积极发挥境内外联动优势，充分利用沪港间金融合作的机会以及香港丰富的金融和人才资源，为广大中外资企业及金融机构提供国际化的金融服务。

南方东英资产管理有限公司

2012年8月，全球最大RQFII股票ETF－南方A50 ETF在香港上市

2013年2月，南方A50 ETF登陆日本东京交易所

2014年2月，全球最大RQFII债券ETF－南方东英中国五年期国债ETF上市

2015年3月，南方A50 ETF登陆美国

南方东英资产管理有限公司(以下简称“南方东英”)于2008年1月在香港成立，是首家由中国基金公司在海外成立的资产管理公司。南方东英分别于2008年9月29日、2009年4月2日和2014年4月30日取得由香港证券及期货事务监察委员会颁发的第9类(提供资产管理)、第4类(就证券提供意见)及第1类(证券交易)牌照。

南方东英以引领世界、投资中国为目标。凭借对中国资本市场的深入理解，南方东英协助海外投资者投资中国；与此同时，通过建立海外平台，南方东英也为中国机构和个人投资者捕捉国际市场的投资机会。通过七年的耕耘努力，尤其是2012年以来在人民币境外机构投资者(以下简称“RQFII”)业务的推动下，南方东英已初步建立起综合投资、研究、交易、运营、法律合规、风险管理、客户服务、业务拓展等多职能的内部体系，并与香港、欧洲、美国等多地的监管机构、托管银行、法律顾问、审计机构等建立了良好的合作关系。截至2017年底，南方东英旗下资产管理规模(基金及投资顾问业务总额)达51亿美元，在离岸中资资产管理公司中名列前茅。

南方东英的发展也受到了市场的广泛关注和认可。公司连续多年被海内外多家金融媒体评选为“最佳中国离岸基金管理公司”，“最佳ETF提供商”，“最佳RQFII基金管理人”等殊荣，南方东英的产品业绩也广受业界认可，主动管理型基金在同行业里名列前茅，其股票型和债

十周年发展回顾

2013 年 9 月，南方东英号召成立香港中资基金业协会

2014 年 1 月，南方 A50 ETF 登陆欧洲伦敦交易所

2017 年 5 月，香港最成功的杠杆反向产品上市

南方东英积极参加社会活动，反馈社会

券型旗舰基金，都获得晨星四星以上评级。此外，南方东英致力于在港中资机构的合作与共同发展。在南方东英的牵头努力下，“香港中资基金业协会”于 2013 年 9 月 5 日正式成立，现有会员机构超过 70 家，旨在提高中资机构在离岸业务领域的竞争力。

从 2008 年成立到 2018 年，作为第一家出海的中资基金公司，南方东英已经在香港这个国际金融中心耕耘了十年，十年间，我们与中国金融开放的步伐同行，在向世界推荐中国的时候，也在认真学习总结国际投资的先进经验，取得了一定的成绩。

未来的十年，中国金融市场会如何呢？习近平主席为我们指明答案，未来的路是合作的路，是开放融通的路，是变革创新的路，是经济全球化的路。朝着这个方向，砥砺前行，融汇中西，依然是南方东英未来发展的主题和宗旨。南方东英会继续积极响应国家大政策的号召，配合习近平主席提出的的“一带一路”的政策，将中国的投资机会重点介绍给沿途国家，把资产管理相关的金融服务带到“一带一路”沿途地区。同时也会配合“粤港澳大湾区”的发展，发挥南方东英的桥梁作用，以香港为核心，辐射大湾区，服务大湾区，把我们在香港已经获得的金融优势和大湾区其他地区的市场，技术，人员，资金等优势互补，将我们的资管行业推上一个新高度。

安保工程控股上市仪式

高丰控股上市仪式

2017 年策略会

业务培训

国元国际控股有限公司（由原国元证券（香港）有限公司于 2017 年 8 月更名为国元国际控股有限公司，以下简称“国元国际”）为国元证券股份有限公司的全资子公司，是 2006 年 6 月经中国证监会批准设立的首家境外证券公司。

国元国际依托母公司国元证券雄厚的综合实力与香港市场的国际化优势，致力于为客户建构多元化产品和专业化服务的平台，通过下属业务子公司全面开展证券期货经纪、孖展融资、保荐承销、收购兼并、企业融资、财务顾问、资产管理、固定收益、结构融资、研究咨询等业务，为广大投资者和企业提供一站式的全球投融资综合服务。

沪港通大奖

2015 年策略会

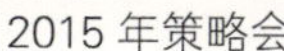

公司组织员工参与公益活动

拓展活动

作为国元证券的国际化业务平台，国元国际经过十年的发展，现已建设成为业务牌照齐全、业务多元化、经营国际化的现代投资银行，跨境金融服务一体化、专业研究个性化、全业务协作紧密化等综合经营优势逐步显现，树立了良好的市场形象。公司连续多年获评“最佳港股券商”等荣誉称号，曾获港交所颁发“沪港通交易大奖”、腾讯网“最佳港股券商”综合大奖和“用户体验最佳”单项奖等；受到业界广泛赞誉，市场知名度和品牌影响力进一步提升。

LILANZ利郎 中国利郎有限公司

中国利郎有限公司是中国领先男装企业，于 2009 年 9 月 25 日在香港联合交易所上市。作为第一家在香港挂牌买卖的内地男装企业，中国利郎招股反应的热烈，令管理层鼓舞。自上市以来，资本市场波动，内地经历过不同的经济周期，但中国利郎坚持专注于核心的男装业务，从品牌、产品、供应链和零售服务等各方面加速提升利郎的竞争优势，特别自 2013 年董事会决定实行“提质不提价”的政策，并成功推出了适合年轻、时尚的消费群需求的轻商务系列产品后，业务更加扎实，实实在在履行了当初对投资者的承诺，做出骄人的成绩。值此中国利郎创立 30 周年之际，集团将进一步提升竞争力，在不同的经济周期和环境转变中，展现实力，为股东赚取理想的回报。香港回归 20 周年期间，世界经济环境大起大落，集团管理层祝愿香港，能够与中国利郎一样专注提升本身竞争力，在不同的经济周期和环境转变之中，展现实力，继续成为全球知名的国际金融中心。

股票简称：中国利郎
股票代码：1234.HK

1	2	3	4
	5	6	7

1、2017年是中国利郎创业三十周年。三十而立，在2018年1月31日的利郎三十周年盛典上，王冬星主席(中)、王良星总裁(右)、王聪星董事(左)在台上见证集团的“新起点”，并向员工、分销商、合作伙伴和顾客致以衷心的感谢。

2、古语有云：兄弟同心，其利断金。中国利郎最初由王冬星（左三）、王良星（右一）、王聪星（右三）三兄弟创立，其后随着业务的增长而扩大管理团队。照片摄于2016年公司年会，图片展示出管理层服装设计大胆的基因。

3、中国利郎对产品的设计与开发从不怠慢。集团近年更逐步建立起国际与本地研发团队，产品的设计和质量不断提升，每季的产品都能让消费者有眼前一亮的感觉。图为集团2016年春夏产品发布会的现场。

4、图于中国利郎首日挂牌时摄，管理层很高兴得到时任香港交易所行政总裁周文耀先生（左五）和香港交易所上市委员会委员黄天祐先生（右六）的祝贺。

5、中国利郎全面投入于提升产品的竞争力。集团的面料研发中心，设有面料颜色调配系统及面料印刷机，从纱线开始研发面料，增加面料开发的灵活度，保持产品质素并有效控制成本。同时，集团内部设有国际认可的面料测试中心，利用先进的机器对面料的成分、光汗色牢度、起毛起球、缩水度等进行检测，确保产品面料都能符合国家的标准。

6、门店是LILANZ产品的销售渠道，也是品牌的重要宣传工具，因此集团不断投入提升店面形象。目前，由分销商管理的大部份LILANZ门店，已经升级至第六代装修，用料更高档、店铺的形象更雅致，亦使零售面积得到更好的利用。

7、2007年，LILANZ成为亚洲第一个参与由意大利全国时尚协商会举办的米兰国际时装周(Milan Moda Uomo)的中国男装品牌。

Join-Share中盈盛达

共创 共享 共成长

应运而生:2003 年,为打造产业强市,佛山市委市政府决定引入担保扶持中小企业。6 月 6 日,中盈盛达在政府出资引导下正式成立。

树立品牌:2006 年 6 月,中盈盛达被全国中小企业信用担保机构负责人联席会议评为"全国最具影响力中小企业信用担保机构",标志着中盈盛达品牌已跻身全国担保行业的前列。

模式输出:2009 年 9 月 26 日,中盈盛达与合肥市、区两级国资和当地优秀民营企业共同设立安徽中盈盛达担保投资有限公司成立,标志着中盈盛达混合所有制 1.0 模式正式走出广东,在长三角地区复制推广。

挂牌上市:2015 年 12 月 23 日,中盈盛达在香港 H 股正式挂牌上市,成为国际资本市场首家、也是唯一一家以融资担保作为主体上市、并在股票简称中冠有"融资担保"字样的上市公司。

领军人物:2016 年 12 月,中盈盛达董事长被评为"广东十大经济风云人物"、"十大徽商领袖"。

引领行业:2017 年 6 月,中盈盛达当选为广东省信用协会会长单位,标志着中盈盛达逐渐从信用事业的参与者成为领导者。

广东中盈盛达融资担保投资股份有限公司(以下简称中盈盛达)创立于 2003 年 5 月,现注册资本超过 15.6 亿元,总资产近 28 亿元。2015 年 12 月 23 日,中盈盛达成功在香港主板 H 股挂牌上市(股票代码:01543.HK),成为国际资本市场上首家以融资担保为主体上市的担保机构。公司于 2018 年 4 月完成 H 股、内资股同步增发,佛山金控成为中盈盛达单一大股东,目前持股比例达 28%。中盈盛达股权多元分散,成立以来坚持"政府引导、社会参与,专业化经营,市场化运作"的原则,探索出融资担保行业的混合所有制模式。现有股东包括省、市、区三级国资,本土优秀民营企业、民营企业家,北上广深战略投资和经营管理层持股。目前公司总部位于佛山,分支机构遍布广州、深圳、佛山、东莞、中山、肇庆、云浮等地区,并延伸至安徽合肥及其周边长三角地区。

股票简称:中盈盛达
股票代码:01543.HK

规范标杆:2010 年 12 月全省融资性担保公司规范整顿验收工作现场观摩会在中盈盛达召开,公司成为全省首个通过市级验收的担保机构。同时,中盈盛达被广东省人民政府授予 2010 年广东省"金融创新奖",这是省政府和相关监管部门对中盈盛达规范性和创新性的高度肯定。

产业延伸:2011 年 6 月,"佛山禅城中盈盛达小额贷款有限公司"正式成立,标志着中盈盛达在产业链扩张、打造中小微企业系统化融资服务平台上迈出了重要一步。

模式升级:2014 年 6 月 6 日,中盈盛达与中山市、火炬开发区两级国资,以及当地优秀民营企业共同出资设立中山中盈盛达科技融资担保投资有限公司,标志着中盈盛达探索混合所有制模式创新升级为 2.0,并在珠三角地区复制推广。

责任担当:2018 年 1 月 31 日,中盈盛达董事长吴列进光荣当选第十三届全国人大代表。

成功增发:2018 年 4 月 18 日,公司成功完成新一轮增发,佛山市金融投资控股有限公司成为中盈盛达单一大股东,持股比例达 28%。这次成功增发,充分体现了地方政府对中盈盛达模式、理念和经营团队的高度认可。

十五年来,中盈盛达以信用为本,凭借独特的模式、文化和事业人团队的执着,追求与社会各方的共同成长,成就了属于这个时代的精彩。

多年来,中盈盛达以文化管理风险、引领经营,以文化提升信用、塑造品牌,致力于在长期互信合作中追求与利益相关各方共同成长,实现共赢,逐步形成了独树一帜的"共文化"。

共赢,所以更赢。在信用事业的道路上,中盈盛达将继续开拓创新,砥砺前行,谱写更美好的明天!

融合有道,新境致远! 未来,我们继续抒写精彩……

股票简称：邮储银行
股票代码：1658.HK
优先股股票代码：4612.HK

①

②

③

④

❶ 2017年3月20日，邮储银行在成立十周年之际对外宣布，其整合内外部资源打造的开放性公益平台——“邮爱公益平台”正式运行。图为邮储银行董事长李国华致辞。

❷ 2017年6月20日，吕家进行长出席江苏省人民政府与中国邮政储蓄银行战略合作协议签约仪式。

❸ 邮储银行积极发展互联网金融，形成了线下实体银行与线上虚拟银行齐头并进的金融服务格局。图为邮储银行参加智慧金融展。

❹ 邮储银行始终将做好小微企业金融服务作为自身的责任和优势所在，是小微企业金融服务的引领者。图为邮储银行信贷经理到公司实地调查。

❺ 2016年9月28日，中国邮政储蓄银行股份有限公司在香港上市，成为当年最大的首次公开招股。

⑤

PRECISION TSUGAMI (CHINA) CORPORATION LIMITED
津上精密機床(中國)有限公司

股票简称：津上机床中国
股票代码：1651.HK

❶ 集团行政总裁兼执行董事唐东雷博士于上市投资者简介会阐述公司未来发展潜力。

❷ 集团行政总裁兼执行董事唐东雷博士(中)、集团副总裁李泽群博士(右一)及总裁助理兼财务经理李军营先生(左一)于上市记者招待会。

❸ 津上精密机床(中国)有限公司管理层参加集团于联交所之上市仪式。

❹ 集团行政总裁兼执行董事唐东雷博士(左)及中共平湖市委书记祁海龙先生(右)于联交所内敲响铜锣，标志着集团于2017年9月25日于联交所成功上市。

❺ 津上精密机床(中国)有限公司管理层、各上市专业团队及香港交易所代表于联交所上市仪式现场。

融信中国控股有限公司

股票简称：融信中国
股票代码：3301.HK

1. 融信中国上市—2016 年 1 月 13 日融信中国于香港联交所正式挂牌上市，股票代码：3301.HK
2. 融信战略合作—2017 年 7 月，融信中国与海亮地产战略合作签约仪式。
3. 融信公益基金会累计向社会捐赠超 2 亿元，2017 年融信"少年中国计划"之"新肝宝贝"活动在厦门举行。
4. 2017 年度最具价值房地产股公司
5. 2018 中国房地产开发企业 30 强
6. 2018 中指院百强企业——成长性 TOP10，第 5 名
7. 融信投资项目——融信公馆 ARC(杭州)

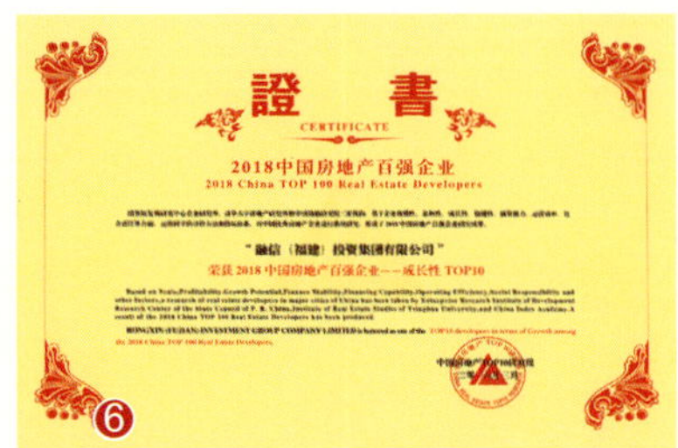

泸州市兴泸水务（集团）股份有限公司
LUZHOU XINGLU WATER(GROUP) CO., LTD.

股票简称:兴泸水务
股票代码:2281.HK

❶ 2017 年 3 月 31 日，市委党委、常务副市长曹俊杰（左）及公司董事长张歧（右）于联交所内敲响铜锣，标志着泸州市兴泸水务（集团）股份有限公司于香港联交所成功上市(02281·HK)，成为四川省水务行业首家境外上市企业。

❷ 2017 年 4 月 21 日，泸州市兴泸水务（集团）股份有限公司在成都锦江宾馆隆重举行投资推介会，省、市领导及 20 余家有合作关系的企业、政府机关及金融机构负责人共计 120 余人参加了推荐会。公司董事长张歧在会上致辞。

❸ 2017 年 3 月 20 日，泸州市兴泸水务（集团）股份有限公司在香港召开上市新闻发布，公司管理层接受媒体采访。

❹ 泸州市兴泸水务（集团）股份有限公司管理层、主礼嘉宾及香港交易所代表于联交所上市仪式现场。

电话：+852 2180 7856
地址：香港金钟夏悫道 10 号和记大厦 1908 室
网址：www.ubssdic.com.hk

国投瑞银资产管理(香港)有限公司
总经理、执行董事 刘艳梅 女士

国投瑞银资产管理(香港)有限公司

国投瑞银资产管理(香港)有限公司于 2011 年 1 月 14 日在香港成立，为国投瑞银基金管理有限公司的全资子公司。

母公司国投瑞银基金管理有限公司(以下简称“母公司”)由国投泰康信托有限公司和瑞银集团联合组建，中外股东分别持有公司 51% 和 49% 的股份。母公司注册地为上海，在北京、深圳均设有分支机构，并拥有国投瑞银资产管理(香港)有限公司和国投瑞银资本管理有限公司两家全资子公司。母公司致力于通过多层次业务线和产品系列，提供不同风险收益特征的资产配置工具和资产管理服务，满足个人和机构客户的多元化资产管理需求，成为一家品牌认知、投资业绩、资产规模、产品创新及诚信声誉均达一流的综合性资产管理公司。自 2005 年合资以来，经过 12 年多的努力，国投瑞银基金在传统公募业务领域精耕细作、稳健经营，同时大胆创新，积极开拓特定客户、非二级市场及跨境资产管理业务，不断提升自身的资产管理能力，为客户提供优质的金融产品，迅速成长为一家具备较强综合实力的基金公司。目前，母公司的业务范围已涵盖公募基金、专户产品、专项资产管理，并已获得 QDII、RQFII、QFII、QDIE 等业务资格。截至 2017 年底，母公司管理着 68 只公募基金，43 只专户产品，境内外资产管理总规模达 1880 亿人民币，为超过 698 万持有人提供投资管理服务，累计为持有人带来分红 237 亿元，也为母公司股东带来了较好的投资回报。

国投瑞银(香港)持有香港证监会第 1 类(证券交易)、第 4 类(就证券提供意见)及第 9 类(资产管理)牌照，为国投瑞银基金的跨境业务平台。自 2011 年成立以来，公司已获批 RQFII 及 QFII 资质与额度，开展公募、私募及专户资产管理业务；同时拥有韩国金融服务委员会核准的外国投资顾问资质，并为大型海外 QFII 及 RQFII 机构提供投资顾问服务。

国投瑞银(香港)将继续发挥自身作为全功能资产管理平台的优势，整合股东及母公司的跨境资源，为客户提供跨境资产配置和管理，协助客户把握资本市场新机遇。

特 载

香港回归二十周年　聚焦香港资本市场

新时代的交易所运营

香港交易所集团行政总裁　李小加

今天,我们身处于一个创新大爆炸的新时代。新科技和新经济正在以惊人的速度涌现,改变着我们的生活,也颠覆着各个行业。很多人每天都要思索同一个问题:如何创新才能让我们的公司活得更好、更有竞争力?

也许,在你们看来,交易所似乎跟创新扯不上关系。其实不然,金融全球化的时代早已来临,全球各大交易所都要凭实力来争取投资者和发行人资源,竞争激烈,不进则退。尤其是对于我们香港来说,更是如此,香港本地的经济体量较小,单凭本地的经济是难以支撑起一个国际交易所和国际金融中心的。因此,我们不得不永远行走在创新的路上,从 20 多年前的 H 股上市,到连接内地与香港资本市场的沪港通、深港通,再到今年推出的债券通,香港交易所一次又一次创新和升级,为香港市场连接中国与世界创造了独特的价值。

在此,我想跟大家分享一下香港交易所近年来的三大创新探索:

一是通过互联互通交易机制的创新来改善我们的市场结构。2014 年,我们携手上海证券交易所推出了沪港通。2016 年,在沪港通成功的基础上,我们联合深圳证券交易所推出了深港通。沪港通和深港通采用的互联互通模式,通过交易总量过境、结算净量过境的独特交易机制创新,让两地市场可以在充份保留各自市场监管规则、市场结构和交易习惯的前提下实现完全市场化的交易互联互通,以最小的制度成本为内地资本市场取得了最大效果的开放,也丰富了香港的流动性,大大提升了香港作为国际金融中心的吸引力。我们欣喜地看到,沪深港通机制自推出以来,一直运作平稳顺畅,交易稳步增长,逐渐赢得了两地市场监管者和投资者的信赖。实践证明,沪港通开创的互联互通机制具有高度透明、封闭运行、灵活可控、可复制、可延伸的特性。受此启发的债券通今年也已经成功推出,我坚信,未来互联互通机制可以延伸到更多资产类别,例如 ETF、交易所债券和新股。

二是通过上市机制的改革支持创新型公司融资。20 多年前,我们的前辈开创性地推出了 H 股上市机制,为内地的改革开放提供了宝贵的资金来源,也让香港成长为国际金融中心和全球一大首选上市地。尽管成绩斐然,但香港要保持今天的优势地位并不容易,需要克服不少挑战,其中一大挑战就是我们的上市公司中低增长行业占比过高,高增长行业少,极有可能让投资者丧失兴趣、影响我们市场的活力。因此,香港交易所今年六月就完善香港上市机制展开公众咨询,希望能够吸引更多高增长的创新型公司。感谢市场各界的广泛参与,此次谘询达成了积极的共识,探明了上市机制改革的大体方向,很快我们将会公布咨询结论。下一步,我们将积极推进第二轮咨询和上市规则的细化改革,与市场各方一起找到最有利于香港市场发展、最能保持香港国际竞争力的方案。

三是探索应用金融科技来提升我们的系统和服务。近年来,以大数据、云计算、人工智能、区块链为代表的现代讯息技术蓬勃发展,广泛应用到了包括金融业在内的各领域,金融科技正在深刻改变全球金融业的发展格局。面对这些令人震撼的新科技,我们作为金融市场的营运者和监管者,经常思考这样的问题:我们的系统够安全吗?速度够快吗?承接能力够强吗?今天的市场结构会被新技术颠复吗?目前,我们正在研究的应用包括:人工智能技术在上市后监管中的应用,区块链技术在结算环节的应用以及部分测试数据存储的云计算应用。当然,这些探索还处于初期阶段,离最终落实尚有时日。

这些创新有的推行得快,有的推行得慢。在推进这些创新时,不时有朋友问我:你们的创新步伐是不是太慢了?我们也经常问自己:我们创新的步子迈得够大够快吗?也有的朋友认为我们走得太快太急了。

要回答这个问题,必须回到香港交易所的特殊定位。首先,我们是香港金融市场的引领者,因为金融市场对整个城市的经济发展举足轻重,我们有深深的危机感和使命感，我们必须带领市场各界朝正确的方向迈进，永远努力不被边缘化。与此同时，作为市场的营运者和监管者，我们必须兼顾各类市场参与者的利益，既要照顾到发行人和中介机构的需要，也要保护好投资者利益。因为这个特殊的定位，我们的创新跟一般公司的创新有所不同，既要积极进取、争分夺秒，又要通盘考虑、循序渐进。

打个简单的比喻：不知大家有没有关注过狼群的生活，狼是一种群居动物，尤其是在食物匮乏、冰天雪地的冬天，狼通常会以群体为单位活动。精明强悍的头狼走在最前面，它决定着狼群狩猎、防御和迁徙的大方向，必须勇往直前；它的身后紧跟着狼群的普通成员，它们有的强壮、有的瘦弱，有些走得快，有些走得慢；走在最后面的是时刻保持警惕的护卫狼，它要保护弱小，确保狼群没有掉队者，护卫狼决定着狼群前行的节奏和速度。由于狼群的成员特别团结，尽管单只狼的战斗力有限，但是依靠紧密合作，它们可以打败比自己体型大很多的狮子和老虎。

如果把整个市场比作一个狼群的话，交易所的角色既像是这个狼群的头狼，也像是狼群的护卫狼。我们有责任引领整个市场朝着最有前景的方向发展，我们必须灵活应变、与时并进。作为中央市场的营运者，我们同时也是市场的守护者，我们要守护每一个狼群成员的安全，因此，当我们进行创新时，我们必须通盘考虑，统筹兼顾，照顾到发行人、中介机构、机构投资者、散户投资者等市场各方的利益和诉求。

因此，在推进一些关系到市场重大发展方向或根本利益的创新时，我们一旦找准了方向，必须一鼓作气克服困难，全力推进，例如我们的互联互通机制。而在推进有些具有重大争议的改革时，我们因为要兼顾市场各方的步伐和利益，必须循序渐进、在取得市场的理解和共识后方能推进，例如上市机制方面的改革。

也就是说，狼群在生死存亡的选择面前必须不顾一切、奋力拼搏，但在长途迁徙的过程中，由于要照顾狼群中所有成员的需要，狼群的步伐也许不够快，也许会因此错过一片食物和水源丰富的森林，但是为了守护整个狼群的安全，这是必须付出的代价。我们今天所处的市场环境如同大自然一样风云变幻，阴晴不定，根据市场环境，适时切换创新的节奏，也是我们的重要职责。

朋友们，身逢这样的新时代，既是我们的幸运，也赋予了我们更多推动社会进步的使命，让我们共同努力，敢想敢拼，成就香港更美好的明天！

香港交易所——连接中国与环球市场的先行者

2017 年是香港交易所取得重大突破的一年，在推进战略规划以建设香港交易所成为全球领先、连接中国与全世界的多资产类别交易所上，取得显著成绩。不仅启动了近 25 年来最重大的一次上市制度改革，而且在年内成功推出债券通，将互联互通延伸至股票以外的领域，进一步提升了我们市场的竞争力，同时证券及衍生产品市场均刷新多项纪录，《2016-2018 战略规划》中许多目标也都一一实现。

截至 2017 年 12 月 31 日，香港共有 2,118 家上市公司（主板：1,794 家，创业板：324 家），总市值达 339,988 亿港元，2017 年香港新上市公司数目也创历史新高，达 174 家。香港交易所旗下证券化衍生产品（衍生权证及牛熊证）的成交金额连续 11 年全球夺冠，2017 年，香港衍生权证成交额高达 30,077 亿港元，牛熊证成交额高达 11,892 亿港元。2017 年新上市的牛熊证及衍生权证的数目分别为 13235 只及 7989 只，分别打破 2015 年及 2010 年的纪录。2017 年全年期货及期权成交合约共 214,845,348 张，较 2016 年增加 14%。期权成交合约总数创 137,785,021 张历史新高，较 2016 年增加 32%。年末的未平仓合约为 11,155,770 张，高于去年年底的 9,296,110 张。

2017 年香港交易所附属公司伦敦金属交易所 LME 总成交量录得 1.574 亿手（相当于 12.7 万亿美元及 35 亿吨金属），较 2016 年上升 0.5%。

互联互通市场迈向新里程碑

沪深港通

2017 年,沪港通及深港通继续交投活跃。南北向成交量均显著增加,北向成交总额达人民币 22,660 亿元,较 2016 年增加 194%;南向成交总额达 22,590 亿元,增长 170%。当中,南向平均每日成交金额激增至近三倍达 98 亿元,在香港股票市场日均成交额中的占比已超过 5%。自沪深港通推出以来,截至 2017 年年底,内地和香港市场的净资金流入分别达人民币 3,480 亿元及 7,260 亿港元。

2017 年 6 月,MSCI 决定 2018 年将中国 A 股纳入其新兴市场指数及所有国家世界指数,肯定了沪深港通在开放内地股市方面的重要角色。国际投资者亦对投资中国 A 股及使用沪深港通的兴趣日浓。我们将继续与监管机构及内地交易及结算同业合作,丰富交易产品的种类,包括推出 ETF 通和进一步完善机制安排,譬如假期交易安排及北向交易的投资者识别系统。

债券通

债券通北向交易于 2017 年 7 月 3 日成功推出,是互联互通市场计划又一重要里程碑。债券通是开放内地债券市场的一大突破,让更多不同的国际投资者得以经香港进入中国银行间债券市场。香港交易所并与中国外汇交易中心合资成立债券通有限公司,支援债券通相关交易服务、投资者教育及其他服务。自债券通推出以来,外国投资者在中国银行间债券市场本地债务证券的整体持有量已达人民币 11,470 亿元,较 2017 年 6 月 30 日升 36%。

证券市场

证券市场市价总值于 2017 年底为 34 万亿元,创下历史新高,按年上升 37%。

恒生指数于 2017 年底收市报 29919.15 点,较 2016 年底上升 36%。

2017 年的平均每日成交金额为 882 亿元,较 2016 年的 669 亿元上升 32%。

2017 年共有 21,224 只新上市结构性产品(衍生权证及牛熊证),为历史新高,并较 2016 年 13,771 只上升 54%。

2017 年有 174* 家新上市公司,较 2016 年的 126* 家上升 38%。

2017 年的总集资金额为 5,799 亿元,较 2016 年的 4,901 亿元上升 18%。

2017 年的交易所买卖基金平均每日成交金额为 43 亿元,较 2016 年的 41 亿元上升 5%。

* 包括由创业板转到主板的上市公司

衍生产品市场

2017 年的期货及期权平均每日成交量为 869,819 张合约,较 2016 年的 761,744 张上升 14%。

2017 年的股票期权平均每日成交量为 428,499 张合约,较 2016 年的 297,903 张上升 44%。

2017 年的人民币货币期货平均每日成交量为 3,025 张合约,较 2016 年的 2,206 张上升 37%。

2017 年 12 月 6 日,小型恒生指数期权的成交创下 19,094 张合约的历史新高。

2017 年 12 月 27 日,恒生中国企业指数期权的未平仓合约创下 3,465,052 张合约的历史新高。

2017 年 12 月 28 日,恒指股息点指数期货的未平仓合约创下 13,902 张合约的历史新高。

香港中国金融协会

香港中国金融协会成立于 2008 年,协会首席名誉赞助人为香港特别行政区前行政长官梁振英先生,现任主席为中国人寿保险(海外)副董事长兼总裁刘安林先生。协会永远名誉主席为中银香港顾问朱燕来女士,光大控股执行董事兼首席执行官陈爽先生,以及建银国际董事长兼总裁胡章宏博士。

香港中国金融协会旨在团结曾在中国接受教育或工作的香港金融业界人士,促进香港与内地及海外金融界的交流,加强与各界有关机构的合作,为香港、内地金融服务业的改革与发展做出贡献,目前拥有

24位主席团成员、50位理事及700余名香港金融行业的精英会员，涵盖银行、证券、保险、基金、法律、传媒、教育、审计等金融市场多个领域。

香港中国金融协会是一个在香港金融界发挥着重要作用，富有影响力的协会。香港中国金融协会将通过各种努力以达至以下目标：为会员提供讯息交流的平台，组织行业的相关活动，促进会员间的互助和友谊，维护会员的合法权益；与相关专业团体、大专院校、行业研究机构等建立联系，扩大协会的网络和影响力；组织与商界有关的机构及大专院校、研究机构的互动合作；研讨市场热门的专业话题，包括香港、内地、亚太地区及国际经济和金融课题；举办讲座、研讨会、工作坊，协助小区及咨询服务等活动；参与特区政府发起的有关金融业界的活动，提供专业的意见和建议；促进与内地业界和专业机构的联系，协助会员进修和考取专业资格等。

办公地址：九龙红勘红鸾道18号OneHarbour-Gate中国人寿中心A座16楼

电话：(852)37130147

传真：(852)25444395

网址：http://www.hcfa.org.hk/

邮箱：info@hcfa.org.hk

香港中国金融协会主席团理事名单

序号	机构	姓 名	职位
1	中国人寿保险(海外)公司副董事长兼总裁	刘安林	主席
2	光大控股首席执行官	陈 爽	永远名誉主席
3	建银国际(控股)有限公司董事长兼总裁	胡章宏	永远名誉主席
4	南方东英资产管理有限公司总裁	丁 晨	副主席
5	华夏久盈资产管理公司总经理助理、首届副秘书长	王 永	副主席
6	丝路金融有限公司首席执行官	李 山	副主席
7	香港大学中国金融研究中心主任	宋 敏	副主席
8	中国国际商会贸易金融委员会副主任	林治洪	副主席
9	海通国际副主席及行政总裁、海通国际控股有限公司行政总裁、海通证券总经理助理	林 涌	副主席
10	博海资本董事长兼投资总监	孙明春	副主席
11	华泰证券研究、销售和交易主管、首席经济学家	陆 挺	副主席
12	弘源资本合伙人兼投资总监	浦永灏	副主席
13	时和资产管理有限公司董事长兼总裁	陈 东	副主席
14	中国光大银行香港分行行长	陈林龙	副主席
15	浦东发展银行香港分行行长	张 丽	副主席
16	首届副主席兼秘书处(2008-2011)秘书长、海通国际战略发展研究部主管、首席研究员	黄少明	副主席
17	交银国际控股有限公司董事长	谭岳衡	副主席
18	守正基金(香港)管理有限公司行政总裁	翟 普	副主席
19	富泰金融集团主席	潘浩文	副主席
20	国泰君安国际控股有限公司主席兼行政总裁	阎 峰	副主席
21	Dymon Asia Capital 鼎亚资本集团总裁	罗佳斌	副主席
22	中投国际(香港)有限公司代理总经理	黎 涛	副主席
23	长城环亚国际总经理兼长城环亚控股董事会主席、执行董事、行政总裁	欧 鹏	副主席

序号	机构	姓　名	职位
24	华融投资股份有限公司董事长	秦　岭	副主席
25	香港中旅金融投资控股有限公司执行董事兼常务副总经理,安信信贷有限公司董事长,中旅银行副董事长	杨　浩	副主席
26	中国人寿保险(海外)公司办公室助理总经理	殷　楠	秘书长
27	港交所首席中国经济学家	巴曙松	首席经济学家
28	中投国际(香港)副总经理	王亚松	理事
29	副秘书长、乐透互娱行政总裁、执行董事	王秉中	理事
30	华兴资本创始人与 CEO	包　凡	理事
31	国泰君安国际控股有限公司副行政总裁,执行董事	祁海英	理事
32	嘉实国际资产管理有限公司产品总监	安克强	理事
33	永隆银行信贷管理部主管	李明霞	理事
34	光大证券国际行政总裁	李炳涛	理事
35	凯利投资集团有限公司董事长	何建立	理事
36	香港中国金融协会理事	宋永禕	理事
37	普华永道(中国)业务总监	宋利民	理事
38	瑞士银行董事总经理	岑　天	理事
39	红杉资本中国基金创始及执行合伙人	沈南鹏	理事
40	南洋商业银行助理总经理	吴斯维	理事
41	瑞银 UBS 财富管理大中华区首席投资官及首席经济学家	胡一帆	理事
42	方源资本(亚洲)有限公司合伙人	胡勇敏	理事
43	伟仕控股高级副总裁	姚　杰	理事
44	中国光大银行香港分行贸易金融部总经理	孙建华	理事
45	中国农业银行副行长	郭宁宁	理事
46	香港中国金融协会理事	陆　戎	理事
47	东星地产控股有限公司 CEO 兼执行董事,东银信息传媒有限公司董事长	陈　阳	理事
48	安永大中华区金融业首席合伙人	陈　凯	理事
49	方源资本(亚洲)有限公司合伙人	唐　葵	理事
50	永伦集团有限公司董事总经理	伦耀基	理事
51	海通(香港)金融控股有限公司财务总监	张信军	理事
52	中信资本控股有限公司总裁	张海涛	理事
53	巴克莱资本中国首席经济学家	常　健	理事
54	香港公共行政学院常务副院长	许诗蒙	理事
55	建银国际战略项目部兼直接投资基金董事副总经理	曾　昱	理事
56	邓普顿资产有限公司董事	曾思维	理事
57	万国数据香港有限公司行政总裁	黄　伟	理事
58	国际结算银行高级顾问	舒　畅	理事
59	中国新金融有限公司首席执行官	程　雁	理事
60	德润资本董事总经理	叶文莉	理事
61	光照资本创始合伙人	杨再勇	理事

序号	机构	姓　名	职位
62	兴证国际固定收益部门执行董事	杨影秋	理事
63	花旗投行部中国区主席	蒋国荣	理事
64	金利丰证券有限公司副总裁	刘少强	理事
65	香港金融资产管理有限公司董事	谢立强	理事
66	香港金融资产管理有限公司董事	谢炯全	理事
67	第二届秘书处(2011-2014)秘书长、中国光大控股有限公司首席执行官办公室主任	苏晓鹏	理事
68	前海开源基金荣誉董事长	龚方雄	理事
69	北京银行香港代表处首席代表	季海明	理事
70	投中集团创始人 &CEO	陈　颉	理事
71	山东黄金金控(香港)有限公司总裁	费　翔	理事
72	交银国际副首席执行官	李　鹰	理事
73	富途证券执行总裁	邬必伟	理事
74	蓝海资本创始合伙人及首席执行官	杨　锋	理事
75	建银国际成长型企业中心主管	徐建红	理事
76	招银国际金融有限公司营运总监	杨晓军	理事
77	恒健国际投资控股(香港)有限公司董事长	李孟建	理事
78	长城环亚国际投资有限公司董事总经理	陈屹琼	理事

励精图治　服务香港　贡献国家
——回归二十年香港中资银行业发展综述

中资银行业在香港的创业和发展已有百年历史，过去20年则是发展最快的时期。在庆祝香港回归祖国20年之际，回顾和概括这20年发展的基本历程和成就，具有特别的意义，有助于我们增强信心，加倍努力，利用香港这一不可多得的发展平台，紧紧把握国家发展的机遇，励精图治，在加快自身发展的同时，不断提高服务香港社会经济发展的实力和能力，为国家经济建设和全面深化改革开放做出更大贡献。

追求卓越，服务香港，奉献国家

目前，香港中资银行业协会的会员共有34家，包括持牌银行21家(其中香港注册9家，内地注册12家)，有限制持牌银行2家，接受存款公司3家，另有本地代表办事处7家及其他金融类机构1家。虽然这些会员机构来港发展有先后之别，拓展策略也不尽相同，但壮大业务，追求卓越，服务香港，奉献国家的基本宗旨却一以贯之，并为此作出持之以恒的努力。

快速发展的二十年

香港回归祖国以来的20年，是香港中资银行业务持续发展、管理不断提高的20年。依托国家改革开放事业的不断发展和经济增长的突飞猛进，香港中资银行努力克服1997年亚洲金融风暴、2003年非典肆虐、2008 年全球金融海啸等外在冲击，兢兢业业，聚焦发展，取得了令人瞩目的成绩。据香港金管局公布的最新资料，2016 年年底，香港中资银行资产、存款、放款总额分别为 72,600 亿、39,290 亿、31,320 亿(港元，下同)，比 1996 年的 8,700 亿、5,630 亿、3,540 亿分别增加 7.34 倍、5.98 倍、7.85 倍。1996 年至 2016 年间，香港中资银行资产、存款、放款的复合增长率分别为 11.2%、10.2%、11.5%，同期内，香港银行业整体资产、存款、放款的复合增长率分别为 4.9%、8.1%、3.7%。

香港中资银行综合情况

*资料来源：香港金融管理局及香港中资银行业协会

亿港元	香港中资银行			香港银行		
	资产	存款	放款	资产	存款	放款
1996	8,700	5,630	3,540	79,070	24,580	39,150
2016	72,600	39,290	31,320	206,540	117,270	80,230
增长率(1996-2016)	734%	598%	785%	161%	377%	105%
复合年增长率	11.2%	10.2%	11.5%	4.9%	8.1%	3.7%
市场份额(1996)	11.0%	22.9%	9.0%			
市场份额(2016)	35.2%	33.5%	39.0%			

香港中资银行市场份额

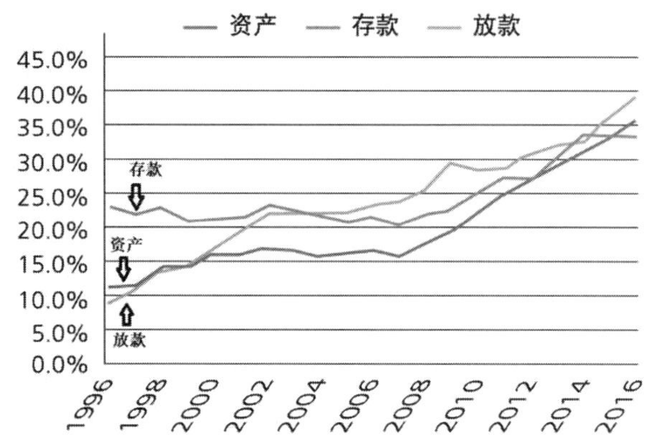

香港中资银行资产、存款及放款(亿港元)

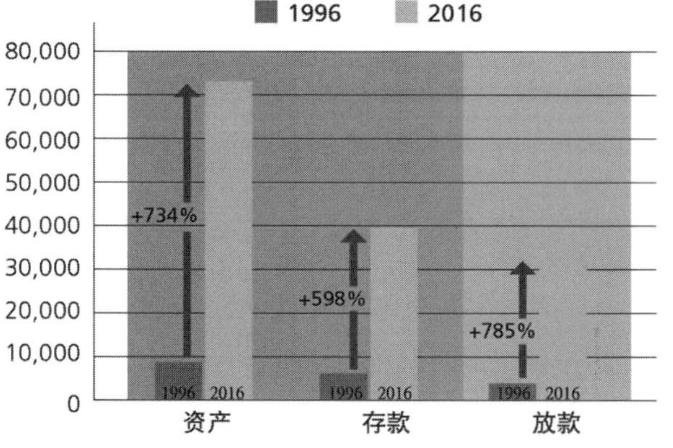

市场份额大幅提升

与此同时，香港中资银行资产、存款、放款的市场占有率也分别从 1996 年的 11.0%、22.9%、9.0%，提高到 2016 年的 35.2%、33.5%、39.0%。以增加额计，过去 20 年，香港中资银行资产、存款、放款的增加额占香港银行业整体的资产、存款、放款增加额的 50.1%、36.3%、67.6%。由此可见，香港中资银行业已经成为推动香港银行业持续发展和促进香港国际金融中心地位的重要动力。

发展不忘稳健

在大力发展业务的同时，香港中资银行也持续强化自身的管理水平，与同业最佳标准接轨。本地注册的银行已全面完成了股份制改革，按照先进的国际行业标准和严格的金融监管要求，提升公司治理机制，加强风险内控，将业务发展纳长治久安的健康之道。香港回归以来，先后有 10 家在香港设立分支机构的内地银行在联交所上市，集资总额超过 6,000 亿。随着这一大批内地银行在香港成功上市，其香港的分支机构也不断追随母行遵循香港上市公司的要求，依照香港证监会和金管局的监管标准，以实现现代化、集约化、市场化经营为目标，不断优化管理水平，为银行的长期经营奠定行稳致远的牢固基础。

与香港同呼吸、共成长

香港的稳定繁荣是银行业立行创业和长远发展的根本条件，中资银行从这一认识出发，长期以来一直与香港同呼吸、共成长，传承爱国爱港的优良传统，特别是香港回归以来，大力支持特区政府按照基本法有效施政，落实“一国两制”。过去 20 年，中资银行在扩大分支网络，增加产品种类，提高服务质量等方面多管齐下，务求为市民提供方便快捷的银行服务。最近几年，更在现代化银行服务方面大量投入，以适应金融科技和资讯网络发展的时代潮流，迎合市民对银行服务随心随时随地的需求。

积极支持香港发展

香港中资银行在支持本地经济和民生发展方面，一直扮演积极的角色，为香港基建设施、房屋建造等与经济长远发展和市民切身利益相关的项目，提供融资贷款，为香港经济的持续发展和市民的福祉添砖加瓦。作为促进金融市场稳定的重要力量，香港中资银行在香港金融体系出现震荡和风潮时，积极发挥作用紧密配合特区政府和监管部门平息市场的政策措施。1997 年至 2003 年间，由于外资银行收缩在港业务，整体在香港使用放款(放款)下降了 4,010 亿(–18.1%)；但是在同一期间香港中资银行放款不跌反升，增加了 340 亿。

在香港使用的放款（亿港元）

	中国	日本	美国	欧洲	其他	总额
1997	3,930	3,150	1,690	3,990	9,340	22,100
2003	4,270	810	1,090	2,950	8,970	18,090
增／减	8.7%	-74.3%	-35.5%	-26.1%	-4.0%	-18.1%
增／减	340	(2,340)	(600)	(1,040)	(370)	(4,010)

*按银行拥有权所属国家列出余额

中资银行也以促进香港金融发展为己任，不遗余力，支持各项有助于香港国际金融中心地位提升的举措，包括近年积极发展离岸人民币业务，支撑香港成为全球离岸人民币业务中心；促进香港与内地金融产品的互联互通，在股票的“沪港通”、“深港通”、黄金“沪港通”，以及“债券通”等方面担当重要角色。

饮水思源，回馈社会

中资银行的成长和壮大离不开香港市民和各界的倾力支持，饮水思源，回馈社会，香港中资银行在践行企业社会责任方面亦不甘后人，踊跃在前，积极参与香港各项慈善公益事务，捐助和资助范围遍布公益、环保、教育、文康、医疗、赈灾等方面，受到社会各界高度赞赏。

金融报国，义不容辞

香港中资银行作为民族资本在海外发展的先行者，金融报国，义不容辞，责无旁贷。历史上，香港中资银行为国家民族的复兴事业积极奉献，尤其是内地改革开放以来，紧密配合国家每个时期的重点工作，多方面发挥香港的独特作用，为支持国家现代化建设，促进内地与香港经贸金融往来，协助内地商业银行改革等贡献良多。近几年，香港中资银行在配合国家“一带一路”倡议、人民币国际化、内地企业“走出去”等策略也作出了大量卓有成效的努力。

任重道远

展望未来，香港中资银行发展任重道远。我们将不懈不怠，勇于担当起时代赋予的责任和使命，按照国家要求，一如既往，继续坚定支持特区政府依法有效施政，支持香港经济和社会的各项发展，支持香港金融银行业的壮大和国际金融中心地位的提高，支持国家改革开放和现代化建设。我们愿意与香港各界携手并肩，一起打造利益共同体，支持国家“一带一路”倡议、人民币国际化等重大战略，推动粤港澳大湾区建设和自贸区发展，为香港经济和社会发展做出贡献；与同业互相合作，公平竞争，共同发展，续写东方之珠的华丽篇章。

（供稿：香港中资银行业协会）

凝心聚力　担当共赢
为香港国际金融中心建设作出新贡献
——香港中资银行业协会工作回顾与未来展望

2017 年，世界经济持续复苏。中国作为全球第二大经济体，在全球经济回暖中承担大国责任，日渐走近世界舞台中央。2017 年内地经济总量突破 80 万亿人民币，经济增速为 6.9%，对世界经济增长的贡献率达到 33%。受益于外部环境改善，香港经济 2017 年表现超出预期，经济增长创 2011 年以来新高，多项主要指标优于以往。

这一年，香港银行业的整体经营情况稳中向好，信贷增长加快，资产质量良好，净息差开始改善。2017 全年银行业整体贷款增长 16.1%，高于 2016 全年的 6.5%。在审慎的监管制度下，银行业资产质量维持在健康水平。截至 2017 年 9 月底，特定分类贷款比率为 0.62%。2017 年全年银行业净息差较 2016 年高出 0.13 个百分点至 1.45%。银行流动性状况良好，2017 年第 4 季度平均流动性覆盖比率为 155.1%，远高于法定最低要求的 80%。银行体系的资本充裕，截至 2017 年 9 月末，银行业综合资本充足比率达 18.7%，远高于国际最低要求的 8%。

香港中资银行业协会由 2016 年成立初期的“蹒跚学步”到各项工作逐渐步入正轨，会员数量已增至 34 家，包括了所有中资银行和代表处，以及中国银联等金融机构。协会积极践行以“发展”、“责任”、“共赢”为核心的办会宗旨，通过协会平台凝聚在港中资银行力量，广泛联系社会各界朋友，为提升中资银行业整体形象，维护香港长期稳定繁荣，助力社会民生改善而不懈努力。协会成功举办了多个与银行业关系紧密的热点问题研讨会、讲座和论坛，其中“金融机遇和挑战”系列讲座更逐渐成为协会一个旗舰品牌，广邀行业内外专家，汇集行业内外智慧，与会员单位和其他香港同业共同探讨行业未来发展和应对挑战之道。协会会刊《钟声》撞响了第一声，为会员单位提供了全新的沟通交流、展示自我平台。协会继续加强与爱国爱港社团、商会的联系合作，参与庆祝香港回归 20 周年系列活动，坚定支持香港特区政府依法施政、积极作为，成为社会各界了解中资银行的窗口，赢得了会员单位和香港社会广泛认同。广大会员单位把握发展机遇，服务国家战略，经营业绩不断提升，主要指标优于市场平均水平，中资银行整体资产、客户存款、客户贷款已占香港银行业整体的三分之一，在香港国际金融中心建设中担当愈来愈重要的角色，同时也为中国金融业进一步扩大开放作出了有益探索。

2017 年是不平凡的一年，香港各界隆重庆祝回归祖国 20 周年，习近平主席视察香港，表达了中央政府对香港的美好祝愿和坚定支持。十九大胜利召开，国家进入了新时代，明确了香港在国家发展大局中的新定位，为香港未来发展指明了方向。香港在“一带一路”和粤港澳大湾区建设、人民币国际化等重大战略中的作用将更加重要，香港国际金融、航运、贸易中心和全球离岸人民币业务枢纽地位将进一步巩固和提升。

展望 2018 年，国家继续深化改革、扩大开放，着力建设现代化经济体系，经济将由高速增长阶段转向高质量发展阶段，给世界经济带来更多活力和发展机遇，香港将迎来进一步融入国家发展大局的机遇之年。“一带一路”倡议越来越得到沿线国家和地区的认同，香港基建投融资平台的作用将更加突出；粤港澳大湾区规划的实施将带动大湾区基建、科创、金融等产业全面发展，香港国际金融、航运、贸易中心地位将更加彰显；国家扩大服务业、制造业对外开放，自由贸易试验区被赋予更大改革自主权，香港与内地经贸投资联系将更加紧密；随着人民币汇率和市场机制的不断完善，人民币国际化进入 2.0 时代，香港全球离岸人民币业务枢纽地位将更加稳固；A 股纳入 MSCI 新兴市场指数正式生效，国际投资者借助香港配置 A 股将更加便捷；港交所上市制度改革，对众多优质中资企业赴港 IPO 将更具吸引力。

我们相信，在中央政府的全方位支持下，在特区政府的积极作为和香港社会各界的共同努力下，香港未来必将持续保持稳定和繁荣。新时代呼唤新作为，香港中资银行业协会将抓住机遇，继续发挥平台的凝聚作用，与会员单位及社会各界一道，支持香港经济发展和民生改善，共同为香港长期繁荣稳定、为“一国两制”伟大实践行稳致远作出新的更大的贡献。

回归二十年的香港资本市场格局变迁

交银国际董事长、香港中资证券业协会会长 谭岳衡

香港回归二十年来，两次金融危机改变了其资本市场的格局，形成了外资和中资金融机构两分天下的局面。中资投行整体实力较强，但是作为个体，与外资相比仍缺乏竞争力。因此，中资投行的国际化路程还非常漫长。

香港回归以后的这20年变化很大，这种变化就是，香港从一个殖民统治特色比较重的地区变成了一个和内地越来越融合的地区；从一个境外的国际化区域金融中心发展成为中国的国际金融中心。

香港资本市场的格局变迁

香港金融市场的变化也是巨大的。从香港资本市场的角度来看，这二十年中经历了两次危机，两次由危机引起的循环。一次是1998年的亚洲金融风暴，另一次是2008年次贷危机引起的金融危机。这两次危机的循环，改变了香港资本市场的格局。

危机既带有破坏性，同时也带有建设性。1998年的危机重创了香港有影响力的金融机构。百富勤是当年香港华资金融机构的代表，以“红筹之王”著称，在市场上具有相当的地位和影响。在亚洲金融风暴期间，香港政府出动外汇基金来稳定股市，救了市场，而没有救机构，所以百富勤倒下了。百富勤的倒下标志着1998年金融危机，使华资金融资本受到重创。

以摩根、美林为首的外资金融机构正是从那时开始大举进入香港市场，从1998年到2008年这十年间，外资金融机构在香港迅速发展，成为香港金融市场的主体，并获得了定价权、主导权。外资还通过香港进入中国内地市场，享受了内地市场蓬勃发展的十年的红利。

2008年由次贷危机引发的全球金融危机又一次改变了香港金融市场的版图格局。危机的源头在美国，首先受到影响是美国的金融机构，他们纷纷回撤在包括香港在内的新兴市场的投资。因此，2008年金融危机重创了香港的外资金融机构，也就是从那时开始，中资的金融机构大举进入香港市场。始于2008年的这十年中，中资金融机构成了香港金融市场版图中的重要力量。

总之，香港回归这20年中经历了两次危机，这两次危机的循环改变了香港金融市场的格局。如今，中资金融机构崛起，外资金融机构受重创，华资金融机构被边缘化，因此形成了外资和中资两分天下的格局。

中资金融机构在香港的发展

中资机构在香港的发展既有外部因素的推动，又有自身的优势。一方面，中资金融机构利用2008年金融危机所创造出来的机会来发展自己；另一方面，中国内地的经济增长和对外开放给中资金融机构提供了走出去的机会。

中国金融业的发展，从来都是与实体经济的发展联系紧密。中国过去的战略是吸引外资，而近十年来，已从单方面的吸引外资变成双向轮动。随着中国对外投资年年攀升，给中国的金融机构走出去提供了机会。

中国的金融机构在走出去的过程中，一开始并没有能力给当地企业提供金融服务，其服务对象大多是国内走出去的经济实体，如国有企业在海外的分支机

构。这种局面持续至今,可以说,如果没有中国的企业走出去,中国的金融机构走出去就没有竞争力。

近年来,香港市场的上市公司结构、投资者结构都发生了很大的变化,也促进了中资金融机构的发展。首先,从上市公司结构来看,香港市场上有1900多家上市公司,其中,内地的上市企业个数占51%,市值占64%,这就给中资证券公司提供了业务资源;其次,从投资者的构成来看,香港市场过去是以海外的机构投资人为主体,这二十年来随着对外开放和互联互通,越来越多来自内地的公募基金、私募基金、保险机构都成为香港市场的投资者。内地投资者的崛起,也给中资证券公司提供了交易机会;再次是政策上的支持,如QFII、RQFII的推出、两地基金的互认,使得内地的基金管理公司在香港设立机构和发展业务。在这些因素的推动下,中资基金、证券公司在香港快速发展,成为一支主流的力量。

中资投行的国际化

从IPO规模来看,中资证券机构在香港一级市场上的份额,已经由单纯的参与者变成主导者。十年以前,在香港的IPO市场上,中资机构很难作为一个主要的服务商,最多只是有个别项目参与其中。如今,在一级市场上,中资投行已经是绝对主导者,占据了约70%的市场份额。这主要是因为香港市场过去十年的发行主体大部分是内地企业。中资投行与内地企业有天然联系,就有机会抓住一级市场的业务。

然而,中资证券机构在二级市场的份额仍比较低,据粗略统计,中资证券公司在香港联交所的市场份额只有15%,而外资机构主导了绝大部分的交易量。这是因为香港市场的主要交易方都是外资基金、机构投资人。虽然这几年来自内地的机构、个人投资者也陆续进入香港市场,但还没有占到很大的份额。所以在香港的交易市场上,以外资交易为主体的格局没有改变。

中资投行作为一个整体很强大,但是作为个体,与外资相比仍缺乏竞争力。中国已是全球第二大经济体,拥有全球化的大型商业银行,但是还没有一家全球化的投行。中资投行的国际化路程还非常漫长。主要的欠缺体现在:

第一,缺乏全球性的销售网络。中国大型的商业企业都已经有了国际网络,但中资投行还都没有国际网络,因此没有力量将类似邮储银行这样的超大型IPO的股票卖到全球的每一个角落。

第二,缺乏超大型融资项目的服务能力,这种能力的积聚需要一个很长的过程。

第三,缺乏顶级的投行人员。这几年中资机构已经在吸引国际投行的人才,但是顶尖的经济学家、投资银行家基本还是在外资。

未来中国的全球化的大投行,可能从内地的证券公司产生,也可能从香港的中资投行中间产生。如果中国内地的投行和香港的中资投行能够一体化运作,会更有助于中国全球化的大投行的诞生。现在也有一些公司,如中信证券、中金公司具备这方面的基础,但还需要努力。

香港是“中国的国际金融中心”

香港是中国的国际金融中心,上海也在建设国际金融中心。香港作为国际金融中心的优势主要体现在:良好的法治环境、综合化的专业服务能力、税务的公平、信息的开放和自由。香港是“中国的国际金融中心”,上海是“国际的中国金融中心”,这两个金融中心会形成一种合力和互补。

未来,香港和上海会成为两个相互依存的金融中心,香港跟内地的互联互通会继续加深。现在是深港通、沪港通、债券通,将来还会有新股通、期货通。需要注意的是,不能把香港变成和上海完全一样的市场。香港的定位应该是在加深与内地互联互通的同时,进一步拓展国际化。

香港的股市交易量还比较小,估值也较内地A股偏低,主要有几个原因:

一是新经济的比重太低,香港上市的主体行业是地产、金融,缺乏朝阳型的、高成长型的现代科技公司。香港在吸引新经济公司上落后于美国等主要市场,尽管香港与阿里巴巴、京东这些互联网巨头近在咫尺,却由于制度设置等种种原因未能吸引到他们,这是香港所面临的问题。

二是国际化的程度太低。在内地来看,香港是一个国际市场。但与全球其他主要市场相比,香港的国际化程度还远远不够。美国市场可以吸引全球范围内的优秀的新经济公司,其股市的国际化程度在20%以上。而香港这些年来主要是吸引内地公司来上市,很少能够吸引到全球领先的公司。

因此，香港在拓展和内地互联互通的同时，一定要在全球范围内拓展国际化，这样才能保证香港作为"中国的国际金融中心"的地位不变。

香港在"一带一路"中的角色

香港政府给香港的定位是"超级联系人"，但这种定位没有跳出过去的思维。中国内地的对外开放促进了人才、资金、信息、货物的流动，香港作为联系人的角色实际是在慢慢淡化。

在这种背景下，香港应该把自己放在跟内地其他省区市一样的位置上，充分发挥自身的比较优势，主动参与到"一带一路"、粤港澳大湾区等重大项目的建设中。例如，内地一些省区市具有资源优势、制造业的优势。对于香港来说，一是有融资的优势，二是有专业服务的优势，可以把这两个优势发挥好，和内地其他的优势搭配起来，共同参与重点项目的建设。

今年全国两会上，粤港澳大湾区城市群建设正式写入政府工作报告。从国际发展的经验来看，湾区往往是一个具有核心功能的经济发展带，具备聚集功能和辐射功能，一个湾区的经济总量占整个国家的经济总量的比重很大。粤港澳地区的人口只占全国人口总量的5%，但GDP占了全国GDP总量的15%，是中国未来经济发展中的一个具有核心功能的区域。

因此，如果香港对外能够主动参与"一带一路"建设，对内主动参与湾区建设，就能促进香港本地的GDP增长，搞活经济。作为香港金融市场的参与者，也大有可为。

香港中资证券业协会

协会概况

香港中资证券业协会前身为香港中国企业协会于2007年设立的证券行业委员会，最初共有8家会员单位。随着内地证券公司"走出去"步伐的加快，在港中资券商队伍日益壮大。为更好地适应两地资本市场不断融合的新形势，发挥会员单位的两地联通优势，进一步加强在港会员单位与政府、监管机构及同业间的沟通交流，证券行业位会员进行了改组，并由19家[注]中资券商共同发起，于2009年10月14日正式成立了香港中资证券业协会。

香港中资证券业协会的宗旨是加强在港从事证券业务的中资企业会员间的协作，成为行业间沟通和与中央和香港特区政府有关部门沟通的桥梁，维护中资证券企业的共同利益，促进香港经济的稳定繁荣。

香港中资证券业协会成立至今，已发展至119家会员单位，协会的会籍分为四类别，(一)理事会员，即中资在港证券类企业；(二)普通会员，即除理事会员外，在港从事证券相关行业的知名企业；(三)名誉会员，即对协会有特别贡献或在业界名声较大的企业及在社会有威望的知名人士；(四)专业会员：经认可具有某项专业资格之团体，如会计师事务所、律师事务所等。截至2017年12月末，按会员行业分类，证券系会员47家；银行系会员10家；基金系会员22家；期货系会员20家；其他会员18家。按会籍类别分类，理事会员77家，普通会员33家，荣誉会员2家，专业会员5家。协会吸纳了最具实力和代表性的中资证券公司、资产管理公司、期货公司，以及服务于证券业的会计师事务所、律师事务所、IT服务中心等专业团体加入协会。

在过去十年，在协会全体会员的共同推进下，协会取得了持续的发展，参与了香港各个时期多项金融产业政策的研究，推进和完成了多项金融创新项目，开展了多次外部访问交流活动，联合香港金融服务界其他团体积极参与"爱国爱港"各项互动。同时，为会

注(19家创始会员分别为：国泰君安金融控股、海通金融控股、中信证券国际、中银国际、招商证券(香港)、工银国际、广发控股(香港)、交银国际、申万宏源(香港)、太平证券(香港)、信达国际、华泰金融控股、农银证券、国元证券(香港)、建银国际、国金证券、越秀证券、招银国际、光大控股)。

员单位举办了覆盖面广的行业职业技能培训，组织了形式多样的协会会员交流活动，在凝聚中资机构力量、维护行业利益、支持特区政府依法施政方面发挥着越来越重要的作用。经过十年的探索和发展，协会已逐步发展成为市场化、专业化的行业自律组织，塑造了中资机构的在香港市场的行业品牌和社会形象。

主要社会成就

回归祖国20年来，香港背靠祖国和依托发达的资本市场，建立了世界领先的国际金融中心，促进了香港金融业的蓬勃发展。以IPO集资规模计，香港交易所长期位列全球三甲且多年荣膺冠军。随着中国改革开放的深化，香港国际金融中心的内涵与特色不断变化，但金融中心的地位愈发稳固。其中，中资投行通过践行国际化战略，开疆拓土，勇于创新，直面国际金融机构的垄断地位并参与激烈竞争，在香港国际金融中心创新与发展方面发挥了重要作用，香港资本市场的版图也因中资券商的崛起发生了结构性变化。

回顾过去的20年，香港中资券商在香港资本市场从少聚多、由弱变强的历程，大体可分为三个阶段。

凝心聚力　萌芽出发

一是萌芽产生阶段，在香港回归的1998年前后。最早一批中资券商在香港成立，如中银国际、交通证券、国泰君安国际、申银万国香港、招商证券香港等。有的是新设机构，有的是其他财务公司收购而来，有的是商业银行旗下的证券部门，机构零星，业务单一，实力较弱，中资整体在香港市场声音微弱。

顺应形势　正式成立

二是规模发展阶段，在2007年前后，中国证监会批准了一批证券公司、基金公司、期货公司在香港设立子公司，五大商业银行通过在香港设立控股平台布局投行证券。借助国企发行H股热潮和中国资本市场开放，香港中资证券行业迎来了第一波发展高潮，并在投行、证券、资管、期货等业务领域崭露头角。脱胎于香港中国企业协会证券行业委员会的香港中资证券业协会，正是于2007年组建成立，第一届会员已有19家。

百舸争流　做大做强

三是实力增强阶段。2012年以来，在外资结构性调整、港资收缩退出的大环境下，中资券商成为香港资本市场的主力军。2012年，香港中资证券业协会会员为59家，当年IPO市场承销金额前十名仅有5家中资，中资券商担任账簿管理人承销IPO的市场份额占比为45%，仅有一家中资券商进入港交所A组。刚刚过去的2017年，香港中资证券业协会会员猛增至119家，有7家中资挤进IPO市场承销金额前十名，两家中资券商进入港交所A组，据估算中资券商二级市场交易份额占到15%，为零售客户交易量比例的一半。

目前，活跃在香港资本市场上的中资券商群体，既有监管机构批准南下的国家队，也有引领国际化潮流的民营排头兵，还有一批跟随券商走出去的中介机构、IT公司。随着内地与香港资本市场互联互通的落实，香港证券行业孕育着前所未有的机遇，中资券商拥天时、地利、人和之利，形成了百花齐放、百舸争流的发展形势。

会员的经营与成果

在过去的20年，中资券商与在香港资本市场同台竞技的国际性金融机构一样，经历了1998年的亚洲金融危机、2002年前后的互联网泡沫、2007年的次贷危机、2015年的股灾。多次金融市场风暴考验了中资投行，中资投行不但没有受到金融风暴的影响消沉凋敝，反而依靠顽强的生命力逐步壮大、枝繁叶茂。

一是业务范围扩大，经营实力提升。中资券商从内地带来了资金，也带来了客户和业务，为业务规模较快增长奠定了基础。证券行业是上下游产业链关联度比较高的行业，大型中资券商都建立了投行、资管、证券、投资等全业务平台，盈利能力大大增强，并具备了与外资大型投行竞争的基础。中型券商也逐步迈出传统的经纪领域，在资管、投行、结构化融资领域发力。基金公司借助QDII、RQDII的政策，迅速实现了管理规模的跨越式发展。期货公司依托灵活的定价体系和庞大的客户基础，占据了香港零售期货市场的大部分份额。从业务领域看，中资在IPO市场占据明显优势，在股票交易、债券发行、香港期货交易市场增速明显，在衍生品发行、FICC市场以及海外布局方面开始探索，在资产管理、环球股票及期货交易和国际化销售网络方面与外资仍有相当大的差距。

二是有竞争也有合作，发展道路各有侧重。中资机构在客户和资金方面的同质化现象比较明显，因此在具体项目上存在直接竞争。但中资券商更多的是合作。以大型IPO为例，单一的中资投行目前还不足以单独完成超大型融资，需要众多投行合作完成项目。从业务发展空间上看，中资券商仍处于良性竞争状态。由于各家中资券商集团背景和优势禀赋不同，业务发展方向上呈现出不同特点。银行系的券商资金优势明显，机构和企业级客户众多，在大型投行项目、债券项目、投资项目上具有优势。券商系券商对市场把握敏感，客户群体广泛，因此在证券交易、互联网业务、跨境交易上具有优势。区域性券商与内地省份企业关系紧密，在特定省份和企业的竞争优势明显。

三是规范与稳健同行。20 年前受亚洲金融危机影响，一批中资在港设立的贸易公司和窗口公司破产和清算，内在原因是公司治理缺失和粗放式经营，这成为中资机构在港发展的历史警示。证券行业是经营和管理风险的行业，合法合规是底线，稳健经营是基础，因此中资券商在迎来业务大发展的同时，更加重视合规与风险。如今的香港中资券商，普遍实行董事会议事和分级授权管理，引入并坚持独立董事制度，使业务发展建立在良好公司治理和风险控制基础上。针对中资迅猛发展，香港证监会也给予了足够重视。为了适应香港的监管规则和保障业务发展需要，大多数中资机构都聘请本地合规官，合规具有一票否决权，确保内地来港的客户、资金遵守香港市场规则。

四是中资以香港为平台的国际化已经起步。中资券商的国际化战略如长龙出海，香港不仅仅只是龙头，而是策动和支援布局其他地区的龙身。为了满足客户需求和支持业务发展，部分香港中资券商启动了对外投资和布局的脚步。海通国际收购葡萄牙圣灵银行并更名海通银行以及收购吉亚股份，成为中资机构国际化的标志性事件；广发期货香港公司收购英国 NCM 期货公司全部股权，成为中资期货公司海外并购的“第一单”；建银国际收购英国 Metdist 公司 75%股权，成为 LME 第一家具有中资银行背景的圈内会员；海通国际、中金香港、国泰君安国际、招商国际等大型券商设立纽约、新加波、台北、东京、首尔等地的销售团队，通过组建国际化销售网络促进客户来源的多元化。

二十年一路走来，中资券商在香港的发展折射出中国资本扬帆出海的成果，体现了中港文化、中西文化融合交流的实践，寄托了中资券商国际化的梦想。二十年也是香港中资券商的新起点，面临互联互通新格局、人民币国际化新任务和“一带一路”新机遇，香港中资券商必将担当历史重任，实现新的发展。

协会主要会务工作回顾

作为中资证券机构的大本营，协会一直承担着平台和纽带职能，通过多方面的工作，为中资证券机构的全面发展壮大提供服务与支持。

(一)扩大中资机构阵营，承担证券专业职能

经过十年的发展积淀，协会由 8 家创始会员发展到目前的 117 家会员，吸纳了在香港最具实力和代表性的中资投行、证券公司、资产管理公司、期货公司，主要服务于中资机构的会计师事务所、律师事务所、IT 公司、财经公关公司也相继加入协会。通过协会会员的组成结构不难看到，中资在香港资本版图上的生态链逐步建立，市场影响力不断提升。尤其是在 IPO 市场上的份额逐年提升，充分显示了中资投行在香港的崛起。随着越来越多中资期货公司入驻香港，为了发挥期货机构的专业特点，协会于 2016 年底组建了协会首个专业委员会——期货专业委员会，承担协会在期货行业上的发展规划、研讨、宣传、自律等功能。与此同时，举办中资券商首席论坛，汇集中资重量级经济学家、研究员集中亮相发声。

(二)加强与两地政府、监管机构、交易所等沟通交流

协会成立以来，一直得到两地政府、监管机构、交易所以及社会各界的高度重视和鼎力支持。协会从会员整体利益出发，为了优化和改善中资机构生存发展的环境和政策，通过专题调研、研讨、论坛等方式，向各方面客观反映中资近年来取得的成绩和面临的困难，提出实施国际化战略和做大做强香港中资证券机构的政策建议，得到了政府、监管机构和交易所的高度认可和积极回应。具体工作包括：号召会员机构参与香港证监会、港交所发出的法律法规意见征询，主导和参与香港各个时期多项金融产业政策的研究，开展多项金融创新项目的论证和实施，参与政府施政报告咨询、证监会和港交所关于上市规则联合咨询、证监会强化高级管理人员责任咨询等多项咨询活动，举办与监管机构对话的多个研讨会与论坛。

同时，协会充分发挥立足国际金融中心的辐射优势，积极迈出对外合作步伐。包括：定期开展对外考察与商业洽谈，拓展业务视野；与深圳证券交易所旗下

公司签署合作协议，共同推广“深港通”的业务发展；与巴西交易所、华沙交易所、中欧交易所、巴西海通银行签署合作备忘录，探索“一带一路”的金融合作；参与上海证券交易所、中欧交易所在香港举办的年会，为中国证券市场对外开放壮大声势。

(三)以服务会员为宗旨，举办类型丰富、形式多样的会员活动

服务会员、开展活动是协会日常的重点工作。为了使各项活动有影响、有效果、有创新，协会从会员关心及热点事项出发，开展了不同类别的会员活动，为会员解决了问题、开拓了眼界，也为协会和会员扩大了影响、提升了品牌。

协会成立十年来，举办各类专业讲座、研讨会及职业技能培训近二百余次，包括与各交易所举办产品研讨会，与会计师事务所联合举办行业热点专题研讨会，与相关专业机构如人力资源、风控合规、行政管理等公司举办专题研讨会。与多家行业协会和财经媒体合作，共同举办券商评选活动，多家中资会员荣膺奖项，助推了中资品牌宣传，展示了中资整体形象。建立了协会简报机制，设立了协会微信公众号，与《紫荆》、《经济日报》建立了合作专栏，广泛宣传、报导协会新闻、会员动态和中资观点，传递中资机构的经营成果正能量。响应国家战略，编写“一带一路”专著；举办香港中资投行杯篮球联赛、足球友谊赛等文体活动，活跃中资员工业余生活。在协会全体会员的共同推进下，经过十年的探索和发展，协会已逐步发展成为市场化、专业化的行业自律组织，塑造了中资机构的在香港市场的行业品牌和社会形象。

(四)积极参与金融服务界活动，在社会事务上共同行动和一致发声

过去十年，中资证券企业到香港开拓业务，背靠祖国，根植香港，以香港为家，服务香港。中资机构不仅是香港经济发展的重要参与者，也是香港社会和谐稳定的坚定支持者。协会会员机构积极参与香港金融服务界各项活动，在重大社会事务上频繁发出来自中资券商的声音。在涉及香港长期繁荣稳定的大是大非问题上，协会旗帜鲜明、行动一致。强烈反对“港独”和暴力事件，支持政府依法施政；号召会员积极投票，依法选举立法会议员和特首选委会成员；从香港稳定和行业利益出发，严厉谴责引发宣誓风波的候选议员。在重大社会事务方面的共同行动和发声，显示了中资机构同气连枝、团结一致的集体力量。

附：会员单位列表

序号	公司名称	
1	TCL Capital (Hong Kong) Limited	普通会员
2	上银国际有限公司	理事会员
3	大成国际资产管理有限公司	理事会员
4	山证国际金融控股有限公司	理事会员
5	工银国际控股有限公司	副会长
6	中大(香港)期货有限公司	理事会员
7	中民证券(香港)有限公司	普通会员
8	中州国际金融控股有限公司	理事会员
9	中投证券(香港)金融控股有限公司	理事会员
10	中信建投(国际)金融控股有限公司	理事会员
11	中信期货国际有限公司	理事会员
12	中信证券国际有限公司	副会长
13	中泰金融国际有限公司	理事会员
14	中泰国际期货有限公司	理事会员
15	中国人寿富兰克林资产管理有限公司	理事会员

序号	公司名称	
16	中国北方证券集团有限公司	普通会员
17	中国平安证券(香港)有限公司	理事会员
18	中国光大控股有限公司	副会长
19	中国光大证券国际有限公司	理事会员
20	中国泛海国际金融有限公司	普通会员
21	中国国都(香港)金融控股有限公司	理事会员
22	中国国际金融(香港)有限公司	副会长
23	中国国际期货(香港)有限公司	理事会员
24	中国丝路金融控股有限公司	普通会员
25	中国华融国际控股有限公司	理事会员
26	中国新永安期货有限公司	副会长
27	中国银河国际金融控股有限公司	副会长
28	中国迈科期货国际有限公司	普通会员
29	中国证券登记结算(香港)有限公司	理事会员
30	中顺证券期货有限公司	普通会员
31	中银国际控股有限公司	副会长
32	中融国际证券有限公司	普通会员
33	太平金融控股有限公司	理事会员
34	方正证券(香港)金融控股有限公司	理事会员
35	北京首通证券香港集团有限公司	普通会员
36	弘苏期货(香港)有限公司	理事会员
37	民生商银国际控股有限公司	理事会员
38	永隆资产管理有限公司	普通会员
39	申万宏源(香港)有限公司	副会长
40	交通银行信托有限公司	理事会员
41	交银国际控股有限公司	会长
42	光远资本管理有限公司	普通会员
43	安永会计师事务所	专业会员
44	安信国际金融控股有限公司	理事会员
45	艾雅斯信息科技有限公司	普通会员
46	西证国际证券股份有限公司	理事会员
47	宏大证券有限公司	普通会员
48	玖富证券有限公司	普通会员
49	招商证券国际有限公司	副会长
50	招银国际金融有限公司	理事会员
51	易方达资产管理(香港)有限公司	理事会员

序号	公司名称	
52	东方金融控股(香港)有限公司	理事会员
53	东方财富国际证券有限公司	普通会员
54	东海国际金融控股有限公司	理事会员
55	东航国际金融(香港)有限公司	理事会员
56	东兴证券(香港)金融控股有限公司	理事会员
57	泛欧交易所集团	荣誉会员
58	金杜律师事务所	专业会员
59	金瑞期货(香港)有限公司	理事会员
60	长江证券国际金融集团有限公司	理事会员
61	信永中和(香港)会计师事务所有限公司	专业会员
62	信达国际控股有限公司	副会长
63	信银(香港)投资有限公司	理事会员
64	南方东英资产管理有限公司	副会长
65	建银国际(香港)有限公司	副会长
66	恒天国际资本管理有限公司	普通会员
67	恒生网络有限公司	普通会员
68	首控金融有限公司	普通会员
69	首控证券有限公司	普通会员
70	香港国际金融服务集团有限公司	理事会员
71	香港万得信息有限公司	普通会员
72	原银国际有限公司	普通会员
73	唐印国际期货有限公司	普通会员
74	晋商期货有限公司	普通会员
75	泰康资产管理(香港)有限公司	理事会员
76	浙商国际金融控股有限公司	理事会员
77	浦银国际控股有限公司	理事会员
78	海通国际证券集团有限公司	副会长
79	海通期货香港有限公司	理事会员
80	财通证券(香港)有限公司	理事会员
81	国元国际控股有限公司	理事会员
82	国投瑞银资产管理(香港)有限公司	理事会员
83	国金证券(香港)有限公司	理事会员
84	国信证券(香港)金融控股有限公司	理事会员
85	国泰全球投资管理有限公司	理事会员
86	国泰君安国际控股有限公司	副会长
87	捷利港信(香港)有限公司	普通会员

序号	公司名称	
88	深证通(香港)有限公司	普通会员
89	混沌天成国际有限公司	理事会员
90	毕马威	专业会员
91	博大资本金融集团有限公司	普通会员
92	博时基金(香港)有限公司	理事会员
93	博达浩华国际财经传讯集团	普通会员
94	富国资产管理(香港)有限公司	理事会员
95	富国证券有限公司	普通会员
96	复星恒利证券有限公司	普通会员
97	惠理集团有限公司	普通会员
98	华安资产管理(香港)有限公司	理事会员
99	华夏基金(香港)有限公司	副会长
100	华泰(香港)期货有限公司	理事会员
101	华泰金融控股(香港)有限公司	理事会员
102	华兴证券(香港)有限公司	普通会员
103	越秀期货有限公司	理事会员
104	越秀证券控股有限公司	理事会员
105	汇添富资产管理(香港)有限公司	理事会员
106	汇港资讯有限公司	普通会员
107	新加坡交易所	荣誉会员
108	新湖国际期货(香港)有限公司	理事会员
109	瑞达国际金融控股有限公司	理事会员
110	万国数据服务(香港)有限公司	普通会员
111	农银国际控股有限公司	副会长
112	玛泽会计师事务所有限公司	专业会员
113	广发控股(香港)有限公司	副会长
114	广发期货(香港)有限公司	理事会员
115	摩根富国证券有限公司	普通会员
116	横华国际金融股份有限公司	理事会员
117	兴证国际金融集团有限公司	理事会员
118	诺安基金(香港)有限公司	理事会员
119	鹏元资信评估(香港)有限公司	普通会员

香港上市公司商会

关于我们

香港上市公司商会成立于2002年，是本港唯一专注上市公司事宜的市场组织。

成立初期由66间公司会员组成，至今上市公司会员已经超过240家,会员包括蓝筹、国企、红筹以及多家本地公司。会员公司总市值超过十万亿港元,占市场三分之一以上。

商会多年来致力推动香港缔造高效有序、合理及信息流通的上市集资环境,借着提高企业管治水平创造理想的资本及证券市场,保持香港作为中国首要集资市场及亚太区金融中心的优势。

增进沟通

商会常务委员会由不同背景上市公司之董事及行政人员组成,一直担当上市公司与监管机构之间的沟通桥梁,透过不同形式的会面以及大型市场咨询论坛，就条例修订及重要市场议题向监管当局力陈意见,竭力维护上市公司权益,促进市场良性发展。

中港交流

有见中港股市联系日趋紧密，商会早于2012年及2014年分别于上海和深圳举办大型论坛让中港股市之上市企业及监管机构代表就企业治理及市场发展及操作议题互动交流。

商会亦不时举办北京访问团,让会员加深了解国家在金融及经济方面的发展及政策。

加强了解

商会定期举办讲座、研讨会、专门的“董事培训系列”,以至午餐会为会员公司传递最新信息,提供不同市场观点。商会亦出版季刊Momentum,与市场决策人士、专家进行深入访谈,分析市场发展及监管趋势。此外,商会亦多次就新条例撰写专门指南以协助会员履行监管要求。

推广公司管治

商会积极推广公司管治，于2007年与香港浸会大学公司管治与金融政策研究中心发表香港首份公司管治约章,并举办首届“香港公司管治卓越奖”,鼓励企业对公司管治及持续发展作出整体性规划和承担,并表扬有卓越成就之杰出企业。奖项以严谨及全面的评选准则见称，成为上市公司管治水平的指标，竖立公司管治的典范。

力创新机

商会举办多元化的联谊活动,予上市公司高层一个沟通互动的平台,加强香港上市公司之间之联系。

“香港回归20周年”寄语

香港中资基金业协会会长　丁晨女士

在过去的2017年,我们的祖国经济繁荣、社会稳定,综合国力不断提升,取得了举世瞩目的辉煌成就。G20集团峰会、“一带一路”国际合作高峰论坛、金砖国家峰会等重要会议的成功举办，顺应了世界经济大调整、大变革、大创新的新要求,为引领世界经济下一个长周期的复苏、繁荣和发展提供了积极的发展动能。香港依托祖国大陆的蓬勃发展,相继成功施行“深港通”“债券通”等互联互通项目,充分发挥“一带一路”超级联系人作用,积极推动“粤港澳大湾区”构想进入规划阶段,在把握香港经济发展新机遇的同时,继续在中国经济“走出去”的过程中彰显重要战略意义。

2017年是香港回归祖国20周年,香港成功选举出新一任行政长官林郑月娥女士,站在这个特殊的历史节点上回望,"一国两制"是香港繁荣稳定的根本保障,也是香港金融服务业发展的重要前提。香港在国家的战略全局中具有不可替代的作用,而国家也一直十分重视香港的发展需求,大力支持香港的社会经济建设。作为具有广泛社会影响力的金融协会,香港中资基金业协会同香港金融服务界一起始终坚持爱国爱港的核心立场,支持特区政府依法施政,以良好的素养,积极、理性地参与各项社会事务。多年来,并同香港各界协会一起团结互助、优势互补、合作共赢,为香港国际金融中心地位的形成和巩固做出了重要贡献。今后,香港中资基金业协会作为香港金融服务界的重要协会之一将秉承优良传统、深化交流合作,共同促进香港金融业和社会经济的繁荣与发展,为两地资本市场互联互通、"一带一路"倡议及"粤港澳大湾区"建设贡献力量。

在新的一年里,我们将聚贤能、谋发展,继续为香港经济社会的不断进步献计献策,为中国和香港特区的金融市场贡献力量。面对未来日趋复杂的社会环境,我们需要勠力同心、精诚团结,打造香港资本市场稳定的基石。同时,作为一个有责任感、有担当的社会团体,香港中资基金也协会连同金融服务界一起愿与特区政府和社会各界爱国爱港人士一道,捍卫香港法治精神,坚守香港核心价值,维护香港长期繁荣与稳定!

最后,祝福香港,祝福祖国。愿我们伟大的祖国更加繁荣富强!愿我们的家园香港明天更加美好!

中资资产管理机构在港蓬勃发展
香港中资基金业协会保驾护航

香港中资基金业协会秘书长　王颖思

在国家大力推进资本市场开放及人民币国际化的大背景下,香港中资基金业协会由多家在港中资资产管理领军机构在 2013 年 6 月联合发起,并于 2013 年 9 月 5 日在香港正式成立。目前协会拥有超过 77 家会员机构,协会成员主要包括中资背景的基金公司,连同保险、银行、券商的资产管理部门,以及部分与资产管理业务相关的服务机构。

香港中资基金业协会旨在为在港中资资产管理机构服务,通过汇聚在港中资资产管理机构的中坚力量,增进海外中资资管业内交流,提高业务水平,规范及促进行业自律和健康发展;加强中资资管和监管机构的沟通,为国家资本市场开放提供第一手的市场资料,并为现行政策的优化和新政策的推出献计献策;配合国家资本开放和人民币国际化的策略,借助香港中资基金业协会这一平台进一步拓宽境外投资者投资中国资本市场、分享中国经济发展成果的管道,为 RQFII 等政策在香港的长期持续发展保驾护航,助力中国资本市场开放。

中国资本市场开放的每一步都有中资资管的身影。2003 年中国正式开放 QFII(和资格境外机构投资人)制度,2007 年 QDII(合资格境内机构投资人)在香港试水,2011 年底 RQFII(合资格人民币机构投资人)正式启动。中资资管也在这个时期迈出了海外发展第一步,并得到了迅速的发展。接下来,中国资本市场开放的步伐越发稳健,沪港通、深港通、债券通、QDRP、QDIE、中港基金互认等互联互通项目陆续推出,极大丰富了国际投资人投资中国和国内投资人投资国际的渠道,让中国资本市场越来越为世界投资人所关注。在这个开放过程中,中国和香港特区政府也在不断优化各项现有的投资渠道,从税收,到清算、托管,从投资额度,到投资标的,一项项地在尝试、摸索中去改进,去适应市场和国际投资人的需求。围绕这些新的政策,中资资管人也在不断地推陈出新,优化现有产品,推出更多不同类型的投资产品,丰富产品结构,不仅是政策的参谋人,更是新政策推出的第一批参与人。在这些政策背后,香港中资基金业协会一直与中国和特区政府、监管机构都保持着积极的沟通和互动。这中间的每一步,每一项小小的进步,每一个新的变化与优化,都凝聚着我们从国际资本市场和国际投资人获得的反馈和我们在海外开展业务多年来的经验和判断。我们也欣喜地看到,所有的努力也都得到了回报。在这一些政策的推出和优化后,全球资本市场也开始接纳中国资本市场,继人民币成功加入 SDR 后,2017 年 MSCI 也宣布把 A 股纳入新兴市场指数。这其中的每一步都凝聚着我们海外中资资产管理人付出的努力!

中资资管已经发展成为香港乃至国际金融市场一股重要力量。十年前,中资资管刚涉足香港,最开始为国内母公司的 QDII 基金提供投资顾问,然后发行自己的主动管理港股,点心债基金,再到 RQFII 债券基金和 RQFII 股票 ETF。到如今,中资资管的投资标的囊括几乎全球所有资产类别,产品遍布亚洲、欧洲、美国主要金融中心,投资人遍布全球。中资资管公司,从无到有,从在夹缝中求生存,到可以在香港这个国际金融市场和外资巨头同场竞技,这都凝聚着中资资产管理人的心血,当然更离不开国家宏观政策的支持。其中 RQFII 计划的推出给中资资管在香港的发展提供了一个最佳的时机。RQFII 在香港的推出,不仅极大地丰富了海外人民币的投资渠道,推动了人民币国际化的步伐,促进内地与香港的经贸交流与融合,更对支持香港金融业的发展、巩固和提升香港国际金融中心的地位、支持香港发展成为国际资产管理中心和防范系统性金融风险提供了强力保障。中资资管在 RQFII 计划中,以香港为舞台向世界充分展现了中资资管的实力。中资资产管理机构在 RQFII 计划上取得了巨大的成功,不仅成功地配合了国家的人民币国际化战略,也让香港成为当之无愧的人民币离岸中心,我们为我们取得的成绩感到骄傲!在全球已经批准的 6050 亿 RQFII 额度中,香港以 3050 亿占据了全球超过 50%的市场份额,香港的中资资产管理人获批额度更是高达 2800 亿,占到香港额度超过 80%。从产品发行上来看,中资资管的成绩也有目共睹。根据彭博的公开数据,截至 2017 年 9 月底,香港中资基金业协会会旗下管理着上百支基金产品。其中股票类有 42 支,142 个股份类别;固定收益类有 36 支,78 个股份类别;多元配置类有近 20 支,38 个类别;ETF 有 37 支,60 个不同类别。这每一个产品都见证了中国金融市场和世界融合的步伐,每一支产品都凝聚了香港中资资产管理人的资产管理智慧。

为了将优秀的香港中资资产管理人资管智慧展现给更多的海外投资人,香港中资基金业协会联合彭博举办了“离岸中资基金大奖”,表彰表现优异的中资资产管理人。从 2015 年到 2017 年,离岸基金大奖已经成功举办 3 届,成为香港中资资产管理行业的业界盛会!奖项广泛表彰在股票、债券、多元资产配置、ETF、另类投资等领域表现卓越、创新的基金产品和资产管理公司。除此之外,“离岸中资基金大奖”也对中资资管做出卓越贡献的合作伙伴和服务提供商进行表彰和推荐,提高整体的服务水平,努力为中资资管营造一个高质的经营环境。

回顾十年前,中资资管公司初涉香港市场,一步步在摸索和挑战中壮大。我们见证了改革浪潮相继而至,全球市场跌宕起伏,资管行业日新月异。中资资管公司凭借孜孜不倦的努力,在香港站稳了脚跟,并在这里服务全球投资者。2013 年,“香港中资基金业协会”正式成立,光阴如梭,我们收获了信任,赢得了尊重。展望下一个十年,中国改革开放步伐坚定,技术创新势不可挡,中资资管业肩负着新时代赋予的使命,机遇和挑战并存。在中国资本市场逐步开放、走向国际的浪潮里,中资资管人定会不忘初心,携手并进,不断提高中资机构在海外市场的竞争力,长风破浪会有时,直挂云帆济沧海。

"香港回归20周年"寄语

香港特许秘书公会会长　傅溢鸿

2017年是香港回归祖国20周年，香港特许秘书公会(公会)亲历并见证了内地与香港的共同发展与走向繁荣。20多年来，公会在内地积极倡导良好的公司治理与董事会秘书(董秘)专业化发展，获得了广大上市公司与两地监管机构的大力支持与广泛认可。

香港的国际金融中心地位得益于其良好的公司治理环境，而公司秘书制度则是有力的配套保障体系，且随着近现代公司制度的发展及公司治理的演变而不断完善。香港建立公司秘书制度旨在完善公司内部的管理，使公司运转更加规范、协调，促进和提高公司运作的效率、安全及合法。随着金融与证券市场监管的不断强化及公司治理标准的日益提升，公司秘书在公司治理实践中的角色与作用经历着前所未有的扩充和加强。

内地的董秘制度正是借鉴了香港的公司秘书制度，并于1993年青岛啤酒在香港上市时将该制度引进到内地境外上市公司的法人治理结构中，以满足香港上市的公司治理标准。1993年7月至1994年6月，内地首批9家国有企业赴香港上市，按照《香港公司条例》和香港交易及结算所有限公司(港交所)《上市规则》要求，上市公司必须聘任一名合资格的人士担任公司秘书，为此国务院证券委员会根据当时内地国企重组上市的特点和法人治理结构的现状，仿照香港做法，要求在境外上市公司中设立同等职位，称之为董秘。而公会作为最早参与内地资本市场建设的香港专业机构之一，积极配合原国务院证券委员会、原国家经济体制改革委员会等有关政府部门，参与了董秘岗位职责的制定工作，并积极收集国际成熟市场上市公司在公司秘书职位设置方面的法律法规，汲取相关经验，为内地董秘岗位的设置及职责范围的界定提供了专业意见。后来该制度于1994年、1996年又被分别推广到B股及A股上市公司。

无论是香港公司秘书还是内地董秘，尽管在称呼上有所差异且产生于不同法律体系下，但其核心治理职能却一脉相承，殊途同归，均是为确保良好公司治理而做出的法律制度安排，它是企业法人治理结构中的一个独特的治理机构，也是现代上市公司治理结构与治理实践中不断完善的一个重要岗位。

总体上看，内地董秘的职责与香港的公司秘书职责基本类同，两地相关法规均强化了董秘职责，从法律角度提高了董秘作为机构而非个人的重要地位，但在具体规定上内地比香港更详细，实践中的不同之处在于：香港公司秘书的定位偏重于公司内部治理及发挥其专业咨询顾问的作用，其首要任务是协助董事会按照有关法规做出决策，并对决策执行扮演上呈下达的角色，从内部机制上确保良好的公司治理，且公司秘书必须持有港交所《上市规则》规定的适用专业资格，绝大部分为外聘职业人士，执业范围窄而专，其专业水准与执业操守由颁发专业资格的自律性专业机构监察；内地董秘虽然为内部人任命，但定位却偏重于发挥外部监管和治理的传导作用，强化了董秘对公司内外关系的沟通协调和治理监督职责，然而内地至今尚未有相关法规提出董秘的专业资格要求，仅《上市规则》规定需要获得交易所的任职资格，且绝大部分为内部人士，职能也比较宽泛，其执业主要由交易所和中国证监会监管。

香港实践表明，公司秘书是公司有效运行及协调的关键，被誉为"企业良心的使者、组织架构的脊梁、公司治理的高参与守门人"。为此，2008年世界金融危机后，香港进一步提升了公司秘书的专业治理职责与作用，港交所2012年最新修订的《上市规则》第三章新增了公司秘书一节，强化了公司秘书任职的法定资质要求与治理职责。而《上海证券交易所上市公司董事会秘书管理办法》于2011年发布，列明了对董事会秘书资格之要求及董事会秘书职责。

持有特许秘书专业资格的公会会员大多担任公

司秘书/董秘等相关公司治理职位，公会一直以来也致力于推动公会会员专业地位的提升，对于两地监管机构与上市公司对良好公司治理以及公司秘书/董秘职位的日益重视，公会倍感欣喜。

公会于 1996 年在香港回归祖国之前设立了北京代表处，2017 年恰满 21 年。随着香港与内地日益融合，公会更多地参与到内地的董秘专业发展中。公会的联席成员计划为广大在港上市内地公司董秘及相关职位人员提供了持续实务培训与沟通交流的平台，并积极推动监管政策的落实与咨询意见的反馈，获得了广大上市公司与两地监管机构的认可。此外，自 2011 年起，公会先后与上海证券交易所、深圳证券交易所、中国上市公司协会及中国保险行业协会签署了合作备忘录，这加强了公会与诸战略合作方在专业培训、公司治理研究、两地上市公司董秘交流等方面的合作和资源共享，使公会能够更广泛地服务于内地上市企业，更好地践行良好的公司治理理念。

回顾自香港回归以来公会的内地发展历程，公会的发展与两地资本市场的繁荣发展密不可分，休戚与共。随着内地有中国特色的公司治理结构与模式的孕育及对董秘治理职能的日益强化，公会在内地推动董秘专业化发展的事业机遇与挑战并存。

展望 2018 年，随着中国经济向高质量发展阶段迈进，必将对中国资本市场提出更高的要求。中国资本市场深化改革、服务实体经济、强化监管、IPO 常态化及进一步对外开放等治理举措值得期待。随着一系列改革的深入与落实，上市公司数量与质量进一步提升，互联互通和“一带一路”下内地与香港及国际市场联系愈发紧密，两地对良好公司治理以及公司治理专业人才的需求也日益增强。在这重要历史机遇期，公会殷切期望与两地同仁及国际同行携手，积极探索公司治理专业的改革与创新，为提升两地公司治理研究与实务水平，推动董秘的专业化和国际化发展贡献力量！

香港特许秘书公会

（于香港注册成立的担保有限公司）

香港特许秘书公会（公会）是一个独立专业团体，一直致力于订定与执行良好公司治理政策，在香港以至中国内地提升会员所担当的角色，同时推动“特许秘书”专业的发展。

公会于 1949 年成立，最初为设立在英国伦敦的特许秘书及行政人员公会（ICSA）的属会，于 1990 年成为 ICSA 的香港分会，并于 1994 年在香港正式注册成为独立专业团体，亦从 2005 年至今为 ICSA 的中国/香港属会。

公会亦是公司秘书国际联合会（CSIA）的创会成员之一，CSIA 于 2010 年 3 月于瑞士日内瓦成立，从 2017 年 CSIA 迁移至香港，并以香港担保有限公司形式运作，在国际上代表全球公司秘书和管治专业人士发声。

公会现拥有超过 5,800 名会员及 3,200 名学员。

宗旨

· 促进公司以及其他工商界与公共事务机构的良好公司治理、管理与行政效率

· 促进学习与研究公司秘书及行政的法律与实践

· 支持及维护本会会员、毕业学员及学员的资格、地位及利益

· 促进会员的服务效率与实用性，提高会员的专业操守，并考虑影响公司秘书专业的各种议题

会员的专业资格及认可

公会会员是具备公司法、财务、公司治理、公司秘书实务及企业管理的丰富知识及经验的专业人士，主要在各上市公司及专业服务公司担任公司秘书及其他要职，为各行业的良好公司治理作出贡献。会员持有“特许秘书”执业的全球性专业资格，可于全球 80 多个国家/地区执业。

此外，根据港交所《主板上市规则》第 3.28 条及《创业板上市规则》第 5.14 条，公会会员是港交所认为的可担任公司秘书的专业资格之一。

内地工作概览

自1990年以来，公会与内地上市公司及相关监管机构建立联系，致力于倡导董事会秘书的专业化发展，并积极为董事会秘书提供专业持续培训，培养公司治理专业人才，推动中港两地公司治理研究与实务的发展。

特许秘书

特许秘书专业资格

· 拥有超过125年历史，是公会和ICSA及其其他分会的会员所具备的专业资格，在全球80多个国家和地区获得监管当局认可

· 以公司治理为核心，适用于公司秘书/董事会秘书及其他公司治理相关职业

· 持有者为经考核具备公司治理与公司秘书实务、法律、财务及管理知识及经验的专业人士

特许秘书专业资格之需求

合资格的公司秘书/董事会秘书无论在香港还是内地都是十分短缺的复合型人才，鉴于：

· 内地及海外上市的公司数量均呈持续增长趋势

· 公司营运的监管框架日趋复杂化

· 公司秘书/董事会秘书被监管机构及董事会赋予更多公司治理职责，因而对其专业知识及技能提出更高要求

公会会员资格“特许秘书”在香港所获认可

· 香港交易及结算所有限公司–按港交所《主板上市规则》第3.28条及《创业板上市规则》第5.14条规定，公会会员是认可的可担任公司秘书的专业资格之一

· 香港金融管理局–根据《打击洗钱及恐怖分子资金筹集(金融机构)条例》附表2第18(3)(a)(iii)条及《打击洗钱及恐怖分子资金筹集指引》第4.12.3条，授予本会会员“适合的证明人”身份

· 香港大律师公会–公会会员可直接委聘执业大律师求取有关公司法规的法律意见毋须经律师转介而委聘执业大律师

· 破产管理署–根据《破产条例》第12(1A)条，公会会员可被委任为破产暂行受托人处理破产事宜

· 公司注册处–根据《公司条例》(第622章)第16分部的条文，须递交的档案核证及译本方面，公会会员可核证相关档案

如何取得特许秘书专业资格

· 完成国际专业知识评审考试(IQS考试)或者取得获认可大学之企业管治硕士学位并申请获得IQS考试全科豁免，具有至少三年相关工作经验，并且经确认为具有适当品格

· 经考核具备符合要求之学术及工作资历而获得本会特别豁免

· 国际专业知识评审考试(IQS考试)

IQS考试包括两部分，共有8门考试。具体科目见下：

第一部分	第二部分
战略及运营管理	公司治理
香港税务	公司行政
香港财务会计	公司秘书
香港公司法	公司财务管理

注：持有法律、财务及管理相关专业学位或专业资质者可申请获得最多四个科目的豁免。

获公会认可的企业管治硕士课程：

· 香港理工大学–企业管治硕士

· 香港城市大学–专业会计与企业管治理学硕士(企业管治专业)

· 香港浸会大学–公司管治与合规理学硕士

· 香港公开大学–企业管治硕士(注1)

以上课程主要为业余学习，课程授课地点均在香港。详情可登录本会网站www.hkics.org.hk点击相关链接查看或致电相关学校了解。

注1：另外香港公开大学自2016年9月份开始，在上海举办企业管治研修班课程。修完此研修班课程并完成为期一周之赴港境外学习后，可申请转移学分至香港公开大学企业管治硕士课程。

联席成员计划

联席成员计划概况

为了迎合萨班斯法案颁布后香港强化对上市公司公司之管治的形势，在与中国证监会和港交所充分沟通的基础上，公会于2004年开始在内地实施针对H股公司董事会秘书的联席成员计划，为其提供量身定制的持续专业发展培训，提升其专业知识和实务技巧，并搭建了经验分享与沟通交流的平台。截至2017年12月31日，公会拥有注册联席成员187人(目前H股公司252家)，共举办45期联席成员强化持续专

业发展(ECPD)讲座,累计出席人数逾 5,500 人次,受众除了联席成员及其工作团队外,也吸引了上市公司董事、高级管理人员和其他专业人士参与。

宗旨

· 推行良好的公司治理实践,加强内地在香港上市公司的有效治理

· 提高董事会秘书及其同等执业人员的专业水平和职业规范,推动董事会秘书职业的专业化发展,实践董事会秘书最佳守则

· 协助上市公司有效地履行境外上市和上市后的持续法律责任,保护投资者利益

· 加强内地在香港上市公司与香港和内地各监管机构的沟通

· 为内地在香港上市公司董事会秘书及其同等执业人员提供经验交流和专业研讨的平台

招收对象

· 境内外上市公司及拟上市公司董事会秘书及同等/相关职位人士

内容

· 强化持续专业发展(ECPD)讲座

· 联席成员研讨及交流活动

· 专业研究及实务支持

权利与义务

权利:

· 以会员资费标准参加 ECPD 讲座、持续更新专业知识与技能,获得与同行及监管机构沟通交流、分享经验的机会

· 免费或以会员资费标准参加联席成员研讨及交流活动,如定期举办的各地区董事会秘书圆桌会议、专业研讨活动、周年晚宴、联席成员聚会及其他会员活动等

· 每月免费获得公会会刊电子版

· 免费/优先获得公会研究报告、实务指引等各种专业出版物

义务:

· 每年完成 15 个 ECPD 学时

· 遵守公会组织章程中关于联席成员注册的规定与要求及各项活动纪律规定

· 缴纳年费

特点

· 专为内地在香港上市公司之董事会秘书及其同等人员量身设计

· 参与本计划均以个人身份而非公司身份

· 目前主要以课程培训和研讨交流及参与实务研究为主的方式开展

· 培训紧跟最新监管法规更新、行业发展,注重实务操作,切实解决董事会秘书实际工作中遇到的问题,强调经验共享,以及董事会秘书与两地监管者的互动交流

· 联席成员计划获得两地监管机构的认可与支持,联席成员 ECPD 讲座之学时档案记录已成为港交所审核其相关知识与经验的重要参考

联席成员强化持续专业发展讲座

课程设计

联席成员 ECPD 讲座是以公会为正式会员提供的 ECPD 课程为蓝本而设计,同时切实考虑了内地在香港上市公司的特殊性,加入了部分有针对性的内容,以满足广大上市公司的实务工作需要。

针对人群

根据广大内地在港上市公司和监管机构的要求,公会已将联席成员 ECPD 讲座的参加对象扩大到以下范围:

· 联席成员

· 境内外上市公司及拟上市公司之董事会秘书、董事、监事及高管人员等

主讲人

· 主讲人为经公会审核符合公会 ECPD 课程专业水准要求之资深人士

· 主要包括:公会资深会士、联席成员中的资深董事会秘书、两地监管机构和专业机构的权威代表、国际投行、律师事务所及会计师事务所等专业公司的资深专业人士等

地点

内地主要城市及香港

讲座次数与学时

每年举办 4 至 5 期联席成员 ECPD 讲座,其中 1 期与上海证券交易所(上交所)联合举办

主题内容

公会为联席成员举办的 ECPD 讲座主题主要围绕良好的公司治理实践和董事会秘书实务展开,主要主题包括但不限于以下:

· 中国境外上市公司企业规管

· 内地与香港两地的监管运作和发展
· 公司治理与可持续发展
· 董事培训与董事启导
· 董事会有效治理
· 财务审计与年度业绩报告
· 两地上市公司信息披露
· 内幕消息、内幕交易管控与企业有效规管
· 关连交易
· 内控与风险管理
· 并购与融资
· 企业社会责任
· 董事会秘书之核心职责与职能发挥

内地专业资格认证

由于历史的原因,2007 年之前，公会仅在香港设有“特许秘书”专业资格考试体系,而港交所上市规则也要求担任上市发行人公司秘书之职位的人士必须为香港常驻人士。随着联席成员计划的实施和内地在港上市企业的不断增加,内地 H 股公司和有关监管机构希望公会能在内地提供专业资格考试服务,以便满足内地在港上市企业的需求,培养公司治理专才。公会经过香港有关监管机构及国际总会的同意,先后在内地开设了以下获得公会“特许秘书”专业资格的途径:

国际专业知识评审(IQS)

公会于 2007 年开始在北京开设内地首个国际专业知识评审考试(IQS)考点,2015 年在上海设立第二个考点。考试是在每年六月和十二月的第一周的星期二至五,在香港、北京和上海同时举行。

香港公开大学企业管治研修班课程

为协助内地现有董事会秘书及相关职位人员或拟从事此职业之人士持续提升专业技能,获取特许秘书资格,培养更多公司治理专才,除了在北京和上海设立特许秘书资格考试考点以方便内地学员参加考试，公会与香港公开大学于 2016 年 9 月起合作在内地开设了企业管治研修班课程,此课程主要为远程学习,另辅以每月一个周末的面授辅导,并于完成一周的赴港境外学习。修毕课程后可申请把学分转移至企业管治硕士课程,并可获颁企业管治硕士学位;在获得公司管治硕士学位之后和符合有关公会的规定,可申请公会“特许秘书”资格考试全部豁免,在获取足够相关工作经验后可以申请获得公会及 ICSA 会员资格“特许秘书”。

特别豁免通道

除通过 IQS 考试或完成获认可的企业管治硕士课程申请获得公会“特许秘书”资格外,经公会理事会考核及批准后,认为申请者符合公会之要求者,申请者可经特别豁免获得公会之会员资格。

目前公会在香港的所有专业资格获得途径已全部在内地落地生根。截至 2017 年 12 月底,共有 216 名内地人士注册参加 IQS 考试,42 人已取得香港监管机构及国际认可的特许秘书专业资格，其中 15 人通过特别豁免渠道获得公会的特许秘书专业资格。目前，内地持有担任公司秘书资格的人士还较为稀缺，公会相信未来将有越来越多的内地业内人士通过获取特许秘书专业资格而踏上担任上市公司之公司秘书/董事会秘书的职业道路。

注:港交所已于 2012 年在其修订的《上市规则》中取消了 “上市发行人公司秘书必须为香港常驻人士”的要求。

内地区域专业发展网络建设

联席成员与两地监管机构的沟通交流

公会透过研讨会、论坛、圆桌会议等多种形式,定期组织联席成员与两地监管机构的沟通交流,促进监管者与被监管者之间的沟通,协助监管机构征求和收集联席成员对中港两地相关法规的修订意见,传达上市公司诉求,促成相关政策及法规的优化,为上市公司董事会秘书的日常工作提供切实帮助。此外,公会代表亦定期拜访两地监管机构，更新公会最新发展，传达联席成员意见与讯息。

地区董事会秘书小组

鉴于内地在港上市公司遍布各地,为进一步加强联席成员之间,以及联席成员与两地监管机构的沟通交流,应广大联席成员的要求,公会参照公会之公司秘书专责小组的实践经验,于 2010 年先后在北京、上海、广州、深圳及西南地区(成都和重庆)成立了五个地区董事会秘书小组,并透过举办地区董事会秘书小组圆桌会议,就当前董事会秘书关注的问题进行探讨与交流。地区董事会秘书小组是一个自愿加入的自律性地方专业活动与交流平台,主要对象为公会各地区联席成员。

目的及功能:

· 共享执业经验、探讨两地上市法规实施的最佳

实践

· 探讨董事会秘书专业发展方向，推动董事会秘书专业发展及地位提升

· 征集联席成员及广大董事会秘书对中港两地相关法规的修订意见，传达联席成员及广大董事会秘书的声音，加强与两地监管机构的互动与沟通

· 组织专业调研活动，参与实务指引编写及修订

· 推广特许秘书专业及良好的公司治理理念与实践

活动：

每年在各地区举办至少一次活动，就相关主题进行探讨与交流

中国内地技术咨询小组

为了有效地反映内地在港上市企业对香港有关上市法规修订的意见，加强内地联席成员之专业技术问题的研讨及实务指引编写，2017 年 7 月，公会理事会批准成立中国内地技术咨询小组。该小组由内地会员或联席成员代表组成，其主要职责包括：

· 针对香港政府和监管部门发布与董事会秘书专业技能和实务相关的法律及监管政策，进行讨论并提出意见

· 就内地会员或联席成员提出的有关专业技术问题进行讨论并提供专业意见

· 组织担任董事会秘书的内地公会会员或资深联席成员，根据董事会秘书执业需要进行研讨并编撰实务指引，推动董事会秘书最佳实务与经验分享

· 为公会组织的研讨会和联席成员强化持续专业发展讲座提供支持

专业研究及实务指引

除为联席成员提供持续培训及研讨交流服务外，公会自 2012 年起进一步强化了在内地的技术研究和编写实务指引功能。

联席成员完成的指引及研究工作

·《A+H 股公司内幕信息披露实务指引》

为协助 A+H 股公司、H 股公司制订妥当的内幕信息披露制度或作出相关安排，以满足 2013 年 1 月生效的内幕信息披露新法规的要求，公会于 2012 年成立了联席成员内幕消息实务指引研究工作小组(小组)，在征集广大资深董事会秘书意见的基础上着手筹备了《A+H 股公司内幕信息披露实务指引》(指引)的编写。指引的中英文版本已于 2014 年 2 月在内地与香港两地同时发布并上载至公会网站。

· 关于修订《到境外上市公司章程必备条款》的研究报告

2014 年 2 月，公会与中国上市公司协会(中上协)成立了《到境外上市公司章程必备条款》修订联合课题组，以推动长期困扰广大境外上市公司的相关法规问题的解决。在综合广大联席成员意见后，课题组完成了关于建议修订《特别规定》和《必备条款》改善 H 股发展环境的研究报告，该报告已经中上协提交至中国证监会并获得积极反馈。2017 年，公会就此事宜征集广大 H 股董事会秘书之签名，并经中上协提交至全国人大法治办，以进一步推动此修订提议的达成。

注：公会在内地及香港出版的相关实务指引及研究报告列表请参附件 2，所有出版物均可由公会网站 www.hkics.org.hk 下载。

政府关系与交流合作

自 1990 年以来，公会与内地上市公司及相关监管机构建立了广泛联系与合作，并参与了内地董事会秘书职责的制定，致力于倡导董事会秘书的专业化发展，并积极参与及配合内地交易所及监管机构有关董事会秘书的专业培训活动。

会长定期官方访问

由公会会长带领的代表团每年均访问内地相关监管机构并与联席成员会面，以了解内地最新监管发展、联席成员需求，并通报公会最新专业发展情况，探讨及推动内地董事会秘书专业发展及良好公司治理实践。

与内地主要利益相关方签署合作备忘录

自 2011 年起，公会分别与上海证券交易所(上交所)、深圳证券交易所(深交所)、中国上市公司协会(中上协)及中国保险业协会(中保协)签署了合作备忘录，加强公会与内地交易所及行业协会在专业培训、公司治理研究、两地上市公司董事会秘书交流等方面的合作以及资源共享，使公会得以在更广范围内服务于内地上市及非上市公司，更好地践行良好的公司治理理念。截至 2017 年 12 月，公会已经与上交所合作举办了六期 A+H 股公司董事会秘书的后续培训，与中保协合作的第三期公司治理师培训已于 2017 年 10 月在香港举办。

专业改革与未来发展

全球金融危机后，世界主要资本市场均进入

监管新常态，从强化风险管理与信息披露监管、加大监管及董事与高管责任、推进股东参与及股东沟通等方面提出了新的治理要求，并明确了公司秘书的治理职责与作用，公司治理日益彰显其重要性。

为适应国际公司治理发展趋势，特许秘书及行政人员公会及包括公会在内的诸分会正积极探讨对特许秘书专业进行改革，进一步强化其公司治理专业核心。目前公会专业考试改革已经确认并正在积极推进实施。需强调的是，公会的专业资格考试只是确认了会员的准入资格，改革后也将继续实施强制性持续专业培训政策，通过考试取得资格后会员仍需参加持续专业培训，以保障会员的执业水准。

随着内地资本市场的进一步改革开放和“一带一路”战略的实施，两地互联互通深入发展，内地对具有国际视野和专业技能的高素质董事会秘书等公司治理人才的需求将急剧增加，特许秘书在内地发展前景十分广阔。公会将持续保持“特许秘书”专业资格的国际水准，以及其在公司治理领域的引领地位，一如既往地为内地董事会秘书的专业化提供支持与协助，为推动两地公司治理水平的提升，以及为培养更多优秀的公司治理专才贡献力量。

香港特许秘书公会北京代表处20周年征集感言

香港特许秘书公会是一个历史悠久、声誉卓著的独立专业团体，长期以来，深圳证券交易所与公会一直保持着良好的合作关系。早在1996年双方合办了第一期上市公司董事会秘书专业培训。2016年3月双方签署合作备忘录，合作关系翻开了新的一页。在深港通即将开通的背景下，双方将迎来广阔的合作空间，进一步提升两地上市公司的公司治理和规范运作水平。

深圳证券交易所

公司管理部副总监肖金锋先生

祝贺香港特许秘书公会北京代表处成立二十周年！H股到香港上市已有二十三年，中国经济的改革及中国经济的市场化国际化发展，与香港资本市场的发展有着特别渊源与密切联系，内地资本市场与香港资本市场的发展，推动并见证了中国的改革开放，并将继续为中国的伟大复兴做出积极贡献。祝愿深港两地的合作发展愈加深入，中港两地股票市场互联互通的发展越来越好！

深圳上市公司协会

副会长鄢维民先生

科学理念的传播者、良好公司治理的推进者

值此香港特许秘书公会北京代表处成立20周年之际，我谨以中国证券行业资深上市公司董秘和董秘代表的身份，致以最热烈的祝贺！20年来公会作为全球公司治理最专业的机构之一，通过多种方式为中国上市公司传播科学的公司治理理念和实务，不仅提高了董秘的履职能力，也大大推进了中国上市公司法人治理的专业化、规范化和国际化。衷心祝愿公会北京代表处在新的20年里，为中国公司治理创造更大的价值，再创新的辉煌！

海通证券股份公司

原董事会秘书、香港联席公司秘书、公司授权代表、公司投资银行委员会副主任金晓斌博士

2016年，既是香港特许秘书公会北京代表处成立20周年，也是广深铁路H股上市20周年，特别契合此次庆典“携手并进，共创未来”之主题。公会帮助会员及联席成员拓展视野、沟通互助，促进了内地与香港两地市场的共同繁荣。敬祝庆典圆满成功！

广深铁路股份有限公司

董事会秘书、副总经理郭向东先生

在推动董事会秘书职业化的道路上，香港特许秘书公会与中国上市公司协会董事会秘书专业委员会密切合作，硕果累累。祝愿双方在探索董事会秘书国际化的道路上携手并进，再创佳绩！

中国神华能源股份有限公司

董事会秘书黄清先生

20 多年来，香港特许秘书公会不遗余力地推动内地在香港上市公司治理水平提升和人才培训制度建设，为会员公司提供多元化的交流和合作机会，从而奠定公司治理长远发展的基础。在此谨恭贺香港特许秘书公会北京代表处桃李芬芳二十载，继往开来续辉煌！

中国平安保险(集团)股份有限公司
公司秘书姚军先生

过去的 20 年，香港特许秘书公会及北京代表处专注规范运作、公司治理、监管规则和公司秘书实务等方面知识和技能在中国内地的推广，为内地和香港上市公司搭建了高水平的学习、交流、研究平台，为推动包括中国石化在内的中国企业更好地融入国际资本市场发挥了独特的作用。作为经历过多次听讲、交流和讲演的资深董秘，我深切感受到公会及北京代表处良好的专业水准、服务精神和显著的培训效果。展望未来，中国证券行业国际化进程将进一步加快，两地跨境合作交流将更加广泛和深入，公会及北京代表处必将百尺竿头更进步、十方世界展峥嵘！

中国石油化工股份有限公司
副总裁兼董事会秘书黄文生先生

经过二十年的辛勤耕耘，香港特许秘书公会北京代表处在推动内地董秘专业规范发展和促进内地与香港同行交流合作方面收获了丰硕成果，谨此表示崇高的敬意。祝贵处从二十年这个新的起点出发，取得更优异的成就！

国务院港澳事务办公室港澳研究所
所长陈多先生

我协会早在 2000 年就与香港特许秘书公会签署了《合作备忘录》，双方建立了良好的伙伴关系。尤其在董秘队伍职业化、专业化建设方面，协会得益于公会的鼎力支持和帮助，值此公会北京代表处成立 20 周年之际，谨表谢意并致以热烈祝贺！

上海上市公司协会
副秘书长、办公室主任史美健先生

值此香港特许秘书公会北京代表处成立二十周年之际，谨代表北京上市公司协会表示衷心的祝贺！

二十年来，公会以倡导和推广公司治理为使命，以促进境内外上市公司董事会秘书的专业技能的交流与提升为服务宗旨，开展了一系列丰富并卓有成效的活动，获得了各方广泛认同。

愿公会今后在公司治理和董事会秘书专业交流与提升方面再创辉煌！

北京上市公司协会
秘书长爱新觉罗·恒林先生

香港特许秘书公会北京代表处的 20 年是伴随着中国资本市场发展的 20 年。它的每一期培训、每一次交流、每一本刊物都弘扬着公会推行“良好公司治理”的专业使命。作为上市公司培训之路上相濡以沫的伙伴，希望我们继续并肩携手，共同成就梦想。

上海证券交易所
投资者教育部(企业培训中心)总监助理
湖北地区市场发展首席代表范云先生

欣闻香港特许秘书公会北京代表处迎来二十载华诞，倍感欣喜，此乃香港与内地资本市场合作、开放、共赢、发展之大事，殊为可贺。公会倡导良好的公司治理，以促进上市公司董事会秘书专业水平提升为宗旨，与中国上市公司协会“完善上市公司治理、提升上市公司质量”的根本使命高度契合，一脉相通。期待未来双方进一步深化专业合作，促进会员交流，携手共进，为提升中国上市公司质量、繁荣内地及香港资本市场共同贡献力量。

中国上市公司协会

香港特许秘书公会北京代表处20周年标志性事件

1996年-2004年

标志性事件:1996年香港特许秘书公会(公会)北京代表处成立。

2005年-2006年

标志性事件:联席成员计划开始实施。

专业聚焦:联席成员之"强化持续专业发展讲座"和"公司治理研讨会",倡导良好的公司治理理念与实务。

2007年-2008年

标志性事件:2007年公会在北京设立"国际专业知识评审考试"考点,并于6月在内地举办首次考试。

专业聚焦:推广IQS考试并编制IQS中文考试大纲,推动内地董事会秘书职位的专业化发展。

2009年-2010年

标志性事件:公会举办内地与香港两地董事会秘书高峰论坛并成立地区性董事会秘书小组。

专业聚焦:研讨内地与香港两地专业发展及合规与治理问题,加强两地董事会秘书技术交流,更好地满足两地上市监管要求,推进两地专业协同发展。

2011年-2012年

标志性事件:公会与上交所签订合作备忘录并加强多方位国际合作。

专业聚焦:加强A+H股公司联合培训,桥接内地与国际同行的执业交流及最佳公司治理实务探讨,推动专业的国际认同。

2013年-2014年

标志性事件:公会在内地组织会员及联席成员开展有关内地与香港两地上市法规实务指引及法规修订调研工作。

专业聚焦:组织内地联席成员编写A+H股公司上市实务指引,开展对制约内地与香港两地上市运营的有关法规调研,推动有关法规的修订,为两地股票市场"互联互通"助力。

2015年-2016年

标志性事件:公会多方位地与内地证券交易所及自律组织建立战略合作伙伴关系。

专业聚焦:联合培训与研讨、专业交流与资源及信息共享、合作开展实务指引编写与调研课题,探讨专业资格认证方案与路径,共同推动董事会秘书的专业化发展,构建公司治理自律体系与秩序。

香港回归祖国二十年与金融业发展

香港回归二十周年金融业的回顾与思考

香港中国金融协会主席、建银国际(控股)有限公司董事长兼总裁　胡章宏

风雨香江二十载,保持香港国际金融中心地位是写入《基本法》的庄严承诺,自回归以来,在中央政府的支持下,香港金融业抓住了中国经济崛起和对外开放的历史机遇,克服了数次金融危机的挑战,保持了稳定和发展,巩固了香港全球金融中心的地位。

一、回归以来香港金融业发展回顾

(一)金融业蓬勃发展

回归以来,香港金融业虽然经历了亚洲金融风

暴、非典疫情爆发、美国次贷危机等影响，仍然实现了快速增长。根据政府统计数据，20 年间，香港金融业生产总值年均增长 7.3%，是同期 GDP 增速的 2 倍，银行业总资产增长近 150%，保费收入增长近 300%，基金管理规模增长超过 20 倍。全球有近 200 家银行机构、近千家证券及期货机构、近 300 家基金管理机构，以及超过 150 家保险公司在港开展业务，香港已成为全球银行、证券、基金、保险等金融机构开拓亚太、辐射全球的必争之地。

（二）金融业发展对于香港经济社会的带动作用显著

根据政府数据统计，回归以来，香港金融业占香港地区生产总值的比重由 2000 年左右的 9.9%上升到 2016 年的 17.3%，2016 年金融业增长对香港整体经济增长的贡献达到 41.8%，金融业已成为拉动香港经济增长的主要因素。另一方面，金融业也为香港创造了大量就业机会，当前金融业就业人数接近 25 万人，占全港就业人口的 6.5%。2000 年到 2015 年间，香港金融业就业人口新增近 8 万人，占总就业人口新增的 13%，金融业成为香港吸引全球优秀人才主要行业之一。

（三）香港金融业“联系人”作用日益突显

在内地改革开放、企业“走出去”过程中，香港充分发挥了“一国两制”的制度优势，凭借完善的法律法规、专业化的机构、高素质的人才以及国际化的平台迅速成为内地客户开展境外融资和拓展国际业务的“金融联系人”。庞大的内地市场和客户群也为香港金融业带来发展良机，香港交易所上市的内地企业市值占比由回归前的不足 10%上升到当前的 60%以上，2016 年赴港上市的内地企业已占到当年 IPO 总金额的 90%左右，其中来自内地的基石投资也超过基石投资额的 50%。伴随内地客户赴港融资和业务开拓，中资金融业也大举进军香港，并且凭借资金和客户资源优势在扮演“金融联系人”过程中快速成长壮大。截至目前，在资产规模及主营业务方面，中资银行已占据香港市场半壁江山，在 IPO 等主要投行业务方面，中资投行市场占有率也已超过外资投行。

（四）香港金融业发展与人民币国际化相辅相成

在推进人民币贸易项下和资本项下开放的过程中，香港为人民币国际化提供了极好的“试验田”，为人民币汇率波动和资本流动充当了“缓冲带”。另一方面，在 CEPA 等制度安排下，香港凭借与内地在经贸往来、金融服务等方面的长期合作优势，迅速成为全球最大的离岸人民币中心，离岸人民币存款一度超过 1 万亿元。香港金融业发展也受益于人民币国际化进程的相关制度安排，包括 QDII、RQFII、基金互认、沪港通、深港通等一系列政策利好。根据数据统计，当前香港地区人民币支付量在全球占比达到 70%，与内地相关的贸易融资总额达到 2700 亿港币，QDII 配额达到 900 亿美元，RQFII 配额超过 5000 亿人民币，通过沪港通、深港通南向累计流入超过 4500 亿元，人民币国际化进程也有力支持了香港金融业的发展。

（五）香港金融业发展也面临一些瓶颈

近年来香港经济增长总体平缓，伴随内地的高速发展，北京、上海、深圳等区域金融中心迅速崛起以及多地自贸区的设立，香港作为国际金融中心的领先地位和作用相对有所削弱。虽然当前港交所新股发行仍然保持全球第一，但在总市值方面，A 股上市公司市值之和已超过港交所的 2 倍，在成交金额等方面，A 股市场也远高于港股，回归以来香港金融业发展的政策红利和时间窗口已逐渐消失。另一方面，受传统因素影响，香港金融业对于创新产业等认知和接纳还有所不足，对于互联网、科技等新兴技术的应用较为滞后，在渠道、技术等多个方面已落后于全球金融和产业发展的前沿，可能导致香港金融业发展的内生动力不足。

二、香港金融业未来发展的思考

当前全球政经格局正在发生一系列深刻的变化，香港金融业发展也面临着全球大环境的挑战。一是全球贸易保护主义、逆全球化势头上扬，香港作为离岸经济体容易受到全球波动影响；二是中国经济发展总体平稳，但下行压力尚未消除，金融“去杠杆”中的风险隐患仍然存在，对于香港资本市场投资者热度、离岸人民币发展等会造成一定的影响；三是当前香港经济增速放缓，在新兴产业发展等方面已逐渐落后，历经 2014 年“占中”等政治事件影响，社会裂痕亟待修补，亟待寻找到未来的发展方向。然而，回归二十年以来的经验已经证明，在中央政府的支持下，香港凭借多年来积累的发展经验和优势，全球金融中心的地位不会动摇，香港金融业只要抓住当前战略机遇和发展大势，顺势而为，仍然可以大有一番作为。

（一）深入参与“一带一路”战略

在当前逆全球化思潮抬头的国际大背景下，“一带一路”战略为沿线国家、地区的投资、经贸、文化等领域的互联互通开辟了全新路径。在“一带一路”战略蓝图下，沿线会产生大量的项目投融资及专业服务需求。香港金融业应当紧紧把握“一带一路”战略机遇，充分利用香港全球金融中心的资金优势、临近东南亚的区位优势、财务、法律等方面的专业优势和中西合璧的文化优势，积极参与“一带一路”的项目融资和合作交流，打造“一带一路”金融服务中枢。

（二）合作推动粤港澳大湾区建设

在国家战略支持下，粤港澳大湾区有望成为国际一流湾区，从而提升粤港澳区域在国家经济发展和对外开放中的地位和功能。香港与广深等地在产业结构等方面互补性强，回归以来联系日益密切，构建了良好的合作基础。借助粤港澳大湾区建设，香港有望在资讯科技、专业服务、金融及金融后台服务、科技研发及成果转化等领域进一步深化与内地的合作。香港金融业可以充分把握粤港澳大湾区战略发展的机遇，利用国际金融中心的便利，在服务基础设施互联互通、推动产业创新升级、构建金融合作平台等方面发挥积极作用。

（三）积极推动人民币国际化

人民币国际化大步已迈，短期的波动不会改变改革的趋势。目前人民币已是全球第六大支付货币，并于2016年12月历史性地加入了SDR。然而距离人民币作为重要投资货币，并最终发展成为国际重要储备货币的目标还尚需时日。香港作为全球最大的离岸人民币中心，坐拥全球最大的离岸人民币资金池，香港金融业应当思考如何利用香港在资产管理业务等方面的优势，拓展人民币运用渠道，开发人民币流动性及风险管理产品，加强境内外资本市场互联互通，推动人民币在投资领域的国际化。

（四）服务香港经济转型发展

香港社会需要消除裂痕，加强团结，并在特区政府的带领下寻找适合自身未来发展的定位和方向，例如，融入“一带一路”战略，加强与内地的交流合作，支持科技创新、文化创意、高端制造等产业发展等。香港金融业立足香港、扎根香港、服务香港，应当积极配合特区政府施政，支持科技创新，扶持对香港未来发展具有长远意义的产业发展，服务香港经济转型发展。

回归二十年，香港金融业的蓬勃发展印证了“一国两制”实践的伟大成功，也为国家改革开放、经济发展以及香港繁荣稳定做出了贡献。未来，相信香港金融业只要发挥自身优势，把握“一带一路”、人民币国际化等战略机遇，一定可以在服务国家和香港繁荣发展方面发挥更大的作用。

香港回归二十周年银行业回顾、思考与展望

香港银行公会主席、中银香港总裁　岳毅

香港回归祖国二十年来，经历了亚洲金融危机、非典的低谷；也受惠于国家一系列惠港政策，包括及时推出《内地与香港关于建立更紧密经贸关系的安排》（CEPA）、开放内地居民赴港澳“自由行”、在香港建立首个人民币境外清算系统，推动香港发展成为人民币离岸中心、支持内地大型商业银行来港上市及建立营运机构等政策措施。国家的发展及支持，促进了香港与内地更紧密的经贸及金融往来，给香港国际金融中心的发展提供了巨大机会，对回归以来维护香港经济稳定和繁荣、巩固和加强国际金融中心地位，发挥了巨大积极的作用。作为香港最大的中资金融集团，中银香港从回归前十三家中小银行发展成为当今的香港主要金融集团以及区域性金融集团，见证了二十年来香港的发展和蜕变。展望未来，随着“一带一路”、人民币国际化等国家战略的推进，将为香港银行业发展提供新的机遇和动力，银行业将可保持良好的发展势头和光明的前景。

一、香港银行业在过去二十年的发展与变迁

在过去二十年间，香港银行业出现了多项积极的结构性变化，改变了经营模式，并大幅拓宽了市场腹地。

突破本地格局，离岸融资业务大幅增长。香港银行业在回归初期，以服务本地客户为主。受惠于中国内地经济持续改革开放，银行业为大量内地“走出去”企业提供金融服务。中国内地相关贷款占总贷款比

率，从回归初期少于2%，急升至现时的44%。同时，越来越多跨国金融机构在港经营，银行的资本背景百花齐放。中资银行增长快速，主要的外资银行包括欧资、美资及日资银行等也有不同程度的增长。

把握政策优势，大力拓展中国内地相关业务。自香港回归之后，国家推出了多项利港的金融开放政策，包括离岸人民币业务、QDII及QFII等基金业务。此外，通过“沪港通”、“深港通”及已公布的“债券通”措施建立内地与香港金融市场互联互通机制，为香港银行业以及国际资金通过香港拓展内地金融市场提供投资渠道。这些措施，大大增强和扩大了香港银行业的业务基础和范围。本港银行业总资产从1997年底的83,970亿港元增加1.5倍至2016年底的206,540亿港元。同时，银行业总存款及总贷款规模也分别增加了3.3倍和94.7%至117,272亿港元及80,234亿港元。

借助离岸人民币业务，开拓国际市场。自2004年2月开办人民币业务以来，内地人民银行等机构与香港金融当局、香港人民币清算行(中银香港)之间紧密合作，不断优化和完善相关政策和运作，香港的离岸人民币业务从无到有、从小到大、蓬勃发展，奠定了香港作为最大离岸人民币业务中心的地位。香港离岸人民币资金池（包括存款和存款证）从2004年底的121亿元人民币持续快速上升，于2014年一度上升至超过1万亿元人民币。2016年人民币实时支付结算日均交易量增长至8,636亿元人民币，比2011年增逾9倍。香港银行业，无论是中资银行还是外资银行均得以借助人民币国际化的东风，打开了与国际性机构及企业建立新的业务关系渠道，在国际舞台越走越前。

加快混业经营改革，由传统银行向现代化银行转变。在回归初期，银行的业务模型相对单一，主要倚重传统的存款及贷款业务。随着香港的利率管制分阶段撤销，利率市场化于2001年7月完成，改变了银行经营环境，加快了其朝向混业经营模式转变的步伐，更积极开拓保险和基金销售、证券买卖、信用卡等业务，增强了拓展中间业务的能力。此外，内地与香港金融市场加强合作，也丰富了银行的业务范畴。银行业的各项离岸人民币业务，与“沪港通”和“深港通”相关的证券投资业务均支持了银行业务的多元化发展。

银行监管制度日益完善，银行体系更趋稳健。香港的银行监管框架参照国际标准，在《巴塞尔协定三》的框架下，银行的资本和流动性监管、信息披露等要求有所提高。银行监测客户交易及向监管当局汇报可疑洗黑钱个案亦有更高的要求。在日益完善的监管制度下，香港银行业成功抵御了2008年国际金融危机的冲击，银行体系的稳健程度较回归前大大提升。

二、香港银行业未来定位思考与前景展望

银行是推动社会发展一股不可或缺的力量。未来，香港银行业既有许多新的发展机遇，也面对种种挑战，需要因应宏观环境变化，思考我们在国家及地区发展战略中的定位及角色，抓住发展机遇，做强做大，为国家及香港的经济发展、香港国际金融中心地位的巩固及提升做出新的、更大贡献。

“一带一路”沿线国家的基建投资需求甚殷，带来庞大的融资需求。“一带一路”沿线国家经济发展相对落后，基础设施薄弱，预计在未来五年，沿线国家的基建投资将超过4万亿美元。尽管亚投行、丝路基金等多边机构为各类投资项目提供资金支援，但面对庞大的融资需求，商业银行可填补融资的缺口，通过银团贷款、项目融资、股权融资等方式提供信贷支援。

抓住内地企业“走出去”的机遇，为企业提供综合性金融服务。全球金融危机发生后，尤其国家推出“一带一路”倡议后，内地企业“走出去”的步伐明显加快，并购活动持续活跃。银行可把握企业“走出去”并购的机会，为他们提供一站式顾问及融资方案，包括过桥贷款、发债、结构性融资和风险管理产品等。同时，银行需要加快国际化的步伐，以满足“走出去”企业不断上升的跨境金融服务需求。内地企业积极在东南亚地区投资发展，中银香港把握市场巨大的发展潜力，正通过集团资产重组整合，由城市银行逐渐向区域性银行转型，为“走出去”企业提供更好金融服务与支持。

人民币加入SDR，为银行的人民币业务注入新的发展动力。人民币加入SDR货币篮子后，越来越多外国央行等主权机构将增持人民币储备资产，有助促进银行对人民币金融产品的开发，以及推动人民币资产管理业务的发展。此外，人民币加入SDR将促使人民币在贸易以及投融资方面更广泛使用，推动离岸人民币市场金融交易类业务快速增长。

银行将紧贴科技发展趋势，借助金融科技转型进化。随着大数据、区块链、物连网、虚拟现实等多项不同的科技引进于银行应用之中，香港银行将逐步在支付、融资、理财、客户服务等多个方面研发出新的手段，更贴身及便捷地为个人及企业客户提供服务。同时，更多的科技应用也将为银行的营运带来新的变化，例如借助科技可自动化完成填写表格、认证文件等操作，促进银行营运成本减省及增强安全性。

粤港澳大湾区规划将促进三地深化合作，互利共赢，内地与香港的跨境金融服务需求将有增无减。本港银行可紧抓机遇，为大湾区创新及科技企业融资，以及为它们提供全面的跨境金融服务。

回归二十年，香港银行业处于一个继往开来的重要时机。我们坚信，只要银行勇于担当社会责任，拥抱创新，与时俱进，香港银行业的未来必将更为光彩夺目，为香港这颗“东方之珠”增添更加璀璨的辉煌。

香港回归二十周年保险行业的发展变迁与思考

香港中国金融协会副主席、中国人寿保险(海外)股份有限公司
副董事长、总裁　刘安林先生

前言

一直以来，香港以其优越的地理条件、公平的竞争环境、成熟的市场经济、良好的法律制度，在全球发展中占有一席之地。自1997年香港回归以来，内地与香港联系日益密切，双方互利共赢、共同发展，香港保险业自由开放，竞争充分，国际化、市场化程度高，尽管经历了亚洲金融风暴、非典事件、世界金融危机、股市楼市波动等一系列不稳定因素的影响，但总体上前进的脚步不曾倒退，发展的步伐不曾停滞，可谓在波动中增长，不同发展阶段均有特色和亮点，一直保持着对全球顶级保险公司来港拓展业务较强的吸引力，是全球最发达的保险市场之一，保险深度和保险密度位居世界前列，香港获授权保险公司中于美国、英国注册的保险公司数量和市场份额占比最多，同时中资保险公司不断崛起，市场竞争愈加充分，客户资源愈加广泛，混业经营、财富管理成为未来金融业发展趋势。回顾近二十年香港保险业的发展，大致可分为三个阶段。

第一阶段　银行保险兴起储蓄产品广受欢迎(1997年-2003年)

1997年-1998年，亚洲金融风暴席卷各地，香港首当其冲，内地和香港难以维持过去一段时期的经济高速增长。香港工商业不景，失业率上升，楼价下跌，物业市场疲弱，抄风炽烈，股票市场异常波动。部分消费者变卖楼宇的钱不足还贷款给银行，由于出现负资产而申请破产，银行出现坏账。

受此经济环境影响，酝酿中的医疗制度改革延后，但早前筹备妥妥当当的强制性公积金隆重登场，2000年，香港成立强积金局，所有雇主必须为雇员成立退休计划，称为强制性公积金(强积金)，形成了职业退休计划（过去已成立的公积金/退休金计划)及强积金计划并行的两个业务系统。由于强积金使用“基金”作为投资工具，而各基金公司均大事宣传，让市民一下子对基金更为了解，撒下以后投资相连保单蓬勃发展的种子。

2000年之后，通缩环境出现，银行借贷收紧，存款利率下降且接近零利率，消费者对未来前景不放心，不能肯定未来收入是否稳定，消费意欲减弱，手上的积蓄没有出路，由于人寿保险退保会引致损失，因此客户希望在短期内能将保费交完，趸缴及短期缴费的保单开始受到欢迎。

2001年，香港银行公会宣布取消对于往来账户付息的限制，撤销储蓄存款利率上限，实施近40年香港银行利率协议全面撤销，香港银行业告别利率管制，进入充分竞争、更为自由的新的发展阶段，对之后银行保险发生重大变化埋下伏笔。

这段期间，渠道方面发生了两项影响深远的变化。首先，IFA(独立理财顾问公司)诞生，IFA是持有经纪牌照的保险中介公司，自行聘请及管理代理人，可销售各保险公司产品，在市场竞争中具有一定优势。其次，银行办保险也开始兴起，如保诚跟渣打签署独家销售协议，保诚派员到渣打银行销售保险。

产品方面，在90年代热销的终身保险逐渐缺乏吸引力，投资相连保险开始受人关注，寿险主打的不是保障，而是理财，储蓄类保险产品占比上升。

整体经济方面，2003 年，出现非典事件，香港工业、商业进一步萎缩，香港经济几近低谷，金融业炒作盛行，保险业增长乏力，基本维持平稳。

第二阶段　资本市场回升投连产品大放异彩(2004 年–2007 年)

自 2004 年开始，受惠于中国内地政府放宽港澳旅游的自由行政策，消费市场恢复信心，经济开始复[illegible]，但是基本情况没有多大改变，银行存款利率还是很低，金融业仍然是香港经济的中流砥柱，香港大肆发挥金融业的本色，大量金融产品推出市场，放款懂慎的银行，存款缺乏出路，为减轻贷款的压力，同时为了收取佣金帮补利润，积极推销各类金融产品，金融产品五花八门，人寿保险公司用有保证回报的储蓄保险在银行的通道上跟各类金融产品形成直接竞争。

随着资本市场表现愈加良好，到 2007 年资本运作达到高峰期，股票市场从 2003 年的 8,000 点升至 32,000 点，各类型投资项目均有一定的丰收。受此影响，消费者对回报的期望逐渐攀升，用保单打包基金的投连产品就在这个时间发出异彩，由于银行主要销售各类投资产品，投资相连保单就由 IFA 主力销售，由于大受市场欢迎，就连当时香港市场龙头的 AIA 也分一杯羹，投连产品的新单保费占比不断上升，市场总额超过 60%，AIA 的投连比例甚至升至 90%。

第三阶段　后金融危机时代传统寿险回归主流(2008 年–2017 年)

对保险公司来说，2008 年及 2009 年是惨淡的两年，世界金融危机打破了传统经济发展模式，过去股票升时债券跌，股票跌时债券升，但金融海啸时，大部分投资产品均下跌，香港金融业受到较大影响，香港保险业新单保费略有下降。由于资产下跌，影响偿付能力及将来的发展，大部分保险公司均须注资，有些跨国集团甚至出售部分业务，如台湾安泰出售予富邦，台湾保诚以新台币一元售予台湾的中国人寿。

美国的次贷危机，在金融产品衍生的年代，牵连之广难以估计，触发了一场难以想象的危机，尤其对于欧美等金融证券业先进的国家和地区。但与此同时，也给了部分如中国人寿海外公司这类中资保险公司新的发展机遇。过去，以中国带头为名的国有企业，给人保守、不进取、落后的印象，在金融海啸后，大家对外资企业逐渐失去信心，以中国带头为名的国有企业，被消费者认为更加老实、安全、可靠。

在此时期，投资相连保单面临基金下跌，账面损失颇大，热潮逐渐冷却，主要原因有两个：其一是消费者对投资的戒心加强；其二是 2013 年后监管机构对投资产品(包括投连保险产品)销售有诸多限制要求，面对愈加严格的监管要求，银行更愿意集中销售储蓄保险，在银行的大力推动下，储蓄保险业务一枝独秀。

金融危机后，随着人民币的不断升值，消费者期望除人民币存款和有限的人民币债券外，多一种人民币投资工具。以人民币计价的保单应运而生，发展中一度占据香港新单保费愈 15%。但 2013 年后，随着人民币汇率的日趋稳定，人民币保险也逐渐冷却。

2014 年后，随着人民币全球资产配置需求的日益增强，加之香港保险相较内地保险具有保费更低、保障更全、理赔更快、收益更高、配置更活等优势，跨境离岸业务对香港保险业的推动作用日益显现，离岸业务占据香港新单保费已接近 40%。

在渠道发展方面，经过历次变迁，目前香港保险业已逐渐形成银行保险渠道占据半壁江山、代理人渠道和中介渠道各占四分之一、其他渠道(如网销等)悄然兴起的渠道发展结构，市场上各大保险公司也均有了各自主打的业务渠道，形成了各自的产品特色。

总结

回顾近二十年香港保险业的发展，正是随着资本主义社会的市场经济环境变化而变化，围绕“保”而变化，大体上可以分为三个阶段：二十世纪末的主要需求是保障，保障万一生命遭遇不幸，能给家庭带来一笔财富，保障家人今后的生活；到了二十一世纪初，踏入小康阶段之后，变为就算万一发生不幸，家庭也不会实时陷入困境，需要的是日后退休生活的保障，换句话说，就是理财策划；在金融海啸之后，由于就算闻名的国际金融机构，也会被或多或少地牵连，因此发展为资金放在哪里才会安全，才会保值，消费者已经认识到，除了人需要保障外，资金也同样需要保障。

相信未来的香港保险业，亦都围绕着市场消费者对保障的需求变化而发展。保险业姓“保”是行业发展的初心，保险应该切实发挥社会保障功能，相信退休养老、医疗保健、康复护理是未来较有发展潜力的业务领域。伴随着更加严格的监管制度、更加公平的市场竞争环境、更加丰富的产品种类，相信香港保险业未来将会平稳持续健康发展，为香港经济和社会发展贡献一份力量。

中资资产管理机构在香港的发展和角色
——香港回归二十周年资管业的回顾与思考

香港中国金融协会名誉主席、中国光大控股有限公司执行董事兼首席执行官 陈爽

回归二十周年，金融业作为香港经济的重要支柱产业的环境并没有改变，内地与香港经济融合之下，香港金融行业则呈现了一些变革。

2008-2009年，全球金融海啸爆发。香港作为全球金融中心，资本市场的活动活跃，有着大量著名的外资金融机构进驻及经营，由于资金流动和税制清晰简单，大量国际性资产管理机构都以香港为亚洲甚至全球投资基地。因此，当金融海啸发生之后，香港经济首当其冲，直接受到冲击，不少外资金融机构纷纷裁员以节省开支，有部分甚至撤走了海外业务。中国经济受到全球金融海啸的直接影响比较少，在全球经济增长乏力的情况下，资产价格下降、各地开放外来投资，为中资企业创造了“走出去”的良好条件，中资金融机构也把握着这个机会，透过香港发展面向世界的业务。

对于中资金融机构而言，尤其是资产管理机构，香港有得天独厚的优势。第一，香港的金融体系成熟、资金进出自由，除了可以为企业融资，也有大量来自不同国家的机构，可以作为中资金融机构学习和交流的根据地，利用香港作为走向世界的“第一站”，这为中资金融机构发展跨境资产管理和投资奠定基础；第二，香港的普通法制有利处理跨境纠纷和仲裁，加上信息流动、基建发达，所以很多中资金融机构把香港作为亚洲甚至全球发展的基地；第三，香港的文化与中国内地接近，“一国两制”的优势凸显，对于中资金融机构来讲尤其吸引，而对于以人为本的资产管理机构更加重要。

从香港市场的发展来看，中国开放改革带来的经济红利以及中资金融机构的影响已经十分明显。第一，香港是人民币国际化各项跨境投资政策的初始试点，包括人民币贸易跨境结算、人民币的各种跨境投资计划，例如RQFII和沪港通等等，形成以香港为主的离岸人民币市场：香港的人民币资金池在2014年底高峰期一度超过人民币1万亿，冠绝其他离岸人民币市场；沪深港通等扩大了人民币的回流渠道，提升人民币作为投资货币的吸引力。这些计划的试点在香港都取得重大的成功，帮助人民币踏出国际化的重要步骤、帮助两地监管积累经验以及使得双方监管建立了深厚的关系和互信，而人民币也在内地监可控的基础下，发展出逐步成型的离岸市场，为香港的经济和金融行业拓展了新业务。

第二，伴随着中资机构大量来港，中资金融机构也不断扩大其在香港的步伐，近年，中资金融机构在香港的业务已经有明显的成绩。其中，驻港中资银行在香港各种传统银行业务（包括贷款和贸易融资等）的规模已经占据香港市场半壁江山，国际化的发展有了基础；在证券行业中，中资金融机构同样出色。2015年香港IPO市占率十大投行中，七家是中资金融机构；2016年，这数字进一步增加到8家，市占率已经提升到超过62%，在资管和保险方面，由于中资企业的重点环绕跨境投资和另类资产管理，规模难与传统公募基金相比，但是成长力不容忽视，而中资机构的跨境资产管理和投资业务正好为内地投资人提供良好的机会：在“引进来”的时代为境内企业提供成长资本，在“走出去”和“引进来”并重的时代，帮助境内投资人开拓海外市场，对接中国资本和世界。

展望未来，香港在跨境资产管理和投资方面仍然大有可为。第一，虽然近年人民币面临贬值压力，香港人民币资金池萎缩至2016年底人民币5千亿左右，但是香港于离岸人民币业务领先的地位并没有改变。而且，在人民币面临国外炒家攻击的时候，透过香港离岸市场操作各种炒作，有效减轻炒家对于在岸市场的影响，香港发挥了防火墙的关键作用。对于正在快速融入世界的中国而言，作为全球管治体系中的重要角色，人民币的地位与中国经济地位

仍然不匹配，有庞大的成长潜力人民币必须提升自身在中国以外的地位。根据成熟市场的经验，离岸美元的存款等于本土美元存款大约 30%，离岸人民币存款占境内人民币存量仅仅 1%。所以，人民币有必要提升自身的国际地位，而人民币国际化是长期不可逆转的大趋势。香港平台仍然可以推动人民币国际化更进一步。

第二，人民币正式晋身国际货币基金组织 SDR 一揽子货币，各国央行对于人民币作为储备货币的需求将会逐步提升，香港如果能帮助各国央行积累人民币存量，有潜力发展为人民币离岸资产管理中心，帮助中国推广人民币作为世界投资和储备货币的功能。

第三，内地个人"走出去"的诉求明显，加之中国企业"走出去"随着国家"一带一路"推出迎来快速发展，跨境投资成为重要趋势。香港拥有中西文化荟萃的优势，而随着中国更多企业和个人"走出去"融入世界，香港将继续发挥不可取代的地位。中国超过一半的对外直接投资流入香港，即便不同年份的情况存在波动，但香港始终是中国企业和资本"走出去"的第一站。

在这三个方面，中资资产管理机构有潜力成为香港资产管理市场中突围而出，成为香港资产管理市场的领军者。

综上，中国经济发展的成功，直接惠及香港经济和民生，香港得以在金融海啸之后快速复原，中国经济的发展功不可没，同样，香港也为中国改革开放提供重要的支持。在未来的发展中，内地与香港经济必定是"命运共同体"。中资金融机构在香港的发展也正好体现这点。中资金融机构在香港聘用了大量专业人才，在外资撤离的环境下为香港居民提供了就业机会，稳定了香港的社会，也促进了内地与香港居民交流。同样，未来中资金融机构的成功也必须依赖香港平台的支持。

香港中资券商二十年发展路

——香港回归二十周年证券业回顾、思考与展望

香港中资证券业协会会长、交银国际控股有限公司董事长　谭岳衡

回归祖国 20 年来，香港依托发达的资本市场建立了国际金融中心地位，促进了香港金融业蓬勃发展。以 IPO 集资规模计，香港交易所长期位列全球三甲且多年荣膺冠军。越来越多的企业和机构在香港构建财资中心、资管中心，香港在投融资方面发挥的功能越发重要。其中，中资券商在香港国际金融中心建设中发挥了重要作用，香港资本市场的版图也因中资券商的崛起发生了结构性变化。

回顾过去的 20 年，香港中资券商由少变多、由弱变强的历程，大体可分为三个阶段。

一是萌芽产生阶段，在香港回归的 1998 年前后。最早一批中资券商在香港成立，如中银国际、交通证券、国泰君安国际、申银万国香港、招商证券香港等。有的是新设机构，有的是其他财务公司收购而来，有的是商业银行旗下的证券部门，机构零星，业务单一，实力较弱，中资整体在香港市场声音微弱。

二是规模发展阶段，在 2007 年前后，中国证监会批准了一批证券公司、基金公司、期货公司在香港设立子公司，五大商业银行通过在香港设立控股平台布局投行证券。借助国企发行 H 股热潮和中国资本市场开放，香港中资证券行业迎来了第一波发展高潮，并在投行、证券、资管、期货等业务领域崭露头角。脱胎于香港中国企业协会证券行业委员会的香港中资证券业协会，正是于 2007 年组建成立，第一届会员已有 19 家。

三是实力增强阶段。2012 年以来，在外资结构性调整、港资收缩退出的大环境下，中资券商成为香港资本市场的主力军。2012 年，香港中资证券业协会会员为 59 家，当年 IPO 市场承销金额前十名有 5 家外资/5 家中资，中资券商担任账簿管理人承销 IPO 的市场份额占比为 45%，仅有一家中资券商进入港交所 A 组。而刚刚过去的 2016 年，香港中资证券业协

会会员猛增至98家，IPO市场承销金额前十名有2家外资/9家中资（存在排名并列），中资IPO承销份额上升至62%，两家中资券商进入港交所A组，据估算中资券商二级市场交易份额占到15%，为零售客户交易量比例的一半。

目前，活跃在香港资本市场上的中资券商群体，既有监管机构批准南下的国家队，也有引领国际化潮流的民营排头兵，还有一批跟随券商走出去的中介机构、IT公司。随着内地与香港资本市场互联互通的落实，香港证券行业孕育着前所未有的机遇，中资券商拥天时、地利、人和之利，形成了百花齐放、百舸争流的发展形势。

一是业务范围扩大，经营实力提升。中资券商从内地带来了资金，也带来了客户和业务，为业务规模较快增长奠定了基础。证券行业是上下游产业链关联度比较高的行业，大型中资券商都建立了投行、资管、证券、投资等全业务平台，盈利能力大大增强，并具备了与外资大型投行竞争的基础。中型券商也逐步迈出传统的经纪领域，在资管、投行、结构化融资领域发力。基金公司借助QDII、RQDII的政策，迅速实现了管理规模的跨越式发展。期货公司依托灵活的定价体系和庞大的客户基础，占据了香港零售期货市场的大部分份额。从业务领域看，中资在IPO市场占据明显优势，在股票交易、债券发行、香港期货交易市场增速明显，在衍生品发行、FICC市场以及海外布局方面开始探索，在资产管理、环球股票及期货交易和国际化销售网络方面与外资仍有相当大的差距。海通国际和国泰君安国际是中资券商中的旗舰上市公司，上市以来总资产年复合增长率分别为51.8%和30.2%，股价年复合增长率分别为7.7%和9.5%，成为中资券商发展情况的风向标。

二是有竞争也有合作，发展道路各有侧重。中资机构在客户和资金方面的同质化现象比较明显，因此在具体项目上存在直接竞争。但中资券商更多的是合作。以大型IPO为例，单一的中资投行目前还不足以单独完成超大型融资，需要众多投行合作完成项目。从业务发展空间上看，中资券商仍处于良性竞争状态。由于各家中资券商集团背景和优势禀赋不同，业务发展方向上呈现出不同特点。银行系的券商资金优势明显，机构和企业级客户众多，在大型投行项目、债券项目、投资项目上具有优势。券商系券商对市场把握敏感，客户群体广泛，因此在证券交易、互联网业务、跨境交易上具有优势。区域性券商与内地省份企业关系紧密，在特定省份和企业的竞争优势明显。

三是规范与稳健同行。20年前受亚洲金融危机影响，一批中资在港设立的贸易公司和窗口公司破产和清算，内在原因是公司治理缺失和粗放式经营，这成为中资机构在港发展的历史警示。证券行业是经营和管理风险的行业，合法合规是底线，稳健经营是基础，因此中资券商在迎来业务大发展的同时，更加重视合规与风险。如今的香港中资券商，普遍实行董事会议事和分级授权管理，使业务发展建立在良好公司治理和风险控制基础上。针对中资迅猛发展，香港证监会也给予了足够重视。为了适应香港的监管规则和保障业务发展需要，大多数中资机构都聘请本地合规官，合规具有一票否决权，确保内地来港的客户、资金遵守香港市场规则。

四是中资以香港为平台的国际化已经起步。中资券商的国际化战略如长龙出海，香港不仅仅只是龙头，而是策动和支援布局其他地区的龙身。为了满足客户需求和支持业务发展，部分香港中资券商启动了对外投资和布局的脚步。海通国际收购葡萄牙圣灵银行并更名海通银行以及收购吉亚股份，成为中资机构国际化的标志性事件；广发期货香港公司收购英国NCM期货公司全部股权，成为中资期货公司海外并购的“第一单”；建银国际收购英国Metdist公司75%股权，成为LME第一家具有中资银行背景的圈内会员；海通国际、中金香港、国泰君安国际、招商国际等大型券商设立纽约、新加波、台北、东京、首尔等地的销售团队，通过组建国际化销售网络促进客户来源的多元化。

二十年一路走来，中资券商在香港的发展折射出中国资本扬帆出海的成果，体现了中港文化、中西文化融合交流的实践，寄托了中资券商国际化的梦想。二十年也是香港中资券商的新起点，面临互联互通新格局、人民币国际化新任务和“一带一路”新机遇，香港中资券商必将担当历史重任，实现新的发展。

沉舟侧畔千帆过　病树前头万木春
——香港回归二十周年基金行业发展的回顾与思考

香港中国金融协会副主席、香港中资基金业协会会长、
南方东英资产管理有限公司总裁　丁晨

时光回溯到 1997 年，在国际资产管理行业蓬勃发展和香港本地经济繁荣、财富积累的双重推动下，香港基金行业呈现欣欣向荣的良好局面，资产管理规模首次突破 1000 亿美元。然而，回归的喜庆气氛尚未消散，震动世界的亚洲金融风暴已黑云压城，整个香港金融业遭遇前所未有的重创。最终，在中央政府的全力支持和特区政府的果断决策之下，终于通过数轮较量使得国际投机商弹尽粮绝、落荒而逃，香港取得了最终的胜利，也就此开启了回归 20 年来内地与香港金融业并肩携手、合作共赢的大时代。

目前，香港已经发展成公认的亚洲基金管理中心，汇聚了众多国际基金管理人才，许多全球性资产管理机构都选择香港作为亚洲总部。截至 2015 年底，香港的基金业务合计资产管理规模达到 2.23 万亿美元，是回归之前的 22 倍之多。汲取亚洲金融危机的深刻教训，香港基金行业在近年来的发展中呈现出三大特点：即行业监管能力显著提升，与中国大陆之间的联动日益紧密，以及交易所买卖基金(ETF)迅速发展。

一、行业监管能力显著提升

1997 年金融风暴波及之广、速度之快、破坏之深都曾让全球震惊，但这次危机所反映出的金融监管体系缺陷，特别是许多曾经被认为是经过历史检验、比较成熟的金融监管体制暴露出来的漏洞，格外引人深思。事后，香港证监会充分汲取经验教训，切实提高监管水平，不断强化基金产品销售过程中的监管制度，确保风险指引清晰充分、信息披露及时透明、投资者权益得到充分保护。

2008 年金融危机期间，香港证监会适时向各基金公司发出通知，要求确保所有基金文件在显著位置进行足够的风险警告；针对非上市结构性投资产品，要求发行人必须提供售后“冷静期”或“平仓”权利；针对复杂性产品交易对手风险较为集中的情况，特别致函持牌基金公司，提醒采取更有效措施减低有关风险。雷曼兄弟在美国申请破产保护后，香港证监会第二天就向雷曼旗下四家在港运营的持牌公司发出限制通知，以最大限度保障这些公司及相关客户的资产安全，同时采取由上而下的调查方式，对近 3 万个涉及雷曼的投诉案件合并处理，找出集中诉求并积极促成解决方案，在十分复杂的形势下促成了监管部门、涉事机构和投资者三赢的局面。最终，香港证监会凭借完善的监管体系和有力的应对措施，有效保障了香港基金业在 2008 年金融危机期间市场剧烈动荡的情况下仍然保持稳健运作。

二、与中国内地之间的联动日益紧密

香港证监会调查显示，2015 年香港基金管理公司所管理的资产（房地产投资信托基金除外）约有 68.5%源自非香港投资者；香港基金管理公司所管理的资产有 71.5%投资于亚太区，总额为 48,810 亿港元，当中 34,270 亿港元投资于香港和中国内地（占亚太区投资的 70%）。香港基金管理业积累的在亚洲(特别是中国内地)地区丰富的投资经验，吸引着大量资金流入香港市场。

回归 20 年来，特别是近 10 年来，内地与香港基金业之间人才、业务往来频繁，形成了良好的互补。越来越多的内地金融机构选择来港开展业务，截至 2015 年，内地金融机构在香港设立了共计 270 家持牌法团或注册机构，由这些公司管理的证监会认可基金数量达 283 只。与此同时，随着中国逐步履行加入世界贸易组织的承诺，香港基金管理公司现在可以持有内地基金管理公司多达 49%的股权。

合资格境内机构投资者计划 (QDII)：2006 年 4 月，中国人民银行与国家外汇管理局联合颁布法规，

允许内地合资格金融机构向个人及机构筹集人民币资金,投资于境外金融工具。香港是内地居民可通过合资格内地金融机构进行境外投资的首个市场。截至2015年,在香港管理并来自QDII的内地资产总值达1,450亿港元。

人民币合格境外机构投资者(RQFII):中央政府在2011年下半年推出人民币合格境外机构投资者计划(RQFII),准予合资格的境外机构投资者在香港募集人民币资金汇返内地,并投资于内地的证券市场。该计划的投资额度和参与的海外国家和地区数量不断扩大,截至2017年1月底,RQFII累计额度为5,300亿元人民币,其中香港额度2,700亿元人民币,约占51%。RQFII业务作为内地基金管理机构在香港开展业务的重要突破口,吸引了大批海外资金通过香港进入中国内地资本市场,也推动在港的中资基金管理公司首次有能力与外资机构分庭抗礼。例如,南方富时中国A50ETF成立四年多以来,基金规模和成交量快速增长,已经与成立十余年的安硕中国A50ETF不相上下,居香港市场最大、最活跃的A股ETF基金产品前两位。

沪港通/深港通:国务院总理李克强于2014年4月宣布,中央政府计划建立上海与香港股票市场交易互联互通机制。2014年11月17日,"沪港通"正式推出,2016年12月5日,"深港通"正式推出。至此,香港的基金管理公司拥有另一个途径投资内地股票市场,同时可对接内地基金产品,作为港股投资顾问,业务渠道进一步拓宽。"沪港通""深港通"的顺利实施,也为后续中国内地资本市场与海外对接提供了实例参考,为未来"沪伦通"等机制的建立奠定良好的基础。

两地基金互认(MRF):2015年12月,内地与香港两地基金互认(MRF)计划正式启动。引进基金互认产品可让内地投资者透过香港的基金产品,扩阔离岸投资范围。MRF更深层的意义则在于,其开创了中国内地与香港在基金监管领域对接的先河,首次实现了两地基金监管机关的互认机制。

三、交易所买卖基金(ETF)迅速发展

亚洲金融危机期间,香港金融管理局动用外汇基金入市大量购入优质蓝筹股票,共计付出1,181亿港元,买入33只恒生指数股票,占总市值7%。在金融市场恢复稳定之后,特区政府于1999年底成立盈富基金,逐步有序地将买入的港股分批售回市场。盈富基金作为亚洲金融危机中"汇率保卫战"的副产品,直至今日仍是香港市场上非常具有影响力和代表性的ETF产品之一。

ETF基金具有成本低、流动性高、赎回压力小等优点,近20年来成为国际资产管理行业内增长最快的领域。香港证监会也一直采取多种措施,致力于推动香港成为亚洲的ETF发行和管理中心。为促进ETF业务的发展,香港证监会自2008年7月起将征费豁免范围扩展至香港联交所的所有庄家,督促发行商优化ETF结构,以减低使用衍生工具带来的潜在交易对手风险。ETF业务的健康发展,也成为香港证监会在2008年金融危机期间保证资本市场流动性的利器。

近年来,香港交易所买卖基金(ETF)市场增长迅速。截至2016年底,共有133只交易所买卖基金于香港上市,总值达3,060亿港元。2016年,于香港上市的交易所买卖基金的成交金额达1万亿港元,占主板成交金额的6%。与此同时,香港证监会于2016年首次批复准许杠杆及反向ETF产品上市,有望借此机会,进一步扩大ETF产品的管理规模和交易活跃度。目前,ETF已经成为香港基金行业发展的新引擎。

1997年的亚洲金融风暴,曾经把笙歌一片的东南亚带向万户萧疏,但回归祖国20年的香港却在危机中屹立不倒,并不断巩固其在亚太地区基金管理行业中的核心地位。正所谓"沉舟侧畔千帆过,病树前头万木春",香港基金行业的发展壮大已经成为香港保持和发展亚太金融中心目标的重要组成部分,同时也为维护国家金融安全、助推内地资本对外开放和人民币国际化贡献着积极力量!

巩固和发展香港国际金融中心地位

注:本章节内容的原稿刊载于香港信报出版社《全球新格局与香港新动力》,版权所有,不得转载。

香港资本市场的新机遇

建银国际董事长兼总裁、香港中国金融协会主席　胡章宏
建银国际创新部执行董事　钱志义

香港背靠内地、面向国际,具有独特的地位与优势。回顾过去,经过数十年的发展,尤其是把握住上世纪以来内地改革开放的重大历史机遇,凭借其良好的法治体系和开放的金融市场,香港在吸引外资等方面担当了重要角色,逐渐发展成为首屈一指的全球金融中心。以 IPO 为例,香港多年新股集资称冠全球,截至 2015 年上半年,香港又以 1294 亿港元新股集资全球居首,高于纽约及伦敦的 999 亿港元及 670 亿港元。香港金融市场过去的成长与内地的发展密不可分,事实上,从 1993 年首家 H 股公司青岛啤酒(00168)来港上市以来,现在香港已是内地企业境外融资的首选地,中资股总市值与交易量占港股的半壁江山。

展望未来,随着内地新一轮发展开放步伐日益加快,香港作为境内与国际市场的重要桥梁纽带,正处于中国全面深化改革开放、融入世界的风口浪尖,将迎来新的历史机遇,其深度与广度或许都是史无前例的。

另外,2015 年以来,全球及中国的经济形势也都在发生新的变化,近期国际金融市场更出现了较大震荡,在这样一个崭新的背景下,只有充分发挥香港的独特优势,积极配合和参与国家战略,谋求与国家共同发展,在中国改革开放和现代化建设中继续发挥不可替代的作用,我们才能更自信地迎接香港长期繁荣稳定的未来。

一、资本市场双向开放

香港现已成为人民币国际化与内地资本市场双向开放的"桥头堡":CEPA、人民币离岸中心、"沪港通"等,特别是具有里程碑意义的内地与香港基金互认在今年的启动,使香港独特的"超级联络人"作用随之不断加强,也将更深层次的打通内地与香港的资本纽带。

人民币国际化是中国最重要的国家战略之一,也是中国崛起的重要标志和全面融入国际社会、并保持经济持续强盛的重要支柱和国家工具。近年以来,人民币国际使用继续较快发展,离岸人民币市场进一步拓展。

据环球银行金融电信协会统计,截至 2014 年 12 月,人民币已成为全球第 2 大贸易融资货币、第 5 大支付货币、第 6 大外交易货币。自 2003 年 CEPA 及其一系列补充协议签署以来,CEPA 框架为香港人民币业务的发展提供了制度性的安排,使其能充分利用国际金融中心和内地重要的贸易转口港优势,发挥人民币国际化实验场的作用。目前,香港已成为全球最大的离岸人民币业务中心,人民币资金池的规模已超越 1 万亿元人民币。

内地资本市场双向开放与人民币国际化息息相关,某种角度上讲,人民币实际上是市场双向开放的一个重要载体。以"沪港通"为例,可以说,推动资本市场双向开放和促进人民币国际化进程,是"沪港通"最重要的初衷。一方面,"沪港通"是中国资本市场双向开放的重要内容,有望实现"以开放促改革",帮助内地市场与国际接轨;另一方面,"沪港通"既可方便内地投资者直接使用人民币投资香港市场,也可增加境外人民币资金的投资管道,有利于推动人民币国际化,巩固香港作为离岸人民币中心和国际金融中心的地位。

特别值得关注的是,伴随着"走出去"和"一带一路"等国家战略的推进,内地资本流向的趋势正由过去的资本输入为主,逐渐转向为资本双向流

动，因此香港应适应新的变化，积极参与其中，通过发挥香港的独特优势，一方面，要对接内地企业与境外资本，另一方面，也要对接境外企业与内地资本。

二、协助“一带一路”融资

习近平主席提出的共建“丝绸之路经济带”以及21世纪“海上丝绸之路”的战略大构想，是中国近百年来首次提出的以中国为主导的全球外交及经济框架，具有十分深刻的战略意义。2015年3月底，相关部门发布了《推动共建丝绸之路经济带和21世纪海上丝绸之路的愿景与行动》，东起亚太经济圈，贯穿亚欧非大陆，西进欧洲经济圈，“一带一路”国家战略的蓝图正式展开，该战略致力于实现区域内几十个国家及地区互联互通，从而令44亿人口受惠，有望为全球创造一个新的经济引擎并重塑世界经济格局。

“一带一路”沿线大多是新兴市场或发展中经济体，正处于发展的上升期，迫切需要解决基础设施不足的问题，另外，“一带一路”战略付诸实施，还意味着区域内的产业要转移升级、经贸要合作拓宽等一系列举措，这些或将带动数以万亿元计的大型基础建设及发展项目，除依靠直接投资以及亚投行、丝路基金等政策性融资之外，还需要通过全球和区域性金融机构进行融资。

香港是亚洲最大的资产管理中心，管理资产超过2万亿美元，也是全球最大的离岸人民币中心，人民币资金池规模超过1万亿元人民币，这些资金都可以透过贷款、发债、上市及其他资本运作服务安排，来协助“一带一路”沿线地区项目的融资，这也有利于进一步为香港资本市场提供新的增长机遇。

除融资以外，香港过去一向在亚太地区的经贸合作往来中发挥重要作用，香港企业有许多本身就来自东南亚，有的在东南亚地区有大额投资或开展业务已经超过半个世纪，总体来说，港资在东盟各国市场已经培育了一定的信任基础并被广泛接受。

另外，香港企业对丝路沿线国家的投资环境、法律制度，以至营商及理财模式等，都有较为清晰的认识和相对丰富的经验。地理上，香港也正处于“一带一路”的中枢位置，同时具有沿线各国之中，相对更为发达的国际金融中心、商贸中心、航运中心以及信息中心的地位，因此，发挥好香港的独特作用，联接中国广大腹地和丝路沿线国家，将在推动“一带一路”建设中发挥重要作用，有利于落实中国21世纪全球战略布局。

三、国企改革重要试验田

今年9月13日，中共中央国务院正式印发《关于深化国有企业改革的指导意见》，这是新时期指导和推进国企改革的纲领性文件，从完善现代企业制度、发展混合所有制经济等方面，提出国企改革的具体目标和举措，比如文件明确要“推进公司制股份制改革，加大集团层面公司制改革力度，积极引入各类投资者实现股权多元化，大力推动国有企业改制上市，创造条件实现集团公司整体上市”等。

作为国企资本运作重要平台，资本市场已成为支持新时期国企改革的重要力量。香港资本市场在企业管治及资本架构等方面与国际接轨，可以成为本轮国企改革的试验田和重要战场。

以集团公司整体上市和发展混合所有制为例，去年，在香港上市的大型中资企业中信泰富，以2865亿港元收购母公司中信集团的主要业务平台，即中信股份的全部股权，隶属国务院的中信集团自此通过借壳中信泰富实现整体在香港上市，此消息曾作为国企改革的强烈讯号，轰动内地与香港资本市场。此次中信股份来港发展，凸显了香港协助国企改革，发展混合所有制，提升管治水平与效益，以及走向国际化的重要角色。很多国企来港上市主要是想紧握两个大趋势，一是国际化，二是完善现代企业制度。香港资本市场凭借在法律制度、监管和业务标准化、国际化等独特优势，将成为国企上市的最好选择之一。

当然，在新的环境下，香港资本市场也面临不少众所周知的挑战。我们只有牢牢抓住上述重要机遇，与时俱进，积极迎接所面对的这些挑战，香港资本市场才能真正迎来长期繁荣稳定的新时代。

跨境投资需求增　港有力捕捉先机

光大控股执行董事兼首席执行官、香港中国金融协会名誉主席　陈爽

过去几年,中国内地的资产管理行业出现明显变化,监管部门陆续开放牌照,加上内地财富快速累积,形成庞大的资产管理需求,为不同类型资管机构的快速成长带来契机。如果把所有资管机构的管理资产规模(AUM)相加后粗略估算,2015 年上半年,中国内地资产管理市场的广义 AUM 总额已突破 70 万亿元(人民币,下同)。

这 70 万亿元当中, 单是商业银行理财产品的余额就已达到 18 万亿元;2009 年时,该数字只是 1.7 万亿元左右,7 年增长超过 10 倍。商业银行强大的客户资源和销售能力, 是增加理财产品规模的重要力量。目前,理财产品也是内地最庞大的资管板块。同样,信托牌照也拥有强大的产品设计能力、灵活性高,不少机构借其为管道发行产品,推动信托 AUM 快速成长,现已由 2010 年约 3 万亿元飙升至 2015 年上半年约 15 万亿元。除商业银行和信托外,公募基金、私募基金、保险公司、券商以及基金子公司(于 2012 年才出台,拥有比信托牌照更灵活的产品创设能力)等也各自发展,纷纷占据重要地位。不同类型的金融机构参与资产管理业务的格局,被称为"大资产管理时代"。

监管不一易出现灰色地带

习近平主席在关于《中共中央关于制定国民经济和社会发展第十三个五年规划的建议》的说明中提出:"我国金融业发展明显加快,形成了多样化的金融机构体系、复杂的产品结构体系、信息化的交易体系、更加开放的金融市场,特别是综合经营趋势明显。这对现行的分业监管体制带来重大挑战。"将习主席的讲话引申至资产管理行业来看,在内地资产管理行业快速发展和演变的同时,也存在不少挑战。这个现象可以由两方面的情况佐证。

大资产管理时代的一个特征,是牌照之间的差距不断收窄,资管行业正在朝"混业"的方向发展。目前,商业银行和信托由中国银监会主管,公募基金、私募基金和基金子公司则由中国证监会主管,保监会主管保险公司,采用的是分业监管模式。如果监管的力度不一,跨行业联动的时候很容易出现灰色地带,形成监管套利的情况。另一方面,从 2015 年内地股市的发展可见, 诸如 P2P 网络贷款之类的场外配资方式层出不穷,是刻不容缓的监管须解决的问题,笔者于 2 月时曾经就此在本专栏撰文讨论(《互联网金融:法规与风控刻不容缓》)。

另一个挑战则是"刚性兑付"盛行的现象。"刚性兑付" 指资管机构对投资产品的收益率提供明确或者隐性担保,如果产品最终无法达到预期收益率,资管机构将使用自有资金垫底, 弥补预期收益率与实际收益率之间的差距。在"刚性兑付"条款之下,投资风险实际上由资管机构承担;久而久之,市场很容易养成"投资等于赚钱"观念,不利于资管行业的长远健康发展。

刚性兑付条款须调整

过去很长一段时间里,中国内地的经济处于高速增长期,各行业大都能实现快速成长,出现问题的投资项目相比较少, 所以即使资管机构提供 "刚性兑付",实际上履行条款的机会不多。然而,中国内地的经济现正面临下行压力,中央政府也逐渐容许企业在不构成系统性金融风险的情况下有序违约。近两年来,违约风险明显增加,从银行的不良率攀升可见一斑。中国银监会的数字显示,不良率在 2011 年时最低为 0.9%,而 2015 年第三季度已经升至 1.59%。上市公司和中小企违约的事件也时有所闻。

资产价格波动性提升,风险逐步呈现,内地投资环境变得更加市场化,"刚性兑付"条款则必须进行相应的调整。如果投资者坚持"刚性兑付",该投资产品的预期收益率便会下调,以对冲资管机构所承担的风险。资管机构需要向投资者充分解释投资时潜藏的风险,慢慢达到"卖者尽责,买家自付"的原则。

渗透率低　机遇仍庞大

虽然内地资产管理行业已经发展到一定规模,但

是与成熟市场比较，渗透率仍然比较低。波士顿顾问公司(BCG)的资料显示，2014年内地居民财富超过55%配置到存款上，但随着内地无风险利率下降、投资意识提升，分配到投资产品的资金将会不断增加，内地资管行业仍然有良好的成长动力，也会显现出一些新的发展趋势。

中国企业和资本“走出去”形成的跨境需求明显增加。中国商务部的资料显示，2014年中国内地对外直接投资流量达到1231亿美元，首次超越外来直接投资金额，中国成为资本净输出国。中国商务部也预期，内地对外投资将保持10%以上的较快增速。

从2015年的发展情况而言，内地投资者对于投资国际市场优质资产的兴趣有增无减。这一方面反映出内地经济下行压力加大，投资人分散风险的需求；另一方面，中国企业对外并购的市场已经从过去能源类项目主导，转移至以获取技术、知识和品牌的项目为主。中国企业积极从国外市场引进高新科技，推动国内产业升级的需求日渐旺盛。

近年来，中央政府也积极推动开放更多跨境投资机制，包括QFII、RQFII、RQDII、“沪港通”与中港基金互认等等，还有“深港通”、“沪伦通”等一系列政策在酝酿。国际货币基金组织(IMF)于本年11月底宣布人民币成为特别提款权(SDR)货币，除了正式确立人民币的国际储备货币地位之外，也包含了IMF对于中国内地金融改革开放的期待。推动中国内地资本账户加速开放，对于跨境投资来讲无疑是很大的支持。

五点优势　营造共赢

香港拥有多项优势，有能力把握内地跨境投资的机遇，同时支持“走出去”的国家政策，形成共赢关系。第一，人才和服务的优势，国际化、两文三语的环境有利吸引不同文化人才居留，大部分国际领先的专业服务与资管机构都在香港设有分部，便利中国企业拓展海外业务；第二，法律优势，香港的普通法体系有利于处理跨境法律纠纷和诉讼，中资企业在香港进行海外并购项目的成功率更高；第三，金融优势，香港的金融体系发达、机制成熟，长期支持中国企业海外上市和融资活动，并坐拥全球最大的离岸人民币市场，是人民币国际化的前沿；第四，基建优势，信息流通，对内、外交通和通讯便利；还有第五，非常重要的一点则是中央政府的支持，香港一直是中央政府推行境外金融政策试点的首选，在“沪港通”、QFII和内地与香港基金互认等多次政策合作之后，内地与香港两地监管积累了良好的经验，巩固了两地进一步合作的基础。

在大环境的演变之下，香港必须不断思考如何把握内地持续扩大的跨境投资需求，主动地对内地宣传和寻找机会，把握内地资产管理行业变革带来的庞大商机。

全球新格局下一带一路国家战略与香港的角色定位

国泰君安国际控股有限公司董事会主席、行政总裁　阎峰

自2013年习近平主席提出“一带一路”即丝绸之路经济带和21世纪海上丝绸之路、李克强总理随后写进政府工作报告以来，“一带一路”成为中国重要的对外经济战略，引起了全球普遍关注。

然而，“一带一路”战略提出虽已有四年时间，到目前为止还未能全面启动和破局。分析认为个中原因很多，其中影响较大的一个因素是最近一个时期以来形成的全球国际关系新格局，特别是中美关系的变化方向和趋势。

毋庸讳言，这一战略的实施目前看仍面临很多困难和挑战，需要我们理性分析、勇敢面对、尽快解决。香港各界应认真思考，如何在全球新格局下，为“一带一路”国家战略的调整提出建议；香港又应当如何在其中找到自身的角色定位，以进一步推动香港的繁荣稳定，保持和提升香港的国际金融中心地位，在与新加坡和上海的国际金融中心竞争中胜出。

一、中美关系的走势和全球新格局的形成

中国改革开放近40年来，取得了令世人瞩目的经济成就，一直保持了较高的经济成长率。特别是在成功加入WTO以后，中国在国际贸易中充分发挥了

劳动力成本较低、素质较高的优势，发展壮大了制造业，打造了完整的包含电子制造业产业链在内的高端制造业体系，成为世界工厂。

2008 年金融危机之后，处于调整和恢复中的美国与继续保持较高经济增长的中国形成了反差。面对一个日益强大的中国，自奥巴马政府执政开始，美国政府在政治上实施了重返亚洲及亚洲再平衡策略，在军事上与中国在南海、东海等区域问题上出现了一定程度的摩擦，在贸易上加大了中国出口产品交易的调查和处罚，在金融上也提高了人民币汇率受到政府干预和操纵指称的调门。

现任美国总统特朗普在竞选阶段威胁对出口到美国的中国产品征收惩罚性高关税，称中国为操纵汇率的冠军，并在当选后对一个中国政策表示质疑。然而特朗普政府上台后，对中国的立场日趋温和。特别是特朗普与习近平在 2017 年 4 月海湖庄园会面后，双方建立了较好的信任关系。美国与中国在朝鲜半岛、中美贸易、叙利亚和中东、中美双边投资协定等问题上的立场更加协调，找到更多共同价值。尽管未来两个月中美贸易的具体谈判成果尚难判断，但我们对中美关系未来的整体发展持谨慎乐观的观点。

在中美走向互相谅解的利益格局下，预计美国和中国的经济均因此受益而恢复较快增长，欧洲经济面临英国退欧、法德大选等不确定因素面临挑战，日本、韩国、新加坡、澳大利亚、加拿大、俄罗斯、巴西、中东产油国以及其他 G7、G20 国家则将因中美和解提升贸易预期而大幅受益。

二、实施一带一路国家战略面临的挑战与变局

事实上，过去几年中，在中美缺乏战略互信的情况下，实施一带一路战略面临很多挑战：

第一个挑战就是宣传困境。此前我们的宣传方式和策略存在一些问题，造成在境外受众中产生较为明显的认知误区，不利于“一带一路”项目落地生根。由于我们对“一带一路”宣传和沟通上不够，即使到现在境外媒体、政府、企业和民众仍不真正了解“一带一路”的经济内涵和积极意义。即使对此略有所知的境外媒体和机构，往往也将“一带一路”理解为中国的过剩产能输出和中国版马歇尔计划，十分不利于我们取得相关国家产业、企业、社会公众的认可、接受和支持。

第二个挑战是组织困境。作为国家战略，盟友不足，造成战略孤立和被动。在目前多边合作金融组织亚投行和金砖银行还没有真正启动一带一路项目的背景下，中国的一带一路项目基本上是单打独斗，在项目建设和投融资两个行业层面均未见到项目国外其他国家企业和金融机构的参与。

缺少战略盟友的参与，将使得我们在更大程度上暴露于一带一路国家的政治风险和主权风险，不利于分散风险。

第三个挑战是风控困境。国际关系变化、相关国家国内政局变化给“一带一路”发展战略顺利实施带来很大困难。“一带一路”重要节点中亚地区、南亚地区、印尼、泰国、塞尔维亚、白俄罗斯、埃及、埃塞俄比亚、英国多地的“一带一路”项目都遭遇了变局，主权、政治、信用风险极高，缺乏控制能力。

“一带一路” 正面临着相关国家当地政局变化的挑战。“一带一路”项目往往涉及基础设施投资，属于公共品，以“大项目”“大工业园区”为主体，以和当地政府的谈判为手段，因此相比传统高度市场化的贸易投资活动，“一带一路”和政治的关系更加紧密，面临更高的政治风险和主权风险，需要有军事实力和政治同盟的保障对项目风险的控制能力。

第四个挑战是路径困境。我们目前的观察是，“一带一路”投资范围过大，战线过长，重点不突出，应区分主次、辨别难易、确定先后、突出重点，制定切实可行、迅速落实的实施路径。

三、全球新格局视角下的一带一路战略实施

在中美走近的趋势下，我们需要在全球新格局视角下直面一带一路面对的各种挑战，重新审视和调整一带一路国家战略的实施策略和路径。

（一）优化宣传策略，与“一带一路”国家建立战略互信，积极引导相关国家借鉴中国经验，建立经济特区，加快改革开放

“一带一路”不是一个实体和机制，而是合作发展的理念和倡议，旨在借用古代“丝绸之路”的历史符号，促进和平发展，主动发展与沿线国家和地区的经济合作伙伴关系，共同打造政治互信、经济融合、文化包容的利益共同体、命运共同体和责任共同体。

本质上，“一带一路”是中国进一步促进全球化、改善生产要素跨境流动的努力，是加强发展中国家与发达国家合作、优化跨境资源配置的典范，是以促

进全球经济帕累托改进推动全球经济增长的重要发展策略。

"一带一路"基于域内国家潜在的成长需求,将部分国家自身成本相对低廉的劳动力、中国在基础设施建设和制造业领域的巨大优势、中国雄厚的资金积累和投资能力、美欧日等发达国家在高技术等领域的核心技术优势结合在一起,为发挥国家比较优势、优化跨境资源配置提供了绝好的契机。

在某种角度上来看,"一带一路"为域内相关发展中国家分享甚至复制中国过去三十多年高速发展的成功经验提供了很大可能。这样的定位,将对"一带一路"国家具有极大的吸引力。

因此,需要我们一是加大外交努力加强合作;二是通过加强宣传,加强对"一带一路"的深入理解,建立战略互信。

得益于改革开放,中国过去近40年取得了高速经济成长,取得了令全球瞩目的经济奇迹。中国经济成长故事是"一带一路"的最大卖点,应当积极努力尝试与"一带一路"发展中国家建立对话机制和对话平台,引导相关国家借鉴中国经验首先建立经济特区试点,加快改革开放,通过实验总结经验再进一步推广。

具体来说首先是鼓励相关国家借镜香港,建立自由贸易区和特别关税区,加大开放力度,通过自由贸易推动经济成长;其次是鼓励相关国家借镜深圳,在适合地区建立经济特区,实施特别优惠、便利的税收、外汇、投资、融资、出入境管理政策,在保持全局稳定的情况下以局部突破方式推进改革,并借此吸收直接投资、提升就业、增加税收,促进当地基础设施建设行业、制造业、房地产业、金融业的起飞和成长,并协助其建立制造业产业链,培养专业人才,加大教育、医疗投入,推动当地就业和居民收入的可持续增长。

(二)通过外交努力建立中美战略互信,取得美欧支持,打造战略联盟,共担风险,共享收益,为一带一路打好政治基础和组织基础

在努力与项目国构建利益共同体,降低项目风险的基础上,我们应以亚投行为平台,积极吸收美国等发达国家参与一带一路项目,建立战略联盟,分散投资风险。

在继续加强亚投行多边平台建设基础上,建议通过外交努力与"中美战略与经济对话"、"中美双边投资协定"等管道,针对美国关心的国家利益和对亚投行的保留打消其顾虑,积极取得美国政府支持和参与亚投行。

其次,建议通过G20、APEC、达沃斯论坛、博鳌论坛、中美双方智库交流等机制展开"一带一路"专题研讨,内容可包括项目涉及的知识产权保护、低碳环保等问题,以及反恐、反洗钱、反贿赂、民主等问题,积极推动达成中美两国及当地政府在一带一路项目合作共赢的局面。

再有,作为项目发起方和领导者,中资企业可考虑主动分享利益,建立联盟。不仅向项目国让利,也与美国等发达国家企业和财团分利。中资企业或者中资与项目国合资企业在竞标投标、融资投资、项目建设过程中,应重视和加强在高科技、节能环保技术和金融领域,与那些具备先进技术、独有专利和丰富国际营运经验的美国和欧洲企业、财团和金融机构紧密合作,并优先考虑那些来华投资和经营的美欧企业以及具有丰富经验的全球性投资银行和商业银行,从而建立经济领域的统一战线,将美欧企业发展成为宣传、支持、参与一带一路战略的中坚力量。

最后,在项目合作国家和地区选择上,可采取团结多数的统一战线策略以及让利一批、孤立一批,利用跷跷板效应,通过示范项目让参与合作方获得明显利益,引导其它国家跟进。

(三)确定先易后难、突出重点的推进路径

"一带一路"涉及60多个国家,在资源有限的条件下,必须尽早确定先易后难、先近后远、先点后面、突出重点、逐步推进、全面开花的推进路径。

就目前而言,可绕过南海问题矛盾焦点区域,重点评估中国在马来西亚、泰国、缅甸、印尼、老挝、柬埔寨、巴基斯坦以及部分中亚国家的投资机会,评估相关国家的主权风险、政治风险、民主化程度、法治化程度,结合地理距离、文化距离、语言距离等因素评估国家距离,以此确定优先开展"一带一路"投资的路径和方向,集中优势力量发展一带一路的示范性合作国家,以此作为推进"一带一路"战略的突破口。

(四)以高铁、港口、公路、核电等基建项目为抓手,重点推进示范性项目

应当在相关国家选择性重点示范性项目全力推进,例如印尼雅万高铁、中泰铁路、缅甸密松水电站、

巴基斯坦瓜达尔港项目，并以此为支点撬动其他国家的重点项目。

（五）实施金融和产业结合、加强跨国金融合作的推进策略，通过一带一路项目融资为中资金融机构出海创造机遇

目前，出于种种考虑，一带一路项目的经济可行性和财务可行性评估主要是由国家和当事建设企业承担。事实上，在适当的时间节点上，可以建立更加开放、透明、科学的投融资机制，通过市场化的方式吸收金融机构完成项目融资，一方面为中资金融机构出海创造战略机遇，另一方面客观上加强跨国金融合作。

经过 30 多年的改革开放，中国已经改变依靠吸引外资发展经济的状况，成为资金的主要输出国，这为中国金融业走向国际、服务“一带一路”战略提供了最重要的前提条件。

因此，应当充分发挥亚投行、金砖银行、丝路基金等多边合作金融机构的作用提供底层投资，以 PPP 方式吸收国内私人领域和海外资金参与项目投资，通过国家开发银行、中国进出口银行等机构贷款、提供担保等方式为项目增信，以银团贷款、基建债券等多种方式丰富项目融资渠道。

四、一带一路国家战略下香港的角色定位

香港作为国际金融中心、贸易自由港、重要的航运和信息中心，命运与国家息息相关。香港的区位优势是源于中国的封闭，她的成长源于中国的开放，而她未来的辉煌将取决于在中国成长为全球性大国过程中，在与深圳、上海和新加坡的竞争合作中正确确定自身的角色定位。

香港应当充分发挥具备法律、会计、金融、资金、贸易、人才、区位优势，识别“一带一路”国家战略带来的重要机遇，进一步巩固和提升香港国际金融中心地位。为此，香港应超越“超级联络人”，努力发展成为“超级做市商”，并致力于成为：

“一带一路”商务法务中心：香港金融机构对“一带一路”沿线国家的投资环境、法律制度，以至营商及理财模式等，都有较为清晰的认识和相对丰富的经验。地理上，香港也正处于“一带一路”的中枢位置，同时具有沿线各国之中相对更为发达的国际金融中心、商贸中心、航运中心以及资讯中心的地位。因此香港应充分利用法治传统、普通法实施实践、服务型政府、市场效率较高几方面优势，结合法律、会计、金融等专业人才优势，打造“一带一路”项目洽谈、签约的商务法务中心以及发生争议情形下提供包括协商、诉讼、仲裁在内解决方式的争议解决中心。

“一带一路”融资枢纽：举例来说，“一带一路”需要的资金量 10 万亿美元以上，香港金融业特别是中资金融业应利用在债券发行、银团安排、项目融资等方面经验优势，并与有关国家和地区加强互联互通，成为“一带一路”融资枢纽、投资门户和共同市场。

离岸人民币交易中心：香港是全球最大的离岸人民币中心，人民币资金池超过 1 万亿元人民币，约占全球离岸人民币存款的 60%。“一带一路”项目资金可以通过银团贷款、发债、上市及其他资本运作服务等方式，在向“一带一路”基建项目提供人民币融资过程中，推动香港离岸人民币市场进行人民币资金循环和跨境流通。而且香港通过“一带一路”这一国家战略，加强与其他主要国际金融中心的合作，提升人民币在贸易融资、项目投资、跨境贷款中的使用比例，推动人民币的国际化进程，并促使香港整个离岸人民币市场得以扩大、深化和进一步国际化，为香港资本市场提供新的发展机遇。因此将有力推动人民币的使用和人民国际化，香港应当发力研发人民币计价的投融资工具和证券，力推香港发展为离岸人民币交易中心，并承担起相关产品做市商角色，将香港打造成为离岸人民币产品定价中心。

商品交易中心：“一带一路” 基建项目工程量巨大，香港金融业应未雨绸缪，利用当前全球大宗商品处于周期低位时机，建设大宗商品交易和套期保值中心，缩小与新加坡、伦敦、纽约、芝加哥在大宗商品交易方面的差距。

资产管理中心和财富管理中心：香港作为亚洲资产管理中心，管理资产超过 2 万亿美元。一带一路项目将在为项目国带来宝贵的发展机遇、就业机会和创富机会的同时，将对人民币国际化起到巨大的推动作用。考虑中国经济稳定、持续维持中高速增长的事实，基于中国稳定的政治前景，人民币有望成为价值储藏手段和财富管理货币。作为资本中介和财富管理专家的中资金融机构，应紧紧抓住一带一路项目融资和人民币国际化的战略机遇，利用香港法治完善、人民币资产回报率高、经济自由度高、资本市场发达、资金自由流动的优势，背靠内地，依托香港，积极拓展当地市场，努力争取成为东南亚、南亚、中亚、海湾国家个人

和机构优先选择的财富管理机构，并为获得与欧美全球性金融机构在欧美发达国家市场的竞技空间创造条件。

五、一带一路国家战略下香港中资金融机构的战略机遇

开展一带一路项目多渠道融资，有利于中国银行、工商银行、建设银行等中资银行和国泰君安、中信、海通、中金、华泰、广发等中资券商获得融资牵头行、主办行、协调行、主承销商、记账行、托管行等角色，有利于建立和巩固与高盛、摩根斯坦利、美银美林、摩根大通、花旗、瑞银、汇丰、德银、法巴等全球性投行和商业银行的战略合作关系，通过利益共同体的形成，加强对项目自身的监督，强化对项目国的约束机制，分散、降低信用风险和政治风险，从而获得历史性发展机遇，争取在未来10–20年内成为与欧美投行比肩的全球性投资银行。

开展一带一路项目多渠道融资，有利于中行、工行、建行等建立来了海外网络的中资银行在过往结算、贸易融资业务的基础上扩展业务，扩张网络，更有利于国泰君安、中信、海通、中金、华泰、广发等海外网点和分支机构较少的中资券商通过参与项目融资、借镜中资银行分支机构，来学习和了解当地金融市场、资本市场和法律架构，并根据自身需要和客观可能适时增加投资，建立服务关系和运营网络，成为超越汇丰和花旗，具备全球化服务能力的系统重要性银行。

引入新经济　可提振港股

香港中国金融协会副主席、交银国际董事长　谭岳衡

香港股票市场的估值长期偏低，交投量长期低位徘徊，主要原因是股市结构老化，旧经济比重太大，新经济比重过小。在内地与香港股市互联互通后，加快引进新经济，增加新经济比重，稀释旧经济比重，是提振港股市场的必由之路。

香港股市估值长期偏低。从港股、A股和美股比较看，2005年至今的10年来，恒生指数市盈率几乎一直为三地最低。由2012年至今，恒生指数市盈率基本徘徊在10倍左右，而同期标普500指数市盈率则由15倍稳步提升至目前的20倍，沪深300指数较波动，但市盈率也远高于恒生指数。

港股低估值的主要原因是股市结构老化，新旧经济行业失衡，上市资源主体错配，估值产生折价。

香港指数的金融地产传统行业比重高。恒生指数和恒生国企指数中传统金融及地产行业的总比重分别高达58%至71%的水平，而沪深300指数中这两个行业比重为42%，美国的比重更低，为标普500指数的16%。

上市公司行业结构失衡

新兴行业在指数中的比重则相反，比如通讯服务行业，恒指中比例为11%，标普500为24%，纳指50%，深圳中小板占23%。这个板块的市盈率相对较高，在标普500是23倍，纳指53倍，深圳中小板71倍。

从市值看，港股市场上将近47%的市值由市盈率较低的传统金融业及地产业构成，而估值和成长性较高的信息科技行业则仅占10%。相应在A股市场，金融、地产板块在流通A股市值中占26%。

这种行业构成差异是导致港股估值较低的一大因素，因为金融地产两大行业的港股市盈率估值处于港股各行业平均市盈率最低的区域。

所以，市盈率低的行业占指数比重很大，市盈率相对较高的新兴行业在指数中占的比重低，这样整个市场的估值就低了。

香港交易量伴随估值也长期偏低，从日均成交金额来看，2015年A股市场日均交易金额1.03万亿元人民币，香港市场日均1065亿港元，不到A股市场的1/10，2016年前三季度，A股日均成交5220亿元人民币，香港市场为678亿港元，大约为A股市场的1/11。

香港交易量较低主要是由于换手率低，换手率之所以低，还是因为上市主体结构不合理造成的低

估值。换手率是每日总成交额除以市场总市值。目前港股换手率为 0.2%,A 股是 0.5%以上,美股交易量大致处于同一水平，日本则略高，约为 0.3%至 0.5%。

从换手率看，香港交易量虽然与美国市场差不多,但显著低于日本市场和内地市场。香港地处亚洲,是中国公司占大比例的市场,应按照接近亚洲和中国内地市场的水平来评估其交易量水平。港股的日均换手率的合理水平应介于 0.2%(美股平均水平)至 0.5%之间 (A 股较低水平),0.3%至 0.4%为比较合理的水平(与日本市场相当)。

香港市场低估值和低交投量的根源在于上市公司行业结构失衡,长期下去,香港股市会愈来愈老化,必须采取措施改变市场结构。

一是要深化互联互通。“沪港通”和“深港通”之后,三个市场连为一体,在完全联通的市场中,理论上说,同一标的估值应该一致。而目前 A、H 两地上市的股票,A 股明显存在溢价。随着互联互通增强两地市场间的联系和资金流动，港股估值与 A 股之间的差距收窄,会通过港股估值提升来实现。随着联动加强,A、H 两地上市股差价收窄的压力加大，间接带动相关板块估值，反过来会增加市场对新兴板块的吸引力，提高指数中估值本来较高的非传统行业的比重。港股估值可能逐步修复到历史合理市盈率 13 至 15 倍的区间。

互联互通引入北水，带来的增量资金会提升交易规模。“沪港通”这两年,南向平均每日交易额 32 亿港元，占香港交易量大约 0.4%至 0.5%。考虑到“沪港通”取消总额度,“深港通”没有总额度,考虑到每天额度 105 亿，最多南下增量资金可达 5 万亿,这会使南下交易量占港股成交量的比例大幅度增加。而伴随内地资金的增加,市场投机性交易增加,带来更高的换手率,可以预见内地投资者的交易习惯和高换手率可能会随着内地资金的增加而使香港交易量发生变化。

二是香港市场要改变内生变量,引入新经济。互联互通带来的估值和交易量提升是外在的,而香港市场上市主体行业结构的改变才是内在的,内在的因素起决定作用。这种内在因素取决于上市结构中新经济比重的提升。为此,香港要加快推出吸引新经济企业上市的措施,检讨和调整上市规则,甚至推出适合新经济企业挂牌的多层次市场。

新形势下香港中资金融业定位

香港中国金融协会副主席、浦发银行香港分行行长　张丽

香港凭借优良完善的法治传统、公平营商的廉洁社会、信守自由市场原则的政府体系、简单税制和低税率等，连续 21 年被美国传统基金会评选为全球最自由的经济体。香港也是继纽约、伦敦之后的全球第三大金融中心,拥有发达的资本市场和稳健成熟的银行体系，聚通晓两文三语兼具全球视野的金融人才。香港所处的独特地理位置,亦使其成为内地企业走出去和国际企业进军内地的天然桥梁。

一、新时期,香港仍可继续发挥内联外引的桥梁作用

近年来由于上海、深圳等金融中心的快速发展和 5 大自贸区的相继成立,香港长期以来作为内地与国际间唯一桥梁的角色有所冲击,但伴随“沪港通”、“两地基金互认”等国家层面的金融布局与安排,香港无疑仍是内地企业走出去和国际企业进军中国内地的最佳桥梁和最便捷平台。

也正因为对香港的未来充满信心，中资金融业正在更加坚定地赴港，并以此作为自身国际化的起步和继续国际化的桥头堡甚至海外总部。以最近 5 年为例，以浦发银行为代表的全国性股份制银行陆续掀起了赴港设立分支机构的热潮，继浦发香港分行 2011 年开业以来,民生香港分行、光大香港分行、兴业香港分行等相继设立。与此同时,中资投资银行系列、中资证券公司、中资基金公司、中资资产管理公司等各类中资金融机构也在不断来到香港，亦进一步增强了香港长期以来担当的内联外引、沟通中

西的金融桥梁作用。

二、中资金融业在港蓬勃发展,并已与香港及国际金融机构一起构成了香港金融体系的有机组成部分

资料显示,2005 年末中资银行在港分支机构的总资产,约占香港银行体系的 15%左右。而 10 年之后,这一比例已经翻一番,即过去 10 年中资银行在港的业务增长,已超过了 2005 年前的历史总和。概括而言,目前国有银行和全国性股份制银行基本已经悉数到港,未来几年,将迎来城市商业银行来港设立分支机构的第三波浪潮。

中资金融业的蓬勃发展,不仅体现在机构数量、资产规模的快速增长,业务能力和市场影响力也在与日俱增。中资银行来港初期仅从事商业银行业务,而目前所有在港中资银行都搭建起了投行平台,并已发展成为具有一定规模和能力的中资商投行机构。

中资非银行金融机构的发展也突飞猛进,截至 2015 年底,在港中资证券公司达 77 家,中资基金管理公司达 54 家。较早来港设立机构的中资券商,如申银万国、国泰君安(01788)、海通国际(00665)等,在传统经纪业务的基础上向国际投行业务领域不断扩张,在承销能力、造市能力、产品创设能力等方面逐步比肩国际大型投行。

总之,中资金融业经过过去的蓬勃发展,已经具备了为走出来的中资企业提供商业银行、投资银行、资产管理、保险等全方位金融服务的能力。

三、展望未来,在港中资金融业应不忘初衷回归国际化桥头堡本源定位,并放眼全球、扎根香港、专业有为

取得迅速发展的同时,如果我们仔细观察分析,还会发现中资金融机构业务过去 10 年仍主要基于人民币单向升值、境内外利率和率差的等市场价格差异。伴随内地经济转型和增长放慢、人民币利率逐步市场化,离在岸人民币率趋同,在港中资金融机构过去赖以增长的业务模式和增长动力将逐步走到极限。

“穷则变、变则通”,在港中资金融机构应抓住“一带一路”机遇、借人民币国际化的东风,把自身的发展与国家十三五规划相结合,从而回归来港初衷,实现自身角色的转变和长期可持续发展,并扎根香港、放眼全球、专业有为。具体而言,在港中资金融同业应:

1.不忘初衷,通过在港业务的健康发展,呼应整个集团的国际化战略需要。

这也是所有金融机构来港设立分支机构之初的初衷和最基本定位。

2.顺应客户需求,把香港建设为全球资产管理中心。

内地经济不断融入全球经济,境内客户全球资产配置的需求日益增长。中资金融同业可回应需求,着眼于全球资管业务,把香港建设为与其三大国际金融中心地位相匹配的全球资产管理中心。

3.抓住“一带一路”机遇,推动香港成为国际融资和大宗商品交易中心。

据统计,“一带一路”需要的资金量初步匡算约为 8 万亿美元,这为香港金融业带来重大机遇。中资金融业应抓住这一重大机遇,利用香港在银团安排、债券发行及项目融资等方面的国际化经验,推动香港成为国际融资中心。并结合当前全球大宗商品周期的新起点,打造大宗商品交易和套期保值中心,缩小与新加坡在大宗商品交易方面的差距。

4.借力并推动人民币国际化,把香港发展为人民币产品定价中心。

中资金融业应借力人民币国际化,逐步担当起人民币资金相关产品的庄家角色,并进一步致力于将香港发展为人民币定价中心。

5.利用香港成熟资本市场,推动中资企业提升管治和国际化。

香港拥有成熟的资本市场,港交所挂牌交易的公司超过一半来自中国内地。“沪港通”已于 2014 年开通,“深港通”亦已准备就绪,预计将于今年内开通。中资金融业来自境内,以服务“走出来”企业为己任,亦可协助内地企业透过赴港上市、发债、融资等活动,提升内地企业的管治水平和国际化程度,支持企业创新转型。

6.此外,中外金融机构一起,帮助中资企业,特别是制造业和服务业,引入具备先进技术和服务水平的合作企业或购并对象,带动整个国家产业转型创新需要。这方面建银国际、光大等均有成功尝试。

四、健康合规、造福香港的基本原则把握

此外,中资金融业在港必须坚持长期健康发展之路。

除了上述的经营战略上逐步转向服务客户的长

期需要、国家“一带一路”需要，在合规理念上，也要不仅追求制度上的合规，更以在本质上符合全球金融管理的内涵和精髓为自我驱动器。而合规工作者，也努力从后线角色到精通业务，了解内涵，合规引领。并通过在港中资金融机构的合规经营，树立香港监管的信心、进而传到世界其他监管机构对正在走远的中资金融机构的信心；真正长远利于服务中资企业的走出去和国际化、利于中国的“一带一路”战略的实现。

健康合规之外，还需要逐步提升自身作为利于香港长期稳定的社会角色。在港中资金融机构的角色也将从单薄走向丰富、从简单走向多元，长期扎根香港，服务香港，包括：

——积极投入和支援香港的基础设施建设。

在港中资金融业，可积极参与包括香港机场、香港地铁、香港的政府房屋建设融资等，为改善香港的基础设施和百姓生活环境奉献专业力量。

——为香港的教育事业添砖加瓦。

香港从幼儿园到大学等教育资源都非常紧缺，大学升学率甚至已经低于内地，并最终实际影响香港新生代的全面发展。目前已经有光大等开始着手，希望多跟中资金融业带领在港中资企业行动起来。

——为香港的年轻人提供实习和就业机会，点亮职业生涯和光明未来。

目前香港中资金融业吸纳的就业人数应该接近3万人，约占金融从业人员的15%。面对美国常青藤名校毕业生和内地清华北大毕业生，香港本来就少的大学和大学毕业生，更加面临实习和就业困难，所有身在香港的中资金融同业，可以携手为香港中学毕业生的年轻人提供从学习到就业机会，包括组织他们赴内地学习，真正了解跨境业务特色、客户的国际化需要，从而真正知道在香港如何可以发挥自我，实现自我，看到光明未来。

总而言之，人民币国际化、“一带一路”、深化国企改革、资本市场双向开放等，均无一例外地把香港纳入其中并作为最重要的试验田。面对如此百年难遇的历史机遇和时代呼唤，在港中资金融业必须重新思考自身战略定位，真正做到扎根香港、长期发展，做真正服务客户国际化需要的事情，做有利于香港长期繁荣发展的事情，从而进一步实现自身长期可持续发展，并发挥集团赋予香港机构的基本。

内地金融改革与香港的发展机遇

香港中国金融协会副主席、中国光大银行香港分行行长　陈林龙

2016年是国家《有关国民经济和社会发展第十三个五年规划的建议》(十三五规划建议）的开局之年。十三五规划建议正式确认“一带一路”战略、自贸区建设，以及跨区域经济合作等战略理念，将正式成为未来五年的国家发展战略，这与一直稳步推进的人民币国际化步伐一起，为未来几年中国内地、港澳台地区乃至亚洲区域经济的发展描绘了一幅亮丽的蓝图。

未来五年，随着十三五规划所提及的众多金融改革项目上马，内地以及港澳台等境外地区的发展将面临着新的机遇，也激发人们对未来发展产生更多想象。作为国际金融中心，相信香港会做好准备迎接国家金融改革所带来的崭新机遇。

一带一路

在今年的《施政报告》中，香港特别行政区行政长官重点阐述“一带一路”对香港的战略意义，特别强调了未来香港将会在众多“一带一路”的项目当中担当起“超级中介人”或“超级联络人”的角色。

笔者认为，推进香港“超级联络人”功能，可以从以下两个方面着手：

一是把握住“一带一路”所激发的相关国家对基础建设的需求，输出香港的专业技术和人才。

随着经济的持续发展，受“一带一路”战略带动的国家，现在和将来都会有改善基础设施(例如铁路营运、高楼建筑、机场建设、填海造地、海水淡化等等)的强烈需求。经过过去30多年的快速发展，香港从自身的基础建设发展中，累积了很多宝贵的经验和技术，值得有关国家和地区借鉴。

事实上，以往在基础建设相关领域中，香港输出

其专业技术和人员到其他地区的事例并不鲜见。在内地，过去30年间，来自香港的专业技术人员和管理人员，以及他们所带去的管理经验，为内地的基础建设及服务领域的提升，起到了不可忽视的、积极的推动作用。近年来，不少港资机构也参与东南亚地区国家的住宅物业和办公大楼的发展和管理项目。早在2008年，已经有香港建筑师和公司被外聘到中东地区修建高楼和商场。

二是除了实体基础建设以外，香港在现有基础上，要加快提升金融基建，强化自身在“一带一路”战略中的项目融资中心的角色。

2007年，时任特首把拓展伊斯兰金融服务和进一步推动债券市场列为巩固香港作为国际金融中心地位的重要工作，虽然当时“一带一路”的概念还没有出现，但特区政府当时的想法可以说与目前国家的“一带一路”战略不谋而合，也在“一带一路”战略中，为香港的角色定位提供了一个着力点，而“一带一路”战略将为香港提供一个千载难逢的机遇，把其国际金融中心的地位推上一个新的台阶。香港金融业在财富管理、资产管理方面可以进一步发挥其独到的作用和区域优势。

此外，总部设在北京的亚投行迫切需要一个境外的金融服务代理人，以进行贷款、融资、清算等相关工作，作为第三大国际金融中心和最大离岸人民币中心的香港，也是其可选之地之一。

人民币国际化

离岸人民币业务于2004年初首先在香港展开。虽然开始前几年业务规模比较小，产品种类也比较简单，但经过十多年的发展，目前香港的人民币业务不论在规模上，还是在产品种类上，都领先于其他离岸人民币中心。

截至2015年底，香港人民币存款余额达到8500亿元，占离岸总存款的40%左右。去年全年，跨境贸易人民币结算和点心债发行也分别录得了6800亿元和接近4000亿元的业务量。产品种类方面，香港长时间大幅领先其他地区。除了一般性的金融产品和服务以外(例如存款、贷款、汇款)，一些先行先试的产品，例如跨境贷款、“沪港通”、基金互认等，也先后落户香港。

事实上，自离岸人民币业务开展以来，香港除了担任试验田和先行者的角色以外，在风险管理方面也较好地发挥了“防火墙”的作用，协助防守和分隔人民币国际化和资本账开放进程中所产生的不可预计的风险。

去年，在人民银行提倡加大市场力量对人民币汇率水平的影响和人民币获接纳加入国际货币基金特别提款权(SDR)的货币篮子以后(实际生效为今年10月)，人民币汇率波动性明显增加。正因为香港市场一直发挥“防火墙”功能，最新一波汇率波动的影响，很大程度被限制在离岸市场，较少波及在岸市场，为央行顺应市场情况微调政策方向和开放步伐提供了缓冲空间。可以说，香港在过去10多年的人民币业务发展过程中，一直成功地发挥着业务领头羊和防火墙的作用。

随着人民币在国际金融市场地位的逐步提升，香港作为最大人民币离岸中心，将直接受惠于人民币国际化和资本账的进一步开放。

自贸区

上海自贸区以及广东、深圳、福建和天津自贸区挂牌以来，一直鼓励金融政策的创新和尝试。到目前为止，在众多的金融创新政策当中，影响最大、实践效果最好的是跨境资金池和跨境融资宏观审慎管理的相关政策。通过这些试点政策，区内企业的跨境资金划拨和融资需求可以通过简便的流程得到满足。不管是跨境资金池或跨境融资都具有“一头在外”的特色，即区内企业不管是进行跨境资金汇集或是融资时，都需要在境外找到落脚点。对于香港而言，这正提供了新的贷款增长空间和发展区域性资金清算中心和财资服务中心的契机。

作为世界第三大国际金融中心的香港，同时拥有人民币、港元、美元和欧元实时支付系统，在资金清算基础建设方面，存在极大优势。配合未来自贸区的进一步开放，香港的清算支付平台将可以与自贸区的跨境资金池和融资业务产生协同效应，进一步吸引各地资金汇聚香港市场，推动香港的金融服务发展。另一方面，特区政府为进一步吸引跨国及内地企业在港设立企业财资中心，已向立法会提交草案，争取实施合资格企业财资中心的税务宽减。如果相关草案能够获得通过，将进一步加强香港金融服务的竞争力。

区域合作

毗邻香港的深圳市，一直以来都与香港保持着密切的经贸关系。过去10年，香港与广东省已经签订了多份“内地与香港关于建立更紧密经贸关系的安排”补充协定(CEPA 补充协定),协定中的优惠政策亦会随着广东省自贸区的升级,以及基础建设的发展发挥最大的效果。

广东自贸区于去年 4 月 21 日挂牌成立，该自贸区以推动内地与港澳经济深度合作为目的,其地域范围包括广州南沙新区片区、深圳前海蛇口片区以及珠海横琴新区片区。广东自贸区的功能定位是:成为粤港澳深度合作示范区、海上丝绸之路重要枢纽和改革开放先行地。广东自贸区的发展将不仅推动珠江三角洲的区域发展和合作,而且有利于强化香港的离岸人民币交易中心、一带一路中介人以及珠江三角区域金融中心的角色和地位。

在交通运输方面,近年深圳市、香港和澳门特区政府都在大力兴建珠江口东西两岸的陆路基建,为建立珠三角区域一小时经济圈而努力。目前正在建设当中的港珠澳大桥将连接珠江口南方的香港、澳门和珠海,而预计 2023 年通车的深中通道(又称深中大桥)将跨越珠江口，连接东面的深圳市和西面的中山市，两地行车时间将从目前的 2 个小时，大幅缩短至 30 分钟。

在珠江口北面,原来的虎门大桥本身已经连接起广州市的虎门和南沙，预计 2018 年底完工的虎门二桥,将进一步连接广州市西面的南沙东涌镇和东面南北走向的广深沿江高速公路,为提升珠江东西两岸人流和物流的效率提供了有力保障。不久将来,随着相关基础建设逐步完工,珠三角地区的经贸交流的效率将会大幅度提升。

可以预见，随着内地加快推行各项金融改革政策,将会为香港带来更多的发展契机。为努力把握机遇,香港需要加速提升自身的竞争条件,特别是在创新能力的培养、金融基础建设、人才培训和高端技术等方面。乘着国家金融改革的东风,香港的未来发展一定会愈来愈好。

ETF 助港巩固全球财富管理中心地位

香港中国金融协会副主席、南方东英首席执行官　丁晨

作为国际金融中心之一,金融业一直是支撑香港经济发展的关键产业之一,而财富管理业务更是整个金融产业链中的“兵家必争之地”。自 2008 年美国爆发信贷危机以来,全球财富管理的版图逐渐向亚洲倾斜。香港依靠完善的法制体系、自由高效的市场机制和地缘优势,一跃成为亚太区最大的财富管理中心。

根据香港证监会公布的数据,截至 2014 年底,香港的基金管理规模达到 17.7 万亿港元,为亚洲最高。其中,源自国际投资者的资金占到了 71%,显示其财富管理的高度国际化水平。从增长速度来看,香港在 2008 年至 2014 年六年的资产管理规模增长高达 142%,为全球增长最强劲的地区。

笔者作为香港资产管理业界的一员,亲眼见证了香江这些年财富管理业务的增长与繁荣。然而最近几个月,特别是自去年年底美国加息,且市场放大对中国经济增长放缓的担忧以来,全球资金的流向发生了些许变化。

香港素来作为国际投资者进入中国的重要桥梁,在这样的大背景下难免会感受到压力,然而凭借多年来累积的制度优势,以及在亚洲独特的地缘优势和经济地位,笔者相信,香港作为全球财富管理中心的地位,很难被其他亚洲国家和地区取代。

然而要巩固和保持当前的领先地位,仅仅着眼在低税率、法制完善、自由高效这些耳熟能详的传统优势并不足够。时移世易,香港需要不断地检视和完善自身的软硬件条件,不断地发掘新的竞争优势。

近年增速全世界最快

笔者多年来致力于交易所买卖基金(ETF)在香港市场的发展，不妨从 ETF 这个角度来浅谈如何为香港资产管理业务的发展尽一分力。

ETF 作为结构透明、交易便捷的基金产品,堪称金融发展史上的里程碑。世界上第一只 ETF 于 1990 年诞生于加拿大,短短 25 年迅速在超过 20 个国家发展开来。ETF 综合了封闭式与开放式基金的双重优点,满足条件的投资者,既可以在一级市场直接申购或赎回基金份额,又可选择像交易股票那样直接在二

级市场买卖。众多投资人经验表明,在有效市场中多数投资组合的回报很难长期跑赢大盘,因此ETF的出现满足了投资人希望能够以简单便利的手段,获得与大盘相同收益的愿望。

近年来,ETF在财富管理领域内的角色正在变得愈来愈重要。根据国际研究机构Greenwich Associates发布的数据,目前美国三分之一的公共养老金有运用ETF在其投资组合,在欧洲28%的公共养老金和19%的公司养老金采用ETF达致其投资目的。对个人投资者而言,ETF更是难得的分散投资风险,以简单方式接触多元化资产的投资工具。

2015年全球金融市场动荡,众多基金遭遇巨额赎回,但ETF所管理的资产总值却逆市同比增长8.3%,达到历史新高2.95万亿美元。

ETF资产规模的大小与金融市场的成熟程度有密切关系。目前美国拥有世界上最大的ETF市场,截止2015年底,管理腹约2.1万亿美元的资产;其次是欧洲,管理约5074亿美元资产。

亚洲ETF的发展落后于欧美,但是近年来的增长速度为全世界最快。特别是香港,在1999年就已推出了第一只ETF——盈富基金。截至2016年2月底,香港共有138只ETF,管理约400亿美元的资产,领先于除日本和内地以外的亚洲其他国家和地区。香港ETF的交易非常活跃,2015年全年平均每日成交额达88亿港元,ETF产品占港交所证券全年总成交的8.3%。

丰富产品增加深广度

不过在这些亮眼的数字背后,也显现出一些问题。首先,香港的ETF种类较为单一。目前在港交所挂牌的ETF将近90%都是股票类ETF,固定收益和商品类ETF数量很少;其次,ETF的流动性分布不均。根据港交所披露的数据,截至2015年3月,前五大ETF的交易量占到所有ETF产品流动性的95%,部分ETF的成交量接近于零。

前五大ETF分别为安硕富时A50ETF、南方富时A50ETF、盈富基金、恒生H股指数ETF,以及华夏沪深三百指数ETF。换句话说,香港绝大多数ETF的交易量集中在内地和本港股票有关的对象,亚洲和世界其他市场的ETF产品鲜有投资者问津。

反观ETF发展最为成熟的美国,根据ETF.com发布的资料,2015年十大最活跃ETF中,有六只ETF是非美国本土标的资产,例如欧洲、澳洲及远东地区资产。

其次,虽然股票类ETF数量最多,但债券和商品类ETF的比例占到总数的25%左右,高于香港10%的比例,特别是美国市场上有超过140个商品类ETF,其中许多是世界上成交最活跃的商品ETF,例如US Oil Fund、SPDR Gold Shares等。

当然,不同地区因其地域文化、投资者偏好等不同,无法直接比较,但香港若要巩固自己全球财富管理中心的地位,需要不断丰富产品供给,提升流动性的深度和广度,才能吸引更多投资者和资金前来交易。

所幸的是,香港监管层一直十分重视和支持本地基金业的发展。近年来在信托制度、税收制度以及发展新产品方面,有很多新的尝试和改革。例如,今年2月证监会批准设立杠杆和反向型ETF,为本港ETF的发展开辟了巨大的空间和潜力。

杠杆及反向ETF是通过投资金融衍生品的方式,以期获得潜在指数或资产的多倍收益或者反向收益(扣除相关费用前)的产品。其对象资产可以是股票、债券、货币或商品等不同资产类别。

自2000年互联网泡沫破灭,股市收益率下降,投资者对于杠反型产品的需求使得杠反ETF获得快速发展。

目前在欧美、韩国、日本和中国台湾等地,杠反型ETF均有广泛应用,它在香港的落地是监管者顺应国际趋势的举动,使得本地基金业者得以开发更多形式的产品,特别是基于其他国家和地区资产ETF,以满足不同投资者的需求。

为内地客提供金融服务

根据香港金融发展局发布的报告,目前全球约有3000亿美元的资金投资于和亚洲资产相关的ETF,但这些ETF中的绝大多数都在美国挂牌交易。香港作为亚洲金融中心,有天然的地缘优势成为全球投资者交易亚洲资产的首选地。

另一方面,香港作为中国连接世界的桥梁,背靠内地广大的经济腹地一直是香港独特的经济优势。过去香港在协助国际资本投资内地方面发挥了巨大的作用,然而随着中国经济的崛起和财富的积累,愈来愈多的中国投资者正在走出国门,寻求全球资产配置。这意味着新形势下香港有了新的定位和使命,那就是为内地寻求海外投资的客户提供专业化国际化的金融服务。

中央政府最近发布的《第十三个五年规划》明确表示，继续支持香港巩固和提升国际金融、航运、贸易三大中心地位，强化全球离岸人民币业务枢纽地位和国际资产管理中心功能，这为香港巩固全球财富管理中心地位给予了制度上的有力保障。

无论是吸引更多国际投资“走进来”，还是协助内地资金“走出去”，香港的财富管理业务都面临难得的历史机遇。作为本港基金从业者之一，笔者力求身体力行，同其他业者一起共同促进香港财富管理业务的发展与繁荣。

透明可预测是香港市场精髓

香港中国金融协会副主席、海通国际副主席、行政总裁　林涌

经过长期，尤其是近二十多年来的发展，香港已是公认的国际金融中心，与纽约、伦敦、东京、新加坡、法兰克福及上海等金融中心并驾齐驱。香港具备在全球脱颖而出，成为出类拔萃金融市场的先决条件。因此，香港一直以来矢志发展成为全球国际金融重镇，以及根植香港、背靠内地、首屈一指的国际金融中心，为亚太和全球提供优质的金融服务及产品，全面满足投资者及工商企业的各种金融业务及投资需要。

香港之所以能成为国际金融中心，而且雄心勃勃地向世界顶级国际金融中心迈进，除了具备优异的地理优势、世界级的商业基建设施、充裕的人才，以及内地经济发展庞大的市场机遇外，还在于香港金融中心拥有自己的一套透明、可预测的市场游戏规则。

这一整套游戏规则是长久以来香港市场合法合规运作的结晶，是不同利益在市场反覆博弈的自然结果，并被各方所接受和遵循，是一套充分透明、可预测的游戏规则。

同样，游戏规则的任何改变，也需要经过市场各个利益集团的讨论和同意，这往往需要经历一个长期的过程。可以说在一定程度上，透明和可预测是香港金融市场的精髓。

尽管香港是个高度发达、拥有完善规则的国际金融中心，然而仍然有不少瑕疵，尚有很大的改善和开拓空间。首先，从大的行业市场来看，香港金融市场发展并不平衡，包括债券、外汇等在内的有关市场规模，与国际金融中心的地位并不相匹配；一些金融市场中创新型的交易工具，如指数期货、期权交易等还没普及，并几乎没有大宗商品期货的交易。在这些方面，香港甚至还落后于亚洲地区其他主要的国际金融中心。其次，即使从香港引为骄傲的、最能体现香港金融中心地位的股市来看，香港市场也存在许多令人诟病的问题，诸如“壳股”、“老千股”或“僵尸股”横行，“恶意造空”不绝，以及“港股估值长期偏低”等。

同时，市场对监管和发展问题也颇有微言，认为香港金融监管对产品创新和市场的发展，与其他顶级金融中心相比反应较慢。如在基金管理行业，香港新基金的有关章程文件获批所需的时间，通常远超卢森堡及其他金融中心。另外，香港金融监管与竞争对手相比也稍欠灵活性，以及较少对业界作出积极的鼓励。这种态度和给予市场的印象，往往影响企业对业务经营地点所在地的决定。

瑕不掩瑜勿轻率废除

在面对目前不断提高市场素质和竞争力的压力下，业界不时出现要求香港加快金融改革的呼声。然而，对于那些乍看起来不如意，但历史和现实都证明仍然行之有效的市场规则或管理规定，我们还是应该抱腹尊重传统，尊重市场的态度，少干预少抱怨，遵守市场规则，维护市场的稳定性和可持续性，让这些规则在市场上发挥应有的积极作用。

“改变”要经新一轮博弈

不轻易改变现有市场规则，并不意味不合时宜的规则也不做任何变革，而是要求对有关规则作任何改变时，必须遵循透明和可预测的原则。“改变”困难是因为它是博弈的结果；同样，要进行改变，也需要经历新一轮的博弈，以取得市场共识，使规则的变化成为一个透明和可预测的过程。众所周知，所谓市场风险

就是来自市场的不确定性，确保香港市场规则的透明和可预测性，也就意味着香港金融市场的稳定，这正是香港金融中心的魅力所在。

笔者前不久针对港股存在的问题，曾提出“强化退市，鼓励重组，提升港股质素”的建议，要求监管机构严格退市标准，加大执法力度，认真执行现有的除牌标准和流程，优化港股结构，提升国际竞争力。同时，笔者亦要求香港交易所提供机会，建立鼓励公司重组整顿的市场，促使有关问题公司通过重组和整顿，提高营运水平和资产质量，以维持上市地位，避免一刀切执行强制性除牌的决定。

随着内地经济金融改革的深化，加上中央对香港的多项政策支持，香港金融中心必定面临进一步的发展机遇。从发展战略的角度来看，香港金融业优势先行的策略不会变，因为香港的金融优势建基于“制度”之上：高效率的市场机制、健全的法律体系、完全对外开放的资本市场、低税环境，这使得香港在未来很长一段时间内，都可以保持、巩固和提升在全球的国际金融中心的地位。

而这一切都有赖于市场发展与金融稳定之间取得平衡，有赖于保持、维护和完善香港市场规则的透明和可预测性。

香港资本市场支持内地经济转型开启新篇章

香港中国金融协会副主席、长城环亚国际总经理　欧鹏

香港作为国际金融中心，其背靠内地，面向世界，有着特区独特的地位与优势。同时，香港加强及深化与内地的交流合作，通过“沪港通”、“深港通”、“互联互通”为中国资本市场开放开启了新的里程；通过加入亚投行，积极支持回应国家“一带一路”发展战略；抓住被纳入粤港澳大湾区发展规划的历史机遇，进一步深入推动与内地的合作交流。随着中国全面深化改革开放步伐的加快，香港作为重要的桥梁纽带，将迎来史无前例的历史机遇。

首先，香港联系汇率制为稳定的金融市场保驾护航。港币与美元的联系汇率制确保了货币体系的稳定性，不受周边环境影响，特别是因投机而引起的汇率波动；同时，联系汇率制度能够降低企业在国际贸易中的汇率风险和不确定性，防止资产价格急升急跌而影响实体经济发展，避免浮动汇率下，正常经济发展与金融运作受到投机活动冲击。

其次，香港聚集大批国际化的优秀金融人才。作为金融中心，香港吸引了大批国际化的优秀金融人才，他们熟悉法规和市场环境，且拥有丰富的投资经验，为将香港打造成为国际化高效金融中心奠定了坚实的基础。

此外，香港是人民币国际化与内地资本市场双向开放的“桥头堡”。香港现已成为人民币国际化与内地资本市场双向开放的“桥头堡”：人民币离岸中心、“沪港通”、“深港通”、“内地与香港基金互认”等，使香港独特的“超级联络人”地位不断加强，成为打通内地与香港资本市场的纽带。

助中国“一带一路”战略实施

第一，提供有效融资平台，支援内地企业转型发展。香港秉承“立足中国，融合国际”的理念，成为内地企业进入国际市场、国际投资者接触内地企业的枢纽平台。目前在港股市场，内地企业市值超过60%，股票交易量近70%。

企业上市或融资除了考虑市场规模、交易量、监督透明度与法制环境、估值水平、融资效率等因素外，资本市场对内地企业的了解程度、关注度和契合度也是重要的考虑因素。作为内地企业国际化的第一站，香港发挥着连接国际资本与内地企业的枢纽作用，为内地企业筹集资金、技术引进、迈步全球提供了良好的平台。

第二，满足多元化全球资产配置需求。香港是亚洲最大的资产管理中心，管理资产超过2万亿美元，也是全球最大的离岸人民币中心，人民币资金池规模超过1万亿元。目前，中国市场国际化资产配置需求日益增强，香港具备承接资产配置的能力，为中国投资者提供一个健全的、多样化、全

球化的产品和交易平台，满足全球化资产配置的需求。

第三，助力中国“一带一路”战略实施。“一带一路”战略构想是中国近百年来首次提出的以中国为主导的全球外交及经济框架，具有十分深刻的战略意义。“一带一路”沿线大多是新兴市场或发展中经济体，迫切需要解决基础设施不足的问题，另外，“一带一路”战略付诸实施，还意味着区域内的产业要转移升级、经贸要合作拓宽等一系列举措，这些或将带动数以万亿计的大型基础建设及发展项目。

香港在金融投资、现代服务、跨国人才等领域具有独特的优势，与“一带一路”提倡的政策沟通、道路联通、贸易畅通、货币流通等核心内容高度契合，通过服务于“一带一路”，香港既能发挥专业能力和优势，为内地经济转型升级寻找到新的动力，同时也将为香港资本市场提供新的增长机遇。

资产管理公司发挥独特作用

在支援中国经济结构化转型以及中国企业海外拓展的道路上，中国的四大资产管理公司（简称AMC）发挥着独特的功能，即以优化资源配置为特色，以债券和股权等为投资手段，依托境内外金融全牌照的优势(业务范围涵盖了银行、信托、证券、保险、基金及租赁等多项业务)，发挥资本市场增值变现及风险缓冲功能，为企业提供个性化、差异化、全生命周期及全产业链的“一揽子”金融解决方案，帮助中国企业并购境外核心资产，促进经济结构调整和产业转型升级，有效履行中央金融企业的社会责任。

当今，全球经济复苏能力仍然疲软，中国经济结构化转型处于关键时刻，香港只有充分发挥独特优势，积极参与国家战略，加强与内地合作，创新合作方式，才能在中国经济转型中继续发挥不可替代的作用，我们才能更自信地迎接香港长期繁荣稳定的未来。

一带一路东风助港经济转型

香港中国金融协会会员　高　凡
香港中国金融协会会员　张斐然

以“一带一路”战略为契机推进香港的经济结构转型，现在已经成为中港政经人士共识。从《施政报告》到财政预算，都体现出香港特区政府对“一带一路”战略高度重视。不久前，香港财政司司长曾俊华带领香港商贸代表团出访哈萨克，与政府高官深入探讨了两地在“一带一路”战略规划中的合作机遇。港府对于“一带一路”战略的政策推动正在一步步落到实处。

长久以来，香港经济一直依赖房地产、金融、零售和旅游业，如今呈现出空心化倾向。对比新加坡依靠金融、石油服务、电子和生物科技的健全经济模式，香港经济结构明显存在短板，给未来的持续增长留下了不小隐患。在制造业过早衰退，又错过了互联网的风口之后，香港不能再错失“一带一路”带来的宝贵转型机会。在笔者看来，香港在专业服务业和转口贸易领域有望藉机实现转型。

全球化贸易重心转移

“一带一路”沿线项目多为铁路公路、油气管道、电力、光缆等方面的基建项目。根据亚洲开发银行估计，截至2025年“一带一路”区域的基建投资需要将达8万亿美元。这些大型基建项目陆续启动，将对工程设计、项目运营、法律政策等方面的专业人才产生庞大需求。香港可以依托在金融、法律方面优势，为相关项目提供管理、设计、咨询等方面的高端服务，从而进一步深化向专业服务领域的产业转型。

随着跨国公司的产业链从中国搬向成本更低的国家，全球化的贸易重心也随之转移。香港作为与内地关系密切的自由港，贸易产业也受到了这种结构性转变带来冲击。随着欧美市场逐渐饱和，贸易保护主义抬头，中国政府也需要开拓新的市场来为外贸引擎提供持续动力。“一带一路”战略推进，将进一步推动中国与沿线国家的贸易往来，中国在未来也很有可能与沿线国家签订自由贸易协定。从中国——东盟自由贸易区的建立对双边贸易额的影响来看，新的经济体加入贸易链条对于中国外贸的拉动作用十分显著。香港自身经济体量较小，如果中国与“一带一路”沿线国家的贸易额年均增速能达到10%以上，香港作为贸易转口港将得到有效提振，显著减少对欧美市场的依赖。

香港在语言、文化上贴近西方国家，与其商业体系有腴天然的契合。香港也凭借这一优势而跻身“纽伦港”三大国际金融中心。然而，对于习惯了与欧美打交道的香港来说，如何与“一带一路”国家建立起良好的合作关系，将成为一项重要挑战。

政府宜提供政策支持

从“一带一路”国家的分布来看，东南亚国家与香港的经贸往来一直都很密切，在“一带一路”战略背景下继续深入合作并不存在太大问题，而中亚及中东国家对于香港来说显得较陌生，无论是经济水平还是文化习俗上都有着巨大差别。为了有效达成“一带一路”战略的经济目标，香港特区政府可从以下方面提供政策支持：

1. 推进本地企业与拥有相关经验的内地企业合作，依托香港的金融优势打造顺畅的投资管道，通过与内地企业优势互补，在“一带一路”成立高效的投资项目；

2.香港高校的国际化水平很高，可扩大招生名额，提供奖学金吸引相关国家留学生来港学习，并提供针对性的教学方案和培养模式，为以后的商业合作培养后备人才；

3.由于文化方面的原因，香港对西亚及中东国家的了解并不深入，也缺乏相关的研究机构。随着世界经济重心由欧美向亚洲转移，香港有必要加强对亚洲国家的研究，为未来的探索和发展提供必要的知识储备。

自由贸易是香港赖以成功的基石，过去几十年香港凭借其作为中国内地与欧美国家贸易往来的“中间人”角色，在全球化大潮中取得了举世瞩目的成就，而随着欧美国家经济放缓，市场饱和，过去驱动香港经济增长的模式将难以为继。

将成中港贸易新动力

以新兴国家为主体的“一带一路”经济带，将有望成为拉动中港贸易增长的新动力。因此，尽管“一带一路”战略面临着全球化趋势逆转等挑战，但香港必须迎难而上，借助内地日渐增强的影响力，积极推进在“一带一路”战略中的长远布局，抓住产业结构转型的时间视窗，早日实现经济再次腾飞。

多重新动力助推香港金融业前行

内地保险企业加快海外布局

香港中国金融协会副主席、中国人寿保险(海外)股份有限公司总裁　刘安林

“一带一路”倡议以共商、共建、共享为原则，贯通欧亚非沿线超过60个国家的务实合作，打造东西双向全面开放的新格局。在国家双向开放的发展战略格局中，中国保险业“走出去”已迎来新一轮政策支持，十三五规划纲要草案明确指出，“十三五”时期不仅是我国全面建成小康社会决胜阶段，也是保险业从保险大国迈向保险强国的关键时期。

“走出去”获新政策支持

保险企业“走出去”既符合国家整体发展战略，也是企业自身发展的需要，是大势所趋。在低利率的市场环境下，进行全球范围配置资产，分散投资，寻求稳定收益，已成为保险资金今后5年的发展策略。在这样的背景下，中国人寿(02628)海外并购战略发展方向以地域分为两类。东南亚市场是我司拓展境外保险业务的首要发展区域，公司正积极寻找优质标的，进行收购兼并，力求快速进入东南亚保险市场；欧美市场是我司在资本层面实现扩张的主要目的地区域，公司将充分发挥香港作为国际金融中心的地位优势，利

用境外资本配置便利条件，积极寻找欧美市场债券、基金、不动产等优质投资项目，进行全球化的资产配置，提升公司整体投资收益。

在“一带一路”的倡议下，2015 年中国企业进行海外并购的总金额到达 1068 亿美元，中国保险企业也加速了“走出去”的步伐，并购金额约 100 亿美元，占总交易金额的 10%，其中保险海外并购中，10 亿美元以上的交易占比约为 70%，并购范围遍布全球。在中东、欧洲地区的并购金额共计 15 亿美元，亚太地区共计 25 亿美元，美洲地区共计 60 亿美元。保险公司投身大型交易的原因不仅为了规模上的扩张，另外一个原因是寻求行业的转型。中国人寿海外的未来发展，即是内生发展及并购扩张相结合的战略新理念。

国寿放眼东南亚市场

贝氏评比公司(A.M.BestCo.)报告显示，东南亚保险市场将继续呈现大量增长机会。通过对印尼、马来西亚、菲律宾、泰国和越南的保险和再保险市场形势的分析发现，随着该地区监管体系的发展，这些国家必将吸引愈来愈多的国际企业进行投资活动。

2016 年上半年中国人寿海外公司总保费规模已跃居全港第三，新业务保费收入跃居全港第一。2015 年 6 月，中国人寿新加坡公司隆重开幕，这是中国人寿继香港、澳门外，将业务范围成功延伸至其他境外成熟发达的保险市场。按照集团的总体战略部署，依托中国人寿的整体资源优势，海外公司作为中国人寿国际化发展战略的具体承担和实施者，把国际化拓展、多元化发展作为公司的重点发展方向，扩大业务范围，以港澳地区为桥头堡，以新加坡公司为依托，深入研究印尼、马来西亚、泰国等东南亚金融保险市场，结合国家“一带一路”战略，择机进入，尽快形成港澳、东南亚对海外公司的双轮驱动。

这些地区作为中国人寿海外进行扩张的优先市场，均具备以下共同特征。首先，均受到华人文化深厚的影响。其次，政治上与中国关系稳定。第三，这些国家作为“一带一路”沿线的重点国家，良好的监管环境吸引外资进入，同时经济增长前景被看好。中国人寿海外公司作为中国人寿国际化拓展平台，正在努力加快国际化拓展步伐，切实做大做强做优海外公司，为中国人寿打造国际一流金融保险集团贡献更大力量。

保险资产配置国际化

中国保险业现阶段处于发展初期，实力相对较弱、规模较小，保险总资产占金融总资产的比例不到 10%，而西方发达国家保险总资产在金融总资产的比例已达 25%至 30%，保险集团在全球大型金融集团中占有明显优势。

近年来，作为以港澳及新加坡为基地的中国人寿海外公司，持续加强在国际市场上的投资力度，包括不动产投资、公开市场委托投资以及另类投资等。不动产投资以核心城市写字楼物业为主，远至欧洲也有我司投资的足迹。中国人寿海外在未来也将继续实施久期匹配、收益匹配、流动性风险匹配的投资策略，加大另类投资，包括基础设施投资、非上市股权投资、不动产投资等，因为另类投资年期长、回报高。

2016 年是“十三五”开局之年，中国人寿海外公司将坚定不移推进国际化战略，抓住当前国际化发展的有利时机，按照“布局合理、稳步推进”的原则，适当加快“走出去”步伐，进一步提高国际化水平。集团将充分发挥新加坡公司的桥头堡作用，从东南亚国家入手，通过资本运作，努力开拓马来西亚、印尼等地新市场。让我们共同期待，在有效控制风险的前提下，中资企业在海外市场可以寻求更多突破，取得更加骄人成绩。

(本文为作者在香港中国金融协会 2016 年周年会员大会暨杰出会员代表专题分享会议上所作的专题分享内容整理，已经作者本人审阅，代表作者观点)

开通“深港通”两地全面互联互通

香港中国金融协会副主席、香港中资证券业协会会长、交银国际首席执行官　谭岳衡

“沪港通”开通，标志着内地与香港资本市场开始进入互联互通时代。去年11月17日，“沪港通”正式运行，每天235亿元人民币的额度，其中上海130亿元，香港105亿元，全年总额度5500亿元，投资者限制50万元保证金门槛，可买卖股票836只，其中上海568只，香港268只。从此两地资本市场通过“沪港通”的管道连通起来，虽然存量依然，但流量每日都在更新，犹如水池连体，联动必然。

“沪港通”开通不久，内地宣布公募基金可以投资港股，紧接腠又允许保险资金可以投资香港创业板。“沪港通”是一条新开通的公路，公募基金和保险资金相当于客车货车，公路通了，放行一部分车辆上路。

联通两地市场的更进一步的措施是，今年5月23日，两地监管部门宣布基金互认7月1日正式实行，额度进出各3000亿元人民币，初期符合条件的香港基金100只，内地基金850只。

由“沪港通”为发端，到公募基金投资港股，保险资金投资香港创业板，基金互认，再到拟定中的“深港通”，拟议中的商品通、期货通、沪伦通、港伦通等等，路路相通，所有这些联通措施，使内地与香港资本市场乃至其他国际市场互相连接。市场是水池，资金是活水，通道是水管，以“沪港通”为代表的这些举措，使资金在内地与香港市场间流动，标志着内地与香港资本市场开始进入互联互通时代。

“沪港通”效果评价及影响

“沪港通”开通快一周年了，从数量上看，似乎没有预期的好。今年上半年，南向的“港股通”日均成交额45亿港元，占同期香港市场日均成交金额的比重为3.5%。“港股通”每天额度105亿元人民币，从额度使用情况看，上半年个别交易日额度曾经用满，大部分时间大体在10%至15%之间波动。北向“沪股通”日均成交金额74亿港元，占同期上海市场日均成交金额比重为1.2%，因为上海市场成交量大，所以“沪股通”比例更低一些，“沪股通”每日额度130亿元人民币，从额度使用看，少数日子用完，大部分基本上在10%至20%之间波动，近来一段时间比率更低。

从这些数字看，人们可能会怀疑“沪港通”是不是成功了，进而怀疑香港市场与内地市场联通的发展方向是否正确。我们认为，看“沪港通”的效果，不能单看成交量的多少。“沪港通”运行差不多一年时间里，水管运行平稳，资金流动正常，联通了香港上海两个市场，水池连体，水位联动，达到了试验目的。

至于量不太大，不能因为南来北往成交量不大就认为“沪港通”不成功，理由在于，其一：“沪港通”本身的制度设置就是为了试验，试验就是为了看一看，就是为了积累经验。“沪港通”开通初期设置限制和门槛就是不想让量太大，或者说“沪港通”开通初期着眼点不在于量的多少，而在于先把通道打通，在两个池子之间接上水管，装上水龙头，再视情况进行调节。

其二，两地市场投资者对通道有个了解过程，对双方市场有个认识过程。好比高速公路通了，但司机们习惯了地方公路，还没有及时反应过来，司机们还要了解清楚从哪个入口进去，从哪个出口出来才能最便捷地到达目的地。

其三，“沪港通”开通的这段期间，两地市场环境也对流量有影响，尤其是6月下旬以来，内地市场清理高杠杆融资，指数剧烈下跌，连同美国加息预期，以及国际经济增长受阻，香港市场也受到影响。环球和内地及香港的市场环境，客观上也使投资者在跨境跨市场投资方面持更加谨慎态度。

“沪港通”试运行一周年，总体情况平稳顺利，达到了试验的预期效果。虽然目前量不大，但它的影响是深远的。

第一，“沪港通”联通了内地和香港市场，从而使内地市场向国际市场进一步开放。

第二，“沪港通”进一步确立了香港作为国际资本和中国资本交汇点的融合功能。20多年前青岛啤酒在香港上市，开启了内地企业走出来融资和国际资本

通过香港上市公司进入中国企业股权的 H 股时代，20 多年后，海外投资者和内地投资者通过“沪港通”分别买卖沪港上市的股票，进入互联互通时代，国际资本和中国资本在这里交汇融合。

第三，“沪港通”和基金互认使香港向全球资产管理中心进发。更多的海外基金来港注册，势必推动本港基金市场的规模拓展，壮大基金的资金池。

第四，“沪港通” 使中资证券机构进一步聚集香港，并购陆续有来。香港比较有影响的证券公司已有好几家被中资机构收购，兼并港资券商并不是中资收购的终点，可以预见，下一步外资在港的有些机构，也会成为中资证券收购的目标，并购陆续有来。

第五，“沪港通”将催生中资大投行在港崛起。中资投行发展很快，但外资依然在港拥有主导权，随朘互联互通的发展，香港的投行格局会进一步改观，中资投行会在更高层次上崛起。

第六，“沪港通” 巩固了香港人民币离岸中心地位。香港是人民币国际化的桥头堡，是最重要的人民币离岸中心，随着“沪港通”的发展，市场会开发出更多的人民币产品，人民币的流量和存量都会随之增加，从而巩固和强化香港的人民币离岸中心地位。

第七，“沪港通”提升香港市场活跃度，形成千亿新常态。水池连体，活水流动，资金的流动会形成市场的增量，从而提升市场活跃度，港股千亿交易量，应属常态。

第八，“沪港通”使中资最终会成为香港市场的定海神针。“沪港通”能够培育扎根香港的资本存量，从而使内地资本成为香港市场的守土资本，有效地减轻热钱和投机资本对市场的冲击。

第九，“沪港通”使香港能够有效地帮助国家实施“一带一路”战略，“一带一路”需要大量建设资金，欧美市场很难主动承担融资功能，恰恰只有香港才能担当融资重任。

开“深港通”条件基本成熟

市场普遍质疑“沪港通”的额度限制、门槛限制和品种限制，其实，这 3 个限制本身就是目前“沪港通”制度的特点。这 3 个特点保障了“沪港通”试点的平稳成功。现在大家讨论的焦点在于这 3 个限制还要不要保留，我们认为，接下来的任务应落在“深港通”身上。

首先，“沪港通”运行一年后的平稳状况，证明开通“深港通”的大体条件基本成熟。“沪港通”为“深港通”起了示范作用，积累了经验，打下了基础。至于“深港通”具体开通时间，可能要考虑内地与香港市场的平稳运行情况。

第二，只有“深港通”开通了，内地和香港资本市场才能进入全面互联互通时代。“沪港通”只是两地市场部分联通，“深港通”以后，才是全面联通。沪深港三地市场连为一体，成为全球资本市场两极之一，以后看市场，一看美国华尔街，二看中国沪深港。

第三，对于“深港通”的额度、门槛、品种，还要不要控制，是完全放开，还是分步放松。我们认为，配合资本项目开放和人民币国际化的步伐，“深港通”采取分步放松的策略为好，就是说不要什么都不管，而是在现在控制的基础上进一步放松，比如在开通的第一年，额度扩大一倍，门槛放低一倍，品种增加一倍。

总之，“沪港通”的平稳运行，效果是成功的，对香港市场具有深远的影响，为“深港通”开通打下了基础，下一步需要择时推出“深港通”，只有这样，才能使内地与香港资本市场进入全面互联互通时代。

“深港通”有利多元化投资

香港中国金融协会副主席　王永

随着官方近期表态“深港通”已准备就绪，今年内有望落实开通，市场普遍预期“深港通”方案或于今年三季度出台，但考虑到批准后两地市场仍需要一到两个月的测试准备时间，所以预期“深港通”正式运行时点可能是今年四季度。本文对近期关于“深港通”的市场观点进行总结整理，分析“深港通”对两地市场带来的影响，为基于“深港通”开通的投资策略提供参考。

整体来看，“深港通”很可能复制“沪港通”模式，但在投资额度、投资标的及融资融券等方面做出一些调整。从投资者门槛要求上看,"深港通"开通初期预计与"沪港通"类似。

大框架沿用沪港通

从投资标的上看,"深港通"中"深股通"标的预期主流的方案为深证成指的成分股及深交所上市的A+H股票;"港股通"预期投资标的则为恒生综合大型股指数、恒生综合中型股指数的成分股和联交所、深交所同时上市的A+H股公司股票。此外,香港交易所主席周松岗表示,"深港通"投资标的有望将两地创业板纳入其中。

从投资额度上看,预期"深港通"在总额度及每日交易额度上会大于"沪港通"。("沪股通"总额度3000亿元人民币,每日额度为130亿元人民币;"港股通"总额度2500亿元人民币,每日额度为105亿元人民币。)另外,预期"深港通"可能会开通"沪港通"没有的融资融券功能。

带来增量资金有限

根据"沪港通"开通后的情况预测,"深港通"带来增量资金有限。从"沪港通"开通至今的南北向资金使用资料来看,"沪股通"仅2014年11月开通首周及2015年8月反弹期间,共8天单日交易额度比例超过50%,日度平均使用率为4.5%。"港股通"单日交易额度比例仅在2015年4月8日、9日达到上限,4月10日为51.3%,其余交易时间均低于50%,日平均使用率为6.8%。

考虑到深市总体估值更高,从资金面来说,预计"深港通"本身对A股市场流动性影响最大的时间段,可能就是在正式开通的首周,从中长期来看,引入的增量资金可能并不会显著强于"沪港通"。参照"沪股通",按照5%的日平均使用率来进行估算,下半年能引进的海外增量资金约为570亿港元;相对应的,按照7%的日平均使用率估算,下半年港股引入的资金规模约为650亿港元。因此,对两地市场来说,"深港通"短期并不会带来较多的增量资金,投资者应该重点关注两市可能的一些结构性影响。

资金或以南下为主

从长期投资的角度看,港股的估值水平在全球都是偏低的,有一定基本面支撑从而规避下行风险。"深港通"的开通将给大资金入市提供新的管道和一个契机,港股因而有望借机来推动一波上涨。

人民币自去年下半年开始进入渐进式贬值模式,使得部分A股投资者预期人民币将继续贬值。基于此预期,A股投资者纷纷寻找合法的海外投资途径,多元化投资分散风险。从去年三季度为起点,大量资金通过"沪港通"管道进入香港市场,将其作为一个规避汇率风险的重要合法管道,试探性的买入香港股票。南向购买港股的资金自此首次超过北向"沪股通",成为市场的主流。

抓一带一路机遇　商品金融跨界融合

香港中国金融协会副主席　林治洪

"一带一路"作为中国的重要国家战略,为中国大宗商品行业带来了前所未有的机遇。

大宗商品关系着国计民生,是经济运行的风向标,也是国民经济发展的基础。"一带一路"直接影响到中国至欧洲大陆沿线国家基础建设和贸易相关产业,全面拉动国内外的大宗商品消费需求,盘活国内过剩产能。

另外,中国作为全球最大的大宗商品消费国,"一带一路"战略的实施,能够大幅提升中国在大宗商品市场的竞争力和主导权,以及在全球大宗商品领域的定价权。

"一带一路"战略也为中国的商品金融发展带来了历史性机遇。沿线总人口约44亿,经济总量约21万亿美元,分别约占全球的63%和29%。基础设施互联互通是"一带一路"建设的优先领域,包括了沿线国家的道路交通、油气管道、能源,以及港口基础设施等,还有关键通道和节点上的交通运输网络和商贸物流中心等。

跨境项目资金需求大

这些跨境项目资金需求量巨大,据初步匡算,"一带一路”战略落地需要的资金量约为8万亿美元。目前许多银行正针对这些项目的融资需求和特点，升级金融服务解决方案。

“一带一路”战略给银行的商品金融业务带来了机遇，也伴随着对传统融资模式的挑战。较年前发生的上海钢贸事件、青岛港仓单重复质押骗贷事件等风波，对银行业的冲击巨大，直接后果是整个行业信用的大面积崩塌，引发中外资银行关注并收紧大宗商品融资，传统的大宗商品融资模式已无法顺应行业的需要及经济形势的发展。

为更好服务于“一带一路”国家战略，商业银行应顺势而变、转型创新、跨界融合，满足客户新兴的金融需求。大宗商品领域的企业正在加快自身国际化的步伐，真正成为独立自主的经营主体参与国际市场。愈来愈多的企业通过在境外设立公司“走出去”，结合国家“一带一路”的战略，延伸产业链，布局国际化的经营格局。企业在实现自身上下游一体化和境内外一体化的同时，金融需求也在不断升级。

转型创新　延产业链

单一的传统的银行融资已经不能满足企业多元化的金融需求，商业银行开始为企业提供包括结构性贸易融资产品、全球现金管理、债券融资、融资租赁、资产证券化、私募股权基金、公私合作(PPP)等各类综合金融服务。商业银行正在和企业一起转型和升级，从传统的单纯融资提供者，到跨界资源整合者和金融综合方案提供者，商业银行通过挖掘和发现企业的潜在需求，实现对企业经营活动全方位的个性化综合金融服务。

商品金融的跨界融合，离不开香港这个国际大舞台。作为亚太地区最重要的国际金融中心，香港拥有得天独厚的法律、税收、金融、信息和专业的优势。同时，自从国家大力推进人民币国际化，开展跨境人民币业务，港交所收购伦敦金属交易所(LME)等事件以来，香港一直致力于发展成为全球大宗商品的定价中心。

依托香港独特优势

中资银行应当依托香港作为国际金融中心的优势，结合自身在境内的资源和专长，为大宗商品领域企业提供国际化的全方位商品金融服务，为“一带一路”战略实施提供有力的金融保障。

恒丰银行日前在香港发布了业内首个商品金融业务专属品牌——“商品+卓越商品财富管理”。通过“+”，把商品和产业链结合起来、把商品和金融资源结合起来，以商品为载体，载入恒丰银行的各项商品财富管理金融服务。

恒丰银行品牌首推的“F.I.T.商品财富管理”系列金融服务方案，涵盖了“商品+融资(Finance)”、“商品+投资(Investment)”、“商品+交易(Trade)”三大板块内容，以客户价值链为中心，以跨界融合为理念，从融资、投资、交易三个不同的维度，满足客户的需求。未来恒丰银行将通过“贸易+金融”、“商行+投行”、“期货+现货”的跨界融合，进一步丰富向企业提供金融服务的手段和管道。

在合规经营的前提下，整合境内外的金融、贸易和投资资源，全面引入个性化、多元化、国际化的产业链交易模式和金融模式，为企业提供包括境内外原材料采购、资源收购、产品销售、商品价格避险、库存管理、投资管理等一系列全方位的商品财富管理服务，用全新的理念和国际化的手段更好地服务于实体经济的健康发展。

筹建领军企业交流平台

恒丰银行目前正积极筹备成立“商品家俱乐部”。作为恒丰银行实现投资、融资、交易跨界整合的重要举措，“商品家俱乐部”以“跨界融合，智汇共赢”为宗旨，为大宗商品领域的领军企业和潜在领军企业提供一个相互交流和沟通的平台，也是恒丰银行推广商品财富管理金融服务的平台。通过与企业共享资源，共同成长，恒丰银行希望能够在企业的国际化进程中创造更大的价值，助力企业“走出去”在国际市场上形成更大的影响力。

跨境业务是中资券商立足之本

香港中国金融协会理事、中国光大证券国际有限公司行政总裁　李炳涛

新年伊始，全球市场已面临诸多始料未及的考验——无论是联储局加息、国际油价下跌、新兴市场受挫，还是内地的经济结构调整、汇率波动和股市震荡，无论巨浪或涟漪，都在本就不平静的香港市场上交错叠加，兴起波涛。与此同时，在这一极度开放、混杂竞争的环境中，市场波动也开启了重构行业格局的视窗，年初开始已不乏金融机构重新调整在亚洲的业务和人员布局。波动因素和市场参与者的全球性再次证明香港是全球金融市场的缩影，也进一步表明其亚洲金融中心的地位无可争议。

在全球经济金融和行业格局寻求新平衡的过程中，在港中资金融机构难免被市场波动裹挟，却也收获片刻冷静，得以重新思考自身定位和发展道路。抛开短期的市场得失，笔者尝试从更客观的角度来检视和评估香港市场，进一步理解其在中资机构国际化之路上扮演的角色和重要价值，以求有所借鉴。

港市场独特　富机遇挑战

首先，香港市场是世界上独一无二的国际化市场。客观地说，国际化在很大程度上是业务和管理的本土化，需要外来机构调整自身以适应当地的制度体系。唯有香港，凭借其特殊的历史背景，为我们提供了一个难得的与世界各国金融机构平等竞技的机会。第一，香港没有独立的货币政策，汇率采用与美元挂钩的联系汇率制度，为以美元结算的贸易和投资活动消除了汇率风险；第二，香港百年的殖民统治历史为其抹上了浓郁的欧洲大陆色彩，沿袭了英美法系的法律制度，也使其成为重要的国际仲裁地；第三，香港是我国领土不可分割的一部分，同文同种的语言和生活习惯为中资企业的发展消除了文化障碍。更为重要的是，香港政府主要依靠市场的力量，较少使用行政手段进行经济和政策干预。香港还有与国际接轨的公司管治、完备的基础设施、高效的财税体制和丰富的国际化人才储备。虽然纽约、伦敦、新加坡等都是国际性的金融市场，但没有一个像香港这样具备上述所有的特质。因此，对于全球任何地方的金融机构来说，一旦进入香港市场，都能立即融入并成为其新的有机组成部分，在通用的规则下展开公平竞争。因此，香港市场是中资金融机构走向全球市场、积累国际经验、储备国际化人才的起点。

其次，香港已经逐渐演进成为中国的一个本土市场。2014年时，内地企业在香港市场的结构可以用一个"五六七"来表述，即内地上市企业家数占上市公司总数的50%，市值占市场总市值的60%，交易量占市场交易总额的70%，并且这几个数字仍在持续增长。截至2015年末，内地在港上市企业共951家，市值占香港市场总市值的62.1%，交易量占市场交易总额的74.4%。2015年香港市场IPO募集资金总额为2613亿港元，为全球之冠，其中八成的募集资金流向中国内地企业。从绝对数据上来看，香港市场已经不再是一个境外市场，而逐渐演进成为一个本土市场。因此，中资机构在这个市场上的市场地位，也决定着其在未来中国证券体系中的江湖地位。

第三，对中资机构来说，这个市场蕴育机遇，也充满挑战。虽然中资券商的业务规模近年来取得了长足发展，但距离外资大行仍然有难以跨越的鸿沟。投资银行业务的主要角色，仍然主要由外资投行承担；市场的定价权仍然牢牢地掌握在外资投行手里；中资机构的资产管理能力，尤其是投资者关系管理能力和全球资产配置能力，仍然需要不断修炼提升。总之，在业务的深度和广度上，中资投行还有很大差距。内地的金融市场正以惊人速度融入全球，中资金融业同仁能否迎头赶上，迅速崛起，扛起服务内地跨境金融需求的重任，责任如山。

简而言之，香港是一个特殊的市场，在这里，我们面对国际化竞争，开展本土化业务，承担历史性责任。跨境业务是国际化竞争载体、是业务本土化延伸、是历史责任支点，是三个市场特征的交汇。要在此扎根、立足、生长，利用香港得天独厚的优势资源提升自身

实力，中资券商就必须扎扎实实地做好跨境业务，这是在香港市场的立身之本。

一是要全面提升自身的国际化水平。参与全球性业务竞争的根本基础是国际化的管理机制、人才储备和创新能力。在成熟完善的法律制度和监管体系下，建立与之相匹配的管理架构、严谨的合规风控体系、高效的业务流程和完备的信息系统，是前提条件；建立合理的激励机制和开放、包容、多元又统一的企业文化，开展国际化人才储备，是业务保障；开拓创新业务的专业能力，是金融机构应对全球竞争的核心力量。

二是要以发展本土业务的决心投入资源。市场上的证券公司各有所长，选择的战略道路因人而异，但海外业务着眼香港、香港业务呈本土化发展的趋势不容忽视。而开拓需要付出，整合需要资源，是颠扑不破的道理。要在海外业务上有所作为，须以对待本土业务的决心投入充分的资源，以更长远的目光和更耐心的态度，在香港的市场土壤上为跨境业务搭建广阔的生长空间。

三是要积极推进境内外一体化。中资机构近年蓬勃发展，离不开内地庞大市场作为依托。在挖掘和利用境内资源、理解国内市场、把握投资者需求方面，中资机构有先天优势。在弥补自身短板的同时，中资券商必须把优势发挥到极致，才能在激烈的两地市场竞争中有所斩获。此外，搭建横跨中港的管理体系，实现境内外高效、无缝隙协同，利用境内资源促进境外增长，利用境外扩张拉动境内业务，更是中资券商在国际竞争中实现弯道超车的关键加速器。

坚持国际化　属历史使命

相比业务成熟、规模庞大的国际投行来说，中资证券公司的历史不足 30 年，正处于青壮年时期，虽难免青春莽撞，却有着远大抱负和旺盛生命力。适逢当前中国在全球贸易活动中承担重要角色，经济总量位列全球第二，境外资本想“走进来”，境内资本要“走出去”，大量跨境经济金融活动产生的资源配置需求，将在长时间内继续带动投资银行发展。未来数年到数十年间，中资券商在业务的深度和广度两个层面仍有巨大成长空间，证券行业发展不可限量。中资投行能否发挥市场中介的重要作用，也侧面影响着内地市场开放的脚步。坚持国际化道路，既是中资机构顺应市场变化的战略选择，更是放眼天下、心怀家国的历史使命。

情怀最好的落脚点是行动。眼下，中资券商应坚持以跨境业务作为在香港的立身之本，一方面，背靠母公司在内地市场的雄厚实力和根基，高度重视香港市场的资源投入；另一方面，不断强化对本港和国际市场的深刻认知，延展海外触角、促成境内外协同。国际化之路漫漫，吾将上下而求索。

第六编
香港地区证券市场

HKEX
香港交易所

连接中国与环球市场的先行者

香港地区证券市场

2017 年香港证券市场回顾

一、市场概况

香港证券市场是全球重要的证券市场之一。截至 2017 年 12 月 31 日，香港共有 2 118 家上市公司（主板：1 794 家，创业板：324 家），总市值达 339 988 亿港元，2017 年香港新上市公司数目也创历史新高，达 174 家。香港交易所旗下证券化衍生产品（衍生权证及牛熊证）的成交金额连续 11 年全球夺冠，2017 年，香港衍生权证成交额高达 30 077 亿港元，牛熊证成交额高达 11 892 亿港元。2017 年新上市的牛熊证及衍生权证的数目分别为 13 235 只及 7 989 只，分别打破 2015 年及 2010 年的纪录。2017 年"沪港通"及"深港通"于年内的成交量显著增加，北向成交总额达 22 660 亿元人民币，较 2016 年增加 193.9%；南向成交总额达 22 590 亿港元，较 2016 年上升 170.2%。此外，2017 年香港交易所附属公司伦敦金属交易所 LME 总成交量录得 1.574 亿手（相当于 12.7 万亿美元及 35 亿吨金属），较 2016 年上升 0.5%。

市场交投活跃

2017 年的集资市场表现不俗。首次公开招股方面，香港交易所在全球排行第三，全年新上市公司创新高，达 174 家，集资额 1 285 亿元。已上市公司全年亦集资 4 529 亿元，较 2016 年增加 54%。上市公司集资额合计 5 814 亿元。

交易市场方面，第四季市场成交最为活跃。2017 年全年，现货市场平均每日成交额达 882 亿元，较 2016 年增加 32%。2017 年 11 月至 12 月期间，平均每日成交额连续 30 日高于 1 000 亿元。

2017 年最后一个交易日，证券市场市值达 339 990 亿元，打破了 2015 年 5 月 26 日创下的最高纪录(315 500 亿元)。

受股票期权及指数期权带动，2017 年内衍生产品市场的交易屡创新高。全年期货及期权成交合约共 214 845 348 张，较 2016 年增加 14%。期权成交合约总数创 137 785 021 张历史新高，较 2016 年增加 32%。年末的未平仓合约为 11 155 770张，高于去年年底的 9 296 110 张。

沪深港通

2017 年，沪港通及深港通继续交投活跃。南北向成交量均显著增加，北向成交总额达人民币 22 660 亿元，较 2016 年增加 194%；南向成交总额达 22 590 亿元，增长 170%。当中，南向平均每日成交金额激增至近三倍达 98 亿元，在香港股票市场日均成交额中的占比已超过 5%。自沪深港通推出以来，截至 2017 年年底，内地和香港市场的净资金流入分别达人民币 3 480 亿元及 7 260 亿港元。

2017 年 6 月，MSCI 决定 2018 年将中国 A 股纳入其新兴市场指数及所有国家世界指数，肯定了沪深港通在开放内地股市方面的重要角色。国际投资者亦对投资中国 A 股及使用沪深港通的兴趣日浓。我们将继续与监管机构及内地交易及结算同业合作，丰富交易产品的种类，包括推出 ETF 通和进一步完善机制安排，譬如假期交易安排及北向交易的投资者识别系统。

债券通

债券通北向交易于 2017 年 7 月 3 日成功推出，是互联互通市场计划又一重要里程碑。债券通是开放内地债券市场的一大突破，让更多不同的国际投资者得以经香港进入中国银行间债券市场。香港交易所并与中国外汇交易中心合资成立债券通有限公司，支援债券通相关交易服务、投资者教育及其他服务。自债券通推出以来，外国投资者在中国银行间债券市场本地债务证券的整体持有量已达人民币 11 470 亿元，较 2017 年 6 月 30 日升 36%。

二、2017 年股票市场表现

2017 年，大部分主要市场在经济基本因素表现强劲及可观的企业盈利带动下攀升。在各大中央银行以循序渐进方式逐步实行紧缩政策或退市的情况下，市场资金仍然充裕。内地市场在经济转稳、人民币走强及可观的企业盈利刺激下出现了反弹。香港股市继在 2016 年录得温和升幅后，已赶上并跑赢主要海外市场。在股票市场交易互联互通机制下经港股通流入的资金为本港股市提供了支持。

2017 年港股跑赢主要海外市场。继 2016 年录得温和升幅后，恒指于 2017 年跟随全球市场走势，飙升 36.0%，并在十年来首度触及 30 000 点大关。以点数计算，恒指在 2017 年上升 7 919 点，属历来最大按年升幅。恒生国企指数上升 24.6% 至两年高位。交投非常畅旺，平均每日成交额为 882 亿港元，较 2016 年的平均值高出 32%。

恒指的强劲升势主要由于：

1. 主要海外市场升势凌厉——由于市场看好企业盈利，加上经济基本因素改善，环球市场纷纷造好。尤其是，美股创下历史新高，且经济复苏步伐开始加快。除美国外，德国、英国、韩国及印度等主要市场都在 2017 年录得历史新高。美元持续走弱，于 2017 年贬值 10%，是另一个促进资金持续流入香港及其他新兴市场的因素。

2. 市场预期美国会逐步加息及税制改革有所进展——投资者对于美国将会持续推行宽松货币政策保持乐观，而美国联储局预料为配合经济走势，有需要逐步加息。税制改革方案将令大部分企业受惠，而随着有关方案有所进展，亦为大市带来了支持。

3. 资金在股票市场交易互联互通机制下经港股通流入——港股通于 2017 年的净买入额达 3 399 亿港元，较 2016 年的 2 460 亿港元上升 38%。透过港股通投资的内地投资者纷纷追捧大型股，为大市带来支持。

4. 内地有利因素——内地经济呈回稳迹象。市场对 A 股于 2018 年获纳入 MSCI 新兴市场指数持乐观态度，亦提振市场气氛。在盈利表现可观及预期国企改革步伐加快的刺激下，H 股上升。此外，人民币回稳，带动内地公司以港元计算的盈利增长。

然而，港股升势并不全面，主要集中在数只大型科技股及金融股。恒指于 2017 年上升了 7 919 点，当中腾讯、汇丰、友邦保险、中国平安保险及香港交易所共占 4 959 点或 63%。

整体而言，牛市气氛浓厚，散户投资者的参与持续增加，而一些近期进行首次公开发售的股份更获大幅超额认购。

由于港股在短时间内大幅上升，投资者对估值有所顾虑，加上本地与海外市场的不明朗因素，令市场前景蒙上阴影。投资者担心资金收紧，令本地市场升幅收窄。一个月香港银行同业拆息于 2017 年下旬升至一厘，创下自 2008 年以来新高。

受到内地实施去杠杆化和收紧金融监管及银根的影响，上证综合指数于 2017 年的表现（升幅为 6.6%）逊于主要海外市场，因而拖累 H 股的表现。

市场亦忧虑美国股市的升势能否持续，而这将取决于落实紧缩政策的确实时间表、步伐和幅度以及经济情况。

此外，韩鲜和中东的地缘政治局势紧张，加上英国脱欧谈判令人关注，均对投资者气氛有所影响。

三、在股票市场交易互联互通机制下的成交概况

股票市场交易互联互通机制自三年前推出以来，便为香港和内地投资者提供了一个重要渠道，让他们买卖在对方市场上的合资格股票。此机制一方面开放了庞大的在岸内地股票市场让全球各地的投资者参与，另一方面使内地投资者得以在国外进行资产配置，令投资组合变得更多元化。

目前，股票市场交易互联互通机制覆盖约 1 500 只内地股票及 440 只香港股票，占两地市场的市值超过 80%。此机制运作畅顺，而结算及交收系统亦能够应付正在急速增长的成交量。

自计划开通以来，透过沪港通及深港通下的港股通流入香港的资金净额已达人民币 6 255 亿元。恒指重磅股（例如金融股、信息科技股及地产股）更一直受到这些内地资金青睐。就沪股通及深股通而言，国际投资者至今买入的 A 股合共为人民币 3 475 亿元，其中上海的金融及基建股，以及深圳的科技及消费股均受到他们追棒。

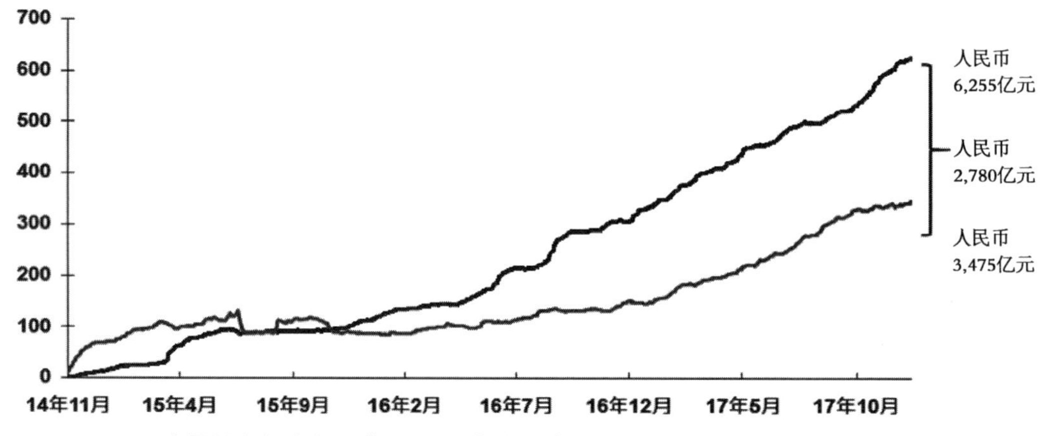

自股票市场交易互联互通机制推出以来的累计净买入（人民币十亿元）

股票市场交易互联互通机制占香港市场成交额的比例正随着时间不断增长。2017 年，港股通的平均每日成交额占香港市场成交额的 6%，较去年的 3% 增长达一倍。沪股通及深股通的每日成交额亦由 2016 年占内地市场成交额的 0.3%，升至 2017 年的 1%。

鉴于股票市场交易互联互通机制便利投资者进入内地市场，MSCI 已决定在 2018 年将 A 股纳入其新兴市场指数。若内地市场进一步开放，假以时日，A 股有可能被纳入其他国际性指数，而在指数中所占的比重亦将会进一步提升。

凭借股票市场交易互联互通机制，香港将会继续发挥中国与世界各地之间的超级联系人角色。在此机制下，人民币资金的跨境使用及流通情况均有所增长，这将会进一步巩固香港作为离岸人民币中心的地位。

展望未来，预期股票市场交易互联互通机制会进一步发展。有关当局将会研究扩大额度及可供买卖的股票和金融产品的种类，务求令计划更为全面及深入，并可提升内地及国际投资者的参与度。

四、2017 年香港证券市场主要数据

本地股票市场的交易活动

2017 年，本地股票市场交投上升，平均每日成交额为 882 亿元，较 2016 年的 669 亿元高 32%。

内地股份（包括 H 股及红筹股）仍然是交投最活跃的类别。2017 年，内地股份占市场总成交额的 35%（2016 年占 34%），而恒指成分股（H 股及红筹股除外）则占约 20%（2016 年占 18%）。

股票市场交易互联互通机制

继 2014 年 11 月 17 日推出沪港通后，深港通已于 2016 年 12 月 5 日开通。此计划启动内地与香港股票市场交易互联互通机制。投资者可以在一定的每日额度内买卖在对方市场上市的合资格股份。

平均每日成交额（以十亿元计）

	2017 年	2016 年	相对于 2016 年的百分率变幅
恒指（H 股及红筹股除外）	17.5（20%）	12.3（18%）	+42.3%
内地股	30.5（35%）	22.7（34%）	+34.3%
H 股	22.7（26%）	16.3（24%）	+39.3%
红筹股	7.8（9%）	6.4（10%）	+21.8%
衍生权证	12.2（14%）	11.1（17%）	+9.9%
牛熊证	4.8（5%）	5.6（8%）	-14.3%
交易所买卖基金	4.3（5%）	4.1（6%）	+4.9%
其他	19.0（21%）	11.1（17%）	+70.7%
市场总计	88.2（100%）	66.9（100%）	+31.9%

备注：括号内的百分率为市场份额。

资料来源：香港交易及结算所有限公司（香港交易所）及证监会。

沪股通及深股通的每日额度均定为人民币130亿元，而在沪港通及深港通下的港股通每日额度则定为人民币105亿元。

截至2017年底的累计净买入额如下：

沪股通及深股通为人民币3 475亿元；港股通为人民币6 255亿元。

在2017年期间：

沪股通及深股通的合计平均每日成交额（包括买卖成交）为人民币96亿元，占内地市场成交额的1.1%（2016年则平均为人民币33亿元，占市场成交额的0.3%）。

在沪港通及深港通合计的情况下，港股通的平均每日成交额（包括买卖成交）为人民币86亿元，占香港市场成交额的5.6%（2016年则平均为人民币32亿元，占市场成交额的2.8%）。

卖空活动

与2016年比较，香港的卖空活动的成交额有所增加，但占市场总成交额的百分率则下跌。

2017年，平均每日卖空交易额为90亿元，占市场总成交额的10.3%。2016年，平均每日卖空交易额为78亿元，占市场总成交额的11.8%。

根据证监会获呈交的数据显示，截至2017年12月29日，合计淡仓达4 491亿元（占已申报证券市值的1.4%）。

首次公开招股

香港在2017年有160宗首次公开招股，总集资额为1 282亿元；而2016年则有117宗（总集资额为1 948亿元）。年内，内地公司（包括H股、红筹股及内地民营企业）透过首次公开招股筹集的资金占市场总集资额的77%。

全球十大股市（以透过首次公开招股的集资额计）（2017年）

	透过首次公开招股所筹集的资金		
	以十亿美元计	全球排名	亚洲排名
美国（纽约证券交易所）	28.2	1	
上海	20.4	2	1
英国（伦敦）	17.4	3	
香港	16.4	4	2
深圳	13.7	5	3
印度	10.2	6	4
欧洲（泛欧交易所集团）	8.2	7	
美国（纳斯达克）	7.4	8	
韩国	7.1	9	5
澳洲	5.2	10	6

资料来源：国际证券交易所联会及香港交易所

ETF及杠杆和反向产品

2017年，ETF的平均每日成交额为43亿元，较2016年的41亿元上升5%。ETF占2017年市场总成交额的5%，2016年则为6%。A股ETF的平均每日成交额为14亿元，占ETF总成交额的33%，而2016年则为16亿元及占39%。

2017年有18只追踪恒指和恒生国企指数的杠杆和反向产品推出，而年内的平均每日成交额为4.74亿元。

衍生权证及牛熊证

2017年，衍生权证交易的成交额有所增加，但占市场总成交额的百分比率则有所下跌。衍生权证的平均每日成交额为122亿元（占市场总成交额的13.8%），而2016年则为111亿元（占市场总成交额的16.6%）。

2017年，牛熊证交易无论是以成交额还是占市场总成交额的百分率计算均有所下跌。2017年，牛熊证的平均每日成交额为48亿元（占市场总成交额的5.5%），而2016年则为56亿元（占市场总成交额的8.4%）。

交易所买卖衍生工具

2017年，交易所买卖衍生工具的平均每日成交量上升14.2%。期货产品的平均每日成交量下跌8.4%。当中恒指期货及恒生国企指数期货是交投最活跃的合约，分别约占所有期货成交量的40.9%及37.4%。尽管如此，恒指期货及恒生国企指数期货的平均每日成交量较2016年分别下跌2.6%及12.7%。

期权产品的平均每日成交量上升32.4%。股票期权仍然是交投最活跃的期权产品，其成交量较2016年上升43.8%。

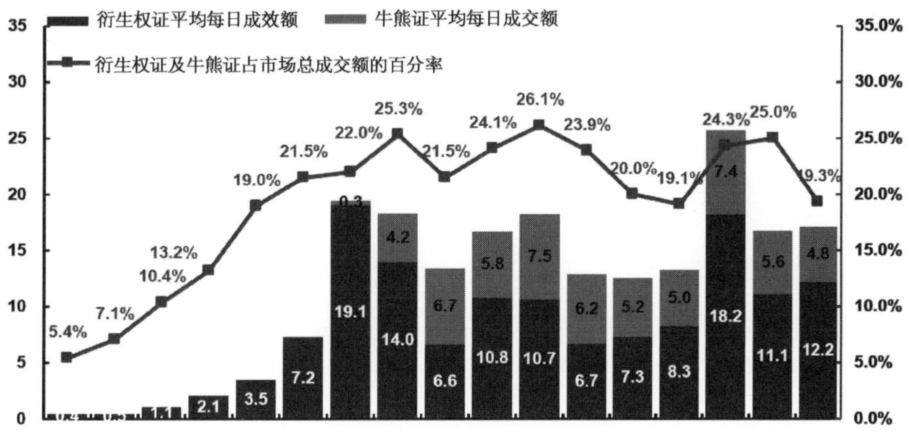

衍生权证及牛熊的成交额（以十亿元计）

香港交易所衍生工具(按产品类别划分)的平均每日成交量(合约张数)

		2017 年	2016 年	2015 年
期货	恒指期货	127,478	130,826	85,991
	小型恒指期货	46,507	50,516	40,674
	恒生国企指数期货	116,812	133,729	135,139
	小型恒生国企指数期货	14,823	19,718	30,391
	股票期货	492	915	2,951
	人民币货币期货(美元/离岸人民币)	3,025	2,181	1,062
	其他期货产品	2,848	2,601	1,210
	期货总和	311,985	340,486	297,418
期权	恒指期权	41,009	37,869	30,427
	小型恒指期权	6,643	5,767	4,185
	恒生国企指数期权	80,073	78,849	61,961
	小型恒生国企指数期权*	1,527	800	不适用
	股票期权	428,499	297,903	374,346
	其他期权产品	83	69	183
	期权总和	557,834	421,257	471,102
期货及期权总和		869,819	761,744	768,520

备注:平均每日成交量是以产品推出后的交易日数计算。

*小型恒生国企指数期权交易在2016 年 9 月 5 日开始。

资料来源:香港交易所及证监会。

标准普尔/香港交易所大型股指数,每日收市(2017)

恒生指数—每日走势(2017)

恒生中国企业指数—每日走势(2017)

标准普尔/香港交易所 GEM 指数—每日走势(2017)

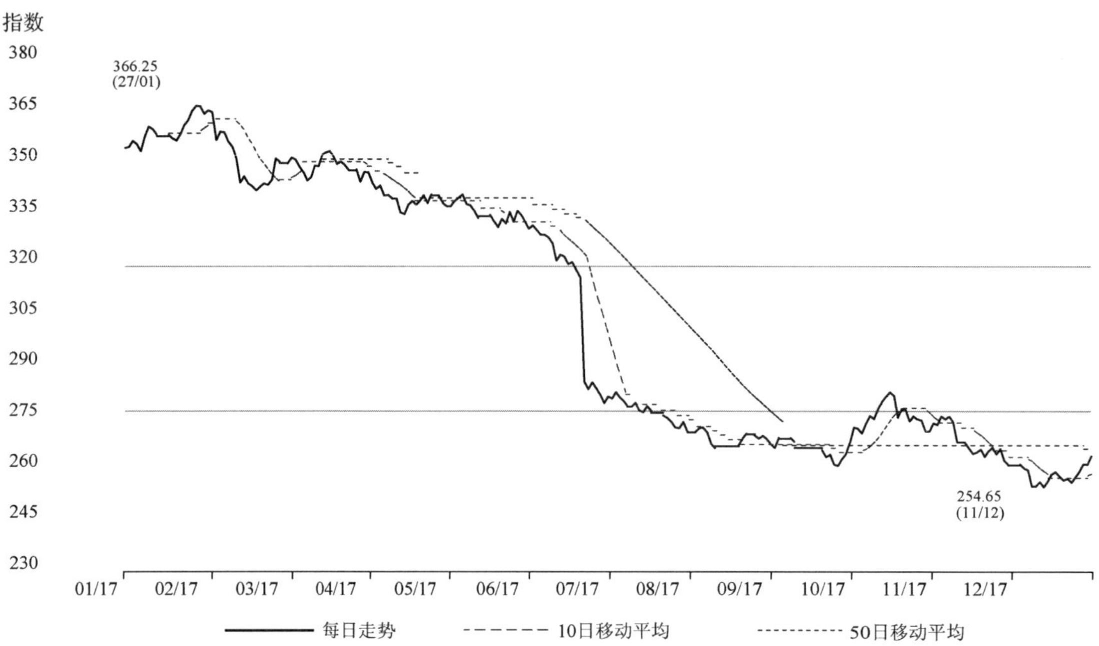

恒生香港中资企业指数—每日走势（2017）

2017 年香港市场表现

	2016 年	2017 年	增/减(%)
股票市场			
上市公司数目	1,973	2,118	7.35
主板	1,713	1,794	4.73
GEM	260	324	24.62
上市证券数目	8,591	12,803	49.03
主板	8,330	12,478	49.80
GEM	261	325	24.52
新上市公司数目(1)	126	174	38.10
主板	81	94	16.05
由 GEM 转往主板上市	6	13	116.67
GEM	45	80	77.78
上市公司市价总值(百万港元)	24,761,306.37	33,998,836.61	37.31
主板	24,450,434.51	33,717,995.17	37.90
GEM	310,871.86	280,841.44	(9.66)
总成交金额(百万港元)(2)	16,396,424.97	21,709,160.48	32.40
平均每日成交量	66,924.18	88,248.62	31.86
主板	66,448.88	87,642.68	31.89
GEM	475.30	605.94	27.49
最高	117,309.69(09/09)	172,500.80(30/11)	
最低	44,177.04(23/05)	49,493.99(02/02)	
集资总额(十亿港元)	490.05	581.39	18.64
首次公开招股集资总额	195.32	128.54	(34.19)
主板	190.72	122.60	(35.72)
GEM	4.59	5.94	29.35
上市后集资总额	294.74	452.85	53.64
主板	280.45	444.80	58.61
GEM	14.29	8.05	(43.70)
内地企业			
内地企业数目	1,002	1,051	4.89
主板	920	956	3.91
H 股	218	228	4.59
红筹股	147	153	4.08
内地民营企业	555	575	3.60
GEM	82	95	15.85
H 股	23	24	4.35
红筹股	6	6	0.00
内地民营企业	53	65	22.64
新上市 H 股数目(1)	15	13	(13.33)
主板	15	11	(26.67)
由 GEM 转往主板上市	0	0	—
GEM	0	2	—
市价总值(百万港元)(占市场总市值百分比)	15,663,894.95(63.26%)	22,522,059.94(66.24%)	43.78
主板	15,574,322.38(63.70%)	22,423,619.04(66.50%)	43.98
H 股	5,316,159.06	6,758,944.23	27.14

	2016 年	2017 年	增/减(%)
红筹股	4,898,947.36	5,726,457.33	16.89
内地民营企业	5,359,215.97	9,938,217.48	85.44
GEM	89,572.57(28.81%)	98,440.90(35.05%)	9.90
H 股	6,963.00	8,926.84	28.20
红筹股	13,400.09	12,398.68	(7.47)
内地民营企业	69,209.47	77,115.39	11.42
总成交金额(百万港元)(占股份总成交金额百分比)	7,886,802.27(70.59%)	12,328,783.72(76.09%)	56.32
恒生指数(1964 年 7 月 31 日 =100)	22000.56	29919.15	35.99
恒生金融分类指数	30308.31	40829.50	34.71
恒生公用事业分类指数	50037.47	55654.73	11.23
恒生地产分类指数	28991.74	40088.36	38.28
恒生工商业分类指数	12884.63	18156.20	40.91
恒生中国企业指数(2000 年 1 月 3 日 =2000)	9394.87	11709.30	24.64
恒生香港中资企业指数(2000 年 1 月 3 日 =2000)	3587.99	4426.25	23.36
标准普尔/香港交易所大型股指数(2003 年 2 月 8 日 =10000)	27926.13	38884.61	39.24
标准普尔/香港交易所 GEM 指数(2003 年 2 月 8 日 =1000)	358.53	263.81	(26.42)
股本权证			
新发行数目	6	4	(33.33)
主板	5	4	(20.00)
GEM	1	—	(100.00)
股本权证新发行溢价总额(百万港元)	0.00	0.00	—
主板	0.00	0.00	—
GEM	0.00	0.00	—
股本权证数目	9	8	(11.11)
主板	8	7	(12.50)
GEM	1	1	0.00
总成交金额(百万港元)	354.12	197.11	(44.34)
主板	311.39	196.28	(36.97)
GEM	43	0.84	(98.04)
债务证券			
债务证券数目	892	1,047	17.38
人民币债券	135	84	(37.78)
总成交金额(百万港元)	21,278.25	60,496.31	184.31
新上市债务证券数目	211	316	49.76
8 人民币债券	(33.33)	12	
集资总额(十亿港元)	774.61	1,190.67	53.71
新上市人民币债券本金总额(十亿人民币)	29.00	18.00	(37.93)
抗通胀零售债券成交金额(百万港元)(占债务证券总成交金额百分比)	10,408.75(48.92%)	6,072.26(10.04%)	(41.66)
单位信托基金及互惠基金			
单位信托基金及互惠基金数目	157	145	(7.64)
交易所买卖基金	133	106	(20.30)
杠杆及反向产品	12	27	125.00
房地产投资信托基金	11	11	0.00
总成交金额(百万港元)(占主板总成交金额百分比)	1,103,113.77(6.78%)	1,249,163.57(5.79%)	13.24

	2016 年	2017 年	增/减(%)
交易所买卖基金	1,011,412.89	1,065,380.88	5.34
杠杆及反向产品	505.32	94,095.00	18,520.71
房地产投资信托基金	91,086.25	89,410.35	(1.84)
平均每日成交额(百万港元)	4,502.51	5,077.90	12.78
交易所买卖基金	4,128.22	4,330.82	4.91
杠杆及反向产品	2.06	382.50	18,445.02
房地产投资信托基金	371.78	363.46	(2.24)
新上市单位信托基金及互惠基金	34	22	(35.29)
交易所买卖基金	22	3	(86.36)
多柜台交易所买卖基金	10	—	(100.00)
人民币成交金额			
占多柜台交易所买卖基金的总成交金额百分比	2.20	1.12	
A 股交易所买卖基金总成交金额(十亿港元)(占 ETFs 百分比)	398.84 (39.43%)	360.37 (33.83%)	(9.65)
结构性产品			
衍生权证			
衍生权证数目	3,705	6,094	64.48
新上市衍生权证	4,875	7,989	63.88
新上市衍生权证总名义发行金额(十亿港元)	105.84	156.96	48.31
总成交金额(百万港元(占主板总成交金额百分比)	2,726,995.81(16.75%)	3,007,655.35(13.95%)	10.29
牛熊证			
牛熊证数目	1,844	3,374	82.97
新上市牛熊证	8,896	13,235	48.77
新上市牛熊证总名义发行金额(十亿港元)	363.74	433.47	19.17
总成交金额(百万港元(占主板总成交金额百分比)	1,371,572.74(8.42%)	1,189,171.77(5.52%)	(13.30)
人民币交易的证券产品			
人民币交易的证券产品数目	179	129	(27.93)
股本证券	2	2	0.00
债务证券	135	84	(37.78)
衍生权证	—	0	—
交易所买卖基金	41	42	2.44
房地产投资信托基金	1	1	0.00
多柜台证券数目	41	42	2.44
股本证券	1	1	0.00
交易所买卖基金	40	41	2.50
总成交金额(百万元人民币)	11,883.00	11,660.07	(1.88)
股本证券(占百分比)	59.07(0.50%)	51.95(0.45%)	(12.06)
衍生权证(占百分比)	0.00(0.00%)	0.00(0.00%)	—
交易所买卖基金(占百分比)	9,139.66(76.91%)	6,290.62(53.95%)	(31.17)
房地产投资信托基金(占百分比)	2,331.38(19.62%)	2,751.78(23.60%)	18.03
债务证券(占百分比)	352.89(2.97%)	2,565.73(22.00%)	627.07
非上市可交易市场			
交易所买卖基金数目	2	0	(100.00)
纳斯达克市场上市的股票数目	6	6	0.00
总成交金额(百万港元)	0.47	0.58	24.40

	2016 年	2017 年	增/减(%)
沪港通			
港股通			
合资格股份数目	316	311	
总成交金额(百万港元)	826,775.84	1,724,405.37	108.57
平均每日成交金额	3,626.21	7,497.41	106.76
沪股通			
合资格股份数目	574	791	
可买可卖股份	434	576	
仅可卖出股份	140	215	
可进行孖展买卖股份	408	383	
总成交金额(百万人民币)	745,272.91	1,314,621.81	76.39
平均每日成交金额	3,212.38	5,594.14	74.14
深港通			
港股通			
合资格股份数目	417	445	
总成交金额(百万港元)	9,164.38	535,300.39	5,741.10
平均每日成交金额	509.13	2,327.39	357.13
深股通			
合资格股份数目	881	1,028	
可买可卖股份	881	881	
仅可卖出股份	—	84	
可进行孖展买卖股份	391	393	
总成交金额(百万人民币)	26,190.43	950,705.18	3,529.97
平均每日成交金额	1,540.61	4,045.55	162.59
衍生产品市场			
股票期货数目(截至年底)	74	72	(2.70)
股票期权数目(截至年底)	84	86	2.38
总成交合约	188,150,672	214,845,348	14.19
平均每日成交量	761,744	869,819	14.19
所有期货产品	84,100,129	77,060,327	(8.37)
所有权货产品	104,050,543	137,785,021	32.42
期货市场首三位最高成交量产品			
恒生指数期货			
成交合约(占期货总成交合约百分比)	32,313,994(38.42%)	31,486,965(40.86%)	(2.56)
未平仓合约	123,004	144,659	17.61
恒生中国企业指数期货			
成交合约(占期货总成交合约百分比)	33,031,130(39.28%)	28,852,655(37.44%)	(12.65)
未平仓合约	322,024	233,591	(27.46)
小型恒生指数期货			
成交合约(占期货总成交合约百分比)	12,477,552(14.84%)	11,487,207(14.91%)	(7.94)
未平仓合约	9,572	9,863	3.04
其他重要指数期权产品			
恒生中国企业指数期权			
成交合约(占期权总成交合约百分比)	19,475,726(18.72%)	19,777,920(14.35%)	1.55
未平仓合约	2,066,340	1,982,347	(4.06)
恒生指数期权			
成交合约(占期权总成交合约百分比)	9,353,749(8.99%)	10,129,325(7.35%)	8.29

	2016 年	2017 年	增/减(%)
未平仓合约	249,699	344,084	37.80
小型恒生指数期权			
成交合约(占期权总成交合约百分比)	1,424,379(1.37%)	1,640,881(1.19%)	15.20
未平仓合约	11,917	9,108	(23.57)
商品市场			
LME 期货及期权成交合约	156,512,730	157,369,044	0.55
金额(万亿美元)	10.3	12.7	23.30
金属材料(十亿吨)	3.5	3.5	0.00
平均每日成交量	618,627	624,480	0.95

注:(1) 数字已包括由 GEM 转往主板上市公司;(2) 成交金额已调整延迟呈报及驳回的交易。

2017 年港交所主板市场概况

	2015 年	2016 年	2017 年
上市证券(年底数字)			
上市公司数目	1,644	1,713	1,794
上市证券数目	8,792	8,330	12,478
新上市公司数目[1]	104	81	94
新上市公司	90	75	81
GEM 转板上市公司	14	6	13
市价总值(百万港元)	24,425,554.96	24,450,434.51	33,717,995.17
集资总额(百万港元)	1,093,551.48	471,171.95	567,401.46
交投情况			
总交易日数	247	245	246
总成交金额(百万港元)[2]			
全年	25,835,958.29	16,279,975.48	21,560,099.47
平均每日	104,599.02	66,448.88	87,642.68
总成交股数(百万股)			
全年	53,091,013.41	45,177,508.51	43,805,184.04
平均每日	214,943.37	184,397.99	178,069.85
总成交宗数(宗数)			
全年	349,425,144	261,400,789	300,296,509
平均每日	1,414,677	1,066,942	1,220,718
股价指数			
标普香港大型股指数(2003 年 2 月 28 日 =10000)			
最高	34685.39	30155.18	38939.55
最低	25245.78	22539.49	28044.77
年底指数	27007.12	27926.13	38884.61
恒生指数(1964 年 7 月 31 日 =100)			
最高	28442.75	24099.70	30003.49
最低	20556.60	18319.58	22134.47
年底指数	21914.40	22000.56	29919.15
市场比率[3]			
平均周息率(%)	3.46	3.24	2.79
平均市盈率(倍)	9.90	10.53	16.34
流通比率(%)	70.53	45.22	47.61
交易所参与者数目	550	592	654

注:(1) 包括由 GEM 到主板上市之公司;(2) 市场成交金额已就迟报及反驳交易作出调整;(3) 根据所有上市的普通股股份年底数字计算。

2017 年港交所创业板(GEM)市场概况

	2015 年	2016 年	2017 年
上市证券(年底数字)			
上市公司数目	222	260	324
上市证券数目	223	261	325
新上市公司数目	34	45	80
市价总值(百万港元)	258,175.74	310,871.86	280,841.44
集资总额(百万港元)	22,091.25	18,882.06	13,984.10
交投情况			
总交易日数	247	245	246
总成交金额(百万港元)(1)			
全年	254,663.27	116,449.49	149,061.01
平均每日	1,031.03	475.30	605.94
总成交股数(百万股)			
全年	602,894.91	434,388.56	477,690.71
平均每日	2,440.87	1,773.01	1,941.83
总成交宗数(宗数)			
全年	6,324,001	3,449,127	4,785,031
平均每日	25,603	14,078	19,451
股价指数			
标普香港 GEM 指数(2003 年 2 月 28 日 =1000)			
最高	822.36	462.53	366.25
最低	422.09	340.88	254.65
年底指数	476.79	358.53	263.81
市場比率(2)			
平均周息率(%)	0.30	0.25	0.38
平均市盈率(倍)	76.93	71.31	36.65
流通比率(%)	98.62	37.45	53.08

注:(1)市场成交金额已就迟报及反驳交易作出调整;(2)根据 GEM 股份之年底数字计算。

2017 年港交所衍生产品市场概况

	2015 年	2016 年	2017 年
所有期货及期权产品(股票期权除外)			
交易日数	247	247	247
合约成交量	97,360,884	114,568,558	109,006,169
股市指数产品	96,313,589	113,768,466	107,930,810
股票产品	729,013	225,978	121,532
国债期货*	–	–	8,539
利率产品	96	52	588
人民币货币产品	262,433	544,891	757,625
黄金期货#	—	—	166,135
铁矿石期货^	—	—	18,230
伦敦金属期货小型合约	55,753	29,171	2,710
平均每日	394,174	463,840	441,321
年底未平仓合约	2,439,302	2,968,607	2,851,073

	2015 年	2016 年	2017 年
股市指数产品	2,395,818	2,915,908	2,815,844
股票产品	20,088	5,365	5,555
国债期货*	—	—	0
利率产品	0	40	470
人民币货币产品	23,046	47,241	28,331
黄金期货#	—	—	422
铁矿石期货^	—	—	424
伦敦金属期货小型合约	350	53	27
股票期权			
年底股票期权类别数目	84	84	86
年底股票期权系列数目	29,876	31,080	31,186
新开办期权类别数目	5	0	3
交易日数	247	247	247
合约成交量			
全年总数	92,463,479	73,582,114	105,839,179
平均每日	374,346	297,903	428,499
合约期权金(百万港元)			
全年总数	80,303	38,700	62,024
平均每日	325	157	251
成交宗数			
全年总数	3,980,695	2,948,718	3,917,966
平均每日	16,116	11,938	15,862
年底未平仓合约	4,827,678	6,327,503	8,304,697
已行使合约总数	10,993,293	7,465,188	9,615,449
每张合约平均期权金(港元)	868	526	586
每宗交易平均合约数目(合约数目)	23	25	27
庄家数目	31	31	28
认沽数量/认购数量	0.93	0.99	0.80
平均每日合约成交量/未平仓合约	7.8%	4.7%	5.2%
所有期货及期权产品			
合约成交量	189,824,363	188,150,672	214,845,348
年底未平仓合约	7,266,980	9,296,110	11,155,770

注:* 国债期货由2017年4月10日开始买卖及由2017年12月8日停止买卖;# 黄金期货由2017年7月10日开始买卖;^ 铁矿石期货由2017年11月13日开始买卖

2017 恒生指数股份统计

股份代号	股份名称	成交金额(百万港元)	占股份总值及房地产投资信托基金总值(%)	市价总值(百万港元)	占股份总值(%)	收市价(港元)	变幅*(%)	市盈率(倍)
金融(12)								
00939	建设银行	454,316.42	2.81	1,731,004.70	5.13	7.200	20.60	6.93
00005	汇丰控股	431,130.67	2.67	1,624,600.61	4.82	79.950	28.43	155.79
01299	友邦保险	295,599.91	1.83	804,768.19	2.39	66.650	52.34	24.57
02318	中国平安	593,140.08	3.67	605,860.38	1.80	81.350	109.66	20.64
01398	工商银行	389,574.42	2.41	545,934.54	1.62	6.290	35.27	7.24

股份代号	股份名称	成交金额（百万港元）	占股份总值及房地产投资信托基金总值（%）	市价总值（百万港元）	占股份总值（%）	收市价（港元）	变幅*（%）	市盈率（倍）
02388	中银香港	102,326.89	0.63	418,682.10	1.24	39.600	43.05	7.54
00011	恒生银行	41,456.04	0.26	370,897.49	1.10	194.000	34.44	23.37
03988	中国银行	311,101.78	1.93	321,109.54	0.95	3.840	11.63	6.30
00388	香港交易所	307,466.89	1.90	297,306.31	0.88	239.800	30.90	50.40
03328	交通银行	41,547.88	0.26	203,068.80	0.60	5.800	3.39	5.77
02628	中国人寿	271,971.77	1.68	182,680.85	0.54	24.550	21.53	32.15
00023	东亚银行	12,100.97	0.07	93,612.02	0.28	33.850	13.97	27.98
公用事业(5)								
00003	香港中华煤气	37,764.76	0.23	214,290.74	0.64	15.320	22.65	29.20
00002	中电控股	46,987.11	0.29	201,989.72	0.60	79.950	12.21	15.89
01038	长江基建集团	35,090.14	0.22	177,992.90	0.53	67.150	8.83	17.56
00006	电能实业	56,344.47	0.35	140,754.56	0.42	65.950	14.15	21.93
00836	华润电力	24,669.71	0.15	70,040.06	0.21	14.560	18.18	9.01
地产(13)								
00001	长和	117,294.52	0.73	378,438.26	1.12	98.100	11.60	11.47
00016	新鸿基地产	111,077.63	0.69	377,736.11	1.12	130.400	33.06	9.04
02007	碧桂园	103,643.87	0.64	317,070.34	0.94	14.900	243.32	25.33
00688	中国海外发展	128,784.22	0.80	275,548.47	0.82	25.150	22.38	6.92
01113	长实集团	91,329.50	0.57	252,539.15	0.75	68.300	43.64	13.53
00012	恒基地产	39,346.14	0.24	206,059.03	0.61	51.500	37.33	9.40
01109	华润置地	70,054.00	0.43	159,411.61	0.47	23.000	31.88	8.17
01997	九龙仓置业	7,824.47	0.05	157,883.82	0.47	52.000	n. a.	—
00017	新世界发展	44,291.97	0.27	115,498.80	0.34	11.740	43.17	14.61
00083	信和置业	14,714.56	0.09	89,246.72	0.26	13.840	19.10	11.63
00101	恒隆地产	24,779.28	0.15	85,903.70	0.25	19.100	16.18	13.86
00004	九龙仓集团	71,320.05	0.44	81,978.14	0.24	27.000	-47.46	3.82
00823	领汇房产基金	63,242.57	0.39	n. a.	n. a.	72.450	43.75	n. a.
工商业(21)								
00700	腾讯控股	1,536,795.93	9.52	3,856,589.92	11.44	406.000	114.02	82.16
00941	中国移动	305,028.95	1.89	1,622,682.02	4.81	79.250	0.03	13.23
00883	中国海洋石油	167,667.93	1.04	500,944.46	1.49	11.220	15.67	696.89
00267	中信股份	25,463.53	0.16	328,138.16	0.97	11.280	1.62	7.61
01928	金沙中国有限公司	135,702.59	0.84	325,767.67	0.97	40.350	19.73	34.30
00762	中国联通	120,291.70	0.75	323,116.19	0.96	10.560	16.94	360.41
00066	港铁公司	40,163.40	0.25	275,118.53	0.82	45.800	27.12	26.26
00027	银河娱乐	157,024.42	0.97	270,059.51	0.80	62.700	87.82	42.57
00175	吉利汽车	265,196.23	1.64	243,100.94	0.72	27.100	265.72	41.47
02018	瑞声科技	155,056.77	0.96	170,346.80	0.51	139.400	97.87	37.71
00386	中国石油化工股份	127,878.52	0.79	146,192.00	0.43	5.730	4.18	13.18
00288	万洲国际	72,097.53	0.45	129,298.06	0.38	8.820	40.67	14.92
00857	中国石油股份	145,751.09	0.90	114,989.01	0.34	5.450	-4.44	112.60
02382	舜宇光学科技	174,136.96	1.08	109,590.30	0.33	99.900	194.26	75.58
01044	恒安国际	54,816.50	0.34	104,534.44	0.31	86.750	52.33	26.01
02319	蒙牛乳业	46,594.69	0.29	91,308.86	0.27	23.250	55.62	-

股份代号	股份名称	成交金额（百万港元）	占股份总值及房地产投资信托基金总值(%)	市价总值（百万港元）	占股份总值(%)	收市价（港元）	变幅*(%)	市盈率（倍）
00151	中国旺旺	20,971.28	0.13	81,649.94	0.24	6.550	31.79	21.05
01088	中国神华	100,843.16	0.62	68,821.30	0.20	20.250	62.31	14.37
00144	招商局港口	26,621.14	0.16	67,027.31	0.20	20.450	11.88	11.65
00019	太古股份公司 A	25,555.07	0.16	65,491.65	0.19	72.350	-2.30	11.28
00992	联想集团	69,985.14	0.43	52,985.23	0.16	4.410	-6.17	11.63
总值(51)		8,113,935.25	50.26	19,449,659.96	57.68			
总值**		16,142,826.18	100.00	33,717,995.17	100.00			

注：*与去年收市价比较。**成交金额总值是股份及房地产投资信托基金成交金额总和；而市价总值祇包含股份市值。（ ）指数成份股份数目。

2017 恒生中国企业指数股份统计

截止 2017 年底

股份代号	股份名称	成交金额（百万港元）	占股份总值(%)	市价总值（百万港元）	占股份总值(%)	收市价（港元）	变幅*(%)	市盈率（倍）
00939	建设银行	454,316.42	2.83	1,731,004.70	5.13	7.200	20.60	6.93
02318	中国平安	593,140.08	3.69	605,860.38	1.80	81.350	109.66	20.64
01398	工商银行	389,574.42	2.43	545,934.54	1.62	6.290	35.27	7.24
03988	中国银行	311,101.78	1.94	321,109.54	0.95	3.840	11.63	6.30
03328	交通银行	41,547.88	0.26	203,068.80	0.60	5.800	3.39	5.77
02628	中国人寿	271,971.77	1.69	182,680.85	0.54	24.550	21.53	32.15
00386	中国石油化工股份	127,878.52	0.80	146,192.00	0.43	5.730	4.18	13.18
03968	招商银行	133,131.72	0.83	142,777.03	0.42	31.100	71.07	11.20
00857	中国石油股份	145,751.09	0.91	114,989.01	0.34	5.450	-4.44	112.60
01288	农业银行	119,758.56	0.75	111,889.32	0.33	3.640	14.47	5.86
02601	中国太保	108,567.71	0.68	104,212.52	0.31	37.550	38.82	25.00
01658	邮储银行	25,232.96	0.16	80,616.04	0.24	4.060	-3.10	6.49
00998	中信银行	67,423.86	0.42	72,922.60	0.22	4.900	-0.61	5.11
02328	中国财险	96,642.45	0.60	69,084.93	0.20	15.020	24.34	10.96
01088	中国神华	100,843.16	0.63	68,821.30	0.20	20.250	62.31	14.37
01211	比亚迪股份	101,625.46	0.63	62,311.50	0.18	68.100	66.71	32.06
01336	新华保险	91,140.88	0.57	55,221.33	0.16	53.400	50.00	29.86
01988	民生银行	70,550.37	0.44	54,289.93	0.16	7.830	-5.55	5.30
00728	中国电信	51,138.48	0.32	51,623.97	0.15	3.720	3.91	14.87
00914	海螺水泥	78,193.17	0.49	47,760.30	0.14	36.750	74.17	20.13
00753	中国国航	22,990.62	0.14	43,254.24	0.13	9.480	91.52	15.18
02202	万科企业	62,848.48	0.39	41,026.61	0.12	31.200	76.27	14.52
02238	广汽集团	87,090.54	0.54	40,990.32	0.12	18.520	97.44	16.82
01099	国药控股	44,153.92	0.28	40,317.00	0.12	33.800	5.79	17.80
01800	中国交通建设	59,266.71	0.37	39,316.20	0.12	8.880	-0.45	7.86
01359	中国信达	41,380.57	0.26	38,803.34	0.12	2.860	1.78	5.93
06837	海通证券	37,600.06	0.23	38,664.51	0.11	11.340	-14.74	14.36
06030	中信証券	54,110.19	0.34	36,726.64	0.11	16.120	2.28	16.71
01766	中国中车	41,165.76	0.26	36,542.11	0.11	8.360	20.11	17.89
01339	中国人民保险集团	32,669.21	0.20	33,596.00	0.10	3.850	25.82	10.16

股份代号	股份名称	成交金额（百万港元）	占股份总值（%）	市价总值（百万港元）	占股份总值（%）	收市价（港元）	变幅*（%）	市盈率（倍）
03898	中车时代电气	27,689.70	0.17	27,831.70	0.08	50.850	29.22	18.22
02333	长城汽车	138,751.29	0.86	27,740.88	0.08	8.950	23.62	6.86
00489	东风集团股份	37,602.73	0.23	27,015.22	0.08	9.460	24.97	5.40
01776	广发证券	14,602.62	0.09	26,752.24	0.08	15.720	-2.84	13.23
06886	HTSC	30,746.73	0.19	26,748.35	0.08	15.560	5.14	15.76
00390	中国中铁	30,392.31	0.19	24,318.71	0.07	5.780	-9.40	9.92
01816	中广核电力	25,124.95	0.16	23,666.89	0.07	2.120	-0.47	11.77
00902	华能国际电力股份	39,726.29	0.25	23,031.88	0.07	4.900	-4.67	7.78
06881	中国银河	36,729.23	0.23	21,260.07	0.06	5.760	-17.60	9.45
01186	中国铁建	26,002.78	0.16	18,811.24	0.06	9.060	-9.22	7.79
		4,270,175.43	26.60	5,408,784.73	16.04			
股份总值		16,053,415.83	100.00	33,717,995.17	100.00			

注：* 与去年收市价比较。

2017 恒生香港中资企业指数股份统计

截止 2017 年底

股份代号	股份名称	成交金额（百万港元）	占股份总值（%）	市价总值（百万港元）	占股份总值（%）	收市价（港元）	变幅*（%）	市盈率（倍）
00941	中国移动	305,028.95	1.90	1,622,682.02	4.81	79.250	0.03	13.23
00883	中国海洋石油	167,667.93	1.04	500,944.46	1.49	11.220	15.67	696.89
00267	中信股份	25,463.53	0.16	328,138.16	0.97	11.280	1.62	7.61
0762	中国联通	120,291.70	0.75	323,116.19	0.96	10.560	16.94	360.41
00688	中国海外发展	128,784.22	0.80	275,548.47	0.82	25.150	22.38	6.92
01109	华润置地	70,054.00	0.44	159,411.61	0.47	23.000	31.88	8.17
01114	BRILLIANCE CHI	70,861.24	0.44	105,446.13	0.31	20.900	95.69	25.35
00966	中国太平	54,488.52	0.34	105,304.74	0.31	29.300	83.13	23.29
02319	蒙牛乳业	46,594.69	0.29	91,308.86	0.27	23.250	55.62	-
00291	华润啤酒	25,673.44	0.16	90,999.16	0.27	28.050	82.14	114.02
00836	华润电力	24,669.71	0.15	70,040.06	0.21	14.560	18.18	9.01
00270	粤海投资	23,252.61	0.14	68,385.61	0.20	10.460	2.15	15.55
00144	招商局港口	26,621.14	0.17	67,027.31	0.20	20.450	11.88	11.65
00135	昆仑能源	28,480.43	0.18	65,709.26	0.19	8.140	40.34	99.75
03320	华润医药	15,426.11	0.10	63,599.21	0.19	10.120	15.66	17.62
01193	华润燃气	23,983.90	0.15	63,050.76	0.19	28.350	30.05	18.75
00392	北京控股	23,507.61	0.15	58,559.27	0.17	46.400	26.60	9.42
00371	北控水务集团	27,755.02	0.17	53,202.59	0.16	6.050	17.25	16.33
00992	联想集团	69,985.14	0.44	52,985.23	0.16	4.410	-6.17	11.63
00257	中国光大国际	24,228.75	0.15	50,027.06	0.15	11.160	26.96	17.97
00817	中国金茂	17,511.48	0.11	36,723.64	0.11	3.440	68.71	12.81
00152	深圳国际	10,862.29	0.07	30,183.44	0.09	14.880	31.68	13.57
00165	中国光大控股	15,146.06	0.09	29,458.23	0.09	17.480	18.43	7.23
01199	中远海运港口	6,597.70	0.04	24,854.33	0.07	8.130	4.36	12.56
00363	上海实业控股	8,125.06	0.05	24,353.54	0.07	22.400	6.67	8.38
		1,361,061.24	8.48	4,361,059.35	12.93			
股份总值		16,053,415.83	100.00	33,717,995.17	100.00			

注：* 与去年收市价比较。

2017 年中国企业(H 股)股份统计

年/月份	数目	成交额				市价总值	
		股数（百万计）	占股份总数（%）	金额（百万港元）	占股份总额（%）	百万港元	占股份总值（%）
2013	158	631,298.16	25.79	4,217,366.31	37.85	4,906,583.21	20.52
2014	179	662,386.88	20.16	4,398,535.08	35.27	5,723,993.53	22.99
2015	206	870,624.56	15.98	6,882,112.86	39.95	5,157,109.86	21.11
2016	218	651,424.90	19.91	3,983,132.61	36.02	5,316,159.06	21.74
2017	228	760,526.96	20.91	5,571,571.42	34.71	6,758,944.23	20.05
2017　1 月	219	39,497.53	18.61	252,325.69	33.95	5,470,723.01	21.21
2 月	219	71,463.05	21.55	457,242.46	39.55	5,818,717.48	22.08
3 月	220	72,638.00	21.57	459,158.82	33.70	5,788,013.20	21.51
4 月	222	53,193.04	21.21	327,190.68	34.84	5,802,103.02	21.23
5 月	222	56,038.79	20.01	386,867.39	32.56	5,946,189.58	21.07
6 月	222	60,371.99	16.88	436,816.35	33.80	5,817,278.50	20.47
7 月	224	66,146.19	24.32	477,455.81	35.42	6,112,707.40	20.38
8 月	224	81,399.60	27.51	581,724.96	35.98	6,358,301.98	20.68
9 月	225	63,560.02	16.14	494,233.07	32.13	6,198,601.75	19.91
10 月	226	67,325.22	19.73	561,707.11	38.64	6,556,141.88	20.51
11 月	226	74,111.22	23.24	658,172.64	33.86	6,502,808.03	19.87
12 月	228	54,782.32	22.30	478,676.44	32.53	6,758,944.23	20.05

注:中国企业的市价总值是以发行股数的 H 股股份计算。

2017 年中资红筹股份统计

年/月份	数目	成交额				市价总值	
		股数（百万计）	占股份总数（%）	金额（百万港元）	占股份总额（%）	百万港元	占股份总值（%）
2013	116	251,052.12	10.26	1,704,419.16	15.30	4,815,316.86	20.14
2014	128	281,836.64	8.58	1,897,810.54	15.22	5,214,967.56	20.95
2015	140	400,840.46	7.36	2,415,551.02	14.02	5,137,712.98	21.03
2016	147	264,116.10	8.07	1,564,516.57	14.15	4,898,947.36	20.04
2017	153	280,803.63	7.72	1,915,957.59	11.93	5,726,457.33	16.98
2017　1 月	153	13,718.23	6.46	108,185.44	14.56	5,202,933.41	20.17
2 月	153	21,774.15	6.57	144,136.17	12.47	5,213,267.93	19.78
3 月	152	26,867.05	7.98	188,355.99	13.82	5,256,453.39	19.53
4 月	152	18,858.54	7.52	124,193.78	13.22	5,215,601.25	19.08
5 月	152	17,587.31	6.28	137,642.08	11.58	5,389,476.46	19.10
6 月	152	18,621.93	5.21	134,862.98	10.44	5,327,107.10	18.75
7 月	152	20,309.47	7.47	159,325.45	11.82	5,528,243.43	18.43
8 月	152	26,692.72	9.02	209,396.32	12.95	5,582,708.39	18.15
9 月	152	35,764.82	9.08	184,524.92	11.99	5,493,805.13	17.64
10 月	152	26,431.77	7.74	166,206.80	11.43	5,562,562.32	17.40
11 月	152	34,707.15	10.88	214,479.25	11.04	5,600,143.71	17.11
12 月	153	19,470.49	7.93	144,648.41	9.83	5,726,457.33	16.98

2017 年度香港中资股集资统计

日期	首次招股募资(百万港元)			上市后募资(百万港元)			
	H股	红筹	中资股合计	H股	红筹	中资股合计	合计
2017-12	61,785.6900	0.0000	61,785.6900	39,825.3300	125,693.4500	165,518.7800	227,304.4700
2017-11	56,777.2600	0.0000	56,777.2600	8,867.9100	117,686.6800	126,554.5900	183,331.8500
2017-10	56,771.0000	0.0000	56,771.0000	8,848.8800	23,574.2000	32,423.0800	89,194.0800
2017-09	54,586.3200	0.0000	54,586.3200	8,625.0200	16,923.9300	25,548.9500	80,135.2700
2017-08	42,688.4800	0.0000	42,688.4800	8,625.0200	15,346.1700	23,971.1900	66,659.6700
2017-07	41,397.0000	0.0000	41,397.0000	7,071.7400	15,163.6300	22,235.3700	63,632.3700
2017-06	30,925.0800	0.0000	30,925.0800	7,071.7400	14,870.0700	21,941.8100	52,866.8900
2017-05	22,852.2900	0.0000	22,852.2900	7,071.7400	4,483.1700	11,554.9100	34,407.2000
2017-04	21,756.1700	0.0000	21,756.1700	1,510.4900	3,972.3400	5,482.8300	27,239.0000
2017-03	3,955.4000	0.0000	3,955.4000	298.6500	1,068.5300	1,367.1800	5,322.5800
2017-02	3,461.0400	0.0000	3,461.0400	138.6500	875.0700	1,013.7200	4,474.7600
2017-01	3,461.0400	0.0000	3,461.0400	0.0000	189.9600	189.9600	3,651.0000

数据来源:Wind。

2017 年度香港中资股交易统计

日期	成交金额(百万港元)			成交金额占比(%)		
	H股	红筹股	合计	H股	红筹股	合计
2017-12	5,578,953.51	1,917,589.30	7,496,542.81	34.44	11.83	46.27
2017-11	5,099,798.05	1,772,878.69	6,872,676.74	34.65	12.05	46.69
2017-10	4,440,864.26	1,558,284.43	5,999,148.70	34.81	12.21	47.02
2017-09	3,878,064.27	1,391,965.74	5,270,030.01	34.35	12.33	46.68
2017-08	3,382,686.74	1,207,332.77	4,590,019.51	34.73	12.39	47.13
2017-07	2,800,582.57	997,781.99	3,798,364.57	34.51	12.30	46.82
2017-06	2,322,779.42	838,322.93	3,161,102.35	34.40	12.41	46.82
2017-05	1,885,330.66	703,283.17	2,588,613.82	34.64	12.93	47.56
2017-04	1,497,618.43	565,521.22	2,063,139.64	35.32	13.34	48.66
2017-03	1,169,898.69	441,166.66	1,611,065.35	35.56	13.41	48.97
2017-02	710,015.82	252,595.13	962,610.95	37.08	13.20	50.27
2017-01	252,525.83	108,281.75	360,807.59	33.66	14.44	48.10

数据来源:Wind。

2017 年香港市场结算及交收概况

	2015 年	2016 年	2017 年
中央结算系统营运资料			
经中央结算系统处理之联交所交易(每日平均数)			
• 交易宗数	1,397,853	1,081,017	1,240,145
• 交易金额(十亿港元)	102.8	66.9	88.0
• 涉及股数(十亿股)	216.8	186.2	180.0
经中央结算系统处理的交收指示(每日平均数)			
• 交收指示数目	101,029	83,194	92,459
• 交收指示涉及金额(十亿港元)	254.7	181.9	220.5

	2015 年	2016 年	2017 年
● 涉及股数(十亿股)	55.9	46.8	48.0
经中央结算系统处理的投资者交收指示(每日平均数)			
● 交收指示数目	443	277	337
● 交收指示涉及金额(百万港元)	199.8	136.5	271.6
● 涉及股数(百万股)	134.4	87.3	182.3
以"持续净额交收"的股份数额于到期交收日(T+2)的交收效率(每日平均数)(%)	99.91	99.91	99.91
以"持续净额交收"的股份数额于到期交收翌日(T+3)的交收效率(每日平均数)(%)	99.99	99.99	99.99
在 T+3 日进行补购(每日平均数)			
● 涉及经纪数目	5	3	3
● 补购宗数	5	3	4
● 补购涉及金额(百万港元)	3.7	2.3	2.0
存放于中央结算系统证券存管处的股份			
● 股数(十亿股)	5,467.2	5,878.9	6,404.2
● 获纳入系统的证券占已发行股本总数的百分比	74.50	74.27	75.30
● 股份价值(十亿港元)	15,071.2	15,381.5	21,768.7
● 获纳入系统的证券占市价总值的百分比	56.58	56.60	58.70
衍生产品结算及交收系统营运资料			
年末未平仓合约			
● 股市指数期货	573,542	572,757	475,151
● 股票期货	20,088	5,365	5,555
● 五年期中国财政部国债期货^	—	—	—
● 利率期货	0	40	470
● 人民币货币期货	23,046	47,241	25,218
● 黄金期货+	—	—	422
● 铁矿石期货^^	—	—	424
● 伦敦金属小型期货	350	53	27
● 股市指数期权	1,822,276	2,343,151	2,340,693
● 股票期权	4,827,678	6,327,503	8,304,697
● 人民币货币期权#	—	—	3,113
累积行使股票期权			
● 涉及股数(百万股)	13,272	7,984	9,184
● 涉及金额(十亿港元)	235	129	205

注:^ 五年期中国财政部国债期货由 2017 年 4 月 10 日开始买卖由 2017 年 12 月 08 日停止买卖;+ 黄金期货由 2017 年 7 月 10 日开始买卖;^^ 铁矿石期货由 2017 年 11 月 13 日开始买卖;# 人民币货币期权由 2017 年 3 月 20 日开始买卖。

2017 年度港交所主板上市统计

证券分类数目(2013—2017)

类　　别	2013 年	2014 年	2015 年	2016 年	2017 年
普通股	1,452	1,549	1,645	1,714	1,795
优先股	3	6	8	10	16
股本认股权证	8	10	12	8	7
衍生权证	4,715	4,938	4,590	3,705	6,094
股票挂钩票据	0	0	0	0	0
牛熊证	1,620	1,579	1,630	1,844	3,374

类　别	2013 年	2014 年	2015 年	2016 年	2017 年
单位信托基金/互惠基金	129	134	145	157	145
—交易所买卖基金（ETFs）	116	122	133	133	106
—杠杆及反向产品（L&I products）	—	—	—	12	27
—房地产投资信托基金（REITs）	11	11	11	11	11
—其他	2	1	1	1	1
债券	403	640	762	892	1,047
总数	8,330	8,856	8,792	8,330	12,478

新上市证券数目（2013—2017）

类　别	2013 年	2014 年	2015 年	2016 年	2017 年
普通股*	87	103	104	81	94
—新上市公司	79	96	90	75	81
—由 GEM 转至主板上市公司	8	7	14	6	13
优先股	0	4	2	3	7
股本认股权证	3	7	7	5	4
衍生权证	7,264	7,560	6,336	4,875	7,989
股票挂钩票据	0	0	0	0	0
牛熊证	8,948	9,983	11,213	8,896	13,235
单位信托基金/互惠基金	18	12	14	34	22
—交易所买卖基金（ETFs）	16	12	14	22	3
—杠杆及反向产品（L&I products）	—	—	—	12	19
—房地产投资信托基金（REITs）	2	0	0	0	0
—其他	0	0	0	0	0
债券	170	281	177	211	316
总数	16,490	17,950	17,853	14,105	21,667

注：* 包括由 GEM 到主板上市之公司。

除牌上市证券数目（2013—2017）

类　别	2013 年	2014 年	2015 年	2016 年	2017 年
普通股	4	6	8	12	13
优先股	0	0	0	1	1
股本认股权证	5	5	5	9	5
衍生权证	6,296	7,337	6,684	5,760	5,600
股票挂钩票据	0	0	0	0	0
牛熊证	8,542	10,024	11,162	8,682	11,705
单位信托基金/互惠基金	0	7	3	22	34
—交易所买卖基金（ETFs）	0	6	3	22	30
—杠杆及反向产品（L&I products）	—	—	—	0	4
—房地产投资信托基金（REITs）	0	0	0	0	0
—其他	0	1	0	0	0
债券	36	44	55	81	161
总数	14,883	17,423	17,917	14,567	17,519

2017 年末港交所主板行业市值比较

行业分类	上市公司数目	市值总值		成交额	
		（百万港元）	占市场百分比	（百万港元）	占市场百分比
金融业	175	9,549,225.13	28.32	435,779.60	29.62
地产建筑业	328	5,099,505.48	15.12	180,237.04	12.25
资讯科技业	137	4,912,952.91	14.57	317,973.37	21.61
消费品制造业	439	3,924,645.30	11.64	192,530.61	13.08
消费者服务业	202	2,255,873.90	6.69	72,263.89	4.91
电讯业	16	2,178,878.31	6.46	31,885.32	2.17
公用事业	64	1,647,343.55	4.89	42,425.34	2.88
工业	213	1,252,367.74	3.71	85,207.43	5.79
能源业	72	1,126,395.36	3.34	55,597.59	3.78
综合企业	19	1,100,117.23	3.26	22,227.65	1.51
原材料业	129	670,690.26	1.99	35,305.99	2.40

数据来源：Wind。

2017 年末香港市场行业规模统计

行业名称	上市公司（家）	总市值（百万港元）	市值总值占比（%）	平均市盈率（倍）	平均股息率（%）
地产建筑业	328	5,099,505.48	15.12	11.35	2.86
电讯业	16	2,178,878.31	6.46	15.74	6.20
工业	213	1,252,367.74	3.71	17.17	2.57
公用事业	64	1,647,343.55	4.89	16.76	3.91
金融业	175	9,549,225.13	28.32	12.42	3.34
能源业	72	1,126,395.36	3.34	29.02	4.01
消费品制造业	439	3,924,645.30	11.64	23.60	2.16
消费者服务业	202	2,255,873.90	6.69	25.29	1.99
原材料业	129	670,690.26	1.99	15.22	2.27
资讯科技业	137	4,912,952.91	14.57	56.74	0.40
综合企业	19	1,100,117.23	3.26	9.99	3.14
所有股份	1794	33,717,995.17	100.00	16.34	2.79

数据来源：Wind。

2017 年度港交所主板新上市公司总览

普通股份公司

股份代号	公司	上市方法/行业分类*	发售股数	发售价（港元）	集资金额（百万港元）	上市日期/认购率（倍数）	保荐人
01637	顺兴集团（控股）有限公司	发售以供认购	50,000,000(a)	1.20	60.00	2017/01/03	创陞融资有限公司
		发售现有证券	20,000,000(b)	1.20	24.00	799.7	
		发售以供配售	30,000,000(b)	1.20	36.00		
		地产建筑业—建筑					
01536	煜荣集团控股有限公司	发售以供认购	80,000,000(a)	1.15	92.00	2017/01/11	八方金融有限公司
		发售现有证券	20,000,000(a)	1.15	23.00	2.076	
		工业—工业工程					
01656	亿仕登控股有限公司	发售以供认购	20,000,000(a)	1.25	25.00	2017/01/12	申万宏源融资（香港）有限公司

股份代号	公司	上市方法/行业分类*	发售股数	发售价(港元)	集资金额(百万港元)	上市日期/认购率(倍数)	保荐人
		发售以供配售	20,000,000 (b)	1.25	25.00	1,892	
		工业—工业工程					
06122	吉林九台农村商业银行股份有限公司—H股	发售以供认购	66,000,000[(a)]	4.56	300.96	2017/01/12	国泰君安融资有限公司
		发售现有证券	69,000,000[(b)]	4.56	314.64	1.09	
		发售以供配售	624,000,000[(b)]	4.56	2,845.44		
		金融业—银行					
01575	慕容控股有限公司	发售以供认购	25,000,000[(a)]	1.05	26.25	2017/01/12	国金证券(香港)有限公司
		发售以供配售	225,000,000[(b)]	1.05	236.25	5.90	
		消费品制造业—家庭电器及用品					
01518	新世纪医疗控股有限公司	发售以供认购	12,000,000[(a)]	7.36	88.32	2017/01/18	Merrill Lynch Far East Ltd.
		发售以供配售	118,025,000[(b)]	7.36	868.66	1.23	中国国际金融香港证券有限公司
		消费者服务业—医疗保健服务					
06068	睿见教育国际控股有限公司	发售以供认购	50,000,000[(a)]	1.70	85.00	2017/01/26	法国巴黎证券(亚洲)有限公司
		发售以供配售	487,154,000[(b)]	1.70	828.16	1.50	
		消费者服务业—支援服务					
03789	御佳控股有限公司	发售以供认购	150,000,000[(a)]	0.56	84.00	2017/02/08	富比资本有限公司
		发售现有证券	84,000,000[(b)]	0.56	47.04	350	
		发售以供配售	66,000,000[(b)]	0.56	36.96		
		地产建筑业—建筑					
02266	黎氏企业控股有限公司	发售以供认购	50,000,000[(a)]	1.15	57.50	2017/02/10	大有融资有限公司
		发售以供配售	50,000,000[(b)]	1.15	57.50	187.70	
		地产建筑业—建筑					
01660	善乐国际控股有限公司	发售以供认购	180,000,000[(a)]	0.40	72.00	2017/02/10	丰盛融资有限公司
		发售现有证券	60,000,000[(b)]	0.40	24.00	356.92	
		发售以供配售	159,000,000[(b)]	0.40	63.60		
		工业—工业工程					
01989	松龄护老集团有限公司	发售以供认购	129,600,000[(a)]	0.69	89.42	2017/02/15	国泰君安融资有限公司
		发售现有证券	43,200,000[(b)]	0.69	29.81	796.5	
		发售以供配售	125,280,000[(b)]	0.69	86.44		
		消费者服务业—支援服务					
01627	安保工程控股有限公司	发售以供认购	150,000,000[(a)]	1.10	165.00	2017/02/20	丰盛融资有限公司
		发售以供配售	350,000,000[(b)]	1.10	385.00	5.54	
		地产建筑业—建筑					
06169	中国宇华教育集团有限公司	发售以供认购	75,000,000[(a)]	2.05	153.75	2017/02/28	中信里昂证券资本市场有限公司
		发售现有证券	112,500,000[(b)]	2.05	230.63	1.53	
		发售以供配售	675,000,000[(b)]	2.05	1,383.75		
		消费者服务业—支援服务					
02293[#]	百本医护控股有限公司	转往主板	n. a.	n. a.	n. a.	2017/03/01	[+] n. a.
		消费者服务业—医疗保健服务	n. a.				
01985	美高域集团有限公司	发售以供认购	30,000,000[(a)]	1.46	43.80	2017/03/08	创陞融资有限公司
		发售以供配售	30,000,000[(b)]	1.46	43.80	1,177.8	
		信息科技业—软件服务					
03395	Persta Resources Inc.	发售以供认购	6,958,000[(a)]	3.16	21.99	2017/03/10	长江证券融资(香港)有限公司
		发售以供配售	62,622,000[(b)]	3.16	197.89	2.55	
		能源业—石油及天然气					
03869	弘和仁爱医疗集团有限公司	发售以供认购	3,333,600[(a)]	12.80	42.67	2017/03/16	中国国际金融香港证券有限公司

股份代号	公司	上市方法/行业分类*	发售股数	发售价（港元）	集资金额（百万港元）	上市日期/认购率（倍数）	保荐人
		发售以供配售	35,000,400(b)	12.80	448.01	3.58	
		消费者服务业—医疗保健服务					
01569	民生教育集团有限公司	发售以供认购	100,000,000(a)	1.38	138.00	2017/03/22	花旗环球金融亚洲有限公司
		发售以供配售	917,720,000(b)	1.38	1,266.45	2.06	麦格理资本股份有限公司
		消费者服务业—支援服务					
01647	SHIS Ltd.	发售以供认购	125,000,000(a)	0.70	87.50	2017/03/30	德健融资有限公司
		发售现有证券	75,000,000(b)	0.70	52.50	128	
		发售以供配售	87,500,000(b)	0.70	61.25		
		地产建筑业—建筑					
02017	沧海控股有限公司	发售以供认购	60,000,000(a)	2.17	130.20	2017/03/31	安信融资(香港)有限公司
		发售以供配售	108,502,000(b)	2.17	235.45	64.54	
		地产建筑业—建筑					
02281	泸州市兴泸水务(集团)股份有限公司—H股	发售以供认购	21,494,000(a)	2.30	49.44	2017/03/31	交银国际(亚洲)有限公司
		发售现有证券	19,540,000(b)	2.30	44.94	6.12	
		发售以供配售	173,906,000(b)	2.30	399.98		
		公用事业—公用事业					
03768	昆明滇池水务股份有限公司—H股	发售以供认购	33,943,000(a)	3.91	132.72	2017/04/06	摩根士丹利亚洲有限公司
		发售现有证券	30,912,000(b)	3.91	120.87	1.19	
		发售以供配售	275,168,000(b)	3.91	1,075.91		
		公用事业—公用事业					
01667	进阶发展集团有限公司	发售以供认购	100,000,000(a)	0.52	52.00	2017/04/07	丰盛融资有限公司
		发售以供配售	100,000,000(b)	0.52	52.00	588.2	
		地产建筑业—建筑					
02611	国泰君安证券股份有限公司—H股	发售以供认购	52,000,000(a)	15.84	823.68	2017/04/11	国泰君安融资有限公司
		发售以供配售	1,036,933,800(b)	15.84	16,425.03	3.61	高盛(亚洲)有限责任公司
		金融业—其他金融					Merrill Lynch Far East Ltd. 浦银国际融资有限公司
02001	中国新高教集团有限公司	发售以供认购	28,622,000(a)	2.78	79.57	2017/04/19	法国巴黎证券(亚洲)有限公司
		发售以供配售	257,598,000(b)	2.78	716.12	1.97	
		消费者服务业—支援服务					
01257	中国光大绿色环保有限公司	发售以供认购	56,000,000(a)	5.40	302.40	2017/05/08	中国国际金融香港证券有限公司
		发售以供配售	570,078,000(b)	5.40	3,078.42	2.39	光银国际资本有限公司
		公用事业—公用事业					
06033#	电讯数码控股有限公司	转往主板	n. a.	n. a.	n. a.	2017/05/10	+n. a.
		电讯业—电讯				n. a.	
01655	Okura Holdings Ltd.	发售以供认购	62,500,000(a)	1.20	75.00	2017/05/15	浩德融资有限公司
		发售以供配售	62,500,000(b)	1.20	75.00	1,017.60	
		消费者服务业—酒店、餐饮、赌场及消闲设施					
03329	交银国际控股有限公司	发售以供认购	66,668,000(a)	2.68	178.67	2017/05/19	交银国际(亚洲)有限公司
		发售以供配售	667,724,000(b)	2.68	1,789.50	2.53	中国国际金融香港证券有限公司
		金融业—其他金融					海通国际资本有限公司 中信建投(国际)融资有限公司
00804#	鼎石资本有限公司	转往主板	n. a.	n. a.	n. a.	2017/06/08	+n. a.
		金融业—其他金融				n. a.	
01679	瑞斯康集团控股有限公司	发售以供认购	20,000,000(a)	1.00	20.00	2017/06/09	中国银河国际证券(香港)有限公司

股份代号	公司	上市方法/行业分类*	发售股数	发售价(港元)	集资金额(百万港元)	上市日期/认购率(倍数)	保荐人
		发售以供配售	190,000,000(b)	1.00	190.00	14.22	
		工业—工业工程					
06038	信越控股有限公司	发售以供认购	125,000,000(a)	0.41	51.25	2017/06/13	大有融资有限公司
		发售以供配售	125,000,000(b)	0.41	51.25	742.3	
		地产建筑业—建筑					
02269	药明生物技术有限公司	发售以供认购	57,895,000(a)	20.60	1,192.64	2017/06/13	Merrill Lynch Far East Ltd.
		发售现有证券	22,864,443(b)	20.60	471.01	37.46	摩根士丹利亚洲有限公司
		发售以供配售	141,170,057(b)	20.60	2,908.10		招商证券(香港)有限公司
		消费品制造业—医疗保健					
01630	建成控股有限公司	发售以供认购	37,500,000(a)	0.38	14.25	2017/06/16	德健融资有限公司
		发售现有证券	120,000,000(b)	0.38	45.60	5.80	
		发售以供配售	217,500,000(b)	0.38	82.65		
		地产建筑业—建筑					
01551	广州农村商业银行股份有限公司—H股	发售以供认购	53,300,000(a)	5.10	271.83	2017/06/20	中国国际金融香港证券有限公司
		发售现有证券	165,485,000(b)	5.10	843.97	0.45	招商证券(香港)有限公司
		发售以供配售	1,601,550,000(b)	5.10	8,167.90		建银国际金融有限公司
		金融业—银行					农银国际融资有限公司
01631#	REF Holdings Ltd.	转往主板	n. a.	n. a.	n. a.	2017/06/20	+n. a.
		工业—工用支援				n. a.	
01571	信邦控股有限公司	发售以供认购	100,000,000(a)	3.42	342.00	2017/06/28	法国巴黎证券(亚洲)有限公司
		发售以供配售	156,487,000(b)	3.42	535.19	59.99	
		消费品制造业—汽车					
01932	中漆集团有限公司	发售以供认购	86,404,000(a)	0.86	74.31	2017/07/10	创陞融资有限公司
		发售以供配售	163,596,000(b)	0.86	140.69	3.5	
		原材料业—原材料					
01826#	丰展控股有限公司	转往主板	n. a.	n. a.	n. a.	2017/07/10	+n. a.
		地产建筑业—建筑				n. a.	
01702	东光化工有限公司	发售以供认购	16,000,000(a)	1.06	16.96	2017/07/11	凯基金融亚洲有限公司
		发售以供配售	144,000,000(b)	1.06	152.64	3.6798	
		原材料业—原材料					
01695	椰丰集团有限公司	发售以供认购	27,000,000(a)	0.48	12.96	2017/07/11	东兴证券(香港)有限公司
		发售以供配售	243,000,000(b)	0.48	116.64	9.40	
		消费品制造业—食物饮品					
01962	训修实业集团有限公司	发售以供认购	18,450,000(a)	1.65	30.44	2017/07/12	联昌证券有限公司
		发售现有证券	30,750,000(b)	1.65	50.74	1.08	
		发售以供配售	135,300,000(b)	1.65	223.25		
		消费品制造业—纺织、服饰及个人护理					
06113	UTS Marketing Solutions Holdings Ltd.	发售以供认购	10,000,000(a)	1.38	13.80	2017/07/12	创侨国际有限公司
		发售以供配售	90,000,000(b)	1.38	124.20	8.43	
		消费者服务业—媒体及娱乐					
06088	鸿腾六零八八精密科技股份有限公司	发售以供认购	99,006,000(a)	2.70	267.32	2017/07/13	中国国际金融香港证券有限公司
		发售以供配售	1,039,563,000(b)	2.70	2,806.82	2.39	瑞士信贷(香港)有限公司
		信息科技业—信息科技器材					Merrill Lynch Far East Ltd.
00994	恒诚建筑控股有限公司	发售以供认购	64,000,000(a)	0.86	55.04	2017/07/17	凯基金融亚洲有限公司
		发售以供配售	64,000,000(b)	0.86	55.04	417.90	

股份代号	公司	上市方法/ 行业分类*	发售股数	发售价 (港元)	集资金额 (百万港元)	上市日期/ 认购率(倍数)	保荐人
		地产建筑业—建筑					
01676	中国升海食品控股有限公司	发售以供认购	25,000,000[(a)]	0.66	16.50	2017/07/18	东兴证券(香港)有限公司
		发售以供配售	225,000,000[(b)]	0.66	148.50	9.23	
		消费品制造业—食物饮品					
01649	内蒙古能源建设投资股份有限公司—H股	发售以供认购	36,312,000[(a)]	1.60	58.10	2017/07/18	中国国际金融香港证券有限公司
		发售现有证券	37,343,048[(b)]	1.60	59.75	0.49	
		发售以供配售	710,548,952[(b)]	1.60	1,136.88		
		地产建筑业—建筑					
01216	中原银行股份有限公司—H股	发售以供认购	127,490,000[(a)]	2.45	312.35	2017/07/19	中信里昂证券资本市场有限公司
		发售现有证券	345,000,000[(b)]	2.45	845.25	0.39	摩根大通证券(远东)有限公司
		发售以供配售	3,322,510,000[(b)]	2.45	8,140.15		建银国际金融有限公司
		金融业—银行					招银国际融资有限公司
02203#	泰邦集团国际控股有限公司	转往主板	n. a.	n. a.	n. a.	2017/07/21	+n. a.
		信息科技业—半导体	n. a.				
03848	富道集团有限公司	发售以供认购	3,600,000[(a)]	5.56	20.02	2017/07/21	丰盛融资有限公司
		发售以供配售	32,400,000[(b)]	5.56	180.14	4.60	
		金融业—其他金融					
01693	璋利国际控股有限公司	发售以供认购	135,000,000[(a)]	0.70	94.50	2017/08/09	富强金融资本有限公司
		发售以供配售	315,000,000[(b)]	0.70	220.50	30.37	
		地产建筑业—建筑					
02863	高丰集团控股有限公司	发售以供认购	67,500,000[(a)]	0.86	58.05	2017/08/11	国元融资(香港)有限公司
		发售现有证券	45,000,000[(b)]	0.86	38.70	473.21	
		发售以供配售	22,500,000[(b)]	0.86	19.35		
		地产建筑业—建筑					
01552	BHCC Holding Ltd.	发售以供认购	100,000,000[(a)]	0.50	50.00	2017/09/12	城高融资有限公司
		发售以供配售	100,000,000[(b)]	0.50	50.00	550.80	
		地产建筑业—建筑					
03728#	正利控股有限公司	转往主板	n. a.	n. a.	n. a.	2017/09/18	+n. a.
		地产建筑业—建筑	n. a.				
01696	Sisram Medical Ltd.	发售以供认购	33,000,000[(a)]	8.88	293.04	2017/09/19	中国国际金融香港证券有限公司
		发售现有证券	22,000,000[(b)]	8.88	195.36	17.58	富瑞金融集团香港有限公司
		发售以供配售	57,155,600[(b)]	8.88	507.54		
		消费品制造业—医疗保健					
03830	童园国际有限公司	发售以供认购	125,000,000[(a)]	0.48	60.00	2017/09/21	华高和升财务顾问有限公司
		发售以供配售	125,000,000[(b)]	0.48	60.00	1,053.33	
		消费品制造业—家庭电器及用品					
01651	津上精密机床(中国)有限公司	发售以供认购	9,000,000[(a)]	5.60	50.40	2017/09/25	铠盛资本有限公司
		发售现有证券	30,000,000[(b)]	5.60	168.00	6.60	
		发售以供配售	64,500,000[(b)]	5.60	361.20		
		工业—工业工程					
01709#	云裳衣控股有限公司	转往主板	n. a.	n. a.	n. a.	2017/09/27	+n. a.
		消费品制造业—纺织、服饰				n. a.	
		及个人护理					
06060	众安在线财产保险股份有限公司—H股	发售以供认购	39,858,800[(a)]	59.70	2,379.57	2017/09/28	摩根大通证券(远东)有限公司
		发售以供配售	189,329,100[(b)]	59.70	11,302.95	392.74	瑞士信贷(香港)有限公司

股份代号	公司	上市方法/ 行业分类*	发售股数	发售价 (港元)	集资金额 (百万港元)	上市日期/ 认购率(倍数)	保荐人
		金融业—保险					UBS Securities Hong Kong Ltd. 招银国际融资有限公司
06885	河南金马能源股份有限公司—H股	发售以供认购	40,002,000[a]	3.00	120.01	2017/10/10	海通国际资本有限公司
		发售以供配售	95,419,000[b]	3.00	286.26	43.64	
		能源业—煤炭					
01707	致浩达控股有限公司	发售以供认购	175,000,000[a]	0.42	73.50	2017/10/12	兴业金融融资有限公司
		发售现有证券	100,000,000[b]	0.42	42.00	190.80	
		发售以供配售	75,000,000[b]	0.42	31.50		
		地产建筑业—建筑					
02337	众诚能源控股有限公司	发售以供认购	23,452,000[a]	2.68	62.85	2017/10/16	广发融资(香港)有限公司
		发售以供配售	35,174,000[b]	2.68	94.27	59.63	
		公用事业—公用事业					
02225	Kakiko Group Ltd.	发售以供认购	153,750,000[a]	0.52	79.95	2017/10/17	德健融资有限公司
		发售现有证券	107,500,000[b]	0.52	55.90	170.41	
		发售以供配售	46,250,000[b]	0.52	24.05		
		消费者服务业—支援服务					
06080	荣智控股有限公司	发售以供认购	112,500,000[a]	0.52	58.50	2017/10/20	德健融资有限公司
		发售以供配售	146,250,000[b]	0.52	76.05	308.50	
		地产建筑业—建筑					
02663#	应力控股有限公司	转往主板	n. a.	n. a.	n. a.	2017/10/24	+n. a.
		地产建筑业—建筑				n. a.	
01546#	德莱建业集团有限公司	转往主板	n. a.	n. a.	n. a.	2017/10/26	+n. a.
		地产建筑业—建筑				n. a.	
02232	晶苑国际集团有限公司	发售以供认购	50,930,000[a]	7.50	381.98	2017/11/03	摩根士丹利亚洲有限公司
		发售以供配售	481,950,000[b]	7.50	3,614.63	10.38	HSBC Corporate Finance (Hong Kong) Ltd.
		消费品制造业—纺织、服饰及个人护理					
00772	阅文集团	发售以供认购	49,952,800[a]	55.00	2,747.40	2017/11/08	摩根士丹利亚洲有限公司
		发售现有证券	38,114,690[b]	55.00	2,096.31	625.95	Merrill Lynch Far East Ltd.
		发售以供配售	86,009,910[b]	55.00	4,730.55		Credit Suisse (Hong Kong) Ltd.
		信息科技业—软件服务					
01720	普天通信集团有限公司	发售以供认购	27,500,000[a]	0.66	18.15	2017/11/09	浦银国际融资有限公司
		发售以供配售	247,500,000[b]	0.66	163.35	10.86	
		信息科技业—信息科技器材					
03919#	金力集团控股有限公司	转往主板	n. a.	n. a.	n. a.	2017/11/10	+n. a.
		工业—工业工程				n. a.	
02122	凯知乐国际控股有限公司	发售以供认购	20,000,000[a]	1.55	31.00	2017/11/10	海通国际资本有限公司
		发售以供配售	180,000,000[b]	1.55	279.00	12.30	
		消费品制造业—家庭电器及用品					
01337	雷蛇	发售以供认购	531,800,000[a]	3.88	2,063.38	2017/11/13	瑞士信贷(香港)有限公司
		发售以供配售	691,340,000[b]	3.88	2,682.40	291.24	UBS Securities Hong Kong Ltd.
		信息科技业—信息科技器材					
01706	双运控股有限公司	发售以供认购	75,000,000[a]	0.56	42.00	2017/11/15	德健融资有限公司
		发售以供配售	175,000,000[b]	0.56	98.00	16.19	

股份代号	公司	上市方法/行业分类*	发售股数	发售价(港元)	集资金额(百万港元)	上市日期/认购率(倍数)	保荐人
		地产建筑业—建筑					
06083#	环宇物流(亚洲)控股有限公司	转往主板	n. a.	n. a.	n. a.	2017/11/15	+n. a.
		工业—工用运输				n. a.	
03358	荣威国际控股有限公司	发售以供认购	26,460,000(a)	4.38	115.89	2017/11/16	摩根士丹利亚洲有限公司
		发售以供配售	238,138,000(b)	4.38	1,043.04	7.68	
		消费者服务业—酒店、餐饮、赌场及消闲设施					
01975	新兴印刷控股有限公司	发售以供认购	36,000,000(a)	1.38	49.68	2017/11/16	滙富融资有限公司
		发售以供配售	84,000,000(b)	1.38	115.92	45.12	
		工业—工用支援					
02858	易鑫集团有限公司	发售以供认购	307,538,000(a)	7.70	2,368.04	2017/11/16	花旗环球金融亚洲有限公司
		发售以供配售	571,142,000(b)	7.70	4,397.79	561.22	瑞士信贷(香港)有限公司
		金融业—其他金融					
01710	致丰工业电子集团有限公司	发售以供认购	125,000,000(a)	0.62	77.50	2017/11/23	铠盛资本有限公司
		发售以供配售	125,000,000(b)	0.62	77.50	592.97	
		工业—工业工程					
01997	九龙仓置业地产投资有限公司	介绍	n. a.	n. a.	n. a.	2017/11/23	HSBC Corporate Finance (Hong Kong) Ltd.
		地产建筑业—地产				n. a.	新百利融资有限公司
01697	山东省国际信托股份有限公司—H股	发售以供认购	64,708,000(a)	4.56	295.07	2017/12/08	建银国际金融有限公司
		发售现有证券	58,825,000(b)	4.56	268.24	1.06	交银国际(亚洲)有限公司
		发售以供配售	523,542,000(b)	4.56	2,387.35		海通国际资本有限公司
		金融业—其他金融					
01475	日清食品有限公司	发售以供认购	80,574,000(a)	3.54	285.23	2017/12/11	野村国际(香港)有限公司
		发售以供配售	188,006,000(b)	3.54	665.54	33.65	
		消费品制造业—食物饮品					
01417	浦江中国控股有限公司	发售以供认购	50,000,000(a)	1.55	77.50	2017/12/11	兴证国际融资有限公司
		发售以供配售	55,000,000(b)	1.55	85.25	210.19	
		地产建筑业—地产					
02227	守益控股有限公司	发售以供认购	105,000,000(a)	0.85	89.25	2017/12/11	浩德融资有限公司
		发售以供配售	105,000,000(b)	0.85	89.25	112.90	
		地产建筑业—建筑					
06090	胜捷企业有限公司	发售以供认购	10,800,000(a)	3.18	34.34	2017/12/12	建泉融资有限公司
		发售以供配售	25,200,000(b)	3.18	80.14	18.76	
		地产建筑业—地产					
00839	中国教育集团控股有限公司	发售以供认购	50,000,000(a)	6.45	322.50	2017/12/15	法国巴黎证券(亚洲)有限公司
		发售以供配售	470,202,000(b)	6.45	3,032.80	4.01	
		消费者服务业—支援服务					
02022	游莱互动集团有限公司	发售以供认购	50,000,000(a)	0.63	31.50	2017/12/15	中信建投(国际)融资有限公司
		发售以供配售	450,000,000(b)	0.63	283.50	8.91	
		信息科技业—软件服务					
01727	河北建设集团股份有限公司—H股	发售以供认购	42,761,000(a)	4.46	190.71	2017/12/15	中国国际金融香港证券有限公司
		发售以供配售	418,622,500(b)	4.46	1,867.06	0.99	招银国际融资有限公司
		地产建筑业—建筑					
01722	建鹏控股有限公司	发售以供认购	75,000,000(a)	0.48	36.00	2017/12/15	红日资本有限公司
		发售现有证券	50,000,000(b)	0.48	24.00	40.77	

股份代号	公司	上市方法/ 行业分类*	发售股数	发售价 (港元)	集资金额 (百万港元)	上市日期/ 认购率(倍数)	保荐人
		发售以供配售	125,000,000(b)	0.48	60.00		
		地产建筑业—建筑					
06877#	昆仑国际金融集团有限公司	转往主板	n. a.	n. a.	n. a.	2017/12/15	+n. a.
		金融业—其他金融				n. a.	
01789	爱康医疗控股有限公司	发售以供认购	75,000,000(a)	1.75	131.25	2017/12/20	高盛(亚洲)有限责任公司
		发售以供配售	212,500,000(b)	1.75	371.88	21.49	
		消费品制造业—医疗保健					
03878	Vicon Holdings Ltd.	发售以供认购	30,000,000(a)	1.20	36.00	2017/12/22	创陞融资有限公司
		发售以供配售	70,000,000(b)	1.20	84.00	39.25	
		地产建筑业—建筑					
02708	艾伯科技股份有限公司	发售以供认购	10,000,000(a)	1.50	15.00	2017/12/28	创陞融资有限公司
		发售以供配售	90,000,000(b)	1.50	135.00	14.90	
		信息科技业—软件服务					
00784	凌锐控股有限公司	发售以供认购	60,000,000(a)	0.50	30.00	2017/12/28	富比资本有限公司
		发售现有证券	60,000,000(b)	0.50	30.00	23.40	
		发售以供配售	80,000,000(b)	0.50	40.00		
		地产建筑业—建筑					
01730	贤能集团有限公司	发售以供认购	4,200,000(a)	1.90	7.98	2017/12/29	富强金融资本有限公司
		发售以供配售	37,800,000(b)	1.90	71.82	5.93	
		地产建筑业—地产					
				总额	122,597.62		

(a) 香港发售;(b) 国际发售。

* 行业分类由恒生指数有限公司提供。新的恒生行业分类系统于2013 年 9 月 9 日生效。

原为 GEM 上市公司,后引用于2008 年 7 月 1 日生效的“GEM 上市条例”中经修订的第 9.24 条以及“主板上市条例”中新订的第 9A 条转至主板上市。

+ 由 GEM 转到主板上市之日期。

2017 年主板市价总值最大的五十家上市公司

2017 年底

顺次	股份代号	公司	发行股本 (股数)	收市价 (港元)	市价总值 (百万港元)	占股份总值 (%)
1	00700	腾讯控股有限公司	9,498,989,956	406.000	3,856,589.92	11.44
2	00939	中国建设银行股份有限公司—H 股	240,417,319,880	7.200	1,731,004.70	5.13
3	00005	汇丰控股有限公司	20,320,207,716	79.950	1,624,600.61	4.82
4	00941	中国移动有限公司	20,475,482,897	79.250	1,622,682.02	4.81
5	01299	友邦保险控股有限公司	12,074,541,456	66.650	804,768.19	2.39
6	02318	中国平安保险(集团)股份有限公司—H 股	7,447,576,912	81.350	605,860.38	1.80
7	01398	中国工商银行股份有限公司—H 股	86,794,044,550	6.290	545,934.54	1.62
8	00805	Glencore plc*	13,263,405,466	40.300	—	534,515.24 不适用
9	02378	英国保诚有限公司*	2,587,175,445	196.000	—	507,086.39 不适用
10	00883	中国海洋石油有限公司	44,647,455,984	11.220	500,944.46	1.49
11	02388	中银香港(控股)有限公司	10,572,780,266	39.600	418,682.10	1.24
12	00001	长江和记实业有限公司	3,857,678,500	98.100	378,438.26	1.12

顺次	股份代号	公司	发行股本（股数）	收市价（港元）	市价总值（百万港元）	占股份总值（%）
13	00016	新鸿基地产发展有限公司	2,896,749,274	130.400	377,736.11	1.12
14	00011	恒生银行有限公司	1,911,842,736	194.000	370,897.49	1.10
15	03333	中国恒大集团	13,162,878,900	26.950	354,739.59	1.05
16	00267	中国中信股份有限公司	29,090,262,630	11.280	328,138.16	0.97
17	01928	金沙中国有限公司	8,073,548,115	40.350	325,767.67	0.97
18	00945	Manulife Financial Corporation *	1,981,665,774	163.700	—	324,398.69 不适用
19	00762	中国联合网络通信(香港)股份有限公司	30,598,124,345	10.560	323,116.19	0.96
20	03988	中国银行股份有限公司—H股	83,622,276,395	3.840	321,109.54	0.95
21	02007	碧桂园控股有限公司	21,279,888,782	14.900	317,070.34	0.94
22	00388	香港交易及结算所有限公司	1,239,809,477	239.800	297,306.31	0.88
23	00688	中国海外发展有限公司	10,956,201,535	25.150	275,548.47	0.82
24	00066	香港铁路有限公司	6,006,954,802	45.800	275,118.53	0.82
25	00027	银河娱乐集团有限公司	4,307,169,268	62.700	270,059.51	0.80
26	02888	渣打集团有限公司	3,296,322,648	81.200	267,661.40	0.79
27	01113	长江实业集团有限公司	3,697,498,500	68.300	252,539.15	0.75
28	00175	吉利汽车控股有限公司	8,970,514,540	27.100	243,100.94	0.72
29	00003	香港中华煤气有限公司	13,987,646,483	15.320	214,290.74	0.64
30	00012	恒基兆业地产有限公司	4,001,146,284	51.500	206,059.03	0.61
31	03328	交通银行股份有限公司—H股	35,011,862,630	5.800	203,068.80	0.60
32	00002	中电控股有限公司	2,526,450,570	79.950	201,989.72	0.60
33	02628	中国人寿保险股份有限公司—H股	7,441,175,000	24.550	182,680.85	0.54
34	01038	长江基建集团有限公司	2,650,676,042	67.150	177,992.90	0.53
35	02018	瑞声科技控股有限公司	1,222,000,000	139.400	170,346.80	0.51
36	01109	华润置地有限公司	6,930,939,579	23.000	159,411.61	0.47
37	01997	九龙仓置业地产投资有限公司	3,036,227,327	52.000	157,883.82	0.47
38	00656	复星国际有限公司	8,588,822,344	17.320	148,758.40	0.44
39	01972	太古地产有限公司	5,850,000,000	25.200	147,420.00	0.44
40	00386	中国石油化工股份有限公司—H股	25,513,438,600	5.730	146,192.00	0.43
41	03968	招商银行股份有限公司－H股	4,590,901,172	31.100	142,777.03	0.42
42	01918	融创中国控股有限公司	4,396,454,009	32.350	142,225.29	0.42
43	00006	电能实业有限公司	2,134,261,654	65.950	140,754.56	0.42
44	00288	万洲国际有限公司	14,659,644,111	8.820	129,298.06	0.38
45	01128	永利澳门有限公司	5,196,017,000	24.750	128,601.42	0.38
46	00960	龙湖地产有限公司	5,906,886,105	19.580	115,656.83	0.34
47	00017	新世界发展有限公司	9,838,057,954	11.740	115,498.80	0.34
48	00857	中国石油天然气股份有限公司—H股	21,098,900,000	5.450	114,989.01	0.34
49	00020	会德丰有限公司	2,041,749,287	55.800	113,929.61	0.34
50	01288	中国农业银行股份有限公司—H股	30,738,823,096	3.640	111,889.32	0.33
		总额			20,061,129.18	59.50
		股份总值			33,717,995.17	100.00

* 该数据不包括在总额。

2017 年主板成交金额最大的二十种股份

顺次	股份代号	股份名称	成交金额(百万港元)	占股份总额(%)
1	00700	腾讯控股	1,536,795.93	9.57
2	02318	中国平安	593,140.08	3.69
3	00939	建设银行	454,316.42	2.83
4	00005	汇丰控股	431,130.67	2.69
5	01398	工商银行	389,574.42	2.43
6	03988	中国银行	311,101.78	1.94
7	00388	香港交易所	307,466.89	1.92
8	00941	中国移动	305,028.95	1.90
9	01299	友邦保险	295,599.91	1.84
10	02628	中国人寿	271,971.77	1.69
11	00175	吉利汽车	265,196.23	1.65
12	03333	中国恒大	190,365.40	1.19
13	02382	舜宇光学科技	174,136.96	1.08
14	00883	中国海洋石油	167,667.93	1.04
15	01918	融创中国	161,301.10	1.00
16	00027	银河娱乐	157,024.42	0.98
17	02018	瑞声科技	155,056.77	0.97
18	00857	中国石油股份	145,751.09	0.91
19	02333	长城汽车	138,751.29	0.86
20	01928	金沙中国有限公司	135,702.59	0.85
		总额	6,587,080.61	41.03
		股份总额	16,053,415.83	100.00

2017 年主板成交股数最多的二十种股份

顺次	股份代号	股份名称	成交金额(百万港元)	占股份总额(%)
1	00136	恒腾网络	159,206.11	4.38
2	00582	蓝鼎国际	86,350.47	2.37
3	03988	中国银行	80,646.79	2.22
4	01398	工商银行	70,604.04	1.94
5	00364	区块链集团	70,099.56	1.93
6	00939	建设银行	70,074.07	1.93
7	01027	中国集成控股	64,547.39	1.78
8	00061	绿领控股	54,978.65	1.51
9	03800	保利协鑫能源	37,409.18	1.03
10	00875	中国金控	34,909.36	0.96
11	00997	普汇中金国际	34,854.29	0.96
12	01288	农业银行	33,272.64	0.92
13	00261	中建置地	32,633.24	0.90
14	00904	中绿	32,192.16	0.89
15	00857	中国石油股份	27,141.53	0.75
16	00493	国美零售	25,111.91	0.69
17	01239	TEAMWAY INTL GP	23,855.25	0.66
18	01250	北控清洁能源集团	22,772.64	0.63

顺次	股份代号	股份名称	成交金额(百万港元)	占股份总额(%)
19	00386	中国石油化工股份	21,443.56	0.59
20	00572	未来世界金融	19,213.44	0.53
		总数	1,001,316.27	27.54
		股份总数	3,636,323.74	100.00

2017年主板收市价升幅最大的二十种股份

顺次	股份代号	股份名称	收市价(港元)		升幅(%)
			2016	2017	
1	00612	中国投资基金公司	0.611(A)	8.570	1,302.62
2	03333	中国恒大	4.830	26.950	457.97
3	01548	金斯瑞生物科技	3.700	19.980	440.00
4	00581	中国东方集团	1.110(A)	5.830	425.23
5	01918	融创中国	6.450	32.350	401.55
6	03326	保发集团	0.683(A)	3.360	391.95
7	00059	天誉置业	0.880	4.090	364.77
8	00189	东岳集团	1.370	5.460	298.54
9	01609	创建集团控股	0.480	1.910	297.92
10	02303	恒兴黄金	2.250	8.330	270.22
11	01617	南方通信	1.500	5.530	268.67
12	00175	吉利汽车	7.410	27.100	265.72
13	01728	正通汽车	2.260	7.910	250.00
14	00120	COSMOPOL INT'L	0.285	0.980	243.86
15	02007	碧桂园	4.340	14.900	243.32
16	06128	泛亚国际	1.040	3.520	238.46
17	02183	三盛控股	3.000	10.000	233.33
18	02662	承兴国际控股	1.980	6.580	232.32
19	00582	蓝鼎国际	0.094(A)	0.310	229.79
20	01079	松景科技	0.380	1.250	228.95

注:(A)经调整。

2017年主板收市价跌幅最大的二十种股份

顺次	股份代号	股份名称	收市价(港元)		跌幅(%)
			2016	2017	
1	01027	中国集成控股	3.780(A)	0.112	97.04
2	00149	中国农产品交易	0.905(A)	0.087	90.39
3	01389	美捷滙控股	1.200	0.145	87.92
4	01315	允升国际	2.440	0.305	87.50
5	01633	上谕集团	3.860	0.485	87.44
6	00577	十三集团	2.270	0.315	86.12
7	06863	辉山乳业	3.010	0.420	86.05
8	00904	中绿	0.184	0.030	83.70
9	01192	泰山石化	0.616(A)	0.103	83.28
10	00875	中国金控	0.201	0.035	82.59
11	00364	区块链集团	0.062	0.011	82.26
12	00630	隽泰控股	0.590	0.108	81.69

顺次	股份代号	股份名称	收市价(港元)		跌幅(%)
			2016	2017	
13	00091	标准资源控股	0.200(A)	0.037	81.50
14	02324	首都创投	0.228(A)	0.047	79.39
15	00559	德泰新能源集团	0.360	0.075	79.17
16	01087	威讯控股	1.680	0.360	78.57
17	00243	QPL INT'L	0.465	0.104	77.63
18	01094	中国公共采购	0.700(A)	0.173	75.29
19	00401	万嘉集团	0.800	0.200	75.00
20	00205	财讯传媒	0.127	0.032	74.80

注:(A)经调整。

2017 年度港交所主板上市公司更名一览

股份代号	原有名称	新名称	生效日期	采用日期
00583	南潮控股有限公司	长城环亚控股有限公司	2016/12/08	2017/01/16
00650	顺昌集团有限公司	IDG 能源投资集团有限公司	2016/12/16	2017/01/16
00348	海尔智能健康控股有限公司	中国智能健康控股有限公司	2016/12/16	2017/01/17
06828	蓝天威力控股有限公司	北京燃气蓝天控股有限公司	2016/12/09	2017/02/03
02393	巨星国际控股有限公司	巨星医疗控股有限公司	2017/01/11	2017/02/03
01372	怡益控股有限公司	比速科技集团国际有限公司	2017/01/16	2017/02/09
00865	第一电讯集团有限公司	建德国际控股有限公司	2017/01/06	2017/02/10
01332	中国新进控股有限公司	中国透云科技集团有限公司	2017/01/18	2017/02/15
01365	中国绿地润东汽车集团有限公司	中国润东汽车集团有限公司	2017/01/27	2017/02/27
01386	盈进集团控股有限公司	国投集团控股有限公司	2017/01/19	2017/02/28
02323	至卓国际(控股)有限公司	中国港桥控股有限公司	2017/01/25	2017/03/02
00802	宏霸数码集团(控股)有限公司	中国钱包支付集团有限公司	2016/12/28	2017/03/08
00334	TCL 显示科技控股有限公司	华显光电技术控股有限公司	2017/01/04	2017/03/10
01466	民生珠宝控股有限公司	钱唐控股有限公司	2017/02/01	2017/03/15
00628	华银控股有限公司	国美金融科技有限公司	2017/02/15	2017/03/17
03638	晶芯科技控股有限公司	华邦金融控股有限公司	2017/03/09	2017/04/07
01683	良斯集团控股有限公司	皇中国际控股有限公司	2017/03/17	2017/04/28
01293	宝信汽车集团有限公司	广汇宝信汽车集团有限公司	2017/04/06	2017/05/10
02327	宇业集团控股有限公司	美瑞健康国际产业集团有限公司	2017/03/21	2017/05/15
00789	雅天妮中国有限公司	领视控股有限公司	2017/03/14	2017/05/19
01383	太阳世纪集团有限公司	太阳城集团控股有限公司	2017/04/11	2017/05/23
02309	伯明翰环球控股有限公司	伯明翰体育控股有限公司	2017/04/06	2017/05/24
01020	华耐控股有限公司	赛伯乐国际控股有限公司	2017/04/20	2017/05/31
01341	焯陞企业控股有限公司	昊天国际建设投资集团有限公司	2017/05/09	2017/06/01
01141	天顺证券集团有限公司	民银资本控股有限公司	2017/05/15	2017/06/05
01112	合生元国际控股有限公司	健合(H&H)国际控股有限公司	2017/05/12	2017/06/08
00928	野马国际集团有限公司	莲和医疗健康集团有限公司	2017/05/02	2017/06/08
01127	汇星印刷集团有限公司	狮子山集团有限公司	2017/05/02	2017/06/12
01038	长江基建集团有限公司*	长江基建集团有限公司	2017/05/10	2017/06/12
00918	第一德胜控股有限公司	国能集团国际资产控股有限公司	2017/05/18	2017/06/21
00271	丹枫控股有限公司	亚证地产有限公司	2017/06/09	2017/06/22
00372	德祥企业集团有限公司	保德国际发展企业有限公司	2017/05/31	2017/06/22
00976	齐合天地集团有限公司	齐合环保集团有限公司	2017/05/25	2017/06/23

股份代号	原有名称	新名称	生效日期	采用日期
00673	中国卫生控股有限公司	中国卫生集团有限公司	2015/10/13	2017/06/23
00844	广豪国际控股有限公司	广泰国际控股有限公司	2017/05/31	2017/06/29
00491	汉传媒集团有限公司	英皇文化产业集团有限公司	2017/05/16	2017/06/30
03623	中国集成金融集团控股有限公司#	中国金融发展(控股)有限公司	2017/06/06	2017/07/05
00329	叁龙国际有限公司	东建国际控股有限公司	2017/06/12	2017/07/06
01329	首创巨大有限公司*	首创巨大有限公司	2017/06/07	2017/07/07
00574	百信药业国际控股有限公司	百信国际控股有限公司	2017/06/12	2017/07/07
03330	灵宝黄金股份有限公司—H股	灵宝黄金集团股份有限公司-H股	2017/05/09	2017/07/10
00686	联合光伏集团有限公司	熊猫绿色能源集团有限公司	2017/05/17	2017/07/11
00273	民信金控有限公司	茂宸集团控股有限公司	2017/07/12	2017/07/19
00265	东胜中国控股有限公司	东胜旅游集团有限公司	2017/06/16	2017/07/20
02371	中国创联教育集团有限公司	中国创联教育金融集团有限公司	2017/06/28	2017/07/27
00176	联太工业有限公司	先机企业集团有限公司	2017/07/10	2017/07/27
02340	新昌管理集团有限公司#	升捷控股有限公司	2017/05/25	2017/08/01
00710	精电国际有限公司	京东方精电有限公司	2017/06/28	2017/08/01
00674	文化地标投资有限公司	中国唐商控股有限公司	2017/06/13	2017/08/03
01439	中华包装控股发展有限公司	移动互联(中国)控股有限公司	2017/07/13	2017/08/04
00856	伟仕控股有限公司	伟仕佳杰控股有限公司	2017/06/28	2017/08/07
03666	小南国餐饮控股有限公司	国际天食集团有限公司	2017/06/20	2017/08/07
00593	天洋国际控股有限公司	梦东方集团有限公司	2017/06/21	2017/08/08
00952	华富国际控股有限公司	中国泛海国际金融有限公司	2017/07/21	2017/08/18
02086	龙杰智能卡控股有限公司	海航科技投资控股有限公司	2017/08/03	2017/08/24
01522	中国城市轨道交通科技控股有限公司	京投轨道交通科技控股有限公司	2017/07/25	2017/08/24
02183	利福地产发展有限公司	三盛控股(集团)有限公司	2017/08/08	2017/08/29
01159	集美国际娱乐集团有限公司	星光文化娱乐集团有限公司	2017/07/06	2017/08/30
00550	先传媒集团有限公司	KK文化控股有限公司	2017/06/05	2017/08/31
00493	国美电器控股有限公司	国美零售控股有限公司	2017/08/09	2017/08/31
01191	粤首环保控股有限公司	中国中石控股有限公司	2017/07/14	2017/09/07
01145	勇利航业集团有限公司	勇利投资集团有限公司	2017/07/10	2017/09/15
00143	耀科国际(控股)有限公司	国安国际有限公司	2017/08/21	2017/09/19
01113	长江实业地产有限公司	长江实业集团有限公司	2017/08/24	2017/09/20
00085	中国电子集团控股有限公司	中国电子华大科技有限公司	2017/08/02	2017/09/20
01239	金宝宝控股有限公司	Teamway International Group Holdings Ltd.	2017/08/17	2017/10/04
01246	毅信控股有限公司	保集健康控股有限公司	2017/09/12	2017/10/04
00070	海王国际集团有限公司	金粤控股有限公司	2017/09/27	2017/10/09
00985	网智金控集团有限公司	中誉集团有限公司	2017/09/22	2017/10/16
00412	中国新金融集团有限公司	中国山东高速金融集团有限公司	2017/09/14	2017/10/19
00061	北亚资源控股有限公司	绿领控股集团有限公司	2017/09/01	2017/10/24
01520	时尚环球控股有限公司	香港华信金融投资有限公司	2017/10/09	2017/11/01
01616	银仕来控股有限公司	星宏传媒控股有限公司	2017/09/18	2017/11/03
01889	武夷国际药业有限公司	三爱健康产业集团有限公司	2017/09/25	2017/11/07
02326	百灵达国际控股有限公司	新源万恒控股有限公司	2017/11/06	2017/11/20
00442	KTL International Holdings Group Ltd.	海福德集团控股有限公司	2017/10/24	2017/11/23
00364	坪山茶业集团有限公司	区块链集团有限公司	2017/10/27	2017/11/23
01470	滴达国际控股有限公司	富一国际控股有限公司	2017/10/26	2017/11/28
00195	利海资源国际控股有限公司	绿科科技国际有限公司	2017/10/20	2017/12/01
06388	Coach, Inc. -RS	Tapestry, Inc. -RS	2017/10/31	2017/12/04

股份代号	原有名称	新名称	生效日期	采用日期
00521	海航实业集团股份有限公司	CWT International Ltd.	2017/12/11	2017/12/20
00982	卓智控股有限公司	华金国际资本控股有限公司	2017/10/25	2017/12/21
01367	恒宝企业控股有限公司	广州基金国际控股有限公司	2017/11/16	2017/12/21
00486	United Company RUSAL Plc#	俄铝	2017/11/22	2017/12/22
00557	城市 e-Solutions 有限公司	中国天元医疗集团有限公司	2017/11/14	2017/12/29

注：* 只改英文名称；#只改中文名称。

2017 年度港交所主板除牌上市公司统计

股份代号	公司	最后买卖日期	除牌日期
00930	中国森林控股有限公司	2011/01/26	2017/02/24
03668	中铝矿业国际	2017/03/06	2017/03/16
01833	银泰商业(集团)有限公司	2017/05/10	2017/05/22
00549	吉林奇峰化纤股份有限公司—H 股	2017/06/12	2017/06/16
01880	百丽国际控股有限公司	2017/07/18	2017/07/28
00283	高银地产控股有限公司	2017/05/25	2017/08/18
02168	盈德气体集团有限公司	2017/05/04	2017/08/21
00319	勤美达国际控股有限公司	2017/09/22	2017/10/09
01163	德金资源集团有限公司	2014/05/15	2017/10/27
00963	华熙生物科技有限公司	2017/10/17	2017/11/02
00170	中国资本(控股)有限公司	2017/10/26	2017/11/07
01136	台泥国际集团有限公司	2017/09/19	2017/11/20
03868	群星纸业控股有限公司	2011/03/29	2017/11/30

2017 年度港交所创业板(GEM)上市统计

GEM 证券分类数目（2013－2017）

类别	2013 年	2014 年	2015 年	2016 年	2017 年
普通股	192	204	222	260	324
优先股	0	0	0	0	0
认股权证	0	0	1	1	1
—股本认股权证	0	0	1	1	1
—衍生权证	0	0	0	0	0
总数	192	204	223	261	325

GEM 新上市证券数目（2013－2017）

类别	2013 年	2014 年	2015 年	2016 年	2017 年
普通股	23	19	34	45	80
优先股	0	0	0	0	0
认股权证	0	0	1	1	0
—股本认股权证	0	0	1	1	0
—衍生权证	0	0	0	0	0
总数	23	19	35	46	80

GEM 除牌上市证券数目（2013－2017）

类别	2013 年	2014 年	2015 年	2016 年	2017 年
普通股	10	7	16	7	16
—除牌上市公司	2	0	2	1	3
—由 GEM 转至主板上市公司 *	8	7	14	6	13
认股权证	1	0	0	1	0
总数	11	7	16	8	16

注：* 引用在 2008 年 7 月 1 日生效的 GEM 上市条例之已修订第 9.24 条以及主板上市条例中新订的第 9A 条由 GEM 转至主板上市的公司。

2017 年度港交所创业板（GEM 新）上市公司总览

（截至 2017 年 12 月 29 日）

上市日期（年/月/日）	股份代号	公司	发售价（港元）	认购倍数[1]	集资金额（港元）	上市时已发行股本（股）	上市时市值[2]（港元）	行业分类*	上市方法	保荐人
2017－1－5	8091	奥传思维控股有限公司	0.270	n. a.	48,600,000	720,000,000	194,400,000	消费者服务业— 媒体及娱乐	发售以供配售	上银国际有限公司
2017－1－6	8221	PF Group Holdings Ltd.	0.150	n. a.	75,000,000	2,000,000,000	300,000,000	金融业—其他金融	发售以供配售	丰盛融资有限公司
2017－1－10	8358	卓珈控股集团有限公司	0.800	n. a.	80,000,000	400,000,000	320,000,000	消费者服务业—医疗保健服务	发售以供配售	申万宏源融资（香港）有限公司
2017－1－11	8432	太平洋酒吧集团控股有限公司	0.290	n. a.	62,350,000	860,000,000	249,400,000	消费者服务业—酒店、餐饮、赌场及消闲设施	发售以供配售	络绎资本有限公司
2017－1－11	8416	HM International Holdings Ltd.	0.600	n. a.	60,000,000	400,000,000	240,000,000	工业—工用支援	发售以供配售	大有融资有限公司
2017－1－12	8415	乐嘉思控股集团有限公司	0.255	n. a.	71,400,000	1,120,000,000	285,600,000	地产建筑业—建筑	发售以供配售	富比资本有限公司
2017－1－12	8069	纵横游控股有限公司	0.800	862.08	80,000,000	400,000,000	320,000,000	消费者服务业—酒店、餐饮、赌场及消闲设施	发售以供认购	力高企业融资有限公司发售以供配售
2017－1－13	8349	美固科技控股集团有限公司	0.350	n. a.	35,000,000	400,000,000	140,000,000	地产建筑业—建筑	发售以供配售	凯基金融亚洲有限公司
2017－1－13	8341	艾硕控股有限公司	0.840	n. a.	42,000,000	200,000,000	168,000,000	地产建筑业—建筑	发售以供配售	英高财务顾问有限公司
2017－1－20	8370	智升集团控股有限公司	0.310	n. a.	83,080,000	670,000,000	207,700,000	消费品制造业—家庭电器及用品	发售以供配售	康宏资本香港有限公司
2017－2－15	8428	国茂控股有限公司	0.250	n. a.	75,000,000	1,200,000,000	300,000,000	消费者服务业—酒店、餐饮、赌场及消闲设施	发售以供配售	国泰君安融资有限公司
2017－2－16	8417	大地教育控股有限公司	0.340	21.00	148,784,000	1,750,400,000	595,136,000	消费者服务业—支援服务	发售以供认购 发售现有证券 发售以供配售	天财资本国际有限公司
2017－2－22	8188	骏杰集团控股有限公司	0.540	n. a.	67,500,000	500,000,000	270,000,000	地产建筑业—建筑	发售以供配售	浩德融资有限公司
2017－3－10	8013	ECI Technology Holdings Ltd.	0.150	39.87	60,000,000	1,600,000,000	240,000,000	信息科技业—软件服务	发售以供认购 发售现有证券 发售以供配售	滙富融资有限公司
2017－3－13	8423	渭澔发展控股有限公司	0.300	1.42	80,100,000	800,000,000	240,000,000	地产建筑业— 建筑	发售以供认购	同人融资有限公司发售现有证券
2017－3－15	8425	兴铭控股有限公司	0.750	7.69	75,000,000	400,000,000	300,000,000	地产建筑业—建筑	发售以供认购 发售以供配售	创侨国际有限公司

上市日期（年/月/日）	股份代号	公司	发售价（港元）	认购倍数[1]	集资金额（港元）	上市时已发行股本（股）	上市时市值[2]（港元）	行业分类*	上市方法	保荐人
2017-3-16	8421	永顺控股香港有限公司	0.420	12.07	63,000,000	600,000,000	252,000,000	消费者服务业—支援服务	发售以供认购 发售以供配售	大有融资有限公司
2017-3-21	8442	桦欣控股有限公司	5.750	380.00	46,000,000	32,000,000	184,000,000	消费品制造业—纺织、服饰及个人护理	发售以供认购 发售以供配售	英高财务顾问有限公司
2017-3-28	8439	新百利融资控股有限公司	2.050	2.70	71,750,000	135,000,000	276,750,000	金融业—其他金融	发售以供认购	新百利融资有限公司 铠盛资本有限公司
2017-4-7	8412	高门集团有限公司	0.340	101.48	68,000,000	800,000,000	272,000,000	消费者服务业—酒店、餐饮、赌场及消闲设施	发售以供认购 发售以供配售	力高企业融资有限公司
2017-4-12	8347	F8企业（控股）集团有限公司	0.320	38.60	64,000,000	800,000,000	256,000,000	能源业— 石油及天然气	发售以供认购 发售以供配售	国泰君安融资有限公司
2017-4-12	8455	礼建德集团控股有限公司	0.260	16.30	52,000,000	800,000,000	208,000,000	地产建筑业—建筑	发售以供认购 发售以供配售	富比资本有限公司
2017-4-13	8413	亚洲杂货有限公司	0.230	7.95	74,060,000	1,162,000,000	267,260,000	消费品制造业—食物饮品	发售以供认购 发售以供配售	南华融资有限公司
2017-4-13	8309	万成环球控股有限公司	0.320	60.26	48,000,000	600,000,000	192,000,000	消费者服务业—支援服务	发售以供认购 发售以供配售	长江证券融资（香港）有限公司
2017-4-18	8409	海鑫集团有限公司	0.270	11.75	54,000,000	800,000,000	216,000,000	地产建筑业—建筑	发售以供认购 发售以供配售	德健融资有限公司
2017-4-19	8410	安领国际控股有限公司	0.320	16.32	80,000,000	1,000,000,000	320,000,000	信息科技业 —软件服务	发售以供认购 发售以供配售	天泰金融服务有限公司
2017-5-8	8252	扬州市广陵区泰和农村小额贷款股份有限公司—H股	1.340	1.26	201,000,000	150,000,000	201,000,000	金融业—其他金融	发售以供认购	中国银河国际证券（香港）有限公司
2017-5-23	8452	富银融资租赁（深圳）股份有限公司—H股	1.310	11.40	117,690,400	89,840,000	117,690,400	金融业—其他金融	发售以供认购 发售以供配售	东兴证券（香港）有限公司
2017-5-26	8365	建泉国际控股有限公司	0.680	1.20	87,244,000	513,200,000	348,976,000	金融业—其他金融	发售以供认购	德健融资有限公司
2017-5-26	8431	浩柏国际（开曼）有限公司	0.200	1.74	65,000,000	1,300,000,000	260,000,000	消费者服务业—酒店、餐饮、赌场及消闲设施	发售以供认购	创侨国际有限公司
2017-5-31	8183	尚捷集团控股有限公司	0.500	400.50	62,500,000	500,000,000	250,000,000	消费品制造业—纺织、服饰及个人护理	发售以供认购 发售以供配售	大有融资有限公司
2017-6-14	8446	In Technical Productions Holdings Ltd.	0.300	11.57	60,000,000	800,000,000	240,000,000	消费者服务业—媒体及娱乐	发售以供认购 发售以供配售	申万宏源融资（香港）有限公司
2017-6-16	8420	Nexion Technologies Ltd.	0.480	2.94	72,000,000	600,000,000	288,000,000	信息科技业—软件服务	发售以供认购	西证（香港）融资有限公司
2017-6-27	8460	基地锦标集团控股有限公司	0.240	1.90	60,000,000	1,000,000,000	240,000,000	地产建筑业—建筑	发售以供认购	富比资本有限公司
2017-6-30	8362	运兴泰集团控股有限公司	0.200	20.00	70,000,000	1,400,000,000	280,000,000	消费品制造业—农业产品	发售以供认购 发售现有证券	滙富融资有限公司
2017-7-6	8469	盛业资本有限公司	2.000	3.97	370,000,000	740,000,000	1,480,000,000	金融业—其他金融	发售以供认购 发售以供配售	德健融资有限公司
2017-7-7	8157	象兴国际控股有限公司	0.220	1.69	55,000,000	1,000,000,000	220,000,000	工业—工用运输	发售以供认购	中州国际融资有限公司
2017-7-12	8405	恒智控股有限公司	0.720	38.90	72,000,000	400,000,000	288,000,000	消费者服务业—支援服务	发售以供认购 发售以供配售	国泰君安融资有限公司

上市日期（年/月/日）	股份代号	公司	发售价（港元）	认购倍数[1]	集资金额（港元）	上市时已发行股本（股）	上市时市值[2]（港元）	行业分类*	上市方法	保荐人
2017-7-13	8297	心心芭迪贝伊集团有限公司	0.400	1.03	48,000,000	480,000,000	192,000,000	消费品制造业—纺织、服饰及个人护理	发售以供认购	力高企业融资有限公司
2017-7-13	8463	TOMO Holdings Ltd.	0.730	0.68	82,125,000	450,000,000	328,500,000	消费品制造业—汽车	发售以供认购 发售以供配售	富强金融资本有限公司
2017-7-14	8257	靖洋集团控股有限公司	0.220	3.58	55,000,000	1,000,000,000	220,000,000	信息科技业—半导体	发售以供认购 发售以供配售	丰盛融资有限公司
2017-7-17	8462	桥英控股有限公司	0.450	3.17	67,500,000	600,000,000	270,000,000	消费者服务业—支援服务	发售以供认购 发售以供配售	创侨国际有限公司
2017-7-17	8481	盛龙锦秀国际有限公司	0.680	1.31	85,000,000	500,000,000	340,000,000	工业—工用支援	发售以供认购 发售以供配售	大有融资有限公司
2017-7-18	8472	立高控股有限公司	0.500	11.50	50,000,000	400,000,000	200,000,000	消费者服务业—支援服务	发售以供认购 发售以供配售	八方金融有限公司 发售现有证券
2017-7-18	8291	万成金属包装有限公司	0.650	13.10	65,000,000	400,000,000	260,000,000	工业—工用支援	发售以供认购 发售以供配售	力高企业融资有限公司
2017-7-19	8427	瑞强集团有限公司	0.280	12.20	50,400,000	620,000,000	173,600,000	地产建筑业—建筑	发售以供认购 发售以供配售	兴业金融融资有限公司
2017-7-20	8465	高科桥光导科技股份有限公司	1.680	14.55	109,200,000	260,000,000	436,800,000	信息科技业—信息科技器材	发售以供认购 发售以供配售	工银国际融资有限公司
2017-7-21	8152	明梁控股集团有限公司	0.470	6.20	70,500,000	600,000,000	282,000,000	工业—工业工程	发售以供认购 发售以供配售	天达融资亚洲有限公司
2017-7-21	8471	新达控股有限公司	0.300	6.18	60,000,000	800,000,000	240,000,000	消费品制造业—纺织、服饰及个人护理	发售以供认购 发售以供配售	同人融资有限公司
2017-7-21	8073	中国兴业新材料控股有限公司	1.000	3.72	120,000,000	480,000,000	480,000,000	工业—工业工程	发售以供认购 发售以供配售	八方金融有限公司
2017-7-27	8142	德利机械控股有限公司	0.440	203.72	110,000,000	1,000,000,000	440,000,000	工业—工业工程	发售以供认购 发售以供配售	卓亚(企业融资)有限公司
2017-9-15	8383	东骏控股有限公司	0.400	81.60	80,000,000	800,000,000	320,000,000	工业—工用支援	发售以供认购 发售以供配售	丰盛融资有限公司
2017-9-22	8491	Cool Link (Holdings) Ltd.	0.550	27.65	82,500,000	600,000,000	330,000,000	消费品制造业—食物饮品	发售以供认购 发售以供配售	域高融资有限公司 发售现有证券
2017-9-27	8199	中国万桐园(控股)有限公司	0.280	102.95	70,000,000	1,000,000,000	280,000,000	消费者服务业—支援服务	发售以供认购 发售以供配售	创陞融资有限公司
2017-9-29	8445	怡康泰工程集团控股有限公司	0.470	33.99	70,500,000	600,000,000	282,000,000	地产建筑业—建筑	发售以供认购 发售以供配售	滙富融资有限公司
2017-10-13	8437	德斯控股有限公司	0.480	44.63	72,000,000	600,000,000	288,000,000	消费者服务业—医疗保健服务	发售以供认购 发售以供配售	络绎资本有限公司
2017-10-16	8275	永勤集团(控股)有限公司	0.340	82.80	51,000,000	600,000,000	204,000,000	地产建筑业—建筑	发售以供认购 发售以供配售	富比资本有限公司
2017-10-16	8480	飞霓控股有限公司	0.500	162.60	63,000,000	504,000,000	252,000,000	消费品制造业—纺织、服饰及个人护理	发售以供认购 发售以供配售	申万宏源融资(香港)有限公司
2017-10-16	8065	高萌科技集团有限公司	0.600	1069.00	60,000,000	400,000,000	240,000,000	信息科技业—软件服务	发售以供认购 发售以供配售	滙富融资有限公司
2017-10-16	8392	舍图控股有限公司	0.220	83.28	55,000,000	1,000,000,000	220,000,000	消费品制造业—家庭电器及用品	发售以供认购 发售以供配售	耀盛资本有限公司

上市日期（年/月/日）	股份代号	公司	发售价（港元）	认购倍数[1]	集资金额（港元）	上市时已发行股本(股)	上市时市值[2]（港元）	行业分类*	上市方法	保荐人
2017-10-18	8430	春能控股有限公司	0.440	21.00	70,400,000	640,000,000	281,600,000	工业—工用运输	发售以供认购 发售以供配售	域高融资有限公司
2017-10-18	8457	健升物流(中国)控股有限公司	0.300	248.00	60,000,000	800,000,000	240,000,000	工业—工用支援	发售以供认购 发售以供配售	创侨国际有限公司
2017-10-19	8476	大洋环球控股有限公司	1.220	25.50	85,400,000	280,000,000	341,600,000	消费品制造业—食物饮品	发售以供认购 发售以供配售	创陞融资有限公司
2017-10-25	8470	莹岚集团有限公司	0.460	45.56	69,000,000	600,000,000	276,000,000	地产建筑业—建筑	发售以供认购 发售以供配售	创侨国际有限公司
2017-10-27	8436	德宝集团控股有限公司	0.690	431.49	69,000,000	400,000,000	276,000,000	消费品制造业—纺织、服饰及个人护理	发售以供认购 发售以供配售	力高企业融资有限公司
2017-11-10	8426	雅居投资控股有限公司	0.300	10.45	60,000,000	800,000,000	240,000,000	地产建筑业—地产	发售以供认购 发售以供配售	博思融资有限公司
2017-11-13	8375	弘浩国际控股有限公司	0.300	9.86	60,000,000	800,000,000	240,000,000	工业—工业工程	发售以供认购 发售以供配售	域高融资有限公司
2017-11-15	8400	亚洲先锋娱乐控股有限公司	0.280	13.90	70,000,000	1,000,000,000	280,000,000	消费者服务业—酒店、餐饮、赌场及消闲设施	发售以供认购 发售以供配售	西证(香港)融资有限公司
2017-11-15	8376	方圆房地产服务集团有限公司	0.790	23.33	79,000,000	400,000,000	316,000,000	地产建筑业—地产	发售以供认购 发售以供配售	RaffAello Capital Ltd.
2017-11-16	8118	濠亮环球有限公司	0.300	6.85	60,000,000	500,000,000	150,000,000	消费品制造业—家庭电器及用品	发售以供认购 发售以供配售	丰盛融资有限公司
2017-11-16	8373	靛蓝星控股有限公司	0.600	2.60	60,000,000	400,000,000	240,000,000	地产建筑业—建筑	发售以供认购 发售以供配售	国泰君安融资有限公司
2017-11-17	8402	GT Steel Construction Group Ltd.	0.540	116.20	64,800,000	480,000,000	259,200,000	地产建筑业—建筑	发售以供认购 发售以供配售	域高融资有限公司
2017-12-5	8495	1957 & Co. (Hospitality) Ltd.	0.630	365.51	50,400,000	320,000,000	201,600,000	消费者服务业—酒店、餐饮、赌场及消闲设施	发售以供认购 发售以供配售	铠盛资本有限公司
2017-12-7	8406	合宝丰年控股有限公司	0.315	42.60	63,000,000	800,000,000	252,000,000	消费品制造业—家庭电器及用品	发售以供认购 发售以供配售	富比资本有限公司发售现有证券
2017-12-8	8429	冰雪集团控股有限公司	0.550	51.62	66,000,000	480,000,000	264,000,000	消费者服务业—媒体及娱乐	发售以供认购 发售以供配售	实德新源资本有限公司
2017-12-13	8385	万里印刷有限公司	0.350	38.87	70,000,000	800,000,000	280,000,000	消费者服务业—媒体及娱乐	发售以供认购 发售以供配售	滙富融资有限公司
2017-12-15	8377	申酉控股有限公司	0.375	30.43	75,000,000	800,000,000	300,000,000	消费品制造业—纺织、服饰及个人护理	发售以供认购 发售以供配售	华邦融资有限公司
2017-12-21	8419	AV策划推广(控股)有限公司	0.550	22.08	55,000,000	400,000,000	220,000,000	消费品制造业—家庭电器及用品	发售以供认购 发售以供配售	铠盛资本有限公司
2017-12-28	8422	WT集团控股有限公司	0.220	11.04	55,000,000	1,000,000,000	220,000,000	地产建筑业—建筑	发售以供认购 发售以供配售	天泰金融服务有限公司
2017-12-28	8485	竣球控股有限公司	0.250	9.44	62,500,000	1,000,000,000	250,000,000	工业—工用支援	发售以供认购 发售以供配售	红日资本有限公司
总额		80			5,938,283,400					

1. 以白色及黄色申请表格申购之发售新股股份总数之认购倍数。
2. 上市时市值是上市时已发行股本以每股按所列发售价计算的总值。
* 行业分类由恒生指数有限公司提供。

2017年创业板(GEM)市价总值最大的五十家上市公司

2017年底

顺次	股份代号	公司名称	市　值 (百万港元)	占市场总值(%)
1	8207	中新控股科技集团有限公司	23,036.24	8.2
2	8137	洪桥集团有限公司	17,159.57	6.11
3	8008	新意网集团有限公司	13,796.97	4.91
4	8279	亚博科技控股有限公司	13,608.46	4.85
5	8138	北京同仁堂国药有限公司	8,890.00	3.17
6	8265	中国之信集团有限公司	7,271.09	2.59
7	8032	非凡中国控股有限公司	6,870.81	2.45
8	8057	麦迪森控股集团有限公司	6,840.00	2.44
9	8176	超人智能有限公司	6,133.71	2.18
10	8407	兴证国际金融集团有限公司	5,400.00	1.92
11	8469	盛业资本有限公司	5,157.80	1.84
12	8227	西安海天天实业股份有限公司—H股	5,017.59	1.79
13	8446	In Technical Productions Holdings Ltd.	4,880.00	1.74
14	8293	星亚控股有限公司	4,465.00	1.59
15	8078	HMV数码中国集团有限公司	3,315.04	1.18
16	8083	中国创新支付集团有限公司	3,000.95	1.07
17	8158	中国再生医学国际有限公司	2,901.66	1.03
18	8261	海天能源国际有限公司	2,832.16	1.01
19	8237	华星控股有限公司	2,652.40	0.94
20	8156	众彩羽翔股份有限公司	2,632.68	0.94
21	8167	中国新电信集团有限公司	2,286.92	0.81
22	8050	量子思维有限公司	2,034.38	0.72
23	8053	比优集团控股有限公司	1,886.12	0.67
24	8228	国艺娱乐文化集团有限公司	1,828.24	0.65
25	8325	中国支付通集团控股有限公司	1,808.61	0.64
26	8090	中国融保金融集团有限公司	1,775.39	0.63
27	8005	裕兴科技投资控股有限公司	1,767.03	0.63
28	8233	中国基建港口有限公司	1,759.57	0.63
29	8022	永耀集团控股有限公司	1,719.56	0.61
30	8308	古兜控股有限公司	1,715.00	0.61
31	8047	中国海洋捕捞控股有限公司	1,682.55	0.6
32	8351	俊文宝石国际有限公司	1,655.41	0.59
33	8410	安领国际控股有限公司	1,580.00	0.56
34	8326	同景新能源集团控股有限公司	1,578.74	0.56
35	8172	拉近网娱集团有限公司	1,557.38	0.55
36	8292	盛良物流有限公司	1,520.00	0.54
37	8455	礼建德集团控股有限公司	1,512.00	0.54
38	8030	汇联金融服务控股有限公司	1,471.72	0.52
39	8417	大地教育控股有限公司	1,470.34	0.52
40	8039	KNK Holdings Ltd.	1,412.84	0.5
41	8316	柏荣集团(控股)有限公司	1,400.00	0.5
42	8029	太阳国际集团有限公司	1,363.57	0.49

顺次	股份代号	公司名称	市　值 (百万港元)	占市场总值(%)
43	8413	亚洲杂货有限公司	1,313.06	0.47
44	8423	溍澔发展控股有限公司	1,312.00	0.47
45	8016	长虹佳华控股有限公司	1,221.91	0.44
46	8328	信义汽车玻璃香港企业有限公司	1,182.85	0.42
47	8055	中国网络信息科技集团有限公司	1,176.75	0.42
48	8260	银合控股有限公司	1,169.25	0.42
49	8095	北京北大青鸟环宇科技股份有限公司—H 股	1,119.89	0.4
50	8246	北方新能源控股有限公司	1,067.35	0.38
		总值	192,210.54	68.44
		市场总值	280,841.44	100

2017 年创业板(GEM)成交金额最多的二十种股份

顺次	代号	股份名称	成交金额(港元)	占股份总额(%)
1	8207	中新控股	1,085,839,463	9.55
2	8228	国艺娱乐	442,623,090	3.89
3	8392	舍图控股	407,060,310	3.58
4	8227	西安海天天	400,005,333	3.52
5	8383	东骏控股	315,736,145	2.78
6	8325	中国支付通	249,990,100	2.2
7	8250	丝路能源	225,276,372	1.98
8	8156	众彩股份	223,969,137	1.97
9	8133	铸能控股	212,219,800	1.87
10	8420	NEXION TECH	200,984,916	1.77
11	8429	冰雪集团	192,950,309	1.7
12	8137	洪桥集团	191,031,100	1.68
13	8176	超人智能	186,522,121	1.64
14	8469	盛业资本	182,932,029	1.61
15	8455	礼建德集团	173,696,150	1.53
16	8078	HMV 数码中国	170,291,671	1.5
17	8022	永耀集团控股	164,751,559	1.45
18	8406	合宝丰年	160,311,640	1.41
19	8292	盛良物流	152,676,321	1.34
20	8495	1957 & CO.	149,146,100	1.31
		总额	5,488,013,666	48.28
		股份总额	11,365,988,080	100

2017 年创业板(GEM)成交股数最多的二十种股份

顺次	代号	股份名称	成交股数	占股份总额(%)
1	8250	丝路能源	2,526,259,400	7.9
2	8238	惠陶集团	1,930,008,000	6.04
3	8200	修身堂	1,290,802,586	4.04
4	8046	恒芯中国	1,136,584,132	3.56
5	8207	中新控股	1,062,300,899	3.32

顺次	代号	股份名称	成交股数	占股份总额(%)
6	8228	国艺娱乐	972,634,742	3.04
7	8021	汇隆控股	815,366,040	2.55
8	8158	中国再生医学	787,785,000	2.46
9	8133	铸能控股	725,960,000	2.27
10	8078	HMV 数码中国	703,896,968	2.2
11	8129	云信投资控股	653,738,000	2.05
12	8171	中国趋势	577,216,000	1.81
13	8406	合宝丰年	477,630,000	1.49
14	8027	吉辉控股	471,445,000	1.48
15	8299	大唐潼金	445,372,791	1.39
16	8226	树熊金融集团	417,918,000	1.31
17	8392	舍图控股	401,990,000	1.26
18	8109	麒麟集团控股	388,594,850	1.22
19	8315	冠辉集团控股	381,800,000	1.19
20	8272	华人饮食集团	380,351,750	1.19
		总额	16,547,654,158	51.78
		股份总额	31,960,417,690	100

2017 年创业板(GEM)升幅最大的二十种股份

顺次	代号	股份名称	月终收市价		
			11 月(港元)	12 月(港元)	升幅(%)
1	8296	中国生命集团	0.176	0.305	73.3
2	8005	裕兴科技	0.57	0.98	71.93
3	8176	超人智能	7.53	12.88	71.05
4	8293	星亚控股	10.8	17.86	65.37
5	8423	CHI HO DEV	1	1.64	64
6	8347	F8 企业	0.285	0.44	54.39
7	8181	港深联合	0.25	0.38	52
8	8291	万成金属包装	0.89	1.31	47.19
9	8162	港银控股	0.34	0.495	45.59
10	8155	南华资产控股	0.039	0.056	43.59
11	8321	泰锦控股	0.345	0.495	43.48
12	8055	中国网络信息科技	0.238	0.33	38.66
13	8365	建泉国际控股	0.4	0.54	35
14	8157	象兴国际	0.335	0.445	32.84
15	8067	东方大学城控股	2.5	3.3	32
16	8200	修身堂	0.048	0.063	31.25
17	8167	中国新电信	0.187	0.24	28.34
18	8120	国农金融投资	0.086	0.11	27.91
19	8359	HYPEBEAST	0.26	0.33	26.92
20	8271	环球数码创意	0.26	0.33	26.92

A = 经调整(如适用)

2017 年创业板(GEM)跌幅最大的二十种股份

顺次	代号	股份名称	月终收市价		
			11 月(港元)	12 月(港元)	跌幅(%)
1	8392	舍图控股	1.8	0.335	81.39
2	8370	智升集团控股	3.9	1.2	69.23
3	8118	濠亮环球	0.59	0.25	57.63
4	8129	云信投资控股	0.07	0.03	57.14
5	8361	中国育儿网络	1.33	0.6	54.89
6	8383	东骏控股	1.3	0.68	47.69
7	8275	永勤集团控股	1.15	0.66	42.61
8	8349	美固科技控股	2.63	1.53	41.83
9	8125	仁德资源	1.17	0.71	39.32
10	8373	靛蓝星	1.38	0.89	35.51
11	8282	智傲控股	1.81	1.19	34.25
12	8087	中国三三传媒	0.047	0.031	34.04
13	8239	首都金融控股	0.158	0.107	32.28
14	8356	中国新华电视	0.075	0.052	30.67
15	8196	建禹集团	2.95	2.07	29.83
16	8400	亚洲先锋娱乐	0.29	0.204	29.66
17	8018	汇财金融投资	0.178	0.127	28.65
18	8472	立高控股	0.88	0.63	28.41
19	8420	NEXION TECH	0.84	0.61	27.38
20	8257	靖洋集团	1.03	0.75	27.18

A = 经调整(如适用)

2017 年创业板(GEM)成交金额及股数

年/月	交易日数	成交金额(百万港元)		成交股数(百万股)		成交宗数	
		总额	平均每日	总数	平均每日	总数	平均每日
2013	244	78,837.80	323.11	229,284.85	939.69	2,241,521	9,187
2014	247	165,458.24	669.87	357,646.58	1,447.96	4,346,364	17,597
2015	247	254,663.27	1,031.03	602,894.91	2,440.87	6,324,001	25,603
2016	245	116,449.49	475.30	434,388.56	1,773.01	3,449,127	14,078
2017	246	149,061.01	605.94	477,690.71	1,941.83	4,785,031	19,451
2017 1 月	19	6,956.84	366.15	22,001.71	1,157.98	195,835	10,307
2 月	20	8,637.34	431.87	35,098.46	1,754.92	254,007	12,700
3 月	23	12,429.19	540.40	40,485.00	1,760.22	379,563	16,503
4 月	17	10,951.59	644.21	34,148.00	2,008.71	346,296	20,370
5 月	20	14,839.54	741.98	48,735.58	2,436.78	433,469	21,673
6 月	22	16,725.48	760.25	61,767.05	2,807.59	568,726	25,851
7 月	21	12,934.15	615.91	43,098.72	2,052.32	451,346	21,493
8 月	22	10,014.00	455.18	36,563.37	1,661.97	311,592	14,163
9 月	21	11,315.21	538.82	35,718.29	1,700.87	344,854	16,422
10 月	20	16,127.43	806.37	42,146.43	2,107.32	536,736	26,837
11 月	22	16,764.25	762.01	45,964.54	2,089.30	588,690	26,759
12 月	19	11,366.00	598.21	31,963.57	1,682.29	373,917	19,680

注:由 2010 年 11 月 29 日起成交金额包括非港元交易买卖的证券。

2017年创业板GEM中国企业(H股)股份统计

年/月	数目	成交额				市价总值	
		股数(百万计)	占股份总数(%)	金额(百万港元)	占股份总额(%)	百万港元	占股份总值(%)
2013	24	2,463.01	1.07	4,195.13	5.32	5,953.03	4.44
2014	23	3,063.46	0.86	3,454.43	2.09	5,664.53	3.16
2015	23	6,892.37	1.15	8,570.80	3.37	7,529.51	2.92
2016	23	4,275.97	0.99	5,715.78	4.91	6,963.00	2.24
2017	24	3,064.17	0.64	7,382.09	4.95	8,926.84	3.18
2017　1月	23	116.89	0.53	200.14	2.88	7,267.07	2.21
2月	23	139.95	0.40	247.53	2.87	7,611.16	2.34
3月	23	294.67	0.73	724.05	5.83	8,284.36	2.56
4月	23	175.49	0.51	529.05	4.83	8,540.34	2.60
5月	25	458.34	0.94	844.85	5.69	9,295.74	2.89
6月	24	385.35	0.62	632.42	3.78	6,156.66	2.30
7月	24	224.09	0.52	347.34	2.69	6,209.46	2.34
8月	24	231.60	0.63	379.20	3.79	5,967.64	2.24
9月	24	332.49	0.93	1,144.46	10.11	8,124.35	2.99
10月	24	286.11	0.68	1,092.89	6.78	8,464.09	3.00
11月	24	267.80	0.58	761.15	4.54	8,223.37	2.96
12月	24	151.39	0.47	479.02	4.21	8,926.84	3.18

注:中国企业的市价总值是以发行股数的H股股份计算。

2017年创业板GEM中资红筹股份统计

年/月	数目	成交额				市价总值	
		股数(百万计)	占股份总数(%)	金额(百万港元)	占股份总额(%)	百万港元	占股份总值(%)
2013	6	3,003.77	1.31	7,158.66	9.08	13,083.47	9.76
2014	5	3,737.24	1.04	4,423.64	2.67	13,053.20	7.28
2015	5	6,211.12	1.03	4,852.06	1.91	12,987.59	5.03
2016	6	1,684.95	0.39	1,620.98	1.39	13,400.09	4.31
2017	6	2,648.93	0.55	1,631.71	1.09	12,398.68	4.41
2017　1月	6	100.21	0.46	96.31	1.38	13,705.28	4.17
2月	6	329.13	0.94	177.20	2.05	13,679.74	4.21
3月	6	424.43	1.05	215.54	1.73	13,454.09	4.15
4月	6	436.65	1.28	160.78	1.47	14,141.00	4.30
5月	6	272.78	0.56	119.87	0.81	13,866.95	4.31
6月	6	209.70	0.34	176.79	1.06	13,860.24	5.18
7月	6	246.64	0.57	133.61	1.03	13,258.88	5.00
8月	6	123.08	0.34	154.46	1.54	12,598.88	4.72
9月	6	127.87	0.36	108.05	0.95	12,428.40	4.58
10月	6	168.75	0.40	111.89	0.69	13,133.87	4.65
11月	6	120.98	0.26	115.01	0.69	12,693.26	4.57
12月	6	88.72	0.28	62.20	0.55	12,398.68	4.41

2017 年度港交所 GEM 除牌上市公司统计

股份代号	公司	最后买卖日期	除牌日期
08096	瑞丰石化控股有限公司	2013/03/28	2017/02/06
08216#	百本医护控股有限公司	2017/02/28	2017/03/01 *
08336#	电讯数码控股有限公司	2017/05/09	2017/05/10 *
08097#	鼎石资本有限公司	2017/06/07	2017/06/08 *
08061	光亚有限公司	2016/10/11	2017/06/13
08058	山东罗欣药业集团股份有限公司—H 股	2017/06/05	2017/06/16
08177#	REF Holdings Ltd.	2017/06/19	2017/06/20 *
08248#	丰展控股有限公司	2017/07/07	2017/07/10 *
08327#	泰邦集团国际控股有限公司	2017/07/20	2017/07/21 *
08318#	正利控股有限公司	2017/09/15	2017/09/18 *
08127#	云裳衣控股有限公司	2017/09/26	2017/09/27 *
08141#	应力控股有限公司	2017/10/23	2017/10/24 *
08122#	德莱建业集团有限公司	2017/10/25	2017/10/26 *
08038#	金力集团控股有限公司	2017/11/09	2017/11/10 *
08012#	环宇物流(亚洲)控股有限公司	2017/11/14	2017/11/15 *
08077#	昆仑国际金融集团有限公司	2017/12/14	2017/12/15 *

注:# 原为 GEM 上市公司,后引用于 2008 年 7 月 1 日生效的“GEM 上市条例”中经修订的第 9.24 条以及“主板上市条例”中新订的第 9A 条转至主板上市;* 由 GEM 转至主板的转板生效日期。

2017 年度港交所 GEM 上市公司更名一览

股份代号	原有名称	新名称	生效日期	采用日期
08249	宁波万豪控股股份有限公司—H 股	浙江瑞远智控科技股份有限公司—H 股	2016/12/15	2017/01/11
08120	中国神农投资有限公司	国农金融投资有限公司	2016/12/05	2017/01/13
08125	中持基业控股有限公司	仁德资源控股有限公司	2017/02/17	2017/03/01
08211	浙江永隆实业股份有限公司—H 股	浙江永安融通控股股份有限公司—H 股	2017/03/07	2017/05/10
08213	惟膳有限公司	新智控股有限公司	2017/03/20	2017/05/12
08197	东北虎药业股份有限公司—H 股	北斗嘉药业股份有限公司—H 股	2017/04/24	2017/06/09
08055	中国网络教育集团有限公司	中国网络信息科技集团有限公司	2017/05/12	2017/06/16
08226	中昱科技集团有限公司	树熊金融集团有限公司	2017/05/19	2017/06/21
08106	浙江浙大网新兰德科技股份有限公司—H 股	浙江升华兰德科技股份有限公司—H 股	2017/06/05	2017/06/21
08265	宏峰太平洋集团有限公司	中国之信集团有限公司	2017/05/17	2017/06/27
08123	首华财经网络集团有限公司	华亿金控集团有限公司	2017/05/23	2017/07/04
08093	爱特丽皮革控股有限公司	万星控股有限公司	2017/05/31	2017/07/05
08057	麦迪森酒业控股有限公司	麦迪森控股集团有限公司	2017/07/05	2017/08/08
08207	中国信贷科技控股有限公司	中新控股科技集团有限公司	2017/07/27	2017/08/29
08411	K W Nelson Interior Architect Group Ltd.	K W Nelson Interior Design and Contracting Group Ltd.	2017/08/21	2017/09/14
08156	众彩科技股份有限公司	众彩羽翔股份有限公司	2017/08/25	2017/09/25
08366	Fraser Holdings Ltd.	浙江联合投资控股集团有限公司	2017/09/06	2017/09/26
08198	新濠环彩有限公司	乐透互娱有限公司	2017/09/08	2017/10/10

股份代号	原有名称	新名称	生效日期	采用日期
08176	航空互联集团有限公司	超人智能有限公司	2017/09/12	2017/10/30
08227	西安海天天线控股股份有限公司—H股	西安海天天实业股份有限公司—H股	2017/10/16	2017/11/13
08129	中国生物资源控股有限公司	云信投资控股有限公司	2017/09/27	2017/11/14
08037	锐康药业集团投资有限公司	中国生物科技服务控股有限公司	2017/10/23	2017/11/29
08029	太阳国际资源有限公司	太阳国际集团有限公司	2017/09/29	2017/12/12
08050	云博产业集团有限公司	量子思维有限公司	2017/11/16	2017/12/12

2017年度创业板公司股份配售一览

（截至2017年12月29日）

公司	配售股份数目	配售价（港元）	集资金额（百万港元）	配股日期
新煮意控股有限公司	159,744,000	0.144	23.00	2017-1-6
香港生命科学技术集团有限公司	948,064,000	0.130	123.25	2017-1-6
奥栢中国集团有限公司	181,440,000	0.160	29.03	2017-1-10
中国创意控股有限公司	200,000,000	0.265	53.00	2017-1-18
环球能源资源国际集团有限公司	115,153,225	0.329	37.89	2017-1-18
永耀集团控股有限公司	100,000,000	0.420	42.00	2017-1-19
金利通科技（控股）有限公司	12,000,000	0.100	1.20	2017-1-23
东方汇财证券国际控股有限公司	18,000,000	0.610	10.98	2017-2-2
北京北大青鸟环宇科技股份有限公司—H股	96,960,000	1.430	138.65	2017-2-6
汇财金融投资控股有限公司	210,090,000	0.146	30.67	2017-2-20
同仁资源有限公司	138,540,000	0.200	27.71	2017-2-23
皓文控股有限公司	357,740,000	0.125	44.72	2017-2-24
皇玺餐饮集团控股有限公司	202,800,000	0.150	30.42	2017-3-13
中国糖果控股有限公司	268,000,000	0.148	39.66	2017-3-17
冠辉集团控股有限公司	553,153,409	0.022	12.17	2017-3-20
HMV数码中国集团有限公司	490,200,000	0.250	122.55	2017-3-21
仁智国际集团有限公司	165,000,000	0.160	26.40	2017-3-24
中国海洋捕捞控股有限公司	402,900,000	0.300	120.87	2017-4-10
国艺娱乐文化集团有限公司	500,091,740	0.223	111.52	2017-4-21
国农金融投资有限公司	153,800,000	0.100	15.38	2017-4-21
中油港燃能源集团控股有限公司	700,000,000	0.101	70.70	2017-4-24
中国创新支付集团有限公司	788,600,000	0.500	394.30	2017-4-26
DX.com控股有限公司	355,000,000	0.122	43.31	2017-4-27
云信投资控股有限公司	240,000,000	0.100	24.00	2017-5-17
中国之信集团有限公司	100,000,000	2.800	280.00	2017-5-25
港深联合物业管理（控股）有限公司	118,800,000	0.240	28.51	2017-5-26
金利通科技（控股）有限公司	60,000,000	0.100	6.00	2017-5-31
品创控股有限公司	75,000,000	0.200	15.00	2017-6-5
东方滙财证券国际控股有限公司	36,000,000	0.580	20.88	2017-6-5
HMV数码中国集团有限公司	1,925,400,000	0.250	481.35	2017-6-12
SDM Group Holdings Ltd.	50,500,000	0.480	24.24	2017-6-14
云信投资控股有限公司	250,000,000	0.100	25.00	2017-6-15
无缝绿色中国（集团）有限公司	254,761,208	0.120	30.57	2017-6-27
环球大通集团有限公司	710,450,000	0.100	71.05	2017-7-3
神通机器人教育集团有限公司	240,000,000	0.450	108.00	2017-7-4

公司	配售股份数目	配售价(港元)	集资金额(百万港元)	配股日期
大唐潼金控股有限公司	2,279,000,000	0.020	45.58	2017-7-17
毅高(国际)控股集团有限公司	160,000,000	0.163	26.08	2017-7-18
中彩网通控股有限公司	390,000,000	0.082	31.98	2017-7-19
万德金融服务集团有限公司	320,000,000	0.081	25.92	2017-7-20
中国支付通集团控股有限公司	100,000,000	1.250	125.00	2017-8-3
富誉控股有限公司	136,950,000	0.310	42.45	2017-8-3
超人智能有限公司	21,000,000	6.250	131.25	2017-8-4
华人饮食集团有限公司	528,360,000	0.020	10.57	2017-8-15
中国支付通集团控股有限公司	50,000,000	1.250	62.50	2017-8-17
汇思太平洋集团控股有限公司	270,000,000	0.090	24.30	2017-9-14
港深联合物业管理(控股)有限公司	142,400,000	0.145	20.65	2017-9-21
中国海洋捕捞控股有限公司	483,480,000	0.480	232.07	2017-10-3
智城控股有限公司	450,000,000	0.188	84.60	2017-10-19
中国生物科技服务控股有限公司	68,000,000	0.700	47.60	2017-10-24
朝威控股有限公司	80,898,000	0.500	40.45	2017-10-25
Classified Group (Holdings) Ltd.	46,000,000	1.860	85.56	2017-11-1
华人策略控股有限公司	34,460,000	0.800	27.57	2017-11-9
江苏南大苏富特科技股份有限公司—H股	84,200,000	0.226	19.03	2017-11-16
飞尚非金属材料科技有限公司	50,000,000	1.450	72.50	2017-11-24
荟萃国际(控股)有限公司	700,000,000	0.100	70.00	2017-11-30
中国华泰瑞银控股有限公司	64,300,000	0.200	12.86	2017-12-13
中国融保金融集团有限公司	60,000,000	1.000	60.00	2017-12-14
汉华专业服务有限公司	971,590,000	0.050	48.58	2017-12-22
总额			4,011.08	

2017 年度创业板市场收购、合并及改组情况统计

(截至 2017 年 12 月 29 日)

公司	详情	建议日期	收购截止日期	完成日/股东会议日期
乐亚国际控股有限公司	自愿有条件股份交换要约,每25股现有乐亚股份获发1股新QPL股份,每500份乐亚购股权获发3股新QPL股份	2016-12-16	2017-2-14	2017-2-14
浙江浙大网新兰德科技股份有限公司—H股	强制性无条件现金要约,作价每H股0.38港元	2017-1-26	2017-2-16	2017-2-16
爱特丽皮革控股有限公司	强制性无条件现金要约,作价每股1.1692港元	2017-2-24	2017-3-17	2017-3-17
中国瀚亚集团控股有限公司	强制性无条件现金收购,作价每股0.6529港元	2017-3-6	2017-3-27	2017-3-27
柏荣集团(控股)有限公司	强制性无条件现金要约,作价每股0.50港元	2017-4-28	2017-5-19	2017-5-19
飞尚非金属材料科技有限公司	强制性无条件现金要约,作价每股0.70港元	2017-5-24	2017-6-14	2017-6-14
Fraser Holdings Ltd.	强制性无条件现金要约,作价每股0.25港元	2017-6-1	2017-6-22	2017-6-22
山东罗欣药业集团股份有限公司—H股	自愿性有条件收购,作价每股17.00港元	2017-4-11	2017-6-26	2017-6-26
汇思太平洋集团控股有限公司	强制性无条件现金要约,作价每股0.067港元	2017-6-14	2017-7-5	2017-7-5
中彩网通控股有限公司	强制性有条件现金收购,作价每股0.082港元,注销每份购股权作价每0.0001港元	2017-6-9	2017-7-20	2017-7-20

公司	详情	建议日期	收购截止日期	完成日/股东会议日期
新濠环彩有限公司	强制性有条件现金要约,作价每股0.252港元,注销行使价0.263港元之每份购股权作价0.0001港元,注销行使价0.109港元之每份购股权作价0.143港元,注销行使价0.638港元之每份购股权作价0.0001港元,注销行使价0.511港元之每份购股权作价0.0001港元,注销行使价0.465港元之每份购股权作价0.0001港元	2017－6－19	2017－7－24	2017－7－24
中国糖果控股有限公司	自愿性有条件收购,作价每股0.3565港元	2017－6－22	2017－8－21	2017－8－21
锐康药业集团投资有限公司	强制性无条件现金要约,作价每股0.51港元	2017－8－7	2017－8－28	2017－8－28
超智能控股有限公司	强制性无条件现金要约,作价每股0.36港元	2017－11－16	2017－12－7	2017－12－7
永骏国际控股有限公司	强制性无条件现金要约,作价每股0.8356港元	2017－11－17	2017－12－8	2017－12－8
奥栢中国集团有限公司	强制性无条件现金要约,作价每股0.138港元	2017－11－21	2017－12－12	2017－12－12
金达集团国际有限公司	强制性有条件现金要约,作价每股0.0838港元,注销行使价0.14港元之每份购股权作价0.001美元,注销行使价0.15港元之每份购股权作价0.001美元	2017－11－30	2017－12－22	2017－12－22

2017年度港交所LME商品期货成交量统计

期货	成交量(手)		按年变幅
	2016年	2017年	
AH　高级铝	53,073,441	51,429,383	-3.1%
AA　铝合金	128,006	61,723	-51.8%
CA　铜(甲级)	36,947,881	33,885,081	-8.3%
PB　铅	10,571,590	10,920,001	3.3%
NI　原镍	19,947,714	21,080,574	5.7%
SN　锡	1,353,350	1,215,432	-10.2%
ZS　特种高级锌	26,942,407	29,642,110	10.0%
NA　北美特种铝合金	358,797	348,578	-2.8%
MX　LMEX指数	—	—	—
FM　钢坯(地中海)	—	—	—
CO　钴	7,894	14,261	80.7%
MO　钼	144	—	-100.0%
MC　LME小型铜(甲级)	—	—	—
MA　LME小型原铝	—	—	—
MZ　LME小型特种高级锌	—	—	—
OA　原铝均价掉期	12,488	4,508	-63.9%
OL　铝合金均价掉期	—	—	—
OC　铜均价掉期	3,083	11,912	286.4%
OP　铅均价掉期	1,283	1,738	35.5%
ON　镍均价掉期	752	303	-59.7%
OS　锡均价掉期	960	352	-63.3%
OZ　锌均价掉期	2,571	8,722	239.2%
OM　北美特种铝合金均价掉期	92	—	-100.0%
XG　OTC白银	—	—	—
AG　白银	—	95,625	—
XU　OTC黄金	—	—	—
AE　铝溢价期货(东亚)	—	—	—

期货	成交量(手)		按年变幅
	2016 年	2017 年	
AN 铝溢价期货(美国中西部)	—	8	100.0%
AS 铝溢价期货(东南亚)	—	—	—
AW 铝溢价期货(西欧)	—	—	—
SC 废钢	49,099	307,532	526.4%
SR 螺纹钢	8,637	64,430	646.0%
AU 黄金	—	639,546	—
合计	149,410,189	149,731,819	0.2%

每手买卖单位,20 吨:铝合金及北美特种铝合金;6 吨:镍;5 吨:锡;65 吨:钢坯;25 吨:所有其他金属;5 吨:LME 小型铜、铝及锌;10 吨:废钢及钢筋。

2017 年度港交所期货及期权产品最高纪录统计

(截至 2017 年 12 月 29 日)

产品	单日成交量		未平仓合约	
	合约张数	日期	合约张数	日期
恒生指数期货	316,855	2016 年 09 月 27 日	206,082	2017 年 06 月 27 日
小型恒生指数期货	141,519	2016 年 06 月 24 日	21,682	2011 年 06 月 17 日
恒生中国企业指数期货	467,559	2015 年 08 月 26 日	519,817	2015 年 12 月 29 日
小型恒生中国企业指数期货	74,511	2015 年 07 月 08 日	16,436	2014 年 12 月 11 日
恒指股息点指数期货	3,000	2012 年 08 月 01 日	13,902	2017 年 12 月 28 日
恒生国企股息点指数期货	27,501	2017 年 02 月 14 日	184,626	2016 年 12 月 13 日
恒指波幅指数期货	105	2015 年 05 月 29 日	140	2012 年 05 月 16 日
恒生指数期权	116,835	2011 年 08 月 05 日	594,941	2017 年 11 月 28 日
小型恒生指数期权	19,094	2017 年 12 月 06 日	34,161	2017 年 08 月 29 日
自订条款恒生指数期权	4,730	2013 年 01 月 08 日	17,878	2012 年 11 月 02 日
恒生中国企业指数期权	188,957	2015 年 09 月 04 日	3,465,052	2017 年 12 月 27 日
小型恒生中国企业指数期权	9,246	2017 年 10 月 30 日	16,714	2016 年 11 月 28 日
自订条款恒生中国企业指数期权	5,770	2011 年 09 月 26 日	44,480	2015 年 06 月 26 日
中华交易服务中国 120 指数期货	2,086	2013 年 08 月 26 日	1,178	2014 年 05 月 27 日
中华交易服务博彩业指数期货	0	2017 年 12 月 29 日	0	2017 年 12 月 29 日
恒生中国内地石油及天然气指数期货	86	2017 年 08 月 02 日	156	2017 年 08 月 10 日
恒生中国内地银行指数期货	188	2017 年 11 月 20 日	195	2017 年 09 月 18 日
恒生中国内地医疗保健指数期货	2	2017 年 10 月 11 日	0	2017 年 12 月 29 日
恒生中国内地地产指数期货	211	2017 年 09 月 19 日	97	2017 年 09 月 06 日
恒生信息科技器材指数期货	1	2017 年 07 月 11 日	1	2017 年 07 月 10 日
恒生软件服务指数期货	0	2017 年 12 月 29 日	0	2017 年 12 月 29 日
IBOVESPA 期货	5	2012 年 05 月 21 日	5	2012 年 06 月 14 日
MICEX 指数期货	5	2012 年 05 月 17 日	6	2012 年 06 月 18 日
S&P BSE Sensex 指数期货	22	2012 年 04 月 17 日	25	2012 年 06 月 01 日
FTSE/JSE Top40 期货	0	2017 年 12 月 29 日	0	2017 年 12 月 29 日
股票期货	27,966	2007 年 03 月 28 日	47,050	2013 年 03 月 27 日
股票期权	1,221,324	2015 年 04 月 13 日	12,502,433	2017 年 11 月 28 日
五年期中国财政部国债期货	458	2017 年 05 月 31 日	1,028	2017 年 06 月 06 日
三个月港元利率期货 1	10,514	2002 年 04 月 04 日	80,964	2001 年 11 月 15 日

产品	单日成交量		未平仓合约	
	合约张数	日期	合约张数	日期
一个月港元利率期货2	800	2001年01月09日	3,250	2001年04月12日
人民币货币期货—美元兑人民币(香港)期货	20,338	2017年01月05日	46,711	2017年01月04日
人民币货币期权—美元兑人民币(香港)期权	516	2017年09月28日	3,597	2017年11月08日
人民币货币期货—欧元兑人民币(香港)期货	110	2017年03月10日	182	2017年08月14日
人民币货币期货—日圆兑人民币(香港)期货	71	2016年08月03日	101	2017年12月18日
人民币货币期货—澳元兑人民币(香港)期货	50	2017年12月04日	34	2017年04月13日
人民币货币期货—人民币(香港)兑美元期货	346	2017年08月29日	1,703	2017年01月12日
美元黄金期货	2,374	2017年12月28日	315	2017年12月13日
人民币(香港)黄金期货	2,251	2017年10月31日	829	2017年10月11日
铁矿石期货—月度合约	1,022	2017年11月13日	415	2017年12月20日
铁矿石期货—季度合约	15	2017年12月18日	19	2017年12月29日
伦敦铝期货小型合约	544	2015年10月20日	354	2015年02月10日
伦敦锌期货小型合约	562	2015年12月02日	715	2015年12月04日
伦敦铜期货小型合约	770	2014年12月03日	1,412	2014年12月11日
伦敦铅期货小型合约	21	2017年08月18日	21	2017年11月13日
伦敦镍期货小型合约	453	2016年07月07日	150	2016年01月18日
伦敦锡期货小型合约	6	2016年07月05日	9	2016年07月05日

注1：三个月港元利率期货合约金额自2002年5月27日起提高至原本金额的5倍；
2：一个月港元利率期货合约金额自2002年5月27日起提高至原本金额的5倍。

2017年场外结算公司累计结算金额

累计结算名义金额(美金)*

年/月	利率衍生产品合约		外汇衍生产品合约
	利率掉期	交叉货币掉期#	
2013	58,600,000	—	20,000,000
2014	197,000,000	—	60,000,000
2015	1,813,600,000	—	66,000,000
2016	5,373,600,000	756,000,000	66,000,000
2017	31,200,800,000	13,736,800,000	66,000,000
2017　1月	5,708,400,000	1,501,600,000	66,000,000
2月	5,844,000,000	2,056,600,000	66,000,000
3月	6,482,600,000	3,229,000,000	66,000,000
4月	7,316,800,000	3,689,000,000	66,000,000
5月	8,076,100,000	3,949,000,000	66,000,000
6月	10,133,900,000	4,538,500,000	66,000,000
7月	12,575,100,000	5,491,500,000	66,000,000
8月	14,627,600,000	6,051,500,000	66,000,000
9月	16,715,800,000	7,394,200,000	66,000,000
10月	20,818,900,000	10,538,800,000	66,000,000
11月	25,234,200,000	12,151,800,000	66,000,000
12月	31,200,800,000	13,736,800,000	66,000,000

注：* 四舍五入至美金十万位；# 交叉货币掉期产品（CCS）的结算服务于2016年8月15日起开展。

沪港通成交金额及股数（2014－2017）

港股通

年/月份	交易日数	交易金额				成交宗数			
		买入		卖出		买入		卖出	
		总额（百万港元）	平均每日	总额（百万港元）	平均每日	总额	平均每日	总额	平均每日
2014	28	19,579.59	699.27	6,431.41	229.69	347,854	12,423	120,767	4,313
2015	229	452,438.92	1,975.72	325,261.90	1,420.36	6,850,305	29,914	4,840,021	21,135
2016	228	533,016.40	2,337.79	293,759.44	1,288.42	8,371,997	36,719	5,221,326	22,900
2017	230	975,579.57	4,241.65	748,825.80	3,255.76	13,185,960	57,330	10,632,138	46,226
2017　1月	16	40,509.63	2,531.85	25,251.04	1,578.19	569,428	35,589	464,793	29,049
2月	18	76,930.80	4,273.93	47,433.91	2,635.22	1,272,294	70,683	755,118	41,951
3月	21	77,772.09	3,703.43	60,867.85	2,898.47	1,329,682	63,318	985,133	46,911
4月	16	56,573.38	3,535.84	40,309.30	2,519.33	820,375	51,273	685,416	42,838
5月	17	72,178.31	4,245.78	43,235.54	2,543.27	785,767	46,221	691,857	40,697
6月	22	81,338.80	3,697.22	75,505.84	3,432.08	1,151,288	52,331	1,140,630	51,846
7月	21	90,887.03	4,327.95	68,572.76	3,265.37	1,179,456	56,164	998,820	47,562
8月	22	87,254.86	3,966.13	86,502.94	3,931.95	1,184,460	53,839	1,111,731	50,533
9月	19	85,653.51	4,508.08	72,190.60	3,799.51	1,151,340	60,596	918,917	48,364
10月	17	78,400.64	4,611.80	56,974.24	3,351.43	1,008,055	59,297	799,707	47,041
11月	22	128,796.38	5,854.38	94,766.68	4,307.58	1,457,439	66,247	1,119,296	50,877
12月	19	99,284.14	5,225.48	77,215.09	4,063.95	1,276,376	67,177	960,720	50,564

沪股通

年/月份	交易日数	交易金额				成交宗数			
		买入		卖出		买入		卖出	
		总额（百万人民币）	平均每日	总额（百万人民币）	平均每日	总额	平均每日	总额	平均每日
2014	30	118,041.13	3,934.70	49,470.69	1,649.02	2,545,005	84,833	1,065,810	35,527
2015	231	744,796.27	3,224.23	726,267.71	3,144.02	20,928,419	90,599	21,946,861	95,008
2016	232	395,391.98	1,704.28	349,880.94	1,508.11	16,976,916	73,176	14,608,276	62,966
2017	235	688,797.60	2,931.05	625,824.21	2,663.08	25,915,638	110,279	24,897,640	105,947
2017　1月	18	28,992.77	1,610.71	30,988.81	1,721.60	1,465,931	81,440	1,275,389	70,854
2月	18	40,484.82	2,249.16	25,867.09	1,437.06	1,426,577	79,254	1,407,660	78,203
3月	23	48,576.48	2,112.02	47,394.25	2,060.62	1,755,616	76,331	2,009,189	87,356
4月	15	40,123.66	2,674.91	38,879.83	2,591.99	1,486,118	99,074	1,541,684	102,778
5月	18	43,998.45	2,444.36	40,326.76	2,240.38	1,882,294	104,571	1,745,345	96,963
6月	22	57,982.46	2,635.57	51,512.48	2,341.48	2,222,926	101,042	2,119,972	96,362
7月	21	54,255.27	2,583.58	46,839.87	2,230.47	2,133,648	101,602	1,889,486	89,875
8月	22	66,532.26	3,024.19	52,762.97	2,398.32	2,574,744	117,033	2,180,499	99,113
9月	21	63,643.45	3,030.64	56,374.18	2,684.48	2,438,973	116,141	2,325,214	110,724
10月	17	65,219.73	3,836.45	63,926.39	3,760.38	2,355,321	138,548	2,339,273	137,604
11月	22	108,067.84	4,912.17	103,135.02	4,687.96	3,560,036	161,819	3,523,581	160,162
12月	18	70,920.42	3,940.02	67,816.55	3,767.59	2,613,454	145,191	2,540,348	141,130

沪股通成交最活跃的二十种股份（金额）

顺次	股份代号	股份名称	买入金额（百万人民币）	卖出金额（百万人民币）	买入及卖出金额（百万人民币）	占沪股通总额（%）
1	600519	贵州茅台	43,339.61	46,262.98	89,602.60	6.82
2	601318	中国平安	47,893.84	40,655.83	88,549.67	6.74
3	600887	伊利股份	19,593.67	15,636.51	35,230.18	2.68
4	600276	恒瑞医药	19,237.34	13,124.89	32,362.23	2.46
5	600036	招商银行	17,395.66	14,748.41	32,144.07	2.45
6	600585	海螺水泥	11,690.82	14,980.23	26,671.05	2.03
7	600104	上汽集团	13,251.21	10,355.02	23,606.22	1.80
8	600030	中信证券	11,053.36	10,957.69	22,011.05	1.67
9	601166	兴业银行	11,253.86	10,442.42	21,696.29	1.65
10	601668	中国建筑	10,609.08	10,889.20	21,498.28	1.64
11	600019	宝钢股份	11,150.88	9,377.19	20,528.07	1.56
12	600690	青岛海尔	10,167.21	8,586.13	18,753.34	1.43
13	601398	工商银行	8,978.18	8,969.84	17,948.01	1.37
14	600009	上海机场	9,375.99	8,081.03	17,457.01	1.33
15	600900	长江电力	11,768.61	4,689.53	16,458.13	1.25
16	601888	中国国旅	10,630.33	5,743.03	16,373.36	1.25
17	600016	民生银行	8,365.37	7,777.48	16,142.85	1.23
18	601288	农业银行	8,186.07	7,365.75	15,551.82	1.18
19	601601	中国太保	7,566.27	7,330.21	14,896.48	1.13
20	600048	保利地产	7,254.24	6,950.54	14,204.78	1.08
总额			298,761.58	262,923.90	561,685.48	42.73
沪股通总额			688,797.60	625,824.21	1,314,621.81	100.00

港股通（沪港通）成交最活跃的二十种股份（金额）

顺次	股份代号	股份名称	买入金额（百万港元）	卖出金额（百万港元）	买入及卖出金额（百万港元）	占港股通总额（%）
1	00700	腾讯控股	74,876.35	50,452.93	125,329.29	7.27
2	01398	工商银行	53,851.91	24,787.70	78,639.61	4.56
3	00005	汇丰控股	55,132.52	13,993.28	69,125.80	4.01
4	01918	融创中国	33,465.33	29,893.92	63,359.25	3.67
5	00175	吉利汽车	18,143.88	24,266.40	42,410.28	2.46
6	02318	中国平安	24,375.81	16,554.96	40,930.77	2.37
7	00939	建设银行	21,614.80	18,653.54	40,268.34	2.34
8	03988	中国银行	17,914.70	15,083.73	32,998.44	1.91
9	03333	中国恒大	13,539.00	18,910.29	32,449.29	1.88
10	01336	新华保险	20,955.37	11,248.83	32,204.21	1.87
11	00981	中芯国际	18,353.65	12,259.04	30,612.68	1.78
12	02238	广汽集团	14,886.76	14,828.95	29,715.71	1.72
13	02333	长城汽车	16,942.65	12,194.62	29,137.27	1.69
14	02601	中国太保	16,583.69	10,257.81	26,841.50	1.56
15	03968	招商银行	14,043.81	10,267.25	24,311.06	1.41
16	00998	中信银行	15,081.12	7,411.91	22,493.03	1.30

顺次	股份代号	股份名称	买入金额（百万港元）	卖出金额（百万港元）	买入及卖出金额（百万港元）	占港股通总额（%）
17	02628	中国人寿	10,777.95	11,553.24	22,331.19	1.30
18	02007	碧桂园	10,708.27	9,878.03	20,586.30	1.19
19	01088	中国神华	10,659.60	9,394.37	20,053.96	1.16
20	00966	中国太平	12,268.33	7,184.49	19,452.82	1.13
总额			474,175.50	329,075.30	803,250.80	46.58
港股通总额			975,579.57	748,825.80	1,724,405.37	100.00

深港通成交金额及股数（2016－2017）

港股通

年/月份	交易日数	交易金额				成交宗数			
		买入		卖出		买入		卖出	
		总额（百万港元）	平均每日	总额（百万港元）	平均每日	总额	平均每日	总额	平均每日
2016	18	7,942.88	441.27	1,221.49	67.86	228,734	12,707	35,990	1,999
2017	230	324,244.36	1,409.76	211,056.03	917.63	5,816,670	25,289	3,702,910	16,099
2017　1月	16	5,718.85	357.43	1,715.06	107.19	149,652	9,353	50,757	3,172
2月	18	12,141.10	674.51	5,067.82	281.55	284,072	15,781	125,228	6,957
3月	21	22,859.24	1,088.54	12,703.02	604.91	450,803	21,466	262,602	12,504
4月	16	12,983.66	811.48	9,256.62	578.54	278,127	17,382	196,967	12,310
5月	17	14,549.58	855.86	9,909.16	582.89	280,106	16,476	190,198	11,188
6月	22	23,053.19	1,047.87	13,643.98	620.18	468,959	21,316	263,452	11,975
7月	21	28,675.92	1,365.52	18,335.61	873.12	512,071	24,384	321,486	15,308
8月	22	28,879.13	1,312.69	21,763.31	989.24	493,046	22,411	361,714	16,441
9月	19	37,060.06	1,950.53	25,043.03	1,318.05	654,498	34,447	413,496	21,762
10月	17	36,029.67	2,119.39	23,973.59	1,410.21	619,458	36,438	410,349	24,138
11月	22	61,902.53	2,813.75	37,604.46	1,709.29	953,805	43,354	609,931	27,724
12月	19	40,391.41	2,125.86	32,040.36	1,686.33	672,073	35,372	496,730	26,143

深股通

年/月份	交易日数	交易金额				成交宗数			
		买入		卖出		买入		卖出	
		总额（百万人民币）	平均每日	总额（百万人民币）	平均每日	总额	平均每日	总额	平均每日
2016	17	20,679.36	1,216.43	5,511.07	324.18	837,645	49,273	271,263	15,956
2017	235	543,734.78	2,313.77	406,970.40	1,731.79	22,230,517	94,598	17,861,302	76,006
2017　1月	18	18,462.62	1,025.70	6,827.13	379.28	976,534	54,251	306,325	17,018
2月	18	22,342.39	1,241.24	11,159.45	619.97	841,755	46,764	772,264	42,903
3月	23	34,993.39	1,521.45	25,004.43	1,087.15	1,380,968	60,042	1,032,025	44,870
4月	15	29,407.35	1,960.49	20,634.79	1,375.65	1,188,530	79,235	839,032	55,935
5月	18	37,718.68	2,095.48	23,646.64	1,313.70	1,682,878	93,493	1,104,370	61,353
6月	22	49,943.09	2,270.14	34,293.43	1,558.79	1,911,761	86,898	1,426,795	64,854
7月	21	44,164.64	2,103.08	29,167.49	1,388.93	1,844,875	87,851	1,266,982	60,332
8月	22	51,321.42	2,332.79	38,062.18	1,730.10	1,983,868	90,175	1,891,446	85,974
9月	21	57,144.79	2,721.18	43,606.01	2,076.48	2,405,889	114,566	1,803,170	85,865
10月	17	56,485.92	3,322.70	45,956.57	2,703.33	2,396,668	140,980	1,983,668	116,686
11月	22	84,983.42	3,862.88	77,307.37	3,513.97	3,171,299	144,149	3,099,711	140,895
12月	18	56,767.08	3,153.73	51,304.92	2,850.27	2,445,492	135,860	2,335,514	129,750

深股通成交最活跃的二十种股份(金额)

顺次	股份代号	股份名称	买入金额（百万人民币）	卖出金额（百万人民币）	买入及卖出金额（百万人民币）	占深股通总额（%）
1	002415	海康威视	49,327.15	27,929.50	77,256.66	8.13
2	000333	美的集团	41,613.22	19,379.22	60,992.44	6.42
3	000651	格力电器	29,510.75	16,796.27	46,307.02	4.87
4	000858	五粮液	19,808.41	16,335.02	36,143.43	3.80
5	000725	京东方 A	14,240.63	12,608.85	26,849.47	2.82
6	002304	洋河股份	12,013.17	7,600.57	19,613.74	2.06
7	000001	平安银行	10,671.25	6,601.54	17,272.78	1.82
8	000002	万科 A	9,504.95	7,640.90	17,145.85	1.80
9	000538	云南白药	9,819.33	3,900.22	13,719.55	1.44
10	002008	大族激光	6,426.74	5,294.47	11,721.21	1.23
11	002508	老板电器	7,348.18	3,413.38	10,761.57	1.13
12	002027	分众传媒	5,637.98	4,932.48	10,570.46	1.11
13	000568	泸州老窖	5,498.66	4,660.52	10,159.19	1.07
14	002594	比亚迪	5,606.60	4,493.53	10,100.12	1.06
15	300433	蓝思科技	5,266.51	4,294.63	9,561.14	1.01
16	002236	大华股份	4,966.66	4,408.59	9,375.26	0.99
17	002230	科大讯飞	4,768.62	4,288.93	9,057.55	0.95
18	002241	歌尔股份	4,589.42	4,301.31	8,890.73	0.94
19	001979	招商蛇口	4,343.27	3,327.29	7,670.56	0.81
20	002466	天齐锂业	3,916.25	3,486.90	7,403.15	0.78
总额			254,877.76	165,694.12	420,571.89	44.24
深股通总额			543,734.78	406,970.40	950,705.18	100.00

港股通(深港通)成交最活跃的二十种股份(金额)

顺次	股份代号	股份名称	买入金额（百万港元）	卖出金额（百万港元）	买入及卖出金额（百万港元）	占港股通总额（%）
1	00700	腾讯控股	25,105.31	14,985.64	40,090.95	7.49
2	00763	中兴通讯	11,436.99	9,165.33	20,602.32	3.85
3	01918	融创中国	12,050.16	8,468.91	20,519.07	3.83
4	00799	IGG	7,079.79	6,476.89	13,556.69	2.53
5	03333	中国恒大	5,436.67	5,572.79	11,009.46	2.06
6	00175	吉利汽车	5,693.85	4,943.45	10,637.30	1.99
7	00981	中芯国际	6,420.92	4,012.11	10,433.03	1.95
8	02202	万科企业	6,155.83	3,210.94	9,366.77	1.75
9	01357	美图公司	5,115.01	4,186.81	9,301.82	1.74
10	02318	中国平安	4,578.04	2,771.35	7,349.39	1.37
11	01030	新城发展控股	3,633.45	2,962.86	6,596.31	1.23
12	02382	舜宇光学科技	3,765.81	2,637.00	6,402.80	1.20
13	01336	新华保险	4,280.91	2,064.90	6,345.81	1.19

顺次	股份代号	股份名称	买入金额（百万港元）	卖出金额（百万港元）	买入及卖出金额（百万港元）	占港股通总额（%）
14	00607	丰盛控股	4,495.65	1,382.85	5,878.49	1.10
15	01211	比亚迪股份	3,085.17	2,577.92	5,663.09	1.06
16	01548	金斯瑞生物科技	3,392.08	2,242.91	5,634.98	1.05
17	02333	长城汽车	3,344.48	2,281.57	5,626.05	1.05
18	02208	金风科技	3,739.79	1,842.43	5,582.22	1.04
19	02238	广汽集团	3,056.83	2,466.33	5,523.15	1.03
20	01980	天鸽互动	2,670.83	2,487.60	5,158.43	0.96
总额			124,537.55	86,740.58	211,278.12	39.47
港股通总额			324,244.36	211,056.03	535,300.39	100.00

港交所相关中国股份之成交量统计（主板）

年份	H股		红筹股		合计	
	成交量（百万港元）	占股份成交（%）	成交量（百万港元）	占股份成交（%）	成交量（百万港元）	占股份成交（%）
1993	33,037.82	3.01%	88,290.28	8.05%	121,328.09	11.07%
1994	34,208.97	3.32%	57,515.41	5.59%	91,724.38	8.91%
1995	17,291.65	2.27%	45,856.63	6.02%	63,148.28	8.29%
1996	24,890.36	1.93%	135,359.18	10.52%	160,249.54	12.45%
1997	297,769.58	8.48%	1,043,672.51	29.71%	1,341,442.09	38.19%
1998	73,538.68	4.61%	369,386.79	23.13%	442,925.47	27.74%
1999	102,788.51	5.80%	354,818.00	20.01%	457,606.51	25.81%
2000	164,309.62	5.74%	674,856.93	23.60%	839,166.55	29.34%
2001	245,201.03	13.47%	497,246.00	27.31%	742,447.03	40.77%
2002	139,711.41	9.50%	309,354.25	21.04%	449,065.66	30.54%
2003	501,496.87	22.12%	493,945.47	21.79%	995,442.34	43.92%
2004	933,860.83	27.49%	614,727.35	18.10%	1,548,588.19	45.58%
2005	949,155.23	26.46%	603,820.77	16.83%	1,552,976.00	43.29%
2006	2,521,764.08	39.26%	1,100,508.90	17.13%	3,622,272.98	56.39%
2007	7,748,899.57	46.93%	2,725,604.54	16.51%	10,474,504.11	63.44%
2008	6,130,592.75	48.53%	2,283,227.61	18.08%	8,413,820.36	66.61%
2009	5,152,805.63	44.56%	1,936,589.39	16.75%	7,089,395.02	61.30%
2010	4,700,842.42	38.29%	1,928,712.11	15.71%	6,629,554.53	54.00%
2011	4,662,787.32	38.84%	1,699,518.79	14.16%	6,362,306.11	52.99%
2012	3,681,421.40	38.77%	1,459,847.85	15.37%	5,141,269.24	54.14%
2013	4,217,366.31	37.85%	1,704,419.16	15.30%	5,921,785.47	53.14%
2014	4,398,535.08	35.27%	1,897,810.54	15.22%	6,296,345.61	50.49%
2015	6,882,112.86	39.95%	2,415,551.02	14.02%	9,297,663.88	53.97%
2016	3,983,132.61	36.02%	1,564,516.57	14.15%	5,547,649.18	50.17%
2017	5,571,571.42	34.71%	1,915,957.59	11.93%	7,487,529.01	46.64%

港交所相关中国股份之成交量统计(GEM)

年份	H股		红筹股		合计	
	成交量（百万港元）	占股份成交（%）	成交量（百万港元）	占股份成交（%）	成交量（百万港元）	占股份成交（%）
1999			652.2	18.09%	652.2	18.09%
2000	6,868.59	8.15%	864.14	1.03%	7,732.73	9.17%
2001	6,155.01	15.62%	509.42	1.29%	6,664.43	16.91%
2002	3,897.80	8.86%	328.89	0.75%	4,226.69	9.61%
2003	4,652.71	12.20%	387.65	1.02%	5,040.36	13.22%
2004	7,195.46	27.93%	28.43	0.11%	7,223.89	28.04%
2005	4,154.00	18.60%	242.67	1.09%	4,396.67	19.68%
2006	14,860.02	34.02%	634.64	1.45%	15,494.65	35.48%
2007	23,632.65	14.84%	10,839.99	6.81%	34,472.65	21.65%
2008	7,861.73	15.09%	1,845.01	3.54%	9,706.73	18.64%
2009	15,501.38	20.46%	1,456.88	1.92%	16,958.26	22.38%
2010	16,933.86	12.67%	2,320.16	1.74%	19,254.02	14.41%
2011	4,072.46	6.47%	629.06	1.00%	4,701.52	7.47%
2012	775.12	2.31%	447.8	1.34%	1,222.92	3.65%
2013	4,195.13	5.32%	7,158.66	9.08%	11,353.79	14.40%
2014	3,454.43	2.09%	4,423.64	2.67%	7,878.07	4.76%
2015	8,570.80	3.37%	4,852.06	1.91%	13,422.85	5.27%
2016	5,715.78	4.91%	1,620.98	1.39%	7,336.76	6.30%
2017	7,382.09	4.95%	1,631.71	1.09%	9,013.80	6.05%

港交所相关中国股份之股份集资统计(主板)

（百万港元）

年份	H股			红筹股		
	首次招股集资	上市后集资	总集资额	首次招股集资	上市后集资	总集资额
1993	8,141.52	-	8,141.52	950.52	14,128.71	15,079.23
1994	9,879.81	-	9,879.81	1,541.37	11,685.17	13,226.54
1995	2,011.35	980	2,991.35	1,569.75	5,103.86	6,673.61
1996	6,834.16	1,037.50	7,871.66	3,427.30	15,581.81	19,009.11
1997	32,037.52	1,046.70	33,084.23	39,394.82	41,589.99	80,984.81
1998	2,072.36	1,480.16	3,552.52	142.38	17,232.47	17,374.85
1999	4,263.69	-	4,263.69	1,985.53	53,191.82	55,177.35
2000	51,750.69	-	51,750.69	44,096.46	249,562.21	293,658.67
2001	5,570.84	497.25	6,068.09	12,060.08	7,021.19	19,081.27
2002	16,873.60	-	16,873.60	20,950.56	31,771.67	52,722.23
2003	46,252.59	592.04	46,844.63	2,962.40	1,930.15	4,892.55
2004	40,016.78	19,229.95	59,246.73	14,548.60	11,816.68	26,365.28
2005	137,184.78	21,493.17	158,677.95	1,037.45	21,352.85	22,390.30
2006	290,026.72	13,796.28	303,823.01	2,763.76	48,004.16	50,767.91
2007	74,773.29	10,952.42	85,725.71	49,592.21	65,381.97	114,974.19
2008	29,488.36	4,618.98	34,107.34	—	223,800.56	223,800.56
2009	114,176.43	7,551.15	121,727.58	8,015.83	69,993.11	78,008.94

年份	H股			红筹股		
	首次招股集资	上市后集资	总集资额	首次招股集资	上市后集资	总集资额
2010	138,456.06	152,420.79	290,876.85	6,291.22	49,124.79	55,416.01
2011	51,901.25	37,286.47	89,187.72	5,902.54	54,874.98	60,777.52
2012	63,823.11	59,848.89	123,672.00	1,955.88	38,058.17	40,014.05
2013	89,698.52	45,923.34	135,621.86	3,179.07	63,138.20	66,317.27
2014	119,597.60	73,840.28	193,437.88	8,187.33	356,709.64	364,896.98
2015	209,372.93	121,013.13	330,386.06	3,654.32	141,134.96	144,789.29
2016	130,807.96	19,795.73	150,603.70	25,756.97	56,809.98	82,566.95
2017	61,467.00	39,507.65	100,974.65	—	125,578.39	125,578.39

港交所相关中国股份之股份集资统计(GEM)

(百万港元)

年份	H股			红筹股		
	首次招股集资	上市后集资	总集资额	首次招股集资	上市后集资	总集资额
1999	—	—	—	404.24	—	404.24
2000	644.18	—	644.18	—	—	—
2001	763.99	—	763.99	—	—	—
2002	1,059.60	113	1,172.60	—	—	—
2003	1,217.91	204	1,421.91	—	0.68	0.68
2004	693.6	459.33	1,152.93	92	—	92
2005	175.48	272.9	448.37	—	39.53	39.53
2006	1,769.21	594.25	2,363.46	—	6.9	6.9
2007	—	1,400.04	1,400.04	—	1,049.61	1,049.61
2008	176.84	1,770.67	1,947.51	—	220.22	220.22
2009	—	223.21	223.21	—	—	—
2010	—	638.72	638.72	—	0.03	0.03
2011	—	—	—	—	86.05	86.05
2012	—	—	—	—	53.82	53.82
2013	—	241.4	241.4	699.2	138.56	837.76
2014	—	—	—	—	525.05	525.05
2015	77.6	255.09	332.69	—	161.33	161.33
2016	—	202.71	202.71	—	97.44	97.44
2017	318.69	317.68	636.37	—	115.06	115.06

港交所相关中国股份之市价总值统计(主板)

年底	H股		红筹股		合计	
	市价总值(百万港元)	占股份总市值(%)	市价总值(百万港元)	占股份总市值(%)	市价总值(百万港元)	占股份总市值(%)
1993	18,228.70	0.61%	124,129.51	4.17%	142,358.21	4.78%
1994	19,981.32	0.96%	84,279.33	4.04%	104,260.65	5.00%
1995	16,463.77	0.70%	110,701.97	4.71%	127,165.74	5.42%
1996	31,530.63	0.91%	263,330.90	7.58%	294,861.53	8.48%
1997	48,622.01	1.52%	472,970.42	14.77%	521,592.43	16.29%
1998	33,532.66	1.26%	334,966.21	12.58%	368,498.87	13.84%

年底	H股		红筹股		合计	
	市价总值（百万港元）	占股份总市值(%)	市价总值（百万港元）	占股份总市值(%)	市价总值（百万港元）	占股份总市值(%)
1999	41,888.78	0.89%	956,942.33	20.24%	998,831.11	21.13%
2000	85,139.58	1.78%	1,203,551.95	25.10%	1,288,691.53	26.87%
2001	99,813.09	2.57%	908,854.82	23.39%	31,771.67	25.96%
2002	129,248.37	3.63%	806,407.41	22.66%	935,655.78	26.29%
2003	403,116.50	7.36%	1,197,770.75	21.87%	1,600,887.25	29.23%
2004	455,151.75	6.87%	1,409,357.12	21.26%	1,864,508.88	28.13%
2005	1,280,495.01	15.78%	1,709,960.75	21.08%	2,990,455.76	36.86%
2006	3,363,788.46	25.39%	2,951,581.05	22.28%	6,315,369.51	47.67%
2007	5,056,820.09	24.62%	5,514,059.49	26.85%	10,570,879.58	51.47%
2008	2,720,188.76	26.53%	2,874,906.69	28.04%	5,595,095.45	54.57%
2009	4,686,418.75	26.37%	3,862,143.29	21.73%	8,548,562.04	48.11%
2010	5,210,324.73	24.88%	4,380,687.29	20.92%	9,591,012.02	45.80%
2011	4,096,659.80	23.47%	3,999,091.91	22.91%	8,095,751.71	46.39%
2012	4,890,925.94	22.36%	4,835,257.67	22.11%	9,726,183.61	44.47%
2013	4,906,583.21	20.52%	4,815,316.86	20.14%	9,721,900.07	40.66%
2014	5,723,993.53	22.99%	5,214,967.56	20.95%	10,938,961.09	43.94%
2015	5,157,109.86	21.11%	5,137,712.98	21.03%	10,294,822.84	42.15%
2016	5,316,159.06	21.74%	4,898,947.36	20.04%	10,215,106.42	41.78%
2017	6,758,944.23	20.05%	5,726,457.33	16.98%	12,485,401.56	37.03%

港交所相关中国股份之市价总值统计(GEM)

年底	H股		红筹股		合计	
	市价总值（百万港元）	占股份总市值(%)	市价总值（百万港元）	占股份总市值(%)	市价总值（百万港元）	占股份总市值(%)
1999	—	—	1,255.50	17.35%	1,255.50	17.35%
2000	991.69	1.47%	806	1.20%	1,797.69	2.67%
2001	1,888.75	3.10%	1,010.60	1.66%	2,899.35	4.76%
2002	2,393.01	4.58%	830.8	1.59%	3,223.81	6.17%
2003	5,063.25	7.21%	—	—	5,063.25	7.21%
2004	6,376.35	9.56%	727.56	1.09%	7,103.92	10.65%
2005	6,420.65	9.64%	836.23	1.26%	7,256.88	10.90%
2006	14,952.03	16.82%	790.31	0.89%	15,742.35	17.71%
2007	22,695.38	14.09%	10,378.89	6.44%	33,074.28	20.53%
2008	11,550.65	25.57%	988.62	2.19%	12,539.27	27.76%
2009	27,059.82	25.76%	6,551.60	6.24%	33,611.41	32.00%
2010	20,154.24	14.97%	5,285.11	3.92%	25,439.35	18.89%
2011	4,611.67	5.45%	3,432.64	4.06%	8,044.31	9.51%
2012	5,074.68	6.47%	3,800.19	4.85%	8,874.87	11.32%
2013	5,953.03	4.44%	13,083.47	9.76%	19,036.50	14.21%
2014	5,664.53	3.16%	13,053.20	7.28%	18,717.73	10.43%
2015	7,529.51	2.92%	12,987.59	5.03%	20,517.11	7.95%
2016	6,963.00	2.24%	13,400.09	4.31%	20,363.09	6.55%
2017	8,926.84	3.18%	12,398.68	4.41%	21,325.52	7.59%

港交所中国企业 H 股公司名单(主板)

上市日期	股份代号	公司名称	市价总值(港元)
2005-10-27	939	中国建设银行股份有限公司	1,644,454,467,979
2004-6-24	2318	中国平安保险(集团)股份有限公司	592,082,364,504
2006-10-27	1398	中国工商银行股份有限公司	496,461,934,826
2006-6-1	3988	中国银行股份有限公司	291,005,521,855
2005-6-23	3328	交通银行股份有限公司	205,519,633,638
2000-10-19	386	中国石油化工股份有限公司	200,025,358,624
2006-9-22	3968	招商银行股份有限公司	145,990,657,270
2000-4-7	857	中国石油天然气股份有限公司	133,767,026,000
2003-12-18	2628	中国人寿保险股份有限公司	132,304,091,500
2010-7-16	1288	中国农业银行股份有限公司	118,037,080,689
2016-9-28	1658	中国邮政储蓄银行股份有限公司	97,890,903,310
2009-12-23	2601	中国太平洋保险(集团)股份有限公司	83,814,060,000
2007-4-27	998	中信银行股份有限公司	74,559,636,515
2003-11-6	2328	中国人民财产保险股份有限公司	63,749,475,017
1997-10-21	914	安徽海螺水泥股份有限公司	61,406,100,000
2005-6-15	1088	中国神华能源股份有限公司	60,766,655,100
2002-11-15	728	中国电信股份有限公司	53,983,124,900
2018-8-8	788	中国铁塔股份有限公司	53,196,795,840
2002-7-31	1211	比亚迪股份有限公司	51,423,000,000
2009-11-26	1988	中国民生银行股份有限公司	48,340,915,629
2009-9-23	1099	国药控股股份有限公司	45,684,651,342
2013-12-20	6818	中国光大银行股份有限公司	43,995,212,185
2011-12-15	1336	新华人寿保险股份有限公司	38,830,727,613
2015-10-30	2799	中国华融资产管理股份有限公司	36,063,148,202
2006-12-15	1800	中国交通建设股份有限公司	35,420,000,000
2004-2-27	1066	山东威高集团医用高分子制品股份有限公司	34,957,628,865
2004-12-15	753	中国国际航空股份有限公司	34,493,886,232
2014-6-25	2202	万科企业股份有限公司	34,057,346,621
2007-12-7	390	中国中铁股份有限公司	32,649,346,400
2011-10-6	6030	中信证券股份有限公司	31,714,321,584
2008-8-21	1766	中国中车股份有限公司	31,253,122,186
2003-10-30	2357	中国航空科技工业股份有限公司	30,785,188,674
2012-12-7	1339	中国人民保险集团股份有限公司	30,716,343,680
2015-6-29	3396	联想控股股份有限公司	30,524,495,760
2006-3-23	3323	中国建材股份有限公司	26,887,449,668
2010-8-30	2238	广州汽车集团股份有限公司	26,865,038,044
2013-12-12	1359	中国信达资产管理股份有限公司	26,863,853,605
2015-11-9	3908	中国国际金融股份有限公司	24,982,750,629
2006-12-20	3898	株洲中车时代电气股份有限公司	24,465,624,180
2012-4-27	6837	海通证券股份有限公司	24,276,129,998
1998-1-21	902	华能国际电力股份有限公司	24,206,974,716
1993-7-15	168	青岛啤酒股份有限公司	24,106,545,750
1997-2-5	670	中国东方航空股份有限公司	23,388,682,000
2005-12-7	489	东风汽车集团股份有限公司	23,017,199,920
2009-12-10	916	龙源电力集团股份有限公司	21,977,390,820
2008-3-13	1186	中国铁建股份有限公司	21,925,685,760
2014-12-10	1816	中国广核电力股份有限公司	20,764,342,500
2015-12-7	416	锦州银行股份有限公司	19,635,096,000

上市日期	股份代号	公司名称	市价总值(港元)
2015－6－1	6886	华泰证券股份有限公司	19,287,692,530
2017－4－11	2611	国泰君安证券股份有限公司	19,285,017,598
2016－3－30	2016	浙商银行股份有限公司	19,126,800,000
2001－2－7	696	中国民航信息网络股份有限公司	18,977,636,700
2004－3－11	2338	潍柴动力股份有限公司	18,847,488,000
1997－7－31	1055	中国南方航空股份有限公司	18,368,910,477
2011－5－20	2607	上海医药集团股份有限公司	17,977,062,090
2000－2－1	694	北京首都国际机场股份有限公司	17,872,751,640
1998－4－1	1171	兖州煤业股份有限公司	17,704,785,120
2003－12－23	2899	紫金矿业集团股份有限公司	17,268,189,400
2006－12－8	552	中国通信服务股份有限公司	17,242,139,930
2015－4－10	1776	广发证券股份有限公司	17,086,033,848
2012－10－30	2196	上海复星医药(集团)股份有限公司	17,027,364,425
1993－7－26	338	中国石化上海石油化工股份有限公司	16,706,100,000
2014－12－19	1958	北京汽车股份有限公司	15,804,730,576
2003－12－15	2333	长城汽车股份有限公司	15,466,704,600
2002－11－20	2883	中海油田服务股份有限公司	15,376,442,760
2017－9－28	6060	众安在线财产保险股份有限公司	15,010,522,155
2005－7－14	2777	广州富力地产股份有限公司	14,599,415,792
2015－3－31	3606	福耀玻璃工业集团股份有限公司	14,385,207,640
2012－12－19	2039	中国国际海运集装箱(集团)股份有限公司	14,247,585,855
2001－12－12	2600	中国铝业股份有限公司	13,725,001,569
2006－12－19	1898	中国中煤能源股份有限公司	13,551,987,900
2013－5－22	6881	中国银河证券股份有限公司	13,472,093,910
2013－5－23	2386	中石化炼化工程(集团)股份有限公司	13,059,552,000
2007－4－26	3993	洛阳栾川钼业集团股份有限公司	12,901,775,040
1997－6－12	358	江西铜业股份有限公司	12,667,710,660
1997－6－27	177	江苏宁沪高速公路股份有限公司	12,268,880,000
1997－3－21	991	大唐国际发电股份有限公司	12,099,030,368
2013－11－12	3698	徽商银行股份有限公司	11,827,750,000
2011－6－10	958	华能新能源股份有限公司	11,722,744,911
2015－8－7	3969	中国铁路通信信号股份有限公司	10,907,157,540
2004－12－9	763	中兴通讯股份有限公司	10,833,906,338
2010－12－16	3618	重庆农村商业银行股份有限公司	10,757,078,255
2015－12－3	3866	青岛银行股份有限公司	10,560,579,530
2015－10－26	1508	中国再保险(集团)股份有限公司	10,353,095,885
1997－5－15	576	浙江沪杭甬高速公路股份有限公司	9,334,392,795
2017－6－20	1551	广州农村商业银行股份有限公司	9,283,708,500
2016－10－7	6099	招商证券股份有限公司	9,254,987,139
2017－7－19	1216	中原银行股份有限公司	8,994,150,000
2015－12－10	3996	中国能源建设股份有限公司	8,614,065,480
2014－12－10	6869	长飞光纤光缆股份有限公司	8,560,651,434
2005－6－30	1919	中远海运控股股份有限公司	8,386,950,000
2018－6－26	1916	江西银行股份有限公司	8,315,190,000
2005－4－28	2727	上海电气集团股份有限公司	8,294,424,480
1997－7－24	347	鞍钢股份有限公司	7,600,600,000
2016－3－30	1578	天津银行股份有限公司	7,517,192,008
2013－11－6	1963	重庆银行股份有限公司	7,421,397,816
2015－12－29	1558	宜昌东阳光长江药业股份有限公司	7,350,533,768
1993－11－3	323	马鞍山钢铁股份有限公司	7,278,306,000
2000－10－31	1666	北京同仁堂科技发展股份有限公司	7,204,947,840

上市日期	股份代号	公司名称	市价总值(港元)
2003-2-13	598	中国外运股份有限公司	6,842,189,530
2014-1-16	1513	丽珠医药集团股份有限公司	6,618,728,806
2006-12-8	1818	招金矿业股份有限公司	6,358,242,900
2009-9-24	1618	中国冶金科工股份有限公司	6,316,200,000
2009-7-29	2009	北京金隅集团股份有限公司	6,267,889,852
1997-10-30	874	广州白云山医药集团股份有限公司	6,135,210,000
2014-6-6	6198	青岛港国际股份有限公司	6,099,588,750
2015-12-23	6196	郑州银行股份有限公司	6,072,000,000
2018-1-18	2139	甘肃银行股份有限公司	6,054,244,000
1997-3-12	548	深圳高速公路股份有限公司	5,875,350,000
1994-3-29	1033	中石化石油工程技术服务股份有限公司	5,794,008,786
2014-12-29	2066	盛京银行股份有限公司	5,762,376,950
2016-12-9	6066	中信建投证券股份有限公司	5,737,658,117
2014-3-31	6138	哈尔滨银行股份有限公司	5,623,840,200
2006-9-29	3983	中海石油化学股份有限公司	5,614,070,000
2010-10-8	2208	新疆金风科技股份有限公司	5,467,011,664
2018-2-9	3319	雅居乐雅生活服务股份有限公司	5,269,341,440
1999-6-30	1071	华电国际电力股份有限公司	5,254,734,816
2016-7-8	3958	东方证券股份有限公司	5,155,941,600
2015-6-26	1528	红星美凯龙家居集团股份有限公司	5,060,959,193
2006-4-28	2880	大连港股份有限公司	5,055,541,679
1994-11-11	1138	中远海运能源运输股份有限公司	5,041,440,000
1996-5-14	525	广深铁路股份有限公司	5,009,550,000
2016-8-18	6178	光大证券股份有限公司	4,893,417,160
2018-9-28	1787	山东黄金矿业股份有限公司	4,817,631,000
2016-7-11	1606	国银金融租赁股份有限公司	4,735,566,660
2011-12-22	579	北京京能清洁能源电力股份有限公司	4,470,889,344
2018-7-10	6190	九江银行股份有限公司	4,318,092,320
2010-12-23	1157	中联重科股份有限公司	4,206,267,471
2012-6-28	816	华电福新能源股份有限公司	4,060,952,530
2010-10-13	956	新天绿色能源股份有限公司	4,009,029,583
2004-6-16	2866	中远海运发展股份有限公司	3,976,060,000
1993-8-6	317	中船海洋与防务装备股份有限公司	3,848,462,781
2012-12-21	1829	中国机械设备工程股份有限公司	3,478,674,100
1996-7-23	921	海信科龙电器股份有限公司	3,258,491,739
2006-12-15	2006	上海锦江国际酒店(集团)股份有限公司	3,061,300,000
2017-1-12	6122	吉林九台农村商业银行股份有限公司	2,982,870,000
2003-6-19	2868	首创置业股份有限公司	2,929,569,720
2010-12-17	1798	中国大唐集团新能源股份有限公司	2,826,210,343
1994-8-17	1122	庆铃汽车股份有限公司	2,675,488,028
2008-6-18	1812	山东晨鸣纸业集团股份有限公司	2,514,732,990
2014-6-25	1375	中原证券股份有限公司	2,354,869,050
2007-5-30	811	新华文轩出版传媒股份有限公司	2,351,105,372
1996-11-13	995	安徽皖通高速公路股份有限公司	2,341,797,500
2000-8-4	1385	上海复旦微电子集团股份有限公司	2,303,073,000
2015-12-30	1799	新特能源股份有限公司	2,253,889,780
2012-7-12	3948	内蒙古伊泰煤炭股份有限公司	2,223,367,740
1997-10-7	107	四川成渝高速公路股份有限公司	2,166,674,400
2015-4-30	6826	上海昊海生物科技股份有限公司	2,140,421,285
2004-6-9	1708	南京三宝科技股份有限公司	2,093,040,000
2017-12-15	1727	河北建设集团股份有限公司	1,947,038,370

上市日期	股份代号	公司名称	市价总值(港元)
2018－7－19	1576	齐鲁高速公路股份有限公司	1,925,000,000
2003－1－29	895	东江环保股份有限公司	1,833,259,500
2016－11－15	1272	大唐环境产业集团股份有限公司	1,766,758,246
2017－12－8	1697	山东省国际信托股份有限公司	1,734,161,000
1994－12－16	1133	哈尔滨电气股份有限公司	1,661,904,660
1997－5－14	588	北京北辰实业股份有限公司	1,654,426,800
2014－10－9	6116	上海拉夏贝尔服饰股份有限公司	1,583,000,826
1994－6－6	1072	东方电气股份有限公司	1,574,200,000
2002－11－18	357	瑞港国际机场集团股份有限公司	1,561,161,440
2013－12－12	3369	秦皇岛港股份有限公司	1,468,839,810
2016－12－5	1635	上海大众公用事业(集团)股份有限公司	1,451,508,960
2016－12－21	1596	河北翼辰实业集团股份有限公司	1,398,385,800
1997－9－29	161	中航国际控股股份有限公司	1,386,062,076
2002－8－13	1349	上海复旦张江生物医药股份有限公司	1,363,400,000
2002－10－7	2488	深圳市元征科技股份有限公司	1,362,528,000
2018－7－6	1763	中国同辐股份有限公司	1,348,273,968
2012－7－6	2068	中铝国际工程股份有限公司	1,290,307,480
2014－6－19	1330	绿色动力环保集团股份有限公司	1,253,515,355
2014－7－8	1599	北京城建设计发展集团股份有限公司	1,253,036,510
2003－9－24	2698	魏桥纺织股份有限公司	1,141,588,440
2005－12－19	3378	厦门国际港务股份有限公司	1,095,237,000
1994－5－17	1065	天津创业环保集团股份有限公司	1,054,000,000
2015－12－16	1786	中国铁建高新装备股份有限公司	1,021,248,000
2012－12－5	564	郑州煤矿机械集团股份有限公司	1,016,718,956
2015－7－6	1456	国联证券股份有限公司	969,381,600
2003－6－30	2355	宝业集团股份有限公司	947,291,340
2015－11－20	2120	温州康宁医院股份有限公司	931,040,000
2017－7－18	1649	内蒙古能源建设投资股份有限公司	911,917,223
1997－6－23	38	第一拖拉机股份有限公司	897,542,600
2006－4－7	3355	上海先进半导体制造股份有限公司	893,753,443
2015－12－23	1543	广东中盈盛达融资担保投资股份有限公司	886,981,334
2014－3－6	3636	保利文化集团股份有限公司	883,742,288
2006－4－27	2345	上海集优机械股份有限公司	858,472,300
2014－7－8	6188	北京迪信通商贸股份有限公司	819,127,830
2015－5－27	6839	云南水务投资股份有限公司	811,081,997
1996－12－31	719	山东新华制药股份有限公司	795,600,000
2015－11－26	6865	福莱特玻璃集团股份有限公司	783,000,000
2015－10－15	1476	恒泰证券股份有限公司	779,963,580
2017－4－6	3768	昆明滇池水务股份有限公司	768,451,980
2016－11－8	3689	广东康华医疗股份有限公司	734,227,800
2003－6－27	980	联华超市股份有限公司	700,488,000
2005－10－26	3399	广东粤运交通股份有限公司	683,100,000
2007－10－12	3833	新疆新鑫矿业股份有限公司	652,740,000
1997－10－17	1053	重庆钢铁股份有限公司	645,752,640
2008－6－13	2722	重庆机电股份有限公司	638,108,733
1994－7－8	1108	洛阳玻璃股份有限公司	625,000,000
2017－10－10	6885	河南金马能源股份有限公司	621,582,390
2003－4－22	2218	烟台北方安德利果汁股份有限公司	600,723,760
1996－5－2	553	南京熊猫电子股份有限公司	568,700,000
2014－6－26	1588	畅捷通信息技术股份有限公司	561,000,000
2014－6－19	3903	瀚华金控股份有限公司	555,750,000

上市日期	股份代号	公司名称	市价总值(港元)
2015－3－11	1858	北京市春立正达医疗器械股份有限公司	506,098,560
2004－12－20	438	彩虹集团新能源股份有限公司	460,543,422
2011－12－30	1296	国电科技环保集团股份有限公司	458,419,500
2006－1－12	3330	灵宝黄金集团股份有限公司	451,856,480
2004－1－9	1265	天津津燃公用事业股份有限公司	415,049,800
2016－11－25	6189	广东爱得威建设(集团)股份有限公司	392,556,720
2005－7－13	1103	上海大生农业金融科技股份有限公司	353,518,549
2007－2－7	568	山东墨龙石油机械股份有限公司	335,525,584
2015－7－7	1461	鲁证期货股份有限公司	313,111,700
2008－2－26	814	北京京客隆商业集团股份有限公司	285,991,200
2017－3－31	2281	泸州市兴泸水务(集团)股份有限公司	279,422,000
2001－12－21	1075	首都信息发展股份有限公司	274,946,790
2015－12－30	3678	弘业期货股份有限公司	272,173,000
2003－10－10	2308	研祥智能科技股份有限公司	262,099,200
2015－10－15	1533	兰州庄园牧场股份有限公司	247,666,500
2016－9－30	1577	泉州汇鑫小额贷款股份有限公司	243,000,000
2015－12－14	2289	创美药业股份有限公司	241,360,000
2006－5－16	1057	浙江世宝股份有限公司	238,463,500
2006－2－23	1292	重庆长安民生物流股份有限公司	220,000,000
1995－7－6	42	东北电气发展股份有限公司	180,565,000
1993－8－6	187	北京京城机电股份有限公司	167,000,000
2015－10－12	1527	浙江天洁环境科技股份有限公司	164,500,000
1999－12－16	747	沈阳公用发展股份有限公司	163,451,520
2016－1－12	1459	巨匠建设集团股份有限公司	146,696,000
1994－12－13	1202	成都普天电缆股份有限公司	132,800,000
2015－1－13	6866	佐力科创小额贷款股份有限公司	132,000,000
2014－1－15	3332	南京中生联合股份有限公司	130,785,408
2002－6－28	954	常茂生物化学工程股份有限公司	124,916,000
2004－12－22	1000	北青传媒股份有限公司	109,802,000
2008－1－24	840	新疆天业节水灌溉股份有限公司	72,864,000
2014－11－11	1289	无锡盛力达科技股份有限公司	67,520,000
2018－6－27	1749	杉杉品牌运营股份有限公司	54,442,000
2018－4－27	1671	天津天保能源股份有限公司	42,547,200
2013－12－20	1819	富贵鸟股份有限公司#	
1993－12－7	300	沈机集团昆明机床股份有限公司#	
2014－1－9	1353	福建诺奇股份有限公司#	
总数	237	总值	6,379,465,244,279

注:# 暂停交易超逾 1 年之股份,其市值不作发表。

港交所中国企业 H 股公司名单(GME)

上市日期	股份代号	公司名称	市价总值(港元)
2003－11－5	8227	西安海天天实业股份有限公司	1,808,141,177
2000－7－27	8095	北京北大青鸟环宇科技股份有限公司	610,848,000
2002－6－18	8189	天津泰达生物医学工程股份有限公司	406,980,000
2017－5－8	8252	扬州市广陵区泰和农村小额贷款股份有限公司	373,500,000
2001－5－24	8049	吉林省辉南长龙生化药业股份有限公司	175,950,000
2005－9－12	8329	深圳市海王英特龙生物技术股份有限公司	161,880,000
2002－12－12	8236	宝德科技集团股份有限公司	138,510,000
2004－7－7	8301	深圳市明华澳汉科技股份有限公司	122,122,000

上市日期	股份代号	公司名称	市价总值(港元)
2006－2－27	8247	中生北控生物科技股份有限公司	117,643,642
2002－11－8	8211	浙江永安融通控股股份有限公司	94,149,000
2017－5－23	8452	富银融资租赁(深圳)股份有限公司	79,957,600
2002－5－3	8106	浙江升华兰德科技股份有限公司	65,531,250
2008－4－30	8348	天津滨海泰达物流集团股份有限公司	58,945,920
2001－4－24	8045	江苏南大苏富特科技股份有限公司	56,582,400
2003－7－3	8258	陕西西北新技术实业股份有限公司	54,284,000
2002－12－12	8235	赛迪顾问股份有限公司	44,308,000
2003－11－14	8249	浙江瑞远智控科技股份有限公司	42,900,000
2002－7－31	8205	上海交大慧谷信息产业股份有限公司	34,320,000
2004－6－30	8115	上海青浦消防器材股份有限公司	33,891,600
2004－5－18	8286	山西长城微光器材股份有限公司	33,000,000
2003－11－13	8243	大贺传媒股份有限公司	32,500,000
2015－1－16	8139	浙江长安仁恒科技股份有限公司	31,200,000
2002－2－28	8197	北斗嘉药业股份有限公司	29,311,200
2004－2－18	8273	浙江展望股份有限公司	27,140,000
总数	24	总值	4,633,595,789

港交所中资红筹股公司名单（主板）

上市日期	股份代号	公司名称	市价总值(港元)
1997－10－23	941	中国移动有限公司	1,511,090,637,799
2001－2－28	883	中国海洋石油有限公司	619,706,689,058
2002－7－25	2388	中银香港(控股)有限公司	404,937,484,188
1986－2－26	267	中国中信股份有限公司	324,647,330,951
2000－6－22	762	中国联合网络通信(香港)股份有限公司	279,360,875,270
1992－8－20	688	中国海外发展有限公司	272,261,608,145
1996－11－8	1109	华润置地有限公司	189,561,197,486
	291	华润啤酒(控股)有限公司	108,355,508,627
	270	粤海投资有限公司	91,006,474,445
2000－6－29	966	中国太平保险控股有限公司	89,491,061,596
2004－6－10	2319	中国蒙牛乳业有限公司	88,956,363,837
1994－11－7	1193	华润燃气控股有限公司	79,508,460,138
2016－10－28	3320	华润医药集团有限公司	78,933,401,150
2003－11－12	836	华润电力控股有限公司	68,019,674,484
1973－3－13	135	昆仑能源有限公司	66,193,600,485
2009－10－6	1313	华润水泥控股有限公司	63,963,710,404
1999－10－22	1114	华晨中国汽车控股有限公司	62,763,151,187
1994－2－14	992	联想集团有限公司	61,515,733,064
1992－7－15	144	招商局港口控股有限公司	53,260,505,717
1997－5－29	392	北京控股有限公司	47,516,305,540
2004－3－18	981	中芯国际集成电路制造有限公司	46,778,893,188
2007－8－17	817	中国金茂控股集团有限公司	42,733,479,111
2005－7－8	3311	中国建筑国际集团有限公司	41,251,609,978
	257	中国光大国际有限公司	40,605,066,680
1993－4－19	371	北控水务集团有限公司	40,285,879,726
2016－6－1	2588	中银航空租赁有限公司	39,905,594,205

上市日期	股份代号	公司名称	市价总值(港元)
2013-10-7	1316	耐世特汽车系统集团有限公司	33,118,069,423
2007-11-28	3808	中国重汽(香港)有限公司	32,358,841,933
1994-12-15	1208	五矿资源有限公司	31,640,582,311
1972-9-25	152	深圳国际控股有限公司	31,059,660,633
2011-3-30	3360	远东宏信有限公司	29,372,671,529
1993-4-7	570	中国中药控股有限公司	28,804,786,593
1994-12-19	1199	中远海运港口有限公司	25,407,544,429
1973-2-26	165	中国光大控股有限公司	23,155,386,003
2014-10-15	1347	华虹半导体有限公司	22,274,510,957
1997-3-7	604	深圳控股有限公司	21,155,619,993
1996-5-30	363	上海实业控股有限公司	20,330,856,920
2011-5-18	2299	百宏实业控股有限公司	20,190,426,000
1992-12-15	123	越秀地产股份有限公司	17,609,855,416
2004-10-15	2380	中国电力国际发展有限公司	16,769,775,609
2007-3-21	606	中国粮油控股有限公司	16,407,107,771
2017-5-8	1257	中国光大绿色环保有限公司	15,991,443,720
2006-7-20	3899	中集安瑞科控股有限公司	14,531,903,481
1992-11-11	308	香港中旅国际投资有限公司	13,908,065,989
1973-3-6	207	大悦城地产有限公司	13,661,879,864
2003-10-27	2362	金川集团国际资源有限公司	13,366,465,434
2013-5-7	3613	北京同仁堂国药有限公司	12,874,598,000
2010-7-8	1788	国泰君安国际控股有限公司	11,264,444,711
1973-8-30	119	保利置业集团有限公司	10,947,995,768
1988-10-7	506	中国食品有限公司	10,909,171,244
2015-7-8	2666	通用环球医疗集团有限公司	10,709,740,579
1994-7-11	1111	创兴银行有限公司	10,304,646,760
1997-1-30	1052	越秀交通基建有限公司	10,206,290,000
2013-7-5	1250	北控清洁能源集团有限公司	9,973,487,338
1984-4-26	81	中国海外宏洋集团有限公司	9,482,706,760
2013-11-29	1515	华润凤凰医疗控股有限公司	9,426,838,271
1990-10-2	639	首钢福山资源集团有限公司	9,278,216,224
2014-7-2	6139	金茂酒店与金茂(中国)酒店投资管理有限公司	9,060,000,000
1999-11-26	1070	TCL 电子控股有限公司	8,891,110,652
1999-6-25	934	中石化冠德控股有限公司	8,701,560,000
2007-4-3	1883	中信国际电讯集团有限公司	8,563,383,110
2015-10-23	2669	中海物业集团有限公司	8,282,888,359
2007-11-23	368	中外运航运有限公司	7,864,437,000
2012-6-29	1258	中国有色矿业有限公司	7,640,988,840
2010-11-1	1230	雅士利国际控股有限公司	7,497,985,268
2010-11-26	1117	中国现代牧业控股有限公司	7,357,688,047
2006-10-10	337	绿地香港控股有限公司	7,314,737,869
1992-4-15	412	中国山东高速金融集团有限公司	6,874,479,921
1993-9-10	563	上海实业城市开发集团有限公司	6,639,143,001
2007-10-17	1828	大昌行集团有限公司	6,362,363,068
1996-9-30	297	中化化肥控股有限公司	6,322,010,160
1997-9-8	1205	中信资源控股有限公司	6,286,181,719
2014-10-3	1811	中国广核新能源控股有限公司	5,878,428,880

上市日期	股份代号	公司名称	市价总值(港元)
1997-10-16	978	招商局置地有限公司	5,837,256,853
2014-7-11	1848	中国飞机租赁集团控股有限公司	5,689,062,792
2006-5-24	3382	天津港发展控股有限公司	5,665,360,000
2012-12-14	1908	建发国际投资集团有限公司	5,063,218,093
2017-5-19	3329	交银国际控股有限公司	4,730,498,160
2016-11-1	1610	中粮肉食控股有限公司	4,682,397,988
2002-9-30	445	中集天达控股有限公司	4,558,649,908
1991-12-20	230	五矿地产有限公司	4,518,019,851
2010-12-1	2099	中国黄金国际资源有限公司	4,360,551,283
1992-2-11	517	中远海运国际(香港)有限公司	4,246,286,538
2014-3-28	798	中电光谷联合控股有限公司	3,961,470,240
2009-11-16	906	中粮包装控股有限公司	3,923,030,400
2004-4-29	596	浪潮国际有限公司	3,724,270,790
1991-4-30	697	首长国际企业有限公司	3,678,962,361
	171	银建国际实业有限公司	3,641,662,385
1999-11-4	735	中国电力清洁能源发展有限公司	3,595,499,257
1982-6-28	222	闽信集团有限公司	3,511,872,642
1997-8-8	124	粤海置地控股有限公司	3,354,612,226
1994-2-16	993	华融国际金融控股有限公司	3,229,619,410
1997-12-10	882	天津发展控股有限公司	3,164,671,869
1996-12-18	1045	亚太卫星控股有限公司	3,053,051,880
2000-10-16	365	紫光科技(控股)有限公司	3,040,950,000
2006-7-13	3989	首创环境控股有限公司	2,930,420,299
2003-8-4	1164	中广核矿业有限公司	2,508,259,405
1996-6-19	1135	亚洲卫星控股有限公司	2,304,141,495
1991-10-7	618	北大资源(控股)有限公司	2,149,412,142
2005-11-2	3366	华侨城(亚洲)控股有限公司	2,125,359,440
1998-1-15	925	北京建设(控股)有限公司	2,021,517,173
1981-8-25	31	中国航天国际控股有限公司	2,005,264,223
2012-1-18	1312	同方康泰产业集团有限公司	1,929,883,003
1997-5-23	560	珠江船务企业(股份)有限公司	1,905,983,705
1999-10-8	903	冠捷科技有限公司	1,876,508,911
1991-7-1	710	京东方精电有限公司	1,823,234,506
1991-12-12	232	中国航空工业国际控股(香港)有限公司	1,776,944,584
2013-8-15	1249	通力电子控股有限公司	1,758,268,952
2004-8-18	1639	安捷利实业有限公司	1,722,826,000
1993-7-22	133	招商局中国基金有限公司	1,642,149,880
1990-10-12	641	中国恒天立信国际有限公司	1,639,322,689
1997-7-25	85	中国电子华大科技有限公司	1,603,598,880
2010-11-18	1091	中信大锰控股有限公司	1,577,091,140
2000-3-16	2886	滨海投资有限公司	1,550,140,614
2012-4-2	1329	首创钜大有限公司	1,538,461,539
	218	申万宏源(香港)有限公司	1,528,586,283
2010-3-30	830	远东环球集团有限公司	1,508,881,500
1973-1-23	281	川河集团有限公司	1,486,871,511
	217	中国诚通发展集团有限公司	1,481,227,368
2006-12-15	1868	同方友友控股有限公司	1,362,330,721

上市日期	股份代号	公司名称	市价总值(港元)
2003－1－6	2302	中核国际有限公司	1,340,321,164
2011－10－27	1206	同方泰德国际科技有限公司	1,321,904,799
1988－4－20	420	福田实业(集团)有限公司	1,313,479,386
1998－5－26	908	珠海控股投资集团有限公司	1,285,017,457
1990－11－21	661	中国大冶有色金属矿业有限公司	1,234,795,000
2012－6－18	3663	协众国际控股有限公司	1,184,000,000
1997－6－18	334	华显光电技术控股有限公司	1,085,093,474
2001－4－19	346	延长石油国际有限公司	1,080,956,001
	154	北京控股环境集团有限公司	1,080,259,308
1993－2－12	611	中国核能科技集团有限公司	1,050,475,354
1997－8－11	1185	中国航天万源国际(集团)有限公司	1,048,558,960
2012－5－16	1522	京投轨道交通科技控股有限公司	1,041,869,430
2013－3－13	1148	新晨中国动力控股有限公司	1,012,947,317
2004－7－15	311	联泰控股有限公司	1,003,089,286
2008－7－14	982	华金国际资本控股有限公司	996,031,080
2013－7－3	6877	昆仑国际金融集团有限公司	853,981,800
1994－12－9	1203	广南(集团)有限公司	816,833,957
1992－11－23	305	五菱汽车集团控股有限公司	738,038,720
2014－12－29	2277	华融投资股份有限公司	708,240,000
1973－5－18	132	中国兴业控股有限公司	702,054,948
1994－5－10	1062	国开国际投资有限公司	635,585,164
2003－10－10	2339	京西重工国际有限公司	631,772,975
2001－11－29	629	悦达矿业控股有限公司	619,372,053
1995－12－21	418	方正控股有限公司	503,893,737
2000－8－1	111	信达国际控股有限公司	410,371,584
1991－8－8	730	首长四方(集团)有限公司	400,828,870
	260	幸福控股(香港)有限公司	392,287,219
2018－1－16	3699	光大永年有限公司	388,432,000
2001－3－16	809	大成生化科技集团有限公司	383,939,902
2004－12－17	1175	鲜驰达控股集团有限公司	370,414,617
2002－1－30	812	西证国际证券股份有限公司	361,300,621
1996－12－16	1058	粤海制革有限公司	338,951,970
1988－7－22	499	青岛控股国际有限公司	324,529,842
1992－4－9	103	首长宝佳集团有限公司	296,126,686
1973－2－22	181	闽港控股有限公司	252,020,120
2000－2－2	969	华联国际(控股)有限公司	199,397,380
2005－1－26	828	王朝酒业集团有限公司#	
1999－12－17	1236	国农控股有限公司#	
2010－6－21	2228	中国节能海东青新材料集团有限公司#	
总数	159	总值	5,653,036,105,086

注:#暂停交易超逾1年之股份,其市值不作发表。

港交所中资红筹股公司名单(创业板)

上市日期	股份代号	公司名称	市价总值(港元)
2000－1－24	8016	长虹佳华控股有限公司	1,134,628,560
2013－8－22	8310	大丰港和顺科技股份有限公司	721,280,000

上市日期	股份代号	公司名称	市价总值(港元)
2001－11－30	8128	中国地热能产业发展集团有限公司	463,096,394
2010－8－30	8356	中国新华电视控股有限公司	344,704,745
2003－8－4	8271	环球数码创意控股有限公司	311,242,386
总数	5	总值	2,974,952,085

交易所参与者市场占有率分布（2013－2017）

年/月	组别 A(第1至14名)		组别 B(第15至65名)		组别 C(第65名以后)		总成交额(以十亿元计)#	平均每日成交额(以百万元计)#
	范围(%)	占总数(%)	范围(%)	占总数(%)	范围(%)	占总数(%)		
2013	7.20－2.11	55.97	1.87－0.22	32.54	0.21－0.00	11.49	15,402.14	63,123.52
2014	7.21－2.04	54.24	1.94－0.23	34.15	0.22－0.00	11.61	17,318.63	70,115.91
2015	7.35－2.08	52.31	1.89－0.25	35.30	0.25－0.00	12.39	25,936.38	105,005.59
2016	7.97－2.15	56.55	1.91－0.25	32.94	0.24－0.00	10.51	16,108.20	65,747.76
2017	6.41－2.30	54.64	1.93－0.25	34.88	0.24－0.00	10.48	20,812.12	84,602.11
2017　1月	7.29－2.04	55.99	1.94－0.25	33.96	0.24－0.00	10.05	1,057.79	55,673.15
2月	6.55－2.00	55.84	1.83－0.25	34.26	0.23－0.00	9.90	1,571.27	78,563.60
3月	6.91－2.20	55.77	1.94－0.23	34.29	0.23－0.00	9.94	1,819.83	79,123.07
4月	6.66－2.06	55.67	1.99－0.21	34.43	0.21－0.00	9.90	1,209.96	71,174.03
5月	6.95－2.29	57.35	1.93－0.23	33.38	0.22－0.00	9.27	1,528.90	76,444.91
6月	6.71－2.21	56.55	2.01－0.23	33.86	0.22－0.00	9.59	1,674.70	76,122.94
7月	6.22－2.31	54.94	1.89－0.24	35.05	0.24－0.00	10.01	1,706.64	81,268.43
8月	6.14－2.48	53.67	2.40－0.26	36.23	0.26－0.00	10.10	2,087.29	94,876.66
9月	5.96－2.07	53.06	1.91－0.24	36.31	0.24－0.00	10.63	1,919.27	91,393.70
10月	6.04－2.20	53.15	2.05－0.26	36.06	0.26－0.00	10.79	1,838.48	91,923.90
11月	6.16－2.40	53.17	2.02－0.26	36.80	0.25－0.00	10.03	2,501.61	113,709.49
12月	6.21－2.30	54.92	2.20－0.25	35.88	0.23－0.00	9.20	1,896.38	99,809.63

注:# 包括证券交易及行使股票期权所涉及相关股份之价值。

上述报告包括所有已向联交所缴付交易征费、投资者赔偿征费(如适用)及交易费之交易所参与者公司。

港交所参与者统计

联交所

年/季	交易权持有人数目	交易所参与者—开业	交易所参与者—非开业	非交易所参与者
2013	563(978)	504(912)	39(46)	20(20)
2014	558(969)	500(904)	40(47)	18(18)
2015	566(975)	515(915)	35(44)	16(16)
2016	608(1011)	556(950)	36(45)	16(16)
2017	669(1066)	622(1013)	32(38)	15(15)
2017　第1季	626(1024)	575(965)	35(43)	16(16)
第2季	639(1035)	589(977)	34(42)	16(16)
第3季	657(1053)	608(996)	33(41)	16(16)
第4季	669(1066)	622(1013)	32(38)	15(15)

期交所

年/季	交易权持有人数目	交易所参与者—开业	交易所参与者—非开业	非交易所参与者
2013	232(256)	179(201)	—	53(55)

年/季	交易权持有人数目	交易所参与者—开业	交易所参与者—非开业	非交易所参与者
2014	231(255)	179(201)	—	52(54)
2015	232(256)	179(201)	—	53(55)
2016	233(256)	180(201)	—	53(55)
2017	238(261)	186(207)	—	52(54)
2017　第1季	234(257)	181(202)	—	53(55)
第2季	236(259)	184(205)	—	52(54)
第3季	236(259)	185(206)	—	51(53)
第4季	238(261)	186(207)	—	52(54)

附注:(1) 括号内的数字为持有之交易权总数。

(2) 交易所参与者是指有权在或经交易所进行买卖及已根据《证券及期货条例》获发牌经营证券交易活动之人士或公司。

期货结算所参与者

年/季	结算参与者	一般结算参与者
2013	152	9
2014	152	9
2015	151	9
2016	152	9
2017	155	9
2017　第1季	152	9
第2季	153	9
第3季	154	9
第4季	155	9

期交所期权结算所参与者

年/季	直接结算参与者	一般结算参与者
2013	62	9
2014	65	9
2015	69	9
2016	65	9
2017	62	9
2017　第1季	64	9
第2季	63	9
第3季	63	9
第4季	62	9

中央结算所参与者

年/季	直接结算参与者	一般结算参与者	非经纪参与者*
2013	485	9	43
2014	481	10	42
2015	492	10	43
2016	533	9	42
2017	596	9	44
2017　第1季	552	9	45
第2季	566	9	45
第3季	582	9	46
第4季	596	9	44

* 非经纪参与者包括结算机构参与者、托管商参与者及股份承押人参与者。

场外结算公司会员

年/季	结算会员
2013	4
2014	4
2015	10
2016	13
2017	20
2017　第1季	13
第2季	15
第3季	17
第4季	20

2017 年香港证券及衍生产品市场大事纪要

1 月　1 月 16 日,衍生产品市场推出市场波动调节机制(市调机制),涵盖主要指数期货产品。此项措施为衍生产品市场一项重要的市场微结构提升,旨在提高香港交易所的整体竞争力。

1 月 20 日,证券及期货监察委员会(证监会)与香港联合交易所有限公司(联交所)就创业板上市股份出现股价波动发表联合声明,以针对处理当时创业板新股一些备受关注的配售问题,并同时继续共同对创业板进行更广泛的改革。证监会同日并发表指引,阐释保荐人、包销商及配售代理参与创业板首次公开招股的股份上市及配售时应达到的操守标准。

2月　2月17日,联交所公布修订《上市规则》执行主题,并刊发明确其规则执行取向的经修订政策声明。

3月　3月14日,首批追踪恒生指数及恒生中国企业指数的杠杆及反向产品在联交所上市。全日有四家发行人合共16只产品上市,创下单日最多同类产品在亚洲交易所上市的纪录。

3月15日,中华人民共和国国务院总理李克强宣布将在2017年度在内地及香港试行债券通,首次允许外国资金购买中国境内债券。

3月20日,香港交易所推出人民币货币期权。美元兑离岸人民币(美元兑人民币(香港))期权是首只在香港交易所买卖的货币期权。

3月21日,证监会就扩大持仓限额制度的涵盖范围发表咨询总结。证监会决定实施咨询文件内各项建议,当中包括将证监会可授权持有或控制的超逾限额持仓量上限设定为300%、把股票期权的法定持仓限额提高至150 000份合约,以及就指数套戥活动、资产管理人及交易所买卖基金庄家设立超逾限额持仓量。经修订的规则于2017年6月1日生效。

3月21日,香港交易所附属公司香港场外结算有限公司(场外结算公司)推出客户结算服务,为不打算成为场外结算公司的结算会员的场外衍生产品市场参与者提供场外服务,使他们可透过与场外结算公司现有结算会员建立"客户结算"关系,由该等会员担任其中介人或"经纪",以便履行强制的监管责任,同时可享中央结算的信用及资本效益等好处。场外结算公司亦表示接受结算参与者提交优质、非现金抵押品以符合保证金的规定。场外结算公司初步接纳美国国债、香港外汇票据及债券,和中华人民共和国财政部发行的离岸债券。

3月31日,联交所推出新一辑的季度董事培训短片,有助董事了解出任香港上市公司董事的职务及职责所在。

4月　4月10日,香港交易所推出中国财政部五年期国债期货合约(国债期货)。根据此试点计划,境外投资者可对冲人民币资产利率波动的风险。国债期货是在离岸市场首只以中国政府债券为标的之期货产品。五年期国债期货于2017年12月8日起暂停买卖。视乎监管框架的发展,香港交易所会考虑适时推出新的人民币利率产品,以配合债券通的运作。

4月10日,香港交易所新增三个恒生指数成份股的股票期权类别,分别为瑞声科技、吉利汽车及领展房产基金。领展期权是香港交易所首只房地产投资信托基金期权。

4月11日,证监会刊发声明,列出其在审核基建工程项目公司(例如中央政府"一带一路"策略所涵盖的公司)在香港上市时将予考虑的各项纾减风险的因素。

5月　5月15日,证监会就企业交易估值发出一份有关董事责任的指引及一份致财务顾问的通函,连同一份有关估值师须就披露虚假或具误导性的资料承担法律责任的声明。

5月16日,中国人民银行和香港金融管理局(金管局)就开展内地与香港债券市场互联互通合作(债券通)发布联合公告,表明彼等已经批准中国外汇交易中心暨全国银行间同业拆借中心(中国外汇交易中心)、中央国债登记结算有限责任公司、银行间市场清算所股份有限公司和香港交易所以及金管局辖下的债务工具中央结算系统,开展香港与内地债券市场互联互通合作。

5月19日,银行间市场清算所股份有限公司(上海清算所)与香港金融管理局(金管局)辖下的债务工具中央结算系统(CMU)就债券通的托管及结算服务的互联互通机制安排,联合发布公告。上海清算所与CMU通过双方基础设施的互联互通,配合债券通业务的发展。

5月23日,香港交易所宣布将于2017年6月1日实施修订股票期权持仓限额模式,参照相关股票的市值、流通量及其他因素,为持仓限额设定三级制框架。股票期权持仓限额改为50 000张合约、100 000张合约及150 000张合约三级。香港交易所已推出检讨机制,确保个别持仓限额在未来长期适用。

6月　6月7日,中国外汇交易中心与香港交易所宣布在香港成立合资公司——债券通有限公司(债券通公司),承担支持债券通相关交易服务职能。

6月9日,场外结算公司获亚洲银行家颁发2017年"年度金融市场技术实施(Financial Markets Technology Implementation of the Year)-年度最佳场外结算及风险管理系统实施(Best OTC Clearing and Risk Management System Implementation of the Year)奖项",表扬其交叉货币掉期业务取得佳绩。

6月16日,联交所刊发以下两份文件:(1)创新板框架咨询文件;(2)检讨创业板及修订《创业板规则》及《主板规则》的咨询文件,就一系列拓宽香港资本市场上市渠道及完善香港上市机制的建议方案展开咨询征求公众意见。

6月21日,MSCI宣布自2018年6月起将内地A股纳入MSCI新兴市场指数。

6月27日,金管局与证监会就先前建议调整在场外衍生工具监管制度下的"场外衍生工具产品"的涵盖范围的联合咨询文件发表总结。根据总结文件,建议调整旨在订明一些新增市场及结算所,使透过有关市场买卖及透过有关结算所结算的产品不会被视为"场外衍生工具产品",并将得尔塔为1的权证剔除于"场外衍生工具产品"的定义范围外。

6月28日,香港交易所宣布委任其与上海证券交易所及深圳证券交易所的合资公司,中华证券交易服务有限公司(中华交易服务)研究开发一带一路指数,作为反映有关计划发展动向的指标,以回应市场需求。

6月28日,内地与香港政府在《内地与香港关于建立更紧密经贸关系的安排》框架下签署《投资协议》及《经济技术合作协议》,并表示最新的《内地与香港关于建立更紧密经贸关系的安排》将会大力推动及保护香港及内地之间的投资,包括进一步扩大互联互通市场机制。

6月28日,香港交易所刊发咨询文件,征询各界对提升收市后交易时段的意见。

6月29日,香港交易所与金银业贸易场签订合作备忘录,探讨就产品推广、仓储等事宜展开合作。

7月　7月2日,中国人民银行和金管局发布联合公告,表明彼等已经批准中国外汇交易中心暨全国银行间同业拆借中心、中央国债登记结算有限责任公司、银行间市场清算所股份有限公司和香港交易所以及债务工具中央结算系统,开展香港特别行政区与内地债券市场互联互通合作(债券通)。债券通北向交易于2017年7月3日上线试行。

7月3日,香港特别行政区与内地债券市场互联互通机制——债券通成功启动,暂时先开通北向通交易,日后适时再扩展至南向通。债券通有限公司(债券通公司)同日开始营运。

7 月 10 日，香港交易所推出人民币（香港）黄金期货及美元黄金期货，是其首次推出以人民币及美元双币交易的期货，也是第一对可以在香港实物交收的商品期货。同日香港交易所全资附属公司伦敦金属交易所（LME）亦推出黄金期货，成为首家提供现月至五年期伦敦本地交割期货合约的交易所。

7 月 17 日，香港交易所推出“中华通中央交易网关”及“领航星市场数据平台—中华通”两个平台，利便市场透过其与上海及深圳证券交易所互联互通的市场机制（沪深港通）进行沪股通及深股通交易。

7 月 21 日，联交所刊发首份《上市规则执行通讯》，概述联交所在规则执行工作方面的最新消息及信息，并重点阐述可能影响合规的特别方面或行为。

7 月 24 日，香港交易所于旗下证券市场推出收市竞价交易时段第二阶段，涵盖的证券扩大至包括恒生综合小型股指数成份股，并容许于收市竞价交易时段内发出进行受监管卖空的交易指示（前提是交易指示的价格不低于收市竞价交易时段的参考价）。

8 月　8 月 11 日，香港交易所刊发建议提升收市后交易时段的咨询总结，并宣布提升收市后交易时段将会分三阶段进行，但须待监管机构批准作实。

8 月 17 日，恒生指数有限公司（恒指公司）公布将红筹股及内地民企股纳入恒生中国企业指数的详情。按该公司表示，恒生中国企业指数将会加入合共 10 只红筹股及民企股，而 H 股成份股就维持 40 只不变，故成份股总数由 40 增加至 50。据恒指公司所示，该 10 只红筹股及民企股将于 2018 年 3 月至 2019 年 3 月这十二个月内分五批纳入恒生中国企业指数。

9 月　9 月 15 日，证监会与联交所就其建议改善联交所的上市监管决策及管治架构的联合咨询发表总结文件，决定采纳总结文件所载的未来路向，包括成立新的上市政策小组以及加强联交所对上市委员会上市决策覆核架构的内部管治。在新架构下，联交所将继续是上市发行人最主要的前线监管机构，联交所的上市委员会亦将继续根据《上市规则》作出上市决策，包括决定申请人是否适合上市。

9 月 22 日，联交所刊发两份咨询文件，就以下事宜咨询公众意见：（1）上市发行人的集资活动；（2）修订除牌程序及其他《上市规则》。

9 月 26 日，场外结算公司获 Asia Risk 颁发“年度最佳结算所（Clearing House of the Year）”大奖，表扬其交叉货币掉期业务取得佳绩。

10 月　10 月 27 日，香港交易所在交易大堂及展览馆举办告别聚会，正式为场内交易时代画上句号。

11 月　11 月 3 日，联交所刊发两份咨询文件，就以下事宜咨询公众意见：（1）建议修订《企业管治守则》及《企业管治报告》（《守则》）以及相关《上市规则》条文；（2）建议修订上市发行人提交文件的规定及《上市规则》其他非主要修订。

11 月 6 日，香港交易所宣布，其将于 2017 年 11 月 20 日起提升服务，为与上海证券交易所及深圳证券交易所的北向通相关交易结算时，加入人民币、港币和美元的实时货银对付交收方法。

11 月 6 日，香港交易所实施第一阶段提升收市后交易时段（T + 1 时段）措施，恒生指数（恒指）、恒生中国企业指数（恒生国企指数）、小型恒指及小型恒生国企指数期货 T + 1 时段的收市时间由晚上 11 时 45 分延长至翌日凌晨 1 时。

11 月 6 日，香港交易所推出新的香港市场信息网站 www. hkex. com. hk，全新设计并提供新功能。

11 月 13 日，香港交易所推出首只黑色金属产品——现金结算的 TSI CFR 中国铁矿石 62% 铁粉期货（铁矿石期货）。

11 月 14 至 17 日，香港交易所、中国结算、巴基斯坦中央托管公司和印度国家证券托管公司在香港联袂举办全球中央证券托管机构论坛（WFC2017）。来自全球 58 个地区超过 250 名代表出席是次论坛，就业务发展、金融科技应用以及中央证券托管行业的市场前景交换了意见。

11 月 17 日，联交所刊发咨询文件，建议《上市规则》豁免飞机租赁活动。

11 月 29 日，香港交易所旗下附属公司联交所及期交所的新加坡办事处开幕，是联交所及期交所的首个海外办事处。

11 月 30 日，证监会公布，就为内地与香港股票市场交易互联互通机制下的沪股通及深股通引入投资者识别码制度的建议，其已与中国证券监督管理委员会（中国证监会）达成共识。证监会与中国证监会亦同意在沪股通及深股通实施投资者识别码制度后，尽快为港股通引入类似制度，亦计划为所有在香港联交所进行的交易实施投资者识别码制度。

据此，香港交易所于同日刊发资料文件，详述互联互通机制下将采用的投资者识别码模式。投资者识别码模式暂定于 2018 年第三季实施。

12 月　12 月 15 日，联交所公布《有关建议设立创新板的框架咨询文件》的咨询结果。基于框架咨询文件的回应意见及其后与证监会就监管方面的讨论，联交所于 2017 年 12 月刊发框架咨询文件的咨询意见总结，当中载有拓宽现有上市制度的拟定发展方向，便利新兴产业及创新型公司在制定适当保障措施的前提下来港上市。

12 月 15 日，联交所刊发《有关检讨创业板及修订〈创业板规则〉及〈主板规则〉的咨询文件》（《创业板咨询文件》）的咨询总结。据回应人士对各项公众咨询建议的意见，以及与证监会的讨论，联交所决定落实《创业板咨询文件》中的绝大部分建议。

12 月 29 日，中国证监会与香港证监会共同宣布双方签署了《有关期货事宜的监管及执法合作备忘录》（《备忘录》）。按两个机构表示，《备忘录》有利于促进内地与香港期货市场的监管和执法合作，有利于加强双方在跨境衍生品、期货交易所、期货经营机构及从业人员等方面的监管协作、执法合作及信息交流，亦有助于推动内地与香港期货市场的健康发展。

第七编
中国新三板市场

自律　高效　包容　创新

第一章　新三板市场概况

新三板市场建设发展情况介绍

全国股转系统公司董事长　谢庚

全国中小企业股份转让系统（俗称“新三板”）是党的十八以后正式投入运行的全国性证券交易场所，以《国务院关于全国中小企业股份转让系统有关问题的决定》发布为标志，从小规模区域性试点扩大至全国。5年来，在中国证监会的坚强领导下，全国股转系统深入贯彻党中央、国务院关于资本市场发展、新三板建设的战略决策，认真落实《国务院决定》，完成了市场基本制度和IT架构的构建，形成了海量市场规模，市场运行日益规范，积极效应逐步释放。

一、继往开来、审慎起步，新三板在探索中快速发展

新三板自诞生之日起就承载着服务供给侧结构性改革、创新创业和多层次资本市场建设的重要使命。作为中国多层次资本市场的一个新兵，交易所市场20余年的发展，在拓展证券市场服务与有效控制风险方面为新三板提供了充分的经验，证券业协会6年的中关村代办股份转让系统试点为新三板服务创新创业提供了有益借鉴。

站在巨人的肩膀上，新三板牢牢把握服务创新型、创业型、成长型中小微企业发展的定位，充分学习借鉴境内外市场和深入研究中小微企业及其投资人的特点、需求，多方面探索服务中小微企业创新发展。5年来的探索，从市场建设方面可以概括为六个方面：

第一，以包容性理念设置挂牌准入条件，有效拓展市场覆盖面，强化规范发展，提高挂牌公司金融获取能力。公司挂牌不设财务门槛和股权分散度要求，只从规范性角度设置了五条底线标准，并细化为“可把控、可识别、可举证”的标准体系，供市场一体周知，最大限度压缩自由裁量空间；挂牌审查以信息披露为中心，实行电子化申报和网络化沟通，在符合基本条件的前提下通过信息披露方式解决文件审查中关注的问题，审查反馈意见和公司回复意见全部网上披露。公司申请及持续挂牌的硬约束在于规范运营，必须按照国际会计准则规范财务信息，必须经具备证券从业资格的会计师事务所进行审计并持续公开披露，以提升公司会计信息的规范化、透明化和连续化程度，使得各类投资人可通过可比会计信息做出风险判断；必须建立“三会一层”的公司治理架构，必须制定和完善公司章程来保障这种架构的有效运行，必须接受主办券商的持续督导，必须公开披露公司治理的重要信息，以保障投资者的知情权和决策参与权。

通过以上制度设计，一方面企业挂牌预期明、时间短、成本低，市场规模和覆盖面快速扩大。截至2017年7月31日，挂牌公司数量与总市值分别为11 284家和4.87万亿元，分别是市场初建时的32倍和88倍；进入8月份后，市场总市值已经超过了5万亿元。新三板目前已成为全球上市（挂牌）企业数量最多的证券交易场所，其中中小微企业占比达94%；行业覆盖从初期的12个行业大类发展至覆盖全部89个行业大类；地域覆盖从四个高新园区扩大至境内所有省域，地级市覆盖也超过了90%。另一方面，较好地解决了挂牌公司规范治理、会计信息标准化和信息公开问题，扫除了对接金融体系的微观障碍。

第二，基于中小微企业需求构建持续融资机制和多元交易制度，改善挂牌公司融资条件。考虑到挂牌公司数量众多，且在股本规模、股权结构和股票流动性需求等方面存在巨大差异，新三板《业务规则》和《股票转让细则》均规定，股票转让可以采取协议、做市、竞价或其他中国证监会批准的转让方式，已上线了协议和做市转让方式。截至2017年7月31日，新三板做市股票1 513只，协议股票9 771只，市场累计成交5 387.85亿元。企业融资方面，初步形成了包括普通股、优先股等融资工具在内的直接融资体系。对于挂牌公司发行融资，遵循公司自治和买者自负原则，主要由全国股转公司实施信息披露文件的备案管理；发行监管以信息披露为核心，强调信息披露真实、准确、完整、及时、公平，关注审议程序规范和资金管理合规；股票发行额度、发行时点、发行方式、发行定价由市场主体自主决定。

企业通过挂牌，获得了股票合法公开转让渠道，改善了股票的定价和流动性水平，降低了投融资双方的谈判成本，改善了投资者风险管理条件。再配小顿、快速、按费的持续融资机制，大幅缓解了融资难问题。截至今年7月末，5 029家挂牌公司完成7 615次股票发行，实现股权融资3 503.02亿元，一批处于研发阶段的企业也顺利完成融资；2017年以来的平均发行市盈率为26倍。非金融业挂牌公司资产负债率连续3年整体下降，2016年平均资产负债率为50.98%，同比下降3.03%。挂牌以来融资超过1亿元的492家公司2016年营收和利润增幅分别较无融资公司高21.22%和14.98%，平均营业收入和净利润分别是无融资公司的4.58和5.63倍。

第三，突出公司自治，建立高度市场化的并购重组制度，优化挂牌公司资本运作环境。中小微企业往往发端于行业细分领域，很难形成完整的产业链条和市场价值的最大化。新三板构建了高度市场化的并购重组制度，支持企业相对便捷地实现强强联合和优势互补。一是尊重公司自主选择和判断，不设重组委，不强制要求评估，不强制要求业绩承诺，不设统一强制要约收购条款；二是强化中介作用，明确中介职能和责任，引导中介机构归位尽责；三是严防内幕交易，保护中小股东权益，明确控股股东、实际控制人及公司管理层在收购事项中的义务和责任，对超200人公司重组单独披露小股东表决结果。截至2017年7月末，挂牌公司累计披露重大资产重组和收购800次，交易总额1 232.07亿元，其中七成以上属现代服务业和战略新兴产业公司进行产业整合或传统制造业公司谋求转型升级实施。此外，上市公司收购挂牌公司也日益频繁。新三板使得科技、人才等创新要素可以在更大范围内流通、重整,有助于相关行业的创新发展。

第四,以主办券商为核心构建市场化的遴选机制,挂牌公司科技创新、研发驱动、高成长性特征突出。新三板构建了主办券商制度,要求券商以销售为目的遴选企业,以提升企业价值为目的进行持续服务和督导,引导证券公司从辅导企业改制、规范公司治理、完善资产定价与销售能力方面加快业务整合,完善服务链条,回归投行本质。目前参与市场服务的主办券商100家,其中做市商93家。从实践效果看,挂牌公司整体质量保持较好水平。挂牌公司中,高新技术企业占比65%。2016年挂牌公司研发投入合计622.30亿元,同比增长10.78%,其中研发强度在5%以上的公司达5 266家。2016年,79.83%的挂牌公司实现盈利,49.88%的挂牌公司实现营收利润双增长,1 098家公司净利润超3 000万元,150家公司净利润超1亿元。

第五,实施市场内部分层,探索优化公开市场标准化服务与企业差异化需求的匹配。新三板海量挂牌公司的多元化特征、差异化需求决定了单一的服务和监管已无法满足市场需求。在前期研究的基础上,2016年6月27日正式实施了市场内部分层,起步阶段先将企业划分为创新层和基础层。2017年5月30日完成挂牌公司分层的年度调整。截至7月底,创新层公司1 389家,基础层公司9 895家。分层的目的,一是立足海量市场实际,降低投资者信息收集成本;二是立足挂牌公司多元化的实际,实施差异化服务和监管。通过分层信息揭示,分层的第一个目的已经实现。市场分层管理的完善和差异化制度供给的安排是一个持续的过程,是新三板市场下一步改革发展的重点。

第六,坚持创新发展与风险控制相匹配,努力提高风险控制水平,维护市场"三公"。新三板坚持发展以规范为前提,规范以发展为目的,努力提高风险控制能力。一是加强监管制度机制建设。目前已形成了以法律法规为依据、以7件部门规章和23件行政规范性文件为基础、以102件市场自律规则为主体的制度体系;初步构建了行政监管与自律管理的信息共享、监管协作、案件查处的分工协作机制及风险处置机制。二是不断提高自律管理能力。坚持以信息披露为本、以规则监管为依据健全和改善市场自律管理,通过开展执业评价公示等方法强化市场主体归位尽责,实行严格的投资者适当性管理制度,加强配套技术系统建设,以常态化的市场培训服务机制带动监管延伸。三是坚持有异动必有反应、有违规必有查处,严厉打击违法违规行为,切实维护市场"三公"。截至2017年6月末,证监会共处理新三板违法违规案件6件,对18个违法对象做出行政处罚6次;全国股转公司累计处理违规案件3 345件,对4 804个违规对象出具3 326份自律监管决定书,出具19份纪律处分决定书,对18家公司实施强制摘牌。5年来,新三板市场运行保持平稳,牢牢守住了不发生区域性、系统性风险的底线。

二、新三板积极效应初步释放

经过五年的发展,新三板已经成为我国多层次资本市场的重要组成部分,展示出勃勃生机,对落实创新驱动发展战略、助力"双创"、服务供给侧结构性改革、促进经济转型升级等产生了积极作用。

一是引导和带动了早期投资。新三板的设立,提高了中国证券市场对企业的包容度和覆盖面,拓宽了早期投资退出渠道,拉长了中小微企业直接融资链条。据清科统计,2016年VCPE退出案例中通过新三板退出的分别占61.5%、71.4%,推动改变了过去VC/PE集中做成熟项目的状况。

二是提高了金融体系协同效应。新三板对挂牌公司会计信息和公司治理问题的规范,为提高金融体系协同效应创造了条件。全国股转公司与33家商业银行开展了战略合作,通过信息共享,降低银行的信息搜集成本和审贷成本。2016年,5 771家公司依托新三板通过专项金融产品等方式获得银行贷款合计4 871亿元。

三是激发创新创业热情。挂牌公司通过实施股权激励提高对创新创业人才的吸引力,累计激励8 100多人次,实现了个人贡献与企业发展的利益共享。目前有核心员工持股的挂牌公司约有1 500家。

四是引导企业规范发展。万余家股份公司在新三板平台上按照公众公司的要求,逐步规范会计信息、健全公司治理、提高运作透明度,股份定价实现了市场化,获得了快速发展,在全社会起到了很好的示范引领作用,也促进了股权文化、诚信文化、契约精神的深入发展。2016年年报显示,有725家公司设立独立董事,665家公司管理层引入职业经理人;2 350家挂牌公司公布分红预案。

五是增强了资本市场服务国家战略的能力。新三板对贫困地区和民族地区企业挂牌设立单独通道,实行即报即审、审过即挂政策,同时减免费用。截至2017年8月18日,贫困地区挂牌企业共233家,民族地区挂牌公司共319家,涉农挂牌公司共418家。77%的挂牌公司在2016年年报中披露了扶贫与社会责任事项,2151家公司开展了实质性的扶贫工作。初步统计,有近2 000家挂牌公司以产品出口、设立海外生产基地等不同方式参与"一带一路"建设,2014年至2016年挂牌公司海外业务收入合计2 598亿元,海外业务收入占营业收入的比例分别为16%、19%、22%,呈逐年增长趋势。

总的来看,新三板的设立,弥补了中国资本市场服务体系的缺失,增强了资本市场服务实体经济和供给侧结构性改革等国家战略的能力。2014年至2016年,挂牌公司整体营收增长分别达11%、17%、17%,净利润增长分别为24%、42%、7%,832家公司挂牌后实现规模升级,由小微型企业成长为大中型企业。挂牌公司员工人数2016年末达2 619万人,同比增长149%较同期全国城镇就业人员增长率高11.74%。

回望过去5年的发展,新三板之所以能取得一定的成绩。首先,得益于党中央、国务院的高度重视;其次,得益于国家全面深化改革和推进供给侧结构性改革、大众创业万众创新,促进经济转型升级的战略机遇,为新三板的快速发展提供了经济基础;第三,得益于证监会党委的坚强领导、大力支持;第四,得益于市场主体和媒体朋友等社会各界的参与支持。

三、深化改革,市场发展迎来新阶段

万家企业时代的新三板,进入了"从量的积累到质的飞跃"的新阶段。1万1千多家挂牌公司中,成熟企业与初创企业并存。挂牌公司平均设立年限10.57年,其中10年以上的占比55%,短于5年的不足10%;平均股本5 700万,其中大于3 000万上市条件的占比55%。这就是说,已有相当数量的公司与市场建立时的主体预设不一致,市场需求结构发生了深刻变化,需要加快完善市场功能。

党中央、国务院和中国证监会高度重视新三板的改革发展。《十三五规划纲要》明确提出"深化新三板改革",《2017

年国务院政府工作报告》要求"积极发展新三板";今年全国证券期货监管工作会议要求"从制度与实践两方面实现深化新三板改革的破题",新三板迎来了新的发展机遇。

下一步,全国股转公司将按照中央经济工作会议关于"稳中求进"的总基调和全国金融工作会议关于服务实体经济、防控金融风险、深化金融改革的总体要求,在证监会党委的领导下认真落实好"深化新三板改革"、"积极发展新三板"的战略部署。改革的目标,是健全基础制度,提升核心功能,使优质企业愿意来、留得住,使投资者愿意进、敢于投,从而引导社会资本弃虚向实,实实在在服务创新创业和供给侧结构性改革。改革的思路,是进一步完善新三板市场内部分层。以完善分层标准为切入点,统筹推进发行、交易、投资者准入和监管等各个方面的改革,理顺市场制度逻辑,为众多挂牌企业提供差异化服务,同时进一步增强市场监管和风险控制能力,做到既有效监管、守住底线,又因势利导、积极作为,全面提升市场价格发现、资源配置和风险管理等核心功能。

2017年新三板市场运行总体特征

截至2017年底,新三板挂牌公司数量达到11 630家,同比增长14.43%,增幅较前几年大幅度回落,企业挂牌进入稳步增长新常态。从增量角度看,差异化制度供给没有如期而至,市场信心大幅度下降,挂牌公司增量也随之下降。从存量角度看,很多挂牌公司基于成本收益的比较理性选择了摘牌,对企业挂牌增幅也有较大影响。另外,受A股IPO政策影响,大量优质公司要到A股或港股上市而选择摘牌。因以上原因2017年摘牌企业高达709家。

市场流动性须强力改善

2017年新三板股票发行1 402亿元,同比下降5.14%。融资企业占总体挂牌公司的比例由2015年的36.85%下降至2017年的22.19%。单个企业融资规模从2015年的6 440万下降至2017年的5 432万。虽然2017年的股票交易达到2 272亿元,同比增长18.83%,但反映市场活跃度和流动性强弱的换手率较2016年却下降了35.05%,到达13.47%,平均每月换手率只有1%左右,流动性接近枯竭,市场流动性亟待强力改善。

创新层企业创新能力亟待提高

创新层挂牌企业创新的研发投入不够。2017年平均研发支出1 132万元,占当年营业收入2.35%的比例,达不到公认的研发投入强度3%的基本标准。其中,248家的挂牌公司没有研发投入,141家企业研发投入强度在3%以下。创新层挂牌企业平均拥有专利数量为24.05项,而284家企业没有专利,占比30.21%。平均拥有发明专利数量5.38项,而456家企业没有发明专利,占比48.51%。创新层企业创新投入不够,导致创新能力不足。创新层企业亟待提高创新能力。

挂牌公司经营情况整体回暖向好

2017年新三板挂牌公司盈亏比例为76.40%,较2016年略有下降,但基本保持稳定。挂牌公司平均营收达到1.85亿元,同比增长9.5%。平均净利润实现1 063万元,同比下降了5.74%,但相比2016年的下降比例20.90%,2017年在逐渐好转。新三板非金融类企业平均资产负债率47.84%,同比下降0.19%,市场整体资产负债率为43.90%,较2016年下降4.03%,较2014年下降15.51%。这表明,挂牌公司资产负债率下降,资本结构得到优化,抗风险能力增强。

差异化制度供给迈出实质性步伐

2017年12月,在总结制度试错的经验,以及鼓励创新的基本原则下,调整创新层的市场准入标准和维持标准,为今后差异化制度供给奠定坚实的制度基础。更为重要的是,在完善分层管理制度的基础上,在创新层尝试性地提供差异化制度安排,包括在创新层实施集合竞价频次显著高于基础层,以及在创新层实施更为严格的信息披露制度。这两项举措表明,新三板的差异化制度供给迈出了实质性关键步伐。

自律监管体系日臻完善

2017年是新三板的"强监管年"。股转公司不仅对各种违规事件加大处罚力度,并且在信息披露、自律监管、分层管理、股票转让等方面的制度安排更加完善,形成了由《证券法》、证监会部门规章和行业自律规则组成的自上而下的多层次监管体系,新三板自律监管体系日臻完善。

策略推进新三板市场制度的完善

新三板市场经过五年快速发展,已进入"提质增效"发展新阶段。在进一步完善市场分层管理制度的基础上,大力夯实"非竞争性"基础制度的建设,同时策略推进"竞争性"制度安排。

进一步完善市场分层管理制度

市场分层管理制度是新三板差异化制度安排的基础性制度,只有在较为完善的市场分层管理制度的基础上,才有可能有效提供差异化制度安排。在市场分层管理制度基础上的差异化证券发行和交易制度、不同风险识别能力和承受能力的投资者适当性管理制度,以及差异信息披露制度才是差异化制度供给的核心。目前分层制度改革的关键举措是,在创新层的基础上进行再次分层,即推出一个"精选层",把"精选层"定位为证券场内市场,以区别于目前把新三板整体定位为证券场外市场,为差异化制度供给奠定基础性制度安排。

大力夯实"非竞争性"基础制度建设

主要制度安排包括:一是调整挂牌准入制度。在提高整体市场准入门槛的同时,适度降低战略性新兴产业的挂牌准入门槛。二是尽快推出摘牌制度,提高市场整体质量,以降低市场的系统性风险。三是调整目前的主办券商制度,通过引入非券商市场服务主体,以解决市场的"激励不兼容"难题,从而解决服务效率问题。四是在进一步完善做市交易制度的基础上,改革整体交易制度。引入"非券商"做市商不但解决做市商规模不足问题,更为重要的是解决了市场的激励不兼容难题。在改革做市商制度的前提下,未来交易制度的发展方向应该是"混合"交易制度的引入。五是进一步完善差异化信息披露制度。2017年年底,新三板迈开了差异化信息披露的实质性步伐。未来随着市场分层管理制度的进一步完善,差异化信息披露制度应该成为新三板信息披露制度的核心。

策略推进"竞争性"制度安排

在竞争性制度安排中,"转板"制度和在港交所同时挂牌的制度,因能为市场各方快速接受,应该在"精选层"首先实施。投资者适当性管理制度是新三板平衡市场供需结构的关键性制度安排,应在进一步市场分层的基础上提供差异化准入门槛的制度安排,它紧迫又重要,须尽快推出。而证券公开发行制度和连续竞价交易制度,遵行强制性制度变迁的基本逻辑,可能需要在政府和市场各方高度认可新三板对创新经济具有支持效应的前提下，才有可能实施。目前强制推行并不具备基本的市场基础和制度基础，因此，现阶段制度建设的重点还应放在夯实“非竞争性”基础制度建设上面。

2017 新三板市场发展报告(精简版)

目前我国已初步形成了由主板、中小板、创业板、股转系统和区域股权交易中心构成的多层次资本市场体系，通过不同层次市场的相互补充能更有效地匹配不同企业的融资需求。截至 2017 年底，股转系统有挂牌企业 11 630 家，占股权市场全部上市/挂牌企业数量的 13.02%。作为多层次资本市场体系的重要组成部分，股转系统的发展引人注目。

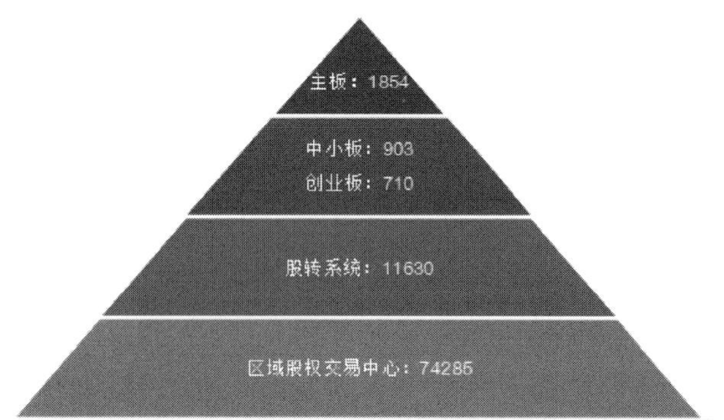

图 1　我国各层级资本市场上市/挂牌企业家数(2017 年 12 月 31 日)

资料来源：Wind 资讯。

截至 2017 年底，新三板新增挂牌公司 1 467 家，达到 11 630家，2014 至 2016 年间，挂牌公司数量分别以三倍、二倍以及一倍的速度增长，但 2017 年增速放缓至 14.43%。挂牌企业总股本 6 757 亿股，相比 2016 年末的 5 852 亿股增长了 15.46%，总市值 49 404.56 亿元，相比 2016 年的 40 558.11 亿元的总市值增长了 21.81%。

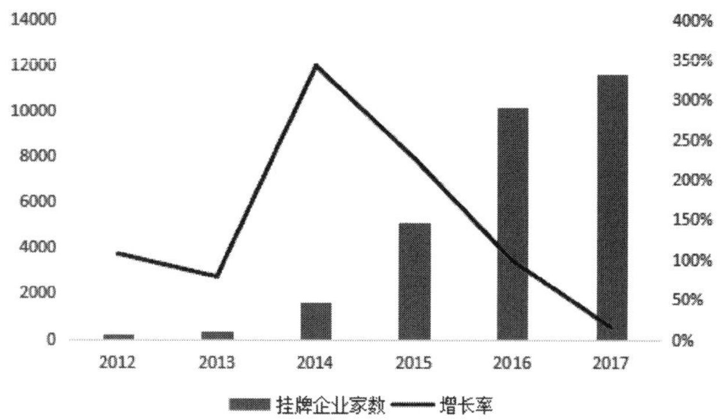

图 2　新三板挂牌企业家数及增长率(2012 - 2017)

资料来源：Wind 资讯。

2015 年 3 月，全国中小企业股份转让系统发布了“三板成指”和“三板做市”两项新三板指数，新三板也正式进入了“看盘”时代。2016 年三板成指开于 1 448.29 点，指数整体呈现下跌走势，2016 年末收于 1 243.61 点，全年跌幅 14.13%；三板做市指数呈现出与三板成指趋同的走势，2016 年初开于 1 438 点，2016 年末收于 1 112.11 点，全年跌幅 22.66%。2017 年三板成指与三板做市指数走势出现分化，三板成指 2017 年开于 1 243.61 点，全年小幅震荡上行，收于 1 275.32 点，全年涨幅 2.55%；三板做市在 2017 年下半年一路下跌，收于 993.65 点，全年跌幅 10.65%。

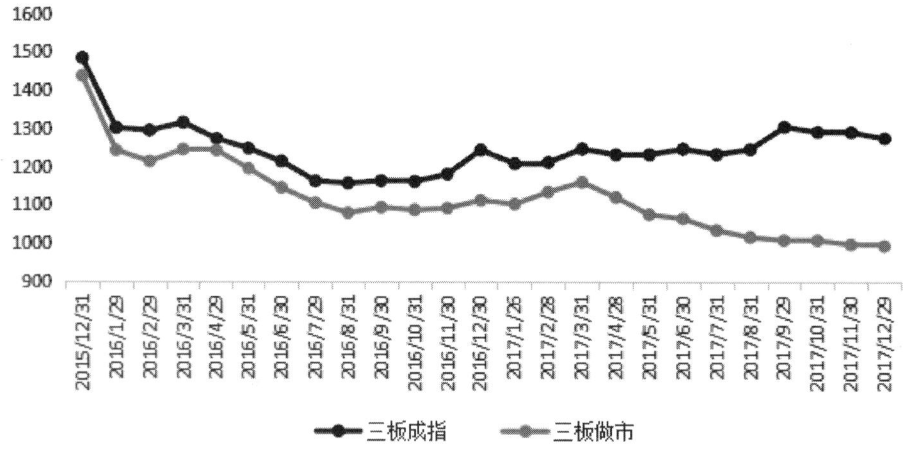

图 3　2016 - 2017 年新三板指数走势图

资料来源：Wind 资讯。

一、新三板市场发展现状

(一)挂牌企业继续高速扩容，广东北京江苏三地领跑

新三板市场迅速扩容，并容纳了大量的“成长型”中小微企业。从挂牌公司的行业分布来看，股转系统与 A 股市场有较大不同，体现了其服务于“创新型、创业型”企业的定位。2017 年挂牌公司的行业分布与 2016 年相比没有太大变化，挂牌企业涵盖 18 个门类，其中制造业挂牌公司数量最多，占比达到 49.82%。代表新兴产业的信息传输、软件和信息技术服务业占比为 19.56%，新兴产业挂牌企业的比例超过 A 股市场。

表 1　2017 年股转系统挂牌公司数量前五名的行业

行　业	挂牌家数	占比(%)
制造业	5 794	49.82
信息传输、软件和信息技术服务业	2 275	19.56
租赁和商务服务业	606	5.21

行　业	挂牌家数	占比(%)
批发和零售业	535	4.60
科学研究和技术服务业	508	4.37%

资料来源:Wind 资讯。

从挂牌公司地域分布来看,2017 年股转系统挂牌公司已经涵盖大陆地区 31 个省市自治区。挂牌公司依然集中在广东、北京、江苏、浙江、上海等东部地区。其中广东省挂牌公司数量依然居首位,达到 1878 家,占比为 16.15%。北京、江苏、浙江、上海等地区的挂牌企业数量较 2016 年均有所增长,挂牌企业依然集中于东部经济较发达的地区。

(二)增发融资情况惨淡,市场融资功能未有效发挥

目前定向增发是新三板企业最为重要的融资渠道,2017 年股转系统共有 2424 家公司进行增发融资,占股转系统挂牌公司总数的 20.84%,与 2016 年相比,参与增发融资的企业数量减少了 7.94%,融资活跃度有所下降;2017 年挂牌企业共发行股份 284.4 亿股,比 2016 年的 316.00 亿股减少了 10.00%;总融资金额 1 153.49 亿元,比 2016 年的 1 348.33 亿元减少了 14.45%。

表 2　股转系统增发融资情况年度对比

年份	实际募资总额(亿元)	增发数量(万股)	增发企业家数
2014	127.72	30.28	284
2015	1233.49	293.04	1877
2016	1348.33	316.00	2633
2017	1153.49	284.4	2424

数据来源:根据 Wind 资讯整理。

分层来看,2017 年创新层平均每家有融资企业获得融资额达 0.73 亿元,是基础层的 2 倍。从融资活跃度也可以看出,创新层获得融资的企业占比约 44.15%,远高于基础层的 16.87%。创新层企业在股转系统中获得融资的能力明显优于基础层。

表 3　2017 年股转系统融资情况分层对比

分层	挂牌企业数量	融资额(亿元)	融资额占比(%)	有融资的企业数量	平均每家有融资的企业获得的融资源(亿元)	有融资的企业数量占比(%)
基础层	10277	652.54	56.57	1734	0.37	16.87
创新层	1353	500.95	43.43	690	0.73	44.15%

数据来源:根据 Wind 资讯整理。

新三板市场的融资方式和融资工具趋向于多样化,2016 年 8 月 8 日,股转系统发布通告《全国股转系统为非公开发行优先股提供转让服务》,开启了新三板融资的“优先股”时代。除了股权融资,部分企业开始谋求债权融资,2016 年新三板债权融资金额高达 162.2 亿元,是 2015 年的 5.64 倍。除了常见的私募债和公司债外,创新创业债券的发行引人注目,发行双创债有助于改善公司资本结构,降低财务费用,避免估值较低的公司股权稀释过快,在某种程度上更适合新三板企业。

(三)成长能力突出,盈利能力分化

2017 年上半年股转系统挂牌公司平均实现营业收入 0.81亿元,同比增长 20.88%。平均实现净利润 0.05 亿元,同比增长 23.64%。净利润前 10 名的企业中,有 6 家来自金融行业。此外,披露 2017 年半年报财务数据的 11 197(截至 2018 年 1 月 26 日,共有 433 家企业因为挂牌时间等原因未披露 2017 年半年报)家挂牌企业中 7918 家实现盈利,占比 70.72%。

从成长性来看,股转系统 2017 年半年度实现营业收入同比正增长的企业 7 591 家,占比 67.79%,其中 1186 家企业营业收入增长率超过 100%,更有 74 家企业营业收入增长率超过 1 000%。净利润同比增长的企业 5 200 家,占比 46.44%,其中 2193 家净利润增长率超 100%,更有 284 家净利润增长率超 1 000%。

整体上看,股转系统的经营业绩不如创业板,但是创新层的净资产收益率水平高于创业板。

表 4　股转系统和创业板盈利能力对比(2017 年半年度)

	股转系统基础层	股转系统创新层	创业板
营业收入(亿元)	0.66	2.11	6.71
净利润(亿元)	0.03	0.14	0.67
净资产收益率	−3.81%	5.18%	4.14%

资料来源:Wind 资讯。

(四)中介机构作用凸显,证券公司热衷做市

新三板市场的成长壮大离不开券商、会计师事务所及律师事务所的护航。截至 2017 年底,共有 97 家证券公司、418 家律师事务所、39 家会计师事务所分别为家新增挂牌公司提供保荐、法律、审计服务。挂牌公司数量庞大而质量参差不齐,提高了中介机构开展业务的难度。

券商和新三板企业的关系不仅仅是推荐挂牌和持续督导,还有为其提供做市业务。截至 2017 年底,平均每家新三板做市转让的企业做市商家数为 3.85 家。而纳斯达克市场的做市商数量达 600 多家,平均每只股票的做市商在 20 家左右(数据来源于公开资料),在做市商容量上,新三板市场与成熟市场差距仍较为明显。

(五)投资者群体快速扩容,机构投资者主导市场

2017 年底新三板上的投资者数量共计 40.86 万户,相比去年 33.42 万户增加了 22.26。其中,机构投资者数量由3.85 万户增加至 5.12 万户,增幅为 32.99%;个人投资者数量由 29.57 万户增加至 35.74 万户,增幅为 20.87%。根据官方定位新三板仍是以机构投资者为主体的资本市场。

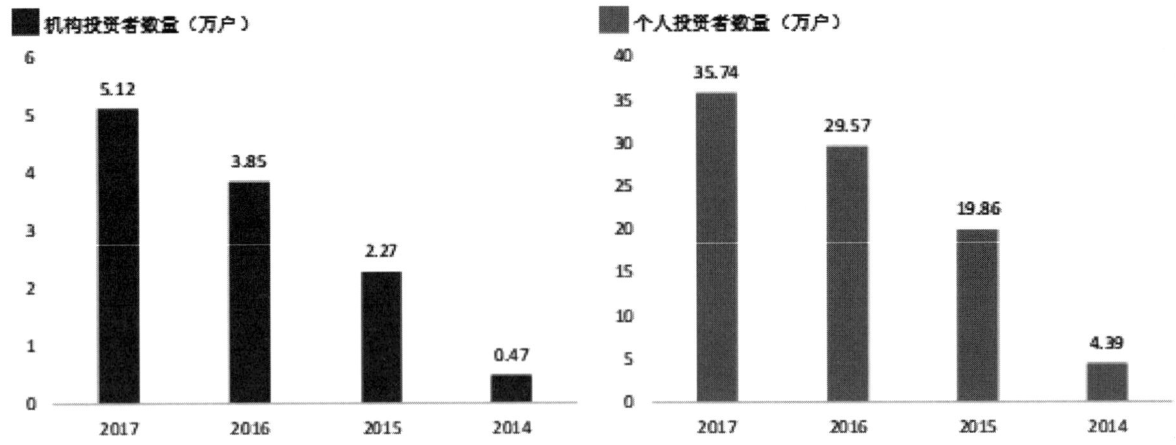

图 4 股转系统投资者分布变化（2014～2017 年）

数据来源：根据 Wind 资讯整理。

表 5 2017 年股转系统机构投资者投资情况统计

机构类型	投资金额（亿元）	占比（%）	投资家数
一般企业	890.46	91.40	4709
非金融类上市公司	47.06	4.83	154
券商	15.69	1.61	463
基金管理公司	11.95	1.23	19
阳光私募	6.38	0.65	55
其他	2.69	0.28	29

数据来源：根据 Wind 资讯整理。

（六）分层制度效果显著，市场结构进一步优化

2016 年 5 月 27 日，《全国中小企业股份转让系统挂牌公司分层管理办法（试行）》正式出台，分层制度的推出，不仅有利于股转系统自身吸引优质公司，也对多层次资本市场的深化发展影响深远。在 2017 年 12 月发布的《全国中小企业股份转让系统挂牌公司分层管理办法》中，对新三板分层制度进行改革，包括调整净利润标准、营收标准，共同准入增加合格投资人人数不少于 50 人人数等，将维持标准改为合法合规为主。

截至 2017 年 12 月 31 日，在股转系统挂牌的 11 630 家企业中，创新层企业 1 353 家，占挂牌企业数量的 11.63%。从流动性看，创新层平均每家挂牌企业成交额是基础层的 7.99 倍；从融资情况来看，2017 年股转系统创新层平均每家挂牌企业融资额是基础层的 5.83 倍；创新层企业 2017 年实现平均净利润 1 393.94 万元，是基础层的 4.26 倍，创新层企业在市场上的融资能力和业绩表现远好于基础层企业。

表 6 股转系统基础层与创新层对比（2017 年）

	挂牌企业数（家）	总股本（亿股）	平均总股本（万股）	总成交额（亿元）	平均成交额（万元）	平均融资额（万元）	平均净利润（万元）
基础层	10277	5310.80	5167.05	1046.05	1017.86	634.95	327.59
创新层	1353	1445.92	10686.77	1100.09	8130.75	3702.51	1393.94

资料来源：Wind 资讯。

（七）新三板成为上市公司并购池

并购重组作为帮助企业发展壮大、延伸产业链或推动产业整合的工具，也逐渐成为 A 股市场和新三板公司联系的重要纽带。

2016 年，上市公司并购新三板挂牌企业 149 起，并购已完成的有 69 起。披露交易金额的 130 起并购重组中，累计交易金额达 344.62 亿元。2016 年发生的 149 起并购案例中，有 68 起并购案例明确公布了其并购目的。这其中，52 起并购案例起因于横向整合，占比 76.5%，另外 13 起并购案例为多元化发展战略或战略合作，占比合计达 15.7%。

2017 年，上市公司并购新三板挂牌企业 109 起，并购已完成的有 57 起。披露交易金额的 91 起并购重组中，累计交易金额达 155.41 亿元。2017 年发生的 109 起并购案例中，42 起并购案例起因于横向整合，占比 59.15%，另外 15 起并购案例为多元化发展战略或战略合作，占比合计达 21.13%。从近两年的数据来看，产业整合是上市公司并购新三板公司的主因。

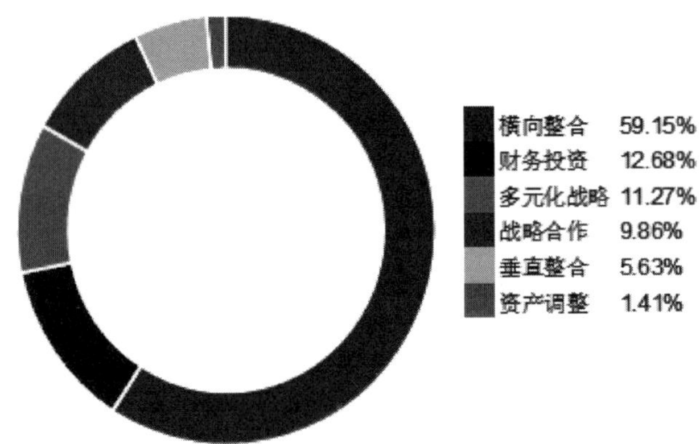

图 5 上市公司并购新三板公司并购目的占比（2017 年）

资料来源：Wind 资讯。

二、新三板市场发展中存在的突出问题

（一）市场流动性匮乏，板块间流动性差异显著

2017年全年新三板市场的成交量为433.22亿股，成交金额2 271.80亿元，2017年成交量相比2016年增长19.14%，成交金额增长18.80%，换手率相比2016年有所降低，股转系统的交易情况并不乐观。

表7　股转系统挂牌公司交易规模统计

年份	成交量（万股）	成交金额（亿元）	换手率（%）
2014年	22.82	130.36	19.67
2015年	278.91	1910.62	53.88
2016年	363.63	1912.29	20.74
2017年	433.22	2271.80	13.47

资料来源：Wind资讯。

2017年各月股转系统成交量一直处于较低水平，2017年各个月份成交金额均未超过300亿元，换手率在2016年1月有所上升后，后续月份换手率在低位徘徊，流动性仍然是制约股转系统发展的一个根本性问题。

截至2017年12月31日，股转系统的11 630家挂牌企业中，有5 264家企业自挂牌以来没有交易记录，占全部挂牌企业的45.26%，既没有交易记录也没有融资记录的企业共4 121家，占比35.43%，企业自挂牌以来没有融资和成交记录而成为"僵尸股"。

同时，新三板呈现出明显的结构性流动性充裕特征。2016年成交额排名前100的企业，累计成交额802.63亿元，以不到1%的企业数量占总成交额2 271.8亿元的35.33%。成交额排名前500的企业，累计成交金额达到1 479.41亿元，占全部融资额的65.12%。

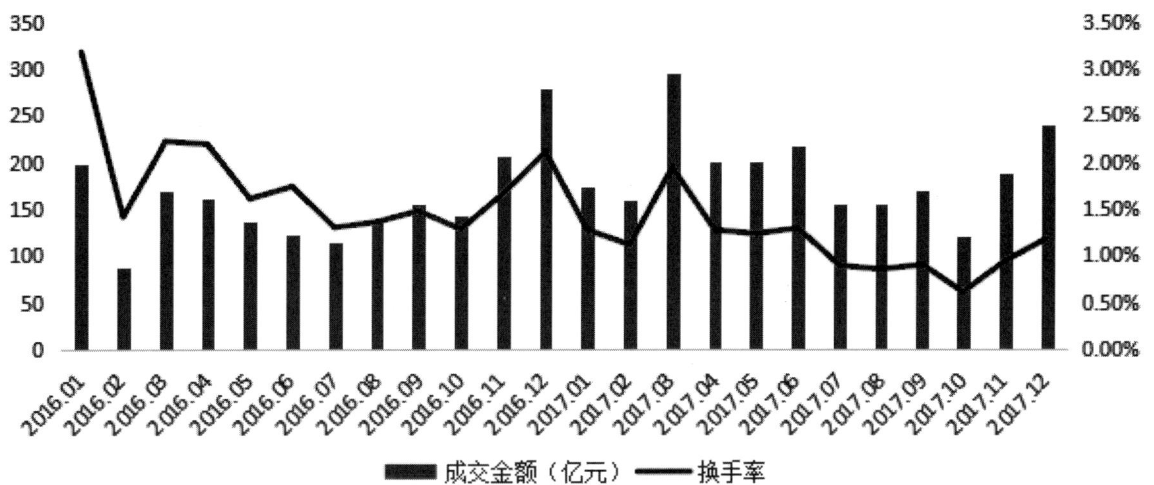

图6　2016－2017年每月股转系统流动性统计

资料来源：Wind资讯。

（二）做市制度作用不显著 做市热情持续走低

股转系统的流动性问题与做市板块不活跃，做市制度陷入困境有关。截至2017年底，11 630家挂牌企业中，仅有1 343家参与做市转让，占所有挂牌企业的11.55%，与2016年相比，参与做市转让的企业数量和占比均有所减少；就各月份的情况来看，做市标的占比自2017年以来逐月走低，做市制度作用不显著。

（三）信息披露水平较低，降低投资者投资意愿

1. 信息披露要求低

新三板挂牌公司的信息披露制度并不像主板上市公司那样严格，披露程序也比较简单，体现在新三板定期报告披露的频次低、内容少，承担督导责任的单位不同等方面。

表8　新三板企业与主板上市企业信息披露要求对比

	新三板企业	主板上市企业
信息披露监管	最低披露要求，鼓励自愿披露	强制性披露
定期报告频率	年报、半年报，可以披露季报；年报需经审计	年报、半年报、季报；年报需经审计
定期报告：股东	前十大股东	前十大股东及持股5%股东
定期报告：高管信息	董事、监事、高级管理人员的任职情况、持股变动情况	董事、监事、高级管理人员的任职情况、持股变动情况、年度薪酬情况
定期报告：对非标准审计报告的要求	暂无	董事会应当针对非标准审计意见涉及事项作出专项说明
定期报告：业绩预告的要求	暂无	上市公司预计经营业绩发生亏损或者发生大幅变动的，应当及时进行业绩预告
临时报告	12项重大事项	21项重大事项
披露媒体	指定网站	中国证监会指定媒体
信息督导责任	由主办券商承担	由上交所、深交所承担

资料来源：根据公开资料整理。

2. 信息披露质量低

因挂牌企业准入条件低，企业质地良莠不齐，信息披露质量普遍不高，信息披露不及时、不完整、不真实的情况频发。以年报披露为例，2017 共有 108 家公司未能按照规定时间披露 2016 年年度报告，由此看来，即便新三板监管持续升级，但还是有不少挂牌企业触碰信息披露违规的红线。

三、新三板市场深化发展的对策建议

（一）降低投资门槛，优化交易机制

投资门槛的降低有利于投资者规模的扩大，改善市场买卖力量不均衡、流动性不足的局面。首先，适当降低个人投资者准入门槛，引入部分散户投资者，2016 年 12 月，证监会将自然人投资者的证券类资产市值 500 万的要求改为金融资产 500 万，实质上降低了投资者门槛；其次，投资者门槛的降低不适用于所有的新三板公司，应该制定一系列考核标准，选取信誉良好、创新能力强的优质新三板企业，按照风险大小分层次降低投资者门槛。

投资门槛的降低应该与交易制度的优化相结合。2017 年 12 月，《全国中小企业股份转让系统股票转让细则》发布，通过引入集合竞价、优化协议转让、巩固做市转让等方式，解决现行协议转让方式定价不公允、市场不认可、监管难度大等问题，为后续深化改革交易制度，持续改善流动性奠定基础、预留空间。

新三板未来交易制度不断完善的过程中，还需要注意以下三个方面问题：

1. 加快新三板集合竞价交易制度推出后的制度优化步伐，尽可能减小制度改革所带来的负面冲击。

2. 加强集合竞价、大宗交易制度与协议转让交易制度的衔接性。

3. 加强交易制度与其他规则制度间的配合，提前做好风险防范措施。

（二）深化分层制度建设 推动发行制度改革

2018 年 1 月 24 日，全国中小企业股份转让公司总经理李明表示，2018 年全国股转公司将着力推进市场精细化分层、研究发行制度改革等。

在 2017 年 12 月底的分层改革中，降低了创新层的盈利要求、维持标准，提高了营收和公众化要求，这表明新三板的顶层设计不会止于创新层。一方面，通过分层调整，创新层的稳定性增加，为后续的差异化制度安排奠定基础。另一方面，分层制度的深化将有利于通过市场化的定价手段，对创新层内部以及创新层与基础层企业进行价值上的区分，有利于筛选出优质公司。

此外，新三板当前较核心的问题是非公开发行的市场，市场希望匹配一个公开交易的市场，这显然是一个矛盾的结构，这需要在发行制度上予以突破。同时，新三板发行制度改革也需要进一步明确市场属性，以及包括修改证券法在内的监管上的统筹和协调。

（三）加强信息披露制度建设，增强投资者信心

应继续加强对新三板企业的信息披露的要求，强化信息披露真实性的监管。在 2017 年 12 月颁布的《全国中小企业股份转让系统全国信息披露细则》中对信息披露方面提出更高要求，并区别对待、差异化进行，对信息真实性、完整性的监管要求进一步提高。

此外，信息披露制度应在加强监管的同时体现差异性。新三板定位于服务广大不满足上市条件的中小企业，过于严苛的信息披露制度会加大企业信息披露成本，在私有信息上失去竞争力。可以考虑加强对企业持续经营能力的关注，弱化对公司治理规范化的要求，发挥新三板的培育、扶持中小企业发展的“土壤”作用。

（四）提高挂牌门槛 细化准入条件

新三板市场现行的五个挂牌条件为：存续满 2 年；具有持续经营能力；治理健全、规范运作；股权明晰、股份发行和转让合法合规；主办券商推荐并持续督导，并没有设置财务门槛。较低的门槛使得挂牌企业数量快速增加，挂牌企业质量良莠不齐。

提高挂牌准入门槛不能“一刀切”，而应当进行差异化处理，支持主办券商根据全国股转系统业务规则制定更高的遴选标准。同时，根据行业不同将挂牌标准进行细化，对于成长性不够、行业天花板严重、研发能力弱、利润率低的企业不适合在新三板挂牌。优先支持战略性新兴产业企业，严控产能过剩或“限制、淘汰类”行业，促进新三板市场的健康发展。

四、新三板展望：多层次市场中发挥更加重要作用

（一）多层次市场中的独立板块

2017 年 2 月 10 日，证监会主席刘士余在监管工作会议上讲话，首次提及新三板，“苗圃”、“土壤”一时间成了新三板上的热词。一方面，新三板不应该是预备板。作为多层次资本市场中的一环，新三板是一个公开的股权投资和并购市场，而不是主板或者其他板块的一个补充或预备，新三板未来将成为一个开放的独立市场。另一方面，新三板和 A 股不是竞争格局，新三板为企业提供多一个选择，随着新三板的发展和向上提升，新三板与主板之间可以达成一个动态平衡。

（二）小微企业的孵化园地

当前我国正大力推进“双创”战略，新三板在支持创新创业型中小微企业方面发挥着重要作用。企业在新三板挂牌后，不仅可以通过做市转让和定增方式实现融资，同时有利于企业获得和提升银行授信，此外，挂牌新三板还可以为企业带来声誉上的背书，帮助在初创阶段的中小微企业获得发展的动力。

2018 年新三板市场将在不断改革中实现更加深远的发展。全国股转公司副总经理隋强在发言时指出，要改革现行交易体制，引入大宗交易，交易制度的优化与分层制度的完善相结合，促进市场平稳运作。随着公募、私募基金的入市，新三板的做市商队伍将进一步扩容；随着投资者门槛的降低，新三板的市场的交易活跃度将迎来提升，困扰新三板市场已久的流动性问题有望得到改善。

（三）小微金融创新的试验田

小微企业的健康发展，离不开针对其经营特点和融资需求特征的创新金融产品和服务。相对于 A 股市场的高门槛，新三板为小微企业的发展提供了沃土，也因此成为金融创新的试验田。一方面，金融机构积极开发新的信贷产品与服务模式，满足新三板市场中小微企业的差异化需求，商业银行等金融机构推出投动联动的业务模式，通过与投资机构合作，银行信贷与股票期权、夹层基金直投等组合模式，有效支持小微企业发展。另一方面，互联网思维和大数据技术应用于小微企业网络融资，网贷通、电子供应链融资等产品的出现为小微企业提供了便捷的融资支持。

全国股份转让系统2017年市场统计概况

一、市场主要统计指标概览

	2017年	2016年	2015年	2014年
挂牌规模				
挂牌公司家数	11,630	10,163	5,129	1,572
总股本(亿股)	6,756.73	5,851.55	2,959.51	658.35
总市值(亿元)	49,404.56	40,558.11	24,584.42	4,591.42
股票发行				
发行次数	2,725	2,940	2,565	330
发行股数(亿股)	239.26	294.61	230.79	26.60
融资金额(亿元)	1,336.25	1,390.89	1,216.17	134.08
优先股发行				
发行次数	8	3	—	—
融资金额(亿元)	1.49	20.20	—	—
股票转让				
成交金额(亿元)	2,271.80	1,912.29	1,910.62	130.36
成交数量(亿股)	433.22	363.63	278.91	22.82
换手率(%)	13.47	20.74	53.88	19.67
市盈率(倍)	30.18	28.71	47.23	35.27
投资者账户数				
机构投资者(万户)	5.12	3.85	2.27	0.47
个人投资者(万户)	35.74	29.57	19.86	4.39

二、挂牌公司规模月度统计(月末数据)

月份	挂牌公司家数	总股本(亿股)	流通股本(亿股)	总市值(亿元)	市盈率(倍)
2016.12	10163	5,851.55	2,386.81	40,558.11	28.71
2017.01	10454	5,972.95	2,479.15	41,386.01	28.28
2017.02	10757	6,097.74	2,569.16	42,849.64	28.94
2017.03	11023	6,294.33	2,728.95	44,390.92	29.54
2017.04	11113	6,339.60	2,775.05	44,266.30	29.52
2017.05	11244	6,505.14	2,918.09	47,863.30	27.36
2017.06	11314	6,651.01	3,035.08	48,798.40	27.90
2017.07	11284	6,658.65	3,114.43	48,727.82	28.08
2017.08	11551	6,713.97	3,203.30	50,052.68	29.07
2017.09	11594	6,811.68	3,289.88	52,452.60	30.65
2017.10	11619	6,846.98	3,344.31	51,697.27	30.42
2017.11	11645	6,850.72	3,408.02	50,948.99	30.59
2017.12	11630	6,756.73	3,416.92	49,404.56	30.18

三、2017年三板指数月度统计

月份	三板成指收盘点(899001)	月涨跌幅	三板做市收盘点(899002)	月涨跌幅
2017.01	1208.09	-2.86%	1102.38	-0.87%
2017.02	1211.54	0.29%	1134.09	2.88%
2017.03	1246.89	2.92%	1159.68	2.26%
2017.04	1231.80	-1.21%	1120.50	-3.38%
2017.05	1232.21	0.03%	1075.47	-4.02%

月份	三板成指收盘点（899001）	月涨跌幅	三板做市收盘点（899002）	月涨跌幅
2017.06	1246.79	1.18%	1064.92	-0.98%
2017.07	1232.72	-1.13%	1034.60	-2.85%
2017.08	1245.91	1.07%	1016.56	-1.74%
2017.09	1305.57	4.79%	1008.71	-0.77%
2017.10	1292.23	-1.02%	1008.58	-0.01%
2017.11	1291.31	-0.07%	997.61	-1.09%
2017.12	1275.32	-1.24%	993.65	-0.40%

全国股份转让系统2017年挂牌公司情况

一、挂牌公司行业分布情况

行业分类	2017年末		2016年末	
	公司家数	占比	公司家数	占比
制造业	5804	49.91%	5153	50.70%
信息传输、软件和信息技术服务业	2284	19.64%	2003	19.71%
租赁和商务服务业	607	5.22%	507	4.99%
批发和零售业	531	4.57%	436	4.29%
科学研究和技术服务业	509	4.38%	459	4.52%
建筑业	379	3.26%	330	3.25%
文化、体育和娱乐业	261	2.24%	228	2.24%
农、林、牧、渔业	223	1.92%	173	1.70%
水利、环境和公共设施管理业	198	1.70%	199	1.96%
交通运输、仓储和邮政业	197	1.69%	163	1.60%
金融业	144	1.24%	126	1.24%
电力、热力、燃气及水生产和供应业	130	1.12%	101	0.99%
房地产业	97	0.83%	67	0.66%
教育	88	0.76%	72	0.71%
卫生和社会工作	55	0.47%	47	0.46%
居民服务、修理和其他服务业	44	0.38%	40	0.39%
采矿业	42	0.36%	30	0.30%
住宿和餐饮业	37	0.32%	29	0.29%
合计	11630	100.00%	10163	100.00%

二、挂牌公司地域分布情况

省区市	2017年末		2016年末	
	公司家数	占比	公司家数	占比
广东	1878	16.15%	1586	15.61%
北京	1618	13.91%	1477	14.53%
江苏	1390	11.95%	1246	12.26%
浙江	1032	8.87%	901	8.87%
上海	989	8.50%	890	8.76%
山东	636	5.47%	570	5.61%
福建	405	3.48%	332	3.27%
湖北	404	3.47%	348	3.42%
河南	378	3.25%	342	3.37%
安徽	358	3.08%	302	2.97%

省区市	2017 年末		2016 年末	
	公司家数	占比	公司家数	占比
四川	332	2.85%	294	2.89%
河北	241	2.07%	195	1.92%
湖南	239	2.06%	205	2.02%
辽宁	234	2.01%	205	2.02%
天津	205	1.76%	171	1.68%
陕西	164	1.41%	141	1.39%
江西	161	1.38%	135	1.33%
重庆	142	1.22%	116	1.14%
新疆	98	0.84%	97	0.95%
黑龙江	97	0.83%	90	0.89%
云南	92	0.79%	76	0.75%
吉林	88	0.76%	78	0.77%
山西	83	0.71%	65	0.64%
广西	72	0.62%	60	0.59%
内蒙古	66	0.57%	60	0.59%
宁夏	66	0.57%	54	0.53%
贵州	59	0.51%	51	0.50%
海南	43	0.37%	30	0.30%
甘肃	34	0.29%	31	0.31%
西藏	21	0.18%	11	0.11%
青海	5	0.04%	4	0.04%
合计	11630	100.00%	10163	100.00%

三、挂牌公司股本分布情况

股本(万股)	2017 年末		2016 年末	
	公司家数	占比	公司家数	占比
500 以下	78	0.67%	71	0.70%
500 – 1000	844	7.26%	808	7.95%
1000 – 3000	4295	36.93%	3777	37.16%
3000 – 5000	2549	21.92%	2171	21.36%
5000 – 10000	2627	22.59%	2275	22.39%
10000 以上(含 10000)	1237	10.64%	1061	10.44%
合计	11630	100.00%	10163	100.00%

注:采用上组限不在内原则,如 500 – 1000 区间中不包含 1000。

四、挂牌公司股东人数分布情况

股东人数	2017 年末		2016 年末	
	挂牌公司数	占比	挂牌公司数	占比
2	742	6.38%	711	7.00%
3 – 10	4454	38.30%	3921	38.58%
10 – 50	4529	38.94%	4001	39.37%
50 – 100	953	8.19%	788	7.75%
100 – 200	551	4.74%	423	4.16%
200 以上	401	3.45%	319	3.14%
合计	11630	100.00%	10163	100.00%

注:采用上组限不在内原则,如 100 – 200 区间中不包含 200。

2017 年新三板市场股票转让情况统计

（一）历年股票成交情况统计

年度	成交数量（亿股）	成交金额（亿元）	成交笔数	换手率(%)
2013	2.02	8.14	989	4.47
2014	22.82	130.36	9.27 万	19.67
2015	278.91	1910.62	282.13 万	53.88
2016	363.63	1912.29	308.81 万	20.74
2017	433.22	2271.80	282.99 万	13.47

（二）2017 年股票成交月度统计

月份	成交数量(亿股)	成交金额(亿元)	成交笔数(万笔)	换手率(%)
2017.01	31.25	172.77	23.72	1.27
2017.02	27.07	159.71	24.67	1.11
2017.03	45.68	293.90	41.91	1.94
2017.04	36.70	200.69	28.72	1.27
2017.05	35.56	201.13	23.80	1.23
2017.06	42.92	217.31	25.26	1.29
2017.07	33.42	154.34	20.39	0.89
2017.08	30.36	155.09	20.37	0.85
2017.09	31.42	170.45	19.55	0.90
2017.10	25.49	120.36	15.94	0.61
2017.11	37.51	187.32	19.48	0.94
2017.12	55.83	238.73	19.18	1.18
2017 年合计	433.22	2271.80	282.99	13.47

2017 年新三板市场股票发行情况统计

一、历年股票发行情况统计

年度	发行次数	发行金额(亿元)	发行股数(亿股)
2013	60	10.02	2.92
2014	330	134.08	26.60
2015	2565	1216.17	230.79
2016	2940	1390.89	294.61
2017	2725	1336.25	239.26
合计	8620	4087.42	794.18

二、股票发行行业分布情况

行业门类	2017 年		2016 年	
	金额(亿元)	次数	金额(亿元)	次数
制造业	570.29	1334	494.74	1368
信息传输、软件和信息技术服务业	281.83	563	315.53	689
金融业	102.59	18	169.62	20
批发和零售业	57.78	121	65.56	139
文化、体育和娱乐业	54.65	70	76.75	85
科学研究和技术服务业	49.85	123	34.90	121
租赁和商务服务业	47.25	127	91.11	143

行业门类	2017 年		2016 年	
	金额(亿元)	次数	金额(亿元)	次数
农、林、牧、渔业	45.05	63	26.85	69
建筑业	33.24	84	35.82	108
水利、环境和公共设施管理业	28.16	50	27.42	60
电力、热力、燃气及水生产和供应业	20.15	36	14.06	28
交通运输、仓储和邮政业	13.96	44	7.66	32
教育	12.72	26	13.25	20
卫生和社会工作	6.91	19	7.89	20
房地产业	4.64	26	6.34	19
居民服务、修理和其他服务业	3.57	10	1.76	10
住宿和餐饮业	2.34	8	0.87	5
采矿业	1.26	3	0.75	4
合计	1336.25	2725	1390.89	2940

三、股票发行地域统计

省区市	2017 年		2016 年	
	金额(亿元)	次数	金额(亿元)	次数
北京	276.10	419	343.06	511
湖北	33.87	86	22.85	86
上海	97.91	240	125.84	281
天津	16.21	46	12.06	36
贵州	11.56	13	5.51	13
安徽	33.40	72	51.23	93
广东	203.54	523	184.88	507
河南	33.70	87	22.96	79
山东	105.15	139	46.32	156
陕西	41.62	45	24.20	37
江西	22.59	39	9.19	34
江苏	120.81	308	90.09	302
浙江	97.05	207	145.11	260
湖南	36.14	45	19.79	47
黑龙江	8.16	22	6.37	22
辽宁	9.32	38	10.71	44
福建	39.47	95	27.89	107
四川	23.76	66	19.47	87
重庆	26.60	39	7.88	32
广西	4.21	15	8.86	14
新疆	5.75	16	4.58	19
云南	2.83	14	8.41	24
山西	19.33	13	3.51	14
宁夏	7.42	12	7.61	20
海南	2.39	9	43.90	10

省区市	2017 年		2016 年	
	金额(亿元)	次数	金额(亿元)	次数
河北	24.71	63	16.65	50
甘肃	4.12	7	109.85	9
吉林	11.06	22	3.96	22
内蒙古	13.39	16	7.55	21
西藏	3.86	8	0.59	3
青海	0.21	1	0.00	0
合计	1336.25	2725	1390.89	2940

2017 年新三板市场并购重组情况统计

月份	重大资产重组次数	重组交易金额(亿元)	收购次数	收购交易金额(亿元)
2015 年	106	292.67	107	55.14
2016 年	99	122.11	239	412.44
2017.01	15	27.10	25	46.54
2017.02	6	3.08	13	30.00
2017.03	16	14.10	21	17.60
2017.04	5	23.50	23	9.45
2017.05	2	1.47	19	11.24
2017.06	15	14.53	34	91.08
2017.07	7	6.22	32	40.85
2017.08	6	4.60	30	64.52
2017.09	12	20.32	39	94.76
2017.10	7	3.87	28	23.68
2017.11	11	15.67	27	30.54
2017.12	13	32.66	45	16.14
合　计	115	167.11	336	476.41

2017 年度新三板挂牌公司增发融资情况一览

代码	名称	增发公告日	发行日期	发行方式	发行价格	增发日收盘价	增发数量(万股)	预计募集资金(万元)	实际募资总额(万元)	发行对象	认购方式	增发目的	主承销商	限售股解禁时间
839693.OC	城基生态	2018-3-15	2017-12-31	定向	6.2	1.02	143	2,046.00	886.6	机构投资者	现金	补充流动资金	安信证券股份有限公司	2018-3-19
838981.OC	钜芯集成	2018-3-30	2017-12-31	定向	2.88	10.4	200	576	576	大股东	现金	补充流动资金	国联证券股份有限公司	2018-4-3
833288.OC	天元重工	2018-3-6	2017-12-31	定向	4.2	5	660	4,700.00	2,772.00	机构投资者,境内自然人	现金	补充流动资金	华西证券股份有限公司	2018-3-9
870693.OC	华夏星光	2018-3-3	2017-12-30	定向	12.05	9.64	141.0787	1,700.00	1,700.00	机构投资者	现金	项目融资	中天国富证券有限公司	2018-3-7
833735.OC	森井科技	2018-3-7	2017-12-30	定向	12.5		128	1,600.00	1,600.00	境内自然人	现金	项目融资	长城证券股份有限公司	2018-3-9
839769.OC	惠美股份	2018-3-21	2017-12-30	定向	2.5	5.23	212.8	780	532	大股东,境内自然人	现金	补充流动资金	华西证券股份有限公司	2018-3-23
839438.OC	由我科技	2018-4-4	2017-12-30	定向	1.68	1.68	650	1,092.00	1,092.00	大股东,境内自然人	现金	补充流动资金	安信证券股份有限公司	2018-4-10
830816.OC	合建卡特	2018-5-24	2017-12-30	定向	7.5	3.99	200	9,750.00	1,500.00	机构投资者	现金	项目融资	兴业证券股份有限公司	2018-5-28
831485.OC	科达建材	2018-3-1	2017-12-29	定向	2	1	1,500.00	3,000.00	3,000.00	大股东	现金	项目融资	东吴证券股份有限公司	2018-3-5
839276.OC	南王科技	2018-4-24	2017-12-29	定向	4.8		1,145.80	5,499.84	5,499.84	境内自然人	资产	融资收购其他资产		2018-4-26
839093.OC	里定医疗	2018-4-18	2017-12-29	定向	9	3.8	44	810	396	境内自然人	现金	项目融资	九州证券股份有限公司	2018-4-20

代码	名称	增发公告日	发行日期	发行方式	发行价格	增发日收盘价	增发数量（万股）	预计募集资金（万元）	实际募资总额（万元）	发行对象	认购方式	增发目的	主承销商	限售股解禁时间
836438.OC	海步医药	2018-3-3	2017-12-29	定向	6.72	1.38	595.238	4,000.00	4,000.00	机构投资者	现金	项目融资	太平洋证券股份有限公司	2018-3-7
832894.OC	紫光通信	2018-3-28	2017-12-29	定向	2.8	4	500	1,400.00	1,400.00	大股东，境内自然人	现金	补充流动资金	浙商证券股份有限公司	2018-4-2
838726.OC	敦善文化	2018-3-6	2017-12-29	定向	9.7		179.3813	2,520.00	1,740.00	机构投资者	现金	补充流动资金	中国民族证券有限责任公司	2019-3-8
838105.OC	中盛新材	2018-3-21	2017-12-29	定向	5.8	5.8	311	1,803.80	1,803.80	大股东，境内自然人	现金	补充流动资金	方正证券股份有限公司	2018-3-23
832378.OC	利昂设计	2018-3-22	2017-12-29	定向	3.97	2.85	145	1,544.33	575.65	机构投资者，境内自然人	现金	补充流动资金	江海证券有限公司	2018-3-26
837986.OC	金镝安防	2018-3-1	2017-12-29	定向	6	5	127.5	765	765	机构投资者	现金	项目融资	华林证券股份有限公司	2018-3-5
870104.OC	飞拓无限	2018-1-23	2017-12-29	定向	14.92	13.83	134.0213	2,000.00	2,000.00	机构投资者	现金	项目融资	东北证券股份有限公司	2018-1-25
835650.OC	蓝深远望	2018-3-20	2017-12-29	定向	3.97		557	2,211.29	2,211.29	机构投资者	现金	补充流动资金	西南证券股份有限公司	2018-3-22
837817.OC	瑞凯股份	2018-2-28	2017-12-29	定向	9.45		363	6,600.00	3,430.35	机构投资者，境内自然人	现金	补充流动资金	开源证券股份有限公司	2018-3-2
870484.OC	英普环境	2018-3-3	2017-12-29	定向	5.79	5.79	397.27	2,300.19	2,300.19	机构投资者，境内自然人	现金	项目融资	安信证券股份有限公司	2018-3-8
834360.OC	天智航	2018-7-14	2017-12-29	定向	13.28	11	3,012.34	40,003.89	40,000.00	机构投资者	现金	项目融资	中信建投证券股份有限公司	2018-7-18
870675.OC	蜂联科技	2018-6-28	2017-12-29	定向	1.8		600	1,080.00	1,080.00	机构投资者，境内自然人	现金	补充流动资金	安信证券股份有限公司	2018-7-5
833685.OC	天元信息	2018-3-8	2017-12-29	定向	5.8	2.5	928.1176	5,390.04	5,383.08	机构投资者，境内自然人	现金	补充流动资金	中泰证券股份有限公司	2018-3-13
838600.OC	佰美基因	2018-3-7	2017-12-28	定向	8	10	712.5	5,700.00	5,700.00	大股东，境内自然人	资产	融资收购其他资产		2019-3-11
832684.OC	天运股份	2018-3-3	2017-12-28	定向	6.8	4.88	1,470.29	10,000.00	9,998.00	机构投资者，境内自然人	现金	补充流动资金	财通证券股份有限公司	2018-3-7
839027.OC	航宇新材	2018-5-10	2017-12-28	定向	6.7	2.1	1,800.00	12,060.00	12,060.00	机构投资者	现金	项目融资	国泰君安证券股份有限公司	2018-5-14
836129.OC	中源股份	2018-3-31	2017-12-28	定向	7.5	15	606.7	6,000.00	4,550.25	机构投资者，境内自然人	现金	补充流动资金	山西证券股份有限公司	2018-4-4
839222.OC	三英精密	2018-5-4	2017-12-28	定向	16	10	31.25	500	500	机构投资者	现金	补充流动资金	西南证券股份有限公司	2019-5-10
832139.OC	沃田集团	2018-3-22	2017-12-28	定向	4	6.94	861	3,444.00	3,444.00	大股东，境内自然人	现金	股权激励	国泰君安证券股份有限公司	2018-3-27
831078.OC	易通鼎盛	2018-3-31	2017-12-28	定向	1	1	6,000.00	6,000.00	6,000.00	大股东，境内自然人	现金	项目融资	东北证券股份有限公司	2018-4-4
835351.OC	智恒科技	2018-3-7	2017-12-28	定向	10.05	14.81	1,492.53	15,000.00	14,999.93	机构投资者	现金	项目融资	平安证券股份有限公司	2018-3-9
871753.OC	天纺标	2018-3-29	2017-12-28	定向	3.67		186.5	684.46	684.46	境内自然人	现金	项目融资	中国银河证券股份有限公司	2023-4-3
835021.OC	农商通	2018-3-15	2017-12-28	定向	1.52	13	427	728.08	649.04	境内自然人	现金	股权激励	长江证券股份有限公司	2023-3-20
834780.OC	图安世纪	2018-3-1	2017-12-28	定向	1.8	3	502	1,233.00	903.6	大股东，大股东关联方，境内自然人	现金	补充流动资金	信达证券股份有限公司	2018-3-6
834155.OC	海南沉香	2018-3-9	2017-12-28	定向	3.5	16	3,428.57	21,000.00	12,000.00	大股东关联方	现金	项目融资	西南证券股份有限公司	2018-3-13
839068.OC	荣德铵家	2018-4-26	2017-12-27	定向	2	1.67	500	1,000.00	1,000.00	大股东	现金	补充流动资金	安信证券股份有限公司	2018-5-2
832919.OC	世纪龙文	2018-5-30	2017-12-27	定向	14.29	1	69.979	2,750.83	1,000.00	大股东关联方，境内自然人	现金	项目融资	招商证券股份有限公司	2018-6-1
838054.OC	方元财富	2018-4-19	2017-12-27	定向	5	1.56	1,000.00	5,000.00	5,000.00	大股东，机构投资者	现金	项目融资	开源证券股份有限公司	2018-4-23
837273.OC	南联环资	2018-2-28	2017-12-26	定向	5.12	12.98	781.25	6,825.00	4,000.00	机构投资者	现金	项目融资	华福证券有限责任公司	2018-3-2
838431.OC	ST深思	2018-1-27	2017-12-26	定向	1		1,441.82	1,441.82	1,441.82	大股东，境内自然人	现金	补充流动资金	民生证券股份有限公司	2018-2-1
430600.OC	徽电科技	2018-3-16	2017-12-26	定向	3.6	2.43	770.4	2,773.44	2,773.44	机构投资者	现金	补充流动资金	国元证券股份有限公司	2018-3-21
838793.OC	水生态	2018-2-8	2017-12-26	定向	1.57	1.57	548	860.36	860.36	大股东	现金	补充流动资金	招商证券股份有限公司	2018-2-12
833959.OC	美心翼申	2018-3-31	2017-12-26	定向	7.35	8	430.9	3,167.12	3,167.12	大股东	现金	补充流动资金	招商证券股份有限公司	2019-4-4
871728.OC	如皋银行	2018-3-3	2017-12-26	定向	4.14	4.15	35,000.00	144,900.00	144,900.00	大股东，机构投资者，境内自然人	现金	补充流动资金	招商证券股份有限公司	2018-3-7
834219.OC	乙辰科技	2018-3-10	2017-12-26	定向	2.5	2.5	1,820.00	5,000.00	4,550.00	大股东，机构投资者	现金	补充流动资金	首创证券有限责任公司	2018-3-14
833921.OC	文胜生物	2018-3-14	2017-12-25	定向	4		500	2,000.00	2,000.00	机构投资者	现金	项目融资	东莞证券股份有限公司	2018-3-16
837510.OC	明辉股份	2018-3-20	2017-12-25	定向	4.2	10.9	370	1,554.00	1,554.00	机构投资者	现金	补充流动资金	江海证券有限公司	2018-3-22
833596.OC	润康牧业	2018-3-6	2017-12-25	定向	2.5	2.7	1,000.00	3,000.00	2,500.00	大股东关联方	现金	项目融资	大同证券有限责任公司	2018-3-8
836474.OC	瑞赛克	2018-4-3	2017-12-25	定向	3.75		1,333.33	5,000.00	5,000.00	机构投资者	现金	项目融资	兴业证券股份有限公司	2018-4-9
834137.OC	汇锋传动	2018-3-20	2017-12-25	定向	4.2	4.3	1,505.00	6,321.00	6,321.00	机构投资者，境内自然人	现金	补充流动资金	中泰证券股份有限公司	2019-3-22
836416.OC	时空视点	2018-3-6	2017-12-25	定向	5	5	350	1,750.00	1,750.00	大股东，大股东关联方，境内自然人	现金	项目融资	中信建投证券股份有限公司	2018-3-8

代码	名称	增发公告日	发行日期	发行方式	发行价格	增发日收盘价	增发数量（万股）	预计募集资金（万元）	实际募资总额（万元）	发行对象	认购方式	增发目的	主承销商	限售股解禁时间
834069.OC	金通科技	2018-3-13	2017-12-25	定向	8.82	6.93	2,000.00	17,640.00	17,640.00	机构投资者,境内自然人	现金	项目融资	中信证券股份有限公司	2020-3-16
870135.OC	经纬视通	2018-3-9	2017-12-25	定向	1.56	1.56	650	1,014.00	1,014.00	大股东,境内自然人	现金	补充流动资金	兴业证券股份有限公司	2018-3-13
430293.OC	奉天电子	2018-3-30	2017-12-25	定向	3.8	7.5	115.8	440.04	440.04	境内自然人	现金	项目融资	光大证券股份有限公司	2019-4-4
870839.OC	普研标准	2018-5-18	2017-12-25	定向	1.05		2,860.00	3,003.00	3,003.00	大股东,机构投资者,境内自然人	债权	融资收购其他资产		2018-5-25
832618.OC	中能兴科	2018-4-20	2017-12-24	定向	1.12	1	25	33.6	28	境内自然人	现金	股权激励	国盛证券有限责任公司	2018-4-24
838081.OC	汇志股份	2018-3-2	2017-12-22	定向	10.91		55	600.05	600.05	机构投资者	现金	项目融资	申万宏源证券有限公司	2018-3-6
838995.OC	正德智控	2018-3-10	2017-12-22	定向	3	2.45	80	240	240	境内自然人	现金	补充流动资金	国金证券股份有限公司	2018-3-15
831129.OC	领信股份	2018-6-21	2017-12-22	定向	4	4.05	1,808.50	12,000.00	7,234.00	机构投资者,境内自然人	现金	补充流动资金	山西证券股份有限公司	2018-6-26
838394.OC	金润股份	2018-3-29	2017-12-22	定向	5.17	3.8	583.7864	3,040.72	3,016.95	机构投资者,境内自然人	现金	补充流动资金	江海证券有限公司	2018-4-2
872213.OC	康隆生物	2018-2-27	2017-12-22	定向	10		44	440	440	大股东关联方,境内自然人	现金	补充流动资金	山西证券股份有限公司	2018-3-1
836667.OC	乐创教育	2018-3-22	2017-12-22	定向	25.86	13.9	19.3349	500	500	大股东关联方	债权	项目融资		2018-3-26
430239.OC	信诺达	2018-2-28	2017-12-22	定向	18	18	27.7777	500	500	机构投资者	现金	项目融资	金元证券股份有限公司	2018-3-2
836450.OC	辅正药业	2018-3-6	2017-12-22	定向	5		300	1,500.00	1,500.00	机构投资者	现金	引入战略投资者	西南证券股份有限公司	2023-3-8
871856.OC	琪玥环保	2018-2-7	2017-12-22	定向	12.71		188.8889	2,400.78	2,400.78	机构投资者	现金	补充流动资金	申万宏源证券有限公司	2018-2-9
871537.OC	佳和农牧	2018-3-15	2017-12-22	定向	6		1,000.00	6,000.00	6,000.00	大股东	现金	补充流动资金	招商证券股份有限公司	2018-3-20
871888.OC	龙狮篮球	2018-1-25	2017-12-22	定向	25		500	12,500.00	12,500.00	机构投资者	现金	项目融资	中信建投证券股份有限公司	2018-1-29
833503.OC	花嫁丽舍	2018-3-9	2017-12-22	定向	15	15	120	1,800.00	1,800.00	机构投资者,境内自然人	现金	补充流动资金	中信建投证券股份有限公司	2018-3-13
832368.OC	佳创科技	2018-3-2	2017-12-22	定向	6		390	2,340.00	2,340.00	境内自然人	现金	项目融资	兴业证券股份有限公司	2018-3-6
831235.OC	点米科技	2018-3-7	2017-12-21	定向	8.93	14.8	783.87	6,999.96	6,999.96	大股东,机构投资者,境内自然人	现金	补充流动资金	天风证券股份有限公司	2018-3-9
871148.OC	艾科技术	2018-1-23	2017-12-21	定向	2	3.35	127	282	254	境内自然人	现金	股权激励	金元证券股份有限公司	2019-1-28
834372.OC	容川机电	2018-3-3	2017-12-21	定向	1.6	5.9	130	208	208	大股东,大股东关联方,境内自然人	现金	补充流动资金	太平洋证券股份有限公司	2018-3-7
839952.OC	凯越电子	2018-3-1	2017-12-21	定向	5.92	5.39	675.6756	4,000.00	4,000.00	机构投资者	现金	补充流动资金	中天国富证券有限公司	2018-3-5
870998.OC	朗绿科技	2018-3-1	2017-12-21	定向	1.5		20	30	30	机构投资者	现金	项目融资	东北证券股份有限公司	2018-3-5
837368.OC	快乐营	2018-3-3	2017-12-20	定向	1	1	1,500.00	1,500.00	1,500.00	大股东,机构投资者	现金	项目融资	国融证券股份有限公司	2018-3-7
871182.OC	靠谱云	2018-3-21	2017-12-20	定向	12.47	3	160.3848	2,500.24	2,000.00	机构投资者	现金	项目融资	兴业证券股份有限公司	2018-3-27
831607.OC	邦鑫勘测	2018-4-3	2017-12-20	定向	11.15	13	627.7903	7,000.00	6,999.86	机构投资者	现金	补充流动资金	中信证券股份有限公司	2018-4-9
833809.OC	白山国旅	2018-4-4	2017-12-20	定向	4	24.97	600	2,400.00	2,400.00	大股东关联方,机构投资者,境内自然人	现金	项目融资	恒泰证券股份有限公司	2018-4-10
832875.OC	富仕德	2018-6-1	2017-12-20	定向	8.16		124	1,100.00	1,011.84	机构投资者	现金	补充流动资金	华安证券股份有限公司	2018-6-5
839430.OC	创意双星	2018-2-13	2017-12-20	定向	1.25		760	950	950	大股东	现金	补充流动资金	浙商证券股份有限公司	2018-2-23
833655.OC	天虹数码	2018-3-14	2017-12-19	定向	1		500	500	500	大股东,境内自然人	现金	项目融资	安信证券股份有限公司	2018-3-16
871416.OC	金百万	2018-3-17	2017-12-19	定向	23.68		41.4	980.35	980.35	机构投资者	现金	项目融资	开源证券股份有限公司	2018-3-21
831354.OC	话机世界	2018-2-2	2017-12-19	定向	14	13.48	550	7,700.00	7,700.00	机构投资者	现金	补充流动资金	中信建投证券股份有限公司	2018-2-6
837899.OC	同华科技	2017-12-29	2017-12-19	定向	9		1,788.00	16,092.00	16,092.00	机构投资者	资产	融资收购其他资产		2019-1-3
832926.OC	呼垦薯业	2018-3-2	2017-12-19	定向	2.42		1,074.71	2,595.42	2,595.42	机构投资者	现金	补充流动资金	国融证券股份有限公司	2018-3-6
870915.OC	世椿智能	2018-3-10	2017-12-19	定向	3		1,000.00	3,000.00	3,000.00	大股东,大股东关联方,境内自然人	现金	补充流动资金	国信证券股份有限公司	2018-3-14
430355.OC	沃特能源	2018-4-4	2017-12-19	定向	3.35	3.85	1,971.71	6,605.24	6,605.24	机构投资者,境内自然人	资产	融资收购其他资产		

代码	名称	增发公告日	发行日期	发行方式	发行价格	增发日收盘价	增发数量（万股）	预计募集资金（万元）	实际募资总额（万元）	发行对象	认购方式	增发目的	主承销商	限售股解禁时间
838274.OC	星捷安	2018-4-20	2017-12-19	定向	10		200	2,000.00	2,000.00	机构投资者	现金	融资收购其他资产	国盛证券有限责任公司	2018-4-24
831602.OC	昊华传动	2018-2-24	2017-12-18	定向	2	2.38	300	600	600	大股东,大股东关联方,境内自然人	现金	补充流动资金	国联证券股份有限公司	2018-2-28
871766.OC	兢强科技	2018-1-19	2017-12-18	定向	6.25		800	5,000.00	5,000.00	机构投资者	现金	补充流动资金	西南证券股份有限公司	2018-1-23
871005.OC	太环股份	2018-3-24	2017-12-18	定向	2.1		220	462	462	境内自然人	现金	补充流动资金	长城证券股份有限公司	2023-3-28
836906.OC	天行装饰	2018-3-20	2017-12-18	定向	7		428.5715	3,000.00	3,000.00	境内自然人	现金	项目融资	方正证券股份有限公司	2018-3-22
837682.OC	悦丰农科	2018-3-6	2017-12-18	定向	2.3	3.52	127.5	293.25	293.25	境内自然人	现金	项目融资	财达证券股份有限公司	2018-3-8
870511.OC	仁恒医药	2018-4-11	2017-12-18	定向	19		26.3	499.7	499.7	机构投资者	现金	补充流动资金	安信证券股份有限公司	2018-4-16
837959.OC	昊普康	2018-1-30	2017-12-18	定向	10	10	133.3333	1,333.33	1,333.33	机构投资者	现金	项目融资	中国民族证券有限责任公司	
870705.OC	校宝在线	2018-1-18	2017-12-17	定向	64.9	31.91	164.192	12,325.04	10,655.28	机构投资者	现金	补充流动资金	海通证券股份有限公司	2018-1-22
831162.OC	天河股份	2018-2-2	2017-12-16	定向	4.5	4	445.16	2,003.22	2,003.22	大股东	现金	项目融资	申万宏源证券有限公司	2018-2-8
870298.OC	中网信息	2018-3-2	2017-12-15	定向	8		150	1,200.00	1,200.00	机构投资者	现金	补充流动资金	海通证券股份有限公司	2018-3-6
834636.OC	苇泽股份	2018-3-3	2017-12-15	定向	22.22	1.1	135	2,999.70	2,999.70	机构投资者	现金	项目融资	国金证券股份有限公司	2018-3-7
870496.OC	港峰股份	2018-3-9	2017-12-15	定向	1.7		490	833	833	大股东关联方,境内自然人	现金	补充流动资金	联讯证券股份有限公司	2021-3-15
871781.OC	美嘉林	2018-4-25	2017-12-15	定向	6		71.9	431.4	431.4	境内自然人	现金	补充流动资金	网信证券有限责任公司	2019-10-28
832319.OC	华仁物业	2018-3-15	2017-12-15	定向	3.83	1.31	625	2,393.75	2,393.75	机构投资者	现金	引入战略投资者	申万宏源证券有限公司	2018-3-19
833286.OC	海斯比	2018-3-1	2017-12-15	定向	12.5	12.6	224	2,800.00	2,800.00	机构投资者	现金	项目融资	安信证券股份有限公司	2018-3-5
834664.OC	中元天能	2018-3-1	2017-12-15	定向	5		90	450	450	境内自然人	现金	补充流动资金	东莞证券股份有限公司	2018-3-5
871481.OC	中运传媒	2018-3-20	2017-12-15	定向	15		211.6667	7,935.00	3,175.00	机构投资者,境内自然人	现金	项目融资	开源证券股份有限公司	2018-3-21
838018.OC	大可股份	2018-3-13	2017-12-15	定向	2		1,500.00	3,000.00	3,000.00	大股东	现金	补充流动资金	海通证券股份有限公司	2018-3-15
838117.OC	恒瑞辰	2018-2-3	2017-12-15	定向	2.5	1.94	800	2,000.00	2,000.00	机构投资者	现金	补充流动资金	中泰证券股份有限公司	2018-2-8
838163.OC	方大股份	2018-3-1	2017-12-15	定向	12	12	623	8,760.00	7,476.00	机构投资者,境内自然人	现金	补充流动资金	申万宏源证券有限公司	2020-3-5
836957.OC	汉维科技	2018-3-6	2017-12-15	定向	4.9	0.76	1,019.32	4,998.00	4,994.67	机构投资者,境内自然人	现金	补充流动资金	东莞证券股份有限公司	2018-3-8
836895.OC	赛哲生物	2018-3-29	2017-12-15	定向	4	10	256	1,024.00	1,024.00	大股东,境内自然人	现金	股权激励	广州证券股份有限公司	2020-4-2
831394.OC	南麟电子	2018-3-2	2017-12-15	定向	16	1.7	125	2,000.00	2,000.00	机构投资者	现金	项目融资	国金证券股份有限公司	2018-3-6
836787.OC	英田光学	2018-3-21	2017-12-15	定向	14.86		403.7686	7,200.00	6,000.00	机构投资者	现金	补充流动资金	广发证券股份有限公司	2018-3-27
833113.OC	珍吾堂	2018-2-28	2017-12-15	定向	1		920.5888	920.59	920.59	大股东	债权	项目融资		2018-3-7
871189.OC	友信科技	2018-3-13	2017-12-15	定向	11.84		113.9882	1,350.00	1,349.62	大股东,机构投资者	现金	补充流动资金	安信证券股份有限公司	2018-3-15
833300.OC	利树股份	2017-12-27	2017-12-15	定向	2.2	2.06	5,000.00	11,000.00	11,000.00	机构投资者,境内自然人	现金	项目融资	开源证券股份有限公司	2017-12-28
835537.OC	华维节水	2018-3-8	2017-12-15	定向	7.59	2.4	330.378	2,800.00	2,507.57	机构投资者,境内自然人	现金	补充流动资金	海通证券股份有限公司	2018-3-12
836742.OC	大地测绘	2018-1-25	2017-12-15	定向	4		419.5	2,000.00	1,678.00	大股东,境内自然人	现金	项目融资	西部证券股份有限公司	2018-1-29
837731.OC	分享时代	2018-3-31	2017-12-15	定向	36.75	30.77	218.7756	12,000.00	8,040.00	机构投资者,境内自然人	现金	补充流动资金	天风证券股份有限公司	2018-4-4
870255.OC	福民生物	2018-3-7	2017-12-14	定向	4		147.7778	591.11	591.11	大股东,大股东关联方,境内自然人	现金	补充流动资金	安信证券股份有限公司	2018-3-9
833742.OC	天秦装备	2018-3-29	2017-12-14	定向	6.8	7	1,230.60	8,368.08	8,368.08	大股东,机构投资者,境内自然人	现金	配套融资	南京证券股份有限公司	2018-4-2
835779.OC	康利达	2018-1-11	2017-12-14	定向	2.06		3,000.00	6,180.00	6,180.00	大股东	现金	项目融资	长城证券股份有限公司	2018-1-22
833742.OC	天秦装备	2018-3-29	2017-12-14	定向	6.8	7	700	4,760.00	4,760.00	境内自然人	资产	融资收购其他资产		2021-4-2
839482.OC	旭彤电子	2018-2-28	2017-12-13	定向	2	8	224	448	448	大股东	现金	补充流动资金	九州证券股份有限公司	2018-3-2
835203.OC	亚微软件	2018-2-27	2017-12-13	定向	4.8		165	792	792	境内自然人	现金	补充流动资金	东北证券股份有限公司	2018-3-1
838183.OC	亚创股份	2018-4-3	2017-12-13	定向	4.8	5.66	550.82	2,644.00	2,644.00	机构投资者	债权	项目融资		2018-4-9
832145.OC	恒合股份	2018-1-30	2017-12-13	定向	4.5	4.66	550	2,475.00	2,475.00	境内自然人	现金	项目融资	第一创业证券股份有限公司	2021-2-1

代码	名称	增发公告日	发行日期	发行方式	发行价格	增发日收盘价	增发数量（万股）	预计募集资金（万元）	实际募资总额（万元）	发行对象	认购方式	增发目的	主承销商	限售股解禁时间
871642.OC	通易航天	2018-1-19	2017-12-13	定向	4	5.2	250	2,000.00	1,000.00	大股东,境内自然人	现金	补充流动资金	天风证券股份有限公司	2018-1-23
833966.OC	国电康能	2018-1-10	2017-12-12	定向	7.5	9.6	945	7,087.50	7,087.50	机构投资者	现金	项目融资	财达证券股份有限公司	2018-1-19
833730.OC	金旅环保	2018-2-2	2017-12-12	定向	7		630	4,900.00	4,410.00	境内自然人	现金	项目融资	招商证券股份有限公司	2018-2-8
430215.OC	必可测	2018-2-6	2017-12-12	定向	5.4	6.15	1,093.34	5,904.04	5,904.04	机构投资者	现金	补充流动资金	东北证券股份有限公司	2018-2-8
871754.OC	联冠物流	2018-3-2	2017-12-12	定向	2.5		300	750	750	机构投资者	现金	补充流动资金	申万宏源证券有限公司	2018-3-6
870381.OC	七九七	2018-1-20	2017-12-12	定向	10.6	10.1	173	1,833.80	1,833.80	机构投资者	现金	补充流动资金	中泰证券股份有限公司	2018-1-24
834983.OC	黑尊生物	2018-8-17	2017-12-11	定向	6.18	6.18	962.7184	8,034.00	5,949.60	机构投资者	现金	项目融资	西部证券股份有限公司	2018-8-21
835145.OC	南自股份	2018-10-24	2017-12-11	定向	3.67		217.7867	800	800	机构投资者	现金	补充流动资金	中泰证券股份有限公司	2018-10-26
833329.OC	利达股份	2018-2-13	2017-12-11	定向	35	45	100	3,500.00	3,500.00	机构投资者	现金	补充流动资金	信达证券股份有限公司	2018-2-23
430221.OC	风帆科技	2018-4-24	2017-12-11	定向	1.5	1.97	591	886.5	886.5	境内自然人	现金	股权激励	长江证券股份有限公司	2019-4-29
871640.OC	德凯股份	2018-3-1	2017-12-11	定向	4.8		706	4,000.00	3,388.80	大股东,境内自然人	现金	补充流动资金	东莞证券股份有限公司	2018-3-5
834733.OC	华卓精科	2018-2-9	2017-12-11	定向	12	6.97	100	1,200.00	1,200.00	机构投资者	现金	项目融资	太平洋证券股份有限公司	2018-2-13
832804.OC	浩明科技	2018-3-2	2017-12-11	定向	23.73	10.77	421.4075	11,500.00	10,000.00	机构投资者	现金	补充流动资金	开源证券股份有限公司	2018-3-6
832989.OC	鑫博技术	2018-1-11	2017-12-10	定向	9.2	9.05	500	4,600.00	4,600.00	机构投资者	现金	项目融资	东北证券股份有限公司	2018-1-19
835066.OC	垠艺生物	2018-3-24	2017-12-8	定向	4.6	21.5	892.5652	9,200.00	4,105.80	机构投资者,境内自然人	现金	补充流动资金	中泰证券股份有限公司	2018-3-28
833810.OC	睿博光电	2018-2-13	2017-12-8	定向	6.45	4.08	1,860.00	11,997.00	11,997.00	大股东,机构投资者	现金	项目融资	西南证券股份有限公司	2018-2-22
839156.OC	元泰智能	2018-3-13	2017-12-8	定向	5.21		192	1,000.32	1,000.32	机构投资者	现金	项目融资	兴业证券股份有限公司	2018-3-15
832113.OC	中康国际	2018-3-10	2017-12-8	定向	5.5	5.5	1,000.00	5,500.00	5,500.00	大股东,机构投资者,境内自然人	现金	项目融资	金元证券股份有限公司	2018-3-16
839709.OC	爱环吴世	2018-1-16	2017-12-8	定向	2.47	2.4	75.1135	185.53	185.53	境内自然人	现金	补充流动资金	东吴证券股份有限公司	2018-1-19
834211.OC	大卫之选	2018-3-14	2017-12-8	定向	10	8.33	1,000.00	10,000.00	10,000.00	机构投资者	现金	补充流动资金	申万宏源证券有限公司	2018-3-16
870993.OC	亿诺焊接	2018-3-1	2017-12-8	定向	15.7		69.993	1,098.89	1,098.89	大股东,境内自然人	现金	补充流动资金	平安证券股份有限公司	2018-3-5
832276.OC	翔宇药业	2018-4-27	2017-12-8	定向	9.5	8.73	1,562.60	19,997.50	14,844.70	机构投资者	现金	项目融资	东方花旗证券有限公司	2018-5-3
835381.OC	爱玩网络	2017-12-28	2017-12-8	定向	38	31.65	231.375	8,792.25	8,792.25	大股东	现金	项目融资	中信建投证券股份有限公司	2018-1-2
835829.OC	聚晟科技	2018-3-9	2017-12-8	定向	1		400	400	400	大股东	现金	补充流动资金	中银国际证券有限责任公司	2018-3-14
835619.OC	中研非晶	2018-1-17	2017-12-8	定向	4		1,000.00	4,000.00	4,000.00	机构投资者	现金	引入战略投资者	广发证券股份有限公司	2018-1-23
831049.OC	赛莱拉	2017-12-30	2017-12-8	定向	7.2	7.54	400	2,880.00	2,880.00	境内自然人	现金	项目融资	广发证券股份有限公司	2019-1-4
839792.OC	东和新材	2018-2-28	2017-12-7	定向	3	1.86	1,683.00	7,269.00	5,049.00	大股东,大股东关联方,境内自然人	现金	项目融资	东莞证券股份有限公司	2018-3-2
832266.OC	首帆动力	2018-2-10	2017-12-7	定向	3.3	4.28	600	1,980.00	1,980.00	机构投资者,境内自然人	现金	补充流动资金	兴业证券股份有限公司	2018-2-14
870301.OC	康通电子	2018-2-28	2017-12-7	定向	6	6	560	3,360.00	3,360.00	机构投资者,境内自然人	现金	项目融资	安信证券股份有限公司	2018-3-2
836603.OC	统一智能	2018-2-10	2017-12-7	定向	1.4		246.5	345.1	345.1	大股东	现金	补充流动资金	东莞证券股份有限公司	2018-2-14
871392.OC	ST泽生	2018-1-26	2017-12-7	定向	13.76	12	3,662.79	50,700.00	50,400.00	机构投资者,境内自然人	现金	补充流动资金	东方花旗证券有限公司	2018-1-30
835670.OC	数字人	2018-2-3	2017-12-7	定向	14	9	275	3,850.00	3,850.00	机构投资者,境内自然人	现金	补充流动资金	安信证券股份有限公司	2018-2-7
870736.OC	盛态粮食	2018-2-3	2017-12-7	定向	3.6		560	2,520.00	2,016.00	大股东,境内自然人	现金	补充流动资金	恒泰证券股份有限公司	2018-2-8
870725.OC	德普电气	2018-4-24	2017-12-6	定向	10	12.18	200	2,000.00	2,000.00	机构投资者,境内自然人	现金	补充流动资金	长江证券股份有限公司	2018-4-27
871922.OC	银基安全	2017-12-26	2017-12-6	定向	1.2		1,000.00	1,200.00	1,200.00	大股东	现金	项目融资	申万宏源证券有限公司	2017-12-28
832682.OC	像素数据	2018-2-13	2017-12-6	定向	3	2.49	58	174	174	大股东,境内自然人	现金	补充流动资金	中国中投证券有限责任公司	2020-2-24
871044.OC	中科希望	2018-2-27	2017-12-6	定向	1.06		1,886.79	2,000.00	2,000.00	大股东,大股东关联方	现金	项目融资	江海证券有限公司	2018-3-2
833221.OC	艾为电子	2018-2-1	2017-12-6	定向	3.98	2.98	1,250.00	4,975.00	4,975.00	大股东	现金	补充流动资金	申万宏源证券有限公司	2018-2-5
837304.OC	顺林模型	2018-3-8	2017-12-5	定向	8	8.75	310	2,480.00	2,480.00	机构投资者	现金	项目融资	申万宏源证券有限公司	2021-3-16
832666.OC	齐鲁银行	2017-12-20	2017-12-5	定向	3.9	3.99	128,200.00	499,980.00	499,980.00	大股东,机构投资者	现金,资产	项目融资	招商证券股份有限公司	2017-12-22

代码	名称	增发公告日	发行日期	发行方式	发行价格	增发日收盘价	增发数量（万股）	预计募集资金（万元）	实际募资总额（万元）	发行对象	认购方式	增发目的	主承销商	限售股解禁时间
839607.OC	飞扬骏研	2018-3-3	2017-12-5	定向	21.15		141.8439	3,000.00	3,000.00	大股东,大股东关联方	资产	融资收购其他资产		2019-3-7
835359.OC	百通能源	2017-12-23	2017-12-5	定向	6	6	1,300.00	7,800.00	7,800.00	机构投资者,境内自然人	现金	项目融资	东北证券股份有限公司	2017-12-27
833086.OC	明药堂	2018-3-9	2017-12-5	定向	1	0.97	500	648.42	500	大股东	现金	项目融资	中泰证券股份有限公司	2018-3-13
836564.OC	华海节能	2018-1-24	2017-12-5	定向	2.25		366	832.5	823.5	大股东关联方,境内自然人	现金	股权激励	东莞证券股份有限公司	2018-1-29
870607.OC	博强能源	2018-3-22	2017-12-5	定向	2.5		100	250	250	大股东,境内自然人	现金	补充流动资金	华龙证券股份有限公司	2020-3-26
837891.OC	浙伏医疗	2017-12-28	2017-12-5	定向	4.5	4.5	888.8888	4,000.00	4,000.00	机构投资者	现金	补充流动资金	申万宏源证券有限公司	2018-1-2
838840.OC	鑫亿软件	2018-1-19	2017-12-4	定向	7		35.0878	245.61	245.61	境内自然人	现金	补充流动资金	国联证券股份有限公司	2018-1-23
831942.OC	天一生物	2018-5-8	2017-12-4	定向	8	5.98	832.5	8,517.15	6,660.00	机构投资者	现金	补充流动资金	招商证券股份有限公司	2018-5-10
871261.OC	水威环境	2018-3-6	2017-12-4	定向	1.9		817.2202	1,552.72	1,552.72	境内自然人	现金	补充流动资金	申万宏源证券有限公司	2019-3-11
834352.OC	贵太太	2018-2-28	2017-12-4	定向	18	19.89	386	14,400.00	6,948.00	机构投资者,境内自然人	现金	项目融资	光大证券股份有限公司	2018-3-2
870970.OC	常熟古建	2018-1-20	2017-12-4	定向	1.74		1,398.00	2,432.52	2,432.52	大股东,境内自然人	现金	补充流动资金	开源证券股份有限公司	2018-1-24
832725.OC	时代铝箔	2018-3-30	2017-12-2	定向	3		138	414	414	大股东,境内自然人	现金	补充流动资金	浙商证券股份有限公司	2021-4-5
871703.OC	宝泉旅游	2018-1-19	2017-12-1	定向	7		150	1,050.00	1,050.00	大股东	现金	项目融资	安信证券股份有限公司	2018-1-25
837220.OC	弘方科技	2018-3-1	2017-12-1	定向	1.45		480	696	696	大股东关联方,境内自然人	现金	补充流动资金	东兴证券股份有限公司	2021-3-5
832049.OC	广德环保	2018-2-7	2017-12-1	定向	3.17		573	1,816.41	1,816.41	大股东,机构投资者,境内自然人	现金	项目融资	五矿证券有限公司	2018-2-9
870728.OC	盛鸿智能	2018-3-31	2017-12-1	定向	2	0.91	105	271	210	大股东,大股东关联方,机构投资者,境内自然人	现金	补充流动资金	东吴证券股份有限公司	2018-4-9
836682.OC	ST掌柜	2018-3-3	2017-12-1	定向	10	39.99	63.8	638	638	机构投资者,境内自然人	现金,债权	项目融资	网信证券有限责任公司	2018-3-7
838378.OC	阳光医疗	2018-1-24	2017-12-1	定向	3.7	5.9	400	1,480.00	1,480.00	境内自然人	现金	补充流动资金	英大证券有限责任公司	2019-1-29
833166.OC	星畔科技	2018-3-3	2017-12-1	定向	2.5	2.5	296	986	740	大股东	现金	补充流动资金	申万宏源证券有限公司	2018-3-7
837585.OC	千玉股份	2018-3-3	2017-12-1	定向	2.42	1.3	1,085.00	2,625.70	2,625.70	机构投资者,境内自然人	现金	项目融资	中国中投证券有限责任公司	2018-3-9
839782.OC	云南中药	2018-3-10	2017-12-1	定向	1.7	10	151	256.7	256.7	大股东,境内自然人	现金	股权激励	华龙证券股份有限公司	2019-3-15
836670.OC	律云股份	2017-12-29	2017-12-1	定向	1	1	2,000.00	2,000.00	2,000.00	大股东	现金	项目融资	海通证券股份有限公司	2019-1-3
835000.OC	锐迅股份	2018-3-7	2017-11-30	定向	4.5	8.5	152	864	684	大股东,境内自然人	现金	股权激励	东北证券股份有限公司	2021-3-9
836492.OC	小兔文旅	2018-6-13	2017-11-30	定向	2	2	550	1,100.00	1,100.00	境内自然人	现金	补充流动资金	安信证券股份有限公司	2018-6-15
834154.OC	建为历保	2018-2-6	2017-11-30	定向	7	7	1,260.71	8,824.97	8,824.97	机构投资者	现金	项目融资	国金证券股份有限公司	2018-2-8
835077.OC	博宁福田	2018-1-17	2017-11-30	定向	4.17	5.99	394.9	1,646.73	1,646.73	机构投资者	现金	补充流动资金	中泰证券股份有限公司	2018-1-19
835977.OC	西拓电气	2018-2-6	2017-11-30	定向	6	8.8	300	2,400.00	1,800.00	机构投资者	现金	补充流动资金	招商证券股份有限公司	2018-2-8
872063.OC	银狐科技	2018-1-20	2017-11-30	定向	5		200	1,000.00	1,000.00	机构投资者	现金	补充流动资金	财达证券股份有限公司	2018-1-24
838653.OC	申吉钛业	2018-1-23	2017-11-30	定向	1.2		252	302.4	302.4	境内自然人	现金	补充流动资金	财通证券股份有限公司	2018-1-25
838696.OC	置富科技	2018-1-24	2017-11-30	定向	7	8.5	470	3,850.00	3,290.00	机构投资者,境内自然人	现金	补充流动资金	财富证券有限责任公司	2018-1-29
837193.OC	华商物流	2018-1-30	2017-11-30	定向	4.88	4.5	210	1,024.80	1,024.80	大股东,境内自然人	现金	项目融资	方正证券股份有限公司	2018-2-1
832913.OC	西奥科技	2018-3-22	2017-11-30	定向	4		95	380	380	大股东,境内自然人	现金	补充流动资金	东莞证券股份有限公司	2018-3-26
838574.OC	思普科	2018-1-16	2017-11-30	定向	5	4.8	200	1,000.00	1,000.00	大股东,境内自然人	现金	项目融资	国海证券股份有限公司	2018-1-19
837322.OC	格兰博	2018-2-2	2017-11-30	定向	4.18	8	7,812.00	32,615.10	32,615.10	机构投资者	现金	项目融资	华龙证券股份有限公司	2019-2-6
835259.OC	瀚翔生物	2017-12-28	2017-11-30	定向	7.5	8.9	300	2,250.00	2,250.00	机构投资者,境内自然人	现金	补充流动资金	华创证券有限责任公司	2018-1-3
837640.OC	上海永超	2018-1-25	2017-11-30	定向	2	4	120	240	240	境内自然人	现金	股权激励	东北证券股份有限公司	2021-2-1
430439.OC	亚杜股份	2018-2-28	2017-11-30	定向	1.28		75	128	96	大股东,大股东关联方,境内自然人	现金	配套融资	申万宏源证券有限公司	2018-3-2
871710.OC	鸿网股份	2018-3-3	2017-11-30	定向	1.5		6,666.00	9,999.00	9,999.00	大股东,境内自然人	现金	项目融资	华金证券股份有限公司	2018-3-7
430439.OC	亚杜股份	2018-2-28	2017-11-30	定向	1.28		2,033.19	2,602.48	2,602.48	大股东	资产	实际控制人资产注入		2019-3-4

代码	名称	增发公告日	发行日期	发行方式	发行价格	增发日收盘价	增发数量（万股）	预计募集资金（万元）	实际募资总额（万元）	发行对象	认购方式	增发目的	主承销商	限售股解禁时间
870654.OC	光大环保	2018-3-1	2017-11-30	定向	1.2		302.2962	362.76	362.76	境内自然人	现金	补充流动资金	太平洋证券股份有限公司	2018-3-5
870612.OC	睿江云	2018-1-19	2017-11-30	定向	25		100	2,500.00	2,500.00	机构投资者,境内自然人	现金	补充流动资金	招商证券股份有限公司	2018-1-23
870227.OC	民兴生物	2018-1-20	2017-11-30	定向	3	6	800	2,400.00	2,400.00	大股东,大股东关联方,境内自然人	现金	补充流动资金	国联证券股份有限公司	2018-1-25
870744.OC	数策股份	2018-3-3	2017-11-30	定向	67.42		40.7865	2,750.00	2,750.00	机构投资者,境内自然人	现金	项目融资	东北证券股份有限公司	2018-3-8
831190.OC	第六元素	2018-3-1	2017-11-29	定向	8	7.97	1,200.00	9,600.00	9,600.00	大股东	现金	项目融资	安信证券股份有限公司	2019-3-5
833105.OC	华通科技	2018-1-20	2017-11-29	定向	2.4	18	1,100.00	2,640.00	2,640.00	大股东	现金	补充流动资金	财达证券股份有限公司	2018-1-24
831768.OC	拾比佰	2017-12-28	2017-11-29	定向	7	7	715	5,110.00	5,005.00	机构投资者	现金	补充流动资金	安信证券股份有限公司	2018-1-2
871557.OC	佐今明	2018-1-26	2017-11-29	定向	1.3		204	265.2	265.2	境内自然人	现金	股权激励	开源证券股份有限公司	2019-1-31
835973.OC	宇航股份	2018-1-20	2017-11-29	定向	3	1.18	100	300	300	大股东	现金	补充流动资金	国信证券股份有限公司	2018-1-24
835092.OC	钢银电商	2017-12-19	2017-11-29	定向	4.5	4.01	22,222.30	100,000.35	100,000.35	大股东,大股东关联方	现金	补充流动资金	广发证券股份有限公司	2017-12-21
836277.OC	中科恒运	2018-2-8	2017-11-29	定向	15	15	266.83	6,000.00	4,002.45	大股东,机构投资者,境内自然人	现金	补充流动资金	长江证券股份有限公司	2018-2-13
834464.OC	大象健康	2017-12-26	2017-11-29	定向	2.5	2.5	400	1,000.00	1,000.00	大股东	现金	项目融资	东北证券股份有限公司	2017-12-28
872034.OC	建银股份	2018-3-20	2017-11-29	定向	2.5		582.6489	1,456.62	1,456.62	大股东,境内自然人	现金	项目融资	长江证券股份有限公司	2018-3-22
833847.OC	狂龙数字	2018-1-11	2017-11-29	定向	5	1.56	400	2,000.00	2,000.00	大股东,境内自然人	现金	补充流动资金	中泰证券股份有限公司	2018-1-19
832811.OC	思明堂	2018-3-2	2017-11-29	定向	3		234	702	702	大股东,境内自然人	现金	项目融资	申万宏源证券有限公司	2021-3-8
831858.OC	海誉科技	2018-3-31	2017-11-28	定向	5	3.6	549.9995	2,750.00	2,750.00	机构投资者,境内自然人	现金,资产	补充流动资金	九州证券股份有限公司	2018-4-4
430473.OC	网动股份	2018-3-7	2017-11-28	定向	3	4.56	350	1,200.00	1,050.00	大股东,境内自然人	现金	补充流动资金	国信证券股份有限公司	2018-3-9
839737.OC	鸥玛软件	2017-12-27	2017-11-28	定向	3		500	1,500.00	1,500.00	大股东,境内自然人	现金	补充流动资金	上海证券有限责任公司	2017-12-29
836347.OC	先步信息	2018-3-22	2017-11-28	定向	4.6	7	608	3,600.00	2,796.80	机构投资者	现金	项目融资	西南证券股份有限公司	2018-3-26
871388.OC	国遥博诚	2018-1-6	2017-11-28	定向	5		200	1,000.00	1,000.00	机构投资者	现金	补充流动资金	五矿证券有限公司	2018-1-19
871149.OC	天阳精密	2018-1-6	2017-11-28	定向	3		600	1,800.00	1,800.00	大股东,境内自然人	现金	项目融资	开源证券股份有限公司	2018-1-19
837898.OC	联著实业	2018-1-17	2017-11-28	定向	24		41.6667	1,000.00	1,000.00	机构投资者	现金	项目融资	华泰联合证券有限责任公司	2018-1-19
836098.OC	华浩科技	2018-1-11	2017-11-28	定向	24.36	1.5	47.9058	2,000.00	1,166.99	机构投资者,境内自然人	现金	项目融资	国盛证券有限责任公司	2018-1-19
870510.OC	东吾洋	2018-1-20	2017-11-28	定向	12.75	14.98	70.4	5,100.00	897.6	机构投资者	现金	补充流动资金	中信建投证券股份有限公司	2018-1-24
871210.OC	科荣达	2018-2-28	2017-11-28	定向	8.38		208.8317	1,750.01	1,750.01	机构投资者	现金	补充流动资金	中国民族证券有限责任公司	2018-3-2
871706.OC	浙宏科技	2018-4-4	2017-11-28	定向	5		300	1,500.00	1,500.00	机构投资者	现金	项目融资	招商证券股份有限公司	2018-4-12
872127.OC	清铧股份	2018-2-13	2017-11-27	定向	7.5		200	1,500.00	1,500.00	机构投资者	现金	补充流动资金	招商证券股份有限公司	2018-2-23
871550.OC	圣宏达	2017-12-26	2017-11-27	定向	2.3		200	460	460	大股东	现金	补充流动资金	东兴证券股份有限公司	2017-12-29
834996.OC	众至诚	2018-2-9	2017-11-27	定向	2.5	3.09	520	1,330.00	1,300.00	大股东,境内自然人	现金	股权激励	申万宏源证券有限公司	2020-2-13
832540.OC	康沃动力	2018-2-9	2017-11-27	定向	11	10	1,157.44	45,100.00	12,731.80	机构投资者	现金	项目融资	联储证券有限责任公司	2018-2-13
871326.OC	武侯高新	2018-1-18	2017-11-25	定向	1.88		93,429.26	175,647.00	175,647.00	大股东,机构投资者	现金,债权	项目融资	中国银河证券股份有限公司	2018-1-19
836155.OC	小小科技	2018-1-12	2017-11-25	定向	10		1,000.00	10,000.00	10,000.00	机构投资者	现金	补充流动资金	国元证券股份有限公司	2018-1-19
835800.OC	万联生活	2017-12-27	2017-11-24	定向	8.82		143.3333	1,264.20	1,264.20	机构投资者	现金	补充流动资金	首创证券有限责任公司	2017-12-29
838414.OC	远鸿园林	2018-1-23	2017-11-24	定向	1.88		400	752	752	境内自然人	现金	项目融资	中国中投证券有限责任公司	2018-2-2
831829.OC	同方软银	2018-1-18	2017-11-24	定向	4	4	368	1,472.00	1,472.00	大股东关联方,机构投资者,境内自然人	现金	补充流动资金	中国中投证券有限责任公司	2018-1-22
839246.OC	大千阳光	2018-1-17	2017-11-24	定向	4	4	88.75	355	355	大股东,境内自然人	现金	股权激励	中泰证券股份有限公司	2019-1-21
838973.OC	求实股份	2017-12-26	2017-11-24	定向	9		912	8,208.00	8,208.00	机构投资者	现金	补充流动资金	中泰证券股份有限公司	2017-12-29
835692.OC	力王高科	2018-1-27	2017-11-24	定向	4	4.92	750	3,000.00	3,000.00	机构投资者	现金	项目融资	联讯证券股份有限公司	2018-1-31
871667.OC	石羊农科	2018-1-30	2017-11-24	定向	6		2,200.00	14,300.00	13,200.00	机构投资者,境内自然人	现金	补充流动资金	中信建投证券股份有限公司	2018-2-1
836047.OC	信元网安	2018-3-22	2017-11-24	定向	1.5	1	139.4666	223.55	209.2	大股东,境内自然人	现金	补充流动资金	安信证券股份有限公司	2019-3-27

代码	名称	增发公告日	发行日期	发行方式	发行价格	增发日收盘价	增发数量（万股）	预计募集资金（万元）	实际募资总额（万元）	发行对象	认购方式	增发目的	主承销商	限售股解禁时间
837320.OC	信昌股份	2018-1-25	2017-11-24	定向	2.4		200	480	480	大股东,境内自然人	现金	补充流动资金	广发证券股份有限公司	2018-1-30
871760.OC	宝辰股份	2018-2-28	2017-11-24	定向	16.8		13	218.4	218.4	境内自然人	现金	补充流动资金	恒泰证券股份有限公司	2021-3-2
836652.OC	北创网联	2017-12-27	2017-11-23	定向	5.5		63	1,500.00	346.5	境内自然人	现金	项目融资	国融证券股份有限公司	2017-12-29
832506.OC	美通筑机	2017-12-23	2017-11-23	定向	3.09	4.5	114	352.26	352.26	大股东关联方,境内自然人	现金	补充流动资金	财通证券股份有限公司	2017-12-27
839732.OC	力博医药	2018-1-20	2017-11-23	定向	3		176	540	528	大股东,大股东关联方,境内自然人	现金	项目融资	东吴证券股份有限公司	2021-1-25
831415.OC	城兴股份	2018-3-20	2017-11-23	定向	6	30	1,499.54	9,000.00	8,997.22	机构投资者,境内自然人	现金	补充流动资金	国泰君安证券股份有限公司	2018-3-23
833694.OC	新道科技	2018-5-3	2017-11-23	定向	2.94	5.82	208.5	635.04	612.99	机构投资者	现金	股权激励	华融证券股份有限公司	2019-5-7
835925.OC	昌辉股份	2017-12-26	2017-11-23	定向	4.22		521.33	2,200.01	2,200.01	境内自然人	现金	项目融资	西南证券股份有限公司	2019-1-2
835621.OC	丰源环保	2018-3-13	2017-11-23	定向	5	4	1,400.00	7,000.00	7,000.00	大股东,机构投资者,境内自然人	现金,资产	补充流动资金	广发证券股份有限公司	2018-3-15
871143.OC	佳力奇	2018-1-27	2017-11-23	定向	4		750	3,000.00	3,000.00	机构投资者	现金	补充流动资金	南京证券股份有限公司	2018-1-31
872209.OC	双元环保	2017-12-26	2017-11-23	定向	2		400	800	800	机构投资者	现金	补充流动资金	国都证券股份有限公司	2017-12-29
830851.OC	骏华农牧	2018-3-1	2017-11-22	定向	8	5.51	361.5	2,892.00	2,892.00	大股东	资产	融资收购其他资产		2018-3-6
870952.OC	三辰电器	2018-1-24	2017-11-22	定向	2.2	1.4	1,500.00	3,300.00	3,300.00	大股东	现金	项目融资	兴业证券股份有限公司	2018-1-26
871619.OC	益昌电气	2018-1-13	2017-11-22	定向	5.3		207.638	1,100.48	1,100.48	大股东关联方,机构投资者	现金	项目融资	西南证券股份有限公司	2018-1-19
871500.OC	三工钢桥	2018-3-13	2017-11-22	定向	1.8		100	180	180	境内自然人	现金	补充流动资金	西南证券股份有限公司	2018-3-15
839979.OC	大越期货	2018-1-16	2017-11-22	定向	2.05		2,000.00	4,100.00	4,100.00	大股东,大股东关联方,境内自然人	现金	项目融资	财通证券股份有限公司	2018-1-19
834415.OC	恒拓开源	2018-4-19	2017-11-22	定向	6	7	629	3,774.00	3,774.00	大股东关联方	资产	融资收购其他资产		2018-4-26
832790.OC	世能科泰	2017-12-23	2017-11-22	定向	10	11	300	3,000.00	3,000.00	机构投资者	现金	补充流动资金	财达证券股份有限公司	2017-12-27
837168.OC	兴海能源	2018-1-30	2017-11-22	定向	1.05		330.4758	350	347	大股东,大股东关联方,境内自然人	现金	项目融资	东吴证券股份有限公司	2019-2-1
834045.OC	清众科技	2018-4-18	2017-11-22	定向	1.8	1.8	1,433.80	2,580.84	2,580.84	大股东,境内自然人	现金	补充流动资金	山西证券股份有限公司	2018-4-23
833319.OC	比酷股份	2018-1-23	2017-11-21	定向	3.19	4.85	40	164.13	127.6	境内自然人	现金	股权激励	东北证券股份有限公司	2018-1-25
832147.OC	斯菱股份	2018-3-21	2017-11-21	定向	3.5	5	312	1,092.00	1,092.00	境内自然人	现金	股权激励	财通证券股份有限公司	2021-3-23
835073.OC	行知探索	2018-1-5	2017-11-21	定向	4.5	4.52	475.3151	2,138.92	2,138.92	大股东	现金	项目融资	申万宏源证券有限公司	2018-1-19
832990.OC	创达新材	2018-1-9	2017-11-21	定向	11.83	11.8	378	4,471.74	4,471.74	大股东,机构投资者,境内自然人	现金	项目融资	东北证券股份有限公司	2018-1-19
831753.OC	艾博德	2018-1-26	2017-11-21	定向	6	6	238	1,500.00	1,428.00	机构投资者	现金	补充流动资金	安信证券股份有限公司	
835877.OC	诺克特	2017-12-26	2017-11-20	定向	5.1	5.95	1,200.00	6,600.00	6,120.00	机构投资者,境内自然人	现金	补充流动资金	中信建投证券股份有限公司	2017-12-28
831614.OC	合富新材	2018-2-3	2017-11-20	定向	7	6.71	426	2,982.00	2,982.00	机构投资者,境内自然人	现金	项目融资	光大证券股份有限公司	2018-2-7
834544.OC	糖友股份	2018-3-31	2017-11-20	定向	1.2		600	720	720	大股东,境内自然人	现金	补充流动资金	中信建投证券股份有限公司	2018-4-10
835763.OC	浙江鼎帮	2017-12-28	2017-11-20	定向	5		55	1,000.00	275	境内自然人	现金	补充流动资金	东吴证券股份有限公司	2018-1-2
835961.OC	名品世家	2018-3-7	2017-11-20	定向	18	28.88	168	25,020.00	3,024.00	机构投资者,境内自然人	现金	项目融资	中信证券股份有限公司	2018-3-12
837785.OC	聚力股份	2017-12-20	2017-11-20	定向	3.2		2,450.00	7,840.00	7,840.00	机构投资者	现金	补充流动资金	中泰证券股份有限公司	2018-12-24
831047.OC	深远石油	2018-3-13	2017-11-20	定向	1.33	1.33	378	502.74	502.74	机构投资者	现金	补充流动资金	中银国际证券有限责任公司	2018-3-15
837706.OC	龙铁纵横	2017-12-14	2017-11-19	定向	2.8	2.41	372.64	1,303.79	1,043.39	大股东	现金	补充流动资金	申万宏源证券有限公司	2017-12-18
833491.OC	沧海核装	2018-1-6	2017-11-17	定向	6.9	15	1,550.00	10,695.00	10,695.00	机构投资者	现金	补充流动资金	太平洋证券股份有限公司	2017-12-26
832159.OC	合全药业	2018-2-1	2017-11-17	定向	8.35	50	313.5	2,616.68	2,616.68	境内自然人	现金	股权激励	中国国际金融股份有限公司	2018-2-5
871056.OC	江苏华商	2018-3-17	2017-11-17	定向	2.8		500	2,800.00	1,400.00	机构投资者	现金	项目融资	申万宏源证券有限公司	2018-3-21
430606.OC	金鹏源康	2017-12-12	2017-11-17	定向	1.7	0.62	900	1,530.00	1,530.00	境内自然人	现金	补充流动资金	安信证券股份有限公司	2017-12-14

代码	名称	增发公告日	发行日期	发行方式	发行价格	增发日收盘价	增发数量（万股）	预计募集资金（万元）	实际募资总额（万元）	发行对象	认购方式	增发目的	主承销商	限售股解禁时间
839559.OC	振有电子	2018-3-24	2017-11-17	定向	1.8		2,339.81	4,211.66	4,211.66	境内自然人	现金，资产	项目融资	浙商证券股份有限公司	2018-3-28
871699.OC	三联盛	2018-3-2	2017-11-17	定向	1.4		600	840	840	大股东，境内自然人	现金	项目融资	长城证券股份有限公司	2018-3-6
839722.OC	润知文化	2017-12-28	2017-11-17	定向	4.5		222.2222	1,000.00	1,000.00	机构投资者	现金	补充流动资金	中银国际证券有限责任公司	2018-1-2
871519.OC	精益达	2017-12-28	2017-11-17	定向	2.2		454.5455	1,000.00	1,000.00	大股东，机构投资者	现金	补充流动资金	东兴证券股份有限公司	2018-1-2
835509.OC	林恒制药	2018-1-26	2017-11-17	定向	4.79		522.2223	2,499.98	2,499.98	机构投资者	现金	项目融资	国泰君安证券股份有限公司	2018-1-30
872013.OC	纬而视	2018-1-9	2017-11-17	定向	6.76	7.5	257.5	2,568.80	1,740.70	机构投资者，境内自然人	现金	项目融资	海通证券股份有限公司	2018-1-22
839329.OC	全丰航空	2017-12-28	2017-11-17	定向	6.82		450	3,069.00	3,069.00	大股东，境内自然人	现金，债权	补充流动资金	中信建投证券股份有限公司	2018-1-2
836642.OC	新鲜传媒	2018-2-24	2017-11-17	定向	1		340	340	340	机构投资者	现金	项目融资	西部证券股份有限公司	2018-2-28
834452.OC	奥菲传媒	2018-1-17	2017-11-17	定向	45		50.5	3,120.00	2,272.50	机构投资者	现金	补充流动资金	长城证券股份有限公司	2018-1-19
833701.OC	坚力科技	2017-12-30	2017-11-17	定向	2.05		933.3334	2,500.00	1,913.33	境内自然人	现金	项目融资	中信建投证券股份有限公司	2018-1-4
831616.OC	博达软件	2018-1-27	2017-11-17	定向	1.6	3.5	410	656	656	大股东	现金	股权激励	国信证券股份有限公司	2019-1-31
870138.OC	天天鲜	2018-2-7	2017-11-17	定向	1.5		1,400.00	2,100.00	2,100.00	大股东	现金	项目融资	东吴证券股份有限公司	2018-2-9
871621.OC	金誉股份	2018-1-9	2017-11-17	定向	2.85		3,508.77	10,000.00	10,000.00	大股东，机构投资者，境内自然人	现金	项目融资	国元证券股份有限公司	2018-1-19
430560.OC	西部泰力	2018-1-24	2017-11-17	定向	4.17	3.6	900	3,753.00	3,753.00	机构投资者，境内自然人	现金	引入战略投资者	万联证券股份有限公司	2018-1-26
837502.OC	四星玻璃	2017-12-27	2017-11-16	定向	6.8	7.01	1,000.00	6,800.00	6,800.00	大股东关联方	现金	项目融资	华西证券股份有限公司	2017-12-29
831204.OC	汇通控股	2017-12-19	2017-11-16	定向	4	5.25	450	6,000.00	1,800.00	机构投资者	现金	补充流动资金	国元证券股份有限公司	2020-12-21
831672.OC	莲池医院	2017-12-21	2017-11-16	定向	9.7	9.45	949	9,205.30	9,205.30	机构投资者	现金	项目融资	招商证券股份有限公司	2017-12-25
833707.OC	精华股份	2018-1-12	2017-11-16	定向	8		200	1,600.00	1,600.00	机构投资者	现金	项目融资	国信证券股份有限公司	2018-1-24
871733.OC	兄弟文仪	2017-12-29	2017-11-16	定向	6.8		155	1,054.00	1,054.00	大股东	现金	补充流动资金	万联证券股份有限公司	2018-1-3
832021.OC	安谱实验	2017-12-23	2017-11-16	定向	10.5	10.5	15.239	160.01	160.01	境内自然人	现金	项目融资	长江证券股份有限公司	2017-12-27
835652.OC	晶华光电	2018-4-17	2017-11-16	定向	6	5.7	794.69	4,768.14	4,768.14	境内自然人	现金	补充流动资金	天风证券股份有限公司	2021-4-19
871834.OC	乐美智家	2017-12-22	2017-11-16	定向	1.2		400	480	480	大股东，境内自然人	现金	补充流动资金	华金证券股份有限公司	2017-12-26
871245.OC	威博液压	2018-1-23	2017-11-15	定向	4		800	3,200.00	3,200.00	机构投资者，境内自然人	现金	项目融资	财通证券股份有限公司	2018-1-25
831152.OC	昆工科技	2017-12-29	2017-11-15	定向	6	5	200	1,200.00	1,200.00	境内自然人	现金	补充流动资金	申万宏源证券有限公司	2018-1-3
430569.OC	安尔发	2018-3-2	2017-11-15	定向	2.8	4.8	1,795.90	5,040.00	5,028.52	大股东，机构投资者，境内自然人	现金	项目融资	东莞证券股份有限公司	2018-3-6
871265.OC	力天世纪	2017-12-23	2017-11-15	定向	3		200	690	600	境内自然人	现金	补充流动资金	五矿证券有限公司	2017-12-27
836262.OC	科源制药	2017-12-7	2017-11-15	定向	15		300	4,500.00	4,500.00	机构投资者	现金	项目融资	中泰证券股份有限公司	2017-12-11
871315.OC	联云世纪	2018-2-7	2017-11-15	定向	1.28		118	151.04	151.04	大股东	现金	项目融资	东北证券股份有限公司	2018-2-9
838912.OC	鑫承诺	2017-12-23	2017-11-15	定向	3.1		460	1,426.00	1,426.00	大股东	现金	补充流动资金	招商证券股份有限公司	2017-12-27
831269.OC	博凡动力	2018-1-18	2017-11-15	定向	7	9.5	965.4285	9,000.00	6,758.00	机构投资者，境内自然人	现金	项目融资	财通证券股份有限公司	2018-1-22
831151.OC	全胜物流	2018-1-30	2017-11-15	定向	5	16	127.32	636.6	636.6	大股东，大股东关联方，境内自然人	现金	补充流动资金	申万宏源证券有限公司	2018-2-2
871902.OC	绮耘科技	2017-12-19	2017-11-14	定向	5.6		65	364	364	境内自然人	现金	项目融资	招商证券股份有限公司	2017-12-22
831708.OC	吉华勘测	2018-2-28	2017-11-14	定向	3.98	3.74	177	1,002.96	704.46	大股东关联方，境内自然人	现金	补充流动资金	长江证券股份有限公司	2018-3-2
831080.OC	立思股份	2018-1-24	2017-11-14	定向	1		6,000.00	6,000.00	6,000.00	大股东关联方	资产	融资收购其他资产		2019-1-28
839869.OC	中广通业	2017-12-19	2017-11-14	定向	11.5		260.8696	3,600.00	3,000.00	机构投资者	现金	项目融资	海通证券股份有限公司	2017-12-22
836342.OC	正科医药	2017-12-22	2017-11-14	定向	4.4	1.34	681.82	3,000.01	3,000.01	机构投资者	现金	项目融资	万联证券股份有限公司	2017-12-27
839176.OC	麦迪卫康	2017-12-29	2017-11-13	定向	29.6	12	125	4,000.00	3,700.00	机构投资者，境内自然人	现金	项目融资	国都证券股份有限公司	2020-1-6
831888.OC	垦丰种业	2018-2-8	2017-11-13	定向	9.6	10.5	4,069.70	43,584.00	39,069.12	机构投资者，境内自然人	现金	补充流动资金	中国银河证券股份有限公司	2021-2-12

代码	名称	增发公告日	发行日期	发行方式	发行价格	增发日收盘价	增发数量（万股）	预计募集资金（万元）	实际募资总额（万元）	发行对象	认购方式	增发目的	主承销商	限售股解禁时间
837117.OC	华新环保	2017-12-22	2017-11-13	定向	2.38		840.3361	2,000.00	2,000.00	大股东	债权	补充流动资金		2017-12-27
430277.OC	圣商教育	2017-12-8	2017-11-12	定向	1.1	2.89	2,000.00	2,200.00	2,200.00	大股东,大股东关联方,境内自然人	现金	项目融资	东吴证券股份有限公司	2017-12-13
870157.OC	巨龙科技	2017-12-27	2017-11-10	定向	7		180	1,330.00	1,260.00	机构投资者,境内自然人	现金	补充流动资金	兴业证券股份有限公司	2017-12-29
836208.OC	天职咨询	2018-3-8	2017-11-10	定向	14.79		93.0358	1,376.00	1,376.00	境内自然人	资产	融资收购其他资产		2021-3-15
833467.OC	纳美新材	2017-12-26	2017-11-10	定向	2.6		600	1,560.00	1,560.00	大股东	现金	项目融资	国信证券股份有限公司	2017-12-28
830776.OC	帕特尔	2018-1-23	2017-11-10	定向	4	4	50	200	200	机构投资者	现金	补充流动资金	招商证券股份有限公司	2018-1-26
430650.OC	莱博股份	2018-3-29	2017-11-10	定向	14.14	9.12	84.72	1,200.00	1,197.94	机构投资者	现金	项目融资	申万宏源证券有限公司	2018-4-2
838451.OC	天成包装	2017-12-22	2017-11-10	定向	2		750	1,500.00	1,500.00	大股东	现金	项目融资	德邦证券股份有限公司	2017-12-26
838316.OC	恒通云	2018-2-9	2017-11-10	定向	1.7	3	700	1,190.00	1,190.00	大股东,境内自然人	现金	补充流动资金	国盛证券有限责任公司	2018-2-13
835179.OC	凯德石英	2017-12-26	2017-11-10	定向	5	7.6	740	3,700.00	3,700.00	大股东,境内自然人	现金	项目融资	万联证券股份有限公司	2017-12-28
831445.OC	龙泰家居	2017-12-30	2017-11-10	定向	6.6	5.9	350	3,300.00	2,310.00	机构投资者	现金	项目融资	国金证券股份有限公司	2018-1-4
833374.OC	东方股份	2017-12-9	2017-11-10	定向	5.14	6.59	2,753.00	14,141.89	14,141.89	机构投资者	现金	项目融资	华龙证券股份有限公司	2020-12-14
837083.OC	如意通	2017-12-19	2017-11-10	定向	1.2	2.68	1,400.00	1,680.00	1,680.00	大股东	现金	补充流动资金	国海证券股份有限公司	2017-12-22
832240.OC	亚森实业	2017-12-16	2017-11-10	定向	1.2	1.2	429	718.8	514.8	大股东,机构投资者,境内自然人	现金	项目融资	山西证券股份有限公司	2017-12-20
836967.OC	爱去欧	2017-12-20	2017-11-10	定向	8		100	800	800	大股东,境内自然人	现金	补充流动资金	首创证券有限责任公司	2017-12-22
839519.OC	美城股份	2017-12-29	2017-11-10	定向	1.3		640	832	832	大股东	现金	补充流动资金	西部证券股份有限公司	2018-1-3
871474.OC	联川生物	2018-1-20	2017-11-10	定向	28.75		221.2173	6,360.00	6,360.00	大股东关联方,机构投资者,境内自然人	现金	融资收购其他资产	西藏东方财富证券股份有限公司	2018-1-24
839678.OC	东湖高科	2017-12-26	2017-11-10	定向	9.5	10	954	9,063.00	9,063.00	大股东,大股东关联方,机构投资者,境内自然人	现金	项目融资	浙商证券股份有限公司	2017-12-28
834496.OC	赛乐奇	2018-1-24	2017-11-10	定向	13.4	12.6	313.4299	6,030.00	4,199.96	机构投资者	现金	补充流动资金	华鑫证券有限责任公司	2018-1-29
838181.OC	芯哲科技	2017-12-30	2017-11-10	定向	8		210	1,680.00	1,680.00	机构投资者	现金	补充流动资金	长城证券股份有限公司	2018-1-4
836385.OC	九九互娱	2018-2-8	2017-11-8	定向	3.94		417	1,642.98	1,642.98	机构投资者	现金,资产	融资收购其他资产	中原证券股份有限公司	2018-2-12
834873.OC	科脉技术	2018-1-23	2017-11-8	定向	10		800	8,000.00	8,000.00	机构投资者	现金	补充流动资金	招商证券股份有限公司	
839726.OC	欣欣传媒	2017-12-16	2017-11-8	定向	23.33		64.2857	1,500.00	1,500.00	机构投资者	现金	项目融资	方正证券股份有限公司	2017-12-20
430276.OC	晟矽微电	2017-12-8	2017-11-8	定向	6.98	5.09	429.7994	4,500.00	3,000.00	机构投资者	现金	补充流动资金	兴业证券股份有限公司	2017-12-12
837475.OC	美格科技	2018-1-17	2017-11-8	定向	1.2		50	60	60	境内自然人	现金	股权激励	长江证券股份有限公司	2021-1-19
836227.OC	雅艺科技	2017-12-26	2017-11-8	定向	2.68	3.28	750	2,240.00	2,010.00	大股东,境内自然人	现金	项目融资	西南证券股份有限公司	2017-12-28
836926.OC	神洁环保	2018-4-20	2017-11-7	定向	11	9.58	415.0231	6,999.96	4,565.25	机构投资者	现金	补充流动资金	兴业证券股份有限公司	2018-4-25
837606.OC	晶奇网络	2017-12-29	2017-11-7	定向	13		510	6,630.00	6,630.00	机构投资者	现金	融资收购其他资产	西南证券股份有限公司	2018-1-3
430046.OC	圣博润	2017-12-8	2017-11-6	定向	4	3.9	297.95	1,200.00	1,191.80	境内自然人	现金	补充流动资金	西部证券股份有限公司	2018-12-31
836915.OC	西瑞控制	2017-12-23	2017-11-6	定向	5		241.8002	2,409.00	1,209.00	境内自然人	现金	项目融资	国海证券股份有限公司	2017-12-27
837578.OC	申大科技	2017-12-19	2017-11-6	定向	8.5		622	5,287.00	5,287.00	机构投资者,境内自然人	现金	补充流动资金	中国民族证券有限责任公司	
832280.OC	创元期货	2017-12-16	2017-11-6	定向	1.65	2.21	14,000.00	23,100.00	23,100.00	大股东,机构投资者,境内自然人	现金	项目融资	平安证券股份有限公司	2017-12-20
832510.OC	星月科技	2018-3-6	2017-11-6	定向	1.5		120	180	180	境内自然人	现金	股权激励	国金证券股份有限公司	2022-3-8
836134.OC	京华新材	2017-12-26	2017-11-6	定向	6.8	5.76	170	1,156.00	1,156.00	机构投资者	资产	融资收购其他资产		2017-12-29
870594.OC	都市医药	2017-12-30	2017-11-6	定向	13.22		226.89	3,000.00	3,000.00	机构投资者	现金	项目融资	安信证券股份有限公司	2018-1-4
870549.OC	中凯国际	2017-12-29	2017-11-5	定向	25		30	750	750	机构投资者	现金	补充流动资金	西部证券股份有限公司	2018-1-4

代码	名称	增发公告日	发行日期	发行方式	发行价格	增发日收盘价	增发数量(万股)	预计募集资金(万元)	实际募资总额(万元)	发行对象	认购方式	增发目的	主承销商	限售股解禁时间
430234.OC	翼捷股份	2018-3-21	2017-11-4	定向	9.01	10.64	91.5	824.42	824.42	境内自然人	现金	股权激励	光大证券股份有限公司	2019-3-25
833346.OC	威贸电子	2018-3-22	2017-11-3	定向	5.3	20	433.9	2,300.00	2,299.67	机构投资者,境内自然人	现金	项目融资	申万宏源证券有限公司	2019-9-27
838330.OC	壹豪科技	2017-12-29	2017-11-3	定向	5.25		381	2,000.25	2,000.25	境内自然人	现金	补充流动资金	申万宏源证券有限公司	2018-1-4
837110.OC	悠络客	2017-12-29	2017-11-3	定向	7.17		1,100.00	8,800.00	7,887.00	机构投资者	现金	补充流动资金	海通证券股份有限公司	2018-1-4
835361.OC	广尔纳	2018-2-14	2017-11-3	定向	7	4.6	179	1,253.00	1,253.00	大股东,机构投资者	现金	补充流动资金	平安证券股份有限公司	2018-2-28
838651.OC	谷实农牧	2017-12-7	2017-11-3	定向	10	7	1,000.00	10,000.00	10,000.00	大股东,机构投资者,境内自然人	现金	补充流动资金	江海证券有限公司	2017-12-12
839085.OC	广东威林	2018-3-9	2017-11-3	定向	10	3	300	3,000.00	3,000.00	机构投资者	现金	项目融资	太平洋证券股份有限公司	2018-3-20
831725.OC	凌志股份	2018-3-7	2017-11-3	定向	7.5	7.59	1,690.00	12,675.00	12,675.00	机构投资者,境内自然人	现金,资产,债权	项目融资	国泰君安证券股份有限公司	2018-3-12
839146.OC	盈博莱	2018-3-20	2017-11-3	定向	6	4	134	804	804	机构投资者	现金	补充流动资金	兴业证券股份有限公司	2018-3-23
832093.OC	科伦股份	2017-12-5	2017-11-2	定向	2.85	2.36	300	1,710.00	855	机构投资者	现金	项目融资	财达证券股份有限公司	2017-12-7
839683.OC	鑫亿鼎	2018-4-11	2017-11-2	定向	4.2	11.99	785.4	4,200.00	3,298.68	境内自然人	现金	补充流动资金	新时代证券股份有限公司	2018-4-13
870514.OC	赞禾股份	2017-12-26	2017-11-2	定向	15	1	500	7,500.00	7,500.00	机构投资者,境内自然人	现金	补充流动资金	兴业证券股份有限公司	2017-12-28
836228.OC	新阳特纤	2017-12-22	2017-11-2	定向	3.98	7.8	1,600.00	8,756.00	6,368.00	大股东,机构投资者,境内自然人	现金	项目融资	中航证券有限公司	2017-12-26
837567.OC	中兵通信	2017-12-30	2017-11-1	定向	9	9.99	915	10,000.00	8,235.00	机构投资者	现金	项目融资	华西证券股份有限公司	2018-1-23
837004.OC	舜禹水务	2018-1-26	2017-11-1	定向	5.8		1,896.55	12,000.00	11,000.00	机构投资者	现金	项目融资	兴业证券股份有限公司	2018-1-30
430390.OC	中科网络	2018-1-19	2017-10-31	定向	1.5	4.8	400	600	600	境内自然人	现金	项目融资	申万宏源证券有限公司	2018-1-24
871592.OC	卓成节能	2017-12-26	2017-10-31	定向	4		100	400	400	机构投资者	现金	补充流动资金	中信建投证券股份有限公司	2017-12-28
835960.OC	九易庄宸	2018-1-25	2017-10-31	定向	1.22		312	380.64	380.64	大股东,境内自然人	现金	补充流动资金	广发证券股份有限公司	2018-1-29
832694.OC	维冠机电	2017-12-21	2017-10-31	定向	10	11.58	750	7,700.00	7,500.00	机构投资者,境内自然人	现金	项目融资	申万宏源证券有限公司	2017-12-25
831974.OC	维森信息	2018-1-3	2017-10-31	定向	4.8	2.47	97.358	467.32	467.32	机构投资者	资产	融资收购其他资产		2018-1-19
834902.OC	网映文化	2017-12-27	2017-10-31	定向	13.13	15	266	3,492.58	3,492.58	机构投资者	现金	补充流动资金	东方花旗证券有限公司	2017-12-29
834528.OC	红酒世界	2017-12-2	2017-10-31	定向	15	15.01	400	6,000.00	6,000.00	大股东,机构投资者	现金	补充流动资金	招商证券股份有限公司	2017-12-6
836131.OC	旭威科技	2017-12-13	2017-10-31	定向	3.43	3.86	3,150.58	10,976.00	10,806.50	机构投资者,境内自然人	现金	项目融资	中泰证券股份有限公司	2017-12-15
870188.OC	金蓬股份	2018-1-20	2017-10-31	定向	5.8	27.99	350	10,980.00	2,030.00	机构投资者	现金	项目融资	华安证券股份有限公司	2018-1-25
832060.OC	施可瑞	2017-12-16	2017-10-30	定向	4.9	4.07	1,225.00	6,002.50	6,002.50	机构投资者,境内自然人	现金	补充流动资金	平安证券股份有限公司	2017-12-20
831319.OC	绿蔓生物	2018-1-17	2017-10-30	定向	4	4.9	73.88	295.52	295.52	境内自然人	现金	补充流动资金	山西证券股份有限公司	2019-1-21
838798.OC	瑞星时光	2018-1-20	2017-10-30	定向	5.2		490	2,808.00	2,548.00	大股东,大股东关联方,境内自然人	现金	项目融资	安信证券股份有限公司	2018-1-24
833712.OC	观堂设计	2018-1-23	2017-10-30	定向	2.5		500	1,250.00	1,250.00	大股东,大股东关联方,境内自然人	现金	补充流动资金	长江证券股份有限公司	2018-1-25
837689.OC	圣保堂	2017-12-27	2017-10-30	定向	10.3	36	117	6,800.00	1,205.10	机构投资者,境内自然人	现金	补充流动资金	国海证券股份有限公司	2017-12-29
832070.OC	磁谷科技	2017-12-21	2017-10-30	定向	3.5	3.5	600	2,100.00	2,100.00	境内自然人	现金	项目融资	西部证券股份有限公司	2017-12-26
871434.OC	康禧服务	2017-12-6	2017-10-28	定向	2		450	900	900	大股东	现金	项目融资	财通证券股份有限公司	2017-12-8
831793.OC	利洋水产	2018-1-16	2017-10-27	定向	5	5.8	200	1,035.00	1,000.00	大股东,境内自然人	现金	项目融资	中原证券股份有限公司	2018-1-19
831596.OC	高欣耐磨	2018-2-6	2017-10-27	定向	5		216	1,080.00	1,080.00	境内自然人	现金	项目融资	国信证券股份有限公司	2018-2-8
871042.OC	休恩科技	2017-12-8	2017-10-27	定向	2	2.8	500	1,200.00	1,000.00	大股东,境内自然人	现金	补充流动资金	国都证券股份有限公司	2017-12-12
835305.OC	云创数据	2017-12-8	2017-10-27	定向	24.89	23.33	160.7	3,999.82	3,999.82	机构投资者	现金	项目融资	中信建投证券股份有限公司	2017-12-12
833493.OC	中岳非晶	2018-1-19	2017-10-27	定向	4.8	9.75	2,000.00	11,000.00	9,600.00	机构投资者	现金	补充流动资金	海通证券股份有限公司	2018-1-23
839291.OC	利德宝	2018-3-8	2017-10-27	定向	6.84		146.2416	1,000.00	1,000.00	机构投资者,境内自然人	现金	补充流动资金	兴业证券股份有限公司	2018-3-12
838470.OC	斯维尔	2017-12-13	2017-10-26	定向	6	1.8	700	5,600.00	4,200.00	大股东关联方,机构投资者,境内自然人	现金	项目融资	招商证券股份有限公司	2017-12-15

代码	名称	增发公告日	发行日期	发行方式	发行价格	增发日收盘价	增发数量（万股）	预计募集资金（万元）	实际募资总额（万元）	发行对象	认购方式	增发目的	主承销商	限售股解禁时间
870487.OC	环威股份	2017-12-13	2017-10-26	定向	1.65		666.6666	1,100.00	1,100.00	大股东	现金	补充流动资金	华安证券股份有限公司	2017-12-15
832529.OC	裕农科技	2018-2-1	2017-10-26	定向	1.5		287	430.5	430.5	大股东,大股东关联方,境内自然人	现金	补充流动资金	中国中投证券有限责任公司	2018-2-6
831291.OC	恒博环境	2017-12-22	2017-10-26	定向	3.5		535	2,450.00	1,872.50	机构投资者,境内自然人	现金	补充流动资金	中原证券股份有限公司	2017-12-26
836692.OC	苏氧股份	2017-12-14	2017-10-26	定向	3.2		3,200.36	10,241.15	10,241.15	大股东,大股东关联方,境内自然人	债权	项目融资		2017-12-19
832086.OC	现在支付	2018-4-21	2017-10-26	定向	14	15.45	368.9043	5,164.66	5,164.66	大股东,机构投资者	现金	项目融资	华融证券股份有限公司	2018-4-25
835939.OC	君亭酒店	2017-11-29	2017-10-25	定向	30		127	6,000.00	3,810.00	机构投资者,境内自然人	现金	补充流动资金	申万宏源证券有限公司	2017-12-1
836810.OC	创扬医药	2017-12-23	2017-10-25	定向	2.32		3,804.71	8,820.00	8,820.00	机构投资者	资产	融资收购其他资产		2019-12-30
831613.OC	雷帕得	2017-12-8	2017-10-25	定向	12.5	5.78	480	8,750.00	6,000.00	机构投资者,境内自然人	现金	项目融资	中泰证券股份有限公司	2017-12-12
831621.OC	中镁控股	2018-1-19	2017-10-25	定向	5.5	29.9	1,209.12	9,900.00	6,650.16	机构投资者,境内自然人	现金	补充流动资金	光大证券股份有限公司	2018-1-23
839647.OC	瑞明科技	2018-1-17	2017-10-25	定向	2.81		639.5062	1,800.00	1,800.00	境内自然人	资产	融资收购其他资产		2018-1-19
835727.OC	互联在线	2018-1-20	2017-10-25	定向	11.75		136.17	3,055.00	1,600.00	机构投资者,境内自然人	现金,债权	项目融资	申万宏源证券有限公司	2018-1-24
838246.OC	山谷网安	2017-11-30	2017-10-25	定向	15.1	51	200	3,020.00	3,020.00	机构投资者	现金	补充流动资金	中原证券股份有限公司	2018-12-4
833693.OC	华邦科技	2018-4-11	2017-10-25	定向	1.8		138.75	450	249.75	境内自然人	现金	股权激励	中信建投证券股份有限公司	2020-4-13
430562.OC	安运科技	2017-12-21	2017-10-25	定向	2	2	100.5	203	201	大股东关联方,境内自然人	现金	项目融资	中信建投证券股份有限公司	2017-12-25
870024.OC	匡宇科技	2018-1-19	2017-10-25	定向	42		190.4761	8,000.00	8,000.00	机构投资者	现金	项目融资	广发证券股份有限公司	2018-1-24
832645.OC	高德信	2017-12-13	2017-10-25	定向	12	13.04	160	1,920.00	1,920.00	机构投资者,境内自然人	现金	补充流动资金	华安证券股份有限公司	2017-12-15
870104.OC	飞拓无限	2017-11-29	2017-10-25	定向	14.92	13.83	134.0213	2,000.00	2,000.00	机构投资者	现金	配套融资	东北证券股份有限公司	2017-12-1
870445.OC	德威兰	2018-1-10	2017-10-25	定向	13.51	19.56	296.08	4,000.04	4,000.04	机构投资者	现金	项目融资	浙商证券股份有限公司	2018-1-19
832562.OC	盈嘉科技	2018-3-2	2017-10-25	定向	3.5	5	138.1	3,500.00	483.35	大股东,境内自然人	现金	项目融资	广发证券股份有限公司	2018-3-9
832412.OC	同益物流	2017-12-12	2017-10-25	定向	6.3	6.4	476.2	3,024.00	3,000.06	机构投资者	现金	补充流动资金	广发证券股份有限公司	2022-12-14
835363.OC	腾信软创	2018-4-13	2017-10-24	定向	8		125.75	1,006.00	1,006.00	大股东,大股东关联方,境内自然人	现金	补充流动资金	光大证券股份有限公司	2018-4-17
837663.OC	明阳科技	2017-12-8	2017-10-24	定向	6		170	1,020.00	1,020.00	机构投资者	现金	补充流动资金	中银国际证券有限责任公司	2017-12-12
833807.OC	华鸿科技	2017-11-29	2017-10-24	定向	4.05		228	923.4	923.4	大股东,境内自然人	现金	补充流动资金	中泰证券股份有限公司	2017-12-1
836717.OC	瑞星股份	2017-12-28	2017-10-24	定向	2		600	1,200.00	1,200.00	境内自然人	现金	补充流动资金	华西证券股份有限公司	2018-1-2
833082.OC	龙凤山	2017-12-6	2017-10-23	定向	6	6	2,247.00	27,063.00	13,482.00	机构投资者,境内自然人	现金	项目融资	天风证券股份有限公司	2017-12-8
831511.OC	水治理	2018-1-27	2017-10-23	定向	7.5	7.54	640	4,800.00	4,800.00	机构投资者,境内自然人	现金	补充流动资金	国金证券股份有限公司	2018-2-1
870289.OC	华海科技	2018-1-16	2017-10-23	定向	2		1,100.00	2,200.00	2,200.00	大股东,境内自然人	现金	项目融资	长江证券股份有限公司	2018-1-19
835813.OC	任森科技	2017-12-15	2017-10-23	定向	4	19	250	8,000.00	1,000.00	境内自然人	现金	项目融资	西藏东方财富证券股份有限公司	2017-12-19
871508.OC	华大天元	2018-1-20	2017-10-23	定向	2		623	1,246.00	1,246.00	境内自然人	现金	补充流动资金	安信证券股份有限公司	2018-1-26
871725.OC	环国运	2017-11-28	2017-10-20	定向	3		300	900	900	大股东,境内自然人	现金	补充流动资金	民生证券股份有限公司	2017-11-30
833326.OC	金盾软件	2017-11-15	2017-10-20	定向	14		361	7,520.00	5,054.00	机构投资者,境内自然人	现金	补充流动资金	上海证券有限责任公司	2017-11-17
835213.OC	福信富通	2017-12-9	2017-10-20	定向	10.5	10.98	402.38	4,725.00	4,224.99	机构投资者	现金	项目融资	兴业证券股份有限公司	2017-12-15
871126.OC	北京大源	2017-12-26	2017-10-20	定向	1		550	550	550	境内自然人	现金	股权激励	国都证券股份有限公司	2018-12-31
871681.OC	盟星科技	2018-3-16	2017-10-20	定向	3.05		227.7777	694.72	694.72	大股东关联方,境内自然人	现金	股权激励	中信证券股份有限公司	2023-3-21
834607.OC	祥云股份	2017-12-13	2017-10-20	定向	14	12.5	1,300.71	20,000.00	18,210.00	机构投资者	现金	补充流动资金	申万宏源证券有限公司	2017-12-15
837480.OC	杨氏果业	2017-12-26	2017-10-20	定向	21.37	26	2,306.97	65,000.00	49,299.99	大股东,机构投资者,境内自然人	现金	项目融资	中信证券股份有限公司	2017-12-28
831401.OC	信立方	2017-12-28	2017-10-20	定向	3	2.77	32.289	96.87	96.87	境内自然人	现金	补充流动资金	招商证券股份有限公司	2021-1-4

代码	名称	增发公告日	发行日期	发行方式	发行价格	增发日收盘价	增发数量（万股）	预计募集资金（万元）	实际募资总额（万元）	发行对象	认购方式	增发目的	主承销商	限售股解禁时间
837284.OC	诚优股份	2017-12-6	2017-10-20	定向	1.8		75.2	135.36	135.36	大股东关联方,境内自然人	现金	补充流动资金	国联证券股份有限公司	2020-12-8
837124.OC	西典展览	2017-12-20	2017-10-20	定向	11.98	21.39	100	2,000.66	1,198.00	机构投资者	现金	项目融资	国融证券股份有限公司	2017-12-22
833675.OC	环宇科技	2017-12-13	2017-10-20	定向	1.5	1.6	2,000.00	3,000.00	3,000.00	机构投资者	现金	项目融资	中原证券股份有限公司	2017-12-15
839724.OC	汉和生物	2017-12-19	2017-10-20	定向	5.14		128.5992	661	661	大股东	资产	实际控制人资产注入		2018-12-24
870785.OC	国地科技	2018-3-13	2017-10-20	定向	8.57		233.3723	2,000.00	2,000.00	机构投资者	现金	项目融资	广州证券股份有限公司	2018-3-15
838499.OC	澳通电讯	2017-12-19	2017-10-20	定向	1	0.44	1,400.00	1,400.00	1,400.00	大股东	现金	补充流动资金	国海证券股份有限公司	2018-12-21
838359.OC	浙江钰烯	2017-12-26	2017-10-20	定向	1.8		105	189	189	大股东关联方,境内自然人	现金	股权激励	浙商证券股份有限公司	2017-12-28
839333.OC	健新科技	2017-12-1	2017-10-20	定向	3		173	519	519	大股东,境内自然人	现金	补充流动资金	安信证券股份有限公司	2020-12-7
871956.OC	优利得	2017-12-6	2017-10-19	定向	4		750	3,000.00	3,000.00	大股东关联方,境内自然人	现金	补充流动资金	联讯证券股份有限公司	2017-12-8
834425.OC	新赛点	2017-12-6	2017-10-19	定向	22.8	22.8	131.579	13,250.00	3,000.00	机构投资者	现金	项目融资	安信证券股份有限公司	2017-12-8
838026.OC	沃顿装备	2018-2-1	2017-10-19	定向	6.5		153.8462	1,000.00	1,000.00	机构投资者	现金	补充流动资金	中国中投证券有限责任公司	2018-2-5
870339.OC	合印股份	2017-12-9	2017-10-19	定向	42.38	46.04	117.9671	5,000.00	5,000.00	机构投资者	现金	补充流动资金	中信证券股份有限公司	2017-12-13
835888.OC	尚阳股份	2017-12-12	2017-10-19	定向	6	6	1,600.00	9,600.00	9,600.00	机构投资者,境内自然人	现金	补充流动资金	广发证券股份有限公司	2017-12-14
837212.OC	智新电子	2017-11-18	2017-10-19	定向	5	9.14	370	1,850.00	1,850.00	大股东,大股东关联方,境内自然人	现金	项目融资	东北证券股份有限公司	2017-11-22
871790.OC	钻明钻石	2017-12-6	2017-10-18	定向	4		750	3,600.00	3,000.00	境内自然人	现金	补充流动资金	长江证券股份有限公司	2017-12-8
832062.OC	爱科赛	2017-12-22	2017-10-18	定向	1	0.5	3,000.00	4,077.81	3,000.00	大股东	现金	补充流动资金	恒泰证券股份有限公司	2017-12-26
837836.OC	龙宇医药	2017-12-29	2017-10-18	定向	17	11	127	2,261.00	2,159.00	机构投资者,境内自然人	现金	补充流动资金	华融证券股份有限公司	2019-1-4
832471.OC	美邦科技	2017-12-13	2017-10-18	定向	8.8	9.61	920	8,096.00	8,096.00	机构投资者,境内自然人	现金	项目融资	申万宏源证券有限公司	2017-12-15
430437.OC	食安科技	2017-12-2	2017-10-18	定向	3.2	4.36	580	2,048.00	1,856.00	境内自然人	现金	股权激励	广发证券股份有限公司	2019-12-9
838712.OC	鸿全兴业	2017-12-5	2017-10-18	定向	3.8	4.37	300	1,254.00	1,140.00	大股东关联方,机构投资者,境内自然人	现金	补充流动资金	西南证券股份有限公司	2017-12-7
430581.OC	八亿时空	2017-12-7	2017-10-18	定向	14	12.51	858	12,012.00	12,012.00	机构投资者	现金	项目融资	首创证券有限责任公司	2017-12-11
870005.OC	中关股份	2017-12-22	2017-10-18	定向	10.8		556.8888	6,014.40	6,014.40	机构投资者	现金	补充流动资金	长城证券股份有限公司	2017-12-26
870104.OC	飞拓无限	2017-11-29	2017-10-18	定向	14.92	13.83	177.2957	2,645.79	2,645.79	机构投资者	资产	融资收购其他资产		2020-12-1
831016.OC	帝测科技	2017-12-5	2017-10-18	定向	8.2	7.5	324.8	2,663.36	2,663.36	机构投资者,境内自然人	现金	补充流动资金	江海证券有限公司	2017-12-7
430306.OC	永铭医学	2018-3-3	2017-10-18	定向	10	8.8	70	700	700	大股东,境内自然人	资产	融资收购其他资产		2018-3-7
832997.OC	盛纺股份	2017-11-28	2017-10-18	定向	5.04		595.5572	3,000.00	3,000.00	机构投资者	现金	补充流动资金	东吴证券股份有限公司	2017-12-1
833833.OC	美天生物	2018-1-9	2017-10-18	定向	10	9.99	350	3,500.00	3,500.00	机构投资者,境内自然人	现金	项目融资	申万宏源证券有限公司	2018-1-19
839335.OC	互邦电力	2017-12-23	2017-10-18	定向	1	2.1	300	300	300	境内自然人	现金	补充流动资金	渤海证券股份有限公司	2022-12-27
870478.OC	恒泽股份	2017-11-28	2017-10-18	定向	1.25	5.2	800	1,000.00	1,000.00	大股东	现金	补充流动资金	安信证券股份有限公司	2017-11-30
430207.OC	威明德	2017-11-29	2017-10-17	定向	3.3	3	250	990	825	机构投资者,境内自然人	现金	补充流动资金	长江证券股份有限公司	2017-12-1
430190.OC	新瑞理想	2017-12-9	2017-10-17	定向	5.28	2.74	500	2,640.00	2,640.00	境内自然人	资产	融资收购其他资产		2019-12-31
834738.OC	民祥医药	2017-11-15	2017-10-17	定向	5.5	14	2,727.27	15,000.00	15,000.00	大股东,机构投资者,境内自然人	资产	融资收购其他资产		
832893.OC	宏源农牧	2017-12-15	2017-10-17	定向	5.4	4.38	440.7409	2,380.00	2,380.00	机构投资者,境内自然人	现金	项目融资	恒泰证券股份有限公司	2017-12-20
832341.OC	常荣声学	2017-12-7	2017-10-17	定向	7	5.85	295.9	2,071.30	2,071.30	大股东,境内自然人	现金	补充流动资金	东吴证券股份有限公司	2017-12-11
834738.OC	民祥医药	2017-11-15	2017-10-17	定向	7	14	900	6,300.00	6,300.00	机构投资者	现金	配套融资	东海证券股份有限公司	2017-11-17
834428.OC	蓝孚高能	2017-12-7	2017-10-16	定向	6.95	6.02	700	4,865.00	4,865.00	机构投资者	现金	项目融资	联讯证券股份有限公司	2017-12-11
872128.OC	第一文体	2017-12-7	2017-10-16	定向	6		1,333.33	10,000.00	8,000.00	大股东,机构投资者,境内自然人	现金	项目融资	东北证券股份有限公司	2017-12-11

代码	名称	增发公告日	发行日期	发行方式	发行价格	增发日收盘价	增发数量（万股）	预计募集资金（万元）	实际募资总额（万元）	发行对象	认购方式	增发目的	主承销商	限售股解禁时间
839734.OC	福立旺	2017-12-8	2017-10-16	定向	5	5	2,620.00	13,100.00	13,100.00	机构投资者,境内自然人	现金	项目融资	东吴证券股份有限公司	2017-12-13
871622.OC	长江绿色	2017-12-22	2017-10-16	定向	1.2		1,023.50	1,243.80	1,228.20	机构投资者,境内自然人	现金	补充流动资金	西藏东方财富证券股份有限公司	2017-12-26
838558.OC	海兴科技	2017-12-7	2017-10-16	定向	3.2	1	500	1,600.00	1,600.00	机构投资者,境内自然人	现金	补充流动资金	东莞证券股份有限公司	2019-12-11
870209.OC	小岛股份	2017-12-7	2017-10-16	定向	6		38	228	228	境内自然人	现金	补充流动资金	西南证券股份有限公司	2020-12-14
833576.OC	金尚互联	2018-2-7	2017-10-16	定向	6.15	10.54	12.17	85.79	74.85	境内自然人	现金	股权激励	国泰君安证券股份有限公司	2019-2-12
831297.OC	数字认证	2018-1-18	2017-10-16	定向	5	6.08	86.5	482.5	432.5	大股东,境内自然人	现金	项目融资	西部证券股份有限公司	2018-1-22
838450.OC	金创股份	2017-11-18	2017-10-16	定向	2		791	1,582.00	1,582.00	机构投资者,境内自然人	现金	补充流动资金	国融证券股份有限公司	2017-11-22
835567.OC	泰维能源	2017-12-9	2017-10-15	定向	8.7		234.11	2,088.00	2,036.76	大股东,机构投资者,境内自然人	现金	项目融资	申万宏源证券有限公司	2017-12-13
838898.OC	中宝环保	2017-12-29	2017-10-15	定向	1.14	1.5	4,800.00	5,472.00	5,472.00	大股东,大股东关联方,机构投资者,境内自然人	现金	项目融资	华林证券股份有限公司	2018-1-4
871437.OC	上房服务	2017-11-30	2017-10-15	定向	5		200	1,000.00	1,000.00	大股东,境内自然人	现金	补充流动资金	东方花旗证券有限公司	2017-12-4
838512.OC	成德科技	2017-12-13	2017-10-15	定向	3		730	2,190.00	2,190.00	大股东关联方,境内自然人	现金	补充流动资金	光大证券股份有限公司	2017-12-22
832881.OC	源达股份	2017-12-21	2017-10-14	定向	6	8	512	3,072.00	3,072.00	机构投资者	现金	项目融资	招商证券股份有限公司	2017-12-26
833598.OC	壹石通	2017-12-30	2017-10-13	定向	3		147	450	441	大股东,大股东关联方,境内自然人	现金	股权激励	天风证券股份有限公司	2018-1-4
833455.OC	汇隆活塞	2017-12-6	2017-10-13	定向	1.2	1.2	3,000.00	3,600.00	3,600.00	大股东,大股东关联方,境内自然人	现金	补充流动资金	申万宏源证券有限公司	2017-12-8
834385.OC	力港网络	2017-11-10	2017-10-13	定向	6.2	27	49	303.8	303.8	境内自然人	现金	补充流动资金	广发证券股份有限公司	2017-11-14
834054.OC	游戏多	2018-2-2	2017-10-13	定向	27.32	13.5	37.5	2,520.00	1,024.50	机构投资者	现金	补充流动资金	华融证券股份有限公司	2018-2-6
835027.OC	江宸智能	2017-12-15	2017-10-13	定向	10.64	8.14	767.25	8,509.12	8,160.78	机构投资者,境内自然人	现金	补充流动资金	长江证券股份有限公司	2017-12-19
834524.OC	ST 海金格	2017-12-7	2017-10-13	定向	1.5		64	96	96	境内自然人	现金	股权激励	西南证券股份有限公司	2020-12-14
832482.OC	菁茂农业	2018-6-2	2017-10-13	定向	4.7	4.5	630	5,640.00	2,961.00	机构投资者,境内自然人	现金	项目融资	江海证券有限公司	2018-6-7
838476.OC	中仿智能	2017-11-17	2017-10-13	定向	23.5	27	107.1	2,516.85	2,516.85	机构投资者	现金	项目融资	国联证券股份有限公司	2017-11-21
836944.OC	储融检测	2017-11-29	2017-10-13	定向	18.5	9.5	165	3,052.50	3,052.50	机构投资者	现金	项目融资	安信证券股份有限公司	2017-12-4
836987.OC	联泰科技	2017-12-13	2017-10-13	定向	8.42	22	395.4258	3,329.49	3,329.49	大股东,大股东关联方,机构投资者	现金	补充流动资金	东兴证券股份有限公司	2017-12-15
870136.OC	鼎美智装	2017-11-28	2017-10-13	定向	12		700	8,400.00	8,400.00	境内自然人	现金	项目融资	广州证券股份有限公司	2017-11-30
870357.OC	雅葆轩	2017-12-6	2017-10-13	定向	2.4		420	1,008.00	1,008.00	大股东	现金	项目融资	国元证券股份有限公司	2017-12-8
831228.OC	夏阳检测	2018-3-21	2017-10-13	定向	2.91		46.5	135.32	135.32	境内自然人	现金	股权激励	国元证券股份有限公司	2019-3-25
835967.OC	太阳科技	2018-1-6	2017-10-13	定向	10		248.7337	2,487.34	2,487.34	大股东	现金	配套融资	东吴证券股份有限公司	2018-1-19
835967.OC	太阳科技	2018-1-6	2017-10-13	定向	10		1,658.22	16,582.25	16,582.25	大股东	资产	融资收购其他资产		2018-1-19
838138.OC	华源医疗	2017-12-21	2017-10-13	定向	9.2	6.8	540	4,968.00	4,968.00	机构投资者	现金	项目融资	国金证券股份有限公司	2017-12-25
835462.OC	牛帆数据	2018-2-14	2017-10-13	定向	2.6	0	369.2	959.92	959.92	大股东,境内自然人	现金	补充流动资金	东北证券股份有限公司	2018-2-23
839348.OC	亚美股份	2017-12-27	2017-10-13	定向	4		51.25	1,200.00	205	境内自然人	现金	项目融资	西部证券股份有限公司	2020-12-29
871306.OC	宏岳塑胶	2017-11-14	2017-10-12	定向	2.5		550	1,375.00	1,375.00	机构投资者,境内自然人	现金	补充流动资金	兴业证券股份有限公司	2017-11-16
835354.OC	格润牧业	2017-11-29	2017-10-12	定向	5	15	800	4,000.00	4,000.00	机构投资者	现金	补充流动资金	中信建投证券股份有限公司	2018-12-5
838750.OC	兆驰节能	2017-12-16	2017-10-12	定向	2.55		9,804.00	25,000.20	25,000.20	大股东	现金	项目融资	国信证券股份有限公司	2017-12-20
839539.OC	格朗富	2017-11-9	2017-10-12	定向	1.92	1.01	520	998.4	998.4	机构投资者	现金	补充流动资金	天风证券股份有限公司	2017-11-13
839097.OC	泽达易盛	2017-11-10	2017-10-12	定向	10		2,000.00	20,000.00	20,000.00	机构投资者,境内自然人	资产	融资收购其他资产		
837885.OC	利和萃取	2017-11-30	2017-10-12	定向	2.26	7.15	98.95	223.63	223.63	境内自然人	现金	股权激励	渤海证券股份有限公司	2017-12-6
834314.OC	卓能材料	2017-11-22	2017-10-12	定向	10	9	600	6,000.00	6,000.00	大股东,机构投资者	现金	项目融资	太平洋证券股份有限公司	2017-11-27

代码	名称	增发公告日	发行日期	发行方式	发行价格	增发日收盘价	增发数量（万股）	预计募集资金（万元）	实际募资总额（万元）	发行对象	认购方式	增发目的	主承销商	限售股解禁时间
835401.OC	浙江杭摩	2017-11-25	2017-10-11	定向	6.8		1,161.00	7,894.80	7,894.80	大股东,机构投资者,境内自然人	现金	补充流动资金	财通证券股份有限公司	2017-11-29
839508.OC	全昊科技	2017-12-22	2017-10-11	定向	1.5		1,290.00	1,935.00	1,935.00	大股东,境内自然人	现金	项目融资	方正证券股份有限公司	2017-12-26
836568.OC	亿商联动	2017-10-26	2017-10-11	定向	27.15		92.0812	2,500.00	2,500.00	机构投资者	现金	补充流动资金	恒泰证券股份有限公司	2017-10-30
836908.OC	乔发环保	2017-11-23	2017-10-10	定向	4.25		100	425	425	大股东,境内自然人	现金	补充流动资金	东吴证券股份有限公司	2017-11-28
836327.OC	西岐网络	2017-11-8	2017-10-10	定向	20	21	60	1,200.00	1,200.00	境内自然人	现金	补充流动资金	长城证券股份有限公司	2017-11-10
871759.OC	金慧融智	2017-11-7	2017-10-10	定向	20		260	6,000.00	5,200.00	机构投资者	现金	补充流动资金	长城证券股份有限公司	2017-11-9
871396.OC	常辅股份	2017-12-6	2017-10-10	定向	5.5		366.2222	2,014.22	2,014.22	机构投资者	现金	项目融资	东北证券股份有限公司	2017-12-8
872052.OC	商德陶瓷	2017-11-21	2017-10-10	定向	7		130	910	910	机构投资者	现金	项目融资	长城证券股份有限公司	2017-11-24
871910.OC	贝参药业	2017-11-18	2017-10-10	定向	3.34	3.95	530	1,770.20	1,770.20	境内自然人	现金	补充流动资金	长江证券股份有限公司	2017-11-22
871135.OC	鼎邦科技	2017-11-9	2017-10-10	定向	1.45		130	191.4	188.5	境内自然人	现金	补充流动资金	九州证券股份有限公司	2020-11-23
839010.OC	延安医药	2018-1-24	2017-10-9	定向	10		600	6,000.00	6,000.00	机构投资者	现金	项目融资	国泰君安证券股份有限公司	2018-1-26
839791.OC	德诺车道	2017-11-11	2017-10-9	定向	1.5		6,167.92	9,251.88	9,251.88	大股东	资产	融资收购其他资产		
834149.OC	动信通	2017-12-19	2017-10-9	定向	16.67	6.67	244.79	4,080.00	4,080.00	机构投资者	现金	补充流动资金	东北证券股份有限公司	2017-12-22
837484.OC	中育传媒	2017-11-9	2017-10-9	定向	5		469.4088	2,347.04	2,347.04	大股东,境内自然人	资产	融资收购其他资产		
870269.OC	航亚科技	2018-1-12	2017-10-1	定向	2.5	4.18	2,000.00	5,000.00	5,000.00	机构投资者	现金	项目融资	光大证券股份有限公司	2018-1-19
837549.OC	泰祺教育	2017-12-22	2017-9-30	定向	2.5		110	275	275	大股东关联方,境内自然人	现金	项目融资	申万宏源证券有限公司	2019-12-26
430714.OC	奇才股份	2017-12-2	2017-9-30	定向	4.2	6.3	700	2,940.00	2,940.00	大股东	现金	补充流动资金	恒泰证券有限公司	2017-12-6
832735.OC	德源药业	2017-11-21	2017-9-30	定向	6	13.75	177.1	1,062.60	1,062.60	境内自然人	现金	补充流动资金	华泰联合证券有限责任公司	2020-11-23
835043.OC	洁澳思	2017-12-20	2017-9-30	定向	3.6		436	1,569.60	1,569.60	大股东关联方,境内自然人	现金	补充流动资金	光大证券股份有限公司	2017-12-22
830904.OC	博思特	2017-12-29	2017-9-30	定向	4.6	12	134.4179	618.32	618.32	境内自然人	资产	项目融资		2019-12-31
833024.OC	欣智恒	2017-11-22	2017-9-30	定向	8	5.5	531.25	4,250.00	4,250.00	机构投资者,境内自然人	现金	项目融资	开源证券股份有限公司	2020-11-24
838657.OC	尚诚同力	2017-12-1	2017-9-30	定向	28.35	2.7	352.73	9,999.90	9,999.90	机构投资者	现金	项目融资	兴业证券股份有限公司	2017-12-5
834276.OC	澳冠智能	2017-12-13	2017-9-30	定向	9		244.4445	2,200.00	2,200.00	大股东,大股东关联方	资产	融资收购其他资产		
838518.OC	仁通档案	2017-12-27	2017-9-29	定向	1.22	2.39	246	300.12	300.12	境内自然人	现金	股权激励	招商证券股份有限公司	2018-12-31
838618.OC	绿禾科技	2017-7-26	2017-9-29	定向	1.3	3.75	500	650	650	大股东关联方	资产	融资收购其他资产		2017-7-28
838464.OC	卡宾滑雪	2017-12-7	2017-9-29	定向	39.82	34.23	155.7078	7,920.00	6,200.28	机构投资者	现金	补充流动资金	安信证券股份有限公司	2017-12-11
430690.OC	楚祥医疗	2017-12-1	2017-9-29	定向	40	1.8	125	10,000.00	5,000.00	机构投资者	现金	项目融资	方正证券股份有限公司	2017-12-5
834862.OC	炫伍科技	2018-3-20	2017-9-29	定向	2		16.71	39.96	33.42	大股东,大股东关联方,境内自然人	现金	股权激励	安信证券股份有限公司	2020-3-23
837125.OC	圣荷桔色	2017-11-14	2017-9-29	定向	4		286	1,144.00	1,144.00	境内自然人	现金	补充流动资金	国融证券股份有限公司	2017-11-16
830903.OC	复展科技	2017-11-29	2017-9-29	定向	2.9	1.91	344.8275	1,000.00	1,000.00	机构投资者	现金	项目融资	方正证券股份有限公司	2020-12-1
839461.OC	粤鹏环保	2017-12-19	2017-9-29	定向	9.05	2.86	442.2222	4,000.00	4,000.00	机构投资者	现金	项目融资	西南证券股份有限公司	2017-12-21
835663.OC	灵狐科技	2017-11-9	2017-9-29	定向	7	19.42	180	1,260.00	1,260.00	大股东,境内自然人	现金	项目融资	广发证券股份有限公司	2017-11-13
430217.OC	掌众科技	2017-12-8	2017-9-29	定向	7.28	5.8	618.1318	4,500.00	4,500.00	机构投资者	现金	补充流动资金	广发证券股份有限公司	2017-12-12
835577.OC	庞森商业	2017-12-12	2017-9-29	定向	105.7	105.7	94.6073	9,999.99	9,999.99	大股东关联方,机构投资者	现金	项目融资	财通证券股份有限公司	2017-12-14
831640.OC	碧沃丰	2018-4-20	2017-9-29	定向	10	16	253	2,530.00	2,530.00	大股东,境内自然人	现金	补充流动资金	安信证券股份有限公司	2018-4-25
833533.OC	骏创科技	2017-11-10	2017-9-29	定向	14.2	7.8	218	3,266.00	3,095.60	机构投资者,境内自然人	现金	项目融资	中信建投证券股份有限公司	2017-11-14
838847.OC	爱笑传媒	2017-11-21	2017-9-28	定向	27.38		29.2106	799.79	799.79	境内自然人	现金	补充流动资金	中山证券有限责任公司	2017-11-23
837752.OC	狼旗股份	2017-12-9	2017-9-28	定向	12	14.18	30	2,004.00	360	境内自然人	现金	项目融资	第一创业证券股份有限公司	2017-12-13
835990.OC	随锐科技	2017-11-22	2017-9-28	定向	23	45	217.4222	5,000.71	5,000.71	机构投资者	现金	补充流动资金	申万宏源证券有限公司	2017-11-24

代码	名称	增发公告日	发行日期	发行方式	发行价格	增发日收盘价	增发数量（万股）	预计募集资金（万元）	实际募资总额（万元）	发行对象	认购方式	增发目的	主承销商	限售股解禁时间
835811.OC	唯达技术	2017-11-3	2017-9-28	定向	7.29		637	5,175.90	4,643.73	大股东关联方,机构投资者,境内自然人	现金	补充流动资金	华林证券股份有限公司	2017-11-7
430109.OC	中航讯	2017-12-7	2017-9-27	定向	3.05	3.03	2,099.20	6,402.56	6,402.56	机构投资者	现金	补充流动资金	财通证券股份有限公司	2018-12-11
430754.OC	三态股份	2017-12-13	2017-9-27	定向	1	2	180	180	180	境内自然人	现金	股权激励	广发证券股份有限公司	2017-12-15
832936.OC	万达重工	2017-12-1	2017-9-27	定向	4	4.05	1,000.00	4,000.00	4,000.00	机构投资者	现金	项目融资	国海证券股份有限公司	2017-12-6
835892.OC	中科美菱	2017-12-21	2017-9-27	定向	1.72	1.63	49.03	84.33	84.33	境内自然人	现金	补充流动资金	申万宏源证券有限公司	2020-12-25
831711.OC	青浦资产	2017-11-22	2017-9-27	定向	4.7		150	705	705	机构投资者	现金	项目融资	申万宏源证券有限公司	2017-11-24
838381.OC	德孚转向	2017-11-25	2017-9-27	定向	10	10.2	530	8,400.00	5,300.00	机构投资者,境内自然人	现金	补充流动资金	中山证券有限责任公司	2017-11-30
871276.OC	迪天环境	2017-11-9	2017-9-26	定向	1.79		400	716	716	大股东	现金	项目融资	东北证券股份有限公司	2017-11-13
833523.OC	德瑞锂电	2017-11-29	2017-9-26	定向	4.43	2.58	190	841.7	841.7	境内自然人	现金	补充流动资金	安信证券股份有限公司	2017-12-1
832136.OC	蓝天园林	2017-11-24	2017-9-25	定向	7.5	6.19	2,500.00	18,750.00	18,750.00	机构投资者,境内自然人	现金	项目融资	光大证券股份有限公司	2017-11-28
837335.OC	臻迪科技	2017-12-15	2017-9-25	定向	45.11	45.11	99.7561	4,500.00	4,500.00	机构投资者	现金	项目融资	西部证券股份有限公司	2017-12-20
871691.OC	易景环境	2017-12-9	2017-9-25	定向	2.8		200	560	560	大股东	现金	补充流动资金	申万宏源证券有限公司	2017-12-15
833757.OC	天力锂能	2017-11-24	2017-9-25	定向	33	28	438	20,000.00	14,454.00	机构投资者	现金	项目融资	中山证券有限责任公司	2017-11-28
833311.OC	万容科技	2017-11-7	2017-9-25	定向	5.34	5.69	1,500.00	24,564.00	8,010.00	大股东,机构投资者	现金	项目融资	中信建投证券股份有限公司	2017-11-9
870961.OC	宝信环球	2017-12-16	2017-9-22	定向	2.5	2.69	1,200.00	4,000.00	3,000.00	境内自然人	现金	补充流动资金	东兴证券股份有限公司	2017-12-20
833315.OC	石头造	2017-11-29	2017-9-22	定向	8.5	7.5	353	6,000.00	3,000.50	境内自然人	现金	补充流动资金	广州证券股份有限公司	2017-12-1
839120.OC	壹创国际	2017-11-15	2017-9-22	定向	3	2.85	538.26	2,000.00	1,614.78	大股东,境内自然人	现金	补充流动资金	中山证券有限责任公司	
836281.OC	鸿盛华	2017-11-1	2017-9-22	定向	1.5	1.7	982.1003	1,473.15	1,473.15	大股东,境内自然人	现金	补充流动资金	西南证券股份有限公司	2017-11-3
838682.OC	环球娃娃	2017-10-27	2017-9-22	定向	1.69		250	422.5	422.5	机构投资者	现金	补充流动资金	西南证券股份有限公司	
833496.OC	华安新材	2017-10-27	2017-9-22	定向	3.5	3.76	257	1,050.00	899.5	机构投资者,境内自然人	现金	项目融资	国都证券股份有限公司	2017-10-31
832178.OC	递家物流	2018-3-3	2017-9-22	定向	1.4	1.5	500	700	700	境内自然人	现金	股权激励	中信建投证券股份有限公司	2019-3-7
832213.OC	双森股份	2017-11-21	2017-9-22	定向	4	6.45	658	2,880.00	2,632.00	机构投资者,境内自然人	现金	补充流动资金	招商证券股份有限公司	2017-11-24
871510.OC	大境生态	2017-11-29	2017-9-22	定向	20		200	10,000.10	4,000.00	机构投资者	现金	补充流动资金	长江证券股份有限公司	2017-12-1
837033.OC	金色股份	2017-12-13	2017-9-22	定向	2		240	528	480	境内自然人	现金	项目融资	招商证券股份有限公司	2017-12-15
838909.OC	北京中科	2017-11-22	2017-9-21	定向	4	13	260	1,600.00	1,040.00	机构投资者,境内自然人	现金	补充流动资金	中信建投证券股份有限公司	2017-11-24
871994.OC	肯特智能	2017-11-29	2017-9-21	定向	7.5		43.33	324.98	324.98	机构投资者	现金	补充流动资金	国盛证券有限责任公司	2017-12-1
836907.OC	赛诺生物	2018-3-7	2017-9-21	定向	26.67		101.2	2,699.00	2,699.00	机构投资者	现金	项目融资	招商证券股份有限公司	2018-3-13
835798.OC	中研瀚海	2017-10-27	2017-9-20	定向	13.33		23	306.59	306.59	机构投资者	现金	项目融资	东北证券股份有限公司	2017-10-31
838082.OC	众加利	2017-12-1	2017-9-20	定向	3		447	1,341.00	1,341.00	境内自然人	现金	补充流动资金	世纪证券有限责任公司	2017-12-5
871535.OC	康沁药业	2017-10-27	2017-9-20	定向	4		975	3,980.00	3,900.00	机构投资者,境内自然人	现金	补充流动资金	第一创业证券股份有限公司	2017-11-1
839523.OC	利丰智能	2017-11-28	2017-9-20	定向	2.5		331.9999	1,000.00	830	大股东,机构投资者,境内自然人	现金	补充流动资金	西南证券股份有限公司	2017-11-30
430346.OC	哇棒传媒	2017-10-17	2017-9-20	定向	19.15	14.9	104.2	17,235.00	1,995.43	机构投资者	现金	补充流动资金	东北证券股份有限公司	
839534.OC	深圳园林	2017-10-26	2017-9-19	定向	8.5		1,200.00	10,200.00	10,200.00	机构投资者,境内自然人	现金	补充流动资金	招商证券股份有限公司	2017-10-30
838455.OC	翔楼新材	2017-11-2	2017-9-19	定向	24		190	4,560.00	4,560.00	机构投资者	现金	补充流动资金	华泰联合证券有限责任公司	2017-11-7
430009.OC	华环电子	2017-11-2	2017-9-19	定向	2.17	1.81	671.7	1,519.00	1,457.59	境内自然人	现金	补充流动资金	广发证券股份有限公司	2017-11-6
832974.OC	鲜美种苗	2017-12-19	2017-9-19	定向	3	4.2	495	2,700.00	1,485.00	大股东,境内自然人	现金	项目融资	中山证券有限责任公司	2017-12-21
833653.OC	凯东源	2017-11-29	2017-9-19	定向	3.85	3.54	1,756.00	6,760.60	6,760.60	机构投资者,境内自然人	现金	补充流动资金	平安证券股份有限公司	2017-12-4
831344.OC	中际联合	2017-10-28	2017-9-18	定向	16	17.1	1,250.00	20,000.00	20,000.00	机构投资者,境内自然人	现金	补充流动资金	湘财证券股份有限公司	2017-11-1
837224.OC	朗润智能	2017-12-1	2017-9-18	定向	3.6		200	720	720	机构投资者	现金	项目融资	国海证券股份有限公司	2017-12-6
832703.OC	佳德联益	2017-11-14	2017-9-18	定向	6		316	1,896.00	1,896.00	大股东,境内自然人	现金	项目融资	申万宏源证券有限公司	2017-11-16
870210.OC	森泰英格	2017-11-15	2017-9-18	定向	2.5		300	750	750	大股东	现金	补充流动资金	东莞证券股份有限公司	2017-11-17
833320.OC	启迪图卫	2017-11-7	2017-9-18	定向	3.93	5.34	1,086.00	4,267.98	4,267.98	机构投资者	现金	补充流动资金	首创证券有限责任公司	
831412.OC	天际航	2017-12-1	2017-9-18	定向	6.66		150	999	999	机构投资者	现金	补充流动资金	兴业证券股份有限公司	2017-12-5

代码	名称	增发公告日	发行日期	发行方式	发行价格	增发日收盘价	增发数量（万股）	预计募集资金（万元）	实际募资总额（万元）	发行对象	认购方式	增发目的	主承销商	限售股解禁时间
870928.OC	复旦上科	2017-12-5	2017-9-15	定向	4.18	4.5	600	2,508.00	2,508.00	大股东	现金	补充流动资金	中泰证券股份有限公司	2017-12-7
838002.OC	准信自动	2017-11-30	2017-9-15	定向	4.76	4	840	4,006.80	3,998.40	大股东,机构投资者	现金	补充流动资金	申万宏源证券有限公司	2017-12-4
831981.OC	中浩紫云	2017-11-11	2017-9-15	定向	3.63	13	2,500.00	9,075.00	9,075.00	机构投资者,境内自然人	现金	项目融资	中信证券股份有限公司	2017-11-15
834033.OC	康普化学	2017-11-29	2017-9-15	定向	9	9.9	215	1,935.00	1,935.00	机构投资者,境内自然人	现金	项目融资	申万宏源证券有限公司	2017-12-1
832394.OC	佳龙科技	2017-11-9	2017-9-15	定向	2.5	4.98	114.1	350	285.25	境内自然人	现金	补充流动资金	中泰证券股份有限公司	
832231.OC	恒盛环保	2017-11-24	2017-9-15	定向	1.37	16.8	8,766.00	12,009.42	12,009.42	大股东关联方	资产	融资收购其他资产		2018-11-28
430225.OC	伊禾农品	2017-9-15	2017-9-15	定向	12.65	11.18	2,300.00	29,095.00	29,095.00	境内自然人	现金	补充流动资金	申万宏源证券有限公司	2017-9-20
833648.OC	得轩堂	2018-2-28	2017-9-15	定向	10	8	82.6	1,000.00	826	大股东,境内自然人	现金	项目融资	国泰君安证券股份有限公司	2018-3-2
871177.OC	邦禾生态	2017-11-28	2017-9-15	定向	4	4.5	625	4,000.00	2,500.00	大股东,机构投资者	现金	项目融资	开源证券股份有限公司	2018-11-30
833427.OC	同济设计	2017-11-11	2017-9-15	定向	2.3	1	1,266.00	2,911.80	2,911.80	大股东,境内自然人	现金	股权激励	东北证券股份有限公司	2017-11-15
870795.OC	牧特智能	2017-11-25	2017-9-15	定向	1.38		370	510.6	510.6	大股东,机构投资者,境内自然人	现金	补充流动资金	安信证券股份有限公司	2017-12-1
835446.OC	汇尔杰	2017-11-11	2017-9-15	定向	3	2.33	600	1,800.00	1,800.00	大股东,境内自然人	现金	项目融资	西部证券股份有限公司	2017-11-15
831034.OC	红光股份	2017-11-30	2017-9-15	定向	7.8	8.65	512	3,993.60	3,993.60	机构投资者,境内自然人	现金	项目融资	申万宏源证券有限公司	2017-12-4
836571.OC	ST创乐人	2017-12-8	2017-9-15	定向	17		29.5	501.5	501.5	境内自然人	现金	补充流动资金	广州证券股份有限公司	2017-12-12
871001.OC	瀛海科技	2017-11-10	2017-9-15	定向	6		167.0001	1,002.00	1,002.00	大股东,机构投资者	现金	项目融资	联讯证券股份有限公司	2017-11-15
837200.OC	兴易达	2017-10-14	2017-9-14	定向	3.5	5.28	285.72	1,000.02	1,000.02	境内自然人	现金	项目融资	西藏东方财富证券股份有限公司	2017-10-19
870113.OC	光谷防务	2017-11-7	2017-9-13	定向	2.7		600	1,620.00	1,620.00	大股东,境内自然人	现金	补充流动资金	东北证券股份有限公司	2017-11-9
832774.OC	森泰环保	2017-12-20	2017-9-13	定向	2.5	3.08	3,286.50	8,216.25	8,216.25	大股东,机构投资者,境内自然人	现金	项目融资	长江证券股份有限公司	2017-12-22
839985.OC	永鑫精工	2017-10-27	2017-9-13	定向	5		568	2,840.00	2,840.00	机构投资者,境内自然人	现金	项目融资	长江证券股份有限公司	2017-10-31
835683.OC	华天兴邦	2018-2-8	2017-9-12	定向	3.47	1.62	144.1	500.03	500.03	境内自然人	现金	项目融资	东莞证券股份有限公司	2018-2-12
835185.OC	贝特瑞	2017-10-25	2017-9-12	定向	33.33	32.9	2,250.21	100,000.00	74,999.50	机构投资者	现金	项目融资	国信证券股份有限公司	2017-10-30
836132.OC	恒大教育	2017-11-24	2017-9-11	定向	1.38	1.38	750	1,035.00	1,035.00	大股东	现金	补充流动资金	中泰证券股份有限公司	2018-11-28
871549.OC	耀胜体育	2017-11-2	2017-9-11	定向	15		200	3,000.00	3,000.00	机构投资者	现金	补充流动资金	西南证券股份有限公司	2017-11-7
870898.OC	富春染织	2017-10-24	2017-9-11	定向	16		650	10,400.00	10,400.00	机构投资者,境内自然人	现金	补充流动资金	国元证券股份有限公司	2019-10-28
832117.OC	腾冉电气	2017-11-14	2017-9-11	定向	4	6.11	450	1,800.00	1,800.00	境内自然人	现金	补充流动资金	联储证券有限责任公司	2017-11-16
830853.OC	天加新材	2017-12-13	2017-9-11	定向	5.6	5.85	270	1,512.00	1,512.00	机构投资者	现金	项目融资	申万宏源证券有限公司	2017-12-15
831461.OC	百年巧匠	2017-10-24	2017-9-11	定向	5		140	1,000.00	700	境内自然人	现金	补充流动资金	长江证券股份有限公司	2017-10-27
871106.OC	创凯智能	2017-11-10	2017-9-10	定向	16.2		185.19	3,400.00	3,000.08	机构投资者	现金	补充流动资金	长江证券股份有限公司	2017-11-14
837664.OC	荆江车轴	2017-11-2	2017-9-10	定向	2		431.5	893	863	大股东,境内自然人	现金	补充流动资金	天风证券股份有限公司	2017-11-6
837708.OC	普尼朗顿	2017-11-3	2017-9-9	定向	1.4		4,000.00	5,600.00	5,600.00	大股东,机构投资者	债权	补充流动资金		2017-11-7
871014.OC	淘淘羊	2017-11-21	2017-9-9	定向	4		225	900	900	机构投资者	现金	补充流动资金	安信证券股份有限公司	2017-11-23
835679.OC	日新科技	2017-10-28	2017-9-8	定向	15.55	14.35	179	2,811.44	2,783.45	大股东,大股东关联方,境内自然人	现金	补充流动资金	长江证券股份有限公司	2017-11-2
871419.OC	丰裕环保	2017-11-25	2017-9-8	定向	2.18		733.3333	1,598.67	1,598.67	机构投资者	现金	补充流动资金	华安证券股份有限公司	2017-11-29
430073.OC	兆信股份	2017-11-9	2017-9-8	定向	3.6	7.2	46.3	166.68	166.68	境内自然人	现金	股权激励	申万宏源证券有限公司	2017-11-13
834411.OC	星娱文化	2017-12-26	2017-9-8	定向	1.2		719.9999	1,200.00	864	大股东,境内自然人	现金	项目融资	首创证券有限责任公司	2017-12-28
839946.OC	华阳变速	2017-10-31	2017-9-8	定向	2	2.6	917	1,834.00	1,834.00	大股东,境内自然人	现金	补充流动资金	国融证券股份有限公司	2017-11-2
836661.OC	特利尔	2017-12-15	2017-9-8	定向	9.5	9.5	955	10,000.00	9,072.50	大股东,机构投资者	现金	补充流动资金	招商证券股份有限公司	2017-12-20
870115.OC	先融期货	2017-12-22	2017-9-8	定向	1.6		68,000.00	108,800.00	108,800.00	大股东,机构投资者	现金	项目融资	财达证券股份有限公司	2017-12-26
870037.OC	京福安	2017-10-19	2017-9-8	定向	32.73	32.99	61.1	1,999.80	1,999.80	机构投资者	现金	项目融资	渤海证券股份有限公司	2017-10-23
871525.OC	伟的新材	2017-11-3	2017-9-8	定向	10.05		199	1,999.95	1,999.95	境内自然人	现金	补充流动资金	安信证券股份有限公司	2017-11-7

代码	名称	增发公告日	发行日期	发行方式	发行价格	增发日收盘价	增发数量（万股）	预计募集资金（万元）	实际募资总额（万元）	发行对象	认购方式	增发目的	主承销商	限售股解禁时间
836160.OC	亿博科技	2017-9-20	2017-9-8	定向	1.2		1,446.00	1,735.20	1,735.20	大股东,境内自然人	现金	补充流动资金	中原证券股份有限公司	2017-9-22
871337.OC	环球优学	2017-12-20	2017-9-8	定向	125.29		8.141	3,000.00	1,020.00	机构投资者	现金	项目融资	太平洋证券股份有限公司	2017-12-22
833888.OC	华普永明	2017-11-10	2017-9-8	定向	18.73	18.73	160.2	3,400.00	3,000.55	机构投资者,境内自然人	现金	项目融资	广发证券股份有限公司	2017-11-14
870774.OC	华信科技	2017-11-7	2017-9-8	定向	9		222.2222	2,000.00	2,000.00	机构投资者	现金	项目融资	国元证券股份有限公司	2017-11-9
835666.OC	天亿马	2017-10-13	2017-9-7	定向	11.86	10	353.4002	4,191.33	4,191.33	机构投资者	现金	补充流动资金	长城证券股份有限公司	2017-10-18
870257.OC	龙冈旅游	2017-12-2	2017-9-7	定向	10	2.3	475	5,700.00	4,750.00	机构投资者,境内自然人	现金	补充流动资金	安信证券股份有限公司	2017-12-6
833391.OC	建成咨询	2017-11-24	2017-9-7	定向	1		1,661.04	1,661.04	1,661.04	大股东,境内自然人	现金	补充流动资金	长城证券股份有限公司	2017-11-28
870378.OC	统力电工	2017-11-30	2017-9-7	定向	6.05		800	4,840.00	4,840.00	机构投资者	现金	补充流动资金	国金证券股份有限公司	2017-12-4
833659.OC	浩丰股份	2017-10-31	2017-9-7	定向	6.93	3.84	710	4,920.30	4,920.30	机构投资者,境内自然人	现金	补充流动资金	西南证券股份有限公司	2017-11-2
833122.OC	中仪股份	2017-12-13	2017-9-6	定向	11.5		69	793.5	793.5	机构投资者	现金	补充流动资金	国金证券股份有限公司	2017-12-15
837207.OC	沃特佳	2017-11-23	2017-9-6	定向	6.8	15	810	5,508.00	5,508.00	大股东	现金	补充流动资金	中泰证券股份有限公司	2018-11-27
871562.OC	美伦医疗	2017-11-16	2017-9-6	定向	3.5		350	1,750.00	1,225.00	大股东,境内自然人	现金	项目融资	信达证券股份有限公司	2017-11-20
833160.OC	鲁班药业	2017-11-18	2017-9-6	定向	4.7	4.6	800	3,760.00	3,760.00	机构投资者,境内自然人	现金	项目融资	兴业证券股份有限公司	
430394.OC	伯朗特	2017-10-25	2017-9-6	定向	10	17.7	1,050.00	13,700.00	10,500.00	大股东,机构投资者	现金	补充流动资金	东莞证券股份有限公司	2017-10-27
870926.OC	宜搜科技	2017-10-25	2017-9-5	定向	68.5		21.8978	1,500.00	1,500.00	机构投资者	现金	补充流动资金	东莞证券股份有限公司	2017-10-27
871502.OC	同造科技	2017-12-27	2017-9-5	定向	1.34		80	107.2	107.2	大股东,大股东关联方,境内自然人	现金	股权激励	光大证券股份有限公司	2017-12-29
833461.OC	金凤股份	2017-10-21	2017-9-5	定向	1.15		975	1,130.45	1,121.25	大股东,境内自然人	现金	补充流动资金	中原证券股份有限公司	2017-10-25
870900.OC	弘景光电	2017-11-2	2017-9-5	定向	1.6		300	480	480	大股东,境内自然人	现金	补充流动资金	国信证券股份有限公司	2017-11-6
834203.OC	华澜微	2017-11-8	2017-9-5	定向	7.5	7.5	360	2,700.00	2,700.00	境内自然人	现金	补充流动资金	国信证券股份有限公司	2017-11-10
832968.OC	东软股份	2017-11-1	2017-9-5	定向	5.65	4.9	905	5,113.25	5,113.25	机构投资者,境内自然人	现金	配套融资	申万宏源证券有限公司	2017-11-3
832968.OC	东软股份	2017-11-1	2017-9-5	定向	5.65	4.9	1,903.00	10,751.95	10,751.95	大股东	资产	融资收购其他资产		2017-11-3
871099.OC	金汇通航	2017-11-10	2017-9-5	定向	5	15	3,192.20	18,159.00	15,961.00	大股东,大股东关联方,机构投资者,境内自然人	现金	补充流动资金	东兴证券股份有限公司	2017-11-16
870048.OC	复深蓝	2017-10-26	2017-9-4	定向	11.19	9	409.6632	4,584.13	4,584.13	大股东,机构投资者	现金	补充流动资金	海通证券股份有限公司	2017-10-31
837160.OC	凯诘电商	2017-10-24	2017-9-4	定向	10.91	11.71	314.977	3,722.50	3,436.40	机构投资者	现金	补充流动资金	中泰证券股份有限公司	2017-10-27
832652.OC	目乐医疗	2017-11-2	2017-9-1	定向	7.7	1	130	1,001.00	1,001.00	机构投资者	现金	补充流动资金	西南证券股份有限公司	2017-11-8
833495.OC	微瑞思创	2017-11-4	2017-9-1	定向	12	12	400	4,800.00	4,800.00	大股东,境内自然人	现金	项目融资	华创证券有限责任公司	
871457.OC	钜士安防	2017-9-30	2017-9-1	定向	1.2		900	1,080.00	1,080.00	大股东,大股东关联方	现金	项目融资	上海证券有限责任公司	2017-10-11
832372.OC	西藏能源	2017-11-2	2017-9-1	定向	7	10.38	800	8,000.00	5,600.00	机构投资者,境内自然人	现金	项目融资	西藏东方财富证券股份有限公司	
835875.OC	天基新材	2017-12-16	2017-9-1	定向	5.96	2.2	163	4,172.00	971.48	机构投资者	现金	补充流动资金	国泰君安证券股份有限公司	2017-12-20
831798.OC	博益气动	2017-10-31	2017-9-1	定向	5	1.07	150	750	750	大股东,境内自然人	现金	补充流动资金	西南证券股份有限公司	
838514.OC	欧维客	2017-11-10	2017-9-1	定向	5.38		92.9368	500	500	机构投资者	现金	项目融资	方正证券股份有限公司	2017-11-15
839122.OC	隆华新材	2017-11-8	2017-9-1	定向	6		803.3238	7,150.00	4,819.94	机构投资者,境内自然人	现金	项目融资	东吴证券股份有限公司	2017-11-10
839702.OC	和元上海	2017-10-26	2017-9-1	定向	25	37.05	84	2,100.00	2,100.00	大股东关联方,境内自然人	现金	项目融资	国金证券股份有限公司	2017-10-30
839821.OC	铭博股份	2017-11-8	2017-9-1	定向	1.43		7,000.00	10,010.00	10,010.00	大股东	债权	项目融资		2017-11-10
838341.OC	南商农科	2017-11-8	2017-9-1	定向	3		628	1,884.00	1,884.00	大股东,境内自然人	现金	补充流动资金	方正证券股份有限公司	2017-11-10
834217.OC	斯尔克	2017-11-17	2017-9-1	定向	6	1.5	2,300.00	15,000.00	13,800.00	机构投资者	现金	项目融资	招商证券股份有限公司	2017-11-21
870669.OC	普瑾特	2018-1-6	2017-8-31	定向	10.3		350.51	4,000.00	3,610.25	大股东,机构投资者,境内自然人	现金	项目融资	东北证券股份有限公司	2020-1-20
839879.OC	丰亿港营	2017-11-1	2017-8-31	定向	1.5		700	1,050.00	1,050.00	大股东,境内自然人	现金	补充流动资金	东吴证券股份有限公司	2017-11-6
830875.OC	千草生物	2018-1-16	2017-8-31	定向	6	16.31	710.5555	4,263.33	4,263.33	境内自然人	现金,资产	融资收购其他资产	长江证券股份有限公司	2018-1-19

代码	名称	增发公告日	发行日期	发行方式	发行价格	增发日收盘价	增发数量（万股）	预计募集资金（万元）	实际募资总额（万元）	发行对象	认购方式	增发目的	主承销商	限售股解禁时间
871565.OC	森宇文化	2017-10-25	2017-8-31	定向	65.67		91.3636	5,999.85	5,999.85	机构投资者	现金	项目融资	上海证券有限责任公司	2017-10-31
834662.OC	赛耐比	2017-11-11	2017-8-31	定向	5	1.13	251	1,255.00	1,255.00	大股东，境内自然人	现金	项目融资	中信证券股份有限公司	2017-11-15
839567.OC	亚玫股份	2017-11-2	2017-8-31	定向	1.2		1,000.00	1,200.00	1,200.00	大股东，境内自然人	现金	补充流动资金	东吴证券股份有限公司	2017-11-7
839803.OC	通用电梯	2017-12-12	2017-8-31	定向	4.5		2,920.00	13,500.00	13,140.00	机构投资者，境内自然人	现金	补充流动资金	华泰联合证券有限责任公司	2017-12-15
870631.OC	一品御工	2017-10-20	2017-8-31	定向	1.5		1,000.00	1,500.00	1,500.00	大股东，境内自然人	现金	补充流动资金	光大证券股份有限公司	2017-10-24
831783.OC	丽洋新材	2017-10-13	2017-8-31	定向	3		340	1,020.00	1,020.00	境内自然人	现金	项目融资	金元证券股份有限公司	2017-10-17
871413.OC	紫云股份	2017-9-19	2017-8-31	定向	6		45.5	273	273	大股东，境内自然人	现金	补充流动资金	中原证券股份有限公司	2017-9-21
839276.OC	南王科技	2017-11-2	2017-8-31	定向	4.8		642.5	5,760.00	3,084.00	机构投资者，境内自然人	现金	项目融资	申万宏源证券有限公司	2017-11-6
870435.OC	智慧环思	2017-12-12	2017-8-31	定向	2.25	1.86	600	1,350.00	1,350.00	大股东，境内自然人	现金	补充流动资金	中国中投证券有限责任公司	2017-12-14
836426.OC	安怀信	2017-10-25	2017-8-31	定向	8	17.32	7.25	58	58	境内自然人	现金	股权激励	西南证券股份有限公司	
831648.OC	盛景科技	2017-11-17	2017-8-31	定向	2.12	2	54	114.48	114.48	境内自然人	现金	补充流动资金	东吴证券股份有限公司	2022-11-24
871194.OC	博大制药	2017-11-3	2017-8-31	定向	7.13		79.8472	569.31	569.31	境内自然人	现金	项目融资	中信建投证券股份有限公司	
870517.OC	浩德钢圈	2017-11-14	2017-8-31	定向	2		2,500.00	5,000.00	5,000.00	大股东，大股东关联方，境内自然人	现金	补充流动资金	恒泰证券股份有限公司	
870069.OC	中创互动	2017-11-16	2017-8-31	定向	1.03		2,209.00	2,275.27	2,275.27	境内自然人	现金	项目融资	国都证券股份有限公司	
430435.OC	数聚股份	2017-11-17	2017-8-30	定向	6	10	49.155	294.93	294.93	大股东关联方，境内自然人	现金	股权激励	申万宏源证券有限公司	
833291.OC	森合高科	2017-10-20	2017-8-30	定向	13.33	16.5	375	5,000.00	5,000.00	机构投资者	现金	项目融资	光大证券股份有限公司	2017-10-24
839600.OC	康美特	2017-11-9	2017-8-30	定向	6.35		1,050.00	6,667.50	6,667.50	机构投资者	现金	补充流动资金	广发证券股份有限公司	2017-11-13
870101.OC	玖零股份	2018-3-31	2017-8-29	定向	1.26		2,095.00	2,639.70	2,639.70	大股东，境内自然人	现金	补充流动资金	新时代证券股份有限公司	2021-4-5
871376.OC	印加股份	2017-10-25	2017-8-29	定向	8.5	10	233	2,074.00	1,980.50	境内自然人	现金	补充流动资金	东兴证券股份有限公司	
834859.OC	新锐股份	2017-10-13	2017-8-29	定向	8	8	500	4,000.00	4,000.00	境内自然人	现金	项目融资	东吴证券股份有限公司	2017-10-17
837129.OC	太阳股份	2017-9-27	2017-8-29	定向	10.5		1,126.00	11,823.00	11,823.00	机构投资者	现金	补充流动资金	中信建投证券股份有限公司	2017-9-29
835285.OC	悉知科技	2017-10-25	2017-8-28	定向	1.2		500	600	600	大股东	现金	补充流动资金	上海证券有限责任公司	2017-10-27
430080.OC	尚水股份	2018-3-2	2017-8-28	定向	2.55	7.55	2,223.64	5,670.28	5,670.28	大股东，机构投资者，境内自然人	现金	补充流动资金	中泰证券股份有限公司	2018-3-6
836450.OC	辅正药业	2017-11-22	2017-8-28	定向	1.04		33.5524	36	34.89	大股东关联方，境内自然人	现金	补充流动资金	西南证券股份有限公司	2020-11-24
830934.OC	玻尔科技	2017-11-16	2017-8-28	定向	1.42	3.08	846	1,201.32	1,201.32	大股东，境内自然人	资产	融资收购其他资产		2017-11-22
871373.OC	威麦云健	2017-9-27	2017-8-28	定向	6		500	3,000.00	3,000.00	境内自然人	现金	补充流动资金	渤海证券股份有限公司	2017-9-29
834157.OC	亿芯源	2017-12-22	2017-8-27	定向	2	9.5	257.3	516	514.6	大股东，境内自然人	现金	补充流动资金	申万宏源证券有限公司	2018-12-26
838834.OC	创四方	2017-12-21	2017-8-27	定向	1.8		200	360	360	境内自然人	现金	补充流动资金	招商证券股份有限公司	2017-12-25
831056.OC	千叶药包	2017-10-31	2017-8-25	定向	5	3.65	1,205.00	6,025.00	6,025.00	机构投资者，境内自然人	现金	项目融资	光大证券股份有限公司	2017-11-2
834971.OC	三元生物	2017-10-26	2017-8-25	定向	5.5		375.4	2,068.00	2,064.70	大股东，境内自然人	现金	补充流动资金	西南证券股份有限公司	2017-10-30
430603.OC	回水科技	2017-10-27	2017-8-25	定向	7	7	1,000.00	7,000.00	7,000.00	大股东，境内自然人	现金	项目融资	国信证券股份有限公司	2017-10-31
837447.OC	昆仑建设	2017-10-31	2017-8-25	定向	4.19	4.5	460.2	2,141.93	1,928.24	机构投资者，境内自然人	现金	补充流动资金	申万宏源证券有限公司	2017-11-2
831231.OC	佳保安全	2017-9-27	2017-8-25	定向	3	1	190	570	570	大股东，境内自然人	现金	补充流动资金	中山证券有限责任公司	2017-9-29
833755.OC	扬德环境	2017-9-29	2017-8-25	定向	4	3.21	5,000.00	20,000.00	20,000.00	机构投资者，境内自然人	现金	项目融资	中信建投证券股份有限公司	2017-10-10
870171.OC	宏鼎股份	2017-11-2	2017-8-25	定向	14	11.66	76.7	6,496.00	1,073.80	机构投资者	现金	项目融资	东吴证券股份有限公司	2017-11-6
839884.OC	大牧汗	2017-11-24	2017-8-25	定向	5	18.18	63.5	363.5	317.5	境内自然人	现金	股权激励	华鑫证券有限责任公司	2018-11-28
834296.OC	宝胜电气	2017-11-1	2017-8-25	定向	2.28		5,000.00	11,400.00	11,400.00	大股东，机构投资者，境内自然人	现金	项目融资	广发证券股份有限公司	2017-11-3
833475.OC	深蓝机器	2017-10-12	2017-8-25	定向	3.22		372.8	1,200.42	1,200.42	机构投资者，境内自然人	现金	补充流动资金	中泰证券股份有限公司	2017-10-16
838837.OC	华原股份	2017-10-19	2017-8-25	定向	3.28		887	2,909.36	2,909.36	大股东，境内自然人	现金	补充流动资金	国海证券股份有限公司	2017-10-23
833162.OC	港力环保	2017-10-26	2017-8-25	定向	1.95	1.9	465	926.25	906.75	境内自然人	现金	项目融资	申万宏源证券有限公司	2017-10-30
831872.OC	宏微科技	2017-11-1	2017-8-25	定向	2.3	2.73	445	1,023.50	1,023.50	机构投资者，境内自然人	现金	补充流动资金	中港证券股份有限公司	2017-11-3

代码	名称	增发公告日	发行日期	发行方式	发行价格	增发日收盘价	增发数量（万股）	预计募集资金（万元）	实际募资总额（万元）	发行对象	认购方式	增发目的	主承销商	限售股解禁时间
871049.OC	穿山甲	2017-10-11	2017-8-25	定向	10.8		138.8888	1,500.00	1,500.00	境内自然人	现金	项目融资	五矿证券有限公司	2017-10-13
870820.OC	经纬智能	2017-10-31	2017-8-25	定向	2		430	860	860	大股东关联方，境内自然人	现金	项目融资	兴业证券股份有限公司	
870355.OC	建院股份	2017-10-20	2017-8-25	定向	5.5		380	2,750.00	2,090.00	大股东，境内自然人	现金	补充流动资金	东吴证券股份有限公司	2017-10-25
870013.OC	天科合达	2017-12-22	2017-8-24	定向	2.7		1,666.67	4,500.00	4,500.00	大股东，机构投资者，境内自然人	现金	项目融资	国开证券股份有限公司	2017-12-26
834641.OC	中广影视	2017-10-17	2017-8-24	定向	5.18	29.88	1,913.25	20,000.00	9,910.64	机构投资者，境内自然人	现金	项目融资	东海证券股份有限公司	2017-10-19
833516.OC	牧宝车居	2017-10-27	2017-8-24	定向	5	5	600	3,000.00	3,000.00	机构投资者	现金	补充流动资金	国都证券股份有限公司	2017-11-1
837968.OC	康韵生物	2017-10-19	2017-8-24	定向	4		125	500	500	大股东，大股东关联方，境内自然人	现金	项目融资	浙商证券股份有限公司	2019-10-23
833995.OC	黄河文化	2017-9-30	2017-8-24	定向	1.2		5,000.00	6,000.00	6,000.00	大股东	现金	补充流动资金	恒泰证券股份有限公司	2017-10-11
831237.OC	飞宇科技	2017-9-27	2017-8-24	定向	3.6	2.85	2,740.00	9,864.00	9,864.00	机构投资者	现金	项目融资	东吴证券股份有限公司	2017-9-29
838941.OC	太比雅	2017-12-12	2017-8-23	定向	1.45	11	6,000.00	8,700.00	8,700.00	机构投资者	现金	项目融资	西部证券股份有限公司	2019-12-16
837166.OC	奥腾电子	2018-2-9	2017-8-23	定向	1.3	12	1,150.00	1,950.00	1,495.00	大股东，境内自然人	现金	项目融资	招商证券股份有限公司	2018-2-14
430666.OC	绿伞化学	2017-10-18	2017-8-23	定向	2.7	9.92	660	1,782.00	1,782.00	大股东	现金	项目融资	西部证券股份有限公司	2017-10-20
838169.OC	博弈科技	2017-12-13	2017-8-22	定向	25	15.35	400	12,000.00	10,000.00	机构投资者，境内自然人	现金	项目融资	申万宏源证券有限公司	2017-12-15
836885.OC	恒达时讯	2017-11-8	2017-8-22	定向	8	9.16	600	4,800.00	4,800.00	机构投资者，境内自然人	现金	补充流动资金	中银国际证券有限责任公司	2017-11-10
838927.OC	国文股份	2017-9-22	2017-8-22	定向	1.9	2.82	303	665	575.7	大股东，大股东关联方，境内自然人	现金	项目融资	平安证券股份有限公司	2017-9-26
833464.OC	苏州沪云	2017-10-28	2017-8-22	定向	1	23	33.1889	33.19	33.19	境内自然人	现金	股权激励	中国中投证券有限责任公司	2020-11-2
835279.OC	沃得尔	2017-9-28	2017-8-22	定向	7		1,900.00	13,300.00	13,300.00	大股东，大股东关联方，境内自然人	现金	项目融资	申万宏源证券有限公司	2017-10-9
836027.OC	金晟环保	2017-9-16	2017-8-22	定向	6.5	6.8	2,500.00	16,250.00	16,250.00	机构投资者，境内自然人	现金	项目融资	财通证券股份有限公司	2017-9-20
870558.OC	富润科技	2017-10-14	2017-8-22	定向	1.5	4.5	1,600.00	2,400.00	2,400.00	大股东，境内自然人	现金	补充流动资金	华福证券有限责任公司	2017-10-18
833478.OC	侨益股份	2017-9-29	2017-8-21	定向	4	4	1,000.00	4,000.00	4,000.00	机构投资者	现金	项目融资	国金证券股份有限公司	2020-10-12
836455.OC	中溶科技	2017-9-29	2017-8-21	定向	13	13	1,890.00	35,100.00	24,570.00	机构投资者，境内自然人	现金	项目融资	中信建投证券股份有限公司	2017-10-10
870982.OC	亚星世纪	2017-9-28	2017-8-21	定向	8		570	5,600.00	4,560.00	机构投资者，境内自然人	现金	补充流动资金	华龙证券股份有限公司	2017-10-9
839499.OC	西南检测	2017-10-21	2017-8-21	定向	2	1.8	500	1,000.00	1,000.00	机构投资者，境内自然人	现金	项目融资	方正证券股份有限公司	2017-10-25
834373.OC	晶森材料	2017-10-10	2017-8-21	定向	5	6.85	514	5,000.00	2,570.00	机构投资者，境内自然人	现金	项目融资	华鑫证券有限责任公司	2017-10-13
870841.OC	校外宝	2017-11-10	2017-8-20	定向	48.5		15.4639	750	750	机构投资者	现金	项目融资	安信证券股份有限公司	
833254.OC	中惠生物	2017-12-1	2017-8-19	定向	2.1	3	529.8095	1,120.25	1,112.60	机构投资者，境内自然人	现金	项目融资	中泰证券股份有限公司	2017-12-5
839168.OC	一通科技	2017-10-24	2017-8-18	定向	3		333	999	999	机构投资者	现金	补充流动资金	安信证券股份有限公司	2017-10-26
838333.OC	同百科技	2017-11-21	2017-8-18	定向	4.6	20	144	759	662.4	大股东关联方，境内自然人	现金	补充流动资金	西南证券股份有限公司	2020-11-23
871186.OC	中御建设	2017-11-3	2017-8-18	定向	5		400	2,000.00	2,000.00	境内自然人	债权	项目融资		2017-11-9
833277.OC	丽晶软件	2018-4-11	2017-8-18	定向	9.74	6	256.6667	2,500.00	2,500.00	机构投资者	现金	补充流动资金	中国银河证券股份有限公司	2018-4-13
831452.OC	宝特龙	2017-10-21	2017-8-18	定向	1.25	1.13	1,750.00	2,187.50	2,187.50	机构投资者，境内自然人	现金	项目融资	长江证券股份有限公司	2017-10-26
835259.OC	瀚翔生物	2017-10-10	2017-8-18	定向	4	8.3	125	500	500	境内自然人	现金	股权激励	华创证券有限责任公司	2020-10-12
835852.OC	伊普诺康	2017-10-31	2017-8-18	定向	13.62	13.62	330.3966	5,000.00	4,500.00	机构投资者，境内自然人	现金	补充流动资金	国元证券股份有限公司	2017-11-2
430369.OC	威门药业	2017-9-13	2017-8-18	定向	12	9.86	500	18,000.00	6,000.00	机构投资者	现金	项目融资	广发证券股份有限公司	2017-9-15
838975.OC	鑫泰科技	2017-11-1	2017-8-18	定向	6.1		328	2,000.80	2,000.80	大股东，境内自然人	现金	配套融资	兴业证券股份有限公司	2017-11-7
834803.OC	鑫昌龙	2017-11-10	2017-8-18	定向	7.5	13.62	500	5,095.20	3,750.00	机构投资者	现金	项目融资	招商证券股份有限公司	2017-11-15
838431.OC	ST深思	2017-9-28	2017-8-18	定向	1		157.302	157.3	157.3	境内自然人	资产	融资收购其他资产		
838858.OC	伊斯佳	2017-11-18	2017-8-18	定向	14.58		602.0117	8,893.80	8,777.33	机构投资者，境内自然人	现金	项目融资	东莞证券股份有限公司	
836238.OC	蓝华科技	2017-12-19	2017-8-18	定向	1.5	1.4	2,460.00	3,690.00	3,690.00	大股东	资产	融资收购其他资产		2017-12-21

代码	名称	增发公告日	发行日期	发行方式	发行价格	增发日收盘价	增发数量（万股）	预计募集资金（万元）	实际募资总额（万元）	发行对象	认购方式	增发目的	主承销商	限售股解禁时间
871543.OC	革新百集	2017-9-28	2017-8-18	定向	9.09		110.12	5,000.00	1,000.99	机构投资者,境内自然人	现金	补充流动资金	东吴证券股份有限公司	2017-10-10
871540.OC	飞利达	2017-9-30	2017-8-18	定向	3		500	1,500.00	1,500.00	大股东,大股东关联方,机构投资者,境内自然人	现金	项目融资	山西证券股份有限公司	2017-10-12
836573.OC	视酷股份	2017-10-28	2017-8-18	定向	1.45		1,050.00	1,522.50	1,522.50	大股东	现金	项目融资	光大证券股份有限公司	
837006.OC	晟楠科技	2017-11-30	2017-8-18	定向	5		400	2,000.00	2,000.00	大股东,境内自然人	现金	补充流动资金	华林证券股份有限公司	2017-12-12
838975.OC	鑫泰科技	2017-11-1	2017-8-18	定向	6.1		1,475.41	9,000.00	9,000.00	大股东关联方,境内自然人	资产	融资收购其他资产		
834772.OC	中悦科技	2017-12-26	2017-8-18	定向	9.5	9.34	1,165.00	15,000.00	11,067.50	机构投资者,境内自然人	现金	补充流动资金	海通证券股份有限公司	2017-12-28
839009.OC	弘扬软件	2017-9-28	2017-8-18	定向	14		75	1,050.00	1,050.00	大股东关联方,境内自然人	现金	项目融资	兴业证券股份有限公司	2017-10-9
838143.OC	东方嘉禾	2017-10-31	2017-8-18	定向	29.29		35.8484	1,050.00	1,050.00	境内自然人	现金	补充流动资金	国信证券股份有限公司	2017-11-2
839024.OC	远播教育	2017-10-10	2017-8-17	定向	6	3	210	1,260.00	1,260.00	大股东,境内自然人	现金	项目融资	国信证券股份有限公司	2017-10-12
835330.OC	东奇科技	2017-10-11	2017-8-17	定向	4.08	4	122.549	522.24	500	机构投资者	现金	补充流动资金	东吴证券股份有限公司	2017-10-13
831820.OC	容大股份	2017-11-1	2017-8-17	定向	1.8	2	500	900	900	大股东,机构投资者,境内自然人	现金	补充流动资金	东方花旗证券有限公司	2017-11-3
836981.OC	众力股份	2017-11-29	2017-8-17	定向	2		460	920	920	大股东,大股东关联方	现金	项目融资	招商证券股份有限公司	2017-12-1
830915.OC	味群食品	2017-9-26	2017-8-16	定向	2.5	2.35	20	50	50	境内自然人	现金	补充流动资金	长江证券股份有限公司	2017-9-28
834548.OC	天视文化	2017-10-27	2017-8-16	定向	6	6	1,735.00	10,800.00	10,410.00	机构投资者	现金	项目融资	招商证券股份有限公司	2017-10-31
838418.OC	绿城股份	2017-9-27	2017-8-16	定向	1.84		3,000.00	5,520.00	5,520.00	大股东,境内自然人	资产	融资收购其他资产		
833016.OC	希尔传媒	2017-10-12	2017-8-16	定向	6	5.9	500	3,000.00	3,000.00	大股东关联方,境内自然人	现金	补充流动资金	国信证券股份有限公司	2017-10-16
871023.OC	博通信息	2017-11-1	2017-8-16	定向	3.06		130.4	399.02	399.02	机构投资者	现金	补充流动资金	天风证券股份有限公司	2017-11-3
839144.OC	建通科技	2017-9-29	2017-8-16	定向	4		250	1,000.00	1,000.00	大股东,大股东关联方,境内自然人	现金	补充流动资金	中国民族证券有限责任公司	2017-10-10
835806.OC	达智咨询	2017-11-29	2017-8-16	定向	1.52		388	589.76	589.76	大股东,大股东关联方,境内自然人	现金	补充流动资金	西藏东方财富证券股份有限公司	2017-12-1
831278.OC	泰德股份	2017-9-20	2017-8-15	定向	4.5	7.2	500	2,250.00	2,250.00	机构投资者	现金	补充流动资金	中泰证券股份有限公司	2017-9-22
870164.OC	虎巴股份	2017-9-12	2017-8-15	定向	25		74	1,850.00	1,850.00	机构投资者	现金	项目融资	国盛证券有限责任公司	2017-9-14
832911.OC	正方股份	2017-9-27	2017-8-15	定向	1.6		1,926.00	3,081.60	3,081.60	大股东,大股东关联方,境内自然人	资产	融资收购其他资产		
838616.OC	喜报科技	2017-9-20	2017-8-15	定向	15		33.333	500	500	机构投资者	现金	补充流动资金	华林证券股份有限公司	2017-9-22
839543.OC	东南电子	2017-9-14	2017-8-15	定向	6		258	1,548.00	1,548.00	大股东,境内自然人	现金	补充流动资金	上海证券有限责任公司	2017-9-18
835930.OC	杉杉能源	2017-12-12	2017-8-15	定向	1.6		4,950.00	8,000.00	7,920.00	机构投资者,境内自然人	现金	补充流动资金	国信证券股份有限公司	2017-12-14
870002.OC	达峰智能	2017-10-28	2017-8-15	定向	14.61	3.24	102.6	1,498.99	1,498.99	机构投资者,境内自然人	现金	补充流动资金	国金证券股份有限公司	2017-11-1
833302.OC	羌山农牧	2017-11-9	2017-8-15	定向	2.85	22	1,446.83	4,123.47	4,123.47	大股东,机构投资者,境内自然人	资产	融资收购其他资产		2017-11-13
870896.OC	索谱尔	2017-9-21	2017-8-15	定向	1.39		1,800.00	2,502.00	2,502.00	大股东	现金	项目融资	新时代证券股份有限公司	2017-9-25
831287.OC	启奥科技	2017-11-7	2017-8-15	定向	15	13.2	336	12,000.00	5,040.00	机构投资者	现金	项目融资	德邦证券股份有限公司	2017-11-9
834202.OC	纵横六合	2017-9-27	2017-8-15	定向	38	19.07	153.4679	8,000.14	5,831.78	机构投资者,境内自然人	现金	补充流动资金	东北证券股份有限公司	
839080.OC	宜净环保	2017-9-22	2017-8-15	定向	4.7		1,434.66	6,742.90	6,742.90	大股东,大股东关联方,机构投资者,境内自然人	现金,资产	补充流动资金	平安证券股份有限公司	2017-9-26
833302.OC	羌山农牧	2017-11-9	2017-8-15	定向	2.85	22	1,170.78	8,208.00	3,336.73	机构投资者,境内自然人	现金	配套融资	山西证券股份有限公司	2017-11-13
835093.OC	旷博生物	2017-9-20	2017-8-15	定向	4.26	5	856.8099	4,500.00	3,650.01	机构投资者,境内自然人	现金	补充流动资金	太平洋证券股份有限公司	2017-9-22
836403.OC	喜悦股份	2017-9-26	2017-8-15	定向	5.58	5.5	530	2,957.40	2,957.40	机构投资者	现金	项目融资	东吴证券股份有限公司	2017-9-29
835361.OC	广尔纳	2017-9-16	2017-8-15	定向	2.5	35	180	450	450	大股东关联方,境内自然人	现金	补充流动资金	平安证券股份有限公司	2017-9-21
870436.OC	大地电气	2017-10-14	2017-8-14	定向	6.7		977.6	6,700.00	6,549.92	机构投资者,境内自然人	现金	补充流动资金	申万宏源证券有限公司	2017-10-18

代码	名称	增发公告日	发行日期	发行方式	发行价格	增发日收盘价	增发数量（万股）	预计募集资金（万元）	实际募资总额（万元）	发行对象	认购方式	增发目的	主承销商	限售股解禁时间
834146.OC	时代电影	2017-12-9	2017-8-14	定向	6.15	7	130	799.5	799.5	大股东关联方	债权	项目融资		2017-12-13
830894.OC	紫竹桩基	2017-10-13	2017-8-14	定向	3.2	4.5	940	3,008.00	3,008.00	大股东,机构投资者,境内自然人	现金	补充流动资金	招商证券股份有限公司	2017-10-18
833100.OC	爱己爱牧	2017-10-24	2017-8-14	定向	2.5	5.1	400	1,000.00	1,000.00	大股东,境内自然人	现金	补充流动资金	中国中投证券有限责任公司	2017-10-27
871350.OC	明致股份	2017-9-21	2017-8-14	定向	1.2		1,350.00	1,620.00	1,620.00	境内自然人	现金	补充流动资金	东北证券股份有限公司	2017-9-25
835377.OC	常乐铜业	2017-10-25	2017-8-13	定向	1.5	3	800	1,200.00	1,200.00	境内自然人	现金	项目融资	山西证券股份有限公司	2017-10-31
870950.OC	丰源热力	2017-10-11	2017-8-12	定向	2.38		798.31	1,899.98	1,899.98	境内自然人	现金	项目融资	中信建投证券股份有限公司	2020-10-13
834231.OC	合众环保	2017-9-19	2017-8-12	定向	8.5	8.5	127.6742	1,085.23	1,085.23	大股东	现金	补充流动资金	东莞证券股份有限公司	
871341.OC	慧联电子	2017-9-19	2017-8-11	定向	2.5	2.5	1,000.00	2,500.00	2,500.00	机构投资者	现金	项目融资	中原证券股份有限公司	2017-9-21
833948.OC	康泰环保	2017-9-19	2017-8-11	定向	5.53	5.8	686.6544	3,793.77	3,793.77	机构投资者	现金	补充流动资金	东吴证券股份有限公司	2017-9-21
871082.OC	龙翔药业	2017-10-26	2017-8-11	定向	2		840	1,680.00	1,680.00	大股东关联方,境内自然人	现金	项目融资	长江证券股份有限公司	2017-10-30
870945.OC	海德森	2017-12-13	2017-8-11	定向	5.7		540	3,648.00	3,078.00	机构投资者,境内自然人	现金	项目融资	华创证券有限责任公司	2017-12-15
838691.OC	金益环保	2017-10-14	2017-8-11	定向	3.8		150	570	570	机构投资者	现金	项目融资	东北证券股份有限公司	
835621.OC	丰源环保	2017-9-13	2017-8-11	定向	4.5	4	500	2,250.00	2,250.00	机构投资者,境内自然人	现金	补充流动资金	广发证券股份有限公司	2017-9-15
834511.OC	凯歌电子	2017-9-22	2017-8-11	定向	5	5.53	400	2,000.00	2,000.00	大股东,机构投资者,境内自然人	现金	补充流动资金	中山证券有限责任公司	2017-9-26
835425.OC	中科水生	2017-11-1	2017-8-11	定向	2.94	5.5	367.625	1,079.35	1,079.35	境内自然人	现金	股权激励	太平洋证券股份有限公司	
870849.OC	亿安天下	2017-9-23	2017-8-11	定向	16		125	2,000.00	2,000.00	大股东,境内自然人	现金	项目融资	国都证券股份有限公司	2017-9-28
834110.OC	ST灵信	2017-10-28	2017-8-11	定向	6.9	5.1	655.4	6,400.00	4,522.26	机构投资者,境内自然人	现金	项目融资	国泰君安证券股份有限公司	2017-11-1
831384.OC	华创网安	2017-9-29	2017-8-11	定向	2.5		65	162.5	162.5	境内自然人	现金	补充流动资金	民生证券股份有限公司	2020-10-12
830812.OC	华实股份	2017-9-29	2017-8-11	定向	15	10.35	60	6,200.00	900	机构投资者	现金	项目融资	国都证券股份有限公司	2017-10-10
870727.OC	利洋股份	2017-9-27	2017-8-11	定向	7		144.1415	1,008.99	1,008.99	大股东,境内自然人	现金	补充流动资金	首创证券有限责任公司	2017-9-29
836531.OC	枫华种业	2018-3-21	2017-8-11	定向	5	15	2,800.00	16,500.00	14,000.00	机构投资者	现金	项目融资	新时代证券股份有限公司	2018-3-23
430347.OC	地大信息	2017-9-22	2017-8-11	定向	3.5	3.35	80	280	280	机构投资者	现金	项目融资	华安证券股份有限公司	2017-9-27
430083.OC	ST中科	2017-9-27	2017-8-11	定向	5	4.85	800	5,500.00	4,000.00	大股东,机构投资者	现金	项目融资	申万宏源证券有限公司	2017-9-29
834793.OC	华强方特	2017-10-13	2017-8-10	定向	16.85	16.95	8,679.38	146,247.60	146,247.60	大股东,机构投资者	现金	项目融资	招商证券股份有限公司	
836460.OC	风云科技	2017-10-20	2017-8-10	定向	5.5	7	206	1,133.00	1,133.00	机构投资者	现金	补充流动资金	兴业证券股份有限公司	2017-10-24
837578.OC	中大科技	2017-9-14	2017-8-10	定向	8.5		360	3,060.00	3,060.00	机构投资者	现金	补充流动资金	中国民族证券有限责任公司	
836534.OC	百诺医药	2017-9-26	2017-8-10	定向	22.76	22.63	307.58	7,000.00	7,000.00	机构投资者	现金	项目融资	平安证券股份有限公司	2017-9-28
831249.OC	鸣哩科技	2017-9-26	2017-8-9	定向	133.33	133.33	62.76	9,000.00	8,367.79	机构投资者	现金	补充流动资金	安信证券股份有限公司	2017-9-28
831092.OC	乾元泽孚	2017-9-15	2017-8-9	定向	8	7.5	252	2,016.00	2,016.00	机构投资者	现金	补充流动资金	信达证券股份有限公司	2017-9-21
838527.OC	恒略智汇	2017-11-16	2017-8-9	定向	1.1	1.07	300	330	330	大股东	现金	补充流动资金	光大证券股份有限公司	
838920.OC	南湖国旅	2017-9-16	2017-8-9	定向	9.96	14.8	2,228.92	22,200.00	22,200.00	大股东,大股东关联方,机构投资者	现金	项目融资	中泰证券股份有限公司	
833818.OC	威克曼	2017-10-11	2017-8-9	定向	10		104	1,040.00	1,040.00	机构投资者	现金	项目融资	安信证券股份有限公司	2017-10-13
838870.OC	讯联股份	2017-11-4	2017-8-8	定向	3.6	11.64	285	1,026.00	1,026.00	大股东,境内自然人	现金	补充流动资金	太平洋证券股份有限公司	2017-11-8
839403.OC	穆力赛	2017-9-23	2017-8-8	定向	1.03		956.6161	985.31	985.31	大股东,大股东关联方,境内自然人	资产	融资收购其他资产		
832602.OC	泰通科技	2017-10-11	2017-8-8	定向	13	9.5	153.84	8,125.00	1,999.92	机构投资者	现金	补充流动资金	国金证券股份有限公司	2017-10-13
834625.OC	能源谷	2017-11-2	2017-8-8	定向	3.6		750	2,700.00	2,700.00	大股东	债权	补充流动资金		2017-11-9
835878.OC	经纬电力	2017-10-18	2017-8-8	定向	1.26	1.2	800	1,008.00	1,008.00	大股东	现金	补充流动资金	安信证券股份有限公司	2017-10-20
838531.OC	圣帕新材	2017-9-19	2017-8-8	定向	6.5		461.5384	5,000.00	3,000.00	境内自然人	现金	补充流动资金	五矿证券有限公司	2017-9-21
837024.OC	广州瀚润	2017-10-27	2017-8-7	定向	3.5	4	87.5	306.25	306.25	大股东,境内自然人	现金	补充流动资金	广州证券股份有限公司	2017-10-31
834876.OC	傲拓科技	2017-9-29	2017-8-7	定向	4.8	5	300	1,440.00	1,440.00	机构投资者,境内自然人	现金	项目融资	东兴证券股份有限公司	2017-10-11
832272.OC	龙图信息	2017-10-17	2017-8-7	定向	9.48	1	316.4557	3,000.00	3,000.00	大股东	现金	补充流动资金	中国中投证券有限责任公司	2017-10-20

代码	名称	增发公告日	发行日期	发行方式	发行价格	增发日收盘价	增发数量（万股）	预计募集资金（万元）	实际募资总额（万元）	发行对象	认购方式	增发目的	主承销商	限售股解禁时间
837941.OC	东华美钻	2017-9-20	2017-8-7	定向	6	8.5	200	1,200.00	1,200.00	境内自然人	现金	项目融资	兴业证券股份有限公司	2017-9-22
838267.OC	新世纪	2017-9-6	2017-8-7	定向	3		4,700.00	14,100.00	14,100.00	大股东	资产	实际控制人资产注入		
871546.OC	环球机械	2017-11-25	2017-8-4	定向	1.48		300	444	444	大股东关联方，境内自然人	现金	股权激励	中原证券股份有限公司	2017-11-29
839463.OC	时代光影	2017-10-20	2017-8-4	定向	15.34		260.756	4,000.00	4,000.00	机构投资者	现金	补充流动资金	天风证券股份有限公司	2017-10-24
832444.OC	蓝海骆驼	2017-11-10	2017-8-4	定向	1.6	3.39	176.7	282.72	282.72	境内自然人	现金	股权激励	中泰证券股份有限公司	
839874.OC	伟泰科技	2017-9-5	2017-8-4	定向	19.17	13.34	260	4,984.20	4,984.20	大股东关联方，机构投资者	现金	补充流动资金	开源证券股份有限公司	2017-9-7
835834.OC	达伦股份	2017-9-14	2017-8-4	定向	13	16	290	5,980.00	3,770.00	机构投资者	现金	补充流动资金	国金证券股份有限公司	2017-9-18
833042.OC	天汇能源	2018-6-6	2017-8-4	定向	2.1		4,647.98	9,760.76	9,760.76	大股东	资产	融资收购其他资产		2018-6-11
835801.OC	博大光通	2017-9-27	2017-8-4	定向	20	40	225	4,500.00	4,500.00	机构投资者	现金	项目融资	中泰证券股份有限公司	2017-9-29
839571.OC	海通股份	2017-9-2	2017-8-4	定向	3.1		63	195.3	195.3	境内自然人	现金	补充流动资金	东吴证券股份有限公司	2020-9-7
834983.OC	黑尊生物	2017-10-10	2017-8-4	定向	6.18	6.18	300	1,854.00	1,854.00	机构投资者	现金	补充流动资金	西部证券股份有限公司	2017-10-13
871495.OC	光华消防	2017-9-19	2017-8-4	定向	10		150	1,500.00	1,500.00	境内自然人	现金	补充流动资金	东北证券股份有限公司	
835457.OC	建科集团	2017-9-13	2017-8-4	定向	11.5	4.84	200	2,300.00	2,300.00	境内自然人	现金	补充流动资金	西南证券股份有限公司	2017-9-15
870399.OC	通达电气	2017-10-25	2017-8-4	定向	10	10.8	2,000.00	20,000.00	20,000.00	机构投资者，境内自然人	现金	补充流动资金	中信证券股份有限公司	2017-10-27
836697.OC	澎瀚机械	2017-9-26	2017-8-4	定向	1		15,265.00	15,265.00	15,265.00	机构投资者	资产	融资收购其他资产		
832278.OC	鹿得医疗	2017-10-28	2017-8-4	定向	6.8	6.91	725	4,930.00	4,930.00	机构投资者	现金	项目融资	联储证券有限责任公司	2017-11-2
833329.OC	利达股份	2017-9-16	2017-8-4	定向	35	46.9	250	8,750.00	8,750.00	机构投资者	现金	补充流动资金	信达证券股份有限公司	2017-9-20
832978.OC	开特股份	2017-8-31	2017-8-3	定向	3	4.72	2,000.00	6,000.00	6,000.00	大股东	现金	项目融资	长江证券股份有限公司	2017-9-4
430245.OC	奥特美克	2017-10-25	2017-8-3	定向	5	5	2,400.00	15,000.00	12,000.00	大股东，机构投资者，境内自然人	现金	项目融资	中信建投证券股份有限公司	2017-10-27
831512.OC	环创科技	2017-10-12	2017-8-3	定向	10.66	7.6	750.0054	12,000.00	7,995.06	机构投资者	现金	补充流动资金	东兴证券股份有限公司	2017-10-17
832558.OC	爽口源	2017-9-21	2017-8-3	定向	2.6	25	1,000.50	2,601.30	2,601.30	大股东，机构投资者	现金	项目融资	东北证券股份有限公司	2017-9-25
833832.OC	追日电气	2017-12-13	2017-8-3	定向	3.5	3.5	1,191.00	4,168.50	4,168.50	境内自然人	债权	项目融资		2017-12-15
834507.OC	元年科技	2017-9-20	2017-8-2	定向	6.8	7	2,209.35	15,028.00	15,023.56	机构投资者，境内自然人	现金	项目融资	安信证券股份有限公司	
831821.OC	华源新材	2017-9-30	2017-8-2	定向	1.75	5.2	285.7143	500	500	大股东，机构投资者，境内自然人	现金	补充流动资金	光大证券股份有限公司	2017-10-11
870245.OC	依依股份	2017-9-1	2017-8-1	定向	53.33		150	9,000.00	8,000.00	大股东，大股东关联方，机构投资者，境内自然人	现金	项目融资	华融证券股份有限公司	2017-9-5
832588.OC	葫芦堡	2017-9-27	2017-8-1	定向	15.62	14.75	960	14,995.20	14,995.20	机构投资者，境内自然人	现金	项目融资	长江证券股份有限公司	2017-9-29
839194.OC	帮安迪	2017-11-8	2017-8-1	定向	7.31		287.2776	2,500.00	2,100.00	机构投资者，境内自然人	现金	补充流动资金	长城证券股份有限公司	2017-11-10
430534.OC	天涌科技	2017-11-1	2017-7-31	定向	1.8	3.33	2,484.78	4,860.00	4,472.60	大股东，境内自然人	现金	项目融资	招商证券股份有限公司	2017-11-3
835755.OC	创研股份	2017-9-15	2017-7-31	定向	8	9.95	47.5	380	380	境内自然人	现金	补充流动资金	西部证券股份有限公司	2017-9-19
834345.OC	房谱网	2017-10-25	2017-7-31	定向	16		30	480	480	境内自然人	现金	补充流动资金	广州证券股份有限公司	
838823.OC	海天消防	2017-9-26	2017-7-31	定向	6		184	1,200.00	1,104.00	大股东，机构投资者，境内自然人	现金	融资收购其他资产	光大证券股份有限公司	2017-9-28
836789.OC	晶科电子	2017-9-29	2017-7-31	定向	2.7		7,830.00	24,840.00	21,141.00	大股东关联方，机构投资者，境内自然人	现金	补充流动资金	西部证券股份有限公司	
838810.OC	春光药装	2017-11-2	2017-7-31	定向	5.68	8.61	400	2,272.00	2,272.00	机构投资者，境内自然人	现金	项目融资	长江证券股份有限公司	2017-11-7
831436.OC	白水农夫	2017-10-31	2017-7-31	定向	2.3	14.7	500	1,150.00	1,150.00	机构投资者	现金	补充流动资金	安信证券股份有限公司	2020-11-2
870735.OC	星河电路	2017-8-26	2017-7-31	定向	4		625	2,500.00	2,500.00	机构投资者，境内自然人	现金	项目融资	西部证券股份有限公司	2017-8-31
832159.OC	合全药业	2017-10-24	2017-7-31	定向	117.28	136	1,296.04	152,000.00	152,000.00	大股东	资产	融资收购其他资产		

代码	名称	增发公告日	发行日期	发行方式	发行价格	增发日收盘价	增发数量（万股）	预计募集资金（万元）	实际募资总额（万元）	发行对象	认购方式	增发目的	主承销商	限售股解禁时间
835244.OC	数虎图像	2017-11-15	2017-7-31	定向	1.5	20	136	204	204	境内自然人	现金	补充流动资金	安信证券股份有限公司	2017-11-17
831233.OC	恒丰科技	2018-3-21	2017-7-31	定向	1.78		2,000.00	4,000.00	3,560.00	大股东	现金，资产	实际控制人资产注入	东兴证券股份有限公司	2018-3-23
839142.OC	金穗隆	2017-10-11	2017-7-31	定向	2.3		438	1,007.40	1,007.40	大股东，境内自然人	现金	配套融资	万联证券有限责任公司	2020-10-13
430215.OC	必可测	2017-9-1	2017-7-31	定向	6.15	1.54	889.56	7,000.00	5,470.79	机构投资者，境内自然人	现金	补充流动资金	东北证券股份有限公司	2017-9-6
832804.OC	浩明科技	2017-9-1	2017-7-31	定向	21.54	10.77	208.4505	5,090.02	4,490.02	大股东，机构投资者，境内自然人	现金	补充流动资金	开源证券股份有限公司	2017-9-6
833913.OC	坤鼎集团	2017-11-1	2017-7-30	定向	7.2	9.18	4,097.22	30,000.00	29,500.00	大股东关联方，机构投资者，境内自然人	现金	项目融资	东方花旗证券有限公司	
430169.OC	融智通	2017-9-22	2017-7-28	定向	5	5.69	700	3,500.00	3,500.00	机构投资者，境内自然人	现金	补充流动资金	信达证券股份有限公司	
871033.OC	光速达	2017-9-13	2017-7-28	定向	42.75		102.924	6,000.00	4,400.00	机构投资者	现金	项目融资	万联证券股份有限公司	2017-9-15
870387.OC	迈睿达	2017-10-27	2017-7-28	定向	5.71		350.2626	2,000.00	2,000.00	机构投资者	现金	补充流动资金	招商证券股份有限公司	2017-11-1
833849.OC	携宁科技	2017-10-28	2017-7-28	定向	13	7.78	191.2	2,719.60	2,485.60	机构投资者，境内自然人	现金	补充流动资金	安信证券股份有限公司	2017-11-1
837665.OC	金芙蓉	2017-10-11	2017-7-28	定向	9.3		1,946.24	18,100.00	18,100.00	大股东，机构投资者	资产	融资收购其他资产		
834956.OC	善元堂	2017-12-6	2017-7-28	定向	1.33	4.17	350	465.5	465.5	大股东，境内自然人	现金	补充流动资金	招商证券股份有限公司	2017-12-8
837439.OC	壹办公	2017-10-24	2017-7-28	定向	4.98		601.92	2,997.56	2,997.56	机构投资者，境内自然人	现金	项目融资	安信证券股份有限公司	2017-10-26
831486.OC	索尔科技	2017-10-17	2017-7-27	定向	5.5	7.02	146	825	803	大股东关联方，境内自然人	现金	股权激励	国金证券股份有限公司	
834013.OC	利和兴	2017-11-9	2017-7-27	定向	7.27	10	1,512.59	11,000.00	10,996.52	机构投资者，境内自然人	现金	项目融资	华创证券有限责任公司	2017-11-13
834388.OC	远成股份	2017-10-28	2017-7-26	定向	2	19	112	224	224	大股东，境内自然人	现金	补充流动资金	西南证券股份有限公司	
838862.OC	汀兰股份	2017-10-31	2017-7-26	定向	1.4		1,300.00	2,030.00	1,820.00	大股东，机构投资者，境内自然人	现金	项目融资	方正证券股份有限公司	2017-11-2
831704.OC	九如环境	2017-11-3	2017-7-26	定向	3.5	3	171.4285	2,000.00	600	机构投资者	现金	补充流动资金	东北证券股份有限公司	2020-11-9
836958.OC	纬诚科技	2017-9-14	2017-7-26	定向	7		214.2857	1,500.00	1,500.00	机构投资者	现金	补充流动资金	招商证券股份有限公司	2017-9-18
835952.OC	希尔电子	2017-9-16	2017-7-26	定向	4.38		685.5575	3,000.00	3,000.00	机构投资者	现金	补充流动资金	安信证券股份有限公司	2017-9-20
836405.OC	裕利智能	2017-10-18	2017-7-26	定向	1.25		120	150	150	境内自然人	资产	融资收购其他资产		2017-10-20
834620.OC	四川唯鸿	2017-9-21	2017-7-26	定向	6	15	430	4,875.00	2,580.00	机构投资者，境内自然人	现金	项目融资	华福证券有限责任公司	2017-9-26
835126.OC	金版文化	2017-9-22	2017-7-26	定向	4	4.59	1,413.00	5,652.00	5,652.00	大股东，机构投资者，境内自然人	资产	融资收购其他资产		
870773.OC	鹏海制药	2017-9-19	2017-7-26	定向	4		1,141.50	8,000.00	4,566.00	境内自然人	现金	项目融资	开源证券股份有限公司	2017-9-22
835553.OC	瑞兴医药	2017-9-6	2017-7-26	定向	8	8.08	140	1,120.00	1,120.00	机构投资者，境内自然人	现金	补充流动资金	东莞证券股份有限公司	2017-9-8
838399.OC	高瓷科技	2017-9-16	2017-7-25	定向	12	36.5	140.9	2,248.80	1,690.80	机构投资者，境内自然人	现金	补充流动资金	国融证券股份有限公司	
838912.OC	鑫承诺	2017-9-27	2017-7-25	定向	3		400	1,200.00	1,200.00	大股东	现金	补充流动资金	招商证券股份有限公司	2017-10-9
430071.OC	首都在线	2017-9-28	2017-7-25	定向	14	14	1,507.00	22,288.00	21,098.00	机构投资者，境内自然人	现金	项目融资	中信证券股份有限公司	2017-10-9
871252.OC	必安必恒	2017-9-20	2017-7-25	定向	2		100	200	200	大股东	现金	补充流动资金	东吴证券股份有限公司	2017-9-28
839736.OC	创至股份	2017-9-21	2017-7-24	定向	9		170	1,530.00	1,530.00	境内自然人	现金	补充流动资金	国海证券股份有限公司	2017-9-28
830936.OC	约克动漫	2017-8-30	2017-7-24	定向	3.8	4	1,500.00	5,700.00	5,700.00	大股东，机构投资者，境内自然人	现金	项目融资	华创证券有限责任公司	
832393.OC	舒茨股份	2017-10-13	2017-7-24	定向	3.5	2.11	150	525	525	大股东，境内自然人	现金	补充流动资金	方正证券股份有限公司	2017-10-17
836356.OC	易信科技	2017-12-30	2017-7-24	定向	11	2.5	545.4545	6,000.00	6,000.00	机构投资者，境内自然人	现金	补充流动资金	方正证券股份有限公司	2018-1-4
832960.OC	望变电气	2017-9-13	2017-7-24	定向	3.6	4.06	5,555.56	20,000.00	20,000.00	机构投资者	现金	补充流动资金	申万宏源证券有限公司	2017-9-15
871018.OC	华菱电子	2017-9-14	2017-7-24	定向	6.9		560	3,864.00	3,864.00	大股东，机构投资者	现金	项目融资	东兴证券股份有限公司	2017-9-18
839142.OC	金穗隆	2017-10-11	2017-7-24	定向	2.3		1,050.00	2,415.00	2,415.00	境内自然人	资产	融资收购其他资产		

代码	名称	增发公告日	发行日期	发行方式	发行价格	增发日收盘价	增发数量（万股）	预计募集资金（万元）	实际募资总额（万元）	发行对象	认购方式	增发目的	主承销商	限售股解禁时间
839170.OC	普普文化	2017-9-15	2017-7-21	定向	9.2	9.8	72.5	667	667	机构投资者，境内自然人	现金	项目融资	安信证券股份有限公司	2017-9-19
870731.OC	游动网络	2017-9-19	2017-7-21	定向	6	11.9	220	1,320.00	1,320.00	机构投资者，境内自然人	现金	项目融资	首创证券有限责任公司	2017-9-22
835859.OC	景鸿物流	2017-9-21	2017-7-21	定向	4.5		428	1,926.00	1,926.00	大股东，大股东关联方，机构投资者，境内自然人	现金	项目融资	国泰君安证券股份有限公司	2017-9-26
837362.OC	通瑞环保	2017-8-31	2017-7-21	定向	11.6	13	108.182	1,418.18	1,254.91	机构投资者	现金	补充流动资金	中泰证券股份有限公司	2017-9-5
430704.OC	同智伟业	2017-10-13	2017-7-21	定向	4	4.57	249.8	1,000.00	999.2	机构投资者，境内自然人	现金	补充流动资金	上海证券有限责任公司	2017-10-18
430084.OC	星和众工	2017-9-19	2017-7-21	定向	3.4	3.31	850	2,958.00	2,890.00	大股东，机构投资者，境内自然人	现金	项目融资	西部证券股份有限公司	2017-9-22
430126.OC	马氏兄弟	2017-8-25	2017-7-21	定向	3	3	400	1,200.00	1,200.00	机构投资者	现金	项目融资	南京证券股份有限公司	2017-8-30
833306.OC	六行君通	2017-9-6	2017-7-21	定向	8	12.5	250	6,500.00	2,000.00	机构投资者	现金	项目融资	上海证券有限责任公司	
870243.OC	天马时控	2017-9-19	2017-7-21	定向	4.75		840	3,990.00	3,990.00	大股东关联方，机构投资者，境内自然人	现金	项目融资	方正证券股份有限公司	2017-9-21
870752.OC	云泉岩土	2017-9-26	2017-7-21	定向	1.65		120	198	198	机构投资者	资产	融资收购其他资产		2017-9-28
835681.OC	帝杰曼	2017-9-13	2017-7-21	定向	2	2.54	470	1,000.00	940	境内自然人	现金	补充流动资金	中银国际证券有限责任公司	2017-9-15
833959.OC	美心翼申	2017-9-30	2017-7-20	定向	3.3	8	214.3332	707.3	707.3	大股东，境内自然人	现金	股权激励	招商证券股份有限公司	2017-10-12
836080.OC	德洛股份	2017-9-28	2017-7-20	定向	6		127	762	762	大股东，境内自然人	现金	补充流动资金	中信建投证券股份有限公司	2017-10-9
832445.OC	世博新材	2017-9-1	2017-7-20	定向	2	5.53	1,500.00	3,000.00	3,000.00	大股东，境内自然人	现金	补充流动资金	财通证券股份有限公司	2017-9-5
835605.OC	正业生物	2017-8-30	2017-7-20	定向	16		1,000.00	16,000.00	16,000.00	机构投资者	现金	补充流动资金	中信建投证券股份有限公司	2017-9-1
870032.OC	宜信博诚	2017-9-2	2017-7-20	定向	27.7		216.6064	6,000.00	6,000.00	机构投资者	现金	项目融资	中国国际金融股份有限公司	2017-9-13
832384.OC	格瑞光电	2017-9-2	2017-7-20	定向	5.5	7.83	160.1819	2,200.00	881	境内自然人	现金	补充流动资金	民生证券股份有限公司	2017-9-7
871370.OC	金源新材	2017-9-19	2017-7-20	定向	10		540	5,400.00	5,400.00	大股东，机构投资者，境内自然人	现金	项目融资	华融证券股份有限公司	2017-9-22
430107.OC	土星教育	2017-11-8	2017-7-20	定向	10	10	792.3	7,923.00	7,923.00	机构投资者	现金	补充流动资金	中航证券有限公司	2017-11-10
837592.OC	华信永道	2017-9-29	2017-7-20	定向	7	3.65	500	3,500.00	3,500.00	机构投资者	现金	补充流动资金	申万宏源证券有限公司	2017-10-10
834415.OC	恒拓开源	2017-9-14	2017-7-19	定向	5.92	7.54	1,360.35	8,500.00	8,053.28	大股东，机构投资者，境内自然人	现金	补充流动资金	中信建投证券股份有限公司	2017-9-18
871477.OC	中凯光电	2017-10-17	2017-7-19	定向	1.1		210	253	231	大股东，境内自然人	现金	补充流动资金	东吴证券股份有限公司	2017-10-20
839582.OC	力通科技	2017-9-2	2017-7-19	定向	3.5		350	1,225.00	1,225.00	大股东，境内自然人	现金	补充流动资金	中信证券股份有限公司	2017-9-6
870790.OC	蓝色星际	2017-8-31	2017-7-19	定向	4.25		2,752.94	11,700.00	11,700.00	机构投资者，境内自然人	现金	补充流动资金	中信建投证券股份有限公司	2017-9-4
836473.OC	中财股份	2017-8-26	2017-7-18	定向	1.1		9,992.00	10,991.20	10,991.20	大股东	现金	补充流动资金	中信建投证券股份有限公司	2017-8-30
839367.OC	朗高养老	2017-9-27	2017-7-18	定向	16	15	113.4	8,080.00	1,814.40	境内自然人	现金	项目融资	光大证券股份有限公司	2017-9-29
836392.OC	博为峰	2017-9-6	2017-7-18	定向	9.05	9.1	200	1,810.80	1,810.80	大股东	现金	项目融资	太平洋证券股份有限公司	2017-9-8
831929.OC	惠尔明	2017-9-28	2017-7-18	定向	2.5	5.7	1,552.00	9,600.00	3,880.00	大股东，机构投资者	现金	项目融资	招商证券股份有限公司	2017-10-9
833524.OC	光晟物联	2017-10-19	2017-7-18	定向	7.2		411	4,320.00	2,959.20	大股东，境内自然人	现金	项目融资	华创证券有限责任公司	2017-10-23
831866.OC	蔚林股份	2017-8-16	2017-7-18	定向	15	14.5	720	10,800.00	10,800.00	大股东	现金	项目融资	申万宏源证券有限公司	2017-8-21
838162.OC	祥龙股份	2017-8-24	2017-7-18	定向	4.46		112	1,000.00	499.52	机构投资者	现金	补充流动资金	东吴证券股份有限公司	2017-8-29
834613.OC	亿华通	2017-10-19	2017-7-18	定向	78	60.6	412.0899	32,143.01	32,143.01	机构投资者	现金	补充流动资金	国泰君安证券股份有限公司	2017-10-23
835122.OC	电明科技	2017-9-16	2017-7-18	定向	1.4	1.3	200	280	280	大股东，境内自然人	现金	项目融资	安信证券股份有限公司	
838053.OC	嘉泰数控	2017-9-15	2017-7-17	定向	8.69	8.65	4,172.00	43,450.00	36,254.68	机构投资者	现金	补充流动资金	中泰证券股份有限公司	2017-9-19
832073.OC	吉和昌	2017-8-31	2017-7-17	定向	1.86		2,910.00	5,412.60	5,412.60	机构投资者	资产	融资收购其他资产		
834734.OC	创谐信息	2017-9-19	2017-7-17	定向	14.57	2.32	78.95	1,150.00	1,150.00	机构投资者	现金	补充流动资金	中银国际证券有限责任公司	2017-9-21
836667.OC	乐创教育	2017-9-9	2017-7-16	定向	48.57	6.95	19.2689	935.89	935.89	大股东，境内自然人	债权	项目融资		2017-9-13
839584.OC	君旺股份	2017-8-9	2017-7-15	定向	10		800	8,000.00	8,000.00	机构投资者	现金	补充流动资金	国融证券股份有限公司	

代码	名称	增发公告日	发行日期	发行方式	发行价格	增发日收盘价	增发数量（万股）	预计募集资金（万元）	实际募资总额（万元）	发行对象	认购方式	增发目的	主承销商	限售股解禁时间
837756.OC	天河智造	2017-9-23	2017-7-15	定向	28.51		105.2262	4,000.00	3,000.00	机构投资者	现金	项目融资	长江证券股份有限公司	2017-9-28
834278.OC	高测股份	2017-9-20	2017-7-15	定向	10	1.1	548.6	7,000.00	5,486.00	大股东,机构投资者,境内自然人	现金	项目融资	国信证券股份有限公司	2017-9-22
836767.OC	天杰实业	2017-9-16	2017-7-15	定向	3.1		569.7	1,771.03	1,766.07	境内自然人	现金	项目融资	浙商证券股份有限公司	
832646.OC	讯众股份	2017-10-13	2017-7-15	定向	15.84	15.84	631.3129	10,000.00	10,000.00	机构投资者,境内自然人	现金	项目融资	南京证券股份有限公司	2017-10-16
831555.OC	天乐橡塑	2017-9-2	2017-7-14	定向	4.8		150	720	720	机构投资者	现金	项目融资	南京证券股份有限公司	2017-9-6
833477.OC	希德电子	2017-10-19	2017-7-14	定向	24	20	336	9,100.00	8,064.00	机构投资者	现金	项目融资	招商证券股份有限公司	2017-10-23
835106.OC	天图物流	2017-11-11	2017-7-14	定向	8	6	340	2,720.00	2,720.00	境内自然人	资产	融资收购其他资产		
836847.OC	黄河水	2017-9-7	2017-7-14	定向	2		750	1,500.00	1,500.00	大股东,机构投资者	现金	补充流动资金	华鑫证券有限责任公司	2017-9-11
839790.OC	联迪信息	2017-9-2	2017-7-14	定向	9.7		116.4819	1,129.87	1,129.87	机构投资者	现金	补充流动资金	中泰证券股份有限公司	2017-9-6
837303.OC	西默电气	2017-9-8	2017-7-14	定向	4		150.5	800	602	机构投资者,境内自然人	现金	补充流动资金	广发证券股份有限公司	2017-9-12
835021.OC	农商通	2017-8-23	2017-7-14	定向	3	18.05	150	450	450	大股东	现金	补充流动资金	长江证券股份有限公司	2017-8-25
871589.OC	客都股份	2017-9-8	2017-7-14	定向	2		260	520	520	境内自然人	现金	项目融资	安信证券股份有限公司	2020-9-14
870960.OC	精茂健康	2017-9-26	2017-7-14	定向	2		50	300	100	大股东,境内自然人	现金	补充流动资金	东莞证券股份有限公司	
838314.OC	华仪电子	2017-9-5	2017-7-14	定向	2		5,900.00	11,800.00	11,800.00	大股东,机构投资者,境内自然人	现金	项目融资	东海证券股份有限公司	
833557.OC	中诺思	2017-9-27	2017-7-13	定向	8.2	7.2	166.4633	1,365.00	1,365.00	机构投资者	现金	补充流动资金	金元证券股份有限公司	2017-9-29
833506.OC	勤劳农夫	2017-9-9	2017-7-13	定向	3	9.88	662	1,986.00	1,986.00	机构投资者,境内自然人	现金	项目融资	西南证券股份有限公司	
870419.OC	威迪股份	2017-9-1	2017-7-13	定向	1.2	1.2	1,666.67	2,000.00	2,000.00	大股东,境内自然人	现金	项目融资	西南证券股份有限公司	2017-9-5
832075.OC	东方水利	2017-9-2	2017-7-13	定向	4	6.81	200	4,000.00	800	机构投资者,境内自然人	现金	补充流动资金	华西证券股份有限公司	2017-9-6
837019.OC	百家医道	2017-10-24	2017-7-13	定向	7.5		70	525	525	境内自然人	现金	项目融资	广州证券股份有限公司	2017-10-27
430034.OC	大地股份	2017-12-9	2017-7-13	定向	4	4.2	700	2,800.00	2,800.00	大股东,境内自然人	现金	补充流动资金	南京证券股份有限公司	2017-12-13
870682.OC	掌霆互动	2017-11-8	2017-7-12	定向	10.73		62.14	666.67	666.67	机构投资者	现金	项目融资	财通证券股份有限公司	2017-11-10
837797.OC	众巢医学	2017-12-2	2017-7-12	定向	22.22		90.009	2,000.00	2,000.00	机构投资者	现金	项目融资	安信证券股份有限公司	2017-12-6
833994.OC	翰博高新	2017-9-20	2017-7-12	定向	20	24.18	1,500.00	30,000.00	30,000.00	机构投资者	现金	项目融资	国联证券股份有限公司	
430351.OC	爱科凯能	2017-11-10	2017-7-12	定向	6.5	6.15	618	4,017.00	4,017.00	机构投资者	现金	项目融资	华林证券股份有限公司	2017-11-15
831743.OC	立高科技	2017-8-15	2017-7-12	定向	4	3.9	500	2,000.00	2,000.00	机构投资者,境内自然人	现金	补充流动资金	财达证券股份有限公司	2017-8-18
834977.OC	新亚自控	2018-1-4	2017-7-12	定向	5	12	600	3,000.00	3,000.00	境内自然人	现金	项目融资	长江证券股份有限公司	2018-1-31
871111.OC	久久农科	2017-8-22	2017-7-11	定向	2.5		200	500	500	大股东关联方,境内自然人	现金	补充流动资金	国融证券股份有限公司	2017-8-24
830832.OC	齐鲁华信	2017-8-26	2017-7-11	定向	4.5	9.2	712	6,030.00	3,204.00	机构投资者,境内自然人	现金	补充流动资金	招商证券股份有限公司	2017-8-30
833767.OC	五轮电子	2017-9-23	2017-7-11	定向	3.2	3.92	211	675.2	675.2	机构投资者,境内自然人	现金	补充流动资金	江海证券有限公司	2017-9-29
839143.OC	华移科技	2017-9-22	2017-7-10	定向	22.22		45.0045	3,000.00	1,000.00	大股东	现金	补充流动资金	申万宏源证券有限公司	2017-9-26
831689.OC	克莱特	2017-11-16	2017-7-10	定向	5.8	4.59	515	2,987.00	2,987.00	机构投资者	现金	项目融资	中信证券股份有限公司	2017-8-28
833370.OC	运鹏股份	2017-8-24	2017-7-10	定向	1.15	2.88	1,000.00	1,380.00	1,150.00	大股东,机构投资者	现金	项目融资	西藏东方财富证券股份有限公司	2017-8-28
834498.OC	易简集团	2017-8-5	2017-7-10	定向	23.53	33	339.9914	8,000.00	8,000.00	机构投资者	现金	补充流动资金	广州证券股份有限公司	2017-8-9
839186.OC	大石馆	2017-8-25	2017-7-10	定向	1.25		720	900	900	大股东	现金	补充流动资金	西部证券股份有限公司	2017-8-29
836826.OC	盖世食品	2017-8-17	2017-7-10	定向	2	2	350	700	700	境内自然人	现金	项目融资	江海证券有限公司	2020-8-21
837770.OC	紫科环保	2017-8-9	2017-7-10	定向	6		1,000.00	7,200.00	6,000.00	机构投资者	现金	补充流动资金	申万宏源证券有限公司	2017-8-11
834630.OC	新片场	2017-8-9	2017-7-7	定向	28.65	19.2	513.03	18,000.00	14,700.00	机构投资者	现金	补充流动资金	长江证券股份有限公司	2017-8-14
839899.OC	天天智慧	2017-8-31	2017-7-7	定向	1.6		1,250.00	2,000.00	2,000.00	大股东,境内自然人	现金	项目融资	开源证券股份有限公司	2017-9-4
837187.OC	华江科技	2017-9-1	2017-7-7	定向	4.2		2,500.00	10,502.50	10,502.50	大股东,境内自然人	现金	项目融资	中信证券股份有限公司	2017-9-5
870955.OC	海天网联	2017-8-16	2017-7-7	定向	4.5		450	2,025.00	2,025.00	大股东,大股东关联方,境内自然人	现金	项目融资	中泰证券股份有限公司	2017-8-18

代码	名称	增发公告日	发行日期	发行方式	发行价格	增发日收盘价	增发数量（万股）	预计募集资金（万元）	实际募资总额（万元）	发行对象	认购方式	增发目的	主承销商	限售股解禁时间
836451.OC	金鼎安全	2017-9-13	2017-7-7	定向	2.25		300	675	675	机构投资者，境内自然人	现金	项目融资	国融证券股份有限公司	2017-9-15
835305.OC	云创数据	2017-8-4	2017-7-7	定向	23.33	23.33	214.3	4,999.62	4,999.62	机构投资者	现金	项目融资	中信建投证券股份有限公司	2017-8-8
837498.OC	第一物业	2017-9-12	2017-7-7	定向	12.5		800	10,000.00	10,000.00	大股东，机构投资者，境内自然人	现金	项目融资	东北证券股份有限公司	2017-9-15
870941.OC	零点有数	2017-9-15	2017-7-7	定向	35.7		280.112	10,000.00	10,000.00	机构投资者	现金	项目融资	兴业证券股份有限公司	2017-9-20
833619.OC	佰聆数据	2017-9-2	2017-7-7	定向	3	1	700	2,100.00	2,100.00	大股东，大股东关联方，机构投资者，境内自然人	现金	补充流动资金	九州证券股份有限公司	2017-9-6
837888.OC	步云工控	2017-9-12	2017-7-7	定向	4.32		776	3,352.32	3,352.32	境内自然人	资产	融资收购其他资产		
838705.OC	木业股份	2017-12-2	2017-7-7	定向	2.16		7,166.00	22,500.00	15,478.56	机构投资者，境内自然人	现金	项目融资	山西证券股份有限公司	2017-12-6
833187.OC	九川竹木	2017-8-15	2017-7-7	定向	3.6	5.92	500	1,800.00	1,800.00	机构投资者	现金	项目融资	浙商证券股份有限公司	2017-8-17
871422.OC	谦诚桩工	2017-8-19	2017-7-7	定向	8		800	6,400.00	6,400.00	大股东，大股东关联方，境内自然人	现金	项目融资	申万宏源证券有限公司	2017-8-23
838724.OC	精密科技	2017-8-24	2017-7-7	定向	4	4.08	1,500.00	6,000.00	6,000.00	机构投资者，境内自然人	现金	补充流动资金	华创证券有限责任公司	
835837.OC	维思木塑	2017-8-23	2017-7-7	定向	6.15		260	1,599.00	1,599.00	境内自然人	现金	补充流动资金	招商证券股份有限公司	2017-8-25
870930.OC	易控电子	2017-10-18	2017-7-7	定向	10		750	7,500.00	7,500.00	机构投资者，境内自然人	现金	项目融资	新时代证券股份有限公司	2017-10-23
870094.OC	星际互娱	2017-10-14	2017-7-7	定向	38	2	156.1051	10,032.00	5,931.99	机构投资者，境内自然人	现金	补充流动资金	东兴证券股份有限公司	2017-10-18
835539.OC	中宇万通	2017-9-27	2017-7-7	定向	8	8.12	200	2,000.00	1,600.00	机构投资者，境内自然人	现金	补充流动资金	华林证券股份有限公司	2017-9-29
833284.OC	灵鸽科技	2017-8-22	2017-7-7	定向	4.15	7.3	744.8	3,090.92	3,090.92	大股东，机构投资者，境内自然人	现金	项目融资	招商证券股份有限公司	2017-8-24
838085.OC	可信电力	2017-9-2	2017-7-6	定向	1.5		1,500.00	2,250.00	2,250.00	大股东	现金	补充流动资金	安信证券股份有限公司	2017-9-8
835748.OC	埃柯赛	2017-9-26	2017-7-6	定向	2.3		346	795.8	795.8	大股东，境内自然人	现金	补充流动资金	浙商证券股份有限公司	2017-9-28
832326.OC	华清安泰	2017-10-12	2017-7-6	定向	3		350	1,050.00	1,050.00	境内自然人	现金	项目融资	申万宏源证券有限公司	
833448.OC	灵动微电	2017-8-23	2017-7-5	定向	8.8	8.77	310	2,728.00	2,728.00	大股东关联方，机构投资者，境内自然人	现金	项目融资	五矿证券有限公司	2017-8-25
871520.OC	四川飞亚	2017-11-24	2017-7-5	定向	2.5		1,200.00	3,000.00	3,000.00	大股东，机构投资者，境内自然人	现金	项目融资	长江证券股份有限公司	2017-11-28
835033.OC	精晶药业	2017-9-2	2017-7-5	定向	3.75	3.58	2,968.00	11,130.00	11,130.00	机构投资者	现金	补充流动资金	国泰君安证券股份有限公司	2017-9-7
871002.OC	旗升电气	2017-8-25	2017-7-5	定向	3.6		773.5	3,052.80	2,784.60	大股东关联方，机构投资者，境内自然人	现金	补充流动资金	联讯证券股份有限公司	2017-8-31
832900.OC	紫荆股份	2017-9-20	2017-7-5	定向	161	192	25	4,025.00	4,025.00	大股东，机构投资者，境内自然人	现金	项目融资	西南证券股份有限公司	2017-9-22
870883.OC	天箭惯性	2017-9-22	2017-7-5	定向	9.65		217.6165	2,100.00	2,100.00	机构投资者	现金	补充流动资金	国信证券股份有限公司	2017-9-26
834810.OC	斯得福	2017-8-26	2017-7-5	定向	1.6	1.2	315	504	504	境内自然人	现金	项目融资	国信证券股份有限公司	2017-8-30
831353.OC	力源环保	2017-9-27	2017-7-5	定向	6	5.94	840	5,040.00	5,040.00	机构投资者，境内自然人	现金	补充流动资金	申万宏源证券有限公司	2017-9-29
834824.OC	永盛科技	2017-10-11	2017-7-5	定向	3.3	5	410.8	1,355.64	1,355.64	机构投资者	现金，资产	融资收购其他资产	财通证券股份有限公司	2017-10-13
838926.OC	鹏凯环境	2017-8-10	2017-7-4	定向	14.64		150.2921	2,200.28	2,200.28	大股东关联方	现金	补充流动资金	国海证券股份有限公司	2017-8-14
834913.OC	驰达飞机	2017-9-1	2017-7-4	定向	10.94	6.25	1,127.13	14,100.00	12,328.00	大股东	现金	项目融资	国泰君安证券股份有限公司	
836641.OC	奇华光电	2017-8-15	2017-7-3	定向	2		213.5	500	427	境内自然人	现金	项目融资	东吴证券股份有限公司	2017-8-17
870096.OC	新启成	2017-8-16	2017-6-30	定向	6		13.6	84.6	81.6	境内自然人	现金	补充流动资金	东吴证券股份有限公司	
870846.OC	美兆环境	2017-11-17	2017-6-30	定向	6.5		650	4,225.00	4,225.00	机构投资者，境内自然人	现金	补充流动资金	安信证券股份有限公司	2017-11-22
430267.OC	盛世光明	2018-1-18	2017-6-30	定向	25	31.5	228	10,000.00	5,700.00	机构投资者，境内自然人	现金	补充流动资金	安信证券股份有限公司	2018-1-22
832265.OC	芍花堂	2017-9-1	2017-6-30	定向	6.5	9	2,040.00	24,050.00	13,260.00	机构投资者，境内自然人	现金	补充流动资金	中信建投证券股份有限公司	2017-9-5
430262.OC	神州云动	2017-8-23	2017-6-30	定向	9.81	10	352	3,453.12	3,453.12	机构投资者	现金	补充流动资金	世纪证券有限责任公司	2017-8-25

代码	名称	增发公告日	发行日期	发行方式	发行价格	增发日收盘价	增发数量（万股）	预计募集资金（万元）	实际募资总额（万元）	发行对象	认购方式	增发目的	主承销商	限售股解禁时间
831209.OC	鑫安利	2017-9-20	2017-6-30	定向	8		1,231.75	10,000.00	9,854.00	大股东关联方,机构投资者,境内自然人	现金	项目融资	中信建投证券股份有限公司	2017-9-25
430642.OC	映翰通	2017-8-29	2017-6-30	定向	17.52	19.6	324.6738	5,688.28	5,688.28	机构投资者,境内自然人	现金	补充流动资金	光大证券股份有限公司	2017-8-31
830873.OC	奥测世纪	2017-10-21	2017-6-30	定向	2.58	2.9	158	446.34	407.64	大股东,境内自然人	现金	补充流动资金	申万宏源证券有限公司	
835737.OC	传神语联	2017-11-10	2017-6-30	定向	7.91	7.27	505.689	12,000.00	4,000.00	机构投资者	现金	项目融资	申万宏源证券有限公司	2017-11-14
836910.OC	利民生物	2017-10-18	2017-6-30	定向	3	12.76	1,000.00	3,000.00	3,000.00	境内自然人	现金	项目融资	东海证券股份有限公司	2017-10-20
839203.OC	启天股份	2017-8-22	2017-6-30	定向	8		63.125	800	505	境内自然人	现金	补充流动资金	东莞证券股份有限公司	2017-8-24
871019.OC	天沐影业	2017-8-10	2017-6-30	定向	13.2	13.2	152	2,006.40	2,006.40	境内自然人	现金	项目融资	九州证券股份有限公司	2017-8-15
838517.OC	大森机电	2017-10-10	2017-6-30	定向	4	4	375	6,000.00	1,500.00	机构投资者	现金	项目融资	申万宏源证券有限公司	2017-10-12
839604.OC	晶樱光电	2017-9-8	2017-6-30	定向	10		2,000.00	20,000.00	20,000.00	大股东关联方,机构投资者,境内自然人	现金	补充流动资金	华福证券有限责任公司	2017-9-13
871190.OC	力天网络	2017-8-18	2017-6-30	定向	36.27		41.3513	1,500.00	1,500.00	大股东,机构投资者,境内自然人	现金	项目融资	方正证券股份有限公司	
836999.OC	新久利	2017-9-23	2017-6-30	定向	1.1		1,600.45	3,850.00	1,760.49	大股东,机构投资者,境内自然人	现金	项目融资	天风证券股份有限公司	2017-9-27
832193.OC	宏晶科技	2017-8-4	2017-6-29	定向	4.75		200	950	950	大股东	现金	补充流动资金	西南证券股份有限公司	2017-8-8
838006.OC	神州优车	2017-7-14	2017-6-29	定向	16.8	18.05	14,287.00	240,021.60	240,021.60	机构投资者	现金	项目融资	中国国际金融股份有限公司	2017-7-18
834069.OC	金通科技	2017-8-30	2017-6-29	定向	6.83	7.3	750	5,122.50	5,122.50	大股东,机构投资者,境内自然人	现金	项目融资	中信证券股份有限公司	2017-9-1
832866.OC	博杰科技	2017-8-18	2017-6-29	定向	3.5		570.8	1,997.80	1,997.80	大股东,机构投资者,境内自然人	现金	项目融资	太平洋证券股份有限公司	2017-8-23
834978.OC	光大科技	2017-12-29	2017-6-29	定向	8		255	2,040.00	2,040.00	机构投资者	现金	补充流动资金	浙商证券股份有限公司	2018-1-3
833099.OC	乐旅股份	2017-8-11	2017-6-29	定向	3.51	4.5	319.2	1,369.00	1,120.39	机构投资者,境内自然人	现金	项目融资	西藏东方财富证券股份有限公司	2017-8-16
838365.OC	沃格股份	2017-8-15	2017-6-29	定向	3.5		214.29	750.02	750.02	境内自然人	现金	补充流动资金	东吴证券股份有限公司	2017-8-17
832132.OC	民正农牧	2017-8-29	2017-6-29	定向	8	9.46	2,000.00	16,000.00	16,000.00	大股东关联方,机构投资者,境内自然人	现金	项目融资	申港证券股份有限公司	2017-8-31
870683.OC	凯通科技	2017-8-5	2017-6-29	定向	8		375	6,400.00	3,000.00	机构投资者	现金	补充流动资金	九州证券股份有限公司	2020-8-10
839948.OC	元集新材	2017-8-2	2017-6-29	定向	5		500	2,500.00	2,500.00	机构投资者,境内自然人	现金	补充流动资金	浙商证券股份有限公司	2017-8-4
836976.OC	杰思股份	2017-8-29	2017-6-28	定向	6.3	8.83	135	1,500.03	850.5	机构投资者,境内自然人	现金	项目融资	东莞证券股份有限公司	2020-8-31
430647.OC	青鹰股份	2017-8-26	2017-6-28	定向	1.28	8.33	841.6048	1,077.25	1,077.25	境内自然人	资产	融资收购其他资产		2017-8-30
832764.OC	德胜科技	2017-9-9	2017-6-28	定向	2	2	199	400	398	大股东,大股东关联方,境内自然人	现金	补充流动资金	中原证券股份有限公司	2019-9-13
838701.OC	豪声电子	2017-8-17	2017-6-28	定向	6		350	2,100.00	2,100.00	机构投资者	现金	补充流动资金	申万宏源证券有限公司	2017-8-21
833108.OC	博冠科技	2017-9-21	2017-6-28	定向	1.05	1.04	300	315	315	大股东	现金	补充流动资金	国海证券股份有限公司	
870058.OC	科宇股份	2017-8-26	2017-6-28	定向	3		350	1,050.00	1,050.00	大股东,境内自然人	现金	补充流动资金	东北证券股份有限公司	2017-8-30
839834.OC	怀山堂	2017-8-17	2017-6-28	定向	2	1.3	2,320.00	4,640.00	4,640.00	机构投资者,境内自然人	现金	补充流动资金	开源证券股份有限公司	2017-8-21
870190.OC	恒荣汇彬	2017-8-29	2017-6-27	定向	17.5		634	11,095.00	11,095.00	机构投资者	现金	项目融资	德邦证券股份有限公司	2017-8-31
839664.OC	航天恒丰	2017-8-2	2017-6-27	定向	6.67	11.78	350.0165	2,334.61	2,334.61	机构投资者	现金	补充流动资金	广发证券股份有限公司	2017-8-4
834643.OC	豹风网络	2017-8-3	2017-6-27	定向	22	10.18	18.1818	400	400	机构投资者	现金	项目融资	东吴证券股份有限公司	2017-8-8
837399.OC	天生红	2017-8-12	2017-6-27	定向	2	2	305	610	610	境内自然人	现金	项目融资	中泰证券股份有限公司	2017-8-16
833465.OC	特力惠	2017-10-28	2017-6-27	定向	10.62		486.4578	5,166.18	5,166.18	大股东,境内自然人	现金	补充流动资金	第一创业证券股份有限公司	2019-3-1
834250.OC	福岛精密	2017-8-8	2017-6-26	定向	1.2	1.5	100	120	120	境内自然人	现金	项目融资	国融证券股份有限公司	2017-8-10
836036.OC	昆仑股份	2017-9-2	2017-6-26	定向	6		200	1,200.00	1,200.00	境内自然人	现金	项目融资	首创证券有限责任公司	2017-9-6

代码	名称	增发公告日	发行日期	发行方式	发行价格	增发日收盘价	增发数量（万股）	预计募集资金（万元）	实际募资总额（万元）	发行对象	认购方式	增发目的	主承销商	限售股解禁时间
836691.OC	人和环境	2017-9-5	2017-6-26	定向	2		500	1,000.00	1,000.00	大股东关联方，机构投资者	现金	补充流动资金	国元证券股份有限公司	2017-9-8
833510.OC	三宝新材	2017-7-15	2017-6-26	定向	2.7		300	810	810	大股东	现金	补充流动资金	渤海证券股份有限公司	2017-7-19
837628.OC	和兴隆	2017-8-22	2017-6-26	定向	10	10.4	900	10,000.00	9,000.00	机构投资者	现金	项目融资	太平洋证券股份有限公司	2017-8-24
838033.OC	佳邦信息	2017-9-9	2017-6-26	定向	6.6		525.8	3,960.00	3,470.28	机构投资者，境内自然人	现金	项目融资	长江证券股份有限公司	2017-9-13
430135.OC	三益能环	2017-8-10	2017-6-26	定向	4.13	3.33	244	1,092.00	1,007.72	机构投资者	现金	项目融资	申万宏源证券有限公司	2017-8-14
430273.OC	永天科技	2017-9-16	2017-6-26	定向	3.5	3.5	288.6	1,010.10	1,010.10	大股东，境内自然人	现金	项目融资	东方花旗证券有限公司	2017-9-20
835289.OC	三力新材	2017-11-1	2017-6-26	定向	6.6	1.96	800	5,280.00	5,280.00	机构投资者，境内自然人	现金	项目融资	招商证券股份有限公司	
839754.OC	轶峰新材	2017-10-18	2017-6-26	定向	3.6	1.35	140	540	504	大股东，机构投资者，境内自然人	现金	补充流动资金	国海证券股份有限公司	2017-10-20
835387.OC	荣恩集团	2017-8-22	2017-6-26	定向	12		406.361	4,876.33	4,876.33	境内自然人	现金	项目融资	中信建投证券股份有限公司	2020-8-24
835742.OC	欣视景	2017-8-31	2017-6-25	定向	16.23	13.5	616.143	10,000.00	10,000.00	机构投资者	现金	补充流动资金	国信证券股份有限公司	2017-9-5
839470.OC	超高环保	2017-8-11	2017-6-25	定向	2		250	500	500	大股东关联方，境内自然人	现金	项目融资	新时代证券股份有限公司	
870713.OC	任我通	2017-9-6	2017-6-25	定向	2.5		1,000.00	2,500.00	2,500.00	大股东，境内自然人	现金	补充流动资金	东莞证券股份有限公司	2017-9-8
835017.OC	中研股份	2017-8-11	2017-6-23	定向	6.5	4	1,169.40	7,666.10	7,601.10	大股东关联方，机构投资者，境内自然人	现金	项目融资	东北证券股份有限公司	2017-8-15
832722.OC	百胜软件	2017-8-4	2017-6-23	定向	12	9	1,000.00	12,000.00	12,000.00	大股东	现金	项目融资	国金证券股份有限公司	
870650.OC	新中大	2017-9-15	2017-6-23	定向	1.5		192	288	288	大股东，大股东关联方，境内自然人	现金	补充流动资金	中信证券股份有限公司	
833136.OC	世创科技	2017-9-7	2017-6-23	定向	3.5		257.5	901.25	901.25	大股东，境内自然人	现金	补充流动资金	广州证券股份有限公司	
831126.OC	元鼎科技	2017-9-5	2017-6-23	定向	4.15	4.54	1,250.00	5,187.50	5,187.50	机构投资者，境内自然人	现金	补充流动资金	新时代证券股份有限公司	
833548.OC	锐丰科技	2017-9-2	2017-6-23	定向	7.5	9.98	500	3,750.00	3,750.00	机构投资者	现金	补充流动资金	金元证券股份有限公司	2017-9-6
830925.OC	鄂信钻石	2017-8-8	2017-6-23	定向	8	8.48	1,399.27	12,450.00	11,194.16	机构投资者，境内自然人	现金	项目融资	长江证券股份有限公司	2017-8-10
833355.OC	崇德动漫	2017-9-14	2017-6-23	定向	20	29.6	150	12,500.00	3,000.00	机构投资者	现金	项目融资	广发证券股份有限公司	2017-9-18
870309.OC	中天新能	2017-8-10	2017-6-23	定向	3		334	1,002.00	1,002.00	大股东，大股东关联方，境内自然人	现金	补充流动资金	中泰证券股份有限公司	2017-8-15
833790.OC	嘉元科技	2017-10-21	2017-6-23	定向	5.15	5.15	2,300.00	11,845.00	11,845.00	大股东，机构投资者，境内自然人	现金	项目融资	中银国际证券有限责任公司	2017-10-25
832852.OC	百川导体	2017-8-15	2017-6-23	定向	12	12.2	500	6,000.00	6,000.00	机构投资者	现金	项目融资	兴业证券股份有限公司	2017-8-17
831745.OC	考迈托	2017-11-24	2017-6-23	定向	1.5	3.1	1,261.00	3,000.00	1,891.50	大股东，机构投资者，境内自然人	现金	补充流动资金	中泰证券股份有限公司	2017-11-28
837871.OC	美沃股份	2017-9-9	2017-6-23	定向	12.46	1.4	64.221	800	800	大股东	现金	项目融资	东吴证券股份有限公司	2017-9-13
835950.OC	智云达	2017-8-5	2017-6-22	定向	12.67	4.73	395	5,004.65	5,004.65	大股东，大股东关联方，机构投资者，境内自然人	现金	补充流动资金	申万宏源证券有限公司	2017-8-9
832816.OC	索克物业	2017-9-8	2017-6-22	定向	1.7	1.46	2,520.00	4,284.00	4,284.00	大股东	现金	项目融资	方正证券股份有限公司	2017-9-12
838074.OC	九龙宝典	2017-9-14	2017-6-22	定向	19.36		204.5455	10,067.20	3,960.00	机构投资者	现金	项目融资	兴业证券股份有限公司	2017-9-18
870768.OC	沃达尔	2017-11-4	2017-6-22	定向	1.66		952	1,580.32	1,580.32	大股东，境内自然人	现金	补充流动资金	中信建投证券股份有限公司	2017-11-8
871160.OC	源利达	2017-8-29	2017-6-22	定向	4		171	814	684	大股东，大股东关联方，机构投资者，境内自然人	现金	补充流动资金	中泰证券股份有限公司	2017-8-31
837506.OC	贺鸿电子	2017-7-25	2017-6-21	定向	8.5	5.75	588.2352	5,000.00	5,000.00	机构投资者	现金	项目融资	海通证券股份有限公司	2017-7-27
870260.OC	邦力达	2017-9-5	2017-6-21	定向	4		75	300	300	大股东，境内自然人	现金	补充流动资金	东兴证券股份有限公司	2017-9-7
835092.OC	钢银电商	2017-8-3	2017-6-21	定向	1.61	4.14	802.68	1,292.31	1,292.31	境内自然人	现金	补充流动资金	广发证券股份有限公司	
430077.OC	道隆软件	2017-9-16	2017-6-21	定向	14	12	130	2,800.00	1,820.00	机构投资者，境内自然人	现金	项目融资	新时代证券股份有限公司	2017-9-21
833115.OC	畅尔装备	2017-8-29	2017-6-21	定向	8	7.17	60	480	480	机构投资者	现金	补充流动资金	国信证券股份有限公司	2017-8-31
838848.OC	立迪生物	2017-7-20	2017-6-21	定向	14		178.55	2,499.70	2,499.70	大股东，机构投资者	现金	补充流动资金	东方花旗证券有限公司	2017-7-24
839648.OC	想实电子	2017-8-12	2017-6-21	定向	43.12		69.5742	3,000.04	3,000.04	大股东关联方，机构投资者	现金	补充流动资金	东兴证券股份有限公司	2017-8-16

代码	名称	增发公告日	发行日期	发行方式	发行价格	增发日收盘价	增发数量（万股）	预计募集资金（万元）	实际募资总额（万元）	发行对象	认购方式	增发目的	主承销商	限售股解禁时间
832172.OC	倍通检测	2017-8-12	2017-6-21	定向	3.75	4.41	594.6	2,501.25	2,229.75	机构投资者	现金	项目融资	东莞证券股份有限公司	2017-8-16
838788.OC	科旭威尔	2017-7-18	2017-6-21	定向	15.15		66	1,000.00	1,000.00	机构投资者	现金	项目融资	华泰联合证券有限责任公司	2017-7-21
834122.OC	云端网络	2017-8-26	2017-6-21	定向	18	14.7	337.5	7,812.00	6,075.00	大股东，机构投资者，境内自然人	现金	项目融资	申万宏源证券有限公司	2017-8-31
831730.OC	亚诺生物	2017-8-26	2017-6-20	定向	3	3.05	2,500.00	7,500.00	7,500.00	大股东，大股东关联方，机构投资者，境内自然人	现金	项目融资	方正证券股份有限公司	2017-8-30
837913.OC	永霸信科	2017-8-12	2017-6-20	定向	1.15		1,000.00	1,150.00	1,150.00	大股东	现金	补充流动资金	广州证券股份有限公司	2017-8-16
831355.OC	地源科技	2017-8-29	2017-6-20	定向	3.49	6.67	600	9,074.00	2,094.00	境内自然人	现金	项目融资	爱建证券有限责任公司	2017-9-1
836328.OC	东华园林	2017-8-22	2017-6-20	定向	2	2	500	1,000.00	1,000.00	大股东	现金	补充流动资金	招商证券股份有限公司	2017-8-25
832077.OC	合成药业	2017-9-19	2017-6-20	定向	26	32.92	312	10,400.00	8,112.00	境内自然人	现金	项目融资	国海证券股份有限公司	2017-9-21
834667.OC	安特源	2017-8-11	2017-6-20	定向	1.76		176.2626	310.22	310.22	大股东，大股东关联方	现金	项目融资	国联证券股份有限公司	2017-8-16
870882.OC	春夏新科	2017-8-4	2017-6-20	定向	2.3		805	3,300.00	1,851.50	大股东，机构投资者，境内自然人	现金	补充流动资金	东莞证券股份有限公司	2017-8-8
838877.OC	水木环保	2017-10-31	2017-6-20	定向	2	6	1,620.00	5,500.00	3,240.00	大股东，机构投资者，境内自然人	现金，债权	项目融资	东北证券股份有限公司	2017-11-1
835212.OC	多想互动	2017-8-24	2017-6-20	定向	14.37	15	208.8	3,000.00	3,000.00	机构投资者，境内自然人	现金	项目融资	国海证券股份有限公司	2017-8-28
835499.OC	智玩网络	2017-8-16	2017-6-20	定向	5.79		134.6498	780	780	机构投资者	现金	项目融资	中港证券股份有限公司	2017-8-18
834289.OC	西麦科技	2017-8-23	2017-6-20	定向	1.33		1,000.00	1,330.00	1,330.00	机构投资者	现金	项目融资	中泰证券股份有限公司	2017-8-28
834206.OC	傲基电商	2017-8-24	2017-6-20	定向	12	42.06	187.5	2,250.00	2,250.00	大股东，境内自然人	现金	股权激励	长江证券股份有限公司	
839030.OC	闽雄生物	2017-8-26	2017-6-19	定向	3.8		618	3,040.00	2,348.40	大股东，大股东关联方，境内自然人	现金	补充流动资金	招商证券股份有限公司	2017-9-1
836464.OC	华成智云	2017-8-2	2017-6-19	定向	2	1	1,000.00	2,000.00	2,000.00	大股东，机构投资者，境内自然人	现金	补充流动资金	民生证券股份有限公司	2017-8-4
834935.OC	祥云信息	2017-7-27	2017-6-19	定向	1	1	500	500	500	境内自然人	现金	项目融资	民生证券股份有限公司	2017-7-31
837521.OC	会搜科技	2017-8-4	2017-6-19	定向	63.69		31.4	1,999.87	1,999.87	机构投资者	现金	项目融资	财通证券股份有限公司	2017-8-8
831150.OC	金越交通	2017-8-10	2017-6-18	定向	3	2.66	1,000.00	3,000.00	3,000.00	大股东，大股东关联方，境内自然人	现金	项目融资	财达证券股份有限公司	2017-8-14
832586.OC	圣兆药物	2017-8-25	2017-6-16	定向	10	10.5	2,299.00	23,000.00	22,990.00	机构投资者，境内自然人	现金	项目融资	光大证券股份有限公司	2017-8-29
832862.OC	惠柏新材	2017-9-12	2017-6-16	定向	17.68	20.05	813	14,674.40	14,373.84	机构投资者，境内自然人	现金	补充流动资金	广发证券股份有限公司	2017-9-15
835288.OC	贝特莱	2017-7-20	2017-6-16	定向	14.37	39.88	382.613	5,500.00	5,500.00	机构投资者，境内自然人	现金	补充流动资金	广发证券股份有限公司	2017-7-25
870732.OC	登博生态	2017-7-15	2017-6-16	定向	2		500	1,000.00	1,000.00	大股东，境内自然人	现金	补充流动资金	全元证券股份有限公司	2017-7-19
839570.OC	安博通	2017-7-26	2017-6-16	定向	142.5		53	8,550.00	7,552.50	机构投资者	现金	项目融资	东莞证券股份有限公司	
836769.OC	豪特节能	2017-8-8	2017-6-16	定向	23.6		195.4663	5,720.00	4,613.00	机构投资者，境内自然人	现金	补充流动资金	东莞证券股份有限公司	2017-8-10
870454.OC	四方传媒	2017-8-10	2017-6-16	定向	17.82		61.7289	1,100.01	1,100.01	大股东关联方	现金	补充流动资金	广州证券股份有限公司	2017-8-15
836679.OC	科睿特	2017-7-27	2017-6-16	定向	5.3	16	440	2,332.00	2,332.00	机构投资者	现金	项目融资	平安证券股份有限公司	2017-7-31
833157.OC	京冶轴承	2018-3-23	2017-6-15	定向	6.5	7.8	2,300.00	14,950.00	14,950.00	机构投资者，境内自然人	现金	项目融资	中泰证券股份有限公司	2018-3-27
832492.OC	全蓝络	2017-9-27	2017-6-15	定向	6.5		480	3,120.00	3,120.00	机构投资者，境内自然人	现金	项目融资	国信证券股份有限公司	2017-9-29
834002.OC	易构软件	2017-8-11	2017-6-15	定向	5.76	6.62	364.7	2,227.46	2,100.67	机构投资者	现金	补充流动资金	中泰证券股份有限公司	2019-8-15
839768.OC	瑞科汉斯	2017-7-8	2017-6-15	定向	6		280	3,000.00	1,680.00	大股东，大股东关联方，境内自然人	现金	补充流动资金	东北证券股份有限公司	2017-7-12
836813.OC	格兰尼	2017-8-5	2017-6-15	定向	7.98	9	626.5	4,999.47	4,999.47	大股东，机构投资者	现金	项目融资	广发证券股份有限公司	2017-8-9
871400.OC	叠云股份	2017-7-22	2017-6-15	定向	7.49		450.6308	3,375.22	3,375.22	机构投资者	现金	引入战略投资者	安信证券股份有限公司	2017-7-27
837679.OC	百川环能	2017-8-31	2017-6-15	定向	17	17	588.2353	10,000.00	10,000.00	机构投资者	现金	补充流动资金	国泰君安证券股份有限公司	2017-9-4
833379.OC	源和药业	2017-8-18	2017-6-15	定向	10	9.28	2,600.00	27,300.00	26,000.00	机构投资者	现金	补充流动资金	招商证券股份有限公司	2017-8-22

代码	名称	增发公告日	发行日期	发行方式	发行价格	增发日收盘价	增发数量（万股）	预计募集资金（万元）	实际募资总额（万元）	发行对象	认购方式	增发目的	主承销商	限售股解禁时间
833055.OC	旭珹股份	2017-8-8	2017-6-15	定向	3.9	3.9	700	2,730.00	2,730.00	机构投资者,境内自然人	现金	补充流动资金	金元证券股份有限公司	2017-8-11
830851.OC	骏华农牧	2017-8-24	2017-6-15	定向	4	5.13	28	144	112	境内自然人	现金	项目融资	国信证券股份有限公司	2017-8-28
832302.OC	世昌股份	2017-8-5	2017-6-15	定向	1.6	1.24	465	744	744	大股东关联方,境内自然人	现金	补充流动资金	英大证券有限责任公司	2017-8-16
838578.OC	东方信达	2017-8-23	2017-6-14	定向	3.38		338	1,142.44	1,142.44	大股东,境内自然人	现金	补充流动资金	联讯证券股份有限公司	2017-8-25
833487.OC	东莞林氏	2017-8-18	2017-6-14	定向	1.05		800	840	840	大股东	现金	补充流动资金	东莞证券股份有限公司	2017-8-22
837868.OC	同创双子	2017-8-10	2017-6-14	定向	1.4		315.5	700	441.7	大股东	现金	补充流动资金	财达证券股份有限公司	2017-8-14
430662.OC	罗曼股份	2017-8-8	2017-6-14	定向	8.2	8.3	600	4,920.00	4,920.00	大股东关联方,机构投资者,境内自然人	现金	补充流动资金	中泰证券股份有限公司	2017-8-10
837094.OC	旭晟股份	2017-8-18	2017-6-14	定向	7.4		303.0671	2,244.00	2,244.00	大股东,大股东关联方,机构投资者	现金	补充流动资金	中银国际证券有限责任公司	2017-8-22
835124.OC	泰坦科技	2017-8-25	2017-6-14	定向	17.17	16.16	199.77	3,430.05	3,430.05	大股东,大股东关联方	现金	补充流动资金	光大证券股份有限公司	2017-8-29
839932.OC	天兆猪业	2017-8-4	2017-6-13	定向	18		300.3	5,432.40	5,405.40	大股东关联方,境内自然人	现金	项目融资	国都证券股份有限公司	2017-8-8
839568.OC	卓信科技	2017-8-18	2017-6-13	定向	114.29		14	1,600.00	1,600.00	机构投资者	现金	补充流动资金	方正证券股份有限公司	2017-8-22
870521.OC	宝田科技	2017-8-9	2017-6-13	定向	4		500	2,000.00	2,000.00	大股东	债权	项目融资		2017-8-11
834770.OC	艾能聚	2017-8-26	2017-6-13	定向	6.8	20	1,799.72	12,240.00	12,238.08	机构投资者,境内自然人	现金	项目融资	财通证券股份有限公司	2017-8-30
834020.OC	东霖食品	2017-7-14	2017-6-12	定向	7.2	8.01	2,015.67	19,980.00	14,512.80	机构投资者,境内自然人	现金	项目融资	东北证券股份有限公司	2017-7-18
837526.OC	明博教育	2017-7-11	2017-6-12	定向	1.49		2,500.00	3,725.00	3,725.00	境内自然人	现金	补充流动资金	九州证券股份有限公司	2017-7-14
833508.OC	精工股份	2017-9-19	2017-6-12	定向	3.45	2.98	58	200.1	200.1	境内自然人	现金	补充流动资金	东兴证券股份有限公司	2017-9-21
834290.OC	培诺教育	2018-2-6	2017-6-12	定向	40	40	75	3,000.00	3,000.00	机构投资者,境内自然人	现金	项目融资	招商证券股份有限公司	2018-2-9
430695.OC	浩海科技	2017-8-19	2017-6-12	定向	2.73	3.13	500	1,365.00	1,365.00	大股东	现金	补充流动资金	上海证券有限责任公司	2017-8-23
839505.OC	九春教育	2017-8-19	2017-6-11	定向	4.2	6.1	131	550.2	550.2	机构投资者	现金	补充流动资金	财富证券有限责任公司	2019-8-26
833217.OC	九叶科技	2017-8-12	2017-6-10	定向	1	1.02	600	600	600	大股东,境内自然人	现金	补充流动资金	湘财证券股份有限公司	2017-8-18
837137.OC	鼎瀚文化	2017-7-29	2017-6-10	定向	11.9		50.417	599.96	599.96	大股东,境内自然人	现金	项目融资	国联证券股份有限公司	2017-8-3
832757.OC	景安网络	2017-7-19	2017-6-9	定向	8.1		568.64	4,605.98	4,605.98	机构投资者	资产	融资收购其他资产		
832069.OC	科飞新材	2017-8-17	2017-6-9	定向	5	5.9	227	1,500.00	1,135.00	机构投资者,境内自然人	现金	项目融资	兴业证券股份有限公司	2019-8-22
430221.OC	风帆科技	2017-8-11	2017-6-9	定向	1.3	1.9	75	97.5	97.5	境内自然人	现金	补充流动资金	长江证券股份有限公司	2017-8-15
835654.OC	万源生态	2017-7-14	2017-6-9	定向	3.98	5.18	1,100.00	4,378.00	4,378.00	机构投资者,境内自然人	现金	补充流动资金	国融证券股份有限公司	2017-7-18
831756.OC	德高化成	2017-8-16	2017-6-9	定向	10	10	50	500	500	大股东,境内自然人	现金	项目融资	新时代证券股份有限公司	2020-8-18
838714.OC	宇之光	2017-9-1	2017-6-9	定向	4		90	800	360	大股东,境内自然人	现金	补充流动资金	开源证券股份有限公司	2017-9-6
836965.OC	奥机器人	2017-8-22	2017-6-9	定向	9.33		160.7143	1,499.46	1,499.46	大股东,机构投资者,境内自然人	现金	补充流动资金	安信证券股份有限公司	2017-8-24
831764.OC	拓美传媒	2017-7-12	2017-6-9	定向	24	19.78	187.5	6,000.00	4,500.00	机构投资者	现金	补充流动资金	太平洋证券股份有限公司	
837752.OC	猴旗股份	2017-7-29	2017-6-9	定向	12	10	33.8333	5,000.00	406	大股东,机构投资者,境内自然人	现金	项目融资	第一创业证券股份有限公司	2017-8-2
837573.OC	德力凯	2017-9-27	2017-6-9	定向	2.8	8.65	185	518	518	大股东,境内自然人	现金	项目融资	国信证券股份有限公司	2017-9-29
832644.OC	固泰新材	2017-7-25	2017-6-9	定向	5.3	0.28	283.0188	1,500.00	1,500.00	境内自然人	现金	项目融资	东北证券股份有限公司	2017-7-27
838107.OC	中集股份	2017-7-27	2017-6-8	定向	16		470	7,520.00	7,520.00	机构投资者,境内自然人	现金	项目融资	中信建投证券股份有限公司	2017-7-31
834150.OC	云南钢构	2017-8-23	2017-6-8	定向	1.02		10,784.31	11,000.00	11,000.00	大股东	现金	项目融资	太平洋证券股份有限公司	2017-8-25
833214.OC	汇乐环保	2017-8-16	2017-6-8	定向	10		100	1,000.00	1,000.00	大股东,境内自然人	现金	补充流动资金	申万宏源证券有限公司	2017-8-18
834691.OC	鑫固环保	2017-7-22	2017-6-8	定向	15	5.89	66.67	1,000.05	1,000.05	境内自然人	现金	项目融资	方正证券股份有限公司	2017-7-27
832964.OC	凯瑞环保	2017-7-22	2017-6-8	定向	7.8	6.82	900	7,020.00	7,020.00	机构投资者	现金	项目融资	中泰证券股份有限公司	2017-7-26
871053.OC	维海德	2017-7-14	2017-6-7	定向	2.37		249	592.5	590.13	境内自然人	现金	股权激励	万和证券股份有限公司	2017-7-18
836153.OC	明邦物流	2017-8-18	2017-6-7	定向	1.9	1.9	300	570	570	大股东关联方,境内自然人	现金	项目融资	招商证券股份有限公司	
870180.OC	智仁股份	2017-7-28	2017-6-7	定向	9.6	2	208.3334	2,000.00	2,000.00	机构投资者,境内自然人	现金	补充流动资金	申万宏源证券有限公司	2017-8-1

代码	名称	增发公告日	发行日期	发行方式	发行价格	增发日收盘价	增发数量（万股）	预计募集资金（万元）	实际募资总额（万元）	发行对象	认购方式	增发目的	主承销商	限售股解禁时间
834467.OC	经纬科技	2017-7-27	2017-6-7	定向	6.42	8.67	662.15	12,000.00	4,251.00	机构投资者,境内自然人	现金	项目融资	国元证券股份有限公司	2017-7-31
832636.OC	大运科技	2017-12-1	2017-6-7	定向	2.38		83.6	198.97	198.97	机构投资者	资产	融资收购其他资产		2018-12-5
836161.OC	一万节能	2017-9-19	2017-6-7	定向	3		115	345	345	大股东,大股东关联方,境内自然人	现金	补充流动资金	申万宏源证券有限公司	
834149.OC	动信通	2017-7-27	2017-6-6	定向	6.67		300	2,000.00	2,000.00	机构投资者	现金	补充流动资金	东北证券股份有限公司	2017-7-31
836391.OC	工大科雅	2017-6-30	2017-6-6	定向	8.5	7.5	500	4,750.00	4,250.00	机构投资者,境内自然人	现金	补充流动资金	财达证券股份有限公司	2017-7-4
430504.OC	众智科技	2017-7-18	2017-6-6	定向	1.6	4.43	1,750.00	2,800.00	2,800.00	大股东	现金	项目融资	南京证券股份有限公司	2017-7-20
834344.OC	中邮基金	2017-7-5	2017-6-5	定向	15		410	7,500.00	6,150.00	机构投资者	现金	补充流动资金	华创证券有限责任公司	2017-7-7
839665.OC	动能趋势	2017-7-14	2017-6-5	定向	5		200	1,000.00	1,000.00	大股东	现金	项目融资	中信建投证券股份有限公司	2017-7-19
835292.OC	ST众鼎	2017-7-12	2017-6-5	定向	4.6	1.4	31.92	146.83	146.83	境内自然人	现金	补充流动资金	中银国际证券有限责任公司	2017-7-14
839147.OC	日盛科技	2017-7-7	2017-6-5	定向	1		230	230	230	机构投资者	现金	补充流动资金	华创证券有限责任公司	2017-7-12
831728.OC	阿尼股份	2017-7-26	2017-6-5	定向	2.9	3	350	1,015.00	1,015.00	机构投资者,境内自然人	现金	项目融资	西藏东方财富证券股份有限公司	2017-7-28
834232.OC	水杯子	2017-7-12	2017-6-2	定向	2.5		835	2,500.00	2,087.50	大股东,大股东关联方,机构投资者,境内自然人	现金	补充流动资金	中山证券有限责任公司	2017-7-14
831479.OC	湘联股份	2017-8-11	2017-6-1	定向	5.5	7.7	182	1,001.00	1,001.00	机构投资者	现金	补充流动资金	申万宏源证券有限公司	2017-8-15
831137.OC	泰和股份	2017-8-5	2017-6-1	定向	12.79	1	156.3721	2,400.00	2,000.00	机构投资者	现金	项目融资	中泰证券股份有限公司	2017-8-10
837629.OC	万国体育	2017-8-24	2017-6-1	定向	250	250	60	17,500.00	15,000.00	机构投资者	现金	项目融资	华融证券股份有限公司	
839818.OC	清大教育	2017-9-6	2017-6-1	定向	5.4	22.6	240	4,000.00	1,296.00	机构投资者	现金	项目融资	申万宏源证券有限公司	
838157.OC	华光光电	2017-9-5	2017-5-31	定向	12		550	6,600.00	6,600.00	大股东关联方,机构投资者	现金	补充流动资金	联讯证券股份有限公司	2017-9-7
836746.OC	优通科技	2017-7-21	2017-5-31	定向	13.75		72.1755	1,000.00	992.41	机构投资者,境内自然人	现金	项目融资	光大证券股份有限公司	2017-7-25
838482.OC	东达物流	2017-7-20	2017-5-31	定向	8		97.69	814.4	781.52	境内自然人	现金	补充流动资金	西藏东方财富证券股份有限公司	2017-7-24
835977.OC	西拓电气	2017-7-18	2017-5-31	定向	6	9	200	2,400.00	1,200.00	境内自然人	现金	项目融资	招商证券股份有限公司	2017-7-21
836784.OC	方德股份	2017-7-1	2017-5-31	定向	6.8		200	1,440.00	1,360.00	机构投资者	现金	补充流动资金	国联证券股份有限公司	2017-7-5
870626.OC	上古彩	2017-9-19	2017-5-31	定向	14		211.4284	5,600.00	2,960.00	机构投资者	现金	项目融资	安信证券股份有限公司	2017-9-22
870886.OC	聚房宝	2017-9-27	2017-5-31	定向	31.68		44.1943	2,200.00	1,400.08	机构投资者,境内自然人	现金	补充流动资金	申万宏源证券有限公司	2017-9-29
831252.OC	博润通	2017-8-17	2017-5-31	定向	6.8	7.32	294	2,760.00	1,999.20	机构投资者	现金	补充流动资金	天风证券股份有限公司	2017-8-21
833922.OC	丰源智控	2017-7-14	2017-5-31	定向	1.5	1.25	161.1666	900	241.75	大股东关联方,机构投资者,境内自然人	现金	补充流动资金	华安证券股份有限公司	2017-7-18
836491.OC	太极华保	2017-7-19	2017-5-31	定向	9	14	223	2,007.00	2,007.00	机构投资者	现金	补充流动资金	广发证券股份有限公司	2017-7-21
838703.OC	朗越能源	2017-8-16	2017-5-31	定向	2.6		50	130	130	境内自然人	现金	股权激励	国元证券股份有限公司	2019-8-19
839164.OC	兴华设计	2017-7-21	2017-5-30	定向	10	10	255	2,550.00	2,550.00	大股东,大股东关联方,机构投资者,境内自然人	现金	项目融资	东兴证券股份有限公司	2017-7-26
836954.OC	鼎集智能	2017-8-16	2017-5-30	定向	6		209.67	1,258.02	1,258.02	大股东,境内自然人	现金	补充流动资金	江海证券有限公司	2017-8-18
838146.OC	福百盛	2017-7-27	2017-5-30	定向	6.2	9.88	597	3,761.10	3,701.40	大股东,机构投资者,境内自然人	现金	补充流动资金	广州证券股份有限公司	2017-7-31
832599.OC	皓业彩瓷	2017-7-5	2017-5-27	定向	10		600	6,000.00	6,000.00	境内自然人	现金	项目融资	申万宏源证券有限公司	2020-7-7
870864.OC	德和科技	2017-6-30	2017-5-27	定向	3.8	3.8	1,320.00	5,016.00	5,016.00	大股东,机构投资者,境内自然人	现金	项目融资	国融证券股份有限公司	2017-7-5
834476.OC	自在传媒	2017-8-11	2017-5-27	定向	16.06	13.99	311.3408	5,203.44	5,000.14	机构投资者,境内自然人	现金	项目融资	安信证券股份有限公司	2017-8-15
831370.OC	新安洁	2017-6-30	2017-5-26	定向	9.8	7.9	1,094.00	13,720.00	10,721.20	机构投资者,境内自然人	现金	项目融资	申万宏源证券有限公司	
833428.OC	江大源	2017-7-18	2017-5-26	定向	2.13		282	600.66	600.66	大股东关联方	现金	项目融资	兴业证券股份有限公司	2017-7-20
835054.OC	微点生物	2017-7-13	2017-5-26	定向	14	16.47	107.1428	1,500.00	1,500.00	机构投资者	现金	项目融资	国联证券股份有限公司	2017-7-18

代码	名称	增发公告日	发行日期	发行方式	发行价格	增发日收盘价	增发数量（万股）	预计募集资金（万元）	实际募资总额（万元）	发行对象	认购方式	增发目的	主承销商	限售股解禁时间
833748.OC	奥图股份	2017-7-14	2017-5-26	定向	10.93		457.4565	5,000.00	5,000.00	机构投资者	现金	项目融资	恒泰证券股份有限公司	2017-7-18
837375.OC	丰江电池	2017-8-8	2017-5-26	定向	13.3	12.5	833.5	11,970.00	11,085.55	机构投资者,境内自然人	现金	项目融资	平安证券股份有限公司	2017-8-15
836477.OC	元延医药	2017-8-2	2017-5-26	定向	6	1.2	500	3,000.00	3,000.00	机构投资者	现金	补充流动资金	国海证券股份有限公司	2017-8-8
870570.OC	信带通	2017-7-11	2017-5-26	定向	1.6		500	800	800	大股东,境内自然人	现金	项目融资	浙商证券股份有限公司	2017-7-13
834914.OC	峰华卓立	2017-8-10	2017-5-26	定向	6.99	6	229	1,600.00	1,600.00	境内自然人	资产	融资收购其他资产		
831878.OC	先锋科技	2017-7-25	2017-5-25	定向	6	9.73	2,000.00	13,000.00	12,000.00	大股东,机构投资者	现金	项目融资	首创证券有限责任公司	2017-7-28
833601.OC	路德环境	2017-7-4	2017-5-25	定向	15	15.77	77	3,000.00	1,155.00	大股东,机构投资者	现金	项目融资	长江证券股份有限公司	2017-7-7
832014.OC	绿之彩	2017-8-16	2017-5-25	定向	4.65	6.85	381	1,811.18	1,771.65	境内自然人	现金	补充流动资金	华林证券股份有限公司	2017-8-18
834621.OC	润晶水利	2017-8-8	2017-5-25	定向	1.5		930	1,395.00	1,395.00	大股东,境内自然人	现金	项目融资	安信证券股份有限公司	2017-8-10
835912.OC	阿房宫	2017-7-12	2017-5-25	定向	9	11.8	2,376.39	21,387.55	21,387.55	大股东,境内自然人	现金	项目融资	中泰证券股份有限公司	2020-7-14
831726.OC	朱老六	2017-7-29	2017-5-25	定向	1.75	1	2,750.00	4,812.50	4,812.50	大股东,大股东关联方	现金	项目融资	光大证券股份有限公司	2017-8-2
835193.OC	东立科技	2017-7-13	2017-5-25	定向	2.5	1.7	800	2,000.00	2,000.00	大股东,境内自然人	现金	项目融资	华西证券股份有限公司	2017-7-17
836106.OC	君逸数码	2017-6-30	2017-5-24	定向	9		500	5,040.00	4,500.00	机构投资者	现金	补充流动资金	东北证券股份有限公司	2017-7-4
839893.OC	科技众创	2017-7-13	2017-5-24	定向	45.8	50	20.7424	2,977.00	950	大股东,机构投资者	现金	项目融资	中信建投证券股份有限公司	2017-7-17
835800.OC	万联生活	2017-7-4	2017-5-24	定向	4.5		240	1,080.00	1,080.00	境内自然人	资产	融资收购其他资产		2017-7-6
831546.OC	美林数据	2017-7-27	2017-5-23	定向	8.9	11.06	830	7,387.00	7,387.00	机构投资者	现金	补充流动资金	中信建投证券股份有限公司	2017-8-1
838462.OC	摩多科技	2017-7-8	2017-5-23	定向	42.98		186.133	8,000.00	8,000.00	机构投资者	现金	项目融资	德邦证券股份有限公司	2017-7-12
871101.OC	福能期货	2017-7-14	2017-5-23	定向	1.6		10,000.00	16,000.00	16,000.00	大股东	现金	项目融资	兴业证券股份有限公司	2017-7-20
870612.OC	睿江云	2017-7-5	2017-5-23	定向	17.42		106.1998	1,850.00	1,850.00	机构投资者,境内自然人	现金	项目融资	中信建投证券股份有限公司	2017-7-7
833985.OC	三方股份	2017-8-19	2017-5-22	定向	3.2		190	608	608	大股东,大股东关联方,机构投资者,境内自然人	现金	补充流动资金	湘财证券股份有限公司	2017-8-24
839987.OC	自远环保	2017-7-12	2017-5-22	定向	1.3		2,000.00	2,600.00	2,600.00	大股东	现金	项目融资	东莞证券股份有限公司	2017-7-14
870191.OC	丰高科印	2017-7-14	2017-5-22	定向	5		108	550	540	大股东,大股东关联方,境内自然人	现金	补充流动资金	财通证券股份有限公司	
839810.OC	微核科技	2017-7-18	2017-5-22	定向	8		169.625	1,600.00	1,357.00	大股东,大股东关联方,境内自然人	现金	补充流动资金	西南证券股份有限公司	
839372.OC	锐扬股份	2017-7-27	2017-5-22	定向	1.15		1,600.00	1,840.00	1,840.00	大股东	现金	补充流动资金	国信证券股份有限公司	2017-7-31
835390.OC	瑞宝生物	2017-7-7	2017-5-22	定向	2.15		12,105.79	26,027.44	26,027.44	机构投资者,境内自然人	资产	融资收购其他资产		
835633.OC	世纪福	2017-6-24	2017-5-22	定向	10	7.5	450	5,000.00	4,500.00	机构投资者,境内自然人	现金	项目融资	长城证券股份有限公司	2017-6-28
870102.OC	金晖股份	2017-7-28	2017-5-20	定向	1.5		1,000.00	1,500.00	1,500.00	机构投资者,境内自然人	现金	项目融资	国都证券股份有限公司	2017-8-3
871095.OC	得益节能	2017-7-28	2017-5-20	定向	1.5		1,200.00	1,800.00	1,800.00	大股东,境内自然人	现金	补充流动资金	开源证券股份有限公司	2017-8-1
837224.OC	朗润智能	2017-7-26	2017-5-20	定向	3.6		210	1,980.00	756	大股东	现金	项目融资	国海证券股份有限公司	2017-7-28
833206.OC	影达传媒	2017-9-2	2017-5-19	定向	4.3	2.88	685.5	3,440.00	2,947.65	机构投资者	现金	引入战略投资者	西藏东方财富证券股份有限公司	2017-9-6
833960.OC	华发教育	2017-8-10	2017-5-19	定向	12.24	15.68	287.1993	4,896.00	3,515.32	大股东,机构投资者,境内自然人	现金	项目融资	中信证券股份有限公司	2017-8-14
836286.OC	易云股份	2017-7-29	2017-5-19	定向	19.91	15.67	63.6031	1,266.34	1,266.34	大股东	现金	项目融资	申万宏源证券有限公司	2017-8-2
839729.OC	永顺生物	2017-6-30	2017-5-19	定向	26	25.5	500	13,000.00	13,000.00	机构投资者,境内自然人	现金	项目融资	中山证券有限责任公司	2017-7-4
836190.OC	托球股份	2017-6-28	2017-5-19	定向	9.28	11.05	1,292.00	11,989.76	11,989.76	机构投资者,境内自然人	现金	补充流动资金	中山证券有限责任公司	2017-6-30
831860.OC	盛安资源	2017-8-22	2017-5-19	定向	2	3.65	2,000.00	4,000.00	4,000.00	大股东,境内自然人	现金	股权激励	开源证券股份有限公司	2019-8-26
839767.OC	安和威	2017-7-8	2017-5-19	定向	6.42		218.17	1,400.65	1,400.65	大股东关联方	现金	补充流动资金	浙商证券股份有限公司	2017-7-12
838054.OC	方元财富	2017-7-12	2017-5-19	定向	2.1	1.56	500	1,050.00	1,050.00	大股东	现金	项目融资	天风证券股份有限公司	

代码	名称	增发公告日	发行日期	发行方式	发行价格	增发日收盘价	增发数量（万股）	预计募集资金（万元）	实际募资总额（万元）	发行对象	认购方式	增发目的	主承销商	限售股解禁时间
839557.OC	上海医疗	2017-7-28	2017-5-19	定向	5		224	1,120.00	1,120.00	境内自然人	现金	项目融资	申万宏源证券有限公司	2017-8-4
834382.OC	爱尚传媒	2017-6-27	2017-5-19	定向	27.86	26.85	65.6856	2,400.00	1,830.00	机构投资者	现金	补充流动资金	中原证券股份有限公司	2017-6-29
839260.OC	航宇荣康	2017-8-31	2017-5-19	定向	17.1	8.56	64.172	1,600.00	1,097.34	大股东,境内自然人	现金	项目融资	国信证券股份有限公司	2017-9-4
839702.OC	和元上海	2017-7-8	2017-5-19	定向	19	38	95	1,805.00	1,805.00	机构投资者	现金	项目融资	国金证券股份有限公司	2017-7-12
835724.OC	华视股份	2017-7-20	2017-5-19	定向	2.5	10.28	450	1,125.00	1,125.00	大股东,境内自然人	现金	补充流动资金	广发证券股份有限公司	2017-7-24
834703.OC	飓风股份	2017-7-18	2017-5-19	定向	5	5.4	1,013.00	6,000.00	5,065.00	大股东,机构投资者,境内自然人	现金	补充流动资金	申港证券股份有限公司	2017-7-20
832792.OC	鹿城银行	2017-8-26	2017-5-18	定向	1.65	3.33	4,891.00	8,250.00	8,070.15	大股东,机构投资者,境内自然人	现金	项目融资	南京证券股份有限公司	2020-8-31
836685.OC	雕龙数据	2017-7-26	2017-5-18	定向	1.25		5,500.00	6,875.00	6,875.00	大股东,机构投资者	现金	补充流动资金	国融证券股份有限公司	2017-7-28
834865.OC	琴海数码	2017-7-18	2017-5-18	定向	1.5		1,200.00	1,800.00	1,800.00	大股东,境内自然人	现金	项目融资	西南证券股份有限公司	2017-7-20
839706.OC	奇士达	2017-7-4	2017-5-17	定向	12		1,300.00	15,600.00	15,600.00	机构投资者,境内自然人	现金	项目融资	东北证券股份有限公司	2017-7-6
833663.OC	百事泰	2017-7-8	2017-5-17	定向	36.48	51.55	82.2413	22,602.40	3,000.00	机构投资者	现金	补充流动资金	安信证券股份有限公司	2017-7-12
870156.OC	瑜欣电子	2017-6-28	2017-5-17	定向	4.1		308	2,250.00	1,262.80	大股东,机构投资者,境内自然人	现金	补充流动资金	渤海证券股份有限公司	2017-6-30
836186.OC	网博视界	2017-8-8	2017-5-17	定向	5	5	806.28	4,200.00	4,031.40	大股东,大股东关联方,机构投资者,境内自然人	现金	补充流动资金	国信证券股份有限公司	2017-7-17
835291.OC	力尊信通	2017-8-29	2017-5-17	定向	2.08		385.95	807.27	802.78	境内自然人	现金	股权激励	中航证券有限公司	
833472.OC	康润洁	2017-7-12	2017-5-17	定向	3.5	5	77	269.5	269.5	境内自然人	现金	补充流动资金	东兴证券股份有限公司	2020-7-14
838337.OC	高端精密	2017-7-29	2017-5-17	定向	5	5	866	4,330.00	4,330.00	大股东,大股东关联方,境内自然人	现金,资产	融资收购其他资产	东莞证券股份有限公司	2017-8-2
831705.OC	永通股份	2017-7-18	2017-5-17	定向	2	2.16	1,935.00	5,000.00	3,870.00	大股东,境内自然人	现金	项目融资	海通证券股份有限公司	2020-7-20
833435.OC	国润新材	2017-7-4	2017-5-17	定向	3.6	3.3	1,900.00	7,200.00	6,840.00	机构投资者	现金	项目融资	国都证券股份有限公司	2017-7-6
837899.OC	同华科技	2017-6-24	2017-5-16	定向	9		324	2,916.00	2,916.00	机构投资者,境内自然人	现金	补充流动资金	申万宏源证券有限公司	2017-6-29
839447.OC	尊优股份	2017-7-18	2017-5-16	定向	2.5		350	875	875	大股东,境内自然人	现金	补充流动资金	东北证券股份有限公司	2017-7-21
837275.OC	国通股份	2017-6-28	2017-5-16	定向	2.9		1,600.00	4,640.00	4,640.00	大股东	现金	补充流动资金	长江证券股份有限公司	2017-6-30
836050.OC	深蓝股份	2017-7-26	2017-5-16	定向	5	6.82	211.6	1,058.00	1,058.00	大股东,境内自然人	现金	补充流动资金	安信证券股份有限公司	2017-8-1
834733.OC	华卓精科	2017-7-5	2017-5-16	定向	6.97	6.97	471	3,282.87	3,282.87	大股东,机构投资者	现金	补充流动资金	太平洋证券股份有限公司	2017-7-7
838275.OC	驱动力	2017-7-27	2017-5-16	定向	8		625	5,000.00	5,000.00	机构投资者,境内自然人	现金	补充流动资金	国信证券股份有限公司	2017-7-31
835390.OC	瑞宝生物	2017-7-7	2017-5-15	定向	2.15		12,841.58	27,609.40	27,609.40	大股东,机构投资者	现金	配套融资	太平洋证券股份有限公司	
838244.OC	卓思数据	2017-7-19	2017-5-15	定向	2.5	2.25	61.2244	153.06	153.06	境内自然人	现金	股权激励	平安证券股份有限公司	2017-7-21
870618.OC	小六汤包	2017-6-27	2017-5-15	定向	30		40	1,200.00	1,200.00	机构投资者	现金	项目融资	中信证券股份有限公司	
870004.OC	金大田	2017-7-5	2017-5-15	定向	4.25		525.2	2,232.10	2,232.10	境内自然人	现金	补充流动资金	长江证券股份有限公司	2017-7-7
831638.OC	天物生态	2017-7-14	2017-5-15	定向	2	2	860	1,720.00	1,720.00	大股东,大股东关联方,境内自然人	现金	项目融资	德邦证券股份有限公司	2017-7-18
870640.OC	德耐尔	2017-8-2	2017-5-15	定向	6.44		400	2,576.64	2,576.64	机构投资者	现金	补充流动资金	渤海证券股份有限公司	2017-8-4
836267.OC	美润股份	2017-9-15	2017-5-12	定向	3	4.8	276	828	828	大股东	资产	融资收购其他资产		
835842.OC	纳仕达	2017-7-6	2017-5-12	定向	9.4	10.9	959.7328	12,000.00	9,021.49	机构投资者,境内自然人	现金	补充流动资金	西部证券股份有限公司	2017-7-11
835184.OC	国源科技	2017-7-7	2017-5-12	定向	8	11.91	374	3,152.00	2,992.00	境内自然人	现金	股权激励	华融证券股份有限公司	
838822.OC	博科思	2017-8-3	2017-5-12	定向	5	2.8	120	600	600	机构投资者	现金	补充流动资金	财通证券股份有限公司	2017-8-7
838378.OC	阳光医疗	2017-7-26	2017-5-11	定向	3.6	10	400	1,620.00	1,440.00	机构投资者	现金	补充流动资金	英大证券有限责任公司	2017-7-31
837112.OC	大洋生物	2017-6-17	2017-5-11	定向	12.5	5.31	650	8,125.00	8,125.00	大股东,大股东关联方,境内自然人	现金	项目融资	财通证券股份有限公司	2017-6-22
870758.OC	赛诚智慧	2017-6-30	2017-5-11	定向	8		62.5	500	500	境内自然人	现金	融资收购其他资产	西南证券股份有限公司	2017-7-4

代码	名称	增发公告日	发行日期	发行方式	发行价格	增发日收盘价	增发数量（万股）	预计募集资金（万元）	实际募资总额（万元）	发行对象	认购方式	增发目的	主承销商	限售股解禁时间
430487.OC	佳信捷	2017-10-21	2017-5-10	定向	2.06	2.87	1,727.61	3,558.88	3,558.88	境内自然人	资产	融资收购其他资产		2017-10-25
835983.OC	诺博教育	2017-6-27	2017-5-10	定向	30	6	142.8	4,290.00	4,284.00	机构投资者,境内自然人	现金	项目融资	安信证券股份有限公司	2017-6-29
870334.OC	辉宏世纪	2017-7-4	2017-5-10	定向	1.2		1,500.00	1,800.00	1,800.00	境内自然人	现金	项目融资	新时代证券股份有限公司	2017-7-7
832107.OC	达能电气	2017-7-21	2017-5-10	定向	4.8	8.13	610.1293	6,240.00	2,928.62	机构投资者,境内自然人	现金	项目融资	兴业证券股份有限公司	2017-7-26
834562.OC	陆海环保	2017-7-1	2017-5-10	定向	6	10	150	900	900	境内自然人	现金	项目融资	国金证券股份有限公司	2017-7-5
836399.OC	汇春科技	2017-6-28	2017-5-9	定向	3		400	1,200.00	1,200.00	大股东,境内自然人	现金	补充流动资金	广发证券股份有限公司	2017-6-30
836834.OC	中帜生物	2017-7-8	2017-5-9	定向	8.8		237.2727	4,500.00	2,088.00	机构投资者,境内自然人	现金	项目融资	中信建投证券股份有限公司	2017-7-12
831543.OC	松炀资源	2017-6-22	2017-5-8	定向	2.15	7	242	520.3	520.3	境内自然人	现金	股权激励	广发证券股份有限公司	
839109.OC	赛若福	2017-7-15	2017-5-8	定向	1.2		300	360	360	大股东关联方,境内自然人	现金	补充流动资金	华安证券股份有限公司	2017-7-20
835068.OC	星源农牧	2017-7-8	2017-5-8	定向	5.6	5.6	2,198.00	12,308.80	12,308.80	大股东,机构投资者	现金	项目融资	东莞证券股份有限公司	2017-7-12
836148.OC	万怡会展	2017-7-7	2017-5-8	定向	13.35		187.36	2,501.26	2,501.26	机构投资者	现金	项目融资	兴业证券股份有限公司	
839063.OC	联盛化学	2017-7-12	2017-5-8	定向	4		1,100.00	4,400.00	4,400.00	大股东	现金	项目融资	中银国际证券有限责任公司	2017-8-9
833464.OC	苏州沪云	2017-7-6	2017-5-8	定向	25.89	23	123.6	3,200.00	3,200.00	机构投资者,境内自然人	现金	项目融资	中国中投证券有限责任公司	2017-7-10
835968.OC	科创蓝	2017-7-5	2017-5-8	定向	30	25	241.6666	18,000.00	7,250.00	机构投资者,境内自然人	现金	项目融资	长江证券股份有限公司	2017-7-7
870475.OC	博汇特	2017-8-9	2017-5-7	定向	30.6		32.6797	1,000.00	1,000.00	大股东	现金	补充流动资金	东北证券股份有限公司	2017-8-14
836467.OC	诺德新材	2017-6-20	2017-5-5	定向	4		200	800	800	机构投资者	现金	补充流动资金	西部证券股份有限公司	2017-6-22
430660.OC	益佰环保	2017-7-6	2017-5-5	定向	1.1	1	372	409.2	409.2	大股东	现金	项目融资	广发证券股份有限公司	
839561.OC	永裕股份	2017-6-28	2017-5-5	定向	3.5	3.74	534	2,000.00	1,869.00	机构投资者,境内自然人	现金	项目融资	中山证券有限责任公司	2017-6-30
831500.OC	西部蓝天	2017-7-5	2017-5-5	定向	2.86		300	858	858	机构投资者	现金	补充流动资金	中山证券有限责任公司	2017-7-7
834453.OC	顺炎新材	2017-7-5	2017-5-5	定向	31.25		32	1,000.00	1,000.00	境内自然人	债权	项目融资		2017-7-7
835307.OC	龙的股份	2017-6-17	2017-5-5	定向	10		90	1,200.00	900	大股东关联方,机构投资者	现金	补充流动资金	东吴证券股份有限公司	2017-6-21
834830.OC	氟特电池	2017-8-22	2017-5-5	定向	12	3.55	119.6667	3,250.00	1,436.00	机构投资者,境内自然人	现金	项目融资	中银国际证券有限责任公司	2017-8-24
871144.OC	中工美	2017-7-13	2017-5-5	定向	24.62		162.5	4,000.00	4,000.00	机构投资者	现金	项目融资	太平洋证券股份有限公司	2017-7-17
835477.OC	ST金三	2017-8-26	2017-5-5	定向	1.5		118.9	219	178.35	大股东关联方,境内自然人	现金	补充流动资金	国都证券股份有限公司	
831676.OC	景川诊断	2017-6-27	2017-5-5	定向	3	6.8	360.0001	1,800.00	1,080.00	大股东关联方,境内自然人	现金	融资收购其他资产	长江证券股份有限公司	2017-6-29
837970.OC	英内物联	2017-6-17	2017-5-5	定向	20	5	795	15,900.00	15,900.00	大股东,境内自然人	现金	项目融资	中泰证券股份有限公司	2017-6-21
430342.OC	天润康隆	2017-7-15	2017-5-4	定向	10	2	150	1,500.00	1,500.00	大股东	现金	补充流动资金	国联证券股份有限公司	2017-7-19
835723.OC	宝海微元	2017-7-5	2017-5-4	定向	5	8.9	2,481.40	12,757.00	12,407.00	机构投资者,境内自然人	现金	补充流动资金	中山证券有限责任公司	2017-7-7
836709.OC	昀丰科技	2017-6-9	2017-5-4	定向	7.6	17.96	1,297.00	9,857.20	9,857.20	机构投资者,境内自然人	现金	补充流动资金	国信证券股份有限公司	2017-6-13
837079.OC	智慧源	2017-7-20	2017-5-3	定向	12.67		117.9673	1,494.25	1,494.25	机构投资者	现金	融资收购其他资产	方正证券股份有限公司	2019-7-24
836053.OC	友宝在线	2017-6-29	2017-5-3	定向	4.73	10.94	11,206.09	53,004.82	53,004.82	机构投资者	现金	补充流动资金	中信建投证券股份有限公司	2017-7-3
834442.OC	锦龙装备	2017-7-8	2017-5-3	定向	1	1	700	700	700	大股东	现金	补充流动资金	华鑫证券有限责任公司	
837029.OC	汇创达	2017-6-23	2017-5-3	定向	6.95		561.151	3,900.00	3,900.00	机构投资者,境内自然人	现金	补充流动资金	长江证券股份有限公司	2017-6-27
838803.OC	卓展科技	2017-6-15	2017-5-3	定向	5.8		85	493	493	机构投资者	现金	补充流动资金	华福证券有限责任公司	2017-6-19
834920.OC	人合机电	2017-6-24	2017-5-2	定向	1.39	1.39	251.99	353.27	350.27	大股东,境内自然人	现金	补充流动资金	中泰证券股份有限公司	2017-6-28
836614.OC	奥其斯	2017-6-30	2017-5-2	定向	6	10.4	10,000.00	60,000.00	60,000.00	机构投资者	债权	项目融资		2017-7-4
832595.OC	耳东影业	2017-7-18	2017-5-2	定向	30	31	100	3,000.00	3,000.00	机构投资者	现金	项目融资	中信建投证券股份有限公司	2017-7-20
834656.OC	ST勃达	2017-8-17	2017-4-30	定向	5.1	3.97	600	3,060.00	3,060.00	机构投资者	现金	补充流动资金	国泰君安证券股份有限公司	2017-8-21
836009.OC	英拓网络	2017-7-7	2017-4-30	定向	1.2		1,294.87	2,760.00	1,553.85	大股东,境内自然人	现金	项目融资	安信证券股份有限公司	2017-7-11
831737.OC	地澜科技	2017-8-1	2017-4-28	定向	4	6.5	2,296.00	9,200.00	9,184.00	机构投资者,境内自然人	现金	项目融资	东海证券股份有限公司	2017-8-3
832707.OC	国豪股份	2017-6-17	2017-4-28	定向	6.8	7.49	1,661.00	11,560.00	11,294.80	大股东关联方,机构投资者,境内自然人	现金	补充流动资金	华泰联合证券有限责任公司	

代码	名称	增发公告日	发行日期	发行方式	发行价格	增发日收盘价	增发数量（万股）	预计募集资金（万元）	实际募资总额（万元）	发行对象	认购方式	增发目的	主承销商	限售股解禁时间
835148.OC	复睿电力	2017-7-4	2017-4-28	定向	1.35		990	1,350.00	1,336.50	大股东,机构投资者	现金	项目融资	安信证券股份有限公司	
833369.OC	朗尼科	2017-7-11	2017-4-28	定向	7.5	15	120	1,050.00	900	大股东	现金	补充流动资金	安信证券股份有限公司	2017-7-14
835498.OC	因尚网络	2018-2-13	2017-4-28	定向	9		232.8445	2,700.00	2,095.60	机构投资者,境内自然人	现金	项目融资	安信证券股份有限公司	2018-2-22
870522.OC	ST信隆行	2017-7-13	2017-4-28	定向	26	25	51.5	2,080.00	1,339.00	机构投资者,境内自然人	现金	补充流动资金	海通证券股份有限公司	2017-7-17
832076.OC	泰鹏环保	2017-6-27	2017-4-28	定向	4	4.2	727	2,908.00	2,908.00	机构投资者	现金	补充流动资金	中信证券股份有限公司	2017-6-29
870592.OC	盛齐安	2017-8-1	2017-4-28	定向	4.03		1,913.00	12,090.00	7,709.39	大股东,机构投资者,境内自然人	现金	项目融资	华融证券股份有限公司	2017-8-3
837327.OC	创远科技	2017-7-19	2017-4-28	定向	1	2	2,000.07	2,000.07	2,000.07	大股东,境内自然人	现金,资产	项目融资	安信证券股份有限公司	2017-7-24
831187.OC	创尔生物	2017-6-21	2017-4-28	定向	6	8.11	419.7657	2,616.00	2,518.59	大股东,境内自然人	现金	项目融资	广州证券股份有限公司	2020-6-23
430508.OC	中视文化	2017-6-28	2017-4-28	定向	5	7.1	300	1,500.00	1,500.00	大股东,境内自然人	现金	股权激励	金元证券股份有限公司	
834587.OC	鼎端装备	2017-10-27	2017-4-28	定向	10		150	3,500.00	1,500.00	大股东,机构投资者,境内自然人	现金	项目融资	上海证券有限责任公司	2017-10-31
835683.OC	华天兴邦	2017-7-25	2017-4-28	定向	1.62	1.62	1,375.00	2,227.50	2,227.50	大股东,大股东关联方	现金	补充流动资金	东莞证券股份有限公司	
833039.OC	昶昱黄金	2017-7-1	2017-4-27	定向	10	14.94	1,000.00	10,000.00	10,000.00	机构投资者,境内自然人	现金	补充流动资金	东吴证券股份有限公司	2017-7-5
870047.OC	云图动漫	2017-7-1	2017-4-27	定向	13.7		12.6	172.62	172.62	大股东,境内自然人	现金	补充流动资金	万联证券股份有限公司	2017-7-5
870301.OC	康通电子	2017-7-4	2017-4-27	定向	4		500	2,000.00	2,000.00	大股东关联方,境内自然人	现金	补充流动资金	安信证券股份有限公司	2017-7-6
870827.OC	牛咖斯	2017-6-15	2017-4-26	定向	13.18		303.5	4,000.13	4,000.13	机构投资者,境内自然人	现金	补充流动资金	中信建投证券股份有限公司	2017-6-19
839265.OC	铁骑国际	2017-6-24	2017-4-26	定向	1.09		700	763	763	机构投资者,境内自然人	现金	项目融资	新时代证券股份有限公司	
839999.OC	莹科精化	2017-6-24	2017-4-26	定向	1.2		10,700.00	12,840.00	12,840.00	大股东关联方,境内自然人	现金	项目融资	中山证券有限责任公司	2017-6-30
837183.OC	车配龙	2017-6-16	2017-4-26	定向	4.5		300	1,350.00	1,350.00	境内自然人	现金	项目融资	长江证券股份有限公司	2017-6-20
834857.OC	清水爱派	2017-7-13	2017-4-26	定向	10	11	221	3,000.00	2,210.00	大股东关联方,境内自然人	现金	补充流动资金	国泰君安证券股份有限公司	2017-7-17
831802.OC	智华信	2017-6-10	2017-4-25	定向	8.3	11.82	300	2,490.00	2,490.00	大股东,境内自然人	现金	补充流动资金	东北证券股份有限公司	2017-6-14
871215.OC	乾丰股份	2017-6-14	2017-4-25	定向	12	12	100	1,200.00	1,200.00	境内自然人	现金	项目融资	开源证券股份有限公司	2017-6-16
870549.OC	中凯国际	2017-7-28	2017-4-25	定向	4		100	400	400	大股东关联方,境内自然人	现金	项目融资	西部证券股份有限公司	2020-8-3
839149.OC	良华科教	2017-5-9	2017-4-24	定向	4		250	1,000.00	1,000.00	境内自然人	现金	补充流动资金	开源证券股份有限公司	2017-5-12
833127.OC	晶品压塑	2017-7-5	2017-4-24	定向	2.96	2.9	354.68	1,058.73	1,049.85	大股东,境内自然人	现金	补充流动资金	东莞证券股份有限公司	2017-7-7
831081.OC	西驰电气	2017-11-11	2017-4-24	定向	4.3	3.7	105.6	473	454.08	大股东,境内自然人	现金	项目融资	湘财证券股份有限公司	2017-11-16
834166.OC	杰事杰	2017-6-16	2017-4-24	定向	10	8	3,000.00	30,000.00	30,000.00	大股东	现金	项目融资	天风证券股份有限公司	2017-6-20
833831.OC	鲁华泓锦	2017-6-29	2017-4-24	定向	4.79	3.2	1,060.00	5,077.40	5,077.40	境内自然人	现金	项目融资	招商证券股份有限公司	2017-7-3
833746.OC	宏中药业	2017-7-15	2017-4-22	定向	5.1		130	663	663	机构投资者	现金	项目融资	财通证券股份有限公司	2017-7-20
832026.OC	海龙核科	2017-9-16	2017-4-21	定向	26	24.8	764	38,820.00	19,864.00	机构投资者	现金	项目融资	天风证券股份有限公司	2017-9-20
839749.OC	炬申物流	2017-7-19	2017-4-21	定向	1.35		1,500.00	2,025.00	2,025.00	大股东	现金	项目融资	方正证券股份有限公司	2017-7-21
833977.OC	悠派科技	2017-6-14	2017-4-21	定向	5.5	5.08	1,000.00	5,500.00	5,500.00	机构投资者,境内自然人	现金	补充流动资金	西南证券股份有限公司	2017-6-20
835567.OC	泰维能源	2017-7-12	2017-4-21	定向	7.92		205.534	1,627.83	1,627.83	境内自然人	现金	项目融资	申万宏源证券有限公司	2017-7-14
837840.OC	中电科安	2017-10-14	2017-4-21	定向	17	17	500	8,500.00	8,500.00	机构投资者	现金	项目融资	华融证券股份有限公司	2017-10-18
839909.OC	粤嵌科技	2017-8-1	2017-4-21	定向	22		86	2,500.00	1,892.00	机构投资者,境内自然人	现金	项目融资	广州证券股份有限公司	2017-8-3
837900.OC	达科为	2017-8-10	2017-4-21	定向	7.22		304	2,194.88	2,194.88	机构投资者	现金	项目融资	华创证券有限责任公司	2017-8-15
870805.OC	高信股份	2017-11-17	2017-4-21	定向	12.8	26.35	500	6,400.00	6,400.00	机构投资者	现金	项目融资	首创证券有限责任公司	2017-11-21
832653.OC	金点物联	2017-8-8	2017-4-20	定向	2.3	10.8	2,500.00	10,000.00	5,750.00	大股东,机构投资者,境内自然人	现金	补充流动资金	安信证券股份有限公司	
837687.OC	草都牧草	2017-8-24	2017-4-20	定向	2.6		1,350.00	5,000.00	3,510.00	机构投资者	现金	项目融资	国海证券股份有限公司	2017-8-28
838247.OC	联洋人才	2017-5-26	2017-4-20	定向	1		350	350	350	大股东,境内自然人	现金	补充流动资金	首创证券有限责任公司	2017-6-8
834408.OC	盛源科技	2017-6-22	2017-4-20	定向	7.6	15	720	11,020.00	5,472.00	机构投资者,境内自然人	现金	项目融资	方正证券股份有限公司	2017-6-26
832212.OC	汇茂科技	2017-7-15	2017-4-20	定向	5	12	250	1,250.00	1,250.00	机构投资者	现金	补充流动资金	国信证券股份有限公司	2017-7-19

代码	名称	增发公告日	发行日期	发行方式	发行价格	增发日收盘价	增发数量（万股）	预计募集资金（万元）	实际募资总额（万元）	发行对象	认购方式	增发目的	主承销商	限售股解禁时间
870812.OC	赛富电力	2017-8-3	2017-4-20	定向	2.18		460	1,002.80	1,002.80	境内自然人	现金	补充流动资金	国海证券股份有限公司	2017-8-10
838454.OC	鹰谷光电	2017-6-3	2017-4-20	定向	15.05		290.317	4,369.27	4,369.27	大股东关联方	现金	项目融资	中航证券有限公司	2017-6-8
831373.OC	电科电源	2017-6-1	2017-4-20	定向	2.8	3.99	253	708.4	708.4	大股东关联方，境内自然人	现金	补充流动资金	国信证券股份有限公司	2022-6-6
839764.OC	新瑞欣	2017-6-10	2017-4-20	定向	10		50	500	500	大股东关联方	现金	补充流动资金	浙商证券股份有限公司	2017-6-15
837883.OC	聚通达	2017-6-29	2017-4-20	定向	70		14.2	1,000.00	994	机构投资者，境内自然人	现金	项目融资	华西证券股份有限公司	2017-7-3
831540.OC	京源环保	2017-6-20	2017-4-20	定向	10	9.01	1,000.00	11,000.00	10,000.00	机构投资者，境内自然人	现金	补充流动资金	金元证券股份有限公司	2017-6-26
836591.OC	东联旅游	2017-7-19	2017-4-20	定向	5		600	3,000.00	3,000.00	境内自然人	现金	融资收购其他资产	恒泰证券股份有限公司	2017-7-21
837489.OC	印克电商	2017-7-13	2017-4-19	定向	10.95	10.55	265.7077	3,000.00	2,909.50	机构投资者，境内自然人	现金	项目融资	华福证券有限责任公司	2017-7-17
834908.OC	高创特	2017-6-24	2017-4-19	定向	1.1		20,000.00	28,000.00	22,060.00	大股东	现金	补充流动资金	东吴证券股份有限公司	
837069.OC	华如科技	2017-6-8	2017-4-19	定向	8.34	4.17	320	2,668.80	2,668.80	境内自然人	现金	补充流动资金	中信证券股份有限公司	2017-6-13
836159.OC	跃飞新材	2017-7-8	2017-4-19	定向	3	2.02	460	1,380.00	1,380.00	大股东，境内自然人	现金	项目融资	华林证券股份有限公司	2017-7-12
834428.OC	蓝孚高能	2017-8-8	2017-4-18	定向	6.95	8	3,000.00	20,850.00	20,850.00	机构投资者	现金	项目融资	联讯证券股份有限公司	2017-8-10
832432.OC	科列技术	2017-7-1	2017-4-18	定向	45	33.3	353.3332	50,000.00	15,899.99	机构投资者	现金	项目融资	国信证券股份有限公司	2017-7-5
835431.OC	非凡传媒	2017-6-30	2017-4-18	定向	17.33	13.5	346.2204	12,000.00	6,000.00	机构投资者，境内自然人	现金	补充流动资金	大通证券股份有限公司	2017-7-7
836111.OC	三开科技	2017-6-22	2017-4-18	定向	14.4		41.6666	1,440.00	600	机构投资者	现金	项目融资	西南证券股份有限公司	2017-6-26
835663.OC	灵狐科技	2017-6-6	2017-4-18	定向	27.1	17	209.5016	11,000.00	5,677.49	大股东，机构投资者	现金	补充流动资金	广发证券股份有限公司	2017-6-8
836337.OC	生兴防治	2017-10-10	2017-4-18	定向	2		49	100	98	大股东，境内自然人	现金	补充流动资金	中银国际证券有限责任公司	
838455.OC	翔楼新材	2017-6-16	2017-4-17	定向	21		150	3,150.00	3,150.00	大股东关联方	现金	项目融资	华泰联合证券有限责任公司	2017-6-21
837078.OC	阿泰可	2017-5-25	2017-4-17	定向	6		200	1,200.00	1,200.00	机构投资者，境内自然人	现金	补充流动资金	西南证券股份有限公司	2017-6-1
838483.OC	亿嘉股份	2017-5-9	2017-4-17	定向	3		410	1,500.00	1,230.00	机构投资者	现金	项目融资	中信建投证券股份有限公司	2017-5-11
837109.OC	麦草人	2017-6-20	2017-4-17	定向	2.5	2	400	1,000.00	1,000.00	大股东	现金	补充流动资金	西部证券股份有限公司	2017-6-23
836745.OC	海润股份	2017-7-27	2017-4-17	定向	1.8		1,930.00	3,474.00	3,474.00	大股东，大股东关联方，境内自然人	现金	项目融资	新时代证券股份有限公司	2017-7-31
830850.OC	万企达	2017-8-26	2017-4-15	定向	3	2.39	1,300.00	6,600.00	3,900.00	境内自然人	资产	融资收购其他资产		2017-8-30
837093.OC	中生方政	2017-6-23	2017-4-15	定向	3.2		2,000.00	6,400.00	6,400.00	大股东，境内自然人	现金	补充流动资金	平安证券股份有限公司	2017-6-28
836751.OC	科谷电源	2017-9-23	2017-4-15	定向	2.88		157	456.48	452.16	大股东，境内自然人	现金	股权激励	招商证券股份有限公司	
837765.OC	荣创岩土	2017-7-18	2017-4-14	定向	5		280	1,400.00	1,400.00	境内自然人	现金，资产	融资收购其他资产	安信证券股份有限公司	2017-7-20
870769.OC	大千教育	2017-6-21	2017-4-14	定向	48.64		16.4473	800	800	大股东，境内自然人	现金	补充流动资金	长城证券股份有限公司	2017-6-22
870528.OC	科莱电子	2017-7-7	2017-4-14	定向	1		3,400.00	3,400.00	3,400.00	大股东	现金	补充流动资金	安信证券股份有限公司	2017-7-11
839041.OC	迪歆设计	2017-6-20	2017-4-14	定向	9		90	810	810	境内自然人	现金	补充流动资金	兴业证券股份有限公司	2017-6-22
836977.OC	洛阳餐旅	2017-7-6	2017-4-14	定向	1.2		6,250.00	7,500.00	7,500.00	机构投资者	现金	补充流动资金	中泰证券股份有限公司	
833067.OC	中德宏泰	2017-7-4	2017-4-14	定向	6		600	3,600.00	3,600.00	机构投资者	现金	项目融资	申万宏源证券有限公司	2017-7-6
836679.OC	科睿特	2017-5-18	2017-4-13	定向	5	16	120	600	600	境内自然人	现金	股权激励	平安证券股份有限公司	2020-5-22
835069.OC	德珑磁电	2017-7-21	2017-4-13	定向	4.5		140	630	630	大股东，境内自然人	现金	补充流动资金	国金证券股份有限公司	2020-7-27
833505.OC	美的连	2017-7-14	2017-4-13	定向	16.15		82.17	1,327.05	1,327.05	机构投资者	现金	融资收购其他资产	安信证券股份有限公司	2017-7-18
430532.OC	北鼎晶辉	2017-6-1	2017-4-12	定向	3.1	7.8	305	945.5	945.5	境内自然人	现金	补充流动资金	中山证券有限责任公司	2020-6-5
837802.OC	中普达	2017-6-17	2017-4-12	定向	28.04		356.6667	12,900.00	10,000.93	机构投资者，境内自然人	现金	补充流动资金	中信建投证券股份有限公司	2017-6-21
839295.OC	全百汇	2017-5-10	2017-4-12	定向	2.5		400	1,000.00	1,000.00	大股东	现金	补充流动资金	民生证券股份有限公司	2017-5-12
839452.OC	鑫雅豪	2017-7-15	2017-4-12	定向	5.33		93.8087	500	500	境内自然人	现金	补充流动资金	华林证券股份有限公司	2017-7-19
839766.OC	维多宝	2017-6-3	2017-4-12	定向	5		400	2,000.00	2,000.00	境内自然人	现金	项目融资	江海证券有限公司	2017-6-9
870228.OC	成翼传媒	2017-6-21	2017-4-12	定向	61.75		12.9555	800	800	机构投资者，境内自然人	现金，债权	项目融资	山西证券股份有限公司	2017-6-23

代码	名称	增发公告日	发行日期	发行方式	发行价格	增发日收盘价	增发数量（万股）	预计募集资金（万元）	实际募资总额（万元）	发行对象	认购方式	增发目的	主承销商	限售股解禁时间
834017.OC	方心健康	2017-6-14	2017-4-11	定向	8.33	10.52	600.24	5,000.00	5,000.00	机构投资者	现金	补充流动资金	上海证券有限责任公司	2017-6-16
837761.OC	创捷传媒	2017-5-5	2017-4-11	定向	12.8		300	3,900.00	3,840.00	机构投资者	现金	项目融资	中信建投证券股份有限公司	2017-5-9
832419.OC	路斯股份	2017-6-27	2017-4-10	定向	1.9	2.36	580	1,102.00	1,102.00	大股东关联方	现金	项目融资	华融证券股份有限公司	
833474.OC	利扬芯片	2017-6-30	2017-4-10	定向	11.26	12.5	1,100.00	12,386.00	12,386.00	大股东,大股东关联方,机构投资者,境内自然人	现金	项目融资	东莞证券股份有限公司	
831932.OC	东南电器	2017-7-14	2017-4-10	定向	6.25	2.5	480	3,000.00	3,000.00	机构投资者,境内自然人	现金	补充流动资金	海通证券股份有限公司	2017-7-18
870019.OC	博源恒芯	2017-8-8	2017-4-10	定向	9.38		220	2,063.60	2,063.60	机构投资者,境内自然人	现金	补充流动资金	国海证券股份有限公司	2019-8-12
831824.OC	东方滤袋	2017-6-27	2017-4-10	定向	2.75		1,054.55	2,900.00	2,900.00	大股东	现金	项目融资	申万宏源证券有限公司	2017-6-30
870120.OC	美灵宝	2017-5-19	2017-4-10	定向	2.5	8	1,600.00	4,250.00	4,000.00	大股东关联方,境内自然人	现金	补充流动资金	西南证券股份有限公司	2017-5-23
834520.OC	万佳安	2017-7-8	2017-4-10	定向	16.8	16.85	1,191.00	20,008.80	20,008.80	机构投资者	现金	补充流动资金	中银国际证券有限责任公司	2017-7-12
834804.OC	正济药业	2017-5-10	2017-4-10	定向	9.2	1.84	900	8,280.00	8,280.00	大股东关联方,机构投资者	现金	项目融资	兴业证券股份有限公司	2017-5-12
870436.OC	大地电气	2017-5-18	2017-4-10	定向	5		400	2,000.00	2,000.00	境内自然人	现金	补充流动资金	申万宏源证券有限公司	2017-5-22
871146.OC	游够股份	2017-5-10	2017-4-10	定向	4		250	1,000.00	1,000.00	大股东	现金	补充流动资金	东北证券股份有限公司	2017-5-12
839552.OC	润杰股份	2017-6-10	2017-4-9	定向	4.75		105	498.75	498.75	机构投资者	现金	项目融资	国融证券股份有限公司	2017-6-14
832112.OC	网智天元	2017-8-31	2017-4-7	定向	14.5	14.04	725	10,512.50	10,512.50	机构投资者,境内自然人	现金	项目融资	国泰君安证券股份有限公司	2019-9-5
835513.OC	金太阳	2017-6-17	2017-4-7	定向	1.1		27,272.73	30,000.00	30,000.00	大股东	现金	项目融资	长江证券股份有限公司	2017-6-21
870446.OC	恒泰智联	2017-7-5	2017-4-7	定向	1.2		774	928.8	928.8	大股东,境内自然人	现金	项目融资	安信证券股份有限公司	2017-7-12
832139.OC	沃田集团	2017-7-15	2017-4-7	定向	7	9.16	439	7,000.00	3,073.00	机构投资者,境内自然人	现金	项目融资	国泰君安证券股份有限公司	2017-7-19
832367.OC	慧图科技	2017-7-15	2017-4-7	定向	6	5.5	1,400.00	8,400.00	8,400.00	机构投资者,境内自然人	现金,资产	补充流动资金	国信证券股份有限公司	2017-7-20
834622.OC	通铭教育	2017-5-24	2017-4-7	定向	2.86	12.5	191.6084	548	548	大股东关联方	现金	补充流动资金	中山证券有限责任公司	2017-5-26
871220.OC	天泓传媒	2017-5-3	2017-4-7	定向	1.98		1,000.00	1,980.00	1,980.00	大股东	现金	项目融资	广发证券股份有限公司	2017-5-9
831985.OC	华杰电气	2017-5-27	2017-4-6	定向	1.5	10	500	750	750	大股东,境内自然人	现金	补充流动资金	财通证券股份有限公司	2017-6-2
834832.OC	络捷斯特	2017-6-7	2017-4-6	定向	11	11.62	181.8	2,000.00	1,999.80	机构投资者	现金	项目融资	首创证券有限责任公司	2017-6-9
870361.OC	飞利富	2017-6-6	2017-4-6	定向	4.5		222.358	1,125.00	1,000.61	大股东,机构投资者	现金	项目融资	西南证券股份有限公司	2017-6-8
836911.OC	汇源珠宝	2017-6-6	2017-4-6	定向	1.5	6	1,590.00	2,385.00	2,385.00	大股东,大股东关联方,境内自然人	现金	补充流动资金	广发证券股份有限公司	2017-6-8
835438.OC	戈碧迦	2017-6-2	2017-4-5	定向	5	6.09	2,000.00	10,000.00	10,000.00	机构投资者,境内自然人	现金	项目融资	中信建投证券股份有限公司	2017-6-6
834862.OC	炫伍科技	2017-7-21	2017-4-5	定向	8.75		130	1,137.50	1,137.50	机构投资者	现金	项目融资	安信证券股份有限公司	2017-7-25
838633.OC	伦嘉科技	2017-5-24	2017-4-4	定向	1.5		500	750	750	大股东,境内自然人	现金	补充流动资金	安信证券股份有限公司	2017-5-26
870771.OC	力田科技	2017-6-24	2017-4-4	定向	3.5		300	1,050.00	1,050.00	大股东,机构投资者,境内自然人	现金	补充流动资金	东兴证券股份有限公司	2017-6-30
836542.OC	东方帝维	2017-7-1	2017-4-1	定向	2		2,500.00	5,000.00	5,000.00	大股东关联方	现金	补充流动资金	华安证券股份有限公司	2017-7-5
832372.OC	西藏能源	2017-7-5	2017-4-1	定向	6	8.65	492.5	3,000.00	2,955.00	境内自然人	现金	补充流动资金	西藏东方财富证券股份有限公司	2019-7-8
833531.OC	博亚精工	2017-6-17	2017-4-1	定向	10.8	10.7	560	6,048.00	6,048.00	机构投资者	现金	项目融资	民生证券股份有限公司	2017-6-21
834631.OC	海药股份	2017-5-3	2017-4-1	定向	10	10	102.6	2,800.00	1,026.00	大股东,大股东关联方,机构投资者	现金	补充流动资金	中泰证券股份有限公司	2017-5-10
833298.OC	悦高软件	2017-5-17	2017-3-31	定向	4.22	0.01	150	633	633	境内自然人	现金	项目融资	华龙证券股份有限公司	2017-5-19
834802.OC	宝贝格子	2017-7-1	2017-3-31	定向	8.76	8.76	627.8539	10,000.00	5,500.00	机构投资者,境内自然人	现金	项目融资	招商证券股份有限公司	2017-7-5
837015.OC	大地院线	2017-7-1	2017-3-31	定向	83		285	23,655.00	23,655.00	大股东,机构投资者	现金	项目融资	天风证券股份有限公司	2017-7-5
430239.OC	信诺达	2017-7-18	2017-3-31	定向	18	18.08	27.7777	500	500	大股东	现金	补充流动资金	金元证券股份有限公司	2017-7-21
831729.OC	维钛克	2017-5-12	2017-3-31	定向	10.73		100	1,073.00	1,073.00	大股东	现金	补充流动资金	渤海证券股份有限公司	2017-5-17
836506.OC	协能科技	2017-7-7	2017-3-31	定向	25.69	8	126.507	4,500.00	3,249.96	机构投资者	现金	补充流动资金	国信证券股份有限公司	2017-7-11
839167.OC	同享科技	2017-5-9	2017-3-31	定向	3.5		300	1,050.00	1,050.00	机构投资者	现金	补充流动资金	中信建投证券股份有限公司	2017-5-11

代码	名称	增发公告日	发行日期	发行方式	发行价格	增发日收盘价	增发数量（万股）	预计募集资金（万元）	实际募资总额（万元）	发行对象	认购方式	增发目的	主承销商	限售股解禁时间
838642.OC	牧天食品	2017-8-12	2017-3-31	定向	3.5		64	1,050.00	224	大股东,机构投资者	现金	项目融资	安信证券股份有限公司	2017-8-16
837736.OC	永乐文化	2017-5-5	2017-3-31	定向	29.63	16.4	675	20,000.25	20,000.25	机构投资者,境内自然人	现金	项目融资	兴业证券股份有限公司	2017-5-9
834162.OC	江平生物	2017-6-9	2017-3-31	定向	8	8	475	5,000.00	3,800.00	大股东,机构投资者	现金	补充流动资金	华福证券有限责任公司	2017-6-14
831302.OC	飞扬天下	2017-6-17	2017-3-31	定向	20	11.42	65	11,250.00	1,300.00	机构投资者,境内自然人	现金	补充流动资金	浙商证券股份有限公司	2017-6-22
832260.OC	瑞特科技	2017-5-19	2017-3-31	定向	1.45		154.993	224.74	224.74	大股东关联方,境内自然人	现金	补充流动资金	中国民族证券有限责任公司	2017-5-23
834845.OC	华腾教育	2017-7-6	2017-3-30	定向	11	13.36	312.8	3,520.00	3,440.80	机构投资者,境内自然人	现金	补充流动资金	万联证券股份有限公司	2017-7-11
837857.OC	鑫贞德	2017-7-27	2017-3-30	定向	5	13.8	339.4286	2,300.00	1,697.14	机构投资者	现金	项目融资	中原证券股份有限公司	2017-7-31
870863.OC	开普云	2017-5-4	2017-3-30	定向	18.75		337.92	6,336.00	6,336.00	机构投资者,境内自然人	现金	项目融资	天风证券股份有限公司	2017-5-9
836801.OC	睦合达	2017-5-11	2017-3-30	定向	201.92	395	5.2	1,049.98	1,049.98	大股东	现金	项目融资	安信证券股份有限公司	2017-5-15
837781.OC	重交再生	2017-7-14	2017-3-30	定向	6.78		317.5	3,200.00	2,152.65	机构投资者	现金	补充流动资金	东兴证券股份有限公司	2017-7-18
871042.OC	休恩科技	2017-4-21	2017-3-30	定向	2		500	1,000.00	1,000.00	大股东,机构投资者,境内自然人	现金	补充流动资金	国都证券股份有限公司	2017-4-25
870293.OC	雅美特	2017-10-14	2017-3-30	定向	3		90.8	272.4	272.4	境内自然人	现金	补充流动资金	申万宏源证券有限公司	
839013.OC	中研宏科	2017-7-14	2017-3-30	定向	27		44.4444	1,200.00	1,200.00	机构投资者	现金	项目融资	中银国际证券有限责任公司	2017-7-18
837132.OC	创业人	2017-6-15	2017-3-30	定向	10.3	1.35	208	2,142.40	2,142.40	机构投资者,境内自然人	现金	项目融资	中泰证券股份有限公司	2017-6-19
836916.OC	经佳文化	2017-5-16	2017-3-30	定向	3.08		324.6753	1,000.00	1,000.00	境内自然人	现金	补充流动资金	国金证券股份有限公司	2017-5-18
837717.OC	华安奥特	2017-5-20	2017-3-29	定向	5	2.45	134.4	672	672	境内自然人	现金	补充流动资金	平安证券股份有限公司	2017-5-24
833492.OC	奇石缘	2017-7-14	2017-3-29	定向	10	10	160	1,600.00	1,600.00	机构投资者,境内自然人	现金	补充流动资金	华龙证券股份有限公司	2017-7-18
430682.OC	中天羊业	2017-5-26	2017-3-29	定向	3.5	4.5	6,930.00	26,904.00	24,255.00	机构投资者,境内自然人	现金	项目融资	华龙证券股份有限公司	2017-6-1
836891.OC	盈迪信康	2017-6-21	2017-3-28	定向	12.26		163.1321	2,000.00	2,000.00	大股东,机构投资者	现金	项目融资	东吴证券股份有限公司	2017-6-23
836149.OC	旭杰科技	2017-5-16	2017-3-28	定向	5.2	5.95	180	1,160.00	936	境内自然人	现金	项目融资	东吴证券股份有限公司	2017-5-18
833659.OC	浩丰股份	2017-5-17	2017-3-28	定向	4.25	5.1	705	3,060.00	2,996.25	机构投资者,境内自然人	现金	补充流动资金	西南证券股份有限公司	2017-5-19
871177.OC	邦禾生态	2017-4-28	2017-3-28	定向	1.2		1,000.00	1,200.00	1,200.00	大股东,机构投资者,境内自然人	现金	补充流动资金	开源证券股份有限公司	2017-5-9
832533.OC	利美康	2017-7-21	2017-3-28	定向	5	5.18	1,382.00	10,000.00	6,910.00	机构投资者,境内自然人	现金	补充流动资金	海通证券股份有限公司	
834151.OC	恒基股份	2017-5-20	2017-3-28	定向	1.5		300	450	450	大股东关联方,境内自然人	现金	补充流动资金	中泰证券股份有限公司	
835865.OC	蓝网科技	2017-5-6	2017-3-27	定向	5		500	2,500.00	2,500.00	大股东,境内自然人	现金	补充流动资金	华创证券有限责任公司	2017-5-10
832230.OC	新伟科技	2017-7-4	2017-3-27	定向	12	14.8	499.75	6,000.00	5,997.00	大股东关联方,境内自然人	现金	项目融资	国都证券股份有限公司	2017-7-6
870938.OC	龙腾设计	2017-5-9	2017-3-27	定向	7		200	1,400.00	1,400.00	境内自然人	现金	补充流动资金	国联证券股份有限公司	2020-5-11
839288.OC	荣鑫科技	2017-5-5	2017-3-27	定向	13.75		200	3,000.00	2,750.00	机构投资者	现金	项目融资	海通证券股份有限公司	2017-5-9
870128.OC	腾飞股份	2017-6-3	2017-3-27	定向	3.5		286	1,001.00	1,001.00	机构投资者	现金	项目融资	西南证券股份有限公司	2017-6-8
839977.OC	新景祥	2017-5-9	2017-3-26	定向	15		70	1,050.00	1,050.00	机构投资者	现金	补充流动资金	华泰联合证券有限责任公司	2017-5-11
833816.OC	志成股份	2017-7-11	2017-3-25	定向	4		100	400	400	大股东,大股东关联方,境内自然人	现金	项目融资	国元证券股份有限公司	2020-7-13
832498.OC	明源软件	2017-6-23	2017-3-25	定向	6.35	5.25	355	2,254.25	2,254.25	机构投资者	现金	补充流动资金	中国国际金融股份有限公司	2017-6-27
839429.OC	京都时尚	2017-7-8	2017-3-25	定向	2.5		72	180	180	大股东,境内自然人	现金	补充流动资金	恒泰证券股份有限公司	2020-7-13
835622.OC	欢乐动漫	2018-3-27	2017-3-24	定向	4.4	5	156	686.4	686.4	境内自然人	现金	股权激励	南京证券股份有限公司	2022-7-4
839603.OC	乐米科技	2017-5-10	2017-3-24	定向	12		333.3333	4,000.00	4,000.00	机构投资者	现金	补充流动资金	东吴证券股份有限公司	2017-5-12
831315.OC	安畅网络	2017-6-20	2017-3-24	定向	8.26	1.8	363.3794	3,302.40	3,000.00	机构投资者,境内自然人	现金	项目融资	国信证券股份有限公司	2017-6-22
870984.OC	新荣昌	2017-5-9	2017-3-24	定向	2		1,000.00	2,000.00	2,000.00	境内自然人	现金	项目融资	广发证券股份有限公司	2017-5-11
430318.OC	四维传媒	2017-5-26	2017-3-24	定向	4.6	4.28	2,000.00	13,000.00	9,200.00	机构投资者	现金	项目融资	中泰证券股份有限公司	2017-6-1
430505.OC	上陵牧业	2017-7-4	2017-3-24	定向	4	5.87	10,000.00	40,000.00	40,000.00	大股东关联方,机构投资者,境内自然人	现金	补充流动资金	南京证券股份有限公司	2017-7-6
839358.OC	智者品牌	2017-9-27	2017-3-24	定向	58		55	3,190.00	3,190.00	大股东	现金	补充流动资金	东北证券股份有限公司	2017-9-29
839206.OC	睿路传播	2017-6-28	2017-3-24	定向	6.58		153	1,763.44	1,006.74	大股东,境内自然人	现金	补充流动资金	国海证券股份有限公司	2017-6-30

代码	名称	增发公告日	发行日期	发行方式	发行价格	增发日收盘价	增发数量（万股）	预计募集资金（万元）	实际募资总额（万元）	发行对象	认购方式	增发目的	主承销商	限售股解禁时间
839202.OC	骏途网	2017-5-4	2017-3-24	定向	12.7		300	3,810.00	3,810.00	大股东,境内自然人	现金	项目融资	海通证券股份有限公司	2017-5-9
870409.OC	诚安达	2017-4-29	2017-3-24	定向	5		259	1,300.00	1,295.00	大股东,境内自然人	现金	项目融资	财达证券股份有限公司	2017-5-9
870998.OC	朗绿科技	2017-6-28	2017-3-24	定向	1.5		700	1,050.00	1,050.00	大股东,境内自然人	现金	补充流动资金	东北证券股份有限公司	2017-7-3
836502.OC	美电贝尔	2017-6-14	2017-3-24	定向	4.57	4.57	350.3333	1,599.97	1,599.97	大股东	现金	补充流动资金	广发证券股份有限公司	2017-6-16
839643.OC	仪美医科	2017-6-23	2017-3-24	定向	3.67		299.7275	1,100.00	1,100.00	机构投资者	现金	项目融资	安信证券股份有限公司	2017-6-28
836433.OC	大唐药业	2017-5-9	2017-3-24	定向	6		175	1,050.00	1,050.00	大股东,机构投资者,境内自然人	现金	补充流动资金	兴业证券股份有限公司	2017-5-11
838241.OC	开信精工	2017-5-6	2017-3-23	定向	6		168	1,680.00	1,008.00	机构投资者	现金	项目融资	中泰证券股份有限公司	2017-5-11
870239.OC	巨龙股份	2017-5-19	2017-3-23	定向	3		500	1,500.00	1,500.00	机构投资者	现金	补充流动资金	安信证券股份有限公司	2017-5-24
837232.OC	恒展远东	2017-5-10	2017-3-23	定向	1.06		700	742	742	大股东	现金	补充流动资金	东北证券股份有限公司	2017-5-12
832205.OC	金宇制药	2017-5-11	2017-3-23	定向	5	8.98	1,500.00	7,500.00	7,500.00	大股东,大股东关联方,机构投资者,境内自然人	现金	项目融资	第一创业证券股份有限公司	2017-5-16
870447.OC	柯菲平	2017-4-27	2017-3-23	定向	13.5		100	1,350.00	1,350.00	机构投资者	现金	补充流动资金	国金证券股份有限公司	2017-5-2
430046.OC	圣博润	2017-6-22	2017-3-23	定向	4	3.98	795	3,300.00	3,180.00	机构投资者,境内自然人	现金	补充流动资金	西部证券股份有限公司	2017-6-27
837138.OC	恒谦教育	2017-5-3	2017-3-23	定向	8	10	187.5	4,000.00	1,500.00	机构投资者	现金	项目融资	招商证券股份有限公司	2017-5-8
870229.OC	特通电气	2017-5-5	2017-3-23	定向	8.5		133.6	1,135.60	1,135.60	大股东,机构投资者,境内自然人	现金	项目融资	金元证券股份有限公司	2017-5-9
430147.OC	中矿龙科	2017-7-8	2017-3-22	定向	4	3.6	1,348.30	6,000.00	5,393.20	大股东,大股东关联方,机构投资者,境内自然人	现金	项目融资	申万宏源证券有限公司	2017-7-13
836920.OC	梵卡莎	2017-6-30	2017-3-22	定向	3.3	5.88	120	1,650.00	396	大股东关联方	现金	补充流动资金	国海证券股份有限公司	2017-7-4
833944.OC	现代环科	2017-4-26	2017-3-22	定向	1.17		1,000.00	1,170.00	1,170.00	大股东	现金	项目融资	方正证券股份有限公司	2017-4-28
832093.OC	科伦股份	2017-6-2	2017-3-22	定向	2.2	19.96	283	737	622.6	境内自然人	现金	补充流动资金	财达证券股份有限公司	2019-6-6
430065.OC	中海阳	2017-4-26	2017-3-22	定向	5.5	6.16	1,600.00	41,250.00	8,800.00	机构投资者,境内自然人	现金	项目融资	华泰联合证券有限责任公司	2017-4-28
837281.OC	诺维北斗	2017-9-5	2017-3-22	定向	1.5		50	75	75	大股东,境内自然人	现金	股权激励	国海证券股份有限公司	
836645.OC	三瑞农科	2017-4-29	2017-3-22	定向	10.3	32	100	1,030.00	1,030.00	机构投资者	现金	项目融资	新时代证券股份有限公司	2017-5-9
831491.OC	佳音王	2017-8-16	2017-3-22	定向	3.9	10.2	223.2	967.2	870.48	境内自然人	现金	股权激励	中国中投证券有限责任公司	2017-8-18
837673.OC	莱泰园林	2017-5-5	2017-3-22	定向	4	3.6	250	1,000.00	1,000.00	大股东,境内自然人	现金	补充流动资金	中信建投证券股份有限公司	2017-5-9
836122.OC	南深股份	2017-5-10	2017-3-21	定向	5.38		194.8	1,560.00	1,048.02	大股东,大股东关联方,境内自然人	现金	项目融资	安信证券股份有限公司	2017-5-12
833764.OC	斯达电气	2017-3-21	2017-3-21	定向	3.53	1.18	135	476.55	476.55	境内自然人	资产	融资收购其他资产		2017-3-23
839252.OC	美光原	2017-5-10	2017-3-21	定向	4		612.5	2,450.00	2,450.00	大股东,境内自然人	现金	补充流动资金	东莞证券股份有限公司	2019-5-13
832123.OC	环球石材	2017-6-13	2017-3-21	定向	4.2	4.47	3,256.76	13,679.40	13,678.40	机构投资者	现金	项目融资	安信证券股份有限公司	2017-6-16
430268.OC	恒信启华	2017-6-7	2017-3-21	定向	1.6	1.46	500	800	800	大股东,机构投资者,境内自然人	现金	项目融资	首创证券有限责任公司	2017-6-9
837092.OC	金佳园	2017-6-7	2017-3-21	定向	8		150	1,200.00	1,200.00	大股东,机构投资者	现金	项目融资	国信证券股份有限公司	2017-6-9
835753.OC	裕久装备	2017-6-13	2017-3-20	定向	12	13.49	74	2,280.00	888	机构投资者,境内自然人	现金	补充流动资金	华泰联合证券有限责任公司	2017-6-16
832966.OC	道尔智控	2017-5-9	2017-3-20	定向	6.84	2	147	1,005.48	1,005.48	机构投资者	现金	补充流动资金	信达证券股份有限公司	2017-5-11
870997.OC	爱德利	2017-4-27	2017-3-20	定向	3		336	1,008.00	1,008.00	大股东,大股东关联方,境内自然人	现金	补充流动资金	方正证券股份有限公司	2017-5-2
870844.OC	金浔股份	2017-4-22	2017-3-20	定向	1.2		850	1,020.00	1,020.00	大股东	现金	补充流动资金	申万宏源证券有限公司	2017-4-26
837666.OC	世纪优优	2017-6-7	2017-3-20	定向	50.38	44	59.55	3,022.80	3,000.13	机构投资者	现金	项目融资	东北证券股份有限公司	2017-6-9
833585.OC	千叶珠宝	2017-5-4	2017-3-20	定向	20	19.98	645	20,000.00	12,900.00	机构投资者	现金	补充流动资金	东北证券股份有限公司	2017-5-8
837467.OC	蓝标电商	2017-5-12	2017-3-20	定向	6.5		153.8462	1,200.00	1,000.00	机构投资者	现金	项目融资	安信证券股份有限公司	2017-5-16
870399.OC	通达电气	2017-5-13	2017-3-20	定向	5	15	89.2	446	446	大股东关联方,境内自然人	现金	股权激励	中信证券股份有限公司	2020-5-18

代码	名称	增发公告日	发行日期	发行方式	发行价格	增发日收盘价	增发数量（万股）	预计募集资金（万元）	实际募资总额（万元）	发行对象	认购方式	增发目的	主承销商	限售股解禁时间
839123.OC	嘉利通	2017-5-13	2017-3-20	定向	11		111	1,221.00	1,221.00	机构投资者,境内自然人	现金	补充流动资金	安信证券股份有限公司	2017-5-17
832038.OC	宁夏新龙	2017-5-4	2017-3-20	定向	9	10.17	120	1,800.00	1,080.00	大股东	现金	补充流动资金	首创证券有限责任公司	2017-5-8
836665.OC	胜利监理	2017-4-7	2017-3-20	定向	2.25		1,761.79	3,964.03	3,964.03	大股东,境内自然人	现金,资产	融资收购其他资产	中山证券有限责任公司	2017-4-12
831049.OC	赛莱拉	2017-6-1	2017-3-19	定向	7.2	8.38	463	5,760.00	3,333.60	机构投资者,境内自然人	现金	项目融资	广发证券股份有限公司	
839905.OC	信昇达	2017-7-12	2017-3-18	定向	1.67		450	751.5	751.5	境内自然人	现金	补充流动资金	兴业证券股份有限公司	
832501.OC	中星科技	2017-5-23	2017-3-17	定向	2	1.3	1,005.00	2,010.00	2,010.00	机构投资者,境内自然人	现金	项目融资	东莞证券股份有限公司	2017-5-25
835850.OC	凯欣股份	2017-4-27	2017-3-17	定向	4		500	3,200.00	2,000.00	机构投资者	现金	补充流动资金	大通证券股份有限公司	2017-5-2
838650.OC	本贸科技	2017-5-25	2017-3-17	定向	6.37		278	1,770.86	1,770.86	大股东,机构投资者	现金	补充流动资金	华融证券股份有限公司	2017-6-2
838641.OC	合佳医药	2017-5-5	2017-3-17	定向	4.5		1,500.00	6,750.00	6,750.00	大股东,机构投资者	现金	项目融资	中信建投证券股份有限公司	2017-5-9
833447.OC	凯力船艇	2017-7-7	2017-3-17	定向	1.5		384	576	576	大股东关联方,境内自然人	现金	项目融资	东莞证券股份有限公司	2020-7-13
838506.OC	报阅传媒	2017-4-27	2017-3-17	定向	8.5	7.8	129.4117	4,250.00	1,100.00	机构投资者	现金	补充流动资金	西南证券股份有限公司	2017-4-27
834179.OC	赛科星	2017-6-24	2017-3-17	定向	7.6	7.6	7,810.00	59,356.00	59,356.00	机构投资者	资产	融资收购其他资产		2017-6-28
835879.OC	派尔特	2017-6-29	2017-3-17	定向	20.84	20.84	240	15,004.80	5,001.60	机构投资者	现金	项目融资	申万宏源证券有限公司	2017-7-3
834803.OC	鑫昌龙	2017-6-27	2017-3-17	定向	7.5	12.88	160	1,200.00	1,200.00	大股东,境内自然人	现金	补充流动资金	广州证券股份有限公司	2019-7-3
836896.OC	桃花源	2017-6-21	2017-3-17	定向	3	5.7	523	2,400.00	1,569.00	机构投资者,境内自然人	现金	补充流动资金	国元证券股份有限公司	
837359.OC	泓博医药	2017-7-13	2017-3-17	定向	9		555.3333	4,998.00	4,998.00	机构投资者	现金	补充流动资金	申万宏源证券有限公司	2017-7-18
430569.OC	安尔发	2017-6-20	2017-3-17	定向	18	33.25	188	4,986.00	3,384.00	机构投资者,境内自然人	现金	项目融资	东莞证券股份有限公司	2020-6-22
837276.OC	明瑞智能	2017-7-1	2017-3-17	定向	11.5		243.47	2,799.91	2,799.91	机构投资者	现金	补充流动资金	方正证券股份有限公司	2017-7-5
835324.OC	浙东铝业	2017-4-27	2017-3-17	定向	4.3		245	1,053.50	1,053.50	大股东	现金	项目融资	东吴证券股份有限公司	2017-5-2
870049.OC	华翔控股	2017-5-9	2017-3-17	定向	8		140	1,520.00	1,120.00	大股东,机构投资者,境内自然人	现金	补充流动资金	国联证券股份有限公司	2017-5-11
833349.OC	鼎隆智装	2017-5-10	2017-3-17	定向	3.5	6	450	1,575.00	1,575.00	大股东,境内自然人	现金	项目融资	山西证券股份有限公司	2017-5-12
833577.OC	欧林生物	2017-5-9	2017-3-17	定向	6	16.08	1,000.00	6,000.00	6,000.00	大股东,机构投资者	现金	补充流动资金	英大证券有限责任公司	2017-5-11
870035.OC	松博宇	2017-5-6	2017-3-17	定向	4		270	1,080.00	1,080.00	大股东关联方,境内自然人	现金	补充流动资金	安信证券股份有限公司	2019-5-10
836041.OC	ST善务	2017-6-9	2017-3-17	定向	1		200	200	200	大股东	现金	补充流动资金	五矿证券有限公司	2017-6-13
832710.OC	志能祥赢	2017-6-2	2017-3-17	定向	5.65	5.37	2,389.39	41,400.00	13,500.05	机构投资者,境内自然人	现金	项目融资	民生证券股份有限公司	
837938.OC	贝斯美	2017-4-22	2017-3-16	定向	18.24	12.16	1,189.78	22,200.00	21,701.55	机构投资者,境内自然人	现金	项目融资	国联证券股份有限公司	2017-4-26
839146.OC	盈博莱	2017-5-16	2017-3-16	定向	3		620	1,890.00	1,860.00	境内自然人	现金	项目融资	兴业证券股份有限公司	2017-5-19
839974.OC	达能股份	2017-6-21	2017-3-16	定向	1.99		400	796	796	大股东,境内自然人	现金	项目融资	华西证券股份有限公司	
832727.OC	景心科技	2017-5-5	2017-3-16	定向	15.33	21	182.67	2,800.33	2,800.33	机构投资者,境内自然人	现金	补充流动资金	中信证券股份有限公司	
836815.OC	铼钠克	2017-7-18	2017-3-16	定向	4.08		3.9408	16.08	16.08	境内自然人	现金	补充流动资金	海通证券股份有限公司	2017-7-21
838420.OC	好与佳	2017-4-29	2017-3-16	定向	2.5		400	1,000.00	1,000.00	大股东,机构投资者	现金	补充流动资金	联讯证券股份有限公司	2017-5-9
834637.OC	禾益股份	2017-5-9	2017-3-16	定向	3.3	3.3	3,500.00	11,550.00	11,550.00	大股东,大股东关联方,机构投资者,境内自然人	现金	补充流动资金	西南证券股份有限公司	2017-5-11
836024.OC	华源节水	2017-12-28	2017-3-15	定向	7.8		466	3,634.80	3,634.80	机构投资者,境内自然人	现金	项目融资	首创证券有限责任公司	2018-1-3
830767.OC	网虫股份	2017-8-15	2017-3-15	定向	3.4	7.43	200	4,080.00	680	机构投资者,境内自然人	现金	项目融资	国泰君安证券股份有限公司	
839211.OC	海高通信	2017-4-19	2017-3-15	定向	4.63	3.02	250	1,157.50	1,157.50	大股东,境内自然人	现金	补充流动资金	中国中投证券有限责任公司	2017-4-21
839816.OC	永成医美	2017-5-9	2017-3-15	定向	7.7		130	1,100.00	1,001.00	机构投资者,境内自然人	现金	项目融资	华龙证券股份有限公司	2017-5-11
832597.OC	中移能	2017-4-27	2017-3-15	定向	4	7	250	1,000.00	1,000.00	机构投资者	现金	项目融资	中泰证券股份有限公司	2017-5-2
833478.OC	侨益股份	2017-4-26	2017-3-15	定向	2	2	315	630	630	境内自然人	现金	补充流动资金	平安证券股份有限公司	
870262.OC	雄峰股份	2017-5-17	2017-3-15	定向	2		1,000.00	2,000.00	2,000.00	大股东,境内自然人	现金	项目融资	山西证券股份有限公司	
430581.OC	八亿时空	2017-5-13	2017-3-15	定向	12.86	8	544.32	7,000.00	6,999.96	机构投资者	现金	项目融资	国信证券股份有限公司	2017-5-18
835195.OC	金正动画	2017-5-23	2017-3-15	定向	1.6		565	960	904	大股东,境内自然人	现金	项目融资	中泰证券股份有限公司	2017-5-25

代码	名称	增发公告日	发行日期	发行方式	发行价格	增发日收盘价	增发数量（万股）	预计募集资金（万元）	实际募资总额（万元）	发行对象	认购方式	增发目的	主承销商	限售股解禁时间
870321.OC	旷远能源	2017-4-19	2017-3-15	定向	5.5	6.5	500	2,750.00	2,750.00	机构投资者,境内自然人	现金	项目融资	中信证券股份有限公司	2017-4-21
836640.OC	华邦封条	2017-9-26	2017-3-15	定向	1.2		898	1,350.00	1,077.60	大股东,境内自然人	现金	补充流动资金	国泰君安证券股份有限公司	2017-9-28
839556.OC	思泉新材	2017-5-11	2017-3-15	定向	6.8		70	653.14	476	境内自然人	现金	补充流动资金	西南证券股份有限公司	2017-5-15
837500.OC	方全影视	2017-4-18	2017-3-15	定向	31.44		31.8068	1,006.08	1,000.01	境内自然人	现金	补充流动资金	东北证券股份有限公司	2017-4-20
833532.OC	福慧达	2017-5-23	2017-3-15	定向	19.38	14.58	660	12,790.80	12,790.80	机构投资者,境内自然人	现金	补充流动资金	申万宏源证券有限公司	2017-5-25
833973.OC	来也股份	2017-8-11	2017-3-15	定向	30.2		132.4503	4,000.00	4,000.00	机构投资者	现金	项目融资	申万宏源证券有限公司	2019-8-15
835019.OC	神尔科技	2017-6-30	2017-3-15	定向	6.5	11.5	82	533	533	境内自然人	现金	项目融资	国信证券股份有限公司	2017-7-4
870992.OC	中百信	2017-4-22	2017-3-15	定向	3.2		312.5	1,000.00	1,000.00	大股东	现金	项目融资	中泰证券股份有限公司	2017-4-26
835265.OC	同禹药包	2017-6-29	2017-3-15	定向	43	50	467.0096	43,000.00	20,081.41	机构投资者,境内自然人	现金	补充流动资金	太平洋证券股份有限公司	2017-7-3
833897.OC	心动网络	2017-5-25	2017-3-15	定向	13.8	13.5	1,450.00	20,010.00	20,010.00	机构投资者	现金	引入战略投资者	广发证券股份有限公司	2017-6-1
833885.OC	蝶讯网	2017-6-6	2017-3-15	定向	4	28	29.6	118.4	118.4	境内自然人	现金	股权激励	东吴证券股份有限公司	2020-6-8
831013.OC	兴艺景	2017-5-12	2017-3-15	定向	3		500	1,500.00	1,500.00	大股东	现金	补充流动资金	湘财证券股份有限公司	2017-5-16
835721.OC	豪恩智联	2017-5-6	2017-3-14	定向	40	51	15.6	624	624	大股东,机构投资者	现金	补充流动资金	平安证券股份有限公司	2017-5-11
837747.OC	长江文化	2017-6-22	2017-3-14	定向	27.97	31.49	1,430.00	40,000.00	39,997.10	机构投资者,境内自然人	现金	项目融资	金元证券股份有限公司	2017-6-26
870510.OC	东吾洋	2017-4-20	2017-3-14	定向	48		24	1,440.00	1,152.00	机构投资者	现金	补充流动资金	中信建投证券股份有限公司	2017-4-24
835639.OC	砺德光电	2017-5-24	2017-3-14	定向	1.39		719.4245	1,000.00	1,000.00	大股东	现金	补充流动资金	东兴证券股份有限公司	2017-5-26
838545.OC	佳美股份	2017-4-21	2017-3-13	定向	11.63		258	3,000.54	3,000.54	机构投资者	现金	补充流动资金	中山证券有限责任公司	2017-4-25
833574.OC	爱知之星	2017-4-29	2017-3-13	定向	6	3	133.423	800.54	800.54	境内自然人	现金	补充流动资金	西部证券股份有限公司	2017-5-9
836540.OC	法兰智联	2017-5-12	2017-3-13	定向	6.5		76.923	500	500	机构投资者	现金	补充流动资金	方正证券股份有限公司	2017-5-16
839247.OC	芳源环保	2017-6-15	2017-3-13	定向	15	28.88	600	9,000.00	9,000.00	机构投资者,境内自然人	现金	补充流动资金	华创证券有限责任公司	2017-6-19
870490.OC	星亚股份	2017-4-19	2017-3-12	定向	14.37		69.5895	1,000.00	1,000.00	大股东	现金	补充流动资金	开源证券股份有限公司	2017-4-21
834277.OC	天风期货	2017-5-25	2017-3-12	定向	2.4		6,000.00	14,400.00	14,400.00	大股东关联方,机构投资者,境内自然人	现金	项目融资	光大证券股份有限公司	2017-6-1
837509.OC	佩升前研	2017-9-20	2017-3-11	定向	1.5		136.3	204.45	204.45	境内自然人	现金	项目融资	安信证券股份有限公司	2019-9-23
834414.OC	源耀生物	2017-5-18	2017-3-10	定向	10	13.19	700	9,000.00	7,000.00	机构投资者,境内自然人	现金	补充流动资金	东方花旗证券有限公司	2017-5-19
839639.OC	鼎阳智电	2017-5-4	2017-3-10	定向	6.8		150	1,020.00	1,020.00	大股东	现金	补充流动资金	联讯证券股份有限公司	
430274.OC	重钢机械	2017-5-12	2017-3-10	定向	4	4.25	405	3,600.00	1,620.00	机构投资者,境内自然人	现金	项目融资	申万宏源证券有限公司	2017-5-16
834440.OC	怡丽科姆	2017-5-9	2017-3-10	定向	3		168	672	504	大股东关联方,机构投资者	现金	项目融资	财通证券股份有限公司	2017-5-11
839373.OC	润华保险	2017-4-14	2017-3-10	定向	5.9		190	1,121.00	1,121.00	大股东	现金	补充流动资金	国联证券股份有限公司	2017-4-18
833623.OC	胜高股份	2017-5-9	2017-3-10	定向	12	11.88	334.1666	12,000.00	4,010.00	机构投资者,境内自然人	现金	项目融资	新时代证券股份有限公司	
839798.OC	安居应急	2017-4-25	2017-3-10	定向	3		400	1,200.00	1,200.00	大股东,境内自然人	现金	项目融资	东吴证券股份有限公司	2017-4-27
870225.OC	华聪股份	2017-5-9	2017-3-10	定向	6		279.01	1,800.00	1,674.06	机构投资者,境内自然人	现金	补充流动资金	浙商证券股份有限公司	2017-5-11
831059.OC	霍斯通	2017-6-21	2017-3-10	定向	1.65		124	204.6	204.6	境内自然人	现金	股权激励	广发证券股份有限公司	2017-6-23
838585.OC	智能科技	2017-7-5	2017-3-10	定向	17		12.5	1,240.00	212.5	大股东	现金	项目融资	国信证券股份有限公司	2017-7-7
870702.OC	点触科技	2017-5-11	2017-3-10	定向	26.6	58.16	37.59	999.89	999.89	机构投资者,境内自然人	现金	项目融资	首创证券有限责任公司	2017-5-15
837626.OC	华博军卫	2017-4-7	2017-3-10	定向	8	8	125	2,000.00	1,000.00	机构投资者	现金	补充流动资金	新时代证券股份有限公司	2017-4-12
836237.OC	长虹民生	2017-5-5	2017-3-10	定向	5.5		430	2,365.00	2,365.00	机构投资者	现金	项目融资	申万宏源证券有限公司	2017-5-9
839135.OC	南帆科技	2017-5-13	2017-3-10	定向	4		397.5	1,760.00	1,590.00	机构投资者,境内自然人	现金	项目融资	东兴证券股份有限公司	2017-5-18
837063.OC	汇通科技	2017-4-25	2017-3-10	定向	10		150	2,000.00	1,500.00	境内自然人	现金	补充流动资金	金元证券股份有限公司	2017-4-27
836694.OC	家电网	2017-4-26	2017-3-10	定向	5	14.8	890.2	5,000.00	4,451.00	大股东,机构投资者,境内自然人	现金	补充流动资金	财通证券股份有限公司	2017-4-28
832621.OC	三维钢构	2017-5-4	2017-3-10	定向	2.07		800	1,656.00	1,656.00	机构投资者,境内自然人	现金	补充流动资金	中泰证券股份有限公司	2017-5-9
836724.OC	欧晶科技	2017-4-27	2017-3-9	定向	6.79		441.8262	3,000.00	3,000.00	机构投资者	现金	项目融资	申万宏源证券有限公司	2017-5-2
838526.OC	鑫英泰	2017-4-26	2017-3-9	定向	3		500	1,500.00	1,500.00	境内自然人	现金	补充流动资金	长江证券股份有限公司	2017-4-28

代码	名称	增发公告日	发行日期	发行方式	发行价格	增发日收盘价	增发数量（万股）	预计募集资金（万元）	实际募资总额（万元）	发行对象	认购方式	增发目的	主承销商	限售股解禁时间
839789.OC	顶硕药业	2017-5-18	2017-3-9	定向	3.83		913.0435	3,500.00	3,500.00	机构投资者，境内自然人	现金	项目融资	新时代证券股份有限公司	
839655.OC	威星电子	2017-4-11	2017-3-9	定向	5.2	12.2	193	1,003.60	1,003.60	机构投资者	现金	补充流动资金	财通证券股份有限公司	2017-4-13
835946.OC	英虎网络	2017-5-19	2017-3-9	定向	1		1,093.82	1,093.82	1,093.82	大股东关联方	现金	项目融资	中信证券股份有限公司	2017-5-23
839459.OC	新一站	2017-4-18	2017-3-9	定向	5		260	1,500.00	1,300.00	境内自然人	现金	项目融资	中信建投证券股份有限公司	2017-4-20
837004.OC	舜禹水务	2017-4-25	2017-3-9	定向	5		760	4,000.00	3,800.00	机构投资者，境内自然人	现金	项目融资	安信证券股份有限公司	2017-4-27
838600.OC	佰美基因	2017-5-20	2017-3-9	定向	1		2,220.00	2,220.00	2,220.00	大股东	现金	项目融资	海通证券股份有限公司	2017-5-26
837557.OC	京德嘉润	2017-5-16	2017-3-9	定向	5		200	1,000.00	1,000.00	大股东，境内自然人	现金	项目融资	国融证券股份有限公司	2017-5-19
833654.OC	能拓股份	2017-8-9	2017-3-9	定向	5.5		200	2,200.00	1,100.00	机构投资者	现金	补充流动资金	华泰联合证券有限责任公司	
833255.OC	西部股份	2017-5-4	2017-3-8	定向	5	5	400	2,500.00	2,000.00	境内自然人	现金	补充流动资金	招商证券股份有限公司	2017-5-8
870104.OC	飞拓无限	2017-5-5	2017-3-8	定向	14.56		68.6695	1,000.00	1,000.00	机构投资者	现金	项目融资	东北证券股份有限公司	2017-5-9
839274.OC	雄通股份	2017-4-25	2017-3-8	定向	6.25		160	1,000.00	1,000.00	大股东	现金	补充流动资金	东莞证券股份有限公司	2017-4-27
835980.OC	佳田影像	2017-7-18	2017-3-8	定向	5		120.9	604.5	604.5	境内自然人	现金	补充流动资金	国联证券股份有限公司	2017-7-21
838974.OC	际动网络	2017-5-12	2017-3-8	定向	1.2	13.6	1,000.00	1,200.00	1,200.00	境内自然人	现金	项目融资	开源证券股份有限公司	2017-5-16
835914.OC	伊秀股份	2017-5-4	2017-3-8	定向	8		50	400	400	机构投资者	现金	项目融资	兴业证券股份有限公司	2017-5-9
839803.OC	通用电梯	2017-4-19	2017-3-8	定向	3.2		699	2,240.00	2,236.80	机构投资者	现金	补充流动资金	华泰联合证券有限责任公司	2020-4-21
837108.OC	学海文化	2017-6-9	2017-3-8	定向	6.26	5	200	1,252.00	1,252.00	机构投资者，境内自然人	现金	项目融资	中信建投证券股份有限公司	2017-6-13
835002.OC	维冠视界	2017-5-18	2017-3-8	定向	8		130	1,200.00	1,040.00	大股东，境内自然人	现金	补充流动资金	东北证券股份有限公司	2019-5-22
832950.OC	益盟股份	2017-4-22	2017-3-8	定向	5.75	14.86	550	3,162.50	3,162.50	机构投资者	现金	项目融资	东兴证券股份有限公司	2017-4-26
838468.OC	光华教育	2017-5-5	2017-3-8	定向	10		150	6,600.00	1,500.00	机构投资者	现金	补充流动资金	中泰证券股份有限公司	2017-5-9
833528.OC	宁波中药	2017-5-9	2017-3-8	定向	7	10.2	71.5	1,125.00	500.5	境内自然人	现金	补充流动资金	国泰君安证券股份有限公司	2017-5-11
838688.OC	煜乾装备	2017-5-11	2017-3-7	定向	2.1		480	1,008.00	1,008.00	大股东，大股东关联方，境内自然人	现金	补充流动资金	招商证券股份有限公司	2017-5-16
837226.OC	联创草坪	2017-4-13	2017-3-7	定向	8		187.5	1,500.00	1,500.00	机构投资者	现金	项目融资	中泰证券股份有限公司	2017-4-18
832553.OC	新财智	2017-5-12	2017-3-7	定向	1.25		220	275	275	大股东	现金	项目融资	国金证券股份有限公司	2017-5-16
839188.OC	瑞岚卓越	2017-8-23	2017-3-7	定向	5		200	1,000.00	1,000.00	机构投资者	现金	补充流动资金	安信证券股份有限公司	2017-8-28
837610.OC	义博通信	2017-4-22	2017-3-7	定向	5		206.4	1,032.00	1,032.00	大股东	现金	补充流动资金	信达证券股份有限公司	2017-4-26
835348.OC	明朝万达	2017-5-11	2017-3-7	定向	7.5	7.95	993	20,250.00	7,447.50	机构投资者，境内自然人	现金	补充流动资金	中信建投证券股份有限公司	2017-5-15
839864.OC	分给网络	2017-5-24	2017-3-6	定向	22.38		45.7462	1,029.48	1,023.80	大股东，境内自然人	现金	项目融资	东莞证券股份有限公司	2017-5-26
836379.OC	星光珠宝	2017-4-13	2017-3-6	定向	5.8	16	3,100.00	17,980.00	17,980.00	机构投资者，境内自然人	现金	补充流动资金	中泰证券股份有限公司	2017-4-17
839484.OC	联合同创	2017-4-6	2017-3-6	定向	11		100	1,200.00	1,100.00	机构投资者	现金	补充流动资金	华创证券有限责任公司	2017-4-10
835045.OC	智子科技	2017-7-28	2017-3-6	定向	11.2		131.45	1,472.24	1,472.24	机构投资者，境内自然人	现金	补充流动资金	德邦证券股份有限公司	2017-8-2
839355.OC	为正生物	2017-6-17	2017-3-6	定向	6.63		69.9	463.44	463.44	境内自然人	现金	项目融资	兴业证券股份有限公司	2017-6-21
838349.OC	乐舱网	2017-4-29	2017-3-6	定向	4	5.75	641.2	3,000.00	2,564.80	机构投资者，境内自然人	现金	项目融资	中信建投证券股份有限公司	2017-5-9
839994.OC	中德诺浩	2017-5-12	2017-3-6	定向	17.86		84	1,517.85	1,500.00	机构投资者，境内自然人	现金	项目融资	中国民族证券有限责任公司	2017-5-16
838142.OC	鸿英股份	2017-4-26	2017-3-6	定向	4		250	1,000.00	1,000.00	大股东	现金	补充流动资金	东方花旗证券有限公司	2017-4-28
838858.OC	伊斯佳	2017-5-5	2017-3-6	定向	21.8		45.8716	1,024.60	1,000.00	大股东，机构投资者	现金	项目融资	东莞证券股份有限公司	2017-5-9
836583.OC	海润影业	2017-4-11	2017-3-6	定向	10		100	1,000.00	1,000.00	机构投资者	现金	项目融资	安信证券股份有限公司	2017-4-14
839524.OC	航威物流	2017-5-6	2017-3-5	定向	1.1		1,950.00	2,167.00	2,145.00	大股东，境内自然人	现金	补充流动资金	东莞证券股份有限公司	2017-5-12
839242.OC	大业创智	2017-4-25	2017-3-3	定向	15		68	1,020.00	1,020.00	大股东	现金	补充流动资金	信达证券股份有限公司	2017-4-27
870231.OC	源悦汽车	2017-5-23	2017-3-3	定向	1.25		800	1,000.00	1,000.00	大股东	现金	补充流动资金	东兴证券股份有限公司	2017-5-26
831675.OC	一拓通信	2017-4-8	2017-3-3	定向	7	5	100	800	700	境内自然人	现金	补充流动资金	安信证券股份有限公司	2017-4-12
831366.OC	ST国龙	2017-5-23	2017-3-3	定向	7	5.26	11	77	77	大股东	资产	实际控制人资产注入		
832673.OC	中香农科	2017-6-6	2017-3-3	定向	3	6.28	374	1,200.00	1,122.00	大股东，机构投资者，境内自然人	现金	项目融资	华泰证券股份有限公司	2017-6-8

代码	名称	增发公告日	发行日期	发行方式	发行价格	增发日收盘价	增发数量（万股）	预计募集资金（万元）	实际募资总额（万元）	发行对象	认购方式	增发目的	主承销商	限售股解禁时间
838021.OC	捷众股份	2017-6-17	2017-3-3	定向	2		100	200	200	境内自然人	现金	项目融资	上海证券有限责任公司	2017-6-21
839719.OC	宁新新材	2017-5-5	2017-3-3	定向	4	9	600	2,700.00	2,400.00	大股东,大股东关联方,机构投资者,境内自然人	现金	项目融资	新时代证券股份有限公司	2017-5-9
839275.OC	众信科技	2017-4-11	2017-3-3	定向	3		380	1,500.00	1,140.00	大股东,境内自然人	现金	补充流动资金	中泰证券股份有限公司	2017-4-13
835621.OC	丰源环保	2017-5-10	2017-3-2	定向	4	4	436	1,744.00	1,744.00	大股东关联方,境内自然人	现金	项目融资	广发证券股份有限公司	2017-5-12
833593.OC	健来福	2017-5-13	2017-3-2	定向	24		25	1,200.00	600	大股东	现金	项目融资	中山证券有限责任公司	2017-5-17
839661.OC	医微讯	2017-5-26	2017-3-2	定向	30.9		69.2686	2,140.40	2,140.40	大股东关联方,机构投资者,境内自然人	现金	项目融资	中泰证券股份有限公司	2017-6-1
835940.OC	瑞济生物	2017-5-11	2017-3-2	定向	15	30	10	300	150	境内自然人	现金	项目融资	国盛证券有限责任公司	
870357.OC	雅葆轩	2017-4-11	2017-3-1	定向	1.75		580	1,015.00	1,015.00	大股东,境内自然人	现金	补充流动资金	国元证券股份有限公司	2017-4-13
836084.OC	江苏北人	2017-4-22	2017-3-1	定向	8.5		1,345.00	11,432.50	11,432.50	大股东,机构投资者,境内自然人	现金	项目融资	东吴证券股份有限公司	
833449.OC	联达动力	2017-5-18	2017-3-1	定向	3		800	2,400.00	2,400.00	大股东,机构投资者,境内自然人	现金	补充流动资金	中银国际证券有限责任公司	2017-5-22
832648.OC	万峰电力	2017-5-9	2017-2-28	定向	1.31		27,000.00	35,370.00	35,370.00	机构投资者	现金	项目融资	太平洋证券股份有限公司	
832749.OC	德信股份	2017-4-21	2017-2-28	定向	5		1,552.56	7,762.80	7,762.80	大股东,机构投资者,境内自然人	现金	项目融资	东方花旗证券有限公司	2017-4-27
838672.OC	金润德	2017-4-26	2017-2-28	定向	4.5		148	1,026.00	666	境内自然人	现金	补充流动资金	江海证券有限公司	2019-4-29
836850.OC	嘉东光学	2017-4-27	2017-2-28	定向	14.96	12.45	467.9759	7,001.28	7,000.92	机构投资者	现金	项目融资	东莞证券股份有限公司	2017-5-2
839885.OC	华夏乐游	2017-5-18	2017-2-28	定向	33.33		120	4,999.50	3,999.60	机构投资者,境内自然人	现金	补充流动资金	西南证券股份有限公司	
834505.OC	兰德网络	2017-5-17	2017-2-28	定向	7	5.23	500	3,500.00	3,500.00	机构投资者	现金	项目融资	安信证券股份有限公司	2017-5-19
836348.OC	汇恒环保	2017-7-4	2017-2-28	定向	6		2,005.00	12,030.00	12,030.00	大股东,机构投资者	现金	补充流动资金	西南证券股份有限公司	2017-7-6
430613.OC	腾晖科技	2017-6-10	2017-2-28	定向	2.6	3.2	395	1,300.00	1,027.00	大股东,境内自然人	现金	项目融资	新时代证券股份有限公司	2017-6-14
838006.OC	神州优车	2017-4-29	2017-2-28	定向	16.8	17.94	27,382.24	1,000,000.00	460,021.58	机构投资者	现金	项目融资	中国国际金融股份有限公司	2017-5-9
832320.OC	大富装饰	2017-7-12	2017-2-28	定向	2.5	3.2	5,520.00	15,000.00	13,800.00	机构投资者,境内自然人	现金	补充流动资金	国信证券股份有限公司	2017-7-14
833159.OC	力好科技	2017-5-5	2017-2-28	定向	6.5	7.58	315	3,445.00	2,047.50	机构投资者	现金	配套融资	长城证券股份有限公司	2017-5-9
836331.OC	优晟股份	2017-5-6	2017-2-28	定向	13.8	20	72	1,000.00	993.6	机构投资者	现金	项目融资	海通证券股份有限公司	2017-5-10
838169.OC	博弈科技	2017-6-10	2017-2-28	定向	15.35	1.9	353	5,418.55	5,418.55	大股东关联方,机构投资者	现金	项目融资	申万宏源证券有限公司	2017-6-14
837639.OC	星座魔山	2017-5-27	2017-2-28	定向	35.38	35.38	227	8,031.26	8,031.26	机构投资者	现金	补充流动资金	东兴证券股份有限公司	
836330.OC	振兴生态	2017-3-24	2017-2-28	定向	2		5,000.00	10,000.00	10,000.00	大股东	现金	项目融资	太平洋证券股份有限公司	2017-3-28
430589.OC	银河激光	2017-5-26	2017-2-28	定向	1.8	1.04	750	1,350.00	1,350.00	大股东,机构投资者	现金	项目融资	东吴证券股份有限公司	2017-6-2
832476.OC	柯立沃特	2017-6-23	2017-2-28	定向	1	1	1,564.00	1,564.00	1,564.00	境内自然人	现金	引入战略投资者	申万宏源证券有限公司	
831698.OC	工大软件	2017-5-19	2017-2-27	定向	6	8.25	184	1,107.00	1,104.00	境内自然人	现金	补充流动资金	广发证券股份有限公司	2017-5-23
836892.OC	广咨国际	2017-4-29	2017-2-27	定向	3.8		400	1,520.00	1,520.00	大股东,大股东关联方,境内自然人	现金	补充流动资金	安信证券股份有限公司	2017-5-9
836266.OC	亿维股份	2017-4-1	2017-2-27	定向	5	3.5	218	1,090.00	1,090.00	大股东,大股东关联方,境内自然人	现金	补充流动资金	金元证券股份有限公司	2017-4-7
836858.OC	爱用宝	2017-6-3	2017-2-27	定向	200		10	2,000.00	2,000.00	大股东,机构投资者,境内自然人	现金	补充流动资金	国信证券股份有限公司	2017-6-7
837599.OC	沿锋汽车	2017-4-20	2017-2-27	定向	11		300	7,200.00	3,300.00	机构投资者	现金	项目融资	国金证券股份有限公司	2017-4-24
837403.OC	康农种业	2017-6-15	2017-2-27	定向	9	6	278.2	2,503.80	2,503.80	机构投资者,境内自然人	现金	项目融资	申万宏源证券有限公司	2017-6-19
837348.OC	飞宇竹材	2017-4-29	2017-2-27	定向	1.6	4.2	637.5	1,500.00	1,020.00	大股东关联方,机构投资者,境内自然人	现金	补充流动资金	方正证券股份有限公司	2017-5-9
838570.OC	豫王建能	2017-5-4	2017-2-26	定向	3		350	1,050.00	1,050.00	大股东,境内自然人	现金	补充流动资金	中国银河证券股份有限公司	2017-5-8

代码	名称	增发公告日	发行日期	发行方式	发行价格	增发日收盘价	增发数量（万股）	预计募集资金（万元）	实际募资总额（万元）	发行对象	认购方式	增发目的	主承销商	限售股解禁时间
835322.OC	华创股份	2017-5-9	2017-2-25	定向	1.6		260.7	417.12	417.12	境内自然人	现金	补充流动资金	中国中投证券有限责任公司	2017-5-11
838891.OC	嘉华股份	2017-5-16	2017-2-24	定向	6.5		341	2,307.50	2,216.50	机构投资者，境内自然人	现金	引入战略投资者	申万宏源证券有限公司	2017-5-18
836073.OC	时代正邦	2017-5-13	2017-2-24	定向	2.25	1	26.56	59.76	59.76	境内自然人	现金	股权激励	国都证券股份有限公司	2017-5-17
835059.OC	桂牛乳业	2017-9-19	2017-2-24	定向	1.15		500	575	575	大股东，境内自然人	现金	项目融资	国海证券股份有限公司	2017-9-22
839456.OC	好女人	2017-4-8	2017-2-24	定向	1.4		1,000.00	1,400.00	1,400.00	大股东	现金	补充流动资金	安信证券股份有限公司	2017-4-17
833727.OC	兆晟科技	2017-5-5	2017-2-24	定向	70	50	30	2,100.00	2,100.00	机构投资者	现金	补充流动资金	财通证券股份有限公司	2017-5-9
839032.OC	动力未来	2017-4-21	2017-2-24	定向	4.6		618	2,842.80	2,842.80	大股东，机构投资者，境内自然人	现金	项目融资	中信建投证券股份有限公司	2017-4-25
430056.OC	中航新材	2017-6-16	2017-2-24	定向	4.53	6.88	2,920.00	13,227.60	13,227.60	机构投资者	现金	引入战略投资者	中信建投证券股份有限公司	2017-6-20
870190.OC	恒荣汇彬	2017-3-29	2017-2-24	定向	9.2		1,600.00	15,040.00	14,720.00	机构投资者	现金	项目融资	德邦证券股份有限公司	2017-3-31
834710.OC	嘉和科技	2017-5-10	2017-2-24	定向	6		300	1,800.00	1,800.00	机构投资者	现金	项目融资	中信建投证券股份有限公司	2017-5-12
838082.OC	众加利	2017-5-24	2017-2-23	定向	3		520	1,560.00	1,560.00	大股东，境内自然人	现金	补充流动资金	世纪证券有限责任公司	
838025.OC	拜瑞口腔	2017-4-22	2017-2-23	定向	6		200	1,200.00	1,200.00	大股东，境内自然人	现金	补充流动资金	长江证券股份有限公司	2017-4-26
838437.OC	骅盛车电	2017-4-19	2017-2-23	定向	2.4		500	1,200.00	1,200.00	机构投资者	现金	补充流动资金	广发证券股份有限公司	2017-4-21
838774.OC	跨境翼	2017-4-8	2017-2-23	定向	16.73		303.6461	5,080.00	5,080.00	大股东，机构投资者	现金	补充流动资金	国金证券股份有限公司	2017-4-12
836781.OC	惠嘉生物	2017-4-11	2017-2-23	定向	4	6.18	850	3,400.00	3,400.00	大股东，大股东关联方，机构投资者，境内自然人	现金	项目融资	财通证券股份有限公司	2017-4-13
839310.OC	华电网络	2017-5-13	2017-2-23	定向	7		107	1,400.00	749	大股东，机构投资者	现金	项目融资	江海证券有限公司	2017-5-18
835301.OC	银色坐标	2017-5-6	2017-2-22	定向	1.5		800	1,200.00	1,200.00	大股东	现金	补充流动资金	江海证券有限公司	2017-5-10
835439.OC	中机科技	2017-3-22	2017-2-22	定向	3.22		310.559	1,000.00	1,000.00	机构投资者	现金	项目融资	申万宏源证券有限公司	2017-3-24
832517.OC	联邦化工	2017-3-22	2017-2-22	定向	5	1.42	200	1,000.00	1,000.00	机构投资者，境内自然人	现金	补充流动资金	东吴证券股份有限公司	2017-3-27
836339.OC	麦广互娱	2017-5-16	2017-2-22	定向	13.27	14	90.48	1,200.67	1,200.67	机构投资者，境内自然人	现金	补充流动资金	中信证券股份有限公司	2017-5-18
834222.OC	迈动医疗	2017-4-25	2017-2-22	定向	6.98	6.8	234.3997	2,094.00	1,636.11	大股东，机构投资者，境内自然人	现金	项目融资	首创证券有限责任公司	2017-4-27
837455.OC	侍卫长	2017-8-19	2017-2-22	定向	1		600	600	600	境内自然人	现金	项目融资	联讯证券股份有限公司	
831513.OC	爱迪新能	2017-7-25	2017-2-22	定向	7.7	7.6	130	1,040.00	1,001.00	大股东，境内自然人	现金	补充流动资金	金元证券股份有限公司	2017-7-28
831738.OC	振野智能	2017-6-27	2017-2-22	定向	1.25	9.3	778.8	973.5	973.5	大股东，境内自然人	现金	补充流动资金	光大证券股份有限公司	2017-6-29
831289.OC	丰泽股份	2017-4-19	2017-2-22	定向	2.75	3.5	1,200.00	3,300.00	3,300.00	机构投资者	现金	项目融资	西南证券股份有限公司	2017-4-21
833330.OC	君实生物	2017-6-27	2017-2-22	定向	9.2	12.93	3,475.00	31,970.00	31,970.00	机构投资者，境内自然人	现金	项目融资	华林证券股份有限公司	2017-6-29
837682.OC	悦丰农科	2017-3-28	2017-2-22	定向	1.6	3.52	456	729.6	729.6	大股东，境内自然人	现金	补充流动资金	财达证券股份有限公司	2017-3-31
839254.OC	枫海影业	2017-5-9	2017-2-22	定向	32.99		30.3122	1,000.00	1,000.00	机构投资者	现金	项目融资	安信证券股份有限公司	2017-5-12
839344.OC	京立医院	2017-3-21	2017-2-22	定向	1.6		1,250.00	2,000.00	2,000.00	机构投资者	现金	项目融资	中原证券股份有限公司	2017-3-23
430034.OC	大地股份	2017-4-12	2017-2-22	定向	4	2	700	2,800.00	2,800.00	大股东，境内自然人	现金	项目融资	南京证券股份有限公司	2017-4-14
838012.OC	同益科技	2017-4-29	2017-2-22	定向	1		1,080.00	1,080.00	1,080.00	大股东	现金	项目融资	万联证券有限责任公司	2017-5-9
836690.OC	悦泰物流	2017-4-7	2017-2-21	定向	4		251	1,004.00	1,004.00	大股东关联方，机构投资者，境内自然人	现金	补充流动资金	上海证券有限责任公司	2017-4-11
838537.OC	中钢电商	2017-4-7	2017-2-21	定向	6	1	600	3,600.00	3,600.00	大股东关联方，机构投资者，境内自然人	现金	补充流动资金	中信建投证券股份有限公司	2017-4-11
838388.OC	凯能科技	2017-4-12	2017-2-21	定向	5		200	1,000.00	1,000.00	大股东，机构投资者	现金	补充流动资金	东北证券股份有限公司	2017-4-14
839955.OC	美的物业	2017-4-11	2017-2-21	定向	5		200	1,000.00	1,000.00	大股东，机构投资者，境内自然人	现金	项目融资	中信证券股份有限公司	2017-4-13
834665.OC	科旺科技	2017-7-11	2017-2-21	定向	8	20.57	518	6,400.00	4,144.00	大股东关联方，机构投资者，境内自然人	现金	补充流动资金	东莞证券股份有限公司	2020-7-13

代码	名称	增发公告日	发行日期	发行方式	发行价格	增发日收盘价	增发数量（万股）	预计募集资金（万元）	实际募资总额（万元）	发行对象	认购方式	增发目的	主承销商	限售股解禁时间
835381.OC	爱玩网络	2017-3-22	2017-2-20	定向	35	33.64	82	3,500.00	2,870.00	机构投资者	现金	项目融资	中信建投证券股份有限公司	2017-3-24
839919.OC	宇翊股份	2017-3-30	2017-2-20	定向	11		95	1,045.00	1,045.00	大股东,境内自然人	现金	补充流动资金	东吴证券股份有限公司	2017-4-5
833313.OC	方胜有成	2017-4-15	2017-2-20	定向	5	1.5	200	1,000.00	1,000.00	大股东	现金	补充流动资金	江海证券有限公司	2017-4-20
430102.OC	科若思	2017-4-8	2017-2-20	定向	1.5	1.05	1,200.00	1,800.00	1,800.00	境内自然人	现金	补充流动资金	浙商证券股份有限公司	
839281.OC	嘉合智能	2017-4-27	2017-2-20	定向	2		1,990.00	4,000.00	3,980.00	大股东,机构投资者,境内自然人	现金	补充流动资金	方正证券股份有限公司	2017-5-2
836012.OC	百姓网	2017-4-6	2017-2-20	定向	14	12	100	1,400.00	1,400.00	机构投资者	现金	项目融资	中信证券股份有限公司	2017-4-11
833930.OC	通海绒业	2017-4-7	2017-2-20	定向	4		500	2,000.00	2,000.00	机构投资者	现金	项目融资	五矿证券有限公司	2017-4-11
839499.OC	西南检测	2017-4-22	2017-2-20	定向	1.6		350	560	560	大股东,机构投资者	现金	补充流动资金	方正证券股份有限公司	2017-4-26
839485.OC	通银股份	2017-12-13	2017-2-20	定向	1.01		3,850.00	3,888.50	3,888.50	大股东,境内自然人	现金	补充流动资金	中国银河证券股份有限公司	2017-12-15
835862.OC	汉神机电	2017-4-12	2017-2-20	定向	9.96		110	1,095.60	1,095.60	大股东	现金	补充流动资金	国联证券股份有限公司	2017-4-14
870032.OC	宜信博诚	2017-3-23	2017-2-20	定向	27.7		288.8085	10,500.00	8,000.00	机构投资者	现金	引入战略投资者	中国国际金融股份有限公司	2017-3-27
839056.OC	轶德医疗	2017-4-25	2017-2-20	定向	7.71		210	1,619.10	1,619.10	机构投资者	现金	补充流动资金	国融证券股份有限公司	2017-4-28
838973.OC	求实股份	2017-4-7	2017-2-20	定向	6		1,032.00	6,192.00	6,192.00	大股东,机构投资者	现金	项目融资	中泰证券股份有限公司	2017-4-12
836658.OC	幻响神州	2017-4-26	2017-2-20	定向	8.45		35.52	300	300	境内自然人	现金	补充流动资金	中原证券股份有限公司	2017-4-28
836326.OC	风雪户外	2017-5-12	2017-2-19	定向	5	5	300	1,500.00	1,500.00	大股东,境内自然人	现金	补充流动资金	浙商证券股份有限公司	2017-5-16
836059.OC	金达科技	2017-4-6	2017-2-19	定向	3		350	1,050.00	1,050.00	机构投资者	现金	补充流动资金	新时代证券股份有限公司	2017-4-10
836066.OC	研和股份	2017-3-23	2017-2-19	定向	3.5	5.38	300	1,050.00	1,050.00	境内自然人	现金	项目融资	财通证券股份有限公司	2020-3-27
835491.OC	手乐电商	2017-5-11	2017-2-17	定向	20.68	24.9	177.1	5,004.56	3,662.43	大股东,机构投资者	现金	补充流动资金	光大证券股份有限公司	2017-5-16
837058.OC	金安特	2017-7-18	2017-2-17	定向	1.4	10.5	100	140	140	大股东,大股东关联方,境内自然人	现金	股权激励	华福证券有限责任公司	
833433.OC	天保股份	2017-4-14	2017-2-17	定向	1.5	1.1	710	1,500.00	1,065.00	大股东,境内自然人	现金	补充流动资金	国融证券股份有限公司	2017-4-18
830911.OC	标榜新材	2017-4-7	2017-2-17	定向	3.5	2.72	300	1,800.00	1,050.00	大股东	现金	补充流动资金	广发证券股份有限公司	2017-4-12
831595.OC	科致电气	2017-5-26	2017-2-17	定向	4.54	7.5	220.2645	1,000.00	1,000.00	大股东,机构投资者	现金	补充流动资金	申万宏源证券有限公司	2017-6-1
831052.OC	金开利	2017-5-11	2017-2-17	定向	2	1.58	4,750.00	13,000.00	9,500.00	机构投资者,境内自然人	现金	项目融资	广发证券股份有限公司	2017-5-16
834031.OC	群大科技	2017-6-3	2017-2-17	定向	2.8		187	523.6	523.6	境内自然人	现金	补充流动资金	浙商证券股份有限公司	2017-6-8
836262.OC	科源制药	2017-3-17	2017-2-17	定向	15		500	7,500.00	7,500.00	机构投资者	现金	项目融资	中泰证券股份有限公司	2017-3-21
838921.OC	卓航股份	2017-4-25	2017-2-17	定向	9		121	1,089.00	1,089.00	大股东,境内自然人	现金	补充流动资金	中国银河证券股份有限公司	2017-4-27
838357.OC	三浦车库	2017-4-11	2017-2-17	定向	2		800	1,600.00	1,600.00	大股东,境内自然人	现金	补充流动资金	中泰证券股份有限公司	2017-4-13
833189.OC	达诺尔	2017-7-4	2017-2-17	定向	4		101.675	800	406.7	大股东,境内自然人	现金	补充流动资金	东吴证券股份有限公司	2017-7-6
838476.OC	中仿智能	2017-4-8	2017-2-17	定向	15		71	1,065.00	1,065.00	大股东,境内自然人	现金	项目融资	国联证券股份有限公司	2017-4-12
838685.OC	昊星文化	2017-4-26	2017-2-17	定向	7.56	5	304.2327	2,300.00	2,300.00	机构投资者,境内自然人	现金	补充流动资金	国信证券股份有限公司	2017-4-28
838982.OC	阳光中科	2017-3-18	2017-2-17	定向	3	3	1,500.00	6,000.00	4,500.00	机构投资者,境内自然人	现金	项目融资	国金证券股份有限公司	2017-3-22
832316.OC	添正医药	2017-3-30	2017-2-17	定向	4.14	6.64	4,300.00	17,802.00	17,802.00	机构投资者	现金	项目融资	中泰证券股份有限公司	2017-4-5
837221.OC	金穗生态	2017-3-21	2017-2-17	定向	2.3		1,000.00	2,300.00	2,300.00	大股东,境内自然人	现金	补充流动资金	中信建投证券股份有限公司	2017-3-24
870177.OC	鸳鸯金楼	2017-3-30	2017-2-17	定向	1.6		1,000.00	1,600.00	1,600.00	大股东,境内自然人	现金	项目融资	安信证券股份有限公司	2017-4-5
839573.OC	瑞铂慧家	2017-4-19	2017-2-17	定向	2.17		1,000.00	2,170.00	2,170.00	大股东,境内自然人	现金	补充流动资金	西部证券股份有限公司	2017-4-27
831704.OC	九如环境	2017-4-25	2017-2-17	定向	2.5	5.46	413.3146	1,033.29	1,033.29	大股东,境内自然人	现金	股权激励	东北证券股份有限公司	2020-4-27
832414.OC	精湛光电	2017-8-2	2017-2-16	定向	10	10	1,156.00	13,000.00	11,560.00	机构投资者,境内自然人	现金	补充流动资金	民生证券股份有限公司	2017-8-7
838294.OC	井泉中药	2017-5-25	2017-2-16	定向	5.28		2,082.00	10,992.96	10,992.96	机构投资者	现金	引入战略投资者	中泰证券股份有限公司	
835216.OC	日华科技	2017-6-24	2017-2-16	定向	3.3		75	521.4	247.5	机构投资者,境内自然人	现金	项目融资	兴业证券股份有限公司	2021-6-28
831906.OC	舜宇模具	2017-3-30	2017-2-16	定向	10.5		747	8,347.50	7,843.50	境内自然人	现金	补充流动资金	华龙证券股份有限公司	2017-4-5
837983.OC	海峡人力	2017-4-11	2017-2-16	定向	5.5		200	1,100.00	1,100.00	大股东,机构投资者	现金	项目融资	东兴证券股份有限公司	2017-4-13

代码	名称	增发公告日	发行日期	发行方式	发行价格	增发日收盘价	增发数量（万股）	预计募集资金（万元）	实际募资总额（万元）	发行对象	认购方式	增发目的	主承销商	限售股解禁时间
835369.OC	卓诚惠生	2017-4-6	2017-2-16	定向	17.72	3.03	112.8752	2,000.00	2,000.00	机构投资者	现金	项目融资	太平洋证券股份有限公司	2017-4-10
870714.OC	良讯股份	2017-3-17	2017-2-16	定向	8		127.5	1,020.00	1,020.00	机构投资者，境内自然人	现金	补充流动资金	东吴证券股份有限公司	2017-3-22
838398.OC	佑泽股份	2017-6-27	2017-2-16	定向	3	2.22	510	1,530.00	1,530.00	境内自然人	现金	项目融资	国信证券股份有限公司	2017-6-29
833238.OC	森维园林	2017-4-26	2017-2-16	定向	4	10	500	2,000.00	2,000.00	机构投资者	现金	项目融资	招商证券股份有限公司	2017-4-28
835281.OC	翰林汇	2017-4-11	2017-2-15	定向	6	3.5	260	1,560.00	1,560.00	大股东，境内自然人	现金	项目融资	中信证券股份有限公司	2017-4-14
838484.OC	格蕾特	2017-4-21	2017-2-15	定向	16		65	1,040.00	1,040.00	大股东	现金	补充流动资金	光大证券股份有限公司	2017-4-25
839632.OC	利美隆	2017-4-25	2017-2-15	定向	2.8		450	1,260.00	1,260.00	大股东，境内自然人	现金	补充流动资金	广发证券股份有限公司	2017-4-27
839448.OC	思泰克	2017-4-7	2017-2-15	定向	6.67		178	1,187.26	1,187.26	大股东关联方，机构投资者，境内自然人	现金	补充流动资金	中国银河证券股份有限公司	2017-4-11
839930.OC	全煌物流	2017-5-5	2017-2-15	定向	2		534	1,068.00	1,068.00	大股东，境内自然人	现金	项目融资	兴业证券股份有限公司	2017-5-9
836792.OC	易家科技	2017-4-19	2017-2-15	定向	4		250	1,000.00	1,000.00	大股东，大股东关联方，境内自然人	现金	补充流动资金	中山证券有限责任公司	
834323.OC	韩华建材	2017-7-19	2017-2-15	定向	2.8	1.2	400	1,120.00	1,120.00	大股东，机构投资者，境内自然人	现金	项目融资	华安证券股份有限公司	2017-7-21
833221.OC	艾为电子	2017-4-26	2017-2-15	定向	2.98	2	1,000.00	2,980.00	2,980.00	大股东，境内自然人	现金	项目融资	申万宏源证券有限公司	2017-4-28
838693.OC	佳鹏股份	2017-4-29	2017-2-15	定向	1		500	500	500	大股东	现金	融资收购其他资产	西南证券股份有限公司	2017-5-9
838306.OC	歌华电子	2017-4-13	2017-2-15	定向	1.2		1,000.00	1,200.00	1,200.00	大股东，境内自然人	现金	项目融资	东吴证券股份有限公司	2017-4-17
839697.OC	锐速智能	2017-4-12	2017-2-15	定向	2.5		400	1,000.00	1,000.00	大股东关联方，境内自然人	现金	补充流动资金	开源证券股份有限公司	2017-4-14
834558.OC	口岸旅游	2017-7-25	2017-2-15	定向	2		6,000.00	12,000.00	12,000.00	大股东，境内自然人	现金，债权	补充流动资金	华林证券有限责任公司	2020-7-28
839320.OC	凌云天博	2017-4-11	2017-2-15	定向	1.6		750	1,200.00	1,200.00	大股东	现金	项目融资	申万宏源证券有限公司	2017-4-13
839797.OC	德丰影业	2017-3-22	2017-2-15	定向	1.3		8,000.00	10,400.00	10,400.00	大股东	现金	补充流动资金	安信证券股份有限公司	2017-3-27
836709.OC	昀丰科技	2017-4-11	2017-2-15	定向	7.6	25.16	2,303.00	28,800.00	17,502.80	大股东，机构投资者，境内自然人	现金	补充流动资金	国信证券股份有限公司	2017-4-13
837821.OC	则成电子	2017-4-25	2017-2-15	定向	4.42		227	1,003.34	1,003.34	大股东	现金	补充流动资金	平安证券股份有限公司	2017-4-28
838535.OC	盛和信	2017-3-28	2017-2-15	定向	1.5		800	1,200.00	1,200.00	大股东，境内自然人	现金	补充流动资金	东北证券股份有限公司	
833183.OC	超凡股份	2017-4-8	2017-2-15	定向	15.6	22	190	2,964.00	2,964.00	机构投资者，境内自然人	现金	项目融资	广发证券股份有限公司	2017-4-12
835911.OC	中农华威	2017-4-11	2017-2-15	定向	2		572.5	1,145.00	1,145.00	大股东关联方，境内自然人	现金	融资收购其他资产	东方花旗证券有限公司	2017-4-13
430263.OC	ST蓝天	2017-5-17	2017-2-14	定向	2.5	3.72	1,100.00	2,750.00	2,750.00	境内自然人	现金	股权激励	国金证券股份有限公司	
833038.OC	欧开股份	2017-6-15	2017-2-14	定向	13	13	199	2,912.00	2,587.00	机构投资者，境内自然人	现金	项目融资	南京证券股份有限公司	2017-6-19
837450.OC	多美股份	2017-6-3	2017-2-14	定向	17.9		111.732	2,016.00	2,000.01	境内自然人	现金	项目融资	中天国富证券有限公司	2017-6-7
831162.OC	天河股份	2017-4-7	2017-2-14	定向	4.33	5.34	692.84	3,000.00	3,000.00	大股东，机构投资者	现金	补充流动资金	申万宏源证券有限公司	2017-4-12
838716.OC	晓天智能	2017-4-11	2017-2-14	定向	2.26		1,056.00	2,386.56	2,386.56	机构投资者，境内自然人	现金	补充流动资金	新时代证券股份有限公司	2017-4-13
838767.OC	荣尧智慧	2017-4-8	2017-2-14	定向	5		200	1,000.00	1,000.00	大股东，境内自然人	现金	项目融资	中信建投证券股份有限公司	2017-4-12
831510.OC	特思达	2017-3-25	2017-2-14	定向	7	0.12	80	560	560	机构投资者	现金	项目融资	华林证券股份有限公司	2017-3-29
839796.OC	唐山华熠	2017-4-1	2017-2-14	定向	6.9		220	1,518.00	1,518.00	大股东，境内自然人	现金	项目融资	方正证券股份有限公司	2017-4-7
838229.OC	联纵传媒	2017-5-25	2017-2-13	定向	3.16		47.4	149.78	149.78	境内自然人	现金	股权激励	招商证券股份有限公司	2017-5-31
835053.OC	帝尔激光	2017-4-1	2017-2-13	定向	24		120	2,880.00	2,880.00	境内自然人	现金	补充流动资金	长江证券股份有限公司	2017-4-7
838691.OC	金益环保	2017-4-11	2017-2-13	定向	3.8		80	304	304	大股东，境内自然人	现金	项目融资	东北证券股份有限公司	2017-4-14
837445.OC	宏涛嘉业	2017-6-17	2017-2-13	定向	1.25		179	223.75	223.75	境内自然人	现金	股权激励	新时代证券股份有限公司	
835221.OC	汉米敦	2017-5-10	2017-2-13	定向	21.53		23.3	501.65	501.65	境内自然人	现金	项目融资	中信建投证券股份有限公司	2017-5-12
839601.OC	麒麟家居	2017-5-6	2017-2-13	定向	1.5		3,000.00	4,500.00	4,500.00	大股东	现金	项目融资	东兴证券股份有限公司	2017-5-10
836485.OC	支点科技	2017-4-11	2017-2-13	定向	96.82		5.0403	488	488	机构投资者	现金	补充流动资金	西南证券股份有限公司	

代码	名称	增发公告日	发行日期	发行方式	发行价格	增发日收盘价	增发数量（万股）	预计募集资金（万元）	实际募资总额（万元）	发行对象	认购方式	增发目的	主承销商	限售股解禁时间
838317.OC	明宇科技	2017-4-11	2017-2-12	定向	3.6		277.778	1,000.00	1,000.00	大股东	现金	补充流动资金	华龙证券股份有限公司	2017-4-14
834253.OC	宏力再生	2017-4-15	2017-2-12	定向	5		200	1,000.00	1,000.00	机构投资者	现金	补充流动资金	西南证券股份有限公司	2017-4-19
832133.OC	天涌影视	2017-5-6	2017-2-12	定向	7	19.5	535	3,850.00	3,745.00	大股东,大股东关联方,机构投资者,境内自然人	现金	补充流动资金	东吴证券股份有限公司	2017-5-10
430325.OC	精英智通	2017-6-27	2017-2-10	定向	9.3	9.35	214.5	1,994.85	1,994.85	机构投资者	现金	项目融资	安信证券股份有限公司	
836361.OC	川山甲	2017-3-17	2017-2-10	定向	3.09	15.3	19,417.48	60,000.00	60,000.00	大股东,机构投资者,境内自然人	现金	项目融资	中信建投证券股份有限公司	2017-3-21
836590.OC	润东科技	2017-5-5	2017-2-10	定向	15.27	15.21	98.251	1,500.00	1,500.00	机构投资者	现金	补充流动资金	国元证券股份有限公司	2017-5-9
839644.OC	七星电气	2017-4-22	2017-2-10	定向	4	6.66	300	1,200.00	1,200.00	大股东	现金	补充流动资金	东兴证券股份有限公司	2017-4-27
837990.OC	前元股份	2017-5-5	2017-2-10	定向	4.2		714.28	5,040.00	2,999.98	机构投资者	现金	项目融资	山西证券股份有限公司	2017-5-9
839696.OC	金鑫绿建	2017-6-27	2017-2-10	定向	1.5		2,500.00	3,750.00	3,750.00	大股东,境内自然人	现金,债权	项目融资	中国中投证券有限责任公司	2020-6-30
831527.OC	约顿气膜	2017-4-14	2017-2-10	定向	4	8.3	3,500.00	14,000.00	14,000.00	机构投资者	现金	补充流动资金	中信建投证券股份有限公司	
838397.OC	道森媒体	2017-5-16	2017-2-10	定向	30	30	166	6,000.00	4,980.00	机构投资者	现金	项目融资	东北证券股份有限公司	
833414.OC	凡拓创意	2017-3-18	2017-2-10	定向	10	11	640	6,400.00	6,400.00	机构投资者,境内自然人	现金	项目融资	中山证券有限责任公司	2017-3-22
838547.OC	天盛股份	2017-3-29	2017-2-10	定向	18.18		275	5,000.00	5,000.00	机构投资者	现金	补充流动资金	东吴证券股份有限公司	2017-3-31
834781.OC	新生活	2017-6-15	2017-2-10	定向	2.5		117.76	301.3	294.4	大股东,机构投资者,境内自然人	现金	补充流动资金	方正证券股份有限公司	2017-6-20
837251.OC	智唐科技	2017-5-12	2017-2-10	定向	16		100	1,600.00	1,600.00	机构投资者	现金	补充流动资金	光大证券股份有限公司	2017-5-16
838563.OC	宇清科技	2017-5-19	2017-2-10	定向	4.42	4.99	200	884	884	机构投资者	现金	引入战略投资者	西部证券股份有限公司	2017-5-23
870036.OC	爱问科技	2017-3-25	2017-2-10	定向	375		2.6667	1,000.01	1,000.01	大股东,境内自然人	现金	项目融资	长江证券股份有限公司	2017-3-29
870040.OC	思源股份	2017-4-15	2017-2-10	定向	5		233	1,165.00	1,165.00	大股东,境内自然人	现金	补充流动资金	华福证券有限责任公司	2017-4-19
833735.OC	森井科技	2017-4-14	2017-2-10	定向	12		125	1,500.00	1,500.00	境内自然人	现金	项目融资	长城证券股份有限公司	2017-4-19
833784.OC	美福润	2017-6-23	2017-2-10	定向	14.16	12.74	212	10,000.00	3,001.92	机构投资者,境内自然人	现金	项目融资	安信证券股份有限公司	2017-6-27
834618.OC	置辰智慧	2017-4-7	2017-2-10	定向	4.6	7.01	500	2,300.00	2,300.00	境内自然人	现金	补充流动资金	西部证券股份有限公司	2017-4-11
830809.OC	安达科技	2017-4-8	2017-2-9	定向	20	23.29	1,800.00	36,000.00	36,000.00	机构投资者,境内自然人	现金	项目融资	国信证券股份有限公司	2017-4-12
838758.OC	思迅软件	2017-4-12	2017-2-9	定向	8		250	2,000.00	2,000.00	大股东	现金	项目融资	平安证券股份有限公司	2017-4-14
838428.OC	恒实股份	2017-4-6	2017-2-9	定向	3		360	1,080.00	1,080.00	机构投资者,境内自然人	现金	项目融资	世纪证券有限责任公司	2017-4-10
838772.OC	雪山实业	2017-4-14	2017-2-9	定向	2		1,000.00	2,000.00	2,000.00	大股东	现金	项目融资	西南证券股份有限公司	2017-4-18
839360.OC	华汇装饰	2017-5-11	2017-2-9	定向	1.2		900	1,200.00	1,080.00	大股东,大股东关联方,境内自然人	现金	补充流动资金	浙商证券股份有限公司	2020-5-18
870174.OC	金土生物	2017-4-6	2017-2-9	定向	2.5		160	400	400	机构投资者	现金	项目融资	西部证券股份有限公司	2017-4-10
835852.OC	伊普诺康	2017-4-18	2017-2-9	定向	11.87	6.52	336.984	4,000.00	4,000.00	机构投资者	现金	补充流动资金	国信证券股份有限公司	2017-4-20
833924.OC	华讯投资	2017-5-4	2017-2-9	定向	17	1.27	70.5883	1,200.00	1,200.00	大股东,大股东关联方	现金	补充流动资金	国海证券股份有限公司	2017-5-9
430182.OC	全网数商	2017-5-27	2017-2-9	定向	8.8	8.07	373.6	5,280.00	3,287.68	机构投资者	现金	项目融资	中信建投证券股份有限公司	2017-6-2
839026.OC	润际新材	2017-3-29	2017-2-9	定向	10		665	7,000.00	6,650.00	大股东关联方,境内自然人	现金	补充流动资金	国泰君安证券股份有限公司	2017-3-31
836183.OC	百林园林	2017-5-12	2017-2-8	定向	3	4	416	1,248.00	1,248.00	大股东,境内自然人	现金	项目融资	国泰君安证券股份有限公司	
835961.OC	名品世家	2017-4-19	2017-2-8	定向	18	28.88	112	9,990.00	2,016.00	机构投资者,境内自然人	现金	补充流动资金	中信证券股份有限公司	2017-4-21
832218.OC	德长环保	2017-3-18	2017-2-8	定向	8	9.29	1,250.00	10,000.00	10,000.00	机构投资者	现金	项目融资	财通证券股份有限公司	2017-3-22
832214.OC	太川股份	2017-3-22	2017-2-8	定向	7.7	7.7	130	1,200.00	1,001.00	机构投资者	现金	项目融资	华鑫证券有限责任公司	2017-3-27
836773.OC	超力电机	2017-3-28	2017-2-8	定向	2		600	1,200.00	1,200.00	大股东关联方,境内自然人	现金	补充流动资金	广发证券股份有限公司	2017-3-30
835740.OC	康帅冷链	2017-6-17	2017-2-8	定向	6.98		161.1747	4,500.00	1,125.00	境内自然人	现金	项目融资	华安证券股份有限公司	2017-6-21
838453.OC	建工环保	2017-5-6	2017-2-8	定向	3	6.07	220	660	660	机构投资者	现金	补充流动资金	东莞证券股份有限公司	2017-5-10
839884.OC	大牧汗	2017-3-18	2017-2-8	定向	8.2		300	2,460.00	2,460.00	机构投资者,境内自然人	现金	项目融资	华鑫证券有限责任公司	2017-3-22

代码	名称	增发公告日	发行日期	发行方式	发行价格	增发日收盘价	增发数量（万股）	预计募集资金（万元）	实际募资总额（万元）	发行对象	认购方式	增发目的	主承销商	限售股解禁时间
837128.OC	君为信	2017-3-25	2017-2-8	定向	4.5		980	4,410.00	4,410.00	大股东,境内自然人	现金	补充流动资金	东莞证券股份有限公司	2017-3-31
838186.OC	瑞翼能源	2017-7-27	2017-2-7	定向	1.8		174	360	313.2	大股东,境内自然人	现金	补充流动资金	方正证券股份有限公司	
430305.OC	维珍创意	2017-4-7	2017-2-7	定向	6.66	8.02	1,500.00	15,000.00	9,990.00	机构投资者,境内自然人	现金	补充流动资金	东海证券股份有限公司	
838953.OC	ST华汇	2017-4-6	2017-2-7	定向	1.18		1,900.00	2,242.00	2,242.00	大股东,大股东关联方,机构投资者,境内自然人	现金	项目融资	爱建证券有限责任公司	2017-4-10
430124.OC	汉唐自远	2018-3-6	2017-2-7	定向	4.6	5.23	34	156.4	156.4	境内自然人	现金	股权激励	国海证券股份有限公司	2019-3-8
832964.OC	凯瑞环保	2017-4-6	2017-2-7	定向	4.37		500	3,933.00	2,185.00	大股东关联方,境内自然人	现金	补充流动资金	中泰证券股份有限公司	2017-4-10
836868.OC	微梦传媒	2017-3-22	2017-2-7	定向	11.66		429	5,002.14	5,002.14	机构投资者	现金	补充流动资金	天风证券股份有限公司	2017-3-27
832275.OC	敦华石油	2017-7-5	2017-2-7	定向	1	0.01	1,820.00	1,820.00	1,820.00	大股东,境内自然人	现金	项目融资	西部证券股份有限公司	2017-7-7
839215.OC	国瑞数码	2017-5-17	2017-2-7	定向	1.01		400	404	404	境内自然人	现金	股权激励	西南证券股份有限公司	
838966.OC	柠檬微趣	2017-3-18	2017-2-6	定向	26	26	216	5,616.00	5,616.00	机构投资者	现金	补充流动资金	招商证券股份有限公司	2017-3-22
838663.OC	中商艾享	2017-3-28	2017-2-6	定向	3		1,480.00	5,640.00	4,440.00	大股东,境内自然人	现金	补充流动资金	兴业证券股份有限公司	2017-3-31
870046.OC	图腾信息	2017-6-27	2017-2-6	定向	2.5	14.8	400	1,000.00	1,000.00	大股东	现金	补充流动资金	华安证券股份有限公司	2017-6-30
836899.OC	佛瑞德	2017-3-28	2017-2-6	定向	6		170	1,020.00	1,020.00	境内自然人	现金	补充流动资金	西部证券股份有限公司	2017-3-30
837729.OC	湖南竹材	2017-4-12	2017-2-6	定向	2.4		427	1,456.80	1,024.80	境内自然人	现金	项目融资	中信建投证券股份有限公司	2017-4-14
837120.OC	东方四通	2017-4-8	2017-2-5	定向	14.5		80	1,280.00	1,160.00	境内自然人	现金	补充流动资金	招商证券股份有限公司	2017-4-12
837817.OC	瑞凯股份	2017-4-18	2017-2-4	定向	5		200	1,000.00	1,000.00	机构投资者	现金	补充流动资金	英大证券有限责任公司	2017-4-21
838114.OC	环海生物	2017-4-25	2017-2-4	定向	2		500	1,100.00	1,000.00	机构投资者	现金	补充流动资金	兴业证券股份有限公司	2017-4-28
430126.OC	马氏兄弟	2017-4-7	2017-2-4	定向	1.6	6.51	200	320	320	大股东关联方	现金	项目融资	南京证券股份有限公司	
836821.OC	信息智能	2017-3-30	2017-2-3	定向	8.35		120	1,002.00	1,002.00	大股东,境内自然人	现金	项目融资	招商证券股份有限公司	2017-4-6
832193.OC	宏晶科技	2017-3-30	2017-2-3	定向	4.75		220	1,045.00	1,045.00	机构投资者	现金	补充流动资金	西南证券股份有限公司	2017-3-31
838661.OC	祥龙电气	2017-4-8	2017-2-3	定向	3.6		140	3,600.00	504	大股东,境内自然人	现金	补充流动资金	江海证券有限公司	2017-4-12
831521.OC	汉龙科技	2017-7-5	2017-2-3	定向	7.5	8.15	366	2,745.00	2,745.00	大股东关联方	资产	融资收购其他资产		2017-7-7
839114.OC	爱酷体育	2017-4-21	2017-2-3	定向	1.05		200	210	210	大股东关联方	现金	项目融资	江海证券有限公司	2017-4-25
833902.OC	琪瑜光电	2017-5-16	2017-1-31	定向	2		620	1,240.00	1,240.00	大股东,大股东关联方,境内自然人	现金	项目融资	招商证券股份有限公司	2017-5-18
837407.OC	弗德里希	2017-6-1	2017-1-27	定向	6.9		145	1,000.50	1,000.50	大股东关联方	现金	补充流动资金	民生证券股份有限公司	
837993.OC	和源兴	2017-3-17	2017-1-26	定向	1.8		560	1,008.00	1,008.00	大股东,机构投资者,境内自然人	现金	项目融资	上海证券有限责任公司	2017-3-21
831688.OC	山大地纬	2017-6-2	2017-1-26	定向	16	16.09	1,500.00	24,000.00	24,000.00	机构投资者	现金	项目融资	民生证券股份有限公司	2017-6-6
835488.OC	唯优传媒	2017-3-29	2017-1-26	定向	6.67		545	3,700.00	3,635.15	机构投资者,境内自然人	现金	项目融资	华融证券股份有限公司	2017-3-31
832709.OC	达特照明	2017-2-21	2017-1-26	定向	9.5	9.5	316	5,300.00	3,002.00	境内自然人	现金	补充流动资金	长城证券股份有限公司	2017-2-23
837574.OC	博昇光电	2017-10-31	2017-1-26	定向	3.5		88.9	319.55	311.15	大股东,境内自然人	现金	股权激励	东兴证券股份有限公司	2021-11-22
839412.OC	易网股份	2017-4-27	2017-1-26	定向	10		150	1,500.00	1,500.00	境内自然人	现金	项目融资	西南证券股份有限公司	2017-5-2
835811.OC	唯达技术	2017-3-8	2017-1-26	定向	5.68		110	720	624.8	大股东,境内自然人	现金	补充流动资金	华林证券股份有限公司	2017-3-10
839538.OC	寓米网	2017-4-6	2017-1-26	定向	9.5		52.6316	500	500	大股东关联方	现金	补充流动资金	太平洋证券股份有限公司	2017-4-10
839488.OC	佳乐宝	2017-5-10	2017-1-26	定向	2		1,500.00	3,000.00	3,000.00	大股东,大股东关联方,境内自然人	现金	项目融资	中原证券股份有限公司	2017-5-12
831114.OC	易销科技	2017-3-16	2017-1-26	定向	7.5	10.09	574.8	5,700.00	4,311.00	大股东,境内自然人	现金	项目融资	中信建投证券股份有限公司	2020-3-20
836632.OC	智乐园	2017-6-13	2017-1-26	定向	8		200	1,600.00	1,600.00	大股东,机构投资者,境内自然人	现金	项目融资	国海证券股份有限公司	
837854.OC	塔罗亚	2017-4-6	2017-1-26	定向	8		47.5	380	380	大股东,机构投资者,境内自然人	现金	补充流动资金	方正证券股份有限公司	2017-4-10
834761.OC	锦聚成	2017-3-29	2017-1-26	定向	3.8	3.8	850	3,420.00	3,230.00	机构投资者,境内自然人	现金	补充流动资金	财富证券有限责任公司	2017-4-5

代码	名称	增发公告日	发行日期	发行方式	发行价格	增发日收盘价	增发数量（万股）	预计募集资金（万元）	实际募资总额（万元）	发行对象	认购方式	增发目的	主承销商	限售股解禁时间
831805.OC	微企信息	2017-4-8	2017-1-26	定向	6	5.1	150	900	900	机构投资者	现金	补充流动资金	东北证券股份有限公司	2017-4-12
837410.OC	美爱斯	2017-3-10	2017-1-26	定向	5.5		275	1,512.50	1,512.50	机构投资者,境内自然人	现金	项目融资	东北证券股份有限公司	2017-3-14
837671.OC	元枫管道	2017-3-29	2017-1-26	定向	2		400	800	800	机构投资者	现金	项目融资	安信证券股份有限公司	2017-3-31
831918.OC	天立泰	2017-5-5	2017-1-26	定向	9	9.05	507.4	9,000.00	4,566.60	机构投资者,境内自然人	现金	补充流动资金	浙商证券股份有限公司	2017-5-9
870241.OC	二五八	2017-7-4	2017-1-26	定向	1.6		165	264	264	大股东	现金	补充流动资金	华创证券有限责任公司	2017-7-6
870219.OC	艾尼科技	2017-3-14	2017-1-26	定向	2.3		217.3913	506	500	大股东关联方	现金	补充流动资金	财达证券股份有限公司	2017-3-16
839640.OC	得奇环保	2017-3-29	2017-1-25	定向	4.06	1	165	669.9	669.9	境内自然人	现金	项目融资	南京证券股份有限公司	2017-3-31
839534.OC	深圳园林	2017-4-8	2017-1-25	定向	2.1		600	1,260.00	1,260.00	境内自然人	现金	补充流动资金	招商证券股份有限公司	2017-4-12
837299.OC	小鱼股份	2017-3-28	2017-1-25	定向	5		200	1,050.00	1,000.00	机构投资者	现金	项目融资	兴业证券股份有限公司	2017-3-30
835572.OC	诺泰生物	2017-4-21	2017-1-25	定向	4.16	9.88	5,873.00	24,431.68	24,431.68	机构投资者,境内自然人	资产	融资收购其他资产		2018-4-25
832335.OC	科立森	2017-4-12	2017-1-25	定向	588		5.1021	3,000.03	3,000.03	机构投资者	现金	引入战略投资者	西部证券股份有限公司	2017-4-14
834206.OC	傲基电商	2017-3-22	2017-1-25	定向	33.33	33.33	690	24,997.50	22,997.70	机构投资者,境内自然人	现金	补充流动资金	长江证券股份有限公司	2017-3-24
834062.OC	科润智控	2017-5-17	2017-1-25	定向	3	4.95	2,800.00	8,400.00	8,400.00	大股东,机构投资者,境内自然人	现金	引入战略投资者	新时代证券股份有限公司	2017-5-22
834771.OC	基玉金服	2017-4-11	2017-1-25	定向	30.3	21.25	194.2243	7,484.99	5,885.00	机构投资者	现金	项目融资	申万宏源证券有限公司	2017-4-14
837273.OC	南联环资	2017-4-11	2017-1-24	定向	1.8	12	300	600	540	大股东,大股东关联方,境内自然人	现金	补充流动资金	华福证券有限责任公司	2017-4-13
837516.OC	美骑网络	2017-4-13	2017-1-24	定向	13.24		226.5	2,998.86	2,998.86	机构投资者	现金	补充流动资金	安信证券股份有限公司	2017-4-17
839951.OC	用友汽车	2017-3-21	2017-1-24	定向	12.28		200	2,456.00	2,456.00	机构投资者	现金	项目融资	国泰君安证券股份有限公司	2017-3-24
833448.OC	灵动微电	2017-4-19	2017-1-24	定向	8.6	12.45	340	2,924.00	2,924.00	机构投资者	现金	补充流动资金	五矿证券有限公司	2017-4-21
839122.OC	隆华新材	2017-3-15	2017-1-24	定向	6		850	8,100.00	5,100.00	机构投资者	现金	项目融资	东吴证券股份有限公司	2017-3-17
836597.OC	三尚传媒	2017-3-16	2017-1-24	定向	10.29	2.16	1,943.63	20,000.00	20,000.00	机构投资者	现金	补充流动资金	东方花旗证券有限公司	
833046.OC	上层传媒	2017-3-21	2017-1-24	定向	10		50	1,000.00	500	境内自然人	现金	补充流动资金	长江证券股份有限公司	2017-3-23
430094.OC	确安科技	2017-6-1	2017-1-24	定向	4	3	980	4,000.00	3,920.00	大股东,机构投资者,境内自然人	现金	项目融资	上海证券有限责任公司	2017-6-8
838988.OC	九索数据	2017-3-28	2017-1-24	定向	20		75	3,000.00	1,500.00	机构投资者	现金	项目融资	西部证券股份有限公司	2017-3-30
834765.OC	美之高	2017-4-6	2017-1-23	定向	8.48	10.5	470	4,200.00	3,985.60	机构投资者,境内自然人	现金	补充流动资金	华创证券有限责任公司	2017-4-11
832548.OC	金泉科技	2017-4-21	2017-1-23	定向	7.5	10.18	150	1,125.00	1,125.00	大股东,境内自然人	现金	项目融资	财通证券股份有限公司	2017-4-25
831711.OC	青浦资产	2017-3-21	2017-1-23	定向	3		18,425.90	55,277.69	55,277.69	大股东	资产	融资收购其他资产		
430441.OC	英极股份	2017-3-31	2017-1-23	定向	4.24	3.8	881.6037	3,738.00	3,738.00	大股东	资产	融资收购其他资产		2017-4-6
832181.OC	永成双海	2017-6-1	2017-1-23	定向	4	3.65	1,700.00	6,800.00	6,800.00	机构投资者,境内自然人	现金	项目融资	财通证券股份有限公司	2017-6-5
838071.OC	风盛股份	2017-4-15	2017-1-23	定向	2.92		350	1,022.00	1,022.00	大股东,境内自然人	现金	补充流动资金	中信证券股份有限公司	2017-4-19
833159.OC	力好科技	2017-5-5	2017-1-22	定向	6.5	7.58	1,069.54	6,952.00	6,952.00	境内自然人	资产	融资收购其他资产		
833389.OC	金钱猫	2017-3-31	2017-1-22	定向	6.49	6.49	616.3328	4,000.00	4,000.00	机构投资者	现金	补充流动资金	中山证券有限责任公司	2017-4-7
839805.OC	中德生物	2017-4-12	2017-1-22	定向	3.65		354.9999	1,460.00	1,295.75	大股东	现金	补充流动资金	中银国际证券有限责任公司	2017-4-14
832804.OC	浩明科技	2017-2-23	2017-1-22	定向	8.62		220.419	1,900.01	1,900.01	境内自然人	现金	补充流动资金	开源证券股份有限公司	2017-2-28
832469.OC	富恒新材	2017-5-10	2017-1-22	定向	5	9.99	675	4,100.00	3,375.00	机构投资者,境内自然人	现金	补充流动资金	国盛证券有限责任公司	2017-5-12
430262.OC	神州云动	2017-6-6	2017-1-22	定向	8.06		124.0695	1,000.00	1,000.00	机构投资者	现金	补充流动资金	世纪证券有限责任公司	2017-6-8
837315.OC	魔秀科技	2017-4-13	2017-1-21	定向	38.1	42	26.26	1,000.51	1,000.51	机构投资者	现金	补充流动资金	联讯证券股份有限公司	2017-4-18
836668.OC	奥星电子	2017-3-8	2017-1-21	定向	12.3		100	1,230.00	1,230.00	大股东,境内自然人	现金	项目融资	浙商证券股份有限公司	2017-3-10

代码	名称	增发公告日	发行日期	发行方式	发行价格	增发日收盘价	增发数量（万股）	预计募集资金（万元）	实际募资总额（万元）	发行对象	认购方式	增发目的	主承销商	限售股解禁时间
833636.OC	邦瑞达	2017-3-15	2017-1-20	定向	5		80	400	400	境内自然人	现金	项目融资	中泰证券股份有限公司	2017-3-17
870055.OC	创易技研	2017-3-10	2017-1-20	定向	1.5		150	225	225	大股东,境内自然人	现金	项目融资	中泰证券股份有限公司	2017-3-14
837323.OC	悦芽母婴	2017-6-27	2017-1-20	定向	1.08		403.75	436.05	436.05	大股东,境内自然人	现金	补充流动资金	招商证券股份有限公司	2017-6-29
836907.OC	赛诺生物	2017-5-13	2017-1-20	定向	26.67		90.4	4,050.00	2,410.97	机构投资者,境内自然人	现金	项目融资	招商证券股份有限公司	2017-5-18
835120.OC	全贸流体	2017-3-15	2017-1-20	定向	2.78	6.5	1,000.00	2,780.00	2,780.00	大股东,机构投资者,境内自然人	现金	补充流动资金	华林证券股份有限公司	2017-3-17
835414.OC	龙威新材	2017-3-24	2017-1-20	定向	8	9	150	1,200.00	1,200.00	大股东	现金	项目融资	华龙证券股份有限公司	2017-3-29
836825.OC	国信创新	2017-3-18	2017-1-20	定向	28		161.5715	5,544.00	4,524.00	机构投资者	现金	项目融资	中信建投证券股份有限公司	2017-3-22
835857.OC	百甲科技	2017-4-22	2017-1-20	定向	6	16	560	5,940.00	3,360.00	机构投资者,境内自然人	现金	项目融资	广发证券股份有限公司	2017-4-26
870336.OC	众志达	2017-4-8	2017-1-20	定向	3.71		547.214	2,030.00	2,030.00	机构投资者	现金	补充流动资金	万联证券有限责任公司	2017-4-13
836671.OC	网博科技	2017-4-19	2017-1-20	定向	7		200	1,400.00	1,400.00	大股东,机构投资者,境内自然人	现金	补充流动资金	广发证券股份有限公司	2017-4-21
430601.OC	吉玛基因	2017-8-18	2017-1-20	定向	18	24.6	18	324	324	境内自然人	现金	项目融资	光大证券股份有限公司	
832783.OC	恒源食品	2017-5-6	2017-1-20	定向	5.3	6.59	2,387.00	15,900.00	12,651.10	机构投资者,境内自然人	现金	引入战略投资者	万联证券有限责任公司	2017-5-11
839631.OC	吉通股份	2017-3-30	2017-1-20	定向	1.65		445	734.25	734.25	大股东,境内自然人	现金	补充流动资金	华创证券有限责任公司	2017-4-5
833586.OC	雷诺尔	2017-5-12	2017-1-20	定向	5	4	3,456.00	17,280.00	17,280.00	境内自然人	资产	融资收购其他资产		
836219.OC	鼎晶生物	2017-3-17	2017-1-20	定向	12.27		203.749	2,500.00	2,500.00	大股东,机构投资者,境内自然人	现金	项目融资	东吴证券股份有限公司	2017-3-21
836935.OC	小棉袄	2017-5-16	2017-1-20	定向	11.81		42.3414	500	500	境内自然人	现金	补充流动资金	太平洋证券股份有限公司	
832174.OC	益立胶囊	2017-7-18	2017-1-20	定向	8	9.89	250	2,000.00	2,000.00	机构投资者,境内自然人	现金	项目融资	全元证券股份有限公司	2017-7-21
832439.OC	马可正嘉	2017-4-15	2017-1-20	定向	6.3	13.65	160	1,008.00	1,008.00	大股东,大股东关联方,机构投资者,境内自然人	现金	项目融资	国泰君安证券股份有限公司	2017-4-19
838141.OC	中新正大	2017-4-8	2017-1-20	定向	7.7	7.7	130	1,001.00	1,001.00	大股东	现金	补充流动资金	国海证券股份有限公司	2017-4-12
831057.OC	多普泰	2017-3-2	2017-1-20	定向	13	12.7	499.1153	6,500.00	6,488.50	机构投资者,境内自然人	现金	项目融资	华泰联合证券有限责任公司	2017-3-6
830922.OC	裕荣光电	2017-3-17	2017-1-20	定向	5	6.65	350	2,500.00	1,750.00	机构投资者,境内自然人	现金	补充流动资金	中山证券有限责任公司	2017-3-22
838795.OC	风景园林	2017-4-8	2017-1-20	定向	25		80	2,000.00	2,000.00	大股东,境内自然人	现金	补充流动资金	中泰证券股份有限公司	2017-4-12
834464.OC	大象健康	2017-3-23	2017-1-19	定向	2.5	2.5	200	500	500	大股东	现金	项目融资	东北证券股份有限公司	
837866.OC	数字动力	2017-6-10	2017-1-19	定向	5.5		90	495	495	机构投资者	现金	补充流动资金	方正证券股份有限公司	2017-6-15
838051.OC	弘侨生物	2017-2-25	2017-1-19	定向	1		1,000.00	1,000.00	1,000.00	大股东,大股东关联方,境内自然人	现金	项目融资	长江证券股份有限公司	2017-3-1
430642.OC	映翰通	2017-5-17	2017-1-19	定向	6	18	62.4008	374.4	374.4	境内自然人	现金	股权激励	光大证券股份有限公司	
834620.OC	四川唯鸿	2017-3-1	2017-1-19	定向	5	10.15	650	3,250.00	3,250.00	境内自然人	现金	补充流动资金	华福证券有限责任公司	2017-3-9
834720.OC	闽瑞环保	2017-3-11	2017-1-19	定向	10.08	9.5	499.9923	7,056.00	5,039.92	机构投资者,境内自然人	现金	补充流动资金	上海证券有限责任公司	2017-3-16
835787.OC	海力股份	2017-3-29	2017-1-19	定向	2.39		430	1,027.70	1,027.70	大股东,大股东关联方,境内自然人	现金	补充流动资金	申万宏源证券有限公司	2017-3-31
838372.OC	ST醉纯	2017-6-2	2017-1-19	定向	14.44		96.955	3,000.00	1,400.03	大股东,机构投资者	现金	项目融资	长江证券股份有限公司	2017-6-6
839684.OC	创艺园	2017-5-17	2017-1-19	定向	12.73	29.38	62.8437	1,000.45	800	机构投资者	现金	补充流动资金	国海证券股份有限公司	2017-5-19
831603.OC	金润和	2017-4-18	2017-1-19	定向	6.88	4.58	290.6976	2,408.00	2,000.00	机构投资者	现金	补充流动资金	东莞证券股份有限公司	2017-4-20
834979.OC	天健生物	2017-3-21	2017-1-19	定向	3.3	1	165	544.5	544.5	境内自然人	现金	项目融资	兴业证券股份有限公司	
837974.OC	海诺科技	2017-4-19	2017-1-19	定向	2		680	1,360.00	1,360.00	机构投资者,境内自然人	现金	补充流动资金	招商证券股份有限公司	2017-4-21
430621.OC	固安信通	2017-7-4	2017-1-18	定向	3	9.5	2,010.00	6,030.00	6,030.00	大股东,境内自然人	现金	融资收购其他资产	中信建投证券股份有限公司	2017-7-6
430603.OC	回水科技	2017-4-8	2017-1-18	定向	3.5	3.25	1,000.00	3,500.00	3,500.00	大股东,机构投资者,境内自然人	现金	项目融资	国信证券股份有限公司	2017-4-12

代码	名称	增发公告日	发行日期	发行方式	发行价格	增发日收盘价	增发数量（万股）	预计募集资金（万元）	实际募资总额（万元）	发行对象	认购方式	增发目的	主承销商	限售股解禁时间
836142.OC	时光一百	2017-3-9	2017-1-18	定向	9		111.1112	1,000.00	1,000.00	大股东	现金	项目融资	民生证券股份有限公司	2017-3-13
839602.OC	大伦股份	2017-3-17	2017-1-18	定向	2.9		700	2,030.00	2,030.00	大股东,境内自然人	现金	补充流动资金	东莞证券股份有限公司	2017-3-21
834231.OC	合众环保	2017-3-16	2017-1-18	定向	8.48		235.849	2,001.28	2,000.00	机构投资者	现金	补充流动资金	东莞证券股份有限公司	
838052.OC	德亚智能	2017-3-7	2017-1-18	定向	5.33		187.5	1,000.00	1,000.00	机构投资者	现金	补充流动资金	九州证券股份有限公司	2017-3-10
834911.OC	高达软件	2017-4-25	2017-1-18	定向	7	6.5	308	2,156.00	2,156.00	机构投资者,境内自然人	现金	项目融资	浙商证券股份有限公司	2017-4-28
835438.OC	戈碧迦	2017-3-10	2017-1-18	定向	5	4.9	1,000.00	5,000.00	5,000.00	机构投资者,境内自然人	现金	项目融资	中信建投证券股份有限公司	2017-3-14
837890.OC	华朴农业	2017-3-2	2017-1-17	定向	10	1.07	1,380.00	15,000.00	13,800.00	大股东,机构投资者,境内自然人	现金	项目融资	华创证券有限责任公司	2017-3-6
837950.OC	爱信股份	2017-3-29	2017-1-17	定向	3.6		292	1,051.20	1,051.20	大股东,境内自然人	现金	项目融资	天风证券股份有限公司	2017-3-31
831193.OC	新健康成	2017-8-26	2017-1-17	定向	6.35	8.51	1,943.57	12,342.86	12,342.86	机构投资者	现金	项目融资	华安证券股份有限公司	
839607.OC	飞扬骏研	2017-3-8	2017-1-17	定向	21.15		56.7376	1,500.00	1,200.00	机构投资者,境内自然人	现金	补充流动资金	华创证券有限责任公司	2017-3-13
837674.OC	米乐星	2017-2-22	2017-1-16	定向	10.5	12.75	100	1,050.00	1,050.00	境内自然人	现金	补充流动资金	天风证券股份有限公司	2017-2-24
831308.OC	华博教育	2017-5-11	2017-1-16	定向	13.49	12.15	108.8806	1,468.80	1,468.80	境内自然人	资产	融资收购其他资产		
833326.OC	全盾软件	2017-2-23	2017-1-16	定向	10		422	5,000.00	4,220.00	机构投资者	现金	补充流动资金	上海证券有限责任公司	2017-2-27
833075.OC	柏星龙	2017-4-11	2017-1-16	定向	5.4	3.5	185.2	1,000.08	1,000.08	境内自然人	现金	项目融资	招商证券股份有限公司	2017-4-13
839505.OC	九春教育	2017-3-22	2017-1-16	定向	4	7	275	1,100.00	1,100.00	大股东,境内自然人	现金	补充流动资金	财富证券有限责任公司	2017-3-24
839813.OC	微特电机	2017-4-20	2017-1-16	定向	8.9		1,125.00	10,012.50	10,012.50	机构投资者	现金	项目融资	安信证券股份有限公司	2017-4-26
835779.OC	康利达	2017-5-10	2017-1-16	定向	1.8		1,900.00	3,420.00	3,420.00	大股东,大股东关联方,境内自然人	现金	项目融资	大通证券股份有限公司	2017-5-12
838963.OC	达实智控	2017-4-12	2017-1-16	定向	5		300	1,500.00	1,500.00	大股东,大股东关联方,境内自然人	现金	项目融资	安信证券股份有限公司	2017-4-14
830925.OC	鄂信钻石	2017-2-16	2017-1-16	定向	7.1	7.85	630	4,725.00	4,473.00	机构投资者,境内自然人	现金	补充流动资金	长江证券股份有限公司	2017-2-20
835927.OC	科力新能	2017-4-13	2017-1-15	定向	4.5		240	1,192.50	1,080.00	大股东,大股东关联方,境内自然人	现金	补充流动资金	安信证券股份有限公司	2017-4-17
838543.OC	沃土种业	2017-2-24	2017-1-15	定向	2.2		100	220	220	大股东,境内自然人	现金	补充流动资金	财达证券股份有限公司	2017-2-28
834858.OC	一卡通	2017-5-9	2017-1-15	定向	1.8		800	1,440.00	1,440.00	大股东	现金	补充流动资金	华福证券有限责任公司	2017-5-11
839061.OC	伊赫塔拉	2017-4-6	2017-1-13	定向	2.5		400	1,000.00	1,000.00	大股东	现金	补充流动资金	德邦证券股份有限公司	2017-4-10
836055.OC	炫坤科技	2017-4-14	2017-1-13	定向	1.5		461.3333	903.5	692	境内自然人	现金	补充流动资金	中银国际证券有限责任公司	2017-4-18
838971.OC	天马新材	2017-4-18	2017-1-13	定向	2		800	1,600.00	1,600.00	大股东,境内自然人	现金	项目融资	国泰君安证券股份有限公司	2017-4-21
839143.OC	华移科技	2017-3-24	2017-1-13	定向	22.22		90.009	5,000.00	2,000.00	机构投资者	现金	补充流动资金	申万宏源证券有限公司	2017-3-28
830777.OC	金达莱	2017-3-18	2017-1-13	定向	25.8	25.6	700	18,060.00	18,060.00	机构投资者	现金	项目融资	太平洋证券股份有限公司	2017-3-22
836329.OC	泰瑞新材	2017-3-23	2017-1-13	定向	4	6.98	112.8	1,200.00	451.2	境内自然人	现金	项目融资	华福证券有限责任公司	2017-3-28
838334.OC	金证互通	2017-2-22	2017-1-13	定向	38		26.3158	1,000.00	1,000.00	机构投资者	现金	项目融资	华林证券股份有限公司	2017-2-24
836826.OC	盖世食品	2017-4-6	2017-1-13	定向	2		250	500	500	大股东关联方,境内自然人	现金	项目融资	江海证券有限公司	2020-4-13
839027.OC	航宇新材	2017-6-24	2017-1-13	定向	2.18		140	327	305.2	机构投资者,境内自然人	现金	补充流动资金	国泰君安证券股份有限公司	2017-6-29
839702.OC	和元上海	2017-3-2	2017-1-13	定向	12		69	828	828	机构投资者	现金	项目融资	国金证券股份有限公司	
837986.OC	金镄安防	2017-2-21	2017-1-13	定向	5		106	530	530	境内自然人	现金	项目融资	华林证券股份有限公司	2017-2-24
834598.OC	天沐温泉	2017-3-10	2017-1-13	定向	2.5		1,800.00	4,500.00	4,500.00	大股东,大股东关联方	现金	项目融资	广州证券股份有限公司	2017-3-17
837778.OC	狮华股份	2017-2-23	2017-1-12	定向	15.77	16.8	341.8	5,390.19	5,390.19	机构投资者	现金	项目融资	首创证券有限责任公司	2017-2-27
838410.OC	晶珠藏药	2017-3-28	2017-1-12	定向	3.5		600	3,500.00	2,100.00	机构投资者	现金	补充流动资金	光大证券股份有限公司	2017-3-30
838562.OC	维斗科技	2017-3-17	2017-1-12	定向	1.5		892	1,650.00	1,338.00	大股东,境内自然人	现金	补充流动资金	中泰证券股份有限公司	2017-3-21
835213.OC	福信富通	2017-3-22	2017-1-12	定向	12		84	1,200.00	1,008.00	机构投资者,境内自然人	现金	项目融资	兴业证券股份有限公司	2017-3-24
838611.OC	新达科技	2017-2-15	2017-1-12	定向	1.25		600	750	750	大股东	现金	项目融资	山西证券股份有限公司	2017-2-17
839258.OC	汇兴智造	2017-4-8	2017-1-12	定向	2.5		400	1,000.00	1,000.00	大股东	现金	补充流动资金	东莞证券股份有限公司	2017-4-12

代码	名称	增发公告日	发行日期	发行方式	发行价格	增发日收盘价	增发数量（万股）	预计募集资金（万元）	实际募资总额（万元）	发行对象	认购方式	增发目的	主承销商	限售股解禁时间
838112.OC	安捷讯	2017-3-9	2017-1-12	定向	5.4		302	1,630.80	1,630.80	大股东,机构投资者	现金	补充流动资金	东吴证券股份有限公司	2017-3-14
833137.OC	通宝光电	2017-3-17	2017-1-12	定向	20	25	515	10,300.00	10,300.00	机构投资者,境内自然人	现金	项目融资	申万宏源证券有限公司	2017-3-21
839184.OC	羊泉生物	2017-3-25	2017-1-12	定向	4		211	844	844	大股东,大股东关联方,境内自然人	现金	补充流动资金	兴业证券股份有限公司	2017-3-29
836876.OC	锦元黄金	2017-3-29	2017-1-11	定向	4	10	300	1,200.00	1,200.00	大股东关联方,机构投资者,境内自然人	现金	补充流动资金	申万宏源证券有限公司	
837242.OC	建邦股份	2017-4-6	2017-1-11	定向	30.67		114.1	3,500.00	3,500.00	大股东,机构投资者	现金	项目融资	中航证券有限公司	2017-4-10
837762.OC	多点科技	2017-2-24	2017-1-11	定向	100		8.525	852.5	852.5	大股东关联方,机构投资者,境内自然人	现金	补充流动资金	中信证券股份有限公司	2017-3-1
430215.OC	必可测	2017-3-1	2017-1-11	定向	2	5.57	158	316	316	大股东,境内自然人	现金	补充流动资金	中泰证券股份有限公司	2017-3-3
836575.OC	绿邦作物	2017-3-1	2017-1-11	定向	3.5		28	98	98	境内自然人	现金	项目融资	安信证券股份有限公司	2017-3-3
835793.OC	安可科技	2017-3-1	2017-1-10	定向	2.4		234.12	561.89	561.89	大股东关联方,境内自然人	现金	项目融资	长江证券股份有限公司	
833339.OC	胜软科技	2017-3-9	2017-1-10	定向	4	3.9	96.18	384.72	384.72	境内自然人	现金	补充流动资金	中泰证券股份有限公司	
831943.OC	西格码	2017-4-26	2017-1-10	定向	6	11.98	210	6,000.00	1,260.00	大股东,机构投资者,境内自然人	现金	项目融资	财富证券有限责任公司	2019-4-29
837585.OC	千玉股份	2017-4-11	2017-1-10	定向	1.2		1,229.00	1,474.80	1,474.80	大股东关联方,机构投资者,境内自然人	现金	项目融资	中国中投证券有限责任公司	2017-4-17
836249.OC	恒丰特导	2017-3-23	2017-1-10	定向	1.38	1	4,189.00	5,780.82	5,780.82	大股东,大股东关联方,境内自然人	现金,资产	融资收购其他资产	中信证券股份有限公司	2017-3-27
833741.OC	山水股份	2017-3-18	2017-1-10	定向	30.49		164.0211	5,002.00	5,001.00	机构投资者	现金	补充流动资金	广发证券股份有限公司	2017-3-22
833772.OC	天蓝环保	2017-3-29	2017-1-10	定向	6	6.78	120	720	720	境内自然人	现金	补充流动资金	申万宏源证券有限公司	2020-3-31
839605.OC	晟琪科技	2017-3-11	2017-1-10	定向	4.8		300	1,440.00	1,440.00	大股东,境内自然人	现金	补充流动资金	广发证券股份有限公司	2017-3-15
833679.OC	润光股份	2017-3-25	2017-1-10	定向	4.06		300	1,421.00	1,218.00	大股东	现金	项目融资	中信建投证券股份有限公司	
837865.OC	亘峰嘉能	2017-3-23	2017-1-10	定向	2.2		1,000.00	2,200.00	2,200.00	机构投资者	现金	补充流动资金	山西证券股份有限公司	2017-3-27
831768.OC	拾比佰	2017-3-18	2017-1-10	定向	5	7.03	382	2,000.00	1,910.00	机构投资者,境内自然人	现金	补充流动资金	安信证券股份有限公司	2017-3-22
833435.OC	国润新材	2017-3-17	2017-1-10	定向	3.6	3.32	840.5555	4,818.80	3,026.00	机构投资者,境内自然人	现金	项目融资	国都证券股份有限公司	2017-3-21
832689.OC	德尔能	2017-5-24	2017-1-10	定向	10		500	10,010.00	5,000.00	机构投资者	现金	补充流动资金	安信证券股份有限公司	2017-5-26
836661.OC	特利尔	2017-7-6	2017-1-10	定向	8.5	6	876	9,000.00	7,446.00	机构投资者,境内自然人	现金	补充流动资金	招商证券股份有限公司	2017-7-10
838825.OC	金兴机械	2017-4-12	2017-1-10	定向	3.8		64	247	243.2	大股东关联方,境内自然人	现金	补充流动资金	东莞证券股份有限公司	2017-4-14
836966.OC	亚风快运	2017-4-18	2017-1-10	定向	4		152.2	4,800.00	608.8	大股东,境内自然人	现金	项目融资	东吴证券股份有限公司	2017-4-20
839758.OC	爱范儿	2017-3-22	2017-1-9	定向	16		125	2,000.00	2,000.00	机构投资者	现金	补充流动资金	广州证券股份有限公司	2017-3-30
831015.OC	小白龙	2017-5-16	2017-1-9	定向	6.5	7.41	235	3,575.00	1,527.50	机构投资者,境内自然人	现金	项目融资	广发证券股份有限公司	2017-5-18
832730.OC	蓝贝股份	2017-5-5	2017-1-9	定向	6		120	720	720	机构投资者	现金	补充流动资金	广发证券股份有限公司	2017-5-9
430641.OC	天健创新	2017-2-24	2017-1-9	定向	8		250	2,000.00	2,000.00	机构投资者	现金	项目融资	中原证券股份有限公司	2017-3-1
839777.OC	中构新材	2017-4-6	2017-1-9	定向	4		455	2,000.00	1,820.00	境内自然人	现金	项目融资	华创证券有限责任公司	2017-4-10
838582.OC	德华生态	2017-4-29	2017-1-9	定向	2		130	260	260	大股东,机构投资者,境内自然人	现金	项目融资	兴业证券股份有限公司	2017-5-12
831078.OC	易通鼎盛	2017-3-29	2017-1-8	定向	1	1	500	500	500	大股东	现金	项目融资	东北证券股份有限公司	
430475.OC	陆道文创	2017-7-4	2017-1-8	定向	8.5	9.8	400	3,400.00	3,400.00	境内自然人	资产	融资收购其他资产		2020-7-6
837606.OC	晶奇网络	2017-2-23	2017-1-7	定向	2		200	400	400	大股东,境内自然人	现金	补充流动资金	西南证券股份有限公司	2017-2-27
836951.OC	佛尔盛	2017-2-24	2017-1-7	定向	9.5		210.5263	2,000.00	2,000.00	机构投资者	现金	项目融资	中信建投证券股份有限公司	2017-2-28
831569.OC	华牧天元	2017-4-7	2017-1-7	定向	2.4	3	841.25	2,019.00	2,019.00	大股东,大股东关联方,境内自然人	现金	补充流动资金	申万宏源证券有限公司	2017-4-11
834984.OC	网库股份	2017-2-28	2017-1-6	定向	24.5	49.7	204.0816	5,000.00	5,000.00	机构投资者	现金	补充流动资金	国金证券股份有限公司	2017-3-2
836883.OC	均益股份	2017-2-25	2017-1-6	定向	2.3		1,131.00	2,600.00	2,600.00	机构投资者	现金	项目融资	国元证券股份有限公司	2017-3-1

代码	名称	增发公告日	发行日期	发行方式	发行价格	增发日收盘价	增发数量（万股）	预计募集资金（万元）	实际募资总额（万元）	发行对象	认购方式	增发目的	主承销商	限售股解禁时间
838146.OC	福百盛	2017-3-14	2017-1-6	定向	4.05	9.98	445	1,802.25	1,802.25	大股东关联方	现金	补充流动资金	广州证券股份有限公司	2017-3-16
838162.OC	祥龙股份	2017-3-2	2017-1-6	定向	1.5		200	300	300	大股东	现金	项目融资	东吴证券股份有限公司	2017-3-10
834209.OC	正合股份	2017-5-11	2017-1-6	定向	17		60	1,360.00	1,020.00	境内自然人	现金	补充流动资金	中信建投证券股份有限公司	
832646.OC	讯众股份	2017-5-5	2017-1-6	定向	13.6	14	257.34	4,500.00	3,499.82	大股东，机构投资者	现金	项目融资	南京证券股份有限公司	2017-5-9
835112.OC	汇丰源	2017-3-7	2017-1-6	定向	2		500	1,000.00	1,000.00	机构投资者	现金	补充流动资金	万联证券有限责任公司	2017-3-9
834298.OC	皇隆制药	2017-3-10	2017-1-6	定向	3.14	1	100	314	314	境内自然人	现金	股权激励	华龙证券股份有限公司	2017-3-14
837836.OC	龙宇医药	2017-3-10	2017-1-6	定向	11		77.5	1,496.00	852.5	大股东关联方，境内自然人	现金	补充流动资金	华融证券股份有限公司	2017-3-14
833851.OC	景云祥	2017-3-2	2017-1-6	定向	7	10	1,857.00	12,999.00	12,999.00	机构投资者	现金	补充流动资金	中信证券股份有限公司	2017-3-6
831942.OC	天一生物	2017-3-29	2017-1-6	定向	6	7.34	150	900	900	机构投资者	现金	项目融资	招商证券股份有限公司	2017-3-31
832340.OC	国联股份	2017-3-28	2017-1-5	定向	7	10.6	2,238.00	15,666.00	15,666.00	机构投资者，境内自然人	现金	补充流动资金	西部证券股份有限公司	2017-3-30
833783.OC	源培生物	2017-3-8	2017-1-5	定向	6.5		500	3,250.00	3,250.00	大股东，境内自然人	现金	项目融资	德邦证券股份有限公司	2017-3-10
832477.OC	航凯电力	2017-3-25	2017-1-5	定向	3.8	3.8	910	3,458.00	3,458.00	大股东，境内自然人	现金	补充流动资金	太平洋证券股份有限公司	2017-3-29
831770.OC	同智科技	2017-2-14	2017-1-5	定向	3.55	1.52	500	1,775.00	1,775.00	大股东，机构投资者	现金	项目融资	中泰证券股份有限公司	2017-2-17
430761.OC	升禾环保	2017-6-14	2017-1-5	定向	1.5	2.65	500	750	750	大股东，大股东关联方，境内自然人	现金	股权激励	方正证券股份有限公司	
835900.OC	威瀚电气	2017-2-15	2017-1-5	定向	3		350	1,050.00	1,050.00	大股东关联方	现金	补充流动资金	长城证券股份有限公司	2017-2-17
834490.OC	我享科技	2017-2-25	2017-1-5	定向	8	10.2	125	1,350.00	1,000.00	机构投资者	现金	项目融资	国金证券股份有限公司	2017-3-1
836767.OC	天杰实业	2017-4-1	2017-1-5	定向	3.1		355.7	1,134.29	1,102.67	大股东，境内自然人	现金	项目融资	浙商证券股份有限公司	2017-4-7
833482.OC	能量传播	2017-3-2	2017-1-5	定向	6	5.7	1,000.00	6,000.00	6,000.00	机构投资者	现金	项目融资	中原证券股份有限公司	2017-3-6
834938.OC	南通通机	2017-3-30	2017-1-5	定向	3		200	600	600	境内自然人	现金	项目融资	申万宏源证券有限公司	2020-4-6
835124.OC	泰坦科技	2017-5-10	2017-1-5	定向	10.48	16.2	362.61	3,999.90	3,800.15	大股东，境内自然人	现金	项目融资	光大证券股份有限公司	2017-5-12
832994.OC	慈惠健康	2017-5-17	2017-1-5	定向	3		350	1,050.00	1,050.00	机构投资者	现金	项目融资	国泰君安证券股份有限公司	2017-5-19
839234.OC	优利康达	2017-3-10	2017-1-5	定向	7.5		1,600.00	12,000.00	12,000.00	大股东，机构投资者，境内自然人	现金	补充流动资金	招商证券股份有限公司	2017-3-15
839946.OC	华阳变速	2017-4-13	2017-1-5	定向	1.5	2.6	1,025.26	1,549.95	1,537.89	大股东，境内自然人	现金	补充流动资金	国融证券股份有限公司	2017-4-17
832171.OC	志晟信息	2017-3-8	2017-1-4	定向	4.5	11.98	607	2,731.50	2,731.50	机构投资者，境内自然人	现金	项目融资	太平洋证券股份有限公司	
834639.OC	晨光电缆	2017-3-4	2017-1-4	定向	4	4.99	700	2,800.00	2,800.00	大股东关联方，境内自然人	现金	补充流动资金	西部证券股份有限公司	2020-3-9
832600.OC	金鸿新材	2017-3-2	2017-1-4	定向	5	1	300	2,000.00	1,500.00	机构投资者	现金	补充流动资金	中泰证券股份有限公司	2017-3-6
430755.OC	华曦达	2017-4-21	2017-1-4	定向	9	12.39	113	1,017.00	1,017.00	大股东关联方，机构投资者，境内自然人	现金	补充流动资金	国泰君安证券股份有限公司	
838324.OC	广尔数码	2017-3-2	2017-1-4	定向	2.5		500	1,250.00	1,250.00	境内自然人	现金	补充流动资金	西部证券股份有限公司	2017-3-8
838925.OC	玉玄宫	2017-3-2	2017-1-4	定向	28.69		20.9151	1,200.10	600.05	机构投资者，境内自然人	现金	项目融资	长城证券股份有限公司	2017-3-6
837333.OC	高光世纪	2017-4-29	2017-1-3	定向	4		750	3,000.00	3,000.00	大股东关联方，境内自然人	现金	项目融资	平安证券股份有限公司	
837301.OC	道坦坦	2017-4-21	2017-1-3	定向	1.21		827	1,043.02	1,000.67	大股东，机构投资者	现金	项目融资	海通证券股份有限公司	2017-4-26
837305.OC	万和科技	2017-4-11	2017-1-3	定向	1		550	550	550	大股东，境内自然人	现金	补充流动资金	安信证券股份有限公司	2017-4-13
830946.OC	森萱医药	2017-2-17	2017-1-3	定向	6		330	1,980.00	1,980.00	大股东	现金	项目融资	开源证券股份有限公司	2017-2-21
836344.OC	隆海生物	2017-3-24	2017-1-3	定向	2.82		400	1,128.00	1,128.00	机构投资者	现金	补充流动资金	中泰证券股份有限公司	2017-3-28
832341.OC	常荣声学	2017-3-16	2017-1-3	定向	6.24	7.4	321	2,003.04	2,003.04	机构投资者	现金	引入战略投资者	中信证券股份有限公司	2017-3-20
837996.OC	大二互	2017-2-16	2017-1-3	定向	4		91.75	367	367	大股东关联方，境内自然人	现金	补充流动资金	长江证券股份有限公司	2017-2-20

数据来源：Wind。

2017 年新三板市场转板情况统计

转板前代码	简称	挂牌时间	摘牌时间	交易市场	转板后代码	简称	上市交易所	上市日期	Wind 行业
831371.OC	美涂士(退市)	2014-11-27	2017-12-29	三板					材料-材料Ⅱ
832745.OC	奥飞数据(退市)	2015-7-15	2017-12-29	三板	300738.SZ	奥飞数据	深圳	2018-1-19	信息技术-软件与服务
831263.OC	科华控股(退市)	2014-11-3	2017-12-26	三板	603161.SH	科华控股	上海	2018-1-5	可选消费-汽车与汽车零部件
831008.OC	百华悦邦(退市)	2014-8-29	2017-12-25	三板	300736.SZ	百邦科技	深圳	2018-1-9	可选消费-消费者服务Ⅱ
833138.OC	长江材料(退市)	2015-7-30	2017-12-20	三板	A16181.SZ	长江材料	深圳		材料-材料Ⅱ
832099.OC	新疆火炬(退市)	2015-3-11	2017-12-15	三板	603080.SH	新疆火炬	上海	2018-1-3	公用事业-公用事业Ⅱ
834034.OC	元道通信(退市)	2015-10-30	2017-12-11	三板					信息技术-软件与服务
832090.OC	时代装饰(退市)	2015-3-17	2017-11-15	三板	A16137.SZ	时代装饰(IPO终止)	深圳		工业-资本货物
834393.OC	爱柯迪(退市)	2015-12-14	2017-11-1	三板	600933.SH	爱柯迪	上海	2017-11-17	可选消费-汽车与汽车零部件
831103.OC	怡达化学(退市)	2014-8-22	2017-10-30	三板	300721.SZ	怡达股份	深圳	2017-11-15	材料-材料Ⅱ
832374.OC	丽岛新材(退市)	2015-5-13	2017-10-25	三板	603937.SH	丽岛新材	上海	2017-11-2	材料-材料Ⅱ
834647.OC	若羽臣(退市)	2015-12-2	2017-10-13	三板	A17270.SZ	若羽臣(IPO终止)	深圳		可选消费-零售业
833229.OC	龙利得(退市)	2015-8-7	2017-9-27	三板	A17121.SZ	龙利得(IPO终止)	深圳		材料-材料Ⅱ
835873.OC	通业科技(退市)	2016-3-7	2017-9-26	三板	A17274.SH	通业科技(IPO终止)	上海		工业-资本货物
832933.OC	九典制药(退市)	2015-7-24	2017-9-15	三板	300705.SZ	九典制药	深圳	2017-10-10	医疗保健-制药、生物科技与生命科学
831530.OC	才府玻璃(退市)	2014-12-18	2017-9-4	三板	A17208.SH	才府玻璃	上海		材料-材料Ⅱ
830838.OC	新产业(退市)	2014-7-25	2017-8-31	三板	A16064.SZ	新产业	深圳		医疗保健-医疗保健设备与服务
833456.OC	世纪天鸿(退市)	2015-9-15	2017-8-29	三板	300654.SZ	世纪天鸿	深圳	2017-9-26	可选消费-媒体Ⅱ
430162.OC	聚利科技(退市)	2012-11-2	2017-8-24	三板	A16121.SZ	聚利科技(IPO终止)	深圳		信息技术-技术硬件与设备
832675.OC	福达合金(退市)	2015-7-1	2017-8-23	三板	603045.SH	福达合金	上海	2018-5-17	材料-材料Ⅱ
430605.OC	阿科力(退市)	2014-1-24	2017-8-22	三板	603722.SH	阿科力	上海	2017-10-25	材料-材料Ⅱ
832772.OC	银都股份(退市)	2015-7-17	2017-8-21	三板	603277.SH	银都股份	上海	2017-9-11	工业-资本货物
834864.OC	万马科技(退市)	2015-12-9	2017-8-18	三板	300698.SZ	万马科技	深圳	2017-8-31	信息技术-技术硬件与设备
832582.OC	众源新材(退市)	2015-6-11	2017-8-17	三板	603527.SH	众源新材	上海	2017-9-7	材料-材料Ⅱ
430591.OC	明德生物(退市)	2014-1-24	2017-7-14	三板	002932.SZ	明德生物	深圳	2018-7-10	医疗保健-制药、生物科技与生命科学
831517.OC	凯伦建材(退市)	2014-12-16	2017-6-27	三板	300715.SZ	凯伦股份	深圳	2017-10-26	材料-材料Ⅱ
837311.OC	药石科技(退市)	2016-6-7	2017-6-16	三板	300725.SZ	药石科技	深圳	2017-11-10	医疗保健-制药、生物科技与生命科学
832362.OC	佩蒂股份(退市)	2015-4-23	2017-6-6	三板	300673.SZ	佩蒂股份	深圳	2017-7-11	日常消费-食品、饮料与烟草
430599.OC	艾艾精工(退市)	2014-1-24	2017-5-24	三板	603580.SH	艾艾精工	上海	2017-5-25	材料-材料Ⅱ
834571.OC	润建通信(退市)	2015-12-14	2017-5-22	三板	002929.SZ	润建通信	深圳	2018-3-1	信息技术-技术硬件与设备
831215.OC	新天药业(退市)	2014-10-23	2017-5-9	三板	002873.SZ	新天药业	深圳	2017-5-19	医疗保健-制药、生物科技与生命科学
430568.OC	光莆电子(退市)	2014-1-24	2017-3-21	三板	300632.SZ	光莆股份	深圳	2017-4-6	信息技术-技术硬件与设备
834108.OC	万隆股份(退市)	2015-11-16	2017-3-7	三板	300710.SZ	万隆光电	深圳	2017-10-19	信息技术-技术硬件与设备
831645.OC	三星新材(退市)	2015-1-7	2017-2-24	三板	603578.SH	三星新材	上海	2017-3-6	可选消费-耐用消费品与服装
831535.OC	拓斯达(退市)	2014-12-24	2017-1-26	三板	300607.SZ	拓斯达	深圳	2017-2-9	工业-资本货物

数据来源:Wind。

2017年度上市公司并购新三板挂牌公司一览

首次公告日	竞买方公司名称	代码	企业性质	受让后持股比例(%)	目标方公司名称	证券代码	企业性质	所属层级	交易详情并购目的	支付方式	转让价格(元)	转让股数(万股)	交易金额(万元)	最新进度
2017-12-29	航新科技	300424.SZ	民营企业	5	苏船动力(退市)	832549.OC	民营企业		横向整合	现金	20	225	4,500.00	签署转让协议
2017-12-27	友阿股份	002277.SZ	民营企业	0.69	远大住工(退市)	837715.OC	民营企业		战略合作	现金	35	200	7,000.00	完成
2017-12-23	康达新材	002669.SZ	民营企业	31.28	必控科技(退市)	430469.OC	民营企业		战略合作	现金		136	998.24	完成
2017-12-23	超讯通信	603322.SH	民营企业	50.01	桑锐电子(退市)	836086.OC	公众企业		横向整合	现金		3,223.64	23,404.68	完成
2017-12-23	中珠医疗	600568.SH	民营企业		蓝氧科技	834068.OC	民营企业	基础层	横向整合			7,870.00		达成转让意向
2017-12-21	步长制药	603858.SH	外资企业	70	新武夷	872557.OC	民营企业		横向整合	现金		3,574.20	11,800.00	董事会预案
2017-12-19	应流股份	603308.SH	民营企业	60	天津航宇(退市)	835493.OC	民营企业		多元化战略	现金	1.85	1,350.00	2,497.50	完成
2017-12-19	洽洽食品	002557.SZ	民营企业	11	三瑞农科	836645.OC	中央国有企业	创新层	垂直整合	现金	9.87	1,161.27	11,461.73	失败
2017-12-12	碧水源	300070.SZ	民营企业	9.93	德青源(退市)	835923.OC	民营企业		横向整合	现金		23,150.00	74,080.00	董事会预案
2017-12-12	国农科技	000004.SZ	民营企业	20.17	火舞软件(退市)	872105.OC	民营企业		横向整合	现金	42.95	42.5	1,825.38	完成
2017-12-12	碧水源	300070.SZ	民营企业	23	德青源(退市)	835923.OC	民营企业		横向整合	现金		23,150.00	74,080.00	董事会预案
2017-12-12	高升控股	000971.SZ	民营企业	100	华麒通信(退市)	834355.OC	民营企业		横向整合	股权+现金		10,261.17	91,896.96	完成
2017-12-9	长方集团	300301.SZ	民营企业	99.05	康铭盛(退市)	834736.OC	民营企业		横向整合	现金	15.65	3,838.20	60,100.00	完成
2017-12-5	赛意信息	300687.SZ	民营企业	51	景同科技(退市)	872048.OC	民营企业		横向整合	现金		927.27	13,260.00	完成
2017-12-1	四川金顶	600678.SH	民营企业	15.17	海盈科技(退市)	834159.OC	民营企业		财务投资	现金		1,023.95	18,200.00	完成
2017-11-28	桂发祥	002820.SZ	地方国有企业	22.42	昆汀科技	871115.OC	民营企业	基础层	垂直整合	现金		308.26	5,120.42	董事会预案
2017-11-21	电魂网络	603258.SH	民营企业	1	爱酷游	835089.OC	民营企业	基础层	横向整合	现金		51.16	1,150.18	完成
2017-11-21	大北农	002385.SZ	民营企业	30.05	荣昌育种	430762.OC	民营企业	基础层	其他			853.6		完成
2017-11-18	科斯伍德	300192.SZ	民营企业	30.05	龙门教育	838830.OC	民营企业	创新层	其他			589.2		完成
2017-11-18	用友网络	600588.SH	民营企业	16.33	汉唐咨询(退市)	836204.OC	民营企业		其他			313.8		完成
2017-11-18	众生药业	002317.SZ	民营企业	15.5	逸舒制药	832796.OC	民营企业	基础层	其他			400		完成
2017-11-16	康旗股份	300061.SZ	民营企业		澈众科技	837045.OC	民营企业	基础层	横向整合	现金			38,313.10	董事会预案
2017-11-16	大北农	002385.SZ	民营企业	20.6	荣昌育种	430762.OC	民营企业	基础层	其他			850		完成
2017-11-15	康旗股份	300061.SZ	民营企业		澈众科技	837045.OC	民营企业	基础层	横向整合	现金			38,313.10	完成
2017-11-15	用友网络	600588.SH	民营企业	22.24	汉唐咨询(退市)	836204.OC	民营企业		横向整合	现金		622.78	5,243.78	完成
2017-11-13	隆平高科	000998.SZ	中央国有企业	50.39	三瑞农科	836645.OC	中央国有企业	创新层	横向整合	现金	9.87	5,219.99	51,521.26	完成
2017-11-11	南钢股份	600282.SH	民营企业	0.56	思普润(退市)	832342.OC	民营企业		横向整合	现金	3.65	2,943.33	10,749.05	进行中
2017-11-11	南钢股份	600282.SH	民营企业	16.01	思普润(退市)	832342.OC	民营企业		横向整合	现金	3.65	2,943.33	10,749.05	进行中
2017-11-11	南钢股份	600282.SH	民营企业	13.34	思普润(退市)	832342.OC	民营企业		横向整合	现金	3.65	2,943.33	10,749.05	进行中
2017-11-6	爱仕达	002403.SZ	民营企业		意欧斯	831758.OC	民营企业	基础层	战略合作	现金			5,801.00	完成
2017-11-6	清水源	300437.SZ	民营企业	55	中旭建设(退市)	870088.OC	民营企业		垂直整合	现金	2.3	16,032.50	36,874.75	完成
2017-11-3	共进股份	603118.SH	民营企业	42.56	华环电子	430009.OC	中央国有企业	基础层	横向整合	现金	2.82	4,463.10	12,600.00	失败
2017-11-2	会畅通讯	300578.SZ	民营企业	14.99	数智源	834297.OC	民营企业	基础层	横向整合	现金	7.42	808.3	5,997.59	过户
2017-11-1	会稽山	601579.SH	民营企业	100	咸亨股份	834794.OC	民营企业	基础层	资产调整	现金		2,200.00	73,502.00	失败
2017-10-28	康美药业	600518.SH	民营企业	100	恒祥药业(退市)	839400.OC	民营企业		横向整合	现金		2,000.00	7,000.00	完成
2017-10-28	星帅尔	002860.SZ	民营企业	24.98	浙特电机(退市)	839160.OC	民营企业		横向整合	现金	10	974.34	9,743.40	完成
2017-10-26	深科技	000021.SZ	中央国有企业	1.92	振华新材(退市)	870341.OC	中央国有企业		多元化战略	现金	20	280	5,600.00	完成
2017-10-25	耐威科技	300456.SZ	民营企业	30.95	光谷信息	430161.OC	民营企业	基础层	横向整合	现金	9	1,547.26	14,195.36	董事会预案
2017-10-25	众生药业	002317.SZ	民营企业	80.53	逸舒制药	832796.OC	民营企业	基础层	横向整合	现金		7,063.00	42,276.16	董事会预案
2017-10-21	恒久科技	002808.SZ	民营企业	18.27	宝特龙	831452.OC	民营企业	基础层	其他	现金	1.25	800	1,000.00	完成
2017-10-21	美诺华	603538.SH	民营企业	41.45	燎原药业	831271.OC	民营企业	基础层	其他	现金	12.81	99	1,268.19	完成
2017-10-20	东吴证券	601555.SH	地方国有企业		盛鸿智能	870728.OC	民营企业	基础层	获取做市库存股	现金	2	50	100	董事会预案

首次公告日	竞买方公司名称	代码	企业性质	受让后持股比例（%）	目标方公司名称	证券代码	企业性质	所属层级	交易详情并购目的	支付方式	转让价格（元）	转让股数（万股）	交易金额（万元）	最新进度
2017-10-20	康达新材	002669.SZ	民营企业	97.27	必控科技(退市)	430469.OC	民营企业		多元化战略	股权+现金		4,270.79	31,351.10	完成
2017-10-12	新五丰	600975.SH	地方国有企业	98.13	天心种业(退市)	871499.OC	地方国有企业		横向整合	股权+现金		6,476.69	67,575.84	失败
2017-10-10	长荣股份	300195.SZ	民营企业	100	大族冠华(退市)	830820.OC	民营企业		横向整合	现金		550	1,600.00	完成
2017-10-10	北特科技	603009.SH	民营企业	95.71	光裕股份(退市)	836748.OC	民营企业		横向整合	股权+现金		4,919.92	45,271.93	完成
2017-9-30	赞宇科技	002637.SZ	民营企业	73.82	新天达美(挂牌终止)	T23879.OC	民营企业		横向整合	现金		11,072.25	70,742.20	完成
2017-9-30	蒙草生态	300355.SZ	民营企业	12.27	凌志股份	831725.OC	民营企业	创新层	横向整合	现金+资产	7.5	1,212.00	9,090.00	进行中
2017-9-30	帝欧家居	002798.SZ	民营企业		欧神诺(退市)	430707.OC	民营企业		横向整合	现金	13.52	237.7	3,213.70	完成
2017-9-30	新大陆	000997.SZ	民营企业		科脉技术	834873.OC	民营企业	基础层	横向整合	现金	10	800	8,000.00	完成
2017-9-29	生益科技	600183.SH	公众企业		万容科技	833311.OC	民营企业	创新层	横向整合	现金	5.34	1,000.00	5,340.00	完成
2017-9-29	海默科技	300084.SZ	民营企业	85.01	思坦仪器(退市)	832801.OC	民营企业		横向整合	现金	7.41	6,167.09	45,698.15	完成
2017-9-28	长城影视	002071.SZ	民营企业	64.5	马仁奇峰(退市)	835397.OC	民营企业		多元化战略	现金		3,354.00	16,770.00	完成
2017-9-28	凯恩股份	002012.SZ	民营企业	89.73	卓能股份(退市)	836483.OC	公众企业		横向整合	股权+现金		9,432.82	241,400.88	失败
2017-9-26	鸣志电器	603728.SH	民营企业	99.54	运控电子(退市)	832187.OC	民营企业		横向整合	现金		3,463.80	29,860.34	完成
2017-9-26	兴业证券	601377.SH	地方国有企业		高德信	832645.OC	民营企业	创新层	获取做市库存股	现金	12	30	360	董事会预案
2017-9-26	科斯伍德	300192.SZ	民营企业		龙门教育	838830.OC	民营企业	创新层	横向整合	现金	11.28	170	1,917.60	达成转让意向
2017-9-23	双环传动	002472.SZ	民营企业	2.69	盛瑞传动(退市)	833283.OC	民营企业		横向整合	现金			6,000.00	完成
2017-9-22	长虹华意	000404.SZ	地方国有企业	55.75	格兰博	837322.OC	地方国有企业	基础层	多元化战略	现金	4.18	7,812.00	32,615.10	完成
2017-9-21	晨鑫科技	002447.SZ	民营企业		爱酷游	835089.OC	民营企业	基础层	横向整合					达成转让意向
2017-9-21	科大智能	300222.SZ	民营企业		英内物联	837970.OC	民营企业	基础层	横向整合	股权+现金			103,760.00	失败
2017-9-20	东北证券	000686.SZ	公众企业		旷博生物	835093.OC	公众企业	创新层	获取做市库存股	现金	4.26	50	213	完成
2017-9-20	景兴纸业	002067.SZ	民营企业	1.52	翔宇药业	832276.OC	民营企业	创新层	财务投资	现金	9.5	300	2,850.00	完成
2017-9-19	大北农	002385.SZ	民营企业	50.03	荣昌育种	430762.OC	民营企业	基础层	横向整合	现金		7,739.66	28,033.05	完成
2017-9-19	神州高铁	000008.SZ	公众企业	99.56	华高世纪(退市)	430039.OC	公众企业		横向整合	现金		5,276.83	92,559.64	完成
2017-9-16	爱仕达	002403.SZ	民营企业		江宸智能	835027.OC	民营企业	基础层	战略合作	现金	10.64	767.25	8,160.78	董事会预案
2017-9-15	海大集团	002311.SZ	民营企业	60	大信集团(退市)	870237.OC	民营企业		横向整合	现金		3,122.40	29,877.60	完成
2017-9-9	华源控股	002787.SZ	民营企业	93.54	瑞杰科技(退市)	430721.OC	民营企业		战略合作	股权+现金		6,285.69	37,723.74	完成
2017-9-9	中核科技	000777.SZ	中央国有企业	10	常辅股份	871396.OC	民营企业	创新层	横向整合	现金	5.5	366.22	2,014.22	完成
2017-9-8	金信诺	300252.SZ	民营企业	7.9	永力科技	830840.OC	民营企业	基础层	资产调整	现金		79	1,185.00	董事会预案
2017-9-7	上海天洋	603330.SH	民营企业	66	信友新材(退市)	835357.OC	民营企业		横向整合	现金	4.74	1,197.90	5,678.05	完成
2017-9-6	浙商证券	601878.SH	地方国有企业		青浦资产	831711.OC	地方国有企业	创新层	获取做市库存股	现金	4.7	150	705	董事会预案
2017-9-6	东吴证券	601555.SH	地方国有企业		青浦资产	831711.OC	地方国有企业	创新层	获取做市库存股	现金	4.7	150	705	董事会预案
2017-9-6	华安证券	600909.SH	地方国有企业		青浦资产	831711.OC	地方国有企业	创新层	获取做市库存股	现金	4.7	150	705	董事会预案
2017-9-5	岭南股份	002717.SZ	民营企业	23.3	微传播	430193.OC	公众企业	基础层	横向整合	现金	20.32	1,216.47	24,716.89	完成
2017-9-5	科恒股份	300340.SZ	民营企业	100	万好万家(挂牌终止)	T26231.OC	民营企业		战略合作	股权+现金		2,000.00	65,000.00	失败
2017-9-4	田中精机	300461.SZ	公众企业	100	远洋股份(挂牌终止)	T21191.OC			横向整合	股权		959.39	33,400.00	失败
2017-9-1	华伍股份	300095.SZ	民营企业		中科国信	430062.OC	民营企业	创新层	多元化战略					达成转让意向
2017-8-31	拓斯达	300607.SZ	民营企业	20	野田股份	871913.OC	民营企业		横向整合	现金		140.05	3,000.00	完成
2017-8-29	嘉麟杰	002486.SZ	民营企业	50.47	德青源(退市)	835923.OC	民营企业		多元化战略	现金	3.2	38,577.85	123,449.11	失败
2017-8-25	围海股份	002586.SZ	民营企业	88.23	千年设计(退市)	833545.OC	民营企业		垂直整合	股权+现金		8,822.98	142,932.20	完成
2017-8-23	新北洋	002376.SZ	地方国有企业		华菱电子	871018.OC	公众企业	基础层	其他	现金	6.9	194.88	1,344.67	完成
2017-8-22	用友网络	600588.SH	民营企业	16.16	大易云(退市)	837911.OC	民营企业		战略合作	现金	12.5	827.67	10,345.86	董事会预案
2017-8-22	用友网络	600588.SH	民营企业	29.83	大易云(退市)	837911.OC	民营企业		战略合作	现金	12.5	827.67	10,345.86	董事会预案
2017-8-22	美诺华	603538.SH	民营企业	62.22	燎原药业	831271.OC	民营企业	基础层	横向整合	现金	12.81	938.12	12,017.37	完成
2017-8-22	金力泰	300225.SZ	集体企业	19.84	怡钛积(退市)	833647.OC	民营企业		多元化战略	现金		798.36	26,000.00	完成

首次公告日	竞买方公司名称	代码	企业性质	受让后持股比例(%)	目标方公司名称	证券代码	企业性质	所属层级	交易详情并购目的	支付方式	转让价格(元)	转让股数(万股)	交易金额(万元)	最新进度
2017-8-22	用友网络	600588.SH	民营企业	10.32	汉唐咨询(退市)	836204.OC	民营企业		战略合作	现金		5.6	96.43	完成
2017-8-15	*ST天马	002122.SZ	民营企业		博易股份(退市)	430310.OC	民营企业		横向整合	现金		1,004.86	25,524.91	签署转让协议
2017-8-15	天山生物	300313.SZ	民营企业	96.21	大象股份(退市)	833738.OC	民营企业		多元化战略	股权+现金		12,507.30	237,261.45	完成
2017-8-11	金字火腿	002515.SZ	民营企业	2.56	莱康宁(退市)	839492.OC	民营企业		财务投资	现金		15	150	董事会预案
2017-8-9	长亮科技	300348.SZ	民营企业	20	泛鹏股份(挂牌终止)	T19423.OC			财务投资	现金				达成转让意向
2017-8-5	天泽信息	300209.SZ	民营企业	100	有棵树(退市)	836586.OC	民营企业		多元化战略	股权+现金		23,121.79	339,997.06	发审委通过
2017-8-2	吉药控股	300108.SZ	民营企业	94.44	天强制药(退市)	833195.OC	民营企业		横向整合	现金		3,399.84		失败
2017-8-1	音飞储存	603066.SH	民营企业	1.97	飓风股份	834703.OC	民营企业	基础层	横向整合	现金		160	640	完成
2017-8-1	易事特	300376.SZ	民营企业	14.97	科睿特	836679.OC	民营企业	基础层	其他			440		完成
2017-7-29	星网宇达	002829.SZ	民营企业	50.15	视酷股份	836573.OC	民营企业	基础层	财务投资	现金	1.45	1,050.00	1,522.50	董事会预案
2017-7-29	科斯伍德	300192.SZ	民营企业	49.22	龙门教育	838830.OC	民营企业	创新层	多元化战略	现金		6,382.10	74,936.08	完成
2017-7-28	搜于特	002503.SZ	民营企业	2.37	仙宜岱(退市)	430445.OC	民营企业		财务投资	现金	6.05	248	1,500.00	签署转让协议
2017-7-22	深圳华强	000062.SZ	民营企业	60	淇诺科技(退市)	839004.OC	民营企业		垂直整合	现金		3,131.98	42,426.00	完成
2017-7-21	三盛教育	300282.SZ	民营企业		西普教育(退市)	834525.OC	民营企业		横向整合	现金	34.07	8.81	300	达成转让意向
2017-7-20	众应互联	002464.SZ	民营企业	100	彩量科技(挂牌终止)	T26728.OC	民营企业		横向整合	现金		990	47,500.00	完成
2017-7-20	普邦股份	002663.SZ	民营企业	66	易简集团	834498.OC	民营企业	创新层	资产调整	现金		20	9,520.00	董事会预案
2017-7-19	康达新材	002669.SZ	民营企业		必控科技(退市)	430469.OC	民营企业		其他	现金				董事会预案
2017-7-15	欧浦智网	002711.SZ	民营企业	60	永通重机	871468.OC	民营企业	基础层	横向整合	现金		2,100.00		达成转让意向
2017-7-13	清水源	300437.SZ	民营企业	100	安得科技(退市)	834942.OC	民营企业		横向整合	现金	5	2,597.00	12,985.00	完成
2017-7-13	新亚制程	002388.SZ	民营企业		富源科技	834315.OC	民营企业	基础层	资产调整	现金	4.66	6,180.00	28,798.80	完成
2017-7-13	富祥股份	300497.SZ	民营企业	70	泛谷药业	837090.OC	民营企业	基础层	资产调整	现金		536.2	1,386.80	完成
2017-7-12	第一创业	002797.SZ	公众企业		水杯子	834232.OC	民营企业	基础层	获取做市库存股	现金	2.5	205	512.5	完成
2017-7-11	应流股份	603308.SH	民营企业	27.27	天津航宇(退市)	835493.OC	民营企业		财务投资	现金	1.85	1,125.00	2,081.25	董事会预案
2017-7-11	飞利信	300287.SZ	民营企业	28	网博视界	836186.OC	民营企业	基础层	其他	现金	5	444.16	2,220.80	完成
2017-7-10	浔兴股份	002098.SZ	民营企业	65	价之链(退市)	838599.OC	民营企业		战略合作	现金		295.29	101,399.00	完成
2017-7-5	太平洋	601099.SH	公众企业		春光药装	838810.OC	民营企业	创新层	获取做市库存股	现金	5.68	320	1,817.60	完成
2017-7-5	第一创业	002797.SZ	公众企业		春光药装	838810.OC	民营企业	创新层	获取做市库存股	现金	5.68	320	1,817.60	完成
2017-7-5	广发证券	000776.SZ	公众企业		春光药装	838810.OC	民营企业	创新层	获取做市库存股	现金	5.68	320	1,817.60	完成
2017-7-4	维尔利	300190.SZ	民营企业		汇恒环保	836348.OC	民营企业	基础层	其他	现金	6	1,505.00	9,030.00	完成
2017-7-4	北陆药业	300016.SZ	民营企业	25	芝友医疗	837794.OC	民营企业	基础层	横向整合	现金	17.94	543.48	9,750.00	完成
2017-6-30	中国高科	600730.SH	中央国有企业	51	英腾教育(退市)	838505.OC	民营企业		业务转型	现金	10.71	1,071.00	11,475.00	完成
2017-6-30	北京科锐	002350.SZ	民营企业	20	合众慧能(退市)	838155.OC	民营企业		其他	现金	4.48	645	2,889.60	完成
2017-6-30	花王股份	603007.SH	民营企业	60	郑州水务	832006.OC	民营企业	基础层	横向整合	现金		5,254.20	25,200.00	完成
2017-6-27	大洋电机	002249.SZ	民营企业	100	安和威	839767.OC	民营企业	基础层	横向整合	现金		1,000.00	0	董事会预案
2017-6-27	恒久科技	002808.SZ	民营企业	27.5	壹办公	837439.OC	民营企业	基础层	财务投资	现金	4.98	441.41	2,198.21	完成
2017-6-24	华安证券	600909.SH	地方国有企业		普理特	870669.OC	民营企业	基础层	获取做市库存股	现金	10.3	118	1,215.40	董事会预案
2017-6-24	招商证券	600999.SH	公众企业		天视文化	834548.OC	中央国有企业	基础层	获取做市库存股	现金	6	35	210	董事会预案
2017-6-24	新日恒力	600165.SH	民营企业		宁夏华辉	871487.OC	民营企业	基础层	资产调整	现金			100,931.93	完成
2017-6-23	东方明珠	600637.SH	地方国有企业	10.65	盖娅互娱(退市)	430181.OC	民营企业		其他			1,545.00		完成
2017-6-22	南洋股份	002212.SZ	民营企业		元鼎科技	831126.OC	民营企业	创新层	横向整合	现金	4.15	164.5	682.68	董事会预案
2017-6-21	东兴证券	601198.SH	中央国有企业		全源新材	871370.OC	民营企业	创新层	获取做市库存股	现金	10	140	1,400.00	完成
2017-6-21	华安证券	600909.SH	地方国有企业		天乐橡塑	831555.OC	民营企业	基础层	获取做市库存股	现金	4.8	150	720	完成
2017-6-21	雪莱特	002076.SZ	民营企业	5.43	明师教育(退市)	837957.OC	民营企业		横向整合	现金		14.91	1,000.31	完成
2017-6-21	第一创业	002797.SZ	公众企业		全源新材	871370.OC	民营企业	创新层	获取做市库存股	现金	10	140	1,400.00	完成

首次公告日	竞买方公司名称	代码	企业性质	受让后持股比例(%)	目标方公司名称	证券代码	企业性质	所属层级	交易详情并购目的	支付方式	转让价格(元)	转让股数(万股)	交易金额(万元)	最新进度
2017-6-20	雪莱特	002076.SZ	民营企业	3.9	嘉利股份(退市)	833630.OC	民营企业		财务投资	现金	6.8	440	2,992.00	完成
2017-6-20	长荣股份	300195.SZ	民营企业	0.48	中科华联(退市)	838867.OC	民营企业		财务投资	现金	9.74	42.22	411.22	完成
2017-6-20	松发股份	603268.SH	民营企业	14.6	明师教育(退市)	837957.OC	民营企业		财务投资	现金	67.09	7.4	499.15	完成
2017-6-17	华闻传媒	000793.SZ	中央国有企业		夜光达(退市)	838321.OC	民营企业		横向整合	现金	29.86	120	3,583.20	签署转让协议
2017-6-16	东北证券	000686.SZ	公众企业		星震同源	838943.OC	民营企业	创新层	其他			25		完成
2017-6-16	金冠股份	300510.SZ	民营企业	100	鸿图隔膜(退市)	835844.OC	民营企业		横向整合	股权+现金		4,937.69	147,624.81	完成
2017-6-16	东旭光电	000413.SZ	民营企业	5.51	亿华通	834613.OC	民营企业	基础层	财务投资	现金	78	128.21	10,000.01	签署转让协议
2017-6-16	海达股份	300320.SZ	民营企业	95.32	科诺铝业(退市)	832210.OC	民营企业		横向整合	股权+现金		2,884.49	32,934.82	完成
2017-6-14	东北证券	000686.SZ	公众企业		第一物业	837498.OC	民营企业	创新层	获取做市库存股	现金	12.5	230	2,875.00	完成
2017-6-14	长江证券	000783.SZ	公众企业		第一物业	837498.OC	民营企业	创新层	获取做市库存股	现金	12.5	230	2,875.00	完成
2017-6-14	中信证券	600030.SH	公众企业		第一物业	837498.OC	民营企业	创新层	获取做市库存股	现金	12.5	230	2,875.00	完成
2017-6-14	南钢股份	600282.SH	民营企业	9.75	天创环境(退市)	832619.OC	民营企业		财务投资	现金	6.5	1,300.00	8,450.00	完成
2017-6-14	星帅尔	002860.SZ	民营企业	51	新都安(退市)	837431.OC	民营企业		横向整合	现金		1,530.00	5,100.00	完成
2017-6-14	南钢股份	600282.SH	民营企业		天创环境(退市)	832619.OC	民营企业		财务投资	现金	6.5	1,300.00	8,450.00	完成
2017-6-13	*ST正源	600321.SH	民营企业		嘉泰数控	838053.OC	民营企业	创新层	财务投资	现金	8.69	3,107.00	26,999.83	完成
2017-6-10	大众交通	600611.SH	其他企业	49.17	大众物流(挂牌终止)	T19965.OC			资产调整	现金		510	1,013.13	完成
2017-6-10	再升科技	603601.SH	民营企业	100	悠远环境	871259.OC	外资企业		横向整合	现金		7,204.65	44,000.00	完成
2017-6-9	飞力达	300240.SZ	民营企业	42	富鹰物流	834747.OC	民营企业	基础层	资产调整	现金		112.5	112.5	董事会预案
2017-6-9	新元科技	300472.SZ	民营企业	97.01	清投智能(退市)	836334.OC	民营企业		横向整合	股权+现金		5,198.52	77,126.32	完成
2017-6-8	兴业证券	601377.SH	地方国有企业		汉嘉股份(退市)	870352.OC	民营企业		获取做市库存股	现金	9	20	180	完成
2017-6-7	阳谷华泰	300121.SZ	民营企业	10	达诺尔	833189.OC	民营企业	基础层	横向整合	现金		300	2,214.00	完成
2017-6-6	ST云维	600725.SH	地方国有企业	98.27	深装总(退市)	835502.OC	民营企业		买壳上市	股权		59,453.35	481,520.17	失败
2017-6-3	光大证券	601788.SH	中央国有企业		蓝帽互动(退市)	837395.OC	民营企业		获取做市库存股	现金	11.6	120	1,392.00	完成
2017-6-3	中通国脉	603559.SH	民营企业	100	上海共创(退市)	835160.OC	民营企业		横向整合	股权+现金		1,000.00	41,360.00	完成
2017-6-2	万顺股份	300057.SZ	民营企业	92	江苏中基(退市)	838748.OC	民营企业		横向整合	股权		17,250.00	27,600.00	失败
2017-6-2	亨通光电	600487.SH	民营企业	12.64	国充充电(退市)	837195.OC	民营企业		横向整合	现金	11.06	542.57	6,000.83	完成
2017-6-2	创业软件	300451.SZ	民营企业	70	宁远科技(退市)	834750.OC	民营企业		资产调整	现金		700	700	董事会预案
2017-6-1	三维通信	002115.SZ	民营企业	100	巨网科技(退市)	833344.OC	民营企业		横向整合	股权+现金		9,796.60	134,997.15	完成
2017-5-27	航天电器	002025.SZ	中央国有企业		运控电子(退市)	832187.OC	民营企业		横向整合	股权+现金			72,552.87	失败
2017-5-27	东兴证券	601198.SH	中央国有企业		熊猫雷笋	839720.OC	民营企业	基础层	其他	现金		77.2		完成
2017-5-27	爱迪尔	002740.SZ	民营企业		长宁钻石	833750.OC	民营企业	基础层	资产调整	现金		250	162.5	失败
2017-5-24	第一创业	002797.SZ	公众企业		圣兆药物	832586.OC	民营企业	创新层	获取做市库存股	现金	10	230	2,300.00	完成
2017-5-24	招商证券	600999.SH	公众企业		森泰环保	832774.OC	中央国有企业	创新层	获取做市库存股	现金	2.5	10	25	完成
2017-5-23	银江股份	300020.SZ	民营企业		亿邦股份(退市)	833294.OC	民营企业		多元化战略	现金	15	400	6,000.00	签署转让协议
2017-5-23	新天科技	300259.SZ	民营企业		万特电气	430391.OC	民营企业	基础层	其他	现金	5.64	359.1	2,025.32	完成
2017-5-20	嘉麟杰	002486.SZ	民营企业	5.45	德青源(退市)	835923.OC	民营企业		横向整合	现金	3.2	2,570.00	8,224.00	进行中
2017-5-19	海格通信	002465.SZ	地方国有企业	15.75	驰达飞机	834913.OC	地方国有企业	基础层	其他	现金	6.25	100	625	完成
2017-5-16	海格通信	002465.SZ	地方国有企业	12.63	驰达飞机	834913.OC	地方国有企业	基础层	其他	现金	6.25	404	2,525.00	完成
2017-5-13	东北证券	000686.SZ	公众企业		信通检测	832172.OC	民营企业	创新层	获取做市库存股	现金	3.75	328	1,230.00	完成
2017-5-13	广发证券	000776.SZ	公众企业		信通检测	832172.OC	民营企业	创新层	获取做市库存股	现金	3.75	328	1,230.00	完成
2017-5-11	远方信息	300306.SZ	民营企业		慧景科技(退市)	832074.OC	民营企业		战略合作	现金			7,054.95	完成
2017-5-10	华策影视	300133.SZ	民营企业	10	乐米科技	839603.OC	民营企业	创新层	其他	现金	12	333.33	4,000.00	完成
2017-5-9	黑芝麻	000716.SZ	民营企业	100	礼多多(退市)	833690.OC	民营企业		横向整合	股权+现金		7,994.00	70,000.00	完成
2017-5-6	永辉超市	601933.SH	民营企业		星源农牧	835068.OC	民营企业	基础层	其他	现金		310		完成

首次公告日	竞买方公司名称	代码	企业性质	受让后持股比例(%)	目标方公司名称	证券代码	企业性质	所属层级	交易详情并购目的	支付方式	转让价格(元)	转让股数(万股)	交易金额(万元)	最新进度
2017-5-6	国金证券	600109.SH	民营企业		中邮基金	834344.OC	公众企业	基础层	获取做市库存股	现金	15	410	6,150.00	完成
2017-5-4	万集科技	300552.SZ	民营企业	12.16	易构软件	834002.OC	民营企业	基础层	横向整合	现金	5.76	364.7	2,100.67	完成
2017-5-3	长江证券	000783.SZ	公众企业		佳邦信息	838033.OC	民营企业	基础层	获取做市库存股	现金	6.6	75	495	完成
2017-5-3	中迪投资	000609.SZ	民营企业	14.96	康平铁科	838564.OC	民营企业	创新层	资产调整	现金	2.1	2,450.00	5,145.00	完成
2017-4-28	华东重机	002685.SZ	民营企业	100	润星科技(退市)	838016.OC	民营企业		横向整合	股权+现金		7,500.00	295,000.00	完成
2017-4-28	赞宇科技	002637.SZ	民营企业	41.45	新天达美(挂牌终止)	T23879.OC	民营企业		横向整合	现金		1,507.65	26,500.00	进行中
2017-4-28	远达环保	600292.SH	中央国有企业		先融期货	870115.OC	中央国有企业	基础层	资产调整	现金		37,700.00	8,960.00	完成
2017-4-27	科融环境	300152.SZ	民营企业		天运股份	832684.OC	民营企业	基础层	财务投资	现金	4.3	150	645	董事会预案
2017-4-21	招商证券	600999.SH	公众企业		和元上海	839702.OC	民营企业	基础层	获取做市库存股	现金	19	95	1,805.00	完成
2017-4-21	中信证券	600030.SH	公众企业		和元上海	839702.OC	民营企业	基础层	获取做市库存股	现金	19	95	1,805.00	完成
2017-4-21	东北证券	000686.SZ	公众企业		奇士达	839706.OC	民营企业	基础层	获取做市库存股	现金	12	260	3,120.00	完成
2017-4-21	东北证券	000686.SZ	公众企业		和元上海	839702.OC	民营企业	基础层	获取做市库存股	现金	19	95	1,805.00	完成
2017-4-21	国金证券	600109.SH	民营企业		和元上海	839702.OC	民营企业	基础层	获取做市库存股	现金	19	95	1,805.00	完成
2017-4-21	云赛智联	600602.SH	地方国有企业		信诺时代(退市)	870060.OC	民营企业		横向整合	股权+现金			45,810.00	完成
2017-4-19	天威视讯	002238.SZ	地方国有企业	51	壁合科技	833451.OC	民营企业	创新层	横向整合	现金		3,249.67	67,320.00	失败
2017-4-14	金宇火腿	002515.SZ	民营企业	16.67	雕龙数据	836685.OC	民营企业	基础层	横向整合	现金	1.25	5,410.00	6,762.50	董事会预案
2017-4-14	金宇火腿	002515.SZ	民营企业	73.5	雕龙数据	836685.OC	民营企业	基础层	横向整合	现金	1.25	5,410.00	6,762.50	董事会预案
2017-4-12	长江证券	000783.SZ	公众企业		首都在线	430071.OC	民营企业	基础层	获取做市库存股	现金	14	427	5,978.00	完成
2017-4-7	华安证券	600909.SH	地方国有企业		阳光医疗	838378.OC	民营企业	基础层	获取做市库存股	现金	3.6	300	1,080.00	完成
2017-4-7	兴业证券	601377.SH	地方国有企业		大唐药业	836433.OC	民营企业	创新层	获取做市库存股	现金	6	33	198	董事会预案
2017-4-6	华源控股	002787.SZ	民营企业	10.02	润天智	832246.OC	民营企业	创新层	多元化战略	现金		240.8	2,083.19	完成
2017-4-1	南方汇通	000920.SZ	中央国有企业	56.44	自然科技	834927.OC	中央国有企业	基础层	其他	现金	5.18	625	3,237.50	完成
2017-4-1	惠伦晶体	300460.SZ	民营企业	100	创想股份(退市)	835761.OC	民营企业		垂直整合	现金		3,000.00	26,000.00	完成
2017-3-31	乐普医疗	300003.SZ	民营企业	100	乐普诊断	833729.OC	民营企业	基础层	垂直整合	现金		1,724.00	14,998.80	完成
2017-3-31	永辉超市	601933.SH	民营企业		星源农牧	835068.OC	民营企业	基础层	横向整合	现金	5.6	1,240.00	6,944.00	完成
2017-3-29	金海环境	603311.SH	民营企业		甘肃金海(退市)	839891.OC	民营企业		资产调整	现金		5,000.00	6,353.96	完成
2017-3-28	海欣股份	600851.SH	公众企业	60.96	海欣药业	833211.OC	公众企业	基础层	战略合作	现金				董事会预案
2017-3-28	华闻传媒	000793.SZ	中央国有企业	5.55	东海证券	832970.OC	地方国有企业	基础层	战略合作	现金	13.5	3,000.00	40,500.00	完成
2017-3-24	完美世界	002624.SZ	民营企业	10	嘉行传媒(退市)	830951.OC	民营企业		横向整合	现金			50,000.00	达成转让意向
2017-3-24	联络互动	002280.SZ	民营企业		三尚传媒	836597.OC	民营企业	基础层	其他	现金	10.29	153	1,574.37	完成
2017-3-21	联络互动	002280.SZ	民营企业		三尚传媒	836597.OC	民营企业	基础层	其他	现金	10.29	382.5	3,935.93	完成
2017-3-21	爱尔眼科	300015.SZ	民营企业	5.96	考拉超课	836601.OC	民营企业	基础层	其他	现金	6	475	2,850.00	完成
2017-3-21	联络互动	002280.SZ	民营企业	17.91	三尚传媒	836597.OC	民营企业	基础层	其他	现金	10.29	870.1	8,953.33	完成
2017-3-16	东北证券	000686.SZ	公众企业		华发教育	833960.OC	民营企业	创新层	获取做市库存股	现金	12.24	20	244.8	完成
2017-3-10	云内动力	000903.SZ	地方国有企业	100	铭特科技(退市)	835954.OC	民营企业		横向整合	股权+现金		3,000.00	83,500.00	完成
2017-3-8	中南建设	000961.SZ	民营企业	33.33	金丘股份(退市)	837901.OC	民营企业		其他	现金	10	1,000.00	10,000.00	完成
2017-3-7	五洋停车	300420.SZ	民营企业	100	天辰智能(退市)	838725.OC	民营企业		多元化战略	股权+现金		5,350.00	25,000.00	完成
2017-3-7	天瑞仪器	300165.SZ	民营企业	55.42	磐合科仪	830992.OC	其他企业	基础层	横向整合	现金		1,960.86	16,881.58	完成
2017-3-1	深中华A	000017.SZ	公众企业	55	安明斯	835778.OC	民营企业	基础层	横向整合	现金	1.01	6,111.11	6,160.00	失败
2017-2-28	东方明珠	600637.SH	地方国有企业		盖娅互娱(退市)	430181.OC	民营企业		横向整合	现金			130,000.00	完成
2017-2-25	宝新能源	000690.SZ	民营企业	42.86	东方富海	T18737.OC			横向整合	现金	12	21,000.00	252,000.00	完成
2017-2-25	华策影视	300133.SZ	民营企业	10	乐米科技	839603.OC	民营企业	创新层	横向整合	现金	12	333.33	4,000.00	完成
2017-2-25	京蓝科技	000711.SZ	民营企业	90.11	北方园林(退市)	831471.OC	民营企业		横向整合	股权+现金		9,092.10	72,087.85	完成
2017-2-23	荣之联	002642.SZ	民营企业	7.5	企商在线(挂牌终止)	T26023.OC	民营企业		横向整合	现金		235.14	3,600.00	达成转让意向

首次公告日	竞买方公司名称	代码	企业性质	受让后持股比例(%)	目标方公司名称	证券代码	企业性质	所属层级	交易详情并购目的	支付方式	转让价格(元)	转让股数(万股)	交易金额(万元)	最新进度
2017-2-21	华泰证券	601688.SH	地方国有企业	3.38	新景祥	839977.OC	民营企业	基础层	获取做市库存股	现金	15	70	1,050.00	完成
2017-2-21	广电运通	002152.SZ	地方国有企业	25	美电贝尔	836502.OC	民营企业	基础层	其他	现金	4.57	1,401.33	6,399.89	完成
2017-2-18	维科技术	600152.SH	民营企业		维科电池(退市)	835456.OC	民营企业		多元化战略	股权			90,414.00	完成
2017-2-16	易事特	300376.SZ	民营企业	15	宝胜电气	834296.OC	中央国有企业	基础层	横向整合	现金		1,500.00	3,420.00	达成转让意向
2017-2-15	国海证券	000750.SZ	公众企业		威星电子	839655.OC	民营企业	基础层	获取做市库存股	现金	5.2	193	1,003.60	完成
2017-2-15	梦舟股份	600255.SH	民营企业	70	梦幻工厂(挂牌终止)	T22894.OC			横向整合	现金		2,504.88	87,500.00	完成
2017-2-14	广安爱众	600979.SH	地方国有企业		宜燃股份(退市)	836102.OC	民营企业		多元化战略	股权			116,300.00	失败
2017-2-11	兴业证券	601377.SH	地方国有企业		伊秀股份	835914.OC	民营企业	基础层	获取做市库存股	现金	8	50	400	完成
2017-2-8	光大证券	601788.SH	中央国有企业		宝源生物(退市)	870410.OC	民营企业		获取做市库存股	现金	9	112	1,008.00	完成
2017-2-7	腾龙股份	603158.SH	民营企业	54	力驰雷奥(退市)	834035.OC	民营企业		资产调整	现金	23.22	540	12,538.80	完成
2017-1-27	东北证券	000686.SZ	公众企业		瑞科汉斯	839768.OC	民营企业	基础层	获取做市库存股	现金	6	80	480	完成
2017-1-26	中信证券	600030.SH	公众企业		旷远能源	870321.OC	民营企业	基础层	获取做市库存股	现金	5.5	440	2,420.00	完成
2017-1-25	上海贝岭	600171.SH	中央国有企业	100	锐能微(退市)	837010.OC	民营企业		横向整合	股权+现金		5,000.00	59,000.00	完成
2017-1-25	广发证券	000776.SZ	公众企业		美的物业	839955.OC	民营企业	基础层	获取做市库存股	现金	5	20	100	完成
2017-1-25	天士力	600535.SH	民营企业	60	赛伦生物(退市)	835716.OC	民营企业		横向整合	现金		4,626.60	31,000.00	完成
2017-1-25	兴业证券	601377.SH	地方国有企业		联邦化工	832517.OC	民营企业	基础层	获取做市库存股	现金	5	100	500	完成
2017-1-25	中信证券	600030.SH	公众企业		美的物业	839955.OC	民营企业	基础层	获取做市库存股	现金	5	20	100	完成
2017-1-25	东吴证券	601555.SH	地方国有企业		联邦化工	832517.OC	民营企业	基础层	获取做市库存股	现金	5	100	500	完成
2017-1-21	东吴证券	601555.SH	地方国有企业		京立医院	839344.OC	民营企业	基础层	获取做市库存股	现金	1.6	650	1,040.00	完成
2017-1-21	光大证券	601788.SH	中央国有企业		振华泵业(退市)	870203.OC	民营企业		获取做市库存股	现金	8.43	120	1,011.60	完成
2017-1-21	露笑科技	002617.SZ	民营企业	100	鼎阳电力(退市)	834719.OC	民营企业		多元化战略			10,000.00		达成转让意向
2017-1-21	合众思壮	002383.SZ	民营企业	10.01	德邦大为	837958.OC	民营企业	基础层	其他	现金	4.27	445	1,900.15	完成
2017-1-20	用友网络	600588.SH	民营企业	10	汉唐咨询(退市)	836204.OC	民营企业		战略合作	现金	14.35	174.22	2,500.00	完成
2017-1-19	中路股份	600818.SH	民营企业	33	英内物联	837970.OC	民营企业	基础层	横向整合	现金	5	720	3,600.00	完成
2017-1-18	瑞康医药	002589.SZ	民营企业	51	井泉中药	838294.OC	民营企业	基础层	横向整合	现金	5.28	2,082.00	10,992.96	完成
2017-1-18	中国银河	601881.SH	中央国有企业		思泰克	839448.OC	民营企业	基础层	获取做市库存股	现金	6.67	150	1,000.50	完成
2017-1-18	东兴证券	601198.SH	中央国有企业		思泰克	839448.OC	民营企业	基础层	获取做市库存股	现金	6.67	150	1,000.50	完成
2017-1-18	中信证券	600030.SH	公众企业		思泰克	839448.OC	民营企业	基础层	获取做市库存股	现金	6.67	150	1,000.50	完成
2017-1-17	双林股份	300100.SZ	民营企业	100	诚烨股份(退市)	835580.OC	民营企业		横向整合	现金		5,120.00	46,500.00	完成
2017-1-16	金亚科技	300028.SZ	民营企业	75.03	卓影科技(退市)	833894.OC	民营企业		垂直整合	现金		509.98	45,020.45	失败
2017-1-14	北京科锐	002350.SZ	民营企业	20	合众慧能(退市)	838155.OC	民营企业		战略合作	现金	4.48	645	2,889.60	完成
2017-1-13	潍柴动力	000338.SZ	地方国有企业	33.5	弗尔赛	834626.OC	民营企业	基础层	其他	现金	4.79	1,042.78	4,994.93	完成
2017-1-12	华安证券	600909.SH	地方国有企业		韩华建材	834323.OC	民营企业	基础层	其他	现金	2.8	100	280	完成
2017-1-10	跨境通	002640.SZ	民营企业	24.37	跨境翼	838774.OC	民营企业	基础层	横向整合	现金	16.73	119.55	2,000.00	签署转让协议
2017-1-10	东吴证券	601555.SH	地方国有企业		轶德医疗	839056.OC	民营企业	创新层	获取做市库存股	现金	7.71	120	925.2	完成
2017-1-10	中信证券	600030.SH	公众企业		华立科技(退市)	835276.OC	外资企业		获取做市库存股	现金	6	100	600	完成
2017-1-7	吉宏股份	002803.SZ	民营企业	37.77	金印联(退市)	835643.OC	民营企业		其他	现金	4	1,353.00	5,412.00	完成
2017-1-5	国联水产	300094.SZ	民营企业	4	良之隆	870067.OC	民营企业	基础层	多元化战略	现金		116.67	700	董事会预案
2017-1-5	银宝山新	002786.SZ	中央国有企业		阿尔特	836019.OC	民营企业	基础层	横向整合	现金	7.5	620.9	4,656.75	签署转让协议
2017-1-4	联络互动	002280.SZ	民营企业	42.86	三尚传媒	836597.OC	民营企业	基础层	横向整合	现金	10.29	2,915.23	29,997.76	完成
2017-1-4	雪莱特	002076.SZ	民营企业		明师教育(退市)	837957.OC	民营企业		多元化战略	现金	54.17	27.7	1,500.51	完成

2017 年新三板挂牌公司参股上市挂牌公司统计

证券代码	证券简称	挂牌日期	证券代码	证券简称	挂牌日期	参控关系	持股比例（%）	报告期	总资产（万元）	净资产（万元）	营业收入（万元）	净利润（万元）
430719.OC	九鼎集团	2014-4-29	600053.SH	九鼎投资	1997-4-18	孙公司		2017-12-31			75,600.00	32,400.00
871944.OC	兴发科技	2017-8-21	833210.OC	兆丰小贷	2015-8-11	联营企业	10	2017-12-31	40,700.97	39,306.94	5,696.38	3,764.39
834416.OC	丰兆新材	2015-12-16	836686.OC	超能国际	2016-3-30	联营企业	1.22	2017-12-31	126,285.37	51,225.17	727,098.14	3,633.10
832462.OC	广电计量	2015-5-13	832007.OC	航天检测	2015-2-16	联营企业	10.07	2017-12-31	18,053.15		9,599.16	2,030.17
830999.OC	银橙传媒	2014-8-13	832971.OC	卡司通	2015-8-6	合营企业	12.99	2017-12-31	35,054.80	22,769.84	26,285.32	1,908.80
833819.OC	颖泰生物	2015-10-20	834637.OC	禾益股份	2015-12-16	子公司	36.61	2017-12-31	72,737.95		10,486.04	1,527.38
830978.OC	先临三维	2014-8-8	872587.OC	天远三维	2018-1-31	子公司	51.15	2017-12-31	12,828.44		5,040.21	1,413.60
837730.OC	正保育才	2016-6-14	838111.OC	万霆科技(退市)	2016-8-3	联营企业	30.72	2017-12-31	5,598.19		4,192.24	1,239.04
430222.OC	璟泓科技	2013-7-2	871354.OC	同泰生物	2017-5-11	联营企业	30.76	2017-12-31	11,683.30		4,019.76	1,190.82
430253.OC	兴竹信息	2013-7-23	872617.OC	三源信息	2018-1-26	联营企业	30	2017-12-31	10,638.50	4,223.71	12,503.74	1,081.68
830852.OC	中科仪	2014-7-16	835769.OC	瑞拓科技	2016-3-16	联营企业	17.7	2017-12-31	3,897.46		2,699.61	818.94
834291.OC	中信出版	2015-11-26	T19247.OC	财金通(挂牌终止)		联营企业	27	2017-12-31	5,560.27	4,894.16	6,083.04	82.38
831810.OC	本益新材	2015-1-22	835503.OC	山东力凯	2016-1-15	子公司	39.99	2017-12-31			3,421.81	62.96
430175.OC	科新生物	2012-12-26	430026.OC	金豪制药(退市)	2008-2-18	子公司	85	2017-12-31	18,873.60		4,603.58	15.28
836361.OC	川山甲	2016-4-26	833078.OC	捷玛信息	2015-7-30	子公司	25.5	2017-12-31	2,593.31		1,993.15	0.86
872037.OC	隆盛泰	2017-9-13	870796.OC	斯科瑞	2017-2-13	联营企业	4					
834218.OC	和创科技	2015-11-13	831107.OC	金科信息	2014-8-22	联营企业	15.38					
834214.OC	百合网	2015-11-20	839617.OC	喜铺婚礼(退市)	2016-11-14	联营企业						
871741.OC	安泰科	2017-10-12	831151.OC	全胜物流	2014-9-23	子公司						
871741.OC	安泰科	2017-10-12	838792.OC	四环锌锗(退市)	2016-8-8	子公司						
834242.OC	常青基业	2015-11-12	T29905.OC	海菱科技		子公司	100					
834206.OC	傲基电商	2015-11-16	872560.OC	理德铭	2018-1-24	联营企业	13.97					
872438.OC	金恒科技	2017-12-12	834429.OC	钢宝股份	2015-12-14	联营企业	7.27					
833709.OC	和信科贷	2015-10-14	838381.OC	德孚转向	2016-8-2	联营企业	0.81					
833709.OC	和信科贷	2015-10-14	839335.OC	互邦电力	2016-10-13	联营企业	12.64					
872098.OC	恒力通	2017-8-31	836907.OC	赛诺生物	2016-6-2	联营企业	0.85					
834136.OC	仙果科技	2015-11-10	838978.OC	俊芮股份	2016-9-6	联营企业	2.91					
833838.OC	美世创投	2015-10-21	430762.OC	荣昌育种	2014-7-17	联营企业	11.76	2017-12-31	55,432.98		11,648.03	
837638.OC	九州量子	2016-6-13	836878.OC	裕源大通	2016-4-25	联营企业	13.42					
837498.OC	第一物业	2016-5-18	T29944.OC	倍格生态		联营企业	3.33					
839475.OC	江通传媒	2016-11-3	T23216.OC	凤舞影业(挂牌终止)		联营企业	7					
838007.OC	薄云信息	2016-8-2	833521.OC	海积信息(退市)	2015-9-7	联营企业	3.09					
837638.OC	九州量子	2016-6-13	839555.OC	君信达科	2016-11-11	联营企业	17.07					
838334.OC	金证互通	2016-8-2	T24090.OC	挖贝科技		联营企业	10					
836042.OC	泛华体育	2016-3-4	872080.OC	大唐汉方	2017-8-22	联营企业	1					
870711.OC	泰莱电气	2017-1-26	430079.OC	北京安鹏	2011-1-21	联营企业	3.31					
834990.OC	新数网络	2015-12-16	833402.OC	众引传播	2015-8-26	联营企业						
834559.OC	河马股份	2015-12-8	870966.OC	多禾互娱	2017-2-14	联营企业	10.62					
870233.OC	协新股份	2016-12-19	600919.SH	江苏银行	2016-8-2	联营企业	0.08					
835798.OC	中研瀚海	2016-2-15	831728.OC	阿尼股份	2015-1-13	联营企业	1.78					
870624.OC	国瑞税务	2017-1-10	836400.OC	留成网	2016-4-18	联营企业	0.29					

证券代码	证券简称	挂牌日期	证券代码	证券简称	挂牌日期	参控关系	持股比例（%）	报告期	总资产（万元）	净资产（万元）	营业收入（万元）	净利润（万元）
833370.OC	运鹏股份	2015-8-20	T24097.OC	鲲电股份		子公司	90					
430629.OC	国科海博	2014-4-11	839525.OC	腾桑嘉诚	2016-11-7	联营企业	20					
430714.OC	奇才股份	2014-4-30	834276.OC	澳冠智能	2015-11-30	联营企业	2.84					
430263.OC	ST 蓝天	2013-7-22	T26083.OC	盛焰能源(挂牌终止)		联营企业	15					
430366.OC	金天地	2014-1-24	838305.OC	鑫岳影视(退市)	2016-8-12	联营企业	0.9					
830809.OC	安达科技	2014-6-18	601997.SH	贵阳银行	2016-8-16	联营企业	0.22					
830830.OC	新昶虹	2014-7-7	430555.OC	英派瑞	2014-1-24	联营企业	0.61					
430719.OC	九鼎集团	2014-4-29	831400.OC	九信资产(退市)	2014-12-8	孙公司						
830782.OC	泰安众诚	2014-6-4	872988.OC	河南电气	2018-9-10	联营企业	10					
430177.OC	点点客	2012-12-18	834588.OC	星光电影	2015-12-14	联营企业	0.36					
430193.OC	微传播	2012-12-26	872583.OC	微电互动	2018-2-9	联营企业						
430130.OC	卡联科技	2012-7-12	839077.OC	飞嘀智慧	2016-8-18	联营企业	2.41					
430177.OC	点点客	2012-12-18	835389.OC	道拓医药	2016-1-6	联营企业	6					
430229.OC	绿岸网络	2013-7-5	830945.OC	麟龙新材	2014-8-13	联营企业	0.69					
430229.OC	绿岸网络	2013-7-5	834643.OC	豹风网络	2015-12-10	联营企业	1.04					
430211.OC	丰电科技	2013-1-30	834728.OC	中盈安信	2015-12-7	联营企业	0.34					
430211.OC	丰电科技	2013-1-30	837034.OC	爱索能源	2016-5-9	联营企业	2.1					
830830.OC	新昶虹	2014-7-7	834679.OC	恒润股份	2015-12-15	联营企业	4.62					
832915.OC	汉尧环保	2015-7-23	836391.OC	工大科雅	2016-4-7	联营企业	2.92					
832896.OC	道有道	2015-7-21	839460.OC	乐享互动(退市)	2016-10-28	联营企业	11.93					
832896.OC	道有道	2015-7-21	834211.OC	大卫之选	2015-11-27	联营企业	1.6					
832909.OC	兴海绿化	2015-7-29	839897.OC	黑马软件	2016-11-17	子公司						
832715.OC	华信股份	2015-7-15	837592.OC	华信永道	2016-6-1	联营企业	12.44	2017-12-31	18,921.55			
832284.OC	贝达化工	2015-4-14	837095.OC	嘉宝仕	2016-5-20	联营企业	15.29					
831305.OC	海希通讯	2014-11-11	430640.OC	摩威环境	2014-2-21	联营企业						
831248.OC	瑞德设计	2014-11-3	836423.OC	网营科技(退市)	2016-5-3	联营企业	0.79					
830933.OC	纳晶科技	2014-8-5	831881.OC	鑫聚光电	2015-1-29	联营企业						
831464.OC	创高安防	2014-12-10	836430.OC	移远通信(退市)	2016-3-16	联营企业	5.23					
831440.OC	沃顿股份	2014-12-9	834423.OC	华亚沃顿	2015-11-26	联营企业	28.47					
834467.OC	经纬科技	2015-12-21	T15957.OC	五环机器(挂牌终止)		子公司	100	2017-12-31			3,569.45	-290.11
831668.OC	天元小贷	2014-12-31	830783.OC	广源精密	2014-5-28	联营企业	23.53	2017-12-31	18,404.84		8,795.31	-383.83
831873.OC	环宇建工	2015-1-29	T24242.OC	育创科技(挂牌终止)		联营企业	19.64	2017-12-31	2,198.64		6,958.13	-940.8
832077.OC	合成药业	2015-3-4	872960.OC	国丹生物	2018-8-22	联营企业	22.1	2017-12-31	4,485.07		168.16	-1,138.39
430107.OC	土星教育	2012-3-9	430125.OC	ST 都市	2012-6-8	孙公司		2017-12-31			1,055.04	-1,263.91
833858.OC	信中利	2015-10-23	002168.SZ	深圳惠程	2007-9-19	子公司	0.15	2017-12-31	337,389.87		37,317.27	-11,314.02

数据来源：Wind。

2017 年新三板挂牌公司年报分析报告

2017 年是我国供给侧结构性改革的深化之年，产业转型升级步伐加快，创新驱动积极效应不断释放。作为国内创新创业型中小企业的代表群体，挂牌公司 2017 年业绩整体呈现高质量增长，产业结构持续优化，新动能、新产业、新业态加速发展，新三板市场服务国家创新发展战略的根基愈加深厚。截至 4 月 27 日，共计 11 371 家公司须披露 2017 年年度报告，除已提交终止挂牌申请的 147 家公司外，共有 10 764 家挂牌公司完成 2017 年年报披露工作，按期披露率 96%[1]。具体情况如下：

一、挂牌公司整体保持高质量快速发展态势，企业社会责任和规范度均有进一步提升

（一）整体业绩继续保持较快增速。已披露年报挂牌公司 2017 年共实现营收 1.98 万亿元，净利润 1 154.84 亿元，分别同比增长 21.21% 和 14.69%，盈利面 76.44%。其中非金融企业共实现营收 1.89 万亿元，净利润 1012.99 亿元，分别同比增长21.12%和17.79%,增速较去年进一步提高3.64%和7.20%,盈利面79.63%。盈利能力维持较高水平,净资产收益率8.69%。经过市场的发展培育,挂牌公司五年以来[2]总资产、营业收入和净利润分别累计增长102.02%、75.97%、91.61%,已有906家公司挂牌后实现规模升级,其中48家微型企业成长为小型企业,844家小型企业成长为大、中型企业。

(二)经营稳健性进一步提升。一是传统行业去杠杆收获实效。非金融类企业平均资产负债率47.84%,同比下降0.19%,其中传统行业同比下降0.87%。二是运营效率提高。非金融企业存货周转率、固定资产周转率、总资产周转率分别同比提高2.84%、7.48%、2.79%。三是税费负担继续下降。企业现金支付的各项税费占营收比重同比下降0.43%,其中小、微型企业分别同比下降0.62%、0.82%。

(三)产业结构持续优化。一是现代服务业引领作用增强。现代服务业(剔除金融业)营收和净利润分别同比增长26.94%和29.12%,其中信息技术业净利润同比增长49.01%,互联网经济、数字经济、共享经济表现突出,成为推动新经济发展的新引擎。二是制造业向价值链中高端延伸。先进制造业营收占比61.84%,同比提高0.27%。装备制造业、高技术制造业固定资产投资增速分别较上年提高11.74%和2.30%。三是环保与民生产业生态改善。涉及环保与社会公共服务等行业经营业绩大幅改善,营收和净利润增速分别较上年提高14.28%和18.72%,投资进一步扩张,增速同比提高2.24%。四是高耗能产业产能继续下降。石油加工、电力热力、黑色金属加工等行业投资均同比下降20%以上。

(四)服务国家战略和履行社会责任的广度与深度均有所提升。一是服务区域协调和乡村振兴战略。西部和民族地区挂牌企业业绩持续改善,净利润同比增长19.87%,增速较上年提高12.61%。农村农业农民相关企业增收,服务乡村振兴战略。共有涉农企业368家,营收同比增长9.19%,县域乡镇企业850家,营收同比增长24.25%。二是参与扶贫的深度、广度和精细化程度均明显提升。贫困地区挂牌公司共235家,营收和净利润分别同比增长25.53%和36.26%,业绩显著改善。9 995家公司披露了扶贫与社会责任事项,其中2 489家公司响应扶贫号召,以捐款、捐赠图书、设立公益基金等形式,积极深入参与精准扶贫。三是扩大吸纳社会就业。挂牌公司员工人数达252.03万人,同比增长7.85%,较全国城镇就业人员增长率高5.03%。

(五)公司治理进一步改善。挂牌新三板后,公司治理的规范性明显加强。制度建设方面,4 333家公司在2017年建立新的公司治理制度,占比40.25%;7 407家公司建立年度报告重大差错责任追究制度,占比68.81%,同比提升13.85%。外部制衡方面,有654家公司开始设独立董事,538家公司管理层引入了职业经理人。权益分配方面,共2 548家挂牌公司公布分红预案,占已披露年报挂牌公司家数的23.67%。其中2 044家实施现金分红,拟发放现金股利合计267.85亿元。信息披露方面,因未按时披露2017年年报而被处罚的公司家数同比减少20家。1 268家创新层公司中,除28家已提交摘牌申请的公司外,1 193家按时完成2018年一季报披露,按期披露率达96%[3]。

二、新动能新产业新业态蓬勃发展,梯次已初步形成,新三板市场服务国家创新发展战略的根基愈加深厚

(一)创新驱动战略深入实施。一是持续高研发和人才投入。共有8 586家挂牌公司披露了研发支出,研发总支出607.30亿元,同比增长9.96%。研发强度3.82%,较全社会研发强度高1.7%。人才驱动特点显著,本科以上学历人员占比25.81%。如锂电子负极材料龙头企业贝特瑞,成立的研究院已发展为国家级技术中心,研发人员超200人,是新能源材料领域全球规模最大的研究院。二是研发产出效率高。24家挂牌公司参与的科研项目获2017年国家科学技术奖,多家挂牌公司拥有世界先进的核心技术。如物联网企业德鑫物联,拥有国际领先的无线射频识别技术,有5个世界级核心发明专利和10个国家级核心发明专利。三是坚持产研结合。挂牌公司2017年签订重大技术开发合同金额合计255.05亿元,同比增长406.76%。约有半数公司[4]通过设立下属研究院、与研究院合作科研项目、引进具有科研院所背景人才的方式深入开展科研,科研范围涉及区块链、人工智能等前沿技术。如生物科技公司赛莱拉拥有"三站两院一中心"的科技创新平台,通过"科研+产业"双轮驱动形成良性循环可持续发展模式,2017年研发强度高达17.51%。

(二)新经济企业在新三板内部已形成发展梯次。一是新经济企业近五千家。披露2017年年报的10 764家公司中,新经济企业[5]共4782家,占比44.43%,涉及高端制造、生物医药、科技服务等新产业以及新文化、新零售等新业态。其中有2138家新经济企业生产投入的智力驱动、资本驱动、技术驱动因素表现突出,并体现了高成长性、高附加值、高回报率的产出效应,具有显著的新经济特征。二是半数以上新经济企业已发展成为成长潜力较高的瞪羚企业。新经济企业中有2 654家公司增速符合瞪羚企业划分标准[6],占比55.50%。这批企业的规模小于独角兽企业,但呈现出跳跃式的高成长潜力,平均营收和净利润增速分别达到39.68%和104.28%。如工业安全领域高科技企业帮安迪,2017年净利润2 002.56万元,同比增长171.35倍。三是多个新经济产业已涌现出独角兽企业。有28家挂牌公司符合全球公认的新经济独角兽划分标准,集中在互联网应用、文化娱乐、新科技、新环保和生物制药产业。多家企业为细分行业龙头,2017年业绩表现抢眼。如生物医药企业成大生物,是全球人用狂犬疫苗龙头,国内市场占有率达50%,2017年净利润5.58亿元,连续两年净利润同比增长超过20%。大型文化科技集团华强方特,蝉联七届"中国文化企业30强",2017年净利润7.48亿元。

(三)新经济企业在新三板市场获得培育与发展。共2 546家新经济企业挂牌以来完成4 310次发行,合计融资1 696.20亿元,为公司的经营发展提供了重要支持。如神州优车在亏损的情况下完成两次发行融资(共70亿元),保证了公司市场战略的实施,目前公司已建有国内最大的B2C出行共享平台,2017年营收同比增长68.62%,亏损大幅缩减33.71亿元。共405家新经济企业完成471次并购重组,合计交易金额559.93亿元。挂牌企业通过并购重组完成产业整合或转型升级,其中不乏对行业影响力较大的案例。如国内领先婚恋网站平台百合网,2017年通过重大资产重组与世纪佳缘完成了合并,显著提升了公司的行业影响力,2017年营收同比增长2.58倍,净利润同比扭亏为盈。

三、客观认识中小企业发展特点,进一步提高服务中小企业发展能力

(一)对中小企业业绩波动须客观看待。挂牌公司中有3 027家净利润增速超过50%,同时也有3 442家公司业绩下滑幅度超过50%。整体看,业绩波动符合成长期中小企业发展的特点,部分行业研发期较长,典型如生物医药产业,普遍具有高投入、长周期的特征，在研发阶段往往需要大量的资金投入且无盈利。同时，我国经济正处于转型升级时期，各种新技术新业态不断涌现，部分行业可能面临新兴行业的冲击，另有成长期企业处于战略升级转型阶段，这些都可能对短期利润造成影响。市场各主体应客观看待中小企业业绩波动，共同创造良好的投资环境和投资氛围，以利于创新创业型中小企业的长期发展。

（二）虽然挂牌企业融资能力继续提升，但提高中小微企业直接融资比重任务依然艰巨。非金融挂牌企业 2017 年合计普通股融资 1 233.66 亿元，占全社会非金融企业股票融资比重为 14.09%，同比提高 4.25%。企业挂牌后受益于规范性和公众化程度提升，间接融资能力也获得提高，2017 年共有 6 607 家公司发生了间接融资，占比 61.38%，合计间接融资金额 4 650.81 亿元。但另一方面，挂牌企业财务费用同比增加 40.15%。其中中型企业和小型企业增幅分别达 65.24% 和 42.07%，财务费用占营收比重均增加超过 0.2%，反映中小企业间接融资成本仍有较大降低空间，新三板服务中小微企业、提升直接融资比重的任务仍然艰巨。建议进一步丰富融资产品，针对不同成长阶段企业提供差异化和更高效的融资方式，加大对中小企业的融资支持力度。

[1] 剔出已提交终止挂牌申请的公司。
[2] 按披露了 2013 年 – 2017 年年报的 6 979 家挂牌公司统计。
[3] 剔出已提交终止挂牌申请的公司。
[4] 根据挂牌公司 2017 年年报信息初步估算。
[5] 按符合产业发展方向的新经济行业和传统经济行业中的商业模式创新企业初步统计。
[6] 瞪羚企业划分标准：上年度总收入在 1 000 万元 – 5 000 万元之间的企业，收入增长率达到 20% 或利润增长率达到 10%；上年度总收入在 5 000 万元 – 1 亿元之间的企业，收入增长率达到 15% 或利润增长率达到 10%；上年度总收入在 1 亿元 – 5 亿元之间的企业，收入增长率达到 10% 或利润增长率达到 10%。

2017 年新三板市场主办券商执业情况

一、主办券商持续督导情况（前 10 名）

按年末全部挂牌公司家数排名：

序号	主办券商	挂牌公司家数
1	申万宏源	657
2	安信证券	609
3	中泰证券	486
4	招商证券	401
5	东吴证券	387
6	中信建投	381
7	长江证券	362
8	东北证券	344
9	兴业证券	342
10	广发证券	308

按其中 2017 年新挂牌公司家数排名：

序号	主办券商	挂牌公司家数
1	安信证券	123
2	开源证券	119
3	国融证券	87
4	东吴证券	82
5	申万宏源	77
6	兴业证券	75
7	中泰证券	73
8	东莞证券	73
9	长江证券	70
10	招商证券	67

二、主办券商参与发行情况（前 10 名）按发行金额排名：

序号	主办券商	股票发行金额及占比		发行次数
		金额（亿元）	占比（%）	
1	招商证券	99.58	7.45	94
2	中金公司	83.49	6.25	15
3	中信建投	75.45	5.65	110
4	申万宏源	72.97	5.46	151
5	国信证券	59.59	4.46	87
6	广发证券	49.46	3.70	85
7	中信证券	47.20	3.53	51
8	安信证券	46.38	3.47	154
9	中泰证券	40.03	3.00	97
10	长江证券	36.09	2.70	71
合计	610.25	45.67	915	

按发行次数排名：

序号	主办券商	股票发行金额及占比		发行次数
		金额（亿元）	占比（%）	
1	安信证券	46.38	3.47	154
2	申万宏源	72.97	5.46	151
3	中信建投	75.45	5.65	110
4	中泰证券	40.03	3.00	97
5	招商证券	99.58	7.45	94
6	国信证券	59.59	4.46	87
7	广发证券	49.46	3.70	85
8	东吴证券	26.49	1.98	81
9	东北证券	35.22	2.64	78
10	长江证券	36.09	2.70	71
合计	541.27	40.51	1,008	

2017年度新三板挂牌公司增发主承销商统计

机构名称	承销家数	募集资金合计(万元)	发行费用合计(万元)	实际募集资金合计(万元)
申万宏源证券有限公司	140	616,455.58	1,742.39	614,713.19
安信证券股份有限公司	131	419,720.88	2,740.28	416,980.59
中信建投证券股份有限公司	101	697,064.71	2,011.53	695,053.18
招商证券股份有限公司	91	1,209,737.90	1,373.93	1,208,363.97
中泰证券股份有限公司	87	384,548.98	2,429.23	382,119.75
广发证券股份有限公司	79	478,056.16	2,866.92	475,189.24
长江证券股份有限公司	74	333,956.47	1,658.23	332,298.24
东北证券股份有限公司	73	357,484.44	527.88	356,956.56
东吴证券股份有限公司	70	247,150.39	426.1	246,724.29
国信证券股份有限公司	69	482,700.62	1,175.53	481,525.09
西南证券股份有限公司	68	357,334.80	380.03	356,954.77
兴业证券股份有限公司	65	253,544.59	250.06	253,294.53
东莞证券股份有限公司	60	219,216.70	352.91	218,863.80
光大证券股份有限公司	48	242,413.60	1,349.13	241,064.48
西部证券股份有限公司	47	182,512.99	394.45	182,118.53
国金证券股份有限公司	46	327,766.84	738.39	327,028.45
方正证券股份有限公司	44	83,592.01	369.34	83,222.67
中信证券股份有限公司	43	446,354.85	2,358.10	443,996.75
国泰君安证券股份有限公司	38	196,113.96	1,194.80	194,919.15
国海证券股份有限公司	37	116,783.63	70.83	116,712.80
东兴证券股份有限公司	37	110,433.50	1,046.42	109,387.08
财通证券股份有限公司	34	134,096.87	1,044.26	133,052.60
太平洋证券股份有限公司	30	193,162.81	404.46	192,758.35
开源证券股份有限公司	29	88,403.66	110.45	88,293.21
浙商证券股份有限公司	29	70,510.22	404.06	70,106.15
新时代证券股份有限公司	28	91,783.23	695.36	91,087.87
天风证券股份有限公司	27	195,206.83	1,598.58	193,608.25
平安证券股份有限公司	27	135,275.03	392.76	134,882.26
长城证券股份有限公司	26	82,845.07	291.3	82,553.77
海通证券股份有限公司	25	113,651.53	308.34	113,343.19
中山证券有限责任公司	25	108,994.90	721.56	108,273.33
广州证券股份有限公司	24	70,034.49	174.73	69,859.77
国融证券股份有限公司	24	61,023.38	158.4	60,864.97
国联证券股份有限公司	23	88,913.54	157.48	88,756.06
首创证券有限责任公司	23	75,334.84	247.2	75,087.64
华林证券股份有限公司	22	85,843.12	108.7	85,734.42
民生证券股份有限公司	22	89,118.39	95.62	89,022.77
华创证券有限责任公司	21	89,012.45	321.75	88,690.70
中银国际证券股份有限公司	21	78,859.12	50.59	78,808.53
国元证券股份有限公司	20	57,381.76	482.7	56,899.06
江海证券有限公司	20	39,083.18	247.97	38,835.21
华泰联合证券有限责任公司	20	118,810.58	242.5	118,568.08
中原证券股份有限公司	18	33,834.08	263.81	33,570.27
山西证券股份有限公司	18	80,885.82	263.14	80,622.68

机构名称	承销家数	募集资金合计(万元)	发行费用合计(万元)	实际募集资金合计(万元)
财达证券股份有限公司	18	285,046.55	671.1	284,375.45
上海证券有限责任公司	18	44,137.97	129.68	44,008.29
华融证券股份有限公司	17	88,968.05	361.51	88,606.54
金元证券股份有限公司	17	74,842.70	841.31	74,001.38
国都证券股份有限公司	17	39,131.28	140.75	38,990.53
中国中投证券有限责任公司	17	25,557.29	142.56	25,414.74
华安证券股份有限公司	16	62,581.13	101.62	62,479.51
南京证券股份有限公司	15	87,521.35	196.31	87,325.05
中国国际金融股份有限公司	15	822,714.12	677.6	822,036.52
华福证券有限责任公司	15	53,640.12	85.13	53,554.99
东方花旗证券有限公司	15	203,125.00	425.96	202,699.03
华龙证券股份有限公司	14	90,530.05	166.5	90,363.55
万联证券股份有限公司	13	39,288.93	174.33	39,114.60
联讯证券股份有限公司	13	47,697.55	0	47,697.55
恒泰证券股份有限公司	13	35,634.41	71.23	35,563.18
西藏东方财富证券股份有限公司	12	25,747.54	18.3	25,729.24
中国银河证券股份有限公司	11	243,742.24	443.43	243,298.81
华西证券股份有限公司	11	33,979.00	29.43	33,949.57
德邦证券股份有限公司	10	52,797.23	127.92	52,669.31
东海证券股份有限公司	10	61,064.54	148.09	60,916.45
中国民族证券有限责任公司	10	52,055.67	64.62	51,991.05
信达证券股份有限公司	9	22,952.08	85.49	22,866.59
五矿证券有限公司	9	15,768.41	12.87	15,755.54
九州证券股份有限公司	9	15,613.90	43.41	15,570.48
渤海证券股份有限公司	9	20,965.87	0	20,965.87
国盛证券有限责任公司	8	10,084.96	29.04	10,055.92
财富证券有限责任公司	8	32,102.40	334.46	31,767.94
英大证券有限责任公司	8	31,926.00	93.5	31,832.50
华鑫证券有限责任公司	7	12,748.46	0	12,748.46
第一创业证券股份有限公司	7	22,033.18	74	21,959.18
湘财证券股份有限公司	7	27,662.08	0	27,662.08
联储证券有限责任公司	5	41,262.80	25	41,237.80
世纪证券有限责任公司	5	8,434.12	35.58	8,398.54
中航证券有限公司	5	22,963.05	16.4	22,946.65
申港证券股份有限公司	4	22,868.50	0	22,868.50
大通证券股份有限公司	3	11,420.00	0	11,420.00
中天国富证券有限公司	3	7,700.00	0	7,700.00
爱建证券有限责任公司	2	4,336.00	0	4,336.00
华金证券股份有限公司	2	10,479.00	0	10,479.00
网信证券有限责任公司	2	1,069.40	12.22	1,057.18
国开证券股份有限公司	2	26,500.00	486.5	26,013.50
大同证券有限责任公司	1	2,500.00	23	2,477.00
华泰证券股份有限公司	1	1,122.00	0	1,122.00
万和证券股份有限公司	1	590.13	0	590.13

数据来源:Wind。

2017 年度新三板推荐挂牌主办券商统计

主办券商	挂牌家数	做市家数	股份总量（万股）	可交易股份总量（万股）	资产合计（万元）	总资产均值（万元）	净资产合计（万元）	净资产均值（万元）	营业收入合计（万元）	营业收入均值（万元）	净利润合计（万元）	净利润均值（万元）
安信证券	126	0	510,257.63	201,793.46	2,517,091.04	19,976.91	818,048.16	6,492.45	5,059,869.86	40,157.70	87,185.65	691.95
开源证券	116	1	381,769.57	126,080.48	1,248,990.99	10,767.16	594,630.92	5,126.13	1,243,857.31	10,722.91	50,771.16	437.68
国融证券	92	0	358,695.97	126,695.73	1,362,330.54	14,807.94	494,994.27	5,380.37	1,277,044.02	13,880.91	67,159.72	730
东吴证券	81	0	193,381.73	57,508.36	819,891.25	10,122.11	418,700.36	5,169.14	850,633.64	10,501.65	65,379.14	807.15
申万宏源证券	78	0	353,702.60	156,510.14	1,736,041.15	22,256.94	698,358.39	8,953.31	1,289,144.92	16,527.50	81,975.65	1,050.97
东莞证券	74	0	250,207.84	68,627.59	771,268.80	10,422.55	367,214.41	4,962.36	841,657.65	11,373.75	44,954.06	607.49
兴业证券	73	0	433,711.11	226,226.70	4,095,262.09	56,099.48	705,365.84	9,662.55	743,750.42	10,188.36	85,411.88	1,170.03
中泰证券	73	1	264,430.67	94,188.34	902,353.69	12,361.01	400,838.61	5,490.94	877,251.04	12,017.14	35,470.93	485.9
长江证券	68	0	239,256.19	66,061.24	867,986.78	12,764.51	385,078.18	5,662.91	1,242,822.09	18,276.80	48,577.65	714.38
中信建投	64	0	372,871.69	142,214.23	1,623,387.16	25,365.42	891,766.68	13,933.85	1,013,050.86	15,828.92	80,868.41	1,263.57
招商证券	60	0	460,034.29	188,459.40	5,977,806.52	99,630.11	993,507.38	16,558.46	2,137,468.41	35,624.47	114,899.07	1,914.98
方正证券	59	0	124,141.87	34,426.64	396,626.19	6,722.48	192,789.84	3,267.62	561,012.37	9,508.68	18,144.66	307.54
西南证券	57	0	248,380.52	65,124.52	732,427.96	12,849.61	385,843.55	6,769.19	567,952.63	9,964.08	47,439.84	832.28
东北证券	57	0	212,168.27	94,255.18	706,119.58	12,388.06	380,208.32	6,670.32	637,440.45	11,183.17	44,645.14	783.25
光大证券	44	0	276,664.04	118,193.17	938,511.24	21,329.80	483,991.14	10,999.80	650,235.48	14,778.08	37,141.26	844.12
恒泰证券	43	0	156,232.88	40,611.74	524,897.75	12,206.92	246,364.27	5,729.40	375,716.39	8,737.59	19,880.94	462.35
新时代证券	43	0	133,294.34	48,227.53	356,464.81	8,289.88	180,767.83	4,203.90	389,072.34	9,048.19	10,028.15	233.21
西部证券	40	0	119,994.08	44,780.30	729,410.17	18,235.25	280,638.81	7,015.97	1,270,002.06	31,750.05	21,401.76	535.04
广发证券	38	0	132,401.60	43,130.13	554,211.61	14,584.52	287,252.79	7,559.28	535,218.54	14,084.70	42,947.59	1,130.20
东兴证券	37	1	172,334.67	66,644.08	648,451.92	17,525.73	265,711.22	7,181.38	559,759.08	15,128.62	22,594.78	610.67
财通证券	36	0	157,724.94	56,144.09	649,544.39	18,042.90	224,008.27	6,222.45	505,438.88	14,039.97	29,031.43	806.43
国信证券	35	1	239,388.24	80,444.78	1,342,083.03	38,345.23	397,273.86	11,350.68	1,537,787.32	43,936.78	52,338.34	1,495.38
国元证券	28	1	371,978.35	188,132.61	1,473,535.30	52,626.26	416,978.17	14,892.08	1,110,209.75	39,650.35	56,573.81	2,020.49
太平洋	28	0	116,845.16	37,280.54	411,432.54	14,694.02	183,332.75	6,547.60	369,983.08	13,213.68	24,228.05	865.29
天风证券	27	1	104,728.19	30,669.29	366,165.39	13,561.68	196,624.82	7,282.40	443,097.31	16,411.01	34,286.98	1,269.89
华安证券	27	0	96,469.01	36,030.85	294,103.47	10,892.72	142,412.86	5,274.55	291,945.90	10,812.81	14,106.09	522.45
中原证券	25	0	62,528.51	21,161.97	171,898.85	6,875.95	84,171.05	3,366.84	174,263.42	6,970.54	8,922.80	356.91
浙商证券	25	0	79,061.94	22,515.57	297,965.65	11,918.63	160,515.74	6,420.63	255,184.65	10,207.39	11,792.16	471.69
山西证券	24	0	84,531.07	36,249.82	285,854.20	11,910.59	121,834.94	5,076.46	264,902.77	11,037.62	9,825.20	409.38
中信证券	23	0	734,330.70	596,078.42	2,565,167.96	111,529.04	1,134,911.65	49,343.98	604,675.22	26,290.23	94,346.00	4,102.00
海通证券	22	1	81,868.02	25,031.97	331,557.48	15,070.79	165,667.06	7,530.32	424,895.92	19,313.45	17,526.00	796.64
财达证券	21	0	74,079.52	33,164.23	268,583.65	12,789.70	178,297.05	8,490.34	306,236.64	14,582.70	38,524.76	1,834.51
万联证券	20	0	77,170.35	38,366.79	239,660.97	11,983.05	119,477.28	5,973.86	153,642.83	7,682.14	8,972.04	448.6
渤海证券	20	0	51,281.13	16,757.48	205,225.56	10,261.28	82,300.97	4,115.05	175,085.60	8,754.28	11,464.70	573.23
国海证券	20	0	51,416.99	21,925.27	128,789.43	6,439.47	89,878.29	4,493.91	112,815.48	5,640.77	10,794.45	539.72

主办券商	挂牌家数	做市家数	股份总量（万股）	可交易股份总量（万股）	资产合计（万元）	总资产均值（万元）	净资产合计（万元）	净资产均值（万元）	营业收入合计（万元）	营业收入均值（万元）	净利润合计（万元）	净利润均值（万元）
财富证券	19	0	114,043.45	43,769.63	329,785.32	17,357.12	154,382.30	8,125.38	294,871.09	15,519.53	6,598.80	347.31
国联证券	19	0	61,509.75	17,566.22	168,998.47	8,894.66	106,968.38	5,629.91	163,622.06	8,611.69	14,449.50	760.5
江海证券	18	0	54,038.92	17,682.76	141,551.15	7,863.95	58,827.59	3,268.20	135,657.81	7,536.54	-1,621.93	-90.11
长城证券	18	0	70,748.08	19,841.76	238,043.09	13,224.62	136,081.39	7,560.08	179,996.21	9,999.79	10,580.30	587.79
首创证券	17	0	46,878.25	21,993.32	158,074.68	9,298.51	101,604.12	5,976.71	144,595.79	8,505.63	12,424.46	730.85
东方财富证券	17	0	38,491.00	13,296.52	104,109.46	6,124.09	58,161.28	3,421.25	78,804.80	4,635.58	7,048.62	414.62
国盛证券	16	0	49,538.21	21,311.63	132,843.16	8,302.70	68,699.33	4,293.71	141,016.80	8,813.55	5,366.66	335.42
中国银河证券	16	1	212,605.28	37,888.22	570,895.45	35,680.97	378,954.24	23,684.64	225,069.43	14,066.84	8,656.95	541.06
华创证券	16	1	106,477.41	27,421.78	393,885.42	24,617.84	191,910.60	11,994.41	685,042.71	42,815.17	18,927.79	1,182.99
国金证券	14	0	82,948.95	28,949.83	289,559.69	20,682.84	196,189.58	14,013.54	265,875.57	18,991.11	27,657.29	1,975.52
华龙证券	14	0	43,024.83	11,883.34	170,227.43	12,159.10	74,056.96	5,289.78	119,093.64	8,506.69	5,105.43	364.67
广州证券	13	0	96,813.97	13,016.96	423,461.83	32,573.99	178,914.06	13,762.62	201,236.78	15,479.75	21,439.35	1,649.18
国都证券	13	1	50,014.66	18,333.90	152,004.18	11,692.63	58,710.38	4,516.18	150,778.45	11,598.34	2,988.31	229.87
华融证券	13	0	66,629.35	34,239.41	190,502.72	14,654.06	115,452.66	8,880.97	160,776.88	12,367.45	1,927.43	148.26
华西证券	12	0	24,389.00	7,303.02	74,850.00	6,237.50	36,976.87	3,081.41	50,795.69	4,232.97	4,402.49	366.87
中投证券	12	0	29,209.67	8,883.92	94,298.63	7,858.22	51,045.61	4,253.80	121,527.59	10,127.30	6,766.12	563.84
五矿证券	12	0	28,435.26	5,400.45	79,558.76	6,629.90	36,826.67	3,068.89	80,117.24	6,676.44	1,404.66	117.06
东海证券	12	0	40,173.07	13,907.61	205,948.86	17,162.41	74,737.25	6,228.10	200,884.31	16,740.36	4,275.43	356.29
联讯证券	11	0	26,557.83	9,658.48	80,839.05	7,349.00	43,730.46	3,975.50	57,778.32	5,252.57	1,820.53	165.5
上海证券	11	0	23,968.83	4,925.74	88,022.34	8,002.03	54,173.62	4,924.87	76,355.04	6,941.37	9,755.26	886.84
民生证券	11	0	38,328.48	15,473.69	149,708.81	13,609.89	83,133.60	7,557.60	147,867.46	13,442.50	14,095.93	1,281.45
中银证券	10	0	25,220.42	8,807.98	88,958.12	8,895.81	46,004.96	4,600.50	80,385.19	8,038.52	6,800.87	680.09
东方花旗证券	9	0	97,711.04	73,152.05	1,802,395.23	200,266.14	190,128.84	21,125.43	200,340.07	22,260.01	17,822.95	1,980.33
第一创业	9	0	34,468.07	13,999.14	190,232.92	21,136.99	68,213.94	7,579.33	156,510.57	17,390.06	9,125.68	1,013.96
德邦证券	9	0	49,669.64	24,732.67	413,458.24	45,939.80	173,434.97	19,270.55	221,196.32	24,577.37	18,759.61	2,084.40
金元证券	9	0	22,626.00	4,821.71	91,925.55	10,213.95	32,192.33	3,576.93	118,502.52	13,166.95	2,225.18	247.24
网信证券	8	0	23,080.59	2,453.30	62,808.85	7,851.11	35,857.42	4,482.18	43,860.87	5,482.61	2,868.46	358.56
华鑫证券	8	0	314,029.77	184,736.42	1,193,232.16	149,154.02	555,473.40	69,434.18	381,365.75	47,670.72	47,689.91	5,961.24
国泰君安	8	1	40,048.51	19,046.54	117,742.87	14,717.86	67,233.02	8,404.13	87,196.05	10,899.51	8,718.91	1,089.86
南京证券	7	0	22,518.29	7,672.73	99,290.51	14,184.36	55,836.85	7,976.69	70,408.09	10,058.30	7,273.22	1,039.03
九州证券	7	0	31,310.80	12,511.97	97,380.07	13,911.44	59,163.53	8,451.93	56,905.81	8,129.40	8,393.85	1,199.12
平安证券	7	0	50,847.54	15,890.30	212,771.93	30,395.99	86,781.06	12,397.29	137,345.79	19,620.83	10,072.17	1,438.88
华林证券	7	0	21,568.50	9,228.48	112,994.46	16,142.07	49,277.26	7,039.61	139,224.77	19,889.25	7,583.01	1,083.29
华金证券	6	1	29,746.00	8,721.18	62,388.89	10,398.15	37,985.07	6,330.84	53,510.96	8,918.49	6,316.16	1,052.69
民族证券	6	0	36,468.33	11,693.37	124,058.59	20,676.43	65,977.58	10,996.26	55,131.53	9,188.59	8,434.46	1,405.74
华福证券	6	0	33,324.72	16,873.59	191,334.50	31,889.08	89,478.03	14,913.01	224,997.27	37,499.55	12,835.32	2,139.22
湘财证券	5	0	16,193.51	5,740.21	56,129.29	11,225.86	20,479.81	4,095.96	39,849.59	7,969.92	3,149.52	629.9

主办券商	挂牌家数	做市家数	股份总量（万股）	可交易股份总量（万股）	资产合计（万元）	总资产均值（万元）	净资产合计（万元）	净资产均值（万元）	营业收入合计（万元）	营业收入均值（万元）	净利润合计（万元）	净利润均值（万元）
川财证券	5	0	16,960.00	5,340.30	50,760.65	10,152.13	29,016.67	5,803.33	40,595.88	8,119.18	2,022.74	404.55
大同证券	5	0	11,913.00	2,472.57	64,487.43	12,897.49	27,734.40	5,546.88	53,237.38	10,647.48	4,198.90	839.78
万和证券	4	0	10,826.27	4,864.56	37,781.13	9,445.28	23,005.95	5,751.49	47,675.96	11,918.99	5,041.15	1,260.29
中邮证券	4	0	13,299.38	6,727.66	28,600.98	7,150.24	18,177.90	4,544.48	18,799.11	4,699.78	1,863.25	465.81
联储证券	3	0	12,470.00	5,981.66	21,592.98	7,197.66	17,730.31	5,910.10	9,946.19	3,315.40	485.73	161.91
中金公司	3	1	19,762.75	10,584.94	114,533.96	38,177.99	79,840.89	26,613.63	49,501.23	16,500.41	4,311.64	1,437.21
华泰联合证券	3	0	10,115.75	5,739.56	77,320.44	25,773.48	42,990.59	14,330.20	90,770.32	30,256.77	-1,470.51	-490.17
爱建证券	3	0	3,835.89	520.81	10,220.32	3,406.77	5,486.74	1,828.91	10,843.39	3,614.46	1,657.79	552.6
中航证券	3	1	7,220.00	1,694.38	20,294.41	6,764.80	9,927.44	3,309.15	21,629.23	7,209.74	1,075.52	358.51
中天国富证券	3	0	8,060.00	2,888.71	19,486.15	6,495.38	11,352.15	3,784.05	32,147.16	10,715.72	1,781.62	593.87
信达证券	3	0	68,590.00	26,441.87	433,507.61	144,502.54	100,052.48	33,350.83	55,777.07	18,592.36	8,689.13	2,896.38
国开证券	2	0	13,964.29	9,777.12	26,741.90	13,370.95	17,133.93	8,566.97	5,017.97	2,508.98	-1,738.28	-869.14
长城国瑞证券	2	0	3,253.26	940.89	7,209.69	3,604.85	4,138.25	2,069.12	11,253.73	5,626.86	519.85	259.92
红塔证券	1	0	5,500.00	4,700.00	23,542.15	23,542.15	2,054.72	2,054.72	5,711.14	5,711.14	-1,238.72	-1,238.72
申港证券	1	0	2,350.00	335	2,352.90	2,352.90	2,056.07	2,056.07	1,132.21	1,132.21	-22.23	-22.23
大通证券	1	0	1,092.17	311.44	8,323.28	8,323.28	5,904.68	5,904.68	7,264.84	7,264.84	671.22	671.22
中山证券	1	0	1,950.97	853.55	3,111.10	3,111.10	2,802.51	2,802.51	1,947.22	1,947.22	852.46	852.46
上海华信证券	1	0	500	0	2,341.41	2,341.41	2,176.26	2,176.26	859.01	859.01	-66.41	-66.41

数据来源：Wind。

2017年度新三板做市券商一览

券商列表	期间做市股票个数	截至日做市股票个数	总市值（万元）	股份总量（万股）	可交易股份数量（万股）	资产合计（万元）	总资产均值（万元）	净资产合计（万元）	净资产均值（万元）	营业收入合计（万元）	营业收入均值（万元）	净利润合计（万元）	净利润均值（万元）
国泰君安证券股份有限公司	92	90	8,847,596.65	1,647,362.56	1,299,343.46	6,218,356.16	67,590.83	3,909,335.05	42,492.77	4,125,933.39	44,847.10	273,084.10	2,968.31
东北证券股份有限公司	73	67	6,423,641.76	1,422,782.92	1,090,290.08	5,572,935.50	76,341.58	3,142,745.37	43,051.31	4,093,833.19	56,079.91	228,541.55	3,130.71
九州证券股份有限公司	66	57	7,823,469.60	1,513,160.90	1,200,880.02	6,462,443.76	97,915.81	3,510,499.87	53,189.39	4,332,920.51	65,650.31	164,973.21	2,499.59
第一创业证券股份有限公司	61	57	6,099,645.58	1,732,919.53	1,302,745.51	7,132,898.89	116,932.77	3,773,780.53	61,865.25	3,590,031.06	58,852.97	361,397.63	5,924.55
中山证券有限责任公司	42	38	1,445,521.66	403,835.16	281,034.24	1,617,456.39	38,510.87	839,716.14	19,993.24	1,130,271.67	26,911.23	63,097.75	1,502.33
联讯证券股份有限公司	38	38	3,311,208.68	1,062,532.54	846,016.37	3,412,518.54	89,803.12	2,047,955.60	53,893.57	2,063,664.21	54,306.95	206,324.28	5,429.59
信达证券股份有限公司	37	35	2,130,977.66	626,770.56	373,619.16	2,963,750.44	80,101.36	1,262,070.12	34,110.00	1,140,033.67	30,811.72	96,016.41	2,595.04
安信证券股份有限公司	36	34	3,608,480.21	590,090.35	419,086.05	4,490,509.37	124,736.37	2,456,212.31	68,228.12	2,170,712.97	60,297.58	256,930.14	7,136.95
华龙证券股份有限公司	35	34	3,930,561.04	654,912.00	500,350.33	4,806,539.79	137,329.71	2,831,209.81	80,891.71	1,918,435.26	54,812.44	267,075.24	7,630.72
兴业证券股份有限公司	35	32	1,512,916.96	238,853.96	155,277.63	925,872.22	26,453.49	581,041.65	16,601.19	838,376.71	23,953.62	81,578.57	2,330.82
中泰证券股份有限公司	34	32	3,287,803.80	901,415.36	744,128.15	3,102,256.07	91,242.83	1,886,875.48	55,496.34	2,444,884.73	71,908.37	288,500.83	8,485.32
天风证券股份有限公司	32	30	3,564,074.37	357,112.59	222,997.69	2,551,388.54	79,730.89	1,344,475.78	42,014.87	1,599,564.33	49,986.39	188,802.64	5,900.08
东兴证券股份有限公司	32	28	2,156,069.30	334,665.98	240,767.99	1,626,027.87	50,813.37	1,009,627.96	31,550.87	1,313,515.03	41,047.34	125,233.21	3,913.54
渤海证券股份有限公司	31	30	1,425,222.00	474,189.24	385,935.87	2,075,541.33	66,952.95	1,252,968.76	40,418.35	1,103,103.33	35,583.98	63,963.66	2,063.34

券商列表	期间做市股票个数	截至日做市股票个数	总市值（万元）	股份总量（万股）	可交易股份数量（万股）	资产合计（万元）	总资产均值（万元）	净资产合计（万元）	净资产均值（万元）	营业收入合计（万元）	营业收入均值（万元）	净利润合计（万元）	净利润均值（万元）
申万宏源证券有限公司	27	26	1,870,016.12	416,528.76	305,967.39	1,574,823.00	58,326.78	1,091,429.29	40,423.31	813,641.05	30,134.85	123,446.12	4,572.08
长江证券股份有限公司	26	24	8,971,088.11	703,170.65	552,597.05	4,861,346.87	186,974.88	2,917,893.10	112,226.66	2,170,614.18	83,485.16	102,170.40	3,929.63
广发证券股份有限公司	24	22	1,831,845.55	589,248.35	523,280.90	1,356,434.04	56,518.08	953,030.90	39,709.62	882,206.25	36,758.59	116,565.26	4,856.89
华融证券股份有限公司	24	23	2,205,120.45	313,767.78	244,319.03	2,904,964.86	121,040.20	1,639,074.93	68,294.79	905,060.29	37,710.85	145,983.97	6,082.67
财富证券有限责任公司	24	24	3,761,420.89	1,013,844.95	761,657.21	3,696,661.59	154,027.57	1,968,711.22	82,029.63	1,284,734.63	53,530.61	138,048.69	5,752.03
中原证券股份有限公司	23	22	2,275,618.83	396,642.59	299,108.78	3,116,825.32	135,514.14	1,790,508.79	77,848.21	1,206,356.97	52,450.30	180,019.84	7,826.95
联储证券有限责任公司	22	22	1,833,532.48	622,949.07	571,049.17	1,276,879.75	58,039.99	980,051.15	44,547.78	771,430.61	35,065.03	90,026.00	4,092.09
国联证券股份有限公司	22	21	2,014,478.98	507,719.32	407,599.08	2,441,565.20	110,980.24	1,407,388.30	63,972.20	1,764,250.69	80,193.21	137,869.41	6,266.79
西部证券股份有限公司	21	19	1,260,283.50	342,821.93	294,815.25	1,254,520.46	59,739.07	910,967.78	43,379.42	733,376.67	34,922.70	90,253.76	4,297.80
开源证券股份有限公司	21	20	781,947.70	235,793.85	152,531.54	597,195.63	28,437.89	381,306.02	18,157.43	402,196.68	19,152.22	12,024.96	572.62
中信证券股份有限公司	20	20	2,311,776.89	214,622.64	161,731.19	1,147,385.36	57,369.27	645,914.81	32,295.74	709,246.58	35,462.33	86,156.67	4,307.83
财通证券股份有限公司	19	18	530,853.75	293,906.70	198,842.40	1,171,084.26	61,636.01	640,939.05	33,733.63	705,112.50	37,111.18	58,881.88	3,099.05
华安证券股份有限公司	19	19	1,344,555.08	558,915.62	508,517.98	1,041,372.15	54,809.06	776,206.48	40,852.97	571,985.17	30,104.48	70,155.71	3,692.41
五矿证券有限公司	18	16	2,177,145.86	343,104.02	266,057.02	3,174,350.68	176,352.82	1,806,748.40	100,374.91	1,353,319.18	75,184.40	185,407.22	10,300.40
华金证券股份有限公司	18	17	2,001,158.94	199,459.90	110,718.03	1,227,460.51	68,192.25	698,433.62	38,801.87	542,457.32	30,136.52	65,873.21	3,659.62
万和证券股份有限公司	18	16	801,201.41	191,393.47	97,905.12	1,059,069.17	58,837.18	444,355.79	24,686.43	1,002,521.67	55,695.65	65,419.76	3,634.43
国海证券股份有限公司	17	14	1,315,501.41	331,530.64	247,344.84	1,603,782.19	94,340.13	884,200.26	52,011.78	1,151,084.84	67,710.87	82,055.05	4,826.77
上海华信证券有限责任公司	17	14	1,683,462.36	253,778.56	175,933.41	2,799,267.35	164,662.79	1,423,758.46	83,750.50	1,899,936.46	111,760.97	120,228.39	7,072.26
太平洋证券股份有限公司	16	14	1,999,505.77	350,630.13	283,527.37	1,749,539.12	109,346.20	1,004,216.08	62,763.51	1,150,099.49	71,881.22	97,719.29	6,107.46
网信证券有限责任公司	15	15	810,385.14	440,844.40	253,470.44	1,999,490.77	133,299.38	749,024.28	49,934.95	287,953.85	19,196.92	33,534.17	2,235.61
首创证券有限责任公司	14	14	599,440.84	156,046.54	120,146.07	773,007.50	55,214.82	413,122.75	29,508.77	373,460.31	26,675.74	21,407.67	1,529.12
华福证券有限责任公司	14	13	1,968,211.43	283,564.72	228,609.48	2,046,468.00	146,176.29	1,142,461.03	81,604.36	1,114,049.71	79,574.98	164,142.02	11,724.43
东吴证券股份有限公司	14	10	781,268.82	122,227.42	77,970.54	350,472.28	25,033.73	257,402.20	18,385.87	195,277.30	13,948.38	23,536.45	1,681.17
金元证券股份有限公司	13	11	530,533.02	171,079.74	131,186.47	658,046.34	50,618.95	404,622.09	31,124.78	434,632.77	33,433.29	13,525.91	1,040.45
东莞证券股份有限公司	13	12	1,011,897.00	566,789.57	501,492.25	1,253,557.29	96,427.48	757,527.04	58,271.31	838,874.39	64,528.80	80,968.90	6,228.38
西藏东方财富证券股份有限公司	13	12	2,315,856.94	588,739.32	381,326.61	4,347,439.32	334,418.41	1,964,388.96	151,106.84	1,795,560.44	138,120.03	163,839.49	12,603.04
长城证券股份有限公司	13	13	1,438,005.92	203,885.99	156,945.76	1,138,637.05	87,587.47	709,518.60	54,578.35	659,907.71	50,762.13	117,477.83	9,036.76
红塔证券股份有限公司	12	11	441,787.95	87,522.92	42,604.05	324,529.96	27,044.16	165,386.30	13,782.19	559,615.12	46,634.59	28,408.41	2,367.37
中信建投证券股份有限公司	12	9	903,707.22	160,008.31	104,866.53	510,109.86	42,509.15	368,202.52	30,683.54	347,760.60	28,980.05	41,514.31	3,459.53
光大证券股份有限公司	12	9	1,678,182.74	240,710.89	177,512.72	2,468,310.10	205,692.51	1,317,117.87	109,759.82	732,984.73	61,082.06	113,880.31	9,490.03
东方证券股份有限公司	12	9	1,197,784.42	156,237.56	127,849.88	688,892.86	57,407.74	570,747.13	47,562.26	338,451.95	28,204.33	62,986.15	5,248.85
招商证券股份有限公司	11	11	863,435.29	155,928.03	124,602.23	591,132.87	53,739.35	341,628.93	31,057.18	353,271.98	32,115.63	39,848.38	3,622.58
上海证券有限责任公司	11	11	830,470.85	223,973.61	194,048.25	818,305.70	74,391.43	528,538.74	48,048.98	500,410.07	45,491.82	47,009.69	4,273.61
财达证券股份有限公司	11	10	852,112.61	175,243.87	114,111.23	785,656.68	71,423.33	453,081.46	41,189.22	645,013.92	58,637.63	77,506.54	7,046.05
南京证券股份有限公司	10	10	287,518.65	104,633.64	64,754.92	300,813.17	30,081.32	160,331.02	16,033.10	145,627.59	14,562.76	14,786.80	1,478.68
华泰证券股份有限公司	10	9	1,163,861.69	423,846.11	251,651.37	2,050,085.15	205,008.51	783,176.11	78,317.61	267,263.64	26,726.36	40,316.48	4,031.65
银泰证券有限责任公司	10	10	691,976.04	220,395.69	163,335.45	907,202.88	90,720.29	561,242.48	56,124.25	398,338.65	39,833.86	31,329.65	3,132.96
大同证券有限责任公司	10	10	551,228.48	150,953.65	123,892.72	687,679.67	68,767.97	356,340.77	35,634.08	395,321.46	39,532.15	49,666.33	4,966.63
国开证券股份有限公司	9	9	471,889.36	79,631.11	50,838.62	560,398.81	62,266.53	298,279.84	33,142.20	292,257.79	32,473.09	31,753.78	3,528.20

券商列表	期间做市股票个数	截至日做市股票个数	总市值（万元）	股份总量（万股）	可交易股份数量（万股）	资产合计（万元）	总资产均值（万元）	净资产合计（万元）	净资产均值（万元）	营业收入合计（万元）	营业收入均值（万元）	净利润合计（万元）	净利润均值（万元）
江海证券有限公司	9	9	272,338.96	36,418.17	18,953.10	113,730.69	12,636.74	72,547.83	8,060.87	208,641.97	23,182.44	9,500.85	1,055.65
海通证券股份有限公司	9	9	293,439.47	100,191.46	67,560.61	259,401.13	28,822.35	182,134.72	20,237.19	161,241.23	17,915.69	12,308.44	1,367.60
民生证券股份有限公司	9	8	361,338.13	123,761.19	92,998.75	503,351.10	55,927.90	278,578.76	30,953.20	283,846.84	31,538.54	34,158.62	3,795.40
国元证券股份有限公司	9	7	1,359,258.57	531,666.53	337,130.22	2,945,623.25	327,291.47	1,251,369.40	139,041.04	969,102.17	107,678.02	83,894.34	9,321.59
恒泰证券股份有限公司	8	7	1,464,063.49	118,938.20	67,004.57	710,121.50	88,765.19	570,589.97	71,323.75	414,810.79	51,851.35	93,027.27	11,628.41
华鑫证券有限责任公司	8	7	2,164,879.06	568,201.85	531,594.41	1,999,268.43	249,908.55	1,201,325.18	150,165.65	975,087.76	121,885.97	161,186.38	20,148.30
英大证券有限责任公司	7	7	1,392,930.17	157,679.27	124,587.29	1,405,747.62	200,821.09	856,979.51	122,425.64	877,411.11	125,344.44	133,089.94	19,012.85
万联证券股份有限公司	7	6	744,626.06	84,685.73	54,729.93	900,599.76	128,657.11	394,797.31	56,399.62	283,311.57	40,473.08	34,090.51	4,870.07
中国民族证券有限责任公司	7	7	194,415.79	67,962.31	38,315.11	222,797.00	31,828.14	134,097.10	19,156.73	144,004.18	20,572.03	17,003.07	2,429.01
国信证券股份有限公司	6	6	219,988.25	29,081.97	18,772.83	89,440.59	14,906.77	47,861.58	7,976.93	151,215.61	25,202.60	-372.85	-62.14
中银国际证券股份有限公司	6	6	687,846.01	402,833.78	392,197.18	511,362.06	85,227.01	392,132.85	65,355.47	316,482.11	52,747.02	40,392.96	6,732.16
华西证券股份有限公司	6	6	516,846.23	335,587.80	191,126.01	1,742,241.51	290,373.59	561,445.50	93,574.25	148,618.81	24,769.80	7,133.64	1,188.94
国都证券股份有限公司	6	6	184,987.25	32,712.74	21,468.76	84,204.50	14,034.08	58,385.19	9,730.86	86,571.71	14,428.62	6,145.46	1,024.24
中国国际金融股份有限公司	6	6	1,125,423.23	67,213.81	48,775.60	337,387.44	56,231.24	167,166.29	27,861.05	236,034.76	39,339.13	23,312.02	3,885.34
平安证券股份有限公司	5	5	1,149,936.77	138,432.29	108,891.43	1,953,272.33	390,654.47	1,019,946.80	203,989.36	488,445.74	97,689.15	78,787.82	15,757.56
浙商证券股份有限公司	5	5	937,778.09	117,320.90	88,742.87	686,455.26	137,291.05	439,170.44	87,834.09	493,498.68	98,699.74	72,460.35	14,492.07
西南证券股份有限公司	5	5	633,210.02	82,221.97	65,958.15	396,016.57	79,203.31	307,139.01	61,427.80	201,414.13	40,282.83	64,666.22	12,933.24
川财证券有限责任公司	4	3	104,504.83	36,915.00	20,306.82	149,006.64	37,251.66	83,163.98	20,791.00	57,883.16	14,470.79	12.08	3.02
国金证券股份有限公司	4	4	909,466.46	45,182.12	8,340.11	270,256.38	67,564.10	216,604.22	54,151.06	166,424.94	41,606.24	16,433.32	4,108.33
德邦证券股份有限公司	4	4	596,118.92	334,711.62	190,564.68	1,725,730.81	431,432.70	565,853.50	141,463.37	167,425.96	41,856.49	9,918.29	2,479.57
申港证券股份有限公司	3	3	136,344.48	21,599.17	11,804.77	90,206.76	30,068.92	62,971.79	20,990.60	208,587.19	69,529.06	9,463.60	3,154.53
爱建证券有限责任公司	3	2	496,757.60	39,236.00	24,042.52	479,084.49	159,694.83	157,474.38	52,491.46	69,761.41	23,253.80	15,975.09	5,325.03
中国银河证券股份有限公司	3	3	159,205.02	33,497.52	21,338.79	177,400.02	59,133.34	106,312.65	35,437.55	68,891.43	22,963.81	2,714.24	904.75
湘财证券股份有限公司	3	3	202,191.58	40,131.67	35,295.86	200,422.93	66,807.64	79,061.43	26,353.81	139,034.27	46,344.76	14,850.56	4,950.19
中国中投证券有限责任公司	2	1	145,773.60	12,318.00	8,274.42	59,175.61	29,587.80	40,460.74	20,230.37	40,358.49	20,179.25	8,408.29	4,204.15
华创证券有限责任公司	2	2	788,421.00	33,470.00	1,829.10	235,105.08	117,552.54	192,735.71	96,367.86	109,972.13	54,986.07	19,970.93	9,985.47
山西证券股份有限公司	1	1	24,946.10	7,970.00	4,075.63	23,527.79	23,527.79	15,360.68	15,360.68	20,992.91	20,992.91	2,084.75	2,084.75
世纪证券有限责任公司	1	1	525,094.80	37,480.00	36,455.79	278,547.12	278,547.12	252,073.95	252,073.95	127,603.98	127,603.98	55,586.21	55,586.21
广州证券股份有限公司	1	1	12,166.30	6,835.00	3,003.03	30,288.41	30,288.41	19,524.57	19,524.57	25,305.83	25,305.83	-584.89	-584.89
长城国瑞证券有限公司	1		57,510.00	9,000.00	5,642.20	62,895.63	62,895.63	32,042.71	32,042.71	67,697.06	67,697.06	3,095.64	3,095.64
国融证券股份有限公司	1	1	22,755.10	3,130.00	1,847.50	21,983.14	21,983.14	13,759.96	13,759.96	12,567.29	12,567.29	2,566.90	2,566.90
方正证券股份有限公司	1	1	26,239.30	20,030.00	13,651.09	33,111.77	33,111.77	17,726.41	17,726.41	39,033.20	39,033.20	3,370.45	3,370.45

数据来源：Wind。

2017年度新三板挂牌公司更名一览

代码	名称	更名日期	更名前名称	更名后名称	证监会行业
839572.OC	华秉科技	2017-12-25	华秉电气科技（上海）股份有限公司	华秉电气科技股份有限公司	电气机械及器材制造业
837073.OC	喜悦娱乐	2017-12-22	喜悦动漫（杭州）股份有限公司	喜悦娱乐（杭州）股份有限公司	文化艺术业
834625.OC	能源谷	2017-12-22	山东鲁电节能环保产业股份有限公司	山东能源谷集团股份有限公司	科技推广和应用服务业
839764.OC	新瑞欣	2017-12-21	浙江新瑞欣玻璃股份有限公司	浙江新瑞欣能源股份有限公司	非金属矿物制品业
871524.OC	海南东源	2017-12-20	洋浦东源物流股份有限公司	海南东源物流股份有限公司	道路运输业
836184.OC	和远智能	2017-12-19	山东和远智能科技股份有限公司	和远智能科技股份有限公司	仪器仪表制造业
832769.OC	汕樟轻工	2017-12-19	广东汕樟轻工机械股份有限公司	广东汕樟轻工股份有限公司	专用设备制造业
871440.OC	恒天凡腾	2017-12-18	杭州凡腾科技股份有限公司	浙江恒天凡腾科技股份有限公司	软件和信息技术服务业

代码	名称	更名日期	更名前名称	更名后名称	证监会行业
838170.OC	合新科技	2017-12-16	深圳合新供应链管理股份有限公司	深圳合新科技股份有限公司	装卸搬运和其他运输代理
872148.OC	汉辰信息	2017-12-15	江西智动科技股份有限公司	江西汉辰信息技术股份有限公司	批发业
870616.OC	路东科技	2017-12-14	上海路东光电股份有限公司	上海路东多媒体科技股份有限公司	计算机、通信和其他电子设备制造业
835709.OC	英吉尔	2017-12-14	广东英吉尔科技股份有限公司	江西英吉尔科技股份有限公司	电气机械及器材制造业
831105.OC	盟云全息	2017-12-13	上海盟云移软网络科技股份有限公司	上海盟云全息科技股份有限公司	互联网和相关服务
837474.OC	天参密码	2017-12-8	环翠楼红参生物科技股份有限公司	天参密码科技股份有限公司	食品制造业
839088.OC	华商智汇	2017-12-7	重庆华商智汇传媒股份有限公司	华商智汇传媒股份有限公司	商务服务业
430365.OC	赫宸能源	2017-12-7	北京赫宸环境工程股份有限公司	北京赫宸智慧能源科技股份有限公司	电气机械及器材制造业
831010.OC	凯添燃气	2017-12-4	银川天佳能源科技股份有限公司	宁夏凯添燃气发展股份有限公司	燃气生产和供应业
835929.OC	鹤跃股份	2017-12-4	上海涵凌网络科技股份有限公司	上海鹤跃网络科技股份有限公司	互联网和相关服务
834136.OC	仙果科技	2017-12-1	北京仙果广告股份有限公司	北京仙果科技股份有限公司	互联网和相关服务
837314.OC	中青科技	2017-12-1	中青英拓(北京)教育科技股份有限公司	中青英拓(北京)科技股份有限公司	教育
870834.OC	携车网	2017-12-1	上海车水马龙信息技术股份有限公司	天津携车网络信息技术股份有限公司	机动车、电子产品和日用产品修理业
831078.OC	易通鼎盛	2017-11-30	广东斯科电气股份有限公司	广东易通鼎盛科技股份有限公司	软件和信息技术服务业
430756.OC	柒号传媒	2017-11-30	北京科电瑞通科技股份有限公司	北京灿亮柒号文化传媒股份有限公司	娱乐业
834793.OC	华强方特	2017-11-29	深圳华强方特文化科技集团股份有限公司	华强方特文化科技集团股份有限公司	娱乐业
837233.OC	徒河食品	2017-11-29	山东徒河食品股份有限公司	西藏徒河食品股份有限公司	农副食品加工业
833729.OC	乐普诊断	2017-11-28	北京恩济和生物科技股份有限公司	乐普(北京)诊断技术股份有限公司	医药制造业
430142.OC	锐新昌	2017-11-7	天津锐新昌轻合金股份有限公司	天津锐新昌科技股份有限公司	金属制品业
832859.OC	晨越建管	2017-11-6	成都晨越建设项目管理股份有限公司	晨越建设项目管理集团股份有限公司	专业技术服务业
838042.OC	中经世纪	2017-11-3	北京中经世纪物业管理股份有限公司	北京中经世纪科技园管理股份有限公司	房地产业
835714.OC	山水酒店	2017-11-1	深圳中青旅山水酒店股份有限公司	中青旅山水酒店集团股份有限公司	住宿业
430070.OC	太一云	2017-11-1	北京赛亿智能技术股份有限公司	北京太一云技术股份有限公司	软件和信息技术服务业
838927.OC	国文股份	2017-10-31	河北国文电气股份有限公司	国文电气股份有限公司	电气机械及器材制造业
836353.OC	蓝宇传媒	2017-10-31	东莞蓝宇传媒股份有限公司	广东蓝宇传媒股份有限公司	商务服务业
831634.OC	盛世股份	2017-10-30	北京盛世创业科技股份有限公司	盛世创业科技股份有限公司	批发业
831990.OC	纵横宝盈	2017-10-30	宁夏纵横宝盈软件服务股份有限公司	宁夏纵横宝盈信息技术股份有限公司	软件和信息技术服务业
838920.OC	南湖国旅	2017-10-28	佛山市南湖国际旅行社股份有限公司	南湖国际旅行社股份有限公司	商务服务业
833623.OC	胜高股份	2017-10-28	深圳市胜高连锁酒店管理股份有限公司	胜高连锁酒店管理股份有限公司	住宿业
834594.OC	大隆汇	2017-10-27	江苏大隆汇生物科技股份有限公司	江苏大隆汇文化科技股份有限公司	零售业
838375.OC	百联广合	2017-10-26	江苏百联广合房地产销售代理股份有限公司	江苏百联广合不动产运营股份有限公司	房地产业
838779.OC	军大股份	2017-10-26	广东三九军大生物科技股份有限公司	广东军大生物科技股份有限公司	化学原料及化学制品制造业
832875.OC	富仕德	2017-10-25	芜湖富仕德机械股份有限公司	芜湖富仕德体育用品股份有限公司	文教、工美、体育和娱乐用品制造业
834861.OC	同福集团	2017-10-25	同福碗粥股份有限公司	同福集团股份有限公司	食品制造业
871866.OC	力源电力	2017-10-24	合肥力源电力设备股份有限公司	力源电力设备股份有限公司	电气机械及器材制造业
871254.OC	欧怡迪	2017-10-24	梅州瑞胜科技股份有限公司	广东欧怡迪科技股份有限公司	电气机械及器材制造业
834043.OC	杭科光电	2017-10-20	杭州杭科光电股份有限公司	杭州杭科光电集团股份有限公司	计算机、通信和其他电子设备制造业
836719.OC	万威制造	2017-10-18	西安万威刀具股份有限公司	西安万威机械制造股份有限公司	金属制品业
430127.OC	英雄互娱	2017-10-18	北京英雄互娱科技股份有限公司	英雄互娱科技股份有限公司	互联网和相关服务
832144.OC	软智科技	2017-10-17	南京软智科技股份有限公司	南京金蛋科技股份有限公司	软件和信息技术服务业
871698.OC	阳光文化	2017-10-16	浙江阳光影业股份有限公司	浙江阳光文化发展股份有限公司	商务服务业
838267.OC	新世纪	2017-10-16	北京新世纪检验认证股份有限公司	新世纪检验认证股份有限公司	专业技术服务业
832417.OC	ST 京东汇	2017-10-11	无锡报业延嘉创意快印股份有限公司	无锡京东汇贸易股份有限公司	印刷和记录媒介复制业
430277.OC	圣商教育	2017-10-11	北京福乐维生物科技股份有限公司	北京圣商教育科技股份有限公司	农副食品加工业
831896.OC	思考投资	2017-10-11	浙江思考投资管理股份有限公司	浙江思考投资集团股份有限公司	资本市场服务
831113.OC	优粒智富	2017-10-10	上海杰盛通信工程股份有限公司	上海优粒智富科技股份有限公司	住宿业
834775.OC	华成保险	2017-10-10	苏州华成保险代理股份有限公司	华成保险代理股份有限公司	保险业

代码	名称	更名日期	更名前名称	更名后名称	证监会行业
870530.OC	远发股份	2017-9-29	江苏远发新材料股份有限公司	远发新材料股份有限公司	橡胶和塑料制品业
430158.OC	北方科诚	2017-9-28	北京北方科诚科技股份有限公司	北京北方科诚信息技术股份有限公司	软件和信息技术服务业
831370.OC	新安洁	2017-9-27	重庆新安洁景观园林环保股份有限公司	新安洁环境卫生股份有限公司	公共设施管理业
832035.OC	天晴股份	2017-9-27	黑龙江天晴干细胞股份有限公司	天晴干细胞股份有限公司	研究和试验发展
832939.OC	杨利实业	2017-9-26	杭州杨利石化股份有限公司	杭州杨利实业股份有限公司	化学原料及化学制品制造业
832976.OC	富雷科技	2017-9-26	北京富雷实业股份有限公司	北京富雷科技股份有限公司	专用设备制造业
839068.OC	荣德铵家	2017-9-26	上海先致信息股份有限公司	荣德铵家(上海)建材股份有限公司	软件和信息技术服务业
837135.OC	经邦东学	2017-9-25	北京仁立地途管理咨询股份有限公司	北京经邦东学教育科技股份有限公司	商务服务业
838265.OC	瑞澜医美	2017-9-21	长沙市瑞澜医疗美容医院股份有限公司	瑞澜医疗美容医院股份有限公司	卫生
836918.OC	房掌柜	2017-9-20	广东房掌柜网络股份有限公司	林芝市房掌柜网络股份有限公司	互联网和相关服务
430381.OC	全政科技	2017-9-20	江西三星阿兰德电器股份有限公司	上海全政科技股份有限公司	电气机械及器材制造业
839703.OC	维度线	2017-9-18	贵州全智网络科技股份有限公司	贵州维度线网络科技股份有限公司	互联网和相关服务
835017.OC	中研股份	2017-9-18	吉林省中研高性能工程塑料股份有限公司	吉林省中研高分子材料股份有限公司	化学原料及化学制品制造业
832311.OC	联程旅游	2017-9-18	苏州兆科电子股份有限公司	联程合众(大连)旅游项目开发股份有限公司	计算机、通信和其他电子设备制造业
839204.OC	航天数维	2017-9-15	北京数维翔图高新技术股份有限公司	航天数维高新技术股份有限公司	科技推广和应用服务业
831445.OC	龙泰家居	2017-9-14	福建龙泰竹业股份有限公司	福建龙泰竹家居股份有限公司	家具制造业
832557.OC	大商帮	2017-9-13	湖南御福沃顿科技股份有限公司	湖南大商帮科技股份有限公司	软件和信息技术服务业
838630.OC	齐翔通航	2017-9-12	武汉前卫理念科技信息服务股份有限公司	齐翔通用航空(武汉)股份有限公司	互联网和相关服务
831267.OC	法福来	2017-9-8	宁夏法福来清真食品股份有限公司	宁夏法福来食品股份有限公司	农副食品加工业
839774.OC	睿哲科技	2017-9-8	广东睿哲科技股份有限公司	睿哲科技股份有限公司	互联网和相关服务
870102.OC	金晖股份	2017-9-8	宜春金晖化工股份有限公司	江西金晖锂电材料股份有限公司	电气机械及器材制造业
834173.OC	龙汇东方	2017-9-7	北京融聚天下小微财务顾问股份有限公司	北京龙汇东方财务顾问股份有限公司	商务服务业
831470.OC	德柏教育	2017-9-6	山东创通信息技术股份有限公司	山东德柏教育科技股份有限公司	软件和信息技术服务业
833276.OC	炬福文化	2017-9-5	浙江竹林居科技股份有限公司	北京炬福文化股份有限公司	木材加工及木、竹、藤、棕、草制品业
836033.OC	欧泉科技	2017-8-30	浙江欧泉科技股份有限公司	湖北欧泉科技股份有限公司	专用设备制造业
430211.OC	丰电科技	2017-8-28	北京丰电科技股份有限公司	丰电科技集团股份有限公司	研究和试验发展
836068.OC	新宁诊所	2017-8-28	苏州工业园区新宁医疗股份有限公司	苏州工业园区新宁诊所股份有限公司	卫生
839077.OC	飞喃智慧	2017-8-25	北京奇华智慧交通科技股份有限公司	北京飞喃智慧交通科技股份有限公司	软件和信息技术服务业
831328.OC	科耐特	2017-8-25	科耐特电缆附件股份有限公司	科耐特输变电科技股份有限公司	电气机械及器材制造业
831770.OC	同智科技	2017-8-23	济南同智创新能源科技股份有限公司	山东同智创新能源科技股份有限公司	生态保护和环境治理业
836396.OC	小桥流水	2017-8-23	江苏寅源科技股份有限公司	江苏小桥流水科技股份有限公司	软件和信息技术服务业
832220.OC	海德尔	2017-8-22	海德尔节能技术股份有限公司	海德尔节能环保股份有限公司	科技推广和应用服务业
837840.OC	中电科安	2017-8-21	中电科安(北京)科技股份有限公司	中电科安科技股份有限公司	软件和信息技术服务业
870566.OC	领瑞达	2017-8-18	新疆领瑞达通信股份有限公司	领瑞达科技股份有限公司	软件和信息技术服务业
839432.OC	天德泰	2017-8-18	北京天德泰医疗器械股份有限公司	北京天德泰科技股份有限公司	科技推广和应用服务业
832822.OC	保正股份	2017-8-18	上海保正国际物流股份有限公司	保正(上海)供应链管理股份有限公司	批发业
837577.OC	宁波科达	2017-8-18	宁波科达工贸股份有限公司	宁波科达精工科技股份有限公司	汽车制造业
839919.OC	宇翊股份	2017-8-17	深圳宇翊通讯技术股份有限公司	深圳宇翊技术股份有限公司	软件和信息技术服务业
839497.OC	绛门科技	2017-8-11	南京绛门通讯科技股份有限公司	南京绛门信息科技股份有限公司	软件和信息技术服务业
832025.OC	食同源	2017-8-11	江西省川盛科技股份有限公司	江西省食同源生物科技股份有限公司	食品制造业
831803.OC	星路文化	2017-8-10	天津炫泰文化发展股份有限公司	天津星路文化传播股份有限公司	商务服务业
839203.OC	启天股份	2017-8-9	东莞市启天自动化设备股份有限公司	广东启天自动化智能装备股份有限公司	电气机械及器材制造业
832595.OC	耳东影业	2017-8-7	大连海宝生物科技股份有限公司	大连耳东影业股份有限公司	广播、电视、电影和影视录音制作业
834561.OC	磊鑫股份	2017-8-2	深圳市磊鑫园林建设股份有限公司	深圳市磊鑫环境建设股份有限公司	土木工程建筑业
871367.OC	中泳股份	2017-7-27	山东数智体育科技股份有限公司	山东中泳体育股份有限公司	文教、工美、体育和娱乐用品制造业
832567.OC	伟志股份	2017-7-26	福建伟志工程勘测股份有限公司	伟志股份公司	专业技术服务业
837932.OC	方图智能	2017-7-25	深圳市达威思智能科技股份有限公司	方图智能(深圳)科技集团股份有限公司	计算机、通信和其他电子设备制造业

代码	名称	更名日期	更名前名称	更名后名称	证监会行业
832212.OC	汇茂科技	2017-7-25	深圳卓尔智联科技股份有限公司	深圳汇茂科技股份有限公司	计算机、通信和其他电子设备制造业
833052.OC	迪玛科技	2017-7-24	中山迪玛卫浴股份有限公司	中山迪玛卫浴科技股份有限公司	非金属矿物制品业
832569.OC	腾升装饰	2017-7-20	郑州腾升装饰股份有限公司	腾升建筑装饰股份有限公司	建筑装饰和其他建筑业
430217.OC	掌众科技	2017-7-19	上海掌纵文化传媒股份有限公司	深圳掌众智能科技股份有限公司	商务服务业
837449.OC	本草春	2017-7-19	漳州本草春石斛科技股份有限公司	福建本草春石斛股份有限公司	农业
837183.OC	车配龙	2017-7-19	上海车配龙国际汽车售后服务市场经营管理股份有限公司	上海车配龙实业(集团)股份有限公司	商务服务业
837944.OC	ST量子花	2017-7-18	上海广茂达光艺科技股份有限公司	上海量子花光艺科技股份有限公司	建筑装饰和其他建筑业
835361.OC	广尔纳	2017-7-18	苏州广尔纳新材料科技股份有限公司	芜湖广尔纳新材料科技股份有限公司	橡胶和塑料制品业
833644.OC	瀚高股份	2017-7-7	山东瀚高基础软件股份有限公司	瀚高基础软件股份有限公司	软件和信息技术服务业
831508.OC	拓新药业	2017-7-7	新乡拓新生化股份有限公司	新乡拓新药业股份有限公司	医药制造业
870049.OC	华翔控股	2017-7-5	江苏华翔电力股份有限公司	江苏华翔控股股份有限公司	建筑安装业
834784.OC	中祥和	2017-7-4	大连保税区中祥和小额贷款股份有限公司	大连高新园区中祥和小额贷款股份有限公司	货币金融服务
838568.OC	申亚股份	2017-6-30	安徽申亚农牧科技股份有限公司	申亚农牧科技股份有限公司	农副食品加工业
837916.OC	福玛特	2017-6-27	福玛特(北京)机器人科技股份有限公司	福玛特机器人科技股份有限公司	电气机械及器材制造业
835961.OC	名品世家	2017-6-27	名品世家(北京)酒业连锁股份有限公司	名品世家酒业连锁股份有限公司	批发业
836860.OC	驿力科技	2017-6-23	苏州工业园区驿力机车科技股份有限公司	苏州驿力机车科技股份有限公司	汽车制造业
834401.OC	苏河汇	2017-6-23	上海苏河汇投资管理股份有限公司	上海苏河汇科技服务股份有限公司	其他金融业
834420.OC	云田股份	2017-6-23	南京云田数码科技股份有限公司	南京云田网络科技股份有限公司	零售业
832048.OC	三艾文旅	2017-6-21	江苏三艾国际广告股份有限公司	江苏三艾国际旅游文化发展股份有限公司	商务服务业
836402.OC	民福康	2017-6-20	淮安民福康科技股份有限公司	江苏民福康科技股份有限公司	互联网和相关服务
830843.OC	沃迪智能	2017-6-20	上海沃迪自动化装备股份有限公司	上海沃迪智能装备股份有限公司	专用设备制造业
837472.OC	他趣股份	2017-6-20	厦门海豹信息技术股份有限公司	厦门海豹他趣信息技术股份有限公司	零售业
430303.OC	量化科技	2017-6-19	北京百文宝科技股份有限公司	北京深度量化机器人科技股份有限公司	软件和信息技术服务业
871081.OC	东亚股份	2017-6-15	福建东亚鼓风机股份有限公司	福建东亚环保科技股份有限公司	通用设备制造业
839174.OC	子西租赁	2017-6-15	福建子西设备租赁股份有限公司	子西租赁股份有限公司	租赁业
831244.OC	星展测控	2017-6-13	西安星展测控科技股份有限公司	星展测控科技股份有限公司	计算机、通信和其他电子设备制造业
831007.OC	汉咏股份	2017-6-13	无锡汉咏微电子股份有限公司	无锡汉咏科技股份有限公司	软件和信息技术服务业
839123.OC	嘉利通	2017-6-13	哈尔滨嘉利通科技股份有限公司	哈尔滨哈工大机器人集团嘉利通科技股份有限公司	软件和信息技术服务业
835683.OC	华天兴邦	2017-6-12	东莞市隆盛智能装备股份有限公司	东莞市华天兴邦智能装备股份有限公司	通用设备制造业
837096.OC	ST一块去	2017-6-6	常州一块去网络股份有限公司	江苏一块去网络股份有限公司	互联网和相关服务
835572.OC	诺泰生物	2017-6-6	江苏诺泰生物制药股份有限公司	江苏诺泰澳赛诺生物制药股份有限公司	医药制造业
832041.OC	中兴通科	2017-6-6	北京中兴通软件科技股份有限公司	北京中兴通网络科技股份有限公司	软件和信息技术服务业
430566.OC	虹越花卉	2017-6-5	浙江虹越花卉股份有限公司	虹越花卉股份有限公司	农业
832730.OC	蓝贝股份	2017-6-2	山东蓝贝思特教装科技股份有限公司	山东蓝贝思特教装集团股份有限公司	文教、工美、体育和娱乐用品制造业
871113.OC	汇中保险	2017-6-2	广州市汇中保险公估股份有限公司	汇中保险公估股份有限公司	保险业
832001.OC	黑碳碳投	2017-6-1	贵州黑碳节能减排股份有限公司	贵州黑碳碳投低碳产业发展股份有限公司	科技推广和应用服务业
837384.OC	民大股份	2017-5-31	通辽市祥鑫物流股份有限公司	内蒙古民大商贸股份有限公司	道路运输业
836624.OC	新圆沉香	2017-5-27	惠州市新圆沉香种植发展股份有限公司	广东新圆沉香股份有限公司	林业
836758.OC	奥吉特	2017-5-26	洛阳奥吉特菌业股份有限公司	奥吉特生物科技股份有限公司	农业
837745.OC	冠军科技	2017-5-26	江苏冠军涂料科技集团股份有限公司	江苏冠军科技集团股份有限公司	化学原料及化学制品制造业
430696.OC	博信中医	2017-5-26	稚真教育科技(北京)股份有限公司	郭氏博信中医科技(北京)股份有限公司	医药制造业
832650.OC	奔腾集团	2017-5-25	内蒙古赤峰奔腾实业(集团)股份有限公司	奔腾科技实业集团股份有限公司	零售业
838994.OC	可观股份	2017-5-25	福建可观黄金网络科技股份有限公司	福建可观珠宝股份有限公司	零售业
837044.OC	德蓝股份	2017-5-24	新疆德蓝股份有限公司	德蓝水技术股份有限公司	生态保护和环境治理业
831396.OC	许昌智能	2017-5-24	河南许继智能科技股份有限公司	许昌智能继电器股份有限公司	软件和信息技术服务业

代码	名称	更名日期	更名前名称	更名后名称	证监会行业
832003.OC	同信通信	2017-5-24	黑龙江同信通信股份有限公司	同信通信股份有限公司	软件和信息技术服务业
834533.OC	联冠智能	2017-5-22	河北联冠电极股份有限公司	河北联冠智能环保设备股份有限公司	非金属矿物制品业
838275.OC	驱动力	2017-5-19	广东驱动力饲料股份有限公司	广东驱动力生物科技股份有限公司	农副食品加工业
870854.OC	百思寒	2017-5-18	绍兴百思寒电子商务股份有限公司	浙江百思寒羽绒股份有限公司	皮革、毛皮、羽毛及其制品和制鞋业
839395.OC	云建钢构	2017-5-18	云南建工钢结构股份有限公司	云南建投钢结构股份有限公司	房屋建筑业
835340.OC	金网信息	2017-5-16	宁波金网信息产业股份有限公司	浙江金网信息产业股份有限公司	软件和信息技术服务业
836281.OC	鸿盛华	2017-5-16	武汉市鸿盛华经贸股份有限公司	武汉市鸿盛华航旅服务股份有限公司	批发业
430218.OC	一鑫达	2017-5-15	长虹立川(天津)科技股份有限公司	一鑫达(天津)科技股份有限公司	软件和信息技术服务业
832743.OC	福能租赁	2017-5-12	福能(平潭)融资租赁股份有限公司	福建福能融资租赁股份有限公司	租赁业
838823.OC	海天消防	2017-5-12	郑州海天消防科技股份有限公司	海天消防科技股份有限公司	化学原料及化学制品制造业
834267.OC	赞存科技	2017-5-12	苏州立瓷电子技术股份有限公司	苏州四季鲜生食品科技股份有限公司	专用设备制造业
430592.OC	凯德股份	2017-5-11	凯德自控技术长沙股份有限公司	凯德技术长沙股份有限公司	电气机械及器材制造业
832611.OC	智媒云图	2017-5-11	海南凯迪网络资讯股份有限公司	海南智媒云图科技股份有限公司	互联网和相关服务
832902.OC	花木易购	2017-5-10	福建画龙点睛园林集团股份有限公司	花木易购科技股份有限公司	林业
835387.OC	荣恩集团	2017-5-5	上海盛世荣恩医疗投资管理股份有限公司	上海盛世荣恩医疗投资管理集团股份有限公司	卫生
430585.OC	金瑞科技	2017-5-4	徐州中矿微星软件股份有限公司	徐州金联瑞星软件科技股份有限公司	软件和信息技术服务业
836341.OC	科荟种业	2017-4-25	福建科荟种业股份有限公司	科荟种业股份有限公司	农业
870043.OC	威保特	2017-4-24	长沙威保特环保科技股份有限公司	湖南北控威保特环境科技股份有限公司	生态保护和环境治理业
839616.OC	拓必拓	2017-4-22	阳江拓必拓科技股份有限公司	广东拓必拓科技股份有限公司	金属制品业
430750.OC	帛仁旅游	2017-4-21	北京欣易晨科技发展股份有限公司	北京帛仁旅游管理股份有限公司	软件和信息技术服务业
870261.OC	建投实业	2017-4-21	建银实业投资发展股份有限公司	建投嘉昱实业投资发展股份有限公司	房地产业
834342.OC	慧云股份	2017-4-20	江苏广和慧云科技股份有限公司	慧云科技股份有限公司	软件和信息技术服务业
430650.OC	莱博股份	2017-4-20	莱博实业(上海)股份有限公司	莱博药妆技术(上海)股份有限公司	化学原料及化学制品制造业
831999.OC	仟亿达	2017-4-18	北京仟亿达科技股份有限公司	仟亿达集团股份有限公司	科技推广和应用服务业
836544.OC	决胜股份	2017-4-11	北京决胜网教育科技股份有限公司	决胜教育科技集团股份有限公司	互联网和相关服务
870920.OC	融汇通	2017-4-5	青岛融汇通网络服务股份有限公司	融汇通网络服务股份有限公司	商务服务业
833593.OC	健来福	2017-4-1	东莞市健来福实业投资股份有限公司	广东健来福云健康科技股份有限公司	零售业
831186.OC	金鸿药业	2017-3-31	珠海金鸿药业股份有限公司	金鸿药业股份有限公司	医药制造业
430660.OC	益佰环保	2017-3-29	天津市益佰广通文化传媒股份有限公司	天津益佰碧源环保科技股份有限公司	废弃资源综合利用业
839927.OC	广益股份	2017-3-29	湖南广之益粮油棉股份有限公司	广之益农业股份有限公司	农副食品加工业
833208.OC	摆渡股份	2017-3-28	青岛世纪良品电子商务股份有限公司	青岛摆渡信息科技股份有限公司	互联网和相关服务
838440.OC	芃泰发展	2017-3-24	尊爵文化传媒(天津)股份有限公司	芃泰科技发展(天津)股份有限公司	建筑安装业
836739.OC	申视股份	2017-3-23	昆山金全模塑股份有限公司	江苏申视管道股份有限公司	橡胶和塑料制品业
834795.OC	鑫玉龙	2017-3-23	大连鑫玉龙海洋珍品股份有限公司	大连鑫玉龙海洋生物种业科技股份有限公司	渔业
838680.OC	东信智能	2017-3-23	广东东信车模股份有限公司	东信智能科技股份有限公司	文教、工美、体育和娱乐用品制造业
833420.OC	百玩游戏	2017-3-22	北京集趣信息技术股份有限公司	北京百玩游戏科技股份有限公司	互联网和相关服务
870432.OC	陕西旅游	2017-3-22	陕西省旅游设计院股份有限公司	陕西旅游文化产业股份有限公司	公共设施管理业
833893.OC	恒宇北斗	2017-3-21	安徽亿民照明股份有限公司	恒宇北斗(安徽)科技发展股份有限公司	计算机、通信和其他电子设备制造业
834122.OC	云端网络	2017-3-21	常州云端网络科技股份有限公司	云之端网络(江苏)股份有限公司	软件和信息技术服务业
870141.OC	新创未来	2017-3-20	北京豆丁新创科技股份有限公司	北京未来新创科技股份有限公司	互联网和相关服务
831259.OC	创优股份	2017-3-20	天津福斯特科技股份有限公司	天津中启创优科技股份有限公司	专用设备制造业
831507.OC	博广环保	2017-3-18	博广热能股份有限公司	博广环保技术股份有限公司	通用设备制造业
834559.OC	河马股份	2017-3-16	上海河马动画设计股份有限公司	上海河马文化科技股份有限公司	广播、电视、电影和影视录音制作业
836213.OC	金麒麟	2017-3-15	辽宁金麒麟装饰工程股份有限公司	辽宁金麒麟建设工程股份有限公司	建筑装饰和其他建筑业
832929.OC	雷石集团	2017-3-10	北京雷石原点互动科技股份有限公司	北京雷石原点集团股份有限公司	软件和信息技术服务业
830825.OC	和泰润佳	2017-3-9	重庆和泰塑胶股份有限公司	重庆和泰润佳股份有限公司	橡胶和塑料制品业
832287.OC	锦瑞新材	2017-3-9	深圳市全凯新瑞光电股份有限公司	深圳市锦瑞新材料股份有限公司	计算机、通信和其他电子设备制造业

代码	名称	更名日期	更名前名称	更名后名称	证监会行业
430079.OC	北京安鹏	2017-3-8	北京北汽天华新能源投资股份有限公司	北京安鹏行达汽车投资股份有限公司	资本市场服务
430652.OC	三联泵业	2017-3-6	安徽三联泵业股份有限公司	三联泵业股份有限公司	通用设备制造业
870552.OC	弘基时尚	2017-3-2	广东弘基施普洛时尚股份有限公司	广东弘基时尚生态健康集团股份有限公司	零售业
430189.OC	摩点文娱	2017-3-2	北京七彩亮点环能技术股份有限公司	北京摩点文娱科技股份有限公司	互联网和相关服务
430754.OC	三态股份	2017-3-2	北京波智高远信息技术股份有限公司	三态电子商务股份有限公司	装卸搬运和其他运输代理
834242.OC	常青基业	2017-3-1	无锡大智涵科技股份有限公司	无锡常青基业旅游发展股份有限公司	商务服务业
839691.OC	凯泰科	2017-2-28	广东巨特医疗器械股份有限公司	凯泰科(中国)医疗器械股份有限公司	专用设备制造业
831750.OC	华明泰	2017-2-28	中山华明泰化工股份有限公司	中山华明泰科技股份有限公司	化学原料及化学制品制造业
839980.OC	锐网科技	2017-2-21	天津千帆互动网络技术股份有限公司	天津锐网科技股份有限公司	软件和信息技术服务业
838050.OC	金易科技	2017-2-20	广东金易科技股份有限公司	湖南酷尾巴科技股份有限公司	零售业
836287.OC	祥龙电力	2017-2-17	郑州祥龙电力建设股份有限公司	郑州祥龙电力股份有限公司	建筑安装业
834045.OC	清众科技	2017-2-17	山西泰和鑫软件股份有限公司	山西清众科技股份有限公司	软件和信息技术服务业
837976.OC	德商股份	2017-2-16	成都德商物业服务股份有限公司	成都德商产投物业服务股份有限公司	房地产业
835665.OC	金禾水	2017-2-15	南京金禾水环境科技股份有限公司	江苏金禾水环境科技股份有限公司	生态保护和环境治理业
835073.OC	行知探索	2017-2-15	北京行知探索文化发展股份有限公司	北京行知探索文化发展集团股份有限公司	文化艺术业
836888.OC	来邦科技	2017-2-14	芜湖来邦科技股份有限公司	来邦科技股份公司	计算机、通信和其他电子设备制造业
430691.OC	赛邦发展	2017-2-14	合肥麦稻之星机械科技股份有限公司	深圳赛邦旅游发展股份有限公司	专用设备制造业
836132.OC	恒大教育	2017-2-10	烟台宇利物流股份有限公司	烟台海江物流股份有限公司	教育
835292.OC	ST众鼎	2017-2-10	广州拓谷信息科技股份有限公司	深圳市众鼎商学院在线科技股份有限公司	教育
832112.OC	网智天元	2017-2-9	北京网智天元科技股份有限公司	网智天元科技集团股份有限公司	软件和信息技术服务业
833290.OC	瑞立达	2017-1-26	东莞市瑞必达科技股份有限公司	东莞市瑞立达玻璃盖板科技股份有限公司	计算机、通信和其他电子设备制造业
831546.OC	美林数据	2017-1-25	西安美林数据技术股份有限公司	美林数据技术股份有限公司	软件和信息技术服务业
831720.OC	诚赢股份	2017-1-23	盐城诚赢照明电器股份有限公司	盐城诚赢国际木业股份有限公司	木材加工及木、竹、藤、棕、草制品业
831156.OC	浩祯股份	2017-1-22	上海浩祯自动化技术股份有限公司	上海浩祯文化发展股份有限公司	娱乐业
830959.OC	爱珂科技	2017-1-20	宁波爱珂照明股份有限公司	宁波爱珂智能科技股份有限公司	电气机械及器材制造业
831027.OC	兴致体育	2017-1-20	北京兴致科技股份有限公司	北京兴致体育股份有限公司	教育
839984.OC	汉卫股份	2017-1-20	广州市骥跃保安服务股份有限公司	广州市汉卫保安服务股份有限公司	商务服务业
832832.OC	禹鼎物联	2017-1-19	河南禹鼎电子股份有限公司	河南禹鼎物联智能科技股份有限公司	计算机、通信和其他电子设备制造业
833961.OC	通发股份	2017-1-19	通辽市通发文化传媒股份有限公司	通发高新(北京)牧业科技股份有限公司	居民服务业
430177.OC	点点客	2017-1-17	上海点客信息技术股份有限公司	点点客信息技术股份有限公司	软件和信息技术服务业
838928.OC	义众科技	2017-1-13	深圳市永佳诚新能源股份有限公司	深圳市义众科技股份有限公司	计算机、通信和其他电子设备制造业
835729.OC	佰能蓝天	2017-1-13	北京佰能蓝天科技股份公司	北京佰能蓝天科技股份有限公司	生态保护和环境治理业
838677.OC	奥莎动力	2017-1-13	湖南奥莎电梯集团股份有限公司	湖南奥莎动力集团股份有限公司	通用设备制造业
832453.OC	恒福股份	2017-1-12	广州恒福茶文化股份有限公司	恒福茶文化股份有限公司	非金属矿物制品业
837638.OC	九州量子	2017-1-12	桐乡九州量子通信股份有限公司	浙江九州量子信息技术股份有限公司	计算机、通信和其他电子设备制造业
833563.OC	力天高新	2017-1-11	湖南力天钨业股份有限公司	湖南力天高新材料股份有限公司	有色金属冶炼及压延加工
430260.OC	布雷尔利	2017-1-9	布雷尔利(北京)金属家居用品股份有限公司	布雷尔利(保定)金属家居用品股份有限公司	家具制造业
838936.OC	远荣智能	2017-1-9	深圳远荣机器人自动化股份有限公司	深圳远荣智能制造股份有限公司	通用设备制造业
832281.OC	和氏技术	2017-1-9	广东和氏自动化技术股份有限公司	广东和氏工业技术集团股份有限公司	通用设备制造业
836958.OC	纬诚科技	2017-1-6	宁波纬诚网络通信科技股份有限公司	宁波纬诚科技股份有限公司	计算机、通信和其他电子设备制造业
832253.OC	万琦威	2017-1-6	苏州万琦威电子股份有限公司	珠海横琴万琦威数字建筑股份有限公司	电气机械及器材制造业
834049.OC	建科股份	2017-1-5	常州市建筑科学研究院股份有限公司	常州市建筑科学研究院集团股份有限公司	专业技术服务业
430634.OC	华江股份	2017-1-3	上海南安机电设备股份有限公司	上海华江企业管理股份有限公司	商务服务业

数据来源：Wind。

2017 年度新三板挂牌公司股票简称更名一览

代码	名称	更名日期	更名前简称	更名后简称	Wind 行业
839547.OC	德信科技	2017－12－29	德信德胜	德信科技	软件与服务
831010.OC	凯添燃气	2017－12－25	天佳科技	凯添燃气	材料Ⅱ
837073.OC	喜悦娱乐	2017－12－22	喜悦动漫	喜悦娱乐	媒体Ⅱ
870834.OC	携车网	2017－12－22	车水马龙	携车网	商业和专业服务
835929.OC	鹤跃股份	2017－12－22	涵凌网络	鹤跃股份	媒体Ⅱ
872252.OC	众智电商	2017－12－22	众智股份	众智电商	软件与服务
834625.OC	能源谷	2017－12－22	鲁电节能	能源谷	商业和专业服务
834136.OC	仙果科技	2017－12－21	仙果广告	仙果科技	软件与服务
871524.OC	海南东源	2017－12－20	洋浦东源	海南东源	运输
839824.OC	软众传媒	2017－12－18	软众数字	软众传媒	媒体Ⅱ
838170.OC	合新科技	2017－12－18	合新股份	合新科技	运输
871241.OC	亿林网络	2017－12－15	亿林股份	亿林网络	软件与服务
872148.OC	汉辰信息	2017－12－15	智动科技	汉辰信息	技术硬件与设备
831105.OC	盟云全息	2017－12－13	盟云移软	盟云全息	技术硬件与设备
430756.OC	柒号传媒	2017－12－11	科电瑞通	柒号传媒	媒体Ⅱ
430365.OC	赫宸能源	2017－12－7	赫宸环境	赫宸能源	商业和专业服务
831078.OC	易通鼎盛	2017－11－30	斯科电气	易通鼎盛	软件与服务
833729.OC	乐普诊断	2017－11－28	恩济和	乐普诊断	制药、生物科技与生命科学
834861.OC	同福集团	2017－11－20	同福碗粥	同福集团	食品、饮料与烟草
871698.OC	阳光文化	2017－11－15	阳光影业	阳光文化	媒体Ⅱ
831470.OC	德柏教育	2017－11－10	创通信息	德柏教育	软件与服务
830877.OC	康莱股份	2017－11－8	康莱体育	康莱股份	耐用消费品与服装
836719.OC	万威制造	2017－11－7	万威刀具	万威制造	资本货物
430070.OC	太一云	2017－11－1	赛亿智能	太一云	软件与服务
838779.OC	军大股份	2017－10－30	三九军大	军大股份	材料Ⅱ
871254.OC	欧怡迪	2017－10－24	瑞胜科技	欧怡迪	耐用消费品与服装
832417.OC	ST 京东汇	2017－10－23	报业延嘉	京东汇	商业和专业服务
838089.OC	明珠国际	2017－10－20	明珠旅游	明珠国际	消费者服务Ⅱ
831445.OC	龙泰家居	2017－10－20	龙泰竹业	龙泰家居	耐用消费品与服装
832939.OC	杨利实业	2017－10－20	杨利石化	杨利实业	材料Ⅱ
836273.OC	玻机智能	2017－10－20	玻机幕墙	玻机智能	资本货物
430277.OC	圣商教育	2017－10－19	福乐维	圣商教育	食品、饮料与烟草
836396.OC	小桥流水	2017－10－19	寅源科技	小桥流水	软件与服务
839068.OC	荣德铵家	2017－10－18	先致信息	荣德铵家	软件与服务
838630.OC	齐翔通航	2017－10－13	前卫理念	齐翔通航	软件与服务
839204.OC	航天数维	2017－10－12	数维翔图	航天数维	资本货物
835017.OC	中研股份	2017－10－10	中研高塑	中研股份	材料Ⅱ
831113.OC	优粒智寓	2017－10－10	杰盛通信	优粒智寓	房地产Ⅱ
839703.OC	维度线	2017－10－9	金智网络	维度线	软件与服务
831508.OC	拓新药业	2017－9－29	拓新股份	拓新药业	制药、生物科技与生命科学
871585.OC	宝力股份	2017－9－28	宝力生物	宝力股份	公用事业Ⅱ
836707.OC	金刚科技	2017－9－27	金刚文化	金刚科技	耐用消费品与服装
836080.OC	德洛股份	2017－9－27	德洛电力	德洛股份	资本货物
836958.OC	纬诚科技	2017－9－26	纬诚股份	纬诚科技	技术硬件与设备

代码	名称	更名日期	更名前简称	更名后简称	Wind 行业
832976.OC	富雷科技	2017-9-26	富雷实业	富雷科技	资本货物
837135.OC	经邦东学	2017-9-25	仁立地途	经邦东学	商业和专业服务
833276.OC	炬福文化	2017-9-22	竹林居	炬福文化	材料Ⅱ
832467.OC	帝益肥	2017-9-22	帝益生态	帝益肥	材料Ⅱ
430381.OC	金政科技	2017-9-20	阿兰德	金政科技	资本货物
832311.OC	联程旅游	2017-9-18	兆科电子	联程旅游	技术硬件与设备
832557.OC	大商帮	2017-9-13	御福沃顿	大商帮	软件与服务
837932.OC	方图智能	2017-9-8	达威智能	方图智能	技术硬件与设备
834173.OC	龙汇东方	2017-9-7	融聚财顾	龙汇东方	商业和专业服务
832025.OC	食同源	2017-9-1	川盛科技	食同源	食品、饮料与烟草
833052.OC	迪玛科技	2017-9-1	迪玛卫浴	迪玛科技	资本货物
836068.OC	新宁诊所	2017-8-28	新宁医疗	新宁诊所	医疗保健设备与服务
839077.OC	飞嘀智慧	2017-8-25	奇华智慧	飞嘀智慧	技术硬件与设备
871445.OC	海赫饮品	2017-8-21	海赫股份	海赫饮品	食品、饮料与烟草
832822.OC	保正股份	2017-8-18	保正物流	保正股份	运输
839919.OC	宇翊股份	2017-8-17	宇翊通讯	宇翊股份	软件与服务
430217.OC	掌众科技	2017-8-17	掌纵文化	掌众科技	软件与服务
831803.OC	星路文化	2017-8-10	炫泰文化	星路文化	商业和专业服务
832212.OC	汇茂科技	2017-8-10	卓尔智联	汇茂科技	技术硬件与设备
832595.OC	耳东影业	2017-8-7	海宝生物	耳东影业	媒体Ⅱ
871164.OC	滨特股份	2017-8-4	滨特热能	滨特股份	资本货物
834561.OC	磊鑫股份	2017-8-2	磊鑫园林	磊鑫股份	资本货物
832072.OC	紫晶之光	2017-8-1	紫晶股份	紫晶之光	资本货物
837944.OC	ST 量子花	2017-7-28	广茂达	量子花	资本货物
871367.OC	中泳股份	2017-7-27	数智体育	中泳股份	耐用消费品与服装
870049.OC	华翔控股	2017-7-21	华翔电力	华翔控股	资本货物
838568.OC	申亚股份	2017-7-19	申亚农牧	申亚股份	食品、饮料与烟草
871064.OC	科瑞变流	2017-7-14	科瑞电气	科瑞变流	资本货物
832048.OC	三艾文旅	2017-7-11	三艾广告	三艾文旅	媒体Ⅱ
830843.OC	沃迪智能	2017-7-11	沃迪装备	沃迪智能	资本货物
871463.OC	福泰资源	2017-7-11	福泰股份	福泰资源	商业和专业服务
834500.OC	猫诚股份	2017-7-11	猫诚电商	猫诚股份	软件与服务
430303.OC	量化科技	2017-7-7	百文宝	量化科技	软件与服务
430585.OC	金瑞科技	2017-7-6	中矿微星	金瑞科技	软件与服务
839057.OC	艾派科技	2017-7-5	艾派股份	艾派科技	软件与服务
836096.OC	欧贝黎	2017-7-4	欧贝黎	ST 欧贝黎	公用事业Ⅱ
835479.OC	ST 民生冷	2017-7-4	民生冷链	ST 民生冷	食品、饮料与烟草
430357.OC	ST 行悦	2017-7-4	行悦信息	ST 行悦	软件与服务
831456.OC	ST 森瑞	2017-7-4	森瑞新材	ST 森瑞	材料Ⅱ
832435.OC	该云科技	2017-7-4	佩德照明	ST 佩德	耐用消费品与服装
831574.OC	ST 富翊	2017-7-4	富翊装饰	ST 富翊	材料Ⅱ
832916.OC	京东健康	2017-7-4	京东健康	ST 京健康	医疗保健设备与服务
832438.OC	ST 润港	2017-7-4	润港林业	ST 润港	材料Ⅱ
835986.OC	ST 泰壹	2017-7-4	泰壹环保	ST 泰壹	零售业
833558.OC	ST 亚东	2017-7-4	亚东无纺	ST 亚东	耐用消费品与服装
430696.OC	博信中医	2017-7-4	稚真科技	博信中医	制药、生物科技与生命科学
834564.OC	ST 光慧	2017-7-4	光慧科技	ST 光慧	零售业

代码	名称	更名日期	更名前简称	更名后简称	Wind 行业
835651.OC	ST 宾宝	2017-7-4	宾宝时尚	ST 宾宝	零售业
831975.OC	温迪数字	2017-7-4	温迪数字	ST 温迪	商业和专业服务
831335.OC	ST 时空客	2017-7-4	时空客	ST 时空客	媒体Ⅱ
833652.OC	ST 一恒贞	2017-7-4	一恒贞	ST 一恒贞	耐用消费品与服装
834632.OC	ST 新绿	2017-7-4	新绿股份	ST 新绿	食品、饮料与烟草
833898.OC	ST 磊曜	2017-7-4	磊曜股份	ST 磊曜	耐用消费品与服装
837472.OC	他趣股份	2017-7-4	海豹信息	他趣股份	零售业
831364.OC	ST 丰汇	2017-7-3	丰汇医学	ST 丰汇	制药、生物科技与生命科学
836469.OC	ST 历程	2017-7-3	历程科技	ST 历程	软件与服务
430146.OC	亚泰都会	2017-7-3	亚泰都会	ST 亚泰	商业和专业服务
837421.OC	ST 以太	2017-7-3	以太网科	ST 以太	软件与服务
831963.OC	ST 明利	2017-7-3	明利股份	ST 明利	商业和专业服务
838873.OC	上海三由	2017-7-3	上海三由	ST 三由	耐用消费品与服装
834292.OC	伟仕泰克	2017-7-3	伟仕泰克	ST 伟仕	半导体与半导体生产设备
839196.OC	川清医化	2017-7-3	川清医化	ST 川清	材料Ⅱ
430339.OC	ST 中搜	2017-6-30	中搜网络	ST 中搜	软件与服务
834272.OC	数腾软件	2017-6-30	数腾软件	ST 数腾	软件与服务
834207.OC	ST 东方数	2017-6-30	东方数码	ST 东方数	软件与服务
831506.OC	ST 昌信	2017-6-30	昌信农贷	ST 昌信	多元金融
831749.OC	大和恒	2017-6-29	大和恒	ST 大和恒	食品与主要用品零售Ⅱ
831792.OC	海思堡	2017-6-29	海思堡	ST 海思堡	耐用消费品与服装
831867.OC	延利股份	2017-6-29	延利饰件	延利股份	汽车与汽车零部件
835567.OC	泰维能源	2017-6-29	山东能源	泰维能源	公用事业Ⅱ
430694.OC	ST 华印	2017-6-28	华印机电	ST 华印	资本货物
835683.OC	华天兴邦	2017-6-21	隆盛智能	华天兴邦	资本货物
832001.OC	黑碳碳投	2017-6-16	黑碳节能	黑碳碳投	商业和专业服务
836016.OC	清水生态	2017-6-16	清水股份	清水生态	商业和专业服务
835015.OC	川机器人	2017-6-15	福德股份	川机器人	资本货物
870122.OC	一景乳业	2017-6-14	一景股份	一景乳业	食品、饮料与烟草
430617.OC	ST 欧迅	2017-6-13	欧迅体育	ST 欧迅	媒体Ⅱ
837384.OC	民大股份	2017-6-9	祥鑫物流	民大股份	运输
837745.OC	冠军科技	2017-6-9	冠军涂料	冠军科技	材料Ⅱ
835387.OC	荣恩集团	2017-6-9	荣恩医疗	荣恩集团	医疗保健设备与服务
834533.OC	联冠智能	2017-6-8	联冠电极	联冠智能	材料Ⅱ
836451.OC	金鼎安全	2017-6-5	金鼎技术	金鼎安全	材料Ⅱ
832611.OC	智媒云图	2017-6-2	凯迪网络	智媒云图	软件与服务
838994.OC	可观股份	2017-5-25	金可观	可观股份	零售业
837432.OC	唐彩股份	2017-5-25	唐彩油墨	唐彩股份	材料Ⅱ
831396.OC	许昌智能	2017-5-24	许继智能	许昌智能	资本货物
430734.OC	源渤科技	2017-5-18	ST 源渤	源渤科技	媒体Ⅱ
834602.OC	宜家股份	2017-5-17	宜家清洁	宜家股份	商业和专业服务
430750.OC	帛仁旅游	2017-5-17	欣易晨	帛仁旅游	技术硬件与设备
833359.OC	天涯社区	2017-5-16	ST 天涯	天涯社区	软件与服务
430218.OC	一鑫达	2017-5-15	长虹立川	一鑫达	软件与服务
834267.OC	赞存科技	2017-5-12	苏州立瓷	四季鲜生	资本货物
430592.OC	凯德股份	2017-5-11	凯德自控	凯德股份	技术硬件与设备
832902.OC	花木易购	2017-5-11	画龙点睛	花木易购	食品、饮料与烟草

代码	名称	更名日期	更名前简称	更名后简称	Wind 行业
430079.OC	北京安鹏	2017-5-9	ST 北安	北京安鹏	多元金融
834888.OC	康之家	2017-5-9	ST 康之家	康之家	食品与主要用品零售Ⅱ
430010.OC	ST 现代	2017-5-3	现代农装	ST 现代	资本货物
835096.OC	ST 英多	2017-5-3	英多智能	ST 英多	技术硬件与设备
835426.OC	ST 中通	2017-5-2	中通网络	ST 中通	软件与服务
838372.OC	ST 醉纯	2017-5-2	醉纯科技	ST 醉纯	零售业
837676.OC	ST 喜乐航	2017-5-2	喜乐航	ST 喜乐航	软件与服务
834211.OC	大卫之选	2017-4-28	大卫之选	ST 大卫	零售业
836642.OC	新鲜传媒	2017-4-28	新鲜传媒	ST 新鲜	媒体Ⅱ
839633.OC	ST 金鼎	2017-4-28	金鼎医药	ST 金鼎	材料Ⅱ
870343.OC	ST 一起网	2017-4-28	一起网	ST 一起网	软件与服务
835491.OC	手乐电商	2017-4-28	手乐电商	ST 手乐	食品、饮料与烟草
834464.OC	大象健康	2017-4-27	纽哈斯	ST 纽哈斯	消费者服务Ⅱ
836506.OC	协能科技	2017-4-27	协能科技	ST 协能	软件与服务
836678.OC	紫极科技	2017-4-27	紫极科技	ST 紫极	软件与服务
833605.OC	ST 龙视星	2017-4-26	龙视星	ST 龙视星	媒体Ⅱ
833345.OC	中标科技	2017-4-26	中标科技	ST 中标	耐用消费品与服装
870261.OC	建投实业	2017-4-25	建银发展	建投实业	房地产Ⅱ
833242.OC	领航文化	2017-4-24	领航传媒	领航文化	媒体Ⅱ
836739.OC	申视股份	2017-4-21	全全股份	申视股份	材料Ⅱ
832237.OC	ST 美好	2017-4-20	美好世界	ST 美好	材料Ⅱ
430660.OC	益佰环保	2017-4-20	益佰广通	益佰环保	商业和专业服务
831719.OC	菱湖股份	2017-4-19	菱湖漆	菱湖股份	材料Ⅱ
430079.OC	北京安鹏	2017-4-19	ST 北华	ST 北安	多元金融
836682.OC	ST 掌柜	2017-4-18	掌柜软件	ST 掌柜	软件与服务
838680.OC	东信智能	2017-4-14	东信车模	东信智能	耐用消费品与服装
833893.OC	恒宇北斗	2017-4-14	亿民照明	恒宇北斗	技术硬件与设备
832287.OC	锦瑞新材	2017-4-14	金凯光电	锦瑞新材	技术硬件与设备
830825.OC	和泰润佳	2017-4-13	和泰塑胶	和泰润佳	材料Ⅱ
839691.OC	凯泰科	2017-4-13	巨特医疗	凯泰科	医疗保健设备与服务
833961.OC	通发股份	2017-4-12	通发传媒	通发股份	消费者服务Ⅱ
834559.OC	河马股份	2017-4-7	河马动画	河马股份	媒体Ⅱ
430189.OC	摩点文娱	2017-3-31	七彩亮点	摩点文娱	软件与服务
430754.OC	三态股份	2017-3-31	波智高远	三态股份	软件与服务
870328.OC	和和新材	2017-3-31	和和股份	和和新材	材料Ⅱ
833208.OC	摆渡股份	2017-3-28	良品电商	摆渡股份	软件与服务
838928.OC	义众科技	2017-3-28	永佳诚	义众科技	技术硬件与设备
838440.OC	芃泰发展	2017-3-24	尊爵传媒	芃泰发展	资本货物
839933.OC	特普生物	2017-3-23	特普科技	特普生物	材料Ⅱ
833420.OC	百玩游戏	2017-3-22	集趣股份	百玩游戏	软件与服务
870141.OC	新创未来	2017-3-20	豆丁新创	新创未来	软件与服务
833563.OC	力天高新	2017-3-20	力天钨业	力天高新	材料Ⅱ
831259.OC	创优股份	2017-3-20	津福斯特	创优股份	医疗保健设备与服务
831507.OC	博广环保	2017-3-20	博广热能	博广环保	公用事业Ⅱ
834242.OC	常青基业	2017-3-20	智涵科技	常青基业	消费者服务Ⅱ
838677.OC	奥莎动力	2017-3-17	奥莎电梯	奥莎动力	资本货物
832929.OC	雷石集团	2017-3-10	雷石股份	雷石集团	媒体Ⅱ

代码	名称	更名日期	更名前简称	更名后简称	Wind 行业
834045.OC	清众科技	2017－3－10	泰和鑫	清众科技	软件与服务
830806.OC	亚锦科技	2017－3－8	ST 亚锦	亚锦科技	软件与服务
430004.OC	绿创设备	2017－3－7	绿创环保	绿创设备	资本货物
430466.OC	华油股份	2017－3－2	新疆华油	华油股份	能源Ⅱ
839984.OC	汉卫股份	2017－2－27	骧跃股份	汉卫股份	商业和专业服务
830959.OC	爱珂科技	2017－2－24	爱珂照明	爱珂科技	技术硬件与设备
835292.OC	ST 众鼎	2017－2－23	拓谷科技	众鼎商学	消费者服务Ⅱ
831027.OC	兴致体育	2017－2－21	兴致科技	兴致体育	消费者服务Ⅱ
839980.OC	锐网科技	2017－2－21	千帆网络	锐网科技	软件与服务
838050.OC	全易科技	2017－2－20	全易科技	酷尾巴	零售业
836287.OC	祥龙电力	2017－2－17	祥龙电建	祥龙电力	资本货物
831890.OC	中润新能	2017－2－17	中润油	中润新能	能源Ⅱ
838939.OC	金坤新材	2017－2－16	金坤材料	金坤新材	技术硬件与设备
837976.OC	德商股份	2017－2－16	德商物业	德商股份	房地产Ⅱ
836132.OC	恒大教育	2017－2－10	宇利物流	海江物流	消费者服务Ⅱ
832832.OC	禹鼎物联	2017－2－10	禹鼎电子	禹鼎物联	资本货物
833290.OC	瑞立达	2017－1－26	瑞必达	瑞立达	技术硬件与设备
430634.OC	华江股份	2017－1－19	南安机电	华江股份	商业和专业服务
870195.OC	行言科技	2017－1－18	行言柏尚	行言科技	软件与服务
836544.OC	决胜股份	2017－1－13	决胜网	决胜股份	软件与服务
839219.OC	梓如股份	2017－1－11	梓如电商	梓如股份	运输
836160.OC	亿博科技	2017－1－10	亿博橡胶	亿博科技	材料Ⅱ
838936.OC	远荣智能	2017－1－9	远荣自动	远荣智能	资本货物
838878.OC	诺安环境	2017－1－6	诺安股份	诺安环境	技术硬件与设备
430255.OC	中幼教育	2017－1－5	三意时代	中幼教育	软件与服务
839756.OC	动漫食品	2017－1－3	唯诺冠	动漫食品	食品、饮料与烟草

数据来源：Wind。

2017 年度新三板退市股票一览

代码	名称	退市日期	挂牌日期	退市时股价（元）	退市时每股净资产（元）	终止上市原因
870630.OC	衣之源（退市）	2017－12－29	2017－1－20		1.49	其他不符合挂牌的情形
831695.OC	创想科技（退市）	2017－12－29	2015－1－9		1.75	其他不符合挂牌的情形
838201.OC	凯美瑞德（退市）	2017－12－29	2016－8－9	2	2.26	其他不符合挂牌的情形
832745.OC	奥飞数据（退市）	2017－12－29	2015－7－16	20.73		转板上市
833641.OC	小西牛（退市）	2017－12－29	2015－10－17	6.33	6.33	其他不符合挂牌的情形
833829.OC	鹏飞股份（退市）	2017－12－29	2015－10－16	1.67	2.1	其他不符合挂牌的情形
836849.OC	中创文化（退市）	2017－12－29	2016－4－22		1.21	其他不符合挂牌的情形
837587.OC	秋林特能（退市）	2017－12－29	2016－5－28	8	2.1	其他不符合挂牌的情形
834403.OC	信大捷安（退市）	2017－12－29	2015－11－24	8	1.92	其他不符合挂牌的情形
833405.OC	原妙医学（退市）	2017－12－29	2015－8－28		4.54	其他不符合挂牌的情形
836970.OC	威腾股份（退市）	2017－12－29	2016－4－22		3.55	其他不符合挂牌的情形
838098.OC	在扬影视（退市）	2017－12－29	2016－8－11		5.5	生产经营调整
834355.OC	华麒通信（退市）	2017－12－29	2015－11－17	4.71	3.1	吸收合并
831371.OC	美涂士（退市）	2017－12－29	2014－11－26	7.2	2.95	转板上市

代码	名称	退市日期	挂牌日期	退市时股价（元）	退市时每股净资产（元）	终止上市原因
833309.OC	慧辰资讯(退市)	2017-12-29	2015-8-12	25.7	9.35	生产经营调整
430705.OC	万惠金科(退市)	2017-12-28	2014-4-22	36	2.06	其他不符合挂牌的情形
837332.OC	百诚医药(退市)	2017-12-28	2016-5-5	15	3.61	其他不符合挂牌的情形
833738.OC	大象股份(退市)	2017-12-28	2015-10-16	18	10.26	吸收合并
838493.OC	鹰之航(退市)	2017-12-28	2016-8-9		1.45	其他不符合挂牌的情形
836298.OC	上达电子(退市)	2017-12-28	2016-3-15	8	2.41	其他不符合挂牌的情形
832977.OC	伊斯曼(退市)	2017-12-28	2015-7-30		1.97	其他不符合挂牌的情形
837635.OC	骏鼎达(退市)	2017-12-27	2016-6-9	8.98	4.37	其他不符合挂牌的情形
834669.OC	美易家(退市)	2017-12-27	2015-12-9	102.57	12.19	生产经营调整
831612.OC	维艾普(退市)	2017-12-27	2015-1-13	5	1.18	其他不符合挂牌的情形
838446.OC	新秀新材(退市)	2017-12-27	2016-8-2		4.54	其他不符合挂牌的情形
834835.OC	海力威(退市)	2017-12-27	2015-12-19	13	2.54	其他不符合挂牌的情形
832168.OC	中科招商(退市)	2017-12-26	2015-3-20	0.61	1.24	其他不符合挂牌的情形
831639.OC	达仁资管(退市)	2017-12-26	2015-1-9	0.49	1.02	其他不符合挂牌的情形
838119.OC	华是科技(退市)	2017-12-26	2016-7-27	4.48	2.91	其他不符合挂牌的情形
831263.OC	科华控股(退市)	2017-12-26	2014-11-1	2.99	6.29	转板上市
836873.OC	莱特股份(退市)	2017-12-26	2016-5-6	3.9	3.18	其他不符合挂牌的情形
838037.OC	精一规划(退市)	2017-12-26	2016-7-23		6.12	其他不符合挂牌的情形
837437.OC	微水环保(退市)	2017-12-25	2016-5-28	5.4	1.55	生产经营调整
831008.OC	百华悦邦(退市)	2017-12-25	2014-8-28	29.48	4.81	转板上市
837490.OC	芯圣电子(退市)	2017-12-25	2016-6-3	35	3.67	生产经营调整
837471.OC	永佳动力(退市)	2017-12-25	2016-6-1	9.72	6.29	其他不符合挂牌的情形
834254.OC	鼎润投资(退市)	2017-12-25	2015-11-12	4.28	1.14	生产经营调整
832983.OC	泡宝网(退市)	2017-12-22	2015-7-28	1.35	3.86	其他不符合挂牌的情形
834502.OC	富海银涛(退市)	2017-12-21	2015-12-1		1.32	其他不符合挂牌的情形
871499.OC	天心种业(退市)	2017-12-21	2017-5-24		2.77	其他不符合挂牌的情形
838145.OC	普方立民(退市)	2017-12-21	2016-8-16		3.97	生产经营调整
832338.OC	博克森(退市)	2017-12-21	2015-4-15	14.42	1.73	其他不符合挂牌的情形
839338.OC	赛尔通信(退市)	2017-12-21	2016-10-13	4.8	2.04	生产经营调整
834904.OC	银纪资产(退市)	2017-12-21	2015-12-12	20.83	1.7	其他不符合挂牌的情形
834606.OC	拥湾资产(退市)	2017-12-21	2015-12-12	12.2	7.53	其他不符合挂牌的情形
833138.OC	长江材料(退市)	2017-12-20	2015-7-30	0	9.94	转板上市
832610.OC	合海股份(退市)	2017-12-20	2015-6-16		1.09	生产经营调整
836833.OC	三阁园林(退市)	2017-12-20	2016-4-21	2.5	2.71	生产经营调整
838818.OC	万通顺达(退市)	2017-12-20	2016-8-16		2.43	其他不符合挂牌的情形
839848.OC	泛美实验(退市)	2017-12-19	2016-11-29	16.88	3.84	其他不符合挂牌的情形
834903.OC	金现代(退市)	2017-12-19	2015-12-16	11.66	1.87	其他不符合挂牌的情形
833690.OC	礼多多(退市)	2017-12-18	2015-10-20	7.78	4.11	其他不符合挂牌的情形
833771.OC	顺泰租赁(退市)	2017-12-18	2015-12-3		1.44	生产经营调整
870088.OC	中旭建设(退市)	2017-12-18	2016-12-14		1.51	其他不符合挂牌的情形
836796.OC	盛达机器(退市)	2017-12-18	2016-4-21	6	2.72	其他不符合挂牌的情形
834449.OC	讯方技术(退市)	2017-12-18	2015-12-3	19.5	4.53	其他不符合挂牌的情形
838086.OC	万全智策(退市)	2017-12-18	2016-8-10		2.17	生产经营调整
870206.OC	中一股份(退市)	2017-12-18	2016-12-10	25	3.29	其他不符合挂牌的情形

代码	名称	退市日期	挂牌日期	退市时股价（元）	退市时每股净资产（元）	终止上市原因
839096.OC	激想体育（退市）	2017-12-15	2016-8-12	8.5	3.04	生产经营调整
833392.OC	民和影视（退市）	2017-12-15	2015-8-28		0.94	生产经营调整
838572.OC	金瑞泰（退市）	2017-12-15	2016-8-27	4	1.1	其他不符合挂牌的情形
837992.OC	顺美国际（退市）	2017-12-15	2016-7-23		2.04	其他不符合挂牌的情形
835780.OC	凯尔达（退市）	2017-12-15	2016-2-20	12.6	2.86	其他不符合挂牌的情形
832099.OC	新疆火炬（退市）	2017-12-15	2015-3-11	5	4.65	转板上市
831692.OC	杰科股份（退市）	2017-12-15	2015-1-13	4.35	2.18	其他不符合挂牌的情形
836764.OC	蓝宇数码（退市）	2017-12-15	2016-4-20	16.2	4.55	其他不符合挂牌的情形
870910.OC	宁波喜悦（退市）	2017-12-14	2017-2-25		3.43	其他不符合挂牌的情形
834351.OC	科隆能源（退市）	2017-12-14	2015-12-2		5.13	其他不符合挂牌的情形
832838.OC	华绿生物（退市）	2017-12-14	2015-7-21	27.79	12.28	生产经营调整
831857.OC	增立钢构（退市）	2017-12-14	2015-2-13		1.26	其他不符合挂牌的情形
834964.OC	旷世智源（退市）	2017-12-14	2015-12-17	3.1	2.55	其他不符合挂牌的情形
870670.OC	天鹏科技（退市）	2017-12-14	2017-1-20		1.71	其他不符合挂牌的情形
836988.OC	都美股份（退市）	2017-12-14	2016-5-17		1.41	其他不符合挂牌的情形
837292.OC	永信至诚（退市）	2017-12-13	2016-5-21	20	2.14	其他不符合挂牌的情形
833094.OC	耐普泵业（退市）	2017-12-13	2015-8-11	2.97	1.9	其他不符合挂牌的情形
837243.OC	天学网（退市）	2017-12-13	2016-5-10		3.63	其他不符合挂牌的情形
837209.OC	优宁维（退市）	2017-12-13	2016-5-13	8.33	8.44	生产经营调整
836334.OC	清投智能（退市）	2017-12-13	2016-4-16		3.21	其他不符合挂牌的情形
833471.OC	江苏天龙（退市）	2017-12-13	2015-9-2	1	0.9	其他不符合挂牌的情形
838610.OC	九州风行（退市）	2017-12-13	2016-9-28	17.6	5.76	其他不符合挂牌的情形
839861.OC	波汇科技（退市）	2017-12-12	2016-12-21	5.82	2.85	其他不符合挂牌的情形
834929.OC	风向标（退市）	2017-12-12	2015-12-23		3.29	其他不符合挂牌的情形
838640.OC	雄鹰教育（退市）	2017-12-12	2016-8-13		0.32	其他不符合挂牌的情形
830869.OC	英康科技（退市）	2017-12-12	2014-7-17	7.02	2.41	其他不符合挂牌的情形
836566.OC	三星科技（退市）	2017-12-11	2016-4-7	2	3.22	生产经营调整
831967.OC	坦博尔（退市）	2017-12-11	2015-2-13	7.2	1.27	其他不符合挂牌的情形
834034.OC	元道通信（退市）	2017-12-11	2015-10-30	6.5	2.45	转板上市
832639.OC	正和生态（退市）	2017-12-11	2015-6-16	15	5.32	其他不符合挂牌的情形
833666.OC	通灵股份（退市）	2017-12-11	2015-10-16	13.88	5.1	其他不符合挂牌的情形
870816.OC	纵目科技（退市）	2017-12-11	2017-2-21	14	97.68	其他不符合挂牌的情形
870148.OC	金众电子（退市）	2017-12-11	2016-12-15		3.65	其他不符合挂牌的情形
833005.OC	仁众实业（退市）	2017-12-11	2015-7-29		1.25	其他不符合挂牌的情形
835972.OC	微研精密（退市）	2017-12-8	2016-2-25		1.91	其他不符合挂牌的情形
834455.OC	奥吉通（退市）	2017-12-8	2015-12-23		5.99	其他不符合挂牌的情形
870349.OC	齐芯科技（退市）	2017-12-8	2017-1-24	15.21	3.75	其他不符合挂牌的情形
833049.OC	绿洲园林（退市）	2017-12-8	2015-8-5	4	1.06	其他不符合挂牌的情形
430707.OC	欧神诺（退市）	2017-12-8	2014-4-24	13.52	5.01	其他不符合挂牌的情形
837262.OC	杰尔股份（退市）	2017-12-8	2016-5-12		1.95	其他不符合挂牌的情形
835252.OC	华夏光彩（退市）	2017-12-8	2015-12-25	2	2.09	其他不符合挂牌的情形
839844.OC	傲森尔（退市）	2017-12-7	2016-12-1		1.02	生产经营调整
835397.OC	马仁奇峰（退市）	2017-12-7	2016-1-6		1.02	生产经营调整
838056.OC	华众电子（退市）	2017-12-7	2016-7-30		3.75	生产经营调整

代码	名称	退市日期	挂牌日期	退市时股价（元）	退市时每股净资产（元）	终止上市原因
838824. OC	中兴软创（退市）	2017 – 12 – 7	2016 – 8 – 19		3.04	生产经营调整
839462. OC	云白环境（退市）	2017 – 12 – 7	2016 – 10 – 22		2.08	其他不符合挂牌的情形
832897. OC	回头客（退市）	2017 – 12 – 7	2015 – 7 – 22		2	其他不符合挂牌的情形
834286. OC	爱得科技（退市）	2017 – 12 – 7	2015 – 11 – 14		3.02	生产经营调整
838896. OC	骄王股份（退市）	2017 – 12 – 7	2016 – 8 – 13	1.2	0.99	生产经营调整
870012. OC	大运汽车（退市）	2017 – 12 – 7	2016 – 12 – 9	23.09	1.78	生产经营调整
834197. OC	浦公检测（退市）	2017 – 12 – 7	2015 – 11 – 21	5.1	1.92	其他不符合挂牌的情形
832187. OC	运控电子（退市）	2017 – 12 – 7	2015 – 3 – 31	12.8	2.57	其他不符合挂牌的情形
833459. OC	京华信息（退市）	2017 – 12 – 7	2015 – 9 – 1	10	2.92	其他不符合挂牌的情形
870205. OC	大林新材（退市）	2017 – 12 – 6	2016 – 12 – 15	10.8	2.32	其他不符合挂牌的情形
834287. OC	鼎楚环境（退市）	2017 – 12 – 6	2015 – 11 – 13		0.51	其他不符合挂牌的情形
833820. OC	凯琦佳（退市）	2017 – 12 – 5	2015 – 10 – 20		1.68	生产经营调整
837048. OC	密封科技（退市）	2017 – 12 – 5	2016 – 7 – 1		1.4	其他不符合挂牌的情形
870306. OC	朗科生物（退市）	2017 – 12 – 1	2016 – 12 – 13		2.85	其他不符合挂牌的情形
837417. OC	英方股份（退市）	2017 – 12 – 1	2016 – 5 – 25	12.5	4.1	其他不符合挂牌的情形
836243. OC	惠强新材（退市）	2017 – 12 – 1	2016 – 3 – 12	9.5	3.02	其他不符合挂牌的情形
835029. OC	瑞兆源（退市）	2017 – 12 – 1	2016 – 4 – 7		1.08	生产经营调整
833079. OC	金桥水科（退市）	2017 – 12 – 1	2015 – 7 – 29	8.05	2.78	其他不符合挂牌的情形
836141. OC	汇锋新材（退市）	2017 – 12 – 1	2016 – 4 – 9	4.6	1.89	其他不符合挂牌的情形
837325. OC	赛赫智能（退市）	2017 – 12 – 1	2016 – 5 – 13	20	4.69	其他不符合挂牌的情形
833328. OC	霍普股份（退市）	2017 – 12 – 1	2015 – 8 – 14		4.1	其他不符合挂牌的情形
838401. OC	南特科技（退市）	2017 – 12 – 1	2016 – 8 – 6	2.5	1.72	其他不符合挂牌的情形
838710. OC	军懋科技（退市）	2017 – 12 – 1	2016 – 8 – 13	21	3.04	其他不符合挂牌的情形
870755. OC	聚合顺（退市）	2017 – 12 – 1	2017 – 2 – 21	2	1.15	其他不符合挂牌的情形
832096. OC	南铸科技（退市）	2017 – 12 – 1	2015 – 3 – 7	1.8	1.68	其他不符合挂牌的情形
835088. OC	同鑫光电（退市）	2017 – 12 – 1	2016 – 1 – 8		0.59	其他不符合挂牌的情形
870439. OC	泛城设计（退市）	2017 – 12 – 1	2017 – 2 – 10		1.29	其他不符合挂牌的情形
834936. OC	康莱米（退市）	2017 – 12 – 1	2015 – 12 – 24		3.77	其他不符合挂牌的情形
831683. OC	金航股份（退市）	2017 – 11 – 30	2015 – 1 – 14	6.7	3.11	其他不符合挂牌的情形
837517. OC	芯海科技（退市）	2017 – 11 – 30	2016 – 5 – 24	19.55	2.96	其他不符合挂牌的情形
836748. OC	光裕股份（退市）	2017 – 11 – 30	2016 – 4 – 14	9.2	2.47	其他不符合挂牌的情形
831458. OC	联科股份（退市）	2017 – 11 – 29	2014 – 12 – 5	1.57	1.31	其他不符合挂牌的情形
833714. OC	安世亚太（退市）	2017 – 11 – 29	2015 – 10 – 29	10.51	2.6	其他不符合挂牌的情形
838005. OC	辰通智能（退市）	2017 – 11 – 29	2016 – 9 – 13		0.78	其他不符合挂牌的情形
830956. OC	润佳股份（退市）	2017 – 11 – 28	2014 – 8 – 7		1.51	其他不符合挂牌的情形
833957. OC	威丝曼（退市）	2017 – 11 – 28	2015 – 10 – 28	13.8	4.18	其他不符合挂牌的情形
837859. OC	因为科技（退市）	2017 – 11 – 27	2016 – 7 – 12		1	其他不符合挂牌的情形
870648. OC	联力环保（退市）	2017 – 11 – 27	2017 – 1 – 20		2.23	生产经营调整
830805. OC	德马科技（退市）	2017 – 11 – 24	2014 – 6 – 9	15.07	2.63	其他不符合挂牌的情形
832824. OC	华龙巨水（退市）	2017 – 11 – 24	2015 – 7 – 16	2.68	3.19	其他不符合挂牌的情形
832525. OC	德业变频（退市）	2017 – 11 – 24	2015 – 5 – 29	1.4	1.38	其他不符合挂牌的情形
839103. OC	瀚信科技（退市）	2017 – 11 – 24	2016 – 8 – 13	7.1	2.55	其他不符合挂牌的情形
837700. OC	鸿基节能（退市）	2017 – 11 – 24	2016 – 6 – 29		1.71	生产经营调整
836798. OC	捷帝股份（退市）	2017 – 11 – 24	2016 – 4 – 23	1	1.47	其他不符合挂牌的情形

代码	名称	退市日期	挂牌日期	退市时股价（元）	退市时每股净资产（元）	终止上市原因
834485.OC	逸尚信息（退市）	2017-11-24	2015-12-1		-8.26	其他不符合挂牌的情形
837705.OC	盈峰材料（退市）	2017-11-24	2016-11-1		1.85	其他不符合挂牌的情形
870211.OC	中金金属（退市）	2017-11-24	2016-12-24		2	其他不符合挂牌的情形
870414.OC	紫竹物业（退市）	2017-11-24	2017-1-19	20.4	4.43	其他不符合挂牌的情形
835828.OC	尚鑫新材（退市）	2017-11-24	2016-3-8	6	2.18	生产经营调整
836022.OC	增晟节能（退市）	2017-11-24	2016-3-22		1.11	其他不符合挂牌的情形
835458.OC	元丰小贷（退市）	2017-11-24	2016-1-9	1.5	1.26	其他不符合挂牌的情形
835276.OC	华立科技（退市）	2017-11-24	2016-2-25	11	3.43	其他不符合挂牌的情形
833026.OC	中邦园林（退市）	2017-11-23	2015-7-28		3.07	其他不符合挂牌的情形
839390.OC	飞通科技（退市）	2017-11-23	2016-10-15		1.69	其他不符合挂牌的情形
837381.OC	航理股份（退市）	2017-11-23	2016-6-18	15	3.3	其他不符合挂牌的情形
834745.OC	康德药业（退市）	2017-11-23	2015-12-15	1	1.47	其他不符合挂牌的情形
835357.OC	信友新材（退市）	2017-11-22	2016-1-5		1.62	其他不符合挂牌的情形
839510.OC	倚天科技（退市）	2017-11-22	2016-10-21	1	1.48	其他不符合挂牌的情形
839025.OC	艺赛旗（退市）	2017-11-21	2016-8-17		3.58	生产经营调整
835920.OC	湘村股份（退市）	2017-11-20	2016-2-24	12.49	8.36	其他不符合挂牌的情形
838660.OC	库客音乐（退市）	2017-11-20	2016-8-4	21.16	6.31	生产经营调整
833131.OC	久盛电气（退市）	2017-11-20	2015-7-30	4.13	3.09	其他不符合挂牌的情形
834537.OC	中焯股份（退市）	2017-11-17	2015-12-2	1	1.81	其他不符合挂牌的情形
835310.OC	洁利康（退市）	2017-11-17	2015-12-30		0.5	暂停上市后未披露定期报告
832104.OC	诺晟股份（退市）	2017-11-17	2015-3-26		0.04	暂停上市后未披露定期报告
835686.OC	倍杰特（退市）	2017-11-17	2016-3-8		3.16	其他不符合挂牌的情形
833174.OC	沃德传动（退市）	2017-11-17	2015-8-5		1.29	其他不符合挂牌的情形
836251.OC	世贸装饰（退市）	2017-11-17	2016-3-12	2.8	2.22	其他不符合挂牌的情形
838676.OC	盛源行（退市）	2017-11-16	2016-8-9		1.4	其他不符合挂牌的情形
836832.OC	清泉股份（退市）	2017-11-16	2016-4-22		4.82	其他不符合挂牌的情形
870569.OC	弘森药业（退市）	2017-11-16	2017-2-14		1.32	其他不符合挂牌的情形
830766.OC	博锐尚格（退市）	2017-11-15	2014-5-29	5.5	1.86	生产经营调整
834651.OC	飞扬旅游（退市）	2017-11-15	2015-12-8		2.34	生产经营调整
834600.OC	润阳科技（退市）	2017-11-15	2015-12-12		1.57	生产经营调整
870700.OC	茜茜股份（退市）	2017-11-15	2017-2-25		2.6	生产经营调整
832090.OC	时代装饰（退市）	2017-11-15	2015-3-17	8.05	2.89	转板上市
837010.OC	锐能微（退市）	2017-11-15	2016-4-22		2.39	生产经营调整
836539.OC	紫山生物（退市）	2017-11-15	2016-4-20		1.31	其他不符合挂牌的情形
838929.OC	凌玮科技（退市）	2017-11-14	2016-10-13		1.97	生产经营调整
833296.OC	三希科技（退市）	2017-11-14	2015-8-21	3.06	2.38	生产经营调整
838013.OC	花开富贵（退市）	2017-11-13	2016-8-2	2	1.73	生产经营调整
838748.OC	江苏中基（退市）	2017-11-13	2016-11-12		1.44	生产经营调整
834238.OC	泰昂能源（退市）	2017-11-10	2015-11-24	0.24	3.39	生产经营调整
837788.OC	海加网络（退市）	2017-11-9	2016-6-9		3.83	生产经营调整
831560.OC	盈建科（退市）	2017-11-8	2014-12-24		2.04	其他不符合挂牌的情形
838151.OC	迈威科技（退市）	2017-11-8	2016-8-9		2.98	生产经营调整
839434.OC	世源频控（退市）	2017-11-8	2016-10-28	11.33	2.35	生产经营调整
833150.OC	安宁创新（退市）	2017-11-8	2015-7-30		2.28	生产经营调整

代码	名称	退市日期	挂牌日期	退市时股价（元）	退市时每股净资产（元）	终止上市原因
838996.OC	万农高科(退市)	2017－11－8	2016－8－24		0.98	生产经营调整
834947.OC	耐普矿机(退市)	2017－11－8	2015－12－17	38.88	6.61	生产经营调整
839970.OC	众客食品(退市)	2017－11－8	2016－11－24		1.82	生产经营调整
837054.OC	华磊股份(退市)	2017－11－8	2016－4－22		1.42	生产经营调整
839763.OC	欧孚科技(退市)	2017－11－8	2016－11－11		1.87	生产经营调整
837672.OC	恒顿传媒(退市)	2017－11－8	2016－6－21	66.3	8.84	生产经营调整
832102.OC	宏田股份(退市)	2017－11－8	2015－3－7	16	3.93	生产经营调整
831069.OC	瑞明节能(退市)	2017－11－8	2014－8－20	2.87	2.51	生产经营调整
835243.OC	炬光科技(退市)	2017－11－7	2016－1－14	15.4	8.28	生产经营调整
831145.OC	阿路美格(退市)	2017－11－7	2014－9－16		2.1	生产经营调整
835472.OC	今朝时代(退市)	2017－11－7	2016－1－16	4.2	0.66	生产经营调整
837329.OC	森途教育(退市)	2017－11－7	2016－5－11	40	3.36	生产经营调整
830968.OC	华电电气(退市)	2017－11－6	2014－8－7	13.7	3.18	生产经营调整
835251.OC	嘉华美瑞(退市)	2017－11－6	2016－1－6		1.02	其他不符合挂牌的情形
832967.OC	利达发展(退市)	2017－11－6	2015－8－14		1.28	生产经营调整
838698.OC	中海文旅(退市)	2017－11－3	2016－8－13		2.18	生产经营调整
833445.OC	海王星(退市)	2017－11－3	2015－9－12		3.2	其他不符合挂牌的情形
836615.OC	白鹭科技(退市)	2017－11－3	2016－4－23		－0.4	生产经营调整
836175.OC	卓锐科技(退市)	2017－11－2	2016－3－23		1.36	暂停上市后未披露定期报告
836713.OC	中天引控(退市)	2017－11－2	2016－4－8	10	1.97	生产经营调整
835150.OC	珠城科技(退市)	2017－11－2	2015－12－26		3.66	其他不符合挂牌的情形
834393.OC	爱柯迪(退市)	2017－11－1	2015－12－12		2.86	转板上市
836169.OC	世德堂(退市)	2017－11－1	2016－3－16		1.2	暂停上市后未披露定期报告
836367.OC	三孚新材(退市)	2017－11－1	2016－3－24		1.74	生产经营调整
430752.OC	索泰能源(退市)	2017－11－1	2014－5－29	4.9	2.44	其他不符合挂牌的情形
831864.OC	华夏未来(退市)	2017－11－1	2015－1－26	1.6	1.33	暂停上市后未披露定期报告
837483.OC	盈德智能(退市)	2017－11－1	2016－6－3	0.21	0.21	暂停上市后未披露定期报告
871096.OC	利兴橡胶(退市)	2017－11－1	2017－3－15		1.09	暂停上市后未披露定期报告
838496.OC	睿奕股份(退市)	2017－11－1	2016－8－10	12	1.8	生产经营调整
839748.OC	益诺欧(退市)	2017－11－1	2016－11－22	46	3.39	其他不符合挂牌的情形
430526.OC	丝普兰(退市)	2017－11－1	2014－1－22	3.75	0.4	暂停上市后未披露定期报告
832342.OC	思普润(退市)	2017－11－1	2015－4－18	4.92	2.42	其他不符合挂牌的情形
835356.OC	信力康(退市)	2017－11－1	2016－1－9		1.13	暂停上市后未披露定期报告
834640.OC	达普电子(退市)	2017－11－1	2015－12－4		1.1	其他不符合挂牌的情形
837468.OC	粉蓝时尚(退市)	2017－11－1	2016－5－18	2	2.3	其他不符合挂牌的情形
838383.OC	爱立特(退市)	2017－11－1	2016－8－18		1.6	暂停上市后未披露定期报告
871268.OC	纳图电气(退市)	2017－11－1	2017－6－22		1.42	暂停上市后未披露定期报告
831103.OC	怡达化学(退市)	2017－10－30	2014－8－21	1	8.98	转板上市
836445.OC	金辉再生(退市)	2017－10－30	2016－3－16		2.02	其他不符合挂牌的情形
838390.OC	华巨药房(退市)	2017－10－30	2016－8－6		3.91	其他不符合挂牌的情形
835766.OC	珐玛珈(退市)	2017－10－30	2016－2－5		2.96	其他不符合挂牌的情形
831277.OC	钢钢网(退市)	2017－10－27	2014－11－3	26	4.42	暂停上市后未披露定期报告
833845.OC	人之初(退市)	2017－10－27	2015－10－29	1.2	1.63	其他不符合挂牌的情形
836483.OC	卓能股份(退市)	2017－10－27	2016－3－29	3	3.52	吸收合并

代码	名称	退市日期	挂牌日期	退市时股价（元）	退市时每股净资产（元）	终止上市原因
839078.OC	荣创股份(退市)	2017-10-26	2016-8-13		2.48	其他不符合挂牌的情形
833780.OC	昌润创投(退市)	2017-10-26	2015-10-16		1.2	其他不符合挂牌的情形
832374.OC	丽岛新材(退市)	2017-10-25	2015-5-13		4.91	转板上市
430506.OC	云飞扬(退市)	2017-10-25	2014-1-22	3.2	2.54	其他不符合挂牌的情形
834488.OC	贝特利(退市)	2017-10-25	2015-12-1		1.58	其他不符合挂牌的情形
832801.OC	思坦仪器(退市)	2017-10-25	2015-7-17	7.38	4.71	其他不符合挂牌的情形
834932.OC	麒麟文化(退市)	2017-10-25	2015-12-15		1.53	其他不符合挂牌的情形
833322.OC	广通软件(退市)	2017-10-25	2015-8-12	24.96	3.08	其他不符合挂牌的情形
839495.OC	唐人医药(退市)	2017-10-24	2016-10-28		2.04	其他不符合挂牌的情形
836233.OC	良淋电子(退市)	2017-10-23	2016-3-9	13.72	2.93	其他不符合挂牌的情形
837039.OC	奥达清(退市)	2017-10-23	2016-5-10		1.77	其他不符合挂牌的情形
837100.OC	阿李股份(退市)	2017-10-23	2016-4-23	15	2.55	其他不符合挂牌的情形
835249.OC	莱特光电(退市)	2017-10-20	2016-1-8		2.03	其他不符合挂牌的情形
836424.OC	美通互动(退市)	2017-10-20	2016-4-7	8	2.35	其他不符合挂牌的情形
839704.OC	京浜光电(退市)	2017-10-20	2016-11-29		1.96	其他不符合挂牌的情形
835055.OC	乐享方登(退市)	2017-10-19	2015-12-16		1.79	其他不符合挂牌的情形
834028.OC	品胜股份(退市)	2017-10-18	2015-11-14	0	2.75	其他不符合挂牌的情形
835219.OC	新世洋(退市)	2017-10-18	2016-1-21	5.8	1.21	其他不符合挂牌的情形
832747.OC	吉诺股份(退市)	2017-10-18	2015-7-14	15.37	2.36	其他不符合挂牌的情形
835355.OC	纽恩特(退市)	2017-10-18	2016-1-21		3.19	其他不符合挂牌的情形
832941.OC	信鸿医疗(退市)	2017-10-18	2015-8-1		3.03	其他不符合挂牌的情形
870400.OC	肯特科技(退市)	2017-10-17	2017-1-4		2.23	其他不符合挂牌的情形
836766.OC	灵豹药业(退市)	2017-10-17	2016-4-22	8.5	5.19	其他不符合挂牌的情形
834647.OC	若羽臣(退市)	2017-10-13	2015-12-2	7.93	3.12	转板上市
836383.OC	蓝特光学(退市)	2017-10-13	2016-3-22	6.2	3.97	其他不符合挂牌的情形
835874.OC	蓝科环保(退市)	2017-10-13	2016-2-27	10.04	3.1	其他不符合挂牌的情形
839784.OC	迪富信息(退市)	2017-10-12	2016-11-30		1.94	其他不符合挂牌的情形
833912.OC	宜诺股份(退市)	2017-10-12	2015-11-12	2.98	0.93	其他不符合挂牌的情形
833667.OC	长联科技(退市)	2017-10-12	2015-10-10		4.75	其他不符合挂牌的情形
834697.OC	道旅旅游(退市)	2017-10-11	2015-12-17		1.14	其他不符合挂牌的情形
833639.OC	顺泰农贷(退市)	2017-10-11	2015-10-9	1.3	1.27	其他不符合挂牌的情形
835079.OC	全美在线(退市)	2017-10-11	2015-12-19		1.78	其他不符合挂牌的情形
836454.OC	大有恒(退市)	2017-10-11	2016-3-29		1.73	其他不符合挂牌的情形
835524.OC	中岩大地(退市)	2017-10-10	2016-1-16		2.11	其他不符合挂牌的情形
833085.OC	腾飞科技(退市)	2017-10-10	2015-7-29	5.67	3.03	其他不符合挂牌的情形
838466.OC	仁达股份(退市)	2017-10-10	2016-8-12		1.4	其他不符合挂牌的情形
871065.OC	汉纳森(退市)	2017-10-9	2017-3-16		3.23	其他不符合挂牌的情形
835260.OC	票管家(退市)	2017-9-29	2015-12-30	71.8	0.66	生产经营调整
430036.OC	鼎普科技(退市)	2017-9-29	2008-10-23	11.66	4.6	生产经营调整
837354.OC	威派格(退市)	2017-9-28	2016-5-13	5.21	1.66	其他不符合挂牌的情形
836135.OC	桐力光电(退市)	2017-9-28	2016-3-29		2.18	其他不符合挂牌的情形
838434.OC	九洲恒昌(退市)	2017-9-28	2016-8-19	11	4.5	生产经营调整
833229.OC	龙利得(退市)	2017-9-27	2015-8-7	8.15	2.66	转板上市
834009.OC	盘石股份(退市)	2017-9-27	2015-11-13	122.73	24.34	其他不符合挂牌的情形

代码	名称	退市日期	挂牌日期	退市时股价（元）	退市时每股净资产（元）	终止上市原因
430310.OC	博易股份(退市)	2017-9-27	2013-8-27	1	4.01	生产经营调整
430469.OC	必控科技(退市)	2017-9-27	2014-1-22	3.38	2.36	吸收合并
834075.OC	云传媒(退市)	2017-9-26	2015-11-6	2.68	2.16	其他不符合挂牌的情形
835873.OC	通业科技(退市)	2017-9-26	2016-3-5		2.16	转板上市
834508.OC	上海东自(退市)	2017-9-22	2015-12-8		2.42	生产经营调整
871611.OC	君安能源(退市)	2017-9-22	2017-6-9		1.88	生产经营调整
837020.OC	华通线缆(退市)	2017-9-21	2016-5-14	5.8	3.03	其他不符合挂牌的情形
837677.OC	双英股份(退市)	2017-9-21	2016-6-16	11	5.63	生产经营调整
834674.OC	瑞能股份(退市)	2017-9-20	2015-12-4	31	5.88	生产经营调整
870709.OC	新中新(退市)	2017-9-20	2017-1-27		2.88	生产经营调整
836282.OC	百胜智能(退市)	2017-9-20	2016-3-31		1.77	生产经营调整
834484.OC	博拉网络(退市)	2017-9-18	2015-11-28		2.63	生产经营调整
838725.OC	天辰智能(退市)	2017-9-18	2016-8-13		1.62	其他不符合挂牌的情形
839400.OC	恒祥药业(退市)	2017-9-18	2016-10-14		2.01	生产经营调整
836586.OC	有棵树(退市)	2017-9-18	2016-4-7	12.5	4.36	吸收合并
835313.OC	镭蒙机电(退市)	2017-9-18	2016-1-22		0.03	其他不符合挂牌的情形
832846.OC	山东开泰(退市)	2017-9-15	2015-7-24		2.38	其他不符合挂牌的情形
832933.OC	九典制药(退市)	2017-9-15	2015-7-24	3.6	3.95	转板上市
834633.OC	聚贤科技(退市)	2017-9-15	2016-1-7		1.33	其他不符合挂牌的情形
836375.OC	怡文环境(退市)	2017-9-15	2016-4-26	10.55	2.23	其他不符合挂牌的情形
838871.OC	视客新材(退市)	2017-9-15	2016-8-11		1.93	其他不符合挂牌的情形
835201.OC	奥美达(退市)	2017-9-15	2015-12-29		0.89	其他不符合挂牌的情形
832306.OC	崇峻股份(退市)	2017-9-13	2015-4-22	14.52	3.6	生产经营调整
834057.OC	新基点(退市)	2017-9-13	2015-11-12		1.29	生产经营调整
834986.OC	大利科技(退市)	2017-9-12	2015-12-15		1.33	生产经营调整
831400.OC	九信资产(退市)	2017-9-12	2014-12-5	4.84	1.13	其他不符合挂牌的情形
831258.OC	龙蛙农业(退市)	2017-9-12	2014-11-1	11.5	1.8	生产经营调整
833916.OC	壹鸣环境(退市)	2017-9-12	2015-10-23		3.35	生产经营调整
838505.OC	英腾教育(退市)	2017-9-12	2016-9-27	10.7	1.67	生产经营调整
835844.OC	鸿图隔膜(退市)	2017-9-12	2016-3-15	13	2.31	生产经营调整
834612.OC	百意中医(退市)	2017-9-12	2015-12-4		2.16	其他不符合挂牌的情形
839102.OC	百舟互娱(退市)	2017-9-12	2016-8-18		1.16	生产经营调整
870763.OC	赛翼智能(退市)	2017-9-12	2017-2-21		2.36	生产经营调整
835998.OC	多牛传媒(退市)	2017-9-12	2016-3-11	6.25	2.42	生产经营调整
835604.OC	康泰医学(退市)	2017-9-12	2016-1-16	7.44	3.9	生产经营调整
837603.OC	川美股份(退市)	2017-9-12	2016-5-21	2	1.25	生产经营调整
834035.OC	力驰雷奥(退市)	2017-9-12	2015-11-10	23.22	4.76	生产经营调整
837204.OC	七河生物(退市)	2017-9-12	2016-5-19	10	6.46	生产经营调整
836207.OC	骏地设计(退市)	2017-9-12	2016-4-6		2.25	生产经营调整
835954.OC	铭特科技(退市)	2017-9-11	2016-2-18		3.54	其他不符合挂牌的情形
837648.OC	东方骆驼(退市)	2017-9-11	2016-6-24		1.48	其他不符合挂牌的情形
834566.OC	家鸿口腔(退市)	2017-9-11	2015-12-2	14.51	4.63	其他不符合挂牌的情形
838521.OC	富硒香(退市)	2017-9-11	2016-9-10		1.27	其他不符合挂牌的情形
836428.OC	诺佛尔(退市)	2017-9-11	2016-4-14	1.09	1.68	其他不符合挂牌的情形

代码	名称	退市日期	挂牌日期	退市时股价（元）	退市时每股净资产（元）	终止上市原因
831170.OC	熵能新材(退市)	2017－9－11	2014－10－8	14.18	2.42	其他不符合挂牌的情形
834659.OC	科逸股份(退市)	2017－9－8	2015－12－12		3.15	生产经营调整
834124.OC	宇晶机器(退市)	2017－9－8	2015－11－12	3.76	2.88	其他不符合挂牌的情形
834841.OC	远传技术(退市)	2017－9－8	2015－12－12	13.24	5.67	其他不符合挂牌的情形
834444.OC	中驰股份(退市)	2017－9－7	2015－12－25	8	2.81	其他不符合挂牌的情形
870237.OC	大信集团(退市)	2017－9－7	2016－12－20		3.99	其他不符合挂牌的情形
836622.OC	中锐教育(退市)	2017－9－5	2016－4－14		1.56	其他不符合挂牌的情形
871270.OC	恒昌物业(退市)	2017－9－5	2017－3－31		1.2	其他不符合挂牌的情形
837127.OC	宏达数控(退市)	2017－9－5	2016－6－29	2	1.82	其他不符合挂牌的情形
835550.OC	新亚强(退市)	2017－9－5	2016－1－12		2.4	其他不符合挂牌的情形
831530.OC	才府玻璃(退市)	2017－9－4	2014－12－17		2.68	转板上市
835971.OC	尚睿通(退市)	2017－9－1	2016－3－8	18.49	3.35	生产经营调整
835825.OC	德固特(退市)	2017－9－1	2016－2－4	6.13	3.61	其他不符合挂牌的情形
835938.OC	健讯科技(退市)	2017－8－31	2016－3－5		3.15	其他不符合挂牌的情形
831117.OC	维恩贝特(退市)	2017－8－31	2014－8－20	5.99	1.57	其他不符合挂牌的情形
839301.OC	中直电气(退市)	2017－8－31	2016－10－14		1.55	生产经营调整
839165.OC	捷宝科技(退市)	2017－8－31	2016－9－3		1.3	其他不符合挂牌的情形
835716.OC	赛伦生物(退市)	2017－8－31	2016－2－24	19.1	2.63	生产经营调整
838198.OC	富兰地(退市)	2017－8－31	2016－9－1	1.8	1.71	生产经营调整
838380.OC	文都教育(退市)	2017－8－31	2016－8－6	5.88	2.32	生产经营调整
839469.OC	建业能源(退市)	2017－8－31	2016－10－28	9	4.36	生产经营调整
832766.OC	沃格光电(退市)	2017－8－31	2015－7－18	19.66	8.82	其他不符合挂牌的情形
832087.OC	凯伯特(退市)	2017－8－31	2015－3－7		1.64	其他不符合挂牌的情形
836914.OC	微动天下(退市)	2017－8－31	2016－4－21	27.5	3.04	生产经营调整
836862.OC	凯金能源(退市)	2017－8－31	2016－4－21	31.6	12.32	生产经营调整
832549.OC	苏船动力(退市)	2017－8－31	2015－6－27	21.89	3.11	生产经营调整
831420.OC	北信得实(退市)	2017－8－31	2014－12－19	26.88	1.25	生产经营调整
830838.OC	新产业(退市)	2017－8－31	2014－7－24	49.35	3.99	转板上市
838447.OC	喜世食品(退市)	2017－8－31	2016－8－18		1.41	其他不符合挂牌的情形
831214.OC	中晶股份(退市)	2017－8－31	2014－10－20	9.76	2.91	生产经营调整
839105.OC	触通科技(退市)	2017－8－31	2016－8－17		0.64	其他不符合挂牌的情形
832922.OC	浙皖中药(退市)	2017－8－31	2015－7－23	14	2.21	生产经营调整
838742.OC	美孚伦(退市)	2017－8－31	2016－8－12		1.26	其他不符合挂牌的情形
836280.OC	贵州铭诚(退市)	2017－8－31	2016－3－17	0.5	1.47	生产经营调整
834634.OC	中科盛创(退市)	2017－8－31	2015－12－22		1.52	其他不符合挂牌的情形
835200.OC	迅销科技(退市)	2017－8－31	2016－1－5	10.1	2.59	其他不符合挂牌的情形
833890.OC	大连华富(退市)	2017－8－31	2015－10－27		1.09	其他不符合挂牌的情形
835585.OC	东盛生态(退市)	2017－8－31	2016－1－16		2.12	生产经营调整
834007.OC	华溢物流(退市)	2017－8－31	2015－11－7		1.37	生产经营调整
835214.OC	美凯宝(退市)	2017－8－31	2015－12－30	1.32	0.95	生产经营调整
834159.OC	海盈科技(退市)	2017－8－31	2015－11－10	17.4	2.91	生产经营调整
833933.OC	ST优服(退市)	2017－8－31	2015－10－28	36	－3.5	生产经营调整
833643.OC	必得科技(退市)	2017－8－31	2015－10－15		4.95	生产经营调整
837380.OC	润丰股份(退市)	2017－8－30	2016－7－13		7.23	生产经营调整

代码	名称	退市日期	挂牌日期	退市时股价（元）	退市时每股净资产（元）	终止上市原因
836519.OC	欢乐互娱(退市)	2017-8-30	2016-3-24		6.06	生产经营调整
833195.OC	天强制药(退市)	2017-8-30	2015-8-15		1.72	生产经营调整
835750.OC	中联环(退市)	2017-8-30	2016-2-17		3	生产经营调整
833915.OC	建云科技(退市)	2017-8-29	2015-10-28		2.37	其他不符合挂牌的情形
836495.OC	万城节能(退市)	2017-8-29	2016-4-1	0.66	1.8	生产经营调整
833766.OC	龙福环能(退市)	2017-8-29	2015-10-23	3.58	2.12	其他不符合挂牌的情形
837848.OC	玉禾田(退市)	2017-8-29	2016-7-8		3.33	生产经营调整
833456.OC	世纪天鸿(退市)	2017-8-29	2015-9-15	7.4	3.62	转板上市
837843.OC	华丽股份(退市)	2017-8-29	2016-7-13		0.88	生产经营调整
833017.OC	力诺特玻(退市)	2017-8-28	2015-8-12	10.2	2.3	其他不符合挂牌的情形
832818.OC	正海合泰(退市)	2017-8-28	2015-7-14	9.95	4.73	其他不符合挂牌的情形
430354.OC	华敏测控(退市)	2017-8-28	2013-11-15		1.17	其他不符合挂牌的情形
831388.OC	福来喜得(退市)	2017-8-28	2014-12-4		1.22	其他不符合挂牌的情形
833169.OC	鼎泰盛(退市)	2017-8-28	2015-7-30	4	3.89	其他不符合挂牌的情形
870089.OC	爱普新媒(退市)	2017-8-28	2016-12-10	85.71	8.06	其他不符合挂牌的情形
838599.OC	价之链(退市)	2017-8-24	2016-8-6		44.91	吸收合并
870473.OC	乐高股份(退市)	2017-8-24	2017-1-26		1.29	其他不符合挂牌的情形
835923.OC	德青源(退市)	2017-8-24	2016-6-16	3.2	1.19	其他不符合挂牌的情形
430162.OC	聚利科技(退市)	2017-8-24	2012-10-27	20	5.34	转板上市
836546.OC	中触媒(退市)	2017-8-24	2016-3-31	14.5	2.44	其他不符合挂牌的情形
834555.OC	日津科技(退市)	2017-8-23	2015-12-8	6	1.5	其他不符合挂牌的情形
837751.OC	侨兴电子(退市)	2017-8-23	2016-6-15		1.14	其他不符合挂牌的情形
832675.OC	福达合金(退市)	2017-8-23	2015-7-1	7.8	6.38	转板上市
836634.OC	亚太环保(退市)	2017-8-22	2016-5-17		1.41	其他不符合挂牌的情形
834204.OC	日联科技(退市)	2017-8-22	2015-11-24	10	3.47	其他不符合挂牌的情形
430605.OC	阿科力(退市)	2017-8-22	2014-1-22	18.5	4.33	转板上市
832772.OC	银都股份(退市)	2017-8-21	2015-7-17	1.38	2.19	转板上市
836320.OC	慧博云通(退市)	2017-8-21	2016-3-25		1.86	其他不符合挂牌的情形
836565.OC	东篱环境(退市)	2017-8-18	2016-3-23		1.98	其他不符合挂牌的情形
832365.OC	开勒环境(退市)	2017-8-18	2015-4-21	5.6	3.29	其他不符合挂牌的情形
833673.OC	茂莱光学(退市)	2017-8-18	2015-9-30		2.13	其他不符合挂牌的情形
836094.OC	万达股份(退市)	2017-8-18	2016-3-10	1	2.32	其他不符合挂牌的情形
834864.OC	万马科技(退市)	2017-8-18	2015-12-9		2.08	转板上市
834778.OC	通源环境(退市)	2017-8-18	2015-12-23		4.19	其他不符合挂牌的情形
836197.OC	千永股份(退市)	2017-8-18	2016-3-23	1.5	1.56	其他不符合挂牌的情形
837071.OC	响当当(退市)	2017-8-18	2016-4-23	22.71	1.76	其他不符合挂牌的情形
830854.OC	族兴新材(退市)	2017-8-18	2014-7-10	0	3.16	其他不符合挂牌的情形
839959.OC	倍肯科技(退市)	2017-8-18	2016-12-20	10.66	2.2	其他不符合挂牌的情形
870776.OC	新大正(退市)	2017-8-18	2017-2-17		2.16	其他不符合挂牌的情形
838785.OC	建运股份(退市)	2017-8-18	2016-8-12		2.25	其他不符合挂牌的情形
870200.OC	斯乐普(退市)	2017-8-18	2017-1-4		1.05	其他不符合挂牌的情形
835481.OC	锦浪科技(退市)	2017-8-18	2016-1-20		2.74	其他不符合挂牌的情形
834309.OC	瀚江新材(退市)	2017-8-18	2015-12-15		2.73	其他不符合挂牌的情形
836844.OC	柯林电气(退市)	2017-8-18	2016-5-14		2.31	其他不符合挂牌的情形

代码	名称	退市日期	挂牌日期	退市时股价（元）	退市时每股净资产（元）	终止上市原因
838700.OC	郑泰股份（退市）	2017-8-18	2016-8-10		0.93	其他不符合挂牌的情形
834991.OC	新瀚新材（退市）	2017-8-18	2015-12-17	8.32	3.7	其他不符合挂牌的情形
832295.OC	富泰股份（退市）	2017-8-18	2015-4-16		3.38	其他不符合挂牌的情形
837625.OC	速途网络（退市）	2017-8-18	2016-5-28	3.8	1.57	其他不符合挂牌的情形
833241.OC	和成显示（退市）	2017-8-18	2015-8-18		5.99	其他不符合挂牌的情形
832245.OC	慧翰股份（退市）	2017-8-18	2015-4-3		1.89	其他不符合挂牌的情形
834161.OC	万象娱通（退市）	2017-8-18	2015-11-19	18.7	1.57	其他不符合挂牌的情形
832582.OC	众源新材（退市）	2017-8-17	2015-6-11	6.19	4.22	转板上市
832808.OC	中帅医药（退市）	2017-8-17	2015-8-6	15	0.76	其他不符合挂牌的情形
832733.OC	威格科技（退市）	2017-8-17	2015-7-21		2.54	其他不符合挂牌的情形
870151.OC	鸣志电工（退市）	2017-8-16	2016-12-27		1.43	其他不符合挂牌的情形
832631.OC	安特科技（退市）	2017-8-9	2015-6-12		0.67	其他不符合挂牌的情形
834039.OC	世创电子（退市）	2017-8-9	2015-10-30	2.4	1.85	其他不符合挂牌的情形
832760.OC	上海君屹（退市）	2017-8-9	2015-7-11	15.28	3.13	其他不符合挂牌的情形
837903.OC	台冠科技（退市）	2017-8-7	2016-7-19	5.15	1.33	生产经营调整
834230.OC	众盟软件（退市）	2017-8-7	2015-11-13		1.16	生产经营调整
839498.OC	泛世资源（退市）	2017-8-7	2016-11-3		2.72	生产经营调整
834603.OC	中清能（退市）	2017-8-7	2015-12-11	12	4.13	生产经营调整
832995.OC	杰创智能（退市）	2017-8-7	2015-7-24	6	1.8	生产经营调整
837131.OC	纳尼亚（退市）	2017-8-7	2016-4-26	4.75	1.28	生产经营调整
836839.OC	玄德生物（退市）	2017-8-7	2016-4-22		1.26	生产经营调整
835905.OC	中达软塑（退市）	2017-8-7	2016-2-20	1.54	1.82	生产经营调整
837901.OC	金丘股份（退市）	2017-8-7	2016-7-16		1.1	生产经营调整
835994.OC	咏声动漫（退市）	2017-8-7	2016-3-4	3	4.33	生产经营调整
836133.OC	柯文股份（退市）	2017-8-2	2016-3-15		2.67	其他不符合挂牌的情形
831189.OC	乔顿服饰（退市）	2017-8-2	2014-10-9	1.35	3.23	生产经营调整
835103.OC	骏伯网络（退市）	2017-8-2	2015-12-24	18.59	3.82	生产经营调整
837246.OC	百米生活（退市）	2017-8-2	2016-5-7		1	生产经营调整
430371.OC	科传股份（退市）	2017-8-2	2014-1-22	2.01	2.38	其他不符合挂牌的情形
832729.OC	图南股份（退市）	2017-8-2	2015-7-10		1.85	生产经营调整
838614.OC	精亚洁净（退市）	2017-8-2	2016-9-1		1.8	生产经营调整
837027.OC	倍轻松（退市）	2017-8-1	2016-5-10		2.38	生产经营调整
836983.OC	宝宸股份（退市）	2017-8-1	2016-5-24		1.74	生产经营调整
833021.OC	高深橡胶（退市）	2017-8-1	2015-10-20	1	1.78	其他不符合挂牌的情形
837669.OC	利坤股份（退市）	2017-8-1	2016-6-15		0.49	生产经营调整
835336.OC	泰弘生态（退市）	2017-8-1	2016-1-21		3.25	生产经营调整
870060.OC	信诺时代（退市）	2017-8-1	2016-12-6		2.22	吸收合并
836026.OC	金龙股份（退市）	2017-7-31	2016-3-3		1.41	其他不符合挂牌的情形
832979.OC	弘天生物（退市）	2017-7-31	2015-7-23	49.48	2.24	其他不符合挂牌的情形
834285.OC	艾维普思（退市）	2017-7-31	2015-11-28		6.01	生产经营调整
838977.OC	天麒面业（退市）	2017-7-28	2016-8-19		1.34	生产经营调整
832564.OC	富特股份（退市）	2017-7-27	2015-6-5	4.5	0.92	生产经营调整
838838.OC	福宝童趣（退市）	2017-7-27	2016-8-23		1.35	其他不符合挂牌的情形
871208.OC	荣舟海洋（退市）	2017-7-27	2017-3-29		1.36	其他不符合挂牌的情形

代码	名称	退市日期	挂牌日期	退市时股价（元）	退市时每股净资产（元）	终止上市原因
838890.OC	网酒网（退市）	2017－7－27	2016－8－24		2.13	生产经营调整
837365.OC	绿洁科技（退市）	2017－7－27	2016－5－20		1.02	其他不符合挂牌的情形
836269.OC	广升信息（退市）	2017－7－27	2016－3－26		4.17	其他不符合挂牌的情形
839141.OC	聚赛龙（退市）	2017－7－26	2016－10－11		6.1	其他不符合挂牌的情形
836762.OC	华阳国际（退市）	2017－7－25	2016－4－16	11.72	2.47	生产经营调整
833817.OC	聚石化学（退市）	2017－7－24	2015－11－12	7.45	4.65	生产经营调整
835649.OC	汇展股份（退市）	2017－7－24	2016－1－21		0.9	生产经营调整
831329.OC	海源达（退市）	2017－7－21	2014－11－11	0.39	1.59	暂停上市后未披露定期报告
839250.OC	时代高科（退市）	2017－7－21	2016－11－15	31.26	4.19	生产经营调整
837346.OC	申舟物流（退市）	2017－7－21	2016－6－2	5	1.07	暂停上市后未披露定期报告
834844.OC	卓异装备（退市）	2017－7－21	2015－12－10		1.73	生产经营调整
835876.OC	青莲食品（退市）	2017－7－21	2016－3－17	5.96	3.96	生产经营调整
430444.OC	昆拓热控（退市）	2017－7－21	2014－1－22	5	3.93	生产经营调整
430739.OC	银花股份（退市）	2017－7－21	2014－4－29	1	2.01	暂停上市后未披露定期报告
834717.OC	天天美尚（退市）	2017－7－20	2015－12－15	10.02	1.91	其他不符合挂牌的情形
839891.OC	甘肃金海（退市）	2017－7－20	2016－11－25	8	1.17	其他不符合挂牌的情形
838320.OC	普尔顿（退市）	2017－7－20	2016－8－25	18.08	3.42	其他不符合挂牌的情形
833537.OC	天合石油（退市）	2017－7－20	2015－9－25	4.92	6.73	其他不符合挂牌的情形
871046.OC	丽仁股份（退市）	2017－7－20	2017－3－3		11.11	其他不符合挂牌的情形
831120.OC	达海智能（退市）	2017－7－20	2014－8－15	7.2	4	其他不符合挂牌的情形
835797.OC	能动教育（退市）	2017－7－19	2016－2－20	1	1.6	生产经营调整
839690.OC	吉众机电（退市）	2017－7－19	2016－11－24		1.76	生产经营调整
833732.OC	合晟资产（退市）	2017－7－18	2015－10－9	13.27	1.62	生产经营调整
833013.OC	泛湾物流（退市）	2017－7－17	2015－7－29		2.34	其他不符合挂牌的情形
837537.OC	中宝股份（退市）	2017－7－17	2016－5－18		1.02	其他不符合挂牌的情形
834093.OC	妈妈网（退市）	2017－7－17	2015－11－7	26.96	7.1	其他不符合挂牌的情形
835456.OC	维科电池（退市）	2017－7－17	2016－1－28		3.31	其他不符合挂牌的情形
870904.OC	永宏电气（退市）	2017－7－17	2017－2－15		3.13	生产经营调整
833144.OC	毅康股份（退市）	2017－7－17	2015－8－4		2.21	其他不符合挂牌的情形
833406.OC	中税网（退市）	2017－7－17	2015－9－1		1.4	其他不符合挂牌的情形
835956.OC	浦华环保（退市）	2017－7－17	2016－3－23	2.86	1.48	其他不符合挂牌的情形
831471.OC	北方园林（退市）	2017－7－14	2014－12－12	7.91	4.3	其他不符合挂牌的情形
835502.OC	深装总（退市）	2017－7－14	2016－4－7	8	2.91	暂停上市后未披露定期报告
833354.OC	易物恒通（退市）	2017－7－14	2015－8－18	0.3	4.62	其他不符合挂牌的情形
836067.OC	一方电气（退市）	2017－7－14	2016－3－8	1	1.36	生产经营调整
836481.OC	鑫陶股份（退市）	2017－7－14	2016－3－23	10	1.21	其他不符合挂牌的情形
870224.OC	新立讯（退市）	2017－7－14	2016－12－16	21.5	2.98	其他不符合挂牌的情形
833511.OC	裕田霸力（退市）	2017－7－14	2015－9－11	1	5.11	生产经营调整
836480.OC	菲格瑞特（退市）	2017－7－14	2016－4－2	2.62	2.24	其他不符合挂牌的情形
836211.OC	元璋精工（退市）	2017－7－14	2016－3－10	4	1.39	暂停上市后未披露定期报告
832845.OC	木村树（退市）	2017－7－14	2015－7－28		1.16	暂停上市后未披露定期报告
833010.OC	盛景网联（退市）	2017－7－14	2015－7－29	22.2	1.36	其他不符合挂牌的情形
430591.OC	明德生物（退市）	2017－7－14	2014－1－22	40.44	4.19	转板上市
836705.OC	精准传媒（退市）	2017－7－14	2016－4－20		1.55	其他不符合挂牌的情形

代码	名称	退市日期	挂牌日期	退市时股价（元）	退市时每股净资产（元）	终止上市原因
837337.OC	信用行（退市）	2017-7-13	2016-5-19		1.53	生产经营调整
838494.OC	旭宇光电（退市）	2017-7-13	2016-8-20		1.57	其他不符合挂牌的情形
837886.OC	艾福电子（退市）	2017-7-13	2016-9-2		4.59	生产经营调整
835810.OC	长盈科技（退市）	2017-7-12	2016-2-2		1.36	其他不符合挂牌的情形
430278.OC	连能环保（退市）	2017-7-12	2013-8-1	11	-0.05	暂停上市后未披露定期报告
836427.OC	倍乐股份（退市）	2017-7-12	2016-3-23	13.32	0.64	其他不符合挂牌的情形
835090.OC	上富股份（退市）	2017-7-12	2015-12-23	1.56	1.34	其他不符合挂牌的情形
836752.OC	生光谷（退市）	2017-7-12	2016-4-23	10.38	1.33	其他不符合挂牌的情形
839235.OC	弘方股份（退市）	2017-7-12	2016-9-29		1.22	暂停上市后未披露定期报告
834215.OC	普乐方（退市）	2017-7-12	2015-11-14	10.09	1.73	其他不符合挂牌的情形
834301.OC	金邦科技（退市）	2017-7-12	2015-11-24		1.33	其他不符合挂牌的情形
836086.OC	桑锐电子（退市）	2017-7-12	2016-3-1	7.1	6.17	暂停上市后未披露定期报告
832632.OC	德安股份（退市）	2017-7-12	2015-6-30	1.6	1.08	暂停上市后未披露定期报告
833860.OC	力诚百货（退市）	2017-7-11	2015-10-21		3.44	生产经营调整
430121.OC	英福美（退市）	2017-7-11	2012-5-10	5.2	0.91	生产经营调整
831580.OC	苏达汇诚（退市）	2017-7-11	2014-12-29	1	2.84	生产经营调整
831041.OC	兆鋆新材（退市）	2017-7-11	2014-8-20	7.33	2.71	其他不符合挂牌的情形
430720.OC	东方炫辰（退市）	2017-7-10	2014-5-6		1.53	生产经营调整
833501.OC	新虹伟（退市）	2017-7-7	2015-9-2		2.72	其他不符合挂牌的情形
836049.OC	橙红科技（退市）	2017-7-7	2016-3-8		0.98	其他不符合挂牌的情形
838492.OC	聚力机械（退市）	2017-7-7	2016-8-5		2.35	其他不符合挂牌的情形
838658.OC	宏济堂（退市）	2017-7-7	2016-9-14	40	4.31	其他不符合挂牌的情形
839124.OC	中壤建设（退市）	2017-7-7	2016-8-16		1.21	其他不符合挂牌的情形
837016.OC	文业装饰（退市）	2017-7-7	2016-4-13	3	1.68	其他不符合挂牌的情形
837086.OC	宇达文化（退市）	2017-7-7	2016-5-10		1.88	其他不符合挂牌的情形
837386.OC	川洋家居（退市）	2017-7-7	2016-5-11	7	1.81	其他不符合挂牌的情形
837258.OC	美诺瓦（退市）	2017-7-7	2016-7-2		0.65	生产经营调整
839402.OC	广联航空（退市）	2017-7-6	2016-10-25		1.52	其他不符合挂牌的情形
838902.OC	惟新科技（退市）	2017-7-6	2016-8-18		1.09	其他不符合挂牌的情形
832300.OC	宏源车轮（退市）	2017-7-6	2015-4-16	1.25	1.38	其他不符合挂牌的情形
832991.OC	亚融科技（退市）	2017-7-6	2015-7-31	1.6	1.61	其他不符合挂牌的情形
833261.OC	中瑞影视（退市）	2017-7-5	2015-8-6		2.75	生产经营调整
833775.OC	文旅科技（退市）	2017-7-5	2015-10-30		3.42	其他不符合挂牌的情形
870342.OC	东方飞扬（退市）	2017-7-3	2016-12-29		0.12	暂停上市后未披露定期报告
839134.OC	圣荣沐（退市）	2017-7-3	2016-9-14		24.68	暂停上市后未披露定期报告
870562.OC	和藤医药（退市）	2017-7-3	2017-1-24		2.85	暂停上市后未披露定期报告
832051.OC	证券传媒（退市）	2017-7-3	2015-2-11	7.1	3.12	暂停上市后未披露定期报告
837140.OC	华中自控（退市）	2017-7-3	2016-5-5		1.05	暂停上市后未披露定期报告
839404.OC	宸瑞股份（退市）	2017-7-3	2016-10-28		2.42	暂停上市后未披露定期报告
833335.OC	天水风动（退市）	2017-7-3	2015-8-14		2.39	暂停上市后未披露定期报告
838985.OC	盈美软装（退市）	2017-7-3	2016-8-11		1.01	暂停上市后未披露定期报告
830967.OC	山东巨环（退市）	2017-7-3	2014-8-12		0.6	暂停上市后未披露定期报告
835777.OC	易光达（退市）	2017-7-3	2016-1-29		1.38	暂停上市后未披露定期报告
835261.OC	普泰股份（退市）	2017-7-3	2016-1-21		0.84	暂停上市后未披露定期报告

代码	名称	退市日期	挂牌日期	退市时股价（元）	退市时每股净资产（元）	终止上市原因
835433. OC	商之都（退市）	2017－7－3	2016－1－14		2.99	暂停上市后未披露定期报告
838509. OC	环球拓业（退市）	2017－7－3	2016－8－18		－0.62	暂停上市后未披露定期报告
839311. OC	景曜科技（退市）	2017－7－3	2016－10－15		1.99	暂停上市后未披露定期报告
870748. OC	御心堂（退市）	2017－7－3	2017－2－15		1.75	暂停上市后未披露定期报告
831653. OC	耐诺邦（退市）	2017－7－3	2015－1－12	1	0.83	暂停上市后未披露定期报告
834427. OC	弘大能源（退市）	2017－7－3	2015－11－21		－0.06	暂停上市后未披露定期报告
832197. OC	丹江电力（退市）	2017－7－3	2015－4－3		3.23	暂停上市后未披露定期报告
835140. OC	金春股份（退市）	2017－6－30	2015－12－25		3.07	生产经营调整
831761. OC	中惠地热（退市）	2017－6－30	2015－1－9		3.92	生产经营调整
832224. OC	积硕科技（退市）	2017－6－30	2015－4－2	4.9	1.4	生产经营调整
838219. OC	柳江牧业（退市）	2017－6－30	2016－8－18	4.05	3.56	生产经营调整
833919. OC	酒仙网（退市）	2017－6－30	2015－10－29	100.09	2.65	生产经营调整
834660. OC	戈瑞电子（退市）	2017－6－29	2015－12－1		0.9	生产经营调整
839935. OC	百裕制药（退市）	2017－6－29	2016－11－29	67.74	2.42	生产经营调整
837415. OC	中海海洋（退市）	2017－6－29	2016－6－2	18.53	3.94	生产经营调整
836048. OC	明科能源（退市）	2017－6－29	2016－2－27		0.97	生产经营调整
833894. OC	卓影科技（退市）	2017－6－28	2015－10－23	35.31	9.36	生产经营调整
835344. OC	拓利科技（退市）	2017－6－28	2016－1－26		3.13	生产经营调整
836814. OC	维衡精密（退市）	2017－6－28	2016－4－20		2.08	生产经营调整
833895. OC	常康环保（退市）	2017－6－28	2015－10－24		4.6	生产经营调整
831517. OC	凯伦建材（退市）	2017－6－27	2014－12－15	4.85		转板上市
837675. OC	东方网信（退市）	2017－6－27	2016－6－28	1.05	1.37	生产经营调整
835110. OC	泛远国际（退市）	2017－6－26	2015－12－26		2.2	生产经营调整
839004. OC	淇诺科技（退市）	2017－6－26	2016－8－12		2.44	生产经营调整
833232. OC	城中园林（退市）	2017－6－23	2015－8－19	11.25	1.64	生产经营调整
830820. OC	大族冠华（退市）	2017－6－23	2014－6－27		0.86	生产经营调整
836633. OC	达瑞电子（退市）	2017－6－22	2016－4－9		1.43	生产经营调整
837290. OC	天时油气（退市）	2017－6－21	2016－7－19		1.3	生产经营调整
834280. OC	源和电站（退市）	2017－6－19	2015－11－20		1.49	生产经营调整
839895. OC	泰笛科技（退市）	2017－6－19	2016－12－16		1.04	生产经营调整
833754. OC	通源小贷（退市）	2017－6－19	2015－10－17		1.26	生产经营调整
837311. OC	药石科技（退市）	2017－6－16	2016－6－7	10		转板上市
836214. OC	泰丰液压（退市）	2017－6－16	2016－4－2		4.93	生产经营调整
832202. OC	沪鸽口腔（退市）	2017－6－16	2015－4－10	3.3	3.26	生产经营调整
832680. OC	长城乳业（退市）	2017－6－14	2015－6－27		6.76	生产经营调整
831600. OC	润迪环保（退市）	2017－6－13	2014－12－29	5	2.75	生产经营调整
832288. OC	三人行（退市）	2017－6－13	2015－4－21	13.51	1.93	生产经营调整
838942. OC	网创科技（退市）	2017－6－13	2016－8－20	20.06	4.33	生产经营调整
839138. OC	怀业信息（退市）	2017－6－12	2016－9－2		1.42	生产经营调整
836429. OC	吉联包装（退市）	2017－6－9	2016－3－22		0.96	生产经营调整
838839. OC	奥扬科技（退市）	2017－6－9	2016－8－6		1.11	生产经营调整
835761. OC	创想股份（退市）	2017－6－9	2016－1－30	1	1.4	生产经营调整
835407. OC	立澜科技（退市）	2017－6－9	2016－1－8		1.21	生产经营调整
832020. OC	恩施商贸（退市）	2017－6－9	2015－2－13		1.74	生产经营调整

代码	名称	退市日期	挂牌日期	退市时股价（元）	退市时每股净资产（元）	终止上市原因
839973. OC	坐标装饰（退市）	2017 – 6 – 8	2016 – 11 – 26		1.12	生产经营调整
834867. OC	匡通电子（退市）	2017 – 6 – 7	2016 – 1 – 15		3.85	生产经营调整
835713. OC	天阳科技（退市）	2017 – 6 – 7	2016 – 1 – 23	21.17	1.79	生产经营调整
837799. OC	正源装修（退市）	2017 – 6 – 7	2016 – 7 – 2		1	生产经营调整
835964. OC	联诚科技（退市）	2017 – 6 – 6	2016 – 3 – 10	5.72	2.39	生产经营调整
838382. OC	文安智能（退市）	2017 – 6 – 6	2016 – 10 – 18		12.68	生产经营调整
832362. OC	佩蒂股份（退市）	2017 – 6 – 6	2015 – 4 – 23		6.73	转板上市
837520. OC	顺美医疗（退市）	2017 – 5 – 26	2016 – 6 – 24		3.46	生产经营调整
835403. OC	深担保（退市）	2017 – 5 – 26	2016 – 1 – 12		1.85	生产经营调整
834457. OC	永葆环保（退市）	2017 – 5 – 26	2015 – 12 – 19		1.8	生产经营调整
430599. OC	艾艾精工（退市）	2017 – 5 – 24	2014 – 1 – 22			转板上市
838252. OC	河南金泉（退市）	2017 – 5 – 22	2016 – 8 – 6		1.14	其他不符合挂牌的情形
834571. OC	润建通信（退市）	2017 – 5 – 22	2015 – 12 – 12			转板上市
870878. OC	鹏扬药业（退市）	2017 – 5 – 17	2017 – 2 – 28		1.25	其他不符合挂牌的情形
835768. OC	中数智汇（退市）	2017 – 5 – 17	2016 – 2 – 16	10	1.54	其他不符合挂牌的情形
834265. OC	冠中生态（退市）	2017 – 5 – 17	2015 – 11 – 24		3.34	其他不符合挂牌的情形
833630. OC	嘉利股份（退市）	2017 – 5 – 16	2015 – 10 – 15	4.9	2.19	其他不符合挂牌的情形
837440. OC	瑞鹄模具（退市）	2017 – 5 – 11	2016 – 5 – 28		1.61	其他不符合挂牌的情形
839619. OC	诺斯曼（退市）	2017 – 5 – 11	2016 – 11 – 8		2.72	其他不符合挂牌的情形
832079. OC	华邦云（退市）	2017 – 5 – 10	2015 – 3 – 6	21.4	2.46	其他不符合挂牌的情形
831215. OC	新天药业（退市）	2017 – 5 – 9	2014 – 10 – 22	23.58	5.72	转板上市
836074. OC	英伟特（退市）	2017 – 5 – 5	2016 – 2 – 24	1.08	2.61	生产经营调整
833148. OC	乐卓网络（退市）	2017 – 5 – 5	2015 – 7 – 29		1.36	生产经营调整
835113. OC	爱美互动（退市）	2017 – 5 – 5	2015 – 12 – 23		3.16	生产经营调整
838193. OC	天元宠物（退市）	2017 – 5 – 5	2016 – 8 – 4		4.89	生产经营调整
838266. OC	溢滔钱潮（退市）	2017 – 5 – 5	2016 – 8 – 12		2.68	生产经营调整
834332. OC	中慧股份（退市）	2017 – 5 – 5	2015 – 11 – 13		3.04	生产经营调整
837957. OC	明师教育（退市）	2017 – 5 – 5	2016 – 7 – 28	88.88	10.36	生产经营调整
837973. OC	众享互动（退市）	2017 – 5 – 5	2016 – 7 – 22	70	3.35	生产经营调整
430035. OC	中兴通融（退市）	2017 – 5 – 4	2008 – 10 – 23	5.43	1.25	生产经营调整
839670. OC	科思股份（退市）	2017 – 5 – 4	2016 – 11 – 12		3.19	生产经营调整
839628. OC	微媒互动（退市）	2017 – 5 – 4	2016 – 11 – 25		4.19	生产经营调整
835915. OC	国星股份（退市）	2017 – 5 – 4	2016 – 3 – 10		1.83	生产经营调整
834392. OC	兆尹科技（退市）	2017 – 5 – 4	2015 – 11 – 20	4.42	2.5	生产经营调整
835594. OC	时联特溶（退市）	2017 – 5 – 4	2016 – 1 – 13		4.39	生产经营调整
832180. OC	绿洲森工（退市）	2017 – 5 – 3	2015 – 4 – 8		1.7	生产经营调整
837495. OC	环球梦（退市）	2017 – 5 – 3	2016 – 8 – 20		0.34	生产经营调整
838869. OC	德富莱（退市）	2017 – 5 – 3	2016 – 8 – 25	6.5	2.16	生产经营调整
834906. OC	蓝凌软件（退市）	2017 – 5 – 3	2015 – 12 – 23	13.33	3.53	生产经营调整
838126. OC	创创股份（退市）	2017 – 5 – 3	2016 – 8 – 11		3.16	其他不符合挂牌的情形
834901. OC	锐取信息（退市）	2017 – 5 – 2	2015 – 12 – 22	6.73	2.45	生产经营调整
833323. OC	好帮手（退市）	2017 – 5 – 2	2015 – 8 – 19	37	8.12	生产经营调整
833749. OC	每通测控（退市）	2017 – 5 – 2	2015 – 10 – 14		5	生产经营调整
836283. OC	中谷股份（退市）	2017 – 5 – 2	2016 – 3 – 18		3.12	生产经营调整

代码	名称	退市日期	挂牌日期	退市时股价（元）	退市时每股净资产（元）	终止上市原因
836889.OC	持正科技(退市)	2017-4-27	2016-4-22	4.15	1.41	生产经营调整
832450.OC	中兴农贷(退市)	2017-4-27	2015-5-13	1.9	1.74	生产经营调整
833344.OC	巨网科技(退市)	2017-4-26	2015-9-24	7.68	1.63	生产经营调整
834719.OC	鼎阳电力(退市)	2017-4-26	2015-12-8	7	1.31	生产经营调整
834320.OC	天辰新材(退市)	2017-4-26	2015-11-24		2.72	生产经营调整
831899.OC	山东再担(退市)	2017-4-26	2015-2-3	1.26		生产经营调整
833283.OC	盛瑞传动(退市)	2017-4-25	2015-8-18	8.55	4.58	生产经营调整
832514.OC	华旺股份(退市)	2017-4-25	2015-5-26	8	3.35	生产经营调整
835229.OC	日久光电(退市)	2017-4-25	2016-1-5	5.5	1.42	生产经营调整
837398.OC	华丰动力(退市)	2017-4-24	2016-10-12		6.37	生产经营调整
836018.OC	创洁科技(退市)	2017-4-24	2016-3-1		1.11	生产经营调整
835612.OC	天使之泪(退市)	2017-4-21	2016-1-13	3.3	1.7	生产经营调整
839393.OC	讯联科技(退市)	2017-4-20	2016-10-24		1.51	生产经营调整
836102.OC	宣燃股份(退市)	2017-4-12	2016-3-12	11.5	4.45	生产经营调整
430551.OC	林产科技(退市)	2017-4-12	2014-1-22	2.05	2.68	生产经营调整
837374.OC	苑东生物(退市)	2017-4-12	2016-5-26	20	3.12	生产经营调整
834949.OC	耀客传媒(退市)	2017-4-12	2015-12-24		3.48	生产经营调整
835560.OC	羿珩科技(退市)	2017-4-12	2016-1-16	5.7	2.36	吸收合并
832413.OC	亿盛担保(退市)	2017-4-11	2015-5-19	1	1.23	生产经营调整
836285.OC	点众科技(退市)	2017-4-11	2016-3-12	38.96	8.71	生产经营调整
832795.OC	南京欣网(退市)	2017-4-11	2015-7-15	1.01	1.82	生产经营调整
833633.OC	联众智慧(退市)	2017-4-10	2015-10-17	10	3.88	生产经营调整
838859.OC	一夫股份(退市)	2017-4-10	2016-8-24	6.6	2.22	生产经营调整
836154.OC	伟思医疗(退市)	2017-4-10	2016-3-22		2.23	生产经营调整
837715.OC	远大住工(退市)	2017-4-10	2016-6-15		6.19	生产经营调整
838520.OC	朗坤环保(退市)	2017-4-10	2016-8-16		1.65	生产经营调整
833209.OC	苏州园林(退市)	2017-3-31	2015-8-8	10.01	4.84	生产经营调整
835178.OC	武耀股份(退市)	2017-3-31	2016-1-1		2.25	生产经营调整
835125.OC	商络电子(退市)	2017-3-31	2015-12-31	18	3.1	其他不符合挂牌的情形
835625.OC	悦然心动(退市)	2017-3-31	2016-1-20			吸收合并
837811.OC	经纬股份(退市)	2017-3-31	2016-6-24		3.01	其他不符合挂牌的情形
831138.OC	光影侠(退市)	2017-3-30	2014-9-11	128.7	2.87	其他不符合挂牌的情形
838016.OC	润星科技(退市)	2017-3-27	2016-7-22		4.07	生产经营调整
837196.OC	九通股份(退市)	2017-3-23	2016-5-12		0.92	生产经营调整
834448.OC	遥望网络(退市)	2017-3-22	2015-12-12	28	5.77	其他不符合挂牌的情形
834417.OC	环宇橡塑(退市)	2017-3-22	2015-11-21		3.68	生产经营调整
835904.OC	星诺奇(退市)	2017-3-21	2016-3-29		1.68	其他不符合挂牌的情形
835420.OC	锋尚传媒(退市)	2017-3-21	2016-1-22		2.2	其他不符合挂牌的情形
430568.OC	光莆电子(退市)	2017-3-21	2014-1-22	4.6	3.28	转板上市
837229.OC	易之园林(退市)	2017-3-21	2016-6-2		2.7	其他不符合挂牌的情形
870105.OC	杰普特(退市)	2017-3-21	2016-12-22		2.54	其他不符合挂牌的情形
833875.OC	博信通信(退市)	2017-3-21	2015-11-10	4.8	2.49	其他不符合挂牌的情形
836446.OC	鑫联环保(退市)	2017-3-21	2016-4-6		3.17	生产经营调整
834550.OC	唯捷创芯(退市)	2017-3-21	2015-12-3		4.18	其他不符合挂牌的情形

代码	名称	退市日期	挂牌日期	退市时股价（元）	退市时每股净资产（元）	终止上市原因
834570.OC	瑞贝科技（退市）	2017-3-21	2015-12-8	22	2.77	其他不符合挂牌的情形
834574.OC	德恩精工（退市）	2017-3-21	2015-12-9	9	3.22	其他不符合挂牌的情形
834059.OC	灵通展览（退市）	2017-3-20	2015-11-14	6.2	4.75	其他不符合挂牌的情形
835706.OC	利诚股份（退市）	2017-3-10	2016-3-17		3.08	其他不符合挂牌的情形
834172.OC	信汇金融（退市）	2017-3-9	2015-11-7	5.5	2.23	其他不符合挂牌的情形
833401.OC	鸿合智能（退市）	2017-3-8	2015-8-27		1.87	其他不符合挂牌的情形
831786.OC	威思顿（退市）	2017-3-8	2015-1-14	28.98	3.82	其他不符合挂牌的情形
834108.OC	万隆股份（退市）	2017-3-7	2015-11-14	6.32	5.77	转板上市
839070.OC	伊美尔（退市）	2017-3-7	2016-10-11		2.33	其他不符合挂牌的情形
837800.OC	高新医院（退市）	2017-3-7	2016-6-24		2.11	其他不符合挂牌的情形
835188.OC	景域文化（退市）	2017-3-7	2015-12-22	61.05	3.16	其他不符合挂牌的情形
836430.OC	移远通信（退市）	2017-3-6	2016-3-16	14.03	2.32	其他不符合挂牌的情形
832826.OC	东方信息（退市）	2017-3-3	2015-7-22	2.85	3.21	其他不符合挂牌的情形
833920.OC	举扬科技（退市）	2017-3-3	2015-11-6		1	其他不符合挂牌的情形
835023.OC	融兴担保（退市）	2017-2-27	2015-12-16		1.23	其他不符合挂牌的情形
832625.OC	巴口香（退市）	2017-2-27	2015-6-17		1.41	其他不符合挂牌的情形
833626.OC	捷程检测（退市）	2017-2-24	2015-9-30		1.12	其他不符合挂牌的情形
837397.OC	联众医疗（退市）	2017-2-24	2016-5-21		1.98	其他不符合挂牌的情形
831089.OC	金东唐（退市）	2017-2-24	2014-8-14	4.8	3.53	吸收合并
833647.OC	怡钛积（退市）	2017-2-24	2015-9-25		3.03	其他不符合挂牌的情形
831645.OC	三星新材（退市）	2017-2-24	2015-1-7		3.35	转板上市
834910.OC	游酷网络（退市）	2017-2-15	2015-12-15		4.1	其他不符合挂牌的情形
834923.OC	德达物流（退市）	2017-2-8	2015-12-12		4.21	生产经营调整
837101.OC	浩趣信息（退市）	2017-2-8	2016-4-21		1.24	生产经营调整
834522.OC	新媒诚品（退市）	2017-2-6	2015-11-28	7.33	1.81	吸收合并
835615.OC	恒升医学（退市）	2017-2-6	2016-1-26	6	1.14	生产经营调整
831086.OC	星城石墨（退市）	2017-2-3	2014-8-21	6.25	2.1	吸收合并
833061.OC	美轲股份（退市）	2017-1-26	2015-8-22		1.21	生产经营调整
835470.OC	伯特利（退市）	2017-1-26	2016-1-21	7.17	2.22	生产经营调整
831535.OC	拓斯达（退市）	2017-1-26	2014-12-23		6.2	转板上市
834271.OC	三花小贷（退市）	2017-1-26	2015-11-13		0.97	生产经营调整
832841.OC	天语和声（退市）	2017-1-26	2015-7-16		0.03	生产经营调整
835523.OC	奥克斯电（退市）	2017-1-26	2016-1-15		1.57	生产经营调整
837418.OC	三木智能（退市）	2017-1-10	2016-5-26		4.88	吸收合并
835580.OC	诚烨股份（退市）	2017-1-4	2016-1-26	11.87	3.18	其他不符合挂牌的情形

数据来源：Wind。

2017年新三板市场十大事件

三大制度改革破冰

2017年，从中央到各部委，各个层面上都多次提及积极发展新三板，推动市场改革发展。新三板首次被写入政府工作报告。12月22日冬至，一揽子制度改革方案，在市场各方的期盼中正式落地。

交易制度方面，引入集合竞价，盘中交易方式分为集合竞价与做市转让两种，原采取协议转让方式的股票盘中交易方式将于2018年1月15日统一调整为集合竞价。

同时优化分层制度。调减创新层净利润标准，提高营业收入标准等，并在共同准入标准中增加“合格投资者人数不少于50人”的要求。另外在分层制度基础上实施差异化信披规则。

做市指数跌破原点

2017年11月13日，新三板做市指数盘中下探至999.18点，这是该指数自正式发布以来首次跌破千点。指数回归原点，重回起跑线。

此后做市指数“一蹶不振”，12 月 28 日，三板做市收报 986.84 点，虽有微涨但“千点反攻战”胜利的号角迟迟没有吹响。

从创建伊始，新三板就目标成为“中国纳斯达克”，并于 2015 年 3 月 18 日正式发布做市指数，以 2014 年 12 月 31 日为基准，以 1 000 点为基点。在 2015 年 4 月 7 日，做市指数最高达 2 673.17 点，成为做市指数历史最高位。

而 3 年后，做市指数跌破了 1 000 点大关。反映了新三板市场整体的低迷，更反映了新三板制度建设的亟待推进和完善。

摘牌潮来袭，迎来史上首次缩容

至今年年底，共有 694 家挂牌公司从新三板摘牌，相比之下 2016 年全年新三板退市企业仅 56 家。今年摘牌数较 2016 年增长 11 倍多。新三板负增长时代已来临，迎来历史上首次缩容。

一年前，新三板挂牌企业数量突破了 10 000 家。大部分的公司想着怎么来。而一年后的现在，新三板公司逾 600 家公司退市创下历史新高，越来越多的公司想着怎么走。

从摘牌原因来看，除却因 IPO 及被并购之外，业绩变动、融资需要、公司发生重大变动、监管处罚等也是企业选择退市的重要诱因，2018 年新三板退市率将会继续上升。

私募整改，PE 时代落幕

伴随着以中科招商为首的五家私募机构的摘牌，私募时代正式宣告落幕。2016 年 5 月份，股转系统发布《关于金融类企业挂牌融资有关事项的通知》，已经挂牌的私募必须按照新八条进行为期一年的整改。

今年 10 月 27 日，股转发布最后通牒，在提交核查报告后，不符合规定者将摘牌。截至 12 月 28 日，中科招商、达仁资管、银纪资产、富海银涛和拥湾资产 5 家私募机构被强制摘牌。

“三类股东”问题逐渐清晰

12 月 6 日，拥有 383 户股东的科顺防水成功过会。这是新三板企业 IPO 历史上，首家由于二级市场交易导致股东人数超过 200 人的公司成功过会。

此前证监会和交易所都曾表示股东人数超 200，并不构成 IPO 的实质障碍，但一直没有成功先例。科顺防水的成功，让更多股东人数超过 200 人的拟 IPO 公司吃下了定心丸。

三类股东和首发超 200 人的问题，虽未有统一的执行细则出台，但从个案推进的情况来看，“三类股东”问题已逐渐清晰，影响新三板企业 IPO 的问题已处于逐渐明朗化的阶段，集邮党将迎来真正意义上的春天。

可转债推出，创新层福音

9 月 22 日，上交所、深交所、股转系统、中登公司共同发布《创新创业公司非公开发行可转换公司债券业务实施细则（试行）》通知，其中规定，新三板创新层公司可以发行可转换债券，并且在沪深交易所进行交易。

可转债的推出对于新三板企业来说拓宽了融资渠道，无疑带来了福音。

截至目前，新三板 1 354 家创新层企业享有发行可转债的权利，至少 28 家创新层企业发布了双创可转债方案。

监管趋严，力度空前

2017，监管层不断完善挂牌、摘牌、公司信息披露、投资者保护等机制，监管力度比起往年“有过之而无不及”。

统计数据显示，2017 年共计 1 129 条违规监管，其中 647 条“处理人”为股转公司，占近半数。股转公司的处罚中，9 成因信息披露违规被监管，提前使用募集资金、股票交易违规、违规担保等也是挂牌公司被监管的原因。

这些“罚单”，不仅震慑了市场，更切切实实维护了投资者的利益。

协议转让设置涨跌幅

2017 年 3 月 25 日，股转系统为防范异常价格申报和投资者误操作，发布《关于对协议转让股票设置申报有效价格范围的通知》。

通知表示，采取协议转让方式的股票，申报价格应当不高于前收盘价的 200% 且不低于前收盘价的 50%。超出该有效价格范围的申报无效。

这也意味着乌龙指将成为历史。

“转板”上市热潮涌动

伴随着 IPO 的常态化发行，新三板企业成功上市的案例不断增加，“转板上市”的热潮涌动。

目前来自于新三板的排队审查企业占所有排队审查企业（含中止审查）的比例近期保持在 30% 之上。超过三分之一的 IPO 储备资源来自新三板，新三板已经成为首发上市公司的重要来源地。

截至目前，今年已有 26 家来自新三板的企业成功 IPO 过会，其中已有 18 家公司在 A 股市场成功上市。而算上往年数据，至今已有 40 家三板企业成功 IPO，其中 32 家企业已登陆 A 股上市。

从已成功转板的新三板企业基本情况来看，从预披露到成功上市的平均排队时长为 500 天。药石科技所需时长最短，预披露至完成上市只需要 236 天；三星新材用时最长，703 天才完成上市。

新三板迎来并购大年

转板之外，新三板并购热度远超上年。无论是新三板公司主动发起的并购还是被上市公司并购，并购数量和金额均远超 2016 年。

据统计，2017 年披露的上市公司并购新三板企业宗数高达 120 余起，交易规模超过 460 亿元，相比之下 2016 年仅 100 余亿元。2016 年新三板发起并购 316 起，2017 年则接近 2016 年的 3 倍；2016 年新三板发起并购金额不足百亿，2017 年已达 231 亿。

在目前 IPO 过会率降低、审核趋严的情况下，对于达不到上市条件或过会可能性较低的新三板企业来说，并购市场不失为一条较好的资本市场发展路径。

（来源：大众证券报）

北京五岳鑫信息技术股份有限公司

公司概况					
公司名称	北京五岳鑫信息技术股份有限公司			证券简称	五岳鑫
法人代表	庞志耕	董秘	唐全利	证券代码	430022
公司网址	www.maystar.com.cn		电子信箱	tql@maystar.com.cn	
电　　话	010-62976668		传　　真	010-62976668-206	
办公地址	北京市海淀区上地信息路22号上地科技综合楼B座五层				
经营范围	生产制造并销售语音卡、阅读机				

主要财务指标：指标\报告期	2017.06.30	2016.12.31	2016.06.30	2015.12.31
基本每股收益(元)	-0.0100	0.2700	0.0100	0.2500
基本每股收益(扣除后)(元)	-0.0200	0.2400	0.0023	0.2100
稀释每股收益(元)	-0.0100	0.2700	0.0100	0.2500
每股净资产(元)	1.3100	1.5600	1.3100	1.4900
每股经营现金净流量(元)	-0.2881	0.1285	-0.1616	0.3456
每股现金流量(元)	0.0239	0.0655	0.0537	-0.6907
每股资本公积金(元)	0.0215	0.0215	0.0215	0.0215
每股盈余公积金(元)	0.2748	0.2748	0.2479	0.2479
每股未分配利润(元)	0.0087	0.2664	0.0356	0.2242
净资产收益率(%)	-0.4490	17.2199	1.0220	16.4568
净资产收益率(扣除)(%)	-0.4500	17.8000	0.9100	15.5700
加权净资产收益率	-1.3489	15.6681	0.1828	13.9315
总资产(万元)	6956.16	8277.55	7140.02	8132.23
归属母公司股东权益(万元)	6420.93	7688.87	6421.01	7348.85
营业收入(万元)	1674.17	5736.15	1726.67	4606.90
营业成本(万元)	262.32	1756.12	552.89	1269.69
投资收益(万元)	67.98	140.38	63.40	190.17
净利润(万元)	---	---	65.62	1209.38
营业利润(万元)	-57.21	1311.70	-46.07	1178.71
利润总额(万元)	-28.83	1558.92	79.17	1335.10

北京北科光大信息技术股份有限公司

公司概况					
公司名称	北京北科光大信息技术股份有限公司			证券简称	北科光大
法人代表	侯鲁民	董秘	张爽	证券代码	430027
公司网址	www.919.com.cn		电子信箱	bkgd@919.com.cn	
电　　话	010-82652966		传　　真	010-82652801-8186	
办公地址	北京市海淀区北坞村路23号北坞创新园中区1号楼、南区8号楼				
经营范围	技术开发、技术推广、技术转让、技术咨询、技术服务等				

主要财务指标：指标\报告期	2017.06.30	2016.12.31	2016.06.30	2015.12.31
基本每股收益(元)	-0.0100	-0.0300	-0.0200	0.0160
基本每股收益(扣除后)(元)	-0.0100	-0.0400	-0.0200	-0.0610
稀释每股收益(元)	-0.0100	-0.0300	-0.0200	0.0160
每股净资产(元)	1.2600	1.2700	1.2900	2.6200
每股经营现金净流量(元)	-0.0381	0.0481	-0.1039	-0.0550
每股现金流量(元)	-0.2789	-0.2199	-0.1065	1.1432
每股资本公积金(元)	0.1799	0.1799	0.1799	1.3598
每股盈余公积金(元)	0.0141	0.0141	0.0141	0.0281
每股未分配利润(元)	0.0664	0.0805	0.0976	0.2306
净资产收益率(%)	-1.1200	-2.7312	-1.3675	0.5575
净资产收益率(扣除)(%)	-1.1200	-2.6900	-1.3600	0.7400
加权净资产收益率	-1.1400	-3.1725	-1.3723	-2.1732
总资产(万元)	13240.61	13454.64	13564.58	13948.38
归属母公司股东权益(万元)	13124.94	13272.17	13450.72	13634.66
营业收入(万元)	1083.84	1894.48	548.87	2436.14
营业成本(万元)	347.94	721.75	162.31	737.27
投资收益(万元)	52.57	137.97	---	41.40
净利润(万元)	---	---	-183.94	76.02
营业利润(万元)	-149.05	-499.25	-184.56	-322.37
利润总额(万元)	-147.23	-397.08	-183.94	53.94

北京金泰得生物科技股份有限公司

公司概况					
公司名称	北京金泰得生物科技股份有限公司			证券简称	金泰得
法人代表	刘长根	董秘	徐丽秋	证券代码	430029
公司网址	www.gold-tide.com.cn		电子信箱	info@gold-tide.com.cn	
电　　话	010-82352232		传　　真	010-82356103	
办公地址	北京市海淀区知春路23号量子银座206室				
经营范围	生产、销售酶解大豆蛋白类饲料				

主要财务指标：指标\报告期	2017.06.30	2016.12.31	2016.06.30	2015.12.31
基本每股收益(元)	-0.0500	-0.2400	-0.1800	-0.3400
基本每股收益(扣除后)(元)	-0.0600	-0.1500	-0.0900	-0.2900
稀释每股收益(元)	-0.0500	-0.2400	-0.1800	-0.3400
每股净资产(元)	0.5600	0.6100	0.6700	0.8400
每股经营现金净流量(元)	-0.0218	0.1637	0.1392	0.3485
每股现金流量(元)	-0.0254	-0.0596	-0.0846	-0.0040
每股资本公积金(元)	0.1643	0.1643	0.1643	0.1643
每股盈余公积金(元)	0.0742	0.0742	0.0742	0.0742
每股未分配利润(元)	-0.6818	-0.6315	-0.5715	-0.3960
净资产收益率(%)	-9.0284	-38.8086	-26.3209	-40.2744
净资产收益率(扣除)(%)	-8.6400	-32.5000	-23.2600	-33.4000
加权净资产收益率	-10.5084	-25.3073	-13.9627	-34.0347
总资产(万元)	4124.86	4095.76	4104.82	4869.74
归属母公司股东权益(万元)	2020.82	2203.27	2421.08	3058.33
营业收入(万元)	2673.97	5132.97	2288.68	7040.03
营业成本(万元)	2524.44	4733.57	2090.95	6554.00
投资收益(万元)	---	---	---	186.59
净利润(万元)	---	---	-637.25	-1245.55
营业利润(万元)	-212.40	-448.00	-218.91	-988.62
利润总额(万元)	-182.50	-845.16	-617.85	-1243.06

北京凯英信业科技股份有限公司

公司概况					
公司名称	北京凯英信业科技股份有限公司			证券简称	凯英信业
法人代表	贾立东	董秘	袁智敏	证券代码	430032
公司网址	www.keytec.com.cn		电子信箱	yuanzhimin@keytec.com.cn	
电　　话	010-82601199		传　　真	010-82600469	
办公地址	北京市海淀区学院路30号科大天工大厦B座18层				
经营范围	系统集成、信息化产品和外包服务以及软硬件开发				

主要财务指标：指标\报告期	2017.06.30	2016.12.31	2016.06.30	2015.12.31
基本每股收益(元)	-0.0100	0.0800	-0.0300	0.2700
基本每股收益(扣除后)(元)	-0.0200	0.0600	-0.0600	0.1600
稀释每股收益(元)	-0.0100	0.0800	-0.0300	0.2700
每股净资产(元)	2.9500	2.9600	2.8500	2.8800
每股经营现金净流量(元)	-0.0116	-0.0427	-0.6546	0.1615
每股现金流量(元)	-0.0276	-0.5442	-0.4932	0.4566
每股资本公积金(元)	0.9975	0.9975	0.9975	0.9975
每股盈余公积金(元)	0.0886	0.0886	0.0786	0.0786
每股未分配利润(元)	0.8677	0.8767	0.7733	0.8033
净资产收益率(%)	-0.3057	2.8160	-1.0525	9.3884
净资产收益率(扣除)(%)	-0.3100	2.8600	-1.0500	11.9100
加权净资产收益率	-0.5299	2.0782	-2.1252	5.6577
总资产(万元)	23491.50	21704.98	25617.95	24488.72
归属母公司股东权益(万元)	13670.12	13711.90	13186.98	13325.77
营业收入(万元)	5295.94	19447.46	4942.60	15806.53
营业成本(万元)	3381.53	14580.94	2995.51	9933.31
投资收益(万元)	---	---	---	---
净利润(万元)	---	---	-138.80	1251.08
营业利润(万元)	-102.73	108.88	-316.97	543.31
利润总额(万元)	-66.66	413.57	-150.43	1305.11

北京彩讯科技股份有限公司

公司概况

公司名称	北京彩讯科技股份有限公司			证券简称	彩讯科技
法人代表	莫美明	董秘	陈琳	证券代码	430033
公司网址	www.triolion.com			电子信箱	daiwf2008@126.com
电　　话	010-82771801			传　　真	010-82784687
办公地址	北京市海淀区东北旺西路8号中关村软件园8号楼301室				
经营范围	大屏幕电子显示系统的技术开发、技术服务等				

主要财务指标

指标\报告期	2017.06.30	2016.12.31	2016.06.30	2015.12.31
基本每股收益(元)	-0.0750	-0.0899	---	-0.2400
基本每股收益(扣除后)(元)	-0.0820	-0.0936	-0.1100	-0.2202
稀释每股收益(元)	-0.0750	-0.0899	---	-0.2400
每股净资产(元)	1.9600	2.0400	2.1300	2.1300
每股经营现金净流量(元)	0.0947	0.0640	0.0780	0.1994
每股现金流量(元)	-0.1281	-0.0147	-0.1137	0.0579
每股资本公积金(元)	0.4320	0.4320	0.4320	0.4320
每股盈余公积金(元)	0.1863	0.1863	0.1863	0.1863
每股未分配利润(元)	0.3459	0.4206	0.5146	0.5105
净资产收益率(%)	-3.8047	-4.4067	0.1943	-11.0946
净资产收益率(扣除)(%)	-3.7300	-4.3100	0.1900	-10.5100
加权净资产收益率	-4.1669	-4.5909	-4.9495	-10.3414
总资产(万元)	12783.24	13786.34	12370.95	14272.74
归属母公司股东权益(万元)	7892.18	8192.45	8570.12	8553.47
营业收入(万元)	3832.41	9763.96	3979.02	11022.46
营业成本(万元)	2838.88	6884.29	2960.58	7840.31
投资收益(万元)	---	-34.35	---	-19.81
净利润(万元)	---	---	16.65	-948.97
营业利润(万元)	-300.44	-385.80	-488.94	-1063.15
利润总额(万元)	-301.21	-232.04	30.83	-952.37

北京中机联供非晶科技股份有限公司

公司概况

公司名称	北京中机联供非晶科技股份有限公司			证券简称	中机非晶
法人代表	徐世霖	董秘	徐俊生	证券代码	430041
公司网址	www.zjamo.com			电子信箱	heli@zjamo.com
电　　话	010-60507095			传　　真	010-60506913
办公地址	北京市通州区马驹桥镇环宇路9号				
经营范围	非晶合金变压器铁心研发、生产及销售				

主要财务指标

指标\报告期	2017.06.30	2016.12.31	2016.06.30	2015.12.31
基本每股收益(元)	0.1100	0.1100	0.0600	0.1700
基本每股收益(扣除后)(元)	0.1100	0.1100	0.0600	0.1800
稀释每股收益(元)	0.1100	0.1100	0.0600	0.1700
每股净资产(元)	1.8400	1.8400	1.7800	1.7200
每股经营现金净流量(元)	0.2452	0.1154	0.0847	0.0153
每股现金流量(元)	-0.0477	0.0867	0.2305	-0.1268
每股资本公积金(元)	0.0468	0.0468	0.0468	0.0468
每股盈余公积金(元)	0.1297	0.1297	0.1164	0.1164
每股未分配利润(元)	0.6661	0.6586	0.6180	0.5571
净资产收益率(%)	5.8592	6.2558	3.4717	10.1244
净资产收益率(扣除)(%)	5.7100	6.4600	3.5300	10.4500
加权净资产收益率	5.8436	6.2421	3.4587	10.7363
总资产(万元)	15133.21	13852.91	15117.44	13789.24
归属母公司股东权益(万元)	10503.14	10460.40	10153.02	9806.03
营业收入(万元)	8972.67	18795.30	10935.49	19952.06
营业成本(万元)	7092.81	15628.15	9313.64	17308.69
投资收益(万元)	---	---	---	---
净利润(万元)	---	---	352.48	992.80
营业利润(万元)	710.31	789.08	412.97	1186.23
利润总额(万元)	712.02	790.77	414.52	1122.89

北京国学时代文化传播股份有限公司

公司概况

公司名称	北京国学时代文化传播股份有限公司			证券简称	国学时代
法人代表	尹小林	董秘	汪晓京	证券代码	430053
公司网址	www.guoxue.com			电子信箱	guoxue@guoxue.com
电　　话	010-68980439			传　　真	010-68980439
办公地址	北京市海淀区西三环北路105号首都师范大学教一楼215室				
经营范围	古籍数字化研究开发、古籍整理与出版、国学电子出版物研制、软件开发等				

主要财务指标

指标\报告期	2017.06.30	2016.12.31	2016.06.30	2015.12.31
基本每股收益(元)	0.0200	0.0500	0.0100	0.1100
基本每股收益(扣除后)(元)	0.0200	0.0100	---	0.1100
稀释每股收益(元)	0.0200	0.0500	0.0100	---
每股净资产(元)	1.7400	1.7200	1.3300	1.4200
每股经营现金净流量(元)	0.0407	-0.1419	0.0043	0.0049
每股现金流量(元)	-0.0004	-0.1377	-0.2126	0.0109
每股资本公积金(元)	0.6481	0.6481	0.2939	0.2925
每股盈余公积金(元)	0.0484	0.0484	0.0490	0.0490
每股未分配利润(元)	0.0390	0.0221	-0.0127	0.0791
净资产收益率(%)	0.9724	2.6298	0.6199	7.4677
净资产收益率(扣除)(%)	0.9800	3.1700	0.6200	7.4100
加权净资产收益率	0.9682	0.3184	0.6193	7.4260
总资产(万元)	3167.64	3036.24	2296.31	2416.35
归属母公司股东权益(万元)	2636.85	2611.21	1821.31	1944.97
营业收入(万元)	551.40	1049.55	353.70	1062.47
营业成本(万元)	176.11	434.77	95.46	458.04
投资收益(万元)	---	---	---	---
净利润(万元)	---	---	1.23	140.44
营业利润(万元)	32.36	10.21	5.88	165.61
利润总额(万元)	32.49	81.30	5.91	167.99

中海阳能源集团股份有限公司

公司概况

公司名称	中海阳能源集团股份有限公司			证券简称	中海阳
法人代表	薛晨光	董秘	赵萌	证券代码	430065
公司网址	www.rayspower.cn			电子信箱	JRFW@rayspower.com
电　　话	010-51294999-8878			传　　真	010-51294999-8017
办公地址	北京市昌平区科技园区超前路17号				
经营范围	太阳能光伏发电项目系统集成、太阳能应用小产品的研发、制造和销售等				

主要财务指标

指标\报告期	2017.06.30	2016.12.31	2016.06.30	2015.12.31
基本每股收益(元)	-0.2100	-0.9400	0.0600	0.1500
基本每股收益(扣除后)(元)	-0.2200	-1.0200	0.0300	0.0800
稀释每股收益(元)	-0.2100	-0.9400	0.0600	0.1500
每股净资产(元)	3.3400	3.3900	4.3900	4.3300
每股经营现金净流量(元)	-0.7359	0.8370	0.1809	0.2521
每股现金流量(元)	-0.2951	-0.3563	-0.3621	0.3117
每股资本公积金(元)	1.9651	1.7692	1.7692	1.7692
每股盈余公积金(元)	0.1625	0.1750	0.1750	0.1750
每股未分配利润(元)	0.2122	0.4456	1.4488	1.3892
净资产收益率(%)	-6.0304	-27.8365	1.3564	3.4074
净资产收益率(扣除)(%)	-6.3400	-24.4300	1.3700	3.4700
加权净资产收益率	-6.3037	-30.0620	0.7517	1.9508
总资产(万元)	179221.94	166178.53	217324.13	224953.30
归属母公司股东权益(万元)	74478.28	70169.66	90935.89	89702.41
营业收入(万元)	24123.68	46207.23	41076.03	85663.60
营业成本(万元)	18914.76	43950.87	31171.54	63507.66
投资收益(万元)	169.82	172.41	179.22	-0.59
净利润(万元)	---	---	1233.22	3052.52
营业利润(万元)	-4780.99	-21711.00	937.94	1534.10
利润总额(万元)	-4781.79	-20336.71	1496.12	3070.12

北京尚水信息技术股份有限公司

公司概况					
公司名称	北京尚水信息技术股份有限公司			证券简称	尚水股份
法人代表	曲兆松	董秘	高雯	证券代码	430080
公司网址	www.sinfotek.com		电子信箱	gwgg1982@126.com	
电　话	010-62988330		传　真	010-82864625	
办公地址	北京市海淀区上地五街7号昊海大厦303室				
经营范围	水利软件开发与系统集成				

主要财务指标：指标\报告期	2017.06.30	2016.12.31	2016.06.30	2015.12.31
基本每股收益(元)	0.1200	0.3900	0.1000	0.3100
基本每股收益(扣除后)(元)	0.1100	0.3600	0.0800	0.2800
稀释每股收益(元)	0.1200	0.3900	0.1000	0.3100
每股净资产(元)	2.4600	2.3400	2.0200	1.6800
每股经营现金净流量(元)	-0.2197	-0.4688	-0.4476	-0.1811
每股现金流量(元)	-0.1823	0.0941	0.0047	-0.0005
每股资本公积金(元)	0.5198	0.5198	0.5198	0.1953
每股盈余公积金(元)	0.1101	0.1101	0.0810	0.0918
每股未分配利润(元)	0.8260	0.7105	0.4236	0.3956
净资产收益率(%)	4.7043	16.6809	4.6342	17.4273
净资产收益率(扣除)(%)	4.8200	18.5300	4.9300	21.1600
加权净资产收益率	4.6555	15.0846	3.9560	15.9047
总资产(万元)	9941.02	9438.68	7926.01	6532.86
归属母公司股东权益(万元)	7113.02	6778.40	5863.18	4301.47
营业收入(万元)	2654.04	7507.12	2264.94	5865.94
营业成本(万元)	1221.46	3985.90	1059.37	3296.54
投资收益(万元)	—	—	—	—
净利润(万元)	—	—	271.71	749.63
营业利润(万元)	394.02	1040.41	155.83	583.05
利润总额(万元)	397.56	1312.11	304.29	815.55

北京博雅英杰科技股份有限公司

公司概况					
公司名称	北京博雅英杰科技股份有限公司			证券简称	博雅科技
法人代表	秦野	董秘	余晓曼	证券代码	430082
公司网址	www.boyayingjie.com		电子信箱	yxm.kj@boyayingjie.com	
电　话	010-62976309-21		传　真	010-82824357	
办公地址	北京市海淀区上地三街9号D座1102室				
经营范围	政府管理信息化系统、物联网信息系统、电脑量刑软件等软件产品的研发、销售				

主要财务指标：指标\报告期	2017.06.30	2016.12.31	2016.06.30	2015.12.31
基本每股收益(元)	0.0300	0.5500	0.1700	0.3200
基本每股收益(扣除后)(元)	0.0300	0.5500	0.1700	0.3100
稀释每股收益(元)	0.0300	0.5500	0.1700	0.3200
每股净资产(元)	1.8200	3.6000	3.2400	2.0800
每股经营现金净流量(元)	-0.4595	0.4165	-0.1554	0.1686
每股现金流量(元)	-0.3103	1.2988	0.7979	0.0934
每股资本公积金(元)	0.2735	1.5470	1.5542	0.4665
每股盈余公积金(元)	0.0611	0.1222	0.0720	0.0823
每股未分配利润(元)	0.4849	0.9336	0.6139	0.5297
净资产收益率(%)	0.9970	14.4964	4.6605	15.2848
净资产收益率(扣除)(%)	1.0000	18.6200	7.9900	17.4800
加权净资产收益率	0.9394	14.5805	4.6252	14.8059
总资产(万元)	19885.85	20098.52	20993.44	8752.99
归属母公司股东权益(万元)	14188.67	14047.21	12633.40	7070.43
营业收入(万元)	8712.28	40986.01	14727.62	12918.17
营业成本(万元)	7694.61	37146.42	13081.63	10328.74
投资收益(万元)	—	90.00	—	—
净利润(万元)	—	—	707.57	1053.20
营业利润(万元)	229.62	2373.78	714.22	1151.91
利润总额(万元)	239.17	2359.86	719.46	1191.74

北京掌上通网络技术股份有限公司

公司概况					
公司名称	北京掌上通网络技术股份有限公司			证券简称	掌上通
法人代表	肖庆平	董秘		证券代码	430093
公司网址	www.9588.com		电子信箱	es@9588.com	
电　话	010-59862088		传　真	010-59862233	
办公地址	北京市海淀区学院路甲5号768创业产业园B座南1081				
经营范围	第二类增值电信业务中的信息服务业务等				

主要财务指标：指标\报告期	2017.06.30	2016.12.31	2016.06.30	2015.12.31
基本每股收益(元)	-0.0500	-0.0200	0.0100	-0.4000
基本每股收益(扣除后)(元)	-0.0100	-0.0200	-0.0060	-0.4500
稀释每股收益(元)	-0.0500	-0.0200	—	-0.4000
每股净资产(元)	1.0900	1.1400	1.1700	1.1600
每股经营现金净流量(元)	-0.0345	0.4187	0.4372	-0.4745
每股现金流量(元)	-0.0078	0.4392	0.2065	-0.3373
每股资本公积金(元)	0.4733	0.4733	0.4733	0.4733
每股盈余公积金(元)	0.0666	0.0666	0.0666	0.0666
每股未分配利润(元)	-0.4503	-0.4025	-0.3751	-0.3799
净资产收益率(%)	-4.3903	-1.9824	0.4168	-34.8942
净资产收益率(扣除)(%)	-4.3000	-1.9600	0.4200	-27.2000
加权净资产收益率	-0.8010	-1.4343	-0.5329	-38.3683
总资产(万元)	5015.85	5291.54	5866.62	7084.45
归属母公司股东权益(万元)	3595.54	3753.39	3843.82	3827.80
营业收入(万元)	732.78	2314.03	1497.10	12530.44
营业成本(万元)	456.96	1647.30	981.21	10274.33
投资收益(万元)	-126.94	-25.27	45.96	-435.24
净利润(万元)	—	—	-56.60	-1270.47
营业利润(万元)	-186.44	-187.98	-47.62	-1138.95
利润总额(万元)	-186.36	-188.27	-47.62	-1138.35

北京天大清源通信科技股份有限公司

公司概况					
公司名称	北京天大清源通信科技股份有限公司			证券简称	天大清源
法人代表	陈敏	董秘	年亚杰	证券代码	430103
公司网址	www.skysec.com.cn		电子信箱	nianyajie@skysec.com.cn	
电　话	010-62234988		传　真	010-62277030	
办公地址	北京市海淀区四道口路净土寺32号东区8幢楼6层				
经营范围	电脑密码锁文件柜、防电磁泄漏发射产品、网络信息安全保密产品的研发、生产和销售				

主要财务指标：指标\报告期	2017.06.30	2016.12.31	2016.06.30	2015.12.31
基本每股收益(元)	0.0200	0.1500	0.0567	0.1300
基本每股收益(扣除后)(元)	0.0200	0.1494	0.0561	0.1700
稀释每股收益(元)	0.0200	—	—	—
每股净资产(元)	3.5800	3.5600	3.4700	3.4100
每股经营现金净流量(元)	-0.0046	0.0309	-0.3719	-0.0947
每股现金流量(元)	-0.2661	-0.3251	-0.5531	-0.1313
每股资本公积金(元)	0.5728	0.5728	0.5732	0.5732
每股盈余公积金(元)	0.1642	0.1642	0.1627	0.1627
每股未分配利润(元)	1.8389	1.8229	1.7350	1.6783
净资产收益率(%)	0.4473	4.1050	1.6342	3.9357
净资产收益率(扣除)(%)	0.4500	4.1900	1.6500	3.9400
加权净资产收益率	0.4399	4.0886	1.6169	4.9875
总资产(万元)	22607.54	22753.61	22453.72	22726.73
归属母公司股东权益(万元)	17879.07	17799.10	17354.28	17070.68
营业收入(万元)	3659.08	8992.22	3112.24	10548.75
营业成本(万元)	1716.13	4099.90	1517.86	5657.30
投资收益(万元)	—	—	—	—
净利润(万元)	—	—	285.66	738.46
营业利润(万元)	142.34	627.42	184.83	262.97
利润总额(万元)	143.90	862.38	331.87	925.54

北京合力思腾科技股份有限公司

公司概况	公司名称	北京合力思腾科技股份有限公司		证券简称	合力思腾
	法人代表	刘水	董秘	蒋晓红	证券代码	430105
	公司网址	www.holystone.com.cn		电子信箱	jxh@holystone.com.cn
	电　话	010-82418366		传　真	010-82418388
	办公地址	北京市西城区西直门外大街甲 143 号凯旋大厦 C 座 5 层			
	经营范围	IT 基础设施第三方服务,包括系统集成以及相关技术支持与服务			

主要财务指标	指标\报告期	2017.06.30	2016.12.31	2016.06.30	2015.12.31
	基本每股收益(元)	-0.0100	0.0300	0.0500	0.1100
	基本每股收益(扣除后)(元)	-0.0100	0.0200	0.0500	0.0900
	稀释每股收益(元)	-0.0100	0.0300	--	0.1100
	每股净资产(元)	1.7100	1.7200	1.7400	1.6900
	每股经营现金净流量(元)	-0.0406	-0.0864	-0.1575	-0.1232
	每股现金流量(元)	0.1068	-0.1959	-0.3304	-0.1187
	每股资本公积金(元)	0.0223	0.0223	0.0223	0.0223
	每股盈余公积金(元)	0.0699	0.0699	0.0671	0.0671
	每股未分配利润(元)	0.6214	0.6292	0.6527	0.6042
	净资产收益率(%)	-0.4532	1.6167	2.7880	6.5130
	净资产收益率(扣除)(%)	-0.4500	1.6300	2.8300	6.7300
	加权净资产收益率	-0.5956	1.4016	2.7103	5.3154
	总资产(万元)	6395.84	6216.29	6196.19	5904.40
	归属母公司股东权益(万元)	5732.30	5758.28	5827.66	5653.82
	营业收入(万元)	1710.66	3848.38	1517.54	3476.91
	营业成本(万元)	770.34	1920.10	464.22	1474.70
	投资收益(万元)	4.43	10.37	7.53	49.72
	净利润(万元)	--	--	162.48	368.24
	营业利润(万元)	-27.96	67.42	193.35	382.03
	利润总额(万元)	-22.78	71.62	191.15	411.97

北京航天理想科技股份有限公司

公司概况	公司名称	北京航天理想科技股份有限公司		证券简称	航天理想
	法人代表	张宇峰	董秘	张宇峰	证券代码	430117
	公司网址	www.asideal.com.cn		电子信箱	zhangyufeng63@gmail.com
	电　话	010-82609092		传　真	010-82623609
	办公地址	北京市海淀区知春路 6 号锦秋国际大厦 B-1701			
	经营范围	信息研判分析软件产品的开发、销售及配套软硬件集成			

主要财务指标	指标\报告期	2017.06.30	2016.12.31	2016.06.30	2015.12.31
	基本每股收益(元)	-0.1200	-0.3800	0.0600	-0.5600
	基本每股收益(扣除后)(元)	-0.1200	-0.3900	0.0600	-0.6600
	稀释每股收益(元)	-0.1200	-0.3800	0.0600	-0.5600
	每股净资产(元)	0.9900	1.1000	1.5400	1.4800
	每股经营现金净流量(元)	-0.5008	-0.4340	-0.2974	-0.0522
	每股现金流量(元)	-0.5041	-0.4568	-0.3545	1.5074
	每股资本公积金(元)	0.4948	0.4948	0.4948	0.8163
	每股盈余公积金(元)	0.0474	0.0474	0.0474	0.0783
	每股未分配利润(元)	-0.5571	-0.4401	0.0005	-0.1054
	净资产收益率(%)	-11.8844	-34.1292	4.1771	-24.2719
	净资产收益率(扣除)(%)	-11.2200	-29.1500	4.2700	-36.1100
	加权净资产收益率	-11.8843	-34.9830	4.1213	-27.2556
	总资产(万元)	2214.18	2359.87	3006.21	3614.95
	归属母公司股东权益(万元)	1625.39	1818.55	2545.54	2439.21
	营业收入(万元)	923.78	2401.72	1140.19	2374.66
	营业成本(万元)	574.93	1487.35	573.61	1469.15
	投资收益(万元)	--	11.82	--	-346.85
	净利润(万元)	--	--	106.33	-615.81
	营业利润(万元)	-194.59	-821.08	-3.18	-816.30
	利润总额(万元)	-194.59	-640.72	108.02	-644.23

北京汉唐自远技术股份有限公司

公司概况	公司名称	北京汉唐自远技术股份有限公司		证券简称	汉唐自远
	法人代表	曾向群	董秘	杜娟	证券代码	430124
	公司网址	www.hantangzy.com		电子信箱	public@hantangzy.com
	电　话	010-62791228		传　真	010-62780067
	办公地址	北京市海淀区成府路 45 号中关村智造大街 F 栋四层 401-407 室			
	经营范围	多媒体音频整体解决方案服务及设备分销			

主要财务指标	指标\报告期	2017.06.30	2016.12.31	2016.06.30	2015.12.31
	基本每股收益(元)	0.0100	-0.0200	0.1800	0.3100
	基本每股收益(扣除后)(元)	0.0100	-0.0404	0.1700	0.2900
	稀释每股收益(元)	0.0100	-0.0200	0.1800	0.3100
	每股净资产(元)	1.0900	1.1000	1.2000	3.2000
	每股经营现金净流量(元)	-0.1611	-0.0058	-0.0754	0.3956
	每股现金流量(元)	-0.3562	-0.0936	-0.1851	1.7244
	每股资本公积金(元)	0.0366	0.0366	0.0673	1.9942
	每股盈余公积金(元)	0.0171	0.0171	0.0171	0.0478
	每股未分配利润(元)	0.0408	0.0434	0.1126	0.1546
	净资产收益率(%)	0.4618	-1.0793	4.5670	8.0926
	净资产收益率(扣除)(%)	0.4600	-1.0400	4.4700	19.9300
	加权净资产收益率	0.3007	-2.1796	4.0541	7.6255
	总资产(万元)	12199.12	14057.40	14220.16	12877.96
	归属母公司股东权益(万元)	9055.72	9077.33	9904.05	9446.08
	营业收入(万元)	1236.24	8453.70	4061.93	5058.99
	营业成本(万元)	554.05	5105.25	2701.58	2502.94
	投资收益(万元)	14.06	92.60	45.37	28.31
	净利润(万元)	--	--	701.09	1077.70
	营业利润(万元)	47.17	272.04	593.65	1137.10
	利润总额(万元)	47.79	559.02	758.11	1283.72

北京煦联得节能科技股份有限公司

公司概况	公司名称	北京煦联得节能科技股份有限公司		证券简称	煦联得
	法人代表	潘广魁	董秘	刘建永	证券代码	430144
	公司网址	www.warmland.com.cn		电子信箱	james@ti-solar.com
	电　话	010-62668401		传　真	010-62668402
	办公地址	北京市海淀区双清路 6 号院 1 号楼 202 室			
	经营范围	为公共建筑特别是酒店行业提供热水系统节能服务			

主要财务指标	指标\报告期	2017.06.30	2016.12.31	2016.06.30	2015.12.31
	基本每股收益(元)	-0.0157	-0.0424	-0.0200	--
	基本每股收益(扣除后)(元)	-0.0182	-0.0475	--	-0.0328
	稀释每股收益(元)	-0.0157	-0.0424	--	--
	每股净资产(元)	0.8500	0.8600	0.8900	0.9100
	每股经营现金净流量(元)	-0.0051	0.0299	0.0075	0.0155
	每股现金流量(元)	-0.1052	-0.1238	-0.0932	0.3793
	每股资本公积金(元)	0.0142	0.0142	0.0142	0.0142
	每股盈余公积金(元)	--	--	--	--
	每股未分配利润(元)	-0.1667	-0.1500	-0.1240	-0.1076
	净资产收益率(%)	-1.8502	-4.9098	-1.8516	0.2631
	净资产收益率(扣除)(%)	-1.8300	-4.7900	-1.8300	0.4000
	加权净资产收益率	-2.1470	-5.4950	-1.9029	-3.3789
	总资产(万元)	6883.99	7403.27	7179.34	7409.29
	归属母公司股东权益(万元)	5766.98	5876.60	6053.06	6165.13
	营业收入(万元)	801.78	1513.77	743.61	1483.89
	营业成本(万元)	583.25	1174.18	570.06	1094.88
	投资收益(万元)	--	--	--	--
	净利润(万元)	--	--	-113.14	16.22
	营业利润(万元)	-149.99	-334.28	-136.48	-240.80
	利润总额(万元)	-129.85	-293.82	-133.37	23.36

北京智立医学技术股份有限公司

公司概况	公司名称	北京智立医学技术股份有限公司		证券简称	智立医学
	法人代表	王洪利	董秘　张颖	证券代码	430145
	公司网址	www.sunnyms.com		电子信箱	suzana2011@126.com
	电　话	010-82899338		传　真	010-62971276
	办公地址	北京市海淀区万寿路西街2号1116室			
	经营范围	慢性肾脏病透析产品			

	指标\报告期	2017.06.30	2016.12.31	2016.06.30	2015.12.31
主要财务指标	基本每股收益(元)	0.0500	0.0300	-0.0500	0.2400
	基本每股收益(扣除后)(元)	0.0500	0.0200	-0.0600	0.1900
	稀释每股收益(元)	0.0500	0.0300	-0.0500	0.2400
	每股净资产(元)	3.3200	3.2800	3.1800	3.2300
	每股经营现金净流量(元)	-0.0378	-0.1934	-0.1369	0.0843
	每股现金流量(元)	-0.0271	0.2051	0.1342	-0.0246
	每股资本公积金(元)	1.7932	1.7932	1.7932	1.7932
	每股盈余公积金(元)	0.0477	0.0477	0.0438	0.0438
	每股未分配利润(元)	0.4680	0.4169	0.3387	0.3935
	净资产收益率(%)	1.5378	0.8327	-1.7229	5.3836
	净资产收益率(扣除)(%)	1.5500	0.8400	-1.7100	8.1500
	加权净资产收益率	1.5381	0.5969	-1.9638	4.3434
	总资产(万元)	10851.90	10702.07	10228.59	10468.20
	归属母公司股东权益(万元)	10625.33	10495.32	10170.56	10342.05
	营业收入(万元)	638.69	743.38	323.31	1170.46
	营业成本(万元)	345.15	345.11	114.73	745.30
	投资收益(万元)	255.81	349.45	200.80	350.96
	净利润(万元)	---	---	-175.23	556.78
	营业利润(万元)	204.70	46.61	-210.33	443.49
	利润总额(万元)	204.66	108.21	-163.40	644.33

湖北江汉石油仪器仪表股份有限公司

公司概况	公司名称	湖北江汉石油仪器仪表股份有限公司		证券简称	江仪股份
	法人代表	张建安	董秘　刘建斌	证券代码	430149
	公司网址	www.hbjpim.com		电子信箱	jyzq@hbjpim.com
	电　话	027-81710576		传　真	027-81710577
	办公地址	湖北省武汉东湖新技术开发区佛祖岭三路35号			
	经营范围	研发、生产和销售石油石化仪器仪表、设备产品及提供测井测试服务			

	指标\报告期	2017.06.30	2016.12.31	2016.06.30	2015.12.31
主要财务指标	基本每股收益(元)	-0.1200	-0.2100	-0.1600	0.4200
	基本每股收益(扣除后)(元)	-0.1200	-0.1991	-0.1600	0.1000
	稀释每股收益(元)	-0.1200	---	-0.1600	---
	每股净资产(元)	1.6400	1.7500	1.8000	1.9500
	每股经营现金净流量(元)	-0.0269	0.2804	0.0093	0.1959
	每股现金流量(元)	-0.1311	0.2218	0.0381	-0.0885
	每股资本公积金(元)	0.1379	0.1379	0.1387	0.1086
	每股盈余公积金(元)	0.2610	0.2610	0.2610	0.2663
	每股未分配利润(元)	0.2370	0.3549	0.4020	0.5768
	净资产收益率(%)	-7.2048	-12.0069	-9.0689	21.5563
	净资产收益率(扣除)(%)	-6.9500	-11.3500	-8.9200	23.0600
	加权净资产收益率	-7.5639	-11.3816	-8.8210	5.1035
	总资产(万元)	16489.50	17666.28	18390.61	20477.42
	归属母公司股东权益(万元)	8311.82	8910.67	9154.59	9720.64
	营业收入(万元)	1749.07	5236.98	2058.94	9586.91
	营业成本(万元)	1008.29	3173.74	1202.31	4488.11
	投资收益(万元)	---	---	---	---
	净利润(万元)	---	---	-830.22	2095.41
	营业利润(万元)	-647.50	-1206.54	-803.52	521.63
	利润总额(万元)	-617.65	-1262.27	-830.22	2403.19

腾龙电子技术(上海)股份有限公司

公司概况	公司名称	腾龙电子技术(上海)股份有限公司		证券简称	腾龙电子
	法人代表	虞立群	董秘　虞立民	证券代码	430157
	公司网址	www.dragontec.com.cn		电子信箱	yulm@dragontec.com.cn
	电　话	021-64692460		传　真	021-64287226
	办公地址	上海市黄浦区延安东路588号东海商业中心东8楼			
	经营范围	从事电子科技领域内的软硬件技术开发、技术转让、技术咨询等			

	指标\报告期	2017.06.30	2016.12.31	2016.06.30	2015.12.31
主要财务指标	基本每股收益(元)	0.1800	0.5222	0.3100	0.4800
	基本每股收益(扣除后)(元)	0.1800	0.4582	0.2530	0.3836
	稀释每股收益(元)	0.1800	0.5222	0.3100	0.4800
	每股净资产(元)	3.3800	3.1200	3.0300	2.9000
	每股经营现金净流量(元)	0.0385	0.8068	0.2029	0.3859
	每股现金流量(元)	0.4546	0.6025	-0.0358	0.4356
	每股资本公积金(元)	0.2131	0.2131	0.2131	0.2131
	每股盈余公积金(元)	0.2337	0.2337	0.1729	0.1729
	每股未分配利润(元)	1.8684	1.7614	1.7202	1.6160
	净资产收益率(%)	5.2338	16.2194	10.2254	16.6770
	净资产收益率(扣除)(%)	5.5100	16.7200	10.1500	17.8900
	加权净资产收益率	4.4494	14.1705	8.6312	13.2300
	总资产(万元)	9085.32	8356.00	7464.05	7247.86
	归属母公司股东权益(万元)	7981.04	7374.09	7158.92	6849.25
	营业收入(万元)	1796.93	2927.98	1035.09	2420.79
	营业成本(万元)	98.22	510.53	88.68	441.16
	投资收益(万元)	47.64	100.65	137.88	204.54
	净利润(万元)	---	---	732.03	1142.25
	营业利润(万元)	357.86	1013.24	754.88	1238.16
	利润总额(万元)	426.49	1437.24	846.15	1313.44

北京合创三众能源科技股份有限公司

公司概况	公司名称	北京合创三众能源科技股份有限公司		证券简称	三众能源
	法人代表	李红霞	董秘　郭上群	证券代码	430163
	公司网址	www.sanzenenergy.com		电子信箱	fisean@163.com
	电　话	010-56407761		传　真	010-56407760
	办公地址	北京市大兴区旧桥路1号院1号楼501室			
	经营范围	地源热泵系统研发、设计、安装、调试及运营维护			

	指标\报告期	2017.06.30	2016.12.31	2016.06.30	2015.12.31
主要财务指标	基本每股收益(元)	0.0220	0.1900	0.0250	0.3800
	基本每股收益(扣除后)(元)	0.0162	0.1787	0.0210	0.3600
	稀释每股收益(元)	---	---	0.0250	0.3800
	每股净资产(元)	1.5600	1.5300	1.3700	2.0100
	每股经营现金净流量(元)	-0.2899	-0.1630	-0.3510	-0.1012
	每股现金流量(元)	-0.2161	-0.2406	-0.3911	0.5906
	每股资本公积金(元)	0.1323	0.1323	0.1323	0.6984
	每股盈余公积金(元)	0.0733	0.0733	0.0539	0.0809
	每股未分配利润(元)	0.3513	0.3289	0.1794	0.2320
	净资产收益率(%)	1.4393	12.6172	1.8154	17.7124
	净资产收益率(扣除)(%)	1.4500	13.4700	1.8300	23.7000
	加权净资产收益率	1.0576	11.8675	1.5513	16.8127
	总资产(万元)	17455.70	17835.01	13361.74	14246.13
	归属母公司股东权益(万元)	9149.91	9018.21	8026.07	7880.37
	营业收入(万元)	2329.96	12024.16	2278.11	10026.34
	营业成本(万元)	1553.13	8421.72	1524.40	6585.53
	投资收益(万元)	---	---	6.81	---
	净利润(万元)	---	---	145.70	1395.80
	营业利润(万元)	130.77	1288.61	181.65	1569.23
	利润总额(万元)	151.77	1368.15	193.27	1652.64

大医科技股份有限公司

公司概况	公司名称	大医科技股份有限公司		证券简称	大医股份
	法人代表	张颖	董秘 魏亚龙	证券代码	430164
	公司网址	www.dayigufen.com		电子信箱	weiyalong@dayigufen.com
	电　话	010-82609325		传　真	010-82609326
	办公地址	北京市海淀区苏州街18号院长远天地大厦4号楼1707室			
	经营范围	移动通信网络智能感知系统、核心网数据分析及管理系统、通信动力设备及环境集中监控系统			

指标\报告期	2017.06.30	2016.12.31	2016.06.30	2015.12.31
基本每股收益(元)	-0.0800	-0.2700	-0.0900	-0.4100
基本每股收益(扣除后)(元)	-0.0800	-0.2700	---	-0.4300
稀释每股收益(元)	-0.0800	-0.2700	-0.0900	-0.4100
每股净资产(元)	1.5500	1.6300	1.3700	1.4700
每股经营现金净流量(元)	-0.3019	-0.1947	0.0963	0.0942
每股现金流量(元)	-0.2689	0.2818	0.0817	0.0241
每股资本公积金(元)	0.7108	0.7108	0.2759	0.2759
每股盈余公积金(元)	0.0550	0.0550	0.0588	0.0588
每股未分配利润(元)	-0.2130	-0.1360	0.0398	0.1316
净资产收益率(%)	-4.9590	-15.8918	-6.6833	-25.1653
净资产收益率(扣除)(%)	-4.8400	-18.9000	-6.4700	-25.3500
加权净资产收益率	-5.2151	-15.8926	-6.6926	-26.1710
总资产(万元)	3982.55	4425.70	3248.20	3288.91
归属母公司股东权益(万元)	3323.04	3487.83	2748.96	2932.68
营业收入(万元)	1777.71	2219.18	751.68	1428.22
营业成本(万元)	1317.07	1840.69	470.52	777.75
投资收益(万元)	---	---	---	---
净利润(万元)	---	---	-183.72	-738.02
营业利润(万元)	-205.79	-554.71	-184.96	-782.98
利润总额(万元)	-195.29	-543.05	-179.65	-740.41

上海科新生物技术股份有限公司

公司概况	公司名称	上海科新生物技术股份有限公司		证券简称	科新生物
	法人代表	包骏	董秘 邹欣	证券代码	430175
	公司网址	www.kexinbiotech.com		电子信箱	kx@kexinbiotech.com
	电　话	021-51320126		传　真	021-51320107
	办公地址	上海市张江高科技园区哈雷路1011号5楼			
	经营范围	自身免疫性疾病体外诊断试剂的研发、生产、销售及生物技术服务			

指标\报告期	2017.06.30	2016.12.31	2016.06.30	2015.12.31
基本每股收益(元)	-0.0800	0.0931	0.0700	0.1570
基本每股收益(扣除后)(元)	-0.1000	-0.0716	-0.0500	0.1190
稀释每股收益(元)	-0.0800	0.0931	0.0700	0.1570
每股净资产(元)	3.6400	3.7200	3.4200	3.2600
每股经营现金净流量(元)	-0.2106	-0.0142	-0.2466	0.1507
每股现金流量(元)	-0.6535	0.4244	0.0361	0.2104
每股资本公积金(元)	2.1982	2.1969	1.9028	1.8009
每股盈余公积金(元)	0.0617	0.0617	0.0598	0.0606
每股未分配利润(元)	0.4708	0.5544	0.5586	0.4970
净资产收益率(%)	-2.2991	2.4108	1.9913	4.5070
净资产收益率(扣除)(%)	-2.2700	2.7000	2.0800	5.0500
加权净资产收益率	-2.7372	-1.8538	-1.3513	3.4022
总资产(万元)	41411.36	41870.88	38489.18	38478.67
归属母公司股东权益(万元)	30497.41	31188.09	27464.70	25800.80
营业收入(万元)	5111.15	9277.67	4384.56	6958.15
营业成本(万元)	2524.31	3997.43	1753.17	2486.58
投资收益(万元)	28.79	994.07	968.12	270.55
净利润(万元)	---	---	531.30	1082.79
营业利润(万元)	-1020.76	123.56	448.37	889.36
利润总额(万元)	-821.57	751.31	603.73	1284.01

北京国承瑞泰科技股份有限公司

公司概况	公司名称	北京国承瑞泰科技股份有限公司		证券简称	国承瑞泰
	法人代表	池敏华	董秘 毛卫华	证券代码	430186
	公司网址	www.gcpmc.com.cn		电子信箱	dongmi@gcpmc.com.cn
	电　话	010-51238608		传　真	010-51238687
	办公地址	北京市朝阳区慧忠路5号远大中心A座10层			
	经营范围	工程项目管理、技术咨询与工程总承包等			

指标\报告期	2017.06.30	2016.12.31	2016.06.30	2015.12.31
基本每股收益(元)	-0.1000	-0.3300	0.0500	0.2600
基本每股收益(扣除后)(元)	-0.1100	-0.3300	---	0.2518
稀释每股收益(元)	-0.1000	-0.3300	0.0500	0.2600
每股净资产(元)	0.6700	0.7800	1.1600	1.3800
每股经营现金净流量(元)	-0.0535	-0.5069	-0.4251	0.4830
每股现金流量(元)	-0.0136	-0.4238	-0.3657	0.3974
每股资本公积金(元)	0.0228	0.0228	0.0228	0.0285
每股盈余公积金(元)	0.0383	0.0383	0.0383	0.0479
每股未分配利润(元)	-0.3880	-0.2830	0.0953	0.3058
净资产收益率(%)	-15.5945	-42.1088	4.3843	18.9663
净资产收益率(扣除)(%)	-14.4700	-34.7800	4.4800	20.9500
加权净资产收益率	-15.6371	-42.3411	4.2279	18.2210
总资产(万元)	3573.60	3429.52	4582.54	4249.70
归属母公司股东权益(万元)	2019.31	2334.21	3469.21	3317.11
营业收入(万元)	674.01	3620.61	1548.81	5116.89
营业成本(万元)	473.36	3502.30	788.76	3130.74
投资收益(万元)	---	1.79	1.79	6.95
净利润(万元)	---	---	152.10	629.13
营业利润(万元)	-383.45	-1184.00	157.67	715.64
利润总额(万元)	-382.59	-1179.40	162.26	737.78

北京新瑞理想软件股份有限公司

公司概况	公司名称	北京新瑞理想软件股份有限公司		证券简称	新瑞理想
	法人代表	王维马	董秘 龚妮娜	证券代码	430190
	公司网址	www.newcensoft.com.cn		电子信箱	luoy@newcensoft.com.cn
	电　话	010-59790688		传　真	010-62274899
	办公地址	北京市海淀区西直门北大街甲43号1号楼1628室			
	经营范围	管理软件的开发、销售及服务			

指标\报告期	2017.06.30	2016.12.31	2016.06.30	2015.12.31
基本每股收益(元)	0.0400	0.1000	0.1200	0.3600
基本每股收益(扣除后)(元)	0.0300	0.0900	0.1100	0.2980
稀释每股收益(元)	0.0400	0.1000	0.1200	0.3600
每股净资产(元)	2.4300	2.3900	1.6900	1.5700
每股经营现金净流量(元)	-0.4393	0.1730	-0.3281	0.0605
每股现金流量(元)	0.0183	-0.3490	0.7878	0.1628
每股资本公积金(元)	0.8751	0.8751	0.0854	0.0854
每股盈余公积金(元)	0.0927	0.0927	0.0970	0.0970
每股未分配利润(元)	0.4621	0.4207	0.5038	0.3887
净资产收益率(%)	1.7046	4.1148	6.8269	22.8013
净资产收益率(扣除)(%)	1.7200	5.2500	7.0700	25.1300
加权净资产收益率	1.3691	3.8581	6.8077	18.9872
总资产(万元)	4370.13	4375.35	4351.25	2605.07
归属母公司股东权益(万元)	4263.87	4191.18	2529.24	2356.57
营业收入(万元)	967.58	1949.23	1053.77	2132.33
营业成本(万元)	661.18	1093.79	493.72	1028.45
投资收益(万元)	0.01	5.75	---	165.38
净利润(万元)	---	---	172.67	537.33
营业利润(万元)	79.90	188.94	197.63	596.87
利润总额(万元)	86.36	203.83	198.58	633.95

北京波尔通信技术股份有限公司

公司概况					
公司名称	北京波尔通信技术股份有限公司			证券简称	波尔通信
法人代表	高玘	董秘	易志鸿	证券代码	430191
公司网址	www.bestitu.com		电子信箱	best@bestitu.com	
电　　话	010-82194271		传　　真	010-82194367	
办公地址	北京市海淀区东北旺西路8号9号楼3区204#				
经营范围	无线电管理、监测领域的软件研发和系统集成服务				

主要财务指标 指标\报告期	2017.06.30	2016.12.31	2016.06.30	2015.12.31
基本每股收益(元)	-0.1900	0.1600	-0.1400	0.2500
基本每股收益(扣除后)(元)	-0.2000	0.1400	-0.1600	0.2100
稀释每股收益(元)	-0.2000	0.1600	-0.1400	0.2500
每股净资产(元)	1.0800	1.2700	0.9600	1.2800
每股经营现金净流量(元)	-0.3763	0.3668	-0.0223	0.0165
每股现金流量(元)	-0.5955	0.2526	-0.1473	0.2116
每股资本公积金(元)	0.0029	0.0029	0.0029	0.0029
每股盈余公积金(元)	0.0905	0.0905	0.0708	0.0708
每股未分配利润(元)	-0.0156	0.1732	-0.1102	0.2113
净资产收益率(%)	-17.5233	12.7617	-14.6788	17.1421
净资产收益率(扣除)(%)	-16.1100	12.8200	-11.9400	31.0600
加权净资产收益率	-18.9504	11.1871	-16.1305	14.5865
总资产(万元)	7789.46	10086.90	8196.95	9775.70
归属母公司股东权益(万元)	5639.10	6627.26	5041.48	6723.31
营业收入(万元)	2043.49	7896.11	2883.10	7903.17
营业成本(万元)	1049.87	2947.03	1465.98	2491.22
投资收益(万元)	---	---	---	---
净利润(万元)	---	---	-774.58	1140.99
营业利润(万元)	-1151.59	531.01	-919.18	854.82
利润总额(万元)	-1071.12	880.97	-759.08	1285.86

北京宣爱智能模拟技术股份有限公司

公司概况					
公司名称	北京宣爱智能模拟技术股份有限公司			证券简称	宣爱智能
法人代表	于晓辉	董秘	刘仕化	证券代码	430196
公司网址	www.bjxa.com		电子信箱	liushihua@bjxa.com	
电　　话	010-51666656		传　　真	010-62964413	
办公地址	北京市海淀区上地三街9号D座6层D701				
经营范围	汽车领域智能模拟产品及其云服务				

主要财务指标 指标\报告期	2017.06.30	2016.12.31	2016.06.30	2015.12.31
基本每股收益(元)	-0.0800	-0.1900	-0.0600	0.1700
基本每股收益(扣除后)(元)	-0.1900	-0.6000	-0.0600	0.1400
稀释每股收益(元)	-0.0800	-0.1900	-0.0600	0.1700
每股净资产(元)	1.8600	1.9400	2.0800	2.1500
每股经营现金净流量(元)	-0.0431	-0.6384	-0.0748	0.0339
每股现金流量(元)	-0.0423	-0.2273	-0.2000	-0.0537
每股资本公积金(元)	1.0626	1.0626	1.0626	1.0626
每股盈余公积金(元)	0.0382	0.0382	0.0382	0.0382
每股未分配利润(元)	-0.2395	-0.1624	-0.0232	0.0453
净资产收益率(%)	-4.1456	-10.0416	-2.6679	6.9173
净资产收益率(扣除)(%)	-4.0600	-9.5300	-2.6200	8.6600
加权净资产收益率	-10.0818	-31.1643	-2.7435	6.0238
总资产(万元)	15620.28	15838.32	18130.61	18189.56
归属母公司股东权益(万元)	8157.78	8495.97	9106.05	9406.04
营业收入(万元)	-150.94	2473.49	2392.01	7988.42
营业成本(万元)	-58.19	1193.41	1154.99	3745.89
投资收益(万元)	500.00	288.80	---	---
净利润(万元)	---	---	-242.94	650.64
营业利润(万元)	-358.16	-2749.84	-543.43	344.25
利润总额(万元)	-373.90	-955.26	-242.94	823.38

武汉亿房信息网络股份有限公司

公司概况					
公司名称	武汉亿房信息网络股份有限公司			证券简称	亿房网
法人代表	李大钢	董秘		证券代码	430205
公司网址	www.fdc.com.cn		电子信箱	webmaster@fdc.com.cn	
电　　话	027-59208262		传　　真	027-59208267	
办公地址	湖北省武汉市建设大道625号金华大厦11楼				
经营范围	房产、家居、生活信息资讯发布及网络营销服务				

主要财务指标 指标\报告期	2017.06.30	2016.12.31	2016.06.30	2015.12.31
基本每股收益(元)	0.0098	0.0530	0.0100	-0.0800
基本每股收益(扣除后)(元)	-0.0070	-0.0040	-0.0056	-0.0802
稀释每股收益(元)	0.0098	0.0530	0.0100	-0.0800
每股净资产(元)	1.5600	1.5500	1.5100	1.5000
每股经营现金净流量(元)	-0.0303	-0.1205	-0.0564	-0.4000
每股现金流量(元)	0.0352	-0.2576	-0.0789	-0.0981
每股资本公积金(元)	0.0513	0.0513	0.0513	0.0513
每股盈余公积金(元)	0.1530	0.1530	0.1490	0.1490
每股未分配利润(元)	0.3604	0.3506	0.3108	0.3015
净资产收益率(%)	0.6284	3.4175	0.6183	-5.1515
净资产收益率(扣除)(%)	0.6300	3.4800	0.6200	-5.0200
加权净资产收益率	-0.5314	-0.2505	-0.3744	-5.3386
总资产(万元)	6225.90	6768.06	6126.63	6173.86
归属母公司股东权益(万元)	4694.26	4664.76	4533.37	4505.34
营业收入(万元)	2047.46	4955.72	2096.35	3139.82
营业成本(万元)	604.44	1832.17	915.77	1408.90
投资收益(万元)	---	---	---	---
净利润(万元)	---	---	28.03	-240.02
营业利润(万元)	-21.59	165.32	-9.56	-285.53
利润总额(万元)	42.46	382.42	35.44	-275.62

北京康孚科技股份有限公司

公司概况					
公司名称	北京康孚科技股份有限公司			证券简称	康孚科技
法人代表	敖顺荣	董秘	叶长彬	证券代码	430209
公司网址	www.cn-comfort.com		电子信箱	ye81378@163.com	
电　　话	010-82390088		传　　真	010-82390086	
办公地址	北京市海淀区王庄路1号清华同方科技广场B座十层C号				
经营范围	工艺性通风空调设备、自控系统及建筑节能系统的研发、生产、销售和技术服务				

主要财务指标 指标\报告期	2017.06.30	2016.12.31	2016.06.30	2015.12.31
基本每股收益(元)	0.0430	0.1400	0.0600	0.2200
基本每股收益(扣除后)(元)	0.0430	0.1409	0.0620	0.1740
稀释每股收益(元)	0.0430	---	0.0600	0.2200
每股净资产(元)	1.5400	1.4900	1.7500	1.6700
每股经营现金净流量(元)	0.1910	-0.1993	-0.3219	0.1952
每股现金流量(元)	0.1976	-0.0429	0.0758	0.0279
每股资本公积金(元)	0.0557	0.0557	0.2678	0.2425
每股盈余公积金(元)	0.0748	0.0690	0.0764	0.0685
每股未分配利润(元)	0.4071	0.3696	0.4043	0.3367
净资产收益率(%)	2.8193	9.3133	3.5085	12.6853
净资产收益率(扣除)(%)	2.8600	9.6400	3.6400	14.4900
加权净资产收益率	2.8101	9.3706	3.5139	12.6367
总资产(万元)	22546.70	21165.28	18863.13	16935.50
归属母公司股东权益(万元)	9225.65	8965.55	8742.03	8219.32
营业收入(万元)	3884.79	10878.76	3432.54	11958.80
营业成本(万元)	2244.01	6788.72	1875.89	7581.98
投资收益(万元)	---	---	---	---
净利润(万元)	---	---	284.27	969.75
营业利润(万元)	320.57	1015.04	348.03	1162.99
利润总额(万元)	321.57	1009.29	347.44	1169.15

北京六合伟业科技股份有限公司

公司概况	公司名称	北京六合伟业科技股份有限公司			证券简称	六合伟业
	法人代表	冯建宇	董秘	徐保玲	证券代码	430212
	公司网址	www.liu-he.com		电子信箱	liuhe@liu-he.com	
	电　话	010-63753073		传　真	010-63796616	
	办公地址	北京市丰台区南四环西路 188 号 12 区 39 号楼				
	经营范围	石油钻井测斜仪及其周边产品的研发、生产和销售等				

主要财务指标	指标\报告期	2017.06.30	2016.12.31	2016.06.30	2015.12.31
	基本每股收益(元)	0.0400	0.0900	0.0300	0.4800
	基本每股收益(扣除后)(元)	0.0200	0.0400	0.0100	0.3400
	稀释每股收益(元)	0.0400	0.0900	0.0300	0.4800
	每股净资产(元)	3.6300	3.5900	3.5300	3.5000
	每股经营现金净流量(元)	0.2485	0.2009	-0.0142	0.4086
	每股现金流量(元)	-0.0309	-0.1649	-0.0386	0.0134
	每股资本公积金(元)	0.6078	0.6078	0.6078	0.6078
	每股盈余公积金(元)	0.2174	0.2174	0.2110	0.2110
	每股未分配利润(元)	1.8035	1.7601	1.7147	1.6812
	净资产收益率(%)	1.1972	2.3787	0.9488	13.5317
	净资产收益率(扣除)(%)	1.2000	2.4100	0.9500	14.1100
	加权净资产收益率	0.6226	1.2210	0.2399	9.6658
	总资产(万元)	17568.46	17428.73	17143.72	17075.02
	归属母公司股东权益(万元)	16002.48	15810.90	15584.23	15435.77
	营业收入(万元)	1947.51	5259.79	1513.67	8183.31
	营业成本(万元)	722.51	2671.71	688.95	3770.94
	投资收益(万元)	0.37	-12.08	1.58	—
	净利润(万元)	—	—	144.29	2071.32
	营业利润(万元)	99.82	100.48	48.49	1728.35
	利润总额(万元)	208.00	380.19	178.47	2405.23

上海建中医疗器械包装股份有限公司

公司概况	公司名称	上海建中医疗器械包装股份有限公司			证券简称	建中医疗
	法人代表	宋龙富	董秘	李清海	证券代码	430214
	公司网址	www.mpackchina.com		电子信箱	zhouhaijie916@163.com	
	电　话	021-54315666		传　真	021-54315801	
	办公地址	上海市浦星公路 789 号漕河泾出口加工区 16 幢厂房				
	经营范围	医疗器械灭菌包装用品的研发、生产和销售				

主要财务指标	指标\报告期	2017.06.30	2016.12.31	2016.06.30	2015.12.31
	基本每股收益(元)	0.0100	0.1700	-0.0800	0.2400
	基本每股收益(扣除后)(元)	0.0183	0.1425	—	—
	稀释每股收益(元)	0.0100	0.1700	-0.0800	0.2400
	每股净资产(元)	3.0700	3.0700	2.8200	2.9100
	每股经营现金净流量(元)	0.0235	0.1340	-0.0248	-0.0323
	每股现金流量(元)	0.0211	-0.0396	0.0922	-0.0898
	每股资本公积金(元)	0.9859	0.9859	0.9859	0.9859
	每股盈余公积金(元)	0.1030	0.1030	0.0895	0.0895
	每股未分配利润(元)	0.9839	0.9834	0.7504	0.8380
	净资产收益率(%)	0.3420	5.4947	-2.7476	7.8189
	净资产收益率(扣除)(%)	0.3400	5.6400	-2.7000	8.9900
	加权净资产收益率	0.6273	4.6071	-3.8036	6.7536
	总资产(万元)	17440.42	16574.96	16803.31	16129.56
	归属母公司股东权益(万元)	10457.60	10455.87	9617.10	9915.38
	营业收入(万元)	6528.79	13143.78	5747.75	12309.49
	营业成本(万元)	4353.03	8768.85	4003.30	8024.09
	投资收益(万元)	1.36	—	—	—
	净利润(万元)	—	—	-264.24	775.27
	营业利润(万元)	117.22	503.55	-330.76	742.01
	利润总额(万元)	81.71	612.74	-229.20	866.29

武汉风帆电化科技股份有限公司

公司概况	公司名称	武汉风帆电化科技股份有限公司			证券简称	风帆科技
	法人代表	杨磊	董秘	刘仁志	证券代码	430221
	公司网址	www.fengfan.net.cn		电子信箱	taso@vip.sina.com	
	电　话	027-85615907		传　真	027-85615907	
	办公地址	湖北省武汉市江汉区菱角湖路 8 号				
	经营范围	电镀添加剂的研发、生产和销售				

主要财务指标	指标\报告期	2017.06.30	2016.12.31	2016.06.30	2015.12.31
	基本每股收益(元)	0.3100	0.3400	0.0700	0.2100
	基本每股收益(扣除后)(元)	0.2800	0.3300	0.0700	0.1900
	稀释每股收益(元)	0.3100	0.3400	0.0700	0.2100
	每股净资产(元)	2.0700	1.7600	1.4800	1.3800
	每股经营现金净流量(元)	0.0179	0.2516	0.0458	0.1448
	每股现金流量(元)	-0.0004	0.1536	0.1189	-0.0383
	每股资本公积金(元)	0.1543	0.1462	0.1365	0.0831
	每股盈余公积金(元)	0.1371	0.1117	0.0841	0.0728
	每股未分配利润(元)	0.7808	0.4966	0.2826	0.2206
	净资产收益率(%)	14.9449	18.5945	4.7469	15.5265
	净资产收益率(扣除)(%)	16.2200	21.5600	5.1900	17.1600
	加权净资产收益率	13.2727	18.3216	4.5204	13.9596
	总资产(万元)	7419.01	6124.05	5479.76	4787.10
	归属母公司股东权益(万元)	3989.00	3377.31	2855.93	2546.66
	营业收入(万元)	4903.47	7601.47	3319.45	6503.31
	营业成本(万元)	2587.26	4039.95	1927.98	4063.55
	投资收益(万元)	—	0.50	0.50	—
	净利润(万元)	—	—	202.42	452.81
	营业利润(万元)	866.40	945.88	266.80	509.14
	利润总额(万元)	920.06	958.43	278.05	555.82

武汉亿童文教股份有限公司

公司概况	公司名称	武汉亿童文教股份有限公司			证券简称	亿童文教
	法人代表	陈先新	董秘	高华玮	证券代码	430223
	公司网址	www.yitong.com		电子信箱	IRM@yitong.com	
	电　话	027-87284469		传　真	027-87223313	
	办公地址	湖北省武汉市洪山区书城路 40 号亿童大厦				
	经营范围	幼儿教育产品的研发和推广				

主要财务指标	指标\报告期	2017.06.30	2016.12.31	2016.06.30	2015.12.31
	基本每股收益(元)	0.3900	0.8000	0.6000	0.4900
	基本每股收益(扣除后)(元)	0.3700	0.7700	0.5900	0.4500
	稀释每股收益(元)	0.3900	0.8000	0.6000	0.4900
	每股净资产(元)	3.7400	3.6500	4.8800	4.2700
	每股经营现金净流量(元)	0.3551	0.7828	0.5993	1.2646
	每股现金流量(元)	-0.1036	0.1223	0.1808	2.7797
	每股资本公积金(元)	0.9018	0.9018	1.6007	1.9503
	每股盈余公积金(元)	0.2349	0.2349	0.3104	0.2354
	每股未分配利润(元)	1.6011	1.5146	1.9656	1.2605
	净资产收益率(%)	10.3418	21.9669	12.3617	16.3278
	净资产收益率(扣除)(%)	10.1900	24.6800	13.1800	29.2900
	加权净资产收益率	10.0158	21.1480	12.1700	14.8509
	总资产(万元)	70474.37	66580.82	60664.75	54205.26
	归属母公司股东权益(万元)	56068.35	54769.85	48767.10	42738.64
	营业收入(万元)	27977.10	52854.50	25367.60	40726.69
	营业成本(万元)	9640.49	17622.09	8754.45	13823.28
	投资收益(万元)	137.93	287.55	95.99	69.60
	净利润(万元)	—	—	6028.46	6978.29
	营业利润(万元)	6814.92	14111.74	7110.00	7922.75
	利润总额(万元)	6864.79	14297.71	7125.73	8608.12

上海翼捷工业安全设备股份有限公司

公司概况				
公司名称	上海翼捷工业安全设备股份有限公司		证券简称	翼捷股份
法人代表	张杰	董秘　邓涛	证券代码	430234
公司网址	www.aegisafe.com		电子信箱	xiaoling.li@aegisafe.com
电　话	021-80160318		传　真	021-80160301
办公地址	上海市浦东新区康桥路858号翼捷大厦			
经营范围	气体检测仪器仪表、工业消防报警产品及传感器的研发、生产、销售和服务			

主要财务指标：指标\报告期	2017.06.30	2016.12.31	2016.06.30	2015.12.31
基本每股收益(元)	0.3600	0.6320	0.2300	0.5500
基本每股收益(扣除后)(元)	0.3600	0.6040	0.2300	0.5440
稀释每股收益(元)	0.3600	0.6320	0.2300	0.5500
每股净资产(元)	2.5300	1.7700	1.7700	1.6400
每股经营现金净流量(元)	-0.2094	0.6976	0.2434	0.5762
每股现金流量(元)	-0.8996	0.6205	0.1367	0.4276
每股资本公积金(元)	0.7941	0.0281	0.0281	0.0281
每股盈余公积金(元)	0.2023	0.2212	0.1289	0.1289
每股未分配利润(元)	0.5378	0.5247	0.6142	0.4849
净资产收益率(%)	14.1209	35.6350	12.9477	33.1920
净资产收益率(扣除)(%)	17.2200	36.1300	13.3100	36.0000
加权净资产收益率	14.5415	34.0435	12.8709	33.1520
总资产(万元)	11923.74	11131.71	8293.03	7218.97
归属母公司股东权益(万元)	8904.19	5700.92	5691.79	5276.20
营业收入(万元)	5913.12	9393.92	3448.52	6810.28
营业成本(万元)	2381.83	3568.86	1108.79	2005.65
投资收益(万元)	---	6.04	---	34.29
净利润(万元)	---	---	736.95	1751.27
营业利润(万元)	1259.69	1932.63	610.85	1764.27
利润总额(万元)	1284.65	2355.92	807.22	2013.36

上海大汉三通通信股份有限公司

公司概况				
公司名称	上海大汉三通通信股份有限公司		证券简称	大汉三通
法人代表	高比布	董秘　高金容	证券代码	430237
公司网址	www.dahantc.com		电子信箱	8181@dahantc.com
电　话	021-38133333		传　真	021-50806277
办公地址	上海市郭守敬路498号浦东软件园20号楼5层			
经营范围	移动增值业务应用平台软件研发及销售和短消息服务业务			

主要财务指标：指标\报告期	2017.06.30	2016.12.31	2016.06.30	2015.12.31
基本每股收益(元)	0.1400	0.5800	0.3200	0.1300
基本每股收益(扣除后)(元)	0.1200	0.5200	---	0.1200
稀释每股收益(元)	0.1400	0.5800	0.3200	0.1300
每股净资产(元)	1.8600	1.7100	1.4622	1.2700
每股经营现金净流量(元)	-0.4977	-0.1443	-0.6334	-0.4261
每股现金流量(元)	-0.3916	0.1761	-0.3619	-0.2580
每股资本公积金(元)	0.0131	0.0131	0.0135	0.0131
每股盈余公积金(元)	0.0413	0.0413	0.0173	0.0171
每股未分配利润(元)	0.8022	0.6603	0.4315	0.2385
净资产收益率(%)	7.6415	33.7097	22.2195	10.4004
净资产收益率(扣除)(%)	7.9500	40.5400	---	11.0000
加权净资产收益率	6.7130	30.3243	---	9.3814
总资产(万元)	27745.83	26720.97	21141.56	18208.22
归属母公司股东权益(万元)	16364.23	15113.75	12887.99	11181.91
营业收入(万元)	77342.27	107252.12	73072.22	43336.01
营业成本(万元)	70963.92	92006.81	62619.51	37941.89
投资收益(万元)	0.67	1.80	1.80	1.80
净利润(万元)	---	---	2863.65	1162.96
营业利润(万元)	1221.55	5478.60	2950.62	1402.16
利润总额(万元)	1402.08	6099.66	3234.37	1544.66

上海普华科技发展股份有限公司

公司概况				
公司名称	上海普华科技发展股份有限公司		证券简称	普华科技
法人代表	包晓春	董秘　石淑珍	证券代码	430238
公司网址	www.powerpms.com		电子信箱	liyan@powerpms.com
电　话	021-68406841		传　真	021-68406611
办公地址	上海市浦东新区向城路58号24层A座			
经营范围	项目管理软件的研发、销售和技术服务			

主要财务指标：指标\报告期	2017.06.30	2016.12.31	2016.06.30	2015.12.31
基本每股收益(元)	-0.3900	0.3100	-0.5100	0.2900
基本每股收益(扣除后)(元)	-0.3900	0.2700	-0.5000	0.2300
稀释每股收益(元)	-0.3900	0.3100	-0.5100	0.2900
每股净资产(元)	2.8700	3.4100	2.6300	3.3400
每股经营现金净流量(元)	-0.2390	0.1017	-0.2995	-0.0702
每股现金流量(元)	-0.6769	0.0580	-0.2027	0.2669
每股资本公积金(元)	1.1833	1.1833	1.2050	1.2668
每股盈余公积金(元)	0.1202	0.1202	0.0941	0.0941
每股未分配利润(元)	0.5630	1.1018	0.3165	0.9808
净资产收益率(%)	-13.5667	9.2129	-19.5262	8.5981
净资产收益率(扣除)(%)	-12.2100	9.3600	-16.9300	11.2000
加权净资产收益率	-13.5680	7.9642	-19.5151	6.9981
总资产(万元)	11186.46	13611.48	10241.28	13775.03
归属母公司股东权益(万元)	10770.75	12795.60	9719.06	12330.89
营业收入(万元)	2749.49	7889.24	1799.78	8001.86
营业成本(万元)	1716.00	2913.80	1347.46	2621.09
投资收益(万元)	---	0.03	---	218.86
净利润(万元)	---	---	-2015.15	1191.30
营业利润(万元)	-1444.16	646.52	-2132.11	1019.01
利润总额(万元)	-1444.01	1187.43	-1996.44	1376.11

北京随视传媒科技股份有限公司

公司概况				
公司名称	北京随视传媒科技股份有限公司		证券简称	随视传媒
法人代表	段嘉瑞	董秘　王宏泰	证券代码	430240
公司网址	www.adsit.cn		电子信箱	songyz@adsit.cn
电　话	010-59897799		传　真	010-59856068
办公地址	北京市朝阳区朝阳花园19号佳隆国际大厦1109室			
经营范围	技术推广、技术开发、技术咨询、技术转让、技术服务			

主要财务指标：指标\报告期	2017.06.30	2016.12.31	2016.06.30	2015.12.31
基本每股收益(元)	-0.1500	-0.5000	-0.2700	-0.3800
基本每股收益(扣除后)(元)	-0.1500	-0.5000	-0.2700	-0.3800
稀释每股收益(元)	-0.1500	-0.5000	-0.2700	-0.3800
每股净资产(元)	4.2300	4.3800	4.6100	4.8800
每股经营现金净流量(元)	-0.0012	-1.3821	-0.7086	0.2740
每股现金流量(元)	0.2031	-2.7612	-0.6854	3.4019
每股资本公积金(元)	5.1402	5.1402	5.1402	5.1402
每股盈余公积金(元)	---	---	---	---
每股未分配利润(元)	-1.9075	-1.7593	-1.5273	-1.2580
净资产收益率(%)	-3.5010	-11.4440	-5.8382	-7.4497
净资产收益率(扣除)(%)	-3.4400	-10.8200	-5.3400	-10.5000
加权净资产收益率	-3.4926	-11.4660	-5.8591	-7.4610
总资产(万元)	19965.85	20612.50	21308.28	23904.31
归属母公司股东权益(万元)	18962.42	19626.30	20665.81	21872.33
营业收入(万元)	8498.45	10444.53	2141.68	7719.60
营业成本(万元)	7769.98	8347.32	1236.62	5001.67
投资收益(万元)	52.30	210.49	210.49	287.62
净利润(万元)	---	---	-1206.52	-1629.43
营业利润(万元)	-662.28	-2250.35	-1210.82	-1289.44
利润总额(万元)	-663.88	-2246.03	-1206.52	-1286.98

武汉威林科技股份有限公司

公司概况					
公司名称	武汉威林科技股份有限公司			证券简称	威林科技
法人代表	王渝斌	董秘	宋波	证券代码	430241
公司网址	www.luchen.cn		电子信箱	yanglin0270@163.com	
电　　话	027-86340372-6201		传　　真	027-86842106	
办公地址	湖北省武汉市新洲区阳逻经济开发区晶港路 1 号				
经营范围	钢铁、有色、石化、建材等高温工业提供耐火材料的研制、生产、销售和技术维护				

主要财务指标				
指标＼报告期	2017.06.30	2016.12.31	2016.06.30	2015.12.31
基本每股收益(元)	0.0100	–0.0700	0.0100	–0.0900
基本每股收益(扣除后)(元)	0.0005	–0.0900	—	–0.1000
稀释每股收益(元)	0.0100	–0.0700	0.0100	–0.0900
每股净资产(元)	2.2100	2.2000	2.2700	2.2700
每股经营现金净流量(元)	–0.0996	0.4552	0.1926	–0.1679
每股现金流量(元)	0.2476	–0.3107	–0.3226	0.4427
每股资本公积金(元)	1.1126	1.1029	1.1029	1.1377
每股盈余公积金(元)	0.0219	0.0219	0.0212	0.0219
每股未分配利润(元)	0.0785	0.0731	0.1478	0.1466
净资产收益率(%)	0.2460	–3.1060	0.2518	–3.7693
净资产收益率(扣除)(%)	0.2500	–3.0600	0.2500	–4.0600
加权净资产收益率	0.0221	–3.9334	0.0697	–4.1794
总资产(万元)	14295.42	13110.46	15170.67	17618.75
归属母公司股东权益(万元)	9479.66	9414.38	9731.30	9706.80
营业收入(万元)	3278.18	6658.93	3407.91	7408.00
营业成本(万元)	2205.34	4603.84	2365.38	5143.73
投资收益(万元)	—	—	—	—
净利润(万元)	—	—	16.00	–371.16
营业利润(万元)	–30.21	–497.86	–57.70	–583.65
利润总额(万元)	–4.61	–322.38	1.55	–390.67

北京金日创科技股份有限公司

公司概况					
公司名称	北京金日创科技股份有限公司			证券简称	金日创
法人代表	付宏实	董秘	付宏璧	证券代码	430247
公司网址	www.jrc-tech.com		电子信箱	jinrichuang@vip.163.com	
电　　话	010-84833488		传　　真	010-84833488-100	
办公地址	北京市朝阳区广顺北大街 5 号融创动力科技创意产业园区 B 座 4 层北侧				
经营范围	电气自动化控制设备及成套产品的开发、设计、组装、调试等				

主要财务指标				
指标＼报告期	2017.06.30	2016.12.31	2016.06.30	2015.12.31
基本每股收益(元)	0.0400	–0.6800	0.2400	0.0200
基本每股收益(扣除后)(元)	0.0500	–0.7000	0.2300	–0.0079
稀释每股收益(元)	0.0400	–0.6800	0.2400	0.0200
每股净资产(元)	2.4500	2.4100	3.3200	3.0300
每股经营现金净流量(元)	0.2524	–0.5614	–0.2035	–0.7489
每股现金流量(元)	0.0647	–0.1885	–0.2366	0.2250
每股资本公积金(元)	1.7134	1.7134	1.6482	1.6482
每股盈余公积金(元)	0.0633	0.0633	0.0509	0.0521
每股未分配利润(元)	–0.3219	–0.3621	0.6246	0.3332
净资产收益率(%)	1.6357	–28.2745	7.1262	0.0194
净资产收益率(扣除)(%)	1.6500	–24.0700	7.2700	0.7400
加权净资产收益率	1.8722	–28.9299	7.0372	–0.7178
总资产(万元)	14056.74	13065.38	15069.63	16786.48
归属母公司股东权益(万元)	5793.30	5698.54	7843.96	7159.05
营业收入(万元)	8734.79	13593.99	7222.20	16521.16
营业成本(万元)	7095.10	11451.60	5626.24	13553.36
投资收益(万元)	–15.28	37.12	50.90	57.57
净利润(万元)	—	—	594.01	18.19
营业利润(万元)	159.47	–1948.39	635.01	–37.16
利润总额(万元)	159.63	–1861.22	678.00	54.88

天津光电高斯通信工程技术股份有限公司

公司概况					
公司名称	天津光电高斯通信工程技术股份有限公司			证券简称	光电高斯
法人代表	周宝生	董秘	刘文莉	证券代码	430251
公司网址	www.toec-gdgs.com		电子信箱	liuwenli@toec-gdgs.com	
电　　话	022-83707890-8014		传　　真	022-28307422	
办公地址	天津市华苑产业区海泰西路 18 号西 3A-303				
经营范围	计算机软件开发、系统集成、安防工程和铁路专用线设备的研发生产				

主要财务指标				
指标＼报告期	2017.06.30	2016.12.31	2016.06.30	2015.12.31
基本每股收益(元)	0.0100	—	0.0100	0.7100
基本每股收益(扣除后)(元)	–0.0030	–0.0300	–0.0010	0.5900
稀释每股收益(元)	0.0100	—	0.0100	0.7100
每股净资产(元)	2.3800	2.3700	2.4000	3.2100
每股经营现金净流量(元)	–0.2030	–0.6458	–0.4117	0.6965
每股现金流量(元)	–0.2142	–0.7762	–0.4188	3.4523
每股资本公积金(元)	1.0677	1.0677	1.0954	1.3089
每股盈余公积金(元)	0.0350	0.0350	0.0349	0.0900
每股未分配利润(元)	0.2783	0.2626	0.2719	0.8103
净资产收益率(%)	0.3778	0.0318	0.4162	20.5168
净资产收益率(扣除)(%)	0.3800	0.0400	0.5500	25.5700
加权净资产收益率	–0.1151	–1.1346	–0.0244	16.8407
总资产(万元)	13680.15	13171.72	14824.17	16564.30
归属母公司股东权益(万元)	8617.14	8560.37	8693.84	4508.37
营业收入(万元)	2064.83	3427.75	1812.96	8572.74
营业成本(万元)	1309.47	1735.16	1106.52	5616.02
投资收益(万元)	—	—	—	—
净利润(万元)	—	—	36.19	924.97
营业利润(万元)	–11.67	–94.74	5.24	896.84
利润总额(万元)	38.30	14.43	50.31	1093.54

武汉联宇技术股份有限公司

公司概况					
公司名称	武汉联宇技术股份有限公司			证券简称	联宇技术
法人代表	桂子胜	董秘		证券代码	430252
公司网址	www.unytech.com		电子信箱	unytech@unytech.com	
电　　话	027-87228940		传　　真	027-87372140	
办公地址	湖北省武汉市东湖开发区流芳园北路 9 号(东一产业园内)				
经营范围	公司的主营业务为水利信息化系统的研发、系统集成、销售、安装和服务				

主要财务指标				
指标＼报告期	2017.06.30	2016.12.31	2016.06.30	2015.12.31
基本每股收益(元)	–0.1100	0.0084	–0.0700	0.1600
基本每股收益(扣除后)(元)	–0.1090	–0.0154	—	0.1419
稀释每股收益(元)	–0.1100	0.0084	–0.0700	0.1600
每股净资产(元)	1.0700	1.1700	1.1000	1.1700
每股经营现金净流量(元)	0.0071	–0.1856	0.0758	0.2671
每股现金流量(元)	–0.0202	–0.0302	–0.0439	0.0819
每股资本公积金(元)	0.1019	0.1019	0.1019	0.1019
每股盈余公积金(元)	0.0180	0.0180	0.0169	0.0169
每股未分配利润(元)	–0.0538	0.0546	–0.0201	0.0473
净资产收益率(%)	–10.1760	0.7122	–6.1349	14.0088
净资产收益率(扣除)(%)	–9.6800	0.7100	–6.7400	15.0600
加权净资产收益率	–10.0796	–1.3115	–6.1349	12.1671
总资产(万元)	10717.04	10791.17	11294.23	12064.23
归属母公司股东权益(万元)	3198.03	3523.46	3296.15	3498.36
营业收入(万元)	868.08	4556.54	2077.81	7163.95
营业成本(万元)	555.15	3043.98	1636.21	4651.87
投资收益(万元)	—	—	—	—
净利润(万元)	—	—	–202.22	490.08
营业利润(万元)	–313.21	–81.44	–185.08	437.75
利润总额(万元)	–316.29	2.45	–185.08	513.55

上海卓繁信息技术股份有限公司

公司概况	公司名称	上海卓繁信息技术股份有限公司			证券简称	卓繁信息
	法人代表	左骏	董秘		证券代码	430256
	公司网址	www.zhuofansoft.com		电子信箱	chenyi@zhuofansoft.com	
	电　话	021-60748199-3128		传　真	021-60748199	
	办公地址	上海市徐汇区田林东路55号1205室				
	经营范围	计算机领域的四技服务等				

主要财务指标	指标\报告期	2017.06.30	2016.12.31	2016.06.30	2015.12.31
	基本每股收益(元)	0.1400	0.5696	0.2800	0.0700
	基本每股收益(扣除后)(元)	0.1400	0.5654	0.2773	–0.0526
	稀释每股收益(元)	0.1400	0.5696	0.2800	0.0700
	每股净资产(元)	1.9300	1.7800	3.0500	2.0900
	每股经营现金净流量(元)	–0.2987	0.1245	–0.2224	–0.0759
	每股现金流量(元)	–0.3304	0.0893	–0.3207	1.0965
	每股资本公积金(元)	—	—	1.2781	0.5478
	每股盈余公积金(元)	0.0785	0.0785	0.0496	0.0543
	每股未分配利润(元)	0.8490	0.7063	0.7216	0.4867
	净资产收益率(%)	7.4039	31.8141	9.0810	3.1199
	净资产收益率(扣除)(%)	7.6900	38.6500	9.9100	3.4900
	加权净资产收益率	7.4039	31.5765	8.9806	–2.3968
	总资产(万元)	7647.77	7480.32	5638.54	5276.88
	归属母公司股东权益(万元)	6099.03	5647.46	4235.39	2650.77
	营业收入(万元)	2390.16	5134.13	1908.05	2527.43
	营业成本(万元)	1040.21	1719.05	721.52	1080.70
	投资收益(万元)	—	—	—	—
	净利润(万元)	—	—	384.60	82.59
	营业利润(万元)	515.61	1982.89	446.47	–85.95
	利润总额(万元)	515.61	2097.76	459.38	109.63

武汉联动设计股份有限公司

公司概况	公司名称	武汉联动设计股份有限公司			证券简称	联动设计
	法人代表	黄万良	董秘	陈春瑶	证券代码	430266
	公司网址	www.wupdec.com		电子信箱	dolphin_ccy@qq.com	
	电　话	027-87617435		传　真	027-87227455	
	办公地址	湖北省武汉市东湖新技术开发区软件园东路1号软件产业4.1期B3栋9层				
	经营范围	新能源和可再生能源发电、输变电、环保工程的勘测、设计服务				

主要财务指标	指标\报告期	2017.06.30	2016.12.31	2016.06.30	2015.12.31
	基本每股收益(元)	–0.1000	0.0190	0.0100	0.0200
	基本每股收益(扣除后)(元)	–0.1000	0.0050	0.0050	0.0110
	稀释每股收益(元)	–0.1000	0.0190	0.0100	0.0200
	每股净资产(元)	1.0000	1.0900	1.0800	1.6100
	每股经营现金净流量(元)	–0.0702	–0.0324	–0.1606	–0.4064
	每股现金流量(元)	–0.0931	–0.0305	–0.1444	0.2014
	每股资本公积金(元)	0.0074	0.0074	0.0110	0.5110
	每股盈余公积金(元)	0.0378	0.0378	0.0533	0.0533
	每股未分配利润(元)	–0.0486	0.0491	0.0575	0.0494
	净资产收益率(%)	–9.8019	1.6915	0.4997	0.8945
	净资产收益率(扣除)(%)	–9.3400	1.7200	0.5000	1.2000
	加权净资产收益率	–9.6291	1.0348	0.4615	0.4652
	总资产(万元)	7026.66	7694.12	7383.42	7757.38
	归属母公司股东权益(万元)	5897.65	6475.72	6398.16	6366.19
	营业收入(万元)	1019.03	3290.26	1329.48	3131.42
	营业成本(万元)	502.72	1327.96	461.77	1269.02
	投资收益(万元)	—	—	—	—
	净利润(万元)	—	—	31.97	56.94
	营业利润(万元)	–567.89	88.47	34.74	23.87
	利润总额(万元)	–578.08	138.51	37.62	56.02

天津重钢机械装备股份有限公司

公司概况	公司名称	天津重钢机械装备股份有限公司			证券简称	重钢机械
	法人代表	李坤	董秘	俞春庚	证券代码	430274
	公司网址	www.tzme.net		电子信箱	ycg@tzme.net	
	电　话	022-25214991-820		传　真	022-25214991-820	
	办公地址	天津市滨海新区塘沽厦门路139号				
	经营范围	非标准机械装备和高端钢制品的研发、生产、销售与相关技术服务				

主要财务指标	指标\报告期	2017.06.30	2016.12.31	2016.06.30	2015.12.31
	基本每股收益(元)	0.1500	0.2000	0.0800	0.2900
	基本每股收益(扣除后)(元)	0.1300	0.1300	0.0200	0.2800
	稀释每股收益(元)	0.1500	0.2000	0.0800	0.2900
	每股净资产(元)	2.8700	2.6500	2.5300	2.5000
	每股经营现金净流量(元)	–0.1743	0.6584	0.1425	0.7458
	每股现金流量(元)	–0.3836	0.0140	–0.4470	0.5087
	每股资本公积金(元)	0.1493	—	—	—
	每股盈余公积金(元)	0.2257	0.2378	0.2178	0.2178
	每股未分配利润(元)	1.4943	1.4144	1.3084	1.2831
	净资产收益率(%)	5.2915	7.4198	2.9817	11.6817
	净资产收益率(扣除)(%)	5.6400	7.6400	3.0000	12.3900
	加权净资产收益率	4.6796	5.0240	0.8574	11.4494
	总资产(万元)	37875.76	41452.94	36578.83	38638.99
	归属母公司股东权益(万元)	22853.51	20050.21	19098.01	18906.57
	营业收入(万元)	14609.41	20264.84	9258.20	26615.25
	营业成本(万元)	11622.31	15595.73	7069.34	20833.49
	投资收益(万元)	—	—	—	—
	净利润(万元)	—	—	564.14	2201.54
	营业利润(万元)	1437.70	1191.20	217.30	2536.38
	利润总额(万元)	1399.44	1755.98	694.60	2590.73

北京能为科技股份有限公司

公司概况	公司名称	北京能为科技股份有限公司			证券简称	能为科技
	法人代表	夏阳	董秘	柳茹花	证券代码	430281
	公司网址	www.nonvia.com		电子信箱	liuruhuanw@126.com	
	电　话	010-63358979-602		传　真	010-63357752-609	
	办公地址	北京市丰台区开阳路1号瀚海花园大厦401室-403室				
	经营范围	技术推广服务等				

主要财务指标	指标\报告期	2017.06.30	2016.12.31	2016.06.30	2015.12.31
	基本每股收益(元)	0.1100	0.3700	0.2700	0.2200
	基本每股收益(扣除后)(元)	0.1100	0.3700	—	0.2200
	稀释每股收益(元)	0.1100	0.3700	—	—
	每股净资产(元)	1.3300	1.4700	1.9200	1.4500
	每股经营现金净流量(元)	0.3784	–0.2239	0.4601	0.8960
	每股现金流量(元)	–0.1556	–0.1042	–0.1699	0.5410
	每股资本公积金(元)	0.0005	0.0005	0.4918	0.0009
	每股盈余公积金(元)	0.0922	0.0922	0.0437	0.1074
	每股未分配利润(元)	0.2393	0.3744	0.3860	0.3459
	净资产收益率(%)	8.6312	23.3893	12.8924	15.4204
	净资产收益率(扣除)(%)	7.7500	31.2400	17.2800	12.8700
	加权净资产收益率	8.3780	23.0563	11.8084	15.4034
	总资产(万元)	8457.29	9256.92	8289.56	8102.25
	归属母公司股东权益(万元)	6673.37	7349.88	6456.56	3926.23
	营业收入(万元)	4327.35	10128.62	4976.02	3707.17
	营业成本(万元)	2943.33	6620.52	3339.09	2480.52
	投资收益(万元)	5.49	36.49	18.83	–128.69
	净利润(万元)	—	—	832.40	605.44
	营业利润(万元)	557.21	1636.11	734.24	619.75
	利润总额(万元)	671.82	1990.35	939.65	674.03

上海优睿文化传媒股份有限公司

公司概况	公司名称	上海优睿文化传媒股份有限公司			证券简称	优睿传媒
	法人代表	于文浩	董秘	郭燕华	证券代码	430282
	公司网址			电子信箱	yolanda.uright@gmail.com	
	电　话	021-32070296-801		传　真	021-32070298	
	办公地址	上海市长宁区江苏北路125号华联创意广场B幢4层				
	经营范围	植入广告的创意设计和执行				

主要财务指标	指标\报告期	2017.06.30	2016.12.31	2016.06.30	2015.12.31
	基本每股收益(元)	0.0300	0.1500	-0.0500	1.0200
	基本每股收益(扣除后)(元)	0.0200	0.1400	-0.0600	1.0100
	稀释每股收益(元)	0.0300	0.1500	-0.0500	1.0200
	每股净资产(元)	1.2200	1.2000	0.9900	2.3300
	每股经营现金净流量(元)	-0.0330	0.0512	0.0854	0.3567
	每股现金流量(元)	-0.0467	0.0518	0.0860	0.8799
	每股资本公积金(元)	—	—	—	0.4500
	每股盈余公积金(元)	0.0586	0.0586	0.0434	0.0970
	每股未分配利润(元)	0.1651	0.1372	-0.0542	0.7877
	净资产收益率(%)	2.2801	12.7178	-5.5097	40.7508
	净资产收益率(扣除)(%)	2.3100	13.5800	-5.3600	64.5600
	加权净资产收益率	1.8625	12.0523	-5.6312	40.3661
	总资产(万元)	1963.49	2329.32	1838.48	1711.18
	归属母公司股东权益(万元)	1806.65	1765.45	1460.46	1540.93
	营业收入(万元)	29.13	1057.52	1.89	1483.40
	营业成本(万元)	-69.48	472.24	0.54	445.72
	投资收益(万元)	10.06	2.23	2.37	7.90
	净利润(万元)	—	—	-80.47	627.94
	营业利润(万元)	51.19	316.78	-85.22	837.98
	利润总额(万元)	51.19	330.21	-85.22	837.98

北京科胜伟达石油科技股份有限公司

公司概况	公司名称	北京科胜伟达石油科技股份有限公司			证券简称	科胜石油
	法人代表	冷传波	董秘	李磊	证券代码	430284
	公司网址	www.co-sail.com		电子信箱	yuanlj@co-sail.com	
	电　话	www.co-sail.com		传　真	010-62912802	
	办公地址	北京市海淀区上地东路1号院1号楼902室				
	经营范围	油气勘探技术开发与服务				

主要财务指标	指标\报告期	2017.06.30	2016.12.31	2016.06.30	2015.12.31
	基本每股收益(元)	-0.0300	-0.1100	-0.1100	0.1200
	基本每股收益(扣除后)(元)	-0.0300	-0.1100	-0.1100	0.1200
	稀释每股收益(元)	-0.0300	-0.1100	-0.1100	0.1200
	每股净资产(元)	1.2100	1.2400	1.2400	1.3400
	每股经营现金净流量(元)	0.0385	0.0019	0.0899	0.1872
	每股现金流量(元)	0.0383	-0.3401	-0.1888	0.3758
	每股资本公积金(元)	0.1114	0.1114	0.1114	0.1114
	每股盈余公积金(元)	0.0503	0.0503	0.0503	0.0503
	每股未分配利润(元)	0.0485	0.0744	0.0786	0.1830
	净资产收益率(%)	-2.1423	-8.7514	-8.4241	8.2851
	净资产收益率(扣除)(%)	-2.1200	-8.0200	-8.0800	9.6300
	加权净资产收益率	-2.1490	-8.8472	-8.4290	8.2512
	总资产(万元)	5370.84	5593.51	5762.69	6687.54
	归属母公司股东权益(万元)	5070.09	5178.70	5189.26	5626.40
	营业收入(万元)	268.44	1078.79	305.42	2368.70
	营业成本(万元)	211.68	706.13	382.36	893.16
	投资收益(万元)	—	—	—	—
	净利润(万元)	—	—	-451.05	428.99
	营业利润(万元)	-101.99	-564.67	-458.61	526.39
	利润总额(万元)	-101.59	-559.70	-458.31	535.45

上海东岩机械股份有限公司

公司概况	公司名称	上海东岩机械股份有限公司			证券简称	东岩股份
	法人代表	徐国平	董秘	周玲	证券代码	430286
	公司网址	www.shdongyan.com		电子信箱	zl@shdongyan.com	
	电　话	021-59227555		传　真	021-59227611	
	办公地址	上海市青浦区天一路465号				
	经营范围	铝合金、锌合金精密压铸件的研发、设计、生产和销售				

主要财务指标	指标\报告期	2017.06.30	2016.12.31	2016.06.30	2015.12.31
	基本每股收益(元)	0.2700	0.2600	0.0900	0.2500
	基本每股收益(扣除后)(元)	0.2400	0.2200	—	0.2300
	稀释每股收益(元)	0.2700	0.2600	0.0900	0.2500
	每股净资产(元)	2.7100	2.4200	2.2300	1.5800
	每股经营现金净流量(元)	0.1185	0.2141	0.1598	0.3944
	每股现金流量(元)	-0.1083	0.2815	0.1171	0.0808
	每股资本公积金(元)	0.6740	0.6740	0.6757	0.0023
	每股盈余公积金(元)	0.0622	0.0622	0.0485	0.0601
	每股未分配利润(元)	0.9349	0.6655	0.5077	0.5186
	净资产收益率(%)	9.9340	10.7835	3.9994	15.5765
	净资产收益率(扣除)(%)	10.5000	14.1200	5.0900	16.8900
	加权净资产收益率	8.8118	8.9435	3.7212	14.2667
	总资产(万元)	34856.64	23188.00	20242.40	10806.76
	归属母公司股东权益(万元)	14816.32	13212.96	12197.44	6972.12
	营业收入(万元)	15773.85	20818.57	6983.90	12390.02
	营业成本(万元)	12183.70	16393.48	5320.90	9276.17
	投资收益(万元)	5.80	78.44	—	—
	净利润(万元)	—	—	490.99	1086.01
	营业利润(万元)	1771.90	1554.37	478.98	1226.64
	利润总额(万元)	1990.23	1803.02	518.90	1334.08

北京华索科技股份有限公司

公司概况	公司名称	北京华索科技股份有限公司			证券简称	华索科技
	法人代表	郭力	董秘	闫海涛	证券代码	430289
	公司网址	www.huasuokeji.com		电子信箱	hs_yanhaitao@huasuokeji.com	
	电　话	010-58851199		传　真	010-58851820	
	办公地址	北京市海淀区上地东路1号盈创动力大厦5号楼403室				
	经营范围	工业自动化行业的系统集成及相关仪器仪表的研发、生产和销售				

主要财务指标	指标\报告期	2017.06.30	2016.12.31	2016.06.30	2015.12.31
	基本每股收益(元)	0.0400	0.2200	0.1900	0.1300
	基本每股收益(扣除后)(元)	0.0400	0.2100	0.1900	0.1300
	稀释每股收益(元)	0.0400	0.2200	0.1900	0.1300
	每股净资产(元)	1.9400	1.9000	1.8700	1.6800
	每股经营现金净流量(元)	0.0876	-0.2628	-0.1920	-0.0989
	每股现金流量(元)	0.0141	-0.1373	-0.1335	-0.0162
	每股资本公积金(元)	0.0530	0.0530	0.0529	0.0529
	每股盈余公积金(元)	0.0704	0.0704	0.0478	0.0478
	每股未分配利润(元)	0.8139	0.7746	0.7739	0.5811
	净资产收益率(%)	2.0250	11.3870	10.2818	7.5425
	净资产收益率(扣除)(%)	2.0500	12.0700	10.8400	8.9200
	加权净资产收益率	1.8742	10.8250	10.0932	7.2729
	总资产(万元)	23893.44	23429.31	23412.86	19834.04
	归属母公司股东权益(万元)	19827.75	19426.23	19186.54	17213.81
	营业收入(万元)	3254.01	8434.45	4012.14	6272.56
	营业成本(万元)	2102.11	3309.04	801.85	3457.90
	投资收益(万元)	6.30	0.03	2.07	96.81
	净利润(万元)	—	—	1972.73	1297.38
	营业利润(万元)	444.50	2509.65	2295.03	1485.30
	利润总额(万元)	479.68	2638.10	2337.64	1542.35

北京威控科技股份有限公司

公司概况					
公司名称	北京威控科技股份有限公司			证券简称	威控科技
法人代表	王涛	董秘		证券代码	430292
公司网址	www.vcontrol.com.cn		电子信箱	mail.vc@vcontrol.com.cn	
电　　话	010-62368735		传　　真	010-62304846	
办公地址	北京市海淀区高里掌路1号院6号楼1层105				
经营范围	威控智慧酒店信息生态系统				

主要财务指标

指标\报告期	2017.06.30	2016.12.31	2016.06.30	2015.12.31
基本每股收益(元)	–0.0027	0.2100	–0.0700	0.3600
基本每股收益(扣除后)(元)	–0.0017	0.1800	–0.0714	0.3600
稀释每股收益(元)	–0.0027	0.2100	–0.0700	0.3600
每股净资产(元)	2.1000	2.1000	1.8200	1.8900
每股经营现金净流量(元)	–0.4690	–0.1354	–0.2650	–0.1182
每股现金流量(元)	0.0335	–0.6687	–0.6847	0.7689
每股资本公积金(元)	0.5550	0.5550	0.5550	0.6324
每股盈余公积金(元)	0.0559	0.0559	0.0415	0.0472
每股未分配利润(元)	0.4875	0.4901	0.2230	0.3355
净资产收益率(%)	–0.1266	9.9993	–3.9269	17.3117
净资产收益率(扣除)(%)	–0.1300	10.5300	–3.8500	64.6100
加权净资产收益率	–0.0789	8.4589	–3.9234	15.7112
总资产(万元)	7098.32	6834.48	4674.20	3979.03
归属母公司股东权益(万元)	3849.14	3854.01	3337.57	3468.64
营业收入(万元)	979.10	2819.83	812.49	2406.91
营业成本(万元)	317.61	1164.26	378.55	983.32
投资收益(万元)	—	—	—	—
净利润(万元)	—	—	–131.06	600.48
营业利润(万元)	–1.70	347.97	–174.17	656.12
利润总额(万元)	–3.52	418.42	–135.09	721.43

北京平安力合科技发展股份有限公司

公司概况					
公司名称	北京平安力合科技发展股份有限公司			证券简称	平安力合
法人代表	何影	董秘	付强	证券代码	430296
公司网址	www.p-an.com		电子信箱	Stock-Market@p-an.com	
电　　话	010-64328500-8666		传　　真	010-87758420	
办公地址	北京市朝阳区将台路5号院30号楼一层102室				
经营范围	营业厅信息化自助服务终端的研发、制造、销售、服务				

主要财务指标

指标\报告期	2017.06.30	2016.12.31	2016.06.30	2015.12.31
基本每股收益(元)	–0.0300	–0.1877	–0.1200	0.0800
基本每股收益(扣除后)(元)	–0.0300	–0.2147	—	0.0764
稀释每股收益(元)	–0.0300	–0.1877	–0.1200	0.0800
每股净资产(元)	1.4600	1.4900	1.5700	1.4900
每股经营现金净流量(元)	–0.1818	–0.0092	–0.2819	–0.1789
每股现金流量(元)	–0.2046	–0.1683	–0.3091	0.0040
每股资本公积金(元)	0.4140	0.4140	0.4186	0.2172
每股盈余公积金(元)	0.0290	0.0290	0.0290	0.0306
每股未分配利润(元)	0.0159	0.0454	0.1178	0.2438
净资产收益率(%)	–2.0205	–12.4379	–7.2010	5.4036
净资产收益率(扣除)(%)	–2.0000	–12.2200	–7.5600	6.0000
加权净资产收益率	–2.0350	–14.2304	–7.2641	4.8733
总资产(万元)	13530.14	13884.63	14686.38	14250.31
归属母公司股东权益(万元)	8563.38	8736.40	9188.26	8278.21
营业收入(万元)	2068.45	5645.62	2307.56	8223.31
营业成本(万元)	1066.81	2728.96	1177.77	4059.16
投资收益(万元)	–17.63	–29.43	–16.12	2.72
净利润(万元)	—	—	–676.89	399.50
营业利润(万元)	–235.02	–1546.82	–731.60	115.91
利润总额(万元)	–167.33	–1228.23	–674.04	464.59

天津金硕信息科技集团股份有限公司

公司概况					
公司名称	天津金硕信息科技集团股份有限公司			证券简称	金硕信息
法人代表	张跃	董秘	赵钢	证券代码	430297
公司网址	www.jinshuo.com.cn		电子信箱	jinshuo97@163.com	
电　　话	022-23675588		传　　真	022-23695080	
办公地址	天津市南开区红旗南路251号新华园大厦				
经营范围	教育信息化产品的研发、生产、销售等				

主要财务指标

指标\报告期	2017.06.30	2016.12.31	2016.06.30	2015.12.31
基本每股收益(元)	0.0300	0.0124	0.1000	0.1700
基本每股收益(扣除后)(元)	0.0300	0.0108	—	0.1426
稀释每股收益(元)	—	0.0124	—	0.1700
每股净资产(元)	2.0600	2.0400	2.1200	1.9400
每股经营现金净流量(元)	–0.0201	–0.2708	–0.0282	–0.0454
每股现金流量(元)	–0.0422	–0.0277	–0.0437	–0.0158
每股资本公积金(元)	0.4353	0.4353	0.4353	0.3013
每股盈余公积金(元)	0.0281	0.0281	0.0224	0.0243
每股未分配利润(元)	0.5985	0.5722	0.6620	0.6142
净资产收益率(%)	1.2803	0.5967	4.5417	8.1320
净资产收益率(扣除)(%)	1.2900	0.6200	4.4100	9.2200
加权净资产收益率	1.2803	0.5224	3.1347	6.7993
总资产(万元)	13262.80	13010.97	13150.23	12290.23
归属母公司股东权益(万元)	8730.30	8618.87	8975.06	7565.44
营业收入(万元)	2408.22	4457.23	3138.04	4708.72
营业成本(万元)	1432.77	2007.33	1684.15	1989.68
投资收益(万元)	—	—	—	—
净利润(万元)	—	—	407.62	615.22
营业利润(万元)	110.91	54.61	413.17	540.14
利润总额(万元)	113.47	247.02	527.33	660.39

天津宝恒流体控制设备股份有限公司

公司概况					
公司名称	天津宝恒流体控制设备股份有限公司			证券简称	天津宝恒
法人代表	林子晨	董秘	刘智敏	证券代码	430299
公司网址	www.tjbaoheng.com.cn		电子信箱	baoheng@263.net	
电　　话	022-23785511		传　　真	022-23783388	
办公地址	天津市华苑产业区(环外)海泰发展一路2号				
经营范围	从事电动执行器、控制阀等工业自动化控制仪表设备的研发、生产与销售业务				

主要财务指标

指标\报告期	2017.06.30	2016.12.31	2016.06.30	2015.12.31
基本每股收益(元)	0.0300	0.0012	0.0300	0.1100
基本每股收益(扣除后)(元)	0.0300	0.0080	—	0.0400
稀释每股收益(元)	0.0300	0.0012	—	0.1100
每股净资产(元)	1.7800	1.7500	1.7800	1.7500
每股经营现金净流量(元)	–0.0654	0.0441	0.1230	–0.0327
每股现金流量(元)	0.0257	0.1383	0.1229	–0.0008
每股资本公积金(元)	0.6070	0.6070	0.6070	0.6070
每股盈余公积金(元)	0.0425	0.0425	0.0424	0.0424
每股未分配利润(元)	0.1287	0.1023	0.1300	0.1012
净资产收益率(%)	1.4844	0.0684	1.8766	6.1015
净资产收益率(扣除)(%)	1.5000	0.0700	1.8900	5.6900
加权净资产收益率	1.4844	0.4542	1.8766	2.4746
总资产(万元)	6807.96	7033.38	7703.77	7923.73
归属母公司股东权益(万元)	6223.28	6130.90	6227.49	6126.71
营业收入(万元)	1176.71	2595.19	1443.84	4320.34
营业成本(万元)	673.49	1433.87	831.35	2750.30
投资收益(万元)	—	—	—	349.34
净利润(万元)	—	—	116.86	373.82
营业利润(万元)	114.68	41.10	155.82	427.85
利润总额(万元)	108.68	13.27	155.82	435.28

北京倚天凌云科技股份有限公司

公司概况	公司名称	北京倚天凌云科技股份有限公司			证券简称	倚天股份
	法人代表	吴海峰	董秘	王雅敏	证券代码	430301
	公司网址	www.ncnc.cn		电子信箱	wangyamin@ncnc.cn	
	电　话	010-63785597		传　真	010-63711988	
	办公地址	北京市丰台区科技园富丰路4号19层19B05				
	经营范围	制造云母制品				

	指标＼报告期	2017.06.30	2016.12.31	2016.06.30	2015.12.31
主要财务指标	基本每股收益(元)	0.6500	0.2900	0.1300	0.2500
	基本每股收益(扣除后)(元)	0.6300	0.2500	0.0900	0.2300
	稀释每股收益(元)	0.6500	0.2900	0.1300	0.2500
	每股净资产(元)	3.3300	2.6800	2.5000	2.1000
	每股经营现金净流量(元)	0.1039	-0.0717	-0.0804	-0.5946
	每股现金流量(元)	0.7967	-0.2222	0.1345	0.3217
	每股资本公积金(元)	1.0558	1.0558	1.0558	0.7241
	每股盈余公积金(元)	0.0803	0.0803	0.0558	0.0621
	每股未分配利润(元)	1.1916	0.5454	0.3892	0.3096
	净资产收益率(%)	19.4165	10.8787	4.4353	10.4646
	净资产收益率(扣除)(%)	21.5000	11.7000	5.9500	15.4000
	加权净资产收益率	19.0192	9.0638	3.7599	9.7611
	总资产(万元)	15282.98	14057.58	14082.87	9260.69
	归属母公司股东权益(万元)	8858.03	7138.11	6656.83	5013.74
	营业收入(万元)	3449.46	8620.95	3769.13	4470.73
	营业成本(万元)	2511.28	6211.44	2731.97	3231.52
	投资收益(万元)	1736.89	-0.75	—	—
	净利润(万元)	—	—	333.71	524.67
	营业利润(万元)	2029.39	864.17	330.01	553.19
	利润总额(万元)	2070.71	1020.48	408.29	594.69

永铭诚道(北京)医学科技股份有限公司

公司概况	公司名称	永铭诚道(北京)医学科技股份有限公司			证券简称	永铭医学
	法人代表	朱寅	董秘	王恩义	证券代码	430306
	公司网址	www.ccrfmed.com		电子信箱	eywang@ccrfmed.com	
	电　话	010-84059198		传　真	010-84094958	
	办公地址	北京市朝阳区工人体育场北路13号院1号楼8层806室				
	经营范围	心血管领域的专业CRO				

	指标＼报告期	2017.06.30	2016.12.31	2016.06.30	2015.12.31
主要财务指标	基本每股收益(元)	0.2800	0.9300	0.5500	0.5400
	基本每股收益(扣除后)(元)	0.2900	0.9200	0.5600	0.4400
	稀释每股收益(元)	0.2800	0.9300	0.5500	0.5400
	每股净资产(元)	4.1400	3.8500	3.1600	2.9200
	每股经营现金净流量(元)	-0.0837	-0.6967	-0.6502	0.3740
	每股现金流量(元)	-0.1467	-0.7261	-0.6471	0.9630
	每股资本公积金(元)	0.7221	0.7221	1.4442	1.4442
	每股盈余公积金(元)	0.0423	0.0423	0.0522	0.0522
	每股未分配利润(元)	0.8051	0.6631	0.6646	0.4241
	净资产收益率(%)	6.8639	24.2405	17.4498	17.4311
	净资产收益率(扣除)(%)	7.1100	27.5800	17.2600	24.3100
	加权净资产收益率	6.9282	23.9633	17.6981	14.3267
	总资产(万元)	11333.39	9934.52	10944.25	9472.50
	归属母公司股东权益(万元)	4552.94	4240.43	3477.08	3212.53
	营业收入(万元)	10022.52	20027.51	10008.47	7044.99
	营业成本(万元)	8970.11	17671.42	8664.10	5434.36
	投资收益(万元)	-5.75	-6.10	-10.16	36.27
	净利润(万元)	—	—	606.75	559.98
	营业利润(万元)	419.27	1326.90	777.05	590.37
	利润总额(万元)	415.82	1326.88	777.05	651.30

上海易所试网络信息技术股份有限公司

公司概况	公司名称	上海易所试网络信息技术股份有限公司			证券简称	易所试
	法人代表	章源	董秘	张万翔	证券代码	430309
	公司网址	www.liketry.com		电子信箱	troy.zhang@liketry.com	
	电　话	021-31106311		传　真	021-31106276	
	办公地址	上海市虹口区周家嘴路602号C座				
	经营范围	提供试用产品体验营销、口碑营销及客户关系管理(CRM)营销				

	指标＼报告期	2017.06.30	2016.12.31	2016.06.30	2015.12.31
主要财务指标	基本每股收益(元)	-0.1270	-0.2020	-0.1800	0.4100
	基本每股收益(扣除后)(元)	-0.1445	-0.3778	-0.1900	0.3700
	稀释每股收益(元)	-0.1270	-0.2020	-0.1800	0.4100
	每股净资产(元)	1.3900	1.5200	1.5400	5.1600
	每股经营现金净流量(元)	-0.3783	-0.3455	-0.7605	-1.0288
	每股现金流量(元)	-0.3643	-0.7394	-0.8991	3.2187
	每股资本公积金(元)	0.5640	0.5640	0.5640	3.6962
	每股盈余公积金(元)	0.0172	0.0172	0.0172	0.0517
	每股未分配利润(元)	-0.1908	-0.0638	-0.0420	0.4145
	净资产收益率(%)	-9.1313	-13.3115	-11.7010	6.7899
	净资产收益率(扣除)(%)	-8.7300	-12.4800	-11.0400	19.7100
	加权净资产收益率	-10.3899	-24.8976	-12.0927	6.2669
	总资产(万元)	31347.74	33461.14	33731.86	41598.88
	归属母公司股东权益(万元)	24020.81	26214.22	26592.17	29727.90
	营业收入(万元)	5325.40	19455.45	6970.92	21729.99
	营业成本(万元)	4743.11	19959.98	6563.56	15971.15
	投资收益(万元)	-149.27	3410.14	8.35	16.70
	净利润(万元)	—	—	-3274.69	1955.94
	营业利润(万元)	-3127.50	-5066.75	-3865.52	2214.96
	利润总额(万元)	-2771.81	-4903.40	-3746.16	2381.21

上海巨灵信息技术股份有限公司

公司概况	公司名称	上海巨灵信息技术股份有限公司			证券简称	巨灵信息
	法人代表	王新桥	董秘	张莉	证券代码	430316
	公司网址	www.julinginfo.com		电子信箱	zhangli@julinginfo.com	
	电　话	021-56975844-8036		传　真	021-56975844-8002	
	办公地址	上海市静安区民德路158号铭德国际广场701-702室				
	经营范围	软件销售、硬件销售、技术服务等				

	指标＼报告期	2017.06.30	2016.12.31	2016.06.30	2015.12.31
主要财务指标	基本每股收益(元)	0.1935	0.0300	0.0400	0.1400
	基本每股收益(扣除后)(元)	0.1894	0.0300	0.0400	0.1200
	稀释每股收益(元)	0.1935	0.0300	—	0.1400
	每股净资产(元)	2.0400	1.8500	1.8500	1.9100
	每股经营现金净流量(元)	0.0257	0.0073	-0.0859	-0.3021
	每股现金流量(元)	0.0382	0.0721	-0.0764	-0.0972
	每股资本公积金(元)	0.6351	0.6351	0.6351	0.6351
	每股盈余公积金(元)	0.0775	0.0775	0.0672	0.0672
	每股未分配利润(元)	0.3273	0.1339	0.1499	0.1144
	净资产收益率(%)	9.4832	1.6150	1.9147	7.1623
	净资产收益率(扣除)(%)	9.9600	1.6300	1.9300	9.3300
	加权净资产收益率	9.2848	1.5046	1.9147	6.5494
	总资产(万元)	2848.40	2283.91	2368.95	1989.45
	归属母公司股东权益(万元)	2141.96	1938.84	1944.77	1907.54
	营业收入(万元)	924.37	1187.35	677.14	1748.58
	营业成本(万元)	347.47	524.02	272.07	1181.52
	投资收益(万元)	—	—	—	—
	净利润(万元)	—	—	37.24	136.62
	营业利润(万元)	208.77	31.40	38.50	142.52
	利润总额(万元)	213.77	33.92	38.50	154.21

上海欧萨评价咨询股份有限公司

公司概况	公司名称	上海欧萨评价咨询股份有限公司		证券简称	欧萨咨询
	法人代表	王小兵	董秘 陈洁	证券代码	430319
	公司网址	www.ohsa.com.cn	电子信箱	jie_chen@ohsa.com.cn	
	电话	021-65897103	传真	021-55210562	
	办公地址	上海市杨浦区平凉路 720 号 6 幢 5 楼			
	经营范围	建设项目职业病危害评价			

主要财务指标	指标\报告期	2017.06.30	2016.12.31	2016.06.30	2015.12.31
	基本每股收益(元)	-0.3100	-0.6500	0.0400	0.3900
	基本每股收益(扣除后)(元)	-0.3100	-0.6700	0.0400	0.2800
	稀释每股收益(元)	-0.3100	-0.6500	0.0400	0.3900
	每股净资产(元)	1.1500	1.4600	2.0400	1.6400
	每股经营现金净流量(元)	-0.1950	0.1944	-0.2113	0.5410
	每股现金流量(元)	-0.1936	-0.1633	0.0874	0.1459
	每股资本公积金(元)	0.5606	0.5606	0.5883	0.1790
	每股盈余公积金(元)	0.0395	0.0395	0.0322	0.0361
	每股未分配利润(元)	-0.4483	-0.1426	0.4148	0.4182
	净资产收益率(%)	-26.5459	-34.8997	2.0342	22.3393
	净资产收益率(扣除)(%)	-23.4400	-41.6400	2.7300	27.5200
	加权净资产收益率	-27.0331	-36.3476	1.5995	16.2078
	总资产(万元)	6832.01	7710.57	9847.95	8520.46
	归属母公司股东权益(万元)	3617.00	4577.17	6391.61	4579.04
	营业收入(万元)	2774.62	6798.18	3411.66	7779.22
	营业成本(万元)	1495.60	3592.09	1539.85	3580.56
	投资收益(万元)	--	--	--	131.20
	净利润(万元)	--	--	127.02	1036.02
	营业利润(万元)	-917.36	-1685.38	184.65	1238.27
	利润总额(万元)	-893.81	-1588.51	221.67	1481.47

智合新天(北京)传媒广告股份有限公司

公司概况	公司名称	智合新天(北京)传媒广告股份有限公司		证券简称	智合新天
	法人代表	郭宁	董秘 兰兰	证券代码	430322
	公司网址	www.newskyunion.com	电子信箱	lanlan@newskyunion.com	
	电话	010-64775227	传真	010-64775227-8006	
	办公地址	北京市朝阳区望京东园七区保利国际广场 T2-501 室			
	经营范围	公司是户外广告传媒整体解决方案提供商			

主要财务指标	指标\报告期	2017.06.30	2016.12.31	2016.06.30	2015.12.31
	基本每股收益(元)	-0.2100	0.0300	0.0500	0.6000
	基本每股收益(扣除后)(元)	-0.2200	0.0460	--	0.5500
	稀释每股收益(元)	-0.2100	0.0300	0.0500	0.6000
	每股净资产(元)	1.1200	1.3200	1.3400	2.3600
	每股经营现金净流量(元)	0.4060	-0.8901	-0.3942	0.4786
	每股现金流量(元)	0.0821	-0.6144	-0.0583	1.1728
	每股资本公积金(元)	0.2132	0.2132	0.2136	0.4406
	每股盈余公积金(元)	0.0435	0.0435	0.0405	0.0915
	每股未分配利润(元)	-0.1399	0.0665	0.0889	0.8239
	净资产收益率(%)	-18.4850	2.2638	3.6699	24.8218
	净资产收益率(扣除)(%)	-16.9200	2.4000	3.9900	30.6200
	加权净资产收益率	-19.7918	3.8708	3.6699	22.5689
	总资产(万元)	3508.71	4539.17	5073.39	3926.99
	归属母公司股东权益(万元)	2526.27	2993.26	3037.93	2358.34
	营业收入(万元)	1326.83	5718.38	3004.27	6261.04
	营业成本(万元)	1440.79	4515.02	2228.22	4594.09
	投资收益(万元)	4.61	0.71	--	8.95
	净利润(万元)	--	--	111.49	585.38
	营业利润(万元)	-504.48	93.26	170.71	711.56
	利润总额(万元)	-460.46	93.26	170.71	782.40

北京锦鸿希电信息技术股份有限公司

公司概况	公司名称	北京锦鸿希电信息技术股份有限公司		证券简称	北京希电
	法人代表	曾春平	董秘 李欣	证券代码	430328
	公司网址	www.chinaxidian.com	电子信箱	lixin@chinaxidian.com	
	电话	010-68485795	传真	010-68480526	
	办公地址	北京市丰台区科学城中核路 1 号院 01 号楼 4-5 层			
	经营范围	轨道交通运营安全信息传输系统设备的研制、生产、销售和服务			

主要财务指标	指标\报告期	2017.06.30	2016.12.31	2016.06.30	2015.12.31
	基本每股收益(元)	-0.2100	0.1000	-0.1500	0.3100
	基本每股收益(扣除后)(元)	-0.3179	-0.0500	-0.2100	0.0200
	稀释每股收益(元)	--	0.1000	--	--
	每股净资产(元)	2.2200	2.4300	2.1800	2.3300
	每股经营现金净流量(元)	-0.3412	0.1088	-0.5044	-0.8071
	每股现金流量(元)	-0.2660	-0.1045	-0.5106	-0.1276
	每股资本公积金(元)	0.8196	0.8196	0.8196	0.8196
	每股盈余公积金(元)	0.0727	0.0727	0.0626	0.0626
	每股未分配利润(元)	0.3290	0.5378	0.2965	0.4473
	净资产收益率(%)	-9.3992	4.1382	-6.9233	12.6256
	净资产收益率(扣除)(%)	-8.9800	4.2300	-6.6900	16.2900
	加权净资产收益率	-14.2273	-1.9381	-9.1496	0.8500
	总资产(万元)	11980.81	12506.31	11158.13	14355.77
	归属母公司股东权益(万元)	7330.56	8019.57	7189.92	7687.70
	营业收入(万元)	2278.22	8144.20	3164.99	10298.11
	营业成本(万元)	1468.26	4704.50	2305.58	6042.85
	投资收益(万元)	--	--	--	--
	净利润(万元)	--	--	-497.78	970.62
	营业利润(万元)	-679.48	-578.38	-859.28	-76.19
	利润总额(万元)	-665.82	316.01	-485.74	1077.30

安华智能股份公司

公司概况	公司名称	安华智能股份公司		证券简称	安华智能
	法人代表	杨剑波	董秘 邓阳光	证券代码	430332
	公司网址	www.chn-anhua.com	电子信箱	anhuazn@126.com	
	电话	027-82860648	传真	027-82863807	
	办公地址	湖北省武汉市江岸区后湖街石桥一路 5 号 4 栋 3 层			
	经营范围	信息系统机房及智能化系统设计、集成、运维及销售			

主要财务指标	指标\报告期	2017.06.30	2016.12.31	2016.06.30	2015.12.31
	基本每股收益(元)	0.0600	0.1300	0.1000	0.1800
	基本每股收益(扣除后)(元)	0.0551	0.1250	0.1000	0.1800
	稀释每股收益(元)	--	--	--	--
	每股净资产(元)	1.7300	1.6700	1.6400	1.5400
	每股经营现金净流量(元)	-0.0385	0.2491	-0.0547	-0.1066
	每股现金流量(元)	0.0487	-0.1828	-0.0648	0.0663
	每股资本公积金(元)	0.1436	0.1436	0.1436	0.1436
	每股盈余公积金(元)	0.0544	0.0544	0.0413	0.0413
	每股未分配利润(元)	0.5310	0.4746	0.4554	0.3571
	净资产收益率(%)	3.2576	7.8123	5.9953	11.5646
	净资产收益率(扣除)(%)	3.3100	8.1300	6.1800	13.5100
	加权净资产收益率	2.9939	7.5116	5.9953	10.3365
	总资产(万元)	11888.56	12708.57	13589.57	12875.38
	归属母公司股东权益(万元)	9855.08	9534.04	9349.77	8789.22
	营业收入(万元)	5034.45	10972.66	7661.01	14030.85
	营业成本(万元)	3919.32	8615.58	6187.25	11084.75
	投资收益(万元)	--	--	0.51	34.05
	净利润(万元)	--	--	560.55	1016.44
	营业利润(万元)	352.62	805.99	658.12	1061.77
	利润总额(万元)	381.92	836.75	658.12	1154.71

上海科洋科技股份有限公司

公司概况	公司名称	上海科洋科技股份有限公司		证券简称	科洋科技
	法人代表	周人	董秘 余勇	证券代码	430334
	公司网址	www.keyontechs.com		电子信箱	zqsw@keyontechs.com
	电　话	021-50120848		传　真	021-58352115
	办公地址	上海市徐汇区桂林路华鑫中心2号楼802-804室			
	经营范围	工业自动化仪器仪表研发、生产和销售			

主要财务指标	指标\报告期	2017.06.30	2016.12.31	2016.06.30	2015.12.31
	基本每股收益(元)	0.3200	0.4000	0.2400	0.5600
	基本每股收益(扣除后)(元)	0.3165	0.3100	0.2387	0.4600
	稀释每股收益(元)	—	0.4000	—	0.5600
	每股净资产(元)	4.0300	3.7100	3.5600	4.5400
	每股经营现金净流量(元)	0.1707	0.8547	–0.1196	–0.0420
	每股现金流量(元)	–0.1011	1.1354	0.2715	–0.6655
	每股资本公积金(元)	0.9801	0.9801	0.9809	1.4261
	每股盈余公积金(元)	0.1597	0.1564	0.1691	0.2200
	每股未分配利润(元)	1.8874	1.5754	1.4077	1.8916
	净资产收益率(%)	7.8300	10.6808	6.7881	12.4284
	净资产收益率(扣除)(%)	8.1500	11.4000	7.5100	13.2500
	加权净资产收益率	7.7400	8.2436	6.6999	10.2483
	总资产(万元)	26416.80	20215.27	17179.76	13844.42
	归属母公司股东权益(万元)	13549.57	12488.70	11967.14	9654.80
	营业收入(万元)	5311.00	11261.24	5704.97	8230.23
	营业成本(万元)	2599.92	6527.27	2986.77	4452.12
	投资收益(万元)	–30.91	–83.15	–67.40	–141.77
	净利润(万元)	—	—	1069.77	1205.71
	营业利润(万元)	1549.96	1653.32	1377.90	1160.46
	利润总额(万元)	1655.98	1960.11	1388.40	1411.49

北京呈创科技股份有限公司

公司概况	公司名称	北京呈创科技股份有限公司		证券简称	呈创科技
	法人代表	许志豪	董秘 赵晶	证券代码	430341
	公司网址	www.centran.cn		电子信箱	centran@centran.cn
	电　话	010-51709299		传　真	
	办公地址	北京市海淀区紫竹院路116号嘉豪国际中心C座711室			
	经营范围	指挥中心系统集成、软件产品开发与销售			

主要财务指标	指标\报告期	2017.06.30	2016.12.31	2016.06.30	2015.12.31
	基本每股收益(元)	0.0600	0.0700	–0.0800	0.8800
	基本每股收益(扣除后)(元)	0.0600	0.0700	–0.0800	0.8800
	稀释每股收益(元)	0.0600	0.0700	–0.0800	0.8800
	每股净资产(元)	1.8200	1.7800	1.6100	4.2200
	每股经营现金净流量(元)	–0.1169	0.1161	–0.1478	–0.6736
	每股现金流量(元)	–0.1202	–0.0286	–0.1514	0.1098
	每股资本公积金(元)	0.0056	0.0056	0.0056	1.5141
	每股盈余公积金(元)	0.0295	0.0295	0.0290	0.0726
	每股未分配利润(元)	0.7878	0.7229	0.5742	1.6300
	净资产收益率(%)	3.5614	4.0640	–4.8363	20.5511
	净资产收益率(扣除)(%)	3.6300	4.1500	–4.7200	25.2600
	加权净资产收益率	3.5162	3.8857	–5.1422	20.4882
	总资产(万元)	16440.03	16928.15	13895.91	14552.30
	归属母公司股东权益(万元)	11179.51	10781.36	9866.05	10343.20
	营业收入(万元)	2029.93	8030.66	2649.00	10901.57
	营业成本(万元)	1321.50	3935.53	2285.03	6651.77
	投资收益(万元)	—	—	—	—
	净利润(万元)	—	—	–477.15	2125.64
	营业利润(万元)	391.41	455.35	–573.26	1811.83
	利润总额(万元)	396.47	703.76	–477.15	2179.67

上海天呈医流科技股份有限公司

公司概况	公司名称	上海天呈医流科技股份有限公司		证券简称	天呈医流
	法人代表	邓志龙	董秘 吴春香	证券代码	430345
	公司网址	www.e1617.com		电子信箱	1872230463@e1617.com
	电　话	021-51083677		传　真	021-51816400
	办公地址	上海市杨浦区翔殷路128号1号楼B座310室			
	经营范围	生物医药研发领域内的技术服务、技术开发、技术转让、技术咨询等			

主要财务指标	指标\报告期	2017.06.30	2016.12.31	2016.06.30	2015.12.31
	基本每股收益(元)	–0.4785	–0.2900	–0.3400	–0.1200
	基本每股收益(扣除后)(元)	–0.5354	–0.2700	–0.5000	–0.1700
	稀释每股收益(元)	—	–0.2900	—	–0.1200
	每股净资产(元)	0.2600	0.4500	0.7500	1.7800
	每股经营现金净流量(元)	–0.2156	–0.2033	–0.3559	–0.7118
	每股现金流量(元)	–0.3111	–0.2405	0.2322	0.7586
	每股资本公积金(元)	0.0245	0.0314	0.1024	1.0965
	每股盈余公积金(元)	—	—	—	—
	每股未分配利润(元)	–0.7681	–0.5784	–0.2892	–0.3202
	净资产收益率(%)	–186.5421	–64.7018	–22.6497	–5.6538
	净资产收益率(扣除)(%)	–83.3700	–47.9100	–30.4900	–5.6500
	加权净资产收益率	–208.7233	–72.1620	–33.3575	–8.1297
	总资产(万元)	945.63	1325.97	1502.42	2000.62
	归属母公司股东权益(万元)	368.01	649.82	1080.04	1253.78
	营业收入(万元)	1611.74	526.39	1698.11	894.63
	营业成本(万元)	1294.92	461.27	1146.52	611.37
	投资收益(万元)	—	—	—	—
	净利润(万元)	—	–430.22	–244.63	–70.89
	营业利润(万元)	–786.80	–468.92	–359.39	–110.53
	利润总额(万元)	–696.25	–430.22	–197.19	–79.49

武汉地大信息工程股份有限公司

公司概况	公司名称	武汉地大信息工程股份有限公司		证券简称	地大信息
	法人代表	马维峰	董秘 唐湘丹	证券代码	430347
	公司网址	www.infoearth.com		电子信箱	public@infoearth.com
	电　话	027-59808866-8010		传　真	027-59808866
	办公地址	湖北省武汉市东湖新技术开发区软件园东路1号软件产业4.1期1栋15楼			
	经营范围	地质环境信息化软件开发、系统集成、空间数据处理相关产品的研发与技术服务			

主要财务指标	指标\报告期	2017.06.30	2016.12.31	2016.06.30	2015.12.31
	基本每股收益(元)	0.0300	0.4000	0.0200	0.4800
	基本每股收益(扣除后)(元)	0.0300	0.3700	0.0200	0.4400
	稀释每股收益(元)	0.0300	0.4000	0.0200	0.5000
	每股净资产(元)	1.7000	1.6700	1.2900	2.4200
	每股经营现金净流量(元)	–0.0930	–0.0485	–0.2048	0.5021
	每股现金流量(元)	–0.1083	–0.0648	–0.2118	1.5005
	每股资本公积金(元)	0.0274	0.0274	0.0274	0.9520
	每股盈余公积金(元)	0.0642	0.0642	0.0245	0.0466
	每股未分配利润(元)	0.6047	0.5777	0.2411	0.4190
	净资产收益率(%)	1.5925	23.7734	1.5872	18.9894
	净资产收益率(扣除)(%)	1.6100	26.9800	1.6000	34.2200
	加权净资产收益率	1.5411	21.9342	1.4618	17.1510
	总资产(万元)	4741.32	5005.74	3636.49	4121.04
	归属母公司股东权益(万元)	3623.06	3565.36	2761.59	2717.76
	营业收入(万元)	1295.46	3930.21	1100.84	2611.95
	营业成本(万元)	550.27	1833.36	478.33	1119.27
	投资收益(万元)	—	—	—	—
	净利润(万元)	—	—	43.83	516.09
	营业利润(万元)	95.20	862.88	46.38	533.28
	利润总额(万元)	97.39	940.03	50.45	590.38

爱科凯能科技(北京)股份有限公司

公司概况	公司名称	爱科凯能科技(北京)股份有限公司			证券简称	爱科凯能
	法人代表	熊振宏	董秘	范家伟	证券代码	430351
	公司网址	www.acuretech.com		电子信箱	dm@acuretech.com	
	电　话	010-64392084		传　真	010-64390200	
	办公地址	北京市朝阳区酒仙桥东路1号院8号楼5层503室				
	经营范围	研发、生产、销售微创激光手术设备,为医院提供微创手术整体解决方案				

	指标\报告期	2017.06.30	2016.12.31	2016.06.30	2015.12.31
主要财务指标	基本每股收益(元)	0.0400	0.4800	0.1500	0.3200
	基本每股收益(扣除后)(元)	0.0400	0.4700	0.1500	0.2500
	稀释每股收益(元)	0.0400	0.4800	0.1400	0.3200
	每股净资产(元)	2.4900	2.4500	2.1400	1.8600
	每股经营现金净流量(元)	0.0084	0.0489	−0.1326	−0.3577
	每股现金流量(元)	0.0774	0.1456	−0.0012	0.0009
	每股资本公积金(元)	0.3140	0.3140	0.3140	0.1712
	每股盈余公积金(元)	0.1139	0.1139	0.0662	0.0688
	每股未分配利润(元)	1.0619	1.0255	0.7585	0.6190
	净资产收益率(%)	1.4632	19.4570	7.6035	17.3338
	净资产收益率(扣除)(%)	1.4700	22.0200	8.6900	18.9800
	加权净资产收益率	1.4250	19.1352	7.4180	13.6766
	总资产(万元)	9002.86	7795.98	6740.11	6099.45
	归属母公司股东权益(万元)	5510.57	5429.94	4733.33	3960.62
	营业收入(万元)	2816.41	7141.96	3269.35	6419.12
	营业成本(万元)	1410.70	3742.16	1631.99	3803.96
	投资收益(万元)	—	—	—	—
	净利润(万元)	—	—	359.90	686.53
	营业利润(万元)	−14.24	1033.74	393.62	612.69
	利润总额(万元)	94.86	1207.18	403.95	783.11

上海沃特奇能源科技股份有限公司

公司概况	公司名称	上海沃特奇能源科技股份有限公司			证券简称	沃特能源
	法人代表	袁谊	董秘	崔国焰	证券代码	430355
	公司网址	www.water7.cc		电子信箱	13621729289@139.com	
	电　话	13621729289		传　真	021-67760831	
	办公地址	上海市杨浦区隆昌路588号2号楼10层				
	经营范围	新能源投资,新能源专业领域的技术开发、技术咨询、技术转让等				

	指标\报告期	2017.06.30	2016.12.31	2016.06.30	2015.12.31
主要财务指标	基本每股收益(元)	0.0700	0.2499	0.1700	0.4500
	基本每股收益(扣除后)(元)	0.0400	0.2467	0.1700	0.4035
	稀释每股收益(元)	0.0700	0.2499	0.1700	0.4500
	每股净资产(元)	2.4400	2.3700	1.8500	1.6900
	每股经营现金净流量(元)	−0.4266	−0.4959	−0.2857	−0.4181
	每股现金流量(元)	−0.4753	0.5769	0.5838	0.0609
	每股资本公积金(元)	0.5393	0.5393	0.0367	0.0367
	每股盈余公积金(元)	0.0837	0.0837	0.0658	0.0658
	每股未分配利润(元)	0.8159	0.7500	0.7513	0.5857
	净资产收益率(%)	2.7034	10.0717	8.9325	25.7706
	净资产收益率(扣除)(%)	2.7400	12.2100	9.3500	33.9400
	加权净资产收益率	1.4696	9.9418	8.9317	23.2955
	总资产(万元)	13566.52	14429.13	13026.84	8654.23
	归属母公司股东权益(万元)	8389.99	8163.18	5820.96	5301.00
	营业收入(万元)	3143.25	8404.06	5077.19	11721.06
	营业成本(万元)	1919.42	5706.21	3671.34	8490.71
	投资收益(万元)	—	—	—	26.96
	净利润(万元)	—	—	520.61	1356.10
	营业利润(万元)	143.11	894.97	613.85	1362.41
	利润总额(万元)	264.89	907.54	613.90	1516.79

上海基美影业股份有限公司

公司概况	公司名称	上海基美影业股份有限公司			证券简称	基美影业
	法人代表	高敬东	董秘	李蓓	证券代码	430358
	公司网址	www.fundamentalfilms.com		电子信箱	yuanwang@fundamentalfilms.com	
	电　话	021-62716777		传　真	021-61716068	
	办公地址	上海市静安区北京西路762号				
	经营范围	公司目前主要从事电影的投资制作、发行、协助推广及衍生业务				

	指标\报告期	2017.06.30	2016.12.31	2016.06.30	2015.12.31
主要财务指标	基本每股收益(元)	−0.7400	−0.8900	−0.0600	0.1600
	基本每股收益(扣除后)(元)	−0.7400	−0.9000	−0.0600	0.1500
	稀释每股收益(元)	−0.7400	−0.8900	−0.0600	0.1600
	每股净资产(元)	2.5400	3.2700	4.1100	4.1700
	每股经营现金净流量(元)	−0.4822	−0.5431	−0.1070	−0.6584
	每股现金流量(元)	−0.5593	−1.9509	−0.1248	2.6865
	每股资本公积金(元)	2.8574	2.8574	2.8574	2.8574
	每股盈余公积金(元)	0.0313	0.0313	0.0313	0.0313
	每股未分配利润(元)	−1.3496	−0.6140	0.2198	0.2777
	净资产收益率(%)	−28.9683	−27.2300	−1.4091	2.9312
	净资产收益率(扣除)(%)	−25.3000	−23.9700	−1.4000	5.8500
	加权净资产收益率	−28.9584	−27.3892	−1.4070	2.7378
	总资产(万元)	98619.28	113924.74	130109.48	130648.19
	归属母公司股东权益(万元)	75547.27	97432.02	122240.30	123962.75
	营业收入(万元)	1817.84	10440.70	537.45	19337.04
	营业成本(万元)	740.36	26171.97	717.57	12554.45
	投资收益(万元)	−19941.16	23.50	—	25.00
	净利润(万元)	—	—	−1740.32	3607.99
	营业利润(万元)	−21869.76	−26513.83	−1781.52	4456.09
	利润总额(万元)	−21877.26	−26358.75	−1784.04	4741.08

武汉同济现代医药科技股份有限公司

公司概况	公司名称	武汉同济现代医药科技股份有限公司			证券简称	同济医药
	法人代表	李亦武	董秘	李凯	证券代码	430359
	公司网址	www.whtjxd.com		电子信箱	chrislee927@126.com	
	电　话	027-84222253		传　真	027-84222253	
	办公地址	湖北省武汉市经济技术开发区高科技产业园22号				
	经营范围	医药、医疗、生物、保健饮品技术及产品的研究、开发				

	指标\报告期	2017.06.30	2016.12.31	2016.06.30	2015.12.31
主要财务指标	基本每股收益(元)	0.0700	0.0900	−0.0200	0.0100
	基本每股收益(扣除后)(元)	0.0700	0.0300	−0.0200	—
	稀释每股收益(元)	0.0700	0.0900	−0.0200	—
	每股净资产(元)	3.0800	3.0800	2.9800	2.9900
	每股经营现金净流量(元)	−0.1219	−0.5895	−0.4357	−0.2314
	每股现金流量(元)	−0.1850	−0.5245	−0.3574	0.8468
	每股资本公积金(元)	0.8167	1.7251	1.7251	1.7251
	每股盈余公积金(元)	0.0193	0.0290	0.0234	0.0214
	每股未分配利润(元)	0.2853	0.3260	0.2330	0.2441
	净资产收益率(%)	3.2041	2.9059	−0.3072	0.1808
	净资产收益率(扣除)(%)	3.2600	2.9500	−0.3100	0.2900
	加权净资产收益率	3.2736	1.0198	−0.7427	−0.0508
	总资产(万元)	42556.86	42797.66	37166.80	32997.23
	归属母公司股东权益(万元)	27759.90	26870.45	26009.96	26089.62
	营业收入(万元)	14194.58	9623.82	1773.78	3079.07
	营业成本(万元)	11651.87	6758.35	578.60	1251.68
	投资收益(万元)	−111.65	417.40	−100.33	62.06
	净利润(万元)	—	—	−185.54	26.26
	营业利润(万元)	1619.46	340.32	−230.22	38.04
	利润总额(万元)	1596.76	937.03	−116.94	109.13

北京世纪竹邦能源技术股份有限公司

公司概况	公司名称	北京世纪竹邦能源技术股份有限公司			证券简称	竹邦能源
	法人代表	冯亚林	董秘	苗炜	证券代码	430360
	公司网址	www.zubom.com.cn		电子信箱	zubom_mw@163.com	
	电 话			传 真		
	办公地址	北京市朝阳区东三环北路霞光里 18 号 1 号楼 B 座 12E				
	经营范围	室内外照明节能服务项目的投资、设计、工程实施及运营管理				

	指标\报告期	2017.06.30	2016.12.31	2016.06.30	2015.12.31
主要财务指标	基本每股收益(元)	–0.0300	–0.0300	0.1100	0.3000
	基本每股收益(扣除后)(元)	–0.0300	–0.1300	0.1100	0.3100
	稀释每股收益(元)	–0.0300	–0.0300	0.1100	—
	每股净资产(元)	1.6200	1.4500	1.4400	1.3200
	每股经营现金净流量(元)	0.0444	–0.8881	–0.3771	–0.1559
	每股现金流量(元)	–0.0356	–0.0851	–0.0919	–0.2101
	每股资本公积金(元)	0.5062	0.2928	0.0084	0.0084
	每股盈余公积金(元)	0.0182	0.0209	0.0464	0.0243
	每股未分配利润(元)	0.0914	0.1317	0.3803	0.1821
	净资产收益率(%)	–1.4705	–1.6886	7.7317	22.2107
	净资产收益率(扣除)(%)	–1.7200	–1.9100	8.0400	24.8500
	加权净资产收益率	–1.4710	–8.1632	7.7360	22.6274
	总资产(万元)	8474.20	8604.23	7082.05	5840.81
	归属母公司股东权益(万元)	6463.68	5058.73	4305.32	3972.49
	营业收入(万元)	370.61	948.11	603.22	4554.10
	营业成本(万元)	155.39	401.82	228.78	2815.81
	投资收益(万元)	—	0.01	—	–1.50
	净利润(万元)	—	—	332.87	882.32
	营业利润(万元)	–95.71	–44.26	335.99	893.25
	利润总额(万元)	–95.67	–44.45	335.80	876.70

上海上电电机股份有限公司

公司概况	公司名称	上海上电电机股份有限公司			证券简称	上海上电
	法人代表	祁新平	董秘	黄松梅	证券代码	430363
	公司网址	www.shsd-elec.com		电子信箱	hsm@shsd-elec.com	
	电 话	021-52633873-8003		传 真	021-64637180-636	
	办公地址	上海市嘉定区兴文路 1200 号				
	经营范围	交直流电机制造、销售、维修,配件销售等				

	指标\报告期	2017.06.30	2016.12.31	2016.06.30	2015.12.31
主要财务指标	基本每股收益(元)	0.4422	–0.0300	—	0.1500
	基本每股收益(扣除后)(元)	0.0020	–0.0600	–0.0274	0.1000
	稀释每股收益(元)	0.4422	–0.0300	—	0.1500
	每股净资产(元)	2.6300	2.2000	2.2000	2.2800
	每股经营现金净流量(元)	0.0423	–0.1520	0.2879	0.0668
	每股现金流量(元)	0.0078	–0.0182	0.2771	–0.0041
	每股资本公积金(元)	1.0283	1.0283	1.0283	1.0283
	每股盈余公积金(元)	0.0561	0.0561	0.0561	0.0561
	每股未分配利润(元)	0.5459	0.1119	0.1171	0.1950
	净资产收益率(%)	16.8111	–1.1426	0.2013	6.3747
	净资产收益率(扣除)(%)	18.3100	–1.1300	0.1900	6.6200
	加权净资产收益率	0.0618	–2.7134	–1.2451	4.3830
	总资产(万元)	24819.01	24754.62	22490.94	19986.54
	归属母公司股东权益(万元)	15071.67	12585.00	12614.33	13061.14
	营业收入(万元)	4213.78	7301.63	3156.37	12320.88
	营业成本(万元)	3030.60	5030.62	2160.83	8584.66
	投资收益(万元)	65.59	10.64	12.42	41.53
	净利润(万元)	—	—	25.39	832.60
	营业利润(万元)	–205.79	–406.10	–181.02	629.72
	利润总额(万元)	3157.44	–184.14	33.63	935.77

上海明波通信技术股份有限公司

公司概况	公司名称	上海明波通信技术股份有限公司			证券简称	明波通信
	法人代表	周长明	董秘	何达希	证券代码	430368
	公司网址	www.bwave.cc		电子信箱	hdx@bwave.cc	
	电 话	021-50803833-8006		传 真	021-50803831	
	办公地址	上海市浦东新区张江高科技园区科苑路 399 号 12 幢 6 楼				
	经营范围	通信网络系统终端产品的开发、设计、销售				

	指标\报告期	2017.06.30	2016.12.31	2016.06.30	2015.12.31
主要财务指标	基本每股收益(元)	0.1393	0.1900	0.2500	–0.2900
	基本每股收益(扣除后)(元)	0.0961	0.0800	0.2141	–0.3268
	稀释每股收益(元)	0.1393	0.1900	0.2500	–0.2900
	每股净资产(元)	2.8600	2.7100	2.7800	2.5800
	每股经营现金净流量(元)	0.0245	0.1676	0.2851	–0.2029
	每股现金流量(元)	–0.0119	0.1768	0.6876	0.1977
	每股资本公积金(元)	0.4169	0.4169	0.4169	0.4169
	每股盈余公积金(元)	0.0851	0.0851	0.0668	0.0668
	每股未分配利润(元)	1.2507	1.1114	1.1904	0.9443
	净资产收益率(%)	4.8651	6.8422	8.8374	–10.4240
	净资产收益率(扣除)(%)	5.0000	7.0100	9.1700	–10.6200
	加权净资产收益率	3.3581	3.0901	7.6886	–11.9445
	总资产(万元)	4016.60	3980.97	4362.37	3655.02
	归属母公司股东权益(万元)	3120.29	2952.17	3035.24	2813.16
	营业收入(万元)	2029.14	3618.03	1617.64	2484.14
	营业成本(万元)	174.36	186.83	35.69	8.90
	投资收益(万元)	—	—	—	—
	净利润(万元)	—	—	193.98	–313.49
	营业利润(万元)	37.99	128.56	157.09	–354.22
	利润总额(万元)	85.02	241.44	193.98	–309.71

上海昂盛智能工程股份有限公司

公司概况	公司名称	上海昂盛智能工程股份有限公司			证券简称	昂盛智能
	法人代表	王麒烨	董秘	段智丰	证券代码	430379
	公司网址	www.blooming-grace.cn		电子信箱	duanzhifeng@blooming-grace.com	
	电 话	021-62462699		传 真	021-62462696	
	办公地址	上海市静安区万航渡路 829 弄 1 号 2301 室				
	经营范围	智能化工程、通讯工程、安全防范系统工程、照明工程等				

	指标\报告期	2017.06.30	2016.12.31	2016.06.30	2015.12.31
主要财务指标	基本每股收益(元)	–0.0200	0.0300	–0.0400	0.2400
	基本每股收益(扣除后)(元)	–0.0202	0.0200	–0.0400	0.1900
	稀释每股收益(元)	–0.0200	0.0300	–0.0400	0.2400
	每股净资产(元)	1.3000	1.3100	1.2500	1.9600
	每股经营现金净流量(元)	–0.3194	0.1786	0.0394	–0.6592
	每股现金流量(元)	–0.2949	0.1977	–0.0354	0.1113
	每股资本公积金(元)	0.0496	0.0496	0.0496	0.5743
	每股盈余公积金(元)	0.0360	0.0360	0.0332	0.0497
	每股未分配利润(元)	0.2118	0.2290	0.1678	0.3322
	净资产收益率(%)	–1.3234	2.0539	–2.9543	9.5405
	净资产收益率(扣除)(%)	–1.3100	2.0600	–2.8900	12.1400
	加权净资产收益率	–1.3365	1.5294	–2.9543	7.6156
	总资产(万元)	11002.41	10577.09	11182.38	10594.70
	归属母公司股东权益(万元)	6616.33	6703.89	6377.79	6651.20
	营业收入(万元)	2474.23	8049.37	3336.69	8320.32
	营业成本(万元)	1930.54	6455.29	2893.03	6538.88
	投资收益(万元)	4.14	—	—	—
	净利润(万元)	—	—	–191.15	630.86
	营业利润(万元)	–90.79	104.59	–190.87	472.70
	利润总额(万元)	–89.92	145.96	–190.87	623.38

浙江中一检测研究院股份有限公司

公司概况						
	公司名称	浙江中一检测研究院股份有限公司			证券简称	中一检测
	法人代表	应赛霞	董秘		证券代码	430385
	公司网址	www.zynb.com.cn		电子信箱	jameswu@zynb.com.cn	
	电　　话	0574-87837222		传　　真	0574-87915637	
	办公地址	浙江省宁波国家高新区光华路299弄研发园C10幢4F				
	经营范围	健康与环保、节能减排、工程质量等领域的检测与评价				

主要财务指标	指标\报告期	2017.06.30	2016.12.31	2016.06.30	2015.12.31
	基本每股收益(元)	0.0100	0.0800	-0.2200	0.1900
	基本每股收益(扣除后)(元)	-0.0200	0.0100	-0.2400	0.0800
	稀释每股收益(元)	0.0100	0.0800	-0.2200	0.1900
	每股净资产(元)	1.5800	1.6900	1.4700	1.6800
	每股经营现金净流量(元)	-0.0002	0.3649	-0.0394	0.2446
	每股现金流量(元)	-0.0917	0.1584	-0.1790	0.0709
	每股资本公积金(元)	0.1698	0.2308	0.2308	0.2308
	每股盈余公积金(元)	0.0595	0.0595	0.0766	0.0539
	每股未分配利润(元)	0.3519	0.3965	0.1619	0.3224
	净资产收益率(%)	0.4470	4.7204	-14.6652	8.4465
	净资产收益率(扣除)(%)	0.4100	4.8300	-13.6600	10.2600
	加权净资产收益率	-1.2392	0.5696	-16.3689	3.4125
	总资产(万元)	8577.85	8613.08	7241.68	8338.15
	归属母公司股东权益(万元)	5857.91	6249.13	5443.95	6242.31
	营业收入(万元)	3461.09	6534.79	2308.92	5960.87
	营业成本(万元)	1715.09	3595.62	1692.24	2888.75
	投资收益(万元)	—	—	—	—
	净利润(万元)	—	—	-790.99	557.50
	营业利润(万元)	-2.13	136.25	-858.95	344.94
	利润总额(万元)	115.47	443.17	-747.07	712.54

东莞市意普万尼龙科技股份有限公司

公司概况						
	公司名称	东莞市意普万尼龙科技股份有限公司			证券简称	意普万
	法人代表	梁效礼	董秘	牟素梅	证券代码	430389
	公司网址	www.epone.com.cn		电子信箱	epone0769@epone.cn	
	电　　话	0769-22891092		传　　真	0769-22891356	
	办公地址	广东省东莞市松山湖高新技术产业开发区工业北四路五号ITT厂房312室				
	经营范围	工程塑料研发、生产及销售;货物进出口、技术进出口				

主要财务指标	指标\报告期	2017.06.30	2016.12.31	2016.06.30	2015.12.31
	基本每股收益(元)	0.0200	0.2900	0.1200	0.3900
	基本每股收益(扣除后)(元)	0.0200	0.2606	—	0.3800
	稀释每股收益(元)	0.0200	—	0.1200	—
	每股净资产(元)	2.0300	2.0100	1.5500	1.4300
	每股经营现金净流量(元)	0.2354	-0.2654	0.2484	-0.1798
	每股现金流量(元)	0.0585	-0.0940	0.7118	0.0909
	每股资本公积金(元)	0.4153	0.4153	0.0398	0.0398
	每股盈余公积金(元)	0.0941	0.0941	0.0788	0.0788
	每股未分配利润(元)	0.5186	0.4989	0.4300	0.3087
	净资产收益率(%)	0.9713	12.7501	7.8281	23.8101
	净资产收益率(扣除)(%)	0.9800	17.6100	8.1500	28.9600
	加权净资产收益率	0.9716	11.4562	7.7326	23.1692
	总资产(万元)	7128.19	7182.82	6620.86	4782.54
	归属母公司股东权益(万元)	4664.44	4619.13	3097.10	2854.66
	营业收入(万元)	3245.78	7103.53	2736.30	6267.69
	营业成本(万元)	2599.38	5126.80	1869.38	4477.22
	投资收益(万元)	—	—	—	-1.94
	净利润(万元)	—	—	242.44	676.92
	营业利润(万元)	55.53	622.77	285.46	777.82
	利润总额(万元)	55.51	693.09	288.94	801.30

湖南斯派克科技股份有限公司

公司概况						
	公司名称	湖南斯派克科技股份有限公司			证券简称	斯派克
	法人代表	段湘生	董秘	王洪成	证券代码	430392
	公司网址	www.chemspark.com		电子信箱	spark_science@126.com	
	电　　话	0731-85386132		传　　真	0731-85386085	
	办公地址	湖南省长沙市芙蓉中路二段251号综合楼701房				
	经营范围	精细化工产品的研发、生产、销售及贸易				

主要财务指标	指标\报告期	2017.06.30	2016.12.31	2016.06.30	2015.12.31
	基本每股收益(元)	0.0200	0.2300	0.2100	0.3000
	基本每股收益(扣除后)(元)	0.0010	0.2100	0.2000	0.2600
	稀释每股收益(元)	0.0200	0.2300	0.2100	0.3000
	每股净资产(元)	2.7300	2.7200	2.1100	2.1000
	每股经营现金净流量(元)	-0.0551	0.1592	0.0019	0.3391
	每股现金流量(元)	-1.3262	0.9433	1.5068	0.5237
	每股资本公积金(元)	1.3420	1.3420	0.6398	0.6398
	每股盈余公积金(元)	0.0693	0.0693	0.0696	0.0696
	每股未分配利润(元)	0.3227	0.3056	0.3975	0.3857
	净资产收益率(%)	0.6253	7.2656	10.0511	12.6125
	净资产收益率(扣除)(%)	0.6300	9.1500	9.6200	15.0900
	加权净资产收益率	0.0299	6.4553	9.4810	10.9045
	总资产(万元)	11097.38	8424.63	8480.51	4696.68
	归属母公司股东权益(万元)	8061.98	8011.57	4319.06	4294.95
	营业收入(万元)	2466.34	4867.34	3079.09	4516.29
	营业成本(万元)	1833.45	3427.37	2125.75	3127.15
	投资收益(万元)	—	7.26	—	—
	净利润(万元)	—	—	434.11	541.70
	营业利润(万元)	-104.29	600.00	484.59	558.87
	利润总额(万元)	-24.29	677.71	514.91	645.28

哈尔滨亿汇达电气科技发展股份有限公司

公司概况						
	公司名称	哈尔滨亿汇达电气科技发展股份有限公司			证券简称	亿汇达
	法人代表	韩言广	董秘	邢友伟	证券代码	430396
	公司网址	www.yhddq.net		电子信箱	yhdceo@yeah.net	
	电　　话	0451-84376529		传　　真	0451-84376503	
	办公地址	黑龙江省哈尔滨高开区迎宾路集中区鄱阳东路5号				
	经营范围	研发、生产和销售以变配电成套设备为主,变配电单元设备为辅的变配电设备				

主要财务指标	指标\报告期	2017.06.30	2016.12.31	2016.06.30	2015.12.31
	基本每股收益(元)	0.0122	0.0821	0.0123	0.1981
	基本每股收益(扣除后)(元)	0.0102	0.0735	0.0085	0.1637
	稀释每股收益(元)	0.0122	0.0821	0.0123	0.1981
	每股净资产(元)	1.5800	1.5600	1.9500	1.8800
	每股经营现金净流量(元)	-0.0993	-0.2769	-0.2094	0.0486
	每股现金流量(元)	-0.0470	0.0170	-0.0237	-0.2995
	每股资本公积金(元)	0.1473	0.1473	0.1473	0.4380
	每股盈余公积金(元)	0.1336	0.1336	0.1326	0.1680
	每股未分配利润(元)	0.2994	0.2835	0.2207	0.2719
	净资产收益率(%)	0.7697	5.2421	0.7244	10.1111
	净资产收益率(扣除)(%)	0.7600	5.4000	0.7400	11.8600
	加权净资产收益率	0.6486	4.6978	0.5005	8.3515
	总资产(万元)	22032.66	21479.21	19340.29	19072.31
	归属母公司股东权益(万元)	14855.44	14705.24	14105.75	13446.74
	营业收入(万元)	2923.32	6750.87	2578.20	9162.24
	营业成本(万元)	1520.22	3800.29	1574.67	5515.84
	投资收益(万元)	—	-3.53	—	-1.96
	净利润(万元)	—	—	99.37	1373.44
	营业利润(万元)	495.51	843.10	119.38	1327.85
	利润总额(万元)	513.50	937.22	150.97	1606.22

武汉英思工程科技股份有限公司

公司概况	公司名称	武汉英思工程科技股份有限公司			证券简称	英思科技
	法人代表	彭华	董秘	周伟	证券代码	430403
	公司网址	www.wuhanins.com		电子信箱	zhouwei@wuhanins.com	
	电　话	027-87320567		传　真	027-87320476	
	办公地址	湖北省武汉市武昌区小洪山东区 34 号湖北科技创业大厦 12F				
	经营范围	计算机软件与系统集成的开发、研制				

	指标\报告期	2017.06.30	2016.12.31	2016.06.30	2015.12.31
主要财务指标	基本每股收益(元)	0.0200	0.2100	0.2200	0.0900
	基本每股收益(扣除后)(元)	0.0123	−0.0191	0.2100	−0.0700
	稀释每股收益(元)	—	—	—	—
	每股净资产(元)	2.0800	2.1000	2.1100	1.8900
	每股经营现金净流量(元)	−0.2956	−0.3302	−0.2461	−0.3700
	每股现金流量(元)	−0.3501	−0.3890	−0.2942	−0.0997
	每股资本公积金(元)	0.5035	0.5035	0.5035	0.5035
	每股盈余公积金(元)	0.0657	0.0657	0.0449	0.0449
	每股未分配利润(元)	0.5110	0.5312	0.5594	0.3440
	净资产收益率(%)	0.9061	9.9052	10.2198	4.5010
	净资产收益率(扣除)(%)	0.8900	10.4200	10.7700	5.2700
	加权净资产收益率	0.5569	−0.9005	10.0049	−3.4329
	总资产(万元)	2468.67	2745.40	2536.00	2397.16
	归属母公司股东权益(万元)	2288.24	2310.41	2318.50	2081.56
	营业收入(万元)	924.54	1915.79	993.28	1532.73
	营业成本(万元)	516.53	898.48	363.77	654.07
	投资收益(万元)	—	0.44	0.24	0.23
	净利润(万元)	—	—	236.95	93.69
	营业利润(万元)	16.41	−59.77	255.36	−76.32
	利润总额(万元)	25.81	231.63	275.96	88.60

广东奥美格传导科技股份有限公司

公司概况	公司名称	广东奥美格传导科技股份有限公司			证券简称	奥美格
	法人代表	柳忠	董秘	韩艾芯	证券代码	430406
	公司网址	www.omigr.com		电子信箱	maggie.han@omigr.com	
	电　话	0769-83312686		传　真	0769-83314054	
	办公地址	广东省东莞市松山湖高新技术产业开发区创新科技园 8 号楼 3 楼 302-304 室				
	经营范围	电梯设备、机械设备、新能源电动汽车传导类产品组合的研发、生产、销售				

	指标\报告期	2017.06.30	2016.12.31	2016.06.30	2015.12.31
主要财务指标	基本每股收益(元)	−0.0400	−0.2000	−0.0900	0.2800
	基本每股收益(扣除后)(元)	−0.0700	−0.1300	—	—
	稀释每股收益(元)	−0.0400	−0.2000	−0.0900	0.2800
	每股净资产(元)	1.3200	1.3700	1.0600	1.1500
	每股经营现金净流量(元)	0.0119	−2.2223	−2.1721	1.7908
	每股现金流量(元)	−0.2132	−1.6019	−1.9193	1.9850
	每股资本公积金(元)	0.4132	0.4132	—	—
	每股盈余公积金(元)	0.0154	0.0154	0.0168	0.0168
	每股未分配利润(元)	−0.1081	−0.0635	0.0466	0.1375
	净资产收益率(%)	−3.3763	−13.8834	−8.5541	20.1985
	净资产收益率(扣除)(%)	−3.3200	−19.4000	−8.2600	22.4700
	加权净资产收益率	−5.3024	−8.7269	−9.2668	19.4849
	总资产(万元)	7498.58	7337.58	6322.89	11518.06
	归属母公司股东权益(万元)	3243.23	3352.73	2392.63	2597.30
	营业收入(万元)	3558.95	6962.26	2793.98	9979.50
	营业成本(万元)	2771.01	5392.60	2186.47	7666.72
	投资收益(万元)	—	—	—	—
	净利润(万元)	—	—	−206.11	524.61
	营业利润(万元)	−232.56	−421.17	−218.29	620.94
	利润总额(万元)	−159.07	−571.59	−199.92	642.74

厦门市天泉鑫膜科技股份有限公司

公司概况	公司名称	厦门市天泉鑫膜科技股份有限公司			证券简称	天泉鑫膜
	法人代表	陈跃明	董秘	洪成木	证券代码	430409
	公司网址	www.tqxmo.cn		电子信箱	hongcm@tqxmo.cn	
	电　话	0592-5763966		传　真	0592-5763955	
	办公地址	福建省厦门市火炬高新区(翔安)产业区民安大道 1809 号				
	经营范围	流体分离工艺开发、设备制造等				

	指标\报告期	2017.06.30	2016.12.31	2016.06.30	2015.12.31
主要财务指标	基本每股收益(元)	−0.0200	−0.1100	−0.0400	−0.0600
	基本每股收益(扣除后)(元)	−0.0200	−0.2100	−0.0500	−0.0800
	稀释每股收益(元)	−0.0200	−0.1100	−0.0400	−0.0600
	每股净资产(元)	1.5800	1.6000	1.6600	1.7100
	每股经营现金净流量(元)	−0.0947	−0.1008	−0.1019	−0.2147
	每股现金流量(元)	−0.0819	0.0104	−0.0315	0.0282
	每股资本公积金(元)	0.6686	0.6686	0.6686	0.6686
	每股盈余公积金(元)	0.0684	0.0684	0.0684	0.0684
	每股未分配利润(元)	−0.1562	−0.1345	−0.0731	−0.0288
	净资产收益率(%)	−1.3778	−6.5964	−2.6629	−3.4146
	净资产收益率(扣除)(%)	−1.3700	−6.3900	−2.6300	−4.2700
	加权净资产收益率	−1.6518	−13.3170	−3.2699	−4.8976
	总资产(万元)	7166.40	6602.32	7773.08	8246.38
	归属母公司股东权益(万元)	5766.97	5846.03	6070.02	6231.65
	营业收入(万元)	721.24	2256.98	1703.74	4851.31
	营业成本(万元)	513.38	1777.72	1125.29	3559.98
	投资收益(万元)	0.03	371.82	9.82	10.98
	净利润(万元)	—	—	−159.43	−185.68
	营业利润(万元)	−97.95	−488.82	−196.45	−288.39
	利润总额(万元)	−79.36	−396.55	−159.43	−190.65

湖南沄辉科技股份有限公司

公司概况	公司名称	湖南沄辉科技股份有限公司			证券简称	沄辉科技
	法人代表	周自平	董秘	刘桂莲	证券代码	430413
	公司网址	www.yunhui-tech.com		电子信箱	516523103@qq.com	
	电　话	0731-85452599		传　真	0731-85452597	
	办公地址	湖南省长沙高新开发区文轩路 27 号麓谷钰园 A2 栋 5 层 502 号房				
	经营范围	电子自动化产品的开发、生产、销售				

	指标\报告期	2017.06.30	2016.12.31	2016.06.30	2015.12.31
主要财务指标	基本每股收益(元)	0.0116	0.0047	−0.0500	−0.1300
	基本每股收益(扣除后)(元)	0.0118	0.0011	−0.0500	−0.1842
	稀释每股收益(元)	0.0116	0.0047	−0.0500	−0.1300
	每股净资产(元)	1.3500	1.3400	1.2800	1.3400
	每股经营现金净流量(元)	0.0774	0.3136	0.0111	0.0710
	每股现金流量(元)	0.0343	−0.0790	−0.0868	−0.1351
	每股资本公积金(元)	0.1403	0.1403	0.1403	0.1403
	每股盈余公积金(元)	0.0305	0.0305	0.0305	0.0305
	每股未分配利润(元)	0.1809	0.1694	0.1130	0.1647
	净资产收益率(%)	0.8550	0.3492	−4.0264	−10.0845
	净资产收益率(扣除)(%)	0.8600	0.3500	−3.9500	−9.6000
	加权净资产收益率	0.8703	0.2647	−4.0264	−11.3383
	总资产(万元)	3160.35	3095.88	2843.38	3318.76
	归属母公司股东权益(万元)	2027.67	2010.34	1925.78	2003.32
	营业收入(万元)	1004.79	1675.99	597.63	2841.82
	营业成本(万元)	652.13	1004.97	388.10	2032.84
	投资收益(万元)	—	—	—	—
	净利润(万元)	—	—	−77.54	−202.02
	营业利润(万元)	11.50	2.84	−78.99	−228.52
	利润总额(万元)	11.19	4.84	−78.99	−198.97

广东三凯新材料股份有限公司

公司概况	公司名称	广东三凯新材料股份有限公司			证券简称	三凯股份
	法人代表	欧阳伟	董秘	阳伦	证券代码	430419
	公司网址	www.zgsankai.com		电子信箱	gdsankai@163.com	
	电　话	0769-22890985		传　真	0769-22890986	
	办公地址	广东省东莞市松山湖高新技术产业开发区创新科技园9号楼2楼201室				
	经营范围	PVC胶粒、生物医用塑料与纳米改性材料等产品的研发、生产和销售				

主要财务指标	指标\报告期	2017.06.30	2016.12.31	2016.06.30	2015.12.31
	基本每股收益(元)	-0.0171	0.0589	0.0558	0.1000
	基本每股收益(扣除后)(元)	-0.0171	0.0519	0.0551	-0.0900
	稀释每股收益(元)	-0.0171	0.0589	0.0558	--
	每股净资产(元)	1.0400	1.0600	1.0900	1.2700
	每股经营现金净流量(元)	-0.0060	0.0494	-0.0196	-0.0005
	每股现金流量(元)	0.0122	0.8663	0.0605	-0.0945
	每股资本公积金(元)	0.0375	0.0375	0.0039	0.0049
	每股盈余公积金(元)	0.0064	0.0064	0.0214	0.0263
	每股未分配利润(元)	-0.0034	0.0137	0.0611	0.2365
	净资产收益率(%)	-1.6405	1.3104	5.1385	7.8968
	净资产收益率(扣除)(%)	-1.6300	5.5600	5.2700	8.2200
	加权净资产收益率	-1.6404	1.1537	5.0711	-6.8920
	总资产(万元)	5802.72	5839.72	1896.38	1398.47
	归属母公司股东权益(万元)	5441.98	5531.26	1336.30	1267.63
	营业收入(万元)	586.49	2315.53	1075.62	1491.34
	营业成本(万元)	485.82	1674.42	728.16	1155.18
	投资收益(万元)	--	--	--	--
	净利润(万元)	-89.28	72.48	68.67	100.10
	营业利润(万元)	-89.27	87.50	90.80	-116.23
	利润总额(万元)	-89.28	99.08	92.00	133.73

上海易城工程顾问股份有限公司

公司概况	公司名称	上海易城工程顾问股份有限公司			证券简称	易城股份
	法人代表	毛蔚瀛	董秘	倪宁	证券代码	430420
	公司网址	www.ecspartner.com		电子信箱	ecs@ecspartner.com	
	电　话	021-51099766		传　真	021-63350586	
	办公地址	上海市虹口区东大名路558号新华保险大厦19楼				
	经营范围	城市规划设计、建筑工程设计、景观设计、旅游规划及顾问和策划服务等业务				

主要财务指标	指标\报告期	2017.06.30	2016.12.31	2016.06.30	2015.12.31
	基本每股收益(元)	-0.2080	0.0060	-0.1300	0.5500
	基本每股收益(扣除后)(元)	-0.2570	-0.0690	-0.1800	0.4800
	稀释每股收益(元)	-0.2080	0.0060	-0.1300	0.5500
	每股净资产(元)	3.1600	3.3600	3.2300	3.3600
	每股经营现金净流量(元)	-0.3027	-0.7138	-0.3927	0.3277
	每股现金流量(元)	-0.0565	-0.8879	-0.3483	1.1457
	每股资本公积金(元)	1.4446	1.4446	1.4460	1.4460
	每股盈余公积金(元)	0.1872	0.1872	0.1264	0.1264
	每股未分配利润(元)	0.5267	0.7344	0.6558	0.7891
	净资产收益率(%)	-6.5783	0.1822	-4.1311	11.7188
	净资产收益率(扣除)(%)	-6.3700	0.1800	-4.0500	15.3500
	加权净资产收益率	-8.1519	-2.0408	-5.7895	10.1862
	总资产(万元)	18300.77	17084.87	13656.91	13822.47
	归属母公司股东权益(万元)	10471.85	11160.21	10702.07	11145.60
	营业收入(万元)	4203.47	10362.06	4378.20	9029.39
	营业成本(万元)	2447.85	5400.79	2154.50	3466.81
	投资收益(万元)	1.57	34.54	26.51	17.37
	净利润(万元)	--	--	-445.50	1102.83
	营业利润(万元)	-1041.60	-149.66	-504.08	1287.81
	利润总额(万元)	-793.46	196.17	-316.82	1480.19

成都乐创自动化技术股份有限公司

公司概况	公司名称	成都乐创自动化技术股份有限公司			证券简称	乐创技术
	法人代表	赵钧	董秘	陈志	证券代码	430425
	公司网址	www.leetro.com		电子信箱	chenzhi@leetro.com	
	电　话	028-85149198		传　真	028-85187774	
	办公地址	四川省成都市高新区科园南二路1号大一孵化园8栋B座				
	经营范围	公司专业从事运动控制产品的研发、制造和销售				

主要财务指标	指标\报告期	2017.06.30	2016.12.31	2016.06.30	2015.12.31
	基本每股收益(元)	0.1893	0.0747	0.0700	0.0700
	基本每股收益(扣除后)(元)	0.1876	0.0677	--	0.0013
	稀释每股收益(元)	0.1893	0.0747	0.0700	--
	每股净资产(元)	1.9300	1.8100	1.2000	1.1300
	每股经营现金净流量(元)	-0.1044	0.0776	-0.0251	-0.0051
	每股现金流量(元)	-0.2095	0.6360	0.8726	-0.2111
	每股资本公积金(元)	0.6330	0.6330	0.0029	0.0029
	每股盈余公积金(元)	0.0466	0.0466	0.0435	0.0435
	每股未分配利润(元)	0.2535	0.1342	0.1566	0.0853
	净资产收益率(%)	9.7942	3.9579	5.9225	6.3943
	净资产收益率(扣除)(%)	9.9200	4.5500	6.1000	6.4700
	加权净资产收益率	9.7032	3.5872	5.5394	0.1142
	总资产(万元)	6320.01	5710.59	5668.29	3254.89
	归属母公司股东权益(万元)	5026.25	4715.97	2646.60	2489.85
	营业收入(万元)	2748.78	4509.65	2260.30	4093.70
	营业成本(万元)	1398.79	2411.82	1222.64	2293.21
	投资收益(万元)	--	--	--	0.47
	净利润(万元)	--	--	156.74	159.21
	营业利润(万元)	382.67	25.24	62.25	-161.24
	利润总额(万元)	492.28	175.74	156.74	159.12

四川长城软件科技股份有限公司

公司概况	公司名称	四川长城软件科技股份有限公司			证券简称	长城软件
	法人代表	刘新	董秘	李军	证券代码	430426
	公司网址	www.gwsoft.com.cn		电子信箱	lijun@gwsoft.com.cn	
	电　话	028-86619809		传　真	028-86703328	
	办公地址	四川省成都市高新区天府大道北段28号1栋1单元6层606号				
	经营范围	移动终端应用的开发、运营并提供电信商用平台整体解决方案				

主要财务指标	指标\报告期	2017.06.30	2016.12.31	2016.06.30	2015.12.31
	基本每股收益(元)	-0.1551	-0.1142	0.0035	0.2791
	基本每股收益(扣除后)(元)	-0.1507	-0.1687	-0.0144	0.1881
	稀释每股收益(元)	-0.1551	-0.1142	0.0035	0.2791
	每股净资产(元)	1.5600	1.7200	1.8300	3.6600
	每股经营现金净流量(元)	-0.0783	-0.0527	0.0425	0.0529
	每股现金流量(元)	-0.2841	0.1744	0.0816	-0.1474
	每股资本公积金(元)	0.1875	0.1875	0.1875	1.3751
	每股盈余公积金(元)	0.0728	0.0728	0.0728	0.1457
	每股未分配利润(元)	0.2996	0.4547	0.5710	1.1379
	净资产收益率(%)	-9.9403	-6.6608	0.1118	7.3157
	净资产收益率(扣除)(%)	-9.4700	-6.4500	0.1100	8.8100
	加权净资产收益率	-9.6610	-9.8343	-0.4601	4.9310
	总资产(万元)	6605.57	7142.39	7671.11	7834.24
	归属母公司股东权益(万元)	6349.22	6980.35	7453.63	7445.29
	营业收入(万元)	709.61	2790.69	1731.52	3898.52
	营业成本(万元)	414.76	1389.21	961.43	1574.16
	投资收益(万元)	17.05	150.69	86.02	90.09
	净利润(万元)	--	--	8.34	544.67
	营业利润(万元)	-633.96	-605.57	0.63	501.68
	利润总额(万元)	-630.92	-473.94	18.87	568.81

陕西瑞科新材料股份有限公司

公司概况						
	公司名称	陕西瑞科新材料股份有限公司			证券简称	陕西瑞科
	法人代表	蔡林	董秘	鞠丛慧	证券代码	430428
	公司网址	www.bjrock.com		电子信箱	jch@bjrock.com	
	电　话	0917-3380368		传　真	0917-3380388	
	办公地址	陕西省宝鸡市渭滨区宝钛路18号				
	经营范围	贵金属催化剂产品的研发、生产、循环加工和销售以及医药中间体的生产和销售				

主要财务指标	指标\报告期	2017.06.30	2016.12.31	2016.06.30	2015.12.31
	基本每股收益(元)	0.2000	0.4300	0.1400	0.2900
	基本每股收益(扣除后)(元)	0.2000	0.4100	0.1400	0.2800
	稀释每股收益(元)	0.2000	0.4300	0.1400	0.2900
	每股净资产(元)	3.8100	3.8100	3.5200	3.3800
	每股经营现金净流量(元)	0.2651	0.5788	0.2942	0.1733
	每股现金流量(元)	-0.2555	0.4652	0.0291	0.2261
	每股资本公积金(元)	1.0670	1.0670	1.0670	1.0670
	每股盈余公积金(元)	0.2090	0.2090	0.1660	0.1660
	每股未分配利润(元)	1.5321	1.5361	1.2882	1.1494
	净资产收益率(%)	5.1448	11.2728	3.9415	7.9112
	净资产收益率(扣除)(%)	5.0100	11.9500	4.0200	9.0900
	加权净资产收益率	5.1358	10.8306	3.9108	7.7030
	总资产(万元)	18342.73	18334.42	17254.98	16211.97
	归属母公司股东权益(万元)	17897.58	17916.79	16549.35	15897.06
	营业收入(万元)	10434.23	18082.74	8415.62	17877.87
	营业成本(万元)	8361.63	14160.51	6796.86	14739.36
	投资收益(万元)	—	—	—	10.18
	净利润(万元)	—	—	652.29	1257.65
	营业利润(万元)	1075.98	2249.00	760.23	1383.20
	利润总额(万元)	1077.88	2308.93	766.20	1411.96

广州星业科技股份有限公司

公司概况						
	公司名称	广州星业科技股份有限公司			证券简称	星业科技
	法人代表	孟巨光	董秘	袁保合	证券代码	430429
	公司网址	www.startec.com.cn		电子信箱	startec@126.com	
	电　话	020-66602008		传　真	020-66602005	
	办公地址	广东省广州市经济技术开发区永和经济区沧海二路7号自编1栋至8栋				
	经营范围	日化和造纸等专用化学品的研究、生产和销售				

主要财务指标	指标\报告期	2017.06.30	2016.12.31	2016.06.30	2015.12.31
	基本每股收益(元)	0.0400	0.0300	0.0100	-0.1200
	基本每股收益(扣除后)(元)	-0.0040	-0.0300	-0.0200	-0.1500
	稀释每股收益(元)	0.0400	0.0300	0.0100	-0.1200
	每股净资产(元)	1.9200	1.8800	1.8600	1.8500
	每股经营现金净流量(元)	0.0629	0.0931	0.1817	-0.1277
	每股现金流量(元)	0.1850	-0.0767	-0.0011	0.0162
	每股资本公积金(元)	0.6469	0.6469	0.6469	0.6469
	每股盈余公积金(元)	0.0760	0.0760	0.0731	0.0731
	每股未分配利润(元)	0.2013	0.1585	0.1401	0.1319
	净资产收益率(%)	2.2230	1.5680	0.4386	-6.3364
	净资产收益率(扣除)(%)	2.2500	1.5800	0.4400	-6.1400
	加权净资产收益率	-0.1825	-1.6201	-0.8203	-8.3302
	总资产(万元)	14493.35	14598.87	14822.70	15693.41
	归属母公司股东权益(万元)	9813.64	9595.48	9486.63	9445.02
	营业收入(万元)	4715.95	8508.68	4249.35	10313.75
	营业成本(万元)	3702.27	6596.75	3226.58	8802.71
	投资收益(万元)	—	—	—	—
	净利润(万元)	—	—	41.61	-598.48
	营业利润(万元)	-51.83	-262.22	-98.90	-922.20
	利润总额(万元)	213.29	94.15	41.61	-700.65

广东松本绿色新材股份有限公司

公司概况						
	公司名称	广东松本绿色新材股份有限公司			证券简称	松本绿色
	法人代表	林超群	董秘	俞辉	证券代码	430440
	公司网址	www.sbg77.com		电子信箱	soben430440@163.com	
	电　话	0750-2623277		传　真	0750-2611668	
	办公地址	广东省开平市赤坎镇红溪路108号				
	经营范围	生产、销售建筑和装饰用非金属板材				

主要财务指标	指标\报告期	2017.06.30	2016.12.31	2016.06.30	2015.12.31
	基本每股收益(元)	0.0300	0.1400	-0.0300	0.2500
	基本每股收益(扣除后)(元)	0.0100	0.1300	-0.0400	0.1900
	稀释每股收益(元)	0.0300	0.1400	-0.0300	0.2500
	每股净资产(元)	3.1000	3.0700	2.9100	2.9300
	每股经营现金净流量(元)	-0.0680	0.2081	-0.0519	0.2517
	每股现金流量(元)	-0.0668	-0.0922	-0.3003	0.1311
	每股资本公积金(元)	0.2295	0.2295	0.2295	0.2295
	每股盈余公积金(元)	0.1923	0.1923	0.1796	0.1796
	每股未分配利润(元)	1.6798	1.6528	1.5002	1.5256
	净资产收益率(%)	0.8704	4.5471	-0.8748	8.2581
	净资产收益率(扣除)(%)	0.8800	4.6300	-0.8700	8.9800
	加权净资产收益率	0.3266	4.0735	-1.4807	6.2659
	总资产(万元)	20592.39	19585.05	17102.89	17485.33
	归属母公司股东权益(万元)	9770.08	9685.04	9164.48	9244.65
	营业收入(万元)	7448.77	14854.90	5052.15	13872.87
	营业成本(万元)	5135.72	9526.37	3385.34	9050.40
	投资收益(万元)	—	—	—	—
	净利润(万元)	—	—	-158.05	738.27
	营业利润(万元)	42.19	-165.74	-375.29	94.01
	利润总额(万元)	104.69	363.33	-129.79	848.90

深圳市蓝泰源信息技术股份有限公司

公司概况						
	公司名称	深圳市蓝泰源信息技术股份有限公司			证券简称	蓝泰源
	法人代表	缑家瑞	董秘	时迎春	证券代码	430449
	公司网址	www.lantaiyuan.com		电子信箱	yingchun.shi@lantaiyuan.com	
	电　话	0755-26968718		传　真	0755-26968922	
	办公地址	广东省深圳市南山区高新园北区朗山二号路航天微电机大厦科研楼五楼西北侧504				
	经营范围	提供城市智能公交系统建设综合解决方案				

主要财务指标	指标\报告期	2017.06.30	2016.12.31	2016.06.30	2015.12.31
	基本每股收益(元)	-0.1040	0.0500	-0.0600	0.1500
	基本每股收益(扣除后)(元)	-0.1040	0.0200	-0.0633	0.1115
	稀释每股收益(元)	-0.1040	0.0500	-0.0600	0.1500
	每股净资产(元)	1.6600	1.7600	1.6500	1.7100
	每股经营现金净流量(元)	-0.2648	0.0851	-0.0590	-0.0078
	每股现金流量(元)	-0.2669	0.0949	-0.0657	-0.0841
	每股资本公积金(元)	—	—	—	—
	每股盈余公积金(元)	0.0760	0.0760	0.0712	0.0712
	每股未分配利润(元)	0.5796	0.6836	0.5772	0.6405
	净资产收益率(%)	-6.2849	2.7207	-3.8422	8.8771
	净资产收益率(扣除)(%)	-6.0900	2.7600	-3.7700	9.2200
	加权净资产收益率	-6.2849	1.2882	-3.8422	6.5127
	总资产(万元)	10438.72	12572.13	10585.36	11511.49
	归属母公司股东权益(万元)	9270.98	9853.65	9230.88	9585.55
	营业收入(万元)	868.97	4963.60	790.84	4283.55
	营业成本(万元)	440.75	2595.12	399.68	2036.68
	投资收益(万元)	—	111.97	—	148.20
	净利润(万元)	—	—	-354.67	850.92
	营业利润(万元)	-582.81	21.92	-463.77	541.94
	利润总额(万元)	-582.81	264.46	-343.06	969.19

深圳市万人市场调查股份有限公司

公司概况	公司名称	深圳市万人市场调查股份有限公司		证券简称	万人调查
	法人代表	何明龙	董秘 周群利	证券代码	430451
	公司网址	www.wanren.com		电子信箱	wanren@wanren.com
	电　话	0755-25844579		传　真	0755-25844583
	办公地址	广东省深圳市龙华区清祥路1号宝能科技园7栋A座8楼			
	经营范围	调查服务收入			

	指标＼报告期	2017.06.30	2016.12.31	2016.06.30	2015.12.31
主要财务指标	基本每股收益(元)	-0.0100	0.0200	--	0.0700
	基本每股收益(扣除后)(元)	-0.0300	-0.0200	--	0.0600
	稀释每股收益(元)	-0.0100	0.0200	--	0.0700
	每股净资产(元)	1.4400	1.4500	1.4300	1.4800
	每股经营现金净流量(元)	-0.0556	-0.1655	-0.0984	-0.0661
	每股现金流量(元)	0.8480	-0.0552	-0.0885	0.3887
	每股资本公积金(元)	0.3146	0.3146	0.3146	0.3146
	每股盈余公积金(元)	0.0190	0.0190	0.0166	0.0166
	每股未分配利润(元)	0.1053	0.1181	0.0985	0.1488
	净资产收益率(%)	-0.8893	1.4964	-0.0265	4.9343
	净资产收益率(扣除)(%)	-0.8900	1.3900	-0.0300	7.4400
	加权净资产收益率	-2.0419	-1.0640	-0.2661	4.2610
	总资产(万元)	7867.08	7312.22	7036.96	7234.62
	归属母公司股东权益(万元)	6043.34	6097.08	6004.25	6215.84
	营业收入(万元)	1273.48	2964.81	1295.65	2043.01
	营业成本(万元)	737.75	1928.53	834.68	932.88
	投资收益(万元)	69.51	164.58	78.14	73.04
	净利润(万元)	--	--	-19.18	281.78
	营业利润(万元)	-102.03	35.62	-43.34	280.34
	利润总额(万元)	-88.56	54.89	-26.41	327.18

西安汇龙科技股份有限公司

公司概况	公司名称	西安汇龙科技股份有限公司		证券简称	汇龙科技
	法人代表	刘英智	董秘 方强	证券代码	430452
	公司网址	www.xahuilong.com		电子信箱	fangqiang@mail.xahuilong.com
	电　话	029-88850155		传　真	029-88605520
	办公地址	陕西省西安市雁塔区沣惠南路34号摩尔中心A座9层			
	经营范围	计算机网络及软硬件的销售及其技术咨询服务等			

	指标＼报告期	2017.06.30	2016.12.31	2016.06.30	2015.12.31
主要财务指标	基本每股收益(元)	-0.0500	0.0600	0.0300	0.2000
	基本每股收益(扣除后)(元)	-0.0500	0.0400	0.0200	0.1900
	稀释每股收益(元)	-0.0500	0.0600	0.0300	0.2000
	每股净资产(元)	2.4000	2.4400	3.9500	3.9200
	每股经营现金净流量(元)	-0.5462	0.0463	-0.5892	0.0929
	每股现金流量(元)	-0.4979	0.0385	-0.4726	0.7853
	每股资本公积金(元)	0.5819	0.5819	1.5305	1.5305
	每股盈余公积金(元)	0.1139	0.1139	0.1694	0.1694
	每股未分配利润(元)	0.7040	0.7526	1.2521	1.2210
	净资产收益率(%)	-2.0244	2.4594	0.7864	4.6275
	净资产收益率(扣除)(%)	-2.0100	2.4400	0.0100	5.8100
	加权净资产收益率	-2.0244	1.5804	0.3897	4.4166
	总资产(万元)	52628.59	55291.65	48430.25	46950.11
	归属母公司股东权益(万元)	25758.91	26141.71	26467.86	26264.52
	营业收入(万元)	10590.64	37950.43	18728.57	33321.77
	营业成本(万元)	8802.36	30138.95	15492.11	25184.70
	投资收益(万元)	-11.83	34.32	-12.17	23.33
	净利润(万元)	--	--	50.70	1156.86
	营业利润(万元)	-681.27	494.16	6.52	1365.10
	利润总额(万元)	-690.41	701.92	98.86	1374.18

大连恒锐科技股份有限公司

公司概况	公司名称	大连恒锐科技股份有限公司		证券简称	恒锐科技
	法人代表	那永杰	董秘 吴晓丹	证券代码	430453
	公司网址	www.everspry.com		电子信箱	everspry@vip.163.com
	电　话	0411-84791632		传　真	0411-84790090
	办公地址	辽宁省大连市高新园区七贤岭希贤街31号			
	经营范围	公安系统刑侦系列产品的研发、生产、销售及相关技术服务			

	指标＼报告期	2017.06.30	2016.12.31	2016.06.30	2015.12.31
主要财务指标	基本每股收益(元)	-0.1500	0.1700	-0.0100	0.1300
	基本每股收益(扣除后)(元)	-0.1600	0.1440	-0.0200	0.1100
	稀释每股收益(元)	-0.1500	--	--	--
	每股净资产(元)	1.8400	2.0600	1.8400	1.8300
	每股经营现金净流量(元)	-0.1887	0.1454	-0.0267	0.3349
	每股现金流量(元)	-0.4482	0.4343	0.0746	-0.1670
	每股资本公积金(元)	0.3100	0.2801	0.2261	0.2010
	每股盈余公积金(元)	0.1589	0.1616	0.1475	0.1475
	每股未分配利润(元)	0.3702	0.6354	0.4686	0.4811
	净资产收益率(%)	-8.4009	8.0376	-0.6808	6.7889
	净资产收益率(扣除)(%)	-7.8600	8.8000	-0.6900	7.0700
	加权净资产收益率	-8.9397	6.8105	-1.0945	5.8967
	总资产(万元)	6259.79	7250.98	6238.38	6363.11
	归属母公司股东权益(万元)	6161.76	6898.49	6068.38	6026.90
	营业收入(万元)	755.76	3370.49	1091.20	3079.95
	营业成本(万元)	254.62	899.48	328.11	993.48
	投资收益(万元)	31.88	69.34	23.48	21.45
	净利润(万元)	--	--	-41.32	409.16
	营业利润(万元)	-661.94	296.86	-206.07	51.75
	利润总额(万元)	-534.21	596.79	-54.76	493.23

东莞市百大新能源股份有限公司

公司概况	公司名称	东莞市百大新能源股份有限公司		证券简称	百大能源
	法人代表	刘淦昌	董秘 董燕萍	证券代码	430454
	公司网址	www.gdbaida.com		电子信箱	apple_2192@sina.com
	电　话	0769-23075438		传　真	0769-23075548
	办公地址	广东省东莞市松山湖高新技术产业开发区创新科技园4号楼1楼101、102、108、109室			
	经营范围	公司致力于清洁生物质能源的开发和利用			

	指标＼报告期	2017.06.30	2016.12.31	2016.06.30	2015.12.31
主要财务指标	基本每股收益(元)	0.0190	-0.3400	0.0020	0.2700
	基本每股收益(扣除后)(元)	-0.1400	-0.3600	-0.0090	0.1500
	稀释每股收益(元)	0.0190	-0.3400	0.0020	0.2700
	每股净资产(元)	1.5900	1.5700	1.9100	2.1100
	每股经营现金净流量(元)	0.0230	0.2909	0.0192	-0.1455
	每股现金流量(元)	-0.2741	-0.0506	-0.3366	-0.0439
	每股资本公积金(元)	0.0183	0.0183	0.0183	0.0183
	每股盈余公积金(元)	0.1112	0.1093	0.1098	0.1093
	每股未分配利润(元)	0.4565	0.4394	0.7830	0.9816
	净资产收益率(%)	1.1976	-21.8387	0.1008	12.4215
	净资产收益率(扣除)(%)	1.2000	-18.7900	0.0900	14.4800
	加权净资产收益率	-8.7623	-22.7253	-0.4748	6.9483
	总资产(万元)	9276.75	9995.70	10083.60	10850.61
	归属母公司股东权益(万元)	6194.88	6120.69	7464.89	8238.57
	营业收入(万元)	1999.76	3235.80	1579.96	6707.88
	营业成本(万元)	1525.09	2858.16	1195.78	4649.76
	投资收益(万元)	--	--	--	0.03
	净利润(万元)	--	--	7.52	1023.36
	营业利润(万元)	-722.35	-1685.03	-161.98	185.38
	利润总额(万元)	87.29	-1390.31	10.84	1153.15

苏州太湖电工新材料股份有限公司

公司概况

公司名称	苏州太湖电工新材料股份有限公司			证券简称	太湖股份
法人代表	施泉荣	董秘	马俊锋	证券代码	430460
公司网址	www.taihucn.com		电子信箱	taihu@taihucn.com	
电　　话	0512-63240922		传　　真	0512-63240922	
办公地址	江苏省苏州市吴江区汾湖经济开发区北厍工业园				
经营范围	致力于为电机、变压器客户提供系统化的绝缘材料等				

主要财务指标

指标\报告期	2017.06.30	2016.12.31	2016.06.30	2015.12.31
基本每股收益(元)	0.2500	0.4300	0.2200	0.4500
基本每股收益(扣除后)(元)	0.2400	0.4100	0.2100	0.4400
稀释每股收益(元)	0.2500	0.4300	0.2200	0.4500
每股净资产(元)	4.0900	3.8300	3.6000	3.3700
每股经营现金净流量(元)	0.3723	0.5992	0.2552	0.3032
每股现金流量(元)	0.2741	0.0158	0.3842	0.1675
每股资本公积金(元)	1.1193	1.1193	1.1193	1.1193
每股盈余公积金(元)	0.1697	0.1697	0.1238	0.1238
每股未分配利润(元)	1.7453	1.4953	1.3273	1.1083
净资产收益率(%)	6.1139	11.3096	6.0768	13.4605
净资产收益率(扣除)(%)	6.3300	12.0700	6.2900	14.4800
加权净资产收益率	5.8548	10.8299	5.8849	12.9687
总资产(万元)	47531.96	45437.61	41211.91	37614.27
归属母公司股东权益(万元)	33733.78	31575.32	29721.62	27807.00
营业收入(万元)	16471.58	30206.76	13561.83	31513.09
营业成本(万元)	11820.67	21063.90	9241.22	22660.02
投资收益(万元)	—	—	—	—
净利润(万元)	—	—	1804.63	3742.96
营业利润(万元)	2386.00	4019.49	2048.38	4338.05
利润总额(万元)	2406.96	4197.38	2113.64	4506.57

广西春茂投资股份有限公司

公司概况

公司名称	广西春茂投资股份有限公司			证券简称	春茂股份
法人代表	全春茂	董秘	梁学旺	证券代码	430463
公司网址	www.gxcmjt.com		电子信箱	Liangxuewang@163.com	
电　　话	13978502006		传　　真	0775-3792386	
办公地址	广西壮族自治区玉林市兴业县大平山镇工业园区				
经营范围	专业的农业机械产品生产商，致力于耕作机、培土机、收割机等农机产品的研发、生产、销售				

主要财务指标

指标\报告期	2017.06.30	2016.12.31	2016.06.30	2015.12.31
基本每股收益(元)	-0.2000	-0.0400	0.1000	0.1500
基本每股收益(扣除后)(元)	-0.2100	-0.0600	0.0900	0.0622
稀释每股收益(元)	-0.2000	-0.0400	—	0.1500
每股净资产(元)	0.3300	0.5200	0.8300	0.7400
每股经营现金净流量(元)	-0.1741	0.0058	0.0690	0.2085
每股现金流量(元)	-0.0785	-0.1955	0.0196	0.2377
每股资本公积金(元)	0.0176	0.0176	0.1220	0.1858
每股盈余公积金(元)	—	—	—	—
每股未分配利润(元)	-0.6922	-0.4877	-0.3430	-0.4402
净资产收益率(%)	-62.8337	-8.1512	12.0527	19.3395
净资产收益率(扣除)(%)	-47.8100	-6.2000	11.8300	33.4200
加权净资产收益率	-65.4718	-10.6812	11.1549	8.0478
总资产(万元)	105409.01	105819.95	109953.12	104686.93
归属母公司股东权益(万元)	14634.56	23830.00	36284.09	34777.89
营业收入(万元)	47451.59	120217.13	57936.70	118802.39
营业成本(万元)	50212.50	106396.78	47920.05	101521.17
投资收益(万元)	397.51	64.45	4.37	62.05
净利润(万元)	—	—	4504.42	6698.81
营业利润(万元)	-9092.67	-2178.08	4186.47	4355.48
利润总额(万元)	-9104.12	-1768.86	4507.89	8310.84

贵州东方世纪科技股份有限公司

公司概况

公司名称	贵州东方世纪科技股份有限公司			证券简称	东方科技
法人代表	李胜	董秘	李宏	证券代码	430465
公司网址	www.dfsjsoft.com		电子信箱	dfsj@ssking.com	
电　　话	0851-5600224		传　　真	0851-5601201	
办公地址	贵州省贵阳市黔灵山路 357 号德福中心 A5 栋 24 楼				
经营范围	软件和信息技术服务业				

主要财务指标

指标\报告期	2017.06.30	2016.12.31	2016.06.30	2015.12.31
基本每股收益(元)	-0.1000	0.2700	0.1500	0.6100
基本每股收益(扣除后)(元)	-0.1213	0.0800	0.1500	0.4400
稀释每股收益(元)	—	0.2700	—	0.6100
每股净资产(元)	3.1600	3.3000	2.1900	2.1820
每股经营现金净流量(元)	-0.6027	0.4924	-0.3222	0.4520
每股现金流量(元)	-0.6130	0.2908	-0.5965	1.5198
每股资本公积金(元)	1.3760	1.3760	0.2961	0.2961
每股盈余公积金(元)	0.1190	0.1190	0.1020	0.1020
每股未分配利润(元)	0.8022	0.9034	0.9049	0.7548
净资产收益率(%)	-3.1973	7.5212	6.8616	27.7996
净资产收益率(扣除)(%)	-3.1300	10.6300	6.6500	32.5900
加权净资产收益率	-3.8768	2.1757	1.6301	—
总资产(万元)	21038.76	23243.90	24057.23	22163.21
归属母公司股东权益(万元)	13128.44	13691.26	8203.55	8182.63
营业收入(万元)	3172.86	13855.96	7851.24	19785.09
营业成本(万元)	2716.00	10031.68	6339.39	14301.93
投资收益(万元)	-53.68	-46.56	4.45	535.47
净利润(万元)	—	—	562.89	2274.74
营业利润(万元)	-558.54	366.72	187.72	2521.92
利润总额(万元)	-469.60	1226.77	688.70	2685.42

深圳市行健自动化股份有限公司

公司概况

公司名称	深圳市行健自动化股份有限公司			证券简称	深圳行健
法人代表	马国强	董秘	严洪滨	证券代码	430467
公司网址	www.wellreach.com		电子信箱	wellreach@wellreach.com	
电　　话	0755-86336499		传　　真	0755-86336495	
办公地址	广东省深圳市南山区科技中二路深圳软件园 10 号楼 602 室				
经营范围	工业自动化应用整体解决方案的研发、系统集成、工程及技术服务				

主要财务指标

指标\报告期	2017.06.30	2016.12.31	2016.06.30	2015.12.31
基本每股收益(元)	0.0400	0.1200	0.0300	1.0400
基本每股收益(扣除后)(元)	0.0200	0.0900	0.0300	0.9300
稀释每股收益(元)	0.0400	0.1200	0.0300	1.0400
每股净资产(元)	2.9300	2.8900	2.7900	3.9800
每股经营现金净流量(元)	0.0251	0.0650	0.4119	0.2675
每股现金流量(元)	-0.0510	-0.1345	1.2861	0.6592
每股资本公积金(元)	1.1651	1.1651	1.1651	1.6063
每股盈余公积金(元)	0.2290	0.2290	0.2099	0.3888
每股未分配利润(元)	0.5316	0.4912	0.4157	0.9865
净资产收益率(%)	1.3802	4.1483	0.9024	24.4638
净资产收益率(扣除)(%)	1.3900	4.2800	1.1900	29.0400
加权净资产收益率	0.6398	2.9414	0.9019	22.0464
总资产(万元)	15952.59	17208.26	16531.73	11520.57
归属母公司股东权益(万元)	13709.31	13520.09	13077.26	10073.31
营业收入(万元)	2259.02	7630.73	3530.04	10321.77
营业成本(万元)	1260.88	5480.64	2559.29	5750.69
投资收益(万元)	110.43	9.41	—	—
净利润(万元)	—	—	118.02	2464.31
营业利润(万元)	247.54	457.17	123.86	2460.91
利润总额(万元)	256.52	664.60	142.49	2826.11

新疆锦棉种业科技股份有限公司

公司概况	公司名称	新疆锦棉种业科技股份有限公司		证券简称	锦棉种业
	法人代表	毕双杰	董秘 胡理科	证券代码	430468
	公司网址	www.xjjmzy.com		电子信箱	qsgkzfzx@sina.cn
	电话	0992-6860772		传真	0992-6882927
	办公地址	新疆维吾尔自治区奎屯市乌鲁木齐东路97号			
	经营范围	农作物种子及良种籽棉的生产、加工及销售			

指标\报告期	2017.06.30	2016.12.31	2016.06.30	2015.12.31
基本每股收益(元)	0.2800	0.2909	0.2700	0.2700
基本每股收益(扣除后)(元)	0.2825	0.2826	0.2700	0.2637
稀释每股收益(元)	—	0.2909	0.2700	0.2700
每股净资产(元)	1.9800	1.8300	1.8400	1.6700
每股经营现金净流量(元)	-0.3723	0.1205	-0.3384	0.3652
每股现金流量(元)	-0.3141	0.0292	-0.4213	0.5114
每股资本公积金(元)	0.3009	0.3009	0.3009	0.3009
每股盈余公积金(元)	0.0896	0.0878	0.0616	0.0616
每股未分配利润(元)	0.5849	0.4427	0.4274	0.2609
净资产收益率(%)	14.1879	15.8849	14.3223	15.3564
净资产收益率(扣除)(%)	14.2200	16.9800	15.0900	19.5500
加权净资产收益率	14.3139	15.4290	15.0698	14.8323
总资产(万元)	21433.87	21552.11	24622.01	24336.60
归属母公司股东权益(万元)	13630.60	12637.08	12350.53	11201.76
营业收入(万元)	13714.45	19587.01	12119.63	16837.16
营业成本(万元)	10526.05	15886.98	9429.19	13664.51
投资收益(万元)	—	—	—	—
净利润(万元)	—	—	1828.86	1728.40
营业利润(万元)	1960.67	2084.86	1861.20	1804.54
利润总额(万元)	1956.92	2152.65	1747.17	1863.31

杭州哲达科技股份有限公司

公司概况	公司名称	杭州哲达科技股份有限公司		证券简称	哲达科技
	法人代表	沈新荣	董秘 章宇舟	证券代码	430470
	公司网址	www.zetacn.com		电子信箱	zhangyz@zetacn.com
	电话	0571-88839666		传真	0571-88063806
	办公地址	浙江省杭州市西湖区教工路88号立元大厦601室			
	经营范围	智慧流体节能产品和节能系统的研发、生产与销售			

指标\报告期	2017.06.30	2016.12.31	2016.06.30	2015.12.31
基本每股收益(元)	0.0900	0.0010	-0.0700	-0.1600
基本每股收益(扣除后)(元)	0.0500	-0.1100	-0.1300	-0.3600
稀释每股收益(元)	0.0900	0.0010	—	-0.1600
每股净资产(元)	3.0500	2.9600	2.8900	2.9100
每股经营现金净流量(元)	0.1531	0.4278	0.1220	1.0242
每股现金流量(元)	0.0563	-0.5022	-0.2966	0.4917
每股资本公积金(元)	0.8357	0.8357	0.8357	0.7607
每股盈余公积金(元)	0.1159	0.1159	0.1146	0.1180
每股未分配利润(元)	1.0945	1.0060	0.9351	1.0362
净资产收益率(%)	2.9043	0.0439	-2.4564	-5.3828
净资产收益率(扣除)(%)	2.9800	0.0400	-2.4800	-5.2400
加权净资产收益率	1.6139	-3.6313	-4.3366	-12.4871
总资产(万元)	21869.56	22111.33	22147.07	24517.16
归属母公司股东权益(万元)	15687.49	15231.87	14860.00	14574.82
营业收入(万元)	7300.49	15416.69	6613.27	17869.14
营业成本(万元)	5754.91	12018.37	5421.41	13716.14
投资收益(万元)	4.85	12.97	4.33	-0.33
净利润(万元)	—	—	-365.02	-784.53
营业利润(万元)	335.73	-533.42	-664.33	-2136.86
利润总额(万元)	552.97	49.41	-377.26	-981.78

郑州豪威尔电子科技股份有限公司

公司概况	公司名称	郑州豪威尔电子科技股份有限公司		证券简称	豪威尔
	法人代表	李启海	董秘 李启海	证券代码	430471
	公司网址	www.zzhaoweier.cn		电子信箱	zzhaoweier@aliyun.com
	电话	0371-60999767		传真	0371-67858818
	办公地址	河南省郑州市高新技术产业开发区腊梅路57号			
	经营范围	农用机械配套仪器仪表及相关产品的开发、生产与销售			

指标\报告期	2017.06.30	2016.12.31	2016.06.30	2015.12.31
基本每股收益(元)	0.0500	-0.0100	0.0300	0.1600
基本每股收益(扣除后)(元)	0.0400	-0.0700	0.0400	0.1500
稀释每股收益(元)	0.0500	-0.0100	0.0300	0.1600
每股净资产(元)	2.9400	2.8900	2.9400	2.9800
每股经营现金净流量(元)	-0.1647	-0.0553	-0.0166	-0.4310
每股现金流量(元)	-0.1813	-0.2352	-0.1711	0.5980
每股资本公积金(元)	1.2062	1.2062	1.2062	1.2062
每股盈余公积金(元)	0.1005	0.1005	0.0947	0.0942
每股未分配利润(元)	0.6325	0.5842	0.6441	0.6735
净资产收益率(%)	1.6446	-0.4512	1.1335	4.8440
净资产收益率(扣除)(%)	1.6600	-0.4400	1.1100	6.1300
加权净资产收益率	1.4279	-2.4641	1.1969	4.7755
总资产(万元)	11839.38	11508.75	11832.69	11803.78
归属母公司股东权益(万元)	8892.53	8746.29	8909.98	9020.78
营业收入(万元)	1990.56	2490.94	1472.73	4530.41
营业成本(万元)	1295.41	1780.28	982.23	3123.06
投资收益(万元)	—	—	—	—
净利润(万元)	—	—	96.74	436.96
营业利润(万元)	137.48	-312.72	18.32	471.30
利润总额(万元)	160.16	-17.53	110.25	543.59

济南海能仪器股份有限公司

公司概况	公司名称	济南海能仪器股份有限公司		证券简称	海能仪器
	法人代表	王志刚	董秘 李瑞强	证券代码	430476
	公司网址	www.hanon.cc		电子信箱	lrq116@126.com
	电话	0531-88874418		传真	0531-88874445
	办公地址	山东省济南市高新区经十路7000号汉峪金谷A3地块1号楼第四层			
	经营范围	实验室分析仪器、实验设备及仪器仪表、试验仪器、教学仪器生产等			

指标\报告期	2017.06.30	2016.12.31	2016.06.30	2015.12.31
基本每股收益(元)	-0.0194	0.3239	0.0200	0.5500
基本每股收益(扣除后)(元)	-0.0408	0.2610	-0.0100	0.4430
稀释每股收益(元)	-0.0194	0.3239	0.0200	0.5500
每股净资产(元)	3.3800	3.4000	3.1200	5.0400
每股经营现金净流量(元)	-0.1194	0.1779	-0.2591	0.0526
每股现金流量(元)	-0.1458	-0.0851	-0.6170	1.3608
每股资本公积金(元)	1.5788	1.5788	1.5769	3.1230
每股盈余公积金(元)	0.0734	0.0734	0.0630	0.1008
每股未分配利润(元)	0.7254	0.7448	0.4759	0.8211
净资产收益率(%)	-0.5738	9.3191	0.8103	9.4268
净资产收益率(扣除)(%)	-0.5700	9.8600	0.6000	13.8800
加权净资产收益率	-1.2093	7.5087	-0.2092	7.6453
总资产(万元)	33121.12	35420.44	30403.53	31214.26
归属母公司股东权益(万元)	25234.83	25380.26	22749.83	23021.83
营业收入(万元)	5422.94	12465.56	3727.67	10937.14
营业成本(万元)	1921.45	4353.69	1261.88	3795.95
投资收益(万元)	28.69	-124.20	9.98	37.98
净利润(万元)	—	—	27.98	2201.98
营业利润(万元)	-295.81	1627.94	-502.32	2061.16
利润总额(万元)	-243.07	2703.92	133.72	2784.67

成都网阔信息技术股份有限公司

公司概况	公司名称	成都网阔信息技术股份有限公司			证券简称	网阔信息
	法人代表	兰翔	董秘	施春燕	证券代码	430479
	公司网址	www.vcolco.com		电子信箱	wangkuo@vcolco.com	
	电　话	028-85015481		传　真	028-85212191	
	办公地址	四川省成都市高新区天府二街萃华路 89 号 33 层				
	经营范围	车辆 GPS 卫星定位系统销售及软件服务等				

	指标\报告期	2017.06.30	2016.12.31	2016.06.30	2015.12.31
主要财务指标	基本每股收益(元)	-0.1100	-0.0091	0.0600	0.3000
	基本每股收益(扣除后)(元)	-0.1100	-0.0258	0.0575	0.2553
	稀释每股收益(元)	-0.1100	-0.0091	0.0600	0.3000
	每股净资产(元)	1.9700	2.0800	2.1500	2.1600
	每股经营现金净流量(元)	-0.1280	0.0842	-0.0697	0.2020
	每股现金流量(元)	-0.3946	-0.0652	-0.3910	-0.0543
	每股资本公积金(元)	0.1508	0.1508	0.1508	0.1508
	每股盈余公积金(元)	0.2267	0.2267	0.2267	0.2267
	每股未分配利润(元)	0.5915	0.7009	0.7712	0.7800
	净资产收益率(%)	-5.5561	-0.4379	2.8517	13.7216
	净资产收益率(扣除)(%)	-5.4100	-0.4300	2.8000	14.3300
	加权净资产收益率	-5.7830	-1.2419	2.6750	11.8162
	总资产(万元)	8423.12	8845.38	8690.72	9062.67
	归属母公司股东权益(万元)	6031.82	6366.95	6582.55	6609.28
	营业收入(万元)	4236.01	9684.17	4919.67	9562.76
	营业成本(万元)	1927.07	4272.57	1957.66	3890.61
	投资收益(万元)	-18.62	52.85	26.44	164.72
	净利润(万元)	--	--	211.43	915.70
	营业利润(万元)	-252.33	155.49	317.00	947.88
	利润总额(万元)	-252.41	193.98	317.23	1018.92

郑州辰维科技股份有限公司

公司概况	公司名称	郑州辰维科技股份有限公司			证券简称	辰维科技
	法人代表	张勇	董秘	陈新苗	证券代码	430480
	公司网址	www.chenway.cn		电子信箱	chenway@chenweikeji.com	
	电　话	0371-67996990		传　真	0371-67997001	
	办公地址	河南省郑州市高新技术产业开发区云杉路 9 号 5 幢				
	经营范围	测量仪器研究、销售等				

	指标\报告期	2017.06.30	2016.12.31	2016.06.30	2015.12.31
主要财务指标	基本每股收益(元)	0.0900	0.4000	0.2100	0.3900
	基本每股收益(扣除后)(元)	0.0900	0.3700	0.2100	0.3900
	稀释每股收益(元)	0.0900	0.4000	0.2100	0.3900
	每股净资产(元)	2.7800	2.6900	3.1900	2.9800
	每股经营现金净流量(元)	-0.3494	0.0171	-0.2137	-0.4043
	每股现金流量(元)	-0.3736	-0.1654	-0.2376	0.4482
	每股资本公积金(元)	0.6281	0.6281	1.1166	1.1166
	每股盈余公积金(元)	0.1063	0.1063	0.0865	0.0865
	每股未分配利润(元)	1.0481	0.9535	0.9870	0.7740
	净资产收益率(%)	3.3986	14.8041	6.6780	11.7625
	净资产收益率(扣除)(%)	3.4600	15.9900	6.9100	16.2300
	加权净资产收益率	3.1664	13.8657	6.6780	11.5491
	总资产(万元)	7663.12	7437.69	6702.37	6236.39
	归属母公司股东权益(万元)	7321.52	7072.69	6456.82	6025.64
	营业收入(万元)	1424.27	3509.10	1357.67	2838.05
	营业成本(万元)	211.98	778.31	244.39	826.78
	投资收益(万元)	--	--	--	--
	净利润(万元)	--	--	431.19	708.76
	营业利润(万元)	257.78	1014.34	400.38	748.46
	利润总额(万元)	277.78	1185.69	493.50	811.02

河源富马硬质合金股份有限公司

公司概况	公司名称	河源富马硬质合金股份有限公司			证券简称	河源富马
	法人代表	王忠平	董秘	黄伟	证券代码	430482
	公司网址	www.fuma-carbide.com		电子信箱	huangwei@fuma-carbide.com	
	电　话	0762-2898188		传　真	0762-8813163	
	办公地址	广东省河源市仙塘经济开发区				
	经营范围	专业从事中高档、超小超薄及特异非标硬质合金制品的研究、开发、生产和销售				

	指标\报告期	2017.06.30	2016.12.31	2016.06.30	2015.12.31
主要财务指标	基本每股收益(元)	0.1692	0.2522	0.1200	0.2000
	基本每股收益(扣除后)(元)	0.1570	0.2284	0.1109	0.1785
	稀释每股收益(元)	0.1692	0.2522	--	0.2000
	每股净资产(元)	2.4000	2.2300	2.1000	2.1000
	每股经营现金净流量(元)	0.0098	0.2466	0.2548	0.3970
	每股现金流量(元)	0.1040	0.0042	0.2127	-0.4610
	每股资本公积金(元)	0.2796	0.2796	0.2796	0.2796
	每股盈余公积金(元)	0.2804	0.2804	0.2551	0.2551
	每股未分配利润(元)	0.8412	0.6719	0.5674	0.5650
	净资产收益率(%)	7.0473	11.2998	5.8258	9.2360
	净资产收益率(扣除)(%)	7.3000	11.7000	5.7200	9.5500
	加权净资产收益率	6.5405	10.2313	5.2744	8.3383
	总资产(万元)	21630.69	18821.85	19516.02	16705.32
	归属母公司股东权益(万元)	13902.46	12922.71	12171.56	12157.27
	营业收入(万元)	7463.98	12257.28	5796.12	11597.37
	营业成本(万元)	5362.20	8668.53	4122.48	8772.33
	投资收益(万元)	11.35	13.18	3.39	11.84
	净利润(万元)	--	--	709.09	1122.84
	营业利润(万元)	1025.38	1489.97	736.12	1115.20
	利润总额(万元)	1108.27	1652.41	815.08	1243.65

福建求实智能股份有限公司

公司概况	公司名称	福建求实智能股份有限公司			证券简称	求实智能
	法人代表	张安东	董秘	谢新春	证券代码	430484
	公司网址	www.qsachina.com		电子信箱	zhengquan@qsachina.com	
	电　话	0592-2950158		传　真	0592-5365222	
	办公地址	福建省厦门市同安区环东海域美溪道思明工业园 59 号				
	经营范围	智能电子产品及软件的开发、生产、销售、服务				

	指标\报告期	2017.06.30	2016.12.31	2016.06.30	2015.12.31
主要财务指标	基本每股收益(元)	0.0400	-0.0500	-0.0300	0.1400
	基本每股收益(扣除后)(元)	0.0400	-0.0800	-0.0400	0.0800
	稀释每股收益(元)	0.0400	-0.0500	-0.0300	0.1400
	每股净资产(元)	1.8800	1.7500	1.7300	2.5900
	每股经营现金净流量(元)	-0.1264	-0.2299	-0.0726	-0.3605
	每股现金流量(元)	-0.0678	-0.1746	-0.1544	-0.0277
	每股资本公积金(元)	0.0582	0.1946	0.1539	0.6761
	每股盈余公积金(元)	0.0700	0.0700	0.0594	0.0892
	每股未分配利润(元)	0.7551	0.4868	0.5164	0.8264
	净资产收益率(%)	2.2962	-3.0541	-1.9946	5.1956
	净资产收益率(扣除)(%)	2.4400	-3.1700	-2.0300	6.5400
	加权净资产收益率	2.1725	-4.5718	-2.0478	3.0985
	总资产(万元)	16164.42	18338.49	16713.01	16365.41
	归属母公司股东权益(万元)	12558.26	11678.77	11534.26	11520.58
	营业收入(万元)	2364.04	6078.17	3126.19	7378.64
	营业成本(万元)	1534.27	3986.06	2119.16	4690.35
	投资收益(万元)	574.62	-88.76	-24.45	-5.92
	净利润(万元)	--	--	-411.66	480.47
	营业利润(万元)	247.44	-1175.69	-606.64	148.19
	利润总额(万元)	265.75	-829.54	-575.09	534.57

广东旭龙物联科技股份有限公司

公司概况					
公司名称	广东旭龙物联科技股份有限公司			证券简称	旭龙物联
法人代表	徐朝荣	董秘	徐龙平	证券代码	430490
公司网址	www.xl-scan.com		电子信箱	loong222@163.com	
电　话	020-32068947		传　真	020-82115390	
办公地址	广东省广州市萝岗区科学城科学大道科汇一街7号401房				
经营范围	条码识别设备的研发、生产和销售和服务				

主要财务指标：指标\报告期	2017.06.30	2016.12.31	2016.06.30	2015.12.31
基本每股收益(元)	0.1400	0.1152	0.0400	0.2400
基本每股收益(扣除后)(元)	0.1300	0.0362	0.0100	0.1980
稀释每股收益(元)	0.1400	0.1152	0.0400	0.2400
每股净资产(元)	1.7300	1.5900	1.5100	1.4700
每股经营现金净流量(元)	0.2126	0.0544	-0.2506	0.1147
每股现金流量(元)	0.2081	-0.0368	0.0525	0.0838
每股资本公积金(元)	0.1595	0.1595	0.1595	0.1595
每股盈余公积金(元)	0.0776	0.0776	0.0661	0.0661
每股未分配利润(元)	0.4886	0.3491	0.2833	0.2454
净资产收益率(%)	8.0814	7.2621	2.5093	15.9998
净资产收益率(扣除)(%)	8.4200	7.5400	2.5400	18.4200
加权净资产收益率	7.5001	2.2836	0.7308	13.0161
总资产(万元)	6756.11	4758.33	5061.10	5142.46
归属母公司股东权益(万元)	4597.16	4225.65	4019.64	3918.78
营业收入(万元)	2510.10	3299.87	1384.36	3474.14
营业成本(万元)	1610.50	1970.95	831.70	2075.36
投资收益(万元)	—	12.58	12.58	—
净利润(万元)	—	—	100.86	627.00
营业利润(万元)	405.15	122.63	26.99	592.16
利润总额(万元)	436.59	370.14	118.66	729.72

厦门蓝斯通信股份有限公司

公司概况					
公司名称	厦门蓝斯通信股份有限公司			证券简称	蓝斯股份
法人代表	林升元	董秘	曾宪洪	证券代码	430491
公司网址	www.xmlenz.com		电子信箱	zengxh@xmlenz.com	
电　话	0592-6307828		传　真	0592-5765080	
办公地址	福建省厦门市软件园三期诚毅大街365号2001单元				
经营范围	无线通信终端、计算机软硬件、汽车导航与信息相关电子产品开发、生产、销售				

主要财务指标：指标\报告期	2017.06.30	2016.12.31	2016.06.30	2015.12.31
基本每股收益(元)	-0.0800	0.4300	0.2000	0.5300
基本每股收益(扣除后)(元)	-0.0900	0.1799	—	—
稀释每股收益(元)	-0.0800	0.4300	0.2000	0.5300
每股净资产(元)	1.2100	3.4300	3.2000	3.2000
每股经营现金净流量(元)	0.0369	0.3971	0.4339	-0.0794
每股现金流量(元)	-0.0510	-0.0100	0.1311	0.0069
每股资本公积金(元)	0.1675	0.3350	0.3350	0.3350
每股盈余公积金(元)	0.1190	0.2379	0.1950	0.1950
每股未分配利润(元)	-0.0772	1.8568	1.6679	1.6701
净资产收益率(%)	-6.9198	12.5282	6.1862	16.2564
净资产收益率(扣除)(%)	-5.0000	13.0900	6.1200	19.6600
加权净资产收益率	-7.7786	5.2422	0.0318	9.4890
总资产(万元)	10001.79	11106.39	9988.50	10277.19
归属母公司股东权益(万元)	5707.60	8094.16	7546.98	7552.11
营业收入(万元)	2048.46	7961.25	2336.38	6722.80
营业成本(万元)	1139.87	4422.83	1103.14	3552.75
投资收益(万元)	-0.85	2.50	—	—
净利润(万元)	—	—	466.87	1227.70
营业利润(万元)	-442.35	292.81	-191.26	541.22
利润总额(万元)	-384.68	1136.26	503.15	1380.61

大同新成新材料股份有限公司

公司概况					
公司名称	大同新成新材料股份有限公司			证券简称	新成新材
法人代表	张培林	董秘	袁霞	证券代码	430493
公司网址	www.dtxcxc.cn		电子信箱	623314861@qq.com	
电　话	0352-3175521		传　真	0352-3175755	
办公地址	山西省大同市新荣区花园屯村				
经营范围	公司的主营业务为特种石墨的研发、生产、销售以及相关加工业务				

主要财务指标：指标\报告期	2017.06.30	2016.12.31	2016.06.30	2015.12.31
基本每股收益(元)	0.0800	0.1000	0.0600	0.1000
基本每股收益(扣除后)(元)	0.0500	0.0800	0.0600	0.0800
稀释每股收益(元)	0.0800	0.1000	0.0600	0.1000
每股净资产(元)	3.0800	3.0100	2.9700	2.9100
每股经营现金净流量(元)	0.1096	0.2590	0.1026	0.1058
每股现金流量(元)	0.1010	-0.1717	-0.1097	0.1925
每股资本公积金(元)	1.4086	1.4086	1.4086	1.4086
每股盈余公积金(元)	0.0477	0.0477	0.0409	0.0409
每股未分配利润(元)	0.6281	0.5549	0.5244	0.4627
净资产收益率(%)	2.6970	3.2860	2.0734	3.1983
净资产收益率(扣除)(%)	2.7200	3.2300	2.0100	3.7200
加权净资产收益率	1.6866	2.6355	1.8915	2.4689
总资产(万元)	73946.58	70113.09	64166.00	64767.38
归属母公司股东权益(万元)	42196.93	41195.71	40685.60	39842.01
营业收入(万元)	14477.26	21159.11	9622.71	17800.84
营业成本(万元)	11089.43	15556.18	6951.63	12023.50
投资收益(万元)	8.44	-24.23	—	—
净利润(万元)	—	—	929.86	1452.31
营业利润(万元)	1085.48	1580.09	987.19	1434.41
利润总额(万元)	1584.10	1896.72	1064.21	1781.10

山东大正医疗器械股份有限公司

公司概况					
公司名称	山东大正医疗器械股份有限公司			证券简称	大正医疗
法人代表	王伟民	董秘	唐志云	证券代码	430496
公司网址	www.gredmedic.com		电子信箱	tangzhiyun@gredmedic.com	
电　话	0631-5627255		传　真	0631-5690613	
办公地址	山东省威海高技术产业开发区大连路65号				
经营范围	医疗器械研发、生产、销售;卫生材料的生产与销售				

主要财务指标：指标\报告期	2017.06.30	2016.12.31	2016.06.30	2015.12.31
基本每股收益(元)	0.2700	0.6300	0.2700	0.5600
基本每股收益(扣除后)(元)	0.2700	0.6200	0.2700	0.5700
稀释每股收益(元)	0.2700	0.6300	0.2700	0.5600
每股净资产(元)	3.6200	3.5000	3.1400	3.0700
每股经营现金净流量(元)	0.3391	0.7684	0.3134	0.8611
每股现金流量(元)	0.0860	0.1865	-0.0451	0.5657
每股资本公积金(元)	0.0032	0.0032	0.0032	0.0032
每股盈余公积金(元)	0.3816	0.3816	0.3188	0.3188
每股未分配利润(元)	2.2313	2.1106	1.8149	1.7453
净资产收益率(%)	7.4854	17.9710	8.5951	18.3203
净资产收益率(扣除)(%)	7.5100	19.2400	8.5100	19.7300
加权净资产收益率	7.5533	17.8561	8.6100	18.4420
总资产(万元)	14162.18	14183.96	12614.34	12434.22
归属母公司股东权益(万元)	13379.81	12933.28	11606.65	11349.05
营业收入(万元)	4358.71	8575.82	3876.66	7561.70
营业成本(万元)	1596.03	3002.31	1309.96	2319.22
投资收益(万元)	—	—	—	—
净利润(万元)	—	—	997.60	2079.17
营业利润(万元)	1193.98	2689.14	1157.60	2451.92
利润总额(万元)	1183.29	2706.62	1155.56	2435.70

威海威硬工具股份有限公司

公司概况	公司名称	威海威硬工具股份有限公司			证券简称	威硬工具
	法人代表	于乔	董秘		证券代码	430497
	公司网址	www.whweiying.com		电子信箱	wy@whweiying.com	
	电　话	0631-5685601		传　真	0631-5683191	
	办公地址	山东省威海市高技术产业开发区初村昊山路				
	经营范围	超硬材料刀具的研发、制造与销售				

	指标\报告期	2017.06.30	2016.12.31	2016.06.30	2015.12.31
主要财务指标	基本每股收益(元)	0.2900	0.5400	0.2300	0.6200
	基本每股收益(扣除后)(元)	0.2900	0.5200	0.2300	0.5600
	稀释每股收益(元)	0.2900	0.5400	0.2300	0.6200
	每股净资产(元)	3.2600	3.1700	2.8600	3.2500
	每股经营现金净流量(元)	0.2519	0.7255	0.3798	0.4749
	每股现金流量(元)	-0.0743	0.3293	0.1061	0.0654
	每股资本公积金(元)	0.3538	0.3538	0.3538	0.6245
	每股盈余公积金(元)	0.2655	0.2655	0.2116	0.2539
	每股未分配利润(元)	1.6405	1.5481	1.2960	1.3756
	净资产收益率(%)	8.9689	17.0180	8.1431	18.4342
	净资产收益率(扣除)(%)	8.8200	18.3400	8.2400	22.0200
	加权净资产收益率	8.8697	16.5291	8.1424	16.8528
	总资产(万元)	14563.36	14293.07	12929.75	12045.29
	归属母公司股东权益(万元)	12653.65	12295.13	11107.22	10526.23
	营业收入(万元)	3805.75	7030.38	3032.36	6024.36
	营业成本(万元)	1469.50	2809.17	1163.80	2327.30
	投资收益(万元)	—	—	—	—
	净利润(万元)	—	—	904.47	1940.43
	营业利润(万元)	1277.45	2341.63	1040.37	2034.07
	利润总额(万元)	1292.21	2412.34	1040.46	2229.91

安徽中科自动化股份有限公司

公司概况	公司名称	安徽中科自动化股份有限公司			证券简称	中科股份
	法人代表	潘劲松	董秘	程明	证券代码	430499
	公司网址	www.zke999.com		电子信箱	zke@188.com	
	电　话	0556-6983099		传　真	0556-6982888	
	办公地址	安徽省桐城市新渡镇华东塑料城19号				
	经营范围	粮食烘干设备、果蔬烘干设备等				

	指标\报告期	2017.06.30	2016.12.31	2016.06.30	2015.12.31
主要财务指标	基本每股收益(元)	—	0.3600	0.0700	0.2100
	基本每股收益(扣除后)(元)	—	0.3300	0.0600	0.1800
	稀释每股收益(元)	—	0.3600	—	0.2100
	每股净资产(元)	1.5400	2.1000	1.7300	1.6600
	每股经营现金净流量(元)	-0.2719	-0.6058	-0.6926	-0.0306
	每股现金流量(元)	-0.2972	0.7713	0.3790	-0.3870
	每股资本公积金(元)	0.1580	0.2054	0.1055	0.1055
	每股盈余公积金(元)	0.0730	0.0949	0.0566	0.0566
	每股未分配利润(元)	0.3136	0.8029	0.5681	0.4961
	净资产收益率(%)	0.2394	17.0870	4.1628	12.7392
	净资产收益率(扣除)(%)	0.2300	19.0000	4.2500	13.6100
	加权净资产收益率	0.0017	15.7463	3.4708	10.7937
	总资产(万元)	19988.94	20217.57	17392.21	11838.76
	归属母公司股东权益(万元)	7831.48	8202.74	6574.83	6301.13
	营业收入(万元)	1835.12	10456.81	3003.39	5828.56
	营业成本(万元)	952.75	5578.31	1574.56	3088.01
	投资收益(万元)	—	—	—	—
	净利润(万元)	—	—	273.70	802.71
	营业利润(万元)	17.67	1530.02	271.40	796.70
	利润总额(万元)	39.31	1659.95	324.93	937.62

厦门超宇环保科技股份有限公司

公司概况	公司名称	厦门超宇环保科技股份有限公司			证券简称	超宇环保
	法人代表	宿焕超	董秘	宿艺菲	证券代码	430501
	公司网址	www.xmcyhb.com		电子信箱	xmcyhbkj@163.com	
	电　话	0592-7022863		传　真	0592-7022863	
	办公地址	福建省厦门市同安区城东工业区榕溪路16号				
	经营范围	公司致力于新型环保过滤材料的研发、生产与销售				

	指标\报告期	2017.06.30	2016.12.31	2016.06.30	2015.12.31
主要财务指标	基本每股收益(元)	0.1700	0.5700	0.3000	0.6000
	基本每股收益(扣除后)(元)	0.1400	0.5000	0.2800	0.5300
	稀释每股收益(元)	0.1700	0.5700	0.3000	0.6000
	每股净资产(元)	1.9100	3.6500	3.3800	3.0000
	每股经营现金净流量(元)	0.1763	0.1368	-0.0799	0.0647
	每股现金流量(元)	-0.0551	-0.0429	0.1254	0.1884
	每股资本公积金(元)	0.1523	1.3047	1.3491	1.1959
	每股盈余公积金(元)	0.0671	0.1342	0.0807	0.0807
	每股未分配利润(元)	0.6867	1.2075	1.0315	0.7266
	净资产收益率(%)	4.3522	15.4034	8.7200	19.1019
	净资产收益率(扣除)(%)	4.4500	17.0800	9.5600	23.2200
	加权净资产收益率	3.6678	13.5346	8.0471	16.8448
	总资产(万元)	8693.16	8072.42	7585.68	6849.18
	归属母公司股东权益(万元)	7891.54	7548.08	6992.75	6006.58
	营业收入(万元)	2129.28	4018.23	2021.27	3762.85
	营业成本(万元)	1552.09	2232.38	1074.99	2084.99
	投资收益(万元)	134.82	16.01	16.01	4.96
	净利润(万元)	—	—	609.77	1147.37
	营业利润(万元)	354.33	1261.59	698.96	1240.76
	利润总额(万元)	387.38	1344.86	717.56	1350.16

潍坊万隆电气股份有限公司

公司概况	公司名称	潍坊万隆电气股份有限公司			证券简称	万隆电气
	法人代表	刘林	董秘	王晓娟	证券代码	430502
	公司网址	www.wanlongdianqi.com		电子信箱	wanlongdianqi@163.com	
	电　话	0536-8865381		传　真	0536-8865381	
	办公地址	山东省潍坊市高新技术产业开发区银枫路9号				
	经营范围	各种汽车发电机、车用发电机用电压调节器、中央电器盒等汽车零配件的生产和销售				

	指标\报告期	2017.06.30	2016.12.31	2016.06.30	2015.12.31
主要财务指标	基本每股收益(元)	0.0400	0.0700	0.0500	0.1300
	基本每股收益(扣除后)(元)	0.0300	0.0239	0.0100	—
	稀释每股收益(元)	0.0400	0.0700	0.0500	0.1300
	每股净资产(元)	1.9400	1.9100	1.8800	1.8300
	每股经营现金净流量(元)	-0.0384	-0.0809	-0.0098	0.1192
	每股现金流量(元)	-0.0879	0.0588	-0.0261	0.1253
	每股资本公积金(元)	0.0238	0.0238	0.0238	0.0238
	每股盈余公积金(元)	0.0882	0.0882	0.0809	0.0809
	每股未分配利润(元)	0.8290	0.7939	0.7798	0.7278
	净资产收益率(%)	1.8078	3.8535	2.7629	7.1011
	净资产收益率(扣除)(%)	1.8200	3.9300	2.8000	7.3600
	加权净资产收益率	1.7371	1.3184	0.7680	6.4546
	总资产(万元)	4431.32	4286.41	4073.15	3861.12
	归属母公司股东权益(万元)	2028.30	1991.63	1969.29	1914.88
	营业收入(万元)	1879.41	3709.80	2010.54	3428.89
	营业成本(万元)	1483.18	3010.77	1634.75	2690.22
	投资收益(万元)	—	—	—	—
	净利润(万元)	—	—	54.41	135.98
	营业利润(万元)	42.53	32.15	18.68	144.30
	利润总额(万元)	44.23	92.77	64.99	159.18

山东远大朗威教育科技股份有限公司

公司概况	公司名称	山东远大朗威教育科技股份有限公司			证券简称	远大教科
	法人代表	李鼎	董秘	田芳	证券代码	430511
	公司网址	www.llongwill.com		电子信箱	Fang.tian@llongwill.com	
	电　话	0531-88900288-821		传　真	0531-88900288-821	
	办公地址	山东省济南市历城区华信路15号凯贝特大厦C座401				
	经营范围	计算机信息技术、电子产品、机械设备的技术开发、技术咨询等				

主要财务指标	指标＼报告期	2017.06.30	2016.12.31	2016.06.30	2015.12.31
	基本每股收益(元)	–0.1800	0.2200	–0.0600	0.2600
	基本每股收益(扣除后)(元)	–0.1800	0.2200	–0.0600	0.2500
	稀释每股收益(元)	–0.1800	0.2200	–0.0600	0.2600
	每股净资产(元)	2.2300	2.5100	2.2100	2.3800
	每股经营现金净流量(元)	–0.3317	0.2752	–0.1484	0.2891
	每股现金流量(元)	–0.4370	0.1594	–0.2546	0.7174
	每股资本公积金(元)	0.2719	0.2719	0.2719	0.2719
	每股盈余公积金(元)	0.1773	0.1773	0.1427	0.1427
	每股未分配利润(元)	0.7733	1.0502	0.7993	0.9611
	净资产收益率(%)	–7.9378	8.9206	–2.7914	10.9720
	净资产收益率(扣除)(%)	–7.3100	9.2100	–2.6500	11.4700
	加权净资产收益率	–7.9357	8.8626	–2.8583	10.7009
	总资产(万元)	11462.78	13358.24	11346.05	12499.09
	归属母公司股东权益(万元)	10698.99	12037.10	10629.61	11407.92
	营业收入(万元)	1261.81	5936.70	1057.18	6270.65
	营业成本(万元)	449.43	2358.85	391.00	2650.26
	投资收益(万元)	—	—	—	58.52
	净利润(万元)	—	—	–337.78	1195.67
	营业利润(万元)	–870.26	716.19	–697.64	1150.64
	利润总额(万元)	–870.53	1265.83	–325.90	1551.42

广东嘉达早教科技股份有限公司

公司概况	公司名称	广东嘉达早教科技股份有限公司			证券简称	嘉达早教
	法人代表	王学敏	董秘	陈树烈	证券代码	430518
	公司网址	www.jiadatoys.com		电子信箱	stock@jiadatoys.com	
	电　话	0754-88096666-8736		传　真	0754-88096698	
	办公地址	广东省汕头市澄海区凤新二路凤新工业开发区				
	经营范围	早教产品研发、生产及销售				

主要财务指标	指标＼报告期	2017.06.30	2016.12.31	2016.06.30	2015.12.31
	基本每股收益(元)	–1.8600	0.0900	0.5000	0.2800
	基本每股收益(扣除后)(元)	–1.6200	0.0800	0.4500	0.2500
	稀释每股收益(元)	–1.8600	0.0900	0.5000	0.2800
	每股净资产(元)	3.7500	5.6900	5.6100	5.3900
	每股经营现金净流量(元)	–1.4707	0.0281	0.1492	–0.2350
	每股现金流量(元)	–1.8445	0.0253	–0.1451	0.4348
	每股资本公积金(元)	2.0226	2.0226	2.0226	2.0226
	每股盈余公积金(元)	0.2675	0.2672	0.2675	0.2190
	每股未分配利润(元)	0.4655	2.3982	2.3226	2.1457
	净资产收益率(%)	–49.4769	1.3860	8.7564	5.0037
	净资产收益率(扣除)(%)	–39.6600	1.4000	9.4800	8.8500
	加权净资产收益率	–43.1593	1.3317	7.8663	4.5006
	总资产(万元)	45467.48	61006.73	57287.24	54458.87
	归属母公司股东权益(万元)	25788.88	39071.70	38557.53	37017.23
	营业收入(万元)	9115.60	5712.40	22954.91	13741.76
	营业成本(万元)	6157.02	4048.77	15969.30	9532.42
	投资收益(万元)	234.66	67.93	142.22	—
	净利润(万元)	—	524.23	3394.22	1831.63
	营业利润(万元)	–13147.62	571.91	3606.20	1969.97
	利润总额(万元)	–15059.09	596.85	3907.96	2164.94

湖南超弦科技股份有限公司

公司概况	公司名称	湖南超弦科技股份有限公司			证券简称	超弦科技
	法人代表	谭向杰	董秘	葛成	证券代码	430522
	公司网址	www.superstring.com.cn		电子信箱	cftc_mail@qq.com	
	电　话	0731-84826459		传　真	0731-84535151	
	办公地址	湖南省长沙市高新开发区麓谷大道627号新长海麓谷中心B2栋11楼				
	经营范围	研发销售面向铁路机车所需的高稳定性的嵌入式设备				

主要财务指标	指标＼报告期	2017.06.30	2016.12.31	2016.06.30	2015.12.31
	基本每股收益(元)	0.0100	–0.4660	–0.0200	0.0630
	基本每股收益(扣除后)(元)	0.0100	–0.4830	–0.0300	0.0500
	稀释每股收益(元)	0.0100	–0.4660	–0.0200	0.0630
	每股净资产(元)	1.0600	1.0400	1.4900	1.4900
	每股经营现金净流量(元)	–0.0738	–0.0669	–0.0869	0.0899
	每股现金流量(元)	–0.0551	–0.0805	–0.1887	0.1854
	每股资本公积金(元)	0.2194	0.2081	0.2081	0.1964
	每股盈余公积金(元)	0.0477	0.0477	0.0477	0.0477
	每股未分配利润(元)	–0.2042	–0.2159	0.2306	0.2505
	净资产收益率(%)	1.0932	–44.8369	–1.3374	3.1547
	净资产收益率(扣除)(%)	1.1100	–36.8000	–1.3300	3.9300
	加权净资产收益率	0.9738	–46.4628	–1.8913	2.5016
	总资产(万元)	7107.11	7095.02	8073.20	8119.71
	归属母公司股东权益(万元)	5325.06	5210.53	7447.17	7488.10
	营业收入(万元)	3044.38	6369.63	2588.23	4469.11
	营业成本(万元)	1977.94	4010.36	1565.41	2746.67
	投资收益(万元)	–25.02	–10.94	–7.59	–0.69
	净利润(万元)	—	—	–101.74	231.10
	营业利润(万元)	32.88	–2369.21	–124.98	146.97
	利润总额(万元)	40.62	–2269.26	–76.58	341.89

成都恒成工具股份有限公司

公司概况	公司名称	成都恒成工具股份有限公司			证券简称	恒成工具
	法人代表	陈康夫	董秘	谢斌	证券代码	430529
	公司网址	www.hengcheng-tools.com		电子信箱	1163795387@qq.com	
	电　话	028-85137903		传　真	028-85136004	
	办公地址	四川省成都市高新区科园南二路6号附1号				
	经营范围	各类木工刀具、玻璃钻的研发、生产与销售				

主要财务指标	指标＼报告期	2017.06.30	2016.12.31	2016.06.30	2015.12.31
	基本每股收益(元)	0.0800	0.1400	0.0300	0.1500
	基本每股收益(扣除后)(元)	0.0800	0.1100	0.0200	0.0900
	稀释每股收益(元)	0.0800	0.1400	0.0300	0.1500
	每股净资产(元)	2.1200	2.1400	2.2600	2.7900
	每股经营现金净流量(元)	0.1037	0.0815	–0.0193	–0.0354
	每股现金流量(元)	0.0580	–0.0828	–0.1659	0.2148
	每股资本公积金(元)	0.6613	0.6613	0.6836	1.1596
	每股盈余公积金(元)	0.0631	0.0631	0.0492	0.0640
	每股未分配利润(元)	0.4653	0.4808	0.3640	0.5625
	净资产收益率(%)	3.9804	6.4980	1.4759	4.8433
	净资产收益率(扣除)(%)	3.9400	6.4800	1.4300	6.5000
	加权净资产收益率	3.6922	5.3228	0.9017	2.8316
	总资产(万元)	8229.59	7558.67	7210.92	7956.61
	归属母公司股东权益(万元)	5382.16	5421.42	5258.90	5432.92
	营业收入(万元)	2003.11	3580.43	1485.81	3082.44
	营业成本(万元)	1244.97	2123.23	920.83	1910.49
	投资收益(万元)	—	3.22	3.22	—
	净利润(万元)	—	—	77.62	263.13
	营业利润(万元)	234.84	343.92	59.02	182.09
	利润总额(万元)	253.08	415.65	91.33	310.67

柳州爱格富食品科技股份有限公司

公司概况	公司名称	柳州爱格富食品科技股份有限公司			证券简称	柳爱科技
	法人代表	刘果	董秘	陈景珊	证券代码	430535
	公司网址	www.adanachina.com		电子信箱	365073188@qq.com	
	电　话	0772-8852771		传　真	0772-8852850	
	办公地址	广西壮族自治区柳州市柳东新区官塘工业园				
	经营范围	食品添加剂的生产和销售				

主要财务指标	指标\报告期	2017.06.30	2016.12.31	2016.06.30	2015.12.31
	基本每股收益(元)	–0.1400	0.2400	0.0900	0.2600
	基本每股收益(扣除后)(元)	–0.1400	0.0600	0.0100	0.1600
	稀释每股收益(元)	–0.1400	0.2400	0.0900	0.2600
	每股净资产(元)	2.4700	2.6100	2.4600	2.3700
	每股经营现金净流量(元)	–0.0558	0.3100	0.1361	0.5078
	每股现金流量(元)	–0.1236	–0.0296	–0.0397	0.0586
	每股资本公积金(元)	0.3066	0.3066	0.3066	0.3066
	每股盈余公积金(元)	0.1511	0.1511	0.1182	0.1182
	每股未分配利润(元)	1.0146	1.1502	1.0369	0.9448
	净资产收益率(%)	–5.4862	9.1409	3.7411	10.3157
	净资产收益率(扣除)(%)	–5.3400	9.5800	3.6000	11.4400
	加权净资产收益率	–5.7935	2.2325	0.2236	6.3240
	总资产(万元)	5271.12	5603.93	5447.43	5280.28
	归属母公司股东权益(万元)	2966.68	3129.44	2953.89	2843.38
	营业收入(万元)	818.04	2230.26	886.27	2191.40
	营业成本(万元)	549.56	1314.53	489.00	1217.16
	投资收益(万元)	---	–4.52	---	–0.85
	净利润(万元)	---	---	76.67	281.85
	营业利润(万元)	–197.71	–30.57	–38.83	153.00
	利润总额(万元)	–189.49	231.04	83.41	336.54

重庆渝万通新材料科技股份有限公司

公司概况	公司名称	重庆渝万通新材料科技股份有限公司			证券简称	万通新材
	法人代表	王经华	董秘	骆朝云	证券代码	430536
	公司网址	www.wantongxincai.com		电子信箱	107103534@qq.com	
	电　话	023-63113659		传　真	023-62455076	
	办公地址	重庆市南岸区长生桥镇南山村				
	经营范围	防火门系列产品的设计、制造、安装及销售				

主要财务指标	指标\报告期	2017.06.30	2016.12.31	2016.06.30	2015.12.31
	基本每股收益(元)	–0.0700	–0.5600	–0.1200	0.0383
	基本每股收益(扣除后)(元)	–0.0700	–0.5600	–0.1232	0.0430
	稀释每股收益(元)	–0.0700	–0.5600	–0.1200	0.0383
	每股净资产(元)	0.7800	0.8500	1.3700	1.4900
	每股经营现金净流量(元)	0.0410	0.0969	0.1172	–0.0306
	每股现金流量(元)	0.0410	–0.0431	0.0607	0.0394
	每股资本公积金(元)	0.1611	0.1611	0.1611	0.1611
	每股盈余公积金(元)	0.0530	0.0530	0.0550	0.0530
	每股未分配利润(元)	–0.4385	–0.3669	0.1537	0.1903
	净资产收益率(%)	–9.2313	–65.7799	–8.5443	2.5733
	净资产收益率(扣除)(%)	–8.8200	–49.5000	–8.1900	2.6100
	加权净资产收益率	–9.0606	–65.3088	–8.9921	2.8935
	总资产(万元)	6359.82	6090.34	8578.95	9205.08
	归属母公司股东权益(万元)	2433.65	2658.30	4298.37	4665.64
	营业收入(万元)	803.13	2899.33	1565.39	5581.58
	营业成本(万元)	492.52	2566.26	1171.65	4199.89
	投资收益(万元)	---	---	---	---
	净利润(万元)	---	---	–367.27	120.06
	营业利润(万元)	–220.50	–1718.69	–436.94	202.77
	利润总额(万元)	–224.66	–1731.22	–417.69	185.19

哈尔滨中大型材科技股份有限公司

公司概况	公司名称	哈尔滨中大型材科技股份有限公司			证券简称	中大科技
	法人代表	胡淼	董秘	安阔	证券代码	430538
	公司网址	www.harbinzhongda.com.cn		电子信箱	ankuo@163.com	
	电　话	0451-84348438		传　真	0451-84348440	
	办公地址	黑龙江省哈尔滨市开发区迎宾路集中区崂山路 4 号				
	经营范围	PVC 塑料型材的研究开发、生产、销售及相关服务				

主要财务指标	指标\报告期	2017.06.30	2016.12.31	2016.06.30	2015.12.31
	基本每股收益(元)	–0.0300	0.0215	–0.0800	0.0400
	基本每股收益(扣除后)(元)	–0.0300	0.0189	–0.0800	0.0085
	稀释每股收益(元)	–0.0300	0.0215	–0.0800	0.0400
	每股净资产(元)	1.7600	1.7900	1.6900	1.9500
	每股经营现金净流量(元)	0.1387	0.1279	–0.1699	–0.0593
	每股现金流量(元)	0.2195	0.0038	0.0596	0.0043
	每股资本公积金(元)	0.0182	0.0182	0.0182	0.1200
	每股盈余公积金(元)	0.0773	0.0773	0.0751	0.0826
	每股未分配利润(元)	0.6661	0.6955	0.6004	0.7437
	净资产收益率(%)	–1.6686	1.2015	–4.4714	2.2341
	净资产收益率(扣除)(%)	–1.6500	1.2088	–4.3700	2.4000
	加权净资产收益率	–1.8691	1.0538	–4.4513	0.4205
	总资产(万元)	18435.30	16244.73	16453.52	16318.94
	归属母公司股东权益(万元)	13369.85	13592.94	12854.83	13429.62
	营业收入(万元)	3920.32	9743.38	3139.89	12294.20
	营业成本(万元)	3628.88	8539.66	3108.44	10925.26
	投资收益(万元)	---	---	---	---
	净利润(万元)	---	---	–574.79	300.04
	营业利润(万元)	–264.53	129.19	–597.04	60.48
	利润总额(万元)	–237.73	153.25	–599.28	337.56

石家庄五龙制动器股份有限公司

公司概况	公司名称	石家庄五龙制动器股份有限公司			证券简称	五龙制动
	法人代表	韩伍林	董秘	曹亚娟	证券代码	430540
	公司网址	www.cnwulon.com		电子信箱	caoyajuan6555@126.com	
	电　话	0311-83804609		传　真	0311-83836381	
	办公地址	河北省石家庄市新石中路 375 号 C 座 501 室				
	经营范围	高效节能电磁制动器产品的研发、生产、销售和服务				

主要财务指标	指标\报告期	2017.06.30	2016.12.31	2016.06.30	2015.12.31
	基本每股收益(元)	0.0200	0.0600	0.0200	0.1900
	基本每股收益(扣除后)(元)	–0.0100	0.0300	0.0200	0.0900
	稀释每股收益(元)	0.0200	0.0600	0.0200	0.1900
	每股净资产(元)	1.5700	1.5500	1.5100	1.5000
	每股经营现金净流量(元)	0.1056	0.2508	0.1384	0.2935
	每股现金流量(元)	0.0448	–0.0577	–0.0800	0.0917
	每股资本公积金(元)	0.1496	0.1496	0.1496	0.1584
	每股盈余公积金(元)	0.0752	0.0752	0.0656	0.0656
	每股未分配利润(元)	0.3435	0.3257	0.2904	0.2734
	净资产收益率(%)	1.1337	3.9923	1.1278	11.5193
	净资产收益率(扣除)(%)	1.1400	4.0700	1.1300	14.2800
	加权净资产收益率	–0.4446	1.9685	1.0647	5.6247
	总资产(万元)	5605.78	5663.19	5375.57	5549.18
	归属母公司股东权益(万元)	3570.97	3530.48	3428.20	3409.54
	营业收入(万元)	1545.66	3238.87	1599.42	3852.46
	营业成本(万元)	1059.54	2136.15	1058.86	2549.37
	投资收益(万元)	---	---	---	---
	净利润(万元)	---	---	38.66	392.75
	营业利润(万元)	55.10	70.83	45.31	203.95
	利润总额(万元)	54.61	155.15	47.86	440.39

西安利雅得电气股份有限公司

公司概况	公司名称	西安利雅得电气股份有限公司		证券简称	利雅得
	法人代表	韩山奇	董秘　薛军虎	证券代码	430542
	公司网址	www.xalyd.com		电子信箱	junhu36@163.com
	电　　话	029-83151540		传　　真	029-83151545
	办公地址	陕西省西安市高新区高新一路5号正信大厦A23层			
	经营范围	电气传动、自动化领域产品的研发、设计、生产、销售及服务			

主要财务指标	指标\报告期	2017.06.30	2016.12.31	2016.06.30	2015.12.31
	基本每股收益(元)	0.0200	0.3200	0.0500	0.1000
	基本每股收益(扣除后)(元)	0.0100	0.2800	0.0200	0.0700
	稀释每股收益(元)	0.0200	0.3200	0.0500	0.1000
	每股净资产(元)	3.1200	3.1100	2.8300	3.0900
	每股经营现金净流量(元)	-0.3078	-0.0600	0.0600	0.1747
	每股现金流量(元)	0.0666	-0.3487	-0.3532	0.2865
	每股资本公积金(元)	0.9571	0.9571	0.9592	0.9598
	每股盈余公积金(元)	0.1474	0.1474	0.1152	0.1152
	每股未分配利润(元)	1.0168	1.0013	0.7576	1.0117
	净资产收益率(%)	0.4942	10.3638	1.6212	2.8870
	净资产收益率(扣除)(%)	0.5000	10.3900	1.4800	3.2500
	加权净资产收益率	0.3083	8.9844	0.8030	2.1129
	总资产(万元)	18230.92	15420.38	14699.74	17134.44
	归属母公司股东权益(万元)	9878.60	9829.78	8963.16	9769.23
	营业收入(万元)	2362.33	6675.68	2236.51	5426.46
	营业成本(万元)	1602.04	3655.50	1312.15	3516.85
	投资收益(万元)	—	5.29	5.29	4.80
	净利润(万元)	—	—	145.31	282.04
	营业利润(万元)	128.24	1035.25	81.28	257.74
	利润总额(万元)	149.84	1189.47	162.27	341.91

山东星科智能科技股份有限公司

公司概况	公司名称	山东星科智能科技股份有限公司		证券简称	星科智能
	法人代表	王继	董秘　李学凤	证券代码	430545
	公司网址	www.xktech.com		电子信箱	xktech@fairvo.com
	电　　话	0531-88881298		传　　真	0531-88880828
	办公地址	山东省济南市高新区新泺大街786号四层			
	经营范围	智能实验教学设备的生产等			

主要财务指标	指标\报告期	2017.06.30	2016.12.31	2016.06.30	2015.12.31
	基本每股收益(元)	-0.1100	-0.2700	-0.5000	0.0900
	基本每股收益(扣除后)(元)	-0.1200	-0.2979	-0.4700	0.0500
	稀释每股收益(元)	-0.1100	—	-0.5000	—
	每股净资产(元)	2.8800	2.9900	2.7600	3.0139
	每股经营现金净流量(元)	-0.5587	-0.5030	-0.9741	0.2135
	每股现金流量(元)	-0.5877	-0.2797	-0.8153	0.0938
	每股资本公积金(元)	1.5346	1.5346	1.5346	1.2735
	每股盈余公积金(元)	0.0909	0.0909	0.0909	0.0925
	每股未分配利润(元)	0.2540	0.3689	0.1361	0.6479
	净资产收益率(%)	-3.9890	-8.9360	-18.1196	3.0419
	净资产收益率(扣除)(%)	-3.9100	-8.7700	-18.1300	3.0900
	加权净资产收益率	-3.9950	-9.8597	-17.0430	1.6392
	总资产(万元)	15096.74	15609.25	13873.74	15221.37
	归属母公司股东权益(万元)	10553.35	10974.31	10121.08	10849.98
	营业收入(万元)	4815.02	10598.55	3044.85	10221.80
	营业成本(万元)	2861.18	6328.40	1973.51	5283.79
	投资收益(万元)	-1.05	-37.15	-23.17	—
	净利润(万元)	—	—	-1834.87	330.04
	营业利润(万元)	-482.24	-1558.01	-1814.97	160.83
	利润总额(万元)	-481.45	-1268.81	-1820.86	507.83

郑州畅想高科股份有限公司

公司概况	公司名称	郑州畅想高科股份有限公司		证券简称	畅想高科
	法人代表	冯献华	董秘　王晓艳	证券代码	430547
	公司网址	www.thinkfreely.cn		电子信箱	thinkfreely@163.com
	电　　话	0371-67896922		传　　真	0371-67896911
	办公地址	河南省郑州市高新区翠竹街1号61幢1单元3层03号			
	经营范围	轨道交通运用安全管理设备及系统的方案设计、技术开发与应用等			

主要财务指标	指标\报告期	2017.06.30	2016.12.31	2016.06.30	2015.12.31
	基本每股收益(元)	0.0400	0.2600	0.0400	0.2000
	基本每股收益(扣除后)(元)	0.0100	0.2100	0.0100	0.1600
	稀释每股收益(元)	0.0400	0.2600	0.0400	0.2000
	每股净资产(元)	1.6600	1.7100	1.4900	1.4500
	每股经营现金净流量(元)	0.0340	0.1604	0.0979	-0.3200
	每股现金流量(元)	-0.0798	0.1272	0.0856	0.0178
	每股资本公积金(元)	0.0024	0.0024	0.0024	0.0024
	每股盈余公积金(元)	0.0582	0.0582	0.0428	0.0428
	每股未分配利润(元)	0.5950	0.6521	0.4472	0.4075
	净资产收益率(%)	2.5894	15.1818	2.6620	13.0007
	净资产收益率(扣除)(%)	2.5000	16.4300	2.7000	15.3900
	加权净资产收益率	1.4470	12.2602	0.3866	10.4440
	总资产(万元)	6393.23	7136.88	6045.39	5853.24
	归属母公司股东权益(万元)	5331.08	5515.05	4805.69	4677.76
	营业收入(万元)	1710.64	5901.20	1449.04	4953.71
	营业成本(万元)	800.90	3339.63	731.77	2890.91
	投资收益(万元)	—	—	—	—
	净利润(万元)	—	—	127.93	608.14
	营业利润(万元)	82.89	741.54	24.75	560.70
	利润总额(万元)	154.54	920.44	152.54	699.53

兰州海红技术股份有限公司

公司概况	公司名称	兰州海红技术股份有限公司		证券简称	海红技术
	法人代表	曹振海	董秘　焦旭丽	证券代码	430553
	公司网址	www.hhte.com.cn		电子信箱	jxl@hhte.com.cn
	电　　话	0931-8537997		传　　真	0931-8537740
	办公地址	甘肃省兰州市七里河区彭家坪240号			
	经营范围	提供智能通信配电整体解决方案及相关产品的研发、生产、销售及售后技术服务			

主要财务指标	指标\报告期	2017.06.30	2016.12.31	2016.06.30	2015.12.31
	基本每股收益(元)	0.0378	0.1374	0.0500	0.3100
	基本每股收益(扣除后)(元)	0.0351	0.1270	0.0482	0.2877
	稀释每股收益(元)	0.0378	0.1374	0.0500	0.3100
	每股净资产(元)	1.3000	1.2700	1.2000	1.8800
	每股经营现金净流量(元)	-0.1084	0.1059	-0.0473	0.2404
	每股现金流量(元)	-0.1482	0.0569	-0.0840	0.1858
	每股资本公积金(元)	0.0099	0.0099	0.0099	0.2959
	每股盈余公积金(元)	0.0492	0.0492	0.0374	0.0598
	每股未分配利润(元)	0.2428	0.2067	0.1506	0.5272
	净资产收益率(%)	2.9000	9.4999	4.2713	15.3126
	净资产收益率(扣除)(%)	2.9400	9.8500	4.3100	18.4600
	加权净资产收益率	2.6945	8.9614	4.0239	14.1391
	总资产(万元)	19651.28	18496.30	17339.81	16640.51
	归属母公司股东权益(万元)	13807.94	13425.25	12705.45	12481.31
	营业收入(万元)	4368.45	11091.34	4148.99	11033.59
	营业成本(万元)	2621.07	7040.45	2344.23	6249.23
	投资收益(万元)	—	—	—	1.98
	净利润(万元)	—	—	542.69	1911.22
	营业利润(万元)	489.68	1391.31	614.78	2171.74
	利润总额(万元)	490.62	1476.36	651.34	2344.09

深圳市金正方科技股份有限公司

公司概况						
	公司名称	深圳市金正方科技股份有限公司			证券简称	金正方
	法人代表	朱奎	董秘	张昕	证券代码	430554
	公司网址	www.gstsz.com		电子信箱	Emily.zhang@gstsz.com	
	电　话	0755-25504162		传　真	0755-89368415	
	办公地址	广东省深圳市龙岗区南湾街道南岭黄金北路 7 号				
	经营范围	智能用电信息采集系统的研发、生产、销售及服务				

主要财务指标	指标\报告期	2017.06.30	2016.12.31	2016.06.30	2015.12.31
	基本每股收益(元)	-0.1100	-0.1800	-0.0400	0.2200
	基本每股收益(扣除后)(元)	-0.1100	-0.2000	-0.0400	0.1800
	稀释每股收益(元)	-0.1100	-0.1800	-0.0400	0.2200
	每股净资产(元)	1.3200	1.4200	1.5700	1.6000
	每股经营现金净流量(元)	0.0830	-0.1350	-0.3003	-0.1689
	每股现金流量(元)	-0.2893	0.1145	-0.1328	0.1157
	每股资本公积金(元)	0.3960	0.3960	0.3933	0.3960
	每股盈余公积金(元)	0.0475	0.0475	0.0475	0.0475
	每股未分配利润(元)	-0.1214	-0.0194	0.1254	0.1612
	净资产收益率(%)	-8.3615	-12.6836	-2.2877	9.8330
	净资产收益率(扣除)(%)	-7.7600	-11.9300	-2.2600	14.6100
	加权净资产收益率	-8.4205	-13.7188	-2.2985	7.6946
	总资产(万元)	8552.36	11050.64	11559.31	13788.16
	归属母公司股东权益(万元)	7337.52	7903.64	8692.25	8906.10
	营业收入(万元)	7.94	567.13	395.99	7416.04
	营业成本(万元)	22.02	435.15	162.80	5250.80
	投资收益(万元)	-79.52	—	—	—
	净利润(万元)	—	—	-214.85	870.66
	营业利润(万元)	-618.62	-1383.35	-443.65	643.89
	利润总额(万元)	-613.53	-1051.70	-200.22	1019.25

哈尔滨均信投资担保股份有限公司

公司概况						
	公司名称	哈尔滨均信投资担保股份有限公司			证券简称	均信担保
	法人代表	李明中	董秘	张建华	证券代码	430558
	公司网址	www.hrbjunxin.com		电子信箱	zjh.0451@163.com	
	电　话	0451-88084906		传　真	0451-88084905	
	办公地址	黑龙江省哈尔滨高新技术产业开发区科技创新城创新创业广场 4 号楼世泽路 689 号				
	经营范围	融资性担保、再担保、债券发行担保、诉讼保全担保、履约担保等				

主要财务指标	指标\报告期	2017.06.30	2016.12.31	2016.06.30	2015.12.31
	基本每股收益(元)	0.0773	0.0798	0.0475	0.1700
	基本每股收益(扣除后)(元)	0.0787	0.0689	0.0476	0.1600
	稀释每股收益(元)	0.0773	0.0798	0.0475	0.1700
	每股净资产(元)	1.5000	1.4900	1.4500	1.8900
	每股经营现金净流量(元)	0.1090	-0.0516	-0.1207	-0.4563
	每股现金流量(元)	0.0253	-0.1553	-0.1736	0.0666
	每股资本公积金(元)	0.2862	0.2862	0.2862	0.6721
	每股盈余公积金(元)	0.0544	0.0467	0.0430	0.0501
	每股未分配利润(元)	0.1537	0.1542	0.1249	0.1636
	净资产收益率(%)	5.1680	5.0862	2.8876	7.0430
	净资产收益率(扣除)(%)	5.0060	5.1497	2.8900	10.4300
	加权净资产收益率	5.2602	4.3924	2.8977	6.6205
	总资产(万元)	136173.91	126231.56	122821.37	126477.10
	归属母公司股东权益(万元)	88786.77	88548.98	87336.01	87124.09
	营业收入(万元)	7500.78	12164.67	5568.23	13118.59
	营业成本(万元)	—	—	—	—
	投资收益(万元)	6.20	119.70	28.79	226.86
	净利润(万元)	—	—	2520.07	6135.63
	营业利润(万元)	6339.77	2163.54	3310.87	5565.32
	利润总额(万元)	6133.79	6126.78	3401.12	8293.83

珠海新华通软件股份有限公司

公司概况						
	公司名称	珠海新华通软件股份有限公司			证券简称	新华通
	法人代表	南策云	董秘	南策云	证券代码	430559
	公司网址	www.zhxht.com		电子信箱	zhxhtncy@21cn.com	
	电　话	0756-6291698		传　真	0756-6291698	
	办公地址	广东省珠海市香洲区香洲运通路 28 号紫荆花园 1 栋 2 层办公				
	经营范围	建设工程质量、安全监管系列管理软件的研发、生产、销售及服务				

主要财务指标	指标\报告期	2017.06.30	2016.12.31	2016.06.30	2015.12.31
	基本每股收益(元)	0.1500	0.0863	0.1200	0.6200
	基本每股收益(扣除后)(元)	0.1400	0.0379	0.1000	0.5700
	稀释每股收益(元)	0.1500	0.0863	0.1200	0.6200
	每股净资产(元)	1.3500	1.2000	1.2000	1.6000
	每股经营现金净流量(元)	0.0340	0.0561	0.0033	0.0537
	每股现金流量(元)	-0.0040	-0.0249	0.0024	-0.0255
	每股资本公积金(元)	0.0299	0.0299	0.0299	0.0419
	每股盈余公积金(元)	0.0830	0.0830	0.0740	0.1036
	每股未分配利润(元)	0.2325	0.0847	0.0962	0.4554
	净资产收益率(%)	10.9802	7.2085	7.3970	31.4364
	净资产收益率(扣除)(%)	11.6200	7.3800	7.4700	39.3700
	加权净资产收益率	10.0801	3.1636	6.2296	28.9179
	总资产(万元)	8866.24	7770.02	7952.22	7917.60
	归属母公司股东权益(万元)	7910.67	7042.07	7056.40	6723.44
	营业收入(万元)	1380.67	2340.63	1288.75	3964.09
	营业成本(万元)	124.09	247.82	67.60	131.35
	投资收益(万元)	—	—	—	—
	净利润(万元)	—	—	521.96	2113.61
	营业利润(万元)	850.54	29.85	407.63	2016.33
	利润总额(万元)	934.31	512.24	568.40	2402.83

成都西部泰力智能设备股份有限公司

公司概况						
	公司名称	成都西部泰力智能设备股份有限公司			证券简称	西部泰力
	法人代表	赵全起	董秘	赵芳	证券代码	430560
	公司网址	www.tailizhineng.com		电子信箱	westtaili@163.com	
	电　话	028-85754368		传　真	028-85754378	
	办公地址	四川省成都市二环路北一段 111 号创新大厦 2401 室				
	经营范围	新型智能、节能环保起重机等机电一体化产品的开发设计、制造、销售和服务				

主要财务指标	指标\报告期	2017.06.30	2016.12.31	2016.06.30	2015.12.31
	基本每股收益(元)	0.1600	0.0300	0.0300	0.5100
	基本每股收益(扣除后)(元)	0.1400	-0.0100	0.0200	0.4700
	稀释每股收益(元)	0.1600	0.0300	0.0300	0.5100
	每股净资产(元)	1.8200	1.6600	1.6600	1.6300
	每股经营现金净流量(元)	0.1427	-0.1649	-0.2010	0.3187
	每股现金流量(元)	-0.0900	0.0954	-0.0401	-0.0215
	每股资本公积金(元)	0.0362	0.0362	0.0362	0.0362
	每股盈余公积金(元)	0.1069	0.1069	0.1036	0.1036
	每股未分配利润(元)	0.6802	0.5172	0.5228	0.4879
	净资产收益率(%)	8.9404	1.9639	2.0999	31.1513
	净资产收益率(扣除)(%)	9.3600	1.9800	2.1200	32.5200
	加权净资产收益率	7.7404	-0.8981	1.3411	28.8643
	总资产(万元)	8649.59	9018.18	8361.47	7906.91
	归属母公司股东权益(万元)	4922.87	4482.75	4488.98	4394.71
	营业收入(万元)	1699.09	1964.15	1261.63	5183.63
	营业成本(万元)	1077.58	1240.80	847.43	2678.21
	投资收益(万元)	—	—	—	—
	净利润(万元)	—	—	94.26	1369.01
	营业利润(万元)	392.62	-107.89	55.33	1291.45
	利润总额(万元)	462.12	92.74	95.40	1593.67

陕西天润科技股份有限公司

公司概况					
公司名称	陕西天润科技股份有限公司			证券简称	天润科技
法人代表	陈利	董秘	弓龙社	证券代码	430564
公司网址	www.trgis.com		电子信箱	lsgong@trgis.com	
电　话	029-85270406 转 811		传　真	029-85270528	
办公地址	陕西省西安市雁塔北路 8 号万达广场 2 栋 1 单元 21 层				
经营范围	地理信息数据获取、信息处理和信息服务与系统开发				

主要财务指标

指标＼报告期	2017.06.30	2016.12.31	2016.06.30	2015.12.31
基本每股收益(元)	0.1131	0.5416	0.1100	0.5331
基本每股收益(扣除后)(元)	0.1079	0.5336	0.1028	0.5253
稀释每股收益(元)	0.1131	0.5416	0.1100	0.5331
每股净资产(元)	2.8400	3.2700	2.8300	2.8200
每股经营现金净流量(元)	-0.4781	0.2917	-0.3016	0.0119
每股现金流量(元)	-0.6444	0.1610	-0.4111	0.2173
每股资本公积金(元)	0.0011	0.3725	0.3725	0.3725
每股盈余公积金(元)	0.1577	0.2163	0.1621	0.1621
每股未分配利润(元)	1.1699	1.6769	1.2980	1.2894
净资产收益率(%)	3.9799	16.5856	3.8267	18.2141
净资产收益率(扣除)(%)	3.8600	17.7900	3.7900	22.2200
加权净资产收益率	3.8250	16.3392	3.6274	17.9486
总资产(万元)	11225.06	13431.19	10838.11	10963.55
归属母公司股东权益(万元)	9867.58	10092.98	8754.49	8728.06
营业收入(万元)	2752.49	7564.16	2269.96	7278.18
营业成本(万元)	1535.21	4150.01	1213.35	3880.04
投资收益(万元)	16.33	31.20	19.95	29.99
净利润(万元)	—	—	335.01	1589.74
营业利润(万元)	464.52	1918.14	398.01	1827.11
利润总额(万元)	466.17	1916.20	398.59	1823.60

苏州迈科网络安全技术股份有限公司

公司概况					
公司名称	苏州迈科网络安全技术股份有限公司			证券简称	迈科网络
法人代表	陈立	董秘	尤慧兰	证券代码	430575
公司网址	www.maxnetsys.com.cn		电子信箱	candice_you@maxnetsys.com.cn	
电　话	0512-68668668		传　真	0512-62515908	
办公地址	江苏省苏州市工业园区金芳路 18 号东坊创智园地 B2 栋 5 楼				
经营范围	网络管理优化与流量管控整体解决方案的研发、设计、制定、实施和服务				

主要财务指标

指标＼报告期	2017.06.30	2016.12.31	2016.06.30	2015.12.31
基本每股收益(元)	-0.1559	-0.0348	0.0400	-0.0200
基本每股收益(扣除后)(元)	-0.1589	-0.0632	0.0278	-0.0754
稀释每股收益(元)	-0.1559	-0.0348	—	-0.0200
每股净资产(元)	1.5300	1.6900	1.7700	1.7200
每股经营现金净流量(元)	-0.0286	-0.0571	-0.1183	-0.0393
每股现金流量(元)	-0.1565	-0.0369	-0.0497	0.4187
每股资本公积金(元)	0.7327	0.7303	0.7303	0.7303
每股盈余公积金(元)	0.0411	0.0411	0.0411	0.0411
每股未分配利润(元)	-0.2393	-0.0834	-0.0059	-0.0486
净资产收益率(%)	-10.1613	-2.0623	2.4191	-1.0425
净资产收益率(扣除)(%)	-9.5800	-2.0400	2.4500	-1.3900
加权净资产收益率	-10.3543	-3.7426	1.5729	-4.1565
总资产(万元)	6967.09	8540.13	7805.70	7606.13
归属母公司股东权益(万元)	6048.19	6653.20	6958.74	6790.41
营业收入(万元)	470.01	3032.22	1286.65	2018.03
营业成本(万元)	199.65	1411.85	161.49	707.14
投资收益(万元)	13.55	35.40	18.67	32.33
净利润(万元)	—	—	154.49	-70.09
营业利润(万元)	-830.88	-334.86	92.67	-380.17
利润总额(万元)	-766.09	-191.02	162.85	-102.52

武汉力龙信息科技股份有限公司

公司概况					
公司名称	武汉力龙信息科技股份有限公司			证券简称	力龙信息
法人代表	吴余龙	董秘	吴苗	证券代码	430577
公司网址	www.lilosoft.com.cn		电子信箱	lilosoftzcb@lilosoft.com.cn	
电　话	027-83560750		传　真	027-83560750-815	
办公地址	湖北省武汉市江汉区江汉经济开发区江兴旺路 6 号火凤凰云计算基地 3 楼 302 室				
经营范围	电子政务软件产品的研发、生产、销售和技术服务				

主要财务指标

指标＼报告期	2017.06.30	2016.12.31	2016.06.30	2015.12.31
基本每股收益(元)	0.1600	0.4800	0.2600	0.1900
基本每股收益(扣除后)(元)	0.1600	0.3600	0.2500	0.1800
稀释每股收益(元)	0.1600	0.4800	—	—
每股净资产(元)	1.6500	2.2300	2.0200	1.7500
每股经营现金净流量(元)	-0.4344	-0.4525	-0.6057	-0.4126
每股现金流量(元)	-0.4365	-0.4485	-0.7418	0.0834
每股资本公积金(元)	0.0648	0.5972	0.6075	0.6075
每股盈余公积金(元)	0.0504	0.0756	0.0260	0.0260
每股未分配利润(元)	0.5331	0.5531	0.3765	0.1180
净资产收益率(%)	9.9725	21.7746	12.8611	10.1474
净资产收益率(扣除)(%)	10.5000	24.3100	12.8600	12.7100
加权净资产收益率	9.9610	17.1866	12.4161	9.8123
总资产(万元)	5443.17	5169.07	4343.82	4884.76
归属母公司股东权益(万元)	2966.94	2671.06	2412.03	2101.81
营业收入(万元)	2011.06	5104.79	1515.89	2451.02
营业成本(万元)	894.42	3251.86	669.34	964.46
投资收益(万元)	-32.38	—	-0.06	—
净利润(万元)	—	—	292.57	213.22
营业利润(万元)	326.87	375.07	281.89	186.83
利润总额(万元)	327.27	534.39	292.57	223.02

杭州云天软件股份有限公司

公司概况					
公司名称	杭州云天软件股份有限公司			证券简称	云天软件
法人代表	邵俊	董秘	皇甫孜	证券代码	430580
公司网址	www.yuntian.net		电子信箱	yuntiancaopei@163.com	
电　话			传　真	0571-85871621	
办公地址	浙江省杭州市滨江区六和路 368 号海创基地北一楼				
经营范围	水泥行业的管理软件开发、销售及技术服务				

主要财务指标

指标＼报告期	2017.06.30	2016.12.31	2016.06.30	2015.12.31
基本每股收益(元)	-0.1200	-0.3100	-0.2200	0.3100
基本每股收益(扣除后)(元)	-0.1200	-0.3200	-0.2300	0.2800
稀释每股收益(元)	-0.1200	-0.3100	-0.2200	0.3100
每股净资产(元)	1.0000	1.1200	1.2100	1.4300
每股经营现金净流量(元)	-0.1536	-0.4599	-0.3304	-0.2657
每股现金流量(元)	-0.0820	-0.5037	-0.3689	0.4257
每股资本公积金(元)	0.1167	0.1167	0.1167	0.1167
每股盈余公积金(元)	0.0550	0.0550	0.0550	0.0550
每股未分配利润(元)	-0.1713	-0.0560	0.0363	0.2557
净资产收益率(%)	-11.5265	-27.9424	-18.1633	18.3398
净资产收益率(扣除)(%)	-10.9000	-24.5200	-16.6500	22.9600
加权净资产收益率	-11.5265	-29.1055	-18.7874	16.7693
总资产(万元)	2498.24	2549.32	2484.68	3010.81
归属母公司股东权益(万元)	1900.74	2119.83	2295.27	2712.16
营业收入(万元)	417.20	997.05	265.89	1605.70
营业成本(万元)	305.55	521.10	206.31	402.90
投资收益(万元)	—	8.26	6.07	19.50
净利润(万元)	—	—	-416.90	497.41
营业利润(万元)	-219.09	-587.75	-434.45	476.80
利润总额(万元)	-219.09	-564.36	-418.49	568.85

安徽华菱西厨装备股份有限公司

公司概况	公司名称	安徽华菱西厨装备股份有限公司		证券简称	华菱西厨
	法人代表	许正华	董秘 刘培龙	证券代码	430582
	公司网址	www.fenglihua.com		电子信箱	hualingxichu@126.com
	电　话	0555-7168558		传　真	0555-6769511
	办公地址	安徽省马鞍山市博望区辽河东路256号			
	经营范围	商用西厨装备系列产品的研发、生产与销售			

主要财务指标 指标\报告期	2017.06.30	2016.12.31	2016.06.30	2015.12.31
基本每股收益(元)	0.1500	0.4300	0.1900	0.3500
基本每股收益(扣除后)(元)	0.0800	0.3400	0.1400	0.2100
稀释每股收益(元)	0.1500	0.4300	0.1900	0.3500
每股净资产(元)	2.3200	3.9200	3.6600	3.5700
每股经营现金净流量(元)	0.3590	0.8903	0.1313	0.4197
每股现金流量(元)	-0.3133	0.2870	-0.5137	0.5014
每股资本公积金(元)	0.2426	0.6154	0.6154	0.6154
每股盈余公积金(元)	0.2536	0.3296	0.2821	0.2821
每股未分配利润(元)	0.8118	1.9548	1.7601	1.6702
净资产收益率(%)	6.6362	11.0375	5.1852	9.4293
净资产收益率(扣除)(%)	4.9900	11.5700	5.1900	10.2600
加权净资产收益率	3.6509	8.6008	3.8894	5.7655
总资产(万元)	23631.47	27893.07	25054.62	26117.29
归属母公司股东权益(万元)	14958.13	19382.01	18132.56	17659.99
营业收入(万元)	9928.99	21111.32	9873.89	20376.65
营业成本(万元)	6737.34	14491.39	6783.03	14507.30
投资收益(万元)	398.14	50.14	---	49.50
净利润(万元)	---	---	935.66	1655.13
营业利润(万元)	1028.89	1984.13	809.11	1184.73
利润总额(万元)	1103.83	2547.69	1085.53	1945.95

江苏国贸酝领智能科技股份有限公司

公司概况	公司名称	江苏国贸酝领智能科技股份有限公司		证券简称	国贸酝领
	法人代表	陈宏庆	董秘 李惠君	证券代码	430583
	公司网址	www.gmwinlead.com		电子信箱	lhj@gmwinlead.com
	电　话	0512-62990781		传　真	0512-62889406
	办公地址	江苏省苏州工业园区唯亭镇唯文路5号			
	经营范围	建筑智能化系统集成业务、系统集成软硬件销售			

主要财务指标 指标\报告期	2017.06.30	2016.12.31	2016.06.30	2015.12.31
基本每股收益(元)	-0.1400	0.0800	0.0700	0.1000
基本每股收益(扣除后)(元)	-0.1405	0.0629	0.0600	0.0900
稀释每股收益(元)	---	---	---	---
每股净资产(元)	1.6200	1.7600	1.7400	1.6800
每股经营现金净流量(元)	-0.1332	0.3064	-0.0683	-0.1916
每股现金流量(元)	-0.0527	-0.9711	0.0051	1.2202
每股资本公积金(元)	0.2855	0.2855	0.2855	0.2855
每股盈余公积金(元)	0.0645	0.0645	0.0550	0.0550
每股未分配利润(元)	0.2677	0.4107	0.4039	0.3359
净资产收益率(%)	-8.8434	4.7904	3.9000	6.1387
净资产收益率(扣除)(%)	-8.4700	4.9100	3.9800	6.1400
加权净资产收益率	-8.8778	3.7635	3.6402	5.5805
总资产(万元)	21398.70	21064.73	22752.58	22269.35
归属母公司股东权益(万元)	5176.53	5634.31	5582.10	5364.40
营业收入(万元)	5741.91	14813.88	6161.02	14753.43
营业成本(万元)	5035.28	12333.14	5147.94	11731.52
投资收益(万元)	---	---	---	---
净利润(万元)	---	---	217.70	329.30
营业利润(万元)	-494.04	231.06	229.14	320.01
利润总额(万元)	-491.95	299.13	246.17	355.23

徐州金联瑞星软件科技股份有限公司

公司概况	公司名称	徐州金联瑞星软件科技股份有限公司		证券简称	金瑞科技
	法人代表	吕尚简	董秘 于秀华	证券代码	430585
	公司网址	www.microstarsoft.com		电子信箱	54771794@qq.com
	电　话	0516-83896360		传　真	0516-83896370
	办公地址	江苏省徐州市泉山区软件园路6号徐州软件园1号楼A座5层			
	经营范围	煤炭行业管理软件开发、销售和技术服务			

主要财务指标 指标\报告期	2017.06.30	2016.12.31	2016.06.30	2015.12.31
基本每股收益(元)	-0.1100	-0.1100	0.0040	0.0200
基本每股收益(扣除后)(元)	-0.1200	-0.0600	-0.0010	-0.0300
稀释每股收益(元)	-0.1100	-0.1100	0.0040	0.0200
每股净资产(元)	0.9900	1.1000	1.2100	1.2000
每股经营现金净流量(元)	-0.0227	-0.1416	-0.1944	-0.0003
每股现金流量(元)	-0.0252	-0.2063	-0.1913	0.2509
每股资本公积金(元)	0.0240	0.0240	0.0240	0.0240
每股盈余公积金(元)	0.0192	0.0192	0.0192	0.0192
每股未分配利润(元)	-0.0516	0.0535	0.1642	0.1602
净资产收益率(%)	-10.5948	-9.7345	0.3319	1.3493
净资产收益率(扣除)(%)	-10.0600	-9.2800	0.3300	1.3500
加权净资产收益率	-11.6399	-5.6528	-0.0871	-2.1440
总资产(万元)	1785.93	1968.33	2275.65	2241.69
归属母公司股东权益(万元)	1665.75	1842.23	2028.29	2021.56
营业收入(万元)	108.30	796.43	470.18	835.26
营业成本(万元)	50.31	135.75	99.04	141.02
投资收益(万元)	0.04	---	---	10.78
净利润(万元)	---	---	6.73	27.28
营业利润(万元)	-215.05	-197.47	-33.62	-105.43
利润总额(万元)	-184.76	-207.57	0.83	13.50

凯德技术长沙股份有限公司

公司概况	公司名称	凯德技术长沙股份有限公司		证券简称	凯德股份
	法人代表	华传健	董秘 欧阳斌	证券代码	430592
	公司网址	www.kingdom.cn		电子信箱	Kingdom_SBD@kingdom.cn
	电　话	0731-84896668		传　真	0731-84896678
	办公地址	湖南省长沙市韶山北路218号维一星城玉龙座8层			
	经营范围	工业自动化行业系统集成和自动控制元器件产品专业分销			

主要财务指标 指标\报告期	2017.06.30	2016.12.31	2016.06.30	2015.12.31
基本每股收益(元)	0.1100	0.2400	0.1300	0.3200
基本每股收益(扣除后)(元)	0.1000	0.2200	0.1200	0.3100
稀释每股收益(元)	0.1100	0.2400	0.1300	0.3200
每股净资产(元)	1.8800	1.7700	2.3700	2.2000
每股经营现金净流量(元)	0.0287	-0.0305	-0.4862	0.1280
每股现金流量(元)	0.2577	-0.4870	-0.5468	0.6557
每股资本公积金(元)	0.4018	0.4018	0.8221	0.7615
每股盈余公积金(元)	0.0610	0.0610	0.0506	0.0521
每股未分配利润(元)	0.4148	0.3061	0.4961	0.3815
净资产收益率(%)	5.7857	13.2927	5.2832	12.3927
净资产收益率(扣除)(%)	5.9600	13.0200	5.4700	17.5800
加权净资产收益率	5.5548	12.3526	4.9016	12.0126
总资产(万元)	19621.11	20061.02	18875.55	17064.69
归属母公司股东权益(万元)	10080.59	9497.35	9782.88	8814.44
营业收入(万元)	17087.03	31593.46	13199.55	24940.56
营业成本(万元)	14736.57	27035.85	11240.26	21667.53
投资收益(万元)	---	---	---	---
净利润(万元)	---	---	506.35	1058.40
营业利润(万元)	630.72	1303.27	566.25	1100.90
利润总额(万元)	659.91	1495.52	668.98	1353.56

苏州华尔美特装饰材料股份有限公司

公司概况						
	公司名称	苏州华尔美特装饰材料股份有限公司			证券简称	华尔美特
	法人代表	桂军	董秘	王正中	证券代码	430593
	公司网址	www.wallmatechina.com		电子信箱	wzz@wallmatechina.com	
	电　话	0512-82872588		传　真	0512-63631651	
	办公地址	江苏省苏州市吴江区黎里镇黎民北路东侧				
	经营范围	墙纸生产、销售				

主要财务指标	指标\报告期	2017.06.30	2016.12.31	2016.06.30	2015.12.31
	基本每股收益(元)	-0.0500	0.2711	0.0500	0.4138
	基本每股收益(扣除后)(元)	-0.0548	0.2615	—	0.3914
	稀释每股收益(元)	-0.0500	0.2711	0.0500	0.4138
	每股净资产(元)	3.0100	3.0600	3.0000	3.0900
	每股经营现金净流量(元)	-0.3429	0.4422	0.0301	-0.1409
	每股现金流量(元)	-0.3396	0.0405	-0.3567	0.1340
	每股资本公积金(元)	1.2898	1.2898	1.2898	1.2898
	每股盈余公积金(元)	0.0941	0.0941	0.0769	0.0685
	每股未分配利润(元)	0.6282	0.6752	0.6294	0.5797
	净资产收益率(%)	-1.5630	8.8632	1.7429	12.7009
	净资产收益率(扣除)(%)	-1.5600	9.0400	1.6100	15.4600
	加权净资产收益率	-1.7145	8.5482	1.8566	12.0176
	总资产(万元)	23969.33	24616.06	24148.70	24302.95
	归属母公司股东权益(万元)	13460.24	13670.62	13388.82	13825.77
	营业收入(万元)	6216.55	17723.02	7575.48	17182.43
	营业成本(万元)	4386.62	11946.91	5456.53	11769.28
	投资收益(万元)	—	—	—	65.11
	净利润(万元)	—	—	301.06	1984.23
	营业利润(万元)	-156.32	1451.84	391.71	2522.62
	利润总额(万元)	-151.33	1517.75	373.69	2660.44

安徽徽电科技股份有限公司

公司概况						
	公司名称	安徽徽电科技股份有限公司			证券简称	徽电科技
	法人代表	王川	董秘	张文仲	证券代码	430600
	公司网址	www.huidiantech.com		电子信箱	rachel@huidiantech.com	
	电　话	0551-65281042		传　真	0551-65331287	
	办公地址	安徽省合肥市高新技术产业开发区合欢路26号				
	经营范围	过电压、过电流保护类产品成套设备及相关元器件的研发、生产、销售和服务				

主要财务指标	指标\报告期	2017.06.30	2016.12.31	2016.06.30	2015.12.31
	基本每股收益(元)	0.0400	0.3200	0.0400	0.4300
	基本每股收益(扣除后)(元)	0.0400	0.3084	0.0400	0.4000
	稀释每股收益(元)	0.0400	—	0.0600	0.4300
	每股净资产(元)	2.2800	2.3000	3.3400	3.3000
	每股经营现金净流量(元)	-0.0488	0.0855	-0.4651	-0.3443
	每股现金流量(元)	-0.1632	0.1393	-0.1385	0.2108
	每股资本公积金(元)	0.3800	0.3798	1.2044	1.2044
	每股盈余公积金(元)	0.1447	0.1447	0.1958	0.1958
	每股未分配利润(元)	0.7569	0.7817	0.9418	0.9009
	净资产收益率(%)	1.5469	13.7144	1.2224	12.1566
	净资产收益率(扣除)(%)	1.5300	14.5300	1.2300	14.1900
	加权净资产收益率	1.1569	13.2154	1.1106	11.3997
	总资产(万元)	20298.87	21230.49	19761.41	17132.59
	归属母公司股东权益(万元)	12609.21	12736.76	11536.38	11384.50
	营业收入(万元)	4458.66	11864.39	3954.52	11727.40
	营业成本(万元)	1747.20	5384.52	2053.19	6478.33
	投资收益(万元)	—	—	—	—
	净利润(万元)	—	—	159.26	1413.74
	营业利润(万元)	369.16	1907.58	292.20	1667.76
	利润总额(万元)	360.86	2127.27	309.41	1782.66

苏州吉玛基因股份有限公司

公司概况						
	公司名称	苏州吉玛基因股份有限公司			证券简称	吉玛基因
	法人代表	张佩琢	董秘	段春晓	证券代码	430601
	公司网址	www.genepharma.com		电子信箱	cduan@genepharma.com	
	电　话	0512-86668828		传　真	0512-86665900	
	办公地址	江苏省苏州市工业园区东平街199号				
	经营范围	基因药物和基因诊断试剂的技术研发等				

主要财务指标	指标\报告期	2017.06.30	2016.12.31	2016.06.30	2015.12.31
	基本每股收益(元)	0.1858	0.4508	0.0700	0.4100
	基本每股收益(扣除后)(元)	0.1668	0.2356	0.0107	-0.0045
	稀释每股收益(元)	0.1858	0.4508	0.0700	0.4100
	每股净资产(元)	3.4600	3.2400	2.8400	1.4900
	每股经营现金净流量(元)	0.1328	0.1814	-0.1505	0.1145
	每股现金流量(元)	0.5359	-1.2112	-1.2939	1.6212
	每股资本公积金(元)	2.6648	2.6648	2.6648	1.5083
	每股盈余公积金(元)	—	—	—	—
	每股未分配利润(元)	-0.3293	-0.5151	-0.8976	-1.0698
	净资产收益率(%)	5.3753	13.7820	2.2720	27.7205
	净资产收益率(扣除)(%)	5.5700	15.6200	2.5300	33.5900
	加权净资产收益率	4.8245	7.2018	0.3699	-0.2986
	总资产(万元)	6622.23	5602.75	5113.65	6258.26
	归属母公司股东权益(万元)	4122.15	3867.63	3387.57	1600.35
	营业收入(万元)	2845.06	5147.10	2384.17	4287.53
	营业成本(万元)	1147.01	1936.08	990.76	1737.60
	投资收益(万元)	-54.41	60.52	5.08	-5.33
	净利润(万元)	—	—	69.18	383.27
	营业利润(万元)	206.57	390.11	5.28	-64.05
	利润总额(万元)	210.64	578.26	76.15	395.77

江苏腾旋科技股份有限公司

公司概况						
	公司名称	江苏腾旋科技股份有限公司			证券简称	腾旋科技
	法人代表	李继锁	董秘	虞锦秀	证券代码	430602
	公司网址	www.tengxuan.net		电子信箱	yujinxiu@tengxuan.net	
	电　话	0510-88159035		传　真	0510-88159405	
	办公地址	江苏省无锡市新区梅村工业集中区新都路6号				
	经营范围	研究、开发和生产旋转接头及相关产品				

主要财务指标	指标\报告期	2017.06.30	2016.12.31	2016.06.30	2015.12.31
	基本每股收益(元)	0.0281	0.0037	0.0018	-0.2110
	基本每股收益(扣除后)(元)	0.0097	-0.0057	-0.0013	-0.2382
	稀释每股收益(元)	0.0281	0.0037	0.0018	-0.2110
	每股净资产(元)	1.6124	1.5842	1.5820	1.5800
	每股经营现金净流量(元)	0.1100	0.0659	-0.0343	0.0339
	每股现金流量(元)	-0.0516	-0.0580	-0.0948	-0.0187
	每股资本公积金(元)	0.7515	0.7515	0.7515	0.7515
	每股盈余公积金(元)	0.0055	0.0055	0.0055	0.0055
	每股未分配利润(元)	-0.1446	-0.1728	-0.1747	-0.1765
	净资产收益率(%)	1.7448	0.2336	0.1149	-13.3522
	净资产收益率(扣除)(%)	1.7600	0.2300	0.1100	-12.5200
	加权净资产收益率	1.1731	-0.3572	-0.0821	-15.0711
	总资产(万元)	10192.46	9321.69	8795.66	8831.44
	归属母公司股东权益(万元)	5252.56	5160.91	5154.78	5148.85
	营业收入(万元)	2541.16	4748.03	2183.76	3350.57
	营业成本(万元)	1602.54	2993.11	1354.01	2397.83
	投资收益(万元)	—	—	—	—
	净利润(万元)	—	—	5.92	-687.49
	营业利润(万元)	65.74	-19.97	-6.02	-878.62
	利润总额(万元)	95.77	10.53	5.92	-826.17

福建三炬生物科技股份有限公司

公司概况	公司名称	福建三炬生物科技股份有限公司			证券简称	三炬生物
	法人代表	骆毛喜	董秘	林克明	证券代码	430604
	公司网址	www.chinasanju.com		电子信箱	13806959989@163.com	
	电　话	0592-6553555		传　真	0592-6553555	
	办公地址	福建省厦门市火炬高新区火炬园新丰三路16号(日华国际大厦)501室B1单元				
	经营范围	微生物肥料的研发、生产和销售				

	指标\报告期	2017.06.30	2016.12.31	2016.06.30	2015.12.31
主要财务指标	基本每股收益(元)	–0.0800	–0.1100	—	0.0800
	基本每股收益(扣除后)(元)	–0.0900	–0.0100	–0.0100	0.0300
	稀释每股收益(元)	–0.0800	–0.1100	—	0.0800
	每股净资产(元)	1.2200	1.3000	1.4000	1.4000
	每股经营现金净流量(元)	–0.1607	0.2572	0.0455	0.2890
	每股现金流量(元)	–0.3275	0.4999	0.0262	–0.2910
	每股资本公积金(元)	0.3648	0.3648	0.3632	0.3632
	每股盈余公积金(元)	0.0117	0.0117	0.0164	0.0164
	每股未分配利润(元)	–0.1532	–0.0725	0.0182	0.0211
	净资产收益率(%)	–6.5961	–6.7170	–0.2064	5.4866
	净资产收益率(扣除)(%)	–6.3900	–8.2900	–0.2100	5.2100
	加权净资产收益率	–7.0597	–0.3488	–1.0625	2.2938
	总资产(万元)	6072.49	6826.71	5073.27	4891.85
	归属母公司股东权益(万元)	4812.94	5130.41	3941.87	3950.00
	营业收入(万元)	918.16	1921.27	786.58	2501.24
	营业成本(万元)	517.23	1093.60	396.30	1600.51
	投资收益(万元)	—	—	—	—
	净利润(万元)	—	—	–8.14	216.72
	营业利润(万元)	–343.40	–23.91	–37.91	85.64
	利润总额(万元)	–317.15	–315.21	1.79	234.01

江苏瀚远科技股份有限公司

公司概况	公司名称	江苏瀚远科技股份有限公司			证券简称	瀚远科技
	法人代表	肖峻涛	董秘	江燕	证券代码	430610
	公司网址	www.hanwintech.com		电子信箱	jiangyan@hanwintech.com	
	电　话	0512-62882155		传　真	0512-62882229	
	办公地址	江苏省苏州市工业园区汀兰巷183号7栋B座				
	经营范围	建筑智能化工程设计与施工、软件开发与技术服务				

	指标\报告期	2017.06.30	2016.12.31	2016.06.30	2015.12.31
主要财务指标	基本每股收益(元)	0.0600	0.1900	0.0600	0.2100
	基本每股收益(扣除后)(元)	0.0319	0.1092	0.0200	0.0900
	稀释每股收益(元)	—	—	0.0600	—
	每股净资产(元)	1.7600	1.6900	1.5600	2.0300
	每股经营现金净流量(元)	–0.6742	–0.0378	–0.5321	0.3028
	每股现金流量(元)	–0.4915	–0.0912	–0.6461	0.8403
	每股资本公积金(元)	0.0009	0.0009	0.0009	0.3238
	每股盈余公积金(元)	0.1151	0.1151	0.0954	0.1334
	每股未分配利润(元)	0.6391	0.5763	0.4608	0.6475
	净资产收益率(%)	3.5759	11.4743	3.7915	9.6009
	净资产收益率(扣除)(%)	3.6400	11.7200	3.7200	12.4700
	加权净资产收益率	1.8988	6.5947	1.5165	4.1730
	总资产(万元)	11111.29	12644.24	9011.71	11259.36
	归属母公司股东权益(万元)	4905.46	4730.04	4352.32	4359.31
	营业收入(万元)	5970.21	12865.19	4311.93	12128.53
	营业成本(万元)	4452.70	10376.20	3163.93	9735.56
	投资收益(万元)	—	—	—	—
	净利润(万元)	—	—	165.02	418.53
	营业利润(万元)	107.10	315.06	90.55	164.92
	利润总额(万元)	203.89	587.92	207.04	442.49

北京星通联华科技发展股份有限公司

公司概况	公司名称	北京星通联华科技发展股份有限公司			证券简称	星通联华
	法人代表	张全升	董秘	张佳楠	证券代码	430614
	公司网址	www.satcomiot.com		电子信箱	XTLH@satcomiot.com	
	电　话	010-82737172		传　真	010-82737685	
	办公地址	北京市海淀区学清路8号科技财富中心B1102号				
	经营范围	基于物联网技术,为交通、地灾、建筑、环保等领域提供监测与治理				

	指标\报告期	2017.06.30	2016.12.31	2016.06.30	2015.12.31
主要财务指标	基本每股收益(元)	0.2500	0.4400	0.4000	0.5400
	基本每股收益(扣除后)(元)	0.2600	0.3600	0.3700	0.6900
	稀释每股收益(元)	—	0.4200	—	0.5400
	每股净资产(元)	4.6500	4.4100	4.0600	3.6100
	每股经营现金净流量(元)	–0.2742	–0.1475	–0.3613	–0.5301
	每股现金流量(元)	–0.2593	0.2641	0.0143	–0.3891
	每股资本公积金(元)	1.6743	1.6743	1.2557	1.2557
	每股盈余公积金(元)	0.1914	0.1914	0.1498	0.1498
	每股未分配利润(元)	1.7903	1.5436	1.8301	1.2012
	净资产收益率(%)	5.2977	9.6114	9.9447	15.0057
	净资产收益率(扣除)(%)	5.4400	11.0100	10.6000	16.3300
	加权净资产收益率	5.4089	8.2637	9.0649	19.0776
	总资产(万元)	19950.11	19742.88	20016.49	17742.55
	归属母公司股东权益(万元)	13782.02	13051.88	11366.08	10098.91
	营业收入(万元)	4629.36	13583.43	6696.66	12603.43
	营业成本(万元)	3278.04	10610.55	4771.19	9131.47
	投资收益(万元)	–37.12	63.78	—	–668.93
	净利润(万元)	689.69	1015.60	986.17	1313.15
	营业利润(万元)	858.56	1048.10	1137.02	1300.56
	利润总额(万元)	843.53	1377.53	1238.71	1619.43

大连华工创新科技股份有限公司

公司概况	公司名称	大连华工创新科技股份有限公司			证券简称	华工创新
	法人代表	韩毅军	董秘	姜晓丽	证券代码	430615
	公司网址	www.hgcx.cn		电子信箱	xljiang@hgcx.cn	
	电　话	0411-39525027		传　真	0411-39525009	
	办公地址	辽宁省大连市甘井子区姚北路25-18				
	经营范围	隔热胶、密封胶相关的自动化设备及定制生产线的研发、制造、销售和服务				

	指标\报告期	2017.06.30	2016.12.31	2016.06.30	2015.12.31
主要财务指标	基本每股收益(元)	0.0800	0.2330	0.0900	0.4200
	基本每股收益(扣除后)(元)	0.0656	0.2282	—	0.3900
	稀释每股收益(元)	0.0800	—	—	—
	每股净资产(元)	1.4900	1.6600	1.5100	1.4300
	每股经营现金净流量(元)	0.0623	0.1352	0.0794	–0.0089
	每股现金流量(元)	–0.2022	0.1126	0.0843	0.1240
	每股资本公积金(元)	0.0003	0.0003	0.0003	0.0003
	每股盈余公积金(元)	0.1031	0.0969	0.0866	0.0777
	每股未分配利润(元)	0.3863	0.5613	0.4261	0.3476
	净资产收益率(%)	5.4564	14.0462	5.7820	29.3251
	净资产收益率(扣除)(%)	4.9000	15.1100	5.9500	34.3600
	加权净资产收益率	4.4747	13.7577	5.7820	27.1843
	总资产(万元)	4159.86	4063.48	3896.07	3472.15
	归属母公司股东权益(万元)	2979.64	3317.06	3026.11	2851.14
	营业收入(万元)	2599.17	5539.47	2368.88	4463.30
	营业成本(万元)	1529.18	3465.19	1444.65	2379.28
	投资收益(万元)	—	—	—	1.72
	净利润(万元)	—	—	174.97	836.10
	营业利润(万元)	147.46	562.90	199.89	916.62
	利润总额(万元)	181.88	574.16	209.54	986.72

北京欧迅体育文化股份有限公司

公司概况					
公司名称	北京欧迅体育文化股份有限公司			证券简称	ST 欧迅
法人代表	朱晓东	董秘		证券代码	430617
公司网址	www.oceans-marketing.com		电子信箱	zijian.wang@oceans-marketing.com	
电 话	010-65989812		传 真	010-65989254	
办公地址	北京市朝阳区亮马桥路 39 号第一上海中心 C 座 801				
经营范围	为客户提供体育赞助管理、体育资源策划管理、体育媒体内容管理等专业服务				

主要财务指标

指标＼报告期	2017.06.30	2016.12.31	2016.06.30	2015.12.31
基本每股收益(元)	0.1400	–1.1100	–0.1200	–0.5800
基本每股收益(扣除后)(元)	0.1500	–1.0900	–0.1200	–0.3800
稀释每股收益(元)	0.1400	–1.1100	–0.1200	–0.4800
每股净资产(元)	–0.3800	–0.5300	0.5500	0.5800
每股经营现金净流量(元)	–0.5453	–0.0856	–0.1551	–0.0246
每股现金流量(元)	0.0394	–0.1786	–0.1297	0.1792
每股资本公积金(元)	0.2309	0.2309	0.2299	0.2299
每股盈余公积金(元)	0.0015	0.0015	0.0015	0.0015
每股未分配利润(元)	–1.6204	–1.7636	–0.6765	–0.6505
净资产收益率(%)	—	—	–22.2710	–97.7878
净资产收益率(扣除)(%)	—	—	–20.0400	–74.0500
加权净资产收益率	—	—	–21.9246	–80.7555
总资产(万元)	8300.54	7993.05	12703.30	12805.10
归属母公司股东权益(万元)	–1838.13	–2535.92	2663.38	2793.07
营业收入(万元)	6097.45	9044.72	4680.89	9266.86
营业成本(万元)	3208.93	9480.31	3501.62	9205.75
投资收益(万元)	–49.50	–26.97	–37.00	–11.65
净利润(万元)	—	—	–554.52	–2965.16
营业利润(万元)	645.10	–5298.12	–586.48	–2504.83
利润总额(万元)	631.53	–5407.12	–595.66	–2979.80

四川格纳斯光电科技股份有限公司

公司概况					
公司名称	四川格纳斯光电科技股份有限公司			证券简称	格纳斯
法人代表	王斌	董秘	谭亚群	证券代码	430619
公司网址	www.sc-glas.com		电子信箱	tyq@sc-glas.com	
电 话	028-61550972		传 真	028-61550972	
办公地址	四川省成都市高新区天泰路 145 号 1 栋 4 层 403 号				
经营范围	光学元件研发、生产、销售				

主要财务指标

指标＼报告期	2017.06.30	2016.12.31	2016.06.30	2015.12.31
基本每股收益(元)	–0.0900	–0.6000	–0.0300	–0.2300
基本每股收益(扣除后)(元)	–0.1000	–0.5800	–0.0200	–0.2700
稀释每股收益(元)	–0.0900	–0.6000	–0.0300	–0.2300
每股净资产(元)	0.8000	0.8800	1.4600	1.4800
每股经营现金净流量(元)	0.0711	–0.1159	–0.2289	–0.1788
每股现金流量(元)	0.0263	–0.2203	–0.1430	0.1515
每股资本公积金(元)	0.3892	0.3892	0.3892	0.3892
每股盈余公积金(元)	0.0612	0.0612	0.0606	0.0606
每股未分配利润(元)	–0.6548	–0.5677	0.0068	0.0329
净资产收益率(%)	–10.9437	–67.9716	–1.7862	–11.0354
净资产收益率(扣除)(%)	–10.3800	–50.7300	–1.7700	–10.8600
加权净资产收益率	–12.4135	–66.0301	–1.6635	–12.9226
总资产(万元)	14328.45	13902.41	16172.98	14423.77
归属母公司股东权益(万元)	3864.20	4287.09	7074.72	7201.09
营业收入(万元)	3505.12	7634.91	3237.22	5891.07
营业成本(万元)	3384.46	8015.08	2799.96	5203.13
投资收益(万元)	9.72	2.58	2.58	16.74
净利润(万元)	—	—	–113.19	–794.53
营业利润(万元)	–496.37	–2879.66	–105.68	–926.33
利润总额(万元)	–429.55	–2958.64	–115.89	–765.79

无锡顺达智能自动化工程股份有限公司

公司概况					
公司名称	无锡顺达智能自动化工程股份有限公司			证券简称	顺达智能
法人代表	高建飞	董秘	高逸	证券代码	430622
公司网址	www.wxsd.com		电子信箱	sdme@wxsd.com	
电 话	0510-83953313		传 真	0510-83951105	
办公地址	江苏省无锡市惠山经济开发区阳山配套区陆中南路 108-1 号				
经营范围	工业自动化装备的研发、设计、制造、安装等				

主要财务指标

指标＼报告期	2017.06.30	2016.12.31	2016.06.30	2015.12.31
基本每股收益(元)	–0.1700	–0.1400	0.1200	0.4700
基本每股收益(扣除后)(元)	–0.1800	–0.2200	0.0900	0.3400
稀释每股收益(元)	–0.1700	–0.1400	0.1200	0.4700
每股净资产(元)	4.3300	4.5000	5.0000	4.8500
每股经营现金净流量(元)	–0.4796	–0.5156	–0.4275	–1.0706
每股现金流量(元)	–0.4240	–0.3857	0.1039	1.1570
每股资本公积金(元)	2.9756	2.9756	2.9756	2.9165
每股盈余公积金(元)	0.0591	0.0591	0.0591	0.0606
每股未分配利润(元)	0.2532	0.4205	0.9290	0.8311
净资产收益率(%)	–3.8667	–3.1067	2.3764	8.5573
净资产收益率(扣除)(%)	–3.7900	–2.9900	2.4100	13.7400
加权净资产收益率	–4.0786	–4.9712	1.8879	6.2007
总资产(万元)	43741.89	45474.80	50329.20	41361.56
归属母公司股东权益(万元)	30684.98	31873.18	35464.12	33502.43
营业收入(万元)	3434.82	17139.89	9449.74	21603.06
营业成本(万元)	2404.83	11112.67	6306.10	13999.43
投资收益(万元)	0.52	277.15	—	147.98
净利润(万元)	—	—	847.78	2865.58
营业利润(万元)	–1389.80	–1461.87	887.69	2684.83
利润总额(万元)	–1313.31	–1127.09	1100.85	3471.12

江苏箭鹿毛纺股份有限公司

公司概况					
公司名称	江苏箭鹿毛纺股份有限公司			证券简称	箭鹿股份
法人代表	刘伟	董秘	孙召云	证券代码	430623
公司网址	www.chinajianlu.com.cn		电子信箱	sqszhaoyun@126.com	
电 话	0527-82868007		传 真	0527-84378838	
办公地址	江苏省宿迁市科工路 117 号宿城经济开发区(西区)				
经营范围	纺织品、针织品、纺织服装的制造、销售等				

主要财务指标

指标＼报告期	2017.06.30	2016.12.31	2016.06.30	2015.12.31
基本每股收益(元)	0.1100	0.2800	0.1600	0.3800
基本每股收益(扣除后)(元)	0.1100	0.2000	0.1000	0.3500
稀释每股收益(元)	0.1100	0.2800	0.1600	0.3800
每股净资产(元)	2.6200	2.5100	2.3400	3.1600
每股经营现金净流量(元)	0.0290	0.2329	0.1801	0.2998
每股现金流量(元)	–0.0688	0.0522	0.1180	–0.5669
每股资本公积金(元)	0.0762	0.0762	0.0762	0.1067
每股盈余公积金(元)	0.3782	0.3664	0.3677	0.4776
每股未分配利润(元)	1.1634	1.0633	0.9403	1.5794
净资产收益率(%)	4.2752	11.2478	6.7407	11.8655
净资产收益率(扣除)(%)	4.3600	11.8300	6.9200	12.6100
加权净资产收益率	1.5205	8.1402	4.2269	7.0936
总资产(万元)	84014.64	77122.98	75605.62	78133.05
归属母公司股东权益(万元)	40315.54	38591.98	36058.33	34801.23
营业收入(万元)	21847.32	46257.76	22460.23	43814.66
营业成本(万元)	17546.74	35295.41	16924.32	33499.84
投资收益(万元)	—	8.55	—	140.05
净利润(万元)	—	—	2446.35	4156.09
营业利润(万元)	2018.82	4016.61	1919.62	3014.82
利润总额(万元)	2014.14	5353.12	2701.40	4985.16

成都国科海博信息技术股份有限公司

公司概况	公司名称	成都国科海博信息技术股份有限公司			证券简称	国科海博
	法人代表	陈柯	董秘	李浪	证券代码	430629
	公司网址	www.gkhb.com.cn		电子信箱	gkhb@gkhb.com.cn	
	电　话	028-85252568		传　真	028-85255355	
	办公地址	中国(四川)自由贸易试验区成都高新区天府大道北段1700号9栋1单元7楼721、723、725、727号				
	经营范围	算机软硬件、网络技术、信息技术的开发、销售及技术服务等				

主要财务指标	指标\报告期	2017.06.30	2016.12.31	2016.06.30	2015.12.31
	基本每股收益(元)	−0.0317	0.1969	0.1400	---
	基本每股收益(扣除后)(元)	−0.0422	−0.1763	−0.1300	---
	稀释每股收益(元)	−0.0317	0.1969	0.1400	0.0100
	每股净资产(元)	3.6400	3.6500	3.6600	2.1700
	每股经营现金净流量(元)	−0.1195	−0.4126	−0.3851	0.5058
	每股现金流量(元)	−0.4200	−0.4242	0.2296	0.5735
	每股资本公积金(元)	2.1934	2.1788	2.2374	1.1478
	每股盈余公积金(元)	0.0675	0.0675	0.0675	0.0914
	每股未分配利润(元)	0.3758	0.4075	0.3508	0.2891
	净资产收益率(%)	−0.8723	5.3057	3.7504	0.3163
	净资产收益率(扣除)(%)	−0.8700	7.1900	4.6500	0.4400
	加权净资产收益率	−1.1624	−4.7513	−3.5287	−1.9130
	总资产(万元)	47144.04	47565.25	49970.08	33900.59
	归属母公司股东权益(万元)	33065.93	33221.25	33237.62	16105.05
	营业收入(万元)	3173.32	12245.67	2447.37	11618.66
	营业成本(万元)	2357.16	9904.74	1395.54	8167.52
	投资收益(万元)	−79.77	3018.55	2244.33	−4.48
	净利润(万元)	---	---	1146.72	2.59
	营业利润(万元)	−448.97	1251.25	990.88	−244.89
	利润总额(万元)	−336.12	1573.46	1051.24	241.08

上海合胜计算机科技股份有限公司

公司概况	公司名称	上海合胜计算机科技股份有限公司			证券简称	合胜科技
	法人代表	施巍	董秘	仲志亮	证券代码	430630
	公司网址	www.mvs.com.cn		电子信箱	info@mvs.com.cn	
	电　话	021-52178866		传　真	021-52178885	
	办公地址	上海市长宁区广顺路33号A(北)幢2-4层				
	经营范围	计算机、电子领域内的技术开发、技术咨询、技术转让、技术服务及相关产品的销售				

主要财务指标	指标\报告期	2017.06.30	2016.12.31	2016.06.30	2015.12.31
	基本每股收益(元)	0.0094	0.2890	0.0400	0.4200
	基本每股收益(扣除后)(元)	−0.0388	0.2242	−0.0141	0.3151
	稀释每股收益(元)	0.0094	0.2890	0.0400	0.4200
	每股净资产(元)	3.8700	3.9100	3.6600	3.6800
	每股经营现金净流量(元)	−1.1296	−0.7565	−1.3785	0.6038
	每股现金流量(元)	−0.7757	−0.2110	−1.0336	0.5600
	每股资本公积金(元)	1.4879	1.4397	1.4397	1.4397
	每股盈余公积金(元)	0.1684	0.1684	0.1357	0.1357
	每股未分配利润(元)	1.2157	1.3063	1.0889	1.1055
	净资产收益率(%)	0.2432	7.4969	1.1847	10.8981
	净资产收益率(扣除)(%)	0.2400	7.6100	1.1700	12.0400
	加权净资产收益率	−1.0020	5.8413	−0.3836	8.2558
	总资产(万元)	29806.46	31349.08	23421.98	25315.94
	归属母公司股东权益(万元)	12196.90	12330.36	11542.71	11594.96
	营业收入(万元)	19724.41	40831.62	19721.92	34593.26
	营业成本(万元)	16648.24	34259.65	17049.15	28913.18
	投资收益(万元)	−54.38	−120.63	−75.03	9.56
	净利润(万元)	---	---	130.59	1237.01
	营业利润(万元)	88.00	713.41	−41.09	1040.30
	利润总额(万元)	96.74	951.28	172.08	1380.90

上海菱博电子技术股份有限公司

公司概况	公司名称	上海菱博电子技术股份有限公司			证券简称	菱博电子
	法人代表	张野翎	董秘	顾蓓蕾	证券代码	430637
	公司网址	www.linbell.com.cn		电子信箱	gubl@linbell.com.cn	
	电　话	021-64356822		传　真	021-64356896	
	办公地址	上海市闵行区剑川路951号H楼				
	经营范围	大屏幕拼接显示设备及其配套工程的研发、生产、销售及相关技术服务				

主要财务指标	指标\报告期	2017.06.30	2016.12.31	2016.06.30	2015.12.31
	基本每股收益(元)	−0.0300	−0.1500	−0.0600	−0.0900
	基本每股收益(扣除后)(元)	−0.0400	−0.1900	−0.0700	−0.1300
	稀释每股收益(元)	−0.0300	−0.1500	−0.0600	−0.0900
	每股净资产(元)	1.2400	1.2700	1.3600	1.4200
	每股经营现金净流量(元)	0.0551	0.0434	−0.0074	0.1403
	每股现金流量(元)	−0.2412	0.0574	0.0324	0.2149
	每股资本公积金(元)	0.1071	0.1096	0.1096	0.1096
	每股盈余公积金(元)	0.0490	0.0490	0.0490	0.0490
	每股未分配利润(元)	0.0876	0.1143	0.2061	0.2634
	净资产收益率(%)	−2.1502	−11.7085	−4.1970	−6.3675
	净资产收益率(扣除)(%)	−2.1200	−11.0700	−4.1200	−7.1100
	加权净资产收益率	−2.8154	−15.0347	−4.9539	−8.8231
	总资产(万元)	9320.31	9399.75	9938.16	9895.49
	归属母公司股东权益(万元)	8191.99	8384.86	8989.32	9366.60
	营业收入(万元)	4499.08	8319.06	3515.81	9029.96
	营业成本(万元)	3717.38	7452.04	3177.25	7810.04
	投资收益(万元)	30.08	98.52	23.49	85.76
	净利润(万元)	---	---	−378.05	−596.42
	营业利润(万元)	−206.34	−1192.78	−463.46	−786.65
	利润总额(万元)	−181.02	−1001.03	−378.14	−588.89

上海摩威环境科技股份有限公司

公司概况	公司名称	上海摩威环境科技股份有限公司			证券简称	摩威环境
	法人代表	丁明光	董秘	丁昊	证券代码	430640
	公司网址	www.molway.com.cn		电子信箱	office@molway.com.cn	
	电　话	021-64957230		传　真	021-64957235	
	办公地址	上海市徐汇区钦州北路1122号89栋8A				
	经营范围	代理进口环保在线仪器,代理进口实验室仪器				

主要财务指标	指标\报告期	2017.06.30	2016.12.31	2016.06.30	2015.12.31
	基本每股收益(元)	0.0200	0.1200	0.0200	0.1300
	基本每股收益(扣除后)(元)	0.0200	0.0800	0.0200	0.0300
	稀释每股收益(元)	0.0200	0.1200	---	0.1300
	每股净资产(元)	1.9100	1.8900	1.7900	1.7700
	每股经营现金净流量(元)	−0.2553	−0.1536	−0.3641	−0.2055
	每股现金流量(元)	−0.2889	−0.1624	−0.2170	0.4742
	每股资本公积金(元)	0.5277	0.5277	0.5277	0.5278
	每股盈余公积金(元)	0.0396	0.0396	0.0261	0.0261
	每股未分配利润(元)	0.3442	0.3194	0.2324	0.2114
	净资产收益率(%)	1.3005	6.4317	1.1724	6.6838
	净资产收益率(扣除)(%)	1.3100	6.6500	1.1800	8.7200
	加权净资产收益率	1.2217	4.3227	1.1518	1.4642
	总资产(万元)	7894.66	8515.33	7654.23	7659.32
	归属母公司股东权益(万元)	5382.05	5312.05	5026.20	4967.74
	营业收入(万元)	994.55	3852.59	1072.74	3320.52
	营业成本(万元)	529.90	2444.14	657.07	2058.95
	投资收益(万元)	---	---	---	---
	净利润(万元)	---	---	58.93	332.03
	营业利润(万元)	68.39	245.61	55.15	59.14
	利润总额(万元)	73.38	376.96	56.37	364.19

北京紫贝龙科技股份有限公司

公司概况					
公司名称	北京紫贝龙科技股份有限公司			证券简称	紫贝龙
法人代表	李代甫	董秘	肖丽萍	证券代码	430644
公司网址	www.zebanon.com		电子信箱	652504179@qq.com	
电　话	010-82938406		传　真	010-82938405	
办公地址	北京市海淀区西三旗建材城西路31号D座四层				
经营范围	电子设备、仪器仪表、计算机软、硬件研究开发、制造、销售				

主要财务指标　指标\报告期	2017.06.30	2016.12.31	2016.06.30	2015.12.31
基本每股收益(元)	-0.1100	-0.2100	-0.3100	-0.1100
基本每股收益(扣除后)(元)	-0.1137	-0.2100	---	-0.1300
稀释每股收益(元)	-0.1100	-0.2100	-0.3100	-0.1100
每股净资产(元)	2.7300	2.8500	2.7500	3.0600
每股经营现金净流量(元)	-0.0116	-0.1043	-0.1172	0.0370
每股现金流量(元)	-0.0297	-0.5331	-0.2881	0.3233
每股资本公积金(元)	1.4771	1.4771	1.4771	1.4771
每股盈余公积金(元)	0.0796	0.0796	0.0796	0.0796
每股未分配利润(元)	0.1761	0.2900	0.1948	0.5008
净资产收益率(%)	-4.0835	-7.4077	-11.3151	-3.4134
净资产收益率(扣除)(%)	-4.0000	-7.1400	-10.7400	-3.8300
加权净资产收益率	-4.2208	-7.5523	-11.3188	-4.0595
总资产(万元)	18785.55	20604.57	21262.41	24560.13
归属母公司股东权益(万元)	13937.77	14518.17	14032.66	15593.63
营业收入(万元)	111.02	3872.14	338.07	6336.30
营业成本(万元)	292.23	3200.36	1031.58	4085.21
投资收益(万元)	---	11.98	---	---
净利润(万元)	---	---	-1587.80	-533.18
营业利润(万元)	-574.71	-1138.42	-1574.88	-790.07
利润总额(万元)	-549.19	-1113.72	-1574.36	-566.90

上海底特精密紧固件股份有限公司

公司概况					
公司名称	上海底特精密紧固件股份有限公司			证券简称	XD上海底
法人代表	顾茂众	董秘	杨大泓	证券代码	430646
公司网址	www.shanghaidite.com		电子信箱	ydh@shanghaidite.com	
电　话	021-31260881		传　真	021-60570388	
办公地址	上海市青浦区久业路89号				
经营范围	生产汽车齿轮箱、驱动桥总成用的不松动紧固件等				

主要财务指标　指标\报告期	2017.06.30	2016.12.31	2016.06.30	2015.12.31
基本每股收益(元)	0.2600	0.3600	0.1600	0.3900
基本每股收益(扣除后)(元)	0.2400	0.3300	0.1400	0.3100
稀释每股收益(元)	0.2600	0.3600	0.1600	0.3900
每股净资产(元)	2.2700	2.0100	1.9200	1.7500
每股经营现金净流量(元)	0.1265	0.5574	0.1492	0.2117
每股现金流量(元)	0.2492	0.0729	-0.0127	0.1051
每股资本公积金(元)	0.0186	0.0186	0.0186	0.0186
每股盈余公积金(元)	0.1155	0.1155	0.0775	0.0775
每股未分配利润(元)	1.1321	0.8736	0.8191	0.6576
净资产收益率(%)	11.4045	17.6865	8.4345	17.3087
净资产收益率(扣除)(%)	12.0900	18.5500	8.8100	20.0400
加权净资产收益率	10.7225	16.5165	7.2427	13.9181
总资产(万元)	19938.36	15941.53	14294.37	13327.91
归属母公司股东权益(万元)	11440.47	10135.74	9668.51	8853.09
营业收入(万元)	7687.75	11495.09	4996.53	9202.31
营业成本(万元)	4535.01	6637.01	2878.72	5450.76
投资收益(万元)	---	---	---	---
净利润(万元)	---	---	815.49	1532.36
营业利润(万元)	1407.81	1936.97	814.28	1416.77
利润总额(万元)	1499.61	2076.48	949.83	1769.91

天津绿清管道科技股份有限公司

公司概况					
公司名称	天津绿清管道科技股份有限公司			证券简称	绿清科技
法人代表	石建忠	董秘	张秀敏	证券代码	430649
公司网址	www.chinapigging.com		电子信箱	1057722948@qq.com	
电　话	022-22198243		传　真	022-22198230	
办公地址	天津市武清区大王古庄经济开发区泰元道北侧8号				
经营范围	油气管道清管及维护抢修设备的研发、生产、销售及相关技术服务				

主要财务指标　指标\报告期	2017.06.30	2016.12.31	2016.06.30	2015.12.31
基本每股收益(元)	0.0300	0.1000	0.0300	0.0700
基本每股收益(扣除后)(元)	0.0300	0.0800	0.0100	0.0400
稀释每股收益(元)	0.0300	0.1000	0.0300	0.0700
每股净资产(元)	1.4000	1.3700	1.3100	1.4100
每股经营现金净流量(元)	-0.0964	0.0310	-0.1263	-0.0915
每股现金流量(元)	-0.0989	-0.1628	-0.2685	0.3010
每股资本公积金(元)	0.1043	0.1043	0.1043	0.1806
每股盈余公积金(元)	0.0387	0.0387	0.0280	0.0385
每股未分配利润(元)	0.2620	0.2303	0.1744	0.1948
净资产收益率(%)	2.2549	7.1742	2.4482	4.7691
净资产收益率(扣除)(%)	2.2800	7.5600	2.5600	5.1300
加权净资产收益率	1.9069	5.9764	1.0324	2.5814
总资产(万元)	12654.65	12338.72	10872.64	11082.94
归属母公司股东权益(万元)	7108.95	6948.65	6612.01	5231.25
营业收入(万元)	1985.74	5227.52	1865.62	4538.02
营业成本(万元)	1260.98	3222.71	1126.01	2876.78
投资收益(万元)	---	---	-0.11	---
净利润(万元)	---	---	161.85	249.48
营业利润(万元)	148.74	414.71	71.98	147.96
利润总额(万元)	177.84	512.63	165.70	283.49

同望科技股份有限公司

公司概况					
公司名称	同望科技股份有限公司			证券简称	同望科技
法人代表	刘洪舟	董秘	刘洪舟	证券代码	430653
公司网址	www.toone.com.cn		电子信箱	dsh@toone.com.cn	
电　话	0756-6125003		传　真	0756-3631901	
办公地址	广东省珠海市香洲区唐家湾镇港湾大道科技五路19号				
经营范围	计算机软、硬件及其外围设备的研发、生产、销售				

主要财务指标　指标\报告期	2017.06.30	2016.12.31	2016.06.30	2015.12.31
基本每股收益(元)	0.1000	0.2300	0.0200	0.1400
基本每股收益(扣除后)(元)	---	0.1800	-0.0200	0.0600
稀释每股收益(元)	0.1000	0.2300	0.0200	0.1400
每股净资产(元)	2.4000	2.4100	2.1900	2.2400
每股经营现金净流量(元)	-0.1180	0.5224	-0.0594	0.3077
每股现金流量(元)	0.0315	-0.1575	-0.1912	0.1495
每股资本公积金(元)	0.1609	0.1609	0.1609	0.1609
每股盈余公积金(元)	0.1632	0.1632	0.1517	0.1517
每股未分配利润(元)	1.0792	1.0838	0.8807	0.9120
净资产收益率(%)	3.9677	9.6899	0.8504	6.2806
净资产收益率(扣除)(%)	3.9100	10.0700	0.8300	6.5500
加权净资产收益率	0.1581	7.4128	-0.6896	2.6774
总资产(万元)	17401.47	16272.44	16481.84	16784.63
归属母公司股东权益(万元)	13527.92	13554.08	12345.69	12522.15
营业收入(万元)	4012.50	10378.01	3980.70	8085.18
营业成本(万元)	973.93	2869.66	1038.53	1807.93
投资收益(万元)	-26.19	-21.60	-27.28	-18.66
净利润(万元)	---	---	102.21	786.47
营业利润(万元)	-74.77	569.69	-206.55	-7.32
利润总额(万元)	526.32	1340.27	135.76	744.19

上海财安金融服务集团股份有限公司

公司概况					
公司名称	上海财安金融服务集团股份有限公司			证券简称	财安金融
法人代表	夏佩卫	董秘	胡东国	证券代码	430656
公司网址	www.in-rich.com		电子信箱	shanghai@in-rich.com	
电　　话	021-51278999		传　　真	021-35350709	
办公地址	上海市虹口区邯郸路43号8楼				
经营范围	接受金融机构委托从事金融信息技术外包				

主要财务指标				
指标＼报告期	2017.06.30	2016.12.31	2016.06.30	2015.12.31
基本每股收益(元)	-0.0300	0.0100	0.0600	0.6700
基本每股收益(扣除后)(元)	-0.0300	-0.0600	0.0100	0.5700
稀释每股收益(元)	-0.0300	0.0100	0.0600	0.6700
每股净资产(元)	1.5800	1.6600	1.7200	4.4300
每股经营现金净流量(元)	-0.4312	0.0883	-0.3765	0.2608
每股现金流量(元)	-0.7073	-0.1015	-0.4951	0.5441
每股资本公积金(元)	0.2172	0.2172	0.2172	2.1648
每股盈余公积金(元)	0.0693	0.0693	0.0673	0.1750
每股未分配利润(元)	0.2946	0.3768	0.4341	1.0948
净资产收益率(%)	-2.0329	0.4606	3.6693	14.1702
净资产收益率(扣除)(%)	-1.9600	0.4500	3.4400	16.3500
加权净资产收益率	-1.9796	-3.3663	0.6477	12.1118
总资产(万元)	20220.79	20808.40	20268.82	19825.06
归属母公司股东权益(万元)	15827.40	16649.66	17204.25	17073.48
营业收入(万元)	17903.86	35329.45	16153.18	28787.08
营业成本(万元)	13967.08	27212.14	12083.87	21159.63
投资收益(万元)	471.01	119.25	125.74	795.42
净利润(万元)	---	---	717.06	2413.04
营业利润(万元)	-346.99	-443.38	103.82	1987.14
利润总额(万元)	-356.90	288.16	728.85	2397.33

济南大陆机电股份有限公司

公司概况					
公司名称	济南大陆机电股份有限公司			证券简称	大陆机电
法人代表	荆书典	董秘	毛映梅	证券代码	430663
公司网址	www.dalujidian.com		电子信箱	xuzhaohua@china-dalu.com	
电　　话	0531-88875658		传　　真	0531-88870171	
办公地址	山东省济南市高新开发区新泺大街786号				
经营范围	公司主要为客户的研发、生产提供生产过程全自动控制、信息化管理				

主要财务指标				
指标＼报告期	2017.06.30	2016.12.31	2016.06.30	2015.12.31
基本每股收益(元)	0.1000	0.0800	0.1000	0.2700
基本每股收益(扣除后)(元)	0.0500	-0.0400	0.0700	0.1400
稀释每股收益(元)	0.1000	0.0800	0.1000	0.2700
每股净资产(元)	2.8400	2.7500	2.7600	2.7600
每股经营现金净流量(元)	-0.1655	0.2350	0.2882	0.1526
每股现金流量(元)	0.0090	-0.1591	-0.0863	0.1848
每股资本公积金(元)	1.1054	1.1054	1.1054	1.1054
每股盈余公积金(元)	0.0804	0.0731	0.0631	0.0593
每股未分配利润(元)	0.6585	0.5671	0.5913	0.5973
净资产收益率(%)	3.4706	3.0467	3.5456	9.2116
净资产收益率(扣除)(%)	3.5300	2.9800	3.5000	10.7600
加权净资产收益率	1.8950	-1.2756	2.6433	4.8279
总资产(万元)	20378.36	21430.64	22442.92	23535.38
归属母公司股东权益(万元)	10779.91	10405.78	10459.61	10467.75
营业收入(万元)	4837.62	7308.94	4674.53	10951.22
营业成本(万元)	3323.01	5279.67	3269.94	8174.05
投资收益(万元)	-5.01	-2.08	-1.17	-1.91
净利润(万元)	---	---	370.86	1019.35
营业利润(万元)	401.37	-229.12	244.56	401.07
利润总额(万元)	383.29	321.73	379.86	1120.39

北京联合永道软件股份有限公司

公司概况					
公司名称	北京联合永道软件股份有限公司			证券简称	联合永道
法人代表	冯国馨	董秘	梁兰	证券代码	430664
公司网址	www.uwaysoft.com		电子信箱	guanjun@uwaysoft.com	
电　　话	010-58851018		传　　真	010-58851018-813	
办公地址	北京市海淀区上地东路1号院3号楼6层				
经营范围	软件开发及信息技术外包等服务				

主要财务指标				
指标＼报告期	2017.06.30	2016.12.31	2016.06.30	2015.12.31
基本每股收益(元)	0.0500	0.0700	0.0300	-0.2300
基本每股收益(扣除后)(元)	0.0500	0.0600	---	-0.2300
稀释每股收益(元)	0.0500	0.0700	0.0300	-0.2300
每股净资产(元)	1.3700	1.3200	1.1600	1.1300
每股经营现金净流量(元)	-0.3252	0.1123	-0.3209	-0.0985
每股现金流量(元)	-0.2626	0.0787	-0.4789	0.5316
每股资本公积金(元)	0.2429	0.2699	0.1161	0.1161
每股盈余公积金(元)	0.0317	0.0352	0.0198	0.0198
每股未分配利润(元)	0.0913	0.0456	0.0214	-0.0088
净资产收益率(%)	3.6828	4.7674	2.6096	-15.6726
净资产收益率(扣除)(%)	3.7500	5.8900	2.6400	-18.6400
加权净资产收益率	3.7022	4.4381	2.5140	-15.9547
总资产(万元)	7246.73	6451.71	5476.04	5319.19
归属母公司股东权益(万元)	5624.21	5417.08	4289.05	4177.12
营业收入(万元)	5184.14	9813.30	4337.71	5228.76
营业成本(万元)	3186.70	6557.37	2833.06	3231.87
投资收益(万元)	---	---	---	7.05
净利润(万元)	---	---	111.93	-654.67
营业利润(万元)	201.52	236.38	102.74	-692.14
利润总额(万元)	200.42	257.37	106.84	-685.99

北京三多堂传媒股份有限公司

公司概况					
公司名称	北京三多堂传媒股份有限公司			证券简称	三多堂
法人代表	高晓蒙	董秘	张世敬	证券代码	430667
公司网址	www.sanduotang.com.cn		电子信箱	sdt@sanduotang.com.cn	
电　　话	010-62162030		传　　真	010-62162027	
办公地址	北京市西城区鼓楼西大街41号三多堂办公楼				
经营范围	制作、发行动画片、专题片、电视综艺节目等				

主要财务指标				
指标＼报告期	2017.06.30	2016.12.31	2016.06.30	2015.12.31
基本每股收益(元)	-0.1400	0.1100	-0.2000	0.0300
基本每股收益(扣除后)(元)	-0.1400	0.0500	-0.2000	-0.0300
稀释每股收益(元)	-0.1400	0.1100	-0.2000	0.0300
每股净资产(元)	1.6700	1.8100	1.4900	1.6900
每股经营现金净流量(元)	-0.2556	1.2098	0.4986	-0.0589
每股现金流量(元)	-0.2967	1.2587	0.6144	-0.0709
每股资本公积金(元)	0.6113	0.6113	0.6113	0.6113
每股盈余公积金(元)	0.0492	0.0492	0.0436	0.0436
每股未分配利润(元)	0.0119	0.1482	-0.1655	0.0393
净资产收益率(%)	-8.1501	6.3285	-13.7542	1.8520
净资产收益率(扣除)(%)	-7.8300	6.5400	-12.8700	1.9100
加权净资产收益率	-8.5710	2.7064	-13.7121	-1.6783
总资产(万元)	6838.56	6324.12	5655.85	4906.42
归属母公司股东权益(万元)	3512.16	3798.41	3127.82	3558.03
营业收入(万元)	1779.59	2937.76	701.01	3392.21
营业成本(万元)	1618.55	1964.06	710.03	2643.06
投资收益(万元)	11.43	12.23	---	25.03
净利润(万元)	---	---	-433.77	66.44
营业利润(万元)	-319.92	165.10	-433.74	-33.76
利润总额(万元)	-319.62	318.95	-435.27	92.43

江苏笃诚医药科技股份有限公司

公司概况	公司名称	江苏笃诚医药科技股份有限公司		证券简称	笃诚科技
	法人代表	王笃政	董秘 袁拥瑛	证券代码	430668
	公司网址	www.dcmedicine.cn		电子信箱	yuanyuan1974@163.com
	电　　话	0512-66981639		传　　真	0512-66981639
	办公地址	江苏省苏州市吴中区郭巷镇尹山路99号			
	经营范围	核苷核酸类医药中间体的研发、生产及销售			

主要财务指标 指标\报告期	2017.06.30	2016.12.31	2016.06.30	2015.12.31
基本每股收益(元)	0.0200	–1.0800	–0.2500	0.1600
基本每股收益(扣除后)(元)	0.0200	–1.0800	—	0.1100
稀释每股收益(元)	0.0200	–1.0800	–0.2500	0.1600
每股净资产(元)	1.4700	1.4500	1.9900	2.2400
每股经营现金净流量(元)	–0.1528	–0.5178	–0.4405	0.0354
每股现金流量(元)	–0.3134	0.2080	–0.2370	0.0380
每股资本公积金(元)	0.8108	0.9385	0.5682	0.5682
每股盈余公积金(元)	0.0058	0.0067	0.0067	0.0067
每股未分配利润(元)	–0.3476	–0.4245	0.4193	0.6663
净资产收益率(%)	1.3043	–64.9989	–12.3863	6.7104
净资产收益率(扣除)(%)	1.3100	–62.7000	–11.6600	7.7700
加权净资产收益率	1.3260	–65.4802	–12.2645	4.7270
总资产(万元)	11266.81	14528.45	15775.34	11883.94
归属母公司股东权益(万元)	5611.47	5538.28	6580.96	7396.10
营业收入(万元)	4643.90	9676.90	3616.41	12177.74
营业成本(万元)	4135.81	10685.81	3908.23	10292.13
投资收益(万元)	—	—	—	—
净利润(万元)	—	—	–815.14	496.31
营业利润(万元)	88.82	–3587.10	–958.98	430.11
利润总额(万元)	87.37	–3560.45	–967.00	606.20

合肥东芯通信股份有限公司

公司概况	公司名称	合肥东芯通信股份有限公司		证券简称	东芯通信
	法人代表	张建辉	董秘 吴齐发	证券代码	430670
	公司网址	www.xincomm.com		电子信箱	dongxin@xincomm.com
	电　　话	0551-65326084		传　　真	0551-65318194-8003
	办公地址	安徽省合肥市高新区黄山路601号科创中心408室			
	经营范围	IC及系统解决方案的设计、生产、销售			

主要财务指标 指标\报告期	2017.06.30	2016.12.31	2016.06.30	2015.12.31
基本每股收益(元)	–0.0800	–0.0800	0.0700	0.1000
基本每股收益(扣除后)(元)	–0.1000	–0.1500	–0.0300	–0.0600
稀释每股收益(元)	–0.0800	–0.0800	0.0700	0.1000
每股净资产(元)	1.7000	1.7800	1.8900	0.8800
每股经营现金净流量(元)	–0.1301	–0.2281	–0.0362	–0.0936
每股现金流量(元)	0.5918	0.4511	0.8946	0.0910
每股资本公积金(元)	1.1605	1.1605	1.1561	0.7349
每股盈余公积金(元)	—	—	—	—
每股未分配利润(元)	–0.4602	–0.3808	–0.2705	–0.8553
净资产收益率(%)	–4.6651	–3.8932	2.2877	10.7265
净资产收益率(扣除)(%)	–4.5600	–4.8800	5.0700	13.3100
加权净资产收益率	–5.6406	–7.2947	–1.0019	–6.9138
总资产(万元)	19512.51	20658.05	21371.97	4705.60
归属母公司股东权益(万元)	18919.36	19801.97	20841.60	3564.81
营业收入(万元)	199.13	286.37	—	87.33
营业成本(万元)	264.75	191.31	—	80.28
投资收益(万元)	182.21	140.75	29.59	15.41
净利润(万元)	—	—	476.79	382.38
营业利润(万元)	–882.47	–1422.97	–179.23	–231.05
利润总额(万元)	–882.61	–770.93	476.79	382.38

上海天佑铁道新技术研究所股份有限公司

公司概况	公司名称	上海天佑铁道新技术研究所股份有限公司		证券简称	天佑铁道
	法人代表	沈旭	董秘 张椿	证券代码	430673
	公司网址	www.godblessrail.com		电子信箱	zhang_chun@godblessrail.com
	电　　话	021-51030001		传　　真	021-51030001-8
	办公地址	上海市普陀区真南路620号302室			
	经营范围	城市轨道交通车辆核心零部件的研发、生产、销售、维修及技术服务			

主要财务指标 指标\报告期	2017.06.30	2016.12.31	2016.06.30	2015.12.31
基本每股收益(元)	0.0400	0.1112	0.0700	–0.0633
基本每股收益(扣除后)(元)	0.0400	0.0892	0.0429	–0.0711
稀释每股收益(元)	0.0400	0.1112	0.0700	–0.0633
每股净资产(元)	1.1800	1.5100	1.4700	1.4000
每股经营现金净流量(元)	–0.2296	–0.2748	–0.2950	–0.5216
每股现金流量(元)	–0.0312	–0.3498	–0.3326	0.3898
每股资本公积金(元)	0.0463	0.3602	0.3602	0.3602
每股盈余公积金(元)	0.0131	0.0170	0.0085	0.0085
每股未分配利润(元)	0.1188	0.1329	0.0980	0.0303
净资产收益率(%)	3.3640	7.3570	4.6115	–4.0226
净资产收益率(扣除)(%)	3.3500	7.6400	4.5100	–5.9100
加权净资产收益率	3.2940	5.9066	2.8998	–4.5187
总资产(万元)	5028.78	4719.93	4421.31	4047.44
归属母公司股东权益(万元)	2774.23	2735.22	2656.49	2533.99
营业收入(万元)	1881.34	3948.88	1772.58	2275.96
营业成本(万元)	1236.08	2707.77	1227.95	1494.66
投资收益(万元)	—	—	—	—
净利润(万元)	—	—	122.50	–101.93
营业利润(万元)	108.95	151.66	94.44	–102.36
利润总额(万元)	111.24	198.03	140.15	–89.74

浙江恒立数控科技股份有限公司

公司概况	公司名称	浙江恒立数控科技股份有限公司		证券简称	恒立数控
	法人代表	赵刚	董秘 陈梁	证券代码	430676
	公司网址	www.zjhlcnc.com		电子信箱	hlcnc@zjhlcnc.com
	电　　话	0572-8832017		传　　真	0572-8832017
	办公地址	浙江省德清县武康镇逸仙路265号			
	经营范围	剪切、成形及周边自动化设备、自动控制软件研发、生产、销售等			

主要财务指标 指标\报告期	2017.06.30	2016.12.31	2016.06.30	2015.12.31
基本每股收益(元)	–0.0100	0.0400	0.0800	0.2400
基本每股收益(扣除后)(元)	–0.0300	–0.0100	0.0400	0.1800
稀释每股收益(元)	–0.0100	0.0400	0.0800	0.2400
每股净资产(元)	3.5400	3.5600	3.6200	3.4800
每股经营现金净流量(元)	–0.0026	0.2864	0.2399	–0.2499
每股现金流量(元)	0.2298	0.2096	0.2977	–0.0987
每股资本公积金(元)	1.5007	1.5007	1.5007	1.5007
每股盈余公积金(元)	0.2297	0.2297	0.2183	0.2183
每股未分配利润(元)	0.8871	0.8986	0.9524	0.8741
净资产收益率(%)	–0.3253	1.0102	2.1572	6.2315
净资产收益率(扣除)(%)	–0.3200	1.0300	2.2200	6.4300
加权净资产收益率	–0.8741	–0.2824	1.1838	4.6441
总资产(万元)	27833.57	28151.80	29109.50	29509.81
归属母公司股东权益(万元)	19456.30	19586.27	19935.68	19148.09
营业收入(万元)	4790.67	11699.01	6942.79	15464.09
营业成本(万元)	3336.97	8705.82	5287.40	10994.71
投资收益(万元)	—	18.29	—	—
净利润(万元)	—	—	430.05	1193.21
营业利润(万元)	–182.41	3.05	302.91	1004.31
利润总额(万元)	–52.91	275.98	526.02	1352.62

宁波新芝生物科技股份有限公司

公司概况				
公司名称	宁波新芝生物科技股份有限公司		证券简称	新芝生物
法人代表	周芳	董秘	肖艺	证券代码 430685
公司网址	www.scientz.com		电子信箱	zhf@scientz.com
电　话	0574-88350065		传　真	0574-87145899
办公地址	浙江省宁波市科技园区木槿路 65 号			
经营范围	生物科学仪器及试剂的研发、生产与销售			

主要财务指标 指标\报告期	2017.06.30	2016.12.31	2016.06.30	2015.12.31
基本每股收益(元)	0.2612	0.6316	0.2342	0.6796
基本每股收益(扣除后)(元)	0.2426	0.5459	0.1681	0.3118
稀释每股收益(元)	0.2612	0.6316	0.2342	0.6796
每股净资产(元)	3.4500	3.1900	3.8500	4.1000
每股经营现金净流量(元)	0.0024	0.8497	0.0042	0.6090
每股现金流量(元)	-2.3331	2.6340	-0.0921	-0.4960
每股资本公积金(元)	1.7712	1.7712	1.5487	1.5487
每股盈余公积金(元)	0.2328	0.2328	0.1878	0.1878
每股未分配利润(元)	0.4450	0.1838	1.1145	1.3583
净资产收益率(%)	7.5732	19.8145	6.0823	15.2610
净资产收益率(扣除)(%)	7.8700	14.3100	5.6600	20.5700
加权净资产收益率	7.0349	17.1245	4.3643	7.0016
总资产(万元)	9603.57	9337.32	11140.98	11720.20
归属母公司股东权益(万元)	7794.68	7204.37	8703.31	9262.96
营业收入(万元)	3248.95	7347.61	3032.42	6173.15
营业成本(万元)	1158.14	2763.80	1113.65	2501.45
投资收益(万元)	44.88	97.00	56.70	678.98
净利润(万元)	—	—	579.89	1376.64
营业利润(万元)	755.92	1784.90	619.72	1472.43
利润总额(万元)	760.40	1933.61	727.79	1630.76

安徽华盛科技控股股份有限公司

公司概况				
公司名称	安徽华盛科技控股股份有限公司		证券简称	华盛控股
法人代表	钱文鑫	董秘	盛义良	证券代码 430686
公司网址	www.hskgchina.com		电子信箱	hskjxsb01@126.com
电　话	0550-7093621		传　真	0550-7093621
办公地址	安徽省天长市天扬路 666 号			
经营范围	智慧实验室成套装备制造、销售等			

主要财务指标 指标\报告期	2017.06.30	2016.12.31	2016.06.30	2015.12.31
基本每股收益(元)	-0.0700	-0.3410	—	-0.0900
基本每股收益(扣除后)(元)	-0.1200	-0.3116	-0.0008	-0.0899
稀释每股收益(元)	-0.0700	-0.3410	—	-0.0900
每股净资产(元)	1.0600	1.1300	1.4700	1.4700
每股经营现金净流量(元)	0.0198	0.2940	0.2520	-0.1608
每股现金流量(元)	-0.0094	0.0261	0.0002	-0.0109
每股资本公积金(元)	0.1738	0.1738	0.1738	0.1738
每股盈余公积金(元)	0.0386	0.0386	0.0386	0.0386
每股未分配利润(元)	-0.1563	-0.0826	0.2615	0.2584
净资产收益率(%)	-6.9732	-30.1826	0.2147	-5.9603
净资产收益率(扣除)(%)	-6.7000	-26.1000	0.2100	-5.8400
加权净资产收益率	-11.2154	-27.5907	-0.0558	-6.0349
总资产(万元)	17416.17	20165.22	22548.47	22191.13
归属母公司股东权益(万元)	6220.37	6654.13	8681.16	8662.52
营业收入(万元)	995.78	2674.91	2452.70	9578.63
营业成本(万元)	845.16	2364.12	2081.21	8192.08
投资收益(万元)	—	—	—	—
净利润(万元)	—	—	18.43	-514.91
营业利润(万元)	-700.31	-1780.74	-4.62	-614.47
利润总额(万元)	-436.43	-1953.21	23.00	-606.35

河北鹏远光电股份有限公司

公司概况				
公司名称	河北鹏远光电股份有限公司		证券简称	鹏远光电
法人代表	朱立秋	董秘	周光启	证券代码 430688
公司网址	www.pengyuanled.com		电子信箱	pengyuanled@pengyuanled.com
电　话	0335-3365599		传　真	0335-8549701
办公地址	河北省秦皇岛市经济技术开发区龙海道 55 号			
经营范围	LED 封装、LED 照明灯具的研发、生产及销售			

主要财务指标 指标\报告期	2017.06.30	2016.12.31	2016.06.30	2015.12.31
基本每股收益(元)	-0.0700	0.0800	0.1352	0.4100
基本每股收益(扣除后)(元)	-0.1100	0.0400	0.1193	0.3500
稀释每股收益(元)	-0.0700	0.0800	0.1352	0.4100
每股净资产(元)	1.6000	1.6700	1.4300	1.3000
每股经营现金净流量(元)	0.1520	0.1677	0.0956	0.2861
每股现金流量(元)	-0.1612	-0.0081	0.2646	0.0707
每股资本公积金(元)	0.5335	0.5335	0.2293	0.2293
每股盈余公积金(元)	0.0138	0.0138	0.0068	0.0068
每股未分配利润(元)	0.0576	0.1240	0.1966	0.0614
净资产收益率(%)	-4.1359	4.4293	9.4380	31.9512
净资产收益率(扣除)(%)	-4.0500	5.1300	9.9100	38.0300
加权净资产收益率	-7.0662	2.4796	8.3277	26.7915
总资产(万元)	17855.05	19805.25	21534.77	20836.85
归属母公司股东权益(万元)	8586.14	8941.26	7163.59	6487.49
营业收入(万元)	749.54	5782.84	3019.62	6705.85
营业成本(万元)	588.29	3169.03	1378.39	2911.63
投资收益(万元)	—	—	—	15.47
净利润(万元)	—	—	676.10	2072.83
营业利润(万元)	-597.46	266.16	706.30	1835.36
利润总额(万元)	-345.86	473.71	799.88	2154.63

广州摩登百货股份有限公司

公司概况				
公司名称	广州摩登百货股份有限公司		证券简称	摩登百货
法人代表	周强	董秘	骆建基	证券代码 430689
公司网址	www.mopark.com.cn		电子信箱	mopark@21cn.com
电　话	020-87510187		传　真	020-87599378
办公地址	广州市天河区天河路 611 号			
经营范围	销售时尚穿戴类品牌商品			

主要财务指标 指标\报告期	2017.06.30	2016.12.31	2016.06.30	2015.12.31
基本每股收益(元)	0.1900	-0.1200	-0.0100	0.1500
基本每股收益(扣除后)(元)	0.2100	-0.1000	-0.0100	0.1200
稀释每股收益(元)	0.1900	-0.1200	-0.0100	0.1500
每股净资产(元)	0.2600	0.0700	0.1800	0.1800
每股经营现金净流量(元)	-0.0355	0.2013	-0.3895	0.2234
每股现金流量(元)	-0.0368	0.1789	-0.3956	0.0049
每股资本公积金(元)	0.0025	0.0025	0.0025	0.0025
每股盈余公积金(元)	0.3300	0.3300	0.3300	0.3300
每股未分配利润(元)	-1.0769	-1.2669	-1.1559	-1.1483
净资产收益率(%)	74.3548	-180.9495	-4.3046	82.8945
净资产收益率(扣除)(%)	118.3600	-95.0000	-4.2100	157.4400
加权净资产收益率	87.0378	-146.6507	-4.6947	64.8356
总资产(万元)	11374.94	14262.25	11850.00	14904.16
归属母公司股东权益(万元)	1175.64	301.49	812.09	847.04
营业收入(万元)	34855.08	74658.58	38169.24	86123.87
营业成本(万元)	26621.47	57377.73	29255.68	66650.76
投资收益(万元)	6.37	—	—	4.14
净利润(万元)	—	—	-34.96	702.15
营业利润(万元)	1423.86	-765.92	74.46	935.79
利润总额(万元)	1274.76	-903.97	78.69	1139.74

深圳市杰纳瑞医疗仪器股份有限公司

公司概况	公司名称	深圳市杰纳瑞医疗仪器股份有限公司		证券简称	杰纳瑞
	法人代表	吕仲霖	董秘 苏文	证券代码	430692
	公司网址	www.szmedtech.com		电子信箱	wensuw@szonline.net
	电　话	0755-26546289		传　真	0755-26546285
	办公地址	广东省深圳市南山区科技园科智西路1号23栋南四层			
	经营范围	医疗仪器的技术开发,软件产品的技术开发			

主要财务指标	指标\报告期	2017.06.30	2016.12.31	2016.06.30	2015.12.31
	基本每股收益(元)	-0.0300	0.0165	0.0100	0.1000
	基本每股收益(扣除后)(元)	-0.0450	-0.0335	-0.0020	-0.0660
	稀释每股收益(元)	-0.0300	0.0165	0.0100	0.1000
	每股净资产(元)	1.3500	1.3800	1.3700	1.3700
	每股经营现金净流量(元)	-0.0601	-0.0577	-0.0399	0.0702
	每股现金流量(元)	-0.0773	-0.1085	-0.0628	0.0181
	每股资本公积金(元)	0.0002	0.0002	0.0002	0.0002
	每股盈余公积金(元)	0.0446	0.0446	0.0437	0.0430
	每股未分配利润(元)	0.3083	0.3390	0.3307	0.3242
	净资产收益率(%)	-2.2634	1.1896	0.5295	7.3280
	净资产收益率(扣除)(%)	-2.2400	1.2000	0.5300	7.6100
	加权净资产收益率	-3.3405	-2.4178	-0.1752	-4.8285
	总资产(万元)	2564.25	2575.78	2662.27	2419.13
	归属母公司股东权益(万元)	2165.03	2214.04	2199.34	2187.70
	营业收入(万元)	1328.95	3165.16	1714.26	2903.59
	营业成本(万元)	741.26	1796.93	982.53	1673.58
	投资收益(万元)	---	---	---	---
	净利润(万元)	---	---	11.65	160.32
	营业利润(万元)	-70.61	-69.72	0.66	-170.09
	利润总额(万元)	-47.29	24.25	16.16	142.79

青岛浩海网络科技股份有限公司

公司概况	公司名称	青岛浩海网络科技股份有限公司		证券简称	浩海科技
	法人代表	逄增伦	董秘 逄增辉	证券代码	430695
	公司网址	www.ehaohai.com		电子信箱	qdpzh@sina.com
	电　话	0532-58668198		传　真	0532-58668200
	办公地址	山东省青岛市市北区山东路171号青岛科技创新大厦A座18楼			
	经营范围	为教育、政府、医疗行业提供信息系统集成服务、信息化产品、安防工程等			

主要财务指标	指标\报告期	2017.06.30	2016.12.31	2016.06.30	2015.12.31
	基本每股收益(元)	0.0600	0.3300	0.0900	0.3000
	基本每股收益(扣除后)(元)	0.0600	0.3200	0.0700	0.2900
	稀释每股收益(元)	0.0600	0.3300	0.0900	0.3000
	每股净资产(元)	1.8400	1.6700	1.9600	1.8800
	每股经营现金净流量(元)	-0.5067	0.3349	-0.3872	0.0187
	每股现金流量(元)	0.2655	0.1147	-0.0029	-0.1761
	每股资本公积金(元)	0.2022	---	0.2595	0.2936
	每股盈余公积金(元)	0.0801	0.0801	0.0652	0.0738
	每股未分配利润(元)	0.6592	0.5946	0.6398	0.6260
	净资产收益率(%)	3.1406	19.9085	4.4133	14.3233
	净资产收益率(扣除)(%)	3.7900	22.1100	4.5100	19.6300
	加权净资产收益率	2.7660	19.2102	3.7598	13.7100
	总资产(万元)	11774.10	10974.10	7288.74	6931.45
	归属母公司股东权益(万元)	8805.38	7163.84	6002.54	5737.63
	营业收入(万元)	3499.41	11255.74	2748.95	8032.02
	营业成本(万元)	2186.24	7601.23	1671.39	5520.99
	投资收益(万元)	37.46	1.63	1.63	4.43
	净利润(万元)	---	---	264.91	821.82
	营业利润(万元)	322.59	1549.95	235.35	869.17
	利润总额(万元)	323.93	1615.64	285.39	921.35

武汉康普常青软件技术股份有限公司

公司概况	公司名称	武汉康普常青软件技术股份有限公司		证券简称	康普常青
	法人代表	杨帆	董秘 查燕云	证券代码	430698
	公司网址	www.kpcq.com.cn		电子信箱	13707235968@163.com
	电　话	027-87186880		传　真	027-87186880
	办公地址	湖北省武汉市东湖新技术开发区软件园中路4号光谷软件园六期1栋7层01室			
	经营范围	智能电网输变电设备在线监测的系统销售和技术开发业务			

主要财务指标	指标\报告期	2017.06.30	2016.12.31	2016.06.30	2015.12.31
	基本每股收益(元)	0.0600	0.2000	-0.0500	0.2000
	基本每股收益(扣除后)(元)	0.0600	0.1800	-0.0500	0.1500
	稀释每股收益(元)	0.0600	0.2000	-0.0500	0.2000
	每股净资产(元)	1.9500	2.9300	2.6800	2.7300
	每股经营现金净流量(元)	-0.0320	-0.0333	-0.1216	0.3098
	每股现金流量(元)	0.2927	-0.7013	-0.2719	0.7779
	每股资本公积金(元)	0.6095	0.9143	0.9143	0.9374
	每股盈余公积金(元)	0.0784	0.1087	0.0884	0.0906
	每股未分配利润(元)	0.2594	0.9088	0.6777	0.7455
	净资产收益率(%)	3.0525	6.8912	-1.8437	7.0772
	净资产收益率(扣除)(%)	2.9900	7.1400	-1.8300	8.1200
	加权净资产收益率	3.0500	6.2094	-1.8683	5.2375
	总资产(万元)	12377.47	12912.94	11332.55	12437.53
	归属母公司股东权益(万元)	11851.45	11895.42	10875.17	11075.67
	营业收入(万元)	891.33	3042.51	148.63	2678.50
	营业成本(万元)	248.53	1191.18	55.17	795.15
	投资收益(万元)	93.35	175.27	101.31	158.60
	净利润(万元)	---	---	-203.80	783.85
	营业利润(万元)	422.03	686.95	-350.04	702.01
	利润总额(万元)	422.38	951.53	-195.37	915.77

山东同智伟业软件股份有限公司

公司概况	公司名称	山东同智伟业软件股份有限公司		证券简称	同智伟业
	法人代表	王永起	董秘 程永甜	证券代码	430704
	公司网址	www.tongzhi.com.cn		电子信箱	chengyt@tongzhi.com.cn
	电　话	0531-67605168		传　真	0531-88935162
	办公地址	山东省济南市高新区舜华路2000号舜泰广场6号楼2301室			
	经营范围	文档与数据安全产品的研发、销售和技术服务			

主要财务指标	指标\报告期	2017.06.30	2016.12.31	2016.06.30	2015.12.31
	基本每股收益(元)	-0.2300	0.0900	-0.2500	0.0600
	基本每股收益(扣除后)(元)	-0.2300	0.0600	-0.2500	-0.0010
	稀释每股收益(元)	-0.2300	0.0900	-0.2500	0.0600
	每股净资产(元)	1.2500	1.4900	1.1500	1.4000
	每股经营现金净流量(元)	-0.1552	-0.3165	-0.2664	-0.2139
	每股现金流量(元)	-0.2321	-0.0323	-0.0859	-0.1205
	每股资本公积金(元)	0.0501	0.0501	0.0501	0.0501
	每股盈余公积金(元)	0.0458	0.0458	0.0365	0.0365
	每股未分配利润(元)	0.1586	0.3912	0.0641	0.3111
	净资产收益率(%)	-18.5442	6.0097	-21.4659	4.3978
	净资产收益率(扣除)(%)	-16.9700	6.2000	-19.3900	4.7100
	加权净资产收益率	-18.5306	4.2017	-21.5657	-0.0917
	总资产(万元)	2822.98	3523.77	2767.66	2895.64
	归属母公司股东权益(万元)	2195.42	2602.55	2013.85	2446.14
	营业收入(万元)	1052.15	2809.67	901.54	2319.02
	营业成本(万元)	737.13	1440.18	665.93	1326.50
	投资收益(万元)	---	---	---	---
	净利润(万元)	---	---	-432.29	107.58
	营业利润(万元)	-406.83	68.06	-450.40	-55.67
	利润总额(万元)	-407.12	167.68	-432.29	131.61

海芯华夏(北京)科技股份有限公司

公司概况					
公司名称	海芯华夏(北京)科技股份有限公司			证券简称	海芯华夏
法人代表	苏和	董秘	苏力特	证券代码	430706
公司网址	www.hx3n.cn		电子信箱	hxhxkjgf@126.com	
电　话	010-82826308		传　真	010-82826339	
办公地址	北京市海淀区善缘街 1 号 7 层 1-721				
经营范围	公司主要从事涉农增值电信业务,销售推广自行开发后的设施、农业物联网设备				

主要财务指标：指标\报告期	2017.06.30	2016.12.31	2016.06.30	2015.12.31
基本每股收益(元)	0.0600	0.2900	-0.0400	0.2400
基本每股收益(扣除后)(元)	0.0455	0.2700	-0.0400	0.2400
稀释每股收益(元)	0.0600	0.2900	-0.0400	--
每股净资产(元)	3.2900	3.2100	2.9700	1.1700
每股经营现金净流量(元)	-0.5981	-0.2946	-0.0428	0.0801
每股现金流量(元)	1.3198	0.0892	2.4104	0.5611
每股资本公积金(元)	1.9447	1.9447	1.9591	0.0090
每股盈余公积金(元)	0.0344	0.0344	0.0096	0.0171
每股未分配利润(元)	0.2960	0.2312	0.0033	0.1464
净资产收益率(%)	1.9777	7.1535	-0.7725	10.4312
净资产收益率(扣除)(%)	2.0000	11.8900	-2.2100	19.0600
加权净资产收益率	1.5012	6.5652	-0.7737	10.4170
总资产(万元)	15329.75	15188.27	13710.19	3194.73
归属母公司股东权益(万元)	15065.11	14767.16	13671.41	3048.54
营业收入(万元)	2967.71	2764.78	186.86	1067.36
营业成本(万元)	2310.24	944.07	111.64	416.88
投资收益(万元)	78.27	101.37	10.09	24.90
净利润(万元)	--	--	-122.58	309.99
营业利润(万元)	344.18	1246.48	-153.13	369.08
利润总额(万元)	344.18	1247.19	-152.82	369.59

郑州春泉节能股份有限公司

公司概况					
公司名称	郑州春泉节能股份有限公司			证券简称	春泉节能
法人代表	杨东	董秘	赵靖	证券代码	430715
公司网址	www.chuntsuan.com		电子信箱	13525511995@163.com	
电　话	0371-67579116		传　真	0371-67579117	
办公地址	河南省郑州高新开发区翠竹街 6 号 1 幢东 1 单元 8 层 13 号				
经营范围	暖通空调节能自控用仪器仪表及其系统集成产品的研发、生产、销售等				

主要财务指标：指标\报告期	2017.06.30	2016.12.31	2016.06.30	2015.12.31
基本每股收益(元)	0.0100	0.1100	-0.0200	0.2500
基本每股收益(扣除后)(元)	-0.0116	0.0500	-0.0800	0.0800
稀释每股收益(元)	--	0.1100	--	--
每股净资产(元)	1.4100	1.4000	1.2800	1.8100
每股经营现金净流量(元)	-0.0789	-0.0599	-0.0521	0.1770
每股现金流量(元)	-0.0046	-0.0500	0.0244	-0.2410
每股资本公积金(元)	0.0254	0.0254	0.0254	0.4355
每股盈余公积金(元)	0.0373	0.0373	0.0266	0.0372
每股未分配利润(元)	0.3457	0.3360	0.2249	0.3352
净资产收益率(%)	0.6931	7.6695	-1.1406	13.7327
净资产收益率(扣除)(%)	0.7000	7.9800	-1.1300	14.7500
加权净资产收益率	-0.8038	3.8381	-4.5632	4.3427
总资产(万元)	3848.95	3605.53	3980.06	3344.19
归属母公司股东权益(万元)	3115.42	3093.82	2824.33	2856.54
营业收入(万元)	721.79	2105.71	621.39	1857.58
营业成本(万元)	385.58	1252.87	403.78	854.05
投资收益(万元)	--	-1.03	--	-0.01
净利润(万元)	--	--	-32.21	392.28
营业利润(万元)	-24.79	89.63	-128.22	124.05
利润总额(万元)	21.85	254.52	-31.56	440.90

浙江爱力浦科技股份有限公司

公司概况					
公司名称	浙江爱力浦科技股份有限公司			证券简称	爱力浦
法人代表	罗献尧	董秘	韩硕	证券代码	430716
公司网址	www.ailipu.com		电子信箱	hs@zjailipu.cn	
电　话	0576-83351150		传　真	0576-83351093	
办公地址	浙江省三门县海游镇滨海新城金源路 2 号				
经营范围	公司主营业务为研发、生产、销售计量泵和成套加药装置				

主要财务指标：指标\报告期	2017.06.30	2016.12.31	2016.06.30	2015.12.31
基本每股收益(元)	0.0200	-0.1900	0.0400	0.1900
基本每股收益(扣除后)(元)	--	-0.2400	0.0100	0.1000
稀释每股收益(元)	0.0200	-0.1900	0.0400	0.1900
每股净资产(元)	2.7500	2.7400	2.9400	2.9100
每股经营现金净流量(元)	0.0673	0.0486	-0.1528	0.3200
每股现金流量(元)	-0.2636	-0.1912	-0.2760	0.3030
每股资本公积金(元)	1.2254	1.2254	1.2254	1.2254
每股盈余公积金(元)	0.0702	0.0702	0.0702	0.0702
每股未分配利润(元)	0.4583	0.4424	0.6480	0.6119
净资产收益率(%)	0.5783	-6.1889	1.2290	6.6874
净资产收益率(扣除)(%)	0.5800	-6.5900	1.2400	6.9200
加权净资产收益率	-0.0563	-8.0322	0.2954	3.4468
总资产(万元)	18924.69	19287.49	19531.40	20041.50
归属母公司股东权益(万元)	9421.34	9366.86	10070.33	9946.56
营业收入(万元)	3886.68	6889.70	3261.09	7692.92
营业成本(万元)	2349.58	4051.07	1691.49	4071.70
投资收益(万元)	4.35	8.63	4.59	7.73
净利润(万元)	--	--	123.76	665.17
营业利润(万元)	13.03	-892.72	69.74	398.55
利润总额(万元)	59.04	-623.00	177.04	775.79

同创九鼎投资管理集团股份有限公司

公司概况					
公司名称	同创九鼎投资管理集团股份有限公司			证券简称	九鼎集团
法人代表	吴刚	董秘	古志鹏	证券代码	430719
公司网址	www.tcjdcapital.com		电子信箱	guzp@jdcapital.com	
电　话	010-56658500		传　真	010-56658501	
办公地址	北京市朝阳区安立路 30 号东一门二号楼				
经营范围	投资管理、投资咨询等				

主要财务指标：指标\报告期	2017.06.30	2016.12.31	2016.06.30	2015.12.31
基本每股收益(元)	0.0400	0.1400	0.0405	0.1200
基本每股收益(扣除后)(元)	0.0400	0.1300	0.0400	0.1200
稀释每股收益(元)	0.0400	0.1400	0.0405	0.1200
每股净资产(元)	1.8900	1.5700	1.6600	4.4700
每股经营现金净流量(元)	0.1069	0.4111	-0.0501	0.0220
每股现金流量(元)	0.5189	0.2352	--	--
每股资本公积金(元)	0.2455	0.0351	0.0426	1.9056
每股盈余公积金(元)	0.0033	0.0033	0.0009	0.0025
每股未分配利润(元)	0.2256	0.1879	0.0820	0.1561
净资产收益率(%)	2.0214	8.6874	1.6690	2.3630
净资产收益率(扣除)(%)	2.2100	8.5000	1.6900	4.2300
加权净资产收益率	1.9700	8.4571	1.6289	2.2424
总资产(万元)	10115880.77	8156745.90	5798018.88	3929729.78
归属母公司股东权益(万元)	2834301.57	2356607.64	2488951.48	2458166.00
营业收入(万元)	397318.73	1030897.82	172888.06	252555.78
营业成本(万元)	--	--	--	--
投资收益(万元)	--	--	62680.48	80515.37
净利润(万元)	--	--	47230.86	67316.51
营业利润(万元)	67460.74	252062.07	55188.16	76041.41
利润总额(万元)	69187.76	259108.65	56657.34	80178.93

北京津宇嘉信科技股份有限公司

公司概况					
公司名称	北京津宇嘉信科技股份有限公司			证券简称	津宇嘉信
法人代表	匡东文	董秘	李元涛	证券代码	430726
公司网址	www.jyjxtech.com		电子信箱	liyuantao@jyjxtech.com	
电话	010-52936360		传真	010-52936394	
办公地址	北京经济技术开发区科创十四街20号院10号楼四单元				
经营范围	轨道交通信号智能电源、电力操作电源、应急电源及太阳能光伏发电系统的研发、生产、销售和服务				

主要财务指标：指标\报告期	2017.06.30	2016.12.31	2016.06.30	2015.12.31
基本每股收益(元)	–0.0900	–0.9500	–0.1300	–0.0300
基本每股收益(扣除后)(元)	–0.0900	–0.9200	–0.1200	–0.0400
稀释每股收益(元)	–0.0900	–0.9500	–0.1300	–0.0300
每股净资产(元)	2.1200	2.2200	2.8900	3.7800
每股经营现金净流量(元)	–0.1287	0.0184	–0.0884	–0.4046
每股现金流量(元)	0.0141	–0.2176	–0.1359	0.0748
每股资本公积金(元)	1.8207	1.8224	1.6641	2.1918
每股盈余公积金(元)	0.0621	0.0621	0.0621	0.0754
每股未分配利润(元)	–0.7614	–0.6687	0.1666	0.5171
净资产收益率(%)	–4.3686	–42.9040	–3.9861	–0.7665
净资产收益率(扣除)(%)	–4.2700	–37.5900	–3.7500	–0.8800
加权净资产收益率	–4.3706	–41.4342	–3.9876	–1.0518
总资产(万元)	24373.95	23154.19	29202.25	30206.73
归属母公司股东权益(万元)	14812.98	15471.86	20199.52	21733.56
营业收入(万元)	1931.42	6048.16	2389.46	8928.70
营业成本(万元)	862.89	4815.79	1555.04	5125.34
投资收益(万元)	—	—	—	—
净利润(万元)	—	—	–839.12	–302.66
营业利润(万元)	–647.43	–6465.03	–902.32	–276.48
利润总额(万元)	–647.71	–6534.40	–847.87	–35.57

江西金格科技股份有限公司

公司概况					
公司名称	江西金格科技股份有限公司			证券简称	金格科技
法人代表	刘勇军	董秘	姜林海	证券代码	430727
公司网址	www.kinggrid.com		电子信箱	jlh@kinggrid.com	
电话	0791-88108630		传真	0791-88115771	
办公地址	江西省南昌市高新区火炬大街579号绿悦科技大厦15楼				
经营范围	公司主要从事网络信息安全和可信应用领域的产品研发和销售				

主要财务指标：指标\报告期	2017.06.30	2016.12.31	2016.06.30	2015.12.31
基本每股收益(元)	0.1200	0.2100	0.1400	0.3300
基本每股收益(扣除后)(元)	0.1100	0.1700	—	0.2800
稀释每股收益(元)	0.1200	0.2100	0.1400	0.3300
每股净资产(元)	1.5800	1.5200	1.4600	1.4200
每股经营现金净流量(元)	0.1338	0.1146	–0.1425	0.3222
每股现金流量(元)	–0.0441	–0.1038	–0.2793	0.1085
每股资本公积金(元)	—	—	—	—
每股盈余公积金(元)	0.0925	0.0925	0.0735	0.0735
每股未分配利润(元)	0.4902	0.4265	0.3722	0.3324
净资产收益率(%)	7.8167	14.0222	9.6656	23.5238
净资产收益率(扣除)(%)	7.8800	14.6500	9.5800	26.3500
加权净资产收益率	6.6813	10.8891	8.6970	20.1508
总资产(万元)	5299.71	5369.33	4927.21	5104.68
归属母公司股东权益(万元)	4892.72	4695.75	4469.25	4346.44
营业收入(万元)	1931.81	4030.19	1916.91	3794.01
营业成本(万元)	291.28	528.63	270.50	451.85
投资收益(万元)	29.64	69.69	26.46	37.41
净利润(万元)	—	—	422.47	1014.81
营业利润(万元)	405.96	310.31	201.61	446.37
利润总额(万元)	441.37	704.73	462.40	1089.16

山东威马泵业股份有限公司

公司概况					
公司名称	山东威马泵业股份有限公司			证券简称	威马股份
法人代表	马宝忠	董秘	滕兴宝	证券代码	430732
公司网址	www.sdweima.com		电子信箱	sdwmlzm@163.com	
电话	0634-5919860		传真	0634-8856601	
办公地址	山东省莱芜市高新区苍龙泉大街008号				
经营范围	石油开采机械设备的生产销售与维修				

主要财务指标：指标\报告期	2017.06.30	2016.12.31	2016.06.30	2015.12.31
基本每股收益(元)	0.0800	0.0500	0.0600	0.1900
基本每股收益(扣除后)(元)	0.0100	0.0117	0.0400	0.1600
稀释每股收益(元)	0.0800	—	0.0600	0.1900
每股净资产(元)	2.2800	2.2000	2.2000	2.2800
每股经营现金净流量(元)	0.3310	–0.3381	–0.2873	–0.2266
每股现金流量(元)	0.0972	–0.4540	–0.2394	0.4151
每股资本公积金(元)	0.9109	0.9109	0.9109	0.9109
每股盈余公积金(元)	0.0423	0.0423	0.0370	0.0370
每股未分配利润(元)	0.3224	0.2472	0.2559	0.3277
净资产收益率(%)	3.3074	2.4864	2.6418	8.1318
净资产收益率(扣除)(%)	3.3600	2.3800	2.5300	10.1400
加权净资产收益率	0.2424	0.5824	1.5985	6.9025
总资产(万元)	22281.60	22068.78	20889.03	20009.44
归属母公司股东权益(万元)	12800.55	12377.18	12396.85	12800.60
营业收入(万元)	4698.11	10295.91	4024.71	9976.46
营业成本(万元)	3121.46	6176.56	2385.11	5913.89
投资收益(万元)	—	—	—	—
净利润(万元)	—	—	327.69	1042.08
营业利润(万元)	29.53	65.45	241.27	1074.48
利润总额(万元)	496.77	342.74	393.46	1259.81

北京御食园食品股份有限公司

公司概况					
公司名称	北京御食园食品股份有限公司			证券简称	御食园
法人代表	曹振兴	董秘	郑清泉	证券代码	430733
公司网址	www.yushiyuan.com		电子信箱	ysyzqb2015@163.com	
电话	010-61668279		传真	010-61668195	
办公地址	北京市怀柔区雁栖经济开发区乐园大街31号				
经营范围	主要从事京味特色食品和健康休闲食品的研发、生产和销售				

主要财务指标：指标\报告期	2017.06.30	2016.12.31	2016.06.30	2015.12.31
基本每股收益(元)	0.0800	0.1500	0.1200	0.0800
基本每股收益(扣除后)(元)	0.0500	0.0700	0.0500	0.0690
稀释每股收益(元)	0.0800	0.1500	0.1200	—
每股净资产(元)	2.4800	2.4500	2.4300	2.3200
每股经营现金净流量(元)	0.0805	0.6628	0.2689	–0.0365
每股现金流量(元)	–0.0297	0.0759	0.0230	–0.4319
每股资本公积金(元)	0.4337	0.4337	0.4337	0.4337
每股盈余公积金(元)	0.2421	0.2342	0.2316	0.2197
每股未分配利润(元)	0.8010	0.7783	0.7649	0.6697
净资产收益率(%)	3.1718	6.0137	4.9228	3.2897
净资产收益率(扣除)(%)	3.1700	6.1700	5.0300	3.4600
加权净资产收益率	2.0590	2.9619	2.2259	2.9740
总资产(万元)	28437.00	29002.12	29763.55	31377.54
归属母公司股东权益(万元)	20676.02	20420.93	20287.56	19393.23
营业收入(万元)	13468.32	30096.93	15413.37	34742.02
营业成本(万元)	8437.47	18040.93	9018.24	19767.80
投资收益(万元)	—	1.80	—	–0.04
净利润(万元)	—	—	998.71	637.98
营业利润(万元)	499.01	428.66	534.42	376.83
利润总额(万元)	770.26	1161.84	1179.67	448.21

无锡斯达新能源科技股份有限公司

公司概况						
公司概况	公司名称	无锡斯达新能源科技股份有限公司			证券简称	斯达科技
	法人代表	张新忠	董秘	张惠娟	证券代码	430737
	公司网址	www.cnsida.com		电子信箱	zhj-752@163.com	
	电　话	0510-83313793		传　真	0510-83318792	
	办公地址	江苏省无锡市惠山区洛社镇人民南路 312 国道口				
	经营范围	阳能光伏、光电、信息技术行业相关半导体材料的电子工业专用加工设备的研发、生产和销售				

主要财务指标	指标＼报告期	2017.06.30	2016.12.31	2016.06.30	2015.12.31
	基本每股收益(元)	0.1190	0.1260	0.1000	0.4900
	基本每股收益(扣除后)(元)	0.0990	0.0970	0.0830	0.4500
	稀释每股收益(元)	0.1190	0.1260	—	0.4400
	每股净资产(元)	2.2900	2.1700	2.1500	2.2000
	每股经营现金净流量(元)	0.0534	0.2272	0.0639	0.0085
	每股现金流量(元)	0.0701	−0.7730	−0.8049	0.6945
	每股资本公积金(元)	0.5190	0.5190	0.5190	0.5190
	每股盈余公积金(元)	0.1052	0.1052	0.0926	0.0926
	每股未分配利润(元)	0.6619	0.5469	0.5346	0.4338
	净资产收益率(%)	5.0316	5.7868	4.6953	22.3574
	净资产收益率(扣除)(%)	5.1600	5.9600	4.8100	32.9500
	加权净资产收益率	4.1602	4.4826	3.8586	20.3875
	总资产(万元)	10042.30	9662.48	9518.80	9011.85
	归属母公司股东权益(万元)	9601.99	9118.86	9014.42	8591.16
	营业收入(万元)	1562.66	2895.37	1811.92	5900.44
	营业成本(万元)	566.18	1698.52	1119.89	3308.74
	投资收益(万元)	19.03	68.47	37.25	49.52
	净利润(万元)	—	—	423.26	1920.76
	营业利润(万元)	483.14	538.72	451.33	1874.56
	利润总额(万元)	568.91	606.32	498.93	2021.15

重庆格林绿化设计建设股份有限公司

公司概况						
公司概况	公司名称	重庆格林绿化设计建设股份有限公司			证券简称	格林绿化
	法人代表	邓思德	董秘	赵宇虹	证券代码	430741
	公司网址	www.cqgreen.net		电子信箱	653064470@qq.com	
	电　话	023-63202377		传　真	023-63202311	
	办公地址	重庆市北部新区高新园人和街道金开大道 68 号(协信星光天地)4 幢 8 楼				
	经营范围	园林景观规划、设计与施工等				

主要财务指标	指标＼报告期	2017.06.30	2016.12.31	2016.06.30	2015.12.31
	基本每股收益(元)	0.0500	0.0600	0.2400	0.3900
	基本每股收益(扣除后)(元)	0.0500	0.0600	0.2400	0.3900
	稀释每股收益(元)	0.0500	0.0600	0.2400	0.3900
	每股净资产(元)	2.1500	2.1000	2.2800	2.0400
	每股经营现金净流量(元)	0.5814	−1.1450	−0.7478	0.2004
	每股现金流量(元)	0.0018	−0.0684	0.1500	−0.1319
	每股资本公积金(元)	0.1245	0.3214	0.3214	0.3214
	每股盈余公积金(元)	0.0323	0.0834	0.0797	0.0797
	每股未分配利润(元)	0.2896	0.6959	0.8805	0.6435
	净资产收益率(%)	2.4006	2.6716	10.3861	19.2998
	净资产收益率(扣除)(%)	2.4300	2.7100	10.9600	21.3600
	加权净资产收益率	2.4006	2.9309	10.4334	19.4068
	总资产(万元)	15064.74	18750.67	14236.64	14676.67
	归属母公司股东权益(万元)	4541.49	4432.47	4814.05	4314.05
	营业收入(万元)	1960.37	11893.97	5638.20	9445.86
	营业成本(万元)	1573.10	10617.00	4510.56	7081.02
	投资收益(万元)	—	—	—	—
	净利润(万元)	—	—	499.99	832.60
	营业利润(万元)	140.18	147.29	560.79	1005.33
	利润总额(万元)	140.18	133.76	558.11	999.90

四联智能技术股份有限公司

公司概况						
公司概况	公司名称	四联智能技术股份有限公司			证券简称	四联智能
	法人代表	邬蜀豫	董秘	顾敏	证券代码	430758
	公司网址	www.silian.com.cn		电子信箱	gumin@silian.com.cn	
	电　话	029-88335732		传　真	029-88335732	
	办公地址	陕西省西安市高新区科技二路 72 号四联大厦				
	经营范围	提供建筑智能化与节能服务				

主要财务指标	指标＼报告期	2017.06.30	2016.12.31	2016.06.30	2015.12.31
	基本每股收益(元)	−0.1700	−0.4200	0.0600	0.2000
	基本每股收益(扣除后)(元)	−0.1800	−0.4700	0.0400	0.1400
	稀释每股收益(元)	−0.1700	−0.4200	0.0600	—
	每股净资产(元)	2.7000	2.8700	3.3300	3.2700
	每股经营现金净流量(元)	0.1600	0.0017	0.2703	−0.1063
	每股现金流量(元)	−0.1616	0.0134	0.2797	−0.0838
	每股资本公积金(元)	0.5071	0.5071	0.5071	0.5071
	每股盈余公积金(元)	0.2625	0.2625	0.2694	0.2625
	每股未分配利润(元)	0.7198	0.8927	1.3644	1.3115
	净资产收益率(%)	−6.4056	−14.5752	1.7961	6.1181
	净资产收益率(扣除)(%)	−6.2100	−13.6300	1.8100	6.3700
	加权净资产收益率	−6.7529	−16.4711	1.2055	4.4084
	总资产(万元)	48469.42	53222.32	54426.96	54730.67
	归属母公司股东权益(万元)	17822.44	18964.07	21961.13	21598.37
	营业收入(万元)	9401.99	40383.13	19494.15	56953.00
	营业成本(万元)	8689.89	37632.29	16779.26	49448.23
	投资收益(万元)	—	—	—	—
	净利润(万元)	—	—	386.34	1321.41
	营业利润(万元)	−1293.17	−3347.96	313.74	1184.34
	利润总额(万元)	−1220.35	−2943.21	466.47	1667.59

广西升禾环保科技股份有限公司

公司概况						
公司概况	公司名称	广西升禾环保科技股份有限公司			证券简称	升禾环保
	法人代表	全知音	董秘	刘伟	证券代码	430761
	公司网址	www.zgshgs.com		电子信箱	liuwei@zgshgs.com	
	电　话	0772-8251508		传　真	0772-8250228	
	办公地址	广西壮族自治区柳州市柳东新区官塘创业园 B 区物业楼 A1 号				
	经营范围	环保设备的研发、销售、安装及技术咨询				

主要财务指标	指标＼报告期	2017.06.30	2016.12.31	2016.06.30	2015.12.31
	基本每股收益(元)	0.1400	0.0400	0.2800	0.3500
	基本每股收益(扣除后)(元)	0.1356	0.0400	0.3300	—
	稀释每股收益(元)	—	—	—	—
	每股净资产(元)	1.8600	1.4400	1.4400	2.0400
	每股经营现金净流量(元)	−0.6591	−0.7831	0.2470	0.6953
	每股现金流量(元)	−0.0610	−0.7016	0.2217	−0.3902
	每股资本公积金(元)	0.3511	0.0298	0.0298	0.3763
	每股盈余公积金(元)	0.0596	0.0459	0.0459	0.0436
	每股未分配利润(元)	0.4457	0.3610	0.3603	0.6231
	净资产收益率(%)	7.3869	2.6984	18.6736	17.1785
	净资产收益率(扣除)(%)	9.2100	2.6600	25.0900	17.6600
	加权净资产收益率	7.1535	2.9079	21.0768	20.3328
	总资产(万元)	10937.30	8837.59	8365.27	5249.18
	归属母公司股东权益(万元)	4332.65	3353.08	3351.29	2083.86
	营业收入(万元)	8887.43	4258.34	5495.82	1997.09
	营业成本(万元)	6560.49	3232.09	3221.89	936.86
	投资收益(万元)	0.21	—	—	—
	净利润(万元)	—	90.48	625.81	357.98
	营业利润(万元)	368.92	111.72	845.34	484.90
	利润总额(万元)	380.82	103.45	750.59	419.17

上海美诺福科技股份有限公司

公司概况					
公司名称	上海美诺福科技股份有限公司			证券简称	美诺福
法人代表	陈波	董秘	段凤伟	证券代码	430764
公司网址	www.meinolf.com.cn		电子信箱	liaoliping@meinolf.com.cn	
电　　话	021-56845800		传　　真	021-56840028	
办公地址	上海市宝山区友谊路 1518 弄 1 号楼 4 层				
经营范围	自动化系统及机械设备设计、销售、维修				

主要财务指标 指标\报告期	2017.06.30	2016.12.31	2016.06.30	2015.12.31
基本每股收益(元)	0.0300	0.1300	0.0600	0.4600
基本每股收益(扣除后)(元)	0.0400	0.0200	−0.0040	0.3700
稀释每股收益(元)	0.0300	0.1300	0.0600	0.4600
每股净资产(元)	1.6500	1.6200	1.5500	1.6900
每股经营现金净流量(元)	−0.2106	0.2932	−0.0116	0.3348
每股现金流量(元)	−0.2166	−0.0496	−0.2223	0.1287
每股资本公积金(元)	0.0895	0.0895	0.0895	0.0895
每股盈余公积金(元)	0.1148	0.1148	0.1059	0.1059
每股未分配利润(元)	0.4422	0.4168	0.3564	0.4963
净资产收益率(%)	1.5380	7.9819	3.8736	27.4432
净资产收益率(扣除)(%)	1.5500	7.8100	3.4900	28.2600
加权净资产收益率	2.2967	1.4723	−0.2832	21.9366
总资产(万元)	4181.19	3746.68	3659.92	4036.78
归属母公司股东权益(万元)	3304.29	3253.47	3114.42	3395.18
营业收入(万元)	1671.36	2951.56	1411.08	5766.45
营业成本(万元)	895.90	1650.58	824.66	3382.49
投资收益(万元)	—	—	—	—
净利润(万元)	—	—	120.64	931.75
营业利润(万元)	61.08	58.47	−7.94	893.79
利润总额(万元)	31.70	308.09	144.43	1114.57

山东耀通节能环保科技股份有限公司

公司概况					
公司名称	山东耀通节能环保科技股份有限公司			证券简称	耀通科技
法人代表	冯鹏	董秘	房慧	证券代码	830768
公司网址	www.yaotongjn.com		电子信箱	18953193610@189.cn	
电　　话	0531-87161266		传　　真	0531-87955875	
办公地址	山东省济南市高新区出口加工区港源六路 1517-1 号				
经营范围	节能环保项目的投资、建设、管理				

主要财务指标 指标\报告期	2017.06.30	2016.12.31	2016.06.30	2015.12.31
基本每股收益(元)	0.0300	−0.0300	0.0300	−0.1100
基本每股收益(扣除后)(元)	0.0300	−0.0400	0.0300	−0.1100
稀释每股收益(元)	0.0300	−0.0300	0.0300	−0.1100
每股净资产(元)	1.0100	1.1600	1.2300	1.1900
每股经营现金净流量(元)	0.0780	−0.0541	−0.0863	−0.2295
每股现金流量(元)	0.0249	−0.0675	−0.0504	0.0142
每股资本公积金(元)	0.0035	0.1841	0.1841	0.1841
每股盈余公积金(元)	0.0095	0.0112	0.0112	0.0112
每股未分配利润(元)	0.0018	−0.0321	0.0305	−0.0010
净资产收益率(%)	2.8555	−2.6788	2.5699	−8.5018
净资产收益率(扣除)(%)	2.9000	−2.6400	2.6000	−8.9900
加权净资产收益率	2.8128	−3.8319	2.5699	−8.6112
总资产(万元)	3926.09	3796.39	3549.26	3239.12
归属母公司股东权益(万元)	3053.26	2966.08	3125.86	3045.53
营业收入(万元)	1388.81	2910.94	1170.91	733.08
营业成本(万元)	930.96	2042.93	779.95	393.44
投资收益(万元)	—	—	—	—
净利润(万元)	—	—	80.33	−258.92
营业利润(万元)	81.37	−128.65	80.30	−272.39
利润总额(万元)	82.67	−88.41	80.30	−269.06

深圳市牛商网络股份有限公司

公司概况					
公司名称	深圳市牛商网络股份有限公司			证券简称	牛商股份
法人代表	单以山	董秘	王雪姣	证券代码	830770
公司网址	www.nsw88.com		电子信箱	wangxj@nsw88.com	
电　　话	0755-83988396		传　　真	0755-83765760	
办公地址	广东省深圳市福田区梅华路上梅林工业区综合楼 3 栋第 2 层 204-216				
经营范围	计算机软硬件、互联网的技术开发及销售				

主要财务指标 指标\报告期	2017.06.30	2016.12.31	2016.06.30	2015.12.31
基本每股收益(元)	−0.1800	0.0400	−0.0400	0.6500
基本每股收益(扣除后)(元)	−0.1900	0.0500	0.0300	0.5000
稀释每股收益(元)	−0.1800	0.0400	−0.0400	0.6500
每股净资产(元)	1.1100	1.3300	1.2500	1.7500
每股经营现金净流量(元)	−0.1073	−0.1198	−0.0658	0.5367
每股现金流量(元)	−0.5716	0.2244	−0.3113	0.1997
每股资本公积金(元)	0.1911	0.1911	0.1911	—
每股盈余公积金(元)	0.1032	0.1032	0.0972	0.1508
每股未分配利润(元)	−0.1815	0.0381	−0.0348	0.6028
净资产收益率(%)	−16.4107	3.1521	−2.9449	37.0664
净资产收益率(扣除)(%)	−14.7100	3.2800	−3.0400	45.0100
加权净资产收益率	−17.0777	4.0226	2.0219	28.7854
总资产(万元)	8633.42	9870.19	9866.38	10016.60
归属母公司股东权益(万元)	5694.56	6818.42	6414.60	5786.87
营业收入(万元)	2062.67	6435.03	3045.97	8353.42
营业成本(万元)	1311.38	2982.96	1405.50	3275.25
投资收益(万元)	24.01	−180.56	−256.25	510.74
净利润(万元)	—	—	−163.78	2186.88
营业利润(万元)	−931.35	199.74	−198.98	2471.71
利润总额(万元)	−917.37	298.23	−168.77	2556.82

江苏华灿电讯股份有限公司

公司概况					
公司名称	江苏华灿电讯股份有限公司			证券简称	华灿电讯
法人代表	吴灿华	董秘	鲍海建	证券代码	830771
公司网址	www.jshcdx.com		电子信箱	dshms@jshcdx.com	
电　　话	0513-80170336		传　　真	0513-80171999	
办公地址	江苏省南通市如皋市长江镇永福工业集中区(永福村五组)				
经营范围	移动通信基站的天线及天馈系统附件产品的研发、生产和销售				

主要财务指标 指标\报告期	2017.06.30	2016.12.31	2016.06.30	2015.12.31
基本每股收益(元)	0.3886	1.2160	0.7565	1.5500
基本每股收益(扣除后)(元)	0.4004	1.1915	0.7486	1.5512
稀释每股收益(元)	0.3886	1.2160	0.7565	1.5500
每股净资产(元)	8.9100	8.5200	8.0600	7.3100
每股经营现金净流量(元)	0.2624	1.4632	0.6303	−1.2542
每股现金流量(元)	0.0112	−0.5720	−0.5964	0.1003
每股资本公积金(元)	2.0176	2.0176	2.0176	2.0176
每股盈余公积金(元)	0.4696	0.4696	0.3808	0.3808
每股未分配利润(元)	5.4212	5.0327	4.6620	3.9055
净资产收益率(%)	4.3600	14.2267	9.3812	20.3680
净资产收益率(扣除)(%)	4.4600	15.3600	9.8400	26.2000
加权净资产收益率	4.4931	13.9790	9.2834	20.3216
总资产(万元)	136701.29	126060.27	114257.67	115457.04
归属母公司股东权益(万元)	67605.55	64658.16	61171.73	55432.81
营业收入(万元)	38213.90	68668.44	36392.75	85036.52
营业成本(万元)	25510.08	39180.25	20110.10	50253.76
投资收益(万元)	—	0.12	—	—
净利润(万元)	—	—	5738.63	11676.45
营业利润(万元)	3414.01	10301.75	6686.26	13705.94
利润总额(万元)	3310.07	10651.63	6799.52	13822.44

威海远航科技发展股份有限公司

公司概况					
公司名称	威海远航科技发展股份有限公司			证券简称	远航科技
法人代表	王仕玮	董秘	王迪	证券代码	830772
公司网址	www.wh-yuanhang.com		电子信箱	wd@wh-yuanhang.com	
电　话	0631-5661516		传　真	0631-5661515	
办公地址	山东省威海市高技区唐山路 19-3 号				
经营范围	各类酿酒、食品、药品生产线的研发制造、销售及安装调试				

主要财务指标 指标\报告期	2017.06.30	2016.12.31	2016.06.30	2015.12.31
基本每股收益(元)	0.1200	0.2200	0.1700	0.2200
基本每股收益(扣除后)(元)	0.1000	0.1300	0.1200	0.1300
稀释每股收益(元)	0.1200	0.2200	0.1700	0.2200
每股净资产(元)	3.0600	2.9400	2.9000	2.7200
每股经营现金净流量(元)	-0.0613	0.2468	0.4798	-0.0848
每股现金流量(元)	0.1189	-0.0675	0.2368	0.0074
每股资本公积金(元)	1.2359	1.2359	1.2359	1.2359
每股盈余公积金(元)	0.1690	0.1690	0.1469	0.1469
每股未分配利润(元)	0.6529	0.5363	0.5129	0.3406
净资产收益率(%)	3.8124	7.4045	5.9488	7.7451
净资产收益率(扣除)(%)	3.8900	7.6900	6.1300	9.8700
加权净资产收益率	3.1201	4.4330	4.0143	4.3618
总资产(万元)	20852.40	19612.39	19281.14	19456.27
归属母公司股东权益(万元)	12919.28	12426.75	12234.41	11506.61
营业收入(万元)	4145.37	8573.14	4476.33	8046.88
营业成本(万元)	2626.37	5722.74	2891.13	5141.57
投资收益(万元)	—	—	—	—
净利润(万元)	—	—	727.80	891.19
营业利润(万元)	470.39	566.99	629.13	600.67
利润总额(万元)	575.61	1001.32	907.57	1058.63

杭州吉华高分子材料股份有限公司

公司概况					
公司名称	杭州吉华高分子材料股份有限公司			证券简称	吉华材料
法人代表	杨泉明	董秘	周静侃	证券代码	830775
公司网址	www.jihuadyes.com		电子信箱	zjk841127@163.com	
电　话	0571-22897396		传　真	0571-22898297	
办公地址	浙江省杭州市萧山区临江工业园新世纪大道 1755 号				
经营范围	不沾涂料的研发、生产和销售				

主要财务指标 指标\报告期	2017.06.30	2016.12.31	2016.06.30	2015.12.31
基本每股收益(元)	0.0950	0.1910	0.1500	0.4100
基本每股收益(扣除后)(元)	0.0910	0.1420	0.0650	0.4330
稀释每股收益(元)	0.0950	0.1910	0.1500	0.4100
每股净资产(元)	1.7700	1.7800	3.3200	3.1800
每股经营现金净流量(元)	0.0723	0.1378	0.1362	0.4587
每股现金流量(元)	-0.0446	0.0941	0.1139	-0.0870
每股资本公积金(元)	0.1944	0.1944	0.8888	0.8888
每股盈余公积金(元)	0.0834	0.0834	0.1287	0.1287
每股未分配利润(元)	0.4954	0.5009	1.3037	1.1585
净资产收益率(%)	5.3305	10.7239	4.3735	12.6900
净资产收益率(扣除)(%)	5.2200	11.3300	4.4700	14.3100
加权净资产收益率	5.1571	7.9645	1.9472	13.3882
总资产(万元)	8827.78	8761.28	8660.17	9035.14
归属母公司股东权益(万元)	5929.72	5948.04	5553.04	5310.17
营业收入(万元)	4048.02	8529.10	3592.31	8767.60
营业成本(万元)	3073.62	6072.64	2656.68	6213.98
投资收益(万元)	—	—	—	—
净利润(万元)	—	—	242.86	673.86
营业利润(万元)	360.84	504.69	131.31	733.44
利润总额(万元)	372.93	692.60	287.22	739.72

武汉市蓝电电子股份有限公司

公司概况					
公司名称	武汉市蓝电电子股份有限公司			证券简称	武汉蓝电
法人代表	吴伟	董秘	王雅莉	证券代码	830779
公司网址	www.whland.com		电子信箱	wangyali@whland.com	
电　话	027-67848659		传　真	027-87293748	
办公地址	湖北省武汉市东湖新技术开发区高新四路 28 号武汉光谷电子工业园三期 7 号厂房栋 4 层 01 号				
经营范围	公司的主营业务为电池测试设备的软硬件开发、生产和销售				

主要财务指标 指标\报告期	2017.06.30	2016.12.31	2016.06.30	2015.12.31
基本每股收益(元)	0.4200	0.6200	0.2900	0.5900
基本每股收益(扣除后)(元)	0.4100	0.6000	0.2200	0.5500
稀释每股收益(元)	0.4200	0.6200	0.2900	0.5900
每股净资产(元)	1.5800	1.7200	1.3900	1.6500
每股经营现金净流量(元)	0.3194	0.6049	0.2020	0.5150
每股现金流量(元)	-0.0264	0.0381	-0.0106	-0.2170
每股资本公积金(元)	—	—	—	—
每股盈余公积金(元)	0.1588	0.1588	0.0965	0.1206
每股未分配利润(元)	0.4236	0.5633	0.2941	0.5327
净资产收益率(%)	26.7504	36.2027	20.9925	35.8106
净资产收益率(扣除)(%)	23.0100	40.9500	19.8800	42.5600
加权净资产收益率	25.9361	34.6555	15.5467	33.3020
总资产(万元)	5465.18	5861.14	4656.17	4442.87
归属母公司股东权益(万元)	4747.29	5166.37	4171.77	3968.01
营业收入(万元)	2161.96	3366.91	1315.76	2878.55
营业成本(万元)	494.27	770.25	281.90	741.14
投资收益(万元)	40.07	84.82	69.63	87.53
净利润(万元)	—	—	875.76	1420.97
营业利润(万元)	1479.53	1910.33	832.99	1637.55
利润总额(万元)	1484.94	2199.27	1030.64	1667.13

广东精鹰传媒股份有限公司

公司概况					
公司名称	广东精鹰传媒股份有限公司			证券简称	精鹰传媒
法人代表	王建章	董秘	韩成森	证券代码	830781
公司网址	www.jychina.com		电子信箱	106516655@qq.com	
电　话	13450788845		传　真	0757-83901968	
办公地址	广东省佛山市禅城区岭南大道北 129 号一座十八层 01 号				
经营范围	电视频道形象包装和文化活动工程				

主要财务指标 指标\报告期	2017.06.30	2016.12.31	2016.06.30	2015.12.31
基本每股收益(元)	0.0660	-0.1800	—	0.1500
基本每股收益(扣除后)(元)	0.0660	-0.2400	0.0100	0.0900
稀释每股收益(元)	0.0660	-0.1800	—	0.1500
每股净资产(元)	1.5900	1.5300	1.7100	1.7100
每股经营现金净流量(元)	-0.2060	-0.2761	-0.3751	-0.3046
每股现金流量(元)	-0.3555	0.3171	-0.1801	0.1767
每股资本公积金(元)	0.5198	0.5198	0.5198	0.5198
每股盈余公积金(元)	0.0219	0.0219	0.0219	0.0219
每股未分配利润(元)	0.0533	-0.0129	0.1698	0.1670
净资产收益率(%)	4.1503	-11.7678	0.1596	8.5619
净资产收益率(扣除)(%)	4.2400	-11.1100	0.1600	12.7900
加权净资产收益率	4.1404	-15.9647	0.3070	5.3660
总资产(万元)	5025.90	4681.88	5000.92	5035.54
归属母公司股东权益(万元)	4191.52	4017.56	4497.51	4490.34
营业收入(万元)	3415.22	5042.26	2294.94	5134.43
营业成本(万元)	2599.41	4010.95	1507.00	3555.05
投资收益(万元)	—	—	—	—
净利润(万元)	—	—	13.72	383.89
营业利润(万元)	204.91	-650.04	53.68	295.45
利润总额(万元)	205.46	-447.99	47.05	464.89

江苏华源建筑设计研究院股份有限公司

公司概况						
公司名称	江苏华源建筑设计研究院股份有限公司			证券简称	华源股份
法人代表	黄富华	董秘	汪东辉	证券代码	830786
公司网址	www.hyadi.com.cn		电子信箱	hpwdh@126.com	
电　话			传　真		
办公地址	江苏省常州市新北区通江中路367号太阳城商务中心7楼				
经营范围	提供建筑工程勘察、方案设计、项目咨询等相关服务				

主要财务指标	2017.06.30	2016.12.31	2016.06.30	2015.12.31
基本每股收益(元)	0.0668	0.1225	0.0100	0.0100
基本每股收益(扣除后)(元)	0.0651	0.1161	0.0007	–0.0203
稀释每股收益(元)	0.0668	0.1225	0.0100	0.0100
每股净资产(元)	1.6900	1.6500	1.5300	1.5300
每股经营现金净流量(元)	0.1913	0.1617	0.0651	0.0716
每股现金流量(元)	–0.0316	0.0876	0.0421	–0.1437
每股资本公积金(元)	0.2565	0.2565	0.2565	0.2565
每股盈余公积金(元)	0.0567	0.0568	0.0436	0.0436
每股未分配利润(元)	0.3732	0.3361	0.2326	0.2269
净资产收益率(%)	3.4452	7.4271	0.3764	0.4966
净资产收益率(扣除)(%)	3.5000	7.7200	0.3400	0.5100
加权净资产收益率	3.2822	7.0372	0.0444	–1.2888
总资产(万元)	9884.60	9438.38	8593.02	7817.42
归属母公司股东权益(万元)	5299.93	5183.62	4816.76	4798.63
营业收入(万元)	5784.35	7389.13	3044.92	4467.47
营业成本(万元)	4552.76	5096.98	2284.17	3263.07
投资收益(万元)	—	4.80	—	3.43
净利润(万元)	—	—	18.13	21.39
营业利润(万元)	283.15	528.09	41.77	14.10
利润总额(万元)	289.08	554.95	59.22	128.33

博富科技股份有限公司

公司概况						
公司名称	博富科技股份有限公司			证券简称	博富科技
法人代表	李勇	董秘	崔振翰	证券代码	830789
公司网址	www.bfttech.com		电子信箱	yxia@bfttech.com	
电　话	0512–82622888		传　真	0512–50368561	
办公地址	江苏省昆山市张浦镇德新路2号				
经营范围	公司主营高分子改性材料及制品的研发、生产、销售和服务				

主要财务指标	2017.06.30	2016.12.31	2016.06.30	2015.12.31
基本每股收益(元)	–0.0300	0.0100	–0.0200	–0.1700
基本每股收益(扣除后)(元)	–0.0300	–0.0200	–0.0200	–0.1800
稀释每股收益(元)	–0.0300	0.0100	–0.0200	–0.1700
每股净资产(元)	0.6700	0.7100	0.6800	0.7000
每股经营现金净流量(元)	–0.0422	–0.1790	0.0155	0.0879
每股现金流量(元)	–0.0083	0.0213	0.0043	–0.0219
每股资本公积金(元)	0.0873	0.0873	0.0873	0.0873
每股盈余公积金(元)	—	—	—	—
每股未分配利润(元)	–0.4148	–0.3810	–0.4083	–0.3905
净资产收益率(%)	–5.0236	1.3530	–2.6098	–24.2755
净资产收益率(扣除)(%)	–4.9000	1.3600	–2.5800	–22.9600
加权净资产收益率	–5.1102	–3.2737	–2.6480	–25.3562
总资产(万元)	21606.30	21823.11	19718.33	19554.68
归属母公司股东权益(万元)	9947.47	10447.18	10043.71	10305.84
营业收入(万元)	5308.67	9225.68	3636.06	6956.52
营业成本(万元)	4405.32	7172.46	2896.03	6434.71
投资收益(万元)	—	63.43	60.00	242.99
净利润(万元)	—	—	–264.22	–2614.23
营业利润(万元)	–513.56	–216.24	–241.95	–3433.12
利润总额(万元)	–503.29	288.98	–237.45	–3302.16

南京奥派信息产业股份公司

公司概况						
公司名称	南京奥派信息产业股份公司			证券简称	奥派股份
法人代表	徐林海	董秘	吴海兵	证券代码	830794
公司网址	www.allpass.com.cn		电子信箱	jselab@vip.163.com	
电　话	025–83405218		传　真	025–83405218	
办公地址	江苏省南京市鼓楼区燕江路201号				
经营范围	教育软件的研发、生产和销售等				

主要财务指标	2017.06.30	2016.12.31	2016.06.30	2015.12.31
基本每股收益(元)	0.0600	0.2115	0.0100	0.6021
基本每股收益(扣除后)(元)	0.0600	0.1982	0.0100	0.5200
稀释每股收益(元)	0.0600	0.2115	0.0100	0.6021
每股净资产(元)	1.5100	1.5500	1.3400	2.0100
每股经营现金净流量(元)	–0.2832	0.1194	–0.2508	0.4124
每股现金流量(元)	–0.4008	0.1025	–0.3635	0.8717
每股资本公积金(元)	0.0139	0.0139	0.0139	0.3194
每股盈余公积金(元)	0.1090	0.1090	0.0848	0.1178
每股未分配利润(元)	0.3881	0.4231	0.2401	0.5777
净资产收益率(%)	4.2134	13.6831	0.3247	28.6838
净资产收益率(扣除)(%)	4.0800	14.4000	0.3100	38.3500
加权净资产收益率	4.0236	12.8184	0.3026	24.8741
总资产(万元)	5676.71	6186.43	4631.19	5426.89
归属母公司股东权益(万元)	4560.66	4666.32	4040.94	4375.25
营业收入(万元)	1754.37	4024.91	1181.45	3608.10
营业成本(万元)	289.32	594.10	174.44	331.78
投资收益(万元)	—	—	—	—
净利润(万元)	—	—	13.12	1254.99
营业利润(万元)	228.04	230.07	–254.88	982.03
利润总额(万元)	238.24	699.50	15.43	1430.89

上海易之景和环境技术股份有限公司

公司概况						
公司名称	上海易之景和环境技术股份有限公司			证券简称	易之景和
法人代表	曹越	董秘	许琼	证券代码	830797
公司网址	www.easy–h.com		电子信箱	xuqiong919@163.com	
电　话	021–51346506		传　真	021–51389029	
办公地址	上海市浦东新区金海路1000号18号楼5楼西座				
经营范围	环保厕所的研发、生产、销售及提供相关维护、保洁服务				

主要财务指标	2017.06.30	2016.12.31	2016.06.30	2015.12.31
基本每股收益(元)	–0.0600	–0.2061	–0.0900	0.0100
基本每股收益(扣除后)(元)	–0.0600	–0.2091	–0.0900	–0.0800
稀释每股收益(元)	–0.0600	–0.2061	–0.0900	0.0100
每股净资产(元)	0.7200	0.7800	0.9000	0.9900
每股经营现金净流量(元)	0.0025	0.0292	–0.1535	–0.2358
每股现金流量(元)	–0.0021	–0.1758	–0.1647	0.0461
每股资本公积金(元)	0.0407	0.0407	0.0407	0.0407
每股盈余公积金(元)	—	—	—	—
每股未分配利润(元)	–0.3214	–0.2612	–0.1450	–0.0551
净资产收益率(%)	–8.3665	–26.4382	–10.0389	1.1012
净资产收益率(扣除)(%)	–8.0300	–23.3500	–9.5600	1.3000
加权净资产收益率	–8.3643	–26.8231	–10.3738	–6.7827
总资产(万元)	1329.00	1525.52	1761.22	2004.61
归属母公司股东权益(万元)	1222.89	1325.20	1522.70	1675.56
营业收入(万元)	140.35	519.83	192.08	1132.77
营业成本(万元)	104.98	389.41	125.47	593.39
投资收益(万元)	—	—	—	—
净利润(万元)	—	—	–152.86	18.45
营业利润(万元)	–96.93	–379.73	–154.79	–130.91
利润总额(万元)	–96.96	–373.73	–148.79	24.59

北京中外名人文化传媒股份有限公司

公司概况	公司名称	北京中外名人文化传媒股份有限公司			证券简称	中外名人
	法人代表	陈建平	董秘	宋国立	证券代码	830798
	公司网址	www.whoswhoad.com.cn		电子信箱	hushuoyang@wswgroup.cn	
	电　话	010-62375763		传　真	010-62359098	
	办公地址	北京市东城区鼓楼外大街45号工人出版社三层				
	经营范围	设计、制作、代理、发布国内及外商来华广告业务				

主要财务指标	指标\报告期	2017.06.30	2016.12.31	2016.06.30	2015.12.31
	基本每股收益(元)	0.3300	0.4100	0.1900	0.5000
	基本每股收益(扣除后)(元)	0.3300	0.3800	0.1900	0.5100
	稀释每股收益(元)	0.3300	0.4100	0.1900	0.5000
	每股净资产(元)	7.0300	6.7000	6.4700	6.2900
	每股经营现金净流量(元)	0.3668	−0.7608	−1.0853	−0.8173
	每股现金流量(元)	0.1629	0.3750	0.4390	−0.4471
	每股资本公积金(元)	4.1660	4.1660	4.1660	4.3828
	每股盈余公积金(元)	0.1905	0.1905	0.1334	0.1404
	每股未分配利润(元)	1.6732	1.3435	1.1744	1.0456
	净资产收益率(%)	4.6890	6.0702	2.9820	7.6202
	净资产收益率(扣除)(%)	4.8000	6.2600	3.1000	9.2100
	加权净资产收益率	4.1465	5.7053	2.9554	7.6465
	总资产(万元)	86801.65	86229.81	71063.89	68218.47
	归属母公司股东权益(万元)	47298.33	45080.52	43558.28	42344.03
	营业收入(万元)	33609.26	77865.82	37125.90	58422.24
	营业成本(万元)	24878.64	59099.32	30307.07	42407.94
	投资收益(万元)	−0.68	−14.07	−13.82	−26.49
	净利润(万元)	---	---	1237.73	3081.12
	营业利润(万元)	2809.81	3647.41	1754.92	4581.80
	利润总额(万元)	3151.89	3866.76	1770.36	4570.63

重庆天开园林股份有限公司

公司概况	公司名称	重庆天开园林股份有限公司			证券简称	天开园林
	法人代表	陈友祥	董秘	白晓辉	证券代码	830800
	公司网址	www.tkjg.com		电子信箱	wujianhua@tkjg.com	
	电　话			传　真		
	办公地址	北京市顺义区北石槽镇良善庄村茶良路2号				
	经营范围	中高端地产(如别墅、洋房及高层等)园林景观的设计以及工程施工				

主要财务指标	指标\报告期	2017.06.30	2016.12.31	2016.06.30	2015.12.31
	基本每股收益(元)	−0.1347	0.1054	−0.0500	0.1500
	基本每股收益(扣除后)(元)	−0.1321	0.0956	−0.0600	0.1373
	稀释每股收益(元)	−0.1347	0.1054	−0.0500	0.1500
	每股净资产(元)	6.7700	6.9100	6.7500	6.8000
	每股经营现金净流量(元)	0.4109	−1.6796	−0.0046	−2.5621
	每股现金流量(元)	0.0049	−0.0507	−0.0376	0.0301
	每股资本公积金(元)	3.9896	3.9896	3.9896	3.9896
	每股盈余公积金(元)	0.1711	0.1711	0.1307	0.1307
	每股未分配利润(元)	1.6140	1.7487	1.6316	1.6837
	净资产收益率(%)	−1.9881	1.5259	−0.7717	2.0990
	净资产收益率(扣除)(%)	−1.9700	1.5400	−0.7700	2.4700
	加权净资产收益率	−1.9502	1.3829	−0.8215	1.8775
	总资产(万元)	140676.51	141384.91	122177.08	131742.84
	归属母公司股东权益(万元)	60972.88	62185.06	60767.20	61236.16
	营业收入(万元)	12753.85	42605.09	11498.21	50038.71
	营业成本(万元)	10813.78	32532.60	8799.46	36724.96
	投资收益(万元)	---	---	---	---
	净利润(万元)	---	---	−471.03	1300.10
	营业利润(万元)	−1358.87	254.44	−326.81	1252.01
	利润总额(万元)	−1383.05	371.25	−288.12	1408.48

宁波亚锦电子科技股份有限公司

公司概况	公司名称	宁波亚锦电子科技股份有限公司			证券简称	ST 亚锦
	法人代表	JIAO Shuge	董秘	杜敬磊	证券代码	830806
	公司网址			电子信箱	jeffreydu@cdhfund.com	
	电　话	0574-86885236		传　真	0574-86885234	
	办公地址	浙江省宁波市北仑区宝山路527号3001室				
	经营范围	医疗卫生软件的研发、销售及售后服务				

主要财务指标	指标\报告期	2017.06.30	2016.12.31	2016.06.30	2015.12.31
	基本每股收益(元)	0.7366	0.0900	0.0500	−0.6600
	基本每股收益(扣除后)(元)	0.0400	0.0900	0.0500	−0.8400
	稀释每股收益(元)	0.7366	0.0900	0.0500	−0.6600
	每股净资产(元)	15.2885	0.9200	1.7700	−0.2100
	每股经营现金净流量(元)	0.0677	0.1299	0.0048	0.6615
	每股现金流量(元)	−0.2890	0.7122	1.1186	6.8483
	每股资本公积金(元)	0.6876	0.6876	---	0.0642
	每股盈余公积金(元)	0.0030	0.0030	0.0015	1.0828
	每股未分配利润(元)	0.0692	0.0833	0.0565	62.8994
	净资产收益率(%)	4.8180	9.8996	42.6276	---
	净资产收益率(扣除)(%)	4.6300	14.5300	33.5800	−548.0800
	加权净资产收益率	4.6931	9.9006	42.5844	---
	总资产(万元)	390481.63	385697.84	422799.96	7068.13
	归属母公司股东权益(万元)	304895.02	310205.07	35278.88	−105.35
	营业收入(万元)	113966.33	218877.10	109091.14	93.45
	营业成本(万元)	55377.97	103924.03	52041.26	117.50
	投资收益(万元)	504.17	18.12	18.12	628.05
	净利润(万元)	---	---	22514.17	−331.77
	营业利润(万元)	30875.93	67795.91	30612.12	−397.35
	利润总额(万元)	30932.43	67776.31	30592.74	−329.55

大连约伴旅游股份有限公司

公司概况	公司名称	大连约伴旅游股份有限公司			证券简称	约伴旅游
	法人代表	徐志卫	董秘	于田	证券代码	830812
	公司网址	www.yueban.cn		电子信箱	13795115585@163.com	
	电　话	0411-82529569		传　真	0411-82529325	
	办公地址	辽宁省大连市中山区长江路123号长江写字楼10层				
	经营范围	广告业务、电脑图文设计、庆典礼仪服务				

主要财务指标	指标\报告期	2017.06.30	2016.12.31	2016.06.30	2015.12.31
	基本每股收益(元)	0.5100	1.3000	0.6200	0.7100
	基本每股收益(扣除后)(元)	0.5100	1.3000	0.6200	0.5500
	稀释每股收益(元)	0.5100	1.3000	0.6200	0.7100
	每股净资产(元)	4.2800	3.7600	2.3800	1.7500
	每股经营现金净流量(元)	2.4641	−0.9511	0.5596	0.6665
	每股现金流量(元)	1.6054	−0.0022	0.5560	0.6640
	每股资本公积金(元)	0.9980	0.9980	0.1545	0.1545
	每股盈余公积金(元)	0.0207	0.0207	0.0205	0.0205
	每股未分配利润(元)	2.2561	1.7439	1.2045	0.5799
	净资产收益率(%)	11.9796	32.3837	26.2479	40.6179
	净资产收益率(扣除)(%)	12.7400	48.3500	30.2200	50.9600
	加权净资产收益率	11.9796	32.3837	26.2479	31.4923
	总资产(万元)	8061.70	7938.33	4508.35	3722.44
	归属母公司股东权益(万元)	7528.66	6626.45	3808.80	2808.64
	营业收入(万元)	11467.85	19564.39	9123.28	11166.47
	营业成本(万元)	9893.14	16011.39	7490.35	9297.27
	投资收益(万元)	---	---	---	---
	净利润(万元)	---	---	999.73	1140.81
	营业利润(万元)	1202.76	2878.47	1328.64	1322.07
	利润总额(万元)	1202.76	2878.47	1328.64	1505.28

河南熔金高温材料股份有限公司

公司概况						
	公司名称	河南熔金高温材料股份有限公司			证券简称	熔金股份
	法人代表	徐跃庆	董秘	徐善刚	证券代码	830813
	公司网址	www.whrj.com		电子信箱	18437268088@163.com	
	电　　话	0373-4417951		传　　真	0373-4417536	
	办公地址	河南省卫辉市薛屯村北				
	经营范围	公司主要生产耐火材料制品中的滑动水口系列产品				

主要财务指标	指标\报告期	2017.06.30	2016.12.31	2016.06.30	2015.12.31
	基本每股收益(元)	0.1400	0.4200	0.2200	0.2000
	基本每股收益(扣除后)(元)	0.1400	0.4300	0.2100	0.2400
	稀释每股收益(元)	0.1400	0.4200	0.2200	0.2000
	每股净资产(元)	2.0600	3.8500	3.6400	3.4800
	每股经营现金净流量(元)	0.1975	0.0059	0.0985	-0.1236
	每股现金流量(元)	-0.1632	0.3392	0.5366	-0.3393
	每股资本公积金(元)	0.5553	2.1106	2.1106	2.1106
	每股盈余公积金(元)	0.0399	0.0797	0.0590	0.0374
	每股未分配利润(元)	0.4680	0.6577	0.4708	0.3362
	净资产收益率(%)	6.7457	11.0178	5.9417	4.8907
	净资产收益率(扣除)(%)	6.9800	11.6000	6.0600	5.7300
	加权净资产收益率	6.9468	11.2598	5.7262	5.8722
	总资产(万元)	27039.10	25958.30	25212.32	21480.83
	归属母公司股东权益(万元)	17124.66	15969.48	15107.66	14459.00
	营业收入(万元)	12559.73	23608.21	10831.30	23495.97
	营业成本(万元)	7630.99	15729.55	7038.54	16541.07
	投资收益(万元)	9.83	16.58	—	—
	净利润(万元)	—	—	897.66	707.14
	营业利润(万元)	1161.34	1635.62	898.70	396.53
	利润总额(万元)	1342.34	1953.56	1051.35	793.79

江苏浩博新材料股份有限公司

公司概况						
	公司名称	江苏浩博新材料股份有限公司			证券简称	浩博新材
	法人代表	陈金忠	董秘	金利忠	证券代码	830814
	公司网址	www.hbkj-sic.com		电子信箱	jinlz@hbkj-sic.com	
	电　　话	0510-86539860		传　　真	0510-86539860	
	办公地址	江苏省江阴市徐霞客镇璜塘工业园区富业路8号				
	经营范围	晶硅片切割刃料的生产销售、太阳能线切割废砂浆的回收利用				

主要财务指标	指标\报告期	2017.06.30	2016.12.31	2016.06.30	2015.12.31
	基本每股收益(元)	-0.2700	-0.0700	0.0300	-0.3300
	基本每股收益(扣除后)(元)	-0.1500	0.0500	0.0200	-0.3700
	稀释每股收益(元)	-0.2700	-0.0700	0.0300	-0.3300
	每股净资产(元)	3.0700	3.3400	3.4400	3.4100
	每股经营现金净流量(元)	0.0684	-0.2066	-0.3546	0.0691
	每股现金流量(元)	0.0761	-0.0802	0.0750	0.1587
	每股资本公积金(元)	2.5637	2.5637	2.5637	2.5637
	每股盈余公积金(元)	0.0164	0.0164	0.0164	0.0164
	每股未分配利润(元)	-0.5148	-0.2405	-0.1420	-0.1677
	净资产收益率(%)	-8.9500	-2.1800	0.7499	-9.3270
	净资产收益率(扣除)(%)	-8.5700	-2.1600	0.7500	-9.1800
	加权净资产收益率	-4.8800	1.4300	0.4549	-10.5990
	总资产(万元)	38069.34	42750.48	45791.32	48321.97
	归属母公司股东权益(万元)	23170.40	25244.02	25989.19	25794.29
	营业收入(万元)	4229.37	28145.18	19396.22	34122.93
	营业成本(万元)	2355.85	22239.27	15708.96	28049.81
	投资收益(万元)	—	—	—	—
	净利润(万元)	—	—	194.90	-2405.83
	营业利润(万元)	-1015.22	1338.27	439.85	-2592.33
	利润总额(万元)	-2124.75	292.60	542.55	-2205.76

武汉卡特工业股份有限公司

公司概况						
	公司名称	武汉卡特工业股份有限公司			证券简称	卡特股份
	法人代表	施向华	董秘	杨智明	证券代码	830816
	公司网址	www.kattor.com		电子信箱	kattor@kattor.com	
	电　　话	027-87745209		传　　真	027-87745210	
	办公地址	湖北省武汉市青山区三十街坊(冶金大道6号)				
	经营范围	工业、工程领域应用的各种液压工具制品的研发、生产销售				

主要财务指标	指标\报告期	2017.06.30	2016.12.31	2016.06.30	2015.12.31
	基本每股收益(元)	0.1500	-0.1500	0.0200	0.3600
	基本每股收益(扣除后)(元)	0.1500	-0.1641	0.0200	0.3000
	稀释每股收益(元)	0.1500	—	0.0200	—
	每股净资产(元)	4.4000	4.2400	1.7900	4.7500
	每股经营现金净流量(元)	-0.5672	-0.1958	0.0181	-0.0539
	每股现金流量(元)	-0.8506	1.6078	-0.0553	0.1725
	每股资本公积金(元)	2.9551	5.6059	0.0746	0.0746
	每股盈余公积金(元)	0.0371	0.0703	0.0738	0.0703
	每股未分配利润(元)	0.4061	0.4775	0.6447	0.6325
	净资产收益率(%)	3.5094	-1.9245	0.8782	19.7184
	净资产收益率(扣除)(%)	3.5700	-9.1200	0.8800	35.5900
	加权净资产收益率	3.5047	-2.0996	0.8718	16.3791
	总资产(万元)	45972.52	50173.84	9017.64	9039.01
	归属母公司股东权益(万元)	28785.41	27775.23	6185.98	6131.66
	营业收入(万元)	9469.05	2323.41	1115.20	4715.30
	营业成本(万元)	5184.36	1332.86	467.52	1989.26
	投资收益(万元)	—	—	—	—
	净利润(万元)	—	—	48.96	1201.00
	营业利润(万元)	1195.27	-607.77	67.65	1198.83
	利润总额(万元)	1196.62	-551.26	70.31	1431.29

青岛海容商用冷链股份有限公司

公司概况						
	公司名称	青岛海容商用冷链股份有限公司			证券简称	海容冷链
	法人代表	邵伟	董秘	赵定勇	证券代码	830822
	公司网址	www.chinahiron.com		电子信箱	dm@chinahiron.com	
	电　　话	0532-81731501		传　　真	0532-81731527	
	办公地址	山东省青岛市黄岛区隐珠山路1817号				
	经营范围	商用冷链设备、医用冷链设备的研发、生产、销售及服务等				

主要财务指标	指标\报告期	2017.06.30	2016.12.31	2016.06.30	2015.12.31
	基本每股收益(元)	1.4800	2.1000	1.5300	2.0300
	基本每股收益(扣除后)(元)	1.4400	2.0400	1.5200	2.0700
	稀释每股收益(元)	1.4800	2.1000	1.5300	2.0300
	每股净资产(元)	8.9500	7.9700	7.4000	6.3700
	每股经营现金净流量(元)	1.6774	2.8559	1.5729	1.8544
	每股现金流量(元)	-0.2485	-0.2326	-0.3235	1.7541
	每股资本公积金(元)	2.6510	2.6510	2.6510	2.6510
	每股盈余公积金(元)	0.7123	0.5647	0.5018	0.3547
	每股未分配利润(元)	4.5845	3.7564	3.2454	2.3670
	净资产收益率(%)	16.4929	26.3344	20.6194	30.8655
	净资产收益率(扣除)(%)	17.4400	29.4400	21.6300	39.9300
	加权净资产收益率	16.1300	25.6336	20.5607	31.4125
	总资产(万元)	107636.85	90999.21	92162.28	80170.93
	归属母公司股东权益(万元)	53687.15	47832.57	44388.88	38236.16
	营业收入(万元)	59672.31	84443.42	52780.29	86453.62
	营业成本(万元)	40759.43	55884.15	34442.91	59591.02
	投资收益(万元)	—	—	—	—
	净利润(万元)	—	—	9152.71	11801.80
	营业利润(万元)	10138.71	14497.74	10791.65	14116.43
	利润总额(万元)	10365.83	14888.65	10822.32	13870.82

天津泰瑞机械装备科技股份有限公司

公司概况						
	公司名称	天津泰瑞机械装备科技股份有限公司			证券简称	泰瑞机械
	法人代表	张义坤	董秘	张延江	证券代码	830826
	公司网址	www.tianjintr.com		电子信箱	1239190813@qq.com	
	电　　话	022-27594013		传　　真	022-87720258	
	办公地址	天津市南开区青年路 307 号				
	经营范围	轴承制造及销售				

主要财务指标	指标\报告期	2017.06.30	2016.12.31	2016.06.30	2015.12.31
	基本每股收益(元)	0.1700	0.9000	0.1200	0.7400
	基本每股收益(扣除后)(元)	0.1500	0.8900	0.1200	0.6500
	稀释每股收益(元)	0.1700	0.9000	0.1200	0.7400
	每股净资产(元)	3.3700	3.2000	2.4300	2.3000
	每股经营现金净流量(元)	0.0379	1.4584	0.0705	-0.4752
	每股现金流量(元)	-0.0062	-0.0271	-0.0213	-0.8579
	每股资本公积金(元)	0.0469	0.0469	0.0469	0.0469
	每股盈余公积金(元)	0.2180	0.2180	0.1265	0.1265
	每股未分配利润(元)	2.1085	1.9385	1.2531	1.1304
	净资产收益率(%)	5.0379	28.0841	5.0578	32.1164
	净资产收益率(扣除)(%)	5.1700	32.6700	5.1900	38.2600
	加权净资产收益率	4.5400	27.9047	5.0979	28.1554
	总资产(万元)	6589.38	5846.79	6519.31	4733.58
	归属母公司股东权益(万元)	3373.31	3203.36	2426.45	2303.73
	营业收入(万元)	2237.12	4827.95	2230.66	2910.99
	营业成本(万元)	1632.62	2932.16	1620.78	1600.07
	投资收益(万元)	—	—	—	—
	净利润(万元)	—	—	122.73	739.87
	营业利润(万元)	148.36	1049.63	144.95	764.48
	利润总额(万元)	166.88	1057.10	144.05	872.23

福建华泰集团股份有限公司

公司概况						
	公司名称	福建华泰集团股份有限公司			证券简称	华泰集团
	法人代表	吴国良	董秘	吴汉杰	证券代码	830831
	公司网址	www.huataigroup.cc		电子信箱	wuhj@cnhuahong.com	
	电　　话	0595-86513901		传　　真	0595-86513902	
	办公地址	福建省晋江市磁灶镇洋尾工业区				
	经营范围	瓷砖、陶板及干挂空心陶瓷板的研发、生产、销售				

主要财务指标	指标\报告期	2017.06.30	2016.12.31	2016.06.30	2015.12.31
	基本每股收益(元)	0.0034	-0.4300	-0.0600	-0.2600
	基本每股收益(扣除后)(元)	0.0014	-0.4300	-0.0700	-0.3000
	稀释每股收益(元)	0.0034	-0.4300	—	-0.2600
	每股净资产(元)	1.2800	1.2800	1.6800	1.7400
	每股经营现金净流量(元)	0.1603	0.2829	0.1828	-0.2257
	每股现金流量(元)	0.0478	0.0039	0.0644	-0.1493
	每股资本公积金(元)	0.7918	0.7918	0.7918	0.7918
	每股盈余公积金(元)	0.0157	0.0157	0.0157	0.0157
	每股未分配利润(元)	-0.5259	-0.5292	-0.1295	-0.1027
	净资产收益率(%)	0.2615	-33.3706	-3.5993	-14.9826
	净资产收益率(扣除)(%)	0.2600	-28.6000	-3.5400	-14.5300
	加权净资产收益率	0.1079	-33.5251	-3.8359	-16.7978
	总资产(万元)	34302.26	33340.10	37094.58	38277.69
	归属母公司股东权益(万元)	10125.25	10098.77	13256.94	13734.09
	营业收入(万元)	5088.27	15495.05	4582.32	14914.97
	营业成本(万元)	3560.92	12468.41	3810.63	12130.74
	投资收益(万元)	-0.09	-2.62	—	3.64
	净利润(万元)	—	—	-477.15	-2057.72
	营业利润(万元)	94.70	-3313.11	-506.66	-2163.39
	利润总额(万元)	110.25	-3376.19	-469.76	-1871.80

武汉九生堂生物科技股份有限公司

公司概况						
	公司名称	武汉九生堂生物科技股份有限公司			证券简称	九生堂
	法人代表	邹远东	董秘	邱鑫泉	证券代码	830833
	公司网址	www.whjst.com		电子信箱	408395086@qq.com	
	电　　话	027-87339557		传　　真	027-87339558	
	办公地址	湖北省武汉市东湖高新技术开发区光谷 7 路生物医药园 A3 栋				
	经营范围	生物活性肽系列保健食品、营养食品、养生食品及相关产品的研发、生产和销售				

主要财务指标	指标\报告期	2017.06.30	2016.12.31	2016.06.30	2015.12.31
	基本每股收益(元)	0.3400	1.6900	0.8000	0.9000
	基本每股收益(扣除后)(元)	0.3400	1.6600	—	—
	稀释每股收益(元)	0.3400	1.6900	—	0.9000
	每股净资产(元)	2.3300	6.0800	3.8300	3.0400
	每股经营现金净流量(元)	0.3860	1.4424	0.7553	0.1112
	每股现金流量(元)	0.2312	2.8310	-1.4027	2.6274
	每股资本公积金(元)	0.3964	3.3073	1.4116	1.7645
	每股盈余公积金(元)	0.0598	0.1793	0.0650	0.0813
	每股未分配利润(元)	0.8753	1.5926	1.3563	0.6991
	净资产收益率(%)	14.7721	21.4441	20.7938	14.5394
	净资产收益率(扣除)(%)	15.6700	44.5100	23.2100	44.2900
	加权净资产收益率	14.5942	21.0529	20.1050	13.6522
	总资产(万元)	16139.23	14235.09	7181.79	6681.81
	归属母公司股东权益(万元)	13988.79	12158.20	5749.33	4553.82
	营业收入(万元)	3574.72	4953.22	2204.27	1741.28
	营业成本(万元)	457.79	808.41	425.69	431.39
	投资收益(万元)	—	8.84	—	—
	净利润(万元)	—	—	1195.51	662.10
	营业利润(万元)	2346.01	2992.96	1258.18	734.06
	利润总额(万元)	2375.41	3045.74	1304.78	781.59

平原信达化工股份有限公司

公司概况						
	公司名称	平原信达化工股份有限公司			证券简称	信达化工
	法人代表	李敬祥	董秘	梁枫林	证券代码	830834
	公司网址	www.xdchem.com.cn		电子信箱	liangfenglin2005@163.com	
	电　　话	0534-4665698		传　　真	0534-4665666	
	办公地址	山东省德州市平原县坊子乡北				
	经营范围	公司主营业务是光气化产品的生产与销售				

主要财务指标	指标\报告期	2017.06.30	2016.12.31	2016.06.30	2015.12.31
	基本每股收益(元)	0.0100	0.0300	-0.0100	0.1100
	基本每股收益(扣除后)(元)	0.0100	0.0300	-0.0100	0.0500
	稀释每股收益(元)	0.0100	0.0300	-0.0100	0.1100
	每股净资产(元)	1.9100	1.8800	1.8400	1.8400
	每股经营现金净流量(元)	0.0032	0.0502	0.0134	-0.0354
	每股现金流量(元)	-0.0184	0.0188	-0.0023	-0.1222
	每股资本公积金(元)	0.6930	0.6930	0.6930	0.6930
	每股盈余公积金(元)	0.0137	0.0137	0.0104	0.0104
	每股未分配利润(元)	0.1355	0.1233	0.0802	0.0933
	净资产收益率(%)	0.6401	1.7702	-0.7143	5.6441
	净资产收益率(扣除)(%)	0.6500	1.8000	-0.7100	6.8200
	加权净资产收益率	0.6380	1.7957	-0.7233	2.4729
	总资产(万元)	19773.33	20085.65	17256.79	19052.55
	归属母公司股东权益(万元)	11846.75	11664.95	11385.61	11389.81
	营业收入(万元)	6207.97	12296.36	5356.18	13168.48
	营业成本(万元)	5331.66	10518.54	4804.48	11133.97
	投资收益(万元)	—	—	—	—
	净利润(万元)	75.84	206.50	-81.33	642.85
	营业利润(万元)	179.43	479.28	-20.50	501.11
	利润总额(万元)	179.77	476.66	-19.14	987.54

山东万通液压股份有限公司

公司概况					
公司名称	山东万通液压股份有限公司			证券简称	万通液压
法人代表	王万法	董秘	厉建慧	证券代码	830839
公司网址	www.sdwtyy.com		电子信箱	wtyyjx@sina.com	
电　话	18206332708		传　真	0633-5456999	
办公地址	山东省日照市五莲县高泽镇(火车站东 500 米)				
经营范围	液压油缸的研发、制造和销售,主要生产汽车液压油缸和矿用液压油缸				

主要财务指标：指标\报告期	2017.06.30	2016.12.31	2016.06.30	2015.12.31
基本每股收益(元)	0.1207	-0.1465	-0.0500	-0.4700
基本每股收益(扣除后)(元)	0.1138	-0.1702	-0.0610	-0.5254
稀释每股收益(元)	0.1207	-0.1465	-0.0500	-0.4700
每股净资产(元)	2.6000	2.4800	2.5800	2.6300
每股经营现金净流量(元)	-0.1031	-0.1900	-0.0918	0.9851
每股现金流量(元)	-0.0589	-0.0130	-0.0952	0.1438
每股资本公积金(元)	1.9555	1.9555	1.9555	1.9555
每股盈余公积金(元)	0.0140	0.0140	0.0140	0.0140
每股未分配利润(元)	-0.3665	-0.4872	-0.3878	-0.3407
净资产收益率(%)	4.6374	-5.9009	-1.8238	-17.7524
净资产收益率(扣除)(%)	4.7500	-5.7300	-1.8100	-16.3100
加权净资产收益率	4.3713	-6.8572	-2.3630	-19.9858
总资产(万元)	27632.82	22628.17	25215.06	25701.77
归属母公司股东权益(万元)	15618.19	14893.92	15490.28	15772.80
营业收入(万元)	10797.78	8295.00	4500.34	10023.84
营业成本(万元)	8264.51	6682.81	3686.67	9742.37
投资收益(万元)	—	7.76	7.76	8.47
净利润(万元)	—	—	-282.51	-2800.05
营业利润(万元)	762.37	-693.74	-312.30	-3776.56
利润总额(万元)	803.93	-551.32	-228.77	-3381.86

广东长牛电气股份有限公司

公司概况					
公司名称	广东长牛电气股份有限公司			证券简称	长牛股份
法人代表	麦监文	董秘	陈燕君	证券代码	830841
公司网址	www.gdcndq.com		电子信箱	gdcnzj@163.com	
电　话	0757-88734030		传　真	0757-88734030	
办公地址	广东省佛山市南海区狮山科技工业园 C 区骏业北路 12 号				
经营范围	新型节能输配电设备的研发、设计、生产和销售业务				

主要财务指标：指标\报告期	2017.06.30	2016.12.31	2016.06.30	2015.12.31
基本每股收益(元)	-0.0021	0.0218	0.0013	0.2120
基本每股收益(扣除后)(元)	-0.0008	0.0150	-0.0026	0.1649
稀释每股收益(元)	-0.0021	0.0218	0.0013	0.2120
每股净资产(元)	1.3800	1.4300	1.2900	1.8700
每股经营现金净流量(元)	-0.0546	-0.2704	-0.1414	-0.1854
每股现金流量(元)	-0.1514	-0.2015	-0.4063	0.5179
每股资本公积金(元)	0.2435	0.2435	0.0969	0.5798
每股盈余公积金(元)	0.0359	0.0359	0.0377	0.0579
每股未分配利润(元)	0.1017	0.1538	0.1510	0.2302
净资产收益率(%)	-0.1537	1.3803	0.1036	10.2466
净资产收益率(扣除)(%)	-0.1500	1.6800	0.1000	14.1100
加权净资产收益率	-0.0579	0.9459	-0.1998	7.9681
总资产(万元)	14466.43	15361.80	11686.59	11762.16
归属母公司股东权益(万元)	8428.23	8746.31	7115.55	6724.45
营业收入(万元)	2044.40	9352.20	2020.05	8382.35
营业成本(万元)	1530.41	7251.00	1528.96	6628.51
投资收益(万元)	-19.87	-17.87	17.75	18.58
净利润(万元)	—	—	7.57	707.76
营业利润(万元)	-11.68	144.17	-1.00	652.82
利润总额(万元)	-19.70	169.97	7.96	825.06

上海沃迪智能装备股份有限公司

公司概况					
公司名称	上海沃迪智能装备股份有限公司			证券简称	沃迪智能
法人代表	赵吉斌	董秘	崔少军	证券代码	830843
公司网址	www.triowin.com		电子信箱	sob@triowin.com	
电　话	021-37901188		传　真	021-54331011	
办公地址	上海市金山区亭卫公路 5899 号				
经营范围	从事智能装备的研发、设计、制造和销售				

主要财务指标：指标\报告期	2017.06.30	2016.12.31	2016.06.30	2015.12.31
基本每股收益(元)	-0.0680	-0.2370	-0.0820	0.2400
基本每股收益(扣除后)(元)	-0.0760	-0.3540	-0.1360	0.1410
稀释每股收益(元)	-0.0680	-0.2370	-0.0820	0.2400
每股净资产(元)	3.3500	3.2900	3.4500	3.5300
每股经营现金净流量(元)	-0.3471	0.0079	-0.1815	0.3402
每股现金流量(元)	-0.2178	-0.2647	-0.2874	0.2345
每股资本公积金(元)	1.7866	1.7866	1.7866	1.7866
每股盈余公积金(元)	0.0839	0.0839	0.0839	0.0839
每股未分配利润(元)	0.4789	0.4225	0.5773	0.6596
净资产收益率(%)	-2.0391	-7.2002	-2.3875	6.3596
净资产收益率(扣除)(%)	-2.1000	-6.9500	-2.3600	7.7500
加权净资产收益率	-2.2688	-10.7443	-3.9428	3.7849
总资产(万元)	26778.91	22472.09	24639.87	21905.78
归属母公司股东权益(万元)	13933.38	13699.03	14342.95	14685.39
营业收入(万元)	4997.26	11301.98	4750.58	13681.49
营业成本(万元)	2818.46	6807.70	2747.33	8475.36
投资收益(万元)	—	—	—	—
净利润(万元)	—	—	-342.43	933.94
营业利润(万元)	-335.80	-1495.01	-616.42	573.50
利润总额(万元)	-293.94	-1009.50	-353.97	1018.34

乐山晟嘉电气股份有限公司

公司概况					
公司名称	乐山晟嘉电气股份有限公司			证券简称	晟嘉电气
法人代表	江淑平	董秘	杨江涛	证券代码	830847
公司网址	www.esj-electric.com		电子信箱	director@esj-electric.com	
电　话	0833-2596758		传　真	0833-2595392	
办公地址	四川省乐山市高新区乐高大道西段 3 号				
经营范围	电气开发、电器机械高低压输变电设备、电力电子设备电气成套装置的制造、销售等				

主要财务指标：指标\报告期	2017.06.30	2016.12.31	2016.06.30	2015.12.31
基本每股收益(元)	-0.0600	-0.3500	-0.0900	-0.1300
基本每股收益(扣除后)(元)	-0.0600	-0.3800	-0.1000	-0.2500
稀释每股收益(元)	-0.0600	-0.3500	-0.0900	-0.1300
每股净资产(元)	1.5100	1.5700	1.8400	1.9300
每股经营现金净流量(元)	0.0566	0.0848	-0.1103	-0.1104
每股现金流量(元)	0.0199	0.1117	0.0315	0.0919
每股资本公积金(元)	0.9886	0.9886	0.9886	0.9886
每股盈余公积金(元)	0.0078	0.0078	0.0078	0.0078
每股未分配利润(元)	-0.4857	-0.4220	-0.1600	-0.0686
净资产收益率(%)	-4.2145	-22.4522	-4.9806	-6.2035
净资产收益率(扣除)(%)	-4.1300	-20.1900	-4.8600	-6.9300
加权净资产收益率	-4.1912	-24.2766	-5.4590	-11.9138
总资产(万元)	8041.11	7833.52	8185.02	8076.59
归属母公司股东权益(万元)	3335.86	3476.45	4055.03	4256.99
营业收入(万元)	2457.83	4146.83	1939.35	3091.80
营业成本(万元)	1965.93	3103.75	1423.16	2196.59
投资收益(万元)	—	—	—	—
净利润(万元)	—	—	-201.96	-264.08
营业利润(万元)	-139.81	-896.26	-224.96	-578.45
利润总额(万元)	-140.59	-832.96	-201.96	-292.47

河南平原智能装备股份有限公司

公司概况	公司名称	河南平原智能装备股份有限公司			证券简称	平原智能
	法人代表	逄振中	董秘	杨允兴	证券代码	830849
	公司网址	www.pyfb001.com		电子信箱	zhengquanbu@pyfb001.com	
	电　话	0371-22526090		传　真	0371-22526079	
	办公地址	河南省郑州市北环路与文化路交叉口瀚海北金A座15楼				
	经营范围	从事智能自动化生产线系统的研发、设计、生产、销售、安装调试等				

指标\报告期	2017.06.30	2016.12.31	2016.06.30	2015.12.31
基本每股收益(元)	0.1300	0.5300	0.1000	0.6300
基本每股收益(扣除后)(元)	0.1200	0.5200	0.1000	0.6300
稀释每股收益(元)	0.1300	0.5300	—	0.6300
每股净资产(元)	7.9700	7.8500	7.4200	7.4700
每股经营现金净流量(元)	-0.9617	-0.2331	-0.9125	-0.1206
每股现金流量(元)	-1.0067	-0.5395	-0.8418	0.8002
每股资本公积金(元)	3.7799	3.7799	3.7802	3.7802
每股盈余公积金(元)	0.3177	0.3177	0.2677	0.2677
每股未分配利润(元)	2.8720	2.7432	2.3668	2.4151
净资产收益率(%)	1.6144	6.7271	1.3700	7.5067
净资产收益率(扣除)(%)	1.6300	6.9200	1.3500	9.5600
加权净资产收益率	1.5438	6.5945	1.3758	7.5008
总资产(万元)	126142.48	129317.77	114968.08	116322.60
归属母公司股东权益(万元)	65291.73	64276.81	60762.55	61144.82
营业收入(万元)	35698.73	64735.31	30132.57	57685.30
营业成本(万元)	28976.88	50021.90	24711.33	44547.07
投资收益(万元)	—	2.47	—	—
净利润(万元)	—	—	831.02	4589.97
营业利润(万元)	1197.64	5066.04	879.52	5436.77
利润总额(万元)	1251.81	5163.88	875.19	5441.02

广州南菱汽车股份有限公司

公司概况	公司名称	广州南菱汽车股份有限公司			证券简称	南菱汽车
	法人代表	马春欣	董秘	梁莹	证券代码	830865
	公司网址	www.nanling.com.cn		电子信箱	nanling@nanling.com.cn	
	电　话	020-28806776		传　真	020-28806767	
	办公地址	广东省广州市白云区白云大道北1399号				
	经营范围	汽车销售、汽车维修、汽车配件销售以及汽车保险代理业务				

指标\报告期	2017.06.30	2016.12.31	2016.06.30	2015.12.31
基本每股收益(元)	0.2400	0.2700	0.1000	-0.1300
基本每股收益(扣除后)(元)	0.2300	0.2400	0.1200	-0.0900
稀释每股收益(元)	0.2400	0.2700	0.1000	-0.1300
每股净资产(元)	3.1800	3.1400	3.0000	3.0100
每股经营现金净流量(元)	-0.8007	1.5574	0.1642	0.8187
每股现金流量(元)	-0.3788	-0.4815	-0.7494	-0.4895
每股资本公积金(元)	0.8187	0.8187	0.8434	0.8434
每股盈余公积金(元)	0.0516	0.0516	0.0310	0.0310
每股未分配利润(元)	1.3121	1.2706	1.1217	1.1173
净资产收益率(%)	7.5878	8.7207	3.4840	-4.4041
净资产收益率(扣除)(%)	7.4800	8.9200	3.4300	-4.3400
加权净资产收益率	7.1833	7.6765	3.9476	-3.0565
总资产(万元)	191492.99	191713.18	206177.77	228434.57
归属母公司股东权益(万元)	44553.74	43973.09	41945.78	41884.37
营业收入(万元)	268053.01	574704.84	248508.57	522550.41
营业成本(万元)	237922.02	519302.41	222752.35	471651.37
投资收益(万元)	100.00	12.81	-92.70	-176.92
净利润(万元)	—	—	1245.15	-2377.13
营业利润(万元)	4363.04	5192.49	2225.63	-43.63
利润总额(万元)	4606.99	5603.48	1936.92	-805.31

无锡金田元丰科技股份有限公司

公司概况	公司名称	无锡金田元丰科技股份有限公司			证券简称	金田元丰
	法人代表	安玉森	董秘	朱鸿斌	证券代码	830874
	公司网址	www.wxjtyf.com		电子信箱	zhuhongbin@wxjtyf.com	
	电　话	0510-81132300-805		传　真	0510-85430819	
	办公地址	江苏省无锡市锡兴北路5号				
	经营范围	高精密冷冲模具和塑料模具的设计与制造等				

指标\报告期	2017.06.30	2016.12.31	2016.06.30	2015.12.31
基本每股收益(元)	-0.0700	-0.2400	-0.1400	-0.1500
基本每股收益(扣除后)(元)	-0.0700	-0.2400	-0.1364	-0.1787
稀释每股收益(元)	-0.0600	-0.2200	-0.1400	-0.1500
每股净资产(元)	0.5900	0.6600	0.7700	0.9100
每股经营现金净流量(元)	-0.0464	-0.0478	0.1406	-0.0736
每股现金流量(元)	-0.0441	-0.0191	-0.0024	-0.0130
每股资本公积金(元)	0.1908	0.1908	0.1908	0.1908
每股盈余公积金(元)	0.0015	0.0015	0.0015	0.0015
每股未分配利润(元)	-0.5994	-0.5300	-0.4233	-0.2870
净资产收益率(%)	-11.6993	-36.6878	-17.7237	-16.1563
净资产收益率(扣除)(%)	-11.0500	-31.0000	-16.2800	-15.8400
加权净资产收益率	-11.7368	-36.6745	-17.7309	-18.6498
总资产(万元)	3450.47	3512.03	3890.42	4276.10
归属母公司股东权益(万元)	1588.61	1774.47	2060.32	2425.48
营业收入(万元)	569.89	1150.38	645.47	1361.00
营业成本(万元)	443.12	965.68	546.59	985.72
投资收益(万元)	—	—	—	—
净利润(万元)	—	—	-365.16	-391.87
营业利润(万元)	-187.94	-646.66	-368.66	-451.41
利润总额(万元)	-187.35	-646.89	-368.51	-391.61

无锡佳龙换热器股份有限公司

公司概况	公司名称	无锡佳龙换热器股份有限公司			证券简称	佳龙股份
	法人代表	鲁文龙	董秘	鲁涤平	证券代码	830882
	公司网址	www.wxjl.com.cn		电子信箱	ludiping@wxjl.com.cn	
	电　话	0510-85990653		传　真	0510-85990150	
	办公地址	江苏省无锡市滨湖区马山生物医药工业园内				
	经营范围	换热器的研发、制造、加工与销售				

指标\报告期	2017.06.30	2016.12.31	2016.06.30	2015.12.31
基本每股收益(元)	0.1279	0.2000	0.1300	0.1900
基本每股收益(扣除后)(元)	0.1252	0.1800	0.1300	0.1600
稀释每股收益(元)	0.1279	0.2000	0.1300	0.1900
每股净资产(元)	2.0000	1.8700	1.8000	1.6300
每股经营现金净流量(元)	-0.0683	0.1364	0.1537	0.1373
每股现金流量(元)	-0.3188	-0.0257	0.0437	0.4987
每股资本公积金(元)	0.5468	0.5468	0.5429	0.2181
每股盈余公积金(元)	0.0559	0.0559	0.0365	0.0423
每股未分配利润(元)	0.3977	0.2698	0.2223	0.3742
净资产收益率(%)	6.3955	10.1903	6.8748	11.3646
净资产收益率(扣除)(%)	6.6100	11.4200	7.2000	12.0500
加权净资产收益率	6.2581	9.4082	6.3208	9.5131
总资产(万元)	18291.96	16483.08	13951.35	15133.58
归属母公司股东权益(万元)	11603.22	10861.14	10450.13	8172.78
营业收入(万元)	9733.29	15270.94	6992.73	12089.82
营业成本(万元)	7478.25	10991.82	4921.60	8371.84
投资收益(万元)	—	—	—	-8.10
净利润(万元)	—	—	714.33	920.39
营业利润(万元)	870.65	1166.05	807.77	1059.92
利润总额(万元)	870.54	1265.99	875.96	1237.72

广东波斯科技股份有限公司

公司概况	公司名称	广东波斯科技股份有限公司			证券简称	波斯科技
	法人代表	卢俊文	董秘	黎泽顺	证券代码	830885
	公司网址	www.bosikj.com		电子信箱	1400496222@qq.com	
	电话	020-82253210		传真	020-82253220	
	办公地址	广东省广州市萝岗区云庆路7号				
	经营范围	从事各类功能色母粒、普通色母粒和其他塑料添加剂产品的研发、生产和销售业务				

主要财务指标	指标\报告期	2017.06.30	2016.12.31	2016.06.30	2015.12.31
	基本每股收益(元)	0.3900	0.5000	0.1600	0.4300
	基本每股收益(扣除后)(元)	0.3800	0.4700	0.1400	0.4100
	稀释每股收益(元)	0.3900	0.5000	0.1600	0.4300
	每股净资产(元)	3.0000	2.8000	2.4600	2.4200
	每股经营现金净流量(元)	-0.4325	0.4002	0.3833	0.2975
	每股现金流量(元)	-0.6474	0.2443	0.2046	0.3888
	每股资本公积金(元)	0.6939	0.6939	0.6939	0.6939
	每股盈余公积金(元)	0.2141	0.2141	0.1626	0.1626
	每股未分配利润(元)	1.0912	0.8967	0.5992	0.5587
	净资产收益率(%)	13.1532	17.9884	6.3328	17.4768
	净资产收益率(扣除)(%)	13.4400	19.4700	6.3400	19.6700
	加权净资产收益率	12.5351	16.7164	5.8200	16.9589
	总资产(万元)	34402.58	32964.18	27746.09	27201.98
	归属母公司股东权益(万元)	31521.07	29477.03	25809.01	25383.24
	营业收入(万元)	17241.83	21328.20	8386.63	20177.37
	营业成本(万元)	10151.34	11620.93	4845.57	11779.25
	投资收益(万元)	45.46	169.70	64.89	100.01
	净利润(万元)	---	---	1634.42	4436.19
	营业利润(万元)	4939.34	5902.74	1845.79	5047.61
	利润总额(万元)	4941.45	6174.15	1936.60	5150.41

福建太尔电子科技股份有限公司

公司概况	公司名称	福建太尔电子科技股份有限公司			证券简称	太尔科技
	法人代表	罗令	董秘	林潮勇	证券代码	830886
	公司网址	www.fjtekj.com		电子信箱	linchaoyong@fjtekj.com	
	电话	0596-7033333		传真	0596-7022222	
	办公地址	福建省漳州市云霄县莆美镇中柱村城南中学南侧				
	经营范围	电子产品、五金交电、塑胶制品、无线通信设备、智能穿戴设备的研发、生产、销售				

主要财务指标	指标\报告期	2017.06.30	2016.12.31	2016.06.30	2015.12.31
	基本每股收益(元)	0.0700	-0.3300	-0.4000	-0.6400
	基本每股收益(扣除后)(元)	0.0700	-0.3400	-0.4100	-0.6500
	稀释每股收益(元)	0.0700	-0.3300	-0.4000	-0.6500
	每股净资产(元)	0.9000	0.8300	1.9200	1.0100
	每股经营现金净流量(元)	-0.1388	-0.2802	-0.2958	-0.7146
	每股现金流量(元)	0.0415	0.0309	0.7267	0.0071
	每股资本公积金(元)	0.3612	0.3612	1.7225	0.6401
	每股盈余公积金(元)	0.0005	0.0005	0.0010	0.0015
	每股未分配利润(元)	-0.4570	-0.5277	-0.8007	-0.6281
	净资产收益率(%)	7.8171	-38.0120	-19.7252	-62.1529
	净资产收益率(扣除)(%)	8.1400	-34.2700	-20.5900	-51.5300
	加权净资产收益率	7.7717	-38.6409	-20.0926	-62.9840
	总资产(万元)	16609.12	13465.31	17503.57	12343.00
	归属母公司股东权益(万元)	12096.11	11150.54	12854.24	4545.41
	营业收入(万元)	2960.22	854.65	181.63	723.81
	营业成本(万元)	295.57	379.34	251.85	816.75
	投资收益(万元)	---	31.78	24.14	---
	净利润(万元)	---	---	-2535.52	-2825.11
	营业利润(万元)	940.07	-4276.90	-2558.61	-2864.77
	利润总额(万元)	945.57	-4238.55	-2535.52	-2819.96

江苏吉美思物联网产业股份有限公司

公司概况	公司名称	江苏吉美思物联网产业股份有限公司			证券简称	吉美思
	法人代表	冷成	董秘	李海成	证券代码	830887
	公司网址	www.gmistech.com		电子信箱	gmistech@gmistech.com	
	电话	025-68190600		传真	025-68190610	
	办公地址	江苏省南京市雨花台区郁金香路30号				
	经营范围	车辆远程管理信息服务及配套软、硬件的研发、生产与销售				

主要财务指标	指标\报告期	2017.06.30	2016.12.31	2016.06.30	2015.12.31
	基本每股收益(元)	0.0300	0.0100	0.0400	-0.0500
	基本每股收益(扣除后)(元)	0.0700	0.0020	---	-0.0800
	稀释每股收益(元)	0.0300	0.0100	0.0400	-0.0500
	每股净资产(元)	1.9900	1.9600	2.0000	1.9600
	每股经营现金净流量(元)	0.0381	0.3106	0.1883	-0.0390
	每股现金流量(元)	-0.0399	0.0624	0.1167	-0.1217
	每股资本公积金(元)	0.2717	0.2717	0.2717	0.2717
	每股盈余公积金(元)	0.0859	0.0859	0.0321	0.0321
	每股未分配利润(元)	0.6324	0.6033	0.6944	0.6516
	净资产收益率(%)	1.4594	0.2814	2.1445	-2.4687
	净资产收益率(扣除)(%)	1.4700	0.2800	2.1700	-2.6200
	加权净资产收益率	3.4306	0.1094	2.0456	-3.7992
	总资产(万元)	12639.53	12583.68	13200.75	12756.06
	归属母公司股东权益(万元)	8556.92	8432.04	8592.58	8408.31
	营业收入(万元)	2207.58	3753.49	2007.13	3796.07
	营业成本(万元)	816.76	1381.60	756.10	1837.36
	投资收益(万元)	---	---	---	---
	净利润(万元)	---	---	175.17	-210.96
	营业利润(万元)	356.44	-99.26	129.49	-427.01
	利润总额(万元)	157.99	44.28	213.09	-192.00

湖南深拓智能设备股份有限公司

公司概况	公司名称	湖南深拓智能设备股份有限公司			证券简称	深拓智能
	法人代表	汪深	董秘	曹健	证券代码	830889
	公司网址	www.scientop.com		电子信箱	282825435@qq.com	
	电话	0731-89702895		传真	0731-89702995	
	办公地址	湖南省长沙市高新技术开发区林语路249号深拓科技园				
	经营范围	自动化控制系统、自动化设备的研发、制造和销售以及工业自动化产品的分销				

主要财务指标	指标\报告期	2017.06.30	2016.12.31	2016.06.30	2015.12.31
	基本每股收益(元)	0.0100	0.1094	0.0700	0.2300
	基本每股收益(扣除后)(元)	0.0095	0.0155	---	0.0854
	稀释每股收益(元)	---	---	---	---
	每股净资产(元)	1.7500	1.7400	1.7000	2.7600
	每股经营现金净流量(元)	-0.0129	-0.1151	-0.0706	0.1252
	每股现金流量(元)	-0.0478	-0.4912	-0.3343	0.9373
	每股资本公积金(元)	0.4045	0.4045	0.4045	1.2472
	每股盈余公积金(元)	0.0572	0.0572	0.0464	0.0742
	每股未分配利润(元)	0.2928	0.2780	0.2504	0.4372
	净资产收益率(%)	0.3979	6.2865	3.9241	7.3852
	净资产收益率(扣除)(%)	0.4000	6.1500	3.8900	11.9700
	加权净资产收益率	0.3799	0.8881	0.5729	2.6998
	总资产(万元)	15345.76	15932.76	15914.53	17619.33
	归属母公司股东权益(万元)	13545.34	13430.97	13133.96	13310.38
	营业收入(万元)	3741.94	7236.56	3040.59	7254.96
	营业成本(万元)	2764.48	5370.79	2296.54	5474.73
	投资收益(万元)	---	---	---	---
	净利润(万元)	---	---	515.39	985.41
	营业利润(万元)	61.07	130.90	18.66	393.25
	利润总额(万元)	63.93	983.92	536.47	1126.98

广东轩辕网络科技股份有限公司

公司概况						
公司名称	广东轩辕网络科技股份有限公司				证券简称	轩辕网络
法人代表	陈统	董秘	朱丽芬	证券代码	830891	
公司网址	www.xuanyuan.com.cn		电子信箱	lizhijuan@xuanyuan.com.cn		
电话	020-37305433		传真	020-85285329		
办公地址	广东省广州市天河区高普路1033号第8层					
经营范围	软件开发;计算机网络系统工程服务等					

主要财务指标 指标\报告期	2017.06.30	2016.12.31	2016.06.30	2015.12.31
基本每股收益(元)	-0.2100	-0.1900	-0.1700	0.2900
基本每股收益(扣除后)(元)	-0.2200	-0.2100	-0.1800	0.2370
稀释每股收益(元)	-0.2100	-0.1900	-0.1700	0.2900
每股净资产(元)	1.2700	1.4900	1.5300	2.1500
每股经营现金净流量(元)	-0.4337	-0.1187	-0.3816	-0.1468
每股现金流量(元)	-0.4184	0.2376	-0.1537	0.3500
每股资本公积金(元)	0.4433	0.4433	0.4433	0.5376
每股盈余公积金(元)	0.0499	0.0499	0.0534	0.0849
每股未分配利润(元)	-0.2213	-0.0062	0.0368	0.4834
净资产收益率(%)	-16.5862	-12.7785	-10.8777	12.7239
净资产收益率(扣除)(%)	-15.2700	-12.3000	-10.8100	16.2900
加权净资产收益率	-16.9907	-13.7432	-11.0633	10.4555
总资产(万元)	15938.90	17195.62	14166.28	14118.86
归属母公司股东权益(万元)	8616.23	10073.27	10388.21	8377.31
营业收入(万元)	3779.73	12436.44	4623.18	15938.09
营业成本(万元)	3014.99	9293.40	3690.19	12029.52
投资收益(万元)	---	---	---	---
净利润(万元)	---	---	-1167.41	1071.78
营业利润(万元)	-1476.38	-1613.78	-1189.18	1058.48
利润总额(万元)	-1435.37	-1472.46	-1166.49	1282.04

北京华人天地影视策划股份有限公司

公司概况						
公司名称	北京华人天地影视策划股份有限公司				证券简称	华人天地
法人代表	张津	董秘	李春艳	证券代码	830898	
公司网址	www.huarenfilm.com		电子信箱	jinxiang9393@sian.com		
电话	010-84955488		传真	010-84951196		
办公地址	北京市朝阳区东大桥路12号润诚中心315					
经营范围	影视剧投资拍摄、销售;影视剧的剪辑、录音及后期制作等					

主要财务指标 指标\报告期	2017.06.30	2016.12.31	2016.06.30	2015.12.31
基本每股收益(元)	0.0010	0.0300	0.0100	0.4900
基本每股收益(扣除后)(元)	-0.0010	0.0300	0.0100	0.4600
稀释每股收益(元)	0.0010	0.0300	0.0100	0.4900
每股净资产(元)	1.9200	1.9200	1.8900	1.8900
每股经营现金净流量(元)	0.2515	-0.2331	-0.2437	-1.0573
每股现金流量(元)	0.2412	-0.3150	-0.2558	0.3166
每股资本公积金(元)	0.5171	0.5171	0.5171	0.5171
每股盈余公积金(元)	0.0398	0.0398	0.0366	0.0366
每股未分配利润(元)	0.3666	0.3646	0.3408	0.3351
净资产收益率(%)	0.0427	1.7049	0.2564	9.5658
净资产收益率(扣除)(%)	0.0400	1.7200	0.2600	12.7400
加权净资产收益率	-0.0117	1.3162	0.2897	9.0381
总资产(万元)	18336.23	16743.54	17290.48	17006.51
归属母公司股东权益(万元)	15676.54	15660.05	15439.36	15393.07
营业收入(万元)	243.40	1023.14	223.06	3565.01
营业成本(万元)	94.99	242.54	84.76	1344.55
投资收益(万元)	---	-9.07	---	---
净利润(万元)	---	---	39.59	1472.47
营业利润(万元)	0.76	278.51	62.50	1855.06
利润总额(万元)	12.13	359.67	55.66	1963.36

江苏维福特科技发展股份有限公司

公司概况						
公司名称	江苏维福特科技发展股份有限公司				证券简称	维福特
法人代表	刘云俊	董秘	董骏	证券代码	830900	
公司网址			电子信箱	Waveletsh@163.com		
电话	021-51353107		传真	021-51353107		
办公地址	江苏省盐城市东台市城东新区东进大道8号					
经营范围	人工晶体制造、销售					

主要财务指标 指标\报告期	2017.06.30	2016.12.31	2016.06.30	2015.12.31
基本每股收益(元)	0.0200	0.0800	0.0600	0.1400
基本每股收益(扣除后)(元)	0.0160	0.0800	---	0.1500
稀释每股收益(元)	---	0.0800	0.0600	0.1400
每股净资产(元)	1.4000	1.3800	1.3700	1.3000
每股经营现金净流量(元)	0.0310	0.0517	0.0313	0.1377
每股现金流量(元)	0.0239	-0.0531	-0.0514	0.0389
每股资本公积金(元)	0.0423	0.0423	0.0423	0.0423
每股盈余公积金(元)	0.0211	0.0186	0.0186	0.0186
每股未分配利润(元)	0.3335	0.3177	0.3054	0.2413
净资产收益率(%)	1.3135	5.5438	4.6904	10.5891
净资产收益率(扣除)(%)	1.3200	5.7000	4.8000	11.1800
加权净资产收益率	1.0533	5.5590	4.6904	11.5543
总资产(万元)	15990.69	15183.37	14712.94	14982.87
归属母公司股东权益(万元)	13969.62	13786.14	13662.70	13021.86
营业收入(万元)	1427.29	2984.19	1582.48	3468.80
营业成本(万元)	576.85	1066.88	492.76	1232.15
投资收益(万元)	---	---	---	---
净利润(万元)	---	---	640.83	1378.89
营业利润(万元)	196.28	1022.35	838.95	2010.66
利润总额(万元)	244.75	1030.00	849.95	1912.97

四川长仪油气集输设备股份有限公司

公司概况						
公司名称	四川长仪油气集输设备股份有限公司				证券简称	长仪股份
法人代表	王元义	董秘	宋书中	证券代码	830902	
公司网址	www.cyvalve.com		电子信箱	SSZ0912@126.com		
电话	0833-2631238		传真	0833-2631316		
办公地址	四川省乐山市高新区南新路1089号					
经营范围	阀门及自控装置、安全附件及安全保护装置					

主要财务指标 指标\报告期	2017.06.30	2016.12.31	2016.06.30	2015.12.31
基本每股收益(元)	-0.0341	-0.0344	0.0200	0.2500
基本每股收益(扣除后)(元)	-0.0344	-0.1033	0.0145	0.1972
稀释每股收益(元)	-0.0341	-0.0289	0.0200	0.2500
每股净资产(元)	2.3100	2.3400	2.3900	3.3100
每股经营现金净流量(元)	0.0159	0.0727	0.0136	0.2366
每股现金流量(元)	-0.0740	0.0229	-0.0126	-0.1889
每股资本公积金(元)	0.5724	0.5724	0.5762	1.2067
每股盈余公积金(元)	0.0750	0.0750	0.0737	0.1032
每股未分配利润(元)	0.5817	0.6157	0.6694	0.9121
净资产收益率(%)	-1.4751	-1.4707	0.7505	7.5140
净资产收益率(扣除)(%)	-1.4700	-1.4700	0.7600	8.2600
加权净资产收益率	-1.4886	-4.4080	0.6074	5.8329
总资产(万元)	22919.08	21311.76	17983.96	17542.71
归属母公司股东权益(万元)	11932.77	12103.99	12349.95	12229.08
营业收入(万元)	2239.25	4787.45	1966.72	6243.35
营业成本(万元)	1278.04	2453.85	800.90	2982.08
投资收益(万元)	---	0.84	0.82	6.25
净利润(万元)	---	---	86.34	911.73
营业利润(万元)	-163.44	-592.39	86.16	862.08
利润总额(万元)	-163.53	-174.71	106.95	1103.94

上海复展智能科技股份有限公司

	公司名称	上海复展智能科技股份有限公司			证券简称	复展科技
公司概况	法人代表	孙洪涛	董秘	吴晏子	证券代码	830903
	公司网址			电子信箱	wuyanzi@fulzen.cn	
	电　　话	021-55520229		传　　真	021-55520239	
	办公地址	上海市杨浦区国权北路1688弄68号(B5幢)4F				
	经营范围	智能、电子、照明、燃气科技领域内的技术开发、技术服务、技术咨询等				

	指标\报告期	2017.06.30	2016.12.31	2016.06.30	2015.12.31
主要财务指标	基本每股收益(元)	–0.1000	0.0200	0.0400	0.2600
	基本每股收益(扣除后)(元)	–0.1600	–0.1000	0.0043	0.1800
	稀释每股收益(元)	–0.1000	0.0200	0.0500	0.2600
	每股净资产(元)	1.2800	1.3700	1.4000	1.3600
	每股经营现金净流量(元)	–0.6074	–0.3344	–0.1078	0.9822
	每股现金流量(元)	0.0550	–0.8065	–0.8274	0.5821
	每股资本公积金(元)	0.0081	0.0081	0.0081	0.0081
	每股盈余公积金(元)	0.0186	0.0186	0.0186	0.0186
	每股未分配利润(元)	0.2491	0.3448	0.3729	0.3284
	净资产收益率(%)	–7.5026	1.1957	3.1800	19.0226
	净资产收益率(扣除)(%)	–7.2300	1.2000	3.2300	21.0200
	加权净资产收益率	–12.8171	–7.5995	–0.3091	13.6290
	总资产(万元)	12413.06	9663.36	10269.21	11636.90
	归属母公司股东权益(万元)	4465.38	4800.39	4898.78	4743.00
	营业收入(万元)	1593.48	5947.84	1507.50	5302.29
	营业成本(万元)	1372.81	4450.55	1041.40	3314.57
	投资收益(万元)	—	—	—	—
	净利润(万元)	—	—	155.78	902.24
	营业利润(万元)	–694.76	–515.36	–53.77	622.94
	利润总额(万元)	–414.25	35.69	196.87	1037.07

江苏普诺威电子股份有限公司

	公司名称	江苏普诺威电子股份有限公司			证券简称	普诺威
公司概况	法人代表	马洪伟	董秘	郭艳兰	证券代码	830908
	公司网址	www.prvchina.com		电子信箱	Gina_guo@prvchina.com	
	电　　话	0512-57475588		传　　真	0512-57477036	
	办公地址	江苏省昆山市千灯镇宏洋路322号				
	经营范围	印制电路板的生产和销售				

	指标\报告期	2017.06.30	2016.12.31	2016.06.30	2015.12.31
主要财务指标	基本每股收益(元)	–0.0300	–0.1600	–0.0200	0.0500
	基本每股收益(扣除后)(元)	–0.0425	–0.1698	–0.0300	0.0300
	稀释每股收益(元)	—	—	–0.0200	—
	每股净资产(元)	0.8600	0.8900	1.0300	1.0600
	每股经营现金净流量(元)	0.0065	0.1889	0.2332	–0.0910
	每股现金流量(元)	–0.0045	0.0282	0.0063	–0.0403
	每股资本公积金(元)	0.0327	0.0327	0.0327	0.0327
	每股盈余公积金(元)	0.0123	0.0123	0.0123	0.0123
	每股未分配利润(元)	–0.1854	–0.1566	–0.0197	0.0198
	净资产收益率(%)	–3.3545	–17.8313	–2.0938	4.7765
	净资产收益率(扣除)(%)	–3.3000	–16.2200	–2.0400	6.2300
	加权净资产收益率	–4.7570	–18.9273	–2.3906	3.1260
	总资产(万元)	21220.63	20613.80	21581.39	23227.95
	归属母公司股东权益(万元)	9481.15	9798.19	11309.45	11745.46
	营业收入(万元)	7368.79	14776.44	6758.25	16823.08
	营业成本(万元)	6001.33	13140.05	5294.29	13064.45
	投资收益(万元)	29.56	108.31	50.44	16.27
	净利润(万元)	—	—	–236.80	561.02
	营业利润(万元)	–538.62	–2053.23	–325.05	359.64
	利润总额(万元)	–411.75	–2035.19	–336.01	571.44

河北同成科技股份有限公司

	公司名称	河北同成科技股份有限公司			证券简称	同成股份
公司概况	法人代表	宋彦波	董秘	宋志波	证券代码	830909
	公司网址	www.tc-mining.com		电子信箱	szhb26395@sina.com	
	电　　话	0319-6771332		传　　真	0319-6771335	
	办公地址	河北省邢台经济开发区港口大街1666号				
	经营范围	井下局部矿建工程、矿业工程设计及相关技术服务、技术转让等				

	指标\报告期	2017.06.30	2016.12.31	2016.06.30	2015.12.31
主要财务指标	基本每股收益(元)	0.1500	0.2315	0.1800	0.7000
	基本每股收益(扣除后)(元)	0.1500	0.2223	0.1700	0.6851
	稀释每股收益(元)	0.1500	0.2315	0.1800	0.7000
	每股净资产(元)	6.0400	5.8000	5.7400	5.5600
	每股经营现金净流量(元)	–0.3153	0.2320	0.3074	0.3423
	每股现金流量(元)	0.1005	0.1391	0.2851	0.2201
	每股资本公积金(元)	2.4927	2.2439	2.2439	2.2439
	每股盈余公积金(元)	0.1997	0.2123	0.1913	0.1913
	每股未分配利润(元)	2.3315	2.3248	2.2955	2.1144
	净资产收益率(%)	2.4031	3.9946	3.1533	12.5073
	净资产收益率(扣除)(%)	2.6300	4.0800	3.2100	13.3700
	加权净资产收益率	2.4808	3.8345	3.0310	12.3200
	总资产(万元)	40353.87	37146.01	36594.26	35907.33
	归属母公司股东权益(万元)	38534.15	34779.09	34468.50	33365.34
	营业收入(万元)	7768.78	11167.95	5988.59	18365.10
	营业成本(万元)	5534.40	6493.36	3307.78	11014.65
	投资收益(万元)	—	—	—	—
	净利润(万元)	—	—	1086.89	4173.10
	营业利润(万元)	1135.81	1517.66	1241.77	4862.93
	利润总额(万元)	1100.57	1583.16	1291.38	4938.59

江苏标榜装饰新材料股份有限公司

	公司名称	江苏标榜装饰新材料股份有限公司			证券简称	标榜新材
公司概况	法人代表	赵建明	董秘	刘德强	证券代码	830911
	公司网址	www.pivotacp.com		电子信箱	financial@pivotacp.com	
	电　　话	0510-86218169		传　　真	0510-86061888	
	办公地址	江苏省江阴市华士镇蒙娜路1号				
	经营范围	铝塑复合板、铝单板等金属及金属复合绿色环保建筑及装饰材料的研发、生产与销售				

	指标\报告期	2017.06.30	2016.12.31	2016.06.30	2015.12.31
主要财务指标	基本每股收益(元)	0.0600	0.1260	0.0700	0.0800
	基本每股收益(扣除后)(元)	0.0455	0.1250	—	—
	稀释每股收益(元)	0.0600	0.1260	0.0700	0.0800
	每股净资产(元)	2.6100	2.5100	2.4600	2.3900
	每股经营现金净流量(元)	0.0250	0.4197	–0.0689	0.0217
	每股现金流量(元)	–0.2055	–0.0192	–0.1487	0.1179
	每股资本公积金(元)	0.6727	0.5998	0.5998	0.5998
	每股盈余公积金(元)	0.0946	0.0986	0.0860	0.0860
	每股未分配利润(元)	0.8435	0.8137	0.7694	0.6999
	净资产收益率(%)	2.4213	5.0286	2.8294	3.4236
	净资产收益率(扣除)(%)	2.5200	5.1600	2.8700	3.5300
	加权净资产收益率	1.8347	4.9883	2.4725	1.6504
	总资产(万元)	37955.52	39853.61	39143.29	35484.08
	归属母公司股东权益(万元)	19586.06	18087.52	17680.93	17176.30
	营业收入(万元)	17388.50	36534.34	17035.72	32620.23
	营业成本(万元)	13917.35	28651.05	13576.99	26396.54
	投资收益(万元)	—	–62.31	—	3.15
	净利润(万元)	—	—	476.90	589.10
	营业利润(万元)	446.71	964.01	503.45	368.44
	利润总额(万元)	557.16	1087.00	577.68	691.54

沈阳中北通磁科技股份有限公司

公司概况	公司名称	沈阳中北通磁科技股份有限公司			证券简称	中北通磁
	法人代表	孙宝玉	董秘	王兴刚	证券代码	830913
	公司网址	www.zbmag.com		电子信箱	xinggang_wang@zbmag.com	
	电　　话	024-23827942		传　　真	024-23717968	
	办公地址	辽宁省沈阳市浑南新区汇泉东路 8 号				
	经营范围	稀土永磁材料及器件的开发、制造、销售				

	指标＼报告期	2017.06.30	2016.12.31	2016.06.30	2015.12.31
主要财务指标	基本每股收益(元)	0.0300	–0.5600	–0.0600	0.0900
	基本每股收益(扣除后)(元)	0.0200	–0.5700	–0.0600	0.0800
	稀释每股收益(元)	0.0300	–0.5600	–0.0600	—
	每股净资产(元)	3.0100	2.9800	3.4800	3.5600
	每股经营现金净流量(元)	0.3153	–0.1763	–0.1406	0.3930
	每股现金流量(元)	0.0244	–0.0486	–0.1307	0.0954
	每股资本公积金(元)	1.3104	1.3104	1.3104	1.3298
	每股盈余公积金(元)	0.2272	0.2272	0.2272	0.2272
	每股未分配利润(元)	0.4751	0.4443	0.9423	1.0001
	净资产收益率(%)	1.0229	–18.6400	–1.6609	2.5052
	净资产收益率(扣除)(%)	1.0300	–17.0300	–1.6400	2.7100
	加权净资产收益率	0.6430	–19.1325	–1.7896	2.0588
	总资产(万元)	53758.07	52022.06	58697.06	61009.17
	归属母公司股东权益(万元)	27717.02	27433.51	32015.37	32726.10
	营业收入(万元)	12382.58	20058.17	9278.19	29242.97
	营业成本(万元)	10165.21	19047.60	8071.08	23930.05
	投资收益(万元)	—	—	—	—
	净利润(万元)	—	—	–531.73	819.84
	营业利润(万元)	168.77	–6220.98	–746.36	825.41
	利润总额(万元)	294.66	–6074.11	–695.77	982.50

长沙海赛电装科技股份有限公司

公司概况	公司名称	长沙海赛电装科技股份有限公司			证券简称	海赛电装
	法人代表	胡洛	董秘	成新明	证券代码	830914
	公司网址	www.hisai.com		电子信箱	haisai0731@163.com	
	电　　话	0731-85640559		传　　真	0731-85640969	
	办公地址	湖南省长沙市高新开发区汇智中路 179 号金导园 B 区 1 栋				
	经营范围	轨道交通(铁路及城市轨道)车辆车载设备非标检测与工装设备的开发、生产、销售				

	指标＼报告期	2017.06.30	2016.12.31	2016.06.30	2015.12.31
主要财务指标	基本每股收益(元)	0.0021	0.2670	0.0200	0.1800
	基本每股收益(扣除后)(元)	–0.0010	0.1830	0.0100	0.1585
	稀释每股收益(元)	0.0021	0.2670	0.0200	0.1800
	每股净资产(元)	1.8900	1.8800	1.7300	1.7100
	每股经营现金净流量(元)	0.1950	0.1074	0.0673	–0.1160
	每股现金流量(元)	0.2673	–0.1116	–0.0513	–0.0360
	每股资本公积金(元)	0.4945	0.4945	0.4945	0.4945
	每股盈余公积金(元)	0.1039	0.1039	0.0801	0.0801
	每股未分配利润(元)	0.2871	0.2849	0.1559	0.1317
	净资产收益率(%)	0.1140	14.1755	1.3991	10.1644
	净资产收益率(扣除)(%)	0.1100	14.5100	1.4100	12.4700
	加权净资产收益率	–0.0552	9.7151	0.3618	8.7389
	总资产(万元)	6148.83	6222.36	6037.09	5697.18
	归属母公司股东权益(万元)	4559.01	4553.81	4184.45	4125.90
	营业收入(万元)	793.09	2491.74	998.92	2977.14
	营业成本(万元)	434.05	1187.35	499.63	1616.47
	投资收益(万元)	—	—	—	—
	净利润(万元)	—	—	51.64	440.34
	营业利润(万元)	–1.54	346.30	9.42	384.58
	利润总额(万元)	7.53	668.85	60.45	500.28

上海海阳保安服务股份有限公司

公司概况	公司名称	上海海阳保安服务股份有限公司			证券简称	海阳股份
	法人代表	黄轲	董秘	熊邦烈	证券代码	830921
	公司网址	www.haiyang-group.com		电子信箱	ling.li@haiyang-group.com	
	电　　话	021-65390000		传　　真	021-65390000	
	办公地址	上海市杨浦区国顺东路 410 号服务中心 2 楼				
	经营范围	门卫、巡逻、守护、随身护卫、安全检查、秩序维护、安全风险评估等				

	指标＼报告期	2017.06.30	2016.12.31	2016.06.30	2015.12.31
主要财务指标	基本每股收益(元)	0.1900	0.3500	0.1600	0.3300
	基本每股收益(扣除后)(元)	0.1600	0.3200	0.1300	0.2500
	稀释每股收益(元)	0.1900	0.3500	0.1600	0.3300
	每股净资产(元)	1.6700	1.4800	1.4400	1.2800
	每股经营现金净流量(元)	0.0095	0.3743	0.0549	0.1327
	每股现金流量(元)	–0.0044	0.5161	0.0932	–0.1671
	每股资本公积金(元)	0.0804	0.0804	0.0545	0.0545
	每股盈余公积金(元)	0.0876	0.0876	0.0535	0.0535
	每股未分配利润(元)	0.5051	0.3122	0.3270	0.1714
	净资产收益率(%)	11.5292	23.3315	10.8414	25.9937
	净资产收益率(扣除)(%)	12.2300	24.3700	11.4600	23.8000
	加权净资产收益率	9.7005	21.2529	8.8015	19.5759
	总资产(万元)	10622.52	9868.26	7918.48	6922.05
	归属母公司股东权益(万元)	8432.40	7460.21	7175.06	6397.18
	营业收入(万元)	6499.90	12308.16	6309.88	11608.39
	营业成本(万元)	4925.88	9271.77	4862.03	8731.82
	投资收益(万元)	—	13.06	11.15	51.36
	净利润(万元)	—	—	777.88	1662.86
	营业利润(万元)	1306.05	2131.70	856.07	1725.56
	利润总额(万元)	1306.05	2325.40	1040.07	2221.60

南京上元堂医药股份有限公司

公司概况	公司名称	南京上元堂医药股份有限公司			证券简称	上元堂
	法人代表	杨念明	董秘	吴洁人	证券代码	830923
	公司网址	www.syt.cn		电子信箱	wjr@syt.com	
	电　　话	025-52124677		传　　真	025-52124677-808	
	办公地址	江苏省南京市江宁区东山街道宏运大道 2199 号山水方舟雅苑 29 幢				
	经营范围	从事药品、医疗器械、保健食品销售;香料及相关工艺品和文化产品开发、销售				

	指标＼报告期	2017.06.30	2016.12.31	2016.06.30	2015.12.31
主要财务指标	基本每股收益(元)	0.0200	0.0590	0.0300	0.1400
	基本每股收益(扣除后)(元)	0.0200	0.0620	—	0.1300
	稀释每股收益(元)	0.0200	0.0590	0.0300	0.1400
	每股净资产(元)	1.2000	1.2000	1.1700	2.3800
	每股经营现金净流量(元)	–0.0180	0.0154	0.0048	–0.1654
	每股现金流量(元)	0.0101	–0.1151	–0.0607	0.4661
	每股资本公积金(元)	0.0991	0.0991	0.0991	1.1981
	每股盈余公积金(元)	0.0122	0.0122	0.0077	0.0153
	每股未分配利润(元)	0.0862	0.0857	0.0582	0.1628
	净资产收益率(%)	1.7046	4.9186	2.3039	4.3460
	净资产收益率(扣除)(%)	1.6900	4.9600	2.0900	6.8000
	加权净资产收益率	1.5669	5.1331	2.2860	4.0319
	总资产(万元)	23490.43	23332.16	20657.78	20983.45
	归属母公司股东权益(万元)	17915.20	17893.76	17412.15	17754.53
	营业收入(万元)	16729.25	29933.82	13176.02	19465.07
	营业成本(万元)	11381.96	21126.85	9030.50	12976.77
	投资收益(万元)	—	—	—	—
	净利润(万元)	—	—	401.16	771.61
	营业利润(万元)	383.15	1224.40	567.55	1063.72
	利润总额(万元)	416.04	1173.23	544.35	1138.08

珠海市康定电子股份有限公司

公司概况	公司名称	珠海市康定电子股份有限公司		证券简称	康定电子
	法人代表	邓志谊	董秘 张震海	证券代码	830928
	公司网址	www.kdec.cn		电子信箱	kd@kdec.cn
	电　话	0756-3345256		传　真	0756-3345025
	办公地址	广东省珠海市吉大工业区景园路7号5楼			
	经营范围	变压器的研发、生产、销售			

	指标\报告期	2017.06.30	2016.12.31	2016.06.30	2015.12.31
主要财务指标	基本每股收益(元)	0.0700	0.2900	0.1300	0.6000
	基本每股收益(扣除后)(元)	—	0.2700	0.1100	0.5500
	稀释每股收益(元)	0.0700	0.2900	0.1300	0.6000
	每股净资产(元)	2.3400	2.2600	2.0900	2.9300
	每股经营现金净流量(元)	0.0923	0.2883	0.1156	0.0951
	每股现金流量(元)	-0.0899	0.2446	0.4193	-0.1366
	每股资本公积金(元)	0.1179	0.1027	0.1020	0.6303
	每股盈余公积金(元)	0.1152	0.1152	0.0883	0.1324
	每股未分配利润(元)	1.1118	1.0446	0.9035	1.1663
	净资产收益率(%)	2.8657	12.9963	6.0144	19.9001
	净资产收益率(扣除)(%)	2.9200	13.8700	6.2200	23.4100
	加权净资产收益率	0.3245	11.8801	5.2589	18.1496
	总资产(万元)	11031.81	12403.49	13002.02	10795.08
	归属母公司股东权益(万元)	9672.84	9333.23	8636.68	8054.82
	营业收入(万元)	3755.12	12056.32	5361.81	11720.36
	营业成本(万元)	2738.24	8368.77	3778.60	8223.03
	投资收益(万元)	5.29	6.66	4.79	8.00
	净利润(万元)	—	—	507.33	1552.59
	营业利润(万元)	-12.55	1286.45	510.72	1577.70
	利润总额(万元)	300.78	1424.11	582.70	1754.12

广东幸美化妆品股份有限公司

公司概况	公司名称	广东幸美化妆品股份有限公司		证券简称	幸美股份
	法人代表	郭雷平	董秘 田志刚	证券代码	830929
	公司网址	www.hbgd.com.cn		电子信箱	tzgang@hbgd.com.cn
	电　话	020-62352320		传　真	020-61286411
	办公地址	广东省广州市越秀区农林下路81号之一15楼BCDE			
	经营范围	化妆品的研发、生产与销售业务			

	指标\报告期	2017.06.30	2016.12.31	2016.06.30	2015.12.31
主要财务指标	基本每股收益(元)	0.1200	-0.6800	-0.0600	0.3400
	基本每股收益(扣除后)(元)	0.1144	-0.7000	-0.0800	0.3200
	稀释每股收益(元)	0.1200	-0.6800	-0.0600	—
	每股净资产(元)	1.5200	1.4000	2.0200	2.0800
	每股经营现金净流量(元)	0.1734	-0.2137	0.1082	0.0740
	每股现金流量(元)	0.1707	0.1918	0.2555	-0.7359
	每股资本公积金(元)	0.7188	0.7188	0.7188	0.7188
	每股盈余公积金(元)	0.0724	0.0724	0.0724	0.0724
	每股未分配利润(元)	-0.2728	-0.3893	0.2255	0.2893
	净资产收益率(%)	7.6720	-48.4087	-3.1637	15.2009
	净资产收益率(扣除)(%)	7.9800	-38.9800	-3.1100	17.0300
	加权净资产收益率	7.3140	-49.6436	-4.1091	14.3959
	总资产(万元)	33295.78	35784.61	39663.80	33818.32
	归属母公司股东权益(万元)	13041.97	12041.39	17322.45	17870.48
	营业收入(万元)	15077.12	24616.41	10629.83	30992.40
	营业成本(万元)	7602.24	14496.05	6116.19	16634.52
	投资收益(万元)	7.52	68.97	34.45	39.49
	净利润(万元)	—	—	-548.03	2716.47
	营业利润(万元)	1208.66	-7077.65	-787.36	3152.69
	利润总额(万元)	1255.35	-6803.97	-623.59	3328.05

武汉玻尔科技股份有限公司

公司概况	公司名称	武汉玻尔科技股份有限公司		证券简称	玻尔科技
	法人代表	宋刚	董秘 汪璇	证券代码	830934
	公司网址	www.boerchina.com		电子信箱	wangxuanboer@boerchina.com
	电　话	027-83373960-8004		传　真	027-83373966
	办公地址	湖北省武汉市临空港经济技术开发区高桥二路188号			
	经营范围	金属加工润滑剂及相关产品的研发、生产及销售			

	指标\报告期	2017.06.30	2016.12.31	2016.06.30	2015.12.31
主要财务指标	基本每股收益(元)	0.0950	0.2200	0.0700	0.2200
	基本每股收益(扣除后)(元)	0.0890	0.2100	0.0700	0.2200
	稀释每股收益(元)	0.0950	0.2200	—	0.2200
	每股净资产(元)	1.4700	1.6100	1.4800	1.5400
	每股经营现金净流量(元)	0.0772	0.3530	0.1784	0.1942
	每股现金流量(元)	-0.1417	0.1231	-0.0283	-0.0580
	每股资本公积金(元)	0.2671	0.2671	0.2671	0.2671
	每股盈余公积金(元)	0.1353	0.1353	0.0914	0.0914
	每股未分配利润(元)	0.0962	0.2262	0.1243	0.1857
	净资产收益率(%)	6.4455	13.6258	4.9605	13.2524
	净资产收益率(扣除)(%)	5.7300	13.2600	4.6500	14.4100
	加权净资产收益率	5.9947	13.2527	4.9211	13.0048
	总资产(万元)	3444.26	3695.00	3429.17	3537.59
	归属母公司股东权益(万元)	3271.02	3570.94	3290.61	3426.85
	营业收入(万元)	1215.43	2583.32	1159.43	2717.55
	营业成本(万元)	687.03	1407.68	644.80	1443.20
	投资收益(万元)	14.44	10.86	1.51	19.09
	净利润(万元)	—	—	163.23	454.14
	营业利润(万元)	245.13	568.57	192.01	545.56
	利润总额(万元)	248.04	573.38	192.02	555.54

新疆伊帕尔汗香料股份有限公司

公司概况	公司名称	新疆伊帕尔汗香料股份有限公司		证券简称	伊帕尔汗
	法人代表	顾建华	董秘 胡轩	证券代码	830935
	公司网址	www.yprh.com		电子信箱	y8182707@126.com
	电　话	0999-8182105		传　真	0999-8182106
	办公地址	新疆维吾尔自治区伊宁市解放西路347号			
	经营范围	薰衣草精油及相关产品的研发、生产和销售			

	指标\报告期	2017.06.30	2016.12.31	2016.06.30	2015.12.31
主要财务指标	基本每股收益(元)	-0.0300	0.0476	-0.0500	0.2100
	基本每股收益(扣除后)(元)	-0.0500	-0.0680	-0.0700	0.1125
	稀释每股收益(元)	-0.0300	0.0476	-0.0500	0.2100
	每股净资产(元)	1.4500	1.5200	1.4200	1.6000
	每股经营现金净流量(元)	-0.0499	0.2614	-0.0677	0.4873
	每股现金流量(元)	-0.1576	-0.1854	-0.3545	0.2820
	每股资本公积金(元)	0.3516	0.3516	0.3516	0.3516
	每股盈余公积金(元)	0.1253	0.1253	0.1157	0.1157
	每股未分配利润(元)	-0.0318	0.0384	-0.0520	0.1379
	净资产收益率(%)	-2.2256	3.1405	-3.7040	12.7221
	净资产收益率(扣除)(%)	-2.1700	2.9200	-3.3200	13.4800
	加权净资产收益率	-3.6184	-4.4895	-4.9440	6.8147
	总资产(万元)	4779.59	4945.37	4603.90	5061.63
	归属母公司股东权益(万元)	3468.26	3636.65	3396.63	3852.44
	营业收入(万元)	1158.32	3171.97	1047.86	4181.26
	营业成本(万元)	815.10	2123.52	635.96	2493.22
	投资收益(万元)	—	—	—	—
	净利润(万元)	—	—	-166.29	428.64
	营业利润(万元)	-205.37	-260.39	-221.63	181.88
	利润总额(万元)	-117.31	195.96	-172.08	431.97

湖南信达智能设备股份有限公司

公司概况	公司名称	湖南信达智能设备股份有限公司			证券简称	信达智能
	法人代表	陈美良	董秘		证券代码	830937
	公司网址	www.xddtcn.com		电子信箱	fujizzhn@sina.com	
	电　话	0731-85792808		传　真	0731-85454854	
	办公地址	湖南省岳阳市湘阴县湘阴工业园				
	经营范围	电梯整机产品和立体车库的研发、生产、销售、安装和维保服务				

主要财务指标	指标＼报告期	2017.06.30	2016.12.31	2016.06.30	2015.12.31
	基本每股收益(元)	—	0.0200	0.0030	0.1400
	基本每股收益(扣除后)(元)	0.0020	0.0100	0.0010	0.1300
	稀释每股收益(元)	—	0.0200	—	0.1400
	每股净资产(元)	2.1500	2.1500	2.1300	2.1300
	每股经营现金净流量(元)	0.0362	−0.1402	−0.1181	−0.5358
	每股现金流量(元)	0.0031	−0.3388	−0.3233	0.3383
	每股资本公积金(元)	0.8430	0.8430	0.8430	0.8430
	每股盈余公积金(元)	0.0285	0.0285	0.0285	0.0285
	每股未分配利润(元)	0.2782	0.2757	0.2621	0.2586
	净资产收益率(%)	0.1154	0.7944	0.1639	5.4893
	净资产收益率(扣除)(%)	0.1200	0.8000	0.1600	7.4800
	加权净资产收益率	0.1043	0.5344	0.0477	5.1326
	总资产(万元)	37499.60	36275.76	35341.30	37039.11
	归属母公司股东权益(万元)	22141.84	22116.28	21976.61	21940.60
	营业收入(万元)	5942.76	10942.05	6276.51	17561.08
	营业成本(万元)	4208.23	7157.07	4394.15	12346.65
	投资收益(万元)	—	—	—	6.61
	净利润(万元)	—	—	36.70	1442.42
	营业利润(万元)	46.34	52.09	20.27	1599.90
	利润总额(万元)	50.83	146.98	50.31	1691.98

无锡北方数据计算股份有限公司

公司概况	公司名称	无锡北方数据计算股份有限公司			证券简称	北方数据
	法人代表	张庆敏	董秘	张衡	证券代码	830942
	公司网址	www.soul.com.cn		电子信箱	heng.zhang@soulinfo.com	
	电　话	010-68920288-875		传　真	010-68920289	
	办公地址	江苏省无锡新区震泽路18号无锡软件园金牛座A栋6层				
	经营范围	数据处理和存储服务;计算机及外围存储设备软、硬件开发及销售				

主要财务指标	指标＼报告期	2017.06.30	2016.12.31	2016.06.30	2015.12.31
	基本每股收益(元)	−0.1100	0.0900	−0.0900	0.0900
	基本每股收益(扣除后)(元)	−0.1500	−0.0100	−0.1200	−0.0100
	稀释每股收益(元)	−0.1100	0.0900	−0.0900	0.0900
	每股净资产(元)	3.7500	3.8700	3.6900	3.7700
	每股经营现金净流量(元)	−0.1587	0.0214	−0.1189	−0.1906
	每股现金流量(元)	−0.0873	−0.1535	−0.3707	−0.2013
	每股资本公积金(元)	1.6625	1.6625	1.6625	1.6625
	每股盈余公积金(元)	0.1724	0.1724	0.1574	0.1574
	每股未分配利润(元)	0.9085	1.0221	0.8661	0.9515
	净资产收益率(%)	−3.0263	2.2111	−2.3119	2.4512
	净资产收益率(扣除)(%)	−2.9800	2.2400	−2.2900	2.4900
	加权净资产收益率	−3.9422	−0.3116	−3.2166	−0.3249
	总资产(万元)	19849.92	19961.00	17697.08	18227.76
	归属母公司股东权益(万元)	16885.00	17416.91	16616.82	16987.35
	营业收入(万元)	4568.18	10033.17	2736.06	8978.40
	营业成本(万元)	3430.98	6713.45	1685.82	5460.98
	投资收益(万元)	—	−16.45	—	—
	净利润(万元)	—	—	−384.16	416.39
	营业利润(万元)	−692.93	−236.58	−495.63	−435.55
	利润总额(万元)	−510.98	426.77	−295.27	387.07

江苏麟龙新材料股份有限公司

公司概况	公司名称	江苏麟龙新材料股份有限公司			证券简称	麟龙新材
	法人代表	冯立新	董秘	尹国贤	证券代码	830945
	公司网址	www.linlongnewmaterials.com		电子信箱	wuxichenzhu@163.com	
	电　话	0510-83899008		传　真	0510-83881301	
	办公地址	江苏省无锡惠山经济开发区玉祁配套区				
	经营范围	有色合金材料的制造、加工与销售				

主要财务指标	指标＼报告期	2017.06.30	2016.12.31	2016.06.30	2015.12.31
	基本每股收益(元)	0.2200	0.2200	0.1500	0.1300
	基本每股收益(扣除后)(元)	0.0700	0.2000	0.0800	0.0100
	稀释每股收益(元)	0.2200	0.2200	0.1500	0.1300
	每股净资产(元)	2.9200	2.8000	2.7200	2.6700
	每股经营现金净流量(元)	0.6187	0.1913	−0.0427	0.4064
	每股现金流量(元)	0.1324	−0.2493	−0.3922	0.5952
	每股资本公积金(元)	0.7729	0.7729	0.7729	0.7729
	每股盈余公积金(元)	0.1456	0.1456	0.1406	0.1406
	每股未分配利润(元)	0.9984	0.8785	0.8071	0.7621
	净资产收益率(%)	7.5311	7.9099	5.3276	4.5408
	净资产收益率(扣除)(%)	7.5600	8.1400	5.3400	5.1700
	加权净资产收益率	2.5084	7.1589	2.8689	0.4332
	总资产(万元)	46254.15	47108.87	46858.33	44897.18
	归属母公司股东权益(万元)	20610.58	19767.52	19213.72	18884.35
	营业收入(万元)	59436.96	119296.25	55364.50	116344.43
	营业成本(万元)	56389.92	111946.46	52044.75	110071.17
	投资收益(万元)	733.06	−690.75	−17.03	282.77
	净利润(万元)	—	—	979.03	695.26
	营业利润(万元)	1385.22	864.55	673.97	408.90
	利润总额(万元)	1728.49	1747.26	1248.99	1101.95

广东中窑窑业股份有限公司

公司概况	公司名称	广东中窑窑业股份有限公司			证券简称	中窑股份
	法人代表	柳丹	董秘	王有明	证券代码	830949
	公司网址	www.zhongyaokiln.com		电子信箱	zzy@zhongyaokiln.com	
	电　话	0757-86136888		传　真	075786136838	
	办公地址	广东省佛山市南海区罗村镇下柏工业大道东				
	经营范围	节能环保陶瓷窑炉及配套设备的研发、设计、制造及销售等				

主要财务指标	指标＼报告期	2017.06.30	2016.12.31	2016.06.30	2015.12.31
	基本每股收益(元)	0.0200	0.0900	0.0900	0.0200
	基本每股收益(扣除后)(元)	0.0200	0.0900	0.0900	—
	稀释每股收益(元)	0.0200	0.0900	0.0900	0.0200
	每股净资产(元)	2.8800	2.8700	2.8600	2.7700
	每股经营现金净流量(元)	−0.0636	−0.1332	−0.1735	−0.1698
	每股现金流量(元)	−0.0693	−0.2238	−0.0105	0.1628
	每股资本公积金(元)	1.1166	1.1166	1.1166	1.1166
	每股盈余公积金(元)	0.1015	0.1015	0.0919	0.0919
	每股未分配利润(元)	0.6624	0.6471	0.6554	0.5638
	净资产收益率(%)	0.5295	3.2434	3.1968	0.6829
	净资产收益率(扣除)(%)	0.5300	3.3000	3.2500	0.8000
	加权净资产收益率	0.5432	3.2043	3.2165	−0.1343
	总资产(万元)	56360.44	59686.45	49037.13	42418.80
	归属母公司股东权益(万元)	22467.31	22348.34	22337.57	21623.49
	营业收入(万元)	15497.61	25203.00	11664.21	19566.77
	营业成本(万元)	13861.68	20620.56	9253.80	15288.89
	投资收益(万元)	—	18.45	11.49	—
	净利润(万元)	—	—	714.08	147.66
	营业利润(万元)	142.11	875.92	808.52	15.27
	利润总额(万元)	138.49	889.69	803.34	224.75

胜利方兰德石油装备股份有限公司

公司概况	公司名称	胜利方兰德石油装备股份有限公司			证券简称	方兰德
	法人代表	付秀荣	董秘	舒宁	证券代码	830952
	公司网址	www.fanland.cc		电子信箱	gyfysn@163.com	
	电　话	0546-8716783		传　真	0546-8716783	
	办公地址	山东省东营市北一路205号				
	经营范围	石油机械设备及配件、机电设备、工矿配件、水处理设备、防爆电器的生产销售				

	指标\报告期	2017.06.30	2016.12.31	2016.06.30	2015.12.31
主要财务指标	基本每股收益(元)	-0.0100	0.3100	0.0400	0.3900
	基本每股收益(扣除后)(元)	-0.0100	0.3100	0.0200	0.3900
	稀释每股收益(元)	-0.0100	0.3100	—	—
	每股净资产(元)	3.9300	4.1400	3.8700	3.7600
	每股经营现金净流量(元)	1.6485	0.1409	1.9555	1.1087
	每股现金流量(元)	1.4076	-0.2205	1.4529	0.4035
	每股资本公积金(元)	0.5704	0.5704	0.5704	0.5704
	每股盈余公积金(元)	0.2835	0.2835	0.2524	0.2524
	每股未分配利润(元)	2.0724	2.2845	2.0463	2.0032
	净资产收益率(%)	-0.3073	7.5483	1.1145	10.5444
	净资产收益率(扣除)(%)	-0.2900	7.8400	1.1200	10.6800
	加权净资产收益率	-0.3090	7.4970	0.4287	10.5299
	总资产(万元)	54355.70	64996.61	61605.17	68033.99
	归属母公司股东权益(万元)	25584.06	26965.87	25211.39	24930.42
	营业收入(万元)	7733.62	34789.92	9584.84	40544.09
	营业成本(万元)	6926.25	29951.00	8611.03	34919.75
	投资收益(万元)	—	—	—	—
	净利润(万元)	—	—	280.98	2628.75
	营业利润(万元)	-79.03	2319.86	129.76	3013.92
	利润总额(万元)	-78.59	2336.35	302.95	3018.15

江西惠当家信息技术股份有限公司

公司概况	公司名称	江西惠当家信息技术股份有限公司			证券简称	惠当家
	法人代表	郭驭华	董秘	雷凌	证券代码	830953
	公司网址	www.lghy.com		电子信箱	13870831234@qq.com	
	电　话	0791-88310832		传　真	0791-88310832	
	办公地址	江西省南昌市南昌高新技术产业开发区高新大道589号南昌大学科技园一号三楼A304-307室				
	经营范围	以自制管理软件为核心为企业提供管理信息化服务				

	指标\报告期	2017.06.30	2016.12.31	2016.06.30	2015.12.31
主要财务指标	基本每股收益(元)	-0.0600	-0.0700	0.0100	0.1900
	基本每股收益(扣除后)(元)	-0.0800	-0.0900	-0.0060	0.1800
	稀释每股收益(元)	-0.0600	-0.0700	0.0100	0.1900
	每股净资产(元)	1.2200	1.2800	1.3600	1.7200
	每股经营现金净流量(元)	-0.0863	0.0996	-0.0200	0.0630
	每股现金流量(元)	-0.1584	-0.1637	-0.2116	0.6860
	每股资本公积金(元)	0.2653	0.2653	0.2653	0.5184
	每股盈余公积金(元)	0.0409	0.0409	0.0409	0.0491
	每股未分配利润(元)	-0.0838	-0.0230	0.0580	0.1572
	净资产收益率(%)	-4.9700	-5.5068	0.7601	9.7035
	净资产收益率(扣除)(%)	-4.8500	-5.2200	0.7400	13.2600
	加权净资产收益率	-7.5800	-6.9960	-0.4102	9.2052
	总资产(万元)	1665.33	1720.26	1816.69	1996.80
	归属母公司股东权益(万元)	1547.56	1624.49	1727.08	1819.45
	营业收入(万元)	208.43	602.67	336.38	980.70
	营业成本(万元)	135.60	408.31	208.58	589.73
	投资收益(万元)	—	—	—	—
	净利润(万元)	—	—	13.13	176.55
	营业利润(万元)	-117.39	-164.47	-34.98	142.32
	利润总额(万元)	-89.01	-100.79	14.84	194.02

苏州高新区鑫庄农村小额贷款股份有限公司

公司概况	公司名称	苏州高新区鑫庄农村小额贷款股份有限公司			证券简称	鑫庄农贷
	法人代表	平小发	董秘	王建荣	证券代码	830958
	公司网址	www.xznd.com.cn		电子信箱	wjr@gzw.suzhou.gov.cn	
	电　话	0512-69580523		传　真	0512-69581866	
	办公地址	江苏省苏州高新区大同路10号铭源创业园8楼801室				
	经营范围	面向"三农"发放小额贷款、提供融资性担保等				

	指标\报告期	2017.06.30	2016.12.31	2016.06.30	2015.12.31
主要财务指标	基本每股收益(元)	0.0394	0.0870	0.0500	0.1274
	基本每股收益(扣除后)(元)	0.0381	0.0870	—	0.1274
	稀释每股收益(元)	0.0394	—	—	—
	每股净资产(元)	1.2000	1.1600	1.1200	1.2314
	每股经营现金净流量(元)	0.0003	-0.0250	-0.0138	-0.0642
	每股现金流量(元)	—	—	-0.0138	0.0374
	每股资本公积金(元)	—	—	0.0059	0.0537
	每股盈余公积金(元)	—	—	0.0194	0.0223
	每股未分配利润(元)	—	—	0.0812	0.1347
	净资产收益率(%)	3.2859	7.4937	4.5299	9.6594
	净资产收益率(扣除)(%)	3.3400	7.7900	4.6300	10.7500
	加权净资产收益率	3.1996	7.4938	4.5299	9.6578
	总资产(万元)	54460.56	53449.77	57154.36	55972.04
	归属母公司股东权益(万元)	50930.41	49253.08	47724.03	45562.19
	营业收入(万元)	2709.84	6976.26	3927.87	7475.93
	营业成本(万元)	—	—	—	883.12
	投资收益(万元)	—	—	—	—
	净利润(万元)	—	—	2161.83	4401.05
	营业利润(万元)	2172.79	4969.36	2882.49	6592.81
	利润总额(万元)	2231.33	4969.31	2882.45	6593.81

宁波爱珂智能科技股份有限公司

公司概况	公司名称	宁波爱珂智能科技股份有限公司			证券简称	爱珂照明
	法人代表	施杰军	董秘	胡悦	证券代码	830959
	公司网址	www.ikeled.com		电子信箱	sophia@ike-led.com	
	电　话	0574-89073950		传　真	0574-87915769	
	办公地址	浙江省宁波高新区剑兰路399号,宁波高新区聚贤路587弄研发园A区3幢1-1				
	经营范围	LED照明产品的研发、生产及销售				

	指标\报告期	2017.06.30	2016.12.31	2016.06.30	2015.12.31
主要财务指标	基本每股收益(元)	-0.1100	0.0600	0.0500	0.0022
	基本每股收益(扣除后)(元)	-0.1100	0.0400	0.0500	—
	稀释每股收益(元)	-0.1100	0.0600	0.0500	0.0022
	每股净资产(元)	0.9800	1.0900	1.0900	1.7600
	每股经营现金净流量(元)	-0.0348	-0.6266	-0.6744	-0.9954
	每股现金流量(元)	-0.0124	-0.1500	-0.1628	0.3354
	每股资本公积金(元)	0.0012	0.0012	0.0039	0.8178
	每股盈余公积金(元)	0.0208	0.0208	0.0146	0.0401
	每股未分配利润(元)	-0.0443	0.0692	0.0616	0.3633
	净资产收益率(%)	-11.6124	5.6391	4.4220	0.0874
	净资产收益率(扣除)(%)	-10.9800	6.0300	4.9000	0.1300
	加权净资产收益率	-11.6124	4.0437	3.4303	0.0874
	总资产(万元)	5461.37	5678.47	5567.85	5616.19
	归属母公司股东权益(万元)	2870.38	3203.70	3171.16	3033.58
	营业收入(万元)	609.74	3052.91	1494.41	540.61
	营业成本(万元)	407.50	2382.96	1118.26	397.66
	投资收益(万元)	—	—	—	—
	净利润(万元)	—	—	140.23	2.65
	营业利润(万元)	-339.98	189.74	138.42	2.65
	利润总额(万元)	-339.98	257.89	175.42	2.65

西安圣华农业科技股份有限公司

公司概况

公司名称	西安圣华农业科技股份有限公司			证券简称	圣华农科
法人代表	党晓辉	董秘	林智宗	证券代码	830961
公司网址	www.senwas.com		电子信箱	275466505@qq.com	
电　　话	029-68208422		传　　真	029-68208425	
办公地址	陕西省西安市高新区瞪羚路26号				
经营范围	自动化控制及信 息系统、现代农业设施及机械、智能化烘干设备的研发、生产、销售和技术咨询服务				

主要财务指标

指标\报告期	2017.06.30	2016.12.31	2016.06.30	2015.12.31
基本每股收益(元)	-0.1800	-0.1100	0.0200	-0.2100
基本每股收益(扣除后)(元)	-0.1800	-0.1600	-0.0100	-0.2400
稀释每股收益(元)	-0.1800	-0.1100	0.0200	-0.2100
每股净资产(元)	1.4000	1.5800	1.7100	1.6900
每股经营现金净流量(元)	-0.2346	0.0699	-0.1087	-0.0168
每股现金流量(元)	-0.2409	0.1887	0.0313	-0.1792
每股资本公积金(元)	0.4178	0.4178	0.4178	0.4178
每股盈余公积金(元)	0.0322	0.0322	0.0322	0.0322
每股未分配利润(元)	-0.0508	0.1268	0.2570	0.2371
净资产收益率(%)	-12.6931	-6.9951	1.1618	-12.3347
净资产收益率(扣除)(%)	-11.9400	-6.7600	1.1700	-11.6200
加权净资产收益率	-12.7396	-9.8674	-0.3910	-14.2782
总资产(万元)	6426.09	7040.53	8219.39	7949.65
归属母公司股东权益(万元)	4617.38	5203.47	5632.90	5567.46
营业收入(万元)	710.50	4348.48	2069.71	2821.88
营业成本(万元)	494.39	2685.99	1242.97	1659.66
投资收益(万元)	—	—	—	—
净利润(万元)	—	—	65.44	-686.73
营业利润(万元)	-586.02	-461.09	-17.45	-830.35
利润总额(万元)	-586.09	-312.21	85.33	-722.14

广东智通人才连锁股份有限公司

公司概况

公司名称	广东智通人才连锁股份有限公司			证券简称	智通人才
法人代表	叶菁	董秘	项贤东	证券代码	830969
公司网址	www.chitone.com.cn		电子信箱	dgzby@chitone.com.cn	
电　　话	0769-87078149		传　　真	0769-87078157	
办公地址	广东省东莞市莞城莞太大道79号				
经营范围	人力资源综合服务等				

主要财务指标

指标\报告期	2017.06.30	2016.12.31	2016.06.30	2015.12.31
基本每股收益(元)	0.1100	0.2400	0.0100	0.3900
基本每股收益(扣除后)(元)	0.0900	0.2000	0.0040	0.3100
稀释每股收益(元)	0.1100	0.2400	0.0100	0.3900
每股净资产(元)	2.0000	2.1900	1.9800	2.8600
每股经营现金净流量(元)	0.1617	0.4160	-0.0443	0.2257
每股现金流量(元)	0.5998	-0.8148	-0.3024	0.5204
每股资本公积金(元)	0.1426	0.1444	0.1504	0.5454
每股盈余公积金(元)	0.2214	0.2214	0.2077	0.2968
每股未分配利润(元)	0.6368	0.8288	0.6198	1.1974
净资产收益率(%)	5.3958	10.7315	0.6464	11.6350
净资产收益率(扣除)(%)	4.9100	10.7100	0.5900	14.7800
加权净资产收益率	4.7261	8.9573	0.2269	9.1498
总资产(万元)	27120.54	28468.40	25689.61	26587.38
归属母公司股东权益(万元)	16927.86	18567.70	16734.17	18582.44
营业收入(万元)	41091.80	74516.67	34256.95	72959.55
营业成本(万元)	36854.90	66927.07	31140.22	64848.62
投资收益(万元)	24.44	36.66	0.08	100.87
净利润(万元)	—	—	117.44	2279.39
营业利润(万元)	943.41	1741.15	0.69	2104.23
利润总额(万元)	1077.97	2120.58	151.73	2540.74

苏州科特环保股份有限公司

公司概况

公司名称	苏州科特环保股份有限公司			证券简称	科特环保
法人代表	马三剑	董秘	朱义明	证券代码	830971
公司网址	www.szkete.com		电子信箱	zhuym@epati.com	
电　　话	0512-66931716		传　　真	0512-66931632	
办公地址	江苏省苏州市吴中区胥口镇茅蓬路517号				
经营范围	生产、销售环保、化工、能源机械设备				

主要财务指标

指标\报告期	2017.06.30	2016.12.31	2016.06.30	2015.12.31
基本每股收益(元)	0.2200	-0.0400	0.0100	0.0800
基本每股收益(扣除后)(元)	0.1400	-0.0500	0.0100	0.0600
稀释每股收益(元)	0.2200	-0.0400	0.0100	0.0800
每股净资产(元)	1.7900	1.5700	1.6200	1.6100
每股经营现金净流量(元)	-0.2197	0.1990	-0.2730	0.0857
每股现金流量(元)	-0.1291	0.3005	-0.0252	0.0385
每股资本公积金(元)	0.4525	0.4525	0.4525	0.4525
每股盈余公积金(元)	0.0285	0.0285	0.0280	0.0280
每股未分配利润(元)	0.3076	0.0862	0.1415	0.1304
净资产收益率(%)	12.3796	-2.7974	0.6832	5.1995
净资产收益率(扣除)(%)	14.2500	-2.7600	1.4500	5.6800
加权净资产收益率	7.8334	-2.9904	0.6832	3.4284
总资产(万元)	12385.29	11793.44	10284.39	9280.28
归属母公司股东权益(万元)	7530.63	6598.37	6829.61	6782.95
营业收入(万元)	3871.73	4562.21	1825.56	4089.15
营业成本(万元)	1939.68	2224.60	846.78	1715.59
投资收益(万元)	328.92	—	—	4.66
净利润(万元)	—	—	46.66	352.67
营业利润(万元)	1025.91	-287.49	40.67	151.33
利润总额(万元)	1039.34	-226.80	64.73	365.32

深圳电通纬创微电子股份有限公司

公司概况

公司名称	深圳电通纬创微电子股份有限公司			证券简称	电通微电
法人代表	张建国	董秘	LI YA NING	证券代码	830976
公司网址	www.szdtwcw.com		电子信箱	liyn@cn-dt.com.cn	
电　　话	0755-89903166		传　　真	0755-89903533	
办公地址	广东省深圳市龙岗区平湖街道力昌社区平龙东路349号2#厂房				
经营范围	集成电路封装测试				

主要财务指标

指标\报告期	2017.06.30	2016.12.31	2016.06.30	2015.12.31
基本每股收益(元)	0.0869	0.1511	0.0700	0.1200
基本每股收益(扣除后)(元)	0.0647	0.0507	0.0300	0.0032
稀释每股收益(元)	0.0869	0.1511	0.0700	0.1200
每股净资产(元)	1.4200	1.3400	1.2500	1.1800
每股经营现金净流量(元)	0.1046	0.0624	0.0530	-0.0520
每股现金流量(元)	-0.1013	-0.2509	-0.2059	0.7139
每股资本公积金(元)	0.1057	0.1057	0.1057	0.1028
每股盈余公积金(元)	0.0284	0.0284	0.0081	0.0081
每股未分配利润(元)	0.2906	0.2036	0.1373	0.0728
净资产收益率(%)	6.1021	11.2953	5.1581	5.6319
净资产收益率(扣除)(%)	6.2900	9.5500	5.3100	10.7000
加权净资产收益率	4.5411	3.7922	2.4022	0.1547
总资产(万元)	9943.89	9202.80	9107.34	8772.59
归属母公司股东权益(万元)	4943.43	4641.77	4341.37	4107.38
营业收入(万元)	4380.10	7572.86	3214.91	6044.53
营业成本(万元)	3407.52	6165.67	2713.13	5127.81
投资收益(万元)	0.68	1.17	0.59	—
净利润(万元)	—	—	213.85	230.76
营业利润(万元)	79.31	68.98	94.88	25.16
利润总额(万元)	156.47	478.72	214.52	289.83

湖南世纪钨材股份有限公司

公司概况	公司名称	湖南世纪钨材股份有限公司			证券简称	世纪钨材
	法人代表	单水桃	董秘	闵应龙	证券代码	830981
	公司网址	www.sansan.net.cn		电子信箱	467533429@qq.com	
	电　　话	0734-5235618		传　　真	0734-5235618	
	办公地址	湖南省衡东县城关镇衡岳北路				
	经营范围	硬质合金产品的研发、生产、销售				

	指标＼报告期	2017.06.30	2016.12.31	2016.06.30	2015.12.31
主要财务指标	基本每股收益(元)	0.0490	0.0296	0.0500	0.1300
	基本每股收益(扣除后)(元)	0.0459	–0.0165	0.0060	0.1037
	稀释每股收益(元)	0.0490	0.0296	0.0500	0.1300
	每股净资产(元)	3.5100	3.4600	3.4700	3.4300
	每股经营现金净流量(元)	–0.5822	0.0883	–0.3471	1.0428
	每股现金流量(元)	–0.6892	0.1924	–0.4917	0.1501
	每股资本公积金(元)	1.4547	1.4547	1.4547	1.4547
	每股盈余公积金(元)	0.1045	0.1045	0.1006	0.1006
	每股未分配利润(元)	0.9460	0.8960	0.9167	0.8703
	净资产收益率(%)	1.4282	0.8557	1.3359	3.8421
	净资产收益率(扣除)(%)	1.4400	0.8600	1.3400	3.9200
	加权净资产收益率	1.3391	–0.4783	0.1713	3.0277
	总资产(万元)	19292.50	19652.11	21015.64	21528.47
	归属母公司股东权益(万元)	10515.58	10365.39	10415.84	10276.70
	营业收入(万元)	4943.81	8362.04	4672.85	9480.00
	营业成本(万元)	4264.67	7368.74	4008.27	7814.51
	投资收益(万元)	—	—	—	—
	净利润(万元)	—	—	139.14	394.84
	营业利润(万元)	168.42	–84.15	21.15	335.39
	利润总额(万元)	170.47	79.73	163.72	435.67

深圳市中易腾达科技股份有限公司

公司概况	公司名称	深圳市中易腾达科技股份有限公司			证券简称	中易腾达
	法人代表	王琦凡	董秘	赖厚先	证券代码	830982
	公司网址	www.sziton.com		电子信箱	lhx@sziton.com	
	电　　话	0755-82079390		传　　真	0755-82079392	
	办公地址	广东省深圳市龙岗区黄阁北路天安数码新城4栋A座1302室				
	经营范围	近距离无线通信模组、无线通信产品以及相关软件研发、生产和销售				

	指标＼报告期	2017.06.30	2016.12.31	2016.06.30	2015.12.31
主要财务指标	基本每股收益(元)	0.0200	–0.2000	–0.0600	0.1200
	基本每股收益(扣除后)(元)	–0.0100	–0.2300	–0.0600	0.0500
	稀释每股收益(元)	0.0200	–0.2000	–0.0600	—
	每股净资产(元)	1.6700	1.6400	1.7800	1.8400
	每股经营现金净流量(元)	0.2933	–0.6736	–0.3226	0.0975
	每股现金流量(元)	0.1657	–0.4503	–0.3293	0.1601
	每股资本公积金(元)	0.5893	0.5883	0.5855	0.5855
	每股盈余公积金(元)	0.0356	0.0356	0.0356	0.0356
	每股未分配利润(元)	0.0432	0.0193	0.1584	0.2218
	净资产收益率(%)	1.4350	–12.3244	–3.5613	5.3622
	净资产收益率(扣除)(%)	1.4500	–11.6200	–3.5000	6.5800
	加权净资产收益率	–0.7636	–13.9112	–3.2134	2.1816
	总资产(万元)	11088.70	10532.73	10269.30	9287.75
	归属母公司股东权益(万元)	6902.61	6799.40	7363.61	7625.85
	营业收入(万元)	5718.53	11409.60	4541.57	8767.66
	营业成本(万元)	4447.25	9267.00	3613.78	7018.70
	投资收益(万元)	–5.12	4.16	–1.79	–5.22
	净利润(万元)	—	—	–262.24	408.92
	营业利润(万元)	–106.67	–1050.22	–265.19	31.85
	利润总额(万元)	92.75	–900.72	–272.37	427.49

广州保得威尔电子科技股份有限公司

公司概况	公司名称	广州保得威尔电子科技股份有限公司			证券简称	保得威尔
	法人代表	朱嘉祥	董秘	蒋艳娜	证券代码	830983
	公司网址	www.protectwell.com.cn		电子信箱	tina.jiang@protectwell.com.cn	
	电　　话	020-28955776		传　　真	020-28955770	
	办公地址	广东省广州高新技术产业开发区科学城开源大道11号C2栋第二层				
	经营范围	消防自动报警系统的研发、生产和销售及相关技术服务				

	指标＼报告期	2017.06.30	2016.12.31	2016.06.30	2015.12.31
主要财务指标	基本每股收益(元)	0.1300	0.1400	0.0800	0.1700
	基本每股收益(扣除后)(元)	0.1300	0.0700	0.0600	0.1300
	稀释每股收益(元)	0.1300	0.1400	0.0800	0.1700
	每股净资产(元)	1.6100	1.4700	1.3700	2.5900
	每股经营现金净流量(元)	–0.2690	–0.2513	–0.0721	–0.8343
	每股现金流量(元)	–0.2011	0.2479	0.2432	–0.1682
	每股资本公积金(元)	0.1337	0.1337	0.0824	1.1647
	每股盈余公积金(元)	0.0346	0.0346	0.0205	0.0410
	每股未分配利润(元)	0.4386	0.3059	0.2657	0.3809
	净资产收益率(%)	8.2576	9.1855	5.5001	10.2898
	净资产收益率(扣除)(%)	8.6100	9.9200	5.6600	16.2100
	加权净资产收益率	8.2224	4.5473	4.2314	8.1197
	总资产(万元)	14251.25	11506.95	8245.20	8192.79
	归属母公司股东权益(万元)	6283.30	5764.44	5200.66	4914.62
	营业收入(万元)	5012.67	6389.99	2491.57	6221.32
	营业成本(万元)	2818.34	4017.91	1444.37	4120.95
	投资收益(万元)	—	0.31	0.31	5.45
	净利润(万元)	—	—	286.04	505.70
	营业利润(万元)	520.10	322.99	270.33	452.63
	利润总额(万元)	522.70	593.54	347.65	572.67

南京德邦金属装备工程股份有限公司

公司概况	公司名称	南京德邦金属装备工程股份有限公司			证券简称	德邦工程
	法人代表	邓家爱	董秘	汪和顺	证券代码	830984
	公司网址	www.duble.cn		电子信箱	hs_wang@duble.cn	
	电　　话	025-87170220-8007		传　　真	025-87170202	
	办公地址	江苏省南京市江宁区江宁经济技术开发区东善桥工业集中区德邦路8号				
	经营范围	有色金属、不锈钢、碳钢及其复合材料设备、管道、元器件的设计、制造、销售、安装与维护				

	指标＼报告期	2017.06.30	2016.12.31	2016.06.30	2015.12.31
主要财务指标	基本每股收益(元)	0.1100	–0.3500	–0.0600	0.1400
	基本每股收益(扣除后)(元)	0.1100	–0.3800	–0.0800	0.0600
	稀释每股收益(元)	0.1100	–0.3500	—	0.1400
	每股净资产(元)	2.9900	2.8800	3.8200	3.8800
	每股经营现金净流量(元)	0.1124	0.1174	0.3869	–1.2098
	每股现金流量(元)	0.1494	–0.0337	0.0901	–0.2396
	每股资本公积金(元)	1.3423	1.3423	1.8108	1.8108
	每股盈余公积金(元)	0.0735	0.0735	0.0881	0.0881
	每股未分配利润(元)	0.5701	0.4588	0.9067	0.9705
	净资产收益率(%)	3.7152	–12.1443	–1.6710	3.3148
	净资产收益率(扣除)(%)	3.7900	–11.4400	–1.6600	4.6600
	加权净资产收益率	3.7284	–13.0628	–1.9656	1.5229
	总资产(万元)	108315.96	106865.74	104784.70	98594.11
	归属母公司股东权益(万元)	33943.21	32668.76	36073.70	36657.03
	营业收入(万元)	22552.21	25742.56	14442.08	50593.72
	营业成本(万元)	15763.01	17878.83	10194.70	34430.16
	投资收益(万元)	—	—	—	—
	净利润(万元)	—	—	–602.80	1215.12
	营业利润(万元)	1502.10	–4981.03	–694.27	860.53
	利润总额(万元)	1498.40	–4580.12	–567.66	1649.89

浙江力诺流体控制科技股份有限公司

公司概况	公司名称	浙江力诺流体控制科技股份有限公司		证券简称	浙江力诺
	法人代表	陈晓宇	董秘	证券代码	830985
	公司网址	www.cn-linuo.com	电子信箱	fhb@linuovalve.com	
	电　　话	0577-65728108	传　　真	0577-65218999	
	办公地址	浙江省瑞安市高新技术(阁巷)园区围一路 99 号			
	经营范围	控制阀的研发、生产和销售			

主要财务指标	指标\报告期	2017.06.30	2016.12.31	2016.06.30	2015.12.31
	基本每股收益(元)	0.1000	0.3400	0.1200	0.2900
	基本每股收益(扣除后)(元)	0.1000	0.2200	0.0500	0.2800
	稀释每股收益(元)	0.1000	0.3400	0.1200	0.2900
	每股净资产(元)	2.5000	4.9500	4.7400	4.7200
	每股经营现金净流量(元)	0.1932	0.4287	0.1941	-0.0602
	每股现金流量(元)	-0.0199	0.0172	0.0572	-0.0362
	每股资本公积金(元)	0.6117	2.2234	2.2234	2.2234
	每股盈余公积金(元)	0.1024	0.2049	0.1713	0.1713
	每股未分配利润(元)	0.7892	1.5256	1.3413	1.3234
	净资产收益率(%)	4.0526	6.7797	2.4928	5.9234
	净资产收益率(扣除)(%)	4.1400	6.9600	2.4900	6.3100
	加权净资产收益率	3.9613	4.4418	0.9718	5.8245
	总资产(万元)	43316.87	39778.55	37956.14	38000.64
	归属母公司股东权益(万元)	25598.04	25327.87	24213.33	24122.00
	营业收入(万元)	11657.59	22404.12	8789.51	22814.90
	营业成本(万元)	7709.17	15009.59	5827.62	14936.18
	投资收益(万元)	—	—	—	—
	净利润(万元)	—	—	602.61	1428.84
	营业利润(万元)	1147.42	1327.68	241.27	1632.62
	利润总额(万元)	1174.56	1971.21	673.40	1660.43

上海金友金弘智能电气股份有限公司

公司概况	公司名称	上海金友金弘智能电气股份有限公司		证券简称	金友智能
	法人代表	潘晨曦	董秘	陈宛芬	证券代码 830994
	公司网址	www.cnshjy.com	电子信箱	syhcwf@163.com	
	电　　话	021-69571696	传　　真	021-69571666	
	办公地址	上海市嘉定区安亭镇外青松公路 1148 号第 2 幢			
	经营范围	光伏电缆及其他电缆的生产、销售和研发			

主要财务指标	指标\报告期	2017.06.30	2016.12.31	2016.06.30	2015.12.31
	基本每股收益(元)	0.0900	0.1200	0.0600	0.5300
	基本每股收益(扣除后)(元)	0.0600	0.0800	—	0.4565
	稀释每股收益(元)	0.0900	0.1200	0.0600	0.5300
	每股净资产(元)	1.7500	1.6800	1.6200	3.1400
	每股经营现金净流量(元)	-0.3141	0.1191	-0.1192	-0.8304
	每股现金流量(元)	-0.0770	0.1363	0.0329	-0.0249
	每股资本公积金(元)	0.0760	0.0760	0.0760	1.1521
	每股盈余公积金(元)	0.0595	0.0595	0.0510	0.1019
	每股未分配利润(元)	0.6170	0.5442	0.4931	0.8873
	净资产收益率(%)	4.8631	7.2399	3.8257	15.6611
	净资产收益率(扣除)(%)	4.9500	7.4900	3.8700	25.9000
	加权净资产收益率	3.5065	5.7096	2.5782	13.4382
	总资产(万元)	20284.42	17865.86	18029.60	15806.10
	归属母公司股东权益(万元)	8797.38	8432.31	8132.96	7884.56
	营业收入(万元)	12508.93	16242.06	6276.04	17172.33
	营业成本(万元)	10417.38	12690.89	4771.25	13352.21
	投资收益(万元)	—	0.56	0.56	0.04
	净利润(万元)	—	—	308.60	1223.25
	营业利润(万元)	323.41	452.99	249.98	1243.03
	利润总额(万元)	463.81	607.90	369.28	1451.97

四川九洲光电科技股份有限公司

公司概况	公司名称	四川九洲光电科技股份有限公司		证券简称	九洲光电
	法人代表	谢拥军	董秘	何刚	证券代码 830995
	公司网址	www.scjz-led.com	电子信箱	bodoffice@scjz-led.com	
	电　　话	0816-2468858	传　　真	0816-2470929	
	办公地址	四川省绵阳市科创园区九洲大道 259 号			
	经营范围	LED 器件、LED 显示屏、LED 照明产品等三大系列产品的研发、生产和销售			

主要财务指标	指标\报告期	2017.06.30	2016.12.31	2016.06.30	2015.12.31
	基本每股收益(元)	0.0300	-0.3159	-0.1300	0.0200
	基本每股收益(扣除后)(元)	0.0200	-0.3449	-0.1445	-0.0465
	稀释每股收益(元)	0.0300	-0.3159	-0.1300	-0.0500
	每股净资产(元)	1.2400	1.2100	1.4000	1.5300
	每股经营现金净流量(元)	-0.1543	0.2342	-0.0186	-0.4425
	每股现金流量(元)	-0.1689	0.0797	-0.1238	-0.3035
	每股资本公积金(元)	0.9564	0.9564	0.9564	0.9564
	每股盈余公积金(元)	0.0563	0.0563	0.0563	0.0563
	每股未分配利润(元)	-0.7702	-0.7995	-0.6112	-0.4848
	净资产收益率(%)	2.3602	-25.9889	-9.0316	1.3456
	净资产收益率(扣除)(%)	2.3900	-23.0800	-8.6400	1.3900
	加权净资产收益率	1.9782	-28.3828	-10.3217	-2.9791
	总资产(万元)	79179.82	84498.18	77714.88	83369.06
	归属母公司股东权益(万元)	21629.50	21110.34	24408.13	26617.49
	营业收入(万元)	16434.56	34692.25	10718.86	33596.22
	营业成本(万元)	12605.18	27125.82	9114.61	25162.14
	投资收益(万元)	—	—	—	—
	净利润(万元)	—	—	-2204.44	358.16
	营业利润(万元)	518.53	-6215.34	-2558.82	-1050.50
	利润总额(万元)	601.19	-5620.81	-2243.92	213.63

北京汇能精电科技股份有限公司

公司概况	公司名称	北京汇能精电科技股份有限公司		证券简称	汇能精电
	法人代表	孙本新	董秘	齐文华	证券代码 830996
	公司网址	www.epsolarpv.com.cn	电子信箱	dijianxia@epever.com	
	电　　话	010-82894896-6618	传　　真	010-82894882	
	办公地址	北京市昌平区南邵镇何营路 8 号院 18 号楼			
	经营范围	高效电源产品的研发、生产、销售及各种电源应用系统设计和工程服务			

主要财务指标	指标\报告期	2017.06.30	2016.12.31	2016.06.30	2015.12.31
	基本每股收益(元)	0.0500	0.2000	0.0400	0.1800
	基本每股收益(扣除后)(元)	0.0400	0.1700	0.0300	0.1100
	稀释每股收益(元)	0.0500	0.2000	0.0400	0.1100
	每股净资产(元)	3.0200	3.1200	2.9600	3.1700
	每股经营现金净流量(元)	0.2449	0.4726	0.2092	0.2713
	每股现金流量(元)	0.0598	0.1901	-0.0864	0.3307
	每股资本公积金(元)	1.6963	1.6963	1.6963	1.6963
	每股盈余公积金(元)	0.0919	0.0919	0.0712	0.0712
	每股未分配利润(元)	0.2324	0.3300	0.1901	0.3990
	净资产收益率(%)	1.7346	6.4698	1.3910	5.3844
	净资产收益率(扣除)(%)	1.6800	6.5000	1.3100	6.1800
	加权净资产收益率	1.3376	5.5355	1.1137	3.1212
	总资产(万元)	16679.23	16023.05	15418.55	17045.81
	归属母公司股东权益(万元)	12273.35	12669.93	12017.37	12866.00
	营业收入(万元)	7022.57	12642.74	5633.48	11823.35
	营业成本(万元)	5135.15	9276.70	3926.35	7959.68
	投资收益(万元)	—	—	—	—
	净利润(万元)	—	—	167.16	692.76
	营业利润(万元)	183.34	813.48	171.39	148.50
	利润总额(万元)	240.66	972.97	210.60	491.07

成都飞鱼星科技股份有限公司

公司概况	公司名称	成都飞鱼星科技股份有限公司		证券简称	飞鱼星
	法人代表	周龙	董秘 李建文	证券代码	831002
	公司网址	www.adslr.com		电子信箱	lijw@adslr.com
	电　话	028-85336711		传　真	028-85336799
	办公地址	四川省成都市高新区益州大道中段 1800 号天府软件园 G 区 4 栋 7-8F			
	经营范围	研发、生产、销售企业级和家庭级网络通讯系统设备			

主要财务指标	指标＼报告期	2017.06.30	2016.12.31	2016.06.30	2015.12.31
	基本每股收益(元)	0.1700	0.8700	0.4200	0.6000
	基本每股收益(扣除后)(元)	-0.0300	0.6800	--	0.3700
	稀释每股收益(元)	0.1700	0.8700	0.4200	0.6000
	每股净资产(元)	3.1600	6.4900	5.8900	6.1300
	每股经营现金净流量(元)	-0.4242	1.2256	0.4007	0.8365
	每股现金流量(元)	-0.1416	-0.1788	-0.0129	-1.2367
	每股资本公积金(元)	0.0333	0.0667	0.0667	0.0667
	每股盈余公积金(元)	0.2171	0.4342	0.3474	0.3474
	每股未分配利润(元)	1.9074	4.6711	4.3097	4.3902
	净资产收益率(%)	5.4425	13.3769	7.1271	9.8521
	净资产收益率(扣除)(%)	5.2300	13.8400	6.8500	10.7900
	加权净资产收益率	-0.8966	10.5055	5.2419	5.9902
	总资产(万元)	10977.89	11854.19	10395.38	10699.46
	归属母公司股东权益(万元)	9472.51	9729.86	8828.71	9191.28
	营业收入(万元)	3561.86	7848.30	3732.26	7224.97
	营业成本(万元)	1917.09	4153.52	1976.01	3626.45
	投资收益(万元)	572.81	274.93	138.15	156.91
	净利润(万元)	--	--	629.23	905.53
	营业利润(万元)	349.20	843.93	422.73	603.22
	利润总额(万元)	553.02	1456.68	649.13	1111.88

金大智能技术股份有限公司

公司概况	公司名称	金大智能技术股份有限公司		证券简称	金大股份
	法人代表	章小理	董秘 杨伟艳	证券代码	831003
	公司网址	www.kingdaychina.com		电子信箱	yangweiyan@kingdaychina.com
	电　话	0579-82723587		传　真	0579-82757111
	办公地址	浙江省金华市仙华南街 811 号 5 号厂房			
	经营范围	电动自行车整车及相关零部件的生产及销售			

主要财务指标	指标＼报告期	2017.06.30	2016.12.31	2016.06.30	2015.12.31
	基本每股收益(元)	0.0200	0.0400	0.0400	0.0900
	基本每股收益(扣除后)(元)	0.0200	0.0400	0.0400	0.0800
	稀释每股收益(元)	0.0200	0.0400	0.0400	0.0900
	每股净资产(元)	1.4000	1.3800	1.3800	1.3400
	每股经营现金净流量(元)	-0.0577	0.0302	-0.0758	-0.1347
	每股现金流量(元)	-0.0821	-0.0606	-0.0890	0.1455
	每股资本公积金(元)	0.1821	0.1821	0.1821	0.1821
	每股盈余公积金(元)	0.0223	0.0223	0.0174	0.0174
	每股未分配利润(元)	0.2001	0.1770	0.1813	0.1402
	净资产收益率(%)	1.6453	3.0257	2.9182	6.0859
	净资产收益率(扣除)(%)	1.6600	3.0700	2.9600	8.1100
	加权净资产收益率	1.5519	2.5637	2.8097	5.2452
	总资产(万元)	26305.97	23772.78	23062.85	22453.14
	归属母公司股东权益(万元)	21321.09	20970.30	20960.53	20335.79
	营业收入(万元)	7133.10	17877.41	9199.56	18915.35
	营业成本(万元)	5863.90	15152.02	7450.69	15261.73
	投资收益(万元)	--	--	--	--
	净利润(万元)	--	--	611.66	1237.61
	营业利润(万元)	372.11	615.56	688.01	1258.86
	利润总额(万元)	395.53	723.31	708.23	1437.10

南京宝泰特种材料股份有限公司

公司概况	公司名称	南京宝泰特种材料股份有限公司		证券简称	宝泰股份
	法人代表	邓贵顺	董秘	证券代码	831004
	公司网址	www.baotaiclad.com		电子信箱	zhaorj@baotaiclad.com
	电　话	025-52788036		传　真	025-52788018
	办公地址	江苏省南京市江宁经济技术开发区高湖路 29 号			
	经营范围	有色、黑色金属材料开发、研制、生产、销售、技术咨询			

主要财务指标	指标＼报告期	2017.06.30	2016.12.31	2016.06.30	2015.12.31
	基本每股收益(元)	0.0130	0.1500	0.0100	0.1900
	基本每股收益(扣除后)(元)	0.0070	0.1100	-0.0050	0.1100
	稀释每股收益(元)	0.0130	0.1500	0.0100	0.1900
	每股净资产(元)	4.3600	4.3500	4.2200	4.2000
	每股经营现金净流量(元)	0.0711	0.9150	0.6258	-0.2829
	每股现金流量(元)	-0.0063	0.0659	0.0613	-0.0856
	每股资本公积金(元)	1.7009	1.7009	1.7009	1.7009
	每股盈余公积金(元)	0.0384	0.0384	0.0384	0.0384
	每股未分配利润(元)	1.6082	1.5950	1.4614	1.4482
	净资产收益率(%)	0.3028	3.3783	0.3130	4.4792
	净资产收益率(扣除)(%)	0.2800	3.4400	0.2900	4.8100
	加权净资产收益率	0.1677	2.5308	-0.1277	2.5346
	总资产(万元)	59706.22	58150.76	58280.40	59007.97
	归属母公司股东权益(万元)	31394.39	31299.31	30348.98	30254.00
	营业收入(万元)	10066.88	24052.93	9904.12	26147.95
	营业成本(万元)	7563.30	18229.51	7384.73	18712.99
	投资收益(万元)	--	--	--	--
	净利润(万元)	--	--	94.98	1355.15
	营业利润(万元)	98.26	819.06	3.69	811.21
	利润总额(万元)	148.08	1158.93	161.04	1503.37

萍乡华维电瓷科技股份有限公司

公司概况	公司名称	萍乡华维电瓷科技股份有限公司		证券简称	华维电瓷
	法人代表	胡文华	董秘 黄海龙	证券代码	831005
	公司网址	www.jxhwdc.com		电子信箱	jxhwdc@163.com
	电　话	0799-7557555		传　真	0799-7557555
	办公地址	江西省萍乡市芦溪县科技工业园电瓷工业城			
	经营范围	高压输电线路用盘形悬式瓷绝缘子的研发、设计、生产及销售			

主要财务指标	指标＼报告期	2017.06.30	2016.12.31	2016.06.30	2015.12.31
	基本每股收益(元)	0.0900	0.2500	0.1200	0.5800
	基本每股收益(扣除后)(元)	0.0800	0.2400	0.1000	0.5500
	稀释每股收益(元)	0.0900	0.2500	--	0.5800
	每股净资产(元)	2.1400	2.0500	1.9100	3.6000
	每股经营现金净流量(元)	0.0089	0.0440	0.0484	-0.1614
	每股现金流量(元)	-0.0264	0.1937	0.0594	0.5104
	每股资本公积金(元)	0.2423	0.2423	0.2359	1.4845
	每股盈余公积金(元)	0.0811	0.0811	0.0556	0.1112
	每股未分配利润(元)	0.8153	0.7296	0.6207	1.0007
	净资产收益率(%)	4.0082	12.4051	6.2940	14.9478
	净资产收益率(扣除)(%)	4.0900	13.2300	6.4800	18.2000
	加权净资产收益率	3.6381	11.8455	5.3377	14.1356
	总资产(万元)	19352.83	18276.84	16040.95	13895.64
	归属母公司股东权益(万元)	12553.52	12050.35	11224.91	10555.49
	营业收入(万元)	3097.41	6356.05	3183.42	6871.02
	营业成本(万元)	1922.08	3463.72	2013.24	4065.42
	投资收益(万元)	8.19	6.50	6.50	23.40
	净利润(万元)	--	--	706.49	1577.81
	营业利润(万元)	533.11	1717.97	707.19	1787.61
	利润总额(万元)	587.76	1780.69	833.47	1860.93

北京合锐赛尔电力科技股份有限公司

公司概况	公司名称	北京合锐赛尔电力科技股份有限公司		证券简称	合锐赛尔
	法人代表	刘玉刚	董秘	王佩生	证券代码	831009
	公司网址	www.hrsel.com		电子信箱	wangpeisheng@hrsel.com
	电　　话	010-62987997		传　　真	010-62982303
	办公地址	北京市海淀区高里掌路翠湖科技园云中心3号院1号楼			
	经营范围	电力系统新型输配电及控制设备的研发、生产与销售			

主要财务指标	指标\报告期	2017.06.30	2016.12.31	2016.06.30	2015.12.31
	基本每股收益(元)	0.0400	0.2400	0.1000	0.5300
	基本每股收益(扣除后)(元)	0.0400	0.2000	0.0800	0.4100
	稀释每股收益(元)	0.0400	0.2400	0.1000	0.5300
	每股净资产(元)	1.7300	3.3700	3.2300	3.1300
	每股经营现金净流量(元)	0.3881	0.4666	0.0344	0.3121
	每股现金流量(元)	−0.0960	−0.8426	−0.6054	0.9358
	每股资本公积金(元)	0.1762	1.3524	1.3524	1.3516
	每股盈余公积金(元)	0.0485	0.0956	0.0494	0.0494
	每股未分配利润(元)	0.5030	0.9214	0.8296	0.7249
	净资产收益率(%)	2.4890	7.2039	3.1384	15.1150
	净资产收益率(扣除)(%)	2.5200	7.4800	3.1900	23.1400
	加权净资产收益率	2.0945	5.8527	2.3955	11.7562
	总资产(万元)	54992.85	54136.87	52683.69	46244.80
	归属母公司股东权益(万元)	20421.94	19913.64	19097.77	18474.08
	营业收入(万元)	17211.76	42574.90	19117.48	32826.51
	营业成本(万元)	12468.74	30114.51	13151.01	20982.81
	投资收益(万元)	−1.57	22.61	22.34	—
	净利润(万元)	—	—	744.62	2825.64
	营业利润(万元)	432.75	1785.59	676.50	2626.85
	利润总额(万元)	437.59	2275.50	946.12	3356.87

大连华阳密封股份有限公司

公司概况	公司名称	大连华阳密封股份有限公司		证券简称	华阳密封
	法人代表	梁玉韬	董秘	王连滨	证券代码	831020
	公司网址	www.dlhuayang.com		电子信箱	ir@dlhuayang.com
	电　　话	0411-66880000		传　　真	0411-66880699
	办公地址	辽宁省大连市甘井子区营旭路25号			
	经营范围	密封产品及配套设备的研发、生产及销售			

主要财务指标	指标\报告期	2017.06.30	2016.12.31	2016.06.30	2015.12.31
	基本每股收益(元)	0.0040	−1.0500	−0.2900	0.1100
	基本每股收益(扣除后)(元)	0.0040	−1.0800	−0.2900	0.0100
	稀释每股收益(元)	0.0040	−1.0500	−0.2900	0.1100
	每股净资产(元)	4.0800	4.0800	4.8500	5.2300
	每股经营现金净流量(元)	0.0933	−0.0901	−0.4067	−0.0785
	每股现金流量(元)	−0.3431	−0.2972	−0.5342	0.4604
	每股资本公积金(元)	2.8257	2.8257	2.8257	2.8257
	每股盈余公积金(元)	0.1518	0.1518	0.1518	0.1518
	每股未分配利润(元)	0.1074	0.1039	0.8686	1.2565
	净资产收益率(%)	0.0871	−25.7927	−5.9408	2.0330
	净资产收益率(扣除)(%)	0.0900	−22.3600	−5.6600	2.1800
	加权净资产收益率	0.1318	−26.5045	−6.4517	0.2710
	总资产(万元)	25507.08	27845.80	31229.32	31548.61
	归属母公司股东权益(万元)	18790.32	18773.96	22291.94	24076.27
	营业收入(万元)	3187.98	6609.32	1889.41	10851.07
	营业成本(万元)	1225.06	4042.75	535.93	4576.24
	投资收益(万元)	—	—	—	199.81
	净利润(万元)	—	—	−1324.33	489.46
	营业利润(万元)	25.48	−5181.94	−1471.82	350.94
	利润总额(万元)	15.60	−5024.72	−1337.85	539.18

四川华雁信息产业股份有限公司

公司概况	公司名称	四川华雁信息产业股份有限公司		证券简称	华雁信息
	法人代表	沈建平	董秘	李丽	证券代码	831021
	公司网址	www.whayer.cn		电子信箱	lli@whayer.cn
	电　　话	028-65006755		传　　真	028-65006698
	办公地址	四川省成都市高新区天华二路219号天府软件园C区10号楼16层、5层			
	经营范围	电子产品、通信设备、计算机系统的研究、生产、销售及相关技术服务			

主要财务指标	指标\报告期	2017.06.30	2016.12.31	2016.06.30	2015.12.31
	基本每股收益(元)	−0.1400	0.1100	−0.0800	0.3000
	基本每股收益(扣除后)(元)	−0.1400	0.1000	−0.0800	0.2600
	稀释每股收益(元)	−0.1400	0.1100	−0.0800	0.3000
	每股净资产(元)	2.0600	2.2500	2.0600	4.3800
	每股经营现金净流量(元)	−0.0017	−0.0535	−0.2205	−0.9250
	每股现金流量(元)	−0.0601	−0.1042	−0.3255	0.1873
	每股资本公积金(元)	0.2677	0.2677	0.2677	1.5355
	每股盈余公积金(元)	0.1409	0.1409	0.1289	0.2578
	每股未分配利润(元)	0.6478	0.8399	0.6644	1.5871
	净资产收益率(%)	−6.9089	4.8190	−3.8402	6.2172
	净资产收益率(扣除)(%)	−6.5200	4.8300	−3.6800	8.8900
	加权净资产收益率	−6.9170	4.2650	−3.7808	5.3033
	总资产(万元)	30693.97	33438.57	27458.03	31549.08
	归属母公司股东权益(万元)	24472.20	26757.97	24526.64	26063.50
	营业收入(万元)	6415.09	25960.13	8760.51	22217.36
	营业成本(万元)	5271.62	18706.86	7212.14	14757.68
	投资收益(万元)	—	—	—	—
	净利润(万元)	—	—	−941.86	1620.41
	营业利润(万元)	−1661.05	1261.25	−870.07	1547.81
	利润总额(万元)	−1659.09	1447.53	−884.62	1828.03

大连北方国际展览股份有限公司

公司概况	公司名称	大连北方国际展览股份有限公司		证券简称	北展股份
	法人代表	李琼	董秘	周建新	证券代码	831023
	公司网址	www.dbfexpo.com		电子信箱	bfzlzjx@163.com
	电　　话	0411-82538686		传　　真	0411-82538661
	办公地址	辽宁省大连市中山区同兴街25号世贸大厦2501室			
	经营范围	展览展示服务、礼仪庆典服务、会议服务			

主要财务指标	指标\报告期	2017.06.30	2016.12.31	2016.06.30	2015.12.31
	基本每股收益(元)	−0.0800	−0.0100	0.0100	0.1300
	基本每股收益(扣除后)(元)	−0.0900	−0.0200	0.0100	0.0900
	稀释每股收益(元)	−0.0800	−0.0100	0.0100	0.1300
	每股净资产(元)	2.1500	2.2300	2.2500	2.2400
	每股经营现金净流量(元)	−0.1571	−0.0348	−0.1240	−0.0338
	每股现金流量(元)	−0.1575	−0.3445	−0.4153	0.1812
	每股资本公积金(元)	0.3541	0.3541	0.3541	0.3541
	每股盈余公积金(元)	0.1734	0.1734	0.1426	0.1426
	每股未分配利润(元)	0.6241	0.7045	0.7556	0.7434
	净资产收益率(%)	−3.7342	−0.3615	0.5441	5.7883
	净资产收益率(扣除)(%)	−3.6700	−0.3600	1.0000	6.0000
	加权净资产收益率	−4.1730	−1.0720	0.5424	4.0480
	总资产(万元)	8121.88	8563.74	8790.46	8352.10
	归属母公司股东权益(万元)	7698.58	7986.06	8058.78	8014.93
	营业收入(万元)	1440.39	4786.60	1646.89	4104.12
	营业成本(万元)	927.14	2744.57	760.69	2006.69
	投资收益(万元)	—	—	—	—
	净利润(万元)	—	—	43.85	463.93
	营业利润(万元)	−312.99	−33.88	48.78	467.99
	利润总额(万元)	−267.95	41.77	48.96	653.97

杭州熙浪信息技术股份有限公司

公司概况	公司名称	杭州熙浪信息技术股份有限公司		证券简称	熙浪股份
	法人代表	杨振德	董秘 胡亚平	证券代码	831026
	公司网址	www.egetchina.cn		电子信箱	xilanggufen@1858.com
	电　话	0571-87168200		传　真	0571-87168211
	办公地址	浙江省杭州市文一西路1218号恒生科技园1号楼7楼			
	经营范围	计算机软硬件、数字视音频产品的研发等			

	指标\报告期	2017.06.30	2016.12.31	2016.06.30	2015.12.31
主要财务指标	基本每股收益(元)	0.0300	0.0200	0.0100	-0.0700
	基本每股收益(扣除后)(元)	0.0300	-0.0100	-0.0100	-0.1100
	稀释每股收益(元)	0.0300	0.0200	0.0100	-0.0700
	每股净资产(元)	1.0400	1.0100	1.0000	0.9900
	每股经营现金净流量(元)	-0.0971	0.2366	-0.0011	-0.1525
	每股现金流量(元)	-0.1097	0.2360	-0.0027	-0.2825
	每股资本公积金(元)	0.2467	0.2467	0.2467	0.2467
	每股盈余公积金(元)	---	---	---	---
	每股未分配利润(元)	-0.2070	-0.2332	-0.2478	-0.2529
	净资产收益率(%)	2.5176	1.9417	0.5085	-6.8659
	净资产收益率(扣除)(%)	2.5500	1.9600	0.5100	-7.1700
	加权净资产收益率	2.6729	-1.1667	-0.6049	-11.3786
	总资产(万元)	6184.46	7219.30	6514.58	5708.16
	归属母公司股东权益(万元)	5520.75	5380.88	5304.29	5277.29
	营业收入(万元)	2743.20	4994.26	2040.92	7045.32
	营业成本(万元)	1941.47	3392.11	1260.42	4988.19
	投资收益(万元)	-17.82	-4.93	0.29	8.11
	净利润(万元)	---	---	26.97	-362.34
	营业利润(万元)	147.27	-93.22	-11.81	-591.57
	利润总额(万元)	138.99	120.32	47.25	-353.42

河南华丽纸业包装股份有限公司

公司概况	公司名称	河南华丽纸业包装股份有限公司		证券简称	华丽包装
	法人代表	代建设	董秘 范婷婷	证券代码	831028
	公司网址	www.hnhlpp.com		电子信箱	hnhlpp@126.com
	电　话	0374-8564688		传　真	0374-8564888
	办公地址	河南少许昌市魏都民营科技园区北区宏腾路中段			
	经营范围	包装用高中档瓦楞纸箱、瓦楞纸板的研发与设计、生产、销售			

	指标\报告期	2017.06.30	2016.12.31	2016.06.30	2015.12.31
主要财务指标	基本每股收益(元)	0.0500	-0.2100	-0.0800	0.3000
	基本每股收益(扣除后)(元)	0.0500	-0.2600	-0.0700	0.2600
	稀释每股收益(元)	0.0500	-0.2100	-0.0800	0.3000
	每股净资产(元)	3.7500	3.7100	3.8400	3.9200
	每股经营现金净流量(元)	-0.0143	-1.0817	-0.5650	-0.9334
	每股现金流量(元)	-0.0204	-0.7463	-0.5860	0.7179
	每股资本公积金(元)	1.1227	1.1227	1.1227	1.1227
	每股盈余公积金(元)	0.1102	0.1102	0.1102	0.1102
	每股未分配利润(元)	1.5202	1.4744	1.6111	1.6862
	净资产收益率(%)	1.2189	-5.7123	-1.9549	7.0066
	净资产收益率(扣除)(%)	1.2300	-5.5500	-1.9400	8.1400
	加权净资产收益率	1.2343	-7.0973	-1.9422	6.4578
	总资产(万元)	103770.14	97905.35	102516.32	100550.04
	归属母公司股东权益(万元)	40852.38	40354.44	41841.64	42659.58
	营业收入(万元)	47906.24	75098.12	38796.95	79108.75
	营业成本(万元)	41306.27	62750.82	31274.89	61205.30
	投资收益(万元)	---	---	---	---
	净利润(万元)	---	---	-817.94	2989.00
	营业利润(万元)	660.99	-2720.85	-810.88	3998.21
	利润总额(万元)	659.47	-2031.31	-817.94	4066.01

湖北银丰棉花股份有限公司

公司概况	公司名称	湖北银丰棉花股份有限公司		证券简称	银丰棉花
	法人代表	杨杰	董秘 邱萍	证券代码	831029
	公司网址	www.yfmhgf.com		电子信箱	qiuping0922@163.com
	电　话	027-82841021		传　真	027-82777809
	办公地址	湖北省武汉市江岸区青岛路7号国际青年大厦3-4层			
	经营范围	棉花收购、加工、贸易、专业仓储物流、交易市场运营等			

	指标\报告期	2017.06.30	2016.12.31	2016.06.30	2015.12.31
主要财务指标	基本每股收益(元)	0.0700	-1.5200	-0.8400	0.1500
	基本每股收益(扣除后)(元)	-0.0700	-0.7100	---	-0.3500
	稀释每股收益(元)	0.0700	-1.5200	-0.8400	0.1500
	每股净资产(元)	2.9400	2.3100	3.1700	4.2900
	每股经营现金净流量(元)	4.3165	-2.0335	3.3915	9.5105
	每股现金流量(元)	0.1440	-0.2348	1.3453	-1.6361
	每股资本公积金(元)	1.4903	1.4903	1.5038	1.5038
	每股盈余公积金(元)	0.4797	0.4797	0.3387	0.3387
	每股未分配利润(元)	-0.0301	-0.0993	0.7285	1.5661
	净资产收益率(%)	2.3539	-65.8890	-26.4303	3.0917
	净资产收益率(扣除)(%)	1.6600	-45.8400	-21.3500	2.7000
	加权净资产收益率	-2.2390	-30.6531	-17.0499	-7.0372
	总资产(万元)	201314.64	296897.66	271732.56	261799.54
	归属母公司股东权益(万元)	42005.43	33055.88	45279.97	61354.77
	营业收入(万元)	139201.73	232274.38	93338.39	439021.85
	营业成本(万元)	135111.15	226716.39	91115.09	428746.65
	投资收益(万元)	2836.69	-13002.43	-5603.86	11509.80
	净利润(万元)	---	---	-13045.88	1385.41
	营业利润(万元)	731.93	-27215.43	-11238.13	-651.90
	利润总额(万元)	798.96	-24935.82	-10610.72	2379.01

江苏诚盟装备股份有限公司

公司概况	公司名称	江苏诚盟装备股份有限公司		证券简称	诚盟装备
	法人代表	崔水东	董秘 蔡庶	证券代码	831031
	公司网址	www.njcmsj.com		电子信箱	mhong@njcmsj.com
	电　话	025-58847915		传　真	025-58491672
	办公地址	江苏省南京高新区聚龙路10号			
	经营范围	从事以各类高分子材料和高粘物料为主要对象的现代过程装备的设计和制造			

	指标\报告期	2017.06.30	2016.12.31	2016.06.30	2015.12.31
主要财务指标	基本每股收益(元)	0.0100	0.0200	-0.0200	0.3300
	基本每股收益(扣除后)(元)	0.0100	0.0050	-0.0200	0.2300
	稀释每股收益(元)	0.0100	0.0200	-0.0200	0.3300
	每股净资产(元)	2.0600	2.0500	2.0100	2.1300
	每股经营现金净流量(元)	-0.0416	-0.1635	-0.1713	-0.0319
	每股现金流量(元)	-0.0457	-0.3164	-0.4824	0.7803
	每股资本公积金(元)	0.7458	0.7458	0.7458	0.7458
	每股盈余公积金(元)	0.0442	0.0442	0.0420	0.0420
	每股未分配利润(元)	0.2687	0.2591	0.2259	0.3444
	净资产收益率(%)	0.4678	0.8242	-0.9170	9.2105
	净资产收益率(扣除)(%)	0.4700	0.8100	-0.8900	11.8400
	加权净资产收益率	0.2733	0.2315	-1.0227	6.5752
	总资产(万元)	26217.25	26830.42	26949.08	28781.41
	归属母公司股东权益(万元)	21902.34	21799.89	21423.76	22684.14
	营业收入(万元)	6349.06	11325.22	5170.78	12923.82
	营业成本(万元)	5002.19	8692.94	4087.96	8886.29
	投资收益(万元)	---	100.48	55.68	47.34
	净利润(万元)	---	---	-193.52	2105.72
	营业利润(万元)	66.46	83.88	-145.22	1704.07
	利润总额(万元)	116.63	238.15	-116.52	2408.04

国义招标股份有限公司

公司概况	公司名称	国义招标股份有限公司			证券简称	国义招标
	法人代表	王卫	董秘	陈志杰	证券代码	831039
	公司网址	www.gmgitc.com		电子信箱	czj@ebidding.com	
	电　话	020-37860707		传　真	020-37860699	
	办公地址	广东省广州市越秀区东风东路 726 号 16 楼				
	经营范围	经营机电产品国际招标业务、工程招标代理业务、政府采购业务等				

主要财务指标	指标\报告期	2017.06.30	2016.12.31	2016.06.30	2015.12.31
	基本每股收益(元)	0.1900	0.2300	0.1400	0.2900
	基本每股收益(扣除后)(元)	0.1900	0.2200	0.1400	0.2800
	稀释每股收益(元)	0.1900	0.2300	0.1400	0.2900
	每股净资产(元)	2.5200	2.4500	2.3700	2.2800
	每股经营现金净流量(元)	0.0090	0.8587	0.6463	0.4090
	每股现金流量(元)	-0.1219	0.8336	0.5927	0.0488
	每股资本公积金(元)	1.0047	1.0047	1.0047	1.0047
	每股盈余公积金(元)	0.2289	0.2243	0.2021	0.2021
	每股未分配利润(元)	0.2815	0.2246	0.1642	0.0702
	净资产收益率(%)	7.5130	9.2373	6.0740	10.4852
	净资产收益率(扣除)(%)	7.4800	9.5800	6.1500	12.7100
	加权净资产收益率	7.6107	9.1496	5.9837	10.2779
	总资产(万元)	71134.55	71401.01	68554.64	62900.78
	归属母公司股东权益(万元)	35215.86	34355.22	33198.21	31881.84
	营业收入(万元)	8425.43	15671.21	6182.38	22483.75
	营业成本(万元)	3274.89	5772.83	1928.63	12482.99
	投资收益(万元)	397.53	467.93	279.61	181.29
	净利润(万元)	—	—	1980.62	3453.00
	营业利润(万元)	3325.65	4392.70	2332.15	4285.46
	利润总额(万元)	3280.06	4432.98	2372.14	4377.38

郑州优波科新材料股份有限公司

公司概况	公司名称	郑州优波科新材料股份有限公司			证券简称	优波科
	法人代表	傅宏伟	董秘	闫腾飞	证券代码	831040
	公司网址	www.uoboc.com		电子信箱	uoboc729@163.com	
	电　话	0371-67993915		传　真	0371-68756655	
	办公地址	河南省郑州高新区冬青街 10 号				
	经营范围	涂料的生产、销售及售后服务等				

主要财务指标	指标\报告期	2017.06.30	2016.12.31	2016.06.30	2015.12.31
	基本每股收益(元)	-0.0200	-0.0400	-0.0300	0.2200
	基本每股收益(扣除后)(元)	-0.0500	-0.0634	-0.0322	0.1600
	稀释每股收益(元)	-0.0200	—	-0.0300	—
	每股净资产(元)	1.0800	1.1000	1.3500	1.8800
	每股经营现金净流量(元)	0.1174	-0.0558	-0.0849	-0.4226
	每股现金流量(元)	0.0448	-0.1909	-0.2401	0.1020
	每股资本公积金(元)	—	—	0.2143	0.5984
	每股盈余公积金(元)	0.0138	0.0138	0.0168	0.0284
	每股未分配利润(元)	0.0691	0.0882	0.1192	0.2552
	净资产收益率(%)	-1.7614	-3.2894	-2.3629	10.9530
	净资产收益率(扣除)(%)	-1.7500	-3.2900	-2.4100	12.9000
	加权净资产收益率	-4.2645	-5.2111	-2.3629	7.8494
	总资产(万元)	4227.16	4163.65	3832.23	4049.43
	归属母公司股东权益(万元)	3136.95	3192.20	3221.10	2658.21
	营业收入(万元)	331.19	1302.94	560.60	2059.32
	营业成本(万元)	230.40	804.71	329.88	1068.10
	投资收益(万元)	-0.18	-2.23	—	-0.30
	净利润(万元)	—	—	-76.11	291.15
	营业利润(万元)	-74.78	-153.43	-71.50	281.02
	利润总额(万元)	-34.79	-124.30	-71.50	391.02

四川深远石油钻井工具股份有限公司

公司概况	公司名称	四川深远石油钻井工具股份有限公司			证券简称	深远石油
	法人代表	张亮	董秘	张苡源	证券代码	831047
	公司网址	www.deepfast.com		电子信箱	zhangyy@deepfast.com	
	电　话	028-87877380		传　真	028-87877382	
	办公地址	四川省成都市高新区(西区)康隆路 801 号				
	经营范围	石油钻采工具的研发、制造和销售				

主要财务指标	指标\报告期	2017.06.30	2016.12.31	2016.06.30	2015.12.31
	基本每股收益(元)	0.0300	0.0600	0.0300	0.2000
	基本每股收益(扣除后)(元)	0.0200	0.0400	0.0200	0.1600
	稀释每股收益(元)	0.0300	0.0600	0.0300	0.2000
	每股净资产(元)	1.6300	1.6000	1.5700	2.0200
	每股经营现金净流量(元)	-0.0841	-0.1145	-0.1625	0.3102
	每股现金流量(元)	0.0085	-0.1809	-0.1216	0.2084
	每股资本公积金(元)	0.0767	0.0767	0.0767	0.3997
	每股盈余公积金(元)	0.0788	0.0788	0.0720	0.0936
	每股未分配利润(元)	0.4746	0.4476	0.4188	0.5226
	净资产收益率(%)	1.6700	3.7925	1.6073	9.4995
	净资产收益率(扣除)(%)	1.6700	3.8600	1.6000	10.3100
	加权净资产收益率	1.0500	2.5830	1.2153	7.9162
	总资产(万元)	21013.91	20003.58	18367.61	17777.67
	归属母公司股东权益(万元)	8900.05	8752.68	8558.29	8466.93
	营业收入(万元)	2629.01	4084.01	2248.37	5661.91
	营业成本(万元)	1389.33	2070.45	1126.67	2618.97
	投资收益(万元)	—	—	—	—
	净利润(万元)	—	—	137.55	804.32
	营业利润(万元)	95.22	259.43	119.27	804.44
	利润总额(万元)	154.65	383.98	153.88	949.50

贵州千叶药品包装股份有限公司

公司概况	公司名称	贵州千叶药品包装股份有限公司			证券简称	千叶药包
	法人代表	杨震	董秘	杜祥琴	证券代码	831056
	公司网址	www.chienyeh.cn		电子信箱	chienyeh@chienyeh.cn	
	电　话	0851-86270265		传　真	0851-86270185	
	办公地址	贵州省贵阳市乌当区高新东路 1 号				
	经营范围	药用聚氯乙烯硬片、固体及液体药用瓶等药品包装材料的研发、生产、销售业务				

主要财务指标	指标\报告期	2017.06.30	2016.12.31	2016.06.30	2015.12.31
	基本每股收益(元)	0.0700	0.3100	0.3500	0.5400
	基本每股收益(扣除后)(元)	0.0600	0.2800	0.3100	0.4800
	稀释每股收益(元)	0.0700	0.3100	0.3500	0.5400
	每股净资产(元)	1.7900	1.7200	2.9400	2.2200
	每股经营现金净流量(元)	0.0301	-0.4671	-0.1070	0.3024
	每股现金流量(元)	0.0282	-0.0406	0.3693	0.1141
	每股资本公积金(元)	0.0596	0.0596	0.9119	0.4459
	每股盈余公积金(元)	0.1030	0.1030	0.1050	0.1164
	每股未分配利润(元)	0.6225	0.5560	0.9193	0.6596
	净资产收益率(%)	3.7285	15.7156	11.0465	23.9480
	净资产收益率(扣除)(%)	3.8000	18.7000	14.3000	28.1300
	加权净资产收益率	3.6292	14.4200	9.6006	20.9444
	总资产(万元)	18128.71	17888.86	16565.07	11082.25
	归属母公司股东权益(万元)	12129.40	11677.16	11083.96	7565.57
	营业收入(万元)	7868.70	14655.52	6643.19	11643.66
	营业成本(万元)	5757.39	9786.74	4228.93	7854.46
	投资收益(万元)	—	-9.26	—	—
	净利润(万元)	—	—	1224.39	1811.80
	营业利润(万元)	532.46	2025.39	1338.86	1870.89
	利润总额(万元)	543.44	2213.63	1481.30	2138.22

珠海天香苑生物科技发展股份有限公司

公司概况	公司名称	珠海天香苑生物科技发展股份有限公司			证券简称	天香苑
	法人代表	陈雪松	董秘	付耀辉	证券代码	831060
	公司网址	www.txybio.com		电子信箱	txyfyh@txybio.com.cn	
	电　话	0756-5230386 5511008		传　真	0756-5511139	
	办公地址	广东省珠海市斗门区白蕉工业开发区经纬路8号				
	经营范围	酵母系列产品技术的研究与开发等				

主要财务指标	指标\报告期	2017.06.30	2016.12.31	2016.06.30	2015.12.31
	基本每股收益(元)	0.1200	0.0900	0.0400	0.1500
	基本每股收益(扣除后)(元)	0.0400	0.0500	0.0300	0.1200
	稀释每股收益(元)	0.1200	0.0900	--	0.1500
	每股净资产(元)	1.6800	1.5600	1.5300	1.4800
	每股经营现金净流量(元)	0.1846	-0.2499	-0.2440	-0.0292
	每股现金流量(元)	0.0528	-0.4030	-0.3663	0.5078
	每股资本公积金(元)	0.2324	0.2324	0.2405	0.2705
	每股盈余公积金(元)	0.0358	0.0358	0.0258	0.0291
	每股未分配利润(元)	0.4087	0.2929	0.2598	0.2386
	净资产收益率(%)	6.9080	5.8065	2.6176	8.8250
	净资产收益率(扣除)(%)	7.1600	5.9500	2.6700	13.3300
	加权净资产收益率	2.5238	3.1193	2.2248	6.9700
	总资产(万元)	12723.82	11949.95	9471.62	9289.13
	归属母公司股东权益(万元)	9177.90	8543.89	8353.25	8092.46
	营业收入(万元)	3529.35	7688.84	3376.82	6747.07
	营业成本(万元)	2276.64	5436.50	2204.15	4319.76
	投资收益(万元)	1.24	18.42	13.32	69.69
	净利润(万元)	--	--	218.65	714.09
	营业利润(万元)	292.44	309.74	214.77	742.74
	利润总额(万元)	764.24	569.07	241.77	844.01

深圳市中瀛鑫科技股份有限公司

公司概况	公司名称	深圳市中瀛鑫科技股份有限公司			证券简称	中瀛鑫
	法人代表	陈文明	董秘	史曼莉	证券代码	831061
	公司网址	www.zyx-pku.com		电子信箱	liping@wision.net	
	电　话	0755-82800408		传　真	0755-82800536	
	办公地址	广东省深圳市福田区东方新天地广场(大中华国际金融中心)A座22楼				
	经营范围	主要从事智能高清视频监控产品研发、生产及销售				

主要财务指标	指标\报告期	2017.06.30	2016.12.31	2016.06.30	2015.12.31
	基本每股收益(元)	-0.0300	-0.2600	-0.1100	0.0600
	基本每股收益(扣除后)(元)	-0.0400	-0.2600	-0.1100	0.0400
	稀释每股收益(元)	-0.0300	-0.2600	-0.1100	0.0600
	每股净资产(元)	1.7100	1.7400	1.8900	2.0000
	每股经营现金净流量(元)	-0.1866	-0.2242	0.0899	-0.2742
	每股现金流量(元)	0.0054	-0.0770	-0.1027	0.1253
	每股资本公积金(元)	0.7608	0.7608	0.7608	0.7608
	每股盈余公积金(元)	0.0252	0.0252	0.0252	0.0252
	每股未分配利润(元)	-0.0757	-0.0457	0.1056	0.2151
	净资产收益率(%)	-1.7586	-14.9841	-5.7875	3.0047
	净资产收益率(扣除)(%)	-1.7400	-13.9400	-5.6200	3.4500
	加权净资产收益率	-2.0470	-15.1030	-5.8452	2.1092
	总资产(万元)	23745.54	23654.62	23932.38	24936.14
	归属母公司股东权益(万元)	11419.33	11620.15	12630.35	13361.33
	营业收入(万元)	759.90	1287.58	516.05	6544.15
	营业成本(万元)	660.35	845.54	394.10	4925.20
	投资收益(万元)	175.23	--	--	--
	净利润(万元)	--	--	-740.73	387.28
	营业利润(万元)	-732.78	-1898.19	-737.31	179.97
	利润总额(万元)	-695.07	-1882.08	-730.02	320.75

上海浩驰科技股份有限公司

公司概况	公司名称	上海浩驰科技股份有限公司			证券简称	浩驰科技
	法人代表	余兴亮	董秘	卓文东	证券代码	831064
	公司网址	www.honchitech.com		电子信箱	felix.zhuo@hochitech.com	
	电　话	021-57520025		传　真	021-57520025	
	办公地址	上海市奉贤区奉城镇奉粮路769号2号楼				
	经营范围	汽车防爆膜、建筑膜、特种保护膜的研发、生产和销售				

主要财务指标	指标\报告期	2017.06.30	2016.12.31	2016.06.30	2015.12.31
	基本每股收益(元)	0.0121	0.0240	0.0600	0.1200
	基本每股收益(扣除后)(元)	0.0171	-0.0110	0.0500	0.0924
	稀释每股收益(元)	0.0121	--	--	--
	每股净资产(元)	1.4200	1.5000	1.3900	1.3400
	每股经营现金净流量(元)	0.0887	0.0773	-0.0671	0.1911
	每股现金流量(元)	-0.0615	0.0496	-0.0786	0.1081
	每股资本公积金(元)	0.2456	0.2456	0.0583	0.0583
	每股盈余公积金(元)	0.0205	0.0205	0.0240	0.0240
	每股未分配利润(元)	0.1492	0.2371	0.3117	0.2529
	净资产收益率(%)	0.8565	1.4028	4.2166	8.6877
	净资产收益率(扣除)(%)	0.8000	1.7500	4.3100	9.0800
	加权净资产收益率	1.2049	-0.6406	3.3703	6.9196
	总资产(万元)	13656.49	14786.34	12897.54	12277.04
	归属母公司股东权益(万元)	11322.72	12025.74	9525.44	9123.79
	营业收入(万元)	5307.08	7626.50	3731.48	8097.27
	营业成本(万元)	4349.55	5759.16	2530.10	5766.15
	投资收益(万元)	24.11	--	--	--
	净利润(万元)	--	--	401.65	792.65
	营业利润(万元)	170.41	-151.22	322.33	725.12
	利润总额(万元)	123.99	137.94	416.45	914.97

鑫干线(北京)科技股份公司

公司概况	公司名称	鑫干线(北京)科技股份公司			证券简称	鑫干线
	法人代表	丰大伟	董秘	刘德永	证券代码	831065
	公司网址	www.cabletech.com.cn		电子信箱	liudeyong.bj@cabletech.com.cn	
	电　话	010-82893092		传　真	010-82893096	
	办公地址	北京市海淀区丰智东路13号北京朗丽兹西山花园酒店9006室				
	经营范围	电信网络运维综合管理软件、工业级手持智能终端监测设备的研发与销售				

主要财务指标	指标\报告期	2017.06.30	2016.12.31	2016.06.30	2015.12.31
	基本每股收益(元)	0.0100	0.1100	0.0100	0.1200
	基本每股收益(扣除后)(元)	-0.0010	0.0600	-0.0400	0.1200
	稀释每股收益(元)	0.0100	0.1100	--	0.1200
	每股净资产(元)	1.6700	1.6600	1.5600	1.5500
	每股经营现金净流量(元)	-0.3143	0.1524	-0.0775	-0.0669
	每股现金流量(元)	-0.2870	0.0430	-0.1506	0.1133
	每股资本公积金(元)	0.2544	0.2544	0.2544	0.2544
	每股盈余公积金(元)	0.0404	0.0404	0.0293	0.0293
	每股未分配利润(元)	0.3708	0.3634	0.2730	0.2635
	净资产收益率(%)	0.5929	6.6944	0.6121	7.4955
	净资产收益率(扣除)(%)	0.1500	6.9300	0.6100	8.7200
	加权净资产收益率	-0.0570	3.9028	-2.3673	7.4742
	总资产(万元)	2166.66	2210.47	1892.57	2006.61
	归属母公司股东权益(万元)	1832.14	1823.96	1712.34	1701.86
	营业收入(万元)	386.76	1608.21	435.16	1506.37
	营业成本(万元)	88.45	520.83	118.06	497.79
	投资收益(万元)	--	--	--	--
	净利润(万元)	--	--	10.48	127.56
	营业利润(万元)	-6.86	44.05	-46.39	83.69
	利润总额(万元)	12.78	125.40	13.63	127.33

上海北塔软件股份有限公司

公司概况	公司名称	上海北塔软件股份有限公司		证券简称	北塔软件
	法人代表	王俊	董秘	证券代码	831071
	公司网址	www.betasoft.com.cn	电子信箱	maopeiyan@betasoft.com.cn	
	电　话	021-61152011	传　真	021-60740355	
	办公地址	上海市宜山路700号3号楼3楼			
	经营范围	计算机软件的设计、销售,计算机硬件设备的销售等			

主要财务指标	指标\报告期	2017.06.30	2016.12.31	2016.06.30	2015.12.31
	基本每股收益(元)	-0.2000	0.1200	-0.3800	0.6500
	基本每股收益(扣除后)(元)	-0.2091	0.0900	-0.3800	0.5700
	稀释每股收益(元)	—	0.1200	—	0.6500
	每股净资产(元)	1.4300	1.8300	2.0200	2.7000
	每股经营现金净流量(元)	-0.1367	0.0955	-0.4811	0.2301
	每股现金流量(元)	-0.3428	-0.1230	-0.7779	0.3055
	每股资本公积金(元)	0.0330	0.0330	0.4462	0.4462
	每股盈余公积金(元)	0.2129	0.2129	0.2820	0.2820
	每股未分配利润(元)	0.1811	0.5846	0.2963	0.9735
	净资产收益率(%)	-14.2575	6.2840	-18.6268	23.4378
	净资产收益率(扣除)(%)	-12.4900	6.1200	-15.9600	26.9800
	加权净资产收益率	-14.9028	5.1241	-18.6512	20.4055
	总资产(万元)	8254.82	11751.00	9150.30	12187.33
	归属母公司股东权益(万元)	7232.42	9277.18	7329.04	9780.21
	营业收入(万元)	1627.34	6766.14	1339.78	7851.93
	营业成本(万元)	761.28	1482.30	602.23	1458.12
	投资收益(万元)	28.76	34.09	22.37	21.61
	净利润(万元)	—	—	-1365.16	2292.27
	营业利润(万元)	-1031.24	-283.07	-1451.42	1358.80
	利润总额(万元)	-1031.16	499.80	-1346.83	2561.67

福建瑞恒信息科技股份有限公司

公司概况	公司名称	福建瑞恒信息科技股份有限公司		证券简称	瑞恒科技
	法人代表	张凡	董秘	李昱	证券代码 831073
	公司网址	www.ruitel.com	电子信箱	13906928747@139.com	
	电　话	13906928747	传　真	0591-83327893	
	办公地址	福建省福州市鼓楼区软件大道89号软件园F区A楼25层			
	经营范围	计算机软件、硬件、通信设备、集成电路、银行卡终端(POS)设备及电子产品的研究、开发、销售			

主要财务指标	指标\报告期	2017.06.30	2016.12.31	2016.06.30	2015.12.31
	基本每股收益(元)	-0.0200	0.0500	0.0300	0.2700
	基本每股收益(扣除后)(元)	-0.0300	0.0400	0.0300	0.2500
	稀释每股收益(元)	-0.0200	0.0500	0.0300	0.2700
	每股净资产(元)	2.7200	2.7400	2.7200	2.7000
	每股经营现金净流量(元)	-0.2541	0.0049	-0.1446	-0.0744
	每股现金流量(元)	-0.3119	-0.1597	0.1316	0.5048
	每股资本公积金(元)	1.2169	1.2169	1.2169	1.2169
	每股盈余公积金(元)	0.0546	0.0546	0.0479	0.0479
	每股未分配利润(元)	0.4533	0.4707	0.4596	0.4322
	净资产收益率(%)	-0.6385	1.6502	1.0074	9.2477
	净资产收益率(扣除)(%)	-0.6400	1.6400	1.0100	12.4000
	加权净资产收益率	-1.1598	1.5572	0.9240	8.7334
	总资产(万元)	16966.35	16785.88	16502.68	17055.97
	归属母公司股东权益(万元)	15395.05	15493.34	15392.75	15237.67
	营业收入(万元)	3277.26	10344.01	4278.10	14403.18
	营业成本(万元)	2120.73	7090.48	2930.13	10247.70
	投资收益(万元)	-2.76	30.88	2.78	—
	净利润(万元)	—	—	125.35	1408.26
	营业利润(万元)	-233.03	175.91	160.11	1521.21
	利润总额(万元)	-138.61	192.86	175.22	1613.41

浙江佳力科技股份有限公司

公司概况	公司名称	浙江佳力科技股份有限公司		证券简称	佳力科技
	法人代表	龚政尧	董秘	沈汉生	证券代码 831074
	公司网址	www.jlkjgroup.com	电子信箱	shs@jlkjgroup.com	
	电　话	0571-82565063	传　真	0571-82565062	
	办公地址	浙江省杭州市萧山区瓜沥镇			
	经营范围	公司主营业务为风电设备铸件和石油化工设备的研发、生产和销售			

主要财务指标	指标\报告期	2017.06.30	2016.12.31	2016.06.30	2015.12.31
	基本每股收益(元)	0.1200	0.1100	0.0200	0.4300
	基本每股收益(扣除后)(元)	-0.0300	0.0200	-0.0200	0.3200
	稀释每股收益(元)	0.1200	0.1100	0.0200	0.4300
	每股净资产(元)	4.1200	4.9300	4.8400	4.9600
	每股经营现金净流量(元)	0.3307	0.3061	0.1164	0.6873
	每股现金流量(元)	-0.0925	-0.2917	-0.1863	0.3422
	每股资本公积金(元)	1.3942	1.3942	1.3942	1.3942
	每股盈余公积金(元)	0.1969	0.1969	0.1969	0.1969
	每股未分配利润(元)	1.5349	2.3466	2.2585	2.3842
	净资产收益率(%)	2.8726	2.2821	0.5024	8.0602
	净资产收益率(扣除)(%)	2.5300	2.2700	0.4900	8.8100
	加权净资产收益率	-0.8412	0.4432	-0.3838	6.0706
	总资产(万元)	79396.54	86699.67	89074.24	93192.18
	归属母公司股东权益(万元)	43726.05	52306.65	51384.86	52692.32
	营业收入(万元)	9670.93	29007.13	12090.51	43518.24
	营业成本(万元)	8453.73	21597.77	8922.14	30643.65
	投资收益(万元)	125.95	—	—	—
	净利润(万元)	—	—	258.43	4247.21
	营业利润(万元)	-39.98	303.25	-124.89	3787.09
	利润总额(万元)	1457.94	1435.03	347.58	4966.21

武汉宏海科技股份有限公司

公司概况	公司名称	武汉宏海科技股份有限公司		证券简称	宏海科技
	法人代表	周宏	董秘	查方伟	证券代码 831075
	公司网址	www.hhkjgf.com	电子信箱	forwardzha@163.com	
	电　话	027-84478148	传　真	027-84478136	
	办公地址	湖北省武汉经济技术开发区全力五路69号			
	经营范围	钣金生产及钣金模具设计、制造,空调蒸发器和冷凝器设计、制造			

主要财务指标	指标\报告期	2017.06.30	2016.12.31	2016.06.30	2015.12.31
	基本每股收益(元)	0.0500	0.0940	0.0300	0.0300
	基本每股收益(扣除后)(元)	0.0500	0.0874	0.0206	-0.0320
	稀释每股收益(元)	0.0500	—	0.0300	—
	每股净资产(元)	3.3900	3.3400	3.2700	3.2500
	每股经营现金净流量(元)	0.0990	-0.0476	-0.1585	0.4730
	每股现金流量(元)	0.0337	-0.6080	-0.5493	0.5908
	每股资本公积金(元)	1.2166	1.2166	1.2166	1.2166
	每股盈余公积金(元)	0.0765	0.0765	0.0765	0.0765
	每股未分配利润(元)	1.0953	1.0486	0.9796	0.9545
	净资产收益率(%)	1.3764	2.8173	0.7665	0.9045
	净资产收益率(扣除)(%)	1.3900	2.8600	0.7700	1.1600
	加权净资产收益率	1.4542	2.6197	0.6304	-0.8600
	总资产(万元)	17773.06	17078.64	15218.73	16541.98
	归属母公司股东权益(万元)	13553.64	13366.42	13090.72	12989.39
	营业收入(万元)	14606.96	18117.04	7635.72	15095.25
	营业成本(万元)	13151.75	15670.74	6639.26	12919.63
	投资收益(万元)	—	—	—	—
	净利润(万元)	—	—	100.34	117.49
	营业利润(万元)	262.13	547.80	110.65	4.88
	利润总额(万元)	248.80	581.31	133.59	184.08

江苏展博电扶梯成套部件股份有限公司

公司概况	公司名称	江苏展博电扶梯成套部件股份有限公司			证券简称	展博股份
	法人代表	连寅霄	董秘	徐凤琴	证券代码	831076
	公司网址	www.zbgf-elevator.com		电子信箱	zhanbogufen@163.com	
	电　　话	13913061052		传　　真	0512-63283055	
	办公地址	江苏省苏州市吴江区黎里镇莘塔社区龙泾路77号				
	经营范围	电扶梯成套配件的生产、销售;电扶梯装潢				

主要财务指标	指标\报告期	2017.06.30	2016.12.31	2016.06.30	2015.12.31
	基本每股收益(元)	0.0418	-0.0402	-0.0283	-0.2300
	基本每股收益(扣除后)(元)	0.0379	-0.0549	-0.0268	-0.0955
	稀释每股收益(元)	0.0418	-0.0402	-0.0283	-0.2300
	每股净资产(元)	1.2600	1.2200	1.2300	1.2600
	每股经营现金净流量(元)	0.0232	-0.8473	-0.9293	-0.3307
	每股现金流量(元)	0.0344	0.4950	0.4414	0.2879
	每股资本公积金(元)	0.3360	0.3360	0.3360	0.3360
	每股盈余公积金(元)	0.0274	0.0274	0.0189	0.0189
	每股未分配利润(元)	-0.1037	-0.1455	-0.1252	-0.0968
	净资产收益率(%)	3.3162	-3.2975	-2.3039	-16.4318
	净资产收益率(扣除)(%)	3.3700	-3.2400	-2.2800	-18.0200
	加权净资产收益率	3.0094	-4.5067	-2.1784	-6.7674
	总资产(万元)	5522.34	5668.61	6133.49	5819.02
	归属母公司股东权益(万元)	1864.59	1802.75	1820.26	1862.20
	营业收入(万元)	2137.83	3421.63	1333.82	3035.34
	营业成本(万元)	1632.47	2717.20	1038.06	2339.50
	投资收益(万元)	—	—	—	-217.55
	净利润(万元)	—	—	-41.94	-305.99
	营业利润(万元)	78.62	-46.61	-22.11	-251.44
	利润总额(万元)	85.28	-17.57	-25.16	-273.24

唐山汇鑫嘉德节能减排科技股份有限公司

公司概况	公司名称	唐山汇鑫嘉德节能减排科技股份有限公司			证券简称	汇鑫嘉德
	法人代表	闫新平	董秘	刘竹焕	证券代码	831082
	公司网址	www.huixinjiade.com		电子信箱	hxjdoffice@163.com	
	电　　话	0315-8823666		传　　真	0315-8823996	
	办公地址	河北省唐山市曹妃甸新区装备制造产业园区内				
	经营范围	对钢铁企业的冶金烟尘进行高效循环综合利用,生产氯化钾和铁粉并销售				

主要财务指标	指标\报告期	2017.06.30	2016.12.31	2016.06.30	2015.12.31
	基本每股收益(元)	-0.0667	-0.1099	-0.0700	-0.1300
	基本每股收益(扣除后)(元)	-0.0802	-0.1643	-0.0816	-0.1900
	稀释每股收益(元)	-0.0667	-0.1099	-0.0700	-0.1300
	每股净资产(元)	0.9100	0.9800	1.0200	1.0900
	每股经营现金净流量(元)	-0.0617	-0.0812	-0.1255	-0.1534
	每股现金流量(元)	-0.1443	-0.0805	-0.1893	0.1838
	每股资本公积金(元)	0.3784	0.3784	0.3784	0.3784
	每股盈余公积金(元)	0.0006	0.0006	0.0006	0.0006
	每股未分配利润(元)	-0.4659	-0.3991	-0.3581	-0.2893
	净资产收益率(%)	-7.3074	-11.2123	-6.7358	-11.3185
	净资产收益率(扣除)(%)	-7.0500	-10.6200	-6.5200	-11.8500
	加权净资产收益率	-8.7777	-16.7634	-7.9904	-16.7246
	总资产(万元)	16488.18	17775.88	17118.10	17704.88
	归属母公司股东权益(万元)	6757.09	7250.86	7554.95	8063.84
	营业收入(万元)	851.28	2563.93	934.06	1209.36
	营业成本(万元)	875.66	2599.28	979.77	1245.97
	投资收益(万元)	—	—	—	39.88
	净利润(万元)	—	—	-570.77	-970.74
	营业利润(万元)	-667.12	-1317.28	-697.12	-1367.08
	利润总额(万元)	-550.24	-916.61	-570.77	-970.74

广州博冠光电科技股份有限公司

公司概况	公司名称	广州博冠光电科技股份有限公司			证券简称	博冠股份
	法人代表	曾德祥	董秘	汤凤	证券代码	831085
	公司网址	www.bosma.com.cn		电子信箱	tangf@bosma.com.cn	
	电　　话	020-32203001-806		传　　真	020-32203099	
	办公地址	广东省广州市高新技术产业开发区科学城开源大道11号A5栋第三层A单元				
	经营范围	运动光学产品的研发设计、组织自主生产或委托外包生产、销售				

主要财务指标	指标\报告期	2017.06.30	2016.12.31	2016.06.30	2015.12.31
	基本每股收益(元)	0.0200	-0.0400	-0.0400	-0.0500
	基本每股收益(扣除后)(元)	0.0100	-0.0600	-0.0500	-0.0900
	稀释每股收益(元)	0.0200	-0.0400	-0.0400	—
	每股净资产(元)	1.0800	1.0500	1.0400	1.0900
	每股经营现金净流量(元)	0.0578	-0.1388	-0.1672	-0.2207
	每股现金流量(元)	0.0440	0.0507	0.0345	0.0801
	每股资本公积金(元)	0.0638	0.0638	0.0638	0.0638
	每股盈余公积金(元)	0.0284	0.0249	0.0218	0.0218
	每股未分配利润(元)	-0.0230	-0.0400	-0.0439	-0.0014
	净资产收益率(%)	1.9133	-3.3840	-4.0708	-4.6120
	净资产收益率(扣除)(%)	1.9300	-3.3300	-3.9900	-6.7900
	加权净资产收益率	1.1821	-6.0538	-5.1653	-8.1257
	总资产(万元)	13645.52	13016.79	13385.26	14208.56
	归属母公司股东权益(万元)	10750.31	10510.85	10435.38	10852.85
	营业收入(万元)	7443.93	13714.06	5825.54	12739.00
	营业成本(万元)	5162.52	10002.75	4370.96	10360.12
	投资收益(万元)	11.68	78.35	30.02	32.42
	净利润(万元)	—	—	-424.80	-500.54
	营业利润(万元)	139.99	-821.73	-655.36	-997.52
	利润总额(万元)	208.34	-513.57	-523.85	-578.46

凉山州锡成新材料股份有限公司

公司概况	公司名称	凉山州锡成新材料股份有限公司			证券简称	锡成新材
	法人代表	周锡成	董秘	王平	证券代码	831090
	公司网址	www.xchsk.com		电子信箱	xichenghuashi@xchsk.com	
	电　　话	0834-6280009		传　　真	0834-6280009	
	办公地址	四川省凉山州冕宁县后山乡				
	经营范围	滑石矿开采、加工、销售				

主要财务指标	指标\报告期	2017.06.30	2016.12.31	2016.06.30	2015.12.31
	基本每股收益(元)	-0.0498	-0.5591	0.0800	0.1000
	基本每股收益(扣除后)(元)	-0.0520	-0.5627	0.0800	0.1035
	稀释每股收益(元)	-0.0498	-0.5591	0.0800	0.1000
	每股净资产(元)	0.5500	0.6000	1.2500	1.1600
	每股经营现金净流量(元)	-0.0264	0.0575	0.0146	0.0472
	每股现金流量(元)	0.0015	-0.0050	-0.0048	0.0036
	每股资本公积金(元)	0.0148	0.0148	0.0148	0.0148
	每股盈余公积金(元)	0.0147	0.0147	0.0147	0.0147
	每股未分配利润(元)	-0.4793	-0.4270	0.2143	0.1321
	净资产收益率(%)	-9.4917	-92.6090	6.6043	9.0182
	净资产收益率(扣除)(%)	-9.0600	-63.3000	6.8300	9.4500
	加权净资产收益率	-9.4314	-93.1979	6.6565	8.9021
	总资产(万元)	40717.44	40952.65	58325.79	51790.60
	归属母公司股东权益(万元)	11175.46	12236.20	25233.85	23566.58
	营业收入(万元)	2143.46	1874.47	4732.96	8795.04
	营业成本(万元)	1168.49	917.61	1705.58	3086.72
	投资收益(万元)	—	—	—	—
	净利润(万元)	—	—	1666.52	2125.29
	营业利润(万元)	-1054.00	-11357.20	1973.79	2550.30
	利润总额(万元)	-1060.75	-11285.14	1960.61	2585.24

北京精冶源新材料股份有限公司

公司概况					
公司名称	北京精冶源新材料股份有限公司			证券简称	精冶源
法人代表	左亮珠	董秘	范凌江	证券代码	831091
公司网址	www.jyy010.com		电子信箱	jyy_mail@126.com	
电　　话	010-82089986		传　　真	010-82086998	
办公地址	北京市西城区新街口外大街 8 号 1 幢 615 号(德胜园区)				
经营范围	高温工业用不定形耐火材料的研发、生产、销售、施工和相关技术服务				

主要财务指标 指标\报告期	2017.06.30	2016.12.31	2016.06.30	2015.12.31
基本每股收益(元)	0.0700	0.0500	0.0600	0.5400
基本每股收益(扣除后)(元)	0.0700	0.0700	---	0.4800
稀释每股收益(元)	0.0700	0.0500	0.0600	0.5400
每股净资产(元)	1.7300	1.6500	1.6700	1.6300
每股经营现金净流量(元)	0.0792	0.0352	-0.1142	-0.2474
每股现金流量(元)	0.0467	-0.0056	-0.0195	-0.0211
每股资本公积金(元)	0.0170	0.0170	0.0170	0.0170
每股盈余公积金(元)	0.0991	0.0991	0.0940	0.0940
每股未分配利润(元)	0.6119	0.5375	0.5540	0.4920
净资产收益率(%)	4.3036	3.0614	3.7290	33.4443
净资产收益率(扣除)(%)	4.4000	3.1100	3.8000	41.2400
加权净资产收益率	4.1499	4.4846	5.0118	29.7182
总资产(万元)	8533.84	8762.39	8983.83	8847.17
归属母公司股东权益(万元)	5503.35	5266.51	5303.03	5105.28
营业收入(万元)	3767.67	8871.21	4350.68	9641.19
营业成本(万元)	3016.49	7069.24	3407.36	6830.51
投资收益(万元)	---	---	---	0.59
净利润(万元)	---	---	197.75	1707.42
营业利润(万元)	271.88	242.60	314.91	1740.97
利润总额(万元)	281.83	154.42	234.88	1974.05

成都光大灵曦科技发展股份有限公司

公司概况					
公司名称	成都光大灵曦科技发展股份有限公司			证券简称	光大灵曦
法人代表	余曦明	董秘	叶秀清	证券代码	831094
公司网址	www.cdgdlx.com		电子信箱	646657020@qq.com	
电　　话	028-68615189		传　　真	028-68615191	
办公地址	四川省成都市高新区天宇路 2 号天府创业园 6 栋				
经营范围	铁路通信信号检测测试系统的研发、生产和销售				

主要财务指标 指标\报告期	2017.06.30	2016.12.31	2016.06.30	2015.12.31
基本每股收益(元)	-0.0700	-0.1400	-1.0200	0.0300
基本每股收益(扣除后)(元)	-0.0683	-0.1600	---	-0.0300
稀释每股收益(元)	-0.0700	-0.1400	---	0.0300
每股净资产(元)	1.3600	1.4400	1.5300	1.6300
每股经营现金净流量(元)	0.0438	-0.2954	-0.3912	-0.0466
每股现金流量(元)	0.0009	-0.2046	-0.1685	0.1015
每股资本公积金(元)	0.5716	0.5716	0.5716	0.5716
每股盈余公积金(元)	0.0407	0.0407	0.0407	0.0407
每股未分配利润(元)	-0.2489	-0.1748	-0.0813	0.0166
净资产收益率(%)	-5.4413	-14.0781	-6.3925	1.3209
净资产收益率(扣除)(%)	-5.3000	-13.2000	-6.0000	1.7000
加权净资产收益率	-5.3111	-15.3879	-6.4820	-1.1842
总资产(万元)	3335.65	3372.13	3731.77	3738.54
归属母公司股东权益(万元)	2293.06	2417.83	2575.02	2739.63
营业收入(万元)	496.92	1133.23	128.46	1640.94
营业成本(万元)	417.60	832.74	85.18	864.22
投资收益(万元)	---	1.22	1.22	2.93
净利润(万元)	---	---	-164.61	36.19
营业利润(万元)	-121.79	-392.57	-165.69	-16.69
利润总额(万元)	-124.77	-356.53	-164.61	61.12

武汉思为同飞网络技术股份有限公司

公司概况					
公司名称	武汉思为同飞网络技术股份有限公司			证券简称	思为同飞
法人代表	梅松	董秘	张静	证券代码	831097
公司网址	www.secway.net.cn		电子信箱	zhangjing@secway.net.cn	
电　　话	027-67845148		传　　真	027-67848826	
办公地址	湖北省武汉东湖开发区高新科技园关山二路特一号国际企业中心 2 幢 5 层 504 号				
经营范围	计算机软硬件、普通机械、电子产品的研制、技术开发及技术服务、销售				

主要财务指标 指标\报告期	2017.06.30	2016.12.31	2016.06.30	2015.12.31
基本每股收益(元)	-0.1600	0.0368	-0.4300	0.1200
基本每股收益(扣除后)(元)	-0.1600	0.0120	-0.4200	0.0308
稀释每股收益(元)	-0.1600	0.0368	-0.4300	---
每股净资产(元)	0.9500	1.8900	1.1200	1.5400
每股经营现金净流量(元)	-0.1312	-0.1036	-0.2789	-0.2634
每股现金流量(元)	0.0151	0.1136	0.4350	0.3849
每股资本公积金(元)	0.0064	0.7109	0.3635	0.3635
每股盈余公积金(元)	0.0266	0.0452	0.0574	0.0574
每股未分配利润(元)	-0.0793	0.1304	-0.2984	0.1228
净资产收益率(%)	-16.3590	1.7804	-37.5273	6.7270
净资产收益率(扣除)(%)	-15.1200	2.0900	-31.6000	10.1000
加权净资产收益率	-16.3573	0.5816	-38.0705	1.6712
总资产(万元)	1816.91	2182.90	1692.37	1458.16
归属母公司股东权益(万元)	1686.14	1961.98	920.40	1265.80
营业收入(万元)	244.46	1104.25	224.55	968.98
营业成本(万元)	61.76	119.84	41.99	142.70
投资收益(万元)	0.37	5.75	3.45	3.90
净利润(万元)	---	---	-345.40	85.15
营业利润(万元)	-290.83	1.05	-357.17	-2.08
利润总额(万元)	-274.39	34.17	-344.39	75.42

常州市武进区通利农村小额贷款股份有限公司

公司概况					
公司名称	常州市武进区通利农村小额贷款股份有限公司			证券简称	通利农贷
法人代表	管正民	董秘	李庆	证券代码	831098
公司网址	www.cztldk.com		电子信箱	liqing8@vip.163.com	
电　　话	0519-81282989		传　　真	0519-81663630	
办公地址	江苏省常州市武进区南夏墅街道常武南路 588 号天安数码城通利金融大厦				
经营范围	票据经济业务及资产转让业务				

主要财务指标 指标\报告期	2017.06.30	2016.12.31	2016.06.30	2015.12.31
基本每股收益(元)	0.0200	0.0700	0.0400	0.1000
基本每股收益(扣除后)(元)	0.0199	0.0700	0.0400	0.1000
稀释每股收益(元)	0.0200	0.0700	0.0400	0.1000
每股净资产(元)	1.5400	1.5200	1.5400	1.5000
每股经营现金净流量(元)	-0.0713	-0.0637	-0.0057	-0.0500
每股现金流量(元)	-0.0245	0.0393	---	---
每股资本公积金(元)	0.0786	0.0786	0.0786	0.0786
每股盈余公积金(元)	0.0757	0.0757	0.0684	0.0684
每股未分配利润(元)	0.3622	0.3427	0.3712	0.3298
净资产收益率(%)	1.2673	4.7054	2.6856	6.5128
净资产收益率(扣除)(%)	1.2800	4.7300	2.7200	7.0000
加权净资产收益率	1.2635	4.5220	2.6872	6.4326
总资产(万元)	127078.34	121837.92	104286.18	101444.31
归属母公司股东权益(万元)	97632.49	96395.18	97571.48	94951.07
营业收入(万元)	4703.26	12181.39	5458.37	12755.27
营业成本(万元)	---	---	---	---
投资收益(万元)	---	-20.08	-17.28	1.94
净利润(万元)	---	---	2620.41	6184.00
营业利润(万元)	1663.63	5932.40	3519.46	8191.84
利润总额(万元)	1668.63	6168.16	3517.45	8293.45

上海埃林哲软件系统股份有限公司

公司概况	公司名称	上海埃林哲软件系统股份有限公司		证券简称	埃林哲
	法人代表	盖莉珊	董秘	傅晓峰	证券代码	831106
	公司网址	www.elitesland.com	电子信箱	Xiaofeng.fu@elitesland.com	
	电 话	021-62470087	传 真	021-62794887	
	办公地址	上海市长宁区金钟路767弄2号2楼			
	经营范围	计算机软件的开发、设计、制作、销售			

主要财务指标	指标\报告期	2017.06.30	2016.12.31	2016.06.30	2015.12.31
	基本每股收益(元)	0.0100	0.1500	0.1200	0.8500
	基本每股收益(扣除后)(元)	0.0100	0.1300	---	0.7600
	稀释每股收益(元)	0.0100	0.1500	0.1200	0.8500
	每股净资产(元)	1.7400	1.7200	1.6900	1.5700
	每股经营现金净流量(元)	-0.3358	0.0444	-0.1650	0.5990
	每股现金流量(元)	-0.4936	-0.1216	-0.2628	1.0825
	每股资本公积金(元)	0.0075	0.0075	0.0075	0.0075
	每股盈余公积金(元)	0.0738	0.0738	0.0568	0.0568
	每股未分配利润(元)	0.6561	0.6417	0.6253	0.5081
	净资产收益率(%)	0.8240	8.7389	6.9358	26.8916
	净资产收益率(扣除)(%)	0.8300	9.1400	7.1800	41.8200
	加权净资产收益率	0.8246	7.7755	6.0008	24.2874
	总资产(万元)	5888.17	6248.94	5732.46	6005.85
	归属母公司股东权益(万元)	5211.96	5169.01	5068.86	4717.29
	营业收入(万元)	3031.93	6181.12	2826.06	5876.81
	营业成本(万元)	1335.12	3951.76	1693.28	2737.54
	投资收益(万元)	---	17.56	17.56	---
	净利润(万元)	---	---	351.57	1268.56
	营业利润(万元)	79.77	319.86	372.03	1288.45
	利润总额(万元)	87.20	478.01	427.79	1432.98

北京智明恒石油科技股份有限公司

公司概况	公司名称	北京智明恒石油科技股份有限公司			证券简称	智明恒
	法人代表	李贺山	董秘	李栋	证券代码	831111
	公司网址	www.cnpc.net.cn	电子信箱	lidong@cnpc.net.cn		
	电 话	010-82810486	传 真	010-82810476		
	办公地址	北京市海淀区学院路甲5号2幢B北1032室				
	经营范围	石油勘探开发专业应用软件研发与销售、石油信息化建设和油气田专业技术服务				

主要财务指标	指标\报告期	2017.06.30	2016.12.31	2016.06.30	2015.12.31
	基本每股收益(元)	0.1140	0.0144	0.0100	0.0400
	基本每股收益(扣除后)(元)	0.1031	-0.0079	0.0037	0.0408
	稀释每股收益(元)	0.1140	0.0144	0.0100	0.0400
	每股净资产(元)	1.1500	1.0300	1.0200	2.2300
	每股经营现金净流量(元)	-0.1453	-0.0903	-0.0115	-0.7913
	每股现金流量(元)	-0.1480	-0.3258	-0.0157	1.1943
	每股资本公积金(元)	0.0041	0.0041	0.0041	1.4091
	每股盈余公积金(元)	0.0031	0.0031	0.0016	0.0042
	每股未分配利润(元)	0.1416	0.0276	0.0183	0.0377
	净资产收益率(%)	9.9254	1.3951	0.3568	1.2327
	净资产收益率(扣除)(%)	10.4400	1.4000	0.3600	2.8200
	加权净资产收益率	8.9745	-0.7614	0.3568	1.2278
	总资产(万元)	6687.36	5880.16	5523.70	5454.28
	归属母公司股东权益(万元)	5916.58	5329.34	5273.80	5254.98
	营业收入(万元)	1283.02	1644.39	1096.16	826.87
	营业成本(万元)	161.52	701.05	487.79	256.25
	投资收益(万元)	---	---	---	---
	净利润(万元)	---	---	18.82	64.78
	营业利润(万元)	692.59	44.85	22.40	54.20
	利润总额(万元)	691.16	81.45	22.40	81.55

江苏哥伦布商业管理股份有限公司

公司概况	公司名称	江苏哥伦布商业管理股份有限公司			证券简称	哥伦布
	法人代表	孙旭东	董秘	陈永东	证券代码	831112
	公司网址	www.glbgc.com	电子信箱	cydslj@163.com		
	电 话	021-80120187	传 真	021-80120194		
	办公地址	江苏省苏州市人民路4555号繁花中心A塔楼5楼				
	经营范围	社区型商业地产的商业定位、商业规划设计、招商运营、金融服务等				

主要财务指标	指标\报告期	2017.06.30	2016.12.31	2016.06.30	2015.12.31
	基本每股收益(元)	-0.1000	0.0700	0.0100	-0.0700
	基本每股收益(扣除后)(元)	-0.1000	0.0600	0.0200	-0.0600
	稀释每股收益(元)	-0.1000	0.0700	0.0100	-0.0700
	每股净资产(元)	1.8600	1.9600	1.9100	1.8900
	每股经营现金净流量(元)	-0.2764	0.2246	-0.0069	0.6359
	每股现金流量(元)	-0.5327	0.0392	0.0374	1.1466
	每股资本公积金(元)	0.5886	0.5886	0.5886	0.5886
	每股盈余公积金(元)	0.0148	0.0148	0.0148	0.0148
	每股未分配利润(元)	0.2548	0.3557	0.3015	0.2897
	净资产收益率(%)	-5.4298	3.3697	0.6230	-3.7260
	净资产收益率(扣除)(%)	-5.2900	3.4300	0.6200	-4.1800
	加权净资产收益率	-5.4544	3.1025	0.8039	-3.2299
	总资产(万元)	8874.56	9485.63	8009.29	8237.64
	归属母公司股东权益(万元)	6132.22	6465.19	6286.50	6247.34
	营业收入(万元)	4212.58	7299.05	2959.05	7042.81
	营业成本(万元)	2999.47	4368.33	1530.87	3285.46
	投资收益(万元)	---	25.34	25.34	-6.93
	净利润(万元)	---	---	32.45	-252.18
	营业利润(万元)	-329.97	292.70	82.65	-108.79
	利润总额(万元)	-328.18	292.01	70.96	-139.87

深圳市兰亭科技股份有限公司

公司概况	公司名称	深圳市兰亭科技股份有限公司			证券简称	兰亭科技
	法人代表	张许昌	董秘	丁琳	证券代码	831118
	公司网址	www.sz-lantern.com	电子信箱	zhangyamei@ilantern.cn		
	电 话	0755-33269968	传 真	0755-33269999-8130		
	办公地址	广东省深圳市坪山新区大工业区青兰二路6号				
	经营范围	从事洗沐、护肤和彩妆系列化妆品的研发、生产与销售业务				

主要财务指标	指标\报告期	2017.06.30	2016.12.31	2016.06.30	2015.12.31
	基本每股收益(元)	0.1300	0.2500	0.0900	-0.1000
	基本每股收益(扣除后)(元)	0.1300	0.1200	0.0900	-0.1300
	稀释每股收益(元)	0.1300	0.2500	0.0900	-0.1300
	每股净资产(元)	2.1700	2.0400	1.8600	1.7800
	每股经营现金净流量(元)	0.0510	0.1308	-0.4348	-0.0783
	每股现金流量(元)	0.1067	-0.2175	-0.2991	0.3511
	每股资本公积金(元)	0.5147	0.5147	0.5147	0.5147
	每股盈余公积金(元)	0.0797	0.0797	0.0540	0.0540
	每股未分配利润(元)	0.5743	0.4408	0.3083	0.2141
	净资产收益率(%)	6.1558	12.3995	5.0167	-5.5455
	净资产收益率(扣除)(%)	5.9700	13.2100	5.1500	-4.8000
	加权净资产收益率	5.9900	5.8253	4.8339	-6.9108
	总资产(万元)	36400.73	33098.65	36997.06	35503.57
	归属母公司股东权益(万元)	16336.67	15331.01	14139.38	13430.05
	营业收入(万元)	6575.23	14144.51	5717.50	12667.92
	营业成本(万元)	3160.50	8427.56	2851.32	7418.27
	投资收益(万元)	---	-6.15	---	---
	净利润(万元)	---	---	709.34	-744.76
	营业利润(万元)	1119.19	1990.13	845.88	-1073.23
	利润总额(万元)	1151.07	2239.91	876.31	-888.74

云南蓝钻生物科技股份有限公司

公司概况					
公司名称	云南蓝钻生物科技股份有限公司			证券简称	蓝钻生物
法人代表	谭胜华	董秘	熊巍	证券代码	831119
公司网址	www.lanzuan.com.cn		电子信箱	872600370@qq.com	
电　话	0871-63123312		传　真	0871-67442525	
办公地址	云南省昆明市呈贡区马金铺国家生物产业基地 1 号楼				
经营范围	保健食品的研究、开发及销售				

主要财务指标：指标\报告期	2017.06.30	2016.12.31	2016.06.30	2015.12.31
基本每股收益(元)	-0.1600	0.0090	0.1500	0.3000
基本每股收益(扣除后)(元)	-0.1600	-0.0140	0.1500	0.2400
稀释每股收益(元)	-0.1600	0.0090	0.1500	0.3000
每股净资产(元)	2.0100	2.1700	2.3200	2.1600
每股经营现金净流量(元)	-0.0541	-0.2260	-0.2361	-0.3197
每股现金流量(元)	-0.0555	-0.2778	-0.2573	0.0558
每股资本公积金(元)	0.6363	0.6363	0.6363	0.6363
每股盈余公积金(元)	0.0222	0.0222	—	—
每股未分配利润(元)	0.3490	0.5117	0.6799	0.5251
净资产收益率(%)	-8.1082	0.4067	6.6831	13.3703
净资产收益率(扣除)(%)	-7.7900	0.4100	6.9100	17.3300
加权净资产收益率	-8.3025	-0.2117	6.6909	10.6947
总资产(万元)	7638.90	8286.95	8904.69	8445.67
归属母公司股东权益(万元)	7487.74	8094.86	8639.31	8061.94
营业收入(万元)	630.86	3228.99	2151.67	5127.26
营业成本(万元)	294.58	1654.08	981.68	2839.57
投资收益(万元)	—	—	—	—
净利润(万元)	—	—	577.37	1077.91
营业利润(万元)	-617.37	62.49	684.14	1055.29
利润总额(万元)	-600.27	115.69	683.35	1277.00

山东力久特种电机股份有限公司

公司概况					
公司名称	山东力久特种电机股份有限公司			证券简称	力久电机
法人代表	张成	董秘	叶杰	证券代码	831121
公司网址	www.sdljdj.com		电子信箱	yejie0728@126.com	
电　话	0631-6681024		传　真	0631-6681024	
办公地址	山东省威海市乳山市山海大道 22 号				
经营范围	电动机及电动机控制系统的研发、制造和销售				

主要财务指标：指标\报告期	2017.06.30	2016.12.31	2016.06.30	2015.12.31
基本每股收益(元)	0.0400	0.2160	0.0900	0.3500
基本每股收益(扣除后)(元)	0.0300	0.0654	0.0400	0.2800
稀释每股收益(元)	0.0400	0.2160	0.0900	—
每股净资产(元)	1.3900	2.7700	2.5500	3.3100
每股经营现金净流量(元)	-0.0841	0.7075	0.6728	0.4247
每股现金流量(元)	0.0161	-0.1059	0.1542	0.0945
每股资本公积金(元)	0.0882	1.3062	1.0287	1.6374
每股盈余公积金(元)	0.0405	0.0900	0.0621	0.0808
每股未分配利润(元)	0.2652	0.5646	0.4622	0.5868
净资产收益率(%)	2.9542	7.0874	3.4327	10.4021
净资产收益率(扣除)(%)	2.9200	8.2209	3.3900	11.3200
加权净资产收益率	1.9842	2.1461	1.3889	8.1258
总资产(万元)	15642.64	13777.05	14408.42	14749.95
归属母公司股东权益(万元)	7129.43	7115.88	5911.39	5883.99
营业收入(万元)	7941.75	12791.59	5372.03	15103.55
营业成本(万元)	6207.28	9704.05	3832.83	11193.82
投资收益(万元)	—	—	—	—
净利润(万元)	—	—	202.92	612.06
营业利润(万元)	180.01	216.54	121.27	578.56
利润总额(万元)	261.37	633.70	263.41	736.14

河南环宇石化装备科技股份有限公司

公司概况					
公司名称	河南环宇石化装备科技股份有限公司			证券简称	环宇装备
法人代表	陈志强	董秘	王朝选	证券代码	831130
公司网址	www.hyzbkj.com		电子信箱	huanyukj@126.com	
电　话	0371-56037109		传　真	0371-86559136	
办公地址	河南省修武县产业集聚区云翔路中段南侧				
经营范围	变压、变温吸附设备制造及安装				

主要财务指标：指标\报告期	2017.06.30	2016.12.31	2016.06.30	2015.12.31
基本每股收益(元)	0.0120	-0.1000	0.0150	0.0100
基本每股收益(扣除后)(元)	0.0100	-0.1100	0.0140	-0.0200
稀释每股收益(元)	0.0120	-0.1000	0.0150	0.0100
每股净资产(元)	1.2600	1.2500	1.5000	1.4900
每股经营现金净流量(元)	0.0172	0.0702	0.0017	-0.1987
每股现金流量(元)	-0.0024	-0.0012	0.0723	-0.0081
每股资本公积金(元)	0.3360	0.3360	0.4696	0.4696
每股盈余公积金(元)	0.0049	0.0049	0.0089	0.0054
每股未分配利润(元)	-0.0774	-0.0890	0.0261	0.0104
净资产收益率(%)	0.9201	-7.8690	1.2728	0.6411
净资产收益率(扣除)(%)	0.9200	-7.5700	1.2800	0.8500
加权净资产收益率	0.7649	-8.4286	0.9320	-0.9325
总资产(万元)	13207.00	13688.29	14067.99	13779.40
归属母公司股东权益(万元)	6532.49	6472.39	7071.71	6981.70
营业收入(万元)	2142.85	3312.83	2091.31	3289.14
营业成本(万元)	1378.65	2310.79	1331.43	2079.38
投资收益(万元)	—	—	—	—
净利润(万元)	—	—	70.00	44.76
营业利润(万元)	64.65	-541.43	41.81	-82.65
利润总额(万元)	74.79	-505.21	73.94	65.25

科润智能科技股份有限公司

公司概况					
公司名称	科润智能科技股份有限公司			证券简称	科润智能
法人代表	李新华	董秘	邓平飞	证券代码	831133
公司网址	www.greenits.net		电子信箱	dengpingfei@greenits.net	
电　话	029-85263382		传　真	029-85263382	
办公地址	陕西省西安市高新区沣惠南路 34 号新长安广场 1 幢 2 单元 21502 室				
经营范围	城际和城市智能交通系统、建筑智能化系统领域的高新技术产品开发				

主要财务指标：指标\报告期	2017.06.30	2016.12.31	2016.06.30	2015.12.31
基本每股收益(元)	0.0400	0.1200	0.0700	0.2300
基本每股收益(扣除后)(元)	0.0400	0.1000	—	0.2200
稀释每股收益(元)	0.0400	0.1200	0.0700	0.2200
每股净资产(元)	1.5900	1.5500	1.5000	1.4300
每股经营现金净流量(元)	-0.1446	-0.1934	-0.5214	0.3514
每股现金流量(元)	-0.1021	-0.3221	-0.4682	0.4916
每股资本公积金(元)	0.1016	0.1016	0.1016	0.1016
每股盈余公积金(元)	0.0605	0.0564	0.0421	0.0421
每股未分配利润(元)	0.4246	0.3898	0.3550	0.2834
净资产收益率(%)	2.4516	7.8057	4.7764	16.7183
净资产收益率(扣除)(%)	2.5700	8.1200	4.8900	17.9800
加权净资产收益率	2.5422	6.7997	3.7369	15.7043
总资产(万元)	36586.66	39879.28	36587.67	40518.28
归属母公司股东权益(万元)	13646.21	13311.66	12888.50	12272.59
营业收入(万元)	7946.43	24834.13	14752.17	38676.26
营业成本(万元)	6601.41	19884.94	12072.87	32177.94
投资收益(万元)	—	—	—	—
净利润(万元)	—	—	610.76	2020.03
营业利润(万元)	438.46	1053.06	593.51	2222.92
利润总额(万元)	423.91	1210.83	751.48	2295.93

常州爱特科技股份有限公司

公司概况	公司名称	常州爱特科技股份有限公司			证券简称	爱特科技
	法人代表	何寿根	董秘	臧小兰	证券代码	831134
	公司网址	www.aitetech.com		电子信箱	aitezxl@126.com	
	电　话	0519-83111729		传　真	0519-83111727	
	办公地址	江苏省常州市新北区河海西路158号				
	经营范围	电力高压设备检测产品的研发、生产、销售				

	指标\报告期	2017.06.30	2016.12.31	2016.06.30	2015.12.31
主要财务指标	基本每股收益(元)	0.1100	0.3100	0.1400	0.9800
	基本每股收益(扣除后)(元)	0.1098	0.3111	0.1400	0.8900
	稀释每股收益(元)	—	—	—	—
	每股净资产(元)	2.3500	2.5600	2.3900	6.8600
	每股经营现金净流量(元)	-0.1901	0.0457	-0.0314	0.4724
	每股现金流量(元)	-0.1998	-0.2881	-0.1579	1.1342
	每股资本公积金(元)	0.3920	0.5312	0.5312	3.5935
	每股盈余公积金(元)	0.0700	0.0770	0.0541	0.1622
	每股未分配利润(元)	0.8839	0.9527	0.8076	2.1047
	净资产收益率(%)	4.6350	12.0028	5.8264	12.1548
	净资产收益率(扣除)(%)	4.4900	12.7000	5.9200	21.5000
	加权净资产收益率	4.6254	12.0471	5.8736	11.0333
	总资产(万元)	10669.36	10744.20	10233.51	10113.65
	归属母公司股东权益(万元)	9398.53	9327.10	8714.87	8328.50
	营业收入(万元)	2033.50	5215.82	2059.60	4635.79
	营业成本(万元)	932.90	2256.70	895.13	2287.69
	投资收益(万元)	0.18	4.44	—	—
	净利润(万元)	—	—	507.76	1012.31
	营业利润(万元)	454.38	1279.40	593.26	984.48
	利润总额(万元)	513.53	1325.75	599.31	1165.10

沈阳金铠建筑科技股份有限公司

公司概况	公司名称	沈阳金铠建筑科技股份有限公司			证券简称	风云汇
	法人代表	王喜林	董秘	张英昕	证券代码	831141
	公司网址	www.jk-jk.com		电子信箱	jk831141@126.com	
	电　话	024-31038885		传　真	024-31038887	
	办公地址	辽宁省沈阳市浑南区桃仙镇宁路村379号				
	经营范围	新型建筑材料和轻钢集成房屋的研发、生产、销售				

	指标\报告期	2017.06.30	2016.12.31	2016.06.30	2015.12.31
主要财务指标	基本每股收益(元)	-0.0200	-0.2200	0.1000	0.2300
	基本每股收益(扣除后)(元)	-0.0200	-0.2200	0.1000	0.0400
	稀释每股收益(元)	-0.0200	-0.2200	0.1000	0.2300
	每股净资产(元)	1.2300	1.2500	1.4900	1.3900
	每股经营现金净流量(元)	-0.0050	-0.0031	0.0190	-0.2484
	每股现金流量(元)	-0.0100	-0.0731	0.0126	0.0723
	每股资本公积金(元)	0.0351	0.0351	0.0351	0.0351
	每股盈余公积金(元)	0.0459	0.0459	0.0383	0.0459
	每股未分配利润(元)	0.1535	0.1724	0.4191	0.3899
	净资产收益率(%)	-1.5247	-17.3591	6.5159	15.5741
	净资产收益率(扣除)(%)	-1.5100	-15.9700	6.7400	18.9500
	加权净资产收益率	-1.5805	-17.4369	6.5159	2.6309
	总资产(万元)	2822.02	2845.25	3341.46	3381.50
	归属母公司股东权益(万元)	2298.62	2333.67	2779.11	2598.03
	营业收入(万元)	160.36	342.31	23.72	1648.57
	营业成本(万元)	105.23	234.95	14.70	1089.21
	投资收益(万元)	—	-12.10	285.83	0.47
	净利润(万元)	—	—	181.09	404.62
	营业利润(万元)	-35.52	-450.80	185.33	71.40
	利润总额(万元)	-34.01	-448.66	185.33	431.72

上海欣影电力科技股份有限公司

公司概况	公司名称	上海欣影电力科技股份有限公司			证券简称	欣影科技
	法人代表	孙建中	董秘		证券代码	831144
	公司网址	www.xinyingpower.com		电子信箱	xinyingkeji@xinyingpower.com	
	电　话	021-33878606		传　真	021-33878610	
	办公地址	上海市普陀区绥德路175弄5号楼2楼				
	经营范围	节能环保产品研发、销售、技术咨询、服务、系统集成及工程				

	指标\报告期	2017.06.30	2016.12.31	2016.06.30	2015.12.31
主要财务指标	基本每股收益(元)	-0.0300	0.1100	-0.0300	0.0700
	基本每股收益(扣除后)(元)	-0.0314	0.0900	—	0.0200
	稀释每股收益(元)	-0.0300	0.1100	-0.0300	0.0700
	每股净资产(元)	2.3600	2.4000	1.2900	1.3200
	每股经营现金净流量(元)	-0.1703	-0.1062	-0.0429	-0.0722
	每股现金流量(元)	-0.0791	0.2805	0.0107	0.0521
	每股资本公积金(元)	1.0839	1.0963	0.0905	0.0905
	每股盈余公积金(元)	0.0216	0.0216	0.0249	0.0249
	每股未分配利润(元)	0.2567	0.2837	0.1713	0.2011
	净资产收益率(%)	-1.0727	4.9050	-2.2177	5.5641
	净资产收益率(扣除)(%)	-1.0600	8.1300	-2.1900	5.8300
	加权净资产收益率	-1.1213	4.0818	-3.6823	1.8583
	总资产(万元)	23897.12	26356.56	11373.25	11488.83
	归属母公司股东权益(万元)	17934.08	18233.63	8105.77	8293.88
	营业收入(万元)	1889.83	6686.75	1239.37	5596.26
	营业成本(万元)	1183.46	3476.39	647.69	2669.49
	投资收益(万元)	—	—	—	—
	净利润(万元)	—	—	-191.53	431.46
	营业利润(万元)	-144.99	876.42	-310.26	162.63
	利润总额(万元)	-134.75	1053.00	-191.53	524.22

吉林省金越交通装备股份有限公司

公司概况	公司名称	吉林省金越交通装备股份有限公司			证券简称	金越交通
	法人代表	金明南	董秘	刘迎军	证券代码	831150
	公司网址	www.jlginyo.com		电子信箱	yingjun.liu@jlginyo.com	
	电　话	0431-81054022		传　真	0431-81054007	
	办公地址	吉林省长春市兰家大街3950号				
	经营范围	研发、制造和销售铁路客车和城市轨道车辆的座椅、卧铺、风档/贯通道				

	指标\报告期	2017.06.30	2016.12.31	2016.06.30	2015.12.31
主要财务指标	基本每股收益(元)	0.0400	0.2033	-0.0200	0.2000
	基本每股收益(扣除后)(元)	0.0300	0.1983	—	0.1772
	稀释每股收益(元)	0.0400	0.2033	—	0.2000
	每股净资产(元)	2.3900	1.8800	1.6600	1.7800
	每股经营现金净流量(元)	0.1923	0.0876	0.1117	0.0865
	每股现金流量(元)	0.5722	-0.1454	-0.1643	0.0240
	每股资本公积金(元)	0.4762	0.1685	0.1685	0.1685
	每股盈余公积金(元)	0.1343	0.1343	0.1147	0.1147
	每股未分配利润(元)	0.6148	0.5781	0.3765	0.4944
	净资产收益率(%)	1.5427	10.8072	-1.0811	10.6888
	净资产收益率(扣除)(%)	1.9300	10.8200	-1.0100	10.8000
	加权净资产收益率	1.2474	10.5424	-1.4037	9.6490
	总资产(万元)	29084.02	24128.97	21664.50	22480.72
	归属母公司股东权益(万元)	15464.75	12226.18	10788.24	11554.87
	营业收入(万元)	3949.61	14273.64	3159.95	12991.55
	营业成本(万元)	2269.18	9179.13	2124.90	8333.52
	投资收益(万元)	—	—	—	—
	净利润(万元)	—	—	-116.63	1235.08
	营业利润(万元)	229.12	1528.33	-120.56	1353.84
	利润总额(万元)	268.82	1566.36	-85.76	1503.06

广州益方田园环保股份有限公司

公司概况					
公司名称	广州益方田园环保股份有限公司			证券简称	益方田园
法人代表	田永	董秘	卢燕苹	证券代码	831154
公司网址	www.tyepi.com		电子信箱	gzyfty@21cn.com	
电　话	020-85547877		传　真	020-85547415	
办公地址	广东省广州市萝岗区科学大道科汇发展中心科汇一街 11 号 201 房				
经营范围	废水废气治理工程设计、承建和废水治理设施的委托运营管理				

主要财务指标：指标\报告期	2017.06.30	2016.12.31	2016.06.30	2015.12.31
基本每股收益(元)	0.1300	0.3800	0.1200	0.2900
基本每股收益(扣除后)(元)	0.1200	0.2800	0.1100	0.2300
稀释每股收益(元)	0.1300	0.3800	0.1200	0.2900
每股净资产(元)	1.7200	1.6900	1.4200	1.6400
每股经营现金净流量(元)	0.0937	0.2311	0.1125	0.3012
每股现金流量(元)	-0.1503	-0.0419	-0.2055	0.2350
每股资本公积金(元)	0.0355	0.0355	0.0355	0.2322
每股盈余公积金(元)	0.1431	0.1431	0.0737	0.0877
每股未分配利润(元)	0.5429	0.5121	0.3081	0.3235
净资产收益率(%)	7.5983	22.2856	7.2972	16.5324
净资产收益率(扣除)(%)	7.5200	24.5300	7.2200	21.2500
加权净资产收益率	7.0622	16.3372	6.6511	13.2514
总资产(万元)	4107.78	4004.96	3450.96	3347.39
归属母公司股东权益(万元)	3471.42	3409.31	2858.05	2785.09
营业收入(万元)	1204.10	3460.22	1447.64	3105.51
营业成本(万元)	729.05	2173.24	975.24	2030.03
投资收益(万元)	7.53	25.76	10.44	3.06
净利润(万元)	---	---	208.56	460.44
营业利润(万元)	299.77	645.76	215.55	405.20
利润总额(万元)	314.14	858.59	226.83	509.65

浙江晨龙锯床股份有限公司

公司概况					
公司名称	浙江晨龙锯床股份有限公司			证券简称	晨龙锯床
法人代表	丁泽林	董秘	周杰	证券代码	831160
公司网址	www.chenlong.com		电子信箱	zjzhoujie@163.com	
电　话	0578-3168686		传　真	0578-3157177	
办公地址	江苏省缙云县壶镇镇华强路 1 号				
经营范围	锯床、缝纫机、带锯条、工刃具、铸件、五金机械加工、制造、销售等				

主要财务指标：指标\报告期	2017.06.30	2016.12.31	2016.06.30	2015.12.31
基本每股收益(元)	0.1400	0.1000	0.0700	0.1100
基本每股收益(扣除后)(元)	0.1100	0.0500	0.0500	0.0900
稀释每股收益(元)	0.1400	0.1000	0.0700	0.1100
每股净资产(元)	2.1900	2.0500	2.0200	1.9500
每股经营现金净流量(元)	0.3141	0.4160	0.2170	0.5232
每股现金流量(元)	0.0441	-0.0604	-0.1714	0.1496
每股资本公积金(元)	0.0093	0.0093	0.0093	0.0093
每股盈余公积金(元)	0.1029	0.1029	0.0929	0.0929
每股未分配利润(元)	1.0728	0.9352	0.9168	0.8477
净资产收益率(%)	6.2888	4.7637	3.4308	5.8819
净资产收益率(扣除)(%)	6.4900	4.8800	3.4900	6.0600
加权净资产收益率	5.2270	2.4847	2.5520	4.6663
总资产(万元)	14110.48	13698.01	13548.98	13860.41
归属母公司股东权益(万元)	6555.25	6142.26	6057.18	5849.66
营业收入(万元)	5705.04	7946.42	3642.36	7538.10
营业成本(万元)	4290.48	5773.35	2640.33	5461.34
投资收益(万元)	9.89	1.53	0.13	---
净利润(万元)	---	---	207.81	344.07
营业利润(万元)	405.22	208.89	187.84	374.90
利润总额(万元)	477.22	344.62	247.42	413.31

苏州纳地金属制品股份有限公司

公司概况					
公司名称	苏州纳地金属制品股份有限公司			证券简称	纳地股份
法人代表	秦俭	董秘	王益勤	证券代码	831166
公司网址	www.nadioutdoor.com		电子信箱	James@nadioutdoor.com	
电　话	0512-63150922		传　真	0512-63648873	
办公地址	江苏省苏州市吴江区平望镇中鲈生态科技工业园内				
经营范围	铝制户外休闲家具的设计、生产和销售				

主要财务指标：指标\报告期	2017.06.30	2016.12.31	2016.06.30	2015.12.31
基本每股收益(元)	0.0079	0.0147	0.0028	0.1300
基本每股收益(扣除后)(元)	0.0059	0.0001	0.0032	0.1000
稀释每股收益(元)	0.0079	0.0147	---	0.1300
每股净资产(元)	1.3500	1.3400	1.3300	1.3200
每股经营现金净流量(元)	-0.0147	0.1997	0.0329	-0.0780
每股现金流量(元)	-0.0147	0.0555	-0.1129	0.1146
每股资本公积金(元)	0.1766	0.1766	0.1766	0.1766
每股盈余公积金(元)	0.0180	0.0180	0.0162	0.0162
每股未分配利润(元)	0.1498	0.1420	0.1301	0.1291
净资产收益率(%)	0.5818	1.0914	0.0768	9.4231
净资产收益率(扣除)(%)	0.5800	1.1000	0.0800	9.6900
加权净资产收益率	0.4408	0.0052	0.1087	7.3296
总资产(万元)	8217.67	8133.68	7861.00	8239.97
归属母公司股东权益(万元)	4786.88	4765.63	4702.44	4695.97
营业收入(万元)	3002.18	4550.22	2225.90	6056.98
营业成本(万元)	2068.08	3301.71	1647.62	4418.84
投资收益(万元)	0.10	2.35	0.47	---
净利润(万元)	---	---	0.28	441.71
营业利润(万元)	30.82	1.60	5.18	463.57
利润总额(万元)	38.75	62.53	3.18	594.67

广东海纳川生物科技股份有限公司

公司概况					
公司名称	广东海纳川生物科技股份有限公司			证券简称	海纳生物
法人代表	周玉岩	董秘	张志民	证券代码	831171
公司网址	www.hinabiotech.com		电子信箱	zmz1800hnc@163.com	
电　话	020-22883630		传　真	020-23889618	
办公地址	广东省佛山市高明区沧江工业园杨和园区沙水河西路				
经营范围	兽药、饲料添加剂、化工原料的生产和销售等				

主要财务指标：指标\报告期	2017.06.30	2016.12.31	2016.06.30	2015.12.31
基本每股收益(元)	0.2400	0.5800	0.2300	0.3100
基本每股收益(扣除后)(元)	0.1900	0.5600	0.2100	0.3000
稀释每股收益(元)	0.2400	0.5800	0.2300	0.3100
每股净资产(元)	3.7400	3.6600	3.3100	3.2300
每股经营现金净流量(元)	-0.2125	0.7029	0.1648	0.3268
每股现金流量(元)	-0.3919	0.2031	-0.0380	0.4714
每股资本公积金(元)	1.0949	1.0949	1.0949	1.0949
每股盈余公积金(元)	0.2544	0.2544	0.1819	0.1819
每股未分配利润(元)	1.3952	1.3080	1.0290	0.9511
净资产收益率(%)	6.3346	15.8418	6.8943	9.1914
净资产收益率(扣除)(%)	6.3700	16.8300	6.8200	10.5700
加权净资产收益率	4.9477	15.2622	6.5035	9.1167
总资产(万元)	47178.77	45420.49	41795.31	37393.35
归属母公司股东权益(万元)	33367.63	32590.57	29458.60	28764.28
营业收入(万元)	18454.37	41761.23	17900.85	31734.69
营业成本(万元)	11436.79	26538.41	11487.69	20793.94
投资收益(万元)	-0.40	26.86	-2.36	5.06
净利润(万元)	---	---	2030.97	2643.83
营业利润(万元)	2090.21	6224.48	2442.79	3507.81
利润总额(万元)	2632.55	6422.21	2566.51	3556.32

沈阳全密封变压器股份有限公司

公司概况	公司名称	沈阳全密封变压器股份有限公司			证券简称	全密封
	法人代表	赵淮林	董秘	李毓光	证券代码	831174
	公司网址	www.lilin.cn		电子信箱	13609876503@139.com	
	电话	024-24915525		传真	024-23668268	
	办公地址	辽宁省沈阳市浑南新区远航东路8号				
	经营范围	全密封变压器、电力变压器、干式变压器、特种变压器、箱式变压器、智能变压器的研发、生产和销售				

	指标\报告期	2017.06.30	2016.12.31	2016.06.30	2015.12.31
主要财务指标	基本每股收益(元)	-0.0400	0.0113	-0.0600	0.0509
	基本每股收益(扣除后)(元)	-0.0392	-0.0055	-0.0600	0.0415
	稀释每股收益(元)	-0.0400	0.0113	-0.0600	0.0509
	每股净资产(元)	1.2700	1.3100	1.2400	1.3100
	每股经营现金净流量(元)	0.0127	0.1139	-0.0041	0.0081
	每股现金流量(元)	-0.0066	-0.0552	-0.0254	0.0325
	每股资本公积金(元)	0.0780	0.0780	0.0780	0.0780
	每股盈余公积金(元)	0.0708	0.0708	0.0696	0.0696
	每股未分配利润(元)	0.1230	0.1621	0.0931	0.1619
	净资产收益率(%)	-3.0717	0.8627	-4.7385	3.7530
	净资产收益率(扣除)(%)	-3.0300	0.8636	-4.6000	4.0200
	加权净资产收益率	-3.0844	-0.4185	-4.8839	3.0593
	总资产(万元)	25101.76	24020.20	25338.63	25170.40
	归属母公司股东权益(万元)	10810.54	11142.61	10546.71	11133.29
	营业收入(万元)	4397.12	10067.38	3679.93	15198.11
	营业成本(万元)	3274.45	6610.94	2745.03	10262.12
	投资收益(万元)	36.29	18.07	11.83	10.80
	净利润(万元)	---	---	-499.76	417.83
	营业利润(万元)	-391.98	-53.52	-605.54	379.00
	利润总额(万元)	-390.37	102.98	-587.25	469.91

洛阳众智软件科技股份有限公司

公司概况	公司名称	洛阳众智软件科技股份有限公司			证券简称	众智软件
	法人代表	丁伟	董秘	潘茂龙	证券代码	831185
	公司网址	www.gisroad.com		电子信箱	zzsoft@vip.163.com	
	电话	0379-63915090		传真	0379-63915095	
	办公地址	河南省洛阳西工区唐宫西路32号唐宫大厦12层				
	经营范围	从事城市规划、建筑设计、城市信息化建设等应用领域的计算机应用软件及系统的研发和销售				

	指标\报告期	2017.06.30	2016.12.31	2016.06.30	2015.12.31
主要财务指标	基本每股收益(元)	0.3700	0.5400	0.1400	0.8800
	基本每股收益(扣除后)(元)	0.3700	0.5000	0.1075	0.8509
	稀释每股收益(元)	0.3700	0.5400	0.1400	0.8800
	每股净资产(元)	2.1500	1.7800	2.1300	1.9900
	每股经营现金净流量(元)	-0.3010	0.0410	-0.0783	-0.1356
	每股现金流量(元)	-0.3661	0.0688	0.5365	-0.1756
	每股资本公积金(元)	0.7361	0.7361	0.1395	0.1395
	每股盈余公积金(元)	0.1097	0.1097	0.1263	0.0582
	每股未分配利润(元)	0.3002	-0.0696	0.8627	-0.0389
	净资产收益率(%)	17.2324	29.3741	6.5875	32.2169
	净资产收益率(扣除)(%)	18.8600	36.2000	6.8100	41.1600
	加权净资产收益率	17.2222	27.2184	5.0492	31.1223
	总资产(万元)	8293.14	7781.74	10034.01	7663.72
	归属母公司股东权益(万元)	7459.30	6173.88	7024.16	6561.44
	营业收入(万元)	4090.43	7223.69	2145.93	5388.81
	营业成本(万元)	1299.91	2483.86	998.91	1493.90
	投资收益(万元)	2.52	-1.02	0.17	11.68
	净利润(万元)	---	---	462.72	2113.89
	营业利润(万元)	1362.53	1939.64	389.71	2259.33
	利润总额(万元)	1362.53	2112.24	545.15	2390.64

常州第六元素材料科技股份有限公司

公司概况	公司名称	常州第六元素材料科技股份有限公司			证券简称	第六元素
	法人代表	瞿研	董秘		证券代码	831190
	公司网址	www.thesixthelement.com.cn		电子信箱	wb.li@thesixthelement.com.cn	
	电话	0519-81231768		传真	0519-81230998	
	办公地址	江苏省常州市武进经济开发区西太湖大道9号,8厂房				
	经营范围	石墨烯粉体及其他新型碳材料的研究、开发、生产和销售				

	指标\报告期	2017.06.30	2016.12.31	2016.06.30	2015.12.31
主要财务指标	基本每股收益(元)	-0.0200	-0.1000	-0.1500	-0.2400
	基本每股收益(扣除后)(元)	-0.0400	-0.1600	-0.1500	-0.2500
	稀释每股收益(元)	-0.0200	-0.1000	-0.1500	-0.2400
	每股净资产(元)	0.9400	0.9600	0.9100	1.0600
	每股经营现金净流量(元)	-0.1245	-0.1539	-0.1323	-0.1849
	每股现金流量(元)	-0.0496	-0.3561	-0.3963	0.4380
	每股资本公积金(元)	0.8939	0.8939	0.8991	0.8991
	每股盈余公积金(元)	---	---	---	---
	每股未分配利润(元)	-0.9546	-0.9357	-0.9883	-0.8392
	净资产收益率(%)	-2.0159	-10.0738	-16.3776	-20.9893
	净资产收益率(扣除)(%)	-2.0000	-9.5400	-15.1400	-25.0000
	加权净资产收益率	-3.8071	-16.2054	-16.4392	-19.6491
	总资产(万元)	12722.32	11340.62	10771.26	11716.10
	归属母公司股东权益(万元)	8610.11	8783.68	8348.43	9715.70
	营业收入(万元)	1175.59	3780.66	785.76	2295.54
	营业成本(万元)	764.13	3429.72	858.18	2348.70
	投资收益(万元)	8.85	-96.65	11.53	22.93
	净利润(万元)	---	---	-1367.27	-2039.26
	营业利润(万元)	-324.69	-1343.30	-1372.04	-2353.13
	利润总额(万元)	-173.57	-884.85	-1367.27	-2039.26

四川新健康成生物股份有限公司

公司概况	公司名称	四川新健康成生物股份有限公司			证券简称	新健康成
	法人代表	王大平	董秘	韩勤	证券代码	831193
	公司网址	www.xinchengbio.com		电子信箱	hanqin@xinchengbio.com	
	电话	028-87822789		传真	028-87822689	
	办公地址	四川省成都市高新区天欣路101号				
	经营范围	从事体外诊断试剂和体外诊断仪器的研发、生产、销售及技术服务				

	指标\报告期	2017.06.30	2016.12.31	2016.06.30	2015.12.31
主要财务指标	基本每股收益(元)	0.1500	0.4900	0.1600	0.7200
	基本每股收益(扣除后)(元)	0.1300	0.4100	0.1500	0.6400
	稀释每股收益(元)	0.1500	0.4900	0.1600	0.7200
	每股净资产(元)	4.1800	3.1100	2.7900	4.7100
	每股经营现金净流量(元)	0.0174	0.2764	0.1377	0.2768
	每股现金流量(元)	1.7157	-0.3853	-0.3265	0.9191
	每股资本公积金(元)	2.2692	0.9702	0.9702	2.3323
	每股盈余公积金(元)	0.1046	0.1494	0.1015	0.2125
	每股未分配利润(元)	0.8026	0.9949	0.7178	1.1685
	净资产收益率(%)	2.5431	15.5497	5.7101	14.6451
	净资产收益率(扣除)(%)	4.7600	17.0500	6.0200	18.5500
	加权净资产收益率	2.1162	13.1481	5.3100	12.9627
	总资产(万元)	31249.69	18509.09	17171.90	17179.60
	归属母公司股东权益(万元)	27057.04	14124.26	12650.34	10215.99
	营业收入(万元)	5861.99	10404.06	4313.33	7738.43
	营业成本(万元)	2792.96	4272.86	1700.69	2847.01
	投资收益(万元)	---	---	---	---
	净利润(万元)	---	---	722.11	1496.14
	营业利润(万元)	796.46	2122.14	781.88	1222.54
	利润总额(万元)	932.33	2528.14	848.37	1691.74

深圳巨正源股份有限公司

公司概况	公司名称	深圳巨正源股份有限公司		证券简称	巨正源
	法人代表	曾一平	董秘 李明	证券代码	831200
	公司网址	www.jzyjt.cn		电子信箱	lihc@jzyjt.cn
	电　　话	0755-83395333		传　　真	0755-83395355
	办公地址	广东省东莞市沙田镇立沙岛石化基地			
	经营范围	成品油及其他化工品贸易、仓储和运输			

	指标\报告期	2017.06.30	2016.12.31	2016.06.30	2015.12.31
主要财务指标	基本每股收益(元)	0.1100	0.2700	0.1000	0.0800
	基本每股收益(扣除后)(元)	0.1000	0.2000	0.1300	0.1700
	稀释每股收益(元)	0.1100	0.2700	0.1000	0.0800
	每股净资产(元)	4.0300	3.9200	3.2100	3.1100
	每股经营现金净流量(元)	0.3798	0.2249	0.2082	0.1425
	每股现金流量(元)	0.7887	-0.2261	-0.8476	0.6467
	每股资本公积金(元)	2.2091	2.2091	1.1946	1.1946
	每股盈余公积金(元)	0.0511	0.0485	0.0748	0.0689
	每股未分配利润(元)	0.7597	0.6567	0.9294	0.8338
	净资产收益率(%)	2.6202	4.7139	3.1594	1.9612
	净资产收益率(扣除)(%)	2.6600	7.8000	3.2100	3.0900
	加权净资产收益率	2.4903	3.5207	4.0877	4.0485
	总资产(万元)	180932.21	189384.94	117146.28	126447.18
	归属母公司股东权益(万元)	124125.30	120775.95	56993.78	55170.70
	营业收入(万元)	52839.36	110587.36	66913.38	196291.63
	营业成本(万元)	46923.95	99710.37	62132.98	189089.27
	投资收益(万元)	448.72	-237.27	439.84	-898.02
	净利润(万元)	---	---	1881.96	1508.25
	营业利润(万元)	4247.54	5211.57	2119.71	1828.07
	利润总额(万元)	4409.79	7536.89	2205.77	2071.38

上海圣博华康文化创意投资股份有限公司

公司概况	公司名称	上海圣博华康文化创意投资股份有限公司		证券简称	圣博华康
	法人代表	孙业利	董秘 王潇梵	证券代码	831205
	公司网址	www.sunpowergroup.biz		电子信箱	sunpoweroffice@sunpowergroup.biz
	电　　话	021-58765686		传　　真	021-59780915
	办公地址	上海市浦东新区商城路 889 号 A3 幢 1 楼			
	经营范围	文化创意投资与资产管理,电子商务,物业管理,投资咨询等			

	指标\报告期	2017.06.30	2016.12.31	2016.06.30	2015.12.31
主要财务指标	基本每股收益(元)	0.0164	0.0756	0.0500	0.1000
	基本每股收益(扣除后)(元)	0.0066	0.0423	0.0356	0.0464
	稀释每股收益(元)	0.0164	0.0756	0.0500	0.1000
	每股净资产(元)	1.1500	1.1400	1.1100	1.4900
	每股经营现金净流量(元)	0.1533	0.1570	0.0883	0.1226
	每股现金流量(元)	0.0257	0.1920	0.1928	-0.1263
	每股资本公积金(元)	0.0204	0.0204	0.0204	0.4286
	每股盈余公积金(元)	0.0137	0.0137	0.0028	0.0040
	每股未分配利润(元)	0.1190	0.1025	0.0860	0.0529
	净资产收益率(%)	1.4261	6.6496	4.3455	5.9183
	净资产收益率(扣除)(%)	1.4400	6.8800	4.4400	7.5100
	加权净资产收益率	0.5765	3.7188	3.2059	2.8262
	总资产(万元)	45053.83	43146.87	42734.52	41119.16
	归属母公司股东权益(万元)	14786.92	14576.04	14224.94	13606.79
	营业收入(万元)	5717.09	10732.89	5570.76	10618.35
	营业成本(万元)	3653.61	6840.44	3230.01	6006.77
	投资收益(万元)	317.51	589.85	394.15	410.75
	净利润(万元)	---	---	666.52	1045.47
	营业利润(万元)	336.18	537.84	532.87	723.20
	利润总额(万元)	561.66	1293.60	863.22	1589.78

云南昆钢耐磨材料科技股份有限公司

公司概况	公司名称	云南昆钢耐磨材料科技股份有限公司		证券简称	耐磨科技
	法人代表	朱发金	董秘 张文	证券代码	831212
	公司网址	www.kgnmkj.com		电子信箱	kmustawen@126.com
	电　　话	0871-68180366 68186177		传　　真	0871-68180366 68186177
	办公地址	云南省昆明市五华区黑林铺前街 59 号			
	经营范围	耐磨、耐腐、耐热材料的研发、生产、销售			

	指标\报告期	2017.06.30	2016.12.31	2016.06.30	2015.12.31
主要财务指标	基本每股收益(元)	0.0800	0.2000	0.1000	0.2600
	基本每股收益(扣除后)(元)	0.0800	0.1800	0.0900	0.2400
	稀释每股收益(元)	0.0800	0.2000	---	0.2500
	每股净资产(元)	1.7900	1.7100	1.6000	1.6400
	每股经营现金净流量(元)	-0.4711	0.5866	0.1488	-0.1478
	每股现金流量(元)	-0.2138	0.3296	-0.0816	-0.0580
	每股资本公积金(元)	0.1083	0.1083	0.1083	0.1083
	每股盈余公积金(元)	0.0886	0.0886	0.0682	0.0682
	每股未分配利润(元)	0.5948	0.5112	0.4240	0.4624
	净资产收益率(%)	4.6659	11.9537	6.0371	15.3538
	净资产收益率(扣除)(%)	4.7800	12.2000	5.7300	17.6600
	加权净资产收益率	4.2209	10.6494	5.6604	14.0074
	总资产(万元)	20380.94	21791.05	22070.24	21794.89
	归属母公司股东权益(万元)	11860.50	11307.11	10595.13	10849.19
	营业收入(万元)	6950.68	17673.87	6767.78	14205.00
	营业成本(万元)	5538.25	14342.18	5210.06	10474.34
	投资收益(万元)	3.33	0.04	---	1.04
	净利润(万元)	---	---	639.63	1665.76
	营业利润(万元)	592.30	1419.85	705.56	1783.21
	利润总额(万元)	651.06	1593.31	752.51	1955.06

安徽新宁装备股份有限公司

公司概况	公司名称	安徽新宁装备股份有限公司		证券简称	新宁股份
	法人代表	周道宏	董秘 夏显军	证券代码	831220
	公司网址	www.ngxn.com		电子信箱	web@ngxn.com
	电　　话	0563-4310336		传　　真	0563-4180028
	办公地址	安徽省宁国经济技术开发区河沥园区东城大道与东城路交汇处			
	经营范围	铸造机械、热处理设备及模具研发、生产、销售			

	指标\报告期	2017.06.30	2016.12.31	2016.06.30	2015.12.31
主要财务指标	基本每股收益(元)	-0.0300	-0.1700	-0.0600	-0.2100
	基本每股收益(扣除后)(元)	-0.0785	-0.2100	---	-0.2800
	稀释每股收益(元)	-0.0300	-0.1700	-0.0600	-0.2100
	每股净资产(元)	0.9200	0.9500	1.0600	1.1200
	每股经营现金净流量(元)	-0.0543	-0.1891	-0.3134	-0.1597
	每股现金流量(元)	-0.0855	-0.1810	-0.3696	0.3132
	每股资本公积金(元)	0.2242	0.2242	0.2242	0.2242
	每股盈余公积金(元)	0.0100	0.0100	0.0100	0.0100
	每股未分配利润(元)	-0.3016	-0.2808	-0.1775	-0.1121
	净资产收益率(%)	-2.2344	-17.6917	-5.7436	-17.9912
	净资产收益率(扣除)(%)	-2.1300	-16.2500	-5.5700	-18.1200
	加权净资产收益率	-5.8473	-22.4062	-7.8215	-23.6861
	总资产(万元)	6938.57	6678.45	7378.37	7616.62
	归属母公司股东权益(万元)	2144.78	2192.70	2430.42	2580.63
	营业收入(万元)	807.69	1387.07	951.13	1125.89
	营业成本(万元)	506.20	925.67	636.50	818.60
	投资收益(万元)	---	---	---	---
	净利润(万元)	---	---	-156.15	-487.43
	营业利润(万元)	-155.38	-569.76	-206.65	-634.39
	利润总额(万元)	-77.89	-466.32	-156.15	-487.43

苏州聚阳环保科技股份有限公司

公司概况	公司名称	苏州聚阳环保科技股份有限公司			证券简称	聚阳环保
	法人代表	沈建强	董秘	张东红	证券代码	831221
	公司网址	www.szjuyang.com		电子信箱	13779357856@163.com	
	电　话	0512-62727278		传　真	0512-62727278	
	办公地址	江苏省苏州工业园区娄葑镇民生路 88 号				
	经营范围	仪器仪表类产品的研究、开发、生产、、安装等				

	指标\报告期	2017.06.30	2016.12.31	2016.06.30	2015.12.31
主要财务指标	基本每股收益(元)	-0.0200	0.0500	-0.1300	0.3700
	基本每股收益(扣除后)(元)	-0.0200	0.0200	-0.1500	0.3100
	稀释每股收益(元)	-0.0200	0.0500	---	0.3700
	每股净资产(元)	1.0700	1.1000	0.9100	1.3600
	每股经营现金净流量(元)	-0.0017	0.0316	-0.3386	-0.0208
	每股现金流量(元)	0.0450	0.0680	-0.0522	-0.0887
	每股资本公积金(元)	0.0003	0.0003	0.0003	0.0144
	每股盈余公积金(元)	0.0466	0.0466	0.0413	0.0537
	每股未分配利润(元)	0.0269	0.0518	-0.1268	0.2914
	净资产收益率(%)	-2.3202	4.8250	-14.3124	23.6019
	净资产收益率(扣除)(%)	-2.2900	4.9400	-13.3600	30.5000
	加权净资产收益率	-1.7611	1.4662	-16.0277	19.4923
	总资产(万元)	2268.64	2402.45	2211.72	2004.06
	归属母公司股东权益(万元)	1395.96	1428.35	1189.23	1359.43
	营业收入(万元)	669.99	2209.22	507.48	1822.56
	营业成本(万元)	370.36	1240.36	232.25	860.25
	投资收益(万元)	---	---	---	---
	净利润(万元)	---	---	-170.21	320.85
	营业利润(万元)	-63.05	-164.39	-253.84	212.75
	利润总额(万元)	-31.08	64.86	-197.56	378.51

北京市金龙腾装饰股份有限公司

公司概况	公司名称	北京市金龙腾装饰股份有限公司			证券简称	金龙腾
	法人代表	孙喜顺	董秘	宋斌	证券代码	831222
	公司网址	www.intolo.com.cn		电子信箱	jinlongteng@jlttop.com	
	电　话	010-84988897		传　真	010-84988897	
	办公地址	北京市朝阳区北辰东路 8 号北京国际会议中心四层				
	经营范围	为客户提供住宅、商业地产及其他公共建筑的精装修工程的设计、施工一体化服务				

	指标\报告期	2017.06.30	2016.12.31	2016.06.30	2015.12.31
主要财务指标	基本每股收益(元)	0.0556	0.0600	0.0744	0.5900
	基本每股收益(扣除后)(元)	0.0555	0.0600	0.0732	0.5600
	稀释每股收益(元)	0.0556	0.0600	0.0744	0.5900
	每股净资产(元)	1.1200	1.0700	1.5700	3.0400
	每股经营现金净流量(元)	-0.0222	0.0818	-0.2584	-0.6596
	每股现金流量(元)	0.0837	-0.1053	-0.1114	0.8511
	每股资本公积金(元)	0.1105	0.1105	0.1105	1.2211
	每股盈余公积金(元)	0.0155	0.0155	0.0425	0.0309
	每股未分配利润(元)	-0.0011	-0.0567	0.4154	-0.1825
	净资产收益率(%)	4.9458	5.5685	4.7427	17.8870
	净资产收益率(扣除)(%)	5.0700	5.6700	4.7900	27.4500
	加权净资产收益率	4.9338	5.4835	4.6653	17.0177
	总资产(万元)	60264.20	56929.71	56878.12	57932.70
	归属母公司股东权益(万元)	15999.23	15207.93	22307.63	21605.19
	营业收入(万元)	35625.53	64033.20	23310.52	60959.94
	营业成本(万元)	31867.20	56207.71	19419.41	50987.37
	投资收益(万元)	---	23.46	23.91	136.26
	净利润(万元)	---	---	1057.99	3864.52
	营业利润(万元)	1137.24	1083.47	1463.51	4885.21
	利润总额(万元)	1139.80	1077.24	1462.63	4999.34

北京宏景世纪软件股份有限公司

公司概况	公司名称	北京宏景世纪软件股份有限公司			证券简称	宏景软件
	法人代表	王玉霞	董秘	王芳	证券代码	831225
	公司网址	www.hjsoft.com.cn		电子信箱	wangf@hjsoft.com.cn	
	电　话			传　真		
	办公地址	北京市海淀区丰智东路 13 号北京朗丽兹西山花园酒店 8 层				
	经营范围	人力资源软件研发及销售				

	指标\报告期	2017.06.30	2016.12.31	2016.06.30	2015.12.31
主要财务指标	基本每股收益(元)	0.0300	0.1400	0.0200	0.4200
	基本每股收益(扣除后)(元)	0.0300	0.1203	0.0200	---
	稀释每股收益(元)	0.0300	0.1400	0.0200	0.4200
	每股净资产(元)	1.6400	1.6800	1.5600	2.5300
	每股经营现金净流量(元)	-0.2531	0.2816	-0.3780	0.1822
	每股现金流量(元)	-0.4404	0.2098	-0.4326	0.2242
	每股资本公积金(元)	0.1766	0.1766	0.1766	0.8826
	每股盈余公积金(元)	0.0677	0.0644	0.0522	0.0801
	每股未分配利润(元)	0.3913	0.4359	0.3265	0.5687
	净资产收益率(%)	2.0636	8.5193	1.3687	15.7402
	净资产收益率(扣除)(%)	2.0100	8.7900	1.3400	20.9500
	加权净资产收益率	1.5691	7.3200	1.3316	12.7833
	总资产(万元)	5033.07	5162.67	4274.90	4737.96
	归属母公司股东权益(万元)	4226.52	4333.10	4018.87	4088.31
	营业收入(万元)	1685.22	4129.40	1466.47	3903.76
	营业成本(万元)	209.93	382.69	168.08	559.92
	投资收益(万元)	19.79	53.58	12.86	41.28
	净利润(万元)	---	---	55.01	643.51
	营业利润(万元)	96.97	-0.88	-117.43	86.41
	利润总额(万元)	101.41	375.99	65.43	708.14

上海聚宝网络科技股份有限公司

公司概况	公司名称	上海聚宝网络科技股份有限公司			证券简称	聚宝网络
	法人代表	戴懿	董秘	李雯佳	证券代码	831226
	公司网址	www.ejoyby.com		电子信箱	liwenjia@joybymedia.com	
	电　话	021-61822222		传　真	021-61822291	
	办公地址	上海市徐汇区斜土路 2899 甲号 A 栋 1202 室				
	经营范围	利用自有媒体代理和发布广告;利用智能快递柜为大众提供快递收发服务				

	指标\报告期	2017.06.30	2016.12.31	2016.06.30	2015.12.31
主要财务指标	基本每股收益(元)	-0.6000	-1.5100	-0.4700	0.9700
	基本每股收益(扣除后)(元)	-0.6100	-1.5300	-0.4700	0.8800
	稀释每股收益(元)	-0.6000	-1.5100	-0.4700	0.9700
	每股净资产(元)	2.1000	2.6900	3.2400	8.1100
	每股经营现金净流量(元)	0.0300	-0.9533	-0.3784	-1.9753
	每股现金流量(元)	0.0034	-0.5912	0.6195	-0.0977
	每股资本公积金(元)	1.8762	1.8762	1.3469	2.7618
	每股盈余公积金(元)	0.0537	0.0537	0.0585	0.1870
	每股未分配利润(元)	-0.8390	-0.2399	0.8306	4.1605
	净资产收益率(%)	-28.6532	-53.3254	-14.5754	11.7482
	净资产收益率(扣除)(%)	-25.0600	-55.7500	-20.4900	11.9900
	加权净资产收益率	-28.8708	-53.8623	-14.6635	10.5603
	总资产(万元)	22717.48	26928.87	40556.59	19714.77
	归属母公司股东权益(万元)	16749.70	21549.03	23778.26	18651.12
	营业收入(万元)	3578.22	7043.86	4170.39	8581.60
	营业成本(万元)	4919.97	7958.07	3917.90	3203.39
	投资收益(万元)	---	---	---	---
	净利润(万元)	---	---	-3465.77	2191.17
	营业利润(万元)	-4797.37	-12792.91	-3230.66	2311.81
	利润总额(万元)	-4760.93	-12641.12	-3210.69	2595.35

上海双申医疗器械股份有限公司

公司概况	公司名称	上海双申医疗器械股份有限公司			证券简称	双申医疗
	法人代表	王驰巍	董秘	杨玉衡	证券代码	831230
	公司网址	www.shuangshenyiliao.com		电子信箱	shuangshenyiliao@126.com	
	电　话	021-55581030		传　真	021-66300897	
	办公地址	上海市杨浦区淞沪路 303 号 806 单元				
	经营范围	钛及钛合金植入性医疗器械研发、生产和销售				

主要财务指标	指标＼报告期	2017.06.30	2016.12.31	2016.06.30	2015.12.31
	基本每股收益(元)	0.1002	0.1700	0.0800	0.0900
	基本每股收益(扣除后)(元)	0.0873	0.1500	0.0685	0.0718
	稀释每股收益(元)	0.1002	0.1700	0.0800	0.0900
	每股净资产(元)	2.5700	2.4700	2.3800	2.3000
	每股经营现金净流量(元)	0.1724	0.3284	0.2073	0.1224
	每股现金流量(元)	-0.0457	0.1157	0.0318	-0.2864
	每股资本公积金(元)	1.1909	1.1909	1.1909	1.1909
	每股盈余公积金(元)	0.0283	0.0283	0.0110	0.0110
	每股未分配利润(元)	0.3547	0.2545	0.1809	0.0987
	净资产收益率(%)	3.8936	6.9971	3.4496	3.6170
	净资产收益率(扣除)(%)	3.9700	7.2500	3.5100	4.4200
	加权净资产收益率	3.3938	6.0484	2.8756	2.9297
	总资产(万元)	7652.26	7637.34	7574.89	7379.71
	归属母公司股东权益(万元)	6305.84	6060.32	5837.65	5636.27
	营业收入(万元)	905.82	1620.92	749.31	1250.76
	营业成本(万元)	158.67	289.63	150.55	238.29
	投资收益(万元)	25.07	61.22	36.20	39.14
	净利润(万元)	--	--	201.38	203.86
	营业利润(万元)	276.87	466.49	222.89	235.88
	利润总额(万元)	288.89	472.91	226.12	242.31

济南天辰铝机股份有限公司

公司概况	公司名称	济南天辰铝机股份有限公司			证券简称	天辰股份
	法人代表	侯秀峰	董秘	孙丰合	证券代码	831234
	公司网址	www.tianchenalum.com		电子信箱	tc88877033@126.com	
	电　话	0531-88877033		传　真	0531-88877033	
	办公地址	山东省济南市高新区天辰大街 1571 号				
	经营范围	铝型材及钢结构加工设备的研发、制造与销售				

主要财务指标	指标＼报告期	2017.06.30	2016.12.31	2016.06.30	2015.12.31
	基本每股收益(元)	0.1141	0.2275	0.1800	0.3000
	基本每股收益(扣除后)(元)	0.1117	0.2042	0.1616	0.2814
	稀释每股收益(元)	0.1141	0.2275	0.1800	0.3000
	每股净资产(元)	2.6900	2.6400	3.8000	3.6200
	每股经营现金净流量(元)	0.1069	0.3522	0.3209	0.3396
	每股现金流量(元)	-0.0900	0.2665	0.3004	0.1297
	每股资本公积金(元)	1.1079	1.1079	2.1618	2.1618
	每股盈余公积金(元)	0.0532	0.0532	0.0457	0.0457
	每股未分配利润(元)	0.5330	0.4789	0.5878	0.4113
	净资产收益率(%)	4.2356	8.6161	4.6497	7.6500
	净资产收益率(扣除)(%)	4.3300	9.0000	4.7600	8.4400
	加权净资产收益率	4.1452	7.7350	4.2568	7.2835
	总资产(万元)	17649.63	18153.42	17748.64	16687.98
	归属母公司股东权益(万元)	13537.84	13265.93	12714.08	12122.92
	营业收入(万元)	4325.87	8323.29	4262.95	9827.51
	营业成本(万元)	2544.51	4828.40	2570.81	6006.17
	投资收益(万元)	--	--	--	--
	净利润(万元)	--	--	591.16	927.40
	营业利润(万元)	639.03	1183.45	626.71	1007.05
	利润总额(万元)	653.43	1320.97	685.47	1059.32

云南杨丽萍文化传播股份有限公司

公司概况	公司名称	云南杨丽萍文化传播股份有限公司			证券简称	云南文化
	法人代表	杨丽萍	董秘	张鸿卿	证券代码	831239
	公司网址	www.yangliping.com		电子信箱	service@yangliping.com	
	电　话	0871-65667566		传　真	0871-63134321	
	办公地址	云南省昆明市东风西路 132 号云南艺术剧院二楼西侧				
	经营范围	组织商业演出				

主要财务指标	指标＼报告期	2017.06.30	2016.12.31	2016.06.30	2015.12.31
	基本每股收益(元)	0.0400	0.1800	--	0.1300
	基本每股收益(扣除后)(元)	0.0200	0.0100	-0.0300	0.0400
	稀释每股收益(元)	0.0400	0.1800	--	0.1300
	每股净资产(元)	4.6800	4.6600	4.4800	4.4800
	每股经营现金净流量(元)	0.2076	0.4595	-0.0417	0.4868
	每股现金流量(元)	-0.2008	-0.4151	-0.2533	0.3545
	每股资本公积金(元)	2.2238	2.2352	2.2332	2.2332
	每股盈余公积金(元)	0.1781	0.1781	0.1453	0.1453
	每股未分配利润(元)	1.2806	1.2455	1.0981	1.0975
	净资产收益率(%)	0.7487	3.8810	0.0187	2.6697
	净资产收益率(扣除)(%)	0.7500	3.9600	0.0200	3.4100
	加权净资产收益率	0.4035	0.2830	-0.6759	0.8068
	总资产(万元)	25722.26	25720.14	22464.99	18367.23
	归属母公司股东权益(万元)	17371.83	17284.35	16608.30	16606.14
	营业收入(万元)	3813.29	6045.41	1950.57	4827.60
	营业成本(万元)	2392.53	3991.63	1148.61	2852.65
	投资收益(万元)	2.97	12.08	10.62	125.81
	净利润(万元)	--	--	-10.52	449.37
	营业利润(万元)	163.20	97.63	-109.93	-795.71
	利润总额(万元)	164.00	818.04	5.36	665.19

深圳市库马克新技术股份有限公司

公司概况	公司名称	深圳市库马克新技术股份有限公司			证券简称	库马克
	法人代表	李瑞常	董秘	余静	证券代码	831251
	公司网址	www.cumark.com.cn		电子信箱	bin.wang@cumark.com.cn	
	电　话	0755-81785111-382		传　真	0755-83843108	
	办公地址	广东省深圳市宝安区石岩街道塘头大宏发工业园三栋二楼				
	经营范围	电力电子电源与传动及自动化产品的研发、生产和销售				

主要财务指标	指标＼报告期	2017.06.30	2016.12.31	2016.06.30	2015.12.31
	基本每股收益(元)	0.1200	0.0662	0.0300	0.0700
	基本每股收益(扣除后)(元)	0.0700	0.0587	0.0240	0.0531
	稀释每股收益(元)	0.1200	0.0662	0.0300	0.0700
	每股净资产(元)	2.3900	2.2700	2.2400	2.2100
	每股经营现金净流量(元)	-0.0108	0.1136	0.1638	0.0643
	每股现金流量(元)	0.0792	-0.1526	-0.1424	0.0610
	每股资本公积金(元)	0.2622	0.2622	0.2622	0.2622
	每股盈余公积金(元)	0.1312	0.1312	0.1264	0.1264
	每股未分配利润(元)	0.9964	0.8792	0.8487	0.8178
	净资产收益率(%)	4.9033	2.9146	1.3819	2.9861
	净资产收益率(扣除)(%)	5.0300	2.9600	1.3800	3.0300
	加权净资产收益率	3.1553	2.5825	1.0727	2.4045
	总资产(万元)	24260.10	23984.15	21456.49	22057.42
	归属母公司股东权益(万元)	13719.16	13046.47	12843.70	12666.22
	营业收入(万元)	7156.96	13897.31	7276.06	14858.74
	营业成本(万元)	4803.39	9607.61	5179.46	10691.44
	投资收益(万元)	24.33	10.10	7.48	8.38
	净利润(万元)	--	--	177.49	378.23
	营业利润(万元)	748.09	39.77	134.83	119.34
	利润总额(万元)	767.38	110.26	181.55	226.63

武汉博润通文化科技股份有限公司

公司概况					
公司名称	武汉博润通文化科技股份有限公司			证券简称	博润通
法人代表	万君堂	董秘	邹李	证券代码	831252
公司网址	www.boruntong.com		电子信箱	1637123855@qq.com	
电　话	15871405315		传　真	027-87590135	
办公地址	湖北省武汉市东湖新技术开发区关山大道465号中国光谷创意大厦(三号楼)2301、2303、2304室				
经营范围	动漫设计;计算机软硬件研发及应用、通信技术产品的研发、技术服务				

指标\报告期	2017.06.30	2016.12.31	2016.06.30	2015.12.31
基本每股收益(元)	0.1300	0.2400	0.1000	-0.0800
基本每股收益(扣除后)(元)	0.1300	0.1300	---	-0.2600
稀释每股收益(元)	0.1300	0.2400	0.1000	-0.0800
每股净资产(元)	2.0800	1.9400	1.8700	1.7700
每股经营现金净流量(元)	-0.0727	-0.3987	-0.2651	-0.3260
每股现金流量(元)	0.7639	-0.6868	-0.4764	0.8511
每股资本公积金(元)	0.6730	0.6730	0.7447	0.7449
每股盈余公积金(元)	0.0349	0.0349	0.0139	0.0139
每股未分配利润(元)	0.3673	0.2346	0.1157	0.0147
净资产收益率(%)	6.3943	12.4056	5.3861	-3.5639
净资产收益率(扣除)(%)	4.9200	12.7200	5.5300	-8.2600
加权净资产收益率	6.0846	6.1825	3.5279	-11.7635
总资产(万元)	7575.21	4796.90	4380.67	4228.90
归属母公司股东权益(万元)	4580.17	4287.30	4136.35	3914.00
营业收入(万元)	1459.02	2479.58	993.36	482.37
营业成本(万元)	578.90	1170.52	395.86	352.67
投资收益(万元)	-21.65	-47.06	-7.22	-0.35
净利润(万元)	---	---	276.49	-235.39
营业利润(万元)	340.73	314.12	213.77	-558.40
利润总额(万元)	357.41	621.82	301.79	-234.20

深圳市平方科技股份有限公司

公司概况					
公司名称	深圳市平方科技股份有限公司			证券简称	平方科技
法人代表	张向辉	董秘		证券代码	831254
公司网址	www.pingfang.net		电子信箱	dingl@pingfang.net	
电　话	0755-29474203		传　真	0755-33693029	
办公地址	广东省深圳市龙华新区龙华办事处清祥路清湖工业园宝能科技园7栋B座4楼JK单位				
经营范围	提供物流智能化领域信息系统集成方案和相关产品				

指标\报告期	2017.06.30	2016.12.31	2016.06.30	2015.12.31
基本每股收益(元)	0.2000	0.2400	0.1100	0.3400
基本每股收益(扣除后)(元)	0.2000	0.2000	0.1060	0.2000
稀释每股收益(元)	0.2000	0.2400	---	0.3400
每股净资产(元)	1.2900	1.3500	1.2200	1.7600
每股经营现金净流量(元)	-0.1220	0.0602	-0.0908	-0.0958
每股现金流量(元)	-0.0799	-0.2352	-0.1691	0.3949
每股资本公积金(元)	0.0381	0.0473	0.0473	0.2709
每股盈余公积金(元)	0.0459	0.0569	0.0326	0.0489
每股未分配利润(元)	0.2075	0.2455	0.1373	0.4403
净资产收益率(%)	15.7205	17.9983	9.0744	17.8966
净资产收益率(扣除)(%)	17.0600	19.3400	9.0700	23.2600
加权净资产收益率	15.6154	14.4779	8.7614	10.4747
总资产(万元)	3539.83	2758.12	2529.72	2240.26
归属母公司股东权益(万元)	2603.00	2193.80	1978.49	1907.31
营业收入(万元)	1967.51	2068.32	1065.55	1383.74
营业成本(万元)	1019.72	949.11	489.46	608.45
投资收益(万元)	2.88	9.78	6.92	6.28
净利润(万元)	---	---	179.54	341.34
营业利润(万元)	469.19	359.69	198.43	169.25
利润总额(万元)	469.33	440.78	210.67	381.04

宁国东方碾磨材料股份有限公司

公司概况					
公司名称	宁国东方碾磨材料股份有限公司			证券简称	东方碾磨
法人代表	赵金斌	董秘	朱静	证券代码	831260
公司网址	www.ng-df.com		电子信箱	617227959@qq.com	
电　话	0563-4187878		传　真	0563-4182677	
办公地址	安徽省宁国市宁阳西路47号				
经营范围	黑色、有色金属铸件、机械配件的研发、制造、销售				

指标\报告期	2017.06.30	2016.12.31	2016.06.30	2015.12.31
基本每股收益(元)	0.0200	0.0900	0.1400	0.0400
基本每股收益(扣除后)(元)	---	0.0200	0.1000	0.0200
稀释每股收益(元)	0.0200	0.0900	0.1400	0.0400
每股净资产(元)	3.1100	3.1400	3.1700	4.0300
每股经营现金净流量(元)	0.0936	0.0860	0.0406	-0.1013
每股现金流量(元)	0.0261	-0.0601	-0.0505	0.3801
每股资本公积金(元)	1.7687	1.7687	1.7687	2.5993
每股盈余公积金(元)	0.0474	0.0474	0.0393	0.0511
每股未分配利润(元)	0.2930	0.3214	0.3582	0.3824
净资产收益率(%)	0.6961	2.5978	3.4810	0.7205
净资产收益率(扣除)(%)	0.6900	2.6200	3.5200	0.9300
加权净资产收益率	0.0841	0.7042	2.5687	0.4506
总资产(万元)	15356.49	16012.47	15202.23	15695.73
归属母公司股东权益(万元)	9700.66	9789.14	9878.71	9678.83
营业收入(万元)	8136.01	14206.90	6746.80	13252.96
营业成本(万元)	6829.73	11725.72	5371.43	10487.55
投资收益(万元)	---	---	---	---
净利润(万元)	---	---	343.88	69.73
营业利润(万元)	80.68	43.83	299.68	-147.37
利润总额(万元)	80.42	261.91	405.72	78.36

重庆广建装饰股份有限公司

公司概况					
公司名称	重庆广建装饰股份有限公司			证券简称	广建装饰
法人代表	李云	董秘	程耕	证券代码	831262
公司网址	www.cqgjgf.com		电子信箱	gjgf2011@126.com	
电　话	023-67891971		传　真	023-67891971	
办公地址	重庆市江北区港安二路16号附3号9-1				
经营范围	大型室内外建筑装饰装修工程的设计、施工				

指标\报告期	2017.06.30	2016.12.31	2016.06.30	2015.12.31
基本每股收益(元)	-0.0500	0.0700	0.1000	0.0500
基本每股收益(扣除后)(元)	-0.0500	0.0700	0.1000	0.0200
稀释每股收益(元)	-0.0500	0.0700	---	0.0500
每股净资产(元)	3.0100	3.0600	3.0900	3.0200
每股经营现金净流量(元)	-0.6863	0.4806	0.3341	-1.8858
每股现金流量(元)	0.0136	-0.0413	0.0101	0.0529
每股资本公积金(元)	1.6531	1.6531	1.6531	1.6531
每股盈余公积金(元)	0.0407	0.0407	0.0467	0.0370
每股未分配利润(元)	0.3008	0.3545	0.3745	0.3208
净资产收益率(%)	-1.7863	2.3233	3.1459	1.3813
净资产收益率(扣除)(%)	-1.7700	2.3200	3.1800	2.0600
加权净资产收益率	-1.7902	2.3175	3.1161	0.6089
总资产(万元)	66751.90	66928.40	70835.56	70818.19
归属母公司股东权益(万元)	23155.31	23568.93	23769.10	23280.90
营业收入(万元)	4040.70	20065.75	15651.88	52080.12
营业成本(万元)	---	15560.07	12233.28	44077.36
投资收益(万元)	63.89	25.64	---	---
净利润(万元)	---	---	747.76	321.58
营业利润(万元)	-475.48	812.91	871.56	415.52
利润总额(万元)	-474.41	814.54	879.91	421.37

湖北省宏源药业科技股份有限公司

公司概况					
公司名称	湖北省宏源药业科技股份有限公司			证券简称	宏源药业
法人代表	尹国平	董秘	刘展良	证券代码	831265
公司网址	www.hbhypharm.com		电子信箱	office@hbhypharm.com	
电　　话	0713-5072024		传　　真	0713-5072024	
办公地址	湖北省罗田县凤山镇义水北路 428 号				
经营范围	乙醛酸、乙二醛、六氟磷酸锂生产、销售				

主要财务指标：指标\报告期	2017.06.30	2016.12.31	2016.06.30	2015.12.31
基本每股收益(元)	0.0900	0.1900	0.2100	0.4200
基本每股收益(扣除后)(元)	0.0800	0.2200	0.2400	0.4500
稀释每股收益(元)	0.0900	0.1900	0.2100	0.4200
每股净资产(元)	1.7200	1.6300	3.1900	3.0200
每股经营现金净流量(元)	0.1194	0.3198	0.0803	0.9726
每股现金流量(元)	0.1455	-0.2728	-0.3571	0.4675
每股资本公积金(元)	0.0585	0.0585	1.2228	1.3168
每股盈余公积金(元)	0.0651	0.0651	0.0861	0.0927
每股未分配利润(元)	0.5974	0.5068	0.9268	0.7643
净资产收益率(%)	5.2647	11.8350	6.3419	12.7951
净资产收益率(扣除)(%)	5.4100	12.5800	6.6600	18.5100
加权净资产收益率	4.8871	13.4347	7.5245	12.3398
总资产(万元)	142463.23	124966.26	132097.16	124925.71
归属母公司股东权益(万元)	60707.17	57511.11	54351.75	50704.70
营业收入(万元)	65426.13	107544.20	50031.60	100312.84
营业成本(万元)	51447.74	77657.30	35844.63	76854.70
投资收益(万元)	-18.47	-3.51	-88.22	266.54
净利润(万元)	—	—	3425.03	6510.35
营业利润(万元)	3637.85	9242.69	4735.38	7326.63
利润总额(万元)	3970.13	8200.98	4173.45	7625.87

一铭软件股份有限公司

公司概况					
公司名称	一铭软件股份有限公司			证券简称	一铭软件
法人代表	余时均	董秘	黄珍	证券代码	831266
公司网址	www.emindsoft.com.cn		电子信箱	huangzhen@emindsoft.com.cn	
电　　话	0771-5590288		传　　真	0771-5590388	
办公地址	广西壮族自治区南宁市高新区科园东五路 4 号工业园区 3 号标准厂房第三层 304# 场地				
经营范围	计算机软件开发及销售等				

主要财务指标：指标\报告期	2017.06.30	2016.12.31	2016.06.30	2015.12.31
基本每股收益(元)	-0.0700	0.3300	0.0100	0.0300
基本每股收益(扣除后)(元)	-0.0700	0.3300	0.0050	-0.0006
稀释每股收益(元)	-0.0700	0.3300	0.0100	0.0300
每股净资产(元)	1.4000	2.2100	1.8900	1.9200
每股经营现金净流量(元)	-0.1560	-0.4078	-0.2236	-0.1410
每股现金流量(元)	-0.2315	-0.8081	-0.4092	1.1701
每股资本公积金(元)	0.3615	1.0423	1.0423	1.0423
每股盈余公积金(元)	0.0365	0.0548	0.0101	0.0022
每股未分配利润(元)	0.0420	0.1647	-0.1108	-0.1090
净资产收益率(%)	-4.8349	14.7631	0.3188	1.5943
净资产收益率(扣除)(%)	-4.7100	15.6500	0.3200	3.1500
加权净资产收益率	-4.8661	14.7373	0.2906	-0.0284
总资产(万元)	12978.41	15016.17	11957.97	12155.17
归属母公司股东权益(万元)	12818.81	13478.96	11533.46	11717.27
营业收入(万元)	557.72	6272.27	1424.17	1976.20
营业成本(万元)	295.19	559.53	159.81	216.47
投资收益(万元)	—	—	—	0.25
净利润(万元)	—	—	36.77	186.81
营业利润(万元)	-1280.51	2333.97	136.82	37.29
利润总额(万元)	-543.34	2613.26	140.64	254.53

宁夏法福来食品股份有限公司

公司概况					
公司名称	宁夏法福来食品股份有限公司			证券简称	法福来
法人代表	顾平	董秘	马耿	证券代码	831267
公司网址	www.fafulai.com		电子信箱	fafulai@163.com	
电　　话	0953-3067434		传　　真	0953-3069139	
办公地址	宁夏回族自治区青铜峡市小坝永丰路北段				
经营范围	各种高中低档大米、面粉、挂面的销售,面粉、挂面的生产和销售				

主要财务指标：指标\报告期	2017.06.30	2016.12.31	2016.06.30	2015.12.31
基本每股收益(元)	0.0700	0.0900	0.0600	0.2300
基本每股收益(扣除后)(元)	0.0300	0.0500	0.0500	0.1400
稀释每股收益(元)	0.0700	0.0900	0.0600	0.2300
每股净资产(元)	1.9000	1.8300	1.8200	1.7400
每股经营现金净流量(元)	0.1093	0.1223	0.0072	0.3371
每股现金流量(元)	-0.0736	0.0800	0.0043	-0.0053
每股资本公积金(元)	0.2610	0.2610	0.2610	0.2704
每股盈余公积金(元)	0.0593	0.0593	0.0607	0.0503
每股未分配利润(元)	0.5835	0.5095	0.5032	0.4454
净资产收益率(%)	3.8862	4.9397	3.3724	13.1743
净资产收益率(扣除)(%)	3.9600	5.0600	3.4800	15.7500
加权净资产收益率	1.4573	2.6314	2.5891	7.9152
总资产(万元)	27265.45	26746.98	23719.56	20657.61
归属母公司股东权益(万元)	15344.69	14748.36	14707.90	14019.84
营业收入(万元)	8495.53	15368.24	7631.40	15877.06
营业成本(万元)	7367.90	13518.50	6727.67	13726.76
投资收益(万元)	—	—	—	106.21
净利润(万元)	—	—	496.00	1847.02
营业利润(万元)	223.65	398.59	380.80	1208.15
利润总额(万元)	596.36	739.03	496.00	1839.27

北京睿力恒一物流技术股份公司

公司概况					
公司名称	北京睿力恒一物流技术股份公司			证券简称	睿力物流
法人代表	高绪坤	董秘	耿君	证券代码	831275
公司网址	www.ry-le.cn		电子信箱	rl_gengjun@163.com	
电　　话	010-88571686		传　　真	010-62165436	
办公地址	北京市海淀区中关村南大街 11 号百花苑商务大厦 2 层 P-200				
经营范围	棘轮式钢丝绳紧固器、杠杆式链条紧固器等铁路运输装载安全器材的生产与销售				

主要财务指标：指标\报告期	2017.06.30	2016.12.31	2016.06.30	2015.12.31
基本每股收益(元)	0.1100	0.0300	0.0300	0.4200
基本每股收益(扣除后)(元)	0.0638	0.0100	0.0230	0.3500
稀释每股收益(元)	—	0.0300	—	0.4200
每股净资产(元)	3.6800	3.5700	3.5600	3.7600
每股经营现金净流量(元)	0.1493	0.3006	-0.0920	0.1952
每股现金流量(元)	-0.3526	0.2093	0.3289	0.1718
每股资本公积金(元)	0.8236	0.8236	0.8236	0.8236
每股盈余公积金(元)	0.2330	0.2330	0.2327	0.2327
每股未分配利润(元)	1.6250	1.5152	1.5079	1.4836
净资产收益率(%)	2.9804	0.8951	0.8005	11.2666
净资产收益率(扣除)(%)	2.9700	0.9000	0.7900	12.6800
加权净资产收益率	1.7299	0.3507	0.6520	9.3672
总资产(万元)	31225.06	33834.56	32564.15	33468.00
归属母公司股东权益(万元)	25770.75	25002.67	24949.21	24778.88
营业收入(万元)	5509.45	11323.78	4677.59	13511.38
营业成本(万元)	3890.23	8398.35	3316.82	8627.78
投资收益(万元)	230.86	9.47	7.75	189.65
净利润(万元)	—	—	170.32	2762.05
营业利润(万元)	631.94	131.56	178.26	2837.32
利润总额(万元)	780.22	261.20	188.70	3215.12

厦门兴恒隆股份有限公司

公司概况					
公司名称	厦门兴恒隆股份有限公司			证券简称	兴恒隆
法人代表	王红艳	董秘		证券代码	831280
公司网址	www.xinghenglong.com		电子信箱	xhl@xinghenglong.com	
电　　话	0592-7550990		传　　真	0592-7550800	
办公地址	福建省厦门市同安区莲美三路81号				
经营范围	公司主要从事照明产品的研发、生产与销售				

主要财务指标

指标\报告期	2017.06.30	2016.12.31	2016.06.30	2015.12.31
基本每股收益(元)	-0.0100	0.0600	0.1300	0.2000
基本每股收益(扣除后)(元)	-0.0111	0.0400	0.1200	0.1500
稀释每股收益(元)	—	0.0600	—	0.2000
每股净资产(元)	1.1100	1.1100	1.3300	1.2200
每股经营现金净流量(元)	0.0192	0.0187	-0.0545	0.3818
每股现金流量(元)	0.0496	0.0768	-0.0745	0.0196
每股资本公积金(元)	0.0021	0.0021	0.0024	0.0027
每股盈余公积金(元)	0.0340	0.0340	0.0261	0.0300
每股未分配利润(元)	0.0696	0.0766	0.1316	0.1827
净资产收益率(%)	-0.6266	5.8180	9.6645	16.6817
净资产收益率(扣除)(%)	-0.6200	5.9700	10.0800	18.1400
加权净资产收益率	-0.6952	3.5027	8.6637	12.4567
总资产(万元)	9443.74	9455.46	10391.67	9270.03
归属母公司股东权益(万元)	6306.76	6345.92	6617.15	6027.24
营业收入(万元)	3038.29	7971.08	4186.04	7529.26
营业成本(万元)	2230.22	5578.35	2887.93	5141.59
投资收益(万元)	4.13	—	—	—
净利润(万元)	—	—	639.51	1005.45
营业利润(万元)	-89.63	241.86	676.95	889.95
利润总额(万元)	-84.54	435.55	754.86	1189.54

广东金达照明科技股份有限公司

公司概况					
公司名称	广东金达照明科技股份有限公司			证券简称	金达照明
法人代表	庾健航	董秘	陈志勇	证券代码	831290
公司网址	www.kamtatlighting.com		电子信箱	Info_kamtat@163.com	
电　　话	0769-39016288		传　　真	0769-39016299	
办公地址	广东省东莞市望牛墩镇横沥村金达工业园				
经营范围	以水晶灯为主的灯饰产品的研发、生产及销售				

主要财务指标

指标\报告期	2017.06.30	2016.12.31	2016.06.30	2015.12.31
基本每股收益(元)	0.0358	0.0931	0.0600	0.0700
基本每股收益(扣除后)(元)	0.0273	0.0817	—	0.0444
稀释每股收益(元)	0.0358	0.0931	0.0600	0.0700
每股净资产(元)	3.0800	2.9100	2.8700	2.8200
每股经营现金净流量(元)	0.0433	0.1688	-0.0092	-0.2175
每股现金流量(元)	-0.1170	-0.0018	-0.0684	-0.1999
每股资本公积金(元)	1.5071	1.5071	1.5071	1.5071
每股盈余公积金(元)	0.0531	0.0531	0.0326	0.0347
每股未分配利润(元)	0.3887	0.3530	0.3341	0.2783
净资产收益率(%)	1.2127	3.1950	1.9405	2.2395
净资产收益率(扣除)(%)	1.1700	3.1200	1.9500	2.4600
加权净资产收益率	0.9268	2.8029	1.5400	1.4858
总资产(万元)	51390.28	50144.29	49501.42	48267.35
归属母公司股东权益(万元)	26007.91	25692.51	25345.59	24871.62
营业收入(万元)	8189.94	20461.76	7924.80	20414.51
营业成本(万元)	5096.31	11906.04	4247.75	11401.11
投资收益(万元)	0.06	0.09	—	91.08
净利润(万元)	—	—	509.32	703.85
营业利润(万元)	485.17	1079.23	478.62	756.94
利润总额(万元)	582.49	1219.14	580.13	889.23

汇智光华(北京)文化传媒股份有限公司

公司概况					
公司名称	汇智光华(北京)文化传媒股份有限公司			证券简称	汇智光
法人代表	林永超	董秘	陆玉刚	证券代码	831292
公司网址	www.huizhiguanghua.com		电子信箱	luyugang@huizhiguanghua.com	
电　　话	010-82896087		传　　真	010-65937533	
办公地址	北京市海淀区上地信息产业基地开拓路1号1层1236室				
经营范围	图书、报纸、期刊、电子出版物、音像制品批发、零售				

主要财务指标

指标\报告期	2017.06.30	2016.12.31	2016.06.30	2015.12.31
基本每股收益(元)	0.1000	0.2600	0.1400	0.9100
基本每股收益(扣除后)(元)	0.0850	0.1600	0.1400	0.9100
稀释每股收益(元)	0.1000	0.2600	0.1400	0.9100
每股净资产(元)	4.6700	4.7400	4.3700	13.5600
每股经营现金净流量(元)	0.2775	-0.3346	-0.1354	-1.0229
每股现金流量(元)	0.1752	-0.7597	-0.3122	3.1845
每股资本公积金(元)	2.8705	2.8705	2.7896	6.5791
每股盈余公积金(元)	0.0565	0.0565	0.0314	0.0629
每股未分配利润(元)	0.7415	0.6387	0.5481	0.8211
净资产收益率(%)	2.2023	5.7414	3.1475	6.6793
净资产收益率(扣除)(%)	2.1500	5.9800	3.2000	11.2600
加权净资产收益率	1.8727	3.5750	2.9803	4.6029
总资产(万元)	31748.72	30739.86	31520.22	32280.87
归属母公司股东权益(万元)	19557.22	19126.52	17934.81	17370.31
营业收入(万元)	12561.66	33109.04	16107.10	24129.95
营业成本(万元)	5487.39	14245.62	6609.42	9176.28
投资收益(万元)	—	19.79	—	-26.00
净利润(万元)	—	—	532.17	1168.44
营业利润(万元)	503.26	947.12	677.03	1087.22
利润总额(万元)	589.21	1502.27	717.81	1579.10

浙江中德自控科技股份有限公司

公司概况					
公司名称	浙江中德自控科技股份有限公司			证券简称	中德科技
法人代表	张忠敏	董秘	王惠胜	证券代码	831294
公司网址	www.zhongdegroup.com		电子信箱	3434948114@qq.com	
电　　话	0572-6660010		传　　真	0572-6556888	
办公地址	浙江省湖州市长兴县太湖街道长兴大道659号				
经营范围	阀门的研发、生产和销售以及应用于石油化工等领域的系统集成产品的设计、开发和销售				

主要财务指标

指标\报告期	2017.06.30	2016.12.31	2016.06.30	2015.12.31
基本每股收益(元)	0.0659	0.0587	0.0900	0.4500
基本每股收益(扣除后)(元)	0.0587	0.0030	0.0563	0.4229
稀释每股收益(元)	0.0659	0.0587	0.0900	0.4500
每股净资产(元)	2.4300	2.3600	2.4700	2.3700
每股经营现金净流量(元)	0.0496	0.1564	0.3239	-0.5544
每股现金流量(元)	-0.0410	0.0927	0.0245	0.0012
每股资本公积金(元)	0.4269	0.4269	0.4269	0.4269
每股盈余公积金(元)	0.1062	0.0961	0.0817	0.0817
每股未分配利润(元)	0.8963	0.8405	0.9577	0.8662
净资产收益率(%)	2.7122	2.4827	3.7118	18.1919
净资产收益率(扣除)(%)	2.7500	2.4700	3.7800	23.5300
加权净资产收益率	2.4164	0.1285	2.2838	16.9427
总资产(万元)	28591.73	28025.22	29288.59	33177.77
归属母公司股东权益(万元)	16142.23	15704.42	16387.92	15779.64
营业收入(万元)	7021.50	15920.06	6566.08	28820.53
营业成本(万元)	4566.78	11123.99	4390.04	18672.63
投资收益(万元)	—	—	—	—
净利润(万元)	—	—	608.28	2870.62
营业利润(万元)	559.93	198.62	485.94	3046.74
利润总额(万元)	616.11	554.17	761.26	3278.64

湖北川东环保能源开发股份有限公司

公司概况	公司名称	湖北川东环保能源开发股份有限公司		证券简称	川东环能
	法人代表	张波	董秘	汪善波	证券代码	831295
	公司网址	www.hbcdhn.com		电子信箱	hbcdhbny@163.com
	电　　话	0712-8410095		传　　真	0712-8410095
	办公地址	湖北省汉川市经济技术开发区新河工业园			
	经营范围	污水处理项目运营			

主要财务指标	指标\报告期	2017.06.30	2016.12.31	2016.06.30	2015.12.31
	基本每股收益(元)	0.1004	0.2034	0.1200	0.2200
	基本每股收益(扣除后)(元)	0.0940	0.1907	0.1000	0.1891
	稀释每股收益(元)	0.1004	0.2034	0.1200	0.2200
	每股净资产(元)	1.6300	1.5300	1.4500	1.1900
	每股经营现金净流量(元)	0.1208	0.2812	0.0309	0.4374
	每股现金流量(元)	0.0143	-0.0467	-0.0825	-0.1608
	每股资本公积金(元)	0.1497	0.1497	0.1497	—
	每股盈余公积金(元)	0.0276	0.0235	0.0190	0.0145
	每股未分配利润(元)	0.4542	0.3579	0.2776	0.1781
	净资产收益率(%)	6.1521	13.2059	8.1158	18.2130
	净资产收益率(扣除)(%)	6.3500	16.7000	9.1900	20.0400
	加权净资产收益率	5.7620	12.3826	6.8712	15.8544
	总资产(万元)	11522.19	10684.76	9514.58	8782.70
	归属母公司股东权益(万元)	7015.24	6583.66	6218.94	4770.67
	营业收入(万元)	1752.88	3073.88	1586.10	2295.48
	营业成本(万元)	1011.40	1674.95	814.19	975.60
	投资收益(万元)	0.68	8.69	0.35	—
	净利润(万元)	—	—	504.71	868.88
	营业利润(万元)	553.08	1001.48	561.44	863.47
	利润总额(万元)	580.61	1147.48	650.41	1057.70

沈阳奥拓福科技股份有限公司

公司概况	公司名称	沈阳奥拓福科技股份有限公司			证券简称	奥拓福
	法人代表	武子全	董秘	蔡宇	证券代码	831296
	公司网址	www.apw.cn		电子信箱	caiyu@apw.cn	
	电　　话	024-24699050		传　　真	024-24699050-851	
	办公地址	辽宁省沈阳市综合保税区浑南东路 15-1 号				
	经营范围	超高压清洗技术、超高压水切割机技术研发				

主要财务指标	指标\报告期	2017.06.30	2016.12.31	2016.06.30	2015.12.31
	基本每股收益(元)	0.0349	0.0845	0.0552	0.0837
	基本每股收益(扣除后)(元)	0.0157	0.0566	0.0456	0.0524
	稀释每股收益(元)	0.0349	0.0845	—	0.0837
	每股净资产(元)	1.2300	1.2000	1.1600	1.1100
	每股经营现金净流量(元)	0.0602	-0.1377	0.0234	0.2944
	每股现金流量(元)	-0.0351	-0.2985	-0.3055	0.0648
	每股资本公积金(元)	0.0658	0.0658	0.0658	0.0658
	每股盈余公积金(元)	0.0213	0.0213	0.0130	0.0130
	每股未分配利润(元)	0.1429	0.1081	0.0850	0.0318
	净资产收益率(%)	2.8313	7.0482	4.7512	7.5465
	净资产收益率(扣除)(%)	2.8600	7.3300	4.8600	7.4600
	加权净资产收益率	1.2782	4.7162	3.9230	4.7311
	总资产(万元)	20859.62	21457.71	21809.23	22615.53
	归属母公司股东权益(万元)	10471.23	10195.36	9872.12	9422.50
	营业收入(万元)	3728.48	8267.35	4076.86	7051.88
	营业成本(万元)	2392.44	4872.91	2003.78	2869.35
	投资收益(万元)	—	—	—	—
	净利润(万元)	—	—	451.80	680.98
	营业利润(万元)	63.84	551.86	410.75	592.86
	利润总额(万元)	255.16	835.37	512.75	904.98

陕西省数字证书认证中心股份有限公司

公司概况	公司名称	陕西省数字证书认证中心股份有限公司			证券简称	数字认证
	法人代表	尚永安	董秘	王宏	证券代码	831297
	公司网址	www.snca.com.cn		电子信箱	71241166@qq.com	
	电　　话	029-88311561-109		传　　真	029-88311503	
	办公地址	陕西省西安市高新区高新三路九号信息港大厦 7 层 701 室				
	经营范围	电子认证服务、信息安全咨询、信息安全产品开发与集成及基于数字证书的可信应用服务				

主要财务指标	指标\报告期	2017.06.30	2016.12.31	2016.06.30	2015.12.31
	基本每股收益(元)	0.2300	0.3700	0.1900	0.4600
	基本每股收益(扣除后)(元)	0.2000	0.3400	0.1700	0.4100
	稀释每股收益(元)	0.2300	0.3700	—	0.4600
	每股净资产(元)	1.3900	1.4800	1.3100	2.0600
	每股经营现金净流量(元)	0.1599	0.4096	0.2186	0.6888
	每股现金流量(元)	0.3329	-0.6921	-0.8709	0.9707
	每股资本公积金(元)	0.0502	0.0502	0.0502	0.5753
	每股盈余公积金(元)	0.0958	0.0958	0.0585	0.0878
	每股未分配利润(元)	0.2394	0.3382	0.1975	0.3974
	净资产收益率(%)	16.6933	24.9595	14.7445	21.2866
	净资产收益率(扣除)(%)	14.7100	26.3200	13.5000	21.2800
	加权净资产收益率	14.2579	22.8943	13.0413	18.7687
	总资产(万元)	12342.86	13018.16	11639.90	11829.37
	归属母公司股东权益(万元)	9517.63	10195.93	8974.29	9437.27
	营业收入(万元)	2648.10	4825.26	2408.68	4508.59
	营业成本(万元)	553.36	1226.14	589.90	1610.10
	投资收益(万元)	264.33	165.31	101.16	209.95
	净利润(万元)	—	—	1323.22	2008.87
	营业利润(万元)	1791.61	2817.64	1437.51	2229.17
	利润总额(万元)	1792.04	2892.97	1512.85	2290.78

洛阳澳凯富汇信息技术股份有限公司

公司概况	公司名称	洛阳澳凯富汇信息技术股份有限公司			证券简称	澳凯富汇
	法人代表	刘鹏	董秘	吴瑶	证券代码	831303
	公司网址	www.akfh.cn		电子信箱	wuyao@akfh.cn	
	电　　话	0379-62776699		传　　真	0379-6276627	
	办公地址	河南省洛阳市洛龙区王城大道雅香金陵商务楼 B 幢 5 层				
	经营范围	计算机软件开发;计算机网络技术服务;网页设计、制作				

主要财务指标	指标\报告期	2017.06.30	2016.12.31	2016.06.30	2015.12.31
	基本每股收益(元)	-0.0800	-0.2400	0.0300	-0.0500
	基本每股收益(扣除后)(元)	-0.0800	-0.2800	—	-0.0700
	稀释每股收益(元)	-0.0800	-0.2400	0.0300	-0.0500
	每股净资产(元)	2.8100	2.9100	3.3800	2.9700
	每股经营现金净流量(元)	-0.1823	-0.7792	-0.1957	-0.5346
	每股现金流量(元)	-0.3046	-1.1376	-0.8564	1.7508
	每股资本公积金(元)	2.1256	2.1405	2.1361	1.9783
	每股盈余公积金(元)	0.0030	0.0030	0.0030	0.0033
	每股未分配利润(元)	-0.3142	-0.2379	0.0226	-0.0101
	净资产收益率(%)	-2.7121	-7.8678	1.0090	-1.0123
	净资产收益率(扣除)(%)	-2.6300	-8.0100	1.1300	-2.0000
	加权净资产收益率	-2.7957	-9.3025	0.0732	-1.4162
	总资产(万元)	19266.62	19961.67	21187.49	18260.86
	归属母公司股东权益(万元)	18030.11	18614.75	20255.20	17550.82
	营业收入(万元)	1905.15	3182.94	1586.71	1684.94
	营业成本(万元)	952.05	2058.33	715.98	764.11
	投资收益(万元)	-257.45	-380.87	94.83	-27.32
	净利润(万元)	—	—	164.66	-203.34
	营业利润(万元)	-463.65	-1729.46	75.60	-248.54
	利润总额(万元)	-448.49	-1586.47	191.91	-199.57

福建华博教育科技股份有限公司

公司概况					
公司名称	福建华博教育科技股份有限公司			证券简称	华博教育
法人代表	黄勤辉	董秘	杨耕风	证券代码	831308
公司网址	www.fjhb.cn		电子信箱	dm@fjhb.cn	
电　话	0591-88266244		传　真	0591-83791711	
办公地址	福建省福州市鼓楼区工业路611号海峡技术转移中心大楼13层				
经营范围	网络远程教育软件技术开发及技术服务				

主要财务指标：指标\报告期	2017.06.30	2016.12.31	2016.06.30	2015.12.31
基本每股收益(元)	0.1800	0.2900	0.0500	0.3800
基本每股收益(扣除后)(元)	0.1533	0.3400	0.0500	0.3300
稀释每股收益(元)	—	0.2900	—	—
每股净资产(元)	2.2100	1.6400	1.3600	1.5600
每股经营现金净流量(元)	–0.0129	0.3874	–0.0080	0.4887
每股现金流量(元)	–0.4054	–0.0372	–0.3267	1.1512
每股资本公积金(元)	0.9311	0.2472	0.2053	0.1629
每股盈余公积金(元)	0.0936	0.0990	0.0614	0.0630
每股未分配利润(元)	0.1870	0.2912	0.0917	0.3477
净资产收益率(%)	8.2161	17.7275	3.9143	23.4086
净资产收益率(扣除)(%)	8.0700	19.6300	3.7100	36.3200
加权净资产收益率	6.9989	20.4963	3.7421	20.5230
总资产(万元)	5748.05	4013.97	2950.96	3584.69
归属母公司股东权益(万元)	4420.94	3094.67	2567.37	2945.64
营业收入(万元)	1367.76	2251.62	807.82	1883.23
营业成本(万元)	133.64	221.17	86.89	148.80
投资收益(万元)	–2.74	10.42	–6.49	5.54
净利润(万元)	—	—	100.49	686.36
营业利润(万元)	458.54	569.99	109.38	679.33
利润总额(万元)	564.22	636.91	114.58	779.33

湖北雷迪特冷却系统股份有限公司

公司概况					
公司名称	湖北雷迪特冷却系统股份有限公司			证券简称	雷迪特
法人代表	赵成恩	董秘	庞军	证券代码	831309
公司网址	www.hbrdt.com		电子信箱	pangjun@dongjungroup.com.cn	
电　话	13385283789		传　真	027-59909595	
办公地址	湖北省武汉经济技术开发区军山街凤凰工业园凤亭南路2号				
经营范围	设计、制造和销售汽车热交换器产品				

主要财务指标：指标\报告期	2017.06.30	2016.12.31	2016.06.30	2015.12.31
基本每股收益(元)	0.1300	0.2400	0.1100	0.3300
基本每股收益(扣除后)(元)	0.1200	0.0700	0.1100	0.1200
稀释每股收益(元)	0.1300	0.2400	0.1100	0.3300
每股净资产(元)	2.3700	2.3200	2.1900	2.1600
每股经营现金净流量(元)	0.0602	0.5352	–0.0667	0.9411
每股现金流量(元)	–0.1948	–0.2925	–0.3406	0.2911
每股资本公积金(元)	0.8139	0.8139	0.8139	0.8139
每股盈余公积金(元)	0.0534	0.0534	0.0292	0.0292
每股未分配利润(元)	0.5064	0.4547	0.3487	0.3120
净资产收益率(%)	5.3355	10.4196	5.0980	11.1430
净资产收益率(扣除)(%)	5.3100	10.8100	5.0500	16.5000
加权净资产收益率	5.1607	7.5497	5.0064	3.9740
总资产(万元)	23361.98	25029.17	27673.15	26645.85
归属母公司股东权益(万元)	9494.54	9287.96	8767.15	8620.20
营业收入(万元)	9797.67	19403.44	9563.94	18432.96
营业成本(万元)	7064.50	14599.40	7189.22	13771.66
投资收益(万元)	—	12.23	—	—
净利润(万元)	—	—	446.95	960.55
营业利润(万元)	594.10	797.93	518.19	345.70
利润总额(万元)	613.62	1099.29	527.64	1072.74

南京中超新材料股份有限公司

公司概况					
公司名称	南京中超新材料股份有限公司			证券简称	中超新材
法人代表	陈友福	董秘	马伟华	证券代码	831313
公司网址	www.zcxcl.com		电子信箱	1045597992@qq.com	
电　话	025-68618188		传　真	025-68618188	
办公地址	南京市高淳区东坝镇芜太路31号				
经营范围	江苏省高分子聚合物电缆专用料的研发、生产与销售				

主要财务指标：指标\报告期	2017.06.30	2016.12.31	2016.06.30	2015.12.31
基本每股收益(元)	0.0443	0.1697	0.0600	0.1600
基本每股收益(扣除后)(元)	0.0343	0.1541	0.0624	0.1555
稀释每股收益(元)	0.0443	0.1697	0.0600	0.1600
每股净资产(元)	1.4700	1.4300	1.3200	1.2600
每股经营现金净流量(元)	0.3550	–0.1218	0.0448	–0.1603
每股现金流量(元)	0.0028	–0.0155	0.2639	0.0094
每股资本公积金(元)	0.0102	0.0102	0.0102	0.0102
每股盈余公积金(元)	0.0436	0.0436	0.0247	0.0247
每股未分配利润(元)	0.4164	0.3721	0.2858	0.2214
净资产收益率(%)	3.0109	11.9012	4.8769	12.5683
净资产收益率(扣除)(%)	3.0600	12.6500	5.0000	13.4100
加权净资产收益率	2.3343	10.8092	4.7229	12.3812
总资产(万元)	44639.55	39345.15	38109.43	36483.74
归属母公司股东权益(万元)	13231.60	12833.21	11885.55	11305.90
营业收入(万元)	26842.95	53778.58	22794.42	47019.30
营业成本(万元)	24037.64	47394.09	20249.02	41553.00
投资收益(万元)	—	—	—	—
净利润(万元)	—	—	579.65	1420.96
营业利润(万元)	317.37	1547.43	681.74	1544.88
利润总额(万元)	422.01	1712.42	703.28	1569.75

湖南绿蔓生物科技股份有限公司

公司概况					
公司名称	湖南绿蔓生物科技股份有限公司			证券简称	绿蔓生物
法人代表	张宝堂	董秘	李芳	证券代码	831319
公司网址	www.nutra-max.com		电子信箱	105842832@qq.com	
电　话	0731-82939655		传　真	0731-82938822	
办公地址	湖南省长沙市芙蓉区万家丽路217号长远华樟名府嘉和阁2501				
经营范围	植物提取物的研发、加工、销售;生物制品的研究、开发				

主要财务指标：指标\报告期	2017.06.30	2016.12.31	2016.06.30	2015.12.31
基本每股收益(元)	0.1340	0.1800	0.0800	0.1330
基本每股收益(扣除后)(元)	0.1160	0.1050	0.0560	0.0540
稀释每股收益(元)	0.1340	0.1800	0.0800	0.1330
每股净资产(元)	1.4700	1.4300	1.3300	1.2500
每股经营现金净流量(元)	0.1989	–0.0335	0.1761	–0.5892
每股现金流量(元)	–0.0762	–0.0228	0.1388	0.1008
每股资本公积金(元)	0.1154	0.1154	0.1154	0.1154
每股盈余公积金(元)	0.0235	0.0235	0.0084	0.0084
每股未分配利润(元)	0.3283	0.2944	0.2103	0.1292
净资产收益率(%)	9.1232	12.5752	6.0753	7.7404
净资产收益率(扣除)(%)	9.0220	13.4200	6.2700	10.8000
加权净资产收益率	7.8990	7.3279	4.1873	3.1317
总资产(万元)	6180.37	5526.08	4140.23	3999.62
归属母公司股东权益(万元)	2666.68	2605.15	2424.87	2277.55
营业收入(万元)	2528.61	3979.76	2108.32	3405.46
营业成本(万元)	1639.66	2667.51	1421.89	2306.46
投资收益(万元)	—	—	—	—
净利润(万元)	—	—	147.32	176.29
营业利润(万元)	259.48	229.59	119.35	93.87
利润总额(万元)	299.69	395.05	175.28	221.88

上海路骋国际旅行社股份有限公司

公司概况	公司名称	上海路骋国际旅行社股份有限公司			证券简称	路骋国旅
	法人代表	沈纯炜	董秘	宦军	证券代码	831320
	公司网址	www.rtacn.com		电子信箱	hj@dd885.com	
	电　话			传　真		
	办公地址	上海市静安区南京西路 1038 号 1701 室				
	经营范围	旅行社业务;在信息技术专业领域内从事技术开发、技术咨询等				

主要财务指标	指标\报告期	2017.06.30	2016.12.31	2016.06.30	2015.12.31
	基本每股收益(元)	-0.0900	-0.2400	-0.0100	-1.9700
	基本每股收益(扣除后)(元)	-0.0900	-0.2500	-0.0100	-2.2400
	稀释每股收益(元)	-0.0900	-0.2400	--	-1.9700
	每股净资产(元)	0.3900	0.4800	0.7100	0.7200
	每股经营现金净流量(元)	-0.0293	-0.3179	-0.0957	-0.5051
	每股现金流量(元)	-0.0392	-0.3265	-0.1706	0.3815
	每股资本公积金(元)	0.0059	0.0059	0.0059	0.0059
	每股盈余公积金(元)	--	--	--	--
	每股未分配利润(元)	-0.6138	-0.5236	-0.2958	-0.2884
	净资产收益率(%)	-23.0157	-48.7720	-1.0531	-41.1518
	净资产收益率(扣除)(%)	-20.6400	-39.2100	-1.0500	-63.9500
	加权净资产收益率	-23.9211	-52.5439	-1.9228	-46.9184
	总资产(万元)	4046.21	4859.74	4744.35	6014.28
	归属母公司股东权益(万元)	1749.11	2151.68	3167.74	3201.10
	营业收入(万元)	3724.02	13863.19	6906.02	8930.68
	营业成本(万元)	3471.34	13080.50	6443.87	8454.89
	投资收益(万元)	0.03	1.06	--	7.96
	净利润(万元)	--	--	5.05	-1291.32
	营业利润(万元)	-416.64	-1149.97	-52.33	-1498.39
	利润总额(万元)	-415.50	-948.13	15.84	-1261.96

北京朗悦科技股份有限公司

公司概况	公司名称	北京朗悦科技股份有限公司			证券简称	朗悦科技
	法人代表	李宏伟	董秘	臧存智	证券代码	831322
	公司网址	www.longjoy.net		电子信箱	bjlongjoy@sina.com	
	电　话	010-62638866		传　真	010-62525966	
	办公地址	北京市海淀区知春路 128 号 11 层 1191 室				
	经营范围	多媒体设备的研发、生产、销售、代理和相关技术服务				

主要财务指标	指标\报告期	2017.06.30	2016.12.31	2016.06.30	2015.12.31
	基本每股收益(元)	0.0200	0.2900	0.0600	0.6200
	基本每股收益(扣除后)(元)	0.0200	0.2900	0.0600	0.5900
	稀释每股收益(元)	0.0200	0.2900	0.0600	--
	每股净资产(元)	1.6200	1.6000	1.3600	3.0000
	每股经营现金净流量(元)	-0.7061	-0.1779	-0.7614	0.2538
	每股现金流量(元)	-0.7100	-0.1070	-0.7614	1.8327
	每股资本公积金(元)	0.0432	0.0432	0.0432	1.3993
	每股盈余公积金(元)	0.0592	0.0592	0.0260	0.0598
	每股未分配利润(元)	0.5115	0.4928	0.2938	0.5384
	净资产收益率(%)	1.1624	18.2604	4.1973	18.7734
	净资产收益率(扣除)(%)	1.1700	20.1400	4.3000	30.9600
	加权净资产收益率	1.1624	18.2580	4.1939	17.8385
	总资产(万元)	4087.67	4339.44	3291.83	3090.78
	归属母公司股东权益(万元)	3531.15	3492.38	2978.02	2847.62
	营业收入(万元)	1640.38	4815.06	1574.84	3741.63
	营业成本(万元)	1288.22	3584.79	1211.12	2768.14
	投资收益(万元)	--	--	--	--
	净利润(万元)	--	--	124.99	534.60
	营业利润(万元)	55.33	726.04	142.23	601.54
	利润总额(万元)	55.33	754.26	142.33	632.86

珠海长先新材料科技股份有限公司

公司概况	公司名称	珠海长先新材料科技股份有限公司			证券简称	长先新材
	法人代表	杨伟明	董秘	龚香芹	证券代码	831323
	公司网址	www.changxianchem.com		电子信箱	2207476196@qq.com	
	电　话	0755-83160616		传　真	0755-26824640	
	办公地址	广东省珠海市高栏港经济区精细化工区浪湾路				
	经营范围	电子化学品和树脂的研发、生产和销售				

主要财务指标	指标\报告期	2017.06.30	2016.12.31	2016.06.30	2015.12.31
	基本每股收益(元)	0.0500	0.0700	0.0400	0.0700
	基本每股收益(扣除后)(元)	0.0500	0.0700	0.0400	0.0300
	稀释每股收益(元)	0.0500	0.0700	0.0400	0.0700
	每股净资产(元)	1.1100	1.1200	1.0900	1.2600
	每股经营现金净流量(元)	0.1636	0.0563	0.0500	0.2578
	每股现金流量(元)	0.0072	-0.1043	0.0656	0.0827
	每股资本公积金(元)	0.0409	0.0409	0.0409	0.2491
	每股盈余公积金(元)	0.0099	0.0099	0.0022	0.0026
	每股未分配利润(元)	0.0605	0.0696	0.0494	0.0087
	净资产收益率(%)	4.5734	6.2471	3.8518	5.1264
	净资产收益率(扣除)(%)	4.4400	6.4300	3.9200	5.7400
	加权净资产收益率	4.3279	6.5310	3.9052	3.0446
	总资产(万元)	12006.31	11521.85	10314.95	9177.82
	归属母公司股东权益(万元)	6628.68	6670.14	6507.46	6267.23
	营业收入(万元)	3966.33	7289.61	3291.07	7045.09
	营业成本(万元)	2594.49	4597.75	1968.33	4341.07
	投资收益(万元)	--	--	--	--
	净利润(万元)	--	--	250.66	321.29
	营业利润(万元)	326.92	481.50	306.50	213.43
	利润总额(万元)	348.36	460.24	303.34	366.93

迈奇化学股份有限公司

公司概况	公司名称	迈奇化学股份有限公司			证券简称	迈奇化学
	法人代表	苗胜利	董秘	张晓静	证券代码	831325
	公司网址	www.magpiechem.com		电子信箱	myj@myj2002.com	
	电　话	0393-8099666		传　真	0393-4412741	
	办公地址	河南省濮阳市胜利路西段路北				
	经营范围	N-甲基吡咯烷酮、乙基吡咯烷酮等产品的生产销售				

主要财务指标	指标\报告期	2017.06.30	2016.12.31	2016.06.30	2015.12.31
	基本每股收益(元)	0.0130	0.7100	0.4000	0.4400
	基本每股收益(扣除后)(元)	0.0010	0.6500	0.3700	0.4100
	稀释每股收益(元)	0.0130	0.7100	0.4000	0.4400
	每股净资产(元)	2.7700	2.7500	2.4600	2.0600
	每股经营现金净流量(元)	-0.1632	0.6040	0.4898	0.0417
	每股现金流量(元)	-0.0826	0.1808	0.2722	-0.1165
	每股资本公积金(元)	0.4471	0.4471	0.4471	0.4471
	每股盈余公积金(元)	0.1305	0.1305	0.0612	0.0595
	每股未分配利润(元)	1.1879	1.1747	0.9518	0.5355
	净资产收益率(%)	0.4785	25.7984	16.2833	21.5785
	净资产收益率(扣除)(%)	0.4800	29.6200	17.7300	24.1900
	加权净资产收益率	0.0484	23.5427	15.1200	20.0179
	总资产(万元)	32811.76	25156.95	24099.22	21587.72
	归属母公司股东权益(万元)	21289.70	21177.09	18936.72	15845.04
	营业收入(万元)	21938.82	39461.32	19054.66	32173.10
	营业成本(万元)	19962.68	29640.00	13823.93	25281.80
	投资收益(万元)	--	--	--	--
	净利润(万元)	--	--	3083.53	3419.13
	营业利润(万元)	27.83	5775.98	3310.74	3641.10
	利润总额(万元)	63.54	6330.68	3570.28	3933.26

焦作市三利达射箭器材股份有限公司

	公司名称	焦作市三利达射箭器材股份有限公司		证券简称	三利达
公司概况	法人代表	苗备战	董秘 卫爱云	证券代码	831326
	公司网址	www.sanlida.cn		电子信箱	jandaobow@163.com
	电　话	0391-3215559		传　真	0391-3214444
	办公地址	河南省焦作市焦辉路百间房派出所西邻			
	经营范围	公司主要从事弓箭、弩及电子产品、健身器材的生产及销售			

	指标\报告期	2017.06.30	2016.12.31	2016.06.30	2015.12.31
主要财务指标	基本每股收益(元)	-0.0200	0.0300	0.0100	0.3500
	基本每股收益(扣除后)(元)	-0.0200	0.0200	---	0.2900
	稀释每股收益(元)	-0.0200	0.0300	---	---
	每股净资产(元)	1.1200	1.7100	1.6800	1.5500
	每股经营现金净流量(元)	-0.0627	0.0334	-0.1774	0.3682
	每股现金流量(元)	-0.0308	-0.0062	-0.1379	0.1485
	每股资本公积金(元)	0.0385	0.2577	0.2577	0.1142
	每股盈余公积金(元)	0.0400	0.0600	0.0567	0.0599
	每股未分配利润(元)	0.0419	0.3884	0.3674	0.3786
	净资产收益率(%)	-1.5160	1.9357	0.5189	22.5186
	净资产收益率(扣除)(%)	-1.5000	2.0400	0.5500	25.3800
	加权净资产收益率	-1.7612	1.3806	-0.0270	18.3574
	总资产(万元)	4778.70	4364.53	4374.22	3649.15
	归属母公司股东权益(万元)	3193.33	3241.74	3195.57	2794.79
	营业收入(万元)	1900.80	4133.13	2168.36	4765.60
	营业成本(万元)	1396.97	2701.20	1424.51	3066.67
	投资收益(万元)	---	---	---	---
	净利润(万元)	---	---	16.58	629.35
	营业利润(万元)	-58.78	24.10	-0.77	639.85
	利润总额(万元)	-48.34	48.16	22.49	795.16

科耐特输变电科技股份有限公司

	公司名称	科耐特输变电科技股份有限公司		证券简称	科耐特
公司概况	法人代表	杨俊	董秘 蒋玲琳	证券代码	831328
	公司网址	www.jsconnect.com		电子信箱	administer@jsconnect.com
	电　话	0510-87688555		传　真	0510-87696699
	办公地址	江苏省宜兴市徐舍镇工业集中区长兴路8号			
	经营范围	高低压输变电设备的制造造研发发销售			

	指标\报告期	2017.06.30	2016.12.31	2016.06.30	2015.12.31
主要财务指标	基本每股收益(元)	0.0290	0.0400	0.0060	0.1700
	基本每股收益(扣除后)(元)	0.0250	0.0400	0.0060	0.1600
	稀释每股收益(元)	0.0290	0.0400	0.0060	0.1700
	每股净资产(元)	1.2200	1.1900	1.1500	1.2300
	每股经营现金净流量(元)	0.0377	0.0718	0.0540	0.0179
	每股现金流量(元)	0.0085	-0.0010	0.0120	-0.0475
	每股资本公积金(元)	0.0012	0.0012	0.0012	0.0012
	每股盈余公积金(元)	0.0271	0.0271	0.0227	0.0227
	每股未分配利润(元)	0.1925	0.1639	0.1296	0.2039
	净资产收益率(%)	2.3405	3.7240	0.4894	13.6799
	净资产收益率(扣除)(%)	2.3700	3.6900	0.4600	14.6800
	加权净资产收益率	2.0794	3.6967	0.4798	13.3571
	总资产(万元)	14289.85	14248.90	15779.48	15595.34
	归属母公司股东权益(万元)	9766.14	9537.57	9227.55	9822.39
	营业收入(万元)	2430.61	4268.16	1660.91	5591.56
	营业成本(万元)	1260.27	2227.76	846.17	2812.86
	投资收益(万元)	---	---	---	---
	净利润(万元)	---	---	45.16	1343.69
	营业利润(万元)	225.87	399.02	39.54	1525.80
	利润总额(万元)	255.87	402.07	40.59	1563.10

襄阳佰蒂生物科技股份有限公司

	公司名称	襄阳佰蒂生物科技股份有限公司		证券简称	佰蒂生物
公司概况	法人代表	邓以超	董秘 刘新明	证券代码	831363
	公司网址	www.berrytowns.cn		电子信箱	berrytowns@163.com
	电　话	0710-5811333		传　真	0710-5815868
	办公地址	湖北省襄阳市保康县城关镇发展路2号			
	经营范围	蓝莓种植、销售,园林植物栽培、销售等			

	指标\报告期	2017.06.30	2016.12.31	2016.06.30	2015.12.31
主要财务指标	基本每股收益(元)	-0.0300	-0.1900	-0.0300	0.0100
	基本每股收益(扣除后)(元)	-0.0500	-0.2500	-0.0500	-0.2900
	稀释每股收益(元)	-0.0300	-0.1900	-0.0300	0.0100
	每股净资产(元)	0.8400	0.8700	1.0300	1.0600
	每股经营现金净流量(元)	0.0225	0.0034	0.0428	-0.0910
	每股现金流量(元)	0.0150	0.0020	0.0159	-0.0066
	每股资本公积金(元)	0.2160	0.2160	0.2160	0.2160
	每股盈余公积金(元)	0.0335	0.0335	0.0335	0.0335
	每股未分配利润(元)	-0.4070	-0.3762	-0.2162	-0.1901
	净资产收益率(%)	-3.6558	-21.3050	-2.5192	0.8927
	净资产收益率(扣除)(%)	-3.5900	-19.2500	-2.4900	0.9000
	加权净资产收益率	-6.1841	-27.6023	-4.4968	-27.6255
	总资产(万元)	7502.18	7229.57	7391.79	7015.90
	归属母公司股东权益(万元)	1685.05	1746.65	2066.71	2118.77
	营业收入(万元)	1387.24	1535.24	674.09	379.83
	营业成本(万元)	1099.13	1250.18	486.98	312.44
	投资收益(万元)	---	---	---	---
	净利润(万元)	---	---	-52.07	18.91
	营业利润(万元)	-104.21	-478.96	-95.85	-588.47
	利润总额(万元)	-61.60	-368.97	-54.98	15.76

宁夏国龙医疗发展股份有限公司

	公司名称	宁夏国龙医疗发展股份有限公司		证券简称	国龙医疗
公司概况	法人代表	郭龙	董秘 董旭辉	证券代码	831366
	公司网址	www.nxgl.cn		电子信箱	13909590480@163.com
	电　话	0951-6031296		传　真	0951-4123161
	办公地址	宁夏回族自治区银川市兴庆区长城东路536号			
	经营范围	内科、外科、妇产科等医疗服务			

	指标\报告期	2017.06.30	2016.12.31	2016.06.30	2015.12.31
主要财务指标	基本每股收益(元)	0.3900	-1.0400	-0.2700	-0.8400
	基本每股收益(扣除后)(元)	-0.1500	-1.0300	-0.2700	-0.8400
	稀释每股收益(元)	0.3900	-1.0500	-0.2700	---
	每股净资产(元)	0.4400	0.1500	0.1200	0.2600
	每股经营现金净流量(元)	0.3713	-4.1471	-4.1515	0.0140
	每股现金流量(元)	1.7464	0.0521	0.0630	-0.4205
	每股资本公积金(元)	1.4852	1.4998	1.5248	1.4480
	每股盈余公积金(元)	0.0611	0.0618	0.0602	0.0614
	每股未分配利润(元)	-2.1083	-2.3423	-2.4639	-2.2473
	净资产收益率(%)	88.0109	-470.7776	-217.7918	-295.9265
	净资产收益率(扣除)(%)	151.5000	-579.6300	-157.3400	-339.1200
	加权净资产收益率	-34.3966	-465.0930	-221.2594	-298.6514
	总资产(万元)	54572.27	41372.82	38863.93	18526.85
	归属母公司股东权益(万元)	2140.60	1058.91	578.67	1227.20
	营业收入(万元)	8839.76	15122.71	7144.87	12023.27
	营业成本(万元)	7221.87	14647.75	6317.38	12402.25
	投资收益(万元)	279.46	---	---	---
	净利润(万元)	---	---	-1260.75	-3632.70
	营业利润(万元)	-775.85	-4872.51	-1193.42	-3534.36
	利润总额(万元)	1960.99	-4943.33	-1169.82	-3489.77

北京帜扬信通科技股份有限公司

公司概况					
公司名称	北京帜扬信通科技股份有限公司			证券简称	帜扬信通
法人代表	曾晨	董秘	邵征	证券代码	831369
公司网址	www.bjzyxt.com.cn		电子信箱	dongmi@bjzyxt.com.cn	
电　话	010-51581769		传　真	010-51581790-18	
办公地址	北京市海淀区中关村南大街甲6号铸诚大厦A座513室				
经营范围	技术开发、技术转让、技术咨询、技术服务、技术培训等				

主要财务指标：指标\报告期	2017.06.30	2016.12.31	2016.06.30	2015.12.31
基本每股收益(元)	0.0400	0.5000	0.0200	0.5300
基本每股收益(扣除后)(元)	0.0200	0.4900	0.0200	0.5100
稀释每股收益(元)	0.0400	0.5000	0.0200	0.5300
每股净资产(元)	1.4500	1.5700	1.0900	1.7000
每股经营现金净流量(元)	-0.8421	0.3975	-0.6630	1.3650
每股现金流量(元)	-0.4987	-0.4322	-0.9845	1.4448
每股资本公积金(元)	0.0113	0.0113	0.0113	0.1670
每股盈余公积金(元)	0.0965	0.0965	0.0465	0.0697
每股未分配利润(元)	0.3428	0.4588	0.0331	0.4677
净资产收益率(%)	3.0288	31.7299	1.9495	30.3439
净资产收益率(扣除)(%)	2.7700	37.0900	1.8500	39.1200
加权净资产收益率	1.6658	31.3699	1.4224	28.8600
总资产(万元)	6320.53	8673.03	6316.64	8995.07
归属母公司股东权益(万元)	4526.16	4888.30	3403.60	3545.26
营业收入(万元)	2172.39	7354.13	2132.79	7135.71
营业成本(万元)	1629.60	4520.93	1611.44	4867.50
投资收益(万元)	72.18	20.75	21.11	2.08
净利润(万元)	--	--	66.35	1075.77
营业利润(万元)	148.88	1830.70	106.16	1206.21
利润总额(万元)	149.28	1830.64	106.16	1266.02

深圳市电科电源股份有限公司

公司概况					
公司名称	深圳市电科电源股份有限公司			证券简称	电科电源
法人代表	李伦	董秘	司敏	证券代码	831373
公司网址	www.bstbattery.com		电子信箱	luochaochao@bstbattery.com	
电　话	0755-89733023		传　真	0755-80260306	
办公地址	广东省深圳市龙岗区横岗街道大康社区新龙路37号A栋3楼、C、D栋				
经营范围	应急照明灯电池、消费电子产品电池等				

主要财务指标：指标\报告期	2017.06.30	2016.12.31	2016.06.30	2015.12.31
基本每股收益(元)	0.1700	0.3000	0.1300	0.2500
基本每股收益(扣除后)(元)	0.1600	0.2800	0.1200	0.2800
稀释每股收益(元)	0.1700	0.3000	0.1300	0.2500
每股净资产(元)	2.9600	2.8900	2.6200	2.6200
每股经营现金净流量(元)	0.2572	0.1556	-0.1906	0.1668
每股现金流量(元)	0.5526	-0.2059	-0.2985	0.0782
每股资本公积金(元)	0.6399	0.5995	0.5995	0.5995
每股盈余公积金(元)	0.0464	0.0480	0.0428	0.0428
每股未分配利润(元)	1.2314	1.1055	0.9463	0.9510
净资产收益率(%)	5.5294	10.3966	4.7746	9.2851
净资产收益率(扣除)(%)	5.7800	10.6700	4.7000	9.8300
加权净资产收益率	5.2334	9.7343	4.6512	8.5790
总资产(万元)	40960.88	32646.19	28501.81	30427.46
归属母公司股东权益(万元)	22055.65	20852.08	18925.14	18872.41
营业收入(万元)	14880.40	31018.73	14306.82	30236.70
营业成本(万元)	10598.40	23180.77	10873.97	23976.81
投资收益(万元)	1.24	17.71	6.08	43.00
净利润(万元)	--	--	903.59	1752.33
营业利润(万元)	1326.98	2201.08	944.01	1472.83
利润总额(万元)	1394.27	2362.90	966.04	1569.94

有友食品股份有限公司

公司概况					
公司名称	有友食品股份有限公司			证券简称	有友食品
法人代表	鹿有忠	董秘		证券代码	831377
公司网址	www.youyoufood.com		电子信箱	yysecurity@youyoufood.com	
电　话	023-67389309		传　真	023-67389309	
办公地址	重庆市渝北区国家农业科技园区国际食品工业城宝环一路13号				
经营范围	泡卤风味休闲食品的研发、生产和销售				

主要财务指标：指标\报告期	2017.06.30	2016.12.31	2016.06.30	2015.12.31
基本每股收益(元)	0.4700	0.5400	0.3100	0.4800
基本每股收益(扣除后)(元)	0.4400	0.5300	0.3000	0.4600
稀释每股收益(元)	0.4700	0.5400	0.3100	0.4800
每股净资产(元)	2.7400	2.4542	2.2200	2.0598
每股经营现金净流量(元)	0.2831	0.7767	0.5120	0.5518
每股现金流量(元)	0.0085	0.2185	0.1810	0.0303
每股资本公积金(元)	0.0422	0.0422	0.0422	0.0422
每股盈余公积金(元)	0.1679	0.1679	0.1181	0.1181
每股未分配利润(元)	1.5317	1.2441	1.0604	0.8995
净资产收益率(%)	17.0541	22.1798	14.0007	23.2694
净资产收益率(扣除)(%)	18.0000	24.5200	14.5300	26.0900
加权净资产收益率	16.1362	21.3997	13.4431	22.3853
总资产(万元)	75676.56	70606.97	63648.80	58548.64
归属母公司股东权益(万元)	61701.43	55229.62	49976.94	46355.47
营业收入(万元)	49403.40	82716.12	39325.17	75171.61
营业成本(万元)	31430.79	55427.56	25769.43	50801.66
投资收益(万元)	-48.01	245.32	104.83	444.13
净利润(万元)	--	--	6997.14	10786.64
营业利润(万元)	11933.00	14044.87	8095.20	12248.47
利润总额(万元)	12512.09	14551.72	8423.05	12730.62

融信租赁股份有限公司

公司概况					
公司名称	融信租赁股份有限公司			证券简称	融信租赁
法人代表	王丁辉	董秘	王海亮	证券代码	831379
公司网址	www.rxzl.com.cn		电子信箱	securities@rxzl.com.cn	
电　话	0591-83908109		传　真	0591-88390000	
办公地址	福建省福州市仓山区潘墩路188号世纪金源大厦5号楼18层				
经营范围	公司专业从事融资租赁服务				

主要财务指标：指标\报告期	2017.06.30	2016.12.31	2016.06.30	2015.12.31
基本每股收益(元)	0.0282	0.0200	0.0100	0.0549
基本每股收益(扣除后)(元)	--	0.0200	0.0096	0.0485
稀释每股收益(元)	0.0252	0.0200	0.0100	0.0549
每股净资产(元)	1.0800	1.0700	1.0700	1.0600
每股经营现金净流量(元)	0.1218	0.1369	0.0157	0.1202
每股现金流量(元)	--	-0.0444	0.1469	0.0217
每股资本公积金(元)	--	0.0084	0.0084	0.0084
每股盈余公积金(元)	--	0.0230	0.0230	0.0230
每股未分配利润(元)	--	0.0432	0.0342	0.0244
净资产收益率(%)	2.5996	1.7505	0.9232	5.2037
净资产收益率(扣除)(%)	2.6300	1.7700	0.2300	5.3400
加权净资产收益率	2.3236	1.7098	0.8836	4.5948
总资产(万元)	292973.79	306560.09	289881.49	281483.27
归属母公司股东权益(万元)	54582.78	54111.07	53659.24	53163.86
营业收入(万元)	16986.91	11038.27	5168.91	18142.10
营业成本(万元)	933.99	707.52	388.67	1177.16
投资收益(万元)	--	--	--	48.53
净利润(万元)	--	--	--	--
营业利润(万元)	2084.93	1466.60	751.30	3669.87
利润总额(万元)	2285.77	1495.95	779.61	4099.95

北京智创联合科技股份有限公司

公司概况	公司名称	北京智创联合科技股份有限公司			证券简称	智创联合
	法人代表	杨建国	董秘	吴维贵	证券代码	831382
	公司网址	www.bjzclh.com		电子信箱	victorwuweigui@vip.sina.com	
	电　话	010-69407112		传　真	010-69407116	
	办公地址	北京市顺义区马坡白马路59号				
	经营范围	制造泵及真空设备、石油钻采专用设备、金属成形机床等				

主要财务指标	指标\报告期	2017.06.30	2016.12.31	2016.06.30	2015.12.31
	基本每股收益(元)	−0.0100	−0.0100	−0.1000	0.1900
	基本每股收益(扣除后)(元)	−0.0400	0.0700	−0.1100	0.1500
	稀释每股收益(元)	−0.0100	−0.0100	−0.1000	0.1900
	每股净资产(元)	1.6500	1.6600	1.3700	1.4600
	每股经营现金净流量(元)	−0.2085	0.0940	−0.2215	0.2298
	每股现金流量(元)	−0.1960	−0.0463	−0.2716	0.2221
	每股资本公积金(元)	0.2663	0.2663	0.0400	0.0400
	每股盈余公积金(元)	0.0311	0.0311	0.0331	0.0331
	每股未分配利润(元)	0.3330	0.3471	0.2805	0.3764
	净资产收益率(%)	−0.8547	−0.4269	−7.0027	13.0662
	净资产收益率(扣除)(%)	−0.8500	−0.4800	−6.7800	14.0400
	加权净资产收益率	−2.3745	4.0907	−8.0958	9.9397
	总资产(万元)	9534.37	10037.25	8248.27	8830.84
	归属母公司股东权益(万元)	6315.08	6358.87	4929.98	5264.33
	营业收入(万元)	1225.60	3999.26	760.64	4227.79
	营业成本(万元)	572.31	1850.01	366.03	1999.62
	投资收益(万元)	--	0.13	--	0.17
	净利润(万元)	--	--	−345.23	687.85
	营业利润(万元)	−147.17	−203.93	−405.44	588.30
	利润总额(万元)	−34.26	−58.39	−342.04	781.77

山东华特磁电科技股份有限公司

公司概况	公司名称	山东华特磁电科技股份有限公司			证券简称	华特磁电
	法人代表	王兆连	董秘	孟昭刚	证券代码	831387
	公司网址	www.sdhuate.com		电子信箱	htcdzqb@163.com	
	电　话	0536-3158019		传　真	0536-3110552	
	办公地址	山东省临朐县华特路6999号				
	经营范围	主要从事磁力应用装备的设计、开发、制造、销售及服务				

主要财务指标	指标\报告期	2017.06.30	2016.12.31	2016.06.30	2015.12.31
	基本每股收益(元)	0.0200	−0.3400	0.0200	−0.2400
	基本每股收益(扣除后)(元)	−0.1100	−0.4300	−0.0300	−0.3000
	稀释每股收益(元)	0.0200	−0.3400	0.0200	−0.2400
	每股净资产(元)	4.3300	4.3000	4.6600	4.6200
	每股经营现金净流量(元)	−0.0417	0.2022	−0.0015	−0.0965
	每股现金流量(元)	−0.2480	0.0140	−0.0774	0.1340
	每股资本公积金(元)	1.2256	1.2256	1.2256	1.2256
	每股盈余公积金(元)	0.2977	0.2977	0.2977	0.2977
	每股未分配利润(元)	1.7238	1.7013	2.0664	2.0423
	净资产收益率(%)	0.5189	−7.9291	0.5159	−4.9122
	净资产收益率(扣除)(%)	0.5200	−7.6400	0.5200	−5.0700
	加权净资产收益率	−2.5385	−10.0750	−0.5426	−6.3449
	总资产(万元)	48686.95	50656.65	51005.21	52361.73
	归属母公司股东权益(万元)	28056.06	27849.29	30153.20	29936.83
	营业收入(万元)	7923.98	15005.28	7000.85	16633.12
	营业成本(万元)	5386.96	10322.90	4733.58	11493.32
	投资收益(万元)	−4.07	−26.11	−1.42	106.44
	净利润(万元)	--	--	155.57	−1470.57
	营业利润(万元)	−815.87	−3148.20	−106.76	−1732.10
	利润总额(万元)	189.68	−2470.78	250.42	−1258.80

新乡市万和过滤技术股份公司

公司概况	公司名称	新乡市万和过滤技术股份公司			证券简称	万和过滤
	法人代表	许黎	董秘	王伟	证券代码	831389
	公司网址	www.whfilter.com		电子信箱	wangwei@whfilter.com	
	电　话	0373-5471308		传　真	0373-5471588	
	办公地址	河南省新乡市大召营镇过滤工业园西排1号厂房				
	经营范围	司主营业务为研发、制造工业流体用滤芯、过滤器及过滤设备				

主要财务指标	指标\报告期	2017.06.30	2016.12.31	2016.06.30	2015.12.31
	基本每股收益(元)	0.0520	0.1000	0.0790	0.2000
	基本每股收益(扣除后)(元)	0.0500	0.0841	0.0640	0.1300
	稀释每股收益(元)	0.0520	--	0.0790	--
	每股净资产(元)	1.6800	1.6300	1.6100	1.5300
	每股经营现金净流量(元)	−0.0622	−0.0852	−0.0011	−0.2311
	每股现金流量(元)	−0.0685	−0.0134	−0.0350	0.0534
	每股资本公积金(元)	0.3158	0.3158	0.3158	0.3158
	每股盈余公积金(元)	0.0318	0.0318	0.0207	0.0207
	每股未分配利润(元)	0.3314	0.2795	0.2691	0.1898
	净资产收益率(%)	3.0862	6.1947	4.9431	10.9533
	净资产收益率(扣除)(%)	3.1300	6.3900	5.0700	14.5300
	加权净资产收益率	2.9939	5.2121	4.0156	7.0134
	总资产(万元)	7409.60	6897.39	7277.33	6458.66
	归属母公司股东权益(万元)	5037.07	4881.65	4816.93	4578.82
	营业收入(万元)	2838.11	3955.89	2088.73	5149.10
	营业成本(万元)	1759.85	2514.63	1351.91	3395.93
	投资收益(万元)	0.91	0.20	0.41	0.99
	净利润(万元)	--	--	238.11	501.53
	营业利润(万元)	189.26	289.04	226.69	352.68
	利润总额(万元)	194.73	345.28	279.25	563.93

上海智通建设发展股份有限公司

公司概况	公司名称	上海智通建设发展股份有限公司			证券简称	智通建设
	法人代表	胡继军	董秘	张涵	证券代码	831395
	公司网址	www.zhitongpm.com		电子信箱	zhanghan@zhitongpm.com	
	电　话	021-64390000		传　真	021-64390000	
	办公地址	上海市浦东新区高科西路524号3楼				
	经营范围	房屋建筑工程和市政公用工程的工程监理服务及工程建设相关的技术咨询服务				

主要财务指标	指标\报告期	2017.06.30	2016.12.31	2016.06.30	2015.12.31
	基本每股收益(元)	0.3100	0.7200	0.2600	1.2900
	基本每股收益(扣除后)(元)	0.3100	0.7000	--	1.2400
	稀释每股收益(元)	0.3100	0.7200	--	1.2900
	每股净资产(元)	2.5700	2.3800	1.3200	2.1900
	每股经营现金净流量(元)	0.0759	0.1612	0.1461	0.0723
	每股现金流量(元)	−0.6562	1.4260	0.0466	0.8873
	每股资本公积金(元)	0.6454	0.6947	0.0351	0.0631
	每股盈余公积金(元)	0.1231	0.1325	0.0624	0.1123
	每股未分配利润(元)	0.7984	0.6545	0.2198	1.0104
	净资产收益率(%)	12.0886	28.1042	16.2477	43.5133
	净资产收益率(扣除)(%)	12.2600	47.6400	15.9000	66.4000
	加权净资产收益率	12.0900	27.2628	14.7540	41.8190
	总资产(万元)	20487.14	19257.45	6999.05	6857.97
	归属母公司股东权益(万元)	11935.29	11050.43	5690.39	5245.84
	营业收入(万元)	11556.68	12799.11	2205.05	5658.53
	营业成本(万元)	7749.01	6985.63	807.33	1821.68
	投资收益(万元)	36.33	27.51	--	--
	净利润(万元)	--	--	924.56	2282.63
	营业利润(万元)	1975.61	3661.91	974.51	2549.86
	利润总额(万元)	1975.17	3772.89	1074.51	2656.19

华油阳光(北京)科技股份有限公司

公司概况	公司名称	华油阳光(北京)科技股份有限公司			证券简称	华油科技
	法人代表	曾闽山	董秘	任岩	证券代码	831409
	公司网址	www.oildigital.com		电子信箱	zengms@oildigital.com	
	电　话	010-82608426		传　真	010-82608425	
	办公地址	北京市海淀区西直门北大街32号院2号楼5层501室				
	经营范围	油、气田勘探开发软件及服务				

主要财务指标	指标\报告期	2017.06.30	2016.12.31	2016.06.30	2015.12.31
	基本每股收益(元)	0.0600	0.3000	0.0700	0.2900
	基本每股收益(扣除后)(元)	0.0600	0.2900	0.0710	0.2600
	稀释每股收益(元)	0.0600	0.3000	0.0700	0.2900
	每股净资产(元)	2.3600	2.3100	2.2500	2.1800
	每股经营现金净流量(元)	–0.1288	–0.3259	–0.2066	–0.0107
	每股现金流量(元)	–0.3479	–0.1240	–0.0529	0.5570
	每股资本公积金(元)	0.6803	0.6803	0.6803	0.6803
	每股盈余公积金(元)	0.0525	0.0486	0.0421	0.0243
	每股未分配利润(元)	0.6217	0.5703	0.5301	0.2896
	净资产收益率(%)	2.3416	13.2003	3.1869	13.2300
	净资产收益率(扣除)(%)	2.3600	14.1700	3.2400	18.8300
	加权净资产收益率	2.3386	12.5671	3.1596	11.7081
	总资产(万元)	14595.41	16045.01	14772.51	13668.95
	归属母公司股东权益(万元)	14159.37	13862.66	13515.96	13085.22
	营业收入(万元)	2802.40	7202.55	2312.66	5405.28
	营业成本(万元)	1840.34	4572.47	1200.92	2339.94
	投资收益(万元)	31.18	64.37	23.67	100.19
	净利润(万元)	—	—	429.71	1762.67
	营业利润(万元)	391.63	2037.41	472.29	1728.06
	利润总额(万元)	392.13	2087.24	475.98	1974.16

烟台三重技术股份有限公司

公司概况	公司名称	烟台三重技术股份有限公司			证券简称	三重股份
	法人代表	马燕	董秘	王君令	证券代码	831411
	公司网址	www.sampe.cc		电子信箱	wangjunling198076@163.com	
	电　话	0535-6282693-8008		传　真	0535-6282673	
	办公地址	山东省烟台市芝罘区青年南路462号电子商务产业园601室				
	经营范围	机电新产品和制造新工艺的技术开发、推广等				

主要财务指标	指标\报告期	2017.06.30	2016.12.31	2016.06.30	2015.12.31
	基本每股收益(元)	–0.1400	–0.4200	0.0600	–0.0300
	基本每股收益(扣除后)(元)	–0.1400	–0.4200	0.0600	–0.1400
	稀释每股收益(元)	–0.1400	–0.4200	0.0600	–0.0300
	每股净资产(元)	1.0400	1.2200	1.7400	1.6700
	每股经营现金净流量(元)	–0.5839	0.4501	0.0649	–0.7691
	每股现金流量(元)	0.0408	–0.1801	–0.0730	0.1392
	每股资本公积金(元)	0.5751	0.6381	0.6381	0.6381
	每股盈余公积金(元)	0.0061	0.0063	0.0063	0.0063
	每股未分配利润(元)	–0.5397	–0.4204	0.0946	0.0306
	净资产收益率(%)	–13.0070	–34.4035	3.6815	–1.5858
	净资产收益率(扣除)(%)	–12.2100	–28.7600	3.7500	–2.3600
	加权净资产收益率	–13.1179	–34.0416	3.5869	–6.9234
	总资产(万元)	8328.23	8822.13	7570.52	7538.96
	归属母公司股东权益(万元)	1597.61	1805.42	2565.02	2470.59
	营业收入(万元)	1060.28	2396.18	1490.47	2400.95
	营业成本(万元)	787.49	1606.43	964.18	1487.41
	投资收益(万元)	—	—	—	—
	净利润(万元)	—	—	94.43	–39.18
	营业利润(万元)	–209.57	–584.03	108.24	–192.98
	利润总额(万元)	–207.80	–590.57	111.09	–37.84

山东中创软件商用中间件股份有限公司

公司概况	公司名称	山东中创软件商用中间件股份有限公司			证券简称	中创股份
	法人代表	景新海	董秘	曹颂群	证券代码	831413
	公司网址	www.inforbus.com		电子信箱	cao_ji@cvicse.com	
	电　话	0531-81753691		传　真	0531-81753668	
	办公地址	山东省济南市历下区千佛山东路41-1号				
	经营范围	中间件产品的研发、销售和相关技术服务				

主要财务指标	指标\报告期	2017.06.30	2016.12.31	2016.06.30	2015.12.31
	基本每股收益(元)	–0.1800	0.2400	–0.1400	0.2200
	基本每股收益(扣除后)(元)	–0.2200	0.1200	–0.1700	0.1300
	稀释每股收益(元)	–0.1800	0.2400	–0.1400	0.2200
	每股净资产(元)	2.4700	2.7000	2.3200	2.4900
	每股经营现金净流量(元)	–0.2717	0.3414	–0.2204	0.9275
	每股现金流量(元)	–0.3598	–0.2097	–0.3494	0.4339
	每股资本公积金(元)	0.3611	0.3611	0.3611	0.3159
	每股盈余公积金(元)	0.1496	0.1496	0.1255	0.1283
	每股未分配利润(元)	0.9563	1.1851	0.8351	1.0462
	净资产收益率(%)	–7.2475	8.7258	–5.9797	8.8412
	净资产收益率(扣除)(%)	–6.8800	9.0800	–5.7400	9.1500
	加权净资产收益率	–8.7348	4.5950	–7.9110	5.3385
	总资产(万元)	15831.07	17356.40	15545.43	16783.08
	归属母公司股东权益(万元)	13864.33	15150.15	13047.95	13697.17
	营业收入(万元)	3407.37	9581.32	3103.97	8807.21
	营业成本(万元)	662.00	1184.98	146.27	1138.58
	投资收益(万元)	—	70.85	36.47	—
	净利润(万元)	—	—	–780.23	1210.99
	营业利润(万元)	–1214.56	327.97	–1174.92	117.81
	利润总额(万元)	–1008.36	1408.85	–789.76	1434.31

山西三合盛节能环保技术股份有限公司

公司概况	公司名称	山西三合盛节能环保技术股份有限公司			证券简称	三合盛
	法人代表	朱锦萍	董秘	韩晓云	证券代码	831418
	公司网址	www.shsgy.com		电子信箱	sxshsgy@163.com	
	电　话	0351-7023456		传　真	0351-7025895	
	办公地址	山西省太原市高新区南中环街529号清控创新基地D座2401室				
	经营范围	环保服务业,检修维护业务以及商品贸易业务等				

主要财务指标	指标\报告期	2017.06.30	2016.12.31	2016.06.30	2015.12.31
	基本每股收益(元)	0.0015	–0.3462	0.8600	0.3900
	基本每股收益(扣除后)(元)	0.0015	–0.8448	–0.0170	0.1125
	稀释每股收益(元)	0.0015	–0.3462	0.8600	0.3900
	每股净资产(元)	1.0800	1.0800	2.9500	1.9700
	每股经营现金净流量(元)	–0.2630	–0.5624	–0.3316	–0.4864
	每股现金流量(元)	–0.0532	–0.5598	–0.3661	0.7639
	每股资本公积金(元)	0.2931	0.2931	0.9150	0.7459
	每股盈余公积金(元)	0.0190	0.0190	0.0285	0.0307
	每股未分配利润(元)	–0.2342	–0.2357	1.0100	0.1949
	净资产收益率(%)	0.1399	–33.1238	28.0583	18.0294
	净资产收益率(扣除)(%)	0.1400	–28.3900	34.6200	27.2000
	加权净资产收益率	0.1423	–78.6368	–0.5549	5.1517
	总资产(万元)	6767.15	6398.83	8190.47	4457.68
	归属母公司股东权益(万元)	2538.51	2534.96	4637.06	2878.38
	营业收入(万元)	1718.68	6121.52	3017.02	2817.91
	营业成本(万元)	1364.86	7239.11	2504.54	2092.49
	投资收益(万元)	—	—	—	4.52
	净利润(万元)	—	—	1301.08	518.95
	营业利润(万元)	4.32	–1988.24	41.10	34.68
	利润总额(万元)	4.26	–834.50	1379.80	560.76

北京天易门窗幕墙股份有限公司

公司概况	公司名称	北京天易门窗幕墙股份有限公司		证券简称	天易股份
	法人代表	陈助国	董秘 田勇	证券代码	831430
	公司网址	www.tysystem.cn		电子信箱	tymqhr@163.com
	电　　话	010-52643506		传　　真	010-58126686
	办公地址	北京市通州区通胡大街 11 号-1 三层 C3			
	经营范围	专业承包;委托生产建筑幕墙、门窗			

主要财务指标	指标\报告期	2017.06.30	2016.12.31	2016.06.30	2015.12.31
	基本每股收益(元)	0.0100	0.0700	–0.0600	0.1300
	基本每股收益(扣除后)(元)	0.0005	0.0700	–0.0600	0.1200
	稀释每股收益(元)	0.0100	0.0700	—	0.1300
	每股净资产(元)	3.6200	3.6100	3.4900	3.4100
	每股经营现金净流量(元)	–0.1704	1.0460	0.7131	–0.7126
	每股现金流量(元)	–0.0224	0.0113	0.0124	0.0055
	每股资本公积金(元)	1.8977	1.8977	1.8977	1.7406
	每股盈余公积金(元)	0.0489	0.0489	0.0380	0.0394
	每股未分配利润(元)	0.6679	0.6567	0.5523	0.6240
	净资产收益率(%)	0.3092	1.8472	–1.7344	3.8508
	净资产收益率(扣除)(%)	0.3100	1.9200	–1.7500	3.9700
	加权净资产收益率	0.0143	1.9340	–1.7709	3.5702
	总资产(万元)	70111.57	69552.75	66778.05	79163.67
	归属母公司股东权益(万元)	30802.49	30750.53	29739.52	27948.38
	营业收入(万元)	10753.40	31709.06	8041.61	36386.23
	营业成本(万元)	7717.75	25091.27	6240.28	27255.09
	投资收益(万元)	—	—	—	—
	净利润(万元)	—	—	–515.81	1076.24
	营业利润(万元)	61.54	833.57	–526.66	1399.81
	利润总额(万元)	168.54	801.95	–515.81	1494.95

湖南黑美人茶业股份有限公司

公司概况	公司名称	湖南黑美人茶业股份有限公司		证券简称	黑美人
	法人代表	吴少华	董秘 吴岍	证券代码	831443
	公司网址	www.hmrtea.com		电子信箱	heimeiren.999@163.com
	电　　话	0737-4290789		传　　真	0737-2223598
	办公地址	湖南省益阳市赫山区春嘉路 6 号			
	经营范围	茶叶的研发、生产、加工和销售等			

主要财务指标	指标\报告期	2017.06.30	2016.12.31	2016.06.30	2015.12.31
	基本每股收益(元)	0.0100	0.2512	0.0800	0.2800
	基本每股收益(扣除后)(元)	–0.0058	0.2046	—	0.2238
	稀释每股收益(元)	0.0100	0.2512	0.0800	0.2800
	每股净资产(元)	2.0500	2.0600	1.8900	1.8100
	每股经营现金净流量(元)	0.0042	–0.2390	–0.2960	–0.3408
	每股现金流量(元)	–0.0250	–0.2834	–0.3614	0.3110
	每股资本公积金(元)	0.5048	0.5048	0.5048	0.5048
	每股盈余公积金(元)	0.0556	0.0556	0.0305	0.0305
	每股未分配利润(元)	0.4915	0.5005	0.3533	0.2744
	净资产收益率(%)	0.4492	12.1901	4.1767	15.2722
	净资产收益率(扣除)(%)	0.4500	12.9800	4.2700	17.3100
	加权净资产收益率	–0.1656	9.9258	2.8074	12.1309
	总资产(万元)	7803.91	8081.24	7168.72	7249.13
	归属母公司股东权益(万元)	5006.72	5028.79	4608.25	4415.78
	营业收入(万元)	1136.10	3460.35	1472.44	2863.31
	营业成本(万元)	630.75	1975.79	826.49	1440.54
	投资收益(万元)	—	—	—	—
	净利润(万元)	—	—	192.47	674.39
	营业利润(万元)	–8.29	591.59	152.20	584.45
	利润总额(万元)	24.21	714.86	224.71	808.29

内蒙古亨利新技术工程股份有限公司

公司概况	公司名称	内蒙古亨利新技术工程股份有限公司		证券简称	亨利技术
	法人代表	王亚滨	董秘 王亚滨	证券代码	831446
	公司网址	www.nmghenry.com		电子信箱	874922212@qq.com
	电　　话	0471-2215819		传　　真	0471-2215899
	办公地址	内蒙古自治区呼和浩特市新城区北垣东街 272 号			
	经营范围	消防设施工程设计与施工等			

主要财务指标	指标\报告期	2017.06.30	2016.12.31	2016.06.30	2015.12.31
	基本每股收益(元)	–0.0300	0.0900	0.0600	0.2800
	基本每股收益(扣除后)(元)	–0.0300	0.1000	0.0600	0.2300
	稀释每股收益(元)	–0.0300	0.0900	0.0600	0.2800
	每股净资产(元)	2.0000	1.3200	1.2800	2.3400
	每股经营现金净流量(元)	–0.2921	–0.3338	–0.1109	–0.3880
	每股现金流量(元)	–0.5441	1.0181	–0.0543	0.0386
	每股资本公积金(元)	0.7678	0.0126	0.0007	0.7543
	每股盈余公积金(元)	0.0343	0.0408	0.0307	0.0583
	每股未分配利润(元)	0.1934	0.2674	0.2533	0.5229
	净资产收益率(%)	–1.5666	6.9401	4.3190	11.3522
	净资产收益率(扣除)(%)	–2.0100	7.4200	4.4100	12.4800
	加权净资产收益率	–1.5421	7.0261	4.3190	9.3705
	总资产(万元)	13187.48	14948.41	10607.90	11549.94
	归属母公司股东权益(万元)	7715.55	4291.13	3954.34	3783.55
	营业收入(万元)	2622.30	7129.21	2903.31	7790.06
	营业成本(万元)	1949.10	5321.04	2151.15	5823.65
	投资收益(万元)	—	—	—	–4.89
	净利润(万元)	—	—	170.79	434.78
	营业利润(万元)	–308.21	354.94	227.71	480.27
	利润总额(万元)	–310.62	350.02	227.71	580.24

北京赛格立诺办公科技股份有限公司

公司概况	公司名称	北京赛格立诺办公科技股份有限公司		证券简称	赛格立诺
	法人代表	陈川	董秘 王文喆	证券代码	831449
	公司网址	www.seglino.com		电子信箱	wwz@seglino.com
	电　　话	010-64448278		传　　真	010-64428678
	办公地址	北京市东城区安定路 20 号中关村燕都信息服务产业园 1 座 2F			
	经营范围	销售计算机、软件及辅助设备、电子产品、通讯设备、机械设备等			

主要财务指标	指标\报告期	2017.06.30	2016.12.31	2016.06.30	2015.12.31
	基本每股收益(元)	0.0300	0.2200	0.1100	0.4600
	基本每股收益(扣除后)(元)	0.0200	0.2200	0.1100	0.3700
	稀释每股收益(元)	0.0300	0.2200	0.1100	0.4600
	每股净资产(元)	1.8300	1.7400	1.5900	2.1200
	每股经营现金净流量(元)	–0.2627	0.0172	–0.3304	0.2750
	每股现金流量(元)	–0.3003	–0.0776	–0.4094	1.9662
	每股资本公积金(元)	0.4775	0.4105	0.4148	0.8884
	每股盈余公积金(元)	0.0218	0.0224	0.0174	0.0242
	每股未分配利润(元)	0.3283	0.3115	0.1584	0.2046
	净资产收益率(%)	1.4118	12.4432	3.7086	12.9790
	净资产收益率(扣除)(%)	1.4700	14.2400	4.4200	33.8800
	加权净资产收益率	1.2334	12.3789	3.7056	10.3315
	总资产(万元)	11832.02	12387.21	10260.80	11037.12
	归属母公司股东权益(万元)	10025.39	9293.76	8474.23	5758.76
	营业收入(万元)	5313.68	14079.19	5275.18	11140.73
	营业成本(万元)	3677.65	10137.77	3773.15	8417.07
	投资收益(万元)	—	—	0.21	—
	净利润(万元)	—	—	314.27	747.43
	营业利润(万元)	170.95	1578.57	439.04	813.04
	利润总额(万元)	194.80	1586.54	439.37	1016.32

武汉宝特龙科技股份有限公司

公司概况	公司名称	武汉宝特龙科技股份有限公司			证券简称	宝特龙
	法人代表	梁友华	董秘	汪静	证券代码	831452
	公司网址	www.pointrole.com		电子信箱	279682741@qq.com	
	电　话	027-84452910		传　真	027-84452915	
	办公地址	湖北省武汉市汉阳区琴断口街黄金口三村 270 号				
	经营范围	打印、复印机通用碳粉的研发、生产与销售				

	指标\报告期	2017.06.30	2016.12.31	2016.06.30	2015.12.31
主要财务指标	基本每股收益(元)	–0.1800	–0.4500	–0.2500	–0.4900
	基本每股收益(扣除后)(元)	–0.2000	–0.5200	–0.2700	–0.6500
	稀释每股收益(元)	–0.1800	–0.4500	—	–0.4900
	每股净资产(元)	0.4700	0.6500	0.8700	1.0600
	每股经营现金净流量(元)	0.0343	0.1698	–0.0779	–0.0849
	每股现金流量(元)	–0.0168	–0.0423	0.0089	0.0419
	每股资本公积金(元)	1.3313	1.3313	1.3386	1.3313
	每股盈余公积金(元)	0.0137	0.0137	0.0137	0.0137
	每股未分配利润(元)	–1.8752	–1.6918	–1.4871	–1.2978
	净资产收益率(%)	–39.0387	–68.1845	–29.2579	–41.4672
	净资产收益率(扣除)(%)	–32.6600	–54.0100	–27.1300	–49.0000
	加权净资产收益率	–42.0608	–79.9708	–30.9793	–55.2397
	总资产(万元)	12293.41	12860.58	13734.51	14008.74
	归属母公司股东权益(万元)	1234.80	1716.86	2274.12	2785.37
	营业收入(万元)	3779.15	6898.69	3150.68	7046.10
	营业成本(万元)	3440.94	6433.56	3046.73	6528.09
	投资收益(万元)	—	30.74	11.54	–11.94
	净利润(万元)	—	—	–734.91	–1448.81
	营业利润(万元)	–603.70	–1607.13	–776.77	–1842.59
	利润总额(万元)	–565.48	–1391.85	–735.51	–1452.35

江西远泉林业股份有限公司

公司概况	公司名称	江西远泉林业股份有限公司			证券简称	远泉股份
	法人代表	林远泉	董秘		证券代码	831453
	公司网址	www.jxyqgf.cn		电子信箱	957670872@qq.com	
	电　话	0793-8532826		传　真	0793-8532826	
	办公地址	江西省上饶经济技术开发区董团乡董团村山头 999 号 2 幢				
	经营范围	茶、果、桑、林、花卉、苗木种植与销售等				

	指标\报告期	2017.06.30	2016.12.31	2016.06.30	2015.12.31
主要财务指标	基本每股收益(元)	–0.2500	0.1000	–0.1200	0.5600
	基本每股收益(扣除后)(元)	–0.2300	0.0500	–0.1200	0.4700
	稀释每股收益(元)	–0.2500	0.1000	–0.1200	0.5600
	每股净资产(元)	4.9800	5.2300	5.1000	5.2300
	每股经营现金净流量(元)	0.0574	0.1319	0.2473	0.3569
	每股现金流量(元)	–0.0048	–0.0565	–0.0608	0.0471
	每股资本公积金(元)	2.8009	2.8009	2.9203	2.8009
	每股盈余公积金(元)	0.0125	0.0125	0.0066	0.0039
	每股未分配利润(元)	1.1692	1.4227	1.1771	1.3307
	净资产收益率(%)	–5.0887	1.9212	–2.3751	10.7703
	净资产收益率(扣除)(%)	–4.9600	1.9400	–2.3500	11.4800
	加权净资产收益率	–4.6871	0.8710	–2.3723	8.9291
	总资产(万元)	53509.17	56257.06	51867.12	54084.80
	归属母公司股东权益(万元)	29895.81	31417.12	30623.68	31351.02
	营业收入(万元)	881.79	12788.62	2285.30	16952.85
	营业成本(万元)	614.61	9713.70	1669.12	9340.95
	投资收益(万元)	—	–0.04	—	–0.16
	净利润(万元)	—	—	–727.33	3376.60
	营业利润(万元)	–1392.64	299.79	–717.78	3764.00
	利润总额(万元)	–1512.68	629.74	–718.59	4460.22

福建省皇品文化传播股份有限公司

公司概况	公司名称	福建省皇品文化传播股份有限公司			证券简称	皇品文化
	法人代表	黄灿明	董秘	李河育	证券代码	831454
	公司网址	www.hpwdy.com		电子信箱	lihy044102@163.com	
	电　话	0595-22002003		传　真	0595-22002004	
	办公地址	福建省泉州市丰泽区泉秀路领 SHOW 天地东区 C 座 403				
	经营范围	文化艺术活动的组织、策划、交流等				

	指标\报告期	2017.06.30	2016.12.31	2016.06.30	2015.12.31
主要财务指标	基本每股收益(元)	–0.1100	–0.2700	–0.1000	–0.1200
	基本每股收益(扣除后)(元)	–0.1300	–0.2900	–0.1000	–0.1700
	稀释每股收益(元)	–0.1100	–0.2700	–0.1000	–0.1200
	每股净资产(元)	0.5800	0.6900	0.8600	0.9600
	每股经营现金净流量(元)	–0.2519	–0.3017	–0.1903	–0.2623
	每股现金流量(元)	–0.2695	–0.2699	–0.2341	0.5145
	每股资本公积金(元)	0.0957	0.0957	0.0957	0.0957
	每股盈余公积金(元)	—	—	—	—
	每股未分配利润(元)	–0.5190	–0.4055	–0.2378	–0.1363
	净资产收益率(%)	–19.6968	–38.9963	–11.7354	–5.1514
	净资产收益率(扣除)(%)	–17.9300	–32.6100	–11.0700	–15.5300
	加权净资产收益率	–22.9327	–42.1848	–11.9123	–7.2243
	总资产(万元)	2691.40	3172.46	3288.85	3579.82
	归属母公司股东权益(万元)	2076.08	2485.01	3088.50	3454.07
	营业收入(万元)	577.48	1232.32	479.79	1058.52
	营业成本(万元)	462.05	991.62	224.54	590.66
	投资收益(万元)	—	–11.44	—	–13.09
	净利润(万元)	—	—	–346.52	–177.80
	营业利润(万元)	–528.26	–1146.83	–356.74	–276.79
	利润总额(万元)	–438.55	–1039.92	–349.37	–181.22

广东粤林电气科技股份有限公司

公司概况	公司名称	广东粤林电气科技股份有限公司			证券简称	粤林股份
	法人代表	邓会英	董秘		证券代码	831455
	公司网址	www.yuelin.cn		电子信箱	gm01@yuelin.cn	
	电　话	0769-38912888-8818		传　真	0769-39010381	
	办公地址	广东省东莞市清溪镇三中金龙工业区				
	经营范围	台式电脑机箱、电源供应器、机箱配件及模具的研发、生产和销售				

	指标\报告期	2017.06.30	2016.12.31	2016.06.30	2015.12.31
主要财务指标	基本每股收益(元)	0.0020	–0.1680	0.0400	0.0900
	基本每股收益(扣除后)(元)	–0.0007	–0.1747	—	0.0694
	稀释每股收益(元)	0.0020	–0.1680	0.0400	0.0900
	每股净资产(元)	1.4300	1.4300	1.6400	1.6000
	每股经营现金净流量(元)	0.0615	–0.0521	–0.0707	–0.0252
	每股现金流量(元)	–0.0068	–0.0014	–0.0117	0.0124
	每股资本公积金(元)	0.0484	0.0484	0.0484	0.0484
	每股盈余公积金(元)	0.0566	0.0566	0.0566	0.0566
	每股未分配利润(元)	0.3283	0.3265	0.5331	0.4945
	净资产收益率(%)	0.1195	–11.7328	2.3590	5.4649
	净资产收益率(扣除)(%)	11.9500	–11.0800	2.3900	6.1600
	加权净资产收益率	–0.0419	–12.2037	1.8335	4.2916
	总资产(万元)	28240.04	28516.80	35637.33	30547.11
	归属母公司股东权益(万元)	16692.15	16672.21	19078.40	18628.33
	营业收入(万元)	4205.73	9466.76	6019.46	10104.14
	营业成本(万元)	3520.44	7581.30	4302.83	6643.34
	投资收益(万元)	—	—	—	—
	净利润(万元)	—	—	474.69	1018.01
	营业利润(万元)	2.48	–1967.61	455.41	1011.88
	利润总额(万元)	34.16	–1875.41	572.65	1268.77

上海光和光学制造股份有限公司

公司概况	公司名称	上海光和光学制造股份有限公司			证券简称	光和光学
	法人代表	高为彪	董秘	祝健	证券代码	831460
	公司网址	www.skowa.net		电子信箱	zhu_jian0808@163.com	
	电话	021-65888800		传真	021-65888822	
	办公地址	上海市杨浦区包头路1135号4号楼3楼				
	经营范围	光学玻璃产品的生产加工和销售				

	指标\报告期	2017.06.30	2016.12.31	2016.06.30	2015.12.31
主要财务指标	基本每股收益(元)	-0.3300	0.1500	0.0100	0.5400
	基本每股收益(扣除后)(元)	-0.3500	0.0700	-0.0500	0.4700
	稀释每股收益(元)	-0.3300	0.1500	—	—
	每股净资产(元)	3.6300	3.9700	3.8300	4.3800
	每股经营现金净流量(元)	-0.2377	0.2039	-0.5932	0.4998
	每股现金流量(元)	-0.5009	0.1380	-0.2287	0.3900
	每股资本公积金(元)	1.6200	1.6200	1.6200	1.8125
	每股盈余公积金(元)	0.0725	0.0725	0.0725	0.0811
	每股未分配利润(元)	0.9411	1.2738	1.1357	1.2605
	净资产收益率(%)	-9.1557	3.7117	0.2374	12.4438
	净资产收益率(扣除)(%)	-8.7500	3.7800	0.2400	15.5900
	加权净资产收益率	-9.5068	1.8294	-1.2339	10.6616
	总资产(万元)	11460.46	14952.38	14006.87	12271.84
	归属母公司股东权益(万元)	7117.16	7768.79	7498.23	7480.43
	营业收入(万元)	4176.77	11335.15	5612.14	8517.58
	营业成本(万元)	2920.33	7430.57	3774.20	5032.07
	投资收益(万元)	29.33	—	—	9.82
	净利润(万元)	—	—	33.49	1050.78
	营业利润(万元)	-857.86	203.16	-77.45	1054.01
	利润总额(万元)	-859.85	358.60	34.91	1189.73

浙江友泰电气股份有限公司

公司概况	公司名称	浙江友泰电气股份有限公司			证券简称	友泰电气
	法人代表	徐杰	董秘	曾旭文	证券代码	831462
	公司网址	www.ultech.cc		电子信箱	zengxuwen@263.net	
	电话	0578-2733333		传真	0578-2978008	
	办公地址	浙江省丽水市莲都区水阁工业园南明路790号				
	经营范围	电表箱、控制箱、电气产品生产、加工、销售				

	指标\报告期	2017.06.30	2016.12.31	2016.06.30	2015.12.31
主要财务指标	基本每股收益(元)	0.0600	0.0222	0.0500	0.0700
	基本每股收益(扣除后)(元)	0.0200	-0.0390	0.0100	0.0700
	稀释每股收益(元)	0.0600	0.0222	0.0500	0.0700
	每股净资产(元)	1.3900	1.3300	1.3500	1.3100
	每股经营现金净流量(元)	-0.0486	0.2156	0.0793	-0.0303
	每股现金流量(元)	-0.1170	0.0704	0.0413	0.0165
	每股资本公积金(元)	0.1621	0.1621	0.1621	0.1621
	每股盈余公积金(元)	0.0166	0.0166	0.0142	0.0142
	每股未分配利润(元)	0.2103	0.1510	0.1786	0.1312
	净资产收益率(%)	4.2671	1.6679	3.4926	5.0413
	净资产收益率(扣除)(%)	4.3600	1.6820	3.5500	5.9100
	加权净资产收益率	1.5992	-2.9334	1.0699	5.1121
	总资产(万元)	5881.85	5651.20	5637.09	5635.41
	归属母公司股东权益(万元)	2944.81	2819.15	2872.45	2772.13
	营业收入(万元)	1914.02	2662.66	1339.34	4071.95
	营业成本(万元)	1361.74	1857.77	933.52	2858.36
	投资收益(万元)	-5.13	-7.29	-2.09	—
	净利润(万元)	—	—	99.95	142.19
	营业利润(万元)	57.42	-108.24	25.64	187.06
	利润总额(万元)	149.85	44.37	107.51	188.00

福建创高安防技术股份有限公司

公司概况	公司名称	福建创高安防技术股份有限公司			证券简称	创高安防
	法人代表	李晨	董秘	周颖	证券代码	831464
	公司网址	www.chuango.com		电子信箱	stock@chuango.com	
	电话	0591-83542711		传真	0591-83543611	
	办公地址	福建省福州开发区江滨东大道108号留学人员创业园617室				
	经营范围	防盗报警、视频监控、智能家居产品及物联网相关产品的软件、硬件研发、生产和销售				

	指标\报告期	2017.06.30	2016.12.31	2016.06.30	2015.12.31
主要财务指标	基本每股收益(元)	-0.1900	0.4200	0.1000	0.2500
	基本每股收益(扣除后)(元)	-0.2100	0.0100	0.0500	0.2000
	稀释每股收益(元)	-0.1900	0.4200	0.1000	0.2500
	每股净资产(元)	2.1800	2.3400	2.1700	2.0700
	每股经营现金净流量(元)	-0.2813	0.1251	0.1134	0.2292
	每股现金流量(元)	-0.0650	0.0086	-0.0279	-0.1519
	每股资本公积金(元)	0.5814	0.5814	0.5814	0.5814
	每股盈余公积金(元)	0.0999	0.0999	0.0662	0.0576
	每股未分配利润(元)	0.4947	0.6561	0.5195	0.4276
	净资产收益率(%)	-8.6229	18.0015	4.6335	12.1364
	净资产收益率(扣除)(%)	-8.3600	18.4800	4.5300	14.6500
	加权净资产收益率	-9.4385	0.5093	2.3372	9.3577
	总资产(万元)	9707.10	10465.58	9376.92	9362.49
	归属母公司股东权益(万元)	8695.53	9340.44	8659.66	8258.42
	营业收入(万元)	2790.28	7421.13	3942.87	7235.87
	营业成本(万元)	1121.73	2955.39	1559.09	2687.98
	投资收益(万元)	—	1472.55	—	30.13
	净利润(万元)	—	—	401.24	1002.27
	营业利润(万元)	-745.31	1529.73	167.20	907.97
	利润总额(万元)	-728.04	1943.01	425.10	1177.94

北京广佳建筑装饰股份有限公司

公司概况	公司名称	北京广佳建筑装饰股份有限公司			证券简称	广佳装饰
	法人代表	唐华雄	董秘		证券代码	831465
	公司网址	www.bjgjzs.cn		电子信箱	2711556565@qq.com	
	电话	010-83817993		传真	010-83817623	
	办公地址	北京市丰台区丰桥路7号院8号楼3层				
	经营范围	公司主营业务为建筑装饰工程施工和设计等				

	指标\报告期	2017.06.30	2016.12.31	2016.06.30	2015.12.31
主要财务指标	基本每股收益(元)	0.0500	0.3200	0.1000	0.3100
	基本每股收益(扣除后)(元)	0.0517	0.3000	—	0.2800
	稀释每股收益(元)	0.0500	0.3200	0.1000	0.3100
	每股净资产(元)	1.1400	1.9800	1.5600	1.4500
	每股经营现金净流量(元)	-0.4432	0.1796	-0.1021	-0.2166
	每股现金流量(元)	-0.3686	0.6178	0.0270	0.1601
	每股资本公积金(元)	0.0155	0.3329	0.0006	0.0006
	每股盈余公积金(元)	0.0358	0.0643	0.0452	0.0452
	每股未分配利润(元)	0.0904	0.5785	0.5099	0.4071
	净资产收益率(%)	4.0171	13.4485	6.6050	21.6697
	净资产收益率(扣除)(%)	4.0900	19.7700	6.8300	24.3000
	加权净资产收益率	4.1549	12.5243	6.6057	19.5782
	总资产(万元)	12225.70	13444.86	10736.20	9508.65
	归属母公司股东权益(万元)	8652.24	8317.85	5460.44	5099.78
	营业收入(万元)	9083.91	23087.34	10165.18	21149.47
	营业成本(万元)	7710.33	19423.44	8638.87	17771.91
	投资收益(万元)	—	-60.00	—	—
	净利润(万元)	—	—	360.66	1105.11
	营业利润(万元)	483.66	1425.75	504.64	1333.85
	利润总额(万元)	467.76	1528.25	504.62	1476.29

上海复娱文化传播股份有限公司

公司概况	公司名称	上海复娱文化传播股份有限公司		证券简称	复娱文化
	法人代表	施瑜	董秘 徐俊	证券代码	831472
	公司网址	www.joy.cn		电子信箱	xujun@foyoent.com
	电话	021-64825119		传真	021-64757736
	办公地址	上海市徐汇区虹漕路88号越虹广场A座7楼CD单元			
	经营范围	经营文化艺术活动交流、策划等			

指标\报告期	2017.06.30	2016.12.31	2016.06.30	2015.12.31
基本每股收益(元)	-0.0300	0.0500	-0.0400	-0.1700
基本每股收益(扣除后)(元)	-0.0305	-0.1700	-0.0800	-0.1800
稀释每股收益(元)	-0.0300	0.0500	-0.0400	-0.1700
每股净资产(元)	1.7900	1.8200	1.7400	1.7300
每股经营现金净流量(元)	-0.0432	-0.1860	-0.1233	-0.1808
每股现金流量(元)	-0.1089	-0.2934	-0.1676	0.5196
每股资本公积金(元)	2.5430	2.5430	2.5446	2.5112
每股盈余公积金(元)	—	—	—	—
每股未分配利润(元)	-1.7481	-1.7194	-1.8083	-1.7842
净资产收益率(%)	-1.6019	2.6093	-2.3797	-6.3209
净资产收益率(扣除)(%)	-1.5900	2.6800	-2.4100	—
加权净资产收益率	-1.6304	-9.1927	-3.8595	-6.6773
总资产(万元)	35593.88	35744.58	31076.14	59707.96
归属母公司股东权益(万元)	27911.12	28350.18	26999.33	26595.71
营业收入(万元)	8325.26	8043.72	2814.20	2764.06
营业成本(万元)	7814.42	6951.29	2531.40	2449.93
投资收益(万元)	-160.68	3122.66	-301.66	-67.06
净利润(万元)	—	—	-642.52	-1681.09
营业利润(万元)	-552.17	1248.75	-1179.70	-2063.81
利润总额(万元)	-542.81	1721.33	-709.66	-1952.29

北京天际数字技术股份公司

公司概况	公司名称	北京天际数字技术股份公司		证券简称	天际数字
	法人代表	吴国平	董秘 许小艳	证券代码	831478
	公司网址	www.ourskygroup.com		电子信箱	xuxiaoyan@ourskycg.com
	电话	010-51291868		传真	010-51291868-803
	办公地址	北京市西城区西什库大街31号20号楼			
	经营范围	技术开发、咨询、服务等			

指标\报告期	2017.06.30	2016.12.31	2016.06.30	2015.12.31
基本每股收益(元)	-0.2100	-0.0200	0.0200	0.4200
基本每股收益(扣除后)(元)	-0.2100	-0.0300	0.0100	0.4200
稀释每股收益(元)	-0.2100	-0.0200	—	0.4200
每股净资产(元)	1.3600	1.5800	1.5000	3.1600
每股经营现金净流量(元)	-0.2549	-0.3581	-0.2985	-0.0895
每股现金流量(元)	-0.3955	-0.4688	-0.5958	2.1147
每股资本公积金(元)	0.4121	0.4162	0.2926	1.5851
每股盈余公积金(元)	0.0247	0.0247	0.0267	0.0533
每股未分配利润(元)	-0.0741	0.1353	0.1800	0.5231
净资产收益率(%)	-15.3646	-0.9063	1.2322	12.4495
净资产收益率(扣除)(%)	-14.2300	-0.9700	1.1200	22.9500
加权净资产收益率	-15.4946	-1.3893	0.8175	12.4411
总资产(万元)	12956.90	14441.77	11894.06	10941.95
归属母公司股东权益(万元)	8830.48	10213.60	8995.51	9484.67
营业收入(万元)	6479.58	12508.10	4374.29	6623.42
营业成本(万元)	5272.41	7786.29	2372.73	3257.27
投资收益(万元)	—	48.20	-11.22	-20.01
净利润(万元)	—	—	187.99	1278.42
营业利润(万元)	-1329.99	401.40	231.77	1529.67
利润总额(万元)	-1319.66	461.97	275.71	1530.62

山东福生佳信科技股份有限公司

公司概况	公司名称	山东福生佳信科技股份有限公司		证券简称	福生佳信
	法人代表	单晓兵	董秘 李桂玲	证券代码	831480
	公司网址	www.fosung.com		电子信箱	zhengquanbu@fosung.com
	电话	0531-66773577		传真	0531-66773567
	办公地址	山东省济南市高新区舜华路1号创业广场1号楼C座A201、A203室			
	经营范围	全国范围内的第二类增值电信业务中的呼叫中心业务和信息服务业务			

指标\报告期	2017.06.30	2016.12.31	2016.06.30	2015.12.31
基本每股收益(元)	0.1100	0.1800	0.1500	0.2700
基本每股收益(扣除后)(元)	0.1100	0.1700	0.1600	0.1800
稀释每股收益(元)	0.1100	0.1800	0.1500	0.2700
每股净资产(元)	1.4700	1.3600	2.7200	2.5900
每股经营现金净流量(元)	-0.3733	0.2134	-0.1974	0.4043
每股现金流量(元)	-0.4715	-0.0502	-0.5759	1.3864
每股资本公积金(元)	0.0817	0.0817	1.3560	1.4800
每股盈余公积金(元)	0.0507	0.0507	0.0691	0.0745
每股未分配利润(元)	0.3375	0.2283	0.2945	0.1603
净资产收益率(%)	7.4283	13.1411	5.3629	8.9250
净资产收益率(扣除)(%)	7.7100	13.9600	5.5100	16.4400
加权净资产收益率	7.5707	12.7067	5.8158	6.0826
总资产(万元)	6176.27	6504.49	4310.64	4554.98
归属母公司股东权益(万元)	4411.79	4084.07	3753.14	3574.92
营业收入(万元)	2678.53	5589.25	1923.66	3470.47
营业成本(万元)	1125.06	3014.53	841.25	1367.04
投资收益(万元)	-12.64	-0.64	-0.23	8.70
净利润(万元)	—	—	201.28	308.83
营业利润(万元)	338.28	629.34	244.34	302.31
利润总额(万元)	338.19	650.55	223.92	412.42

浙江瑞铃企业管理股份有限公司

公司概况	公司名称	浙江瑞铃企业管理股份有限公司		证券简称	瑞铃企管
	法人代表	何邦同	董秘 叶玲珍	证券代码	831481
	公司网址	www.chinaruiling.cn		电子信箱	caiqin-xu@chinaruiling.cn
	电话	0576-88529085		传真	0576-88523065
	办公地址	江苏省台州经济开发区开发大道东段818号4号楼1-2楼东面			
	经营范围	企业管理咨询服务,教育咨询,机械设备研发、设计、销售			

指标\报告期	2017.06.30	2016.12.31	2016.06.30	2015.12.31
基本每股收益(元)	0.1200	0.1700	0.1200	0.2100
基本每股收益(扣除后)(元)	0.0900	0.1100	0.0900	0.1300
稀释每股收益(元)	0.1200	0.1700	0.1200	0.2100
每股净资产(元)	1.3700	1.4000	1.3500	1.5300
每股经营现金净流量(元)	0.1037	0.1588	0.0255	0.1686
每股现金流量(元)	-0.0128	-0.2664	-0.3183	0.2740
每股资本公积金(元)	0.1927	0.1927	0.1927	0.1927
每股盈余公积金(元)	0.0510	0.0510	0.0338	0.0338
每股未分配利润(元)	0.1291	0.1587	0.1251	0.3040
净资产收益率(%)	8.7769	12.2573	8.9653	10.7409
净资产收益率(扣除)(%)	8.5300	11.9300	7.8600	14.1600
加权净资产收益率	6.2373	7.8145	6.4125	6.9465
总资产(万元)	3100.82	3156.55	2986.74	3455.13
归属母公司股东权益(万元)	2745.54	2804.56	2703.14	3060.80
营业收入(万元)	1041.46	2094.08	1089.33	2016.50
营业成本(万元)	535.19	1159.61	554.42	1127.18
投资收益(万元)	61.26	54.80	39.07	16.71
净利润(万元)	—	—	242.34	328.76
营业利润(万元)	289.59	351.02	271.10	304.65
利润总额(万元)	321.30	461.12	323.13	440.84

山西山大合盛新材料股份有限公司

公司概况

公司名称	山西山大合盛新材料股份有限公司		证券简称	山大合盛
法人代表	王自卫	董秘　孙林敏	证券代码	831487
公司网址	www.sxhsbt.com		电子信箱	hsbtslm@163.com
电　话	0351-7675113		传　真	0351-7675113
办公地址	山西省太原高新区振兴街 11 号五峰国际 1301			
经营范围	新型建筑材料、化工材料的研发、生产、销售、技术服务及技术咨询等			

主要财务指标

指标\报告期	2017.06.30	2016.12.31	2016.06.30	2015.12.31
基本每股收益(元)	-0.1100	-0.1800	-0.2000	0.3100
基本每股收益(扣除后)(元)	-0.1100	-0.1800	---	0.0900
稀释每股收益(元)	-0.1100	-0.1800	-0.2000	0.3100
每股净资产(元)	1.7200	1.8300	1.7400	1.9900
每股经营现金净流量(元)	-0.2246	0.4064	-0.1235	0.2150
每股现金流量(元)	0.0225	-0.0257	-0.0347	-0.0113
每股资本公积金(元)	0.4671	0.4671	0.4671	0.4671
每股盈余公积金(元)	0.0518	0.0518	0.0475	0.0518
每股未分配利润(元)	0.2040	0.3100	0.2248	0.4869
净资产收益率(%)	-6.1542	-9.6716	-11.3444	14.9193
净资产收益率(扣除)(%)	-5.9700	-9.2300	-10.5800	18.0600
加权净资产收益率	-6.1542	-9.6510	-12.4945	4.3791
总资产(万元)	10536.66	10739.79	10664.00	10013.52
归属母公司股东权益(万元)	3704.25	3932.22	3739.82	4275.38
营业收入(万元)	1268.51	5770.35	3135.00	6913.66
营业成本(万元)	1063.15	4922.83	2846.90	5531.70
投资收益(万元)	-33.98	31.88	38.01	-100.48
净利润(万元)	---	---	-424.26	637.86
营业利润(万元)	-227.84	-386.63	-429.26	190.10
利润总额(万元)	-227.84	-387.44	-424.26	720.26

湖南天衡儿童用品股份有限公司

公司概况

公司名称	湖南天衡儿童用品股份有限公司		证券简称	天衡股份
法人代表	罗秋开	董秘　潘一平	证券代码	831489
公司网址	www.tianhengkids.cn		电子信箱	b_sales@gagroup.com.hk
电　话	0734-7601668		传　真	0734-7601669
办公地址	湖南省常宁市宜阳工业区工业走廊投资创业园 A 基地			
经营范围	开发、生产、销售中高档毛绒和塑胶糖果玩具、儿童用品，以及相关的创意类产品			

主要财务指标

指标\报告期	2017.06.30	2016.12.31	2016.06.30	2015.12.31
基本每股收益(元)	0.0459	0.0953	0.0400	0.1900
基本每股收益(扣除后)(元)	0.0455	0.0692	0.0298	0.1885
稀释每股收益(元)	0.0459	0.0953	---	0.1900
每股净资产(元)	2.0200	1.9700	1.9200	1.6000
每股经营现金净流量(元)	-0.0238	0.0180	0.1777	-0.7853
每股现金流量(元)	-0.0257	-0.1112	-0.0507	0.6877
每股资本公积金(元)	0.7325	0.7325	0.7325	0.4323
每股盈余公积金(元)	0.0206	0.0206	0.0127	0.0143
每股未分配利润(元)	0.2655	0.2197	0.1778	0.1539
净资产收益率(%)	2.2717	4.6081	2.1374	10.3901
净资产收益率(扣除)(%)	2.3000	5.9300	2.3500	13.4300
加权净资产收益率	2.2519	3.3424	1.4936	10.5256
总资产(万元)	14658.36	14152.67	13807.94	15135.57
归属母公司股东权益(万元)	10678.63	10436.05	10172.57	7522.20
营业收入(万元)	3662.93	9041.54	3311.45	9535.23
营业成本(万元)	2625.30	6837.94	2353.73	6983.76
投资收益(万元)	-2.09	-115.99	-87.97	-1.04
净利润(万元)	---	---	215.89	781.56
营业利润(万元)	305.59	460.39	197.39	1048.42
利润总额(万元)	307.42	617.82	289.20	1062.84

山东安信种苗股份有限公司

公司概况

公司名称	山东安信种苗股份有限公司		证券简称	安信种苗
法人代表	韩吉书	董秘　朱金涛	证券代码	831492
公司网址	www.ax517.com		电子信箱	zjt3301@163.com
电　话	0531-84362298		传　真	0531-84362298
办公地址	山东省济阳县垛石镇王洼村(现代农业科技示范园内)			
经营范围	种苗繁育、研发、生产、销售			

主要财务指标

指标\报告期	2017.06.30	2016.12.31	2016.06.30	2015.12.31
基本每股收益(元)	0.0900	0.2946	0.1000	0.5700
基本每股收益(扣除后)(元)	0.0700	0.2606	0.0800	0.4280
稀释每股收益(元)	0.0900	0.2946	0.1000	0.5700
每股净资产(元)	2.3200	2.2300	1.8000	3.1000
每股经营现金净流量(元)	0.0205	0.0217	-0.2520	0.0885
每股现金流量(元)	-0.0974	0.0081	-0.2063	1.0627
每股资本公积金(元)	0.6439	0.6439	0.3855	1.3815
每股盈余公积金(元)	0.0606	0.0606	0.0338	0.0713
每股未分配利润(元)	0.6146	0.5226	0.3782	0.6437
净资产收益率(%)	3.9669	12.6793	5.4440	16.4868
净资产收益率(扣除)(%)	4.0500	16.2036	5.9500	23.2400
加权净资产收益率	2.8419	10.9757	4.1448	12.3931
总资产(万元)	14364.59	14115.10	11494.58	11204.99
归属母公司股东权益(万元)	10876.15	10444.71	8070.77	6595.64
营业收入(万元)	3104.22	5712.17	2165.00	4148.78
营业成本(万元)	2206.45	3657.86	1377.87	2691.05
投资收益(万元)	---	---	---	---
净利润(万元)	---	---	430.03	1092.47
营业利润(万元)	316.13	1137.99	324.84	823.72
利润总额(万元)	438.47	1315.93	429.70	1093.74

福建赛特传媒股份有限公司

公司概况

公司名称	福建赛特传媒股份有限公司		证券简称	赛特传媒
法人代表	林昱	董秘　周敏	证券代码	831493
公司网址	www.sethmedia.cn		电子信箱	seth@sethmedia.cn
电　话	0591-87878801		传　真	0591-87669555
办公地址	福建省福州市鼓楼区西洪路 528 号沿街综合楼二楼			
经营范围	承办设计、制作、代理、发布国内各类广告等			

主要财务指标

指标\报告期	2017.06.30	2016.12.31	2016.06.30	2015.12.31
基本每股收益(元)	0.0400	0.1400	-0.0600	0.1900
基本每股收益(扣除后)(元)	0.0400	0.1289	-0.0700	0.1900
稀释每股收益(元)	0.0400	---	-0.0600	---
每股净资产(元)	1.5500	1.5200	1.3200	1.3800
每股经营现金净流量(元)	-0.4371	0.3224	-0.0494	-0.2989
每股现金流量(元)	-0.4996	0.3394	-0.1043	0.3046
每股资本公积金(元)	0.1646	0.1646	0.1646	0.1646
每股盈余公积金(元)	0.0107	0.0107	0.0067	0.0067
每股未分配利润(元)	0.3780	0.3412	0.1508	0.2072
净资产收益率(%)	2.3704	9.0932	-4.2682	12.3634
净资产收益率(扣除)(%)	2.4000	9.5300	-4.2700	16.8800
加权净资产收益率	2.1321	8.3754	-5.0452	12.2842
总资产(万元)	7772.41	7396.67	4940.62	4916.32
归属母公司股东权益(万元)	4678.77	4567.86	3982.52	4152.50
营业收入(万元)	2750.58	6679.47	1997.38	5485.69
营业成本(万元)	1618.28	3631.47	1237.04	2600.38
投资收益(万元)	---	-27.53	2.12	8.01
净利润(万元)	---	---	-169.98	513.39
营业利润(万元)	132.96	538.82	-301.47	720.98
利润总额(万元)	147.83	580.42	-260.21	717.35

上海事成软件股份有限公司

公司概况

公司名称	上海事成软件股份有限公司			证券简称	事成股份
法人代表	陈勇	董秘	金晖	证券代码	831497
公司网址	www.servision.com.cn		电子信箱	hui.jin@servision.com.cn	
电　话	021-68386625		传　真	021-68412976	
办公地址	中国(上海)自由贸易试验区碧波路 912 弄 18-19 号 1-3 层				
经营范围	计算机软件设计、开发、销售等				

主要财务指标

指标\报告期	2017.06.30	2016.12.31	2016.06.30	2015.12.31
基本每股收益(元)	-0.0500	-0.2900	-0.1000	-0.3600
基本每股收益(扣除后)(元)	-0.0700	-0.3500	-0.1400	-0.4700
稀释每股收益(元)	-0.0500	-0.2900	-0.1000	-0.3600
每股净资产(元)	0.3600	0.4100	0.6000	0.7000
每股经营现金净流量(元)	-0.0717	-0.2865	-0.2297	-0.1738
每股现金流量(元)	-0.1056	0.1085	-0.0723	-0.0167
每股资本公积金(元)	0.0151	0.0151	0.0151	0.0151
每股盈余公积金(元)	—	—	—	—
每股未分配利润(元)	-0.6521	-0.6061	-0.4201	-0.3177
净资产收益率(%)	-12.6877	-70.5005	-17.2144	-41.8133
净资产收益率(扣除)(%)	-11.9300	-52.1300	-15.8500	-45.7200
加权净资产收益率	-19.4068	-84.8374	-23.3517	-53.6539
总资产(万元)	1342.68	1309.57	1371.35	1926.31
归属母公司股东权益(万元)	709.67	799.71	1163.26	1363.51
营业收入(万元)	894.60	1519.92	710.11	1219.48
营业成本(万元)	407.83	867.34	396.78	768.12
投资收益(万元)	1.96	20.73	1.52	26.48
净利润(万元)	—	—	-200.25	-570.13
营业利润(万元)	-135.19	-661.23	-270.12	-701.59
利润总额(万元)	-89.47	-567.75	-200.25	-566.63

浙江东都节能技术股份有限公司

公司概况

公司名称	浙江东都节能技术股份有限公司			证券简称	东都节能
法人代表	刘妮	董秘	胡婷	证券代码	831502
公司网址	www.ddjn.net		电子信箱	dongduenergy@sina.com	
电　话	0576-85133989		传　真	0576-85133987	
办公地址	浙江省临海市古城街道义城路 69 号				
经营范围	利用新型清洁能源为客户提供热能服务及节能设备、生物质成型燃料销售				

主要财务指标

指标\报告期	2017.06.30	2016.12.31	2016.06.30	2015.12.31
基本每股收益(元)	0.0100	-0.0700	-0.0700	0.0100
基本每股收益(扣除后)(元)	—	-0.0400	-0.0700	-0.0200
稀释每股收益(元)	0.0100	-0.0700	-0.0700	0.0100
每股净资产(元)	1.6500	1.6400	1.6400	1.7100
每股经营现金净流量(元)	0.3185	0.0296	0.0195	-0.0906
每股现金流量(元)	0.0204	0.0475	0.0153	-0.1733
每股资本公积金(元)	0.8890	0.8890	0.8890	0.8890
每股盈余公积金(元)	0.0003	0.0003	0.0003	0.0003
每股未分配利润(元)	-0.2394	-0.2482	-0.2478	-0.1809
净资产收益率(%)	0.5337	-4.1002	-4.0732	0.4420
净资产收益率(扣除)(%)	0.5400	-4.0200	-3.9900	0.4400
加权净资产收益率	0.1941	-2.4312	-4.4209	-1.3068
总资产(万元)	8954.66	9344.11	8595.82	8197.88
归属母公司股东权益(万元)	5692.63	5662.25	5663.72	5894.42
营业收入(万元)	3688.86	7313.87	3596.33	5390.67
营业成本(万元)	3082.65	6170.86	3339.36	4665.17
投资收益(万元)	11.16	11.07	6.03	13.03
净利润(万元)	—	—	-230.69	26.05
营业利润(万元)	93.24	-14.98	-205.94	-21.02
利润总额(万元)	89.90	-123.17	-194.72	64.32

中晟光电设备(上海)股份有限公司

公司概况

公司名称	中晟光电设备(上海)股份有限公司			证券简称	中晟光电
法人代表	陈爱华	董秘	王滔	证券代码	831504
公司网址	www.topecsh.com		电子信箱	info@topecsh.com	
电　话	021-50569800		传　真	021-50569886	
办公地址	中国(上海)自由贸易试验区华佗路 168 号 3 幢 B 区				
经营范围	光电设备及相关技术的研发、技术服务等				

主要财务指标

指标\报告期	2017.06.30	2016.12.31	2016.06.30	2015.12.31
基本每股收益(元)	-0.1182	-0.4133	-0.1200	-0.5100
基本每股收益(扣除后)(元)	-0.1261	-0.5272	—	-0.6800
稀释每股收益(元)	-0.1182	-0.4133	—	-0.5100
每股净资产(元)	1.5000	1.6200	1.9200	2.0400
每股经营现金净流量(元)	-0.3616	-0.6482	-0.2736	-0.5371
每股现金流量(元)	0.0974	-0.0765	-0.0348	0.0259
每股资本公积金(元)	1.3876	1.3876	1.3876	1.3876
每股盈余公积金(元)	0.0089	0.0089	0.0089	0.0089
每股未分配利润(元)	-0.8921	-0.7740	-0.4804	-0.3606
净资产收益率(%)	-7.8548	-25.4762	-6.2540	-21.6260
净资产收益率(扣除)(%)	-7.5600	-22.6000	-6.0600	-30.9200
加权净资产收益率	-8.3829	-32.4948	-11.4286	-28.8852
总资产(万元)	16016.72	16950.01	19106.92	20628.28
归属母公司股东权益(万元)	13593.07	14660.78	17313.03	18395.78
营业收入(万元)	1036.92	1152.74	47.37	3971.43
营业成本(万元)	525.15	1234.66	14.69	4397.41
投资收益(万元)	—	—	—	—
净利润(万元)	—	—	-1082.75	-3978.27
营业利润(万元)	-1067.70	-4763.99	-1978.64	-5313.66
利润总额(万元)	-1067.70	-3735.01	-1082.75	-3978.27

保定爱迪新能源股份有限公司

公司概况

公司名称	保定爱迪新能源股份有限公司			证券简称	爱迪新能
法人代表	闫连红	董秘	余鹏飞	证券代码	831513
公司网址	www.bdedel.com		电子信箱	bdedel@126.com	
电　话	0312-7510122		传　真	0312-7510121	
办公地址	河北省保定高新区御风路 388 号				
经营范围	光伏焊带的生产、销售及服务				

主要财务指标

指标\报告期	2017.06.30	2016.12.31	2016.06.30	2015.12.31
基本每股收益(元)	1.0000	0.5939	0.5400	0.3500
基本每股收益(扣除后)(元)	1.0000	0.5912	—	0.3538
稀释每股收益(元)	1.0000	0.5939	0.5400	0.3500
每股净资产(元)	2.4800	1.4800	1.9200	1.3800
每股经营现金净流量(元)	1.2478	-0.5402	1.4590	0.5237
每股现金流量(元)	0.0098	-0.2751	-0.3957	0.3865
每股资本公积金(元)	0.0732	0.0732	0.0005	0.0005
每股盈余公积金(元)	0.0874	0.0874	0.0642	0.0642
每股未分配利润(元)	1.3166	0.3185	0.8591	0.3180
净资产收益率(%)	40.2905	28.5753	28.1294	25.2770
净资产收益率(扣除)(%)	50.4500	34.5400	—	28.9300
加权净资产收益率	40.2444	28.7040	28.3939	25.5897
总资产(万元)	24902.94	15474.52	18365.37	6600.59
归属母公司股东权益(万元)	9502.63	5673.97	5194.32	3733.19
营业收入(万元)	31032.92	23819.48	14951.47	10043.51
营业成本(万元)	24061.55	20421.95	12549.55	7730.34
投资收益(万元)	—	—	—	—
净利润(万元)	—	—	1461.13	943.64
营业利润(万元)	5108.87	2199.87	1968.21	1277.57
利润总额(万元)	5126.41	2166.94	1949.89	1261.41

湖北金科环保科技股份有限公司

公司概况						
	公司名称	湖北金科环保科技股份有限公司			证券简称	金科环保
	法人代表	代友炼	董秘	孙红	证券代码	831516
	公司网址	www.hbjkdq.com		电子信箱	sunhongjz@163.com	
	电　　话	0716-8336351		传　　真	0716-8328393	
	办公地址	湖北省荆州开发区东方大道东侧				
	经营范围	再生资源的回收、储存与综合循环利用				

主要财务指标	指标\报告期	2017.06.30	2016.12.31	2016.06.30	2015.12.31
	基本每股收益(元)	–0.1300	0.1000	0.2200	0.3800
	基本每股收益(扣除后)(元)	–0.1400	0.0900	—	—
	稀释每股收益(元)	–0.1300	0.1000	—	0.3100
	每股净资产(元)	3.2000	3.3300	3.3800	3.1600
	每股经营现金净流量(元)	–0.1677	–0.6985	–0.8960	–0.1825
	每股现金流量(元)	–0.0263	–0.1112	0.2086	0.1915
	每股资本公积金(元)	1.7719	1.7719	1.5968	1.5968
	每股盈余公积金(元)	0.0597	0.0597	0.0566	0.0502
	每股未分配利润(元)	0.3698	0.5019	0.7241	0.4473
	净资产收益率(%)	–4.1283	2.9709	6.5001	9.5870
	净资产收益率(扣除)(%)	–4.0400	3.1600	6.7200	12.7300
	加权净资产收益率	–4.2241	2.4819	6.1495	7.8943
	总资产(万元)	39040.58	39018.26	42114.02	31435.90
	归属母公司股东权益(万元)	22820.90	23763.01	22387.60	20932.38
	营业收入(万元)	1518.49	5658.47	2644.33	5004.75
	营业成本(万元)	1590.68	8069.29	3878.31	7708.87
	投资收益(万元)	—	—	—	0.02
	净利润(万元)	—	—	1455.22	2006.79
	营业利润(万元)	–1283.22	–10451.50	–4775.99	–10224.91
	利润总额(万元)	–751.50	788.82	1688.92	2338.49

南京波长光电科技股份有限公司

公司概况						
	公司名称	南京波长光电科技股份有限公司			证券简称	波长光电
	法人代表	吴玉堂	董秘	王俊	证券代码	831518
	公司网址	www.wave-optics.com		电子信箱	junw@wave-optics.com	
	电　　话	025-52657118-8088		传　　真	025-52657058	
	办公地址	江苏省南京市江宁区湖熟工业集中区波光路18号				
	经营范围	光机电产品和激光产品及配件的研发、生产、组装、销售等				

主要财务指标	指标\报告期	2017.06.30	2016.12.31	2016.06.30	2015.12.31
	基本每股收益(元)	0.3407	0.4175	0.2100	0.3500
	基本每股收益(扣除后)(元)	0.3316	0.3268	0.1768	0.3170
	稀释每股收益(元)	—	—	0.2100	0.3500
	每股净资产(元)	2.1800	2.7500	2.5100	2.2900
	每股经营现金净流量(元)	0.1006	0.2977	–0.0033	0.1382
	每股现金流量(元)	–0.0851	0.0592	–0.1933	0.5345
	每股资本公积金(元)	0.0981	0.6361	0.6141	0.6364
	每股盈余公积金(元)	0.0532	0.0798	0.0476	0.0493
	每股未分配利润(元)	1.0083	1.0013	0.8311	0.6386
	净资产收益率(%)	15.6597	15.2056	8.5695	14.4788
	净资产收益率(扣除)(%)	17.0100	16.5900	8.9600	19.1200
	加权净资产收益率	15.2436	11.9033	7.0483	13.0499
	总资产(万元)	20070.62	16860.02	15481.77	14194.09
	归属母公司股东权益(万元)	13001.48	10939.16	9992.83	9115.05
	营业收入(万元)	10289.58	14448.02	6310.38	11648.68
	营业成本(万元)	5941.85	8985.80	3753.98	7237.80
	投资收益(万元)	3.54	2.93	—	0.96
	净利润(万元)	—	—	790.37	1279.09
	营业利润(万元)	2467.34	1376.72	771.82	1277.89
	利润总额(万元)	2465.78	1886.70	952.35	1445.24

河南康耀电子股份有限公司

公司概况						
	公司名称	河南康耀电子股份有限公司			证券简称	康耀电子
	法人代表	潘建军	董秘	何明强	证券代码	831524
	公司网址	www.comyoung.com.cn		电子信箱	hemingqiang@comyoung.com.cn	
	电　　话	0379-67876933		传　　真	0379-67879567	
	办公地址	河南省洛阳市孟津县朝阳镇朝阳村(康耀电子)				
	经营范围	显示屏用导电玻璃、触摸屏用真空镀膜产品的研发、生产与销售				

主要财务指标	指标\报告期	2017.06.30	2016.12.31	2016.06.30	2015.12.31
	基本每股收益(元)	0.0235	0.0737	0.0800	0.2100
	基本每股收益(扣除后)(元)	0.0182	0.0633	0.0700	0.1789
	稀释每股收益(元)	0.0235	0.0737	—	—
	每股净资产(元)	2.1900	2.1600	2.1700	2.0800
	每股经营现金净流量(元)	–0.0356	–0.0160	–0.0627	0.0575
	每股现金流量(元)	0.5044	–0.0880	–0.0574	0.1035
	每股资本公积金(元)	0.6113	0.6093	0.6064	0.6031
	每股盈余公积金(元)	0.0142	0.0142	0.0142	0.0142
	每股未分配利润(元)	0.5645	0.5410	0.5449	0.4672
	净资产收益率(%)	1.0740	3.4071	3.5854	9.9481
	净资产收益率(扣除)(%)	1.0800	3.4700	3.6500	12.0000
	加权净资产收益率	0.8314	2.9265	3.2871	8.7669
	总资产(万元)	23484.23	19154.35	19900.65	19311.34
	归属母公司股东权益(万元)	12264.56	12121.62	12127.19	11673.77
	营业收入(万元)	4584.83	8115.87	3859.37	8805.37
	营业成本(万元)	3591.53	5402.01	2448.29	5496.42
	投资收益(万元)	—	—	—	—
	净利润(万元)	—	—	434.81	1161.31
	营业利润(万元)	129.34	393.95	457.25	1205.00
	利润总额(万元)	164.35	462.49	499.81	1367.22

天津凯华绝缘材料股份有限公司

公司概况						
	公司名称	天津凯华绝缘材料股份有限公司			证券简称	凯华材料
	法人代表	刘建慧	董秘	郝艳艳	证券代码	831526
	公司网址	www.tjkaihua.com		电子信箱	haoyanyan@tjkaihua.cn	
	电　　话	022-24993115-815		传　　真	022-24993115-160	
	办公地址	天津市东丽区一经路27号				
	经营范围	电子封装材料的研发、生产与销售				

主要财务指标	指标\报告期	2017.06.30	2016.12.31	2016.06.30	2015.12.31
	基本每股收益(元)	0.1300	0.3100	0.1100	0.1700
	基本每股收益(扣除后)(元)	0.1300	0.3000	0.1000	0.1500
	稀释每股收益(元)	0.1300	0.3100	0.1100	0.1700
	每股净资产(元)	1.2500	1.2800	1.1600	1.1300
	每股经营现金净流量(元)	0.0899	0.3636	0.1383	0.2154
	每股现金流量(元)	–0.0978	0.2024	–0.0086	0.1110
	每股资本公积金(元)	0.0452	0.0517	0.0280	0.0280
	每股盈余公积金(元)	0.0747	0.0813	0.0513	0.0351
	每股未分配利润(元)	0.1338	0.1765	0.0843	0.0691
	净资产收益率(%)	10.4900	22.4377	9.5686	14.3495
	净资产收益率(扣除)(%)	9.9400	25.5900	9.5900	14.8700
	加权净资产收益率	10.4500	20.9556	8.5913	12.7768
	总资产(万元)	9212.31	9484.32	7706.04	7601.42
	归属母公司股东权益(万元)	7773.10	7963.81	6633.20	6454.53
	营业收入(万元)	4992.85	9113.85	4322.11	7930.98
	营业成本(万元)	2960.75	5413.96	2636.47	5121.36
	投资收益(万元)	—	—	—	—
	净利润(万元)	—	—	653.68	942.04
	营业利润(万元)	916.98	1939.15	665.20	950.30
	利润总额(万元)	920.97	2097.65	752.30	1071.52

北京约顿气膜建筑技术股份有限公司

公司概况	公司名称	北京约顿气膜建筑技术股份有限公司			证券简称	约顿气膜
	法人代表	江林	董秘	钟凡	证券代码	831527
	公司网址	www.yuedundomes.com		电子信箱	andy@yuedundomes.com	
	电　　话	010-65928885		传　　真	010-65952258	
	办公地址	北京市朝阳区朝阳公园南路 1 号朝阳公园网球中心东二层				
	经营范围	膜建筑、膜结构、膜材料的技术开发、技术服务、技术咨询等				

	指标\报告期	2017.06.30	2016.12.31	2016.06.30	2015.12.31
主要财务指标	基本每股收益(元)	0.0900	0.1845	0.0700	0.3700
	基本每股收益(扣除后)(元)	0.0900	0.1805	0.0800	0.3021
	稀释每股收益(元)	0.0900	0.1845	0.0700	0.3000
	每股净资产(元)	2.8600	1.5200	2.0400	2.0900
	每股经营现金净流量(元)	–0.1192	–0.1384	–0.5677	–0.1729
	每股现金流量(元)	1.8658	0.3368	0.0743	0.1310
	每股资本公积金(元)	1.6024	0.1536	0.7000	0.7053
	每股盈余公积金(元)	0.0259	0.0377	0.0351	0.0393
	每股未分配利润(元)	0.2275	0.3295	0.3069	0.3461
	净资产收益率(%)	2.6571	12.0743	3.5721	15.4035
	净资产收益率(扣除)(%)	3.5500	13.1100	3.8000	21.5000
	加权净资产收益率	2.6380	11.8092	3.6839	12.5367
	总资产(万元)	22880.00	7271.86	5732.85	4287.48
	归属母公司股东权益(万元)	19348.12	4980.88	4562.44	3261.47
	营业收入(万元)	4612.75	6362.66	2633.23	5008.43
	营业成本(万元)	3291.58	4239.84	1864.73	3426.61
	投资收益(万元)	—	5.11	5.11	—
	净利润(万元)	—	—	162.98	502.38
	营业利润(万元)	600.90	700.22	198.45	482.18
	利润总额(万元)	605.23	714.17	192.45	592.18

中节环(北京)环境科技股份有限公司

公司概况	公司名称	中节环(北京)环境科技股份有限公司			证券简称	中节环
	法人代表	韩剑锋	董秘	严峰	证券代码	831541
	公司网址	www.china-cee.com.cn		电子信箱	yanfeng720@sina.com	
	电　　话	010-59506606		传　　真	010-63922815	
	办公地址	北京市西城区百万庄大街 16 号 2409 室				
	经营范围	锅炉低氮燃烧改造及配套微油点火稳燃技术的应用				

	指标\报告期	2017.06.30	2016.12.31	2016.06.30	2015.12.31
主要财务指标	基本每股收益(元)	–0.1100	–0.2400	–0.1600	0.0300
	基本每股收益(扣除后)(元)	–0.1200	–0.2400	–0.1700	–0.0100
	稀释每股收益(元)	–0.1100	–0.2400	–0.1600	0.0300
	每股净资产(元)	1.1000	1.2200	1.2900	1.4500
	每股经营现金净流量(元)	–0.0875	0.1813	0.1039	0.0772
	每股现金流量(元)	–0.0756	–0.0339	–0.0937	0.0907
	每股资本公积金(元)	0.1781	0.1781	0.1781	0.1781
	每股盈余公积金(元)	0.0280	0.0280	0.0280	0.0280
	每股未分配利润(元)	–0.1047	0.0103	0.0858	0.2472
	净资产收益率(%)	–10.4381	–19.4730	–12.4927	2.3210
	净资产收益率(扣除)(%)	–9.9200	–17.7500	–11.9400	2.3700
	加权净资产收益率	–10.7439	–20.0112	–12.3103	–0.9798
	总资产(万元)	7458.35	7458.69	7360.91	8406.72
	归属母公司股东权益(万元)	5066.55	5595.40	5942.60	6685.00
	营业收入(万元)	467.82	1055.20	465.50	4277.93
	营业成本(万元)	353.99	809.47	309.22	2935.65
	投资收益(万元)	22.09	34.44	11.84	32.71
	净利润(万元)	—	—	–753.19	155.16
	营业利润(万元)	–583.53	–1143.64	–744.46	–69.04
	利润总额(万元)	–581.73	–1143.66	–744.48	148.56

陕西中科非开挖技术股份有限公司

公司概况	公司名称	陕西中科非开挖技术股份有限公司			证券简称	陕中科
	法人代表	景宁涛	董秘	张丽	证券代码	831553
	公司网址	www.zkpipe.com		电子信箱	zkpipe@163.com	
	电　　话	029-86523208		传　　真	029-86253018	
	办公地址	陕西省西安市经开区凤城一路 8 号御道华城 B 座 2101 号				
	经营范围	致力于市政管线和长输管线非开挖方案设计、组织施工等				

	指标\报告期	2017.06.30	2016.12.31	2016.06.30	2015.12.31
主要财务指标	基本每股收益(元)	0.0600	0.1200	0.0600	0.1600
	基本每股收益(扣除后)(元)	0.0600	0.1300	0.0700	0.1400
	稀释每股收益(元)	0.0600	0.1200	0.0600	0.1600
	每股净资产(元)	1.7900	1.7300	1.6600	1.6000
	每股经营现金净流量(元)	–0.0739	–0.1041	–0.0351	–0.1798
	每股现金流量(元)	–0.0295	–0.0116	–0.0978	–0.0646
	每股资本公积金(元)	0.4376	0.4376	0.4358	0.4376
	每股盈余公积金(元)	0.0342	0.0342	0.0207	0.0207
	每股未分配利润(元)	0.3143	0.2545	0.2022	0.1463
	净资产收益率(%)	3.3447	7.0212	3.3601	9.2906
	净资产收益率(扣除)(%)	3.4000	7.2900	3.4200	11.8800
	加权净资产收益率	3.3447	7.7217	4.0889	7.8351
	总资产(万元)	14968.11	15021.38	12166.50	11328.87
	归属母公司股东权益(万元)	9646.12	9359.76	8982.00	8664.96
	营业收入(万元)	2570.28	6296.79	2707.81	7026.37
	营业成本(万元)	1763.50	4394.44	1835.11	5191.17
	投资收益(万元)	3.02	—	—	—
	净利润(万元)	—	—	301.80	805.03
	营业利润(万元)	375.68	871.25	442.43	805.61
	利润总额(万元)	375.68	794.11	365.41	953.98

张家港天乐橡塑科技股份有限公司

公司概况	公司名称	张家港天乐橡塑科技股份有限公司			证券简称	天乐橡塑
	法人代表	李斌	董秘	张静娟	证券代码	831555
	公司网址	www.zjgtianle.com		电子信箱	zhangjingjuan@zjgtianle.com	
	电　　话	0512-58113780-8008		传　　真	0512-58985203	
	办公地址	江苏省张家港市杨舍镇乘航村河东路				
	经营范围	汽车用橡胶、塑料产品的开发、生产和销售				

	指标\报告期	2017.06.30	2016.12.31	2016.06.30	2015.12.31
主要财务指标	基本每股收益(元)	0.1400	0.6000	0.2800	0.9900
	基本每股收益(扣除后)(元)	0.1100	0.5500	0.2500	0.8800
	稀释每股收益(元)	0.1400	0.6000	0.2800	0.9900
	每股净资产(元)	1.4400	1.9000	1.5800	2.6000
	每股经营现金净流量(元)	0.0311	0.6315	0.2930	0.5513
	每股现金流量(元)	–0.0298	–0.1683	–0.2447	0.5915
	每股资本公积金(元)	0.0433	0.0563	0.0563	0.1126
	每股盈余公积金(元)	0.1033	0.1342	0.0745	0.1490
	每股未分配利润(元)	0.2983	0.7081	0.4486	1.3414
	净资产收益率(%)	9.5658	31.4500	17.5945	38.1321
	净资产收益率(扣除)(%)	9.0400	37.3200	19.2900	47.1200
	加权净资产收益率	7.7541	29.0774	15.7666	33.8151
	总资产(万元)	6267.11	6092.53	5754.62	4287.22
	归属母公司股东权益(万元)	4507.91	4556.69	3790.54	3123.61
	营业收入(万元)	3087.48	6461.34	3061.30	5764.14
	营业成本(万元)	1706.65	3642.06	1713.62	3326.52
	投资收益(万元)	—	—	—	—
	净利润(万元)	—	—	666.93	1191.10
	营业利润(万元)	411.16	1568.69	708.04	1248.58
	利润总额(万元)	507.24	1658.71	789.56	1407.23

武汉天高熔接股份有限公司

公司概况					
公司名称	武汉天高熔接股份有限公司			证券简称	天高股份
法人代表	汪小根	董秘	周丽梅	证券代码	831559
公司网址	www.tgwelding.com		电子信箱	tgzlm515@126.com	
电　话	027-84471386		传　真	027-84254889	
办公地址	湖北省武汉市经济技术开发区大全路 108 号				
经营范围	陶质衬垫、焊丝、焊剂的研发、生产和销售				

主要财务指标				
指标\报告期	2017.06.30	2016.12.31	2016.06.30	2015.12.31
基本每股收益(元)	0.0083	0.0870	0.0100	0.0900
基本每股收益(扣除后)(元)	-0.0079	-0.0030	-0.0311	0.0141
稀释每股收益(元)	0.0083	0.0870	0.0100	0.0900
每股净资产(元)	3.2200	3.2000	3.1300	3.1200
每股经营现金净流量(元)	0.0150	0.1186	0.0644	-0.0776
每股现金流量(元)	-0.0880	0.1340	0.0810	0.1347
每股资本公积金(元)	1.9184	1.9184	1.9184	1.9184
每股盈余公积金(元)	0.0275	0.0275	0.0194	0.0194
每股未分配利润(元)	0.2770	0.2571	0.1880	0.1810
净资产收益率(%)	0.2598	2.6300	0.2244	2.7431
净资产收益率(扣除)(%)	0.2600	2.6300	0.2200	3.2300
加权净资产收益率	-0.2427	-0.0872	-0.9958	0.4267
总资产(万元)	16430.68	15869.20	15166.37	15243.88
归属母公司股东权益(万元)	10954.65	10887.06	10624.57	10600.74
营业收入(万元)	2074.66	4351.46	1872.31	4154.05
营业成本(万元)	1414.45	2938.42	1351.50	2833.97
投资收益(万元)	—	—	—	—
净利润(万元)	—	—	26.02	312.43
营业利润(万元)	-59.33	4.77	-120.30	66.52
利润总额(万元)	5.44	355.31	32.21	355.41

南达新农业股份有限公司

公司概况					
公司名称	南达新农业股份有限公司			证券简称	南达农业
法人代表	林勇	董秘	郝俊丽	证券代码	831567
公司网址	www.mynanda.com		电子信箱	hjl@mynanda.com	
电　话	0998-2838880		传　真	0998-2835555	
办公地址	新疆维吾尔自治区喀什地区喀什市迎宾大道 666 号				
经营范围	乳制品、饮料的加工及销售				

主要财务指标				
指标\报告期	-0.0100	-0.1100	-0.0400	0.0200
基本每股收益(元)	-0.0100	-0.1100	-0.0400	0.0100
基本每股收益(扣除后)(元)	-0.0100	-0.1100	-0.0400	0.0200
稀释每股收益(元)	1.2800	1.2900	1.3600	1.4000
每股净资产(元)	0.0819	-0.0111	-0.0240	0.1445
每股经营现金净流量(元)	0.0116	-0.0801	-0.0491	-0.0002
每股现金流量(元)	0.3983	0.3983	0.3983	0.3983
每股资本公积金(元)	0.0134	0.0134	0.0134	0.0134
每股盈余公积金(元)	-0.1312	-0.1209	-0.0496	-0.0124
每股未分配利润(元)	-0.8009	-8.4019	-2.7253	1.3485
净资产收益率(%)	-0.8000	-8.0600	-2.6900	1.3800
净资产收益率(扣除)(%)	-1.0405	-8.4087	-2.9600	0.4064
加权净资产收益率	30794.98	31286.73	33452.47	35000.91
总资产(万元)	17415.64	17555.12	18525.21	19030.09
归属母公司股东权益(万元)	5228.07	7886.36	4305.50	9377.20
营业收入(万元)	3984.67	6078.35	3325.71	6757.38
营业成本(万元)	-11.87	26.83	1.58	3.35
投资收益(万元)	—	—	-504.88	256.61
净利润(万元)	11.39	-1735.88	-584.64	-245.52
营业利润(万元)	-117.53	-1392.95	-507.65	173.57
利润总额(万元)	-0.0100	-0.1100	-0.0400	0.0200

深圳市鸿益达供应链股份有限公司

公司概况					
公司名称	深圳市鸿益达供应链股份有限公司			证券简称	鸿益达
法人代表	彭远红	董秘	张鹏	证券代码	831570
公司网址	www.hyt-scm.com		电子信箱	marco@hyt-logistics.com	
电　话	0755-29987168		传　真	0755-29987448	
办公地址	广东省深圳市宝安区福永街道下十围路鸿益达物流中心				
经营范围	普通货物装卸;货物及技术进出口等				

主要财务指标				
指标\报告期	2017.06.30	2016.12.31	2016.06.30	2015.12.31
基本每股收益(元)	0.0700	0.1500	0.1200	0.2200
基本每股收益(扣除后)(元)	0.0800	0.1600	0.1115	0.1760
稀释每股收益(元)	0.0700	0.1500	0.1200	0.2200
每股净资产(元)	1.7700	1.7000	1.6700	1.4700
每股经营现金净流量(元)	-0.0685	-0.7359	-0.1636	-0.6722
每股现金流量(元)	-0.2263	0.2781	-0.0156	0.0473
每股资本公积金(元)	0.3026	0.3026	0.3091	0.2104
每股盈余公积金(元)	0.0469	0.0469	0.0340	0.0349
每股未分配利润(元)	0.4195	0.3492	0.3302	0.2219
净资产收益率(%)	3.9712	8.5923	6.8180	14.2604
净资产收益率(扣除)(%)	4.0400	9.3300	7.6100	0.2361
加权净资产收益率	4.4830	9.3040	6.5729	11.5668
总资产(万元)	11978.17	12016.42	8006.52	7249.49
归属母公司股东权益(万元)	4413.47	4238.20	4174.93	3565.29
营业收入(万元)	6805.34	16914.22	6933.60	10335.78
营业成本(万元)	5517.70	13810.26	5796.59	8222.09
投资收益(万元)	—	—	—	—
净利润(万元)	—	—	282.68	486.32
营业利润(万元)	225.09	584.88	377.78	649.05
利润总额(万元)	186.01	538.55	384.20	736.65

新疆新华能电气股份有限公司

公司概况					
公司名称	新疆新华能电气股份有限公司			证券简称	疆能股份
法人代表	王建友	董秘	张桦	证券代码	831572
公司网址	www.mmexhn.com		电子信箱	18699101155@163.com	
电　话	0994-2713711		传　真	0994-2715599	
办公地址	新疆维吾尔自治区昌吉高新技术产业开发区创业大道				
经营范围	高低压成套电气设备、智能化配电及终端装置、高低压电器元件的研发、设计、制造、安装				

主要财务指标				
指标\报告期	2017.06.30	2016.12.31	2016.06.30	2015.12.31
基本每股收益(元)	0.0041	0.0300	0.2300	0.3200
基本每股收益(扣除后)(元)	0.0041	0.0100	0.2295	—
稀释每股收益(元)	0.0041	0.0300	0.2300	0.3200
每股净资产(元)	1.8200	1.7900	1.7500	2.1100
每股经营现金净流量(元)	-0.0448	0.1229	0.1286	-0.0472
每股现金流量(元)	-0.0965	0.1636	0.5650	0.5850
每股资本公积金(元)	1.0174	1.0174	1.0174	1.0174
每股盈余公积金(元)	0.0095	0.0095	0.0211	0.0095
每股未分配利润(元)	-0.2180	-0.2223	-0.1696	0.0837
净资产收益率(%)	0.2357	1.4227	12.5013	15.6296
净资产收益率(扣除)(%)	0.2400	1.4200	13.3300	0.1800
加权净资产收益率	0.2345	0.4085	12.2809	15.4430
总资产(万元)	84944.43	78739.01	79073.90	75618.74
归属母公司股东权益(万元)	25794.57	25733.77	26650.31	30096.33
营业收入(万元)	7877.28	31350.26	30610.01	27322.07
营业成本(万元)	6174.64	26345.95	23694.56	20435.47
投资收益(万元)	—	-18.98	-3.59	—
净利润(万元)	—	—	3394.87	4680.93
营业利润(万元)	18.26	-289.85	3929.53	5526.22
利润总额(万元)	12.28	35.68	4040.32	5557.73

云南佳盈物流股份有限公司

公司概况					
公司名称	云南佳盈物流股份有限公司			证券简称	佳盈物流
法人代表	张勇	董秘	周春秋	证券代码	831573
公司网址	www.ynjy56.com		电子信箱	ynjysy1@163.com	
电　话	0871-63569986		传　真	0871-63159536	
办公地址	云南省昆明市西山区前卫镇日新中路润城第一大道 634 号 5 栋 3111 号				
经营范围	矿产品、矿山机械及配件、矿山配套设备、电气机械及配件、金属材料的销售				

主要财务指标 指标＼报告期	2017.06.30	2016.12.31	2016.06.30	2015.12.31
基本每股收益(元)	-0.1100	-0.3100	-0.1400	-0.1600
基本每股收益(扣除后)(元)	-0.1100	-0.3200	-0.1400	-0.2000
稀释每股收益(元)	-0.1100	-0.3100	-0.1400	-0.1600
每股净资产(元)	0.5900	0.7000	0.8700	1.0100
每股经营现金净流量(元)	-0.0141	0.0001	0.0009	-0.5915
每股现金流量(元)	-0.0141	-0.0722	-0.0747	-0.0576
每股资本公积金(元)	0.2331	0.2331	0.2331	0.2331
每股盈余公积金(元)	0.0110	0.0110	0.0110	0.0110
每股未分配利润(元)	-0.6536	-0.5440	-0.3770	-0.2372
净资产收益率(%)	-18.5654	-43.8129	-16.1220	-16.1220
净资产收益率(扣除)(%)	-16.9900	-36.2900	-14.9200	-14.9200
加权净资产收益率	-19.0091	-44.9958	-16.5026	-19.3724
总资产(万元)	19206.55	19349.25	19208.34	20999.05
归属母公司股东权益(万元)	2952.55	3500.70	4335.49	5034.46
营业收入(万元)	274.35	610.02	380.38	2454.11
营业成本(万元)	439.24	1129.31	633.21	1711.91
投资收益(万元)	-18.24	-73.87	-39.13	-42.54
净利润(万元)	---	---	-982.02	-1027.46
营业利润(万元)	-788.37	-2264.29	-1015.25	-1243.62
利润总额(万元)	-761.56	-2181.41	-982.02	-980.06

上海富翊装饰工程股份有限公司

公司概况					
公司名称	上海富翊装饰工程股份有限公司			证券简称	ST 富翊
法人代表	翟峻逸	董秘	王鹏	证券代码	831574
公司网址	www.fuyideco.com		电子信箱	Wp@fuyideco.com	
电　话	021-59815722		传　真	021-59815671	
办公地址	上海市青浦区练塘工业园区君博路 211 号				
经营范围	建筑装饰装修建设工程专业施工，建筑装饰工程设计等				

主要财务指标 指标＼报告期	2017.06.30	2016.12.31	2016.06.30	2015.12.31
基本每股收益(元)	---	-0.3500	-0.0700	0.2800
基本每股收益(扣除后)(元)	---	-0.3500	-0.0800	0.2500
稀释每股收益(元)	---	-0.3500	-0.0700	---
每股净资产(元)	---	3.5800	3.8600	3.9300
每股经营现金净流量(元)	---	-0.0933	-0.3502	-1.9637
每股现金流量(元)	---	-0.1604	-0.0816	0.1583
每股资本公积金(元)	---	2.6896	2.6896	2.6896
每股盈余公积金(元)	---	0.0241	0.0241	0.0241
每股未分配利润(元)	---	-0.1308	0.1481	0.2171
净资产收益率(%)	---	-9.7112	-1.7870	5.6181
净资产收益率(扣除)(%)	---	-9.2600	-1.7700	9.3500
加权净资产收益率	---	-9.7542	-1.9469	5.0636
总资产(万元)	---	17721.27	18799.27	17552.38
归属母公司股东权益(万元)	---	11003.07	11859.66	12071.59
营业收入(万元)	---	2752.60	2779.54	11742.83
营业成本(万元)	---	2369.21	2369.21	9664.83
投资收益(万元)	---	---	---	---
净利润(万元)	---	---	-211.93	678.19
营业利润(万元)	---	-1180.88	-272.79	816.41
利润总额(万元)	---	-1161.92	-253.82	905.65

南京光辉互动网络科技股份有限公司

公司概况					
公司名称	南京光辉互动网络科技股份有限公司			证券简称	光辉互动
法人代表	刘云光	董秘	尚兴年	证券代码	831575
公司网址	www.bie-plc.com		电子信箱	zhengquan@bie-plc.com	
电　话	025-84791966		传　真	025-84791868	
办公地址	江苏省南京市江宁经济技术开发区东吉大道 1 号江苏软件园 11 栋 5-6 层				
经营范围	计算机软、硬件及网络系统的技术研发、销售等				

主要财务指标 指标＼报告期	2017.06.30	2016.12.31	2016.06.30	2015.12.31
基本每股收益(元)	-0.0500	-0.2100	-0.0500	-0.4700
基本每股收益(扣除后)(元)	-0.0500	-0.2100	---	-0.5400
稀释每股收益(元)	-0.0500	-0.2100	-0.0500	-0.4700
每股净资产(元)	0.7400	0.7900	0.9500	3.5000
每股经营现金净流量(元)	-0.0484	-0.1442	-0.0723	-0.1067
每股现金流量(元)	-0.0858	-0.2359	-0.1495	2.4730
每股资本公积金(元)	0.1104	0.1104	0.1104	2.8864
每股盈余公积金(元)	0.0073	0.0073	0.0073	0.0256
每股未分配利润(元)	-0.3825	-0.3299	-0.1656	-0.4071
净资产收益率(%)	-7.1638	-27.1075	-5.1797	-12.7146
净资产收益率(扣除)(%)	-6.9200	-23.8700	-5.0500	-14.8200
加权净资产收益率	-7.1599	-27.1922	-5.2369	-14.6937
总资产(万元)	7094.46	7741.39	9322.44	9031.37
归属母公司股东权益(万元)	6175.49	6617.89	7997.58	8411.84
营业收入(万元)	279.97	831.92	301.16	752.57
营业成本(万元)	99.98	207.64	140.09	627.94
投资收益(万元)	---	3.29	---	---
净利润(万元)	---	---	-431.22	-1069.53
营业利润(万元)	-557.98	-1765.91	-499.25	-1513.71
利润总额(万元)	-553.07	-1732.33	-492.83	-1235.25

福建高奇电子科技股份有限公司

公司概况					
公司名称	福建高奇电子科技股份有限公司			证券简称	高奇电子
法人代表	陈伟	董秘	陈余	证券代码	831586
公司网址	www.goldenchip.com.cn		电子信箱	124116960@qq.com	
电　话	0591-83375855		传　真	0591-83370919	
办公地址	福建省福州市鼓楼区软件大道 89 号福州软件园 E 区 13# 楼三层				
经营范围	智能电器系统的研发、销售及配套技术服务				

主要财务指标 指标＼报告期	2017.06.30	2016.12.31	2016.06.30	2015.12.31
基本每股收益(元)	-0.0100	-0.0800	-0.0900	-0.0600
基本每股收益(扣除后)(元)	-0.0100	-0.0800	-0.0900	-0.1300
稀释每股收益(元)	-0.0100	-0.0800	-0.0900	0.0600
每股净资产(元)	1.5000	1.5100	1.5100	1.5900
每股经营现金净流量(元)	-0.2313	0.0234	-0.2707	-0.4426
每股现金流量(元)	-0.2287	-0.3832	-0.6023	0.3753
每股资本公积金(元)	0.7100	0.7100	0.7100	0.7100
每股盈余公积金(元)	---	---	---	---
每股未分配利润(元)	-0.2090	-0.1972	-0.2010	-0.1153
净资产收益率(%)	-0.7877	-5.4097	-5.6807	-2.5662
净资产收益率(扣除)(%)	-0.7800	-5.2700	-5.5200	-7.3700
加权净资产收益率	-0.8496	-5.4850	-5.7776	-5.3073
总资产(万元)	4236.30	3941.81	4130.25	4566.62
归属母公司股东权益(万元)	2746.87	2768.51	2761.41	2918.28
营业收入(万元)	1784.47	3399.87	1387.39	3096.51
营业成本(万元)	1405.44	2776.91	1158.98	2651.39
投资收益(万元)	---	1.75	1.75	---
净利润(万元)	---	---	-156.87	-74.89
营业利润(万元)	-25.43	-180.33	-187.30	-224.94
利润总额(万元)	-25.43	-177.87	-184.15	-91.42

山川秀美生态环境工程股份有限公司

公司概况	公司名称	山川秀美生态环境工程股份有限公司		证券简称	山川秀美
	法人代表	杜永林	董秘	孙轶群	证券代码	831588
	公司网址	www.chinascxm.com	电子信箱	sunyiqun78@hotmail.com
	电话	010-65180505	传真	010-64800439
	办公地址	北京市建国门内大街18号恒基中心办公3座9层			
	经营范围	生态环境保护、生态环境治理、农业生态环境治理工程的技术服务			

	指标\报告期	2017.06.30	2016.12.31	2016.06.30	2015.12.31
主要财务指标	基本每股收益(元)	0.0500	0.1200	0.0300	0.0100
	基本每股收益(扣除后)(元)	0.0500	0.1200	---	-0.0200
	稀释每股收益(元)	0.0500	0.1200	0.0300	0.0100
	每股净资产(元)	1.8100	1.7600	1.6500	1.4200
	每股经营现金净流量(元)	-0.2375	-0.0375	-0.1698	-0.0727
	每股现金流量(元)	-0.6835	-0.8242	-0.7496	1.0061
	每股资本公积金(元)	0.7001	0.7001	0.6795	0.7985
	每股盈余公积金(元)	---	---	---	---
	每股未分配利润(元)	0.1142	0.0646	-0.0278	-0.0577
	净资产收益率(%)	2.7341	6.7424	1.4909	0.2886
	净资产收益率(扣除)(%)	2.7700	6.0100	1.3900	0.5500
	加权净资产收益率	2.5177	6.6249	0.1793	-1.1586
	总资产(万元)	25281.56	22889.22	20565.04	16570.18
	归属母公司股东权益(万元)	17327.22	16853.47	15774.04	12748.84
	营业收入(万元)	3727.48	10457.92	4517.45	353.45
	营业成本(万元)	2761.30	7800.81	3679.17	202.57
	投资收益(万元)	---	232.08	206.91	131.86
	净利润(万元)	---	---	278.18	33.48
	营业利润(万元)	715.01	1670.59	290.11	-6.11
	利润总额(万元)	765.01	1698.73	318.25	24.33

江苏吉福新材料股份有限公司

公司概况	公司名称	江苏吉福新材料股份有限公司		证券简称	吉福新材
	法人代表	葛亚	董秘	乔华	证券代码	831589
	公司网址	www.shwanqiu.cn	电子信箱	diana@shwanqiu.cn
	电话	021-51086975	传真	021-58767791
	办公地址	江苏省泗阳经济开发区浙江路15号			
	经营范围	UV中密度板,亚克力中密度板,浮雕板等建筑装饰板材的生产与销售			

	指标\报告期	2017.06.30	2016.12.31	2016.06.30	2015.12.31
主要财务指标	基本每股收益(元)	0.3300	0.8600	0.4700	0.9200
	基本每股收益(扣除后)(元)	0.2800	0.7800	0.3500	0.8800
	稀释每股收益(元)	0.3300	0.8600	0.4700	0.9200
	每股净资产(元)	3.1900	3.0800	2.3900	1.9500
	每股经营现金净流量(元)	0.2017	0.8802	0.6394	1.2820
	每股现金流量(元)	-0.3841	0.4090	0.0794	-0.0015
	每股资本公积金(元)	0.8394	0.8394	0.3696	0.0690
	每股盈余公积金(元)	0.1493	0.1493	0.0789	0.0857
	每股未分配利润(元)	1.2055	1.0896	0.9415	0.7940
	净资产收益率(%)	10.2649	24.3883	19.0720	47.4225
	净资产收益率(扣除)(%)	10.2200	32.7600	20.5300	62.1600
	加权净资产收益率	8.6162	21.9532	16.1770	45.3612
	总资产(万元)	10405.02	9890.15	7797.75	8307.24
	归属母公司股东权益(万元)	6021.08	5802.65	3895.73	2923.03
	营业收入(万元)	7157.04	13066.18	6097.95	12893.03
	营业成本(万元)	5025.99	8762.70	4058.03	8852.30
	投资收益(万元)	5.27	---	---	---
	净利润(万元)	---	---	742.99	1386.18
	营业利润(万元)	567.76	1562.44	796.72	1555.84
	利润总额(万元)	679.28	1703.74	909.51	1616.09

浙江云涛生物技术股份有限公司

公司概况	公司名称	浙江云涛生物技术股份有限公司		证券简称	云涛生物
	法人代表	朱运涛	董秘	朱一倩	证券代码	831591
	公司网址	www.yuntaochem.com	电子信箱	adriana@yuntaochem.com
	电话	0575-82727912	传真	0575-82727912
	办公地址	浙江省杭州湾上虞工业园区纬五路10号			
	经营范围	抗生素医药中间体的研发、生产和销售			

	指标\报告期	2017.06.30	2016.12.31	2016.06.30	2015.12.31
主要财务指标	基本每股收益(元)	0.1100	-0.0400	-0.0400	0.0200
	基本每股收益(扣除后)(元)	0.1100	-0.0600	-0.0500	0.0100
	稀释每股收益(元)	0.1100	-0.0400	-0.0400	0.0200
	每股净资产(元)	2.6500	2.5400	2.5400	2.5800
	每股经营现金净流量(元)	0.3130	0.3587	0.0463	0.2018
	每股现金流量(元)	0.1096	0.0069	0.0027	0.0121
	每股资本公积金(元)	0.9730	0.9730	0.9730	0.9730
	每股盈余公积金(元)	0.0865	0.0865	0.0806	0.0806
	每股未分配利润(元)	0.5932	0.4837	0.4897	0.5312
	净资产收益率(%)	4.1299	-1.6352	-1.6333	0.6001
	净资产收益率(扣除)(%)	4.2200	-1.6200	-1.6200	0.6000
	加权净资产收益率	4.0953	-2.4447	-1.7700	0.2210
	总资产(万元)	36033.13	34421.41	34435.05	35051.93
	归属母公司股东权益(万元)	21821.58	20920.36	20920.76	21262.46
	营业收入(万元)	10638.43	15818.89	8658.16	15519.19
	营业成本(万元)	8167.75	13885.92	8077.32	12785.07
	投资收益(万元)	1.33	---	---	---
	净利润(万元)	---	---	-341.70	127.60
	营业利润(万元)	1063.19	-526.28	-521.61	199.58
	利润总额(万元)	1072.84	-560.90	-493.97	282.56

廊坊市北方嘉科印务股份有限公司

公司概况	公司名称	廊坊市北方嘉科印务股份有限公司		证券简称	北方嘉科
	法人代表	董丽丽	董秘	唐黎兵	证券代码	831592
	公司网址	www.beifangjiake.com	电子信箱	he_yachun@northjk.com
	电话	0316-5918811	传真	0316-6078998
	办公地址	河北省廊坊市开发区金源道			
	经营范围	食品、医药、日化及烟草等行业纸包装的研发、生产和销售			

	指标\报告期	2017.06.30	2016.12.31	2016.06.30	2015.12.31
主要财务指标	基本每股收益(元)	-0.0500	0.0700	0.0200	0.1900
	基本每股收益(扣除后)(元)	-0.0400	0.0500	---	0.0800
	稀释每股收益(元)	-0.0500	0.0700	0.0200	0.1900
	每股净资产(元)	2.0700	2.1100	2.0600	2.5200
	每股经营现金净流量(元)	0.1014	0.1984	-0.1082	0.1942
	每股现金流量(元)	0.0410	-0.0359	0.1871	-0.0086
	每股资本公积金(元)	0.5420	0.5420	0.5420	0.8505
	每股盈余公积金(元)	0.0586	0.0586	0.0517	0.0620
	每股未分配利润(元)	0.4649	0.5143	0.4687	0.5453
	净资产收益率(%)	-2.3951	3.1611	0.6932	7.5532
	净资产收益率(扣除)(%)	-2.3700	3.2100	0.7000	8.4200
	加权净资产收益率	-2.0319	2.2234	-0.1534	3.3232
	总资产(万元)	36128.13	38470.69	41775.09	35605.47
	归属母公司股东权益(万元)	21504.36	22019.41	21472.20	21323.34
	营业收入(万元)	4843.95	16481.50	7245.54	16598.24
	营业成本(万元)	3843.97	13086.20	6066.42	12831.09
	投资收益(万元)	---	985.64	214.88	---
	净利润(万元)	---	---	148.85	1610.59
	营业利润(万元)	-445.82	812.66	178.55	1651.03
	利润总额(万元)	-513.74	840.76	177.61	1941.42

上海热像机电科技股份有限公司

公司概况					
公司名称	上海热像机电科技股份有限公司			证券简称	热像科技
法人代表	赵纪民	董秘	孙燕	证券代码	831598
公司网址	www.irs.cn		电子信箱	sy@irs.cn	
电　　话	021-56559996		传　　真	021-56555549	
办公地址	上海市浦东金桥开发区王桥路 1006 号 AB 座				
经营范围	红外热像系统的研发、生产、销售和技术服务				

主要财务指标：指标\报告期	2017.06.30	2016.12.31	2016.06.30	2015.12.31
基本每股收益(元)	-0.1200	0.1200	0.1400	0.2200
基本每股收益(扣除后)(元)	-0.1200	-0.2900	-0.2400	0.1700
稀释每股收益(元)	-0.1200	0.1200	0.1400	0.2200
每股净资产(元)	1.5700	1.6600	1.6500	1.6000
每股经营现金净流量(元)	-0.5569	-0.1285	-0.5287	0.1691
每股现金流量(元)	-0.3009	-0.2402	-0.4873	0.5972
每股资本公积金(元)	0.4809	0.4545	0.3230	0.4016
每股盈余公积金(元)	0.0422	0.0422	0.0308	0.0308
每股未分配利润(元)	0.1646	0.2842	0.3073	0.1709
净资产收益率(%)	-7.6201	7.4994	8.2781	12.7904
净资产收益率(扣除)(%)	-7.6200	7.4800	8.3400	18.1900
加权净资产收益率	-7.6683	-17.4790	-14.5229	9.9772
总资产(万元)	2667.66	1878.96	1820.26	1531.60
归属母公司股东权益(万元)	833.07	882.48	874.66	851.37
营业收入(万元)	2361.72	2733.51	1307.29	2875.46
营业成本(万元)	1647.13	1748.88	899.68	1920.30
投资收益(万元)	—	—	—	—
净利润(万元)	—	—	73.37	108.89
营业利润(万元)	-61.22	-158.66	-128.65	82.74
利润总额(万元)	-60.82	61.77	72.27	109.90

江苏昊华传动控制股份有限公司

公司概况					
公司名称	江苏昊华传动控制股份有限公司			证券简称	昊华传动
法人代表	陆长利	董秘	周围	证券代码	831602
公司网址	www.jshaohua.com		电子信箱	hao.hua@jshaohua.com	
电　　话	0510-82768786-8309		传　　真	0510-82755553	
办公地址	江苏省无锡市新区菱湖大道 200 号中国传感网国际创新园 F 区 10 号楼				
经营范围	智能制造系统、机器人系统集成				

主要财务指标：指标\报告期	2017.06.30	2016.12.31	2016.06.30	2015.12.31
基本每股收益(元)	0.1600	0.2300	0.1100	0.3300
基本每股收益(扣除后)(元)	0.1600	0.2000	0.1100	0.2700
稀释每股收益(元)	0.1600	0.2300	0.1100	0.3300
每股净资产(元)	1.4300	1.2700	1.1500	2.0700
每股经营现金净流量(元)	0.0873	-0.2508	-0.0507	-0.4076
每股现金流量(元)	0.2271	0.1084	0.2763	-0.3429
每股资本公积金(元)	0.0007	0.0007	0.0007	0.5756
每股盈余公积金(元)	0.0406	0.0406	0.0199	0.0398
每股未分配利润(元)	0.3879	0.2245	0.1301	0.4588
净资产收益率(%)	11.4363	18.0665	9.8724	13.6066
净资产收益率(扣除)(%)	12.1300	20.0800	10.3800	17.2600
加权净资产收益率	11.3782	16.0677	9.8600	11.0094
总资产(万元)	15531.33	9738.69	9985.01	6575.95
归属母公司股东权益(万元)	4430.53	3923.84	3567.10	3214.94
营业收入(万元)	14101.01	18965.74	9028.44	13649.11
营业成本(万元)	12639.23	16575.48	7902.69	11844.11
投资收益(万元)	—	0.29	1.21	14.10
净利润(万元)	—	—	352.16	437.44
营业利润(万元)	640.01	839.54	473.79	519.94
利润总额(万元)	643.44	944.09	474.37	624.58

广东世纪网通信设备股份有限公司

公司概况					
公司名称	广东世纪网通信设备股份有限公司			证券简称	世纪网通
法人代表	李涛	董秘	乐中英	证券代码	831604
公司网址	www.centnet.com.cn		电子信箱	centnet@centnet.com.cn	
电　　话	0769-23075368		传　　真	0769-23075368	
办公地址	广东省东莞市松山湖高新技术产业开发区工业南路 6 号 2 栋 205 室				
经营范围	通信设备、安全产品、计算机产品的开发、销售				

主要财务指标：指标\报告期	2017.06.30	2016.12.31	2016.06.30	2015.12.31
基本每股收益(元)	0.2118	0.7708	0.2900	0.7800
基本每股收益(扣除后)(元)	0.1721	0.5856	0.2100	0.6744
稀释每股收益(元)	0.2118	0.7708	0.2900	0.7800
每股净资产(元)	2.5700	4.7200	4.2300	3.9500
每股经营现金净流量(元)	-0.8428	0.2708	-0.6149	-0.9688
每股现金流量(元)	-0.7252	1.3125	0.1674	0.2512
每股资本公积金(元)	0.4682	1.9365	1.9365	1.9365
每股盈余公积金(元)	0.0916	0.1833	0.1049	0.1049
每股未分配利润(元)	1.0116	1.5996	1.1930	0.9072
净资产收益率(%)	8.2363	16.3324	6.7492	16.7710
净资产收益率(扣除)(%)	8.5901	17.7800	6.9800	31.1200
加权净资产收益率	6.6932	12.4081	6.2447	14.4334
总资产(万元)	10187.89	9996.00	8081.28	7732.99
归属母公司股东权益(万元)	7102.98	6517.96	5848.11	5453.42
营业收入(万元)	2434.20	5663.28	2436.13	4692.93
营业成本(万元)	722.10	2637.04	1198.06	2276.96
投资收益(万元)	47.87	-24.47	5.45	6.10
净利润(万元)	—	—	394.70	914.59
营业利润(万元)	612.08	950.72	334.15	723.69
利润总额(万元)	693.17	1199.01	465.41	1020.81

山东雷帕得汽车技术股份有限公司

公司概况					
公司名称	山东雷帕得汽车技术股份有限公司			证券简称	雷帕得
法人代表	丁烨	董秘	宁誉哲	证券代码	831613
公司网址	www.leopardspring.com		电子信箱	yuanmeng@leopardautomotive.com	
电　　话	0533-6023988		传　　真	0533-6225555	
办公地址	山东省淄博市淄川区经济开发区杏山雷帕得路 9 号				
经营范围	汽车弹簧、稳定杆、推力杆生产、销售				

主要财务指标：指标\报告期	2017.06.30	2016.12.31	2016.06.30	2015.12.31
基本每股收益(元)	0.2400	0.2000	0.1800	0.2200
基本每股收益(扣除后)(元)	0.1700	0.0400	0.0400	0.0800
稀释每股收益(元)	0.2400	0.2000	0.1800	0.2200
每股净资产(元)	3.4100	3.1600	2.4200	2.2300
每股经营现金净流量(元)	0.2261	-0.7704	-0.3228	0.6897
每股现金流量(元)	-0.4577	0.3999	-0.0573	-0.0578
每股资本公积金(元)	1.2781	1.4116	0.4791	0.4791
每股盈余公积金(元)	0.0509	0.0562	0.0470	0.0470
每股未分配利润(元)	0.9507	0.7821	0.7781	0.5944
净资产收益率(%)	7.1204	5.6488	7.5829	9.8135
净资产收益率(扣除)(%)	7.4000	8.1600	7.9200	11.4500
加权净资产收益率	4.9179	1.0801	1.6667	3.7008
总资产(万元)	37641.26	36536.94	33524.58	35295.17
归属母公司股东权益(万元)	14412.98	13349.12	9280.61	8528.72
营业收入(万元)	14864.40	19457.51	8999.99	20955.55
营业成本(万元)	11254.67	14085.70	6737.47	14886.17
投资收益(万元)	—	—	—	—
净利润(万元)	—	—	703.74	836.97
营业利润(万元)	926.39	173.68	180.43	932.54
利润总额(万元)	1274.79	854.14	804.49	1505.57

镇江市丹徒区文广世民农村小额贷款股份有限公司

公司概况	公司名称	镇江市丹徒区文广世民农村小额贷款股份有限公司		证券简称	文广农贷
	法人代表	张兵	董秘 杭爱民	证券代码	831618
	公司网址			电子信箱	264752789@qq.com
	电　　话	15006106527		传　　真	0511-85688222
	办公地址	江苏省镇江市丹徒区高资镇中街3楼			
	经营范围	面向"三农"发放贷款、提供融资性担保、开展金融机构业务代理以及经过监管部门批准的其他业务			

主要财务指标	指标\报告期	2017.06.30	2016.12.31	2016.06.30	2015.12.31
	基本每股收益(元)	0.0300	0.0380	0.0400	0.0648
	基本每股收益(扣除后)(元)	0.0300	0.0368	0.0426	0.0580
	稀释每股收益(元)	0.0290	0.0380	—	0.0580
	每股净资产(元)	1.3000	1.2900	1.3400	1.2904
	每股经营现金净流量(元)	-0.0136	0.1956	-0.1682	-0.4107
	每股现金流量(元)	-0.0856	-0.2809	—	—
	每股资本公积金(元)	0.2234	0.2234	0.2238	0.2238
	每股盈余公积金(元)	0.0129	0.0129	0.0100	0.0091
	每股未分配利润(元)	0.0389	0.0352	0.0809	0.0365
	净资产收益率(%)	2.4466	2.9403	3.1864	4.1004
	净资产收益率(扣除)(%)	2.4400	2.9000	4.4800	5.3200
	加权净资产收益率	2.2150	2.8474	3.1864	3.6680
	总资产(万元)	38870.48	43176.28	51445.15	50347.59
	归属母公司股东权益(万元)	32391.53	32299.05	33391.01	32259.36
	营业收入(万元)	1386.19	3282.31	2109.81	3452.66
	营业成本(万元)	—	—	—	—
	投资收益(万元)	—	-60.02	—	-61.36
	净利润(万元)	—	—	1063.99	1322.75
	营业利润(万元)	978.32	1520.77	1418.65	1608.46
	利润总额(万元)	1078.32	1560.80	1418.65	1792.99

湖南宝信云建筑综合服务平台股份有限公司

公司概况	公司名称	湖南宝信云建筑综合服务平台股份有限公司		证券简称	云建筑
	法人代表	滕云	董秘 刘平	证券代码	831620
	公司网址	www.bothink.com		电子信箱	pennylp@126.com
	电　　话	13808495718		传　　真	0731-88801658
	办公地址	湖南省长沙市高新开发区麓谷麓龙路199号麓谷坐标A座1302房			
	经营范围	提供建筑工程设计、城乡规划设计、项目设计管理等相关服务			

主要财务指标	指标\报告期	2017.06.30	2016.12.31	2016.06.30	2015.12.31
	基本每股收益(元)	0.1390	0.0800	0.0700	0.1600
	基本每股收益(扣除后)(元)	0.0050	0.0600	0.0600	0.1200
	稀释每股收益(元)	0.1390	0.0800	0.0700	0.1600
	每股净资产(元)	1.2700	1.3900	1.3800	1.3100
	每股经营现金净流量(元)	-0.1767	-0.1031	-0.1370	-0.1755
	每股现金流量(元)	-0.0463	-0.0703	-0.2052	-0.0138
	每股资本公积金(元)	0.0817	0.0981	0.0981	0.0981
	每股盈余公积金(元)	0.0320	0.0384	0.0226	0.0226
	每股未分配利润(元)	0.1558	0.2498	0.2575	0.1884
	净资产收益率(%)	10.9706	5.5731	5.0151	10.1932
	净资产收益率(扣除)(%)	11.4900	5.7300	5.1400	12.8700
	加权净资产收益率	0.3924	4.2510	4.0335	7.3684
	总资产(万元)	9356.70	8615.15	7484.25	7354.17
	归属母公司股东权益(万元)	5484.47	4990.79	4961.47	4712.65
	营业收入(万元)	2662.07	5144.00	2201.49	4562.68
	营业成本(万元)	1311.52	2607.48	1087.30	2400.51
	投资收益(万元)	575.39	—	—	—
	净利润(万元)	—	—	248.82	480.37
	营业利润(万元)	642.11	246.86	220.47	401.07
	利润总额(万元)	647.72	324.46	277.95	557.68

苏州攀特电陶科技股份有限公司

公司概况	公司名称	苏州攀特电陶科技股份有限公司		证券简称	攀特电陶
	法人代表	潘铁政	董秘 宗伟华	证券代码	831622
	公司网址	www.pantpiezo.com		电子信箱	zongwh@pantpiezo.com
	电　　话	0512-57360048		传　　真	0512-57360058
	办公地址	江苏省苏州市昆山市开发区昆嘉路385号			
	经营范围	电子功能陶瓷材料及电声器件的研发、生产及销售			

主要财务指标	指标\报告期	2017.06.30	2016.12.31	2016.06.30	2015.12.31
	基本每股收益(元)	-0.0900	-0.2300	-0.1500	-0.0400
	基本每股收益(扣除后)(元)	-0.0900	-0.2400	-0.1500	-0.1700
	稀释每股收益(元)	-0.0900	-0.2300	—	-0.0400
	每股净资产(元)	1.2300	1.3200	1.4600	2.7900
	每股经营现金净流量(元)	-0.1142	-0.1251	-0.0884	0.1125
	每股现金流量(元)	-0.0506	-0.2271	-0.1077	0.6780
	每股资本公积金(元)	0.4552	0.4552	0.4552	1.6194
	每股盈余公积金(元)	0.0362	0.0362	0.0362	0.0651
	每股未分配利润(元)	-0.2608	-0.1679	-0.0352	0.1092
	净资产收益率(%)	-7.5518	-17.2681	-6.5878	-1.2856
	净资产收益率(扣除)(%)	-7.2800	-15.9000	-6.3800	-1.5100
	加权净资产收益率	-7.6432	-17.8312	-6.6752	-5.7087
	总资产(万元)	10113.30	10148.36	11105.10	11734.37
	归属母公司股东权益(万元)	8771.86	9434.30	10379.64	11063.43
	营业收入(万元)	984.17	1713.34	745.32	2494.06
	营业成本(万元)	908.32	1531.16	598.16	1470.66
	投资收益(万元)	—	—	—	58.62
	净利润(万元)	—	—	-683.79	-142.24
	营业利润(万元)	-784.96	-2074.29	-694.38	-749.59
	利润总额(万元)	-775.16	-2011.96	-683.79	-231.14

北京北邮国安技术股份有限公司

公司概况	公司名称	北京北邮国安技术股份有限公司		证券简称	北邮国安
	法人代表	王庆海	董秘 马毅	证券代码	831631
	公司网址	www.crystalnet.com.cn		电子信箱	majiahen@crystalnet.com.cn
	电　　话	010-62255588		传　　真	010-62251996
	办公地址	北京市海淀区文慧园北路8号南北楼南楼二层、十层1002、1003、1004、1010、1011号			
	经营范围	光电子业务、宽带接入系统业务和软件系统业务			

主要财务指标	指标\报告期	2017.06.30	2016.12.31	2016.06.30	2015.12.31
	基本每股收益(元)	0.0800	0.5097	0.0800	0.3000
	基本每股收益(扣除后)(元)	0.0798	0.4968	0.0770	0.2826
	稀释每股收益(元)	—	—	—	0.3000
	每股净资产(元)	1.7300	1.7800	1.3200	1.6500
	每股经营现金净流量(元)	-0.2521	0.1129	-0.1613	0.3081
	每股现金流量(元)	-0.3875	-0.0543	-0.2427	0.0724
	每股资本公积金(元)	0.2265	0.2265	0.1795	0.1250
	每股盈余公积金(元)	0.1101	0.1021	0.0619	0.0584
	每股未分配利润(元)	0.3887	0.4524	0.0785	0.4688
	净资产收益率(%)	4.5909	27.7315	5.9294	18.1513
	净资产收益率(扣除)(%)	4.3500	30.3600	4.8500	19.5900
	加权净资产收益率	4.5811	27.0232	5.5439	17.1049
	总资产(万元)	17726.75	18043.17	14654.75	16072.59
	归属母公司股东权益(万元)	9557.86	9866.97	7127.74	8261.50
	营业收入(万元)	8707.02	18997.50	7722.10	14760.89
	营业成本(万元)	6260.95	12575.88	5412.34	10445.93
	投资收益(万元)	—	32.33	32.33	85.45
	净利润(万元)	—	—	422.63	1499.57
	营业利润(万元)	461.81	3088.75	433.58	1701.20
	利润总额(万元)	462.91	3138.64	434.18	1729.14

盛世创业科技股份有限公司

公司概况	公司名称	盛世创业科技股份有限公司			证券简称	盛世股份
	法人代表	段建国	董秘	李萌萌	证券代码	831634
	公司网址	www.centec.cn		电子信箱	secretary@centec.cn	
	电　　话	010-53520088		传　　真	010-53520988	
	办公地址	北京市亦庄经济技术开发区荣华中路8号院力宝广场A座11层				
	经营范围	技术推广;销售机械设备、五金、交电、电子产品、化工产品等				

	指标\报告期	2017.06.30	2016.12.31	2016.06.30	2015.12.31
主要财务指标	基本每股收益(元)	-0.0821	0.0397	-0.1700	0.2400
	基本每股收益(扣除后)(元)	-0.0819	0.0300	-0.1664	0.2195
	稀释每股收益(元)	-0.0821	0.0397	-0.1700	0.2400
	每股净资产(元)	2.7200	2.8000	2.6100	2.8200
	每股经营现金净流量(元)	0.3930	0.2581	0.3328	0.2048
	每股现金流量(元)	-0.0182	0.0180	0.0056	-0.0833
	每股资本公积金(元)	0.7245	0.7245	0.7245	0.7245
	每股盈余公积金(元)	0.0564	0.0564	0.0500	0.0500
	每股未分配利润(元)	0.9368	1.0190	0.8216	0.9863
	净资产收益率(%)	-3.0218	1.3958	-6.3435	8.3948
	净资产收益率(扣除)(%)	-2.9800	1.4300	-6.2200	9.1500
	加权净资产收益率	-3.0126	1.2325	-6.4110	7.7721
	总资产(万元)	21934.83	19981.63	17030.25	21625.75
	归属母公司股东权益(万元)	14131.78	14558.81	13499.27	14355.60
	营业收入(万元)	4171.28	7301.85	2394.44	13036.97
	营业成本(万元)	3238.56	4496.69	1890.43	8313.98
	投资收益(万元)	—	0.02	—	—
	净利润(万元)	—	—	-865.38	1205.12
	营业利润(万元)	-349.08	311.08	-909.78	1541.67
	利润总额(万元)	-350.74	342.77	-909.72	1660.86

上海仙剑文化传媒股份有限公司

公司概况	公司名称	上海仙剑文化传媒股份有限公司			证券简称	仙剑文化
	法人代表	周利良	董秘	陶经建	证券代码	831643
	公司网址	www.xianjianbook.com		电子信箱	xianjianwenhua@163.com	
	电　　话	021-63452566-859		传　　真	021-63452566-1017	
	办公地址	上海市闵行区兴梅路485号中环科技园8楼				
	经营范围	图书、报纸、期刊、电子出版物批发、零售				

	指标\报告期	2017.06.30	2016.12.31	2016.06.30	2015.12.31
主要财务指标	基本每股收益(元)	-0.0221	0.1394	0.0800	0.0900
	基本每股收益(扣除后)(元)	-0.0221	0.0139	-0.0162	0.0626
	稀释每股收益(元)	-0.0221	0.1394	0.0800	—
	每股净资产(元)	1.0800	2.6500	2.6000	2.5200
	每股经营现金净流量(元)	-0.0397	0.0475	-0.0309	-0.3507
	每股现金流量(元)	-0.0277	0.0278	-0.3409	0.5168
	每股资本公积金(元)	0.0113	1.4271	1.4271	1.4271
	每股盈余公积金(元)	0.0137	0.0329	0.0190	0.0190
	每股未分配利润(元)	0.0592	0.1949	0.1536	0.0695
	净资产收益率(%)	-2.0342	5.2508	3.2363	3.0172
	净资产收益率(扣除)(%)	-2.0100	5.3900	3.2900	3.9300
	加权净资产收益率	-2.0374	0.5241	-0.6236	2.1376
	总资产(万元)	10181.11	10342.80	10256.23	9869.22
	归属母公司股东权益(万元)	10017.88	10221.67	10008.87	9684.95
	营业收入(万元)	1260.97	3002.62	1525.01	4048.94
	营业成本(万元)	665.33	1700.41	904.63	2550.01
	投资收益(万元)	54.31	106.84	51.20	46.22
	净利润(万元)	—	—	323.92	292.22
	营业利润(万元)	-238.56	13.79	-79.11	189.05
	利润总额(万元)	-238.18	582.19	375.40	289.28

河北快乐沃克人力资源股份有限公司

公司概况	公司名称	河北快乐沃克人力资源股份有限公司			证券简称	快乐沃克
	法人代表	张建业	董秘	刘燮	证券代码	831662
	公司网址	www.schr.cn		电子信箱	hengyi@kuailework.com	
	电　　话	13588866091		传　　真	010-53822565	
	办公地址	河北省石家庄市裕华区槐安东路121号石家庄裕华万达广场5A写字楼4楼				
	经营范围	人力资源招聘,人力资源信息网络服务,人力资源培训等				

	指标\报告期	2017.06.30	2016.12.31	2016.06.30	2015.12.31
主要财务指标	基本每股收益(元)	0.4100	-1.6100	-1.9200	0.2000
	基本每股收益(扣除后)(元)	0.4000	-1.3900	-1.5800	-0.2600
	稀释每股收益(元)	0.4100	-1.6100	-1.9200	0.2000
	每股净资产(元)	2.9400	2.5300	2.3100	5.0000
	每股经营现金净流量(元)	-0.7306	2.3445	-1.0139	0.0529
	每股现金流量(元)	-5.5819	4.7339	0.4871	-2.3261
	每股资本公积金(元)	2.6115	2.6115	2.6115	3.4367
	每股盈余公积金(元)	0.0820	0.0820	0.0820	0.1008
	每股未分配利润(元)	-0.7510	-1.1599	-1.3885	0.4583
	净资产收益率(%)	13.8952	-60.5029	-76.4175	4.0506
	净资产收益率(扣除)(%)	14.9300	-46.4500	-55.2900	11.5500
	加权净资产收益率	13.5174	-52.3091	-63.0951	-5.2625
	总资产(万元)	28202.63	30474.29	22678.03	23418.75
	归属母公司股东权益(万元)	7229.75	6225.16	5663.59	9991.57
	营业收入(万元)	29227.40	56326.60	26755.47	63658.21
	营业成本(万元)	25913.04	51900.72	25309.54	58403.17
	投资收益(万元)	33.34	509.99	-591.46	664.01
	净利润(万元)	—	—	-4327.98	404.71
	营业利润(万元)	1299.57	-4348.71	-4445.38	681.07
	利润总额(万元)	1311.56	-4308.40	-4424.38	862.54

云南云叶化肥股份有限公司

公司概况	公司名称	云南云叶化肥股份有限公司			证券简称	云叶股份
	法人代表	杨发祥	董秘	张端	证券代码	831663
	公司网址	www.yunye.cn		电子信箱	office@yunye.cn	
	电　　话	0871-66146616-823		传　　真	0871-66305628	
	办公地址	云南省昆明市经济技术开发区昌宏路49号				
	经营范围	生产、加工、销售复合肥、生物化肥、有机肥、水溶肥料、叶面肥料等				

	指标\报告期	2017.06.30	2016.12.31	2016.06.30	2015.12.31
主要财务指标	基本每股收益(元)	0.3400	0.2900	0.2800	0.2100
	基本每股收益(扣除后)(元)	0.3100	0.2000	0.2500	0.1100
	稀释每股收益(元)	0.3400	0.2900	0.2800	—
	每股净资产(元)	2.5000	2.2100	2.2000	1.9200
	每股经营现金净流量(元)	0.6746	-0.4311	-0.2374	0.4391
	每股现金流量(元)	0.9466	0.0879	-0.2555	0.1583
	每股资本公积金(元)	0.0640	0.0640	0.0640	0.0640
	每股盈余公积金(元)	0.2497	0.2497	0.2382	0.2382
	每股未分配利润(元)	1.1848	0.8979	0.8978	0.6196
	净资产收益率(%)	13.4863	13.1026	12.6479	10.7158
	净资产收益率(扣除)(%)	14.2100	14.0200	13.5000	11.3900
	加权净资产收益率	12.2149	9.1868	11.3325	5.4703
	总资产(万元)	29635.91	36226.06	26870.36	36523.78
	归属母公司股东权益(万元)	13646.64	12079.29	12016.41	10496.59
	营业收入(万元)	36526.99	48335.80	33036.43	47524.88
	营业成本(万元)	33005.85	43755.30	29881.41	43500.12
	投资收益(万元)	-30.70	-2.10	-3.24	-25.05
	净利润(万元)	—	—	1521.98	1213.37
	营业利润(万元)	2014.28	1367.53	1660.30	733.44
	利润总额(万元)	2218.41	1928.72	1850.57	1379.46

亿丰洁净科技江苏股份有限公司

公司概况	公司名称	亿丰洁净科技江苏股份有限公司		证券简称	亿丰洁净
	法人代表	周树荣	董秘 孙正红	证券代码	831666
	公司网址	www.szyfjh.com		电子信箱	13584281105@163.com
	电　话	0512-63208858		传　真	0512-63208858
	办公地址	江苏省苏州市吴江区同里镇屯村东路9号			
	经营范围	净化设备、实验室设备、气体管路设备、自动化控制设备的研发、生产、销售			

主要财务指标	指标\报告期	2017.06.30	2016.12.31	2016.06.30	2015.12.31
	基本每股收益(元)	0.0730	0.2102	0.0900	0.3200
	基本每股收益(扣除后)(元)	0.0670	0.1982	0.0800	0.2530
	稀释每股收益(元)	0.0730	0.2102	0.0900	0.3200
	每股净资产(元)	3.6700	3.6000	3.3300	3.2400
	每股经营现金净流量(元)	0.2672	-0.4700	-0.5283	-0.3832
	每股现金流量(元)	-0.0093	-0.0729	-0.0482	0.0834
	每股资本公积金(元)	2.0407	2.0407	1.8886	1.8886
	每股盈余公积金(元)	0.0398	0.0398	0.0246	0.0246
	每股未分配利润(元)	0.5905	0.5178	0.4118	0.3228
	净资产收益率(%)	1.9797	5.8413	2.6767	8.9450
	净资产收益率(扣除)(%)	1.9600	6.2900	2.6800	13.1000
	加权净资产收益率	1.8254	5.5078	2.4511	6.9877
	总资产(万元)	18175.34	16693.77	15469.99	13485.94
	归属母公司股东权益(万元)	11523.29	11295.16	10437.36	10157.97
	营业收入(万元)	2680.79	6988.79	2359.90	6227.95
	营业成本(万元)	1836.78	5051.96	1653.25	4360.05
	投资收益(万元)	—	—	—	—
	净利润(万元)	—	—	279.38	908.63
	营业利润(万元)	280.46	886.33	341.11	865.83
	利润总额(万元)	304.17	936.54	372.51	1130.92

东莞市永晟电线科技股份有限公司

公司概况	公司名称	东莞市永晟电线科技股份有限公司		证券简称	永晟科技
	法人代表	刘永强	董秘 代川麟	证券代码	831669
	公司网址	www.dgysdx.com		电子信箱	mastercw@dgysdx.com
	电　话	0769-83106870		传　真	0769-83122985
	办公地址	广东省东莞市大朗镇犀牛陂大院地路横街三巷1号			
	经营范围	电子电器用线、机械设备电缆、电梯设备电缆等线缆产品的研发、加工、生产和销售			

主要财务指标	指标\报告期	2017.06.30	2016.12.31	2016.06.30	2015.12.31
	基本每股收益(元)	0.1500	0.4200	0.2000	0.4200
	基本每股收益(扣除后)(元)	0.1338	0.3800	—	0.3500
	稀释每股收益(元)	—	0.4200	—	0.4200
	每股净资产(元)	2.1200	1.9900	1.8000	1.5700
	每股经营现金净流量(元)	-0.1209	-0.2152	0.1079	0.1124
	每股现金流量(元)	-0.0886	-0.0574	-0.0104	0.1410
	每股资本公积金(元)	0.2500	0.2500	0.1655	0.2500
	每股盈余公积金(元)	0.0720	0.0720	0.0255	0.0294
	每股未分配利润(元)	0.8018	0.6678	0.6071	0.2915
	净资产收益率(%)	7.0026	21.0500	11.0106	19.8179
	净资产收益率(扣除)(%)	7.2100	23.5300	11.8600	27.7900
	加权净资产收益率	6.2447	19.3478	10.7419	15.9253
	总资产(万元)	10069.71	9520.28	9107.75	7410.47
	归属母公司股东权益(万元)	5840.54	5471.89	4944.90	4320.06
	营业收入(万元)	6560.77	13369.08	6194.99	9870.92
	营业成本(万元)	5022.74	10120.27	4682.48	7360.43
	投资收益(万元)	1.61	18.99	17.31	11.14
	净利润(万元)	—	—	545.73	856.15
	营业利润(万元)	411.84	1234.81	645.97	855.45
	利润总额(万元)	464.18	1321.47	659.25	1043.22

天意有福科技股份有限公司

公司概况	公司名称	天意有福科技股份有限公司		证券简称	天意有福
	法人代表	姚宏兵	董秘 李翠英	证券代码	831677
	公司网址	www.yofus.com		电子信箱	cuiying.li@typrinting.com
	电　话	020-83590222		传　真	020-83582080
	办公地址	广东省广州市越秀区横枝岗64号大院自编9号5楼			
	经营范围	公司业务涵盖个性化影像产品印制、商务印刷和工业配套产品印刷三大类			

主要财务指标	指标\报告期	2017.06.30	2016.12.31	2016.06.30	2015.12.31
	基本每股收益(元)	0.0300	0.0500	0.0600	0.1100
	基本每股收益(扣除后)(元)	0.0066	-0.0200	—	—
	稀释每股收益(元)	0.0300	0.0500	0.0600	0.1100
	每股净资产(元)	1.4200	1.3900	1.3900	1.3000
	每股经营现金净流量(元)	0.0442	0.3061	0.1180	0.2358
	每股现金流量(元)	0.2514	0.0737	0.0421	-0.0008
	每股资本公积金(元)	0.1878	0.1878	0.1878	0.1480
	每股盈余公积金(元)	0.0160	0.0160	0.0073	0.0074
	每股未分配利润(元)	0.2128	0.1824	0.1997	0.1454
	净资产收益率(%)	2.1511	3.5200	4.1181	8.1249
	净资产收益率(扣除)(%)	2.1400	3.6000	4.3100	9.7700
	加权净资产收益率	0.4749	-1.3800	1.5494	4.9284
	总资产(万元)	29498.14	25121.44	24049.45	21231.91
	归属母公司股东权益(万元)	12268.38	12004.48	12078.83	11021.18
	营业收入(万元)	10848.24	17829.41	8105.53	16349.34
	营业成本(万元)	7675.36	12289.38	5346.83	10664.46
	投资收益(万元)	—	—	—	60.13
	净利润(万元)	—	—	518.28	932.63
	营业利润(万元)	140.24	34.69	287.59	796.93
	利润总额(万元)	327.53	739.94	651.94	1211.66

湖南利德电子浆料股份有限公司

公司概况	公司名称	湖南利德电子浆料股份有限公司		证券简称	利德浆料
	法人代表	宁文敏	董秘 陈书龙	证券代码	831678
	公司网址	www.leed-ink.com		电子信箱	csl@leed-ink.com
	电　话	0731-22976356		传　真	0731-22976365
	办公地址	湖南省株洲(国家)高新区金龙路8号国投众普森科技园2栋			
	经营范围	电子浆料的开发、生产与销售			

主要财务指标	指标\报告期	2017.06.30	2016.12.31	2016.06.30	2015.12.31
	基本每股收益(元)	0.0060	0.1200	0.1100	0.3600
	基本每股收益(扣除后)(元)	0.0040	0.0900	0.1117	—
	稀释每股收益(元)	0.0060	0.1200	0.1100	0.3600
	每股净资产(元)	1.5200	1.5200	1.4700	2.2400
	每股经营现金净流量(元)	0.0078	0.0644	-0.0277	-0.1202
	每股现金流量(元)	-0.0295	-0.0496	-0.0707	0.0868
	每股资本公积金(元)	0.1336	0.1336	0.1336	0.8138
	每股盈余公积金(元)	0.0414	0.0414	0.0302	0.0483
	每股未分配利润(元)	0.3478	0.3419	0.3061	0.3775
	净资产收益率(%)	0.3895	7.7224	4.7724	15.4153
	净资产收益率(扣除)(%)	0.3900	7.2600	4.8900	17.7500
	加权净资产收益率	0.2790	5.8200	4.7490	12.7600
	总资产(万元)	12074.13	11679.32	10972.67	10558.27
	归属母公司股东权益(万元)	8089.21	8057.70	7808.09	7435.46
	营业收入(万元)	2941.60	8543.19	3738.58	6908.14
	营业成本(万元)	2225.46	6600.46	2663.11	4547.69
	投资收益(万元)	—	—	—	—
	净利润(万元)	—	—	372.64	1146.20
	营业利润(万元)	22.75	519.71	404.17	1107.24
	利润总额(万元)	33.27	700.05	406.32	1338.12

上海瑞珑汽车科技股份有限公司

公司概况	公司名称	上海瑞珑汽车科技股份有限公司			证券简称	瑞珑科技
	法人代表	王春海	董秘	朱蕾娥	证券代码	831684
	公司网址	www.fodragon.com		电子信箱	zhufe@fodragon.com	
	电　　话	021-60700258		传　　真	021-60700250	
	办公地址	上海市松江区广富林路 658 弄 242 号 1902 室				
	经营范围	汽车科技领域内的技术开发、技术咨询、技术转让、技术服务、汽车零部件的设计、生产和销售				

主要财务指标	指标\报告期	2017.06.30	2016.12.31	2016.06.30	2015.12.31
	基本每股收益(元)	-0.1439	0.1852	0.2200	0.4000
	基本每股收益(扣除后)(元)	-0.1628	0.1290	0.1600	0.2990
	稀释每股收益(元)	-0.1439	0.1852	--	0.4000
	每股净资产(元)	3.1600	3.3100	2.8600	2.6500
	每股经营现金净流量(元)	0.0372	-0.0448	-0.2520	0.1564
	每股现金流量(元)	0.0607	-0.0896	-0.0884	0.1493
	每股资本公积金(元)	1.0550	1.0550	0.4625	0.4625
	每股盈余公积金(元)	0.1546	0.1546	0.1364	0.1364
	每股未分配利润(元)	0.9515	1.0976	1.2649	1.0545
	净资产收益率(%)	-4.5524	5.2079	7.5564	14.9210
	净资产收益率(扣除)(%)	-4.4500	6.2600	7.8400	17.0200
	加权净资产收益率	-5.1511	3.6278	5.5864	11.0798
	总资产(万元)	14044.73	13695.74	11780.08	10594.30
	归属母公司股东权益(万元)	8490.68	8883.20	6976.03	6463.58
	营业收入(万元)	1894.04	5821.48	3104.29	5859.06
	营业成本(万元)	1156.02	3458.39	1841.32	3445.75
	投资收益(万元)	--	--	--	--
	净利润(万元)	--	--	512.45	954.61
	营业利润(万元)	-449.50	362.20	502.00	936.67
	利润总额(万元)	-386.48	531.24	663.68	1228.78

威海市正大环保设备股份有限公司

公司概况	公司名称	威海市正大环保设备股份有限公司			证券简称	正大环保
	法人代表	苏桂树	董秘	王世磊	证券代码	831686
	公司网址	www.zhengdahb.com		电子信箱	weihaizhengdahb@126.com	
	电　　话	0631-8477969		传　　真	0631-8265231	
	办公地址	山东省文登市环山街道办事处西坑村				
	经营范围	通风除尘、烟气治理为主的环保专业设备的研发、生产和销售				

主要财务指标	指标\报告期	2017.06.30	2016.12.31	2016.06.30	2015.12.31
	基本每股收益(元)	0.2200	0.2200	0.3500	0.9600
	基本每股收益(扣除后)(元)	0.0800	0.0400	0.2100	0.6700
	稀释每股收益(元)	0.2200	0.2200	0.3500	0.9600
	每股净资产(元)	5.1700	5.3100	5.0100	4.6400
	每股经营现金净流量(元)	0.2679	-0.9239	-0.2764	0.4823
	每股现金流量(元)	0.2448	0.0553	0.2087	-0.1149
	每股资本公积金(元)	2.3647	2.3647	2.0887	1.9170
	每股盈余公积金(元)	0.2002	0.2002	0.1879	0.2025
	每股未分配利润(元)	1.6009	1.5332	1.7344	1.5179
	净资产收益率(%)	4.2143	4.2381	6.5029	20.6374
	净资产收益率(扣除)(%)	4.1800	4.6200	7.3000	22.4700
	加权净资产收益率	1.5510	0.8764	3.8461	14.4953
	总资产(万元)	32435.26	29356.09	27394.40	25905.14
	归属母公司股东权益(万元)	14185.34	13999.47	13078.72	11231.82
	营业收入(万元)	4562.13	11772.09	5226.18	16614.49
	营业成本(万元)	3048.74	9374.24	3535.55	11776.41
	投资收益(万元)	--	--	--	--
	净利润(万元)	--	--	850.50	2317.96
	营业利润(万元)	217.65	74.56	585.39	1846.68
	利润总额(万元)	662.12	630.74	994.90	2658.30

青岛亨达股份有限公司

公司概况	公司名称	青岛亨达股份有限公司			证券简称	亨达股份
	法人代表	王吉万	董秘	江志强	证券代码	831687
	公司网址	www.hengda-group.com		电子信箱	jzq0112@vip.sina.com	
	电　　话	0532-87508777		传　　真	0532-87506376	
	办公地址	山东省青岛即墨市烟青路 556 号				
	经营范围	男女皮鞋的研发、设计、生产与销售				

主要财务指标	指标\报告期	2017.06.30	2016.12.31	2016.06.30	2015.12.31
	基本每股收益(元)	--	--	0.2000	0.4400
	基本每股收益(扣除后)(元)	--	--	0.2000	0.4200
	稀释每股收益(元)	--	--	0.2000	0.4400
	每股净资产(元)	--	--	8.3600	8.1600
	每股经营现金净流量(元)	--	--	0.0737	0.0930
	每股现金流量(元)	--	--	0.0457	0.9315
	每股资本公积金(元)	--	--	1.9480	1.9480
	每股盈余公积金(元)	--	--	0.0726	0.0726
	每股未分配利润(元)	--	--	5.3383	5.1365
	净资产收益率(%)	--	--	2.4124	5.1992
	净资产收益率(扣除)(%)	--	--	2.4400	5.5200
	加权净资产收益率	--	--	2.3965	4.9387
	总资产(万元)	--	--	126595.35	127311.25
	归属母公司股东权益(万元)	--	--	90129.74	87949.46
	营业收入(万元)	--	--	21274.62	48819.57
	营业成本(万元)	--	--	14470.07	32040.57
	投资收益(万元)	--	--	--	153.90
	净利润(万元)	--	--	2174.28	4572.65
	营业利润(万元)	--	--	2666.75	5289.51
	利润总额(万元)	--	--	2685.91	5455.45

上海三高计算机中心股份有限公司

公司概况	公司名称	上海三高计算机中心股份有限公司			证券简称	三高股份
	法人代表	程耀强	董秘	陈宗梁	证券代码	831691
	公司网址	www.shanghai3h.com		电子信箱	chenzongliang@shanghai3h.com	
	电　　话	021-65635776		传　　真	021-65635781	
	办公地址	上海市杨浦区控江路 1555 号 12 楼,13 楼				
	经营范围	计算机系统服务,数据处理,应用软件服务,建筑智能化建设工程设计与施工				

主要财务指标	指标\报告期	2017.06.30	2016.12.31	2016.06.30	2015.12.31
	基本每股收益(元)	0.0460	0.3157	0.0400	0.4200
	基本每股收益(扣除后)(元)	0.0292	0.2952	0.0100	0.3783
	稀释每股收益(元)	0.0460	0.3157	0.0400	0.4200
	每股净资产(元)	1.7800	1.9400	1.6400	1.7200
	每股经营现金净流量(元)	-0.3850	0.2977	-0.3840	0.2009
	每股现金流量(元)	0.0576	0.2778	0.3182	-0.3925
	每股资本公积金(元)	0.2509	0.2509	0.2245	0.0767
	每股盈余公积金(元)	0.2833	0.2833	0.2551	0.2872
	每股未分配利润(元)	0.2475	0.4015	0.1583	0.3567
	净资产收益率(%)	2.5841	16.1593	2.5316	24.2090
	净资产收益率(扣除)(%)	2.3900	17.3200	2.4600	26.3300
	加权净资产收益率	1.6409	15.1061	0.8413	21.9881
	总资产(万元)	11667.09	12736.59	10522.15	10218.74
	归属母公司股东权益(万元)	9927.78	10785.64	9126.60	8517.15
	营业收入(万元)	4669.80	12812.40	4744.05	12453.61
	营业成本(万元)	950.94	7394.39	1160.98	7451.14
	投资收益(万元)	49.05	64.41	42.72	118.30
	净利润(万元)	--	--	231.05	2061.91
	营业利润(万元)	301.80	1795.38	133.06	2247.93
	利润总额(万元)	301.81	1929.02	271.82	2352.16

贵州黔驰信息股份有限公司

公司概况	公司名称	贵州黔驰信息股份有限公司			证券简称	黔驰信息
	法人代表	赵黔	董秘	彭炜	证券代码	831694
	公司网址	www.qianchi.net		电子信箱	info@qianchi.net	
	电　话	0851-5168599		传　真	0851-5815662	
	办公地址	贵州省贵阳市南明区南厂路35号				
	经营范围	计算机软硬件产品和计算机应用系统的研究、设计、开发、销售				

主要财务指标	指标\报告期	2017.06.30	2016.12.31	2016.06.30	2015.12.31
	基本每股收益(元)	-0.0300	-0.1922	-0.1100	0.0500
	基本每股收益(扣除后)(元)	-0.0300	-0.1922	-0.1100	-0.0154
	稀释每股收益(元)	-0.0300	-0.1922	-0.1100	0.0500
	每股净资产(元)	0.9600	0.9900	1.0800	1.2400
	每股经营现金净流量(元)	-0.1977	0.0410	-0.0947	0.1134
	每股现金流量(元)	-0.0466	-0.0321	-0.0806	-0.1454
	每股资本公积金(元)	0.0581	0.0581	0.0581	0.0581
	每股盈余公积金(元)	0.0189	0.0189	0.0189	0.0189
	每股未分配利润(元)	-0.1126	-0.0847	0.0019	0.1675
	净资产收益率(%)	-2.8966	-19.3644	-9.7850	3.8082
	净资产收益率(扣除)(%)	-2.9800	-17.2600	-8.9300	3.8800
	加权净资产收益率	-2.8736	-19.3706	-10.1091	-1.2362
	总资产(万元)	3477.59	3920.67	3828.40	4500.53
	归属母公司股东权益(万元)	3245.40	3339.41	3630.79	4187.96
	营业收入(万元)	377.04	1423.20	590.79	1657.05
	营业成本(万元)	177.40	911.84	537.26	877.66
	投资收益(万元)	17.83	26.69	9.46	-19.05
	净利润(万元)	---	---	-361.90	154.49
	营业利润(万元)	-97.33	-644.31	-351.92	-78.77
	利润总额(万元)	-98.21	-644.05	-352.66	169.77

世纪九如(北京)环境科技股份有限公司

公司概况	公司名称	世纪九如(北京)环境科技股份有限公司			证券简称	九如环境
	法人代表	韩光照	董秘	王明星	证券代码	831704
	公司网址	www.jiuruhuanjing.com		电子信箱	rotek@jiuruhuanjing.com	
	电　话	010-59771600/01/02		传　真	010-59771603	
	办公地址	北京市通州区中关村科技园区通州园金桥科技产业基地景盛南四街13号9A				
	经营范围	净水处理系统设备的生产、销售及技术服务				

主要财务指标	指标\报告期	2017.06.30	2016.12.31	2016.06.30	2015.12.31
	基本每股收益(元)	0.0300	0.7800	0.1200	0.6900
	基本每股收益(扣除后)(元)	0.0302	0.7402	0.1100	---
	稀释每股收益(元)	0.0300	0.7800	0.1200	0.6900
	每股净资产(元)	1.3900	2.8100	1.9000	1.9100
	每股经营现金净流量(元)	-0.1264	-0.1020	-0.1337	-0.8501
	每股现金流量(元)	0.0569	0.1176	-0.0796	0.0967
	每股资本公积金(元)	0.1767	0.5603	0.1230	0.3925
	每股盈余公积金(元)	0.0436	0.1097	0.0664	0.0823
	每股未分配利润(元)	0.1706	1.1410	0.7138	0.7370
	净资产收益率(%)	1.2489	24.0354	6.2791	26.1961
	净资产收益率(扣除)(%)	1.4300	35.7400	6.4900	36.4300
	加权净资产收益率	1.2559	22.8077	6.0272	24.3364
	总资产(万元)	9035.23	8734.81	4849.52	4887.26
	归属母公司股东权益(万元)	5593.06	4489.92	2645.70	2479.57
	营业收入(万元)	1315.56	6180.06	1253.45	4193.50
	营业成本(万元)	768.78	3511.65	741.64	2428.96
	投资收益(万元)	---	37.27	---	---
	净利润(万元)	---	---	164.30	649.31
	营业利润(万元)	88.97	1158.45	153.40	704.63
	利润总额(万元)	88.51	1186.03	161.24	758.88

江西永通科技股份有限公司

公司概况	公司名称	江西永通科技股份有限公司			证券简称	永通股份
	法人代表	刘忠春	董秘	常广庆	证券代码	831705
	公司网址	www.yongtongchem.com		电子信箱	llj9922@163.com	
	电　话	0797-6906111		传　真	0797-6926777	
	办公地址	江西省赣州市宁都县工业园				
	经营范围	原料药、饲料添加剂、食品添加剂、医药中间体、农药中间体及其他化工产品的开发、生产和经营				

主要财务指标	指标\报告期	2017.06.30	2016.12.31	2016.06.30	2015.12.31
	基本每股收益(元)	0.0012	-0.0301	0.0200	0.1800
	基本每股收益(扣除后)(元)	-0.0063	-0.0064	---	0.1463
	稀释每股收益(元)	0.0012	-0.0301	0.0200	0.1800
	每股净资产(元)	1.6700	1.1600	1.2200	2.1300
	每股经营现金净流量(元)	0.0918	0.2070	0.0709	0.1121
	每股现金流量(元)	0.4429	-0.0516	-0.0936	0.2008
	每股资本公积金(元)	0.3461	0.1576	0.1576	0.9679
	每股盈余公积金(元)	0.0123	0.0158	0.0158	0.0269
	每股未分配利润(元)	-0.0029	-0.0145	0.0441	0.1364
	净资产收益率(%)	0.0701	-2.5936	1.3619	7.0710
	净资产收益率(扣除)(%)	0.0975	-2.4900	0.4300	11.2200
	加权净资产收益率	-0.3591	-0.5541	0.2602	5.7666
	总资产(万元)	15232.01	9951.04	11046.27	11310.13
	归属母公司股东权益(万元)	11720.35	7778.07	8171.10	8414.08
	营业收入(万元)	1765.34	4792.18	2139.50	5780.86
	营业成本(万元)	1023.38	3839.21	1672.66	4015.11
	投资收益(万元)	---	---	---	---
	净利润(万元)	---	---	111.28	594.96
	营业利润(万元)	-42.09	-49.63	41.66	583.10
	利润总额(万元)	8.22	-236.25	129.63	710.49

广州市吉华勘测股份有限公司

公司概况	公司名称	广州市吉华勘测股份有限公司			证券简称	吉华勘测
	法人代表	彭炎华	董秘	郭财珍	证券代码	831708
	公司网址	www.geohwa.com.cn		电子信箱	geohwa@126.com	
	电　话	020-84020682		传　真	020-34346969	
	办公地址	广东省广州市海珠区江泰路51号、51号之三第二层自编7、8号				
	经营范围	测绘服务;公共设施安全监测服务;地下管线探测;工程地质勘察服务等				

主要财务指标	指标\报告期	2017.06.30	2016.12.31	2016.06.30	2015.12.31
	基本每股收益(元)	0.1200	0.3200	0.1500	0.1800
	基本每股收益(扣除后)(元)	0.1100	0.1300	0.0700	0.1500
	稀释每股收益(元)	0.1200	0.3200	0.1500	0.1800
	每股净资产(元)	1.7700	1.6400	1.4800	1.3400
	每股经营现金净流量(元)	-0.0923	0.2176	-0.2471	-0.2135
	每股现金流量(元)	-0.2034	0.3018	-0.1068	-0.1237
	每股资本公积金(元)	0.0542	0.0542	0.0542	0.0542
	每股盈余公积金(元)	0.0605	0.0605	0.0285	0.0285
	每股未分配利润(元)	0.6560	0.5283	0.3940	0.2569
	净资产收益率(%)	6.5415	19.4769	10.4043	12.3516
	净资产收益率(扣除)(%)	6.8100	21.4600	10.8500	17.1800
	加权净资产收益率	6.2803	8.2099	4.5061	10.1490
	总资产(万元)	3386.58	3224.32	2730.56	2515.88
	归属母公司股东权益(万元)	3001.43	2785.13	2503.10	2270.81
	营业收入(万元)	1883.21	2624.99	1089.76	2149.01
	营业成本(万元)	1019.36	1448.25	541.21	1135.32
	投资收益(万元)	-3.12	0.73	---	---
	净利润(万元)	---	---	260.43	280.48
	营业利润(万元)	221.76	253.61	132.70	255.40
	利润总额(万元)	230.99	618.12	306.39	314.24

上海青浦资产经营股份有限公司

公司概况	公司名称	上海青浦资产经营股份有限公司			证券简称	青浦资产
	法人代表	章凌云	董秘	邱炳南	证券代码	831711
	公司网址			电子信箱	qbn1128@sina.com	
	电　话	021-59800923		传　真	021-59800910	
	办公地址	上海市青浦区城中北路103号				
	经营范围	股权投资、房屋租赁				

主要财务指标	指标\报告期	2017.06.30	2016.12.31	2016.06.30	2015.12.31
	基本每股收益(元)	0.0659	0.1244	0.1100	0.1000
	基本每股收益(扣除后)(元)	0.0647	0.1126	0.1100	0.1000
	稀释每股收益(元)	0.0659	0.1244	0.1100	0.1000
	每股净资产(元)	3.0100	2.7600	2.7500	2.6400
	每股经营现金净流量(元)	0.0058	0.0880	0.0213	0.0265
	每股现金流量(元)	-0.1833	0.7498	0.0960	0.1909
	每股资本公积金(元)	1.8068	1.5697	1.5697	1.5697
	每股盈余公积金(元)	0.0103	0.0230	0.0105	0.0105
	每股未分配利润(元)	0.1263	0.1708	0.1726	0.0588
	净资产收益率(%)	1.6506	4.5017	4.1353	3.9669
	净资产收益率(扣除)(%)	2.3378	4.6100	4.2200	4.0500
	加权净资产收益率	1.6201	4.0751	4.1353	3.7579
	总资产(万元)	105834.84	46156.79	44216.85	42282.99
	归属母公司股东权益(万元)	100583.38	41451.45	41293.03	39585.44
	营业收入(万元)	738.27	1596.08	819.48	1643.86
	营业成本(万元)	781.39	1463.60	665.89	1490.85
	投资收益(万元)	2078.03	2173.78	2059.90	2109.66
	净利润(万元)	---	---	1707.60	1570.30
	营业利润(万元)	1660.07	1866.82	1904.66	1487.56
	利润总额(万元)	1660.26	1866.01	1904.66	1570.30

山东福航新能源环保股份有限公司

公司概况	公司名称	山东福航新能源环保股份有限公司			证券简称	福航环保
	法人代表	王志恒	董秘	杨秀艳	证券代码	831714
	公司网址	www.fhhbkj.com		电子信箱	13475189975@163.com	
	电　话	13475189975		传　真	0534-7420366	
	办公地址	山东省德州(禹城)国家高新技术产业开发区东外环北首路东				
	经营范围	环保设备、农业机械设备的研发、制造、安装、销售、技术咨询等				

主要财务指标	指标\报告期	2017.06.30	2016.12.31	2016.06.30	2015.12.31
	基本每股收益(元)	0.1000	0.2500	0.1600	0.1100
	基本每股收益(扣除后)(元)	0.0832	0.2300	---	0.0800
	稀释每股收益(元)	---	0.2500	0.1600	0.1100
	每股净资产(元)	1.5000	2.8000	2.7100	2.5500
	每股经营现金净流量(元)	0.0257	0.5074	-0.0296	0.3904
	每股现金流量(元)	-0.0207	-0.0182	-0.1352	0.7263
	每股资本公积金(元)	0.1335	1.2669	1.2669	1.2669
	每股盈余公积金(元)	0.0301	0.0603	0.0434	0.0434
	每股未分配利润(元)	0.3321	0.4718	0.4029	0.2417
	净资产收益率(%)	6.4316	8.8251	5.9423	3.8604
	净资产收益率(扣除)(%)	6.6400	9.2300	6.1200	4.8200
	加权净资产收益率	5.3515	8.2292	5.3437	3.0571
	总资产(万元)	11789.64	12348.63	12647.94	12028.28
	归属母公司股东权益(万元)	7179.31	6717.56	6511.68	6124.73
	营业收入(万元)	3173.38	4843.59	2401.62	3019.60
	营业成本(万元)	1840.79	2905.36	1373.60	1523.79
	投资收益(万元)	61.04	8.66	8.66	---
	净利润(万元)	---	---	386.95	236.44
	营业利润(万元)	506.80	627.96	400.41	190.16
	利润总额(万元)	523.26	664.86	437.61	240.70

南通市通州区恒晟农村小额贷款股份有限公司

公司概况	公司名称	南通市通州区恒晟农村小额贷款股份有限公司			证券简称	恒晟农贷
	法人代表	蒋根宝	董秘	黄佳佳	证券代码	831723
	公司网址	www.nthsnd.com		电子信箱	jiajia.huang@hstzgroupchina.com	
	电　话	0513-68851895		传　真	0513-68851889	
	办公地址	江苏省南通市通州区金沙镇新金西路北侧老通掘公路东侧汇金苑5幢102室和601室				
	经营范围	面向"三农"发放贷款、提供融资性担保、开展金融机构业务代理等				

主要财务指标	指标\报告期	2017.06.30	2016.12.31	2016.06.30	2015.12.31
	基本每股收益(元)	0.0580	0.0906	0.0600	0.1200
	基本每股收益(扣除后)(元)	0.0510	0.0792	0.0519	0.1052
	稀释每股收益(元)	0.0580	0.0906	0.0600	0.1200
	每股净资产(元)	1.2300	1.1700	1.2600	1.2000
	每股经营现金净流量(元)	0.1199	0.0343	0.0268	-0.1306
	每股现金流量(元)	---	-0.0029	---	---
	每股资本公积金(元)	0.0693	0.0693	0.0693	0.0693
	每股盈余公积金(元)	0.0269	0.0269	0.0179	0.0179
	每股未分配利润(元)	0.0700	0.0190	0.1267	0.0661
	净资产收益率(%)	4.7070	7.7185	4.7977	9.6084
	净资产收益率(扣除)(%)	4.8200	7.2600	4.9200	10.6400
	加权净资产收益率	4.1394	6.7519	4.1052	8.4834
	总资产(万元)	22896.38	24618.45	23418.21	22648.11
	归属母公司股东权益(万元)	20810.20	19830.66	21352.48	20328.04
	营业收入(万元)	1305.40	3478.92	1493.22	3503.35
	营业成本(万元)	---	---	---	322.49
	投资收益(万元)	1.73	3.11	1.52	4.16
	净利润(万元)	---	---	1024.43	1953.20
	营业利润(万元)	1107.50	1818.13	1170.06	2308.24
	利润总额(万元)	1254.28	2070.59	1365.84	2608.99

北京中钢网信息股份有限公司

公司概况	公司名称	北京中钢网信息股份有限公司			证券简称	中钢网
	法人代表	姚红超	董秘	刘祝君	证券代码	831727
	公司网址	www.zgw.com		电子信箱	liuzhujun@zgw.com	
	电　话	0371-60317022		传　真	0371-60317022	
	办公地址	北京市东城区安定门东大街28号1号楼A单元710				
	经营范围	经济信息咨询;技术开发、技术咨询、技术服务、技术转让等				

主要财务指标	指标\报告期	2017.06.30	2016.12.31	2016.06.30	2015.12.31
	基本每股收益(元)	-0.0600	-0.4500	-0.2900	-0.6000
	基本每股收益(扣除后)(元)	-0.0600	-0.4600	-0.2900	-0.6400
	稀释每股收益(元)	-0.0600	-0.4500	-0.2900	-0.6000
	每股净资产(元)	0.4100	0.4800	0.6400	0.9300
	每股经营现金净流量(元)	-0.1396	-0.0816	-0.1383	-0.4641
	每股现金流量(元)	-0.1409	-0.2427	-0.1424	0.3236
	每股资本公积金(元)	0.8477	0.8477	0.8477	0.8477
	每股盈余公积金(元)	---	---	---	---
	每股未分配利润(元)	-1.4334	-1.3706	-1.2113	-0.9167
	净资产收益率(%)	-15.1579	-95.1488	-46.2970	-62.7310
	净资产收益率(扣除)(%)	-14.0900	-64.4800	-37.6000	-46.7400
	加权净资产收益率	-15.1430	-96.4504	-46.3312	-66.7145
	总资产(万元)	21547.57	19629.55	42300.74	38609.06
	归属母公司股东权益(万元)	3480.19	4007.71	5345.98	7821.00
	营业收入(万元)	113965.72	407749.01	306793.91	740815.75
	营业成本(万元)	111857.68	405326.98	305748.74	737970.33
	投资收益(万元)	---	---	---	---
	净利润(万元)	---	---	-2478.20	-4906.20
	营业利润(万元)	-677.95	-3876.30	-2480.00	-5217.74
	利润总额(万元)	-678.46	-3824.13	-2478.17	-4906.20

河北亚诺生物科技股份有限公司

公司概况	公司名称	河北亚诺生物科技股份有限公司			证券简称	亚诺生物
	法人代表	刘晓民	董秘	刘卫东	证券代码	831730
	公司网址	www.yanuo.com		电子信箱	lwd19620907@sohu.com	
	电　　话	0311-83099855		传　　真	0311-83099855	
	办公地址	河北省石家庄市经济技术开发区阿里山大街19号				
	经营范围	药品、食品的生产及销售				

	指标＼报告期	2017.06.30	2016.12.31	2016.06.30	2015.12.31
主要财务指标	基本每股收益(元)	0.3700	0.1100	0.0200	0.3600
	基本每股收益(扣除后)(元)	0.3600	0.2100	0.0030	0.3200
	稀释每股收益(元)	0.3700	0.1100	0.0200	0.3600
	每股净资产(元)	2.7000	2.3300	2.2500	2.6700
	每股经营现金净流量(元)	–0.0966	0.6064	0.0727	–0.0691
	每股现金流量(元)	1.4186	–0.0532	–0.1984	–0.3475
	每股资本公积金(元)	0.9981	0.9981	0.9981	1.1978
	每股盈余公积金(元)	0.0657	0.0657	0.0657	0.0789
	每股未分配利润(元)	0.5353	0.1632	0.0783	0.2672
	净资产收益率(%)	13.7680	4.5976	0.9922	12.3335
	净资产收益率(扣除)(%)	14.7800	4.7100	1.0000	14.4700
	加权净资产收益率	13.2996	9.0170	0.1504	11.1712
	总资产(万元)	57812.63	46699.54	44096.12	42466.86
	归属母公司股东权益(万元)	17309.16	14928.00	14379.00	14246.10
	营业收入(万元)	22680.24	30994.35	15757.28	24390.62
	营业成本(万元)	15495.31	22936.08	12789.87	16856.20
	投资收益(万元)	—	—	—	7.80
	净利润(万元)	—	—	142.67	1757.05
	营业利润(万元)	2712.99	1664.19	49.56	2077.36
	利润总额(万元)	2814.33	1028.61	197.94	2275.48

宁波展通电信设备股份有限公司

公司概况	公司名称	宁波展通电信设备股份有限公司			证券简称	展通电信
	法人代表	茹志康	董秘	李妍	证券代码	831734
	公司网址	www.ztong.com		电子信箱	serenali@ztong.com	
	电　　话	0574-62495903		传　　真	0574-62499228	
	办公地址	江苏省余姚市牟山镇(富民工业园区)				
	经营范围	光缆接头盒、光缆终端盒及其他光纤光缆连接设备的研发、生产和销售				

	指标＼报告期	2017.06.30	2016.12.31	2016.06.30	2015.12.31
主要财务指标	基本每股收益(元)	0.0400	0.1500	0.0700	0.0400
	基本每股收益(扣除后)(元)	0.0400	0.1400	0.0700	0.0100
	稀释每股收益(元)	0.0400	0.1500	0.0700	0.0400
	每股净资产(元)	1.4200	1.5500	1.4700	1.4000
	每股经营现金净流量(元)	0.1255	0.4282	0.2638	0.4046
	每股现金流量(元)	–0.0583	0.3787	0.1248	–0.0157
	每股资本公积金(元)	0.3323	0.3323	0.3323	0.3323
	每股盈余公积金(元)	0.0398	0.0398	0.0246	0.0246
	每股未分配利润(元)	0.0487	0.1763	0.1151	0.0413
	净资产收益率(%)	2.9882	9.6986	5.0162	2.8543
	净资产收益率(扣除)(%)	2.8100	10.1900	5.1500	2.9100
	加权净资产收益率	2.6721	8.8582	4.8528	0.9473
	总资产(万元)	6554.87	6819.80	6468.97	6628.18
	归属母公司股东权益(万元)	5470.07	5961.12	5667.25	5382.97
	营业收入(万元)	1804.23	4078.95	2053.51	4121.52
	营业成本(万元)	881.65	2213.00	1090.34	2445.52
	投资收益(万元)	11.23	24.88	3.35	12.48
	净利润(万元)	—	—	284.28	153.65
	营业利润(万元)	211.21	665.10	368.21	80.30
	利润总额(万元)	220.34	695.44	369.25	184.61

吉林省艾斯克机电股份有限公司

公司概况	公司名称	吉林省艾斯克机电股份有限公司			证券简称	艾斯克
	法人代表	宋岩冰	董秘	郭永江	证券代码	831739
	公司网址	www.spssk.com		电子信箱	ssk@spssk.com	
	电　　话	0434-3203508		传　　真	0434-3202380	
	办公地址	吉林省四平红嘴经济技术开发区文凯路1739号				
	经营范围	生产、设计、安装、维修畜禽屠宰加工设备及深加工设备				

	指标＼报告期	2017.06.30	2016.12.31	2016.06.30	2015.12.31
主要财务指标	基本每股收益(元)	–0.2500	0.0900	–0.2300	0.5200
	基本每股收益(扣除后)(元)	–0.2900	0.0500	–0.2400	0.4100
	稀释每股收益(元)	–0.2500	0.0900	—	0.5200
	每股净资产(元)	4.8200	5.0700	4.7500	4.8400
	每股经营现金净流量(元)	0.5015	0.1312	0.1315	–0.3252
	每股现金流量(元)	–0.3281	–0.2660	–0.3500	–0.0293
	每股资本公积金(元)	2.9529	2.9529	2.9529	2.7383
	每股盈余公积金(元)	0.1118	0.1118	0.1029	0.1097
	每股未分配利润(元)	0.7537	1.0064	0.6968	0.9891
	净资产收益率(%)	–5.2463	1.7272	–4.8603	10.7551
	净资产收益率(扣除)(%)	–5.1100	1.8200	–4.9600	11.3600
	加权净资产收益率	–6.0057	0.8879	–5.1311	8.4523
	总资产(万元)	16903.65	17287.57	15866.97	17082.59
	归属母公司股东权益(万元)	8547.85	8996.29	8431.13	8048.90
	营业收入(万元)	3371.69	7563.95	2332.76	7944.40
	营业成本(万元)	2312.23	4688.84	1395.91	4430.52
	投资收益(万元)	–0.81	–11.45	–5.33	–1.12
	净利润(万元)	—	—	–409.78	861.17
	营业利润(万元)	–541.23	63.87	–430.16	762.49
	利润总额(万元)	–464.87	145.64	–404.55	974.18

深圳市万信达生态环境股份有限公司

公司概况	公司名称	深圳市万信达生态环境股份有限公司			证券简称	万信达
	法人代表	徐国钢	董秘	雷立平	证券代码	831744
	公司网址	www.szmaster.com		电子信箱	leilpaacc@163.com	
	电　　话	0755-83551831		传　　真	0755-83551858	
	办公地址	广东省深圳市福田区彩田路5015号中银大厦A座25楼				
	经营范围	园林绿化设计、咨询、施工及养护等				

	指标＼报告期	2017.06.30	2016.12.31	2016.06.30	2015.12.31
主要财务指标	基本每股收益(元)	0.0400	–0.1300	0.0200	0.2800
	基本每股收益(扣除后)(元)	0.0300	–0.1600	0.0100	0.1900
	稀释每股收益(元)	0.0400	–0.1300	0.0200	0.2800
	每股净资产(元)	2.1200	2.0800	2.2300	4.4200
	每股经营现金净流量(元)	0.1966	0.0459	0.0398	–0.2565
	每股现金流量(元)	0.0112	–0.0729	–0.0680	0.0170
	每股资本公积金(元)	0.6310	0.6310	0.6310	2.2619
	每股盈余公积金(元)	0.0646	0.0646	0.0646	0.1291
	每股未分配利润(元)	0.4218	0.3838	0.5351	1.0250
	净资产收益率(%)	1.7926	–6.1905	1.0119	6.2599
	净资产收益率(扣除)(%)	1.8100	–5.2900	1.0200	6.7700
	加权净资产收益率	1.5384	–7.5294	0.4887	4.2617
	总资产(万元)	45210.84	46391.29	48619.60	51389.88
	归属母公司股东权益(万元)	21860.89	21469.01	23031.09	22798.04
	营业收入(万元)	5710.75	10095.50	5562.21	18011.36
	营业成本(万元)	4813.18	8143.38	4270.49	13363.40
	投资收益(万元)	—	—	—	—
	净利润(万元)	—	—	233.05	1427.15
	营业利润(万元)	409.38	–1813.51	106.07	1113.08
	利润总额(万元)	464.94	–1475.34	247.83	1629.40

考迈托（佛山）挤压科技股份有限公司

公司概况	公司名称	考迈托(佛山)挤压科技股份有限公司		证券简称	考迈托
	法人代表	MENG YAPING	董秘	黄小家	证券代码	831745
	公司网址	www.cometal.cn		电子信箱	judy.huang@cometal.cn
	电　话	0757-85629000-2013		传　真	0757-85553426-812
	办公地址	广东省佛山市南海区大沥镇钟边工业区			
	经营范围	生产和装配工业用加工机器、设备和相关产品			

主要财务指标	指标\报告期	2017.06.30	2016.12.31	2016.06.30	2015.12.31
	基本每股收益(元)	0.0046	0.0100	-0.0100	-0.0200
	基本每股收益(扣除后)(元)	0.0037	0.0400	-0.0100	-0.0200
	稀释每股收益(元)	0.0046	0.0100	-0.0100	-0.0200
	每股净资产(元)	0.7500	0.7400	0.7300	0.7300
	每股经营现金净流量(元)	-0.0512	-0.0054	-0.0920	-0.1801
	每股现金流量(元)	0.3154	0.1046	-0.0488	0.0037
	每股资本公积金(元)	0.0306	0.0306	0.0306	0.0306
	每股盈余公积金(元)	0.0025	0.0025	0.0025	0.0025
	每股未分配利润(元)	-0.2853	-0.2900	-0.3070	-0.2982
	净资产收益率(%)	0.6207	1.1087	-1.2059	-2.1790
	净资产收益率(扣除)(%)	0.6200	1.1100	-1.2000	-2.4400
	加权净资产收益率	0.4908	5.0900	-1.6297	-4.4595
	总资产(万元)	11698.32	9161.30	8804.57	10532.16
	归属母公司股东权益(万元)	3888.35	3864.21	3775.84	3821.37
	营业收入(万元)	2953.12	8215.10	4063.09	8086.45
	营业成本(万元)	2178.19	6415.00	3642.77	6743.10
	投资收益(万元)	—	—	—	—
	净利润(万元)	—	—	-45.53	-83.27
	营业利润(万元)	36.96	237.93	35.65	-198.95
	利润总额(万元)	42.01	84.08	51.65	-111.80

虎符智能科技股份有限公司

公司概况	公司名称	虎符智能科技股份有限公司		证券简称	虎符智能
	法人代表	赵巍	董秘	蒋娜	证券代码	831751
	公司网址	www.tigercel.com		电子信箱	info@tigercel.com
	电　话	021-64180507		传　真	021-64180508
	办公地址	上海市徐汇区钦州路100号2号楼13楼			
	经营范围	从事智能科技、物联网科技、通信科技、计算机科技、数据处理技术科技等			

主要财务指标	指标\报告期	2017.06.30	2016.12.31	2016.06.30	2015.12.31
	基本每股收益(元)	0.0300	0.0922	0.0700	0.2100
	基本每股收益(扣除后)(元)	0.0300	0.0664	0.0500	0.2035
	稀释每股收益(元)	0.0300	0.0922	0.0700	0.2100
	每股净资产(元)	1.4000	1.3700	1.3400	1.2800
	每股经营现金净流量(元)	0.0239	-0.2153	-0.1954	-0.5093
	每股现金流量(元)	-0.0589	-0.1127	-0.0909	0.1510
	每股资本公积金(元)	0.0617	0.0617	0.0617	0.0617
	每股盈余公积金(元)	0.0307	0.0307	0.0251	0.0251
	每股未分配利润(元)	0.3105	0.2768	0.2571	0.1902
	净资产收益率(%)	2.4012	6.7371	4.9897	16.3930
	净资产收益率(扣除)(%)	2.4300	6.9700	5.1200	23.5700
	加权净资产收益率	2.3878	4.8486	3.6120	15.5701
	总资产(万元)	9089.53	10392.31	10083.20	7719.65
	归属母公司股东权益(万元)	7154.62	6982.82	6853.62	6512.38
	营业收入(万元)	2570.42	4676.10	2321.00	5602.14
	营业成本(万元)	1724.59	1812.56	966.64	2841.64
	投资收益(万元)	-2.80	-29.19	-4.41	-5.97
	净利润(万元)	—	—	341.97	1067.58
	营业利润(万元)	180.94	233.78	241.82	1006.88
	利润总额(万元)	179.10	388.89	340.65	1069.16

贵州蓝图新材料股份有限公司

公司概况	公司名称	贵州蓝图新材料股份有限公司		证券简称	蓝图新材
	法人代表	杨再祥	董秘	赵廷宇	证券代码	831752
	公司网址	www.gzlantu.com		电子信箱	ltxc831752@163.com
	电　话	0851-85407996		传　真	0851-85407996
	办公地址	贵州双龙航空港经济区食品工业园区地块A-22、A-23、A-24			
	经营范围	高分子新型材料及制品研发、生产、销售和服务			

主要财务指标	指标\报告期	2017.06.30	2016.12.31	2016.06.30	2015.12.31
	基本每股收益(元)	-0.0600	-0.1100	—	0.1100
	基本每股收益(扣除后)(元)	-0.0700	-0.1200	—	0.0800
	稀释每股收益(元)	-0.0600	-0.1100	—	0.1100
	每股净资产(元)	1.2500	1.3100	1.4200	1.4200
	每股经营现金净流量(元)	0.0354	0.2585	-0.1104	0.0313
	每股现金流量(元)	-0.1165	0.1003	-0.0636	0.1040
	每股资本公积金(元)	0.1862	0.1862	0.1862	0.1862
	每股盈余公积金(元)	0.0151	0.0151	0.0151	0.0151
	每股未分配利润(元)	0.0482	0.1128	0.2216	0.2195
	净资产收益率(%)	-5.1699	-8.1151	0.1508	7.6683
	净资产收益率(扣除)(%)	-5.0400	-7.8000	0.1500	8.6500
	加权净资产收益率	-5.6685	-8.8844	0.1403	5.2354
	总资产(万元)	9962.30	10552.28	12466.37	12380.59
	归属母公司股东权益(万元)	6997.77	7359.55	7968.80	7956.78
	营业收入(万元)	802.75	5641.33	3903.67	9112.89
	营业成本(万元)	740.92	4464.19	3015.01	6708.12
	投资收益(万元)	—	0.17	—	—
	净利润(万元)	—	—	-8.10	569.27
	营业利润(万元)	-408.15	-809.57	-4.21	475.34
	利润总额(万元)	-366.63	-742.96	-3.22	703.63

江苏康能生物工程股份有限公司

公司概况	公司名称	江苏康能生物工程股份有限公司		证券简称	康能生物
	法人代表	夏振荣	董秘	夏振荣	证券代码	831754
	公司网址	www.cnchongcao.com		电子信箱	jskonen@vip.sina.com
	电　话	025-86950171		传　真	025-86950178
	办公地址	江苏省南京市江宁区胜利路89号3号楼1103室			
	经营范围	生物工程技术开发、咨询、转让等			

主要财务指标	指标\报告期	2017.06.30	2016.12.31	2016.06.30	2015.12.31
	基本每股收益(元)	0.1800	-0.1769	-0.0800	0.0900
	基本每股收益(扣除后)(元)	0.1800	-0.1940	-0.0800	-0.0039
	稀释每股收益(元)	0.1800	-0.1769	-0.0800	—
	每股净资产(元)	1.2600	1.0800	1.1200	1.1900
	每股经营现金净流量(元)	0.1949	-0.2988	-0.1932	-0.1817
	每股现金流量(元)	0.1187	-0.1920	-0.2548	0.2434
	每股资本公积金(元)	0.1992	0.1992	0.1346	0.1364
	每股盈余公积金(元)	0.0189	0.0189	0.0192	0.0192
	每股未分配利润(元)	0.0433	-0.1376	-0.0360	0.0375
	净资产收益率(%)	14.3408	-16.1598	-6.5756	2.5466
	净资产收益率(扣除)(%)	14.2800	-16.0100	-6.3600	3.7500
	加权净资产收益率	14.2415	-17.7183	-7.1509	-0.1128
	总资产(万元)	11100.61	9554.19	7485.47	8467.88
	归属母公司股东权益(万元)	8306.33	7115.13	7264.94	7754.92
	营业收入(万元)	3159.65	881.03	181.87	1917.53
	营业成本(万元)	1183.30	341.33	84.26	832.75
	投资收益(万元)	—	12.25	—	2.64
	净利润(万元)	—	—	-477.71	197.49
	营业利润(万元)	1145.59	-1395.09	-515.73	-60.07
	利润总额(万元)	1155.30	-1276.40	-466.54	182.57

河南振华工程发展股份有限公司

公司概况	公司名称	河南振华工程发展股份有限公司			证券简称	振华股份
	法人代表	杨文超	董秘	陈孟梦	证券代码	831757
	公司网址	www.hnzhgc.com		电子信箱	0824cm@sina.com	
	电　　话	0371-66611067		传　　真	0371-86617816	
	办公地址	河南省郑州市金水东路85号3号楼408室				
	经营范围	建筑工程施工;钢结构工程设计与施工;建筑金属屋(墙)面设计与施工等				

	指标\报告期	2017.06.30	2016.12.31	2016.06.30	2015.12.31
主要财务指标	基本每股收益(元)	0.0100	0.0400	0.0200	0.1300
	基本每股收益(扣除后)(元)	0.0100	0.0400	0.0300	0.0900
	稀释每股收益(元)	0.0100	0.0400	0.0200	0.1300
	每股净资产(元)	1.5500	1.5300	1.5000	1.4800
	每股经营现金净流量(元)	0.0944	0.0749	-0.0281	-0.3492
	每股现金流量(元)	-0.0112	0.0014	-0.0585	0.0468
	每股资本公积金(元)	0.2294	0.2294	0.2294	0.2294
	每股盈余公积金(元)	0.0245	0.0245	0.0195	0.0195
	每股未分配利润(元)	0.1895	0.1792	0.1697	0.1467
	净资产收益率(%)	0.6594	2.4493	1.5332	8.4961
	净资产收益率(扣除)(%)	0.6600	2.4900	1.5400	9.1600
	加权净资产收益率	0.5116	2.8095	1.7403	5.6808
	总资产(万元)	16019.43	15975.70	15368.60	15454.04
	归属母公司股东权益(万元)	7342.70	7229.58	7089.97	6999.78
	营业收入(万元)	3068.14	8950.84	4469.15	12163.80
	营业成本(万元)	2551.23	7440.24	3661.88	10156.76
	投资收益(万元)	15.15	10.33	-5.93	96.61
	净利润(万元)	—	—	108.70	594.71
	营业利润(万元)	68.79	281.61	148.21	649.25
	利润总额(万元)	77.54	272.80	144.93	788.87

北京拓美文化传媒股份有限公司

公司概况	公司名称	北京拓美文化传媒股份有限公司			证券简称	拓美传媒
	法人代表	余静涛	董秘	陶鑫	证券代码	831764
	公司网址	www.toomee.cn		电子信箱	weizixuan@toomeead.com	
	电　　话	010-64173733		传　　真	010-64167002	
	办公地址	北京市东城区新中西里13号4层东区4002				
	经营范围	互联网广告整合营销服务				

	指标\报告期	2017.06.30	2016.12.31	2016.06.30	2015.12.31
主要财务指标	基本每股收益(元)	0.3700	1.2200	0.3300	4.4400
	基本每股收益(扣除后)(元)	0.3500	1.2000	0.3300	4.4400
	稀释每股收益(元)	0.3700	1.2200	—	4.4400
	每股净资产(元)	4.6200	3.1800	2.2900	12.5400
	每股经营现金净流量(元)	-0.0355	-0.3801	-0.3026	-1.7144
	每股现金流量(元)	1.6832	-0.4225	-0.3742	4.1608
	每股资本公积金(元)	1.4079	0.1634	0.1634	5.9804
	每股盈余公积金(元)	0.1035	0.1035	0.0797	0.4780
	每股未分配利润(元)	2.3076	1.9164	1.0430	4.3019
	净资产收益率(%)	8.0242	38.4279	14.2628	35.3611
	净资产收益率(扣除)(%)	11.5800	47.5700	15.3600	67.8400
	加权净资产收益率	7.6623	37.7936	14.2628	35.3630
	总资产(万元)	27401.78	19317.15	14291.12	10797.04
	归属母公司股东权益(万元)	16379.20	10695.97	7681.30	6585.73
	营业收入(万元)	11079.81	22337.59	8034.84	9309.27
	营业成本(万元)	8065.69	16262.34	5805.24	5558.46
	投资收益(万元)	—	—	—	—
	净利润(万元)	—	—	1095.57	2328.79
	营业利润(万元)	1255.59	4314.08	1460.88	3111.51
	利润总额(万元)	1334.63	4404.55	1460.88	3111.35

上海知音音乐文化股份有限公司

公司概况	公司名称	上海知音音乐文化股份有限公司			证券简称	知音文化
	法人代表	朱文玉	董秘	朱成俊	证券代码	831767
	公司网址	www.bestfriendmusic.com		电子信箱	chenli@bestfriendmusic.com	
	电　　话	021-52413636		传　　真	021-52413963	
	办公地址	上海市长宁路1200号贝多芬广场B座4楼				
	经营范围	中西乐器,电声乐器,舞台专业音响设备,民用音响器材,乐器零配件等				

	指标\报告期	2017.06.30	2016.12.31	2016.06.30	2015.12.31
主要财务指标	基本每股收益(元)	0.1300	0.1700	0.1400	0.3700
	基本每股收益(扣除后)(元)	0.1000	0.1500	0.1100	0.2700
	稀释每股收益(元)	0.1300	0.1700	0.1400	0.3700
	每股净资产(元)	1.5300	1.5200	1.4300	1.8800
	每股经营现金净流量(元)	0.3691	0.2423	0.2163	0.1722
	每股现金流量(元)	0.0922	0.3420	0.2277	-0.0116
	每股资本公积金(元)	0.2542	0.2542	0.2542	0.2760
	每股盈余公积金(元)	0.0560	0.0560	0.0413	0.0730
	每股未分配利润(元)	0.2138	0.2054	0.1368	0.5317
	净资产收益率(%)	8.4235	11.1927	6.0238	19.4823
	净资产收益率(扣除)(%)	8.4500	12.1400	6.9200	22.6700
	加权净资产收益率	6.6651	9.6267	4.6324	14.1615
	总资产(万元)	17183.46	16836.60	16348.24	12963.65
	归属母公司股东权益(万元)	12753.46	12683.33	11985.73	8895.73
	营业收入(万元)	21146.05	39969.80	17657.85	33227.80
	营业成本(万元)	15968.35	31243.90	13673.57	26545.59
	投资收益(万元)	—	63.15	—	—
	净利润(万元)	—	—	723.56	1731.78
	营业利润(万元)	1181.24	1694.61	714.30	1717.81
	利润总额(万元)	1405.50	1896.28	936.66	2347.17

浙江凯实激光科技股份有限公司

公司概况	公司名称	浙江凯实激光科技股份有限公司			证券简称	凯实股份
	法人代表	陈兴淦	董秘	陈绍敏	证券代码	831774
	公司网址	www.jgdm.cn		电子信箱	939569441@qq.com	
	电　　话	0571-85141848		传　　真	0571-85140349	
	办公地址	浙江省杭州市江干区丁桥镇同协支路28号5幢东北侧一、二楼				
	经营范围	激光刀版,手工电脑刀版,凹凸烫金模的制造和加工				

	指标\报告期	2017.06.30	2016.12.31	2016.06.30	2015.12.31
主要财务指标	基本每股收益(元)	0.0400	0.2600	0.0300	0.3400
	基本每股收益(扣除后)(元)	0.0400	0.2400	0.0300	0.2100
	稀释每股收益(元)	0.0400	0.2600	0.0300	0.3400
	每股净资产(元)	1.3700	1.3300	1.1000	1.6100
	每股经营现金净流量(元)	0.0599	0.2888	0.0384	0.2188
	每股现金流量(元)	-0.0020	-0.0771	-0.0879	0.0880
	每股资本公积金(元)	0.0394	0.0394	0.0394	0.1591
	每股盈余公积金(元)	0.0523	0.0523	0.0268	0.0401
	每股未分配利润(元)	0.2824	0.2399	0.0370	0.4149
	净资产收益率(%)	3.0925	19.1905	2.4500	20.3379
	净资产收益率(扣除)(%)	3.1400	21.2300	2.4800	23.3300
	加权净资产收益率	3.1015	17.6705	2.3106	12.8501
	总资产(万元)	3012.43	3073.23	2644.12	2713.01
	归属母公司股东权益(万元)	2164.23	2097.30	1737.38	1694.82
	营业收入(万元)	1345.23	3026.69	1210.71	2732.61
	营业成本(万元)	778.41	1562.71	704.45	1445.00
	投资收益(万元)	1.57	1.26	0.78	—
	净利润(万元)	—	—	42.57	344.69
	营业利润(万元)	79.65	422.59	46.77	261.43
	利润总额(万元)	79.16	456.96	47.80	408.00

河南巨龙生物工程股份有限公司

公司概况						
	公司名称	河南巨龙生物工程股份有限公司			证券简称	巨龙生物
	法人代表	刘光	董秘	滕佳佳	证券代码	831775
	公司网址	www.julongshengwu.com		电子信箱	tengjiajia86@126.com	
	电　　话	0375-6970518		传　　真	0375-6970089	
	办公地址	河南省汝州市立交桥西				
	经营范围	淀粉糖、饲料及饲料添加剂、玉米淀粉及淀粉制品加工销售等				

主要财务指标	指标\报告期	2017.06.30	2016.12.31	2016.06.30	2015.12.31
	基本每股收益(元)	0.1200	0.0100	-0.0500	0.0100
	基本每股收益(扣除后)(元)	0.1200	-0.0600	-0.0900	-0.0400
	稀释每股收益(元)	0.1200	0.0100	-0.0500	0.0100
	每股净资产(元)	3.0500	2.9400	2.8700	2.9200
	每股经营现金净流量(元)	0.6402	0.1474	0.0407	-0.4490
	每股现金流量(元)	0.1681	-0.7160	0.3644	0.3605
	每股资本公积金(元)	2.1712	2.1712	2.1712	2.1712
	每股盈余公积金(元)	0.0506	0.0506	0.0506	0.0506
	每股未分配利润(元)	-0.1690	-0.2853	-0.3525	-0.2992
	净资产收益率(%)	3.8109	0.4734	-1.8582	1.0137
	净资产收益率(扣除)(%)	3.8800	0.4700	-1.8400	0.5100
	加权净资产收益率	3.9033	-1.9440	-3.0425	-0.7197
	总资产(万元)	129461.28	131751.40	144751.76	121133.66
	归属母公司股东权益(万元)	32206.78	30979.42	30270.29	30832.77
	营业收入(万元)	33622.73	48406.59	19711.21	38623.78
	营业成本(万元)	27264.83	39616.50	16056.43	32012.20
	投资收益(万元)	0.82	2.05	—	—
	净利润(万元)	—	—	-562.48	312.55
	营业利润(万元)	1541.83	-1010.73	-1339.85	-1475.95
	利润总额(万元)	1887.19	149.04	-716.45	138.95

北京卓越信通电子股份有限公司

公司概况						
	公司名称	北京卓越信通电子股份有限公司			证券简称	卓越信通
	法人代表	杨国文	董秘	何锋	证券代码	831779
	公司网址	www.transcendcom.cn		电子信箱	hefeng@transcendcom.cn	
	电　　话	010-51285116		传　　真	010-62985667	
	办公地址	北京市海淀区后厂村路55号卓越科技楼				
	经营范围	工业以太网交换机等工业通信设备的生产及销售				

主要财务指标	指标\报告期	2017.06.30	2016.12.31	2016.06.30	2015.12.31
	基本每股收益(元)	0.0500	0.1700	0.0600	0.3800
	基本每股收益(扣除后)(元)	0.0400	0.1500	0.0600	0.3100
	稀释每股收益(元)	0.0500	0.1700	0.0600	0.3800
	每股净资产(元)	2.5700	2.5200	2.9800	2.9200
	每股经营现金净流量(元)	-0.0929	-0.1893	-0.1651	-0.1125
	每股现金流量(元)	-0.1411	0.1715	0.0279	-0.1192
	每股资本公积金(元)	0.7113	0.7113	1.0536	1.0536
	每股盈余公积金(元)	0.2019	0.2019	0.1985	0.1985
	每股未分配利润(元)	0.6555	0.6062	0.7275	0.6631
	净资产收益率(%)	1.9171	6.8819	2.1612	12.4872
	净资产收益率(扣除)(%)	1.9400	6.9900	2.1800	16.0800
	加权净资产收益率	1.7254	5.7682	2.1545	10.3093
	总资产(万元)	18340.54	17955.30	17600.78	17763.50
	归属母公司股东权益(万元)	16536.24	16219.23	15984.97	15639.51
	营业收入(万元)	2580.55	6184.22	2567.38	7178.60
	营业成本(万元)	1047.38	3570.90	1318.63	3949.02
	投资收益(万元)	62.46	258.47	59.43	74.26
	净利润(万元)	—	—	333.42	1927.76
	营业利润(万元)	347.28	796.58	260.20	1302.99
	利润总额(万元)	403.11	1275.70	394.54	2088.40

无锡市贝尔机械股份有限公司

公司概况						
	公司名称	无锡市贝尔机械股份有限公司			证券简称	贝尔机械
	法人代表	夏以蔚	董秘	王勤	证券代码	831784
	公司网址	www.wxbeier.com		电子信箱	wuxibeier@163.com	
	电　　话	0510-85496386		传　　真	0510-85496368	
	办公地址	江苏省无锡市长江东路227号				
	经营范围	研发、生产和销售用于柴油发动机的铝合金精密铸件				

主要财务指标	指标\报告期	2017.06.30	2016.12.31	2016.06.30	2015.12.31
	基本每股收益(元)	0.0500	0.1300	0.0200	0.1200
	基本每股收益(扣除后)(元)	0.0400	0.0700	0.0200	0.0500
	稀释每股收益(元)	0.0500	0.1300	—	0.1200
	每股净资产(元)	1.4400	1.3900	1.2500	1.2200
	每股经营现金净流量(元)	0.2490	0.5407	0.3702	0.1700
	每股现金流量(元)	0.0201	0.0719	0.0066	-0.0341
	每股资本公积金(元)	0.2548	0.2548	0.1147	0.1147
	每股盈余公积金(元)	0.0112	0.0112	0.0127	0.0127
	每股未分配利润(元)	0.1714	0.1226	0.1201	0.0951
	净资产收益率(%)	3.3933	6.1302	2.0002	8.1910
	净资产收益率(扣除)(%)	3.4500	9.3800	2.0200	10.3000
	加权净资产收益率	3.0491	3.5739	1.4306	3.3265
	总资产(万元)	29866.84	25921.43	10016.49	10313.12
	归属母公司股东权益(万元)	9558.49	9234.14	3742.43	3667.57
	营业收入(万元)	9257.85	11880.82	2658.01	5516.86
	营业成本(万元)	7436.37	9495.52	2118.94	4321.79
	投资收益(万元)	—	-1.12	—	—
	净利润(万元)	—	—	74.86	300.41
	营业利润(万元)	365.13	365.37	63.35	180.87
	利润总额(万元)	363.92	643.54	88.43	390.77

山东恒远利废技术股份有限公司

公司概况						
	公司名称	山东恒远利废技术股份有限公司			证券简称	恒远利废
	法人代表	马连涛	董秘	魏萍	证券代码	831785
	公司网址	www.sdhylf.com		电子信箱	only771018@163.com	
	电　　话	0536-3667577		传　　真	0536-3666566	
	办公地址	山东省临朐县城关街道柳衡路128号				
	经营范围	利废技术装备工程设计、施工、安装、咨询				

主要财务指标	指标\报告期	2017.06.30	2016.12.31	2016.06.30	2015.12.31
	基本每股收益(元)	0.0100	-0.2800	-0.1500	-0.3000
	基本每股收益(扣除后)(元)	-0.0100	-0.3800	-0.1600	-0.3600
	稀释每股收益(元)	0.0100	-0.2800	-0.1500	-0.3000
	每股净资产(元)	0.6500	0.6400	0.7700	0.9200
	每股经营现金净流量(元)	0.0187	0.0630	-0.0090	-0.1114
	每股现金流量(元)	-0.0900	0.0372	-0.0678	-0.0430
	每股资本公积金(元)	0.1290	0.1290	0.1290	0.1290
	每股盈余公积金(元)	0.0053	0.0053	0.0053	0.0053
	每股未分配利润(元)	-0.4857	-0.4931	-0.3670	-0.2160
	净资产收益率(%)	1.1396	-43.2056	-19.6660	-28.7238
	净资产收益率(扣除)(%)	1.1500	-35.5300	-17.9100	-29.0500
	加权净资产收益率	-1.5388	-58.9275	-20.9646	-35.1914
	总资产(万元)	10015.61	10262.32	10050.12	10533.62
	归属母公司股东权益(万元)	1991.93	1969.24	2356.60	2820.06
	营业收入(万元)	1055.46	1508.85	406.28	1714.11
	营业成本(万元)	493.71	1156.31	335.55	1102.44
	投资收益(万元)	-4.57	-131.62	—	—
	净利润(万元)	—	—	-463.45	-810.03
	营业利润(万元)	-39.30	-1170.86	-481.88	-1001.60
	利润总额(万元)	14.05	-861.26	-451.31	-819.20

山东海思堡服装服饰集团股份有限公司

公司概况						
公司名称	山东海思堡服装服饰集团股份有限公司				证券简称	ST 海思堡
法人代表	马学强	董秘	赵振		证券代码	831792
公司网址	www.aspop.com.cn		电子信箱		service@aspop.com.cn	
电　　话	0533-7972036		传　　真		0533-7972068	
办公地址	山东省桓台县耿焦路 188 号					
经营范围	生产、销售牛仔服装、牛仔面料,高级定制牛仔服装等					

主要财务指标				
指标\报告期	2017.06.30	2016.12.31	2016.06.30	2015.12.31
基本每股收益(元)	-0.0500	-0.0500	0.0700	0.1300
基本每股收益(扣除后)(元)	-0.0500	-0.0600	0.0700	0.1000
稀释每股收益(元)	-0.0500	-0.0500	0.0700	0.1300
每股净资产(元)	1.0700	1.1200	1.8300	1.7600
每股经营现金净流量(元)	-0.0624	-0.1837	-0.2679	-0.1390
每股现金流量(元)	-0.0614	-0.3860	-0.2899	0.1830
每股资本公积金(元)	0.1401	0.1380	0.6072	0.6082
每股盈余公积金(元)	0.0147	0.0147	0.0220	0.0221
每股未分配利润(元)	-0.0848	-0.0339	0.1964	0.1256
净资产收益率(%)	-4.7614	-4.5548	3.8720	6.6933
净资产收益率(扣除)(%)	-4.6600	-4.4200	3.7800	7.8100
加权净资产收益率	-4.9185	-5.3228	3.5956	5.5804
总资产(万元)	27056.15	26811.54	29943.20	27074.35
归属母公司股东权益(万元)	11716.89	12251.25	13327.01	12818.22
营业收入(万元)	8660.52	18521.06	9779.52	20964.94
营业成本(万元)	7624.88	16045.18	7929.10	17568.71
投资收益(万元)	0.24	20.19	46.31	170.23
净利润(万元)	---	---	516.02	852.41
营业利润(万元)	-566.25	-729.64	637.35	1044.52
利润总额(万元)	-541.71	-604.20	686.47	1113.98

广州利洋水产科技股份有限公司

公司概况						
公司名称	广州利洋水产科技股份有限公司				证券简称	利洋水产
法人代表	马家好	董秘	陶吉鸿		证券代码	831793
公司网址	www.liyang-tech.com		电子信箱		taojihong@liyang-tech.com	
电　　话	020-85163730		传　　真		020-85163595	
办公地址	广东省广州市白云区京溪桥东侧广州新百佳小商品城自编号 A23001,A23002					
经营范围	水产养殖环境改良剂、虾苗等产品的研发、生产、销售及技术咨询等服务					

主要财务指标				
指标\报告期	2017.06.30	2016.12.31	2016.06.30	2015.12.31
基本每股收益(元)	0.2515	0.3859	0.2500	0.3700
基本每股收益(扣除后)(元)	0.2272	0.3464	0.2396	0.3464
稀释每股收益(元)	0.2515	0.3859	---	---
每股净资产(元)	2.3900	2.3200	2.1800	1.5500
每股经营现金净流量(元)	0.4034	0.3824	0.2070	0.2523
每股现金流量(元)	0.2739	-0.2103	-0.0414	0.4392
每股资本公积金(元)	0.4827	0.4827	0.4827	0.0296
每股盈余公积金(元)	0.0018	0.0018	0.0018	0.0020
每股未分配利润(元)	0.9099	0.8385	0.7002	0.5159
净资产收益率(%)	10.5030	16.4328	11.1460	24.1530
净资产收益率(扣除)(%)	10.2700	18.3700	12.6200	27.4700
加权净资产收益率	9.4903	14.4462	10.6720	22.3826
总资产(万元)	19946.66	17524.28	16013.36	13691.00
归属母公司股东权益(万元)	13523.45	13119.71	12339.09	7737.86
营业收入(万元)	15439.99	22053.26	9966.43	17768.70
营业成本(万元)	8608.83	10577.28	5018.10	9453.65
投资收益(万元)	---	---	---	---
净利润(万元)	---	---	1355.19	1847.60
营业利润(万元)	1709.39	2360.12	1532.62	1946.94
利润总额(万元)	1777.05	2687.09	1609.99	2124.07

北京高科中天技术股份有限公司

公司概况						
公司名称	北京高科中天技术股份有限公司				证券简称	高科中天
法人代表	马俊杰	董秘			证券代码	831800
公司网址	www.iton.cn		电子信箱		lili@iton.cn	
电　　话	010-82350749		传　　真		010-82351130	
办公地址	北京市海淀区知春路 23 号 8 层 06、07 单元					
经营范围	无线上网卡、无线路由器等无线数据终端设备的研发、销售					

主要财务指标				
指标\报告期	2017.06.30	2016.12.31	2016.06.30	2015.12.31
基本每股收益(元)	-0.1600	0.1000	0.0200	0.2300
基本每股收益(扣除后)(元)	-0.1600	0.0800	0.0200	0.2300
稀释每股收益(元)	-0.1600	0.1000	0.0200	0.2300
每股净资产(元)	0.9700	1.1300	1.0400	1.7400
每股经营现金净流量(元)	-0.2684	0.1120	-0.0855	-1.1295
每股现金流量(元)	-0.0198	-0.0709	-0.1559	-0.3650
每股资本公积金(元)	0.0036	0.0036	0.0036	0.4661
每股盈余公积金(元)	0.0310	0.0310	0.0208	0.0353
每股未分配利润(元)	-0.0627	0.0929	0.0181	0.2408
净资产收益率(%)	-16.0128	9.1116	1.6898	15.1867
净资产收益率(扣除)(%)	-14.8300	9.5500	1.7000	19.5100
加权净资产收益率	-16.2455	7.1429	1.6910	12.1885
总资产(万元)	4310.56	4083.65	4216.46	3457.80
归属母公司股东权益(万元)	2147.93	2491.87	2303.75	2264.82
营业收入(万元)	2271.90	7508.74	4006.90	6823.52
营业成本(万元)	2032.14	6194.92	3455.86	5507.69
投资收益(万元)	---	-0.64	---	---
净利润(万元)	---	---	38.93	343.95
营业利润(万元)	-377.82	193.28	42.41	334.78
利润总额(万元)	-371.94	250.99	42.38	414.67

上海微企信息技术股份有限公司

公司概况						
公司名称	上海微企信息技术股份有限公司				证券简称	微企信息
法人代表	顾立庭	董秘	王鲲		证券代码	831805
公司网址	www.visionet.com.cn		电子信箱		wangkun@visionet.com.cn	
电　　话	021-51099515		传　　真		021-52716521	
办公地址	上海市长宁区延安西路 1146 号 3 号楼 4 层					
经营范围	计算机系统集成,电信业务中的信息服务业务等					

主要财务指标				
指标\报告期	2017.06.30	2016.12.31	2016.06.30	2015.12.31
基本每股收益(元)	-0.1600	0.1600	0.0700	0.2400
基本每股收益(扣除后)(元)	-0.2000	0.1100	0.0400	0.0900
稀释每股收益(元)	-0.1600	0.1600	0.0700	0.2400
每股净资产(元)	1.5100	1.3400	1.2000	1.1300
每股经营现金净流量(元)	-0.2705	-0.3725	-0.2397	0.1748
每股现金流量(元)	0.0874	-0.0059	-0.0684	0.0010
每股资本公积金(元)	0.4024	0.0651	0.0005	0.0005
每股盈余公积金(元)	0.0263	0.0282	0.0194	0.0127
每股未分配利润(元)	0.0790	0.2470	0.1750	0.1141
净资产收益率(%)	-10.0083	11.5792	5.6670	19.8194
净资产收益率(扣除)(%)	-10.9800	13.1100	5.8300	30.3400
加权净资产收益率	-12.9997	8.0682	2.8374	7.6102
总资产(万元)	4156.57	3860.40	3192.54	3171.63
归属母公司股东权益(万元)	3267.36	2703.62	2281.51	2152.22
营业收入(万元)	2540.63	6302.28	2775.59	5100.78
营业成本(万元)	1893.16	4046.43	1751.66	3119.89
投资收益(万元)	-10.14	-11.06	-11.79	-2.93
净利润(万元)	---	---	129.29	426.56
营业利润(万元)	-479.93	216.58	61.43	153.05
利润总额(万元)	-382.19	328.27	153.02	466.41

苏州神元生物科技股份有限公司

公司概况	公司名称	苏州神元生物科技股份有限公司			证券简称	神元生物
	法人代表	滕士元	董秘	时剑	证券代码	831808
	公司网址	www.szsysw.com		电子信箱	time@szsysw.com	
	电　话	0512-63469860		传　真	0512-63469860-8015	
	办公地址	江苏省苏州市吴江区同里镇北联村苏州市铁皮石斛科技文化产业园				
	经营范围	铁皮石斛产业研发、生物组培、生态栽培、产品加工及销售				

	指标\报告期	2017.06.30	2016.12.31	2016.06.30	2015.12.31
主要财务指标	基本每股收益(元)	-0.0200	-0.0500	0.0200	0.0600
	基本每股收益(扣除后)(元)	-0.0400	-0.0800	0.0010	0.0400
	稀释每股收益(元)	-0.0200	-0.0500	0.0200	0.0600
	每股净资产(元)	1.8400	1.8600	1.9300	1.9100
	每股经营现金净流量(元)	-0.0143	-0.1201	-0.0426	0.1283
	每股现金流量(元)	-0.1015	-0.1947	-0.1819	0.1382
	每股资本公积金(元)	0.6277	0.6277	0.6277	0.6277
	每股盈余公积金(元)	0.0366	0.0366	0.0361	0.0346
	每股未分配利润(元)	0.1776	0.1993	0.2662	0.2509
	净资产收益率(%)	-1.1776	-2.6616	0.8688	3.0281
	净资产收益率(扣除)(%)	-1.1700	-2.6300	0.8700	3.0700
	加权净资产收益率	-2.2794	-4.2637	0.0644	1.9160
	总资产(万元)	12497.10	12438.31	12585.75	12354.83
	归属母公司股东权益(万元)	9209.47	9317.92	9649.76	9565.93
	营业收入(万元)	575.95	1290.34	860.65	2326.70
	营业成本(万元)	219.25	650.64	450.17	1193.01
	投资收益(万元)	36.89	20.53	10.55	0.11
	净利润(万元)	---	---	83.83	289.67
	营业利润(万元)	-243.53	-406.14	-8.25	166.30
	利润总额(万元)	-108.23	-196.28	94.57	307.60

无锡锡南铸造机械股份有限公司

公司概况	公司名称	无锡锡南铸造机械股份有限公司			证券简称	锡南铸机
	法人代表	朱旭东	董秘	陆海燕	证券代码	831809
	公司网址	www.xnfm.cn		电子信箱	s62160@163.com	
	电　话	0510-85216260		传　真	0510-85219600	
	办公地址	江苏省无锡新区硕放工业集中区五期E18-2号地块				
	经营范围	铸造机械、环境保护专用设备、烘炉、连续搬运设备、配电开关控制设备的研发、生产、维修				

	指标\报告期	2017.06.30	2016.12.31	2016.06.30	2015.12.31
主要财务指标	基本每股收益(元)	-0.2650	0.1121	0.1000	0.5600
	基本每股收益(扣除后)(元)	-0.2620	0.0714	0.0825	0.5315
	稀释每股收益(元)	-0.2650	0.1121	0.1000	0.5600
	每股净资产(元)	2.1800	2.4500	2.4400	7.0100
	每股经营现金净流量(元)	-0.0687	-0.5062	-0.2478	0.9878
	每股现金流量(元)	-0.1672	-0.7188	-0.6735	2.9563
	每股资本公积金(元)	1.1262	1.1262	1.1262	5.9166
	每股盈余公积金(元)	0.0382	0.0382	0.0294	0.0970
	每股未分配利润(元)	0.0197	0.2847	0.2822	0.5985
	净资产收益率(%)	-12.1290	4.5764	4.1343	7.9485
	净资产收益率(扣除)(%)	-11.4300	4.6800	4.2200	12.0100
	加权净资产收益率	-11.9937	2.9132	3.3827	7.5814
	总资产(万元)	24563.10	25206.68	30734.40	32417.20
	归属母公司股东权益(万元)	7208.99	8084.36	8045.58	7712.08
	营业收入(万元)	3187.59	13608.16	7224.76	15729.69
	营业成本(万元)	2204.98	9413.69	4936.65	11044.29
	投资收益(万元)	---	---	---	---
	净利润(万元)	---	---	332.63	613.00
	营业利润(万元)	-1001.71	285.76	297.09	560.07
	利润总额(万元)	-1013.73	439.52	369.19	710.68

广东广新信息产业股份有限公司

公司概况	公司名称	广东广新信息产业股份有限公司			证券简称	广新信息
	法人代表	朱丹阳	董秘	张帆	证券代码	831813
	公司网址	www.gdiic.com		电子信箱	99557547@qq.com	
	电　话	020-89203399		传　真	020-89203312	
	办公地址	广东省广州市海珠区新港东路1000号保利世界贸易中心写字楼东塔15层				
	经营范围	网络技术、信息技术、电子产品等领域内的技术开发、转让、咨询、服务等				

	指标\报告期	2017.06.30	2016.12.31	2016.06.30	2015.12.31
主要财务指标	基本每股收益(元)	---	0.1300	0.0700	0.1200
	基本每股收益(扣除后)(元)	-0.0300	0.0500	0.0300	0.0600
	稀释每股收益(元)	---	0.1300	0.0700	0.1200
	每股净资产(元)	1.6400	1.6900	1.6300	1.6100
	每股经营现金净流量(元)	-0.8830	0.1733	-0.4224	0.1645
	每股现金流量(元)	-0.9614	0.4088	-0.1517	0.5626
	每股资本公积金(元)	0.3934	0.3934	0.3934	0.3934
	每股盈余公积金(元)	0.0338	0.0338	0.0202	0.0202
	每股未分配利润(元)	0.2083	0.2665	0.2174	0.1951
	净资产收益率(%)	0.1108	7.8544	4.3109	6.7093
	净资产收益率(扣除)(%)	0.1100	8.0600	4.2800	8.5100
	加权净资产收益率	-1.8648	2.7582	1.6919	3.4901
	总资产(万元)	14217.94	17110.47	14446.89	15941.47
	归属母公司股东权益(万元)	12429.58	12871.81	12395.14	12225.60
	营业收入(万元)	3274.83	12950.39	6049.92	8553.04
	营业成本(万元)	3102.04	11314.70	5534.99	7110.45
	投资收益(万元)	-16.00	337.81	161.69	123.44
	净利润(万元)	---	---	521.15	779.50
	营业利润(万元)	-278.78	815.56	270.56	382.69
	利润总额(万元)	10.11	1283.59	595.19	832.47

无锡富岛科技股份有限公司

公司概况	公司名称	无锡富岛科技股份有限公司			证券简称	富岛科技
	法人代表	沈俊	董秘	成芳	证券代码	831814
	公司网址	www.fodoo.com		电子信箱	info@fodoo.com	
	电　话	0510-88202825		传　真	0510-88204743	
	办公地址	江苏省无锡市新区南站工业集中区B区B-07地块				
	经营范围	环境保护专用设备、金属表面处理机械的研发、制造、销售和维修服务				

	指标\报告期	2017.06.30	2016.12.31	2016.06.30	2015.12.31
主要财务指标	基本每股收益(元)	0.0800	0.1000	0.0600	0.4600
	基本每股收益(扣除后)(元)	0.0700	0.0469	0.0500	0.2400
	稀释每股收益(元)	0.0600	---	0.0600	---
	每股净资产(元)	1.7900	1.8400	1.7900	1.5700
	每股经营现金净流量(元)	-0.0863	-0.0156	0.0322	0.4731
	每股现金流量(元)	-0.4641	0.4182	-0.0860	0.0966
	每股资本公积金(元)	0.3977	0.3977	0.3977	0.0611
	每股盈余公积金(元)	0.0660	0.0660	0.0559	0.0834
	每股未分配利润(元)	0.3282	0.3756	0.3411	0.4249
	净资产收益率(%)	4.3303	5.5011	3.1527	29.3092
	净资产收益率(扣除)(%)	4.1800	5.8400	3.6800	34.3400
	加权净资产收益率	3.6241	2.5821	2.6982	15.0619
	总资产(万元)	2402.76	2450.53	2400.30	1751.36
	归属母公司股东权益(万元)	2006.85	2059.94	2009.99	1177.03
	营业收入(万元)	746.24	1536.71	807.30	2010.48
	营业成本(万元)	443.74	977.96	489.36	1224.83
	投资收益(万元)	22.83	32.75	12.23	16.81
	净利润(万元)	---	---	63.37	344.98
	营业利润(万元)	108.80	84.90	76.04	209.64
	利润总额(万元)	102.64	122.89	74.55	389.12

广东兴锐电子科技股份有限公司

公司概况	公司名称	广东兴锐电子科技股份有限公司			证券简称	兴锐科技	
	法人代表	颜呈龙	董秘	陆翠莲	证券代码	831816	
	公司网址	www.sunrisedg.cn		电子信箱	lcl6726@xinruidg.cn		
	电　　话	0769-83511982		传　　真	0769-83621918		
	办公地址	广东省东莞市黄江镇旧村					
	经营范围	研发、生产和销售各类电子产品按键及配件、硅橡胶制品等					

	指标\报告期	2017.06.30	2016.12.31	2016.06.30	2015.12.31
主要财务指标	基本每股收益(元)	0.0600	0.2500	0.0800	0.1500
	基本每股收益(扣除后)(元)	0.0436	0.2183	—	—
	稀释每股收益(元)	0.0600	0.2500	—	—
	每股净资产(元)	2.4500	2.5300	2.3500	2.2700
	每股经营现金净流量(元)	0.4869	0.1277	0.1137	0.0167
	每股现金流量(元)	0.2388	0.0924	0.2730	0.1085
	每股资本公积金(元)	0.5109	0.5109	0.3939	0.3939
	每股盈余公积金(元)	0.0961	0.0961	0.0814	0.0814
	每股未分配利润(元)	0.8412	0.9194	0.8749	0.7930
	净资产收益率(%)	2.3192	9.3307	3.4823	6.5423
	净资产收益率(扣除)(%)	2.2200	10.3600	3.5400	7.4000
	加权净资产收益率	1.6843	8.1493	3.1576	5.4321
	总资产(万元)	11538.52	12394.69	11630.06	11356.79
	归属母公司股东权益(万元)	9058.42	9347.83	7755.49	7485.42
	营业收入(万元)	6919.87	13334.43	5541.81	10436.57
	营业成本(万元)	5625.56	10183.09	4292.72	7718.08
	投资收益(万元)	—	—	—	—
	净利润(万元)	—	—	270.07	489.72
	营业利润(万元)	194.09	946.75	293.32	487.82
	利润总额(万元)	247.16	1076.68	317.73	585.58

广东智冠信息技术股份有限公司

公司概况	公司名称	广东智冠信息技术股份有限公司			证券简称	智冠股份	
	法人代表	卢慧莉	董秘	何素宁	证券代码	831823	
	公司网址	www.wicrown.com		电子信箱	hesuning@wicrown.com		
	电　　话	0752-2022999		传　　真	0752-2022999		
	办公地址	广东省惠州市花边北路 11 号清华苑第三层 305 号					
	经营范围	生物识别技术研发及销售,电子产品研发、生产制造及销售等					

	指标\报告期	2017.06.30	2016.12.31	2016.06.30	2015.12.31
主要财务指标	基本每股收益(元)	0.0400	0.2100	0.1600	0.3800
	基本每股收益(扣除后)(元)	0.0100	0.1731	0.1300	0.3600
	稀释每股收益(元)	0.0400	—	0.1600	0.3800
	每股净资产(元)	2.3100	2.2800	2.2100	2.0500
	每股经营现金净流量(元)	0.2365	0.3435	0.1097	–0.1114
	每股现金流量(元)	–0.1357	0.0182	–0.1321	0.1222
	每股资本公积金(元)	0.0022	0.0022	0.0022	0.0022
	每股盈余公积金(元)	0.1225	0.1225	0.1076	0.1076
	每股未分配利润(元)	1.1878	1.1516	1.1006	0.9451
	净资产收益率(%)	1.5620	9.0736	7.0345	18.6088
	净资产收益率(扣除)(%)	1.5700	9.5400	7.2900	20.5200
	加权净资产收益率	0.3264	7.4780	5.9424	17.3640
	总资产(万元)	14736.47	14617.36	14882.71	13011.82
	归属母公司股东权益(万元)	10336.46	10175.00	9880.42	9185.38
	营业收入(万元)	2318.04	8005.96	3576.86	10099.22
	营业成本(万元)	1133.19	4413.38	1800.51	5891.33
	投资收益(万元)	—	–22.03	16.48	—
	净利润(万元)	—	—	662.56	1704.85
	营业利润(万元)	–100.29	510.23	406.21	1669.93
	利润总额(万元)	49.16	908.88	701.72	1800.60

山东宝来利来生物工程股份有限公司

公司概况	公司名称	山东宝来利来生物工程股份有限公司			证券简称	宝来利来	
	法人代表	单宝龙	董秘	孙昕	证券代码	831827	
	公司网址	www.blll1996.com		电子信箱	sx2566@163.com		
	电　　话	0538-8068003		传　　真	0538-8513252		
	办公地址	山东省泰安市泰山工业园区创业大街 28 号					
	经营范围	公司主要从事饲用微生态产品、畜禽微生态产品、水产微生态产品的研发、生产和销售等					

	指标\报告期	2017.06.30	2016.12.31	2016.06.30	2015.12.31
主要财务指标	基本每股收益(元)	0.0100	0.2100	0.2500	0.6600
	基本每股收益(扣除后)(元)	–0.0100	0.0700	0.2000	0.5400
	稀释每股收益(元)	0.0100	0.2100	0.2500	0.6600
	每股净资产(元)	5.0200	5.0100	5.0600	4.6700
	每股经营现金净流量(元)	0.1341	0.9283	0.1140	0.9351
	每股现金流量(元)	0.2119	–0.0202	0.0547	0.0215
	每股资本公积金(元)	1.6858	1.6858	1.6940	1.4958
	每股盈余公积金(元)	0.2504	0.2504	0.2340	0.2405
	每股未分配利润(元)	2.0878	2.0741	2.1277	1.9302
	净资产收益率(%)	0.2732	4.2482	4.9440	13.5086
	净资产收益率(扣除)(%)	0.2700	4.4000	5.2000	15.6500
	加权净资产收益率	–0.1443	1.3801	3.9892	11.0182
	总资产(万元)	36248.09	33650.72	34112.40	30817.82
	归属母公司股东权益(万元)	19495.80	19442.53	19618.52	17616.07
	营业收入(万元)	8293.39	16695.47	8639.39	17439.51
	营业成本(万元)	3532.59	7222.96	3734.66	7187.33
	投资收益(万元)	—	—	—	—
	净利润(万元)	—	—	969.94	2379.68
	营业利润(万元)	25.89	322.37	887.50	2257.89
	利润总额(万元)	51.25	978.41	1126.33	2765.99

山东苏柯汉生物工程股份有限公司

公司概况	公司名称	山东苏柯汉生物工程股份有限公司			证券简称	苏柯汉	
	法人代表	韩威华	董秘	杨咏梅	证券代码	831835	
	公司网址	www.sukahan.com		电子信箱	sukahancwyang@163.com		
	电　　话	0536-2227277		传　　真	0536-2227277		
	办公地址	山东省潍坊市高新区卧龙东街 2237 号					
	经营范围	酶菌类生物制剂和生物有机肥的研发、生产和销售等					

	指标\报告期	2017.06.30	2016.12.31	2016.06.30	2015.12.31
主要财务指标	基本每股收益(元)	0.0100	0.0100	0.0300	0.0500
	基本每股收益(扣除后)(元)	0.0100	–0.0080	0.0200	–0.0030
	稀释每股收益(元)	0.0100	0.0100	0.0300	0.0500
	每股净资产(元)	1.3800	1.3700	1.3900	1.3600
	每股经营现金净流量(元)	0.0022	0.0012	–0.1851	0.0636
	每股现金流量(元)	–0.2217	–0.2044	–0.2103	0.2689
	每股资本公积金(元)	0.3814	0.3814	0.3814	0.3814
	每股盈余公积金(元)	0.0087	0.0087	0.0080	0.0080
	每股未分配利润(元)	–0.0064	–0.0153	–0.0001	–0.0255
	净资产收益率(%)	0.6412	0.7981	1.8285	3.2906
	净资产收益率(扣除)(%)	0.6400	0.8000	1.8500	3.8300
	加权净资产收益率	0.4811	–0.6087	1.6709	–0.2373
	总资产(万元)	9494.52	7726.80	7685.44	7789.97
	归属母公司股东权益(万元)	5224.89	5191.38	5245.87	5149.95
	营业收入(万元)	1368.03	3460.75	1819.15	3203.25
	营业成本(万元)	757.87	1800.22	1004.08	1583.65
	投资收益(万元)	—	–4.30	–1.59	–45.33
	净利润(万元)	—	—	99.59	167.48
	营业利润(万元)	51.84	0.68	106.04	–19.84
	利润总额(万元)	62.00	62.14	116.23	194.16

广东硕泉园林股份有限公司

公司概况	公司名称	广东硕泉园林股份有限公司			证券简称	硕泉园林
	法人代表	甄池安	董秘	黄健儿	证券代码	831837
	公司网址	www.shuoquan.com.cn		电子信箱	sqbod@gdshuoquan.com	
	电　　话	0760-88716728-8033		传　　真	0760-88782251	
	办公地址	广东省中山市火炬开发区孙文东路 310 号				
	经营范围	园林艺术建筑工程、绿化工程、规划设计工程、仿古建筑三级施工工程等				

	指标\报告期	2017.06.30	2016.12.31	2016.06.30	2015.12.31
主要财务指标	基本每股收益(元)	0.0400	0.1000	0.0100	0.1900
	基本每股收益(扣除后)(元)	0.0300	0.0900	---	0.1100
	稀释每股收益(元)	0.0400	0.1000	0.0100	0.1900
	每股净资产(元)	2.3600	2.3300	2.2300	2.2200
	每股经营现金净流量(元)	-0.0839	-0.0759	-0.0711	-0.2510
	每股现金流量(元)	0.1241	-0.0904	-0.1141	0.1601
	每股资本公积金(元)	0.9736	0.9736	0.9736	0.9736
	每股盈余公积金(元)	0.0325	0.0325	0.0325	0.0325
	每股未分配利润(元)	0.3538	0.3152	0.2256	0.2168
	净资产收益率(%)	1.6335	4.2286	0.3924	7.8683
	净资产收益率(扣除)(%)	1.6400	4.3300	0.3900	9.4100
	加权净资产收益率	1.6256	4.0142	0.1660	4.4838
	总资产(万元)	34676.95	32231.29	28100.46	31061.93
	归属母公司股东权益(万元)	17679.28	17417.55	16712.76	16642.31
	营业收入(万元)	9645.76	20246.23	5854.97	18057.19
	营业成本(万元)	8153.02	16323.27	4369.43	13817.15
	投资收益(万元)	---	---	---	---
	净利润(万元)	---	---	65.59	1309.46
	营业利润(万元)	363.45	901.09	15.12	970.07
	利润总额(万元)	365.31	951.04	65.59	1721.08

北京东光物业管理股份有限公司

公司概况	公司名称	北京东光物业管理股份有限公司			证券简称	东光股份
	法人代表	黄旭东	董秘	王振江	证券代码	831840
	公司网址	www.dgwycn.com		电子信箱	zhangweit@hotmail.com	
	电　　话	010-51501187		传　　真	010-51501185	
	办公地址	北京市海淀区蓝靛厂南路 55 号金威大厦 11 层				
	经营范围	物业管理;从事房地产经纪业务;机动车公共停车场服务等				

	指标\报告期	2017.06.30	2016.12.31	2016.06.30	2015.12.31
主要财务指标	基本每股收益(元)	0.0300	-0.1384	-0.0500	0.0100
	基本每股收益(扣除后)(元)	0.0200	-0.1333	-0.0511	0.0351
	稀释每股收益(元)	0.0300	-0.1384	-0.0500	0.0100
	每股净资产(元)	1.4300	1.4000	1.4700	1.5200
	每股经营现金净流量(元)	0.0238	-0.0506	-0.1903	0.0492
	每股现金流量(元)	-0.0812	-0.0999	-0.2277	0.9993
	每股资本公积金(元)	0.5635	0.5635	0.5635	0.7174
	每股盈余公积金(元)	---	---	---	---
	每股未分配利润(元)	-0.1352	-0.1619	-0.0942	-0.0501
	净资产收益率(%)	1.8732	-9.8728	-3.6527	0.5141
	净资产收益率(扣除)(%)	1.8900	-9.5200	-3.5900	1.0000
	加权净资产收益率	1.2608	-9.5106	-3.4754	1.8130
	总资产(万元)	9233.96	9002.63	9438.00	9638.46
	归属母公司股东权益(万元)	7284.66	7148.21	7493.51	7768.92
	营业收入(万元)	5788.77	10348.76	5092.22	10333.67
	营业成本(万元)	5171.64	9240.55	4310.70	8516.31
	投资收益(万元)	0.88	---	---	2.01
	净利润(万元)	---	---	-278.43	14.46
	营业利润(万元)	126.27	-653.80	-277.08	117.85
	利润总额(万元)	186.00	-679.65	-290.34	13.58

苏州飞驰环保科技股份有限公司

公司概况	公司名称	苏州飞驰环保科技股份有限公司			证券简称	飞驰环保
	法人代表	郭卫	董秘	朱亚洁	证券代码	831846
	公司网址	www.fcqjc.com		电子信箱	564880182@qq.com	
	电　　话	0512-58600988		传　　真	0512-58608599	
	办公地址	江苏省张家港市乐余镇乐丰路				
	经营范围	水面清洁船、特种船舶研发、制造、销售等				

	指标\报告期	2017.06.30	2016.12.31	2016.06.30	2015.12.31
主要财务指标	基本每股收益(元)	0.3500	0.4300	0.4100	0.1400
	基本每股收益(扣除后)(元)	0.3200	0.3300	0.3700	0.6600
	稀释每股收益(元)	0.3500	0.4300	0.4100	0.1400
	每股净资产(元)	4.0900	3.7300	2.7800	2.2600
	每股经营现金净流量(元)	-0.1602	0.5128	-0.2023	0.8466
	每股现金流量(元)	-0.7618	1.3675	0.9582	0.8321
	每股资本公积金(元)	1.8092	1.8092	0.7038	0.7038
	每股盈余公积金(元)	0.0823	0.0823	0.0560	0.0477
	每股未分配利润(元)	1.0959	0.7463	0.9143	0.4296
	净资产收益率(%)	8.5386	10.9431	14.7565	5.8553
	净资产收益率(扣除)(%)	8.9300	14.1500	16.0000	7.4900
	加权净资产收益率	7.8996	8.3438	13.4368	23.3071
	总资产(万元)	14021.29	13608.18	12946.58	8547.81
	归属母公司股东权益(万元)	10807.35	9870.21	6449.89	5256.00
	营业收入(万元)	5253.00	8059.37	5072.85	10711.00
	营业成本(万元)	2962.46	4532.16	2710.47	6557.45
	投资收益(万元)	---	---	---	---
	净利润(万元)	---	---	951.78	307.75
	营业利润(万元)	1022.97	964.72	1025.58	379.09
	利润总额(万元)	1104.22	1266.70	1125.72	579.95

贵州绿健神农有机农业股份有限公司

公司概况	公司名称	贵州绿健神农有机农业股份有限公司			证券简称	绿健神农
	法人代表	倪石寿	董秘	廖招梅	证券代码	831851
	公司网址	www.gzljsn.com		电子信箱	527498013@qq.com	
	电　　话	0854-3395820		传　　真	0854-3395820	
	办公地址	贵州省黔南布依族苗族自治州独山县现代农业园区				
	经营范围	铁皮石斛瓶苗种苗销售、铁皮石斛成品铁皮枫斗的销售				

	指标\报告期	2017.06.30	2016.12.31	2016.06.30	2015.12.31
主要财务指标	基本每股收益(元)	0.1100	0.1100	0.0300	0.0600
	基本每股收益(扣除后)(元)	0.0800	0.0800	0.0100	0.0400
	稀释每股收益(元)	0.1100	0.1100	0.0300	0.0600
	每股净资产(元)	1.7200	1.6400	1.5700	1.5400
	每股经营现金净流量(元)	0.3331	0.1713	-0.2083	-0.3670
	每股现金流量(元)	0.1121	-0.1319	-0.1275	0.2843
	每股资本公积金(元)	0.5042	0.5042	0.5042	0.5042
	每股盈余公积金(元)	0.0158	0.0158	0.0035	0.0035
	每股未分配利润(元)	0.2007	0.1245	0.0573	0.0274
	净资产收益率(%)	6.1738	6.6491	1.9091	3.4207
	净资产收益率(扣除)(%)	6.2600	6.8800	1.9300	4.1600
	加权净资产收益率	4.7912	4.6640	0.9552	2.1789
	总资产(万元)	17694.38	15709.12	13705.14	12392.06
	归属母公司股东权益(万元)	9799.73	9365.57	8913.00	8742.84
	营业收入(万元)	1538.71	2282.66	832.61	1228.38
	营业成本(万元)	452.57	732.54	312.15	364.22
	投资收益(万元)	---	-20.63	---	---
	净利润(万元)	---	---	170.16	299.07
	营业利润(万元)	525.03	453.64	85.14	198.71
	利润总额(万元)	605.68	703.82	170.16	345.17

浙江曼克斯缝纫机股份有限公司

公司概况	公司名称	浙江曼克斯缝纫机股份有限公司		证券简称	曼克斯
	法人代表	茅小勇	董秘	证券代码	831854
	公司网址	www.maxsewing.com		电子信箱	feedback@maxsewing.com
	电　　话	0576-89088083		传　　真	0576-89088086
	办公地址	浙江省台州市椒江区洪家街道经中路 2289 号			
	经营范围	工业缝纫机的研发、生产及销售			

主要财务指标	指标\报告期	2017.06.30	2016.12.31	2016.06.30	2015.12.31
	基本每股收益(元)	−0.0050	−0.0300	0.0100	0.0700
	基本每股收益(扣除后)(元)	−0.0050	−0.0500	0.0038	0.0500
	稀释每股收益(元)	−0.0050	−0.0300	0.0100	0.0700
	每股净资产(元)	1.8800	1.8900	1.9300	1.9200
	每股经营现金净流量(元)	−0.0880	−0.2841	−0.2333	0.0124
	每股现金流量(元)	−0.0222	−0.1852	−0.0550	0.0687
	每股资本公积金(元)	0.7662	0.7662	0.7662	0.7662
	每股盈余公积金(元)	0.0155	0.0155	0.0165	0.0155
	每股未分配利润(元)	0.1014	0.1061	0.1488	0.1398
	净资产收益率(%)	−0.2503	−1.7882	0.5175	3.3858
	净资产收益率(扣除)(%)	−0.2500	−1.7700	0.5200	4.5600
	加权净资产收益率	−0.2601	−2.5386	0.1978	2.3370
	总资产(万元)	17384.29	17786.47	19118.02	18748.67
	归属母公司股东权益(万元)	8662.24	8683.92	8885.19	8839.21
	营业收入(万元)	1727.74	5005.48	3032.81	10677.45
	营业成本(万元)	1322.73	4011.21	2551.83	8980.83
	投资收益(万元)	—	—	—	—
	净利润(万元)	—	—	45.98	299.28
	营业利润(万元)	4.21	−286.95	51.44	307.73
	利润总额(万元)	5.06	−203.37	86.01	405.27

甘肃祁连山药业股份有限公司

公司概况	公司名称	甘肃祁连山药业股份有限公司		证券简称	祁药股份
	法人代表	辛占昌	董秘	蒋玉斌	证券代码 831859
	公司网址	www.qlsyy.net		电子信箱	595090812@qq.com
	电　　话	0937-2689523		传　　真	0937-2688019
	办公地址	甘肃省酒泉市肃州区高新技术工业园区大得利路 2 号			
	经营范围	土霉素碱等原料药和复方甘草含片等制剂产品的研发、生产和销售			

主要财务指标	指标\报告期	2017.06.30	2016.12.31	2016.06.30	2015.12.31
	基本每股收益(元)	0.1500	0.0400	0.1100	0.1300
	基本每股收益(扣除后)(元)	0.1300	−0.1800	0.0040	0.1000
	稀释每股收益(元)	0.1500	0.0400	0.1100	0.1300
	每股净资产(元)	1.7200	1.5700	1.6400	1.5300
	每股经营现金净流量(元)	0.3212	0.2247	−0.0124	0.1411
	每股现金流量(元)	0.4030	−0.2952	−0.1587	0.1743
	每股资本公积金(元)	0.0660	0.0660	0.0660	0.0660
	每股盈余公积金(元)	0.1089	0.0974	0.1043	0.0943
	每股未分配利润(元)	0.5744	0.4358	0.5018	0.4000
	净资产收益率(%)	8.7288	2.4728	6.7505	8.4217
	净资产收益率(扣除)(%)	9.1300	2.5000	6.9900	9.1100
	加权净资产收益率	7.5157	−11.3546	0.2452	6.1633
	总资产(万元)	20427.78	16867.03	18658.80	19970.02
	归属母公司股东权益(万元)	8256.11	7535.45	7885.50	7349.11
	营业收入(万元)	9123.39	17200.95	10391.98	18652.86
	营业成本(万元)	7430.99	15835.56	9528.61	16425.48
	投资收益(万元)	0.61	—	—	10.99
	净利润(万元)	—	—	499.96	578.22
	营业利润(万元)	874.32	−1021.44	−71.02	515.31
	利润总额(万元)	993.73	182.92	532.37	707.35

苏州东南药业股份有限公司

公司概况	公司名称	苏州东南药业股份有限公司		证券简称	东南药业
	法人代表	詹小舟	董秘	李锐	证券代码 831869
	公司网址	www.szsep.com		电子信箱	info@szsep.com
	电　　话	0512-62729923		传　　真	0512-62729923
	办公地址	江苏省苏州工业园区仁爱路 150 号独墅湖高教区第二教学楼 C316 室			
	经营范围	创新药及仿制药的研发、相关技术转让和服务等			

主要财务指标	指标\报告期	2017.06.30	2016.12.31	2016.06.30	2015.12.31
	基本每股收益(元)	−0.0500	−0.0600	−0.0100	0.0200
	基本每股收益(扣除后)(元)	−0.0800	−0.1700	−0.0500	−0.1600
	稀释每股收益(元)	−0.0500	−0.0600	—	0.0200
	每股净资产(元)	1.0000	1.0400	1.0800	1.1000
	每股经营现金净流量(元)	−0.0622	−0.0923	0.0474	−0.0085
	每股现金流量(元)	−0.0049	−0.3888	−0.2470	0.0790
	每股资本公积金(元)	0.0294	0.0294	0.0294	0.0360
	每股盈余公积金(元)	0.0176	0.0176	0.0121	0.0121
	每股未分配利润(元)	−0.0512	−0.0054	0.0411	0.0554
	净资产收益率(%)	−4.6079	−5.3027	−1.3218	1.0524
	净资产收益率(扣除)(%)	−4.5400	−5.0000	−1.3100	1.4100
	加权净资产收益率	−8.0542	−16.0182	−4.9588	−10.7878
	总资产(万元)	2828.73	2773.43	2704.92	2479.30
	归属母公司股东权益(万元)	1642.94	1718.64	1786.17	1820.78
	营业收入(万元)	227.45	350.18	187.25	305.72
	营业成本(万元)	76.47	79.14	39.72	61.25
	投资收益(万元)	—	—	—	13.90
	净利润(万元)	—	—	−23.61	19.16
	营业利润(万元)	−149.95	−291.47	−94.61	−245.60
	利润总额(万元)	−83.34	−74.81	−18.18	27.95

浙江华辰新材股份有限公司

公司概况	公司名称	浙江华辰新材股份有限公司		证券简称	华辰股份
	法人代表	孙月华	董秘	吴艳君	证券代码 831876
	公司网址	www.hczr.com		电子信箱	xsj@hczr.com
	电　　话	0571-86216968		传　　真	0571-86216969
	办公地址	浙江省杭州市余杭区运河街道五杭庙河路-4 号			
	经营范围	环保纺织遮阳窗饰布等产品的研发、生产和销售			

主要财务指标	指标\报告期	2017.06.30	2016.12.31	2016.06.30	2015.12.31
	基本每股收益(元)	−0.1100	0.0200	0.0500	0.2700
	基本每股收益(扣除后)(元)	−0.1200	−0.0400	—	0.1800
	稀释每股收益(元)	−0.1100	0.0200	0.0500	0.2700
	每股净资产(元)	1.0700	1.1800	1.7900	1.4700
	每股经营现金净流量(元)	0.0002	0.5698	0.4839	0.4478
	每股现金流量(元)	−0.1374	0.0791	−0.0716	−0.6415
	每股资本公积金(元)	0.0605	0.0605	0.5908	0.3203
	每股盈余公积金(元)	0.0216	0.0216	0.0234	0.0246
	每股未分配利润(元)	−0.0169	0.0934	0.1710	0.1292
	净资产收益率(%)	−10.3483	1.4676	2.6829	18.4581
	净资产收益率(扣除)(%)	−9.8400	1.5300	2.9000	20.3300
	加权净资产收益率	−10.9439	−3.7995	1.0361	11.9685
	总资产(万元)	15299.58	16327.59	15319.28	14031.62
	归属母公司股东权益(万元)	3355.47	3702.70	3748.94	2948.36
	营业收入(万元)	6186.03	12645.94	5945.94	13044.19
	营业成本(万元)	5110.99	10442.72	4764.27	10347.35
	投资收益(万元)	11.48	7.29	7.29	13.99
	净利润(万元)	—	—	100.58	544.21
	营业利润(万元)	−455.33	−169.77	36.77	381.95
	利润总额(万元)	−443.13	52.72	102.27	593.41

浙江先锋科技股份有限公司

公司概况	公司名称	浙江先锋科技股份有限公司			证券简称	先锋科技
	法人代表	王文标	董秘	洪海良	证券代码	831878
	公司网址	www.xfchem.com.cn		电子信箱	heller@xfchem.com.cn	
	电　　话	0576-85686388		传　　真	0576-85686587	
	办公地址	浙江省临海市涌泉后泾岩头				
	经营范围	医药中间体的生产与销售				

	指标＼报告期	2017.06.30	2016.12.31	2016.06.30	2015.12.31
主要财务指标	基本每股收益(元)	0.1500	0.0800	0.0500	0.6600
	基本每股收益(扣除后)(元)	0.1400	0.0500	0.0200	0.6300
	稀释每股收益(元)	0.1500	0.0800	0.0500	0.6600
	每股净资产(元)	4.9700	4.4600	4.4300	4.3800
	每股经营现金净流量(元)	0.1672	0.6385	0.6876	0.0162
	每股现金流量(元)	2.1777	–0.4454	–0.1880	0.7327
	每股资本公积金(元)	4.1856	2.3870	2.3870	2.5492
	每股盈余公积金(元)	0.1136	0.1136	0.1033	0.1103
	每股未分配利润(元)	1.1148	0.9555	0.9354	0.9496
	净资产收益率(%)	2.3492	1.7194	1.0452	12.4340
	净资产收益率(扣除)(%)	3.2500	1.7400	1.0500	17.4100
	加权净资产收益率	2.2075	1.0112	0.4929	11.9501
	总资产(万元)	60106.39	45398.70	43497.76	47214.29
	归属母公司股东权益(万元)	37276.93	24527.13	24342.64	24087.05
	营业收入(万元)	15097.38	22120.88	11396.75	35352.92
	营业成本(万元)	10957.81	15935.87	8318.21	25566.24
	投资收益(万元)	—	—	—	—
	净利润(万元)	—	—	254.43	2994.98
	营业利润(万元)	968.36	199.67	102.63	3258.18
	利润总额(万元)	958.80	387.05	252.12	3359.95

东莞市鑫聚光电科技股份有限公司

公司概况	公司名称	东莞市鑫聚光电科技股份有限公司			证券简称	鑫聚光电
	法人代表	蔡文珍	董秘	张安祥	证券代码	831881
	公司网址	www.china-xjx.com.cn		电子信箱	caiwz@china-xjx.com.cn	
	电　　话	0769-82779600		传　　真	0769-82779200	
	办公地址	广东省东莞市塘厦镇清湖头长富路 8 号				
	经营范围	电子产品、塑料制品、通用机械设备的研发与生产				

	指标＼报告期	2017.06.30	2016.12.31	2016.06.30	2015.12.31
主要财务指标	基本每股收益(元)	–0.2300	–0.2500	–0.0400	0.1100
	基本每股收益(扣除后)(元)	–0.2400	–0.2700	–0.0400	0.0874
	稀释每股收益(元)	–0.2300	–0.2500	–0.0400	0.1100
	每股净资产(元)	2.2700	2.5000	2.7300	2.9900
	每股经营现金净流量(元)	–0.1770	–0.2333	–0.3503	–0.3231
	每股现金流量(元)	–0.0386	–0.5475	–0.5544	0.7026
	每股资本公积金(元)	1.6375	1.6375	1.6375	1.6375
	每股盈余公积金(元)	0.0384	0.0384	0.0384	0.0384
	每股未分配利润(元)	–0.4058	–0.1756	0.0532	0.0722
	净资产收益率(%)	–10.1400	–9.9100	–1.3499	3.0209
	净资产收益率(扣除)(%)	–9.6500	–9.4400	–1.3400	4.2800
	加权净资产收益率	–10.6400	–10.7300	–1.6560	2.4763
	总资产(万元)	11513.82	11464.23	12902.78	13637.15
	归属母公司股东权益(万元)	7945.45	8751.13	9551.96	10466.47
	营业收入(万元)	4052.73	12024.40	4474.40	9060.06
	营业成本(万元)	3986.81	10887.49	3780.18	7091.89
	投资收益(万元)	4.94	9.64	3.85	512.95
	净利润(万元)	—	—	–128.94	316.18
	营业利润(万元)	–852.21	–945.58	–154.33	320.55
	利润总额(万元)	–805.68	–874.17	–128.94	429.91

湖南众益文化传媒股份有限公司

公司概况	公司名称	湖南众益文化传媒股份有限公司			证券简称	众益传媒
	法人代表	文高永权	董秘	宋翼湘	证券代码	831882
	公司网址	www.zycm.cc		电子信箱	rcy502@163.com	
	电　　话	0731-84486611		传　　真	0731-84486611	
	办公地址	湖南省长沙市大河西先导区潇湘南路一段 208 号柏宁地王广场柏利大厦写字楼六楼				
	经营范围	设计、制作、代理、发布国内各类广告等				

	指标＼报告期	2017.06.30	2016.12.31	2016.06.30	2015.12.31
主要财务指标	基本每股收益(元)	0.0400	0.1000	0.0500	0.2100
	基本每股收益(扣除后)(元)	0.0400	0.0800	0.0400	0.1800
	稀释每股收益(元)	0.0400	0.1000	0.0500	0.2100
	每股净资产(元)	1.6300	1.5900	1.5500	3.0000
	每股经营现金净流量(元)	–0.1492	–0.1701	–0.2801	0.0915
	每股现金流量(元)	–0.1341	–0.2586	–0.2673	0.7982
	每股资本公积金(元)	0.2658	0.2658	0.2725	1.5450
	每股盈余公积金(元)	0.0286	0.0286	0.0192	0.0384
	每股未分配利润(元)	0.3359	0.2994	0.2562	0.4166
	净资产收益率(%)	2.2381	6.3022	3.0929	6.5499
	净资产收益率(扣除)(%)	2.2600	6.4900	3.1400	9.0400
	加权净资产收益率	2.2852	5.0605	2.4235	5.7101
	总资产(万元)	15931.68	15383.71	15692.74	14718.44
	归属母公司股东权益(万元)	13149.10	12854.82	12484.91	12098.76
	营业收入(万元)	2946.54	8058.97	3608.48	5547.30
	营业成本(万元)	1069.28	3371.08	1605.91	2206.26
	投资收益(万元)	—	32.32	8.70	16.78
	净利润(万元)	—	—	334.27	719.55
	营业利润(万元)	438.69	946.69	402.49	883.50
	利润总额(万元)	433.86	1102.36	492.23	983.29

福建成达兴智能科技股份有限公司

公司概况	公司名称	福建成达兴智能科技股份有限公司			证券简称	成达兴
	法人代表	黄振辉	董秘	卢尚德	证券代码	831884
	公司网址	www.cdxgf.com		电子信箱	lsd7292@163.com	
	电　　话	0596-2200786		传　　真	0596-2662608	
	办公地址	福建省漳州市芗城区胜利路漳州发展广场十一层 B 号				
	经营范围	电子产品研发、生产和销售等				

	指标＼报告期	2017.06.30	2016.12.31	2016.06.30	2015.12.31
主要财务指标	基本每股收益(元)	0.0100	0.1600	0.0500	0.2300
	基本每股收益(扣除后)(元)	—	0.1500	0.0400	0.1400
	稀释每股收益(元)	0.0100	0.1600	0.0500	0.2300
	每股净资产(元)	1.4200	1.4100	1.3000	1.6900
	每股经营现金净流量(元)	–0.3204	–0.1842	–0.3831	0.0662
	每股现金流量(元)	–0.3340	–0.1547	–0.4637	0.5020
	每股资本公积金(元)	0.0795	0.0795	0.0795	0.4033
	每股盈余公积金(元)	0.0390	0.0390	0.0230	0.0299
	每股未分配利润(元)	0.3021	0.2927	0.1939	0.2572
	净资产收益率(%)	0.6629	11.1263	3.2544	12.0558
	净资产收益率(扣除)(%)	0.6700	11.3900	3.2500	15.9100
	加权净资产收益率	0.1487	10.2988	2.4347	7.2766
	总资产(万元)	4512.01	4184.24	3356.33	3510.91
	归属母公司股东权益(万元)	3416.42	3393.77	3117.63	3127.17
	营业收入(万元)	1622.08	3556.82	1224.57	2241.24
	营业成本(万元)	1196.84	2572.38	844.24	1492.28
	投资收益(万元)	12.41	0.36	0.36	28.16
	净利润(万元)	—	—	100.39	377.34
	营业利润(万元)	31.62	375.39	93.33	307.06
	利润总额(万元)	29.54	408.07	123.06	454.73

福建天信投资咨询顾问股份有限公司

公司概况						
公司名称	福建天信投资咨询顾问股份有限公司			证券简称	天信投资	
法人代表	沈文策	董秘		证券代码	831889	
公司网址	www.stock888.cn		电子信箱	fjtx@fjtx.net		
电话	0591-87986100		传真	0591-83517502		
办公地址	福建省福州市鼓楼区五凤街道软件大道89号软件园一期(海峡园)25#楼1层					
经营范围	证券投资咨询					

主要财务指标 指标\报告期	2017.06.30	2016.12.31	2016.06.30	2015.12.31
基本每股收益(元)	0.0800	1.6700	1.3100	0.8400
基本每股收益(扣除后)(元)	0.0785	1.1558	---	0.8300
稀释每股收益(元)	---	---	---	---
每股净资产(元)	2.5600	2.7800	2.3900	1.9300
每股经营现金净流量(元)	-0.6862	3.0507	2.0150	2.0636
每股现金流量(元)	-1.6021	1.2790	1.3844	1.3504
每股资本公积金(元)	---	---	0.0663	0.0663
每股盈余公积金(元)	0.1137	0.1137	0.0552	0.0552
每股未分配利润(元)	1.4496	1.6691	1.2926	0.8269
净资产收益率(%)	3.1418	60.0128	54.8705	43.6227
净资产收益率(扣除)(%)	2.8500	58.5900	---	38.6500
加权净资产收益率	3.0844	41.5354	54.2946	43.0018
总资产(万元)	13987.49	17589.27	17063.62	15519.70
归属母公司股东权益(万元)	8458.94	9183.18	7875.30	6383.26
营业收入(万元)	5974.39	21520.72	14333.46	9468.43
营业成本(万元)	2008.08	8289.11	4918.44	3399.70
投资收益(万元)	---	20.35	15.66	10.72
净利润(万元)	---	---	4321.22	2784.55
营业利润(万元)	275.07	7109.03	5484.80	3438.21
利润总额(万元)	280.91	7351.92	5761.49	3712.23

天津市新玻电力复合绝缘子制造股份有限公司

公司概况						
公司名称	天津市新玻电力复合绝缘子制造股份有限公司			证券简称	新玻电力	
法人代表	贾士民	董秘	于淼	证券代码	831892	
公司网址	www.xinbopowerltd.com		电子信箱	yumiao@xinbopowerltd.com		
电话	022-28678916		传真	022-28678918		
办公地址	天津市津南区咸水沽海河科技园福鑫路3号增1号					
经营范围	交、直流盘形悬式瓷(玻璃)复合绝缘子的研发、生产和销售					

主要财务指标 指标\报告期	2017.06.30	2016.12.31	2016.06.30	2015.12.31
基本每股收益(元)	0.1900	0.4000	0.2400	0.3000
基本每股收益(扣除后)(元)	0.1900	0.3700	0.2300	0.2300
稀释每股收益(元)	0.1900	0.4000	0.2400	0.3000
每股净资产(元)	2.5100	2.3700	2.2100	1.9700
每股经营现金净流量(元)	0.0011	0.4851	0.5291	0.2249
每股现金流量(元)	-0.0526	0.1340	0.2631	0.2751
每股资本公积金(元)	0.6989	0.6989	0.6989	0.6989
每股盈余公积金(元)	0.0613	0.0613	0.0296	0.0296
每股未分配利润(元)	0.7476	0.6125	0.4829	0.2410
净资产收益率(%)	7.5486	16.9938	10.9380	14.2390
净资产收益率(扣除)(%)	7.6700	18.5700	11.5700	15.5500
加权净资产收益率	7.5076	15.5671	10.4246	11.0628
总资产(万元)	14793.97	14152.29	13195.01	9808.11
归属母公司股东权益(万元)	9247.05	8749.00	8154.11	7262.21
营业收入(万元)	4821.85	8940.97	3715.87	5930.38
营业成本(万元)	3147.12	5842.42	2004.59	3535.34
投资收益(万元)	4.00	-2.84	---	---
净利润(万元)	---	---	891.90	1034.06
营业利润(万元)	804.50	1646.83	995.14	1182.64
利润总额(万元)	809.45	1800.04	1044.39	1275.63

浙江思考投资集团股份有限公司

公司概况						
公司名称	浙江思考投资集团股份有限公司			证券简称	思考投资	
法人代表	岳志武	董秘	徐铭崎	证券代码	831896	
公司网址	www.rathink.cn		电子信箱	1061651297@qq.com		
电话	0577-88383703		传真	0577-88383712		
办公地址	浙江省温州市鹿城区车站大道577号财富中心1103室					
经营范围	个人、企业投资管理等					

主要财务指标 指标\报告期	2017.06.30	2016.12.31	2016.06.30	2015.12.31
基本每股收益(元)	-0.0100	0.0500	0.0600	0.1300
基本每股收益(扣除后)(元)	-0.0100	0.0500	0.0500	0.1300
稀释每股收益(元)	-0.0100	0.0500	0.0600	0.1300
每股净资产(元)	0.9700	1.0300	1.2700	1.3400
每股经营现金净流量(元)	-0.0397	0.0601	-0.1126	-0.1114
每股现金流量(元)	0.0052	-0.2055	-0.0959	0.2510
每股资本公积金(元)	0.0245	0.0245	0.1293	0.1293
每股盈余公积金(元)	0.0166	0.0166	0.0129	0.0129
每股未分配利润(元)	0.0006	0.0081	0.1718	0.1135
净资产收益率(%)	-0.7642	5.1003	4.5992	9.1808
净资产收益率(扣除)(%)	-0.7200	4.8500	4.3500	13.2000
加权净资产收益率	-0.7637	4.7733	4.0451	9.0419
总资产(万元)	43004.05	40117.04	41222.32	42473.73
归属母公司股东权益(万元)	35036.14	37194.25	38015.45	40240.82
营业收入(万元)	767.67	6880.14	4692.33	8134.71
营业成本(万元)	607.56	3137.35	2399.68	390.95
投资收益(万元)	-29.82	165.57	520.61	1290.95
净利润(万元)	---	---	1738.46	3689.22
营业利润(万元)	-285.98	3012.86	2318.96	4858.08
利润总额(万元)	-286.11	3006.68	2312.00	4910.05

万绿生态园林股份有限公司

公司概况						
公司名称	万绿生态园林股份有限公司			证券简称	万绿生态	
法人代表	顾天雷	董秘	白振辉	证券代码	831902	
公司网址	www.wanlvyuanlin.com		电子信箱	wlylhn@163.com		
电话	0371-68106186		传真	0371-68106186		
办公地址	河南省郑州市管城区商都路100号建正东方中心B座1117号					
经营范围	园林绿化工程施工、规划设计、花卉苗木的种植、园林绿地养护等业务					

主要财务指标 指标\报告期	2017.06.30	2016.12.31	2016.06.30	2015.12.31
基本每股收益(元)	0.0900	0.3200	0.2200	0.3400
基本每股收益(扣除后)(元)	0.0900	0.3000	0.2200	0.3400
稀释每股收益(元)	0.0900	0.3200	0.2200	0.3400
每股净资产(元)	1.6700	2.6900	2.5900	2.3600
每股经营现金净流量(元)	-0.1677	-0.2648	-0.2875	-0.7208
每股现金流量(元)	-0.1817	-0.0448	-0.2906	0.2556
每股资本公积金(元)	0.1589	0.9701	0.9701	0.9701
每股盈余公积金(元)	0.0547	0.0765	0.0653	0.0447
每股未分配利润(元)	0.4527	0.6403	0.5506	0.3499
净资产收益率(%)	5.1479	11.9895	8.5581	12.5456
净资产收益率(扣除)(%)	5.2800	12.7500	8.9400	19.4400
加权净资产收益率	5.3274	11.3449	8.3520	12.3489
总资产(万元)	38861.46	34434.26	30024.77	27192.25
归属母公司股东权益(万元)	18650.11	17690.03	17026.21	15569.09
营业收入(万元)	12608.78	24697.36	13537.22	26730.70
营业成本(万元)	9989.60	19707.40	10589.21	21028.06
投资收益(万元)	---	---	---	6.17
净利润(万元)	---	---	1459.62	1909.05
营业利润(万元)	1406.52	2801.78	1906.50	2615.98
利润总额(万元)	1361.88	2954.15	1953.29	2656.83

大连金三元生态园林工程股份有限公司

公司概况					
公司名称	大连金三元生态园林工程股份有限公司			证券简称	金三元
法人代表	韩福连	董秘	金锋昌	证券代码	831912
公司网址	www.dljsy.cn		电子信箱	duzhenli.xu@qq.com	
电　话	0411-82655303		传　真	0411-82655323	
办公地址	辽宁省大连市甘井子区凌水街道小平岛村(小平岛C区C组团)梦海南园134号				
经营范围	园林工程施工、园林景观设计、苗木种植				

主要财务指标：指标＼报告期	2017.06.30	2016.12.31	2016.06.30	2015.12.31
基本每股收益(元)	0.0600	0.0600	−0.0800	0.1700
基本每股收益(扣除后)(元)	0.0600	0.0600	−0.0800	0.1200
稀释每股收益(元)	0.0600	0.0600	−0.0800	0.1700
每股净资产(元)	1.9300	1.8700	1.7300	2.7200
每股经营现金净流量(元)	−0.1997	−0.1199	−0.0322	−0.6836
每股现金流量(元)	0.1038	0.0177	0.1112	−0.0065
每股资本公积金(元)	0.6601	0.6601	0.6601	1.4902
每股盈余公积金(元)	0.0263	0.0263	0.0203	0.0304
每股未分配利润(元)	0.2438	0.1844	0.0525	0.1950
净资产收益率(%)	3.0775	3.2275	−4.4749	5.9795
净资产收益率(扣除)(%)	3.1300	3.2800	−4.3800	6.9400
加权净资产收益率	3.0315	3.2270	−4.4749	4.2687
总资产(万元)	13424.02	13431.75	10528.23	10293.38
归属母公司股东权益(万元)	9844.12	9541.17	8837.75	9233.23
营业收入(万元)	2308.37	5156.68	104.87	7885.41
营业成本(万元)	1715.67	3613.96	80.63	6343.62
投资收益(万元)	—	−5.45	—	0.59
净利润(万元)	—	—	−395.48	552.11
营业利润(万元)	345.76	369.30	−449.57	458.63
利润总额(万元)	351.79	369.36	−449.57	669.25

厦门商中在线科技股份有限公司

公司概况					
公司名称	厦门商中在线科技股份有限公司			证券简称	商中在线
法人代表	颜健鸥	董秘	徐佳	证券代码	831916
公司网址	www.bizcn.com		电子信箱	xujia@bizcn.com	
电　话	0592-2179581		传　真	0592-2179606	
办公地址	福建省厦门市思明区观音山商务区高雄路18号通达国际中心5楼				
经营范围	软件开发、互联网信息服务等				

主要财务指标：指标＼报告期	2017.06.30	2016.12.31	2016.06.30	2015.12.31
基本每股收益(元)	0.3196	0.8184	0.2500	0.5300
基本每股收益(扣除后)(元)	0.3176	0.4789	0.2500	0.5056
稀释每股收益(元)	0.3196	0.8184	0.2500	0.5300
每股净资产(元)	8.0300	7.7300	6.0200	5.7900
每股经营现金净流量(元)	0.0482	3.2126	0.6785	−0.9576
每股现金流量(元)	0.1138	1.5329	0.6509	2.2838
每股资本公积金(元)	6.0793	10.3282	4.0928	5.4452
每股盈余公积金(元)	0.0396	0.0671	0.0671	0.0671
每股未分配利润(元)	0.9125	1.0042	0.8561	0.4891
净资产收益率(%)	3.9798	6.2502	4.1891	7.5007
净资产收益率(扣除)(%)	4.0500	11.0400	4.2600	11.9500
加权净资产收益率	3.9545	3.6573	4.0518	7.0969
总资产(万元)	45076.96	40373.42	17933.12	15355.12
归属母公司股东权益(万元)	34824.52	33519.04	15401.14	14818.24
营业收入(万元)	13944.66	16777.64	5877.43	10014.61
营业成本(万元)	9610.98	10825.72	4552.71	7610.39
投资收益(万元)	—	−5.23	—	—
净利润(万元)	—	—	645.17	1111.47
营业利润(万元)	1947.76	2402.46	734.80	1237.85
利润总额(万元)	1959.49	2465.07	759.68	1308.25

山东开泰石化股份有限公司

公司概况					
公司名称	山东开泰石化股份有限公司			证券简称	开泰石化
法人代表	赵世香	董秘	刘永清	证券代码	831928
公司网址	www.sdkt.com.cn		电子信箱	ktsh@vip.163.com	
电　话	0533-3576579		传　真	0533-3576579	
办公地址	山东省淄博市张店区中心路202号				
经营范围	化工产品类业务，主要是丙烯酸、丙烯酸酯产品的研发、生产和销售				

主要财务指标：指标＼报告期	2017.06.30	2016.12.31	2016.06.30	2015.12.31
基本每股收益(元)	0.0700	−0.2300	−0.2900	−0.9800
基本每股收益(扣除后)(元)	0.0600	−0.4200	−0.3600	−1.1100
稀释每股收益(元)	0.0700	−0.2300	—	−0.9800
每股净资产(元)	2.3500	4.5600	4.5000	4.7800
每股经营现金净流量(元)	0.0968	0.6018	0.2008	0.8305
每股现金流量(元)	0.1265	−1.2913	−1.2744	0.5882
每股资本公积金(元)	0.3658	1.7315	1.7315	1.7315
每股盈余公积金(元)	0.1457	0.2914	0.2914	0.2914
每股未分配利润(元)	0.8347	1.5331	1.4704	1.7595
净资产收益率(%)	2.9038	−4.9676	−6.4173	−15.7251
净资产收益率(扣除)(%)	2.9500	−4.8500	−6.2300	−19.7200
加权净资产收益率	2.7318	−9.2183	−7.9328	−17.9167
总资产(万元)	154633.47	127074.48	124343.65	139045.78
归属母公司股东权益(万元)	43684.85	42416.34	41930.02	44523.40
营业收入(万元)	67936.00	110627.05	50411.43	105098.66
营业成本(万元)	58959.94	99813.25	47085.29	99109.30
投资收益(万元)	—	—	—	—
净利润(万元)	—	—	−2690.79	−7001.36
营业利润(万元)	1371.82	−4291.38	−3450.49	−8243.65
利润总额(万元)	1460.13	−2048.93	−2603.27	−6947.88

云南能投威士科技股份有限公司

公司概况					
公司名称	云南能投威士科技股份有限公司			证券简称	云能威士
法人代表	郭曙光	董秘	张占军	证券代码	831931
公司网址	www.weith.com.cn		电子信箱	yeieweith@163.com	
电　话	0871-65954155		传　真	0871-65954156	
办公地址	云南省昆明市西山区日新中路616号云南能投大厦9楼				
经营范围	电力能源设备、矿山设备、自动化控制系统、系统集成和软件的研发、设计、制造等				

主要财务指标：指标＼报告期	2017.06.30	2016.12.31	2016.06.30	2015.12.31
基本每股收益(元)	−0.1500	0.0500	0.0700	0.4000
基本每股收益(扣除后)(元)	−0.1533	0.0100	0.0700	0.3500
稀释每股收益(元)	—	0.0500	—	—
每股净资产(元)	1.3700	1.5300	1.6500	1.4000
每股经营现金净流量(元)	1.7303	−1.1070	−1.3566	−1.1292
每股现金流量(元)	1.6516	−1.1497	−1.2800	1.4963
每股资本公积金(元)	0.1452	0.1452	0.1452	0.0043
每股盈余公积金(元)	0.0500	0.0500	0.0329	0.0355
每股未分配利润(元)	0.1856	0.3396	0.3820	0.3360
净资产收益率(%)	−11.2207	2.8916	4.4706	25.0477
净资产收益率(扣除)(%)	−10.3200	3.0200	5.1500	33.0000
加权净资产收益率	−11.4663	0.6949	3.9881	21.7861
总资产(万元)	44999.73	37849.11	37411.43	36235.36
归属母公司股东权益(万元)	7385.74	8257.78	8374.77	7014.99
营业收入(万元)	3029.28	28164.86	15094.63	35246.65
营业成本(万元)	2565.61	24576.07	13009.86	30224.67
投资收益(万元)	—	—	—	—
净利润(万元)	—	—	374.40	1757.09
营业利润(万元)	−864.59	−132.75	299.14	1839.38
利润总额(万元)	−843.26	80.66	346.67	2108.56

湖南建研信息技术股份有限公司

公司概况	公司名称	湖南建研信息技术股份有限公司		证券简称	建研信息
	法人代表	曾胡	董秘　易小明	证券代码	831937
	公司网址	www.pkpmjc.com		电子信箱	16135269@qq.com
	电　话	0731-82922718		传　真	0731-82922708
	办公地址	湖南省衡阳市雁峰区广场路35号中央企业花园4号楼一楼			
	经营范围	为建设工程质量与安全管理部门及相关企业提供信息技术产品与服务			

主要财务指标	指标\报告期	2017.06.30	2016.12.31	2016.06.30	2015.12.31
	基本每股收益(元)	0.2100	0.3600	0.1500	0.5600
	基本每股收益(扣除后)(元)	0.2000	0.3200	0.1300	0.4100
	稀释每股收益(元)	0.2100	0.3600	0.1500	0.5600
	每股净资产(元)	1.7900	1.5800	1.2700	1.6500
	每股经营现金净流量(元)	−0.1281	0.1321	−0.2426	0.3945
	每股现金流量(元)	−0.1281	−0.3809	−0.5775	0.5831
	每股资本公积金(元)	0.1685	0.1685	0.0459	0.2597
	每股盈余公积金(元)	0.0852	0.0589	0.0455	0.0405
	每股未分配利润(元)	0.5395	0.3512	0.1754	0.3531
	净资产收益率(%)	11.9648	21.6850	11.7492	22.8991
	净资产收益率(扣除)(%)	12.7300	25.5500	11.0600	39.0300
	加权净资产收益率	11.3180	19.1876	10.4311	16.7264
	总资产(万元)	4295.00	3542.52	2646.18	2594.64
	归属母公司股东权益(万元)	3091.88	2721.94	2057.42	2065.57
	营业收入(万元)	1617.35	2374.21	875.13	2029.79
	营业成本(万元)	317.96	630.93	162.28	671.41
	投资收益(万元)	20.05	---	13.82	---
	净利润(万元)	---	---	243.18	473.00
	营业利润(万元)	372.98	383.53	99.24	162.14
	利润总额(万元)	376.46	677.21	284.31	471.78

上海亿格企业管理咨询股份有限公司

公司概况	公司名称	上海亿格企业管理咨询股份有限公司		证券简称	上海亿格
	法人代表	王建国	董秘　钱晓倩	证券代码	831938
	公司网址	www.egridconsulting.com		电子信箱	alla.qian@egridconsulting.com
	电　话	021-64851952		传　真	021-64859719
	办公地址	上海市徐汇区虹漕路461号软件大厦2楼D座			
	经营范围	ERP咨询实施服务、ERP运行维护服务			

主要财务指标	指标\报告期	2017.06.30	2016.12.31	2016.06.30	2015.12.31
	基本每股收益(元)	0.0385	0.5285	0.0910	0.6300
	基本每股收益(扣除后)(元)	−0.1449	0.5256	0.0910	0.5686
	稀释每股收益(元)	0.0385	0.5285	0.0910	0.6300
	每股净资产(元)	3.1300	3.0900	2.6500	2.6700
	每股经营现金净流量(元)	−1.7958	1.5376	−0.1553	−0.5637
	每股现金流量(元)	−1.7974	1.5098	−0.1700	−0.0200
	每股资本公积金(元)	0.5570	0.5570	0.5570	0.5570
	每股盈余公积金(元)	0.1564	0.1496	0.1019	0.1019
	每股未分配利润(元)	1.4170	1.3854	0.9957	0.9046
	净资产收益率(%)	1.2285	17.0925	3.4313	23.8348
	净资产收益率(扣除)(%)	1.2400	18.6900	3.3600	29.6300
	加权净资产收益率	−4.6298	16.9992	3.4270	21.6385
	总资产(万元)	4235.33	4986.30	3437.80	3258.72
	归属母公司股东权益(万元)	3326.10	3285.24	2820.49	2723.71
	营业收入(万元)	3154.96	6303.94	2161.39	3799.71
	营业成本(万元)	2512.89	4355.12	1479.25	2179.41
	投资收益(万元)	6.12	---	---	---
	净利润(万元)	---	---	89.42	643.33
	营业利润(万元)	−183.31	665.48	101.35	662.00
	利润总额(万元)	44.30	669.19	101.60	732.38

江苏兴荣高新科技股份有限公司

公司概况	公司名称	江苏兴荣高新科技股份有限公司		证券简称	兴荣高科
	法人代表	祁威	董秘　蔡贤平	证券代码	831941
	公司网址	www.xr-hitech.cn		电子信箱	zxw@xr-hitech.com
	电　话	0519-85131919		传　真	0519-85130098
	办公地址	江苏省常州新区太湖西路108号			
	经营范围	钢管加工设备、矿物绝缘电缆用铜管、铜铝复合管及轨道交通架修设备的研发、生产和销售			

主要财务指标	指标\报告期	2017.06.30	2016.12.31	2016.06.30	2015.12.31
	基本每股收益(元)	−0.0500	0.1300	0.0600	0.3300
	基本每股收益(扣除后)(元)	−0.1200	−0.0300	−0.0300	0.1700
	稀释每股收益(元)	−0.0500	0.1300	0.0600	0.3300
	每股净资产(元)	5.1000	5.1400	5.0700	5.2500
	每股经营现金净流量(元)	0.0200	0.2830	0.0475	0.3988
	每股现金流量(元)	−0.1484	0.2842	0.0063	0.0164
	每股资本公积金(元)	0.9503	0.9503	0.9503	0.9503
	每股盈余公积金(元)	0.5737	0.5737	0.5579	0.5579
	每股未分配利润(元)	2.5711	2.6182	2.5599	2.7447
	净资产收益率(%)	−0.9238	2.5147	1.0893	6.3026
	净资产收益率(扣除)(%)	−0.9200	2.4900	1.0500	6.4200
	加权净资产收益率	−2.2878	−0.5932	−0.5866	3.3146
	总资产(万元)	52418.53	50653.03	51193.43	54039.57
	归属母公司股东权益(万元)	31178.56	31466.58	31012.84	32143.64
	营业收入(万元)	9290.42	21559.45	9401.53	27486.72
	营业成本(万元)	8069.30	19207.11	8592.62	23511.82
	投资收益(万元)	−343.02	−31.75	199.86	393.32
	净利润(万元)	---	---	293.42	1927.54
	营业利润(万元)	−762.28	−211.41	−232.67	1060.85
	利润总额(万元)	−336.41	772.25	292.81	2036.79

安徽安泽电工股份有限公司

公司概况	公司名称	安徽安泽电工股份有限公司		证券简称	安泽电工
	法人代表	朱家亮	董秘　孔祥顺	证券代码	831945
	公司网址	www.anze.cn		电子信箱	kxs@anze.cn
	电　话	0563-4187581		传　真	0563-4187577
	办公地址	安徽省宁国经济技术开发区外环南路46号			
	经营范围	电子元件、家用电力器具配件、电加热器、发热电缆的开发、生产、销售等			

主要财务指标	指标\报告期	2017.06.30	2016.12.31	2016.06.30	2015.12.31
	基本每股收益(元)	0.2300	0.3500	0.2100	0.2600
	基本每股收益(扣除后)(元)	0.2200	0.3100	0.1600	0.1700
	稀释每股收益(元)	0.2300	0.3500	---	0.2600
	每股净资产(元)	2.8100	2.5700	2.4400	2.2300
	每股经营现金净流量(元)	0.1270	−0.0332	−0.0477	0.0625
	每股现金流量(元)	−0.0917	0.0211	−0.0243	−0.0160
	每股资本公积金(元)	0.6174	0.6174	0.6174	0.6174
	每股盈余公积金(元)	0.0317	0.0317	0.0155	0.0155
	每股未分配利润(元)	1.1571	0.9253	0.8054	0.5939
	净资产收益率(%)	8.2601	13.5037	8.6747	10.8313
	净资产收益率(扣除)(%)	8.6200	14.4800	9.1300	12.8800
	加权净资产收益率	7.9109	12.0630	6.5212	7.0517
	总资产(万元)	35424.61	34969.90	22249.31	20925.38
	归属母公司股东权益(万元)	16276.30	14931.86	14142.30	12915.50
	营业收入(万元)	7560.69	15183.57	5855.92	11115.83
	营业成本(万元)	4584.77	9437.87	3324.51	6515.34
	投资收益(万元)	0.67	16.08	15.21	0.47
	净利润(万元)	---	---	1226.80	1398.92
	营业利润(万元)	1187.16	1881.28	1047.88	899.83
	利润总额(万元)	1449.86	2293.03	1401.12	1576.75

北京华图供应链管理股份有限公司

公司概况						
公司名称	北京华图供应链管理股份有限公司			证券简称	华图股份	
法人代表	孙远飞	董秘	荣辉	证券代码	831952	
公司网址	www.cinkoshipping.com		电子信箱	daisy.rong@cinkoshipping.com		
电　话	010-58494805		传　真	010-64689210		
办公地址	北京市朝阳区北三环东路8号静安中心1133室					
经营范围	承办无船承运业务					

主要财务指标 指标\报告期	2017.06.30	2016.12.31	2016.06.30	2015.12.31
基本每股收益(元)	-0.0673	-0.1271	-0.1400	0.0400
基本每股收益(扣除后)(元)	-0.0676	-0.1302	-0.1453	-0.0253
稀释每股收益(元)	-0.0673	-0.1271	-0.1400	0.0400
每股净资产(元)	3.9500	4.0200	4.0100	4.1500
每股经营现金净流量(元)	-0.3608	0.8955	0.2613	-0.3093
每股现金流量(元)	-0.4089	0.2220	-0.1344	0.0510
每股资本公积金(元)	2.2211	2.2127	2.2215	2.2211
每股盈余公积金(元)	0.1459	0.1459	0.1342	0.1342
每股未分配利润(元)	0.5862	0.6591	0.6531	0.7980
净资产收益率(%)	-1.8454	-3.1646	-3.6145	1.0209
净资产收益率(扣除)(%)	-1.6900	-3.1100	-3.5500	1.0300
加权净资产收益率	-1.8274	-3.2413	-3.6258	-0.6098
总资产(万元)	19200.71	20915.56	23548.88	23086.36
归属母公司股东权益(万元)	16998.88	17276.16	17237.78	17859.29
营业收入(万元)	10233.47	34402.76	18183.33	45870.79
营业成本(万元)	9827.60	32334.93	17571.42	43677.75
投资收益(万元)	811.08	-183.33	-189.72	-12.37
净利润(万元)	---	---	-635.39	182.32
营业利润(万元)	-471.84	-551.63	-606.85	-55.05
利润总额(万元)	-472.56	-533.97	-604.28	333.25

苏州香塘担保股份有限公司

公司概况						
公司名称	苏州香塘担保股份有限公司			证券简称	香塘担保	
法人代表	曹海燕	董秘		证券代码	831959	
公司网址	tcjin888@163.com		电子信箱			
电　话	0512-53597595		传　真	0512-53560126		
办公地址	江苏省太仓市城厢镇朝阳路3号香塘大厦11楼					
经营范围	贷款担保、票据承兑担保、贸易融资担保、项目融资担保、信用证担保					

主要财务指标 指标\报告期	2017.06.30	2016.12.31	2016.06.30	2015.12.31
基本每股收益(元)	0.0665	0.1366	0.0830	0.0768
基本每股收益(扣除后)(元)	0.0326	0.1327	---	---
稀释每股收益(元)	---	0.1366	---	---
每股净资产(元)	1.3100	1.2900	1.2400	1.2600
每股经营现金净流量(元)	0.1283	0.2472	0.0123	0.0374
每股现金流量(元)	-0.4058	0.4325	-0.1485	-0.0116
每股资本公积金(元)	0.0494	0.0494	0.0494	0.0494
每股盈余公积金(元)	0.0269	0.0269	0.0134	0.0134
每股未分配利润(元)	0.1599	0.1434	0.1034	0.1204
净资产收益率(%)	5.0723	10.5557	6.6918	6.1107
净资产收益率(扣除)(%)	5.1000	9.7100	6.6400	6.3000
加权净资产收益率	2.4836	10.2542	3.0317	5.0843
总资产(万元)	56656.38	57796.57	49950.73	53718.80
归属母公司股东权益(万元)	39303.20	38809.62	37202.52	37713.00
营业收入(万元)	1365.17	2986.69	1581.89	3219.20
营业成本(万元)	---	---	---	---
投资收益(万元)	364.21	351.56	267.80	565.18
净利润(万元)	---	---	2487.77	2304.34
营业利润(万元)	2206.50	4843.18	3059.07	2812.11
利润总额(万元)	2220.50	4999.20	3059.07	3327.70

广西明利创新实业股份有限公司

公司概况						
公司名称	广西明利创新实业股份有限公司			证券简称	ST明利	
法人代表	唐映	董秘	蒙芳铭	证券代码	831963	
公司网址	www.831963.com		电子信箱	MLCC_tr@163.com		
电　话	0770-2829883		传　真	0770-2829997		
办公地址	广西壮族自治区防城港市港口区东部吹填区(港区1号路)					
经营范围	货物仓储、集装箱、化肥、桶装沥青、散矿、食糖、粮食等货种的储运业务等					

主要财务指标 指标\报告期	2017.06.30	2016.12.31	2016.06.30	2015.12.31
基本每股收益(元)	-0.1300	0.0100	0.0500	0.8900
基本每股收益(扣除后)(元)	-0.1306	0.0070	---	---
稀释每股收益(元)	---	---	---	0.8900
每股净资产(元)	2.1100	2.2400	2.2700	4.4300
每股经营现金净流量(元)	-0.0018	-0.2199	0.1606	-0.7575
每股现金流量(元)	-0.0022	-0.1337	-0.1358	0.2516
每股资本公积金(元)	0.6825	0.6825	0.6825	2.3649
每股盈余公积金(元)	0.0384	0.0384	0.0384	0.0767
每股未分配利润(元)	0.3399	0.4739	0.5093	0.9284
净资产收益率(%)	-6.3542	0.4353	1.9925	12.4220
净资产收益率(扣除)(%)	-6.1600	0.3900	2.0200	11.1300
加权净资产收益率	-6.3859	0.3034	1.9609	9.8436
总资产(万元)	278224.07	283238.78	284847.94	283388.00
归属母公司股东权益(万元)	153965.41	163440.63	165440.69	161699.02
营业收入(万元)	1024.65	80404.41	61038.70	230187.48
营业成本(万元)	3106.80	72537.42	52605.56	194462.12
投资收益(万元)	---	---	---	---
净利润(万元)	---	---	3296.34	20086.22
营业利润(万元)	-10654.37	1741.04	3911.41	24281.53
利润总额(万元)	-10595.58	2038.87	4025.77	24865.71

大连固瑞聚氨酯股份有限公司

公司概况						
公司名称	大连固瑞聚氨酯股份有限公司			证券简称	固瑞股份	
法人代表	黄钟亮	董秘	陈丹丹	证券代码	831965	
公司网址	www.guruipu.cn		电子信箱	chendd@guruipu.com		
电　话	0411-39865404		传　真	0411-88105573		
办公地址	辽宁省大连市甘井子区营旭路39号					
经营范围	聚氨酯浇注灌封胶、聚氨酯树脂的生产、销售及相关技术咨询服务					

主要财务指标 指标\报告期	2017.06.30	2016.12.31	2016.06.30	2015.12.31
基本每股收益(元)	-0.3300	-0.5000	-0.1300	0.5600
基本每股收益(扣除后)(元)	-0.3300	-0.5200	-0.1300	0.3900
稀释每股收益(元)	-0.3300	-0.5000	---	0.5600
每股净资产(元)	3.0500	3.3800	3.7700	3.9000
每股经营现金净流量(元)	-0.5005	-0.8097	-0.3182	0.4568
每股现金流量(元)	-0.5103	-0.5857	-0.3726	1.1615
每股资本公积金(元)	1.0155	1.0155	1.0382	1.0382
每股盈余公积金(元)	0.0420	0.0420	0.0420	0.0420
每股未分配利润(元)	0.9948	1.3209	1.6871	1.8161
净资产收益率(%)	-10.6839	-14.6561	-3.4231	11.6980
净资产收益率(扣除)(%)	-10.1400	-13.6600	-3.3700	17.6200
加权净资产收益率	-10.8528	-15.4105	-3.5047	8.1511
总资产(万元)	5019.41	5429.80	6146.24	6636.24
归属母公司股东权益(万元)	3800.07	4206.07	4690.26	4850.82
营业收入(万元)	1554.89	3900.85	2025.45	7007.69
营业成本(万元)	1402.12	3142.90	1500.53	4959.35
投资收益(万元)	---	---	---	---
净利润(万元)	---	---	-160.55	567.45
营业利润(万元)	-429.05	-653.13	-167.92	605.68
利润总额(万元)	-422.63	-621.40	-162.83	813.95

深圳善为影业股份有限公司

公司概况	公司名称	深圳善为影业股份有限公司			证券简称	善为影业
	法人代表	吴东毅	董秘	王萍	证券代码	831973
	公司网址	www.imovie.cn		电子信箱	fin623@imovie.cn	
	电　话	0755-82782023		传　真	0755-82782023	
	办公地址	广东省深圳市福田区车公庙天安创新科技广场 A1206B				
	经营范围	以网络销售平台为基础,影院运营策划为辅助,提供电影票务 O2O 服务				

	指标\报告期	2017.06.30	2016.12.31	2016.06.30	2015.12.31
主要财务指标	基本每股收益(元)	−0.0473	0.1003	0.1300	1.8065
	基本每股收益(扣除后)(元)	−0.0475	0.1042	0.1200	1.7563
	稀释每股收益(元)	−0.0473	0.1003	0.1300	1.8065
	每股净资产(元)	2.2400	2.2900	2.3100	11.2200
	每股经营现金净流量(元)	0.0664	−0.4814	−0.2804	−0.0996
	每股现金流量(元)	0.0907	−0.4838	−0.3974	3.4815
	每股资本公积金(元)	1.0265	1.0265	1.0265	9.1313
	每股盈余公积金(元)	—	—	—	—
	每股未分配利润(元)	0.2150	0.2623	0.2845	1.0889
	净资产收益率(%)	−2.1109	4.3816	5.2996	9.7372
	净资产收益率(扣除)(%)	−2.0900	4.4800	6.1500	32.8100
	加权净资产收益率	−2.1196	4.5515	5.0371	9.4666
	总资产(万元)	28190.23	21624.69	19567.95	19659.70
	归属母公司股东权益(万元)	16958.60	17316.58	17484.43	12628.33
	营业收入(万元)	2266.95	13801.81	5289.29	9185.31
	营业成本(万元)	1236.12	9353.14	3277.83	5911.78
	投资收益(万元)	—	−15.08	—	—
	净利润(万元)	—	—	926.60	1229.65
	营业利润(万元)	−231.40	971.12	1171.70	1674.15
	利润总额(万元)	−229.43	969.26	1232.89	1719.89

辽宁维森信息技术股份有限公司

公司概况	公司名称	辽宁维森信息技术股份有限公司			证券简称	维森信息
	法人代表	李国义	董秘	李鸿雁	证券代码	831974
	公司网址	www.lnwish.com		电子信箱	lhy@lnwish.com	
	电　话	0416-4120000		传　真	0416-4120000-8100	
	办公地址	辽宁省锦州市古塔区汉口街中融国际 1-15、1-16、1-17 号				
	经营范围	系统集成解决方案设计与施工、软件开发				

	指标\报告期	2017.06.30	2016.12.31	2016.06.30	2015.12.31
主要财务指标	基本每股收益(元)	−0.0400	0.1900	0.0300	0.2000
	基本每股收益(扣除后)(元)	−0.0500	0.1522	0.0300	0.1400
	稀释每股收益(元)	−0.0400	—	—	—
	每股净资产(元)	1.3300	1.4200	1.2600	1.2300
	每股经营现金净流量(元)	−0.1446	−0.0496	−0.2254	0.0700
	每股现金流量(元)	−0.2787	−0.0326	−0.3110	0.1183
	每股资本公积金(元)	0.0928	0.0928	0.0928	0.0928
	每股盈余公积金(元)	0.0485	0.0485	0.0290	0.0290
	每股未分配利润(元)	0.1935	0.2798	0.1388	0.1063
	净资产收益率(%)	−2.7151	13.5773	2.5728	14.6459
	净资产收益率(扣除)(%)	−2.6300	14.5700	2.6100	18.1000
	加权净资产收益率	−3.6556	10.8756	−0.2394	10.6232
	总资产(万元)	7850.48	8548.87	6522.43	6486.01
	归属母公司股东权益(万元)	4262.53	4537.94	4025.38	3921.81
	营业收入(万元)	2057.46	8305.04	3036.36	5906.70
	营业成本(万元)	1494.33	6075.01	2390.10	3904.48
	投资收益(万元)	—	—	—	—
	净利润(万元)	—	—	103.57	574.38
	营业利润(万元)	−154.59	542.62	−47.86	427.66
	利润总额(万元)	−114.50	692.97	103.08	650.48

广东温迪数字传播股份有限公司

公司概况	公司名称	广东温迪数字传播股份有限公司			证券简称	ST 温迪
	法人代表	关丽芬	董秘	陈文豪	证券代码	831975
	公司网址	www.wendydigital.com		电子信箱	kayuri.luo@wendydigital.com	
	电　话	020-83377650		传　真	020-83637957	
	办公地址	广东省广州市越秀区东风中路 300 号之一自编 19 楼 H 房				
	经营范围	公共关系管理				

	指标\报告期	2017.06.30	2016.12.31	2016.06.30	2015.12.31
主要财务指标	基本每股收益(元)	—	−1.0500	−0.6400	−0.2400
	基本每股收益(扣除后)(元)	—	−1.2000	0.2900	−0.2200
	稀释每股收益(元)	—	−1.0500	−0.6400	—
	每股净资产(元)	—	0.4500	2.5100	1.1500
	每股经营现金净流量(元)	—	−0.5310	−0.5197	−1.4028
	每股现金流量(元)	—	0.2022	−0.4971	0.2795
	每股资本公积金(元)	—	0.6751	0.6751	0.3116
	每股盈余公积金(元)	—	—	—	0.0807
	每股未分配利润(元)	—	−1.2267	−0.8102	0.5607
	净资产收益率(%)	—	−233.8265	−73.0802	−17.1322
	净资产收益率(扣除)(%)	—	−120.9300	14.8500	−19.7300
	加权净资产收益率	—	−266.2819	33.7136	−15.4765
	总资产(万元)	—	11626.40	7514.39	9973.81
	归属母公司股东权益(万元)	—	1664.85	3211.07	4180.35
	营业收入(万元)	—	4707.27	4561.80	9494.56
	营业成本(万元)	—	5826.64	5724.62	6695.99
	投资收益(万元)	—	364.97	364.97	—
	净利润(万元)	—	—	−2582.92	−878.37
	营业利润(万元)	—	−4555.18	−2654.88	−313.43
	利润总额(万元)	—	−4276.62	−2584.51	−371.32

常州金康精工机械股份有限公司

公司概况	公司名称	常州金康精工机械股份有限公司			证券简称	金康精工
	法人代表	钟仁康	董秘	王迎春	证券代码	831978
	公司网址	www.jinkang.com.cn		电子信箱	wang.yingchun@jinkang.com.cn	
	电　话	0519-81580183-8004		传　真	0519-81580183	
	办公地址	江苏省常州市新北区环保十路 18、20 号				
	经营范围	电机绕组制造专用装备及其配件的设计、生产与销售				

	指标\报告期	2017.06.30	2016.12.31	2016.06.30	2015.12.31
主要财务指标	基本每股收益(元)	0.1800	0.2300	0.0800	0.2300
	基本每股收益(扣除后)(元)	0.1600	0.1600	0.0720	0.1900
	稀释每股收益(元)	0.1800	0.2300	0.0800	0.2300
	每股净资产(元)	1.9100	1.7700	1.6100	2.0300
	每股经营现金净流量(元)	0.1867	0.1569	−0.0525	0.0925
	每股现金流量(元)	−0.0438	0.0763	0.0061	−0.2096
	每股资本公积金(元)	0.3263	0.3263	0.3263	0.7242
	每股盈余公积金(元)	0.0459	0.0459	0.0232	0.0302
	每股未分配利润(元)	0.5375	0.3940	0.2649	0.2715
	净资产收益率(%)	9.5041	12.8617	4.6637	11.3709
	净资产收益率(扣除)(%)	9.7700	13.6700	4.7200	12.0600
	加权净资产收益率	8.3902	9.3242	4.4457	9.4076
	总资产(万元)	17730.64	16796.67	15450.93	14540.81
	归属母公司股东权益(万元)	9930.90	9184.65	8394.87	8103.35
	营业收入(万元)	5457.21	9715.95	4480.43	11087.71
	营业成本(万元)	3685.81	6921.56	3060.51	8293.92
	投资收益(万元)	4.64	—	—	—
	净利润(万元)	—	—	391.51	921.42
	营业利润(万元)	957.17	796.45	435.26	875.05
	利润总额(万元)	1087.31	1178.68	456.79	1062.22

大兴安岭林格贝寒带生物科技股份有限公司

公司概况					
公司名称	大兴安岭林格贝寒带生物科技股份有限公司			证券简称	林格贝
法人代表	姚德坤	董秘	李靓英	证券代码	831979
公司网址	www.lingebei.com		电子信箱	ljy@lgberry.com.cn	
电　　话	0457-2161887		传　　真	0457-2161887	
办公地址	黑龙江省大兴安岭地区松岭区小扬气镇永兴街				
经营范围	花青素,寻麻提取物为主的寒带林下野生植物提取物的相关产品的研发、生产和销售				

主要财务指标：指标\报告期	2017.06.30	2016.12.31	2016.06.30	2015.12.31
基本每股收益(元)	0.0604	0.2427	0.2700	0.3800
基本每股收益(扣除后)(元)	0.0544	0.1944	0.2609	0.3099
稀释每股收益(元)	0.0604	0.2427	0.2700	0.3800
每股净资产(元)	2.4700	2.4100	2.4200	2.0700
每股经营现金净流量(元)	0.0217	-0.5069	-0.3512	-0.6443
每股现金流量(元)	-0.3547	0.1705	0.4932	0.2931
每股资本公积金(元)	0.9967	0.9967	0.9967	0.7199
每股盈余公积金(元)	0.0377	0.0377	0.0221	0.0344
每股未分配利润(元)	0.4337	0.3733	0.4002	0.3195
净资产收益率(%)	2.4480	7.6432	7.5481	16.9423
净资产收益率(扣除)(%)	2.4600	11.9365	10.6200	23.4200
加权净资产收益率	2.2040	6.1231	7.3766	13.9583
总资产(万元)	42682.39	44161.50	41355.44	23739.53
归属母公司股东权益(万元)	29965.54	29231.97	29368.31	16147.72
营业收入(万元)	5280.70	13232.00	8282.79	9982.34
营业成本(万元)	3447.27	7512.78	4774.26	5677.43
投资收益(万元)	--	--	--	--
净利润(万元)	--	--	2230.68	2740.43
营业利润(万元)	684.38	2181.51	2742.93	2711.27
利润总额(万元)	768.09	2661.74	2793.28	3278.20

成都市都江堰春盛中药饮片股份有限公司

公司概况					
公司名称	成都市都江堰春盛中药饮片股份有限公司			证券简称	春盛中药
法人代表	骆春明	董秘	宋蕾	证券代码	831983
公司网址	www.djycs.cn		电子信箱	A@djycs.cn	
电　　话	13882110105		传　　真	028-87234778	
办公地址	四川省成都市都江堰市四川都江堰经济开发区金藤路 15 号				
经营范围	中药饮片加工及销售				

主要财务指标：指标\报告期	2017.06.30	2016.12.31	2016.06.30	2015.12.31
基本每股收益(元)	0.5335	1.2461	0.7300	1.3400
基本每股收益(扣除后)(元)	0.5334	1.0528	0.7430	1.2512
稀释每股收益(元)	--	1.2461	0.7300	1.3400
每股净资产(元)	8.0200	7.4800	6.9600	5.8400
每股经营现金净流量(元)	-0.6216	-0.6719	-0.1912	-0.8801
每股现金流量(元)	0.0713	0.0145	0.1727	0.4914
每股资本公积金(元)	3.9989	3.9989	3.9989	3.4845
每股盈余公积金(元)	0.2656	0.2656	0.2120	0.1547
每股未分配利润(元)	2.7506	2.2171	1.7524	1.1968
净资产收益率(%)	6.6562	16.5458	10.3351	20.9063
净资产收益率(扣除)(%)	6.8900	18.2300	11.1400	31.3900
加权净资产收益率	6.6549	13.9358	10.5304	19.5254
总资产(万元)	26614.76	21669.52	17497.18	13430.11
归属母公司股东权益(万元)	12182.80	11371.90	10584.21	8170.32
营业收入(万元)	15247.53	23549.39	10020.96	17752.45
营业成本(万元)	13412.92	20578.78	8338.66	14891.18
投资收益(万元)	--	--	--	--
净利润(万元)	--	--	1082.43	1698.87
营业利润(万元)	792.15	1580.11	1106.15	1605.78
利润总额(万元)	792.31	1876.92	1085.48	1718.60

河北欧克精细化工股份有限公司

公司概况					
公司名称	河北欧克精细化工股份有限公司			证券简称	欧克精化
法人代表	刘彦利	董秘	陈厚建	证券代码	831993
公司网址	www.chinaoxen.com		电子信箱	oxen_wqs@163.com	
电　　话	0316-5918318		传　　真	0316-5918318	
办公地址	河北省廊坊市经济技术开发区鸿润道 11 号				
经营范围	珠光颜料、四氯化钛及创意泥的研发、生产与销售				

主要财务指标：指标\报告期	2017.06.30	2016.12.31	2016.06.30	2015.12.31
基本每股收益(元)	0.1300	0.1000	0.0500	-0.0100
基本每股收益(扣除后)(元)	0.1200	0.0900	0.0300	-0.0400
稀释每股收益(元)	0.1300	0.1000	0.0500	-0.0100
每股净资产(元)	2.1100	1.9800	1.9200	1.8700
每股经营现金净流量(元)	-0.0135	0.1055	0.0177	0.0605
每股现金流量(元)	0.1088	-0.1460	0.0194	0.0887
每股资本公积金(元)	0.4929	0.4929	0.4929	0.4929
每股盈余公积金(元)	0.1676	0.1676	0.1502	0.1502
每股未分配利润(元)	0.4144	0.2806	0.2449	0.1974
净资产收益率(%)	6.3362	5.0831	2.4790	-0.6675
净资产收益率(扣除)(%)	6.5400	5.2400	2.5100	-0.7000
加权净资产收益率	5.4610	4.4726	1.8248	-1.9015
总资产(万元)	19823.44	17272.72	17640.90	18003.42
归属母公司股东权益(万元)	14008.63	13121.02	12709.36	12394.30
营业收入(万元)	9219.40	13841.21	6480.86	13082.96
营业成本(万元)	5685.23	9053.45	4178.69	9180.26
投资收益(万元)	--	--	--	--
净利润(万元)	--	--	315.06	-82.74
营业利润(万元)	1013.54	806.45	313.64	-308.73
利润总额(万元)	1157.77	901.98	411.35	-124.73

深圳市中冀联合技术股份有限公司

公司概况					
公司名称	深圳市中冀联合技术股份有限公司			证券简称	中冀联合
法人代表	李银虎	董秘	张庆	证券代码	831994
公司网址	www.fa-tojoin.com		电子信箱	zhangqing@chbutc.com	
电　　话	0755-27918821		传　　真	0755-27918921	
办公地址	广东省深圳市宝安区西乡街道前进二路 21 号流塘商务大厦 A 座 20 层				
经营范围	无线通讯测试设备的研发、生产和销售				

主要财务指标：指标\报告期	2017.06.30	2016.12.31	2016.06.30	2015.12.31
基本每股收益(元)	0.2100	0.6000	0.2200	0.4700
基本每股收益(扣除后)(元)	0.1900	0.5123	0.1900	0.4200
稀释每股收益(元)	0.2100	0.6000	0.2200	0.4700
每股净资产(元)	1.4500	1.7100	1.3300	1.5000
每股经营现金净流量(元)	0.1032	0.3439	0.0296	0.2615
每股现金流量(元)	0.0016	-0.1372	-0.4209	0.7403
每股资本公积金(元)	0.0215	0.0280	0.0280	0.0364
每股盈余公积金(元)	0.1026	0.1072	0.0696	0.0608
每股未分配利润(元)	0.3217	0.5711	0.2287	0.4045
净资产收益率(%)	14.5218	34.8758	16.3856	31.5834
净资产收益率(扣除)(%)	14.7800	41.8300	17.3000	36.3100
加权净资产收益率	13.3131	29.7768	14.1343	27.6519
总资产(万元)	6467.34	5678.86	4724.98	4506.14
归属母公司股东权益(万元)	4844.59	4408.70	3417.62	2976.50
营业收入(万元)	2701.48	5192.05	2054.81	3356.41
营业成本(万元)	1462.20	2597.78	1048.23	1468.35
投资收益(万元)	10.44	53.80	12.00	91.27
净利润(万元)	--	--	560.00	940.08
营业利润(万元)	745.39	1573.03	575.77	1040.40
利润总额(万元)	803.84	1783.15	652.40	1089.24

深圳海斯迪能源科技股份有限公司

公司概况	公司名称	深圳海斯迪能源科技股份有限公司			证券简称	海斯迪
	法人代表	张晓云	董秘	蒋平	证券代码	831997
	公司网址	www.szhsdpa.com		电子信箱	jpqfy@sina.com	
	电　　话	0755-81460855		传　　真	0755-81460855	
	办公地址	广东省深圳市宝安区福永街道大洋路中粮(福安)智谷创新园孵化器第5栋第2层				
	经营范围	锂电池软包电芯的生产、研发和销售				

主要财务指标	指标\报告期	2017.06.30	2016.12.31	2016.06.30	2015.12.31
	基本每股收益(元)	0.1300	-0.0100	0.2400	1.1300
	基本每股收益(扣除后)(元)	0.1200	-0.0800	0.1700	0.4300
	稀释每股收益(元)	0.1300	-0.0100	0.2400	1.1300
	每股净资产(元)	2.6400	2.5000	2.7500	6.2900
	每股经营现金净流量(元)	0.0282	0.0232	0.0469	-2.9316
	每股现金流量(元)	0.0282	-0.1581	0.0415	0.4387
	每股资本公积金(元)	1.1597	1.1597	1.1597	4.3993
	每股盈余公积金(元)	0.0385	0.0385	0.0357	0.0892
	每股未分配利润(元)	0.4381	0.3049	0.5546	0.7970
	净资产收益率(%)	5.0512	-0.4422	8.5741	8.8673
	净资产收益率(扣除)(%)	5.1800	-0.4400	8.9600	27.5500
	加权净资产收益率	4.6271	-3.2738	6.0323	8.1032
	总资产(万元)	11378.14	11086.34	10277.78	9672.54
	归属母公司股东权益(万元)	8016.64	7611.70	8362.36	7645.36
	营业收入(万元)	2865.27	5405.31	3180.25	5799.54
	营业成本(万元)	2210.67	4433.22	2278.44	4208.53
	投资收益(万元)	—	—	—	—
	净利润(万元)	—	—	717.00	677.94
	营业利润(万元)	437.91	-310.65	596.48	738.94
	利润总额(万元)	477.91	-57.09	846.55	807.67

广东合迪科技股份有限公司

公司概况	公司名称	广东合迪科技股份有限公司			证券简称	合迪科技
	法人代表	蔡光	董秘	周良	证券代码	831998
	公司网址	www.holdings.net.cn		电子信箱	zhou.liang@holdings.net.cn	
	电　　话	0756-6881333		传　　真	0756-6995088	
	办公地址	广东省珠海市香洲区石花三巷21号丰盛大厦3楼				
	经营范围	筑工业化技术及产品的研究开发、生产、销售、安装				

主要财务指标	指标\报告期	2017.06.30	2016.12.31	2016.06.30	2015.12.31
	基本每股收益(元)	0.0500	0.0791	0.1000	0.3800
	基本每股收益(扣除后)(元)	0.0400	0.0651	0.0900	0.3417
	稀释每股收益(元)	0.0500	0.0791	—	0.3800
	每股净资产(元)	1.8200	1.7700	1.7900	1.4500
	每股经营现金净流量(元)	0.1526	0.2770	-0.0926	0.3212
	每股现金流量(元)	-0.2030	0.2839	-0.0130	-0.2144
	每股资本公积金(元)	0.3293	0.3293	0.3293	0.0152
	每股盈余公积金(元)	0.0466	0.0466	0.0259	0.0310
	每股未分配利润(元)	0.4435	0.3967	0.4374	0.4068
	净资产收益率(%)	2.5708	4.4268	5.4912	26.1837
	净资产收益率(扣除)(%)	2.6000	4.6100	5.9200	30.1300
	加权净资产收益率	2.2714	3.6479	4.7771	23.1582
	总资产(万元)	29062.59	27255.94	18770.21	15498.14
	归属母公司股东权益(万元)	10916.51	10635.87	10755.65	7265.04
	营业收入(万元)	4089.60	6528.68	4020.47	10209.19
	营业成本(万元)	2204.28	2833.44	2088.66	5095.45
	投资收益(万元)	-67.60	-3.19	-4.27	-0.08
	净利润(万元)	—	—	590.62	1902.25
	营业利润(万元)	363.22	555.70	597.88	1993.39
	利润总额(万元)	363.07	653.17	687.26	2252.02

贵州黑碳碳投低碳产业发展股份有限公司

公司概况	公司名称	贵州黑碳碳投低碳产业发展股份有限公司			证券简称	黑碳碳投
	法人代表	王春甫	董秘	董珂	证券代码	832001
	公司网址	www.blackcarbonstock.com		电子信箱	belleve1012@163.com	
	电　　话	0851-7990160-6828		传　　真	0851-5518715	
	办公地址	贵州省贵阳市云岩区未来方舟D12组团A1单元18层1-20室				
	经营范围	节能减排方案设计;合同能源管理服务;煤气、天然气建设项目节能管理咨询等				

主要财务指标	指标\报告期	2017.06.30	2016.12.31	2016.06.30	2015.12.31
	基本每股收益(元)	0.0900	0.4600	0.1600	0.5400
	基本每股收益(扣除后)(元)	0.0900	0.4200	0.1500	0.4415
	稀释每股收益(元)	0.0900	0.4600	0.1600	0.5400
	每股净资产(元)	2.4300	2.3400	2.6000	2.7100
	每股经营现金净流量(元)	0.0307	0.1765	-0.0762	0.1344
	每股现金流量(元)	-0.1444	-0.4285	-0.4026	0.6203
	每股资本公积金(元)	0.2899	0.2899	0.3165	2.7518
	每股盈余公积金(元)	0.0309	0.0309	0.0292	0.0730
	每股未分配利润(元)	1.1107	1.0165	0.7168	1.4130
	净资产收益率(%)	3.8740	19.3832	7.3490	18.6481
	净资产收益率(扣除)(%)	3.9500	16.4300	5.9700	24.7700
	加权净资产收益率	3.7717	17.9297	7.1526	15.1688
	总资产(万元)	9596.46	10181.05	9219.05	5645.85
	归属母公司股东权益(万元)	7294.66	7012.07	6187.33	3249.98
	营业收入(万元)	1315.21	4639.66	1693.33	1607.24
	营业成本(万元)	799.23	2568.55	884.93	464.13
	投资收益(万元)	—	—	—	—
	净利润(万元)	—	—	454.71	606.06
	营业利润(万元)	275.19	1568.36	606.34	659.80
	利润总额(万元)	428.87	1806.67	622.55	810.57

北京海林节能科技股份有限公司

公司概况	公司名称	北京海林节能科技股份有限公司			证券简称	海林节能
	法人代表	李海清	董秘	厉海鹰	证券代码	832004
	公司网址	www.hailin.com		电子信箱	lihaiying@hailin.com	
	电　　话	010-52816666		传　　真	010-52816677	
	办公地址	北京市昌平区回龙观镇北京国际信息产业基地发路9号1幢1层109室				
	经营范围	节能技术开发、技术咨询、技术转让、技术培训、技术服务等				

主要财务指标	指标\报告期	2017.06.30	2016.12.31	2016.06.30	2015.12.31
	基本每股收益(元)	-0.0300	-0.2500	-0.1500	0.2500
	基本每股收益(扣除后)(元)	-0.0700	-0.3100	-0.1600	0.1800
	稀释每股收益(元)	-0.0300	-0.2500	-0.1500	0.2500
	每股净资产(元)	3.9900	4.0200	4.1200	4.2700
	每股经营现金净流量(元)	-0.0235	0.3890	-0.1408	0.2238
	每股现金流量(元)	-0.0621	-0.5654	-0.8798	-0.0771
	每股资本公积金(元)	2.0545	2.0545	2.0541	2.1226
	每股盈余公积金(元)	0.1707	0.1707	0.1707	0.1764
	每股未分配利润(元)	0.7656	0.7954	0.8962	1.0782
	净资产收益率(%)	-0.7461	-6.1681	-3.5708	5.6780
	净资产收益率(扣除)(%)	-0.7400	-5.9800	-3.5100	5.3000
	加权净资产收益率	-1.6854	-7.8200	-3.8806	4.0530
	总资产(万元)	49719.58	52289.28	51926.51	58233.71
	归属母公司股东权益(万元)	24743.50	24928.12	25550.69	26463.06
	营业收入(万元)	15051.82	30160.26	12721.03	35633.02
	营业成本(万元)	10777.95	21592.06	9327.15	23539.41
	投资收益(万元)	—	2.02	—	49.30
	净利润(万元)	—	—	-985.48	1448.51
	营业利润(万元)	-483.56	-1560.73	-1039.41	1296.70
	利润总额(万元)	-203.95	-1078.92	-943.42	1742.58

云南航天工程物探检测股份有限公司

公司概况					
公司名称	云南航天工程物探检测股份有限公司			证券简称	航天检测
法人代表	刘浩	董秘	梁丽萍	证券代码	832007
公司网址	www.aerospace.net.cn		电子信箱	htjc@aerospace.net.cn	
电话	0871-67262599		传真	0871-67266599	
办公地址	云南省昆明经开区出口加工区顺通大道89号B座9层				
经营范围	工程检测、勘察、设计、试验与技术咨询服务				

主要财务指标：指标\报告期	2017.06.30	2016.12.31	2016.06.30	2015.12.31
基本每股收益(元)	0.2900	0.7200	0.3300	0.4300
基本每股收益(扣除后)(元)	0.2800	0.5500	0.3100	0.3700
稀释每股收益(元)	0.2900	0.7200	0.3300	0.4300
每股净资产(元)	3.8900	3.7000	3.1700	2.9300
每股经营现金净流量(元)	–0.5264	0.5779	–0.0071	0.5390
每股现金流量(元)	–0.8332	0.7734	–0.1832	0.4376
每股资本公积金(元)	0.6049	0.6049	0.2336	0.2336
每股盈余公积金(元)	0.1653	0.1653	0.1078	0.1078
每股未分配利润(元)	2.1206	1.9311	1.8309	1.5845
净资产收益率(%)	7.4414	17.5876	10.4471	14.6056
净资产收益率(扣除)(%)	7.5400	22.4000	10.8200	15.7600
加权净资产收益率	7.3174	13.2834	9.9464	12.7897
总资产(万元)	15027.38	15975.66	12806.10	12599.36
归属母公司股东权益(万元)	13909.54	13231.97	10198.79	9406.59
营业收入(万元)	4270.70	7119.73	3474.26	5525.91
营业成本(万元)	2049.00	3731.26	1594.63	2835.16
投资收益(万元)	15.93	—	—	—
净利润(万元)	—	—	1055.51	1372.60
营业利润(万元)	1120.67	1921.92	1078.26	1306.15
利润总额(万元)	1140.97	2591.95	1138.33	1507.10

湖南金天铝业高科技股份有限公司

公司概况					
公司名称	湖南金天铝业高科技股份有限公司			证券简称	金天高科
法人代表	谭碧海	董秘	胡立中	证券代码	832008
公司网址	www.hngoldsky.com		电子信箱	info@hngoldsky.com	
电话	0743-4222612		传真	0743-4223028	
办公地址	湖南省泸溪县武溪镇金天路8号				
经营范围	金属铝系列产品、名族工艺品研究、开发、生产、销售及有关有色金属产品的经营				

主要财务指标：指标\报告期	2017.06.30	2016.12.31	2016.06.30	2015.12.31
基本每股收益(元)	–0.1000	0.0064	0.0100	0.0100
基本每股收益(扣除后)(元)	–0.1000	–0.0043	0.0100	—
稀释每股收益(元)	–0.1000	—	0.0100	—
每股净资产(元)	1.4000	1.5000	1.5000	1.4900
每股经营现金净流量(元)	0.0165	0.0450	0.0347	–0.1263
每股现金流量(元)	–0.0859	–0.0079	–0.0732	–0.0098
每股资本公积金(元)	0.5339	0.5339	0.5339	0.5339
每股盈余公积金(元)	0.0294	0.0294	0.0294	0.0294
每股未分配利润(元)	–0.1680	–0.0642	–0.0613	–0.0706
净资产收益率(%)	–7.4401	0.4288	0.6199	0.9176
净资产收益率(扣除)(%)	–7.1700	0.4300	0.6200	0.9300
加权净资产收益率	–7.4501	–0.2880	0.2982	0.0420
总资产(万元)	18975.45	19927.51	19657.72	19529.01
归属母公司股东权益(万元)	14819.01	15921.57	15952.18	15853.30
营业收入(万元)	6337.61	16231.47	8937.95	15921.17
营业成本(万元)	6103.97	14036.80	7653.75	13493.69
投资收益(万元)	—	—	—	—
净利润(万元)	—	—	98.88	145.46
营业利润(万元)	–1168.11	–52.83	40.37	9.36
利润总额(万元)	–1169.44	81.42	100.74	172.66

广东绿之彩印刷科技股份有限公司

公司概况					
公司名称	广东绿之彩印刷科技股份有限公司			证券简称	绿之彩
法人代表	曾志平	董秘	曾家明	证券代码	832014
公司网址	www.gcpacking.com		电子信箱	zengjiaming@gcpacking.net	
电话	0757-23816038		传真	0757-23816162	
办公地址	广东省佛山市顺德区陈村镇广隆集约工业园环镇西路6号				
经营范围	出版物、包装装潢印刷品、塑料印刷包装、生产塑料制品、其他印刷品印刷				

主要财务指标：指标\报告期	2017.06.30	2016.12.31	2016.06.30	2015.12.31
基本每股收益(元)	0.0700	0.0600	0.0400	–0.3900
基本每股收益(扣除后)(元)	0.0651	0.0300	—	–0.4000
稀释每股收益(元)	—	0.0600	—	–0.3900
每股净资产(元)	1.4600	1.2300	1.2300	1.0900
每股经营现金净流量(元)	0.0745	0.1517	0.0903	0.1120
每股现金流量(元)	0.2386	0.0140	0.1369	0.0034
每股资本公积金(元)	0.7221	0.5398	0.5665	0.4726
每股盈余公积金(元)	—	—	—	—
每股未分配利润(元)	–0.2333	–0.3125	–0.3348	–0.3844
净资产收益率(%)	5.0857	4.6401	3.3360	–35.0635
净资产收益率(扣除)(%)	5.7800	4.9300	3.5800	–31.7400
加权净资产收益率	4.7290	2.4715	1.7277	–36.8651
总资产(万元)	31713.94	30781.43	29564.16	27984.61
归属母公司股东权益(万元)	11885.17	9359.51	9233.24	7976.41
营业收入(万元)	12748.95	25161.82	10551.91	19351.65
营业成本(万元)	10726.19	21421.32	8859.40	17699.29
投资收益(万元)	—	—	—	54.67
净利润(万元)	—	—	308.02	–2796.81
营业利润(万元)	562.06	230.89	159.53	–2885.85
利润总额(万元)	604.45	433.86	308.02	–2796.81

深圳市奥伦德科技股份有限公司

公司概况					
公司名称	深圳市奥伦德科技股份有限公司			证券简称	奥伦德
法人代表	吴质朴	董秘	韩光宇	证券代码	832016
公司网址	www.orient-opto.com		电子信箱	or@orient-opto.com	
电话	0755-29980748		传真	0755-29980030	
办公地址	广东省深圳市宝安区西乡鹤洲鸿图工业园1栋3楼				
经营范围	LED产品的开发、生产和销售				

主要财务指标：指标\报告期	2017.06.30	2016.12.31	2016.06.30	2015.12.31
基本每股收益(元)	–0.2000	–0.0700	0.0200	0.0700
基本每股收益(扣除后)(元)	–0.2600	–0.2000	—	–0.0500
稀释每股收益(元)	–0.2000	–0.0700	0.0200	0.0700
每股净资产(元)	2.3200	2.5200	2.6000	2.5800
每股经营现金净流量(元)	0.0065	–0.1474	–0.1287	–0.0957
每股现金流量(元)	0.0373	0.0709	–0.0714	0.1067
每股资本公积金(元)	0.6414	0.6414	0.6414	0.6414
每股盈余公积金(元)	0.0811	0.0811	0.0811	0.0811
每股未分配利润(元)	0.5957	0.7942	0.8754	0.8596
净资产收益率(%)	–8.5653	–2.5966	0.6076	2.5994
净资产收益率(扣除)(%)	–8.2100	–2.5600	0.6100	2.6500
加权净资产收益率	–11.1130	–7.9350	–1.1709	–2.0624
总资产(万元)	30534.43	31997.19	30662.99	31388.69
归属母公司股东权益(万元)	16343.11	17742.94	18314.94	18203.67
营业收入(万元)	4057.31	10875.98	4840.26	11960.74
营业成本(万元)	5017.61	9577.29	4045.80	10048.36
投资收益(万元)	30.29	43.13	26.68	246.86
净利润(万元)	—	—	115.31	500.25
营业利润(万元)	–1871.03	–1637.97	–246.22	–523.99
利润总额(万元)	–1427.92	–541.65	141.03	512.10

广东固特超声股份有限公司

公司概况					
公司名称	广东固特超声股份有限公司			证券简称	固特超声
法人代表	吴银隆	董秘	吴鑫隆	证券代码	832018
公司网址	www.vgt.cc		电子信箱	manager@vgt.cc	
电　话	0753-8123288		传　真	0753-8123298	
办公地址	广东省梅州市固特科技园(蕉岭县蕉城镇)				
经营范围	超声波技术开发;超声波技术应用产品、设备、电源以及清洗剂等化工产品的研发、生产、销售				

指标\报告期	2017.06.30	2016.12.31	2016.06.30	2015.12.31
基本每股收益(元)	0.0300	0.0161	0.0300	0.0700
基本每股收益(扣除后)(元)	0.0100	0.0103	0.0282	0.0440
稀释每股收益(元)	0.0300	0.0161	0.0300	0.0700
每股净资产(元)	1.1800	1.3900	1.3200	1.3200
每股经营现金净流量(元)	-0.0106	-0.0031	-0.1368	0.1754
每股现金流量(元)	-0.2190	0.2151	-0.0724	0.1694
每股资本公积金(元)	0.1549	0.4126	0.2770	0.2770
每股盈余公积金(元)	0.0052	0.0066	0.0070	0.0026
每股未分配利润(元)	0.0237	-0.0075	0.0385	0.0101
净资产收益率(%)	2.5001	1.1086	2.3601	4.5767
净资产收益率(扣除)(%)	2.5300	1.2000	2.3400	6.4000
加权净资产收益率	0.5576	0.7076	2.1332	2.7975
总资产(万元)	15374.10	14758.98	12216.98	11574.08
归属母公司股东权益(万元)	9446.98	9210.80	8226.04	8208.55
营业收入(万元)	4302.26	8591.97	2986.37	5564.24
营业成本(万元)	3167.13	6044.54	1891.00	3801.93
投资收益(万元)	189.34	-55.03	-52.35	52.80
净利润(万元)	---	---	214.40	375.68
营业利润(万元)	217.57	87.92	175.09	304.86
利润总额(万元)	244.58	198.25	249.40	424.65

田野创新股份有限公司

公司概况					
公司名称	田野创新股份有限公司			证券简称	田野股份
法人代表	姚玖志	董秘	单丹	证券代码	832023
公司网址	www.gxtygf.com		电子信箱	xz@tianyefood.com	
电　话	0779-7107086		传　真	0779-7106091	
办公地址	广西壮族自治区北海市合浦县工业园区创业大道				
经营范围	热带果蔬的加工,主要产品包括热带原料果汁、速冻热带果蔬、果蔬罐头				

指标\报告期	2017.06.30	2016.12.31	2016.06.30	2015.12.31
基本每股收益(元)	0.0900	0.2006	0.1000	0.5100
基本每股收益(扣除后)(元)	0.0600	0.1850	0.0797	0.4747
稀释每股收益(元)	0.0900	0.2006	0.0900	0.5100
每股净资产(元)	2.8400	2.7600	2.6800	5.2500
每股经营现金净流量(元)	0.1691	0.2869	-0.0407	0.5989
每股现金流量(元)	-0.3517	-0.0019	-0.8252	2.0821
每股资本公积金(元)	1.0263	1.0263	1.0317	3.0504
每股盈余公积金(元)	0.0411	0.0411	0.0357	0.0605
每股未分配利润(元)	0.7943	0.7018	0.6028	1.1242
净资产收益率(%)	3.2517	7.2713	3.5929	8.6082
净资产收益率(扣除)(%)	3.2900	7.4700	3.6000	17.9100
加权净资产收益率	2.1983	6.7056	2.9769	8.0330
总资产(万元)	80599.77	84153.29	79558.64	75166.45
归属母公司股东权益(万元)	68218.14	66216.99	64237.07	62948.94
营业收入(万元)	9569.24	22093.07	9455.41	21470.26
营业成本(万元)	6337.73	13264.92	5963.43	12922.48
投资收益(万元)	---	272.75	119.68	-9.74
净利润(万元)	---	---	2307.97	5418.75
营业利润(万元)	1569.54	4953.86	1961.79	5196.12
利润总额(万元)	2290.14	5368.56	2365.25	5654.77

潍坊金正食品股份有限公司

公司概况					
公司名称	潍坊金正食品股份有限公司			证券简称	金正食品
法人代表	单俊凤	董秘	单世典	证券代码	832029
公司网址			电子信箱	ssd0139@163.com	
电　话	0536-5403989		传　真	0536-5403989	
办公地址	山东省寿光市营里镇南大路道口段				
经营范围	樱桃谷肉鸭的种鸭养殖、鸭苗孵化、饲料加工、屠宰加工、冷藏销售				

指标\报告期	2017.06.30	2016.12.31	2016.06.30	2015.12.31
基本每股收益(元)	0.0800	0.2800	0.0900	0.3200
基本每股收益(扣除后)(元)	0.0800	0.2800	0.1200	0.3200
稀释每股收益(元)	0.0800	0.2800	0.0900	0.3200
每股净资产(元)	2.6700	3.6300	3.4300	5.0200
每股经营现金净流量(元)	0.2159	0.2304	-0.1331	0.1709
每股现金流量(元)	0.1773	0.0023	-0.1346	0.5042
每股资本公积金(元)	1.2186	2.1060	2.1060	3.6591
每股盈余公积金(元)	0.0377	0.0528	0.0240	0.0360
每股未分配利润(元)	0.4156	0.4748	0.3042	0.3244
净资产收益率(%)	2.8614	7.9047	2.5604	5.1619
净资产收益率(扣除)(%)	2.9000	8.2300	2.5900	6.6000
加权净资产收益率	2.8614	7.9047	2.5604	5.1619
总资产(万元)	46351.38	45955.23	43639.48	41958.09
归属母公司股东权益(万元)	44887.57	43603.16	41211.66	40156.47
营业收入(万元)	21581.64	48694.66	19794.70	51082.63
营业成本(万元)	19839.83	43946.14	17972.83	46980.79
投资收益(万元)	---	---	---	---
净利润(万元)	---	---	1055.19	2072.85
营业利润(万元)	1284.40	3446.70	1055.19	2072.85
利润总额(万元)	1284.40	3446.70	1055.19	2072.85

上海皆悦文化影视传媒股份有限公司

公司概况					
公司名称	上海皆悦文化影视传媒股份有限公司			证券简称	皆悦传媒
法人代表	程长仁	董秘	叶志君	证券代码	832030
公司网址	www.jieyuemedia.com		电子信箱	13301807976@163.com	
电　话	021-65426796		传　真		
办公地址	上海市浦东新区张衡路1000弄张江润和国际总部园18号				
经营范围	广播电视节目制作、发行等				

指标\报告期	2017.06.30	2016.12.31	2016.06.30	2015.12.31
基本每股收益(元)	-0.0400	-0.0400	-0.0100	0.3000
基本每股收益(扣除后)(元)	-0.0500	-0.1400	---	0.2800
稀释每股收益(元)	-0.0400	-0.0400	---	0.3000
每股净资产(元)	2.7700	2.8200	2.7500	2.7500
每股经营现金净流量(元)	-0.3034	0.5565	-0.7833	0.1185
每股现金流量(元)	-0.2933	0.2973	0.0002	0.0001
每股资本公积金(元)	1.6958	1.6958	1.5877	1.5877
每股盈余公积金(元)	0.0217	0.0217	0.0217	0.0217
每股未分配利润(元)	0.0574	0.1020	0.1434	0.1435
净资产收益率(%)	-1.6079	-1.4716	-0.0046	8.6754
净资产收益率(扣除)(%)	-1.6000	-1.5200	-0.0100	23.9300
加权净资产收益率	-1.7512	-5.1084	-3.2927	8.1544
总资产(万元)	6645.79	6676.55	6420.71	6979.19
归属母公司股东权益(万元)	5633.00	5723.57	5588.19	5588.45
营业收入(万元)	758.18	1485.22	777.04	1929.17
营业成本(万元)	466.55	910.59	547.66	589.14
投资收益(万元)	---	---	---	22.62
净利润(万元)	---	---	-21.57	470.97
营业利润(万元)	-163.38	-322.78	-253.35	572.88
利润总额(万元)	-154.23	-42.68	1.66	588.58

上海奇想青晨新材料科技股份有限公司

公司概况	公司名称	上海奇想青晨新材料科技股份有限公司		证券简称	青晨科技
	法人代表	赵永旗	董秘 左成林	证券代码	832032
	公司网址	www.qxqc.cn		电子信箱	alian51@163.com
	电　　话	021-57236335		传　　真	021-67231923
	办公地址	上海市金山区亭林镇亭卫公路 9299 弄 168 号			
	经营范围	从事水性复膜胶的研发、生产、销售及相关服务			

主要财务指标 指标\报告期	2017.06.30	2016.12.31	2016.06.30	2015.12.31
基本每股收益(元)	–0.1100	0.0900	0.0500	0.2800
基本每股收益(扣除后)(元)	–0.1300	0.0900	0.0500	0.2500
稀释每股收益(元)	–0.1100	0.0900	—	0.2800
每股净资产(元)	2.9200	3.1300	3.0900	3.0400
每股经营现金净流量(元)	0.0963	0.4055	0.1913	0.6027
每股现金流量(元)	–0.0371	0.1566	0.0126	0.2377
每股资本公积金(元)	0.3018	0.3017	0.3017	0.3017
每股盈余公积金(元)	0.2851	0.2850	0.2711	0.2711
每股未分配利润(元)	1.3332	1.5479	1.5174	1.4674
净资产收益率(%)	–3.9296	3.0116	1.6125	9.2723
净资产收益率(扣除)(%)	–3.7300	3.0600	1.6300	9.4000
加权净资产收益率	–4.4071	2.7613	1.6431	8.2867
总资产(万元)	22483.78	23863.80	23112.17	23659.14
归属母公司股东权益(万元)	17520.49	18807.60	18600.40	18241.19
营业收入(万元)	7471.39	16945.12	6987.95	16451.22
营业成本(万元)	6086.22	11865.86	4480.05	10396.54
投资收益(万元)	—	—	—	—
净利润(万元)	—	—	299.94	1691.38
营业利润(万元)	–771.85	633.03	361.92	1772.65
利润总额(万元)	–688.18	688.41	355.24	1984.15

天晴干细胞股份有限公司

公司概况	公司名称	天晴干细胞股份有限公司		证券简称	天晴股份
	法人代表	刘艳青	董秘 刘冰	证券代码	832035
	公司网址	www.tqgxb.com		电子信箱	ir@tqstemcells.com
	电　　话	0451-87032633		传　　真	0451-87032633
	办公地址	黑龙江省哈尔滨高新技术产业开发区科技创新城巨宝二路 199 号			
	经营范围	从事临床医疗生物技术应用技术;生物技术服务等			

主要财务指标 指标\报告期	2017.06.30	2016.12.31	2016.06.30	2015.12.31
基本每股收益(元)	0.0644	0.1018	0.0100	0.0500
基本每股收益(扣除后)(元)	0.0566	0.0933	0.0100	–0.0033
稀释每股收益(元)	0.0644	0.1018	0.0100	0.0500
每股净资产(元)	2.0700	2.0100	1.9200	1.7100
每股经营现金净流量(元)	–0.0137	0.2232	0.0411	0.0142
每股现金流量(元)	–0.0217	0.0701	0.1050	–0.0547
每股资本公积金(元)	0.9197	0.9197	0.9197	0.7228
每股盈余公积金(元)	0.0101	0.0101	—	—
每股未分配利润(元)	0.1425	0.0781	–0.0014	–0.0137
净资产收益率(%)	3.1089	5.0538	0.6168	2.7740
净资产收益率(扣除)(%)	3.1600	5.2400	0.6500	2.7700
加权净资产收益率	3.0926	4.6320	0.5224	–0.1959
总资产(万元)	18889.69	17891.71	16635.51	14375.56
归属母公司股东权益(万元)	14589.78	14136.20	13505.08	11621.79
营业收入(万元)	1825.82	2974.37	907.57	1331.77
营业成本(万元)	388.61	611.00	213.79	336.56
投资收益(万元)	—	—	—	—
净利润(万元)	—	—	83.30	322.38
营业利润(万元)	545.62	820.71	68.30	–297.96
利润总额(万元)	548.42	890.86	83.30	108.10

福建卫东环保股份有限公司

公司概况	公司名称	福建卫东环保股份有限公司		证券简称	卫东环保
	法人代表	邱一希	董秘 张丹青	证券代码	832043
	公司网址	www.fjweidong.com		电子信箱	office@weidong.net
	电　　话	18905970959		传　　真	0597-5680913
	办公地址	福建省龙岩市永定工业园区(C-05 地块)			
	经营范围	大气污染治理设备、工业废水处理设备的设计、制造、安装及维修等			

主要财务指标 指标\报告期	2017.06.30	2016.12.31	2016.06.30	2015.12.31
基本每股收益(元)	0.0068	0.0200	0.0009	0.0600
基本每股收益(扣除后)(元)	0.0053	0.0100	–0.0014	—
稀释每股收益(元)	0.0068	0.0200	0.0009	0.0600
每股净资产(元)	1.3000	1.2900	1.2800	1.2800
每股经营现金净流量(元)	–0.0408	–0.1633	–0.1857	–0.1285
每股现金流量(元)	–0.0528	–0.1360	–0.1403	0.0099
每股资本公积金(元)	0.1893	0.1893	0.1893	0.1893
每股盈余公积金(元)	0.0159	0.0159	0.0137	0.0137
每股未分配利润(元)	0.0942	0.0874	0.0731	0.0722
净资产收益率(%)	0.5226	1.3415	0.0705	4.1046
净资产收益率(扣除)(%)	0.5200	1.3500	0.0700	4.7900
加权净资产收益率	0.4003	1.0681	–0.1105	3.2134
总资产(万元)	32257.93	31804.00	29462.22	29716.93
归属母公司股东权益(万元)	21698.87	21585.46	21310.91	21295.89
营业收入(万元)	5279.69	10134.36	3805.41	10818.51
营业成本(万元)	3734.84	7343.02	2687.39	7536.77
投资收益(万元)	—	0.44	0.41	—
净利润(万元)	—	—	–5.20	870.73
营业利润(万元)	71.37	206.23	–68.72	780.85
利润总额(万元)	74.33	275.66	–23.33	1004.12

无锡军工智能电气股份有限公司

公司概况	公司名称	无锡军工智能电气股份有限公司		证券简称	军工智能
	法人代表	周鑫诚	董秘 邵国萍	证券代码	832055
	公司网址	www.china-junco.com		电子信箱	elyn.shao@china-junco.com
	电　　话	0510-66682583		传　　真	0510-85301276
	办公地址	江苏省无锡市新区硕放经发五路 26 号			
	经营范围	矿用电气设备和安全避险系统的研发、设计、生产和销售			

主要财务指标 指标\报告期	2017.06.30	2016.12.31	2016.06.30	2015.12.31
基本每股收益(元)	–0.0700	–0.3300	–0.1000	0.1300
基本每股收益(扣除后)(元)	–0.0600	–0.3600	–0.1300	0.1200
稀释每股收益(元)	–0.0700	–0.3300	—	—
每股净资产(元)	3.0900	3.1600	3.3800	3.4800
每股经营现金净流量(元)	0.2330	0.7182	0.3871	–0.4811
每股现金流量(元)	–0.2226	0.2276	0.4358	–0.5145
每股资本公积金(元)	1.2126	1.2126	1.2126	1.2126
每股盈余公积金(元)	0.1577	0.1577	0.1577	0.1577
每股未分配利润(元)	0.7204	0.7856	1.0103	1.1124
净资产收益率(%)	–2.1076	–10.3566	–3.0206	3.6936
净资产收益率(扣除)(%)	–2.0900	–9.8500	–2.9800	3.7700
加权净资产收益率	–2.0492	–11.5529	–3.9293	3.3337
总资产(万元)	29340.17	28919.49	34594.08	44037.31
归属母公司股东权益(万元)	20244.55	20671.23	22143.20	22812.06
营业收入(万元)	4089.46	5609.54	2636.38	21942.80
营业成本(万元)	3004.85	4745.01	2219.16	17515.40
投资收益(万元)	6.04	—	178.47	24.24
净利润(万元)	—	—	–668.86	842.59
营业利润(万元)	–408.81	–2251.28	–691.59	958.31
利润总额(万元)	–426.68	–2186.17	–668.86	1022.47

雅安茶厂股份有限公司

公司概况						
公司名称	雅安茶厂股份有限公司			证券简称	雅安茶厂	
法人代表	刘真华	董秘	杨春梅	证券代码	832057	
公司网址	www.jjzc168.com		电子信箱	654293099@qq.com		
电　话	0835-2222089		传　真	0835-2243016		
办公地址	四川省雅安市雨城区大兴镇农业园1号					
经营范围	藏茶和装饰茶砖的生产、加工和销售					

主要财务指标：指标\报告期	2017.06.30	2016.12.31	2016.06.30	2015.12.31
基本每股收益(元)	-0.0900	0.1400	0.0200	0.4600
基本每股收益(扣除后)(元)	-0.0800	0.1000	0.0100	0.4300
稀释每股收益(元)	-0.0900	0.1400	0.0200	—
每股净资产(元)	1.8800	2.7000	2.5800	2.5600
每股经营现金净流量(元)	-0.1436	-0.0777	-0.2103	-0.2051
每股现金流量(元)	-0.1993	-0.2559	-0.3260	-0.4556
每股资本公积金(元)	0.3232	0.8068	0.8068	0.8068
每股盈余公积金(元)	0.0635	0.0867	0.0727	0.0727
每股未分配利润(元)	0.4958	0.8021	0.7035	0.6802
净资产收益率(%)	-4.8693	5.0439	0.9032	17.6632
净资产收益率(扣除)(%)	-4.7500	5.1700	0.9100	20.2500
加权净资产收益率	-4.1204	3.7780	0.2424	16.5191
总资产(万元)	16475.42	17842.23	16971.77	18188.61
归属母公司股东权益(万元)	7906.62	8291.61	7945.15	7873.39
营业收入(万元)	1048.71	4325.81	1499.74	5021.33
营业成本(万元)	695.63	2387.87	928.94	2122.88
投资收益(万元)	—	—	—	—
净利润(万元)	—	—	71.76	1394.94
营业利润(万元)	-364.33	395.32	16.82	1566.81
利润总额(万元)	-430.19	518.81	78.59	1672.79

郑州翱翔医药科技股份有限公司

公司概况						
公司名称	郑州翱翔医药科技股份有限公司			证券简称	翱翔科技	
法人代表	闫奇俊	董秘	李向阳	证券代码	832067	
公司网址	www.aoshine.com		电子信箱	lxy750825@126.com		
电　话	0371-62768277		传　真	0371-62768351		
办公地址	河南省郑州登封市三里庄高新技术工业园区					
经营范围	丁基橡胶瓶塞、橡胶制品的研发、生产及销售					

主要财务指标：指标\报告期	2017.06.30	2016.12.31	2016.06.30	2015.12.31
基本每股收益(元)	0.1000	0.2275	0.1300	0.2200
基本每股收益(扣除后)(元)	0.0900	0.2074	0.1200	0.2047
稀释每股收益(元)	0.1000	0.2275	0.1300	0.2200
每股净资产(元)	1.5200	1.5700	1.4700	1.4500
每股经营现金净流量(元)	0.0135	0.2423	-0.0017	0.1160
每股现金流量(元)	-0.1793	0.0473	-0.1559	0.3818
每股资本公积金(元)	0.0936	0.0936	0.0936	0.0936
每股盈余公积金(元)	0.1199	0.1199	0.0972	0.0972
每股未分配利润(元)	0.3112	0.3593	0.2800	0.2545
净资产收益率(%)	6.6807	14.4660	8.5338	14.0818
净资产收益率(扣除)(%)	6.3700	15.0800	8.3200	16.5900
加权净资产收益率	6.0451	13.1881	8.4104	13.5013
总资产(万元)	8792.98	8837.90	8437.40	8401.28
归属母公司股东权益(万元)	4879.19	5033.22	4706.79	4625.12
营业收入(万元)	3467.64	6917.48	3295.97	8662.53
营业成本(万元)	2241.30	4319.34	2011.72	6028.43
投资收益(万元)	-2.93	-12.57	—	—
净利润(万元)	—	—	401.67	651.30
营业利润(万元)	320.19	730.22	410.03	734.83
利润总额(万元)	356.67	804.49	416.86	766.42

三明科飞产气新材料股份有限公司

公司概况						
公司名称	三明科飞产气新材料股份有限公司			证券简称	科飞新材	
法人代表	戴良玉	董秘	黄柳鹏	证券代码	832069	
公司网址	www.cofferxm.com		电子信箱	cofferhlp@126.com		
电　话	0598-5850365		传　真	0598-5852606		
办公地址	福建省三明高新技术开发区金沙园创业园					
经营范围	产气新材料的研发、生产					

主要财务指标：指标\报告期	2017.06.30	2016.12.31	2016.06.30	2015.12.31
基本每股收益(元)	0.0949	0.2617	0.2100	0.4600
基本每股收益(扣除后)(元)	0.0890	0.1830	0.1135	0.1354
稀释每股收益(元)	—	—	—	—
每股净资产(元)	1.4300	1.4100	1.2800	2.5100
每股经营现金净流量(元)	0.1969	0.1056	0.1016	0.9783
每股现金流量(元)	0.7319	-0.3622	-0.1574	0.8561
每股资本公积金(元)	0.0030	0.0030	0.0030	1.0757
每股盈余公积金(元)	0.0452	0.0452	0.0190	0.0406
每股未分配利润(元)	0.2858	0.2910	0.1578	0.3325
净资产收益率(%)	6.6492	18.6171	8.1210	14.4291
净资产收益率(扣除)(%)	6.6000	19.8400	7.9300	25.3400
加权净资产收益率	6.2367	13.0172	4.4510	4.2125
总资产(万元)	4939.88	3671.00	3598.83	3582.34
归属母公司股东权益(万元)	2157.19	2125.68	1928.16	1897.37
营业收入(万元)	1053.44	1797.84	925.50	1505.60
营业成本(万元)	642.57	1006.09	545.31	912.38
投资收益(万元)	—	—	—	—
净利润(万元)	—	—	156.59	273.77
营业利润(万元)	159.86	317.94	105.49	92.63
利润总额(万元)	170.33	457.98	188.75	320.68

陕西合成药业股份有限公司

公司概况						
公司名称	陕西合成药业股份有限公司			证券简称	合成药业	
法人代表	杨成	董秘	杜金良	证券代码	832077	
公司网址	www.sxhcyy.com.cn		电子信箱	du9701@yeah.net		
电　话	029-68775058-8002		传　真	029-68775058-8009		
办公地址	江苏省泰州市海陵区中国医药城药城大道双子楼13楼					
经营范围	药物研究及技术转让					

主要财务指标：指标\报告期	2017.06.30	2016.12.31	2016.06.30	2015.12.31
基本每股收益(元)	0.0200	0.3526	0.1200	0.3000
基本每股收益(扣除后)(元)	0.0200	0.1068	0.0900	0.2046
稀释每股收益(元)	0.0200	0.3526	0.1200	0.3000
每股净资产(元)	4.3400	4.3100	2.0300	1.9000
每股经营现金净流量(元)	0.0241	-0.1936	-0.0901	-0.3624
每股现金流量(元)	0.3166	2.2567	-0.0140	0.0895
每股资本公积金(元)	2.7195	2.9818	0.6016	0.6016
每股盈余公积金(元)	0.0762	0.0837	0.0321	0.0321
每股未分配利润(元)	0.5432	0.5733	0.3921	0.2693
净资产收益率(%)	0.4938	7.5050	6.0616	11.0171
净资产收益率(扣除)(%)	0.5000	15.5200	6.2500	16.5500
加权净资产收益率	0.1926	2.2720	4.4928	8.2217
总资产(万元)	29902.91	14920.73	6973.99	5978.11
归属母公司股东权益(万元)	14842.25	14748.97	6306.69	5924.40
营业收入(万元)	764.44	1810.92	1133.50	1621.49
营业成本(万元)	101.64	297.48	478.11	-42.74
投资收益(万元)	-37.40	-259.25	37.98	83.30
净利润(万元)	—	—	382.29	652.70
营业利润(万元)	81.82	358.45	304.29	646.84
利润总额(万元)	126.52	1142.59	382.59	652.70

烟台泰利汽车模具股份有限公司

公司概况	公司名称	烟台泰利汽车模具股份有限公司			证券简称	泰利模具
	法人代表	孙军强	董秘	张华禹	证券代码	832078
	公司网址	www.yt-taili.com		电子信箱	zhanghuayu@yt-taili.com	
	电　话	0535-5521008		传　真	0535-5521017	
	办公地址	山东省烟台高新区创业路 42 号				
	经营范围	汽车模具、汽车零部件及试制件的设计、研发、生产及销售				

	指标\报告期	2017.06.30	2016.12.31	2016.06.30	2015.12.31
主要财务指标	基本每股收益(元)	-0.0264	0.0757	0.0510	0.3296
	基本每股收益(扣除后)(元)	-0.0587	0.0105	0.0416	0.2166
	稀释每股收益(元)	-0.0264	0.0757	0.0510	0.3296
	每股净资产(元)	1.8300	1.8500	1.5500	1.5000
	每股经营现金净流量(元)	-0.4010	-0.2578	-0.3545	1.4043
	每股现金流量(元)	-0.2783	-0.2369	-0.2494	0.6392
	每股资本公积金(元)	0.4583	0.4583	0.1354	0.1354
	每股盈余公积金(元)	0.0463	0.0463	0.0368	0.0368
	每股未分配利润(元)	0.3208	0.3472	0.3781	0.3271
	净资产收益率(%)	-1.4466	3.8876	3.2922	20.2965
	净资产收益率(扣除)(%)	-1.4400	4.4300	3.3500	24.4600
	加权净资产收益率	-3.2144	0.5417	2.6858	13.3403
	总资产(万元)	25688.16	25240.31	23844.42	21485.67
	归属母公司股东权益(万元)	7849.38	7962.93	5890.96	5697.02
	营业收入(万元)	3009.39	9207.23	3791.80	11652.03
	营业成本(万元)	2348.71	7011.29	2594.99	8416.41
	投资收益(万元)	—	—	—	—
	净利润(万元)	—	—	172.89	1142.62
	营业利润(万元)	-313.31	-18.50	140.44	883.93
	利润总额(万元)	-151.49	292.12	181.07	1348.12

山东深川变频科技股份有限公司

公司概况	公司名称	山东深川变频科技股份有限公司			证券简称	深川股份
	法人代表	叶益强	董秘	孔丽娟	证券代码	832084
	公司网址	www.chinsc.com		电子信箱	chinsc@chinsc.com	
	电　话	0533-6285682		传　真	0533-6285687	
	办公地址	山东省淄博高新区金晶大道 190 号				
	经营范围	中低压变频器的研发、生产和销售				

	指标\报告期	2017.06.30	2016.12.31	2016.06.30	2015.12.31
主要财务指标	基本每股收益(元)	0.0400	0.0600	0.0300	0.2500
	基本每股收益(扣除后)(元)	0.0369	0.0500	—	0.1000
	稀释每股收益(元)	0.0400	0.0600	0.0300	—
	每股净资产(元)	1.8400	1.8000	2.6200	2.6000
	每股经营现金净流量(元)	-0.0885	-0.1598	-0.3247	0.1433
	每股现金流量(元)	-0.1372	-0.2183	-0.3215	0.5257
	每股资本公积金(元)	0.4690	0.4689	0.4636	1.2703
	每股盈余公积金(元)	0.0333	0.0333	0.0267	0.0423
	每股未分配利润(元)	0.3411	0.2949	0.2584	0.3788
	净资产收益率(%)	2.5059	3.4671	1.0972	8.1619
	净资产收益率(扣除)(%)	2.5400	3.5300	1.1000	11.9100
	加权净资产收益率	2.3100	2.6010	0.3607	3.1916
	总资产(万元)	12927.20	12672.91	10823.02	12778.96
	归属母公司股东权益(万元)	7885.97	7682.86	7475.90	7416.52
	营业收入(万元)	3390.87	6602.67	2872.49	6062.30
	营业成本(万元)	2548.79	4861.73	2112.52	4313.32
	投资收益(万元)	—	—	—	—
	净利润(万元)	—	—	73.73	601.55
	营业利润(万元)	229.97	151.86	49.85	318.04
	利润总额(万元)	248.15	229.63	114.62	809.55

苏州浩辰软件股份有限公司

公司概况	公司名称	苏州浩辰软件股份有限公司			证券简称	浩辰软件
	法人代表	胡立新	董秘	俞怀谷	证券代码	832097
	公司网址	www.gstarcad.com		电子信箱	jasonyu@gstarcad.com	
	电　话	0512-62880780		传　真	0512-62528938	
	办公地址	江苏省苏州工业园区东平街 286 号				
	经营范围	计算机辅助设计软件(CAD)的研发、销售和服务				

	指标\报告期	2017.06.30	2016.12.31	2016.06.30	2015.12.31
主要财务指标	基本每股收益(元)	0.0889	0.2118	-0.1300	0.1200
	基本每股收益(扣除后)(元)	0.0818	0.1892	-0.1400	0.0460
	稀释每股收益(元)	0.0889	0.2118	-0.1300	0.1200
	每股净资产(元)	2.0900	2.0000	1.6600	1.7900
	每股经营现金净流量(元)	0.0404	0.5637	0.0448	0.3481
	每股现金流量(元)	-0.3980	-0.0236	-0.1357	0.4693
	每股资本公积金(元)	0.6981	0.6981	0.6981	0.6981
	每股盈余公积金(元)	0.0384	0.0384	0.0180	0.0180
	每股未分配利润(元)	0.3494	0.2604	-0.0601	0.0690
	净资产收益率(%)	4.2632	10.6086	-7.7927	6.6868
	净资产收益率(扣除)(%)	4.3600	11.2000	-7.5000	6.9200
	加权净资产收益率	3.9229	9.4762	-8.4513	2.5754
	总资产(万元)	7208.73	7875.50	7834.12	8723.72
	归属母公司股东权益(万元)	6769.58	6480.98	5374.61	5793.44
	营业收入(万元)	3173.46	6279.37	2430.39	5815.67
	营业成本(万元)	109.73	202.81	80.83	199.84
	投资收益(万元)	—	—	—	—
	净利润(万元)	—	—	-418.83	387.40
	营业利润(万元)	236.79	130.10	-723.18	-410.88
	利润总额(万元)	263.90	706.46	-438.84	407.73

苏州腾冉电气设备股份有限公司

公司概况	公司名称	苏州腾冉电气设备股份有限公司			证券简称	腾冉电气
	法人代表	赵浩	董秘	王迎春	证券代码	832117
	公司网址	www.etoprun.com		电子信箱	etoprun@etoprun.com	
	电　话	0512-66520778		传　真	0512-66520779	
	办公地址	江苏省苏州市吴中区临湖镇浦庄和安路				
	经营范围	研发、生产和销售变压器、电抗器、滤波器等产品				

	指标\报告期	2017.06.30	2016.12.31	2016.06.30	2015.12.31
主要财务指标	基本每股收益(元)	0.0100	0.0900	0.1700	0.5300
	基本每股收益(扣除后)(元)	0.0014	0.0030	0.1000	0.3800
	稀释每股收益(元)	0.0100	0.0900	—	0.5300
	每股净资产(元)	2.1900	2.1800	2.2500	1.8600
	每股经营现金净流量(元)	-0.3878	0.1645	-0.8548	-0.5536
	每股现金流量(元)	-0.2376	0.2272	0.6520	-0.0518
	每股资本公积金(元)	0.6376	0.6376	0.7970	0.2970
	每股盈余公积金(元)	0.0592	0.0592	0.0595	0.0595
	每股未分配利润(元)	0.4884	0.4806	0.7056	0.5037
	净资产收益率(%)	0.3586	4.0958	7.1803	20.1431
	净资产收益率(扣除)(%)	0.3600	4.3900	9.4900	30.3300
	加权净资产收益率	0.0629	0.1337	4.2819	14.6181
	总资产(万元)	13569.41	10611.12	11618.75	9872.52
	归属母公司股东权益(万元)	5462.98	5443.40	5624.29	3720.44
	营业收入(万元)	4330.35	7514.00	4673.29	7355.78
	营业成本(万元)	3425.13	5810.51	3567.81	5167.56
	投资收益(万元)	—	—	—	—
	净利润(万元)	—	—	403.71	749.41
	营业利润(万元)	11.01	-14.17	266.92	600.33
	利润总额(万元)	30.01	239.57	458.71	842.16

山东华网智能科技股份有限公司

公司概况	公司名称	山东华网智能科技股份有限公司			证券简称	华网智能
	法人代表	杨国栋	董秘	王艳涛	证券代码	832118
	公司网址	www.hwzn.com		电子信箱	hwzn110@163.com	
	电　话	0546-7768110		传　真	0546-8203110	
	办公地址	山东省东营经济开发区东五路与汾河路交叉路口 C1 座				
	经营范围	安防和应急产业的产品研发,生产销售				

	指标\报告期	2017.06.30	2016.12.31	2016.06.30	2015.12.31
主要财务指标	基本每股收益(元)	0.0300	0.0300	0.1200	0.1100
	基本每股收益(扣除后)(元)	0.0100	-0.0200	0.1200	0.0500
	稀释每股收益(元)	0.0300	0.0300	0.1200	0.1100
	每股净资产(元)	1.1000	1.6600	1.7600	1.6300
	每股经营现金净流量(元)	-0.0568	-0.3593	-0.4403	-0.2008
	每股现金流量(元)	0.0027	-0.5258	-0.5772	0.6112
	每股资本公积金(元)	0.0082	0.5486	0.5486	0.6584
	每股盈余公积金(元)	0.0066	0.0101	0.0101	0.0121
	每股未分配利润(元)	0.0843	0.0987	0.1977	0.0879
	净资产收益率(%)	1.8252	1.5330	7.0815	5.0614
	净资产收益率(扣除)(%)	1.8400	1.5400	7.3400	9.0300
	加权净资产收益率	0.3429	-1.5051	7.1143	2.5837
	总资产(万元)	7930.71	7064.84	7572.70	7425.73
	归属母公司股东权益(万元)	4659.51	4574.46	4847.62	4504.34
	营业收入(万元)	2003.70	3496.73	3040.08	5143.27
	营业成本(万元)	1445.21	2682.39	2255.26	3951.50
	投资收益(万元)	—	—	—	—
	净利润(万元)	—	—	339.30	221.20
	营业利润(万元)	24.06	-76.29	436.20	124.23
	利润总额(万元)	105.32	62.69	434.09	255.53

中衡保险公估股份有限公司

公司概况	公司名称	中衡保险公估股份有限公司			证券简称	中衡股份
	法人代表	杜佐岭	董秘	周婷婷	证券代码	832138
	公司网址	www.zhbx.net		电子信箱	zhoutingting@zhbx.net	
	电　话	0551-63662610		传　真	0551-62918990	
	办公地址	安徽省合肥市高新区创新大道 2800 号创新产业园 G4 楼 A 区 7 层				
	经营范围	从事保险标的出险后的查勘、检验和估损理算等保险中介服务				

	指标\报告期	2017.06.30	2016.12.31	2016.06.30	2015.12.31
主要财务指标	基本每股收益(元)	0.0600	0.3500	0.2000	0.5800
	基本每股收益(扣除后)(元)	0.0600	0.3400	0.1900	0.5200
	稀释每股收益(元)	0.0600	0.3500	0.2000	0.5800
	每股净资产(元)	2.1400	2.0800	1.9400	1.7400
	每股经营现金净流量(元)	-0.1912	-0.1659	-0.0948	-0.0276
	每股现金流量(元)	-0.0638	-0.2225	-0.1084	0.3781
	每股资本公积金(元)	0.2255	0.2255	0.2255	0.2255
	每股盈余公积金(元)	0.0711	0.0711	0.0452	0.0452
	每股未分配利润(元)	0.8432	0.7864	0.6679	0.4688
	净资产收益率(%)	2.6526	16.8374	10.2685	22.9764
	净资产收益率(扣除)(%)	2.6900	18.3200	10.8200	37.1900
	加权净资产收益率	2.6172	16.0837	9.8623	20.5957
	总资产(万元)	10216.63	9816.21	9040.11	8571.04
	归属母公司股东权益(万元)	7339.54	7144.85	6649.41	5966.61
	营业收入(万元)	4267.79	7984.90	3923.09	7242.08
	营业成本(万元)	2127.84	3114.93	1700.05	2907.28
	投资收益(万元)	—	—	—	—
	净利润(万元)	—	—	682.79	1370.91
	营业利润(万元)	211.80	1467.56	704.82	1580.33
	利润总额(万元)	215.08	1530.91	736.59	1747.44

北京恒合信业技术股份有限公司

公司概况	公司名称	北京恒合信业技术股份有限公司			证券简称	恒合股份
	法人代表	李玉健	董秘	李玉健	证券代码	832145
	公司网址	www.bjhenghe.com		电子信箱	liyujian@bjhenghe.com	
	电　话	010-68235091		传　真	010-68235102	
	办公地址	北京市海淀区普惠南里 14 号				
	经营范围	技术开发、转让;网路技术咨询、服务				

	指标\报告期	2017.06.30	2016.12.31	2016.06.30	2015.12.31
主要财务指标	基本每股收益(元)	0.0100	0.0800	0.0200	0.1700
	基本每股收益(扣除后)(元)	0.0100	0.0500	0.0200	0.1700
	稀释每股收益(元)	0.0100	0.0800	0.0200	0.1700
	每股净资产(元)	1.6200	1.6000	1.5400	1.5200
	每股经营现金净流量(元)	0.0044	-0.0839	0.0564	-0.0026
	每股现金流量(元)	-0.0198	-0.7481	0.0397	0.7899
	每股资本公积金(元)	0.3145	0.3145	0.3145	0.3145
	每股盈余公积金(元)	0.0320	0.0320	0.0239	0.0239
	每股未分配利润(元)	0.2688	0.2551	0.1998	0.1820
	净资产收益率(%)	0.8461	5.0736	1.1589	9.9384
	净资产收益率(扣除)(%)	0.8500	5.2100	1.1700	17.6200
	加权净资产收益率	0.5510	3.3320	1.1589	9.6949
	总资产(万元)	7670.40	7866.95	7227.63	7734.64
	归属母公司股东权益(万元)	7349.61	7287.43	6998.80	6917.69
	营业收入(万元)	1030.13	3525.47	1097.14	4225.64
	营业成本(万元)	573.09	2381.71	699.56	2569.41
	投资收益(万元)	—	63.77	—	22.46
	净利润(万元)	—	—	81.11	687.51
	营业利润(万元)	68.78	404.62	108.14	917.33
	利润总额(万元)	68.78	464.62	108.14	917.33

昆山华富新材料股份有限公司

公司概况	公司名称	昆山华富新材料股份有限公司			证券简称	华富股份
	法人代表	夏汉忠	董秘	吴萍萍	证券代码	832152
	公司网址	www.huarich.com		电子信箱	hf@huarich.com	
	电　话	0512-57668927		传　真	0512-57668368	
	办公地址	江苏省昆山市周市镇横长泾路 588 号				
	经营范围	中高档服装用聚氨酯合成革的研发、生产和销售				

	指标\报告期	2017.06.30	2016.12.31	2016.06.30	2015.12.31
主要财务指标	基本每股收益(元)	-0.0900	-0.1300	-0.0300	-0.0200
	基本每股收益(扣除后)(元)	-0.0900	-0.1460	-0.0400	-0.0700
	稀释每股收益(元)	-0.0900	—	-0.0300	-0.0200
	每股净资产(元)	0.8600	0.9400	1.0500	1.1200
	每股经营现金净流量(元)	0.1939	-0.1140	-0.1722	0.2293
	每股现金流量(元)	0.0326	-0.1534	-0.1220	0.0481
	每股资本公积金(元)	0.0633	0.0633	0.0633	0.0633
	每股盈余公积金(元)	0.0056	0.0056	0.0056	0.0056
	每股未分配利润(元)	-0.2120	-0.1254	-0.0238	0.0509
	净资产收益率(%)	-10.1072	-14.1200	-3.0275	-1.6705
	净资产收益率(扣除)(%)	-9.6200	-12.8700	-2.8700	-2.3000
	加权净资产收益率	-10.2105	-15.8592	-3.8963	-6.1200
	总资产(万元)	8224.37	8764.12	9841.45	10208.51
	归属母公司股东权益(万元)	3727.63	4104.39	4546.30	4870.98
	营业收入(万元)	3315.52	7860.09	4403.65	10810.15
	营业成本(万元)	3134.90	7134.04	3891.51	9506.14
	投资收益(万元)	—	—	—	—
	净利润(万元)	—	—	-137.64	-81.37
	营业利润(万元)	-353.01	-696.97	-218.11	-355.92
	利润总额(万元)	-347.87	-601.79	-165.45	-66.94

上海强田液压股份有限公司

公司概况						
公司名称	上海强田液压股份有限公司			证券简称	强田液压	
法人代表	田云涛	董秘	陈洁	证券代码	832156	
公司网址	www.qtfluid.cn		电子信箱	qtfluid@qtfluid.cn		
电　话	021-69151391		传　真	021-69151399		
办公地址	上海市嘉定区马陆镇丰功路501号					
经营范围	液压元件和液压系统的研发、生产和销售					

主要财务指标				
指标\报告期	2017.06.30	2016.12.31	2016.06.30	2015.12.31
基本每股收益(元)	0.1300	0.2300	0.1400	0.2700
基本每股收益(扣除后)(元)	0.1300	0.1800	0.1400	0.2500
稀释每股收益(元)	0.1300	0.2300	—	—
每股净资产(元)	2.6800	2.5500	2.4600	2.3200
每股经营现金净流量(元)	–0.0176	0.1699	0.1081	0.2254
每股现金流量(元)	–0.2002	–0.2166	–0.1000	0.5378
每股资本公积金(元)	0.6924	0.6926	0.6926	0.7482
每股盈余公积金(元)	0.0867	0.0867	0.0633	0.0684
每股未分配利润(元)	0.9009	0.7737	0.6992	0.6090
净资产收益率(%)	4.7457	9.1408	5.5166	10.7491
净资产收益率(扣除)(%)	4.8600	9.5300	5.6700	12.6100
加权净资产收益率	4.7524	6.9861	3.2599	9.8451
总资产(万元)	13366.79	11912.11	10946.10	11262.07
归属母公司股东权益(万元)	11001.54	10480.11	10078.12	9522.15
营业收入(万元)	4841.58	7844.92	3486.71	7306.46
营业成本(万元)	2773.64	4209.66	1735.22	3727.26
投资收益(万元)	—	—	—	—
净利润(万元)	—	—	555.97	1023.55
营业利润(万元)	632.16	886.70	466.34	1078.38
利润总额(万元)	631.02	1152.47	711.70	1179.66

四川龙华光电薄膜股份有限公司

公司概况						
公司名称	四川龙华光电薄膜股份有限公司			证券简称	龙华薄膜	
法人代表	刁锐鸣	董秘	唐涵杨	证券代码	832157	
公司网址	www.longhuafilm.com		电子信箱	tiu@longhuafilm.com		
电　话	0816-2560899		传　真	0816-2566860		
办公地址	四川省绵阳市飞云大道中段363号					
经营范围	聚碳酸酯薄膜与片材、聚甲基丙烯酸甲酯薄膜与片材的研发、生产与销售					

主要财务指标				
指标\报告期	2017.06.30	2016.12.31	2016.06.30	2015.12.31
基本每股收益(元)	0.0500	0.2000	0.1100	0.1600
基本每股收益(扣除后)(元)	0.0200	0.1500	0.0900	0.1400
稀释每股收益(元)	0.0500	0.2000	0.1100	0.1600
每股净资产(元)	2.2900	2.3000	2.2000	1.8500
每股经营现金净流量(元)	0.1721	0.1611	–0.2033	0.1259
每股现金流量(元)	0.4130	–0.2676	–0.3455	0.4566
每股资本公积金(元)	0.8262	0.8262	0.8262	0.5600
每股盈余公积金(元)	0.0520	0.0469	0.0373	0.0289
每股未分配利润(元)	0.4106	0.4220	0.3353	0.2603
净资产收益率(%)	2.2108	8.8353	4.8373	8.3194
净资产收益率(扣除)(%)	2.1900	9.3800	5.1100	9.0300
加权净资产收益率	1.0594	6.5214	4.1190	7.5757
总资产(万元)	41897.81	35715.75	30981.81	31423.06
归属母公司股东权益(万元)	15792.36	15836.51	15171.20	11742.32
营业收入(万元)	13042.13	25197.50	11386.18	25010.46
营业成本(万元)	9767.02	18884.88	8718.71	19346.52
投资收益(万元)	0.08	0.13	—	—
净利润(万元)	—	—	733.88	976.89
营业利润(万元)	246.83	1275.25	681.07	1039.25
利润总额(万元)	337.05	1641.23	801.42	1126.27

洛阳尚柳生态环境科技股份有限公司

公司概况						
公司名称	洛阳尚柳生态环境科技股份有限公司			证券简称	尚柳园林	
法人代表	孙先芳	董秘	邢博栋	证券代码	832164	
公司网址	www.slylcn.cn		电子信箱	xingbd@slylcn.cn		
电　话	0379-60687177		传　真	0379-65112212		
办公地址	河南省洛阳高新技术产业开发区西宏矗时代行宫2007室					
经营范围	园林环境景观的设计、园林绿化的施工及养护管理					

主要财务指标				
指标\报告期	2017.06.30	2016.12.31	2016.06.30	2015.12.31
基本每股收益(元)	0.1000	0.1328	0.0900	0.1300
基本每股收益(扣除后)(元)	0.1000	0.1178	0.0768	0.1318
稀释每股收益(元)	0.1000	0.1328	0.0900	0.1300
每股净资产(元)	1.6000	1.5100	1.4500	1.7600
每股经营现金净流量(元)	0.1423	–0.6085	0.0613	–0.4613
每股现金流量(元)	0.1120	–0.2590	–0.2949	0.0931
每股资本公积金(元)	0.2051	0.2051	0.2051	0.2051
每股盈余公积金(元)	0.0307	0.0307	0.0146	0.0170
每股未分配利润(元)	0.3670	0.2716	0.2259	0.1526
净资产收益率(%)	5.9520	8.8088	6.5406	9.8744
净资产收益率(扣除)(%)	6.1300	9.2100	6.7600	15.4400
加权净资产收益率	5.9520	7.4844	5.3126	8.0678
总资产(万元)	3730.97	3576.43	2832.63	2585.52
归属母公司股东权益(万元)	2708.77	2547.54	2442.99	2283.20
营业收入(万元)	1238.43	2366.55	1192.91	2017.11
营业成本(万元)	799.85	1664.58	847.12	1419.23
投资收益(万元)	—	—	—	—
净利润(万元)	—	—	159.79	225.45
营业利润(万元)	212.36	233.65	137.50	248.02
利润总额(万元)	209.30	267.39	171.24	303.02

浙江益立胶囊股份有限公司

公司概况						
公司名称	浙江益立胶囊股份有限公司			证券简称	益立胶囊	
法人代表	朱军伟	董秘	梁菊英	证券代码	832174	
公司网址	www.ylcapsule.com		电子信箱	pyq@ylcapsule.com		
电　话	0575-86335072		传　真	0575-86065868		
办公地址	浙江省新昌县儒岙镇横渡桥					
经营范围	药用空心胶囊的生产与销售					

主要财务指标				
指标\报告期	2017.06.30	2016.12.31	2016.06.30	2015.12.31
基本每股收益(元)	0.2300	0.2100	0.2200	0.5400
基本每股收益(扣除后)(元)	0.2200	0.4000	0.2200	0.4800
稀释每股收益(元)	0.2300	0.2100	0.2200	0.5400
每股净资产(元)	2.4300	1.8300	1.6500	1.4300
每股经营现金净流量(元)	0.2167	0.2621	0.1035	0.1828
每股现金流量(元)	0.4673	0.1361	0.0047	–0.0921
每股资本公积金(元)	0.6846	0.2256	0.0374	0.0374
每股盈余公积金(元)	0.0638	0.0638	0.0424	0.0424
每股未分配利润(元)	0.7802	0.5427	0.5690	0.3496
净资产收益率(%)	9.1514	11.7100	13.3035	26.7671
净资产收益率(扣除)(%)	9.9400	13.9600	14.2500	40.8400
加权净资产收益率	9.0907	21.9181	13.5031	23.9575
总资产(万元)	17957.65	15193.14	13766.55	12459.14
归属母公司股东权益(万元)	9858.53	6962.00	6265.25	5431.75
营业收入(万元)	4787.37	8961.96	4773.74	7703.20
营业成本(万元)	2590.46	4865.91	2613.93	4181.62
投资收益(万元)	—	—	—	—
净利润(万元)	—	—	833.50	1453.92
营业利润(万元)	1046.61	1061.11	979.16	1464.89
利润总额(万元)	1053.65	1060.28	960.48	1636.59

广东顺德三扬科技股份有限公司

公司概况						
	公司名称	广东顺德三扬科技股份有限公司			证券简称	三扬股份
	法人代表	杨志舜	董秘	翁国腾	证券代码	832176
	公司网址	www.samyang.cc		电子信箱	470905296@qq.com	
	电　　话	0757-25669908		传　　真	0757-25566961	
	办公地址	广东省佛山市顺德区勒流街道富安工业区30-3号				
	经营范围	自动化、信息化与智能化相结合的机电一体化产品的研发、生产和销售				

主要财务指标	指标\报告期	2017.06.30	2016.12.31	2016.06.30	2015.12.31
	基本每股收益(元)	0.0870	0.0688	0.0400	0.0700
	基本每股收益(扣除后)(元)	0.0859	0.0635	0.0291	0.0604
	稀释每股收益(元)	0.0870	0.0688	—	0.0700
	每股净资产(元)	1.6800	1.7200	1.6900	2.5400
	每股经营现金净流量(元)	0.0689	0.2693	0.0415	-0.0338
	每股现金流量(元)	-0.0671	0.1113	-0.1069	0.4411
	每股资本公积金(元)	0.4192	0.4192	0.4192	0.4192
	每股盈余公积金(元)	0.0324	0.0324	0.0237	0.0237
	每股未分配利润(元)	0.2262	0.2692	0.2479	0.2091
	净资产收益率(%)	5.1864	3.9982	2.2971	3.9818
	净资产收益率(扣除)(%)	4.9300	4.0800	2.3200	5.2700
	加权净资产收益率	5.1207	3.6908	1.7182	3.2803
	总资产(万元)	7900.61	7802.51	7632.57	7903.38
	归属母公司股东权益(万元)	6523.20	6690.32	6573.83	6422.82
	营业收入(万元)	3214.57	5916.26	2839.49	7293.11
	营业成本(万元)	2086.58	3939.23	1937.31	5429.09
	投资收益(万元)	—	—	—	—
	净利润(万元)	—	—	148.22	253.06
	营业利润(万元)	461.88	335.84	143.52	332.23
	利润总额(万元)	461.25	363.26	194.26	392.31

河南双建管桩股份有限公司

公司概况						
	公司名称	河南双建管桩股份有限公司			证券简称	双建管桩
	法人代表	张建国	董秘	张毅	证券代码	832185
	公司网址	www.shuangjianphc.com		电子信箱	shuangjiangz@163.com	
	电　　话	0395-3726658		传　　真	0395-3726609	
	办公地址	河南省漯河经济技术开发区纬二路东段				
	经营范围	预应力管桩、电力线杆和混凝土预制构件的生产、销售及相关技术服务				

主要财务指标	指标\报告期	2017.06.30	2016.12.31	2016.06.30	2015.12.31
	基本每股收益(元)	0.0550	0.0600	0.0620	0.1500
	基本每股收益(扣除后)(元)	0.0510	0.0600	0.0610	0.1300
	稀释每股收益(元)	0.0550	0.0600	0.0620	0.1500
	每股净资产(元)	1.4900	1.4300	1.4300	1.3700
	每股经营现金净流量(元)	0.1810	-0.0186	-0.0562	-0.0184
	每股现金流量(元)	-0.0104	-0.2665	-0.1577	0.1467
	每股资本公积金(元)	0.2415	0.2415	0.2415	0.2415
	每股盈余公积金(元)	0.0247	0.0191	0.0193	0.0131
	每股未分配利润(元)	0.2219	0.1720	0.1734	0.1177
	净资产收益率(%)	3.7266	4.2106	4.3136	9.8587
	净资产收益率(扣除)(%)	3.8000	4.3000	4.4100	13.1500
	加权净资产收益率	3.4203	3.9174	4.2193	8.5855
	总资产(万元)	22337.09	21012.82	21702.10	20028.95
	归属母公司股东权益(万元)	11904.73	11461.09	11473.43	10978.51
	营业收入(万元)	6338.31	8459.15	4081.74	7283.50
	营业成本(万元)	4517.60	5786.51	2589.51	4266.10
	投资收益(万元)	—	—	—	—
	净利润(万元)	—	—	494.92	1082.33
	营业利润(万元)	544.75	617.21	637.43	1259.89
	利润总额(万元)	593.36	662.01	651.85	1448.52

宁波惠尔顿婴童安全科技股份有限公司

公司概况						
	公司名称	宁波惠尔顿婴童安全科技股份有限公司			证券简称	惠尔顿
	法人代表	林江娟	董秘	林江娟	证券代码	832186
	公司网址	www.nbwelldon.com		电子信箱	zhengcq@nbwelldon.com	
	电　　话	0574-27722828		传　　真		
	办公地址	浙江省宁波市江北区皇吉浦路276号				
	经营范围	儿童安全座椅的研发、生产与销售				

主要财务指标	指标\报告期	2017.06.30	2016.12.31	2016.06.30	2015.12.31
	基本每股收益(元)	-0.0500	0.1200	0.3200	-0.2200
	基本每股收益(扣除后)(元)	-0.0500	0.0800	0.2900	-0.1970
	稀释每股收益(元)	-0.0500	0.1200	—	-0.2200
	每股净资产(元)	1.1700	1.2200	2.5200	2.2000
	每股经营现金净流量(元)	0.0867	0.2946	0.8139	-0.4534
	每股现金流量(元)	0.1063	-0.0247	0.2184	-0.1306
	每股资本公积金(元)	0.0943	0.0943	1.1975	1.1975
	每股盈余公积金(元)	0.0494	0.0494	0.0656	0.0614
	每股未分配利润(元)	0.0265	0.0750	0.2578	-0.0544
	净资产收益率(%)	-4.1453	9.9232	12.5467	-9.0927
	净资产收益率(扣除)(%)	-4.0600	10.4000	13.3900	-11.0900
	加权净资产收益率	-4.4675	6.3458	11.6089	-8.2085
	总资产(万元)	14616.50	14507.31	15442.39	14951.17
	归属母公司股东权益(万元)	4680.84	4874.88	5041.70	4409.13
	营业收入(万元)	5529.06	11643.71	5902.47	7955.39
	营业成本(万元)	3754.59	6898.10	3213.31	4957.88
	投资收益(万元)	—	101.23	113.42	-104.40
	净利润(万元)	—	—	632.57	-400.91
	营业利润(万元)	-216.91	403.77	709.93	-530.69
	利润总额(万元)	-199.23	598.75	763.68	-399.11

河北科瑞达仪器科技股份有限公司

公司概况						
	公司名称	河北科瑞达仪器科技股份有限公司			证券简称	科瑞达
	法人代表	郝拴菊	董秘	刘敏哲	证券代码	832189
	公司网址	www.createc.cn		电子信箱	455743186@qq.com	
	电　　话	0311-83056195-808		传　　真	0311-83056196-811	
	办公地址	河北省石家庄市新石北路368号2号楼1层东区				
	经营范围	计量分析仪器、自动化仪器仪表、工业自动化设备、低压成套开关设备技术开发、生产、销售				

主要财务指标	指标\报告期	2017.06.30	2016.12.31	2016.06.30	2015.12.31
	基本每股收益(元)	0.0800	0.3000	0.1100	0.3900
	基本每股收益(扣除后)(元)	0.0800	0.2800	0.1100	0.3400
	稀释每股收益(元)	0.0800	0.3000	—	0.3900
	每股净资产(元)	1.4400	1.6500	1.4600	1.9100
	每股经营现金净流量(元)	0.1487	0.3027	0.1032	0.3420
	每股现金流量(元)	-0.1365	0.0148	-0.1892	0.7817
	每股资本公积金(元)	0.0177	0.1195	0.1195	0.3434
	每股盈余公积金(元)	0.1294	0.1424	0.1124	0.1349
	每股未分配利润(元)	0.1612	0.3854	0.2237	0.4365
	净资产收益率(%)	6.3879	18.3074	7.5496	18.6024
	净资产收益率(扣除)(%)	5.4300	17.2700	6.9500	22.2200
	加权净资产收益率	6.2695	16.8261	7.4805	15.8555
	总资产(万元)	7457.03	7764.71	7020.25	7693.61
	归属母公司股东权益(万元)	6044.83	6918.70	6113.62	6702.07
	营业收入(万元)	2431.36	4569.00	1926.76	4005.31
	营业成本(万元)	962.05	1768.55	730.97	1566.57
	投资收益(万元)	—	—	—	—
	净利润(万元)	—	—	461.55	1246.74
	营业利润(万元)	449.98	992.35	421.40	1074.28
	利润总额(万元)	458.40	1415.11	518.00	1426.23

北京易科势腾科技股份有限公司

公司概况	公司名称	北京易科势腾科技股份有限公司		证券简称	易科势腾
	法人代表	陈波	董秘	吕学英	证券代码	832204
	公司网址	www.iecosystem.com.cn		电子信箱	ir@iecosystem.com.cn
	电　　话	010-64705030		传　　真	010-84164661-8011
	办公地址	北京市朝阳区望京东园 523 号楼 21 层 12108			
	经营范围	技术开发;技术推广;技术转让;技术服务;设计、制作、代理、发布广告等			

主要财务指标	指标\报告期	2017.06.30	2016.12.31	2016.06.30	2015.12.31
	基本每股收益(元)	0.0036	0.0900	0.2600	0.6200
	基本每股收益(扣除后)(元)	0.0040	0.0472	0.2600	0.5300
	稀释每股收益(元)	0.0036	0.0900	0.2600	0.6200
	每股净资产(元)	1.3800	2.5200	1.9500	1.9900
	每股经营现金净流量(元)	-0.2207	-0.6093	-0.2897	0.0682
	每股现金流量(元)	-0.0891	0.6095	0.0876	0.5916
	每股资本公积金(元)	0.1069	1.0279	0.2412	0.2412
	每股盈余公积金(元)	0.0562	0.1030	0.0886	0.0886
	每股未分配利润(元)	0.2157	0.3886	0.6246	0.6611
	净资产收益率(%)	0.2593	3.1667	13.4816	29.9834
	净资产收益率(扣除)(%)	0.2600	4.6200	12.4100	36.4800
	加权净资产收益率	0.2882	1.6622	13.5382	25.3339
	总资产(万元)	4277.06	3023.69	2325.82	2075.95
	归属母公司股东权益(万元)	2758.44	2751.29	1954.35	1990.88
	营业收入(万元)	1973.65	2741.92	1498.63	2662.00
	营业成本(万元)	1021.27	1367.76	580.75	1029.96
	投资收益(万元)	-38.22	14.40	12.71	32.68
	净利润(万元)	—	—	263.48	596.93
	营业利润(万元)	-5.36	79.66	369.45	591.03
	利润总额(万元)	-6.29	128.36	368.15	699.93

北京永拓工程咨询股份有限公司

公司概况	公司名称	北京永拓工程咨询股份有限公司			证券简称	永拓咨询
	法人代表	吕江	董秘		证券代码	832207
	公司网址	www.ytccc.cn		电子信箱	liliting@ytccc.cn	
	电　　话	010-67160678		传　　真	010-65950822	
	办公地址	北京市朝阳区关东店 17 号新瑞大厦 4 层				
	经营范围	工程造价咨询服务				

主要财务指标	指标\报告期	2017.06.30	2016.12.31	2016.06.30	2015.12.31
	基本每股收益(元)	0.1500	0.3300	0.1500	0.5300
	基本每股收益(扣除后)(元)	0.1500	0.3300	0.1500	0.5000
	稀释每股收益(元)	0.1500	0.3300	—	0.5300
	每股净资产(元)	3.1900	3.1400	2.9500	3.1000
	每股经营现金净流量(元)	0.1045	-0.1613	-0.3260	-0.0104
	每股现金流量(元)	0.0628	-0.1852	-1.0119	1.5771
	每股资本公积金(元)	1.5182	1.5182	1.5182	1.9903
	每股盈余公积金(元)	0.0727	0.0727	0.0425	0.0557
	每股未分配利润(元)	0.5946	0.5464	0.3942	0.4544
	净资产收益率(%)	4.6521	10.5056	4.9799	11.5670
	净资产收益率(扣除)(%)	4.6100	11.0700	5.0900	20.8700
	加权净资产收益率	4.6430	10.5378	4.9705	11.0716
	总资产(万元)	12297.34	11801.77	11693.48	11517.15
	归属母公司股东权益(万元)	8760.25	8627.71	8125.99	7750.71
	营业收入(万元)	5259.37	10578.17	5199.00	10295.71
	营业成本(万元)	3073.73	6803.25	2988.54	6268.96
	投资收益(万元)	—	21.97	—	—
	净利润(万元)	—	—	510.40	967.44
	营业利润(万元)	625.60	1278.51	661.24	1267.27
	利润总额(万元)	627.10	1277.27	662.38	1317.81

浙江尔格科技股份有限公司

公司概况	公司名称	浙江尔格科技股份有限公司			证券简称	尔格科技
	法人代表	黎贤钛	董秘	祁捷	证券代码	832208
	公司网址	www.zjerg.com		电子信箱	dongshihui@erg.cn	
	电　　话	0576-83201998		传　　真	0576-82300188	
	办公地址	浙江省台州市三门县沙柳经济开发区				
	经营范围	电气机械和器材、通用设备、金属制品、塑料制品研发、制造、销售				

主要财务指标	指标\报告期	2017.06.30	2016.12.31	2016.06.30	2015.12.31
	基本每股收益(元)	0.0100	0.1200	0.1400	0.1200
	基本每股收益(扣除后)(元)	—	0.0700	—	0.1000
	稀释每股收益(元)	0.0100	0.1200	0.1400	0.1200
	每股净资产(元)	2.1800	2.1700	2.1600	2.0500
	每股经营现金净流量(元)	0.1060	0.1149	-0.1855	0.1741
	每股现金流量(元)	-0.0079	-0.2285	-0.1314	0.0222
	每股资本公积金(元)	0.8636	0.8609	0.8582	0.8555
	每股盈余公积金(元)	0.0389	0.0389	0.0273	0.0273
	每股未分配利润(元)	0.2781	0.2700	0.2764	0.1635
	净资产收益率(%)	0.3744	5.4420	6.3963	5.6995
	净资产收益率(扣除)(%)	0.3800	5.6100	6.5400	6.0600
	加权净资产收益率	-0.0314	3.1793	1.6451	4.8192
	总资产(万元)	24933.21	24957.10	26532.58	23888.99
	归属母公司股东权益(万元)	13177.42	13111.73	13063.88	12365.46
	营业收入(万元)	4059.55	10395.40	5078.10	8046.34
	营业成本(万元)	2752.19	6990.83	3562.57	4671.76
	投资收益(万元)	—	—	—	—
	净利润(万元)	—	—	835.60	704.77
	营业利润(万元)	4.62	465.62	233.97	653.56
	利润总额(万元)	67.52	815.00	964.25	782.47

广东新比克斯实业股份有限公司

公司概况	公司名称	广东新比克斯实业股份有限公司			证券简称	新比克斯
	法人代表	曾亦华	董秘	骆颖琦	证券代码	832209
	公司网址	www.newbakers.com		电子信箱	2880726153@dgyftools.com	
	电　　话	0769-81821326		传　　真	0769-86119026	
	办公地址	广东省东莞市茶山镇京山第三工业区				
	经营范围	电动工具、气动工具、手动工具及机械小五金配件等产品的批发及贴牌销售				

主要财务指标	指标\报告期	2017.06.30	2016.12.31	2016.06.30	2015.12.31
	基本每股收益(元)	0.0004	-0.1600	-0.0800	-0.0600
	基本每股收益(扣除后)(元)	0.0004	-0.1629	-0.0900	-0.1000
	稀释每股收益(元)	0.0004	—	—	—
	每股净资产(元)	0.9000	0.8800	0.9700	1.0400
	每股经营现金净流量(元)	-0.1144	-0.1417	-0.0697	-0.2127
	每股现金流量(元)	-0.0487	-0.1349	-0.0576	0.1687
	每股资本公积金(元)	0.0962	0.0962	0.0962	0.0962
	每股盈余公积金(元)	0.0024	0.0024	0.0024	0.0024
	每股未分配利润(元)	-0.1937	-0.1942	-0.1079	-0.0391
	净资产收益率(%)	0.0455	-17.5799	-7.9700	-4.3959
	净资产收益率(扣除)(%)	0.0500	-17.1800	-7.7300	-5.0200
	加权净资产收益率	0.0483	-17.9039	-8.7239	-6.8227
	总资产(万元)	4577.08	3812.36	4138.51	4343.39
	归属母公司股东权益(万元)	3238.38	3157.42	3467.55	3714.27
	营业收入(万元)	1334.60	1602.41	664.66	2293.57
	营业成本(万元)	955.10	1063.12	471.69	1584.12
	投资收益(万元)	—	-40.65	25.82	47.86
	净利润(万元)	—	—	-287.85	-163.25
	营业利润(万元)	2.51	-618.64	-301.56	-221.31
	利润总额(万元)	2.81	-561.44	-294.39	-157.57

新疆瀚盛建设工程股份有限公司

公司概况	公司名称	新疆瀚盛建设工程股份有限公司			证券简称	瀚盛建工
	法人代表	王桠葶	董秘	杨廷慧	证券代码	832215
	公司网址	www.xjhsjg.com		电子信箱	18699448996@163.com	
	电　话	0994-2349801		传　真	0994-2351577	
	办公地址	新疆维吾尔自治区昌吉州昌吉市乌伊东路 89 号				
	经营范围	公路工程施工、房屋建筑工程施工,市政公用工程施工				

	指标＼报告期	2017.06.30	2016.12.31	2016.06.30	2015.12.31
主要财务指标	基本每股收益(元)	-0.0400	0.1600	-0.0600	0.1200
	基本每股收益(扣除后)(元)	-0.0400	0.1500	—	0.1100
	稀释每股收益(元)	-0.0400	0.1600	—	0.1100
	每股净资产(元)	1.3500	1.3900	1.1400	1.2000
	每股经营现金净流量(元)	-0.0610	0.0251	-0.4902	0.0514
	每股现金流量(元)	-0.2098	-0.1349	-0.5120	0.3073
	每股资本公积金(元)	0.1333	0.1333	0.1000	0.1000
	每股盈余公积金(元)	0.0135	0.0134	—	—
	每股未分配利润(元)	0.0780	0.1217	-0.0551	0.0019
	净资产收益率(%)	-3.2388	9.5948	-4.9985	8.3911
	净资产收益率(扣除)(%)	-3.1900	12.3100	-4.8600	10.7500
	加权净资产收益率	-3.2376	9.3517	-5.1266	7.6330
	总资产(万元)	21175.46	20175.60	13773.57	14130.27
	归属母公司股东权益(万元)	8095.64	8350.28	5696.51	5999.96
	营业收入(万元)	1114.14	16876.69	672.63	12733.53
	营业成本(万元)	963.95	14720.95	563.49	11022.38
	投资收益(万元)	—	—	—	—
	净利润(万元)	—	—	-284.74	503.46
	营业利润(万元)	-257.52	1072.29	-296.41	636.47
	利润总额(万元)	-257.65	1099.36	-286.69	671.38

海德尔节能环保股份有限公司

公司概况	公司名称	海德尔节能环保股份有限公司			证券简称	海德尔
	法人代表	冯元士	董秘	马保安	证券代码	832220
	公司网址	www.hider.com.cn		电子信箱	baoanma@126.com	
	电　话	0535-5618081		传　真	0535-5835299	
	办公地址	山东省蓬莱市南关路 198 号沙河大李家村南				
	经营范围	合同能源管理;节能技术设计、技术选择、改造、运行维护、安装调试等				

	指标＼报告期	2017.06.30	2016.12.31	2016.06.30	2015.12.31
主要财务指标	基本每股收益(元)	-0.0900	-0.1300	0.3300	0.8200
	基本每股收益(扣除后)(元)	-0.0900	-0.1900	0.3400	0.6400
	稀释每股收益(元)	—	-0.1300	—	0.8200
	每股净资产(元)	2.0800	2.1700	2.6200	2.3000
	每股经营现金净流量(元)	-0.0486	0.0386	0.0319	0.7975
	每股现金流量(元)	-0.0019	-0.5140	-0.6534	1.4403
	每股资本公积金(元)	0.6442	0.6442	0.6442	0.6442
	每股盈余公积金(元)	0.1166	0.1166	0.1166	0.1166
	每股未分配利润(元)	0.3171	0.4060	0.8640	0.5365
	净资产收益率(%)	-4.2808	-6.0238	12.4741	35.0128
	净资产收益率(扣除)(%)	-4.1900	-6.7800	13.0300	40.0700
	加权净资产收益率	-4.2808	-9.6917	12.7950	27.1538
	总资产(万元)	30962.90	30155.83	35534.53	32735.06
	归属母公司股东权益(万元)	17453.57	18200.72	22047.30	19297.10
	营业收入(万元)	1239.85	4971.84	4886.27	8662.72
	营业成本(万元)	135.37	755.00	977.92	1254.62
	投资收益(万元)	—	—	—	—
	净利润(万元)	—	—	2729.74	6765.36
	营业利润(万元)	-806.62	-1881.72	2769.65	5203.42
	利润总额(万元)	-806.37	-1242.35	2698.90	6741.38

深圳市配天智造装备股份有限公司

公司概况	公司名称	深圳市配天智造装备股份有限公司			证券简称	配天智造
	法人代表	孙尚传	董秘		证券代码	832223
	公司网址	www.aecnc.com.cn		电子信箱	stock@scbd.com.cn	
	电　话			传　真		
	办公地址	广东省深圳市宝安区沙井街道蚝乡路沙井工业公司第三工业区 A3 的 102C				
	经营范围	数控机床及其配套产品的研发、设计、生产及销售				

	指标＼报告期	2017.06.30	2016.12.31	2016.06.30	2015.12.31
主要财务指标	基本每股收益(元)	0.4500	1.1200	0.3600	0.9700
	基本每股收益(扣除后)(元)	0.4400	0.6300	0.2400	0.8500
	稀释每股收益(元)	0.4500	1.1200	0.3600	0.9700
	每股净资产(元)	11.5400	12.5900	11.8300	11.4700
	每股经营现金净流量(元)	-0.4719	0.7435	-0.3434	0.1351
	每股现金流量(元)	-2.7121	10.9998	-0.0892	-0.2820
	每股资本公积金(元)	9.5390	9.5390	9.5390	9.5390
	每股盈余公积金(元)	0.2054	0.2054	0.0930	0.0930
	每股未分配利润(元)	0.7955	1.8479	1.1953	0.8366
	净资产收益率(%)	3.8782	8.9242	3.0335	7.2377
	净资产收益率(扣除)(%)	3.6300	9.3400	3.0800	12.6500
	加权净资产收益率	3.7720	4.9878	2.0420	6.2943
	总资产(万元)	40140.20	43184.19	40163.58	38549.93
	归属母公司股东权益(万元)	37700.96	41139.33	38640.04	37467.87
	营业收入(万元)	3903.98	8413.80	3554.66	6673.40
	营业成本(万元)	2120.36	4743.32	1917.79	3306.63
	投资收益(万元)	33.23	1585.39	187.18	325.25
	净利润(万元)	—	—	1172.14	2711.81
	营业利润(万元)	1353.39	4070.47	1097.99	2529.32
	利润总额(万元)	1610.59	4425.80	1335.30	3064.63

锦州康泰润滑油添加剂股份有限公司

公司概况	公司名称	锦州康泰润滑油添加剂股份有限公司			证券简称	康泰股份
	法人代表	禹培根	董秘	甘淼	证券代码	832238
	公司网址	www.cnlubadd.com		电子信箱	ganmiao@jzkangtai.com	
	电　话	0416-7983133		传　真	0416-7983123	
	办公地址	辽宁省锦州市太和区福州街 25 号				
	经营范围	滑油添加剂的研发、生产及销售				

	指标＼报告期	2017.06.30	2016.12.31	2016.06.30	2015.12.31
主要财务指标	基本每股收益(元)	0.3900	0.8000	0.3900	0.6900
	基本每股收益(扣除后)(元)	0.3800	0.7800	0.3900	0.6400
	稀释每股收益(元)	0.3900	0.8000	0.3900	0.6900
	每股净资产(元)	5.1400	5.0500	4.9400	4.8485
	每股经营现金净流量(元)	0.1249	0.7096	0.2141	0.1281
	每股现金流量(元)	-0.3948	0.1359	-0.1403	0.4044
	每股资本公积金(元)	1.4250	1.4250	1.4250	1.4250
	每股盈余公积金(元)	0.2462	0.2462	0.1909	0.1909
	每股未分配利润(元)	2.4693	2.3744	2.3269	2.2326
	净资产收益率(%)	7.6817	15.7992	7.9762	14.2072
	净资产收益率(扣除)(%)	7.6800	15.7900	7.8900	14.8800
	加权净资产收益率	7.4245	15.4646	7.8867	13.1182
	总资产(万元)	43031.84	43722.59	40670.28	39730.81
	归属母公司股东权益(万元)	28113.74	27594.84	27031.90	26516.49
	营业收入(万元)	25831.47	51052.67	24137.66	48161.00
	营业成本(万元)	20462.52	40533.98	19138.75	39463.10
	投资收益(万元)	—	7.85	7.07	11.11
	净利润(万元)	—	—	2156.11	3767.25
	营业利润(万元)	2611.22	5253.63	2688.67	4315.13
	利润总额(万元)	2700.40	5355.55	2713.26	4651.23

焦作力合节能装备股份有限公司

公司概况	公司名称	焦作力合节能装备股份有限公司			证券简称	力合节能
	法人代表	武川	董秘	张玉萍	证券代码	832243
	公司网址	www.lihehr.com		电子信箱	jzlhjn@163.com	
	电　　话	0391-2105896		传　　真	0391-2105896	
	办公地址	河南省焦作市山阳区循环经济产业集聚区规划二路				
	经营范围	主要从事各类非标换热设备,余热回收装置及一、二、三类压力容器等的研发、设计、生产与销售				

主要财务指标	指标＼报告期	2017.06.30	2016.12.31	2016.06.30	2015.12.31
	基本每股收益(元)	-0.0600	-0.1500	0.0100	0.0800
	基本每股收益(扣除后)(元)	-0.0648	-0.0700	0.0116	0.0600
	稀释每股收益(元)	-0.0600	-0.1500	0.0100	0.0800
	每股净资产(元)	1.0700	1.1300	1.3000	1.2900
	每股经营现金净流量(元)	-0.0126	-0.0759	0.0158	-0.1312
	每股现金流量(元)	-0.0134	-0.0150	0.1304	0.0281
	每股资本公积金(元)	0.2090	0.2090	0.2090	0.2090
	每股盈余公积金(元)	0.0076	0.0076	0.0076	0.0076
	每股未分配利润(元)	-0.1479	-0.0834	0.0807	0.0687
	净资产收益率(%)	-6.0288	-13.4274	0.9189	5.6704
	净资产收益率(扣除)(%)	-5.8500	-12.5800	0.9200	6.9100
	加权净资产收益率	-6.5130	-6.4523	0.8969	4.2226
	总资产(万元)	10654.23	11068.09	11600.52	10650.99
	归属母公司股东权益(万元)	7160.98	7592.70	8692.08	8612.20
	营业收入(万元)	844.96	4935.67	1625.41	4924.81
	营业成本(万元)	788.13	3509.09	1035.61	3260.94
	投资收益(万元)	---	---	---	---
	净利润(万元)	---	---	79.87	488.35
	营业利润(万元)	-470.17	-348.31	82.75	409.48
	利润总额(万元)	-431.72	-874.42	85.04	556.20

浙江安正科技股份有限公司

公司概况	公司名称	浙江安正科技股份有限公司			证券简称	安正科技
	法人代表	刘五义	董秘	何飞	证券代码	832248
	公司网址	www.angelcomm.cn		电子信箱	hefei@angelcomm.cn	
	电　　话	0571-87245751		传　　真	0571-87582853	
	办公地址	浙江省杭州市上城区白云路 17 号 102 室				
	经营范围	公司专注于融合通信领域的技术创新				

主要财务指标	指标＼报告期	2017.06.30	2016.12.31	2016.06.30	2015.12.31
	基本每股收益(元)	-0.1900	-0.1800	0.0300	0.3200
	基本每股收益(扣除后)(元)	-0.1800	-0.2200	0.0100	0.2900
	稀释每股收益(元)	-0.1900	-0.1800	0.0300	0.3200
	每股净资产(元)	1.9000	2.0800	2.2700	2.2500
	每股经营现金净流量(元)	-0.3778	-0.0560	-0.0731	-0.3198
	每股现金流量(元)	-0.3835	-0.0609	-0.0701	0.9968
	每股资本公积金(元)	0.9016	0.9016	0.8834	0.8834
	每股盈余公积金(元)	0.0624	0.0624	0.0624	0.0624
	每股未分配利润(元)	-0.0682	0.1198	0.3267	0.3013
	净资产收益率(%)	-9.9159	-8.7099	1.1192	12.9284
	净资产收益率(扣除)(%)	-9.4500	-8.4100	1.1300	21.1300
	加权净资产收益率	-9.5939	-10.3879	0.4013	11.7846
	总资产(万元)	7443.03	7738.71	8062.17	8725.14
	归属母公司股东权益(万元)	5099.79	5605.47	6113.25	6044.83
	营业收入(万元)	1663.33	3646.55	2002.61	5721.75
	营业成本(万元)	1147.00	2496.09	1287.77	3238.20
	投资收益(万元)	20.01	13.82	19.99	14.50
	净利润(万元)	---	---	68.42	781.50
	营业利润(万元)	-666.94	-826.62	-5.87	642.86
	利润总额(万元)	-686.25	-660.74	73.72	862.53

安徽铜都流体科技股份有限公司

公司概况	公司名称	安徽铜都流体科技股份有限公司			证券简称	铜都流体
	法人代表	杨成	董秘	张胜春	证券代码	832250
	公司网址	www.ah-td.com		电子信箱	1158398757@qq.com	
	电　　话	0562-6863666		传　　真	0562-6861909	
	办公地址	安徽省铜陵市铜都大道北段 188 号				
	经营范围	给排水阀门和环保水工设备的研发、制造、销售				

主要财务指标	指标＼报告期	2017.06.30	2016.12.31	2016.06.30	2015.12.31
	基本每股收益(元)	0.2000	0.2500	0.0600	0.5000
	基本每股收益(扣除后)(元)	0.1800	0.3800	0.0500	0.4000
	稀释每股收益(元)	0.2000	0.2500	0.0600	---
	每股净资产(元)	5.7900	5.5900	5.4500	5.3500
	每股经营现金净流量(元)	-0.2258	0.0408	-0.0196	-0.2840
	每股现金流量(元)	-0.4340	-0.0129	-0.1717	-0.4104
	每股资本公积金(元)	1.4074	1.4074	1.4074	1.1064
	每股盈余公积金(元)	0.3775	0.3775	0.3568	0.3792
	每股未分配利润(元)	3.0019	2.8025	2.6370	2.8656
	净资产收益率(%)	3.4446	4.4193	1.1247	9.4038
	净资产收益率(扣除)(%)	3.5000	4.5200	1.2000	9.7900
	加权净资产收益率	3.1949	6.6844	0.8714	7.5207
	总资产(万元)	57035.38	53516.35	50527.68	48155.48
	归属母公司股东权益(万元)	35055.89	33848.36	32720.49	30501.86
	营业收入(万元)	12627.87	24845.54	9501.09	23364.36
	营业成本(万元)	7543.95	15035.33	5694.93	13919.23
	投资收益(万元)	---	12.84	---	---
	净利润(万元)	---	---	368.00	2868.34
	营业利润(万元)	1183.46	2340.18	238.83	2427.44
	利润总额(万元)	1237.57	1603.47	411.10	3265.95

上海众深科技股份有限公司

公司概况	公司名称	上海众深科技股份有限公司			证券简称	众深股份
	法人代表	邵树伟	董秘	时晓峰	证券代码	832251
	公司网址	www.chinajorson.net		电子信箱	shixiaofeng@chinajorson.com	
	电　　话	021-58553378		传　　真	021-58552296	
	办公地址	上海市静安区共和新路 3088 弄 7 号 307 室				
	经营范围	第三方设备监造/检验技术服务及工程项目管理等其他技术服务				

主要财务指标	指标＼报告期	2017.06.30	2016.12.31	2016.06.30	2015.12.31
	基本每股收益(元)	0.0583	0.3134	0.1300	0.3700
	基本每股收益(扣除后)(元)	0.0002	0.1341	0.0100	0.3100
	稀释每股收益(元)	0.0583	0.3134	0.1300	0.3700
	每股净资产(元)	2.0200	4.8400	4.6800	4.5300
	每股经营现金净流量(元)	0.1302	0.5235	-0.0060	-0.0895
	每股现金流量(元)	0.1068	0.1413	-0.4571	-0.9042
	每股资本公积金(元)	0.6819	2.6466	2.6466	2.6466
	每股盈余公积金(元)	0.0551	0.1377	0.1040	0.1040
	每股未分配利润(元)	0.2800	1.0542	0.9310	0.7745
	净资产收益率(%)	2.8902	6.4770	3.3432	7.1285
	净资产收益率(扣除)(%)	2.9700	6.6938	5.6100	10.3000
	加权净资产收益率	0.0100	2.7723	0.3028	5.9557
	总资产(万元)	11861.12	11570.75	10283.78	9954.15
	归属母公司股东权益(万元)	9200.46	8828.42	8542.18	8256.60
	营业收入(万元)	2544.54	5070.48	2327.45	5670.62
	营业成本(万元)	1664.59	2913.00	1359.11	3046.66
	投资收益(万元)	---	---	---	---
	净利润(万元)	---	---	230.55	628.26
	营业利润(万元)	-45.33	300.90	-26.27	548.23
	利润总额(万元)	266.41	683.29	230.57	645.16

安徽万安环境科技股份有限公司

公司概况					
公司名称	安徽万安环境科技股份有限公司			证券简称	万安环境
法人代表	叶观群	董秘	张薇	证券代码	832254
公司网址	www.wahj.com.cn		电子信箱	zhangw@vie.com.cn	
电　话	0575-87625027		传　真	0575-87625027	
办公地址	安徽省合肥市长丰县岗集镇				
经营范围	新型塑料管道、管件及塑料检查井的研发、制造和销售				

主要财务指标				
指标\报告期	2017.06.30	2016.12.31	2016.06.30	2015.12.31
基本每股收益(元)	-0.0100	0.0351	0.0200	0.0004
基本每股收益(扣除后)(元)	-0.0100	0.0214	0.0010	0.0013
稀释每股收益(元)	-0.0100	0.0351	0.0200	0.0013
每股净资产(元)	1.0400	1.0500	1.0300	1.0100
每股经营现金净流量(元)	0.0205	0.1711	0.0504	-0.0241
每股现金流量(元)	0.1951	-0.0779	-0.0383	0.0611
每股资本公积金(元)	0.0146	0.0146	0.0146	0.0146
每股盈余公积金(元)	0.0034	0.0034	---	---
每股未分配利润(元)	0.0248	0.0305	0.0152	-0.0010
净资产收益率(%)	-0.5487	3.3339	1.5786	0.0433
净资产收益率(扣除)(%)	-0.5500	3.3900	1.5800	0.0400
加权净资产收益率	-0.7745	2.0434	0.8560	0.1330
总资产(万元)	22601.60	20985.30	21110.50	22406.63
归属母公司股东权益(万元)	15694.36	15780.46	15499.03	15254.36
营业收入(万元)	4002.26	10518.15	5071.38	11940.57
营业成本(万元)	3125.93	7489.57	3590.47	8742.68
投资收益(万元)	8.04	16.22	6.98	10.61
净利润(万元)	---	---	244.67	6.61
营业利润(万元)	-254.26	392.52	144.66	124.30
利润总额(万元)	-220.61	602.46	287.00	70.70

美亚高新材料股份有限公司

公司概况					
公司名称	美亚高新材料股份有限公司			证券简称	美亚高新
法人代表	吴长庚	董秘	孙先德	证券代码	832263
公司网址	www.meiyagx.net		电子信箱	hhhgdmb@163.com	
电　话	0554-5812558		传　真	0554-5811186	
办公地址	安徽省淮南市谢家集区淮南工业园区卧园路南				
经营范围	锚固剂、锚杆等矿用支护材料以及减水剂的研发、生产和销售				

主要财务指标				
指标\报告期	2017.06.30	2016.12.31	2016.06.30	2015.12.31
基本每股收益(元)	0.0800	0.2200	0.1000	0.9000
基本每股收益(扣除后)(元)	0.0149	0.1000	0.0400	0.6800
稀释每股收益(元)	---	0.2200	---	---
每股净资产(元)	3.0600	2.9900	2.9000	4.9800
每股经营现金净流量(元)	0.3978	0.9186	0.2459	0.9040
每股现金流量(元)	0.1841	0.3612	-0.0721	0.1733
每股资本公积金(元)	---	---	---	---
每股盈余公积金(元)	0.3986	0.3986	0.3791	0.6066
每股未分配利润(元)	1.4042	1.3250	1.2508	2.9388
净资产收益率(%)	2.5867	6.5355	3.5035	18.0503
净资产收益率(扣除)(%)	2.6200	6.7500	3.3800	20.0500
加权净资产收益率	0.4824	3.0872	1.3151	13.7323
总资产(万元)	27677.91	27507.91	25707.66	26830.04
归属母公司股东权益(万元)	16094.04	15697.15	15234.65	16359.58
营业收入(万元)	5476.26	10264.98	5076.79	21388.70
营业成本(万元)	4423.16	7635.72	3734.57	16170.34
投资收益(万元)	---	---	---	---
净利润(万元)	---	---	533.74	2952.96
营业利润(万元)	234.71	502.90	235.71	2627.70
利润总额(万元)	487.66	1139.70	628.15	3458.78

首帆动力科技股份有限公司

公司概况					
公司名称	首帆动力科技股份有限公司			证券简称	首帆动力
法人代表	杜剑峰	董秘	张勤	证券代码	832266
公司网址	www.mpmc-china.com		电子信箱	zhangqin@mpmc-china.com	
电　话	021-60970158-6066		传　真	021-60970155	
办公地址	上海市浦东新区金海路2449弄宝龙城市广场1号楼301-303室				
经营范围	发电机组、发动机、智能型动力设备、新能源动力设备及相关部件和零部件的研发、生产				

主要财务指标				
指标\报告期	2017.06.30	2016.12.31	2016.06.30	2015.12.31
基本每股收益(元)	0.2000	0.2200	0.1500	0.2300
基本每股收益(扣除后)(元)	0.2000	0.1500	0.1100	0.2100
稀释每股收益(元)	0.2000	0.2200	0.1500	0.2300
每股净资产(元)	1.8600	1.6600	1.5900	1.4400
每股经营现金净流量(元)	0.0619	0.3280	0.1825	-0.1203
每股现金流量(元)	0.1050	0.1071	0.1919	-0.5821
每股资本公积金(元)	0.1007	0.1007	0.1007	0.1007
每股盈余公积金(元)	0.0468	0.0468	0.0370	0.0370
每股未分配利润(元)	0.7080	0.5108	0.4565	0.3038
净资产收益率(%)	10.6308	13.0747	9.5815	15.6677
净资产收益率(扣除)(%)	11.2300	13.9900	10.0600	17.0000
加权净资产收益率	9.9645	8.7927	7.1825	14.4830
总资产(万元)	21545.72	17951.54	16862.46	14432.94
归属母公司股东权益(万元)	9277.64	8291.35	7971.03	7207.29
营业收入(万元)	13432.42	17236.89	10634.99	18865.39
营业成本(万元)	10973.38	12901.82	8198.54	14791.90
投资收益(万元)	---	---	---	7.33
净利润(万元)	---	---	763.75	1129.21
营业利润(万元)	1082.53	739.02	707.19	1129.11
利润总额(万元)	1144.36	1156.71	932.16	1214.50

北京诺君安信息技术股份有限公司

公司概况					
公司名称	北京诺君安信息技术股份有限公司			证券简称	诺君安
法人代表	韩小西	董秘	陈杨	证券代码	832267
公司网址	www.bjnja.com		电子信箱	nuojunan@bjnja.com	
电　话	010-62969991		传　真	010-88570610	
办公地址	北京市海淀区中关村南大街17号3号楼1012室				
经营范围	生产、销售商用密码产品;技术开发、技术推广、技术咨询等				

主要财务指标				
指标\报告期	2017.06.30	2016.12.31	2016.06.30	2015.12.31
基本每股收益(元)	-0.0728	0.0300	-0.2300	0.0100
基本每股收益(扣除后)(元)	-0.0741	0.0400	-0.2200	-0.0500
稀释每股收益(元)	-0.0728	0.0300	---	0.0100
每股净资产(元)	2.2500	2.3200	2.0700	2.0200
每股经营现金净流量(元)	-0.2859	-0.0610	-0.3295	0.0209
每股现金流量(元)	-0.3635	-0.4803	-0.4353	0.4361
每股资本公积金(元)	1.2170	1.2170	1.2170	0.9388
每股盈余公积金(元)	0.0206	0.0206	0.0206	0.0222
每股未分配利润(元)	0.0093	0.0821	-0.1667	0.0578
净资产收益率(%)	-3.2403	1.2209	-10.6456	0.4668
净资产收益率(扣除)(%)	-3.1900	1.3300	-12.0200	0.6100
加权净资产收益率	-3.2961	1.4656	-10.1062	-2.4225
总资产(万元)	6021.11	5903.47	6251.74	5037.95
归属母公司股东权益(万元)	4752.04	4906.02	4379.86	3967.07
营业收入(万元)	1437.99	2228.61	469.65	2129.18
营业成本(万元)	708.70	811.94	302.80	1311.44
投资收益(万元)	3.17	39.06	21.19	25.95
净利润(万元)	---	---	-485.59	-13.15
营业利润(万元)	-146.60	6.03	-461.17	-142.39
利润总额(万元)	-98.93	38.61	-492.24	18.56

广东骏驰科技股份有限公司

公司概况	公司名称	广东骏驰科技股份有限公司			证券简称	骏驰科技
	法人代表	刘前锋	董秘	何盟盟	证券代码	832270
	公司网址	www.junchi-china.com		电子信箱	hmm.dsh@junchi-china.com	
	电　话	0758-2701118		传　真	0758-2721222	
	办公地址	广东省肇庆市端州区桂园路 13 号				
	经营范围	新能源汽车、智能汽车、摩托车、飞行器、轨道装置的研究开发、设计、生产和销售				

主要财务指标	指标\报告期	2017.06.30	2016.12.31	2016.06.30	2015.12.31
	基本每股收益(元)	0.1400	0.2300	0.0600	0.1300
	基本每股收益(扣除后)(元)	0.1300	0.2100	0.0600	0.0500
	稀释每股收益(元)	0.1400	0.2300	0.0600	0.1300
	每股净资产(元)	2.4100	2.2700	2.1000	2.0400
	每股经营现金净流量(元)	0.0213	0.5287	0.0508	0.3192
	每股现金流量(元)	0.0687	-0.0120	-0.1092	0.1866
	每股资本公积金(元)	0.8596	0.8596	0.8596	0.8596
	每股盈余公积金(元)	0.0832	0.0832	0.0433	0.0433
	每股未分配利润(元)	0.4632	0.3236	0.2021	0.1378
	净资产收益率(%)	5.7996	9.9623	3.0537	6.3229
	净资产收益率(扣除)(%)	5.9700	10.4800	3.1000	6.9600
	加权净资产收益率	5.3779	9.2562	2.6975	2.4365
	总资产(万元)	23195.52	20542.30	17880.44	17438.29
	归属母公司股东权益(万元)	10442.15	9836.55	9135.58	8856.60
	营业收入(万元)	8569.72	13914.23	6155.77	10555.17
	营业成本(万元)	6289.36	10483.29	4823.73	8204.40
	投资收益(万元)	—	—	—	—
	净利润(万元)	—	—	278.97	560.00
	营业利润(万元)	584.17	978.34	256.74	166.90
	利润总额(万元)	635.97	1060.05	295.02	587.88

广州佳时达软件股份有限公司

公司概况	公司名称	广州佳时达软件股份有限公司			证券简称	佳时达
	法人代表	彭俊	董秘	黄秋娜	证券代码	832274
	公司网址	www.just-tech.com.cn		电子信箱	justech@just-tech.com.cn	
	电　话	020-35919000		传　真	020-35919099	
	办公地址	广东省广州市天河区珠江新城华穗路 406 号保利克洛维 1305-1308 房				
	经营范围	技术进出口;通信设备零售;软件开发;信息技术咨询服务;数据处理和存储服务等				

主要财务指标	指标\报告期	2017.06.30	2016.12.31	2016.06.30	2015.12.31
	基本每股收益(元)	0.0100	0.0200	-0.0100	0.0700
	基本每股收益(扣除后)(元)	-0.0200	-0.0400	-0.0300	0.0300
	稀释每股收益(元)	0.0100	0.0200	—	0.0300
	每股净资产(元)	1.1000	1.0900	1.0700	1.4600
	每股经营现金净流量(元)	-0.0338	0.0518	0.0426	0.1344
	每股现金流量(元)	-0.3102	-0.0051	-0.3382	0.0330
	每股资本公积金(元)	0.0504	0.0504	0.0504	0.3732
	每股盈余公积金(元)	0.0213	0.0208	0.0189	0.0251
	每股未分配利润(元)	0.0252	0.0206	-0.0014	0.0755
	净资产收益率(%)	0.4664	1.7835	-0.4128	4.8483
	净资产收益率(扣除)(%)	0.4700	1.7600	-0.3800	4.9100
	加权净资产收益率	-1.9408	-3.4132	-2.5239	2.1301
	总资产(万元)	4204.92	4166.69	4097.66	4295.81
	归属母公司股东权益(万元)	4044.20	4025.34	3937.29	4152.07
	营业收入(万元)	227.95	629.78	282.24	1103.44
	营业成本(万元)	20.09	40.69	72.83	271.85
	投资收益(万元)	19.63	29.81	11.00	22.61
	净利润(万元)	—	—	-16.25	201.31
	营业利润(万元)	-91.77	-167.62	-101.62	91.28
	利润总额(万元)	22.76	55.93	-18.50	227.79

创元期货股份有限公司

公司概况	公司名称	创元期货股份有限公司			证券简称	创元期货
	法人代表	吴文胜	董秘		证券代码	832280
	公司网址	www.cyqh.com.cn		电子信箱	zhb@cyqh.com.cn	
	电　话	0512-68278744		传　真	0512-68278711	
	办公地址	江苏省苏州市三香路 120 号万盛大厦 2 楼、3 楼				
	经营范围	商品期货经纪、金融期货经纪				

主要财务指标	指标\报告期	2017.06.30	2016.12.31	2016.06.30	2015.12.31
	基本每股收益(元)	0.0400	0.0700	0.0200	0.0500
	基本每股收益(扣除后)(元)	0.0300	0.0600	0.0200	0.0200
	稀释每股收益(元)	0.0400	0.0700	0.0200	0.0500
	每股净资产(元)	1.2900	1.3000	1.2500	1.2700
	每股经营现金净流量(元)	0.2652	2.8650	0.7070	-0.6320
	每股现金流量(元)	0.4797	2.7630	—	—
	每股资本公积金(元)	0.1965	0.1965	0.1965	0.1965
	每股盈余公积金(元)	0.0162	0.0162	0.0089	0.0089
	每股未分配利润(元)	0.0408	0.0587	0.0214	0.0394
	净资产收益率(%)	3.1730	5.6231	1.7071	3.8794
	净资产收益率(扣除)(%)	3.0800	5.7100	1.6700	3.9100
	加权净资产收益率	2.1636	4.3451	1.4065	1.7392
	总资产(万元)	119527.64	115155.97	94388.22	74502.68
	归属母公司股东权益(万元)	15435.52	15649.75	15026.26	15242.81
	营业收入(万元)	7534.01	8510.59	3942.68	7087.52
	营业成本(万元)	—	—	—	—
	投资收益(万元)	170.42	205.59	45.77	189.46
	净利润(万元)	—	—	256.51	591.32
	营业利润(万元)	620.23	1127.66	335.12	564.66
	利润总额(万元)	657.56	1188.75	348.91	806.16

山东凯翔生物化工股份有限公司

公司概况	公司名称	山东凯翔生物化工股份有限公司			证券简称	凯翔生物
	法人代表	李世平	董秘	王燕	证券代码	832286
	公司网址	www.itaconicacid.com		电子信箱	ygrdwy@126.com	
	电　话	0633-2258709		传　真	0633-2258707	
	办公地址	山东省日照市五莲县城沿河路 52 号				
	经营范围	葡萄糖酸钠和葡萄糖酸内酯的生产及销售				

主要财务指标	指标\报告期	2017.06.30	2016.12.31	2016.06.30	2015.12.31
	基本每股收益(元)	-0.3000	-0.3500	-0.2300	-0.2800
	基本每股收益(扣除后)(元)	-0.3400	-0.4500	-0.2600	-0.3400
	稀释每股收益(元)	-0.3000	-0.3500	-0.2300	-0.2800
	每股净资产(元)	0.2300	0.5200	0.6400	0.8800
	每股经营现金净流量(元)	-0.1804	0.0684	0.2846	0.6734
	每股现金流量(元)	0.2232	-0.0900	-0.0236	-0.2930
	每股资本公积金(元)	0.2047	0.2047	0.2047	0.2047
	每股盈余公积金(元)	—	—	—	—
	每股未分配利润(元)	-0.9786	-0.6803	-0.5617	-0.3272
	净资产收益率(%)	-131.9341	-67.3256	-36.4585	-30.1531
	净资产收益率(扣除)(%)	-79.4900	-50.3700	-30.8400	-31.5100
	加权净资产收益率	-148.2753	-86.4282	-40.2209	-35.8130
	总资产(万元)	19479.04	17251.71	18205.94	18842.96
	归属母公司股东权益(万元)	646.68	1499.87	1839.14	2509.67
	营业收入(万元)	6358.51	10737.59	5750.36	13006.52
	营业成本(万元)	5627.53	8734.37	4899.03	10729.27
	投资收益(万元)	—	—	—	—
	净利润(万元)	—	—	-670.52	-756.74
	营业利润(万元)	-930.45	-1275.34	-662.34	-909.54
	利润总额(万元)	-824.77	-988.82	-593.14	-767.49

深圳市锦瑞新材料股份有限公司

公司概况	公司名称	深圳市锦瑞新材料股份有限公司			证券简称	金凯光电
	法人代表	金烈	董秘	王小静	证券代码	832287
	公司网址	www.goldenken.com		电子信箱	wangxiaojing@goldenken.com	
	电话	0755-61539815		传真	0755-61539899	
	办公地址	广东省深圳市光明新区公明下村社区第三工业区12号金凯工业园				
	经营范围	多功能涂层复合材料的研发、生产及销售				

	指标\报告期	2017.06.30	2016.12.31	2016.06.30	2015.12.31
主要财务指标	基本每股收益(元)	0.0218	0.0760	0.0600	0.2800
	基本每股收益(扣除后)(元)	0.0351	0.0694	0.0200	0.2426
	稀释每股收益(元)	—	—	0.0600	—
	每股净资产(元)	2.9600	2.9400	3.1200	3.0700
	每股经营现金净流量(元)	0.2824	0.1568	0.1473	0.1028
	每股现金流量(元)	-0.0238	0.0800	0.0867	-0.0057
	每股资本公积金(元)	1.6427	1.6427	1.6415	1.6427
	每股盈余公积金(元)	0.0524	0.0524	0.0443	0.0443
	每股未分配利润(元)	0.2674	0.2456	0.4329	0.3778
	净资产收益率(%)	0.7345	2.5802	1.7676	8.8799
	净资产收益率(扣除)(%)	0.7400	2.4700	1.7800	10.9000
	加权净资产收益率	1.1611	2.3568	0.5639	7.6439
	总资产(万元)	30300.49	31273.67	27735.26	29477.55
	归属母公司股东权益(万元)	20250.63	20120.21	21316.94	20955.82
	营业收入(万元)	12194.55	27817.54	11530.61	30503.31
	营业成本(万元)	10108.77	23018.74	9504.52	24103.98
	投资收益(万元)	-97.32	-243.99	—	—
	净利润(万元)	—	—	376.79	1860.85
	营业利润(万元)	213.59	258.64	147.47	1808.00
	利润总额(万元)	208.56	556.06	449.33	2112.71

天维尔信息科技股份有限公司

公司概况	公司名称	天维尔信息科技股份有限公司			证券简称	天维尔
	法人代表	高文军	董秘	王晓连	证券代码	832296
	公司网址	www.telewave.com.cn		电子信箱	tianwe@telewave.com.cn	
	电话	0755-26743081		传真	0755-26743084	
	办公地址	广东省深圳市南山区高新区科技中二路软件园7号楼6层				
	经营范围	计算机软硬件、指挥控制系统、数字调度交换系统、卫星定位系统的开发、生产与销售				

	指标\报告期	2017.06.30	2016.12.31	2016.06.30	2015.12.31
主要财务指标	基本每股收益(元)	-0.0900	-0.5600	-0.1700	0.2600
	基本每股收益(扣除后)(元)	-0.1700	-0.6400	-0.1800	0.1600
	稀释每股收益(元)	-0.0900	-0.5600	-0.1700	0.2600
	每股净资产(元)	1.9600	2.3300	2.5600	2.1800
	每股经营现金净流量(元)	-0.2733	-0.9043	-0.8532	0.4052
	每股现金流量(元)	-0.3109	-0.8634	-0.9179	0.8889
	每股资本公积金(元)	1.0953	1.0953	1.0953	1.1599
	每股盈余公积金(元)	0.0667	0.0667	0.0667	0.0707
	每股未分配利润(元)	-0.2485	-0.1615	0.2269	0.5568
	净资产收益率(%)	-4.5445	-27.8593	-7.0719	8.7541
	净资产收益率(扣除)(%)	-4.4400	-23.8900	-6.6000	11.9900
	加权净资产收益率	-9.0057	-31.7450	-7.5200	5.2836
	总资产(万元)	29334.09	30999.67	29861.95	31649.15
	归属母公司股东权益(万元)	13739.06	14363.44	17152.01	19298.39
	营业收入(万元)	6692.60	17432.61	6885.01	18511.22
	营业成本(万元)	4019.22	11518.93	3640.59	10495.56
	投资收益(万元)	—	—	—	—
	净利润(万元)	—	—	-1212.98	1689.39
	营业利润(万元)	-1660.28	-4781.32	-1610.10	634.05
	利润总额(万元)	-615.09	-3774.65	-1238.25	1906.35

武汉纽威晨创科技发展股份有限公司

公司概况	公司名称	武汉纽威晨创科技发展股份有限公司			证券简称	纽威科技
	法人代表	胡汉华	董秘	吴刚	证券代码	832304
	公司网址	www.newwaywuhan.com		电子信箱	435390266@qq.com	
	电话	027-88165556		传真	027-88165556	
	办公地址	湖北省武汉市东湖新技术开发区高科园二路99号				
	经营范围	中药制药装备研发、生产、销售以及技术服务				

	指标\报告期	2017.06.30	2016.12.31	2016.06.30	2015.12.31
主要财务指标	基本每股收益(元)	0.1100	0.2100	0.1100	0.2320
	基本每股收益(扣除后)(元)	0.1100	0.1900	—	0.1600
	稀释每股收益(元)	0.1100	0.2100	0.1100	0.2320
	每股净资产(元)	1.8200	1.7100	1.6100	1.5000
	每股经营现金净流量(元)	0.0345	-0.1059	-0.2850	0.0594
	每股现金流量(元)	-0.0501	-0.1224	-0.2340	0.2388
	每股资本公积金(元)	0.2884	0.2884	0.2884	0.2884
	每股盈余公积金(元)	0.0095	0.0095	0.0065	0.0065
	每股未分配利润(元)	0.5238	0.4134	0.3187	0.2078
	净资产收益率(%)	6.0587	12.1916	6.8723	12.9597
	净资产收益率(扣除)(%)	6.2500	12.9800	7.1200	17.2500
	加权净资产收益率	5.9050	11.3487	6.7800	9.1327
	总资产(万元)	10025.75	9189.09	8547.69	8564.17
	归属母公司股东权益(万元)	4981.42	4679.61	4412.32	4109.09
	营业收入(万元)	3075.48	5694.73	3063.85	5424.97
	营业成本(万元)	2173.12	3858.47	2072.54	3675.30
	投资收益(万元)	—	—	—	—
	净利润(万元)	—	—	303.23	532.53
	营业利润(万元)	327.81	612.37	351.96	421.77
	利润总额(万元)	336.82	658.77	357.17	583.83

深圳市领耀东方科技股份有限公司

公司概况	公司名称	深圳市领耀东方科技股份有限公司			证券简称	领耀科技
	法人代表	周撼宇	董秘	黄一山	证券代码	832312
	公司网址	www.topeastic.com		电子信箱	tp@topeastic.com	
	电话	0755-84857655		传真	0755-84859855	
	办公地址	广东省深圳市南山区茶光路北南湾工业区18栋6层				
	经营范围	智能化、自动化的节能环保设备及产品的研发、销售				

	指标\报告期	2017.06.30	2016.12.31	2016.06.30	2015.12.31
主要财务指标	基本每股收益(元)	0.0300	-0.0400	-0.0500	0.0600
	基本每股收益(扣除后)(元)	0.0300	-0.0800	-0.0800	0.0400
	稀释每股收益(元)	0.0300	-0.0400	-0.0500	0.0600
	每股净资产(元)	1.5000	1.4600	1.4500	1.5000
	每股经营现金净流量(元)	-0.2677	-0.1015	0.2049	-0.6033
	每股现金流量(元)	0.1045	-0.0366	-0.0438	-0.2483
	每股资本公积金(元)	0.3912	0.3912	0.3912	0.3912
	每股盈余公积金(元)	0.0132	0.0132	0.0132	0.0132
	每股未分配利润(元)	0.0920	0.0590	0.0416	0.0949
	净资产收益率(%)	2.2028	-2.4506	-3.6853	2.9120
	净资产收益率(扣除)(%)	2.2300	-2.4200	-3.6200	4.2000
	加权净资产收益率	1.6880	-5.3316	-5.5900	1.6129
	总资产(万元)	9054.07	9154.24	7250.43	8116.21
	归属母公司股东权益(万元)	6583.78	6438.75	6362.07	6596.54
	营业收入(万元)	6311.76	7733.83	3043.90	6773.98
	营业成本(万元)	5347.33	6580.87	2538.32	5600.55
	投资收益(万元)	—	—	—	—
	净利润(万元)	—	—	-234.46	192.09
	营业利润(万元)	76.51	-469.05	-356.20	84.92
	利润总额(万元)	121.70	-250.81	-235.02	185.74

四川君和环保股份有限公司

公司概况	公司名称	四川君和环保股份有限公司			证券简称	君和环保
	法人代表	李乐军	董秘	蒋雨辰	证券代码	832315
	公司网址	www.scjhhb.com		电子信箱	lifan73@126.com	
	电　　话	0833-2431498		传　　真	0833-2431498	
	办公地址	四川省乐山高新区南新路 12 号				
	经营范围	环保设备及催化剂生产、销售;环保工程工艺设计、治理等				

主要财务指标	指标\报告期	2017.06.30	2016.12.31	2016.06.30	2015.12.31
	基本每股收益(元)	0.0140	0.2500	0.1100	-0.1000
	基本每股收益(扣除后)(元)	0.0220	0.1600	0.1000	-0.1500
	稀释每股收益(元)	0.0140	0.2500	--	-0.1000
	每股净资产(元)	1.3800	1.3700	1.2300	1.1200
	每股经营现金净流量(元)	-0.3251	0.1260	0.0904	0.0392
	每股现金流量(元)	0.3369	-0.0033	0.0181	-0.2022
	每股资本公积金(元)	--	--	--	--
	每股盈余公积金(元)	0.0560	0.0560	0.0289	0.0289
	每股未分配利润(元)	0.3267	0.3127	0.2040	0.0933
	净资产收益率(%)	1.0150	18.0098	8.9761	-9.2333
	净资产收益率(扣除)(%)	1.0200	19.7900	9.4000	-8.8300
	加权净资产收益率	1.5946	11.5338	8.0684	-13.3674
	总资产(万元)	9508.80	8232.67	6076.31	5196.75
	归属母公司股东权益(万元)	3400.71	3366.19	3032.11	2759.94
	营业收入(万元)	2080.19	8574.29	2889.95	2612.55
	营业成本(万元)	1466.53	6951.25	2006.50	1879.23
	投资收益(万元)	--	--	--	0.01
	净利润(万元)	--	--	272.16	-255.00
	营业利润(万元)	69.62	467.30	251.75	-493.49
	利润总额(万元)	48.90	723.77	284.13	-359.26

安徽大富装饰股份有限公司

公司概况	公司名称	安徽大富装饰股份有限公司			证券简称	大富装饰
	法人代表	孙运峰	董秘	梁淑琼	证券代码	832320
	公司网址	www.ahdfjt.com		电子信箱	1642861093@qq.com	
	电　　话	0551-63685500-828		传　　真	0551-62818642	
	办公地址	安徽省合肥市包河区大连路 6686 号徽商总部广场 C 座 19 层				
	经营范围	建筑装饰设计及施工				

主要财务指标	指标\报告期	2017.06.30	2016.12.31	2016.06.30	2015.12.31
	基本每股收益(元)	0.0700	0.1900	0.1500	0.2400
	基本每股收益(扣除后)(元)	0.0700	0.1900	0.1500	0.2200
	稀释每股收益(元)	0.0700	0.1900	0.1500	--
	每股净资产(元)	1.9500	1.5600	1.9300	1.6200
	每股经营现金净流量(元)	-0.2517	-0.2839	-0.3716	-0.2103
	每股现金流量(元)	1.1040	-0.0354	-0.3035	0.3280
	每股资本公积金(元)	1.0495	0.2042	0.5654	0.3821
	每股盈余公积金(元)	0.0355	0.0355	0.0214	0.0234
	每股未分配利润(元)	0.4049	0.3210	0.3452	0.2103
	净资产收益率(%)	2.7389	12.2780	7.8784	12.8508
	净资产收益率(扣除)(%)	4.0400	13.4300	8.2000	20.4500
	加权净资产收益率	2.6843	12.2186	7.8254	12.1671
	总资产(万元)	52753.74	32851.63	25152.93	23996.07
	归属母公司股东权益(万元)	29794.04	15216.88	14490.13	11116.54
	营业收入(万元)	15515.70	37018.78	24573.16	47352.85
	营业成本(万元)	13067.81	31962.72	21441.16	42539.17
	投资收益(万元)	--	--	--	--
	净利润(万元)	--	--	1141.58	1428.56
	营业利润(万元)	1034.91	2202.40	1501.53	1823.00
	利润总额(万元)	1056.59	2214.46	1511.75	1924.34

厦门高士达科技股份有限公司

公司概况	公司名称	厦门高士达科技股份有限公司			证券简称	高士达
	法人代表	包敏华	董秘	薛昌永	证券代码	832331
	公司网址	www.xmgsd.com		电子信箱	cyxue@xmgsd.com	
	电　　话	0592-2969968		传　　真	0592-2958001	
	办公地址	福建省厦门市思明区软件园二期观日路 58 号 901 单元				
	经营范围	信息安全系统集成服务和业务流程管理相关软件的开发与销售				

主要财务指标	指标\报告期	2017.06.30	2016.12.31	2016.06.30	2015.12.31
	基本每股收益(元)	0.0219	0.2700	0.0500	0.4600
	基本每股收益(扣除后)(元)	-0.0740	0.0800	-0.0500	0.2800
	稀释每股收益(元)	0.0219	0.2700	0.0500	0.4600
	每股净资产(元)	1.6100	1.7900	1.5600	2.5800
	每股经营现金净流量(元)	-0.1698	0.4652	-0.1873	0.0651
	每股现金流量(元)	-0.0760	-0.0331	-0.4531	0.8519
	每股资本公积金(元)	0.1057	0.1057	0.1057	0.8797
	每股盈余公积金(元)	0.0710	0.0710	0.0436	0.0742
	每股未分配利润(元)	0.4324	0.6130	0.4133	0.6247
	净资产收益率(%)	1.2022	15.2471	2.9314	16.3116
	净资产收益率(扣除)(%)	1.1000	16.5100	2.9700	22.7600
	加权净资产收益率	-4.5973	4.6569	-3.3440	10.0693
	总资产(万元)	4845.70	4970.11	4343.73	5199.64
	归属母公司股东权益(万元)	3227.74	3590.13	3134.63	3042.74
	营业收入(万元)	2234.84	6467.93	2231.13	6180.80
	营业成本(万元)	1741.59	4804.90	1647.32	4058.38
	投资收益(万元)	6.68	4.72	3.81	3.64
	净利润(万元)	--	--	93.92	494.49
	营业利润(万元)	-145.92	108.07	-144.69	239.97
	利润总额(万元)	51.76	569.90	97.29	505.44

南京常荣声学股份有限公司

公司概况	公司名称	南京常荣声学股份有限公司			证券简称	常荣声学
	法人代表	张荣初	董秘	张震	证券代码	832341
	公司网址	www.cn-cr.com		电子信箱	admin@cn-cr.com	
	电　　话	025-83364004-803		传　　真	025-83372126	
	办公地址	江苏省南京市中山东路 147 号大行宫大厦 10-11 层				
	经营范围	声学、振动产品与工程的研究、开发、生产、销售、安装、总承包等				

主要财务指标	指标\报告期	2017.06.30	2016.12.31	2016.06.30	2015.12.31
	基本每股收益(元)	0.0500	0.4000	0.0600	0.3700
	基本每股收益(扣除后)(元)	0.0500	0.3300	0.0500	0.2700
	稀释每股收益(元)	0.0500	0.4000	0.0600	0.3700
	每股净资产(元)	2.3800	1.9800	2.2200	1.8900
	每股经营现金净流量(元)	-0.4568	-0.4349	-0.4352	-0.1612
	每股现金流量(元)	-0.0047	0.0080	-0.1263	0.0763
	每股资本公积金(元)	0.4684	0.0322	0.3418	0.1079
	每股盈余公积金(元)	0.0800	0.0874	0.0627	0.0665
	每股未分配利润(元)	0.8280	0.8576	0.7335	0.7189
	净资产收益率(%)	1.8310	18.9699	2.5848	19.7777
	净资产收益率(扣除)(%)	2.0800	21.8900	2.8900	21.9500
	加权净资产收益率	1.6473	15.7138	2.1263	14.1795
	总资产(万元)	12516.39	13051.90	8181.23	7842.68
	归属母公司股东权益(万元)	8949.62	6811.48	5665.80	4733.29
	营业收入(万元)	2792.01	7984.99	2309.88	5852.69
	营业成本(万元)	1242.46	3506.53	990.76	2928.32
	投资收益(万元)	--	--	--	--
	净利润(万元)	--	--	146.45	936.14
	营业利润(万元)	203.57	1212.15	168.91	774.58
	利润总额(万元)	218.90	1472.03	203.55	1086.33

天长市秦栏小额贷款股份有限公司

公司概况	公司名称	天长市秦栏小额贷款股份有限公司			证券简称	天秦股份
	法人代表	张敏	董秘	杨晨	证券代码	832343
	公司网址	sunshinesharehold.com		电子信箱	sara45yc@126.com	
	电　　话	0550-7811106		传　　真	0550-7811598	
	办公地址	安徽省天长市广陵路9号嘉福国际广场19楼1917#				
	经营范围	发放小额贷款、票据贴现、对外投资、信托代理等				

主要财务指标	指标\报告期	2017.06.30	2016.12.31	2016.06.30	2015.12.31
	基本每股收益(元)	-0.0200	-0.0700	0.0015	0.1200
	基本每股收益(扣除后)(元)	-0.0200	-0.0700	0.0100	0.1200
	稀释每股收益(元)	-0.0200	-0.0700	--	0.1200
	每股净资产(元)	1.0500	1.0700	1.3900	1.3900
	每股经营现金净流量(元)	0.0142	0.4537	0.2313	-0.0241
	每股现金流量(元)	0.0240	-0.0011	0.0467	-0.0257
	每股资本公积金(元)	--	--	--	--
	每股盈余公积金(元)	0.0555	0.0555	0.0555	0.0555
	每股未分配利润(元)	-0.0872	-0.0645	0.2556	0.2542
	净资产收益率(%)	-2.1694	-6.4255	0.1048	8.4574
	净资产收益率(扣除)(%)	-2.1500	-5.3200	0.1000	8.9000
	加权净资产收益率	-2.1694	-6.4255	0.8065	7.9166
	总资产(万元)	10536.77	10712.25	13932.60	14287.77
	归属母公司股东权益(万元)	10455.50	10682.32	13883.27	13868.72
	营业收入(万元)	446.10	1370.37	822.42	2610.92
	营业成本(万元)	--	--	--	--
	投资收益(万元)	-386.29	-390.18	-156.31	--
	净利润(万元)	--	--	14.56	1172.93
	营业利润(万元)	-95.34	-915.05	48.69	1467.41
	利润总额(万元)	-95.34	-915.05	48.69	1567.41

北京海泰斯工程设备股份有限公司

公司概况	公司名称	北京海泰斯工程设备股份有限公司			证券简称	海泰斯
	法人代表	谭昌春	董秘	陈萍	证券代码	832345
	公司网址	www.htschina.com		电子信箱	rain@htschina.com	
	电　　话	010-56358766		传　　真	010-56358512	
	办公地址	北京市丰台区郭公庄中街20号新方向中心8座1309				
	经营范围	销售自产产品、机械设备、润滑油、五金交电、汽车配件、建筑材料等				

主要财务指标	指标\报告期	2017.06.30	2016.12.31	2016.06.30	2015.12.31
	基本每股收益(元)	-0.0600	0.3672	0.1200	0.6100
	基本每股收益(扣除后)(元)	-0.0600	0.3484	0.1200	0.5800
	稀释每股收益(元)	-0.0600	0.3672	0.1200	0.6100
	每股净资产(元)	1.6100	2.1800	1.9200	2.3500
	每股经营现金净流量(元)	-0.1452	0.2878	-0.0328	0.1841
	每股现金流量(元)	-0.0670	0.0399	0.0684	-0.2356
	每股资本公积金(元)	0.0056	0.2773	0.2773	0.6605
	每股盈余公积金(元)	0.0665	0.0864	0.0518	0.0674
	每股未分配利润(元)	0.5381	0.8136	0.5860	0.6252
	净资产收益率(%)	-4.0165	16.8662	5.4900	25.8725
	净资产收益率(扣除)(%)	-3.9400	18.4200	5.6400	29.7200
	加权净资产收益率	-4.0165	16.0037	5.4723	24.6503
	总资产(万元)	5814.34	6312.22	5487.34	5328.08
	归属母公司股东权益(万元)	4898.14	5094.88	4481.60	4235.57
	营业收入(万元)	1766.72	4661.58	1866.75	4554.27
	营业成本(万元)	1163.78	2262.36	755.95	1987.72
	投资收益(万元)	--	0.08	0.08	1.11
	净利润(万元)	--	--	246.04	1095.85
	营业利润(万元)	-188.35	945.96	288.94	1211.97
	利润总额(万元)	-188.35	997.59	289.87	1272.87

常熟市金华机械股份有限公司

公司概况	公司名称	常熟市金华机械股份有限公司			证券简称	金华机械
	法人代表	蒋浩	董秘	蒋怡	证券代码	832356
	公司网址	www.jinhua-mach.com		电子信箱	jh@jinhua-mach.com	
	电　　话	0512-52645208-801		传　　真	0512-52646873	
	办公地址	江苏省常熟市碧溪新区东张白莲村				
	经营范围	机动车零部件、机械设备的研发、制造、销售				

主要财务指标	指标\报告期	2017.06.30	2016.12.31	2016.06.30	2015.12.31
	基本每股收益(元)	0.5700	1.1900	0.4300	0.6300
	基本每股收益(扣除后)(元)	0.5700	1.1016	0.4300	0.6100
	稀释每股收益(元)	0.5700	--	0.4300	--
	每股净资产(元)	2.4100	2.9200	2.1700	2.1900
	每股经营现金净流量(元)	0.4639	0.8156	0.3398	0.5538
	每股现金流量(元)	-0.3559	0.0202	-0.1866	0.6576
	每股资本公积金(元)	0.5420	0.5420	0.5419	0.4420
	每股盈余公积金(元)	0.1854	0.1854	0.0670	0.0748
	每股未分配利润(元)	0.6829	1.1883	0.5560	0.6728
	净资产收益率(%)	23.8282	40.5802	19.9839	28.9395
	净资产收益率(扣除)(%)	21.5700	48.5000	20.9600	33.8400
	加权净资产收益率	23.6735	37.5646	19.7871	28.0117
	总资产(万元)	10844.84	11644.91	9866.92	7939.14
	归属母公司股东权益(万元)	5374.87	6501.86	4828.05	4379.08
	营业收入(万元)	4168.26	8939.59	4257.89	6622.61
	营业成本(万元)	2040.20	4447.20	2202.35	3899.72
	投资收益(万元)	6.41	10.25	7.19	14.99
	净利润(万元)	--	--	964.83	1267.28
	营业利润(万元)	1503.37	2868.48	1284.95	1623.94
	利润总额(万元)	1506.75	3088.91	1290.43	1663.11

广州利昂建筑设计股份有限公司

公司概况	公司名称	广州利昂建筑设计股份有限公司			证券简称	利昂设计
	法人代表	周涛	董秘	羽祖翔	证券代码	832378
	公司网址	www.leodg.com		电子信箱	info@leogd.com	
	电　　话	020-84101925		传　　真	020-84101126-616	
	办公地址	广东省广州市海珠区滨江中路308号6楼自编A、B、C、K室				
	经营范围	提供建筑室内设计服务				

主要财务指标	指标\报告期	2017.06.30	2016.12.31	2016.06.30	2015.12.31
	基本每股收益(元)	0.0600	0.8600	0.0600	1.0000
	基本每股收益(扣除后)(元)	0.0600	0.7400	0.0600	0.9500
	稀释每股收益(元)	0.0600	0.8600	0.0600	1.0000
	每股净资产(元)	1.6200	4.0900	3.2900	3.2300
	每股经营现金净流量(元)	-0.5266	-1.1217	-1.9850	0.1333
	每股现金流量(元)	-0.5447	-0.3887	-1.6417	1.7707
	每股资本公积金(元)	0.0453	1.2763	1.2763	1.2763
	每股盈余公积金(元)	0.0863	0.2243	0.1316	0.1316
	每股未分配利润(元)	0.4892	1.5899	0.8836	0.8258
	净资产收益率(%)	3.9886	20.9469	1.7586	28.2119
	净资产收益率(扣除)(%)	4.0300	23.4000	1.7700	46.2900
	加权净资产收益率	3.7195	18.0082	1.7816	26.2598
	总资产(万元)	8424.34	7898.10	6061.48	5406.31
	归属母公司股东权益(万元)	4972.51	4826.75	3884.00	3815.70
	营业收入(万元)	1400.38	4420.65	1205.54	4039.23
	营业成本(万元)	746.28	1577.24	338.41	1180.08
	投资收益(万元)	--	--	--	--
	净利润(万元)	--	--	61.28	1054.43
	营业利润(万元)	81.25	962.54	82.90	1344.71
	利润总额(万元)	96.99	1131.07	81.70	1414.94

河南鑫融基金控股股份有限公司

公司概况

公司名称	河南鑫融基金控股股份有限公司			证券简称	鑫融基
法人代表	年永安	董秘	张锐	证券代码	832379
公司网址	www.xrjjk.com		电子信箱	zhengquan@xrjjk.com	
电　话	0379-69892237		传　真	0379-64958716	
办公地址	河南省洛阳市涧西区中州西路92号院1幢5楼西侧				
经营范围	融资性担保业务				

主要财务指标

指标＼报告期	2017.06.30	2016.12.31	2016.06.30	2015.12.31
基本每股收益(元)	0.0400	0.0922	0.0600	0.1200
基本每股收益(扣除后)(元)	0.0400	0.0931	0.0600	0.1204
稀释每股收益(元)	0.0600	—	—	—
每股净资产(元)	1.3100	1.2700	1.3000	1.2400
每股经营现金净流量(元)	–0.1616	–0.1460	–0.1945	–0.2702
每股现金流量(元)	0.0262	–0.0918	–0.1874	0.0227
每股资本公积金(元)	0.0823	0.0823	0.0823	0.0823
每股盈余公积金(元)	0.0042	0.0042	0.0028	0.0028
每股未分配利润(元)	0.2885	0.2473	0.2122	0.1565
净资产收益率(%)	3.1356	7.2576	4.2930	9.3718
净资产收益率(扣除)(%)	3.1900	7.3400	4.3900	10.5800
加权净资产收益率	3.1290	7.3299	4.2542	9.2683
总资产(万元)	485058.63	387022.65	348858.36	321532.96
归属母公司股东权益(万元)	215013.96	208171.69	212642.24	203513.46
营业收入(万元)	18912.95	36738.55	20311.66	42028.78
营业成本(万元)	45.33	179.72	—	—
投资收益(万元)	1041.82	694.30	865.11	598.02
净利润(万元)	—	—	12084.80	25309.58
营业利润(万元)	13819.33	27556.22	16047.90	31026.18
利润总额(万元)	13846.86	27893.73	16281.26	33836.96

湖南快乐文化传媒股份有限公司

公司概况

公司名称	湖南快乐文化传媒股份有限公司			证券简称	快乐传媒
法人代表	张赤心	董秘	李雄	证券代码	832385
公司网址	www.59happy.com.cn		电子信箱	241621507@qq.com	
电　话	0731-85114198		传　真	0731-85114198	
办公地址	湖南省长沙高新开发区文轩路27号麓谷钰园C2栋10楼1001-1008号				
经营范围	媒体代理、媒体自营和品牌推广服务三大块业务				

主要财务指标

指标＼报告期	2017.06.30	2016.12.31	2016.06.30	2015.12.31
基本每股收益(元)	0.0360	0.0830	–0.0400	–0.0500
基本每股收益(扣除后)(元)	0.0340	0.0560	–0.0420	–0.1060
稀释每股收益(元)	0.0360	0.0830	–0.0400	–0.0500
每股净资产(元)	2.0300	2.0000	1.8700	1.9100
每股经营现金净流量(元)	0.1335	0.2320	–0.2607	–0.2077
每股现金流量(元)	0.0882	–0.2526	–0.3438	0.2089
每股资本公积金(元)	0.9803	0.9803	0.9803	0.9803
每股盈余公积金(元)	0.0017	0.0017	—	—
每股未分配利润(元)	0.0507	0.0146	–0.1060	–0.0666
净资产收益率(%)	1.7776	4.1494	–2.1025	–2.3543
净资产收益率(扣除)(%)	1.7936	4.2400	–2.0800	–2.6100
加权净资产收益率	1.6757	2.8097	–2.2395	–5.1207
总资产(万元)	6913.21	6933.49	6178.39	8365.25
归属母公司股东权益(万元)	6506.73	6391.07	5999.73	6125.88
营业收入(万元)	1520.67	6068.11	4426.52	1247.22
营业成本(万元)	1169.54	5272.64	4274.89	956.98
投资收益(万元)	—	—	—	—
净利润(万元)	—	—	–126.15	–144.22
营业利润(万元)	135.59	220.41	–169.58	–410.84
利润总额(万元)	143.45	334.91	–158.62	–184.88

深圳市凯瑞德电子股份有限公司

公司概况

公司名称	深圳市凯瑞德电子股份有限公司			证券简称	深凯瑞德
法人代表	张琪	董秘	范莉	证券代码	832386
公司网址	www.szkrd.com		电子信箱	fl0112@szkrd.com	
电　话	13603068241		传　真	0755-61568488	
办公地址	广东省深圳市龙华新区大浪街道和平路鹏华工业区1栋301				
经营范围	消费类电子产品及其配件,以及通讯终端设备及其配件的研发、销售				

主要财务指标

指标＼报告期	2017.06.30	2016.12.31	2016.06.30	2015.12.31
基本每股收益(元)	–0.0014	–0.5700	–0.0400	–1.4897
基本每股收益(扣除后)(元)	–0.0229	–0.4900	—	–1.3900
稀释每股收益(元)	–0.0014	–0.5700	–0.0400	–1.4897
每股净资产(元)	2.6600	2.6700	0.2300	0.2700
每股经营现金净流量(元)	–0.0341	–0.0818	–0.0156	0.0483
每股现金流量(元)	–0.0356	0.1668	–0.0392	0.0155
每股资本公积金(元)	2.8147	2.8147	0.6900	0.6900
每股盈余公积金(元)	—	—	—	—
每股未分配利润(元)	–1.1499	–1.1485	–1.4627	–1.4217
净资产收益率(%)	–0.0509	–16.0407	–18.0353	–498.7557
净资产收益率(扣除)(%)	–0.0500	–30.5200	–16.5400	–410.2500
加权净资产收益率	–0.8317	–15.4374	–27.6628	–466.7381
总资产(万元)	10535.37	10839.01	2912.19	3827.86
归属母公司股东权益(万元)	9459.86	9464.67	409.09	482.87
营业收入(万元)	3243.77	4374.00	568.05	3780.40
营业成本(万元)	2591.21	3402.83	546.31	3807.59
投资收益(万元)	—	—	—	—
净利润(万元)	—	—	–73.78	–2408.34
营业利润(万元)	27.14	–1267.22	–115.84	–2410.80
利润总额(万元)	27.51	–1174.29	–67.94	–2545.13

上海辉文生物技术股份有限公司

公司概况

公司名称	上海辉文生物技术股份有限公司			证券简称	辉文生物
法人代表	骆峰	董秘	熊霞	证券代码	832402
公司网址	www.21wenda.com		电子信箱	xxia@21wenda.com	
电　话	021-58574488		传　真	021-58574999	
办公地址	上海市浦东新区紫萍路879号				
经营范围	生物多糖、糖蛋白、蛋白聚糖及其他天然生物提取物的研发、生产、销售				

主要财务指标

指标＼报告期	2017.06.30	2016.12.31	2016.06.30	2015.12.31
基本每股收益(元)	0.0800	0.9400	0.2900	0.6200
基本每股收益(扣除后)(元)	0.0600	0.7500	0.1500	0.5100
稀释每股收益(元)	0.0800	0.9400	0.2900	0.6200
每股净资产(元)	5.8800	5.8100	3.9100	3.6200
每股经营现金净流量(元)	0.4903	0.1939	0.0749	–0.2555
每股现金流量(元)	–0.3192	1.8763	–0.0778	0.4033
每股资本公积金(元)	3.3404	3.7828	1.9088	1.9088
每股盈余公积金(元)	0.1426	0.1610	0.0734	0.0734
每股未分配利润(元)	1.3954	1.4859	0.9276	0.6344
净资产收益率(%)	1.3570	14.3173	7.4917	16.0791
净资产收益率(扣除)(%)	1.3600	22.9800	7.7900	24.0800
加权净资产收益率	1.0739	11.4459	3.9007	13.2460
总资产(万元)	22374.76	22568.02	15296.87	12205.67
归属母公司股东权益(万元)	15031.06	14849.96	8860.00	8188.00
营业收入(万元)	3659.24	11572.89	4553.79	7431.56
营业成本(万元)	2525.83	7796.59	3250.62	4368.97
投资收益(万元)	—	109.00	—	—
净利润(万元)	—	—	663.55	1316.56
营业利润(万元)	239.69	1921.91	405.42	1225.98
利润总额(万元)	239.75	2423.56	779.73	1498.89

江苏精湛光电仪器股份有限公司

公司概况					
公司名称	江苏精湛光电仪器股份有限公司			证券简称	精湛光电
法人代表	瞿世鲲	董秘	李志琴	证券代码	832414
公司网址	www.chinakinzo.com		电子信箱	832414@chinakinzo.com	
电　　话	0514-85161952		传　　真	0514-85161952	
办公地址	江苏省扬州市邗江经济开发区南园(华钢路12号)				
经营范围	光电仪器的研发、设计、制造及销售,并为客户提供产品配套软件及APP程序				

主要财务指标 指标\报告期	2017.06.30	2016.12.31	2016.06.30	2015.12.31
基本每股收益(元)	0.2190	0.9840	0.0400	0.8700
基本每股收益(扣除后)(元)	0.1940	0.9764	0.0400	0.8000
稀释每股收益(元)	0.2190	0.9840	0.0400	0.8700
每股净资产(元)	4.9000	4.6800	3.7500	3.7000
每股经营现金净流量(元)	-0.9465	-1.4129	0.3233	-0.3346
每股现金流量(元)	-0.0069	0.0355	0.1506	0.0051
每股资本公积金(元)	1.2510	1.2510	1.2510	1.2510
每股盈余公积金(元)	0.2429	0.2429	0.1290	0.1290
每股未分配利润(元)	2.4049	2.1858	1.3668	1.3157
净资产收益率(%)	4.4696	21.0134	1.3627	21.3919
净资产收益率(扣除)(%)	4.5700	23.4700	1.3300	26.9000
加权净资产收益率	3.9649	20.8524	1.3011	19.8283
总资产(万元)	60953.95	44458.47	32180.22	25905.20
归属母公司股东权益(万元)	19143.57	18287.84	14644.68	14453.15
营业收入(万元)	13415.37	21999.82	4411.54	13930.39
营业成本(万元)	10167.40	13713.72	2660.70	7704.22
投资收益(万元)	—	45.98	—	—
净利润(万元)	—	—	150.10	3350.62
营业利润(万元)	815.10	4554.08	195.97	3743.88
利润总额(万元)	928.76	4627.08	206.58	4018.36

潍坊华美精细技术陶瓷股份有限公司

公司概况					
公司名称	潍坊华美精细技术陶瓷股份有限公司			证券简称	华美精陶
法人代表	王明峰	董秘	祁丰才	证券代码	832416
公司网址	cn.wf-hm.com		电子信箱	xfjtqfc@126.com	
电　　话	0536-7656503		传　　真	0536-7667059	
办公地址	山东省潍坊市坊子区翠坊街中段				
经营范围	碳化硅陶瓷制品的研发、生产和销售				

主要财务指标 指标\报告期	2017.06.30	2016.12.31	2016.06.30	2015.12.31
基本每股收益(元)	0.0500	0.1036	0.0400	0.0900
基本每股收益(扣除后)(元)	0.0400	0.1053	0.0400	0.0631
稀释每股收益(元)	0.0500	0.1036	0.0400	0.0900
每股净资产(元)	1.4100	1.3500	1.2900	1.2500
每股经营现金净流量(元)	0.1091	0.1862	-0.0023	0.1625
每股现金流量(元)	0.0278	0.1453	0.0357	0.0935
每股资本公积金(元)	0.1695	0.1695	0.1695	0.1695
每股盈余公积金(元)	0.0178	0.0178	0.0080	0.0080
每股未分配利润(元)	0.2179	0.1675	0.1110	0.0737
净资产收益率(%)	3.5875	7.6484	2.8927	6.6626
净资产收益率(扣除)(%)	3.6500	7.9500	2.9400	7.3500
加权净资产收益率	3.1175	7.7696	2.8631	4.7445
总资产(万元)	14957.36	14815.05	13447.66	13489.09
归属母公司股东权益(万元)	11602.16	11185.93	10638.11	10330.38
营业收入(万元)	5903.37	9807.10	4785.08	8852.82
营业成本(万元)	4263.24	6831.49	3373.79	6324.43
投资收益(万元)	—	—	3.46	—
净利润(万元)	—	—	316.16	690.73
营业利润(万元)	434.32	1048.90	369.96	593.32
利润总额(万元)	498.47	1011.85	370.20	823.72

山东路斯宠物食品股份有限公司

公司概况					
公司名称	山东路斯宠物食品股份有限公司			证券简称	路斯股份
法人代表	郭洪谦	董秘	寇兴刚	证券代码	832419
公司网址	www.luspet.com		电子信箱	lsdsh@tianchengfood.com	
电　　话	0536-5213351		传　　真	0536-5201249	
办公地址	山东省寿光市羊口先进制造园区(中新路以南,船舶路以东)				
经营范围	宠物食品的生产和销售				

主要财务指标 指标\报告期	2017.06.30	2016.12.31	2016.06.30	2015.12.31
基本每股收益(元)	0.2100	0.2800	0.0900	0.0800
基本每股收益(扣除后)(元)	0.2100	0.2700	0.0870	0.0703
稀释每股收益(元)	0.2100	0.2800	0.0900	0.0800
每股净资产(元)	1.6900	1.4600	1.2600	1.1800
每股经营现金净流量(元)	0.4582	0.8838	0.6014	0.4100
每股现金流量(元)	-0.0451	-0.0038	0.0246	-0.0707
每股资本公积金(元)	0.0958	0.0375	0.0375	0.0375
每股盈余公积金(元)	0.0233	0.0249	0.0031	0.0031
每股未分配利润(元)	0.5677	0.3931	0.2237	0.1354
净资产收益率(%)	11.9273	19.1990	6.9839	5.8590
净资产收益率(扣除)(%)	13.4100	21.2400	7.2400	6.8600
加权净资产收益率	11.7760	18.6399	6.8755	5.2311
总资产(万元)	28752.64	29152.57	39380.45	39734.21
归属母公司股东权益(万元)	14472.15	11644.01	10114.90	9408.48
营业收入(万元)	17211.05	27307.47	12542.20	24799.47
营业成本(万元)	12642.03	19333.10	8510.22	19330.54
投资收益(万元)	—	10.91	—	2.95
净利润(万元)	—	—	705.13	543.68
营业利润(万元)	2272.59	2835.38	1066.66	545.56
利润总额(万元)	2301.80	2921.26	1081.29	624.54

深圳市德卡科技股份有限公司

公司概况					
公司名称	深圳市德卡科技股份有限公司			证券简称	德卡科技
法人代表	孙永战	董秘	刘刚	证券代码	832423
公司网址	www.decard.com		电子信箱	lsg@decard.com	
电　　话	0755-86675660		传　　真	0755-86675973	
办公地址	广东省深圳市南山区茶光路文光工业区17栋四楼				
经营范围	智能卡读写机、智能卡终端机、RFID读写机、POS终端机、密码键盘的研发、生产				

主要财务指标 指标\报告期	2017.06.30	2016.12.31	2016.06.30	2015.12.31
基本每股收益(元)	0.0800	0.3000	0.1600	0.2300
基本每股收益(扣除后)(元)	0.0800	0.2700	0.1400	0.2100
稀释每股收益(元)	0.0800	0.3000	0.1600	0.2300
每股净资产(元)	1.6300	1.6100	1.4000	1.2800
每股经营现金净流量(元)	-0.0201	0.1372	0.0533	0.0811
每股现金流量(元)	-0.1589	-0.0368	-0.0300	0.3201
每股资本公积金(元)	0.0628	0.0628	—	0.0284
每股盈余公积金(元)	0.0696	0.0696	0.0429	0.0429
每股未分配利润(元)	0.4975	0.4786	0.3570	0.2086
净资产收益率(%)	4.8409	18.4192	11.0918	17.8933
净资产收益率(扣除)(%)	4.8100	20.5300	11.4400	23.8600
加权净资产收益率	4.6636	16.9589	10.2781	16.3757
总资产(万元)	9942.99	11414.29	9759.81	10386.42
归属母公司股东权益(万元)	8200.97	8105.85	7043.75	6439.84
营业收入(万元)	5117.37	12539.75	5151.02	9580.85
营业成本(万元)	3277.03	7909.35	2994.75	5594.60
投资收益(万元)	—	—	—	—
净利润(万元)	—	—	781.17	1118.47
营业利润(万元)	464.24	1066.62	569.20	903.45
利润总额(万元)	481.35	1635.95	864.26	1255.79

广西钦州润港林业股份有限公司

公司概况					
公司名称	广西钦州润港林业股份有限公司			证券简称	ST 润港
法人代表	张凯平	董秘	殷姿	证券代码	832438
公司网址	www.gxrgly.com		电子信箱	runganglinye@163.com	
电　话	0777-3890799		传　真	0777-3608681	
办公地址	广西壮族自治区钦州市永福西大街 6 号				
经营范围	木片生产与销售				

主要财务指标：指标\报告期	2017.06.30	2016.12.31	2016.06.30	2015.12.31
基本每股收益(元)	—	-0.7300	-0.0700	0.1800
基本每股收益(扣除后)(元)	—	-0.3012	-0.6700	0.1438
稀释每股收益(元)	—	—	—	—
每股净资产(元)	—	0.7000	1.4200	1.4800
每股经营现金净流量(元)	—	-0.0155	0.1319	0.1834
每股现金流量(元)	—	-0.1050	-0.1180	-0.1296
每股资本公积金(元)	—	0.2577	0.2895	0.2895
每股盈余公积金(元)	—	0.0174	0.0195	0.0195
每股未分配利润(元)	—	-0.5715	0.1086	0.1757
净资产收益率(%)	—	-103.4518	-4.7347	12.3924
净资产收益率(扣除)(%)	—	-71.8800	-4.6300	15.8300
加权净资产收益率	—	-15.9546	-4.7115	9.6827
总资产(万元)	—	7835.69	9795.19	9716.63
归属母公司股东权益(万元)	—	2948.09	5287.58	5537.94
营业收入(万元)	—	3725.61	1208.17	10931.29
营业成本(万元)	—	3359.98	994.05	8981.32
投资收益(万元)	—	0.81	—	30.00
净利润(万元)	—	—	-250.35	686.28
营业利润(万元)	—	-1256.28	-249.13	644.06
利润总额(万元)	—	-3047.60	-250.35	820.60

北京马可正嘉汽车运动股份有限公司

公司概况					
公司名称	北京马可正嘉汽车运动股份有限公司			证券简称	马可正嘉
法人代表	庄茅	董秘	杨巍	证券代码	832439
公司网址	www.marcomz.cn		电子信箱	yangwei@marcomz.cn	
电　话	010-85323608		传　真	010-85323878	
办公地址	北京市朝阳区亮马河南路 14 号塔园外交办公楼 1-14-2				
经营范围	汽车运动;承办展览展示;组织文化艺术交流活动;经济信息咨询				

主要财务指标：指标\报告期	2017.06.30	2016.12.31	2016.06.30	2015.12.31
基本每股收益(元)	0.1400	0.4100	0.1800	0.7600
基本每股收益(扣除后)(元)	0.1400	0.4100	0.1600	0.6900
稀释每股收益(元)	0.1400	0.4100	0.1800	0.6900
每股净资产(元)	2.0200	1.6400	1.9400	2.2600
每股经营现金净流量(元)	0.3671	0.3990	1.1520	-0.9849
每股现金流量(元)	0.5268	0.1361	0.5923	-0.4850
每股资本公积金(元)	0.2842	0.0183	0.4460	0.4460
每股盈余公积金(元)	0.1054	0.1110	0.1000	0.1000
每股未分配利润(元)	0.6306	0.5139	0.3927	0.7111
净资产收益率(%)	7.0643	24.6940	9.3681	32.3896
净资产收益率(扣除)(%)	7.5300	25.1000	7.7400	48.0400
加权净资产收益率	7.0452	25.0137	8.5506	29.8651
总资产(万元)	10319.10	7128.24	8195.22	9214.52
归属母公司股东权益(万元)	6404.82	4946.42	4109.97	4784.95
营业收入(万元)	4887.08	8708.35	2941.60	8675.19
营业成本(万元)	3573.54	5939.89	1987.44	5696.63
投资收益(万元)	—	—	—	—
净利润(万元)	—	—	385.03	1549.83
营业利润(万元)	549.38	1433.68	402.44	1658.56
利润总额(万元)	550.82	1415.07	441.97	1800.67

北京森馥科技股份有限公司

公司概况					
公司名称	北京森馥科技股份有限公司			证券简称	森馥科技
法人代表	朱琨	董秘	董巧霞	证券代码	832447
公司网址	www.safetytech.cn		电子信箱	stt@safetytech.cn	
电　话	010-84926050-806		传　真	010-84925485-818	
办公地址	北京市昌平区北七家镇宏福大厦 12 层				
经营范围	电磁辐射仪器仪表等产品及系统的研发、生产和销售				

主要财务指标：指标\报告期	2017.06.30	2016.12.31	2016.06.30	2015.12.31
基本每股收益(元)	-0.0800	-0.0800	-0.0700	0.3300
基本每股收益(扣除后)(元)	-0.0800	-0.0800	-0.0700	0.3000
稀释每股收益(元)	-0.0800	-0.0800	-0.0700	0.3300
每股净资产(元)	1.2300	1.3100	1.3200	2.1700
每股经营现金净流量(元)	-0.1271	-0.0078	-0.1507	-0.1012
每股现金流量(元)	-0.1656	0.0419	0.0265	1.0313
每股资本公积金(元)	0.1977	0.1977	0.2129	0.9090
每股盈余公积金(元)	0.0316	0.0316	0.0337	0.0676
每股未分配利润(元)	-0.0007	0.0832	0.0972	0.4095
净资产收益率(%)	-6.8281	-5.7162	-5.0671	12.0986
净资产收益率(扣除)(%)	-6.6000	-6.0000	-5.8000	22.8000
加权净资产收益率	-6.8720	-5.9341	-5.2481	10.7949
总资产(万元)	10116.97	10765.86	10586.03	9804.63
归属母公司股东权益(万元)	9441.82	10086.52	10163.20	9216.24
营业收入(万元)	2268.30	5271.78	1865.87	5666.60
营业成本(万元)	932.52	2214.95	766.26	2741.86
投资收益(万元)	—	—	—	125.25
净利润(万元)	—	—	-514.98	1115.03
营业利润(万元)	-652.38	-591.52	-536.77	1222.58
利润总额(万元)	-650.06	-543.23	-515.13	1226.45

福建神州电子股份有限公司

公司概况					
公司名称	福建神州电子股份有限公司			证券简称	神州电子
法人代表	王竟雄	董秘	方守卫	证券代码	832451
公司网址	www.shenzhousatv.com		电子信箱	fsw@shenzhou-satv.com	
电　话	0595-22498810		传　真	0595-28766888	
办公地址	福建省泉州经济技术开发区二期标准厂房区				
经营范围	数字电视终端接收设备的研发、设计、生产及销售				

主要财务指标：指标\报告期	2017.06.30	2016.12.31	2016.06.30	2015.12.31
基本每股收益(元)	-0.3500	-1.4300	0.0300	0.0500
基本每股收益(扣除后)(元)	-0.3600	-0.6400	0.0200	0.0200
稀释每股收益(元)	-0.3500	-1.4300	0.0300	0.0500
每股净资产(元)	1.0400	1.4000	2.8700	2.8200
每股经营现金净流量(元)	0.0977	-0.0200	-0.6008	-0.1635
每股现金流量(元)	0.1889	-0.9316	-0.8467	0.5252
每股资本公积金(元)	1.3032	1.3032	1.3032	1.3032
每股盈余公积金(元)	0.0788	0.0788	0.0788	0.0788
每股未分配利润(元)	-1.3405	-0.9865	0.4851	0.4391
净资产收益率(%)	-34.0000	-102.1559	0.9039	1.6238
净资产收益率(扣除)(%)	-29.0600	-66.9800	0.9000	1.6400
加权净资产收益率	-34.8304	-45.8276	0.6800	0.6272
总资产(万元)	46059.40	47094.23	57700.05	61614.17
归属母公司股东权益(万元)	6441.17	8631.17	17732.80	17448.42
营业收入(万元)	322.95	9347.91	7223.13	24360.07
营业成本(万元)	292.99	6838.22	5265.67	17727.91
投资收益(万元)	—	—	—	—
净利润(万元)	—	—	160.29	283.34
营业利润(万元)	-2243.49	-3597.77	204.59	242.42
利润总额(万元)	-2190.00	-8459.56	251.29	450.47

河南红枫种苗股份有限公司

公司概况					
公司名称	河南红枫种苗股份有限公司			证券简称	红枫种苗
法人代表	张丹	董秘	张劼	证券代码	832458
公司网址	www.cnhongfeng.com		电子信箱	hfzmzqb@163.com	
电　　话	13783640560		传　　真	0371-65826312-0	
办公地址	河南省郑州市金水区杨金路中段牛顿国际A座13层				
经营范围	苗木、特种植物新品种、花卉、农产品的研究、种植、销售及技术服务				

主要财务指标 指标\报告期	2017.06.30	2016.12.31	2016.06.30	2015.12.31
基本每股收益(元)	0.0600	0.7600	0.4100	0.7100
基本每股收益(扣除后)(元)	0.0600	0.7500	0.4000	0.7100
稀释每股收益(元)	0.0600	0.7600	0.4100	0.7100
每股净资产(元)	4.8900	4.8300	4.4700	3.7800
每股经营现金净流量(元)	-0.0227	0.0629	-1.0116	0.3254
每股现金流量(元)	-0.2817	-0.5143	-0.8312	0.9427
每股资本公积金(元)	2.0464	2.0464	2.0464	1.7006
每股盈余公积金(元)	0.1628	0.1628	0.1056	0.1110
每股未分配利润(元)	1.6759	1.6207	1.3220	0.9670
净资产收益率(%)	1.1305	15.6924	8.9866	18.5593
净资产收益率(扣除)(%)	1.1400	17.1800	9.5900	21.2500
加权净资产收益率	1.1340	15.4246	8.8286	18.5347
总资产(万元)	37002.35	35974.52	32425.22	28331.16
归属母公司股东权益(万元)	30091.89	29751.69	27559.60	22142.94
营业收入(万元)	4339.51	13430.79	5716.94	11178.79
营业成本(万元)	2071.04	5382.91	1982.39	4897.27
投资收益(万元)	—	—	—	—
净利润(万元)	—	—	2447.40	4088.25
营业利润(万元)	343.21	4554.23	2403.87	4082.80
利润总额(万元)	341.92	4633.92	2447.40	4088.25

万里运业股份有限公司

公司概况					
公司名称	万里运业股份有限公司			证券简称	万里运业
法人代表	陈立干	董秘	李留华	证券代码	832470
公司网址	www.chinawanlitrans.com		电子信箱	hnwlky@126.com	
电　　话	0374-7388899		传　　真	0371-7388988	
办公地址	河南省许昌市南外环东路万里物流园科技大楼				
经营范围	汽车客运、汽车客运站经营、汽车货运、物流园经营及相关配套服务				

主要财务指标 指标\报告期	2017.06.30	2016.12.31	2016.06.30	2015.12.31
基本每股收益(元)	0.2828	0.5456	0.3200	0.7100
基本每股收益(扣除后)(元)	0.2761	0.5010	0.2250	0.6817
稀释每股收益(元)	0.2828	0.5456	—	0.7100
每股净资产(元)	7.2400	7.1100	6.9300	6.8200
每股经营现金净流量(元)	0.2542	1.2614	-0.2199	1.2883
每股现金流量(元)	0.1591	-0.5704	-0.8364	0.5301
每股资本公积金(元)	4.0061	4.0054	4.0116	4.0191
每股盈余公积金(元)	0.2120	0.2120	0.1706	0.1706
每股未分配利润(元)	2.0191	1.8971	1.7368	1.6279
净资产收益率(%)	3.8965	7.6680	4.5930	9.7708
净资产收益率(扣除)(%)	3.9000	7.8300	4.6300	10.5100
加权净资产收益率	3.8036	7.0412	3.2463	9.3196
总资产(万元)	80833.84	77731.03	70851.30	70600.53
归属母公司股东权益(万元)	47767.50	46957.91	45735.68	44982.86
营业收入(万元)	16778.53	30975.79	15253.67	32429.02
营业成本(万元)	14798.86	25134.30	12024.76	24070.44
投资收益(万元)	256.24	918.67	501.18	920.19
净利润(万元)	—	—	2097.61	4414.64
营业利润(万元)	89.31	2279.49	1896.21	5153.05
利润总额(万元)	2431.14	4692.79	2717.39	5672.38

福建卓越鸿昌环保智能装备股份有限公司

公司概况					
公司名称	福建卓越鸿昌环保智能装备股份有限公司			证券简称	卓越鸿昌
法人代表	傅志昌	董秘	隋新生	证券代码	832474
公司网址	www.honcha.com		电子信箱	honcha@hcm.cn	
电　　话	0595-86535555		传　　真	0595-26888019	
办公地址	福建省南安市雪峰华侨经济开发区				
经营范围	公司主营业务为智能环保专用设备和配套设备的研发、生产和销售以及配件的供应				

主要财务指标 指标\报告期	2017.06.30	2016.12.31	2016.06.30	2015.12.31
基本每股收益(元)	0.1500	0.1900	0.3900	0.8800
基本每股收益(扣除后)(元)	0.1600	0.1500	0.3700	0.8600
稀释每股收益(元)	0.1500	0.1900	0.3900	0.8800
每股净资产(元)	3.2200	3.0700	3.2700	2.8800
每股经营现金净流量(元)	0.0831	-0.0540	-0.6783	1.7486
每股现金流量(元)	0.0065	0.0854	-0.4174	0.2964
每股资本公积金(元)	0.1816	0.1816	0.1816	0.1816
每股盈余公积金(元)	0.4487	0.4487	0.4209	0.4209
每股未分配利润(元)	1.5907	1.4360	1.6699	1.2755
净资产收益率(%)	4.8017	6.1453	12.0535	30.4478
净资产收益率(扣除)(%)	4.9200	6.3400	12.8300	35.9200
加权净资产收益率	4.9352	5.0002	11.3187	30.0190
总资产(万元)	42231.00	40862.99	43516.53	37764.66
归属母公司股东权益(万元)	19326.27	18398.28	19634.27	17267.64
营业收入(万元)	4429.69	11017.44	8640.15	22576.02
营业成本(万元)	2128.57	6549.18	5004.38	13438.68
投资收益(万元)	-11.36	7.42	184.21	859.76
净利润(万元)	—	—	2366.62	5257.61
营业利润(万元)	998.75	1076.75	2313.67	5996.59
利润总额(万元)	972.95	1357.66	2483.50	6082.64

浙江欣欣饲料股份有限公司

公司概况					
公司名称	浙江欣欣饲料股份有限公司			证券简称	欣欣饲料
法人代表	陈国良	董秘	沈杰	证券代码	832475
公司网址	www.zjxinxin.com.cn		电子信箱	214193805@qq.com	
电　　话	0573-83022118		传　　真	0573-83022084	
办公地址	浙江省嘉兴市南湖区新丰镇1532号				
经营范围	饲料的研发、生产和销售				

主要财务指标 指标\报告期	2017.06.30	2016.12.31	2016.06.30	2015.12.31
基本每股收益(元)	0.1300	0.9980	0.7700	0.1900
基本每股收益(扣除后)(元)	0.1000	0.4260	0.1000	-0.0400
稀释每股收益(元)	0.1300	0.9980	—	0.1900
每股净资产(元)	4.4800	4.8500	4.7600	4.4900
每股经营现金净流量(元)	-0.0934	0.7975	0.1617	1.1713
每股现金流量(元)	-0.0120	-0.1815	-0.2965	0.3804
每股资本公积金(元)	0.0876	0.0876	0.0876	0.0876
每股盈余公积金(元)	0.4986	0.4986	0.4986	0.4986
每股未分配利润(元)	2.8926	3.2609	3.1779	2.9056
净资产收益率(%)	2.9394	20.7400	16.2519	4.1324
净资产收益率(扣除)(%)	2.8200	22.4600	16.7300	3.7800
加权净资产收益率	2.5183	8.9427	2.0571	-0.8973
总资产(万元)	23666.25	25285.92	26356.41	28089.18
归属母公司股东权益(万元)	16673.31	18044.59	17735.46	16721.95
营业收入(万元)	12407.41	35260.45	17566.38	57686.76
营业成本(万元)	11338.62	32593.41	16045.72	54289.18
投资收益(万元)	125.59	597.74	2002.08	-132.76
净利润(万元)	—	—	2869.23	884.05
营业利润(万元)	567.33	2438.86	2509.37	626.93
利润总额(万元)	638.90	4850.39	3194.73	1384.43

广东中钰科技股份有限公司

公司概况	公司名称	广东中钰科技股份有限公司			证券简称	中钰科技
	法人代表	吴明玉	董秘	高义锋	证券代码	832485
	公司网址	www.zhong-yu.com.cn		电子信箱	gyf@zhong-yu.com.cn	
	电　话	020-39902808		传　真	020-39902866	
	办公地址	广东省广州市番禺区石壁街兴宏一街3号				
	经营范围	电能表、用电信息采集系统产品及电力自动化系统产品的研发、生产和销售				

	指标\报告期	2017.06.30	2016.12.31	2016.06.30	2015.12.31
主要财务指标	基本每股收益(元)	—	—	0.0400	0.3400
	基本每股收益(扣除后)(元)	—	—	0.0100	0.3000
	稀释每股收益(元)	—	—	0.0400	0.3400
	每股净资产(元)	—	—	1.9100	1.8700
	每股经营现金净流量(元)	—	—	-0.1474	-0.1692
	每股现金流量(元)	—	—	-0.0792	0.0621
	每股资本公积金(元)	—	—	0.5350	0.5775
	每股盈余公积金(元)	—	—	0.0349	0.0376
	每股未分配利润(元)	—	—	0.3385	0.3192
	净资产收益率(%)	—	—	2.2380	14.6242
	净资产收益率(扣除)(%)	—	—	2.2500	21.7600
	加权净资产收益率	—	—	0.4663	12.7364
	总资产(万元)	—	—	56183.60	54647.47
	归属母公司股东权益(万元)	—	—	19217.44	18787.36
	营业收入(万元)	—	—	6530.36	24540.20
	营业成本(万元)	—	—	4199.31	16226.75
	投资收益(万元)	—	—	—	21.54
	净利润(万元)	—	—	425.25	2732.83
	营业利润(万元)	—	—	53.67	2687.64
	利润总额(万元)	—	—	454.22	3104.89

汉得利(常州)电子股份有限公司

公司概况	公司名称	汉得利(常州)电子股份有限公司			证券简称	汉得利
	法人代表	吴逸飞	董秘	黄富强	证券代码	832487
	公司网址	www.bestargroups.com		电子信箱	huang@be-star.com	
	电　话	0519-67896215		传　真	0519-88222555	
	办公地址	江苏省常州市新北区黄河西路199号				
	经营范围	电声产品的研发、生产与销售				

	指标\报告期	2017.06.30	2016.12.31	2016.06.30	2015.12.31
主要财务指标	基本每股收益(元)	0.3700	0.2700	0.2200	0.1200
	基本每股收益(扣除后)(元)	0.3100	0.1200	0.1500	0.0300
	稀释每股收益(元)	0.3700	0.2700	0.2200	0.1200
	每股净资产(元)	1.8500	1.4700	1.3500	1.1300
	每股经营现金净流量(元)	0.4064	0.4301	0.2730	0.7131
	每股现金流量(元)	0.4258	0.1386	0.2488	0.0231
	每股资本公积金(元)	0.1340	0.1340	0.0575	0.0575
	每股盈余公积金(元)	0.0770	0.0770	0.0493	0.0493
	每股未分配利润(元)	0.6471	0.2732	0.2446	0.0296
	净资产收益率(%)	20.1972	18.4014	15.9686	9.0714
	净资产收益率(扣除)(%)	22.5100	20.2300	17.3300	9.5000
	加权净资产收益率	16.6678	8.3644	11.4480	1.9544
	总资产(万元)	25905.12	20824.22	18285.67	17500.00
	归属母公司股东权益(万元)	6942.14	5526.86	5049.18	4255.31
	营业收入(万元)	11744.31	17708.16	8214.35	13691.39
	营业成本(万元)	8245.31	13285.09	6184.90	9995.85
	投资收益(万元)	—	158.34	158.34	-1.25
	净利润(万元)	—	—	803.94	308.26
	营业利润(万元)	1393.36	625.82	698.98	118.77
	利润总额(万元)	1697.85	1121.34	898.78	492.41

圆融光电科技股份有限公司

公司概况	公司名称	圆融光电科技股份有限公司			证券简称	圆融科技
	法人代表	梁旭东	董秘	丛巍	证券代码	832502
	公司网址	www.epitop.com.cn		电子信箱	stock@epitop.com.cn	
	电　话	0555-7185881		传　真	0555-7185868	
	办公地址	安徽省马鞍山经济技术开发区宝庆路399号1栋				
	经营范围	全色系发光二极管外延片、芯片的研发、生产和销售				

	指标\报告期	2017.06.30	2016.12.31	2016.06.30	2015.12.31
主要财务指标	基本每股收益(元)	0.0900	0.0500	0.0100	-0.0600
	基本每股收益(扣除后)(元)	0.0500	-0.0550	-0.0400	-0.1900
	稀释每股收益(元)	0.0900	—	—	—
	每股净资产(元)	2.4800	2.3900	2.4500	2.1600
	每股经营现金净流量(元)	0.1107	-0.1406	-0.1270	0.0747
	每股现金流量(元)	0.2925	-0.0948	0.1083	0.2118
	每股资本公积金(元)	1.3669	1.3669	1.4696	1.1903
	每股盈余公积金(元)	0.0250	0.0250	0.0228	0.0252
	每股未分配利润(元)	0.0842	-0.0055	-0.0438	-0.0569
	净资产收益率(%)	3.6251	2.0108	0.3070	-2.9325
	净资产收益率(扣除)(%)	3.6900	2.0500	0.3100	-3.3400
	加权净资产收益率	1.9592	-2.2102	-1.4806	-8.7759
	总资产(万元)	132252.70	119668.45	119659.87	107035.46
	归属母公司股东权益(万元)	66305.93	63902.30	65568.09	52147.30
	营业收入(万元)	22678.29	37781.84	15580.89	23277.98
	营业成本(万元)	15482.22	31427.66	13590.11	19287.52
	投资收益(万元)	—	39.27	—	—
	净利润(万元)	—	—	162.95	-1549.08
	营业利润(万元)	2687.65	-1833.89	-1307.15	-5585.69
	利润总额(万元)	2690.47	1301.94	73.91	-1990.75

北京尚洋易捷信息技术股份有限公司

公司概况	公司名称	北京尚洋易捷信息技术股份有限公司			证券简称	尚洋信息
	法人代表	陈建芳	董秘	陈志斌	证券代码	832524
	公司网址	www.ej-info.com		电子信箱	66475@qq.com	
	电　话	010-59942623		传　真	010-59942622	
	办公地址	北京市海淀区西北旺东路10号院东区15号楼A座一层103				
	经营范围	医疗保险、社会保险、商业保险、医疗健康的软件开发、互联网运营及软硬件销售				

	指标\报告期	2017.06.30	2016.12.31	2016.06.30	2015.12.31
主要财务指标	基本每股收益(元)	0.1900	0.5200	0.0900	0.7100
	基本每股收益(扣除后)(元)	0.1731	0.4500	—	—
	稀释每股收益(元)	0.1900	0.5200	0.0900	0.7100
	每股净资产(元)	2.3100	2.3200	1.8900	2.0400
	每股经营现金净流量(元)	-0.2876	0.1330	-0.2525	0.6258
	每股现金流量(元)	-0.5604	0.2815	-0.8379	0.5665
	每股资本公积金(元)	0.1894	0.1894	0.1894	0.0948
	每股盈余公积金(元)	0.1416	0.1416	0.0901	0.0948
	每股未分配利润(元)	0.9799	0.9891	0.6106	0.8529
	净资产收益率(%)	8.2599	22.2056	4.5058	34.5547
	净资产收益率(扣除)(%)	7.9000	23.9000	4.4000	41.7700
	加权净资产收益率	7.5248	19.2889	3.6994	33.5756
	总资产(万元)	3043.15	3060.79	2407.26	2825.75
	归属母公司股东权益(万元)	2674.89	2685.45	2187.70	2246.63
	营业收入(万元)	849.15	1808.90	388.62	1792.90
	营业成本(万元)	339.42	700.33	144.35	767.17
	投资收益(万元)	15.68	28.68	22.42	29.08
	净利润(万元)	—	—	98.57	776.32
	营业利润(万元)	291.90	491.20	37.24	711.61
	利润总额(万元)	291.90	685.38	111.80	884.60

深圳市恒康达国际食品股份有限公司

公司概况					
公司名称	深圳市恒康达国际食品股份有限公司			证券简称	恒康达
法人代表	李钢	董秘	马纯	证券代码	832527
公司网址	www.hkdcn.com		电子信箱	hkdmelisa@163.com	
电　话	0755-82216088		传　真	0755-82216868	
办公地址	广东省深圳市福田区益田路与福华三路交界东北深圳国际商会中心0501、0502、0503、0515				
经营范围	进口食品的贸易代理服务和食品贸易销售				

主要财务指标

指标\报告期	2017.06.30	2016.12.31	2016.06.30	2015.12.31
基本每股收益(元)	0.1800	0.2400	0.4800	0.6900
基本每股收益(扣除后)(元)	0.1761	0.1600	—	0.6700
稀释每股收益(元)	—	0.2400	0.4800	0.6200
每股净资产(元)	2.5100	1.6000	1.7100	2.2600
每股经营现金净流量(元)	-1.5498	0.0403	0.0471	0.2405
每股现金流量(元)	-1.1730	1.7943	0.2401	0.5212
每股资本公积金(元)	1.0637	0.2764	0.2764	0.0877
每股盈余公积金(元)	0.0815	0.0919	0.0635	0.1341
每股未分配利润(元)	0.3632	0.2301	0.3675	1.0346
净资产收益率(%)	6.3497	15.2428	20.6562	27.3253
净资产收益率(扣除)(%)	11.0000	17.0500	25.2500	33.3600
加权净资产收益率	6.2114	9.9528	17.5581	26.3206
总资产(万元)	7605.58	7437.26	5858.81	6349.82
归属母公司股东权益(万元)	2988.73	1687.85	1803.01	1128.17
营业收入(万元)	3091.68	5754.30	2039.92	4063.62
营业成本(万元)	1144.44	2932.61	756.44	1676.68
投资收益(万元)	1.23	23.50	4.05	11.23
净利润(万元)	—	—	372.43	308.28
营业利润(万元)	117.68	211.49	469.26	426.41
利润总额(万元)	117.72	311.44	519.25	415.77

宁夏润龙包装新材料股份有限公司

公司概况					
公司名称	宁夏润龙包装新材料股份有限公司			证券简称	润龙包装
法人代表	段海英	董秘	张玉秋	证券代码	832535
公司网址			电子信箱	nxrlbz@163.com	
电　话	0952-3928832		传　真	0952-3928855	
办公地址	宁夏回族自治区石嘴山市惠农区正义路南、高速公路东				
经营范围	纸塑复合袋、吨袋、塑料编织袋的生产、销售				

主要财务指标

指标\报告期	2017.06.30	2016.12.31	2016.06.30	2015.12.31
基本每股收益(元)	0.0200	0.1000	0.0600	0.1800
基本每股收益(扣除后)(元)	0.0200	-0.0100	0.0400	0.0800
稀释每股收益(元)	0.0200	0.1000	—	—
每股净资产(元)	1.2600	1.2400	1.2000	1.4800
每股经营现金净流量(元)	0.2177	-0.3149	-0.2373	-0.2730
每股现金流量(元)	0.0408	-0.0080	0.0647	0.0198
每股资本公积金(元)	0.0327	0.0327	0.0327	0.2925
每股盈余公积金(元)	0.0235	0.0235	0.0132	0.0171
每股未分配利润(元)	0.2060	0.1881	0.1528	0.1744
净资产收益率(%)	1.4165	8.2580	4.7695	11.5480
净资产收益率(扣除)(%)	1.4300	8.6100	4.8900	0.1400
加权净资产收益率	0.1206	-0.0363	3.2200	5.0760
总资产(万元)	8524.54	6882.74	7349.41	6313.27
归属母公司股东权益(万元)	2707.29	2668.94	2571.17	2448.54
营业收入(万元)	1433.02	3464.15	2021.42	3802.56
营业成本(万元)	1186.03	2926.22	1672.32	3123.23
投资收益(万元)	—	—	—	—
净利润(万元)	—	—	122.63	282.76
营业利润(万元)	-12.62	-10.82	100.98	166.01
利润总额(万元)	28.73	249.97	148.20	377.52

洁华控股股份有限公司

公司概况					
公司名称	洁华控股股份有限公司			证券简称	洁华控股
法人代表	钱怡松	董秘	钱烨	证券代码	832537
公司网址	www.jiehua.com		电子信箱	qianye@jiehua.com	
电　话	0573-87856388		传　真	0573-87855268	
办公地址	浙江省海宁市马桥镇(湖塘)金鸡路3号				
经营范围	袋式除尘器的研发、设计、生产和销售以及烟气脱硫脱硝系统治理工程业务				

主要财务指标

指标\报告期	2017.06.30	2016.12.31	2016.06.30	2015.12.31
基本每股收益(元)	0.0600	-0.0100	-0.0900	0.1800
基本每股收益(扣除后)(元)	0.0600	-0.0400	-0.0900	0.0700
稀释每股收益(元)	0.0600	-0.0100	-0.0900	0.1800
每股净资产(元)	5.3900	5.3300	5.2500	5.3400
每股经营现金净流量(元)	-0.4378	0.7556	-0.0089	-0.0206
每股现金流量(元)	-0.2852	0.0508	0.0666	-0.1101
每股资本公积金(元)	0.0959	0.0959	0.0959	0.0959
每股盈余公积金(元)	0.5130	0.5130	0.5130	0.5130
每股未分配利润(元)	3.7817	3.7208	3.6367	3.7288
净资产收益率(%)	1.1299	-0.1507	-1.7557	3.3898
净资产收益率(扣除)(%)	1.1400	-0.1500	-1.7400	3.4500
加权净资产收益率	1.0502	-0.7627	-1.7269	1.3736
总资产(万元)	57233.92	56926.59	56150.99	57344.88
归属母公司股东权益(万元)	26953.30	26648.75	26228.40	26688.90
营业收入(万元)	14782.71	25368.93	9841.07	38698.20
营业成本(万元)	11869.94	20497.96	7701.10	32135.82
投资收益(万元)	12.44	15.38	—	—
净利润(万元)	—	—	-460.49	904.71
营业利润(万元)	35.79	-978.72	-657.80	92.91
利润总额(万元)	313.27	-259.04	-534.98	1062.04

山东宏力热泵能源股份有限公司

公司概况					
公司名称	山东宏力热泵能源股份有限公司			证券简称	宏力能源
法人代表	于奎明	董秘	于倩	证券代码	832556
公司网址	www.hongligroup.com		电子信箱	hlnyquanwu@163.com	
电　话	0536-8889548		传　真	0536-8825806	
办公地址	山东省潍坊市高新区惠贤路2751号				
经营范围	可再生能源地热能热泵产品的研发、设计、生产、销售、安装及系统技术集成				

主要财务指标

指标\报告期	2017.06.30	2016.12.31	2016.06.30	2015.12.31
基本每股收益(元)	-0.2200	-1.4900	-0.0900	-0.4300
基本每股收益(扣除后)(元)	-0.2300	-1.4900	-0.1100	-0.4820
稀释每股收益(元)	-0.2200	-1.4900	-0.0900	-0.4300
每股净资产(元)	3.6400	3.8500	5.2400	5.3300
每股经营现金净流量(元)	-0.2788	0.2664	-0.4687	0.0507
每股现金流量(元)	-0.1447	-0.4960	-0.6429	0.0331
每股资本公积金(元)	4.4550	4.4550	4.4550	4.4550
每股盈余公积金(元)	0.0412	0.0412	0.0412	0.0412
每股未分配利润(元)	-1.9531	-1.7330	-0.3346	-0.2465
净资产收益率(%)	-6.0526	-38.6002	-1.6794	-7.7302
净资产收益率(扣除)(%)	-5.9700	-32.4000	-1.6700	-7.9600
加权净资产收益率	-6.2570	-38.5884	-2.0339	-8.6419
总资产(万元)	52634.41	53238.94	61590.99	65729.88
归属母公司股东权益(万元)	23637.80	25031.04	34083.13	34618.14
营业收入(万元)	624.94	1518.99	2525.08	7373.72
营业成本(万元)	607.87	1534.61	1616.64	4364.22
投资收益(万元)	—	—	—	—
净利润(万元)	—	—	-575.15	-2678.71
营业利润(万元)	-1526.00	-8905.45	-676.33	-3362.01
利润总额(万元)	-1459.40	-8907.82	-546.73	-3011.26

伟志股份公司

公司概况

公司名称	伟志股份公司			证券简称	伟志股份
法人代表	陈志谋	董秘	罗楚楚	证券代码	832567
公司网址	www.weizhigufen.com		电子信箱	H8615@126.com	
电　　话	0595-85629793		传　　真	0595-82088877	
办公地址	福建省晋江市迎宾路 7-1 号高森世纪中心 5 楼 VIP 北区				
经营范围	工程测量、大地测量、测绘摄影、摄影测量与遥感、地理信息系统工程等				

主要财务指标

指标\报告期	2017.06.30	2016.12.31	2016.06.30	2015.12.31
基本每股收益(元)	0.1200	0.4300	0.1800	1.8000
基本每股收益(扣除后)(元)	0.1200	0.4000	0.1900	1.6200
稀释每股收益(元)	0.1200	0.4300	0.1800	1.8000
每股净资产(元)	1.1900	2.1300	1.8900	5.1900
每股经营现金净流量(元)	-0.0792	-0.3054	-0.3682	-0.3638
每股现金流量(元)	-0.0005	0.0451	0.0149	0.8904
每股资本公积金(元)	0.0007	0.1914	0.1914	2.5742
每股盈余公积金(元)	0.0473	0.0942	0.0539	0.1617
每股未分配利润(元)	0.1450	0.8474	0.6445	1.4553
净资产收益率(%)	10.1573	18.8713	8.4349	28.9969
净资产收益率(扣除)(%)	10.7000	20.8400	8.8100	67.9300
加权净资产收益率	9.7032	17.6711	8.7530	26.0025
总资产(万元)	9298.10	7834.69	5892.19	6183.11
归属母公司股东权益(万元)	5982.71	5375.03	4762.39	4360.69
营业收入(万元)	3102.92	6080.73	2196.55	6602.26
营业成本(万元)	1497.08	3330.18	1024.09	3554.65
投资收益(万元)	---	---	---	---
净利润(万元)	---	---	401.70	1264.46
营业利润(万元)	668.91	1123.21	552.73	1520.92
利润总额(万元)	700.88	1202.79	532.53	1695.02

浙江圣兆药物科技股份有限公司

公司概况

公司名称	浙江圣兆药物科技股份有限公司			证券简称	圣兆药物
法人代表	陈赟华	董秘	吴健	证券代码	832586
公司网址	www.sundoc.com.cn		电子信箱	wu_jian@sundoc.com.cn	
电　　话	0571-81998555		传　　真	0571-81998533	
办公地址	浙江省杭州市滨江区西兴街道江陵路 88 号 9 幢南座 11 楼				
经营范围	专注于先进剂型药物研发				

主要财务指标

指标\报告期	2017.06.30	2016.12.31	2016.06.30	2015.12.31
基本每股收益(元)	-0.1100	-0.0900	-0.1400	0.1800
基本每股收益(扣除后)(元)	-0.1100	-0.1400	-0.1800	0.1536
稀释每股收益(元)	-0.1100	-0.0900	-0.1400	0.1800
每股净资产(元)	4.4900	2.5100	2.4600	2.5000
每股经营现金净流量(元)	-0.1602	-0.4798	-0.5337	-0.0011
每股现金流量(元)	3.5483	0.6325	0.6706	0.3159
每股资本公积金(元)	4.7998	1.3509	1.3502	1.2451
每股盈余公积金(元)	0.0008	0.0008	0.0008	0.0008
每股未分配利润(元)	0.0480	0.1591	0.1107	0.2493
净资产收益率(%)	-1.7817	-3.3717	-5.4067	6.2976
净资产收益率(扣除)(%)	-4.6300	-3.4400	-5.4900	8.9900
加权净资产收益率	-1.8071	-5.4144	-7.2819	5.3329
总资产(万元)	42417.43	20715.73	18137.49	20254.69
归属母公司股东权益(万元)	36981.51	14889.31	14597.90	14472.43
营业收入(万元)	5026.01	13877.90	4967.23	13069.73
营业成本(万元)	3801.39	11136.00	4230.37	9372.56
投资收益(万元)	---	276.21	275.74	---
净利润(万元)	---	---	-783.12	939.20
营业利润(万元)	-458.05	-314.88	-780.15	1128.11
利润总额(万元)	-493.61	-246.08	-739.62	1220.49

江苏爱源医疗科技股份有限公司

公司概况

公司名称	江苏爱源医疗科技股份有限公司			证券简称	爱源股份
法人代表	徐浩宇	董秘	陈娟	证券代码	832628
公司网址	www.taimed.net		电子信箱	2658151167@qq.com	
电　　话	0523-82181419		传　　真	0523-86801419	
办公地址	江苏省泰州市药城大道二期 G20				
经营范围	公司专业从事一次性医疗耗材的研发、生产和销售				

主要财务指标

指标\报告期	2017.06.30	2016.12.31	2016.06.30	2015.12.31
基本每股收益(元)	0.4720	0.2280	0.3300	0.4000
基本每股收益(扣除后)(元)	0.4150	0.0290	0.2460	0.2520
稀释每股收益(元)	0.4720	0.2280	---	0.4000
每股净资产(元)	2.1500	1.6800	1.7800	1.4600
每股经营现金净流量(元)	0.2659	1.5234	0.5955	-0.1632
每股现金流量(元)	0.3721	0.2715	0.1344	0.1784
每股资本公积金(元)	0.0199	0.0199	0.0199	0.0199
每股盈余公积金(元)	0.0663	0.0663	0.0435	0.0435
每股未分配利润(元)	1.0687	0.5970	0.7178	0.3916
净资产收益率(%)	21.8910	13.5547	18.3126	27.4696
净资产收益率(扣除)(%)	24.5800	14.5400	20.1600	31.8400
加权净资产收益率	19.2477	1.7119	13.7934	17.2951
总资产(万元)	3186.80	2462.75	3238.07	3414.59
归属母公司股东权益(万元)	2154.99	1683.24	1781.28	1455.08
营业收入(万元)	2026.62	3663.69	1767.58	2848.27
营业成本(万元)	618.65	1222.66	444.26	858.37
投资收益(万元)	---	---	---	---
净利润(万元)	---	---	326.20	399.71
营业利润(万元)	481.34	107.74	320.99	286.83
利润总额(万元)	548.36	342.26	428.32	461.00

北京中捷四方生物科技股份有限公司

公司概况

公司名称	北京中捷四方生物科技股份有限公司			证券简称	中捷四方
法人代表	崔艮中	董秘	邹杰	证券代码	832635
公司网址	www.bjzjsf.com		电子信箱	zoujie@zhongjiesifang.com	
电　　话	010-56495612		传　　真	010-56495617	
办公地址	北京市通州区中关村科技园区通州园金桥科技产业基地景盛南四街 17 号院 20 号楼				
经营范围	生产昆虫信息素、粘胶体及色板产品;技术推广服务;销售化工产品等				

主要财务指标

指标\报告期	2017.06.30	2016.12.31	2016.06.30	2015.12.31
基本每股收益(元)	0.1200	0.1500	0.1700	0.2000
基本每股收益(扣除后)(元)	0.1100	0.1100	0.1600	0.1600
稀释每股收益(元)	0.1200	0.1500	0.1700	0.2000
每股净资产(元)	1.5100	1.3900	1.5600	1.3900
每股经营现金净流量(元)	-0.2898	0.2654	0.0286	0.2572
每股现金流量(元)	-0.3622	0.1964	0.0231	0.1603
每股资本公积金(元)	0.1203	0.1203	0.1203	0.1203
每股盈余公积金(元)	0.0693	0.0693	0.0460	0.0460
每股未分配利润(元)	0.3207	0.2041	0.3965	0.2227
净资产收益率(%)	7.7184	11.1089	11.1247	13.7840
净资产收益率(扣除)(%)	8.0300	10.5600	11.7800	15.6900
加权净资产收益率	7.0826	7.7635	9.9620	11.4772
总资产(万元)	9654.61	9109.32	8942.49	8114.16
归属母公司股东权益(万元)	5035.96	4647.27	5210.84	4631.15
营业收入(万元)	3271.69	5120.10	2701.21	4815.72
营业成本(万元)	1498.67	2121.68	1056.35	2103.76
投资收益(万元)	---	---	---	---
净利润(万元)	---	---	579.69	638.36
营业利润(万元)	433.90	420.77	596.31	563.41
利润总额(万元)	472.31	616.58	669.46	693.77

上海华源磁业股份有限公司

公司概况					
公司名称	上海华源磁业股份有限公司			证券简称	华源磁业
法人代表	方华	董秘	何慧萍	证券代码	832637
公司网址	www.magway.com		电子信箱	jenna@magway.com.cn	
电话	021-55971295		传真	021-55971292	
办公地址	上海市杨浦区国权北路1688弄湾谷科技园B5幢1002室				
经营范围	无线充电成品,各类磁性材料,电子元器件的生产、加工、销售				

主要财务指标	2017.06.30	2016.12.31	2016.06.30	2015.12.31
基本每股收益(元)	0.0058	0.0084	0.0021	0.0400
基本每股收益(扣除后)(元)	0.0031	0.0092	−0.0001	−0.0012
稀释每股收益(元)	0.0058	0.0084	0.0021	0.0400
每股净资产(元)	1.7800	1.7700	1.7600	1.7600
每股经营现金净流量(元)	−0.0379	0.0028	−0.0328	−0.2889
每股现金流量(元)	0.0205	−0.0328	−0.0189	0.0427
每股资本公积金(元)	0.7470	0.7470	0.7470	0.7470
每股盈余公积金(元)	0.0039	0.0039	0.0025	0.0025
每股未分配利润(元)	0.0249	0.0191	0.0142	0.0121
净资产收益率(%)	0.3249	0.4728	0.1217	2.1096
净资产收益率(扣除)(%)	0.3300	0.4700	0.1200	3.8300
加权净资产收益率	0.1729	0.5199	−0.0026	−0.0593
总资产(万元)	13064.37	11938.82	10294.00	9388.79
归属母公司股东权益(万元)	7949.49	7924.24	7896.20	7886.61
营业收入(万元)	2490.18	4104.75	1510.04	3099.62
营业成本(万元)	1671.78	2761.96	1024.13	2144.45
投资收益(万元)	—	—	—	—
净利润(万元)	—	—	9.61	166.37
营业利润(万元)	91.37	48.99	−2.08	0.79
利润总额(万元)	75.26	45.26	9.09	186.50

光合文旅控股股份有限公司

公司概况					
公司名称	光合文旅控股股份有限公司			证券简称	光合文旅
法人代表	王明荣	董秘	宋国防	证券代码	832657
公司网址	www.guanghe.com.cn		电子信箱	ghylzqb@163.com	
电话	0531-88554427-8899		传真	0531-88920546	
办公地址	山东省济南市历城区二环东路2277号金桥国际大厦1号楼6层				
经营范围	园林绿化行业苗木生产与销售、景观设计、工程施工及养护				

主要财务指标	2017.06.30	2016.12.31	2016.06.30	2015.12.31
基本每股收益(元)	0.1100	−0.1400	0.0700	0.1400
基本每股收益(扣除后)(元)	0.0900	−0.1100	0.0520	0.1300
稀释每股收益(元)	0.1100	−0.1400	0.0700	0.1400
每股净资产(元)	5.8300	5.7200	5.8600	5.1700
每股经营现金净流量(元)	−0.4466	−0.8162	−0.9963	0.6238
每股现金流量(元)	−0.1098	0.6386	0.0802	0.4617
每股资本公积金(元)	2.1803	2.1803	2.1210	0.9429
每股盈余公积金(元)	0.1629	0.1509	—	0.1818
每股未分配利润(元)	2.4833	2.3886	2.5803	3.0447
净资产收益率(%)	1.8329	−2.4186	1.1288	2.7915
净资产收益率(扣除)(%)	1.8500	−2.4700	1.1900	2.8300
加权净资产收益率	1.4825	−1.9119	0.8644	2.5697
总资产(万元)	140555.66	128150.53	130953.66	111585.10
归属母公司股东权益(万元)	44201.75	43391.56	44493.24	32547.82
营业收入(万元)	12348.27	34606.00	15676.94	44735.58
营业成本(万元)	7657.02	23220.67	11408.61	31261.12
投资收益(万元)	—	—	—	—
净利润(万元)	—	—	502.22	908.58
营业利润(万元)	952.76	−903.12	672.05	1243.89
利润总额(万元)	1159.31	−1206.62	828.62	1340.14

福建未名信息技术股份有限公司

公司概况					
公司名称	福建未名信息技术股份有限公司			证券简称	未名信息
法人代表	陈翔	董秘	林蔓山	证券代码	832664
公司网址	www.weimingfj.com		电子信箱	wmxq@weimingfj.com.cn	
电话	0591-88076617		传真	0591-88076609	
办公地址	福建省福州高新区海西高新技术产业园创新园一期14#楼6层				
经营范围	智慧物流软件开发和技术服务				

主要财务指标	2017.06.30	2016.12.31	2016.06.30	2015.12.31
基本每股收益(元)	0.0300	0.1032	0.0800	0.6400
基本每股收益(扣除后)(元)	0.0300	0.0189	—	0.5047
稀释每股收益(元)	0.0300	0.1032	—	0.6400
每股净资产(元)	1.3800	1.3500	2.0700	2.1800
每股经营现金净流量(元)	−0.2646	−0.2762	−0.3177	0.1470
每股现金流量(元)	−0.2641	−0.4587	−0.5748	1.8806
每股资本公积金(元)	0.0687	0.0687	0.7100	0.6987
每股盈余公积金(元)	0.0278	0.0278	0.0285	0.0478
每股未分配利润(元)	0.2793	0.2499	0.3315	0.4301
净资产收益率(%)	2.1335	7.4121	3.6387	21.9548
净资产收益率(扣除)(%)	2.1600	7.9200	3.9100	40.6700
加权净资产收益率	1.9955	1.3587	−2.0111	17.2641
总资产(万元)	5577.98	5718.77	5330.23	5481.31
归属母公司股东权益(万元)	5543.73	5425.45	5213.00	3264.79
营业收入(万元)	820.59	2182.33	832.24	1601.84
营业成本(万元)	171.82	546.84	178.56	274.95
投资收益(万元)	—	—	—	—
净利润(万元)	—	—	189.69	716.78
营业利润(万元)	109.85	68.35	−97.66	630.79
利润总额(万元)	118.85	454.73	248.84	805.81

杭州数亮科技股份有限公司

公司概况					
公司名称	杭州数亮科技股份有限公司			证券简称	数亮科技
法人代表	戴子君	董秘	张央青	证券代码	832670
公司网址	www.shuliangtec.com		电子信箱	184604404@qq.com	
电话	0571-88933435		传真	0571-88933435	
办公地址	浙江省杭州市滨江区六和路368号海创基地北3楼3088室				
经营范围	各类指数信息系统的开发、应用与推广,以及相关的软件开发服务				

主要财务指标	2017.06.30	2016.12.31	2016.06.30	2015.12.31
基本每股收益(元)	0.0500	0.2300	0.0400	0.4100
基本每股收益(扣除后)(元)	0.0500	0.1700	0.0100	0.2500
稀释每股收益(元)	0.0500	0.2300	0.0400	0.4100
每股净资产(元)	1.5300	1.4900	1.3000	2.5200
每股经营现金净流量(元)	−0.2156	−0.1416	−0.0212	0.1122
每股现金流量(元)	−0.2952	−0.3492	0.3947	−0.0661
每股资本公积金(元)	0.0929	0.0929	0.0929	0.8859
每股盈余公积金(元)	0.0539	0.0539	0.0313	0.0627
每股未分配利润(元)	0.3867	0.3389	0.1700	0.5692
净资产收益率(%)	3.1152	15.2723	2.7397	15.5883
净资产收益率(扣除)(%)	3.1100	16.5300	2.7100	20.0700
加权净资产收益率	3.1152	11.3892	0.8960	9.4172
总资产(万元)	1998.73	1837.79	2038.98	2224.32
归属母公司股东权益(万元)	1732.89	1678.91	1462.57	1422.50
营业收入(万元)	549.13	902.90	264.80	671.94
营业成本(万元)	126.57	215.61	46.21	125.62
投资收益(万元)	—	5.45	5.98	—
净利润(万元)	—	—	45.80	223.27
营业利润(万元)	61.43	212.08	16.91	143.99
利润总额(万元)	61.43	292.36	53.63	252.19

厦门冠宇科技股份有限公司

公司概况					
公司名称	厦门冠宇科技股份有限公司			证券简称	冠宇科技
法人代表	魏毅	董秘	黄仕玉	证券代码	832671
公司网址	www.topunive.com		电子信箱	hsy339@126.com	
电　话	13666089228		传　真	0592-5890331	
办公地址	福建省厦门市海沧区惠佐路 168 号 1 号厂房				
经营范围	主要从事太阳能电池组件及太阳能应用产品的研发、生产和销售				

主要财务指标

指标\报告期	2017.06.30	2016.12.31	2016.06.30	2015.12.31
基本每股收益(元)	-0.1300	-0.2200	-0.0200	0.0400
基本每股收益(扣除后)(元)	-0.1400	-0.2500	-0.0800	-0.0100
稀释每股收益(元)	-0.1300	-0.2200	-0.0200	0.0400
每股净资产(元)	1.4600	1.5900	1.7800	1.8100
每股经营现金净流量(元)	-0.0055	0.1228	0.0070	-0.2355
每股现金流量(元)	-0.1122	0.0306	-0.0569	-0.3088
每股资本公积金(元)	0.6109	0.6109	0.6109	0.6109
每股盈余公积金(元)	0.0275	0.0275	0.0275	0.0275
每股未分配利润(元)	-0.1777	-0.0519	0.1449	0.1697
净资产收益率(%)	-8.6123	-13.9730	-1.3921	1.8697
净资产收益率(扣除)(%)	-8.2600	-13.0600	-1.3800	2.1000
加权净资产收益率	-9.3796	-15.5149	-4.3716	-0.3456
总资产(万元)	11505.52	12076.42	10121.50	10119.93
归属母公司股东权益(万元)	5413.31	5879.52	6609.07	6701.07
营业收入(万元)	710.48	3781.16	2720.00	4617.64
营业成本(万元)	637.27	3312.76	2268.35	3009.03
投资收益(万元)	-19.59	30.45	12.88	-3.59
净利润(万元)	---	---	-92.00	125.29
营业利润(万元)	-609.46	-1094.45	-287.90	-34.48
利润总额(万元)	-560.60	-964.70	-90.97	140.17

云南福慧科技股份有限公司

公司概况					
公司名称	云南福慧科技股份有限公司			证券简称	福慧科技
法人代表	詹武	董秘	肖懿	证券代码	832688
公司网址	www.yngtg.net		电子信箱	ynfhkj@163.com	
电　话	0877-3666905		传　真	0877-3026559	
办公地址	云南省玉溪市通海县五金机电特色园区里山片区(落水洞)				
经营范围	农业废弃物利用技术研发、销售;相关设备的研发、销售;有机肥生产销售				

主要财务指标

指标\报告期	2017.06.30	2016.12.31	2016.06.30	2015.12.31
基本每股收益(元)	0.1390	0.1600	0.0030	0.2600
基本每股收益(扣除后)(元)	0.1300	0.0900	-0.0100	0.1900
稀释每股收益(元)	0.1390	0.1600	0.0030	0.2600
每股净资产(元)	2.4600	2.3200	2.1600	2.2400
每股经营现金净流量(元)	0.5005	0.1285	-0.1022	0.1992
每股现金流量(元)	-0.8131	0.4203	-0.3997	0.3913
每股资本公积金(元)	0.9734	0.9734	0.9734	0.9734
每股盈余公积金(元)	0.0423	0.0423	0.0266	0.0266
每股未分配利润(元)	0.4397	0.3004	0.1627	0.2396
净资产收益率(%)	5.6740	6.7532	0.1434	10.5098
净资产收益率(扣除)(%)	5.8400	6.8900	0.1400	13.9400
加权净资产收益率	5.3160	3.7873	-0.4562	7.8009
总资产(万元)	16398.53	15581.78	11949.73	12362.06
归属母公司股东权益(万元)	9605.42	9060.41	8460.67	8761.50
营业收入(万元)	2507.44	3887.60	1276.44	4163.82
营业成本(万元)	1419.10	2439.21	871.10	2665.99
投资收益(万元)	---	---	---	---
净利润(万元)	---	---	12.13	920.81
营业利润(万元)	544.03	364.67	-49.28	688.20
利润总额(万元)	581.21	655.18	5.57	920.81

东阳青雨传媒股份有限公司

公司概况					
公司名称	东阳青雨传媒股份有限公司			证券简称	青雨传媒
法人代表	张静	董秘	杨柳	证券代码	832698
公司网址	www.kingrain.cn		电子信箱	kingrain2012@sina.com	
电　话	010-84782300		传　真	010-84782301	
办公地址	北京市昌平区北七家镇渡上小区 2 区 26 号				
经营范围	专注于精品电视剧的投资、制作及发行业务				

主要财务指标

指标\报告期	2017.06.30	2016.12.31	2016.06.30	2015.12.31
基本每股收益(元)	0.3000	-0.5800	-0.1400	0.4500
基本每股收益(扣除后)(元)	0.2800	-0.6700	-0.2000	0.3600
稀释每股收益(元)	0.3000	-0.5800	-0.1400	0.4500
每股净资产(元)	2.2400	1.9300	2.3700	2.5000
每股经营现金净流量(元)	1.1649	-0.2888	-0.0792	0.2562
每股现金流量(元)	0.8035	-0.1010	0.0386	0.1031
每股资本公积金(元)	0.5546	0.5498	0.5450	0.5403
每股盈余公积金(元)	0.1890	0.1617	0.1617	0.1617
每股未分配利润(元)	0.4939	0.2170	0.6627	0.7987
净资产收益率(%)	13.5957	-30.1599	-5.7377	17.8529
净资产收益率(扣除)(%)	14.6000	-26.2600	-5.5900	21.5800
加权净资产收益率	12.6649	-34.7681	-8.4910	14.0459
总资产(万元)	47959.45	49567.36	51339.34	50736.78
归属母公司股东权益(万元)	23270.57	20057.09	24642.30	26006.92
营业收入(万元)	19122.89	1797.08	455.26	17618.26
营业成本(万元)	12745.87	2722.05	203.96	9111.94
投资收益(万元)	---	---	---	32.52
净利润(万元)	---	---	-1413.89	4642.99
营业利润(万元)	6192.92	-8858.93	-2368.22	4957.03
利润总额(万元)	6212.92	-8042.48	-1689.74	5898.00

武汉南华工业设备工程股份有限公司

公司概况					
公司名称	武汉南华工业设备工程股份有限公司			证券简称	南华工业
法人代表	苗凤林	董秘		证券代码	832699
公司网址	www.whnhi.com		电子信箱	bujh@whnhi.com	
电　话	027-87926947		传　真	027-87926957	
办公地址	湖北省武汉市东湖开发区武汉理工大学科技园				
经营范围	港口物流自动化系统、舰船自动化系统的设计、制造、安装、调试及舰船装饰工程的设计与施工				

主要财务指标

指标\报告期	2017.06.30	2016.12.31	2016.06.30	2015.12.31
基本每股收益(元)	0.1200	0.1589	0.0300	-0.2500
基本每股收益(扣除后)(元)	0.1198	0.1626	---	-0.2800
稀释每股收益(元)	0.1200	---	0.0300	---
每股净资产(元)	2.0300	1.9700	1.9600	1.9200
每股经营现金净流量(元)	-0.1156	0.0006	-0.0365	-0.2786
每股现金流量(元)	-0.0061	0.1464	0.0174	0.0485
每股资本公积金(元)	0.3196	0.3196	0.3515	0.3460
每股盈余公积金(元)	0.1290	0.1290	0.1297	0.1297
每股未分配利润(元)	0.5847	0.5191	0.4741	0.4453
净资产收益率(%)	5.6859	7.1308	1.4726	-9.8458
净资产收益率(扣除)(%)	5.7100	7.9400	1.4900	-10.8700
加权净资产收益率	5.6787	7.3065	1.5277	-11.3428
总资产(万元)	25797.86	25874.61	23649.11	21677.78
归属母公司股东权益(万元)	15073.40	14586.98	12801.37	12576.94
营业收入(万元)	9266.23	16316.56	7907.18	8784.47
营业成本(万元)	5644.20	9951.69	5328.38	5417.08
投资收益(万元)	-3.90	-23.62	-30.89	1.55
净利润(万元)	---	---	188.50	-1238.41
营业利润(万元)	964.28	1191.73	245.51	-1634.51
利润总额(万元)	965.56	1190.80	237.21	-1437.17

山东蓝贝思特教装集团股份有限公司

公司概况	公司名称	山东蓝贝思特教装集团股份有限公司		证券简称	蓝贝股份	
	法人代表	李清波	董秘	李鹏	证券代码	832730
	公司网址	www.sdlbst.com		电子信箱	lanbeisite@163.com	
	电　话	0531-88012468		传　真	0531-83530523	
	办公地址	山东省济南市历城区工业北路88号东都国际广场4号楼10层				
	经营范围	教学板、多媒体讲台、课桌椅、书写环保套装及多媒体教学一体机等教育装备的研发、生产及销售				

	指标＼报告期	2017.06.30	2016.12.31	2016.06.30	2015.12.31
主要财务指标	基本每股收益(元)	0.0700	0.4100	0.1500	0.4200
	基本每股收益(扣除后)(元)	0.0700	0.4000	0.1400	0.4100
	稀释每股收益(元)	0.0700	0.4100	—	—
	每股净资产(元)	2.0400	2.0000	1.7300	1.6800
	每股经营现金净流量(元)	–0.7463	0.3805	–0.3478	–0.2268
	每股现金流量(元)	0.3613	0.0410	0.1843	–0.0166
	每股资本公积金(元)	0.4567	0.3237	0.3237	0.3237
	每股盈余公积金(元)	0.0728	0.0749	0.0325	0.0325
	每股未分配利润(元)	0.5091	0.6022	0.3716	0.3191
	净资产收益率(%)	3.5633	20.5156	8.5019	18.8927
	净资产收益率(扣除)(%)	3.4200	21.8300	8.4000	26.7000
	加权净资产收益率	3.2221	20.2277	8.4943	18.7269
	总资产(万元)	12710.46	13651.72	10182.63	10445.59
	归属母公司股东权益(万元)	8602.87	8203.44	7084.03	6868.96
	营业收入(万元)	8239.06	24560.72	9020.05	19742.06
	营业成本(万元)	6122.19	18673.00	6855.83	14813.92
	投资收益(万元)	39.00	36.02	24.18	14.60
	净利润(万元)	—	—	602.28	1297.74
	营业利润(万元)	329.80	1868.07	693.91	1459.92
	利润总额(万元)	364.34	1898.39	694.45	1464.32

浙江精通科技股份有限公司

公司概况	公司名称	浙江精通科技股份有限公司		证券简称	精通科技	
	法人代表	何建伟	董秘	何隽	证券代码	832731
	公司网址	www.jmicrons.com		电子信箱	hr@jcolor.com	
	电　话	0571-89905586		传　真	0571-89905587	
	办公地址	浙江省湖州市安吉县孝源街道(经五路与纬四路交叉口)				
	经营范围	高分子荧光着色材料、高分子有机微球研发、生产、销售				

	指标＼报告期	2017.06.30	2016.12.31	2016.06.30	2015.12.31
主要财务指标	基本每股收益(元)	0.1403	0.4216	0.2200	0.3200
	基本每股收益(扣除后)(元)	0.1235	0.3762	—	0.2658
	稀释每股收益(元)	0.1403	0.4216	0.2200	0.3200
	每股净资产(元)	2.1600	2.1200	1.9300	1.5800
	每股经营现金净流量(元)	0.0046	0.3987	0.3255	0.2043
	每股现金流量(元)	–0.0559	0.0699	0.0721	–0.0257
	每股资本公积金(元)	0.4665	0.4665	0.4665	0.3266
	每股盈余公积金(元)	0.0728	0.0728	0.0339	0.0352
	每股未分配利润(元)	0.6245	0.5842	0.4252	0.2137
	净资产收益率(%)	6.4821	19.6652	11.4090	19.8063
	净资产收益率(扣除)(%)	6.3900	22.3700	12.7700	22.6800
	加权净资产收益率	5.7061	17.5459	10.9340	16.3832
	总资产(万元)	9358.86	8323.52	7649.42	6410.92
	归属母公司股东权益(万元)	7101.41	6969.32	6319.81	4973.79
	营业收入(万元)	3253.61	6798.73	3471.72	6689.03
	营业成本(万元)	2051.18	3886.60	1948.50	4200.08
	投资收益(万元)	—	0.97	—	10.30
	净利润(万元)	—	—	721.03	985.12
	营业利润(万元)	445.92	1403.49	798.44	962.18
	利润总额(万元)	510.76	1574.43	828.46	1134.39

福建洁利来智能厨卫股份有限公司

公司概况	公司名称	福建洁利来智能厨卫股份有限公司		证券简称	洁利来	
	法人代表	黄印章	董秘	傅晨熙	证券代码	832734
	公司网址	www.gllo.com.cn		电子信箱	gllo@gllo.com.cn	
	电　话	0591-83650227		传　真	0591-87931725	
	办公地址	福建省福州市晋安区福兴投资区后屿路9号B座一、二层				
	经营范围	智能卫浴红外感应器产品及成套智能卫浴产品的研发和生产				

	指标＼报告期	2017.06.30	2016.12.31	2016.06.30	2015.12.31
主要财务指标	基本每股收益(元)	0.1318	0.3900	0.1500	0.3500
	基本每股收益(扣除后)(元)	0.1188	0.3600	—	0.2300
	稀释每股收益(元)	0.1318	0.3900	0.1500	0.3500
	每股净资产(元)	1.8500	1.7200	1.9500	1.8000
	每股经营现金净流量(元)	–0.1276	0.3831	0.0697	–0.6755
	每股现金流量(元)	–0.1340	–0.0598	–0.2709	0.1298
	每股资本公积金(元)	0.0253	0.0253	0.3328	0.3328
	每股盈余公积金(元)	0.0694	0.0694	0.0471	0.0471
	每股未分配利润(元)	0.7528	0.6210	0.5731	0.4194
	净资产收益率(%)	7.1361	19.3240	7.8771	17.6877
	净资产收益率(扣除)(%)	7.4000	21.0000	8.2000	22.0000
	加权净资产收益率	6.4292	17.9225	7.7248	11.6519
	总资产(万元)	3110.97	2733.63	2335.39	2672.62
	归属母公司股东权益(万元)	2401.65	2230.27	1953.04	1799.29
	营业收入(万元)	1221.01	2351.68	1061.00	2284.72
	营业成本(万元)	756.19	1356.02	590.30	1230.33
	投资收益(万元)	—	—	—	—
	净利润(万元)	—	—	153.84	318.25
	营业利润(万元)	157.03	472.48	172.18	251.88
	利润总额(万元)	177.01	509.26	175.68	380.00

福建福能融资租赁股份有限公司

公司概况	公司名称	福建福能融资租赁股份有限公司		证券简称	福能租赁	
	法人代表	卢范经	董秘	钟继章	证券代码	832743
	公司网址	www.fjfnrz.com		电子信箱	648156528@qq.com	
	电　话	0591-87517189		传　真	0591-87517563	
	办公地址	福建省福州市鼓楼区琴亭路29号福能方园大厦17层				
	经营范围	融资租赁业务;租赁业务;向国内外购买租赁财产;租赁交易咨询及担保				

	指标＼报告期	2017.06.30	2016.12.31	2016.06.30	2015.12.31
主要财务指标	基本每股收益(元)	0.0700	–0.0060	0.0100	0.1600
	基本每股收益(扣除后)(元)	0.0600	–0.0200	—	—
	稀释每股收益(元)	0.0700	–0.0060	0.0100	0.1600
	每股净资产(元)	1.3500	1.2600	1.2700	1.2700
	每股经营现金净流量(元)	0.1872	0.4826	–0.0145	0.1791
	每股现金流量(元)	0.3612	–0.0374	–0.1656	0.3380
	每股资本公积金(元)	0.0678	0.0678	0.0678	0.0678
	每股盈余公积金(元)	0.0565	0.0559	0.0559	0.0559
	每股未分配利润(元)	0.2233	0.1394	0.1503	0.1455
	净资产收益率(%)	5.3763	–0.4853	0.3813	11.2043
	净资产收益率(扣除)(%)	5.5200	–0.4800	0.3800	11.4200
	加权净资产收益率	4.6327	–1.4924	0.2864	10.3948
	总资产(万元)	365128.86	383036.57	250281.93	286666.20
	归属母公司股东权益(万元)	41776.36	39154.55	39495.16	39344.57
	营业收入(万元)	8793.30	18815.20	7279.68	16410.90
	营业成本(万元)	5341.03	9654.24	5254.17	6512.37
	投资收益(万元)	—	—	—	—
	净利润(万元)	—	—	390.54	4839.56
	营业利润(万元)	2959.49	–28.08	790.31	6060.34
	利润总额(万元)	3384.37	539.57	840.28	6485.00

上海杰易森股份有限公司

公司概况					
公司名称	上海杰易森股份有限公司			证券简称	杰易森
法人代表	王健	董秘	罗珺	证券代码	832753
公司网址	www.jyfprinting.com		电子信箱	fiona.luo@jyfprinting.com	
电　　话	021-63606911		传　　真	021-63522665	
办公地址	上海市延安东路588号东海商业中心东楼21楼B座				
经营范围	印刷油墨的生产、销售及研发				

主要财务指标　指标\报告期	2017.06.30	2016.12.31	2016.06.30	2015.12.31
基本每股收益(元)	0.1300	0.2817	0.1100	0.3722
基本每股收益(扣除后)(元)	0.1300	0.2306	--	0.3529
稀释每股收益(元)	0.1300	0.2817	0.1100	0.3722
每股净资产(元)	2.8300	2.8900	2.7300	2.5400
每股经营现金净流量(元)	0.2445	0.3484	0.2050	-0.0128
每股现金流量(元)	0.0458	0.0614	0.1261	0.2913
每股资本公积金(元)	1.2539	1.2539	1.2556	1.1663
每股盈余公积金(元)	0.0405	0.0405	0.0310	0.0323
每股未分配利润(元)	0.5327	0.5985	0.4439	0.3436
净资产收益率(%)	4.7480	9.6351	4.1996	14.3390
净资产收益率(扣除)(%)	4.5300	10.2900	4.2900	15.8600
加权净资产收益率	4.4558	7.8873	2.7051	13.5826
总资产(万元)	10826.04	11723.36	10538.98	11927.66
归属母公司股东权益(万元)	10132.35	10368.07	9786.07	8730.10
营业收入(万元)	3111.39	5907.16	3003.08	8922.73
营业成本(万元)	1767.44	3236.00	1929.51	5421.49
投资收益(万元)	34.57	18.12	0.68	1.72
净利润(万元)	--	--	410.97	1251.81
营业利润(万元)	574.44	802.59	316.76	1435.44
利润总额(万元)	574.71	997.99	511.13	1515.13

广州市大洋信息技术股份有限公司

公司概况					
公司名称	广州市大洋信息技术股份有限公司			证券简称	大洋信息
法人代表	钟洁	董秘	马小婷	证券代码	832762
公司网址	www.itdayang.com		电子信箱	dy@itdayang.com	
电　　话	020-38258775		传　　真	020-38258371	
办公地址	广东省广州市天河区天河北路898号3109-3113房				
经营范围	软件和信息技术服务业				

主要财务指标　指标\报告期	2017.06.30	2016.12.31	2016.06.30	2015.12.31
基本每股收益(元)	-0.1500	-0.0100	-0.0400	0.1300
基本每股收益(扣除后)(元)	-0.1700	-0.1000	-0.0100	0.1300
稀释每股收益(元)	-0.1500	-0.0100	-0.0400	0.1300
每股净资产(元)	1.0200	1.3400	1.3100	1.2700
每股经营现金净流量(元)	-0.3300	-0.3087	-0.6729	0.6425
每股现金流量(元)	-0.0800	-0.4659	-0.5662	0.7146
每股资本公积金(元)	0.0384	0.1942	0.1942	0.1088
每股盈余公积金(元)	0.0129	0.0149	0.0149	0.0157
每股未分配利润(元)	-0.0329	0.1290	0.0978	0.1416
净资产收益率(%)	-14.2377	-0.3671	-2.7577	10.1139
净资产收益率(扣除)(%)	-14.2400	-0.3800	-2.8800	11.2000
加权净资产收益率	-16.8151	-7.6567	-4.9376	9.9358
总资产(万元)	7965.75	8082.51	7233.10	10522.61
归属母公司股东权益(万元)	3988.13	4555.94	4449.95	4076.87
营业收入(万元)	3926.92	18563.15	8096.43	18184.57
营业成本(万元)	3622.51	16975.31	7438.66	15971.45
投资收益(万元)	5.71	39.71	38.12	-27.71
净利润(万元)	--	--	-122.72	412.33
营业利润(万元)	-692.51	-464.79	-219.60	401.26
利润总额(万元)	-572.29	-76.30	-124.05	422.20

深圳市赛格导航科技股份有限公司

公司概况					
公司名称	深圳市赛格导航科技股份有限公司			证券简称	赛格导航
法人代表	张家同	董秘	司世友	证券代码	832770
公司网址	www.chinagps.cc		电子信箱	lihui@chinagps.cc	
电　　话	0755-26719578		传　　真	0755-26957777	
办公地址	广东省深圳市龙岗区宝龙科技园翠宝路28号赛格导航科技园				
经营范围	通信、导航设备、电子产品的技术开发、设计和服务				

主要财务指标　指标\报告期	2017.06.30	2016.12.31	2016.06.30	2015.12.31
基本每股收益(元)	0.0083	0.0765	0.0403	-0.1150
基本每股收益(扣除后)(元)	-0.0085	0.0003	0.0597	-0.3696
稀释每股收益(元)	0.0083	0.0765	0.0403	-0.1150
每股净资产(元)	2.6300	2.6200	2.6000	2.5400
每股经营现金净流量(元)	-0.1829	-0.1796	-0.4945	0.1606
每股现金流量(元)	-0.2533	0.1449	-0.2478	0.0401
每股资本公积金(元)	0.4793	0.4793	0.4608	0.4608
每股盈余公积金(元)	0.3453	0.3453	0.3480	0.3505
每股未分配利润(元)	0.8040	0.7959	0.7915	0.7312
净资产收益率(%)	0.3074	2.8862	1.5506	-4.2296
净资产收益率(扣除)(%)	0.3100	2.9600	1.7300	-4.6600
加权净资产收益率	-0.3336	0.0108	0.1416	-13.2404
总资产(万元)	36673.10	40152.26	37453.43	37513.09
归属母公司股东权益(万元)	17580.17	17526.12	17131.09	16750.29
营业收入(万元)	11489.91	24598.04	11451.64	22035.01
营业成本(万元)	7697.89	15119.58	6790.79	13840.95
投资收益(万元)	-265.33	-283.25	-172.38	-109.44
净利润(万元)	--	--	273.94	-759.31
营业利润(万元)	-214.77	-371.57	-112.86	-2450.93
利润总额(万元)	135.48	719.15	302.09	-736.43

伟乐视讯科技股份有限公司

公司概况					
公司名称	伟乐视讯科技股份有限公司			证券简称	伟乐科技
法人代表	邹伟华	董秘	王毅	证券代码	832781
公司网址	www.wellav.com		电子信箱	yi.wang@wellav.com	
电　　话	0752-2062999-6408		传　　真	0752-2086168	
办公地址	广东省惠州市仲恺高新区惠南产业园顺昌路1号				
经营范围	数字视听软硬件产品的研发、生产和销售				

主要财务指标　指标\报告期	2017.06.30	2016.12.31	2016.06.30	2015.12.31
基本每股收益(元)	0.0100	0.0800	---	0.4300
基本每股收益(扣除后)(元)	-0.0300	0.1300	-0.0200	0.3700
稀释每股收益(元)	0.0100	0.0800	---	0.4200
每股净资产(元)	4.1600	4.1900	4.0400	4.0200
每股经营现金净流量(元)	-0.0787	-0.0997	-0.3224	0.3641
每股现金流量(元)	-0.2070	-0.3441	-0.1736	0.4167
每股资本公积金(元)	2.0906	2.0906	2.0996	2.0942
每股盈余公积金(元)	0.1195	0.1195	0.0417	0.0417
每股未分配利润(元)	0.8717	0.8666	0.8641	0.8601
净资产收益率(%)	0.1232	2.0130	0.0990	10.1308
净资产收益率(扣除)(%)	0.1200	2.0500	0.1000	12.0500
加权净资产收益率	-0.6761	3.2127	-0.5135	8.8412
总资产(万元)	42006.94	41466.34	41452.04	40735.22
归属母公司股东权益(万元)	26837.98	26999.84	26088.72	25941.02
营业收入(万元)	12128.48	29609.31	13137.67	32095.90
营业成本(万元)	6313.90	16432.31	6980.21	17523.38
投资收益(万元)	---	---	---	---
净利润(万元)	---	---	25.83	2628.05
营业利润(万元)	-12.41	-96.15	-599.99	1450.48
利润总额(万元)	17.85	662.33	-97.80	2324.75

山东万斯达建筑科技股份有限公司

公司概况					
公司名称	山东万斯达建筑科技股份有限公司			证券简称	万斯达
法人代表	张波	董秘		证券代码	832794
公司网址	www.onestar.cn		电子信箱	songxiaodong@onestar.cn	
电话	13705313501		传真	0531-82315312	
办公地址	山东省济南市历下区解放东路27号万斯达大厦				
经营范围	开发、生产计算机软硬件;计算机网络系统集成;互联网技术服务等				

主要财务指标 指标\报告期	2017.06.30	2016.12.31	2016.06.30	2015.12.31
基本每股收益(元)	-0.0800	0.0500	0.0500	0.3900
基本每股收益(扣除后)(元)	-0.0900	0.0300	0.0500	0.3700
稀释每股收益(元)	-0.0800	0.0500	0.0500	0.3900
每股净资产(元)	1.1200	1.2000	1.2000	1.1500
每股经营现金净流量(元)	-0.4680	0.2508	0.3088	0.0772
每股现金流量(元)	0.0891	0.1002	-0.0312	-0.0336
每股资本公积金(元)	0.0451	0.0451	0.0451	0.0451
每股盈余公积金(元)	0.0356	0.0356	0.0254	0.0254
每股未分配利润(元)	0.0424	0.1189	0.1315	0.0782
净资产收益率(%)	-6.8072	4.2386	4.4350	31.9189
净资产收益率(扣除)(%)	-6.5800	4.1300	4.5400	31.3100
加权净资产收益率	-7.5811	2.7618	4.4290	30.1401
总资产(万元)	22655.20	21059.24	22176.56	21178.99
归属母公司股东权益(万元)	5222.59	5578.10	5589.56	5341.66
营业收入(万元)	3276.45	8618.36	4141.11	11906.02
营业成本(万元)	2601.68	5862.98	2552.36	7480.34
投资收益(万元)	65.03	-2.27	-9.49	365.81
净利润(万元)	—	—	298.19	1605.55
营业利润(万元)	-519.83	338.50	399.31	1923.13
利润总额(万元)	-455.99	488.12	419.18	2028.87

易兰(北京)规划设计股份有限公司

公司概况					
公司名称	易兰(北京)规划设计股份有限公司			证券简称	易兰设计
法人代表	陈跃中	董秘	张宾	证券代码	832806
公司网址	www.ecoland-plan.com		电子信箱	Bod@ecoland-plan.com	
电话	010-82815588		传真	010-82815567	
办公地址	北京市海淀区西二旗大街39号新硅谷D座				
经营范围	风景园林工程设计、房屋建设勘察设计、住宅小区规划设计				

主要财务指标 指标\报告期	2017.06.30	2016.12.31	2016.06.30	2015.12.31
基本每股收益(元)	0.0900	0.0900	0.0700	0.0800
基本每股收益(扣除后)(元)	0.0893	0.0835	0.0700	0.0600
稀释每股收益(元)	—	—	—	—
每股净资产(元)	2.8400	2.7600	2.7500	2.6900
每股经营现金净流量(元)	0.0895	0.1706	0.0026	-0.0605
每股现金流量(元)	0.0460	-0.2734	-0.1093	0.2787
每股资本公积金(元)	1.3893	1.3648	1.3885	1.3644
每股盈余公积金(元)	0.0118	0.0118	0.0004	0.0004
每股未分配利润(元)	0.4529	0.4040	0.3752	0.3252
净资产收益率(%)	3.1593	3.2595	2.6721	2.6253
净资产收益率(扣除)(%)	3.1200	3.3100	2.6400	3.1000
加权净资产收益率	3.1356	3.0230	2.3651	1.9761
总资产(万元)	19235.73	19997.88	21501.80	22373.48
归属母公司股东权益(万元)	15941.30	15529.13	15437.52	15110.18
营业收入(万元)	4681.87	9478.09	4921.23	7853.18
营业成本(万元)	2327.16	5170.68	2721.12	3938.94
投资收益(万元)	—	0.25	—	11.14
净利润(万元)	—	—	405.72	396.01
营业利润(万元)	469.39	516.52	471.16	716.64
利润总额(万元)	473.84	559.47	473.26	820.91

安徽莱姆佳生物科技股份有限公司

公司概况					
公司名称	安徽莱姆佳生物科技股份有限公司			证券简称	莱姆佳
法人代表	张从军	董秘	吴月娥	证券代码	832837
公司网址	www.lmjfy.com		电子信箱	2464322387@qq.com	
电话	0552-2220885		传真	0552-8502818	
办公地址	安徽省蚌埠市怀远县工业园区(合徐高速蚌埠西出口处)				
经营范围	复合肥、复混肥、有机肥及其他新型肥料的研发、生产和销售				

主要财务指标 指标\报告期	2017.06.30	2016.12.31	2016.06.30	2015.12.31
基本每股收益(元)	0.0700	-0.0900	0.0600	0.2600
基本每股收益(扣除后)(元)	0.0500	-0.1500	0.0010	0.0900
稀释每股收益(元)	0.0700	-0.0900	0.0600	0.2600
每股净资产(元)	2.1800	2.1000	2.0500	1.9900
每股经营现金净流量(元)	-0.0268	-0.9158	-0.8764	-0.0397
每股现金流量(元)	-0.2944	-0.2512	-0.5140	0.3890
每股资本公积金(元)	1.0032	1.0016	0.7865	0.9591
每股盈余公积金(元)	0.0163	0.0163	0.0174	0.0212
每股未分配利润(元)	0.1583	0.0849	0.2422	0.2276
净资产收益率(%)	3.3684	-4.2644	2.7195	9.4582
净资产收益率(扣除)(%)	3.3700	-4.6500	2.7600	19.6400
加权净资产收益率	2.4718	-6.7156	0.0500	3.4159
总资产(万元)	26553.66	24246.57	21273.73	19708.10
归属母公司股东权益(万元)	10148.04	9798.84	8920.68	8678.09
营业收入(万元)	6608.47	11989.39	5859.69	11854.32
营业成本(万元)	5021.16	10128.34	4736.65	9584.01
投资收益(万元)	—	—	—	—
净利润(万元)	—	—	242.72	818.50
营业利润(万元)	199.35	-653.05	12.70	354.67
利润总额(万元)	320.77	-329.47	326.88	1046.06

深圳海龙精密股份有限公司

公司概况					
公司名称	深圳海龙精密股份有限公司			证券简称	海龙精密
法人代表	张陈松娜	董秘	罗雪娥	证券代码	832860
公司网址	www.hoilung.com.hk/index.asp		电子信箱	luo_hoilung@163.com	
电话	0755-27455128		传真	0755-29770203	
办公地址	广东省深圳市宝安区西乡街道前进路东南侧海龙工业区一栋一层、二栋一至三层				
经营范围	小家电配件及精密五金冲压件的研发、生产和销售				

主要财务指标 指标\报告期	2017.06.30	2016.12.31	2016.06.30	2015.12.31
基本每股收益(元)	0.1000	0.3500	0.2200	1.5700
基本每股收益(扣除后)(元)	0.0900	0.3400	0.2000	1.4900
稀释每股收益(元)	0.1000	0.3500	0.2200	1.5700
每股净资产(元)	3.6100	3.5100	2.6700	5.7200
每股经营现金净流量(元)	-0.0300	-0.4913	-0.8721	0.5235
每股现金流量(元)	-0.1588	-1.3677	-1.7675	1.9510
每股资本公积金(元)	1.4785	1.4785	0.6172	0.6172
每股盈余公积金(元)	0.0325	0.0325	0.0257	0.0257
每股未分配利润(元)	0.9491	0.8494	0.8714	0.6539
净资产收益率(%)	2.7620	8.8614	8.1569	27.3635
净资产收益率(扣除)(%)	2.8000	12.4200	8.4900	44.0400
加权净资产收益率	2.6092	8.4337	7.5460	25.6695
总资产(万元)	14862.39	13033.93	10047.61	9700.75
归属母公司股东权益(万元)	9025.35	8775.15	5599.38	5150.19
营业收入(万元)	4650.53	9343.06	4008.60	7046.19
营业成本(万元)	2558.60	6065.49	2378.10	3655.36
投资收益(万元)	—	—	—	—
净利润(万元)	—	—	456.74	1409.27
营业利润(万元)	280.86	912.12	492.57	1647.31
利润总额(万元)	297.05	956.18	538.81	1734.55

南京天膜科技股份有限公司

公司概况				
公司名称	南京天膜科技股份有限公司		证券简称	天膜科技
法人代表	赵新	董秘 韩良云	证券代码	832865
公司网址	www.njtmt.cn		电子信箱	larry-han@hotmail.com
电　话	025-83202455-8011		传　真	025-57717486
办公地址	江苏省南京市高新区裕西路9号			
经营范围	流体分离技术研究、技术开发、技术转让;环保设备制造、安装、销售			

主要财务指标 指标\报告期	2017.06.30	2016.12.31	2016.06.30	2015.12.31
基本每股收益(元)	0.0800	0.0100	0.0800	0.1800
基本每股收益(扣除后)(元)	0.0797	–0.0109	0.5000	0.1600
稀释每股收益(元)	—	—	—	—
每股净资产(元)	1.3500	1.2600	1.3300	1.2500
每股经营现金净流量(元)	0.2294	0.0024	0.0301	0.1087
每股现金流量(元)	–0.1028	0.0750	0.0713	–0.0010
每股资本公积金(元)	0.1125	0.1125	0.1125	0.1125
每股盈余公积金(元)	0.0151	0.0151	0.0136	0.0136
每股未分配利润(元)	0.2193	0.1356	0.2022	0.1222
净资产收益率(%)	6.2140	1.1754	6.0243	14.1956
净资产收益率(扣除)(%)	6.4900	1.1800	6.5300	15.2800
加权净资产收益率	6.1920	–1.2800	3.7938	12.7209
总资产(万元)	12435.04	11016.07	10345.36	9789.48
归属母公司股东权益(万元)	6868.50	6441.70	6774.06	6365.98
营业收入(万元)	2745.80	4910.34	2753.00	6389.43
营业成本(万元)	1526.37	3039.01	1613.90	3720.32
投资收益(万元)	—	—	—	—
净利润(万元)	—	—	408.09	903.69
营业利润(万元)	488.60	–107.48	279.47	969.32
利润总额(万元)	490.41	79.57	457.22	1080.44

广东飞新达智能设备股份有限公司

公司概况				
公司名称	广东飞新达智能设备股份有限公司		证券简称	飞新达
法人代表	侯立新	董秘 鲁道辉	证券代码	832872
公司网址	www.feixinda.com.cn		电子信箱	fxdcw@feixinda.com.cn
电　话	0769-83261000-885		传　真	0769-83227490
办公地址	广东省东莞市寮步镇泉塘工业区和荔街2号			
经营范围	圆刀模切机、平刀模切机、小孔套位模切机生产线的研发、生产和销售			

主要财务指标 指标\报告期	2017.06.30	2016.12.31	2016.06.30	2015.12.31
基本每股收益(元)	–0.0300	–0.1217	–0.0700	0.2000
基本每股收益(扣除后)(元)	–0.0800	–0.1387	–0.0700	0.2100
稀释每股收益(元)	–0.0300	–0.1217	—	0.2100
每股净资产(元)	1.3300	1.3700	1.4300	1.3300
每股经营现金净流量(元)	–0.0533	0.0208	–0.0730	–0.2540
每股现金流量(元)	–0.0734	0.2071	0.1080	0.1688
每股资本公积金(元)	0.2992	0.2992	0.3039	0.1312
每股盈余公积金(元)	0.0188	0.0188	0.0188	0.0194
每股未分配利润(元)	0.0141	0.0487	0.1025	0.1748
净资产收益率(%)	–2.5975	–8.8334	–4.6946	14.6509
净资产收益率(扣除)(%)	–2.5600	–8.7700	–5.3500	19.6600
加权净资产收益率	–5.9425	–10.0680	–4.9692	15.6349
总资产(万元)	13309.50	14320.81	13150.77	12019.57
归属母公司股东权益(万元)	7708.74	7908.98	8247.50	7435.08
营业收入(万元)	5695.17	12611.96	5208.36	13653.53
营业成本(万元)	4216.81	9672.49	3852.09	9259.67
投资收益(万元)	—	19.37	—	3.87
净利润(万元)	—	—	–387.19	1089.30
营业利润(万元)	–502.17	–902.39	–412.19	1061.22
利润总额(万元)	–198.82	–806.40	–385.55	971.27

深圳市慧为智能科技股份有限公司

公司概况				
公司名称	深圳市慧为智能科技股份有限公司		证券简称	慧为智能
法人代表	李晓辉	董秘 廖全继	证券代码	832876
公司网址	www.techvision.com.cn		电子信箱	info@techvision.com.cn
电　话	0755-26650129-608		传　真	0755-26650129-620
办公地址	广东省深圳市南山区中山园路1001号TCL国际E城D2栋5楼A单元			
经营范围	计算机软、硬件产品及通信产品、电子产品、电子软件技术产品的的生产			

主要财务指标 指标\报告期	2017.06.30	2016.12.31	2016.06.30	2015.12.31
基本每股收益(元)	0.2565	0.3667	0.1200	0.7900
基本每股收益(扣除后)(元)	0.2512	0.3000	0.1036	0.8587
稀释每股收益(元)	0.2565	0.3667	0.1200	0.7900
每股净资产(元)	2.1100	1.9200	1.6700	1.9000
每股经营现金净流量(元)	0.5186	–0.2816	0.1635	0.7990
每股现金流量(元)	0.3883	0.1057	0.5762	0.6530
每股资本公积金(元)	0.4106	0.4106	0.4106	0.2861
每股盈余公积金(元)	0.0714	0.0538	0.0325	0.0472
每股未分配利润(元)	0.6141	0.4352	0.2172	0.5566
净资产收益率(%)	12.1783	18.7380	7.1919	32.2756
净资产收益率(扣除)(%)	12.6000	21.5600	8.1300	51.2300
加权净资产收益率	11.9281	15.3297	6.0443	34.8833
总资产(万元)	12811.34	13951.51	10713.74	11156.45
归属母公司股东权益(万元)	7202.76	6556.38	5704.37	3794.95
营业收入(万元)	20570.30	27564.96	12450.66	29729.39
营业成本(万元)	17424.65	22948.18	10487.94	25227.21
投资收益(万元)	3.10	–0.52	–12.05	–24.41
净利润(万元)	—	—	410.25	1224.84
营业利润(万元)	1039.07	1086.94	405.55	1249.94
利润总额(万元)	1055.81	1335.75	486.06	1324.20

胜利德润能源股份有限公司

公司概况				
公司名称	胜利德润能源股份有限公司		证券简称	德润能源
法人代表	赵锡军	董秘 刘向华	证券代码	832883
公司网址	www.slofdoro.com		电子信箱	slofzqtzb@slofdoro.com
电　话	0546-7077106		传　真	0546-7077693
办公地址	山东省东营市东营区东赵大厦14F			
经营范围	液化天然气和轻烃的生产、销售			

主要财务指标 指标\报告期	2017.06.30	2016.12.31	2016.06.30	2015.12.31
基本每股收益(元)	0.0100	–0.2400	—	0.1200
基本每股收益(扣除后)(元)	0.0100	–0.2400	—	0.1100
稀释每股收益(元)	0.0100	–0.2400	—	0.1200
每股净资产(元)	1.3600	1.3400	1.6000	1.5900
每股经营现金净流量(元)	–0.1384	–0.6707	–0.0311	–0.3604
每股现金流量(元)	–0.0672	–0.0284	0.1193	–0.2155
每股资本公积金(元)	0.4252	0.4252	0.4252	0.4252
每股盈余公积金(元)	0.0021	0.0021	0.0021	0.0021
每股未分配利润(元)	–0.0789	–0.0885	0.1555	0.1547
净资产收益率(%)	0.6882	–17.9075	0.0613	6.6740
净资产收益率(扣除)(%)	0.6300	–16.5400	0.0600	13.4800
加权净资产收益率	0.6853	–17.8494	0.0366	6.1820
总资产(万元)	27749.04	27095.93	25141.42	22570.09
归属母公司股东权益(万元)	14328.18	14265.17	16780.62	16723.13
营业收入(万元)	6568.86	10831.82	6517.52	26306.61
营业成本(万元)	5401.62	11221.43	5425.37	23158.51
投资收益(万元)	5.06	–14.59	—	–11.22
净利润(万元)	—	—	33.23	1081.08
营业利润(万元)	63.14	–3175.28	54.71	1375.40
利润总额(万元)	63.79	–3164.93	60.14	1499.26

浙江依特诺科技股份有限公司

公司概况	公司名称	浙江依特诺科技股份有限公司		证券简称	依特诺
	法人代表	冯易乐	董秘 何必初	证券代码	832886
	公司网址	www.itenal.com		电子信箱	itenal@itenal.com
	电话	0577-23830887		传真	0577-63613027
	办公地址	浙江省平阳县鳌江镇鞋业园区B区5幢			
	经营范围	金融办公自动化设备、金融自助类设备、安防设备及配件设计、制造、销售等			

指标\报告期	2017.06.30	2016.12.31	2016.06.30	2015.12.31
基本每股收益(元)	0.1300	0.3100	0.0500	0.3300
基本每股收益(扣除后)(元)	0.1200	0.2900	0.0400	0.2900
稀释每股收益(元)	0.1300	0.3100	0.0500	0.3300
每股净资产(元)	1.9100	2.3200	1.7700	1.5600
每股经营现金净流量(元)	-0.2099	0.1477	-0.6373	-0.0501
每股现金流量(元)	-0.2433	0.6768	-0.6425	0.1467
每股资本公积金(元)	0.3564	0.7634	0.3770	0.2353
每股盈余公积金(元)	0.0425	0.0552	0.0307	0.0327
每股未分配利润(元)	0.5133	0.4970	0.3233	0.2944
净资产收益率(%)	6.8517	12.0150	2.7290	20.9385
净资产收益率(扣除)(%)	7.0900	15.6500	3.0900	23.3900
加权净资产收益率	6.3700	11.0530	2.0853	18.8121
总资产(万元)	13029.94	13032.50	9961.68	9867.04
归属母公司股东权益(万元)	9789.44	9118.70	6089.27	5153.10
营业收入(万元)	4621.30	9092.21	2874.63	8464.22
营业成本(万元)	2922.86	6171.45	2017.07	5308.46
投资收益(万元)	---	---	---	---
净利润(万元)	---	---	166.18	1078.98
营业利润(万元)	753.70	1153.29	138.54	1014.94
利润总额(万元)	809.53	1256.49	185.40	1149.57

安徽惠洲地质安全研究院股份有限公司

公司概况	公司名称	安徽惠洲地质安全研究院股份有限公司		证券简称	惠洲院
	法人代表	周官群	董秘	证券代码	832917
	公司网址	www.ahhzi.com		电子信箱	13856975780@163.com
	电话	0551-65392602		传真	0551-65360991
	办公地址	安徽省合肥经济开发区桃花工业园汤口路41号			
	经营范围	水文地质、工程地质、环境地质调查等			

指标\报告期	2017.06.30	2016.12.31	2016.06.30	2015.12.31
基本每股收益(元)	-0.2700	0.0900	-0.0600	0.2700
基本每股收益(扣除后)(元)	-0.3300	-0.2300	-0.1200	0.1900
稀释每股收益(元)	-0.2700	0.0900	-0.0600	0.2700
每股净资产(元)	4.4000	4.9100	4.7600	4.8200
每股经营现金净流量(元)	0.0373	0.2030	-0.0131	-0.0377
每股现金流量(元)	-0.2009	0.1960	0.0324	-0.2206
每股资本公积金(元)	3.2792	3.2792	3.2792	3.2792
每股盈余公积金(元)	0.0788	0.0788	0.0606	0.0606
每股未分配利润(元)	0.0447	0.5565	0.4210	0.4815
净资产收益率(%)	-6.1051	1.8974	-1.2693	5.4799
净资产收益率(扣除)(%)	-5.6200	1.9200	-1.2600	5.8400
加权净资产收益率	-7.4711	-4.6240	-2.5531	3.7791
总资产(万元)	11224.35	12697.24	11975.18	11978.29
归属母公司股东权益(万元)	9091.66	10148.52	9831.16	9955.95
营业收入(万元)	769.94	2539.24	900.69	3197.67
营业成本(万元)	374.99	713.62	348.58	813.81
投资收益(万元)	---	---	---	---
净利润(万元)	---	---	-124.79	545.58
营业利润(万元)	-727.60	-616.06	-278.21	341.18
利润总额(万元)	-574.91	209.17	-142.30	581.35

郑州万达重工股份有限公司

公司概况	公司名称	郑州万达重工股份有限公司		证券简称	万达重工
	法人代表	何清	董秘 马晓延	证券代码	832936
	公司网址	www.zzwanda.com		电子信箱	maxiaoyan7988@126.com
	电话	0371-62538208-859		传真	0371-65238398
	办公地址	河南省郑州新郑机场新港大道			
	经营范围	从事管件研究、制造和销售			

指标\报告期	2017.06.30	2016.12.31	2016.06.30	2015.12.31
基本每股收益(元)	-0.0200	0.0700	-0.0800	0.3000
基本每股收益(扣除后)(元)	-0.0200	0.0200	-0.0904	0.2495
稀释每股收益(元)	-0.0200	0.0700	---	0.3000
每股净资产(元)	1.8900	1.9200	1.6200	1.7000
每股经营现金净流量(元)	-0.1440	-0.1573	-0.1095	0.3064
每股现金流量(元)	0.0981	-0.1817	0.1056	0.1479
每股资本公积金(元)	0.5684	0.5684	0.3715	0.3715
每股盈余公积金(元)	0.0420	0.0420	0.0330	0.0333
每股未分配利润(元)	0.2815	0.3119	0.2186	0.2934
净资产收益率(%)	-0.8367	3.5162	-4.6272	16.8000
净资产收益率(扣除)(%)	-0.8300	4.1100	-4.5200	19.3500
加权净资产收益率	-1.1724	0.7582	-5.2089	13.8023
总资产(万元)	32565.61	30656.27	24231.70	21240.98
归属母公司股东权益(万元)	12240.63	12437.32	9202.90	9628.73
营业收入(万元)	6533.23	13446.38	4284.49	12566.86
营业成本(万元)	4333.41	8538.08	2618.88	7318.21
投资收益(万元)	---	---	---	---
净利润(万元)	---	---	-459.21	1617.62
营业利润(万元)	-95.84	-47.08	-456.15	1613.62
利润总额(万元)	-47.50	356.47	-393.18	1953.78

南京市雨花台区银信农村小额贷款股份有限公司

公司概况	公司名称	南京市雨花台区银信农村小额贷款股份有限公司		证券简称	银信农贷
	法人代表	徐君银	董秘 杨正芳	证券代码	832944
	公司网址	njyxxd.com		电子信箱	njyxxdyzf@163.com
	电话	025-86772610		传真	025-86772610
	办公地址	江苏省南京市雨花台区西善桥南路128号小高层5楼			
	经营范围	面向“三农”发放贷款;提供融资性担保业务			

指标\报告期	2017.06.30	2016.12.31	2016.06.30	2015.12.31
基本每股收益(元)	0.0600	0.1213	0.0600	0.1100
基本每股收益(扣除后)(元)	0.0600	0.1181	---	0.1100
稀释每股收益(元)	0.0600	0.1213	0.0600	0.1100
每股净资产(元)	1.2100	1.2400	1.1800	1.1200
每股经营现金净流量(元)	0.0306	-0.0718	0.0103	0.0613
每股现金流量(元)	---	---	---	---
每股资本公积金(元)	---	---	---	---
每股盈余公积金(元)	0.0477	0.0477	0.0354	0.0354
每股未分配利润(元)	0.1205	0.1570	0.1071	0.0512
净资产收益率(%)	5.2557	9.7522	4.7429	9.6779
净资产收益率(扣除)(%)	5.1100	10.2500	4.8600	10.1700
加权净资产收益率	4.6153	9.4935	4.7057	9.3818
总资产(万元)	20910.09	19358.91	17652.91	15448.24
归属母公司股东权益(万元)	15700.85	16175.66	15325.04	14598.18
营业收入(万元)	1297.67	3049.85	1383.27	2570.82
营业成本(万元)	---	---	---	---
投资收益(万元)	3.76	24.31	0.90	2.27
净利润(万元)	---	---	726.86	1412.80
营业利润(万元)	984.89	2002.07	960.94	1832.18
利润总额(万元)	1112.74	2105.64	967.65	1887.54

北京意畅科技股份有限公司

公司概况	公司名称	北京意畅科技股份有限公司			证券简称	意畅科技
	法人代表	侯东民	董秘	侯东民	证券代码	832947
	公司网址	www.echance.cn		电子信箱	dm.hou@echance.cn	
	电　话	010-88820518		传　真	010-88820596	
	办公地址	北京市海淀区远大路1号金源时代购物中心B区2#B座1705室				
	经营范围	信息安全集成、信息安全服务、隐身侠数据加密产品				

	指标\报告期	2017.06.30	2016.12.31	2016.06.30	2015.12.31
主要财务指标	基本每股收益(元)	-0.6200	-0.1200	-0.2100	-0.8500
	基本每股收益(扣除后)(元)	-0.6200	-0.3000	-0.3100	-0.8500
	稀释每股收益(元)	-0.6200	-0.1200	-0.2100	-0.8500
	每股净资产(元)	0.5600	1.1800	1.1000	1.3000
	每股经营现金净流量(元)	-0.6899	0.0499	-0.4500	-0.4198
	每股现金流量(元)	-0.6971	-0.2607	-0.7553	0.7382
	每股资本公积金(元)	1.4075	1.4075	1.4075	1.4075
	每股盈余公积金(元)	—	—	—	—
	每股未分配利润(元)	-1.8459	-1.2287	-1.3111	-1.1058
	净资产收益率(%)	-109.8995	-10.4256	-18.7279	-59.2259
	净资产收益率(扣除)(%)	-70.9300	-9.9100	-17.1200	-77.0600
	加权净资产收益率	-109.8995	-25.8571	-28.6456	-59.1820
	总资产(万元)	879.31	1207.69	799.18	1272.80
	归属母公司股东权益(万元)	331.64	696.11	647.43	768.68
	营业收入(万元)	179.54	1633.55	363.45	1642.89
	营业成本(万元)	95.14	1049.10	221.96	1243.77
	投资收益(万元)	—	—	—	—
	净利润(万元)	—	—	-121.25	-455.26
	营业利润(万元)	-363.95	-182.75	-185.71	-465.36
	利润总额(万元)	-363.95	-67.67	-121.50	-455.59

云南七丹药业股份有限公司

公司概况	公司名称	云南七丹药业股份有限公司			证券简称	七丹药业
	法人代表	杨朝文	董秘	买毅波	证券代码	832955
	公司网址	www.wsqidan.com		电子信箱	office@wsqidan.com	
	电　话	0876-8883037		传　真	0876-8896637	
	办公地址	云南省文山州文山市三七药物产业园区				
	经营范围	以三七为主要成分的中药饮片、保健食品、日化用品等的生产、加工及销售				

	指标\报告期	2017.06.30	2016.12.31	2016.06.30	2015.12.31
主要财务指标	基本每股收益(元)	0.0600	-0.0200	-0.0700	0.0400
	基本每股收益(扣除后)(元)	0.0600	-0.0300	-0.0800	0.0100
	稀释每股收益(元)	0.0600	-0.0200	-0.0700	0.0400
	每股净资产(元)	1.3100	1.2500	1.1900	1.2700
	每股经营现金净流量(元)	-0.2106	0.1327	-0.0223	0.1175
	每股现金流量(元)	0.0606	-0.1353	-0.1024	-0.1079
	每股资本公积金(元)	0.0778	0.0778	0.0778	0.1052
	每股盈余公积金(元)	0.0491	0.0491	0.0443	0.0538
	每股未分配利润(元)	0.1824	0.1216	0.0688	0.1716
	净资产收益率(%)	4.6485	-1.2191	-6.1043	2.3980
	净资产收益率(扣除)(%)	4.7600	-1.2100	-5.8800	2.9600
	加权净资产收益率	4.2102	-2.1457	-6.5806	0.9267
	总资产(万元)	20705.48	16619.41	18002.49	17981.38
	归属母公司股东权益(万元)	10445.12	9959.58	9501.02	10152.67
	营业收入(万元)	9325.04	18978.65	5618.07	16133.31
	营业成本(万元)	6259.73	14913.42	4049.48	13155.90
	投资收益(万元)	—	—	—	—
	净利润(万元)	—	—	-579.97	243.46
	营业利润(万元)	490.55	-164.63	-622.49	152.42
	利润总额(万元)	544.41	-56.06	-569.25	328.16

河北海鹰环境安全科技股份有限公司

公司概况	公司名称	河北海鹰环境安全科技股份有限公司			证券简称	海鹰环境
	法人代表	董跃勇	董秘	荆文	证券代码	832963
	公司网址	www.hb-hy.com		电子信箱	15033119993@126.com	
	电　话	0311-89295135		传　真	0311-83806119	
	办公地址	河北省石家庄市中山东路166号鼎泰商务9楼				
	经营范围	环保工程设计、施工和运营服务;消防工程设计、施工和维保服务				

	指标\报告期	2017.06.30	2016.12.31	2016.06.30	2015.12.31
主要财务指标	基本每股收益(元)	0.0260	0.3200	0.2000	0.3400
	基本每股收益(扣除后)(元)	0.0250	0.3200	0.2000	0.2900
	稀释每股收益(元)	0.0260	0.3200	0.2000	0.3400
	每股净资产(元)	2.1400	2.1200	2.0000	1.6700
	每股经营现金净流量(元)	-0.0256	-0.0918	-0.1320	-0.0149
	每股现金流量(元)	-0.0693	0.0026	-0.2553	0.1963
	每股资本公积金(元)	0.4737	0.4737	0.4844	0.3279
	每股盈余公积金(元)	0.0643	0.0643	0.0324	0.0338
	每股未分配利润(元)	0.6053	0.5788	0.4858	0.3044
	净资产收益率(%)	1.2334	15.0654	9.6861	20.3022
	净资产收益率(扣除)(%)	1.2400	16.8700	10.9900	23.4900
	加权净资产收益率	1.1870	15.1035	9.6853	17.1656
	总资产(万元)	19239.26	22466.81	21294.63	19395.14
	归属母公司股东权益(万元)	9091.84	8979.71	8495.10	6774.68
	营业收入(万元)	4396.54	16375.40	8879.10	16284.48
	营业成本(万元)	3525.99	12865.66	6865.01	12383.87
	投资收益(万元)	—	—	—	—
	净利润(万元)	—	—	822.84	1375.41
	营业利润(万元)	125.30	1502.96	985.06	1323.92
	利润总额(万元)	130.26	1498.94	985.13	1573.91

成都埃森普特科技股份有限公司

公司概况	公司名称	成都埃森普特科技股份有限公司			证券简称	埃森普特
	法人代表	苏琳	董秘	刘莉	证券代码	832984
	公司网址	www.aspthj.com		电子信箱	853235901@qq.com	
	电　话	028-85737636		传　真	028-85737629	
	办公地址	四川省成都市双流蛟龙工业港新华大道468号				
	经营范围	焊割设备的研发、生产和销售等				

	指标\报告期	2017.06.30	2016.12.31	2016.06.30	2015.12.31
主要财务指标	基本每股收益(元)	0.0200	0.3200	0.2400	0.8000
	基本每股收益(扣除后)(元)	0.0120	0.1900	—	0.5400
	稀释每股收益(元)	—	0.1900	—	—
	每股净资产(元)	1.1600	1.1400	1.9800	2.0200
	每股经营现金净流量(元)	-0.1120	-0.5425	-0.7775	-0.0973
	每股现金流量(元)	-0.1351	-0.0589	-0.2323	0.3882
	每股资本公积金(元)	0.0010	0.0010	0.2663	0.0026
	每股盈余公积金(元)	0.0464	0.0464	0.0515	0.0722
	每股未分配利润(元)	0.1083	0.0912	0.6605	0.6498
	净资产收益率(%)	1.4780	16.6785	9.9764	31.9861
	净资产收益率(扣除)(%)	1.4900	19.6000	12.3500	47.1300
	加权净资产收益率	0.9625	9.7034	7.2525	21.4334
	总资产(万元)	3470.78	3581.72	3208.14	2889.54
	归属母公司股东权益(万元)	1978.54	1949.30	1804.18	1315.98
	营业收入(万元)	577.29	2387.48	1020.02	2179.60
	营业成本(万元)	359.22	1555.54	648.98	1370.38
	投资收益(万元)	—	—	—	—
	净利润(万元)	—	—	179.99	420.93
	营业利润(万元)	16.76	195.37	144.50	310.63
	利润总额(万元)	26.96	355.33	202.31	474.01

北京牡丹联友环保科技股份有限公司

公司概况					
公司名称	北京牡丹联友环保科技股份有限公司			证券简称	牡丹联友
法人代表	杨森	董秘		证券代码	832987
公司网址	www.pafer.com.cn		电子信箱	xushiwang@pafer.com.cn	
电　　话	010-51262896-203		传　　真	010-59390185	
办公地址	北京市北京经济技术开发区科创14街99号17栋				
经营范围	烟尘烟气连续自动监测设备和专用检测设备的研发、生产、销售和运营服务				

指标＼报告期	2017.06.30	2016.12.31	2016.06.30	2015.12.31
基本每股收益(元)	–0.0600	0.1000	0.0100	0.0900
基本每股收益(扣除后)(元)	–0.0600	0.0900	—	0.0900
稀释每股收益(元)	–0.0600	0.1000	0.0100	—
每股净资产(元)	1.6700	1.7300	1.5800	1.6300
每股经营现金净流量(元)	–0.0866	0.0895	–0.1015	0.1211
每股现金流量(元)	–0.0528	–0.1333	–0.1843	0.0838
每股资本公积金(元)	0.4011	0.4011	0.3283	0.3411
每股盈余公积金(元)	0.0480	0.0480	0.0381	0.0396
每股未分配利润(元)	0.2235	0.2800	0.2463	0.2449
净资产收益率(%)	–3.3763	5.7349	0.6731	5.4426
净资产收益率(扣除)(%)	–3.3200	5.8400	0.4600	5.9700
加权净资产收益率	–3.4027	5.3598	0.4432	5.1448
总资产(万元)	17275.25	17127.08	16588.20	16562.12
归属母公司股东权益(万元)	11992.62	12397.53	11292.97	11216.96
营业收入(万元)	1862.59	7269.35	1778.06	5557.73
营业成本(万元)	1344.89	4139.36	732.97	2845.18
投资收益(万元)	25.94	25.71	–68.49	285.20
净利润(万元)	—	—	76.01	610.50
营业利润(万元)	–420.01	752.68	0.44	689.30
利润总额(万元)	–390.29	867.28	100.01	805.37

沈阳鑫博工业技术股份有限公司

公司概况					
公司名称	沈阳鑫博工业技术股份有限公司			证券简称	鑫博技术
法人代表	刘鹤群	董秘	康帅	证券代码	832989
公司网址	www.syxbjs.com		电子信箱	kangshuai363@163.com	
电　　话	024-83995322		传　　真	024-83995324	
办公地址	辽宁省沈阳市和平区南五马路183甲(17层写字间1-9号)				
经营范围	矿产品加工技术开发、设计、技术咨询、技术转让				

指标＼报告期	2017.06.30	2016.12.31	2016.06.30	2015.12.31
基本每股收益(元)	–0.2200	0.2000	–0.2300	0.5100
基本每股收益(扣除后)(元)	–0.2200	0.1700	–0.2400	0.4000
稀释每股收益(元)	–0.2200	0.2000	–0.2300	—
每股净资产(元)	1.4900	1.7100	1.2800	1.8000
每股经营现金净流量(元)	–0.3666	–0.0251	–0.3644	0.8277
每股现金流量(元)	–0.4074	–0.3151	–0.6428	0.6140
每股资本公积金(元)	0.2518	0.2518	0.2518	0.0079
每股盈余公积金(元)	0.0946	0.0946	0.0742	0.0775
每股未分配利润(元)	0.1466	0.3665	–0.0414	0.7144
净资产收益率(%)	–14.7288	11.8091	–17.5985	28.1787
净资产收益率(扣除)(%)	–13.7200	11.2500	–13.1500	32.9800
加权净资产收益率	–14.7932	10.1125	–18.1439	22.4962
总资产(万元)	24476.01	18099.41	11921.78	14241.65
归属母公司股东权益(万元)	7166.73	8222.30	6166.17	8279.17
营业收入(万元)	359.63	11994.97	93.50	14647.89
营业成本(万元)	274.76	8583.48	43.87	10242.99
投资收益(万元)	–32.94	24.03	36.16	50.07
净利润(万元)	—	—	–1085.15	2332.97
营业利润(万元)	–1021.04	972.92	–1073.83	2165.35
利润总额(万元)	–1017.45	1087.96	–1070.43	2669.94

深圳市雅昌科技股份有限公司

公司概况					
公司名称	深圳市雅昌科技股份有限公司			证券简称	雅昌股份
法人代表	史援朝	董秘	冯琳	证券代码	832998
公司网址	www.chinaycnu.com		电子信箱	fenglinliu@126.com	
电　　话	0755-84193851		传　　真	0755-84196839	
办公地址	广东省深圳市龙华新区清祥路一号宝能科技园宝汇大厦B座15楼				
经营范围	新型不锈钢给水管路系统及燃气管道系统的研发、生产和销售				

指标＼报告期	2017.06.30	2016.12.31	2016.06.30	2015.12.31
基本每股收益(元)	0.0200	0.0110	0.0780	0.0990
基本每股收益(扣除后)(元)	0.0160	0.0046	0.0630	0.0780
稀释每股收益(元)	0.0200	0.0110	0.0240	—
每股净资产(元)	1.1100	1.0900	3.5370	3.4590
每股经营现金净流量(元)	0.0084	0.0963	–0.0250	–0.1237
每股现金流量(元)	0.0073	–0.0429	–0.2444	0.2741
每股资本公积金(元)	0.0270	0.0270	2.2864	2.2864
每股盈余公积金(元)	0.0111	0.0111	0.0284	0.0284
每股未分配利润(元)	0.0736	0.0538	0.2221	0.1441
净资产收益率(%)	1.7753	1.0039	2.2052	2.6291
净资产收益率(扣除)(%)	1.7900	1.0100	2.2300	3.1000
加权净资产收益率	1.4271	0.4208	1.7256	2.0546
总资产(万元)	23486.41	21488.83	21181.69	20846.71
归属母公司股东权益(万元)	12615.79	12391.83	12544.05	12267.43
营业收入(万元)	4814.86	9232.66	4660.30	7843.89
营业成本(万元)	3039.32	5690.36	3016.52	4342.86
投资收益(万元)	—	—	—	—
净利润(万元)	—	—	276.62	322.52
营业利润(万元)	229.66	37.41	262.91	236.46
利润总额(万元)	281.33	122.42	323.06	320.81

深圳市博阅科技股份有限公司

公司概况					
公司名称	深圳市博阅科技股份有限公司			证券简称	博阅科技
法人代表	林伟群	董秘	张颖奇	证券代码	833004
公司网址	www.boyue.com		电子信箱	zhangyingqi@boyue.com	
电　　话	0755-86309679		传　　真	0755-86079111	
办公地址	广东省深圳市南山区科技园中区科苑路15号科兴科学园C栋3单元401室				
经营范围	从事电子产品的设计、技术开发与销售				

指标＼报告期	2017.06.30	2016.12.31	2016.06.30	2015.12.31
基本每股收益(元)	0.1000	0.3800	0.1900	0.4800
基本每股收益(扣除后)(元)	0.0800	0.3200	0.1700	0.3300
稀释每股收益(元)	0.1000	0.3200	0.1900	0.4800
每股净资产(元)	1.5400	1.4400	2.6400	2.3700
每股经营现金净流量(元)	0.2068	0.2122	–0.2072	–0.4496
每股现金流量(元)	0.0973	0.2206	0.2523	0.1721
每股资本公积金(元)	0.0479	0.0479	1.0957	1.0023
每股盈余公积金(元)	0.0427	0.0427	0.0481	0.0495
每股未分配利润(元)	0.4522	0.3564	0.5036	0.3221
净资产收益率(%)	6.2258	15.1426	7.2117	15.6604
净资产收益率(扣除)(%)	6.4300	16.8400	7.9400	32.1800
加权净资产收益率	5.3623	12.8227	6.4579	10.9349
总资产(万元)	11956.39	11311.98	9888.29	9167.52
归属母公司股东权益(万元)	8696.03	8151.68	7464.49	6506.43
营业收入(万元)	7054.50	11722.57	6159.38	11029.99
营业成本(万元)	5792.00	9012.41	4935.15	9054.13
投资收益(万元)	—	—	—	—
净利润(万元)	—	—	538.31	1018.94
营业利润(万元)	422.59	1184.33	560.95	821.88
利润总额(万元)	497.68	1406.82	612.95	1184.27

江苏奥斯汀光电科技股份有限公司

公司概况						
公司概况	公司名称	江苏奥斯汀光电科技股份有限公司			证券简称	江奥光电
	法人代表	凌涛	董秘	于敏	证券代码	833011
	公司网址	www.austinelec.com		电子信箱	yumin@austinelec.com	
	电　话	025-58595234		传　真	025-84819618	
	办公地址	江苏省南京市栖霞区甘家边东 108 号 1 幢 1 层				
	经营范围	中小尺寸液晶显示屏的研发、生产和销售				

主要财务指标	指标\报告期	2017.06.30	2016.12.31	2016.06.30	2015.12.31
	基本每股收益(元)	0.0100	0.1500	0.0100	0.1500
	基本每股收益(扣除后)(元)	-0.0422	0.0800	0.0100	0.0900
	稀释每股收益(元)	—	0.1500	—	—
	每股净资产(元)	1.3500	1.3300	1.1900	1.1900
	每股经营现金净流量(元)	0.2473	0.2216	0.1800	-0.0428
	每股现金流量(元)	0.3110	0.0721	0.1254	-0.0261
	每股资本公积金(元)	0.1146	0.1146	0.1146	0.1146
	每股盈余公积金(元)	0.0484	0.0484	0.0207	0.0207
	每股未分配利润(元)	0.1850	0.1703	0.0583	0.0530
	净资产收益率(%)	1.0870	10.8766	0.4442	11.0640
	净资产收益率(扣除)(%)	1.0900	11.5000	0.4500	14.2500
	加权净资产收益率	-4.5924	6.0839	0.4342	6.5320
	总资产(万元)	12987.68	12840.14	10783.20	8608.80
	归属母公司股东权益(万元)	4044.12	4000.16	3580.99	3565.08
	营业收入(万元)	14749.30	20717.96	7391.17	22200.40
	营业成本(万元)	13632.33	18465.56	6629.79	19890.01
	投资收益(万元)	—	—	—	—
	净利润(万元)	—	—	15.54	414.85
	营业利润(万元)	-192.08	222.35	-55.29	294.35
	利润总额(万元)	37.60	444.88	20.07	479.39

阳光恒美金融信息技术服务(上海)股份有限公司

公司概况						
公司概况	公司名称	阳光恒美金融信息技术服务(上海)股份有限公司			证券简称	阳光金服
	法人代表	石义强	董秘	周峰	证券代码	833027
	公司网址	www.sunnyhanmy.com		电子信箱	info@sunnyhanmy.com	
	电　话	021-64820806		传　真	021-64829929	
	办公地址	上海市徐汇区广元西路 315 号联峰汇 5A-5B				
	经营范围	金融网络营销、新三板在线等				

主要财务指标	指标\报告期	2017.06.30	2016.12.31	2016.06.30	2015.12.31
	基本每股收益(元)	0.0100	0.0200	0.0300	-0.2900
	基本每股收益(扣除后)(元)	0.0100	-0.0200	-0.0100	-0.3000
	稀释每股收益(元)	0.0100	0.0200	0.0300	-0.2900
	每股净资产(元)	0.7800	0.7500	0.7600	0.7200
	每股经营现金净流量(元)	-0.1924	-0.0194	-0.0224	-0.3495
	每股现金流量(元)	-0.3047	0.5567	-0.0109	0.0425
	每股资本公积金(元)	0.1715	0.1523	0.1396	0.1396
	每股盈余公积金(元)	0.0026	0.0026	0.0026	0.0026
	每股未分配利润(元)	-0.3892	-0.4013	-0.3841	-0.4186
	净资产收益率(%)	1.5477	2.2903	4.5471	-59.1324
	净资产收益率(扣除)(%)	1.5800	2.3600	4.6500	-91.3100
	加权净资产收益率	0.7328	-3.1667	-1.8255	-59.6390
	总资产(万元)	4430.99	4944.65	4912.93	4703.43
	归属母公司股东权益(万元)	3351.84	3218.29	3237.35	3090.14
	营业收入(万元)	5196.54	6659.13	4191.10	5318.27
	营业成本(万元)	4117.80	5007.54	3358.08	4679.97
	投资收益(万元)	26.85	90.60	50.95	12.66
	净利润(万元)	—	—	147.21	-1827.27
	营业利润(万元)	42.11	-96.01	-4.72	-1822.81
	利润总额(万元)	42.57	79.61	150.63	-1819.82

上海昶昱黄金制品股份有限公司

公司概况						
公司概况	公司名称	上海昶昱黄金制品股份有限公司			证券简称	昶昱黄金
	法人代表	俞新年	董秘	凌峰	证券代码	833039
	公司网址	www.shcygold.com		电子信箱	changyu@cygroup.cc	
	电　话	021-63130290		传　真	021-63130297	
	办公地址	上海市黄浦区龙华东路 647 号 8 楼				
	经营范围	贵金属工艺品的设计和销售				

主要财务指标	指标\报告期	2017.06.30	2016.12.31	2016.06.30	2015.12.31
	基本每股收益(元)	0.4660	0.7374	0.1200	0.8100
	基本每股收益(扣除后)(元)	0.4443	0.7309	0.1216	0.7614
	稀释每股收益(元)	0.4660	—	0.1200	0.7600
	每股净资产(元)	4.5200	2.2200	1.6100	1.4900
	每股经营现金净流量(元)	-0.9298	-1.1757	0.1651	-0.6990
	每股现金流量(元)	2.3473	0.6387	0.1331	-0.0786
	每股资本公积金(元)	3.0090	0.0090	0.0090	0.0090
	每股盈余公积金(元)	0.1224	0.1224	0.0485	0.0485
	每股未分配利润(元)	1.5579	1.0920	0.5499	0.4284
	净资产收益率(%)	7.7370	33.1675	7.5623	30.6076
	净资产收益率(扣除)(%)	18.9700	39.7600	7.8600	55.4000
	加权净资产收益率	7.3767	32.8757	7.5623	28.8216
	总资产(万元)	35923.75	20321.44	9098.64	5369.20
	归属母公司股东权益(万元)	18067.90	6669.98	4822.40	4457.71
	营业收入(万元)	19442.96	114323.08	20845.14	22469.45
	营业成本(万元)	15313.74	107853.68	19279.27	19789.71
	投资收益(万元)	—	—	—	—
	净利润(万元)	—	—	364.68	1364.40
	营业利润(万元)	1809.82	2953.06	506.12	1717.26
	利润总额(万元)	1896.68	2979.01	506.12	1823.41

深圳市石金科技股份有限公司

公司概况						
公司概况	公司名称	深圳市石金科技股份有限公司			证券简称	石金科技
	法人代表	李文红	董秘	高晗	证券代码	833069
	公司网址	www.goldstonelee.com		电子信箱	gh@goldstonelee.net	
	电　话	0755-27565656		传　真	0755-27565656	
	办公地址	广东省深圳市宝安区松岗街道同富裕工业区安润路 2 号				
	经营范围	从事炭素产品的研发、生产及销售				

主要财务指标	指标\报告期	2017.06.30	2016.12.31	2016.06.30	2015.12.31
	基本每股收益(元)	-0.1400	0.3000	0.2400	1.2800
	基本每股收益(扣除后)(元)	-0.1700	0.2475	0.2000	0.9400
	稀释每股收益(元)	-0.1400	0.3000	0.2400	1.2800
	每股净资产(元)	2.4700	3.1300	3.0700	7.0700
	每股经营现金净流量(元)	0.3365	-0.1319	-0.4584	1.4188
	每股现金流量(元)	0.2185	-0.3674	-0.5836	1.9803
	每股资本公积金(元)	0.8426	1.2112	1.2112	5.1367
	每股盈余公积金(元)	0.0731	0.0878	0.0732	0.2076
	每股未分配利润(元)	0.5500	0.8283	0.7856	1.5424
	净资产收益率(%)	-5.6886	9.5627	7.8744	15.1287
	净资产收益率(扣除)(%)	-5.5300	10.0400	8.2000	21.4600
	加权净资产收益率	-6.9077	7.8899	6.5941	11.0383
	总资产(万元)	14654.93	14969.41	16505.72	14617.56
	归属母公司股东权益(万元)	9986.30	10554.39	10360.97	9545.10
	营业收入(万元)	4214.33	10267.45	5072.20	7113.94
	营业成本(万元)	3455.24	5806.60	2641.66	3782.80
	投资收益(万元)	—	—	—	—
	净利润(万元)	—	—	815.86	1444.05
	营业利润(万元)	-770.07	942.47	805.97	1198.19
	利润总额(万元)	-626.86	1150.18	962.03	1665.75

青岛科恩锐通信息技术股份有限公司

公司概况	公司名称	青岛科恩锐通信息技术股份有限公司			证券简称	科恩锐通
	法人代表	万滨	董秘	宋强	证券代码	833071
	公司网址	www.keeninfo.com.cn		电子信箱	songqiang@keeninfo.com.cn	
	电　话	0532-80793756		传　真	0532-80793757	
	办公地址	山东省青岛市市南区宁夏路288号3号楼106C室				
	经营范围	通信产品、机械产品、新型金属材料、工业自动化产品、视频监控、机器人的设计、开发、销售等				

主要财务指标	指标\报告期	2017.06.30	2016.12.31	2016.06.30	2015.12.31
	基本每股收益(元)	—	—	-0.0300	0.0300
	基本每股收益(扣除后)(元)	—	—	-0.0700	-0.0100
	稀释每股收益(元)	—	—	-0.0300	—
	每股净资产(元)	—	—	1.2500	1.2700
	每股经营现金净流量(元)	—	—	-0.3322	-0.2671
	每股现金流量(元)	—	—	-0.6049	-0.1438
	每股资本公积金(元)	—	—	0.2446	0.2641
	每股盈余公积金(元)	—	—	0.0029	0.0032
	每股未分配利润(元)	—	—	-0.0008	0.0271
	净资产收益率(%)	—	—	-2.0819	2.2063
	净资产收益率(扣除)(%)	—	—	-2.0600	2.6400
	加权净资产收益率	—	—	-5.4277	-0.7277
	总资产(万元)	—	—	2789.46	3609.79
	归属母公司股东权益(万元)	—	—	2019.65	2061.70
	营业收入(万元)	—	—	331.33	2025.36
	营业成本(万元)	—	—	175.72	1445.42
	投资收益(万元)	—	—	—	—
	净利润(万元)	—	—	-42.05	45.49
	营业利润(万元)	—	—	-126.01	-22.58
	利润总额(万元)	—	—	-46.51	48.59

深圳市柏星龙创意包装股份有限公司

公司概况	公司名称	深圳市柏星龙创意包装股份有限公司			证券简称	柏星龙
	法人代表	赵国义	董秘	苏凤英	证券代码	833075
	公司网址	www.szbxl.com		电子信箱	sufengying@szbxl.com	
	电　话	0755-82309556		传　真	0755-25180164	
	办公地址	广东省深圳市罗湖区迎春路海外联谊大厦2702、2703、2705-2712				
	经营范围	产品外型包装设计;工艺礼品设计;美术设计等				

主要财务指标	指标\报告期	2017.06.30	2016.12.31	2016.06.30	2015.12.31
	基本每股收益(元)	0.0410	0.2760	-0.0030	0.1290
	基本每股收益(扣除后)(元)	0.0240	0.2400	-0.0220	0.0760
	稀释每股收益(元)	0.0410	0.2760	-0.0030	0.1290
	每股净资产(元)	2.5800	2.8400	2.5600	2.7600
	每股经营现金净流量(元)	0.1090	0.4691	-0.0461	0.6111
	每股现金流量(元)	-0.3490	0.3063	-0.3061	0.2648
	每股资本公积金(元)	0.2019	0.0464	0.0464	0.0464
	每股盈余公积金(元)	0.2890	0.2997	0.2586	0.2586
	每股未分配利润(元)	1.0919	1.4901	1.2527	1.4555
	净资产收益率(%)	1.5790	9.7190	-0.1116	4.6557
	净资产收益率(扣除)(%)	1.4300	9.9100	-0.1100	4.7700
	加权净资产收益率	0.9219	8.4462	-0.8429	2.7630
	总资产(万元)	20180.82	21306.04	19437.61	20929.40
	归属母公司股东权益(万元)	13392.10	14180.73	12788.23	13802.50
	营业收入(万元)	10160.73	18222.78	6982.29	16233.36
	营业成本(万元)	6322.15	9839.46	4029.79	9528.64
	投资收益(万元)	15.88	70.23	18.79	27.81
	净利润(万元)	—	—	-14.96	613.38
	营业利润(万元)	357.47	1657.76	12.81	603.42
	利润总额(万元)	334.95	1806.12	108.18	886.52

青岛明药堂医疗股份有限公司

公司概况	公司名称	青岛明药堂医疗股份有限公司			证券简称	明药堂
	法人代表	李育强	董秘	李育强	证券代码	833086
	公司网址	www.miuton.com		电子信箱	2674238006@qq.com	
	电　话	0532-58753666		传　真	0532-58717103	
	办公地址	山东省青岛高新技术产业开发区锦业路1号A1座二、三、四层				
	经营范围	医用消毒产品、退烧产品、外科敷料等医疗器械制品的研发、生产与销售				

主要财务指标	指标\报告期	2017.06.30	2016.12.31	2016.06.30	2015.12.31
	基本每股收益(元)	-0.0492	-0.0842	—	-0.0133
	基本每股收益(扣除后)(元)	-0.0617	-0.0647	0.0020	-0.0502
	稀释每股收益(元)	-0.0492	-0.0842	—	-0.0133
	每股净资产(元)	0.9500	1.3000	1.3800	1.3800
	每股经营现金净流量(元)	-0.0330	-0.0021	-0.1037	-0.0284
	每股现金流量(元)	-0.0483	-0.2112	-0.1354	0.1762
	每股资本公积金(元)	0.0577	0.3750	0.3750	0.3750
	每股盈余公积金(元)	0.0015	0.0020	0.0020	0.0020
	每股未分配利润(元)	-0.1101	-0.0792	0.0057	0.0050
	净资产收益率(%)	-5.1823	-6.4855	0.0506	-0.9163
	净资产收益率(扣除)(%)	-5.0500	-6.2800	0.0500	-1.0800
	加权净资产收益率	-6.4170	-4.9873	0.1633	-0.9163
	总资产(万元)	4329.89	4684.37	4565.82	4746.98
	归属母公司股东权益(万元)	3067.32	3226.27	3437.25	3435.51
	营业收入(万元)	347.40	708.89	434.20	831.52
	营业成本(万元)	265.20	301.25	171.69	324.84
	投资收益(万元)	—	—	—	—
	净利润(万元)	—	—	1.74	-31.48
	营业利润(万元)	-206.70	-186.16	8.41	-137.64
	利润总额(万元)	-162.14	-241.23	3.85	-33.38

东莞兆舜有机硅科技股份有限公司

公司概况	公司名称	东莞兆舜有机硅科技股份有限公司			证券简称	兆舜科技
	法人代表	陈芳	董秘	桂玉琴	证券代码	833103
	公司网址	www.megasun-tech.com		电子信箱	zs@megasun-tech.com	
	电　话	0769-88416888		传　真	0769-88891019	
	办公地址	广东省东莞市中堂镇东泊村大新围路大新路二街一号				
	经营范围	室温硫化硅橡胶产品研发、生产和销售				

主要财务指标	指标\报告期	2017.06.30	2016.12.31	2016.06.30	2015.12.31
	基本每股收益(元)	0.0800	0.2600	0.1100	0.1900
	基本每股收益(扣除后)(元)	0.0800	0.1800	—	0.1600
	稀释每股收益(元)	0.0800	0.2600	—	0.1900
	每股净资产(元)	1.1800	1.6500	1.5000	2.0800
	每股经营现金净流量(元)	-0.3685	-0.4613	-0.2369	-0.7285
	每股现金流量(元)	-0.0063	-0.3392	-0.1242	0.1356
	每股资本公积金(元)	0.0114	0.2671	0.2671	0.9321
	每股盈余公积金(元)	0.0256	0.0383	0.0119	0.0185
	每股未分配利润(元)	0.1465	0.3450	0.2182	0.1667
	净资产收益率(%)	7.0271	16.0002	7.4051	8.6038
	净资产收益率(扣除)(%)	7.2800	17.3900	7.6900	12.0000
	加权净资产收益率	6.9208	11.1768	7.2001	7.2069
	总资产(万元)	4883.82	3975.18	3454.19	3368.40
	归属母公司股东权益(万元)	2369.97	2203.43	1998.90	1850.88
	营业收入(万元)	2747.45	5136.40	2258.05	3809.72
	营业成本(万元)	1960.83	3681.53	1629.84	2680.64
	投资收益(万元)	—	—	—	—
	净利润(万元)	—	—	148.02	159.25
	营业利润(万元)	189.91	292.22	167.42	178.32
	利润总额(万元)	192.89	419.92	172.76	209.30

瑞奥电气(北京)股份有限公司

公司概况	公司名称	瑞奥电气(北京)股份有限公司		证券简称	瑞奥电气
	法人代表	张明浩	董秘	华里	证券代码	833106
	公司网址	www.reallopp.com	电子信箱	li.hua@reallopp.com	
	电　话	010-69661088	传　真	010-69667079	
	办公地址	北京市怀柔区雁栖经济开发区雁东二路 68 号			
	经营范围	智能电网配电自动化监控主设备、配件设备及服务的研发、生产、销售			

主要财务指标 指标\报告期	2017.06.30	2016.12.31	2016.06.30	2015.12.31
基本每股收益(元)	0.0200	0.0300	-0.1100	-0.0800
基本每股收益(扣除后)(元)	-0.0100	--	-0.1100	0.0300
稀释每股收益(元)	0.0200	0.0300	-0.1100	-0.0800
每股净资产(元)	1.9500	1.8300	1.7000	1.6300
每股经营现金净流量(元)	-0.0278	0.0225	-0.1925	-0.2178
每股现金流量(元)	-0.2242	-0.1321	-0.1865	0.3474
每股资本公积金(元)	0.5856	0.4632	0.4632	0.2716
每股盈余公积金(元)	--	--	--	--
每股未分配利润(元)	0.3594	0.3714	0.2382	0.3630
净资产收益率(%)	0.9789	1.6349	-6.0654	-5.0405
净资产收益率(扣除)(%)	1.0100	1.7100	-6.3700	-5.3500
加权净资产收益率	-0.4396	0.1498	-6.5519	1.5281
总资产(万元)	16149.74	14981.24	12725.29	11952.08
归属母公司股东权益(万元)	7972.35	7216.23	6692.34	6047.77
营业收入(万元)	4618.63	8998.39	3906.22	6841.10
营业成本(万元)	2815.70	5774.46	2839.36	4151.47
投资收益(万元)	13.03	0.27	48.37	--
净利润(万元)	--	--	-355.29	-304.84
营业利润(万元)	46.88	6.93	-422.05	-108.32
利润总额(万元)	186.56	129.71	-383.74	-237.08

青岛国泰药业股份有限公司

公司概况	公司名称	青岛国泰药业股份有限公司		证券简称	国泰股份
	法人代表	宗杰	董秘	刘青松	证券代码	833111
	公司网址	www.guotaigufen.cn	电子信箱	guotaigufen@163.com	
	电　话	0532-88092222	传　真	0532-80600600	
	办公地址	山东省青岛平度市三城路 777 号			
	经营范围	中药饮片、中成药、化学药制剂、抗生素、生化药品、生物制品等			

主要财务指标 指标\报告期	2017.06.30	2016.12.31	2016.06.30	2015.12.31
基本每股收益(元)	0.0700	0.1400	0.2100	0.3800
基本每股收益(扣除后)(元)	0.0685	0.2000	0.2100	0.3706
稀释每股收益(元)	--	0.1400	--	--
每股净资产(元)	2.6800	2.6200	2.0800	1.8700
每股经营现金净流量(元)	-0.5799	0.0558	0.7061	0.8586
每股现金流量(元)	-0.0199	-0.5549	2.4608	1.0181
每股资本公积金(元)	1.3100	1.3100	0.5526	0.5526
每股盈余公积金(元)	0.0322	0.0322	0.0317	0.0317
每股未分配利润(元)	0.3403	0.2750	0.5000	0.2855
净资产收益率(%)	2.4352	4.4630	10.2908	16.9643
净资产收益率(扣除)(%)	2.4700	5.8500	10.8500	23.7800
加权净资产收益率	2.3846	6.4412	10.1824	16.7289
总资产(万元)	23230.44	22854.38	23992.94	16336.87
归属母公司股东权益(万元)	10770.53	10508.25	5023.03	4506.12
营业收入(万元)	11320.16	27299.51	13708.11	24196.46
营业成本(万元)	10248.94	25020.07	12483.72	22052.88
投资收益(万元)	--	--	--	--
净利润(万元)	--	--	516.91	764.43
营业利润(万元)	374.40	928.43	682.39	1013.67
利润总额(万元)	374.40	754.97	689.65	1022.16

重庆商汇小额贷款股份有限公司

公司概况	公司名称	重庆商汇小额贷款股份有限公司		证券简称	商汇小贷
	法人代表	刘亚林	董秘	王建	证券代码	833114
	公司网址	www.cqshdk.com	电子信箱	13908251488@139.com	
	电　话	023-72218210	传　真		
	办公地址	重庆市涪陵区稻香路 39 号			
	经营范围	在冲寝室范围内开展各项贷款、票据贴现、资产转让和自有资金进行股权投资			

主要财务指标 指标\报告期	2017.06.30	2016.12.31	2016.06.30	2015.12.31
基本每股收益(元)	0.0500	0.0771	0.0700	0.1832
基本每股收益(扣除后)(元)	0.0500	0.0772	--	--
稀释每股收益(元)	0.0500	0.0771	0.0700	0.1832
每股净资产(元)	1.2400	1.1900	1.1800	1.3600
每股经营现金净流量(元)	0.1860	0.2173	0.1524	0.1869
每股现金流量(元)	-0.0001	-0.0570	--	--
每股资本公积金(元)	0.0129	0.0129	0.0129	0.0129
每股盈余公积金(元)	0.0598	0.0598	0.0521	0.0521
每股未分配利润(元)	0.1397	0.0879	0.0871	0.2684
净资产收益率(%)	3.9775	6.4990	5.7783	13.0010
净资产收益率(扣除)(%)	4.0600	6.4800	5.1900	14.4500
加权净资产收益率	3.9802	6.5050	5.7783	12.9113
总资产(万元)	159758.55	170740.44	175758.08	184634.56
归属母公司股东权益(万元)	128749.32	123628.36	122682.74	141641.24
营业收入(万元)	7358.79	19361.15	15290.20	26375.92
营业成本(万元)	--	--	--	--
投资收益(万元)	--	--	--	--
净利润(万元)	--	--	7089.00	18414.77
营业利润(万元)	6034.34	9424.96	8291.00	21518.91
利润总额(万元)	6030.14	9417.57	8291.10	21668.38

浙江畅尔智能装备股份有限公司

公司概况	公司名称	浙江畅尔智能装备股份有限公司		证券简称	畅尔装备
	法人代表	林绿高	董秘		证券代码	833115
	公司网址	www.chrmachine.cn	电子信箱	chr.xz@chrmachine.cn	
	电　话	0578-3559312	传　真	0578-3559200	
	办公地址	浙江省缙云县壶镇镇锦绣路 55 号			
	经营范围	主要从事高端拉床、专用机床、智能化成套设备等高端装备的研发、生产与销售			

主要财务指标 指标\报告期	2017.06.30	2016.12.31	2016.06.30	2015.12.31
基本每股收益(元)	0.0100	0.2500	0.0900	0.1900
基本每股收益(扣除后)(元)	-0.1700	0.1400	0.0700	0.1000
稀释每股收益(元)	0.0100	0.2500	0.0900	0.1900
每股净资产(元)	3.4900	3.7000	3.5500	3.4600
每股经营现金净流量(元)	-0.2099	0.0977	-0.3593	0.9925
每股现金流量(元)	-0.0083	0.0359	-0.3485	-0.0172
每股资本公积金(元)	2.2884	2.1105	2.1105	2.1105
每股盈余公积金(元)	0.1025	0.1064	0.0827	0.0827
每股未分配利润(元)	0.0966	0.4876	0.3559	0.2622
净资产收益率(%)	0.3508	6.7254	2.6414	5.1381
净资产收益率(扣除)(%)	0.3500	6.9600	2.6800	5.7400
加权净资产收益率	-4.6177	3.7814	1.9462	2.8021
总资产(万元)	12826.33	11291.13	11997.99	10328.82
归属母公司股东权益(万元)	5675.93	5806.79	5563.21	5416.26
营业收入(万元)	2919.68	5705.30	2609.15	5085.56
营业成本(万元)	2025.47	3274.19	1429.04	3035.66
投资收益(万元)	65.24	--	--	--
净利润(万元)	--	--	146.95	278.29
营业利润(万元)	8.14	227.29	109.99	-50.30
利润总额(万元)	32.06	415.93	148.93	193.69

重庆瑞丰包装股份有限公司

公司概况					
公司名称	重庆瑞丰包装股份有限公司			证券简称	瑞丰股份
法人代表	肖明凯	董秘	邹琳	证券代码	833123
公司网址	www.rfpk-group.com		电子信箱	rf.stock@qq.com	
电　话	023-61522996		传　真	023-61522999	
办公地址	重庆市渝北区空港工业园勤业路1号				
经营范围	瓦楞纸箱(板)的研发与设计、生产、销售及服务				

主要财务指标 指标\报告期	2017.06.30	2016.12.31	2016.06.30	2015.12.31
基本每股收益(元)	0.0500	0.1700	0.0800	0.3800
基本每股收益(扣除后)(元)	0.0500	0.1700	0.0800	0.3600
稀释每股收益(元)	0.0500	0.1700	0.0800	0.3800
每股净资产(元)	2.0000	1.9600	1.8200	2.6000
每股经营现金净流量(元)	0.0253	−0.4742	−0.0521	−0.4156
每股现金流量(元)	−0.1035	−0.0081	−0.0980	0.0203
每股资本公积金(元)	0.2676	0.2678	0.1885	0.7828
每股盈余公积金(元)	0.0348	0.0348	0.0283	0.0425
每股未分配利润(元)	0.7024	0.6568	0.5995	0.7743
净资产收益率(%)	2.2769	8.4231	4.5877	12.1554
净资产收益率(扣除)(%)	2.3000	9.3900	4.7000	17.1300
加权净资产收益率	2.2609	8.2773	4.4383	11.4934
总资产(万元)	45031.13	45938.10	40894.54	39225.50
归属母公司股东权益(万元)	22642.26	22129.12	19835.13	18925.16
营业收入(万元)	17106.01	36973.75	23690.08	36453.14
营业成本(万元)	13955.83	30333.08	20431.92	29125.36
投资收益(万元)	---	---	---	1.63
净利润(万元)	---	---	991.93	2415.78
营业利润(万元)	621.06	2345.70	1217.91	2881.87
利润总额(万元)	625.65	2383.65	1252.75	3027.54

广州晶品智能压塑科技股份有限公司

公司概况					
公司名称	广州晶品智能压塑科技股份有限公司			证券简称	晶品压塑
法人代表	周信祥	董秘	杨海东	证券代码	833127
公司网址	www.jeepine.com		电子信箱	13926495041@126.com	
电　话	020-32988666		传　真	020-32988886	
办公地址	广东省广州高新技术产业开发区开源大道11号C4栋第一层				
经营范围	压塑成型制盖设备及其他塑料加工专用设备的研发、生产与销售				

主要财务指标 指标\报告期	2017.06.30	2016.12.31	2016.06.30	2015.12.31
基本每股收益(元)	0.0300	0.0200	0.4200	−0.2200
基本每股收益(扣除后)(元)	−0.0200	−0.1700	0.2881	−0.4600
稀释每股收益(元)	0.0300	0.0200	0.4200	−0.2200
每股净资产(元)	1.1700	0.9500	2.5600	1.9300
每股经营现金净流量(元)	−0.2448	−0.2970	−0.5776	−0.1862
每股现金流量(元)	0.2195	−0.2489	−0.5694	0.9000
每股资本公积金(元)	0.2176	0.0113	1.3901	1.2237
每股盈余公积金(元)	---	---	---	---
每股未分配利润(元)	−0.0298	−0.0610	0.2438	−0.2056
净资产收益率(%)	2.0910	1.8053	16.1137	−9.7467
净资产收益率(扣除)(%)	2.5400	1.9800	18.7300	−15.2900
加权净资产收益率	−1.7748	−17.8402	11.0008	−20.3938
总资产(万元)	6803.55	5077.44	5077.43	4017.98
归属母公司股东权益(万元)	4224.02	3095.54	3623.54	2611.23
营业收入(万元)	2004.29	3067.46	3021.86	2022.99
营业成本(万元)	1272.37	1761.87	1739.99	1227.59
投资收益(万元)	0.15	---	---	0.03
净利润(万元)	---	---	583.89	−254.51
营业利润(万元)	75.58	−551.48	436.36	−535.96
利润总额(万元)	85.58	56.65	653.46	−257.97

中源智人科技(深圳)股份有限公司

公司概况					
公司名称	中源智人科技(深圳)股份有限公司			证券简称	中源智人
法人代表	黄道权	董秘	冯充芬	证券代码	833135
公司网址	www.3t-cn.com		电子信箱	tjuan@3t-cn.com	
电　话	18922810518		传　真	0755-29875559	
办公地址	广东省深圳市宝安区沙井街道星岗路泰丰工业区(恒强工业园)C栋				
经营范围	手机液晶显示屏的装配及检测;行业智能图像检测系统、智能图像装配机器人的研发、制造和销售				

主要财务指标 指标\报告期	2017.06.30	2016.12.31	2016.06.30	2015.12.31
基本每股收益(元)	−0.1200	−0.2800	−0.3000	0.1700
基本每股收益(扣除后)(元)	−0.1500	−0.3400	−0.3100	0.1400
稀释每股收益(元)	−0.1200	−0.2800	−0.3000	0.1700
每股净资产(元)	1.5600	1.6800	1.6500	2.7600
每股经营现金净流量(元)	−0.1359	−0.1051	−0.1609	−0.1091
每股现金流量(元)	0.0633	−0.6848	−0.3083	0.7697
每股资本公积金(元)	0.9268	0.9268	0.9268	0.9268
每股盈余公积金(元)	0.0230	0.0230	0.0230	0.0230
每股未分配利润(元)	−0.3931	−0.2728	−0.2970	0.2052
净资产收益率(%)	−7.7272	−16.5812	−18.2829	6.5575
净资产收益率(扣除)(%)	−7.4400	−14.5100	−18.2800	10.3600
加权净资产收益率	−9.9318	−20.1421	−18.9060	5.1660
总资产(万元)	9042.56	10056.81	10158.60	11624.80
归属母公司股东权益(万元)	7582.44	8168.35	8050.84	10496.95
营业收入(万元)	7592.32	12728.97	4232.90	8330.68
营业成本(万元)	7309.69	13603.22	5110.63	6816.82
投资收益(万元)	8.90	55.10	6.20	29.35
净利润(万元)	---	---	−1516.21	662.98
营业利润(万元)	−916.37	−2031.52	−1555.36	584.68
利润总额(万元)	−719.70	−1672.84	−1506.37	756.52

珠海双喜电器股份有限公司

公司概况					
公司名称	珠海双喜电器股份有限公司			证券简称	双喜电器
法人代表	姜天恩	董秘		证券代码	833146
公司网址	www.dhcooker.com.cn		电子信箱	gaofm@dhcooker.com.cn	
电　话	13928013335		传　真	0756-3385000	
办公地址	广东省珠海市高新区金鼎工业园金环东路39号				
经营范围	家用电器、厨房用具、建筑材料、装饰材料、五金的加工、制造、销售等				

主要财务指标 指标\报告期	2017.06.30	2016.12.31	2016.06.30	2015.12.31
基本每股收益(元)	0.1700	0.4300	0.2000	0.3300
基本每股收益(扣除后)(元)	0.1300	0.3900	0.1600	0.2100
稀释每股收益(元)	0.1700	0.4300	0.2000	0.3300
每股净资产(元)	3.2400	3.0700	2.8300	2.6300
每股经营现金净流量(元)	0.0569	1.5998	0.8191	0.7221
每股现金流量(元)	0.1377	−0.3230	0.0267	−0.4154
每股资本公积金(元)	1.2397	1.2397	1.2397	1.2397
每股盈余公积金(元)	0.0833	0.0833	0.0462	0.0462
每股未分配利润(元)	0.9189	0.7461	0.5455	0.3489
净资产收益率(%)	5.3329	14.1499	6.9441	12.4682
净资产收益率(扣除)(%)	5.4800	15.2300	7.1900	13.2600
加权净资产收益率	4.0955	12.7541	5.8095	8.1178
总资产(万元)	21331.48	22802.96	21202.23	23528.79
归属母公司股东权益(万元)	13615.96	12889.84	11891.71	11065.94
营业收入(万元)	16065.99	32201.96	15896.43	31780.88
营业成本(万元)	11781.71	22299.85	11204.00	23573.31
投资收益(万元)	144.21	141.72	53.87	57.26
净利润(万元)	---	---	789.38	1357.12
营业利润(万元)	654.09	1926.28	762.72	1109.96
利润总额(万元)	832.49	2036.56	875.10	1628.23

黄冈鲁班药业股份有限公司

	公司名称	黄冈鲁班药业股份有限公司		证券简称	鲁班药业
公司概况	法人代表	杨小龙	董秘 杨铁波	证券代码	833160
	公司网址	www.yeschem.com		电子信箱	est04@yeschem.com
	电　话	0713-3976907		传　真	0713-3976906
	办公地址	湖北省黄冈市龙感湖工业园医药化工小区			
	经营范围	公司专注于特色医药中间体等精细化学品的研发、生产和销售			

	指标\报告期	2017.06.30	2016.12.31	2016.06.30	2015.12.31
主要财务指标	基本每股收益(元)	0.1600	0.3900	0.2000	0.4500
	基本每股收益(扣除后)(元)	0.1300	0.3700	0.1800	0.4000
	稀释每股收益(元)	0.1600	0.3900	0.2000	0.4500
	每股净资产(元)	2.2400	2.7000	2.5500	2.7000
	每股经营现金净流量(元)	0.1259	0.2876	0.1760	0.4975
	每股现金流量(元)	-0.0837	0.1586	-0.0199	0.0880
	每股资本公积金(元)	0.7464	1.2703	1.2703	1.3784
	每股盈余公积金(元)	0.0461	0.0599	0.0247	0.0320
	每股未分配利润(元)	0.4428	0.3721	0.2515	0.2881
	净资产收益率(%)	7.0022	13.0266	7.7059	13.7480
	净资产收益率(扣除)(%)	7.2600	13.6200	8.1900	20.5100
	加权净资产收益率	5.8368	12.2544	6.9902	12.0927
	总资产(万元)	15155.32	14034.39	12104.93	10400.83
	归属母公司股东权益(万元)	10938.65	10172.71	9586.25	7825.85
	营业收入(万元)	4248.51	7423.67	3638.25	7070.48
	营业成本(万元)	2679.51	4124.21	1889.54	4534.89
	投资收益(万元)	—	0.39	0.39	1.93
	净利润(万元)	—	—	738.71	1075.90
	营业利润(万元)	764.37	1421.75	922.49	1226.41
	利润总额(万元)	914.34	1513.78	1013.56	1397.20

福建国航远洋运输(集团)股份有限公司

	公司名称	福建国航远洋运输(集团)股份有限公司		证券简称	福建国航
公司概况	法人代表	王炎平	董秘 薛勇	证券代码	833171
	公司网址	www.gh-shipping.com		电子信箱	info@gh-shipping.com
	电　话	0591-87823890		传　真	0591-87844965
	办公地址	福建省福州市马尾区江滨东大道68-1 蓝波湾 1#25 层			
	经营范围	主要经营国际远洋干散货运输以及国内沿海及内河货物干散货运输业务			

	指标\报告期	2017.06.30	2016.12.31	2016.06.30	2015.12.31
主要财务指标	基本每股收益(元)	0.0300	-0.2666	-0.1300	-0.7600
	基本每股收益(扣除后)(元)	0.0100	-0.2421	-0.1300	-0.4517
	稀释每股收益(元)	0.0300	-0.2666	-0.1300	-0.4500
	每股净资产(元)	0.3700	0.3500	0.4600	0.5800
	每股经营现金净流量(元)	0.0974	0.2080	0.0935	-0.2122
	每股现金流量(元)	-0.0222	-0.0108	0.0221	-0.0010
	每股资本公积金(元)	0.1907	0.1907	0.1907	0.1907
	每股盈余公积金(元)	0.1168	0.1168	0.1168	0.1168
	每股未分配利润(元)	-0.8914	-0.9187	-0.7780	-0.6521
	净资产收益率(%)	7.2948	-76.5530	-27.1306	-128.6629
	净资产收益率(扣除)(%)	7.5700	-55.3600	-24.0500	-80.8300
	加权净资产收益率	3.5192	-69.4976	-28.0807	-76.3083
	总资产(万元)	158458.37	161108.56	169431.79	173820.29
	归属母公司股东权益(万元)	16649.65	15478.37	20623.86	25911.86
	营业收入(万元)	45322.11	81465.02	26707.44	68141.22
	营业成本(万元)	38751.72	73929.79	27978.91	66765.62
	投资收益(万元)	2048.10	-1204.77	-886.69	-5292.09
	净利润(万元)	—	—	-5597.31	-33340.63
	营业利润(万元)	1743.00	-10142.62	-7598.19	-24603.85
	利润总额(万元)	2581.16	-11666.45	-7336.94	-42932.98

玉溪明珠花卉股份有限公司

	公司名称	玉溪明珠花卉股份有限公司		证券简称	明珠股份
公司概况	法人代表	陈朋从	董秘 何建国	证券代码	833172
	公司网址	www.mingzhu-lily.com		电子信箱	yxmz6278@vip.163.com
	电　话	0877-8888703		传　真	0877-8888700
	办公地址	云南省玉溪市高新区腾霄路 11 号			
	经营范围	鲜切花和鲜切花种苗(种球)的生产及经营;生物技术的开发应用			

	指标\报告期	2017.06.30	2016.12.31	2016.06.30	2015.12.31
主要财务指标	基本每股收益(元)	0.0100	0.1400	0.0700	0.1300
	基本每股收益(扣除后)(元)	-0.0100	0.0900	0.0500	0.1300
	稀释每股收益(元)	0.0100	0.1400	—	0.1300
	每股净资产(元)	2.1600	2.1500	2.0500	1.9800
	每股经营现金净流量(元)	-0.0693	-0.0927	-0.0374	-0.0305
	每股现金流量(元)	-0.0852	0.0034	0.0101	0.0828
	每股资本公积金(元)	1.0615	1.1626	1.0197	1.0197
	每股盈余公积金(元)	0.0586	0.0642	0.0608	0.0608
	每股未分配利润(元)	0.0353	0.0305	-0.0334	-0.1030
	净资产收益率(%)	0.3458	5.8190	3.3999	6.6909
	净资产收益率(扣除)(%)	0.3500	6.6300	3.4600	6.9200
	加权净资产收益率	-0.5153	3.9610	2.2821	6.5510
	总资产(万元)	12834.80	12885.00	12119.70	11862.86
	归属母公司股东权益(万元)	9914.86	9880.57	8597.95	8305.62
	营业收入(万元)	2511.92	5223.01	2393.28	5098.88
	营业成本(万元)	2075.74	4014.13	1838.22	3742.68
	投资收益(万元)	—	—	—	—
	净利润(万元)	—	—	292.32	555.72
	营业利润(万元)	-55.26	390.84	196.21	542.70
	利润总额(万元)	37.98	574.42	291.50	555.98

北京赢鼎教育科技股份有限公司

	公司名称	北京赢鼎教育科技股份有限公司		证券简称	赢鼎教育
公司概况	法人代表	王海涛	董秘 姚永清	证券代码	833173
	公司网址	www.yingding.org		电子信箱	dongshihui@yingding.org
	电　话	010-57791936-813#		传　真	010-82158835
	办公地址	北京市海淀区中关村东路 1 号院 8 号楼 D 座 9 层 901 室			
	经营范围	自费出国留学中介服务;技术咨询、技术服务;教育咨询等			

	指标\报告期	2017.06.30	2016.12.31	2016.06.30	2015.12.31
主要财务指标	基本每股收益(元)	-0.3058	0.9900	3.9400	19.3622
	基本每股收益(扣除后)(元)	-0.3059	0.9900	3.9200	16.2445
	稀释每股收益(元)	-0.3058	0.9900	3.9400	19.3622
	每股净资产(元)	2.6400	2.9700	1.6700	22.0200
	每股经营现金净流量(元)	-0.7131	0.4223	-0.5814	8.4110
	每股现金流量(元)	-0.7995	0.8725	0.2207	11.5484
	每股资本公积金(元)	0.7228	0.7795	0.0002	2.0042
	每股盈余公积金(元)	0.2072	0.2156	0.1112	1.9479
	每股未分配利润(元)	0.7066	1.0539	0.5595	17.0632
	净资产收益率(%)	-11.5980	32.9746	25.1386	87.9485
	净资产收益率(扣除)(%)	-10.9100	44.1100	28.2100	156.9800
	加权净资产收益率	-11.6031	32.7681	24.9844	73.7870
	总资产(万元)	29626.96	34787.93	29750.15	15126.88
	归属母公司股东权益(万元)	27447.31	30900.92	16709.35	12565.93
	营业收入(万元)	301.02	18244.57	7453.81	14107.86
	营业成本(万元)	617.18	1596.06	1019.11	612.02
	投资收益(万元)	—	—	—	2099.30
	净利润(万元)	—	—	4151.17	11022.93
	营业利润(万元)	-3179.93	11788.33	4817.69	12877.34
	利润总额(万元)	-3185.82	11863.42	4848.00	12871.78

桂林五洲旅游股份有限公司

公司概况	公司名称	桂林五洲旅游股份有限公司		证券简称	桂林五洲
	法人代表	阳伟中	董秘	王桂兴	证券代码	833176
	公司网址	www.glwzgs.com		电子信箱	gxglwz@163.com
	电　话	0773-5810976		传　真	0773-5813306
	办公地址	广西壮族自治区桂林市七星区花桥食街二号			
	经营范围	投资旅游车船客运、车船配件、机电产品的销售			

主要财务指标	指标\报告期	2017.06.30	2016.12.31	2016.06.30	2015.12.31
	基本每股收益(元)	0.0200	0.0643	0.0160	0.0600
	基本每股收益(扣除后)(元)	0.0110	0.0424	-0.0223	-0.0137
	稀释每股收益(元)	0.0200	0.0643	0.0160	0.0600
	每股净资产(元)	3.7000	4.3300	4.0200	5.1800
	每股经营现金净流量(元)	-0.0437	0.0537	-0.0922	0.2386
	每股现金流量(元)	-0.1490	-0.0138	-0.0151	0.0478
	每股资本公积金(元)	0.0729	0.0729	0.0729	0.0729
	每股盈余公积金(元)	0.0101	0.0101	—	—
	每股未分配利润(元)	0.0951	0.0716	0.0334	0.0674
	净资产收益率(%)	0.6284	1.4851	0.4677	1.2463
	净资产收益率(扣除)(%)	0.5800	1.2400	0.4000	1.7500
	加权净资产收益率	0.3446	0.9804	-0.5551	-0.2640
	总资产(万元)	54423.76	63980.79	61267.98	74408.79
	归属母公司股东权益(万元)	35089.46	41069.99	38101.95	49106.50
	营业收入(万元)	6501.20	11927.74	5492.37	10416.98
	营业成本(万元)	4788.44	8697.97	3865.48	7927.11
	投资收益(万元)	65.76	289.17	218.70	911.52
	净利润(万元)	—	—	151.90	587.92
	营业利润(万元)	312.01	504.72	9.36	599.62
	利润总额(万元)	316.23	703.83	184.99	685.23

深圳市泰久信息系统股份有限公司

公司概况	公司名称	深圳市泰久信息系统股份有限公司		证券简称	泰久信息
	法人代表	陈龙军	董秘	史彦萍	证券代码	833181
	公司网址	www.mopon.cn		电子信箱	st@mopon.cn
	电　话	0755-83551800		传　真	0755-83173350
	办公地址	广东省深圳市福田保税区市花路8号和合大厦T8旅游创意园2楼			
	经营范围	计算机软硬件、网络通信产品开发与销售			

主要财务指标	指标\报告期	2017.06.30	2016.12.31	2016.06.30	2015.12.31
	基本每股收益(元)	-0.2800	-0.2000	-0.0300	0.0400
	基本每股收益(扣除后)(元)	-0.2900	-0.3000	-0.0900	-0.0300
	稀释每股收益(元)	-0.2800	-0.2000	—	—
	每股净资产(元)	2.2600	2.5400	2.7100	2.7400
	每股经营现金净流量(元)	-0.7006	-0.7134	-0.2951	-0.2151
	每股现金流量(元)	-0.9704	-1.0688	-2.0467	1.5617
	每股资本公积金(元)	1.8959	1.8959	1.8959	1.8959
	每股盈余公积金(元)	—	—	—	—
	每股未分配利润(元)	-0.6360	-0.3592	-0.1866	-0.1575
	净资产收益率(%)	-12.2514	-7.9492	-1.0725	1.3588
	净资产收益率(扣除)(%)	-11.5400	-7.6500	-1.0700	1.8600
	加权净资产收益率	-12.8366	-11.9825	-3.2952	-1.1115
	总资产(万元)	15229.55	17510.81	17663.58	19105.23
	归属母公司股东权益(万元)	13182.48	14797.51	15804.30	15973.79
	营业收入(万元)	3548.81	9045.41	4644.44	6878.69
	营业成本(万元)	837.77	2816.13	1299.10	1662.38
	投资收益(万元)	558.33	187.05	90.57	208.05
	净利润(万元)	—	—	-183.49	217.04
	营业利润(万元)	-1540.04	-1513.25	-380.28	71.30
	利润总额(万元)	-1526.11	-1226.53	-154.44	263.29

上海影达文化传媒股份有限公司

公司概况	公司名称	上海影达文化传媒股份有限公司		证券简称	影达传媒
	法人代表	叶进锋	董秘	朱坚	证券代码	833206
	公司网址	www.yingdamedia.cn		电子信箱	adm@adm-cn.com
	电　话	021-62108605		传　真	021-62108605
	办公地址	上海市静安区北京西路1394号			
	经营范围	影视作品的原创与制作,广告设计与制作,新媒体综合营销与应用			

主要财务指标	指标\报告期	2017.06.30	2016.12.31	2016.06.30	2015.12.31
	基本每股收益(元)	0.2047	-0.3522	0.0100	0.2311
	基本每股收益(扣除后)(元)	0.2262	-0.3306	0.0063	0.2112
	稀释每股收益(元)	0.2047	-0.3522	0.0100	0.2311
	每股净资产(元)	1.4700	1.2700	1.6200	1.4600
	每股经营现金净流量(元)	0.0382	-0.3842	-0.1416	-0.4492
	每股现金流量(元)	1.1200	-0.0990	-0.0844	0.1060
	每股资本公积金(元)	0.4460	0.4460	0.4568	0.2865
	每股盈余公积金(元)	—	—	—	—
	每股未分配利润(元)	0.0283	-0.1768	0.1787	0.1720
	净资产收益率(%)	13.9121	-27.1659	0.4006	14.3565
	净资产收益率(扣除)(%)	14.9500	-25.3200	0.4400	17.9300
	加权净资产收益率	13.9294	-25.4761	0.4025	13.1171
	总资产(万元)	9294.45	5470.84	8548.78	5938.24
	归属母公司股东权益(万元)	3879.42	3339.71	4264.10	3746.97
	营业收入(万元)	1583.76	3477.35	356.74	4160.15
	营业成本(万元)	784.57	3716.68	128.39	3092.44
	投资收益(万元)	—	—	—	59.92
	净利润(万元)	—	—	17.14	549.38
	营业利润(万元)	527.88	-663.39	13.92	730.00
	利润总额(万元)	526.22	-719.78	13.84	732.00

临安市兆丰小额贷款股份有限公司

公司概况	公司名称	临安市兆丰小额贷款股份有限公司		证券简称	兆丰小贷
	法人代表	陈方华	董秘	王斐	证券代码	833210
	公司网址	www.lazfxd.com		电子信箱	fsj6881@126.com
	电　话	0571-61107002		传　真	0571-61107009
	办公地址	浙江省临安市钱王大街855号			
	经营范围	主要从事本辖区范围内各项小额贷款及小企业发展、管理、财务等咨询业务			

主要财务指标	指标\报告期	2017.06.30	2016.12.31	2016.06.30	2015.12.31
	基本每股收益(元)	0.0600	0.1300	0.0600	0.1200
	基本每股收益(扣除后)(元)	0.0600	0.1300	0.0600	0.1200
	稀释每股收益(元)	0.0600	0.1300	—	—
	每股净资产(元)	1.3500	1.2800	1.3200	1.2600
	每股经营现金净流量(元)	-0.0956	0.1364	-0.0706	-0.0169
	每股现金流量(元)	-0.0859	-0.0161	—	—
	每股资本公积金(元)	—	—	0.0160	0.0160
	每股盈余公积金(元)	0.1055	0.0995	0.0926	0.0861
	每股未分配利润(元)	0.1918	0.1374	0.1755	0.1174
	净资产收益率(%)	4.4935	10.4181	4.7707	9.4178
	净资产收益率(扣除)(%)	4.6000	10.3500	4.8900	10.2900
	加权净资产收益率	4.5698	10.3098	4.6921	9.2991
	总资产(万元)	41217.90	39956.01	42934.94	40376.33
	归属母公司股东权益(万元)	40355.95	38542.55	40961.30	39007.16
	营业收入(万元)	2837.87	6017.81	2995.28	5501.35
	营业成本(万元)	—	—	—	—
	投资收益(万元)	—	—	—	—
	净利润(万元)	—	—	1954.14	3673.62
	营业利润(万元)	2438.45	5300.41	2538.21	4801.64
	利润总额(万元)	2397.38	5352.30	2581.14	4857.91

安徽翼迈科技股份有限公司

公司概况	公司名称	安徽翼迈科技股份有限公司			证券简称	翼迈科技
	法人代表	郭春松	董秘	余鑫	证券代码	833213
	公司网址	www.ahemi.com		电子信箱	2830441718@qq.com	
	电　话	0551-62991777		传　真	0551-65773300	
	办公地址	安徽省合肥市高新区香樟大道168号科技实业园C3号厂				
	经营范围	仪表、电子通讯产品、计算机软件的研发、生产、销售				

主要财务指标	指标\报告期	2017.06.30	2016.12.31	2016.06.30	2015.12.31
	基本每股收益(元)	0.0661	0.0700	0.2000	0.5000
	基本每股收益(扣除后)(元)	0.0590	0.0600	0.1900	0.4100
	稀释每股收益(元)	—	0.0700	—	0.5000
	每股净资产(元)	1.3000	1.3500	2.5100	2.5000
	每股经营现金净流量(元)	0.0212	-0.1954	0.4168	0.1668
	每股现金流量(元)	-0.1084	-0.0105	0.0661	0.2771
	每股资本公积金(元)	0.0261	0.0261	0.8469	0.8469
	每股盈余公积金(元)	0.0326	0.0326	0.0666	0.0468
	每股未分配利润(元)	0.2409	0.2930	0.5991	0.4211
	净资产收益率(%)	5.0869	4.8591	7.8728	20.2117
	净资产收益率(扣除)(%)	4.8400	4.9800	8.2000	28.6200
	加权净资产收益率	4.5435	4.3595	7.7068	16.3646
	总资产(万元)	7835.79	8337.71	6642.48	7391.33
	归属母公司股东权益(万元)	5497.44	5717.79	5904.84	5439.96
	营业收入(万元)	2115.06	3866.41	1802.33	3424.30
	营业成本(万元)	1621.96	2709.78	969.19	1763.27
	投资收益(万元)	—	—	—	—
	净利润(万元)	—	—	464.88	1099.51
	营业利润(万元)	131.23	28.21	328.10	712.99
	利润总额(万元)	317.16	319.05	472.45	1103.41

北京海涛国际旅行社股份有限公司

公司概况	公司名称	北京海涛国际旅行社股份有限公司			证券简称	海涛股份
	法人代表	崔丹平	董秘		证券代码	833216
	公司网址	www.haitaolvyou.com		电子信箱	haitaolvyou@haitaolvyou.com	
	电　话	010-62395866		传　真		
	办公地址	北京市海淀区成府路28号2-1007、1008				
	经营范围	出境旅游的批发与零售				

主要财务指标	指标\报告期	2017.06.30	2016.12.31	2016.06.30	2015.12.31
	基本每股收益(元)	—	—	0.1000	0.6600
	基本每股收益(扣除后)(元)	—	—	0.0900	0.4400
	稀释每股收益(元)	—	—	0.1000	0.6600
	每股净资产(元)	—	—	2.6900	4.1500
	每股经营现金净流量(元)	—	—	-0.3998	-2.1785
	每股现金流量(元)	—	—	-0.5428	0.8568
	每股资本公积金(元)	—	—	1.2568	2.6109
	每股盈余公积金(元)	—	—	0.0335	0.0536
	每股未分配利润(元)	—	—	0.3971	0.4823
	净资产收益率(%)	—	—	3.5585	12.9235
	净资产收益率(扣除)(%)	—	—	3.6200	29.7700
	加权净资产收益率	—	—	3.3850	8.6110
	总资产(万元)	—	—	41551.21	26561.53
	归属母公司股东权益(万元)	—	—	11386.07	10980.90
	营业收入(万元)	—	—	66050.88	120432.04
	营业成本(万元)	—	—	62711.06	113748.63
	投资收益(万元)	—	—	—	—
	净利润(万元)	—	—	405.17	1419.12
	营业利润(万元)	—	—	469.19	1041.90
	利润总额(万元)	—	—	495.52	1913.31

康达新能源设备股份有限公司

公司概况	公司名称	康达新能源设备股份有限公司			证券简称	康达新能
	法人代表	沈剑山	董秘	戴予民	证券代码	833282
	公司网址	www.camda.cc		电子信箱	kds@camda.cc	
	电　话	0769-88989999		传　真	0769-88996211	
	办公地址	广东省东莞市寮步镇塘唇青年路				
	经营范围	生活垃圾、厨余垃圾、有机废水等废料厌氧产沼气发电相关设备的研发、生产和销售				

主要财务指标	指标\报告期	2017.06.30	2016.12.31	2016.06.30	2015.12.31
	基本每股收益(元)	0.1200	0.8000	0.4500	0.4400
	基本每股收益(扣除后)(元)	0.0920	0.3900	—	0.2600
	稀释每股收益(元)	0.1200	0.8000	0.4500	0.4400
	每股净资产(元)	5.6900	5.5700	5.0100	4.7400
	每股经营现金净流量(元)	-0.6275	-0.6092	-0.5688	0.9950
	每股现金流量(元)	-0.3498	-0.4503	0.0908	0.8409
	每股资本公积金(元)	2.2061	2.2061	2.2061	2.2061
	每股盈余公积金(元)	0.2207	0.2207	0.1229	0.1229
	每股未分配利润(元)	2.2315	2.1065	1.6646	1.4033
	净资产收益率(%)	2.1955	14.3720	8.9725	9.1889
	净资产收益率(扣除)(%)	2.2200	15.5800	9.2200	9.6400
	加权净资产收益率	1.6826	6.9742	7.2284	5.5223
	总资产(万元)	50758.41	50470.14	54073.96	51609.27
	归属母公司股东权益(万元)	32017.72	31345.48	28154.90	26663.49
	营业收入(万元)	13795.90	34113.16	12649.23	28531.77
	营业成本(万元)	10899.11	25445.61	10172.28	21072.54
	投资收益(万元)	—	2175.77	2255.77	—
	净利润(万元)	—	—	2526.21	2450.08
	营业利润(万元)	606.90	4794.13	2247.34	1665.69
	利润总额(万元)	800.09	5346.47	2828.10	2820.42

大连环球矿产股份有限公司

公司概况	公司名称	大连环球矿产股份有限公司			证券简称	环球矿产
	法人代表	吴祯来	董秘	张昕	证券代码	833285
	公司网址	www.hq-minerals.com		电子信箱	zhangxin328@hotmail.com	
	电　话	0411-87894111		传　真	0411-87790718	
	办公地址	辽宁省大连市金州区大魏家镇连丰村				
	经营范围	硅灰石等非金属矿产及非金属矿产制品加工				

主要财务指标	指标\报告期	2017.06.30	2016.12.31	2016.06.30	2015.12.31
	基本每股收益(元)	0.0500	0.0300	0.0700	0.1500
	基本每股收益(扣除后)(元)	0.0200	-0.0700	0.0100	0.0600
	稀释每股收益(元)	0.0500	0.0300	0.0700	0.1500
	每股净资产(元)	1.2200	1.2900	1.1500	1.1100
	每股经营现金净流量(元)	0.1823	0.1099	0.0564	0.2923
	每股现金流量(元)	0.1287	0.2944	0.4593	-0.0702
	每股资本公积金(元)	0.1262	0.1262	0.0262	0.0262
	每股盈余公积金(元)	0.0166	0.0166	0.0144	0.0144
	每股未分配利润(元)	0.0815	0.0585	0.1139	0.0689
	净资产收益率(%)	4.3293	2.0670	6.0655	13.4495
	净资产收益率(扣除)(%)	4.3300	2.1200	6.1200	14.4200
	加权净资产收益率	1.9829	-5.1041	0.3224	5.7167
	总资产(万元)	10944.69	10990.69	11394.87	10733.98
	归属母公司股东权益(万元)	4254.46	4174.52	3463.30	3328.23
	营业收入(万元)	2798.74	4873.89	2105.30	4667.41
	营业成本(万元)	1887.61	2769.20	1359.04	2804.09
	投资收益(万元)	—	—	—	—
	净利润(万元)	—	—	202.93	417.33
	营业利润(万元)	33.74	-309.92	21.60	182.25
	利润总额(万元)	159.82	43.83	255.36	509.13

成都仁新科技股份有限公司

公司概况					
公司名称	成都仁新科技股份有限公司			证券简称	仁新科技
法人代表	胡亚春	董秘	韩玉彬	证券代码	833310
公司网址	www.lemakingsc.cn		电子信箱	20204577@qq.com	
电　话	028-83886652		传　真	028-83883078	
办公地址	四川省成都市彭州市丽春镇航空动力产业功能区3号路一号				
经营范围	再生资源的回收、储存与综合循环利用				

主要财务指标 指标\报告期	2017.06.30	2016.12.31	2016.06.30	2015.12.31
基本每股收益(元)	0.1744	0.2284	0.0500	0.6600
基本每股收益(扣除后)(元)	0.1539	0.1835	0.0396	0.5610
稀释每股收益(元)	—	—	—	—
每股净资产(元)	2.8800	2.7100	2.5300	4.0100
每股经营现金净流量(元)	-0.2363	-0.2025	-0.3129	0.3184
每股现金流量(元)	-0.0015	0.0117	0.3335	-0.2617
每股资本公积金(元)	1.2539	1.2539	1.2539	2.4706
每股盈余公积金(元)	0.0493	0.0493	0.0231	0.0528
每股未分配利润(元)	0.5807	0.4062	0.2574	0.4892
净资产收益率(%)	6.0482	8.0733	1.7234	14.6046
净资产收益率(扣除)(%)	6.2400	9.2900	2.3000	20.0500
加权净资产收益率	5.3370	6.4870	1.3989	12.3907
总资产(万元)	38592.34	33368.69	33020.14	22375.14
归属母公司股东权益(万元)	26589.74	24981.55	23367.43	16163.06
营业收入(万元)	12711.63	14965.16	5092.98	17835.21
营业成本(万元)	10075.83	11561.56	4118.72	13851.97
投资收益(万元)	—	—	0.02	—
净利润(万元)	—	—	402.71	2360.55
营业利润(万元)	1607.38	1853.84	356.95	2270.80
利润总额(万元)	1829.83	2320.06	446.15	2691.78

北京比酷天地文化股份有限公司

公司概况					
公司名称	北京比酷天地文化股份有限公司			证券简称	比酷股份
法人代表	齐刚	董秘	戴礼宁	证券代码	833319
公司网址	www.beeku.com		电子信箱	dailining@beeku.com	
电　话	010-83288031		传　真		
办公地址	北京市昌平区科技园区振兴路28号2号楼218				
经营范围	组织文化艺术交流活动;计算机系统服务;电脑图文设计制作等				

主要财务指标 指标\报告期	2017.06.30	2016.12.31	2016.06.30	2015.12.31
基本每股收益(元)	0.2200	0.2600	0.8500	0.2400
基本每股收益(扣除后)(元)	0.2000	0.2600	0.8300	0.2200
稀释每股收益(元)	0.2200	0.2600	0.8500	—
每股净资产(元)	1.9800	2.9000	2.3600	1.6900
每股经营现金净流量(元)	0.1204	0.0920	0.0607	-0.4523
每股现金流量(元)	0.1032	0.0191	1.3840	-0.2767
每股资本公积金(元)	0.2341	0.8440	0.1885	0.1669
每股盈余公积金(元)	0.0670	0.1268	0.1153	0.0565
每股未分配利润(元)	0.6802	0.9276	1.0542	0.4687
净资产收益率(%)	10.7644	8.7426	36.0155	14.4198
净资产收益率(扣除)(%)	15.0800	9.3000	44.1300	15.1600
加权净资产收益率	9.8555	8.7426	35.0264	13.1639
总资产(万元)	4831.51	4753.67	4272.91	2394.90
归属母公司股东权益(万元)	4089.59	3988.14	2829.69	2030.52
营业收入(万元)	3164.26	1788.33	5562.98	2097.03
营业成本(万元)	2152.16	1089.46	3568.04	1397.13
投资收益(万元)	—	—	—	—
净利润(万元)	—	—	—	292.80
营业利润(万元)	459.70	416.56	1177.57	314.54
利润总额(万元)	503.43	416.56	1210.49	344.54

江苏科雷斯普能源科技股份有限公司

公司概况					
公司名称	江苏科雷斯普能源科技股份有限公司			证券简称	科雷斯普
法人代表	史莹	董秘	高珊	证券代码	833333
公司网址	www.clcp.com.cn		电子信箱	gaoshan2215795@163.com	
电　话	0519-83293760		传　真	0519-88991923	
办公地址	江苏省常州市钟楼区星港路66号				
经营范围	风能、太阳能技术的利用及研究;齿轮箱故障分析及相关设备的研发与制造				

主要财务指标 指标\报告期	2017.06.30	2016.12.31	2016.06.30	2015.12.31
基本每股收益(元)	0.0200	0.7700	0.2700	0.6000
基本每股收益(扣除后)(元)	0.0200	0.7500	0.2700	0.5300
稀释每股收益(元)	0.0200	0.7700	0.2700	0.6000
每股净资产(元)	3.8200	3.8000	2.7000	2.8900
每股经营现金净流量(元)	-0.5758	-0.1937	-0.0569	-0.5577
每股现金流量(元)	-0.4997	0.3785	-0.3949	0.4394
每股资本公积金(元)	1.5867	1.5867	0.8968	0.8968
每股盈余公积金(元)	0.0416	0.0416	0.0505	0.0238
每股未分配利润(元)	1.1876	1.1694	0.7529	0.5127
净资产收益率(%)	0.4782	19.0217	9.8836	22.0490
净资产收益率(扣除)(%)	0.4800	25.8700	10.4000	43.1800
加权净资产收益率	0.5631	18.4028	9.8836	19.5649
总资产(万元)	8267.53	8170.23	5188.29	4909.01
归属母公司股东权益(万元)	7110.84	7076.84	4582.14	4129.26
营业收入(万元)	980.37	3249.43	1256.22	2155.76
营业成本(万元)	474.08	772.32	236.93	473.02
投资收益(万元)	—	—	—	—
净利润(万元)	—	—	452.88	910.46
营业利润(万元)	56.68	1667.88	601.24	1116.07
利润总额(万元)	49.84	1720.34	611.73	1252.84

南京天梯自动化设备股份有限公司

公司概况					
公司名称	南京天梯自动化设备股份有限公司			证券简称	南京天梯
法人代表	王梅松	董秘	王梅筠	证券代码	833353
公司网址	www.ttac.cn		电子信箱	WMY@NJTTGS.cn	
电　话	025-83205896		传　真	025-83205856	
办公地址	江苏省南京市江宁经济技术开发区金鑫东路1号1幢				
经营范围	计量撬装系统自动化设备的设计、集成、销售和工程服务				

主要财务指标 指标\报告期	2017.06.30	2016.12.31	2016.06.30	2015.12.31
基本每股收益(元)	0.0200	0.3600	0.0300	0.4000
基本每股收益(扣除后)(元)	0.0180	0.2500	—	0.3200
稀释每股收益(元)	—	0.3600	—	—
每股净资产(元)	1.6400	3.3400	3.3900	2.6800
每股经营现金净流量(元)	-0.5200	0.4740	-0.9277	-1.7836
每股现金流量(元)	-0.5088	0.1800	-0.4320	0.3873
每股资本公积金(元)	0.3239	1.6478	1.9607	1.2355
每股盈余公积金(元)	0.0274	0.0548	0.0230	0.0253
每股未分配利润(元)	0.2898	0.6395	0.4038	0.4153
净资产收益率(%)	1.2201	10.0575	0.7748	14.7999
净资产收益率(扣除)(%)	1.2000	10.9000	1.0700	20.8800
加权净资产收益率	1.0970	6.9599	0.1309	12.0298
总资产(万元)	7593.39	8152.85	7769.65	7956.61
归属母公司股东权益(万元)	4037.12	4110.86	3726.29	2676.06
营业收入(万元)	3099.60	7016.84	2347.10	6789.77
营业成本(万元)	2285.44	4855.31	1536.19	4829.55
投资收益(万元)	—	—	—	—
净利润(万元)	—	—	44.45	455.95
营业利润(万元)	74.80	406.82	25.48	539.05
利润总额(万元)	81.19	556.66	55.47	637.88

上海起航企业管理咨询股份有限公司

公司概况	公司名称	上海起航企业管理咨询股份有限公司			证券简称	起航股份
	法人代表	蔡裕龙	董秘	陈宝立	证券代码	833380
	公司网址	www.qihangedu.com		电子信箱	chenbaoli@qihangedu.com	
	电　话	021-65118823		传　真	021-65116166	
	办公地址	上海市杨浦区纪念路 8 号 2 栋 103				
	经营范围	企业管理咨询、企业投资咨询、商务信息咨询				

主要财务指标	指标 \ 报告期	2017.06.30	2016.12.31	2016.06.30	2015.12.31
	基本每股收益(元)	0.0900	0.0700	0.0300	-0.0900
	基本每股收益(扣除后)(元)	0.0400	0.0100	-0.0100	—
	稀释每股收益(元)	0.0900	0.0700	—	—
	每股净资产(元)	2.2900	2.3400	2.3000	1.9200
	每股经营现金净流量(元)	-0.1478	0.4335	-0.1278	-0.1766
	每股现金流量(元)	-0.4698	0.3719	-0.0724	-0.1814
	每股资本公积金(元)	1.0494	1.0494	1.0417	0.6645
	每股盈余公积金(元)	0.0069	0.0061	0.0030	0.0006
	每股未分配利润(元)	0.2356	0.2824	0.2564	0.2509
	净资产收益率(%)	3.8500	2.8047	1.0875	-4.4655
	净资产收益率(扣除)(%)	3.7000	3.1000	1.4500	-5.0000
	加权净资产收益率	1.8207	0.2752	-0.1481	-5.4143
	总资产(万元)	16402.28	16975.49	16107.69	11839.73
	归属母公司股东权益(万元)	13580.93	13853.41	13635.08	10066.47
	营业收入(万元)	8531.77	14625.07	6618.62	10019.22
	营业成本(万元)	3455.76	6772.94	3102.87	4611.44
	投资收益(万元)	0.75	196.58	158.00	19.50
	净利润(万元)	—	—	201.04	-326.58
	营业利润(万元)	595.74	918.16	244.27	-529.77
	利润总额(万元)	870.55	1131.78	254.51	-321.42

福建国德医疗科技股份有限公司

公司概况	公司名称	福建国德医疗科技股份有限公司			证券简称	国德医疗
	法人代表	郑新国	董秘		证券代码	833390
	公司网址	www.guodemedical.com		电子信箱	Lxry01@126.com	
	电　话	0591-87119726		传　真	0591-87110770	
	办公地址	福建省莆田市仙游县鲤城街道东门社区东榜路 8 号				
	经营范围	提供以洁净手术部为核心的医疗专业工程整体解决方案				

主要财务指标	指标 \ 报告期	2017.06.30	2016.12.31	2016.06.30	2015.12.31
	基本每股收益(元)	0.0285	0.1288	0.0900	0.1703
	基本每股收益(扣除后)(元)	0.0205	0.1138	0.0774	0.1652
	稀释每股收益(元)	0.0285	0.1288	0.0900	0.1652
	每股净资产(元)	1.6800	1.6500	1.6200	1.5300
	每股经营现金净流量(元)	0.4426	-0.2751	-0.2941	-0.3647
	每股现金流量(元)	-0.0111	-0.0288	0.0112	0.0142
	每股资本公积金(元)	0.2546	0.2546	0.2546	0.2578
	每股盈余公积金(元)	0.0381	0.0381	0.0362	0.0291
	每股未分配利润(元)	0.3891	0.3606	0.3255	0.2621
	净资产收益率(%)	1.6932	7.6938	5.5845	9.9359
	净资产收益率(扣除)(%)	1.7100	8.0900	5.8700	11.7500
	加权净资产收益率	1.2212	6.8000	4.6700	9.6390
	总资产(万元)	16219.78	18495.97	16670.49	14558.68
	归属母公司股东权益(万元)	9495.93	9335.15	9126.59	8330.37
	营业收入(万元)	1624.40	7308.84	4562.96	11382.10
	营业成本(万元)	999.37	5238.42	3405.04	8683.40
	投资收益(万元)	—	1.19	1.19	—
	净利润(万元)	—	—	509.67	827.70
	营业利润(万元)	154.62	869.04	569.45	1089.57
	利润总额(万元)	214.38	979.09	679.56	1122.55

上海众引文化传播股份有限公司

公司概况	公司名称	上海众引文化传播股份有限公司			证券简称	众引传播
	法人代表	茹炯	董秘	刘卓	证券代码	833402
	公司网址	www.mgcc.com.cn		电子信箱	Frame.liu@mgcc.com.cn	
	电　话	021-33312128		传　真	021-63296552	
	办公地址	上海市黄浦区制造局路 584 号 F 座 2-3 层				
	经营范围	提供活动营销、数字营销以及 O2O 整合营销活动策划及执行				

主要财务指标	指标 \ 报告期	2017.06.30	2016.12.31	2016.06.30	2015.12.31
	基本每股收益(元)	0.2108	0.4237	0.2929	0.3841
	基本每股收益(扣除后)(元)	0.1706	0.4189	—	0.3711
	稀释每股收益(元)	0.2108	0.4237	0.2929	0.3841
	每股净资产(元)	1.5500	1.8600	1.5900	1.7000
	每股经营现金净流量(元)	0.2049	0.2776	-0.1013	-0.0570
	每股现金流量(元)	0.2042	0.0091	-0.3813	0.1845
	每股资本公积金(元)	0.0164	0.2665	0.0294	0.1974
	每股盈余公积金(元)	0.0308	0.0397	0.0139	0.0059
	每股未分配利润(元)	0.5041	0.5517	0.5510	0.3634
	净资产收益率(%)	13.5871	22.4453	18.3707	22.5738
	净资产收益率(扣除)(%)	13.6300	29.2300	19.9200	37.9500
	加权净资产收益率	10.9966	22.1417	18.3706	21.8092
	总资产(万元)	9732.63	8612.25	6818.18	7067.30
	归属母公司股东权益(万元)	7756.38	7202.51	6074.39	4700.06
	营业收入(万元)	5406.66	10726.46	6064.97	9764.30
	营业成本(万元)	3478.55	6888.55	3918.42	7627.11
	投资收益(万元)	—	-50.52	34.41	—
	净利润(万元)	—	—	1124.74	1073.56
	营业利润(万元)	1032.40	1850.94	1367.20	1119.13
	利润总额(万元)	1268.77	1872.80	1367.21	1302.39

南宁飞日润滑科技股份有限公司

公司概况	公司名称	南宁飞日润滑科技股份有限公司			证券简称	飞日科技
	法人代表	熊维程	董秘	蒋琼	证券代码	833404
	公司网址	www.feiri-lube.com		电子信箱	feiridmc@163.com	
	电　话	0771-3213662		传　真		
	办公地址	广西壮族自治区南宁市科园西九路 2-5 号				
	经营范围	润滑油(脂)生产,润滑油技术研发、销售				

主要财务指标	指标 \ 报告期	2017.06.30	2016.12.31	2016.06.30	2015.12.31
	基本每股收益(元)	0.0010	-0.0022	0.0300	-0.0800
	基本每股收益(扣除后)(元)	-0.0300	-0.0496	0.0100	-0.1100
	稀释每股收益(元)	0.0010	-0.0022	0.0300	—
	每股净资产(元)	0.9500	0.9500	0.9900	0.9500
	每股经营现金净流量(元)	-0.1556	-0.0849	-0.0193	0.1342
	每股现金流量(元)	-0.1604	0.1387	-0.0126	-0.0445
	每股资本公积金(元)	0.0020	0.0020	0.0020	0.0020
	每股盈余公积金(元)	0.0044	0.0044	0.0044	0.0044
	每股未分配利润(元)	-0.0532	-0.0540	-0.0194	-0.0518
	净资产收益率(%)	0.0822	-0.2312	3.2818	-8.1311
	净资产收益率(扣除)(%)	0.0800	-0.2300	3.3400	-11.1000
	加权净资产收益率	-2.8107	-5.2073	1.0188	-11.3798
	总资产(万元)	11602.31	11307.79	10666.87	11465.69
	归属母公司股东权益(万元)	5974.27	5969.36	6186.18	5983.16
	营业收入(万元)	1875.91	4160.94	2198.77	2432.90
	营业成本(万元)	1569.96	3527.42	1813.04	2082.09
	投资收益(万元)	—	—	—	—
	净利润(万元)	—	—	203.02	-486.50
	营业利润(万元)	-167.92	-296.14	63.03	-718.09
	利润总额(万元)	4.91	0.90	203.02	-523.71

南京领先环保技术股份有限公司

公司概况						
公司名称	南京领先环保技术股份有限公司			证券简称	领先环保	
法人代表	SUNYONGJIAN	董秘	何淑静	证券代码	833439	
公司网址	www.epfrontier.com		电子信箱			
电　话	025-58746389		传　真	025-58741230		
办公地址	江苏省南京高新开发区丽景路2号研发大厦B座3层					
经营范围	节能环保设备、新型环保材料的研发、生产					

主要财务指标 指标\报告期	2017.06.30	2016.12.31	2016.06.30	2015.12.31
基本每股收益(元)	0.1300	0.3600	0.0200	0.2810
基本每股收益(扣除后)(元)	0.0700	0.3285	0.0100	—
稀释每股收益(元)	0.1300	—	0.0200	—
每股净资产(元)	1.9500	1.8200	1.4800	1.3600
每股经营现金净流量(元)	-0.2970	-0.5111	-0.3056	0.0294
每股现金流量(元)	-0.3300	-0.0266	-0.0548	0.1113
每股资本公积金(元)	0.2056	0.2056	0.2056	0.0884
每股盈余公积金(元)	0.0547	0.0547	0.0238	0.0255
每股未分配利润(元)	0.6868	0.5604	0.2489	0.2507
净资产收益率(%)	6.4912	19.6238	1.0094	20.5623
净资产收益率(扣除)(%)	6.7100	22.7700	1.1600	22.9900
加权净资产收益率	3.6444	17.9077	0.6490	11.9287
总资产(万元)	9045.17	8318.52	5226.31	4636.78
归属母公司股东权益(万元)	4588.85	4290.98	3484.09	3002.05
营业收入(万元)	2191.05	5202.46	1283.99	3006.18
营业成本(万元)	1087.24	2523.44	613.83	1382.15
投资收益(万元)	—	2.62	2.62	—
净利润(万元)	—	—	33.25	617.29
营业利润(万元)	232.77	890.17	31.22	412.37
利润总额(万元)	337.98	982.91	43.80	717.29

南京新鸿运物业管理股份有限公司

公司概况						
公司名称	南京新鸿运物业管理股份有限公司			证券简称	新鸿运	
法人代表	王中宁	董秘	徐敏	证券代码	833440	
公司网址	www.njxhy.net		电子信箱	njxhywy@vip.sina.com		
电　话			传　真			
办公地址	江苏省南京市秦淮区汉中路185号					
经营范围	物业管理					

主要财务指标 指标\报告期	2017.06.30	2016.12.31	2016.06.30	2015.12.31
基本每股收益(元)	0.3200	0.7700	0.2900	1.4700
基本每股收益(扣除后)(元)	0.2600	0.6100	0.1400	1.2900
稀释每股收益(元)	0.3200	0.7700	0.2900	—
每股净资产(元)	2.9300	3.5700	2.8700	6.4700
每股经营现金净流量(元)	-0.8755	0.4866	-1.1761	2.3982
每股现金流量(元)	-1.2216	0.8548	-1.1810	2.7465
每股资本公积金(元)	0.9634	1.3561	1.0797	4.1993
每股盈余公积金(元)	0.1001	0.1201	0.0501	0.1253
每股未分配利润(元)	0.8691	1.0903	0.7437	1.1448
净资产收益率(%)	9.1276	20.5497	9.9460	21.7731
净资产收益率(扣除)(%)	9.0700	25.5800	10.4700	25.5400
加权净资产收益率	7.4550	16.2379	3.0246	20.7371
总资产(万元)	14402.60	13858.37	12103.60	11459.07
归属母公司股东权益(万元)	9360.85	9486.85	7183.83	6469.33
营业收入(万元)	18007.27	32452.96	15657.16	29681.90
营业成本(万元)	15948.40	28105.76	13611.83	24231.64
投资收益(万元)	47.71	15.48	—	85.40
净利润(万元)	—	—	727.56	1418.70
营业利润(万元)	1059.78	2120.08	425.21	1802.55
利润总额(万元)	1229.39	2656.74	923.91	1905.16

河南同心传动股份有限公司

公司概况						
公司名称	河南同心传动股份有限公司			证券简称	同心传动	
法人代表	陈红凯	董秘	罗洪轩	证券代码	833454	
公司网址	www.hntxcd.com		电子信箱	wx3262468@163.com		
电　话	0374-3262468		传　真	0374-3268458		
办公地址	河南省许昌市经济技术开发区长庆街南侧					
经营范围	从事非等速传动轴及相关零部件的研发、生产和销售					

主要财务指标 指标\报告期	2017.06.30	2016.12.31	2016.06.30	2015.12.31
基本每股收益(元)	0.0800	0.1000	0.0600	0.0200
基本每股收益(扣除后)(元)	0.0800	0.1000	0.0500	0.0200
稀释每股收益(元)	0.0800	0.1000	0.0600	0.0200
每股净资产(元)	1.3900	1.3100	1.2600	1.2100
每股经营现金净流量(元)	0.0888	-0.2252	-0.2683	0.0291
每股现金流量(元)	0.0042	-0.1298	-0.1392	-0.0044
每股资本公积金(元)	0.1977	0.1977	0.1977	0.1977
每股盈余公积金(元)	0.0105	0.0105	0.0009	0.0009
每股未分配利润(元)	0.1792	0.1011	0.0656	0.0085
净资产收益率(%)	5.6323	7.8026	4.5156	1.1064
净资产收益率(扣除)(%)	5.8000	8.1200	4.6200	1.3900
加权净资产收益率	5.5069	7.5203	4.2760	1.1563
总资产(万元)	17501.37	16529.32	15945.05	17635.36
归属母公司股东权益(万元)	10593.65	9996.98	9652.84	9216.96
营业收入(万元)	4437.82	6603.86	3682.92	3584.48
营业成本(万元)	2906.82	4240.84	2375.35	2351.39
投资收益(万元)	—	—	—	—
净利润(万元)	—	—	481.88	101.91
营业利润(万元)	645.90	944.36	615.80	148.74
利润总额(万元)	661.83	977.56	646.63	142.51

湖北双剑鼓风机股份有限公司

公司概况						
公司名称	湖北双剑鼓风机股份有限公司			证券简称	双剑股份	
法人代表	杨建明	董秘	李振杰	证券代码	833468	
公司网址	www.hbfj.cn		电子信箱	hbsjgfj@163.com		
电　话	0722-6429006		传　真	0722-6430958		
办公地址	湖北省广水市经济技术开发区					
经营范围	离心风机的研发、生产和销售					

主要财务指标 指标\报告期	2017.06.30	2016.12.31	2016.06.30	2015.12.31
基本每股收益(元)	0.0378	-0.1966	0.0202	0.0900
基本每股收益(扣除后)(元)	0.0333	-0.1822	0.0457	0.0789
稀释每股收益(元)	—	—	0.0202	—
每股净资产(元)	4.3900	4.3600	4.5700	4.5500
每股经营现金净流量(元)	0.1056	0.2191	0.2824	0.0448
每股现金流量(元)	0.2960	-0.0520	0.6061	0.1030
每股资本公积金(元)	2.8560	2.8560	2.8560	2.8560
每股盈余公积金(元)	0.0696	0.0696	0.0696	0.0696
每股未分配利润(元)	0.4680	0.4302	0.6470	0.6268
净资产收益率(%)	0.8606	-4.5129	0.4424	1.9515
净资产收益率(扣除)(%)	0.8600	-4.4100	0.4400	1.9700
加权净资产收益率	0.7583	-4.1820	0.9992	1.7321
总资产(万元)	35620.00	31762.55	34304.87	33080.11
归属母公司股东权益(万元)	21089.45	20907.96	21948.63	21851.51
营业收入(万元)	7100.33	13934.03	7123.96	18112.94
营业成本(万元)	5050.75	10130.87	5142.65	13032.26
投资收益(万元)	0.44	51.63	—	—
净利润(万元)	—	—	97.11	426.43
营业利润(万元)	190.55	-953.96	237.97	433.88
利润总额(万元)	215.49	-1064.41	94.21	492.04

广州点动信息科技股份有限公司

公司概况	公司名称	广州点动信息科技股份有限公司			证券简称	点动股份
	法人代表	陈科斌	董秘	胡红梅	证券代码	833476
	公司网址	www.touchpoint.cn		电子信箱	hongmei.hu@touchpoint.cn	
	电　话	020-66810989		传　真	020-37266513	
	办公地址	广东省广州市天河区花城大道 87 号高德置地春广场 B 座写字楼 803、804				
	经营范围	通信工程设计服务、策划创意服务、商品信息咨询服务、企业形象策划服务等				

	指标\报告期	2017.06.30	2016.12.31	2016.06.30	2015.12.31
主要财务指标	基本每股收益(元)	–0.1700	0.2221	0.0500	0.4100
	基本每股收益(扣除后)(元)	–0.1700	0.1536	0.0300	0.4100
	稀释每股收益(元)	–0.1700	0.2221	—	—
	每股净资产(元)	2.8400	3.0100	2.8400	3.7500
	每股经营现金净流量(元)	–0.6761	–1.1448	–0.7745	–0.1748
	每股现金流量(元)	–0.2655	–1.3774	–0.8229	1.9819
	每股资本公积金(元)	1.7120	1.7120	1.6930	2.5256
	每股盈余公积金(元)	0.0396	0.0396	0.0197	0.0256
	每股未分配利润(元)	0.0890	0.2555	0.1240	0.2026
	净资产收益率(%)	–5.8586	6.5329	1.5907	6.8320
	净资产收益率(扣除)(%)	–5.6900	6.5800	1.5500	22.9800
	加权净资产收益率	–5.8305	4.5184	0.9969	6.8322
	总资产(万元)	15671.22	14174.42	12503.82	12498.27
	归属母公司股东权益(万元)	9549.70	10109.18	9536.68	9707.36
	营业收入(万元)	10161.51	19478.03	6675.49	17760.95
	营业成本(万元)	8953.46	15115.95	4987.27	14057.10
	投资收益(万元)	2.73	8.37	4.95	6.26
	净利润(万元)	—	—	151.70	663.20
	营业利润(万元)	–640.60	661.22	252.18	905.69
	利润总额(万元)	–643.76	902.67	327.68	905.67

上海凯科管业科技股份有限公司

公司概况	公司名称	上海凯科管业科技股份有限公司			证券简称	凯科科技
	法人代表	王卫东	董秘	王卫东	证券代码	833483
	公司网址	www.kk-china.com		电子信箱	wwd@kk-china.com	
	电　话	021-57318888		传　真	021-57318888	
	办公地址	上海市金山区朱泾镇鸿安路 800 号				
	经营范围	石油、石化、电力、煤化工、化工、海洋平台、船舶、核电等领域各类压力管件的研发、生产和销售业务				

	指标\报告期	2017.06.30	2016.12.31	2016.06.30	2015.12.31
主要财务指标	基本每股收益(元)	0.0100	—	0.0015	–0.0600
	基本每股收益(扣除后)(元)	0.0100	–0.0100	—	—
	稀释每股收益(元)	0.0100	—	—	—
	每股净资产(元)	1.1200	1.1100	1.1200	1.1100
	每股经营现金净流量(元)	0.1435	–0.3116	0.0760	–0.0301
	每股现金流量(元)	–0.0024	–0.0283	–0.0274	0.0011
	每股资本公积金(元)	0.4297	0.4297	0.4297	0.4297
	每股盈余公积金(元)	—	—	—	—
	每股未分配利润(元)	–0.3049	–0.3161	–0.3146	–0.3161
	净资产收益率(%)	0.9917	0.0066	0.1390	–5.6744
	净资产收益率(扣除)(%)	1.0000	0.0100	0.1400	–6.3000
	加权净资产收益率	0.7257	–0.8795	–0.2595	–12.2622
	总资产(万元)	26163.58	26217.61	25586.26	25328.75
	归属母公司股东权益(万元)	9166.74	9075.83	9087.86	9075.23
	营业收入(万元)	3997.71	9828.92	3555.54	9775.68
	营业成本(万元)	3052.56	7962.89	2692.16	8405.94
	投资收益(万元)	—	—	—	—
	净利润(万元)	—	—	12.63	–514.97
	营业利润(万元)	66.52	–162.12	–23.58	–1286.98
	利润总额(万元)	90.91	–54.90	12.63	–689.12

广西锦绣前程人力资源股份有限公司

公司概况	公司名称	广西锦绣前程人力资源股份有限公司			证券简称	前程人力
	法人代表	周文皓	董秘	黄宗勇	证券代码	833486
	公司网址	www.bf-jxqc.com		电子信箱	jxqcHR@163.com	
	电　话	0771-5856688		传　真	0771-2750066	
	办公地址	广西壮族自治区南宁市中泰路 9 号天健国际公馆 A 座 22 层				
	经营范围	劳务派遣、劳务外包、人事代理、咨询服务、招聘服务、职业培训				

	指标\报告期	0.0400	0.2300	0.0900	0.3000
主要财务指标	基本每股收益(元)	0.0333	0.0750	0.0700	0.0900
	基本每股收益(扣除后)(元)	—	—	—	—
	稀释每股收益(元)	1.3800	1.4600	1.3300	1.3900
	每股净资产(元)	–0.1416	–1.4293	–1.6714	2.9933
	每股经营现金净流量(元)	–0.2796	–1.5196	–1.7592	3.9290
	每股现金流量(元)	0.1407	0.1407	0.1407	0.1051
	每股资本公积金(元)	0.0544	0.0432	0.0217	0.0247
	每股盈余公积金(元)	0.1873	0.2787	0.1640	0.2581
	每股未分配利润(元)	2.8783	15.3949	6.7060	21.2970
	净资产收益率(%)	2.7600	19.3300	8.0000	23.8400
	净资产收益率(扣除)(%)	2.3959	5.0171	4.1147	6.7932
	加权净资产收益率	5892.00	6494.73	5377.05	10618.08
	总资产(万元)	4423.62	4680.30	4244.40	2775.77
	归属母公司股东权益(万元)	43125.53	74816.51	34661.31	87000.18
	营业收入(万元)	41566.16	72296.56	33291.66	84617.50
	营业成本(万元)	—	—	—	—
	投资收益(万元)	—	—	294.97	602.04
	净利润(万元)	167.60	366.57	251.70	286.16
	营业利润(万元)	187.97	938.09	398.36	822.95
	利润总额(万元)	0.0400	0.2300	0.0900	0.3000

吉林喜丰节水科技股份有限公司

公司概况	公司名称	吉林喜丰节水科技股份有限公司			证券简称	喜丰节水
	法人代表	曹志强	董秘	于磊	证券代码	833522
	公司网址	www.jlxfjs.com		电子信箱	yulei1214@126.com	
	电　话	0439-5020308		传　真	0439-5020309	
	办公地址	吉林省白山市经济开发区高新技术产业园区				
	经营范围	节水器材产品、新型节水、保温材料、农用机械制造及销售				

	指标\报告期	2017.06.30	2016.12.31	2016.06.30	2015.12.31
主要财务指标	基本每股收益(元)	–0.1700	0.0300	0.0700	0.5600
	基本每股收益(扣除后)(元)	–0.2000	0.0100	0.0600	0.0100
	稀释每股收益(元)	–0.1700	0.0300	0.0700	0.5600
	每股净资产(元)	2.7900	2.9600	3.0000	3.2300
	每股经营现金净流量(元)	–0.0178	0.2215	0.0911	0.2745
	每股现金流量(元)	0.1411	–0.0184	–0.0494	0.4431
	每股资本公积金(元)	1.0617	1.0617	1.0617	1.0617
	每股盈余公积金(元)	0.3276	0.3276	0.3239	0.3239
	每股未分配利润(元)	0.3991	0.5711	0.6117	0.8418
	净资产收益率(%)	–6.1693	1.1167	2.3334	17.3585
	净资产收益率(扣除)(%)	–5.9800	1.0800	2.1400	20.0300
	加权净资产收益率	–7.1092	0.2325	2.0484	16.1771
	总资产(万元)	22838.47	22913.05	24215.07	24382.46
	归属母公司股东权益(万元)	13384.29	14210.01	14387.02	15491.32
	营业收入(万元)	2581.14	13137.14	8632.88	22070.34
	营业成本(万元)	2548.87	10911.51	7079.98	16692.03
	投资收益(万元)	—	—	—	—
	净利润(万元)	—	—	335.71	2689.06
	营业利润(万元)	–1116.75	2.92	358.74	3020.81
	利润总额(万元)	–968.30	156.10	406.98	3234.94

河北神玥软件科技股份有限公司

公司概况	公司名称	河北神玥软件科技股份有限公司		证券简称	神玥软件
	法人代表	刘铜强	董秘	证券代码	833534
	公司网址	www.shineyue.com		电子信箱	sydb@shineyue.com
	电　话	0311-85138619		传　真	
	办公地址	河北省鹿泉市获鹿镇大李庄村 1 车间			
	经营范围	应用软件开发与经营;应用软件技术开发、技术服务、技术咨询			

	指标\报告期	2017.06.30	2016.12.31	2016.06.30	2015.12.31
主要财务指标	基本每股收益(元)	-0.1700	0.2300	-0.2300	0.6300
	基本每股收益(扣除后)(元)	-0.1700	0.2100	-0.2400	0.5700
	稀释每股收益(元)	-0.1700	0.2300	-0.2300	0.6300
	每股净资产(元)	4.1600	4.3300	3.8900	2.7600
	每股经营现金净流量(元)	-0.9006	-0.2029	-0.7742	0.4370
	每股现金流量(元)	-0.6848	0.4670	0.4355	0.3148
	每股资本公积金(元)	2.1422	2.1422	2.1422	0.6706
	每股盈余公积金(元)	0.0492	0.0492	0.0220	0.0248
	每股未分配利润(元)	0.9702	1.1433	0.7243	1.0624
	净资产收益率(%)	-4.1579	5.2138	-5.6587	22.7729
	净资产收益率(扣除)(%)	-4.0700	5.7300	-6.9400	25.7000
	加权净资产收益率	-4.1632	4.8217	-5.8424	20.6201
	总资产(万元)	24509.87	24479.91	23323.97	19584.23
	归属母公司股东权益(万元)	18727.38	19506.05	17498.83	11031.30
	营业收入(万元)	4759.38	11810.22	3081.78	12352.11
	营业成本(万元)	2839.38	5349.28	1819.32	5158.78
	投资收益(万元)	—	—	—	—
	净利润(万元)	—	—	-990.21	2512.14
	营业利润(万元)	-986.62	719.51	-1188.13	2457.53
	利润总额(万元)	-787.07	1125.93	-986.56	2942.66

南京新康达磁业股份有限公司

公司概况	公司名称	南京新康达磁业股份有限公司		证券简称	新康达
	法人代表	陈小林	董秘	李光银	证券代码	833541
	公司网址	www.ncd.com.cn		电子信箱	zhengquan@ncd.com.cn
	电　话	025-84120630		传　真	025-84120164
	办公地址	江苏省南京市江宁区麒麟工业集中区天和路 8 号			
	经营范围	磁性材料及元件、器件、组件、电子设备制造、销售			

	指标\报告期	2017.06.30	2016.12.31	2016.06.30	2015.12.31
主要财务指标	基本每股收益(元)	0.1239	0.2783	0.1300	0.1500
	基本每股收益(扣除后)(元)	0.0900	0.2051	0.0995	0.0908
	稀释每股收益(元)	—	—	—	—
	每股净资产(元)	4.2100	4.0800	3.9300	3.8000
	每股经营现金净流量(元)	0.1267	0.3614	0.1275	0.3703
	每股现金流量(元)	-0.0254	0.1202	0.0220	-0.2084
	每股资本公积金(元)	1.9908	1.9908	1.9908	1.9908
	每股盈余公积金(元)	0.0941	0.0941	0.0856	0.0779
	每股未分配利润(元)	1.1227	0.9988	0.8534	0.7336
	净资产收益率(%)	2.9438	6.8914	3.2453	3.7194
	净资产收益率(扣除)(%)	2.9900	7.1400	3.3000	4.1000
	加权净资产收益率	2.1378	5.0780	2.5335	2.2772
	总资产(万元)	33703.02	31712.83	30633.84	29883.04
	归属母公司股东权益(万元)	19165.32	18601.13	17900.17	17319.25
	营业收入(万元)	10673.62	17414.00	7685.19	14304.02
	营业成本(万元)	7898.79	12253.60	5342.66	9975.09
	投资收益(万元)	1.96	1.99	—	11.76
	净利润(万元)	—	—	580.53	643.46
	营业利润(万元)	454.97	1114.28	503.95	440.83
	利润总额(万元)	638.22	1520.14	657.34	732.30

北京康乐卫士生物技术股份有限公司

公司概况	公司名称	北京康乐卫士生物技术股份有限公司		证券简称	康乐卫士
	法人代表	郝春利	董秘	仪传超	证券代码	833575
	公司网址	www.bj-klws.com		电子信箱	mse_ycc@163.com
	电　话	010-67805055		传　真	010-67837190
	办公地址	北京经济开发区荣昌东街 7 号隆盛工业园 2 号厂房 201/202 单元			
	经营范围	生物技术开发、技术咨询、技术转让、技术服务			

	指标\报告期	2017.06.30	2016.12.31	2016.06.30	2015.12.31
主要财务指标	基本每股收益(元)	-0.1399	-0.1762	-0.1157	-0.2012
	基本每股收益(扣除后)(元)	-0.1647	-0.2105	-0.1166	-0.2642
	稀释每股收益(元)	-0.1399	-0.1762	-0.1157	-0.2012
	每股净资产(元)	0.6900	0.8300	0.8700	0.9800
	每股经营现金净流量(元)	-0.1634	-0.0838	-0.1323	-0.1857
	每股现金流量(元)	0.0224	-0.0144	-0.0106	0.0075
	每股资本公积金(元)	0.4336	0.4336	0.4124	0.4124
	每股盈余公积金(元)	—	—	—	—
	每股未分配利润(元)	-0.7447	-0.6048	-0.5443	-0.4287
	净资产收益率(%)	-20.3044	-21.2609	-13.3254	-19.7343
	净资产收益率(扣除)(%)	-18.4300	-19.6700	-12.4900	-23.2200
	加权净资产收益率	-23.9074	-25.4041	-13.4328	-25.9147
	总资产(万元)	6685.36	6123.29	5806.25	6581.56
	归属母公司股东权益(万元)	4443.02	5345.15	5599.33	6345.46
	营业收入(万元)	2.57	184.10	—	0.85
	营业成本(万元)	0.07	29.79	—	0.09
	投资收益(万元)	—	50.43	50.38	1.82
	净利润(万元)	—	—	-746.13	-1252.23
	营业利润(万元)	-1062.21	-1307.46	-750.95	-1644.41
	利润总额(万元)	-902.13	-1136.43	-746.13	-1252.23

山东鼎盛精工股份有限公司

公司概况	公司名称	山东鼎盛精工股份有限公司		证券简称	鼎盛精工
	法人代表	高欣水	董秘	梁瑞	证券代码	833579
	公司网址	www.dingsheng-group.com		电子信箱	sddsjg@163.com
	电　话	0546-6375896		传　真	0546-6375878
	办公地址	山东省广饶滨海新区中央大道与滨四路交叉路口向南 50 米			
	经营范围	机械配件精密铸造、模具加工、仪器仪表配件制造、石油机械配件加工			

	指标\报告期	2017.06.30	2016.12.31	2016.06.30	2015.12.31
主要财务指标	基本每股收益(元)	-0.1700	0.2600	0.0900	0.4600
	基本每股收益(扣除后)(元)	-0.1700	0.2100	0.0300	0.4400
	稀释每股收益(元)	-0.1700	0.2600	0.0900	0.4600
	每股净资产(元)	2.2200	2.4000	2.2300	1.9200
	每股经营现金净流量(元)	-0.2623	-0.5233	-0.4008	-0.4235
	每股现金流量(元)	-0.1688	0.0392	0.0491	0.0357
	每股资本公积金(元)	0.6815	0.6815	0.6822	0.4232
	每股盈余公积金(元)	0.0532	0.0532	0.0360	0.0388
	每股未分配利润(元)	0.4867	0.6622	0.5095	0.4572
	净资产收益率(%)	-7.6614	10.6509	3.8357	23.2577
	净资产收益率(扣除)(%)	-7.3600	11.4000	4.0200	28.0600
	加权净资产收益率	-7.7730	8.6823	1.7183	21.7846
	总资产(万元)	29230.01	30351.69	28439.35	23697.46
	归属母公司股东权益(万元)	15649.29	16885.71	15694.21	12542.22
	营业收入(万元)	651.26	10691.92	3805.61	14585.61
	营业成本(万元)	422.76	6127.67	2112.22	8575.33
	投资收益(万元)	55.38	—	—	—
	净利润(万元)	—	—	601.98	2917.04
	营业利润(万元)	-1283.55	1673.44	300.73	3143.46
	利润总额(万元)	-1251.25	2064.52	691.68	3328.22

九州方园新能源股份有限公司

公司概况	公司名称	九州方园新能源股份有限公司			证券简称	九州方园
	法人代表	张崇超	董秘	周宗枚	证券代码	833588
	公司网址	www.jcssolar.com		电子信箱	jzfysolar@163.com	
	电　话	0717-4816111		传　真	0717-4816228	
	办公地址	湖北省宜都市红花套镇红花套村				
	经营范围	光伏设备及元器件制造;太阳能发电				

	指标＼报告期	2017.06.30	2016.12.31	2016.06.30	2015.12.31
主要财务指标	基本每股收益(元)	0.0010	0.3100	0.4300	-0.2200
	基本每股收益(扣除后)(元)	0.0030	-0.2783	-0.1900	-0.2500
	稀释每股收益(元)	0.0010	0.3100	0.4300	-0.2200
	每股净资产(元)	1.1500	1.1400	1.2600	0.8300
	每股经营现金净流量(元)	-0.0911	-0.4993	-0.3198	0.0723
	每股现金流量(元)	0.0498	-0.0095	0.1324	0.0228
	每股资本公积金(元)	—	—	—	—
	每股盈余公积金(元)	0.0476	0.0476	0.0471	0.0471
	每股未分配利润(元)	0.0986	0.0972	0.2091	-0.2133
	净资产收益率(%)	0.1283	27.1625	33.9675	-26.9128
	净资产收益率(扣除)(%)	0.1300	31.4300	39.0000	-20.7600
	加权净资产收益率	0.2421	-24.3807	-12.7484	-29.7689
	总资产(万元)	60559.64	58376.54	62375.95	107780.95
	归属母公司股东权益(万元)	22923.65	22894.23	25122.65	16675.60
	营业收入(万元)	7856.94	5404.37	897.65	3061.70
	营业成本(万元)	5633.78	4685.32	1657.82	2563.88
	投资收益(万元)	-136.27	11478.10	11871.64	—
	净利润(万元)	—	—	8004.57	-4344.37
	营业利润(万元)	-108.96	5866.71	8139.92	-4201.78
	利润总额(万元)	29.41	5894.91	8004.57	-3425.07

四川捷报文化传播股份有限公司

公司概况	公司名称	四川捷报文化传播股份有限公司			证券简称	捷报文化
	法人代表	张浩	董秘	罗开伟	证券代码	833625
	公司网址	www.jiebaoadv.com		电子信箱	gysmlkw@126.com	
	电　话	0839-3306986		传　真	0839-3305166	
	办公地址	四川省广元市利州区万达广场晶座A幢11楼				
	经营范围	互联网广告、户外广告发布业				

	指标＼报告期	2017.06.30	2016.12.31	2016.06.30	2015.12.31
主要财务指标	基本每股收益(元)	0.0494	0.1467	0.1209	0.6885
	基本每股收益(扣除后)(元)	0.0485	0.1297	—	—
	稀释每股收益(元)	0.0494	0.1467	0.1209	0.6885
	每股净资产(元)	1.5941	1.5446	1.5077	1.3868
	每股经营现金净流量(元)	-0.0037	0.1013	-0.0133	0.4747
	每股现金流量(元)	-0.0435	-0.0587	-0.1077	0.7527
	每股资本公积金(元)	0.1221	0.1221	0.1111	0.1111
	每股盈余公积金(元)	0.0455	0.0455	0.0289	0.0289
	每股未分配利润(元)	0.4265	0.3770	0.3677	0.2468
	净资产收益率(%)	3.1020	9.4985	8.0162	23.2331
	净资产收益率(扣除)(%)	3.1500	9.9800	8.3500	45.5600
	加权净资产收益率	3.0469	8.4009	8.0322	20.2118
	总资产(万元)	4378.35	4354.38	4335.29	4163.47
	归属母公司股东权益(万元)	3985.22	3861.59	3769.26	3467.10
	营业收入(万元)	614.90	2034.41	1120.48	2360.44
	营业成本(万元)	366.26	929.75	433.49	769.12
	投资收益(万元)	—	—	—	—
	净利润(万元)	—	—	301.27	805.52
	营业利润(万元)	48.25	446.45	410.10	934.57
	利润总额(万元)	50.84	502.96	409.29	1075.23

江苏宝美户外用品股份有限公司

公司概况	公司名称	江苏宝美户外用品股份有限公司			证券简称	宝美户外
	法人代表	郜永红	董秘	田菊慧	证券代码	833649
	公司网址	www.beaume.asia		电子信箱	tian.juhui@beaume.asia	
	电　话	025-58075856		传　真	025-58075819	
	办公地址	江苏省南京市江宁区科学园天元东路营宁路11号				
	经营范围	户外用品的设计、生产、销售以及品牌服装OEM业务				

	指标＼报告期	2017.06.30	2016.12.31	2016.06.30	2015.12.31
主要财务指标	基本每股收益(元)	0.0100	0.5300	0.2300	0.5700
	基本每股收益(扣除后)(元)	-0.0300	0.4100	0.1800	0.5000
	稀释每股收益(元)	0.0100	0.5300	—	0.5700
	每股净资产(元)	2.3400	2.3300	2.0400	1.7000
	每股经营现金净流量(元)	-0.1579	-0.5534	-0.5541	-1.1575
	每股现金流量(元)	0.1628	-0.0145	0.2449	-0.0166
	每股资本公积金(元)	0.7476	0.7476	0.7556	0.4726
	每股盈余公积金(元)	0.0629	0.0629	0.0323	0.0261
	每股未分配利润(元)	0.5307	0.5179	0.2498	0.1978
	净资产收益率(%)	0.5445	22.0718	10.5615	26.3493
	净资产收益率(扣除)(%)	0.5500	26.1200	12.5300	43.9300
	加权净资产收益率	-1.1402	17.2492	8.1672	25.3034
	总资产(万元)	16848.01	16366.26	15607.36	12147.84
	归属母公司股东权益(万元)	8264.26	8219.26	7193.13	5428.43
	营业收入(万元)	4815.06	17744.73	9185.76	15039.15
	营业成本(万元)	2776.15	10377.12	5909.17	9576.05
	投资收益(万元)	—	—	—	—
	净利润(万元)	—	—	759.70	1430.35
	营业利润(万元)	-102.73	1898.05	774.73	1738.50
	利润总额(万元)	81.96	2419.55	1004.36	1765.29

杭州美亚药业股份有限公司

公司概况	公司名称	杭州美亚药业股份有限公司			证券简称	美亚药业
	法人代表	张燕	董秘	陈洁华	证券代码	833650
	公司网址	www.meiyapharm.com		电子信箱	master@meiyapharm.com	
	电　话	0571-88193556		传　真	0571-88091583	
	办公地址	浙江省杭州市拱墅区富强路21号				
	经营范围	公司主要从事核苷酸及酶类产品等生物原料药及医药中间体的研发、生产和销售				

	指标＼报告期	2017.06.30	2016.12.31	2016.06.30	2015.12.31
主要财务指标	基本每股收益(元)	-0.0814	-0.3200	-0.1600	-0.3100
	基本每股收益(扣除后)(元)	-0.1069	-0.3700	-0.1970	-0.3800
	稀释每股收益(元)	-0.0814	-0.3200	—	-0.3100
	每股净资产(元)	1.4400	1.5300	1.3200	1.1500
	每股经营现金净流量(元)	0.1622	-0.2734	-0.1108	-0.1371
	每股现金流量(元)	0.0301	0.0602	0.0031	0.0899
	每股资本公积金(元)	0.9621	0.9621	0.6155	0.3404
	每股盈余公积金(元)	0.0051	0.0051	0.0057	0.0068
	每股未分配利润(元)	-0.5631	-0.4818	-0.3589	-0.2503
	净资产收益率(%)	-5.6371	-19.2223	-11.4537	-23.2670
	净资产收益率(扣除)(%)	-5.4700	-23.7700	-12.4300	-23.6300
	加权净资产收益率	-7.4069	-21.7903	-14.1069	-27.9455
	总资产(万元)	9383.59	8530.52	6575.33	6159.56
	归属母公司股东权益(万元)	4228.91	4478.50	3433.38	2526.73
	营业收入(万元)	909.79	1670.59	849.37	2556.13
	营业成本(万元)	584.43	1068.68	507.64	1717.33
	投资收益(万元)	—	0.04	0.04	7.46
	净利润(万元)	—	—	-393.25	-587.89
	营业利润(万元)	-312.27	-967.99	-478.09	-669.65
	利润总额(万元)	-237.47	-853.62	-387.79	-559.67

北京清大天达光电科技股份有限公司

公司概况	公司名称	北京清大天达光电科技股份有限公司			证券简称	清大天达
	法人代表	焦炳华	董秘		证券代码	833665
	公司网址	www.bjtstd.com.cn		电子信箱	libin@bjtstd.com.cn	
	电　话	010-87397649		传　真	010-87396185	
	办公地址	北京市平谷区马坊镇金马北街 61 号院 2 号楼 1 至 2 层 101				
	经营范围	生产平板显示器生产线设备、太阳能生产线设备、半导体生产线设备及配件				

	指标\报告期	2017.06.30	2016.12.31	2016.06.30	2015.12.31
主要财务指标	基本每股收益(元)	0.0900	0.6800	–0.3100	0.4200
	基本每股收益(扣除后)(元)	0.0800	0.6800	–0.3100	0.3400
	稀释每股收益(元)	0.0900	0.6800	–0.3100	0.4200
	每股净资产(元)	1.9700	1.8800	0.8700	1.0000
	每股经营现金净流量(元)	0.8051	0.8236	–0.3436	0.5134
	每股现金流量(元)	0.5180	0.7979	–0.5334	0.4961
	每股资本公积金(元)	0.4353	0.4353	0.2862	0.1835
	每股盈余公积金(元)	—	—	—	—
	每股未分配利润(元)	0.5345	0.4450	–0.4151	–0.1812
	净资产收益率(%)	4.5398	31.0805	–30.3188	42.1906
	净资产收益率(扣除)(%)	4.6500	47.7200	–35.0700	53.4700
	加权净资产收益率	4.1421	30.9183	–30.4863	34.1484
	总资产(万元)	24221.66	21110.99	12926.40	13456.70
	归属母公司股东权益(万元)	7681.99	7333.24	3136.02	3006.83
	营业收入(万元)	8415.34	18095.95	3251.05	12579.47
	营业成本(万元)	4774.46	11024.21	1800.74	6827.81
	投资收益(万元)	—	—	—	—
	净利润(万元)	—	—	–950.80	1268.60
	营业利润(万元)	298.92	2220.05	–978.50	1011.98
	利润总额(万元)	329.47	2231.95	–973.25	1253.80

株洲南方阀门股份有限公司

公司概况	公司名称	株洲南方阀门股份有限公司			证券简称	南方阀门
	法人代表	黄靖	董秘	柯春	证券代码	833678
	公司网址	www.nfvalve.com		电子信箱	nffmzqb@163.com	
	电　话	0731-22660839		传　真	0731-22660883	
	办公地址	湖南省株洲市天元区黄河南路 215 号				
	经营范围	研究、生产、销售阀门、泵、管材及其零部件、机械设备				

	指标\报告期	2017.06.30	2016.12.31	2016.06.30	2015.12.31
主要财务指标	基本每股收益(元)	0.1000	0.0388	0.0700	0.4811
	基本每股收益(扣除后)(元)	0.0700	–0.0092	0.0443	0.3946
	稀释每股收益(元)	0.1000	0.0388	0.0700	0.4811
	每股净资产(元)	3.7200	3.7200	3.7500	3.8300
	每股经营现金净流量(元)	–0.0929	0.3047	–0.1591	0.3948
	每股现金流量(元)	–0.3017	–0.0209	–0.3370	0.2012
	每股资本公积金(元)	0.9400	0.9400	0.9400	0.9400
	每股盈余公积金(元)	0.3362	0.3362	0.3299	0.3299
	每股未分配利润(元)	1.4441	1.4396	1.4755	1.5572
	净资产收益率(%)	2.8089	1.0437	1.8241	11.4458
	净资产收益率(扣除)(%)	2.8100	1.0300	1.7700	13.4400
	加权净资产收益率	1.9595	–0.2470	1.2722	9.3879
	总资产(万元)	32201.80	32171.42	33144.86	36275.30
	归属母公司股东权益(万元)	22322.49	22295.47	22472.70	22962.77
	营业收入(万元)	5252.36	10530.06	4441.75	17235.21
	营业成本(万元)	2721.90	5533.27	2248.47	9322.44
	投资收益(万元)	94.00	37.11	29.65	29.85
	净利润(万元)	—	—	390.12	2541.78
	营业利润(万元)	525.10	–190.66	318.19	2415.74
	利润总额(万元)	643.01	110.56	422.65	2820.44

深圳市架桥资本管理股份有限公司

公司概况	公司名称	深圳市架桥资本管理股份有限公司			证券简称	架桥资本
	法人代表	徐波	董秘	彭一郎	证券代码	833689
	公司网址	www.bridgecap.cn		电子信箱	info@bridgecap.cn	
	电　话	0755-88315078		传　真	0755-88313048	
	办公地址	广东省深圳市福田区益田路 4068 号卓越时代广场 2401 室				
	经营范围	私募股权投资基金管理业务及其他资产管理业务				

	指标\报告期	2017.06.30	2016.12.31	2016.06.30	2015.12.31
主要财务指标	基本每股收益(元)	0.0200	0.5300	0.9100	0.1500
	基本每股收益(扣除后)(元)	0.0100	0.0400	0.9000	0.2900
	稀释每股收益(元)	0.0200	0.5300	0.9100	0.1500
	每股净资产(元)	1.7500	1.7400	2.0600	1.7800
	每股经营现金净流量(元)	0.1649	0.0784	0.1580	0.9620
	每股现金流量(元)	–0.1370	0.2451	0.5833	0.1658
	每股资本公积金(元)	0.0310	—	0.0289	0.1665
	每股盈余公积金(元)	0.0072	0.0072	—	—
	每股未分配利润(元)	0.5008	0.4987	1.0228	0.1080
	净资产收益率(%)	1.2622	30.6571	44.3933	7.1535
	净资产收益率(扣除)(%)	0.8700	25.9500	47.5800	6.4900
	加权净资产收益率	0.8168	2.2835	43.8684	14.3235
	总资产(万元)	10305.29	10325.49	10631.08	12007.21
	归属母公司股东权益(万元)	5777.58	5727.63	6800.31	5889.89
	营业收入(万元)	1172.19	2933.11	1381.82	2053.45
	营业成本(万元)	—	—	—	44.90
	投资收益(万元)	68.11	2681.12	2216.90	1583.51
	净利润(万元)	—	—	3600.14	1406.21
	营业利润(万元)	555.45	3560.49	5057.39	1700.47
	利润总额(万元)	589.36	3614.61	5105.28	1774.94

上海未来企业股份有限公司

公司概况	公司名称	上海未来企业股份有限公司			证券简称	上海未来
	法人代表	赵鸿钧	董秘	万莘萍	证券代码	833697
	公司网址	www.weilai.sh.cn		电子信箱	wanxp@weilai.sh.cn	
	电　话	021-54071390		传　真	021-54071396	
	办公地址	上海市徐汇区凯旋路 3131 号 807 室				
	经营范围	水处理剂的生产、水处理工程和脱硫脱硝技术销售及服务				

	指标\报告期	2017.06.30	2016.12.31	2016.06.30	2015.12.31
主要财务指标	基本每股收益(元)	–0.0300	0.2700	0.1300	1.1400
	基本每股收益(扣除后)(元)	–0.0500	0.1000	0.1300	0.9700
	稀释每股收益(元)	–0.0300	0.2700	0.1300	1.1400
	每股净资产(元)	1.6600	2.1100	1.9700	2.3300
	每股经营现金净流量(元)	0.1582	0.0617	–0.0606	0.4750
	每股现金流量(元)	–0.0710	–0.4599	–0.5451	0.8998
	每股资本公积金(元)	0.4404	0.5844	0.5844	0.7429
	每股盈余公积金(元)	0.0616	0.0678	0.0412	0.0454
	每股未分配利润(元)	0.1563	0.4595	0.3428	0.5429
	净资产收益率(%)	–2.0616	12.5589	6.1976	19.4593
	净资产收益率(扣除)(%)	–1.8000	13.4000	5.6000	26.1800
	加权净资产收益率	–3.1239	4.8593	5.8081	16.5098
	总资产(万元)	6818.85	7956.69	6541.45	8383.72
	归属母公司股东权益(万元)	5603.83	6487.37	6047.43	6510.47
	营业收入(万元)	2519.02	6069.46	2881.59	7350.95
	营业成本(万元)	1587.46	3459.99	1438.70	3603.22
	投资收益(万元)	—	—	—	—
	净利润(万元)	—	—	374.80	1266.89
	营业利润(万元)	–185.78	365.67	413.23	1262.23
	利润总额(万元)	–115.75	953.32	440.94	1488.15

深圳凯世光研股份有限公司

公司概况	公司名称	深圳凯世光研股份有限公司			证券简称	凯世光研
	法人代表	蔡志国	董秘	陈古新	证券代码	833715
	公司网址	www.caizcorp.com		电子信箱	info@caizcorp.com	
	电　话	0755-27876100		传　真	0755-27876400	
	办公地址	广东省深圳市宝安区西乡兴业路 3012 号老兵大厦西座二楼				
	经营范围	高科技特种光源的研发、生产、销售和服务				

主要财务指标	指标\报告期	2017.06.30	2016.12.31	2016.06.30	2015.12.31
	基本每股收益(元)	0.0600	0.2700	0.2700	0.2600
	基本每股收益(扣除后)(元)	0.0200	0.0600	0.1100	0.2300
	稀释每股收益(元)	0.0600	0.2700	0.2700	0.2600
	每股净资产(元)	2.2100	2.1500	3.2300	2.3300
	每股经营现金净流量(元)	–0.3190	–0.5606	–0.7361	0.4692
	每股现金流量(元)	–0.0804	0.1036	0.0729	–0.6031
	每股资本公积金(元)	0.8180	0.8180	1.7362	1.0616
	每股盈余公积金(元)	0.0388	0.0388	0.0173	0.0203
	每股未分配利润(元)	0.3476	0.2918	0.4758	0.2514
	净资产收益率(%)	2.5304	8.1829	8.0863	9.4160
	净资产收益率(扣除)(%)	2.5600	8.7500	8.9000	9.8600
	加权净资产收益率	0.7523	1.8899	3.2149	8.3243
	总资产(万元)	23610.83	21784.96	14531.80	9453.80
	归属母公司股东权益(万元)	11626.67	11343.51	11356.14	7000.10
	营业收入(万元)	4348.64	8841.28	4597.17	6033.05
	营业成本(万元)	2122.57	4444.52	2928.04	2992.97
	投资收益(万元)	—	3.09	3.09	0.26
	净利润(万元)	—	—	918.29	659.13
	营业利润(万元)	114.08	345.17	440.45	697.39
	利润总额(万元)	357.30	1114.87	1088.18	787.02

杭州蜂派科技股份有限公司

公司概况	公司名称	杭州蜂派科技股份有限公司			证券简称	蜂派科技
	法人代表	樊今明	董秘	方升	证券代码	833726
	公司网址	www.p8games.com		电子信箱	hyy@phonepadgames.com	
	电　话	0571-56133680		传　真	0571-56133680	
	办公地址	浙江省杭州市拱墅区祥园路 108 号中国(杭州)智慧信息产业园三期 4 号楼 13 楼				
	经营范围	移动终端游戏产品的研发和运营				

主要财务指标	指标\报告期	2017.06.30	2016.12.31	2016.06.30	2015.12.31
	基本每股收益(元)	–0.0700	–0.4100	0.0400	1.0900
	基本每股收益(扣除后)(元)	–0.0700	–0.4697	0.0100	0.9600
	稀释每股收益(元)	–0.0700	–0.4100	0.0400	1.0900
	每股净资产(元)	3.9600	4.0300	4.4500	4.6400
	每股经营现金净流量(元)	–0.1044	–0.4434	–0.2578	1.3128
	每股现金流量(元)	–1.4457	–0.1443	–1.2477	2.9364
	每股资本公积金(元)	3.0087	3.0087	2.9859	3.4570
	每股盈余公积金(元)	0.0659	0.0659	0.0659	0.0757
	每股未分配利润(元)	–0.1152	–0.0440	0.3999	0.6468
	净资产收益率(%)	–1.7994	–10.0950	0.8311	20.4488
	净资产收益率(扣除)(%)	–1.7800	–9.4200	0.8000	51.4200
	加权净资产收益率	–2.5687	–11.5651	0.2324	17.9869
	总资产(万元)	4810.56	4954.33	5341.40	5777.64
	归属母公司股东权益(万元)	4549.30	4631.16	5114.94	5328.47
	营业收入(万元)	348.89	965.56	697.46	2001.77
	营业成本(万元)	64.25	334.72	128.89	173.20
	投资收益(万元)	–8.91	24.86	9.69	9.09
	净利润(万元)	—	—	42.51	1089.61
	营业利润(万元)	–161.07	–686.65	10.23	692.78
	利润总额(万元)	–121.07	–609.57	44.66	1198.13

上海音锋机器人股份有限公司

公司概况	公司名称	上海音锋机器人股份有限公司			证券简称	音锋股份
	法人代表	赵平	董秘	朱珍伟	证券代码	833740
	公司网址	www.enfon.com.cn		电子信箱	zzhenwei_cn@sina.com	
	电　话	021-54075820		传　真	021-54033926	
	办公地址	上海市松江区中心路 1158 号科技绿洲 6 幢 701				
	经营范围	机器人系统、自动化控制系统、机械专业领域内的技术开发、技术咨询等				

主要财务指标	指标\报告期	2017.06.30	2016.12.31	2016.06.30	2015.12.31
	基本每股收益(元)	–0.1925	0.0103	–0.1900	0.3358
	基本每股收益(扣除后)(元)	–0.2007	–0.0164	–0.1942	0.2694
	稀释每股收益(元)	–0.1925	0.0103	–0.1900	0.3358
	每股净资产(元)	1.4400	1.6300	1.4400	1.3700
	每股经营现金净流量(元)	0.1186	–0.2322	–0.3229	0.1941
	每股现金流量(元)	0.2297	0.1147	–0.0054	–0.0248
	每股资本公积金(元)	0.3179	0.3179	0.3179	—
	每股盈余公积金(元)	0.0757	0.0757	0.0234	0.0284
	每股未分配利润(元)	0.0485	0.2410	0.0977	0.3439
	净资产收益率(%)	–13.3452	0.6224	–12.8915	21.4727
	净资产收益率(扣除)(%)	–12.5100	0.6400	–12.8000	24.0100
	加权净资产收益率	–13.9159	–0.9891	0.1778	17.2285
	总资产(万元)	5740.59	5302.16	3751.83	2185.00
	归属母公司股东权益(万元)	1751.41	1985.14	1747.50	1372.29
	营业收入(万元)	1973.86	4226.90	1392.84	2690.25
	营业成本(万元)	1224.08	2694.56	959.06	1724.65
	投资收益(万元)	—	—	—	—
	净利润(万元)	—	—	–225.28	294.67
	营业利润(万元)	–283.58	–1.83	–206.30	328.03
	利润总额(万元)	–283.60	37.70	–195.14	372.47

北京励思信息技术股份有限公司

公司概况	公司名称	北京励思信息技术股份有限公司			证券简称	励思股份
	法人代表	黎峰	董秘	张利	证券代码	833762
	公司网址	www.alexvip.net		电子信箱	zhangli@alexvip.net	
	电　话	010-68988700		传　真	010-68988731	
	办公地址	北京市石景山区鲁谷路 74 号中国瑞达大厦 10 层 F1002				
	经营范围	国际品牌的综合运营管理,具体包括品牌定位、定制设计、宣传推广、销售				

主要财务指标	指标\报告期	2017.06.30	2016.12.31	2016.06.30	2015.12.31
	基本每股收益(元)	–0.6200	0.2100	0.2100	0.2600
	基本每股收益(扣除后)(元)	–0.6500	0.1200	0.1700	0.2500
	稀释每股收益(元)	–0.6200	0.2100	—	0.2600
	每股净资产(元)	0.7300	1.3500	1.3000	1.0800
	每股经营现金净流量(元)	0.0636	–0.7526	–0.3631	–2.0918
	每股现金流量(元)	–0.6821	0.8127	0.2087	–0.0462
	每股资本公积金(元)	0.1728	0.1728	0.1241	0.1121
	每股盈余公积金(元)	0.0216	0.0216	0.0012	0.0012
	每股未分配利润(元)	–0.4673	0.1541	0.1777	–0.0327
	净资产收益率(%)	–85.4668	15.3616	16.1480	24.5159
	净资产收益率(扣除)(%)	–59.8800	17.0600	17.7400	28.7700
	加权净资产收益率	–89.3385	9.2022	12.6831	23.5596
	总资产(万元)	3910.28	6286.48	3772.23	3647.52
	归属母公司股东权益(万元)	363.54	674.24	651.53	540.32
	营业收入(万元)	1892.44	10456.61	2952.00	5275.86
	营业成本(万元)	1224.73	8251.85	1921.90	3533.34
	投资收益(万元)	—	—	—	—
	净利润(万元)	—	—	105.21	132.46
	营业利润(万元)	–315.01	85.95	126.06	172.95
	利润总额(万元)	–295.84	134.71	156.16	186.09

浙江中泰环保股份有限公司

公司概况	公司名称	浙江中泰环保股份有限公司		证券简称	中泰环保
	法人代表	屠天云	董秘 楼峰燕	证券代码	833769
	公司网址	www.zjsuntowne.com		电子信箱	zjsuntowne@zjsuntowne.com
	电　话	0575-87119839		传　真	0575-87119859
	办公地址	浙江省诸暨市西二环路288号外贸大厦21楼			
	经营范围	环保、大气污染防治设备的研发、生产、销售及安装			

	指标＼报告期	2017.06.30	2016.12.31	2016.06.30	2015.12.31
主要财务指标	基本每股收益(元)	0.0200	0.2800	0.0100	0.2500
	基本每股收益(扣除后)(元)	0.0200	0.2800	0.0100	0.2300
	稀释每股收益(元)	0.0200	0.2800	0.0100	0.2500
	每股净资产(元)	1.8400	1.8200	1.5500	1.5400
	每股经营现金净流量(元)	0.0793	−0.2416	0.0228	−0.1265
	每股现金流量(元)	0.0233	−0.0488	−0.0897	0.1258
	每股资本公积金(元)	0.3441	0.3441	0.3441	0.3441
	每股盈余公积金(元)	0.0504	0.0504	0.0235	0.0221
	每股未分配利润(元)	0.4452	0.4244	0.1821	0.1698
	净资产收益率(%)	1.1280	15.5544	0.8831	13.8590
	净资产收益率(扣除)(%)	1.1300	16.8700	0.8900	19.2000
	加权净资产收益率	1.1083	15.3325	0.9010	12.7047
	总资产(万元)	32448.90	33794.19	22762.32	22803.90
	归属母公司股东权益(万元)	13797.92	13642.28	11622.95	11520.30
	营业收入(万元)	7497.90	21225.73	6032.04	18842.29
	营业成本(万元)	5839.57	15295.90	4295.80	13616.30
	投资收益(万元)	---	---	---	---
	净利润(万元)	---	---	102.65	1596.60
	营业利润(万元)	198.02	2275.64	26.77	1600.40
	利润总额(万元)	201.21	2431.03	74.14	1802.19

浙江天蓝环保技术股份有限公司

公司概况	公司名称	浙江天蓝环保技术股份有限公司		证券简称	天蓝环保
	法人代表	莫建松	董秘 程斌	证券代码	833772
	公司网址	www.tianlan.cn		电子信箱	tianlanhb@tianlan.cn
	电　话	0571-83787396		传　真	0571-83737300
	办公地址	浙江省杭州市萧山区北干街道兴议村			
	经营范围	燃煤烟气治理的技术研发设计、工程总承包和环保设施第三方运营等			

	指标＼报告期	2017.06.30	2016.12.31	2016.06.30	2015.12.31
主要财务指标	基本每股收益(元)	0.0700	0.2900	0.0300	0.2900
	基本每股收益(扣除后)(元)	0.0500	0.2500	0.0200	0.2700
	稀释每股收益(元)	0.0700	0.2900	0.0300	0.2900
	每股净资产(元)	2.2800	2.2700	2.0100	2.0900
	每股经营现金净流量(元)	−0.0343	0.6065	0.2304	0.5097
	每股现金流量(元)	−0.1903	−0.0233	−0.2098	0.0684
	每股资本公积金(元)	0.4080	0.3403	0.3172	0.3172
	每股盈余公积金(元)	0.1383	0.1403	0.1107	0.1107
	每股未分配利润(元)	0.7348	0.7914	0.5771	0.6574
	净资产收益率(%)	3.0621	12.6903	1.7351	14.0421
	净资产收益率(扣除)(%)	3.0400	13.3900	1.6700	14.5300
	加权净资产收益率	2.3664	11.0373	0.7996	12.7112
	总资产(万元)	50238.71	50450.78	48711.59	54919.30
	归属母公司股东权益(万元)	18835.37	18488.19	16074.64	16717.70
	营业收入(万元)	16668.68	28908.93	9671.92	42274.00
	营业成本(万元)	13627.11	19963.74	7160.89	33270.68
	投资收益(万元)	10.50	37.76	2.62	11.26
	净利润(万元)	---	---	227.14	2353.69
	营业利润(万元)	547.52	2478.34	134.39	2462.25
	利润总额(万元)	693.12	2781.74	310.80	2681.96

深圳市超纯环保股份有限公司

公司概况	公司名称	深圳市超纯环保股份有限公司		证券简称	超纯环保
	法人代表	钱志刚	董秘 陶润仙	证券代码	833786
	公司网址	www.upw.cn		电子信箱	cchb@upw.cn
	电　话	0755-26755888		传　真	0755-26755508
	办公地址	广东省深圳市南山区创盛路1号康和盛大楼三楼310-315			
	经营范围	水处理项目EPC工程总承包;水处理项目维护保养及相关配件、耗材销售			

	指标＼报告期	2017.06.30	2016.12.31	2016.06.30	2015.12.31
主要财务指标	基本每股收益(元)	0.1000	0.0700	0.0600	−0.0400
	基本每股收益(扣除后)(元)	0.1000	0.0600	0.0560	−0.0600
	稀释每股收益(元)	0.1000	0.0700	---	---
	每股净资产(元)	1.8700	1.7700	1.7600	1.7100
	每股经营现金净流量(元)	−0.1150	0.0339	−0.1317	−0.3845
	每股现金流量(元)	−0.0122	−0.0105	−0.1251	0.1190
	每股资本公积金(元)	0.8480	0.8480	0.8480	0.8480
	每股盈余公积金(元)	---	---	---	---
	每股未分配利润(元)	0.0246	−0.0767	−0.0862	−0.1419
	净资产收益率(%)	5.4083	3.6834	3.1637	−2.3352
	净资产收益率(扣除)(%)	5.5600	3.7500	3.2100	−2.7200
	加权净资产收益率	5.2220	3.3357	3.1766	−3.5318
	总资产(万元)	18655.41	16071.34	15948.72	14918.38
	归属母公司股东权益(万元)	10299.28	9742.26	9689.97	9383.41
	营业收入(万元)	6803.59	10245.62	4439.40	9827.60
	营业成本(万元)	4863.04	7223.71	3000.98	7018.06
	投资收益(万元)	---	---	---	---
	净利润(万元)	---	---	306.56	−219.12
	营业利润(万元)	538.42	325.35	304.69	−475.76
	利润总额(万元)	561.00	365.27	303.21	−342.06

重庆睿博光电股份有限公司

公司概况	公司名称	重庆睿博光电股份有限公司		证券简称	睿博光电
	法人代表	陈华述	董秘 胡小玲	证券代码	833810
	公司网址	www.cqrebo.com		电子信箱	ahux6@cqboao.cn
	电　话	023-88319637		传　真	023-88319637
	办公地址	重庆市北部新区翠云街道翠桃路37号(凉井工业园)4号楼第1、2、3、4层			
	经营范围	汽车LED照明系统的研发、设计、制造和销售			

	指标＼报告期	2017.06.30	2016.12.31	2016.06.30	2015.12.31
主要财务指标	基本每股收益(元)	0.1700	0.3400	0.1600	0.5900
	基本每股收益(扣除后)(元)	0.1600	0.3300	0.1600	0.5300
	稀释每股收益(元)	0.1700	0.3400	0.1600	0.5900
	每股净资产(元)	1.7000	1.5400	1.3500	1.4200
	每股经营现金净流量(元)	−0.0267	0.7361	0.5032	−0.1640
	每股现金流量(元)	−0.0894	0.5911	0.4495	−0.1128
	每股资本公积金(元)	0.1649	0.1644	0.1644	0.0442
	每股盈余公积金(元)	0.0649	0.0649	0.0316	0.0438
	每股未分配利润(元)	0.4680	0.3009	0.1538	0.3292
	净资产收益率(%)	9.8416	21.8045	11.3491	30.9127
	净资产收益率(扣除)(%)	10.3500	25.0100	13.2500	46.8800
	加权净资产收益率	9.5794	21.4416	11.3555	28.0050
	总资产(万元)	11563.35	11103.69	9044.30	8346.53
	归属母公司股东权益(万元)	7894.80	7115.61	6276.41	4747.39
	营业收入(万元)	7746.19	14644.57	7038.32	10881.83
	营业成本(万元)	5373.91	10529.84	5213.15	7639.87
	投资收益(万元)	---	---	---	---
	净利润(万元)	---	---	712.32	1467.55
	营业利润(万元)	889.73	1713.87	838.49	1625.16
	利润总额(万元)	914.09	1744.30	838.02	1787.56

广州市铭慧机械股份有限公司

公司概况	公司名称	广州市铭慧机械股份有限公司			证券简称	铭慧股份
	法人代表	罗朝炜	董秘	苏小昶	证券代码	833822
	公司网址	www.leiwest.com		电子信箱	dm@leiwest.com	
	电　话	020-84554400		传　真	020-84850488	
	办公地址	广东省广州市番禺区大龙街汉基大道 22 号				
	经营范围	包装专用设备制造;专用设备销售;机械配件零售;机械配件批发				

主要财务指标	指标\报告期	2017.06.30	2016.12.31	2016.06.30	2015.12.31
	基本每股收益(元)	0.0800	0.2100	0.0800	0.3100
	基本每股收益(扣除后)(元)	0.0400	0.1500	0.0500	0.2800
	稀释每股收益(元)	0.0800	0.2100	—	0.3100
	每股净资产(元)	2.9800	2.9000	2.7500	2.6700
	每股经营现金净流量(元)	-0.0578	0.0331	0.0859	0.0829
	每股现金流量(元)	0.2231	0.0316	0.0929	-0.0652
	每股资本公积金(元)	1.4704	1.4704	1.4704	1.4704
	每股盈余公积金(元)	0.0536	0.0536	0.0302	0.0302
	每股未分配利润(元)	0.3817	0.3113	0.2057	0.1292
	净资产收益率(%)	2.6140	7.0848	2.7810	10.5203
	净资产收益率(扣除)(%)	2.6500	7.3500	2.8300	12.8100
	加权净资产收益率	1.4951	5.1182	1.9346	9.5458
	总资产(万元)	20684.12	20782.48	19476.86	19395.81
	归属母公司股东权益(万元)	17861.16	17402.76	16522.73	16030.23
	营业收入(万元)	2343.46	5254.44	2320.71	7242.78
	营业成本(万元)	1203.30	2431.97	1040.90	3145.64
	投资收益(万元)	77.43	86.84	46.66	118.59
	净利润(万元)	—	—	459.49	1686.42
	营业利润(万元)	393.45	1148.05	426.83	1915.66
	利润总额(万元)	551.12	1463.86	544.69	2004.48

湖北追日电气股份有限公司

公司概况	公司名称	湖北追日电气股份有限公司			证券简称	追日电气
	法人代表	潘非	董秘	高新建	证券代码	833832
	公司网址	www.ssechina.com		电子信箱	gaoxinjian@ssechina.cn	
	电　话	0710-3709207		传　真	0710-3344902	
	办公地址	湖北省襄阳市高新技术产业开发区关羽路 59 号				
	经营范围	公司致力于光伏电站/光伏工程项目 EPC 总包、智能电网建设及光伏产品、机电产品销售				

主要财务指标	指标\报告期	2017.06.30	2016.12.31	2016.06.30	2015.12.31
	基本每股收益(元)	0.0800	-0.6700	0.0500	0.6700
	基本每股收益(扣除后)(元)	0.0500	-0.7200	0.0200	0.5600
	稀释每股收益(元)	0.0500	-0.6700	0.0500	0.6700
	每股净资产(元)	2.8400	2.7600	3.3700	3.0700
	每股经营现金净流量(元)	-1.1393	-0.8468	-0.4004	1.7205
	每股现金流量(元)	-1.0825	-0.5618	-0.2434	1.0715
	每股资本公积金(元)	0.9661	0.9661	0.8266	0.3454
	每股盈余公积金(元)	0.1370	0.1370	0.1435	0.1547
	每股未分配利润(元)	0.7335	0.6558	1.4030	1.5677
	净资产收益率(%)	2.7423	-23.0942	1.4431	21.8720
	净资产收益率(扣除)(%)	2.7800	-22.1400	1.4500	23.6800
	加权净资产收益率	2.7247	-24.9286	0.5033	18.2267
	总资产(万元)	71167.32	94329.18	96029.79	108684.64
	归属母公司股东权益(万元)	19315.99	18783.52	21919.35	18490.81
	营业收入(万元)	14810.65	27752.90	17681.80	57786.69
	营业成本(万元)	9997.19	20396.17	12412.62	42510.48
	投资收益(万元)	132.75	35.38	0.38	49.98
	净利润(万元)	—	—	316.32	4044.31
	营业利润(万元)	381.22	-5282.17	171.78	3429.78
	利润总额(万元)	510.41	-4816.36	437.16	4494.62

深圳比科斯电子股份有限公司

公司概况	公司名称	深圳比科斯电子股份有限公司			证券简称	比科斯
	法人代表	陈克勇	董秘	仇晓民	证券代码	833908
	公司网址	www.pcase.com.cn		电子信箱	ir@pcase.com.cn	
	电　话	0755-29512952		传　真	0755-29512939	
	办公地址	广东省深圳市南山区科苑路中山大学产学研楼 13 楼				
	经营范围	PET 光学级薄膜研发与生产,精密模具设计及制造等				

主要财务指标	指标\报告期	2017.06.30	2016.12.31	2016.06.30	2015.12.31
	基本每股收益(元)	-0.2209	-0.2910	-0.1500	-0.3800
	基本每股收益(扣除后)(元)	-0.2288	-0.2712	-0.1619	-0.4240
	稀释每股收益(元)	-0.2209	-0.2910	-0.1500	-0.3800
	每股净资产(元)	1.4900	1.7100	1.8500	2.0000
	每股经营现金净流量(元)	-0.1528	0.0362	-0.1218	0.1716
	每股现金流量(元)	-0.1976	-0.0619	-0.2790	0.6238
	每股资本公积金(元)	1.1708	1.1708	1.1709	1.1708
	每股盈余公积金(元)	0.0310	0.0310	0.0310	0.0310
	每股未分配利润(元)	-0.7176	-0.4967	-0.3564	-0.2057
	净资产收益率(%)	-14.8650	-17.0480	-8.1628	-17.1108
	净资产收益率(扣除)(%)	-13.8300	-15.7200	-7.8400	-19.6600
	加权净资产收益率	-15.1838	-15.8881	-8.7675	-19.3404
	总资产(万元)	17607.74	20538.02	20814.30	23369.75
	归属母公司股东权益(万元)	13333.97	15318.16	16571.43	17919.27
	营业收入(万元)	7631.76	19945.19	9110.60	19510.23
	营业成本(万元)	6610.00	15980.25	7597.05	16142.21
	投资收益(万元)	—	—	—	33.67
	净利润(万元)	—	—	-1437.91	-3168.98
	营业利润(万元)	-2098.45	-2734.84	-1510.78	-3544.50
	利润总额(万元)	-2027.62	-2912.35	-1410.59	-3178.63

北京火谷网络科技股份有限公司

公司概况	公司名称	北京火谷网络科技股份有限公司			证券简称	火谷网络
	法人代表	张勇	董秘	黄正中	证券代码	833928
	公司网址	www.firevale.com		电子信箱	zhengquan@firevale.com	
	电　话	010-84059636		传　真	010-84059786	
	办公地址	北京市朝阳区工体北路 8 号三里屯 soho 办公 c 座 10 层				
	经营范围	移动网络游戏的研发和运营				

主要财务指标	指标\报告期	2017.06.30	2016.12.31	2016.06.30	2015.12.31
	基本每股收益(元)	-0.1700	-0.6000	-0.3000	-0.3700
	基本每股收益(扣除后)(元)	-0.2500	-0.4400	-0.3100	0.1183
	稀释每股收益(元)	-0.1700	-0.6000	-0.3000	-0.3700
	每股净资产(元)	2.5800	2.7500	3.0500	1.8100
	每股经营现金净流量(元)	-0.3297	-0.4200	-0.1429	0.4034
	每股现金流量(元)	-0.3423	1.2328	1.5122	-1.1388
	每股资本公积金(元)	2.6167	2.6167	2.6167	1.1087
	每股盈余公积金(元)	0.0252	0.0252	0.0252	0.0272
	每股未分配利润(元)	-1.0673	-0.8977	-0.5968	-0.3233
	净资产收益率(%)	-6.5871	-21.7651	-9.7429	-20.5857
	净资产收益率(扣除)(%)	-6.3800	-20.5700	-10.1700	-18.1400
	加权净资产收益率	-9.5813	-16.7301	-5.5997	6.5275
	总资产(万元)	14180.11	15388.37	16662.71	9413.32
	归属母公司股东权益(万元)	13877.73	14799.12	16415.01	9064.67
	营业收入(万元)	706.71	1592.75	819.42	3584.34
	营业成本(万元)	28.26	61.11	21.40	52.29
	投资收益(万元)	-1587.18	16.28	16.28	-2111.71
	净利润(万元)	—	—	-1599.29	-1866.03
	营业利润(万元)	-967.35	-3751.52	-1763.02	-2153.57
	利润总额(万元)	-966.99	-3719.09	-1730.28	-2010.15

上海天狐创意设计股份有限公司

公司概况					
公司名称	上海天狐创意设计股份有限公司			证券简称	天狐创意
法人代表	邹倩	董秘	刘守珍	证券代码	833938
公司网址	www.tanhoo.cn			电子信箱	info@tanhoo.cn
电　话	021-33810880			传　真	021-65682597-414
办公地址	上海市杨浦区淞沪路290号10号楼5楼				
经营范围	品牌文化衍生产品的设计开发与销售				

主要财务指标 指标\报告期	2017.06.30	2016.12.31	2016.06.30	2015.12.31
基本每股收益(元)	-0.1400	-0.1864	-0.0580	0.1205
基本每股收益(扣除后)(元)	-0.1800	-0.2389	-0.0835	0.1101
稀释每股收益(元)	-0.1400	-0.1864	-0.0580	0.1205
每股净资产(元)	1.3000	1.4500	1.5800	1.6400
每股经营现金净流量(元)	-0.1138	-0.3178	-0.2723	0.6545
每股现金流量(元)	-0.1176	-0.3771	-0.2957	0.7227
每股资本公积金(元)	0.5242	0.5358	0.5358	0.6152
每股盈余公积金(元)	0.0183	0.0183	0.0183	0.0210
每股未分配利润(元)	-0.2438	-0.1040	0.0245	0.0947
净资产收益率(%)	-10.7698	-12.8551	-3.6744	6.3244
净资产收益率(扣除)(%)	-10.1500	-12.0800	-3.6100	9.2600
加权净资产收益率	-14.1764	-16.4747	-5.2912	5.7772
总资产(万元)	4848.53	4777.61	5117.18	5788.55
归属母公司股东权益(万元)	4025.87	4495.63	4893.73	5073.55
营业收入(万元)	1635.25	3992.71	2240.85	5913.42
营业成本(万元)	1081.87	2441.64	1247.41	3572.60
投资收益(万元)	—	22.19	—	49.55
净利润(万元)	—	—	-179.82	299.77
营业利润(万元)	-566.80	-923.50	-271.14	332.12
利润总额(万元)	-429.65	-754.48	-179.82	393.49

浩蓝环保股份有限公司

公司概况					
公司名称	浩蓝环保股份有限公司			证券简称	浩蓝环保
法人代表	潘振鹏	董秘	陈春霞	证券代码	833951
公司网址	www.cnhomeland.com			电子信箱	haolan2011@163.com
电　话	020-66840111			传　真	020-66840111
办公地址	广东省广州市天河区五山路1号华晟大厦24楼				
经营范围	项目投资、投资管理、投资咨询				

主要财务指标 指标\报告期	2017.06.30	2016.12.31	2016.06.30	2015.12.31
基本每股收益(元)	0.0300	0.0600	0.0400	0.1400
基本每股收益(扣除后)(元)	0.0300	-0.0060	-0.0100	0.1400
稀释每股收益(元)	0.0300	0.0600	0.0400	0.1400
每股净资产(元)	2.0800	2.0600	2.0300	2.0000
每股经营现金净流量(元)	-0.0701	-0.0468	-0.3406	-0.8053
每股现金流量(元)	-0.0591	-0.1030	-0.0430	-0.5095
每股资本公积金(元)	0.5444	0.5444	0.5444	0.5444
每股盈余公积金(元)	0.0527	0.0527	0.0483	0.0483
每股未分配利润(元)	0.4863	0.4582	0.4414	0.4057
净资产收益率(%)	1.3568	2.7710	1.7416	7.1644
净资产收益率(扣除)(%)	1.3700	2.8100	1.7600	7.7200
加权净资产收益率	0.0135	-0.2933	-0.3235	7.0543
总资产(万元)	51895.58	52748.25	52477.67	52236.85
归属母公司股东权益(万元)	18350.08	18101.99	17914.97	17600.38
营业收入(万元)	5484.92	21072.00	6069.91	28744.82
营业成本(万元)	3337.69	14966.15	3602.96	20896.82
投资收益(万元)	—	—	—	—
净利润(万元)	—	—	311.93	1260.96
营业利润(万元)	232.42	-54.15	20.36	1377.00
利润总额(万元)	332.34	599.42	390.33	1399.79

深圳市万极科技股份有限公司

公司概况					
公司名称	深圳市万极科技股份有限公司			证券简称	万极科技
法人代表	张锋	董秘	廖世忠	证券代码	833967
公司网址	www.vakye.com			电子信箱	1186961412@qq.com
电　话	15818606213			传　真	0755-82303056
办公地址	广东省深圳市罗湖区南湖街道深南东路2019号东乐大厦6楼610				
经营范围	转印材料(高分子膜材料)的研发、生产和销售				

主要财务指标 指标\报告期	2017.06.30	2016.12.31	2016.06.30	2015.12.31
基本每股收益(元)	0.0800	0.3200	0.2100	0.4300
基本每股收益(扣除后)(元)	0.0600	0.3200	0.1900	0.4200
稀释每股收益(元)	0.0800	0.3200	—	0.4300
每股净资产(元)	3.7800	3.7100	3.2400	3.0200
每股经营现金净流量(元)	0.0646	0.5688	0.1120	0.0953
每股现金流量(元)	-0.1439	0.7473	-0.0510	0.0778
每股资本公积金(元)	1.8947	2.0206	1.4887	1.4887
每股盈余公积金(元)	0.0996	0.0942	0.0671	0.0671
每股未分配利润(元)	0.7901	0.7702	0.6821	0.4691
净资产收益率(%)	2.0954	8.3063	6.5795	12.8450
净资产收益率(扣除)(%)	2.1200	9.8300	6.5800	16.7900
加权净资产收益率	1.5053	8.1585	5.9739	12.6553
总资产(万元)	18983.23	19345.50	15955.86	15212.33
归属母公司股东权益(万元)	16187.37	15848.19	12986.23	12131.80
营业收入(万元)	4893.47	12461.46	5680.93	11134.11
营业成本(万元)	3164.51	7507.54	3291.92	6541.66
投资收益(万元)	—	—	—	—
净利润(万元)	—	—	854.43	1558.33
营业利润(万元)	244.25	1509.42	923.87	1905.19
利润总额(万元)	356.62	1536.97	1016.41	1932.23

民太安财产保险公估股份有限公司

公司概况					
公司名称	民太安财产保险公估股份有限公司			证券简称	民太安
法人代表	杨文明	董秘	董武涛	证券代码	833984
公司网址	www.mintaian.com			电子信箱	dongwutao@mintaian.com
电　话	0755-82975671			传　真	0755-82975672
办公地址	广东省深圳市福田区商报路奥林匹克大厦14楼				
经营范围	为保险当事人提供独立的第三方保险公估服务				

主要财务指标 指标\报告期	2017.06.30	2016.12.31	2016.06.30	2015.12.31
基本每股收益(元)	0.0100	0.1400	0.0400	0.1300
基本每股收益(扣除后)(元)	0.0300	0.1000	0.0300	0.1400
稀释每股收益(元)	0.0100	0.1400	0.0400	0.1300
每股净资产(元)	1.5700	1.5600	1.4800	1.5100
每股经营现金净流量(元)	-0.2755	0.1474	-0.1633	0.0666
每股现金流量(元)	—	—	—	—
每股资本公积金(元)	—	0.3571	0.3729	0.3729
每股盈余公积金(元)	—	0.0335	0.0216	0.0216
每股未分配利润(元)	—	0.1703	0.0865	0.1120
净资产收益率(%)	0.7202	8.7655	2.8002	7.9379
净资产收益率(扣除)(%)	0.7200	8.6800	2.7800	9.2900
加权净资产收益率	1.8800	6.3562	2.3359	8.7150
总资产(万元)	30050.69	24796.70	22110.56	22841.10
归属母公司股东权益(万元)	20583.78	20467.84	19389.02	19723.21
营业收入(万元)	19640.35	38731.16	18149.82	38996.52
营业成本(万元)	15503.26	30334.45	14407.64	30096.51
投资收益(万元)	—	271.88	0.09	-149.89
净利润(万元)	—	—	538.32	1565.61
营业利润(万元)	299.10	2216.76	608.07	2102.13
利润总额(万元)	300.10	2435.31	736.64	2108.95

昆山艾博机器人股份有限公司

公司概况	公司名称	昆山艾博机器人股份有限公司			证券简称	昆机器人
	法人代表	周伟	董秘	周静	证券代码	833999
	公司网址	www.ab-robot.com.cn		电子信箱	j.zhou@ab-robot.com	
	电　话	0512-55252125		传　真	0512-55252145	
	办公地址	江苏省昆山市玉山镇元丰路232号2号房				
	经营范围	机器人、机器人系统、机器人应用技术、软件产品的研发及产品销售				

	指标\报告期	2017.06.30	2016.12.31	2016.06.30	2015.12.31
主要财务指标	基本每股收益(元)	0.0900	0.4800	0.2600	0.1300
	基本每股收益(扣除后)(元)	-0.0500	0.1100	0.0200	0.3200
	稀释每股收益(元)	0.0900	0.4800	0.0200	0.1300
	每股净资产(元)	1.1300	2.0200	1.8000	1.2500
	每股经营现金净流量(元)	-0.4120	-0.1148	0.1868	0.6007
	每股现金流量(元)	-0.1252	0.6553	0.7320	0.5717
	每股资本公积金(元)	0.0198	0.3376	0.3376	0.0316
	每股盈余公积金(元)	0.0373	0.0709	0.0206	0.0217
	每股未分配利润(元)	0.0759	0.6108	0.4414	0.1950
	净资产收益率(%)	6.1994	23.5708	14.2350	9.9647
	净资产收益率(扣除)(%)	6.3900	28.1300	17.1600	11.9100
	加权净资产收益率	-3.0633	5.5785	1.1949	25.1880
	总资产(万元)	5148.37	4014.20	3310.00	2104.24
	归属母公司股东权益(万元)	2402.54	2253.60	2008.29	1323.11
	营业收入(万元)	1581.24	3226.49	1306.12	2813.41
	营业成本(万元)	957.93	1955.98	800.07	1764.14
	投资收益(万元)	—	—	—	—
	净利润(万元)	—	—	285.88	131.84
	营业利润(万元)	174.72	139.50	32.90	102.08
	利润总额(万元)	174.72	616.53	341.00	135.73

山东易构软件技术股份有限公司

公司概况	公司名称	山东易构软件技术股份有限公司			证券简称	易构软件
	法人代表	朱勇	董秘	禹娜	证券代码	834002
	公司网址	www.eaglesoftware.cn		电子信箱	yun@eaglesoftware.cn	
	电　话	0531-55721001		传　真	0531-55721002	
	办公地址	山东省济南市高新区天泺路88号展威科技园1号楼A座701室				
	经营范围	智能交通软件的设计研发及技术服务				

	指标\报告期	2017.06.30	2016.12.31	2016.06.30	2015.12.31
主要财务指标	基本每股收益(元)	-0.1100	0.3500	0.1500	0.4200
	基本每股收益(扣除后)(元)	-0.1700	0.1200	0.0200	0.2500
	稀释每股收益(元)	-0.1100	0.3500	0.1500	0.4200
	每股净资产(元)	2.3600	2.0100	1.7000	1.5600
	每股经营现金净流量(元)	0.0833	-0.3068	-0.1011	0.1757
	每股现金流量(元)	0.7990	-0.2020	-0.1400	0.1983
	每股资本公积金(元)	1.0334	0.3963	0.2632	0.2632
	每股盈余公积金(元)	0.0625	0.0646	0.0293	0.0293
	每股未分配利润(元)	0.4537	0.5814	0.4104	0.2636
	净资产收益率(%)	-4.0515	17.0099	8.6205	25.5308
	净资产收益率(扣除)(%)	-5.5700	20.3800	9.0100	34.0600
	加权净资产收益率	-6.2457	5.8201	1.2695	15.3216
	总资产(万元)	7680.96	6276.72	5084.91	5045.99
	归属母公司股东权益(万元)	7083.74	5293.18	4342.47	3968.13
	营业收入(万元)	500.12	3196.20	1389.05	3032.09
	营业成本(万元)	409.75	1575.93	588.55	1250.98
	投资收益(万元)	—	—	—	1.10
	净利润(万元)	—	—	374.35	1013.10
	营业利润(万元)	-338.10	371.07	143.70	715.24
	利润总额(万元)	-337.65	1047.98	463.55	1146.04

杭州金海岸文化发展股份有限公司

公司概况	公司名称	杭州金海岸文化发展股份有限公司			证券简称	金海岸
	法人代表	韩建鸥	董秘	潘慧清	证券代码	834015
	公司网址	www.hzjha.com		电子信箱	Panhq@hzjha.com	
	电　话	0571-56889507		传　真	0571-56889507	
	办公地址	浙江省杭州市下城区潮王路8-1号				
	经营范围	连锁剧院的经营管理和演艺节目的创作、制作及演出				

	指标\报告期	2017.06.30	2016.12.31	2016.06.30	2015.12.31
主要财务指标	基本每股收益(元)	0.0200	-0.3170	0.2100	0.6000
	基本每股收益(扣除后)(元)	0.0200	-0.4478	0.2100	0.4264
	稀释每股收益(元)	0.0200	-0.3170	0.2100	0.6000
	每股净资产(元)	5.6100	5.5900	5.6600	5.4500
	每股经营现金净流量(元)	-1.6462	1.4897	0.5244	0.4876
	每股现金流量(元)	-2.2822	2.7534	2.3150	-0.9312
	每股资本公积金(元)	2.5986	2.5986	2.0498	2.0498
	每股盈余公积金(元)	0.3009	0.3009	0.3150	0.3150
	每股未分配利润(元)	1.7114	1.6881	2.2909	2.0842
	净资产收益率(%)	0.4150	-5.4190	3.6559	11.0626
	净资产收益率(扣除)(%)	0.4200	-5.9900	3.7200	11.7100
	加权净资产收益率	0.3422	-7.6551	3.6521	7.8252
	总资产(万元)	32481.23	33005.92	33640.17	28755.07
	归属母公司股东权益(万元)	25303.65	25198.63	24364.73	23473.98
	营业收入(万元)	4579.47	10197.95	6294.73	15093.20
	营业成本(万元)	2825.15	8155.90	3531.63	7697.33
	投资收益(万元)	-27.33	-232.93	110.81	96.20
	净利润(万元)	—	—	906.25	2615.58
	营业利润(万元)	118.63	-1653.40	1187.23	3339.97
	利润总额(万元)	143.21	-1448.86	1183.81	3480.75

上海方心健康科技发展股份有限公司

公司概况	公司名称	上海方心健康科技发展股份有限公司			证券简称	方心健康
	法人代表	张昕	董秘	缪琼	证券代码	834017
	公司网址	www.fangxinhealth.com		电子信箱	qmiao20000@163.com	
	电　话	021-64223959		传　真	021-64223959	
	办公地址	上海市徐汇区医学院路69号13AD				
	经营范围	中医药的研发、生产与销售及医药产品的销售				

	指标\报告期	2017.06.30	2016.12.31	2016.06.30	2015.12.31
主要财务指标	基本每股收益(元)	0.1800	0.0700	0.8500	-0.4400
	基本每股收益(扣除后)(元)	0.0900	-0.0800	0.6400	-0.6600
	稀释每股收益(元)	0.1800	0.0700	0.8500	-0.4400
	每股净资产(元)	2.3500	1.2200	5.3600	4.1000
	每股经营现金净流量(元)	-0.2385	0.3299	1.9625	0.8130
	每股现金流量(元)	0.5322	0.2652	0.4803	0.0083
	每股资本公积金(元)	1.2885	0.3218	4.1349	3.7586
	每股盈余公积金(元)	0.0155	0.0117	0.0749	0.0421
	每股未分配利润(元)	0.0490	-0.1184	0.1551	-0.6958
	净资产收益率(%)	6.6265	6.1593	15.8617	-10.7728
	净资产收益率(扣除)(%)	11.8300	6.3600	18.7800	-10.2200
	加权净资产收益率	3.5254	-6.1966	11.9164	-15.9796
	总资产(万元)	23345.82	20350.76	16294.07	14841.97
	归属母公司股东权益(万元)	9882.87	4374.35	5365.00	4104.92
	营业收入(万元)	9075.44	18845.85	7948.21	14462.80
	营业成本(万元)	6448.50	13361.51	5443.00	10762.40
	投资收益(万元)	118.08	-101.55	207.28	-3.15
	净利润(万元)	—	—	941.75	-307.60
	营业利润(万元)	494.03	-368.63	785.49	-439.48
	利润总额(万元)	808.20	269.83	997.16	-225.74

上海恒业分子筛股份有限公司

公司概况	公司名称	上海恒业分子筛股份有限公司		证券简称	上海恒业
	法人代表	戴联平	董秘	褚保章	证券代码	834041
	公司网址	www.hyms.com.cn		电子信箱	hycwb@hyms.com.cn
	电　　话	021-57568588		传　　真	021-57568970
	办公地址	上海市奉贤区光大路12号			
	经营范围	分子筛、活性氧化铝制造、加工等			

	指标\报告期	2017.06.30	2016.12.31	2016.06.30	2015.12.31
主要财务指标	基本每股收益(元)	0.1700	0.3200	0.1600	0.4700
	基本每股收益(扣除后)(元)	0.1600	0.3000	0.1600	0.4400
	稀释每股收益(元)	0.1700	0.3200	0.1600	0.4700
	每股净资产(元)	3.3800	3.2100	3.0500	2.7700
	每股经营现金净流量(元)	0.4067	0.4392	0.2291	0.5440
	每股现金流量(元)	0.1870	0.4229	0.2659	0.0896
	每股资本公积金(元)	0.8170	0.8170	0.8170	0.6373
	每股盈余公积金(元)	0.1514	0.1514	0.1196	0.1259
	每股未分配利润(元)	1.4089	1.2384	1.1120	1.0007
	净资产收益率(%)	5.0440	9.9702	5.3013	17.0207
	净资产收益率(扣除)(%)	5.1800	10.6000	5.9700	18.7100
	加权净资产收益率	4.6272	9.4206	5.2429	16.0426
	总资产(万元)	26721.49	24313.26	25548.26	23858.31
	归属母公司股东权益(万元)	17790.01	16895.42	16057.68	13826.20
	营业收入(万元)	8316.91	16612.36	8752.70	21913.76
	营业成本(万元)	5981.25	12272.81	6419.35	16684.83
	投资收益(万元)	59.90	5.34	-33.08	-16.21
	净利润(万元)	、---	---	851.26	2353.32
	营业利润(万元)	948.84	1807.61	987.08	2542.07
	利润总额(万元)	1036.08	1916.84	998.11	2687.97

上海缔安科技股份有限公司

公司概况	公司名称	上海缔安科技股份有限公司			证券简称	缔安科技
	法人代表	袁初成	董秘		证券代码	834047
	公司网址	www.aolc.cn		电子信箱	jacqueline.li@aolc.cn	
	电　　话	021-62881836-887		传　　真	021-62892066-808	
	办公地址	上海市静安区北京西路1399号13楼BCD室				
	经营范围	从事计算机软硬件、通讯设备、网络科技领域内的技术开发、技术转让等				

	指标\报告期	2017.06.30	2016.12.31	2016.06.30	2015.12.31
主要财务指标	基本每股收益(元)	-0.1000	0.2000	0.0600	-0.2180
	基本每股收益(扣除后)(元)	-0.1400	0.0800	---	-0.2320
	稀释每股收益(元)	-0.1000	0.2000	0.0600	-0.2180
	每股净资产(元)	1.7600	1.8500	1.3000	1.2400
	每股经营现金净流量(元)	-0.0934	-0.1133	0.0866	-0.1783
	每股现金流量(元)	-0.1135	0.8407	0.8588	-0.9660
	每股资本公积金(元)	0.7966	0.7966	0.3907	0.3907
	每股盈余公积金(元)	0.0118	0.0118	---	---
	每股未分配利润(元)	-0.0531	0.0430	-0.0872	-0.1466
	净资产收益率(%)	-5.4733	10.3016	4.5527	-17.5337
	净资产收益率(扣除)(%)	-5.3300	12.3400	4.6600	-16.1200
	加权净资产收益率	-7.8487	4.1463	-0.1216	-18.6500
	总资产(万元)	5147.41	5684.83	5630.40	3773.81
	归属母公司股东权益(万元)	4730.44	4989.35	3258.73	3110.36
	营业收入(万元)	1262.94	5126.07	2209.33	2253.92
	营业成本(万元)	678.58	3253.71	1569.64	1391.61
	投资收益(万元)	26.13	66.29	42.15	40.50
	净利润(万元)	---	---	148.36	-545.36
	营业利润(万元)	-373.83	233.86	38.20	-677.67
	利润总额(万元)	-267.18	528.88	148.37	-677.34

上海蓝灯数据科技股份有限公司

公司概况	公司名称	上海蓝灯数据科技股份有限公司			证券简称	蓝灯数据
	法人代表	刘平安	董秘		证券代码	834048
	公司网址	www.landasoft.com		电子信箱	Alex.zhang@landasoft.com	
	电　　话	021-51875288		传　　真	021-51621269	
	办公地址	上海市普陀区中江路889号曹杨商务大厦17层				
	经营范围	计算机软硬件的技术开发、技术转让、技术咨询、技术服务、销售计算机软硬件、通信器材				

	指标\报告期	2017.06.30	2016.12.31	2016.06.30	2015.12.31
主要财务指标	基本每股收益(元)	0.0800	0.5245	-0.4200	0.4100
	基本每股收益(扣除后)(元)	0.0100	0.4844	-0.4400	0.2910
	稀释每股收益(元)	0.0800	---	-0.4200	0.4100
	每股净资产(元)	3.0000	3.6400	1.8700	1.8600
	每股经营现金净流量(元)	-0.3916	-0.1545	-0.7228	-0.0316
	每股现金流量(元)	-0.3387	0.7292	-0.2406	0.5610
	每股资本公积金(元)	1.3906	2.0814	0.9442	0.4997
	每股盈余公积金(元)	0.0684	0.0915	0.0381	0.0411
	每股未分配利润(元)	0.5390	0.7662	-0.1102	0.3222
	净资产收益率(%)	2.1985	12.8594	-21.8198	22.0815
	净资产收益率(扣除)(%)	2.1900	20.8900	-22.7100	33.5200
	加权净资产收益率	0.4847	11.8761	-22.5205	15.6720
	总资产(万元)	7416.80	7229.37	3576.56	3480.23
	归属母公司股东权益(万元)	6493.57	6566.28	3032.79	2794.60
	营业收入(万元)	2042.82	4584.85	1000.14	3351.31
	营业成本(万元)	655.14	1978.64	627.37	1301.36
	投资收益(万元)	---	---	---	---
	净利润(万元)	---	---	-661.75	617.09
	营业利润(万元)	-66.84	425.26	-877.90	337.63
	利润总额(万元)	148.84	845.74	-661.75	654.96

山东隆和节能科技股份有限公司

公司概况	公司名称	山东隆和节能科技股份有限公司			证券简称	隆和节能
	法人代表	王振隆	董秘	马德景	证券代码	834073
	公司网址	www.lhjnkj.com		电子信箱	sdlhkj988@163.com	
	电　　话	0535-5610555		传　　真	0535-5962555	
	办公地址	山东省济南市高新区龙奥北路1577号龙奥天街3号楼8F				
	经营范围	研发、设计、生产、销售及推广:新型墙体材料、墙板,装配式建筑构件				

	指标\报告期	2017.06.30	2016.12.31	2016.06.30	2015.12.31
主要财务指标	基本每股收益(元)	-0.1400	-0.0100	0.0700	0.2900
	基本每股收益(扣除后)(元)	-0.1400	-0.0300	---	0.2700
	稀释每股收益(元)	-0.1400	-0.0100	0.0700	---
	每股净资产(元)	1.4800	1.6200	1.6900	1.1900
	每股经营现金净流量(元)	-0.3091	-0.1749	-0.2329	0.5658
	每股现金流量(元)	-0.0365	-0.1225	-0.1682	0.3227
	每股资本公积金(元)	0.4885	0.4885	0.5003	0.0012
	每股盈余公积金(元)	0.0146	0.0146	0.0146	0.0194
	每股未分配利润(元)	-0.0249	0.1130	0.1771	0.1683
	净资产收益率(%)	-9.3278	-0.8153	3.0068	24.0396
	净资产收益率(扣除)(%)	-8.9100	-0.9200	5.5500	26.5900
	加权净资产收益率	-9.3428	-1.8867	2.9189	22.9450
	总资产(万元)	11495.94	11704.46	13643.79	10763.15
	归属母公司股东权益(万元)	5912.94	6464.48	6767.86	3566.58
	营业收入(万元)	984.35	4960.47	2227.20	4932.93
	营业成本(万元)	726.35	3563.99	1341.55	2896.54
	投资收益(万元)	0.59	8.29	4.55	---
	净利润(万元)	---	---	203.50	857.39
	营业利润(万元)	-567.56	-178.36	221.88	1086.32
	利润总额(万元)	-566.68	-45.95	231.10	1140.66

浙商创投股份有限公司

公司概况						
公司名称	浙商创投股份有限公司			证券简称	浙商创投	
法人代表	陈越孟	董秘	陈轶	证券代码	834089	
公司网址	www.zsvc.com.cn		电子信箱	info@zsvc.com.cn		
电话	0571-89922222-8068		传真	0571-89922221		
办公地址	浙江省杭州市西湖区求是路8号公元大厦北楼1001室					
经营范围	私募股权投资基金管理业务及股权投资业务					

主要财务指标	2017.06.30	2016.12.31	2016.06.30	2015.12.31
基本每股收益(元)	0.0700	0.0800	-0.0100	0.1300
基本每股收益(扣除后)(元)	0.0500	0.0700	-0.0118	0.1200
稀释每股收益(元)	0.0700	0.0800	-0.0100	0.1300
每股净资产(元)	2.4900	2.8000	1.9200	1.5000
每股经营现金净流量(元)	-0.0683	-0.6842	-0.7151	-0.0390
每股现金流量(元)	-0.6532	-0.8176	-0.0168	1.6534
每股资本公积金(元)	1.3748	1.3748	0.4014	0.4014
每股盈余公积金(元)	0.0113	0.0113	0.0007	0.0007
每股未分配利润(元)	0.0897	0.0739	0.0023	0.0073
净资产收益率(%)	2.6381	2.9740	-0.2618	8.7028
净资产收益率(扣除)(%)	2.4200	4.1800	-0.3100	22.6300
加权净资产收益率	1.8977	2.5292	-0.6122	7.7206
总资产(万元)	238210.76	270648.42	276952.29	184032.98
归属母公司股东权益(万元)	180049.37	189348.40	125506.65	92034.56
营业收入(万元)	8614.08	15361.27	2943.85	15318.88
营业成本(万元)	---	---	---	---
投资收益(万元)	2781.40	1049.43	459.73	776.66
净利润(万元)	---	---	-294.58	8094.12
营业利润(万元)	6544.06	7083.94	140.30	10604.84
利润总额(万元)	7224.46	7258.29	138.56	10979.04

厦门惠和股份有限公司

公司概况						
公司名称	厦门惠和股份有限公司			证券简称	惠和股份	
法人代表	李亚华	董秘	张小珍	证券代码	834092	
公司网址	www.huihestone.com		电子信箱	zxzxm0201@163.com		
电话	0592-5908278		传真	0592-5524180		
办公地址	福建省厦门市湖里区吕岭路南侧忠仑公园内惠和石文化园					
经营范围	文物保护工程设计、施工;仿古建筑工程设计、施工					

主要财务指标	2017.06.30	2016.12.31	2016.06.30	2015.12.31
基本每股收益(元)	0.0260	0.1700	0.1580	0.2650
基本每股收益(扣除后)(元)	0.0254	0.1313	0.1320	0.2600
稀释每股收益(元)	---	---	---	---
每股净资产(元)	1.7500	1.7200	1.7100	1.3700
每股经营现金净流量(元)	-0.0467	-0.3405	-0.3543	-0.4664
每股现金流量(元)	-0.0960	-0.0060	0.0832	-0.1238
每股资本公积金(元)	0.3790	0.3790	0.3790	0.1656
每股盈余公积金(元)	0.0310	0.0310	0.0162	0.0188
每股未分配利润(元)	0.3410	0.3149	0.3193	0.1876
净资产收益率(%)	1.4919	9.7358	9.1880	19.3431
净资产收益率(扣除)(%)	1.5000	10.4300	12.4900	24.3600
加权净资产收益率	1.4652	7.5185	7.7075	18.7668
总资产(万元)	7611.66	7033.39	8501.85	7217.94
归属母公司股东权益(万元)	5078.14	5002.38	4972.20	3430.06
营业收入(万元)	1442.60	4892.92	3531.25	7220.52
营业成本(万元)	979.19	3706.94	2620.55	5520.72
投资收益(万元)	---	---	---	---
净利润(万元)	---	---	458.30	668.35
营业利润(万元)	105.95	537.78	515.12	872.92
利润总额(万元)	107.71	687.68	613.25	900.13

江川金融服务股份有限公司

公司概况						
公司名称	江川金融服务股份有限公司			证券简称	江川金融	
法人代表	刘迎生	董秘	郭银江	证券代码	834096	
公司网址	www.jiangchuanbanking.com		电子信箱	Banking@jiangchuanbanking.com		
电话	010-66006118		传真	010-82290316		
办公地址	北京市海淀区西直门北大街56号生命人寿大厦7层					
经营范围	接受银行委托提供贷款调查、出具贷款调查报告					

主要财务指标	2017.06.30	2016.12.31	2016.06.30	2015.12.31
基本每股收益(元)	-0.0200	-0.0100	0.0200	0.2600
基本每股收益(扣除后)(元)	-0.0200	-0.0200	0.0200	0.0100
稀释每股收益(元)	-0.0200	-0.0100	0.0200	0.2600
每股净资产(元)	1.2400	1.2500	1.4100	1.3900
每股经营现金净流量(元)	-0.0239	0.1987	0.0436	-0.4251
每股现金流量(元)	-0.0239	-0.0753	0.0436	0.0448
每股资本公积金(元)	---	---	0.0013	0.0013
每股盈余公积金(元)	---	---	0.0203	0.0190
每股未分配利润(元)	0.2359	0.2534	0.3871	0.3913
净资产收益率(%)	-1.2646	-0.8744	1.1503	18.6355
净资产收益率(扣除)(%)	-1.2500	-0.7200	1.1500	20.5500
加权净资产收益率	-1.4265	-2.1051	1.1503	0.7961
总资产(万元)	13912.96	14508.84	16623.70	16818.51
归属母公司股东权益(万元)	12358.59	12533.75	14086.75	13924.71
营业收入(万元)	131.44	1237.63	1331.25	2055.55
营业成本(万元)	---	---	---	---
投资收益(万元)	---	---	---	3052.79
净利润(万元)	---	---	181.60	2575.90
营业利润(万元)	-195.16	-274.37	213.64	2727.55
利润总额(万元)	-175.16	-118.92	213.64	2727.53

无锡择尚科技股份有限公司

公司概况						
公司名称	无锡择尚科技股份有限公司			证券简称	择尚科技	
法人代表	邹征	董秘	曹震	证券代码	834101	
公司网址	www.wxzeshang.com		电子信箱	wxzeshang@wxzeshang.com		
电话	025-58757030		传真	0510-82605148		
办公地址	江苏省无锡市锡山经济技术开发区凤威路2号					
经营范围	计算机软硬件、电子产品的技术开发、技术转让、技术服务、技术咨询及销售					

主要财务指标	2017.06.30	2016.12.31	2016.06.30	2015.12.31
基本每股收益(元)	-0.2604	0.4381	0.1210	0.2900
基本每股收益(扣除后)(元)	-0.2623	0.3972	0.1210	0.2865
稀释每股收益(元)	-0.2604	0.4381	0.1210	0.2900
每股净资产(元)	1.9900	2.2600	1.7900	2.8000
每股经营现金净流量(元)	-0.6028	-0.2382	0.4749	-1.4568
每股现金流量(元)	-0.3979	0.6253	0.9949	0.2419
每股资本公积金(元)	0.8028	0.8028	0.6479	1.7458
每股盈余公积金(元)	---	---	---	---
每股未分配利润(元)	0.1919	0.4523	0.1417	0.0583
净资产收益率(%)	-13.0565	18.9722	6.5235	9.7639
净资产收益率(扣除)(%)	-12.2500	23.8800	8.7600	13.9400
加权净资产收益率	-13.1509	17.2013	6.5271	9.7900
总资产(万元)	8644.53	10595.04	8926.96	4832.43
归属母公司股东权益(万元)	4242.83	4798.05	3734.79	2492.54
营业收入(万元)	5399.46	30198.55	15227.24	11481.34
营业成本(万元)	3161.12	15149.39	7218.09	5550.19
投资收益(万元)	---	0.21	---	---
净利润(万元)	---	---	293.43	243.38
营业利润(万元)	-555.60	829.30	291.74	293.74
利润总额(万元)	-550.34	942.40	291.57	293.02

上海厚谊俊捷国际物流发展股份有限公司

公司概况	公司名称	上海厚谊俊捷国际物流发展股份有限公司		证券简称	厚谊俊捷
	法人代表	蒋文俊	董秘	柴强	证券代码 834176
	公司网址	www.houyigroup.net		电子信箱	tom_chai@houyigroup.net
	电　话	021-68918806		传　真	021-68917713
	办公地址	上海市浦东新区华夏东路 6688 号			
	经营范围	整车进出口报关报检、整车仓储、整车运输以及汽车售后服务			
主要财务指标	指标\报告期	2017.06.30	2016.12.31	2016.06.30	2015.12.31
	基本每股收益(元)	0.0100	0.7871	0.4100	0.8800
	基本每股收益(扣除后)(元)	0.0032	0.7308	0.4100	0.7600
	稀释每股收益(元)	0.0100	0.7871	0.4100	0.8800
	每股净资产(元)	3.6900	3.6800	3.2700	2.8600
	每股经营现金净流量(元)	0.3934	1.2910	0.5274	0.2744
	每股现金流量(元)	0.2835	-0.0963	0.1023	-0.0748
	每股资本公积金(元)	0.1402	0.1402	0.0225	0.0206
	每股盈余公积金(元)	0.2789	0.2789	0.1846	0.1905
	每股未分配利润(元)	2.3636	2.3535	2.0632	1.6811
	净资产收益率(%)	0.2745	21.1494	12.6337	30.8581
	净资产收益率(扣除)(%)	0.2700	23.8300	13.4900	36.1000
	加权净资产收益率	0.0878	19.6390	12.4809	26.6905
	总资产(万元)	37627.44	36716.27	21454.74	16475.36
	归属母公司股东权益(万元)	13060.79	13024.94	11446.33	10000.23
	营业收入(万元)	10747.26	20857.40	10259.15	18785.88
	营业成本(万元)	9268.84	15482.02	7338.98	13778.23
	投资收益(万元)	—	—	—	—
	净利润(万元)	—	—	1437.85	3079.71
	营业利润(万元)	62.49	2814.20	1714.99	2983.99
	利润总额(万元)	91.34	3192.91	1735.56	3474.34

宁波鸿立光电科技股份有限公司

公司概况	公司名称	宁波鸿立光电科技股份有限公司		证券简称	鸿立光电
	法人代表	杨芳	董秘	刘智平	证券代码 834180
	公司网址	www.nb-pungo.com		电子信箱	joseph@nb-pungo.com
	电　话	0574-86897731		传　真	0574-86897732
	办公地址	浙江省宁波市北仑区霞浦浦泉路 8 号 1 幢 1 号 1 楼			
	经营范围	光电产品配件、电子产品配件、电梯组件及零配件、汽车零配件、激光电视的研发、制造、加工、销售			
主要财务指标	指标\报告期	2017.06.30	2016.12.31	2016.06.30	2015.12.31
	基本每股收益(元)	0.0200	0.1200	0.0800	0.3100
	基本每股收益(扣除后)(元)	0.0195	0.0700	—	0.2700
	稀释每股收益(元)	0.0200	0.1200	0.0800	0.3100
	每股净资产(元)	1.0400	1.2400	1.1100	1.2700
	每股经营现金净流量(元)	-0.0769	0.0215	0.0728	-0.5024
	每股现金流量(元)	-0.1133	0.0922	0.0772	0.0427
	每股资本公积金(元)	0.0021	0.1026	0.0132	0.0962
	每股盈余公积金(元)	0.0210	0.0252	0.0137	0.0169
	每股未分配利润(元)	0.0217	0.1075	0.0852	0.1557
	净资产收益率(%)	1.4724	9.3035	7.2439	16.6530
	净资产收益率(扣除)(%)	1.7900	11.8000	7.5200	28.7200
	加权净资产收益率	1.4331	5.1218	3.6167	14.3936
	总资产(万元)	4919.89	5085.42	4264.86	4004.61
	归属母公司股东权益(万元)	2623.01	2584.38	2257.05	2093.55
	营业收入(万元)	2151.15	4601.75	2006.72	3657.60
	营业成本(万元)	1752.00	3652.46	1547.43	2424.30
	投资收益(万元)	—	—	—	—
	净利润(万元)	—	—	163.50	348.64
	营业利润(万元)	35.81	162.26	92.38	357.50
	利润总额(万元)	35.81	289.40	174.54	413.44

南京水杯子科技股份有限公司

公司概况	公司名称	南京水杯子科技股份有限公司		证券简称	水杯子
	法人代表	董平	董秘	朱芹	证券代码 834232
	公司网址	www.njsbz.com		电子信箱	info@njsbz.com
	电　话	025-85660060		传　真	025-85573747
	办公地址	江苏省南京市经济技术开发区恒竞路 25 号			
	经营范围	净水系统研究、集成、安装与运行管理			
主要财务指标	指标\报告期	2017.06.30	2016.12.31	2016.06.30	2015.12.31
	基本每股收益(元)	0.0400	0.1400	0.0300	-0.0900
	基本每股收益(扣除后)(元)	0.0300	0.0862	0.0300	-0.1000
	稀释每股收益(元)	0.0400	0.1400	0.0300	-0.0900
	每股净资产(元)	1.4200	1.1700	1.0600	0.8800
	每股经营现金净流量(元)	-0.0357	-0.0793	-0.0454	-0.1135
	每股现金流量(元)	0.5580	-0.2783	-0.0900	0.2850
	每股资本公积金(元)	0.4478	0.1478	0.1478	0.0126
	每股盈余公积金(元)	—	—	—	—
	每股未分配利润(元)	0.0627	0.0252	-0.0838	-0.1277
	净资产收益率(%)	2.1837	11.6825	2.6329	-10.4567
	净资产收益率(扣除)(%)	3.1500	14.0700	2.7800	-10.9900
	加权净资产收益率	1.7171	7.1969	2.5489	-10.6418
	总资产(万元)	12131.36	8824.02	9131.39	8469.52
	归属母公司股东权益(万元)	6911.94	4718.88	4280.29	3117.59
	营业收入(万元)	1967.77	4148.66	2156.67	2700.31
	营业成本(万元)	1068.90	2526.68	1401.30	1713.57
	投资收益(万元)	—	—	—	—
	净利润(万元)	—	—	95.60	-365.33
	营业利润(万元)	107.91	265.96	94.85	-369.29
	利润总额(万元)	140.48	477.57	96.09	-364.96

无锡威达智能电子股份有限公司

公司概况	公司名称	无锡威达智能电子股份有限公司		证券简称	威达智能
	法人代表	陆建忠	董秘	周云燕	证券代码 834281
	公司网址	www.cnwddz.com		电子信箱	zhouyunyan@cnwddz.com
	电　话	0510-85421778		传　真	0510-85388557
	办公地址	江苏省无锡市南湖大道 789 号 A 幢 3 楼(传感器高端制造基地)			
	经营范围	电视机、机顶盒等家用电器遥控器的研发、生产和销售			
主要财务指标	指标\报告期	2017.06.30	2016.12.31	2016.06.30	2015.12.31
	基本每股收益(元)	0.0655	0.2744	0.1800	0.1300
	基本每股收益(扣除后)(元)	0.0662	0.2208	0.1630	0.1169
	稀释每股收益(元)	0.0655	0.2744	0.1800	0.1300
	每股净资产(元)	1.4300	1.3500	1.2600	1.2500
	每股经营现金净流量(元)	0.0833	-0.1114	0.3147	0.0131
	每股现金流量(元)	-0.0675	0.0826	0.5314	0.0256
	每股资本公积金(元)	0.0697	0.0697	0.0697	0.2036
	每股盈余公积金(元)	0.0293	0.0293	0.0040	0.0053
	每股未分配利润(元)	0.3287	0.2544	0.1747	0.0448
	净资产收益率(%)	4.5852	18.1373	11.2544	6.4513
	净资产收益率(扣除)(%)	4.7200	21.2500	13.6700	6.6700
	加权净资产收益率	4.6344	14.5923	10.3003	5.9384
	总资产(万元)	11034.45	10705.29	8453.99	5441.92
	归属母公司股东权益(万元)	4674.39	4431.15	4087.48	3134.26
	营业收入(万元)	6075.97	11053.70	5501.71	6768.20
	营业成本(万元)	4945.23	8631.54	4336.03	5318.69
	投资收益(万元)	—	—	—	—
	净利润(万元)	—	—	456.85	202.20
	营业利润(万元)	293.41	880.28	570.82	269.70
	利润总额(万元)	292.18	1090.63	622.92	291.14

虎彩印艺股份有限公司

公司概况	公司名称	虎彩印艺股份有限公司			证券简称	虎彩印艺
	法人代表	陈成稳	董秘	向春江	证券代码	834295
	公司网址	www.hucais.com		电子信箱	xiangchunjiang11@sina.com	
	电　　话	0769-85252189-8503		传　　真	0769-85114119	
	办公地址	广东省东莞市虎门镇陈黄村工业区石鼓岗				
	经营范围	生产和销售包装材料,包装装潢印刷品、出版物印刷和其他印刷品印刷业务				

	指标\报告期	2017.06.30	2016.12.31	2016.06.30	2015.12.31
主要财务指标	基本每股收益(元)	-0.0700	0.1100	-0.0200	0.1000
	基本每股收益(扣除后)(元)	-0.0900	0.0400	-0.0400	0.0800
	稀释每股收益(元)	-0.0700	0.1100	-0.0200	0.1000
	每股净资产(元)	1.1800	1.2500	1.1100	1.4500
	每股经营现金净流量(元)	-0.0989	0.2533	-0.0263	0.5937
	每股现金流量(元)	0.1066	0.0720	-0.0183	-0.1005
	每股资本公积金(元)	0.0634	0.0634	0.0634	0.2654
	每股盈余公积金(元)	0.1117	0.1117	0.0927	0.1103
	每股未分配利润(元)	0.0022	0.0706	-0.0409	0.0759
	净资产收益率(%)	-5.8171	8.8236	-1.8511	6.9259
	净资产收益率(扣除)(%)	-5.6500	9.0200	-1.7500	7.1200
	加权净资产收益率	-8.0086	3.1030	-3.4339	5.5114
	总资产(万元)	131153.86	143655.64	126254.93	146129.09
	归属母公司股东权益(万元)	47583.49	50387.02	45104.97	49344.05
	营业收入(万元)	56533.23	114304.33	47575.82	122430.82
	营业成本(万元)	44761.28	80721.14	34868.47	83075.91
	投资收益(万元)	534.09	731.82	707.92	316.99
	净利润(万元)	---	---	-1386.27	2555.84
	营业利润(万元)	-3844.27	2392.28	-1113.72	3711.31
	利润总额(万元)	-3130.47	5001.25	-909.20	4296.27

中邮创业基金管理股份有限公司

公司概况	公司名称	中邮创业基金管理股份有限公司			证券简称	中邮基金
	法人代表	曹均	董秘	侯玉春	证券代码	834344
	公司网址	www.postfund.com.cn		电子信箱	houyc@postfund.com.cn	
	电　　话	010-82295160		传　　真	010-82295155	
	办公地址	北京市东城区和平里中街乙 16 号				
	经营范围	公募基金及特定资产管理业务产品的募集、销售及管理运作				

	指标\报告期	2017.06.30	2016.12.31	2016.06.30	2015.12.31
主要财务指标	基本每股收益(元)	0.3400	1.1200	0.4300	1.0800
	基本每股收益(扣除后)(元)	0.3411	1.1165	0.4700	1.0200
	稀释每股收益(元)	---	---	---	---
	每股净资产(元)	4.2300	3.9800	3.8800	3.4300
	每股经营现金净流量(元)	1.1318	0.3313	-0.4485	0.7289
	每股现金流量(元)	-1.4788	0.1261	-0.2278	0.3254
	每股资本公积金(元)	0.7468	0.0668	0.0668	0.0668
	每股盈余公积金(元)	2.6574	0.3759	0.2735	0.1094
	每股未分配利润(元)	1.9721	0.7473	0.3193	0.7010
	净资产收益率(%)	7.9549	27.9914	13.1608	31.7233
	净资产收益率(扣除)(%)	8.2100	29.8100	11.4400	36.3600
	加权净资产收益率	7.9807	27.9040	14.6034	29.8863
	总资产(万元)	194692.76	164279.37	148592.88	162656.67
	归属母公司股东权益(万元)	128651.51	119513.34	100287.66	103013.91
	营业收入(万元)	48029.20	115319.99	56140.26	101243.74
	营业成本(万元)	---	21899.16	---	---
	投资收益(万元)	-8.26	366.83	-2132.60	8023.08
	净利润(万元)	---	---	12802.33	32464.70
	营业利润(万元)	17051.93	48586.76	17768.20	42486.04
	利润总额(万元)	17061.62	49501.18	17772.80	42178.08

上海锐英科技股份有限公司

公司概况	公司名称	上海锐英科技股份有限公司			证券简称	锐英科技
	法人代表	卓天育	董秘	郑传兰	证券代码	834378
	公司网址	www.rying.com.cn		电子信箱	2191689825@qq.com	
	电　　话			传　　真		
	办公地址	上海市张江高科技园区郭守敬路 49812 幢 21401-21403 室				
	经营范围	计算机软件的开发、设计、制作、销售,计算机硬件、电子产品开发、销售				

	指标\报告期	2017.06.30	2016.12.31	2016.06.30	2015.12.31
主要财务指标	基本每股收益(元)	-0.0181	-0.0591	-0.1000	0.5200
	基本每股收益(扣除后)(元)	-0.0761	-0.1015	-0.1800	0.4010
	稀释每股收益(元)	-0.0181	-0.0591	---	0.5200
	每股净资产(元)	2.2000	2.2200	2.1800	2.2800
	每股经营现金净流量(元)	-0.0967	0.6932	0.0204	-0.9574
	每股现金流量(元)	0.1648	-0.6342	-0.0494	0.1645
	每股资本公积金(元)	0.7670	0.7670	0.7670	0.7670
	每股盈余公积金(元)	0.0507	0.0507	0.0511	0.0507
	每股未分配利润(元)	0.3795	0.3976	0.3576	0.4567
	净资产收益率(%)	-0.8217	-2.6668	-4.5373	22.5905
	净资产收益率(扣除)(%)	-0.8200	-2.6300	-12.9800	28.7300
	加权净资产收益率	-3.4639	-4.5823	-8.0585	17.5882
	总资产(万元)	3387.37	3257.89	2823.43	3513.64
	归属母公司股东权益(万元)	2691.62	2713.74	2665.18	2789.98
	营业收入(万元)	788.32	2475.02	689.68	3674.43
	营业成本(万元)	455.19	1432.41	326.59	2121.09
	投资收益(万元)	30.31	11.95	---	---
	净利润(万元)	---	---	-120.93	630.27
	营业利润(万元)	-75.85	-187.30	-214.53	427.51
	利润总额(万元)	-22.49	-73.21	-120.69	717.57

恒拓开源信息科技股份有限公司

公司概况	公司名称	恒拓开源信息科技股份有限公司			证券简称	恒拓开源
	法人代表	马越	董秘	薛福强	证券代码	834415
	公司网址	www.foreveross.com		电子信箱	hengtuokaiyuan@foreverss.com	
	电　　话	010-62960888		传　　真	010-62964633	
	办公地址	北京市海淀区上地三街 9 号嘉华大厦 E 座 706				
	经营范围	计算机软件及网络的技术咨询、技术开发、技术服务等				

	指标\报告期	2017.06.30	2016.12.31	2016.06.30	2015.12.31
主要财务指标	基本每股收益(元)	-0.0200	-0.3300	-0.0600	-0.2600
	基本每股收益(扣除后)(元)	-0.0300	-0.3500	-0.0600	-0.3100
	稀释每股收益(元)	-0.0200	-0.3300	-0.0600	---
	每股净资产(元)	1.1800	1.2100	1.4800	2.7800
	每股经营现金净流量(元)	-0.1459	-0.2097	-0.4012	-1.1946
	每股现金流量(元)	-0.2423	-0.0957	-0.1547	0.9881
	每股资本公积金(元)	0.6355	0.6355	0.6355	1.9876
	每股盈余公积金(元)	---	---	---	---
	每股未分配利润(元)	-0.4505	-0.4302	-0.1582	-0.2032
	净资产收益率(%)	-1.7166	-27.3463	-3.9023	-8.3990
	净资产收益率(扣除)(%)	-1.7000	-25.0100	-4.1900	-14.0600
	加权净资产收益率	-2.5053	-28.8922	-4.3046	-10.3114
	总资产(万元)	11261.58	11780.79	15017.57	12517.79
	归属母公司股东权益(万元)	7606.29	7736.87	9482.58	8847.76
	营业收入(万元)	5490.58	8262.61	2563.95	5475.13
	营业成本(万元)	3970.86	6352.67	1376.11	3368.81
	投资收益(万元)	---	---	---	---
	净利润(万元)	---	---	-370.03	-743.13
	营业利润(万元)	-191.57	-2206.49	-517.15	-1157.99
	利润总额(万元)	-131.59	-2064.58	-472.24	-958.63

广东晖速通信技术股份有限公司

公司概况						
	公司名称	广东晖速通信技术股份有限公司			证券简称	晖速通信
	法人代表	陈晖	董秘	邱乐辉	证券代码	834433
	公司网址	www.huisucn.com		电子信箱	hs@huisucn.com	
	电话	0769-85847633		传真	0769-85847633	
	办公地址	广东省东莞市东城区牛山外经工业园景观路主山工业区2号				
	经营范围	通信信息网络系统集成;通信工程总承包;钢结构、通信铁塔、电力铁塔工程承包				

主要财务指标	指标\报告期	2017.06.30	2016.12.31	2016.06.30	2015.12.31
	基本每股收益(元)	0.1000	0.1500	0.0800	0.1900
	基本每股收益(扣除后)(元)	0.0717	0.1400	0.0800	0.1600
	稀释每股收益(元)	—	0.1500	—	—
	每股净资产(元)	2.4700	2.3700	2.3100	2.0800
	每股经营现金净流量(元)	0.0345	-0.1499	-0.1026	0.3184
	每股现金流量(元)	-0.0011	-0.2504	-0.4054	0.6917
	每股资本公积金(元)	1.0713	1.0713	1.0791	0.9005
	每股盈余公积金(元)	0.0303	0.0303	0.0158	0.0176
	每股未分配利润(元)	0.3729	0.2717	0.2186	0.1586
	净资产收益率(%)	4.0922	6.0658	3.3008	8.4653
	净资产收益率(扣除)(%)	4.1800	6.5100	3.6600	9.7800
	加权净资产收益率	2.9358	5.6108	3.2804	7.5369
	总资产(万元)	43611.80	38577.69	32718.31	33887.70
	归属母公司股东权益(万元)	19177.27	18392.50	17929.66	14436.93
	营业收入(万元)	8679.56	16197.11	6741.39	14012.26
	营业成本(万元)	5486.43	9643.44	3934.94	8320.12
	投资收益(万元)	—	1.39	1.39	1.39
	净利润(万元)	—	—	591.82	1222.13
	营业利润(万元)	950.25	1187.26	698.76	1298.03
	利润总额(万元)	937.99	1284.31	703.06	1455.73

江苏欧佩日化股份有限公司

公司概况						
	公司名称	江苏欧佩日化股份有限公司			证券简称	欧佩股份
	法人代表	罗爱军	董秘	王红英	证券代码	834462
	公司网址	www.droppeal.com		电子信箱	saga@droppeal.com	
	电话	400-626-9918		传真	0514-85860079	
	办公地址	江苏省扬州市邗江区杨寿镇宝女村				
	经营范围	旅游文化、酒店用品的生产、研发以及销售				

主要财务指标	指标\报告期	2017.06.30	2016.12.31	2016.06.30	2015.12.31
	基本每股收益(元)	0.2200	0.3831	0.1400	0.5208
	基本每股收益(扣除后)(元)	0.2100	0.3608	0.1395	0.3810
	稀释每股收益(元)	0.2200	0.3831	0.1400	0.5208
	每股净资产(元)	1.9000	1.9900	1.7500	1.3400
	每股经营现金净流量(元)	-0.0047	1.0366	0.1323	0.1217
	每股现金流量(元)	0.0714	0.0731	-0.0047	0.1084
	每股资本公积金(元)	0.2952	0.2952	0.2952	—
	每股盈余公积金(元)	0.0384	0.0384	0.0037	0.0039
	每股未分配利润(元)	0.5697	0.6586	0.4551	0.3321
	净资产收益率(%)	11.3519	18.9263	7.9184	32.2291
	净资产收益率(扣除)(%)	10.2900	21.9500	9.1800	42.9000
	加权净资产收益率	11.0462	17.8224	7.7004	23.5789
	总资产(万元)	12855.80	12829.19	13563.56	13215.00
	归属母公司股东权益(万元)	4996.16	5229.63	4604.45	3339.85
	营业收入(万元)	13994.68	26231.11	12456.83	24748.58
	营业成本(万元)	10421.37	18946.71	8960.35	17806.85
	投资收益(万元)	—	—	—	—
	净利润(万元)	—	—	522.75	1344.37
	营业利润(万元)	1008.46	1523.76	624.23	1846.32
	利润总额(万元)	1034.49	1607.48	639.64	2026.82

上海我享网络信息科技股份有限公司

公司概况						
	公司名称	上海我享网络信息科技股份有限公司			证券简称	我享科技
	法人代表	李学东	董秘	刘国强	证券代码	834490
	公司网址	www.weshare12.com		电子信箱	liuguoqiang@jurenchina.cn	
	电话	021-61139288		传真	021-61136500-601	
	办公地址	上海市徐汇区番禺路878号				
	经营范围	网络科技、印刷科技领域内的技术开发、技术咨询、技术服务等				

主要财务指标	指标\报告期	2017.06.30	2016.12.31	2016.06.30	2015.12.31
	基本每股收益(元)	0.1400	0.5917	0.1300	-0.3800
	基本每股收益(扣除后)(元)	0.1176	0.4687	—	-0.3699
	稀释每股收益(元)	0.1400	0.5917	0.1300	-0.3800
	每股净资产(元)	2.2800	2.0200	1.5600	1.4600
	每股经营现金净流量(元)	-0.5385	-0.4413	-0.3688	-0.3229
	每股现金流量(元)	-0.3704	-0.9180	-1.1929	1.1627
	每股资本公积金(元)	0.6511	0.5162	0.5162	0.6420
	每股盈余公积金(元)	—	—	—	—
	每股未分配利润(元)	0.6276	0.5007	0.0422	-0.0910
	净资产收益率(%)	6.0516	29.3355	8.5445	-12.5700
	净资产收益率(扣除)(%)	6.3200	33.1700	51.5900	-29.0300
	加权净资产收益率	5.0819	23.2398	8.4150	-12.3685
	总资产(万元)	15058.62	15948.44	11614.72	8256.33
	归属母公司股东权益(万元)	12965.37	11224.16	8672.51	8115.17
	营业收入(万元)	7313.38	22186.49	10410.96	1192.66
	营业成本(万元)	3512.44	8690.09	5865.13	600.81
	投资收益(万元)	—	—	—	—
	净利润(万元)	—	—	741.02	-1020.07
	营业利润(万元)	1068.20	5447.67	1437.61	-999.23
	利润总额(万元)	1193.37	5442.64	1448.84	-1012.69

上海传诚时装股份有限公司

公司概况						
	公司名称	上海传诚时装股份有限公司			证券简称	传诚时装
	法人代表	段连双	董秘	杨申豫	证券代码	834512
	公司网址	www.fashiondk.com		电子信箱	angela@fashiondk.com	
	电话	021-60825688-863		传真	010-80115555-542232	
	办公地址	上海市普陀区光复西路1107号苏河汇园区4楼A座				
	经营范围	服装、服饰、鞋帽、针纺织品、工艺品、纱线、面料的批发、从事货物及技术的进出口业务				

主要财务指标	指标\报告期	2017.06.30	2016.12.31	2016.06.30	2015.12.31
	基本每股收益(元)	-0.3900	-0.2100	-0.1600	0.3600
	基本每股收益(扣除后)(元)	-0.4400	-0.2300	-0.1700	0.2900
	稀释每股收益(元)	-0.3900	-0.2100	-0.1600	0.3600
	每股净资产(元)	0.9900	1.3800	1.4300	4.8100
	每股经营现金净流量(元)	-0.1080	-0.4092	-0.4567	-4.2444
	每股现金流量(元)	-0.1149	-1.1579	-1.2079	4.0384
	每股资本公积金(元)	0.3700	0.3700	0.3700	3.4563
	每股盈余公积金(元)	—	—	—	—
	每股未分配利润(元)	-0.3722	0.0177	0.0636	0.7614
	净资产收益率(%)	-39.3971	-15.3117	-11.5457	6.6282
	净资产收益率(扣除)(%)	-33.0200	-14.1800	-10.9000	17.3800
	加权净资产收益率	-44.4893	-16.9816	-11.9165	5.3195
	总资产(万元)	5834.87	6953.34	7141.43	9721.91
	归属母公司股东权益(万元)	2725.43	3789.13	3930.74	4392.85
	营业收入(万元)	3348.92	14284.77	6115.82	13238.48
	营业成本(万元)	2514.04	10425.55	4257.09	9812.18
	投资收益(万元)	—	11.18	11.18	0.85
	净利润(万元)	—	—	-449.97	306.79
	营业利润(万元)	-1240.45	-596.41	-424.12	521.89
	利润总额(万元)	-1101.66	-544.31	-415.86	584.14

深圳红酒世界电商股份有限公司

公司概况	公司名称	深圳红酒世界电商股份有限公司		证券简称	红酒世界
	法人代表	苗健	董秘 陈丕积	证券代码	834528
	公司网址	www.wine-world.com		电子信箱	leixiaolong@wine-world.com
	电　话	0755-25916297		传　真	0755-82127178
	办公地址	广东省深圳市南山区粤海街道科苑路11号金融科技大厦A座十二层A单元			
	经营范围	公司主营业务为进口国际知名原产地葡萄酒进行线上和线下销售			

主要财务指标	指标＼报告期	2017.06.30	2016.12.31	2016.06.30	2015.12.31
	基本每股收益(元)	-0.2206	-0.4847	-0.2351	-0.3400
	基本每股收益(扣除后)(元)	-0.2208	-0.5149	-0.2502	-0.3569
	稀释每股收益(元)	-0.2206	-0.4847	-0.2351	-0.3400
	每股净资产(元)	1.3100	1.5300	1.7800	1.2700
	每股经营现金净流量(元)	-0.5520	-1.3456	-0.6141	-0.0590
	每股现金流量(元)	-0.2472	0.2512	0.3472	0.0460
	每股资本公积金(元)	1.3019	1.3019	1.3019	0.5888
	每股盈余公积金(元)	0.0390	0.0390	0.0390	0.0419
	每股未分配利润(元)	-1.0272	-0.8066	-0.5573	-0.3574
	净资产收益率(%)	-16.7894	-30.8728	-12.5787	-24.4770
	净资产收益率(扣除)(%)	-15.4900	-31.6400	-16.6500	-27.1100
	加权净资产收益率	-16.8064	-32.7964	-13.3850	-25.6937
	总资产(万元)	17554.76	16281.30	13185.56	10793.04
	归属母公司股东权益(万元)	9590.45	11200.20	13020.23	8658.01
	营业收入(万元)	2197.79	2524.81	944.09	1091.87
	营业成本(万元)	1343.90	1413.01	400.37	476.60
	投资收益(万元)	---	104.44	104.44	72.50
	净利润(万元)	---	---	-1637.78	-2119.22
	营业利润(万元)	-1611.81	-3568.82	-1638.31	-2152.06
	利润总额(万元)	-1610.17	-3457.81	-1637.78	-2119.22

辽宁运通车联发展股份有限公司

公司概况	公司名称	辽宁运通车联发展股份有限公司		证券简称	运通车联
	法人代表	李兆彦	董秘 朴欣	证券代码	834539
	公司网址	www.yuntongchelian.com		电子信箱	yuntongchelian@163.com
	电　话	0412-8234688		传　真	0412-8234004
	办公地址	辽宁省鞍山市铁西区三道街132号			
	经营范围	汽车项目投资、汽车租赁、二手车销售及代理			

主要财务指标	指标＼报告期	2017.06.30	2016.12.31	2016.06.30	2015.12.31
	基本每股收益(元)	0.0600	0.0400	-0.0300	0.1600
	基本每股收益(扣除后)(元)	0.0500	0.0300	-0.0300	0.1400
	稀释每股收益(元)	0.0600	0.0400	-0.0300	0.1600
	每股净资产(元)	1.6600	1.6000	1.5400	1.5400
	每股经营现金净流量(元)	-0.7536	0.4718	-0.2079	0.1026
	每股现金流量(元)	-0.8602	0.6852	-0.1172	0.0665
	每股资本公积金(元)	0.2840	0.2840	0.2963	0.2445
	每股盈余公积金(元)	---	---	---	---
	每股未分配利润(元)	0.3739	0.3180	0.2600	0.2931
	净资产收益率(%)	3.3744	2.1616	-2.0797	10.1934
	净资产收益率(扣除)(%)	3.4300	2.2400	-2.1800	10.7400
	加权净资产收益率	2.7289	1.5365	-2.2552	9.3356
	总资产(万元)	40544.69	50570.81	37808.16	46513.25
	归属母公司股东权益(万元)	18867.27	18230.61	17500.10	16914.04
	营业收入(万元)	49549.58	124203.94	54726.11	118440.40
	营业成本(万元)	46494.12	119021.68	52927.30	111346.65
	投资收益(万元)	0.72	198.89	-31.16	0.20
	净利润(万元)	---	---	-320.97	1800.69
	营业利润(万元)	1201.17	920.47	-394.80	2355.56
	利润总额(万元)	1268.84	1093.34	-327.19	2597.93

上海龙腾科技股份有限公司

公司概况	公司名称	上海龙腾科技股份有限公司		证券简称	龙腾科技
	法人代表	乔国龙	董秘 陶伟琪	证券代码	834553
	公司网址	www.shltjx.com		电子信箱	lt-machine@hotmail.com
	电　话	021-58188610		传　真	021-38180079
	办公地址	上海市浦东新区南汇工业园区陶桥路138号2幢			
	经营范围	主要从事包装机械的设计研发、生产制造与安装调试			

主要财务指标	指标＼报告期	2017.06.30	2016.12.31	2016.06.30	2015.12.31
	基本每股收益(元)	-0.0300	0.1600	0.0800	0.2300
	基本每股收益(扣除后)(元)	-0.0326	0.1200	0.0700	0.1900
	稀释每股收益(元)	---	0.1600	---	0.2300
	每股净资产(元)	2.2100	2.4200	2.3500	2.3300
	每股经营现金净流量(元)	-0.1545	0.0586	-0.1582	0.3410
	每股现金流量(元)	-0.4456	0.0296	-0.1845	0.3378
	每股资本公积金(元)	0.8505	0.8505	0.8505	0.8099
	每股盈余公积金(元)	0.0674	0.0674	0.0596	0.0524
	每股未分配利润(元)	0.2926	0.5062	0.4363	0.4715
	净资产收益率(%)	-1.5352	6.5747	3.4820	9.7044
	净资产收益率(扣除)(%)	-1.4600	6.5500	3.5200	10.2000
	加权净资产收益率	-1.6691	4.8659	3.0449	8.1376
	总资产(万元)	12831.68	14310.60	13204.22	13066.38
	归属母公司股东权益(万元)	10133.76	11114.63	10758.50	10502.38
	营业收入(万元)	3087.44	8617.48	3847.75	7334.64
	营业成本(万元)	1686.14	5308.04	1985.44	3766.96
	投资收益(万元)	---	---	---	---
	净利润(万元)	---	---	374.61	1019.19
	营业利润(万元)	-205.92	548.10	348.38	963.25
	利润总额(万元)	-191.15	771.54	403.14	1156.84

无锡豪帮高科股份有限公司

公司概况	公司名称	无锡豪帮高科股份有限公司		证券简称	豪帮高科
	法人代表	袁野	董秘 滕爱武	证券代码	834554
	公司网址	www.haobang-smt.com		电子信箱	tengaiwu@haobang-smt.com
	电　话	0510-85120111		传　真	0510-85122180
	办公地址	江苏省无锡市胡埭镇胡阳路1号			
	经营范围	电子元件及电子器件的制造、加工、销售等			

主要财务指标	指标＼报告期	2017.06.30	2016.12.31	2016.06.30	2015.12.31
	基本每股收益(元)	-0.1400	-0.1700	-0.1400	0.5100
	基本每股收益(扣除后)(元)	-0.1600	-0.2500	-0.1900	0.3700
	稀释每股收益(元)	-0.1400	-0.1700	-0.1400	0.5100
	每股净资产(元)	2.8000	2.9500	2.8700	3.0100
	每股经营现金净流量(元)	-0.4750	-0.0725	-0.0006	0.7983
	每股现金流量(元)	-0.1256	0.3663	0.1527	-0.0958
	每股资本公积金(元)	1.7236	1.7236	1.6062	1.6062
	每股盈余公积金(元)	0.0384	0.0384	0.0404	0.0404
	每股未分配利润(元)	0.0422	0.1838	0.2193	0.3634
	净资产收益率(%)	-5.0500	-5.4985	-5.0275	16.7877
	净资产收益率(扣除)(%)	-4.9300	-5.6600	-4.9000	18.3300
	加权净资产收益率	-5.8787	-8.0975	-6.5807	12.3156
	总资产(万元)	20251.94	17301.13	15905.42	17513.58
	归属母公司股东权益(万元)	11788.79	12384.12	11463.43	12039.75
	营业收入(万元)	6370.72	9002.66	3822.20	28083.29
	营业成本(万元)	6092.80	8358.35	3911.31	24383.16
	投资收益(万元)	---	39.39	39.39	16.98
	净利润(万元)	---	---	-576.33	2021.20
	营业利润(万元)	-820.98	-1117.85	-817.55	2057.37
	利润总额(万元)	-706.04	-739.17	-580.16	2684.56

北京光慧鸿途科技股份有限公司

公司概况						
	公司名称	北京光慧鸿途科技股份有限公司			证券简称	光慧科技
	法人代表	李志勇	董秘	辛欣	证券代码	834564
	公司网址	www.ibrightech.com		电子信箱	hr@ibrightech.com	
	电　话	010-82488775		传　真	010-53732699	
	办公地址	北京市朝阳区曙光西里甲1号A-2209				
	经营范围	公司主要从事系统集成服务和配套电子产品的销售				

主要财务指标	指标\报告期	2017.06.30	2016.12.31	2016.06.30	2015.12.31
	基本每股收益(元)	-0.1400	-0.1100	0.1400	0.1700
	基本每股收益(扣除后)(元)	-0.1400	-0.1200	0.1400	0.1700
	稀释每股收益(元)	-0.1400	-0.1100	0.1400	0.1700
	每股净资产(元)	1.6900	1.8300	2.0800	1.7000
	每股经营现金净流量(元)	-0.0440	-0.3602	-0.2432	-0.5958
	每股现金流量(元)	-0.0440	-0.3820	0.0475	0.4387
	每股资本公积金(元)	0.8105	0.8105	0.8105	0.5672
	每股盈余公积金(元)	0.0159	0.0159	0.0159	0.0169
	每股未分配利润(元)	-0.1329	0.0044	0.2536	0.1205
	净资产收益率(%)	-8.1035	-5.9799	6.7207	9.8646
	净资产收益率(扣除)(%)	-7.7900	-5.8900	7.3600	22.6700
	加权净资产收益率	-8.1026	-6.3524	6.3925	9.8652
	总资产(万元)	12763.62	13371.45	14679.64	12278.77
	归属母公司股东权益(万元)	11109.89	12010.18	13645.41	10568.34
	营业收入(万元)	276.32	38899.44	32817.01	8198.49
	营业成本(万元)	177.89	35907.85	29519.39	5923.86
	投资收益(万元)	—	—	—	—
	净利润(万元)	—	—	846.09	1030.07
	营业利润(万元)	-925.76	-623.47	1118.81	1389.13
	利润总额(万元)	-925.86	-563.82	1178.51	1389.05

华多九州科技股份有限公司

公司概况						
	公司名称	华多九州科技股份有限公司			证券简称	华多科技
	法人代表	汤世生	董秘	彭世菊	证券代码	834567
	公司网址	www.hodojou.com		电子信箱	weijia@zksoo.com	
	电　话	010-53277019		传　真	010-53277229	
	办公地址	北京市海淀区万柳中路6号院4号楼				
	经营范围	技术开发与服务、智能建筑工程				

主要财务指标	指标\报告期	2017.06.30	2016.12.31	2016.06.30	2015.12.31
	基本每股收益(元)	-0.1500	0.0600	0.1400	0.2800
	基本每股收益(扣除后)(元)	-0.2200	—	0.1800	0.1000
	稀释每股收益(元)	-0.1500	0.0600	0.1400	0.2800
	每股净资产(元)	1.4100	1.5600	1.6400	1.3800
	每股经营现金净流量(元)	-0.3174	-0.4491	-0.3369	0.5288
	每股现金流量(元)	-0.4556	-0.4462	-0.3650	0.1932
	每股资本公积金(元)	0.2505	0.2519	0.2519	0.1029
	每股盈余公积金(元)	0.0023	0.0023	0.0023	0.0026
	每股未分配利润(元)	0.1590	0.3098	0.3889	0.2762
	净资产收益率(%)	-10.6880	3.5869	8.2250	20.4767
	净资产收益率(扣除)(%)	-10.1400	3.7000	8.8000	22.9200
	加权净资产收益率	-15.4604	0.0545	10.9097	7.4938
	总资产(万元)	70148.54	69573.09	68042.01	59582.74
	归属母公司股东权益(万元)	10758.14	11918.28	12520.61	9671.63
	营业收入(万元)	10164.69	52052.35	27803.61	58458.22
	营业成本(万元)	9235.40	49304.40	25823.48	53813.97
	投资收益(万元)	-663.47	1145.35	988.33	95.80
	净利润(万元)	—	—	1029.83	1980.43
	营业利润(万元)	-1926.70	-281.15	1070.23	2930.43
	利润总额(万元)	-1126.14	-171.79	1079.28	2944.68

江苏华富储能新技术股份有限公司

公司概况						
	公司名称	江苏华富储能新技术股份有限公司			证券简称	华富储能
	法人代表	居春山	董秘	周寿斌	证券代码	834591
	公司网址	www.huafubattery.com		电子信箱	cnhf@cnhuafu.com	
	电　话	0514-85081900		传　真	0514-84549350	
	办公地址	江苏省高邮经济开发区高邮市电池工业园				
	经营范围	储能蓄电池的研发、生产和销售				

主要财务指标	指标\报告期	2017.06.30	2016.12.31	2016.06.30	2015.12.31
	基本每股收益(元)	0.0100	0.1800	—	0.2900
	基本每股收益(扣除后)(元)	-0.0200	0.0700	-0.0300	0.2000
	稀释每股收益(元)	0.0100	0.1800	—	0.2900
	每股净资产(元)	2.1700	2.1600	1.9800	2.0000
	每股经营现金净流量(元)	0.0350	0.5061	0.1637	0.5019
	每股现金流量(元)	-0.1301	-0.0122	0.0298	0.1777
	每股资本公积金(元)	—	—	—	—
	每股盈余公积金(元)	0.1166	0.1166	0.1000	0.1000
	每股未分配利润(元)	1.0507	1.0361	0.8761	0.8964
	净资产收益率(%)	0.6754	8.4205	0.2359	14.4150
	净资产收益率(扣除)(%)	0.6800	8.7300	0.2300	15.4300
	加权净资产收益率	-0.8220	3.0207	-1.3325	10.1355
	总资产(万元)	48628.74	46325.92	45063.90	48736.59
	归属母公司股东权益(万元)	21742.80	21595.94	19824.21	20028.25
	营业收入(万元)	14309.23	36656.94	11594.16	41490.45
	营业成本(万元)	10838.35	26206.29	8360.13	29180.66
	投资收益(万元)	—	—	—	—
	净利润(万元)	—	—	46.76	2887.07
	营业利润(万元)	-256.52	632.11	-261.50	2228.63
	利润总额(万元)	127.35	2030.83	106.67	3311.07

云南一乘驾驶培训股份有限公司

公司概况						
	公司名称	云南一乘驾驶培训股份有限公司			证券简称	一乘股份
	法人代表	刘辉	董秘	郭接见	证券代码	834592
	公司网址	www.yicjx.com		电子信箱	282380819@qq.com	
	电　话	0871-63355419		传　真	0871-63355419	
	办公地址	云南省昆明市官渡区民航路400号A座14楼				
	经营范围	普通机动车驾驶员培训、机动车驾驶员培训教练场经营、住宿、餐饮服务、预包装食品的销售				

主要财务指标	指标\报告期	2017.06.30	2016.12.31	2016.06.30	2015.12.31
	基本每股收益(元)	-0.1200	-0.1500	-0.1000	0.1500
	基本每股收益(扣除后)(元)	-0.1200	-0.1600	-0.1000	0.1600
	稀释每股收益(元)	-0.1200	-0.1500	—	0.1500
	每股净资产(元)	0.9400	1.0600	1.1200	1.1800
	每股经营现金净流量(元)	0.1296	0.1108	0.1296	0.6237
	每股现金流量(元)	0.0063	-0.0151	0.4308	-0.0344
	每股资本公积金(元)	0.1332	0.1332	0.1332	0.0934
	每股盈余公积金(元)	0.0079	0.0079	0.0079	0.0083
	每股未分配利润(元)	-0.2004	-0.0803	-0.0249	0.0751
	净资产收益率(%)	-12.7588	-14.3106	-8.6385	12.6839
	净资产收益率(扣除)(%)	-11.9900	-13.6300	-8.6200	13.8500
	加权净资产收益率	-12.5793	-15.1308	-8.6330	12.7388
	总资产(万元)	85921.61	86035.96	96823.86	88931.43
	归属母公司股东权益(万元)	19756.80	22277.53	23440.66	23536.07
	营业收入(万元)	11487.09	27900.12	13491.95	37388.96
	营业成本(万元)	7955.94	19502.19	9712.61	20618.41
	投资收益(万元)	—	—	—	—
	净利润(万元)	—	—	-2024.91	2985.29
	营业利润(万元)	-2365.13	-3354.56	-2006.85	3977.86
	利润总额(万元)	-2400.59	-3171.84	-2008.13	3964.94

北京星光影视设备科技股份有限公司

公司概况	公司名称	北京星光影视设备科技股份有限公司			证券简称	星光影视
	法人代表	陈瑞福	董秘	李劲松	证券代码	834608
	公司网址	www.starlighting.com.cn		电子信箱	wsy_ljs@263.net	
	电　话	010-60244421		传　真	010-60244421	
	办公地址	北京市大兴区西红门镇星光巷7号				
	经营范围	文化产业装备系统集成、文化产业综合配套服务、文化产业装备直接销售				

主要财务指标	指标\报告期	2017.06.30	2016.12.31	2016.06.30	2015.12.31
	基本每股收益(元)	0.1000	0.6900	0.0700	0.6900
	基本每股收益(扣除后)(元)	0.0900	0.6100	0.0500	0.6700
	稀释每股收益(元)	0.1000	0.6900	0.0700	0.6900
	每股净资产(元)	5.9700	5.8700	5.2400	5.2700
	每股经营现金净流量(元)	0.6380	0.7141	0.1658	0.9755
	每股现金流量(元)	−0.3576	0.0918	−0.3071	−0.2926
	每股资本公积金(元)	0.9378	0.9378	0.9378	0.9378
	每股盈余公积金(元)	0.4843	0.4749	0.4023	0.4023
	每股未分配利润(元)	3.5628	3.4692	2.9202	2.9527
	净资产收益率(%)	1.7265	11.7493	1.2886	13.1052
	净资产收益率(扣除)(%)	1.7400	12.4100	1.2800	14.4200
	加权净资产收益率	1.4844	10.3612	0.8746	12.6355
	总资产(万元)	245796.82	243378.00	210330.94	189439.34
	归属母公司股东权益(万元)	83884.88	82478.16	73647.84	74039.74
	营业收入(万元)	36561.53	86125.62	30210.30	83331.77
	营业成本(万元)	28341.22	59333.74	23387.48	60423.94
	投资收益(万元)	−12.11	−147.50	−56.51	−63.28
	净利润(万元)	—	—	932.97	9839.99
	营业利润(万元)	1424.14	10152.21	839.04	11079.79
	利润总额(万元)	1671.94	11509.69	1206.68	11498.54

苏州弗尔赛能源科技股份有限公司

公司概况	公司名称	苏州弗尔赛能源科技股份有限公司			证券简称	弗尔赛
	法人代表	顾荣鑫	董秘	施晔凤	证券代码	834626
	公司网址	www.foresight-energy.cn		电子信箱	contact@foresight-energy.cn	
	电　话	0512-82627500		传　真	0512-82627507	
	办公地址	江苏省苏州市昆山玉山镇山淞路66号				
	经营范围	燃料电池及燃料电池系统与相关零配件的研发、生产、销售及相关材				

主要财务指标	指标\报告期	2017.06.30	2016.12.31	2016.06.30	2015.12.31
	基本每股收益(元)	−0.0900	0.2942	−0.0100	0.3800
	基本每股收益(扣除后)(元)	−0.2700	−0.1701	−0.1800	−0.2900
	稀释每股收益(元)	−0.0900	0.2942	−0.0100	0.3800
	每股净资产(元)	2.9800	3.0700	1.9200	1.9300
	每股经营现金净流量(元)	−0.1541	−0.4736	−0.4076	0.5473
	每股现金流量(元)	−0.2221	1.5421	−0.4587	0.4155
	每股资本公积金(元)	1.7296	2.6008	0.6954	0.6954
	每股盈余公积金(元)	0.0452	0.0680	0.0425	0.0425
	每股未分配利润(元)	0.2090	0.4469	0.1818	0.1918
	净资产收益率(%)	−2.9532	6.2432	−0.5222	19.7682
	净资产收益率(扣除)(%)	−2.9100	14.1500	−0.5200	21.9400
	加权净资产收益率	−10.6239	−3.6087	−9.4096	−15.1579
	总资产(万元)	13498.25	14145.73	12197.49	12362.64
	归属母公司股东权益(万元)	9287.90	9562.18	3839.51	3859.56
	营业收入(万元)	349.73	4684.73	445.79	3828.67
	营业成本(万元)	289.61	4096.21	258.24	3549.44
	投资收益(万元)	6.94	23.74	—	—
	净利润(万元)	—	—	−20.05	762.97
	营业利润(万元)	−855.68	−1422.98	−910.26	−2821.93
	利润总额(万元)	−294.17	659.85	−15.08	1068.45

山东新绿食品股份有限公司

公司概况	公司名称	山东新绿食品股份有限公司			证券简称	新绿股份
	法人代表	赵修标	董秘	周翔	证券代码	834632
	公司网址	www.xinlvshipin.cn		电子信箱	ssxlhr@126.com	
	电　话	0537-4267728		传　真	0537-4255567	
	办公地址	山东省泗水县泗河办泉兴路西首(原古城路)				
	经营范围	牛羊肉加工、销售;畜禽水产罐头生产;货物进出口、技术进出口				

主要财务指标	指标\报告期	2017.06.30	2016.12.31	2016.06.30	2015.12.31
	基本每股收益(元)	−0.0200	−0.0761	—	0.5500
	基本每股收益(扣除后)(元)	−0.0200	−0.1000	0.0590	0.5401
	稀释每股收益(元)	−0.0200	−0.0761	0.0100	—
	每股净资产(元)	3.8000	3.8200	3.9000	3.8900
	每股经营现金净流量(元)	−0.0007	−0.2446	−0.2054	−1.1625
	每股现金流量(元)	−0.0017	−0.0206	0.0384	−0.0073
	每股资本公积金(元)	2.5186	2.5186	2.5186	2.5186
	每股盈余公积金(元)	0.0227	0.0227	0.0227	0.0227
	每股未分配利润(元)	0.2611	0.2776	0.3560	0.3537
	净资产收益率(%)	−0.4335	−1.9939	0.1017	11.1248
	净资产收益率(扣除)(%)	−0.4300	−1.9900	0.1000	16.9400
	加权净资产收益率	−0.5582	−2.5626	1.5230	10.9480
	总资产(万元)	69439.90	70014.47	73535.07	67632.88
	归属母公司股东权益(万元)	55888.13	56130.42	57282.55	57249.62
	营业收入(万元)	1610.24	18459.36	15035.85	76559.78
	营业成本(万元)	1377.25	15930.02	12773.03	63931.17
	投资收益(万元)	—	—	—	—
	净利润(万元)	—	—	32.93	6341.84
	营业利润(万元)	−311.99	−1444.93	847.06	6241.46
	利润总额(万元)	−242.29	−1125.72	32.93	6342.67

东莞市科旺科技股份有限公司

公司概况	公司名称	东莞市科旺科技股份有限公司			证券简称	科旺科技
	法人代表	方旺华	董秘	朱永康	证券代码	834665
	公司网址	www.kewanggroup.com		电子信箱	kwcw@kewang.com.cn	
	电　话	0769-899950333		传　真	0769-899950333-10000	
	办公地址	广东省东莞松山湖高新技术产业开发区工业东路16号				
	经营范围	汽车充电站设备及新能源汽车充电桩配套设备				

主要财务指标	指标\报告期	2017.06.30	2016.12.31	2016.06.30	2015.12.31
	基本每股收益(元)	0.0700	0.1623	0.2100	0.3400
	基本每股收益(扣除后)(元)	0.0587	0.1474	0.2000	0.2952
	稀释每股收益(元)	—	—	0.2100	—
	每股净资产(元)	2.0600	1.5500	2.9700	1.4900
	每股经营现金净流量(元)	−0.2016	−0.4677	−1.1751	1.4704
	每股现金流量(元)	0.3700	0.4172	0.2937	0.4803
	每股资本公积金(元)	0.7590	0.2895	1.5791	0.2611
	每股盈余公积金(元)	0.0091	0.0256	0.0196	0.0224
	每股未分配利润(元)	0.2957	0.2330	0.3705	0.2032
	净资产收益率(%)	3.2897	10.3214	6.4818	22.7658
	净资产收益率(扣除)(%)	4.6100	12.4000	11.7000	25.6900
	加权净资产收益率	2.7606	9.3751	6.0596	19.8550
	总资产(万元)	18894.31	14980.48	12760.36	12118.54
	归属母公司股东权益(万元)	15201.97	10601.83	10166.54	4460.12
	营业收入(万元)	4300.43	10892.23	3922.36	7507.84
	营业成本(万元)	2945.53	7912.65	2285.25	4744.39
	投资收益(万元)	—	—	—	—
	净利润(万元)	—	—	658.98	1015.38
	营业利润(万元)	517.65	1149.66	729.18	1028.69
	利润总额(万元)	517.65	1268.31	779.69	1182.76

杭州小拇指汽车维修科技股份有限公司

公司概况	公司名称	杭州小拇指汽车维修科技股份有限公司		证券简称	小拇指
	法人代表	兰建军	董秘 徐丽芬	证券代码	834689
	公司网址	www.xiaomuzhi.com		电子信箱	ir@xiaomuzhi.com
	电话	0571-86039131		传真	0571-81901921
	办公地址	浙江省杭州市江干区凤起东路358号天星龙大厦B座20楼			
	经营范围	汽车维修服务			

主要财务指标	指标\报告期	2017.06.30	2016.12.31	2016.06.30	2015.12.31
	基本每股收益(元)	−0.2900	−0.0500	0.2300	−0.4700
	基本每股收益(扣除后)(元)	−0.3100	−0.1200	0.1700	−0.7000
	稀释每股收益(元)	−0.2900	−0.0500	0.2300	−0.4700
	每股净资产(元)	0.1800	0.4700	0.7100	0.0200
	每股经营现金净流量(元)	−0.5190	0.3048	0.1383	−0.0680
	每股现金流量(元)	−0.6581	−0.1786	0.3995	1.8131
	每股资本公积金(元)	0.0412	0.0412	0.0412	0.0904
	每股盈余公积金(元)	0.0101	0.0101	0.0101	0.0307
	每股未分配利润(元)	−0.8751	−0.5802	−0.3416	−1.0971
	净资产收益率(%)	−167.4143	−9.8314	27.0846	−1525.1953
	净资产收益率(扣除)(%)	−91.1300	−11.3000	43.2000	—
	加权净资产收益率	−175.2056	−23.6503	19.6433	−2269.3930
	总资产(万元)	6986.53	8262.84	9240.01	6754.20
	归属母公司股东权益(万元)	369.09	987.01	1486.71	24.03
	营业收入(万元)	6363.32	16293.27	7885.80	11848.96
	营业成本(万元)	3868.45	10811.58	5080.40	7188.92
	投资收益(万元)	—	—	—	89.84
	净利润(万元)	—	—	402.64	−366.53
	营业利润(万元)	−701.46	−276.97	344.93	−358.85
	利润总额(万元)	−663.20	−105.87	486.80	−325.37

上海金陵电机股份有限公司

公司概况	公司名称	上海金陵电机股份有限公司		证券简称	金陵电机
	法人代表	顾伟民	董秘 奚晨	证券代码	834693
	公司网址	www.gwindustry.com		电子信箱	Leila.xi@gwindustry.com
	电话	021-60882031		传真	021-58421319
	办公地址	上海市奉贤区青村镇林海公路6836号			
	经营范围	设计、生产电动机及相关组件,销售自产产品,提供售后服务和技术咨询服务			

主要财务指标	指标\报告期	2017.06.30	2016.12.31	2016.06.30	2015.12.31
	基本每股收益(元)	0.1000	0.3800	0.2500	0.5500
	基本每股收益(扣除后)(元)	0.0600	0.3900	0.1700	0.2000
	稀释每股收益(元)	0.1000	0.3800	0.2500	0.5500
	每股净资产(元)	1.6400	2.0700	1.8000	1.5558
	每股经营现金净流量(元)	−0.2414	0.2910	0.2562	0.2984
	每股现金流量(元)	−0.2334	0.4308	0.2841	−0.1505
	每股资本公积金(元)	0.0102	0.3297	0.0849	0.0849
	每股盈余公积金(元)	0.0596	0.0812	0.0502	0.0502
	每股未分配利润(元)	0.5728	0.6573	0.6641	0.4190
	净资产收益率(%)	5.8600	16.0805	13.6099	34.1398
	净资产收益率(扣除)(%)	5.7300	21.5400	14.6100	42.4400
	加权净资产收益率	3.9100	16.3124	9.2152	12.4185
	总资产(万元)	13073.69	11397.24	10293.38	8287.43
	归属母公司股东权益(万元)	7115.56	6888.56	5187.22	4480.57
	营业收入(万元)	9706.79	14699.67	7446.81	11140.48
	营业成本(万元)	7796.38	11398.55	5687.39	8700.88
	投资收益(万元)	5.20	2.12	0.70	7.24
	净利润(万元)	—	—	705.98	1529.66
	营业利润(万元)	321.92	1427.78	1006.96	410.65
	利润总额(万元)	400.54	1408.99	1005.09	1270.72

北京掌上明珠科技股份有限公司

公司概况	公司名称	北京掌上明珠科技股份有限公司		证券简称	掌上明珠
	法人代表	王玮	董秘 王玮	证券代码	834712
	公司网址	www.pearlinpalm.com		电子信箱	pipgame-ir@pipgame.com
	电话	010-59787800-9005		传真	010-59787865
	办公地址	北京朝阳区西坝河西里18号正通时代创意中心3号楼			
	经营范围	手机网络游戏的研发、运营和发行			

主要财务指标	指标\报告期	2017.06.30	2016.12.31	2016.06.30	2015.12.31
	基本每股收益(元)	−0.0300	−0.3450	−0.1600	−0.1200
	基本每股收益(扣除后)(元)	−0.0200	−0.2940	−0.1600	−0.1780
	稀释每股收益(元)	−0.0300	−0.3450	−0.1600	−0.1200
	每股净资产(元)	1.3100	1.3400	1.5100	1.6800
	每股经营现金净流量(元)	−0.0077	−0.4010	−0.2091	−0.2560
	每股现金流量(元)	−0.1946	0.0116	−0.1775	1.0528
	每股资本公积金(元)	0.7865	0.7865	0.7865	0.7865
	每股盈余公积金(元)	—	—	—	—
	每股未分配利润(元)	−0.4823	−0.4543	−0.2722	−0.1091
	净资产收益率(%)	−2.1405	−25.8253	−10.7659	−6.9316
	净资产收益率(扣除)(%)	−2.1200	−22.9100	−10.2200	−10.4700
	加权净资产收益率	−1.6995	−21.9954	−10.7343	−10.6269
	总资产(万元)	12154.50	13364.07	13761.79	15303.24
	归属母公司股东权益(万元)	11211.85	11482.10	13007.83	14408.23
	营业收入(万元)	1836.30	4258.08	1378.02	4586.20
	营业成本(万元)	754.59	1121.61	264.49	656.60
	投资收益(万元)	18.43	81.07	65.42	370.32
	净利润(万元)	—	—	−1400.40	−998.73
	营业利润(万元)	−237.17	−3163.38	−1401.72	−1598.10
	利润总额(万元)	−234.01	−2978.81	−1400.12	−1024.31

上海至臻文化传媒股份有限公司

公司概况	公司名称	上海至臻文化传媒股份有限公司		证券简称	至臻传媒
	法人代表	徐东方	董秘 张祎	证券代码	834716
	公司网址	www.smart-kids.com		电子信箱	zhizhenwenhua@smart-kids.com
	电话	021-55899953		传真	021-33770628
	办公地址	上海市杨浦区飞虹路568弄13号			
	经营范围	各类广告的设计、制作、代理、发布,文化艺术咨询与策划、商务信息咨询			

主要财务指标	指标\报告期	2017.06.30	2016.12.31	2016.06.30	2015.12.31
	基本每股收益(元)	−0.0500	−0.5500	−0.1300	−0.3600
	基本每股收益(扣除后)(元)	−0.1100	−0.5900	−0.1600	—
	稀释每股收益(元)	−0.0500	−0.5500	−0.1300	−0.3600
	每股净资产(元)	0.3200	0.3700	0.5400	1.6700
	每股经营现金净流量(元)	−0.0212	−0.6981	−0.4558	−0.7448
	每股现金流量(元)	−0.1352	−0.0927	−0.2500	0.3194
	每股资本公积金(元)	0.2217	0.2217	0.0087	2.0414
	每股盈余公积金(元)	—	—	—	—
	每股未分配利润(元)	−0.8973	−0.8502	−0.4676	−1.3704
	净资产收益率(%)	−14.5143	−143.8469	−24.5898	−21.6422
	净资产收益率(扣除)(%)	−13.5300	−125.3900	−27.1500	−24.1500
	加权净资产收益率	−33.1482	−153.4468	−28.6660	—
	总资产(万元)	668.32	789.78	926.33	1337.71
	归属母公司股东权益(万元)	583.87	668.61	919.97	942.12
	营业收入(万元)	438.68	1289.49	1028.05	485.70
	营业成本(万元)	327.03	807.70	351.56	447.05
	投资收益(万元)	—	1.49	—	—
	净利润(万元)	—	—	−226.22	−203.90
	营业利润(万元)	−193.54	−891.81	−174.66	−253.90
	利润总额(万元)	−84.74	−829.11	−124.66	−203.90

北京绿创声学工程股份有限公司

公司概况	公司名称	北京绿创声学工程股份有限公司		证券简称	绿创声学
	法人代表	姜鹏明	董秘 李峰	证券代码	834718
	公司网址	www.greentec-sound.com.cn		电子信箱	public@greentec.com.cn
	电　话	010-80109813		传　真	010-62535986
	办公地址	北京市昌平区振兴路 28 号			
	经营范围	普通货运;生产建筑外窗、隔声门窗、隔声装置、消声器等			

主要财务指标	指标\报告期	2017.06.30	2016.12.31	2016.06.30	2015.12.31
	基本每股收益(元)	0.0800	0.3500	0.1300	0.4700
	基本每股收益(扣除后)(元)	0.0600	0.1500	-0.0500	0.4300
	稀释每股收益(元)	0.0800	0.3500	0.1300	—
	每股净资产(元)	6.4600	6.3800	6.1800	5.5400
	每股经营现金净流量(元)	-0.4442	-0.2509	-0.4151	-0.1348
	每股现金流量(元)	-0.4923	0.8149	0.3836	-0.2880
	每股资本公积金(元)	2.4903	2.4903	2.4927	1.5521
	每股盈余公积金(元)	0.3613	0.3613	0.3435	0.4020
	每股未分配利润(元)	2.6037	2.5241	2.3357	2.5809
	净资产收益率(%)	1.2315	5.2711	2.1082	8.5611
	净资产收益率(扣除)(%)	1.2400	5.6500	2.7200	8.9400
	加权净资产收益率	0.8674	2.2209	-0.6239	7.7062
	总资产(万元)	62327.55	60680.91	57373.51	48258.17
	归属母公司股东权益(万元)	39976.56	39485.74	38247.76	29252.50
	营业收入(万元)	16805.39	34540.58	10738.82	24018.40
	营业成本(万元)	11970.30	25733.28	8517.01	17372.84
	投资收益(万元)	—	—	—	—
	净利润(万元)	—	—	806.34	2504.34
	营业利润(万元)	409.67	1089.20	-141.26	2666.63
	利润总额(万元)	578.46	2298.91	903.70	2960.83

AEM 科技(苏州)股份有限公司

公司概况	公司名称	AEM 科技(苏州)股份有限公司		证券简称	AEM 科技
	法人代表	张海明	董秘 王彤	证券代码	834850
	公司网址	www.aemchina.com		电子信箱	lindawang@aemcomponents.com
	电　话	0512-62580028		传　真	0512-62580018
	办公地址	江苏省苏州工业园区西沈浒路 138 号			
	经营范围	表面贴装式新型电路保护元器件的研发、生产及销售			

主要财务指标	指标\报告期	2017.06.30	2016.12.31	2016.06.30	2015.12.31
	基本每股收益(元)	0.2100	0.2300	0.1200	0.1500
	基本每股收益(扣除后)(元)	0.1900	0.2300	0.1100	0.1400
	稀释每股收益(元)	0.2100	0.2300	0.1200	0.1500
	每股净资产(元)	2.3800	2.2100	2.1000	2.0000
	每股经营现金净流量(元)	0.1642	0.4173	0.1639	0.4041
	每股现金流量(元)	-0.0249	0.2170	0.0701	0.0526
	每股资本公积金(元)	0.3867	0.3867	0.3867	0.3867
	每股盈余公积金(元)	0.2212	0.2212	0.1974	0.1974
	每股未分配利润(元)	0.7724	0.6013	0.5160	0.4167
	净资产收益率(%)	8.6129	10.3165	5.6851	7.5740
	净资产收益率(扣除)(%)	8.8600	10.8600	5.8000	6.6900
	加权净资产收益率	8.1459	10.3547	5.2620	7.1991
	总资产(万元)	26750.36	25354.20	25355.40	24611.12
	归属母公司股东权益(万元)	18693.52	17370.72	16473.91	15688.98
	营业收入(万元)	7261.17	13207.49	6005.36	11659.49
	营业成本(万元)	2694.23	5462.35	2443.43	5359.31
	投资收益(万元)	—	—	—	—
	净利润(万元)	—	—	936.56	1188.28
	营业利润(万元)	1782.13	2067.79	1028.10	1303.26
	利润总额(万元)	1880.70	2051.26	1109.77	1368.47

山东威能环保电源科技股份有限公司

公司概况	公司名称	山东威能环保电源科技股份有限公司		证券简称	威能电源
	法人代表	张风太	董秘	证券代码	834851
	公司网址	www.winabattery.com		电子信箱	wina@winabattery.com
	电　话	0536-5675088		传　真	0536-5675088
	办公地址	山东省寿光市东城工业园			
	经营范围	研发、生产、销售锂离子动力电池、锂离子动力电池组			

主要财务指标	指标\报告期	2017.06.30	2016.12.31	2016.06.30	2015.12.31
	基本每股收益(元)	0.0300	0.2200	0.0300	0.3400
	基本每股收益(扣除后)(元)	0.0300	-0.1700	-0.0500	-0.2500
	稀释每股收益(元)	0.0300	0.2200	0.0300	0.3400
	每股净资产(元)	1.9100	1.8800	1.6900	1.6000
	每股经营现金净流量(元)	0.1452	-0.1823	-0.3773	-0.2460
	每股现金流量(元)	0.0129	-0.1121	-0.0807	-0.3466
	每股资本公积金(元)	0.7079	0.7079	0.7079	0.6534
	每股盈余公积金(元)	—	—	—	—
	每股未分配利润(元)	0.1653	0.1388	-0.0525	-0.0853
	净资产收益率(%)	1.3883	11.8225	1.8379	17.6736
	净资产收益率(扣除)(%)	1.4000	12.7800	1.9100	27.4300
	加权净资产收益率	1.3600	-9.0712	-2.9464	-13.0280
	总资产(万元)	82807.85	90550.11	80171.26	81554.25
	归属母公司股东权益(万元)	26740.33	26369.09	23686.96	21991.61
	营业收入(万元)	12774.78	25826.19	11828.59	29958.41
	营业成本(万元)	9087.95	17994.55	7622.89	22528.63
	投资收益(万元)	—	—	—	—
	净利润(万元)	—	—	427.50	3957.94
	营业利润(万元)	391.74	-4873.73	-865.44	-3094.71
	利润总额(万元)	401.84	3530.50	371.79	3810.90

广州市正点未来营销策划股份有限公司

公司概况	公司名称	广州市正点未来营销策划股份有限公司		证券简称	正点未来
	法人代表	张亚娟	董秘 罗寿南	证券代码	834852
	公司网址	www.infuturegroup.com		电子信箱	if@infuturegroup.com
	电　话	020-83868738		传　真	020-83865584
	办公地址	广东省广州市荔湾区芳村大道东 200 号 1850 创意园 40-43 幢			
	经营范围	商品信息咨询服务;投资管理服务;企业管理咨询服务;企业形象策划服务			

主要财务指标	指标\报告期	2017.06.30	2016.12.31	2016.06.30	2015.12.31
	基本每股收益(元)	0.1000	0.1600	0.1900	1.1400
	基本每股收益(扣除后)(元)	0.0800	0.1400	0.1600	1.3800
	稀释每股收益(元)	0.1000	0.1600	0.1900	1.1400
	每股净资产(元)	1.5600	1.4500	1.2300	1.6600
	每股经营现金净流量(元)	-0.1122	-0.1806	-0.1088	-0.5990
	每股现金流量(元)	-0.1576	0.0077	-0.1421	0.0096
	每股资本公积金(元)	0.2338	0.2338	0.0339	0.0570
	每股盈余公积金(元)	0.0259	0.0259	0.0274	0.0411
	每股未分配利润(元)	0.2966	0.1927	0.1646	0.5602
	净资产收益率(%)	6.6736	10.7694	10.1499	43.9098
	净资产收益率(扣除)(%)	6.9000	12.7000	10.6600	39.0800
	加权净资产收益率	5.1534	9.4662	8.5184	53.1592
	总资产(万元)	11553.96	13426.75	9599.28	11661.55
	归属母公司股东权益(万元)	4933.56	4604.32	3677.60	3316.56
	营业收入(万元)	5906.44	15958.91	5378.69	15580.19
	营业成本(万元)	4591.69	13237.42	4153.81	11822.37
	投资收益(万元)	—	—	—	58.81
	净利润(万元)	—	—	366.37	1450.97
	营业利润(万元)	371.60	542.16	483.68	2117.85
	利润总额(万元)	471.60	622.16	563.68	2119.58

上海赛特康新能源科技股份有限公司

公司概况	公司名称	上海赛特康新能源科技股份有限公司		证券简称	赛特康
	法人代表	庞雷	董秘 余厚祥	证券代码	834855
	公司网址	www.stgcon.com.cn		电子信箱	wangxin@stgcon.com.cn
	电话	021-57600066		传真	021-57802306
	办公地址	上海市松江区三浜路469号4号楼			
	经营范围	从事电容器的研发、生产和销售			

	指标\报告期	2017.06.30	2016.12.31	2016.06.30	2015.12.31
主要财务指标	基本每股收益(元)	—	0.3400	0.0900	0.3500
	基本每股收益(扣除后)(元)	—	0.3000	0.0900	0.2000
	稀释每股收益(元)	—	0.3400	—	0.3500
	每股净资产(元)	—	2.4900	2.2400	2.1500
	每股经营现金净流量(元)	—	0.4240	-0.0615	-0.2084
	每股现金流量(元)	—	-0.0658	-0.0980	0.0826
	每股资本公积金(元)	—	0.8764	0.8764	0.8764
	每股盈余公积金(元)	—	0.0573	0.0295	0.0295
	每股未分配利润(元)	—	0.5596	0.3365	0.2434
	净资产收益率(%)	—	13.8008	4.1554	15.6942
	净资产收益率(扣除)(%)	—	14.8200	4.2400	18.6000
	加权净资产收益率	—	11.9998	4.1623	9.1719
	总资产(万元)	—	25431.76	23549.23	22016.56
	归属母公司股东权益(万元)	—	18700.00	16818.11	16119.25
	营业收入(万元)	—	14825.70	4873.94	13026.93
	营业成本(万元)	—	9133.00	3015.57	8320.06
	投资收益(万元)	—	—	—	—
	净利润(万元)	—	—	698.86	2529.79
	营业利润(万元)	—	2476.22	788.71	1765.83
	利润总额(万元)	—	2872.43	787.34	2987.37

广州国游网络科技股份有限公司

公司概况	公司名称	广州国游网络科技股份有限公司		证券简称	国游网络
	法人代表	孟峰	董秘	证券代码	834856
	公司网址	www.gotocitymedia.com		电子信箱	guoyou@gotocitymedia.com
	电话	400-0818-162		传真	020-38867422
	办公地址	广东省广州市天河区珠江西路15号1701/1708			
	经营范围	网络技术的研究、开发;计算机技术开发、技术服务;文化艺术咨询服务			

	指标\报告期	2017.06.30	2016.12.31	2016.06.30	2015.12.31
主要财务指标	基本每股收益(元)	0.2500	0.5031	0.0300	0.3400
	基本每股收益(扣除后)(元)	0.2200	0.4761	0.0300	0.3208
	稀释每股收益(元)	0.2500	0.5031	—	—
	每股净资产(元)	2.8400	2.6100	2.1600	1.5200
	每股经营现金净流量(元)	0.0835	-0.2704	-0.9274	0.3037
	每股现金流量(元)	0.3895	-0.0167	-0.0752	0.3189
	每股资本公积金(元)	0.8552	0.8552	0.8552	0.2026
	每股盈余公积金(元)	0.0903	0.0903	0.0423	0.0491
	每股未分配利润(元)	0.8963	0.6657	0.2632	0.2711
	净资产收益率(%)	8.7215	18.3816	1.3671	22.1571
	净资产收益率(扣除)(%)	9.0900	22.8700	2.2300	24.9200
	加权净资产收益率	7.6091	17.3940	1.0755	21.0683
	总资产(万元)	12860.87	10897.14	8454.75	6401.14
	归属母公司股东权益(万元)	9889.69	9086.97	7519.44	4568.44
	营业收入(万元)	2564.86	5286.83	1422.13	3582.80
	营业成本(万元)	908.75	1239.76	458.05	935.34
	投资收益(万元)	—	—	—	—
	净利润(万元)	—	—	102.80	1012.23
	营业利润(万元)	854.76	1869.76	95.14	1212.10
	利润总额(万元)	984.18	1975.34	120.94	1270.61

同福碗粥股份有限公司

公司概况	公司名称	同福碗粥股份有限公司		证券简称	同福碗粥
	法人代表	刘山国	董秘 张嘉	证券代码	834861
	公司网址	www.tongfugroup.com		电子信箱	info@tongfugroup.com
	电话	0553-7718388		传真	0553-7718387
	办公地址	安徽省芜湖市繁昌县经济开发区			
	经营范围	碗粥、罐粥、蛋白饮料等食品的生产与销售			

	指标\报告期	2017.06.30	2016.12.31	2016.06.30	2015.12.31
主要财务指标	基本每股收益(元)	0.1200	0.2000	0.1500	0.5800
	基本每股收益(扣除后)(元)	0.0290	0.0586	—	0.4300
	稀释每股收益(元)	—	—	—	—
	每股净资产(元)	3.2900	3.8400	4.3200	4.0900
	每股经营现金净流量(元)	-0.7114	1.3951	-0.6047	0.0569
	每股现金流量(元)	-0.1774	0.5559	0.5312	0.5978
	每股资本公积金(元)	1.6871	1.6871	1.6871	1.5817
	每股盈余公积金(元)	0.1703	0.1703	0.1510	0.1531
	每股未分配利润(元)	0.4367	0.9848	1.4846	1.3541
	净资产收益率(%)	3.5185	5.1839	3.4630	14.1663
	净资产收益率(扣除)(%)	2.9700	5.0300	3.6100	15.2300
	加权净资产收益率	0.8499	1.5185	1.9391	10.3947
	总资产(万元)	50285.23	53944.08	51900.81	50601.05
	归属母公司股东权益(万元)	24808.11	28936.00	32554.93	30357.36
	营业收入(万元)	20654.76	46852.26	21945.74	55953.20
	营业成本(万元)	14901.71	35712.01	15814.26	41182.19
	投资收益(万元)	14.37	28.33	21.66	17.41
	净利润(万元)	—	—	1127.37	4271.94
	营业利润(万元)	263.53	718.12	851.62	3663.78
	利润总额(万元)	1085.50	1938.34	1335.34	4993.84

深圳市华尊科技股份有限公司

公司概况	公司名称	深圳市华尊科技股份有限公司		证券简称	华尊科技
	法人代表	施欣欣	董秘 景岳	证券代码	834878
	公司网址	www.harzone.com		电子信箱	jingyue@harzone.com
	电话	0755-22194696		传真	0755-22194647
	办公地址	广东省深圳市福田区车公庙天安创新科技广场A1301 1302			
	经营范围	电子产品、计算机软硬件的技术开发与销售及其它国内商业、物资供销业			

	指标\报告期	2017.06.30	2016.12.31	2016.06.30	2015.12.31
主要财务指标	基本每股收益(元)	-0.0700	0.8600	0.0700	0.8100
	基本每股收益(扣除后)(元)	-0.0900	0.8400	0.0700	0.8400
	稀释每股收益(元)	-0.0700	0.8600	—	0.8100
	每股净资产(元)	3.1100	3.0600	1.8800	1.8100
	每股经营现金净流量(元)	-0.2441	-0.2178	-0.1386	-0.0110
	每股现金流量(元)	-0.2487	0.2774	0.3929	0.7437
	每股资本公积金(元)	0.9837	0.8619	0.4126	0.4126
	每股盈余公积金(元)	0.1196	0.1196	0.0466	0.0398
	每股未分配利润(元)	1.0044	1.0767	0.4190	0.3582
	净资产收益率(%)	-2.3244	26.8263	3.5955	32.6544
	净资产收益率(扣除)(%)	-2.3600	37.9100	3.6600	61.5100
	加权净资产收益率	-2.8309	25.5225	3.5478	33.7859
	总资产(万元)	8975.73	9679.50	6715.15	5435.61
	归属母公司股东权益(万元)	8390.95	8257.17	4789.27	4617.08
	营业收入(万元)	1433.89	6949.02	1609.66	4345.20
	营业成本(万元)	274.08	2022.29	336.26	699.72
	投资收益(万元)	—	—	—	—
	净利润(万元)	—	—	172.20	1507.68
	营业利润(万元)	-213.54	2032.76	77.72	1375.15
	利润总额(万元)	-163.54	2493.63	206.88	1709.99

深圳开永广告传媒股份有限公司

公司概况	项目	内容				
公司概况	公司名称	深圳开永广告传媒股份有限公司			证券简称	开永股份
	法人代表	黄倩	董秘	邓禹	证券代码	834885
	公司网址	www.winwingled.com		电子信箱	kymediasw@vip.163.com	
	电　话	0755-82529969		传　真	0755-82529969	
	办公地址	广东省深圳市福田区华强北路长盛大厦 729A、729B				
	经营范围	从事广告业;国内贸易;贸易代理;经营进出口业务;贸易咨询、商品信息咨询				

主要财务指标	指标\报告期	2017.06.30	2016.12.31	2016.06.30	2015.12.31
	基本每股收益(元)	0.0140	0.2379	0.0500	0.2000
	基本每股收益(扣除后)(元)	0.0037	0.2018	0.0500	0.1987
	稀释每股收益(元)	0.0140	0.2379	0.0500	--
	每股净资产(元)	1.5370	1.5400	1.3500	1.3100
	每股经营现金净流量(元)	-0.0448	-0.6141	0.0145	-0.5301
	每股现金流量(元)	-0.0242	-0.0130	-0.0999	0.0706
	每股资本公积金(元)	0.3131	0.3131	0.3131	0.3131
	每股盈余公积金(元)	0.0087	0.0087	0.0038	0.0038
	每股未分配利润(元)	0.2154	0.2228	0.0370	-0.0102
	净资产收益率(%)	0.9120	15.4015	3.7813	15.1053
	净资产收益率(扣除)(%)	0.9100	16.6900	3.8400	17.7100
	加权净资产收益率	0.2416	13.0656	3.7813	14.9249
	总资产(万元)	8460.49	7822.00	5501.99	4385.53
	归属母公司股东权益(万元)	3255.82	3271.47	2867.49	2767.61
	营业收入(万元)	1122.57	4176.66	1332.34	2953.60
	营业成本(万元)	735.87	2649.36	945.65	1784.39
	投资收益(万元)	-45.81	-1.08	--	-2.81
	净利润(万元)	--	--	108.47	420.88
	营业利润(万元)	43.92	568.09	121.94	414.77
	利润总额(万元)	65.75	658.08	121.94	419.77

上海悦游网络信息科技股份有限公司

公司概况	项目	内容				
公司概况	公司名称	上海悦游网络信息科技股份有限公司			证券简称	悦游网络
	法人代表	孙巍	董秘	孙文来	证券代码	834924
	公司网址	www.shyyyl.com		电子信箱	7517111@qq.com	
	电　话	021-61634185-8002		传　真	021-61634185-8002	
	办公地址	中国(上海)自由贸易试验区张江路 665 号 12 楼 1206-1210 室				
	经营范围	信息科技、游戏软件领域内的技术开发、技术转让、技术咨询、技术服务,计算机软硬件的研发、销售				

主要财务指标	指标\报告期	2017.06.30	2016.12.31	2016.06.30	2015.12.31
	基本每股收益(元)	-0.0736	0.6203	-0.0100	0.6800
	基本每股收益(扣除后)(元)	-0.0736	0.6040	-0.0294	0.6728
	稀释每股收益(元)	-0.0736	0.6203	-0.0100	0.6800
	每股净资产(元)	2.1400	2.2200	1.5800	1.4600
	每股经营现金净流量(元)	0.1533	0.1168	-0.1094	0.4004
	每股现金流量(元)	0.8251	-0.2136	0.0594	0.7156
	每股资本公积金(元)	0.1695	0.1695	0.1695	0.0190
	每股盈余公积金(元)	0.0951	0.0951	0.0332	0.0340
	每股未分配利润(元)	0.8779	0.9515	0.3813	0.4035
	净资产收益率(%)	-3.4372	27.9357	-0.8229	30.0296
	净资产收益率(扣除)(%)	-3.3800	32.7200	-0.8300	52.8200
	加权净资产收益率	-3.4374	27.2008	-1.8511	29.3428
	总资产(万元)	14457.64	15241.61	9873.75	9277.42
	归属母公司股东权益(万元)	13155.03	13607.19	9725.89	8738.76
	营业收入(万元)	762.10	5528.54	753.15	4048.07
	营业成本(万元)	707.70	1239.33	560.45	685.77
	投资收益(万元)	2.78	--	--	--
	净利润(万元)	--	--	-80.04	2624.21
	营业利润(万元)	-452.19	3701.27	-180.04	2904.14
	利润总额(万元)	-452.16	3801.27	-80.04	2964.16

上海雷珏信息科技股份有限公司

公司概况	项目	内容				
公司概况	公司名称	上海雷珏信息科技股份有限公司			证券简称	雷珏股份
	法人代表	刘娟	董秘	朱佳伟	证券代码	834928
	公司网址	www.leijue.net		电子信箱	juliet.zhu@rainbow09.com	
	电　话	021-23561136		传　真	021-52662632	
	办公地址	上海市徐家汇田州路 159 号 13 单元 1 楼				
	经营范围	信息科技领域内的技术开发、技术转让、技术咨询、技术服务				

主要财务指标	指标\报告期	2017.06.30	2016.12.31	2016.06.30	2015.12.31
	基本每股收益(元)	0.3200	0.9597	0.2600	0.9000
	基本每股收益(扣除后)(元)	0.3200	0.9360	0.2600	0.9006
	稀释每股收益(元)	0.3200	0.9597	0.2600	0.9000
	每股净资产(元)	5.1100	3.4800	2.2900	2.0200
	每股经营现金净流量(元)	-0.1616	-1.0421	0.5212	0.1810
	每股现金流量(元)	-0.2506	2.1063	0.5024	-0.0623
	每股资本公积金(元)	0.4604	0.7059	0.1412	0.1412
	每股盈余公积金(元)	0.0256	0.1370	0.0857	0.0857
	每股未分配利润(元)	0.3721	1.6414	1.0699	0.7980
	净资产收益率(%)	6.1626	26.8867	11.1931	44.5890
	净资产收益率(扣除)(%)	6.7400	34.6200	15.3500	57.3800
	加权净资产收益率	6.1608	26.2246	11.1906	44.4769
	总资产(万元)	6924.99	7790.41	4135.03	3276.47
	归属母公司股东权益(万元)	6000.29	3658.52	2296.82	2024.86
	营业收入(万元)	4228.42	7980.79	4094.28	8033.43
	营业成本(万元)	2812.68	5496.97	3032.00	5354.32
	投资收益(万元)	--	--	--	--
	净利润(万元)	--	--	257.08	902.87
	营业利润(万元)	459.61	1215.55	354.31	1200.85
	利润总额(万元)	459.71	1247.84	354.37	1203.88

北京中电联环保股份有限公司

公司概况	项目	内容				
公司概况	公司名称	北京中电联环保股份有限公司			证券简称	中联环保
	法人代表	刘学良	董秘	祝志兴	证券代码	834952
	公司网址	www.cec-ep.com		电子信箱	tangr@cec-ep.com	
	电　话	010-52268057		传　真	010-52268035	
	办公地址	北京市丰台区南四环西路 188 号一区 3 号楼				
	经营范围	制造环境污染防治设备;环保工程设计;研究、开发大气环境污染治理等				

主要财务指标	指标\报告期	2017.06.30	2016.12.31	2016.06.30	2015.12.31
	基本每股收益(元)	-0.0100	0.3300	-0.0600	0.4200
	基本每股收益(扣除后)(元)	-0.0100	0.3100	-0.0600	0.4000
	稀释每股收益(元)	-0.0100	0.3300	-0.0600	0.4200
	每股净资产(元)	2.0200	2.0300	1.6600	1.5600
	每股经营现金净流量(元)	-0.2474	-0.2958	-0.2939	0.6386
	每股现金流量(元)	-0.1900	0.0259	-0.1988	-0.0131
	每股资本公积金(元)	0.3779	0.3779	0.3887	0.2172
	每股盈余公积金(元)	0.0466	0.0466	0.0267	0.0280
	每股未分配利润(元)	0.5914	0.6028	0.2432	0.3103
	净资产收益率(%)	-0.5671	16.1153	-3.1843	25.7264
	净资产收益率(扣除)(%)	-0.5700	18.0500	-3.3600	31.3300
	加权净资产收益率	-0.3867	15.1786	-3.7951	24.6086
	总资产(万元)	25475.71	24664.00	36166.30	35139.66
	归属母公司股东权益(万元)	10573.60	10633.56	8699.51	7785.02
	营业收入(万元)	6017.81	32852.90	3607.93	28640.93
	营业成本(万元)	4580.72	26741.35	2732.85	22067.82
	投资收益(万元)	--	--	--	4.42
	净利润(万元)	--	--	-277.02	1964.91
	营业利润(万元)	-76.40	1937.58	-373.89	2280.25
	利润总额(万元)	-98.84	2054.76	-311.05	2378.32

广州市玄武无线科技股份有限公司

公司概况					
公司名称	广州市玄武无线科技股份有限公司			证券简称	玄武科技
法人代表	陈永辉	董秘	葛萍	证券代码	834968
公司网址	www.wxchina.com		电子信箱	geping@wxchina.com	
电　　话	020-61302222-8813		传　　真	020-61302222-8855	
办公地址	广东省广州市天河区体育西路103号之一维多利广场B栋32层01单元房				
经营范围	移动信息服务提供商,提供基于短信、彩信的企业移动信息服务平台				

指标\报告期	2017.06.30	2016.12.31	2016.06.30	2015.12.31
基本每股收益(元)	0.1900	0.4000	0.2372	0.4000
基本每股收益(扣除后)(元)	0.1200	0.2900	0.1909	0.6700
稀释每股收益(元)	0.1900	0.4000	0.2372	0.4000
每股净资产(元)	3.8200	3.6300	3.3800	2.4500
每股经营现金净流量(元)	-0.9024	-0.0406	-0.3405	0.8246
每股现金流量(元)	-0.4718	0.4268	0.1794	0.6545
每股资本公积金(元)	2.2999	2.2999	1.8979	1.3006
每股盈余公积金(元)	0.0612	0.0612	0.0449	0.0147
每股未分配利润(元)	0.4585	0.2733	0.4331	0.1327
净资产收益率(%)	4.8493	10.8330	6.7605	15.3581
净资产收益率(扣除)(%)	4.9700	12.8900	8.8200	24.8200
加权净资产收益率	3.2542	7.8841	5.4423	26.2023
总资产(万元)	24274.37	22924.00	21306.33	16592.56
归属母公司股东权益(万元)	19430.10	18487.87	17172.98	11889.72
营业收入(万元)	20408.50	35406.47	16165.13	26998.91
营业成本(万元)	12875.74	19958.05	9060.58	13905.71
投资收益(万元)	49.30	91.02	40.05	10.87
净利润(万元)	—	—	1160.97	1826.03
营业利润(万元)	831.77	735.47	945.39	1771.90
利润总额(万元)	995.25	2150.13	1290.46	2317.59

自贡天健生物科技股份有限公司

公司概况					
公司名称	自贡天健生物科技股份有限公司			证券简称	天健生物
法人代表	曹建忠	董秘		证券代码	834979
公司网址			电子信箱	scdh999@163.com	
电　　话	0813-5386585		传　　真	0813-5386586	
办公地址	四川省自贡市高新工业园区卫里路10号				
经营范围	植物提取物的技术研究、开发、生产、销售、推广、转让及咨询服务				

指标\报告期	2017.06.30	2016.12.31	2016.06.30	2015.12.31
基本每股收益(元)	-0.0410	0.0039	-0.0400	0.0200
基本每股收益(扣除后)(元)	-0.0460	-0.0700	-0.0530	-0.1600
稀释每股收益(元)	-0.0410	0.0039	-0.0400	0.0200
每股净资产(元)	1.4400	1.2600	0.9800	1.0300
每股经营现金净流量(元)	-0.3042	0.1655	0.4543	-0.6682
每股现金流量(元)	-0.0597	0.0864	0.4601	-0.0066
每股资本公积金(元)	0.4751	0.2461	0.0180	0.0180
每股盈余公积金(元)	0.0015	0.0018	0.0016	0.0016
每股未分配利润(元)	-0.0311	0.0111	-0.0394	0.0088
净资产收益率(%)	-2.8184	0.2946	-4.9156	1.5256
净资产收益率(扣除)(%)	-3.2100	0.3400	-4.8000	1.9000
加权净资产收益率	-3.1763	-4.9686	-5.4302	-12.8685
总资产(万元)	2417.94	2230.78	2300.60	2013.60
归属母公司股东权益(万元)	1879.25	1428.83	980.13	1028.31
营业收入(万元)	110.38	681.18	325.25	488.66
营业成本(万元)	92.39	603.87	304.44	376.96
投资收益(万元)	—	—	—	—
净利润(万元)	—	—	-48.18	15.69
营业利润(万元)	-59.69	-83.56	-52.35	-174.22
利润总额(万元)	-52.97	4.92	-45.62	23.14

上海上亿传媒股份有限公司

公司概况					
公司名称	上海上亿传媒股份有限公司			证券简称	上亿传媒
法人代表	周岭	董秘	郭寸君	证券代码	834992
公司网址	www.shangyimedia.com		电子信箱	stock@shangyimedia.com	
电　　话	021-33680130		传　　真	021-33680131	
办公地址	上海市徐汇区华山路2088号汇银南楼2102室				
经营范围	影视剧的投资制作、发行、协助推广				

指标\报告期	2017.06.30	2016.12.31	2016.06.30	2015.12.31
基本每股收益(元)	0.0402	-0.1500	0.0063	-0.0200
基本每股收益(扣除后)(元)	-0.0457	-0.1497	0.0001	-0.0200
稀释每股收益(元)	—	—	0.0063	—
每股净资产(元)	0.9600	0.9200	1.0700	1.9200
每股经营现金净流量(元)	0.0226	-0.2176	-0.1646	-0.8004
每股现金流量(元)	0.0641	-0.2049	-0.1580	0.4336
每股资本公积金(元)	0.0649	0.0649	0.0649	0.9168
每股盈余公积金(元)	—	—	—	—
每股未分配利润(元)	-0.1044	-0.1445	0.0077	0.0025
净资产收益率(%)	4.1803	-15.8526	0.5878	-0.5745
净资产收益率(扣除)(%)	4.2700	-14.6900	0.5900	-1.0500
加权净资产收益率	-4.7526	-15.8222	0.0115	-0.4977
总资产(万元)	1812.97	1720.36	1884.80	2041.12
归属母公司股东权益(万元)	1331.27	1275.61	1486.57	1477.83
营业收入(万元)	160.12	558.31	429.62	1106.62
营业成本(万元)	146.49	388.22	283.16	745.91
投资收益(万元)	—	—	—	1.10
净利润(万元)	—	—	-3.00	-8.49
营业利润(万元)	-105.59	-252.65	-5.82	-1.76
利润总额(万元)	52.97	-264.64	5.61	-3.27

上海广生行母婴用品股份有限公司

公司概况					
公司名称	上海广生行母婴用品股份有限公司			证券简称	广生行
法人代表	陈英	董秘	郭丹瑜	证券代码	835038
公司网址	www.guangshenghang.com		电子信箱	guodanyu@guangshenghang.com	
电　　话	021-66526202		传　　真		
办公地址	上海市闵行区兴梅路485号				
经营范围	母婴用品、化妆品、服装、玩具、电子产品、工艺品、办公用品等				

指标\报告期	2017.06.30	2016.12.31	2016.06.30	2015.12.31
基本每股收益(元)	-0.0400	0.3700	0.1800	0.6400
基本每股收益(扣除后)(元)	-0.0700	0.3700	0.1600	0.8100
稀释每股收益(元)	-0.0400	0.3700	0.1800	0.6400
每股净资产(元)	1.2400	3.8400	3.6800	1.5700
每股经营现金净流量(元)	-0.3129	0.5939	-0.2312	-0.2135
每股现金流量(元)	-0.3729	2.6413	1.9011	-0.3765
每股资本公积金(元)	0.0424	2.1271	2.1271	0.1384
每股盈余公积金(元)	0.0176	0.0528	0.0241	0.0281
每股未分配利润(元)	0.1817	0.6640	0.5295	0.4071
净资产收益率(%)	-3.1880	8.9484	4.9126	40.4963
净资产收益率(扣除)(%)	-3.1300	12.3900	6.2900	42.8800
加权净资产收益率	-5.2743	9.1050	4.3215	51.5969
总资产(万元)	9988.09	11199.24	10893.05	5309.73
归属母公司股东权益(万元)	8698.39	8976.50	8594.43	3147.22
营业收入(万元)	3504.27	11056.40	4867.10	9817.24
营业成本(万元)	2141.61	5844.97	2626.03	5460.89
投资收益(万元)	—	—	—	—
净利润(万元)	—	—	421.63	1274.51
营业利润(万元)	-614.75	1093.68	496.75	2186.66
利润总额(万元)	-372.79	1074.97	564.48	1799.52

深圳墨麟科技股份有限公司

公司概况	公司名称	深圳墨麟科技股份有限公司		证券简称	墨麟股份
	法人代表	周志锋	董秘 郭永洪	证券代码	835067
	公司网址	www.mokylin.com		电子信箱	guoyonghong@mokylin.com
	电　话	0755-86958283		传　真	0755-86958252
	办公地址	广东省深圳市南山区科苑路 15 号科兴科学园 B 栋三单元 9 楼 901			
	经营范围	计算机软、硬件的设计、技术开发、销售等			

主要财务指标	指标\报告期	2017.06.30	2016.12.31	2016.06.30	2015.12.31
	基本每股收益(元)	–0.2600	1.7200	1.6900	1.2400
	基本每股收益(扣除后)(元)	–0.3000	0.0600	0.1100	–0.7300
	稀释每股收益(元)	–0.2600	1.7200	1.6900	—
	每股净资产(元)	4.3400	4.6100	7.9200	5.8500
	每股经营现金净流量(元)	–0.6574	–0.9120	–0.6933	–1.2587
	每股现金流量(元)	–0.0486	–0.4046	–0.2397	0.1326
	每股资本公积金(元)	1.9728	1.9451	1.9467	2.8885
	每股盈余公积金(元)	0.2857	0.2857	0.1406	0.1912
	每股未分配利润(元)	1.0852	1.3459	2.1147	1.4228
	净资产收益率(%)	–6.0014	37.3397	32.1160	21.2267
	净资产收益率(扣除)(%)	–5.8600	39.9700	37.3000	36.8100
	加权净资产收益率	–6.8306	1.3274	2.0505	–9.4857
	总资产(万元)	78849.40	91786.29	103946.59	75722.38
	归属母公司股东权益(万元)	73274.75	77205.35	87755.26	60461.50
	营业收入(万元)	3506.78	24038.91	12742.64	29310.53
	营业成本(万元)	1035.13	3531.72	1562.77	4623.45
	投资收益(万元)	680.31	35367.68	34262.60	34181.35
	净利润(万元)	—	—	29711.28	10098.95
	营业利润(万元)	–5239.45	36546.41	35100.00	15289.96
	利润总额(万元)	–5225.39	38480.35	35939.71	16359.90

青岛博宁福田通道设备股份有限公司

公司概况	公司名称	青岛博宁福田通道设备股份有限公司		证券简称	博宁福田
	法人代表	夏继禹	董秘 马剑伟	证券代码	835077
	公司网址	www.bnfortune.com		电子信箱	fortune800@bnfortune.com
	电　话	0532-88703887		传　真	0532-88704126
	办公地址	山东省青岛市高新区华东路以东,规划东 4 号线以西,规划东 17 号线以北			
	经营范围	智能通道设备和 AFC 轨道交通终端设备的研发、生产、运维与销售			

主要财务指标	指标\报告期	2017.06.30	2016.12.31	2016.06.30	2015.12.31
	基本每股收益(元)	–0.0400	0.0700	–0.0900	0.3800
	基本每股收益(扣除后)(元)	–0.0400	–0.1200	–0.1000	–0.0300
	稀释每股收益(元)	–0.0400	0.0700	–0.0900	0.3800
	每股净资产(元)	1.1200	1.1500	1.4400	1.3700
	每股经营现金净流量(元)	–0.0131	–0.2382	–0.0371	0.0384
	每股现金流量(元)	–0.0281	0.0853	0.2430	–0.1523
	每股资本公积金(元)	0.1605	0.1605	0.6524	0.4741
	每股盈余公积金(元)	0.0041	0.0041	0.0013	0.0013
	每股未分配利润(元)	–0.0490	–0.0129	–0.1982	–0.1097
	净资产收益率(%)	–3.2443	5.7239	–5.9248	21.1899
	净资产收益率(扣除)(%)	–3.1900	6.3000	–6.6900	34.8800
	加权净资产收益率	–3.2443	–10.0578	–6.4704	–1.3833
	总资产(万元)	18080.54	17393.54	18312.20	15498.48
	归属母公司股东权益(万元)	6901.51	7125.41	6359.63	5817.89
	营业收入(万元)	4361.38	8083.81	3352.19	7745.56
	营业成本(万元)	3315.33	6211.81	2491.04	5247.07
	投资收益(万元)	—	—	—	695.91
	净利润(万元)	—	—	–376.79	1232.81
	营业利润(万元)	–266.42	–916.28	–454.33	572.74
	利润总额(万元)	–266.42	444.89	–380.45	1382.31

深圳市集万物流股份有限公司

公司概况	公司名称	深圳市集万物流股份有限公司		证券简称	集万股份
	法人代表	夏英	董秘 王波	证券代码	835118
	公司网址	www.jwlogistics.cn		电子信箱	xiaying@jwlogistics.cn
	电　话	0755-82823113		传　真	0755-82821194
	办公地址	广东省深圳市福田保税区市花路 21 号富林大厦 B 栋八楼 810-812			
	经营范围	公司致力于为客户提供一站式、全方位的跨境供应链管理服务			

主要财务指标	指标\报告期	2017.06.30	2016.12.31	2016.06.30	2015.12.31
	基本每股收益(元)	0.2200	0.1100	0.2100	0.4800
	基本每股收益(扣除后)(元)	0.2153	0.0800	0.2100	0.4753
	稀释每股收益(元)	—	0.1100	—	—
	每股净资产(元)	1.7500	1.5300	1.6300	1.3800
	每股经营现金净流量(元)	–0.3783	0.1503	–0.4169	–0.7200
	每股现金流量(元)	–0.3029	0.4261	0.3315	0.1185
	每股资本公积金(元)	0.1694	0.1694	0.1694	0.1260
	每股盈余公积金(元)	0.0463	0.0463	0.0307	0.0314
	每股未分配利润(元)	0.5378	0.3142	0.4254	0.2227
	净资产收益率(%)	12.7515	7.3203	12.7725	22.4643
	净资产收益率(扣除)(%)	13.6200	8.0000	13.6400	34.4500
	加权净资产收益率	12.4792	4.9231	12.7725	22.2863
	总资产(万元)	33916.62	25709.20	25234.11	21640.88
	归属母公司股东权益(万元)	3585.80	3128.55	3324.11	2760.03
	营业收入(万元)	42385.76	65144.17	32854.48	66175.22
	营业成本(万元)	40605.05	64232.75	32090.51	65095.38
	投资收益(万元)	–6.16	–14.65	–7.92	–4.63
	净利润(万元)	—	—	424.57	620.02
	营业利润(万元)	602.85	277.72	593.24	824.12
	利润总额(万元)	615.87	377.72	593.24	831.28

唐山报春电子商务股份有限公司

公司概况	公司名称	唐山报春电子商务股份有限公司		证券简称	报春电商
	法人代表	晏希会	董秘 沈志刚	证券代码	835136
	公司网址	www.baochunsteel.com		电子信箱	baochunsteel@126.com
	电　话	0315-2205937		传　真	0315-2205902
	办公地址	河北省唐山市路南区财经大厦 24 层			
	经营范围	通过互联网平台从事第三方电子商务的公司			

主要财务指标	指标\报告期	2017.06.30	2016.12.31	2016.06.30	2015.12.31
	基本每股收益(元)	0.0200	0.2787	0.2300	0.0200
	基本每股收益(扣除后)(元)	0.0200	–0.0206	0.0900	–0.1752
	稀释每股收益(元)	0.0200	0.2787	0.2300	0.0200
	每股净资产(元)	2.8000	2.7900	1.3100	1.0800
	每股经营现金净流量(元)	–1.3704	0.3354	0.2417	0.1168
	每股现金流量(元)	–1.3704	2.0707	–0.3049	0.9029
	每股资本公积金(元)	1.7217	1.9489	0.2868	0.2868
	每股盈余公积金(元)	—	—	—	—
	每股未分配利润(元)	0.0817	0.0723	0.0200	–0.2064
	净资产收益率(%)	0.6362	8.8400	17.3300	1.7221
	净资产收益率(扣除)(%)	0.6400	22.8500	18.9700	2.5200
	加权净资产收益率	0.6353	–0.6534	7.1288	–12.7744
	总资产(万元)	4796.12	3824.15	1889.00	1618.26
	归属母公司股东权益(万元)	3238.14	3217.54	1333.45	1102.36
	营业收入(万元)	21305.35	841.88	347.17	470.85
	营业成本(万元)	20947.21	373.05	51.97	229.15
	投资收益(万元)	–1.14	8.34	2.57	30.38
	净利润(万元)	—	—	231.09	12.51
	营业利润(万元)	17.80	–21.04	108.89	–121.71
	利润总额(万元)	17.83	284.42	268.92	12.51

西安未来国际信息股份有限公司

公司概况	公司名称	西安未来国际信息股份有限公司			证券简称	未来国际
	法人代表	王茜	董秘	袁鹏	证券代码	835152
	公司网址	www.ourfuture.cn		电子信箱	dmb@ourfuture.cn	
	电　话	029-68062655		传　真	029-88236557	
	办公地址	陕西省西安市高新区茶张路 1 号				
	经营范围	大数据云服务业务、系统集成业务和软件开发业务				

	指标\报告期	2017.06.30	2016.12.31	2016.06.30	2015.12.31
主要财务指标	基本每股收益(元)	-0.0200	0.3300	0.1000	0.3300
	基本每股收益(扣除后)(元)	-0.0100	0.0500	0.0900	0.3200
	稀释每股收益(元)	-0.0200	0.3300	0.1000	0.3300
	每股净资产(元)	3.8100	3.8300	3.5600	3.4700
	每股经营现金净流量(元)	0.4123	0.3628	0.1905	0.5750
	每股现金流量(元)	-0.0047	0.0471	-0.4865	0.5279
	每股资本公积金(元)	0.4824	0.4818	0.3602	0.3764
	每股盈余公积金(元)	0.2572	0.2572	0.2298	0.2301
	每股未分配利润(元)	2.0742	2.0899	1.9739	1.8803
	净资产收益率(%)	-0.4125	8.2930	2.7100	9.4134
	净资产收益率(扣除)(%)	-0.4100	8.9400	2.7500	9.8800
	加权净资产收益率	-0.2952	1.3432	2.4934	9.2358
	总资产(万元)	107507.44	110534.04	99221.35	107138.23
	归属母公司股东权益(万元)	48777.26	48970.80	43834.51	42646.61
	营业收入(万元)	10435.64	22979.17	9477.48	35257.16
	营业成本(万元)	6636.54	12728.40	4565.93	19936.88
	投资收益(万元)	-20.99	85.26	7.26	23.93
	净利润(万元)	—	—	1072.10	3879.93
	营业利润(万元)	-209.33	774.46	1224.64	4597.48
	利润总额(万元)	-191.96	4787.77	1338.87	4698.28

天津梵雅文化传播股份有限公司

公司概况	公司名称	天津梵雅文化传播股份有限公司			证券简称	梵雅文化
	法人代表	刘帆	董秘	夏玮	证券代码	835205
	公司网址			电子信箱	xiawei@fanyamedia.cn	
	电　话	010-58631378		传　真	010-58631657	
	办公地址	北京市朝阳区东三环中路 39 号建外 SOHO 西区 13 号楼 902 室				
	经营范围	自有广告媒体经营、广告媒体代理				

	指标\报告期	2017.06.30	2016.12.31	2016.06.30	2015.12.31
主要财务指标	基本每股收益(元)	0.9400	1.6900	1.0200	3.9700
	基本每股收益(扣除后)(元)	0.9400	1.5300	0.9500	3.9700
	稀释每股收益(元)	0.9400	1.6900	1.0200	3.9700
	每股净资产(元)	2.5900	3.2800	2.4800	2.3100
	每股经营现金净流量(元)	1.2610	1.0815	0.2638	2.8799
	每股现金流量(元)	-0.3692	1.9626	1.3811	-0.6058
	每股资本公积金(元)	0.3744	0.3744	0.3744	0.2950
	每股盈余公积金(元)	0.2118	0.2118	0.0474	0.1019
	每股未分配利润(元)	1.0026	1.6947	1.0535	0.9170
	净资产收益率(%)	36.2307	50.1154	33.8819	121.4392
	净资产收益率(扣除)(%)	32.3700	68.9000	47.9200	117.7100
	加权净资产收益率	28.4260	45.4407	31.7681	121.4392
	总资产(万元)	6729.68	7993.26	6092.47	3528.41
	归属母公司股东权益(万元)	5566.02	7053.91	5322.02	2313.82
	营业收入(万元)	3168.82	6896.74	3655.03	6515.42
	营业成本(万元)	553.35	1750.53	997.70	1787.46
	投资收益(万元)	—	6.96	6.96	86.68
	净利润(万元)	—	—	1803.20	2809.88
	营业利润(万元)	2109.59	4286.87	2245.95	3750.14
	利润总额(万元)	2688.81	4718.57	2395.95	3750.14

东莞市银禧光电材料科技股份有限公司

公司概况	公司名称	东莞市银禧光电材料科技股份有限公司			证券简称	银禧光电
	法人代表	黄敬东	董秘	李昊	证券代码	835220
	公司网址	www.siled.cn		电子信箱	silverage@siled.cn	
	电　话	0769-38923788		传　真	0769-38923789	
	办公地址	广东省东莞市道滘镇南阁工业区南阁西路 10 号 B 栋				
	经营范围	公司主要从事 LED 照明灯具专用塑料配件的设计开发、生产、销售和技术服务				

	指标\报告期	2017.06.30	2016.12.31	2016.06.30	2015.12.31
主要财务指标	基本每股收益(元)	0.1400	0.1600	—	0.1000
	基本每股收益(扣除后)(元)	0.1300	0.1500	—	0.1000
	稀释每股收益(元)	0.1400	0.1600	—	0.1000
	每股净资产(元)	1.4600	1.3200	—	1.2600
	每股经营现金净流量(元)	0.1591	-0.1478	—	-0.1006
	每股现金流量(元)	0.0650	-0.0042	—	0.0677
	每股资本公积金(元)	0.1768	0.1768	—	0.1768
	每股盈余公积金(元)	0.0166	0.0166	—	—
	每股未分配利润(元)	0.2656	0.1261	—	0.0827
	净资产收益率(%)	9.5611	11.6018	8.5862	7.3929
	净资产收益率(扣除)(%)	9.9600	13.1700	—	8.8500
	加权净资产收益率	9.1162	10.7223	—	7.2055
	总资产(万元)	11793.42	9313.62	6971.18	7156.71
	归属母公司股东权益(万元)	6419.26	5805.51	5667.61	5541.65
	营业收入(万元)	10266.04	11900.47	7916.31	5050.69
	营业成本(万元)	8509.99	9518.27	—	3864.02
	投资收益(万元)	—	—	—	—
	净利润(万元)	—	—	—	409.69
	营业利润(万元)	722.21	651.56	472.39	395.09
	利润总额(万元)	722.21	719.64	—	408.94

兰考瑞华环保电力股份有限公司

公司概况	公司名称	兰考瑞华环保电力股份有限公司			证券简称	瑞华股份
	法人代表	乔相鸣	董秘	王志杰	证券代码	835223
	公司网址			电子信箱	ruihuapower@126.com	
	电　话	0371-26967099		传　真	0371-26967099	
	办公地址	河南省兰考县产业集聚区(兰兴工业区)310 国道北侧				
	经营范围	清洁能源电力开发、生产和销售;生物质发电;热力生产、供应等				

	指标\报告期	2017.06.30	2016.12.31	2016.06.30	2015.12.31
主要财务指标	基本每股收益(元)	0.0700	0.0500	0.2600	0.1300
	基本每股收益(扣除后)(元)	0.0700	0.0500	0.2300	0.1200
	稀释每股收益(元)	0.0700	0.0500	0.2600	0.1300
	每股净资产(元)	2.8800	2.8600	2.8100	1.7300
	每股经营现金净流量(元)	0.1339	0.0307	0.2224	-0.0103
	每股现金流量(元)	-0.6699	-0.7520	1.2772	-0.2786
	每股资本公积金(元)	1.5552	1.5552	1.5552	0.4827
	每股盈余公积金(元)	0.0256	0.0256	0.0256	0.0117
	每股未分配利润(元)	0.2960	0.2775	0.2307	0.2320
	净资产收益率(%)	2.2704	1.6388	6.4637	7.3184
	净资产收益率(扣除)(%)	2.3000	1.6500	13.2600	7.6700
	加权净资产收益率	2.2836	1.5745	5.6312	6.9151
	总资产(万元)	32283.44	31932.78	35349.16	20790.92
	归属母公司股东权益(万元)	31586.90	31384.08	30869.75	12045.29
	营业收入(万元)	5902.63	3224.44	10851.79	5529.37
	营业成本(万元)	4974.67	2633.44	8561.83	4464.23
	投资收益(万元)	-44.44	22.28	—	—
	净利润(万元)	—	—	—	881.53
	营业利润(万元)	813.84	577.76	1236.43	626.76
	利润总额(万元)	792.98	581.26	2300.82	992.18

浙江佳乐科仪股份有限公司

公司概况	公司名称	浙江佳乐科仪股份有限公司			证券简称	佳乐股份
	法人代表	肖海乐	董秘	顾超	证券代码	835262
	公司网址	www.jarol.com.cn		电子信箱	edisongu@vip.163.com	
	电　话	0573-86452605		传　真	0573-86116151	
	办公地址	浙江省海盐县于城镇构塍村				
	经营范围	工业控制自动化仪器的研发、生产和销售及核电综合运维服务业务				

主要财务指标	指标\报告期	2017.06.30	2016.12.31	2016.06.30	2015.12.31
	基本每股收益(元)	0.0056	0.1621	0.1100	0.2100
	基本每股收益(扣除后)(元)	0.0049	0.1107	0.1000	0.1900
	稀释每股收益(元)	0.0056	0.1621	0.1100	—
	每股净资产(元)	1.8400	1.3000	1.2500	1.0900
	每股经营现金净流量(元)	-0.2178	-0.4560	-0.2672	0.0742
	每股现金流量(元)	-0.4824	0.3685	-0.0869	0.2934
	每股资本公积金(元)	0.6520	0.1005	0.1005	0.0530
	每股盈余公积金(元)	0.0179	0.0199	0.0038	0.0039
	每股未分配利润(元)	0.1664	0.1790	0.1473	0.0352
	净资产收益率(%)	0.2968	12.3733	9.0282	9.1716
	净资产收益率(扣除)(%)	0.3400	13.4600	9.6500	16.0700
	加权净资产收益率	0.2597	8.4529	7.7638	8.4570
	总资产(万元)	15967.32	16859.14	13253.76	11050.08
	归属母公司股东权益(万元)	12560.41	7991.39	7697.55	6552.59
	营业收入(万元)	4298.16	9254.61	4953.86	7159.28
	营业成本(万元)	3105.68	6200.48	2929.84	4640.00
	投资收益(万元)	—	—	—	—
	净利润(万元)	—	—	694.95	600.98
	营业利润(万元)	42.11	739.61	703.08	666.03
	利润总额(万元)	47.53	1108.19	817.59	721.12

江苏凯基生物技术股份有限公司

公司概况	公司名称	江苏凯基生物技术股份有限公司			证券简称	凯基生物
	法人代表	王雪根	董秘	黄莺	证券代码	835272
	公司网址	www.keygentec.com.cn		电子信箱	cindyhuang@keygentec.com.cn	
	电　话	025-84989803		传　真	025-84989870	
	办公地址	江苏省南京市江宁区江宁科学园芝兰路 18 号				
	经营范围	中药、西药、生物医药的研究开发、技术服务和技术转让				

主要财务指标	指标\报告期	2017.06.30	2016.12.31	2016.06.30	2015.12.31
	基本每股收益(元)	0.0400	0.2500	—	0.3000
	基本每股收益(扣除后)(元)	0.0100	0.2300	-0.0011	0.2800
	稀释每股收益(元)	0.0400	0.2500	—	0.3000
	每股净资产(元)	1.0800	2.0300	1.5400	1.6400
	每股经营现金净流量(元)	-0.0945	0.0122	-0.1657	-0.5380
	每股现金流量(元)	-0.1266	0.0917	-0.5001	0.2862
	每股资本公积金(元)	0.0073	0.6643	0.4096	0.4096
	每股盈余公积金(元)	0.0222	0.0434	0.0200	0.0200
	每股未分配利润(元)	0.0466	0.3251	0.1110	0.2107
	净资产收益率(%)	3.6144	12.0092	0.0198	14.9038
	净资产收益率(扣除)(%)	3.6800	14.3500	0.0200	20.6200
	加权净资产收益率	1.2577	10.6783	-0.0704	13.8422
	总资产(万元)	5220.91	4542.31	3270.96	3654.51
	归属母公司股东权益(万元)	3764.73	3628.66	2619.01	2788.49
	营业收入(万元)	2124.83	4008.19	1802.54	3020.51
	营业成本(万元)	1459.56	2286.39	1232.43	1669.17
	投资收益(万元)	10.27	15.55	1.55	20.42
	净利润(万元)	—	—	0.52	415.59
	营业利润(万元)	50.64	503.30	42.78	456.45
	利润总额(万元)	155.02	560.11	45.56	491.28

深圳市安软科技股份有限公司

公司概况	公司名称	深圳市安软科技股份有限公司			证券简称	安软科技
	法人代表	闫子荣	董秘		证券代码	835341
	公司网址	www.softsz.com		电子信箱	lily@softsz.com	
	电　话	0755-26727202		传　真	0755-83159799	
	办公地址	广东省深圳市龙华新区清祥路宝能科技园 7 栋 A 座 6 楼				
	经营范围	移动互联网软、硬件安全产品的研发、销售				

主要财务指标	指标\报告期	2017.06.30	2016.12.31	2016.06.30	2015.12.31
	基本每股收益(元)	-0.2800	-0.1600	-0.0900	-0.0700
	基本每股收益(扣除后)(元)	-0.3100	-0.2000	-0.0900	-0.0900
	稀释每股收益(元)	-0.2800	-0.1600	-0.0900	-0.0700
	每股净资产(元)	1.2900	1.6100	1.6700	1.7600
	每股经营现金净流量(元)	-0.6037	-0.0712	-0.1046	-0.2174
	每股现金流量(元)	-0.2953	-0.6527	-0.7352	1.0721
	每股资本公积金(元)	1.0507	1.0507	1.0507	1.0507
	每股盈余公积金(元)	—	—	—	—
	每股未分配利润(元)	-0.7575	-0.4423	-0.3769	-0.2868
	净资产收益率(%)	-24.3751	-9.6677	-5.3843	-3.7755
	净资产收益率(扣除)(%)	19.1900	-9.2200	-5.2400	-10.0000
	加权净资产收益率	-26.8978	-12.5723	-5.3625	-4.6123
	总资产(万元)	6646.32	6604.84	6223.08	6409.85
	归属母公司股东权益(万元)	3443.47	4282.82	4456.89	4696.87
	营业收入(万元)	822.07	5342.37	1436.90	3601.48
	营业成本(万元)	590.47	3721.46	710.44	1780.75
	投资收益(万元)	—	-1.20	-0.82	34.95
	净利润(万元)	—	—	-240.22	-180.06
	营业利润(万元)	-919.64	-536.72	-260.09	-227.64
	利润总额(万元)	-855.48	-383.41	-245.60	-194.83

厦门艾美森新材料科技股份有限公司

公司概况	公司名称	厦门艾美森新材料科技股份有限公司			证券简称	艾美森
	法人代表	叶顺生	董秘	陈燕萍	证券代码	835343
	公司网址	www.amesonpak.com		电子信箱	meson@amesonpak.com	
	电　话	0592-5744644		传　真	0592-5611644	
	办公地址	福建省厦门市集美区金龙路 891 号 501 单元之一				
	经营范围	新材料技术推广服务;包装服务;塑料薄膜制造、其他塑料制品制造等				

主要财务指标	指标\报告期	2017.06.30	2016.12.31	2016.06.30	2015.12.31
	基本每股收益(元)	0.1100	0.3980	0.2000	0.5900
	基本每股收益(扣除后)(元)	0.0900	0.3179	0.1500	0.5400
	稀释每股收益(元)	0.1100	0.3980	0.2000	—
	每股净资产(元)	1.8800	2.0700	1.8600	1.3300
	每股经营现金净流量(元)	0.1619	0.0083	0.1897	0.4118
	每股现金流量(元)	-0.0196	0.1049	0.0100	0.1899
	每股资本公积金(元)	0.3940	0.3905	0.3871	0.0373
	每股盈余公积金(元)	0.0700	0.0700	0.0273	0.0286
	每股未分配利润(元)	0.4111	0.6028	0.4500	0.2622
	净资产收益率(%)	5.7698	19.1251	10.7039	34.7328
	净资产收益率(扣除)(%)	5.5000	21.9600	12.2200	47.4400
	加权净资产收益率	4.6850	15.2785	8.0742	31.3674
	总资产(万元)	8143.71	8814.06	8741.30	6401.95
	归属母公司股东权益(万元)	6678.44	7352.84	6637.22	4515.62
	营业收入(万元)	3323.54	7634.50	3473.77	7309.99
	营业成本(万元)	1940.60	4072.70	1973.91	4193.20
	投资收益(万元)	45.29	95.69	48.43	33.75
	净利润(万元)	—	—	710.44	1568.40
	营业利润(万元)	434.69	1421.29	683.91	1775.66
	利润总额(万元)	465.77	1658.48	840.82	1857.86

辽宁德善药业股份有限公司

公司概况	公司名称	辽宁德善药业股份有限公司			证券简称	辽宁德善
	法人代表	成红光	董秘	陶文志	证券代码	835364
	公司网址	www.asdeshan.com		电子信箱	deshan_as@163.com	
	电话	0412-8212898		传真	0412-8212898	
	办公地址	辽宁省鞍山市高新区(西区)协作路1号				
	经营范围	参花消渴茶、硬胶囊剂的生产、销售				

	指标\报告期	2017.06.30	2016.12.31	2016.06.30	2015.12.31
主要财务指标	基本每股收益(元)	0.0100	0.0900	0.1200	0.5800
	基本每股收益(扣除后)(元)	-0.0300	0.0900	0.1200	0.6000
	稀释每股收益(元)	0.0100	0.0900	0.1200	0.5800
	每股净资产(元)	1.1200	2.2100	1.4100	1.2900
	每股经营现金净流量(元)	-0.0587	-0.3723	-0.2866	-0.6670
	每股现金流量(元)	-0.1391	0.4301	1.4325	0.1055
	每股资本公积金(元)	0.0106	1.0211	0.1376	0.1376
	每股盈余公积金(元)	0.0093	0.0187	0.0148	0.0148
	每股未分配利润(元)	0.0955	0.1682	0.2565	0.1336
	净资产收益率(%)	1.0198	3.3338	8.7255	34.1202
	净资产收益率(扣除)(%)	1.0300	4.9100	9.1200	64.6100
	加权净资产收益率	-2.4706	3.4380	8.7185	35.2446
	总资产(万元)	4837.23	4861.33	4838.57	2724.08
	归属母公司股东权益(万元)	2922.28	2892.48	1408.89	1285.96
	营业收入(万元)	725.62	1642.83	710.53	1730.04
	营业成本(万元)	391.51	945.13	299.15	889.05
	投资收益(万元)	---	---	---	---
	净利润(万元)	---	---	122.93	438.77
	营业利润(万元)	-84.37	114.14	158.33	464.03
	利润总额(万元)	35.63	110.85	158.46	446.95

广东佳景科技股份有限公司

公司概况	公司名称	广东佳景科技股份有限公司			证券简称	佳景科技
	法人代表	陈健强	董秘	黄金群	证券代码	835388
	公司网址	www.jiajingink.com		电子信箱	jxsgding@163.com	
	电话	0769-82318231		传真	0769-82318555	
	办公地址	广东省东莞市寮步镇石步管理区敬业路9号				
	经营范围	水性油墨、水性光油和水性丙烯酸乳液的研发、生产与销售				

	指标\报告期	2017.06.30	2016.12.31	2016.06.30	2015.12.31
主要财务指标	基本每股收益(元)	0.0400	0.1200	0.0700	0.1800
	基本每股收益(扣除后)(元)	0.0269	0.1134	0.0700	0.1800
	稀释每股收益(元)	---	---	---	---
	每股净资产(元)	1.8500	1.8100	1.5100	1.4400
	每股经营现金净流量(元)	-0.0519	-0.1207	-0.0692	-1.2012
	每股现金流量(元)	-0.1465	0.0384	-0.1221	0.3038
	每股资本公积金(元)	0.5998	0.5998	0.3368	0.3630
	每股盈余公积金(元)	0.0211	0.0211	0.0101	0.0106
	每股未分配利润(元)	0.2294	0.1898	0.1656	0.0955
	净资产收益率(%)	2.1372	6.5312	4.5905	8.3460
	净资产收益率(扣除)(%)	2.1600	8.3900	4.7100	13.4000
	加权净资产收益率	1.4396	6.1697	4.3603	8.0439
	总资产(万元)	19120.55	20599.53	17499.71	17028.39
	归属母公司股东权益(万元)	10592.45	10366.07	8152.03	7735.64
	营业收入(万元)	5706.49	14593.84	6405.09	12243.18
	营业成本(万元)	4384.22	10919.32	4587.07	8986.55
	投资收益(万元)	---	---	---	---
	净利润(万元)	---	---	374.22	645.62
	营业利润(万元)	216.86	685.11	372.18	806.10
	利润总额(万元)	260.82	740.22	390.95	834.58

南京国泰人防装备股份有限公司

公司概况	公司名称	南京国泰人防装备股份有限公司			证券简称	国泰人防
	法人代表	王根彬	董秘	于庆涛	证券代码	835395
	公司网址	www.njgtrf.com		电子信箱	dm@guotaigroup.com.cn	
	电话	18805178806		传真	025-57017758	
	办公地址	江苏省南京市浦口区盘城工业园内盘城新街8号				
	经营范围	人防工程防护设备,防护门、防护密闭门、密闭门、密闭观察窗、人防工程防化设备生产、销售安装				

	指标\报告期	2017.06.30	2016.12.31	2016.06.30	2015.12.31
主要财务指标	基本每股收益(元)	0.0500	1.5500	0.6200	2.2500
	基本每股收益(扣除后)(元)	0.0100	1.4600	0.5700	2.2900
	稀释每股收益(元)	0.0500	1.5500	0.6200	2.2500
	每股净资产(元)	5.2600	5.2100	3.2400	2.6200
	每股经营现金净流量(元)	0.0287	1.2677	0.8843	0.0445
	每股现金流量(元)	0.0245	2.4415	2.1669	0.0293
	每股资本公积金(元)	1.1852	1.1852	0.0495	0.0495
	每股盈余公积金(元)	0.0172	0.0172	0.0181	0.0181
	每股未分配利润(元)	3.0572	3.0048	2.1702	1.5543
	净资产收益率(%)	0.9961	29.3577	19.0233	62.1971
	净资产收益率(扣除)(%)	1.0000	36.8700	21.0200	107.6200
	加权净资产收益率	0.1190	27.6014	17.5692	63.3026
	总资产(万元)	14902.70	15045.55	12196.15	8615.75
	归属母公司股东权益(万元)	8362.62	8279.32	4889.15	3959.07
	营业收入(万元)	1834.88	8240.95	3641.15	8315.64
	营业成本(万元)	1469.91	4034.71	2151.83	4322.03
	投资收益(万元)	---	---	---	---
	净利润(万元)	---	---	930.08	2462.43
	营业利润(万元)	16.92	3185.98	1153.07	3316.59
	利润总额(万元)	115.28	3379.86	1248.08	3318.18

中大建设股份有限公司

公司概况	公司名称	中大建设股份有限公司			证券简称	中大股份
	法人代表	彭国禄	董秘	由广民	证券代码	835483
	公司网址	www.chinazdjs.com		电子信箱	zdgf@chinazdjs.com	
	电话	0791-86668861		传真	0791-86668862	
	办公地址	江西省南昌市高新区紫阳大道2999号紫阳明珠C栋30楼				
	经营范围	公司主营业务为房屋建筑工程施工及土建装修业务				

	指标\报告期	2017.06.30	2016.12.31	2016.06.30	2015.12.31
主要财务指标	基本每股收益(元)	0.1100	0.1100	0.0200	0.0900
	基本每股收益(扣除后)(元)	0.1100	0.1100	0.0200	0.1000
	稀释每股收益(元)	0.1100	0.1100	0.0200	0.0900
	每股净资产(元)	1.4700	1.3500	1.2800	1.2400
	每股经营现金净流量(元)	0.0799	0.2690	-0.3063	-0.0263
	每股现金流量(元)	-0.1930	1.0696	0.1969	-0.0960
	每股资本公积金(元)	0.1949	0.2132	0.1869	0.1869
	每股盈余公积金(元)	0.0150	0.0164	0.0049	0.0049
	每股未分配利润(元)	0.2467	0.1472	0.0683	0.0442
	净资产收益率(%)	7.6496	7.7594	1.8905	6.4787
	净资产收益率(扣除)(%)	7.9700	8.4400	1.9200	7.4800
	加权净资产收益率	7.3429	7.7747	1.5803	6.7682
	总资产(万元)	170225.61	154121.33	121787.83	138031.93
	归属母公司股东权益(万元)	51308.32	47235.79	40971.54	39585.79
	营业收入(万元)	133323.99	136846.69	43194.42	109434.40
	营业成本(万元)	123842.06	127016.09	39358.47	98513.75
	投资收益(万元)	---	33.34	23.71	3.61
	净利润(万元)	---	---	774.55	2564.65
	营业利润(万元)	5083.77	5035.27	941.65	3589.39
	利润总额(万元)	5299.21	5018.10	1111.07	3473.54

安徽威达环保科技股份有限公司

公司概况					
公司名称	安徽威达环保科技股份有限公司			证券简称	威达环保
法人代表	解彬	董秘	殷涛	证券代码	835501
公司网址	www.ahweida.com		电子信箱	yintao_weida@163.com	
电　　话	0551-65661795		传　　真	0551-65661995	
办公地址	安徽省马鞍山市含山县林头工业园区、安徽省合肥市庐阳区濉路财富广场B座东楼1301室				
经营范围	袋式除尘器的研发、设计、生产和销售、安装以及袋式除尘系统、烟气脱硫脱硝系统的设计				

主要财务指标 指标\报告期	2017.06.30	2016.12.31	2016.06.30	2015.12.31
基本每股收益(元)	-0.0100	0.2500	0.1100	0.8800
基本每股收益(扣除后)(元)	-0.0400	0.0500	0.0800	0.5500
稀释每股收益(元)	-0.0100	0.2500	---	0.8800
每股净资产(元)	1.4600	1.4800	1.3500	2.0700
每股经营现金净流量(元)	-0.7125	0.2584	0.1117	0.4134
每股现金流量(元)	-0.0375	-0.5500	-0.5762	0.5887
每股资本公积金(元)	0.1366	0.1366	0.1366	0.1366
每股盈余公积金(元)	0.1144	0.1144	0.0885	0.0885
每股未分配利润(元)	0.2132	0.2297	0.1290	0.8443
净资产收益率(%)	-0.3286	17.2410	8.4186	24.2399
净资产收益率(扣除)(%)	-0.3300	14.8500	5.3600	38.5400
加权净资产收益率	-2.1826	3.4626	5.9420	15.2408
总资产(万元)	21058.97	17970.56	19067.77	21784.45
归属母公司股东权益(万元)	4989.66	5045.93	4614.46	7052.31
营业收入(万元)	4449.27	11969.20	6160.46	12933.28
营业成本(万元)	3306.31	8909.48	4617.25	8497.39
投资收益(万元)	---	---	---	---
净利润(万元)	---	---	388.47	1709.47
营业利润(万元)	-80.67	175.25	347.41	1227.87
利润总额(万元)	28.27	1001.40	481.96	1975.95

华晋天下(北京)传媒股份公司

公司概况					
公司名称	华晋天下(北京)传媒股份公司			证券简称	华晋传媒
法人代表	张伟	董秘	皮云	证券代码	835570
公司网址	www.huajinmedia.com		电子信箱	zhangwei@huajinmedia.com	
电　　话	010-62632016		传　　真	010-62565936-811	
办公地址	北京市海淀区苏州街16号(神州数码大厦)17层1706-1				
经营范围	代理、发布广告;技术服务、技术咨询;软件开发				

主要财务指标 指标\报告期	2017.06.30	2016.12.31	2016.06.30	2015.12.31
基本每股收益(元)	0.1700	0.7600	0.2700	2.5900
基本每股收益(扣除后)(元)	0.1600	0.7500	0.2700	2.5700
稀释每股收益(元)	0.1700	0.7600	0.2700	2.5900
每股净资产(元)	2.1800	2.0500	1.5600	2.2700
每股经营现金净流量(元)	-0.1153	-0.1018	0.0812	-0.1388
每股现金流量(元)	-0.0653	0.0539	0.4419	0.4526
每股资本公积金(元)	0.2210	0.2210	0.2210	0.3757
每股盈余公积金(元)	0.1291	0.1291	0.0528	0.0897
每股未分配利润(元)	0.8286	0.7031	0.2904	0.8074
净资产收益率(%)	7.5987	37.1753	17.5351	53.4686
净资产收益率(扣除)(%)	7.7800	45.1300	19.0000	92.0000
加权净资产收益率	7.3661	36.6734	17.5351	53.0535
总资产(万元)	17800.01	14930.34	16200.70	8708.92
归属母公司股东权益(万元)	11111.60	10471.26	7977.37	6818.53
营业收入(万元)	21570.01	52533.16	22687.87	38227.65
营业成本(万元)	18563.11	44118.34	19964.53	31951.09
投资收益(万元)	3.36	1.83	---	---
净利润(万元)	---	---	1398.84	3645.78
营业利润(万元)	965.75	4543.13	1865.12	4815.20
利润总额(万元)	996.15	4603.13	1865.12	4852.94

机科发展科技股份有限公司

公司概况					
公司名称	机科发展科技股份有限公司			证券简称	机科股份
法人代表	李新亚	董秘	谭君广	证券代码	835579
公司网址	www.mtd.com.cn		电子信箱	mtd@mtd.cn	
电　　话	010-88301445		传　　真	010-88301958	
办公地址	北京市海淀区首体南路2号				
经营范围	主要从事智能高端制造装备及系统集成和环保设备与工程的设计、研发和销售				

主要财务指标 指标\报告期	2017.06.30	2016.12.31	2016.06.30	2015.12.31
基本每股收益(元)	0.1200	0.1700	0.1100	0.1600
基本每股收益(扣除后)(元)	0.1100	0.1600	0.1100	0.1500
稀释每股收益(元)	0.1200	0.1700	0.1100	0.1600
每股净资产(元)	1.7100	1.5900	1.5300	1.4200
每股经营现金净流量(元)	0.2242	0.1902	0.0026	-0.0101
每股现金流量(元)	0.0292	0.1901	0.0013	-0.0757
每股资本公积金(元)	0.2159	0.2159	0.2159	0.2159
每股盈余公积金(元)	0.0912	0.0912	0.0746	0.0746
每股未分配利润(元)	0.3807	0.2637	0.2222	0.1131
净资产收益率(%)	6.8279	10.4927	7.1192	10.9314
净资产收益率(扣除)(%)	7.0200	11.1300	7.3900	11.6500
加权净资产收益率	6.5841	9.1611	7.0535	10.6298
总资产(万元)	49422.63	39333.52	39375.15	38770.20
归属母公司股东权益(万元)	15418.29	14343.80	13792.37	12772.83
营业收入(万元)	15543.40	25016.48	15220.39	37817.50
营业成本(万元)	11860.00	19756.12	11832.55	32384.02
投资收益(万元)	19.72	10.16	---	25.64
净利润(万元)	---	---	981.91	1396.24
营业利润(万元)	710.23	282.38	491.09	418.05
利润总额(万元)	1097.52	1550.35	1038.96	1470.82

北京景典传媒科技股份有限公司

公司概况					
公司名称	北京景典传媒科技股份有限公司			证券简称	景典传媒
法人代表	吴向超	董秘	李敏	证券代码	835586
公司网址	www.kindinmedia.com		电子信箱	wangxiaodan@kindin.com.cn	
电　　话	010-64320261		传　　真	010-84572532	
办公地址	北京市朝阳区酒仙桥路甲12号1号楼14层1410室				
经营范围	旅游业广告和旅游互联网平台服务				

主要财务指标 指标\报告期	2017.06.30	2016.12.31	2016.06.30	2015.12.31
基本每股收益(元)	0.1600	-0.8700	-0.6600	-1.0900
基本每股收益(扣除后)(元)	0.1200	-0.9900	-0.6600	-1.0835
稀释每股收益(元)	0.1600	-0.8700	-0.6600	-1.0900
每股净资产(元)	0.7200	0.5600	-0.6200	0.2700
每股经营现金净流量(元)	0.1582	-0.8291	-0.7607	-0.6338
每股现金流量(元)	0.2170	0.0060	0.3307	-0.0388
每股资本公积金(元)	1.0871	1.0871	1.0871	0.0182
每股盈余公积金(元)	---	---	---	---
每股未分配利润(元)	-1.3682	-1.5313	-1.3056	-0.7488
净资产收益率(%)	22.6821	-152.7526	-79.7583	-267.8965
净资产收益率(扣除)(%)	25.5800	-142.9700	-1703.3700	-245.2900
加权净资产收益率	16.4850	-172.7135	-78.8853	-267.0396
总资产(万元)	1138.44	1054.47	654.83	308.72
归属母公司股东权益(万元)	489.21	378.25	531.84	167.03
营业收入(万元)	1092.45	871.57	67.45	242.67
营业成本(万元)	668.61	427.04	45.88	116.64
投资收益(万元)	---	---	---	---
净利润(万元)	---	---	-424.19	-447.46
营业利润(万元)	80.92	-653.28	-419.54	-444.78
利润总额(万元)	111.24	-577.78	-424.19	-446.22

泰合鼎川物联科技(北京)股份有限公司

公司概况	公司名称	泰合鼎川物联科技(北京)股份有限公司		证券简称	鼎川物联
	法人代表	任威伦	董秘	金燕	证券代码	835599
	公司网址	www.vjifen.com		电子信箱	jinyan@vjifen.com
	电　话	010-56038922		传　真	010-56038922
	办公地址	北京市东城区建国门内大街7号5层18号			
	经营范围	技术开发;技术服务;技术转让;技术咨询;计算机系统集成;软件开发等			

	指标\报告期	2017.06.30	2016.12.31	2016.06.30	2015.12.31
主要财务指标	基本每股收益(元)	-0.0500	-0.3200	-0.1200	-0.3300
	基本每股收益(扣除后)(元)	-0.0500	-0.3200	-0.1200	-0.3300
	稀释每股收益(元)	-0.0500	-0.3200	-0.1200	—
	每股净资产(元)	0.3800	0.4200	0.3300	0.4500
	每股经营现金净流量(元)	0.0271	-0.4098	-0.1862	-0.1263
	每股现金流量(元)	-0.1644	0.1879	-0.1833	0.3155
	每股资本公积金(元)	0.2605	0.2605	—	—
	每股盈余公积金(元)	—	—	—	—
	每股未分配利润(元)	-0.8831	-0.8375	-0.6701	-0.5493
	净资产收益率(%)	-12.0637	-72.7539	-36.6150	-71.4641
	净资产收益率(扣除)(%)	-11.3800	-100.7200	-30.9500	-81.9600
	加权净资产收益率	-11.9384	-73.5496	-36.6150	-71.5334
	总资产(万元)	3657.50	2292.81	2200.48	2735.51
	归属母公司股东权益(万元)	1565.15	1753.97	1319.57	1802.73
	营业收入(万元)	3675.67	3115.07	1386.70	1002.88
	营业成本(万元)	3250.73	1926.97	980.99	645.55
	投资收益(万元)	14.19	31.95	19.91	41.21
	净利润(万元)	—	—	-483.16	-1288.31
	营业利润(万元)	-186.86	-1290.04	-483.16	-1289.56
	利润总额(万元)	-188.82	-1276.08	-483.16	-1288.31

广东力王高新科技股份有限公司

公司概况	公司名称	广东力王高新科技股份有限公司		证券简称	力王高科
	法人代表	孙春阳	董秘	柳教成	证券代码	835692
	公司网址	www.hzliwang888.com		电子信箱	1151949312@qq.com
	电　话	18948558106		传　真	0752-2027818
	办公地址	广东省惠州市小金口镇金龙大道81号工业区9号			
	经营范围	生产、加工、销售:电子产品、灯饰制品、五金制品			

	指标\报告期	2017.06.30	2016.12.31	2016.06.30	2015.12.31
主要财务指标	基本每股收益(元)	0.1200	0.1100	0.1100	0.2200
	基本每股收益(扣除后)(元)	0.0800	0.1100	0.1100	—
	稀释每股收益(元)	0.1200	0.1100	0.1100	0.2200
	每股净资产(元)	1.2600	1.4800	1.3600	1.3200
	每股经营现金净流量(元)	0.0227	0.0677	-0.1378	-1.1641
	每股现金流量(元)	-0.0209	0.1966	0.4096	-0.1603
	每股资本公积金(元)	0.0550	0.2765	0.2689	0.1257
	每股盈余公积金(元)	0.0105	0.0137	0.0157	0.0157
	每股未分配利润(元)	0.1934	0.1926	0.3278	0.1765
	净资产收益率(%)	9.7023	6.3614	6.5008	16.4468
	净资产收益率(扣除)(%)	10.1600	7.9200	8.3000	35.2700
	加权净资产收益率	6.5138	16.3320	6.5512	16.5526
	总资产(万元)	9852.93	8209.02	6474.65	4932.83
	归属母公司股东权益(万元)	4705.48	4263.09	3901.13	2208.13
	营业收入(万元)	4460.13	7598.28	3348.59	6120.55
	营业成本(万元)	3284.85	5674.68	2471.46	4753.20
	投资收益(万元)	—	—	—	—
	净利润(万元)	—	—	253.61	363.17
	营业利润(万元)	404.46	357.89	340.11	498.52
	利润总额(万元)	554.49	349.08	338.14	498.08

重庆浩丰规划设计集团股份有限公司

公司概况	公司名称	重庆浩丰规划设计集团股份有限公司		证券简称	浩丰设计
	法人代表	余以平	董秘	何中旺	证券代码	835693
	公司网址	www.cqhaofeng.com		电子信箱	576695250@qq.com
	电　话	023-63500011		传　真	023-63530026
	办公地址	重庆市北部新区龙睛路9号金山矩阵A座11楼			
	经营范围	建筑设计、景观设计、城乡及旅游规划、项目策划与研究			

	指标\报告期	2017.06.30	2016.12.31	2016.06.30	2015.12.31
主要财务指标	基本每股收益(元)	-0.1500	0.4300	0.0200	0.4000
	基本每股收益(扣除后)(元)	-0.1500	0.3800	0.0200	0.3400
	稀释每股收益(元)	-0.1500	0.4300	0.0200	0.4000
	每股净资产(元)	2.1000	2.2400	2.0200	1.9700
	每股经营现金净流量(元)	-0.2542	0.2476	-0.0608	-0.3803
	每股现金流量(元)	-0.0395	0.0407	-0.0491	0.1245
	每股资本公积金(元)	0.4568	0.4568	0.6026	0.5469
	每股盈余公积金(元)	0.0649	0.0649	0.0401	0.0418
	每股未分配利润(元)	0.5767	0.7231	0.3769	0.3765
	净资产收益率(%)	-6.9767	18.8819	0.8119	17.5983
	净资产收益率(扣除)(%)	-6.7400	21.2300	0.8500	29.4100
	加权净资产收益率	-6.9728	16.7869	1.0241	14.9529
	总资产(万元)	5120.49	5502.56	4592.73	4526.04
	归属母公司股东权益(万元)	4339.43	4642.18	3796.76	3537.35
	营业收入(万元)	1361.10	4845.22	1653.60	4592.63
	营业成本(万元)	877.93	2442.52	848.95	2480.84
	投资收益(万元)	—	—	—	—
	净利润(万元)	—	—	30.83	622.51
	营业利润(万元)	-312.85	894.47	65.10	714.11
	利润总额(万元)	-313.02	1008.88	55.62	702.64

传神语联网网络科技股份有限公司

公司概况	公司名称	传神语联网网络科技股份有限公司		证券简称	传神语联
	法人代表	何恩培	董秘	闫栗丽	证券代码	835737
	公司网址	www.transn.com		电子信箱	cathy.yan@transn.com
	电　话	027-59738888		传　真	027-59713599
	办公地址	湖北省武汉市东湖新技术开发区软件园中路4号光谷E城E2栋四-六楼			
	经营范围	开发、生产计算机软硬件、电子商务软件;网络信息技术的开发、应用			

	指标\报告期	2017.06.30	2016.12.31	2016.06.30	2015.12.31
主要财务指标	基本每股收益(元)	-0.0609	0.2603	-0.0800	0.2700
	基本每股收益(扣除后)(元)	-0.0846	0.0750	-0.1081	0.0238
	稀释每股收益(元)	-0.0609	0.2603	-0.0800	0.2700
	每股净资产(元)	1.4400	1.5000	1.2700	0.7300
	每股经营现金净流量(元)	-0.5872	-0.0952	-0.2783	-0.2585
	每股现金流量(元)	0.0661	0.0097	0.0945	0.2170
	每股资本公积金(元)	0.9525	0.9525	0.9559	0.5020
	每股盈余公积金(元)	—	—	—	—
	每股未分配利润(元)	-0.5163	-0.4554	-0.7813	-0.7731
	净资产收益率(%)	-4.2428	16.7596	-6.3872	33.7515
	净资产收益率(扣除)(%)	-6.0900	22.2100	-10.3400	379.3000
	加权净资产收益率	-5.8867	4.5964	-8.4076	3.0090
	总资产(万元)	29847.58	23204.37	21683.64	18493.04
	归属母公司股东权益(万元)	15805.29	16474.91	12923.62	7327.19
	营业收入(万元)	11722.37	26404.74	10941.75	24191.16
	营业成本(万元)	6008.27	13311.50	5014.10	11463.48
	投资收益(万元)	-5.57	-30.00	-16.33	-57.01
	净利润(万元)	—	—	-825.46	2473.04
	营业利润(万元)	-968.31	380.33	-1142.19	-219.51
	利润总额(万元)	-660.32	2756.81	-830.91	2468.18

微网信通(北京)通信技术股份有限公司

公司概况	公司名称	微网信通(北京)通信技术股份有限公司			证券简称	微网信通
	法人代表	连仁广	董秘		证券代码	835760
	公司网址	www.waytone.com.cn		电子信箱	lijian@waytone.com.cn	
	电　　话	010-62965959		传　　真	010-62969907	
	办公地址	北京市海淀区农大南路1号院2号楼4层办公B-420				
	经营范围	QCHAT 无线对讲终端和综合调度平台以及行业解决方案				

	指标\报告期	2017.06.30	2016.12.31	2016.06.30	2015.12.31
主要财务指标	基本每股收益(元)	-0.0900	-0.2700	-0.0600	0.1800
	基本每股收益(扣除后)(元)	-0.0943	-0.2700	-0.0600	0.1900
	稀释每股收益(元)	-0.0900	-0.2700	-0.0600	0.1800
	每股净资产(元)	1.0000	1.0800	1.2900	1.2600
	每股经营现金净流量(元)	0.0601	-0.4545	-0.8219	0.0925
	每股现金流量(元)	0.0085	-0.6503	-0.6492	0.6670
	每股资本公积金(元)	0.1051	0.1051	0.1115	0.0182
	每股盈余公积金(元)	0.0197	0.0197	0.0238	0.0204
	每股未分配利润(元)	-0.1292	-0.0419	0.1562	0.2253
	净资产收益率(%)	-8.7655	-24.0127	-4.4759	13.2855
	净资产收益率(扣除)(%)	-8.4000	-23.7800	-4.4700	20.3300
	加权净资产收益率	-9.1854	-24.0175	-4.4809	14.2972
	总资产(万元)	8910.39	9809.17	11492.14	10801.81
	归属母公司股东权益(万元)	6171.82	6712.81	8006.38	7583.46
	营业收入(万元)	906.89	3695.48	2382.02	8863.51
	营业成本(万元)	668.62	2491.04	1832.11	5630.24
	投资收益(万元)	---	---	---	---
	净利润(万元)	---	---	-378.36	1006.30
	营业利润(万元)	-739.42	-1995.33	-407.59	1105.58
	利润总额(万元)	-691.13	-1942.79	-373.55	1128.17

盛嘉伦橡塑(深圳)股份有限公司

公司概况	公司名称	盛嘉伦橡塑(深圳)股份有限公司			证券简称	盛嘉伦
	法人代表	邱廷模	董秘	李萍	证券代码	835827
	公司网址	www.sungallon.com		电子信箱	rd_li@sungallon.com	
	电　　话	0755-29832779		传　　真	0755-29832223	
	办公地址	广东省深圳市龙华新区观澜凹背社区库坑大富工业区2号厂房D栋				
	经营范围	热塑性弹性体等高分子改性材料的研发、生产和销售				

	指标\报告期	2017.06.30	2016.12.31	2016.06.30	2015.12.31
主要财务指标	基本每股收益(元)	0.1160	0.2240	0.1000	0.2500
	基本每股收益(扣除后)(元)	0.0900	0.1750	0.0700	0.2420
	稀释每股收益(元)	0.1160	0.2240	0.1000	0.2500
	每股净资产(元)	1.6500	1.5300	1.2500	1.1500
	每股经营现金净流量(元)	-0.3170	0.2425	0.2412	0.8500
	每股现金流量(元)	-0.0606	0.1527	-0.0840	-0.0067
	每股资本公积金(元)	0.2339	0.2339	0.0420	0.0420
	每股盈余公积金(元)	0.0313	0.0313	0.0105	0.0105
	每股未分配利润(元)	0.3828	0.2670	0.1996	0.0949
	净资产收益率(%)	7.0296	13.4897	8.3565	18.6858
	净资产收益率(扣除)(%)	7.2900	16.7100	8.7200	24.5400
	加权净资产收益率	5.4639	10.5373	6.4677	17.9192
	总资产(万元)	10127.58	7347.34	5278.62	5945.05
	归属母公司股东权益(万元)	6261.91	5821.36	4132.10	3786.80
	营业收入(万元)	6892.86	12565.75	6114.93	12869.47
	营业成本(万元)	5625.55	10227.92	4966.92	10543.73
	投资收益(万元)	---	---	---	---
	净利润(万元)	---	---	345.30	707.59
	营业利润(万元)	379.21	704.68	355.02	759.65
	利润总额(万元)	494.55	891.77	446.84	800.50

黑河金禾农业科技股份有限公司

公司概况	公司名称	黑河金禾农业科技股份有限公司			证券简称	金禾股份
	法人代表	李明刚	董秘	迟从江	证券代码	835858
	公司网址	www.jinhegufen.com		电子信箱	ddxh@vip.163.com	
	电　　话	0456-8228056		传　　真	0456-8277026	
	办公地址	黑龙江省黑河市通江路88号联通大厦4楼				
	经营范围	粮食购销贸易业务、粮食种植业务、粮食仓储业务、粮食初加工业务				

	指标\报告期	2017.06.30	2016.12.31	2016.06.30	2015.12.31
主要财务指标	基本每股收益(元)	0.3500	0.8100	0.3400	0.6900
	基本每股收益(扣除后)(元)	0.3100	0.8600	0.3300	0.6800
	稀释每股收益(元)	0.3500	0.8100	0.3400	---
	每股净资产(元)	3.1400	2.7900	2.1700	2.2200
	每股经营现金净流量(元)	0.1207	-0.9777	-0.8754	-0.6300
	每股现金流量(元)	-0.0406	-0.2045	-0.1965	0.2301
	每股资本公积金(元)	0.6210	0.6210	0.3693	0.3693
	每股盈余公积金(元)	0.0855	0.0855	0.0455	0.0455
	每股未分配利润(元)	1.4816	1.1357	0.8755	0.5317
	净资产收益率(%)	11.0335	23.9199	15.8193	30.9926
	净资产收益率(扣除)(%)	11.6800	37.5200	17.8500	88.9100
	加权净资产收益率	10.0385	25.5946	15.1857	30.5654
	总资产(万元)	17238.66	17210.15	15137.67	12764.38
	归属母公司股东权益(万元)	7999.11	7113.32	5324.54	4298.76
	营业收入(万元)	7619.25	18833.23	7503.98	18732.03
	营业成本(万元)	6223.84	15358.66	5964.04	15693.95
	投资收益(万元)	---	---	---	---
	净利润(万元)	---	---	842.31	1332.30
	营业利润(万元)	790.59	1886.52	877.67	1742.29
	利润总额(万元)	896.71	2211.08	922.66	1760.65

上海景鸿国际物流股份有限公司

公司概况	公司名称	上海景鸿国际物流股份有限公司			证券简称	景鸿物流
	法人代表	郁惠其	董秘	郝云玲	证券代码	835859
	公司网址	www.sjd-logistics.com		电子信箱	hyl@jinghonggroup.com	
	电　　话	021-64385050		传　　真	021-64287636	
	办公地址	上海市徐汇区宜山路508号景鸿大楼21楼				
	经营范围	提供一站式口岸综合物流服务以及相关物流衍生服务				

	指标\报告期	2017.06.30	2016.12.31	2016.06.30	2015.12.31
主要财务指标	基本每股收益(元)	0.3790	0.5389	0.3000	0.4000
	基本每股收益(扣除后)(元)	0.3763	0.5054	0.2730	0.3734
	稀释每股收益(元)	0.3790	0.5389	0.3000	0.4000
	每股净资产(元)	2.9900	2.9100	2.6800	2.6200
	每股经营现金净流量(元)	0.5103	-0.3415	-0.0053	0.6856
	每股现金流量(元)	0.1687	-1.0002	-0.6509	0.3836
	每股资本公积金(元)	0.2297	0.2297	0.2281	0.2281
	每股盈余公积金(元)	0.2958	0.2958	0.2580	0.2580
	每股未分配利润(元)	1.4678	1.3888	1.1892	1.1377
	净资产收益率(%)	12.6624	18.4931	11.2716	15.1548
	净资产收益率(扣除)(%)	12.4100	19.4600	10.8700	15.7200
	加权净资产收益率	12.5722	17.3411	10.2035	14.2303
	总资产(万元)	19977.93	18810.26	18205.34	20529.35
	归属母公司股东权益(万元)	11973.09	11657.00	10701.33	10495.12
	营业收入(万元)	20754.87	37234.04	15201.55	43856.17
	营业成本(万元)	17772.82	32246.68	12791.16	39211.38
	投资收益(万元)	70.13	139.75	78.35	10.38
	净利润(万元)	---	---	1195.18	1629.44
	营业利润(万元)	1834.53	2451.21	1403.24	1857.79
	利润总额(万元)	1849.00	2630.10	1555.65	1988.07

天津华宇股份有限公司

公司概况	公司名称	天津华宇股份有限公司		证券简称	天津华宇
	法人代表	马东青	董秘 胡双志	证券代码	835896
	公司网址	www.tatcargo.com		电子信箱	szhi_hu@hnair.com
	电　　话	022-84882023		传　　真	
	办公地址	天津自贸区(空港经济区)空港国际物流区第三大街8号			
	经营范围	航空地面服务、综合物流服务、跨境电商服务			

主要财务指标	指标\报告期	2017.06.30	2016.12.31	2016.06.30	2015.12.31
	基本每股收益(元)	0.0155	0.0300	0.0100	0.0200
	基本每股收益(扣除后)(元)	0.0070	0.0200	0.0100	0.0100
	稀释每股收益(元)	0.0155	0.0300	0.0100	0.0200
	每股净资产(元)	1.1300	1.1100	1.1100	1.0900
	每股经营现金净流量(元)	0.0209	0.0064	-0.0226	0.0367
	每股现金流量(元)	0.0173	0.2944	0.4036	0.0303
	每股资本公积金(元)	0.0873	0.0873	0.0895	0.0827
	每股盈余公积金(元)	0.0021	0.0021	--	--
	每股未分配利润(元)	0.0403	0.0248	0.0187	0.0096
	净资产收益率(%)	1.3707	1.8862	1.1540	2.2340
	净资产收益率(扣除)(%)	1.3800	2.3300	1.9100	2.5500
	加权净资产收益率	0.6181	1.4252	1.1533	0.7837
	总资产(万元)	35604.14	30649.53	32078.19	20962.91
	归属母公司股东权益(万元)	28245.32	27858.15	27707.41	16607.68
	营业收入(万元)	5043.46	10014.30	5147.66	9612.56
	营业成本(万元)	4047.53	7466.88	3932.16	8053.06
	投资收益(万元)	--	5.00	--	--
	净利润(万元)	--	--	319.74	371.02
	营业利润(万元)	205.40	998.00	427.81	399.53
	利润总额(万元)	455.49	1149.09	428.06	720.86

西安阿房宫药业股份有限公司

公司概况	公司名称	西安阿房宫药业股份有限公司		证券简称	阿房宫
	法人代表	夏陆一	董秘 潘玉改	证券代码	835912
	公司网址	www.xaefgyy.com		电子信箱	xaefgyy@163.com
	电　　话	029-86530111		传　　真	029-86525479
	办公地址	陕西省西安市经济技术开发区明光路41号			
	经营范围	中成药的研发、生产和销售			

主要财务指标	指标\报告期	2017.06.30	2016.12.31	2016.06.30	2015.12.31
	基本每股收益(元)	0.0700	0.8600	0.2700	0.7900
	基本每股收益(扣除后)(元)	0.0500	0.7200	0.1600	0.7155
	稀释每股收益(元)	0.0700	0.8600	0.2700	0.7900
	每股净资产(元)	8.2100	7.6600	7.0700	7.0500
	每股经营现金净流量(元)	-0.3038	1.3032	-0.2603	-0.4531
	每股现金流量(元)	6.5834	1.4151	0.0711	-1.6768
	每股资本公积金(元)	12.3739	5.3082	5.3082	5.3082
	每股盈余公积金(元)	0.2179	0.2179	0.1362	0.1362
	每股未分配利润(元)	0.9992	1.1329	0.6268	0.6042
	净资产收益率(%)	0.4283	11.2334	3.8547	11.2763
	净资产收益率(扣除)(%)	0.8600	11.7300	3.8200	11.5200
	加权净资产收益率	0.3241	9.4387	2.3301	10.1505
	总资产(万元)	53119.22	24325.80	22652.87	22403.21
	归属母公司股东权益(万元)	41504.13	20538.89	18962.25	18901.71
	营业收入(万元)	13552.39	19301.06	7998.34	16339.91
	营业成本(万元)	11376.23	13173.71	5516.18	11164.10
	投资收益(万元)	-29.37	169.80	264.11	-37.30
	净利润(万元)	--	--	736.59	2138.93
	营业利润(万元)	173.36	2570.88	857.46	2344.07
	利润总额(万元)	223.72	2725.00	907.97	2523.13

上海伊秀餐饮管理股份有限公司

公司概况	公司名称	上海伊秀餐饮管理股份有限公司		证券简称	伊秀股份
	法人代表	毕松涛	董秘 查芳红	证券代码	835914
	公司网址			电子信箱	gerryzha@aliyun.com
	电　　话	021-50775756		传　　真	021-50775695
	办公地址	上海市浦东新区东方路1363号海富花园8号楼G层CD室			
	经营范围	日式料理及简餐服务			

主要财务指标	指标\报告期	2017.06.30	2016.12.31	2016.06.30	2015.12.31
	基本每股收益(元)	0.1600	0.4700	0.3200	0.4100
	基本每股收益(扣除后)(元)	0.1500	0.3900	0.2500	0.3100
	稀释每股收益(元)	0.1600	0.4700	--	0.4100
	每股净资产(元)	1.9400	1.6500	1.5000	1.1800
	每股经营现金净流量(元)	0.0389	0.9137	0.4323	0.3904
	每股现金流量(元)	0.7171	0.0553	0.0299	-0.4136
	每股资本公积金(元)	0.1734	0.0154	0.0154	0.0154
	每股盈余公积金(元)	0.0637	0.0653	0.0167	0.0167
	每股未分配利润(元)	0.7078	0.5675	0.4640	0.1481
	净资产收益率(%)	7.9257	28.3983	21.1159	35.1216
	净资产收益率(扣除)(%)	8.6800	33.1000	23.6100	38.6300
	加权净资产收益率	7.6090	23.5195	16.8176	26.0910
	总资产(万元)	5055.96	4637.39	4009.81	3181.64
	归属母公司股东权益(万元)	3987.22	3296.44	2992.12	2360.31
	营业收入(万元)	7479.04	13169.32	6627.61	13875.03
	营业成本(万元)	2507.86	4353.79	2166.24	4559.45
	投资收益(万元)	21.34	27.24	10.65	38.32
	净利润(万元)	--	--	631.81	828.98
	营业利润(万元)	463.49	1074.03	684.73	863.12
	利润总额(万元)	458.99	1261.22	845.56	1110.20

安徽亿源药业股份有限公司

公司概况	公司名称	安徽亿源药业股份有限公司		证券简称	亿源药业
	法人代表	李恒勇	董秘 李大伟	证券代码	835996
	公司网址			电子信箱	ahyy586@163.com
	电　　话	0558-5652777		传　　真	0558-5523222
	办公地址	安徽省亳州市华佗镇105国道西侧88号			
	经营范围	中药饮片的生产和销售			

主要财务指标	指标\报告期	2017.06.30	2016.12.31	2016.06.30	2015.12.31
	基本每股收益(元)	0.3700	0.7000	0.1600	0.3600
	基本每股收益(扣除后)(元)	0.3700	0.6220	0.1400	0.3500
	稀释每股收益(元)	0.3700	0.7000	--	0.3600
	每股净资产(元)	2.3700	2.0000	1.3600	1.1900
	每股经营现金净流量(元)	-0.1158	-0.0737	0.0316	-0.1197
	每股现金流量(元)	-0.0675	0.2013	0.0284	0.0137
	每股资本公积金(元)	0.1768	0.1768	0.0170	0.0170
	每股盈余公积金(元)	0.0825	0.0825	0.0176	0.0176
	每股未分配利润(元)	1.1144	0.7424	0.3224	0.1581
	净资产收益率(%)	15.6720	33.0195	12.1085	30.0202
	净资产收益率(扣除)(%)	17.0000	44.6100	12.8900	35.3200
	加权净资产收益率	15.5694	29.3679	10.2252	28.9744
	总资产(万元)	23760.99	17139.00	10310.88	11391.00
	归属母公司股东权益(万元)	10681.95	9007.88	5699.27	5009.18
	营业收入(万元)	18684.46	24194.47	6995.89	18645.16
	营业成本(万元)	16164.26	20496.04	6078.33	16401.95
	投资收益(万元)	--	--	--	--
	净利润(万元)	--	--	690.10	1503.76
	营业利润(万元)	1663.12	2645.77	582.76	1451.38
	利润总额(万元)	1674.08	2974.70	690.10	1503.76

北京天睿空间科技股份有限公司

公司概况	公司名称	北京天睿空间科技股份有限公司			证券简称	天睿空间
	法人代表	林姝含	董秘	刘洪梅	证券代码	836078
	公司网址	www.iseetech.com.cn		电子信箱	liuhongmei@iseetech.com.cn	
	电　话	010-84170016-8003		传　真	010-84170015	
	办公地址	北京市朝阳区利泽中园106号楼2层201A号				
	经营范围	技术推广服务;销售计算机、软件及辅助设备、通讯设备、电子产品等				

主要财务指标	指标\报告期	2017.06.30	2016.12.31	2016.06.30	2015.12.31
	基本每股收益(元)	0.0036	0.1800	-0.1400	-0.4700
	基本每股收益(扣除后)(元)	0.0030	0.0500	-0.1600	-0.6600
	稀释每股收益(元)	0.0036	0.1800	-0.1400	-0.4700
	每股净资产(元)	0.9800	1.9600	0.8400	0.8100
	每股经营现金净流量(元)	-0.1954	-0.4591	-0.1050	-0.4153
	每股现金流量(元)	-0.2799	0.6003	0.3914	-0.1021
	每股资本公积金(元)	0.0320	1.0641	0.2712	0.1056
	每股盈余公积金(元)	--	--	--	--
	每股未分配利润(元)	-0.0480	-0.1033	-0.4319	-0.2968
	净资产收益率(%)	0.3672	8.7575	-15.6775	-57.0466
	净资产收益率(扣除)(%)	0.3700	12.8500	-18.2200	-51.0700
	加权净资产收益率	1.5519	2.6335	-18.1517	-80.9194
	总资产(万元)	4905.78	5548.19	2537.70	1733.75
	归属母公司股东权益(万元)	3723.48	3709.81	1510.29	1417.80
	营业收入(万元)	1238.37	3801.20	843.54	198.49
	营业成本(万元)	574.38	2239.14	503.78	53.34
	投资收益(万元)	11.48	10.85	8.95	36.90
	净利润(万元)	--	--	-236.78	-808.81
	营业利润(万元)	11.32	97.70	-274.14	-1147.28
	利润总额(万元)	13.67	324.89	-236.78	-808.81

浙江西谷数字技术股份有限公司

公司概况	公司名称	浙江西谷数字技术股份有限公司			证券简称	西谷数字
	法人代表	沈建兴	董秘	丁嫣红	证券代码	836081
	公司网址	www.skuo.com.cn		电子信箱	public@skuo.com.cn	
	电　话	0573-83383973		传　真	0573-83383970	
	办公地址	浙江省嘉兴科技城王庙塘以东、由拳路北侧1幢				
	经营范围	通信交换设备、通信终端设备、计算机网络设备的制造				

主要财务指标	指标\报告期	2017.06.30	2016.12.31	2016.06.30	2015.12.31
	基本每股收益(元)	0.2300	0.4700	0.1900	0.6400
	基本每股收益(扣除后)(元)	0.2200	0.4400	0.1900	0.3300
	稀释每股收益(元)	0.2300	0.4700	--	0.6400
	每股净资产(元)	3.9500	3.6900	3.4100	3.2200
	每股经营现金净流量(元)	0.2163	0.2843	-0.2746	9.7191
	每股现金流量(元)	0.8521	-0.1977	-0.3225	1.2427
	每股资本公积金(元)	2.0233	1.8319	1.8319	1.8319
	每股盈余公积金(元)	0.0906	0.1084	0.0532	0.0532
	每股未分配利润(元)	0.8408	0.7490	0.5289	0.3372
	净资产收益率(%)	5.4258	12.6575	5.6168	19.7119
	净资产收益率(扣除)(%)	6.1000	13.5100	5.7800	18.9300
	加权净资产收益率	--	12.0239	5.5073	10.3620
	总资产(万元)	17842.93	17381.49	14470.57	14615.44
	归属母公司股东权益(万元)	11824.65	9223.07	8535.07	8055.67
	营业收入(万元)	3939.02	6270.05	2633.15	6159.49
	营业成本(万元)	2267.50	3175.04	1285.13	2666.05
	投资收益(万元)	--	--	--	--
	净利润(万元)	--	--	479.40	1587.92
	营业利润(万元)	715.56	874.31	473.20	1555.56
	利润总额(万元)	761.87	1319.71	565.18	1892.18

江苏揽月工程科技发展股份有限公司

公司概况	公司名称	江苏揽月工程科技发展股份有限公司			证券简称	揽月科技
	法人代表	张志明	董秘	戴晶	证券代码	836125
	公司网址	www.cnlanyue.com		电子信箱	zhangzhiming1972@163.com	
	电　话	0514-86895999		传　真	0514-86895333	
	办公地址	江苏省扬州市江都区张纲工业园				
	经营范围	工程技术研发、模板、脚手架、工程机械、液压设备、钢结构、金属制品的设计、制造与租赁				

主要财务指标	指标\报告期	2017.06.30	2016.12.31	2016.06.30	2015.12.31
	基本每股收益(元)	0.2400	0.2800	0.1900	0.2500
	基本每股收益(扣除后)(元)	0.2400	0.3100	0.1900	0.2500
	稀释每股收益(元)	0.2400	0.2800	0.1900	0.2500
	每股净资产(元)	2.1100	0.3100	1.7400	1.5500
	每股经营现金净流量(元)	-0.2653	0.2624	0.1929	-0.1915
	每股现金流量(元)	-0.1583	0.1507	-0.0398	0.0422
	每股资本公积金(元)	0.4681	0.3393	0.3158	0.3393
	每股盈余公积金(元)	--	--	0.0171	0.0171
	每股未分配利润(元)	0.6419	0.4270	0.4048	0.1490
	净资产收益率(%)	11.1656	15.7386	10.6888	12.5477
	净资产收益率(扣除)(%)	13.1000	17.0800	11.2700	19.3100
	加权净资产收益率	-8.9340	17.5473	10.6686	12.5642
	总资产(万元)	22821.52	18872.19	16659.45	14287.00
	归属母公司股东权益(万元)	12639.04	10067.82	9904.52	8845.84
	营业收入(万元)	5208.02	8579.96	4728.84	6371.16
	营业成本(万元)	2471.25	4160.26	2608.42	3383.89
	投资收益(万元)	--	--	--	-0.54
	净利润(万元)	--	--	1058.68	1109.95
	营业利润(万元)	1724.48	2311.51	1417.41	1503.34
	利润总额(万元)	1797.44	2142.02	1419.41	1502.25

辽宁顺邦通信技术股份有限公司

公司概况	公司名称	辽宁顺邦通信技术股份有限公司			证券简称	顺邦通信
	法人代表	孙欢启	董秘	田庚	证券代码	836157
	公司网址	www.shunbangtx.com		电子信箱	ln_shunbang@163.com	
	电　话	024-53969999		传　真	024-53828080	
	办公地址	辽宁省抚顺市抚顺经济开发区沈东一路50号				
	经营范围	通信铁塔及桅杆、天线、天线美化外罩、移动通讯基地站、通信机房机柜的技术开发、制造、销售等				

主要财务指标	指标\报告期	2017.06.30	2016.12.31	2016.06.30	2015.12.31
	基本每股收益(元)	0.1100	0.1500	0.0800	0.0800
	基本每股收益(扣除后)(元)	0.1100	0.1400	0.0700	0.0800
	稀释每股收益(元)	0.1100	0.1500	0.0800	0.0800
	每股净资产(元)	1.3700	1.2500	1.1800	1.1000
	每股经营现金净流量(元)	0.0276	0.1628	-0.0365	-0.1831
	每股现金流量(元)	0.1320	-0.0214	-0.0388	0.1039
	每股资本公积金(元)	0.0138	0.0138	0.0216	0.0216
	每股盈余公积金(元)	0.0455	0.0327	0.0254	0.0179
	每股未分配利润(元)	0.3051	0.2029	0.1294	0.0618
	净资产收益率(%)	8.3766	11.8644	6.3850	5.6273
	净资产收益率(扣除)(%)	8.7900	12.6100	6.6000	7.2300
	加权净资产收益率	7.5536	11.2433	5.8664	5.4028
	总资产(万元)	15860.09	14067.77	13252.65	12093.52
	归属母公司股东权益(万元)	13830.61	12594.64	11857.47	11100.36
	营业收入(万元)	7053.07	9349.85	4353.76	5720.97
	营业成本(万元)	4200.31	5698.45	2442.72	3555.69
	投资收益(万元)	-85.77	0.66	--	--
	净利润(万元)	--	--	757.10	624.65
	营业利润(万元)	1391.81	1695.57	820.84	700.60
	利润总额(万元)	1457.71	1776.27	893.23	729.97

深圳东文传媒股份有限公司

公司概况	公司名称	深圳东文传媒股份有限公司		证券简称	东文传媒	
	法人代表	刘卫彪	董秘	李首龙	证券代码	836167
	公司网址	www.dovison.com		电子信箱	179289408@OMEBUY.COM	
	电　　话	0755-83786888		传　　真	0755-82835885	
	办公地址	广东省深圳市福田区滨河大道北深业泰然大厦14C05				
	经营范围	利用自身广告媒体资源及资源整合能力				

	指标\报告期	2017.06.30	2016.12.31	2016.06.30	2015.12.31
主要财务指标	基本每股收益(元)	0.2500	0.0200	---	0.2200
	基本每股收益(扣除后)(元)	0.2000	-0.0100	-0.0001	0.2100
	稀释每股收益(元)	0.2500	0.0200	---	0.2200
	每股净资产(元)	1.6700	1.4200	1.4000	1.4000
	每股经营现金净流量(元)	0.1603	-0.4375	0.0205	-0.6261
	每股现金流量(元)	0.2338	-0.0031	0.0160	-0.0312
	每股资本公积金(元)	0.1858	0.1858	0.1858	0.1858
	每股盈余公积金(元)	0.0111	0.0111	0.0046	0.0046
	每股未分配利润(元)	0.4712	0.2190	0.2122	0.2087
	净资产收益率(%)	15.1220	1.1818	0.2526	15.4329
	净资产收益率(扣除)(%)	16.3600	1.1900	0.2500	18.9200
	加权净资产收益率	-9.5939	-0.9097	-0.0066	15.1303
	总资产(万元)	10695.40	6562.95	4429.20	4163.00
	归属母公司股东权益(万元)	3336.06	2831.58	2805.20	2798.11
	营业收入(万元)	5942.53	11469.90	4038.95	7648.99
	营业成本(万元)	4189.70	9555.64	3384.60	6004.19
	投资收益(万元)	---	---	---	---
	净利润(万元)	---	---	7.09	431.83
	营业利润(万元)	550.80	30.43	13.83	600.04
	利润总额(万元)	690.23	109.05	23.52	597.82

长沙卡友信息服务股份有限公司

公司概况	公司名称	长沙卡友信息服务股份有限公司		证券简称	卡友信息	
	法人代表	张晓清	董秘	王婷	证券代码	836226
	公司网址	www.cardsv.com.cn		电子信箱	cardsv@cardsv.com.cn	
	电　　话	0731-88185608		传　　真	0731-82258805	
	办公地址	湖南省长沙市芙蓉区芙蓉中路267号东成大厦21楼				
	经营范围	银行卡的技术咨询、推广、培训及咨询服务;会展服务;经济信息咨询等				

	指标\报告期	2017.06.30	2016.12.31	2016.06.30	2015.12.31
主要财务指标	基本每股收益(元)	0.0200	0.1300	0.0200	0.1900
	基本每股收益(扣除后)(元)	0.0100	0.1100	0.0100	0.1800
	稀释每股收益(元)	0.0200	0.1300	0.0200	0.1800
	每股净资产(元)	1.3000	1.2900	1.1700	1.1500
	每股经营现金净流量(元)	-0.1357	0.2572	0.2568	1.3373
	每股现金流量(元)	-0.3906	-0.1867	0.2301	0.6833
	每股资本公积金(元)	0.0268	0.0268	0.0153	0.0153
	每股盈余公积金(元)	0.0264	0.0264	0.0137	0.0137
	每股未分配利润(元)	0.2499	0.2326	0.1366	0.1207
	净资产收益率(%)	1.3271	9.7838	1.3656	16.3670
	净资产收益率(扣除)(%)	1.3400	10.3900	1.3700	17.7200
	加权净资产收益率	-174.6743	8.2739	0.7612	15.9031
	总资产(万元)	10060.52	10543.27	9464.76	9726.43
	归属母公司股东权益(万元)	6306.78	6223.08	5594.62	5518.22
	营业收入(万元)	2224.29	3401.30	1532.88	3431.29
	营业成本(万元)	1576.82	1636.83	760.91	1478.89
	投资收益(万元)	3.88	33.67	33.67	10.27
	净利润(万元)	---	---	76.40	903.16
	营业利润(万元)	60.45	485.93	72.61	1083.21
	利润总额(万元)	98.48	563.64	89.87	1103.37

滴滴集运(天津)科技股份有限公司

公司概况	公司名称	滴滴集运(天津)科技股份有限公司		证券简称	滴滴集运	
	法人代表	杨志华	董秘	吴景斌	证券代码	836254
	公司网址	www.didijiyun.com		电子信箱	vicky@didijiyun.com	
	电　　话	022-29503698		传　　真	022-82110588-0	
	办公地址	天津市武清开发区广源道6号				
	经营范围	货物专用运输(集装箱)				

	指标\报告期	2017.06.30	2016.12.31	2016.06.30	2015.12.31
主要财务指标	基本每股收益(元)	-0.0622	0.2990	-0.0417	-0.1119
	基本每股收益(扣除后)(元)	-0.0772	0.1387	-0.0427	-0.1125
	稀释每股收益(元)	-0.0622	0.2990	-0.0417	-0.1119
	每股净资产(元)	1.1600	1.2200	0.8800	0.9200
	每股经营现金净流量(元)	-0.2108	-0.0944	-0.1680	0.3664
	每股现金流量(元)	-0.1693	0.4217	0.0318	0.0404
	每股资本公积金(元)	0.0412	0.0412	0.0412	0.0412
	每股盈余公积金(元)	0.0176	0.0176	---	---
	每股未分配利润(元)	0.0964	0.1587	-0.1644	-0.1227
	净资产收益率(%)	-5.3799	24.5513	-4.7586	-12.1780
	净资产收益率(扣除)(%)	-5.2400	27.9900	-4.6500	-11.4800
	加权净资产收益率	1.3531	11.3919	-4.8658	-12.2428
	总资产(万元)	1568.24	1714.88	1196.39	1238.26
	归属母公司股东权益(万元)	1156.41	1217.80	876.81	918.53
	营业收入(万元)	2276.35	3479.16	1486.89	1420.24
	营业成本(万元)	2146.77	2994.15	1349.05	1263.88
	投资收益(万元)	---	2.75	1.25	0.05
	净利润(万元)	---	---	-41.72	-111.86
	营业利润(万元)	-82.19	155.23	-41.72	-112.61
	利润总额(万元)	-62.21	366.15	-41.72	-111.86

湖南高盛板业股份有限公司

公司概况	公司名称	湖南高盛板业股份有限公司		证券简称	高盛板业	
	法人代表	廖群洪	董秘		证券代码	836290
	公司网址	www.gsbye.com		电子信箱	gaosheng@gsbye.com	
	电　　话	0738-8299156		传　　真	0738-8299156	
	办公地址	湖南省娄底市娄星区石井镇白云石村么家组				
	经营范围	硅酸钙板、蜂巢芯底板、蜂巢箱、薄壁芯模、装饰线条、井盖生产、销售				

	指标\报告期	2017.06.30	2016.12.31	2016.06.30	2015.12.31
主要财务指标	基本每股收益(元)	0.0700	0.5900	0.2900	0.5900
	基本每股收益(扣除后)(元)	0.0600	0.5100	0.2100	---
	稀释每股收益(元)	0.0700	0.5900	0.2900	0.5900
	每股净资产(元)	2.0700	1.9900	1.6100	1.3300
	每股经营现金净流量(元)	0.1946	-0.3019	-0.1580	0.6374
	每股现金流量(元)	0.0168	-0.0256	-0.0119	0.0274
	每股资本公积金(元)	0.2150	0.2150	0.0883	0.0883
	每股盈余公积金(元)	0.0779	0.0779	0.0238	0.0238
	每股未分配利润(元)	0.7734	0.7015	0.4996	0.2143
	净资产收益率(%)	3.4820	28.0531	17.7062	44.2656
	净资产收益率(扣除)(%)	3.5400	35.5300	19.4300	56.8500
	加权净资产收益率	0.1724	24.1020	12.7866	42.0877
	总资产(万元)	15947.86	16177.38	13685.34	11391.07
	归属母公司股东权益(万元)	8947.46	8635.90	6447.12	5305.58
	营业收入(万元)	2039.25	8023.14	4375.06	8038.18
	营业成本(万元)	1246.10	4681.46	2384.16	4195.22
	投资收益(万元)	---	---	---	---
	净利润(万元)	---	---	1141.54	2348.55
	营业利润(万元)	238.37	1635.85	1072.69	2451.10
	利润总额(万元)	311.59	2703.98	1495.59	2868.94

上海中电罗莱电气股份有限公司

公司概况	公司名称	上海中电罗莱电气股份有限公司			证券简称	中电罗莱
	法人代表	赵莉莉	董秘	朱燕萍	证券代码	836372
	公司网址	www.rollay.com.cn			电子信箱	drjzmj@163.com
	电　话	021-63853300			传　真	021-63853077
	办公地址	上海市黄浦区淮海中路 398 号 16 层 D-H 座				
	经营范围	电气产品的研发与销售				

	指标 \ 报告期	2017.06.30	2016.12.31	2016.06.30	2015.12.31
主要财务指标	基本每股收益(元)	0.1800	0.3500	0.1600	0.5300
	基本每股收益(扣除后)(元)	0.1600	0.3200	0.1300	0.4800
	稀释每股收益(元)	0.1800	0.3500	—	0.4900
	每股净资产(元)	2.1400	1.9500	1.7600	1.4800
	每股经营现金净流量(元)	0.1135	0.2383	-0.2740	0.3362
	每股现金流量(元)	0.0349	-0.1243	-0.1504	0.0622
	每股资本公积金(元)	0.3851	0.3851	0.3851	0.2437
	每股盈余公积金(元)	0.0535	0.0535	0.0200	0.0220
	每股未分配利润(元)	0.6957	0.5109	0.3518	0.2164
	净资产收益率(%)	8.6541	17.8047	8.8232	25.2935
	净资产收益率(扣除)(%)	9.0400	19.8100	9.4700	25.0200
	加权净资产收益率	13.0959	16.1076	7.2660	23.0098
	总资产(万元)	25188.80	21224.71	17447.00	20629.20
	归属母公司股东权益(万元)	11748.55	10740.13	9669.85	7412.67
	营业收入(万元)	11609.83	19103.59	8271.16	17311.35
	营业成本(万元)	9124.59	13733.43	6123.79	12227.34
	投资收益(万元)	—	—	—	—
	净利润(万元)	—	—	853.19	1874.92
	营业利润(万元)	1053.12	1931.36	829.84	1989.28
	利润总额(万元)	1194.64	2145.79	1006.99	2188.46

北京北森云计算股份有限公司

公司概况	公司名称	北京北森云计算股份有限公司			证券简称	北森云
	法人代表	纪伟国	董秘	凌鑫	证券代码	836393
	公司网址	www.beisen.com			电子信箱	lingxin@beisen.com
	电　话	010-82776817			传　真	010-82776999
	办公地址	北京市海淀区上地东路 35 号院 1 号楼 710 室				
	经营范围	北森云计算是一家专业从事一体化人才管理 SaaS 软件开发销售和服务的高新技术企业				

	指标 \ 报告期	2017.06.30	2016.12.31	2016.06.30	2015.12.31
主要财务指标	基本每股收益(元)	-1.0100	-2.1500	-0.7200	-0.8400
	基本每股收益(扣除后)(元)	-1.0200	-2.1700	-0.7200	-0.8500
	稀释每股收益(元)	-1.0100	-2.1500	-0.7200	-0.8400
	每股净资产(元)	-0.2100	0.4100	1.8500	1.5900
	每股经营现金净流量(元)	-1.6228	-0.8981	-1.1595	-0.3405
	每股现金流量(元)	2.1602	-0.0973	-1.3005	1.8624
	每股资本公积金(元)	2.5234	2.1670	2.1660	1.2175
	每股盈余公积金(元)	—	—	—	—
	每股未分配利润(元)	-3.7369	-2.7554	-1.3175	-0.6245
	净资产收益率(%)	—	-521.6179	-38.3329	-52.5058
	净资产收益率(扣除)(%)	—	-153.3000	-41.6600	-85.6700
	加权净资产收益率	13.1935	-526.7122	-38.7127	-53.4114
	总资产(万元)	28595.08	16340.87	17205.86	17189.00
	归属母公司股东权益(万元)	-1105.80	2110.60	9480.85	7965.13
	营业收入(万元)	9733.67	18214.87	6987.36	14101.22
	营业成本(万元)	3451.93	6551.47	2523.15	4424.39
	投资收益(万元)	0.16	52.60	—	45.23
	净利润(万元)	—	—	-3639.25	-4137.57
	营业利润(万元)	-6180.39	-11098.72	-4828.60	-5494.58
	利润总额(万元)	-5308.16	-9724.35	-4249.19	-4441.37

上海留成网信息技术股份有限公司

公司概况	公司名称	上海留成网信息技术股份有限公司			证券简称	留成网
	法人代表	宋佳骏	董秘	谢坚	证券代码	836400
	公司网址	www.51liucheng.com			电子信箱	xiejian@51liucheng.com
	电　话	021-20575588			传　真	021-20575588-819
	办公地址	中国(上海)自由贸易试验区峨山路 111 号 4 幢 301 室				
	经营范围	通过互联网平台在线提供出国留学一揽子解决方案				

	指标 \ 报告期	2017.06.30	2016.12.31	2016.06.30	2015.12.31
主要财务指标	基本每股收益(元)	-0.2300	-1.0500	-0.4600	-2.0700
	基本每股收益(扣除后)(元)	-0.2600	-1.0600	-0.4558	-2.0800
	稀释每股收益(元)	-0.2300	-1.0500	-0.4600	-2.0700
	每股净资产(元)	0.9700	0.6300	0.6800	0.4800
	每股经营现金净流量(元)	-0.2722	-1.0618	-0.5317	-0.9250
	每股现金流量(元)	0.0631	0.0207	0.0016	0.0988
	每股资本公积金(元)	1.9521	1.4353	0.8922	0.2991
	每股盈余公积金(元)	—	—	—	—
	每股未分配利润(元)	-1.9831	-1.8043	-1.2101	-0.8272
	净资产收益率(%)	-23.1725	-164.5758	-66.2045	-223.9581
	净资产收益率(扣除)(%)	-44.6800	-109.2900	-56.8300	-554.3000
	加权净资产收益率	-6.9250	-165.5997	-66.3079	-224.4747
	总资产(万元)	5159.37	5648.14	4846.61	4596.79
	归属母公司股东权益(万元)	2957.77	1876.59	1968.87	1309.85
	营业收入(万元)	1860.60	1969.50	886.20	903.24
	营业成本(万元)	977.92	945.90	311.22	540.05
	投资收益(万元)	—	—	—	—
	净利润(万元)	—	—	-1303.48	-2933.51
	营业利润(万元)	-685.64	-3108.76	-1305.51	-2940.28
	利润总额(万元)	-685.39	-3088.41	-1303.48	-2933.51

上海欧普泰科技创业股份有限公司

公司概况	公司名称	上海欧普泰科技创业股份有限公司			证券简称	欧普泰
	法人代表	王振	董秘	宋新华	证券代码	836414
	公司网址	www.optjt.com			电子信箱	songxinhua@optjt.com
	电　话	18936131815			传　真	0512-63012559
	办公地址	上海市普陀区中江路 879 弄 28 号楼 303 室				
	经营范围	光电设备的研发、销售				

	指标 \ 报告期	2017.06.30	2016.12.31	2016.06.30	2015.12.31
主要财务指标	基本每股收益(元)	0.1268	0.0544	0.0100	0.2200
	基本每股收益(扣除后)(元)	0.1101	-0.0863	0.0975	0.1756
	稀释每股收益(元)	0.1268	0.0544	0.0100	0.2200
	每股净资产(元)	1.6100	1.4800	1.3300	1.3100
	每股经营现金净流量(元)	-0.3025	-0.5154	-0.0146	-0.2832
	每股现金流量(元)	0.0034	-0.0546	-0.0234	0.1487
	每股资本公积金(元)	0.3499	0.3588	0.2328	0.2328
	每股盈余公积金(元)	0.0149	0.0153	0.0153	0.0153
	每股未分配利润(元)	0.2421	0.1183	0.0770	0.0625
	净资产收益率(%)	7.8878	3.6746	1.0952	15.8207
	净资产收益率(扣除)(%)	8.2100	4.1700	1.0400	22.0900
	加权净资产收益率	0.5772	-5.8336	-7.3587	12.7901
	总资产(万元)	2782.65	2527.30	2058.45	1689.43
	归属母公司股东权益(万元)	1504.11	1385.47	1209.81	1196.56
	营业收入(万元)	1272.32	1898.56	1036.67	1367.40
	营业成本(万元)	649.08	1039.72	589.05	695.03
	投资收益(万元)	—	—	—	—
	净利润(万元)	—	—	42.69	150.47
	营业利润(万元)	123.87	-62.02	-68.85	136.26
	利润总额(万元)	143.13	74.78	53.14	186.38

深圳五洲无线股份有限公司

公司概况	公司名称	深圳五洲无线股份有限公司			证券简称	五洲无线
	法人代表	刘庆龙	董秘	彭作兵	证券代码	836466
	公司网址	www.abardeen.com		电子信箱	pengzuobing@cwctn.com	
	电话	0755-82556506		传真	0755-82506683-8075	
	办公地址	广东省深圳市南山区科技园科苑路16号东方科技大厦2301、2308				
	经营范围	智能穿戴设备的研发和销售				

	指标\报告期	2017.06.30	2016.12.31	2016.06.30	2015.12.31
主要财务指标	基本每股收益(元)	0.2200	-0.6700	-0.4100	1.2100
	基本每股收益(扣除后)(元)	0.2000	-0.7400	-0.4100	1.2800
	稀释每股收益(元)	0.2200	-0.6700	---	1.2100
	每股净资产(元)	1.7400	1.5200	1.7900	1.5700
	每股经营现金净流量(元)	-0.0027	-0.7977	-0.5064	0.0112
	每股现金流量(元)	-0.0875	0.0676	0.4433	-0.0083
	每股资本公积金(元)	0.8880	0.8880	0.8880	0.2619
	每股盈余公积金(元)	0.0348	0.0348	0.0348	0.0366
	每股未分配利润(元)	-0.1877	-0.4037	-0.1331	0.2714
	净资产收益率(%)	12.4512	-43.5903	-21.8769	58.3522
	净资产收益率(扣除)(%)	8.6600	-40.8400	-24.4400	85.7500
	加权净资产收益率	4.9562	-48.1998	-21.8990	61.3256
	总资产(万元)	14259.08	8068.84	8388.42	7313.32
	归属母公司股东权益(万元)	6558.76	5742.12	6765.12	5651.32
	营业收入(万元)	9757.29	3511.82	1587.11	16777.80
	营业成本(万元)	6886.09	1986.33	807.35	7863.93
	投资收益(万元)	---	---	0.21	9.95
	净利润(万元)	---	---	-1480.00	3297.67
	营业利润(万元)	743.47	-3251.74	-1580.78	2517.28
	利润总额(万元)	816.65	-2915.83	-1480.75	3296.80

扬州中宝药业股份有限公司

公司概况	公司名称	扬州中宝药业股份有限公司			证券简称	中宝药业
	法人代表	张冠亚	董秘	陆飞	证券代码	836518
	公司网址	www.yzzbyy.com		电子信箱	lufei@yzzbyy.com	
	电话	0514-88223749		传真	0514-88223749	
	办公地址	江苏省扬州市宝应县经济开发区新区宝应大道91号				
	经营范围	生产、包装大容量注射剂、小容量注射剂、片剂、硬胶囊剂、颗粒剂、原料药				

	指标\报告期	2017.06.30	2016.12.31	2016.06.30	2015.12.31
主要财务指标	基本每股收益(元)	-0.2500	-1.0100	-0.2900	-0.1500
	基本每股收益(扣除后)(元)	-0.2544	-1.0900	-0.3300	-0.2500
	稀释每股收益(元)	---	-1.0100	-0.2900	-0.1500
	每股净资产(元)	0.8200	1.0800	1.7900	0.2100
	每股经营现金净流量(元)	-0.1497	-0.7647	-0.4868	-0.7358
	每股现金流量(元)	0.1579	0.0099	0.0260	-0.3008
	每股资本公积金(元)	1.7879	1.7879	1.7879	0.4272
	每股盈余公积金(元)	---	---	---	---
	每股未分配利润(元)	-1.9649	-1.7118	-0.9954	-0.7516
	净资产收益率(%)	-30.7538	-92.5620	-15.5975	-74.1108
	净资产收益率(扣除)(%)	-26.6600	-81.8500	-22.9500	-103.7800
	加权净资产收益率	-0.0284	-100.2643	-18.1878	-118.6836
	总资产(万元)	11273.21	10259.64	11118.33	12643.59
	归属母公司股东权益(万元)	1728.19	2259.67	3764.16	1351.27
	营业收入(万元)	1733.22	1717.55	888.18	2586.11
	营业成本(万元)	1353.79	1823.39	854.22	1997.33
	投资收益(万元)	---	---	---	---
	净利润(万元)	---	---	-587.11	-1001.44
	营业利润(万元)	-540.90	-2265.65	-684.62	-1603.74
	利润总额(万元)	-531.48	-2091.60	-587.11	-1001.44

山东百诺医药股份有限公司

公司概况	公司名称	山东百诺医药股份有限公司			证券简称	百诺医药
	法人代表	孟凡清	董秘	尹燕斌	证券代码	836534
	公司网址	www.bestcomm.cn		电子信箱	bestcomm@bestcomm.cn	
	电话	0531-88115361		传真	0531-88038446	
	办公地址	山东省济南市高新区崇华路世纪财富中心C座201室				
	经营范围	药物研究与开发、技术转让及相关的技术咨询;仪器、设备进口业务				

	指标\报告期	2017.06.30	2016.12.31	2016.06.30	2015.12.31
主要财务指标	基本每股收益(元)	0.2000	0.3300	0.0800	1.0300
	基本每股收益(扣除后)(元)	0.1821	0.2591	---	0.9400
	稀释每股收益(元)	0.2000	0.3300	0.0800	1.0300
	每股净资产(元)	3.5200	3.3200	3.0800	2.5000
	每股经营现金净流量(元)	-0.0589	-0.1379	-0.3592	0.8095
	每股现金流量(元)	0.1308	-0.7088	-0.4291	0.7269
	每股资本公积金(元)	1.6485	1.6485	1.6518	1.1454
	每股盈余公积金(元)	0.1384	0.1384	0.0858	0.0888
	每股未分配利润(元)	0.7310	0.5299	0.3401	0.2692
	净资产收益率(%)	5.7167	9.7240	2.6005	24.5996
	净资产收益率(扣除)(%)	5.8800	11.6400	2.9100	32.2400
	加权净资产收益率	2.2999	7.6350	2.0725	22.3858
	总资产(万元)	18545.19	18556.22	16852.65	17028.45
	归属母公司股东权益(万元)	12366.28	11659.33	10818.42	8499.59
	营业收入(万元)	2962.78	5069.40	2238.26	7374.74
	营业成本(万元)	501.61	404.75	65.21	142.82
	投资收益(万元)	9.23	27.20	21.63	64.99
	净利润(万元)	---	---	281.33	2090.87
	营业利润(万元)	817.93	1028.11	288.83	2055.99
	利润总额(万元)	883.95	1325.62	345.84	2307.44

北京逸家洁信息技术股份有限公司

公司概况	公司名称	北京逸家洁信息技术股份有限公司			证券简称	逸家洁
	法人代表	云涛	董秘	孙磊	证券代码	836594
	公司网址	www.1jiajie.com		电子信箱	public@1jiajie.com	
	电话	010-59006367		传真	010-59006367	
	办公地址	北京市朝阳区高碑店乡半壁店村惠河南街1008-B四惠大厦2层2023房间				
	经营范围					

	指标\报告期	2017.06.30	2016.12.31	2016.06.30	2015.12.31
主要财务指标	基本每股收益(元)	-0.2500	-1.7600	-0.8000	-1.6800
	基本每股收益(扣除后)(元)	-0.2500	-1.7700	-0.8000	-1.6700
	稀释每股收益(元)	-0.2500	-1.7600	-0.8000	-1.6800
	每股净资产(元)	0.8300	1.0800	0.3600	1.1600
	每股经营现金净流量(元)	-0.2604	-1.6506	-0.8301	-1.5738
	每股现金流量(元)	-0.2956	0.0548	0.9144	1.1165
	每股资本公积金(元)	2.6053	2.6053	1.1507	1.1507
	每股盈余公积金(元)	---	---	---	---
	每股未分配利润(元)	-2.7722	-2.5220	-1.7895	-0.9899
	净资产收益率(%)	-30.0350	-152.7905	-221.3470	-136.9120
	净资产收益率(扣除)(%)	-26.1100	-157.6500	-105.0700	-177.4800
	加权净资产收益率	-2.0827	-153.5936	-221.1439	-136.7680
	总资产(万元)	5218.30	6704.25	12354.83	6461.17
	归属母公司股东权益(万元)	4757.02	6185.79	1806.20	5804.19
	营业收入(万元)	480.73	1344.11	1374.65	205.13
	营业成本(万元)	278.23	1118.36	1306.48	205.13
	投资收益(万元)	---	---	---	---
	净利润(万元)	---	---	-3997.98	-7946.63
	营业利润(万元)	-1441.21	-9501.53	-3995.90	-7935.92
	利润总额(万元)	-1427.74	-9451.85	-3999.46	-7947.10

北京实力电传文化发展股份有限公司

公司概况					
公司名称	北京实力电传文化发展股份有限公司			证券简称	实力文化
法人代表	吕雁	董秘		证券代码	836653
公司网址	www.sharetv.com.cn		电子信箱		
电　话	010-53704001		传　真	010-53704002	
办公地址	北京市朝阳区广渠路3号竞园艺术中心商九				
经营范围	全媒体视频内容制作,及自主品牌产品的衍生经营				

主要财务指标

指标\报告期	2017.06.30	2016.12.31	2016.06.30	2015.12.31
基本每股收益(元)	0.0400	0.1000	0.1600	1.1000
基本每股收益(扣除后)(元)	-0.0048	0.0700	0.1600	0.9800
稀释每股收益(元)	0.0400	0.1000	--	1.1000
每股净资产(元)	4.0500	4.0100	4.0800	3.0296
每股经营现金净流量(元)	-0.3705	0.3162	-0.1302	--
每股现金流量(元)	0.2420	0.7955	0.0461	--
每股资本公积金(元)	2.7198	2.7198	2.7197	--
每股盈余公积金(元)	0.0292	0.0292	0.0196	--
每股未分配利润(元)	0.3004	0.2630	0.3359	--
净资产收益率(%)	0.9245	2.3868	3.9038	36.3767
净资产收益率(扣除)(%)	0.9200	2.3800	4.0800	61.6800
加权净资产收益率	0.4757	1.6767	3.9583	32.2116
总资产(万元)	13890.24	14155.70	13741.79	10009.41
归属母公司股东权益(万元)	13120.23	12998.93	13203.80	9088.68
营业收入(万元)	1641.78	4940.18	1766.55	7312.86
营业成本(万元)	888.15	3039.12	600.17	2135.58
投资收益(万元)	57.67	43.52	1.00	29.35
净利润(万元)	--	--	515.45	3306.16
营业利润(万元)	98.36	242.86	535.08	3485.71
利润总额(万元)	158.92	353.16	525.62	3901.71

常州中天新材料股份有限公司

公司概况					
公司名称	常州中天新材料股份有限公司			证券简称	中天新材
法人代表	刘伟	董秘	薛建章	证券代码	836680
公司网址	ztxclgf.com		电子信箱	xuejianzhang18@qq.com	
电　话	0519-83188555		传　真	0519-83188883	
办公地址	江苏省常州新北区薛家镇连江桥吕南路2号				
经营范围	矿渣微粉的研发、生产和销售,同时为客户提供应用技术的综合解决方案				

主要财务指标

指标\报告期	2017.06.30	2016.12.31	2016.06.30	2015.12.31
基本每股收益(元)	0.1400	0.2080	0.0400	0.1100
基本每股收益(扣除后)(元)	0.1406	0.1990	--	0.1100
稀释每股收益(元)	0.1400	0.2080	0.0400	0.1100
每股净资产(元)	2.3200	2.1800	2.0100	1.9700
每股经营现金净流量(元)	0.1920	0.5986	0.0840	-0.3132
每股现金流量(元)	0.1771	0.2533	-0.0098	-0.0673
每股资本公积金(元)	0.9530	0.9530	0.9530	0.9530
每股盈余公积金(元)	0.0270	0.0270	0.0156	0.0156
每股未分配利润(元)	0.3406	0.1971	0.0428	0.0006
净资产收益率(%)	5.8326	9.5509	2.1173	4.5603
净资产收益率(扣除)(%)	6.0200	10.0300	2.1400	7.0200
加权净资产收益率	5.5972	9.1398	1.8345	4.7031
总资产(万元)	47557.92	45499.10	38681.63	39920.23
归属母公司股东权益(万元)	37129.53	34834.62	32182.31	31507.61
营业收入(万元)	29161.04	33698.67	11230.42	24589.29
营业成本(万元)	25111.44	27673.36	9642.79	21134.33
投资收益(万元)	--	--	--	--
净利润(万元)	--	--	681.39	1436.85
营业利润(万元)	2900.54	4257.99	787.19	1980.61
利润总额(万元)	2887.47	4448.93	908.52	1920.64

深圳家电网科技实业股份有限公司

公司概况					
公司名称	深圳家电网科技实业股份有限公司周伟			证券简称	家电网
法人代表	黄伟军	董秘		证券代码	836694
公司网址	www.1wandian.com		电子信箱	office@1wandian.com	
电　话	0755-86253003		传　真	0755-86253002	
办公地址	广东省深圳市南山区东滨路4269号中泰天成大楼13楼				
经营范围	计算机软硬件产品的技术开发与销售等				

主要财务指标

指标\报告期	2017.06.30	2016.12.31	2016.06.30	2015.12.31
基本每股收益(元)	0.1810	0.3210	0.1500	0.0800
基本每股收益(扣除后)(元)	0.1730	0.2650	0.1200	0.0860
稀释每股收益(元)	0.1810	0.3210	0.1500	0.0800
每股净资产(元)	2.2700	1.5700	1.3900	1.2500
每股经营现金净流量(元)	-0.3881	0.0482	-0.6114	0.1194
每股现金流量(元)	-0.3034	0.0701	-0.5052	-0.0041
每股资本公积金(元)	0.7905	0.2218	0.2218	0.2218
每股盈余公积金(元)	0.0344	0.0406	0.0085	0.0085
每股未分配利润(元)	0.4401	0.3051	0.1643	0.0159
净资产收益率(%)	7.9949	20.4970	10.6390	6.5531
净资产收益率(扣除)(%)	10.0500	22.8400	11.2400	6.7700
加权净资产收益率	-9.7861	16.8918	8.6125	6.8937
总资产(万元)	23911.95	20754.58	21010.48	22692.81
归属母公司股东权益(万元)	13341.54	7837.41	6972.81	6230.98
营业收入(万元)	36429.89	74715.47	35035.60	54093.60
营业成本(万元)	34016.87	70421.20	33114.79	51470.87
投资收益(万元)	--	--	--	-40.55
净利润(万元)	--	--	741.84	408.12
营业利润(万元)	1158.86	1452.26	636.19	439.26
利润总额(万元)	1212.07	1784.93	802.43	454.84

大连盖世健康食品股份有限公司

公司概况					
公司名称	大连盖世健康食品股份有限公司			证券简称	盖世食品
法人代表	盖泉泓	董秘		证券代码	836826
公司网址	www.gaishi.cn		电子信箱	info@gaishi.cn	
电　话	0411-86277777		传　真	0411-86276666	
办公地址	辽宁省大连市旅顺口区畅达路320号				
经营范围	食用菌、海藻及山野菜深加工产品的研发、生产和销售				

主要财务指标

指标\报告期	2017.06.30	2016.12.31	2016.06.30	2015.12.31
基本每股收益(元)	0.1100	0.3094	0.1200	0.1600
基本每股收益(扣除后)(元)	0.0967	0.2413	--	0.0800
稀释每股收益(元)	0.1100	0.3094	0.1200	0.1600
每股净资产(元)	1.2300	1.3400	1.4000	1.2900
每股经营现金净流量(元)	0.2537	0.2466	0.0305	0.3991
每股现金流量(元)	0.1265	0.2028	0.1095	-0.0601
每股资本公积金(元)	0.0902	0.0077	0.2597	0.2597
每股盈余公积金(元)	0.0319	0.0350	0.0051	0.0051
每股未分配利润(元)	0.1076	0.2969	0.1383	0.0230
净资产收益率(%)	8.6823	23.0986	8.2202	11.0393
净资产收益率(扣除)(%)	7.5000	26.1200	8.5700	12.0600
加权净资产收益率	-54.2640	18.0106	6.7994	5.2746
总资产(万元)	6326.18	6191.30	5437.61	5206.64
归属母公司股东权益(万元)	3379.89	3349.13	2806.15	2575.48
营业收入(万元)	5528.80	10173.89	4181.60	6353.67
营业成本(万元)	4357.08	7864.19	3235.22	5101.64
投资收益(万元)	3.77	5.48	2.99	2.53
净利润(万元)	--	--	230.67	284.32
营业利润(万元)	371.11	720.28	229.63	158.06
利润总额(万元)	345.33	915.50	273.51	328.54

北京北迈科技股份有限公司

公司概况	公司名称	北京北迈科技股份有限公司			证券简称	北迈科技
	法人代表	张洪波	董秘	黄磊	证券代码	836848
	公司网址	www.beimai.com		电子信箱	huanglei@beimai.com	
	电话	010-53558955		传真	010-53558955	
	办公地址	北京市朝阳区高碑店乡半壁店村惠河南路1132号通惠大厦C座肆层C401				
	经营范围	互联网汽车零配件销售及快装服务				

	指标\报告期	2017.06.30	2016.12.31	2016.06.30	2015.12.31
主要财务指标	基本每股收益(元)	-0.7400	-1.6552	-0.8300	-8.5200
	基本每股收益(扣除后)(元)	-0.7771	-1.6542	-0.8300	-8.4700
	稀释每股收益(元)	-0.7800	---	-0.8300	---
	每股净资产(元)	0.5000	1.2400	1.4700	3.5300
	每股经营现金净流量(元)	-0.3758	-1.8202	-0.8811	-5.3683
	每股现金流量(元)	-0.3169	0.0404	0.2993	-0.3414
	每股资本公积金(元)	3.5979	3.6887	3.0940	8.2200
	每股盈余公积金(元)	---	---	---	---
	每股未分配利润(元)	-4.1023	-3.4467	-2.6202	-5.6854
	净资产收益率(%)	-149.3897	-130.4967	-56.1370	-129.9788
	净资产收益率(扣除)(%)	-85.5100	-124.5200	-55.4500	-250.8100
	加权净资产收益率	-3.9832	-130.4151	-56.2279	-129.1627
	总资产(万元)	1393.51	2019.62	2559.99	1854.09
	归属母公司股东权益(万元)	805.66	2009.24	2336.61	1767.32
	营业收入(万元)	1234.76	3497.67	1492.52	2061.78
	营业成本(万元)	1152.22	2969.46	1247.09	1696.96
	投资收益(万元)	---	3.65	3.65	6.19
	净利润(万元)	---	---	-1311.70	-2297.14
	营业利润(万元)	-1263.88	-2620.35	-1310.18	-2276.71
	利润总额(万元)	-1203.57	-2621.99	-1311.70	-2297.14

湖南桃花源农业科技股份有限公司

公司概况	公司名称	湖南桃花源农业科技股份有限公司			证券简称	桃花源
	法人代表	朱方金	董秘	谢文	证券代码	836896
	公司网址	www.hnthyzy.com		电子信箱	395009936@qq.com	
	电话	0736-2588321		传真	0736-2588322	
	办公地址	湖南省常德经济技术开发区崇德路				
	经营范围	农作物品种选育,种子、种苗的生产、销售、推广,提供农业高新技术开发及成果转让等				

	指标\报告期	2017.06.30	2016.12.31	2016.06.30	2015.12.31
主要财务指标	基本每股收益(元)	0.0700	0.1140	0.0600	0.0700
	基本每股收益(扣除后)(元)	0.0573	0.0780	---	---
	稀释每股收益(元)	---	0.1140	---	---
	每股净资产(元)	1.3700	1.2100	1.1600	1.1000
	每股经营现金净流量(元)	-0.0196	0.1854	0.0387	0.1935
	每股现金流量(元)	-0.0868	0.2101	0.0514	-0.0031
	每股资本公积金(元)	0.1395	0.0430	0.0430	0.0430
	每股盈余公积金(元)	0.0182	0.0192	0.0061	0.0061
	每股未分配利润(元)	0.2128	0.1490	0.1113	0.0480
	净资产收益率(%)	5.1941	9.4153	5.4507	6.0583
	净资产收益率(扣除)(%)	5.5800	9.8800	5.3900	6.2400
	加权净资产收益率	3.3412	6.4101	4.4927	2.3481
	总资产(万元)	17716.50	18303.15	13375.59	12584.76
	归属母公司股东权益(万元)	14531.37	12207.59	11695.71	11058.22
	营业收入(万元)	3345.12	7828.77	3156.61	6370.93
	营业成本(万元)	2043.76	5150.33	1958.15	4555.63
	投资收益(万元)	---	13.83	---	---
	净利润(万元)	---	---	617.13	668.67
	营业利润(万元)	563.30	748.53	525.46	258.40
	利润总额(万元)	700.82	1114.40	617.13	668.67

北京清芝融科商用机器股份有限公司

公司概况	公司名称	北京清芝融科商用机器股份有限公司			证券简称	北京清芝
	法人代表	吴卫	董秘	许树杰	证券代码	837047
	公司网址	www.btfts.com		电子信箱	xushujie@btfts.com	
	电话	010-68403192		传真	010-68403196	
	办公地址	北京市海淀区西三环北路21号1号楼1201室				
	经营范围	纸币清分机研发、生产和销售				

	指标\报告期	2017.06.30	2016.12.31	2016.06.30	2015.12.31
主要财务指标	基本每股收益(元)	-0.0470	0.0430	-0.1100	0.0780
	基本每股收益(扣除后)(元)	-0.0590	0.0430	-0.1080	0.0810
	稀释每股收益(元)	-0.0470	0.0430	-0.1100	0.0780
	每股净资产(元)	1.8200	1.8700	1.7300	1.4089
	每股经营现金净流量(元)	-0.0349	-0.4892	-0.4507	---
	每股现金流量(元)	-0.0662	0.0510	0.2362	---
	每股资本公积金(元)	0.6943	0.6943	0.6943	---
	每股盈余公积金(元)	0.0053	0.0053	---	---
	每股未分配利润(元)	0.1251	0.1724	0.0318	---
	净资产收益率(%)	-2.5935	2.2450	-6.0190	5.1499
	净资产收益率(扣除)(%)	-2.5700	3.0800	-6.9100	7.1900
	加权净资产收益率	5.1862	2.2459	-6.0182	5.3371
	总资产(万元)	11998.78	12368.12	12146.44	9229.19
	归属母公司股东权益(万元)	8868.41	9098.41	8389.21	6044.16
	营业收入(万元)	115.35	2244.99	116.47	2474.36
	营业成本(万元)	18.46	714.00	2.50	1097.29
	投资收益(万元)	---	---	---	---
	净利润(万元)	---	---	-504.95	311.27
	营业利润(万元)	-284.41	225.80	-514.12	308.67
	利润总额(万元)	-229.95	225.71	-514.20	295.29

山东同成医药股份有限公司

公司概况	公司名称	山东同成医药股份有限公司			证券简称	同成医药
	法人代表	刘国先	董秘	刘国先	证券代码	837062
	公司网址	www.tongchengpharma.com		电子信箱	lgx710320@126.com	
	电话	0536-5396026		传真	0536-5396085	
	办公地址	山东省寿光市侯镇海洋化工园区金源路9号				
	经营范围	从事溴系列、氯系列产品及医药中间体的开发和深加工,并承接三个系列产品的定制合成				

	指标\报告期	2017.06.30	2016.12.31	2016.06.30	2015.12.31
主要财务指标	基本每股收益(元)	0.1600	0.4700	0.2600	0.8000
	基本每股收益(扣除后)(元)	0.1598	0.4700	0.2600	0.8000
	稀释每股收益(元)	---	0.4700	---	---
	每股净资产(元)	2.1100	2.8900	2.4100	2.1253
	每股经营现金净流量(元)	-0.1226	0.2055	-0.3450	---
	每股现金流量(元)	-0.0497	0.0768	-0.4299	---
	每股资本公积金(元)	0.3541	1.0311	0.6528	---
	每股盈余公积金(元)	0.0590	0.0886	0.0564	---
	每股未分配利润(元)	0.4886	0.4925	0.3998	---
	净资产收益率(%)	7.6030	14.3504	10.5996	26.5466
	净资产收益率(扣除)(%)	8.0000	19.3000	11.3800	36.7500
	加权净资产收益率	14.9574	14.4210	10.7841	26.4597
	总资产(万元)	15534.93	13738.55	11116.05	12574.00
	归属母公司股东权益(万元)	10594.24	9666.78	6775.33	5950.84
	营业收入(万元)	13690.41	21900.49	10606.92	22301.94
	营业成本(万元)	10944.09	16576.54	7995.04	16960.16
	投资收益(万元)	---	---	---	---
	净利润(万元)	---	---	718.16	1579.74
	营业利润(万元)	1062.61	1844.70	973.58	2106.12
	利润总额(万元)	1064.17	1835.60	956.92	2113.02

苏州舞之动画股份有限公司

公司概况	公司名称	苏州舞之动画股份有限公司			证券简称	舞之动画
	法人代表	殷玉麒	董秘	甘露	证券代码	837133
	公司网址	www.dangcingcg.com		电子信箱	ada.pan@dancingcg.com	
	电　　话	0512-67076118		传　　真	0512-62994818	
	办公地址	江苏省苏州市吴中区宝带东路 345 号 2 幢文化创意大厦 9-11 楼				
	经营范围	动画制作、销售;动漫软件开发、销售				

主要财务指标	指标\报告期	2017.06.30	2016.12.31	2016.06.30	2015.12.31
	基本每股收益(元)	0.0010	-0.1600	0.0500	0.1000
	基本每股收益(扣除后)(元)	-0.1690	-0.3100	-0.0100	-0.3400
	稀释每股收益(元)	0.0010	-0.1600	0.0500	0.1000
	每股净资产(元)	2.0100	2.0100	1.1100	1.0600
	每股经营现金净流量(元)	-0.3716	-0.5875	-0.4534	-0.4370
	每股现金流量(元)	-0.7286	0.3348	0.8500	0.4958
	每股资本公积金(元)	1.2466	1.2466	0.1644	0.1644
	每股盈余公积金(元)	0.0040	0.0040	--	--
	每股未分配利润(元)	-0.2387	-0.2393	-0.0555	-0.1014
	净资产收益率(%)	0.0272	-7.4645	4.1437	4.5939
	净资产收益率(扣除)(%)	0.0300	-10.4500	4.2300	9.9100
	加权净资产收益率	9.9966	-13.9493	-1.2357	-16.0972
	总资产(万元)	5780.97	5969.21	5853.59	2711.46
	归属母公司股东权益(万元)	4793.27	4791.97	2217.88	2125.98
	营业收入(万元)	1984.49	3532.71	1810.84	2187.97
	营业成本(万元)	1251.24	2261.42	983.58	1354.67
	投资收益(万元)	-40.23	-10.61	7.13	-1.11
	净利润(万元)	--	--	91.88	97.62
	营业利润(万元)	-403.37	-713.58	7.29	-220.73
	利润总额(万元)	1.35	-340.26	147.76	269.36

山东京广传媒股份有限公司

公司概况	公司名称	山东京广传媒股份有限公司			证券简称	京广传媒
	法人代表	刘晓阳	董秘	高波	证券代码	837191
	公司网址	www.kigojg.cn		电子信箱	jgmedium@163.com	
	电　　话	0536-8263767		传　　真	0536-8502766	
	办公地址	山东省潍坊市奎文区潍州路 616 号甲号内 1 号楼 103、156 号				
	经营范围	公司主要从事的业务包括图书、期刊的批发业务以及图书、期刊、音像制品、办公用品等的零售				

主要财务指标	指标\报告期	2017.06.30	2016.12.31	2016.06.30	2015.12.31
	基本每股收益(元)	0.3300	0.5600	0.2900	0.9200
	基本每股收益(扣除后)(元)	0.3100	0.5245	0.2800	--
	稀释每股收益(元)	0.3300	0.5600	0.2900	0.9200
	每股净资产(元)	2.6900	2.3600	2.0900	1.8071
	每股经营现金净流量(元)	0.1699	0.5573	0.2438	--
	每股现金流量(元)	-0.0275	-0.0078	-0.1521	--
	每股资本公积金(元)	0.0328	0.0328	0.0328	--
	每股盈余公积金(元)	0.1644	0.1319	0.1046	--
	每股未分配利润(元)	1.4922	1.1999	0.9555	--
	净资产收益率(%)	12.0975	23.5744	13.6531	26.6213
	净资产收益率(扣除)(%)	12.8800	26.7200	14.6500	39.0100
	加权净资产收益率	8.8922	22.0799	13.5928	22.1952
	总资产(万元)	23723.86	21120.03	21717.14	21604.18
	归属母公司股东权益(万元)	5378.70	4728.97	4185.62	3614.15
	营业收入(万元)	6661.17	12584.74	6105.86	11443.23
	营业成本(万元)	4944.63	9213.27	4469.54	8694.66
	投资收益(万元)	--	--	--	--
	净利润(万元)	--	--	571.47	962.13
	营业利润(万元)	831.29	1398.47	734.33	1068.81
	利润总额(万元)	871.59	1493.41	737.70	1282.25

安徽紫金新材料科技股份有限公司

公司概况	公司名称	安徽紫金新材料科技股份有限公司			证券简称	紫金科技
	法人代表	康鹏	董秘	王月芹	证券代码	837198
	公司网址	www.ahzjsy.com		电子信箱	wangyueqin@ahzjkj.com	
	电　　话	0557-3117777		传　　真	0557-3933000	
	办公地址	安徽省宿州市经济开发区宿怀南路 69 号				
	经营范围	从事高端塑料彩印软包装、功能性复合包装材料等高新技术产品的生产和销售				

主要财务指标	指标\报告期	2017.06.30	2016.12.31	2016.06.30	2015.12.31
	基本每股收益(元)	0.1300	0.2800	0.0700	0.2300
	基本每股收益(扣除后)(元)	0.0500	0.1700	0.0700	0.1900
	稀释每股收益(元)	0.1300	0.2800	0.0700	0.2300
	每股净资产(元)	3.1500	3.0200	2.8100	2.7500
	每股经营现金净流量(元)	0.7650	0.2132	0.0059	--
	每股现金流量(元)	-0.4375	-0.2381	-0.5603	--
	每股资本公积金(元)	1.6170	1.6170	1.6006	--
	每股盈余公积金(元)	0.0484	0.0484	0.0235	--
	每股未分配利润(元)	0.4826	0.3510	0.1877	--
	净资产收益率(%)	4.1813	8.7293	2.3697	8.5462
	净资产收益率(扣除)(%)	4.2700	9.6000	2.4000	14.7300
	加权净资产收益率	13.0916	5.4576	1.2767	6.9292
	总资产(万元)	29062.76	27358.23	22888.07	22115.93
	归属母公司股东权益(万元)	10703.34	10255.80	8997.76	8784.54
	营业收入(万元)	5404.16	12980.80	6349.66	10325.09
	营业成本(万元)	4190.56	9970.34	5127.62	7821.55
	投资收益(万元)	--	0.84	--	--
	净利润(万元)	--	--	213.22	750.75
	营业利润(万元)	185.88	579.23	145.57	751.42
	利润总额(万元)	510.60	975.60	250.69	918.53

高光世纪(天津)新能源科技股份有限公司

公司概况	公司名称	高光世纪(天津)新能源科技股份有限公司			证券简称	高光世纪
	法人代表	NI YAXI	董秘	张志光	证券代码	837333
	公司网址	www.atgled.com		电子信箱	infor@atgled.com	
	电　　话	022-58669638		传　　真	022-58669633	
	办公地址	天津市西青学府工业区才智道 35 号海澜德产业园 9 号楼				
	经营范围	LED 照明应用产品的研发、生产及销售				

主要财务指标	指标\报告期	2017.06.30	2016.12.31	2016.06.30	2015.12.31
	基本每股收益(元)	-0.2600	-0.0300	-0.0300	0.2200
	基本每股收益(扣除后)(元)	-0.2600	-0.0700	-0.0300	0.0300
	稀释每股收益(元)	-0.2600	-0.0300	-0.0300	0.2200
	每股净资产(元)	1.7600	1.7700	1.7600	1.7879
	每股经营现金净流量(元)	-0.1729	0.1809	0.0779	--
	每股现金流量(元)	-0.1621	0.4484	-0.1661	--
	每股资本公积金(元)	1.0400	0.7821	0.7803	--
	每股盈余公积金(元)	0.0119	0.0134	0.0044	--
	每股未分配利润(元)	-0.2902	-0.0370	-0.0257	--
	净资产收益率(%)	-14.6126	-1.9743	-1.8470	8.4243
	净资产收益率(扣除)(%)	-18.0400	-1.9600	-1.8300	12.9900
	加权净资产收益率	-2.9221	-3.9284	-1.8497	15.6592
	总资产(万元)	16093.35	17568.52	16422.50	16863.96
	归属母公司股东权益(万元)	11451.21	10111.38	10113.96	10280.46
	营业收入(万元)	3633.81	11123.93	6193.71	13263.32
	营业成本(万元)	2679.91	7519.90	4195.59	9586.37
	投资收益(万元)	--	--	25.80	--
	净利润(万元)	--	--	-186.80	866.05
	营业利润(万元)	-1705.53	-236.35	-157.52	509.69
	利润总额(万元)	-1706.36	-3.89	-157.25	1384.73

包头市塞北机械设备股份有限公司

公司概况					
公司名称	包头市塞北机械设备股份有限公司			证券简称	塞北股份
法人代表	王斌	董秘	吕桂芳	证券代码	837422
公司网址	www.sbjx.noc.cc		电子信箱	sbjx_2007@163.com	
电　话	0472-2620315		传　真	0472-2620317	
办公地址	内蒙古自治区包头市青山区装备制造产业园B4路南侧				
经营范围	公司主营业务为特种车辆变速箱前箱总成、应急泵、控制阀、转向柱调整机构等				

主要财务指标 指标\报告期	2017.06.30	2016.12.31	2016.06.30	2015.12.31
基本每股收益(元)	0.4273	0.2557	0.1000	0.2926
基本每股收益(扣除后)(元)	0.4186	0.1923	0.0999	0.2997
稀释每股收益(元)	0.4273	0.2557	0.1000	0.2926
每股净资产(元)	2.2700	1.8200	1.6400	1.5254
每股经营现金净流量(元)	-0.0511	-0.2275	-0.4547	—
每股现金流量(元)	-0.0373	-0.6808	-0.4778	—
每股资本公积金(元)	0.4070	0.4070	0.4070	—
每股盈余公积金(元)	0.0342	0.0342	0.0086	—
每股未分配利润(元)	0.7414	0.3079	0.1779	—
净资产收益率(%)	18.8048	14.0355	6.0819	18.3818
净资产收益率(扣除)(%)	20.9900	15.4600	6.3500	21.1500
加权净资产收益率	5.7810	10.5567	6.0716	18.8279
总资产(万元)	9062.22	6242.05	6232.26	7278.53
归属母公司股东权益(万元)	4544.24	3643.01	3289.78	3050.80
营业收入(万元)	4598.68	5097.17	3402.14	5005.85
营业成本(万元)	3138.10	4042.42	2649.13	3835.34
投资收益(万元)	9.45	0.53	—	—
净利润(万元)	—	—	200.08	560.79
营业利润(万元)	994.34	447.43	235.13	686.74
利润总额(万元)	1005.34	596.28	235.53	673.42

上海环钻环保科技股份有限公司

公司概况					
公司名称	上海环钻环保科技股份有限公司			证券简称	环钻环保
法人代表	罗凯捷	董秘	沈潇君	证券代码	837436
公司网址	www.shhzdrilling.com		电子信箱	shenxiaojun@shhzdrilling.com	
电　话	021-59555271		传　真	4006981163-416077	
办公地址	上海市嘉定区六里中心路511号智成科技园二楼				
经营范围	场地环境调查与风险评估				

主要财务指标 指标\报告期	2017.06.30	2016.12.31	2016.06.30	2015.12.31
基本每股收益(元)	0.2000	0.0900	-0.0900	0.1200
基本每股收益(扣除后)(元)	-0.0100	0.0900	-0.0900	0.1200
稀释每股收益(元)	0.2000	0.0900	-0.0900	0.1200
每股净资产(元)	1.5700	1.3600	1.2000	1.1370
每股经营现金净流量(元)	0.1443	-0.5842	-0.2812	—
每股现金流量(元)	0.1403	-0.2861	0.0351	—
每股资本公积金(元)	0.0833	0.2867	0.2867	—
每股盈余公积金(元)	0.0026	0.0088	0.0032	—
每股未分配利润(元)	0.0789	0.0672	-0.0877	—
净资产收益率(%)	13.0406	6.0095	-6.5305	4.3415
净资产收益率(扣除)(%)	13.9500	6.6100	-7.3000	10.8100
加权净资产收益率	4.3704	6.0113	-6.5298	4.3571
总资产(万元)	2594.90	2699.50	1711.40	1209.06
归属母公司股东权益(万元)	1880.46	1635.24	1442.75	1136.97
营业收入(万元)	632.53	2085.62	499.91	1211.15
营业成本(万元)	433.55	1430.78	405.49	948.12
投资收益(万元)	—	—	—	—
净利润(万元)	—	—	-94.22	48.60
营业利润(万元)	-13.22	132.01	-124.36	65.88
利润总额(万元)	328.48	131.98	-124.37	65.72

上海天谷生物科技股份有限公司

公司概况					
公司名称	上海天谷生物科技股份有限公司			证券简称	天谷生物
法人代表	金祖平	董秘	张涛	证券代码	837485
公司网址	www.tgsw.cn		电子信箱	tianguvip@126.com	
电　话	021-58956558		传　真	021-58956070	
办公地址	上海市浦东新区蔡伦路780号5楼Q座				
经营范围	节水抗旱稻系列品种研发、生产及销售				

主要财务指标 指标\报告期	2017.06.30	2016.12.31	2016.06.30	2015.12.31
基本每股收益(元)	0.4500	0.1000	0.2000	0.0800
基本每股收益(扣除后)(元)	0.3700	-0.0800	0.1000	-0.0300
稀释每股收益(元)	0.4500	0.1000	—	0.0800
每股净资产(元)	2.1800	1.2900	1.3800	1.1876
每股经营现金净流量(元)	0.5353	-0.0498	-0.0635	—
每股现金流量(元)	0.9682	-0.4547	-0.3308	—
每股资本公积金(元)	0.7408	0.2363	0.2363	—
每股盈余公积金(元)	0.0135	0.0177	0.0020	—
每股未分配利润(元)	0.4242	0.0384	0.1443	—
净资产收益率(%)	18.1343	8.1149	14.1056	6.4238
净资产收益率(扣除)(%)	25.0100	8.4600	15.1700	6.6400
加权净资产收益率	2.7203	-6.0223	7.3241	-2.8918
总资产(万元)	12365.37	13241.67	5860.65	6811.67
归属母公司股东权益(万元)	9040.63	4071.18	4355.12	3740.81
营业收入(万元)	4219.77	2065.20	1890.28	2019.94
营业成本(万元)	2249.17	1107.47	1055.04	1246.82
投资收益(万元)	76.35	113.53	64.48	127.54
净利润(万元)	—	—	614.32	240.30
营业利润(万元)	1645.22	-130.72	383.46	21.30
利润总额(万元)	1645.35	347.48	623.99	261.37

昆山吉山会津塑料工业股份有限公司

公司概况					
公司名称	昆山吉山会津塑料工业股份有限公司			证券简称	吉山会津
法人代表	李同裕	董秘	韩永艳	证券代码	837576
公司网址			电子信箱	pm@ypc.cc	
电　话	0512-50327883		传　真	0512-50322543	
办公地址	江苏省昆山市千灯镇华涛路350号				
经营范围	塑胶精密模具的设计、研发、生产及注塑塑胶产品的生产和销售				

主要财务指标 指标\报告期	2017.06.30	2016.12.31	2016.06.30	2015.12.31
基本每股收益(元)	0.1100	0.2000	0.1200	0.0100
基本每股收益(扣除后)(元)	0.1100	0.1100	0.0600	0.0100
稀释每股收益(元)	0.1100	0.2000	0.1200	0.0100
每股净资产(元)	1.7700	1.6600	1.4800	1.3471
每股经营现金净流量(元)	-0.1696	0.3063	-0.0149	—
每股现金流量(元)	-0.1143	0.4277	-0.0487	—
每股资本公积金(元)	0.2118	0.2118	0.0945	—
每股盈余公积金(元)	0.0089	0.0089	0.0046	—
每股未分配利润(元)	0.5510	0.4414	0.3762	—
净资产收益率(%)	6.1893	11.8915	7.9700	0.4389
净资产收益率(扣除)(%)	6.5100	13.6700	8.3600	0.5700
加权净资产收益率	-2.0569	6.6140	4.0856	—
总资产(万元)	5277.67	4876.12	4873.76	4236.23
归属母公司股东权益(万元)	2893.18	2714.11	2409.06	2199.78
营业收入(万元)	2052.52	4790.49	2159.51	2205.56
营业成本(万元)	1447.62	3802.82	1741.68	1557.87
投资收益(万元)	—	—	—	—
净利润(万元)	—	—	211.61	50.15
营业利润(万元)	204.45	279.37	123.46	104.99
利润总额(万元)	200.26	477.85	233.55	105.74

宁夏金河科技股份有限公司

公司概况					
公司名称	宁夏金河科技股份有限公司			证券简称	金河科技
法人代表	闫建国	董秘		证券代码	837647
公司网址	www.jinhemilk.com		电子信箱	nxjinhe@jinhemilk.com	
电　话	0951-7821981		传　真	0951-6151898	
办公地址	宁夏回族自治区银川市德胜工业园区伊园路5号				
经营范围	乳制品的生产及销售				

主要财务指标：指标\报告期	2017.06.30	2016.12.31	2016.06.30	2015.12.31
基本每股收益(元)	0.2200	0.4900	0.2600	1.1900
基本每股收益(扣除后)(元)	0.1890	0.4459	---	---
稀释每股收益(元)	0.2200	0.4900	0.2600	1.1900
每股净资产(元)	2.2100	1.9900	1.9100	2.4012
每股经营现金净流量(元)	0.0640	0.6139	0.0550	---
每股现金流量(元)	-0.2276	0.7855	0.7305	---
每股资本公积金(元)	0.4996	0.4996	0.2593	---
每股盈余公积金(元)	0.0768	0.0574	0.0388	---
每股未分配利润(元)	0.6333	0.4308	0.6133	---
净资产收益率(%)	10.0382	22.3188	13.8152	44.0176
净资产收益率(扣除)(%)	10.5700	25.3000	14.6100	---
加权净资产收益率	1.8510	20.3101	13.6175	---
总资产(万元)	29692.65	27563.21	29148.03	25940.20
归属母公司股东权益(万元)	10056.50	9047.01	8068.13	6953.50
营业收入(万元)	11995.32	26616.76	13822.07	25681.47
营业成本(万元)	7933.25	19048.08	10211.33	17810.29
投资收益(万元)	61.51	34.61	---	1023.00
净利润(万元)	---	---	1148.19	3088.20
营业利润(万元)	1150.22	1762.54	1358.81	3292.45
利润总额(万元)	1231.13	2228.05	1356.51	3467.27

广东英妮股份有限公司

公司概况					
公司名称	广东英妮股份有限公司			证券简称	英妮股份
法人代表	吴丽英	董秘	阮健翘	证券代码	837684
公司网址	www.ettehouse.com.cn		电子信箱	252075312@qq.com	
电　话	020-38396301		传　真	020-38396308	
办公地址	广东省广州市荔湾区环市西路103号558室				
经营范围	皮鞋的研发,设计与销售与品牌管理				

主要财务指标：指标\报告期	2017.06.30	2016.12.31	2016.06.30	2015.12.31
基本每股收益(元)	0.3992	0.2043	0.2000	0.2410
基本每股收益(扣除后)(元)	0.3393	0.1927	0.1917	0.2292
稀释每股收益(元)	0.3992	0.2043	0.2000	0.2410
每股净资产(元)	2.3200	1.9800	1.9800	1.7766
每股经营现金净流量(元)	-1.2677	0.3024	-0.0628	---
每股现金流量(元)	-0.4879	0.3001	0.0639	---
每股资本公积金(元)	0.7158	0.7158	0.7158	---
每股盈余公积金(元)	0.0365	0.0365	0.0161	---
每股未分配利润(元)	0.5678	0.2286	0.2469	---
净资产收益率(%)	14.6218	10.3124	10.2173	9.0453
净资产收益率(扣除)(%)	15.7800	10.8700	10.7700	14.1300
加权净资产收益率	1.2202	9.7276	9.6867	8.6013
总资产(万元)	19415.18	19120.46	18722.46	16154.13
归属母公司股东权益(万元)	11600.53	9904.32	9893.83	8882.94
营业收入(万元)	6041.68	6793.63	4112.95	6022.52
营业成本(万元)	3032.12	3338.39	1994.66	3174.25
投资收益(万元)	---	---	---	---
净利润(万元)	---	---	1010.89	803.49
营业利润(万元)	1996.50	1193.77	1283.38	1129.39
利润总额(万元)	1995.97	1261.91	1353.38	1089.96

菏泽韩升元电子股份有限公司

公司概况					
公司名称	菏泽韩升元电子股份有限公司			证券简称	韩升元
法人代表	李忠学	董秘	孟祥虎	证券代码	837804
公司网址	www.hsungwon.com		电子信箱	xhmeng@sung-won.com.cn	
电　话	18865017217		传　真	0530-3751018	
办公地址	山东省菏泽市曹县砖庙镇政府对过				
经营范围	耳机的研发、生产和销售				

主要财务指标：指标\报告期	2017.06.30	2016.12.31	2016.06.30	2015.12.31
基本每股收益(元)	0.2900	0.2000	0.0700	0.2200
基本每股收益(扣除后)(元)	0.2900	0.2000	0.0700	0.2200
稀释每股收益(元)	0.2900	0.2000	0.0700	0.2200
每股净资产(元)	1.8000	1.4500	1.3200	1.2400
每股经营现金净流量(元)	0.1609	-0.0965	-0.1883	---
每股现金流量(元)	0.1185	0.1188	0.1862	---
每股资本公积金(元)	0.3381	0.2495	0.2495	---
每股盈余公积金(元)	0.0221	0.0233	---	---
每股未分配利润(元)	0.4396	0.1723	0.0730	---
净资产收益率(%)	15.3642	13.5357	5.0575	15.0432
净资产收益率(扣除)(%)	16.9100	14.9800	5.5700	19.0400
加权净资产收益率	-11.8774	13.7934	5.0720	14.6817
总资产(万元)	14946.16	12879.61	9654.22	9186.50
归属母公司股东权益(万元)	5410.43	4112.84	3763.77	2846.34
营业收入(万元)	16867.51	24952.53	10526.90	23848.00
营业成本(万元)	14543.34	22284.86	9461.46	22231.16
投资收益(万元)	---	---	---	---
净利润(万元)	---	---	190.35	428.18
营业利润(万元)	889.44	697.56	267.63	561.32
利润总额(万元)	887.41	685.19	266.90	575.70

宁夏亘峰嘉能能源科技股份有限公司

公司概况					
公司名称	宁夏亘峰嘉能能源科技股份有限公司			证券简称	亘峰嘉能
法人代表	郝宝玉	董秘	吴志玲	证券代码	837865
公司网址	www.nxgfjn.com		电子信箱	1057878601@qq.com	
电　话	0952-3686368		传　真	0952-3686368	
办公地址	宁夏回族自治区银川市金凤区亲水街万达中心B座2609室				
经营范围	煤矸石、粉煤灰的生产加工及销售、煤炭洗选、销售				

主要财务指标：指标\报告期	2017.06.30	2016.12.31	2016.06.30	2015.12.31
基本每股收益(元)	0.1600	0.1200	0.1100	0.8800
基本每股收益(扣除后)(元)	0.1600	0.1200	---	---
稀释每股收益(元)	0.1600	0.1200	0.1100	0.8800
每股净资产(元)	2.0600	1.8600	1.8500	1.7400
每股经营现金净流量(元)	-0.2711	0.0280	0.0630	---
每股现金流量(元)	-0.0427	0.0737	0.0882	---
每股资本公积金(元)	0.7930	0.7432	0.7432	---
每股盈余公积金(元)	0.0104	0.0121	---	---
每股未分配利润(元)	0.2557	0.1087	0.1097	---
净资产收益率(%)	7.8941	6.4810	5.9224	8.4297
净资产收益率(扣除)(%)	9.4100	6.7000	6.1000	17.5700
加权净资产收益率	7.9109	6.4274	5.9248	8.4817
总资产(万元)	20244.37	16746.23	13793.75	13597.65
归属母公司股东权益(万元)	14413.77	11183.94	11117.54	10459.11
营业收入(万元)	10139.43	12348.25	6174.86	10615.78
营业成本(万元)	8040.94	9548.49	4828.60	8844.47
投资收益(万元)	---	---	---	---
净利润(万元)	---	---	658.43	881.67
营业利润(万元)	1326.61	959.12	799.35	1182.81
利润总额(万元)	1314.83	967.11	799.04	1175.56

上海超固投资股份有限公司

公司概况	公司名称	上海超固投资股份有限公司			证券简称	超固股份
	法人代表	衣飞虎	董秘	杜帅	证券代码	837870
	公司网址	www.chiuko.com		电子信箱	hdm@chiuko.com	
	电　　话	021-62590386		传　　真	021-62340981	
	办公地址	上海市闵行区吴中路1439号莱茵虹景中心B栋7层				
	经营范围	标准化商用后厨设备及外送设备的安装、维修、维护、零部件更换服务及销售				

	指标\报告期	2017.06.30	2016.12.31	2016.06.30	2015.12.31
主要财务指标	基本每股收益(元)	0.3400	0.6300	0.2400	1.4100
	基本每股收益(扣除后)(元)	0.3300	0.5200	0.2300	—
	稀释每股收益(元)	0.3400	0.6300	0.2400	1.4100
	每股净资产(元)	3.7900	3.4600	3.4200	3.1800
	每股经营现金净流量(元)	0.0105	−0.2647	−0.8538	—
	每股现金流量(元)	0.1592	−0.8438	−0.9678	—
	每股资本公积金(元)	1.1748	1.1748	1.3815	—
	每股盈余公积金(元)	0.0240	0.0240	0.0166	—
	每股未分配利润(元)	1.5944	1.2575	1.0213	—
	净资产收益率(%)	8.8815	18.3449	7.0187	24.7217
	净资产收益率(扣除)(%)	9.2900	18.1400	7.2700	61.1000
	加权净资产收益率	5.4610	15.1343	6.8271	24.3864
	总资产(万元)	6852.76	5356.28	4699.35	4659.16
	归属母公司股东权益(万元)	4551.93	4147.65	4103.36	3815.36
	营业收入(万元)	4335.75	7501.98	2937.12	6684.69
	营业成本(万元)	2860.44	5083.55	1985.09	4449.47
	投资收益(万元)	—	—	—	36.70
	净利润(万元)	—	—	288.00	943.22
	营业利润(万元)	611.38	959.06	382.60	1239.91
	利润总额(万元)	611.38	1031.54	393.08	1256.97

宁夏万齐农业股份有限公司

公司概况	公司名称	宁夏万齐农业股份有限公司			证券简称	万齐农业
	法人代表	万立军	董秘	王春燕	证券代码	838139
	公司网址			电子信箱	15809677377@163.com	
	电　　话	0955-7637777		传　　真	0955-7033006	
	办公地址	宁夏回族自治区中卫市沙坡头区东园镇政府东侧				
	经营范围	优质大米的生产、销售业务,副产品销售				

	指标\报告期	2017.06.30	2016.12.31	2016.06.30	2015.12.31
主要财务指标	基本每股收益(元)	0.0100	0.0300	−0.0300	0.0500
	基本每股收益(扣除后)(元)	0.0100	—	−0.0300	—
	稀释每股收益(元)	0.0100	0.0300	−0.0300	0.0500
	每股净资产(元)	1.0500	1.0400	0.9900	1.0200
	每股经营现金净流量(元)	−0.1090	0.0171	0.0437	—
	每股现金流量(元)	0.0706	−0.0665	−0.0216	—
	每股资本公积金(元)	0.0178	0.0178	0.0216	—
	每股盈余公积金(元)	0.0026	0.0026	—	—
	每股未分配利润(元)	0.0342	0.0235	−0.0267	—
	净资产收益率(%)	1.0090	2.4994	−2.6795	1.1907
	净资产收益率(扣除)(%)	1.0100	2.7800	−2.6400	4.9500
	加权净资产收益率	3.3872	0.2980	−3.3381	−1.0767
	总资产(万元)	8521.77	7991.79	7141.62	8675.58
	归属母公司股东权益(万元)	6126.92	6065.11	5183.65	5322.55
	营业收入(万元)	1480.70	3080.35	599.47	1109.08
	营业成本(万元)	1175.17	2586.21	509.24	941.18
	投资收益(万元)	—	—	—	—
	净利润(万元)	—	—	−138.90	63.38
	营业利润(万元)	66.06	20.41	−173.04	−57.31
	利润总额(万元)	68.81	151.83	−138.90	63.38

合肥阳光医疗科技股份有限公司

公司概况	公司名称	合肥阳光医疗科技股份有限公司			证券简称	阳光医疗
	法人代表	王邦侃	董秘	甄欣怡	证券代码	838378
	公司网址	www.hefeisun.com.cn		电子信箱	zhenxinyiyg@163.com	
	电　　话	0551-65328710		传　　真	0551-65328723	
	办公地址	安徽省合肥市高新区望江西路与文曲路交口创新产业园B1座北楼7楼				
	经营范围	从事医疗器械领域内技术咨询、技术转让、技术研发、技术服务				

	指标\报告期	2017.06.30	2016.12.31	2016.06.30	2015.12.31
主要财务指标	基本每股收益(元)	0.1400	0.2800	0.1200	0.1267
	基本每股收益(扣除后)(元)	0.1000	0.2600	0.1200	—
	稀释每股收益(元)	0.1400	0.2800	0.1200	0.1267
	每股净资产(元)	2.3300	1.5700	1.4100	1.3000
	每股经营现金净流量(元)	−0.0168	−0.0592	−0.0829	—
	每股现金流量(元)	0.0342	0.0161	−0.0153	—
	每股资本公积金(元)	0.0431	0.2686	0.2686	—
	每股盈余公积金(元)	0.0018	0.0304	0.0028	—
	每股未分配利润(元)	0.0246	0.2733	0.1420	—
	净资产收益率(%)	5.8684	17.5528	8.2837	9.7770
	净资产收益率(扣除)(%)	8.3400	19.4300	8.8300	10.2800
	加权净资产收益率	−18.8286	16.5160	8.2839	10.6108
	总资产(万元)	7641.36	5371.94	4696.04	3912.67
	归属母公司股东权益(万元)	5365.25	3616.05	3250.60	2591.33
	营业收入(万元)	2400.02	4322.90	1939.22	3589.89
	营业成本(万元)	1578.03	2575.74	1141.06	2119.91
	投资收益(万元)	—	—	—	—
	净利润(万元)	—	—	269.27	253.35
	营业利润(万元)	425.44	799.68	360.26	368.94
	利润总额(万元)	425.44	849.67	360.25	340.13

安徽德孚转向系统股份有限公司

公司概况	公司名称	安徽德孚转向系统股份有限公司			证券简称	德孚转向
	法人代表	刘世斌	董秘	邱玲莉	证券代码	838381
	公司网址	www.defuah.com		电子信箱	lily-1219@163.com	
	电　　话	0553-2591886		传　　真		
	办公地址	安徽省芜湖县湾沚镇安徽新芜经济开发区纬四路东88号2幢				
	经营范围	汽车配件、机械设备及配件制造、销售				

	指标\报告期	2017.06.30	2016.12.31	2016.06.30	2015.12.31
主要财务指标	基本每股收益(元)	0.3200	0.7820	0.2800	0.9200
	基本每股收益(扣除后)(元)	0.3000	0.6722	0.2700	0.8843
	稀释每股收益(元)	0.3200	0.7820	0.2800	0.9200
	每股净资产(元)	2.8500	2.7300	1.4800	1.2000
	每股经营现金净流量(元)	−0.2692	−0.3131	0.0592	—
	每股现金流量(元)	−0.8642	0.9390	0.0056	—
	每股资本公积金(元)	0.9050	0.9050	0.0352	—
	每股盈余公积金(元)	0.0831	0.0831	0.0173	—
	每股未分配利润(元)	0.8588	0.7404	0.4309	—
	净资产收益率(%)	11.1921	24.9299	18.9018	47.2436
	净资产收益率(扣除)(%)	11.0400	46.5400	20.8700	105.9200
	加权净资产收益率	6.2091	21.4277	18.1393	45.4129
	总资产(万元)	18148.59	17817.04	10747.30	10659.36
	归属母公司股东权益(万元)	9957.80	9541.66	4450.07	3608.93
	营业收入(万元)	5198.41	10386.00	4172.15	8390.17
	营业成本(万元)	3205.47	6505.45	2694.97	5165.96
	投资收益(万元)	—	—	—	—
	净利润(万元)	—	—	841.15	1704.99
	营业利润(万元)	1190.40	2363.94	949.87	1921.12
	利润总额(万元)	1252.93	2757.08	989.79	1998.84

四川新港联行置业股份有限公司

公司概况	公司名称	四川新港联行置业股份有限公司		证券简称	新港联行
	法人代表	张红兵	董秘 李永洪	证券代码	838384
	公司网址	www.asialand.com.cn		电子信箱	liyonghong@asialand.com.cn
	电　话	028-86202220		传　真	
	办公地址	四川省成都市成华区猛追湾街166号339欢乐颂B座14楼			
	经营范围	房地产中介服务;商务服务业;物业管理;软件和信息技术服务业			

主要财务指标 指标\报告期	2017.06.30	2016.12.31	2016.06.30	2015.12.31
基本每股收益(元)	0.5966	0.6800	0.2800	0.4700
基本每股收益(扣除后)(元)	0.5283	0.8000	0.4116	0.5101
稀释每股收益(元)	0.5966	0.6800	0.2800	0.4700
每股净资产(元)	2.7200	2.1300	1.6000	2.0700
每股经营现金净流量(元)	-0.1789	-0.2780	-0.3714	—
每股现金流量(元)	0.1811	0.6881	-0.1714	—
每股资本公积金(元)	0.7231	0.7231	0.5710	—
每股盈余公积金(元)	0.1146	0.0561	0.0275	—
每股未分配利润(元)	0.8841	0.3459	0.0024	—
净资产收益率(%)	21.9209	29.1800	16.2036	22.6237
净资产收益率(扣除)(%)	24.6200	47.4800	23.5500	23.4300
加权净资产收益率	2.9941	34.1865	23.4731	24.6355
总资产(万元)	12397.06	10029.94	6742.49	5047.50
归属母公司股东权益(万元)	3293.32	2571.40	1841.05	1035.33
营业收入(万元)	7561.96	9686.13	4465.30	5452.75
营业成本(万元)	5392.19	5916.04	2822.19	3232.17
投资收益(万元)	24.72	-17.25	-20.70	15.91
净利润(万元)	—	—	298.60	236.07
营业利润(万元)	881.93	1217.84	398.80	333.05
利润总额(万元)	980.99	1232.92	407.87	331.17

江苏骅盛车用电子股份有限公司

公司概况	公司名称	江苏骅盛车用电子股份有限公司		证券简称	骅盛车电
	法人代表	陈宏钦	董秘 杜峰菊	证券代码	838437
	公司网址	www.wieson-auto.com		电子信箱	dfj@wieson.com
	电　话	0512-50363743		传　真	0512-57446333
	办公地址	江苏省昆山市张浦镇花苑路600号			
	经营范围	公司主营业务为汽车电子零部件的研发、生产及销售			

主要财务指标 指标\报告期	2017.06.30	2016.12.31	2016.06.30	2015.12.31
基本每股收益(元)	0.1100	0.3800	0.1100	0.1000
基本每股收益(扣除后)(元)	0.1200	0.3200	—	—
稀释每股收益(元)	0.1100	0.3800	—	0.1000
每股净资产(元)	2.0400	2.1100	—	1.8000
每股经营现金净流量(元)	0.0425	0.0506	—	—
每股现金流量(元)	0.0178	0.0986	—	—
每股资本公积金(元)	0.7254	0.7436	—	—
每股盈余公积金(元)	0.0344	0.0416	—	—
每股未分配利润(元)	0.2763	0.3261	—	—
净资产收益率(%)	5.6902	17.8243	—	5.4804
净资产收益率(扣除)(%)	6.4300	19.5700	—	5.8300
加权净资产收益率	-7.4794	15.2815	—	7.7263
总资产(万元)	17067.37	18591.68	—	14803.20
归属母公司股东权益(万元)	12318.30	10556.93	—	8675.24
营业收入(万元)	11079.74	23020.96	10039.73	20128.63
营业成本(万元)	8795.54	18406.64	8153.52	16928.49
投资收益(万元)	—	—	—	—
净利润(万元)	—	—	539.01	475.44
营业利润(万元)	830.98	1721.42	627.30	831.89
利润总额(万元)	829.43	2039.09	649.62	600.15

江苏慧眼数据科技股份有限公司

公司概况	公司名称	江苏慧眼数据科技股份有限公司		证券简称	慧眼数据
	法人代表	张丽秋	董秘 张丽秋	证券代码	838473
	公司网址	www.abizdata.com.cn		电子信箱	qiong.duan@abizdata.com.cn
	电　话	0510-83590683		传　真	0510-83590658
	办公地址	江苏省无锡市惠山经济开发区智慧路1号清华创新大厦A座15F			
	经营范围	视频客流分析系统在商业零售、公共交通、景区旅游等领域的推广与应用			

主要财务指标 指标\报告期	2017.06.30	2016.12.31	2016.06.30	2015.12.31
基本每股收益(元)	0.0200	0.2700	-0.0200	0.3400
基本每股收益(扣除后)(元)	-0.0603	0.1400	—	—
稀释每股收益(元)	—	0.2700	—	0.3400
每股净资产(元)	1.6200	1.3400	1.0500	0.9500
每股经营现金净流量(元)	-0.2142	-0.5272	-0.3419	—
每股现金流量(元)	0.1586	-0.5531	-0.2976	—
每股资本公积金(元)	0.3555	0.0692	0.6857	—
每股盈余公积金(元)	0.0250	0.0271	—	—
每股未分配利润(元)	0.2390	0.2432	-0.6401	—
净资产收益率(%)	0.8805	20.2125	-2.2134	28.8634
净资产收益率(扣除)(%)	1.1000	22.7300	-2.3600	28.8600
加权净资产收益率	-125.0210	10.5733	-4.1812	21.1848
总资产(万元)	4071.32	4389.01	2598.65	2700.83
归属母公司股东权益(万元)	3417.31	2612.03	2038.95	1784.08
营业收入(万元)	803.77	2471.62	690.58	1764.56
营业成本(万元)	392.47	1220.96	366.89	679.13
投资收益(万元)	—	17.60	8.27	106.73
净利润(万元)	—	—	-45.13	514.95
营业利润(万元)	-122.94	163.14	-158.53	402.61
利润总额(万元)	30.09	527.96	-45.13	514.95

大连国域无疆传媒集团股份有限公司

公司概况	公司名称	大连国域无疆传媒集团股份有限公司		证券简称	国域无疆
	法人代表	王国军	董秘	证券代码	838533
	公司网址	www.gywj.cn		电子信箱	
	电　话			传　真	
	办公地址	辽宁省大连市中山区人民路68号宏誉大厦8楼			
	经营范围	以自有媒体为依托,为客户提供品牌宣传的整体传播策略			

主要财务指标 指标\报告期	2017.06.30	2016.12.31	2016.06.30	2015.12.31
基本每股收益(元)	0.3500	0.6100	0.3200	0.7800
基本每股收益(扣除后)(元)	0.3477	0.4900	—	—
稀释每股收益(元)	0.3500	0.6100	0.3200	0.7800
每股净资产(元)	1.8500	1.5200	1.2200	0.4500
每股经营现金净流量(元)	0.4657	-0.1917	0.4941	—
每股现金流量(元)	-0.0655	0.2048	-0.0298	—
每股资本公积金(元)	0.3852	0.3852	0.3852	—
每股盈余公积金(元)	—	—	—	—
每股未分配利润(元)	0.4675	0.1325	-0.1646	—
净资产收益率(%)	18.0822	37.3722	22.1322	172.8939
净资产收益率(扣除)(%)	18.1900	56.4600	46.6500	1305.1800
加权净资产收益率	2.2364	30.3747	21.4069	165.1841
总资产(万元)	17391.89	18059.68	16710.27	17819.69
归属母公司股东权益(万元)	7225.74	5919.17	4760.69	1361.84
营业收入(万元)	6130.27	11796.60	5719.32	11107.57
营业成本(万元)	2942.05	6027.31	2756.46	6230.93
投资收益(万元)	—	—	—	-14.62
净利润(万元)	—	—	1131.45	2465.99
营业利润(万元)	1792.16	2476.58	1483.56	1901.31
利润总额(万元)	1808.94	3056.12	1529.60	2067.90

新疆科能防水防护技术股份有限公司

公司概况	公司名称	新疆科能防水防护技术股份有限公司			证券简称	科能股份
	法人代表	朱永斌	董秘	胡宇萱	证券代码	838708
	公司网址	www.xi-keneng.com		电子信箱	zyb@xj-keneng.com	
	电话	0991-3973017		传真	0991-3965145	
	办公地址	维吾尔自治区新疆乌鲁木齐经济技术开发区(头屯河区)银星街 69 号				
	经营范围	防水防护密封材料及其他建筑材料的生产、销售及技术开发				

主要财务指标	指标\报告期	2017.06.30	2016.12.31	2016.06.30	2015.12.31
	基本每股收益(元)	0.1600	0.4003	0.0700	0.6800
	基本每股收益(扣除后)(元)	0.1600	0.3517	0.0500	—
	稀释每股收益(元)	0.1600	0.4003	0.0700	0.6800
	每股净资产(元)	2.2200	2.0600	1.7400	1.4200
	每股经营现金净流量(元)	-0.0513	-0.4388	-0.4927	—
	每股现金流量(元)	-0.1419	-0.2567	-0.4212	—
	每股资本公积金(元)	0.6743	0.6743	0.6743	—
	每股盈余公积金(元)	0.0388	0.0388	—	—
	每股未分配利润(元)	0.5084	0.3495	0.0621	—
	净资产收益率(%)	7.1566	18.8252	3.5779	30.6022
	净资产收益率(扣除)(%)	7.4200	22.0200	4.1600	51.1600
	加权净资产收益率	0.9257	16.5380	2.9552	30.0618
	总资产(万元)	7185.27	6710.69	5591.80	5176.86
	归属母公司股东权益(万元)	5809.35	5393.60	4540.71	3275.75
	营业收入(万元)	2276.01	4160.74	1309.10	3055.29
	营业成本(万元)	1143.09	2195.79	793.43	1474.99
	投资收益(万元)	—	6.19	1.73	13.78
	净利润(万元)	—	—	162.46	1002.45
	营业利润(万元)	477.10	1041.12	159.03	1174.35
	利润总额(万元)	487.21	1186.49	191.91	1178.31

重庆鸿全兴业金属制品股份有限公司

公司概况	公司名称	重庆鸿全兴业金属制品股份有限公司			证券简称	鸿全兴业
	法人代表	周其建	董秘	陈海英	证券代码	838712
	公司网址	www.cqxingye.cn		电子信箱	13500345755@163.com	
	电话	023-46772999		传真	023-46513328	
	办公地址	重庆市荣昌区盘龙镇盘龙路 259 号				
	经营范围	不锈钢餐厨具的研发、生产和销售				

主要财务指标	指标\报告期	2017.06.30	2016.12.31	2016.06.30	2015.12.31
	基本每股收益(元)	0.0700	0.2300	0.1000	0.2300
	基本每股收益(扣除后)(元)	0.0300	0.1600	—	—
	稀释每股收益(元)	0.0700	0.2300	0.1000	0.2300
	每股净资产(元)	1.6500	1.5800	1.5600	1.1200
	每股经营现金净流量(元)	0.0304	-0.1729	-0.3615	—
	每股现金流量(元)	0.1627	-0.0639	-0.0530	—
	每股资本公积金(元)	0.2560	0.2560	0.2560	—
	每股盈余公积金(元)	0.0392	0.0321	0.0100	—
	每股未分配利润(元)	0.3528	0.2886	0.1888	—
	净资产收益率(%)	4.3326	13.9950	6.7959	20.9063
	净资产收益率(扣除)(%)	4.4300	15.7400	8.1500	22.5900
	加权净资产收益率	6.5582	9.7846	5.2178	18.0610
	总资产(万元)	11831.66	11074.28	11778.81	9444.59
	归属母公司股东权益(万元)	5109.01	4887.65	4510.13	3011.40
	营业收入(万元)	7579.54	13018.74	5873.52	12044.16
	营业成本(万元)	6716.46	11117.41	4946.07	10100.96
	投资收益(万元)	—	—	—	—
	净利润(万元)	—	—	306.50	629.57
	营业利润(万元)	93.31	565.67	276.86	678.44
	利润总额(万元)	259.37	807.82	360.59	752.04

南京迈特望科技股份有限公司

公司概况	公司名称	南京迈特望科技股份有限公司			证券简称	迈特望
	法人代表	张宝明	董秘	李宁	证券代码	838955
	公司网址	www.maitwang.com		电子信箱	li_ning@maitewang.com	
	电话			传真		
	办公地址	江苏省南京市雨花台区宁南大道 11 号花神大厦 4 层 413-417 室				
	经营范围	计算机软件开发及生产、技术开发、技术服务、技术转让;销售自产产品及售后配套服务				

主要财务指标	指标\报告期	2017.06.30	2016.12.31	2016.06.30	2015.12.31
	基本每股收益(元)	0.0800	0.3500	0.1200	0.3000
	基本每股收益(扣除后)(元)	0.0600	0.3300	0.1200	0.1800
	稀释每股收益(元)	0.0800	0.3500	0.1200	0.3000
	每股净资产(元)	1.4100	1.3300	1.1200	1.0200
	每股经营现金净流量(元)	0.0610	-0.7854	-1.0559	—
	每股现金流量(元)	0.3756	-0.2673	-0.5950	—
	每股资本公积金(元)	0.0155	0.0155	0.0155	—
	每股盈余公积金(元)	0.0318	0.0318	0.0101	—
	每股未分配利润(元)	0.3658	0.2861	0.0913	—
	净资产收益率(%)	5.6425	23.8394	9.0824	6.1816
	净资产收益率(扣除)(%)	5.8100	29.1300	11.2800	49.2100
	加权净资产收益率	1.6439	22.6070	9.0824	3.6684
	总资产(万元)	7365.47	5732.43	4646.18	3530.93
	归属母公司股东权益(万元)	2826.13	2666.67	2233.83	1530.95
	营业收入(万元)	6173.26	15227.19	6315.06	6135.91
	营业成本(万元)	5139.70	12731.85	5366.67	5283.90
	投资收益(万元)	—	—	—	—
	净利润(万元)	—	—	202.89	94.64
	营业利润(万元)	134.58	688.66	280.52	32.44
	利润总额(万元)	169.08	727.33	280.73	83.74

精为天生态农业股份有限公司

公司概况	公司名称	精为天生态农业股份有限公司			证券简称	精为天
	法人代表	彭长秀	董秘	龚敏丽	证券代码	838972
	公司网址	www.jwtly.com		电子信箱	jwtly777@foxmail.com	
	电话	0736-7278222		传真	0736-7700961	
	办公地址	湖南省常德市柳叶湖旅游开发区七里桥村(东方美景花园 2-05)				
	经营范围	水稻、油菜、棉花、蔬菜种植;粮食加工品、粮食方便食品、豆制品、蔬菜制品生产、销售				

主要财务指标	指标\报告期	2017.06.30	2016.12.31	2016.06.30	2015.12.31
	基本每股收益(元)	0.0400	0.1400	0.0800	0.1900
	基本每股收益(扣除后)(元)	0.0300	0.0800	0.0600	0.1700
	稀释每股收益(元)	0.0400	0.1400	—	0.1900
	每股净资产(元)	1.3100	1.2700	1.1900	1.1100
	每股经营现金净流量(元)	-0.0892	-0.0386	-0.2441	—
	每股现金流量(元)	-0.1524	0.1243	-0.0766	—
	每股资本公积金(元)	0.1412	0.2003	0.0651	—
	每股盈余公积金(元)	0.0110	0.0155	0.0033	—
	每股未分配利润(元)	0.1615	0.1687	0.1177	—
	净资产收益率(%)	3.2462	7.6554	6.3123	7.7718
	净资产收益率(扣除)(%)	3.3000	11.7000	6.5200	12.8400
	加权净资产收益率	-1.7145	4.4677	5.1432	7.0628
	总资产(万元)	30469.22	29182.87	23061.78	21615.33
	归属母公司股东权益(万元)	16864.04	16316.59	10731.43	10054.03
	营业收入(万元)	9786.23	18173.92	8375.03	15457.06
	营业成本(万元)	8441.97	15628.08	7177.16	13549.38
	投资收益(万元)	—	—	—	—
	净利润(万元)	—	—	677.40	781.38
	营业利润(万元)	422.83	626.85	577.59	625.31
	利润总额(万元)	582.25	1346.71	744.87	829.46

南京兴华建筑设计研究院股份有限公司

公司概况	公司名称	南京兴华建筑设计研究院股份有限公司			证券简称	兴华设计
	法人代表	张兴华	董秘	张洁	证券代码	839164
	公司网址	www.xh-arch.com		电子信箱	DESIGN@XH-ARCH.COM	
	电　话	025-85233950		传　真	025-86531992	
	办公地址	江苏省南京市秦淮区菱角市 66 号“南京国家领军人才创业园”17 栋				
	经营范围	建筑工程、装饰工程、园林工程、环境景观工程、工程勘察设计				

	指标\报告期	2017.06.30	2016.12.31	2016.06.30	2015.12.31
主要财务指标	基本每股收益(元)	0.9633	1.0692	0.1600	0.8300
	基本每股收益(扣除后)(元)	0.8021	0.9612	—	—
	稀释每股收益(元)	0.9633	1.0692	0.1600	0.8300
	每股净资产(元)	5.3600	3.2000	—	2.1300
	每股经营现金净流量(元)	-0.4383	1.6130	—	—
	每股现金流量(元)	2.4876	0.6232	—	—
	每股资本公积金(元)	3.0666	0.7962	—	—
	每股盈余公积金(元)	0.1519	0.1519	—	—
	每股未分配利润(元)	2.2535	1.2492	—	—
	净资产收益率(%)	14.9292	33.4414	—	21.1308
	净资产收益率(扣除)(%)	24.3500	40.1600	—	33.7500
	加权净资产收益率	1.1957	30.0630	—	22.4190
	总资产(万元)	8432.38	4483.47	—	3894.05
	归属母公司股东权益(万元)	6726.95	3197.28	—	2128.06
	营业收入(万元)	3243.74	4306.68	1143.67	2771.86
	营业成本(万元)	1636.00	1977.12	508.56	1409.81
	投资收益(万元)	—	—	—	—
	净利润(万元)	—	—	163.33	449.68
	营业利润(万元)	1184.51	1131.22	191.84	652.23
	利润总额(万元)	1181.51	1258.30	226.84	615.68

鹤壁京立医院股份有限公司

公司概况	公司名称	鹤壁京立医院股份有限公司			证券简称	京立医院
	法人代表	葛庆	董秘	王晓华	证券代码	839344
	公司网址	www.jingliyiyuan.com		电子信箱	wxhcn@vip.sina.com	
	电　话	0392-3377665		传　真	0392-3361500	
	办公地址	河南省鹤壁市淇滨区淇滨大道 310 号				
	经营范围	京立医院的主营业务是为病患提供综合医疗服务				

	指标\报告期	2017.06.30	2016.12.31	2016.06.30	2015.12.31
主要财务指标	基本每股收益(元)	0.0300	0.0920	0.0600	1.5300
	基本每股收益(扣除后)(元)	0.0300	0.0470	0.0200	—
	稀释每股收益(元)	0.0300	0.0920	0.0600	1.5300
	每股净资产(元)	1.1600	1.1000	1.0700	1.0100
	每股经营现金净流量(元)	0.0275	0.0919	—	—
	每股现金流量(元)	0.0077	0.0100	—	—
	每股资本公积金(元)	0.0401	0.0092	—	—
	每股盈余公积金(元)	0.0060	0.0064	—	—
	每股未分配利润(元)	0.1165	0.0876	—	—
	净资产收益率(%)	2.9291	8.3337	5.4392	22.8076
	净资产收益率(扣除)(%)	3.1100	8.7000	5.5900	—
	加权净资产收益率	10.6618	4.2533	1.8159	-0.0228
	总资产(万元)	33324.31	31621.52	30093.27	30198.78
	归属母公司股东权益(万元)	24705.40	22063.82	21388.45	20225.08
	营业收入(万元)	7321.50	11596.73	4936.66	7997.68
	营业成本(万元)	5284.01	8210.81	3410.90	6518.43
	投资收益(万元)	—	—	—	-505.22
	净利润(万元)	—	—	1163.37	4612.85
	营业利润(万元)	964.74	1253.12	517.86	-131.63
	利润总额(万元)	965.82	2455.79	1553.52	4659.93

四川天喜车用空调股份有限公司

公司概况	公司名称	四川天喜车用空调股份有限公司			证券简称	天喜空调
	法人代表	胡邦洪	董秘	苗建宾	证券代码	839422
	公司网址	www.tianxiac.com		电子信箱	txhu001@163.com	
	电　话	0871-6059933		传　真	0871-6058899	
	办公地址	四川省南充市顺庆区华生东路 1 号				
	经营范围	研制、生产、销售车用空调;生产、销售汽车配件、制冷设备				

	指标\报告期	2017.06.30	2016.12.31	2016.06.30	2015.12.31
主要财务指标	基本每股收益(元)	—	0.7200	—	0.5400
	基本每股收益(扣除后)(元)	—	0.4043	—	—
	稀释每股收益(元)	—	—	—	0.5400
	每股净资产(元)	2.9800	2.6500	—	1.1600
	每股经营现金净流量(元)	-0.6535	-0.8271	—	—
	每股现金流量(元)	-0.2289	0.4916	—	—
	每股资本公积金(元)	1.2891	0.5729	—	—
	每股盈余公积金(元)	0.0861	0.0937	—	—
	每股未分配利润(元)	0.6056	0.9810	—	—
	净资产收益率(%)	-9.7530	35.3797	—	46.7549
	净资产收益率(扣除)(%)	-10.7000	48.9700	—	61.0200
	加权净资产收益率	0.2886	15.5121	—	24.1256
	总资产(万元)	10666.03	10441.62	—	6306.17
	归属母公司股东权益(万元)	3523.30	2877.90	—	1164.65
	营业收入(万元)	1292.20	8465.71	1930.88	5007.35
	营业成本(万元)	868.95	5341.03	1258.37	3681.64
	投资收益(万元)	—	—	—	—
	净利润(万元)	—	—	34.95	544.53
	营业利润(万元)	-395.20	705.92	-111.29	355.31
	利润总额(万元)	-394.03	1231.12	6.49	665.37

芜湖永裕汽车工业股份有限公司

公司概况	公司名称	芜湖永裕汽车工业股份有限公司			证券简称	永裕股份
	法人代表	郑志勋	董秘	吕卫平	证券代码	839561
	公司网址	www.whyongyu.com		电子信箱		
	电　话	0553-8768666		传　真		
	办公地址	安徽省芜湖县湾沚镇安徽新芜经济开发区阳光大道 2188 号 2 幢				
	经营范围	从事汽车铝合金气缸盖、进气歧管的研发、生产和销售				

	指标\报告期	2017.06.30	2016.12.31	2016.06.30	2015.12.31
主要财务指标	基本每股收益(元)	0.0596	0.3553	0.1400	0.3100
	基本每股收益(扣除后)(元)	0.0359	0.2842	—	0.1811
	稀释每股收益(元)	0.0596	0.3553	0.1400	0.3100
	每股净资产(元)	1.7800	1.4700	—	1.1200
	每股经营现金净流量(元)	0.0098	0.3840	—	—
	每股现金流量(元)	0.4294	-0.0561	—	—
	每股资本公积金(元)	0.4028	0.0994	—	—
	每股盈余公积金(元)	0.0327	0.0375	—	—
	每股未分配利润(元)	0.3464	0.3373	—	—
	净资产收益率(%)	2.9176	24.0982	—	13.0437
	净资产收益率(扣除)(%)	3.9600	27.4000	—	28.0900
	加权净资产收益率	-2.3287	19.2763	—	7.6636
	总资产(万元)	16365.82	13701.40	—	14920.20
	归属母公司股东权益(万元)	7484.18	5404.37	—	4102.01
	营业收入(万元)	4919.39	8741.78	3808.92	8435.38
	营业成本(万元)	3835.11	5932.66	2710.60	6535.14
	投资收益(万元)	—	—	—	—
	净利润(万元)	—	—	509.33	535.06
	营业利润(万元)	154.80	1191.75	469.21	362.73
	利润总额(万元)	256.90	1498.33	599.22	622.37

和元生物技术(上海)股份有限公司

公司概况	公司名称	和元生物技术(上海)股份有限公司			证券简称	和元上海
	法人代表	潘讴东	董秘	徐鲁媛	证券代码	839702
	公司网址	www.oobio.com.cn		电子信箱	zhengqb@oobio.com.cn	
	电　话	013482324029		传　真	021-55230588	
	办公地址	上海市浦东新区紫萍路908弄19号楼2F-5F				
	经营范围	生物医学、生化医学领域内的技术服务、技术咨询、技术开发、技术转让,药物的开发				

	指标\报告期	2017.06.30	2016.12.31	2016.06.30	2015.12.31
主要财务指标	基本每股收益(元)	-0.4100	-0.3500	-0.3300	-0.0600
	基本每股收益(扣除后)(元)	-0.4500	-0.3300	—	-0.1100
	稀释每股收益(元)	-0.4100	-0.3500	-0.3300	-0.0600
	每股净资产(元)	3.6300	3.0500	3.0800	1.0600
	每股经营现金净流量(元)	-0.1505	-0.1123	—	—
	每股现金流量(元)	0.7803	0.5895	—	—
	每股资本公积金(元)	3.2909	2.3483	—	—
	每股盈余公积金(元)	—	—	—	—
	每股未分配利润(元)	-0.6653	-0.2962	—	—
	净资产收益率(%)	-10.8072	-11.0552	-10.1328	-5.1686
	净资产收益率(扣除)(%)	-12.8700	-13.9700	-19.2200	-10.8000
	加权净资产收益率	-9.4633	-10.4735	-4.1458	-10.3663
	总资产(万元)	9718.79	7799.27	6795.30	2810.37
	归属母公司股东权益(万元)	7733.44	6009.48	6059.81	1916.59
	营业收入(万元)	986.29	2015.67	735.33	1379.49
	营业成本(万元)	436.50	615.57	219.39	403.04
	投资收益(万元)	19.74	46.58	20.25	26.18
	净利润(万元)	—	—	-614.03	-99.06
	营业利润(万元)	-857.12	-1118.16	-764.52	-173.80
	利润总额(万元)	-857.66	-667.45	-615.32	-100.36

奇士达智能科技股份有限公司

公司概况	公司名称	奇士达智能科技股份有限公司			证券简称	奇士达
	法人代表	余煌	董秘	曹雪莲	证券代码	839706
	公司网址	www.kidztech.com.cn		电子信箱	pr@kidztech.cn	
	电　话	0754-86828888		传　真	0754-82868888	
	办公地址	广东省汕头市澄海区莲下镇安澄公路程洋岗路段				
	经营范围	智能车模、益智玩具产品的研发、生产及销售				

	指标\报告期	2017.06.30	2016.12.31	2016.06.30	2015.12.31
主要财务指标	基本每股收益(元)	0.1600	0.4600	0.1200	0.0600
	基本每股收益(扣除后)(元)	0.1100	0.4600	—	0.0500
	稀释每股收益(元)	0.1600	0.4600	0.1200	0.0600
	每股净资产(元)	4.0400	2.3000	—	1.8800
	每股经营现金净流量(元)	-0.2030	0.9832	—	—
	每股现金流量(元)	1.8782	0.0485	—	—
	每股资本公积金(元)	2.9470	0.7499	—	—
	每股盈余公积金(元)	0.0359	0.0359	—	—
	每股未分配利润(元)	0.6560	0.4956	—	—
	净资产收益率(%)	3.3090	20.0532	—	3.0066
	净资产收益率(扣除)(%)	5.7800	22.4000	—	3.0500
	加权净资产收益率	-1.0896	19.9696	—	2.9072
	总资产(万元)	41138.44	24402.21	—	17345.41
	归属母公司股东权益(万元)	31518.12	14977.86	—	12202.96
	营业收入(万元)	9452.45	21075.00	8666.10	4779.29
	营业成本(万元)	5840.70	11391.30	5230.96	3083.51
	投资收益(万元)	—	—	—	—
	净利润(万元)	—	—	757.97	366.89
	营业利润(万元)	891.26	3546.91	949.03	510.07
	利润总额(万元)	1281.23	3561.64	965.21	526.24

重庆沁旭熊猫雷笋股份有限公司

公司概况	公司名称	重庆沁旭熊猫雷笋股份有限公司			证券简称	熊猫雷笋
	法人代表	黄承平	董秘	黄杰	证券代码	839720
	公司网址	www.cqxmls.com		电子信箱	2271388364@qq.com	
	电　话	023-43368999		传　真	023-43368999	
	办公地址	重庆市大足区万古镇沙河村2社				
	经营范围	雷竹种植、销售;竹笋种植、初加工、销售				

	指标\报告期	2017.06.30	2016.12.31	2016.06.30	2015.12.31
主要财务指标	基本每股收益(元)	0.4500	0.5300	0.3300	0.2200
	基本每股收益(扣除后)(元)	0.4400	0.6269	—	—
	稀释每股收益(元)	0.4500	—	0.3400	0.2200
	每股净资产(元)	2.2900	1.8400	—	1.5400
	每股经营现金净流量(元)	0.3277	0.3758	—	—
	每股现金流量(元)	-0.0075	-0.0228	—	—
	每股资本公积金(元)	0.2543	0.2543	—	—
	每股盈余公积金(元)	0.0585	0.0585	—	—
	每股未分配利润(元)	0.9802	0.5267	—	—
	净资产收益率(%)	19.7770	28.2058	—	14.2124
	净资产收益率(扣除)(%)	21.9500	34.1600	—	18.4700
	加权净资产收益率	22.6932	33.3635	—	20.7329
	总资产(万元)	7300.67	6496.33	—	5333.14
	归属母公司股东权益(万元)	6411.22	5143.27	—	4304.32
	营业收入(万元)	1802.79	2692.35	1616.86	1060.17
	营业成本(万元)	480.63	710.03	321.40	129.47
	投资收益(万元)	—	—	—	—
	净利润(万元)	—	—	912.79	611.75
	营业利润(万元)	1245.71	1416.51	890.20	592.95
	利润总额(万元)	1267.94	1450.70	912.79	611.75

北京新东方迅程网络科技股份有限公司

公司概况	公司名称	北京新东方迅程网络科技股份有限公司			证券简称	新东方网
	法人代表	孙畅	董秘	尹强	证券代码	839896
	公司网址	www.koolearn.com		电子信箱	yinqiang@koolearn.com	
	电　话	010-62609000		传　真	010-62609000	
	办公地址	北京市海淀区海淀东三街2号新东方南楼18层				
	经营范围	技术开发;利用自有媒介发布广告;互联网信息服务业务				

	指标\报告期	2017.06.30	2016.12.31	2016.06.30	2015.12.31
主要财务指标	基本每股收益(元)	0.1919	0.9748	0.0200	0.1226
	基本每股收益(扣除后)(元)	0.1893	0.9501	—	0.1080
	稀释每股收益(元)	—	—	—	0.1200
	每股净资产(元)	4.2400	12.1300	—	10.0600
	每股经营现金净流量(元)	0.2903	2.1255	—	—
	每股现金流量(元)	-0.3790	-3.3430	—	—
	每股资本公积金(元)	2.6595	9.9786	—	—
	每股盈余公积金(元)	0.0789	0.2367	—	—
	每股未分配利润(元)	0.4969	0.9152	—	—
	净资产收益率(%)	4.5302	7.7774	—	1.2188
	净资产收益率(扣除)(%)	4.6400	10.0000	—	1.2300
	加权净资产收益率	0.4873	7.5803	—	1.0738
	总资产(万元)	113340.66	103975.35	—	58124.09
	归属母公司股东权益(万元)	76237.00	72783.28	—	30169.04
	营业收入(万元)	22828.33	41069.49	17045.29	7889.28
	营业成本(万元)	7704.77	11301.83	4771.00	2565.45
	投资收益(万元)	1958.43	1468.60	85.90	—
	净利润(万元)	—	—	312.07	367.72
	营业利润(万元)	3858.87	6441.98	495.89	456.10
	利润总额(万元)	3867.06	6503.53	510.04	470.27

上海博阳新能源科技股份有限公司

公司概况	公司名称	上海博阳新能源科技股份有限公司			证券简称	博阳新能
	法人代表	张宏泉	董秘	赵娅媛	证券代码	870107
	公司网址	www.shboyon.com		电子信箱	shannonzyy@126.com	
	电　话	021-67686860		传　真	021-37773565	
	办公地址	上海市松江区申港路 3450 号				
	经营范围	新能源、电力科技、节能科技领域内的技术开发、技术转让、技术咨询、技术服务等				

	指标\报告期	2017.06.30	2016.12.31	2016.06.30	2015.12.31
主要财务指标	基本每股收益(元)	0.2100	0.0300	0.0200	0.3800
	基本每股收益(扣除后)(元)	0.1900	0.0300	—	0.3743
	稀释每股收益(元)	0.2100	0.0300	0.0200	0.3800
	每股净资产(元)	1.3300	1.1200	—	1.1200
	每股经营现金净流量(元)	0.3710	-0.1263	—	—
	每股现金流量(元)	0.0393	-0.0267	—	—
	每股资本公积金(元)	0.0930	0.0930	—	—
	每股盈余公积金(元)	0.0024	0.0024	—	—
	每股未分配利润(元)	0.2313	0.0231	—	—
	净资产收益率(%)	15.6980	2.1849	—	33.6676
	净资产收益率(扣除)(%)	17.0400	2.9300	—	40.8500
	加权净资产收益率	-54.3946	2.0348	—	33.2982
	总资产(万元)	15419.81	11803.79	—	5495.48
	归属母公司股东权益(万元)	7164.37	6039.70	—	876.74
	营业收入(万元)	8723.71	5003.82	1285.61	4145.82
	营业成本(万元)	6087.02	3336.47	726.24	3029.20
	投资收益(万元)	—	—	—	—
	净利润(万元)	—	—	84.45	295.18
	营业利润(万元)	1220.55	102.12	88.38	300.00
	利润总额(万元)	1342.91	112.78	99.63	303.23

浙江宏鼎汽摩配件股份有限公司

公司概况	公司名称	浙江宏鼎汽摩配件股份有限公司			证券简称	宏鼎股份
	法人代表	黄道敏	董秘	马廷国	证券代码	870171
	公司网址	www.zj-hongding.com		电子信箱	qm@zj-hongding.com	
	电　话			传　真		
	办公地址	浙江省台州市椒江区三甲街道青龙村 188 号				
	经营范围	铝合金精密压铸和机加工产品及机油泵总成的研发、生产和销售				

	指标\报告期	2017.06.30	2016.12.31	2016.06.30	2015.12.31
主要财务指标	基本每股收益(元)	0.4600	1.1200	0.3800	0.2700
	基本每股收益(扣除后)(元)	0.4500	1.1200	—	—
	稀释每股收益(元)	0.4600	1.1200	0.3800	0.2700
	每股净资产(元)	2.4300	2.7300	—	1.6000
	每股经营现金净流量(元)	0.0707	1.0207	—	—
	每股现金流量(元)	0.5513	-0.0798	—	—
	每股资本公积金(元)	0.0991	0.5387	—	—
	每股盈余公积金(元)	0.1032	0.1445	—	—
	每股未分配利润(元)	1.2229	1.0421	—	—
	净资产收益率(%)	18.9654	41.2706	—	16.1987
	净资产收益率(扣除)(%)	21.1300	52.0000	—	15.1500
	加权净资产收益率	5.5241	41.2256	—	15.9290
	总资产(万元)	21189.97	17842.34	—	9797.36
	归属母公司股东权益(万元)	7282.84	5845.73	—	3433.16
	营业收入(万元)	11707.39	16309.76	5737.78	9818.74
	营业成本(万元)	8055.32	10378.27	3695.84	7233.16
	投资收益(万元)	—	—	—	—
	净利润(万元)	—	—	808.88	556.13
	营业利润(万元)	1796.50	3182.62	1129.28	793.61
	利润总额(万元)	1837.95	3186.23	1129.04	803.14

重庆汉嘉电气股份有限公司

公司概况	公司名称	重庆汉嘉电气股份有限公司			证券简称	汉嘉股份
	法人代表	王军	董秘	唐建楠	证券代码	870352
	公司网址	www.hangarcq.com		电子信箱	HANGARCQ@163.com	
	电　话	023-62857188		传　真	023-62850345	
	办公地址	重庆市巴南区界石镇石桂大道 18 号 4 幢 2-1				
	经营范围	电器机械及配件的开发、生产、销售				

	指标\报告期	2017.06.30	2016.12.31	2016.06.30	2015.12.31
主要财务指标	基本每股收益(元)	0.1700	0.6100	0.2400	0.1600
	基本每股收益(扣除后)(元)	0.0100	0.5900	—	—
	稀释每股收益(元)	0.1800	0.6100	0.2400	0.1600
	每股净资产(元)	2.8100	1.7000	—	1.0900
	每股经营现金净流量(元)	0.0737	0.1145	—	—
	每股现金流量(元)	0.8442	0.1834	—	—
	每股资本公积金(元)	1.2100	0.2906	—	—
	每股盈余公积金(元)	0.0410	0.0410	—	—
	每股未分配利润(元)	0.5621	0.3692	—	—
	净资产收益率(%)	6.8572	35.9643	—	14.6353
	净资产收益率(扣除)(%)	8.5500	43.8500	—	15.7900
	加权净资产收益率	15.1842	34.8196	—	14.4655
	总资产(万元)	7957.67	6161.15	—	3092.20
	归属母公司股东权益(万元)	2953.75	1785.80	—	1143.55
	营业收入(万元)	3089.16	5556.04	2463.38	3848.12
	营业成本(万元)	2345.49	3740.06	1679.17	3027.23
	投资收益(万元)	—	—	—	—
	净利润(万元)	—	—	252.71	167.36
	营业利润(万元)	21.67	769.24	335.73	225.18
	利润总额(万元)	258.94	791.29	332.38	227.77

合肥紫金钢管股份有限公司

公司概况	公司名称	合肥紫金钢管股份有限公司			证券简称	紫金股份
	法人代表	邱凌	董秘		证券代码	870455
	公司网址	www.ziking.cn		电子信箱	zijinxz@ziking.cn	
	电　话	0551-63367710		传　真	0551-63366262	
	办公地址	安徽省合肥市包河工业区北京路 31 号				
	经营范围	直缝管产品的研发、生产、加工和销售				

	指标\报告期	2017.06.30	2016.12.31	2016.06.30	2015.12.31
主要财务指标	基本每股收益(元)	-0.0200	-0.1100	-0.1100	0.0900
	基本每股收益(扣除后)(元)	-0.0200	-0.1300	—	0.0900
	稀释每股收益(元)	-0.0200	-0.1100	—	0.0900
	每股净资产(元)	2.0000	—	—	1.9800
	每股经营现金净流量(元)	-0.1370	0.2257	0.3191	0.1632
	每股现金流量(元)	0.1482	0.0473	0.6939	-0.0817
	每股资本公积金(元)	1.1554	1.5697	—	0.8578
	每股盈余公积金(元)	—	—	—	0.1759
	每股未分配利润(元)	-0.1524	-0.1769	—	0.2223
	净资产收益率(%)	-1.1114	-5.0856	—	3.7280
	净资产收益率(扣除)(%)	-1.1100	-5.6600	—	7.0100
	加权净资产收益率	0.1055	-6.0450	—	3.6952
	总资产(万元)	28847.90	25567.05	—	29458.45
	归属母公司股东权益(万元)	19048.55	19260.26	—	17791.77
	营业收入(万元)	14215.71	18452.55	11415.20	25801.35
	营业成本(万元)	12039.82	15310.90	9004.04	20135.46
	投资收益(万元)	—	6.43	—	—
	净利润(万元)	—	—	-142.11	663.28
	营业利润(万元)	-213.42	-1143.98	-188.20	744.35
	利润总额(万元)	-211.72	-926.58	-187.92	751.22

上海信隆行信息科技股份有限公司

公司概况					
公司名称	上海信隆行信息科技股份有限公司			证券简称	信隆行
法人代表	高云涛	董秘	赵辰斌	证券代码	870522
公司网址	www.easyrong.com		电子信箱	tzh@xinlonghang.cn	
电话	021-61639200		传真	021-61639212	
办公地址	上海市杨浦区昆明路518号北美广场25楼				
经营范围	计算机技术领域内的技术开发、技术转让、技术咨询、技术服务				

主要财务指标 指标\报告期	2017.06.30	2016.12.31	2016.06.30	2015.12.31
基本每股收益(元)	−0.9300	−2.2871	−1.0600	−1.4300
基本每股收益(扣除后)(元)	−0.9100	−2.3303	—	−1.4546
稀释每股收益(元)	−0.9300	−2.2871	−0.9900	−1.4300
每股净资产(元)	0.0200	0.3600	—	1.5400
每股经营现金净流量(元)	−0.1790	−2.0806	—	—
每股现金流量(元)	0.1116	−0.0448	—	—
每股资本公积金(元)	0.6307	2.6524	—	—
每股盈余公积金(元)	—	—	—	—
每股未分配利润(元)	−0.8260	−3.3093	—	—
净资产收益率(%)	−4428.3097	−643.5652	—	−169.9049
净资产收益率(扣除)(%)	—	−376.9200	—	−180.4200
加权净资产收益率	1.1120	−655.7376	—	−173.3086
总资产(万元)	2107.73	1186.21	—	1857.05
归属母公司股东权益(万元)	46.24	754.88	—	1592.64
营业收入(万元)	717.17	1385.28	322.12	267.13
营业成本(万元)	416.37	660.90	172.07	117.51
投资收益(万元)	−2.60	17.37	−87.23	46.36
净利润(万元)	—	—	−2176.43	−2705.97
营业利润(万元)	−2017.10	−4966.49	−2279.64	−2756.66
利润总额(万元)	−2047.64	−4857.97	−2176.43	−2739.24

南京阖天下黄金珠宝股份有限公司

公司概况					
公司名称	南京阖天下黄金珠宝股份有限公司			证券简称	阖天下
法人代表	李波	董秘	罗静	证券代码	871942
公司网址	www.htxau.com		电子信箱	htxcfo@htx-au.com	
电话	025-84544668		传真	025-84550709	
办公地址	江苏省南京市秦淮区太平南路102号				
经营范围	黄金珠宝批发业务及品牌终端零售业务				

主要财务指标 指标\报告期	2017.06.30	2016.12.31	2016.06.30	2015.12.31
基本每股收益(元)	0.0140	0.0500	0.0500	0.0300
基本每股收益(扣除后)(元)	0.0140	0.0500	—	—
稀释每股收益(元)	0.0140	0.0500	—	0.0300
每股净资产(元)	1.0800	1.0600	—	1.0100
每股经营现金净流量(元)	−0.1527	—	—	—
每股现金流量(元)	−0.0757	—	—	—
每股资本公积金(元)	0.0717	—	—	—
每股盈余公积金(元)	—	—	—	—
每股未分配利润(元)	0.0049	—	—	—
净资产收益率(%)	1.3009	4.5739	—	2.1214
净资产收益率(扣除)(%)	1.3100	4.6800	—	2.7400
加权净资产收益率	1.0590	4.5586	—	2.1477
总资产(万元)	8998.14	8475.74	—	7008.47
归属母公司股东权益(万元)	5383.08	5313.05	—	5070.04
营业收入(万元)	24865.18	73519.72	47761.34	87612.10
营业成本(万元)	24429.32	72489.96	47042.96	86654.00
投资收益(万元)	—	—	—	—
净利润(万元)	—	—	269.56	107.56
营业利润(万元)	94.23	331.05	364.08	168.08
利润总额(万元)	93.37	332.14	364.07	166.74

广州市鲁班建筑科技集团股份有限公司

公司概况					
公司名称	广州市鲁班建筑科技集团股份有限公司			证券简称	鲁班股份
法人代表	李国雄	董秘	刘立平	证券代码	872018
公司网址	www.gzluban.com		电子信箱	3049000832@qq.com	
电话	020-85657323		传真	020-85570551	
办公地址	广东省广州市越秀区水荫路56号3栋9BC-2房				
经营范围	建筑工程、土木工程技术服务;材料科学研究、技术开发;工程和技术研究和试验发展				

主要财务指标 指标\报告期	2017.06.30	2016.12.31	2016.06.30	2015.12.31
基本每股收益(元)	—	0.1500	—	0.0800
基本每股收益(扣除后)(元)	—	0.1300	—	0.0800
稀释每股收益(元)	—	0.1500	—	0.0800
每股净资产(元)	—	1.1900	—	1.0500
每股经营现金净流量(元)	—	—	—	—
每股现金流量(元)	—	—	—	—
每股资本公积金(元)	—	—	—	—
每股盈余公积金(元)	—	—	—	—
每股未分配利润(元)	—	—	—	—
净资产收益率(%)	—	11.7900	—	7.7078
净资产收益率(扣除)(%)	—	12.9600	—	7.7300
加权净资产收益率	—	10.3948	—	7.7410
总资产(万元)	—	7065.80	—	5853.82
归属母公司股东权益(万元)	—	6803.58	—	5577.29
营业收入(万元)	—	6713.32	—	6241.62
营业成本(万元)	—	4368.63	—	4138.00
投资收益(万元)	—	0.07	—	1.89
净利润(万元)	—	—	—	422.57
营业利润(万元)	—	802.18	—	506.56
利润总额(万元)	—	913.41	—	504.41

山东开创集团股份有限公司

公司概况					
公司名称	山东开创集团股份有限公司			证券简称	开创集团
法人代表	周伯虎	董秘	于筱凡	证券代码	872123
公司网址	www.ctrl.com.cn		电子信箱	yuxiaofan@ctrl.com.cn	
电话	0531-68973900		传真	0531-68973999	
办公地址	山东省济南市槐荫区日照路与腊山河西路交叉口济南报业大厦B座24层				
经营范围	百度搜索引擎推广、开创云基础互联网服务				

主要财务指标 指标\报告期	2017.06.30	2016.12.31	2016.06.30	2015.12.31
基本每股收益(元)	0.1900	0.2400	−0.3700	0.2100
基本每股收益(扣除后)(元)	0.1800	0.2400	—	0.1000
稀释每股收益(元)	0.1900	0.2400	−0.3700	0.2100
每股净资产(元)	2.1200	1.9300	—	1.6900
每股经营现金净流量(元)	—	—	—	—
每股现金流量(元)	—	—	—	—
每股资本公积金(元)	—	—	—	—
每股盈余公积金(元)	—	—	—	—
每股未分配利润(元)	—	—	—	—
净资产收益率(%)	9.0564	12.3789	—	11.7725
净资产收益率(扣除)(%)	9.4900	13.2000	—	15.1900
加权净资产收益率	—	12.5026	—	5.7467
总资产(万元)	19956.01	19465.67	—	11100.74
归属母公司股东权益(万元)	12214.23	11108.06	—	9733.00
营业收入(万元)	39960.69	94203.01	52484.56	126248.16
营业成本(万元)	33504.31	83121.10	49982.43	117837.55
投资收益(万元)	−14.24	−51.51	−0.27	539.97
净利润(万元)	—	—	−2146.23	1148.63
营业利润(万元)	1623.97	1731.16	−2029.03	1314.53
利润总额(万元)	1704.08	1722.30	−2038.94	1385.34

山东联科云计算股份有限公司

公司概况	公司名称	山东联科云计算股份有限公司			证券简称	联科云
	法人代表	吕雪岭	董秘	吕晓燕	证券代码	872219
	公司网址	www.datacloudchina.com		电子信箱		lvxy@datacloudchina.com
	电　　话	0531-66958252		传　　真		0531-66958252
	办公地址	山东省济南市高新区新泺大街 1299 号鑫盛大厦 2 号楼 1004-1 室				
	经营范围	大数据平台管理、挖掘、可视化软件的研发和技术服务及大数据平台系统集成				

	指标 \ 报告期	2017.06.30	2016.12.31	2016.06.30	2015.12.31
主要财务指标	基本每股收益(元)	—	1.1723	—	-0.0274
	基本每股收益(扣除后)(元)	—	1.1231	—	-0.1644
	稀释每股收益(元)	—	1.1723	—	-0.0274
	每股净资产(元)	—	1.5700	—	0.8900
	每股经营现金净流量(元)	—	—	—	—
	每股现金流量(元)	—	—	—	—
	每股资本公积金(元)	—	—	—	—
	每股盈余公积金(元)	—	—	—	—
	每股未分配利润(元)	—	—	—	—
	净资产收益率(%)	—	37.6495	—	-2.8168
	净资产收益率(扣除)(%)	—	75.8500	—	-3.0800
	加权净资产收益率	—	36.0697	—	-16.9035
	总资产(万元)	—	1998.58	—	479.99
	归属母公司股东权益(万元)	—	1728.10	—	177.48
	营业收入(万元)	—	1830.05	—	648.74
	营业成本(万元)	—	981.00	—	573.42
	投资收益(万元)	—	—	—	—
	净利润(万元)	—	—	—	-5.00
	营业利润(万元)	—	562.17	—	-39.33
	利润总额(万元)	—	650.62	—	-5.00

公司概况	公司名称				证券简称	
	法人代表		董秘		证券代码	
	公司网址			电子信箱		
	电　　话			传　　真		
	办公地址					
	经营范围					

	指标 \ 报告期	2017.06.30	2016.12.31	2016.06.30	2015.12.31
主要财务指标	基本每股收益(元)				
	基本每股收益(扣除后)(元)				
	稀释每股收益(元)				
	每股净资产(元)				
	每股经营现金净流量(元)				
	每股现金流量(元)				
	每股资本公积金(元)				
	每股盈余公积金(元)				
	每股未分配利润(元)				
	净资产收益率(%)				
	净资产收益率(扣除)(%)				
	加权净资产收益率				
	总资产(万元)				
	归属母公司股东权益(万元)				
	营业收入(万元)				
	营业成本(万元)				
	投资收益(万元)				
	净利润(万元)				
	营业利润(万元)				
	利润总额(万元)				

公司概况	公司名称				证券简称	
	法人代表		董秘		证券代码	
	公司网址			电子信箱		
	电　　话			传　　真		
	办公地址					
	经营范围					

	指标 \ 报告期	2017.06.30	2016.12.31	2016.06.30	2015.12.31
主要财务指标	基本每股收益(元)				
	基本每股收益(扣除后)(元)				
	稀释每股收益(元)				
	每股净资产(元)				
	每股经营现金净流量(元)				
	每股现金流量(元)				
	每股资本公积金(元)				
	每股盈余公积金(元)				
	每股未分配利润(元)				
	净资产收益率(%)				
	净资产收益率(扣除)(%)				
	加权净资产收益率				
	总资产(万元)				
	归属母公司股东权益(万元)				
	营业收入(万元)				
	营业成本(万元)				
	投资收益(万元)				
	净利润(万元)				
	营业利润(万元)				
	利润总额(万元)				

公司概况	公司名称				证券简称	
	法人代表		董秘		证券代码	
	公司网址			电子信箱		
	电　　话			传　　真		
	办公地址					
	经营范围					

	指标 \ 报告期	2017.06.30	2016.12.31	2016.06.30	2015.12.31
主要财务指标	基本每股收益(元)				
	基本每股收益(扣除后)(元)				
	稀释每股收益(元)				
	每股净资产(元)				
	每股经营现金净流量(元)				
	每股现金流量(元)				
	每股资本公积金(元)				
	每股盈余公积金(元)				
	每股未分配利润(元)				
	净资产收益率(%)				
	净资产收益率(扣除)(%)				
	加权净资产收益率				
	总资产(万元)				
	归属母公司股东权益(万元)				
	营业收入(万元)				
	营业成本(万元)				
	投资收益(万元)				
	净利润(万元)				
	营业利润(万元)				
	利润总额(万元)				

第八编

中国证券市场企业发展实录

COSL

股票简称：中海油服 股票代码：601808

我们必须做得更好

ALWAYS DO BETTER

第一章 企业发展纪实

五年发展铸辉煌 砥砺奋进再出发

中国邮政储蓄银行:建设一流大型零售银行

党的十八大以来,随着我国金融改革巨轮驶向深水区,面对经营环境、竞争环境和监管环境的变化,我国大型商业银行业主动适应新常态,植根于服务实体经济发展,积极应对多重挑战,加速发展转型升级,取得了不俗成绩。

作为国有大型商业银行,中国邮政储蓄银行(以下简称“邮储银行”)着眼于国家经济建设大局,坚持服务社区、服务中小企业、服务“三农”的大型零售银行战略定位,与其他商业银行形成良好互补,发挥网络优势,自觉承担“普之城乡,惠之于民”的社会责任,树立了金融体系中的独特地位。

回顾过去5年,邮储银行准确把握了历史发展机遇,妥善应对了经济结构调整、金融改革提速、行业竞争加剧的严峻挑战,在公司治理、组织架构、产品体系、风险管理、人才队伍等方面取得了显著成绩,走出了一条有特色、可持续的发展之路。

5年来,邮储银行业务快速发展,产品线不断丰富和完善,打造了涵盖零售业务、公司业务、国际金融、金融市场、资产管理、投资银行等在内的现代银行业务格局,市场竞争力不断提升。特别是自2016年在香港上市以来,邮储银行积极借鉴先进经验,加快转变发展方式,使自身管理能力、服务水平和综合竞争实力有了大幅提升。

5年来,邮储银行呈现出良好的发展势头和广阔的发展前景。2012年至2016年,邮储银行资产规模、存款余额、贷款总额年均复合增长率分别达13.95%、11.83%、25.05%。截至2017年6月末,邮储银行资产规模8.54万亿元,较2012年末增长74.25%;存款余额7.81万亿元,较2012末增长67.54%;贷款总额3.34万亿元,较2012年末增长171.30%。在英国《银行家》杂志发布的“2017年全球银行1000强排名”中,邮储银行按2016年末总资产位居第21位。在《福布斯》发布的“2017全球上市公司2000强”榜单上,邮储银行位列第55位。

站在新的历史起点上,邮储银行将更加紧密地团结在以习近平同志为核心的党中央周围,聚焦全面从严治党,牢固树立“四个意识”,加快改革创新,推进转型升级,致力将邮储银行建设成为最受信赖、最具价值的一流大型零售银行。

信念篇

加强党的建设 凝心聚力谋发展

坚持党的领导,加强党的建设,时刻保持企业肌体健康,不仅是一种政治责任,更是决定企业健康发展的关键因素。作为全面建成小康社会的重要力量,国有企业不仅是中国特色社会主义的重要支柱,更是党执政的重要基础。习近平总书记在全国国有企业党的建设工作会议上强调,坚持党的领导、加强党的建设是国有企业的“根”和“魂”,是我国国有企业的光荣传统、独特优势。

邮储银行作为国有银行,通过找准全面从严治党与国企发展的结合点,推动党建和业务“两手抓、两促进”,坚持服务社区、服务中小企业、服务“三农”的大型零售银行战略定位不动摇,在促进经济社会发展、保障和改善民生中,展现了国有银行的责任担当。

把党的领导融入公司治理各环节
把牢企业改革发展的政治方向

习近平总书记强调,国有企业党组织发挥领导核心和政治核心作用,归结到一点,就是把方向、管大局、保落实。

邮储银行始终坚持把党的领导和党的建设内嵌到全行战略发展、改革转型、经营管理、风险管理的全过程,坚持以正确的政治方向指引企业发展航向,确保党和国家方针政策、重大部署在邮储银行切实贯彻执行。把党的领导融入公司治理各环节,把企业党组织内嵌到公司治理结构之中,党委书记任董事长,党委成员作为执行董事进入董事会;党委成员任监事长,党建部门的负责同志作为职工监事进入监事会。凡属“三重一大”事项,都严格遵守“集体领导、民主集中、个别酝酿、会议决定”的原则,由党委集体讨论决定。

在班子建设方面,邮储银行通过加强领导干部思想政治建设,重点加强党性教育、宗旨教育、警示教育,教育各级负责同志带头讲政治、顾大局、守纪律,着力打造“信念坚定、为民服务、勤政务实、敢于担当、清正廉洁”的干部队伍。通过书记讲党课、下支部,加强责任教育和大局意识培养等形式,为广大党员干部明方向、鼓干劲,确保党中央、国务院各项决策部署和重大政策措施在企业贯彻执行并融入企业发展。

不断夯实基层党组织建设
筑牢企业改革发展的战斗堡垒

加强党的建设、发挥战斗堡垒作用,必须坚持建强企业基层党组织不放松,确保企业发展到哪里、党的建设就跟进到哪里、党支部的战斗堡垒作用就体现在哪里。邮储银行金融服务具有覆盖范围广、服务客户多、管理半径长等显著特点,针对这些经营特点和业务快速发展形势,邮储银行党委把建齐配强基层党组织作为党建工作的重中之重,坚持党组织架构紧跟全行机构建设步伐。

5年来,邮储银行党委始终把加强基层党组织建设作为党建工作的重中之重,聚焦严肃党内政治生活,通过“示范点-强基固本-示范区”三步走,探索出一条以“夯实基础、多级示范、四级联动、注重实效”为特色的基层党组织建设的有效路径。

建设规范工作“示范点”。2015 年,邮储银行党委在全行 4000 多个基层党组织中选取 10 个党支部建设示范点,聚焦组织建设、“三会一课”、党员教育管理、基础党务工作等统一建设标准,形成“总行统一领导、一分组织推动、二分具体指导、支部落地实施”的四级联动工作格局。

打造“强基固本”建设工程。2016 年,邮储银行进一步扩大总行党委直接领导的基层党组织建设覆盖面,在全行开展“强基固本”建设工程,打造了近 500 家“领导班子过硬、党员作用突出、党内生活规范、组织保障到位”的优秀基层党组织。

建设规范工作“示范区”。2017 年,邮储银行在全行组织开展“强基固本 2.0”建设工程,以二级分行为单位打造 6 个基层党组织规范建设“示范区”,升级建设标准、建设措施和建设成效,力求到年底实现全行基层党组织规范化工作全覆盖。各级党组织以提升基层党组织建设整体水平为目标,以强化政治功能和服务功能为核心,认真落实“三会一课”、组织生活会、谈心谈话、党员党性分析等基本制度,推动基层党建与业务发展深度融合,真正把基层党组织建成团结群众的核心、教育党员的学校和攻坚克难的堡垒。

协调推进党的群团工作企业文化建设
激发企业改革发展的内生动力

抓好党建工作,对于密切党群干群关系、促进企业科学发展、构建和谐企业等方面发挥着重要作用。邮储银行党委以凝聚发展合力为目标,协调推进党的群团工作、企业文化建设和精神文明创建工作。

加强党的群团建设。各级工会组织持续推进职代会规范化工作和职工劳动权益维护,计划年内实现一级分行、二级分行职工小家建家率 100% 目标。完善评先推优平台,全方位创新劳动竞赛形式,多渠道繁荣职工文化,畅通员工表达渠道。关心青年群体,加强各级团组织建设,支持共青团组织结合青年员工特点和需要,开展生动活泼、富于创造性的工作,助推青年员工成长成才。

加快推进企业文化建设。持续开展有邮储银行特色的企业文化建设活动,将吃苦耐劳、质朴诚恳的传统文化与现代银行业讲诚信、负责任的行业文化相融合,以文化凝聚力量,在全行营造勇于争先,敢于担当,乐于奉献的良好氛围。

持续开展精神文明创建工作。深入推进文明单位、文明窗口、星级窗口、文明职工、青年文明号的创建工作,积极做好全国银行业“雷锋岗”“雷锋标兵”创建工作。同时,注重做好先进典型培养选树和宣传推广工作,探索建立先进典型培育、选树、跟踪和激励机制,为企业改革发展凝聚正能量。

改革篇

持续深化改革　建立现代企业制度

5 年来,在党中央、国务院的正确领导下,邮储银行坚持全面深化改革,稳步推进“股改—引战—上市”三步走计划,成功在香港联交所主板上市,正式登陆国际资本市场。5 年来,邮储银行瞄准先进机构的最佳实践和行业标杆,在公司治理、组织架构、人力资源、风险管理等多个领域,实施了大范围、大力度的体制机制改革创新,逐步建立了现代金融企业制度。

坚持深化改革
建立现代金融企业制度

按照“股改—引战—上市”三步走计划,邮储银行于 2012 年完成了股份制改造,并于 2015 年成功引入 10 家战略投资者,实现了股权多元化。这 10 家战略投资者包括 6 家国际知名金融机构:瑞银集团、摩根大通、星展银行、加拿大养老基金投资公司、FMPL(淡马锡全资子公司)、国际金融公司;两家大型国有企业:中国人寿、中国电信;两家互联网企业:蚂蚁金服、腾讯。2016 年 9 月 28 日,邮储银行成功在香港联交所主板挂牌上市,成为两年来全球最大首次公开募股(IPO)项目。

5 年来,邮储银行坚持全面深化改革,目前已搭建并完善了由股东大会、董事会、监事会和高管层组成的现代公司治理结构,形成了决策科学、执行有力、监督有效的公司运行机制。与此同时,按照现代金融企业制度的要求,构建起了垂直管理的内部审计体系以及能够覆盖信用风险、市场风险、流动性风险和操作风险等的全面风险管理体系。

同时,邮储银行通过推进流程银行建设,实现了部门前中后台分离和分支机构改革,不断完善了现代商业银行的组织机构体系;大力推进直属中心专业化运营、控股子公司综合化运营,提升了工作效率、支持了业务发展。此外,邮储银行把先进的事业部制管理模式引入到“三农”业务领域,扎实开展“三农”金融事业部改革,构建了邮储银行持之以恒服务“三农”的组织保障、制度保障和机制保障。

坚持走信息化自主可控之路
为提升管理保驾护航

银行是高风险行业,管理水平决定着事业的兴衰成败。一直以来,邮储银行把加强管理作为一项基础工程来抓,根据不同时期经营发展特点和监管要求,从管理体制、管理制度、管理技术等各方面不断加以完善。作为一家年轻的国有大型商业银行,邮储银行紧紧抓住“科技强行”“人才强行”两个引擎,推动了全行管理水平快速提升。

如今,信息化、数字化正成为商业银行转型发展的重要方向。大型商业银行对信息系统的安全性、可靠性要求高。邮储银行全面践行国家信息安全战略和金融安全战略,坚定不移地走核心技术自主可控的信息化银行建设之路,在大型商业银行中率先确立了基于开放平台采用分布式架构,以小型机集群替代大型机构建银行核心系统的技术路线,不仅有效节约信息化建设成本,更为国家实现核心技术“自主可控”的安全战略作出了积极探索,在业内形成一定的影响力。同时,邮储银行高度关注现代信息技术在商业银行的应用,推出基于区块链的资产托管系统,在中国银行业中率先成功实现将区块链技术应用于银行核心业务系统。实践证明,新科技的运用在促进业务发展、确保风险可控、推进转型升级等方面发挥了重要作用。

坚持人才强行
为转型发展提供有力支撑

人力资源是核心资源,人才优势是核心竞争优势,办好银行关键在人才。邮储银行坚定不移地走“人才强行”之路,把人才发展纳入全行战略发展的总体布局,打造了一支团结协作、勇于创新、勤奋敬业的员工队伍。

5 年来,邮储银行员工队伍增加至 18.7 万人,本科及以上学历占比提高了25个百分点，知识结构持续优化。围绕专业型、实践型、创新型要求，不断提升干部队伍的专业化水平，分层分类多渠道培训员工千万人次。在内部培养提升的同时，邮储银行坚持“严格标准，宁缺毋滥；广纳贤才，人尽其用”的原则，通过“千人大招聘”等社会招聘引进了万余名高层次、专家型人才，在社会上引起强烈反响。

发展篇

积极践行普惠金融　全力服务实体经济

金融是实体经济的血脉，为实体经济服务是金融的天职和宗旨，也是防范金融风险的根本举措。党的十八大以来，邮储银行紧紧抓住促进实体经济提质增效的核心主线，秉持服务国家战略、勇于担当的大局意识，基于自身的资源禀赋特点和优势，坚持“一大一小”的经营策略：一方面，将自身业务发展与国家战略相结合，主动调整信贷策略，积极创新金融服务，持续加大对国家战略、关键领域和重大工程、重点项目的资金支持力度；另一方面，坚持服务社区、服务中小企业、服务“三农”，脚踏实地，深入研究和积极践行普惠金融，自觉承担起“普之城乡，惠之于民”的社会责任。

创新金融资源供给方式
倾力服务国家战略

邮储银行主动服务国家战略，积极服务“一带一路”倡议、京津冀协同发展、长江经济带发展、“中国制造2025”等，推进国家战略落地和经济结构转型升级。认真落实供给侧结构性改革要求，按照“有扶有控、有保有压”的原则，严格控制“两高一剩”领域和僵尸企业和过剩产能的信贷投放。但对于生产技术先进、市场竞争力较强、有发展前景但暂时困难的煤炭、钢铁支柱型企业，继续给予支持，帮助其渡过难关。

通过全面梳理国家重点投资专项和重大工程，邮储银行积极支持了具有全局性、基础性、战略性的重大工程，如交通、水利等符合国家发展规划与产业政策的基本建设领域；燃气供应、机场等重点城市符合监管与授信要求的重大基础设施建设项目；高端装备制造等国民经济支柱产业；节能环保、健康养老等政策扶持力度大及发展前景较好的朝阳性产业；新能源等国家重点支持的战略性新兴产业；符合高新技术发展要求、成长性良好的信息技术、光电通信、航天航空及生物医药技术等行业。5年来，邮储银行在支持基础设施建设方面签约的借款合同金额达6500多亿元，贷款余额2500亿元，有效推动了基础设施建设和经济转型升级。

与此同时，为推动供给侧结构性改革，深入推进“三去一降一补”，邮储银行重点围绕基础设施建设、能源资源开发利用、经贸产业合作区建设等领域，以并购贷款、贸易金融、产业基金、融资租赁等方式，积极支持企业“走出去”。5年来，邮储银行累计为客户提供各类外汇贷款、内保外贷、海外代付等融资超1100亿元，其中支持国内电力、航空、燃气、钢铁等企业跨境投资超100亿元。

此外，顺应“社会融资股权化，债务融资资本化”发展趋势，邮储银行积极探索构建新型银企关系，创新运用“信贷+非信贷”“股权+债权”“商行+投行”等方式，整合各类资源，服务企业多元化金融需求，帮助企业降杠杆。邮储银行积极发挥资金优势，重点支持国家重大工程项目建设，相关贷款余额已达6400亿元。同时，邮储银行还通过市场化方式，积极认购国家专项建设债券7780亿元，用于扩大有效投资、支持基础设施建设。

以创新体制机制为保障
持续提升“三农”金融服务水平

一直以来，邮储银行高度重视“三农”金融服务，把支持农业经济发展摆在突出位置，把农村革创新摆在突出位置，把助力农民创收增收摆在突出位置，是“三农”金融服务的重要提供者。

邮储银行拥有近4万个网点、15万个助农取款点、10多万台自助设备在内的实体网络，覆盖了中国（除港澳台之外）近99%的县域农村地区，在普惠金融工作中发挥着主力军的作用。

邮储银行从传统农户小额信贷起步，逐步加大金融产品创新力度，目前已经形成了农户贷款、新型农业经营主体贷款、涉农商户贷款、县域涉农小微企业贷款和农业龙头企业贷款等五条产品线，每条产品线下又分别包含多项贷款产品，实现了对所有涉农市场主体的全覆盖。与此同时，针对各地农村差异性大问题，邮储银行因地制宜地创新抵质押担保方式。先后将大型农机具、大额农业订单、涉农直补资金、土地流转收益、设施大棚、水域滩涂使用权等纳入抵质押物范围。此外，针对“三农”有效抵押担保物匮乏、风险偏高等难题，邮储银行着力搭建“银政”“银协”“银企”“银保”“银协”合作平台。

2016年9月8日，邮储银行成立三农金融事业部，围绕“专业产品、专业服务、专业团队”的建设目标，打造专业化为农服务体系。

数据显示，5年来，邮储银行累计发放个人经营性贷款超过2万亿元，有效缓解了“三农”融资困难。截至今年6月末，邮储银行涉农贷款余额达10062亿元，为2012年末涉农贷款余额的5.36倍。

以优化服务模式为引领
重点解决小微融资难融资贵问题

服务社区、服务中小企业、服务“三农”是邮储银行自成立以来的定位。党的十八大以来，邮储银行保持战略定力不动摇，充分发挥网络、资金和专业优势，形成差异化发展战略，大力服务小微企业，与其他商业银行形成良好互补，取得了良好的社会效益。

针对小微企业金融需求“短、小、频、急”的特点，邮储银行持续加大金融产品创新力度，形成了囊括“强抵押”“弱担保”“纯信用”各个担保方式的全产品序列，充分满足分布于不同行业、处于不同生命周期的小微企业的融资需求。相关产品如：致力于提升小微企业信贷速度，缓解小微企业“融资慢”难题的传统领域“快捷贷”产品；依托政府小微信贷风险分担体系，破解小微企业“融资难”的政银合作领域“助保贷”“政银担”等产品；立足服务供给侧改革，为民生领域小微企业量身打造的“医疗贷”“水利贷”等产品；为国家创新驱动战略“添柴加火”，服务于高新技术小微企业的“双创”领域“科技贷”“挂牌贷”等产品。

同时，邮储银行积极推进“融智+融资”综合服务。邮储银行联合团中央等机构连续8年举办创富大赛系列活动，吸引了数十万“双创”人群咨询、报名，为创业青年和小微企业搭建了集资金支持、技术指导、商业模式交流为一体的综合金融服务平台。

5 年来，邮储银行累计发放小微企业贷款近 4 万亿元，帮助了大量小微企业解决了资金短缺困难。

风控篇

坚持底线思维　全面加强风险防控

金融安全是维护国家安全的重要组成部分，是经济平稳健康发展的基础。邮储银行始终秉承现代风险管理的逻辑和理念，严守风险底线，加快全面风险管理体系建设步伐，在风险管理方面探索出符合自身发展的有效路径。

严守风险底线
保持良好资产质量

风险管理能力是衡量商业银行经营管理的重要标准，也是提高运行效率、有效服务实体经济的基础。邮储银行一直以来坚持建设和完善全面风险管理体系，持续提升全行风险管理能力，增强核心竞争力。

5 年来，根据形势变化和管理需要，邮储银行不断探索加强风险防控工作的有力抓手。邮储银行始终秉承审慎的风险管理理念，严守风险底线，从解决体制性、机制性和基础性的问题入手，建立健全风险管理的长效机制，对各项业务持续健康发展发挥了重要作用。

邮储银行一直倡导审慎稳健的风险管理文化，自上而下确立了“风险管理人人有责、风险管理创造价值”的理念，不断提高全行的风险责任意识，强化合规经营、风险为本的理念。同时，邮储银行始终遵循审慎稳健的风险偏好，并且建立了分层次的风险偏好制度和传导机制，制定有针对性的风险管理政策。

受益于对风险管理的高度重视，邮储银行在业务飞速发展的同时，始终保持了优异的资产质量，截至 2017 年 6 月末，邮储银行不良贷款率为 0.82%，仅为银行业平均值的一半左右；拨备覆盖率达 288.65%，远优于行业平均水平。

建立健全风险管理组织架构
构建内控管理长效机制

5 年来，邮储银行董事会、高级管理层通过深入调查研究，对于风险管理体制和信贷机制进行优化和调整。全行通过落实全员风险管理、强化班子责任、实现双向报告、完善风险抓总等举措，使得银行经营管理更高效、风险管控更有效，实现效率和风控在更高水平上的平衡。

邮储银行建立了健全的风险管理组织架构，提高风险管理的集约性和控制力，并且不断加强风险管理部门与各业务部门的工作衔接，为风险管理提供组织保障。

针对各类具体风险设定有针对性的风险管理制度和管理流程，邮储银行明确了风险识别、计量、监测和控制环节的具体内容和管理要求，并且持续推进风险管理的制度化、标准化和规范化建设，实现风险管理与业务管理相互融合、有机统一。

同时，邮储银行坚持实施全流程的授信管理，结合自身特点与国外先进技术，不断丰富小额贷款等各项业务的风险管理方法，提高自身风险管理精细化水平。

此外，邮储银行开展资本规划，坚持资本与风险相匹配、风险与收益相匹配的原则，完善资本充足率管理和资本限额控制。

加强内控合规建设
提升风险管理约束力

邮储银行认真贯彻落实国务院和监管部门关于金融风险防控工作的重要部署，加强信用风险、利率风险和流动性风险管理，持续深入开展“合规大讨论”“合规大行动”“合规回头看”以及“内控达标年”“内控优化年”等合规内控建设系列活动。

通过构建机构风险评价等考核机制，邮储银行推动各分支机构了解并提升自身风险管理水平，深化风险评价等机制在全行经营管理、特别是绩效考核和责任追究中的应用，提升风险管理的约束力。

值得一提的是，邮储银行拥有一支专业、高效的风险管理队伍，主要风险管理人员在理论和实践上均具有较高的专业素养。同时，邮储银行不断升级风险管理信息系统，已经将风险管理信息系统项目群建设纳入全行信息系统总体规划，不断健全完善风险管理信息系统，增强风险管理技术的支撑力度。

转型篇

拥抱“数字时代”　加速转型发展显成效

步入“数字时代”，信息化、数字化正成为商业银行转型发展的重要方向。5 年来，邮储银行大力发展电子银行业务，打造了包括网上银行、手机银行、自助银行、电话银行、“微银行”等在内的全方位电子银行体系，形成了电子渠道与实体网络互连互通，线下实体银行与线上虚拟银行齐头并进的普惠金融服务格局。目前，邮储银行电子银行客户规模达 2 亿多户，其中手机银行客户数超过 1.6 亿户。与此同时，邮储银行在互联网金融领域不断探索加速转型，致力于为客户提供体验更加良好的金融服务，加快打造“三个银行”，即开放协作、利用云计算打造的平台银行，“体验 + 智能”的智慧银行以及平等共享的普惠银行。

确立“科技引领”战略
打造“数字金融网”

习近平总书记指出，网络安全和信息化是事关国家安全和国家发展、事关广大人民群众工作生活的重大战略问题。邮储银行作为普惠金融的倡导者和积极践行者，积极响应国家号召，按照国家金融安全战略要求，勇于承担先行风险，探索出了一条成本节约、自主可控的信息化发展之路。

2014 年，邮储银行正式确立了“科技引领”的信息化战略。在大数据领域，邮储银行采用了全面拥抱分布式、开源大数据技术，借鉴行业发展趋势和领先实践，全面提升大数据治理、管理和应用水平的发展思路。同年，邮储银行成立了互联网金融实验室，主要定位为邮储银行互联网金融前沿产品、技术、流程和商业模式研究中心、互联网金融产品创新工厂。目前实验室已经推出了 60 多款创新产品，如微信银行、自助发卡等，很好满足了业务需求，有效推进了普惠金融发展。

以科技创新实验室和互联网金融实验室为依托，邮储银行进一步完善了科技创新的体制机制，逐渐理顺了创新与业务发展、创新与资源投入、创新与经营管理、创新与风险防范之间的关系，通过总分联动，形成了全行科技创新合力。目前，邮储银行重点围绕人工智能、区块链、机器学习等科技前沿，持续创新，推进新技术新产品落地。

依托科技创新
有力提升普惠金融服务

数字金融能够大幅降低交易成本、扩展覆盖范围、提升效率，这正是传统普惠金融面临的突出难题。党的十八大以来，邮储银行积极利用移动互联网、云计算、大数据等新技术，持续推进作业自主化、营销批量化、风控系统化，全面深化普惠金融服务能力。例如：在信贷领域，建设“信贷工厂”，采用自动化决策模型，实现业务自动审批，推进贷款流程优化；对小微企业、个体工商户等普惠金融主体客群推出了“邮E贷”系列产品；支持农商户“工业品下乡、农产品进城”，推出了“掌柜贷”产品。在技术领域，大力推广移动展业，破解实现服务推介与业务处理无缝衔接。在支付领域，5年来，邮储银行电子银行交易笔数达390亿笔、交易金额37万亿元。

值得一提的是，中国邮政集团旗下拥有邮政、金融、速递物流和电子商务等多板块资源，具备信息流、资金流、物流和商流“四流合一”的先天优势。邮储银行以整合邮务、金融和速递物流三大板块资源为切入点，依托科技创新，形成了“互联网金融＋农村电商”“互联网金融＋速递物流”“互联网金融＋跨境电商”等新业务发展模式。目前，邮储银行与多家互联网企业开展跨界合作，形成了协同发展的新业态，极大丰富了互联网金融服务内容，有力提升了对普惠金融客户的服务支持。

消费信贷“互联网＋”升级
打造“线下＋线上”互联网金融服务平台

伴随着中国经济转型升级的不断深入，消费驱动成为中国经济发展的新动能，消费升级趋势显著，对消费金融的需求快速增长。站在转型升级的十字路口，商业银行迎来的是消费提速和“数字经济”叠加的时代。在这样的大背景下，邮储银行提出了“以金融为中心，打造全场景式覆盖的一站式家庭生态经济圈”的目标，实现目标的重要举措之一则是，不断升级“线下＋线上”互联网金融服务平台。

邮储银行根据我国经济发展结构调整，主动迎合市场、百姓需求，目前已形成住房贷款、汽车贷款、额度类贷款三大类产品，覆盖客户各类消费需求，重点支持百姓教育文化、旅游休闲、养老健康、绿色环保等新兴消费领域，同步探索金融科技，引入外部大数据，打造一系列全线上消费信贷产品；在丰富金融产品的同时，邮储银行以“幸福·加邮”社区行主题活动为抓手，引入生态金融理念，定制一站式金融服务，构建“产融结合”新模式，与汽车厂商、蚂蚁金服、车险公司、消费企业等合作伙伴对接线上、线下服务渠道，让消费金融服务深度嵌入百姓生活场景中，使客户获得良好的服务体验，打造消费金融新生态。

2016年，邮储银行顺应国家积极发挥新消费引领作用的政策导向，先后向市场推出旅游贷款、环保消费贷款等贷款产品，推出线上支用和刷卡支用功能，打通线下产品线上服务通道，备受市场关注。2017年，邮储银行进一步结合自身优势，扩充产品线，同时探索金融科技，应用新技术，打造了“邮享贷”“邮薪贷”“邮学贷”“邮家贷”等一系列全线上信用消费贷款产品，从贷款申请到支用最快仅需10分钟，拓展服务领域和客群，客户反响良好。

在一系列产品、服务的推出和升级下，邮储银行的消费信贷业务亦迎来快速发展。5年来，邮储银行累计发放消费贷款达1.4万亿元，积极满足居民消费需求，有力助推了中国经济转型升级。

履责篇

真情回馈社会　植入践行社会责任基因

5年来，邮储银行改革发展所取得的成就得到了市场各方、社会各界的充分认可和高度评价。与此同时，邮储银行积极践行社会责任，在经济社会发展中树立负责任的大行形象。

推动金融精准扶贫
助推全面建成小康社会

5年来，邮储银行充分发挥网络、资金和专业优势，主动践行大行社会责任，创新工作机制，加大资金投入力度，逐步探索出一条以特色产业为依托、以产品创新为基础、以风险分担为保障的金融扶贫新模式。

按照“一行一策”的思路，邮储银行在全国建立了100家金融扶贫示范支行，因地制宜开展金融扶贫工作。针对建档立卡贫困户，邮储银行创新推出了金额5万元以内、期限3年以内、免抵押免担保的扶贫小额信贷专属产品“惠农易贷”，加大扶贫小额贷款精准投放力度。与此同时，邮储银行坚持“一县一业、一行一品”特色发展思路，立足贫困地区资源禀赋、产业优势，通过信贷支持贫困户发展地方产业，实现脱贫增收，变“输血”为“造血”。另外，通过构建“银行＋政府＋农户”三位一体的合作模式，创新多方风险分担模式，邮储银行探索建立了金融扶贫商业可持续发展机制，有效解决了贫困户抵押担保难题。

截至今年6月底，邮储银行在832个国家重点贫困县（区），持续抓好贫困地区小额贷款服务，支持贫困户通过生产经营脱贫增收，2015年至今，已累计投放小额贷款1000多亿元，服务农户110多万人次，贷款余额60多万笔、金额450多亿元。

践行绿色理念
致力于打造环境友好型绿色银行

当前，我国环境治理任务繁重，绿色发展已上升为国家战略，是我国加快推动经济结构调整升级、全面促进经济社会可持续发展的有效途径。在绿色理念实践层面，邮储银行通过完善差异化绿色金融政策，坚持“环保一票否决制”，优先支持节能环保产业和绿色经济、低碳经济、循环经济，严格限制“两高一剩”行业客户和项目授信，有力促进了实体经济的绿色发展。与此同时，邮储银行还大力推进低碳绿色运营，制定能源管理规定和绿色采购指南，构建绿色供应链。

发展绿色金融首先离不开健全的组织管理机制。目前，邮储银行董事会统一领导制定了绿色信贷发展规划，且设立了董事会社会责任委员会，负责监督、检查和评估绿色信贷战略、政策、基本管理制度等的执行情况及效果。同时，成立了“绿色银行”建设领导小组，由行长担任组长，其中总行有28个成员部门，分工协作，形成建设合力。

在此基础上，邮储银行持续健全支持绿色金融发展的制度体系。以绿色授信政策为例，邮储银行制定了绿色金融授信政策、“两高一剩”行业授信政策、71个重点行业（绿色）授信政策和50个小微企业授信政策指引，细化重点行业环境与社会准入标准和管理要求，差异化绿色金融政策。据统计，邮储银行累计制定绿色信贷分类、绿色采购等40余项绿色银行相关的政策制度，修订60余项政策制度，不断完善绿色金融政策制度体系。

此外，邮储银行持续健全绿色金融创新机制，建立“绿色通道”，积极创新光伏扶贫贷款、“掌柜贷”、小水电贷款、林权抵押贷款、污水处理收益权质押贷款等绿色信贷产品，积极投资和承销绿色债券。结合自身优势与特点，邮储银行重点围绕绿色交通运输、可再生能源及清洁能源、工业节能节水环保项目、绿色装备制造等十大重点领域，加大信贷支持力度，不断做大做强绿色金融。5 年来，邮储银行向绿色信贷领域累计投放资金 2000 多亿元，有力支持了绿色经济发展。

把普惠金融向公益领域延伸
用行动力树立中国公益领域新标杆

邮储银行在不断提高客户服务水平与能力的同时，始终将奉献爱心、回报社会作为企业承担社会责任的重要内容，积极参加抗震救灾，热心支持慈善公益、文化教育、青年创业等社会公益事业发展。

今年 3 月 20 日，邮储银行在成立十周年之际对外宣布，其整合内外部资源打造的开放性公益平台——“邮爱公益平台”正式运行，自此，邮储银行把每年的 3 月 20 日，即成立日确定为邮储银行公益日。

“邮爱公益平台”是邮储银行进一步发挥优势，整合内部外部资源和线上线下资源，系统性、持续性开展公益事业的重要举措。其愿景是秉承普惠金融理念，凝聚社会力量，唤醒公益意识，传递人文关怀，以常态化、多元化、可持续的方式推进中国公益事业的发展，努力成为中国公益事业的创新者和践行者。

通过坚持开展关爱社区老幼、贫困山区爱心捐赠、金融知识宣传教育、青年创富大赛等系列社会公益活动，创立“邮爱公益平台”，邮储银行正为我国公益事业发展不断贡献力量。

中国铝业股份有限公司

一、公司基本概况

中国铝业股份有限公司（以下简称“中国铝业”）于 2001 年 9 月 10 日在中华人民共和国注册成立，控股股东是中国铝业集团有限公司。中国铝业是中国有色金属行业的龙头企业，综合规模居全球铝行业前列。公司股票分别在纽约证券交易所（股票代码：ACH）、香港联合交易所（股票代码：2600）和上海证券交易所（股票代码：601600）三地挂牌上市。

中国铝业是中国铝行业唯一集铝土矿、煤炭等资源勘探开采，氧化铝、原铝和铝合金产品生产、技术研发，国际贸易，物流产业，火力发电、新能源发电于一体的大型生产经营企业。截至 2017 年末，公司拥有分公司 10 家，参股公司 19 家，所属企业 38 家，其中全资子公司 16 家，控股子公司 22 家。

中国铝业以保障国家战略资源开发和利用为己任，在航空航天、轨道交通、民用高端合金等方面发挥了极为重要的作用，先后为中国第一颗人造卫星、长征系列火箭、神舟系列飞船、嫦娥工程、大飞机、高铁动车、建筑交通等提供了大量的高品质的关键材料。

二、企业文化

企业愿景：建设具有全球竞争力的世界一流企业

企业精神：励精图治　创新求强

核心价值观：责任　诚信　开放　卓越

企业使命：回报股东　成就员工　惠泽客户
　　　　　造福社会　珍爱环境

经营理念：创造价值回报至上

管理理念：精益求精　协同高效

责任理念：点石成金　造福人类

文化氛围：阳光　坦诚　简单　包容

三、公司荣誉

荣获 2016 中国铝业峰会 2015－2016 年度最具竞争力氧化铝企业集团

荣获 2016 中国铝业峰会 2015－2016 年度最具竞争力电解铝企业集团

荣获“大地之爱 母亲水窖”五周年突出贡献奖

荣获国家知识产权局和世界知识产权组织“第十八届中国专利奖优秀奖”

荣获《中国融资》举办的“2016 中国融资上市公司大奖”最佳投资者关系奖

2015、2016 年度连续两年获得上海证券交易所信息披露 A 级评价

荣获中国证券最具海外影响力上市公司金紫荆奖

荣获首批在京央企知识产权领先工程实施单位

《财富》2011 年最具创新力的中国公司

荣获 2010 生态中国贡献奖

荣获“十一五”中央企业节能减排优秀企业

2017 年 7 月 14 日，中国铝业“铝行业氧化铝制造过程信息物理系统安全可靠一体化平台”项目，被国家工信部列为制造业与互联网融合发展试点示范项目。

四、经营情况与市场成就

中国铝业致力于保持国内市场领先地位，通过加快转型升级和深入开展结构调整，优化产业机构和战略布局，大幅提升资产质量和盈利能力，建设具有全球竞争力的企业。

中国铝业坚持以延伸产业链和价值链高端为发展方向，确立了“科学掌握上游，优化调整中游，跨越发展下游”的总体思路，坚持从严治企的方针，坚持以提质增效为工作重点，坚持提高竞争力的工作原则，坚持深化改革，激发发展动力，坚持问题导向，提升管理水平，坚持优化布局，加快转型升级，坚持科技创新，提升产品附加值，坚持资本运作，强化经营增效，坚持安全稳定，加强风险防控，大幅提升资产质量和盈利能力，加大国际产能合作，提升国际化经营能力，建设具有创新能力和国际竞争力的世界一流跨国公司。

业务板块：

中国铝业股份有限公司主要从事：铝土矿、煤炭等资源的勘探开采，氧化铝、原铝及合金产品的生产、销售、技术研发，国际贸易，物流产业，火力及新能源发电等。各业务板块组成包括：

氧化铝板块：包括开采并购买铝土矿和其他原材料，将铝土矿生产为氧化铝，并将氧化铝销售给本集团内部的电解铝企业和集团外部的客户。该板块还包括生产和销售多品种氧化铝和金属镓。

原铝板块：包括采购氧化铝和其他原材料、辅助材料和电

力,将氧化铝进行电解生产为原铝,销售给集团外部的客户。该板块还包括生产销售炭素产品、铝合金产品及其他电解铝产品。

贸易板块:主要从事向内部生产企业及外部客户提供氧化铝、原铝、其他有色金属产品和煤炭等原燃材料、原辅材料贸易及物流服务的业务。

能源板块:主要从事能源产品的研发、生产、经营等。主要业务包括煤炭、火力发电、风力发电、光伏发电及新能源装备制造等。主要产品中,煤炭销售给集团内部生产企业及外部客户;电力销售方面,公司电厂、风电及光伏发电销售给所在区域的电网公司。

总部及其他营运板块:涵盖总部及集团其他有关铝业务的研究开发及其他活动。

五、精准扶贫情况及成就:

1. 年度精准扶贫概要

公司积极践行国家精准扶贫方针,根据《中国铝业股份有限公司对外捐赠管理办法》,通过参与建设扶贫示范基地、资助建设民生项目等多种途径,持续开展定点扶贫,发挥“造血式”帮扶对脱贫的推动作用。同时,公司积极支持所属企业及项目所在社区建设,开展持续性公益活动和项目,捐资助学、改善民生,实现与社区共同发展。2016 - 2017 年,公司用于扶贫及各类捐赠的资金为 1,836.6 万元。具体明细如下:

单位:万元 币种:人民币

扶贫及捐赠对象	性质	方式	金额
西藏自治区昌都市	定点援助	货币资金	600.00
西藏自治区察雅县	定点扶贫	货币资金	600.00
青海省海晏县	定点援助、扶贫	货币资金	300.00
山西省交口县温泉乡	定点扶贫	货币资金	150.00
河南省焦作市修武县	向文化体育事业捐赠	货币资金	50.00
广西壮族自治区百色市田东县	定点扶贫	实物资产	32.98
广西大化瑶族自治县达悟村	定点扶贫	货币资金	31.00
中华环境保护基金会	向环保事业捐赠	货币资金	20.00
贫困山区留守中小学生	向文化体育事业捐赠	货币资金	1.98
郑州市上街区慈善总会	其他公益救济及公共福利事业捐赠	货币资金	0.30
沁阳市残疾人联合会	向残疾人事业捐赠	货币资金	0.10
人口关爱基金	向医疗卫生事业捐赠	货币资金	0.03
其他	定点扶贫及其他捐赠	货币资金	50.21

2. 后续精准扶贫计划

2018 年,公司预算用于扶贫捐赠的资金约 950 万元,包括公司拟向西藏自治区、青海省提供定点援助资金约 750 万元,以及公司下属各企业拟向地方提供的定点扶贫及各类捐赠资金约 200 万元。公司及下属企业将按计划落实各项扶贫及捐赠工作,积极参与公益事业,践行企业社会责任。

六、大事记

2014 年 1 月 17 日至 18 日《600kA 超大容量铝电解槽技术研发》项目通过了国家科技部组织的课题验收,项目整体技术达到了国际领先水平。

2014 年 7 月 28 日,中国铝业山西分公司孝义铝矿被国土资源部评为第四批“国家级绿色矿山试点单位”。

2015 年 6 月 15 日,中国铝业成功完成 A 股股票非公开发行,募集资金 80 亿元人民币。

2015 年 9 月 20 日,公司所属甘肃华鹭铝业与白银市政府、白银有色集团签署合作协议,就甘肃华鹭铝业出城入园项目展开合作;11 月 10 日,公司与贵阳市政府签订贵铝电解铝“退城进园”战略合作框架协议。

2016 年 9 月,中国铝业非公开发行 2016 年公司债券(第一期),募集资金 32.15 亿元,并于 10 月 24 日起,在上海证券交易所挂牌。

2016 年 10 月 31 日,中国铝业成功发行 5N 期 5 亿美元境外高级永续债券,票面利率 4.25%。此次境外债券的成功发行,充分展现了中国铝业的铝行业龙头地位及优质的长期信用,体现了广大投资者对中国铝业的认可和信任,加强了中国铝业在国际资本市场的影响力。

2017 年 6 月,中国铝业与国寿投资设立“国寿投资 - 中铝股份供给侧改革项目”,引入 8 年期供给侧改革投资资金 100 亿元。

2017 年,中国铝业与交银国际信托、交银国际资产合资成立北京中铝交银四则产业投资基金,基金规模 100 亿元。

联系方式:
地址:北京市海淀区西直门北大街 62 号
电话:010 - 8229 8322
传真:010 - 8229 8158
邮箱:ir@ chalco. com. cn

中海油田服务股份有限公司

一、公司基本概况

中海油田服务股份有限公司(中海油服, China Oilfield Services Limited 或 COSL)是全球最具规模的综合型油田服务供应商之一,服务贯穿海上石油及天然气勘探,开发及生产的各个阶段。业务分为四大类:物探勘察服务、钻井服务、油田技术服务及船舶服务。COSL 于 2002 年 11 月 20 日公开发行 H 股,并在香港联合交易所主板上市,股票编号:2883。2004 年 3 月 26 日起,COSL 股票以一级美国存托凭证的方式在美国柜台市场进行交易,股票编号为 CHOLY。COSL 于 2007 年 9 月 28 日在上海证券交易所上市,A 股股票简称:中海油服,股票编号:601808。

中海油服拥有亚太地区最强大的海上石油服务装备群。截至 2017 年底,公司共运营和管理物探勘察船 15 艘(支);钻井装备 51 座(包括 32 座自升式钻井平台,11 座半潜式钻井平台,3 座生活平台,5 套模块钻机);近海工作船舶 130 多艘;拥有自主研发的随钻测井、旋转导向、钻井等超过 430 台套先进的测井、泥浆、定向井、固井和修井等油田技术服务设备。

中海油服既可以为客户提供单一业务的作业服务,也可以为客户提供一体化整装总承包作业服务。公司的服务区域涵盖中国海域,并拓展至东南亚、中东、美洲、欧洲、非洲、远东六大区域,覆盖全球 30 多个国家和地区。

中海油服员工始终坚持国际通行的健康、安全、环保标准,并专注于为客户提供一流的服务,全面实施体系化管理,公司各单位获得符合 ISM(国际安全管理)规则的安全管理体系证书和 DNV 签发的符合 ISO9001、ISO14001 及 OHSAS18001 标准的 QHSE 管理体系证书。

在"我们必须做得更好"企业理念下,中海油服竭诚为中外客户提供安全、优质、高效、环保的服务,实现与股东、客户、员工、伙伴共赢,向国际一流油田服务公司迈进。

二、企业文化

企业理念:我们必须做得更好

行为准则:精心做好每件事

核心价值观:与股东、客户、员工、伙伴共赢

员工操守:诚信、敬业、协作、自律

三、公司荣誉

公司自 2002 年上市以来,累计在两市获得的资本市场荣誉超过 100 项,下面列举近三年的重要奖项。

2015 年

1.《亚洲企业管治》杂志(Corporate Governance Asia)"最佳投资者关系公司(中国)"奖项。

2.《机构投资者》(Institutional Investor)"亚洲最受尊崇公司"称号及油气板块"最佳投资者关系公司"等六个分奖项。

3. 2015 年公司继续被纳入恒生 A 股可持续发展企业基准指数成分股,恒生可持续发展企业基准指数的成份股。

4. 公司 2014 年度报告在美国传媒专业联盟(LACP)举办的"2015 Spotlight Awards"评选中,荣获包括金奖在内的三项大奖。

5. 香港《大公报》"金紫荆奖"最佳投资者关系管理上市公司。

6.《财富》(中文版)"最佳投资回报公司"。

7. 中国上市公司百强高峰论坛评选的"中国百强企业奖"。

2016 年

1. 公司年报荣获美国"2016 Spotlight Awards(焦点奖)"最高奖白金奖(国内排名第一)等十二项国际殊荣。

2.《机构投资者》"最佳投资者关系上市公司奖"。

3. 继续入选"恒生可持续发展企业基准指数"和"恒生 A 股可持续发展企业基准指数"的成份股。

4. 证券时报"最佳董事会"及"最佳新媒体运营"天马奖。

5. 入选大众证券报评选的"中国 A 股上市公司创新 500 强指数"并获"2016 紫金创新奖"。

6. 中国上市公司协会、上交所、深交所"上市公司监事会积极进取 50 强"。

2017 年

1. 荣获"金港股最佳投资者关系"奖项;

2. 在香港知名财经杂志《中国融资》举办的"年度上市公司大奖"系列评选中,荣获"最佳企业管治"公司奖。

3. 在第八届"天马奖 · 中国上市公司投资者关系评选"中获得"中国主板上市公司投资者关系最佳董事会"荣誉。

4. HKIRA 授予公司"投资者关系卓越证书"(Certificate of Excellence)。

5. 公司 2016《笃行 致远》年报,在美国传媒专业联盟 LLC 举办的"Vision Awards(远见奖)"国际年报评选中获得金奖。

6. 公司连续第六年入选恒生"A 股可持续发展企业基准指数"成份股,连续第四年入选"恒生可持续发展企业基准指数"成份股。

四、营情况与市场成就

2017 年,国际原油价格震荡上行,油气公司的勘探开发支出较 2016 年有所增长,有助于油田服务市场缓慢复苏。但由于油价的后续走势不确定因素,产能供应过剩状况未得到根本性解决,市场竞争依旧激烈。在此背景下,公司通过继续立足于中国近海的核心市场、全力开拓海外市场,同时着力于成本精细化管理、加速自有技术产业化、资产结构优化等多种手段不断提升公司的核心竞争力,"双 50%"战略(注:双 50% 为国内和国际收入各占 50%,技术板块和装备板块收入各占 50%)高效优质推进,实现了扭亏为盈的经营任务。

1. 服务模式持续优化,扩大海外市场规模效应

公司不断巩固中国近海市场的绝对领先地位,以客户需求为导向,积极探索提供服务新模式,在低油价下依靠自身优势继续为客户提供优质高效的服务。持续扩大海外市场规模效应,加强海外市场开拓,CNOOC 海外中标项目持续扩大,优化海外公司组织架构和管理模式,不断完善海外市场区域化布局、提升整体盈利能力。期内,在新业务、新市场和新客户开拓方面均有所突破。比如,在美洲市场,钻井作业多次打破区块作业时效纪录;再次获得墨西哥国家石油公司("PEMEX")的"年度优秀承包商"。在亚太地区,钻完井液业务获得陆地高温高压高难度的作业项目;钻井连续获得客户的长期合同。在中东地区,完成钻井一系列一体化服务作业。在远东地区,地震采集和钻井服务完成安全优质高效作业。在非洲地区,刷新国内物探三维地震采集日产最高纪录。

2. 稳步推进技术产品研发,系列化产业化进程加快

2017 年,公司技术产品系列化产业化进程加快,竞争优势显现,市场高度认可,技术板块的贡献占比进一步增加。公司制订技术产品产业化专项规划,多个项目已达到产业化目标或实现产业化应用。如,公司自主研发的随钻测井系统(Drilog?)和旋转导向钻井系统(Welleader?)在中国海上和陆地市场得到广泛应用;固井技术形成 120 – 260℃ 高温、超高温水泥浆系列,实现商业化应用;物探成套化地震勘探装备正式投入生产;完井工具和筛管产品快速建成全产业链能力。在低油价形势下,以上科技成果的运用也凸显了公司为客户降低桶油成本、提高油田采收率、高效优质服务的可比优势。此外,通过多种外部合作方式,加快技术产品研发速度、快速实现已有技术的商业化应用能力。

五、社会责任

公益慈善管理

2017 年,公司向中国海油海洋环境与生态保护公益基金会申请 11 万元资金用于援建希望小区的建设。

精准扶贫

2016 年,积极参与贵州省雷山县定点扶贫项目,投入 190 万元帮扶资金;

2017 年,公司到贵州雷山郎德镇南猛村和大塘镇桥王考察帮扶项目推进情况。

海上救助

2017 年,公司参与海上救助 26 次,救助遇险船舶 13 艘,救起遇险人员 72 人

海外社会责任

公司积极践行国企海外社会责任,融入当地文化,扩大品牌影响力。公司墨西哥员工到当地圣佩德罗教会孤儿院开展"爱心无国界,关爱孤儿成长"社会公益活动,为孤儿院的孩

子们送上节日的慰问和爱心物资，并在墨西哥莫雷洛斯州发生7.1级地震，墨西哥员工积极开展捐款捐物活动。用实际行动践行公司“致力于为社会服务，以人为本，履行社会责任”的郑重承诺。

六、大事记

2002年11月，H股上市融资22.35亿港元（24亿人民币）；

2006年2月，10亿人民币短期融资券发行；

2007年5月，15亿人民币企业债发行；

2007年9月，A股上市融资67.4亿人民币；

2012年9月，10亿美元公司债发行；

2014年2月，H股的私募股权融资58亿港元（46亿人民币）。

2015年7月，10亿美元中期票据计划发行；

2016年5月，首期50亿元人民币公司债发行；

2016年10月，二期50亿元人民币公司债发行。

联系方式：

总部地址：河北省三河市燕郊经济技术开发区海油大街201号

联系电话：010－84522840

电子邮箱：COSLMarketing@cosl.com.cn

投资者关系电话：010－84521685

电子邮箱：cosl@cosl.com.cn

华润双鹤药业股份有限公司

华润双鹤药业股份有限公司（股票简称：华润双鹤，股票代码：600062）1997年上市，2010年成为世界500强企业华润集团旗下华润医药版块的化学药平台支柱企业。

公司目前拥有16家子公司，13000名员工，主营业务涵盖新药研发、制剂生产、医药销售、制药装备及原料药生产等方面，具有丰富的产品线和品牌优势、优质的产品质量、渠道与终端的覆盖与管理能力、国际化优势等核心竞争力，经济实力、竞争活力和可持续发展能力位居国内制药公司前列。截至2017年9月30日，公司总资产为92.89亿元，较上年度末上升12.71个百分点；2017年1－9月实现营业收入47.56亿元，同比增长15%；实现净利润（归属母公司）7.25亿元，同比增长21%；累计实现经营活动现金净流量8.74亿元；加权平均净资产收益率10.30%，较上年同期上升0.91个百分点；基本每股收益0.83元。

2011年起，公司顺应国家新医改政策导向，正确认识和准确把握行业发展的新动态，大力推进组织变革和资源整合，实现产销分离，优化研发体系，建立中心制战略运营管理模式，成立了生产管理中心、营销管理中心、产品发展中心、财务管理中心四大业务管理中心，并对总部职能部门进行了机构精简和职能调整，加强业务管控，推动组织扁平化和内部决策效率提升；进一步聚焦心脑血管、输液、内分泌三大领域，并努力拓展儿科、肾科两个专科领域，主业竞争优势与核心竞争力显著提升。

2016年，公司确定“十三五”总体发展战略，制定百亿工业发展目标，秉承“关心大众，健康民生”的企业使命，坚持“用心做药，民之健康为念”的社会责任理念，致力成为中国领先的制药企业。公司聚焦“1＋1＋6”战略领域，搭建了慢病普药业务、跨科室的输液业务以及专科业务（包括心脑血管、儿科、肾病、精神/神经、麻醉镇痛和呼吸）三大业务平台，业务平台间形成良好的相互承接和协同效应，逐步实现由输液业务为主向非输液业务为主的业务转型。

目前公司已率先在心脑血管、儿科、肾病三大领域布局形成市场竞争力较强的拳头产品，拥有〇号、冠爽、糖适平、珂立苏、压氏达等10个知名超亿元产品，其中儿科领域的治疗新生儿呼吸窘迫的珂立苏市场份额居第二，儿童营养输液小儿氨基酸市场份额居第一，肾科领域腹膜透析液市场份额位列前三。

公司具备较好的研发实力，大力推动产品获得，搭建多个生产技术平台，积极与国外药企合作，为市场提供更多的产品选择；拥有国内一流的生产制造能力，17家生产基地分布在我国东北、华北、西北、华东、华南等地，生产管理体系先进，质量标准国际化，为数千万患者提供安全有效的健康支持；营销网络遍布全国，通过丰富的产品支持、贴心周到的营销服务、良好的终端掌控能力和专业化的销售团队，与客户携手共赢。

近年来，公司先后荣获“国家高新技术企业”、“中国化学制药行业工业企业综合实力百强”、“中国工业行业履行社会责任五星级企业”、上交所“2016年度信息披露评价工作优秀类（A类）公司”、“中国主板上市公司价值百强”、中国上市公司董事会金圆桌奖“董事会治理特别贡献奖”等多项荣誉。

■ 媒体聚焦

瞄准六大专科领域　华润双鹤加速转型

根据公司“十三五”战略规划，公司未来业务结构将围绕“1＋1＋6”进行部署，即一个慢病普药平台、一个跨科室的输液业务平台以及六大专科业务领域（包括心脑血管、儿科、肾病、精神/神经、麻醉镇痛和呼吸），而六大专科领域将成为公司“十三五”期间的主战场。在国家鼓励创新药产业全面提升药品质量标准的背景下，华润双鹤正在从“仿制向仿创结合”转型的道路上加速前行。

《中国上市药品目录集》（征求意见稿）出台，在创新药研发及提升仿制药质量标准方面释放出积极信号。自去年2月国务院发布《关于仿制药质量和疗效一致性评价意见》以来，化学药公司普遍展开仿制药质量和疗效一致性评价工作，积极备战这场仿制药质量“大考”。作为华润集团医药板块中的化学药上市平台，华润双鹤对仿制药一致性评价的备考情况如何？身为国内仿制药龙头企业，其又将如何迎接国家大力支持创新药发展带来的机遇？

上证报记者日前采访了华润双鹤总裁李昕。据其介绍，今年公司将进一步提升产品研发能力，在保证一致性评价工作顺利进行的同时，逐步从目前创新程度相对较低的普通仿制药向高难度创新产品转型。预计未来三年内，公司将围绕六大专科领域陆续推出十个左右的新品上市。

掘金六大专科用药

提及华润双鹤,市场的第一印象是大输液公司。事实上,随着近三年来国家相继出台限抗、限输政策,输液使用大幅下降,华润双鹤顺应市场变化,积极调整业务结构,预计到"十三五"末输液收入占比将下调至25%。同期,公司逐渐加大非输液业务占比,截至今年上半年,非输液收入占比已经超过六成。

李昕告诉记者,根据公司"十三五"战略规划,公司未来业务结构将围绕"1+1+6"进行部署,即一个慢病普药平台、一个跨科室的输液业务平台以及六大专科业务领域(包括心脑血管、儿科、肾病、精神/神经、麻醉镇痛和呼吸),而六大专科领域将成为公司"十三五"期间的主战场。

从公司目前业务结构来看,华润双鹤率先在心脑血管、儿科、肾病三大领域进行布局,并已形成市场竞争力较强的拳头产品。据悉,公司儿科领域的治疗新生儿呼吸窘迫的PS制剂(珂立苏)产品市场份额居第二,儿童营养输液小儿氨基酸市场份额居第一,肾科领域腹膜透析液市场份额位列前三。

在公司最新发布的半年报中,可进一步看到上述产品的强劲增势。半年报显示,公司上半年实现营业收入30.76亿元、净利润5.2亿元,同比分别增长8.08%、20.13%。其中,专科业务虽然规模不大,但增速较快,同比增长46%。儿科业务两大重点产品珂立苏和小儿氨基酸上半年表现突出,销量分别同比增长33%和18%;肾科用药领域核心产品腹膜透析液销量同比增长89%。

李昕表示,珂立苏目前主要竞争对手系外资药企,双鹤目前市场占比约36%,与其有一定差距。"不过,接下来双鹤将通过开发空白市场,将产品由集中在大城市大医院推广到部分县医院。后续随着二胎政策逐步推进,新生儿出生率上升,珂立苏市场总需求量将进一步上升。结合小儿氨基酸销售来看,公司预计两大产品今年将销售近3亿元。"

心脑血管类是公司目前产品布局相对完善的领域,降压、降糖、降脂类丰富的产品线,对慢病平台业务发展壮大形成有力支撑。其中,核心产品〇号是基药中服药人数最多的复方降压制剂产品。〇号正借低价药政策利好进行第二轮价格调整,提价效应将在今明两年逐步体现。而调血脂用药匹伐他汀钙片纳入国家医保目录后,上升速度较快,今年上半年销量增长59%。

除上述三大领域之外,公司的潜力板块还有精神/神经、麻醉镇痛、呼吸领域。从临床需求对用药结构的影响来看,精神/神经、麻醉镇痛、呼吸三大类用药临床需求正在日益扩大,市场空间颇具想象力。就镇痛药而言,有机构研究数据显示,镇痛药物2016年在样本医院销售额同比上升21%,用药份额则同比增加0.7%,是市场份额提升最多的品种。

华润双鹤未来将通过自研、产品合作、并购等多种产品获得形式,逐步拓展专科业务各领域的产品线,尤其会在精神/神经、心脑血管等领域收购优质产品,进一步丰富细分领域产品结构,强化六大专科领域产品线,进而为公司增添新的利润增长点。

多个研发新品上市可期

如何充分挖掘细分专科市场的潜力,进而将其转换成业绩增长的动力,是华润双鹤未来三年的最大看点。华润双鹤的选择是变革研发机制,提升创新能力,为可持续发展丰富产品储备。

李昕认为,与标杆企业相比,公司整体研发投入略低。公司2017年将进一步提升研发能力,在保证一致性评价工作顺利进行的同时,逐步从目前创新程度相对较低的普通仿制药向高难度创新产品转型,完善阶段性产品开发计划,实现上市一代、开发一代、研究一代的良性循环。

李昕告诉记者,接下来,公司每年的研发投入将不低于销售额的6%,今年预计达到3.7亿元。未来三年内,公司将围绕六大专科领域陆续推出十个左右的新品上市。其中,精神/神经、麻醉镇痛、呼吸三大专科领域的新品将集中进入上市收获期。而针对儿科、肾病目前产品相对单一的情况,公司也储备了补充品种,促使这两个专科形成丰富的产品群。

据李昕介绍,公司在呼吸领域储备了两个产品,其中一个是目前市场短缺品种,市场需求量较大,按计划将在"十三五"期间获批上市。在公司看来,这两大产品将是呼吸领域的支撑产品,单个品种都将销售过亿。

在临床需求较大的麻醉镇痛领域,华润双鹤目前仅有一个产品喷他佐辛在售,尚未形成规模。因此,公司已储备了三个品种在申报生产,进而将麻醉镇痛类产品做成规模。李昕称,在药审改革的推动下,目前国家食药监总局的审批速度明显提速,公司预计其中两个品种可在"十三五"期间获批上市。

在精神/神经和儿科领域,双鹤也储备了四个品种在申报生产。目前公司还没有精神/神经类产品在售,但鉴于该领域前景广、市场大,公司对其颇为看好。

值得一提的是,除战略领域内的品种外,公司还特别储备了两个潜力品种。一个是公司与美国公司合作的心脏超声造影剂。公司准备将该产品引进国内销售,目前正在国内做临床,预计2019年获批上市。李昕告诉记者,该产品将填补国内空白,其对心肌灌注造影非常清晰,将大幅降低做心脏支架手术的概率。

另一个填补国内空白的产品则是抗病毒用药。该产品主要用于治疗带状疱疹,其原研厂商系德国公司,目前几乎垄断国内市场,且价格非常昂贵。鉴于该原研药专利期已过,双鹤已在着手做该产品的仿制药,目前已处于BE(生物等效性)阶段。公司预计产品在"十三五"期间获批上市。

可以看出,在国家鼓励创新药产业全面提升药品质量标准的背景下,华润双鹤正在从"仿制向仿创结合"转型的道路上加速前行。

李昕向记者坦言,目前公司的重量级产品储备不少,后续公司将重点介入生产、销售、营销等环节,为上述十多个产品上市备战。

(来源:上海证券报)

内蒙古兰太实业股份有限公司

内蒙古兰太实业股份有限公司(简称“兰太实业”)成立于1998年,2000年在上海证券交易所挂牌上市,股票代码:600328。属中国盐业总公司二级企业,总部位于内蒙古阿拉善经济开发区,现有员工4000余人,资产总额68亿元,年销售收入30亿元左右。

兰太实业始终遵循“盐为基础、横向拓宽、纵向延伸、科学发展”的经营思路,不断推进管理变革和技术创新,加快产业转型升级和多元化发展步伐,持续调整产品和产业结构,经过多年的发展,现已成为集制盐、盐化工、生物制药、矿产资源开发为一体,横跨内蒙古、青海、江西等三省(区)六地的大型上市企业集团。现拥有国内技术领先的130万吨/年纯碱生产线;机械化程度较高的300万吨/年成品盐生产线;世界产能最大的6.5万吨/年金属钠生产线;1.2万吨/年高品质液态钠生产线;我国唯一的并被列入国家863计划项目的核级钠生产线;全国单套产能最大的氯酸钠生产线;年产1万吨的三氯异氰尿酸生产线;国内最大的规模化生物盐藻养殖基地;同时,公司还建成了日处理能力为3万立方米的污水处理装置等环保设施。

多年来,公司以其良好的经济效益和社会声誉,先后被评为“国家高新技术企业”、“中国化工企业500强”、“中国化工最具发展潜力的上市公司”、“全国五一劳动奖状获奖企业”、“国家知识产权优势企业”、“内蒙古自治区盐化工企业研究开发中心”、“内蒙古自治区盐化工工程技术研究中心”、“内蒙古自治区高新技术特色工业产业化基地”、“阿拉善盟盟长质量奖”获奖企业等荣誉称号。同时,公司还建立了“吉兰泰盐湖博士工作站”、“吉兰泰盐湖与盐化工产业院士专家工作站”等科技组织。

公司主要产品“银湖”牌精制盐是国内同类产品首批通过绿色认证的“绿色食品”,“国邦”牌金属钠、“兰太”牌氯酸钠、复方甘草片、苁蓉益肾颗粒为自治区名牌产品、“中盐”牌维蜂盐藻胶丸为“中国保健品最具影响力十大品牌”产品,“昆仑雪”牌纯碱为青海省名牌产品,主要产品行销全国二十多个省、自治区、直辖市,并出口欧美、东南亚等多个国家和地区。

“大道致远,行者无疆”。今天的兰太实业正沿着“打造技术领先,质量一流,和谐发展的最具成长力的中盐成员企业”努力迈进,向着幸福兰太、百年兰太的目标奋力前行,让我们并肩携手,共谱合作双赢新篇章。

科技创新著华章:

加快科技进步,关键在于自主创新。公司自始至终都十分注重自主创新方面的工作。与国内知名大学分别组建了“海大兰太科技创新中心”、“兰太工大科技创新中心”,建立并完善了科技创新体系;与国内外科研机构合作,形成了制钠、氯化钙、氯酸钠、氯化异氰尿酸等核心技术。目前,企业拥有多项知识产权和专利以及国家级“863”计划、火炬计划、星火计划项目。

强化管理铸根基:

多年来,公司在机制和体制创新过程中,探索和建立起一套既适应新形势、新任务、新要求,又符合自身特点和发展的分级分权管理体系。按照在继承中发展,前进中创新的要求,以推进依法治企和建立规范高效的管理机制为目标,以效能建设和制度创新为保障,走出了一条和谐、发展、创新之路。

企业文化构和谐:

公司企业文化坚持“以人为本”的管理思想,积极探索新形势下企业文化建设的规律,构建符合时代需要、符合现代企业制度需要、符合企业个性化需要的文化体系。公司通过《兰太实业报》、兰太实业外网、OA信息平台等媒介,开展了“十佳员工”评选活动、“沙漠明珠”文化节、环湖自行车赛等活动,以视觉、行为、活动等多方面传播形式对企业文化进行宣贯和落实,同时,积极打造并推广“幸福兰太”品牌文化,全面推进文化强企战略。

企业文化理念

企业愿景:打造技术领先、质量一流、和谐发展的最具成长力的中盐成员企业。

企业使命:品质体现价值　发展惠及社会

企业精神:艰苦奋斗　开拓创新　团结和谐

企业宗旨:贡献国家　满足用户　惠及员工　回报股东

发展思路:盐为基础　横向拓宽　纵向延伸　科学发展

发展目标:幸福兰太　和谐兰太　百年兰太

经营理念:诚实守信　品质为本　义利兼顾　互惠共赢

价 值 观:为员工创造成长环境(平台)、为股东创造价值、为社会创造财富

个人价值观:顾大局　能包容　敢担当　有追求

管理目标:规范化　制度化　标准化

工作理念:做正确的事　正确的做事

企业社会责任:

公司始终坚持贡献国家,满足用户,惠及员工,回报股东的企业宗旨,依法治企,守法经营,积极履行社会责任,保护职工合法权益,帮扶生活困难职工,保护和绿化环境,支持慈善事业,捐助社会公益,确保安全生产,将社会责任和公司经营进行了有机结合,持续为员工和社会公众创造奉献爱心,创造福祉,有力地提升了公司良好的社会影响力,塑造了优秀国有企业形象,被授予“内蒙古自治区最具社会责任感企业”、“中华慈善突出贡献单位”、“内蒙古自治区用户满意企业”等荣誉称号。

公司发展历程:

1953年,组建了国营吉兰泰盐场。

1975年,建成了全国第一座机械化湖盐场。

1986年,建成年产5万吨的真空精制盐分厂,2000年完成扩建产能达到20万吨。

1990年,成立兰太生物工程分公司。2000年,引进以色列生产技术和德国先进设备建成20吨/年盐藻粉生产项目。

1996年,引进美国RMI公司先进制钠技术建成泰达制钠厂,引进美国杜邦公司先进制钠技术,建成万吨制钠厂。

1998年,组建了内蒙古兰太实业股份有限公司。

2000年,兰太实业6000万A股在上海证券交易所挂牌上市交易。

2001年,收购呼和浩特制药厂,建成符合国家GMP标准的制药生产基地。

2002年—2005年,分别建成氯化聚乙烯厂、高纯钠厂、氯

化异氰尿酸厂和氯酸钠厂。

2005 年,公司划归中国盐业总公司。

2008 年,组建了中盐青海昆仑碱业有限公司并于 2011 年成功投产。

上海环境集团股份有限公司

一、公司简介

上海环境集团股份有限公司于 2017 年 3 月 31 日在上海证券交易所上市。作为国内固废行业起步最早的专业环保企业之一,本着“让城市生活更美好”的企业使命,始终致力于在中国快速增长的城市固体废弃物和城市污水处理处置领域,提供高效率、高标准、高技术的一站式服务和一揽子解决方案。

公司以生活垃圾和市政污水为核心主业,同时聚焦危废医废、土壤修复、市政污泥、固废资源化(餐厨垃圾和建筑垃圾)等 4 个新兴业务领域,从规划、设计、咨询、研发、监测、监管、投资、建设、运营、工程总承包等全方位、全过程为城市管理者提供一体化顶层设计、一站式整体服务和一揽子解决方案。

公司现已拥有上海 80% 以上的生活垃圾中转运输和处理末端处置市场份额,同时在成都、青岛、威海、漳州、南京、太原、洛阳、宁波等地建成多个示范性标杆项目,积累了丰富的固废项目投资、建设和运营经验,并已形成领先的专业能力、一流的技术平台、权威的专家队伍、先进的管理体系等优势,是一家同时运营多座评定等级为 AAA 生活垃圾焚烧发电项目的环保企业,并连续多年荣获“中国固废行业十大影响力企业”,“中国固废行业最具社会责任企业”、全国“安全文化建设示范企业”等荣誉称号。

未来,公司将继续坚持“让城市生活更美好”的企业使命,持续遵循“持续创新、专业服务、责任守信、和谐共赢”的企业文化,致力打造最具社会责任感的国内一流的城市环境综合服务商。

二、企业文化

持续创新:强化技术的集成创新和先进技术的消化、吸收与再创新,在相对优势或战略必争领域,培育持续创新能力,形成“人无我有、人有我优”的市场竞争力。

专业服务:立足客户需求,通过全面的技术支撑、严谨的工作作风、优质的服务态度提供定制的专业服务,形成“专业为本,服务为魂”的服务理念。

责任守信:践行环保企业社会责任,以“言必行、行必果”为准则,树立上海环境“守信、责任”的企业文化。

和谐共赢:以诚信责任的品牌赢得社会满意;以专业多元的服务赢得客户满意;以利益最大化的态度赢得股东(合作伙伴)满意;以共享企业发展成绩的承诺赢得员工满意。

三、企业优势

1. 最强的社会责任感

公司始终关注客户、百姓等相关者的共同利益,以环保教育、科普基地和示范标杆为项目目标,接受公众和社区的直接监督;作为国内首个采用湿法烟气处理工艺的企业,烟气实际排放数据远远严格于欧盟 2000 标准;公司连续多年荣获“中国固废行业十大影响力企业”、“中国固废行业最具社会责任企业”、上海市首批“安全文化建设示范企业”等称号,同时运营多座被国家住建部评定等级为 AAA 生活垃圾焚烧发电项目的环保企业。

2. 领先的专业能力

公司拥有国内首个建设千吨级、进口炉排技术的生活垃圾焚烧发电项目;正在运营目前国内规模最大的生活垃圾焚烧发电厂(3,000 吨/日),正在建设目前世界规模最大的生活垃圾焚烧发电厂(6,000 吨/日);掌握各种烟气处理工艺,工程业绩覆盖干法、半干法、湿法和各种组合工艺;国内首个使用“半干法/干法”先进组合烟气净化工艺、也是国内首个使用更为先进的“干法/湿法”烟气净化组合工艺的企业;熟悉各种主流炉排技术,单台炉业绩覆盖 250 吨/日、400 吨/日、500 吨/日、750 吨/日,平均单厂规模位居国内前列。

3. 一流的技术平台

公司承担全国城镇环境卫生标准化技术委员会主任委员、住建部市容环境卫生标准化技术委员会主任委员等行业管理职能 7 项;拥有国家高新技术企业和国家火炬计划重点高新技术企业 1 个、上海市高新技术企业 3 个,全国百强院士工作站 1 个;拥有各类资质 34 类、74 项,其中甲级咨询、设计和工程总承包资质 8 项;承担国家 863、国家科技支撑计划、国家科技惠民计划、国家水专项等重大重点科技攻关项目近百项,荣获国家级奖励 28 项、省部级奖励 72 项、厅局级奖励 37 项;编制国家和行业标准 70 项,其中已颁布实施 50 项;拥有核心专利技术 49 项。

4. 权威的专家团队

公司拥有一批国务院政府特殊津贴专家,住建部、科技部、环保部专家,上海市领军人才等我国市容环境卫生行业的权威专家;拥有一批专业背景扎实的优秀技术骨干,其中教授级高工 15 人、中高级职称技术人员近 300 名;拥有一批具有丰富实践经验的专业技术人员,焚烧厂运行及检修人员超过 400 名。

5. 先进的管理体系

公司吸收消化北美固废行业引领企业——Wheelabrator Technologies Inc. 最成熟的管理体系,管理标准与国际接轨;构建远程实时监控中心,采用美国 OSIsoft 公司的 PI System 数据基础架构,从多个数据源采集、分析、可视化大量高保真时间序列数据,实现了运营智能化。实时掌握各厂运行情况,并提供远程诊断和后台支持保障;开发了针对垃圾焚烧厂智能化运行、检修、维护平台,该平台采用美国 IBM 公司的 Maximo 系统,通过自主研发适合垃圾焚烧行业管理需求,实现运行流程明确化、检修周期智能化、检修方法规范化、检修成果智能化的运行检修一体化管理平台。

6. 强大的控股股东

公司的控股股东——上海城投(集团)有限公司,成立于 1992 年,由上海市国有资产监督管理委员会全资持有,是专业从事城市基础设施投资、建设、运营管理的国有特大型企业集团;截至 2017 年 12 月 31 日,上海城投注册资本 500 亿元,从业人员 17,000 多人,总资产 5,459 亿元,归母净资产 2,254 亿元,资产负债率 55.06%,信用等级 AAA;上海城投拥有一批覆盖金融、财务、法律、环保、PPP 政策等方面的专家顾问团队。

7. 丰富的业绩经验

作为国内固废行业起步最早的专业公司之一，公司积累了丰富的固废项目投资、建设和运营经验，始终处于行业第一梯队的领先地位；公司深耕上海，拥有上海近80%的生活垃圾业务份额；同时拓展全国，在成都、青岛、威海、漳州、南京、太原、洛阳等地建成多个示范性标杆项目。

四、经营业绩

1. 生活垃圾。现有生活垃圾处理处置项目25个，总处理能力27500吨/日，全国市场占有率约5%，处于行业第一梯队的领先地位；2017年焚烧处理570万吨，填埋量275万吨，中转量134万吨；焚烧上网电量169,468万度。

2. 市政污水。运营全国首个市政污水BOT项目近15年，超大污水处理厂运营经验丰富；2017年运营污水处理项目6个，共计处理污水6.75亿m^3，日均处理量为185万m^3。

3. 危废医废。现有危废填埋场1个，管理危废医废集约化处理处置基地1个，处理处置危废医废达10.97万吨，危废医废运营管理能力全国领先。

4. 土壤修复。场调和评估咨询能力全国领先，工程能力位居全国第二梯队，共承接污染土壤修复工程项目4个，合计修复污染土20.8万方、污染地下水12.8万方。

5. 市政污泥。拥有污泥协同干化焚烧项目3个，总设计能力490吨/日，均已试运行。

6. 技术服务。2017年新签合同287项、合同额1.28亿元，较2016年增长87%。

五、社会责任

1. 志愿者服务

公司青年职工组成了15支志愿者服务队，每年的三五学雷锋日、世界环境日和城投志愿服务月期间都可以看到他们的身影，行走在学校、社区，走上了大街小巷，通过发放垃圾分类宣传资料，开展互动游戏，以形象、生动、活泼的方式向青少年和居民讲解垃圾的分类及处理处置方式。

为响应市委市政府大力建设崇明生态岛的号召，公司还邀请了崇明当地的部队、城管、村民和学生代表走进崇明焚烧厂，观看城投出品的垃圾分类宣传片《邻居》，听取环保专题讲座，参观新获批市级科普教育基地的崇明新能源科普馆，亲身感受垃圾无害化处置的工艺，近距离了解生活垃圾资源化利用的重要性。

2. 帮困结对、关爱员工

公司工会建立关爱帮扶长效机制，每年组织"一日捐"活动；开展节日帮困、大病帮困、助学帮困等活动；设置专项慰问金在"战双高"期间对建设工地、运营一线等进行高温慰问；为全体在沪在职和退休职工参保市总互助医疗保障计划，并帮助符合条件的在职和退休职工申请市总工会、市老年基金会、市慈善基金会等的各类补助。

联系方式：地址：上海市长宁区虹桥路1881号
邮编：200060
网址：http://www.smi-envir.com/
邮箱：hjjt@shenvir.com

证通股份有限公司

一、公司介绍

证通股份有限公司成立于2015年1月8日，是由国内多家证券机构、互联网企业和金融服务机构以市场化方式共同发起成立的金融科技综合服务企业。公司注册于中国(上海)自由贸易试验区，目前注册资本金为人民币25.1875亿元。

公司以"让金融服务更加安全便捷"为愿景，面向以证券业机构为主的各类金融机构和互联网企业，以经济运行的大数据为基础，运用科技的手段，以"为金融行业风险管理提供综合服务"为"一体"、支付结算和财富管理为"两翼"，提供金融综合服务解决方案。

公司牢记"让数据说话，用科技赋能"使命，自成立以来先后获得第三方支付、基金销售、融资租赁、保险代理等多项核心业务资质，以金融安全、大数据、人工智能等前沿技术为着力点，稳步提升金融科技核心实力。

公司愿与广大金融机构、互联网企业及个人客户携手并进，共创中国金融科技综合服务业的美好明天。

二、科技实力

公司建设有专业化、高水准的科技力量，打造行业领先的科技保障实力。公司IT技术人才核心团队成员来自知名IT、金融企业，拥有扎实的专业素养和丰富的从业经验。

公司搭建了IT应用云与数据云平台，可提供上千台云主机，支持上百T数据存储计算能力；已建成的同城双活架构的现代化数据中心符合国家A级标准，使应用系统整体可用率高于99.95%。核心业务系统RTO(灾后恢复时长)平均15分钟，RPO(灾后恢复数据丢失段时长)基本为0。

公司已通过等保三级安全测评认证、ISO20000服务管理体系与ISO27001信息安全管理体系国家级认证，为证通服务证券行业提供了强有力的技术保障。

产品服务(一体两翼)

一体——金融风险管理服务

智能交互产品

公司与阿里云在智能领域全面展开合作，推出契合证券期货基金等行业智能客服、智能质检、智能云投教等产品。

全面的客户认证服务

公司认证服务产品支持7*24小时连续运行，覆盖了公民身份信息认证、银行卡账户信息认证、通信运营商信息认证、个人基础信息查验、OCR服务等多项服务。

央行特色产品"征信对接2.0"

作为中国人民银行征信中心合作机构，公司建设征信对接服务平台，为行业机构接入央行征信系统提供网络连接、征信报告查询、数据报送等服务，助力机构强化业务风险管控。

监管大数据服务

构建证券行业外部数据中心，向监管及行业机构提供基于大数据的客户识别、风险管理、舆情监测、反洗钱等应用服务，成为金融行业监管机构的外部数据及应用服务一站式提供商。

保险代理

致力于打造一家具备证通特色的专业化保险中介机构，在向个人、企业客户提供传统保险中介服务的同时，针对金融机构特定需求，提供责任保险、信用保险等专属风险管理方案。

两翼——支付结算服务

致力于扩大支付应用场景，向证券行业、非证券金融机构、互联网金融平台提供稳定、安全、高效、便捷的支付结算服务，实现资金互联互通和灵活调拨，提升客户支付体验。

两翼——财富管理服务

证通财富

致力于"简单理财"，打通财富管理行业上下游产业链，为用户提供包括证通宝、公募基金、券商资管等产品在内的一站式互联网投资及智能投顾和资产组合服务，同时多渠道开放平台，为各类机构提供金融产品销售服务综合解决方案。

融资租赁

围绕金融企业、商业机构及其个人用户在公司经营、财富管理及消费金融等场景下各类设备、产品与服务等需求，通过融资租赁、商业保理、投资与管理等业务形态，提供链路式的综合性金融解决方案。

三、年度要闻

2017 年 3 月，公安部全国公民身份证号查询服务中心宁智俭主任一行莅临公司调研指导，表示将在技术和信息安全方面进一步加深与证通的合作交流

2017 年 3 月，公司联网通汇金融共性技术服务平台获得上海张江国家自主创新示范区专项发展资金支持

2017 年 6 月，公司客户认证服务平台荣获 2016 年度上海金融创新成果奖

2017 年 6 月，公司投教基地被命名为首批上海市证券期货投资者教育基地

2017 年 10 月，公司成功举办互联网证券高峰论坛，来自中国互联网金融协会和近 30 家证券公司的嘉宾参与交流，分享发展经验探讨未来发展方向

2017 年 12 月，公司与云从科技金融科技联合创新实验室正式揭牌，双方将开展深度合作

2017 年 12 月，公司与上海福彩中心启动全市福利彩票"二维码"电子支付

联系方式：
地址：上海市浦东新区新金桥路 27 号 1 号楼
电话：021 － 20538888
电邮：service@ ect888. com
邮编：201206

上海浦东发展银行香港分行

——实现沪港充分互动推进境内外联动深化国际化战略

上海浦东发展银行股份有限公司于 1992 年 8 月 28 日经中国人民银行批准设立，1993 年 1 月 9 日开业，1999 年在上海交易所挂牌上市（股票交易代码：600000），是一家全国性股份制商业银行，总部设在上海。在英国银行家杂志公布的 2017 全球银行 1000 强排名中，以一级资本计算，浦发银行排名第 27 位。浦发银行香港分行（以下简称浦发香港）于 2011 年 6 月 8 日正式对外营业，是香港当时第 149 家持牌银行，第 8 间可于香港从事所有银行业务的中资银行，亦是浦发银行首家境外分行。历经将近 7 年的发展，凭借前瞻性的思维和专业的服务水平，浦发银行香港分行已在香港树立良好的品牌形象并赢得市场地位，以总资产计算，已进入香港银行排名前 35 位。浦发银行香港分行将继续依托香港的国际金融中心的地位，利用沪港金融合作的契机，"放眼全球、心系中国、立足香港"。

实施国际化战略推进境内外联动

为了实现浦发银行国际化战略的目标，浦发香港将自身定位于国际化战略的开拓者与实践者，通过境内外联动，实现沪港充分互动，在配合境内外客户国际化和满足客户多样化融资需求的过程中，推动实现自身的健康快速发展。目前，浦发银行已经形成香港、新加坡分行、伦敦分行、浦银国际等为主体的国际化服务网络。成立 7 年来，浦发香港致力打造跨境金融的服务平台、国际化战略的实施平台、先行先试的创新平台及国际化人才的培养平台，是浦发银行推进国际化战略的先行者。"随着新加坡等其他他海外分行的陆续开业，浦发香港可以与兄弟分行展开银团贷款、债券承销、并购融资、外汇交易等领域的多样合作，为浦发银行境内外客户提供覆盖面更广的全球一体化综合金融服务。"浦发香港行长张丽表示。

专业立行志存高远

延续浦发银行创新服务的理念，作为一家全牌照的持牌银行，浦发香港致力于将自身打造为一家具备突出专业水平的银行。自成立以来，浦发香港不断推陈出新，不断拓宽业务范围，不断丰富产品业务种类，为中外资企业和金融机构提供专业、多元化、全方位的产品和服务，包括双边贷款、债券承销、资产托管、并购融资、飞机融资、银团筹组、贸易融资、汇率及利率风险管理、私人银行业务等。浦发香港已树立起积极向上、专业真诚的市场形象和良好口碑，也已具备独立承接及牵头大型、复杂融资项目的能力。浦发香港在银团筹组、债券承销业务上表现出色，业务指标在中资机构中名列前茅。

随着人民币国际化进程加速，银行间债券市场进一步对海外投资者开放，而"债券通""北向通"在 2017 年 7 月落地，令人民币的需求在 2017 年下半年大幅增加。浦发香港扎根香港 7 年，为香港离岸人民币中心的建设添砖加瓦。在过往一年，浦发香港在人民币资产托管清算交收方面表现活跃，在"债券通"推广中发挥明显作用，备受市场关注及广泛认同，为促进人民币离岸市场健康稳健发展不遗余力。中国外汇交易中心公布"2017 年度银行间本币市场评优结果（机构奖项）"，浦发香港被评选为 2017 年度银行间本币市场优秀境外机构投资者，是获奖的 10 家中外资银行中唯一的一家股份制银行。截至 2017 年末，香港分行在 212 家境外债券通参与机构中（银行同业占 62 家）总成交笔数及总量排名均为市场第一，并荣获"人民币业务杰出大奖 2018——资产托管业务大奖"。

合规经营稳健前行

长久以来，浦发香港坚持稳健、合规的经营理念，合规记录优异，在香港的监管当局建立了良好的形象。

浦发香港实施全面风险管理控制，根据香港金管局监管要求，应对经营中面对的信贷风险、市场风险、利率风险、流动性风险、操作风险、声誉风险、法律风险及策略风险，及其中衍生的其它类别风险。浦发香港已据此建立了全面风险管理体系，制定了适当的政策、程序、授权及管控措施，以有效管理上述风险。

巩固基础放眼未来

2017 年 9 月，浦发香港核心及反洗钱系统回迁升级项目成功上线。此举意味着浦发香港将依托总行技术平台，以总行强大的技术实力为后盾，分行各项业务将得到更稳定高效的技术支撑。浦发香港系统回迁项目更是总行新一代信息系统建设中的重点项目，是总行国际化战略过程中必不可少的关键性节点，为后续海外核心系统群及其他周边专业系统的建设奠定了扎实基础，为全行海外信息系统建设积累了宝贵的技术经验、合规经验，为全行锻炼出一批具有海外项目实战经验的业务人才、技术人才和管理人才。

2017 年，浦发香港还首次招收管理培训生，为年轻人提供成长机会，为银行未来的发展注入新鲜血液。

社会责任成就品牌价值

根植于“新思维 · 心服务”的品牌精神，浦发香港在致力于为大众提供现代金融产品和服务，以先进的金融理念引领大众，为大众创新金融体验的同时，还高度重视并积极承担社会责任，奉献爱心，回馈社会。浦发香港自成立以来积极支持和参与公益慈善活动，通过持续性的志愿者活动弘扬“奉献、互助、友爱、进步”的浦发银行志愿者理念，维护和增进社会利益，实现银行和社会协调发展。2017 年，浦发香港与圣雅各布福群会合作设立了“浦发普爱青年关怀计划”，将致力于帮助青少年健康成长。

展望未来，在中资企业“走出去”、“一带一路”、“粤港澳大湾区建设”和全球资本流动的大背景下，中资企业选择进行海外融资、跨境并购的主要驱动力是通过海外资产的配置，获取高新技术、市场和具有生产要素价格优势的外部资源，从而实现产业转型或升级。浦发香港将积极发挥境内外联动优势，充分利用沪港间金融合作的机会以及香港丰富的金融和人才资源，为广大中外资企业及金融机构提供国际化的金融服务。

泰豪科技股份有限公司

泰豪科技股份有限公司成立于 1996 年 3 月，2002 年 7 月在上海证券交易所上市，为江西省民营企业首家上市公司，股票代码 600590（简称“泰豪科技”）。经过多年的发展与积累，建立了较为完善的治理结构，形成了完整的内控制度，并在南昌、北京、上海、深圳、长春、济南、衡阳、香港以及德国、美国、印尼和巴基斯坦等地拥有 40 多家分、子公司，以及 10 多个高科技产业园区。

公司自创立以来，不断地完善和升级产业体系，优化产业结构，集中资源大力发展军工装备和智慧能源两大产业。泰豪军工装备产业以军工信息技术的研究与应用为基础，从事通信指挥系统、光电探测、导航和雷达等产品的研制与服务，产品装备于各军兵种及公安武警系统，并积极践行“军民融合”，打造成为国内领先的创新型国防供应商；泰豪智慧能源产业以能源互联网技术的研究与应用为基础，围绕能源互联网、电力信息化、智能应急电源产品的研制与服务，已成为国家电网、南方电网电力调度信息化业务主流供应商，并积极围绕国家“一带一路”战略，拓展国际电力工程总包业务。

截至 2016 年，公司总资产近 90 亿元，员工总数 3000 余人，有效授权专利和著作权 1300 余项，入选“国家级创新型企业”、“国家知识产权示范企业”，拥有“国家认定企业技术中心”、“院士工作站”、“博士后科研工作站”，并连续通过“高新技术企业”认定；先后被评为全国实施卓越绩效先进企业、全国质量管理先进企业、全国用户满意企业、国家标准化良好行为 AAAA 企业，被国家工商总局评为全国“首批 520 家重合同、守信用企业”，公司产品被评为“中国名牌产品”。

◆企业精神：自强不息厚德载物

以正向积极的人生心态，实现个人的人生价值；

以诚信正直的职业道德，承担自我的职业责任。

◆企业使命：创导智能技术、产品和服务，以提高人类生活的品质。

◆核心价值观：承担责任实现

个人的成功在于承担责任的实现，

人生的价值在于不断地承担责任。

◆经营理念：服务、创新、规范、理解

通过服务，树立企业品牌形象；

通过创新，造就企业发展机会；

通过规范，完善企业运行机制；

通过理解，形成企业良好文化。

◆泰豪标识

标识整体由字母“TellHow”构成，字体宽厚、稳重，体现着企业规范化、专业化和稳中求进的发展理念。其中“TH”寓于“TSINGHUA”（清华）之中，体现泰豪与清华大学的渊源及其品质文化。

字母“e”为一种特殊字体的小写，并且有两个大小相同的弧形上下环绕，富有立体感及动感，喻示着企业未来发展的活力和致力信息技术应用的发展战略。蓝色体现企业中包含重要的科技成分和未来发展的希望；红色代表热情、活力和执着的精神。字母“H”和“O”的不完整，暗喻泰豪的发展是一个鼓励创新、持续改进的过程。

“TellHow”直译“告诉怎样”、意译“智能科技”，寓意“解决之道”。“TellHow”告诉泰豪人应学会顾及他人、顾及环境、顾及社会，以“承担责任实现”的核心价值观，努力创造智能化技术、产品和服务，为客户提供增值或问题解决方案。中文泰豪，泰：安泰，不失其所，厚德载物；豪：博大，浩然正气，自强不息。泰豪中文音译为“太好”，意谓持续改善，追求完美。

我的信条

我不会选择做一个平庸的人，

我有权成为一个不寻常的人。

我寻找机会，但不寻找刺激；

我不希望在社会的照顾下碌碌无为，

那将被人轻视而使我感到痛苦不堪。

我要做有意义的冒险，

我要梦想，我要创造，我要失败，我也要成功。

我宁愿向生活挑战，

而不愿过有保障的虚度年华的生活；
宁愿要达到目的时的激动，
而不愿要乌托邦式的毫无生气的平静。
我寻求公平的竞争，以求对社会环境有所贡献；
我轻视能劳而不劳以及不劳而获。
我不会用我的自由去与袒护做交易，
也不会我的尊用去与施舍做买卖；
我决不会在任何一位大师的面前发抖，
也不会为任何恐吓所屈服。
我的天性是挺胸自立，
坦诚而无所畏惧。
我勇敢地面对这个世界，崇尚并追求：
个人的成功在于承担责任的实现，
人生的价值在于不断地承当责任。

华荣科技股份有限公司

华荣科技股份有限公司（以下简称"华荣股份"）是国内领先的防爆电器、专业照明设备供应商，主要从事防爆电器、专业照明的研发、生产和销售。公司是中国电器工业协会常务理事单位，中国电器工业协会防爆电器分会理事长单位，上海照明电器行业协会副会长单位。2017 年 5 月 24 日，华荣股份成功登陆上海证券交易所 A 股上市。

华荣股份大力推进"质量兴企"战略，从原材料进厂到产品出厂，每道工序都严格把关。为提升产品品质，公司精心打造防爆电器行业世界级的生产基地，引进集中化铝、低压铸造、五轴联动加工中心、切削中心、钻攻中心、激光切割、钣金挤压成型、全自动现浇密封成型等集群化自动设备，从铝壳制造、机加工、钣金、喷涂、装配等全过程均实现智能化、自动化连线工艺。为改善产品试验条件，公司投入巨资建成华荣检测中心，购置积分球光电测试系统、高精度影像测量仪、分布光度计等一大批先进的检测设备，设有精密测量室、电性能检测室、腐蚀试验室等九个检测室，是国内同行业唯一能进行环境、光电、机械等全部产品性能试验的企业检验中心，被中国石油和化工行业认定为 A 类实验室。公司不断完善和健全质量保证体系，率先通过 ISO9001 质量管理体系、ISO14001 环境管理体系、ISO10012 测量管理体系及 OHSAS18001 职业健康安全管理体系认证，并业内唯一通过美国 FM/UL、欧盟 ATEX、国际 IECEx、俄罗斯 CUTR、巴西 INMETRO 认证等国际质量认证体系，质量管理全面与国际先进水平接轨。

华荣股份重视科技创新，走出了一条"以市场创新为根本，以科技创新为依托，以产品创新为方式"的创新发展之路。公司坚持"安全、节能、环保"的研发方向，积极引进和培养创新人才、推进成果转化、加大技术研发投入，加强产学研合作，充分应用新技术、新材料、新设备、新工艺，平均每年有几十个系列的新产品问世。公司不断提高企业技术中心的等级和地位，华荣技术中心被认定为上海市级企业技术中心，现有专业人才数百名，涉及电气、机械、铸造、照明、通讯等十大类专业学科，老、中、青三代有机结合，具有很强的创新和传承能力。公司主持、参与制定了 20 多项防爆和照明行业的国家标准，现取得 400 多项专利，500 多个国家防爆证书，300 多个国际证书，多项产品获得上海市重点产品质量振兴攻关成果奖、上海市自主创新产品、高新技术成果转化。

华荣股份坚持"走出去、请进来"的市场拓展思路，营销网络遍布全球，在德国、俄罗斯、美国、伊朗、巴基斯坦、南非等 30 多个国家和地区设立海外代理机构。华荣产品广泛应用于石油、化工、天然气、海洋平台、煤矿、部队、公安、消防、铁路、公路、港口、场馆等领域，产品主要服务于中石化、中石油、中海油、国家电网、中国高铁、神华集团、中煤集团、壳牌、三星工程、哈里伯顿、滨特尔等国内外著名企业。

公司依法经营，诚信纳税，在业内享有良好的口碑，受到社会各界的广泛赞誉和认可。公司被国家质检总局授予"中国出口质量安全示范企业"，先后荣获"上海市文明单位"、"上海市著名商标"、"上海市名牌产品"、"上海市级企业技术中心"、"上海市高新技术企业"、"上海市创新型企业"、"标准化良好行为 AAAA 级企业"、"上海市平安示范单位"、连续 10 年荣膺"嘉定先进制造业综合实力金奖"等荣誉称号。

华荣股份秉持"为用户创造价值，为员工实现梦想"的企业使命，信奉以人为本，着力改善工作条件，重视员工技能培训，保障员工福利待遇，健全党、工、青、妇等群团组织，开展丰富多彩的文体活动，增强企业的凝聚力，形成了独具特色的企业文化。公司积极推进两新组织党建工作，在党员中开展"八个率先"，培养"六种精神"，实施"双培工程"，开展"党员先锋岗"等活动，积极创建和谐企业。把党、工、团建设落实到员工的吃、住、医、学、乐和子女就学等方面，针对员工实际，深入开展"亲情活动"，为员工申办居住证，实行免费午餐，每年免费体检、解决员工住宿和子女入学入托等问题。公司积极创建学习型组织，努力构建和谐文化氛围，持续深入实施"千名技能人才培训工程"、"党员人才培训工程"以及"学历认证培训工程"，不断完善人才发展机制，将人才工程与公司内部薪酬、考核与激励机制结合起来，形成良性循环。

华荣股份坚持"个人奉献企业，企业回馈社会"的核心价值体系，将经营业绩和社会责任作为企业发展的主旋律。公司积极参与扶贫济困、抢险救灾、光彩事业、义务献血、拥军助学等公益活动，建立嘉定区红十字会备灾仓库，连续多年向"蓝天下至爱"慈善活动捐款，向嘉定光彩会募集光彩基金；参与村企结对活动，与崇明庙镇窑桥村帮扶共建、与安新村建立村企志愿服务联盟，与徐行中小学建立结对助学，连续 11 年组织员工参加无偿献血活动，参与创城志愿服务，开展道德讲堂、诚信教育等实践活动。公司被上海市各级政府授予文明单位、学习型示范单位、工人先锋号、慈善爱心企业、献血工作考核优秀集体、"两新"组织先进党支部等荣誉称号。

华荣股份把每一次荣誉都当成一个新起点，将以社会责任为己任，通过质量兴企追求卓越、科技兴企促进卓越、文化兴企助推卓越、品牌兴企弘扬卓越，迈上从优秀到卓越之路。

福建闽东电力股份有限公司

一、基本情况

福建闽东电力股份有限公司(简称“闽东电力”)系经福建省人民政府“闽证体股〔1998〕30 号”文批准,由福建省闽东老区水电开发总公司、闽东电力电器厂、福建省闽东水电综合服务公司、闽东电力勘察设计所、宁德地区输变电工程公司等 5 家法人单位共同发起设立,于 1998 年 12 月 30 日在福建省工商行政管理局登记注册。

2000 年 6 月 28 日,经中国证券监督管理委员会以“证监发行字〔2000〕88 号”文批准,公司在深圳证券交易所以向法人投资者配售和向一般投资者上网定价发行相结合的方式向社会公众公开发行人民币普通股 10,000 万股,发行价格为每股人民币 11.50 元。

2000 年 7 月 31 日,公司股票在深圳证券交易所挂牌上市,股票代码:000993。本公司国家股 19,847 万股原委托福建省闽东老区水电开发总公司管理,根据“宁国资〔2001〕031 号”《关于变更国有股权管理的通知》,从 2001 年 1 月起由宁德市财政局及宁德市国有资产管理局委托宁德市国有资产投资经营有限公司管理,并取得中华人民共和国财政部“财企〔2001〕822 号”文批复确认。

2006 年 8 月 2 日,本公司实施股权分置改革,将资本公积中 7,300 万元转增为股本支付给已上市流通股股东,非流通股股东以此取得上市流通权。股权分置改革后,本公司注册资本变为人民币 37,300 万元。

2017 年 11 月 28 日,经中国证券监督管理委员会《关于核准福建闽东电力股份有限公司非公开发行股票的批复》(证监许可〔2017〕1371 号)核准,公司向宁德市国有资产投资经营有限公司、福建省投资开发集团有限责任公司等 2 名特定对象非公开发行 A 股股票 84,951,455 股,募集资金总额 699,999,989.20 元。本次募集资金投资项目为霞浦浮鹰岛风电场项目和宁德虎贝风电场项目。

公司总股本 457,951,455 股,其中,宁德市国有资产投资经营有限公司占总股本的 47.31%,福建省投资开发集团有限责任公司占总股本的 14.58%。公司目前是宁德市唯一以经营清洁能源发电为主营业务的国有控股上市公司,公司《营业执照》统一社会信用代码:91350000705100343U,法定代表人为张斌。

公司建立了股东大会、董事会、监事会的法人治理结构,拥有福建福安市黄兰溪水力发电有限公司、福建穆阳溪水电开发有限公司、武汉楚都房地产有限公司、宁德市东晟房地产有限公司、航天闽箭新能源投资股份有限公司、福州闽东大酒店有限公司、宁德市环三实业有限公司、宁德环三矿业有限公司、福建环三亿能电力工程有限公司、霞浦县浮鹰岛风电有限公司、福安市国电福成水电有限公司、宁德蕉城闽电新能源有限公司等控股子公司,拥有营口风力发电股份有限公司、白城富裕风力发电有限公司、航天闽箭新能源(霞浦)有限公司等孙公司以及金融、船舶、旅游、配售电、锂电新能源等领域多家参股公司。

公司发展战略:实施“电力主业、相关多元、协同发展,借助资本运作、实现企业价值最大化”的发展战略,重点在基础性、资源性产业领域进行投资及选择前景好、投资收益高的产业作为辅业适当发展,形成实业投资与服务业相互支撑、协同发展的集团化业务框架。打造以水电、新能源等清洁能源业务为主,地产、矿业为辅的多元产业架构,兼顾船舶、金融、配售电、股权投资等战略投资业务。

二、企业文化

企业愿景:立足清洁能源,实现统合发展,构建和谐家园

企业使命:善能筑业,共生共赢

核心价值观:进取、包容、共赢、诚信

团队精神:公正廉洁、尽责担当、团结奉献、高效创新

经营理念:以人为本求稳健,尽责担当谋发展,高效创新可持续

投资理念:严谨决策筹稳健,统合资源谋收益

人才理念:以综合的眼光发展人才,以合理的标准评价绩效,

以价值的准绳赋予公平,以精益的态度传承专业

安全理念:安心本岗,用心投入,专心管理,尽心履职。

三、主营业务

公司致力于清洁能源、新能源等领域的发展,主营电力生产与开发,并在电力为主的基础上进行相关多元投资。主要经营范围包括:电力生产、开发;房地产开发;矿产资源勘探、开采;物业租赁;大宗商品贸易;电力电器设备的销售;水库经营;建筑材料,金属材料,水暖器材。

四、经营业绩

公司现有权益装机容量为 47.05 万千瓦,其中,水电权益装机容量 36.09 万千瓦,占公司权益装机容量的 76.71%;风电权益装机容量 10.96 千瓦,占公司权益装机容量的 23.29%。在建的虎贝风电场总装机容量 6 万 kw,浮鹰风电场总装机容量 4.8 万 kw。2016 年公司完成水力发电量 159,487 万千瓦时,较上年度增加了 42.80%;公司完成风力发电量 12,142 万千瓦时,较上年度增加了 65.58%。截至 2016 年 12 月 31 日,公司总资产 38.65 亿元,净资产 15.28 亿元。

五、企业荣誉

2002 年公司荣获“福建省诚信单位”称号。

2003 年公司荣获“中国优秀企业”称号。

2010 年、2011 年、2013 年公司荣获福建省电力安全生产先进单位称号。

乐山电力股份有限公司

一、公司简介

乐山电力股份有限公司(简称“乐山电力”,股票代码 600644)是于 1988 年 3 月 8 日成立的中国第一家电力股份制企业。1993 年 4 月 26 日,乐山电力股票在上海证券交易所

挂牌交易。公司现拥有 6 个分厂、分公司,9 个控股子公司,横跨电力、天然气、自来水以及酒店、光伏新能源等领域。

三十年的市场风雨磨砺,乐山电力始终秉承“以人为本、服务民生、绿色发展”的社会责任理念,坚持创业、创新、创造,积极实施“一主两翼、两轮驱动”战略,努力建设服务优质、资产优良、业绩优秀的综合能源型、公用事业型优秀上市公司,走出了发展地方电力、起步资本市场和实现体制变革“三步曲”,实现了公司持续发展壮大。

近年来,公司先后荣获全国模范职工之家、四川省五一劳动奖状、四川省文明单位、四川省劳动关系和谐企业、四川省创先争优先进党组织、四川省重合同守信誉企业、最受投资者喜爱上市公司、乐山市劳动模范单位、乐山市十大突出贡献企业等多项荣誉称号,为乐山市经济社会发展做出了应有的努力和贡献。

二、主要经营模式和行业情况

(一)电力业务:公司电力业务拥有水力发电站和独立的电力网络,通过自发电力销售和“购销电力差价”获取收益,公司电网供电区域主要分布在乐山市和眉山市的部分区县。

1. 电网现状:2007 年 3 月起乐电电网与国家电网并网运行,已形成了以 110 千伏为环网的骨干电网,电网拥有 110 千伏公用变电站 14 座,主变 20 台,总容量 70.7 万千伏安;110 千伏升压变电站 4 座,主变 6 台,总容量 14.15 万千伏安;110 千伏线路 26 条,总长度 583.712 公里;35 千伏线路 68 条,总长度 638.827 公里。

2. 电源现状:乐电电网网内并网电站 218 座,合计装机容量 54.1135 万千瓦,其中并网水电站 203 座,装机容量 44.8635万千瓦,占装机总容量的 82.91%;并网火电站(综合利用)15 座,装机容量 9.25 万千瓦,占装机总容量的 17.09%。公司自有和控股拥有的发电站 14 座,均为水力发电站,合计装机容量 10.7535 万千瓦,占电网内装机总容量的 19.87%。

(二)天然气业务:公司天然气业务通过“购销价差”和安装服务获取收益,天然气气源采购来自中石油西南油气田分公司,公司供气和安装服务区域主要集中在乐山市市中区和五通桥区。

1. 气源现状:已形成以金马线、金瓦线为主,高供线为应急补充保障的气源结构,其中金瓦线主供乐山中心城区,日输气能力 40 万方;金瓦线主供五通桥区,日输气能力 80 万方;高供线补充乐山中心城区,日输气能力 7 万方。以城东站、马铺站、竹公溪配气站、瓦窑沱站为门站和卸载站的站点布局,总体资源调度自如。

2. 管网现状:已形成中低压主支干等约 750 公里,区域调压站 5 座,小区调压设备 2600 余台,能够较好实现系统输配能力,自动调节,有效保证中低压系统的资源合理再分配。

(三)自来水业务:公司自来水业务通过生产原水并直接向用户销售后收取用水费,扣除供水成本后获取收益以及安装服务获取收益,供水和安装服务区域主要集中在乐山市市中区范围内。

供水现状:自来水公司共有三个水厂,设计供水能力合计 10.5 万立方米/日。其中:第二水厂已于 2017 年 3 月关闭取水;第一水厂于 2017 年 8 月 24 日新建 15.4 公里 DN800 原水管线迁至安谷电站库区取水(李码头已停止取水),设计供水能力 4 万立方米/日;第三水厂取水口于 2017 年 11 月 11 日迁建至青衣江陶渡取水(甘岩已停止取水),设计供水能力 5 万立方米/日。DN100 以上供水管道约 450 公里。自来水公司与市水投公司共同出资建设的第五水厂已于 2017 年 12 月 10 日调试合格,并开始试运行生产供水,设计供水能力 5 万立方米/日。

(四)宾馆服务业:通过住宿、餐饮、会议经营等获取收益,主要有嘉州宾馆和金海棠大酒店。

南方东英资产管理有限公司

一、公司发展历程

南方东英资产管理有限公司(以下简称“南方东英”)于 2008 年 1 月在香港成立,是首家由中国基金公司在海外成立的资产管理公司。南方东英分别于 2008 年 9 月 29 日、2009 年 4 月 2 日和 2014 年 4 月 30 日取得由香港证券及期货事务监察委员会颁发的第 9 类(提供资产管理)、第 4 类(就证券提供意见)及第 1 类(证券交易)牌照。

南方东英以引领世界、投资中国为目标。凭借对中国资本市场的深入理解,南方东英协助海外投资者投资中国;与此同时,通过建立海外平台,南方东英也为中国机构和个人投资者捕捉国际市场的投资机会。通过七年的耕耘努力,尤其是 2012 年以来在人民币境外机构投资者(以下简称“RQFII”)业务的推动下,南方东英已初步建立起综合投资、研究、交易、运营、法律合规、风险管理、客户服务、业务拓展等多职能的内部体系,并与香港、欧洲、美国等多地的监管机构、托管银行、法律顾问、审计机构等建立了良好的合作关系。截至 2017 年底,南方东英旗下资产管理规模(基金及投资顾问业务总额)达 51 亿美元,在离岸中资资产管理公司中名列前茅。

南方东英的发展也受到了市场的广泛关注和认可。公司连续多年被海内外多家金融媒体评选为“最佳中国离岸基金管理公司”,“最佳 ETF 提供商”,“最佳 RQFII 基金管理人”等殊荣,南方东英的产品业绩也广受业界认可,主动管理型基金在同行业里名列前茅,其股票型和债券型旗舰基金,都获得晨星四星以上评级。此外,南方东英致力于在港中资机构的合作与共同发展。在南方东英的牵头努力下,“香港中资基金业协会”于 2013 年 9 月 5 日正式成立,现有会员机构超过 70 家,旨在提高中资机构在离岸业务领域的竞争力。

二、产品及业务简介

南方东英在成立之初就开始积极拓展产品线,目前旗下基金产品的投资范围覆盖中国境内及离岸的权益类和固定收益类资产,产品结构覆盖香港证监会认可公募基金及 ETF、欧洲 UCITS 公募基金及 AIFMD 另类基金、美国注册 ETF、日本注册的 JDR,开曼群岛注册 SPV 等。

南方东英是全球最大的 RQFII 基金管理公司。截至 2017 年底,南方东英持有最大的 RQFII 额度 461 亿元。南方东英旗下 ETF 产品资产管理规模占香港市场全部 RQFIIETF 的 45%以上,日均成交量居主导地位,占香港 RQFIIETF 市场日均成交量的 51%以上。南方东英于 2012 年 8 月、2014 年 1 月和 2015 年 3 月分别于香港、伦敦、纽约三大交易所成功上市“南方富时中国 A50ETF”。该产品作为全球规模最大、流动性最好的 RQFIIETF，成为海外投资中国 A 股的标志性产品，也是市场上首只可以在全球范围内 24 小时不间断交易的 A 股产品。

1. 南方东英的发展足迹都伴随着成功产品的推出：

2008 年，南方基金管理有限公司和东英金融投资有限公司获批准在香港设立资产管理合资公司 - 南方东英资产管理有限公司。

2009，推出首只大中华对冲基金。

2011 年，于卢森堡注册并发行两只符合 UCITSIV 规管的私募基金，分别专注于人民币高收益债券投资和大中华区股票投资。

2012 年，南方神州人民币基金在香港公开发行。这是南方东英首只 RQFII 产品，也是首只公募基金产品。南方富时中国 A50ETF 在香港联交所成功上市，目前南方中国 A50ETF 是全球最大的 RQFII 中国 A 股 ETF

2013 年，南方富时中国 A50ETF 成功以日本存托凭证形式在东京证券交易所挂牌上市，也是日本市场上第一支 RQFII 基金。

2014 年，于伦敦交易所上市欧洲首只 RQFIIA 股 ETF - 南方东英 Source 富时中国 A50UCITSETF（RQFII 基金），于香港交易所上市境外首只 RQFII 国债 ETF - 南方东英中国五年期国债 ETF（RQFII 基金），于爱尔兰成立市场首只 MOM 基金 - 南方东英中国智能 A 股基金（RQFII 基金）2015 年，于香港交易所上市第一只港股/美股 ETF - 南方东英 MSCIT50 指数 ETF，于纽约交易所上市首只 RQFIIA 股 ETF - 南方东英富时中国 A50ETF（RQFII 基金）。

2016，南方东英 WTI 原油 ETF 于香港上市，成为香港市场领先的投资商品期货的原油 ETF 产品，南方东英发行了其第一批杠杆反向产品，成为香港最早发行杠杆反向产品的 ETF 发行商之一

2017，南方东英恒生指数，国企指数杠杆反向产品上市，并成为香港最受欢迎的恒指国指杠杆反向产品。

2. 南方东英历年管理资产数据：

	资产管理规模（美元）
2009	20,353,314
2010	841,298,331
2011	938,137,773
2012	3,818,439,641
2013	4,490,197,151
2014	7,065,287,665
2015	6,231,130,138
2016	3,404,025,917.57
2017	5,123,469,887.98

四、客户及业务拓展

南方东英与全球机构客户建立长期合作关系，并提供量身定制的解决方案，以满足其投资需求。目前，南方东英已经与对中国香港、中国台湾、新加坡、韩国、日本、东南亚、欧洲和美国机构客户广泛覆盖，并一直在与各种养老基金、主权财富基金、保险公司、对冲基金等合作，订制财富解决方案。

在被动管理方面，南方东英 ETF 产品在香港拥有最多的参与券商和做市商，覆盖的券商超过 25 家，基本囊括所有具有 ETF 做市能力的券商。除此之外，南方东英的 ETF 也是香港市场上拥有衍生品最多的 ETF 产品，围绕南方东英 ETF 系列产品发行的窝轮，牛熊证等产品超过 200 只。一级市场到二级市场的广泛客户资源，加上衍生品市场的支持，让南方东英 ETF 在香港市场上备受欢迎，也帮助南方东英成为香港最具代表性的 ETF 发行商之一。

与此同时，在主动管理基金销售渠道方面，南方东英亦拥有广泛的销售网络，并对分销渠道进行了立体化覆盖：从服务零售大众的商业银行，到高净值客户的私人银行，从独立的财务公司，金融服务咨询机构，证券公司的分销机构到新兴的网络自助销售渠道，都有南方东英的产品上架，并以优良的业绩和完善的服务，赢得了市场口碑。

五、未来业务发展规划

展望未来，南方东英依然会以香港为重点，继续为海外内客户服务。习近平主席在 2018 年博鳌再次强调了开放融通的重要性，我们南方东英作为中国对外开放融通中的金融参与者，先行者，一定会继续发挥自己的优势，为中国的开放融通服务，为海内外投资人带来中国开放发展的宝贵投资机会。

1. 继续发展 ETF 业务，丰富目前的产品线。南方东英已经建立了以大中华为投资主题的覆盖核心，固收，增长，商品，杠杆反向等各种 ETF 类型，基本覆盖海内外投资人的投资需求。在未来南方东英计划发展更多的行业类，主题类的 ETF 系列，深化产品线布局，为投资人提供更全面更科学的资产配置工具。

2. 主动管理业务逐步向平台发展。由于主动管理业务受人员，时间，资源等限制，很难满足投资人日益增长的更多元的投资需求。南方东英于 2014 年发行了第一支 MOM 管理模式的基金，并取得了优秀的业绩，同时也累积了丰富的管理经验，也逐渐受到海内外机构客户认可。在此基础上，南方东英开发了“罗盘”平台，来帮助海内外投资人寻找最优质的中国私募基金经理人 - 以公募的管理模式，去对接私募的管理能力，这会成为日后南方东英主动管理的业务模式。“罗盘”平台的推出也突破了主动业务面对的管理团队、人员、资源局限性的问题。用南方东英专业公募平台的国际化、标准化的法务、运营、合规、销售能力去发现和连接市场上最优质的阳光私募基金经理的管理能力，并将其介绍给海内外机构投资人，相信会为南方东英主动管理业务未来发展的一大动力。

六、未来面临的挑战和应对措施

目前以南方东英为代表的中资资金公司出海的时间还比较短，短短十年，虽然发展迅速，也取得了丰硕的成果积累了一定的经验，但是和国际领先的资产管理人比，还是有很多的不足。

1. 目前提供的产品类别比较单一，还是集中于大中华地区的投资标的，未来南方东英会更多地推出一些细分化的产品，在将大中华地区投资标的做更深入覆盖的同时，也会逐渐加入国际资产配置的概念，服务国内投资人的需求，更好地发挥跨境资产管理人的作用。

2. 基金产品业绩累积的时间还是较短，资产规模也相对较小，需要更多的时间来累积国际投资人对我们管理能力的认可；在投资策略、风险管理、合规控制，我们需要建立更系统、更标准的规范，产品创新、销售渠道等环节，我们也需要投入更多的资源。

3. 从投资者方面来看，虽然中国现在是世界第二大经济体，拥有全球第二大的股票市场和第三大的债券市场，但是由于海外投资人对中国资本市场和相关政策的不了解、不熟悉，导致全球市场对中国的配置还是很少。如何向国际投资人介绍中国，让他们了解中国，有信心参与到中国资本市场来，投资者教育的工作任重道远。我们需要付出长时间的努力和耕

耘来加深国际投资人对中国的认识，赢得国际投资人对我们中国资产管理人的信任。

七、总结

从2008年成立到2018年，作为第一家出海的中资基金公司，南方东英已经在香港这个国际金融中心耕耘了十年，十年间，我们与中国金融开放的步伐同行，在向世界推荐中国的时候，也在认真学习总结国际投资的先进经验，取得了一定的成绩。

未来的十年，中国金融市场会如何呢？习近平主席为我们指明答案，未来的路是合作的路，是开放融通的路，是变革创新的路，是经济全球化的路。朝着这个方向，砥砺前行，融汇中西，依然是南方东英未来发展的主题和宗旨。南方东英会继续积极响应国家大政策的号召，配合习近平主席提出的的“一带一路”的政策，将中国的投资机会重点介绍给沿途国家，把资产管理相关的金融服务带到“一带一路”沿途地区。同时也会配合“粤港澳大湾区”的发展，发挥南方东英的桥梁作用，以香港为核心，辐射大湾区，服务大湾区，把我们在香港已经获得的金融优势，和大湾区其他地区的市场、技术、人员、资金等优势互补，将我们的资管行业推上一个新高度。

广东中盈盛达融资担保投资股份有限公司

——最具协同价值的中小微企业及个人系统化投融资服务供应商

广东中盈盛达融资担保投资股份有限公司(以下简称中盈盛达)创立于2003年5月，现注册资本超过15.6亿元，总资产近28亿元。2015年12月23日，中盈盛达成功在香港主板H股挂牌上市(股票代码:01543.HK)，成为国际资本市场上首家以融资担保为主体上市的担保机构。公司于2018年4月完成H股、内资股同步增发，佛山金控成为中盈盛达单一大股东，目前持股比例达28%。中盈盛达股权多元分散，成立以来坚持“政府引导、社会参与，专业化经营，市场化运作”的原则，探索出融资担保行业的混合所有制模式。现有股东包括省、市、区三级国资，本土优秀民营企业、民营企业家，北上广深战略投资和经营管理层持股。目前公司总部位于佛山，分支机构遍布广州、深圳、佛山、东莞、中山、肇庆、云浮等地区，并延伸至安徽合肥及其周边长三角地区。

十五年的规范运作，目前已经形成了以信用为基础、以产业为依托，金融为驱动，立足广东、辐射全国的中小微企业系统化投融资服务平台和担保行业的标杆企业。自成立至今，已累计为8000多家中小微企业提供了750多亿元投融资服务，近年来所服务或参与投资的上市公司超过60家(含新三板)。

中盈盛达积极探索与中小微企业和社会各方的共同成长之道，并紧紧围绕中小微企业不同时期不同阶段的不同需求，近年来在融资担保的基础上叠加小额贷款、典当、融资租赁、资本管理、创投、供应链服务、保理、咨询顾问等产业链服务，致力打造最具协同价值的中小微企业及个人系统化融资服务平台，以此丰富优质的金融供给，支持实体经济的转型升级。

凭借科学的法人治理结构，稳健的经营团队，雄厚的资本实力，出色的拓展能力，完备的风控体系，顺畅的融资通道，卓越的企业文化，中盈盛达打造了具有全国影响、富有地域特色、拥有自主创新的全国担保行业品牌，探索了一种可持续发展的融资担保机构运营模式。公司先后获得“最具潜力上市公司奖与最佳创新上市公司奖”、“中国金融机构金牌榜最具成长性融资担保公司”、“全国十大最具影响力中小企业信用担保机构”、“全国最具公信力中小企业信用担保机构”、“全国中小企业信用担保机构三十强”、“全国中小企业融资担保创新奖”、“广东省中小企业信用担保机构示范单位”、“广东省金融创新奖”、“广东省中小企业融资服务示范机构”等行业公认的、最具权威性和含金量的荣誉。公司董事长吴列进也获得了全国十大“中小企业信用担保机构领军人物”、“2016年度广东十大经济风云人物”、“十大徽商领袖”、“佛山市金融创新人才奖”、“佛山市创新领军人才”等荣誉称号。2018年，吴列进光荣当选第十三届全国人大代表。

融信中国控股有限公司

融信中国控股有限公司(简称融信中国，股票代码:3301.HK)，是一家于香港联交所上市，专注于中高端住宅开发的大型现代化企业集团，地产开发拥有国家一级开发资质，位列中国房地产企业26强。

融信中国战略布局全国7大核心城市群:海峡西岸、长三角、大湾区、京津冀、中原、成渝、西部城市群。坚持中高端精品战略，尊重城市文化肌理，坚持以品质影响城市，集国际一流建筑师、设计师智慧，联合知名承建商倾力打造符合当地市场需求的标杆产品。

迄今，在上海、杭州、南京、苏州、广州、福州、厦门、郑州、天津等地拥有众多项目，产品涵盖高端公寓、别墅、服务式公寓、写字楼、商业综合体等多种物业类型，总投资额超5000亿元人民币。

从竞争到竞合，轻资产发展之路

轻资产1.0

融信中国实行强强联合、轻资产的开发模式，这也是融信长期以来促增长提效益的核心战略。即在获取土地时，融信会选择部分在经济实力及品牌影响力方面有一定促进作用的开发商合作开发，该方式有助于降杠杆、降风险，同时也有利合作各方优势互补，促进企业更好更快发展。目前融信在不同城市的多个项目均采取强强联合的方式，合作伙伴包括万科、绿地、保利、融创等。

轻资产2.0

2017年融信中国与海亮强强联手，携手深耕中西部省会城市。合作面积总计超过500万平方米,项目达30余个。通过此次合作,融信初步完成了中西部省会城市及周边城市的布局。

至诚品质标杆,打造城市典范

融信的优秀产品力,始终秉承客户至上、标杆影响城市的理念,以实现项目的快速去化和城市价值更新。正如融信人所坚信的,高品质材料所带来的愉悦感,是和建筑形式所提供的幸福感合二为一、密不可分的。融信所开发的福州融信・白宫、福州融信・双杭城、厦门融信・海上城、杭州融信・杭州公馆、杭州融信・公馆ARC、上海融信绿地・虹桥世界中心等均为当地标杆产品。

融信团队坚持以人为本,为人营建,人本精神在融信房产品的品质和服务上始终占据着主导地位,渗透在一砖、一瓦、一草、一树中,以至于融信的房产品兼具了时代价值、民生价值、审美价值、传承价值……融信在于客户、同行、伙伴分享经验的同时,也在不断提升自身水平,以赤子之心回馈时代。

善待土地、尊重文化

融信相信,精品不是简单的奢华,而是珍视人与土地之间的感情。对待每一块土地,融信始终遵循城市文化肌理,从融信第一个项目融信・第一城创建性保留300多株原生树木,到融信・杭州公馆修复弘丰公园,到福州双杭城对历史建筑的保护和修复……体现了融信对土地和城市文化的尊重。

大师智慧、标杆城市

反复调研当地人文、地理环境,集聚国际一流建筑师、设计师团队智慧(如国际一流设计院罗杰斯建筑事务所、kks、贝尔高林、阿特金斯等),联合知名承建商、甄选知名一线品牌,共同成就了融信标杆城市的精品气质。

苛求细节、致敬匠心

融信以人为尺度,考量建筑细节。在园林打造上,融信要求每一块景观铺装石材激光切割,不超过1mm的误差;严格按照"360度景观定位"技法进行景观种植,确保业主最佳视野;100%石材精挑严格把关……融信用数百项建筑细节致敬匠心。

"融御"服务体系筑就"和美融信"

公司物业服务业务以融信(福建)物业管理有限公司(简称:融信物业)为主体展开。依托国家一级物业管理资质,以金钥匙服务标准为依据,以客户满意度为标准,以融信国学堂、四点半学堂、银座俱乐部、阳光计划、邻里之约等园区服务体系为辅助,全方位提升服务质量,让业主生活无忧。

融信始终秉承"和和美美,关爱一生"的服务理念,把客户需求和满意放在第一位。十五年融信,十三届邻里节,在融信业主看来,邻里节已经是融信的一个文化品牌,更是属于他们的独特节日。每年在老业主回馈方面,融信投入超千万元,持续提升老业主生活品质。

同时,融信物业不断完善自身服务体系,在2017年初融信物业正式发布"融御"理念关怀。"融御"是融信集多年高端物业管理服务经验,倾心打造的鼎级物业管理服务品牌。其汲取东方"忠"式家人式关怀,西式"标准式"管家服务,以"忠"、"仁"、"礼"、"义"四大价值维度为核心,秉承忠诚、快捷、尊贵、坚韧的御马精神,专为追求高端品味的精英人士,量身定制188项个性化服务。

忠——忠于雕精,守于塑品

以匠人的心态精雕细琢,始终如一地提供极致、完美的服务,塑造鼎级高端服务品牌。

仁——仁心互爱,馨逸满园

以弘扬中华优良传统文化为己任,营造人心互爱、温馨和谐、书香飘溢的高尚府邸氛围。

礼——礼遇尊贵,御享臻品

提供188项个性化定制式服务,让优雅显贵的业主享受皇家周到、精确、优质、尊崇的360度优质服务。

义——义事尽善,成己达人

业主积极参与公益活动,播撒爱心,传递人间真情,成就大爱无疆的融御精神。

24小时私人管家增值服务

生活助理:衣食住行全方位家人式关怀

装修服务、园艺服务、家政服务、餐饮服务、汽车服务、宠物服务、接送服务

事务助理:生活关怀之外增值服务

派对服务、法律服务、租售服务、商务服务、度假服务、出行服务

健康助理:关注业主身体健康定制服务

私人医疗、私人陪练、健康护理、健康食谱

成长之路,一路向上的力量

2003－2008深耕福州,标杆城市

创立伊始,融信领军福州,成功打造融信・第一城、世欧・王庄等标杆项目,注重客户关怀首创"社区邻里节",荣获"福建最具品牌价值地产企业"、"中国(福建)房地产十强"等荣誉。

2009－2012进驻闽南,扬帆击水

融信成功进入漳州、厦门,融信由城市公司转变为多城市联动的集团公司。精工细作注重客户体验,荣获"典范中国房地产品牌企业"、"中国房地产百强之星"、"中国最佳雇主"等荣誉。

2013－2015挺进华东,跨越增长

聚焦一二线城市核心区域,打造城市标杆精品。实现跨区域发展,业务拓展至上海、杭州等地,并连续三年进入中国房地产50强榜单。

2016立足上海,布局全国

2016年1月13日,融信中国(股票代码:3301.HK)在香港联交所主板正式挂牌上市。

2016年2月,总部搬迁上海,以上海为中心辐射全国核心城市,战略全面升级。

2017至今联手海量,完成全国化布局

2017年7月,融信联姻海亮,携手深耕中西部省会及周边城市,实现全国化布局,同时也为后续的发展奠定了稳定基础。

荣誉见证时代

在集团董事会欧主席的带领下,依托融信模式的独特优势,融信的发展日益壮大和成熟,赢得了客户、合作伙伴、业内同行、政府的信任、尊重和赞誉。

入选恒生综合股指数

入选MSCI环球股指数——中国指数成分股

入选深港通可认购股

荣膺"2017中国房地产公司品牌价值23强"

荣膺"2017中国房地产开发企业26强"

连续六度蝉联"中国年度最佳雇主"

荣膺"金港股——最具价值房地产股"

中国年度社会责任感企业

荣膺"2017年中国地产年度影响力上市企业"

荣膺“2017 中国企业社会责任践行标杆奖”
荣膺“2017 年度地产创新企业榜样奖”
荣膺“2017 年度中国房地产成长性企业”
荣膺 2017 年中国房地产界 25 年荣誉殿堂“典范企业”
中国房地产开发企业综合发展 10 强
中国房地产开发企业稳健经营 10 强
中国房地产开发企业责任地产 10 强
中国房地产百强企业——成长性 TOP10 第 5 名
中国地产金钥匙物业服务奖
中国物业服务百强企业榜
2016 - 2017 年度价值地产企业
平安社区成员单位
福建省著名商标
希望工程贡献奖
……

致力公益，凝聚你我正能量

自创立以来，融信一直遵循“取之社会、回报社会”的准则，热心社会公益事业。成立了以助力社会公益为内核的“融信公益基金会”、以弥补中国优秀传统文化断层为主旨的“融信国学堂”，发起了以助力社会正能量，为中国少年提供最为切身爱心与关怀的“融信少年中国计划”。

融信公益基金会：

爱心企业家融信集团董事局主席欧宗洪先生创办，从创立以来，融信一直遵循“取之社会、回报社会”的准则，热心社会公益事业，并先后向赈灾救济、公益联盟、城市运营、爱心助学等公益事业捐款逾 2 亿元人民币。

融信希望利用企业的资源和优势，搭建有效的社会公益平台，推动整个公益事业的可持续发展，让爱成为更多人生命价值实现的标签，让生命更具价值。融信董事局主席夫人许丽香女士更是身先士卒，亲力亲为参与基金会各项帮贫扶弱活动。

融信公益基金会大事记

2017 年发起“少年中国计划”

2017 年融信公益基金会携手中国青少年发展基金会、天使妈妈、人民网独家支持的公益项目——少年中国计划，涵盖了儿童教育、儿童健康、儿童资助三大方面内容，致力为中国少年提供最为切身的爱心与关怀，助力社会正能量的传递。

儿童教育——捐赠公益图书阅览室

为让贫困地区儿童享有和城市里孩子一样的学习资源，由融信公益基金会领衔，为贫困落后地区学校捐赠图书阅览室，关怀贫困儿童教育。

儿童健康——捐赠爱心操场

关注儿童健康成长，融信公益基金会将为旗下老社区更新运动设施，提升社区配套；为新社区定制健康设施。同时，为回馈社会，面向城市部分公立学校和贫困地区学校提供希望操场建设。

儿童健康——新肝宝贝计划

每个生病的儿童都是折翼的天使，融信公益基金会关注新生儿，联合天使妈妈公益基金会积极救助胆道闭锁儿童，给与他们希望与力量，播撒爱，传递温暖。

儿童资助——成立奖学金计划

融信公益基金会鼓励弘扬社会正能量，成立融信奖学金及和美基金，以更加尊重的姿态为所需儿童提供帮助，成就可持续性的社会爱心关怀。

2017 年 9 月 - 11 月，“新肝宝贝计划”

由融信集团发起、融信公益基金会联手北京天使妈妈基金会参与了腾讯 99 公益日活动，9 月 7 日至 9 月 9 日三天借助腾讯公益平台募集逾 23 万善款，救助新肝宝贝；基金会还捐赠北京天使妈妈基金会 100 万元用于胆道闭锁患儿的宣传救助，目前已救助 25 位新肝宝贝；基金会在 11 月 24 日至 11 月 26 日举办了融信天使妈妈“新肝宝贝”厦门行系列活动，涵盖 100 名医生参加的福建省首届胆道闭锁与小儿肝移植救治研讨会、100 名患儿进行的免费体检咨询，以及 100 名患儿与家长的厦门游三部分，活动圆满举办，获得一致好评。

2015 年 11 月 8 日，“为爱撑起世界”2015 挑战平板支撑吉尼斯世界纪录活动

由融信集团发起、融信公益基金会联手中国随手公益举办的“为爱撑起世界”2015 挑战平板支撑吉尼斯世界纪录活动，逾 3000 名市民参与。最终 1323 位选手在来自英国的吉尼斯认证官 John Garland 的见证下，成功挑战 1 分钟平板支撑，完成率超过 97%（吉尼斯官方标准为 90%），成为迄今规模最大的集体同时平板支撑活动，创造了集体平板支撑单次人数最多的世界纪录。

融信国学堂：业界首创，优秀传统文化传承和发扬的平台

融信是一家以“品质生活”为使命的开发商，我们相信客户购买的不仅仅是一套房子，更是一种生活方式。我们相信信仰可以让生活有更多正能量。

为此，我们成立融信国学堂，借助企业资源，弘扬并传承传统文化，弥补文化断层。

在这里，我们聚集了有正能量、有信仰的你们；

在这里，你可以遇见更好的自己，结交志同道合的同伴；

在这里，小朋友可以接受传统文化熏陶，培养良好习惯，树立正确价值观；

融信国学堂，遇见更美好的自己，让生活更多期待。

融信国学堂大事记

2016 年 3 月 16 日，融信国学堂正式成立

2016 年 3 月，融信在上海宣布“融信国学堂”这一国学启蒙及传承计划启动。“融信国学堂”作为一个平台，向社会尤其是业主的下一代传递正向的价值观，旨在从中国传统文化中探寻人生的智慧，为当下国人普遍缺失的信仰问题找到解决方案。

2016 年 5 月 20 日，“有信 · 融归”融信杭州国学盛典

“有信 · 融归”融信杭州国学盛典在融信杭州公馆举办，中国国学形象大使、新雅乐创始人哈辉亲临现场颂唱传奇天籁。活动当场，融信中国与绿色浙江正式签约并当场捐赠 30 万善款，并表示将携手宋庆龄基金会，启动《百集双语中华少儿国学剧》的演员海选与摄制，为弘扬中国优秀传统文化助力。

2016 年，融信各地项目全面开展国学堂系列活动

融信的各项目逐渐开启“国学文化传播”落地工作。比如开设太极课、书法课、古琴课、礼仪课四大中国传统课程。通过日常学习，结合新鲜有趣的教学形式，让孩子在轻松的氛围中感受礼仪、孝道、感恩等中华文化精髓。

融信国学盛典也将成为融信中国的品牌活动，通过结合各地丰富多彩、不尽相同的城市精神以及文化脉络，为中国各地城市传承和发扬国学文化献力。

联系方式：
地址：上海市闵行区申长路 988 弄虹桥万科中心 1 号楼 6 楼
电话：021 - 52218818

抢占新蓝海　扬帆再出发
——记蓝帆医疗股份有限公司

蓝帆医疗股份有限公司(以下简称“公司”、“蓝帆医疗”)成立于2002年,并于2010年4月2日在深圳证券交易所成功上市,股票代码:002382,证券简称:蓝帆医疗。蓝帆医疗是国内健康防护手套行业第一家上市公司,是中国塑料加工工业协会副理事长单位、“山东省PVC手套工程技术研究中心”;公司荣获由山东省科学技术厅、山东省财政厅、山东省国家税务局、山东省地方税务局联合颁发的“高新技术企业”,“蓝帆”品牌荣获“中国驰名商标”称号。

七年实现成功上市,十年夺得行业龙头,她是名副其实的全球PVC手套大王;从健康防护进军医疗健康,嫁接外力改造基因,在心脏支架领域实现华丽转身。文化驱动,共享发展,她用开放包容的心态深耕细作,让共享共赢的理念助推产业升级。她就是蓝帆医疗股份有限公司。

蓝帆医疗以“开放、包容、规范”为核心理念,不断强化企业文化的形成和固化,立志建设百年蓝帆。企业文化是支撑企业长远发展的内在精神内核,公司通过不断的发展和积累,已经形成了鲜明而富有个性的企业文化。未来蓝帆医疗将进一步做好企业大学的建设和发展,推动企业文化在更多的领域、更广的人群、更泛的业务中落地生根、开花结果,在员工蜕变和突破成长的过程中,传承蓝帆理念,开创蓝帆的新版图、新事业!

值此《中国证券业年鉴》创刊25周年之际,衷心感谢贵刊对蓝帆医疗的大力支持和帮助!2018年,蓝帆医疗壮志满怀,期待与贵刊共同开创新篇章,迈向新辉煌!

2018年,公司开始实施“产业与资本共舞,品牌与创新齐飞”发展战略,规划了健康防护与医疗健康的“A + X”,即“低值耗材 + 高值耗材”产业布局。在新时代、新形势下,公司围绕“产业、资本、品牌、创新”四个维度并行发力,全面开启产业升级的新跨越:

一、产业:扩展产品品种,凸显龙头实力

公司成立于2002年,十年成长为健康防护手套的行业龙头,拥有一批稳定、可靠的长期战略性合作客户,2017年,公司明确提出将推进健康防护业务的横向纵向拓展,丰富产品种类,实现公司由“健康防护手套龙头企业”发展成为“健康防护领域龙头企业”。

母公司蓝帆集团股份有限公司及其下属企业可供应公司生产所需的主要原材料,蓝帆医疗是行业内唯一一个拥有上游产业链配套的公司,拥有一定的对下游的定价权和对上游的议价能力。

公司积极试点“以新技术、新产业、新业态、新模式为核心,实施实体经济的产业升级,成为山东新旧动能转换发展战略的第一批落地项目。2017年,公司在经济技术开发区规划了全新的“医疗健康产业园”,全面启动了全系列健康防护手套的品类的扩张。首先是着力建设“60亿支/年健康防护(新型手套)”项目,其中一期20亿支/年已经建成投产,二期40亿支/年正在积极推进过程中;其次,第一条家用手套生产线也于2017年8月份建成投产,这两个项目将有助于公司推出高端新产品、丰富产品品种、完善产业布局,标志着公司在上述A领域的发展再次拉开序幕。

二、资本:实施资本并购,助推产业升级

公司已宣布收购Biosensors International Group, Ltd.(以下简称“柏盛国际”),柏盛国际从事心脏支架和介入性医疗器械的研发、生产和销售业务,本质上为医疗器械高值耗材,本次收购是公司从低值耗材向高值耗材和低值耗材搭配互补产业升级的关键步骤。公司借助收购柏盛国际,将在心内科领域获得一个领先的国际性平台公司,迈出医疗健康板块成形的关键一步,并将形成可供复制的发展模式。

蓝帆医疗与柏盛国际分别作为医疗器械行业细分领域中的龙头企业,近年来始终保持较为明显的行业优势。通过这次跨国并购的实施,公司将新增冠脉支架高值医疗耗材产品线,获得柏盛国际的先进专利技术、全球化销售网络、国际化的业务平台、成熟的运营人才团队及可观的市场份额,实现资源的优势互补,向着打造国内乃至国际大型综合医疗器械巨头的战略目标不断迈进,本次重组并购是蓝帆医疗通过并购重组进行产业升级,实现整合化、高端化扩张的标志性举措,极具里程碑意义。

三、品牌:全面启动品牌营销,占据发展新高地

为配合实施构建综合医疗健康企业的目标,公司聘请智立方国际品牌管理顾问(北京)有限公司作为品牌顾问,全面系统梳理了公司品牌策略,更新了品牌符号,确定了“我保护,你放心”为公司品牌Slogan。同时成立杭州蓝帆健康科技有限公司,在杭州建立品牌营销平台,全面启动国内品牌营销战略,通过品牌化建设,构筑企业产品的差异化优势,实现企业盈利能力的大幅提升和增长。

在国内市场上,公司与深圳海王星辰、老百姓、一心堂等国内60余家医药物流、药店连锁企业达成合作关系,并与连锁门店实行营销协作,持续开展品牌推广,公司的销售网络已覆盖全国30个省及直辖市,230个地级市,医疗新开发客户226家,在电子、工业等行业保持市场占有规模第一,销售额持续稳定增长。同时,公司大力开发医疗行业,在新领域内积极进行业务开拓,实行线上线下互动,大力推进品牌建设,全面提升蓝帆品牌的知名度。

面对复杂多变和竞争激烈的国际市场,公司抓住行业格局变化和市场价格波动所形成的机会,努力挖掘现有市场潜力,根据市场需求及时调整企业发展战略和产品结构,形成差异化竞争;围绕一次性健康防护用品,积极创新贸易方式,优化客户资源和销售渠道,进行多种产品的组合销售,增加了客户的黏性,为客户提供一站式服务,更好地满足了客户需求。

四、创新:公司不断发展的基石,企业发展永恒的动力

在产品创新上,公司以市场、客户需求为导向,借助公司的研发技术平台并与多所高校开展合作,快速高效推动研发过程,缩短研发时间,迅速将研发成果实现工业化生产,产品推向市场。以客户需求为导向的研发创新模式,打造了市场需求、产品研发、工业生产有机联合的新型生产体系,提高了企业竞争力。

在技术创新上，公司以提高企业制造自动化水平为目的，在装备技术升级方面取得多项突破，在生产过程中的多个控制环节实现自动化控制，引领行业向自动化、智能化转型，引导行业从传统劳动密集型企业向智能制造行业发展；通过人才、技术引进与自主研发相结合，构建技术创新体系，通过产品和技术方面的不断创新，完善了产业配套，培育了新的利润增长点，巩固了公司的行业龙头地位。

在管理创新上，面对公司二次发展，二次腾飞的新时期，结合新时代下新的商业环境，组织管理模式也已开始同步全面升级转型，由原来的组织管理 2.0，向 3.0 变革，打造“去中心化”的组织，全面设计“多层次事业合伙人机制”，打造创新型、赋能型、共享型组织新模式，以形成一生二，二生三，三生万物的生态型企业，推动企业从量变到质变的裂变式成长。

未来已来，唯变不变；世势浩荡，顺之则昌！蓝帆医疗已走过了15 年，已准备了15 年！2018 年，依托国家供给侧改革的发展东风，蓝帆医疗将进一步践行开放理念，不忘初心，聚焦医疗大健康领域全面升维，全力推动公司向发展创新性、技术驱动型、绿色可持续发展模式上转变，全面开启公司发展新征程！

北京华远意通热力科技股份有限公司

北京华远意通热力科技股份有限公司(简称华通热力，股票代码 002893)成立于 2002 年，主营业务为热力供应、节能技术服务。秉承“专注节能、绿色供热”的理念，华通热力坚持走以“技术为先导、创新为动力”的节能低碳供热之路，目前已发展成为集“供热项目投资、供热承包运营、合同能源管理、节能技术研发、管理顾问服务”于一体的专业化供热公司。

华通热力锐意创新，创造性引入多种创新业务模式，较早开展供暖投资运营模式。目前，公司管理服务的供热项目类型包括城市综合体、居民住宅、商业楼宇、机关、军队、医院、学校等，供热类型包括燃气、燃煤锅炉房和热电项目等。

华通热力在供热节能领域以领先者的姿态推动行业技术革新与进步——通过多方合作及自主创新，公司在供热领域先后掌握了“烟气余热回收”、“空气热泵源供生活热水”、“气候补偿技术”等多项核心技术。截至目前，公司先后获得实用新型专利 35 项、外观设计专利 5 项、发明专利 5 项、软件著作权 33 项。公司参与研发的“防腐高效低温烟气冷凝余热深度利用技术”项目荣获国家技术发明二等奖。

公司注重企业规范管理，以“科学管理、精细运营”为方针，建构 5S 现场管理体系、打造 5S 标准机房、建立 4S 维保管理体系，还在行业率先引入并通过了 ISO9001 质量管理体系认证、ISO14001 环境管理体系认证和职业健康安全体系认证，连续多年被评为“质量安全信誉 AAA 级企业”、“北京市供热优秀单位”。为更好地提升服务品质和用户感受，华通热力组建了一支训练有素、服务规范的客服团队，并在行业内率先建立集咨询、报修、投诉、回访、缴费、调研等于一体的“客户服务呼叫中心”，实现 7×24 小时全天候响应的及时、贴心服务。

公司重视与开发商、物业及业主共融共生的关系，与万科、保利、中海、富力、龙湖及长城、万年基业、悦豪等数十家知名地产与物业公司建立了战略伙伴关系，曾被授予“中国房地产最佳战略合作伙伴”等荣誉。

不忘初心，继续前进；坚定决心，深入优化；满怀信心，稳健发展。在未来，华通热力将继续秉持以技术为核心，以艰苦奋斗的精神、合作共赢的态度、引领行业的思维、追求理想的情怀，打造属于自己的“华通梦”！

公司宣传语

华通热力——您身边的温暖守护人！

华通企业文化

企业愿景：成为规模最大、技术最先进、服务最好的城市供热运营服务商。

企业使命：打造绿色供热节能企业，营造低碳和谐宜居环境。

企业精神：责任　创新　执着　进取。

经营理念：技术创新　持续发展　突出优势　合作共赢。

服务理念：真诚热情　耐心细致　感动顾客　温暖到心。

人 才 观：知人善用　才以德先。

大事记

2002 年

北京华远意通供热科技发展有限公司成立

2014 年

华通热力进行股份制改造

公司更名为“北京华远意通热力科技股份有限公司”

研发成果“防腐高效低温烟气冷凝余热深度利用技术”荣获国家技术发明二等奖

2015 年

被评为北京市供热行业二级安全生产标准化企业首批达标单位

获评“最具社会责任感企业”称号

获评“2015 中国物业管理优秀供应商”称号

2016 年

荣获“2012－2015 年度北京市先进供热单位”称号

2017 年

中标“2017 年度首都蓝天行动科技示范工程”

9 月 15 日，正式登陆资本市场，在深圳证券交易所挂牌上市

社会责任

华通热力心系百姓，反哺社会，自成立以来积极参与公益事业，持续捐资助学支持教育事业，支援社区福利院建设，彰显了华通热力企业公民的社会责任感。

1. 2008 年设立华通贫困扶助基金，先后为地方小学捐赠图书及校园设施，支持教育事业发展；

2. 2013 年，开展了“赠送一套书，打开一扇窗”公益捐助活动，为河北省赤城县雕鄂镇中心小学捐赠 40 余万元图书，并为孩子们发放爱心助学红包；

3. 华通贫困扶助基金还走进居民社区捐款，帮助社区福利院等公共事业机构建设，为社区福利院的老人创造更舒适的生活环境；

4. 每年实施“华通热力—直捐助学”活动，赴河北、山西等地开展直捐助学，坚定地走慈善公益助学之路，向社会传递温暖、传递正能量；

5. 连续七年组织华通杯“绿色北京”摄影大赛，以摄影方式传播绿色、环保、低碳节能理念，引导、推动绿色发展，构建绿色低碳的生活。

红旗连锁提档升级　创新智慧零售模式

——记成都红旗连锁股份有限公司

成都红旗连锁股份有限公司（简称“红旗连锁”）创建于2000年6月22日。目前公司已发展成为中国西部地区以连锁经营、物流配送、电子商务为一体的大型商业连锁企业，是中国A股市场便利连锁超市上市公司（002697. SZ）。

目前，红旗连锁总资产达42亿元，拥有3座物流配送中心，在全省已开设近2800家直营连锁超市，主要有便利超市、24小时店、红旗快捷（超市＋快餐）等业态，就业员工达17000人，系四川省及成都市“重要生活必需品应急保供重点联系企业”，中国A股市场首家便利超市上市公司。

“商品＋服务”新模式　致力便民服务平台建设

多年来，红旗连锁通过加强“企业党建、企业文化建设、信息化建设、网络建设、物流配送建设”五大建设，在企业经营中实实在在做到了“三个没有”——没有商品积压、没有呆滞账务、更重要的是没有积压问题。

为给广大消费者带来更加轻松便捷的生活享受，提供“方便、实惠、放心”的优质服务，长期以来，红旗连锁致力于多功能便民服务平台建设，积极服务民生、竭力奉献。

目前，公司已开展公交卡消费和充值、水电气费代收、火车票/汽车票/飞机票代售、电信/移动/联通缴费、广电业务费代收、中国邮政快递代收、拉卡拉、顺丰快递代存、翼支付、微信支付、QQ钱包等70多项便民增值服务。同时，公司还自建综合营销平台（IMP）、铺设红旗WIFI、上线红旗APP、红旗“微商城”等，给广大市民带来了便捷的服务体验。2017年，红旗连锁进店消费人次近4亿。

创新驱动　推进“连锁＋互联网＋金融”战略

2016年12月，由红旗连锁、新希望集团、四川银米共同发起的四川首家民营银行——新网银行开业。作为新一代互联网银行，将致力于通过互联网技术为广大消费者和小微企业提供定制化的金融服务。

2017年6月，红旗云大数据平台启动，不仅有助于公司的精细化管理，还可为红旗连锁上千家供应商及其他合作伙伴提供相应的数据服务，为消费者提供消费数据参考和建议，为政府相关部门的决策提供一定数据支撑，为行业发展提供数据报告等。

2017年7月，成都市首个“市民驿站”在成华区猛追湾街道望平社区红旗连锁玉双路分场试运行，首批纳入国税、地税、人社等60余项公共服务事项，在全国引起较大反响。

2018年开年，红旗连锁与永辉超市、中民未来三方战略合作，受让成都欣隆佰易通商贸有限公司51%股份，与香港四洲集团战略合作、优化供应链。除日常商品售卖、完善的便民服务项目、硬件设施提档升级外，主要依托永辉的供应链优势，增加了蔬菜、水果、肉禽、水产、海产品和干货等品类，配套自助称重、自助收银，形成社区生活店新业态。

勇担上市公司责任　助力精准扶贫工作

来源社会，回报社会，是红旗连锁在创立之初就提出并一直贯彻至今的企业精神，更是红旗品牌社会责任的核心理念。多年来，红旗连锁人一直信守自己的承诺，积极参与赈灾救危、修建希望小学，捐助贫困学子、患病儿童、困难职工……即使在公司最困难的时候也从来没有间断。红旗连锁成立后已累计为社会捐赠达五千多万元。

作为四川本土大型零售企业，红旗连锁与成都金堂、蒲江、龙泉驿、都江堰、邛崃，阿坝、巴中、江油等地签署了战略合作协议，提供销售渠道，助推当地经济发展。近年来，公司还与省贸促会、省妇联等部门一起，在广元旺苍县、巴中市、简阳等地开展产业精准扶贫项目。通过产业精准扶贫，帮扶当地贫困户脱贫致富。

2017年6月24日，红旗连锁党委书记、董事长、总经理曹世如个人通过成都市慈善总会向茂县山体垮塌灾区捐助300万元；8月10日，红旗连锁通过四川省慈善总会向九寨沟地震灾区捐款100万，帮助灾区抗震救灾、重建家园；8月17日，曹世如董事长个人还成立了“曹世如博友精准扶贫小组”，收集扶贫帮扶线索，积极开展精准扶贫工作，目前已经在凉山、简阳等地实施数十件帮扶。9月5日，红旗连锁与达州市宣汉县峰城镇仁义村达成意向，为他们村的桃花米提供销售平台。

11月3日，攀枝花市人民政府与红旗连锁签署战略合作协议。双方将在产销对接、市场拓展、产业精准扶贫等方面加强合作，促进地方经济增长和产业发展，助力农户增收致富，实现多方共赢。

新时代，新征程，新作为。作为居民日常生活的好邻居，红旗连锁将不断创新、竭力满足消费者需求，加快推进“连锁＋互联网＋金融”战略，做好各项便民服务，为建设高品质和谐宜居生活城市贡献力量。共同引领零售新业态发展。

上海中期期货股份有限公司

上海中期期货股份有限公司（简称“上海中期”）成立于1993年2月28日，是经中国证监会批准，国家工商行政管理局核准的独立法人，2016年9月整体改制为股份有限公司。公司注册资本金6亿元人民币，主要股东为兖矿集团有限公司、兖州煤业股份有限公司。全国中小企业股份转让系统证券代码:871467。

上海中期是上海期货交易所、大连商品交易所、郑州商品交易所、中国金融期货交易所及上海国际能源交易中心的正式会员。

上海中期秉承“三信五精神”的企业文化,以相信期货,相信中期,相信自己,诚实守信合规经营的从业精神,止于至善的客户服务精神,战胜一切困难的拼搏精神,公司利益至上的主人翁精神,主动自觉的企业家精神,谆谆教诲每一位员工。经过二十多年的不懈努力,上海中期已成为具有专业影响力的大型期货经营机构之一。

【特色优势】

客户服务中心:一站式客服体验

从客户需求出发,提供客户从咨询、开户、交易、交割的全程一站式优质服务。

历年来,在各大交易所及主流财经媒体的期货行业评选中,上海中期名列各商品期货交易所、金融期货交易所优秀会员单位,并多次获得“最具影响力期货公司”、“年度投资者最满意期货公司”、“最受欢迎理财服务”、“最佳产业服务期货公司”等荣誉奖项。

上海中期客服中心屡获殊荣,是上海金融系统的五星服务窗口。金融理财精英赛——上海期货专业服务明星赛“优秀团队奖”;上海市总工会“工人先锋号”称号;上海金融系统“五星优质服务网点”称号;上海金融系统“2014 年度立功竞赛优胜奖”;上海金融系统“2015 年度立功竞赛优秀组织奖”。

技术中心:提供更高级别安全保障

上海中期拥有先进的软硬件设施及专业的技术团队,为投资者实现安全、稳定、高效的期货交易提供有力保障。

基础架构

主机房依托上期技术张江数据中心的优势,具备八级抗震、专用变电站、智能 UPS 及后备发电机组,与期货大厦采用裸光纤连接,核心设备及线路全部实现双冗余;公司另在期货大厦内建有高标准的备用机房,采用高速的局域网直接接入交易所;主交易系统采用精确重演的分布式体系架构、自适应 UDP 可靠多播通讯手段、内存数据库及信息总线等技术实现快速、高效的期货交易;上海中期独有的“异构风控管理系统”为公司的风险管理、投资者的委托交易提供了更高级别的安全保障。

技术探索

提供多活交易中心的接入架构,兼顾南北互联接入效率,降低系统运行风险。同时又率先实施了异构系统的应用部署,全面提升了投资者的交易安全,走到了行业的最前沿。另一方面,公司积极准备高性能低延时的交易系统,与我们的投资者一起探索交易技术的新篇章。

技术服务

配有资深的交易技术专家队伍,解决投资者在交易过程中碰到的各类交易及技术问题,定制开发各类交易策略及模型,帮助投资者实现交易梦想。

软件应用

大力引入国内外各类优秀的行情交易终端,从简约的基础下单模块到具备复杂事件处理能力的投资平台;有符合国人习惯的操作界面,也有为境外投资者准备的英文版本;有传统的 PC 界面,更有时尚前沿的移动终端版本,基本涵盖了期货投资者对交易工具的选择需求。

托管资源

同时提供上海张江、期货大厦高标准机房的机柜托管服务,托管于此的设备毗邻我司核心交易系统,享受交易所的高速接入,极大地提高了投资者的交易速度。

【品牌优势】

二十年多来坚持“稳健、卓越、专业、诚信、开拓”的经营服务理念,以诚实守信、规范运作的良好企业形象赢得了广大客户的信赖,成为中国期货行业的知名品牌。

人才优势

完善精干的组织构架,汇集大批期货业务精英专才,与中国期货市场一起同步成长。

在研发、客户服务、业务拓展等前中后台不同环节,成就专业水平高、具国际水准的专业精英团队。

制度保障

拥有经多年实践证明的健全期货业务风险管理制度体系。客户信息专人管理,安全可靠。

实行集中控制、分级管理的风险管理架构。以先进的硬件设施、精确的交易系统架构、专业的技术团队为投资者的委托交易提供更高级别的安全保障。确保交易业务无风险运行。

资金安全

全国率先实现期货保证金封闭运行的期货公司之一。提供国内所有期货指定结算银行的银期转账业务,实现投资者期货账户与银行账户无缝对接,资金划转安全、便捷。

【资产管理】

资产管理业务

上海中期资产管理部,多年来依托公司“投研一体化”模式,在套利对冲、统计套利、CTA 策略、多因子模型等投资模式方面建立了研发优势,拥有了大量人才与策略储备。

公司资产管理部以资产管理人身份,按照服务协议对客户资产进行经营运作,提供固收、权益、期货、期权及其他金融衍生产品的投资管理服务。

自主管理产品策略类型

套利对冲

套利对冲是指从基本面发掘套利对冲机会,通过系统化分析方法进行多定式组合投资。交易理念秉承平衡投资的哲学,把握价格的相对变化逻辑,保持多空对冲,不留单边风险暴露,重视资金管理和风险控制,以实现账户的稳定盈利。

统计套利

统计套利是一类基于统计模型的量化产品,通过历史交易数据找寻规律,发现两个或者两个以上的资产之间存在的套利机会。该类产品以追求稳定收益为前提,配合模型的使用及计算机语言的辅助,产品表现较为平稳,收益率处于中高水平。

CTA 策略

CTA 是指通过为客户提供期货、期权方面的交易建议,或者通过受管理的期货账户参与实际交易,来获得收益的机构或个人。CTA 策略通常运用趋势跟踪、程序化交易的方法,采取多品种、多策略、多周期组合,以实现资产价值的稳健增长。

阿尔法对冲策略

阿尔法对冲策略由资本资产定价模型发展而来,对投资组合中的系统风险进行度量并将其分离,从而获取超额绝对收益(阿尔法收益)的策略组合。该类产品综合运用基本面与技术面等任何对市场有预测能力的信息构建投资组合,在控制系统风险的同时最大化收益。

多因子优选策略

多因子策略是一种应用十分广泛的选股策略，通过寻找与收益率相关的指标，构建股票投资组合。相比较单因子策略，多因子优选策略对不同因子依照某种规则赋予权重，并动态剔除冗余因子，属于一种高收益的策略，相对应的风险也较高。

恒定比例组合保险策略

即以简单的参数比值，分配投资资金在固定收益类策略与风险类策略两端，保证投资者在拥有资产增值潜力的同时，回避或者锁定资产价格下跌的风险。运用投资组合策略时，可以利用低风险策略的收益来弥补高风险策略的损失，保障投资组合的价值损失在一定范围内，并能参与衍生品、权益类产品市场上的趋势行情。既能实现预定最低价值保护，风险极低，又拥有超过固定收益策略潜在回报率的优点。

固定收益策略

着重发展和优化以下策略：1 波段操作策略：对一些相对活跃的债券（以利率债为主）上做波段操作，争取高抛低吸；2 提高配置收益策略：利用质押式回购在负债端加杠杆，资产端加久期并下沉资质，在久期配置上做结构性选择，同时注重风险的把控；3 关注评级策略：及时跟踪和捕捉债券信用评级提升从而获得投资机会。

期权策略

期权策略主要包括买方策略、卖方策略、价差组合策略、宽（跨）式策略和多空合成策略等。通过对 Delta、Gamma、Vega、Theta 和波动率的量化分析，选择合适的期权策略，进行策略轮动，全天候交易。

【增值服务】

产业客户服务

套期保值方案定制

上海中期在行业内率先成立了企业套期保值专门的研究团队，为企业量身定制适合企业特点的套期保值方案。可根据企业需求，开发企业套保辅助管理系统和应用模块，帮助企业进行期货实务人员的培养，提供期货风险管理的一揽子解决方案。

套期保值头寸动态监控

上海中期倡导企业建立期货避险的长效机制，为避免企业步入期货保值误区，推出套期保值头寸动态监控服务。可以根据企业的需求，帮助企业有效监控期货避险的实际操作，从而令投资者的权益受到更多保障，充分体现期货服务产业经济服务的经济功能。

期货业务会计辅导

上海中期可以帮助企业快速掌握新会计准则下期货业务的会计处理方法，从而正确反映套期保值带给企业的经济效用。核算的内容包括：资金调拨、保证金追加、合约金额、持仓盈亏和平仓盈亏等特有的业务。

仓单质押服务

上海中期凭借与商业银行密切的合作关系，通过推出期货商品的仓单质押服务，帮助企业解决一部分融资需求，实现银行、企业以及期货公司多个主体的利益共赢。

专业信息咨询服务

上海中期研究所分析师每日提供期货行情和常规的资讯服务，并定期或不定期提供客户各类研究分析报告，为企业研判期货行情提供实用参考。对有套期保值及交割需求的企业，还将与企业保持充分沟通，提供相互交流的信息平台，以及期货保值和投资业务的专题培训。

交割环节全程服务

上海中期为企业提供从套保额度申请到交割等所有环节手续的服务。并且可以为企业在入库、审批、检验等环节提供配套服务，从而帮助投资者提高交割效率。

互联网 + 期货

“金领学堂”金融教育平台

——传递价值　成就你我

金领学堂（www. jinlingxuetang. com）为上海中期期货重点打造的金融教育平台，通过互联网教学的方式提供及时高效的投资咨询、交易指导服务，平台内容涵盖期货、股票、基金、期权、从业资格考试、债券、私募、泛金融类等众多课程类型，并且有针对性的对各类课程进行进阶分类，充分满足不同阶段的投资者或金融爱好者的学习需求。金领学堂将用专业品质，延伸金融价值。

上海中期期货官方网站

上海中期期货官网是期货行业领先的网站之一，客户可在官网浏览公司公告、获取行业资讯和期货网上开户等基础操作，并且具有积分商城、策略超市和财富中心等特色功能。

上海中期期货官方微信平台

上海中期期货官方微信平台每日定时推送公司公告、行业资讯和研发报告等内容，具有“微开户”、“微服务”、“微中期”三大自定义菜单板块。无需打开网页或者安装手机 APP，就可借用微信平台自主获取期货开户、常见业务办理信息和微信期货行情等内容。

上期资本管理有限公司

上期资本管理有限公司（简称上期资本）成立于 2014 年 10 月 30 日，是国家工商行政管理局核准的独立法人公司。公司注册资本金 1 亿元人民币，全资控股股东为上海中期期货股份有限公司。

2014 年 11 月 26 日，上期资本已在中国期货业协会完成备案，目前依照《期货公司设立子公司开展以风险管理服务为主的业务试点工作指引（修订）》正式开展期货风险管理的相关业务。

作为上海中期设立的风险管理子公司，上期资本秉承服务实体经济的宗旨，致力于为广大产业客户提供一揽子以风险管理为核心的高端金融服务产品，并运用成熟的资本运作模式和专业管理理念与方法，为企业提供风险管理平台及人才培养基地。

【社会责任】

作为中国期货市场的一个知名品牌，承担社会责任也是上海中期品牌所赋予我们的天职。我们深知公司在期货市场的良好声望，来自于投资者对我们的认可，来自于方方面面对我们的鼓励，这是社会给我们的回馈和肯定。

多年来，公司积极践行企业社会责任，对股东、员工、投资者、期货行业、金融市场等利益相关者以及社会与环境的可持续发展所应承担的经济责任、法律责任和道德责任。

公司治理结构与管理体制实践

上海中期以权责制衡的现代企业法治管理为原则，拥有责权明确的现代企业法人治理结构。

经济责任与业绩实践

上海中期是自成立以来连续二十多年保持盈利的期货公司。多年来，上海中期代理期货交易量及交易金额始终名列行业前茅，公司期货代理收入、利润等经济效益指标也同样处于业内前列。

社会责任与业绩实践

–积极致力于投资者教育与权益保护，组织参与各种投资者教育活动。

–重视员工权利，积极推动员工福利的改善与社会保障的落地；注重员工培训与教育；公司文化内刊《上海中期》已成为反映公司员工精神面貌的一个重要窗口，获得各界好评。

–上海中期多年来受到交易所及各种媒体的好评，先后荣获行业各项大奖。

–为进一步践行企业社会责任，提升上海中期社会价值贡献，公司于2015年初启动慈善专项基金项目。公司慈善基金用于贫困助学、紧急救灾等各种慈善公益项目。成立慈善专项基金后，公司已先后举办了慈善义拍及山区贫困助学等多场活动。

环境责任与业绩实践

上海中期积极响应当前环境可持续发展需要，落实低碳发展要求，研究期货市场服务低碳经济发展，并把节能环保体现到日常工作中去。

联系方式：
地址：上海市浦东新区自由贸易试验区世纪大道1701号1301单元
总机：021－60209188
客服热线：400－670－9898

■ 媒体聚焦

上海中期以更专业的服务回报投资者

在已经过去的2017年，期货行业“迎新”也“怀旧”，商品期权的推出、新品种的上市、国际化的推进，都为行业带来了新气象，而服务实体经济的热议又是行业这一年找回的初心。在已经开始的2018年，作为业内最重要的参与者，期货经营机构将面对怎样的机遇与挑战？近日期货日报记者有幸采访到上海中期期货总经理许一峰，来结合公司情况做出深入解答。

从产品内涵上完成自身转变

“2017年，对期货行业来说是富有意义的一年，国家政策引导将期货从原有的套期保值、发现价格功能，提升到服务实体经济的高度。对期货经营机构来说，过去一年除了经营利润上升，更重要的是不忘期货行业初心成为行业共识。期货经营机构为实体经济服务是安身立命之本，需要不断提升自身服务实体经济的专业能力。”许一峰告诉期货日报记者，2017年，上海中期顺应市场趋势转变，迎合国家政策引导，在注重合规经营的前提下，对每位投资者的服务都提升了档次，尤其是实体经济产业客户。从期货经营机构能为投资者带来正确投资理念的服务入手，帮助投资者梳理策略，转变投资理念。

在他看来，2017年期货经营机构的升级换挡只是开始。随着更多期货、期权品种挂牌上市，风险管理工具将变得更加丰富，产融结合将更加深入，必然会催生企业更多的风险管理需求。2018年必将是机遇和挑战并存的一年，最大的机遇还会是国家政策的引导和企业需求的增长。同时，机遇也会创造风险，期货经营机构要不断应对市场需求，与时俱进，加强产品创新，提高风险管理水平，从产品内涵上完成自身转变。

许一峰表示，2018年，上海中期的经营之重还是服务市场、服务投资者。公司将理清期货行业服务实体经济的思路，做好切实可行的投教工作，并把合规工作放在首位。2017年，上海中期正式在新三板挂牌，这对公司经营是一个里程碑。2018年，公司将继续配合挂牌新三板的契机，提升自身经营水平。新的一年，无论是对公司、团队，还是市场环境，许一峰都充满了希望。

探索和发展新型的商业模式

实体企业可以通过期货市场实现套期保值，提升经营实力，可一旦运用不好，风险可能随之而来。在服务实体企业方面，期货经营机构不应该只提供对冲风险的通道和咨询服务。许一峰认为，服务实体企业应该是期货公司着重打磨的一项功夫，要多做基本功，增强与实体企业之间的联系，看到企业的实际需求。他说：“原来只做经纪业务和企业不够贴近，场内外期权产品的发展为企业个性化服务提供了可能。公司希望打造团队，进入实体企业中，为企业设计符合需求的产品。”

据许一峰介绍，上海中期风险管理公司上期资本管理有限公司（下称上期资本）自2014年年底设立以来，与国家经济政策相适应，稳中求进。经过两年运作与探索的上期资本已成为公司新的利润增长点，是公司服务实体经济的重要抓手。不过，目前期货公司风险管理公司还处于商业模式探索的最初阶段，业务模式还不够丰富，自身实力还有待加强，拥有巨大的发展空间。2018年，在确保上期资本严格遵循风险可控的经营前提下，为巩固现有成熟商业模式，扩大经营成果，上期资本将通过优化业务管理流程，完善内控制度，强化人才队伍，探索与发展新型商业模式。

许一峰向期货日报记者表示，2018年，上期资本的工作重点将是完善与强化内控机制，提升业务实践与创新过程中的风险研判能力，在风险可控的前提下，巩固现有的成熟商业模式，放大经营成果。在此基础上，继续强化风险管理公司平台建设，不断探索与创新商业模式。积极引进衍生品市场专业人才，在风险可控的基础上，逐步提升成熟商业模式业务量，实现规模经济效益。

此外，场内外期权的发展也为期货经营机构提升自身产品及服务能力创造了契机，所以上海中期也将抓住商品期权上市契机，全力推动公司期权经纪业务的开展。除了组建期权事业部，以市场化机制引进人才组建期权业务团队外，公司还将组织全员期权业务培训，扎实做好员工期权业务培训，支持业务部门针对客户举办期权培训与推广。另外，在期权事业部做好期权经纪业务服务的基础上，公司还将加强期权产品的研发，为上期资本开展场外期权业务以及“期权＋保险”等服务实体企业创新模式提供专业支持。

期权业务将成为期货公司未来业务的核心，但市场建设初期，一方面，技术与人才成本将限制期权业务的快速发展；另一方面，期货公司对期权业务风险的认识不足也可能带来巨大的风险隐患。为此，上海中期将研究设立第二家风险管理公司，在支持期权等新业务的前提下，从组织架构上彻底隔离期权业务风险。

重新打造期货资管业务团队

事实上，在服务实体经济方面，期货经营机构的资产管理业务也能有所作为，可以根据企业需求来指定产品。许一峰认为，风险管理和资产管理是同时的，2018年公司资产管理业务的发展，将围绕打造自主期货资管团队、培育自有资金运作管理能力展开。

现在，期货公司资管业务的核心是向自主管理转型。上海中期在重新打造自主期货资管团队、重塑期货资管业务品牌上做了大量投入，将资产管理部整合合并财富管理中心，重新打造期货资管业务团队。“我们用市场化引进资管高端海归人才，聘任海外成熟资管人才，重组资管业务团队。目前已经形成以博士、硕士等以上高学历人才为主的业务团队。”许一峰向期货日报记者介绍，同时，及时梳理了近年来公司资管产品业务当中，成熟的基本面量化对冲、对冲套利、统计套利等资管策略，建立公司资管策略库，并不断丰富策略类型和内容。在此基础上，重点根据银行等金融机构需求，设计期货资管产品，争取实现公司资管业务与金融机构合作在规模上的突破。

另据介绍，上海中期在取得银行间债券市场准入资格后，筹备参与银行间债券市场的投资和交易，设立了固定收益部，通过引入先进金融机构的服务，培育公司固收业务团队。在探索公司固收业务模式方面，通过与外部金融机构合作模式，培育公司固收业务模式，初步形成了公司自有资金的运作管理能力和效益。未来，公司将继续以谨慎稳健风格，固定收益业务以低久期、低杠杆策略为主，积极探索固定收益业务等商业模式，为辅助公司资产管理业务进入固收领域打好基础。

启动混合所有制的引进工作

随着原油期货等国际化品种上市在即，我国期货市场正逐步走向世界舞台。许一峰表示，上海中期对原油期货的准备工作从三年前就已经开始。2018 年，上海中期将以提升公司专业服务水平和整体经济效益为目标，继续推动公司由传统单一期货经纪商向能源产业链综合风险管理服务商转变。抓住原油期货上市契机，推动期货市场投资者培育和发展市场营销工作，做强经纪业务，巩固市场份额。同时，培育国际运作能力，推进国际业务的开展。在传统业务层面，在原有依托合作模式满足客户开展外盘业务需求的基础上，加快香港公司设立进程，实现境内外市场联接服务能力。

2017 年，对上海中期来说，最具里程碑的事件是挂牌新三板。上海中期用新三板的要求来规划公司的管理和发展，更为看重核心竞争力的打造。核心竞争力是企业持续获得超额利润的能力，是公司长久发展存续的保证。另外，对公司的经营模式也在不断优化，经营模式关系到公司业务的描述和财务核算的正确性，这些改变都有助于进一步深化公司规范运作、科学管理。许一峰表示，公司在全国股转系统完成挂牌后，将尽快启动混合所有制以及战略投资者的引进工作，为 A 股上市打好基础。

最后，许一峰还特别感谢上海中期的股东和每一位投资者，正是由于股东的长期支持，投资者对期货服务的需求，才让公司做得更好。公司的发展都是在为投资者服务的过程中得到提升，产业服务能力也在服务客户的过程中得以成长。未来，上海中期将继续对市场和投资者负责，为客户和股东做好服务。

（来源：期货日报）

海通期货股份有限公司

一、海通期货简介

海通期货股份有限公司是海通证券控股的专业期货公司。公司注册资本人民币 13 亿元，是国内三大期货交易所全权会员，中国金融期货交易所全面结算会员。公司在全国设立营业网点 41 家，首批获得期货投资咨询业务资格、资产管理业务资格、基金销售业务资格和股票期权交易参与人资格，获准进入银行间债券市场。公司在业内首批设立了风险管理子公司——上海海通资源管理有限公司，海通资源注册资本为人民币 2 亿元，主要从事仓单服务、定价服务、合作套保、基差交易、做市业务及与风险管理服务相关的业务。公司并设立香港子公司——海通期货香港有限公司进军国际金融市场，海通期货香港设立于 2015 年 10 月，注册资本为港币 7000 万元，已获得香港证监会第 2 号（期货合约交易）和第 5 号牌照（就期货合约提供意见）。

二、海通期货发展情况介绍

海通期货长期以来深入贯彻落实中国证监会“期货市场服务产业经济和国民经济”的精神，着力打造人才集聚平台、技术领先平台、业务创新平台和科学管理平台，努力发挥期货公司服务实体经济的基本职能。海通期货的发展历程是中国券商系期货公司发展壮大的缩影，也是券商系期货公司的一面旗帜。经过十余年辛勤耕耘，海通期货从最初默默无闻发展为业内规模实力领先、品牌影响力卓越的期货公司。自 2010 年以来，公司业务规模已连续 7 年稳居行业前五，其中 4 年排名前三，在金融期货和众多主要商品期货品种上具有极高的市场份额。海通期货的发展与成长不仅体现在业务规模、市场份额、营收利润，更体现在十余年间建立的专业化团队，和依靠团队在市场中积累的经验、塑造的良好品牌形象。海通期货主动践行金融企业的企业公民职责，对内强化业务培训、对外强化投资者教育，切实维护投资者尤其是中小投资者的合法权益，促进资本市场长期稳定健康发展。公司坚决贯彻落实国家精准扶贫战略，以“保险 + 期货”和“场外期权”模式为载体，切实为贫困地区实体经济提供风险管理服务，持续推动专业帮扶、精准扶贫，目前已陆续开展河南睢县鸡蛋，云南勐海县、西畴县、广西隆安县白糖，海南琼中县橡胶，黑龙江明水县玉米，黑龙江桦川县大豆等精准扶贫项目。

海通期货在经营过程中所树立的迎难而上、创新进取、技术领先、市场化运作、合规风控稳健及负责任的企业公民等形象，受到监管部门和社会各界的充分肯定。公司获得上海市总工会颁发的“工人先锋队”荣誉称号，是中国期货业协会理事单位、上海期货同业公会副会长单位、上海期货交易所监事单位、郑州商品交易所资格审查委员会委员单位和大连商品交易所战略咨询委员会委员、陆家嘴金融城理事单位。2016 年度，公司荣获上期所优秀会员 30 强、郑商所市场发展优秀会员、大商所优秀会员金奖、中金所优秀会员白金奖等交易所奖项逾 40 项。发展十余年间，公司也逐渐形成了一些比较鲜明的特色：

一是坚持创新引领企业发展。期货行业的竞争非常激烈，高度市场化的运行机制在一定程度上保障了公司能够更加有效地面对监管政策和市场环境变化，并拥有较大的创新空间。海通期货在业内最早大规模设置营销渠道，目前在全国主要城市铺设营业网点 41 家；在业内首家上线 CTP 交易系统，这一系统具有速度快、容量大、开放式接口等特点，吸引大量客户，近几年来国内绝大部分期货公司都已上线该系统，推动行业的技术水平向前大步迈进；在业内首家通过 ISO 质量管理体系认证，受到上海证监局高度认可，并在辖区内推广；首批获得投资咨询、资产管理、基金销售、股票期权交易等业务资格，在上海自贸区设立了首家风险管理子公司，在香港设立了子公司进军国际市场。

二是坚持"一体两翼"战略布局。"一体"就是以期货经纪业务为主体，"两翼"指的是资产管理和风险管理。传统经纪业务是期货公司发展的基石，海通期货以极速行情和交易系统为切入点，为国内外投资者提供全球 24 小时交易环境，努力提升经纪业务市场占比，打造客户流、资金流和信息流的平台，为开展创新业务奠定根基。2016 年，以单边计算，公司代理成交金额 16.49 万亿元，市场份额 8.43%，行业排名第一；2017 年上半年，公司经纪业务市场份额再创新高，代理成交金额 8.5 万亿元，市场占比 9.89%，在上期所、郑商所、大商所的市场份额均排第一，在中金所市场份额保持行业前列。公司积极发挥期货公司在衍生品领域的专业优势，发展自主管理型资管业务及期现结合业务，服务实体经济，拓展创新业务空间。在资管新规框架下，公司资管业务努力回归期货本源，着力发展自主管理业务，重点打造了"远航私募专享 FOF 系列"产品，并结合公司"笑傲江湖"实盘大赛平台，吸引期货私募产品加盟，扩大产品规模。风险管理业务方面，公司依托风险管理子公司平台，为实体企业提供合作套保、仓单服务、定价服务、基差交易、做市业务等风险管理服务。公司积极响应国家与监管号召，大力发展期现结合业务，通过开展场外期权及其他衍生品的设计和交易，为实体企业和金融机构提供有针对性、定制化的风险管理产品和解决方案，充分运用金融衍生品工具助力实体企业管理风险、稳健运行。公司风险管理子公司在不断扩大服务外延的过程中积极探索业务模式创新，其中为中金蒙矿提供的预销售定价服务具有为实体经济提供专业特色服务的典型意义，该项目论文获评上期所"2017 年期货市场服务实体经济"征文活动二等奖。

三是持续打造"人才、IT、风控、研发"四根支柱。海通期货坚信人才是企业发展的第一动力，目前已集聚了一批卓越的人才团队，员工人数逾 600 人，其中硕士以上和具有海外工作经验的员工占比近 20%。公司每年在 IT 方面大量投入，达到三类信息技术标准，首家上线 CTP 系统，推出了自主研发的高速行情系统，构建了业内首个双中心双活交易集群系统，致力于打造永不中断的核心交易体系。公司一贯积极推行 ISO 质量管理标准，致力于全面改进内部管理、提高客户服务质量，继 2009 年在业内首家引入 ISO9001:2008 质量管理认证体系后，再次成为首家通过升级 2015 版审核的期货公司，并连续多年获得"质量管理体系分类监管 AAA 评级"，推动内部管理更加规范高效。为进一步强化研究支持力度，提升客户服务能力，公司重新构建投研体系，致力于打造一支高素质、专业化的研究团队，为客户提供更专业、更优质和更可靠的服务。

四是倡导积极向上的企业文化。海通秉持"勇于担当、矢志创新、追求卓越"的核心价值观。在这种价值观的影响下，海通团队朝气蓬勃、锐意创新，具备干事创业的激情、勇担责任的心态、追求卓越的意志、敢于创新的魄力、敬业奉献的作风，致力于打造一流团队，提供一流服务，树立一流品牌，创造一流效益，争创国内规模大、实力强、服务全的新型期货公司。

展望未来，为适应实体经济、金融市场和国民理财需求，海通期货将紧密围绕"市场化、多元化、国际化"三条主线，以传统经纪业务为主体，以资产管理业务和风险管理业务为两翼，努力构建"期货与现货、场内与场外、国内与国外、经纪与交易、线上与线下"一体化发展格局，向"总部集团化、业务模块化和职能一体化"管理模式转型，力争成为国内一流并具有一定国际竞争力的金融衍生品综合服务企业。

做股票投资领先的多资产管理专家

——记景顺长城基金管理有限公司

经营一家资产管理公司，是立足长期战略还是短期规划？是坚守主动管理还是多业务取胜？在舍与得之间，坐落于深圳的景顺长城基金 15 年前就有了答案。

"基金公司的主业是资产管理，打造过硬的主动投资能力、为持有人赚取持续稳定的回报，这是基金公司最核心竞争力，也是景顺长城过去和未来都会一以贯之的坚守。"景顺长城总经理康乐一语道出公司经营大方向。

百舸争流的大资管混业时代来临，中国基金报记者日前访问了康乐，对于景顺长城的未来，康乐直言，景顺长城将巩固权益投资的领先地位，打造一流的多资产管理能力，做股票领先的多资产管理专家。在发展上慎思笃行，坚持有所为有所不为，确保勤勉尽责，以客为重。

履新背后的"传承"

诞生于标志着公募基金走上规范发展道路的《基金法》颁布的 2003 年，景顺长城基金是行业内第一家中美合资基金公司，2018 年初景顺长城迎来了新的总经理——康乐，他拥有超 16 年金融从业经验，谈及掌舵景顺长城的思考更多是"传承"二字。

2011 年就加盟景顺长城的康乐，曾先后担任机构业务部总监、公司副总经理，在行业内属于"内部提拔"的总经理；同时他曾在中国人寿、中金公司此类中资机构任职，也曾在景顺长城外方股东景顺集团亚太区担任过销售经理和北京代表处首席代表。在康乐履新的 2018 年，景顺长城全方位实现无缝对接，背后正是他对景顺长城理念和做事方式的理解。

景顺长城是一家典型合资公司，股东方是全球最具规模的上市资产管理公司之一的景顺集团，以及亚洲最大的电力集团华能集团旗下长城证券。据康乐介绍，成立于上世纪 70 年代的景顺集团，长期立足于传统资管业务，并有着运用于成熟市场多年的投研框架和从基本面出发的扎实投资方法。因此景顺长城在“出发的起点”就坚定地选择将主动管理投资业务作为公司的核心，同时成立之初就借鉴了外方股东的投研框架和投资理念。

在基金业不断发展的20年间，类似坚定走这一路线的基金公司并不多见。

康乐介绍景顺长城发展脉络中，也确实体现出对主动管理业务的坚守，并且不会因为排名、收入、规模去做偏离传统资管太远的业务。自2003年开始景顺长城无论市场牛熊，始终稳扎稳打聚焦于主动管理能力，而不会因为市场追捧什么就布局什么，比如曾经很热门的保本、分级等产品，景顺长城基金都没有参与。比如这些年迅猛壮大的货币市场基金，景顺长城也鲜少参与冲规模，而是以“内规严于外规”最大限度保证安全性和流动性。

但另一方面，景顺长城看准的“新领域”就准备充分、重拳出击、厚积薄发。如过去对固定收益投资、量化投资的布局，景顺长城基金都经过精心投入和积累，几年后迎来该领域业绩和规模的爆发。

“我要做的，是将景顺长城过去15年优秀基因延续下去，并取长补短持续发展。”康乐表示，目前他正在思考的是如何把海外先进经验更有机地跟本土化结合到一起，以迎接日益国际化的资管大时代。

平台共性和员工个性

提及景顺长城，业内第一反应往往是“投研能力出色”，不仅股票投资方面屡次斩获出色业绩，而且投研人员稳定性也高于同业，背后的原因是什么？对此，康乐认为，是“平台共性”和“员工个性”良性共振使然。

康乐介绍，景顺长城在投研队伍建设上有一套贯彻15年的“共性”投资原则和风格。“宁取细水长流，不要惊涛裂岸”，这一投资理念是景顺长城基金成立伊始确定且持续坚守的。在这一投资理念之下，不博短期业绩、不追事件驱动、不炒题材概念已经深入人心。整个投研框架核心也是基于基本面出发选择好公司，不拘泥于价值或成长，重点选择好的市场空间、好的管理团队、好的财务数据、持续成长的公司。同时，在基本面投资的前提下，鼓励基金经理形成自己的风格。

在鼓励基金经理形成自己风格上，景顺长城也愿意下大功夫：一方面会通过梳理总结等方式帮助新上任基金经理寻找适合自己的风格；另一方面会针对基金经理风格漂移进行纠偏，拥有完善的季度回顾制度，来检视基金经理的操作和风格匹配度。“通过非常细致的风控指标来分析基金经理一个季度的持仓，交易逻辑、持仓风格、估值、流动性等，看看是否与其投资风格一致。”康乐介绍。

康乐表示，这背后逻辑是希望基金经理的投资能力和业绩是可解释、可预测、可重复的，因此特别强调基金经理形成稳定的风格，不随市场行情变化而轻易发生偏移。

“在共性的基础上尊重基金经理的个性。”康乐直言，所谓“个性”是寻找到基金经理能力圈并为其创造发挥所长的环境氛围。多年积累下来，投研团队中出现了如价值投资长跑型选手余广、均衡风格刘彦春、注重安全边际的鲍无可、成长风格杨锐文、擅挖黑马股的李孟海等各有特色的基金经理。“个性风格”也让团队并不是只在某一风格流行时表现得好，而是各种市场行情都能驾驭。

基金经理拥有充分决策权

除了帮助基金经理树立并稳固自己的风格外，景顺长城投研体系另有两大鲜明特色——给与基金经理充分决策权，以及坚持考核长期化。

与不少公司注重一年期业绩考核不同，景顺长城对基金经理的考核三年五年期占比更高，康乐透露，这是公司成立之初就确定的投研考核机制，也是海外经验结合本土实际的一种安排，更长期的考核避免基金经理在投资行为上短期化，保持与持有人利益一致，也促使基金经理更加勤勉尽责。

不仅业绩考核长期化，给与基金经理充分投资自主权也一个特色。“没有任何人有权力限制或影响基金经理投资，投委会往往对大类资产等做建议，却并不会干预基金经理的决策权。”康乐表示，基金经理对投资决策全权负责，而他同时也强调，在投研体系看似较为宽松的运作体系背后，也是有非常严格的风控体系和淘汰机制的。

目前景顺长城的投研风控体系也是参考海外标准，其中包括很多与国际接轨的细化要求，核心是希望基金经理不要走极端、不要追涨杀跌、或者炒作题材概念。近年来A股市场黑天鹅频出，景顺长城也建立了相应的“排雷机制”，当股票进入股票池时，投研和风控会进行“排雷”，也就是检查是否有股票会有“黑天鹅事件”，比如大股东质押比例太高、或某一项财务状况明显有问题等，若存在“黑天鹅事件”的可能性，管理层会与基金经理积极沟通处理，不过这种情况并不常出现。

景顺长城对基金经理的考核注重中长期业绩，因此即便基金经理短期业绩考核不佳，“客观分析是个人能力问题还是市场短期风格问题”，给予比较长的考察期，并不会施加压力。在这种宽松的投研文化中，相应的淘汰机制也是有的，“三年以上业绩不佳，风格不清晰且难以调整的基金经理存在淘汰的可能”，康乐介绍，投研团队整体氛围是积极进取的，希望每位投研人员在景顺长城是不断进步和提升自我价值的，多年下来实现了整体优秀，淘汰的案例相对少见。

不一样的人才战略

大资管时代竞争，优秀投研人才缺乏是必然现象。如何吸引优秀人才、留住优秀人才成为各家基金公司的“难题”。康乐直言，景顺长城留住和吸引人才，没有靠组建事业部、股权激励等方式，更多的是通过平台和文化吸引人。

在基金经理薪酬机制上，景顺长城采取了“业绩考核为主”的方案。康乐直言，这样的安排是不希望基金经理过度看重规模，更期待基金经理缔造出优秀业绩，以优秀业绩赢得持有人的认可。

同时，景顺长城投研团队的氛围提倡互相尊重、平等沟通，团队内部交流顺畅。康乐表示，通过宽松的氛围打造一个较好的投研文化，同时运作规范、相对职业化和多年积累的品牌认同，对优秀人才也有吸引力。

“提高投研人员自身市场价值，景顺长城也做了很多工作。”康乐表示，不仅在管理上有一套成熟机制帮助基金经理提高投资能力、明确投资风格，提供了个人成长空间，还有海外培训机制等。另外，景顺长城也有较好的人才“传帮带”培养序列，有明确的上升通道。不少过去明星基金经理的助理经过几年投资实践，现在已然成为新一代明星基金经理。

“创造较好的投研土壤，给与投研人员空间和时间去发挥,在这一过程中自身价值也能提高,形成正向循环,这是我们希望看到的。"康乐表示。在这样的投研文化中,团队也确实保持了稳定,景顺长城基金在过去多年里基金经理离职率明显低于同业。

延展综合管理实力

时代快速发展给基金业带来新的机遇和挑战。景顺长城基金正逐渐从"股票投资专家"延展出坚实的综合投资管理实力,向"多资产管理专家"迈进。

作为合资基金公司,景顺长城跨境投资布局非常稳健。康乐介绍,一方面今年新获批了 QDII 额度,会跟产品线齐全、投资能力较强的外方股东合作,计划将一些好的产品引进来;另一方面,景顺长城在跨境这一块布局较早,不仅第一个发行沪港深产品,也是 MSCI 产品线最全的公司。未来也会正在"外资走进来、国内资金走出去"的大趋势中做好积极布局。

量化投资领域也已经成为继股票投资后景顺长城的又一张"名片"。据康乐介绍,未来在已经形成优势的量化项目上,还将进一步拓宽量化的产品线,布局宽基增强、主动量化、量化对冲等产品。他强调不会单纯追求规模,更期待保证超额收益。

在互联网业务领域,景顺长城也有长远规划,将 15 年锻造出的多资产管理能力通过互联网技术向外输出,与大型电商平台深度合作,为投资者提供更多元化的服务。康乐提出,电商平台起到越来越重要作用,一些平台提供给基金公司运维空间可对接终端客户,将积极做好运营;另一些平台,销售模式从单只产品转向组合策略模式,也是来重点布局的重要发展战略。

此外,康乐还提及注重提升客户投资体验,期待更多和传统银行渠道合作加强投资者教育工作,让投资者更清晰了解产品特征、明确产品与自我投资目标、风险承受力的匹配程度,同时关注与客户的沟通,引导其合理预期等。

把握养老时代来临大机遇

谈及公募行业的发展前景,康乐对此很乐观,他认为养老金入市是一个大机遇,国内公募基金发展空间广阔。

"养老金等长期资金入市可谓是四赢,国家可以解决一定的养老问题、投资者可获得收益、资本市场会因长期资金引入而比较稳定、基金管理人也能发挥自己优势利于行业发展。"康乐表示,其实对比美国就已经做到"养老社会主义"——全民通过养老方式持有市场上主要公司股票。他直言对基金行业未来较有信心,期待一同把"蛋糕"做大。

景顺长城基金很重视潜在的养老金业务机会,在养老金方面也做了相应的布局。景顺长城基金的外方股东景顺集团在美国、加拿大、中国香港等市场有很成熟的养老金产品和管理经验,景顺长城基金未来有望在养老金投资领域大展拳脚。

目前景顺长城正在积极筹备相关养老目标基金产品,前提是"更希望把投资能力的基础扎牢,业务战略规划做好,资产配置、基金筛选、组合投资等流程和框架搭建完整,团队磨合得更好",康乐认为开始阶段宁可稍微慢一点也要稳一点扎实一点,期待未来的厚积薄发。

对于景顺长城基金的未来,康乐也有很多规划,他直言做"中国资产管理行业持续领跑者"是景顺长城的长期愿景、也是不变的长远目标。而这三、五年的战略目标,则是巩固权益、量化等投资优势,建设多资产管理能力,成为股票领先的多资产管理专家,目前景顺长城正瞄准这一目标全力出击,业绩属于第一梯队的景顺长城,未来也期待在规模体量和综合评价上能攀升至第一梯队。

(来源:中国基金报)

砥砺奋进　载誉前行

——记华宝信托有限责任公司

华宝信托有限责任公司成立于 1998 年,是中国宝武钢铁集团有限公司旗下的金融板块成员公司,宝武集团持股 98%,浙江省舟山市财政局持股 2%,旗下控股华宝兴业基金管理有限公司(中法合资)。

秉承大股东一贯的严谨稳健、诚信规范作风,华宝信托以专业化和差异化发展为基本战略,以资产管理与信托服务为两大主业,立足资本市场,不断强化能力建设、渠道建设和品牌建设。公司业务门类齐全、专业化分工清晰、团队阵容整齐、主动管理与创新能力强大、业绩持续良好。

十九年来,华宝信托从未停止奋进的脚步,多项业务资格或行动处于行业领先地位。公司坚持创新发展、稳健经营、布局转型,不断提升公司风险控制与中后台运营能力,在有效防范信托公司风险的同时,推动公司稳健发展,打造中国领先的特色金融服务商。2016 年,公司获得了中诚信国际 AAA 最高主体信用评级,受邀入股中国信托登记有限责任公司,并获得多个外部奖项。

在战略布局上,华宝信托以机构、高端客户的需求为核心,由客户经理和专家团队为其在涉及私募证券、私募股权(含产业基金)、房地产基金等另类投资领域提供个性化、专业化的投资规划和资产配置,重点打造并扩大公司在证券、投融资、产业金融深度服务、国际业务、信托服务等领域的专业管理能力优势。

目前,公司为中国信托业协会第三届理事会副会长单位,公司董事长任中国信托业保障基金有限责任公司董事。

耕耘结硕果

历经岁月洗礼,华宝信托始终坚守"受益人利益最大化"的理念,不断创新业务、沉淀品牌,为客户兑现财富的每一种可能。

华宝信托为投资者创造了良好收益,1998 - 2016 年累计为客户实现收益 1326 亿元。2006 年起,公司进入快速发展阶段,2006 - 2016 年累计清算信托项目 1113 个,成功兑付率 100%。截至 2016 年底,华宝信托管理的信托资产规模逾 5300 亿元(含年金)。同时,华宝信托也为股东创造了良好收益,自 1998 年成立以来,公司连续十九年都实现盈利。

此外，公司还在品牌宣传、信息化建设、客户服务等方面持续发力，已经形成以核心业务系统为中心的业务支撑、营销活动以及客户服务体系，有力地支持了公司管理能力和客户体验的提升，构建了特有的高端品牌优势。

这一成绩源自华宝人的尽责、专业和协作，不畏成长之路上的种种困难，奋发图强，不仅使得华宝信托形成了自身业务的多元化、专业性、行业认同和客户口碑，更彰显出不俗的品牌效应和行业影响力。

扬帆再起航

近年来，在实体经济增速放缓、信托行业转型发展的大背景下，华宝信托顺应市场和行业发展趋势，“识变、应变、求变”，明确了以受托/资产管理业务模式作为发展方向，并持续推动业务转型，顺应监管要求，注重风险控制，提高主动管理水平。

华宝信托是业内较早开始海外业务布局的信托公司，获批 QDII 投资额度 19 亿美元。公司继续开拓国际业务，借力全球市场的丰富投资物和金融工具，为客户实现全球资产配置，并积极拓展推出海外员工持股计划。

华宝信托深入推进产业深度金融服务业务，逐步由宝武集团内部企业向集团外部客户延伸，切实解决实体经济发展过程中的资金需求，并在 2017 年成功落地实施了创新型财产权信托业务模式。

作为国内唯一一家拥有“法人受托机构”和“账户管理人”两项资格的信托公司，华宝信托继续发展薪酬福利信托，做好人力资源管理综合金融解决方案的供应商，保持公司在该项业务的市场领先优势及行业地位。

为了解决高净值客户在家族财富治理和传承中的一系列问题，华宝信托在 2016 年正式启动家族信托创新业务，组建了一支来自于海外家族信托机构、国内私人银行、律所等的专业团队，已形成“世家华传”和“基业宝承”两大子系列，以满足客户对财产保护、财富传承、经营管理、信息保密、税务优化等多方面的需求，并逐步扩展至家族企业治理、家族关系协调、家族精神传承等多层次领域。

“逆水行舟当进取，激流勇进奋争先。”展望未来，华宝信托将继续围绕核心优势战略布局，保持各类传统业务合规有序，并力创新的业务模式，注重风控且稳中求进，奋力以更大的收益回报客户的信任和托付。

创新管理机制更好服务集团战略发展

——记中国电建集团财务有限公司

中国电建集团是提供水利电力工程及基础设施投融资、规划设计、工程施工、装备制造、运营管理为一体的综合性集团。电建财务公司于 2015 年 12 月 18 日挂牌开业，注册资本金 50 亿元。公司成立以来，注重将司库理念融入企业管理，着力搭建平台、整合资源、提质增效、共享效益，在提升自身经营业绩的同时，对集团的综合贡献逐年提升。两年来财务公司累计为集团综合贡献逾 16 亿元。公司被金融时报评为“年度最具成长性财务公司”。

一、电建财务公司管理机制

（一）战略定位：打造五大平台

电建集团将财务公司定位为集团的资金归集平台、资金结算平台、资金监控平台、融资运营平台、金融服务平台，搭建集团统一的资金管理和共享服务中心，努力实现集团最优化的资金结构，更好地支持主营业务的发展。

（二）职能属性：服务属性和辅助管理属性

国务院国资委、中国银监会联合印发的《关于进一步促进中央企业财务公司健康发展的指导意见》指出，中央企业财务公司具备对集团成员企业提供金融服务的服务属性和作为集团总部管理职能重要组成部分的辅助管理属性。

电建财务公司成立之前，由资金管理部负责集团公司资金管理业务。财务公司成立后，集团做好顶层设计，通过制度安排，资金管理部与财务公司合署管理，集团公司总会计师兼任财务公司董事长，资金管理部主任与财务公司总经理由同一人担任，资金管理部原有人员全部平移到财务公司。集团公司与财务公司签订授权委托协议和授权书，将资金管理部职能全部委托给财务公司代为履行。

电建财务公司这种合署管理的制度安排，是《指导意见》精神的有力体现，得到了监管机构的大力支持，是财务公司组织机构模式的有益探索和实践，使财务公司兼具为成员企业提供金融服务的服务属性和作为集团总部管理职能重要组成部分的管理属性。既体现资金的财务属性，又强调其金融属性；既强调资金在企业运营中的“血脉流通”，又强调金融资源在集团决策分析和战略布局中的作用，实现了集团总部管控与财务公司专业化运作和价值创造的有机统一。

（三）管理模式：实行专业化、差异化管理模式

战略规划方面，将产融结合战略纳入集团整体规划体系，明确提出要以财务公司等金融产业发展，助推集团传统产业转型升级和战略性新兴产业培育。为此，集团委托财务公司编制了中国电建“十三五”金融业务发展规划和资金管理规划，财务公司也制定了自身“十三五”规划，以促进产融结合、融融结合。

业绩考核方面，集团公司对财务公司在管理上区别于一般的产业子企业，在经营计划、风险内控、用人机制、绩效考评、职工薪酬等方面实施专业化、差异化管理。目前，集团公司初步建立起以成本为中心的经营业绩考核机制，突出财务公司对降低财务费用、管控资金风险和保障资金需求等方面的作用发挥。

管理手段方面，集团公司委托财务公司制定《成员企业资金管理综合评价办法》，对成员企业实行分类管理，把财务公司对成员企业的授信额度与其融资担保预算、资金集中度、结算度、银行账户等挂钩，每季度对成员企业融资能力和资金管理水平进行管理评价，分类提供金融服务。

二、电建财务公司服务集团战略发展的主要做法和成效

（一）以资金集中为手段，最大限度整合内源资金，实现集团整体提质增效

集团以财务公司为资金归集载体。财务公司成立之初的 2015 年底，集团资金集中度仅为 22.23%，通过不断创新资金

集中工作思路,运用多种行政、市场的工作措施,截至 10 月末,集团全口径资金集中度达到 78.56%,财务公司资金集中度 51.84%,达到建筑行业财务公司先进水平。

加强平台建设,以流量促存量。公司在不断强化核心业务平台建设、扩展资金结算功能的同时,积极扩大银企直连,并通过建立银行“总分支”三级联动和“财企总分”四方协议的方式,解决了因资金归集导致各地银行分支机构利益不均的问题,结算业务笔数及金额随着公司的发展不断扩大。2016 年以来,共开通直连银行 9 家,开立银企直连账户 723 户,受理结算业务超过 15 万笔,结算金额超过 2.45 万亿元。

加强定价管理,以政策促稳定。公司制定了普遍高于商业银行的存款上浮比例,并对集中度达标的成员企业给予进一步优惠的存贷款利率,改善了存款结构,促进了存款稳定。目前公司成员企业协定存款占各项存款的 57.39%;定期存款占各项存款的 1.37%。

加强评价考核,以管理促提升。公司依据每季度对成员企业的资金管理综合评价,对成员企业资金管理评先及信贷政策、定价策略、产品服务等实施区别对待和分类管理。同时,以二级总部资金集中度为基础,围绕资金集中、账户管理、资金结算等设立相应指标,在 46 家成员企业中开展资金集中管理达标竞赛活动,31 家成员企业达标,推动集团总部资金集中度同比提高 17.49%,财务公司资金集中度同比提高 16.13%,有效促进了成员企业月末时点资金集中度和日均存款的提高。

(二)多维度建立银企合作新模式,统筹管控集团外部融资,保障集团改革发展和转型升级资金需求

近年来,随着集团公司结构调整的纵深推进以及 PPP 项目的快速实施,对资金的需求特别是低成本资金的需求也越来越强烈,财务公司作为集团融资运营平台的任务愈发艰巨。为此,财务公司认真学习研究中央关于金融服务实体经济的系列指示精神,持续改善调整债务结构,优化改进融资渠道,融资运营取得积极成绩。

加强集团融资、担保预算管控。预算编制充分体现降杠杆、减负债、防风险的要求,按照量力而行、效益优先、资金保障的原则,实现投资安排与债务承受能力相匹配,引导成员企业大力开拓小比例参股投资撬动 EPC 总承包项目,降低资金压力。加强融资预算执行管控,对于预算执行不力的企业,不定期约谈财务负责人;对于突破年度预算的企业,缩减新年度融资、担保预算额度,不给予发债额度、内部资金周转、切分授信、中间业务等方面的金融支持。

充分把握和运用好债务融资对企业快速发展的有效杠杆作用。财务公司着力加强与商业银行的合作,创新合作的理念、方式,既深化长远战略合作,又彼此尊重各自的风险理念和核心利益。在“总对总”框架下与商业银行开展多维度合作。一是推进银企同区域合作,先后组织国内五个片区的成员企业与商业银行签订了业务对接协议,组织集团海外各片区负责人与中国银行各海外支行行长面对面对接,双方携手开拓海外市场。二是推进银企跨区域合作。针对新能源开发项目点多、面广、单个项目规模较小的特点,将项目打包成群,统一融资条件,统一和一家商业银行合作,以新能源投资企业为平台,财务公司与银行联合牵头组建项目融资银团,实现高效、快捷融资。三是牵头重大项目融资。对于投资 20 亿元以上的项目,财务公司从项目运作初期就介入并统筹考虑融资事宜,实行竞争性磋商和协同机制,从上至下锁定融资边界条件,双方共同调动内部资源支持。近年来组织实施的大型项目融资基本上实现了无担保、无银团费、利率下浮等优惠条件。

加强内外市场联动,把准债市、汇市融资最佳时点,争取最优的直接融资。财务公司统一核定集团和成员企业的债券融资品种和规模,统一选定发行机构和中介机构,统一组织境外发债路演,提高债券发行效率,降低债券发行成本。2017 年首次采用境外 MTN 方式(“水星 III”),制定 25 亿境外美元债发行计划并成功发行第一笔,发行价格为 3.5%,刷新了相同信用评级企业境外发债利率新低。

(三)紧跟集团产业发展方向,不断丰富金融产品,全方位提高综合金融服务能力和成效

电建财务公司凭借双重属性对成员企业的了解、对信息的获取以及对风险的把握等方面的比较优势,金融服务既严格执行监管的要求,也结合集团实际优化相关流程,实施普惠金融政策,使得业务开展更加便捷、高效。

坚持精细化管理,提高金融服务的有效性。一是加强政策指引,做好“锦上添花”。对集团公司综合评价特级企业实施中长期授信,对 A 级企业和内部评级 AA 以上企业发放中长期贷款。目前,公司自营贷款全部投放到信用等级 A 级以上企业,信贷资产质量良好。二是合理安排信贷投放,做好“雪中送炭”。对内部评级 A 级以下的成员企业,发放集团公司委托贷款,对困难成员企业采取切割集团或母公司授信的方式进行帮扶,防止风险传递转移。2016 年以来,财务公司共批复授信 129 户次、授信金额 1200 亿元,通过发放自营贷款、委托贷款,有效缓解了当前社会资金面紧张、成员企业营运资金不足的局面,同时有效控制了融资规模。

大力发展特色金融服务,降低内部交易成本。先后开发了银行承兑汇票、内部保函、资信证明等多种融资产品,满足成员企业日益增长的多品种服务需求。公司办理承兑汇票、开具资信证明和内部保函均免收保证金。研究通过内部信用鉴证替代成员企业之间的银行保函、抵押金、保证金等业务,初步形成集团内部信用担保体系雏形。

以装备制造企业试点司库管理模式,深化综合金融服务。针对集团装备制造企业整体体量较小、经营相对困难的实际情况,坚持问题导向,量身制定了整体金融服务解决方案。经过近两年的推进,装备板块在集团内的融资达到其总体融资的 75%,财务公司承担了约 85% 的代理支付结算量,保函、银承等业务基本实现由财务公司办理。截至 10 月末,装备板块营业收入、利润总额持续增长的同时,融资总额增长较 2016 年降低近 28 个百分点。财务公司的综合贡献约占整个板块利润总额的 10%。司库管理取得阶段性明显成效。

发挥好集团资金池作用,突出短期、大额、高效的特点,通过内部资金调剂支持成员企业市场开拓。累计办理集团内部资金调剂 188 笔,其中以投标开具存款证明为目的的短期调剂资金 66 笔,单笔最大金额 47 亿元,促成成员企业多个项目的中标。

(四)将合规和风险管理贯穿业务开展始终,全方位强化资金监控,服务集团资金风险管控

财务公司作为集团“内部银行”,充分认识到确保各成员企业生产经营活动资金链正常是财务公司的基本职责所在。越是在货币政策收紧的时候,越要体现财务公司的价值。为此,财务公司持续强化风险意识和合规意识,多措并举强化集团资金监控。财务公司成立以来没有发生信用风险、操作风

险和违法违规事件。

加强银行账户管理。内部银行账户覆盖到集团所有三级企业。成员企业统一通过营运资金管理平台、财务公司、签约银行的直连通道操作资金收付，有效控制操作风险。通过财务公司统一的结算平台，实现结算集中、资金集中、信息集中，掌握成员企业资金动向。通过支付限额的计划管理模式和预算管理，提前掌握成员企业外部资金收支，对集团流动性管理发挥积极作用。

加强资金头寸管理。结合监管要求和集团实际，统筹考虑资金使用效率，建立并持续优化存贷款匹配模型，防范流动性风险。同时，合理配置短期同业存放、同业结构化存款，错期开展资金运作业务，在满足资金流动性需求的同时，资金收益实现了稳定增长。

加强项目资金风险管理。财务公司全程参与集团投资项目评审、决策，发挥资金监控平台作用，着重审查投资主体现金流情况、项目资本金来源，严控推高资产负债率的投资，严控垫资开展项目，针对每个投资项目出具资金风险审查意见，确保项目资金风险可控。

（五）孵化引领集团金融业务，拓展金融业态，推进更加紧密的产融结合和融融结合

财务公司组织筹建成立了集团基金管理公司。完成集团保险业务发展可研报告，正在筹建集团保险经纪公司。受集团委托制定集团外汇资金集中管理方案，正在积极筹备在新加坡设立集团外汇资金管理平台。

三、下一步发展思路

中国电建"十三五"发展的战略目标是：充分发挥"懂水熟电、擅规划设计、长施工建造、能投资运营"的能力和优势，把集团建设成为能源电力、水资源与环境、基础设施领域具有全球竞争力的质量效益型世界一流综合性建设投资集团。

按照集团的战略目标，本着"立足集团、服务集团"的宗旨，电建财务公司将深入学习贯彻党的十九大关于金融工作的最新指示，强化"搭建平台、整合资源、提质增效、共享效益"的各种举措，深化智能化手段的运用，积极推进"六个中心"建设，即：电建集团全球化战略发展的资金归集与结算中心、融资运营与管理中心、金融投资与孵化中心、外汇交易与管理中心、风险监测与控制中心、产业链金融服务中心，努力打造成为功能全面、服务专业、管理科学的电建集团金融服务平台。

下一步，电建财务公司将深刻学习领会习近平新时代中国特色社会主义思想的精神实质和丰富内涵，把思想和行动统一到党的十九大精神上来，加强与兄弟企业财务公司的学习对标，为新时代集团的转型升级和改革发展再创新价值！

北京三聚环保新材料股份有限公司

一、基本概况

北京三聚环保新材料股份有限公司是一家为能源清洁化、产品质量提升及生产过程的环境友好提供产品、技术及服务的综合性能源服务公司。公司成立于1997年，注册资本179339.3838万元人民币。公司于2010年4月27日在深圳证券交易所创业板上市，证券简称"三聚环保"，证券代码"300072"。

公司主要从事催化剂、净化剂等能源净化产品的研发、生产和销售；为煤化工、石油化工、天然气化工等能源化工行业及油气田开采业提供成套的催化净化工艺、催化剂、净化剂产品、装备及成套服务，以及可循环使用的净化剂产品等能源净化综合服务；为煤化工、石油化工、天然气化工等企业提供产业转型升级、原料改造、尾气综合利用、环保治理工艺技术、工程总承包、生产管理、综合运营服务等等整体解决方案、项目总承包、方案实施及综合运营服务；为企业的清洁能源产品和精细化工产品提供低成本的生产、物流、销售的增值技术服务；提供重油、煤焦油等重质、劣质原料加工的技术许可、成套工艺、核心装备、工程建造及相关技术服务；提供农作物秸秆等生物质综合循环利用生产炭基复合肥、土壤改良剂等产品的技术许可、成套工艺、核心装备、工程建造及相关技术服务，向新能源领域不断拓展。

二、经营情况与市场成就

2016年，公司实现营业收入1,753,110.15万元，较上年同期增长207.66%；实现营业利润188,670.06万元，较上年同期增长97.25%；利润总额为191,022.06万元，较上年同期增长98.32%；实现归属于母公司所有者的净利润161,705.30万元，较上年同期增长97.07%。

公司贯彻创新、协调、绿色、开放、共享的发展理念，按照国家优化能源结构、改善生态环境、发展循环经济的产业发展思路，着力推进供给侧结构性改革，坚持技术创新驱动发展，完善产业体系，推进专业化、产业化和多元化发展，重点开发应用单项核心技术和系统技术，推广应用煤炭清洁转化技术、重质原料悬浮床加氢转化技术、新一代脱硫新材料和净化剂回收循环利用技术以及煤油化生物质产业融合发展系统技术等，建立保护严密和流转顺畅的知识产权管理体系，支撑煤炭焦化企业转型升级发展，支持石油炼制企业拓展加工劣质原料和提升经济效益，支持天然气生产企业低成本脱硫，全面提升公司技术在国际国内市场竞争力。建立以三聚为核心的品牌体系，加大传播力度，提升品牌价值，与下游客户开展共赢的产业链延伸服务，打造能源服务的优质品牌。

三、公司荣誉

公司成立以来获得国家级高新技术企业、中关村高新技术企业、中关村国家自主创新示范区"十百千工程"企业、中关村创新型试点企业等诸多企业资质。是北京中关村企业信用促进会会员、北京知识产权保护协会会员、北京市专利试点先进单位，同时也是中石油能源一号网、物资装备网 成员，中石化"三剂"协作网成员单位，中石油和中石化一级生产供应商。

公司发展过程中，取得突出经营业绩的同时，也在各领域获得殊荣。"三聚"商标于2009年被评为北京市著名商标；2012年获北京质协质量评价中心"质量信得过单位"；2014年获"全国大气污染减排贡献企业"、中关村技术创新优秀成果奖；2015年获"十二五"节能减排先进单位、"十二五"石化行业最具创新力十佳企业称号；2016年获"十二五"中国民营石油和化工杰出贡献奖、全国企业管理现代化创新优秀成果(国家级)一等奖。

四、社会责任与大事记

北京三聚环保新材料股份有限公司将继续坚持技术创

新、商业模式创新、品牌创新和管理创新，坚持绿色发展，加快建设综合性能源服务公司，实现“天蓝、水清、地沃、人善”的低碳新能源梦。

联系方式：
地址：北京市海淀区西直门北大街甲 43 号金运大厦 A 座 8 层、9 层、13 层
邮编：100044
电话：010 – 82685562
传真：010 – 82684108
电邮：investor@ sanju. cn
网址：www. sanju. cn

林州重机集团股份有限公司

一、公司概况

林州重机集团股份有限公司创建于 1987 年，位于举世闻名的红旗渠畔，现已发展成为国内集钢铁铸锻、能源装备、高新技术装备、矿井建设与运营、金融租赁服务于一体的能源装备综合服务商。

2011 年 1 月 11 日，公司在深圳证券交易所挂牌上市（股票简称：林州重机；股票代码：002535）。公司注册资本人民币 801,683,074 元，占地面积约 55 万平方米，现有职工 1600 余名。主营业务为煤矿机械、防爆电器、机器人产品制造、销售、维修及租赁服务；煤炭矿井运营服务业务；铸造生铁业务；煤炭销售；商业保理业务等。法定代表人郭现生，曾任第十二届全国人大代表。

公司在北京设有新产品研发机构，先后与中国科学院自动化研究所、中国矿业大学、中国科学院空间应用工程与技术中心等科研院所、高校建立了科研研发及战略合作关系。并与中国科学院自动化研究所共同组建了“工业机器人技术工程中心”。

公司是一家跨地区的集团公司，现有：八家全资子公司（林州重机林钢钢铁有限公司、林州重机铸锻有限公司、林州生元提升科技有限公司、林州重机矿建工程有限公司、中智浩钏基金管理有限公司、林州重机物流贸易有限公司、北京中科林重科技有限公司、林州朗坤科技有限公司）；六家控股子公司（成都天科精密制造有限责任公司、亚瑟科技有限公司、林州琅赛科技有限公司、盈信商业保理有限公司、北京天宫空间应用技术有限公司、平顶山东联采掘机械制造有限公司）；八家参股子公司（辽宁通用重型机械股份有限公司、鸡西金顶重机制造有限公司、西安重装澄合煤矿机械有限公司、平煤神马机械装备集团河南重机有限公司、中煤国际租赁有限公司、亿通融资租赁有限公司、郑州三山石油技术有限公司、中融康泰融资租赁有限公司）。

公司综合实力居全国同行业前列，2002 年，公司被农业部授予“全国乡镇企业创名牌重点企业”；2003 年，公司通过了 ISO9001 质量管理体系认证；2004 年，公司被中国煤炭物资流通协会、中国煤炭物产集团公司评为“2003 – 2004 年度中国煤炭工业支护产品十佳定点企业”；2005 年，公司被评为河南省质量管理先进企业；2006 年，公司被评为河南省诚信民营企业、河南省银行业信用优良客户；2007 年，公司被河南省发展和改革委员会授予 2007“河南之星”最佳企业；2008 年，公司被河南省人民政府确定为“河南省 100 户重点工业企业”；2009 年，公司被河南省委、省政府评为“河南省高成长型民营企业”；2010 年，公司荣获安阳市首届市长质量奖；2011 年，公司荣获林州市首届市长质量奖和“高新技术企业”；2012 年，公司被河南省人民政府授予“河南省 2012 年度百强企业”，公司的图形商标被国家工商总局商标局授予“中国驰名商标”；2013 年，公司的图形商标被河南省工商行政管理局授予“河南省著名商标”；2014 年，公司再次被认定为“高新技术企业”。2015 年，公司被河南省人力资源和社会保障局授予“河南省优秀博士后研发基地”、“博士后科研工作站”、2016 年，公司被河南省工商业联合会授予“2016 年河南民营企业 100 强”及“2016 年河南民营企业制造业 100 强”。

二、历史沿革

公司属于机械装备制造业，前身为成立于 1987 年的河南省林县重型煤机设备厂。2002 年 2 月，改制为“林州重机集团有限公司”，注册资本 5,000 万元；2007 年 3 月，经股东会同意林州重机铸锻有限公司以其 5,990 万元债权进行债转股成为公司股东，公司注册资本达到 1 亿元；2007 年 12 月，公司按 1:0. 6892 的比例溢价增资，注册资本增加到 13,660 万元；2008 年 2 月公司整体变更为股份有限公司；2008 年 12 月公司注册资本增加到 14,360 万元；2009 年 12 月公司注册资本增加到 15,360 万元；2010 年 12 月公司发行 A 股 5,120 万股，注册资本增加到 20,480 万元；2011 年公司实行 10 送 5 并转 5 的利润分配方案后，公司注册资本增加到 40,960 万元；2011 年公司实行股权激励后，注册资本增加到 41,417. 96 万元；2012 年公司实行 10 送 3 的利润分配方案后，注册资本增加到 53,843. 348 万元；2013 年 8 月，因公司回购注销第二期限制性股票，注册资本变更为53,657. 4636万元；2014 年 9 月，因公司回购注销第三期限制性股票，注册资本变更为 53,423. 4844 万元；2015 年 8 月，因公司非公开发行股票，注册资本变更为 61,667. 9288 万元。2016 年 4 月 19 日，因公司实施“每 10 股转送 3 股”的权益分派方案，并于 2016 年 4 月 29 日完成，本次权益分派后，公司的注册资本变更为 80,168. 3074 万元。

三、公司发展战略

基于中国经济发展的时代背景，并结合自身实际条件，公司确定了“能源装备综合服务业务和军民融合业务”双轮驱动的发展战略。

习近平总书记指出：“把军民融合发展上升为国家战略，是我们长期探索经济建设和国防协调发展规律的重大成果，是从国家安全和发展战略全局出发作出的重大决策。”这一新的战略定位，揭示了新形势下深入实施军民融合发展的必然性和紧迫性，也揭示了军民融合发展面临着前所未有的机遇。

公司作为一家以机械加工制造为基础的上市企业，在技术、装备、人才、资金等方面拥有强大的优势，具备进入军民融合领域的基础条件，并且快速在该领域取得了突破性进展。2017 年 9 月 4 日，公司被河南省武器装备科研生产单位保密资格认定委员会批准为三级保密资格单位；2017

年12月2日，公司收购成都天科精密制造有限责任公司55.0412%的股权，快速进入航空航天精密加工制造领域。未来，公司将沿着“面向海空天、瞄准高精尖、协同发展、优势突出”的军民融合发展思路，通过外延并购、与科研院所共同研究开发等途径，加快布局，将军民融合打造成公司的优势业务板块。

在上述行业发展格局和趋势的论述中，公司已详细阐述了未来煤机行业仍存在巨大的发展机遇。公司目前已发展成为国内煤炭综采装备产品最全、生产制造产业链最完整，并同时提供融资租赁、煤矿开采咨询服务的综合服务商，在行业内具有较强的影响力和知名度。未来，公司将充分抓住煤机行业新的发展机遇，继续以“打造国内一流的能源装备综合服务商”为愿景，充分利用和提升公司研发、品牌、客户和管理服务等优势，做大做强煤机及其相关主业。

未来，公司将秉承上述发展战略和思路，坚定目标，努力奋斗，将公司打造成一家具有强大发展后劲和高盈利能力的综合性大型集团企业，打造一个全新的林州重机。

联系方式：
地址：河南省林州市产业集聚区凤宝大道
与陵阳大道交叉口
邮编：456550
电话：0372－3263566
电邮：lzzj002535@126.com
网址：www.lzzj.com

包头东宝生物技术股份有限公司

一、基本概况

包头东宝生物技术股份有限公司成立于1997年(其前身包头市精胶厂始建于1960年)，是一家专业的生物制品国家级高新技术企业，内蒙古自治区科学发展先进企业、“内蒙古自治区首批大众创业万众创新示范基地”，包头市首批“百年老店”。公司注册资本4.6亿元，总资产10亿元，属生物科技行业，符合国家健康产业规划发展方向，是国家鼓励发展的战略新兴产业，也是自治区党委十届二中全委会列明的七大新兴业态之一。

东宝生物主营产品“金鹿”牌明胶、“圆素”牌胶原蛋白及“白云”牌磷酸氢钙均为自治区名牌产品。“金鹿”牌荣获自治区著名商标、“圆素”牌荣获包头市知名商标荣誉称号。

2011年7月6日，公司在深圳证券交易所成功上市，股票简称“东宝生物”，股票代码“300239”，是内蒙古自治区第一家在创业板上市的民营企业，也是包头市第一家登陆国内A股的民营企业。

东宝生物现有年产10000吨明胶、1000吨胶原蛋白生产能力。2017年，公司推出非公开发行股票，募集资金用于在高新区滨河新区建设“年产3500吨明胶扩建至年产7000吨明胶项目“和“年产2000吨胶原蛋白项目”。项目建成投产后，

将大幅扩大公司生产经营规模，提升盈利能力，进一步提升公司行业地位。建于高新区滨河新区的东宝生物生态科技园将打造中国明胶行业“五个第一”，即智能化技术第一、产品质量第一、生产(经营)规模第一、效益第一、生产(工作)环境第一，志在建成亚洲明胶样板工厂。

公司一直注重研发工作，不断推进技术进步，与中科院理化所、加州大学等科研院所开展紧密合作，形成了稳定的合作关系。公司拥有自治区级企业技术中心、研究开发中心、中科院理化所—东宝生物胶原蛋白与明胶生物工程应用研发中心，与中科院理化所等单位联合实验室被认定为首批中国轻工业明胶重点实验室。技术力量雄厚，对拓展主营业务、提升核心竞争力产生积极推进作用。上市以来，公司主营产品技术含量不断提升，市场竞争力持续增强，主营业务产品被评为自治区名牌产品。2017年，公司募投项目研发中心正式投入运营，并成功入选“包头市‘鹿城英才’工程第二批产业创新创业人才团队”，为公司打造“国内胶原成果转化平台”以及引领行业技术进步的目标奠定了坚实基础。

未来，公司除积极拓展现有业务外，还将紧抓“健康中国”战略发展的契机，多方位实施对外合作项目，加大骨胶原肽抑制肿瘤作用机制研究、明胶静电纺丝生物药械材料、医用胶原水解物(代血浆明胶)等前沿技术的研发力度，以优质的产品和超值的服务抢占大健康市场。

公司积极履行社会责任，注重环境保护，支持社会公益事业。2017年，公司参加了由内蒙古自治区残疾人联合会、内蒙古自治区残疾人福利基金等联合组织的“关爱工程进校园”公益活动，公司作为爱心企业为残疾人儿童捐赠2万元善款。公司还荣获了“关爱工程进校园”公益损赠活动“爱心单位”荣誉。

立足于现代胶原生物制品专业化生产的东宝生物，将继续践行“专注胶原、持续创新、追求健康”的企业使命，借助技术创新和资本市场的强劲动力，打造稳健发展、持续增长的世界级现代胶原生物技术企业，为我国生物产业做出新的努力，为人类对健康和美的追求作出积极贡献!

二、经营业绩

单位：万元

项目	2018年1－3月	2017年	2016年度	2015年度	合计
营业总收入	9900	35624	31659	29192	106375
利润总额	833	2643	2279	739	6494
净利润	689	2241	1923	589	5442
纳税总额	190	1172	2030	2682	6074

三、再融资情况(历次筹资、现金分红及净资产变化表)

首发前期末净资产额(万元)	12,244.06			
历次筹资情况	发行时间	发行类别	筹资净额(万元)	筹资总额(万元)
	2011	IPO	14,887.83	17,100
	2012	公司债	11,000.00	11,000
	2015	再融资	36,405.18	37,559.3
	合计		62293.01	65659.3
	2017	再融资	拟筹资36,526.58万元	

首发后累计派现金额	时间	金额(万元)
	2012 年	759.80
	2013 年	1,519.60
	2014 年	1,580.38
	2015 年	395.09
	2016 年	1,152.19
	2017 年	1,382.62
	合计	6,789.68
截至 2017 年 12 月 31 日归属于母公司所有者权益		72975 万元

四、发展战略

使命:专注胶原　持续创新　追求健康

愿景:世界级现代胶原生物技术企业

经营理念:员工为本、客户至尊

战略目标:利用中国北方丰富的动物骨资源,以生产骨明胶和骨胶原蛋白等生物制品主营业务,持续改进经营模式,加强研发创新力度,强化信息系统建设,依托资本市场,搭建拓展平台,积极整合产业链上下游或行业优质资源,加强外延式增长,并通过全面实施精益生产管理、持续的技术创新、立体化销售渠道开拓、长效激励措施等方式,提升内涵式增长,在"十三五"末将公司发展成为"世界级现代胶原生物技术企业"。

实施路径:公司战略目标达成的路径是打造优质的、差异化的"品牌竞争力"和可控的"资源整合力",全面提升公司核心竞争力。优质的、差异化的"品牌竞争力",重点在于站在客户的角度以及未来拓展高技术成果应用领域业务的角度,对主营业务提出全面超客户需求的质量控制标准,并以持续的技术研发、精益生产管理、严格的采购标准、流程和生产过程控制共同推动产品品质提升和成本下降,针对以明胶和胶原蛋白为基础原料的产品进行各类复配产品的研究,打造多样化、差异化的产品;可控的"资源整合力"重点在于对公司所处行业宏观环境进行充分研判,以广阔的视角掌握行业的发展趋势,对以明胶和胶原蛋白为主要基础原料的产品,围绕其进行下游延伸产品的产业化推进工作,并依托资本市场的融资渠道和资源平台,多样化整合企业发展所需的各类资源,全面提升"硬实力"和"软实力",最终实现"世界级现代胶原生物技术企业"的发展战略目标。

五、发展战略的执行情况

1. 重要研发项目的产业化进度

《医用胶原水解物制备工艺开发》(代血浆明胶):2018 年一季度,公司确定了低内毒素明胶的生产实验方案,目前该方案正在有序顺利实施过程中,项目合作单位中科院理化所在实验室小试取得理想结果的基础上,又进行了放量实验,实验样品提交下游客户做测试应用,取得了较好效果。目前正在为生产应用实验提供相应的工艺方案和技术参数。

医用胶原项目对应的产品上市后,将可应用到胶体性血浆代用品领域。胶体性血浆代用品适用于低血容量时的胶体性容量补充剂、血液稀释、体外循环(心肺机、人工肾)、预防脊髓或硬膜外麻醉后可能出现的低血压等领域,有着广阔的市场前景。

《促骨胶原肽的纯化和分离》:2018 年一季度,主要对分离纯化出来的组分的促进成骨细胞增殖的 MTT 实验验证,初步筛选出具有促进成骨细胞的组分,并对该组分的促骨活性进行反复验证。对该组分采用进一步分反相硅胶柱层析的分离,对该方法得到的两个组分进行活性测试筛选出了活性较高的组分,把该组分进行了质谱测试,已经初步鉴定出主要组分的氨基酸序列,为后续实验提供了阶段性成果依据,项目在顺利推进之中。该项研究课题在胶原蛋白基础应用研究领域处于领先地位,项目的研究成果将为胶原蛋白市场的细分应用提供理论依据,并成为胶原蛋白的核心技术。

《骨胶原肽抑制肿瘤作用机制研究》:2018 年一季度,重复进行卵巢癌细胞的体外实验,从 MTT 和细胞周期实验两个方面验证胶原肽对卵巢癌细胞在体外具有明显抑制生长特征。为了进一步确认动物体内有效性,报告期内着手进行动物抑瘤实验准备,目前已完成卵巢癌动物模型的建立,下一步将进行胶原肽抑制卵巢癌的动物实验研究,以确认胶原肽抑制卵巢癌在老鼠活体的有效性。

《口服胶原骨肽联合钙尔奇 D 对骨质疏松症患者治疗效果的研究》:公司与包头医学院第一附属医院关于《口服胶原骨肽联合钙尔奇 D 对骨质疏松症患者治疗效果的研究》项目研究工作已进入结题阶段,相关的实验报告已经完成,正在进行论文撰写工作,即将投送相关期刊发表。

2. 再融资情况

公司自上市以来,共开展了公司债(12 - 东宝债)、非公开发行股票(2 次)等项目。其中,12 - 东宝债已经于 2015 年 8 月 10 日完成兑付工作。2014 年非公开发行股票项目已经完成全部发行工作,发行价 11.42 元/股,共增发 3288 万股,融资额 37559.30 万元,为企业的发展增添了助力。募投项目从 2014 年 8 月以来,历经 1 年时间,将土地报批招拍挂、规划许可证、设计图纸审查、施工许可证等手续办理完毕。2015 年 9 月一期项目开工建设,建筑面积 4.5 万平方米。截至 2015 年 11 月底,所有单体全部主体封顶。截至 2016 年 9 月,募投项目基本完成土建施工和主要设备安装工作。2017 年 8 月,募投项目开始试生产,2017 年 12 月正式投产。本项目的投产将进一步扩大公司生产规模,满足市场对高端产品的需求,同时进一步提升公司市场竞争力。

2017 年,公司推出第二轮再融资项目,募集资金用于在高新区滨河新区建设"年产 3500 吨明胶扩建至年产 7000 吨明胶项目"和"年产 2000 吨胶原蛋白项目"。现募投项目已经开始建设,项目建成投产后,将大幅扩大公司生产经营规模,提升盈利能力,进一步提升公司行业地位,对公司未来业绩的大幅提升、提升市场份额有着深远的战略意义。

3. 战略合作情况

(1)随着产能不断扩大,为满足原料供应,持续保障公司生产经营的优质原料供给,公司从整体发展战略及经济形势考虑,与合作业务稳定、原料供应能力具有优势的重点供应商以参股、共建原料基地等方式进行了战略性合作,目前已经对河南商丘任达生物、宁夏吴忠宁宝源及其他几个基地逐步投资以实现原料稳定供应,同时,公司结合未来发展战略及产品结构规划,积极启动医用胶原水解物的专用原料(骨粒)的基地建设,保证高附件加值产品的原料供应。

(2)2017 年 8 月,公司与深圳滨海基金管理公司签署了《战略合作协议》,合作双方利用资源和行业优势促进业务快速发展。目前合作双方正在积极沟通,在战略合作协议框架下加快推进业务和项目合作进度。

六、公司大事迹

(一)"不忘初心再创辉煌"东宝生物成立 20 周年庆祝大会暨 2017 中国·包头胶原生物科技高峰论坛万功召开

2017 年 8 月 1 日,在包头稀土国际大酒店隆重召开。会议汇聚了来自中国日用化工协会、明胶分会、中国保健协会、中科院理化所等行业专家、国内外合作伙伴、媒体等人士，地方政府领导出席了庆典活动。

公司举办的“中国·包头胶原生物科技高峰论坛”是立足胶原行业，以“明胶、胶原、骨健康”为主题的创新论坛。来自中国保健协会市场工作委员会、中科院理化所、包头医学院第一附属医院等专业人士立足各自领域，围绕胶原产业的最新动态、胶原产品市场的新趋势以及胶原产业技术升级、应用领域拓展等内容深入探讨胶原产品在大健康领域、医学领域的应用与发展前景，并结合包头医学院第一附属医院的研究成果探讨骨胶原蛋白肽在骨健康领域的医学应用等前沿发展趋势及科研成果，取得了良好效果。

（二）募投项目顺利投产，进一步扩大公司生产规模，提升盈利能力

2017 年 12 月，公司前次募投项目年产 3500 吨新工艺明胶生产线建成投产，本项目的投产将进一步扩大公司生产规模、满足市场对高端产品的需求，同时进一步提升公司市场竞争力。

（三）适时启动再融资，建设“年产 3500 吨明胶扩建至年产 7000 吨明胶项目“和”年产 2000 吨胶原蛋白项目”。

2017 年，公司推出非公开发行股票，募集资金用于在高新区滨河新区建设“年产 3500 吨明胶扩建至年产 7000 吨明胶项目“和”年产 2000 吨胶原蛋白项目”。项目建成投产后，将大幅扩大公司生产经营规模，提升盈利能力，进一步提升公司行业地位。建于高新区滨河新区的东宝生物生态科技园将打造中国明胶行业“五个第一”，即智能化技术第一、产品质量第一、生产（经营）规模第一、效益第一、生产（工作）环境第一，志在建成亚洲明胶样板工厂。

七、企业文化：

经营理念：员工为本、客户至尊

使命：专注胶原　持续创新　追求健康

愿景：世界级现代胶原生物技术企业

八、获得荣誉：

2010 年 3 月，公司可溶性胶原蛋白生产技术通过内蒙古自治区科技厅科技成果鉴定。

2010 年 5 月，公司获中国明胶协会颁发的“全国明胶行业先进企业”殊荣。

2011 年 12 月，公司获内蒙古自治区人民政府颁发“内蒙古自治区农牧业产业化重点龙头企业”荣誉。

2012 年 2 月，公司“可溶性胶原蛋白技术”获内蒙经信委颁发的“内蒙古自治区乌兰夫基金企业技术创新奖”荣誉

2012 年 10 月，公司荣获第一财经中国资本力年会“年度最佳融资范例奖”、“年度最佳创业板 IPO 上市公司”殊荣。

2012 年 12 月，公司获内蒙质监局、内蒙出入境检验检疫局、内蒙药监局等 16 家单位联合颁发的内蒙古“2012 年全国质量月”产品质量用户满意度调查“用户满意单位”荣誉。并获得包头市人民政府颁发的“2011—2012 年度全市质量工作先进单位”荣誉。

2013 年 6 月，被内蒙古自治区党委、政府授予“全区科学发展先进企业”荣誉称号。

2013 年 7 月，在内蒙古自治区“欢乐草原”第五届全民健身大会上公司广播体操队获突出贡献奖。

2013 年 9 月，公司生产技术“明胶生产浸酸工艺的控制方法”获中国发明专利。

2013 年 10 月，在《21 世纪经济报道》报社主办的“第二届中国上市企业 TOP10”活动中，公司获得“中国上市企业创新精神 TOP10”荣誉。

2014 年 1 月，公司用于骨制明胶的“金鹿”商标被认定为内蒙古自治区著名商标，用于胶原蛋白的“圆素”商标被包头市政府认定为知名商标。

同月，公司董秘刘芳先生在上海证券报社主办的 2013 年度“金治理·上市公司优秀董秘”评选活动中，荣获“金治理·投资者关系公司董秘奖”荣誉，并同时获得由《信息早报》主办的“2013 年上市公司最佳投资者关系管理奖”这一殊荣。

2014 年 11 月，公司胶原蛋白生产工艺获包头市政府颁发的“包头市科学技术进步一等奖”荣誉。

2015 年 12 月，获内蒙古自治区“第二届全区最具社会责任感企业”荣誉。

2016 年 1 月，公司董秘刘方先生获《信息早报社》主办的“2015 年上市公司最佳投资者关系管理奖”荣誉。

2016 年 6 月，公司荣获 2015 年度自治区主席质量奖

2017 年 5 月，公司被内蒙古自治区质监局授予“标准化良好企业 AAA 级企业”荣誉称号。

2017 年 6 月，公司荣获中国生产力促进中心协会颁发的“2016 年度全国生产力促进创新发展奖”荣誉。

2017 年 7 月 5 日，公司研发中心入选《包头市“鹿城英才”工程第二批产业创新创业人才团队》。

2017 年 11 月 16 日，公司被国家知识产权局评为“2017 年度国家知识产权优势企业”。

二十年的攀登

——北京城建投资发展股份有限公司跨越式发展纪实

编者按：任何一座山，从山脚到山峰，都有一个相对固定的距离。攀登的过程如果以时间丈量脚程而计算达到心中预想距离的快慢，是比较接近人体生命现象的规律；如果以人体对登山感受适宜度来决定攀登的速度作标准，则人体在登山过程中所感受到的任何适宜，无论在山体绝对高度中是否达到顶峰，都是一种登峰的境界。

这种境界之于企业，在改革发展的攀登道路上每前进一步，都是一次裂变和蝉蜕，并且每一次裂变和蝉蜕，都是向更高一级生命演变的阶梯。

北京城建投资发展股份有限公司（以下简称：北京城建股份）20 年来经营工作的每一次变革，都是在企业拾级而上的发展过程中，向顶峰迈进的一次次冲击和挺进。

创生篇：一生二，一主两翼，大鹏展翅

时间追溯到 1998 年，中国住房市场化大幕拉开，在房地产改革和国企改革的大潮之中，北京城建股份公司应运而生。作为上市公司，股份公司的诞生，源于集团的两次资产重组，股份公司的跨越式发展，得益于集团与控股上市公司的大规

模资产置换。

1998 年,北京市人民政府批准,集团以组建股份公司的资产经过评估后的净值作为投入,独家发起募集资金设立上市公司。1998 年 12 月 9 日,1 亿股 A 股股票发行成功,募集资金 8.43 亿元。12 月 28 日,北京城建投资发展股份公司成立。1999 年 2 月 3 日,“北京城建”股票在上海证券交易所挂牌交易。

虽然集团在建筑施工领域已经取得了令人瞩目的成绩,但面对新趋势、新市场、新机遇,如果再一味靠发展单一主业和松散关联产业,恐怕难以突破计划经济时代留下的桎梏与禁锢,跟不上市场发展的步伐。集团决策层认为,房地产业与建筑施工业是产业链的上下游关系,可以实现优势互补;房地产属于高投入高产出行业,上市公司能够充分发挥投融资和资本运作功能,也能在更加广阔的平台上,有效地提升企业价值和股东价值,让企业拥有更加辉煌的未来。

经过审慎分析和科学预测,2001 年 4 月,股份公司董事会决定并报经股东大会批准,以标的为 233916.79 万元的全部施工类资产与母公司——北京城建集团房地产类资产进行置换,股份公司置出施工类资产,集团将旗下拥有 16 年房地产开发历史的北京城建工程承发包公司和北京城建房地产开发公司委托上市公司管理,全面整合集团所有房地产类资源,倾力打造北京城建地产品牌。

是年末,在北京国贸房展会上,北京城建一举推出总建筑面积达 576 万平方米的十大楼盘,“北京城建地产”品牌强势亮相,在业界引起轰动。

通过具有战略意义的资产置换,北京城建投资发展股份公司淡出施工业,确立了以房地产开发为主业,以金融管理与高科技为辅助产业的一主两翼业务发展战略,实现了突破行业制约的战略性跨越和产业结构升级。

自此,北京城建创生为鹏,大鹏展翅,迎来了企业发展崭新的天空。

股份公司副总经理李学富对记者说,股份公司的上市,现在看来似乎很平常,但正是上市的这个举动,使得股份公司在时代大潮中抢得先机,赢得先手,让北京城建地产品牌应时而生,这是一个创生的过程,对我们意义重大,用《道德经》的话来讲,这是一个一生二,二生三,三生万物的过程,正是有了这个创生,才有了今天的我们。

跨越篇:二生三,一体两翼,腾空万里

资产重组和资产置换,是股份公司发展史上具有战略意义的里程碑事件。

一主两翼业务发展战略的确立,直指产业链顶端,使股份公司明确了发展方向,让公司发展插上了腾飞的翅膀。以后,股份公司聚焦房地产开发主业,以市场为导向,以策划为龙头,着力产品研发,开发了丰富的产品品类,不断升级产品,集中精力塑造“北京城建地产”品牌。

在提高产品品质的基础上,根据不同楼盘的特点和购房者的需求,打造特色产品,开展特色营销,先后推出了以富海中心为代表的生态地产,以花市枣园为代表的教育地产,以世华国际为代表的商业地产和以北苑家园为代表的奥运地产等 30 余个项目,其开发版图也从北京发展到重庆、浙江、成都、天津、海南、青岛等地。

随着经营规模、经营地域的扩大,股份公司紧紧把握市场需求,先后分三个阶段对住宅产品进行了三次改造升级,不断调整和完善产品结构,用高品质的产品引领市场消费。

第一阶段是以北苑家园为代表的居住型产品,股份公司提出“倡导现实生活主义,打造大众精品品牌”的理念。第二阶段是以世华泊郡、筑华年为代表的改善型产品,2004 年,国土资源部和监察部明确规定“从 8 月 31 日起,国有土地使用权必须以公开的招标、拍卖、挂牌出让方式进行”,提高房地产开发的准入门槛后,股份公司开始以“为千百万人提供理想居所”为理念,聚焦改善型产品。第三阶段是以世华龙樾和国誉府项目为代表的品质型产品,2011 年,国家和北京市分别出台“国八条”和“京十五条”调控政策,股份公司梳理企业文化,挖掘产品竞争力和品牌核心要素,遵循“实现产品、服务在时间和空间上的完美结合”的开发经营理念及“品质·人生”的品牌理念,潜心研究品质型产品,于 2012 年在北京、成都、重庆三地同时隆重推出“龙樾”产品系列,之后又在北京推出新中式大宅国誉府,国誉府考究文人园林之雅趣,营造出“剪影、如影、潭影、疏影、虹影、对影”六景合一的当代影园胜境,把产品品质提升到一个新的高度,实现了产品的三级跳。

股份公司紧紧拥抱市场,创新发展模式,构建产品品牌系列,使“北京城建地产”品牌越来越深入人心,期间,股份公司先后获得“中国房地产十大品牌奖”“中国十大最具价值的房地产公司品牌奖”“中国上市公司百强”。世华龙樾项目荣获 2012 年度“北京地区最具影响力楼盘”及“全国人居经典建筑、环境双金奖”,国誉府项目获得北京市建筑结构“长城杯金质奖”“北京园林优秀设计奖”等荣誉。

经过十几年的发展,股份公司完成了从地方性开发企业向全国性开发企业的跨越。业务版图扩展到天津、重庆、青岛、成都、三亚、南京,十余年中,四十多个楼盘拔地而起,初步按自己的节奏完成了全国重点城市和重点区域的布局。

经过十几年的发展,股份公司几经探索,形成了“一体两翼”协调发展的经营格局。即以商品住宅开发销售为主体,以提高对外股权投资质量和拓展商业地产开发经营规模为两翼的新格局。同时,股份公司“十三五”战略规划发布,又提出了实现向城市开发运营商转型升级的目标。

股份公司实现跨越发展的这十几年里,公司总资产由 2001 年资产置换时的 47.44 亿元,增长至 2016 年的 709.85 亿元,增长 1496%;净资产由 15.15 亿元增长至 199.05 亿元,增长了 1314%;利润总额由资产置换当年的 1.78 亿元,增长至 20 亿元,增长了 1124%。

经过多年发展,股份公司逐步形成了在房地产上市公司中独具特色的投融资板块。截至 2016 年底,公司在银行、证券、基金、房地产、卫星导航、云计算领域共参股持有 12 家企业股权,合计股权原始投资额约 16.60 亿元,占公司总资产 709.85 亿元的 2.34%,净资产 199.55 亿元的 8.32%。公司目前累计获得投资收益 20 多亿元。其中,2013 年获得现金分红 1.452 亿元,2016 年获得 2.57 亿元,对企业净利润形成有效的补充。

股份公司在资本市场先后完成两次股权融资和三次债权融资,融资规模合计约 123 亿元,其中股权融资约 51 亿元,债权融资约 72 亿元。发行了三期地产基金规模达 82.428 亿元。通过历次再融资,助推了企业实现跨越式发展。这也成为区别于其他地产公司的“亮点”,也因此被机构研究员定义为“地产 + X”的经营模式,资本运作能力的增强得到了资本市场的广泛认可。

经过十多年的发展,股份公司商业地产也经历了由少到多、由点到片、由粗放到精细化、由业态单一到业态丰富的发展过程，经营规模逐步扩大，资产质量大幅提升，经济效益稳步提高。在公司“一体两翼”的战略布局中，商业地产板块对房地产开发主体的支撑和促进作用日益凸显。截至目前，公司拥有商业地产22.23万m^2，在建和规划的商业产品超过30万m^2。现在，商业地产每年的租金收益接近1.67亿元，租金收益呈逐年递增态势，构成了公司较为稳定的利润来源，在避免公司业绩大幅波动方面发挥着越来越重要的作用。2016年底，经评估，商业地产资产价值已达24.57亿元。随着商业地产所在区域的成熟和经营状况的改善，其资产价值的保值增值正日益凸显。

在“一体两翼”的经营战略布局中，产品和服务始终是股份公司两个核心抓手，目前，股份公司旗下的“北京城建物业”服务品牌已初步形成。物业公司已发展成为了拥有国家物业管理一级资质，拥有一千多名员工、管理面积600余万m^2的现代企业。

十几年来，股份公司实现了跨越大发展，实现了经营大登峰，这些成绩的取得源于国家改革开放和市场发展的大势，源于集团和股份公司领导集体高瞻远瞩的战略眼光和对国家改革开放趋势与市场的深刻洞察。也是源于天生而有道，源于对规律与趋势的把握；源于道生一，上市创生；源于一生二，产品和需求在阴阳和合变量中的精心调研配置；源于二生三，“一体两翼”的经营战略调整，才有了辛苦付出之后的腾空飞跃。

创新篇：三生万物，协调发展，创新纪元

十九大后，随着“房住不炒”的定位进一步落实，国家开始着手构建多渠道保障、多主体供给、租售并举的住房制度，建立房地产调控长效机制，市场逐步回归理性，房地产市场迎来了中国房地产改革20年来前所未有的深度调整期。

面对房地产严峻的政策和市场环境，股份公司顺应大势，以房地产开发高效化为目标，增强内生动力、坚持创新驱动，提质增效，全力推动公司向城市开发运营商转型升级。2017年，股份公司进一步转型探索，坚持立足北京、拓展周边和一二线城市及中心城市的发展策略，推行联合竞买、股权收购、合作开发、棚户区改造、政府授权实施等多维创新发展模式。在此基础上，股份公司积极探索从传统地产向新兴地产转型，实践跨界融合发展，把文旅地产提升到事关公司未来20年发展的战略高度，以黄山、云蒙山项目为代表的文旅地产，迈出了公司转型发展的新步伐。

2017年，股份公司企业经营额、经营回款、开发面积等多项指标再创历史新高，以银团融资为代表的融资体系持续完善，棚户区改造成为公司获取土地储备的重要手段和高效开发的新动力。2017年，公司实现营业收入140.43亿元，同比增长20.77%，公司销售回款174.61亿元，同比增长3.33%，全面超额完成了各项经营指标。同时，在北京市核心区最大的棚改项目中以综合推进速度和“银团融资”开创拓展了“望坛模式”“临河速度”和“怀柔标杆”“智能张仪”等棚改标杆项目，目前在手项目达到8个，规划建筑面积562万平方米，获得了房地产上市公司里名副其实的“棚改第一股”称号。

产品研发上，股份公司持续加强对子公司设计研发工作的指导和服务。公司通过强化过程管控，在策划、研发、工程、成本、客服、销售等过程系统精准管控，以龙樾系列、府系列为代表的多个项目与产品品质获得了显著提升，产品有了很强的溢价能力，销售额实现了阶梯式增长。

在投融资方面，股份公司进一步优化资金配置，持续提升资本运作能力，实现了股权投资价值化。持续强化参股企业管理，2017年新增华能资本投资10.5亿元，累计对外投资额27.63亿元，投资领域涉及银行、金控、证券、基金、房地产、卫星导航等15家企业，其中有8家为上市公司或准上市公司。

随着公司资金需求量持续增加，单一银行融资渠道已经不能满足资金需要。除了实施银团融资，股份公司还研究探索了ABN、ABS等新型融资模式；利用北交所和保险资金平台实施债权融资；同时推进成立棚改基金，在融资管理上实现了多样化。

2017年，股份公司在商业地产板块实现了规模化，这一年，商业地产确定为公司三大主业之一，标志着公司从战略层面加大商业地产发展力度。公司商业地产按照“招商先行、定制开发”的理念，坚持招商、前期策划、设计跟进、开发建设、运营管理一体化运作，呈现出发展规模稳步扩大、资产质量显著提升、经营业态日趋丰富的良好态势。股份公司已实现租赁的面积为23.16万㎡，其中，配套商业面积13万m^2左右，分布在首城国际中心、筑华年、世华龙樾、世华水岸、北苑家园等；写字楼面积超过4万m^2，包括泰和国际大厦、富海中心、金码大厦等；公租房近3万m^2。这些商业地产主要位于北京区域，地理位置优越，收益稳步提升。此外，采取委托管理模式的三亚红塘湾建国酒店（3.3万平米）已于2018年2月份营业。该酒店位于三亚国际旅游度假区，总建筑面积2.26万平方米，192间客房，预期前景良好。目前公司商业地产经营面积共计26.61万平方米。

2018年，全球经济波诡云谲，国家经济进入新常态，房地产市场长效调控机制逐渐建立、房市竞争进一步加剧，房地产行业的绝对优势已经在发生变化，房市已经由撒种就长的黄金时代进入“强者恒强，弱者更弱”的白银时代。

没有核心竞争力，不能及时转型升级，将很难在房地产市场立足。历史性的选择又一次来到了股份公司决策层面前，为了定位新常态下股份公司新的发展空间，根据市场出现的新形势、新动向、新需求，进一步明确企业转型方向，探索新的发展模式，这一次，股份公司决策集体再次发挥对市场的深刻洞察，推动股份公司转变发展思路，业务发展战略再次转型升级，定调股份公司房地产开发、对外股权投资、商业地产经营为三大主业，优化配置资源，推动三大主业协调发展，引领公司实现新跨越。

2018年，就是股份公司转型升级、跨越发展的关键之年。股份公司决策层认为，面对经济社会及行业变革大势，必须顺应形势，服务国家战略，把握地产开发趋势，积极融入到“一带一路”、京津冀协同发展、雄安新区建设以及国家乡村振兴战略等国家发展大局。以“一带一路”马尔代夫项目为契机，打造境外投资开发的成熟模式；以保定项目作为契机加快融入京津冀一体化和雄安新区建设，以文旅地产融入城乡一体化和国家乡村振兴战略，积极拓展新的项目资源。

面对行业变革大势，股份公司一直都有深刻洞察和前瞻布局。2018年，股份公司在现有地产布局下，发挥集团国企优势和产业链优势，探索新的开发板块和开发模式，积极实施文旅战略，走产城融合发展之路；在集体土地建设租赁用房、自有土地建设共有产权房、选择优质棚改项目适时介入扩大土地储备规模，在城市综合改造上寻找新的发展机遇，积蓄企业转型动力，积极探索“地产+”“产业+”企业发展新模式。

同时，股份公司将推动地产开发高效化，进行多元化产业投资，推动多产业协同发展。

在房地产板块，加大产品策划和研发力度，建立起股份公司特有的产品体系，树立运营增值的理念，推动成本管控向成本策划转变。推动工程管理标准化、规范化，加快住宅产业化落地。把客户理念贯穿到产品打造和服务的全过程。

在投融资板块，强化资金运营理念和价值理念，强化股权投资管理和市值管理。加大对创新产业、医疗健康、绿色科技等领域投资力度，加大对国信证券、中科曙光等已流通股票的监控力度，建立投资项目变现机制，把控金融资产变现良机，确保股权投资收益。

在商业地产领域，股份公司致力建立高效的运营模式，提升商业地产经营能力。通过招商先行、定制开发、委托经营等方式，与优秀商业地产机构合作，探索轻资产运营模式和资产证券化，提升业态，实现资产价值最大化。同时抓住政府大力发展住房租赁市场的政策机遇，加大对租赁市场在盈利模式、运营模式、管理模式上的研究，拓展商业领域布局。

新时代，新气象，当有新作为。股份公司再次转型升级，推动三大主业协调发展，这是一次市场深度调整期的新洗礼，更是国家经济和房地产业新常态下的一次思想和心灵升华，通过创造社会价值去实现最大市场价值，是股份公司在认知上再次和国家命运、市场大势的一次同频共振，在企业创新发展之路上，再次和创新中国一路同行相伴，走向中国的全面现代化之路。

股份公司不断转型升级的创新发展之路，也正是国家经济常态下的现代化发展之路。正是天生而有道，得道者才能一生二，二生三，三生万物，万物生，万象生，才有一个全新的创新纪元，才有一个全新时代里的新气象，新作为。

新起点回望发展征程　新时代再谱发展新篇

——北京银行成立22周年发展纪实

2018年1月8日，是北京银行成立22周年的日子。22年光阴如流水，弹指一挥间。作为中小银行的一面旗帜，北京银行的发展既经历过生死存亡的考验，也收获了激动人心的喜悦；既遭遇过巨额历史遗留不良资产的挑战，也实现了变革创新的跨越。

如今，北京银行的各项业绩不断裂变增长、经营领域全面扩展、业务触角延至国际领域。

截至2017年三季度末，北京银行表内外总资产达到3.01万亿，表内资产总额达到2.28万亿元，较年初增7.51%；净利润156.26亿元，同比增长3.92%，盈利能力保持稳定；成本收入比23.60%，管理绩效持续保持行业领先。

在英国《银行家》杂志推出的全球千家大银行排名中，北京银行按一级资本排名在过去10年内跃升了500多位，目前排名第73位，成功跻身全球百强银行之列。在世界品牌实验室的品牌价值排行榜中，北京银行品牌价值突破365亿元。

艰苦创业　实现创新发展

时间转回到1996年1月8日。在并不宽敞的北京市宣武区右安门大街65号（当时北京银行总部所在地）那座普普通通的五层小楼门前，北京银行的前身——北京城市合作银行开业典礼正式举行。

自此，一家新型股份制商业银行展现在全国人民的面前。这家新型股份制商业银行，从成立之初就搭建起现代化的公司治理架构，资本金仅10亿元，总资产为217亿元，各项存款为183亿元，各项贷款为49亿元。体制机制的完善、业务范围的拓展，为初生的北京城市合作银行提供了良好的发展机遇，掀开了崭新的一页。

开业的喜悦过后是一段艰辛的奋斗历程。刚刚成立不久，原中关村城市信用社时期积累的严重违法账外经营案件暴露，此案发生额高达229亿元，造成实际损失67亿元。它不仅将成立之初资本金仅10亿元、总资产仅200多亿元的北京城市合作银行推到了生死存亡的边缘，而且对首都金融安全构成了严重威胁。

在事关生存与发展的重要考验面前，北京银行人没有消极退缩，没有犹豫彷徨，更没有怨天尤人，而是从中关村城市信用社的案件入手，开始有步骤地严厉查处各类违规、违纪和违法行为。通过“中关村案件”等一系列大案要案的查办，铲除了一批危害严重的金融“硕鼠”，稳定了大局，挽救年幼的北京银行于生死边缘。

进入新世纪，北京银行迎来了创新发展的战略机遇期。

2004年，时任北京市市长的王岐山对北京银行提出了“更名、引资、改制、上市”的殷切希望和明确指示，为北京银行指明了“市场化、股权结构多元化、区域化、资本化、国际化”的发展方向。历经平稳过渡、整顿开拓两个阶段的北京银行，由此开启了创新发展的华彩篇章。

2005年，北京银行牵手国际知名的荷兰ING集团和国际金融公司共同签署了股份认购和战略合作伙伴协议，成功引入境外投资者。从引资启动到引资成功，北京银行再次缔造了一个业内神话——创下了国内银行业引入外资的三个之最，即“引资时间最短、政策用得最足、引资溢价最高”。

从2006年起，北京银行开始稳步推进区域化布局，相继在天津、上海、济南、南昌、乌鲁木齐、石家庄等区域中心城市设立分行，并积极探索国际化发展，在中国香港、荷兰阿姆斯特丹设立了代表处，构建起覆盖十余大中心城市和中国香港、荷兰的400多家分支机构，将成熟的经营模式、管理机制、产品服务等迅速复制到区域市场，奠定了跨越式发展的坚实基础。

2007年，北京银行启动上市工作，在短短一个月的时间内完成了近3万名股东的股权清理，这也是北京银行上市所面临的最繁重、最细致也最基础的工作；随后，全行上下用高昂的斗志、专业的素质和惊人的效率在两个月的时间里完成了尽职调查，并以4天完成路演、6个月登陆资本市场刷新了上市纪录。

服务首都　打造特色品牌

在发展中，北京银行紧密围绕国家战略布局和首都“四个中心”城市战略定位，打造了科技金融、文化金融、绿色金融、惠民金融、智慧金融等特色服务品牌，走出了一条差异化、特色化、精细化发展之路。

可以看到，北京银行积极促进科技与金融有机结合，全力服务国家科技创新中心建设。2009 年，北京银行率先成立科技型中小企业特色支行；2011 年，首家成立中关村分行；2015 年，率先在中关村创业大街设立小微支行，并成立银行业首家创客中心；2016 年，首批获准开展投贷联动业务试点；2017 年，牵头成立“中关村投贷联动共同体”。

目前，北京银行累计为 2 万家科技型小微企业提供信贷资金超过 3500 亿元，为北京市 90% 的创业板上市企业、83% 的中小板上市企业、53% 的“新三板”挂牌企业提供服务。

同时，北京银行率先探索文化金融，全力服务全国文化中心建设。早在 2006 年，北京银行就成为国内较早涉足文化创意产业的金融企业，率先成立了文化创意金融服务专营机构。从率先将文化金融提升至战略定位，到针对文化创意企业推出专属产品“创意贷”；从率先创新版权质押打包贷款模式，到探索推出普惠文创产品“文创普惠贷”。

22 年来，北京银行积极支持文化创意产业发展，通过产品创新、模式优化、机制变革等方式，创造了诸多令人瞩目的亮丽业绩。目前，累计为全国 5000 余户文创企业提供 1600 余亿元贷款，在北京地区累计为近 3000 户文创企业提供超过 900 亿元贷款，北京地区市场份额始终位居第一。

在发展中，北京银行还积极担当推广低碳理念的“践行者”和绿色金融服务的“创新者”。目前，累计为近 3000 家节能环保企业提供融资 1300 亿元，节能减排项目涉及余热发电、建筑节能、可再生能源等领域，成为名副其实的“绿色银行”。

不仅如此，22 年来，北京银行以高度社会责任感和历史使命感，积极推进民生工程建设、服务民生福祉改善。独家承办 2000 万首都居民医保结算，累计发放社保卡 1979 万张，发行“北京通 · 京医通”卡 1273 万张，工会卡 468 万张、“残疾人服务一卡通”54 万张。累计发放保障性住房贷款、助学贷款、下岗再就业贷款近百亿元。

在发展中，北京银行进一步下沉服务重心，延伸金融服务触角，为农民增收、农业发展、农村美丽注入金融活水。设立北京首家村镇银行、首家郊区管理部，落地北京首单农村承包土地经营权抵押贷款。特别是，北京银行在行业中率先推出惠民金融服务“富民直通车”，通过“富民卡、富民贷、富民通”三大产品体系，满足农民“致富、支付、理财”三方面核心金融需求。

此外，北京银行始终坚持科技兴行战略，一方面，坚持“创新引领”，在国内率先设立金融创新实验室，首推智慧银行试点项目、“直销银行”品牌、新 e 代电子银行，京彩易联互联网金融服务体系，高标准建设顺义科技研发中心，包括亚洲单体面积最大数据中心，强化金融科技内生驱动；另一方面，深化“跨界融合”，与京东、阿里、腾讯、小米、360 等电商互联网企业加强合作。

党建引领　塑造核心优势

作为扎根首都的金融企业，北京银行深入学习宣传贯彻落实党的十九大精神，坚持以习近平新时代中国特色社会主义思想为指引，将“党建＋”融入改革发展全过程和业务发展各领域，紧密围绕服务实体经济、防控金融风险、深化金融改革三大任务，进一步探索形成中小银行“围绕中心抓党建、抓好党建促发展”的探索实践。

成立 22 年来，北京银行始终坚持一手抓企业党建，一手抓业务发展，探索形成了党委核心作用与现代公司治理有机结合、党管干部原则与金融专业要求有机结合、班子稳定团结与市场选拔人才有机结合、党风廉政建设与金融企业特色有机结合的“四个有机结合”的企业党建特色。

同时，北京银行坚持党的建设与企业改革发展同步谋划，认真落实党委主体责任和纪委监督责任，真正做到在思想上凝心聚力，在战略上把关定向，为全行发展保驾护航。在实践中，北京银行深刻把握金融企业特点，探索形成“一个核心”、“两个关键”、“三个重点”、“四项机制”、“五个支撑”的党建工作特色。

“一个核心”，即全面加强班子建设。“两个关键”，即加强学习创新、加强队伍建设。“三个重点”，即加强信贷管理，杜绝“人情贷”、“关系贷”，堵住金融腐败的“高发区”；加强财务管理，严格控制成本、杜绝浪费，抓牢金融腐败的“关键点”；严格公开招标，杜绝利益输送，打造阳光工程，斩断金融腐败的“聚焦点”。“四项机制”，即完善外部监督机制、内部监督机制、风险预防机制、严格问责机制。“五个支撑”，即强化公司治理、风险管理、人员管理、科技控权、廉政文化等五项支撑。

多年来，北京银行的成本收入比连续保持在 20% 左右，始终在上市银行中处于最低水平，体现了成本控制的能力和经营管理的绩效。与此同时，北京银行着力提升政治站位，全力营造安全稳定的发展环境。

目前，北京银行被业界誉为“经营最稳健的银行”，稳健经营成为北京银行的鲜明特征，也是走向未来的根本底线和核心优势。

新时代迈向高质量发展

2017 年底召开的中央经济工作会议提出：“中国特色社会主义进入了新时代，我国经济发展也进入了新时代，基本特征就是我国经济已由高速增长阶段转向高质量发展阶段。”

同时，推动高质量发展是当前和今后一个时期确定发展思路、制定经济政策、实施宏观调控的根本要求，必须加快形成推动高质量发展的指标体系、政策体系、标准体系、统计体系、绩效评价、政绩考核，创建和完善制度环境。

在业内人士看来，高质量将成为中国未来发展的新方向、新趋势和关键词。

2017 年 12 月 6 日，北京市隆重召开第二届北京市政府质量管理奖颁奖会议。北京银行作为唯一的金融企业参加了本次大会，并荣获北京市人民政府质量管理奖，这是社会各界对北京银行 20 多年发展的高度肯定，也标志着北京银行的质量管理迈上了新台阶，站在了新起点。

在北京银行相关负责人看来，北京银行把参与质量管理奖评审作为提升质量管理的一次全面检阅和打造百年老店的一次全新洗礼。

站在新起点，北京银行将全面贯彻落实党的十九大精神，紧紧抓住新时代发展的战略机遇期，始终坚守金融本源，以价值创造为核心，以稳健经营为原则，不断拓展发展新蓝海，全力打造差异化、特色化、精细化优质服务品牌，进一步提升金融服务质效，全力服务实体经济，肩负起中国特色社会主义新时代赋予的责任和使命，建设服务领先的国际一流商业银行。

（来源：华夏时报）

甘肃祁连山水泥集团股份有限公司六十年发展纪实

祁连山水泥从1957年建成投产以来，走过了艰辛，历经了磨难，诠释了希望，见证了奋斗，迎来了发展。60年的峥嵘岁月，一幅气势磅礴的多彩画卷展现在世人面前……

六十载风雨砥砺，一甲子春华秋实。

60年前，祁连山水泥的开拓者们在西域古道用自己的青春和汗水，在荒凉的土地上建起了共和国"一五"时期156项重点工程之一的全国大型建材骨干企业——永登水泥厂。

60年来，一代又一代祁连山人伴随着共和国成长的足迹，历经风雨，与时俱进，在高原之上留下了一串串闪光的印迹：黄河上游一座座水电站，青藏铁路、兰新二线等一批批国家重点建设项目工程，都由祁连山牌水泥浇筑而成，公司产能规模也从建厂初期的48万吨发展到现在的2800万吨，资产从5000多万元增加到现在的110亿元，生产基地从单个水泥生产工厂发展成为拥有16家水泥生产基地和9家商砼生产基地的产业集团，成为甘青藏区域水泥行业名副其实的"领头羊"……

祁连山水泥从1957年建成投产以来，走过了艰辛，历经了磨难，诠释了希望，见证了奋斗，迎来了发展。60年的峥嵘岁月，一幅气势磅礴的多彩画卷展现在世人面前……

风雨砥砺开新篇

1950年新中国第一个五年计划谋篇布局之际，永登水泥厂在甘肃省永登县中堡镇正式筹建。该项目属国家"一五"计划156个重点建设项目之一，采用原德意志民主共和国技术，建设三条湿法水泥旋窑生产线，设计年产能为36.1万吨。

1954年10月，来自全国各地的1000多名建设者胸怀报国之志，汇聚永登这片热土，在巍巍祁连山下，拉开了永登水泥厂建设的序幕。当时，正值我国经济困难时期，创业者战严寒、斗风沙，钻地窝、睡草铺，背冰化雪、忍饥挨饿，与恶劣的自然环境和艰苦的生活环境斗争，开始了艰苦卓绝的创业。

1957年9月30日，永登水泥厂三条湿法水泥生产线建成投产并一次点火试生产成功，12月9日举行竣工投产典礼，时任建设部副部长焦善民、甘肃省委书记强自修、省长邓宝珊、民主德国驻华大使纪普纳出席大会。

1988年、1995年，永登水泥厂又自行设计、建成了两条湿法水泥旋窑生产线，实现了企业年生产能力超百万吨的目标。

1996年，永登水泥厂生产经营性资产改制设立了甘肃祁连山水泥集团股份有限公司，并在上海证券交易所成功上市，祁连山水泥成为甘肃省率先上市的企业之一。

2001年、2002年先后在永登建成投产两条日产2500吨新型干法水泥生产线，改写了甘肃水泥行业没有日产2000吨以上生产线的历史。

2004年，平凉日产2500吨新型干法水泥生产线建成投产，企业年水泥生产能力一举突破500万吨，在跨地区发展上迈出了坚定的一步。

……

在一个个鲜明的时间节点上，祁连山人用自己勤劳的双手铭刻下一个又一个值得永远铭记的奋斗印记，挺起了甘肃乃至西北水泥工业的脊梁。

做大做强谋发展

如果说"十一五"之前祁连山水泥的发展速度还在探索中前行，那么"十一五"以来，公司在转型跨越、科学发展的道路上势如破竹，阔步前行，走出了一条速度和质量、经济效益和社会效益、生态效益同步协调、可持续发展的新路子。

2009年，甘肃省政府与中国中材集团有限公司签订战略合作协议，使祁连山水泥成为H股上市公司中材股份的控股子公司，借助央企战略、资金、管理等方面优势，祁连山水泥发展全面提速。一个个彰显"两圈两带"发展思路的项目，在陇原大地和青藏高原"落地生根"。以甘肃、青海两省中心城市为重点，祁连山水泥先后在甘肃永登、甘谷、漳县、成县、文县、古浪、嘉峪关和青海西宁等地一鼓作气建成投产了6条日产5000吨和3条日产3000吨水泥生产线，如期淘汰了全部落后产能，实现了从渐进式发展到跨越式发展的嬗变。

与此同时，祁连山水泥主动承担起了整合甘青两省水泥市场的重大使命，在成功并购和控股鸳鸯水泥、甘谷浴佛、兰州大通河等水泥企业的基础上，再度发力，并购重组了酒钢宏达、夏河安多、张掖巨龙、甘肃古浪峡、陇南润基等一批区域内具有重要战略意义和影响力的水泥企业，进一步优化了市场格局，提高了产业集中度，稳固了区域水泥企业的龙头地位。

为加快推进产业结构调整，培育形成新的经济增长点，祁连山水泥先后在甘肃兰州、中川、定西、甘谷、武威和青海湟中、平安、民和等地建成投产了9条年产80万立方米的商砼搅拌站，商砼产能一举达到630多万立方米，形成了从源头到末端、粗加工到深加工、低附加值产品生产到高附加值产品生产的比较完整的产业体系，成为推动企业转型跨越发展的新"引擎"，使祁连山水泥的路越走越宽。

2016年"两材"重组以来，祁连山水泥按照中国建材集团"整合优化、提质增效"的总体思路，坚持以提高发展质量和效益为中心，坚持以推进供给侧结构性改革为主线，今年前三季度，公司效益创历史新高。

大浪淘沙中，祁连山水泥善于在建设中抢机遇、谋发展，勇于在发展中促转型、求跨越，脱颖而出成为市场竞争的强者，成功跻身国家重点支持的12户大型水泥企业（集团）行列，产品多次荣获国家免检产品殊荣，"祁连山"商标被认定为中国驰名商标，成为区域内重点工程项目的首选品牌。

锐意改革促转型

在市场经济的风风雨雨中，祁连山水泥始终站在市场经济的前沿，随着体制机制改革的深入推进，企业实现了持续健康发展，经济效益和职工收入显著增长，企业也因此焕发出新的活力。可以说，祁连山水泥的历史，就是一部锐意改革、开拓进取的创新史。

早在上世纪八十年代，祁连山水泥作为甘肃省工业企业的排头兵，走在了全省企业改革的前列。1985年，率先在全国建材行业和甘肃省首批实行了厂长负责制，建立了"厂长行政指挥、党委保证监督、职工民主管理"的新格局。1988年，又在全行业和全省大中型企业中成为首家通过职代会民主选举厂长的企业。1991年，在搞好领导体制改革试点的基础上，作为全国、全行业和全省的首批试点企业，积极推进劳动、人事、分配三项制度改革，顺利实行了全员劳动合同制、组合聘任上岗制、正岗试岗待岗内部待业制和岗位工资技能制，形成了“岗位靠竞争、收入靠贡献”的良性循环。

1996 年，以生产经营性资产为主改组创立了甘肃祁连山水泥股份有限公司，成为甘肃省首家上市建材企业，股份制改造走在了全省前列，为祁连山水泥快速发展迈出了关键性的一步。2005 年，在省政府的支持下，以祁连山水泥股份有限公司为核心的祁连山水泥集团正式成立，公司更名为“甘肃祁连山水泥集团股份有限公司”，向着集团化、规模化方向迈进。

进入“十二五”以来，在新一届领导班子的团结带领下，祁连山水泥积极适应、主动融入经济新常态，进一步加大改革力度，通过改革激发企业活力。不断深化内部人事制度改革，坚持公开、平等、择优的原则，大力推行公开选拔和竞争上岗，逐步形成了组织选聘与内部竞争性选拔相结合、以竞争性选拔为主要方式的选人用人机制。

为了给优秀人才以更多的发展平台，祁连山水泥实行行政职务和专业技术职务两条腿走路，实行阶梯式管理。公司还出台了内部工人技师考评管理办法，对具备条件且考评优秀的一线工人授予内部工人技师称号，按月发放工人技师津贴，实行动态管理，这一举措极大地调动了一线岗位员工的工作积极性。

管理创新增活力

毋庸置疑，深化改革为祁连山水泥的腾飞提供了机制上的保证。但是，如果没有科学的管理，再好的机制也只是形同虚设，毫无意义。为此，祁连山水泥新一届领导班子以开弓没有回头箭的勇气和锐意改革的精神，不遗余力地研究提升管理的策略，实践着一个又一个企业管理的具体措施。

2004 年，祁连山水泥按照减少管理层次、缩短管理链条的原则，大力推行集团化、扁平化管理，搭建了股份公司、子公司和生产车间三级管理架构，股份公司突出发展战略、营销、财务、人力资源、物流供应、项目建设管理，形成决策中心、信息中心和利润中心；子公司以抓好生产、带好队伍为主要职能，形成生产指挥中心；生产车间以承担具体生产任务、设备管理和维护、成本控制为主要职能，形成成本控制中心。

2010 年，新一届领导班子建立完善了“集中管理、统一销售”的营销体系、以资金控制和全面预算为重点的财务管理体系、以经营目标管理为核心的绩效考核体系，形成了自上而下、条块结合的全方位、立体式考评奖惩机制，支撑企业高效运转。

与此同时，持续推进专业化管理工作，组建了公司技术、设备、矿山 3 个专业委员会，实现了由领导决策向专业决策的转变。以全面预算管理为基础，建立了企业内部、系统内企业之间以及与行业先进水平之间的三级对标管理体系以及以成本费用为核心的考核奖惩机制，使对标管理成为一种常态化的管理手段，有效促进了各项经济技术指标的优化提升。

为了解决部分水泥窑运行故障多、台产低、台耗高等瓶颈问题，企业成立了以主要领导为组长的提产改进工作领导小组，以问题较为突出的“两窑五磨”为重点，大力开展提产改进攻关活动，列入计划的水泥窑、磨台时产量明显提升，为实现整体提升目标积累了宝贵经验。近年来，企业各项经济技术指标不断提升，水泥窑运转率、台时产量以及制造成本等技术指标与国内先进水平差距不断缩小，部分指标达到了行业先进水平。

随着信息化浪潮在全球的兴起，给企业不仅带来了技术的改变，而且使整个生产和管理方式发生了质的转变。为此，祁连山水泥依托“互联网 +”思维，成功建设了进出厂物流控制管理系统、智能办公系统、人力资源管理系统、安全生产管理系统、采购招标管理平台，全面改造升级了 ERP 系统，借助信息化手段，打破部门与部门之间、部门与生产基地之间的管理壁垒，实现了基地信息直报，有效推进了两化融合，促进传统产业转型升级。企业信息化建设及应用走在全国水泥行业前列，企业被工信部授予“首批国家级两化深度融合示范企业”称号。

凝心聚力抓党建

产能规模到达到 2800 多万吨，商砼产能 695 多万立方米，总资产 110 多亿元，年销售收入 60 多亿元……

在 60 年的奋斗历程中，究竟是什么力量支撑着祁连山水泥取得如此骄人的业绩？这就是习近平总书记 2016 年在全国国有企业党建工作会上所强调指出的，“坚持党的领导、加强党的建设，是我国国有企业的光荣传统，是国有企业的‘根’和‘魂’，正是我国国有企业的独特优势”。祁连山水泥之所以能够取得骄人业绩，是几代祁连山党员、职工用汗水和智慧书写了光辉灿烂的壮美画卷，创造出丰硕的物质财富和宝贵的精神财富。60 年的发展实践有力证明，党的领导始终是国有企业的“根”和“魂”，是企业核心竞争力的有机组成部分，是实现企业又好又快发展的关键因素。只有抓紧抓实党建工作这个法宝，充分发挥党组织的政治优势、组织优势和群众优势，才能铸就企业基业长青、永续发展之路。

加强理论学习，构建学习型党组织，始终走在时代前列，是祁连山水泥始终如一的坚定信念。在企业发展历程中，公司历届党委着重在系统学习、联系实际、解决问题上下工夫，增强领导干部创造性开展工作的能力、解决复杂矛盾和突出问题的能力、集中群众智慧开创工作新局面的能力，解决了企业在改革发展的不同时期、不同阶段出现的思想性、方向性问题。

基于这种深刻的认识，公司党委高度重视抓政治核心建设。特别是党的十八大以来，公司党委以创先争优活动为载体，以主题实践活动为抓手，以创建“四好”领导班子和“五有”干部队伍为目标，以促进企业和谐发展为切入点，从思想、组织、作风、制度和廉政建设等方面入手，创新开展党建工作，促进了企业又好又快发展。

在领导班子建设上，坚持党管干部的原则，从企业发展的长远目标考虑，在干部队伍的选拔任用上引入动态竞争机制、逐步建立完善能上能下、奖惩激励的长效管理机制。针对企业地域范围广，干部队伍优势不同的实际，对子公司主要领导班子成员和财务、物流负责人实施了易岗交流、合理配置，实现了人才有序流动、区域优缺互补，有效保证了子公司工作的正常衔接，也使各级领导班子的年龄、文化和专业结构得到改善。

创新了融入机制，把党建工作融入管理，融入生产，融入安全。围绕企业发展带有根本性、方向性、长远性、战略性的重大问题，认真调研，积极谋划。党委重点在企业的发展战略、发展规划、经营方针、机构设置、改革改制以及涉及职工切身利益的重大问题等方面大胆参与，定向把关。充分发挥党委的沟通协调作用，党组织和党员的监督保证作用。确保了党和国家的路线方针政策在企业得到贯彻落实，确保了企业改革发展坚持正确的方向，确保了企业的发展战略顺利实施。

薪火相传铸精魂

今天的祁连山水泥，所取得的丰硕成果，不仅来源于超前的战略眼光和卓越的市场运作能力，更来源于企业文化的强力支撑！

在长期艰苦奋斗的历史进程中，祁连山水泥培育了“科学、文明、团结、奋进”的企业精神，形成了“爱国、创业、求实、奉献”的光荣传统，确立了“浇筑真诚、凝固永恒”的经营理念，这是几代祁连山人薪火相传，创造和培育出来的宝贵的精神财富和强大的精神动力，更是“祁连山”企业文化的核心内涵。

多年来，祁连山水泥结合自身发展实际，先后开展了“增收节支、降本控费”、“节能降耗、提质增效”等系列主题教育实践活动，并将之作为企业文化工作的有效载体，积极开展“诚信工程”、“用户满意工程”、“平安企业”、“五型班组”等特色活动建设，进一步提高了广大员工的爱厂敬业意识和企业凝聚力，不断促进了企业管理升级。

加入中国建材集团以后，公司大力弘扬中国建材集团优秀企业文化，通过提升精神引领力、制度执行力、技术创新力、品牌扩张力、团队聚合力等重点工作，彰显了“创新、绩效、和谐、责任”的核心价值观和“敬畏、感恩、谦恭、得体”的行为准则，实现了企业战略推进与企业文化引领、企业目标实现与企业文化助力的有机统一，促进企业又好又快发展。

与此同时，祁连山水泥积极主动承担企业社会责任，支持社会公益事业发展，积极参加区域内科教文卫、扶贫济困、捐资助学等公益事业。先后通过捐款捐物、开展各种公益活动投入上千万元。在四川汶川、青海玉树、甘肃漳县、岷县地震发生后，号召祁连山系统职工捐款，3 次捐款款额达 40 多万元，支持地方发展，驻地企业为周边村镇新农村基础设施建设捐助大量水泥支持地方发展……

祁连山水泥多年来以优秀的文化培育了一代代祁连山人，扎根高原，顽强拼搏，热心公益。企业接连捧回了“五一劳动奖状”、“全国文明单位”、全国建材“百家优秀企业”、中央企业“先进基层党组织”等一系列荣誉称号，100 多名职工荣获全国、省、建材行业劳模和市级以上综合荣誉称号。

刘振锡、梁亚宁、苏克勤、乔培仁、毕印俭、于文、刘大威、赵泰和、韩超然、杨皓等往届领导班子和脱利成、刘继彬、蔡军恒等现任领导班子成员为祁连山水泥的发展呕心沥血做出了巨大贡献；

孙玉琛、田大元等已故革命烈士为代表的老一辈祁连山人“献了青春献终身，献了终身献子孙”的崇高境界感人肺腑；

朱庆禄、金昌允、高明军、臧永良等全国劳模为代表的先进人物事迹催人奋进。

他们都是几代祁连山人的楷模，是学习的榜样，是推动实现建设幸福美好新“祁连山”的中坚力量。

不忘初心共圆梦

60 年艰苦探索，60 年持续攀登，祁连山人一路走来，已站在一个新的发展起点上。

追求卓越，勇创一流，是几代祁连山人的梦想与追求。未来 10 年，企业正处于一个应对挑战、加快发展、乘势而上的关键时期，祁连山水泥将按中国建材集团确定的“一个目标、三大战略、六大平台、三条曲线”和“四大优化、六大整合”的工作部署，“高标准，严要求，不懈怠”，牢固树立“创新、协调、绿色、开放、共享”五大发展理念，抢抓“一带一路”发展机遇，以提高经济效益为中心，以调整结构为突破口，以提升运营效率为基础，以强化队伍建设为支撑，以信息化建设为平台，不断推进管理创新，提升公司核心竞争力，努力将企业打造成为西北地区一流的现代化建材产业集团。

60 年，既是共和国发展史上一个重要里程碑，又是祁连山水泥实现新跨越的一个新起点。

新的起点激发出新的追求，新的目标承载着新的梦想。

东风劲吹海天阔，正是扬帆破浪时。祁连山人将抓住公司母体建成投产 60 周年的契机，乘着党的十九大的东风，勇往直前，担当重任，不辱使命，不负众望，成就几代祁连山人的光荣与梦想，奋力开启实现中国建材集团从大到伟大的新征程，为中华民族伟大复兴的中国梦作出新的更大贡献！

（来源：中国建材报）

转型升级　蓄势腾飞

——党的十八大以来山东晨鸣纸业集团股份有限公司发展纪实

党的十八大以来的 5 年，我国经济进入新常态，转方式、调结构不断推进，供给侧结构性改革深入实施，造纸行业作为传统制造型产业，也在转型升级中砥砺前行。

5 年来，面对国内经济下行，行业复杂多变的形势，董事长陈洪国以敏锐的眼光，果敢的决策，带领企业不仅适应了经济“新常态”，克服了经济下行带来的不利影响，更是审时度势，科学谋划，打出了一套转型发展的漂亮“组合拳”。尽管是经济转型的阵痛期，但恰恰却成为了晨鸣规模增长最快、结构调整力度最大、效益提升最显著的一个时期。集团总资产由 500 多亿元增长到 1000 多亿元；总产能由 600 万吨增长到 1000 多万吨，销售收入由 450 亿元增长到 739 亿元……企业效益指标连续 3 年实现翻番，同时连续 22 年保持全国同行最优业绩。2017 年，晨鸣集团位居“中国企业 500 强”榜单第 202 位，较上年提升 49 位，蝉联中国造纸企业榜首。在“中国造纸企业 20 强”榜单中，凭借 739 亿元的营业收入，再次称雄全国，遥遥领先全行业。晨鸣以迅猛之势，谱写了一曲转型升级、蓄势腾飞的新篇章。

聚焦主业，抢占主导产业“制高点”

晨鸣因造纸而生存，更因造纸而发展。造纸是晨鸣的主导产业之一，更是核心产业，基于此，集团坚持把加大科学投入、推进项目建设作为转方式、调结构的着力点，以科学投入促结构优化升级，项目建设实现了“投产一批，开工一批，储备一批，谋划一批”的良性循环。近年来，先后建成了湛江晨鸣 18 万吨纸杯原纸、19 万吨高档文化纸、60 万吨液体包装纸，江西晨鸣 35 万吨高档食品包装纸等一批具有国际尖端水平的优质新项目，企业的装备水平达到了世界领先水平，高档产品比重达到95%，奠定了行业中的领先地位，同时顺利完成寿光晨鸣热敏纸、武汉晨鸣特种纸两大改造项目，实现了造纸装备和产品的升级换代，扩大了企业竞争优势。

晨鸣始终坚持自主创新，凭借行业领先的科研机构，不断提升技术创新和研发能力，为公司新产品、新技术开发提供了有力支撑。2012年以来，先后获得国家授权专利100余项，其中发明专利14项；承担省技术创新项目23个；省级以上科技进步奖6项。其中，在2016年国家科学技术奖励大会上，晨鸣参与研发的"速生阔叶材制浆造纸过程酶催化关键技术及应用"项目获得国家技术发明奖二等奖，为当年制浆造纸行业唯一获奖项目。与中国林业科学研究院共同研发的"低等级混合材高得率制浆清洁生产关键技术及产业化"科技项目获得中国林学会林业科学技术奖一等奖，并应用到企业实际生产中，不仅降低了生产成本，而且清洁、高效、节能。

目前，晨鸣依托先进的技术装备，成为造纸行业内产品品种最多、最齐全的企业，产品系列涵盖高档胶版纸、白卡纸、铜版纸、轻涂纸、生活纸、静电复印纸、热敏纸、格拉辛纸等，主要产品市场占有率均位于国内前列。

腾笼换鸟，助推产业优化升级

在公众印象中，造纸历来是高耗能、高污染行业。不过，在晨鸣厂房车间走一圈，就会颠覆这一传统的观念，厂区内花红柳绿，环保设施一应俱全，这些都源于晨鸣始终把环保作为"生命工程"来抓，深入践行党的十八届五中全会提出的"创新、协调、绿色、开放、共享"发展理念，既要经济发展，更要碧水蓝天，致力于打造生态、环保、高效的循环经济发展模式，让"绿色"布局引领"美丽晨鸣"。

积极淘汰落后产能，加快新旧动能转换，对在长期发展中形成的一些装备落后、环境负荷大、盈利水平低的子公司，集团痛下决心，通过出售、环保迁建、关停等方式，5年间淘汰浆纸落后产能220多万吨，纤维板20多万立方米。这在全国造纸业可以说是绝无仅有，企业虽然在当时承受了较大的损失，但迅速甩掉了包袱，为以后的快速发展创造了条件。自2012年起，集团根据国家转方式调结构政策，先后对吉林晨鸣、武汉晨鸣实施产业升级。关闭了武汉晨鸣一厂，对武汉晨鸣二厂4800纸机进行技术升级改造，投资新建高档生活用纸生产线；关闭淘汰吉林晨鸣低水平生产线，对吉林晨鸣实施了整体迁建，并于2013年顺利投产。以上升级项目完成后，厂区布局更加合理，产品结构实现了优化，并在优化整合中实现了规模、装备、技术、产品等方面的全面提升，扭转了多年来的生产经营被动局面，进入良性循环发展。

晨鸣秉承绿色发展、环保先行的理念，先后投资40多亿元用于环保工程，当前吨纸耗水量仅为3.5立方米左右，处于行业领先水平。目前，公司正采用世界最先进的技术，新上膜处理项目，使废水回用率达到70%以上，同时积极采用污水零排放技术，达到世界领先水平。8月15日，山东省委书记刘家义到晨鸣集团调研时，对企业环保工作给予充分肯定。

天更蓝、水更绿、生态环境更美好，一幅美丽的晨鸣画卷，正在徐徐展开。

谋篇布局，打造千亿产业生态圈

不谋全局，不足以谋一域。造纸已经奠定了晨鸣行业龙头企业地位，然而，作为怀揣打造千亿企业、铸就百年基业梦想的晨鸣来讲，并不仅仅满足于此。基于此，陈洪国洞察大势，大力实施多元化发展战略。在这一战略思想定位下，分别于2012年筹建矿业项目，2014年进入金融领域，2014年筹建浆纤项目，自此企业进入了一个多元化发展的新的历史阶段。

为更好地支持实体产业的发展，集团借助政策红利抢占发展先机，提前规划了金融业务，2013年，晨鸣财务公司获中国银监会批准筹建，标志着公司正式介入金融领域。2014年，在济南成立融资租赁公司和财务公司，成为造纸行业内第一家同时拥有融资租赁公司和财务公司的企业。成立3年来，各项业务发展迅速，经营范围覆盖全国，迅速成为公司效益的重要增长点。目前，融资租赁公司资产规模已达到320多亿元，在全国3000多家外商融资租赁公司中排名第5位；财务公司秉承"依托集团、服务集团"的经营宗旨，加强了集团资金的集中管理，提高了集团资金使用效率，同时积极拓展营业范围，2016年6月电子商业汇票系统上线，8月加入银行间同业拆借市场，今年1月获批成员单位的消费信贷、买方信贷及融资租赁业务，实现了快速发展。

坚持高起点定位，高标准建设，规划投资新项目。作为工业项目中的"巨无霸"，黄冈晨鸣一体化项目是黄冈有史以来最大的单体工业投资项目，该项目包含溶解浆、电厂、化工、港口等工程，目前进展顺利，综合码头项目预计明年3月份投用，年产30万吨溶解浆预计6月份投产，全部建成后将是行业中档次最高、布局科学、技术先进、环保一流的世界级工厂。此外，于2012年10月组建海鸣矿业公司，利用辽宁海城地区丰富的菱镁矿资源，建设镁矿开采及深加工生产基地，一期工程主要进行菱镁矿的开采及高纯镁砂生产，目前已进入投料调试阶段。以上项目必将有力增强企业发展后劲，成为未来企业发展新引擎。

5年来，由于跨界而共生，晨鸣集团进入了一个由造纸独大，到集造纸、金融、浆纤、地产、矿业五大产业板块为主体，同时涉足林业、物流、建材等领域的"产、融、贸"一体化的千亿产业生态圈。

雄关漫道真如铁，而今迈步从头越。面对未来，晨鸣人正以"打造千亿企业、铸就百年晨鸣"为目标，深入贯彻"打造团队、严细管理、业务精湛、创出佳绩"十六字方针，致力于成为花园式的、高度环保的、一流效益的世界级大型企业集团而阔步前行，以更加优异的成绩，向党的十九大献上一份厚礼。

（来源：经济导报）

大业大步创新业

——山东大业股份有限公司发展纪实

2017年11月，在上海证券交易所的阵阵锣声当中，山东大业股份有限公司成功挂牌上市，锣声在众人的庆贺之中响彻天际。山东大业股份有限公司注册资本20800万元，占地800余亩，员工2000余人，2017年实现销售收入18.7亿元，利税1.79亿元。公司创始人窦宝森和现任董事长窦勇以现代企业家的高度使命感与前瞻胆识，勇立潮头、开拓进取，开创并带领山东大业实现了超常规、跨越式发展，用不到十年时间将企业打造成在胎圈钢丝行业中国内最大、世界第二的龙头企业。

山东大业前身是诸城市大业金属制品有限责任公司，成立于2003年11月。2008年10月，根据诸城市政府“企业退城进园”的规划要求，公司整体搬迁至现在的诸城市辛兴工业园区内。2011年3月公司重组改制为股份有限公司并更名为山东大业股份有限公司。公司注册资本20800万元，占地800余亩，员工2000余人，主营业务为胎圈钢丝、钢帘线及胶管钢丝的研发、生产和销售，2017年实现销售收入18.7亿元，利税1.79亿元。

山东大业股份有限公司创始人窦宝森和现任董事长窦勇以现代企业家的高度使命感与前瞻胆识，勇立潮头、开拓进取，开创并带领山东大业实现了超常规、跨越式发展，用不到十年时间将企业打造成在胎圈钢丝行业中国内最大、世界第二的龙头企业，并于2017年11月在上海证券交易所挂牌上市，成功进入资本市场。

研发创新，提高核心竞争力

公司是国家火炬计划重点高新技术企业，建有国家橡胶骨架材料标准研发基地、全国石油和化工行业高性能轮胎胎圈钢丝工程研究中心、山东省高性能轮胎钢丝工程技术研究中心、山东省企业技术中心、山东省博士后创新实践基地和潍坊市高性能轮胎钢丝制备技术重点实验室等平台。公司自成立这些平台以来，不断提高自主创新能力，通过加强技术研发能力来改进和提升产品质量，努力推进轮胎金属骨架材料的国产化，在实现轮胎金属骨架材料国产替代进口方面做出了重大贡献，取得了国内轮胎金属骨架材料技术创新的领先优势，确立了公司在国内外轮胎金属骨架材料市场的重要地位。

公司以振兴民族工业为己任，致力于通过创新驱动，引领行业走向世界。公司把创新看作是企业的生命线，不断加大科研投入和技术开发力度，取得显著成效，企业可持续发展能力和核心竞争力大幅提升。从2008年开始，公司成立了专门的研发机构，到现在已发展成为拥有200余人的专业技术研发团队，经过多年的研发攻关，研制出了多种规格的高强度钢丝以及其他高性能胎圈钢丝，这些钢丝性能指标均已达到甚至超过国外同类产品的水平，全面适应和满足了高速行驶、低滚动阻力的子午线轮胎的制造需求。公司生产的子午线轮胎专用高强度胎圈钢丝质量稳定，得到广大轮胎客户的认可和信赖，促进了国内外子午线轮胎的轻质化发展。

目前公司累计申请专利172项，获得专利授权99余项，其中获得国际发明专利授权3项，已有多项核心技术达到国际先进水平，填补了国内空白。公司有45个项目列入省部级技术创新项目，完成省部级科技成果鉴定15项，其中公司自主研发的“万吨/年子午线轮胎专用超高强度胎圈钢丝产业化技术”先后获得中国石油和化学工业联合会科技进步二等奖、山东省技术创新项目优秀成果二等奖；自主研发的“高性能轮胎用高锡胎圈钢丝”项目获得山东省科技进步三等奖；“高性能轮胎用胎圈钢丝项目”被列入2012年度国家火炬计划项目，获得1000万元创新资金扶持；2012年荣获中国标准创新贡献一等奖，2015年主持起草的新版胎圈钢丝国家标准，现已开始实施。

引进技术专家，加快高端发展

公司从创立之初就树立高端人才引领高端发展的理念，把高端人才引进作为走高端发展路线的源头来抓。2008年聘请了国内回火胎圈钢丝的重要创始人、国内行业领军专家王金武任总工程师，凭借其长期兼任国内主要胎圈钢丝企业总工、技术顾问的丰富经验和领先技术水平，企业仅十年时间，便实现了由小变大、由大变强、成为国内行业龙头的跨跃，现已形成年产25万吨胎圈钢丝的生产能力，国内市场占有率达到近30%。2011年公司开始建设钢帘线项目，又聘请了以徐海涛为带头人的专业技术团队，公司钢帘线业务发展至今，已形成年产10万吨的生产能力，迅速占领了市场，实现胎圈钢丝和钢帘线两个产品的优势互补。根据公司发展需要及市场需求，公司将对钢帘线的生产规模不断进行扩大，最终形成年产20万吨的生产能力。

公司建立了“产学研”合作开发机制，为科研院所、国内外技术专家等提供实验和研发平台。公司与曙光橡胶工业研究设计院合作，在高性能军用航空轮胎用胎圈钢丝国产化研究方面取得实质性突破；公司与国家钢标委合作建立了“国家骨架材料标准研发基地”，较好地开展了橡胶骨架材料标准研发工作；公司与山东大学签订产学研协议，双方就教学实践、科学研究和人才培养三个方面建立长期产学研合作关系，利用高校学术和人才平台，为后备人才培养创造基础条件和智力支撑；公司与上海理工大学材料科学与工程学院建立了产学研联合研究中心，于2014年11月4日被中国石油和化学工业联合会认定为全国石油和化工行业高性能轮胎胎圈钢丝工程研究中心，并致力于研究高性能轮胎用金属材料的制备技术及应用；公司与上海交大技术转移中心签订产学研合作协议，聘请马春翔教授，研究高性能胎圈钢丝超声制造关键技术与装备，将超声技术应用于钢丝拉拔、清洗等工序，将从根本上解决钢丝行业能耗大、质量不稳定的问题；公司与上海宝钢集团中央研究院设备研究所合作，研究胎圈钢丝在线检测技术，降低钢丝断丝率；公司与冶金工业信息标准研究院、上海理工大学、上海交通大学等科研院所，中策橡胶集团有限公司、潍坊市跃龙橡胶有限公司、潍坊特钢集团有限公司等上下游企业联合，牵头成立轮胎用金属骨架材料产业技术创新战略联盟，加强产业间的联系，推动行业进步。通过产学研的合作开发，公司有选择地利用国内外技术创新的成果，提高了技术创新的起点，缩短了技术产业化的时间。

实施全球化战略，全力开拓海外市场

公司在实现国内领先的阶段目标后，国际化战略同步展开。为加快国际化发展步伐，公司积极走出去，想方设法吸引海归人才为我所用。一方面，国际化战略的实施离不开精通外语和国际经贸规则的高端人才，公司大力引进国际贸易精英。公司的高端客户群体多数在国外，为此公司聘请有多年海外贸易经验的韩翠霞担任国际业务部主管，负责筹建国际业务团队并开拓国际市场，仅用三年多时间，其主管的国际业务就占到了总销售额的近15%，公司的产品全面开花，遍及欧、美、亚各大洲。聘请任彤、马国元等一批拥有国际业务经验的专家组成业务团队，聘请新东方英语培训专家李小鹏作为公司国际业务部副部长，并兼职对公司所有基层以上管理人员进行英语培训，提高管理人员的英语能力。另一方面，公司到北美、欧洲进行市场考察，北美工厂建设、欧洲办事处设立等事项都在按部就班地向前推进，主要应对我们的高端客户，包括世界轮胎前五强在内的国际轮胎巨头在全球布局的40多家工厂，紧紧跟上轮胎企业国际化布局的战略步伐。

公司未来发展

公司立足于轮胎金属骨架材料行业，以胎圈钢丝和钢帘线产品为主导，坚持自主创新、技术领先战略，保持产品生产工艺技术在全国同行业的领先水平，并力争达到甚至超过国际同类产品水平。通过进入资本市场，拓宽融资渠道，提升企业综合实力，进而改善公司治理结构，以巩固国内轮胎金属骨架材料行业领跑者地位，力求成为世界一流的轮胎骨架材料产品供应商。

公司将逐年加大研发投入，继续加强与各高校的产学研合作，建设产学研合作基地，建立国家级钢丝制品研发中心。依托橡胶骨架材料标准研发基地、全国石油和化工行业高性能轮胎胎圈钢丝工程研究中心等研发平台，通过不断壮大技术研发专家队伍，以技术创新带动产品创新，强化新产品的开发，增加产品科技附加值，进一步提高企业的核心竞争力。

公司将坚持以客户需求为导向，加强市场营销网络建设，不断完善产品创新体系，建设规模化生产基地，从生产能力和产品质量上缩小与国际先进企业的差距，以优质的产品与服务赢得市场认可。公司将大力发展子午线轮胎用高性能胎圈钢丝系列产品，调整产品结构，逐步向轮胎金属骨架材料的高端产品转移，以满足未来市场的发展需要。在巩固现有胎圈钢丝市场份额的基础上，加大钢帘线产品的研发制造投入，完善产品结构，提升企业的品牌形象，从而使公司的销售收入、市场占有率、行业声誉等逐年提高。

公司将全力实施高端化、国际化经营发展战略，以“勤奋务实，铸就大业”的坚定信念，计划经过3－5年时间的努力，建设成为我国最大的轮胎骨架材料制品研发生产基地，努力打造成为世界一流的轮胎骨架材料供应商。

勇攀高峰展新颜

——山东海化股份有限公司创新发展纪实

山东海化股票入选为深证成份指数样本股；

山东海化荣登2017山东省企业品牌价值百强榜；

归属于上市公司股东的净利润比上年同期大幅增长，创公司成立以来最好水平；

纯碱产量创建厂30多年来历史新高；

节能降耗效益显著，科技创新硕果累累；

……

一串令人振奋的数字，一路风雨兼程，砥砺前行，体现了股份公司管理层认真贯彻落实集团公司党委、董事会决议决策的执行力，记录着股份公司2017年上下同欲、苦干实干取得的斐然成绩，刻画着为实现经营目标甘洒汗水、不懈奋斗的员工群像，回响着不忘初心、奋力拼搏的强劲足音。

“2017年，是股份公司全面推进创新发展、取得良好经营业绩的一年。我们聚焦任务目标，以‘三力’建设为抓手，以‘稳生产、提产量、降消耗、拓市场、调结构、强管理、提质量、保安全、增效益’为重点，以党建思政工作为保障，切实搞好策划谋划，夯实管理基础，推动上市公司步入了发展快车道。”股份公司总经理、党委书记王永志讲到，“2017年山东海化股票全年涨幅27.64%，超深圳成指19.16个百分点，公司市值81.01亿元，较年初上涨17.54亿元。受良好业绩支撑，二级市场表现活跃，2017年12月，山东海化股票入选为深证成份指数样本股，公司价值获得资本市场认可。根据2018年3月7日发布的2017年度报告，股份公司全年实现营业收入48.17亿元，归属于母公司所有者的净利润6.85亿元，较2016年同期分别增长了43.33%、656.67%，基本每股收益0.77元，创公司成立以来最好水平。”

动态管控增强发展动力

面对繁重的生产经营任务，股份公司管理层采取班子民主决策、会议调度、基层调研和督办落实多措并举的办法，通过建立动态管控机制，层层传导市场压力，激活内力，提升了领导班子的战斗力、凝聚力和向心力。公司领导班子每周召开一次办公例会，及时召开党委会，对“三重一大”事项专题研究讨论，敢于拍板，勇于担责，强化执行，提高了班子的决策水平、决策质量和议事效率。每月上旬召开生产经营调度会，深入分析并点评当前生产经营和管理工作，并对下步工作作出详细安排，达到了统一思想、明确目标、鼓舞士气的目的。班子成员带领机关部门负责人不定期到所属单位进行现场调研，检查督导，查摆不足，提出改进意见，协调解决问题。加强“策划力、执行力、实施力”“三力”建设，对于办公会、生产经营调度会和日常管理中发现的问题，明确责任人和完成时限，跟上督办，加快了整改进度。公司从决策层到执行层认识统一，贯彻集团公司的决策、决议和管理规定不折不扣，快速行动，树立了昂扬奋发、知难而进的良好风气，广大员工的积极性和创造性得以有效发挥。

强化管理促进产质攀升

股份公司搞好产销衔接，强化管理措施，以“抓操作提产量，抓质量上台阶，抓协同保运行”为主线，围绕“安稳长满优”做文章，加强调度管理，优化工艺操作，调整运行方式，注重过程控制，在主导产品稳产高产、内部关联产品协同协作上下功夫，生产装置得以长周期稳定运行，主要产品产量完成年度预算，纯碱等产品产量均创历史最好水平，质量等级大幅提升，为实现高效益提供了可靠保障。

在产量提升上，纯碱厂大力推进“三改一提”，推行“双线”控制法、单点考核和极差控制，开展岗位“择优固化”，使纯碱产量持续攀升。累计生产纯碱272.14万吨，比预算增加12.14万吨，与历史最好的2015年同期相比增产12.38万吨，创建厂30多年来历史最好水平。羊口盐场深化承包改革，强化工艺管控，稳步实施滩田修复，加快推进项目建设，主动搞好内部协同，在原盐产量、苦卤质量、钙液浓度和供溴卤水等方面取得了新成效。累计生产原盐190.43万吨，完成调整预算的102.94%，同比增产2万吨。溴素厂以提高溴素提取率、降低蒸馏废液含溴为重点，通过稳定操作、强化考核分析等多项举措，全年共生产溴素6002吨，同比增加606吨，平均提取率71.81%，创历史新高。氯碱树脂公司加强生产调度与管控，生产装置连续安稳运行天数创历史最好水平。氯化钙、小苏打、硫酸钾、氯化镁、精盐超额完成全年产量预算。

在质量控制上，纯碱厂加强特护岗位管理，并采取新上二次澄清桶、增加轻灰筛分系统、增加除铁磁棒等措施，大大提升了产成品质量。全年纯碱一次检验优级品率达 99.91%，质量跃居行业前列。羊口盐场延长淋卤时间，送碱厂主含量氯化钠指标达到 93.88%，同比提高 0.71 个百分点。全年溴素一次产品合格率 99.85%，产品出厂优级品率 100%。其他企业也都采取措施，抓稳产提质量，收到了好效果。

内涵挖潜助推降本增效

股份公司围绕降本节支、提质增效这一主题，扎实开展“质量效益年”4.0 版活动，强化市场倒逼机制，眼睛向内抓挖潜，加大公司层面发动推动力度，分解指标，落实责任，搞好对标，实现了显著的管理效益。全年 45 项单耗指标中，节超相抵后，较预算节支 6109 万元，较去年同期节支 9038 万元。

公司管理层每月都在生产经营调度会上，对各项消耗指标的完成情况进行重点分析，对措施得力、降耗效果明显的单位给予肯定，对降耗效果不理想的单位进行重点通报，促进了工作开展。推动开展管理对标，纯碱厂、羊口盐场、氯碱公司等单位组织人员与同行业广泛交流，明确赶超目标，取得了明显成效。纯碱厂重点控制的 9 项消耗指标，除石耗略超预算外，其余 8 项均低于预算，有 5 项创出历史最优，1 项接近历史最优。因消耗降低，全年较年度预算多增加效益 4560 万元，较 2015 年多增加效益 5199.7 万元。氯化钙、溴素、硫酸钾、氯化镁蒸汽单耗和电耗创历史同期最好水平。

全年股份公司完成节能量 23566.77 吨标准煤，完成集团公司下达计划的 182.52%。其中股份母公司完成 23247.9 吨标准煤，完成集团公司下达计划的 184.34%；完成节水量 641202 吨，股份母公司完成节水量 640135 吨。

科技创新积蓄竞争实力

技术创新是企业发展的不竭动力。股份公司采取科技创新、技改技措、小改小革同步推进的办法，一手抓新上项目开工建设，一手抓装置升级改造，提升了装备水平和竞争实力。

新项目建设稳步推进。纳滤精制卤水项目二期项目实施计划通过海油集团公司审查批准，进入全面建设阶段。新建渣场一期已竣工验收，二期正积极推进。新项目论证储备工作扎实开展。

装置检修质量明显提高。2017 年上半年，分别对氯碱树脂公司、纯碱厂老线、溴素厂、羊口盐场等单位进行了计划检修，由于调度安排得当，纯碱厂实现了“停车时间最短、系统置换最彻底、排放最环保、在制品损失最少”四个历史最优，系统开车次品碱数量大幅降低，对比往年降幅达 97% 以上。各相关单位对公用系统进行了优化消缺，消除了影响生产的瓶颈。

企业装备水平不断跃升。纯碱厂 2017 年装置升级改造项目共安排 31 项，合计投入资金 1.06 亿元。通过制定实施方案，完善保障措施，明确进度节点，落实管理责任，严格目标考核，加强组织调度，年底已全部完成。项目建成投用后，设备匹配更加合理，装置安全隐患减少。溴素厂在先后攻克溴素再脱氯、溴水自动分离、非优级品溴素再脱氯等行业难题的基础上，吹吸塔安全环保优化项目于 3 月份试运行，6 台机组运行后，提取率较改造前低效机组平均提高 8.2 个百分点，为原设计指标的 205%，年可增产溴素 553 吨，增加效益 1278 万元。

工艺技术改造结出硕果。纯碱厂全年安排技术改造项目 17 项，合计投资 6513.7 万元。目前，所有项目全部完工，预计年可新增经济效益 3903 万元。2017 年纯碱厂技术创新与改造工作获得了行业和集团公司的高度认可。在 2017 年中国纯碱工业科学技术进步奖评选中，该厂申报的 4 个技改项目全部获奖，其中行业最高奖二等奖 1 个，三等奖 3 个，这是近 10 年来海化纯碱在行业内获奖名次最好、奖项最多的一年。

安全环保逐级夯实责任。股份公司认真践行“安全第一，环保至上，人为根本，设备完好”的理念，逐级落实安全环保主体责任，扎实推进安全生产风险分级管控与隐患排查治理“两个体系”建设，重点在员工培训、安全检查、隐患排查治理、应急管理、环保整治等方面强化管理，全年未发生一起重大安全事故，为企业发展营造了稳定的环境。

安全管理日臻完善细密。全年编制股份、厂、车间、班组 4 个层次培训内容矩阵，分别完成各类培训 35 次、347 次、1989 次和 6776 次，实现了安全教育培训常态化。持续开展安全检查，组织股份公司及厂级各类安全检查 80 次，专项安全检查 65 次，共查出问题 469 项。不断推进隐患排查治理，股份公司及各所属单位共排查隐患和问题 1523 项，整改 1519 项，整改率 99.7%；未整改的，也都落实了整改计划和监控措施。强化危化品综合治理，建立了危险化学品安全风险分布档案和安全责任清单，开展危险化学品罐区安全隐患排查整治，落实了检验检测和日常维护。加强承包商安全管理，纯碱厂创造性地实施了“安全管理双监护”制度，由施工单位和管理单位派专人联合监护，形成了三级安全监管体系。加强应急管理，编制综合应急预案 8 个，专项应急预案 79 个，现场处置预案 762 个，分别开展厂级、车间级演练 37 次、1805 次。

环保整治工作有序推进。纯碱厂投入资金 3055.7 万元，重点实施了窑气净化外排、新上料场防尘网、厂区氨味治理、东大湾氨氮降低等环保治理项目，厂内及区域环保状况得到显著改善，废水废气实现了达标排放。盛兴热电公司 1－4# 锅炉超低排放改造等项目稳妥实施，收到了较好效果。

策划先行提升基础管理

管理是企业永恒的主题。股份公司把夯实基础管理摆到突出位置来抓，以改善采办策略为关键点，以产权理顺为着力点，以改革创新为推动力，促进了企业管理水平的提升。

优化采办模式，提高供给能力。2017 年下半年，受天气、运输和环保督查等因素影响，原盐、石灰石等大宗原材料价格均出现大幅上涨，焦炭价格波动频繁，特别是石灰石供应，成为影响碱厂生产的重要制约瓶颈。面对严峻形势，公司转变思路，广开渠道，围绕保量提质目标，优化采办策略，保障了大宗原料的供应。在原盐采办上，把握价格涨跌时机，分时段采取竞谈采办方式，锁定量价，加大外采量，新开发 4 家供货能力强、生产型盐企为主的供应商。在石灰石采办上，投入极大精力破解瓶颈，通过采取省内拓展新矿源地、省外开辟新供应商、陆海联运、与有实力的供应商签订战略合作协议和纯碱厂试用电石泥替代部分石灰石等办法，开发了 6 家供货能力强的海运石灰石供应商，缓解了石灰石采购紧张局面，确保了生产稳定。

加快资产处置，理顺产权管理。积极推进压减、低无资产处置工作，按照"方案到户、计划到旬、责任到人"要求，制定压减配档表，已完成天际化工公司和金钟锌业公司吸收合并、海成公司工商注销、深圳欣康公司股权处置工作。

深化内部改革，激发员工干劲。年初，在对试点单位公司机关和纯碱厂管理运营、组织结构、岗位体系进行全面诊断的基础上，稳步推进了定岗、定编、定员"三定"改革。纯碱厂改革力度大，通过优化组合，内设机构由原来的 8 个部室和 17 个车间，优化为一个生产运行中心、7 个部室和 12 个车间；人员编制由 1854 个优化为 1652 个；按照"突出生产、鼓励创新、重视人才、按劳分配"的原则，完成了职工薪酬套改运行；对检维修业务进行整合，成立了运维车间。盐场启动了六场承包改革试点，由 6 个工区合并为 3 个，减员 84 人。四季度，按照集团公司部署，"三定"已在全公司推开，正平稳实施中。

抢抓机遇推进促销增效

2017 年的纯碱市场起伏不定，变化巨大。股份公司直面挑战，把握机遇，妥善处理好产品内外销和增销量、保销价、降库存、促回收、防风险的关系，实现了效益最大化。通过创新销售管理，推行战略框架协议，稳定了销售渠道，开创了行业先例，销售模式实现了根本性转变，拓展了销售工作新局面。

研判市场，积极应对，适时调整销售策略。面对急剧变化的市场竞争态势，公司以变应变，跟进调整销售策略，确保了效益大幅提升。不论是春节前期纯碱价格的上涨，还是 2 – 4 月份的断崖式下跌，乃至 5 月份市场启动后的持续旺销、货紧价扬，进入 12 月份后的价格回调，都能做到随时关注同行业和下游市场状况，增进与行业协会沟通和同行信息交流，提高市场判断力，完善定价机制，确保了科学决策。为解决销售工作中出现的新问题，管理层在周办公例会、月度生产经营调度会上均对销售工作进行专项安排部署。根据不同时期的销售特点，公司管理层及时研判市场，每月组织召开一次产品定价会，既抓好纯碱销售定价，又对其他产品销售一体研究，制定量价调整策略，把握了市场主动权。

整合资源，联动开发，充分发挥平台优势。在 2016 年底对产品全部纳入销售分公司集中销售的同时，又对不同产品的相同区域进行了销售整合，实现了各种产品市场资源和客户资源的共享。通过实施联动开发，最大限度的提高了产品销量，全年销售纯碱 264.85 万吨。硫酸钾、氯化镁、亚钠、氧化锌产销率均超过 100%，较好地完成了销量计划。

深度合作，优化结构，切实强化客户管理。公司把加强客户管理作为销售管理的重要措施来抓，通过完善客户管理制度，修订客户评级标准，召开战略合作客户订货会等方式，稳固了客户资源。围绕建立长期稳定的合作关系，与 47 家重点客户签订了战略合作框架协议，月用量 18.8 万吨，占月销量的 81.93%，占内销月度销售计划的 94%。综合市场旺销和下滑时的客户表现，研究制定供量计划和价格策略，维护了市场稳定。

内外互动，合理出口，努力提高销售效益。根据库存高低、内外销价差等因素，合理调节出口量，在国内市场下滑时，尽量多出口，减缓内销压力；在国内市场好转时，稳固国外大客户，减少出口量。累计出口纯碱 25.29 万吨，提高了销售效益。

注重激励，激发活力，加强销售队伍建设。销售分公司完善激励机制，修订了业务员考核办法，加大考核奖惩力度，通过采取考核排名、上榜公布等措施，拉开业务人员的收入差距。调整原来直接考核到业务员的部门集中考核办法，推行以大区为单元的分级考核模式，调动了大区经理的主观能动性。

加强管控，规避风险，大力压缩应收账款。公司成立了信用风险管理委员会，全方位掌握客户资信经营状况，实行动态管理，始终把授信额度作为赊销红线。大力压缩应收账款，防范经营风险，做到新款不欠，老款努力清收，通过层层包靠，强化考核，最大限度回收了货款，年末应收账款余额比年初减少 1335 万元。

完善内控确保合规运营

股份公司在内控建设和规范运作双向用力，以内控体系健全、管理规范有序、企业合规运营为目标，维护了上市公司形象。

推进内控体系建设，对"一图四手册"组织了全面修订，以职能业务领域图为基础，搭建了包含 15 个职能模块、23 项基本制度、126 项管理办法、176 项操作细则、共计 325 项制度文件的内控制度体系框架。

促进公司规范运作，认真筹备"三会"，全年筹备召开董事会会议 8 次，监事会会议 7 次，股东大会 3 次，起草各类议案 102 件，编制其他材料 500 余件。确保会议召开程序合规，审议机制有效，表决结果合法。提升信息披露质量，全年编制定期报告 4 份，临时公告 60 份，网上披露信息 57 份，报备信息 70 份。加强投资者关系管理，利用互动平台、集体接待日及投资策略会等渠道，与投资者沟通交流。全年累计完成月度股票分析 12 期，接待现场调研机构 15 家，电话咨询投资者 300 余人次，回复投资者互动平台问题 154 条。

党群共建凝聚发展合力

股份公司把学习宣贯党的十九大精神作为重要任务来抓，党的十九大召开和闭幕后，公司党委班子带头，先后组织了多次党委中心组学习，并召开会议对学习贯彻十九大精神进行了动员部署，通过采取集中学习、专题研讨、自学等多种形式，达到了增强党性、提高素质、推动工作的目的。各级党组织迅速行动，加强领导，广泛动员，利用中心组学习、"三会一课"等方式，开展了形式多样的学习宣贯。注重强化舆论宣传和引导，在股份公司内网、灯塔党建系统等阵地开设专栏，对十九大精神进行了全方位解读，激发了党员干部员工学习十九大精神的热情。

不断夯实党建基础，统筹做好支部达标、"石油精神"大讨论、巡视问题整改等工作，狠抓党建日常管理，完善"灯塔 – 党建在线"平台山东 e 支部管理系统，使支部动态及时呈现。严格把关党员发展工作，全年培养入党积极分子 132 人，有 6 个党组织 9 名预备党员按期转正，10 名党员发展对象被发展为预备党员，为 55 名流动党员转接了组织关系介绍信。强化"三会一课"制度落实和检查，提高了党建制度化规范化水平。仪表车间党支部被总公司党组评为"六有"党支部。

"我们充分发挥党组织的战斗堡垒作用和党员的先锋模范作用，引导广大党员立足本职作奉献，岗位成才创一流，投身实践，苦干实干，展现了风采。纯碱厂开展了党员"亮身份、树形象、争先锋、做模范"主题实践活动，员工自发开展现场整治义务劳动成为常态，企业厂容厂貌发生了根本性改观。"股份公司党委副书记、纪委书记、工会主席孙汇江说，

"广大党员和员工把企业当作自己的家，把工作当事业来干，在2017年下半年因石灰石质量问题影响生产稳定时冒高温进窑人工砸瘤子，仅9、10两个月合计砸瘤子达4550人次，体现了强烈的主人翁责任感和事业心。"

强化干部员工作风建设，倡导认真负责、真抓严管的工作作风，班子成员和各级党员干部切实增强党性修养，对照《党章》《中国共产党廉洁自律准则》《中国共产党纪律处分条例》，严格执行中央"八项规定"和炼化公司、集团公司有关要求，在办公用房、公务用车、应酬接待等方面完善制度，规范流程，细化落实，不触"红线"，树立了正气正风。运用"四种形态"，正风肃纪，对2起案件进行了立案调查，并给予了相应纪律处分，召开了销售业务警示谈话会，起到了教育提醒作用。

积极做好群团工作，认真组织送温暖活动、生病职工慰问、困难职工走访、金秋助学等，为职工送去了关怀，救助困难员工275人次，总救助额达44.12万元，让职工感受到了企业大家庭的温暖。大力开展劳动竞赛，"金点子"合理化建议、职工技术比武、小改小革、技术创新，为企业献计出力的热情逐步提高。集团公司2017年"金点子"合理化建议评选，获奖建议38项中，股份公司获得一等奖1项，二等奖4项，三等奖7项，优秀奖8项。2名同志被评为滨海开发区劳动模范，纯碱厂生产运行部生产调度班被授予山东省"工人先锋号"荣誉称号。组织团员青年开展了"一学一做"教育实践，参加了海油"蔚蓝力量"公益项目——"开发海滩有我'海'好"海洋环保公益宣传活动，开展了迎"七一"征文比赛活动，共收集征文60余篇；组队参加了集团公司举办的"互助保障杯"羽毛球、乒乓球和职工男子篮球比赛，股份公司多支代表队取得好成绩。

围绕中心做活宣传工作，办好股份内网，设立公司新闻、信息参考、理论探讨、党建思政、学习探究、党风党纪、政策解读、证券知识、"两学一做"等专栏，上传资料420余篇；围绕生产经营工作重点，展现管理亮点，在《海化报》、集团和股份内网上稿。纯碱厂通过打造影音视频平台、文化长廊、内部网站、文化折页"四位一体"文化阵地，提炼形成了全新的企业文化体系。

瞄准目标砥砺前行

2018年是股份公司成立20周年，也是股份公司提升管理、再展新业的关键一年。新的一年，股份公司面临着严峻的市场挑战和艰巨繁重的生产经营任务。做好全年各项工作，对于夯实上市公司根基、实现股份公司在新的起点上加快发展具有重要的意义。

梦想的故事

——西部信托有限公司改革发展纪实

梦想，是一个美丽而又神圣的词语。十六年前的一个夏天，一群年轻的干部们积极响应国家政策需要，通过合并重组，毅然地踏上了"西部信托"这个承载着无数人梦想与希望的平台。面对无数的未知，他们朝着自己的金融梦想，怀揣无比坚定信念——受人之托、履人之嘱、代人理财，扬帆起航。

十六年间，面对复杂多变的经济环境，他们临危不惧，兢兢业业，不断强化业务本领，准确把握宏观经济运行的发展规律和市场形势，以"稳健经营、持续发展"和科学化、专业化的管理以及"诚信、合规"的工作理念，赢得了客户的信赖、各界的支持。截至2017年末，公司资产总额达2517.37亿元，其中管理信托资产2484亿元，较2017年初的1380亿元增加1104亿元，增幅80%，大大高于行业整体增速。2017年全年实现营业收入6.61亿元，利润总额4.46亿元，净利润3.45亿元。

党的十八大以来，尤其是在新一届领导班子的带领下，公司全面加快深化改革的步伐，蹄疾步稳，一往无前。

一是持续推进市场化改革，积极探索实践双轨制。2012年，公司通过市场引入高管人才，首次实现了高管团队年轻化、专业化的配置，拉开了公司市场化改革的序幕；2015年，公司加快"运营机制市场化、人才选聘市场化、激励机制市场化"的改革步伐，率先在集团内部推行"职业经理人"制度与"上级委派双轨制"相并行的人才管理机制，实践"党的领导与公司治理"相结合的人才管理方式，进行了高管市场化的第二轮改革工作，此次改革受到了陕西银监局等上级单位的普遍好评；2017年，公司又在员工内部引入业务人员MD职衔体系，实行行政职衔与业务职衔并行的"双轨制"职衔管理，根据员工的专业能力及业务贡献度匹配合适的业务职级，从而真正实现了公司全员"薪酬能高能低，职级能上能下，人员能进能出"的全员市场化运行机制。

二是开疆拓土，全面展业的布局已初步形成。为确保"十三五"战略规划目标的实现，公司近年加快了异地拓展和团队引进的步伐。除先后在北上广深等一线城市以及成都、杭州、南京、苏州等二线发达城市开立业务分部外，还组建了浙江、广东等多个超大型综合业务部门，目前公司业务部门数量增至17个，已完成了以西安总部为依托、各异地团队为补充的"总部+分部"的异地部门建设工作，立足西部（陕西），覆盖东部、中部和南部的经营网络初步建立，全国展业布局已初具雏形。

三是制定三年发展战略规划，不断调整业务结构，加快公司创新转型，推动"基金化业务、资产证券化业务及资本市场创新业务"的发展。截至2017年末，公司共评审通过准资产证券化项目近40个、债券类投资项目近20个。在公司管理的信托资产中，以银信通道业务为主的单一资金信托占比持续下降，集合信托占比基本持平，而更能体现信托本源功能的财产权信托的占比则大幅提高，公司业务转型的步伐明显加快。可以说，凭借"诚信稳健"的经营理念，公司在市场中的影响力不断提高。截止2017年末，公司管理信托项目共计422个，仅2017年当年公司就实施信托项目265个，信托规模1,916亿元，较2016年增长60%。公司信托业务规模持续扩大，管理信托资产规模不断创出新高。期末公司自有资产73.37亿元，公司净资产56.58亿元。

展望未来，西部信托将以实施公司《十三五发展规划》为目标，继续坚持稳健经营和可持续发展理念，推动和优化全国展业布局，扩大和深化同业机构合作，加快财富中心建设，做大信托业务规模；同时，加快创新步伐，进一步推进资产证券化、信保合作、家族信托、专户理财、消费信托和公益信托等业务发展，推动政信合作、房地产、证券投资等传统业务向基金化、投资性业务模式转型，与优质专业投资管理机构合作开展新三板投资、并购、定增、海外资产配置等私募投行业务，不断提升主动资产管理能力。我们坚信，下一个十六年，西部信托“西部崛起信守百年”的理念会继续的传承下去。

2018 年是改革开放 40 周年，全球目光汇聚中国，新时代中国梦想故事翻开新的篇章。西部信托也将不断优化体制、机制，增强对专业人才的吸引力，通过“机制 + 人才 + 资本”战略的实施，致力于成为在西部地区具有自身特色和较强影响力的“投资银行、资产管理、私人银行三位一体”的专业化金融资产管理公司。

雄关漫道真如铁，是对梦想的追求；而今迈步从头越，是对梦想的执着！面对新的机遇和挑战，公司将继续做大做强做优业务，合理有效把控风险，全力冲刺行业 50 分位，早日实现迈入信托行业发展第二梯队的奋斗目标！

奋楫逐浪高　梦驰新时代

——兴业银行 30 周年发展纪实

八月福州，茉莉飘香，闽江之滨，风正帆张，兴业银行迎来了三十岁生日。

30 年前，兴业银行因改革开放而生，带着“堂堂正正办银行”的誓言从零起步。30 年后，这家当年由几乎陷入经营困境的地方国营金融机构——福兴财务公司改组成立的银行，已成长为中国主流商业银行集团，稳居全球银行 30 强、世界企业 500 强。

不驰于空想，不骛于虚声，不为时议摇摆，不为诱惑所动，始终遵循商业银行发展规律走市场化、差异化发展之路，30 年不断刷新高度的发展历程见证了兴业银行的光荣与梦想。截至 2017 年末，兴业银行总资产 6.42 万亿元，较成立之初增长近万倍；各项存款余额 3.09 万亿元，较 1988 年末增长约 2.7万倍；各项贷款余额 2.43 万亿元，较 1988 年末增长 2600 多倍；年实现净利润从最初的 821 万元增长到 572 亿元，累计现金分红超过 800 亿元，累计纳税 2072 亿元，为投资者和社会创造了卓越的价值回报……

30 年沧桑蝶变，兴业银行始终不忘“为金融改革探索路子、为经济建设多作贡献”的初心和使命，将自身发展融入中国改革开放的时代洪流，与中国经济同频共振，在风云激荡的金融市场探索打造一流现代商业银行，从名不见经传的地方小银行一步一个脚印，跻身全国性股份制银行第一阵营，亦成为中国金融改革与发展的时代缩影和成功样本。

为有初心多壮志

1988 年，潮起东南，作为中国首批股份制商业银行，兴业银行顺应中国金融改革大势而生。创立之初，一穷二白。全行 68 人挤在简陋的小楼里办公，还要“子承父债”，承接原福兴财务公司留下的巨额债务。生不逢时，国家三年经济治理整顿随之而来，银行市场也被国家专业银行高度垄断，新生的银行只能在困境中求生。

创业维艰，但兴业人有着与生俱来爱拼会赢的精神。“为金融改革探索路子、为经济建设多作贡献”使命在肩，兴业银行凭借“夹缝中求生存、图发展”的坚韧不拔，不等不靠不要，以主动服务、上门服务、优质服务引领行业之风。在福建站稳脚跟后，并未故步自封，于 1996 年吹响“二次创业”的进军号，率先在强手如林的上海滩打响兴业招牌，大胆迈出跨区域经营的历史性步伐。进入新千年，推进“有形网络扩张和无形服务延伸、有形产品创新和无形体制机制改革”虚实结合，全面加快全国性现代化商业银行建设步伐，市场化并购、引资更名、专业化改革……一次次走在行业前头。2007 年，成功在上海证券交易所挂牌上市，成为我国金融全面开放元年首只金融股。从地方银行、区域性银行、全国性银行、上市银行到现代综合金融服务集团，兴业银行的每一次跨越都是战略智慧与拼搏的结晶。

回顾 30 年发展历程，兴业银行在探索规范的现代商业银行办行道路上，总是勇立潮头，敢为人先：最早采用股份制这一现代企业组织形式，打破“大锅饭、铁饭碗、铁交椅”；第一批建立“三会一层”公司治理架构，全面确立“可持续发展”公司治理理念；第一批建立统一法人、分级经营的管理体制，探索建立“条块结合、矩阵式管理”的新型经营体制；第一批引入资产负债比例管理、信贷资产分类管理等现代银行管理方法；第一批探索事业部制、条线专业化改革；将风险防控关口前置，风险管理职能打破常规内嵌至业务条线；首家设立市场化研究机构、金融科技公司……一连串体制机制、商业模式的改革创新，在中国现代金融发展史上镌刻下鲜活的探索印记，创造了诸多值得借鉴的兴业范例。

回顾 30 年发展历程，兴业银行始终执守本源服务实体经济，努力为经济建设多作贡献。从传统制造业转型升级，战略新兴产业、绿色产业的培育发展，到破解小微企业“融资难”“融资贵”、让企业开户“最多跑一次”，兴业银行始终与企业唇齿相依，书写了一个又一个风雨同舟、相伴成长的动人故事。

上世纪 90 年代初，转型中的中国服装企业大起大落，初创期的利郎集团也因此遭遇融资困境。在其他银行犹豫未决时，兴业银行为其发放了首笔贷款。20 多年来，在兴业银行持续不间断的合作支持下，利郎集团实现了从地方性服装公司、全国性品牌男装公司到香港上市公司的三级跨越，利郎的员工们陆续用上了专属菁资卡。“如果要我谈谈银企该如何合作，利郎同兴业这二十多年的风雨同舟我觉得就是很好的例子，正是金融服务实体经济的典范。”抚今追昔，利郎集团董事长王冬星由衷表示。

2002 年，吉利集团还叫美日汽车有限公司。那时市场对民营企业造车普遍不看好，兴业银行基于对我国汽车制造业前景和公司自主研发的信心，率先给予其 7000 万元授信，由此开启了双方的密切合作。十多年来，兴业银行的服务也从单纯的信贷支持扩展到涵盖供应链金融、债券承销、产业基金、并购基金、境外融资等在内的多元化金融服务，伴随吉利集团成为代表性民族汽车品牌并迈向世界舞台。兴业还积极为吉利一线产业工人提供各种贴心服务，代发工资、开发园区支付 IC 卡、提供个人便利贷款和定制理财产品等。2017 年 9 月，设在吉利宁波基地厂区的兴业普惠金融服务站正式挂牌，工人们真正有了身边的银行。

2006 年，转型果蔬行业不久、名不见经传的厦门福慧达果蔬股份有限公司从兴业银行获得了首笔贷款。后续十多年，兴业银行根据企业发展不同阶段的金融需求，配套提供一揽子综合金融服务，支持企业开枝散叶。福慧达现已成为国家农业产业化重点龙头企业，在全国多地设有子公司及物流中心，业务辐射全球 30 多个国家和地区。“兴业银行是最早支持我们的银行，我们见证着彼此的成长。”该公司董事长郑晓玲谈及兴业总是格外亲近。

30 年来，兴业银行始终向“实”而生，勇当服务实体经济主力军，并依托集团“联合舰队”经营优势，综合运用信贷、信托、租赁、基金等多元融资工具，为客户提供全生命周期、全产品覆盖的金融服务解决方案，在服务实体经济过程中深化自身转型发展，走出了一条相伴成长的可持续发展之路。

勇立潮头海天阔

作为一家旧有体制外的新生银行，兴业银行既没有强大的股东背景和行政资源，也不占据中国经济发展要津，毫无“先天优势”，人们总是好奇兴业银行何以成功？

兴业的答案是念好“差异化”三字经，办真正商业银行。出身草根，白手起家，金融市场化改革的产物、股份制企业的“身份”，都决定了兴业银行在市场摸爬滚打求生存、谋发展，不能走“寻常”路，这也恰恰锻造了兴业银行敏锐的市场洞察、前瞻的战略把握和强大的创新力。

成立之初，网点稀少一直是兴业银行的短板，如何以网点之寡，博弈存款之广，服务客户之众？兴业银行寻觅市场，敏锐地嗅到了证券资金清算这一当时不被同业关注的业务，1996 年与上海证券交易所展开合作，成为国内最早开展资本市场银行业务并服务于金融同业的商业银行，为后来在同业金融领域大展拳脚打开了局面。

2005 年后兴业银行加快全国网络布局，但学国有大行广设网点明显不切实际，而城商行、农信社、农商行的营业网点在辖区内星罗棋布，出了“地界”却没有网络支撑。兴业银行又一次捕捉到了商机，面向广大中小银行首创“联网合作、互为代理”的合作模式，以互联网平台思维拓宽彼此服务半径。2007 年正式推出合作品牌“银银平台”，近年来升级扩展为涵盖支付结算、财富管理、资产交易、科技输出、研究咨询等多维服务体系，成为商业模式又一成功案例。

不止于此，兴业银行的触角从银证、银银合作向银信、银保、银基、银财合作，以及场内资金交易、代理贵金属、FICC、资产管理、资产托管等领域不断延伸，形成了独树一帜、长袖善舞的金融市场业务板块，运用市场化手段有效配置资金资源，实现价值创造。如今，兴业银行资产管理、资产托管、资金交易等业务均稳居行业第一梯队，FICC 业务能力为市场称道，成为新的业务增长点。

有业内人士评价，金融市场业务在资本消耗、风险生成上相对较低的优势，以及围绕金融市场业务长期形成的“跑市场文化”和市场化导向的体制机制，使得兴业银行的运营效率相对更高，成为过去十年轻型银行之路最为成功的商业银行之一。

纵观商业银行发展史，唯有准确把握经济社会发展大势，前瞻布局，差异化发展，才能占据先机，赢得未来，兴业银行恰恰以创新基因著称。

改革开放后，随着中国经济持续高速增长，环境问题日益突出，推动绿色可持续发展成为共识。2006 年兴业银行在国内首推能效融资产品，开辟国内绿色金融市场。12 年间，从首推能效融资、节能减排贷款、碳金融、排污权金融、低碳主题信用卡，到率先承诺采纳赤道原则，设立专营机构，再到建立健全涵盖信托、租赁、基金、理财等在内的集团化、多层次、综合性绿色金融产品服务体系，兴业银行累计提供绿色融资突破 1.5 万亿元，服务客户上万家，而绿色信贷不良率却仅为 0.31%，探索出了一条“点绿成金”的可持续发展之路，并在绿色金融发展的国际舞台崭露头角。

近年来，兴业银行还顺应中国金融体系从间接融资向直接融资转型、人口老龄化、利率市场化、人民币国际化等发展趋势，大力发展培育了投资银行、养老金融、交易银行等一批特色业务、优势业务，在多个细分市场形成核心竞争力，构筑起了更宽阔的“护城河”。截至目前，非金融企业债务融资工具发行规模升至全市场第一，连续 6 年蝉联股份制银行第一；交易银行业务快速发展，本外币跨境结算今年同比增长超 40%，互联网支付结算交易量同比增长超 230%；养老金融服务老年客户超过 1300 万户，综合金融资产超过 8130 亿元。

从同业金融、绿色金融，到城镇化金融、养老金融、普惠金融……兴业银行结合形势变化和自身禀赋，“适变而变，因变而胜”，开辟了一片又一片新蓝海，并在创新发展的过程中，以宏大的格局开创了“寓义于利”的独特商业模式和社会责任实践观，不仅“在商言商”，更讲责任担当，将银行经营发展与履行社会责任有机结合，实现经济和社会环境效益的和谐统一。

好银行，助生活更美好。“寓义于利”发轫于兴业银行绿色金融探索实践，丰富于银银平台，并随着业务发展，扩展至普惠金融，让金融更有温度。兴业银行依托银银平台为近 1400 家金融机构提供产品、渠道、科技和研究服务支持，共同提高三四线城市及“三农”、小微企业等的有效金融供给，扩大服务区域经济与民生。在精准扶贫、社会公益等方面历来不遗余力，涉农贷款规模超过 1000 亿元，近五年公益慈善捐赠超过 2 亿元，赢得了“中国最受尊敬企业”“最佳企业公民”“最具社会责任金融机构”等诸多美誉。

风鹏正举再扬帆

进入新时代，我国社会主要矛盾发生了历史性变化，经济金融环境也经历着深刻变革，商业银行正面临前所未有之考验，机遇与挑战并存。站在历史新起点，兴业银行如何适变应变，在新一轮竞争中行稳致远，取得胜势？

2003 年，兴业银行在国内同业中最早提出推进业务发展模式和盈利模式的“两个转变”，“轻资本、高效率”转型方向始终贯穿于发展的各个阶段。2016 年，顺应经济金融形势变化，立足自身资源禀赋和竞争优势，兴业银行在新一轮五年规划中提出“结算型、投资型、交易型”三型银行建设战略，并以此为基础，进一步提出“商行 + 投行”的转型战略，强调以客户为本、商行为体、投行为用，从规模银行向价值银行转变，实现高质量发展。

围绕新的战略布局，兴业银行主动调低发展速度，“强优势、补短板”两条腿走路，持续调整优化资产负债结构，启动新一轮体制机制改革，实现从产品主导向客户主导，从部门银行、条线银行向整体银行、流程银行转变，打造集团层面统一客户关系系统和一体化的营销服务能力，专业能力和服务效率更加精进。作为转型成效主要衡量指标的非息收入快速增长，在营业收入占比已达三分之一。

虽然创新的动力始终澎湃，但稳健也一直是兴业银行给外界的印象。从开门营业的“三铁”（铁账本铁算盘铁规章），到 2000 年提出三大治行方略“从严治行”为首，再到如今掷地有声的“合规致胜”，兴业银行始终坚持依法经营、稳健经营，在防风险与谋发展之间寻找最佳路径。30 年来，无论是初创期的经济治理整顿，还是二次创业遇上的亚洲金融风暴、2008 年突如其来的国际金融危机，一次次的狂风暴雨中，兴业银行总是淡定从容，逢山开路、遇水架桥，锻造出更为坚劲的生命力。在当前严峻复杂的经济金融形势下，执守防风险底线，兴业会再一次证明“强者恒强”。

有人说，金融科技是商业银行转型下半场的核动力。兴业银行是国内少数具备核心系统自主研发能力和自主知识产权、首家通过 ISO22301 业务连续性管理国际标准认证的银行，也是国内最大的商业银行信息系统提供商之一。兴业银行始终奉行“科技兴行”战略，促进金融与科技的深度融合，并在云服务、大数据、人工智能、区块链、流程机器人等八大领域系统布局，持续提升金融资源配置效率与客户服务水平，推进安全银行、流程银行、开放银行、智慧银行建设，积极构建面向未来的银行。

三十年风起云涌，市场变幻，兴业人蹄疾步稳，勇毅笃行。

从开业之初的“为金融改革探索路子、为经济建设多作贡献”，到起步阶段的“办真正商业银行”，再到快速发展阶段的“建设全国性现代化商业银行”，再到如今“建设一流银行、打造百年兴业”，兴业人服务国家、改进民生、回报社会、致力民族金融业崛起的理想和追求未曾改变。

芳华而立，风鹏正举正其时。

兴业银行不会辜负这前所未有的新时代，壮志凌云，信念如铁；不会辜负“一流银行百年兴业”的远大理想，脚踏实地，目光如炬；不会辜负美好生活的人民向往，铭记初心，真诚如故。时间已经证明并还将证明，兴业人必将越过山丘，创造新的辉煌！

（来源：金融时报）

第二章　服务实体经济与精准扶贫

■ 精准扶贫纪实

安信证券2017年度精准扶贫报告

一、精准扶贫规划

安信证券依据《安信证券扶贫工作规划（2016－2020年）》的目标和工作任务，对扶贫项目进行了详细安排和实施，重点在基础设施建设、教育扶贫、产业扶贫、金融扶贫等方面持续发力，助推扶贫对象完成精准扶贫精准脱贫攻坚任务。安信证券与贵州省罗甸县签订了《2016－2020年结对帮扶合作框架协议》，全面开展精准扶贫。

二、年度精准扶贫概要

安信证券2017年开展扶贫工作情况如下：

（一）实施并完成2016年度贵州省罗甸县结对精准帮扶项目，投入金额总计503.5万元。

（二）2017春节慰问贵州省罗甸县大亭社区200户贫困户，共计10万元；向罗甸二小捐赠8台笔记本电脑，向罗甸县捐赠笔记本电脑7台，共15台。

（三）挂牌成立贵州省罗甸县"安信证券金融服务站"。

（四）在贵州省罗甸县政务服务大厅开展金融知识培训。

（五）以"解寒门之忧 圆学子之梦"为主题，安信证券工会开展"安信助学·圆梦行动"爱心助学活动，一对一结对贵州省罗甸县贫困家庭中学生每人3年共6000元助学资金，结对助学人数共400名，全年捐赠资金共80万元。

（六）启动贵州省罗甸县新一年度年度扶贫项目，拟投入帮扶资金776.45万元。

（七）作为主办券商，帮助国家级贫困县重庆市丰都县（金籁科技）完成新三板挂牌项目；帮助国家级贫困县江西省上饶县（中大股份）完成新三板再融资3900万元。

（八）担任主承销商，为贵州黔西南州国家级贫困县兴仁县下属平台公司凤凰产业投资有限公司发行15亿元规模的企业债融资项目，该项目已获批，进展顺利；为重庆万州区企业重庆市三峡银行开展信贷资产证券化186540.34万元，该项目正在发行，进展顺利。

（九）开展云南省绿春县大兴镇波依小学基础设施建设、教学条件改善及教育助学金等相关工作，共投入103.2万元。

（十）与江西省赣州市龙南县人民政府签订了《龙南县人民政府与安信证券股份有限公司框架合作协议》，拟在企业上市挂牌、提升企业融资能力、债券融资、并购及后续发展事项进行合作。

（十一）推荐上架贵州正安县怡人茶业至中证互联消费扶贫平台。

（十二）开展"走进江西省抚州市东乡县珀玕北庄小学慰问留守儿童活动"，为贫困村北庄小学捐赠了一批儿童书籍、帮助北庄小学教

师宿舍安装了一台太阳能热水器，并给全部70名学生购买了水壶、文具等节日礼物，向9名贫困及单亲家庭学生送上慰问金。

（十三）生态保护扶贫方面：参与"绿化梅州，建设美丽乡村"植树活动捐款2万元。

（十四）资助广东省河源市紫金县横排村7家贫困户共9名子女2016年下学期至2017年就读中职以上院校的学费和生活费共202503元。

（十五）拨付9万元将广东省河源市紫金县横排村村委楼三楼的毛坯房装修成60平方米集合图书阅览室、电教中心、党员活动站等多功能的村民文化活动中心。

（十六）拨付16万元对广东省河源市紫金县横排村8户需进行危房改造的五保户和低保户补助房屋装修资金，每户补助2万元。

（十七）帮助广东省河源市紫金县横排村建设集中式太阳能发电项目，建设面积约730平方米，装机容量60.06KW，总投资71.22万元。

（十八）帮助广东省河源市紫金县横排村建设三叉苦种植产业基地（一期），总投资35万元。

（十九）向四川省凉山州木里藏族自治县牦牛坪乡捐资修建普尔地小学项目18万元。

（二十）向内蒙古兴和县捐赠第二批教育扶贫资金30万元，通过中国扶贫基金会定向发放到兴和县"建档立卡"贫困家庭2017级初一年级学生。

（二十一）"以购代捐"认购对口帮扶的四川省凉山州昭觉县农副产品，总金额为2万元。

（二十二）参与建设山西省隰县光伏扶贫村级电站事宜，包括寨子乡马家村、寨子村两个项目，总金额为225万元。

三、后续精准扶贫计划

2018年，安信证券在前期项目投入的基础上，将持续追加在贵州省罗甸县开展产业扶贫、基础设施建设、教育扶贫、消费扶贫等项目投入，并开展走访慰问等工作。

安信证券将持续开展金融扶贫工作，将充分利用交易所IPO和新三板挂牌对贫困地区企业的绿色通道，积极帮助符合条件的企业到交易所、新三板等公开市场融资；依托区域股权交易市场，为国家级贫困县域内各类企业特别是中小微企业提供挂牌、交易、融资服务，支持国家级贫困县域内当地企业特别是中小微企业发展；积极支持国家级贫困县域内上市公司、非上市公众公司通过增发、配股、发债、股权质押等方式拓宽融资渠道。

此外，安信证券将继续在云南省绿春县、内蒙古兴和县、江西省龙南县、江西省东乡县、四川省凉山州等开展教育扶贫及其他扶贫工作；

将进一步开展广东省贫困地区基础设施建设及其他扶贫工作。

财通证券2017年度精准扶贫报告

一、精准扶贫规划

基本方略：

财通证券以习近平总书记系列重要讲话精神为指导，紧紧围绕“五位一体”总体布局和“四个全面”战略布局，积极落实《中共中央国务院关于打赢脱贫攻坚战的决定》、《“十三五”脱贫攻坚规划》以及《中国证监会关于发挥资本市场作用服务国家脱贫攻坚战略的意见》的要求，响应中国证券业协会“一司一县”结对帮扶行动号召，把打赢脱贫攻坚战作为崇高的政治责任。财通证券在现阶段扶贫攻坚的新形势下，深入分析自身资源和帮扶对象需求特征，加强实地调研，进一步明确了新目标和新任务，与甘肃省甘谷县、四川省剑阁县、江西省余干县、云南省禄劝县四个国家级贫困县开展结对帮扶，将精准帮扶与区域特色开发相结合，通过产业扶贫、教育扶贫、金融扶贫、公益扶贫等多元化的方式推动贫困地区自身能力建设，助力其实现“造血功能”。

总体目标：

汇集财通证券体系的上下资源，集中力量，侧重结对帮扶县，在贫困地区挖掘或培育适于当地的产业项目，或引进资源，或协助宣传，促进社会经济发展，改善民生。

主要任务：

（一）充分发挥金融专业能力和优势，提供全方位的综合金融服务。

（二）深入了解和掌握贫困地区企业的实际情况，因地制宜地完善企业发展规划，发挥专业优势，通过资本市场服务实体经济。

（三）立足结对贫困县资源和产业基础，深化双方协作助力其发展特色产业，通过产业带动贫困人口脱贫。

（四）增加贫困地区教育基础设施建设投入，支持贫困地区幼儿园、中小学的宿舍、食堂、图书室等教育基础设施建设。

保障措施：

（一）与结对帮扶县签订精准扶贫战略合作协议，保障扶贫工作的落实。

（二）建立日常工作联系机制，财通证券与精准帮扶结对贫困县建立健全对接部门工作联系机制，做好日常沟通协调等各项工作的组织落实，保障各扶贫项目的顺利开展。

（三）实施走访调研，财通证券对扶贫项目进行实地走访调研，为扶贫项目的推进提供一手资料。

（四）依托第三方扶贫机构及专业团队，将成熟的经验与机制辐射到结对的贫困县，促精准扶贫落地实施。

二、年度精准扶贫概要

（一）2017年，财通证券向双联（联村联户）的甘肃省甘谷县安远镇老庄村投入帮扶资金107.8万元，通过发展致富产业、实施村庄整治和基础设施建设等项目，带动农村经济发展，改善交通状况和人居环境，帮助农民脱贫解困。

（二）财通证券选派债券业务总部的业务骨干对剑阁县国资改革、平台整合的意图进行了摸底，并就平台整合目标达成了一致，在广元市支持下，打造主体评级为AA的融资平台；完成对剑阁多家国企及相关政府部门的专项摸底，对剑阁国有企业的资产规模、负债及盈利情况有了初步了解，对剑阁县资源进行了初步摸底，形成了金融扶贫初步方案。

（三）2017年4月，为进一步提升结对县干部推动和引领当地精准脱贫的能力和水平，财通证券联合浙江大学举办了金融扶贫支持培训班，来自甘肃省甘谷县、四川省剑阁县、安徽省利辛县的领导干部共39人参加了培训。

（四）2017年9月，财通证券联合天使妈妈基金会，借助腾讯公益平台发起了“为病儿寻找天使妈妈”定向募捐项目。财通证券广大员工、客户积极参与，筹得善款总计45万余元，全部存入天使妈妈基金会设立的“财通证券善款专户”，用于公司对口扶贫县贫困家庭的大病患儿救助。

（五）2017年9月，结合公司“一善染心”的公益理念，以公司工会名义从甘肃省甘谷县益民果业农民专业合作社认购甘谷特产（花牛苹果）5600箱，计3.36吨，并定制印有销售二维码的包装箱，帮助其宣传推广和销售，推动贫困户增收。

（六）财通证券积极响应中国证券业协会“一司一县”结对帮扶行动的号召，决定在原有结对剑阁、甘谷两个县的基础上，再结对帮扶江西省上饶市余干县、云南省昆明市禄劝县两个县，每年向余干县、禄劝县各支付不少于100万元的帮扶资金，用于促进当地经济发展，改善民生。

（七）2017年11月，财通证券与余干县人民政府签订《精准扶贫战略合作协议》，建立精准扶贫的长效工作机制，确定了从“产业、教育、金融”三个方面开展精准扶贫。

（八）2017年12月，与昆明市土地开发投资经营有限责任公司、禄劝县签署三方精准扶贫战略合作协议，为加大帮扶力度，创新精准扶贫模式，引入昆明土投这支强有力的云南本土国资力量，共同助力禄劝县脱贫摘帽。

三、精准扶贫成效

单位：万元　币种：人民币

指标	数量及开展情况
一、总体情况	
其中：1. 资金	437.80
2. 物资折款	–
3. 帮助建档立卡贫困人口脱贫数（人）	185
二、分项投入	
1. 产业发展脱贫	
其中：1.1 产业扶贫项目类型	√ 农林产业扶贫 √ 旅游扶贫 ☐ 电商扶贫 ☐ 资产收益扶贫 ☐ 科技扶贫 ☐ 其他
1.2 产业扶贫项目个数（个）	3
1.3 产业扶贫项目投入金额	337.80
1.4 帮助建档立卡贫困人口脱贫数（人）	185
2. 转移就业脱贫	
其中：2.1 职业技能培训投入金额	–
2.2 职业技能培训人数（人/次）	–
2.3 帮助建档立卡贫困户实现就业人数（人）	–
3. 易地搬迁脱贫	
其中：3.1 帮助搬迁户就业人数（人）	–
4. 教育脱贫	
其中：4.1 资助贫困学生投入金额	–
4.2 资助贫困学生人数（人）	–
4.3 改善贫困地区教育资源投入金额	100
三、所获奖项（内容、级别）	
获得《国际金融报》发起的“2017中国资本市场扶贫先锋巡礼”评选的“2017最佳‘造血式’扶贫案例”	

备注：上表所列精准扶贫资金437.80万元为中国证券业协会“一司一县”结对帮扶行动所涉及项目资金，不包括公司其他社会公益项目资金。

四、后续精准扶贫计划

2018年，财通证券将继续落实证监会关于“资本市场服务脱贫攻坚”的有关要求,按照公司精准扶贫工作统一部署,在2017年已经开展的各项扶贫工作和已取得的成果基础上,继续做好现有的结对扶贫工作,扎实抓好甘肃省甘谷县、四川省剑阁县、江西省余干县、云南省禄劝县精准帮扶工作。

财通证券将借助专业优势,利用客户资源,依托集团联动,在地方融资、项目引进、资源导入等方面与结对帮扶地区加强合作,以期在双方共同努力下,形成具有财通特色、当地特点的精准扶贫新模式。

(一)财通证券将积极拓展业务空间,推进产业整合,创新并购重组方式,丰富并购重组支付手段,

支持上市公司并购重组贫困地区企业,支持贫困地区企业通过资产注入、引入战略投资者、吸收合并、整体上市等多种方式做优做强,更好地支持经济结构转型和产业升级。

(二)引导社会资本,促进贫困地区产业发展,服务贫困地区经济发展,通过扶持贫困地区特色产业,助力贫困地区产业发展,帮助贫困地区从根本上实现脱贫致富。

(三)充分发挥资本市场在服务国家脱贫攻坚战略中的作用,利用交易所IPO、新三板挂牌及债权融资对贫困地区企业的绿色通道,积极有效地促进私募市场为贫困地区提供融资服务,通过多层次资本市场融资支持结对帮扶县的企业。

(四)为贫困地区提供多方位的资本市场教育培训服务,联合贫困地区政府扶贫机构等相关单位举办金融培训班、资本市场发展研讨会,开展业务交流,不断深入探讨证券行业支持贫困地区实体经济发展、解决中小微企业融资难等方面的举措思路。

(五)支持贫困地区特色产业发展,充分利用消费扶贫平台发挥互联网在助推脱贫攻坚中的作用,帮助贫困地区特色产品树立品牌形象,拓宽销售市场。对于需要大批量采购的商品,公司优先考虑从定点帮扶地区购买,并建立较为长期的购货渠道,支持当地产业发展。

长江证券2017年度精准扶贫报告

一、精准扶贫规划

脱贫攻坚是党中央、国务院确定的国家战略,贫困人口问题是我国发展过程中存在的一个重要问题。扶贫工作关系到国家的形象和文化凝聚力,助力脱贫攻坚,履行社会责任,做好贫困地区金融服务工作,公司责无旁贷,义不容辞。长江证券(以下称“公司”)上下凝心聚力、攻坚克难,积极开展“有高度、有广度、有深度、有温度”的金融扶贫,全力打好国家脱贫攻坚战:政治站位有高度,充分认识脱贫攻坚的重大意义,把金融扶贫作为一项重要政治任务狠抓落实;服务地域有广度,立足公司网点覆盖全国的优势,调动各地分支机构积极性,为广大贫困地区提供服务;精准扶贫有深度,针对“一司一县”结对帮扶对象,提供“一站式”“立体式”全面综合金融服务,既当好政府的“参谋员”,又做好企业的“服务员”;风险防范有温度,以人为本,加强风险防控,严把质量关,切实保护贫困地区投资者的合法权益。

二、年度精准扶贫概要

公司积极落实《中共中央国务院关于打赢脱贫攻坚战的决定》、《“十三五”脱贫攻坚规划》以及《中国证监会关于发挥资本市场作用服务国家脱贫攻坚战略的意见》的要求,响应中国证券业协会“一司一县”、“一县一企”结对帮扶行动号召,积极支持贫困地区经济建设,推动贫困地区产业转型升级,助力贫困地区脱贫发展。

(一)参与精准扶贫活动。根据中共中央国务院及湖北省委、省政府统一部署,公司一方面协调各方资源,向驻点扶贫的黄陂区蔡家榨街桥头寺村派驻农村工作队,并积极开展走访慰问、贫困户帮扶、产业链整合、基础设施维护等工作,另一方面为黄陂区蔡家榨街筹措资金20万元,以推进精准扶贫和新农村建设,帮助驻点村制定和完善美丽乡村建设规划。根据省委、省政府部署,公司将保康县作为定点扶贫县,以专业力量积极支持脱贫工作。

(二)积极开展“一司一县”结对帮扶贫困县活动。公司积极响应中国证券业协会“一司一县”结对帮扶行动的号召,将湖北省红安县、郧阳区、利川市,宁夏回族自治区海原县,江西省乐安县,安徽省萧县列为定点帮扶对象。公司紧密围绕“精准扶贫、精准脱贫”基本方略,通过“产业扶贫、金融扶贫、智力扶贫”,依托专业优势为结对帮扶地区提供包括股权融资、债权融资、股债(股贷)结合、ABS、PPP、产业基金、推荐辅导、引入合作伙伴、并购重组等形式的金融帮扶工作与服务。目前,公司帮扶红安县城市发展投资有限公司公开发行8亿元债券,帮扶郧阳区城市发展投资有限公司公开发行9亿元债券。

公司与结对帮扶县开展多层次金融人才合作,一方面通过开展金融业务培训,培养利用资本市场发展地方经济的能力;另一方面通过互派干部挂职推进金融助力经济发展等工作。

(三)助力贫困地区企业利用多层次资本市场融资。公司充分发挥投融资专业服务能力,帮助多个贫困地区有效对接多层次资本市场,助力地方经济发展。公司通过长江经济带产业基金平台,设立了2亿元的丹江口长证产业培育基金,专项用于扶贫事业的产业基金已达到7亿元,带动当地贫困居民实现稳定就业和收入增长。

公司推荐湖北省恩施州和诺生物工程股份有限公司在新三板完成挂牌,帮扶西藏自治区拉萨市堆龙德庆区西藏国路安科技股份有限公司通过新三板定增融资9841万元,帮扶秭归县投资公司发行6亿元债券。2017年,公司累计推荐近900家企业在区域股权市场挂牌,其中在国家级贫困县累计挂牌200余家,2017年在国家级贫困县新增挂牌130余家,成功打造了“郧阳绿色产业”、“鹤峰富硒茶业”、“鹤峰现代农业”、“红安领先制造”等特色板块。通过以点带面,全面持续地推进区域股权市场建设,公司业务范围覆盖全国近20个国家级贫困县。公司推荐河南省南阳森霸光电股份有限公司IPO项目在深交所创业板挂牌上市,募集资金2.63亿元,成为证监会对贫困地区企业申请首发上市实行“即报即审、审过即发”绿色通道政策后的河南首单项目,打造了证券公司发挥专业能力开展金融扶贫,通过“输血+造血”的方式提升企业自身发展内生动力的扶贫模式,形成了良好的示范效应。

三、上市公司年度精准扶贫工作情况

单位:万元　币种:人民币

指标	数量/开展情况
一、总体情况	-
其中:1.资金	427.1
2.物资折款	144.05
二、分项投入	-
1.教育扶贫	-
其中:资助贫困学生投入金额	144.05
资助贫困学生人数	4249
改善贫困地区教育资源投入金额	278
2.兜底保障	-

其中:贫困残疾人投入金额	3
3. 社会扶贫	-
其中:定点扶贫工作投入金额	40
扶贫公益基金投入金额	106.1
三、所获奖项(内容、级别)	-
	第七届中国公益节中获评“2017年度责任品牌奖”

四、后续精准扶贫计划

2018年公司将在以下重点领域切实做好精准扶贫的相关工作:

(一)把握政策红利,开展全方位投资银行业务服务。公司将充分整合内外部各项资源,把握政策红利,发挥上市保荐、新三板与区域性股权交易市场推荐挂牌及债券承销能力,为帮扶地区提供全方位、一体化、一揽子投资银行业务服务。充分利用政策优势,在旅游产业、生态种养等在帮扶地区具有一定区位优势和特色的行业中,积极培育一批有发展潜力,又能带动区域社会经济全面发展的后备企业,通过上市及融资规范和扩大企业经营、提升市场竞争力,带动当地实体经济的发展;积极引入符合帮扶地区产业规划的企业注册落地,享受上市政策优惠,扩大当地拟上市企业资源,并带动和丰富配套产业,拉动就业和税收贡献,增强区域自我造血能力;发挥投行专业优势,逐步建立起与帮扶地区上市和拟上市公司的沟通及业务合作渠道,针对当地上市和拟上市公司的不同业务需求,分阶段开展业务对接服务,为其设计、规划资本运作方案,积极帮助上市和拟上市公司恢复融资功能,借助兼并收购等资本手段整合本地及外地资源,提升经营规模及综合效益;通过业务宣讲会、拜访重点企业等形式,进一步加深帮扶地区企业对新三板、区域性股权交易市场认知程度,同时组建专门业务支持团队,启动遴选符合新三板挂牌条件的企业开展推荐挂牌、融资、做市等业务服务,积极推荐优质中小微企业到区域性股权交易中心挂牌。积极支持符合条件的帮扶地区企业特别是中小微企业在沪深证券交易所、新三板、机构间报价系统和证券公司柜台市场发行公司债券和企业债券,支持帮扶地区企业通过资产证券化盘活存量、拓宽资金来源,进一步提高帮扶地区企业的直接融资规模。

(二)积极提供资产管理服务。公司将充分发挥资产管理专业能力,为帮扶地区的精准扶贫基金、社会保险基金、公益慈善基金、住房公积金等各类资金提供专业、优质的资产管理服务。提供高评级稳健的债券投资类产品、各类金融机构积极参与的股票质押式回购产品,核心城市优质地产信托基金等产品组合,量身定制综合金融投资方案,将安全、稳健和收益这三项目标进行平衡和融合,合理进行资产配置,实现资产保值增值;提供资产证券化服务,解决帮扶地区资本密集型、初始投资高、后续现金流稳定的项目融资需求,如供水、公交、污水处理等市政建设和特色旅游开发等有稳定现金流的项目。以金融杠杆撬动产业发展,以产业发展带动经济增长。

(三)针对区位与特色产业优势,有效推进产业基金服务,协助做好产业规划。公司协助帮扶地区政府研究区域经济,拟定产业转型升级规划,确定支柱产业,帮扶骨干企业,根据实际情况提供资金支持,推动产业加速发展;做好产业基金规划、管理咨询服务。为帮扶地区扶贫产业基金、发展基金、各类产业发展以及创业投资等专项引导基金的规划、设立、运营、投资等提供高效、专业的咨询服务,为部分运营效果不佳的基金提供投资管理顾问等相关服务;合作设立、管理相关产业基金。

充分依托帮扶地区产业政策,与政府及企业共同设立、管理各类产业基金、PPP基金。

(四)强化人才培育和专业支持,推进智力扶贫。与帮扶地区政府、企事业单位建立信息交流渠道和沟通机制,发挥公司“互联网+”的人才培养体系优势,灵活运用现场培训、在线课堂、移动微课等常态化地开展金融业务培训,为贫困地区培养具有金融意识、市场意识的专业人才,培养利用资本市场发展地方经济的能力,形成金融人才带头脱贫攻坚的效用。互派干部挂职,帮扶地区政府可推荐优秀干部到公司业务部门学习金融等方面的知识;公司可选派业务骨干到帮扶地区政府挂职,帮助地区推进金融助力经济发展等相关工作;持续推进与更多国家级贫困县的双向挂职计划。提供研究服务,公司拥有业内一流的研究团队,业内影响力突出,不仅将做好帮扶地区经济实体的投融资服务,同时还将积极为帮扶地区经济发展献计献策。

同时,为加快帮扶地区的旅游生态等重要行业、关键领域的转型发展,公司将积极提供相关行业、重点企业的专项研究报告,加快推进科技成果资本化、产业化,鼓励发展创客空间,推动大众创业、万众创新,奉献公司的专业“智囊”,借智融智,为经济实体提供全面、细致、高效、优质的解决方案。

(五)因地制宜,开展消费扶贫。公司结对帮扶地区大多地处山区,具有良好的生态环境,公司将帮助相关地区依托生态优势,发展绿色经济,并通过推荐或认购其特色产品等方式,带动群众脱贫致富。

(六)投入公益慈善资源,落实教育精准扶贫。公司拟在长江证券公益慈善基金会的资金支持下,依托分布在全国各地的分支机构,打造立体化教育扶贫项目体系;长江证券公益慈善基金会将持续做好“衣心衣意”等品牌公益助学活动,与贫困地区学校和学生建立长期帮扶关系,持续跟进项目推进效果和资金、资源的投入使用情况,及时了解需求,将教育精准扶贫落实到位。同时,在公司内部广泛发动员工关注教育扶贫工作,动员员工自愿结对帮扶,促进教育扶贫形成联动效应。

第一创业证券2017年度精准扶贫报告

一、精准扶贫规划

为贯彻落实《中共中央国务院关于打赢脱贫攻坚战的决定》(中发〔2015〕34号)和中央扶贫开发工作会议精神,以及中国证监会《关于发挥资本市场作用服务国家脱贫攻坚战略的意见》。第一创业证券抽调精兵强将组建由公司总裁担任组长的扶贫工作小组,切实推进脱贫工作,确定第一创业证券未来就国家级贫困县产业、教育、消费、旅游资源整合及IPO上市、综合金融服务提供等方面进行精准帮扶。

二、年度精准扶贫概要

(一)结对帮扶国家级贫困县

2017年第一创业证券分别与河南省淮滨县、安徽省颍上县签订“一司一县”结对帮扶精准扶贫协议,积极履行脱贫攻坚社会责任,连同2016年确定的湖南省平江县,目前,第一创业证券已与3家国家级贫困县签署结对帮扶精准扶贫协议。协议议定建立长效帮扶机制,依托多层次的资本市场,充分发挥第一创业证券的专业优势及三个国家级贫困县各自的资源优势,建立长效帮扶机制,在产业、融资等领域助力金融业态与精准扶贫高度融合,增强当地产业造血功能,切实帮助3个国家级贫困县实现脱贫攻坚目标。

(二)积极开展智力扶贫

2017年4月8日,第一创业证券党委副书记、鲲鹏一创股权投资管理有限公司总经理罗再宏受淮滨县政府邀请,在淮滨县产业集聚区成功举办总裁辅导班,为该县企业家以及工商、税务、财政、金融办等单位负责人讲解了企业上市的条件、意义,重点从上市对企业自身的发展壮大、规范管理等方面进行了宏观分析,讲解了中小企业如何利用产业基金等多种方式进行融资。2017年5月27日,淮滨县召开投融资专题研讨座谈会,邀请金融专家解读最新投融资政策,罗再宏同志受聘为淮滨县政府金融顾问。座谈会上,罗再宏同志为淮滨县政府在投融资、企业上市等决策上提供指导,帮助淮滨提高利用资本市场支持地方经济发展的能力,弥补专业人才缺乏的不足。

(三)积极发挥自身优势,帮助贫困县企业登陆资本市场

第一创业证券积极发挥作为金融服务机构的优势,积极帮助贫困地区企业登陆资本市场,促进贫困地区产业发展,提升贫困地区造血能力,从根本上助力贫困地区脱贫致富。2017年9月27日,公司与岳阳市天岳幕阜山旅游开发有限公司签订新三板推荐挂牌协议,并帮助其进行规范整改,目前,整改已基本到位,正在以2017年11月30日为基准日进行股改。第一创业证券与湖南平江农村商业银行股份有限公司达成合作意向,由第一创业证券推荐其股票在全国中小企业股份转让系统挂牌并转让。第一创业证券已与湖南省平江县黄金开发总公司达成合作意向,并于2017年11月完成尽调,协助其编写改制方案并上报到平江县人民政府。

第一创业证券鼓励全体员工积极支持贫困县的产业发展。2017年,公司颁布《第一创业证券股份有限公司交叉销售奖励办法》,特别制定了"社会责任交叉销售特别奖",对来自贫困地区投融资项目绿色债、双创债等体现社会责任的项目,公司另外给予标准以上50%的补贴。

(四)长期持续推进教育扶贫

在社会公益领域,第一创业证券突破了传统的"物质扶贫"的公益模式,转而开启全新的"智慧型"公益模式,通过投建"第一创业·梦想中心",系统化地提供公益教育产品和服务,帮助偏远乡村的孩子,探索更广阔的世界和更多的人生可能,使之自信、从容、有尊严的学习和成长。自2014年以来,第一创业证券连续四年与"上海真爱梦想基金"合作,组织了近百名优秀员工代表前往唐山市开平区荆各庄小学、河源市和平县下车镇中心小学、安徽省六安市霍山县城关小学、平江县三阳明德学校分别建立了"第一创业·梦想中心",以"智慧型"的新模式参与公益事业。2017年底,由第一创业证券党委组织党员代表、优秀员工代表与上海真爱梦想基金会一起,前往平江县三阳明德学校,与平江县人民政府、平江县金融办、平江县教育局的相关人员,以及三阳明德学校的师生们一起见证了第四间"第一创业·梦想中心"的落地。

(五)积极开展其他项目扶贫活动

为推进第一创业证券发展公益事业的规范化、常态化,公司制定了《对外捐赠管理制度》。报告期内,公司积极响应中国证券业协会《关于支持山西省隰县光伏扶贫村级电站建设项目的倡议》,根据公司《对外捐赠管理制度》规定,并经公司董事会批准,公司认领捐赠75万元,用于帮助隰县城南乡车家坡村电站建设。

此外,第一创业证券还积极响应深圳市福田区投资推广署《对口扶贫慈善捐款倡议书》,公司捐赠5万元,用于帮助河源市和平县六联村建设美丽新农村。

三、精准扶贫成效

单位:万元 币种:人民币

指标	数量/开展情况
一、总体情况	--
其中:1. 资金	25
2. 物资折款	0.3
二、分项投入	--
1. 产业发展脱贫	--
其中:1.1 产业发展脱贫项目类型	
1.2 产业发展脱贫项目个数	3
2. 教育扶贫	--
其中:2.1 改善贫困地区教育资源投入金额	20
3. 生态保护扶贫	--
其中:3.1 项目类型	
3.2 投入金额	5
三、所获奖项(内容、级别)	--

四、后续精准扶贫计划

2018年,第一创业证券将在中国证监会、中国证券业的领导下,重点推进产业扶贫、消费扶贫和教育扶贫工作,打好精准扶贫工作攻坚战。

(一)产业扶贫

立足国家级贫困县的资源禀赋和产业特色,以实体经济需求为导向,公司将采取点、线、面结合的全方位、有组织、有重点的帮扶方式,通过IPO、发债、并购重组、ABS、股权投资等多种金融工具,为国家级贫困县企业和特色产业发展提供专业化的金融服务。

点:为帮扶贫困县打造一家具有可持续发展能力、国企背景的旅游产业上市公司。第一创业证券将主动精准对接国家级贫困县的上市辅导培育和孵化需求,充分利用资本市场对贫困地区企业开启的绿色通道,通过引入战略投资者、引入合作伙伴、资产注入、吸引合并等方式,帮助国家级贫困县有资质的企业进行股份制改造并实现中小板或创业板上市,提高融资效率,降低融资成本。

线:创新发展"旅游+"模式,推动旅游产业与周边产业的融合发展,拉长旅游产业经济链。第一创业证券将主动积极扶持平江县旅游产业转型升级,充分发挥在旅游文化领域的资源能力优势,协助平江县打造"旅游+"产业价值链,提高旅游品牌知名度,提升旅游产业核心竞争力。

面:培育壮大除旅游产业外的其他特色产业,发展配套经济。第一创业证券将主动积极为帮扶贫困县不同规模、不同类型、不同成长阶段的企业提供差异化的投融资服务,提升食品、电子、水电等产业的经济活力,更好地支持县域经济结构转型和产业升级,增加当地就业率。

帮扶方式包括:股权投资、推荐辅导企业上市或挂牌新三板、推荐企业通过报价系统进行私募股权融资、公开或非公开发行公司债、发行资产支持证券或成立资产管理计划、引入战略合作伙伴、并购重组、推进资源整合、进行PPP项目合作、设立产业基金、发起设立产业项目等。

(二)消费扶贫

第一创业证券将为贫困县农副产品提供宣传销售的平台,拓宽农副产品销售市场,帮助塑造名优土特产品牌形象,帮助建档立卡贫困户脱贫增收,支持贫困县域经济发展。

帮扶方式包括:消费认购、推荐销售。

(三)教育扶贫

2018 年,继续与上海真爱梦想基金合作,计划捐赠一所“梦想中心”教室,组织上年度优秀党员见证“梦想中心”成立仪式及体验不同常规的梦想课程。

同时,第一创业证券将在中国证监会、中国证券业协会指导下推进其他专项扶贫工作。

东北证券 2017 年度精准扶贫报告

一、精准扶贫规划

(一)基本方略

东北证券为结对帮扶的贫困县提供产业、消费、智力、公益等多方位的扶贫支持,利用自身业务优势助力吉林省精准扶贫工作的开展,服务国家脱贫攻坚战略。东北证券精准扶贫坚持实事求是、因地制宜,形成自身扶贫特色,增强扶贫对象的自我发展能力,推动“精准扶贫、精准脱贫”取得实效。

(二)总体目标

东北证券积极探索资本市场的普惠金融功能与机制,发挥证券期货行业优势,以消除贫困为目标,以精准扶贫为手段,以制度创新为动力,形成多层次、多渠道、多方位的精准扶贫工作格局,为全面建成小康社会提供有力的资本市场支撑。

(三)主要任务

东北证券将紧紧围绕“精准扶贫、精准脱贫”基本方略,发挥自身业务及资源优势,搭建扶贫工作体系,在金融扶贫、产业扶贫、消费扶贫、公益扶贫、加强投资者保护工作、资本市场教育培训工作等方面对贫困县开展精准扶贫,推动贫困县经济发展和社会进步。

(四)保障措施

东北证券加强精准扶贫组织领导,制定有效扶贫方案,落实具体扶贫工作,发挥各部门专业优势,积极履行扶贫社会责任,为精准扶贫工作提供组织保障,借助新闻媒体分享东北证券精准扶贫的行动和成效,积极营造扶贫攻坚的良好氛围。

二、年度精准扶贫概要

(一)产业扶贫

2017 年,东北证券多措并举,整合各部门资源全力打造“总部 + 本地化 + 全产业链”联动团队,与贫困县政府及企业积极沟通,充分了解企业挂牌意愿,深入发掘企业金融需求,并组织公司投资银行管理总部等部门对有意向合作的企业提供上市辅导,全力支持贫困县重点产业和龙头企业利用资本市场持续发展,推动产业扶贫工作有序开展。现已与 8 家企业签订“一县一企”帮扶协议,对多家公司进行调研,挖掘其新三板上市可能性。同时,东北证券投行已与 1 家公司成功对接,正式入场开展辅导工作。

东北证券在非签约国家级贫困县也积极开展金融扶贫项目,充分发挥公司资本市场专业优势,为实现脱贫目标提供更有力的支持。2017 年,东北证券承做贫困县企业融资项目 1 个,为江西省九江市修水县的天沅环保 IPO 项目,目前已经立项。2017 年 3 月为我公司推荐挂牌的企业金鲵生物完成股票发行,募集资金 2,000 万元人民币。推进区域性股权市场挂牌项目 5 个,其中注册地在霍邱县的安徽世华化工有限公司和注册地在宿松县的安徽美代食品有限公司等 2 家企业已完成挂牌,注册地在安徽省灵璧县的众志时装贸易有限公司、德启农业科技有限公司,注册地在安徽省利辛县的佳洁净水设备有限公司等 3 家公司挂牌项目正在进行中。

同时,东北证券按照吉林省政府相关工作部署,包保东丰县(省级贫困县)东丰镇仁义村。

2017 年,东北证券多次赴仁义村进行实地调研,并切实投入扶贫资金支持其果蔬大棚、肉驴养殖和光伏发电项目,努力帮助该村尽快实现脱贫。东北证券还出资支持通榆县耀东村地方产业项目建设,帮助当地建档立卡贫困户脱贫,对村内较多的留守老人进行金融知识普及。

(二)消费扶贫

2017 年,东北证券依托“中证普惠”平台有效推进消费扶贫工作,将靖宇县宝兰山野菜、皇封参、康达林业人参、汪清中华参、椴树蜜等 18 款贫困县特色产品上线消费扶贫平台,帮助企业推广特色品牌,拓宽产品销售渠道。

(三)教育扶贫

2017 年,东北证券上下全力参与教育扶贫工作和爱心活动。东北证券在吉林省 4 个国家级贫困县设立“东北证券励志班”,计划 3 年累计投入相应扶贫资金帮助建档立卡贫困户学生完成从初(高)一到初(高)三学业,为每位受助学生建立档案,及时跟踪了解学生学习、生活等情况,定期赴学校开展交流活动,持续关注学生的成长和进步。2017 年,东北证券全资子公司东证融汇为云南省永善县细沙乡石坪小学捐助学校办公、食堂及校园广播设备;东北证券控股子东北证券渤海期货为吉林省汪清县鸡冠乡中学捐赠助学物资,并为汪清县残疾大学生提供就业岗位。

(四)智力扶贫

2017 年,东北证券创新扶贫方式,积极开展智力扶贫,对贫困县积极开展资本市场交流培训与投资者教育活动,先后组织开展了 6 次资本市场交流培训,2 次贫困地区投资者教育活动,并组织多次打非宣传活动,广泛宣传资本市场基础知识,促进贫困地区广大群众转变观念,帮助其增强利用资本市场脱贫致富的意识和能力。

(五)其他扶贫

东北证券已连续五年结对扶贫长春市双阳区樊家村小学,设立“融 · 希望”项目,并于 2017 年继续为该小学聘请任课教师,向其捐赠电脑等教学设备,改善其教学环境。东北证券还组织员工参加长春市心语志愿者协会“百企助残 · 巧手展能”助残日活动,在营业部设立义卖展架,发动客户及员工奉献爱心,帮助残疾人实现创业梦想。东北证券其他各分支机构也积极开展助学、助残、环保、支教等社会公益活动,积极履行社会责任。

三、精准扶贫成效

单位:万元　币种:人民币

指标	数量/开展情况
一、总体情况	-
其中:1. 资金	210.7512
2. 物资折款	1 万元,为樊家小学捐赠电脑折价款。
3. 帮助建档立卡贫困人口脱贫数	69
二、分项投入	-
1. 产业发展脱贫	-
其中:1.1 产业发展脱贫项目类型	IPO 项目 1 个,新三板定向增资项目 1 个,股权市 场挂牌项目 5 个。
1.2 产业发展脱贫项目个数	7
2. 教育脱贫	-
其中:2.1 资助贫困学生投入金额	40
2.2 资助贫困学生人数	247

2.3 改善贫困地区教育资源投入金额	14.004 万元。其中 2.4 万元为 2017 年为樊家小学 聘请音乐、美术教师的工资支出;5.46 万元为 子公司东证融汇为永善县西沙乡石坪小学购买 学校办公、食堂及校园广播设备费用;5 万元为 控股子公司渤海期货为汪清县鸡冠乡中学助学物资;0.744 万元为松原市前郭县第五中学贫困 学子捐赠学习用品;0.4 万元为成都龙腾东路营 业部向自闭症儿童及困难学生捐助款。
3. 健康扶贫	–
其中:3.1 贫困地区医疗卫生资源投入金额	0.2 万元,为黑龙江分公司向龙江证券爱心基金 捐款。
4. 兜底保障	–
其中:4.1 贫困残疾人投入金额	0.3 万元,为爱心义卖收入。
4.2 帮助贫困残疾人数	150
5. 社会扶贫	–
其中:5.1 定点扶贫工作投入金额	151.1
6. 其他项目	–
其中:6.1 项目个数	3
6.2 投入金额	5.1472 万元。其中吉林分公司及吉林光华路营 业部向吉林省特大洪水灾区捐款共 5 万元;公司 微信推广活动为贫困山区儿童捐赠免费午餐 0.0972 万元;六安紫竹林路营业部"慈善一日捐"0.05 万元。
三、所获奖项(内容、级别)	在国际金融报组织的"2017 中国资本市场扶贫 巡礼中荣获"扶贫模式创新先锋机构"奖。

四、后续精准扶贫计划

根据东北证券精准扶贫规划,东北证券将充分发挥业务及资源优势,把业务职能与扶贫工作紧密结合,积极开展产业扶贫、消费扶贫、公益扶贫工作,把精准扶贫工作落到实处,推动贫困县经济发展和社会进步,助力脱贫攻坚工作有序开展。主要措施如下:

(1)推动产业扶贫,支持贫困县企业利用多层次资本市场融资,加强政策引导。对符合要求的企业进行上市辅导和培育,提供挂牌、交易、融资服务,解决企业融资难题。

(2)积极推动消费扶贫,为贫困县特色农业、特色资源等优势产业提供金融支持,为贫困县企业发展壮大注入活力。借助"中证普惠"消费扶贫平台,帮助当地特色化农副产品销售。

(3)做好公益扶贫,开展各类公益活动。做好公益服务项目,形成长效机制。针对贫困县实际情况及特定人群,组织开展各类公益性活动,帮助贫困人群解决实际问题。

(4)加强投资者保护工作及资本市场教育培训工作。通过公益性投资者教育活动加强贫困地区投资者风险防范教育,加大对贫困地区资本市场教育培训服务,通过系列培训的开展,切实增强贫困地区的自我发展能力。

东方证券 2017 年度精准扶贫报告

一、精准扶贫规划

(一)基本方略

东方证券(以下称"公司")积极响应国家号召和行业指引,深入贯彻落实相关文件精神,2017 年,公司继续积极落实"一司一县"结对帮扶倡议,找准精准扶贫发力点,履行公司社会责任,围绕产业扶贫、教育扶贫、金融扶贫、公益扶贫、消费扶贫等方面开展扶贫工作。未来,将继续做好各项精准扶贫工作,确保实现"真扶贫、扶真贫",为打赢脱贫攻坚战提供坚强保障,为精准扶贫、精准脱贫的体制机制创新和模式创新做出新的贡献。

(二)主要策略

1. 以点带面、点面结合地做好精准扶贫。在目前 6 个结对帮扶县中,公司结合当地特色资源,因地制宜地进行产业帮扶,未来一段时间内公司计划以湖北五峰、内蒙古莫旗为重点项目落地区域,发展当地特色产业项目,建立长效脱贫机制,以点带面地稳步推进结对帮扶县脱贫工作,做到重点突出、点面结合。

2. 坚持以产业扶贫为主,借助消费渠道推动贫困县实现"造血"功能。根据此前产业扶贫项目的成功经验,公司未来将继续坚持以产业扶贫为主,通过整合集团资源及互联网资源,包括联手知名电商网站,共同促进当地特色产业发展,长久地为当地实现产业"造血"功能。

3. 推进"一县一企",深化精准扶贫。公司将发挥金融资金的引导和协同作用,因地制宜,因企施策,帮助结对帮扶贫困县内相关企业规范公司治理,改善融资状况,增强贫困地区内在发展动力,达到通过扶持产业发展带动区域性脱贫的目标。

4. 为贫困地区提供人才保障。公司在扶贫工作中坚持"扶贫先扶智"的工作思路,将继续通过挂职干部、金融知识讲座、职业技能培训、教育扶贫等多种方式,为贫困县提供智力支持和输送相关人才,确保当地在实现脱贫后,还能保持稳定健康发展。

5. 充分利用金融企业优势,创新精准扶贫新模式。在 2017 年助力国内首单扶贫专项公司债券的基础上,公司将继续发挥金融企业优势,充分整合并利用相关资源,创新精准扶贫模式,为精准脱贫提供更多具有参考意义和可复制性的案例。

6. 强化扶贫项目过程管理,推动精准扶贫顺利落地。公司内部成立扶贫工作领导小组,确立每年精准扶贫的重点工作,并通过与结对帮扶贫困县日常工作联系机制、实地走访调研、事中事后反馈机制等,做好扶贫项目过程管理,保障扶贫项目顺利开展,确保扶贫项目落实到位。

二、年度精准扶贫概要

在中国证监会和中国证券业协会的指导和倡议下,东方证券积极响应国家号召和行业指引,目前已先后与 6 个国家级贫困县签约,扎实推进精准扶贫工作,得到社会各界高度认可。2017 年,公司荣获上海上市公司协会颁发的"金融扶贫奖",在所有上市证券公司中排名第 1;东方菇娘产业扶贫项目荣获新浪颁发的"2017 金融企业扶贫创新奖";在人民日报旗下《国际金融报》举办的"2017 中国资本市场扶贫先锋巡礼"中,公司荣获"扶贫先锋机构奖",全资子公司东证期货荣获"扶贫模式创新先锋机构奖";东方菇娘产业扶贫项目荣获"最佳产业扶贫案例奖",国内首单扶贫专项公司债项目、陕西延长县苹果产业扶贫项目同时荣获"最佳创新扶贫案例奖"。截至报告期末,公司先后与内蒙古自治区呼伦贝尔莫力达瓦达斡尔族自治旗、山西省静乐县、吉林省通榆县、四川省沐川县、湖北省五峰县、宁夏回族自治区盐池县 6 个国家级贫困县签订"一司一县"结对帮扶协议,开展扶贫工作。此外，公司还在新疆维吾尔自治区麦盖提县、陕西省延长县、山西省汾西县等12个非结对国家级贫困县以及上海市金山区枫泾镇12个薄弱村开展结对帮扶工作。

2017年，公司在扶贫方面投入资金共计1,439.50万元（含公益基金会），启动扶贫项目共计20个。其中，产业扶贫项目7个，投入扶贫资金615.96万元，成功打造“东方菇娘”品牌，探索脱贫长效机制；教育扶贫项目7个，投入扶贫资金193.40万元；公益扶贫项目4个，投入扶贫资金528.10万元；消费扶贫项目2个，投入扶贫资金102.00万元。

此外，公司充分发挥金融专业优势，积极服务贫困地区融资及国家绿色发展战略。2017年度，公司通过多种融资方式为贫困地区融资42.65亿元，公司子公司东方花旗独家承销中国首单精准扶贫专项公司债，为贫困地区发展注入金融活水；发行承销绿色债券31.90亿元，强化大众绿色责任投资意识，扩大绿色金融社会效应。

首单扶贫专项公司债成功发行

2017年11月3日，公司子公司东方花旗独家承销的中国首单扶贫专项公司债券正式在上交所挂牌。这一债券的成功发行是我国金融扶贫领域的一次创新，通过借助资本市场融资优势，发挥市场化机制的作用，满足贫困地区精准对接扶贫个性化的需求，推动扶贫由“输血”向“造血”转变。

债券发行金额为5亿元，期限7年，票面利率为7.00%，募资全部用于五峰土家族自治县的精准扶贫项目，主要用于易地扶贫搬迁安置点房屋、配套设施和产业扶贫基地的建设三个方面。项目将直接惠及五峰县4,125户、12,132位建档立卡贫困居民，在保障易地搬迁贫困户住房安全，改善其基本生活条件，提供便利的教育医疗等基本公共服务的基础上，还将通过支持特色农牧业、工业园区和乡村旅游等特色产业发展的方式，确保实现“既要搬得出，还要住得稳”的扶贫目标。这一项目得到了社会各界的广泛关注，中央电视台《新闻联播》、《朝闻天下》、《新闻直播间》等栏目相继进行了报道，对这一模式给予了肯定。

“东方菇娘”结硕果

2017年，公司在内蒙古莫旗地区，选择当地特色产业菇娘作为产业扶贫的重点，在当地建立了“东方证券产业扶贫基地”，经过长达3个多月的基地驻扎，打造了“系出东方表朴质华”的东方菇娘果。9月，东方菇娘推向全国市场，仅半个月时间就售出近400万元，并出现了秒抢一空、一果难求的局面。

这一项目惠及当地千余农户，取得了非常好的市场反馈和社会效应。《上海证券报》头版用了半个版面讲述东方菇娘背后的故事，新浪专门开辟了专栏，《证券时报》、《国际金融报》、《21世纪经济新闻》等主流媒体纷纷进行专题报道。

在打造菇娘产业的过程中，公司一直坚持用商业化的思路和产业化的运作来实现扶贫“输血”向“造血”转变。我们深知，没有好的品质就没有可持续的发展，种植过程中，公司专门聘请了农科院的专家深入田间地头做指导，收果时，公司以高于市场30%至50%的收购价，引导农户摘果后做第一道分拣，随后再雇佣当地农户逐个做二次分拣。从种植到分拣加工，这一项目大大增加了农户的收入，更保证了产品的品质。

2017年，莫旗遇到了多年不遇的冻害、冰雹、连续阴雨恶劣天气的情况，公司专门在基地所在北石场村成立了抗灾基金，按照村民种植面积和收果数量分别予以补贴。平均每户补贴达到近2,000元，最高超过5,000元，这一基金有效地帮助村民应对天气灾害影响，坚定果农收果的信心，减少当地农户损失。

三、精准扶贫成效

单位：万元　币种：人民币

指标	数量及开展情况
一、总体情况	
其中：1. 资金	1,439.50
2. 物资折款	–
3. 帮助建档立卡贫困人口脱贫数（人）	419
二、分项投入	
1. 产业发展脱贫	
其中：1.1 产业扶贫项目类型	√农林产业扶贫 □旅游扶贫 √电商扶贫 □资产收益扶贫 □科技扶贫 √其他
1.2 产业扶贫项目个数（个）	9
1.3 产业扶贫项目投入金额	717.96
1.4 帮助建档立卡贫困人口脱贫数（人）	419
2. 转移就业脱贫	
其中：2.1 职业技能培训投入金额	–
2.2 职业技能培训人数（人/次）	980
2.3 帮助建档立卡贫困户实现就业人数（人）	43
3. 易地搬迁脱贫	
其中：3.1 帮助搬迁户就业人数（人）	70,750
4. 教育脱贫	
其中：4.1 资助贫困学生投入金额	74.44
4.2 资助贫困学生人数（人）	282
4.3 改善贫困地区教育资源投入金额	119
5. 健康扶贫	
其中：5.1 贫困地区医疗卫生资源投入金额	–
6. 生态保护扶贫	
其中：6.1 项目名称	□开展生态保护与建设 □建立生态保护补偿方式 □设立生态公益岗位 □其他
6.2 投入金额	–
7. 兜底保障	
其中：7.1 帮助“三留守”人员投入金额	–
7.2 帮助“三留守”人员数（人）	–
7.3 帮助贫困残疾人投入金额	–
7.4 帮助贫困残疾人数（人）	–
8. 社会扶贫	
其中：8.1 东西部扶贫协作投入金额	–
8.2 定点扶贫工作投入金额	–
8.3 扶贫公益基金	520.10
9. 其他项目	
其中：9.1 项目个数（个）	1
9.2 投入金额	8
9.3 帮助建档立卡贫困人口脱贫数（人）	–
9.4 其他项目说明	莫旗“鲁日格勒”传承计划
三、所获奖项（内容、级别）	
2017年公司荣获上海上市公司协会颁发的“金融扶贫奖”；荣获《国际金融报》颁发的“扶贫先锋机构奖”。东方菇娘产业扶贫项目荣获新浪颁发的“2017金融企业扶贫创新奖”，并荣获《国际金融报》颁发的“最佳产业扶贫案例奖”；全资子公司东证期货荣获《国际金融报》颁发的“2017扶贫模式创新先锋机构奖”。控股子公司东方花旗国内首单扶贫专项公司债项目荣获《国际金融报》颁发的“最佳创新扶贫案例奖”；全资子公司东证期货陕西延长县苹果产业扶贫项目荣获《国际金融报》颁发的“最佳创新扶贫案例奖”。	

四、后续精准扶贫计划

（一）落地实施湖北五峰特色产业扶贫项目

2017 年 9 月，公司与湖北五峰土家族自治县人民政府签订精准扶贫结对帮扶协议。在多次调研了解当地具有一定特色产业基础后，公司决定以当地宜红茶产业为扶贫切入点，拟联手知名电商渠道，整合相关茶叶加工资源，同时结合公司资产管理“东方红”的品牌优势，为当地打造具有竞争优势的特色茶叶产业项目，并通过市场化商业运作模式打造品牌效应，帮助当地建立扶贫长效机制。此外，公司计划借助五峰特有自然资源优势，以茶文化为主题，开发打造极具当地特色的旅游扶贫项目，为当地特色产业之间带来良性互动，实现依靠产业发展带来的“造血”功能。

（二）积极推动国内首单扶贫专项公司债券顺利落地实施

2017 年 11 月，公司旗下东方花旗独家承销的中国首单扶贫专项公司债券正式在上交所挂牌，该项目是我国金融扶贫领域的一次创新，募资将用于易地扶贫搬迁安置点房屋、配套设施和产业扶贫基地的建设三个方面，在精准扶贫方面具有较强的参考意义。公司未来将通过项目流程管理，并积极与当地政府沟通，确保该项目顺利落地实施，达到既定精准扶贫的目标。

（三）进一步加大内蒙古莫旗“东方菇娘”项目投入

在 2017 年取得较好社会效益的基础上，2018 年公司将继续加大对内蒙古莫旗“东方菇娘”产业项目的资源投入，具体措施包括：第一，扩大当地基地建设规模，扩建鲜果交易场所、分拣场地等；第二，结合当地地理情况，优选适合种植的品种，从源头确保产品质量；第三，过程中严控产品质量，做到栽种、采摘、运输、分拣等全产业链质量管控；第四，完善与本来生活网合作机制，并借助集团优势和电商渠道优势，加大对菇娘产品的推广、销售力度，惠及当地更多贫困农户，实现“东方菇娘”项目常态化。

（四）持续推进教育扶贫工作

公司将继续通过收集申请表等方式来确定结对帮扶县内需要帮扶的学生数量，继续进行贫困生资助项目，并将扶贫资金精准发放至建档立卡贫困生家庭中，资助贫困高中生顺利完成学业。此外，公司将继续投入资金用于各地小学改造、捐赠等项目，并稳步推进公益“爱早餐”助学计划。

（五）加强贫困地区人才培养力度，加大智力扶持力度

针对贫困地区发展观念落后、专业技能欠缺等现状，公司将派驻业务骨干到贫困县挂职工作，并根据产业扶贫项目工作需要，聘请相关专家为当地农户提供专业的技能培训和指导工作等。同时，公司将继续加大对结对帮扶县提供的智力支持力度，包括但不限于，为贫困县在 IPO、债券承销发行、新三板挂牌融资、挂牌后融资工具发行及做市商交易等方面提供金融服务，根据贫困县扶贫的工作需要，为当地提供金融知识普及，为政府、企业融资咨询和资本市场业务培训等。公司用爱与坚持，让扶贫行动在贫困地区结出了硕果。展望未来，公司将一如既往，扎扎实实推精准扶贫，勇于承担脱贫攻坚社会责任，向社会传递有爱心、有情怀、有责任、有担当的公司形象。

东海证券 2017 年度精准扶贫概要

2017 年，东海证券（以下称“公司”）继续秉承“自信、和谐、感恩、快乐”的企业文化，一如既往投身于各类公益及慈善事业，坚持多渠道、多途径回报社会。

公司与贵州黄平县、河南洛宁县、河南嵩县等三个国家级贫困县结成“一司一县”帮扶关系，并继续做好 2016 年结对的湖南汝城县的帮扶工作。通过定向结对，公司从“产业扶贫 + 金融扶贫 + 公益扶贫”的模式入手，加大了以上地区脱贫的服务力度。

在结对帮扶地区，公司开展了一系列有针对性的活动，包括：将扶贫与扶智、扶志相结合，开展了 5 次资本市场教育、培训、沟通交流活动；捐助 120 万元（首期资金 40 万已落实），在汝城一中、洛宁一中、黄平民族中学、嵩县一中开展为期三年的高中生“自强班”资助项目；捐助 100 万，参与当地唇腭裂儿童救助项目；捐赠 170 万元，在当地开展希望小学、希望小学教师培训、希望工程电脑教室、希望工程图书馆等项目。此外，在帮扶的河南洛宁县和嵩县，公司相继各设立了精准扶贫工作站及证券营业部，填补了两县空白，并借此进一步加强了与洛宁县、嵩县的合作；公司联合控股子公司东海期货，积极协助洛宁本土企业通过郑州商品交易所着手建立苹果交割库，以此服务国家脱贫攻坚战略，实现苹果主产区精准扶贫的目标。

2017 年，公司继续以市场为导向，聚焦特色产业，增强贫困地区内生发展动力：做好金晋农牧（湖南汝城县）、中天石化（安徽宿松县）及利民生物（安徽金寨县）等三家新三板企业的持续督导工作；完成贵州燃气首次公开发行股票并上市的辅导、保荐及承销工作，该公司已建设仁怀至习水天然气支线管道和六枝至水城天然气支线管道，遍布多个国家级贫困县，也在多个国家级贫困县设立了子公司；响应中国证券业协会号召，结合山西隰县社会经济状况、能源资源和电源结构、光照条件、贫困程度等基本条件，捐资 150 万元用于阳头升乡王家沟村建设 200kw 光伏扶贫电站。

2017 年，公司注重企业的社会责任，侧重开展对弱势群体的持续帮扶救助。一是持续做好贫困地区捐资助学，包括继续做好向贵州毕节、青海玉树、甘肃甘南等地区留守儿童捐赠中秋月饼、过冬衣物等活动；捐赠 20 万元，为贵州贫困地区学校捐建了希望食堂；作为江苏省文明单位，向江苏灌云县兴四村龙王小学捐赠 10 万元，帮助改善校区教学环境。二是开展对孤老、伤残等困难群体的帮扶，包括在江苏地区，继续做好常州茅山老区“百千万”帮扶工程；在上海地区，继续做好向浦东新区社会发展基金会捐款、捐物活动；在公司内部，做好东海爱心基金对困难员工及员工家属的帮扶工作。2017 年，公司共向社会各界捐助款项 516.12 万元，取得了较好的救助效果，并荣获上海市第八届“慈善之星”提名奖。2018 年 3 月 26 日，东海证券被中国扶贫基金会授予“2017 年度作出突出贡献奖”。

东吴证券 2017 年度精准扶贫报告

一、精准扶贫规划

基本方略：东吴证券（以下称“公司”）以习近平总书记系列重要讲话精神为指导，紧紧围绕“五位一体”总体布局和“四个全面”战略布局，积极落实《中共中央国务院关于打赢脱贫攻坚战的决定》、《“十三五”脱贫攻坚规划》以及《中国证监会关于发挥资本市场作用服务国家脱贫攻坚战略的意见》的要求，响应中国证券业协会“一司一县”、“一县一企”结对帮扶行动号召，把打赢脱贫攻坚战作为崇高的政治责任。公司发挥证券行业优势，以消除贫困为目标，以精准扶贫为手段，以制度创新为动力，明确教育、产业、金融三大帮扶举措，

形成多层次、多渠道、多方位的精准扶贫工作格局，不断提升贫困地区自我发展能力。

总体目标：公司利用自身专业优势，与当地政府建立长效帮扶机制，成为当地政府的金融顾问，选派公司优秀人才到当地政府挂职，帮助完善当地金融业布局，支持贫困地区企业利用多层次资本市场融资，适时设立证券营业部，资助贫困乡镇留守儿童完成学业，实现教育脱贫，安排志愿者团队赴贫困地区开展关爱志愿服务活动。

主要任务：

（一）深入了解和掌握贫困地区企业的实际情况，因地制宜地完善企业发展规划，发挥专业优势，通过资本市场服务实体经济。

（二）适时设立证券营业部、分公司等分支机构，积极开展经纪业务、投行业务和投资者教育工作。

（三）增加贫困地区教育基础设施建设投入，支持贫困地区幼儿园、中小学的宿舍、食堂、图书室等教育基础设施建设。

（四）资助贫困地区中小学生，每年资助不少于400名学生，使他们在学业中有基本的生活保障，充实更多的知识与技能，再回报家庭和社会。

（五）选派志愿者团队赴贫困地区对口帮扶学校开展关爱志愿服务活动。

保障措施：

（一）与对口帮扶地区签订战略合作协议，保障扶贫工作的落实。

（二）选派业务精英赴贫困地区挂职，探索恰当的扶贫模式，推进落实既定事项。

（三）选派业务骨干赴贫困地区走访调研，保持金融团队的稳定与专业性，充分挖掘、提升当地企业的潜力，支持当地企业利用多层次资本市场融资。

（四）持续维护好“东吴证券慈善爱心基金”平台，汇聚集体的力量办大事。

二、年度精准扶贫概要

（一）公司领导多次赴贵州铜仁等地区助推脱贫攻坚工作启动会，就产业帮扶、金融帮扶、教育帮扶等主题与当地对接。多次召开资本市场融资座谈会，走访调研铜仁市的多家平台公司及企业，与石阡县政府、玉屏县政府、九龙地矿、梵旅投、永昇投资、玉安爆破等多家机构和企业签订战略合作协议，为其债券发行、资产证券化、挂牌上市等业务提供专业服务。

（二）与贵州铜仁玉安爆破工程股份有限公司签订新三板挂牌财务顾问协议，12月29日，贵州铜仁玉安爆破获新三板同意挂牌函；发行东吴汇信桃源公路1号集合资产管理计划，为铜仁桃源公路开发建设有限责任公司募集资金3725万元；与铜仁市九龙地矿投资开发有限责任公司签订绿色债券承销协议，精准落实“一县一企”帮扶行动。

（三）积极响应中国证券业协会“一司一县”结对帮扶行动号召，公司在对口结对帮扶地区——贵州省铜仁市设立1家证券营业部。东吴证券铜仁东太大道证券营业部于2017年6月23日正式揭牌落户，开展经纪业务、投行业务和投资者教育等工作，助力实体经济，服务地方发展。

（四）公司选派投资银行总部、场外市场总部业务精英赴铜仁参加多层次资本市场发展培训，并作企业上市IPO培训，介绍东吴证券新三板辅导情况，引导当地企业利用多层次资本市场融资，进一步打响了东吴品牌。选派业务精英，赴贵州省铜仁市石阡县挂职县长助理兼金融办副主任，该同志已于2017年3月正式到任，从教育、产业、金融等方面开展精准扶贫工作，围绕大局、合力共为，进一步推进扶贫工作落地生根，服务当地实地经济发展。

（五）扶贫必扶智，让贫困地区的孩子们接受良好教育，是精准扶贫的重要任务，是阻断贫困代际传递的重要途径和提升贫困群众造血能力的重要抓手。公司在2016年结对帮扶200名贫困学生的基础上，于2017年5月18日和12月12日，开展新一轮“东吴牵手行动”精准帮扶活动，新增结对帮扶学生200名，公司员工通过“一对一”、“一对多”或“多对一”的方式资助石阡县和思南县贫困中小学生，使其可获得人民币2000元/年/人的资助，三年共资助6000元/人。

（六）2017年6月，公司领导率队赴石阡县枫香乡九校举行捐助仪式，为石阡县100名受助学生送来助学金和学习用品。同时，公司党委出资30万元援建石阡县枫香乡梨子园村小学教学楼，建成后将大大地方便梨子园村以及周边村子的学生入学。2017年12月12日，在东吴证券上市6周年之际，东吴证券举行“爱心日”启动仪式，新增铜仁市思南县为我司结对帮扶的第四家国家级贫困县，与思南县签署战略合作协议，现场捐赠100万元资助思南县100名贫困学生、援建三道水乡中心幼儿园食堂；捐赠100万元援建石阡县国荣乡初级中学学生宿舍；出资80万元支持石阡产业发展，助力消费扶贫。

（七）2017年，控股子公司东吴期货有限公司赴石阡县考察交流，与当地县政府就产业金融扶贫与教育公益扶贫计划，“期货+保险”服务三农等议题进行了探讨交流。捐赠20万元援建石阡县甘溪乡扶堰小学学生浴室；牵手30名贫困家庭儿童，每人资助1200元，改善他们的学习与生活；捐赠一批图书与玩具，丰富孩子们的课外生活。同时，举办金融知识培训，从国内国外、宏观微观、期货现货等多个视角进行了分析讲解，为当地经济工作者传递了发展的知识与力量。

（八）公司在前期两次爱心拍卖的基础上，于2017年12月29日举办第三次爱心拍卖活动，筹得善款3.6万元，汇入“东吴证券慈善爱心基金”，将用于贫困地区的教育公益帮扶。通过爱心拍卖，两年累计筹得善款9.2万元。

三、精准扶贫成效

单位：万元　币种：人民币

指标	数量及开展情况
一、总体情况	
其中：1. 资金	442.8
2. 物资折款	2.7
3. 帮助建档立卡贫困人口脱贫数（人）	750
二、分项投入	
1. 产业发展脱贫	
其中：1.1 产业扶贫项目类型	√农林产业扶贫 □旅游扶贫 □电商扶贫 □资产收益扶贫 □科技扶贫 □其他
1.2 产业扶贫项目个数（个）	1
1.3 产业扶贫项目投入金额	80
1.4 帮助建档立卡贫困人口脱贫数（人）	320
4. 教育脱贫	
其中：4.1 资助贫困学生投入金额	59.9
4.2 资助贫困学生人数（人）	298
4.3 改善贫困地区教育资源投入金额	190
7. 兜底保障	

其中:7.1 帮助"三留守"人员投入金额	25.8
7.2 帮助"三留守"人员数(人)	129
7.3 帮助贫困残疾人投入金额	0.6
7.4 帮助贫困残疾人数(人)	3
8.社会扶贫	
8.3 扶贫公益基金	89.2
三、所获奖项(内容、级别)	
公司 2017 年精准扶贫工作获评"2017 中国资本市场扶贫先锋论坛"最佳"一司一县"结对帮扶案例。	

四、后续精准扶贫计划

(一)积极参与贫困地区供给侧结构性改革。随着供给侧结构性改革和国企改革的深入推进,跨行业、跨地区、跨所有制的产业并购重组将在"三去一降一补"中发挥重要作用。公司将积极拓展业务空间,推进产业整合,创新并购重组方式,丰富并购重组支付手段,支持上市公司并购重组贫困地区企业,支持贫困地区企业通过资产注入、引入战投、吸收合并、整体上市等多种方式做优做强,更好地支持经济结构转型和产业升级。

(二)探索"证券行业产业扶贫引导基金"模式,引导社会资本、促进贫困地区产业发展,服务贫困地区经济发展,通过扶持贫困地区特色产业,助力贫困地区产业发展,帮助贫困地区从根本上实现脱贫致富。

(三)按照设立营业网点的计划及监管部门的要求,公司将逐步落实经纪业务、投行业务及各项综合金融业务在营业网点的开展,适时设立贵州分公司。在普及证券法规和金融知识、传播理性投资理念的基础上,扩大业务覆盖面,拓展服务的广度和深度,帮助铜仁市内企业规范公司治理,提高贫困地区利用资本市场促进经济发展的能力。

(四)充分发挥资本市场在服务国家脱贫攻坚战略中的作用,利用交易所 IPO、新三板挂牌及债权融资对贫困地区企业的绿色通道,积极有效地促进私募市场为贫困地区提供融资服务,通过多层次资本市场融资支持铜仁市、石阡县、松桃苗族自治县及思南县的企业。

(五)为贫困地区提供多方位的资本市场教育培训服务;联合贫困地区政府扶贫机构等相关单位举办各类资本市场发展研讨会,开展业务交流,不断深入探讨证券行业支持贫困地区实体经济发展、解决中小微企业融资难等方面的举措思路。

(六)加强贫困地区投资者合法权益保护和教育。根据贫困地区金融消费者需求特点,有针对性地设计开展投资者教育活动,提高投资者风险责任意识,配合有关部门严厉打击金融欺诈、非法集资等非法金融活动,维护贫困地区投资者合法权益。畅通投资者投诉的处理渠道,完善多元化纠纷调解机制,优化资本市场生态环境,促进资本市场长期健康稳定运行。

(七)支持贫困地区特色产品,充分利用消费扶贫平台发挥互联网在助推脱贫攻坚中的作用,帮助贫困地区特色产品树立品牌形象,拓宽销售市场。对于需要大批量采购的商品,公司优先考虑从定点帮扶地区购买,并建立较为长期的购货渠道,支持当地产业发展。

(八)持续做好"东吴牵手行动"结对帮扶活动。公司 2016 和 2017 年已累计完成石阡县、松桃苗族自治县及思南县 400 名贫困儿童的结对帮扶,每位帮扶对象的资助标准为 2000 元/年,资助 3 年。公司共计 564 名人参与资助,公司将持续做好资助资金的收缴、划拨、发放工作。

东兴证券 2017 年度精准扶贫报告

一、精准扶贫规划

东兴证券(以下称"公司")认真贯彻和落实党中央关于精准扶贫的重要指示,把扶贫工作作为崇高的政治责任,饯行"扶贫先扶智"的指导思想,注重"输血",更注重"造血",以贫困地区实体经济需求为导向,在金融扶贫和教育扶贫方面主动作为,为贫困地区发展贡献力量。

二、年度精准扶贫概要

2017 年,公司与新疆麦盖提县和重庆云阳县两个国家级贫困县签订对口帮扶协议。目前,公司有四个对口帮扶的国家级贫困县:湖南省邵阳县、新疆维吾尔自治区尼勒克县和麦盖提县、重庆市云阳县。

为了增强贫困县的产业造血功能,推动产业转型升级,促进贫困县经济社会全面发展,公司深入研究贫困县的特点和需求,发挥证券公司在资本市场的资源优势,确定"金融扶贫+教育扶贫"两个重点方向,并着重从 7 个方面入手助力贫困县脱贫:1.强化对贫困县企业上市的辅导培育和孵化力度,帮扶贫困县发展优势企业,完善上市企业后备库。2.全力帮助贫困县企业和项目与发达地区上市公司开展并购重组,鼓励、吸引、引导符合条件的企业到贫困县注册并进行 IPO。3.加大培训力度,大力帮扶贫困县培养金融领域人才。4.建立助学基金,资助贫困县贫困学生。5.在校园招聘中,针对贫困县籍的贫困学生适当放宽条件、优先考虑。6.根据实际情况,安排岗位,支持贫困县劳务输出扶贫。7.对符合精准扶贫要求的产业扶贫项目,进行调研后给予资金支持。

三、精准扶贫成效

单位:万元　币种:人民币

指标	数量及开展情况
一、总体情况	
其中:1.资金	625.75
2.帮助建档立卡贫困人口脱贫数(人)	113
二、分项投入	
1.社会扶贫	
其中:1.1 东西部扶贫协作投入金额	0
1.2 定点扶贫工作投入金额	504.45
1.3 扶贫公益基金	100.00
2.其他项目	
其中:2.1.项目个数(个)	2
2.2 投入金额	21.30
2.3 帮助建档立卡贫困人口脱贫数(人)	113
2.4 其他项目说明	九寨沟地震物资救援、捐赠农家女学校
三、所获奖项(内容、级别)	
被中国扶贫基金会授予扶贫工作杰出贡献奖	
被中国扶贫基金会授予社会力量参与救灾先进单位	

四、后续精准扶贫计划

公司将继续认真落实十九大报告中关于扶贫工作的重要指示,牢记"为实体经济服务是金融的天职",充分发挥资本市场在服务国家脱贫攻坚战略中的作用,按照公司精准扶贫工作统一部署,在 2017 年已经开展的各项扶贫工作和已取得的成果基础上,继续做好"金融扶贫+教育扶贫",扎实抓好四个结对帮扶贫困县:湖南省邵阳县、新疆维吾尔自治区尼勒克县和麦盖提县、重庆市云阳县的精准帮扶工作,为打赢脱贫攻坚战、全面建成小康社会做出应有的贡献。

方正证券2017年度精准扶贫报告

一、精准扶贫规划

方正证券(以下称“公司”)积极履行社会责任,结合实际,高度重视,从制度、组织架构、扶贫模式等方面积极推进扶贫工作。截至2017年12月,公司及子公司共抽调熟悉投行、资产管理、经纪业务等业务骨干12人外派到各帮扶县,担任挂职干部,共计建立金融扶贫工作站32个,协同开展扶贫工作。

公司开创了金融扶贫、产业扶贫为点,教育扶贫、消费扶贫、公益扶贫为面的“2+3”扶贫模式,体系化设计、系统化推进、品牌化运营,通过与帮扶县当地政府建立长效帮扶机制,因地制宜,为贫困县打赢脱贫攻坚战提供服务和支持。

二、年度精准扶贫概要

公司携手中国民族证券、方正中期期货、瑞信方正证券等子公司响应国家、行业监管部门和行业协会号召,利用多层次资本市场,从金融、产业、教育、消费、公益等五方面服务于贫困县的脱贫攻坚工作。

截至2017年底,公司及子公司共签约12个国家级贫困县(地区),各业务条线承担(或参与)了17个省(自治区)、58个国家级贫困县项目。

公司联合子公司方正和生投资、湖北省高新技术产业投资有限公司以及湖北省政府引导基金、宜昌市政府引导基金、秭归县/麻城(县级市)/丹江口人民政府合作成立方正高投秭归(麻城、丹江口)产业升级基金。该产业基金以有限合伙基金的形式设立,主要投资于当地的特色产业及高新技术等国家重点鼓励行业。该产业基金的设立,将有效带动当地经济的发展,增强当地的自我发展能力。

子公司方正中期期货积极注资扶持地方特色产业,为延长县安沟镇安沟村(高家川)、交口镇刘家河村无偿提供90万元精准帮扶产业扶持资金,定向用于发展当地的菌草种植产业及其产业链的延伸等。

公司教育扶贫以干部双向交流和“智·富大讲堂”为基础,通过创办的“智·富大讲堂”,把金融理念、证券知识和政策解读等内容送到各个帮扶贫困县,报告期内共举办18期,参训人数近4000人。截至2017年12月,公司除外派12名干部服务贫困县脱贫攻坚外,还接收贫困县派出的9名县域干部到公司业务部门轮岗学习,践行着为当地培养一支“带不走”的懂金融的干部队伍、懂管理的企业家队伍的承诺。

为了深入贯彻中国证券业协会从“一司一县”向“一县一企”精准扶贫的深化,公司从签约县或项目合作县选择合适的企业进行消费扶贫定点帮扶。2017年公司消费扶贫采购约560万,直接惠及公司对口帮扶或项目所在的8个贫困县的20家企业。

2017年,公司共开展公益扶贫活动13次,捐助资金约226万元。为最大限度地发挥公益扶贫的资金价值,更加专业地参与扶贫和履行社会责任,实现公司与社会的协调发展,公司于2018年2月6日设立了“湖南方正证券汇爱公益基金会”,并领取了基金会法人登记证书。

三、2017年精准扶贫工作情况统计表

单位:万元　币种:人民币

指标	数量及开展情况
一、总体情况	
其中:1.资金	781.69
2.物资折款	4.60
3.帮助建档立卡贫困人口脱贫数(人)	1,556
二、分项投入	
1.产业发展脱贫	
其中:1.1产业扶贫项目类型	■农林产业扶贫 □旅游扶贫 □电商扶贫 □资产收益扶贫 □科技扶贫 ■其他
1.2产业扶贫项目个数(个)	31
1.3产业扶贫项目投入金额	
2.转移就业脱贫	
3.易地搬迁脱贫	
4.教育脱贫	
其中:4.1资助贫困学生投入金额	104.69
4.2资助贫困学生人数(人)	1,190
4.3改善贫困地区教育资源投入金额	46.60
5.健康扶贫	
6.生态保护扶贫	
7.兜底保障	
8.社会扶贫	
其中:8.1东西部扶贫协作投入金额	
8.2定点扶贫工作投入金额	75.00
8.3扶贫公益基金	
9.其他项目	
其中:9.1项目个数(个)	4
9.2投入金额	560.00
9.3帮助建档立卡贫困人口脱贫数(人)	1,556
9.4其他项目说明	
三、所获奖项(内容、级别)	
1、中国扶贫基金会授予公司2016年突出贡献奖; 2、中国扶贫基金会授予中国民族证券2016年突出贡献奖; 3、中国扶贫基金会授予公司2017社会力量参与救灾先进单位; 4、在金融界主办的2017年度中国上市公司精准扶贫巡礼主题活动中,公司荣获“2017年度中国上市公司精准扶贫创新案例”奖项; 5、《中国国际金融报》2017中国资本市场扶贫先锋巡礼授予公司董事长高利“2017扶贫先锋人物”、授予中国民族证券“2017一司一县扶贫案例奖”; 6、2017年度中国公益节授予公司集体奖、董事长高利人物奖。	

四、后续精准扶贫计划

2018年,公司将根据发展战略与扶贫规划,继续创新扶贫方式,提升扶贫实效,加强风险防控,积极推进以下帮扶工作:

挖掘合作伙伴、帮扶县等资源,继续服务好帮扶签约县,深化“一县一企”,继续通过多渠道提供全方位的综合金融服务,支持当地增强自我发展能力。

积极推进“智·富大讲堂”,对贫困地区干部、企业管理人员进行资本市场业务、管理知识等培训,促进企业规范运作;发挥金融扶贫工作站的作用和分支机构的力量,为当地贫困县做好资本市场培训及投资者教育服务。

结合“互联网+”发展战略,继续开展“汇爱·致富”活动,拓宽各地特色产品的销售渠道,帮助建档立卡贫困户脱贫致富。

完成公益基金会的设立工作,结合各贫困县实际,开展教育、医疗等公益扶贫活动,如一对一公益助学、特困高中生自强班等,打造方正证券“善行无界,大爱有方”的汇爱公益扶贫品牌。

光大证券2017年度精准扶贫报告

一、精准扶贫规划

光大证券(以下称"公司")第一时间响应国家脱贫攻坚号召,按照中国证监会、光大集团扶贫工作要求,成立了扶贫工作领导小组,由公司董事长薛峰担任组长,监事长刘济平、执行总裁周健男担任副组长,先后与湖南省新田县、宁夏回族自治区西吉县和江西省万安县、兴国县、寻乌县等5个国家级贫困县签署结对帮扶合作协议,同时也与陕西省延安市甘泉县桥镇乡中心小学结对,并持续做好贵州省遵义市道竹小学帮扶工作。公司发挥行业优势,在实践中不断探索,逐步形成了"证券+"综合扶贫创新模式,依托公司光大阳光公益基金这"一个平台",积极落实中国证监会、光大集团"两方要求",加强与帮扶地区业务、党建、公益"三个对接",提升大局、联动、共享、市场"四种意识",做到责任、落实、保障、督导和宣传"五个强化",加快项目落地。2017年帮助贫困地区累计引进各类资金40亿元,支持贫困地区基础设施建设、产业发展;投入2000余万用于扶贫及公益项目23个,帮扶建档立卡群众4261人,实现脱贫502人;帮助5省7地近40万师生购买重大疾病保险,总保额近110亿元。

二、年度精准扶贫概要

证券+产业:强化产业培育、地方融资、公司辅导、项目引进和资源导入,推动帮扶地区产业升级。资助225万元,帮扶山西省隰县城南乡曹城村光伏电站建设项目,将推动58户149人实现脱贫摘帽。资助50万元扶贫资金,扶持陕西延长县桐居村苹果产业,实现产业扶贫到村到户,促进贫困户稳定增收,保障25户53人实现脱贫摘帽。出资50万元,帮扶广东省乐昌市乐城街道下西村建设光大综合市场;出资10万元,帮扶四川省广安市岳池县白庙镇龙音寺村,培育当地产业发展。

证券+资本:与浙江景宁畲族自治县合作成立首期规模3亿元的生态经济产业基金,促进绿色产业发展。指导湖南新田县融资超过10亿元,改善地方基础设施建设。帮助江西省兴国县拟发行城投债15亿元,加强基础设施建设。联手光大银行设立光大银行永州分行、光大银行新田支行,为区县经济注入活力。

证券+期货+保险:设计证期保"阳光惠农"系列产品,为农产品保值保价提供保障。设计基于农产品价格的保险及期权产品,探索"证券+期货+保险"模式,出资150万元,保护宁夏西吉县2261户建档立卡贫困户28000亩马铃薯价格,减小价格波动造成的影响。贫困户今年得到赔付56万元,户均增收约250元。

证券+实体经济:投入160万元,资助湖南省新田县农业专项6个,包括宫廷黄鸡养殖项目等;发挥信息优势,挖掘客户资源,帮助贫困地区引入并注册企业达8家。

证券+基础设施:资助基建设施改造,累计资助对口贫困县硬化村道10.2公里、背街小巷3000平方米、新建桥梁1座,受益人口2691人;帮助新建自来水单体工程6个,修建河坝3处,解决1521人安全饮水问题;协调电信部门铺设电信光纤18公里,接通信号"孤岛";出资支持完善新田县门楼下瑶族乡小水干村党员活动中心、党支部办公场所设施。

证券+消费:充分依托"人民. 光大"特色精准扶贫电商平台及光大银行购精彩电商平台,积极打造"阳光农场"扶贫消费品牌,将湖南新田县富硒农产品、江西寻乌县脐橙等贫困地区农副产品投放在电商平台进行联合推介与销售,开拓了互联网精准电商扶贫新路径。采购湖南省新田县特色农产品4100余份、江西省赣州市脐橙2400份,总计125万元。

证券+智本:组建专业人士的"讲师团",开展资本市场知识培训和指导,共培训5场,累计培训700余人次。对县级城投公司发行企业债进行指导协助,帮助其拓宽融资渠道。与专业企业的合作,为当地政府、农户提供农业精细化培训。对接相关企业,进行职业技能培训,促进就业。

证券+教育:公司积极参与光大"明德"助学计划,公司员工共捐款24.33万元资助253人,打造光大证券遵义"光大道竹小学"帮扶等品牌项目,发起"爱心助学一对一"活动,员工共捐助道竹小学学生19人。出资20万元,帮助陕西省延安市甘泉县桥镇中心小学进行取暖、校舍维修、教室改造等。举办光大融情夏令营,邀请道竹小学及5个对口扶贫县的35位师生来上海学习参观。

证券+健康:出资约365万元,与光大永明保险"证保"联手,设立"阳光关爱"慈善计划,定制重大疾病保险项目,总保额110亿元,其中面向湖南新田县、宁夏西吉县和江西万安县、兴国县、寻乌县,以及延安市甘泉县桥镇乡中心小学、贵州道竹小学的学生定制了"阳光护苗"项目;面向上述地区全体教师定制了"阳光园丁无忧"项目,解除了贫困地区全体师生约36万人因病致贫、因病返贫的忧愁。

证券+公益慈善:捐赠200万元,支持上海市及静安区慈善帮困、助学、助老等公益事项。

三、精准扶贫成效

单位:万元　币种:人民币

指标	数量及开展情况
一、总体情况	2,086.038
其中:1.资金	2,086.038
2.物资折款	-
3.帮助建档立卡贫困人口脱贫数(人)	502
二、分项投入	
1.产业发展脱贫	1,296.733
其中:1.1 产业扶贫项目类型	√农林产业扶贫 □旅游扶贫 √电商扶贫 √资产收益扶贫 □科技扶贫 □其他
1.2 产业扶贫项目个数(个)	19
1.3 产业扶贫项目投入金额	1,296.733
1.4 帮助建档立卡贫困人口脱贫数(人)	502
2.转移就业脱贫	
其中:2.1 职业技能培训投入金额	-
2.2 职业技能培训人数(人/次)	-
2.3 帮助建档立卡贫困户实现就业人数(人)	-
3.易地搬迁脱贫	
其中:3.1 帮助搬迁户就业人数(人)	-
4.教育脱贫	84.33
其中:4.1 资助贫困学生投入金额	24.33
4.2 资助贫困学生人数(人)	-
4.3 改善贫困地区教育资源投入金额	60
5.健康扶贫	364.975
其中:5.1 贫困地区医疗卫生资源投入金额	364.975(帮扶师生约36.5万人)
6.生态保护扶贫	

其中:6.1 项目名称	□开展生态保护与建设 □建立生态保护补偿方式 □设立生态公益岗位 √其他
6.2 投入金额	与浙江景宁畲族自治县合作成立首期规模3亿元的生态经济产业基金
7. 兜底保障	
其中:7.1 帮助"三留守"人员投入金额	-
7.2 帮助"三留守"人员数(人)	-
7.3 帮助贫困残疾人投入金额	-
7.4 帮助贫困残疾人数(人)	-
8. 社会扶贫	140
其中:8.1 东西部扶贫协作投入金额	-
8.2 定点扶贫工作投入金额	-
8.3 扶贫公益基金	140
9. 其他项目	200
其中:9.1. 项目个数(个)	1
9.2. 投入金额	200
9.3. 帮助建档立卡贫困人口脱贫数(人)	-
9.4. 其他项目说明	捐赠200万元支持上海市及静安区慈善帮困、助学、助老等公益事项
三、所获奖项(内容、级别)	
公司荣获上海市慈善之星称号(省级,上海慈善基金会及上海市文明办颁发)、静安区慈善之星称号(市级,上海慈善基金会静安分会及静安区文明办颁发)、南昌广场南路营业部获"扶贫工作先进单位"嘉奖(市级,证监会江西监管局及江西证券期货业协会颁发)、光大证券挂职干部周国平荣获湖南省"百名最美扶贫人物"称号(省级,湖南省扶贫开发领导小组颁发)。	

四、后续精准扶贫计划

公司将以产业扶贫、精准脱贫为重点,持续加大对帮扶地区重点产业、实体经济支持力度,努力扩大扶贫覆盖面,提升脱贫人数。将积极采取多种方式帮助贫困地区企业融资,争取在IPO、新三板,以及绿色债券(含资产证券化产品)及创新创业公司债等方面提供各项融资服务;继续推进落实与宁夏西吉县"证券+期货+保险"扶贫项目,并探索扩展"证券+期货+保险"扶贫项目范畴;审核落实好为帮扶地区教师及学生购买重大疾病保险的"阳光护苗"、"阳光园丁无忧"项目;深化消费扶贫模式,协调利用光大银行购精彩网上商城平台帮助推介并销售对口帮扶地区特色农产品等商品,进一步打造阳光农场品牌,帮助开拓帮扶地区特色农产品销售渠道;持续开展资本市场知识培训和指导,争取尽快将政策红利转化为扶贫成果;密切跟踪、协调推进光大证券、光大银行分支机构落地,进一步加大金融扶贫力度。

广发证券2017年度精准扶贫报告

一、精准扶贫规划

广发证券(以下称"本集团")一贯支持和响应国家扶贫战略,通过多种途径积极帮扶贫困地区和贫困群众。为响应中国证监会、中国证券业协会、中国期货业协会和中国证券投资基金业协会的倡议,结合广东省委、广东省人民政府关于新时期精准扶贫精准脱贫三年攻坚的实施意见,本集团积极推动落实精准扶贫精准脱贫工作。

二、年度精准扶贫概要

2017年,本集团共投入扶贫资金约人民币989.53万元,帮扶海南省五指山市、广东省乐昌市天井岗村和下西村、山西省隰县、云南省普洱市和山西省汾西县开展精准扶贫工作,积极履行企业公民的社会责任。

在证券公司"一司一县"行动中,公司成立"一司一县"结对帮扶工作领导小组和办公室,负责扶贫工作的决策和督导,制订工作方案,具体落实和跟进扶贫措施。推动产业扶贫,从五指山市特色产业品牌建设和增强村集体经济着手,开展毛道乡水果基地基础设施建设项目。加强教育扶贫,开展海南省第二卫生学校"广发励志班"项目;举办促进五指山市资本市场发展专题培训。在广东省精准扶贫工作中,实施产业扶贫,建设雪毛鸡养殖示范基地,村集体获得分红7万元,带动24户贫困户户均增收约6,000元;启动人居环境整治,建设美丽乡村,加大基础设施投入,对村道巷道进行硬底化改造,安装太阳能路灯,开展贫困户危房改造。2017年,已帮扶天井岗村实现24户贫困户、78名贫困人口顺利脱贫。公司为山西省隰县阳头升乡的吾子金村和下底崖村建设光伏电站。

本集团子公司积极投入到扶贫工作当中,形成精准扶贫合力。2017年,广发期货为云南省普洱市贫困农户购买农业保险,广发基金为汾西县建设光伏农场,援助结对帮扶县的脱贫攻坚工作。

三、精准扶贫成效

单位:万元　币种:人民币

指标	数量/开展情况
一、总体情况	——
其中:1. 资金	989.53
2. 帮助建档立卡贫困人口脱贫数	78
二、分项投入	——
1. 产业发展脱贫	——
其中:1.1 产业发展脱贫项目类型	农林产业扶贫、资产收益扶贫
1.2 产业发展脱贫项目个数	5
1.3 产业发展脱贫项目投入金额	443.11
1.4 帮助建档立卡贫困人口脱贫数	78
2. 转移就业脱贫	——
其中:2.1 职业技能培训投入金额	1.2
2.2 职业技能培训人数	120
3. 教育脱贫	——
其中:3.1 资助贫困学生投入金额	37.85
3.2 资助贫困学生人数	26
4. 健康扶贫	——
其中:4.1 贫困地区医疗卫生资源投入金额	37.62
5. 生态保护扶贫	——
其中:5.1 项目类型	人居环境、村容村貌改善
5.2 投入金额	88.68
6. 兜底保障	——
其中:6.1"三留守"人员投入金额	14.81
6.2 帮助"三留守"人员数	27
6.3 贫困残疾人投入金额	7.26
6.4 帮助贫困残疾人数	11
7. 社会扶贫	——
其中:7.1 定点扶贫工作投入金额	989.53
8. 其他项目	——
其中:8.1. 项目个数	8
8.2. 投入金额	359.01
三、所获奖项(内容、级别)	颁发部门
2017年度特别致敬大奖	第七届中国公益节
2017年度公益项目奖	第七届中国公益节
2017社会力量参与救灾先锋单位	中国扶贫基金会

年度最佳社会责任企业	中国企业社会责任年会
杰出企业奖	2017 年第一财经中国企业社会责任榜
2017 教育扶贫先锋机构	《国际金融报》中国资本市场扶贫先锋巡礼
2017 最佳产业扶贫案例	《国际金融报》中国资本市场扶贫先锋巡礼
最具影响力奖项	广州市慈善会慈善为民——2017 年度广州慈善盛典
捐赠榜五星奖	广州市慈善会慈善为民——2017 年度广州慈善盛典
优秀企业奖	南方出版传媒与新周刊 2017 企业社会荣誉盛典

注：本集团 2017 年度精准扶贫投入资金总额为人民币 989.53 万元，全部用于 7.1 项所述定点扶贫工作。

四、后续精准扶贫计划

（一）形成扶贫工作机制。在公司扶贫办公室的统一协调下，定期组织扶贫工作会议，公司各部门及子公司共同参与，研究、实施和推进扶贫项目。

（二）推进五指山市扶贫项目的落地。一是继续发掘五指山市有潜力的产业扶贫和金融扶贫项目，计划在五指山市积极开展业务；二是充实海南扶贫工作力量，增加人员专职负责五指山市扶贫项目的落地和推进。

（三）落实天井岗村各扶贫项目。切实按照国家和省委省政府的要求，重点落实天井岗村美丽乡村建设项目；筹划利用线上销售平台，实现雪毛鸡及其他农产品的销售；完成村道巷道路面硬化。

（四）做好扶贫考核验收准备工作，完成本轮扶贫任务。重点建立天井岗村的长效脱贫机制，在保证村集体收入的基础上，实现贫困户收入的稳定，完善民生保障，保证贫困户不因病因学返贫。

国都证券 2017 年度精准扶贫概要

在中国证监会的指导下，国都证券（以下称“公司”）深入贯彻落实《中共中央国务院关于打赢脱贫攻坚战的决定》和中央扶贫开发工作会议精神，积极响应中国证监会和中国证券业协会的倡议和号召，有针对性地开展了“一司一县”结对帮扶行动，并参与其他履行社会责任的活动，让广大的贫困地区人民利用资本市场共享改革发展的成果。

一、结对帮扶河北省围场满族蒙古族自治县

应承德市金融工作办公室的邀请，公司领导先后多次前往承德市、围场县进行实地考察，并与承德市政府、围场县政府的相关领导同志进行商洽。最终，我公司党委及扶贫工作领导小组决定，与围场满族蒙古族自治县达成《关于开展“一司一县”结对帮扶行动的战略合作框架协议》。并于 2016 年 11 月 7 日在围场县正式签约，也是承德市第一家对口精准扶贫的证券公司。

二、就业帮扶：设立围场证券营业部

《关于开展“一司一县”结对帮扶行动的战略合作框架协议》签订后，公司立即着手开展在围场县设立证券营业部和金融扶贫工作站的相关工作，作为公司精准扶贫的一项重要举措。2016 年 11 月 15 日国都证券围场县金融扶贫工作站正式开展工作。2016 年 12 月 13 日，中国证券监督管理委员会北京监管局下发了关于核准我公司在承德市设立 1 家分支机构的批复。国都证券股份有限公司承德围场木兰中路证券营业部（以下简称“围场营业部”）于 2017 年 1 月 10 日取得了营业执照。

国都证券围场证券营业部不但是我公司在国家级贫困地区设立的第一家证券营业部，也是围场县的第一家证券营业部，填补了围场县金融市场的空白。该营业部直属公司管理，并同时承担着金融扶贫工作站的功能和职责，是我公司具体落实“一司一县”工作的触角。

为缓解围场青年的就业压力，围场营业部筹建之初就确定属地化招聘的原则，目前已有两名通过证券从业资格考试的围场青年加入围场证券营业部。

三、消费扶贫：采购围场当地农副产品

公司工会和有关分支机构，利用各自优势，积极开展消费扶贫工作，向围场县采购了当地纯天然、无公害的马铃薯、粉条、蘑菇等农副产品。截至目前，公司帮助围场县农户销售了土豆 4,650 斤、蘑菇 685 斤、粉条 2,700 斤以及金莲花若干，直接为农户创收 25 万余元。

四、产业帮扶：助力其他贫困县企业融资

公司有关业务部门，积极探索资本市场的普惠金融功能与机制，充分发挥证券公司投资银行的优势，为 3 家位于国家级贫困县的企业走向资本市场融资提供了有力的支持。

（一）坤七药业定向增发：公司中小企业投资银行总部帮助位于云南省文山壮族苗族自治州文山县（属国家级贫困县）的云南文山坤七药业股份有限公司在全国股转系统成功完成了一笔总金额 370 万元的定向增发。

（二）天兆猪业推荐挂牌：公司投资银行总部和中小企业投资银行总部，密切合作，作为主办券商推荐位于四川省南充市嘉陵区（属国家级贫困县）的四川天兆猪业股份有限公司在全国股转系统成功挂牌。

（三）河南博源电力设备推荐挂牌：公司中小企业投资银行总部和洛阳营业部共同协作，作为主办券商推荐位于河南省开封市兰考县（属国家级贫困县）的河南博源电力设备股份有限公司在全国股转系统成功挂牌。

贫困地区企业通过资本市场的帮扶，不仅促进了自身企业的发展，更重要的是带动了与之相关的产业链，实现共同脱贫。

五、教育帮扶：为贫困县的孩子提供现代化的教学辅助设备

根据围场县有关部门的推荐，公司为围场县二中安装 70 套高清大屏幕、无粉尘黑板、高清投影仪，总价值 70 余万元。该项目已通过县政府、学校的验收，投入使用，受到了学校师生的热烈欢迎，让贫困地区的孩子、老师，也能得到现代化的教学、教育条件。

六、智力扶贫：为贫困县的干部进行金融资本市场理论培训

按照县政府的需求，公司组织各部门的专家，组建了讲师团，深入到基层，为围场县各局、委、办及乡镇领导、当地企业家开展了 6 个专题的金融资本市场讲座和培训，共计有 400 多人次参加培训，受到了当地干部和企业家的热烈欢迎。

七、党建扶贫：与贫困村开展支部共建

公司党委与围场县委达成共识，动员公司各党支部和共产党员，与围场县贫困村党支部结对帮扶，待取得经验和成效后，再复制推广。经下乡考察，第一个共建点选定为帮扶围场县道坝子乡永丰村，开展美丽乡村建设工程，首批 10 万元援建资金已拨付到位。

八、依托金融市场，拓宽贫困县的融资渠道

围场县由于财政资金极为短缺，严重制约了当地的经济发展。公司利用在资本市场的优势，主动帮助协调围场县政府与中证焦桐扶贫基金双方建立合作关系，在北京签订了战略合作协议，该基金是第一支由来自上市公司发起设立的、第一支面向全国贫困地区、第一支代表证券市场合力的基金。该基金拟通过扶贫产业基金的创新模式助力国家精准扶贫战略。

国金证券2017年度精准扶贫报告

一、精准扶贫规划

根据党的十九大报告中提出的“坚决打赢扶贫攻坚战，决胜全面建成小康社会”目标，以及习近平总书记向全党全社会发出了脱贫攻坚的总攻动员令，国金证券（以下称“公司”）紧紧围绕党中央统筹推进“五位一体”总体布局、“四个全面”战略布局，紧密对接“两个一百年”奋斗目标，把精准扶贫工作列为年度首要工作任务，由公司董事长牵头组织公司精准扶贫工作。

根据国务院、中国证监会、中国证券业协会关于精准扶贫的文件精神，公司以精准扶贫作为重要的政治使命与社会责任，周密安排，积极谋划。在各级政府、监管部门等的指导下，公司确立精准扶贫战略定位、扩大精准扶贫工作格局，通过强化机制、增加扶贫多元化方式等系列举措，公司精准扶贫工作初见成效。2017年度，公司实际投入帮扶资金290.61万元，并与三个国家级贫困县建立“一司一县”精准扶贫结对关系。公司设身处地为贫困户着想，扎扎实实开展帮扶计划，为结对县的精准扶贫工作贡献力量。

（一）公司精准扶贫的定位与理念

公司结合自身优势，扶贫工作战略将扶贫同扶智相结合，坚持定点扶贫、多元扶贫、关联企业联合扶贫“三位一体”大扶贫格局。公司在扶贫工作中侧重两点，第一，加大宣传资本市场金融融资的扶贫政策，开展贫困县扶贫干部专题培训；第二，加大教育扶贫、健康扶贫力度。加强对贫困县教育设施的投入，提出“一人就业全家脱贫”的理念，贫困户学生劳动力技能培训和转移就业服务，促进贫困学生就地就近就业。增强贫困户对帮扶脱贫的信心，树立脱贫光荣良好风尚，不断激发和培育贫困县贫困户内生动力和自我发展能力。

公司积极将精准扶贫工作与企业核心价值观“责任、和谐、共赢”相结合，加大扶贫宣传、扎根企业文化基因。责任是勇于担当，是扶贫的使命。和谐是扶贫的初心，穿越时空，永志不忘。共赢是扶贫合作的理念。公司与党和国家同呼吸共命运，心连心，促进扶贫工作，推动安定和谐的社会环境。

（二）设组织、定职责、强落实

公司发布红头文件成立精准扶贫工作领导组、扶贫工作办公室及下设工作小组。扶贫工作办公室下设工作小组，包括宣传组、秘书组、后勤保障组、协调组、信息披露组，扶贫项目对接组。

领导组工作职责主要是贯彻落实中央、各级政府、中国证监会及派出机构和中国证券业协会的扶贫开发部署要求；拟定公司精准扶贫工作方针、规划；审批公司扶贫资金预算、扶贫项目；协调公司内、外部资源，统筹协调扶贫工作部署；负责指导、检查和监督扶贫工作的总体开展以及重点扶贫项目的落实情况。

扶贫工作办公室及下设工作小组职责主要是负责落实领导小组的决策部署，统筹扶贫工作日常事务，具体落实公司扶贫开发规划；协调组织各部门、各分支机构开展扶贫开发工作；组织对扶贫开发情况进行统计和动态监测；组织开展扶贫开发的宣传工作。

二、年度精准扶贫概要

（一）定点扶贫

2017年，公司与三个国家级贫困县建立“一司一县”精准扶贫帮扶关系。目前，公司共计与四个县结对帮扶，其中两个结对帮扶县位于四川省内，此外在江西省和重庆市各帮扶一个贫困县，分别是四川省阿坝藏族羌族自治州九寨沟县、重庆市石柱土家族自治县、四川省宜宾市屏山县、江西省九江市修水县。

2018年公司计划投入帮扶资金不少于145.3万元，一司一县对口帮扶资金预计50.3万元，定向帮扶资金95万元，其中含公司响应中国证券业协会倡议捐赠给山西隰县城南乡李城村光伏电站项目捐款75万元，公司帮扶四川省广安市岳池县捐助20万元用于果树栽培（土地流转）项目。公司从2016年至2020年预计投入扶贫帮困资金不少于589.845万元。

（二）教育扶贫

公司在石柱县、屏山县开展扶贫工作中，积极贯彻“扶贫同扶智”的策略。公司在石柱县开展的教育扶贫侧重于就业脱贫，在屏山县开展的教育扶贫更侧重于保障扶贫。

1. 重庆市石柱县教育帮扶

对于职业教育扶贫的投入，旨在贯彻“一人就业全家脱贫”的理念。石柱县职业教育中心系首批国家级重点职业中学校，重庆市中等职业教育改革发展示范校建设单位，教育教学屡创佳绩。公司实施的职教中心多功能厅项目能发挥三个作用，第一，项目将极大的改善办学条件，能吸引更多的贫困家庭的孩子到校学习，让他们掌握有就业的本领。从而让一个孩子就业带动一个家庭脱贫，使扶贫工作更可持续；第二，能有效满足教育教学需要。能有效展示、会议、培训、汇报演出和主题教育额功能。第三，能对三峡库区职业学校年会提供示范辐射作用。项目投入100万元，计划2018年建成竣工。

公司设立助教助学金，公司捐赠30万元设立石柱县中益乡贫困教师助教金，用于资助扎根山区、农村和边远贫困地区的教师。由双方共同商讨后，决定助教金的资助对象、力度和形式。公司捐赠5万元设立石柱县王家乡学生奖学金用于表彰家境贫困品学兼优的学生。

2. 四川省屏山县教育帮扶

公司定点帮扶四川省屏山县特殊教育学校。该校是县教育体育和文化广电局的直属学校，专门为残疾儿童提供寄宿制义务教育的学校。在籍学生53人主要是听力、智力、自闭、唐氏、多重残疾等。

由于学校教育设施不完善，无法开展康复训练和认知训练，设施老化产生意外伤害。公司捐赠资金23万元建设康复室能更好地补偿残疾学生身心缺陷，对学生心理障碍、语言、认知进行康复。公司捐赠40万元建设塑胶场地，建成后能减少学生运动伤害。

由于残疾学生类型多样，多重残疾占多数。学生家庭因贫困无法支付每年的体检费用。公司捐赠20.55万元用于特殊学校学生年体检费用（包括整个义务教育阶段）。

2017年，公司内对两县的教育扶贫实际投入资金183.3万元。通过提供建设运动康复、心理康复、语言康复等设施、提高特殊儿童的认知水平和适应社会能力。在贫困户脱贫方面,定点扶贫效果逐步显现。

(三)金融扶贫

2017 年,公司为贫困地区开展的金融扶贫工作主要包括:

1. 公司资管业务骨干赴兴文县在县委中心组扩大专题学习会上讲授“PPP 及资产证券化项目发起与解析”,兴文县党政领导 300 多人参会,会议取得良好效果。

2. 公司为注册在国家级贫困县的重庆市黔江区城市建设投资(集团)有限公司成功发行公司债券 20 亿元,公司担任联合主承销商,承销金额为 5.33 亿元。

3. 公司为注册地在国家级贫困县的贵州东湖新城市建设投资有限公司发行企业债,该项目公司作为主承销商,预计承销金额 12 亿元,已于 2017 年 11 月取得批文。

4. 公司为注册地在国家级贫困县的四川阆中天然气总公司发行国金 - 阆中天然气资产支持专项计划 5.25 亿元。2017 年,由国金证券担任计划管理人的“国金 - 阆中天然气资产支持专项计划”公告成立。该项目以四川阆中天然气总公司(简称“阆中天然气”)为原始权益人,基础资产为天然气收费收益权,总发行规模为 5.25 亿元,所融资金主要用于完善城乡供气网络、提高当地用气安全和改善居民出行环境。这也是全国首单国家级贫困县精准扶贫资产证券化项目。该项目的发行不仅开拓了贫困地区城市公用事业的新融资渠道,也对金融扶贫提供了新思路。

阆中天然气 ABS 扶贫项目在社会上、行业内引起广泛关注。在四川省脱贫攻坚领导小办公室编撰的《脱贫攻坚简报》(第 171 期,2017 年 11 月 14 日)“发挥市场作用筹集扶贫资金——南充阆中市探索推出全国首单国家级贫困县精准扶贫资产证券化项目”进行专题报道,中国证券业协会报价系统股权市场的扶贫平台进行报道“企业资产证券化模式在扶贫领域的实践简析”(2017 年 9 月 11 日)及国内主流财经媒体报道。

此外,公司积极为贫困地区企业发展提供 IPO 辅导上市、债券融资等金融服务,截至 2017 年底,公司已与贫困地区企业签订了辅导协议、IPO 一揽子服务协议和债券承销协议,公司不断为贫困地区企业拓展多元化融资渠道,努力促进贫困地区经济社会可持续发展。

(四)产业扶贫

2016 年,公司与九寨沟县政府共同打造生态扶贫项目:白河乡生态农庄建设项目。2017 年公司继续投入第二期和第三期资金共计 65 万元,项目于 2017 年 8 月建成开业。该项目的解决白河乡太平村 809 人的致富增收,一是其中贫困人口 130 人(35 户)脱贫致富,通过滚动发展达到脱贫目的,实现项目可持续发展;二是通过该项目的实施,推广产业发展项目,使项目区贫困农户能够熟练掌握 1 - 2 门新技术;三是增加了农户经济收入,改善了农户生产生活;四是减少了农户社会矛盾,稳定了农村社会,促进了和谐社会发展。农庄建设后,每年预计收益能达到 59.5 万元,农户人均增收 7900 元。

2017 年响应中国证券业协会倡议,公司与隰县人民政府签订协议,公司给山西隰县城南乡李城村光伏电站项目捐款 75 万元建设李城村 100kw 光伏扶贫电站。项目建成后,收益全部归贫困户,将有效带动该村 56 人的收入,帮扶脱贫 48 人。

(五)公益扶贫

公司号召全体员工共同参与到“驻村帮扶”活动中。公司员工个人共捐款 5.13 万元;员工个人捐赠物资约计 1.5 万元。公司员工积极给四川省凉山州、甘孜州、绵阳市周边、盐边县、德阳市以及西藏等地区进行公益捐款。

公司鼓励员工与社会公益组织合作,成立精准扶贫帮困专项基金,用于对贫困地区的结对帮扶。2017 年上半年,公司员工发起“情系玉树”爱心捐衣活动,帮助山区孩子温暖过冬;公司员工与社会公益团队组织“玉树考察行”,与当地贫困家庭“一对一”结对帮扶,以人文关怀和物质帮助传递爱和希望。

(六)授权工作机制、发挥挂职干部能力

1. 授权工作机制,情系九寨灾区,启动应急预案

2017 年 8 月,在四川九寨沟县地震后的第一时间里,公司第一时间启动九寨沟地震紧急预案,提出 6 项处置措施,及时安抚客户并给予客户全力支持和帮助。

2. 协助地方融资工作

2017 年,公司派往宜宾市兴文县的挂职干部发挥继续发挥桥梁作用,帮助兴文县通过平滑基金形式融资 5 亿元,协助石海旅游公司融资 5 亿元项目对接以及协助公司采购当地滞销农产品。

三、精准扶贫成效

单位:万元　币种:人民币

指标	数量及开展情况
一、总体情况	290.61
其中:1. 资金	289.31
2. 物资折款	1.5
3. 帮助建档立卡贫困人口脱贫数(人)	36
二、分项投入	
1. 产业发展脱贫	65
其中:1.1 产业扶贫项目类型	√农林产业扶贫 □旅游扶贫 □电商扶贫 □资产收益扶贫 □科技扶贫 □其他
1.2 产业扶贫项目个数(个)	1
1.3 产业扶贫项目投入金额	65
2. 转移就业脱贫	
3. 易地搬迁脱贫	
4. 教育脱贫	181
其中:4.1 资助贫困学生投入金额	8
4.2 资助贫困学生人数(人)	8
4.3 改善贫困地区教育资源投入金额	173
5. 健康扶贫	
6. 生态保护扶贫	
7. 兜底保障	8.3
其中:7.1 帮助贫困残疾人投入金额	8.3
7.2 帮助贫困残疾人数(人)	55
8. 社会扶贫	29.68
8.1 定点扶贫工作投入金额	29.68
9. 其他项目	6.63
其中:9.1. 投入金额	5.13
9.2. 其他项目说明	公司员工捐赠物资 6.63 万元,其中现金捐款 5.13 万元,捐赠物资折款 1.5 万元。
三、所获奖项(内容、级别)	
国际金融报举办的“2017 中国资本市场扶贫巡礼”颁奖中,公司获得“2017 最佳教育扶贫案例”奖	

四、后续精准扶贫计划

公司今年扶贫工作取得的成绩离不开各级政府、监管部门的支持。2018年是精准扶贫工作的攻坚年，公司领导将按照局领导、协会领导的指示继续加大扶贫工作的深度和广度，进一步推进定点扶贫的项目落实，挖掘公司的各种资源，引导社会资源对贫困县、贫困户的关注和帮扶。

公司以多层次资本市场建设为依托，以精准帮扶与区域特色开发相结合，以革命老区、民族地区、边疆地区和集中连片特困地区为重点，以人文关怀，保障措施到位为基础，将持续加大对贫困地区多元化服务力度，挖掘贫困地区经济发展特色，提升当地人民生活水平，为全面建设小康社会添砖加瓦。

国融证券2017年度精准扶贫概要

2017年，国融证券（以下称“公司”）在持续发展主营业务，合规运行、诚信经营的同时，一如既往的履行企业社会责任，积极开展社会责任相关工作，把社会责任融入企业的发展战略、经营理念和运营模式。

2017年，公司继续落实党和国家“打赢脱贫攻坚战”的伟大战略决策，积极响应中国证券业协会“一司一县”结对帮扶行动号召，持续参与产业扶贫、消费扶贫、新农村建设、扶贫攻坚、教育扶贫、捐资助学等公益事业。2017年，公司与内蒙古武川县等7家贫困县建立了结对帮扶关系，探索设立了包括干部双向交流在内的交流机制；成功帮助内蒙古敖汉旗3家企业的18种产品登陆中证互联消费扶贫平台；发挥专业优势，累计为华阳变速等9家位于贫困县的企业完成新三板挂牌服务；持续开展公益献爱心活动，向内蒙古武川二中捐款13.41万元用以建设爱心书屋，与长安慈善基金会共同发起旨在关爱贫困地区留守儿童的“融爱彩虹之家”活动并筹款近250万元，向河北滦平县长山峪中心学校碾子沟教学点捐款物4万余元用以改善教学环境。

2017年，公司坚持做好广大中小投资者保护工作，坚持“中小投资者至上”的价值取向，将投资者保护要求落到公司工作的全链条、各环节。2017年2月，经过数月筹备的国融证券投资者教育基地正式上线运营。自投教基地运营以来，公司广泛利用各方资源，线上线下并举，持续面向社会公众开展富有特色和创新性的投资者教育活动。2017年6月，公司投教基地成为内蒙古自治区第一家省级投资者教育基地；2018年1月，公司投教基地成为民族地区首家国家级证券期货投资者教育基地，为保护投资者合法权益、营造安全有序的金融市场环境发挥了积极作用。

除此以外，公司在2017年不断完善治理结构，持续加强内部控制，依法健全合规风控体系，切实保障股东及债权人的权益；加大人才支持保障力度，优化薪酬福利和职级体系，积极开展工会活动，关爱员工生活与健康，切实维护员工利益；坚持可持续发展，倡导绿色办公、绿色出行、绿色采购，节约资源能源，促进环境保护的可持续发展等多种形式，以强烈的社会责任感和极大地的工作热忱，全方面、多角度践行社会责任。

国盛证券2017年度精准扶贫概要

2017年，国盛证券积极开展项目扶贫、产业扶贫、公益扶贫、基建与消费扶贫等一系列工作。

项目扶贫方面，积极推进落实寻乌县、于都县项目收益债发行；帮助企业IPO、引进拟IPO企业落户；大力推动新三板挂牌工作；帮助引进、设立产业基金，满足企业融资需求；帮助扶贫点当地与国内知名企业牵线搭桥，推进当地产业招商、产业升级工作。截至目前，已为赣州市于都县募集并设立了江西振兴发展（于都产业）基金，募集5.5亿元资金。该基金用于323国道于都境内改线工程、厦蓉高速公路于都互通连接线项目、G323于都天河山至油槽下项目于都大桥工程等项目。目前所投项目进展顺利。

基础设施建设方面，先后出资近230万元为寻乌县项山乡中坑村修通了7条“国盛产业路”以及100盏太阳能路灯，点亮村间道路，目前国盛产业路及太阳能路灯均已投入使用。

消费扶贫方面，在赣州脐橙成熟之际，充分发挥自身网点优势，帮助贫困户做好脐橙销售工作的同时，向寻乌县集中、批量采购脐橙数十万余斤。

国泰君安证券2017年度精准扶贫报告

一、精准扶贫规划

国泰君安证券（以下称“公司”）聚焦于“一司一县”精准扶贫行动，成立专项工作小组，先后与江西省吉安县、四川省普格县、安徽省潜山县三个国家级贫困县签署全面战略合作协议，双方共同建立精准帮扶的长效工作机制，积极发挥资本市场在脱贫工作中的促进作用。在考虑实体经济需求的基础上，以资本市场服务产业帮扶为核心，拓宽融资渠道，提高融资效率，推进企业改制，助力金融创新等；以人才、教育和公益帮扶为纽带，提高人才素养，改善教学环境，关爱学生成长、帮扶困难群众。同时，公司继续坚持以往农村综合“结对帮扶”、贫困地区“助学助教”、资助贫困大学生等扶贫公益事业，践行公司的共识文化，确保扶贫工作落到实处，为脱贫攻坚贡献力量。

二、年度精准扶贫概要

公司与江西省吉安县、四川省普格县、安徽省潜山县确定产业帮扶、教育帮扶、财务顾问、人才帮扶、公益帮扶等方面的全面合作协议。公司各部门、各相关分公司多次进行实地考察调研，了解当地经济发展情况和产业融资、教育帮扶等的实际需求，因地制宜地制定扶贫方案，落实帮扶目标。公司发起多项精准扶贫专项活动，包括帮扶对接资助建档立卡贫困户、贫困学生；面向全公司招募志愿者，发起“在一起”留守儿童关爱活动、“天使支教”活动；为三个贫困县十一万余名师生购买国泰君安定制保险，提升医疗保障水平；邀请和组织贫困县职能部门、企业人员来沪参加金融知识专题培训讲座等。公司连续第五年对口帮扶上海市奉贤区，为贫困家庭、老人及学生提供帮扶资助；积极开展扶贫助学及教育帮扶，持续为上海四所大学、深圳、重庆等十一所大学贫困学生提供助学资助，为甘肃、江西、云南等地的三所国泰君安希望小学学生和教师提供物质及资金援助。

三、精准扶贫成效

单位：万元　币种：人民币

指标	数量及开展情况
一、总体情况	2,870.28
其中：1. 资金	2,847.28
2. 物资折款	23
3. 帮助建档立卡贫困人口脱贫数（人）	786
二、分项投入	

1. 产业发展脱贫	247.34
其中:1.1 产业扶贫项目类型	□农林产业扶贫 □旅游扶贫 □电商扶贫 □资产收益扶贫 √科技扶贫 □其他
1.2 产业扶贫项目个数(个)	4
1.3 产业扶贫项目投入金额	247.34
2. 转移就业脱贫	36.3
其中:2.1 职业技能培训投入金额	36.3
2.2 职业技能培训人数(人/次)	351
3. 易地搬迁脱贫	
4. 教育脱贫	481.9
其中:4.1 资助贫困学生投入金额	481.9
4.2 资助贫困学生人数(人)	115,000
5. 健康扶贫	200
其中:5.1 贫困地区医疗卫生资源投入金额	200
6. 生态保护扶贫	
7. 兜底保障	597.89
其中:7.1 帮助"三留守"人员投入金额	597.89
7.2 帮助"三留守"人员数(人)	850
7.3 帮助贫困残疾人数(人)	90
8. 社会扶贫	500
其中:8.1 定点扶贫工作投入金额	500
9. 其他项目	806.85
其中:9.1. 项目个数(个)	2
9.2. 投入金额	806.85
9.3. 其他项目说明	一对一帮扶,定制医疗保险,贫困县援建项目
三、所获奖项(内容、级别)	1、在由人民日报社主办的"2017 中国资本市场扶贫先锋论坛暨颁奖典礼"上,公司荣获"2017 扶贫先锋机构"奖项; 2、在"2017 金融企业扶贫研讨会暨创新评选颁奖典礼"上,公司获得"2017 券商扶贫创新奖"

四、后续精准扶贫计划

2018 年,公司将按照已制定的精准扶贫规划,在已经开展的各项扶贫工作和已取得的成果基础上,扎实推进"一司一县"、"一县一企"精准帮扶工作,并继续做好现有的结对扶贫及教育帮扶等各项公益帮扶工作。

国信证券 2017 年度精准扶贫报告

一、精准扶贫规划

根据中央、省委省政府、市委市政府、中国证监会和中国证券业协会的统一部署和要求,为切实做好扶贫开发工作,国信证券(以下称"公司")制定了精准扶贫规划。牢牢把握"脱贫攻坚"和"结对帮扶"两大任务,在精准扶贫方面,全面开展排查摸底、建档立卡、制定计划和项目实施等工作,实现精准扶贫精准脱贫;在结对帮扶方面,充分调动各方力量,在公司对口帮扶贫困地区实施脱贫措施,有效增强当地"造血"功能,着力提升当地经济实力、发展环境和社会民生事业水平,增加扶贫开发对象收入,确保完成各项目标任务,进一步推动公司与贫困地区的产业共建设,促进社会民生和经济同发展。

二、年度精准扶贫概要

2017 年,公司积极响应党中央号召,在努力做好经营发展的同时,积极主动地承担国有金融企业与上市公司的双重社会责任,按照"精准扶贫"与"多元帮扶"双渠道、共提升的工作思路,不仅精准帮扶广东龙川县岩镇山池村,还结对帮扶新疆麦盖提县、塔什库尔干县、英吉沙县,贵州三都水族自治县、织金县,云南省龙陵县及内蒙古兴和县等 7 个国家级贫困县,从产业扶持、教育发展、消费认购、文化推广及就业技能培训等方面帮助贫困县脱贫致富。公司充分发挥资本市场中介职能,加强辅导培育重点企业,支持贫困地区企业进行 IPO 融资和并购重组等;通过债券融资为贫困地区企业解决融资难问题;利用多层次资本市场,为不同规模、不同发展阶段、不同产业特点的企业提供发展平台。同时,公司还积极参与其他公益慈善项目,协同深圳市国资委与其他市属国有企业一起实施智力扶贫工程,共同发起设立"深圳市慈善会 · 深圳市属国资国企助学基金";出资捐建南方科技大学工程技术创新中心(北京),促进科研成果的市场化、产业化、社会化;响应各地区证监局、证券业协会的号召,参与各类扶贫捐款等。2017 年,公司扶贫和其他公益性支出合计人民币2,338.68万元。其中,捐赠金额 2,126.51 万元,消费扶贫支出 207.61 万元,物资折款 4.56 万元。

三、精准扶贫成效

单位:万元　币种:人民币

指标	数量/开展情况
一、总体情况	
其中:1、资金	2,334.11
2、物资折款	4.56
3、帮助建档立卡贫困人口脱贫数(人)	60
二、分项投入	
1、产业发展脱贫	
其中:1.1 产业发展脱贫项目类型	农林产业扶贫(注 1)
1.2 产业发展脱贫项目个数(个)	4
1.3 产业发展脱贫项目投入金额	345.00
2、转移就业脱贫	
其中:2.1 职业技能培训投入金额	26.00
2.2 职业技能培训人数(人次)	60
2.3 帮助建档立卡贫困户实现就业人数(人)	60
3、教育扶贫	
其中:3.1 资助贫困学生投入金额	30.60
3.2 改善贫困地区教育资源投入金额	741.98
4、生态保护扶贫	
其中:4.1 项目类型	开展生态保护与建设(注 2)
4.2 投入金额	50.00
5、社会扶贫	
其中:5.1 捐赠类活动投入金额	134.91
5.2 捐建类项目投入金额	798.00
6、其他项目	
其中:6.1 项目类型	消费扶贫(注 3)
6.2 投入金额	207.61
三、所获奖项	1、2017 年 4 月 26 日,第十四届(2017)中国慈善榜发布,公司获评年度慈善榜样; 2、2017 年 6 月 30 日,公司荣获 2016 年度广东扶贫济困红棉杯铜杯;

三、所获奖项	3、2017 年 7 月 16 日，中证协公布对 2016 年度 129 家证券公司脱贫攻坚等履行社会责任情况的专项评价，公司排名第二。

注：

1. 公司开展的农林产业扶贫项目具体包括广东龙川县岩镇山池村光伏发电站建设、成立山池村农民专业合作社、兴和县黑毛驴养殖基地建设、山西隰县光伏扶贫村级电站建设等；

2. 公司开展生态保护与建设的扶贫工作具体为捐资完成第三期 1,000 亩“国信证券阿拉善生态林”基地建设工作；

3. 公司认购新疆麦盖提县刀郎庄园特色农副产品。

四、后续精准扶贫计划

2018 年，公司将继续认真贯彻落实好中央关于扶贫开发工作的部署和要求，按照制定的精准扶贫三年规划，在持续做好现有广东龙川县岩镇山池村扶贫帮扶工作的同时，重点做好新疆维吾尔自治区麦盖提县、塔县、英吉沙县，贵州省三都水族自治县、织金县，云南省龙陵县及内蒙古自治区兴和县结对帮扶工作。后续，公司将根据各县的实际情况及具体需求，制定 2018 年度结对帮扶工作实施方案及预算计划，有针对性地提供资金，支持各县基础设施建设、发展生产及资助贫困地区教育发展，组织专业力量提供金融及产业发展规划、基础设施投融资及资产管理等方面的金融顾问服务，帮助贫困地区脱贫致富，走上小康之路。

国元证券 2017 年度精准扶贫报告

一、精准扶贫规划

基本方略。2017 年，国元证券成立了扶贫工作领导小组，初步确立了“积极响应国家号召，精准聚焦弱势群体，大力实施精准帮扶”的基本方略。

总体目标。一是帮助对口帮扶的寿县、太湖县、裕安区到 2020 年全部摘帽，实现村出列、户脱贫。截至目前，寿县尚有贫困村 47 个，贫困人口 3.08 万户、7.42 万人；太湖县尚有贫困村 67 个、贫困人口 2.97 万户、8.36 万人；裕安区尚有贫困村 25 个，贫困人口 1.92 万户、4.08 万人。二是公司将加强跟踪服务，努力帮助每年资助的 3,000 多名在校学生如期完成学业，成长为社会的有用之才，早日回馈家庭和社会。

主要任务。一是充分发挥国元证券的证券金融控股集团的资源优势，更好地帮助贫困地区企业进入多层次资本市场并实现融资。二是更加精准地做好“一司一县”、“一县一企”结对帮扶工作。三是以修建光伏电站、精米加工基地烘干房等项目为抓手，进一步做好产业扶贫。四是继续做好“国元证券奖助学金”、“国元证券金融实践奖学金”、雪莲花爱心基金等教育扶贫工作。五是积极探索“保险 + 期货”、消费等其他扶贫方式。保障措施。一是成立扶贫工作领导小组，加强组织领导；二是在党群工作办公室设立扶贫工作办公室，依托六安、太湖等地的分支机构设立扶贫工作站，不断充实扶贫工作力量；三是每年安排 1,400 万元左右的的扶贫专项资金，保障扶贫资金的投入；四是与上海期交所、省扶贫办、安徽证监局、省金融办等单位加强对接与合作，充分发挥扶贫合力；五是认真研究有关政策，有的放矢，更好地在相关政策指引下实施精准扶贫。

二、年度精准扶贫概要

2017 年，国元证券认真贯彻落实《中国证监会关于发挥资本市场作用服务国家脱贫攻坚战略的意见》精神，积极参与扶贫攻坚。一是帮助贫困地区企业融资。累计推荐 6 家贫困县企业完成新三板挂牌，为 4 家贫困县发债 45 亿元。帮助 19 个贫困县的 310 家企业在省股交中心挂牌。二是做好贫困地区结对帮扶。分别与淮南市寿县、安庆市太湖县、六安市裕安区签署了“一司一县”结对帮扶协议，与金张科技等 5 户企业签署了“一县一企”结对帮扶协议。期中向太湖县捐赠扶贫资金 400 万元，向寿县捐赠扶贫资金 300 万元，计划向裕安区捐赠扶贫资金 200 万元。三是持续加大扶贫资金投入。2017 年，公司继续保持往年的投入力度，全年公益支出为1,375.4万元（含员工自发捐款）。四是扎实开展教育扶贫。国元证券金融实践奖学金、国元证券奖助学金、雪莲花爱心基金已成为公司履行社会责任的闪亮品牌。2017 年，在阜阳师范学院等省内 13 所高校设立了“国元证券金融实践奖学金”，每校 20 万元；在中国科学技术大学等 10 所高校设立了“国元证券奖助学金”，每校 30 万元；向砀山县树人学校捐赠员工爱心捐款 27 万元、安全书包 17.4 万元；雪莲花爱心基金向新疆、贵州等地捐款数十万元。五是探索精准扶贫新模式。公司大力实施消费扶贫，近年来累计扶贫金额达 200 余万元。国元期货与上期所“保险 + 期货”精准扶贫试点，荣获上期所贡献奖。

三、精准扶贫成效

单位：万元　币种：人民币

指标	数量/开展情况
一、总体情况	——
其中：资金	1,375.4
帮助建档立卡贫困人口脱贫数	2,300
二、分项投入	——
1. 产业发展脱贫	——
其中：产业发展脱贫项目投入金额	700
帮助建档立卡贫困人口脱贫数	2,300
2. 转移就业脱贫	——
3. 易地搬迁脱贫	——
4. 教育脱贫	——
其中：资助贫困学生投入金额	655.4
资助贫困学生人数	2,185
5. 健康扶贫	——
6. 生态保护扶贫	——
7. 兜底保障	——
其中：贫困残疾人投入金额	20
帮助贫困残疾人数	100
8. 社会扶贫	——
9. 其他项目	——
三、所获奖项（内容、级别）	——

四、后续精准扶贫计划

国元证券将在此前已经开展的各项扶贫工作基础上，重点做好以下工作：一是精准把握政策、精准目标定位、精准制订措施、精准资金投向、精准推进各方面工作；二是加大对贫困县企业的首次公开发行股票、项目引入、发行绿色债券等方面的服务力度；三是充分发挥公司股权投资基金、区域股交中心等方面的资源优势，助推贫困县多层次资本市场发展；四是充分发挥证券公司的智力优势，不断提升挂职干部在精准扶贫工作中的智力支撑作用；五是进一步加强助学扶贫、大病救助、光伏扶贫和消费扶贫的力度，为贫困户切实增加收入来源。

海通证券 2017 年度精准扶贫报告

一、精准扶贫规划

2017 年,海通证券(以下称“公司”)的扶贫规划主基调不变,依然聚焦在以下四个方面:一是通过签订“一司一县”和“一县一企”结对帮扶工作框架协议,促进贫困县区域经济持续发展和稳定增长,帮助困难群众脱贫,力争通过三年时间帮助地方政府完成区域经济转型,实现脱贫致富目标;二是发挥公司金融服务专业优势和资源优势,利用资本市场多层次融资功能,通过金融扶贫促进地方经济稳步发展;三是在加快上海城乡一体化发展进程中,继续开展为期五年的新一轮农村综合帮扶工作,推进实施“美丽乡村,生态崇明”行动计划,并与上海郊区贫困村镇开展城乡党组织结对帮扶工作,通过各类帮扶手段,帮助地方发展经济;四是多方位开展公益慈善活动,在创造经济效益的同时不忘反哺社会,积极履行社会责任。

二、年度精准扶贫概要

(一)坚定贯彻精准扶贫攻坚战略,落实“一司一县”、“一县一企”结对帮扶行动

2016 年,公司分别与安徽省亳州市利辛县、江西省赣州市宁都县、安徽省六安市舒城县签订了“一司一县”结对帮扶框架协议。在此基础上,2017 年 12 月黑龙江分公司与黑龙江省哈尔滨市延寿县签订了“一司一县”扶贫服务备忘录。公司积极落实精准扶贫攻坚战略,与地方政府在资金扶贫、金融扶贫、智力扶贫、消费扶贫等方面加强了合作,建立了长效帮扶机制。

公司每年向利辛县、舒城县和宁都县政府各拨付 100 万元专项扶贫资金,定向支持贫困县的教育、医疗等民生保障工程。

利用公司综合金融平台的优势,公司在融资策划、债券发行、企业上市、并购重组等方面为辖区内企业提供全方位金融服务,帮助结对地区拓宽融资渠道,为地方经济寻找持续增长模式。2017 年 9 月和 11 月,公司分别与安徽省利辛县春蕾农业发展有限公司和江西家俊婴童用品有限公司签订了“一县一企”结对帮扶工作框架协议,帮助两家企业规范公司治理,优化财务内控制度,提升融资能力和企业形象,保障业务持续发展。2017 年 3 月,公司在两省三地举办了金融和资本市场专题的相关讲座;公司业务部门也赴当地调研,并推进了利辛春蕾农业发展公司债项目、利辛农商行 IPO 上市计划、舒城农商行二级资本债融资方案、宁都新三板企业永通股份(831705. OC)定增发行等业务;公司成功推荐两省三地的特色产品通过消费扶贫平台在线销售,实现产业扶贫;公司对贫困地区的干部交流工作也在持续推进,挂职干部的工作成绩得到当地政府和党委的肯定。

(二)发挥自身优势,把资本市场专业金融服务引入扶贫工作

公司发挥证券期货行业优势,积极探索资本市场的普惠金融功能与机制,在投资银行、债券融资、期货经营、资本投资和融资租赁等各业务领域开展精准扶贫,业务政策积极倾向对贫困地区的经济扶持,支持贫困地区拓宽融资渠道,降低融资成本,抵御市场风险,形成多渠道、多层次的扶持格局。

公司于 2017 年完成的贫困地区投行项目包括:宁夏嘉泽新能源股份有限公司首次公开发行项目,募集资金总额 24408 万元;贫困地区新三板企业贵州三阁园林债转股及现金融资项目,融资金额 3000 万元;湖南马上游科技股份有限公司新三板定增项目,募集资金 2,700 万元;江西永通科技股份有限公司新三板定增项目 3,870 万元。

公司旗下子公司海通期货先后与河南省睢县、陕西省延长县签订了“一司一县”精准帮扶备忘录,为海南琼中县、云南勐海县、河南睢县、黑龙江明水县提供了定制化场外期权风险管理服务,对农产品价格下跌风险进行保护,项目名义本金及套期保值金额已达 1,736 万元。同时海通期货出资 90 万元无偿援助陕西省延长县发展畜禽养殖业,产业扶贫到村到户,促进贫困户稳定增收,已帮助 44 户共 112 人实现脱贫目标。

子公司海通恒信积极在贫困县开展融资租赁业务,融资范围覆盖医疗、教育、工业、农业、建筑、印刷、林业、能源与环保等诸多行业,直接通过租赁、回租、保理、委托贷款等方式先后为 100 多个贫困县(区)的企事业单位提供了继续的设备和资金支持,累计投放金额近 30 亿,为贫困地区的经济尽快摆脱困境,走上绿色可持续的发展道路贡献了力量。

(三)助力崇明生态岛建设,做好“家门口”的帮扶工作

2017 年是公司与崇明区签订综合帮扶框架协议的收官之年。综合帮扶五年来,公司累计完成拨付帮扶资金 2,500 万元,持续聚焦重点“造血”项目,协助崇明建设现代化农业示范区、推进“美丽乡村”行动计划,助力崇明实现建设国际生态岛的规划目标。2017 年,公司继续与崇明区建设镇富安村、金山区廊下镇景展居委会、浦东新区宣桥镇光明村开展城乡党组织结对帮扶工作,定期慰问当地困难群众,举办各类文艺活动为地区提供智力支持,为当地投资者开展普惠金融教育,不断将城乡党组织结对工作推向深入。

(四)多方位开展慈善公益活动,积极履行企业社会责任

公司在创造经济效益的同时,通过捐资助学、扶贫慈善、爱心公益等各类社会公益活动,积极履行企业社会责任。公司团委持续开展青年公益志愿服务系列活动——“爱在海通”的公益品牌深入人心。2017 年 5 月,团委组织公司上海地区的团员青年开展 5.20 青年公益徒步和爱心义卖活动,定向帮扶宁都县车头完小,改善学生们的学习生活条件。四川分公司组织团员青年积极参加中国扶贫基金会“善行者”健跑活动,身体力行投身公益。新疆分公司多年与新疆证监局定点帮扶县麦盖提县建立帮扶关系,连续数年资助当地维吾尔族大学生,2017 年又捐助 20 万元用于当地基础建设。广东分公司积极参与广东广播电视台举办的大型公益宣传活动,通过运动赛事传播新农村建设成就。山西分公司开展了为环卫工人献爱心活动,在营业部设立爱心驿站,为环卫工人提供饮用水、微波炉和休息场所,并捐赠药品和劳保用品。甘肃武威建国街营业部连续 7 年开展捐资助学活动,哈尔滨一曼街营业部连续 3 年开展爱心助考服务。公益慈善活动已经成为公司员工的共识,融入了海通的公司文化。

三、精准扶贫成效

单位:万元　币种:人民币

指标	数量及开展情况
一、总体情况	
其中:1. 资金	935.98
2. 物资折款	/

3. 帮助建档立卡贫困人口脱贫数(人)	15
二、分项投入	
1. 产业发展脱贫	
其中:1.1 产业扶贫项目类型	√农林产业扶贫 □旅游扶贫 □电商扶贫 □资产收益扶贫 □科技扶贫 □其他
1.2 产业扶贫项目个数(个)	2
1.3 产业扶贫项目投入金额	90
2. 生态保护扶贫	
其中:2.1 项目名称	√开展生态保护与建设 □建立生态保护补偿方式 □设立生态公益岗位 □其他
2.2 投入金额	500
3. 社会扶贫	
其中:3.1 东西部扶贫协作投入金额	/
3.2 定点扶贫工作投入金额	300
3.3 扶贫公益基金	15.98
4. 其他项目	
其中:4.1. 项目个数(个)	2
4.2. 投入金额	30

四、后续精准扶贫计划

2018 年是国家扶贫工作的攻坚之年,也是全面建成小康社会的决胜冲刺阶段。公司将继续担负起精准扶贫的社会责任,充分发挥自身优势,以服务贫困区域转型发展和帮助贫困群众摆脱贫困为目标,继续在努力做好以下四方面工作:

一是继续深化“一司一县”结对帮扶行动。公司将继续扎实推进与对口国家级贫困县的金融扶贫项目,与当地县政府就金融扶贫、产业扶贫、消费扶贫、人才培养和帮扶资金使用等方面开展进一步合作。2018 年公司将与结对县地方政府携手开展人才和干部双向挂职交流,在扶贫攻坚战中培养、锻炼和考察干部。通过“一县一企”结对帮扶行动,聚焦当地有发展前景的龙头企业,帮助企业融资融智,为结对县实现区域转型发展提供全方位有力支持;二是继续深化金融扶贫和产业扶贫工作,发挥公司综合金融平台的优势,重点做好资本市场产业扶贫工作,为贫困地区培育壮大实体经济,积蓄脱贫后持续发展致富的后劲;三是扩大上海地区城乡党组织结对帮扶成果,围绕帮助发展经济、帮助困难群众、帮助培养人才、帮助改善村貌和帮助文化建设等五方面扩大结对帮扶成果;四是结合公司成立三十周年庆,提升公司对公益慈善事业的支持力度。公司将努力扩大“爱在海通”公益品牌的影响力和收益面,邀请上海保险交易所设计满足贫困地区需求的个性化爱心保险产品,开展“爱在海通 · 爱传递”乡村教师培训项目和“爱在海通 · 爱传递”再生电脑教室公益项目,带领广大员工一起持续社会慈善公益扶贫上下功夫,充分展现公司的企业社会责任和公司员工作为金融从业人员的社会责任。

恒泰长财证券 2017 年度精准扶贫概要

一、公益扶贫持之以恒

2017 年 4 月 28 日,恒泰长财证券(以下称“公司”)与河北省承德县签署结对帮扶协议。2017 年 11 月 13 日,公司在河北省承德县开展公益捐赠活动,向承德县第四中学捐款 20 万元,用于改造、升级承德县第四中学文化、体育、音乐器材。同时,为落实精准扶贫工作计划,深化对口帮扶承德县脱贫工作。公司还向承德县牤牛叫村定向捐赠 60 万元,参与牤牛叫村光伏项目,用于解决牤牛叫村部分贫困人员生产、生活困难。

二、产业扶贫添砖加瓦

2017 年 8 月 10 日,公司为国家级贫困县——江西省上饶市鄱阳县的鄱阳县国有资产投资经营有限责任公司承销发行 12 亿元企业债券,主要用于鄱阳县饶州北大道棚户区改造工程等项目。

2017 年 12 月 15 日,公司为国家级贫困县——四川省南充市嘉陵区的南充市嘉陵发展投资有限公司承销发行 5 亿元企业债,用于南充汽配产业园及综合配套建设项目,此项目系吉利投资 70 亿元的吉利南充新能源商用车研发生产基地的配套项目。项目建成后,将有助于嘉陵区的经济发展,促进当地新增数千个工作岗位。

恒泰证券 2017 年度精准扶贫概要

2017 年,为深入贯彻落实中国证监会和中国证券业协会关于证券公司精准扶贫工作的要求,恒泰证券(以下称“公司”)积极响应行业号召,于年初制定了精准扶贫工作计划,通过产业帮扶、公益帮扶、消费帮扶等多方面的举措,切实履行社会责任,开展了精准扶贫工作,以实际行动助力地方脱贫事业。

产业扶贫方面,公司帮助 4 家贫困县企业完成新三板推荐挂牌项目,恒泰长财帮助 2 家贫困县企业完成公司债发行项目。

公益扶贫方面,公司分别与内蒙古自治区锡林郭勒盟太仆寺旗、乌兰察布市卓资县、乌兰察布市察哈尔右翼中旗、乌兰察布市四子王旗、阿尔山市、赤峰市翁牛特旗及四川省南充市嘉陵区共 7 个国家级贫困县签署了“一司一县”结对帮扶协议,共出资人民币 800 万元用于帮扶上述贫困县的教育、医疗、贫困户危房改造、贫困户饮用水项目、村集体养殖产业、旅游扶贫产业、易地搬迁后续扶贫产业等公益扶贫项目。恒泰长财在河北省承德县署了“一司一县”结对帮扶协议,共出资人民币 80 万元用于帮扶该贫困县的教育及村集体光伏产业公益扶贫项目。另外,公司还出资人民币 150 万元,在山西省隰县捐建了光伏扶贫村级电站建设项目。

消费扶贫方面,公司出资人民币 30 万元购买内蒙古自治区乌兰察布市察右中旗相关企业的产品,以支持其经营发展。

2017 年,公司还积极开展了其他公益活动。公司积极响应中国证券业协会的倡议,组织员工参加公益徒步活动;公司捐献树苗 24,345 棵,支持植树造林、改善生态的公益行动,并在 226 个参与的单位团体中获得“卓越团队”第五名的好成绩。公司还发动并组织员工开展看望慰问孤寡老人、贫困母亲、留守儿童等公益活动。

2017 年,恒泰期货为内蒙古自治区宁城县、乌兰察布察右前旗和甘肃省宕昌县的 3 所学校捐建了爱心图书室,捐赠图书共计人民币 20 万元。

2017 年,吉林省吉林市永吉县口前镇发生重大洪涝灾害,公司长春分公司通过吉林市慈善总会向灾区捐款人民币 2 万元。

2017 年,四川省阿坝州九寨沟县地震,新华基金子公司北京新华富时积极组织员工向地震灾区献爱心，并通过中华慈善总工会捐赠人民币 4.4 万元。

红塔证券 2017 年度精准扶贫概要

红塔证券积极参与社会公益事业，积极开展精准扶贫工作。2017 年，红塔证券投入扶贫资金 215.96 万元，对结对帮扶的漾濞县龙潭乡清河村实施了以下扶贫项目和措施：

捐建清河村卫生室、村民活动室；捐建清河村公共卫生厕所 3 座，有效改善清河村卫生条件；捐建清河村清水河小组水泥道路一条；捐资成立“清河村扶贫互助社”。互助合作社资金重点用于扶持种植、养殖、加工、营销等产业经济，增强清河村的“造血”功能；捐建清河村安装太阳能路灯 130 盏，有效解决村民夜间出行安全问题，改善了清河村村容村貌。

红塔证券根据 2016 年实施的帮扶措施取得的成效，为防止贫困户返贫，对贫困户产业发展进行巩固。公司按照“一户一法”帮扶措施，对结对帮扶的 16 户实施相应帮扶措施，给予贫困户家庭养殖产业补助、医疗补助、助学补助、购买人身财产保险、解决贫困户相应困难等。

10 月份，国家第四个“扶贫日”来临之际，红塔证券党委和工会号召全体员工向公司结对帮扶的贫困村开展捐助活动。此次捐赠共募集现金 12.6 万元，物资近 700 件，书籍 180 多册。募集到的现金和物资主要用于帮助公司结对帮扶的贫困户，书籍捐赠给贫困村清河村小学。

截至 2017 年末，红塔证券结对帮扶的贫困村和贫困户已基本达到云南省的脱贫出列标准，相关部门正在组织人员对公司结对帮扶的贫困村和贫困户进行“脱贫摘帽”的验收。

宏信证券 2017 年度精准扶贫概要

宏信证券认真贯彻落实党的十九大会议精神，积极响应国家及证监会金融扶贫的号召，切实担当和践行脱贫攻坚职责，扎实推进精准扶贫工作，与凉山州布托县和盐源县签订精准扶贫帮扶协议并被纳入中国证券业协会“一司一县”结队帮扶名单；向帮扶的贫困县盐源县盖租乡回项村、布拖县拉达乡博石村全脱产下派优秀员工担任村党支部“第一书记”，积极协助政府推进“村七有”、“户四有”脱贫项目，组织协调，耐心沟通，回项村实现动员高山扶贫移民搬迁全村合计 164 户，集中安置 83 户，分散安置 81 户；紧扣“两不愁、三保障”扶贫工作相关政策，向博石村和回项村贫困户开展春节慰问、暖冬行动、实地调研等走访慰问活动；着力配合政府主导与社会动员的有机结合，以注重增强整体合力的工作推进方式，力促公司资源与基层扶贫工作有机结合，积极促进高山民族村落夯实基础设施建设、有序协调异地扶贫搬迁推动、务实推进区域特色产业发展。

2017 年，宏信证券积极响应中国证券业协会倡议，参与山西省隰县光伏扶贫村级电站建设项目，捐款 37.5 万元；积极参与四川省证券行业捐助四川省岳池县危房改造项目，捐款 15 万元；向对口帮扶的贫困县捐款、捐物近 20 万元。全年宏信证券合计向贫困地区捐款、捐物 70 余万元。同时，宏信证券帮助国家级贫困县内蒙古林西县企业内蒙古佰惠生新农业科技股份有限公司规范公司治理，改善融资状况，完成该公司新三板推荐挂牌及两次股票发行项目，现已合计融资 1.6608 亿元。

华安证券 2017 年度精准扶贫报告

一、精准扶贫规划

华安证券（以下称“公司”）响应党中央、国务院、省委省政府以及行业监管部门的号召，积极履行国企责任，服务国家脱贫攻坚战略，发挥证券市场对精准扶贫工作的推动作用。

发挥资本市场重要参与者的优势，帮助联系帮扶贫困地区制定资本市场发展规划，投入专门资源支持联系帮扶贫困地区更好地利用资本市场，拓宽当地企业直接融资渠道，不断增强自我发展能力，实现“造血式”扶贫。

做好安徽华安证券公益基金会管理工作，发挥其作为公司对外扶贫捐赠工作的平台作用。将产业扶贫和传统扶贫相结合，统筹安排公司扶贫帮扶资金的投向，设立小额贷款风险补偿基金，帮助贫困农户获得农业生产资金，促进当地优势产业的发展，发挥产业扶贫的综合带动作用，实现“开发式”扶贫。

继续加强教育扶贫，通过选派专业人员挂职、爱心助学、技能培训、定向培养等方式，帮助联系帮扶地区培养各类人才，提高自我持续发展能力，实现“输智式”扶贫。

二、年度精准扶贫概要

公司扶贫工作领导小组按照年初制定的扶贫规划，扎实推进各项扶贫举措落地实施，充分利用公司专业优势，推动精准扶贫事业再创新篇章。2017 年 5 月，公司捐赠 500 万元设立安徽华安证券公益基金会，成为安徽省首批正式认定的省级慈善组织，统筹公司扶贫捐赠工作，并将分支机构扶贫捐赠也纳入基金会集中管理。

（一）加强组织领导，深入走访调研。公司党委始终坚持把扶贫帮扶工作纳入公司党委年度工作计划，定期召开会议研究，帮助解决扶贫联系点实际困难，并对下一步扶贫工作进行具体部署。公司主要负责人多次深入定点帮扶联系点亳州市谯城区卢张庄村、结对帮扶联系县宿松县走访调研，为当地实现脱贫致富想方法，找路子。公司领导多次参加慰问困难农户和老党员活动，先后为 37 户贫困农户和老党员送去 4.2 万元慰问金和慰问品。

（二）选派驻村干部，增强扶贫工作力量。根据安徽省委的统一部署，公司向卢张庄村选派了 3 名优秀同志组成驻村扶贫工作队。扶贫工作队自驻村以来，与村工作人员同吃同住，加班加点，以饱满的工作热情投入到扶贫帮扶工作。凭借着扎实勤奋的工作，公司一名扶贫工作队成员得到了《人民日报》的报道和赞扬，肯定了公司扶贫工作取得的成效。经验收，卢张庄村已按计划完成脱贫任务，将如期出列。

（三）聚焦扶贫帮扶计划，全面落实帮扶举措。公司扶贫工作队深入了解卢张庄村致贫原因和发展需求，制定扶贫帮扶工作计划，并认真组织落实。大力宣传精准扶贫的方针政策和决策部署，认真摸底调研，做好贫困户精准识别，完善档案资料，实行动态管理；积极落实“单位包村、干部包户”工作，推动各类扶贫项目资金落地；帮助贫困户解决就业、就学、就医、危房等困难，提升卢张庄村基础设施和基本公共服务水平；帮助贫困村和贫困户发展经济、培育特色产业，建立了莲藕种植基地、苗木和中药材种植基地，推进国家高标准农田治理项目，建设光伏发电设施。公司投入 2.63 万元为 48 户贫困户赠送化肥，同时为他们购买农业保险，帮助贫困户发展农业生产，保障增产增收。公司利用党费和驻村干部工作经费1.38万元，帮助建设村总支党员活动室。公司投入3.96万元向卢天庙小学165名学生发放校服，并送去“六一”节慰问品，解决学校师生统一着装问题，提高村小学的整体形象。

公司在做好传统扶贫帮扶工作的同时，又发挥公司专业优势，积极探索产业扶贫的路子，推动当地企业挂牌上市，由“临时输血”向“持续造血”转变，促进当地经济发展。2017年，公司帮助4家谯城区企业在地方股权交易市场挂牌，2家宿松县企业进行新三板挂牌上市前改制重组工作；做好安诚股权投资基金的投资运作工作，通过管理地方政府发起的4亿产业基金，主要投资谯城区当地企业，持续助力当地优势产业的发展。

（四）发挥公益基金会作用，助力脱贫攻坚事业。安徽华安证券公益基金会成立后，公司又向公益基金会捐赠200万元，增强公益基金会扶贫帮扶的实力。2017年8月，公益基金会通过四川省慈善总会向九寨沟地震灾区捐款20万元，支持灾区抗震救灾。公益基金会出资300万元与上海交易所、宿松县政府联合设立上证华安扶贫小额贷款风险补偿基金，为宿松县贫困农户获取农业生产贷款提供支持，缓解贫困户缺少合法有效的抵押物、贷款难问题，增强贫困户增收致富的能力。

三、精准扶贫成效

单位：万元 币种：人民币

指标	数量及开展情况
一、总体情况	711.17
其中：1.资金	711.17
二、分项投入	
1.产业发展脱贫	2.63
其中：1.1产业扶贫项目类型	√农林产业扶贫 □旅游扶贫 □电商扶贫 □资产收益扶贫 □科技扶贫 □其他
1.2产业扶贫项目个数（个）	1
1.3产业扶贫项目投入金额	2.63
4.教育脱贫	3.96
其中：4.1资助贫困学生投入金额	3.96
4.2资助贫困学生人数（人）	165
7.兜底保障	4.2
其中：7.1帮助“三留守”人员投入金额	4.2
7.2帮助“三留守”人员数（人）	37
8.社会扶贫	700
8.3扶贫公益基金	700
9.其他项目	0.38
其中：9.1.项目个数（个）	1
9.2.投入金额	0.38
9.4.其他项目说明	帮助建设卢张庄村总支部党员活动室

以上“资金”含公司公益捐赠支出702万元，其余为公司工会及员工筹集资金。

四、后续精准扶贫计划

2018年，公司将在上一年扶贫工作成果的基础上，充分发挥公司扶贫工作队作用，进一步把对联系帮扶贫困地区的扶贫工作做实做细，强化扶贫工作成效。加大对安徽省亳州市谯城区、宿松县等联系帮扶贫困地区专业队伍的投入，加快推进当地企业进入多层次资本市场的步伐，增强当地企业的资本实力和发展能力，促进当地优势产业的发展。进一步发挥安徽华安证券公益基金会平台作用，积极开展对联系帮扶贫困地区扶贫捐赠活动，继续通过支持基础设施建设、精准帮扶贫困农户、开展爱心助学等传统帮扶形式帮助贫困县（区）贫困户脱贫脱困。

华创证券2017年度精准扶贫概要

华创证券（以下称“公司”）秉持“为股东、为客户、为员工和为社会创造价值”的理念，坚持依法合规经营，把客户利益放在首位，努力提升服务品质，保护投资者和债权人合法权益，积极履行纳税义务，充分发挥业务优势，把服务实体经济与扶贫帮扶工作有机结合起来，大力开展金融精准扶贫，助力地方经济发展。

积极开展精准扶贫

为贯彻落实中国证监会《关于发挥资本市场作用服务国家脱贫攻坚战略的意见》和贵州省委省政府“大扶贫”战略的有关要求，公司充分发挥自身资源及综合服务优势，以贵州省贫困区县为主要对象，主动履行社会责任，积极开展精准扶贫。公司成立了以董事长为组长，各业务条线分管领导为成员的扶贫工作领导小组，通过结对帮扶贫困县，积极开展资产管理、投资银行等综合金融服务，实施精准扶贫。

一是结对帮扶贫困县，领导干部带头推进扶贫工作。2017年，公司进一步落实精准扶贫攻坚战略，积极开展“一司一县”结对帮扶行动，在与黔南州独山县、安顺市西秀区建立结对帮扶关系的基础之上，新增黔南州贵定县、铜仁市思南县为结对帮扶县。公司党委书记、董事长亲自带队组织对贫困乡镇的调研工作，与乡镇干部、贫困户座谈，探寻发展方向，拓宽发展思路，为地方经济寻找持续增长模式。

二是依托多层次资本市场，大力开展金融扶贫、产业扶贫。公司积极探索资本市场的普惠金融功能与机制，充分发挥资产管理、投资银行等综合金融服务优势，以金融扶贫、产业扶贫为重点，业务政策积极倾向贵州贫困地区，支持贫困地区拓宽融资渠道，提高融资效率，降低融资成本，形成多渠道、多层次的帮扶体系。报告期内，公司共为17个贫困区县融资42.28亿元。其中，推荐在区域股权交易市融资27笔，规模27.15亿元；通过资管计划帮助贫困区县募资5.75亿元；发行的企业债1只，规模8亿；新三板定增1只，规模1.38亿元。

三是全力开展公益扶贫，积极履行企业社会责任。2017年，公司投入上百万元帮助安顺市西秀区蔡官镇药寨村修建饮用水池，改善当地居民生活、生产用水条件。全年，公司员工向结对帮扶贫困县贵州省黔南州独山县上司镇峰洞小学、六盘水盘州两河小学、大方县龙洞小学捐款近30万元。公司还长期帮扶独山县峰洞小学3名贫困户家庭学生，帮扶阶段覆盖小学至高中，预计助学金达15万元。

四是结合当地资源禀赋，积极开展消费扶贫。公司借助中证互联消费扶贫业务平台，帮助贫困县特色农产品拓宽销售渠道，带动农民增收和产业发展。2017年，公司陆续推选结对帮扶县的优质农副产品在“中证普惠”平台销售，累计40余万元。

五是充分发挥人力资源优势，开展精准人才帮扶。根据贫困地区需求，公司选派两名政治合格、敢于担当、业务水平和组织协调能力强的优秀金融干部到贫困县挂职，助力脱贫攻坚。

华金证券 2017 年度精准扶贫概要

2017 年，华金证券（以下称“公司”）分别与 4 个国家级贫困县签署《帮扶合作框架协议》，在“一司一县”的基础上，已于五个县相关企业签署了帮扶合作框架协议，相关扶贫工作有序开展。

2017 年 4 月 10 至 16 日，由公司主办的“华金证券‘智荟帮扶’金融证券研修班”在上海国家会计学院举行开班仪式，公司对口帮扶的国家级贫困县——内蒙古武川县、贵州黔西县、广西巴马县、云南勐腊县、西藏米林县政府及企业的近五十名学员参加培训，系统学习证券金融知识与资本运作模式，交流分享脱贫攻坚实践经验。该项目荣获由陆家嘴金融城理事会指导，上海自贸区陆家嘴管理局、陆家嘴金融城发展局、第一财经和上海交通大学上海高级金融学院共同主办的“温暖金融城”最佳公益社群实践奖。

2017 年，公司动员全体员工为结对帮扶县贫困学子爱心募捐，共 247 名员工及员工家属参与该慈善项目，总共募集金额 56.1 万元，将帮扶七个贫困县 561 名莘莘学子。

2017 年 12 月，公司扶贫办荣获浦东新区总工会年度文明班组荣誉称号。

华龙证券 2017 年度精准扶贫概要

华龙证券在切实保障和维护客户权益的基础上，高度关注客户、员工、社会等各方面的利益，积极履行国有企业社会责任，力推精神文明建设，服务社会，奉献社会。

作为注册地和管理总部均设在西部地区的证券经营机构，华龙证券一直致力于助推甘肃乃至西部地区经济发展，建立长效机制，将扶困助贫、兴办教育等扶贫工作日常化、长期化。公司坚决贯彻习近平总书记扶贫开发决策部署，在努力做强主业，加快自身发展，大力服务地方经济发展的同时，积极履行国企责任，以捐资助学、产业扶持、金融帮扶、公益捐赠等多种形式扎实推进精准扶贫帮扶工作。自 2010 年起，先后结对帮扶甘肃省甘南藏族自治州舟曲县果耶乡和天水市武山县 2 个国家级贫困县，取得了良好的效果，被评为“甘肃省十大慈善单位”。

金融扶贫方面，充分发挥甘肃资本市场建设排头兵作用，充分利用自身资源和专业优势，秉承“一个企业带动一个产业、一个产业带动一片经济”的帮扶理念，通过保荐企业 IPO、推荐挂牌新三板、设立产业创投基金、债券融资、建设区域股权交易市场、设立分级机构等多种形式，广泛开展多层次金融帮扶。

公司先后在陇西、秦安、静宁、永登等国家级贫困县设立 14 家分支机构，金融扶贫业务覆盖甘肃 58 个贫困县域。2017 年，公司积极响应“一司一县”号召，新增结对帮扶武山县。为做好服务当地经济工作，助力精准扶贫行动，8 月，公司正式落户武山，设立武山证券营业部，同时，挂牌华龙证券武山县金融扶贫工作站，负责履行公司助力武山打赢脱贫攻坚战的各项帮扶措施。

智力扶贫方面，发起成立了“垄上人家”爱心基金，截止 2018 年 2 月，“垄上人家”爱心基金已累计帮扶 1 至 6 年级学生 1483 人次。强化基础设施建设，丰富校园文化生活，增强了孩子们的自信心和凝聚力，提振了师生精神面貌，有力的改进了教学环境，智力扶贫让藏乡新风扑面。

产业扶贫方面，公司重点对口帮扶乡舟曲县果耶乡位于高山阴湿地带，海拔 2250 米左右，山大沟深，道路崎岖，自然资源匮乏，基础设施十分薄弱。公司寻找、挖掘、发展当地特色“造血细胞”，提高农户自身“造血”能力，打造健康绿色品牌“藏乡荞面”，开辟产业帮扶之路。

华泰证券 2017 年度精准扶贫报告

一、精准扶贫规划

（一）基本方略：精准扶贫、精准脱贫。

（二）总体目标：充分发挥华泰证券人才、智力、资源和资本等方面的优势，助力贫困县早日实现脱贫攻坚，为 2020 年全面建成小康社会、打赢脱贫攻坚战作出应有贡献。

（三）主要任务：结合当地资源禀赋，积极帮助扶贫对象和贫困地区发展特色优势产业，提升扶贫对象和贫困地区借助资本市场实现自我发展的能力，持续增强经济发展的内在动力。

（四）保障措施：

1. 组建金融扶贫工作站

在贫困地区设立金融扶贫工作站，建立结对帮扶长效机制，实现公司与扶贫对象的深入对接。

2. 设立营业网点

在条件成熟的情况下，在贫困地区设立营业网点，普及证券法规和金融知识、传播理性投资理念，促进当地资本市场健康发展。

3. 提供多层次资本市场帮扶服务

1）精准对接贫困县企业的上市辅导培育和孵化需求，积极推荐符合条件的优质企业进行上市融资，帮助县域企业规范

治理，为企业进军资本市场提供意见和建议。

2）积极参与贫困县供给侧结构性改革，为不同规模、不同类型、不同成长阶段的企业提供差异化的金融服务。

3）开展金融知识培训。

4. 提供产业扶贫服务

1）为贫困县产业基金的设立提供支持服务，积极参与引导基金的管理运作，为贫困县中小企业提供投融资及管理咨询服务，拓宽融资渠道，促进贫困县经济发展和产业升级。

2）根据贫困县产业发展情况，积极协助贫困县开展招商引资推介。

5. 提供消费扶贫服务

积极借助中证互联消费扶贫业务平台，帮助贫困县特色农产品拓宽销售渠道，带动农民增收和产业发展。

6. 提供教育扶贫服务

组织优秀内部讲师与贫困县高职院校进行交流，帮助贫困县培养金融专业人才，为贫困县的长远发展提供有力的人力资源支撑。

7. 提供就业扶贫服务

同等条件下，优先录用来自结对帮扶贫困县建档立卡贫困户家庭的应届毕业生，帮助解决贫困家庭就业问题。

8. 提供公益扶贫服务

1）有针对性地开展扶贫助困活动，组织爱心人士对贫困村、建档立卡贫困户进行捐款、捐物。

2）开展关爱儿童之家建设等多类型公益活动，促进贫困县公益事业发展。

9. 积极推介当地特色资源

结合公司自身和贫困地区实际，积极推介当地生态、旅游及教育等方面的特色资源，如与革命老区结成定点红色教育基地等。

10. 选派人员挂职

根据贫困地区需求，选派政治合格、敢于担当、业务水平和组织协调能力强的人员到贫困县挂职，开展精准人才帮扶。

二、年度精准扶贫概要

2017 年，华泰证券（以下称"公司"）的扶贫工作主要集中在"一司一县"结对帮扶国家级贫困县、定点帮扶苏北贫困县以及社会公益捐助等三个方面，扶贫力度逐年加强，扶贫效果日益显著。"一司一县"结对帮扶工作取得新进展。消费扶贫方面，挖掘金寨县无抗健康猪肉、灵芝袍子粉等特色农副产品进行线上销售；公益扶贫方面，金寨县"关爱儿童之家"项目已完成选址（双河镇初中），此外公司综合事务部党支部赴金寨花石乡开展"奉献爱心点亮希望"公益活动，为当地学校和孩子们送去了电脑、图书、文体用品等捐赠物资；金融扶贫和产业扶贫方面，公司及华泰联合证券多次组织人员到金寨开展实地调研，深入企业进行走访，详细了解当地企业资本市场服务需求，现场为当地企业答疑解惑、研究对策。在前期大量工作基础上，初步确立了"一县一企"结对帮扶意向。11 月底，公司董事长带队到金寨县召开扶贫工作座谈会，双方就下一步工作方向和金寨长远发展作了深入交流，为来年工作打下扎实基础。春节前，公司领导赴金寨走访慰问了当地 21 户贫困家庭。帮助金寨，同时也学习金寨，帮扶过程中公司积极推介金寨的红色教育资源，2017 年 4 月已圆满完成第一期金寨党员教育培训班，并计划在结对帮扶内，分批组织公司 2,000 多名党员到金寨进行轮训。

定点帮扶苏北贫困县工作扎实推进。公司在 2016 年人民币 45 万扶贫款的基础上，将丰县 2017 年度帮扶款项调整为人民币 100 万，并第一时间拨付到位。年初，公司领导到丰县进行实地调研，并走访慰问了当地贫困家庭。目前公司帮助丰县梁寨镇红楼村建设的"600 吨果蔬保鲜储存库"项目已竣工并顺利出租，每年为村集体增加收入人民币 15 万元，解决了部分低收入农户家庭的就业问题。公司千方百计促进农户增收，中秋节期间，组织购买当地苹果，共计人民币36,116元。此外，本年度公司还重点实施了当地道路拓宽、绿化、下水道暗化、公厕建设、回填土等多个民生项目，村容村貌得到很大改善，当地群众的幸福感、获得感进一步增强。

积极参与社会公益事业，展现国企担当。2017 年度集团公益性支出总计人民币 1,713.98 万元，涉及定点扶贫、捐赠慈善基金、帮助贫困学子、公益赞助等多个方面，如向江苏省慈善总会捐赠人民币 500 万元，向江苏省法律援助基金会捐赠人民币 110 万元，继续投入人民币 50 万元用于"为了明天关爱儿童"项目的组织实施，并在宿迁市洋河新区仓集中心小学、岳西县河图中心学校设立"益心华泰"成长奖学金等。除此之外，集团公司积极响应中国证券业协会和江苏省委组织部号召，将留存党费用于脱贫攻坚，认捐人民币 225 万元用于山西隰县光伏扶贫电站项目，捐助人民币 280 万元援建连云港市 5 个经济薄弱村党群服务中心项目。在集团公司的带领下，各分支机构、营业部及子公司也积极通过当地政府或协会组织进行精准扶贫，扶贫公益事业多点开花。江西分公司与鄱阳县开展"华泰 · 鄱阳手牵手"系列活动，策应"圆梦鄱阳 · 社会扶贫"光彩行动，捐赠人民币 15 万元用于扶持建设百亩蔬菜基地，牵线搭桥引进社会资金用于鄱阳扶贫事业。华泰期货与四川省剑阁县签订《精准扶贫战略合作协议》，为剑阁县姚家乡柳场村提供人民币 100 万专项扶贫资金，与陕西省延长县签署了《精准帮扶备忘录》，为延长县付家塬村提供人民币 50 万产业帮扶资金，同时充分发挥专业优势，扩大"保险 + 期货"试点项目，先后在内蒙自治区古通辽市科左后旗开展玉米"保险 + 期货"、在海南省琼中县开展天然橡胶"保险 + 期货"试点项目、在河北省威县开展棉花"保险 + 期货"试点项目，为当地农户带去收益保障。

三、精准扶贫成效

单位：万元　币种：人民币

指标	数量及开展情况
一、总体情况	
其中：1. 资金	1,713.98
2. 物资折款	/
3. 帮助建档立卡贫困人口脱贫数（人）	334
二、分项投入	
1. 产业发展脱贫	
其中：1.1 产业扶贫项目类型	√农林产业扶贫 □旅游扶贫 □电商扶贫 □资产收益扶贫 □科技扶贫 ⊙其他
1.2 产业扶贫项目个数（个）	7
1.3 产业扶贫项目投入金额	423.77
1.4 帮助建档立卡贫困人口脱贫数（人）	334
2. 教育脱贫	
其中：2.1 资助贫困学生投入金额	11.36
2.2 资助贫困学生人数（人）	135
2.3 改善贫困地区教育资源投入金额	50
3. 社会扶贫	
其中：3.1 东西部扶贫协作投入金额	/
3.2 定点扶贫工作投入金额	177.40
3.3 扶贫公益基金	751.45
4. 其他项目	
其中：4.1. 项目个数（个）	2
4.2. 投入金额	300
4.3 其他项目说明	公益赞助

四、后续精准扶贫计划

公司将认真贯彻中央和省委省政府的扶贫开发决策部署，落实中国证监会和行业协会关于扶贫工作的各项要求，在注重自身转型升级、创新发展的同时，积极承担社会责任，全心服务国家脱贫攻坚战略。

一方面全面深化"一司一县"结对帮扶工作。一是深化产业扶贫。从实际出发，既立足当地优势资源，又重视当地产业发展短板，有针对性地帮助金寨县进行招商引资。积极推进"一县一企"结对帮扶工作，帮助当地企业规范治理、解决融资难题等，切实增强金寨县自身造血功能。二是深化公益扶贫。在"关爱儿童之家"金寨项目落地的基础上，积极开展关爱活动。三是深化"党建 + "扶贫。积极推介金寨红色资源，2018 年计划开展 4 期党员教育培训班。同时将党建活动与扶贫工作相结合，组织党员到金寨开展扶贫公益活动，探索双方合作共建模式。四是指导分支机构、子公司做好"一司一县"结对帮扶工作，支持江西分公司与江西省鄱阳县开展扶贫工作，支持华泰期货与四川省剑阁县、陕西省延长县开展结对帮扶工作，继续开展"保险 + 期货"项目，扩大受益群体。

另一方面继续做好与苏北贫困县的对口帮扶工作。2017年度公司派驻扶贫队员直接帮扶的丰县梁寨镇红楼村集体经济收入达到人民币18万元以上，顺利实现脱贫。下一步公司将根据江苏省委扶贫工作的总体部署，开展新一期结对帮扶工作。一是做到资金保障到位，履行好后方单位职责，积极配合省委扶贫工作队，第一时间将扶贫资金拨付到位。二是做到人员配备到位，选优配强扶贫工作队员，入村驻点，深入基层，将公司人才智力优势与扶贫工作精准对接。三是做到项目选择精准，总结扶贫经验，继续坚持好的做法，在深入调研、多方论证的基础上，结合当地优势资源，充分尊重当地群众意见，选择好扶贫项目，找准扶贫工作切入点。

江海证券2017年度精准扶贫概要

2017年，江海证券（以下称“公司”）扶贫结对对象为黑龙江省桦川县、黑龙江省富裕县、黑龙江省同江市，在公司20层会议室分别与三个国家级贫困县代表举行了签约仪式。公司通过医疗扶贫、教育扶贫等活动，建立长效帮扶机制，深入开展精准扶贫，促进地区经济社会发展，全面助力黑龙江省的脱贫攻坚事业。

医疗扶贫方面，公司与黑龙江省富裕县合作成立“健康帮扶慢病补贴基金”，公司出资50万元整，解决该县四分之一的县级慢病补贴资金，惠及贫困人口750人左右。在解决因病致贫户疾病的同时，达到帮扶、脱贫的目的；同月，与黑龙江省桦川县签署帮扶协议，捐赠其县医院医疗体检车一辆，江铃福特品牌，连同车载设备共计51.35万元。解决该县贫困村屯百姓体检、医疗距离远的问题。

教育扶贫方面，公司为进一步帮助农村贫困家庭缓解子女就学方面的特殊困难，由公司发起，与同江市扶贫办、同江市教育局联合成立“市教育扶贫救助基金”，公司出资49.94万元，覆盖全市大中小学校及初教儿童建档立卡贫困生共363人。主要用于帮助农村贫困家庭解决享受现有教育保障制度和助学帮扶政策基础上，仍然存在的与子女就学有直接相关的特殊困难，例如购买校服、文具用品、校内伙食等实际费用困难，切实避免因因经济原因导致贫困户家庭子女辍学，并获得应有的尊严。

除对“龙江”精准扶贫外，2017年下半年公司为认真贯彻落实《中共中央国务院关于打赢脱贫攻坚战的决定》和《中国证监会关于发挥资本市场作用服务国家脱贫攻坚战略的意见》，积极响应中国证券业协会开展“一司一县”结对帮扶、产业帮扶的倡议，对下李乡张村进行捐赠，公司捐资75万元建设张村100kw光伏扶贫电站。

除上述金融帮扶、医疗帮扶、教育帮扶和产业帮扶外，公司在公益扶贫方面也做到“精准扶贫”。公司与新疆大学、新疆财经大学、新疆农业大学等高校就业中心合作，发布招聘信息，定向招聘2017届新疆籍少数民族应届毕业生，提供北上广深等23座发达城市工作地点供其选择，薪酬及福利待遇优厚，充分解决应聘者后顾之忧。截止到2017底，公司已有1名硕士和4名本科新疆籍学生入职。

金元证券2017年度精准扶贫概要

2017年，金元证券（以下称“公司”）积极响应国家“精准扶贫”号召，在行业扶贫政策的指导下，确定总体扶贫工作思路，统筹内外部资源，推进公司扶贫工作落地。

一、建立扶贫工作机制

公司成立了以党委书记为组长、公司经营管理层为组成人员的扶贫工作领导小组，负责公司扶贫工作的推进，扶贫工作领导小组下设扶贫工作办公室，负责公司各项扶贫工作的对接落实，推动公司的扶贫工作落地。此外，公司还成立了以80后、90后为主要力量的志愿者服务队，广泛参与扶贫公益活动。

二、有效开展定点精准扶贫，与三个贫困县建立“一司一县”结对帮扶，与两家企业建立“一县一企”帮扶关系，帮助两户贫困户实现脱贫

2017年，公司先后与海南省琼中黎族苗族自治县、白沙黎族自治县、黑龙江省兰西县签订结对帮扶协议，建立起“一司一县”结对帮扶关系，从金融扶贫、消费扶贫、产业扶贫、教育扶贫等方面落实精准扶贫，建立定期双边交流互访机制和日常工作联系机制。

2017年，公司与结对帮扶县的海南“琼中农信”、黑龙江“艾禾生态”等两家企业签约，建立“一县一企”结对帮扶关系，辅导帮助企业借助资本市场力量做大做强。

2016年底，公司曾捐款80万元用于海南省白沙县荣邦乡俄朗村危房改造项目，帮扶贫困户91户，涉及贫困人员400余人。在此基础上，公司与该村的两户贫困户建立了精准帮扶关系，从扶智、扶志、产业扶贫、日常问题解决等角度，落实扶贫工作，两户贫困户在2017年底顺利实现脱贫。

三、助推金融扶贫，为贫困县企业融资提供专业支持

为更好地推进海南的金融扶贫，公司于4月份在白沙县举办“白沙金融论坛”，与白沙县企业就新三板挂牌问题进行了沟通探讨，力争发挥公司的专业优势，为贫困县企业融资提供专业支持。

四、力推消费扶贫，切实为帮扶县农产品打开消费渠道

公司积极跟进结对帮扶县消费扶贫工作，以切实行动为白沙县农产品打开消费渠道。公司帮助遴选部分白沙特产上架中国证券业协会的消费扶贫平台“中证普惠”，同时积极开展消费认购，并为白沙县土特产网络平台进行宣传，推介白沙县扶贫企业参加北京国际服务贸易交易会。

五、促进产业扶贫，协助贫困户实现脱贫目标

2017年7月，根据白沙县扶贫工作“每户有一个种养项目”的安排，公司专项帮扶资金3万元，用于白沙县荣邦乡俄朗村贫困户产业扶持项目。该笔捐助款专门用于种苗购置和畜栏建设，为贫困户解决生产资料、提高就业技能，以协助贫困户拥有长期稳定的收入，实现脱贫目标。

六、推动“扶智”、“扶志”工作，帮助贫困户实现自我脱贫

在当地政府部门的协助下，公司组织贫困户积极进行技能培训，参加农户实用技术培训班，观看脱贫电视夜校，提高专业技能。与政府部门相关人员一同走进贫困户，进行思想帮扶，宣讲扶贫政策。

联储证券2017年度精准扶贫概要

2017年，联储证券（以下称“公司”）在追求自身经济利益、保护股东权益的同时，高度重视、积极履行社会责任，坚决依法纳税，全年上缴税收3562.70万元（包括营业税金及附加、土地使用税、房产税、印花税、个人所得税等）。公司始终秉承“为社会创造价值”的企业使命，关注贫困地区发展，关爱弱势儿童身心健康，关心中国教育事业等，努力实现公司与员工、公司与社会、公司与环境的健康和谐发展。

一、深化精准扶贫行动

为进一步响应中国证券业协会的号召，公司千方百计、深入推进“一司一县”、“一县一企”结对帮扶行动。继2016年公司与国家级贫困县安徽省阜南县签署了扶贫合作协议后，2017年又先后与河南宜阳县和河南省鲁山县两个国家级贫困县签订了“一司一县”精准扶贫结对帮扶合作协议，并与安徽阜南县的勤茂医疗器械有限公司签署了“一县一企”战略合作协议。通过产业扶贫、融资扶贫、教育扶贫、公益扶贫等多种方式全面发力，帮助贫困县实现脱贫致富。

二、关爱弱势儿童心灵成长

扶贫先扶智。2017年5月公司与上海宋庆龄基金会合作成立“联储证券公益基金”，同时发起成立“心联心”公益计划，关注贫困地区的农村留守儿童、双失儿童及其他弱势儿童的心灵成长，通过嫁接优质资源，线上线下点面结合，实现心灵成长教育常态化、校园化。截至报告期末，“心联心”公益计划线下活动已经成功举办三季，心联心志愿者们已经走进了两个国家级贫困县阜南县和景东彝族自治县，累计培训课程42个课时，帮助双失儿童153人次。2017年下半年，联储证券又通过“新一千零一夜”项目资助了4所贫困县的学校，覆盖贫困学生925人。

民生证券2017年度精准扶贫概要

2017年，民生证券继续深化落实精准扶贫，推进“一司一县”结对帮扶行动，积极履行社会责任。截至2017年末，民生证券先后帮扶6个国家级贫困县，包括江西省南康区、新疆维吾尔自治区阿克陶县、内蒙古自治区太仆寺旗、湖北省罗田县、河南省淅川县、安徽省金寨县，并通过产业扶贫、公益扶贫、消费扶贫和智库帮扶的方式助力帮扶单位脱贫攻坚。公司牵头与中国少年儿童基金会等单位发起“民生聪慧行动”，计划组织捐赠1500万元，未来3年内帮助300名贫困听障儿童，为他们免费提供人工耳蜗手术治疗的机会。

2017年，民生证券向内蒙古太仆寺旗宝昌第一幼儿园教育捐款10万元；向湖北罗田县捐赠20万元，用于罗田县基础教育资助援建工作；出资30万元为江西省南康区家具企业举办了家具产业培训课程；资助江西赣州市南康区隆木乡中、小学生共100人，中学生每人每年1500元，小学生每人每年1000元，每年捐助资金12.5万元，三年共37.5万元；资助河南淅川县第一高级中学贫困学生100人，每人每年2000元，三年共60万元。此外，民生证券在上述结对帮扶贫困县中消费扶贫累计达56万元。

山西证券2017年度精准扶贫报告

2017年是精准扶贫、精准脱贫的深化之年。山西证券（以下称“公司”）深入学习贯彻落实党中央、山西省委扶贫工作精神，在中国证监会、行业协会的指导下，紧紧围绕“四个全面”精准扶贫方略，以“一司一县”定点帮扶为重心，聚焦贫困地区的实际需求，注重综合分类施策帮扶和落实落地，积极发挥资本市场在扶贫工作中的服务功能和促进作用。

一、精准扶贫规划

公司精准扶贫工作以“发挥专业优势、助力精准扶贫、践行社会责任”为基本方略，紧紧围绕“四个全面”精神，聚焦精准扶贫方略，积极发挥资本市场在扶贫工作中的服务功能和促进作用，帮扶好现有“一对一”结对帮扶的贫困地区，确保实现“精准扶贫、精准脱贫”的攻坚目标。积极组织落实证券行业相关扶贫工作计划和要求，结合公司实际情况，充分发挥人才优势、资源优势和资本优势，开展扶贫工作。

二、年度精准扶贫概要

（一）加强组织建设，不断提升扶贫工作力度

目前，公司共有3名中层干部在汾西县、代县、柳林县三个贫困县担任挂职副县长，协助地方脱贫致富。2名业务骨干在临县三交镇崔家岭村担任驻村第一书记及扶贫工作队员。

（二）持续推进“一司一县”定点帮扶

在与山西省汾西县、山西省代县和云南省沧源佤族自治县人民政府签订“一司一县”定点帮扶协议的基础上，与太原市娄烦县人民政府签订“一司一县”定点帮扶协议，并陆续在定点帮扶县设立金融扶贫工作站。公司因地制宜、因企施策，先后与山西东创林业等四家企业签订了“一县一企”帮扶协议，并与云南省沧源县坝卡村缪杨种植家庭农场、沧源县沁之源农业发展有限公司签订了帮扶意向。

（三）发挥党员先锋队作用，积极开展“一对一”结对帮扶

公司140余名党员主动请愿，与山西省临县三交镇崔家岭村70余贫困户建立“一对一”结对帮扶，为困难群众捐赠14000余元。同时，结合当地资源禀赋，捐赠150万元支持临县困难群众发展特色养殖产业。为支持特色养殖进入良性循环，公司工会协助当地养殖企业销售150余万元的产品，以实际行动支持当地困难群众扶贫致富。

（四）积极探索建立长效帮困扶贫工作机制

2017年，公司在汾西县设立1亿元规模的汾西启富扶贫引导基金，通过管理子基金对目标企业的股、债等进行主动配置，在追求扶贫绩效、分散风险的同时，发力精准扶贫。初期，通过创业投资基金以股权形式参与白家滩村养鸡场扶贫项目，投资规模500万元。与此同时，公司筹划设立山西证券扶贫公益慈善基金。

（五）发挥金融机构优势，助力贫困地区企业迈向资本市场

公司先后为多家贫困地区企业提供财务顾问、新三板、四板挂牌指导，不断推动项目落地。公司子公司格林大华期货积极发挥专业优势，为山西省长治市武乡县的大山禽业有限公司提供了“鸡蛋期货+保险”价格风险管理服务，保证了养殖户的利益，提升了金融机构服务“三农”的水平。

（六）多措并举，积极推进产业扶贫

公司将“山西省隰县光伏扶贫村级电站建设项目”作为扶贫的重要事项，积极参与项目认领工作，并拟定城南乡南唐户村村级电站建设，作为公司捐助帮扶项目，项目认缴金额75万元。该项目已于2017年底进行签约并完成捐赠划款。

公司子公司格林大华期货与陕西省延长县签订《“一司一产、长期携手”精准帮扶活动备忘录》，无偿提供45万元作为精准扶贫产业扶持资金，用于张家滩镇谭家河村发展蔬菜产业。

（七）持续发力教育扶贫，从根源上断愚甩贫

2017年10月17日中国扶贫日到来之际，公司的暖冬行动再一次在汾西县僧念小学展开，志愿者们冒着蒙蒙细雨，将300余份暖手宝、书包送到孩子们的手上。

（八）奉献拳拳爱心，助力公益扶贫

九寨沟的地震灾情牵动了山证人的心，公司第一时间捐资20万元用于灾后重建，同时动员员工为灾区筹款，并获得中国扶贫基金会颁发的“2017社会力量参与救灾先进单位”

荣誉称号。公司与中国扶贫基金会签订20万元的捐赠协议，作为爱心合作伙伴参与中国扶贫基金会主办的“善行者”公益行走活动。4支队伍16名队员徒步完成了50公里极限挑战，并为善行者活动募捐6.2万元。

2017年3月和10月，公司子公司中德证券分两个批次捐赠笔记本电脑共计45台，在宁蒗县烂泥箐中心小学等四所小学成立了中德证券电脑教室，共计金额约18万元，受益学生人数达到200人。

三、精准扶贫成效

单位：万元　币种：人民币

指标	数量/开展情况
其中：1. 资金	324.67
2. 物资折款	13.93
3. 帮助建档立卡贫困人口脱贫数	767
其中：1.1 产业发展脱贫项目类型	林产业、旅游、其他
1.2 产业发展脱贫项目个数	6
1.3 产业发展脱贫项目投入金额	45
1.4 帮助建档立卡贫困人口脱贫数	767
其中：2.1 职业技能培训投入金额	2.3
2.2 职业技能培训人数	218
2.3 帮助建档立卡贫困户实现就业人数	2
其中：3.1 帮助搬迁户就业人数	无
其中：4.1 资助贫困学生投入金额	12.45
4.2 资助贫困学生人数	642
4.3 改善贫困地区教育资源投入金额	22.9
其中：5.1 贫困残疾人投入金额	1.03
5.2 帮助贫困残疾人数	15
其中：6.1 定点扶贫工作投入金额	102.65
其中：7.1. 项目个数	3
7.2. 投入金额	164.27
7.3. 帮助建档立卡贫困人口脱贫数	无
中证互联股份有限公司“最佳产品销售奖”	2017－2
中国扶贫基金会“2016年杰出贡献奖”	2017－3－
公益时报社“第十四届（2017）中国慈善榜慈善榜样”	2017－4－
中国扶贫基金会“2017社会力量参与救灾先进单位”	2017－8

四、后续精准扶贫计划

（一）在已签订“一司一县”定点帮扶协议的4家贫困县，因地制宜，结合当地资源禀赋、产业发展情况，力争做到一县一特色。

（二）积极推进产业扶贫，以产业引导基金为抓手，宣传和用好扶贫政策，深入挖掘贫困地区资源价值，统筹规划当地旅游、文化等资源，为当地企业提供财务顾问、上市辅导、投融资等综合服务。

（三）推进政府＋证券＋保险＋实施主体＋贫困户“五位一体”的金融扶贫模式。

（四）充分利用公司营业网点多、客户资源丰富的优势，借助扶贫板、互联网等渠道，着力于贫困地区农特产品的宣传、营销。

（五）公益扶贫以山西证券扶贫公益基金会为依托，进一步完善公司扶贫捐助工作。

首创证券2017年度精准扶贫概要

2017年，首创证券积极响应国务院扶贫办、中国证监会号召，加入了“一司一县”贫困帮扶计划，与国家级贫困县——承德市丰宁满族自治县签订帮扶协议，积极开展产业扶贫、消费扶贫、人才扶贫，努力承担国企社会责任；首创证券通过“中国扶贫基金会”、“龙江证券爱心基金”、“北京市慈善基金会”等组织进行了公益捐助，并参与了中国证券业协会发起的支持山西省临汾市隰县光伏扶贫村级电站建设项目，捐赠山西省隰县寨子乡上干村30万元用于建设100KW光伏扶贫电站；公司举办了“唱就不一样”爱心CD录制、义卖活动，募集资金全部用于资助贫困儿童生活与学习；公司发起了“手拉手”爱心义卖活动，组织公司员工将闲置物品以竞价拍卖的形式筹集款项，全部捐助顺义太阳村孤儿院；公司开展了“衣旧情深用爱暖冬”爱心募捐活动，所收集的衣物全部捐赠到了西藏日喀则市定日县盆吉乡的贫困群众手中；此外，公司组织分支机构员工积极到社区为群众开展团队、网络等专项服务，通过增强公司与员工的社会公民意识，奉献社会，做出贡献。

太平洋证券2017年度精准扶贫报告

一、精准扶贫规划

太平洋（以下称“公司”）在2017年的脱贫攻坚工作中，积极响应中国证监会及中国证券业协会对开展扶贫攻坚工作的各项要求，落实结对帮扶国家级扶贫县的行动倡议，组织开展“一司一县”结对帮扶工作，充分发挥资本市场中介功能助推脱贫攻坚工作；深入贯彻落实云南省委扶贫开发工作会议精神，认真学习领会扶贫政策，掌握扶贫工作动态。在结对帮扶贫困县中从产业扶贫、教育扶贫、金融扶贫、公益扶贫等方面带动当地群众实现精准脱贫。

近年来，公司成立了“挂包帮”、“转走访”工作领导小组，公司主要领导亲自挂帅，公司党群工作部具体负责落实扶贫工作，相关部门协助参与，保障扶贫工作常态化开展。为使扶贫工作顺利进行，公司制定了《太平洋证券股份有限公司结对帮扶贫困户计划》，计划在“十三五”期间，每年投入相应的扶贫资金帮助挂钩点贫困户顺利脱贫；制定了《太平洋证券资助贡山县乡村教师和贫困高中生实施方案》，计划在“十三五”期间，投入400万元，对贡山县乡村教师和贫困高中生实施资助行动。

二、年度精准扶贫概要

（一）持续派驻村扶贫工作队员深入开展扶贫工作

2017年，公司继续选派有基层工作经验、熟悉了解当地乡情民情的员工作为扶贫工作队员。在驻村期间，公司严格要求驻村扶贫工作队员服从扶贫工作队的日常管理，遵守“八必须”、“八严禁”纪律要求，并通过电话联系时常了解其思想动态、工作情况。组织选派队员及时参加县、乡培训会议，了解扶贫政策、重要工作任务安排。2017年公司驻村扶贫工作队员出勤率100%。

（二）认真核查公司扶贫项目资金使用情况

2017年7月至8月底，公司分两次派出工作组到挂联点云南省怒江州贡山独龙族怒族自治县（简称“贡山县”），对公司2017年80万元教育扶贫资金和20万元羊肚菌种植产业扶贫资金使用情况进行核查。形成了《关于资助贡山县乡村教师和贫困高中生资金使用情况的报告》、《太平洋证券2016年度扶贫帮扶项目羊肚菌种植效益分析报告》，提交公司经营管理层。经核查公司上述扶贫项目资金的使用情况，不存在挪用套取、挤占、截留、挥霍扶贫资金情况。

（三）扎实推进脱贫攻坚“动态管理”

2017 年 6 月至 8 月，云南省全省开展新一轮的扶贫动态管理工作，公司驻村扶贫工作队员对挂联点力透底村 4 个村小组贫困户进行入户调查，协助普拉底乡政府对贫困户进行评议和识别。按照建档立卡标准，对公司结对帮扶的 35 户建档立卡户基本信息进行梳理，录入全国扶贫开发信息系统。

（四）以党建带动扶贫，开展“转走访”调研公司党委紧紧围绕“党建带扶贫，扶贫促党建”的工作思路，把精准扶贫、脱贫攻坚作

为党建工作的一项重要内容，自觉将“党建 + ”的理念融入到扶贫开发工作的各个方面，充分发挥基层党组织的战斗堡垒作用，使党建工作更好地服务到扶贫开发工作中去。

公司第一党支部与力透底村普拉底党支部共同开展“双联系一共建双推进”活动。2017 年，通过召开支部座谈会，听取贫困党员对党建、扶贫工作的意见和建议，探讨具体脱贫措施，在普拉底党支部中推选 7 名贫困党员作为致富带头人，带领其他贫困户共同发展产业。公司 35 名党员与 35 户贫困户结成“一对一”帮扶关系，拓展和延伸党组织和党员服务范围和内涵，实现基层党建与脱贫攻坚互促共赢。

（五）从产业扶贫、教育扶贫、社会扶贫等方面开展定点精准扶贫工作

产业扶贫。2017 年，通过动态管理遍访工作，公司投入资金 20 万元，帮扶普拉底乡力透底村 35 户建档立卡贫困户种植 12.5 亩羊肚菌和养殖 100 箱独龙蜂；下拨扶贫工作队员的工作经费 2 万元。2017 年公司帮扶的力透底村 35 户贫困户中，已有 5 户 18 人脱贫出列。教育扶贫。一是 2017 年 9 月 14 日，公司下拨了 2017 – 2018 学年资助贡山县教育局教育扶贫 80 万元。其中，25 万元用于资助贡山县 50 名乡村教师，30 万元用于资助贡山县 76 名贫困高中生（含中职生），25 万元用于贡山县教育局采取“走出去”、“请进来”培训中小学教师。二是 2017 年 3 月，为在更大范围内调动更多人的力量参与扶贫献爱心，公司以“坚守与未来”为主题设立太平洋证券“爱心暖洋洋”公益扶贫计划，以公司微信公众号为载体进行宣传、发起募捐，收到捐款 12 万元，所筹资金已全部用于贡山县普拉底乡所属学校改善办学条件。此项公益扶贫项目荣获证券时报“券商中国”2017 年证券公司 APP 评选优秀运营案例。三是动员公司全体员工参与献爱心捐助活动。为体现太平洋证券员工人人参与扶贫行动，2016 年 12 月，公司向全体员工发出倡议，为普拉底乡中心校学生送温暖，共收到捐款 13.61 万元，分别于 2016 年 12 月购买过冬物资 9.6 万元；于 2017 年 2 月购买冬鞋、雨衣 4.01 万元。四是持续做好“一对一”帮扶贫困孤儿学生工作。公司高管与普拉底乡中心校 19 名贫困孤儿学生结成“一对一”帮扶关系，资助每个贫困孤儿学生每年 500 元生活费，直到完成 9 年义务教育顺利毕业，2017 年“一对一”帮扶资金 0.95 万元已于 12 月划拨至普拉底乡中心校。

社会扶贫。一是公司在湖南娄底市新化县启动与试点贫困村楼下村的“结对帮扶贫困村”项目及扶贫投资计划。公司计划未来 5 年内，每年向试点贫困村投资一定资金，从基础设施建设、投资产业、技术培训、帮扶特困户以及开发旅游资源等多方面实实在在的提高村民生活质量与人均收入，改变贫困村的整体面貌。2017 年 12 月 26 日，公司向新化县水车镇楼下村首次投入 100 万元的扶贫款项。二是公司与湖南省新化县渠江薄片茶业有限公司签订《证券行业消费扶贫平台服务协议》。为企业拟挂牌新三板提供咨询服务，推荐企业产品在中证互联股份有限公司的消费扶贫平台上线交易。2017 年出资 2.1 万元购买该企业生产的农产品。

（六）发挥资本市场中介功能，服务贫困地区实体经济发展公司积极响应中国证券业协会的倡议，积极发挥资本市场中介功能、服务贫困地区实体

经济发展。截至报告期末，公司“一司一县”结对帮扶县为：云南省怒江州贡山独龙族怒族自治县、湖南省娄底市新化县、河南省南阳市社旗县。

2017 年 9 月，在中国证券业协会编写的《资本市场助力脱贫攻坚成果》一书中，公司荣登“‘一司一县’结对帮扶光荣榜”、“定点帮扶隰县光伏项目光荣榜”及“2016 年其他方式服务贫困地区企业融资光荣榜”。公司在结对帮扶县开展的精准扶贫工作，具体如下：

1. 与湖南省新化县的新印科技股份有限公司签订《“一县一企”扶贫帮扶项目协议》。公司拟运用各种资金渠道，采用包括但不限于 PPP 模式、产业基金模式、资产管理计划模式、私募股权等方法为新印科技筹集发展资金。

2. 与黑龙江同禹药品包装股份有限公司签订《财务顾问协议》。公司为企业新三板定向增资业务提供财务顾问服务。该公司位于国家级贫困县黑龙江省大庆市林甸县，截至 2017 年 12 月底，累计募集资金 26,749.01 万元。

3. 2017 年 12 月，公司全资子公司太证资本与中国船舶重工集团（简称“中船重工”）有限公司合作，为帮扶云南文山州丘北县和西双版纳勐腊县，共同发起设立“中船重工太证丘北产业扶贫基金”、“中船重工太证西双版纳勐腊产业扶贫基金”。公司共计投入 275 万元，基金实际募集资金 10,775 万元。

4. 2017 年 4 月，公司与河北沧海核装备科技股份有限公司签订财务顾问协议。帮助企业完成 2017 年第一次定向增发，募集资金 10,695 万元。

（七）认真做好扶贫信息报送工作为准确、及时将公司脱贫攻坚履行情况各项信息向中证机构间报价系统报送、更新，自 2017 年 3 月，公司安排专人汇总各部门参与的扶贫项目，确保扶贫项目及时、有效录入系统。截至报告期末，公司共计报送扶贫信息 26 条。

此外，公司积极响应中国证券业协会在新疆组织召开证券公司扶贫工作座谈会精神，2017 年录用了 2 名新疆籍少数民族应届毕业生。

三、精准扶贫成效

单位：万元　币种：人民币

指标	数量及开展情况
一、总体情况	496.06
其中：1. 资金	480.05
2. 物资折款	16.01
3. 帮助建档立卡贫困人口脱贫数（人）	18
二、分项投入	
1. 产业发展脱贫	22
其中：1.1 产业扶贫项目类型	√农林产业扶贫 □旅游扶贫 □电商扶贫 □资产收益扶贫 □科技扶贫 √其他
1.2 产业扶贫项目个数（个）	2
1.3 产业扶贫项目投入金额	22
1.4 帮助建档立卡贫困人口脱贫数（人）	18
4. 教育脱贫	96.96
其中：4.1 资助贫困学生投入金额	71.96

4.2 资助贫困学生人数(人)	95
4.3 改善贫困地区教育资源投入金额	25
8.社会扶贫	102.10
8.2 定点扶贫工作投入金额	102.10
9.其他项目	在贫困地区帮助企业成立产业扶贫基金、完成募集资金
其中:9.1.项目个数(个)	2
9.2.投入金额	275
9.4.其他项目说明	1、与中船重工合作在云南文山州丘北县共同发起设立中船重工太证丘北产业扶贫基金。太证资本投入资金250万,实际募集资金5,500万元。 2、与中船重工合作在云南西双版纳勐腊县共同发起设立中船重工太证西双版纳勐腊产业扶贫基金。太证资本投入资金25万,实际募集资金5,275万元。
三、所获奖项(内容、级别)	无

四、后续精准扶贫计划

(一)加强政治理论学习。认真学习宣传贯彻十九大精神,加强贫困村驻村工作队选派管理工作,把深度贫困地区贫困村和脱贫难度大的贫困村作为重中之重,从健全体制机制入手,规范人员选派,明确工作任务,加强日常管理,严明考核激励,确保贫困村驻村工作队选派精准、帮扶扎实、群众满意。

(二)开展党建共建活动。按照"党建带扶贫、扶贫促党建"的思路,修改完善公司"双联系一共建双推进"活动方案,促进公司与力透底村普拉底党支部共同开展党建结对共建,开展农村基层党建工作调研,加强指导和培训,开展"五个一"特色活动,努力实现基层党建与脱贫攻坚"双推进"。

(三)加强对下派扶贫工作队员的动态管理。对选派队员在生活上关心关爱、解除后顾之忧,在工作经费和食宿补助、人身保险等保障措施上做到全部落实到位。保障公司扶贫工作的圆满完成。

(四)监督各项帮扶措施落实到位。加强对公司帮扶项目的日常管理和资金使用监管,在种植羊肚菌和养殖独龙蜂过程中,统筹进度安排、项目实施、资金使用等工作,对扶贫资源精确化配置,对扶贫项目精细化管理,确保力透底村贫困户如期稳定脱贫。

(五)按计划实施资助。按照《太平洋证券资助贡山县乡村教师和贫困学生实施方案》,继续开展对怒江州贡山县乡村教师和贫困高中生实施资助。

(六)充分发挥资本市场作用。贯彻落实中国证监会和中国证券业协会相关扶贫的工作要求,利用公司专业优势,发挥资本中介的市场功能作用,为扶贫县脱贫搭建好平台。

(七)加强与各级政府部门的沟通联系。保持与州、县、乡各级党政部门的联系,增强工作合力和落实帮扶责任。

万和证券2017年度精准扶贫概要

2017年,万和证券(以下称"公司")"一司一县"结对帮扶工作取得实质性进展,公司与海南省保亭县黎族苗族自治县结对帮扶,签署扶贫合作战略协议。公司向保亭县政府扶贫基金捐赠人民币100万元整。

公司还与保亭县政府共同制定了保亭黎族苗族自治县发展整村推进村集体经济工作方案,根据方案内容,公司投入资金250万元增加村集体经济收入,公司现已划拨100万元扶贫资金,为保亭县打赢扶贫攻坚战提供全方位服务和支持。此外,公司还响应协会号召,积极采购了中国证券业协会定点帮扶贫困县山西省隰的农副产品,进一步加大了公司扶贫攻坚力度。

万联证券2017年度精准扶贫概要

2017年2月21日,万联证券(以下称"本公司")与湖北省秭归县人民政府签订《"一司一县"结对帮扶工作框架协议》,双方将在技术支持、资金帮持、消费扶贫、平台合作、组织共建、机构建设等六方面开展合作。2017年7月,本公司统一采购秭归县青峰茶叶共49,400元。同时发动员工根据需要自行通过秭归县电商平台采购相关茶叶、脐橙等农产品。

2017年9月26日,本公司"一司一县·教育扶贫"启动仪式在湖北秭归县实验中学举行,公司向两河口镇一支笔中学捐助8万元人民币,用于学生食堂、餐厅修缮改造;同时,公司的爱心大使们向50名学生捐助了为期三年共计30万元人民币的爱心款。2017年三季度起,本公司协助秭归县当地企业秭归吉盛染整有限公司启动IPO前的改制准备工作,公司项目组成员对企业开展尽职调查。

2017年10月20日,本公司与安徽省萧县人民政府、萧县交通投资公司正式签订《"一司一县"结对帮扶工作框架协议》及《"一县一企"精准扶贫工作框架协议》。本公司将发挥专业能力和资源整合优势,协助萧县引入新型金融业态,支持精准扶贫,多渠道提供全方位的综合金融服务,支持萧县增强自我发展能力。协助萧县当地企业萧县交通投资公司发行10亿元公司债,目前该项目正处于发行阶段。

2017年10月31日,本公司与黑龙江省桦南县政府正式签订《"一司一县"结对帮扶工作框架协议》。前期,本公司子公司——万联天泽资本投资有限公司与桦南县当地企业黑龙江省恒源食品股份有限公司签订服务协议,向其投资996.4万元人民币。本公司持续跟进该项目情况,为恒源食品提供全方位金融服务,提升该地区利用资本市场促进经济发展的能力。

2017年度,本公司分支机构积极投身公益活动,发扬扶贫救困的传统美德,关注社会公益事业并努力付诸实施。1月,鄂州滨湖南路证券营业部继续结对帮扶鄂州市五里墩村,捐赠50,000元专项扶贫资金;1月,永州清桥路、永州东安龙溪路、永州芝山路证券营业部参与湖南证券业协会慈善捐款活动,各捐助500元,共计捐助1500元;8月,衡阳证券营业部携手当地人民路社区开展爱心助学活动,为五名寒门学子筹集学费;9月,鄂州滨湖南路证券营业部参与"一司一县"爱心捐款活动,捐赠现金2000元;9月,西安科技路证券营业部在中秋佳节前往陕西省咸阳市泾阳县桥底镇寨子沟村,对当地弱势困难群体进行慰问,并送上米面油等生活物资;12月,广州花都公益路证券营业部组建企业文化建设委员会,在冬至节前开展走访慰问当地优秀老党员活动,向老党员们送上最诚挚的节日祝福以及慰问物资,表达了组织的关怀。

五矿证券2017年度精准扶贫概要

根据结对帮扶框架协议,五矿证券在国家级贫困县六枝特区为政府和重点企业负责人开展了债券金融业务培训,拓宽思路，帮扶当地企业运用金融工具来拓展融资渠道，解决融资难题；开展教育扶贫，员工积极参与关爱行动，通过中国扶贫基金会渠道向第二小学和居都小学捐助了涵盖彩笔、画纸、橡皮泥、调色板、写字本、铅笔等28种用品的400份爱心包裹，为孩子们送去了特殊的关怀和温暖；公司为第二小学捐赠近2000册图书，筹建起了图书室，捐赠了30套电脑，搭建起了微机室。

产业扶贫上，帮扶六枝特区水务有限责任公司发行公司债券，第一期发行规模7亿元，项目主要用于六枝特区郎岱农业园区农村产业融合发展项目，解决了企业先期资金困难。

此外，积极响应中央十九大提出的乡村振兴战略，公司委托五矿国际信托有限公司成立“五矿信托－三江源精准扶贫2号慈善信托”，用于贫困地区的教育扶贫和绿色农业产业扶贫。

西部证券2017年度精准扶贫报告

西部证券股份有限公司（以下简称“公司”）成立17年来，在力争取得良好经营效益的基础上，积极履行企业社会责任，发挥金融业务优势，深入贯彻落实《中共中央、国务院关于打赢脱贫攻坚战的决定》、《关于发挥资本市场作用服务国家脱贫攻坚战略的意见》及《关于证券公司落实精准扶贫工作有关事项的通知》，按照党中央、国务院决策（可以加上集团和证监会、协会）部署，坚持精准扶贫、精准脱贫基本方略，坚持精准帮扶与区域整体开发有机结合，充分发挥与政府、市场和社会的协同作用，基于企业自身实际，深入开展各项脱贫攻坚工作。

一、2017年度精准扶贫概要

公司深入贯彻落实上级有关精准扶贫、脱贫攻坚的要求，从产业、教育等多个方面开展扶贫工作：

（一）已设立扶贫领导机构。2016年，公司深入贯彻落实中国证监会《关于发挥资本市场作用服务国家脱贫攻坚战略的意见》精神和中国证券业协会的要求，公司深入开展了“一司一县”扶贫工作，成立了公司扶贫工作领导小组，加强扶贫工作的组织领导，成立了扶贫办公室，负责具体落实。

（二）签订帮扶协议

公司已与商洛市发改委签订扶贫框架协议，将紧紧围绕“精准扶贫、精准脱贫”基本战略，发挥证券经纪机构业务优势，促进商洛市教育、金融和经济社会发展，支持商洛市一区六县脱贫攻坚工作。同时，我公司与商洛市一区六县分别签订“一司一县”扶贫协议。截至目前，我公司已与包括渭南市白水县、延安市延长县、商洛市一区六县共9个国家级贫困县签订扶贫协议。

（三）产业扶贫

公司发挥自身金融业务优势，大力支持贫困县企业上市工作，2017年积极推动了包括白水县盛隆果业有限责任公司和延安中果生态农业科技股份有限公司新三板挂牌项目，陕西红星美羚乳业股份有限公司、湖北和远气体股份有限公司、云南华致酒行IPO项目以及新疆火炬燃气股份有限公司IPO项目等多个项目。

（四）教育扶贫

2017年公司出资5000万元设立西部证券商洛教育扶贫计划，投资收益全部用于对商洛市一区六县贫困户本科大学生资助；向延长县初级中学拨付35.4万，用于对贫困师生的帮扶。2016年5月起，公司在白水县“双创”中心开办西部证券资本市场大讲堂，义务为白水县企业开展金融证券业务培训。

2017年公司还招聘了2名新疆籍维吾尔族应届毕业大学生，安排到内地业务部门工作，为新疆地区资本市场的发展培养专业金融人才。

（五）精准扶贫

2017年度公司结合贫困县实际情况，向白水县捐款48.9万元，用于帮扶建设农田水利设施、果园改造、药材种植和家畜养殖等；向延长县捐助扶贫资金50万元，用于帮扶建设2座日光温室育苗中心；子公司西部期货有限公司投入了19.5万元在村里建设食用菌养殖大棚15座。

（六）派驻驻村工作队

从2014年6月至今，公司成立驻村工作队，专职负责落实帮扶项目。2017年，派驻两名员工专职在白水县郭家山村开展扶贫工作。

此外，白水证券营业部于2017年底正式开业。截至目前，公司已在城固县、勉县、宁强县、西乡县、蒲城县、旬阳县等7个国家级贫困县设立证券营业部，从培育当地证券市场建设出发，发挥金融扶贫桥头堡的作用，更新金融理念，拓宽投资渠道，全方位助力贫困县脱贫攻坚工作。

二、公司年度精准扶贫工作情况

单位：万元　币种：人民币

指标	计量单位	数量/开展情况
一、总体情况		
其中：1. 资金	153.8万元	2017年公司向白水县和延长县捐助扶贫资金153.8万元，其中：向白水县捐款48.9万元，用于帮扶建设农田水利设施、果园改造、药材种植和家畜养殖等；向延长县捐助扶贫资金50万元，用于帮扶建设2座日光温室育苗中心；向延长县初级中学贫困师生资助35.4万元；西部期货有限公司作为我公司全资子公司投入了19.5万元在延长县安沟村建设食用菌养殖大棚15座，现已投入使用。 公司出资29.6万元用于白水县郭家山村蓄水池节水灌溉工程。
2. 帮助建档立卡贫困人口脱贫数	50户	公司连续4年投入资金帮扶建档立卡贫困户，通过帮扶贫困户发展特色种植业和养殖业增加收入，帮助贫困户脱贫致富。 2017年建档立卡贫困户数：白水县郭家山村71户。截止2017年底，郭家山村脱贫50户。
二、分项投入		
1. 产业发展脱贫		
其中：1.1 产业发展脱贫项目类型	公司主动发挥金融业务优势、大力支持贫困县企业在“中小板”和“新三板”上市，带动贫困县县域经济发展。	
1.2 产业发展脱贫项目个数	6个	白水县盛隆果业有限责任公司新三板挂牌项目，积极推进中。 延安中果生态农业科技股份有限公司新三板挂牌项目，积极推进中。 陕西红星美羚乳业股份有限公司IPO项目，项目正在积极推进中。 湖北和远气体股份有限公司IPO项目，项目正在积极推进中。 云南华致酒行IPO项目，项目正在积极推进中。 新疆火炬燃气股份有限公司IPO项目，已于2018年1月上市。

2. 教育脱贫		
其中2.1 资助贫困学生人数	127 人	公司在2017年对陕西省延长县投入35.4万元用于资助延长县初级中学贫困师生。
2.2 改善贫困地区教育资源投入金额	35.4 万元	根据延长县提供的具体方案，教育扶贫资金按两个年度实施，其中2017年度拨付35.4万元，扶助金已送至贫困师生手中。 公司出资5000万元设立“西部证券商洛教育扶贫计划”。公司对该教育扶贫计划实行专户管理、封闭运作，发挥证券公司专业优势，投资收益全部用于对商洛市一区六县贫困户本科大学生的资助。现资金已全部拨付到位，并进入正式运营。
2.3 为贫困地区培养专业金融人才	公司招聘了2名新疆籍维吾尔族应届毕业大学生，安排到内地业务部门工作，为新疆地区资本市场的发展培养专业金融人才。	
3. 精准扶贫		
3.1 精准扶贫资助金额	99.3 万元	公司在白水县及延长县结合当地实际资助建设了郑庄镇郭旗村日光温室育苗中心、安沟村食用菌养殖基地及郭家山村蓄水池、节水灌溉工程。
3.2 精准扶贫具体项目	1. 郑庄镇郭旗村日光温室育苗中心项目 郑庄镇郭旗村位于延长县西部，为配合当地脱贫攻坚工作，我公司拨付50万元建设了2座模块化主动采光蓄热日光温室育苗中心，现已建成并投入使用。每座主动采光蓄热日光温室育苗中心一年可繁育嫁接西瓜、甜瓜、黄瓜、茄子等种苗10次，每次每座育苗温室出苗10万株，2座育苗温室一年出苗200万株，这些优质种苗免费发放给郭旗村156户种棚户，其中贫困户97户181人，预计可为大棚种植瓜菜户每座大棚增产3500公斤，增加产值7000元左右，250座大棚共计增产87.5万公斤，增加产值175万元。 2. 安沟村食用菌养殖基地项目 西部期货有限公司作为我公司全资子公司，积极响应公司号召，投身对延长县的扶贫工作，与延长县人民政府签订了《扶贫服务备忘录》，以结对帮扶的形式，对安沟村食用菌养殖基地项目进行帮扶。西部期货有限公司投入了19.5万元在村里建设食用菌养殖大棚15座，现已投入使用。预计每个大棚每年可为每个贫困户增收8000元。 3. 公司出资29.6万元用于白水县郭家山村蓄水池、节水灌溉工程，资金已于2018年3月拨付。	

三、后续精准扶贫计划

2018年，公司将按照中国证监会和中国证券业协会的要求，在2017年扶贫工作的基础上，加快落实各个扶贫项目，继续深化金融扶贫、产业扶贫、教育以及其他有关方面扶贫和公益扶贫工作，扎实做好对白水县、延长县及商洛地区一区六县的精准扶贫工作。

西南证券2017年度精准扶贫报告

一、精准扶贫规划

西南证券(以下称“公司”)紧紧围绕“精准扶贫、精准脱贫”基本方略，贯彻落实《中国证监会关于发挥资本市场作用服务国家脱贫攻坚战略的意见》，发挥行业优势，精准对接贫困地区融资需求，广泛参与贫困地区经济建设，不断增强贫困地区自我发展能力。积极履行社会责任，响应证券业协会“一司一县结对帮扶”倡议，大力支持对口贫困县经济发展，加大对贫困县扶持力度。支持慈善事业，采取多种方式开展公益扶贫，坚持回馈社会，服务国家脱贫攻坚战略。

二、年度精准扶贫概要

结合公司对口重庆城口县扶贫工作实际，公司以重庆城口证券营业部为基础，于2017年5月正式组建西南证券城口金融扶贫工作站，主动与当地政府部门建立长效帮扶的协调联络机制，积极争取地方支持并对接城口县相关企业和扶贫项目。在西南证券城口金融扶贫工作站的协调下，公司已与当地国资平台——重庆市鹏欣国有资产投资经营有限公司签订了《战略合作协议》，有望为将来的对口扶贫工作带来联动效应。

公司在创造经济效益的同时，不忘承担社会责任，积极投身公益慈善事业。公司2017年向西部贫困地区及其他各类捐赠的扶贫资金共计654.86万元。其中，公司积极响应重庆市慈善总会的倡议，向市慈善总会捐款15万元人民币，用于开展慈善公益项目活动；向重庆市城口县捐赠350万元，用于扶贫开发项目；向西藏自治区昌都市芒康县对口捐赠180万元人民币；向新疆维吾尔自治区麦盖提县捐赠扶贫资金50万元，并通过当地企业开展了200余万元的消费扶贫；向山西省隰县捐赠30万元用于隰县光伏贫困村级电站建设。公司在招聘工作中认真落实扶贫工作精神，在执行公司人才聘用标准的前提下，优先选拔录用来自贫困地区的高校毕业生。报告期内，公司定向接收新疆籍少数民族应届毕业生2人。

公司发挥专业优势，为贫困地区企业提供多元化的金融服务，正在推进多个贫困地区新三板挂牌、IPO、公司债发行等项目，积极谋划金融扶贫，推动贫困地区经济发展。公司派遣财经金融专家、行业研究员赴贫困地区举行资本市场知识讲座、专题报告会及现场互动交流等，为贫困地区的企业、金融单位和投资者普及大众金融知识。贫困县所在的营业部还组织对投资者开展反洗钱、非法集资、非法金融活动等多种形式的教育活动，加强贫困地区投资者风险防范意识，引导投资者形成科学理性的投资理念。

三、精准扶贫成效

单位：万元　币种：人民币

指标	数量及开展情况
一、总体情况	
其中：1. 资金	654.86
二、分项投入	
1. 社会扶贫	
其中：1.1 定点扶贫工作投入金额	350.00
2. 其他项目	
其中：2.1. 项目个数(个)	7
2.2. 投入金额	304.86

四、后续精准扶贫计划

一是深入开展结对帮扶活动。加大对结对贫困县的帮扶力度，积极发挥金融扶贫工作站作用，根据项目情况注入投行、新三板、股权投资、小贷等相关服务资源，就金融扶贫、产业扶贫、人才招聘、投资者教育、企业治理结构规范等方面开展进一步合作，争取发挥公司的金融优势，有效带动地方经济快速发展。

二是多层次服务贫困地区拓宽融资渠道。公司将发挥专业能力和资源整合优势，多渠道为贫困地区提供全方位的综合金融服务，支持贫困地区增强自我发展能力。立足贫困地区资源禀赋和产业基础，积极探索产业扶贫、消费扶贫和公益扶贫，为当地企业和特色产业发展提供专业化的金融服务。

三是大力开展公益扶贫活动。积极响应国家关于教育扶贫的号召，通过捐赠学习用具、教育资金、生活用品等活动，帮助贫困地区解决实际教育困难，改善贫困地区办学条件，提升教育质量。积极参与公益捐赠慰问活动，组织公司志愿者参与扶贫服务工作。

信达证券2017年度精准扶贫概要

信达证券与贵州省毕节市大方县人民政府、纳雍县人民政府、织金县人民政府签署精准扶贫合作协议；与新疆省和田县、云南省元阳县签署结对帮扶合作框架协议。具体情况如下：

2017年3月，信达证券及子公司信达期货、信达澳银共同向贵州省毕节市大方县对江镇对江小学捐赠了价值5万元、近2000册的图书及书架等物品，以实际行动支持贫困地区教育事业发展，帮助贫困地区学校解决学习资源匮乏的现实问题。

2017年11月，信达证券与新疆维吾尔自治区和田县（国家级贫困县）沟通并达成结对帮扶意向，目前已签订《结对帮扶扶贫合作框架协议》。2017年12月，信达证券与云南省元阳县沟通并达成结对帮扶意向。

银泰证券2017年度精准扶贫概要

2017年8月18日，银泰证券与湖北省竹山县签署结对帮扶合作意向书，这是继湖北省咸丰县后公司结对的第二个帮扶县。银泰证券扶贫小组前往竹山县宝丰镇上坝村进行走访、调研，并与当地县委主要领导就证券行业有关金融扶贫的政策、竹山县经济发展状况等进行了充分交流。

10月，银泰证券扶贫工作小组再次前往竹山县，积极落实相关帮扶工作，与当地政府相关部门和部分企业就企业转型、合规经营、引入资金等一系列问题进行交流探讨，并为竹山县宝丰镇施洋小学捐赠一间电教室。

12月，公司扶贫工作小组第三次对竹山县进行了考察及系列帮扶工作，结合公司内部发起的捐赠活动成果，并采购大批文体用品共同捐赠给施洋小学；回访了我司建档的宝丰镇10户贫困户，为其送去慰问金与生活用品；另外为进一步落实金融扶贫战略合作协议精神，银泰证券扶贫小组对竹山县宝源绿松石矿业有限公司进行了实地调研并与其签署了“一县一企”结对帮扶战略合作框架协议。

招商证券2017年度精准扶贫报告

一、精准扶贫规划

2017年，招商证券（以下称“公司”）继续贯彻落实《中共中央国务院关于打赢脱贫攻坚战的决定》（中发〔2015〕34号）和中央扶贫开发工作会议精神，按照中国证监会党委总体工作部署，公司积极响应国家及证监会的号召，充分发挥证券行业特色，开展定点扶贫工作。

基本方略：制度化扶贫，重造血而非输血。

总体目标：以两个对口扶贫县为侧重，帮助贫困县实现“造血机能”，推动贫困县自身能力建设，支持他们立足自身力量脱贫。

主要任务：充分利用自身的金融专业优势和社会资源以产业扶贫、金融扶贫、消费扶贫、教育公益扶贫为主要手段，秉承授人以渔原则，帮助贫困地区针对各自地区特点建立长效脱贫机制和模式。

保障措施：

（一）公司党委高度重视，成立扶贫工作领导小组，总裁兼首席执行官王岩任组长。定点扶贫具体工作由总裁办公室牵头组织，针对每个贫困县成立项目小组，各部门派人参与项目组，协调部门相关资源，积极满足扶贫需求。

（二）公司制定了《招商证券脱贫攻坚等社会责任履行情况专项评估方案》，协调督导各部门积极落实具体扶贫工作，保障脱贫攻坚工作落到实处。

二、年度精准扶贫概要

2017年，公司已经及正在开展的扶贫工作如下：

（一）产业帮扶情况

通过新三板股权融资、IPO保荐、参与或成立贫困地区产业基金，发行可交换公司债、发行绿色金融债等方式为贫困地区提供投融资服务，2017全年实现融资71.75亿元。

（二）金融帮扶情况

在河南内乡县设立证券营业部，为县域企业提供发行承销、收购兼并、资产重组、财务顾问以及投资咨询等投、融资全方位服务。

联合社科院金融研究中心专家，协助内乡县政府制定三年金融发展战略规划，打造县域金融高地。

（三）公益扶贫情况

公司捐资120万元开办“扶志学堂”，为两个结对帮扶县县级领导干部、县域企业家在深圳开展为期6天的“了解资本市场、发展县域经济”培训班。培训班共四期，受益干部120人。

2017年5月18日，安徽分公司业务团队参加池州市石台县组织的金融工作会议，为参会人员提供场外投行业务的相关培训。

2017年6月13日，公司场外市场部参与甘孜藏族自治州人民政府金融办公室组织的全州债券融资暨新三板挂牌业务专题培训会议，并在会上提供了“新三板”挂牌和债券融资业务相关知识培训。此次培训给甘孜州直接融资工作带来了新的理念和思路，也是地方政府努力破解企业融资难题、创新搭建融资平台服务地方经济发展的一次有益尝试，收到了良好的效果。

完成了石台县和内乡县14所梦想教室的建设和投入使用。

在招商证券内刊持续开展石台县和内乡县旅游资源的宣传。

（四）消费扶贫公司

2017年通过采购新疆麦盖提县的哈密瓜红枣等当地特产、内乡县山珍礼盒、石台县富硒大米、广西罗城仫佬族自治区矿泉水，帮助山西隰县玉露香梨种植推广等方式进行消费扶贫帮扶，总投入190多万元。

公司还将结对帮扶的两县农产品进行收集整理，并将其推送到中证扶贫消费平台进行销售对接，帮助两县农产品扩大销售渠道和产品推广路径。

三、精准扶贫成效

单位：万元　币种：人民币

指标	数量及开展情况
一、总体情况	－－
其中：1.资金	368.7
二、分项投入	－－

1. 产业发展脱贫	- -
其中:1.1 产业扶贫项目类型	√农林产业扶贫 □旅游扶贫 □电商扶贫 □资产收益扶贫 □科技扶贫 √其他
1.2 产业扶贫项目个数(个)	10
1.3 产业扶贫项目投入金额	50
2. 教育脱贫	- -
其中:2.1 资助贫困学生投入金额	7.8
2.2 资助贫困学生人数(人)	30
3. 社会扶贫	- -
其中:3.1 东西部扶贫协作投入金额	28.5
3.2 定点扶贫工作投入金额	282.4
三、所获奖项(内容、级别)	2017 年 3 月获中国扶贫基金会颁发"中国扶贫大使奖"、"2016 年做出杰出贡献奖"。

四、后续精准扶贫计划

2018 年,公司拟开展的扶贫工作计划如下:

(一)产业帮扶

继续帮助定点扶贫县石台县发展特色旅游业,整合各种资源,帮助石台建设特色旅游小镇。

(二)金融帮扶

帮助完成河南内乡金融扶贫与发展三年行动规划项目。帮助内乡改造农商行,使其金融体系完善并发展;并对该县内企业进行调研辅导,加快县内企业上市计划的步伐。

(三)消费帮扶

继续帮助贫困县农产品等特产进行各种渠道的对接、宣传和推广。

(四)公益帮扶

为贫困地区开展多种形式的资本市场培训和投资者教育等活动。

浙商证券 2017 年度精准扶贫报告

一、精准扶贫规划

浙商证券拟定三年(2017 - 2019)扶贫计划,采用金融扶贫、产业扶贫、消费扶贫、教育扶贫、公益扶贫等方法,帮助贫困人口尽早脱贫致富。基本内容如下:

(一)设立网点。拟在结对帮扶的贫困县设立营业网点,通过开展业务,帮助结对贫困县以及周边地区。网点建成后,优先录用建档立卡贫困家庭返乡的高校毕业生,提供部分就业机会。

(二)金融扶贫。充分发挥专业优势,帮助结对帮扶区域内的企业上市辅导、申报上市。为贫困县提供全方位的综合金融服务,支持其增强自我发展能力。积极支持地方城投债发行,引导金融资源向贫困地区有效流动。

(三)产业扶贫。立足地方资源和产业基础,为当地企业和特色产业发展服务。与华东林权产业交易所共同设立岳西县的皖西南商品交易中心,公益性辅导碳汇交易和农产品挂牌,积极帮助贫困县油茶、茶叶、林业等农林产业,促进产业化改革,推动经济发展。带头公益性购买贫困县的碳排放、进行植树造林,保护森林资源。

(四)消费扶贫。利用信息技术人才帮助贫困地区对接中国金融扶贫综合服务平台;通过消费扶贫平台发挥互联网在助推脱贫攻坚中的作用,让农产品通过互联网走出乡村,实现其产销通道的顺畅。

(五)教育扶贫。与扶贫县领导和教育局接洽,通过县里推荐,实地考察,从全县中小学中遴选中最合适的学校结对帮扶。浙商证券每年派驻教育培训等方面的志愿者,进行点对点帮扶。根据扶贫工作需求,开展资本市场知识、金融证券等培训工作。开展干部交流学习,为贫困地区培养熟悉资本市场的业务骨干。加强金融知识普及,支持科教兴农,建立流动图书室,每年投放一定数量的金融、种植、养殖等方面读物,做好针对农户的科学普及工作。

(六)公益扶贫。发挥党支部、党员先锋模范作用,对接贫困家庭,做好结对帮扶工作。

二、年度精准扶贫概要

(一)金融扶贫。2017 年 9 月 22 日专题召开岳西企业上市推进会议,支持安庆乘风制药股份有限公司,签订辅导协议,顺利进行股改,帮助乘风制药进行 IPO,精准对接区域内企业的上市辅导培育和孵化需求;在上饶县帮助远泉林业新三板进行转板,给企业免费提供综合金融咨询服务,支持其增强自我发展能力。帮助岳西县招商引资,筹划引进昆仑控股的教育和体育项目。

(二)2017 年 6 月 15 日,浙商证券将各基层党支部所募集的捐款、文具及衣物送至江西上饶县望仙乡南峰小学,为贫困县小学生们送去爱心。浙商证券公司党员捐资 27000 元,为 27 名建档立卡贫困学生资助了助学金,为全校 140 名学生发放了 9000 元学习用品。各党支部还另外筹集了部分图书和衣物寄往学校。

(三)2017 年 9 月 21 日,为岳西和平、菖蒲两校近千名学生送去了书包、文具和图书。为岳西两校 68 名建档立卡的贫困生捐助了总计 4.08 万元的助学金。出资 260 万元,对江西上饶县、安徽岳西的三所学校的校舍进行修缮。

(四)出资 40 万元,与华东林权产业交易所共同设立岳西县的林交所皖西南交易中心。

(五)出资 20 万元,委托商家向贫困农户保底价格收购农特产品,用于员工福利。

(六)推动重点贫困村脱贫,对岳西县莲花村建档立卡贫困户拟定有针对性的扶贫方案,帮助贫困户早日致富。

三、精准扶贫成效

单位:万元 币种:人民币

指标	数量及开展情况
一、总体情况	
其中:1. 资金	327.68
2. 物资折款	4.9
3. 帮助建档立卡贫困人口脱贫数(人)	145
二、分项投入	
1. 产业发展脱贫	
其中:1.1 产业扶贫项目类型	√农林产业扶贫 □旅游扶贫 □电商扶贫 □资产收益扶贫 □科技扶贫 □其他
1.2 产业扶贫项目个数(个)	1
1.3 产业扶贫项目投入金额	40
1.4 帮助建档立卡贫困人口脱贫数(人)	0
4. 教育脱贫	
其中:4.1 资助贫困学生投入金额	4.9

4.2 资助贫困学生人数(人)	95
4.3 改善贫困地区教育资源投入金额	260
9. 其他项目	
其中:9.1 项目个数(个)	1
9.2 投入金额	20
9.3 帮助建档立卡贫困人口脱贫数(人)	50
9.4. 其他项目说明	出资 20 万元,委托商家向贫困农户保底价格收购农特产品,用于员工福利。
三、所获奖项(内容、级别)	无

四、后续精准扶贫计划

(一)教育扶贫。菖蒲初级中学、和平初级中学经过浙商证券援建已经揭牌,2018 年将继续对两校基础设施进行修建,设立两校贫困生的奖学金和助学金,并在岳西县设立山乡乡村教师基金和贫困生奖学金。设立江西上饶县南峰小学的贫困生奖学金。为学校搭建互联网公益平台,通过互联网进行传播,发动更多的人进行爱心捐助。

(二)精准扶贫。对接岳西县莲花村、上饶南峰村等贫困村,对建档立卡的贫困户进行精准扶贫。建立贫困村的产业基金,建立扶贫农产品基地等,采取公司、农户、政府的农业合作社模式,在贫困县建立绿色蔬菜农副产品基地,解决贫困县部分农民农副产品的销售。

(三)产业扶贫。扶持华东林交所一点碳汇业务的开展,启动林权交易、农产品挂牌上市、林权抵押贷款等扶贫工作。

(四)金融、科技知识普及。在结对贫困县开展资本市场知识、金融证券等培训工作。开展干部交流学习,为贫困地区培养熟悉资本市场的业务骨干。加强金融知识普及,支持科教兴农,建立流动图书室,每年投放一定数量的金融、种植、养殖等方面读物,做好针对农户的科学普及工作。

(五)公益扶贫。在贫困县给全县贫困人口进行普惠扶贫,例如帮助解决贫困户解决子女入学、赡养老人以及残疾、重病患者家庭的生活困难等问题。

(六)扩大扶贫工作点。联系安徽、广西或云贵等地国家级贫困县,结合证监会要求,结对新的扶贫点,扩大扶贫范围。

(七)政府、绿色债等服务。与结对帮扶县签订财务顾问协议,帮助地方政府进行债务融资,用于地方经济建设。

(八)上市绿色通道。推动贫困县满足条件的企业在上海、深圳交易所上市,繁荣地方经济。

中国银河证券 2017 年度精准扶贫报告

一、精准扶贫规划

消除贫困、改善民生、逐步实现共同富裕,是社会主义的本质要求,是中国共产党的重要使命。党的十八大以来,习近平总书记高度重视扶贫开发工作。中国银河证券(以下称"公司")积极贯彻落实《中共中央国务院关于打赢脱贫攻坚战的决定》、中央扶贫开发工作会议精神,充分发挥资本市场作用,服务国家脱贫攻坚战略,履行公司社会责任。

(一)总体要求

按照中投党委的部署和要求及证监会、中国证券业协会的扶贫指导意见,公司积极履行社会责任,始终把扶贫工作作为履行社会责任、展示企业形象的重要手段,加强组织领导,加大资金投入,组织全系统干部职工紧密围绕"精准"二字,在精准施策上出实招、在精准推进上下实功,多措并举,群策群力,全方位加大对脱贫攻坚扶持力度。

(二)工作原则

为贯彻落实习近平总书记关于加大精准扶贫力度的一系列重要指示,落实好中央和中投公司党委的要求,确保兑现三年脱贫的庄严承诺,公司制订了 2017 至 2020 年扶贫工作规划,确保做到"三个显著提升",即扶贫资金力度显著提升,扶贫工作力度显著提升,扶贫政策支持力度显著提升。

在推进精准扶贫工作中,公司扶贫工作将始终坚持三个基本原则,努力做到五个有机结合。三个基本原则:一是始终坚持把完成好中投公司定点扶贫任务、贯彻落实中国证监会、中国证券业协会的扶贫指导意见作为重中之重。帮助定点扶贫地区甘肃静宁县脱贫,是中投党委交给银河系统的政治任务,公司将与银河金控一起,全力以赴,确保期到必成。同时,"十三五"规划期间,在证监会及中国证券业协会的指导下,证券行业将扶贫开发工作作为履行社会责任的重点,依托多层次资本市场建设,聚焦精准扶贫、精准脱贫,充分发挥证券行业人才优势、智力优势、资源优势和资本优势,履行社会责任。二是始终坚持突出"精准"二字。在精准施策上出实招、在精准推进上下实功,绝不搞大水漫灌式扶贫。一方面,公司会同被帮扶对象,把每一笔资金都落实到每一个具体项目,精打细算;另一方面,把每一笔投入、每一个项目的收益都直接与建档立卡的贫困户挂钩,详细测算每个项目能够带动多少贫困户实现脱贫,并在项目选择上,优先考虑能够带动较多贫困户脱贫的项目。三是始终坚持发挥证券公司的专业优势。通过发债、上市等,多渠道、多种方式为地方和企业脱贫筹集资金。

"五个结合":一是输血与造血相结合。在加大外部帮扶力度的同时,重点在于激活贫困地区的内生动力,提升其自身的持续发展能力,而不能一味地包办、代替;二是扶贫与扶智相结合。在加大资金、项目等投入力度的同时,通过支持贫困地区教育发展、干部培训、双向挂职交流等多种方式,培养贫困地区自有人才,为永久脱贫致富提供保障;三是项目设计与当地需求相结合。多听取当地干部群众的意见,防止脱离实际;四是治标与治本相结合。加大对贫困地区生态环境治理和改善力度,助力贫困地区可持续发展;五是当前与长远相结合。贫困地区基础相对薄弱甚至脆弱,需要立足当前,着眼长远,建立让农民增收的长效机制。

(三)总体目标

到 2020 年,协助当地政府稳定实现扶贫对象不愁吃、不愁穿,保障其义务教育、基本医疗和住房。贫困地区农民人均收入增长幅度高于全国平均水平,基本公共服务主要领域指标接近全国平均水平,扭转发展差距扩大趋势。

二、年度精准扶贫概要

(一)定点扶贫工作

2017 年公司加大扶贫力度,在原有 1 个定点扶贫县的基础上,增加至 5 个定点扶贫县,其中 3 个为深度贫困县。2017 年向 5 个公司定点扶贫县及 1 个证监会定点扶贫县共拨付 3,365 万元。

甘肃省平凉市静宁县

2017 年 11 月 7 日,与甘肃省静宁县签署定点扶贫框架协议,其中 2017 年捐赠 1,250 万元,主要用于银河公益林、畜牧养牛、苹果良种育苗、银河星光助学基金等项目。

内蒙古自治区林西县

2017 年 11 月 23 日,与内蒙古自治区林西县签署定点扶贫框架协议,其中 2017 年捐赠 500 万元,主要用于脱贫医疗保障基金项目。

贵州省道真县

2017 年 11 月 28 日，与贵州省道真县签署定点扶贫框架协议，其中 2017 年捐赠 440 万元，主要用于辣椒烘干线、花椒烤房等项目。

新疆维吾尔自治区和田县

2017 年 12 月 12 日，与新疆维吾尔自治区和田县签署定点扶贫框架协议，其中 2017 年捐赠 400 万元，主要用于绿色环保站、异地搬迁就业等项目。

山西省左权县

2017 年 12 月 15 日，与山西省左权县签署定点扶贫框架协议，其中 2017 年捐赠 400 万元，主要用于规模化养猪及农副产品加工项目。

山西省隰县

2017 年 12 月 28 日，公司与山西省隰县签署捐赠隰县村级光伏扶贫电站项目协议。结合隰县社会经济状况、能源资源和电源结构、光照条件、贫困程度等基本条件，确定对下李乡二老坡村及太平村建档立卡村为捐赠对象，捐资 150 万元建设二老坡村 0.2mw 光伏扶贫电站，捐资 225 万元建设太平村 0.3mw 光伏扶贫电站。共计捐助 375 万元人民币。

（二）稳步推进扶贫工作，深入调研扶贫项目

2017 年来，公司组织召开扶贫工作领导小组会议及学习十九大扶贫工作精神，先后派出 10 批次由公司党委委员带队赴甘肃省静宁县、内蒙古林西县、贵州省道真县、新疆和田县及山西左权县开展扶贫项目调研，通过考察帮扶贫困县经济、产业及现有企业的基本情况，并对相对成熟的企业做进一步研判和沟通交流，力求依托资本市场力量助力企业发展壮大，侧重帮助其产业升级、加强研发能力。

（三）全力支持教育扶贫

捐资助学是一项功在当代，利在千秋的事业，是中华民族扶危济困传统美德在新形势下的发扬光大。治穷先治愚，扶贫先扶智，扶智先育人，让贫困地区的孩子们接受良好教育，是扶贫开发的重要任务，也是阻断贫困代际传递的重要途径。公司持续加大对贫困地区银河小学提供支持，2017 年共计投入 183 万元。

新疆和田银河小学：2017 年捐赠 83 万元，主要用于购买学生校服、复印机、打印机、便携式计算机、办公桌椅等项目。

贵州冰溪银河小学：2017 年捐赠 71 万元，主要用于学校学生食堂、卫生间、学校大门、篮球场、笔记本电脑、复印机、打印机、校园广播等项目。

内蒙古阿尔山明水镇银河小学：2017 年捐赠 29 万元，主要用于学校篮球场、网球场地面硬化、购置打印机及数码摄像机等项目。

（四）发挥行业优势，为贫困地区注入金融“活水”

根据地方资源优势和产业特色，公司通过 IPO、新三板挂牌、政府债、公司债、企业债、PPP 融资等业务，积极支持和培育贫困地区优秀企业挂牌上市、辅导政府和企业发债，探索政府和社会资本合作的融资模式，促进贫困地区经济建设和可持续发展。公司充分利用交易所 IPO 和新三板挂牌对贫困地区企业的“绿色通道”，完善上市企业后备库，帮助更多符合条件的企业通过主板、中小板、创业板、全国中小企业股份转让系统等进行融资，提高融资效率，降低融资成本。

公司积极推动县内龙头企业“新三板”挂牌工作，目前甘肃省静宁县的“德美地缘”公司“新三板”挂牌工作已进入正式实施阶段。

根据各贫困县实际情况，公司探索产业扶贫的可能性，为当地扶贫项目及城镇建设项目提供融资服务，积极推介投资者到当地投资农业、旅游、地产等项目。

（五）智力帮扶，积极派驻挂职干部

公司选择素质优秀、年轻有为人员作为挂职扶贫干部到扶贫地区工作，向甘肃静宁县派驻挂职副县长 1 名、向山西省晋中市左权县羊角乡后岭村派驻第一书记工作队长 1 名及向海南省乐东县大安镇陈考村派驻驻村干部 1 名。

三、精准扶贫成效

单位：万元　币种：人民币

指标	数量及开展情况
一、总体情况	
其中：1. 资金	3,677.23
2. 物资折款	3.5
二、分项投入	
1. 产业发展脱贫	
其中：1.1 产业扶贫项目类型	√农林产业扶贫 □旅游扶贫 □电商扶贫 √资产收益扶贫 □科技扶贫 √其他
1.2 产业扶贫项目个数（个）	10
1.3 产业扶贫项目投入金额	1,615
2. 转移就业脱贫	-
3. 易地搬迁脱贫	-
4. 教育脱贫	
其中：4.1 资助贫困学生投入金额	183
5. 健康扶贫	
其中：5.1 贫困地区医疗卫生资源投入金额	500
6. 生态保护扶贫	
其中：6.1 项目名称	□开展生态保护与建设 √建立生态保护补偿方式 √设立生态公益岗位 □其他
6.2 投入金额	1,250
7. 兜底保障	-
8. 社会扶贫	-
9. 其他项目	-
其中：9.1. 项目个数（个）	15
9.2. 投入金额	129.23
三、所获奖项（内容、级别）	-

四、后续精准扶贫计划

（一）学习研究习近平扶贫思想，切实有效地开展扶贫工作

全面系统学习习近平扶贫思想，深化理解、武装头脑、指导实践、推动工作，牢记初心使命，坚定信心决心，增强忧患意识，科学谋划 2018 年各项重点工作，全面打好精准脱贫攻坚战。选准特色产业和增收显著的项目，连续扶持，打造品牌，延长产业链条，实现农民的持续增收，探索成功走出具有特色的教育扶贫和产业扶贫路子。

（二）适时的增加结对帮扶贫困县，做好结对贫困县帮扶工作

根据公司扶贫工作规划、社会责任及经营需要，以深度贫困地区脱贫攻坚为重点，适时的增加结对帮扶贫困县，做好结对贫困县帮扶工作。

（三）加强对扶贫资金使用的监管

集中力量自查扶贫工作中的责任落实、工作措施、工作作风、资金管理使用问题，坚决杜绝扶贫领域腐败和作风问题专

项治理,确保扶贫工作取得阶段性成效。

(四)扶贫与扶志扶智相结合,激发内生脱贫动力

挖掘自身资源从就业扶贫、培训帮扶等方面,多方位、多维度地开展扶贫工作。同时,继续对"银河小学"的持续帮扶。

(五)凝聚各方合力,调动和发挥员工、客户参与公益事业积极性

调动和发挥员工、客户参与公益事业积极性,适时适量选择品学兼优的各地"银河小学"贫困学生,在公司网站社会责任栏目中发布相关信息,促成双方自愿结对帮扶;发动广大员工客户捐献子女使用的各类书籍,充实银河小学图书室;选派优秀青年员工赴"银河小学"短期挂职团委干部兼辅导员。

(六)加强宣传,营造良好社会氛围

结合公司扶贫工作,积极主动开展扶贫宣传工作,汇聚脱贫攻坚正能量。

中金公司2017年度精准扶贫概要

2017年期间,中金公司通过北京中金公益基金会捐款人民币9,971,260.38元,协助改善贫困地区的教育质量、医疗及卫生设施,以及保护自然环境。

北京大兴蒲公英中学中金教师发展基金及新校舍建设项目:共捐出人民币1,371,260.38元,用于改善办学情况、表彰和鼓励优秀教师、培训教师教育教学技能、支持志愿者的教学活动及资助新校舍建设。

山西安家皂村学校改造项目:中金公司继续支持学校改造项目并捐出人民币1,420,000元。中金员工亦付出时间和运用知识制定一套校务管理机制。

青海省祁连县公益帮扶教育资助项目:共捐出人民币200,000元,用于资助祁连县当地学校购买教学设备(如计算机)及改善办学条件。

安徽省岳西县教育扶贫基金:共捐出人民币2,000,000元,用于扶助贫困儿童上学。

湖南省古丈县山村幼儿园走教志愿者发展基金:共捐出人民币250,000元。于2017年5月,中金公司亦分别捐赠85套总值人民币14,185元的运动服及25台桌面计算机予湖南古丈县教体局,资助及改善志愿者的工作及生活状况。

湖南古丈县慧育中国项目:共捐出人民币1,500,000元,通过家访提供养育指导。幼儿获发成长及发展所需的营养食品。我们藉此项目推广婴幼儿全面发展,打破跨代贫穷的困局。

西藏母子保健协会乡村医生培训计划:共捐出人民币200,000元,用于支持开展乡村医生妇幼保健培训和小区妇幼健康教育培训。

四川岳池县白庙镇危房改造项目:共捐出人民币100,000元,用于改善贫困地区的生活环境,确保达致基本卫生条件。

湖南省古丈县山村幼儿园走教志愿者发展基金:共捐出人民币1,500,000元,用于协助残疾人士改善生活状况。

安徽省岳西县建档立卡贫困家庭残疾人精准脱贫项目:共捐出人民币500,000元,用于协助残疾人士改善生活状况。

山西省隰县扶贫电站项目:共捐出人民币750,000元,用于推动能源结构调整、保护生态环境。

湖南古丈县金融干部培训项目:共捐出人民币135,000元,助力贫困县培养自己的金融人才以管理、服务于当地经济发展。

安徽省岳西县金融干部培训项目:共捐出人民币45,000元,助力贫困县培养自己的金融人才以管理、服务于当地经济发展。

中山证券2017年度精准扶贫报告

一、精准扶贫规划

中山证券(以下称"公司")在深入的实地调研基础上,认真分析各方资源禀赋,充分发挥自身专业优势,紧扣帮扶地区的产业发展内在需求,以推动帮扶地区实现"造血"功能为目的,以产业扶贫为核心抓手,积极探索多渠道、多方式的精准扶贫工作方式。

建立了长效帮扶机制。公司已探索组建了公司领导及扶贫县相关领导任站长、副站长的"金融扶贫工作站"并将金融扶贫工作站的工作宗旨、工作职责、工作方式等具体实施内容正式纳入战略合作协议中,以建立规范化、制度化和长效化的扶贫工作机制;同时,将积极构建帮扶工作责任落实机制、双方主要领导现场及电话会议等会谈机制、重要信息及时交流机制、发动客户积极参与扶贫机制等工作机制,有力保障了扶贫工作的实施。

强化了实地调研工作。为摸清帮扶对象底数,找准帮扶工作切入点,在公司主要领导带队实地调研的基础上,将安排、督导投行业务人员组成的工作调研组前往"一县一企"结对帮扶企业开展实地产业调研工作,取得了较为详实、具备参考价值的调研成果,为精准扶贫提供了宝贵的第一手资料。

抓好了金融扶贫工作。在调研的基础上,公司将专题研究开展金融产品和服务方式创新,积极支持贫困地区企业利用多层次资本市场拓宽融资渠道。通过产业扶贫的方式,既发挥了公司资本市场资源配置功能,拓宽了帮扶地区企业的融资渠道,同时也降低了企业融资成本,提高了企业融资效率,还在一定程度上增强了帮扶地区产业自我发展能力和造血功能,对稳定就业、壮大税源也起到了一定的间接作用。

积极推动消费扶贫。继续利用利用好中证互联公司的平台优势,协助推荐结对帮扶县农产品上线金融扶贫综合服务平台。同时,积极发动公司广大员工、客户等,购买结对帮扶县的农产品,切实帮助结对帮扶县农户提高收入。

二、年度精准扶贫概要

在帮扶对象方面,公司新增了两家结对帮扶对象,与湖北省建始县、广西隆林县签署了结对帮扶协议,截至目前,公司已与云南省永仁县、贵州省普定县、湖北省建始县、广西隆林县等4个国家级贫困县建立了结对帮扶关系,并与4个结对帮扶县的4家企业建立"一县一企"帮扶关系。

在消费扶贫方面,公司积极采购帮扶对象当地企业生产的产品,得到了企业和当地政府的好评。在扶贫考核方面,根据《证券公司脱贫攻坚等社会责任履行情况专项评价指标》的评价标准,公司2016年脱贫攻坚等社会责任履行情况专项考核得分为1.2分,排名行业第4名。在2016年度分类评级中,扶贫考核项获得满分1分(扶贫考核在分类评级考核中分值权重最高为1分)。扶贫工作为公司年度分类评级做出了应有贡献。

在扶贫荣誉方面,基于公司在精准扶贫工作中的突出贡献和特色模式,公司被授予"最佳产业开发奖""2017年扶贫项目融资先锋投行""2017年最佳扶贫项目融资案例"等荣

誉。在扶贫宣传方面,《证券时报》对公司以产业扶贫为主要抓手的扶贫工作模式进行了专题报道,《国际金融报》对公司在脱贫攻坚等社会责任履行情况专项评价中取得的优异成绩进行了跟踪报道,有力地提升了公司的品牌知名度和美誉度。

三、后续精准扶贫计划

下阶段,公司将在中国证监会、中国证券业协会的指导下,按照既定工作规划与目标,继续推进产业扶贫工作,继续发挥"金融扶贫工作站"功能,继续大力推动消费扶贫、教育扶贫工作,积极协助做好招商推介工作,以加大对已签署战略合作协议结对帮扶贫困县的精准扶贫工作力度,继续做好精准扶贫工作。

中泰证券 2017 年度精准扶贫概要

2017 年,中泰证券(以下称"公司")在致力系统重要性现代投资银行建设的过程中,坚持履行社会责任与促进公司改革发展相结合,推进"责任型、创新型、和谐型"企业建设,积极从事社会公益事业,实现公司与社会的协调可持续发展。报告期内,公司被中央文明委授予全国文明单位称号,成为第五届全国文明单位中唯一一家入选的证券公司。

公司自觉把企业社会责任融入经营管理活动当中,把回馈社会、服务民生作为自己义不容辞的社会责任,着力在金融扶贫、产业扶贫、消费扶贫、慈善扶贫和智力扶贫等方面发力,努力争当脱贫攻坚的贡献者、精准扶贫的实践者。

一、在金融扶贫方面,致力服务实体经济

公司积极响应中国证券业协会关于"一司一县"和"一县一企"扶贫工作倡议,至报告期末,累计与新疆喀什疏勒县、宁夏固原原州区等 9 个国家级贫困县签订了结对帮扶协议,与相关企业签订了财务顾问协议,签约总量位居券商前列。

充分发挥自身业务优势,全力支持贫困县区企业通过 IPO、企业债、新三板挂牌等方式开展直接融资,提高贫困地区利用资本市场促进经济发展的能力。截至报告期末,已为重庆黔江区、贵州黔南州发行了 2 个债券项目,融资 27 亿元;2017 年 11 月 2 日,推荐挂牌的威德环境成功挂牌新三板;11 月 16 日,保荐承销的陕西盘龙药业在深圳证券交易所挂牌上市,募集资金 2.17 亿元,成为陕西省商洛市第一家上市公司,为当地企业树立了标杆。子公司鲁证期货捐赠 100 万元,通过"保险 + 期货"的方式,为黑龙江桦川县 11 万吨玉米现货进行托底价格收购,帮助其抵御市场价格波动风险。

二、在产业扶贫方面,努力培育造血机能

公司注意充分发掘贫困地区资源优势,大力支持贫困户发展养殖、种植、加工等特色产业,帮助提升自身造血能力。公司作为主办券商的新三板挂牌项目——山东建华中兴手套股份有限公司,近年来在新疆英吉沙县设立卫星工厂 17 个,解决当地 2000 多名维吾尔族妇女的就业,对助力当地维吾尔族群众脱贫、维护边疆稳定发挥了重要的示范带动作用,得到中央领导同志、新疆自治区党委和山东省援疆总指挥部的高度重视和肯定,"中兴模式"专门被央视"焦点访谈"报道,中央电视台以此为背景制作的公益广告片《古丽的中国梦》,在央视多个频道滚动播出,产生了积极的社会影响。子公司鲁证期货捐资 176.5 万元,专项用于陕西省延长县果园防雹网、蓄水池等项目建设,预计可有效保障该县两个村共计 97 户、215 名贫困人口实现整体脱贫。

三、在消费扶贫方面,助力拓宽产品销售渠道

公司帮助贫困地区企业和农户挖掘当地绿色产品卖点,通过自身消费、员工推广等方式,依托中证互联打造的"中证普惠"服务平台,拓宽了贫困地区的优质农产品销售渠道。公司工会 2017 年在新疆疏勒、安徽舒城县采购 600 余万元农产品,有效解决了两地农产品滞销难题,增加就业岗位近 200 个,推进和带动了当地农产品生产加工产业的发展。

四、在慈善扶贫方面,大力帮扶弱势群体

2017 年以来,围绕扶贫计划,通过山东中泰慈善基金会向国家级贫困县区安徽省六安市裕安区捐赠 20 万元,定向帮扶 40 个建档立卡贫困户发展养殖、种植等产业;发起中泰·助学计划,成立 50 万元郓城县中泰教育扶贫基金,定向帮扶该县建档立卡贫困户幼儿园至高中阶段的 316 名学生;向山东财经大学认捐 200 万元(2017 年捐赠 50 万元),用于设立中泰助学金、支持优秀科研课题等项目。

中天证券 2017 年度精准扶贫概要

推动精准扶贫,助力建设小康社会。按照党中央及省委省政府、证监会和证券业协会关于开展对口帮扶工作的有关要求,中天证券主动思考,靠前行动,把扶贫工作作为一项重要工作同业务工作同计划、同部署,抓好抓实,扶贫工作取得了质的提升。

一是扎实做好中天证券定点帮扶地区的扶贫工作。在去年帮扶工作的基础上,按照省委省政府及省委组织部、省扶贫办的要求,加大对结对帮对象扶法库县卧牛石乡刘丙堡村的帮扶力度。2017 年,中天证券深入村中开展调研 5 次。按照精准扶贫的工作思路,通过与村委会的沟通交流,对村中投入扶贫资金 20 万元,用于光伏发电项目的建设,补贴村集体经济及贫困户,较好地解决了扶贫工作的由"输血"变"造血"的难题,得到了省委组织部、省扶贫办考核组的肯定。

二是科学谋划国家级贫困地区对口帮扶工作。按照证券业协会的有关要求,按照"一司一县"有关倡议,中天证券认真研究、反复论证,在黑龙江省国家级贫困地区开展结对帮扶。2017 年,已与桦南县签署了结对帮扶协议,并成功引入玉米场外期权项目,探索帮助以单一农业种植收益为主要收入来源的扶贫对象找到一条市场化、持续化的扶贫道路。

三是积极响应证券业协会的扶贫号召。按照协会《关于支持山西省隰县光伏扶贫村级电站建设项目的倡议》(中证协发〔2017〕210 号)的要求,积极推动该扶贫建设项目的落地落实,投入 75 万元认领阳头升乡刁家峪村光伏项目。

中信建投证券 2017 年度精准扶贫概要

2017 年,中信建投证券牢记"汇聚人才、服务客户、创造价值、回报社会"的使命,作为资本市场建设和国民经济发展的参与者、推动者、受益者,认真贯彻党中央、国务院、证监会关于打赢脱贫攻坚战的政策方针,积极响应中国证券业协会号召,全面履行企业社会责任,重点推进"一司一县"及"一县一企"结对帮扶工作。目前已与山西省吉县、江西省安远县和甘肃省礼县三个贫困地区的 10 家企业建立结对帮扶关系,大力支持贫困地区发展,各项工作取得了较好成绩。为更好地履行公司社会责任并增强员工的社会责任意识,2017 年,中信建投证券将每年的 10 月 17 日(国家扶贫日)确定为公司的“社会公益日”,今后的每一年都将在这一日组织开展公益捐款等活动。公司本年度共筹集爱心善款 157 万余元,员工参与率高达 91.86%,筹集的资金将全部用于扶贫等相关公益事业的开展。

2017 年,中信建投证券累计对外捐赠项目 18 个,捐赠金额人民币 5,989,779 元(含员工个人捐赠),主要涉及扶贫、助学、资源保护等项目。其中,公司向山西省吉县、甘肃省礼县等两个国家级贫困县捐赠人民币 217 万元;向山西省隰县捐赠人民币 150 万元用于村级光伏电站的建设;再次向中国儿童少年基金会“安家皂小学危房改造项目”捐赠人民币 142 万元等,有力地支持了当地的扶贫及教育事业的发展。

中信证券 2017 年度精准扶贫报告

一、精准扶贫规划

基本方略:中信证券凭借金融服务助力产业扶贫,依据市场供求促进产品销售扶贫,依托内外力量推动教育等公益扶贫。

总体目标:汇集中信证券体系的上下资源,集中力量,侧重对口扶贫县,持续推进成熟的项目,聚焦精准扶贫,助力贫困地区的经济发展,改善民生。

主要任务:

(一)在贫困地区挖掘或培育适于当地的产业项目,或引进资源,或协助宣传,或增加产能,并将外界的信息及时传递到边远的贫困地区,借助资本市场的力量促进贫困地区的社会经济发展。对贫困地区的农产品,助力销售,优先采购。

(二)在西藏自治区那曲地区申扎县基础教育领域持续投入,使藏民的孩子尽可能多的进入幼儿园接受幼儿教育,不再随父母飘荡;改善中小学的教育环境,使入校学生得到更良好的系统教育。

(三)持续资助河北省张家口市沽源县一中的贫困高中学生,每届资助 100 名学生,使他们在三年的学业中有一个基本生活保障,充实更多的知识与技能,进而回报家庭和社会。

(四)自 2017 年起,中信证券持续对口扶贫江西省赣州市会昌县,在未来几年,将重点对会昌县在金融、产业等方面帮扶;此外,选择具体帮扶的贫困村,针对基础设施、教育设施改善和产业发展、危房改造等方面给予参谋,并合力推进精准扶贫项目,对建档立卡贫困户增收摘帽进行必要的援助。

(五)探索新的途径或贫困地区,协力地方政府为主的精准扶贫规划的有效实施。

保障措施:

(一)选派得力骨干,赴贫困地区调研(或挂职)、提供培训支持,探索恰当的扶贫模式,推进并跟踪既定事项。

(二)与对口扶贫地区签订(或继续履行)全面合作及专项单项的协议,保障扶贫工作的落实。

(三)保持金融团队的稳定与专业性,保障贫困地区证券金融服务的有效覆盖。

(四)持续维护好员工公益资金平台,集众人之力办大事。

(五)对成熟并有互动意义的项目,加大协同力度,发挥更大的效用,形成多赢局面。

(六)依托第三方扶贫机构及专业团队,将成熟的经验与机制辐射到对口的贫困地区,促进精准扶贫的落地实施。

(七)继续派驻援藏干部一名,奋斗在援藏扶贫的第一线。

二、年度精准扶贫概要

(一)2017 年 4 月初,中信证券(以下称“公司”)董事长率领团队赴江西省赣州市会昌县调研,沟通合作意向,成立“中信证券会昌县扶贫专项工作小组”,与会昌县签订了对口扶贫协议;2017 年 4 月下旬,会昌县县委相关领导到公司,与公司进行扶贫工作深入交流,促进帮扶事项的尽快落实;2017 年 5 月,公司专业团队为会昌县干部及企业人员进行了资本市场等金融知识的专题培训;2017 年 5 - 6 月,公司两次派干部深入会昌县调研落实帮扶贫困村和帮扶项目事项,走访部分贫困户;2017 年 6 月 15 日,公司通过下属直投子公司向会昌县石磊集团的氟材料企业投资人民币 999 万元,同时也带动其他投资人一起为该企业实现 1.08 亿元的股权融资(包括公司自有资金投资),侧重帮助其产业升级、加强研发能力、扩大生产规模,做大做强主业。同时,公司依托在各地举办的大型研讨会及论坛,主动宣传会昌县,为其招商引资。经过 2017 年 9 - 10 月份的实地考察,公司针对会昌县下营村确定了以太阳能光伏发电为主导的扶贫模式,并于 2017 年 11 月 3 日与会昌县人民政府、天合光能签订了《中信证券捐赠扶贫下营村光伏项目建设合作协议》,其中一期工程投资人民币 236.894 万元,该工程已于 2017 年 12 月 26 日竣工验收,每年能给 136 户贫困户带来收入人民币 1,400 元/户/年,村集体收入人民币 9 万元/年。

(二)公司担任国家贫困县安徽省阜阳县某材料公司 A 股上市主承销商,2017 年 6 月申报材料已上报中国证监会。

(三)2017 年,公司协助中和农信公益小额贷款 1 - 4 号资产支持专项计划的申报工作,并完成 1、2 号专项计划的设立,3、4 号专项计划预计于 2018 年设立。公司多次参与该产品的认购,并收到了中国扶贫基金会的《感谢信》。

(四)公司骨干陈人杰,面对海拔 5,000 米的藏北高原的艰苦环境,继第 7 批援藏挂职期满后,再次申请成为第 8 批中央援藏干部的一员,继续奋斗在援藏扶贫的第一线。

(五)公司在西藏自治区申扎县申扎镇六村和雄梅镇八村援建的第三、第四所幼儿园正式开园。

在申扎县卡乡五村及塔尔玛九村援建的第五所、第六所幼儿园已经建设完成并通过验收,计划 2018 年春季开园,年内捐资人民币 310.32 万元。

(六)公司继续资助河北省沽源县一中贫困高中学生人民币 30 万元,县政府同比例出资人民币 30 万元,使 300 位在校贫困高中学生,可获得人民币 2,000 元/人/年的资助,以帮助其完成高中三年的学业。

(七)公司积极支援贫困地区农产品销售。2017 年两次采购山西省临汾市隰县香梨共人民币 132.94 万元;2017 年 8 月采购新疆维吾尔自治区麦盖提县刀郎土瓜人民币 26 万元;2017 年 12 月在江西省会昌县集中采购赣南脐橙近人民币 9 万斤,已支付人民币 50 万元;2017 年 12 月依托中国扶贫基金会“善品公社”平台,采购吉林省舒兰大米 68,376 斤,已支付人民币 30 万元。

(八)公司浙江分公司向浙江省宁波市余姚泗门镇万瑞东昇学校捐款人民币 35.5 万元;向浙江省温州市永嘉县枫林镇沙岗圣雄希望小学捐款人民币 15.88 万元;向浙江省天台县洪畴中学捐款人民币 15 万元。上述捐款全部用于学校改善教学条件,为学校实施综合素质教育提供平台,帮助学校深化落实开展学生素质教育提供保障。

(九)公司下属中信期货利用“保险 + 期货”模式帮扶农户。中信期货向黑龙江省海伦市百华农机专业合作社免费赠送农业合作社玉米看跌期权，权利金人民币 8.8 万元，合约到期后，百华农机专业合作社获得期权赔付人民币 1.8 万元；为江西省鄱阳县古县渡镇南坂村基础坝体建设提供人民币 20 万元资金支持；向陕西省延长县无偿提供人民币 100 万元精准扶贫产业扶持资金；给广东省紫金县凤安镇横排村每户贫困户捐赠价值人民币 200 元的米油及人民币 200 元现金慰问，相关金额合计人民币 1.68 万元；投入人民币 36.2 万元帮助江西省鄱阳县鄱阳镇玪曹村建设蔬菜大棚基地。

（十）公司下属华夏基金向陕西省咸阳市慈善扶贫协会捐赠人民币 20 万元，作为咸阳北四县定点扶贫资金；向山西省汾西县“光伏农场”扶贫项目捐赠人民币 60 万元；捐资人民币 68 万元，用于江西省会昌县下营村小学新建教师周转宿舍及电教设备采购；向陕西省紫阳县界岭镇五一教学点捐赠人民币 15 万元解决教师住宿难以及学生就餐难问题。

三、精准扶贫成效

单位：万元　币种：人民币

指标	数量及开展情况
一、总体情况	
其中：1. 资金	2,275.9
2. 物资折款	-
3. 帮助建档立卡贫困人口脱贫数（人）	161
二、分项投入	
1. 产业发展脱贫	
其中：1.1 产业扶贫项目类型	√农林产业扶贫 □旅游扶贫 □电商扶贫 √资产收益扶贫 □科技扶贫 √其他
1.2 产业扶贫项目个数（个）	3
1.3 产业扶贫项目投入金额	1,471.9
1.4 帮助建档立卡贫困人口脱贫数（人）	-
2. 转移就业脱贫	8
其中：2.1 职业技能培训投入金额	8
2.2 职业技能培训人数（人/次）	300
2.3 帮助建档立卡贫困户实现就业人数（人）	-
3. 教育脱贫	508.7
其中：3.1 资助贫困学生投入金额	64
3.2 资助贫困学生人数（人）	404
3.3 改善贫困地区教育资源投入金额	444.7
4. 其他项目	
其中：4.1 项目个数（个）	12
4.2 投入金额	287.3
4.3 帮助建档立卡贫困人口脱贫数（人）	161
4.4. 其他项目说明	-

四、后续精准扶贫计划

继续积极落实中国证监会关于“资本市场服务脱贫攻坚”的有关要求，为贫困地区提供资本市场等相关金融服务，支持贫困地区产业发展，助力贫困地区农产品销售，资助贫困及边远地区的基础教育事业。

2018 年主要计划如下：

（一）继续支持西藏自治区那曲地区申扎县幼儿及基础教育事业，按计划援建第七、第八所村镇级幼儿园，预计人民币 300 余万元。

（二）继续资助河北省张家口市沽源县一中贫困高中学生，适时组织员工代表与受助贫困高中生开展见面交流活动，与学校师资一起促进学生德智体全面成长。

（三）继续做好对口江西省赣州市会昌县的一系列扶贫帮扶工作。选派适宜的扶贫干部到第一线，积极参与当地的脱贫攻坚战，为当地产业和经济活动提供及时的金融服务；预计捐资人民币 240 万元左右，继续完成会昌县下营村光伏二期工程建设；计划捐助人民币 300 余万元，用于改善会昌县部分基层党支部的建设；继续调研、选择、立项并落实其他具体扶贫项目。

（四）落实《中信期货有限公司与江西省潘阳县关于精准扶贫项目合作备忘录》，与潘阳县扶贫办合作，精选扶贫项目，在危房改造、建设蔬菜大棚基地、改造村民卫生条件等方面选择项目，狠抓落实，计划投入资金人民币 45 万元。此外，还计划在江西省东乡县珀玕乡北庄村助学、“保险 + 期货”、场外期权扶贫等项目上予以支持。

（五）关注贫困县的经济发展动向与需求，利用公司在金融证券领域的优势，为实体经济提供多方位的资本市场层面的有效服务，助力贫困地区的企业规范运营、产业升级、开拓市场、发展壮大。

（六）贯彻“精准扶贫”的精神，依托公司在贫困地区尝试推进的扶贫案例和经验，继续探寻其它适用的贫困地区，根据贫困地区的实际需求，认真调研和拟定方案，适时立项出资，及时推动实施，扩大扶贫成效，为脱贫攻坚多做贡献。

中银国际证券 2017 年度精准扶贫概要

一、教育扶贫

扶贫斩穷根，扶智当先行。中银国际证券向黑龙江省延寿县捐助 30 万元精准教育扶贫基金用于该县建档立卡的贫困学生，分三年支付。在确定首年精准教育扶贫资金的帮扶对象后，支付了第一年精准教育扶贫资金 10 万元。

中银国际证券还通过公益平台发起了“冬日书屋计划”活动，向全体员工发起号召，为陕西长武县相公中学募集捐款，得到广大员工的积极响应。在短短 10 天内捐助了80,100 元，共置办图书 5445 册及 6 组崭新书架。为相公中学的师生送去了温暖，改善学校的办学条件，促进学生健康成长。

二、产业扶贫

针对延寿县工业基础较差的情况，与延寿鸿源食品有限公司达成合作意向，发挥公司业务优势，帮助其开展引资入股、IPO 辅导上市、开拓市场等工作；积极引荐“小香猪”等特色养殖项目，支持当地传统农业向特色农业转型。

三、消费扶贫

中银国际证券安排 53 万元资金采购黑龙江延寿县和陕西咸阳永寿、长武、旬邑、淳化四县在“公益中国”平台销售的农副产品，并动员公司员工积极参加公益消费，为贫困地区脱贫贡献一份力量。

中原证券 2017 年度精准扶贫报告

一、精准扶贫规划

（一）根据中国证券业协会《关于证券行业履行脱贫攻坚社会责任的意见》相关要求，为助力河南省脱贫攻坚工作，中原证券已成立脱贫攻坚领导小组及办公室。

（二）发挥公司“六位一体”全产业链优势，为贫困县提供全方位的扶贫服务。一是发挥股权中心作用，精准对接贫困县中小企业挂牌展示和融资需求；二是发挥投行业务优势，帮助贫困县企业主板上市、新三板挂牌；三是对贫困县企业进行直接投资。

(三)合作设立产业投资基金。中鼎开源、中证开元与贫困县深度合作,通过市场化运作方式设立相应的产业投资基金,发挥专业优势对贫困县各类优质企业提供资金支持和帮助。

(四)发挥河南省扶贫基金会的平台优势,加大对贫困县的公益扶贫力度。

(五)对贫困县贫困村进行精准扶贫。

二、年度精准扶贫概要

(一)一司一县结对帮扶

中原证券(以下称"公司")响应中国证券业协会关于证券公司落实"一司一县"结对帮扶的倡议,在上年结对帮扶兰考县、固始县的基础上又增加了南阳市桐柏县、驻马店市上蔡县为结对帮扶定点县。

(二)一县一企结对帮扶

中国证券业协会2017年9月发出了关于《推动"一县一企"深化精准扶贫——证券公司服务脱贫攻坚再行动倡议书》,经公司各部门共同努力,已有2家公司进入上市辅导,与7家企业初步达成IPO合作意向。

(三)扶贫具体成果

1. 消费扶贫

购买兰考张庄村、固始官桥村、新县贫困户村民农副产品合计24万元,建档立卡贫困户68人受益。

2. 教育扶贫

通过河南省扶贫基金会对兰考县东坝头乡张庄小学捐赠50万元,用于对教学设备的更新、教学条件提升,并联合三公利华捐赠价值15万元篮球场地一块。

3. 区域市场企业挂牌展示

2017年,在公司各分支机构的共同努力下,共85家贫困县企业在股权中心挂牌。同时股权中心还对贫困县企业实行"专人对接、专项审核"的绿色通道政策,并减半收取挂牌服务费和场地费,积极促进当地中小企业规范发展。

4. 支持贫困县党建工作

公司于2017年11月1日、8月17日、10月25日分别向固始县、桐柏县、上蔡县三个帮扶定点贫困县各捐赠50万元,共计150万,用于基层党群服务中心建设。

5. 其他捐赠

向河南省体育发展基金会捐赠130万元,用于支持河南省体育事业发展。

6. 助发企业债

濮阳县企业债14亿元及泌阳县企业债8亿元已获发改委批复,将择机发行。

(四)利用河南省扶贫基金会助力全省扶贫工作

作为理事长单位,公司积极支持河南省扶贫基金会发展,专门选派公司党委委员、工会主席担任理事长,选派工会优秀干部任秘书长,同时将以前相对分散的公司捐赠资金通过该平台集中使用,以更好服务精准脱贫。

2017年河南省扶贫基金会共接受社会捐赠资金4.7亿元,接受物资捐赠价值270余万元;与恒大集团、碧桂园集团、中原证券、河南伊川农村商业银行股份有限公司、中国建设银行河南省分行等一批爱心企业进行公益合作,并动员五万余名爱心人士参与公益活动;直接救助1,670余户贫困户,带动近万名贫困家庭劳动力就业,使2万余名贫困学生从中受益。

(五)选派援疆干部和驻村第一书记,直接参与脱贫攻坚

报告期内,根据中共河南省委组织部安排,公司选派一名援疆干部任哈密市国有资产投资经营有限公司副总经理,并自觉围绕新疆发展总目标,助力哈密市国有资产投资经营有限公司2017年取得审批融资221.02亿元,实现融资业务收入1,484万元。公司与哈密市人民政府签署了金融援疆战略合作备忘录,为下一步各单项业务深入对接推进打下了基础。

2017年11月,根据中共河南省委组织部的安排,公司通过公开报名、选拔等程序,精心挑选了一位政治素质好、能力强且年富力强的优秀干部,担任革命老区河南省光山县罗陈村驻村第一书记。为进一步加快罗陈村脱贫,公司党委已决定向该村捐助50万元,用于基层党建基础设施建设。

三、精准扶贫成效

单位:万元 币种:人民币

指标	数量及开展情况
一、总体情况	
其中:1. 资金	404
二、分项投入	
1. 产业发展脱贫	
其中:1.1 产业扶贫项目类型	□农林产业扶贫 □旅游扶贫 √电商扶贫 □资产收益扶贫 □科技扶贫 □其他
1.2 产业扶贫项目个数(个)	1
1.3 产业扶贫项目投入金额	24
2. 教育脱贫	
2.1 改善贫困地区教育资源投入金额	50
3. 其他项目	
其中:3.1. 项目个数(个)	3
3.2. 投入金额	330

四、后续精准扶贫计划

(一)充分发挥沪港两地上市公司优势,进一步加大支持脱贫攻坚的力度,努力为贫困县企业提供股权、债权、投资等一揽子综合金融服务,多维度、多层次支持固始县、桐柏县、上蔡县、光山县等河南省内的贫困县企业加快发展。

(二)充分发挥专业优势,促进罗陈村尽快脱贫,争取打造出一个贫困村依靠发展经济、增强"造血"功能实现脱贫致富、建成基层党组织的标杆。

(三)加大对河南省扶贫基金会的支持力度,支持其实施"百千万"工程,即:逐步实施提升一百个贫困村卫生室条件、资助三千名以上特困高中生、助力一万户贫困家庭脱贫,以进一步提升精准扶贫效果。

(四)拟在股权中心新增挂牌贫困县优质企业100家以上。

(五)中鼎开源拟与固始县合作成立固始县创新产业投资基金。

立足期货市场 全面实施精准扶贫战略

——海通期货精准扶贫情况介绍

为深入贯彻中央关于扶贫工作号召,积极响应证监会关于发挥资本市场作用服务国家脱贫攻坚战略的倡议,充分发挥期货公司在金融衍生品领域的专业优势,海通期货协同多方资源与力量,以扶助农业产业为驱动,以"保险+期货"和

"场外期权"模式为载体，于2016年底正式启动了《海通期货产业扶贫项目》。截至2017年三季度，海通期货已与五个国家扶贫工作重点县结成合作对象，凭借专业的金融衍生品风险管理技术和经验，坚决贯彻落实国家精准扶贫战略，以点带面、深入推进产业扶贫计划，通过专业的服务为期货行业履行脱贫攻坚社会责任，贡献了智慧与力量。

一、河南睢县鸡蛋场外期权精准扶贫项目

河南省睢县属国家扶贫开发重点县，众多农户、农业企业从事蛋鸡养殖行业，逐渐形成了鸡蛋产业由上至下产业链经济。2017年，海通期货以获得大连商品交易所"场外期权"试点项目资格的鸡蛋利润套保指数场外期权为基础，以定制化的鸡蛋利润套保指数为交易标的，针对睢县蛋鸡养殖农户的实际生产情况设计专属的场外期权保险产品。该项目于2017年4月到期，依据约定，蛋农获得了来自海通期货的保险补偿。此次合作为蛋鸡养殖户打开了金融大门，增强了其对抗经营利润下跌风险的能力，为进一步在蛋鸡养殖地区做深入推广打下基础，让更多更广范围内的蛋鸡养殖农户享受到惠利，发挥好金融工具的作用，真正服务实体经济。

二、云南勐海县白糖场外期权，云南西畴县、广西隆安县白糖"保险+期货"精准扶贫项目

云南、广西是我国植蔗及产糖大省（区），甘蔗及糖产业链是两省（区）重要的经济支柱之一。2017年，海通期货扶贫调研组在云南、广西两地开展实地调研，为进一步合作奠定基础。年初，海通期货为勐海县农业合作社蔗农量身定制了白糖场外期权保价方案。该方案执行过程顺利，并于2017年4月到期，合作社获得了保价补偿，有效地增强了蔗农对抗白糖价格下跌风险的能力。年中，在郑州商品交易所的大力支持下，海通期货联合人保财险，为云南西畴县、广西隆安县两地蔗农的4.62万吨甘蔗提供保价服务，有序开展了白糖"保险+期货"精准扶贫项目。

三、海南琼中县橡胶场外期权及"保险+期货"精准扶贫项目

天然橡胶是我国重要的战略物资和工业原料，而近些年来橡胶价格整体出现了大幅下滑，给天然橡胶产业的稳定发展带来威胁，影响胶农生产的积极性。2017年初，海通期货充分发挥期货公司在衍生品市场的优势，联手风险管理子公司海通资源，为海南琼中县福岛橡胶合作社的农户提供场外期权保价费用补贴与服务。该项目实施效果显著，胶农最终获得海通期货保价补偿，规避了方案执行期间橡胶价格的下跌风险，解决了胶农后顾之忧，保障了胶农的劳作收益。今年5月，基于海南琼中项目经验，并在上海期货交易所的大力支持下，海通期货以"保险+期货"模式扩大试点范围，将保障送到更多贫困县农户手里。

四、黑龙江明水县玉米场外期权精准扶贫项目

2016年年底，海通期货启动黑龙江玉米"场外期权"精准扶贫任务，并与大兴安岭南麓特困片区扶贫连片开发重点县的明水县结为扶贫合作对象。海通期货与当地合作社开展了玉米场外期权保价方案，帮助其达到锁定玉米价格、规避风险的目的。

五、黑龙江桦川县大豆"保险+期货"精准扶贫项目

在大连商品交易所大力支持下，2017年下半年海通期货联合人保财险与黑龙江桦川县建立"保险+期货"试点合作关系，为桦川县当地农户的1.3万吨大豆进行价格保障服务，目前该项目正在有序进行中。

六、陕西延长县精准脱贫活动

海通期货积极参与中期协组织的助力陕西省延长县精准脱贫活动，并向延长县捐款90万元。经实地走访，公司与延长县人民政府签署了精准帮扶备忘录，将90万元扶贫资金精准投入到袁家村黑猪舍饲养殖项目（60万元）和黄古塬村果园林下生态养鸡项目（30万元）。

申银万国期货精准扶贫情况介绍

申银万国期货有限公司与新疆维吾尔自治区麦盖提县签订了《扶贫服务备忘录》，确定麦盖提县作为公司结对帮扶的对象。公司后续将结合麦盖提县的实际情况，在产业扶贫、消费扶贫、公益扶贫等方面多管齐下，积极履行国有金融企业应担当的经济责任、政治责任和社会责任。

2017年10月14日，公司与上海期货交易所、中国人保合作推进天然橡胶"保险+期货"项目完成首批赔付。

经过近3个月的沟通和对接，国家级贫困县云南省永德县的2010吨天然橡胶被纳入橡胶价格指数保险保障，该保单于今年9月1日起正式生效。9月以来，橡胶期货合约价格连续下跌，使得9月交易平均价低于保险目标价，触发了橡胶价格指数保险责任。按照保险约定，上海期货交易所、人保财险上海市分公司和申银万国期货公司迅速将首笔赔款送达永德县农户手中，以缓解农户的损失程度。

该项目在云南永德县覆盖贫困建档立卡户104户，保险规模现货产量2000吨，并获得了中央电视台、上海证券报等多家主流媒体的报道。

徽商期货精准扶贫情况介绍

徽商期货公司一直以来贯彻执行"精准扶贫"基本方略，长期积极参与扶贫等社会公益活动，发挥期货行业优势，做实结对帮扶贫困地区的产业扶贫、家庭扶贫，真正做到"风险管理无盲区、财富管理有出路"，让贫困地区群众有真实获得感。

公司高度重视，迅速行动起来，全体员工积极响应，砥砺奋进，将扶贫工作融入到公司经营管理的各个环节之中，具体如下。

一、公司选派优秀员工驻点安徽省望江县凉泉乡太华村结对帮扶，在2015年安庆市扶贫工作会议上，太华村荣获"扶贫先进村"称号。

二、公司与安徽省泗县人民政府签署《扶贫服务备忘录》。

三、公司与国元农业保险公司及其他保险公司建立深度合作，共同设计开发玉米目标价格保险产品，推进安徽省内贫困地区农业和工业企业开展"保险+期货"价格保险项目。

四、公司与安徽省建设投资有限责任公司签署《扶贫合作框架协议》，双方共同开展业务协同，深度挖掘双方资源，为易地扶贫搬迁建设相关方提供螺纹钢等大宗商品采购、套期保值等相关服务。

五、公司组织开展捐款、捐物活动，并将客户、员工捐款的11万元用于安徽省霍邱县和安徽省泗县的扶贫工作。

六、公司与贫困县紧密合作，筛选专业对口并对期货行业有兴趣的贫困家庭大学毕业生，公司为其提供实习岗位，工作出色的可转正录用。

七、公司定期整理农产品期货、现货市场信息发送至贫困地区，为当地企业、农户提供专业化咨询服务，为他们的产品销售种植提供参考。

八、公司将依托于全国各地26家营业部，为贫困地区进行资本市场知识、期货知识、企业及相关经营主体如何通过期货市场管理价格风险、"期货+保险"业务模式等方面的培训。

九、公司协助安徽省粮食批发交易市场在舒城县杭蚌镇设立菜籽油交割库，按照郑州商品交易所的要求，提供推荐函及相应材料上报至交易所，目前仍在与交易所沟通推进此项工作的落实当中。

十、公司针对贫困地区创业信息面狭窄，创业能力薄弱等问题，及时进行信息交流，聘请相关专家进行实地培训和指导，协助解决贫困地区创业中遇到的重点难点问题。

十一、公司积极开展投资宣传，引导贫困地区人口理性投资、正确投资，强化贫困地区人口风险意识。

十二、公司与26户贫困地区客户签署了投资咨询合同，为其提供免费的期货品种及行业研究、套保套利、程序化编程、数据服务。

十三、公司依托公司工会，与泗县养鸡场签订鸡蛋销售合同，合同金额2万元。公司每年支持帮助红军烈士后代再就业所创办的文化用品厂，2016年采购1595元的办公用笔。

十四、公司出资帮助泗县小薛村建设网站1个、微信电商平台1家、APP应用1个，利用信息化手段帮助广大村民及时发布相关农产品信息，快速寻找销售渠道，同时公司积极利用公司微信号为贫困地区宣传相关农副产品。

十五、公司在金寨县水坪村进行实地调研，参观当地贫困村茶叶厂。公司购买了2万元的办公用茶，并号召公司员工进行购买茶叶，积极帮助贫困户解决茶叶销路问题。

立足期货市场　全面打好精准扶贫攻坚战
——中投天琪期货精准扶贫情况介绍

为积极响应中国期货业协会发布《期货行业服务国家脱贫攻坚战略行动倡议书》的号召，中投期货高度重视，由公司总经理亲自挂帅、公司多个部门共同制定落实扶贫工作。

自2016年11月开始，中投期货多次派员前往河北省张家口市阳原县（国家扶贫开发工作重点县）进行实地走访调研，拜访当地政府、企业、农户、学校，深入了解当地扶贫工作需求。通过实地调研获取的有效信息，结合中投期货的业务优势，中投期货确定了"精准扶贫、产业扶贫、智力扶贫、长期扶贫"的工作理念。中投期货希望：1. 通过获取精准的扶贫需求，提供精准的帮扶，助力帮扶对象脱贫。2. 通过为产业提供风险管理服务、拓展销售渠道，帮助产业成长、发展、壮大，从而带动当地就业水平、经济水平的整体提升，以实现共同致富。3. 通过对贫困师生、学校的帮扶，以提高当地人民的受教育水平；通过对当地政府机关、企业、农户进行金融知识培训，为当地培育金融人才，以提高当地对资本市场的理解、助力当地资本市场发展、规范地方金融秩序。4. 通过建立扶贫长效机制，提升扶贫成果的可持续性。在2017年，公司发挥行业特色，扎实推进扶贫工作，取得了明显的成效。

一、结对帮扶情况

中投期货与河北省张家口市阳原县（国家扶贫开发重点县）签署了金融帮扶战略合作协议，与河北省扶贫龙头企业、河北省农业产业化重点龙头企业张家口市创美农业开发有限责任公司签署了战略合作协议。

二、开展期货专业知识培训情况

2017年，中投期货先后在阳原县举办了2场关于期货基础知识和玉米"保险+期货"三农创新模式的培训，参与培训近200人次。公司与创美农业合办金融服务培训基地获得了大连商品交易所的特别支持。

三、"保险+期货"服务情况

中投期货在河北省张家口市阳原县开展了玉米"保险+期货"项目，项目获大商所支持。项目于2017年7月落地实施。共有898位参保人签署了保险合同，包括了当地8个贫困村和1个合作社的四百多个贫困户。同时人保财险大连分公司与深圳前海中投天琪资本管理有限公司（中投期货子公司）签署了场外期权协议。

在项目实施过程中，中投期货为减轻农户负担，主动承担了100%的保费，共计约170万元。

四、向贫困地区捐赠

中投期货为河北省张家口市阳原县金融培训基地、阳原县中小学捐赠了台式电脑、书籍、笔记本电脑、投影仪等物资，合计价值12.79万元。

五、宣传行业正面形象情况

中投期货在扶贫期间，多次在期货日报等媒体发布新闻，积极宣传企业正面形象，履行社会责任，获得了当地政府、企业和农户的热烈响应。

精准扶贫，任重道远。通过对阳原县的扶贫措施，中投期货强调：

1. 要深入实地调研，切实了解扶贫真正需求。扶贫工作不是简单地进行捐赠即可，精准扶贫、金融扶贫更是要立足贫困地区的实际情况，寻找切实可行的扶贫措施，才能充分发挥金融机构在扶贫工作中的作用。

2. 授人以鱼不如授人以渔，贫困地区大多没有完整的产业链，且多以农业生产为主，因此需要帮助当地的产业发展，进而促进当地就业水平、经济水平的提升。

（1）期货公司可以帮助当地企业、农户通过"保险+期货"、合作套保等方式对冲经营风险。

（2）深入挖掘、发现当地的优质农产品资源，帮助打开销售渠道、推进农产品深加工，能够切实提高当地的收入水平。

（3）发挥金融行业优势，帮助贫困地区企业拓宽融资渠道。根据当前证监会支持贫困地区企业利用多层次资本市场融资的政策，期货公司可以充分结合券商股东单位、合作券商、合作银行等业务资源，帮助贫困地区企业发行上市。

3. 扶贫先扶智，期货公司可通过多种方式提升贫困地区的受教育水平和金融知识水平。

4. 扶贫是长期工作，坚持做下去才会看到成果。

方正中期期货精准扶贫情况介绍
——记在国家扶贫日方正中期期货扶贫在行动

2017年10月17日，我们迎来第4个国家扶贫日，第25个国际消除贫困日。同时，今年是国家"十三五"规划的第2个年头，为实现在2020年我国现行标准下农村贫困人口实现脱贫、贫困县全部摘帽、解决区域性整体贫困的总目标，国家扶贫工作承上启下、持续发力，进入了"啃硬骨头、攻坚拔寨"的冲刺期。中国证监会与中国期货业协会分别公开发布了扶贫工作相关文件，要求集聚资本市场主体的合力服务国家脱贫攻坚战略。

扶贫关键词——精准+特色

方正中期期货积极响应国家和上级单位的号召，从公司层面高度重视扶贫工作，许丹良总裁亲自挂帅，成立扶贫工作小组，认真学习领会了国家相关政策。经过贫困地区调研、贫困户实地走访，发掘自身优势与行业特点，研究制定了扶贫工作专项计划，发挥金融力量助推精准扶贫，确实做到“真扶贫”、“扶真贫”，积极履行大型企业的社会责任，围绕“精准扶贫”和“特色扶贫”两个关键点，持续展开扶贫工作。

十八大以来，习近平总书记多次指出，扶贫工作贵在精准，重在精准，成败之举在于精准。方正中期期货始终聚焦“精准”二字，根据公司业务分布、网点分布及不同地区的实际情况，以陕西、云南、河北、新疆等地为公司重点扶贫区域，综合各界扶贫情况的经验教训，制定实施不同的扶贫项目，着力研究解决“扶持谁”、“谁来扶”、“怎么扶”等问题，扶贫工作精准对接、精准落实到村到户。同时，方正中期期货充分发掘自身专长与“券商系”期货公司的大平台优势，在扶贫项目的制定上，以帮助保护贫困户、涉农企业降低价格风险为扶贫“特色”，帮助贫困地区涉农企业提升风险管理意识，优化风险管理渠道。

陕西——扶持产业·公益助学

3月，方正中期期货参加了由中期协与延长县政府共同组织的“一司一产、‘长’‘期’携手”精准帮扶活动，与安沟镇安沟村（高家川）、交口镇刘家河村政府签订了结对帮扶协议，为其无偿提供90万元精准帮扶产业扶持资金，定向用于发展当地的菌草种植产业及其产业链的延伸。

截至9月初，项目已完成投资62.9万元，在两村共计推广种植菌草765亩；扶持3家龙头企业，给予机械购置补贴；开展菌草知识宣传、培训，印发技术资料；为69户贫困户无偿发放菌棒；建立食用菌培育示范点等。项目已产生了显著的经济、社会和生态效益，辐射带动全县发展菌草3005亩，降低了菌棒与食用菌的生产成本，通过菌草栽培、食药用菌、菌草饲料、畜牧养殖等方面加强了菌草产业链的延伸，为全县的经济结构调整和转型、促进农民增收致富奠定了良好的基础。

此外，方正中期期货在延长县同期开展公益助学项目，向延长县政府捐赠人民币10万元，专项用于“方正中期期货郑庄镇王仓村共建幼儿园”的建设，改善当地留守儿童的生活与成长环境。

园方充分利用捐款，翻新园舍，安装空调、净水机等硬件设备；更新了厨房炉灶与排风系统，安装消毒柜；建立园医务室；为小朋友更换了舒适的小床，定制园服，购置学习用具、少儿读物等，使共建幼儿园的教学、生活环境一跃达到全县先进水平。

云南——期货+保险·典型试点

今年5月，方正中期期货申报的“云南勐腊天然橡胶‘保险+期货’精准扶贫项目”顺利入选上海期货交易所‘保险+期货’精准扶贫试点项目名单。7月，公司旗下全资子公司——上海际丰投资管理有限公司（以下简称“际丰子公司”）签约“云南省西双版纳州勐腊县‘橡胶价格指数保险+期货’惠农扶贫项目”战略合作协议，项目与人保北京分公司合作，为勐腊县共计1000吨橡胶进行价格保险，分别覆盖倚邦村和曼燕村8000亩、2000亩橡胶种植面积。

8月，方正中期期货与郑州商品交易所就“保险+期货”试点合作达成协议，公司的“云南省临沧市双江县白糖‘保险+期货’惠农帮扶项目”入选郑商所试点名录并获得大力支持。为尽快落实并推进项目实施，方正中期期货联合人保北京分公司，共赴云南进行实地考察调研，与双江南华糖业有限公司及当地甘蔗种植户进行深入交流，对项目具体实施方案及实施细节进行有效沟通，为后续工作的开展打下坚实基础。本次方正中期期货将为双江县沙河乡为当地140户蔗农的6000亩甘蔗，约3000吨蔗糖提供价格保障。

新疆——机构合作·现货保价

2016年10月，上海市政府援疆办与新疆喀什地区政府发起了为新疆喀什地区棉农提供保价服务第一期试点工作，工作由上海国际棉花交易中心组织并作为交易平台。方正中期期货及际丰子公司积极参与试点工作，推动“期货+保险”的融合创新，为当地棉农进行现货保价服务，贫困农户获益12万元。同时与中国棉花集团有限公司合作，与新疆巴楚接洽，拟以新疆巴楚为基地，投资开发保证棉农价格的产品，进行三方联动，把现货期权保价模式引入到产业链金融服务中去。

与中棉集团、上海棉花交易中心合作的经历，公司积累了宝贵经验，即加强与同为贫困地区提供服务的保险公司、交易中心等的合作，通过保险公司、交易中心的业务平台和服务触角，可以更加广泛地接触贫困地区的实体企业和贫困户。该方式开发出可以复制推广的模式，为更多的贫困户服务，减少创新和推广成本，实现多方共赢。

河北——结对帮扶·综合服务

河北省大名县是国家级扶贫重点县，位于河北省东南部，冀鲁豫三省交界处，人口92万，其中贫困人口2.1万人，人均收入在河北各县中排名倒数第二，玉米是大名县的主要经济作物之一。

今年4月，方正中期期货主动联系河北省大名县政府，洽谈结对帮扶事宜，并于6月与大名县政府正式签署“结对帮扶合作备忘录”，利用场外期权等金融工具为县内1000余亩玉米提供保价服务，保证玉米种植户的利润，为贫困户与涉农主体消除市场价格不利变动产生的影响。

9月，公司“送期权进产业活动”进入河北大名，从企业角度出发，侧重操作实务，帮助企业更好地认识和运用期货市场来服务实体运营。此外，公司还将复制成功扶贫案例，结合大名县当地具体情况，开展更多期货知识普及与宣传，为当地企业提供金融知识培训与投资咨询服务，为大名县打赢脱贫攻坚战提供专业化、多层次的综合服务与支持。

此外，方正中期期货现还为湖南省沅陵县湖南辰州矿业有限公司、炎陵县炎陵银太纺织有限公司、泸西县湖南鑫海环保科技有限公司等贫困地区企业开展风险管理专项培训，普及棉花、锌等期货品种基础知识。

方正中期期货以金融扶贫作为践行社会责任的契机与起点，多个扶贫项目齐头并进，项目各具“特色”，又同为聚焦“精准”，尽最大努力为贫困地区受帮扶对象的生产生活带来切实的帮助和利好。未来，方正中期期货将继续积极开展、推进此类项目，不忘初心、不辱使命，勇于承担企业社会责任，充分利用金融专业知识和能力服务三农，帮助贫困地区金融脱贫、产业脱贫，为国家打赢脱贫攻坚战贡献自己的力量。

华泰期货精准扶贫情况介绍

为积极响应证监会、中期协服务国家脱贫攻坚战略号召，公司在注重自身转型升级、创新发展的同时，勇于承担社会责任，将扶贫工作作为公司重点工作，周密安排部署，扎实推进精准扶贫工作，取了明显成效，公司在中期协2016－2017扶贫工作考评中获得第四名。

一、公司结对帮扶情况

2017年1月17日，公司与四川省剑阁县签订《精准扶贫战略合作协议》，为剑阁县姚家乡柳场村提供100万专项扶贫资金，用于支持剑阁县姚家乡柳场村相关脱贫攻坚项目建设。2017年3月29日，公司与陕西省延长县签署了《精准帮扶备忘录》，为延长县付家塬村提供50万产业帮扶资金，帮助延长县发展蔬菜产业，实现产业扶贫到村到户。根据项目进度，各项目专项扶贫资金已全部拨付到位，保障了剑阁县、延长县扶贫项目的顺利开展，并实时跟踪项目进度，确保资金落到实处。同时，公司在内部推广宣传当地特色生态农产品，鼓励有需要的员工订购，为贫困地区脱贫攻坚贡献一份力量。

二、发挥专业优势，扩大“保险＋期货”试点项目

2017年，公司在内蒙古通辽市科左后旗开展的玉米“保险＋期货”顺利通过大商所验收。在此基础上，公司在上海期货交易所及郑州商品交易所的支持下，扩大试点范围，先后在海南省琼中县开展天然橡胶“保险＋期货”试点项目，在河北省威县开展棉花“保险＋期货”试点项目。两个项目实施效果显著，农户均通过“保险＋期货”项目获得了保险补偿，保障了种植收益，实现了精准扶贫。其中，天胶项目完成赔付76.6万元，惠及胶农达525人；棉花项目完成赔付26.9万元，惠及棉农达1296人。

三、在贫困地区开展期货基础知识培训

2017年，公司在四川省剑阁县先后组织了两场关于期货、期权行业基础知识培训，参与培训人次近60人次，有效激发当地企业主主动参与期货、期权市场管理价格风险的兴趣。

四、公司通过扶贫工作宣传行业正面形象情况

2016年以来，公司在开展扶贫工作的同时，积极宣传期货行业正面形象，公司因扶贫工作接受新闻媒体报道6次，其中，中央电视台新闻频道《朝闻天下》新闻直播间专门对公司在内蒙古开展的“保险＋期货”项目进行了长达6分钟的视频播报。

发挥期货优势，多举措助力精准扶贫
——新湖期货精准扶贫情况介绍

脱贫攻坚战略举措，是解决13亿中国人共同走向富裕之路的伟大善举。对于充分享受改革开放成果，提早富裕起来的——社会公民、企事业单位，都负有责无旁贷的社会责任来参与到这项伟大的事业中。期货公司作为服务实体经济发展的重要载体，是精准扶贫的重要力量。积极参与国家扶贫事业，既是企业的社会责任，也是企业的发展机遇。新湖期货作为中国期货协会副会长单位更应积极参与到履行社会责任、服务国家脱贫攻坚战略当中来。

精准扶贫的核心要义就是要将“精准化”作为扶贫工作的基本理念，贯穿于扶贫工作的全过程。新湖期货自1995年成立以来，在中国期货市场中，以擅长产业服务而得到广大客户的认同。新湖期货的扶贫理念是利用公司的产业服务与专业优势，充分利用期货市场开展扶贫工作。秉持这样的扶贫理念，新湖期货参照精准扶贫的要求，立足期货及衍生品市场的基本功能，利用自身积累的行业优势，通过套期保值、场外期权等期货手段，从风险管理角度出发，多举措帮扶贫困地区发展，助力精准扶贫和推动期货市场创新发展。同时，利用各方面资源，积极投身扶贫和公益事业。

一、“保险＋期货”的先行者

新湖期货积极响应国家政策，开创性地进行了“保险＋期货”的探索，为把“保险＋期货”重要支农政策写进国家发展纲要做了许多的基础性研究与实践。对于适合的扶贫地区，重点考虑采用“保险＋期货”手段，结合国家扶贫政策，运用公司的专业知识与技能，保障性地解决贫困人们的生产、生活和发展问题。

2013年底，在证监会的指导下，在大商所的支持下，新湖期货的风险管理子公司：上海新湖瑞丰金融服务有限公司（下称“新湖瑞丰”）开展业务创新，联合锦州义县当地收储企业与合作社、种粮大户，结合国外经验和中国国情，充分利用期货市场功能对冲农产品价格风险，发挥期货公司风险管理子公司创新职能。率先在2014年探索利用期货、期权等金融工具服务三农，在锦州义县试点“二次点价＋复制期权”项目。2015年，新湖瑞丰将这一模式升级，引入保险公司进行跨金融市场创新合作，打造“农民买价格保险保收益、保险公司购买场外期权对冲风险、期货公司风险管理子公司场内复制期权覆盖风险”的闭环，探索农产品风险管理新模式。此项目两次荣获上海市金融创新二等奖。“期货＋保险”模式，打开了扶持农业的新思路，构建了金融行业服务“三农”、精准扶贫的新格局。

2016年7月8日，辽宁省农委、省保监局、人保财险辽宁省分公司、新湖期货等相关领导，以及当地市县相关农业部门领导和当地玉米合作社，种植大户及涉农企业代表共计50余人参与了辽宁省“玉米价格保险＋期货”试点（锦州义县）推进会。新湖期货副董事长在发言中对“保险＋期货”的意义、原理、操作流程等均进行了讲解，并签署了“玉米价格保险＋期货协议书”。

2016年，在广西壮族自治区政府和农业部的支持下，新湖瑞丰还联合中国太平洋保险股份有限公司、上海安信农业保险有限公司、中国人民财产保险股份有限公司、北部湾财产保险股份有限公司在广西开展了糖料蔗价格指数保险，为当地优质高产高糖糖料蔗基地内武鸣县、扶绥县、武宣县和自治区农垦局的蔗农以及制糖企业提供不同方向的价格风险管理服务。该项目参保农户1.13万户，共承保糖料蔗40.44万亩，对应白糖投保数量12万吨，总保费7278.9万，农民支付保费72.79万。其中新湖瑞丰参与承保数量为8万吨。项目于2016年9月30日结束，以郑商所白糖期货合约组合在2015年12月1日至2016年9月30日期间日收盘价算术平均值作为理赔价格，保险公司赔付农户1212万元。在糖价上涨的条件下，基本实现了补偿农户种植收益的目标，为今后“保险＋期货”扩大试点规模、更好地为三农服务奠定了良好的基础。

2016年9月前后，新湖期货同上海国际棉花交易中心共同发起，并获得上海市援疆办驻喀什市办事处支持的项目“新疆自治区喀什市扶贫项目”完成了投保棉农37户，投保皮棉1000吨。10月底，一期合约完成建仓，实际成交量1025吨，投入保价费共计102万元。因一期效果理想，经总结经验后，为进一步完善报价服务方案及交易规则，二期决定扩大保价数量、延长保价时间、提高数据质量，项目二期已于2016年11月30日启动。二期计划投保签约棉农106户，保价皮棉扩大到2000吨，投入保价费约250－300万元。两期实施成效显著，在保障棉农利益，实现造血性扶贫和运用金融衍生工具对冲市场风险，完善国家棉花补贴政策等方面做了有益的探索。

2016 年 12 月 26 日，新湖期货、人保海南分公司、海南白沙县政府签署了《关于海南省白沙县精准扶贫项目合作备忘》，以白沙县南开乡、邦溪镇、荣邦乡为试点乡镇，为胶农提供 2017 年全年橡胶开割期间的价格保障。该项目采用“保险 + 期货”的金融手段，拟对 1200 户胶农，2000 吨天然橡胶，实施保价、保收益的精准扶贫。

2017 年 6 月 1 日，新湖期货在海南省白沙县南开乡联合白沙县政府、中国人民财产保险股份有限公司白沙支公司举办天然橡胶“保险 + 期货”对接精准扶贫项目首单启动仪式。海南省保监局、海南省财政厅、海南省证监局、海南省扶贫办等政府部门共同见证了此次庄严的和赋予开拓创新的启动仪式。天然橡胶“保险 + 期货”精准扶贫项目，将通过价格保险为胶农兜住收入保障的底线，保护好胶农的种胶积极性，也保护好国家一旦破坏就难以恢复的战略性资源，运用市场化手段和先进的金融工具，扶贫攻坚，坚实地助推当地经济的发展。

2017 年 7 月 7 日，新湖期货与大商所签署“保险 + 期货”试点项目合作协议书，针对辽宁省锦州市义县、抚顺市清原县的玉米种植合作社和种植大户开展玉米价格险试点业务。随后，新湖期货与人保财险锦州分公司、抚顺分公司于 8 月 4 日至 5 日间累积签署共 38 份保单，共涉及保费 219.8 万元，新湖期货承担保费 186.8 万元，参保玉米数量 22000 吨，44000 亩，实现赔付 187 万元。覆盖了当地 14 个乡镇，56 个自然村，1146 户共 3000 余人。

2017 年 8 月 29 日，新湖期货针对海南省贫困县乐东县胶农所种植的天然橡胶受价格巨幅波动影响，与当地政府、人保财险乐东支公司三方协商，对当地胶农所种植的天然橡胶实施价格保险，即由新湖期货为胶农捐赠天胶价格保险费，并由中国人保财险乐东支公司具体实施，从而实现精准扶贫目标。该项捐赠涉及总保额 75.1 万元，保费 52.6 万元，参保天胶数量 517.94 吨，实现赔付 5.2 万元，起到了很好的赔付效果。

2017 年 11 月 14 日，为保护农民种植大豆的收益，新湖期货与民生银行联合为七台河市北兴农场国粮合作社提供大豆场外期权服务，本次试点项目中，民生银行为通道，新湖期货为当地 40 多户农民提供大豆场外期权核心风险对冲服务，权利金总金额为 69.42 万元，新湖期货承担 50 万权利金费用，项目为当地农户 2.7 万亩耕地，4000 吨大豆提供了价格保障，项目结束总赔付金额为 102.82 万元。

二、精准扶贫，期货公司大有可为

近年来，新湖期货立足期货及衍生品市场的基本功能，利用自身积累的行业优势，通过套期保值、场外期权等期货手段，从风险管理角度出发，多举措帮扶贫困地区发展，助力精准扶贫和推动期货市场创新发展。公司专门成立了扶贫领导小组，由董事长任领导小组组长，并由一名公司领导专门负责具体实施，参与的人员包括公司各层级的人员。

对于贫困地区的规模性企业，只要能跟期货市场结合的，公司将优先考虑给予这些企业套保方面的支持。包括：产业调研、培训、资讯、技术指导、交割服务和手续费减免等支持。例如 2016 年，新湖期货利用自身积累的行业优势，通过套期保值、“期货 + 保险”、场外期权等期货手段，从风险管理角度出发，为太湖县的工、农业生产提供专业化服务；公司还通过购买农产品的场外期权产品，保护农户种植所面临的价格风险，保护贫困地区农户种粮收益，使其能够安心生产。例如 2017 年 11 月，为保护农民种植大豆的收益，新湖期货与民生银行联合为七台河市北兴农场国粮合作社提供大豆场外期权服务，新湖期货为当地 40 多户农民提供大豆场外期权核心风险对冲服务，为当地农户 2.7 万亩耕地，4000 吨大豆提供了价格保障。

在此基础上，新湖期货加深扶贫深度和广度，探索在期货精准扶贫上如何走出传统套路，利用期货公司的专业性做到“帮一把、扶一把、助一把”，用专业优势扶持贫困县，从根本上改变当地企业的经营方式，帮助企业长期发展。目前，新湖期货已与全国多个贫困县建立联系，通过“期货 + 保险”等各类合作模式，分别在棉花、大豆、玉米、天然橡胶、白糖、辣椒等品种开展精准扶贫，帮助贫困地区农户脱贫、企业良性发展，为贫困地区经济发展贡献力量。同时，响应了中央一号文件“稳步扩大‘保险 + 期货’试点”、“扎实推进脱贫攻坚”号召，积极服务三农，真正实现了金融机构融合创新业务、服务实际经济的初衷。

三、精准扶贫，公益助力

新湖期货是公益活动的积极践行者。为响应证监会精准扶贫的号召，树立期货行业良好社会形象，新湖期货时刻牢记现代金融企业“致富不忘反哺社会”的初心，在加快自身发展和大力支持地方经济发展的同时，利用各方面资源，积极投身扶贫和公益事业。

对于扶贫地区的一些重要脱贫性项目，在可行范围和公司财力允许的条件下，新湖期货重点给予资金支持；根据当地的实际需求，新湖期货通过安排实地调研、交流、培训、座谈、跟踪、指导等多种形式，对不同层级的人群给与金融知识、技能、资讯、考察、学习等全面的培训与组织安排。同时，与贫困地区共同开展资本市场知识、期货相关业务等培训工作，为贫困地区进行资本市场干部和业务骨干储备，让贫困地区基层干部更加了解金融、熟悉金融、掌握金融，借助于多层次资本市场，发展县域经济，打好脱贫攻坚战；此外，支助贫困地区大学生就学和中小学生学习环境的改善，帮助贫困地区新毕业大学生实习、就业，让公司优秀员工同贫困地区学生进行“理想、梦想与奋斗”方面的交流沟通，也是公司扶贫教育的重要内容。新湖期货为贫困地区儿童和贫困在校生提供资助，优先为贫困大学生提供实习就业机会。自 2014 年起，新湖期货开展的贫困帮扶覆盖了多个贫困地区省市，如：安徽太湖县、海南白沙黎族自治县和乐东县、陕西延长县、新疆喀什市、辽宁义县和清原县、广西壮族自治区等。为了帮扶贫困地区的贫困大学生完成学业，新湖期货从 2014 年 9 月起，对陕西省延长县 5 名在校大学生实施为期 4 年的助学捐资，每人每年 5000 元，共计 10 万元。该项目结束后，公司正在考虑进一步的资助计划。

当前，精准扶贫工作进入到脱贫攻坚阶段。新湖期货将进一步深化对新阶段扶贫攻坚工作要求的认识和理解，结合专业及自身特点进一步开展扶贫工作，为国家脱贫攻坚战略尽一份责，出一份力。新湖期货将持续贯彻国家金融扶贫政策，落实精准扶贫工作部署，积极探索金融精准扶贫有效路径，努力在政策引导下取得更好的成绩。

全面部署特色扶贫，兑现社会责任承诺

——永安期货精准扶贫情况介绍

2018 年既是改革开放四十周年，也是国家脱贫攻坚战略的关键之年，永安期货始终以习近平总书记扶贫开发重要战

略思想为指导，积极贯彻落实党的十九大、《中共中央国务院关于打赢脱贫攻坚战三年行动的指导意见》和《中国证监会关于发挥资本市场作用服务国家脱贫攻坚战略的意见》精神，履行企业社会责任、服务国家脱贫攻坚战略，充分发挥公司专业优势，发挥引领作用，坚持按照“要始终着眼于机制、着力于大局，努力形成可复制、可推广的制度与机制”的要求，始终坚守在金融扶贫一线，把精准扶贫工作的开展当作自身的使命和责任。自中国期货业协会开展期货公司扶贫工作考核以来，2017—2018 年永安期货连续两年排名第一位。

把握“六个要点”，推动扶贫工作健康持续发展

一是精准扶贫一定要坚持党的领导，发挥公司党组织的领导作用。

二是要深刻认识金融企业开展精准扶贫的重大意义，动员一切力量开展精准扶贫工作。

三是要建立扶贫工作领导小组，确保有组织、有领导地开展扶贫工作。

四是精准扶贫工作要与党和国家的战略同步，要与当地政府扶贫规划相衔接。

五是要以健全的三会治理结构做好组织保障和财务保障工作。

六是要创新扶贫方式，充分利用公司内部和社会各方资源，有效开展知识扶贫、技术扶贫、思想扶贫等，在公司积极作为的同时，也要努力让帮扶对象有转化、有成效，实现“造血式”扶贫。

建立扶贫项目责任制，推动“保险 + 期货”专业扶贫工作

为做好精准扶贫工作，做到有组织、有方向，永安期货对整体扶贫工作进行了专题部署，成立了扶贫工作领导小组，制定了《公益扶贫工作暂行办法》等制度，将扶贫工作责任到人、具体到事，使扶贫工作有了组织保障和人员保障。

扶贫工作组织架构：

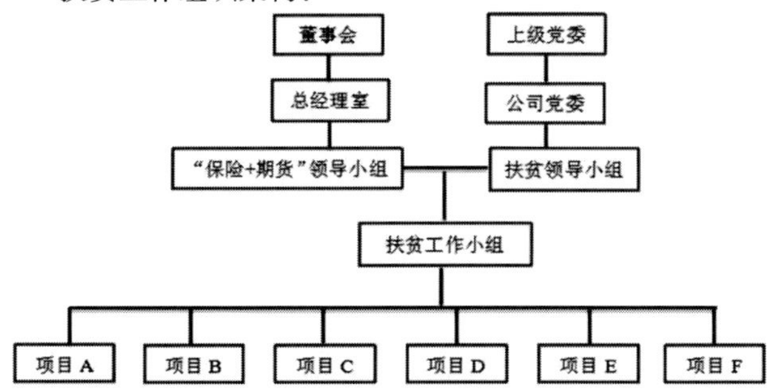

由公司党委直接领导精准扶贫工作，发挥党委组织引领作用；公司各业务部门及分支机构积极运用专业力量投入到具体的扶贫项目之中，确保扶贫工作有项目可做、有专业支撑、有人员保障，将扶贫项目做精、做细、做实。同时积极发挥董事会在扶贫资金保障、争取股东单位支持等方面的决策作用。

加强优势互补，做到扶贫方向精准

（一）依据地域优势，开展产业扶贫

康家坪村位于延长县黑家堡镇，属国家级贫困县贫困村，该村几年前曾开展蔬菜大棚种植项目，后因天气灾害大棚损毁严重，但因资金困难无力修复。2017 年 3 月 29 日，永安期货在中国期货业协会的大力支持下，与陕西省延长县签订精准扶贫帮扶协议，结合当地大棚种植项目经验优势，出资 200 万元扶贫款项，结合当地省级财政配套资金 240 万元、自筹资金 170 万元等，帮扶康家坪村新建 40 座 2365 米蔬菜大棚（折算标准温室 47 座），配备防虫网、黄板、滴管、上墙、棚前排、水肥一体化等设施，使用标准化生产技术用于种植西瓜、蔬菜等，项目占地 150 余亩，已于 2017 年 12 月建成使用。每座日光温室预计收入 3. 35 万元，40 座温室总收入可达 133. 95 万元，已帮助 76 户 201 名贫困农户成功脱贫。

红星村位于安图县明月镇，地处长白山余脉，属国家级贫困县贫困村。贫困村民收入来源主要以绿色食品种植、禽畜养殖、劳务输出等为主，大多数贫困人口无稳定收入来源。公司结合当地种植养殖优势，投入 100 万元作为资本要素，会同安图县及吉林省荣丰农业专业合作社联合社，依托长白山优势资源，建设品牌蛋鸡省级标准化养殖示范基地项目，采取“政府 + 产业 + 金融机构”形式实现“造血型扶贫”。

（二）运用专业优势，开展特色扶贫

十九大报告指出，农业农村农民问题是关系国计民生的根本性问题，必须始终把解决好“三农”问题作为全党工作重中之重。培养造就一支懂农业、爱农村、爱农民的“三农”工作队伍。

近年来，国家农业领域市场化改革不断深入，相继在 2014 年和 2016 年取消了大豆、棉花和玉米的临时收储政策，实行“市场定价、价补分离”的新机制，有效缓解了临储政策带来的市场扭曲效应和价格偏离，给市场带来了新的活力，但取消临储政策的同时也意味着农民的收入无法保障，种粮积极性也受到了影响。“保险 + 期货”及农产品场外期权等模式的出现有效地缓解了这个问题，几年的实践取得了良好的效果。

作为国内首批开展“保险 + 期货”试点业务的期货公司之一，永安期货试点项目品种范围涵盖国内三大商品期货交易所。自 2013 年起，永安期货便开始不断探索并推动期货工具服务“三农”业务的开展，率先推出“场外期权 + 合作社”创新模式。特别在 2015 年，大连商品交易所借助国家农业保险的市场优势，学习国外先进的期货管理农业风险经验，率先推出“保险 + 期货”的模式后，给永安期货创新探索新模式、新思路、新合作方提供了新的平台，开始了扶贫工作立体化和综合化的新尝试，永安期货也在通过一个又一个创新项目的开展为“保险 + 期货”写入中央一号文件提供实践经验。

2014 年以来，永安期货开展农产品“保险 + 期货”和场外期权项目共计 25 个，涉及玉米、大豆、鸡蛋、豆粕、天然橡胶、棉花等品种，项目规模近 30 万吨，保费（场外期权项目为权利金）累计近 4000 万元。其中，2016 年开展的玉米“保险 + 期货”项目，作为吉林省农村金融改革创新试点项目之一，获国家财政部补贴资金支持，也成为吉林辖区唯一获得吉林省财政厅、省金融办金融创新最高奖励的期货公司，并在大商所立项和结题答辩中均获得第一名。

授人以鱼不如授人以渔。为保证“保险 + 期货”扶贫项目的有效开展，提高农民对期货工具的认识，2018 年 8 月 30 日，在中国期货业协会的大力支持下，永安期货与巴楚县签订精准扶贫帮扶协议，并针对当地各级村镇干部、贫困种植户举办了“期货工具助力精准扶贫衍生品基础知识培训”活动。本次培训总到场人数逾 500 人，其中 188 户贫困户为此次巴楚县棉花品种“保险 + 期货”项目的服务对象，其余参会人员为当地棉花种植户。中国期货业协会副秘书长冉丽、永安期货党委书记叶元祖、巴楚县政府相关领导及人保财险相关领导出席活动并作重要讲话，中央人民广播电台对本次活动进行了全程拍摄与采访。希望能以此次培训为契机，让地方政

府和贫困农户对期货衍生品工具产生兴趣，引起关注，从而推动金融扶贫、专业扶贫、知识扶贫项目的全面兴起，更好地为全面建成小康社会、实现“两个一百年”宏伟目标增添新动力。

（三）把握资源优势，开展创新扶贫

先进村隶属大安市月亮泡镇，地处两省三县交汇处，物流交通便利，为白城市市委书记帮扶村。该村具有电商产业园、农村电商服务站等产业基础，同时盛产具有药用价值的黄菇娘、月亮泡笨鸭蛋、月亮湖野生鱼等特色农产品。永安期货依据该村发展电商实际情况，提供 20 万元扶持资金，结合杭州电子商务资源优势，通过培训及平台推广等工作，完善物流体系及仓储，助力特色农产品推广，让贫困地区对接电商市场。通过“互联网电商 + 特色农产品”模式，拓宽特色农产品流通销售渠道，在提升特色农业竞争力和市场占有率的同时，让贫困户获取更大的收益。为进一步挖掘潜在优势，扩大扶贫力度，2018 年公司再次投入扶贫运营资金 10 万元，帮助其开展电商人才培训及销售平台推广，推出更多符合当地发展特色产品，走出一条具有先进村特色的脱贫之路。

大名县隶属于河北省邯郸市，位于河北省东南部，冀鲁豫三省交界处，是国家扶贫开发工作重点县，省首批扩权试点县，国务院发展研究中心唯一定点扶贫县。大名县拥有多家面粉、香油等产业龙头企业及果蔬种植加工企业，且拥有一定的电子商务基础，曾被评为“国家级电子商务进农村综合示范县”。其产业特色优势虽较为明显，但经济结构和产业结构较不合理，城镇化率较低，全县总体发展滞后，人均收入落后全国平均水平，无法避免经营渠道缺失的问题，使得区域性优质产品难以“走出去”。为此，2018 年 5 月，永安期货投入 75 万元扶贫资金，帮助大名县建立电子商务服务平台，从搭建网站和设计移动端 APP、开展专业培训等多方面开展工作，推动大名县本地特色如花生、香油等产品通过线上销往各地。以上合作不仅具备地域间的推广价值，在合作模式上也能从扶贫领域延伸到实体企业经营领域，最终实现推动金融工具服务实体。

（四）找准需求优势，开展项目扶贫

民生村位于大安市西北部艾里蒙古族乡，为蒙古族聚居村。2017 年，依托本村及周边种植水稻优势，在白城市金融办的协调支持下，公司经与当地村委协商后，结合当地农机具租赁市场需求较强，注资 120 万元用于建立永惠农机租赁合作社，资金用于库房建设和农机购买，建成后主营农机租赁业务，2017 年实现租赁收入 10 万元，落实了“合作社 + 贫困户”的帮扶模式。2018 年公司继续投入扶贫资金 30 万用于该村继续维护农机租赁合作社。在帮助贫困户利用先进农机具丰产增收的同时，壮大农村集体经济，增强了贫困户团结与勤劳致富的意识。

郯城县桑庄村隶属山东省临沂市，人员多以外出务工、养殖种植等为生，整体收入较低。村级文化建设、特困群众稳定脱贫等问题亟需支持和帮助。为此，永安期货结合桑庄村需求，从三方面的展开帮扶，一是捐赠农家书屋一处。通过购置必读书目、电脑、打印机等物品，开展“知识扶贫”；二是开展对特困家庭的帮扶；三是修缮学堂改善贫困学子的学习环境。此外，永安期货还针对河南省睢县贫困高考学子提供了助学基金，每年为 30 名高考成绩优异的贫困学生提供入学帮助；积极参与四川省剑阁县“事实无人抚养儿童”救助项目，对贫困地区留守儿童开展救助与帮扶。

新时代展现新作为，永安期货将坚定信念，不忘初心，牢记使命，立足“两个一百年”奋斗目标，做好服务“三农”工作，助力精准扶贫，为全面建成小康社会，夺取新时代中国特色社会主义伟大胜利而努力奋斗。

■ 服务实体经济纪实

深化转型释放发展动能　做服务实体经济的深耕者

——中国建设银行服务实体经济情况介绍

“截至2017年6月末,中国建设银行集团资产总额达21.69万亿元,上半年实现净利润1390亿元,较上年同期增长3.81%。”刚刚发布的建设银行2017年上半年经营业绩显示,建设银行通过不断深化转型,发挥综合经营优势,实现了规模、效益和质量的均衡提升。

建设银行相关负责人表示:“作为国有大型商业银行,建设银行积极承担政治责任、经济责任和社会责任,始终把服务实体经济作为立行之本,在国家经济建设主战场积极发挥金融主力军作用。”

做服务重大建设排头兵

近年来,建设银行基础设施行业领域贷款余额连年持续增加,到2017年6月末,该项贷款余额达3.22万亿元,增速11.32%,处于同业领先。住房金融持续保持领先优势,于2017年6月末,个人住房贷款余额达3.93万亿元,较上年增幅9.50%。

哪里有建设,哪里就有建设银行。在“一带一路”建设以及京津冀协同发展、长江经济带、雄安新区建设等国家重大建设实施推进过程中,建设银行奋楫争先,发挥基础设施建设、工程造价咨询、综合化牌照等方面的优势,为重大项目和重点客户提供优质高效的综合化金融服务,以客户为中心的综合服务能力日益提升。

目前,建设银行为“一带一路”建设提供包括全球现金管理、海外并购、境外融资、跨境人民币、财务顾问等多种形式的综合化金融服务。2015年以来,建设银行累计为俄罗斯、巴基斯坦、新加坡、阿联酋、越南、沙特、马来西亚等18个“一带一路”沿线国家的50个海外重大项目提供了金融支持,建行签约金额约合98亿美元。目前,累计储备重大项目200多个,融资需求约1100亿美元,半数以上项目集中在铁路、公路、航运、能源、电力等基础设施建设领域。

建设银行国际业务已成为一匹“快马”,有力地支持了“一带一路”建设和中国企业“走出去”。截至今年6月末,建设银行已在29个国家和地区拥有境外各级机构251家,形成了遍布全球的机构布局,实现跨时区、跨地域、多币种、24小时不间断的金融服务。在英国、瑞士、智利的人民币三大清算中心平稳运营。伦敦分行人民币清算总量已突破14万亿元人民币,使英国成为亚洲之外最大的人民币清算中心。

截至今年6月底,建设银行海外商业银行上半年实现净利润54亿元,较上年同期增长86.70%,上半年国际结算量5789亿美元,跨境人民币结算量4290亿元。

此外,建设银行还积极组建跨条线、跨区域的并购服务专业团队,支持“一带一路”、国企改革等建设项目,并购贷款和PPP项目贷款均实现较快增长。

做服务供给侧改革新样本

截至2017年7月底,建设银行已与41家企业签订了总额超过5000亿元的市场化债转股框架协议,到位资金约500亿元,签约规模和资金落地均居各行之首,成为市场化债转股的领跑者。

据介绍,2016年10月国务院发布《关于市场化银行债权转股权的指导意见》后,建设银行就率先落地实施了云锡、武钢等试点债转股项目,并全国首家获批成立市场化债转股专业化实施机构——建信金融资产投资有限公司。建设银行在市场化债转股领域的领先优势,不仅体现在方案研究过程中的技术贡献,更在于率先把债转股模式落地,从而引领这项在供给侧结构性改革中举足轻重的任务实现突破。

建设银行对接“三去一降一补”,通过实施精准信贷政策,推动市场化债转股。助力“去产能”,严格实施名单制管理,严控产能严重过剩行业贷款余额,产能过剩企业信贷余额实现连年下降。建设银行因城施策支持房地产“去库存”,重点支持百姓购买自住房贷款需求和三、四线城市购房需求。

做普惠金融积极践行者

“裕农通”是建设银行依托移动金融终端和供销社网点,以金融服务“三农”的创新产品。如今,“裕农通”已成为农民朋友交口称赞的“村口银行”,金融服务真正打通了最后一公里,延伸到了农村田间地头、千家万户。

“裕农通”率先在湖北落地,目前正加快向全国推广。上半年,全行“裕农通”普惠金融服务点已达6.7万个,新增6700多个。

建设银行还倾心耕耘小微企业服务,努力把服务小微企业做成“大事业”。截至2017年6月末,小微企业贷款余额1.49万亿元,贷款客户近40万户,申贷获得率92.86%。

建设银行用“大银行”金融优势做好“小企业”服务,运用大数据、互联网、云计算等新技术,集成信息,提增信用,来破解小微企业“缺信息、缺信用”的难题,不断创新小企业信贷产品,补足小企业融资难的短板。

“小微快贷”是建设银行推出的针对小微企业的互联网金融业务模式。该项服务实现了全流程线上操作,做到资金实时到账,实现客户融资“立等可贷”,推出以来颇受市场青睐。截至2017年6月底,贷款客户已超过7万户,贷款余额370多亿元。

在机制上,建设银行在同业中首家成立普惠金融事业部,为推进普惠金融业务发展提供了保障。建设银行加强资源配置,不断完善体制机制,借助互联网等技术手段,创新普惠金融产品和服务方式,千方百计降低交易成本,延伸服务半径,拓展金融服务的广度和深度,增强市场主体和广大人民群众金融服务的覆盖率、可得性和满意度。

此外,建设银行还积极投入“大众创业、万众创新”的热潮,大力发展科技金融,以创新、快捷的产品和综合化金融服务为特色,助力实体经济打造新的增长点。截至2017年7月末,仅广东省分行一家,其科技金融服务就已覆盖全省8500多家高新技术产业,投放综合融资近1500亿元,有力助推了“双创”战略的推进。

建设银行还积极响应国务院号召,落实三部委关于加强校园贷规范管理的要求，在同业首家推出校园贷产品——“金蜜蜂”品牌，填补了银行机构在该领域的服务空白，发挥了示范引领效应。

做转型升级业界领跑者

建设银行持之以恒的改革发展正不断激发出新动能，为实体经济提供全方位支持。同时，发展实体经济的新需求，又促进了建设银行的改革发展，提升了建设银行的服务能力，凸显了实体经济与银行之间的共生共荣关系。

建设银行服务实体经济能力的提升，离不开综合化经营的突飞猛进。建设银行经营牌照种类齐全，领先同业。目前，已经基本搭建起涵盖银行、基金、租赁、信托、寿险、财险、住房储蓄、投行（境外）、期货、养老金管理和造价咨询等在内的综合性银行集团框架。基于这个框架，建设银行可以为客户提供一站式、全方位、个性化的一揽子综合性金融服务。

截至 2017 年 6 月末，建设银行综合化经营子公司资产总额达 4096 亿元，较上年末增长 10.41%，上半年净利润 34 亿元，较上年同期增长 20.89%。

建设银行以客户为中心打造多功能服务平台和金融生态圈，将金融服务有机融入客户的生产生活。建设银行“悦生活”平台涵盖缴费充值、商旅出行、餐饮娱乐、教育服务等八大服务场景，共 1 万余项服务。2016 年，“悦生活”平台实现交易 2.8 亿笔，交易额超过 1000 亿元。

目前，建设银行个人网银用户突破 2.5 亿户，手机银行用户数突破 2.4 亿户，微信银行用户超过 6200 万户，处于同业领先地位，移动互联网已经成为服务客户的主要方式。此外，还在网点投入运行 4.4 万台智慧柜员机，大幅提升了网点的智能化服务水平。

今年 6 月，建设银行新一代核心系统建设全面竣工。这项金融科技创新的重大成果，形成了建设银行现实的和潜在的竞争力。建设银行相关负责人表示，建设银行将把“新一代”系统的作用发挥到最大，把优势变成胜势，打造建设银行的核心竞争力，为建设银行改革转型和中国金融科技发展输入强大的科技动力。

（来源：《人民日报》2017 年 9 月 5 日 22 版）

深耕本源服务实体经济　履行责任强化国企担当

——重庆农村商业银行服务实体经济情况介绍

2017 年 7 月中旬闭幕的全国金融工作会议，深入分析了我国金融工作面临的形势和任务，阐明经济发展新常态下金融工作的指导思想和重要原则，对当前和今后一个时期金融工作作出了全面部署。学习贯彻落实好此次会议精神是金融机构当前面临的首要政治任务，关键就是要让金融回归本源，服从服务于经济社会发展，把更好服务实体经济作为金融工作的出发点和落脚点。

作为全国首家上市农商行、西部首家上市银行，重庆农村商业银行（以下简称“重庆农商行”）充分响应党中央和市委、市政府服务实体经济的号召，坚定不移地深耕“服务三农、服务中小企业、服务县域经济”主业，认真履行国企责任，扎实有效推进精准扶贫，将金融资源配置向经济社会重点领域和薄弱环节倾斜，为支持国家“一带一路”倡议和助力长江经济带建设源源不断提供金融支持，为助推重庆经济社会发展不断贡献新的更大的力量。

以服务地方经济为己任

与国家和地方重大战略实现“紧密融合”

为了让金融服务与“一带一路”、长江经济带、内陆开放高地、中新（重庆）战略性互联互通示范项目等国家及地方重大发展战略实现“紧密融合”，重庆农商行立足地方经济发展，把准地方经济发展脉搏，抢抓发展机遇，明确支持重点，积极为地方经济发展注入“源源活水”。

为发挥金融服务的“融资”、“融智”及“融商”功能，该行以服务地方经济为己任，将金融资源配置向重点领域倾斜。如，该行大力支持地方重点工程和建设规划，截至 2017 年 6 月末，累计支持地方重点项目 490 个，贷款余额 1108 亿元，推动地方产业结构调整升级。同时，加大对“一带一路”、长江经济带等重大战略领域的信贷投入，从组织架构、考核政策、信贷资源、产品创新等方面予以倾斜支持，向沿江优势产业集群授信 1319 亿元，支持“渝新欧”大通道、重庆果园港等重点项目贷款 122 亿元；主动把握中新（重庆）战略性互联互通示范项目、重庆自贸试验区建设等契机，加强跨境结算和融资业务创新，支持自贸区内企业贷款 323 亿元，跨境融资达 60 亿元，有力地支持了地方经济发展。

为积极响应“中国制造 2025”等相关政策号召，以及贯彻落实支持供给侧结构性改革的要求，助推重庆制造业由“重庆制造”向“重庆创造”、“重庆智造”转变，近年来，重庆农商行充分发挥网点遍布广、决策效率高、审批半径短的优势，大力支持全市各类制造业企业发展，为境内一大批制造业企业提供了资金支持。截至 2017 年 6 月末，该行支持制造业企业 1995 户，贷款余额 601 亿元，占全市制造业贷款的 1/5。同时，积极支持战略性新兴产业，投放贷款 96 亿元，培育新的经济增长点。该行优化调整信贷结构，加大信贷投入，综合运用理财直融、保理、内保外贷等工具支持新兴产业发展，并细分新兴行业类别，执行利率优惠政策，开辟绿色审贷通道，加强银政、银税合作，搭建投联贷平台，持续提高综合金融服务能力。

“银行 + 政府 + 企业”对接合作方面，该行加强信息共享合作机制，着力满足重庆十大战略新兴产业等不同客户群体日益多元化的金融服务需求。该行与市经信委签订战略合作协议，根据协议，重庆农商行将在重点招商引资项目、工业物流建设等方面加大对工业企业的金融支持力度。该行与重庆产业引导股权投资基金公司联合举办“重庆产业引导基金投融资对接暨项目签约会”，共同探索“债权 + 股权”联合模式，现场与 6 家企业签订了《意向授信书》。同时，该行积极为科创型企业拓宽融资渠道，通过跨境直贷、内保外债等方式引入外部资金，有力支持了科创型企业提档升级。

在对接服务过程中，该行积极探索金融机构服务模式创新，为特色行业定制金融产品，并加强金融产品的组合运用，节省企业融资成本，为客户提供融资、结算、理财、咨询等“一揽子”金融服务，并突出服务的个性化、专业化和多元化。重庆果园港是重庆建设长江上游航运中心的标志性工程，是

“一带一路”、长江经济带在重庆实现紧密对接的重要支点，在支持重庆果园港建设过程中，重庆农商行一直在努力。重庆港务物流集团有限公司自营项目“重庆港主城港区果园作业区二期扩建工程配套仓储项目”是该行近年来一直跟进的重点项目，根据项目总投资金额和客户实际需求，该行拟对该项目整体授信11亿元。为了支持果园港建设，该行积极创新金融服务思路，将项目一期工程从整个工程项目中拆分出来，单独授信，以解决该公司本年度内的资金缺口。随即，该行加快授信流程，成功对该项目的一期工程授信2.2亿元，满足了该公司一期工程的融资需求。

据悉，这只是重庆农商行支持重庆果园港众多相关企业的一个剪影，类似的例子不一而足。截至2017年6月末，该行支持果园港建设共计授信超过31亿元，为客户“量身打造”的授信品种包括流动资金贷款、固定资产贷款、银行承兑汇票、信用证及跨境融资等，较好地满足了果园港相关企业多样化的金融服务需求。

以支持薄弱领域为本心

让“三农”和小微企业分享金融服务的“雨露甘霖”

服务“三农”、中小企业和县域经济是农商行履行服务天职，夯实发展根基的根本要求，也是改革发展的出发点与落脚点。从重庆农商行自身来讲，目前有1770多个营业网点、1.6万名员工，其中80%以上的机构网点、70%以上员工在县域地区，服务了全市50%的小微企业客户和2500万个人零售客户，涉农贷款余额占全市涉农贷款总额的1/4，金融服务触角遍布重庆城乡。近年来，重庆农商行坚持把服务“三农”、小微企业等实体经济作为出发点与落脚点，主动适应全面建成小康社会新形势，主动适应深化供给侧结构性改革新要求，把更多金融资源配置到经济社会发展的薄弱领域，让所有市场主体都能分享金融服务的“雨露甘霖”。

在服务“三农”上，该行积极践行新的发展理念，紧紧围绕推进农业供给侧结构性改革主线确定金融服务重点，重点瞄准“三农”市场新产业、新业态、新主体，推动金融资源持续向“三农”倾斜。同时，紧扣重庆“371＋X”现代农业产业体系建设，围绕“三增”（农业增效、农民增收和农村增绿）目标，将信贷供给体系突出“五个优先”：优先支持高标准农田建设、优先支持七大特色效益农业、优先支持休闲农业和乡村旅游、优先支持农业产业上下游链式经营、优先支持农业科技创新，助力农业调结构、优品质、提效益。

在支农体制建设上，该行在董事会、经营管理层下均设置了三农金融服务委员会，从战略层面引领全行三农业务发展。同时，在总行职能部门中设置三农业务管理部牵头发展“三农”服务，在总行公司业务部、个人业务部设立农业产业化中心、农户金融服务中心，并将主城区以外的31家分支行定位为三农业务支行，并打造专业团队专司“三农”服务，并加大对分支行的考核激励力度，力促“三农”业务发展。

在涉农产品上，该行以农村地区客户金融需求为中心，着力构建涉农金融产品集群，并突出差异化产品优势，创新“三权”抵押、农村专业大户、农家乐经营贷款等50余种支农支小信贷产品，基本形成了从农户到覆盖农村各类市场主体、从传统存贷汇到新型投融资的完整产品线。此外，还推出江渝乡情卡、江渝手机银行卡及江渝手机金融、江渝财富系列等支付、结算、理财类金融产品，并推出江渝惠、微粒贷等互联网金融产品，有效满足了农村客户日益多样化金融服务需求。

对服务小微企业而言，重庆农商行积极强化激励引导，通过考核“指挥棒”力推小微业务发展。在总行层面，重庆农商行设立了小微金融条线，实施分条线考核，打造专门条线、专属产品、专有流程、专职队伍、专项考核服务小微企业客户，为其提供更加优质、更加全面、更加专业的金融服务。同时，在小微金融条线下设小微金融业务部，专门指导、推动全行小微业务发展；在分支行层面，在全辖40多家分支行都设置了小企业贷款中心，科学合理配置人员，积极拓展小微业务；在营业网点层面，设置小微企业业务信息窗口，负责辖内小微企业的业务咨询、信息传递交流，形成了覆盖全市的小微企业金融服务网络。

为了贴近市场，延伸金融服务触角，自2013年起，重庆农商行陆续在小微企业比较集中的工业园区、专业市场、物流聚集地、成熟商圈等区域设立了14家小微企业专营支行，构建了专业化、综合化的小微企业专营服务模式。据悉，小微企业专营支行拥有小微企业贷款800万元—1500万元、个人贷款300万元—500万元的审批权限，配备专业团队，按照中国银监会“六项机制”和“四单原则”要求实行专项考核，使其专注于为辖内小微企业提供综合化金融服务，支持民营企业，助力实体经济发展。

为了破解小微企业因为缺乏抵押、担保物而出现的贷款难题，重庆农商行立足市场需求与自身转型升级的要求，在弱担保产品、产品期限等方面不断探索完善，以充分适应市场和客户需求。该行先后创新推出小企业订单贷、小企业国内发票融资、小企业税易贷、科技型企业助保贷、小微企业增信贷和小微企业医保贷等多款弱担保产品。

该行与两江新区合作推出“科技型企业助保贷”产品，借助政府增信，突破科技型企业“轻资产”的融资瓶颈，有效化解银企之间的信息不对称，实现了企业、政府和银行“三方共赢”。自2014年6月推出以来，截至2017年6月末，该行仅两江分行一家分行已累计支持150多户科技型企业，累计授信金额8.29亿元，户数和金额占到两江新区同类贷款余额的80%，有力支持了科技型企业强化自主创新、快速发展。

该行与重庆市科委、重庆高新区合作，于今年5月发放全市首笔科技型企业知识价值信用贷款。该贷款业务既是以科技型企业知识价值信用评价为基础的科技型企业的轻资化、信用化、便利化债权融资的新机制、新模式，又是该行搭建“银、政、企”三方深入合作的科技金融新联盟、新平台。通过该业务试点，建立起以知识产权、人才等创新要素为指标的科技型企业知识价值信用评级体系，促进资本与技术的高效对接，为下一步在全市推广运用提供了可复制、可推广的经验。目前，该行已投放科技型知识价值信用贷款40户、5340万元，预计全年投放金额将突破1亿元。

截至2017年6月末，重庆农商行涉农贷款余额近1400亿元，占全行总贷款余额的46%；小微企业贷款余额近1000亿元，小微企业贷款户数超过10万户，小微企业贷款余额及客户数均居全市同业第一，切实加大了对金融服务薄弱领域的支持力度，充分满足了不同市场主体的金融服务需求。

以履行国企责任为担当

按照更加精准有效的要求推进脱贫攻坚

为了认真践行市属国企责任，重庆农商行坚持聚焦重庆贫困地区，找准精准扶贫着力点，下足“绣花”功夫，按照“两不愁、三保障、一达标”要求，精准有效地推进金融助力脱贫攻坚工作，倾力助推打赢脱贫攻坚战。

在组织架构上，在总行层面成立精准扶贫领导小组，制定了精准扶贫实施方案，出台了精准扶贫工作规则“三位一体”

总体框架，建立全行金融扶贫责任体系，并在高级管理层下设“三农及扶贫金融服务委员会”，专门负责全行精准扶贫工作的政策支持、产品支持和流程支持，构架全行精准扶贫“五扶三创”总体工作思路——“五扶”，即信贷扶持、产业扶持、助学扶持、就业扶持、电商扶持；“三创”，即创新产品、创设考核、创建示范。

在信贷扶贫上，要求分支行结合贫困区县重点产业，推广金融扶贫产业链，强化推动产业扶贫带动效应。同时，要求贫困区县分支行在金融助力精准扶贫过程中做好信贷投放“五个倾斜”：向支持贫困地区农村水利水电及基础设施项目建设倾斜；向支持贫困地区乡村旅游产业发展倾斜；向支持贫困地区高山生态移民搬迁倾斜；向支持贫困户创业就业再就业倾斜；向支持烟叶、中药材、柑橘等特色产业发展倾斜。截至 2017 年 6 月末，该行精准扶贫贷款余额超过 58 亿元，涉及扶持贫困人口和产业带动贫困人口超过 24 万人。

为了提升贫困群众金融资源的可获得性，促进贫困群众持续增收致富，重庆农商行大力开发适合贫困区县各类市场主体的金融产品，精准制定“一县一品、一县一策”金融扶贫方案。在巫溪、巫山、奉节、城口等贫困县推出了光伏扶贫贷款，无需抵押以信用贷款方式，支持贫困户通过光伏发电销售电力，持续获得稳定的收入增收脱贫。针对贫困区县建卡贫困户，量身订制“贫困扶助贷”专属信贷产品。具体操作是，与当地政府或其授权职能部门签订扶贫合作协议，存入一定数量的风险补偿金。该行根据风险补偿金放大一定倍数发放贫困扶助贷款，支持贫困户增收致富。此外，还组合运用农户小额信用贷款、扶贫小额信用贷款、创业担保贷款、创业扶持贷款等一系列针对性极强的金融扶贫贷款产品，帮助一大批贫困户获得了信贷资金，走上了发家致富的道路。

为了发挥精准扶贫的带动、示范效应，让贫困地区户户有增收项目、人人有脱贫门路，重庆农商行推出“一县一乡两村”示范扶贫项目。“一县”，即扶持丰都县肉牛养殖产业发展。早在 2009 年，该行针对丰都肉牛产业“金融供血”不足的问题，创新信贷服务产品，积极支持恒都农业、鑫犇农业、绿木农业、光明食品等肉牛产业化龙头企业，通过“公司＋基地＋农户”的模式，推动解决了贫困户务工、贫困户土地流转等问题，带动贫困户种植牧草、养殖肉牛，拓宽了贫困户的增收脱贫路径。同时，向符合条件的建卡贫困户发放 5 万元以内，实行人行基准利率、免抵押免担保的肉牛产业扶贫小额贷款，资金由建卡贫困户委托农业产业化龙头企业——重庆恒都农业集团有限公司实施集约化经营并获取固定收益，带动贫困户脱贫增收。截至 2017 年 6 月末，通过支持丰都肉牛养殖产业，已累计实现了增加农户就业 1000 余人，带动 31 家股份合作组织、700 余户家庭牧场户、5 万多户农户介入肉牛产业发展，起到了扶持企业生产、促进农户增收、推动县域经济发展的作用。

“一乡”，即“城口岚天乡示范扶贫”。该金融服务模式以打造“农家乐经营”为主体的乡村旅游和“建卡贫困户”为主体的特色农产品扶贫模式。自 2017 年 3 月推动以来，重庆农商行城口支行对岚天乡投放贷款 36 笔、金额 579 万元，大力支持“大巴山森林人家”发展乡村旅游，助推岚天乡 144 户、544 名“建卡贫困户”吃上“旅游饭”，摘掉“贫困帽”。

“两村”，即石柱县湖海村、城口县聚马村示范扶贫。“湖海示范村”通过“专业合作社＋建卡贫困户”联动合作，走“金荞麦种植＋生猪养殖”种养结合产业扶贫路线。目前，该行对该村产业扶贫的“领头羊”——五岗金荞麦专业合作社按人行基准利率发放贷款 70 万元，并联动统一配送种子、统一配送猪仔、统一技术指导、统一保护价回收，支持该村种植金荞麦和养殖生猪，打造“公司＋贫困户”扶贫亮点。“聚马示范村”按照“人员下山、产业上山”思路，依托农户自主发展苦荞、向日葵、跑山羊、山地鸡等地方特色产业增收脱贫。该行与城口县坪坝镇政府签订扶贫合作协议，由坪坝镇政府提供 50 万元扶贫资金作为风险补偿金，按照一定比例放大提供信贷支持。目前，已向该村建卡贫困户发放贷款 28 笔、金额 118 万元，帮助其发展种养殖业，打造“一户一策”扶贫。

为拓宽扶贫服务渠道，该行着力优化网点功能，持续提升贫困地区金融服务水平。该行加大区县 ATM 机、CRS 机等银行自助机具投放力度，目前在县域投放银行自助机具超过 2700 台，全行占比达 70% 以上；在偏远乡镇设立农村“便民金融自助服务点”585 个，并推出流动银行服务车，打通了农村金融服务“最后一公里”。此外，大力推广手机银行“村村通”，让村民动动手指即可畅享多样化的金融服务。目前，该行手机银行客户数突破 600 万户，其中县域地区手机银行客户数占全行手机银行客户总数的 80% 以上，有力提升了贫困地区金融服务的覆盖面和便捷度。

此外，该行还主动减免银行业务服务费用，进一步惠民便民。自 2013 年以来，累计对县域地区减免开卡工本费、小额账户管理费、移动金融汇划手续费等服务费用超过 1 亿元。持续开展“春运公益行”、“送金融知识下乡”、捐资助学等活动。近两年在石柱、城口、彭水、巫溪、酉阳、巫山、万州、潼南、黔江、秀山 10 个贫困区县 20 所贫困小学开展了“帮助一个娃，带富一个家”金融智力助学活动，积极推进“输血＋造血”扶贫。

链接

近年来，在服务实体经济过程中，重庆农商行自身也实现了长足发展。截至 2017 年 6 月末，该行资产规模突破 8500 亿元，比年初增长 520 多亿元，居全国农商系统前列；存款余额近 5700 亿元，比年初增长 510 多亿元，存款总量和增量均居重庆市银行业前列；贷款余额突破 3100 亿元，比年初增长 220 多亿元；不良贷款率控制在 1% 以内，拨备覆盖率超过 420%，在英国《银行家》杂志最新发布的 2017 年“全球银行 1000 强”排名中上升至 166 位，居中资银行排名第 22 位。

（来源：重庆日报）

多层次服务实体经济　积极践行社会责任

——国信证券服务实体经济情况介绍

随着证券行业在助推国家经济转型中作用的提升，以及企业社会责任建设的兴起，证券公司社会责任建设的社会关注度正逐渐上升。做好社会责任建设，平衡经济效益和社会效益，已成为证券公司实现可持续发展的重要条件。

国信证券一直秉承“创造价值,成就你我”的核心理念,践行“务实、专业、和谐、自律”的企业精神,着力推进“积极服务实体经济发展、着力提升财富管理水平、大力支持创新型企业发展、严格保证合规稳健经营、切实做到以人为本、真心实意回报社会、自觉实行节能环保”七大社会责任工程,践行企业社会责任义务。

助力实体经济

近年来,国信证券每年都取得了良好的经营业绩,根据中国证券业协会公布的全国证券公司经营业绩排名,国信证券近三年(2013－2015年)的总资产、净资产、净资本、营业收入、净利润五项核心指标均进入行业前十。可以说是当之无愧的金牌券商。而作为资本市场上专业的中介机构,服务实体经济是证券公司作为资本中介的基本社会责任。

国信证券通过助力企业降低融资成本的方式,推进多层次资本市场建设,为实体经济和市场发展注入新鲜血液。截至2015年,在股票承销业务方面,公司股票承销企业家数42家,较上年增长73%;承销金额282亿元,较上年增长6%。其中,IPO承销家数22家,占市场总家数219家的10%。

在债券发行承销方面,公司承销企业债13只,承销金额119亿元;承销债务融资工具15只,承销规模160.96亿元;实际完成公司债项目(不含可交换债项目)22.62只,承销规模210.83亿元。公司在市场形成了可交换债业务方面的品牌优势,全年完成可交换债承销项目7只。

在新三板业务方面,公司2015年全年完成挂牌项目133家,累计完成191家,累计安排融资笔数118次,融资规模77.98亿元。在直投业务方面,截至2015年底,公司全资子公司国信弘盛及其管理的基金新增投资项目21个,投资金额19亿元,并积极探索以产业并购基金为主,管理多策略基金、新三板基金为辅的业务模式,为广大成长型企业提供股权融资及增值服务。在资本中介业务方面,公司全年通过投资银行事业部渠道和资产管理业务渠道向企业发放融资77亿元。

同时,国信证券积极参与所在地区经济建设。公司通过股权融资、债权融资等专业服务方式帮助企业解决投融资问题,推进深圳地区经济发展。并且积极参加权威机构组织的调研、培训等活动,促进深圳地区经济和证券业发展。国信证券经济研究所在进一步提升传统研究服务的同时,积极配合深圳证监局、深圳证券业协会及相关政府机构举办的各类活动,包括应相关机构要求撰写有关宏观经济形势的课题,定期参与深圳证监局每季度的资本市场调查等。

遵守国家税收法律法规,依法诚信纳税是国信证券履行社会责任和回馈社会的一条主要途径。自成立以来,国信证券忠实履行纳税义务,如实申报缴纳各项税款。2015年,公司(包括子公司)实缴税金合计73.66亿元。公司还根据《证券投资者保护基金管理办法》的规定,及时足额缴纳证券投资者保护基金,2015年缴纳1.37亿元,为促进证券市场稳定健康发展,保护证券投资者的合法权益做出了贡献。

真正推进精准扶贫

国信证券在努力做好经营发展的同时,积极投身公益慈善事业,在经济、社会、环境等各方面积极主动地承担国有金融企业与上市公司的双重社会责任。公司通过捐资助学、对口帮扶贫困村和其他各类公益捐赠的形式开展公益慈善活动,取得了良好的效果,获得了广泛的好评。中国证券业协会公布的2015年度券商公益支出排行榜上,国信证券以1594万元支出金额排名第二位。

2010年启动的“金色人生”人才培养计划,覆盖优秀贫困学子从高中到考入211工程院校的全部阶段。截至2015年底,“金色人生”人才培养计划共资助学生1027人次,覆盖全国20多个地区。总资助金额为287.45万元。

2016年～2018年公司对口帮扶河源市龙川县岩镇镇山池村。根据山池村的实际需求和具体情况,公司与当地共同制定了新时期“精准帮扶精准脱贫”帮扶项目清单、实施方案及资金计划。公司计划投入资金1034.19万元,目前已完成781.19万元扶贫款项的拨付工作,村道硬底化、垃圾池建设、自来水工程等基础设施项目均已陆续开工建设。

2016年8月,中国证券业协会向行业发出开展“一司一县”结对帮扶行动的倡议,国信证券积极响应,结对帮扶新疆麦盖提县,从发展特色农业、支持企业生产、企业融资等方面开展帮扶工作。

此外,国信证券积极号召全体员工共同参与以“聚焦贫困人口,助力攻坚脱贫”为主题的“广东扶贫济困日”活动,捐款170余万元,为精准扶贫精准脱贫贡献力量。

为支持中国证券业协会在山西省临汾市隰县、汾西县开展的定点帮扶工作,公司捐资100万元扶贫资金,用于对当地贫困学生教育开展帮扶;为支持贵州省三都水族自治县教育事业发展,公司出资80.17万元捐建三都打鱼民族学校学生食堂,解决该校食堂狭小无法满足学生就餐的问题。

公司还从多个方面开展社会公益活动,与社会各阶层分享公司发展成果。从捐资南方科技大学科研建设到捐资心理健康基金会开展抑郁帮扶计划,从捐建赣州敬老院到捐资抚恤环卫工人,国信证券一直都在不遗余力地开展着社会公益活动。

在国家经济新常态的大环境下,国信证券一方面持续发挥自身促进资源配置效率的基础功能,帮助环保企业融资,协助企业改善内部治理结构,推动企业从追求高速度高耗能的粗放增长模式向改革创新和结构调整的路径上发展;另一方面,国信证券坚持低碳、环保、节能的内部管理理念,从办公运行、业务开展等多方面着手,持续降低能耗,实现绿色经营。

在助力环保企业发展,支持绿色经济方面,国信证券积极参与环保类企业的股权、债权融资服务,为环保型企业筹集了发展所需的资金,为促进绿色经济发展做出了一定的贡献。在业务支持方面,公司2015年为华索科技、百大能源、回水科技、永联科技4家环保型企业提供了5次股票发行服务,融资金额1.6亿元;全资子公司国信弘盛投资逾1亿元参与格林美股份有限公司定向增发项目,该公司主营回收利用废旧电池、电子废弃物等废弃资源循环再造高技术产品,是中国对电子废弃物、废旧电池进行经济化、规模化循环利用的领先企业之一。

从2014年开始,国信证券便响应中央提出的深入实施西部大开发战略,出资100万元加入阿拉善生态基金会,致力于生态环境保护,公司2015至2016年间捐资100万元完成了二期共2000亩“国信证券生态林”基地建设工作。

倾心倾力“育苗” 甘做服务实体经济的“园丁”
——国元证券服务实体经济情况介绍

多年前，当蔡咏还在大学三尺讲台传道授业解惑时，一位学生在会计学基础课程快学完时曾经提问了这样一个问题：“什么叫工厂车间？”对于工厂中长大、从小就与车间结缘的蔡咏来说，这是一个出乎意料的提问。

由于角色的转变和多年企业工作实践，担任国元证券董事长的蔡咏发现，如何回答这个问题，向整个资本市场讲好什么是“工厂车间”，是一个具有现实意义的大课题。因为“工厂车间”不仅是一个“有工人、设备、要素和生产产品的场所”，也是社会经济的基本细胞和实体经济的缩影，更是创造财富的基础与原动力。

十九大报告指出：“建设现代化经济体系，必须把发展经济的着力点放在实体经济上，把提高供给体系质量作为主攻方向，显著增强我国经济质量优势。”在蔡咏看来，金融与实体经济唇齿相依、血脉相连。服务实体经济既是证券公司发挥自身基础功能的体现，也是积极顺应新时代的必然要求，只有全心尽力地解决服务工厂、企业的投融资需求，呵护、陪伴“幼苗”成长，甘做服务实体经济的“园丁”，证券公司自身才能获得持续发展，这也是国元证券不变的初心和追求。近年来，国元证券在服务实体经济的手段、渠道和能力等方面不断提升。

大力发展股权投资 覆盖企业全生命周期

蔡咏告诉记者，运用好自有资本金，利用多层次资本市场支持实体经济发展，一直是国元证券长期以来的坚定选择。

经过多年不断的探索，股权投资业务成为国元证券服务实体经济的一个重要载体。据了解，国元证券通过下属国元资本、国元创新、安元基金、中电科国元产业基金等，对各类企业进行股权投资，投资涉及 VC/PE 投资、四板、新三板及主板各发展阶段的企业。

值得一提的是，作为安徽省级区域引导基金的安元基金成立两年来，已发起设立 10 只子基金，管理总规模已达 128 亿元。国元证券联合中电科集团发起设立产业投资基金，更是开启地方金融与央企合作的先河。

2017 年末，国元证券牵头省级风险投资基金安创基金的发起设立，全面对接战略性新兴产业集聚发展基地和试验基地，着力发挥国有资本和券商平台的引导效应。这是国元证券助力企业创新发展和区域经济转型升级的又一举措。

目前，国元证券股权直投业务消耗母公司净资产约 70 亿元。蔡咏坦言，在当前的会计核算规则下，大量开展直投业务对公司短期 ROE 水平会产生一定影响。但从长期来看，通过持续的资本金投入，把有效的金融资源不断配置到实体经济发展的重点领域和薄弱环节，能够有效增强企业自身生产制造能力，助力实体经济做强做大、转型升级。今后，随着股权投入逐步变现退出，形成良性循环，实现与股权投资企业的双赢。实际上，这是一种短期利益和长期利益的均衡选择，国元证券有能力处理好两者之间的关系。

过去一段时间，许多金融机构在资本市场中找到了不少“赚快钱”的机会，机构实现了短期利益，但却留下了风险隐患。而国元证券则勤勤恳恳地耕耘着蔡咏口中的“育苗”业务，耐心地等待亲手培育的好企业开花结果。这条路，国元证券走得稳健而踏实。

精心服务国企改革 创新国企混改模式

近年来，国元证券在创新国企混改模式、助力国企解决混改难题方面做出了有益的探索，取得了令业内称道的不俗业绩。

2015 年，江淮汽车吸收合并江汽集团整体上市，成为安徽省首单国企混改成功案例。2017 年，完成安徽水利吸收合并建工集团整体上市并配套募资项目、铜陵有色股权回购及股权转换募资项目。同年，皖交通规划设计总院 IPO 上市，管理层及核心业务骨干集体入股，实现国有利益与个人利益的有效结合，再次成为国企混改样板。

大力培育“双创” 助推科技企业开花结果

安徽人杰地灵，文化底蕴丰厚，区域内集中了包括中国科技大学、合肥工业大学和中科院安徽分院等著名院校和科研机构。得益于丰厚的科研土壤，安徽省的科技创新类企业不断涌现。为优质高新技术类皖企提供融资服务，也是国元证券服务实体经济中的亮点之一。

据了解，目前，安徽省共有 57 家科技型上市公司，占其境内上市公司总数 56%。2017 年新增境内上市公司 9 家，国元证券就保荐了 5 家，全部都是科技创新型上市公司。此外，全省科技创新型企业已有超过 30 家在新三板挂牌，占全省新增上市挂牌企业的一半以上。

此前，国元证券帮助省内具有代表性的科技型企业科大讯飞成功上市，从早期的 PE 到上市保荐、5 次再融资，使科大讯飞市值增长 40 多倍。同时，国元证券还多方位助力“中科大系”的科大智能、科大国创上市、并购重组；“合工大系”的工大高新登陆新三板等等，成果丰硕。目前，国元证券正在为另一家“中科大系”的科大国盾量子进行辅导，助其早日登陆国内资本市场。

蔡咏表示，“双创”是实施创新驱动发展战略的重要抓手，是推进供给侧结构性改革的重要体现，国元证券将始终致力于服务具有国际先进技术水平、应用前景广阔的优质高新技术类企业。

发力“四板” 破解中小微企业“融资难”难题

国元证券于 2013 年 8 月牵头组建安徽省股权托管交易中心（下称“四板”），致力于为省内未上市的中小微企业提供挂牌、转让、融资、托管等综合性金融服务，并为企业步入全国性的资本市场做好培育、孵化服务。

截至今年 2 月底，安徽省股权托管交易中心累计挂牌企业 1859 家，托管企业 2081 家，实现融资 147.5 亿元，挂牌、托管企业覆盖安徽全省。2017 年 12 月，为省股交中心配套服务的安徽股权服务集团正式成立，构建综合金融服务平台，培育更多的中小微企业对接全国性多层次资本市场。

中小微企业为什么要到“四板”挂牌？在安徽股交中心成立时的一次座谈会上，一位安徽省政府的领导曾就此向首批挂牌企业中的一位私营企业主提问，讷于言辞的企业主考虑良久才挤出一句话：“不就是想来搞几个钱嘛。”直白的回答逗乐了在场的许多人，却击中了一个金融从业者心中柔软的部分。

“在实际工作中，我们也经常接触到很多中小微企业，有好的市场前景和产品，但是正常情况下无法得到融资，尤其一些轻资产的企业，没有固定或流动资产作抵押，又处于初创期，也没有银行信用记录，在融资方面基本无路可走，或者说非常艰难。”蔡咏告诉记者。

“这几年，我们不断做强做大公司的融资业务，既帮助企业上市、挂牌，获得股权直接融资，也帮助企业在发展过程中获得间接融资。我们做过测算，一笔股权融资，可以带来了3到4倍的间接融资，这样企业就可以快速扩张。另外，通过省区域股权托管交易市场，为中小微企业提供挂牌服务，使得中小微企业股权得到流通，并创造条件利用所托管的股权进行质押融资。”蔡咏表示。

助力金融创新　实现助农惠农

通过金融创新，将期货、保险等金融产品引入农业现代化发展，则是国元证券服务实体经济的另一广大舞台。

2016 年，国元证券旗下的期货公司与国元农业保险共同设计玉米目标价格保险产品，并成立“保险 + 期货”创新试点项目，实现了农户、保险、期货三方共赢。同时，积极参与上期所“天然橡胶价格保险”，服务范围已扩大至黑龙江、河北、福建、海南等地，现货品种涵盖玉米 16 万吨、大豆 335 吨、天然橡胶 1000 吨，取得了良好的经济和社会效益。

金融行业落实“服务实体经济、助力经济转型升级”任重而道远。“对证券公司来讲，就是要紧扣时代热点和社会主要矛盾变化，以服务实体经济为己任，助力供给侧结构性改革，推动实体经济转型升级和高质量发展。国元证券将充分发挥自身的各项业务专长，增强服务实体经济的能力和水平，不断提升服务实体经济的效率和效果，为实体经济和社会发展添砖加瓦，作出更大的贡献。”蔡咏对记者说。

（来源：上海证券报）

风控为本创新驱动　服务实体经济发展

——国泰君安证券服务实体经济情况介绍

加强服务实体经济的能力、防控风险、深化改革，被明确为新时期资本市场改革发展的三大任务。而公司作为重要的市场参与主体，将在其中发挥着重要作用。作为规模与能力长期领先的老牌龙头券商，国泰君安对此还有着自己的深刻理解，概括而言即风控为本、专注主业、创新驱动。

对于具体的实施情况，国泰君安总裁王松接受第一财经记者采访时介绍称，国泰君安坚持合规风控为本，从组织架构、制度和机制层面不断完善风控体系。同时，专注主业，全面提升综合金融服务的效率和水平；持续加大创新业务的投入力度，在业务投入、人才培养和考核机制上都做了相应倾斜。三大举措同步推进，最终将实现服务实体经济的天职与使命。

风控为本

券商应如何发挥服务实体经济的能力？在国泰君安的践行中，合规运营和防控金融风险被视为最重要的前提。

从今年 10 月 1 日起，《证券公司和证券投资基金管理公司合规管理办法》正式实施。新规的实施，对券商的合规风控管理提出了更高的要求。“从‘要我合规风控’转为‘我要合规风控’，合规风控始终是公司的首要核心竞争力。”王松介绍称，国泰君安不断推进全面风险管理体系建设，加强对子公司的风险管理、推进并表管理工作，提升风险管理精细化、智能化水平，进而全方位提升主动合规风控管理能力。截至目前，国泰君安连续 10 年获证监会授予的 A 类 AA 级监管评级。

具体来看，国泰君安正从三个层面着手，持续完善合规风控体系的构建。王松称，在组织架构方面，公司目前建立了董事会、经营层、合规风控部门以及业务部门、子公司与分支机构的四级风险管理组织体系。这其中，一线合规风控是实现风险管理全覆盖、精细化的重要手段。王松还透露道，目前国泰君安的集团合规风控人员占比，已远高于行业水平。

在制度建设方面，国泰君安建立了涵盖各类业务、各专项风险以及日常风险管理工作的制度体系。聘请外部机构评估，并在此基础上编制了覆盖全集团的内控手册和风险管理手册。“我们还利用信息技术将手册内容固化，为的就是让每个员工清晰了解工作岗位的主要风险点和控制措施。”王松称。

在运行机制方面，国泰君安启动了风险管理联系会议的协调机制。目前，经营层风险管理委员会、首席风险官、合规总监将定期组织相关部门召开联席会议，讨论重要风险管理事项。同时，国泰君安还建起了相对成熟的合规风控系统，从母公司层面实现合规风控信息系统的互通互联，这也对协调机制起到重要的支撑。

回归本源

近年来，监管层多次强调金融服务实体经济的天职。对于券商而言，在风控为本的前提下，回归业务本源、全力专注主业是必然趋势。这同时也要求券商加快业务功能的改革，切实发挥资本市场服务实体经济的功效。而在国泰君安投行与资管等业务领域，功能改革的效果已率先开始显效。

2016 年，国泰君安主承销各类证券合计金额 4508.91 亿元，承销家数 417 家；2017 年上半年，公司主承销各类证券合计金额 1279.95 亿元，财务顾问总交易金额 322.1 亿元。在海外并购上，国泰君安担任独立财务顾问的上海电力现金收购巴基斯坦 K – Electric Limited 的股权项目，将国内先进的技术、管理输出到一带一路沿线较为落后的国家，产业整合效应突出。

为了进一步提高金融服务实体经济的力度，同时也做大做优投行主业，王松表示，国泰君安整合了内外部研究资源，聚焦和深耕重点产业，提升资产定价和资源整合能力，重点塑造国家重点产业上的专业服务优势。

他详细介绍称，国泰君安的投行业务条线目前设立了金融、高端装备制造、TMT、房地产与基础设施、军工等 5 个行业组，以及主板中小板 IPO、创业板 IPO、境内并购、跨境并购、金融债、公司债、创新融资工具等 18 个产品组。新三板做市则设立了信息技术、生物医药、先进制造、新能源、新材料、大消费等 6 个行业组，以及定增并购、挂牌两个产品组。这种机制，是希望通过“行业 + 产品”业务模式，开展深度产业链投行服务。

除业务条线的模式创新之外，国泰君安投行部还不断完善相关制度和办法，强化落实力度，打造健全完备的风险管理体系。

王松指出，在投行业务执行过程中，国泰君安不仅加强风险的源头控制，强化业务人员风险管理的意识，完善质控人员配备和各项立项制度；同时，还强化项目的全过程监管，完善业务流程、加强节点控制、防范质量和风险。此外，国泰君安投行部还加大项目的持续督导和后督管理，聚焦信息披露的及时性、准确性和全面性，落实受托管理人职责，完善后督管理机制，做好应对信用风险的预案管理等。

国泰君安资管公司也积极顺应行业转型发展、全面从严监管的趋势，从业务模式优化着手，加快进行功能创新。

王松介绍，国泰君安资管积极布局主动管理型产品，推进完善全产品线、全生命周期和全价值链产品业务体系，形成覆盖固定收益、权益、量化、金融同业、FOF 等多元化投资范围、风险收益结构从低到高的产品线。目前，所管理的大部分净值型产品业绩表现可观。同时，国泰君安资管还大力开展资产证券化业务，以创新来提升服务实体经济的能力。今年上半年公司成功发行 ABS 产品 6 只，发行规模 161.63 亿元。其中包括国电电力宁夏新能源电力上网收费权资产支持专项计划等产品，在市场和业内获得认可。

创新驱动

“创新是一个公司保持行业领先的重要保证。”在王松看来，大力发展创新业务，既是证券公司改善收入结构的需要，也是为客户提供综合金融服务的需要；同时更是保障合规风控体系运行、实现回归本源的重要保障。

半年报数据显示，国泰君安证券经纪、承销、自营等传统业务以外的创新业务，对收入贡献度从 2014 年的 30.3% 增长到 2017 年 6 月 30 日的 42.08%。在总结国泰君安的创新经验时，王松认为，国泰君安主要创新业务领域的众多产品和服务，既满足不同客户的特定风险偏好和需求，同时强化了公司的品牌识别度，帮助公司更好地捕捉市场机遇。而这也为公司带来了更为多元化的收入增长。

要打造创新驱动的优势，这需要在证券公司层面得到高度重视和共识。王松介绍，公司在业务投入、人才储备和培养、考核机制等方面，都对此创新业务给予相应倾斜。

“董事会充分授权，公司经营层可在法律法规、监管要求和公司治理制度要求允许的范围内，自主开展业务创新。公司同时强调要重视创新的风险。目前，公司每项创新研究伊始，合规风控部门就同步介入，确保每项创新规范开展。”王松还补充说，国泰君安创新业务也有很好的协作联动机制。公司目前有专门部门统一协调创新工作，资源配置效率高。

在当前 Fin－tech 风暴还在不断袭来，券业的创新步伐可能还将进一步加快。

国泰君安在此前公布的三年规划中，就已明确提出以“科技 + 服务”双轮驱动战略，以金融科技为引领，通过移动互联、大数据、人工智能、云计算等新技术应用，推进公司零售客户综合服务体系建设，形成线上线下相辅相成形成的业务生态，提升公司综合金融服务能力。对于历经行业与市场变迁的老牌券商而言，又将是一次新的征程。

转型创新在执行层面，也相当清晰。王松称，公司加快金融科技转型的具体方式有三个。首先，建立线上线下协同机制，形成总部、分公司、营业部三级管理架构共同协作的特色业务模式，以科技来放大综合金融服务资源优势，带动零售业务快速发展。

其次，以客户需求为牵引，以大数据为驱动，依托场景化智能服务平台和专业人才团队，在业内率先推出零售客户综合服务体系，将服务资源与金融科技深度结合，为零售客户提供精准、适时、专业的综合金融服务。最后，APP 仍是这场变革的重要抓手。国泰君安还将构建数字化、精细化的线上运营体系，塑造全新的数字化服务能力。

（来源：第一财经）

服务实体经济共享改革硕果

——长江证券服务实体经济情况介绍

改革开放四十年来，中国经济历经的沧桑巨变令世人瞩目，实体经济的快速发展为国家富强、人民富足带来了实实在在的贡献。在实体经济日新月异发展的背后，欣欣向荣的资本市场提供了强大的推动力，在扩大融资规模、优化资源配置、促进高质量发展等方面起到了重要作用。

长江证券成立于 1991 年，是伴随中国资本市场共同成长起来的第一批证券公司。作为改革开放金融变革的见证者，资本市场繁荣建设的参与者，实体经济快速发展的推动者，长江证券共享改革硕果，经历华丽蜕变：从上市之初仅有几十家营业部的地方性券商，发展到如今营业网点逾 300 家、资产规模过千亿元的全国性上市证券公司；从证券经纪业务占据半边天的经纪券商，发展到拥有证券、基金、期货、资产管理、私募股权投资、另类投资和跨境业务等全业务牌照，各项业务均衡发展的综合性的证券类控股集团；从摸着石头过河到主动建立健全与业务发展相适应的全面管理体系，重视防范金融风险，坚守合规底线与风险管理生命线。历经二十余年资本市场风云变幻，长江证券志存高远，知行合一。

三十而立，四十不惑，进入不惑之年的改革开放事业已进入全新的发展时期。面对难得的历史机遇，长江证券一方面结合自身专业优势，不断强化员工队伍建设，充分挖掘多层次资本市场潜力，努力对接实体经济业务诉求，另一方面积极响应国家战略及时代号召，切实担当企业公民的社会责任，做好扶贫攻坚工作。内外兼修，多措并举，为推动改革开放、实体经济新突破、新发展，不断贡献新亮点、新成绩。

助力企业成长，做实体经济推动者

9 月 4 日，由长江证券全资子公司长江保荐承做的“新疆交建”首次公开发行股票并上市项目顺利通过证监会发审委审核。新疆交建参与了新疆境内几乎所有的高速公路、国道、省道及大批县乡道路、市政道路的建设，市场份额居新疆省内施工企业首位。

2018年以来,长江证券已帮助2家企业完成IPO上市发行,1家企业过会待发行,项目涵盖航空航天设备制造、道路桥梁建设、物业服务等涉及国计民生的重要领域。

据了解,长江证券强调回归业务本源,利用多层次资本市场开展投资银行业务,努力为企业提供全生命周期、全产业链、全方位的综合金融服务解决方案,助力企业做大做强。截至目前,长江证券在会储备的IPO数量多达11家,在券商投行中位居前列。多年来,长江证券已担任100多家上市公司融资的主承销商、保荐机构或上市推荐人,为国内近百家上市公司提供了并购重组财务顾问服务,良好的口碑让长江证券"精品投行、特色投行"的品牌影响力日趋形成。

"柳州投控债"项目于今年成功获批,该项目主体评级AA+,规模30亿元,在今年颇为遇冷的债券市场格外抢眼。近年来,长江证券紧跟市场发展趋势,积极探索更多创新债券品种,为企业提供更多融资方式,创新债券品种共计发行近60亿元,成功发行了全国首只地下管廊建设专项债券、全国供水行业首只项目收益债券、江西省首只专项债、江西省首只双创债、贵州省首只养老专项债等标的,2017年全年企业债承销只数位列全国第一。

作为首批获得代办股份转让的8家券商之一,长江证券自开展新三板业务以来始终坚持以客户需求为中心、以融资为核心建立全产业链的客户服务体系,鼓励和帮助企业在新三板中实现融资、做市、并购重组等业务需求,业务综合排名连续8年保持行业前列。截至2018年9月,长江证券已累计挂牌371家,排名行业第6;募集资金合计1,248,949.34万元,排名行业第10;正在做市家数为156家,排名行业第5,持续督导家数为369家,排名行业第5,向着成为服务新三板市场的领军机构不断迈进。

作为中小微企业发展培育的"孵化器",长江证券在服务区域股权市场(四板)上持续发力,助力中小微企业腾飞。截至目前,长江证券已在全国累计辅导推荐1100余家优质企业在区域性股权市场挂牌。培育打造了"襄阳市科技成长板块和互联网板块"、"荆州市县域经济板块"等21个县(市)域特色板块,位居全国第一;成功辅导近600家企业挂牌湖北四板,数量全国第一。

资产证券化业务(ABS)作为资本市场的新兴业务,为企业融资提供了全新的解决路径。长江证券通过业务拓展,持续发力资产证券化业务,在发行单数、规模、排名上创公司历史最好水平。

响应时代号召,做精准扶贫践行者

打好精准脱贫攻坚战,是党的十九大确立的"三大攻坚战"之一。证券行业是改革开放经济发展和资本市场建设的参与者、推动者和受益者,在国家精准扶贫的关键期,长江证券积极响应时代号召,切实担当起精准扶贫践行者的光荣责任,助力脱贫攻坚义不容辞、责无旁贷。

长江证券积极落实中国证券业协会"一司一县"和"一县一企"结对帮扶行动,与湖北红安、郧阳、利川,宁夏海原、江西乐安、安徽萧县等6个国家级贫困县开展了结对帮扶,位列证券公司结对帮扶数量第七位。

通过IPO、债券发行、新三板挂牌与再融资等多种方式,长江证券为25个国家级贫困县的企业推进了300余个金融扶贫服务项目,帮扶贫困地区融资规模达到63.36亿元,为贫困地区经济发展、提升当地上市企业质量起到了重要作用:

长江保荐承做的"森霸股份"是全国重点贫困县——河南省南阳市社旗县的IPO项目,是证监会对贫困地区企业申请首发上市实行"即报即审、审过即发"绿色通道政策后的河南首单项目;"瑞华股份"是河南兰考土生土长的一家企业,通过新三板市场的3次融资,累计融资2.15亿元,新增年产值1.35亿元,利税4000万元,就业1000多人,农民增收5000万元以上。

依托长江证券公益慈善基金会,长江证券连续开展了自主策划、自主运作的公益助学项目——"衣心衣意"。活动开展三年来,在10余个经济欠发达省份的偏远山区,为超过30所学校、7000余名学生量身定制冬季校服,捐赠学习用品、书籍及相关教学用具。

长江证券务实推进定点帮扶村的精准扶贫工作。在驻点帮扶的武汉市黄陂区蔡家榨街桥头寺村,成立了8人组成的精准扶贫(驻点)工作小组,由后备干部担任工作队队长,2018年上半年,帮扶桥头寺村实现31户共78人脱贫出列。

多年参与精准扶贫工作让长江证券探索出了一条由"输血式"到"造血式"、由"散点化"到"体系化"的扶贫模式,打造了"责任券商"文化品牌,获得社会各界广泛认可:"践行普惠金融助力造血式扶贫案例"被人民日报授予"中国普惠金融助力脱贫攻坚典型案例"奖;获评新浪网精准扶贫评选活动"券商扶贫创新奖";在2018中国证券业协会证券公司脱贫攻坚等履行社会责任专项评价中获得满分。

服务国家战略,做地区经济建设者

历史经验证明,地区经济发展与国家战略布局联系紧密。新时期,党和国家高度重视中部地区经济发展,湖北省作为中部地区、长江流域的重要省份,享受到了包括"一带一路"、"长江经济带"、"长江大保护"等国家战略的政策红利,为湖北经济发展注入强大驱动力。

在金融资本市场,湖北省明确提出"上市公司倍增计划":力争到2022年末,全省境内外各类上市公司总数达到200家左右,实现上市公司数量倍增。

总部位于湖北武汉的长江证券紧密对接国家战略,积极响应"上市公司倍增计划",努力践行公司"深耕湖北"发展战略,深度参与湖北地区经济建设,为湖北地区不同类型企业的多层次资本市场需求提供个性化服务。

近几年来,长江证券先后为凯龙股份、盛天网络、振华化学、海波重科等湖北当地企业提供的主板、中小板上市服务,实现了企业的融资需求;帮助恒友股份、华兴科技、腾飞人才、中创融科等湖北企业挂牌新三板市场,助力企业在新三板中成长壮大。

据了解,长江证券在湖北省区域股权市场的市场占有率达到48%,实现湖北省内17个地市州的全覆盖,并持续推进武交中心"种子企业板"板块建设,遴选"种子企业板"标的企业,为服务优质企业开展各类投资银行业务做好储备。

在十堰郧阳、十堰丹江口、荆州监利、荆州松滋、湖北潜江、宜昌远安等地,长江证券发起设立并管理了6支产业培育基金,基金总规模15亿元。公司还作为湖北省政府及武汉、襄阳、宜昌、荆州、恩施、咸宁、鄂州等市政府的财务顾问,全面参与湖北资本市场建设,服务湖北地区经济发展。

在改革开放四十周年的新起点,长江证券将立足湖北,抢抓区位优势及国家政策带来的业务机遇;辐射全国,扎实推进产业布局和品牌建设,汇聚财智,共享成长,努力肩负起时代赋予的新使命。

华龙证券服务实体经济情况介绍

"华龙战略"效果正在逐渐显现。公司2009年成功保荐大禹节水(300021)发行上市,成为首批保荐企业在创业板上市的全国17家证券公司之一,2012年新三板扩容后,又成为首批推荐企业在新三板挂牌的证券公司,自2008年起,公司先后8次荣获甘肃省"省长金融奖"。

"点石成金"的西北投行

作为甘肃省国资委控股的金融企业,华龙证券长期以来致力于甘肃乃至西北地区多层次资本市场的建设。经过多年积累、开拓,"西部地区最具影响力和品牌优势的投资银行机构"这一称号已实至名归。

在甘肃省内,华龙证券完成了诸多省内知名企业如读者传媒(603999)、兰石重装(603169)、佛慈制药(002644)、陇神戎发(300534)、盛达矿业(000603)、靖远煤电(000552)等IPO及非公开发行项目,为企业实现融资近百亿元。走出甘肃,华龙证券同样表现优异,仅在2016年,公司就完成厦门吉宏IPO、超图软件(300036)重大资产重组项目、东旭集团公司债发行项目,以及皇隆制药收购资产等4个财务顾问项目。

据公司相关负责人介绍,华龙证券在证券保荐承销、价值发现形成了一定的技术优势,具有较强的行业研究和产品研发能力。通过与机构客户的密切关系,加强与同业的合作,为机构客户提供全方位的金融服务,逐渐形成"大投行"的发展构架。

与此同时,华龙证券还在新三板市场屡屡发力,为构建多层次资本市场贡献力量。公司在北京设立了新三板管理总部,组建了百余人的业务团队,采用"全产业链、全生命周期"的服务模式,深入研究企业的阶段性、个性化需求,为企业提供从研究、推介、挂牌辅导到挂牌以及做市等一条龙服务。同时,开展了拟IPO业务、并购重组业务、培训业务等一系列为企业量身定制的特色业务,作为专业中介机构为企业在新三板的发展壮大贡献力量。

截至2016年底,公司累计推荐80家企业在新三板挂牌,完成30次定向发行融资。成立北京华龙金智投资管理有限公司,弥补公司新三板投资业务的短板,延长了新三板业务产业链。

在更具活力的区域股权交易市场,华龙证券的表现同样优异。由华龙证券主发起设立的甘肃股权交易中心,已发展为西北地区功能较完善、规模最大,在全国同类市场中有竞争优势,在各类企业中有广泛影响力的区域性股权交易市场。成立以来,甘肃股权交易中心连续两次荣获"甘肃省省长金融奖",得到企业和市场的认可。

业务发展硕果累累源自公司对人才的大力投入,据介绍,华龙证券长期以来注重投行人才储备,通过内部培养加外部引入,现已形成了一支专业性强、经验丰富的投行专业团队,用沿海地区的金融人才和案例经验来服务西北地区的公司和项目,实现资源优势互补。

业务条线齐发力全面融入"一带一路"战略

面对"一带一路"战略发展顶层设计,地处丝绸之路咽喉要道和商埠重地的甘肃正迎来前所未有的历史机遇和发展黄金期。华龙证券作为唯一注册地在甘肃并在全国开展业务的省属金融机构,已经具备强大的实力,为丝绸之路黄金带上的企业提供更多、更好的金融服务,助力区域经济成长,推动"一带一路"建设发展。

在证券经纪业务上,华龙证券已经实现了全业务覆盖。目前,公司经纪业务在甘肃省内的市场份额占据半壁江山。行业内首推的互联网投资顾问业务品牌——"跟投顾"更是开启了券商行业互联网投资顾问服务之门。最新数据显示,华龙证券在全国设有近100家分支机构,管理的客户资产近3000亿元。

除公司自身证券业务之外,华龙证券致力于打造金融控股集团,其子公司的发展也引人注目。其中,全资子公司金城资本专注私募基金管理业务,目前管理基金11只,总规模为120亿元,2014年获得《证券时报》中国区"最佳券商直投管理机构"荣誉,2015年管理规模已进入行业前20名。华龙证券发起设立的华商基金同样表现优异,2014年至2016年连续3年获得"金牛基金管理公司"称号,得到了市场和机构的高度评价和广泛认同,成为国内知名的资产管理机构。华龙证券控股的华龙期货稳健经营,不断提升服务产业客户的能力,通过加强研究力量,优化服务质量,丰富交易产品,为有色冶金、农产品企业提供套期保值服务,是新三板市场最早挂牌的四家期货公司之一。

"一带一路"对中国经济以及世界经济的带动效应开始显现。从投资来看,中国2016年对外投资增长44%,达到1830亿美元,成为全球第二大对外投资国。"一带一路"建设的全面展开点燃了相关国家和地区的巨大热情。

去年刚刚完成近百亿募资,并积极筹备启动IPO工作的华龙证券,在为"一带一路"发展贡献力量、提升丝绸之路经济带甘肃黄金段的"含金量"的同时,势必将持续受惠于"一带一路"战略机遇所带来的经济发展、改革成长,加速成为治理健全、风控有效、专业精湛、收益良好,在国内外有一定影响力的现代金融企业。

打造服务实体经济的"生态圈"

——山西证券服务实体经济情况介绍

一双双明亮的眼眸骨碌碌地转动,像是一台台高速运转的摄像机,似乎要把周围一切新鲜事物全"拍"到脑袋瓜里。金秋9月,从地处祖国西南边陲的云南沧源出发,一群少数民族的孩子横跨数个省份,经历数千公里的路程,第一次踏上首都北京的土地。万里长城、颐和园、博物馆……这些他们早已通过书本耳熟能详的景点,一一展现在他们眼前。

在山西证券的组织安排下，这群孩子盛装打扮，第一次走出大山，又带着对未来的美好憧憬，满载而归。“我们希望孩子们在认识到外面美好的世界后，能够立志走出大山，实现精神和物质双脱贫。”分管扶贫工作的山西证券副总裁王怡里说道。

从教育公益入手，以产业帮助脱贫，用金融助力发展。在古老晋商土地上成长起来的山西证券，正在利用自身优势，通过实际行动努力践行“服务实体经济、履行社会责任”的职责。

不过，在山西证券董事长侯巍眼中，公司目前所做的工作还不够。在他看来，服务实体经济是未来金融机构的核心竞争力所在。“我们在今年初确定了公司的一个战略发展目标，就是要打造山西证券服务实体经济的‘生态圈’。”

产业扶贫的“善驭者”

从太原出发，向南约160公里，一座名为“太阳山”的村庄，安静地坐落在国家级贫困县汾西县的东北部。由于这里地势沟壑纵横，跌宕起伏，加之各类资源有限，经济基础薄弱，不少年轻劳动力常年依靠外出打工谋生。

如今，来自大自然的馈赠正在改变着这一现状。依靠当地丰富的太阳能资源，山西证券在定向捐资的基础上，于去年底在当地建设完成了光伏扶贫项目，并顺利实现并网发电。

公司的统计数据显示，该项目预计年均发电量47.25万度，收益期25年，年均收益超过46万元，可为贫困户年人均增收2450元。

此外，该项目不仅可以实现63户贫困户共194人整体脱贫目标，而且能够带动整村实现脱贫，并且能使太阳山村成为集村级光伏和多户型地面光伏为一体的光伏产业园区。

实现整村脱贫的背后，该项目的合作模式更为值得一提。“我们也意识到，扶贫最好能和当地农户利益实现捆绑。”公司副总裁王怡里向记者介绍，该项目采取三方共同投资的方式，由山西证券、当地政府和农户共同出资进行建设，并取得了不错的效果。

“光伏发电项目最重要的就是要定时进行清洁和维护。因为农户自己也参与投资了，农户从心底里认为那是自己的资产，所以会经常用心进行维护。”在实地考察过多个贫困县项目后，王怡里对此颇有感触。

只有在深度了解一个贫困县的基础上，才能因地制宜，实施有针对性的精准扶贫。侯巍告诉记者，在开展对贫困县的扶贫工作之前，公司首先会对县里的基本情况、导致贫困的主要原因等进行考察。如果当地有一定产业基础，公司可以通过资本市场手段帮助其做大做强，或实现升级改造。如果其产业基础相对薄弱，公司会结合当地资源做一些新兴产业的培育。

一组数据展现了山西证券在产业扶贫方面的阶段性成绩。2016年度，公司中小企业创业投资基金通过股权投资参与国家级贫困县企业及省级贫困县企业项目共计2200万元，共完成产业发展脱贫项目10个，通过增发、重组、股权投资、新三板挂牌等方式，共为9家贫困地区企业利用多层次资本市场实现融资需求，各类融资金额近40亿元。

平台资源的“善用者”

同样是在山西证券结对帮扶的汾西县，另一项产业扶贫项目正在有条不紊地进行——从邻省河南引进的猪肉养殖项目，经过前期招商引资和各项准备后，目前进入落地实施阶段，投资方正是公司客户之一的新三板挂牌企业雄峰股份。

据悉，由于汾西县产业基础相对薄弱，目前只有农业、养殖业等相关产业，且整体规模有限。在获悉这个情况后，公司结合客户资源，经过多方沟通和协商，为当地引进了上述猪肉养殖产业。据记者了解，目前该项目进展顺利，投资方已经完成部分猪舍等基础设施建设，并开始进行仔猪养殖。

“整合自身平台拥有的资源，然后再与贫困县进行有效对接。”侯巍顿了顿说：“我认为，这样的模式才是可复制、可持续发展的。”

侯巍向记者表示，证券公司在参与扶贫工作上，除了自身资本实力、智力支持外，自身拥有的平台及客户资源更应该充分发挥作用。

据他介绍，类似汾西县与雄峰股份的案例，山西证券目前参与的多个扶贫项目都实现了贫困县和公司客户的有效对接。去年，公司组织了中小企业创投基金、旅游、农业、电商等领域的40多位投资人，专门奔赴汾西县进行创业扶贫活动。

在山西证券对外发布的《社会责任报告》中，“平台”、“资源”等词多次被提及。在下一步金融扶贫计划中，公司明确表示，将继续发挥专业能力、资源整合和资本优势，积极探索资本市场服务贫困地区实体产业路径，包括充分利用公司营业网点、客户资源、互联网等优势，结合扶贫地区的文化、旅游等资源，开展消费扶贫和产业扶贫等计划。

同时，为了改变贫困地区人才匮乏、金融意识薄弱的问题，2012年以来，山西证券先后选派5名业务骨干到山西汾西、代县、临县等地，挂职副县长、县金融办负责人等，为当地金融创新和产业发展出谋划策。

服务实体的“善行者”

作为深耕山西多年的证券公司，如何充分发挥区域优势来服务实体经济也是公司一直在思考的问题。“山西省的产业结构转型升级和经济发展，都需要资本市场的深度介入和支持。”侯巍坦言，“对证券公司而言，这既是机遇所在更是职责所在。所以我们提出要打造服务实体经济的‘生态圈’。”

侯巍向记者解释，所谓服务实体经济的“生态圈”，就是要围绕实体经济的真实需求，一切“以客户为中心”，充分发挥证券公司的职能，为企业发展提供包括股份改制、挂牌上市、并购重组、投融资等全资本链服务和综合金融解决方案。

在这样的发展思路下，山西证券业务布局也进行了优化调整，其中公司参股的山西省股权交易中心（简称“股交中心”）成为重点之一。自去年底兼任董事长以来，侯巍一面对股交中心业务板块进行改造，一面对其服务进行明确定位。“未来股交中心最重要的服务对象之一就是中小微企业。”

公司在香港的控股子公司山证国际，也能够为企业提供海外投融资服务。按照侯巍的设想，再结合公司原有的投行、资管、新三板等业务布局，公司服务实体经济的“生态圈”将基本成型。

采访临近结束，侯巍向记者感慨道，从服务实体经济的角度来看，公司此前做得还是不够。“服务实体经济，对证券公司来说，不仅是职责所在，也不完全是长短期利益平衡的问题，更多的是重塑核心竞争力的重要举措。现在证券行业同质化竞争严重，未来主动对接国家战略，致力于服务地方政府和企业需求的金融机构，才会具有真正的核心竞争力。”

（来源：上海证券报）

聚焦机构业务升级

——华泰证券服务实体经济情况介绍

券商的转型正在如火如荼地展开，其中华泰证券因实现了转型中快速发展、完成弯道超车的转变而备受关注。而究其背后的原因，华泰证券相关人士告诉《中国经营报》记者："溯本清源，着力金融机构的本质——把服务实体经济、助力供给侧改革、促进实体经济转型升级当作使命，激发公司全业务链体系和综合金融服务能力的优势，正是公司实现快速转型提升的关键。"

并购重组领跑

近年来，证券市场形势和行业情况跌宕起伏。而华泰证券面对这一局面，却实现了梯级上升。在券商转型改革的大浪潮下，其是否有着更为合理的战略方向？华泰证券相关负责人告诉记者："华泰不断整合集团业务资源，优化全业务链服务体系，强化综合金融服务优势，例如投行方面，正是以促进产业整合、帮助客户战略升级的视野来开展投行业务的。"

具体来看，自 2012 年起，华泰证券投行条线率先在行业大刀阔斧进行转型升级，基于客户对投行服务需求发生的巨大变化，围绕"以客户为中心"，将组织架构向分工合作的大平台模式转化；由过去的产品和通道服务向全生命周期的金融服务转变；从偏重股权、并购业务单项冠军的业务结构，向股债联动、全能型综合投行演进；从单一服务 A 股市场到具备跨市场国际化的服务能力。

华泰证券资管公司紧密围绕市场需求和资产类别，发挥在资产获取、资产定价和产品创设方面的优势，形成多元化的投资标的，为客户提供差异化服务。根据 Wind 统计，截至 2017 年 9 月 30 日，旗下华泰证券资管公司共发行 ABS 产品 59 只，发行总额 580.41 亿元，发行数量和规模双双位居行业前列。

"投行项目是券商服务实体经济的具体落地，其覆盖的广度、深度往往通过项目体量、数量及精品度得以体现。项目推进过程中，投行专业的技巧、严谨的风控、稳健的运作是投行业务竞争力的保障。"某大型券商投行业内人士提及，"通过投行专业助力企业产业升级及转型发展，成就市场经典项目，也使得投行品牌美誉度得到进一步提升。"

公开数据显示，华泰证券旗下专业投行子公司华泰联合证券其并购重组业务在行业内始终保持领先地位，国内上市公司并购数量连续多年排名第一，尤其在产业并购方面拥有明显优势。截至 2017 上半年，并购新政推出，业务大幅收紧，而公司有取有舍，根据 Wind 统计，其担任独立财务顾问的项目数量排名第一；获证监会核准的并购重组项目数量排名第三，交易金额行业第一。

近年，华泰证券投行在精品项目方面也贡献出较多创新案例。例如 2016 年由其主导的首旅酒店对如家酒店的私有化购买交易，是 A 股市场第一单将美股私有化与跨境换股同步推进的交易。对比传统的私有化回归操作方式，本次交易创新性的使用跨境 A 股股份支付，实现了如家酒店直接纳入首旅酒店，一步实现回归 A 股市场，大幅缩短了交易整体实施的时间；而 2015 年在美年大健康的借壳上市中，华泰证券投行协助其迅速介入收购标的的竞争性谈判，提出巧妙的交易方案，并提供融资中介服务，通过交易设计加资本支持，以及后续持续的服务协助其完成产业整合。华泰证券方面人士提及，在不少案例的实操中，华泰证券及其子公司除了在服务中充分考虑客户及其股东、债权人等各方利益、企业后续业务和管理整合、交易成本、交易难易程度和风险等因素，配置设计合理的交易方案、为后续创造空间外，也常常采取以金融资本助力产业整合，提供融资中介服务，完成一整套交易结构的设计安排，"把服务实体经济，落到实处、落到业务的各个细节上。"

融资服务爆发

金融机构主要功能仍然来自于向实体经济提供金融支持。而券商相对不同的地方在于其业务的灵活性。华泰证券正在深化推动其业务对实体的服务效率。

"以固收条线举例，其在为客户提供债务融资、固定收益产品开发、发行承销及相关创新等综合服务方面，均取得了较快的发展。这可以说是在上述战略下的厚积薄发。"上述华泰证券相关人士表示，"全市场辐射，全品种覆盖，主流有支撑，新品上领先的格局不断健全。"

华泰联合证券主导的赛纳科技可交换债，巧用可交换债券这一金融工具，成功实现了对世界领先的打印产品及服务供应商——美国利盟（Lexmark）打印机的并购，创造了"以小吃大"的又一经典案例。这对实体企业客户实现了海外并购、带来了直接的业务扩张利好。

而股权融资方面，"作为券商主要服务手段，华泰系不仅业务体量较大、排名靠前，其实现的精品项目也较多。"上述华泰证券人士认为。其以今年完成 IPO 的海辰药业举例："实体企业上市可以实现高效融资、提速扩张的飞跃性发展，而争取更快更高效地上市推动，是券商的职责。彼时，借助 IPO 提速契机，华泰联合证券作为本次项目的保荐机构，自海辰药业开始筹备首发上市之日起，就以对公司的历史沿革、业务整合、公司治理、财务状况等方面进行了系统梳理和分析论证，最终以一年半的时间完成证监会审核并取得发行批文。是同期创业板上市最快的项目之一。"

2016 年，华泰证券资管公司在保单质押、互联网保理、商票收益权、银票收益权、央企绿色 ABS 领域共推出 5 项行业"首单"，在基础资产的挖掘和产品创新方面，均具有行业开拓意义，在资本市场上树立了行业标杆；同时，为了满足企业随时融资的需求，首创储架发行额度，在业界形成了独特品牌价值，2016 年，华泰证券资管公司共签订 730 亿 ABS 储架发行额度，大大提高了发行效率。

此外，在场外市场，华泰证券控股子公司江苏股权交易中心有限责任公司一直在为江苏省内的企业提供股权、债券的转让和融资服务。"场外市场多层次资本市场的重要组成部分，区域性股权交易中信亦是多层次资本市场建设中必不可少的部分。其对于促进企业特别是中小微企业股权交易和融资，鼓励科技创新和激活民间资本，加强对实体经济薄弱环节的支持，服务实体经济，助力供给侧改革，具有积极意义。"数据显示，该中心成立四年来为挂牌企业实现股权融资总计44538万元，股权质押融资1500万元。已有达伦股份、天印科技、恒晟小贷等挂牌企业成功转板新三板。

（来源：中国经营报）

服务实体经济　迈开新步伐

——广发证券服务实体经济情况介绍

从响应党中央、国务院“大众创业、万众创新”的安排部署，推动多层次资本市场建设；到落实“一带一路”倡议，推动行业国际化战略；再到践行党的十九大精神，推动实体经济转型升级，为居民财富管理保驾护航，证券行业努力进行立体化、多维度的新探索。

“党的十九大确立了新时代的指导思想，描绘了新时代的宏伟蓝图，作出了新时代的战略部署，鼓舞人心、令人振奋、催人奋进。”日前，在接受新华网专访时，广发证券党委书记、董事长孙树明说，“新时代”的证券行业“前景光明、使命光荣、责任重大”。

党的十九大报告提出：“要深化金融体制改革，增强金融服务实体经济能力。”在这一思想引领下，资本市场如何积极疏通金融“活水”进入实体经济渠道，成为当下亟待回答的问题。

孙树明说，要服务实体经济转型升级、助力供给侧结构性改革，这是资本市场和证券行业的使命之源。

广发证券始终将服务实体经济转型升级、支持创新驱动发展战略、助力供给侧结构性改革作为各项业务的出发点和落脚点，努力把公司建设成为资源配置型投资银行，并着力从围绕国家产业政策导向，培育新经济、新动能、新产业；助力供给侧结构性改革，整合存量旧动能、落后产能、传统产业；发挥自身专业优势，推动国有资本做强做优做大三个方面进行探索。

展望未来，资本市场将成为助力供给侧结构性改革的主战场。孙树明说，证券公司应以供给侧结构性改革为出发点和落脚点，为新经济、新动能、新产业提供高效的低成本融资服务，在支持国家产业转型升级的同时，分享供给侧结构性改革所带来的红利；同时利用资本市场，帮助旧动能、落后产能、传统产业焕发生命力和活力。

在这些理念引领下，广发证券重视为“中国制造2025”提供投资银行服务，累计为100多家先进制造行业的企业IPO和再融资担任保荐人和主承销商。结合消费服务产业升级趋势，对数字创意产业、人工智能、物联网等新兴产业进行了重点布局。

广发证券还将主动承担推动国资“做强做优做大”中坚力量的社会责任，更多地参与到混合所有制改革、国有资产证券化和资本化、产业结构优化等国企改革领域。

服务居民财富管理　实现新作为

要服务居民财富管理、保护投资者合法权益，这是资本市场和证券行业的立业之基。

孙树明说，广发证券从多个层面为居民财富管理提供服务，助力居民财富保值增值，服务全面建成小康社会的百年奋斗目标。包括为不同风险偏好的客户提供差异化的、全生命周期的资产配置方案；加强投资者教育，倡导理性投资、价值投资。

当前，广发证券拥有全业务牌照以及众多的投资顾问，致力于为客户提供优质、高效的服务；建立综合立体的产品引入和评价体系，为客户提供全方位、个性化的资产配置方案；持续加大科技金融领域投入，保持行业领先优势；创立了证券行业唯一一家互联网投资者教育基地，并成为证券行业第一家与证监会中证中小投资者服务中心开展投资者联络服务战略合作的试点券商，在投资者保护方面做出了表率。

2015年广发证券颁布了新的企业文化纲要，把“以价值创造成就金融报国之梦”作为公司的根本使命，把“客户至上”作为公司的核心价值观，在服务居民财富管理方面不懈努力、执着追求，力争把广发证券建设成为一流的财富管理机构。

拥抱国际化　走上新征程

要围绕国家对外开放战略，服务国内企业和投资者“走出去”，服务境外企业和投资者“引进来”，这是资本市场和证券行业的发展之需。

孙树明说，广发证券一直将国际化作为公司的重点发展战略，目前初步建立起以广发香港为战略平台，覆盖亚洲、欧洲和北美的国际化架构。

展望未来，广发证券将从三个方面着力推进国际化战略：

一是围绕国家“一带一路”倡议，伴随我国企业和投资者“走出去”，积极到沿线国家和地区布局设点，在人民币国际化、企业跨境并购等方面，努力为客户提供专业化的一站式投融资服务。

二是发挥自身区位优势，积极参与到粤港澳大湾区建设中。依托旗下子公司广发香港的桥头堡功能和战略支点作用，推动内地和香港资本市场在更高层次、更大范围内开展合作，为实现粤港澳经济金融竞合有序、协同发展贡献广发证券力量。

三是在重视内涵式发展的基础上，积极寻求通过外延式扩张实现跨越发展，主动参与欧美等国际成熟市场竞争，努力提高话语权和定价权，致力于成为具有国际竞争力、品牌影响力和系统重要性的现代投资银行。

孙树明说，要坚持稳健经营、筑牢风险防控基石，这是资本市场和证券行业的固本之道。作为中国首批综合类证券公司，广发证券一直将“稳健经营”作为核心经营理念，并主动承担维护市场稳定的责任，努力在“新时代”作出“新作为”。

（来源：新华网）

多措并举　促进金融服务实体经济

——中航证券服务实体经济情况介绍

在 2017 年召开的全国金融工作会议上，习近平总书记明确指出：为实体经济服务是金融的天职，是金融的宗旨，也是防范金融风险的根本举措，金融要回归本源，把为实体经济服务作为出发点和落脚点。在这一方针的指导下，不断增强金融服务实体经济能力成为当前监管层和金融机构共同努力的目标。

中航证券作为我国十一大军工央企集团唯一证券公司，一直以来秉承“航空报国、强军富民”的宗旨，坚定贯彻落实“立足，建设具有综合金融服务能力的、拥有广泛客户基础的、中国军工产业投融资首选现代投资银行”的发展战略，将军民融合、军工产融结合，扎根江西、助力地方经济发展和支持脱贫攻坚国家战略作为抓手，积极履行金融服务实体经济的职责和使命。

聚焦军民融合　服务实体经济

党的十九大报告强调，要坚定实施军民融合发展战略。推进军民融合能够促进经济建设和国防建设的良性互动，对培育经济发展新增长点和打造经济发展新引擎具有重要意义。作为贯彻国家战略方针的重要举措，2016 年中航证券以创始会员身份与国防大学等共同发起设立中国国防金融研究会，该研究会旨在以高屋建瓴的视角为金融支持军民融合工作提供整体设计，从而为服务实体经济站上了更高的平台。今年 1 月，由中航证券协助中航资本编制的中证中航军民融合主题指数正式发布，该指数是我国资本市场首只响应国家军民融合发展战略的二级市场指数。指数的发布有助于推动形成全要素、多领域、高效益的军民深度融合发展格局，利于金融服务实体经济发展。

积极推进公司业务发展　服务实体经济

作为航空工业与金融市场的重要桥梁和通道，中航证券肩负着“发挥产融结合优势、推进航空产业发展”的重要使命。凭借优秀的金融服务能力、丰富的投融资经验和扎实的产业研究实力，中航证券积极服务实体经济。2017 年 11 月，经中航证券联合保荐，中航国际下属子公司深南电路成功上市，募集资金 13.51 亿元，助力其成长为“世界级电子电路技术与解决方案的集成商”。同年 12 月，中航证券实施中航黑豹重大资产重组项目，助力中国最重要歼击机研制生产基地——航空工业沈飞整体上市。公司还联合保荐并主承销了中航电子 24 亿元可转债公开发行和成飞集成非公开发行，为金融服务实体经济树立典范。除服务航空工业外，公司服务实体经济还积极向其他军工央企延伸，不仅加强了与中国电子科技集团的合作，还参与航发动力的非公开发行项目，令“中航证券”品牌在十一大军工央企中不断提升。

服务脱贫攻坚战略　服务实体经济

中航证券积极支持服务国家脱贫攻坚战略，为实体经济薄弱环节“输血供氧”。公司与江西省井冈山市政府签署战略合作协议，形成“一司一县”结对帮扶关系，开启“产业 + 金融”的扶贫新模式，实现对革命老区精准扶贫。公司应江西省政府及宁夏回族自治区政府要求，与江西、宁夏多个县开展合作洽谈，并已确定对江西都昌县土塘镇长山村开展帮扶工作。公司通过积极投身金融扶贫工作，服务好实体经济，实现了社会责任与企业成长的双赢。

助力地方经济发展　服务实体经济

中航证券积极响应中央号召，主动承担社会责任，积极融入地方经济，助力国有企业深化改革。公司积极扎根江西，服务当地经济发展，由公司成功保荐和承销的新余国科 IPO 项目开创了江西省国资企业在深交所创业板上市的先河。今年以来公司领导多次赴江苏、湖南多地进行调研考察，为区域经济发展建言献策，提供一揽子综合金融服务方案，积极服务实体经济。在服务地方政府平台公司发行债券融资解决建设资金问题方面，公司在贵州政府平台公司发债史上创下了三个第一：第一个区级平台公司发债；第一个县级（非百强）平台公司发债；第一个平台公司发行地下综合管廊专项债。同时，公司积极拓展 ABS、专项债、绿色债、可交换债、股权质押等金融业务，有效拓展了实体企业的融资渠道，缓解宏观信用收缩背景下企业资金链紧张的状况。

未来，中航证券在航空工业党组、中航资本分党组的正确领导下，必将不忘初心、牢记使命，以金融服务实体经济为根本发展方向，坚持创新为先、改革为要，在当前竞争激烈的市场环境下，拼搏进取，通过不断增强自身金融服务水平和核心竞争力，助力我国经济发展，为构建社会主义现代化强国贡献力量。

深化专业优势　服务实体经济济

——海通期货服务实体经济情况介绍

海通期货深谙服务实体经济是期货公司发展的根本诉求，致力于探索并创新服务实体经济模式。公司充分利用在金融衍生品方面的专业优势，在套期保值、“保险 + 期货”、场外期权等领域深耕不辍，帮助企业防范风险、稳定运行。同时，为了夯实服务实体经济的能力与水平，海通期货坚持对内强化业务培训、对外强化投资者教育，内外兼修，切实筑牢服务实体经济的根基。

对内，海通期货根据市场业务发展趋势和公司战略制定年度培训计划。截至 2017 年三季度，公司对内面向全体员工共组织召开了 26 场专题培训课程，培训内容涉及原油期货、白糖期权、豆粕期权、FOF 产品、投资者适当性法规解析、投资咨询、境外期货业务及信息安全等。通过持续不断组织新业务、新品种的培训课程，全面提升公司从业人员的业务水平和服务能力，为公司更好地服务实体经济打下良好基础。

对外，为了更好地将期货这一金融衍生工具与产业紧密结合，海通期货根据各地区产业、机构和投资者的不同情况，因地制宜制定全方位、多层次、系统化的投教活动方案。截止2017年三季度，公司举办了5场金融期货专场研讨会，普及人群近600人；在上海、台北等高校举办了9场全国大学生金融及衍生品知识竞赛活动，受众学生近千人；在各交易所支持下面向产业、机构及个人投资者举办新品种投资者教育活动24场、调研活动3场，参与人数超2000人；举办2场股票期权大讲堂，帮助近100名投资者顺利通过股票期权知识测试；组织5场沙龙活动，搭建私募机构与投研人员沟通与交流的桥梁；举办4期线上讲堂活动，分享金融领域前沿话题；此外，公司还建立了每周常态化期民学校投教活动。通过多年投教活动的组织实践，海通期货不断总结经验、完善流程，着力推动投资者保护体系建设，助力行业更好更快发展。

海通期货服务实体案例一：
定价服务助力产业链健康发展

铜作为有色金属中需求最大的金属，是国家工业的重要原材料。然而由于我国国内铜矿普遍品位较低，生产成本较高，矿山利润受铜价波动影响大，在前几年的商品熊市中，矿山的经营举步维艰。海通期货风险管理子公司上海海通资源管理有限公司（以下简称“海通资源”）积极落实“期货服务实体经济”的指导思想，结合自身在期货投资方面的研究能力及矿山具体的经营情况，运用预销售的套保模式，为矿山合理规避价格波动风险，助力矿山健康发展。

一、项目背景介绍

（一）铜精粉产业现状

铜是与人类关系非常密切的有色金属，被广泛应用于电气、轻工、机械制造、建筑工业、国防工业等领域，在我国有色金属材料的消费量中仅次于铝。目前，国内铜冶炼企业对进口铜精粉依赖度高达80%，国内铜精矿只占20%，且比重逐年下降。国内可以开采的铜精矿主要分布在安徽、江西、湖北、云南等四大地区。新勘探的铜矿资源主要分布在新疆、西藏、内蒙古等地，开采存在很大弊端，一是并非铜消费地，开采的铜精粉运输成本较高；二是受气候影响，开采时间短，一年当中只有二、三季度才能挖掘；三是基本不是露天矿，开采成本偏高。整体而言，国内铜精粉具有品味低、成本高的特点，相较于进口铜精粉，在成本上不占优势。当铜价发生波动时，进口矿受价格波动冲击小，仍然能够保持盈利，内矿却会陷入经营困境。

（二）中金蒙矿简介

中国黄金集团内蒙古矿业有限公司（以下简称“中金蒙矿”）成立于2007年10月，主要从事有色金属矿探、选、冶及综合利用、矿产资源投资等业务，重点开发乌努格吐山铜钼矿项目。该项目采用“SAB”碎磨工艺、尾矿膏体排放、回水综合利用等多项国内和世界先进技术，实现低品位铜资源的高效开发，是内蒙古自治区和中国黄金集团公司深度合作、统筹资源整合、加快产业升级的重点工程，目前项目年产金属铜8万吨。

二、项目情况分析

（一）中金蒙矿的风险管理难题

中金蒙矿是国内知名的示范性矿企，依托先进的采掘工艺，最大化降低了采掘成本，尽管如此，依然面临产品价格波动对企业利润影响大的问题。中金蒙矿目前采用点价的模式向冶炼企业销售铜精粉，每次发货后，中金蒙矿与下游冶炼企业约定一个时间区间为点价期，该期限一般为3个月，点价人员认为价格是这段时间内的相对高点时就进行交易。通过点价方式进行销售，可以规避一部分市场价格波动风险，多给企业创造一些利润，但点价存在一个很大的缺陷，就是只有产品生产出来并出售时才能点价，生产期间不能点价，这就意味着点价约定的价格时间区间有很大局限，一定程度上相当于随行就市。如果生产期间铜精粉价格逐步走低，产品出售时候价格可能与生产期间有很大差异，利润与预期相差甚远。

如果使用期货进行保值，则存在其他问题：一是期货保证金较高，矿企进行套保后，如果遇到行情上涨，往往需要具有随时追加保证金的能力，而由于账期问题，矿企很难随时追加保证金，从而影响套保效果；二是矿企生产的是铜精粉，而套保的品种是电解铜，二者虽然互为上下游，但存在基差风险，如果铜精粉与电解铜走势背离，矿企将面临“两头亏”的困境。

（二）预销售的风险管理模式

由于传统的套期保值并不能解决中金蒙矿的风险管理需求，海通资源根据其实际生产与销售情况，设计了预销售的风险管理模式。

中金蒙矿通过与海通资源签订预销售合同，可以根据自身生产情况向海通资源提前预售未来某个月生产的铜精粉。当期货价格达到中金蒙矿的预期目标时，中金蒙矿向海通资源进行预销售。双方确认后，中金蒙矿只需按时并按预销售达成的数量和价格与海通资源进行现货交易，这样即便未来点价期铜价不理想，中金蒙矿也可以提前锁定一个理想的价格，从而实现企业正常有序经营的目标。

借助预销售，中金蒙矿不必再担忧因价格波动而导致的保证金问题，也不必再担忧铜价与铜精粉价格背离的问题。而海通资源发挥自身的资金与团队优势，根据预售确认书约定的月份、价格、数量在期货合约上对冲保值，代替中金蒙矿规避价格波动风险。同时，当铜精粉生产以后，海通资源替代中金蒙矿履行销售职责，与下游的冶炼厂进行点价销售。

（三）预销售的实施情况

2017年上半年，中金蒙矿与海通资源进行了充分沟通，结合自身经营情况以及对市场的分析，确认了预销售数量与预销售价格，双方共达成预销售铜金属量超过5000吨，预售均价分布在47500—50500元/吨。

从预销售情况来看，该批预销售的效果令人满意。事实上，如果按照原有点价销售模式，中金蒙矿只能在发货后的点价期内进行点价销售，而点价期内，铜价一直维持在44000—47000元/吨。相比之下，运用预销售模式，中金蒙矿可以额外获得至少2000元/吨的收入，累计实现额外收益1000余万元。

海通资源与中金蒙矿的合作，立足于解决中金蒙矿在试图改善经营状况过程中遇到的点价期与保证金问题。近年来我国多次倡导金融走向实体企业，真正做到利用金融工具为实体企业服务。海通资源致力于服务实体企业，探索出预销售与实体企业的生产相结合的模式，力求通过此次试点切实有效的改善企业运作效益，通过合理运用多样化的金融衍生品工具助力企业规避自身所承担的市场价格风险，提升企业竞争力，促进转型升级，为企业在当今格局下寻求更好的运作模式。

海通期货服务实体案例二：

场外期权助力农产品加工商创新发展

玉米作为国家重要的经济农作物之一，其种植面积与实际产量每年都呈现出同步上升的趋势。为了保障玉米的价格与销售情况，国家采用一系列政策来调控玉米价格，但随着收储与保价政策到期，玉米价格近年内逐步走向市场化，价格巨幅波动，造成了许多加工商的损失。海通期货风险管理子公司上海海通资源管理有限公司（以下简称“海通资源”）充分发挥期货公司风险管理子公司在期货、期权领域的专业优势，运用新型的场外期权模式，合理规避期货基差风险，助力企业稳健发展，推动国家“去库存”的整体战略。

一、玉米加工商的烦恼

农产品加工商本身利润单薄，随着企业的快速发展，企业间相互竞争问题也因价格的透明化而愈发凸显。企业的日常生产与经营情况受到价格变化的影响巨大，传统套保给企业带来不小的压力。

T集团有限公司是以农业、新能源双主业发展，并在化工、宠物食品、IT、建筑与房地产等行业快速发展的大型民营科技型企业，现拥有遍布全国各地及东南亚地区的一百余家分、子公司，员工逾万人。作为一家大型的实业公司，T集团在国内拥有良好的名声与庞大的产业规模。但即使是这样的企业，仍会有套保方面的需求与担心。T集团每年玉米采购量高达150吨，拥有8－10万吨的常备库存，不管是在采购方面还是在库存保值方面，在玉米品种上都有大量的保值需求。

二、项目情况分析

农产品加工商一般采用传统的期货套期保值手段平抑价格风险。然而使用传统套保模式，一方面面临期货初始保证金较高，特别在许多小型的玉米加工商企业面临价格巨大波动时，当期货价格朝向不利方向时，企业除了要随时追加保证金外，还得放弃原本的收益，造成套保最终效果并理想。另一方面，现货与期货之间所存在的基差问题，使得运用期货套保的企业无法完美对冲价格风险，因此市场的整体参与度不强。为了解决前述问题，在本项目中，海通资源协助企业改用场外期权来进行套保，而为了平衡基差问题，采用创新的期权交割方式：企业在到期时可以根据现货与期货的价格，再决定采用现金结算或现货交割，以灵活的结算方式来避免基差可能带来的风险。

（一）创新型期权模式的实际运用

海通资源通过对T集团进行实地考察，配合该企业实际需求设计了根据长短天期的采购策略而制定的“锁定玉米采购价格”及根据库存动态调量需求而制定的“保护玉米库存价格”两套期权方案。项目时限2017年7月至2017年12月，为期6个月，玉米品种数量1000吨（100手），价值预估为1,650万元左右。届时T集团将依据玉米期价高或低，在两套期权方案中择机采用。

“锁定玉米采购价格”方案中，T集团需要采购玉米10,000吨，当玉米价格来到相对低档，担心未来价格上涨增加采购成本，因此投资看涨期权，但因为用货量的调整，必须同步调整期权数量。此方案在到期行权时，客户可以选择用现金交割或实物交割，若以现货交割，海通将执行期转现申请后，再按贸易合同交易流程将现货转给T集团。“保护玉米库存价格”方案中，为了搭配正常运营需求，T集团的常备库存8－10万吨，当玉米价格来到相对高档时，为了避免库存跌价的风险，T集团运用看跌期权来进行套期保值的操作，但因为库存量的变动，必须同步调整期权数量。此方案中，期权操作目的主要是针对T集团的常备库存进行保值，由于库存玉米为T集团生产线上的原物料，不需要到市场进行抛售，所以到期时只采用现金结算，而不选用现货交割。

（二）创新期权到期交割模式，化解基差问题

此项目中的创新点立足于解决企业运用期货套保中可能产生的基差问题。期权到期时，企业可选择现金结算或现货交割的方式，有效规避基差的问题，更好的锁定企业利润。延伸交割的选择性，在国外的场外期权到期时，客户可以选择现金结算或实物交割，正如场内期权的操作，到期时做市商可以将期货头寸转给客户，灵活客户操作的选择；但由于国内业务刚刚起步，场外衍生品的配套措施尚欠完善，若能在兼顾风险控制及交易便利性之下，合理的开放客户选项，吸引更多实体企业运用场外期权套期保值，相信对于国内期货市场的发展，可以起到正向的效益。

三、市场展望

透过上述案例可以看到，在价格波动加剧，产品库存压力加大等宏观经济环境下，我国许多实体产业企业由于没有充分运用金融及期货市场，缺乏现货价格的风险管理控制手段，无法锁定生产经营成本，也因而付出了沉重的代价。

我们建议，作为传统的农产品加工实体企业，应该多接触并合理运用多样化的金融衍生品工具来控制自身承担的市场价格风险，在同类企业间激烈的竞争环境下找到属于自己的运营与盈利模式，既保证可持续生产经营、合理安排生产计划，又能够从容地应对市场价格的波动，此举也将充分发挥价格发现的作用，帮助企业改善盈利水平、提升企业活力与市场竞争力。

同时，作为拥有专业衍生品服务能力的期货公司，应当充分发挥期货服务实体经济的职能，推动实体企业转变发展方式、调整经济产业结构；在服务实体企业的过程中，更好地发挥风险管理的只能，为产区内以及周边产业实体经济发展服务，促进农业及其他相关行业健康发展和国民经济稳定运行。我们也相信在国家政府大力推行“保农、护农”与“期货市场服务实体经济”的政策下，政府、企业与金融机构间的“三方”工作会更密切、容错性更高，为中国经济发展贡献出各自的力量。

申银万国期货服务实体经济情况介绍

申银万国期货有限公司在服务三农方面，2016年公司成功申报大商所玉米“保险＋期货”扩大试点项目，与中国人保大连分公司合作为吉林省乾安县万家农业种植专业合作社和黑龙江巴彦县丰裕合作社提供了1.5万吨玉米期货价格保险。在玉米价格下跌过程中为保障农业合作社种植收入发挥了积极作用。

在服务产业客户方面，公司积极为产业客户提供风险管理顾问、研究分析、交易咨询等服务，协助客户建立风险管理制度、操作流程，为客户设计套期保值、套利等投资方案，切实履行“期货行业服务实体经济”的责任。公司的全资子公司“申银万国智富投资有限公司”，为产业客户提供场外期权、仓单服务、合作套保等服务。

服务实体经济　加快创新发展

——华泰期货服务实体经济情况介绍

提要：服务实体经济，是期货行业的价值所在。经过二十多年的发展，我国期货行业迎来了发展的机遇期，价格发现和风险管理功能凸显了期货市场的本质特征，供给侧结构性改革中的风险管理需求为行业带来了新机遇。华泰期货定位于“打造中国领先的金融衍生品综合服务平台”，致力于为实体企业提供包含现货期货、场内场外、境内境外业务为一体的衍生品综合金融服务，尤其是在服务实体经济、加快创新发展上取得了一系列成果。

一、精准定位，奠定服务实体经济的先发优势

在精准定位下，华泰期货积累了一些先发优势，主要体现在三个方面。

一是发挥全业务链战略优势。华泰期货的股东华泰证券率先提出并构建了全业务链发展战略，这么多年下来，已经逐渐显现出战略优势效应。在“融入集团全业务链、构建衍生品全业务链”的战略指引下，华泰期货以服务实体经济为己任，从战略高度和长远角度，逐步构建一条以投研为核心的衍生品全业务链，涵盖风险管理、国际业务、财富管理和资产管理等服务内容，以公司北上广深四大业务中心，5 大分公司、39 家营业部、3 家风险管理子公司以及美国、中国香港 2 家境外子公司为触角的服务网络，并依托母公司华泰证券 300 多家机构，能为实体企业提供覆盖现货期货、场内场外、境内境外的衍生品综合金融服务。

二是行业领先的期权业务。2015 年，华泰期货的场外期权业务规模几乎为零，2016 年开始初具规模，通过一年的努力，我们迅速取得了规模第二、收入第一的领先业绩。开启了场外期权的全面扩张模式，业务规模持续保持高速增长的态势，在交易规模、交易品种、交易形式等方面都取得了突破，累计名义金额规模近 1900 亿，问鼎行业第一，市场占有率超过 60%。公司场外业务规模的爆发式增长，归因于公司团队的专业能力和服务水平得到了市场的认可，有效运用场外期权这一风险管理工具深度服务产业客户，场外期权业务中的产业客户占比超过 90%。

华泰期货在场内期权业务中也取得了先发优势，获批大商所豆粕期权和郑商所白糖期权的首批双料做市商，在豆粕期权上市首日，成功完成国内场内大宗商品期权的第一笔交易。

三是不断提升的投研能力。近年来，华泰期货研究在卖方向买方转型中已经取得了阶段性突破，在宏观、能源、农产品、有色金属等板块的行业研究和服务能力显著提升，客户满意度大大提升。华泰期货集中发挥商品和衍生品类的研究优势，并依托华泰集团研究优势，错位互补，切实提升了产业客户服务的能力和水平。

二、创新模式，提升服务实体经济的能力水平

（一）充分发挥风险管理子公司服务实体经济的功能

一是场外期权业务的积极探索。华泰期货的期权团队运用专业能力深挖产业客户需求，通过与风险管理意识强、期权认知深的重点企业开展深度合作，为重点产业客户提供了一站式专业服务，树立了成功典范，以此带动其他企业参与期权市场进行风险管理的积极性。场外期权在实体经济中的风险管理需求是巨大的。从中，华泰期货真正地发挥了承担、转移和管理实体经济风险的作用，树立了公司在场外业务领域的专业品牌，在服务实体经济和业务发展上实现了双赢。

二是深入拓展了大宗商品业务，将融资服务与仓单质押有机结合，创新了仓单质押业务模式。在利用自有资金和银行授信资金开展仓单质押业务的基础上，合作开展了“泰简单”项目，将仓单质押业务向证券化形式转换，通过信托、股交平台等渠道为客户提供仓单质押服务。

三是与产业客户建立战略合作伙伴关系，利用金融手段帮助实体企业提升经营效益、扩大现金流和提升贸易流量，控制经营风险。针对产业客户盈利模式问题，引导客户进行套期保值或合作套保。期现货无缝对接方面，大胆尝试新的交易模式，在现货期权、跨品种交易对冲等业务领域进行前瞻性研发，已取得初步进展。

在具体服务中，期货和期权作为有效的风险管理工具，能够减少大宗商品价格波动对企业经营的影响，但因期货和现货存在差距，产业客户希望能实现金融工具与现货的无缝对接。期货和现货的差距主要体现在基差和物流两个方面，如通过期货买入标准仓单不一定是最适合产业客户的品牌和最优仓库，而当前不少实体企业利润微薄，产业客户非常在乎物流费用的成本占用。为解决这一问题，华泰期货在有色金属行业进行了尝试，与客户进行现货交割，尽最大可能降低了客户的成本。后期华泰期货还将在黑色等其他领域开展现货交割，创新模式满足产业客户需求。

（二）稳步扩大“保险 + 期货”试点项目。

“三农”问题的核心在于如何解决农民增收、农业增长、农村稳定的问题。由于种种历史原因以及客观因素，我国农业面临着农产品库存高企、农业财政负担加剧、国内外价差较大、进口压力大、加工产业不够成熟、产业链价格倒挂等一系列的问题。为解决这些问题，国家在连续两年的中央一号文件中明确提出，要深入推进农业供给侧结构性改革，深入推进农产品期货、期权市场建设，积极引导涉农企业利用期货、期权管理市场风险，稳步扩大“保险 + 期货”试点。华泰期货紧随创新政策，结合精准扶贫工作，稳步扩大了“保险 + 期货”试点项目，并做了很多新颖的尝试，在去年“价格险”的基础上，进一步试点了“收入险”，对普及保险的概念、农产品价格市场化，以及农民增强金融及风险意识，发挥了积极作用，而且意义重大。

2016 年，华泰期货在国家级贫困县内蒙古自治区通辽市科左后旗顺利完成了玉米“保险 + 期货”试点项目。2017 年联合中国人保财产保险有限公司，分别在海南省琼中黎族苗族自治县开展上期所橡胶期货价格保险项目，在黑龙江省农垦系统下辖的逊克农场开展大商所玉米收入保险项目，在河北省威县开展郑商所棉花期货价格保险项目，在广东省湛江市遂溪县开展郑商所白糖期货价格保险项目。

（三）发挥与股东的战略协同优势。

华泰期货在金融衍生品领域与股东华泰证券开展了很多创新互动和协作，服务产业客户。逐渐探索了产品 + 产业、产业 + 金融、保险 + 期货、产业基金等新型的产业客户服务模式，提升了产业客户服务能力。徐炜中表示，风险管理子公司以全业务链发展思路，积极寻求与华泰证券的业务协同，并立足衍生品，协同母公司发展战略，融入实体企业服务当中，提升了产业客户的综合服务能力。

（四）构建创新型投研体系。

华泰期货将研究所升级为研究院，升级服务实体经济的研究水平。今年华泰期货以更大格局构建了投研体系，在上海、北京、深圳设立三大研究所，从组织架构、组织管理、服务形式和服务内容等方面进行大胆创新，希望通过打造创新型投研体系，进一步提升华泰期货的投研能力。为了更好地服务实体经济，研究院不断探索并取得突破。

一是在服务内容上由点及面。研究服务对于企业，优先定位于资讯和行情讨论的咨询服务，但经过不断的积累和探索，华泰期货先后在资讯服务、风险管理模式、基差规律研究及套期保值效率等方面实现“点”的突破后，实现给企业提供给全“面”的服务。业务落地形式上体现为，之前只能针对某一个企业某一项服务签订投资咨询合同，而现阶段针对一篮子服务签订的合同偏多。据徐总介绍，“以 2017 年为例，我们与国内某一大型煤炭企业签订了全面的合作方案，包括协助客户建立基本面分析思路及数据库；协助客户团队建设；协助客户整合上下游资源，利用场内场外衍生品工具。以及帮助企业构建全面风险管理体系等合作内容。”

二是服务模式由单一走向立体。随着市场的不断发展变化，华泰期货从公司总部层面上不断探索综合服务模式，以企业需求为中心，集公司研究、IT、风险管理子公司、华泰证券各条业务线的力量，搭建全方位的“立体”服务模式。研究层面的服务模式也在演变，从拜访之后的常规信息交流，到行情及行业重大变动的及时视频交流，再到联合调研，再到共同探讨产品设计方案，都在发生较为深刻的变化。

（五）建立面向服务实体经济的组织架构。

在公司总部层面设立了机构业务协调与发展委员会，统筹协调集中资源，全力推进包括产业客户、金融机构在内的开发与服务工作，并出台了配套的管理办法和激励方案。此外，为了更加全面、深入地服务重点产业链的客户，华泰期货先后还成立了原油期货部、白糖事业部，探索通过单品种的纵深服务模式，做深做透全产业链服务工作。

三、面向未来，寻求服务实体经济的更大突破

要在服务实体经济中大有作为，华泰期货重点在两个方面寻求进一步突破。

一方面，着重加强集团化全业务链战略协同，提升服务实体企业的综合服务能力。明确各下属公司在服务实体经济当中的定位和目标，制定短、中、长期规划，引导下属公司发挥服务实体经济的战略协同作用。一是风险管理子公司将立足风险管理服务，以平台化思想，专注业务创新、业务支持、资产配置和机构客户综合金融服务，不断在服务实体经济中探索和寻求突破。二是继续做大做强期权业务。期权作为非常有效的企业风险管理工具，目前在国内大宗商品市场中的运用还处于初级阶段，未来具备充满想象力的广阔发展空间。华泰期货将不断提升期权服务产业客户的专业能力，深度服务实体经济。三是稳步推进国际化发展进程。华泰期货在香港和美国设立了境外子公司，抓住国内产业客户走出去，资本跨境流动和财富全球配置等政策机遇和市场机遇，开展跨境业务的对接整合，为国内产业客户创造更加专业化、国际化的一流服务价值。

另一方面，华泰期货要持续打造投研核心竞争力服务实体经济。一是增强公司自身研究实力，打造核心研究体系，不断提升行业、行情重大变动的认知能力。二是在“点”突破和“面”衔接的过程中，提升每一个产业的服务能力。集中每个期货品种对应的细分产业上中下游客户资源，探索既通用又个性化的实体企业风险管理模式。三是协助公司下属公司，完善公司“立体式”的企业客户服务体系。

徽商期货服务实体经济情况介绍

徽商期货服务实体项目与案例

案例一：A 化工贸易商

企业基本情况

A 化工有限公司主营塑料、化工原料产品贸易。作为贸易商，A 公司既是市场的多头，也是市场的空头。在市场价格下行或下游需求不足时，面临库存商品跌价风险；在市场价格上行或下游需求旺盛时，面临库存不足、供货周期长、缺乏市场竞争力的尴尬局面；在市场价格大幅震荡时，很容易被反复“打脸”，受“夹板气”。

企业参与期货市场的情况

在接触期货市场初期，领导层也有顾虑，主要是因为公司对期货市场套期保值功能不够了解，担心在期货市场过度投机造成损失，因而对企业参与期货市场的态度比较消极。当时的考核评价体系中，现货经营损益产生亏损，公司认为是正常的市场现象，对管理层责任认定较为客观。但如果参与期货套期保值交易，盈利是正常的，亏损则要承担责任。企业管理层担心期货市场上的亏损令其责任增多，即便是风险较低的套保业务也不愿参与。

在了解企业的上述基本情况后，合肥营业部总经理光亮带领团队主动与 A 公司聚丙烯事业部进行联系沟通，先后提供期货培训、行情分析、套保策略、风控咨询等服务，发挥各自的期货与现货优势，在大家的共同努力下，逐渐形成了一套完善的期现结合业务发展模式。在价格低迷下跌周期中，结合技术面和基本面，利用卖出套保有效地规避了库存的贬值风险，同时积极利用基差交易，在基差较大的周期中，用交割锁定了化工产品的利润。服务团队与 A 公司共同深入交割一线，从入库质检到交割税票等流程无死角的跟踪解决，积极联系解决交割仓库的升贴水问题。打消了公司的诸多疑虑，为 A 公司参与期货市场奠定了坚实的基础。

企业参与期货市场的风险管理机制

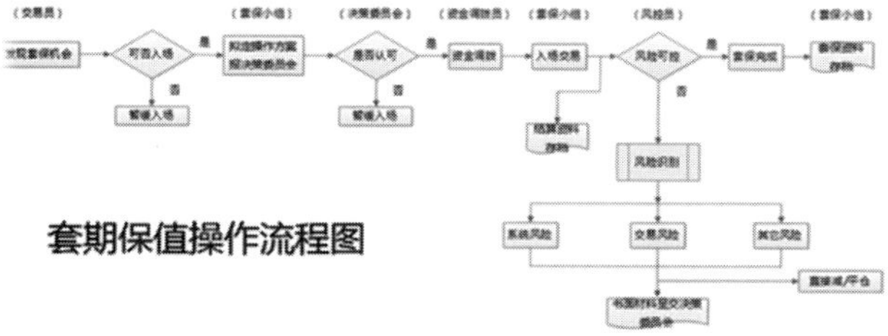

套期保值操作流程图

企业参与期货市场的具体实例

利用期货工具规避原材料价格上涨的风险

现货市场	期货市场	备注
现货价：7900 元/吨	买入 P1701 合约 200 手 价格：7200 元/吨	期货开仓，锁定价格
买入现货 1000 吨 价格：8800 元/吨	对冲平仓 P1701 合约 200 手 价格：8500 元/吨	购入原材料并平仓对应头寸
现货成本上升了 900 元/吨	期货盈利 1300 元/吨	盈利>亏损
最终相当于以 8400 元/吨的价格购进 PP 原材料		

利用期货工具锁定产品下跌的价格风险

现货市场	期货市场
产成品现货市场 12200 元/吨	卖出 PP1705 合约 200 手 价格 9800 元/吨
产成品现货市场价为 11400 元/吨	平仓 PP1705 合约 200 手 价格 8500 元/吨
产品价格下跌 800 元/吨 利润共下降了 800000 万元	期货市场盈利 1300 元/吨， 共 1300000 万元
相当于产品最终销售价格为 11900 元/吨	

利用期货工具解决仓储空间不足的矛盾

现货市场	期货市场
现货市场 8800 元/吨	买入 PP1705 合约 200 手 价格 8500 元/吨
现货市场价为 9700 元/吨 企业购买 1000 吨	平仓 PP1705 合约 200 手 价格 9100 元/吨
产品价格上涨了 900 元/吨 亏损了 900000 万元	期货市场盈利 600 元/吨， 共 600000 万元
相当于产品最终 PP 采购价格为 9100 元/吨	

企业参与期货市场的经验总结

经常有人说，如果看涨，为什么要今天去卖，而不是明天去卖呢？反过来，如果是看跌，那么今天不买，明天去买不是更便宜吗？可是，在 A 公司看来，分析趋势和套保是矛盾的，有趋势的话，就掺杂了个人对套保的理解。在 A 公司，套期保值最主要的实现手段就是基差交易，基差交易和趋势是没有关系的。值得注意的是，虽然实施了 100% 的套保，但 A 公司认为，套期保值并不意味着把风险降到零，而是仍要承担风险的，只不过对风险的掌控能力更强了。利用期货市场之后，企业就有把握将风险降低。从历史数据也可以看出，期货和现货联动性越来高，到期合约有明显的期现回归特征，期现价差缩小，基差开始平稳，基本面在左右市场，资金只能短期影响，这都说明市场已经成熟。

100% 套保帮助 A 公司不断发展壮大，可是为什么很多企业没能像 A 公司一样，坚持套期保值的正途呢？首先，中国的期货市场还处于一个发展中的阶段，有时候会给那些胆大的、赌性大的人比较丰厚的回报，当然更多的还是失败者。期货市场里面通常谈论的都是成功者，而一将功成万骨枯，很少有后来人愿意去探讨失败者。其次，国内企业在运用期货时会受到更多局限。对企业来说，如果要做套保，就意味着资金方面可能会受到掣肘。如果买现货，然后去套保，基本上得有两套资金去操作，对资金实力要求较高。

案例二：沪银期现套利

企业基本情况

客户是一家房地产公司的董事长，公司成立于 2007 年，注册资本 2000 万人民币，经营范围为市政公用工程、绿化工程、河道清淤工程的施工；金属材料、建筑材料、化工原料及产品、矿产品的销售。

公司拥有职工 1000 余名，拥有各类技术管理人员 165 人，年发放工资约 5000 万人民币，拥有大中型施工机械和质量检测设备等 200 多套。2014 年，公司各类工程项目（土建、市政、绿化）产值每年约 10 亿元人民币，数年来承建的项目博得了业主和社会的一致好评。

企业参与期货市场的情况与风险管理机制

该客户初入期货市场的时候，由于缺乏专业知识，没有完整的交易策略和风险管理机制，以股票的交易思路来操作期货，以至于损失惨重。后来我部分析了客户的交易情况，发现此客户非常热爱交易白银期货，但是由于白银独特的金融性，普通投资者难以把握银价的波动，特别是白银价格波动幅度较大，单边投资白银风险相对较高。因此，经过多次的拜访与沟通，我部向其推荐了一种新的投资模式——白银期现套利，这是一种能够获取稳健收益的低风险投资方式。

在沟通的过程中，我部向此高净值客户阐述了期现套利的含义与模式：期现套利是利用同一种商品在期货市场与现货市场之间的不合理价差进行套利的行为。即当期货价格与现货价格之间出现不合理价差时，套利者通过构建现货与期货的套利资产组合，以期望价差在未来回归合理的价值区间，获取套利利润。期现套利有两种情况，当期货价格相对其理论价格被高估，并且高估幅度大于交易成本时，套利者可以买入商品现货同时卖出期货合约，直至期货合约到期时用所持现货商品的标准仓单到期货市场交割，这种套利方式为正向套利；而当期货价格相对其理论价格被低估，并且低估幅度大于交易成本时，套利者可以卖出商品现货同时买入期货合约，直至期货合约到期交割，这种套利方式称为反向套利。

企业参与期货套利的实例

听完我们的解释后，客户一开始并不感兴趣，原因在于初期需要投入的资金成本较大，周期又特别长。针对这个问题，我部在原有的期现套利方案中增加了仓单质押，以此大大降低了资金成本。同时，我部又制作了一个详细的收益方案给客户，让客户能直观地看到投入多少，收益多少，以此来吸引客户进行期现套利。以下是我部制作的操作方案：

方案概述

1. 远月价格

（1）远月价格 = 近月价格 + 交易成本（仓储费 + 资金成本 + 物流成本等）

2. 沪银正套

（1）白银跨月价差（远月 − 近月）：Ag1612 − Ag1606 = 100；

（2）仓储费 $0.016 \times 31 \times 6 = 2.976$；

（3）过户费 $0.03 \times 2 = 0.06$；

（4）交割手续费 2×2＝4；

（5）增值税：（3725－3625）/1.17×0.17＝14.53

（6）价差收益＝100－2.976－0.06－4－14.53＝78.43元/千克；

（7）每千克投入资金，1606 合约 3625 元/千克，全款接货，仓单质押出 80%保证金，折合 2900 元/千克；

（8）1612 合约价格 3725 元/千克，6 个月平均保证金 15%，需要资金 559 元/千克；

（9）质押利息年化 1.8%，则质押利息为 559×1.8%×0.5＝5.0元/千克；

则总收益为 78.43－5.0＝73.43 元/千克；

（10）本金 3625*（20%＋15%）＝1268.75 元/千克，则年化收益：（73.43/1268.75）×2＝11.58%；

（11）进入交割月之后需要提高保证金，再从全款接货到仓单质押出来，全款占用平均来看大概需要 5 天时间，这 5 天时间按照 10%的资金成本来核算需要 4.83 元/千克，修正之后年化收益 10.8%；

交割操作

高净值客户在看了我部提供的方案之后，决定按照我部的建议进行操作。首先进行交割操作：

1. 在期货市场，客户建立买沪银 1606 卖沪银 1612 的正套头寸；沪银 1606 的 6 月 15 日为最后交易日，最后交易日后的第一天为第一交割日；当天，客户检查电子仓单系统是否可以正常使用，准备所需要的材料：交易申请书、全额货款、开票资料、邮寄地址与交割意向书。

2. 第一交割日：客户申报意向。客户向交易所提交所需商品的意向书。内容包括品种、牌号、数量及指定交割仓库名等。同时，客户把开票资料给卖方，卖方准备开具增值税专用发票。卖方通过标准仓单管理系统将已付清仓储费用的有效标准仓单交交易所。

3. 第二交割日：交易所分配标准仓单。交易所根据已有资源，按照"时间优先、数量取整、就近配对、统筹安排"的原则，向客户分配标准仓单，扣取客户全额货款。

4. 第三交割日：客户交款、取单。客户在第三交割日 14:00 前到交易所交付货款并取得标准仓单。卖方收款。交易所在第三交割日 16:00 前将货款付给卖方。

5. 第四、五交割日：卖方交增值税专用发票。

6. 当客户拿到仓单后进行仓单质押，质押保证金为结算价计算的货值的 80%，并持有仓单至 12 月进行卖出交割流程。

交易操作

客户在完成交割流程后，开始进行期货市场的交易操作。在此次期现套利的过程中，客户总共投入规模为 200 手，全款为 1057.5 万人民币；质押之后 20%作为仓单的质押金，15%作为 12 月套保的保证金，另外 65%用来充当上期所其他交易品种交易的保证金；在期货市场交易操作中，我部也给出了三种操作建议：

1. 在仓单持有期间，价差维持 100 不变，或者大于 100。按照卖出交割的程序，在 12 月 15 日进行卖出交割；

2. 在仓单持有期间，隔一月价差大于 100/6＝17。将 12 月对应的套利空头移到前端，例如 8 月价格对持有仓单的升水大于 17，而 12 月的价格对应持有持有仓单的升水小于 17，我们便可以把空头移仓到 8 月，提前进行卖出交割。

3. 仓单持有期间，如果隔月价差大幅缩窄至 0；例如在我们交割完一个月之后，我们持有仓单至 7 月 15 日，此时 12 月对持有仓单的升水为 0，则意味着我们的目标利润 100 提前 5 个月得到实现，这个时候，我们可以将仓单通过现货市场卖出，12 月的空头头寸在盘面平掉；

在最后的实际操作中，价差维持在 100 不变，客户按照我们给出的第一种建议进行操作，在 12 月 15 日进行了卖出交割，总共盈利 5%。

案例三：河北××钢铁

企业基本情况

河北××钢铁集团系多家民营钢铁企业合并而来，旗下有 5 家钢厂，拥有钢铁产能 4500 万吨左右，年产粗钢近 3000 万吨，在岗职工 1 万余人。

企业参与套期保值的情况

该集团下属××钢厂，一直坚持套期保值和期现套利结合的做法，大约从 2009 年螺纹钢、线材期货合约上市开始，就尝试以螺纹钢等期货品种的操作，与生产、销售结合。近年来随着焦炭、铁矿石、焦煤等品种的上市，令其期现操作模式更加多样化，该钢厂下设期货管理部，拥有比较成熟的业务团队，据不完全统计 2016 年期现套利等操作累计创造额外利润 1 亿元以上，为企业的发展注入新的活力。

企业参与期货市场的风险管理机制

该企业参与期货市场，经过若干年的经营，逐步建立了一套比较科学合理的内控制度和风险控制体系。

该公司期货操作的内控制度采取类似"三权分立"制度，除了销售和交易部门外，设立决策委员会、风险管理委员会和纪律管理委员会，三部分人员不重合、不兼职。

决策委员会级别最高，直接向公司董事会负责，负责执行、监督整个期现操作体系，但无权直接干涉风控、纪律等子部门的具体操作。

风险管理委员会主要负责期现操作中的风险管控，包括制定风控规则、仓位控制（是否超仓）、浮盈浮亏盯盘（风控预警、平仓线）、撰写风控报告等，对持有期货头寸有预警和直接平仓的权限。

纪律管理委员会主要负责操作中的各项纪律和考核，监督和掌控投机风险、非系统风险、业务流程风险、信用风险等，直接向董事会负责，定期提交考核评估报告。

企业参与期货市场的具体实例

2016 年 7 月初，当时黑色板块盘面处于前一轮上涨的回调整理，伴随小反弹的阶段。

根据其对当前市场的了解和判断，认为后市钢铁生产率还有望进一步提高，但由于焦化厂开工不足，当前焦炭市场处于紧平衡状态，钢厂焦炭库存偏低，基本上还停留在 2015 年中的水平，若后市需求进一步增长，则平衡将向供给端偏移，焦炭价格还将上涨。当前粗钢利润不错，Q235 方坯有 400 元/吨利润。

为了减少原料价格上涨对粗钢利润的影响，该企业决定利用期货工具进行原料－成品的套期保值（锁定利润）操作。方向选定为买入原料，抛出成品，在期货端的操作为买焦炭 1701、空螺纹 1701，操作配比按头寸实际价值配比，换算成期货头寸 J1701：rb1701＝1：4.5，最终执行按照 1：5 配比。总操作头寸数为 2000 手焦炭多单，10000 手螺纹钢空单。持仓周期约为 4 个月。

随后焦炭由于供给短缺，价格一路飙升，J1701 最高涨至 2200 元/吨以上，涨幅最大超过 100%。同期螺纹价格上涨约 700 元/吨。

最终操作结果：

J1701 建仓成本价 1060 元/吨左右，平仓价 1800 元/吨左右。

实际浮盈：2000 * 100 * (1800 - 1060) = 1.48(亿元)

rb1701 建仓成本价 2450 元/吨左右，平仓价 3000 元/吨左右。

实际浮亏：10000 * 10 * (3000 - 2450) = 0.55(亿元)

盈亏相抵后，盈利 = 1.48 - 0.55 = 0.93(亿元)

扣除交易成本、资金成本和其他费用，该笔交易实际盈利在 8000 多万元。

案例四：废铜回收企业

企业基本情况

××集团(由于涉及企业生产机密，故隐去企业真实姓名，以下由 XX 集团代替)是安徽国资委控股企业，××集团有限公司为母公司，拥有十余个控股子公司。总注册资本 6 亿多元，现有总资产 30 多亿元。集团以再生资源回收利用为主，拍卖、融资担保、小额贷款、商业银行、房地产置业营销、物流、文化传媒等多业并举，年销售额近百亿元。

企业再生资源业务中，铜的贸易量较大，且长期备有数千万元的库存。自 2008 年以来，铜价大涨大跌，库存风险成为一直困扰企业的日常经营问题，徽商期货因此与企业进行了密切沟通，建议可通过期货市场进行风险管理。

企业参与期货市场的情况

××集团之前没有进行过期货相关的业务，此次决定进行套期保值，是由于集团中一位负责人私人对于期货较为了解，为了解决企业的实际困难，向董事会提出套期保值的想法。后经该集团公司内部流程审批通过，正式于 2015 年开展套期保值操作。

企业参与期货市场的风险管理机制

为了避免在操作套期保值的过程中，出现不必要的风险，我们为该企业设计了如下的风险管理机制：

套期保值交易流程

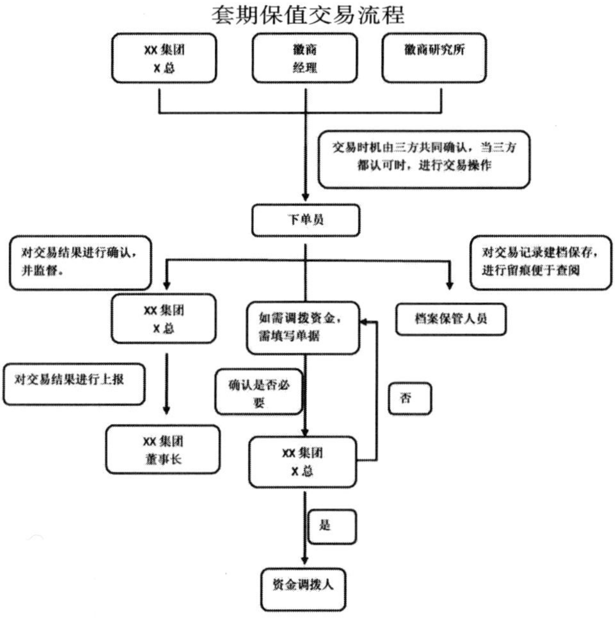

企业参与期货市场的具体实例

在 2015 年 1 月份，××集团与我徽商期货联系，想开展套期保值业务，通过与相关负责人联系，得知该公司相关情况如下：其下属公司，从事从国外进口废铜，回国加工后再售出的业务，之前由于对铜价行情判断失误，在 60000 元/吨左右的价格时，囤积了 5000 万元的货物。联系我们时，铜价已经跌至 45000 万元/吨，为了避免继续跌价带来损失，希望能够通过期货对冲风险。

图：套期保值操作期间沪铜走势

非常不巧，××集团开户等事宜完成后，在等待资金划拨的期间，铜价如上图所示，在 2015 年 1 月 9 日突然出现跳水式的下跌，价格在短短几日从 45000 元/吨跌至最低 39000 元/吨。

原本对于库存的套期保值，是在期货上进行卖出，但通过对铜价的分析，我们认为 39000 元/吨已经是一个较低的价格，继续大幅下行的可能性不高，在此价位进行保值，显然不太明智。于是我们对于这批库存的风险，进行分析，发现其损失有两部分：一是跌价带来的损失，另一损失为占用资金导致的损失。以年利率 10% 计算，每年就有 500 万的资金成本损失，因此在保值不便于进行的情况下，决定先行解决资金成本的问题。

解决方案为将现货库存，转化为期货库存。由于期货采取保证金制度，保证金加风险准备金，大约只需现货资金的 20% 即可，可以大幅的减少资金成本。具体操作为在现货市场上将铜按市场价卖出，同时在期货市场上买入，数量与现货卖出量相等。在 40000 元/吨价格附近，最终完成部分的库存转换(企业还需要保有一定量的现货库存)。

至 5 月初，铜价回升到 45000 元/吨附近，通过对行情的分析，我公司研究人员经分析认为价格已经反弹至一个相对的高点，因此建议××集团在此价位附近对剩余库存进行保值。首先将之前建立的期货库存抛出，然后在将剩余的现货库存，进行卖出保值。在期货市场上建立想对应数量的空头头寸，这样当未来价格下跌时，现货的亏损，可以由期货的盈利弥补。

在建立好期货空头头寸后，市场如预期所料，价格再度下行，并创出新低。××集团由于进行了套期保值操作，成功的避免了此次价格下跌带来的亏损，锁定 45000 元/吨的销售价格，之后按销售计划分批将现货卖出，在卖出的同时将期货上与之对应的空单平仓。

案例五：玉米价格保险案例

企业基本情况

某保险股份有限公司是经中国保险监督管理委员会批准成立的第一家总部设在安徽的财产保险公司。某现代农业服务合作社，由安徽某农业合作社投资有限公司控股成立。安徽某农业合作社投资有限公司，旨在通过整合行业资源，联合所有农场主，针对农场主目前存在的实际困难，搭建抱团去暖、资源共享、降低风险、提高效益的综合服务平台。公司扎根基层，服务一线，以期实现大户、帮扶大户，进而推动新型股权农民合作事业的宏伟目标。“新型股权农民合作社”，通过“六大服务”体系建设，为社员打通农业产业链关键节点，以“直投合作社”模式帮助社员高效融资，解决融资难问题；联合优质农资厂家实现农资批量采购降低成本;组件农业专家服务团队到田间地头为社员提供科学种植技术指导服务;整合市场农机资源并组件农机服务队为社员提供优质专业的农机作业服务;帮助有需求的社员提供烘干仓储建设服务;帮助深渊提供粮食销售对接服务,总结起来即为"金融保险、农资统共、技术指导、农机作业、烘干仓储、粮食销售"六大服务内容。泗县某现代农业服务合作社,主要的种植作物为玉米。

企业参与期货市场的情况

之前无期货市场参与。

企业参与期货市场的风险管理机制

无。

具体案例

2016 年 5 月份,我公司与某农保公司合作,共同设计玉米目标价格保险产品,并成立"保险 + 期货"创新试点项目。玉米目标价格保险是一种创新型农业保险产品,以大连商品交易所公布的玉米期货价格作为承保和理赔依据,旨在帮助种植户规避农产品的市场价格风险,提高农民的种粮积极性。通过玉米"保险 + 期货"项目,当玉米种植户在面临市场价格下跌风险时,可以获得有效的收入补偿,实现"价补分离"。

在我国农产品价格形成机制改革深化的背景下,通过"保险 + 期货"这一创新实践,可以有效改变原有的农产品价格风险转移方式和农产品补贴方式,实现了期货业服务"三农"和价格形成机制改革的重大突破。

为了完成项目,公司充分结合自身优势,反复测算保费、风险敞口以及风险对冲策略,推演风险情形并设计出了详细的应对方案,为试点项目的成功运作打下基础。

2016 年 7 月,创新试点项目成功在安徽省泗县地区落地承保,共承保泗县某现代农业服务合作社的面积 1 万亩地的玉米(合计 5000 吨玉米)。为了帮助投保农户缓解经济压力,公司与某农保合作,共同向安徽省政府和农委申请财政帮助,最终争取到了保费 80% 的财政补贴,使得投保农户们真正享受到了"小保费、大保障"。

最终,2016 年 12 月 7 日,某农保公司在泗县召开了"保险 + 期货"创新试点项目理赔现场会,投保的农户都得到了每亩 18 元的保险赔偿。拿到理赔款的农户普遍表示明年将继续参加价格保险。

玉米"保险 + 期货"创新试点项目的成功,说明了利用这种模式将以往农业补贴的款项分散一部分到价格保险上来,可以取得良好的效果。因此,对于该项目,不光投保农户享受到了实际效益,保险公司和期货公司获得了社会荣誉,而且安徽省政府和保监局、安徽省农委都大力肯定了项目的成功意义。在试点项目的成功影响下,省政府和保监局、农委都表示要在 2017 年继续开展"保险 + 期货"的助农模式,并且要扩大试点规模。

不忘初心　坚持服务实体经济

——银河期货服务实体经济情况介绍

银河期货有限公司(下称银河期货)前身为 1995 年成立的大连中北期货经纪有限公司,是我国第一家由证券公司直接控股的期货公司。历经 20 余载砥砺发展,银河期货在吸取境外同行业发展经验的基础上,为更好地服务实体经济,提升对产业客户的服务能力和水平,近年来不断重塑产业客户服务组织架构,公司内部形成了以交割、培训、宏观研究、品种研究及提供类投行服务为主体的综合产业服务体系。

一、基于实体经济需要探索服务"三农"模式

从 1993 年我国推出期货交易机制至今,期货已经成为实体企业规避市场风险、稳定经营利润的重要工具。追寻 25 年来期货市场的发展脚步,期货市场虽然从实体经济中发源,但起初,实体经济对期货市场的需求却并没有那么强烈。银河期货总经理杨青在接受记者采访时表示,1995 年 5 月 2 日,银河期货的前身——大连中北期货经纪有限公司成立,当时的业务还谈不上为实体经济服务,直到中国加入 WTO 这个时间节点,期货公司才开始真正感觉到实体经济对期货的需求在增加,随后,期货市场进入十年高速发展期。

"也是在 2005 年,大连万恒期货经纪有限公司正式更名为银河期货经纪有限公司,由中国银河(601881)证券有限责任公司控股,成为中国第一家由证券公司直接控股的期货公司,并开始探索服务实体经济的道路。

杨青表示,2008 年我国遭受冰雪、地震等自然灾害,面临通货膨胀和"世界粮食危机"的内外双重压力。当时,如何充分发挥期货市场功能,促进农业生产方式的变革,保证中国粮食价格的长期稳定和农民收入的提高,进而推动国民经济又好又快发展成为期货行业思考的问题。在农业发展面临艰难困境的背景下,完全依靠政府"有形的手"解决"三农"问题略显手段单一,需要结合市场自身特点,充分发挥市场在资源配置、供需调节等方面的功能。而只有运用市场手段,才能达到事半功倍的效果。在众多市场手段中,期货工具开始凸显其功能优势,银河期货开始对衍生品市场服务"三农"进行了开拓性的尝试。

"当时,非常典型的案例就是银河期货将中国农业发展银行(下称农发行)作为服务'三农'工作的突破点。我们从解决'两难'问题入手,在农发行系统广泛宣传普及期货知识、期货市场基本功能及世界 500 强企业中成功的套期保值案例,为使合作各方更容易开展业务,在大连商品交易所的指导和帮助下,先后组织了农发行系统期货知识培训 60 余场,参加培训人员包含农发行总行领导、主要部门负责人,各省、市、县分行(支行)行长、副行长,具体业务人员等,累计近 2000 余人次,发放培训材料万余份。为了更好地推进合作项目的实施,合作前期我们还广泛深入农户、农村、农企进行大量的走访、调研和进行问卷调查,汇集了我国农业问题的第一手材料。带着总结出的一系列重点问题,我们先后 10 余次与农发行总行及各分支机构领导研究切实可行的解决方案,并最终促成农发行、涉贷农企与银河期货共同签订《套期保值业务三方合作协议书》(下称《协议书》),形成了贷款资金封闭管理、期货交易封闭管理、风险控制封闭管理的'三封闭'模式。"银河期货首席研究员冯洁进一步解释,当时的"三封闭"模式基本形成了农贷资金专款专用、涉贷企业只做套保、边收边卖的操作体系，从根源上杜绝了利用农贷资金进行投机操作，基本确保了涉贷农企利用期货市场进行套期保值交易，保障了加工、贸易的合理利润，降低了涉农贷款风险，从而促进了粮食价格稳定，提高了农民收入。《协议书》的签署防范了各类风险的产生，杜绝了企业的投机行为，提高了农业贷款的有效性，在一定程度上解决了农企贷款难、农民卖粮难、粮食价格信息不对称等束缚因素。

同年，农发行就正式确定以黑龙江省为试点省份开展推动涉贷农企利用期货市场进行套期保值的工作。银河期货为使合作更有成效，组成5～10人的专家组，选派在业内较有影响力的农产品期货专家担任哈尔滨营业部负责人，长期负责该项目的实施工作。

冯洁说，在项目进行过程中，银河期货的服务多次受到农发行系统及农企客户的好评。据不完全统计，合作以来，在银河期货开户的30余户涉贷农企未发生一起风险事故，真正实现了降低企业风险和贷款及时回收的目的。银河期货先后为农发行31户涉贷企业客户提供套期保值服务，既帮助企业通过期货市场实现套保，又实现了粮食贸易的"货真价实"，有效对冲了企业现货市场的亏损风险，期市成为企业生产运营的"稳定剂"。"当年银河期货与农发行的合作，建立起了一条'农发行—农业企业—农民'的服务链，在保障农发行贷款安全、农企经营利润稳定、农民持续增收方面进行了有效的摸索。同时，银河期货对'三农'问题的认识也在不断深入，坚定了责无旁贷承担起利用公司自身优势服务'三农'的社会责任和义务。"

二、优化产品更深层次服务产业客户

早在2004年之前，期货公司的经纪业务就已经包含了服务零售客户和服务企业，但由于市场中有需求的企业数量很少，加之期货工具比较单一，实体企业参与期货市场的热情不高。随着市场化进程的推进，市场环境有了进一步改变，实体企业利用期货工具进行避险的需求大大增加，银河期货深层次服务产业客户的路也随着市场的需求越走越宽。

据银河期货大宗商品部负责人周伟江介绍，2004年之前，银河期货对产业客户的服务主要包括产业信息、政策信息，还有交易信息，但随着市场逐步透明和规范，产业客户获得的信息其实和期货公司是对等的，甚至比期货公司的消息来源还要多。所以，在2004年之后，银河期货开始思考如何发挥自身在期货市场的经验优势和专业人才优势，为实体企业解决更深层次的问题，主要包括企业经营风险和价格波动风险。

据记者了解，从2007年公司总部搬到北京开始，银河期货便开始走访北京的实体企业，但当时大多数企业对期货认知不多，认为投机因素太大，在宣传的第一年，银河期货遇到很大的阻力。但2008年金融危机之后，很多国企对利用期货工具避险产生了极大兴趣，开始主动找银河期货接洽。

银河期货在2010年专门成立了产业客户总部，定位是专门服务产业企业，慢慢地，从最开始面向农产品转到后来以黑色为主，有色金属、大宗商品为辅。而后，随着期货品种越来越多，银河期货对产业客户服务的领域也越来越广，2017年便将原来的产业客户总部更名为大宗商品部。

周伟江说："举一个典型的案例，2016年之前，焦炭行业整体不景气，2016年又受到政策影响，整个焦炭产业链库存水平低。国内某大型独立焦化企业遭遇了现有生产能力满足不了下游需求的情况。为了实现焦炭供货持续稳定，该焦化企业决定积极开展焦炭贸易采购业务，从市场采购质量稳定可靠的焦炭货源，以满足钢厂源源不断的需求。但该企业又面临资金周转风险与价格风险，不能一次性买入大量实物，而如果选择做传统买入保值，期货价格也已经处于几年来的高位，套保效果很可能不理想。根据企业的实际情况，我们结合盘面给出了利用期权方式套保的思路。相对期货保值，期权保值具有占用资金少、风险可控等优势。"

"通过多次交流，鉴于企业参与场外期权交易时，焦炭期货价格年初以来的涨幅已近210%，虽然现货供应仍偏紧，但我们预期未来价格上涨幅度有限。同时，由于盘面涨幅大，波动率高，买入看涨期权的权利金也随之提高。综合比较之后，我们推荐了牛市价差策略，并设计了较为合理的价格区间。在2016年12月9日，期权到期时该企业获得最大赔付120元/吨，净盈利59.41元/吨。而结合现货来看，在保值期内，现货价格虽上涨了135元/吨，但期权产生59.41元/吨净盈利，降低了59.41元/吨的现货采购成本。"在周伟江看来，通过针对产业客户的实际情况对套期保值优化，降低了该企业的损失，也让实体企业对利用期货工具进行避险充满了信心。

杨青表示，据统计，从2007年开始截至现在，银河期货累计定制个性化套保服务的实体企业为200到300家，主要针对农业和化工领域的实体企业，为其提供包括期货、期权、场外业务等衍生工具在内的定制组合方案。

三、打造核心能力提升市场培育服务质量

十年前，银河期货专门设立了培训部为市场服务做准备。银河期货总经理助理王淼介绍，培训部门包含对内的业务培训，但更主要是对企业进行培训。"2017年10月，我们在江苏省举办了银河期货'民营企业客户营销'专题培训，由银河期货的资深讲师结合多年市场营销实践分享开发大型民营企业的'三步走'战略，深度解析了企业关系维护和后续开拓的方法。除了理论研讨，还组织学员走进江苏某著名民营钢铁集团，参观生产流程、产成品车间、产品研发等，参会学员就供给侧改革、行业供大于求、产品更新换代、企业利用期货保值增值等热点问题与集团领导、技术人员进行了热烈交流。"通过深入企业学习，参会学员深入理解了套期保值的应用，同时加深了对期货市场风险控制的理解与运用。

当前，在全面深化改革及期货市场创新发展新形势下，期货及金融与现货市场愈加融合，对更多的期货人才供给和持续的人才培育模式提出了新的要求。据记者了解，随着期货市场、期货公司对人才的需求增加，银河期货在校企合作上下了很大功夫。

"为行业培育高精尖人才和未来市场参与者，在大连商品交易所的支持下，2017年银河期货与中央财经大学首次合作开展期货人才培育项目，即在中央财经大学金融学院研究生中开设《商品期货理论与实务》课程，纳入当年新入学硕士研究生培养方案，作为专业学分课程，银河期货负责承担项目实施中的所有费用。"王淼特别提到，在铁矿石期货及掉期业务中，银河期货特意从钢厂借来了铁矿石标本，使抽象的知识变得具体、生动。同时，为激发学生学习热情，鼓励更多的学生热爱期货、从事期货行业，除向考核合格的学生颁发结业证书外，银河期货还对表现优秀的学生分别授予"优秀学员""一、二、三等奖学金""交易优胜奖"等称号，并颁发证书，仅2017年，银河期货发放奖学金就达4.2万元(不含税)。

为强化理论与实践的结合，吸纳更多的优秀学生从事期货行业，银河期货还为学有余力的同学提供了期货交易、资产管理、量化交易、产业研究、市场营销、股指分析等实习岗位11个，并邀请其共同参与项目教学组织、班级管理等工作。

同时，银河期货组织老师及获奖学生近 20 人到大连商品交易所、银河期货总部和辽宁分公司，参观期货交易大厅，听交易所有关人员介绍期货交易所的发展历程，仔细观察铁矿石等期货交易品种的实物样品，了解期货与工业、农业等诸多实体行业千丝万缕的联系。在亲身感悟了期货对国民经济发展的重要意义、感受到了期货行业未来发展的广阔空间之后，很多同学坚定了以所学促期货行业发展的决心和信心。

据统计，银河期货 2017 年的期货人才培育项目参与学生 121 人，经考核 114 人获得结业证书，获奖学生为 58 人次，占参加学生人数的 51%。2018 年，报名参加学习人数又有所突破，达 142 人。银河期货的高校期货人才培育项目，促进了行业持续健康发展。

四、突破瓶颈重塑商业发展模式

杨青认为，期货市场经过十年的高速增长，由于行业本身的局限和宏观政策的影响，目前期货行业面临新的发展瓶颈，而如何寻找到新的发展路径，是整个期货行业面临的挑战。

发展到现在，期货行业正从过去依靠规模发展的增长方式，向有质量的发展方向转变。过去的十几年，期货公司大多以做大规模为目标，比如扩充营业部、招募业务团队，经营思路上主要靠手续费竞争或营销方式的改变促进业务发展。但是，随着期货品种的不断增加，参与期货市场群体的增长，客户服务需求的多样化，这种发展模式已经遇到瓶颈，商业模式急需重塑。

在服务方式上，期货行业作为金融服务行业，逐渐由过去提供通道式的简单服务，向综合运用期货期权等衍生工具、为实体企业提供系统性综合风险管理方案制定及类投行方式进行转变。过去银河期货对产业客户的服务主要是简单的套期保值培训、套期保值方案的制定，但是随着宏观经济的快速发展，实体企业对期货及衍生品市场的需求也在快速提升，不过由于人才瓶颈及实战经验的匮乏，这种简单的套期保值服务方式已经无法完全满足实体企业、金融机构类客户对运用综合金融期货衍生品工具管理敞口风险的服务需求。

此外，过去单一业务种类的经营方式慢慢向多元化转变。十几年来，期货公司以经纪业务为主体的模式发展壮大，但是行业的各方参与主体和环境都发生了巨大变化，从商品期货到金融期货，再到期权上市，从场内延伸到场外业务，不仅做期货还参与现货，这对期货公司多元化业务服务能力提出了新的挑战。

在面临如此大挑战的重要节点上，银河期货在吸取境外同行业发展经验的基础上，为更好地服务实体经济，提升对产业客户的服务能力和水平，近年来不断重塑产业客户服务组织架构，公司内部形成了以交割、培训、宏观研究、品种研究及提供类投行服务为主体的综合产业服务体系。

虽然整个行业发展遇到瓶颈，处在调整期，但发展还是主旋律，银河期货将会在近阶段的调整中把握好机会，确定好方向，历练好队伍，打好基础，在下一个期货行业上升周期时抓住机会突破发展。

（来源：期货日报）

八方协同　扎实服务实体经济

——南华期货服务实体经济情况介绍

根深才能树大，枝繁才能叶茂。南华期货股份有限公司（下称南华期货）自 1996 年成立，一直担任南华期货总经理的罗旭峰为公司制定的持续战略方向，就是要做一个全面布局的期货公司，他把这种全面布局形容为一种“八爪鱼”式的战略，国内和国外、场内和场外、现货和期货、公募和私募，八个方面八条“腿”，“腿”多一点，路走得也稳一点。作为行业内为数不多的民营控股的期货公司，南华期货的决策流程相对更短、更快，靠着敢拼敢闯的精神抓住了多个发展机会。目前，南华期货全面布局的格局已基本形成，并多方面走在行业前列。

一、国内与国外走出去请进来布局全球

我国经济全球化程度日益提高为期货经营机构带来国际化机遇，同时也对其国际化布局提出了要求。加之国内业务同质化竞争显现，越来越多的期货公司赴境外设立分支机构，为率先走出去的中国企业提供服务。而南华期货在最初就抓住了“走出去”的机遇，成为国内期货经营机构在境外布局上走得最早，目前也是走得最远的中国期货公司之一。

早在 2006 年，中国证监会允许国内期货公司在香港设立分支机构，南华期货看准时机，成为第一批赴港的 6 家期货公司之一。公司全资拥有的横华国际金融股份有限公司（下称横华国际）于 2007 年 6 月获得香港证监会批准在香港经营香港及国际期货业务，同年 9 月 5 日正式营业。截至 2018 年 8 月，南华期货分别在中国香港、美国芝加哥、新加坡及英国伦敦四个等重要国际金融中心设置分支机构，形成了多市场、多牌照业务的全球化战略布局，有效提升公司综合服务能力和在国际金融市场的竞争能力。

在中国香港，横华国际控股的分支机构取得了香港证监会监管下的证券交易、期货合约交易、杠杆式外汇合约交易、就证券提供意见、就期货合约提供意见、提供资产管理等牌照，并取得了由公司注册处及放债人牌照法庭联合监管下的放债人牌照；在美国，取得了 CFTC（美国商品期货交易委员会）及 NFA（美国全国期货协会）监管下的 FCM（期货佣金商）、CTA（商品投资顾问）及 CPO（商品投资基金）资质；在新加坡，横华国际金融（新加坡）有限公司 2016 年 12 月成立，并于 2017 年 12 月获 MAS（新加坡金融管理局）批准 CMS（资本市场服务）牌照下的期货交易及外汇交易业务资格。

除了业务牌照外，横华国际及其关联公司南华美国还拥有囊括大部分主流交易所的会员资质。其中，南华美国是第一家取得 CME 交易所集团的活跃清算会员的中国背景的金融公司。横华国际是目前唯一一家以中国大陆背景获得欧洲交易所会员资格的期货公司。此外，期货日报记者还了解到，2018 年 7 月在英国成立的 Nanhua Fiancial Co Limited 正在筹划向 FCA（英国金融行为监管局）申请牌照及向 LME（伦敦金属交易所）申请会员。

“随着中国对外开放的步伐持续加快，中国企业参与全球经济程度日益加深，迫切需要期货市场的国际化，更好地服务实体经济,为我国经济发展做出贡献。”罗旭峰表示,当前我国实体企业的“走出去”面临更加复杂的贸易环境和市场风险,大宗商品市场波动更加剧烈,外汇汇率和不同市场间利率波动风险将更加难以管理。而期货公司到境外设立分支机构,可以为走出去的实体企业提供基差贸易、外汇套保、期货套保等配套、差异化风险管理,协助企业有效规避风险。

在南华期货的全球化理念中,除了“走出去”,还有“请进来”。2015 年 6 月,中国证监会正式发布《境外交易者和境外经纪机构从事境内特定品种期货交易管理暂行办法》,标志着我国期货品种国际化的正式起步。2018 年 3 月 26 日,原油期货在上海国际能源交易中心正式上市交易,成为期货市场国际化的里程碑事件。5 月 4 日,铁矿石期货正式引入境外交易者,实现国内首个已上市期货品种的对外开放。“原油期货、铁矿石期货的国际化,在国际市场产生了积极影响,境外各类机构客户踊跃参与原油期货和铁矿石期货,进一步优化了投资者机构,显著提升了中国期货市场的国际化程度。”罗旭峰表示。

在此背景下,南华期货“请进来”的布局也开始慢慢发挥作用。南华期货副总经理朱斌说:“从前,横华国际控股的境外分支机构的主要功能是把国内投资者引到海外,同时为中国企业参与全球经济服务。现在境外分支机构在吸引海外客户方面比国内公司更有优势,并且已经形成了双向吸引,而不再只是单向输出了。”

二、场外与场内脚踏实地服务全产业链

因为具有发现价格、规避风险的功能,服务实体经济一直是期货市场的初心与职责所在。场外衍生品是通过场内期货复制而来,但不同于场内市场,场外衍生品的交易条件更为灵活,可以依照企业和机构需求订制服务,运用“场外衍生品 + 期货”的对冲模式,有时能获得更好的套期保值效果。

据介绍,浙江南华资本管理有限公司(下称南华资本)自 2014 年起就开展了场外衍生品工作,拥有一支 30 多人的专业队伍。团队配置齐全,布局清晰,前端有销售,中台有产品设计,后端有交易对冲,并制定了严格的风险管理制度,自主开发建设的 IT 系统贯穿其中,可以根据市场的变化及时、灵活地进行调整。

近年来,在市场各方的推动下,场外衍生品的运用越来越广泛,从“保险 + 期货”、场外期权到基差交易,期货市场服务实体经济的模式在不断创新。通过多年实践,南华期货发现要做好场外衍生品的服务工作,一定要脚踏实地,并组建专业的研发团队。南华期货副总经理、黑龙江横华农业产业服务有限公司董事长唐启军告诉期货日报记者,南华期货是唯一一家在主产区设立研发团队和研发人员的大型期货公司,在黑龙江有 30 人的团队在为农业产业服务。“所以,近几年来,南华期货的业务推进比较扎实,特别是在 2017 年赵光农场的大豆收入险项目,开创了‘保险 + 期货 + 订单农业’的先河。”

据介绍,2016 年 6—12 月,南华资本开展黑龙江赵光农场大豆“保险 + 期货”试点,共赔付 87.61 万元。基于 2016 年“价格险”试点的成功运行,2017 年 6—12 月,南华资本联合阳光农险继续推出赵光农场大豆“保险 + 期货”收入险项目。该项目为 3.75 万亩土地上的6000 吨大豆提供了保障,201 户农户得到赔付,理赔金额总计 240 余万元,赔付率达 96.9%。南华资本引入龙头企业九三集团,以基差贸易合同的方式实现了“订单农业”。九三集团以大豆收购方参与到“保险 + 期货”试点中,以“期货 + 基差”的方式为当地农户提供粮食收购合同,提前确定收购农民的大豆,农民可以在约定期限之前的任一交易日收盘前选择当日期货价格实现定价。通过本次试点签订基差合同的农户,在南华期货的指导下最终在 2017 年 10 月中旬点价售粮,当时期货价格在 3800 元/吨左右,实际成交价格在 1.78—1.82 元/斤,随后市场价格下跌到 3500 元/吨,农户获得了实实在在的收益。

2018 年中央一号文件提出探索“订单农业 + 保险 + 期货(权)”试点,这是对“保险 + 期货”模式的版本升级。唐启军表示,引入“订单农业”,可以从政策层面引导更多涉农企业参与进来,在更大范围、更深层次上连接更多农户。将“订单农业”与“保险 + 期货(权)”相结合,有助于发挥大型涉农企业一头衔接农户、一头对接金融机构的组织带动作用,有效解决农户生产规模小、种粮成本高、销售能力差、风险管理能力弱等问题,帮助小农户对接大市场、融入农业现代化。

此外,在大连商品交易所的支持下,南华期货积极与试点项目当地金融办、政府签订金融驻点。唐启军介绍,南华期货在黑龙江几大城市全都有驻点,通过引入政府有关部门,寻求财政资金的保费支持,放大财政杠杆效应,更好地促进产业转型升级,有力提升了期货市场服务实体经济的能力。“场内期货市场催生了场外市场,而场外衍生品工具的个性化和定制化等特点,使得其成为场内市场的有益补充。目前,我国的场外市场还在蓬勃发展壮大中,未来场外市场将与场内市场一起,由期货公司及其风险管理公司作为服务提供者,更好地为各类实体产业提供风险管理服务。”

三、现货与期货创新价格管理方式

2013 年,中国期货业协会发布《期货公司设立子公司开展以风险管理服务为主的业务试点工作指引》,期货公司开始下设子公司开展包括定价服务在内的风险管理业务。朱斌表示,风险管理公司设立以来,期货行业发生的最大变化是以前期货公司更像中介公司,核心收入来源是中介费,但这条路没有很好的技术含量支持,在市场竞争中收入很容易下降。

未来期货公司发展的核心,是把现货作为资产,期货作为工具,融合起来做成产品做好服务,而对于企业来说,实际上是间接参与到期货市场中。朱斌认为,现在已经有两股“力量”在向这个方向走,一个是期货公司风险管理公司,以期货衍生品为核心优势,融合期货和现货两种力量。另一个是大的现货企业意识到衍生品的价值,融入整个交易团队,再回过头来服务市场。因此南华期货也提出了现货和期货共同发展的思路。

南华资本副总经理尚立峰介绍,自去年下半年开始,公司的场外衍生品业务突飞猛进,并积极探索创新期现业务模式。“大宗商品业务发展到现在已经不仅仅是纯粹单边现货或者套期保值的时代,新时代的特点是对期货理解更深,要有基差管理概念,利用各种方式优化基差、阻隔基差,这需要更深入地理解期货。”他举例说,利用场外期权的组合或者各种期权方式进行套期保值,替代期货套保,可以获得期货套保无法达到的效果。这方面南华资本研发了大量的方案,在实操和运用过程中也取得了非常好的成绩。此外,含权贸易的方式也在不断推广,在贸易领域里融入各种期权组合,在不同行情背景下,设定出不同的场外期权方案,赋予它贸易的本质。“我们在跟客户签订贸易方案的时候,里面见不到期权的字眼,只是对未来行情的理解和判断,一些大公司做了这样的尝试对效果也很满意。”

“去年,基于衍生品的研发工作整体业绩还是不错的。”尚立峰表示,今年在继续推进这方面工作的同时,基于风险管理概念,公司正在慢慢融入大金融体系。从风险管理的角度来讲,风险管理公司有能力通过使用金融工具,对整个企业生产经营进行管理。包括对债权的管理、银行融资的管理,甚至是信用性的管理,可以深入扩大风险管理的各方面细节。

四、公募与私募提供多元化产品

期货公司的创新业务除了风险管理业务,另一重要方向就是资产管理业务。与其他期货公司主要侧重私募方向的发展布局不同,南华期货在资产管理业务方面强调公募和私募两方面发展。南华期货也是唯一一家获得中国证券监督管理委员会公募牌照的期货公司。

据期货日报记者了解,2016 年 10 月 18 日,南华基金由中国证监会核准设立,并于 2016 年 11 月 17 日注册登记,是国内第一家由期货公司全资控股的公募基金管理公司。公司成立 2 年多以来,已经积极开发了各类基金产品。今年 11 月 2 日,由南华基金申报的跟踪中证杭州湾区指数的南华中证杭州湾区正式发行。中证杭州湾区指数是国内首批湾区经济主题指数,成分股由浙江、上海 100 家上市公司组成,体现了浙江科创中心、金融港湾、航运中心特色。该 ETF 的发行,对服务浙江实体经济、服务投资者多样化理财需求均有重要意义。

作为中国证监会批准的国内首家期货系公募基金管理公司,南华基金按照“稳健经营控风险、差异定位求发展”的经营理念,树立“常规产品打好基础、聚焦大宗做出特色”的发展规划,为广大投资者多元化资产配置提供专业化服务。朱斌表示,南华基金未来一个非常重要的战略方向就是大宗商品。因为南华基金最大的股东是南华期货,所以在衍生品,特别是大宗商品领域开发公募产品,天然具有跟其他大型公募基金竞争的能力。

他认为,股指期货、国债期货和未来可能出现的外汇期货等金融衍生品,也有非常大的发展潜力。在此之前,公募基金经理对衍生品普遍不熟悉,甚至有恐惧心理。但是,对于具有期货公司背景的南华基金来说,金融衍生品就很亲切,也很愿意去用,这也是南华基金的一个优势。

五、资金与人才助力全面布局

南华期货全方位的布局现在已经基本到位,下一步工作是在每一方面做深做强,根深才能树大。朱斌表示,比如说在现货和期货上,期货业务做得更深,现货相关业务还弱一点,需要在现货方面继续努力。场内和场外方面,场外业务虽然已经取得了不错的成果,但是跟国际同行相比还有很大差距。

在全面布局中,经纪业务就像水,没有水,干枯的河流不会创造价值。如同时下最流行的“流量经济”一样,经纪业务已经慢慢成为“流量”,它本身不赚钱,但是在“流量”过程中能产生其他的价值。而能在何处产生价值,则取决于公司的业务布局,只有“流量”没有价值的期货公司,路只会越走越窄。

对于南华期货来说,未来资本与人才将是公司发展的重要抓手。金融机构发展最重要的两个方面是资本和人才,而资本又是吸引人才的重要因素。此外,期货公司境外业务的开展需要资本的支持,除满足境外子公司所在地净资本要求外,在申请成为各交易所会员时亦需要持续的资本投入。仅以 ICE 美国为例,申请成为其清算会员即需要 500 万美元作为附加保证金,后续以 2000 万美元作为担保金,以至于子公司资金压力过大,随时有可能放弃会员资格。而随着期货公司境外子公司服务走出去的中国企业规模的提升,其所对应的净资本的需求也日益增加。因此,期货公司需要进一步拓宽期货公司融资渠道,推动 IPO,增强公司的资本实力,提高境外业务竞争力,更好地服务实体经济。

可以说,南华期货最大的特点是布局超前,并且十分全面。下一步的重点是通过提升资本实力,吸引优秀人才,把“八爪鱼”式布局的每一条“腿”做深做细做强,形成合力,在服务实体经济之路上发挥重要作用。

(来源:期货日报)

第九编
中国证券业人物纪实与访谈

德恒律师事务所
Deheng Law Offices

德行天下，恒信自然

中国证券业人物纪实与访谈

下大气力优化我国当前电解铝发展模式

——访中国铝业股份有限公司董事长余德辉

此前的十多年时间里，中国电解铝产能以年均15.73%的增幅快速无序扩张，连续16年居世界之首。

当电解铝产业步入下行周期之后，行业内企业不得不承受和成本倒挂的市场价格，甚至纷纷无奈实行“弹性生产”来做最后一搏。更严重的结果则是，无序扩张的企业给环境造成了巨大负担，持续成为环境政策调控的对象。

2017年4月，国家发改委等四部委联合发布《清理整顿电解铝行业违法违规项目专项行动工作方案的通知》（发改办产业〔2017〕656号文件，下称“656号文”），就此中国电解铝行业供给侧改革大幕拉开。

对此，澎湃新闻记者对全国政协委员、中国铝业集团有限公司总经理、党组副书记、中国铝业股份有限公司（下称“中国铝业”）董事长余德辉进行了专访。

2017年，铝固定资产投资同比下降4.3%，产能增幅降为7.9%。截至2017年底，全国累计关停在建及建成的违法违规产能约900万吨。产能置换成为电解铝行业扩大产能的唯一途径，跨省交易打破困局，2017年已公告完成置换的产能指标共416.4万吨，为历年峰值。与此同时，2017年铝价同比上升23.3%，行业效益大幅提升。

对此，余德辉坚定表示，“不能到此为止，应该更大胆往下走。”

为此，余德辉今年向全国两会提交《关于深化电解铝供给侧结构性改革推动行业绿色低碳高质量发展的提案》（下称“《提案》”），就如何让电解铝供给侧改革步入深水区建言献策。

在《提案》中，余德辉重点提出中国长久以来“煤-电-铝”发展模式不符合国际趋势，特别是在中东部地区搞“煤-电-铝”发展模式的不科学。鼓励电解铝产能向有清洁能源的优势地区聚集、鼓励向具备新能源优势的地区聚集、鼓励向具有煤炭优势的边远地区转移、坚决淘汰落后产能、严控使用常规燃煤发电炼铝。

2017年累计关停近900万吨违法违规产能

2017年4月12日，国家发改委、工信部、国土资源部、环保部四部委联合发布“656号文”，正式拉开了中国电解铝行业供给侧结构性改革的大幕。

余德辉表示，“国家实施电解铝供给侧结构性改革成效很显著，特别是在清理整顿违规违法电解铝厂这个问题上还是见了成效的。新疆、山东等地的电解铝企业在2017年陆续发生了规模不等的产能关停。2月28日，工信部原材料工业司发布的《2017年有色金属行业运行情况及2018年工作考虑》中提到，清理整顿电解铝行业违法违规项目专项行动取得阶段性成果，违法违规项目已停产停建。我在《提案》中也提到，截至2017年底，中国在建及建成的违法违规产能累计关停约900万吨，占到中国目前电解铝建成总产能的逾20%，堪称力度空前，铝价也同比上升23.3%，行业效益大幅提升。”

过去一年通过大规模关停违法违规产能达到了去产能目的，但行业的症结恐怕仍未彻底消除。

余德辉指出，现在长期结构性矛盾还是存在，具体表现在：

一是全球竞争力不强。由于供需、区域、成本结构性矛盾交织，电解铝供电成本偏高等问题难以根本缓解，中国形成了全球电解铝规模和成本高地。全世界都是用水电来炼铝，电价就很便宜，仅需3美分/千瓦时。

二是产业布局不合理。中国电解铝每年耗电5000亿千瓦时，消耗标煤1.8亿吨，碳排放量超过4.5亿吨。其中，43%的产能聚集在京津冀周边地区，环境容量严重不足，环保和减排任务艰巨。

三是发展模式不科学。中国电解铝电力供应以煤电为主，而使用水电等清洁能源已成为国际主流，每吨铝可减少约13吨碳排放，减排率高达85%。并且，值得注意的是，对中国电解铝行业来说，煤电用到的煤普遍还是从很远的地方拉过来的煤，并不是就地消纳。

四是资源保障不可持续。中国以仅占全球3%的铝土矿资源支撑超过50%的氧化铝、电解铝生产，资源保障能力严重不足，铝土矿对外依存度已超过60%。

给电解铝供给侧改革步入深水区开“药方”

累计关停约900万吨违法违规产能，仅仅是对中国电解铝行业进行了一个粗略的调整，“精细活”还在后面。

余德辉表示，“电解铝行业还要发展，还有很多产能在经济发达地区、环境容量不足地区，不能到此为止，应该更大胆往下走。概括来讲就是‘三鼓励一淘汰一严控’，鼓励电解铝产能向有清洁能源的优势地区聚集、鼓励向具备新能源优势的地区聚集、鼓励向具有煤炭优势的边远地区转移、坚决淘汰落后产能、严控使用常规燃煤发电炼铝。”

“西南地区有水电资源优势和核电项目规划，海外铝土矿资源便利，可以有序承接电解铝产能转移，推进水电铝、核电铝发展，减少电力跨区大规模调度，实现清洁能源就地消纳。”

余德辉认为：“宁可停掉煤电，也要让水电和核电来多发”，至于强调就地消纳，余德辉表示，“清洁能源大部分都在边远地区，没必要输送上千公里来炼铝。”除清洁能源之外，具备新能源的地区也具备布局优势。“有新能源的西北地区，比如西北的风电，为什么不能通过区域内劣质煤电与风、光电组成智能微电网,积极发展风光煤电铝?"

余德辉继续指出:"如果上述两种地方你都不愿去,那也要向具有煤炭优势的边远地区转移,就地消纳劣质煤实现煤电铝一体化发展,而不应该把煤送到上千公里以外的地方再去发电再去炼铝。"

既然"煤-电-铝"模式在中东部不值得推广,那已使用常规煤电炼铝的存量产能将如何撬动?

他认为,可以采取慢慢倒逼的方式,用绿色电力的配额、差异化定价等经济手段逼企业转移产能到刚才说的那三个地方去。特别是将来包括产能置换在内的新建产能。"严禁用常规燃煤来炼铝的话,他就肯定不能再就地再搞了,他就会向以上三个地方转移。"

他提到,可以把使用清洁电力作为环评、土地、信贷等审核把关的重要内容,倒逼电解铝加快绿色低碳高质量发展。

余德辉还分析道,"边远地区做不了大的产业,交通又不便,但是它有能源优势,电解铝的产业发展对拉动地方经济的发展有很大的作用。应该把电解铝产能转移到有能源优势的贫困地区去雪中送炭,而不要在环境容量有限的发达地区去锦上添花。另外,把煤、电输送过来也是一种浪费,把厂搬过去反而创造了就业,带动了就地转化。"

"供给侧改革不仅仅是一个总量控制,总量控制是第一步,更主要是布局优化,把产能搬到适合它发展的地方。"他反复强调。

中铝扭亏脱困:基于存量的工作,人努力天帮忙

作为中国铝行业的领头羊,同时又是央企,中国铝业的业绩在前几年却有些"尴尬"。

转机出现在2016年,彼时也恰逢铝价开启久违的上涨模式。在一系列降本增效、转型升级的战略举措下,2017年,中国铝业更是取得了2008年以来的最好成绩,全年实现利润总额30.06亿元。

"中国铝业近三年主要是在存量的基础上做了大量扭亏脱困的文章,一企一策去治理。再加上人努力、天帮忙,市场也回归到比较理性的范围,所以我们扭亏脱困有一定的成效。"余德辉如此评价。

目前的中国铝业已达到了两个"平均线"以下。"公司氧化铝完全成本已经进入行业前40%,电解铝完全成本已经进入行业前45%,均达到行业的平均线以下,表明公司有一定的持续盈利的能力。第二个是在资本运作、国家政府支持、市场化债转股等措施下,负债率大大的降低,下降幅度超过20%,降至央企平均线以下,使得财务费用支出减少。"

对于铝价,余德辉表示"近十年平均价在14500元/吨上下,目前价格虽不理想但相信能保持在15000元/吨,可以促进行业全产业链稳定健康发展。并且,铝价继续下跌可能性较小,首先有成本作为支撑,另外市场还得相信供给侧改革的力度,还会加大,还有预期。"

新动能:产业链由"橄榄型"变成"哑铃型"

为巩固扭亏脱困获得的不错开端,中国铝业将继续围绕"三去一降一补"这条供给侧结构性改革的主线,坚持"科学掌控上游,优化调整中游,跨越发展下游"的工作思路,积极推动公司产业链由橄榄形向哑铃型转变,实现协同化、高质量发展。"我们认为目前公司的盈利能力还是很脆弱的,离市场的预期还是比较远的,但是毕竟有了一个良好的开端。"

余德辉介绍,中国铝业要优化存量资源的配置,改造提升传统的产能。"过去我们这个面很大,现在我们就不太一样了,要集中精力来解决一些布局不合理的问题,重点在优势地区打造产业基地。比如说氧化铝,我们在广西、贵州都有优势,我们就要做加法。再就比如说内蒙古既有煤炭资源,又有新能源,所以我们就搞基地建设,将来打造成北方的电解铝的标杆。"

而对于一些不适合继续发展的企业,要当机立断转型退出。"一方面,对于位于城市中心的困难企业,慢慢退城进园,搬迁改造。另外一方面,我们用精准扶贫的方法,一企一策,通过技改把它规模缩小,跟它资源相匹配。而对资源有限、设备陈旧、环保欠账很大的生产线,我们坚决把它关闭、退出,转移到有能源价格优势、资源优势、物流优势的地方去发展它。"

"对传统产能不像过去一样的就地'水多加面'、'面多加水',而是向优势地区集中。"他形象地总结这场未来的布局行动。

不过,中国铝业不仅不会止步于优化布局,还将重点注入新动能。

"电解铝行业是一个周期性的行业,某种意义上来说,做一个大企业,必须与时俱进,适应新的发展,所以我们现在就提出扩大优质增量的供给。"余德辉如此阐述注入新动能的必要性。

而新动能则要从眼下产业结构不平衡的现状中找到突破口。"我们之前的产业结构太单一了,中间很大,两头很小,上游资源不多,下游应用前景很好的产业也不发达,都集中在中间冶炼这个环节上。"这也被称为"橄榄型"企业。

"所以中国铝业提出科学掌控上游,优化调整中游,跨越发展下游,未来要把'橄榄型'的企业变成'哑铃型'的企业。"余德辉说。

确定发展战略　实现"扭亏为盈"

——记中海油田服务股份有限公司董事长吕波

2017年国际原油价格和油田服务行业整体缓慢复苏,但境内外油气公司仍保持较低的油气勘探开发资本支出,油田服务行业依旧承受较大压力。在低迷的行业背景下,董事会于2016年12月16日任命吕波先生出任中海油田服务股份有限公司的董事长。在职期间,吕波先生勤勉尽责,凭借丰富的管理经验和出色的领导才能,在公司在面临极具挑战的竞争环境下,带领公司打赢了2017年"扭亏为盈"的攻坚战,给资本市场提交了一份满意的答卷;同时在吕波先生的指导下不断完善公司治理,确定了公司中长期新的发展战略。这为提升公司核心竞争力,实现公司的可持续发展奠定重要基础。

一、完善公司治理与风险管控

2017年,吕波先生通过持续完善企业管治、规范三会运作等措施,在充分听取董事会、监事会尤其是独立董事意见建议的基础上，切实保障了股东权益和公司的合规、优质运营。在吕波先生的带领下，董事会结合行业形势，采用优化后的风险评估模型实行全面风险管控，进一步完善内控管理体系，对重大事项动态监管。同时，公司在合规披露、维护社会公众股东利益和投资者保护方面也做了系列工作，包括：审议制定《信息披露暂缓与豁免业务管理办法》、将中小投资者单独计票事宜加入《公司章程》等。

二、打赢“扭亏为盈”攻坚战

2016年公司经历上市以来的首次亏损，净利润亏损额达到人民币－114.59亿元。2017年，在吕波先生的指导下，公司上下将实现“扭亏稳赢”作为全年的中心任务。一方面主动开拓国内外市场、努力推广技术服务。2017年公司新签海外合同140个，为历史最多；与此同时，公司还新开拓了4个国家市场并拓展了24个海外新客户，海外市场开拓成果显著。此外，公司装备的使用率和油田技术服务工作量均有不同程度的提升，有效的增加了公司的收入。另一方面，大力实施降本增效措施、不断优化资产和成本结构。2017年公司通过进一步完善采办模式、物资管理方式，加强设备自修、推进自研产品应用、优化资产结构、管理架构，创新人力资源共享机制等多种管理方式，使可变成本进一步有效降低。经过不懈的努力，公司2017年实现净利润人民币7,121万元，其中实现归属上市公司的净利润为人民币3,307万元，圆满的完成了扭亏任务，也兑现了吕波先生在2017年初对资本市场的承诺。

三、创新公司中长期发展战略

在吕波先生的带领下，公司董事会和管理层确定了中长期新的发展思路和双50%的发展战略，为公司创新求变、提升行业核心竞争力和影响力奠定了重要基础。2017年，公司在严峻的行业环境中，紧密围绕中长期战略发展路线，聚焦盈利能力提升，在技术发展和市场开拓均取得重要进展。未来公司将坚定发展信念，为实现中长期「双50%」战略目标继续深化改革。一、适应油气行业新格局、新模式，转换增长动力，进一步发挥板块间的协同效应，努力提升技术板块和海外收入贡献占比；二、持续加快科研转化及市场投放，致力在高难度、环保、高端一体化等领域实现技术突破，实现公司技术板块从提供多样性服务到为客户制定一揽子解决方案的服务转型；三、改革、创新管理模式，明确重点区域发展规划，采用灵活的市场策略和商业模式加快潜在市场开拓。

四、展望公司未来可持续发展

进入2018年以来，国际油气行业在经历了近几年的低迷态势后，已经呈现出缓慢复苏的趋势，但油气行业自身特点仍决定其充满了复杂性和不确定性，竞争压力依旧存在。中海油服将紧抓机遇，深化改革，化挑战为机遇。尽管吕波先生不再担任公司董事长，但公司会沿着吕波先生指引的方向坚定的发展下去，一定能够在新格局下重塑升级，书写更美的篇章。

董事会、管理层及全体员工对吕波先生为公司“扭亏为盈”和可持续健康发展做出的突出贡献表示衷心的感谢！

持续推进中国铝业供给侧结构性改革

——记中国铝业股份有限公司党委书记、总裁敖宏

党的十八大以来，以习近平同志为核心的党中央对全面深化改革作出一系列决策部署，各项改革深入扎实推进。特别是党的十八届三中全会审议通过了《中共中央关于全面深化改革若干重大问题的决定》，2013年12月30日成立了由习近平总书记任组长的中央全面深化改革领导小组，标志着党和国家全面深化改革工作进入新的历史阶段。

中国铝业党委按照中国铝业集团有限公司党组的部署，认真学习、贯彻落实习近平总书记关于深化改革系列重要讲话，对全面深化改革的认识进一步深化，目标进一步明确，路径进一步清晰，在全力推进供给侧结构性改革和“三去一降一补”五大任务的过程中，积极“去”，退出落后产能，提高供给质量和效益；主动“降”，推行精准管理，降低成本，优化产品结构；全力“补”，补产业链短板，补中高端产品短板。回顾这两年来的改革历程，我们在改革的道路上迈开了步伐，有的领域迈的步子还比较大。但是，越是深入学习习总书记系列讲话，越觉得我们的改革永远在路上，供给侧结构性改革还需要持续地、大胆地、不遗余力地向前推进。下一阶段，我们推进供给侧结构性改革要抓好四个重点。

抓担当，解决敢不敢改的问题

改革推进到今天，比认识更重要的是决心，比方法更关键的是担当。决心和担当，通俗地说就是敢不敢改？遇到问题敢不敢担当？我的理解是，只要符合党中央要求、符合基层实际、符合群众需求，就要坚决改、大胆试；改革越向纵深推进，遇到的硬骨头越多，出现这样那样的问题，就越要有敢于啃硬骨头的决心和意志。

在供给侧结构性改革中，“去产能”好比破釜沉舟、壮士断腕。在2016年初的市场严冬，中国铝业在中铝集团党组的坚强领导下，顶住压力负重前行，一方面增加造血功能，让盈利企业更多盈利，另一方面对所属的竞争力弱、扭亏无望、出血过多的“僵尸企业”和落后生产线，下决心通过异地搬迁、退城进园等方式关停并转，转型升级。

在市场严冬、面临巨亏风险、生死存亡的危急关头，我们能担当起升级改造的投资风险，担当起人员跨企业、跨地区转移的稳定风险。现在形势稍有好转，我们还能不能下决心继续推进改革？继续担当起啃硬骨头的重任？学习习总书记的讲话，这一点十分明确，抓改革就是要抓思路、抓调研、抓推进、抓落实，要带领大家一起定好盘子、理清路子、开对方子，拿出有底气、接地气的方案。今年年初，我们对中国铝业面临形势总的判断是：“实现扭亏为盈，盈利能力脆弱，整体企稳向好，正在爬坡过坎”。这里的坡和坎，就是我们要面对的硬骨头，啃不下这些硬骨头，我们就只能在盈亏的边缘徘徊，甚至倒退回亏损的泥淖，更遑论重铸辉煌的目标。今年以来的经营情况发生波动就生动地说明了这一点。

所以，我们在思想上首先要解决敢不敢改的问题，要从我做起，主动担当，主动作为，坚决改，大胆试，持续推进公司供给侧结构性改革。

抓重点，解决改什么的问题

供给侧结构性改革，中国铝业今后一个阶段的改革重点是：完善现代企业制度、推进内部分类改革、深化管理制度创新、构建市场化经营机制、优化资本布局结构、加快瘦身健体提质增效、加强企业党的建设。围绕上述7项重点改革工作，我理解各项工作的改革侧重点是：队伍建设抓党建，结构调整抓升级，提升管理抓精准，体制改革抓多元，企业运行抓机制，全员行动抓激励。

队伍建设抓党建。党的领导、党的建设是国企的“根”和“魂”，是做强做优做大国企的根本保证。今年以来，中国铝业按中铝集团党组的要求改革党建工作，大大加重了党建的考核砝码，党建工作与行政工作同为100分，互为系数。

中国铝业党委注重抓好每个月的党委中心组学习，督促所属各级党组织规范组织生活，坚持好“三会一课”制度，引导党员干部牢固树立政治意识、大局意识、核心意识、看齐意识，把爱党、忧党、兴党、护党落实到经营管理各项工作中，落实到供给侧结构性改革的推进中。同时，按照国有企业党建工作会议的要求，旗帜鲜明地将党的领导融入公司治理各个环节，明确和落实党组织在公司法人治理结构中的法定地位，为公司改革发展提供制度保障和动力源泉。

结构调整抓升级。在结构调整的过程中，要创新“加减乘除”，加要“干一件成一件”，减要“以小震化大震”，乘要坚持“创新驱动引领发展”，除要“盘活存量资产、优化资源配置”。具体到做好去产能工作中，一是要坚决去，实现落后产能有序退出，从业人员有序转移；二是要可持续，定好一把尺子量到底，用完全成本来衡量；三是要有效转，转型的同时必须升级换代，弯道超车。比如，由冶金级氧化铝向多品种氧化铝，从铝锭、铝水到合金化产品的转型升级，成立新材料有限公司，开辟一条新材料生产的中高端产业链。

提升管理抓精准。管理是永恒的主题，现在乃至将来仍然是企业改革发展中的主要矛盾和矛盾的主要方面。要以改革的精神抓管理，而不是在原来的基础上紧紧螺丝；要以改革的思维抓管理，而不是搞换汤不换药的老一套。当下提升管理，就是要下大力气抓好正在推行的精准管理、问题清单和网格化管理。

体制改革抓多元。以多元的视角、多元的思维、多元的投资、多元的优势促进体制改革。抓好体制改革，主要是以产权制度改革为重点，加快建立现代企业制度。近两年中国铝业注重与地方政府、国有企业、民营企业及其他优秀企业广泛合作，先后组建了中润、华云、华锦、华磊、华仁、华昇、中铝视拓等股权多元化公司，汇集各方优势，在推进供给侧结构性改革上大胆尝试。

企业运行抓机制。中国铝业不仅要在产业布局上转型升级，也要在企业运行上转型升级。我们抓了决策机制的时效性，每天召开早调会，快速决策，企业视频上线，面对面决策。我们抓了约束机制的严肃性，每月经营结果全面通报，考核结果及时反馈，出现未完成业绩目标时，严格执行对主要领导人约谈制度。对于新建企业，要求在起步阶段致力于机制创新，新企新办，实现新企业、新机制、高效率、高收益。对于老企业，鼓励企业结合实际大胆创新，革除传统管理机制不活的弊端。

全员行动抓激励。人的因素是生产力中最活跃的因素，员工激励主要是以薪酬激励制度改革为重点，加快建立更加灵活、更能调动干部员工创新创效积极性的工资分配制度。去年，中国铝业按照“市场倒逼成本、成本倒逼改革”的理念，建立了五档十五等的业绩考核机制，并首次实现了年度业绩的预考核、预兑现。今年，我们又进一步完善了关键业绩指标挂钩考核办法和季考核、季兑现办法。今后，我们要坚持做到物质精神并重，在薪酬激励体系改革进一步引向深入的同时，继续开展好技术比武、劳动竞赛等有效的活动，激励员工与企业共同成长。

抓统筹，解决如何改好的问题

统筹规划，学会弹钢琴，实现所属企业的平衡发展、滚动发展，是中国铝业不懈追求的目标。具体说，我们要在供给侧结构性改革的推进过程中，做好四个统筹，即：统筹好战略和战术，统筹好资本运作和经营增效，统筹好加减乘除，统筹好发展和稳定的关系。

统筹好战略战术。要打开转型升级的新局面，就要先转变因循守旧的老观念。我们遇到的挑战容不得丝毫的怠惰慵懒，要磨砺奋进，先提高认识。要讲究战略战术，取势、明道、优术。取势，就是要认清形势，对外部环境有一个正确的认识；明道，就是要在战略上、大局的把握上非常清楚；优术，就是要在策略上、方式方法上做好。

统筹好资本运作与运营增效。中国铝业的转型升级，就是要从原来相对单一的生产型企业逐步转型为集生产、经营、资本运作一体化的综合性经营公司。去年我们主动出击搞的环保资产资本运作，取得较好的效果。今年，我们将总结经验，按照优化布局转型升级的战略，在条块管理的背景下，继续进行资本运作，形成专业人士做专业公司、少量资本控制大量资本、置换资金实现资产回报的良性循环。

统筹好加减乘除。习总书记多次强调：“加减乘除是把标尺”。中国铝业要科学做好“加减乘除”，善于加，抓好华云等创效能力强的转型升级重点项目；敢于减，采取措施做好重庆分公司等淘汰落后产能工作；精于乘，创新投资理念，借力发展，多方合作，优势互补，科技创新；巧于除，简政放权，释放活力。

统筹好发展稳定。在供给侧结构改革的过程中，中国铝业要继续把退出落后产能与新建先进产能结合起来，把技术成果产业化与产业结构布局合理化结合起来，把充分利用熟练技术人员和老企业人员跨企业、跨区域转移结合起来，在扭亏脱困、转型升级工作中，做好人员优化，努力实现企业的稳定和员工的妥善安置。

抓落实，解决改革效果的问题

首先，要形成合力。要不折不扣抓好改革任务落地见效，对中铝集团党组部署的改革事项，积极承接，坚决落实；对中国铝业自身的改革事项，坚持问题导向，列出问题清单，做好顶层设计，明确目标、路径，进一步统一思想、凝聚共识，全力推进。中国铝业党委领导要一竿子抓到底，从抓改革方案制定入手，一直抓到部署实施、政策配套、督察落实，确保改革扎实推进、见到实效；落实党委班子分工负责制，每位班子成员对分管工作的改革负责；本部各部门着力推进职责范围内重大改革，各实体企业结合实际制定改革的具体方案。

第二，要亲力亲为。作为中国铝业党委书记、总裁，我个人要坚决贯彻落实“四个亲自”重要要求，在抓好公司全面深化改革的同时，直接抓好若干事关公司重大的、具有牵引性的改革事项。要“一把手抓一把手”，抓住各企业主要领导，把责任一级一级压下去，确保责任落实、工作落地。要掌握科学方法，树立改革发展稳定“一盘棋”思想，全面梳理改革工作基本情况，深入查找改革工作差距不足，统筹推进各项改革落地见效。

第三，要营造氛围。改革是奔着问题去的，只有迎着问题上，提出有针对性的措施，才能切实兴利除弊。从本部到企业主要领导都要亮明态度、树立导向，为敢于担当的干部担当，为敢于负责的干部负责。我们要坚决按照中铝集团党组的要求，“宁伤感情不伤改革”。抓改革、抓落实的责任要明确下来，对责任不到位、不担当、敷衍塞责、延误改革的，要严肃问责，形成倒逼压力，督促大家把责任扛起来，撸起袖子加油干。我们将进一步加强对深化改革的宣传报道，通过报纸、网站、微信公众号等，及时宣传深化改革的进展和典型做法。

“善学者尽其理，善行者究其难。”学习的目的是为了运用，我们要自觉从全局高度谋划推进改革，按照中央国企改革的精神，在中铝集团党组的坚强领导下，发扬钉钉子精神，一步一个脚印，力度不减、节奏不变地推进供给侧结构性改革，善始善终、善作善成，推动中国铝业绝地崛起、决战决胜。

（根据作者在中国铝业党委中心组学习习总书记关于改革系列讲话精神会议上的发言整理）

从“跟跑者”到“领跑者”

——记全国政协委员、中原银行党委书记、董事长窦荣兴

“广袤的乡村大地，迫切需要金融活水的深度滋润。在国家引导社会资本下乡的背景下，金融机构有责任扩大‘三农’领域金融服务范围，提高农业经营规模和农业生产效率。”3月5日，全国政协委员、中原银行董事长窦荣兴在政协经济界驻地北京会议中心接受《金融时报》记者独家专访时表示。

作为全国政协委员中为数不多的中小银行业委员，窦荣兴为今年全国两会带来了“金融机构如何更好助力乡村振兴战略”的提案。窦荣兴认为，金融科技的发展，给了中小银行“弯道超车”的机遇，中小银行应乘着乡村振兴的“东风”，努力拓展农村金融蓝海，从“跟跑者”成为“领跑者”。

“上网+下乡”实现“弯道超车”

在窦荣兴看来，人工智能、互联网技术、大数据、区块链、云计算等技术的产生和发展，对金融业是一个福音，特别是对中小银行来说，可以利用后发优势，借助新技术的应用和新商业模式的创新来颠覆传统银行模式，实现发展上的跨越。

作为一家在原河南省13家城商行基础上新设合并而成的地方性商业银行，中原银行走出了一条“上网+下乡”的“弯道超车”之路。

所谓“上网”，就是继续坚持“科技立行、科技兴行”，结合互联网发展趋势，不断完善科技信息系统，探索互联网金融服务新模式，大力发展移动金融、线上金融，加强线上营销体系建设，提升综合金融服务能力。

比如，中原银行开发的“永续贷”线上化产品，颠覆传统信贷流程，通过第三方数据平台进行用户画像，放款速度缩短到最低一天，上线仅一年半就为客户提供资金249亿元。

而“下乡”则是积极进行机构下沉，加快县域支行、乡镇支行、村镇银行、助农取款点“四位一体”渠道体系建设，把优质的金融服务和先进的金融产品、金融工具推广到广大县域、村镇，填补农村金融服务空白，抢占农村金融市场蓝海。

防范治理结构风险

如何在新时代的背景下突出中小银行核心竞争力，在窦荣兴看来，除了找准自身的比较优势外，还要防范治理结构方面的风险，特别是要设计好股权结构，形成相对集中、相对分散、相互制约的股权结构。

在优化股权结构方面，中原银行积极引入战略投资者，推进市场化改革，并采用“天坛式”股权结构设计。“第一层是基础股东，即原有13家城商行的股东；第二层是主要股东，是指新引进的占比大于2%的股东；第三层是战略股东，可以进入董事会，但最大股份不超过9%。”窦荣兴认为，这种架构既可避免一股独大，又可避免过于分散，保证了团队运作的市场化程度。

窦荣兴告诉记者，2014年成立中原银行，是河南省委、省政府经过长期谋划、反复比较、深入研究，从加快推进中原崛起河南振兴的战略高度所做出的重大决策。不但标志着河南省金融体制改革迈出重要一步，也是地方法人银行机构处置历史包袱、化解金融风险、实现可持续健康发展的必然选择。

“在这13家城商行基础股东中，有5家是评级在四级以下的高风险行，不良资产率高，管理混乱。”窦荣兴坦言，然而不破不立，按照河南省委、省政府的要求，中原银行坚持深化改革，全面推进市场化、去行政化，不断完善治理结构，使企业成为了真正的市场主体。

如今，中原银行资产及存贷款规模快速增长，经营效益显著提升，资产质量控制良好，各项指标均符合监管要求，成功跻身全国优良银行序列。

为乡村振兴出把力

作为新一届全国政协委员，窦荣兴既感到光荣，又深知责任重大。

“在当前国家实施乡村振兴战略的大背景下，诸多金融机构把推动乡镇、农村经济建设作为发展重点。金融服务的下乡，类似于公路下乡、通讯下乡，属于软实力下乡，对当前乡村振兴战略的实施有着重要意义，特别是当前随着互联网技术、大数据风控技术的快速发展，为金融服务打通农村‘最后一公里’创造了良好条件。建议监管部门支持乡镇网点的设立，通过绿色通道鼓励金融机构积极深入乡镇、农村开展金融服务。”窦荣兴在提案中建议。

找一个小切口，深入研究，才能解决大问题。窦荣兴说，他与多位金融界的委员有一个“五年之约”，就是在未来的五年中，他们都要围绕“金融服务乡村振兴”这一题目，进行深入的调查研究，提出更多有价值的建议。

从育人到育企　普惠金融的先行者

——记广东中盈盛达融资担保投资股份有限公司董事长吴列进

有人说，做金融的人眼里只有财富；然而，在他的眼里，是责任和情怀。

从教书育人到闯荡金融行业，广东中盈盛达融资担保投资股份有限公司董事长吴列进向人们讲述了这30年来，他所坚守的创富观。

2003年，吴列进作为金融高端人才被佛山市政府引进，负责牵头组建团队创立了佛山最早的融资担保机构，并向“中小微企业融资难融资贵”这个难题发起了挑战。凭借一份十年如一日的坚持，在普惠金融的实践上闯出了一条不寻常的创新路。

2016年底，吴列进等十位行业领袖当选年度广东十大经济风云人物。作为普惠金融探索的先行者，评选组委会对他的工作业绩评价为：“金融的活水，中小企业的贴心人，担当社会责任，为无数中小微企业保驾护航。”

弃文从商
掷笔南下投身信用担保行业

“我的人生分两部分，前十年做老师培育学生，之后就下了海‘培育’企业。”面对记者，他简要概括。

出生在安徽，吴列进从小受到良好的家庭教育。大学毕业后，他被分配进当地一所高校任教师，很快便显露不凡才干，不到30岁，他就担任了学校党委委员、会计系主任等职务，还兼任当地团市委副书记。

上世纪90年代初，广东掀起了新一轮深化改革、扩大开放、加快发展的热潮。正是这股热潮，让吴列进萌生了更大的抱负——投身经济建设的大潮中。他毅然放弃了别人眼中的“铁饭碗”，满怀梦想地跨入了南下弄潮的行列。“我常年教财务课程，始终觉得应该到经济一线感受时代的变化。”他说。

南下初期，他先后到海南、广东闯荡，并最终留在了广州发展。2001年，吴列进加入了广州当时一家最大的民营担保公司。随着时间的推移，他慢慢意识到：一方面中小微企业是经济发展的中坚力量，中国经济要获得长足发展，就必须大力扶持中小微企业。但是，中小微企业抵押物和自身信用的局限性又限制了它们在传统信贷渠道中的融资能力，要解决融资难题，民间金融机构（普惠金融机构）的力量不可或缺；另一方面，尽管当时已有一些民间金融机构，但发展参差不齐，缺乏规范的治理机制，要让这类机构规范健康发展，就必须要有可持续的发展模式和一批专业称职的从业团队。

在当时大多数人向往“铁饭碗”或奔向大金融机构的年代，吴列进毅然选择投身不受关注的“草根金融”——担保行业。“做企业很难，特别是中小企，贷款极其困难。”吴列进组织专业化团队从担保行业的个人消费开始，逐步转向为中小企服务，并希望以金融担保帮助小企业发展。

股权分散
搭建担保机构现代治理机制

佛山作为广东第三大城市，民营经济高度发达，中小企业数量庞大。但是，大批的中小企业往往因资金“瓶颈”制约错失发展良机。

2003年，吴列进作为金融高端人才被佛山市政府引进，负责牵头组建团队创立了佛山最早的融资担保机构——佛山盈达担保投资有限公司（“中盈盛达”前身），从此也掀开了佛山普惠金融发展的新纪元。

吴列进认为，解决中小微企业融资难融资贵问题并不是某个政府、某个组织或者某家机构能独立承担的，最理想的方式就是发挥政府财政的引导作用，调动民间资本的积极性，社会各方共同参与其中。因此，在成立伊始，他就把公司按照股权多元分散，所有权、经营权、监督权分离的现代企业管治制度搭建了共同治理机制。

14年来，中盈盛达业务规模增长近60倍，营业收入增长近85倍，累计为近万家中小微企业提供了超过800亿元的融资服务，直接和间接累计新增产值超1000亿元，新增纳税超100亿元，新增就业岗位约60万个，创造了巨大的社会效益。

中盈盛达创立的担保机构混合所有制模式先后在安徽合肥以及中山、云浮等地区复制推广。吴列进说，企业逐步形成了包括省、市、区三级国资、本土优秀民营企业和企业家，北上广深战略投资者和经营管理层在内的股权结构。这种以“政府引导、社会参与、专业化经营、市场化运作”为特点的融资担保混合所有制模式也成为了地方金融创新和推动金融供给侧结构改革的典范。

不忘初心
争做中小企业融资“保姆”

2015年底，担保行业迎来了振奋人心的消息：中盈盛达成功在香港H股挂牌上市，成为国际资本市场首家以融资担保为主体上市的普惠金融机构。由此，吴列进也实现了心中多年的梦想。

“担保行业不容易坚守，但我们始终不忘初心。”作为行业的领军人物，在每次受邀讲课时，吴列进说得最多的一个词便是“信用”。他认为，经济的发展和社会财富的积累离不开金融的普惠，更离不开信用的守护。

“金融行业要想真正做大做强，就必须诚信和坚持，就要做长跑运动员。做金融绝不是靠运气赌博式的短线项目，我一直想把金融做成实业，做成一辈子的事业。”当老师出身的他，面对金融担保的话题，讲求的不是利润，更多是情怀。

在金融创新的道路上，吴列进没有停止探索，他深知中小微企业在不同的发展阶段有不同的融资需求，因此带领企业在担保的基础上发展出小额贷款、典当、融资租赁、基金、创投等普惠金融产业链。上市后的中盈盛达通过金融创新和资本运作方式，整合境内外资金支持本土企业，至今通过各项渠道引入的资金规模超过150亿元。

今年7月份召开的第五次全国金融工作会议把“建设普惠金融体系”提到了前所未有的高度。站在新的发展起点上，吴列进筹划着更大梦想——打造一个具有全国创新示范效应的中国普惠金控平台混合所有制样本。

当前，真正以服务实体经济为定位、具有一定发展规模的普惠金融控股集团尚未出现。因此，他希望能填补这片空白，建立普惠金控平台成为传统金融的重要补充，把金融的“雨露甘霖”覆盖到更多中小微企业、三农等“弱势群体”。

【报道原文】

2017 年 10 月 12 日，南方日报第 GC04 版：广州观察·综合以《从育人到育企普惠金融的先行者》为标题报道了中盈盛达董事长吴列进的奋斗故事；同时，“南方＋”以标题《寻找百张广东财富面孔 No. 46 | 吴列进：从育人到育企，普惠金融的先行者》作了图文报道。

小康路上的热心人

——记江苏井神盐化股份有限公司董事长徐长泉

江苏井神盐化股份有限公司坐落在一代伟人周总理的故乡——淮安，作为这家国有上市企业的当家人，淮安市八届人大代表徐长泉深知，企业不仅是创造利润的经济组织，还应该是承担社会责任的重要载体。徐长泉是这么说的，也是这么做的。为了实现“回报社会、回报人民，共同建设好周总理的家乡”的诺言，在他的引领下，井神股份每年向淮安区慈善总会捐助善款 10 多万元，多次被评为淮安区“慈善爱心大使”的称号。2015 年井神股份和淮安区老促会共同开展了捐资助学活动，成立“井神春蕾班”。2017 年 10 月 17 日，在第四个全国扶贫日当天，井神股份公司又向省委驻淮安区帮扶工作队捐赠 5 万元，用于扶贫济困，助力淮安区脱贫攻坚。这一系列善举，赢得了社会的肯定，井神股份连续两次被省文明委命名为“江苏省文明单位”。

追求卓越　争做行业标杆

“对自己来说，就要确立永无止境的追求，对企业而言，就要争做行业领军企业”，这是徐长泉经常挂在嘴边的一句话，也被他倾力落实到行动上。几年来，他历任公司常务副总经理、总经理、董事长等职务，虽然职务有所变化，但是“追求永无止境、打造行业领军企业”的理念始终未变。为了更好胜任工作岗位，他常思能力不足，常怀本领恐慌，常找学习差距。围绕“干什么学什么、缺什么补什么”，学好现代企业管理知识和专业技术，通过学习精通专业的，熟悉相关的，了解必需的，有针对性地学习掌握了做好领导工作、履行岗位职责必备的各种知识。通过学习一些哲学知识，掌握了科学的思想方法；学习一些经济、金融、财务等知识，提高了为企业创效的能力；学习一些管理、法律、证券等知识，紧跟了上市公司发展的步伐。同时，他还注重向身边的专家学，向一线的职工学，不断采集众家之长补己之短，并将所学知识应用于生产经营实践中，努力使自己真正成为管理的行家里手、技术的内行领导。在学习形式上，他也能做到不拘一格，充分利用中心组集中学习时间学习政治理论，利用工作间歇中的点滴时间读书看报。在办公室、家中、出差途中，都可以看到他学习充电的身影。学习的内容也从政治理论到经营管理知识、专业技术知识等方方面面。他系统学习了习近平总书记一系列重要讲话和十九大精神，真正把握其中精髓，坚定了理想信念，夯实了理论基础，锤炼了党性修养。在他的影响带动下，全公司中层以上干部面对“守岗有责、守岗负责、守岗尽责”的要求，确立起自我提升的心态，主动地加强学习，充实提升自己，增强履职能力，形成出一支作风过硬、素质优良的经营团队。这支经营团队具备了冷静的经营头脑、灵敏的市场触觉、严格的治企理念、规范的管理意识和高效的工作作风。在徐长泉的带领下，公司经营团队的驾驭全局和推动发展的能力不断增强，宏观经济形势的分析判断能力明显提高，知识结构进一步优化，为统筹谋划发展全局，科学指导工作提供了保证。企业发展取得了长足进步，成功应对了近年来宏观经济增长放缓、盐业改革提速、市场竞争加剧的多重挑战，在制盐行业整体效益大幅下滑形势下，保持了稳步发展的态势，资产规模、经营绩效、运营质量和抗风险能力在行业中位于前列，实现了国有资产的保值增值。去年公司被国家发改委、科技部、财政部等五部委联合认定为国家企业技术中心，实现了江苏盐业技术创新历史性的突破，成为淮安市首家国家级企业技术中心。近期，公司成功获评国家“绿色工厂”示范企业，成为江苏省首批通过国家工信部认定的企业；成功入选 2017 中国石油和化工企业 500 强，企业综合实力和行业影响力持续增强。

扶贫济困　共谋村发展

人大代表来于民众，理应服务民众。作为淮安市和淮安区两级人大代表的徐长泉，积极响应“千百万扶贫济困大行动”。淮安区仇桥镇南徐村是省定经济薄弱村，也是他结对帮扶的联系点。今年年初，在该村走访调研时，徐长泉看到该村还有不少村民的住房由于年久失修，已经成为危房。“这样的房子坚决不能再住了”，这事装进了他的心里。调研回来后，他立刻召开领导班子会议，商议帮扶方案。很快，6 万元现金筹集到位。他第一时间亲自将筹措的现金带到南徐村，资助该村 3 名特困户进行危房改造。徐长泉叮嘱该村的领导，请他们务必在今年雨季之前将新房建好，安装好水电设施，尽快让贫困村民住上新房。两个月后，赶在夏季雨季之前，三套崭新的住房建起来了。在新房面前，贫困户柳树洋拉着徐长泉的手激动的说不出话来，留下两行热泪。

村民柳树青是徐长泉结对的困难户，柳树青患有肺癌，其子患有淋巴癌，正在接受治疗，原本富裕幸福的家庭因此变故致贫。当得知柳树青刚从南京肿瘤医院化疗回来，徐长泉随即来到柳树青家了解情况，询问他的病情。在柳树青家中，徐长泉拉着他的手与他亲切交谈，鼓励他和家人勇敢战胜病魔。临别之际，徐长泉向柳树青送上 1000 元慰问金，并对柳树青和随行的村领导说，因病致贫，贫穷的根源在病，一定要好好治病，各方面要伸出援助之手，帮助其家庭战病魔、度难关，坚决不能让他家在小康路上掉队。徐长泉始终牵挂着柳树青的病情。今年国庆中秋双节到来之际，徐长泉仍然惦记着村里的贫困户。他又在百忙之中抽出时间，再次到柳树青家访贫问苦，给他加油鼓劲，送上节日慰问品和慰问金。

南徐村村民的贫困状况，让徐长泉十分牵挂。“授人以鱼不如授人以渔”。如何帮助他们脱贫致富，徐长泉意识到光靠捐助有限的资金并不能解决根本问题，得找出贫困的根子，寻到致富的路子。为此，他多次带领相关人员到该村调研，与镇村领导座谈，帮助他们出谋划策，提出了政策扶贫、项目扶贫、技术扶贫的思路。他要求随行人员协助该村制定好未来三到五年的精准脱贫方案，争取地方政府的支持和认可。徐长泉在心中还有一个设想，充分利用井神股份的内部培训资源，成立南徐村村民技能培训班，邀请职业技术院校老师前来讲授种植、养殖技术，进行订单式培训。同时他还向该村表示，将进一步加大基础设施的投入，共同打造乡风文明，环境优美，产业兴旺，生活富裕的新型农村。

关爱职工　传递正能量

身兼井神股份公司党组织负责人的徐长泉，关心职工疾苦，积极支持群团组织卓有成效地开展工作，使之真正成为联系职工群众的桥梁和纽带，从而最大限度地把职工群众的积极性、主动性、创造性保护好、引导好、发挥好。在他的倡导下，责成公司工会每月对职工思想状况进行摸底分析，及时准确掌握职工群众的思想动态和利益诉求，有针对性地开展思想政治工作和解决实际问题。今年夏天，远在盐城响水境内的瑞泰盐业公司职工反映，滩头42个值班房一直未装空调，职工夏季冬季进入生产值班很不舒服。徐长泉得知后，立马筹措资金改善职工生产条件，把"夏季送清凉"落到实处。公司党委以"党建带工建团建，工建团建促党建"为导向，形成党组织引领、力量上统筹、资源上互补、配合上互动的"大政工"格局，广泛凝聚各方面力量。实施员工素质提升工程，持续开展了各类技能比武、技能鉴定以及"冬季送温暖""金秋助学""井神缘联谊会""姐妹手拉手"等活动，传递了友善、关爱、和谐的正能量。

在帮助他人、回报社会中，也赢得了社会广泛尊重，人们无不称赞徐长泉是一位有品行、有担当的企业家，井神股份是一个有道义、有责任的企业。在加快企业发展进程中，徐长泉大胆创新，勇于担当，实现了企业快速健康发展；在社会公益事业中，他行为低调，从不张扬，再大的爱心行动也不愿让媒体宣传，默默奉献，不图回报。

创新求索谋发展　责任使命擎担当

——记上海环境集团股份有限公司董事长、党委副书记颜晓斐

【人物介绍】颜晓斐：男，汉族，1966年7月出生，硕士研究生学历，教授级高级工程师。1989年7月参加工作，1995年6月加入中国共产党。历任上海市政工程研究院助理工程师、工程师、团总支书记，上海市政工程管理局办公室副主任科员、主任科员，上海市政资产经营发展有限公司总经理助理兼工程管理部经理、副总经理，上海市城市建设投资开发总公司计划财务部副总经理、项目计划部副总经理，上海市城市排水有限公司常务副总经理、总经理、党委副书记，上海环境集团有限公司党委书记，上海城投控股股份有限公司副总裁等职，现任上海环境集团股份有限公司董事长、党委副书记。

【个人奖项】颜晓斐同志先后获得过上海市重点工程实事立功竞赛记功；上海市重点工程实事立功竞赛建设功臣；上海市总工会职工信赖的经营(管理)者；上海世博工作优秀个人；上海市环境保护先进个人等荣誉及称号。

【工作成就】颜晓斐同志自担任上海环境集团股份有限公司董事长以来，坚持以党的十九大精神和市十一次党代会精神为指引，围绕五大发展理念，以提升企业核心竞争力为目标，以严守安全底线为根本，快速拓展"2+4"业务市场，不断提高建设和运营管理水平，努力做好城市的"主力军"和"子弟兵"。

一、践行创新发展理念、强科技、重管理

他坚持技术创新，着眼于抢占国际竞争制高点，统筹推进科技研发、产业化、标准制定和应用示范，依托公司下属科技平台，积极承担国家重大科技攻关项目，以科技创新引领主业发展。

他坚持管理创新，主动推进企业研发、生产、管理和服务智能化水平的全面提升，通过构建一体化科技创新体系、一体化信息管理网络、一体化科技应用转化体系，推动技术和生产的有效无缝链接，在创新发展中做强主业。

二、践行协调发展理念，拓市场、识大局

他注重增强发展的协调性，通过把握上海市场与其他市场、核心主业与新兴业务、传统拓展与产业并购等三个关系，主动对接政府和城投要求，聚焦本市环保行动计划，不断增强业务发展后劲，拓宽业务持续空间，形成发展新格局。

三、践行绿色发展理念，提标准、保安全

他坚持更严格的标准。积极践行最具社会责任的专业环保企业职责，始终坚持高标准运行；主动坚持追求精益求精的技术创新，提高管理效率和效益的同时，进一步严苛排放指标，树立绿色标杆。

他坚持更透明的运行。积极推进各运营垃圾焚烧厂烟气在线"装树联"工作，对接环保部要求，持续开展联网规范性完善；始终以环保教育、科普基地、示范标杆为项目目标，不断提升智慧化管理水平，接受公众和社区的直接监督。

他坚持更安全的保障。主动做好环保督察的迎检工作，并不断深化企业EHS管理责任制，实现现场EHS管理全覆盖；积极推行EHS+信息化，实现隐患整改实时跟踪机制。

四、践行开放发展理念，创模式、树品牌

他坚持创新服务模式。通过业务末端处置的协同服务，强化不同业务的深度协同，降低综合运作成本；同时通过环保产业园服务，集成发挥全产业链各环节专业能力，提供覆盖多业务领域的循环产业园方案。

他坚持打造上海品牌。积极参与行业标准编制，宣贯上海市容环卫管理理念和上海标准；同时积极参加行业会议，发挥集团专家团队影响力，通过强化交流合作、深化产学研用联盟等，扩大品牌影响力。

他坚持对接国家战略。以长江经济带发展为契机，积极争取新增项目的投资机会，扩大业务布局；同时积极响应国家"一带一路"等重大战略，在相对成熟的生活垃圾焚烧发电等业务领域试水，实现业务扩张。

五、践行共享发展理念，接资本、利股东

他注重打通融资渠道。积极完善传统银行贷款、中票等融资方式；同时合理运用财务杠杆，提升公司净资产收益率，

增强集团在资本市场的再融资能力，降低融资成本。

他注重加快资本运作。积极发挥产业投资基金等市场化融资功能，立足发展需求，培育和储备投资项目；同时通过表内表外资本联动，实施定增等资本运作方式，实现传统投资向产融合作的模式转型。

他注重提升股东价值。积极加大市场投入和发展力度，在完成企业“转型发展”的基础上，实施“定型跨越”，夯实城市环境整体综合服务商地位，提升股东价值。

引领东证行稳致远　做新时代的金融骄子

——记东莞证券股份有限公司党委书记、董事长兼总裁陈照星

陈照星，1975 年 12 月出生，毕业于暨南大学经济学院。现任东莞证券党委书记、董事长兼总裁，公司扶贫工作领导小组组长，东证锦信投资管理有限公司董事长，广东证券期货业协会副会长，东莞市证券期货业协会会长。

1998 年至 2005 年，历任东莞证券经纪业务部业务经理，办公室副主任、主任、董事会秘书。2005 年以来，先后担任东莞证券总裁助理、华联期货有限公司董事长、东莞证券副总裁、东莞证券董事长兼总裁、东莞证券党委书记。曾获多项荣誉称号，被评为广东省优秀团干，东莞市人民政府 2010 - 2011 年度东莞市金融工作先进个人，东莞市十大经济人物等荣誉。

勤勉尽职、行稳致远的责任担当

陈照星同志始终把企业发展放在首位，按照东莞市委、市政府的要求，切实抓好企业经营决策，用实实在在的工作推动企业稳健发展、科学发展、和谐发展。

在他的带领下，东莞证券成为东莞市首批“倍增计划”试点企业，实现了 IPO 项目“五子登科”，启动了“金钻财富”业务，开创了东证可转换公司债券（生益科技）、资产证券化（厦门工学院）业务先河，并斩获“2017 年度税收突出贡献奖”“2017 年新三板投行先锋”“2017 年度卓越综合金融服务奖”“广东省守合同重信用企业”“金融消费权益保护工作先进单位”等多项殊荣。

在他的带领下，公司 2017 年实现营业收入 19.77 亿元，净利润 7.51 亿元；净资产收益率 13.11%，如纳入上市券商比较范围，公司净资产收益率高于同期 31 家 A 股上市券商，排名第一位。

在他的带领下，公司全员勠力同心，充分发挥专业优势，主动挖掘客户资源，积极增收、创收，不断推动业务发展。2017 年，公司大投行在激发业绩大踏步上升的同时，进一步夯实项目质量把控；公司大经纪业务倾力打造钻石系客户服务体系，推进证券经纪业务从通道式服务向财富管理增值服务转型；大资管业务努力化解各类风险，以打造“旗峰理财”这一品牌作为长远目标；子公司东证锦信成功向私募基金子公司转型，在利用股权投资天然优势的同时积极推动产业基金和并购基金。

在他的带领下，公司不断提高科技创新能力、强化运营能力、提升服务能力，以创新驱动公司发展。东莞证券数据中心 2018 年 1 月 2 日正式上线启用，该项目能支持 700 万以上客户数量、5 万亿以上行情压力，将有效支撑公司未来 5 - 10 年的业务发展需求。2018 年 2 月，公司智能投顾“财富小宝”正式诞生，它是经纪业务“钻石”服务体系的又一载体，至此公司客户服务实现了线上、线下协同交互，成功迈上了智能化、信息化的新平台。

2018 年，陈照星同志提出“科技强司”、“机制强司”、“整合强司”、“人才强司”、“文化强司”五个强司方略，未来，公司三年的工作战略方向将紧紧围绕五个强司进行部署。在陈照星同志的带领下，东莞证券必将稳抓机遇、谋求发展，不断增值，行稳致远。

积极履行社会责任的光辉人生

作为中共东莞证券股份有限公司委员会党委书记，陈照星同志秉承党建带领司建的运营文化，紧紧围绕全面贯彻党的十九大精神，以习近平新时代中国特色社会主义思想为指导，深入贯彻习近平总书记对广东重要指示批示精神，按照省委、市委、国资委党委工作部署要求，带领公司立足新起点，面向新时代，争取新作为。

陈照星同志把承担社会责任，奉献爱心当做自己最大的幸福。在他的带领下，2017 年，公司认真贯彻落实新时期扶贫开发政策，坚持精准扶贫、精准脱贫基本方略，坚持以产业扶贫为主导、以消费扶贫和公益扶贫为补充的帮扶思路，充分发挥企业金融服务优势，统筹规划扶贫方案，积极动员各方力量，协力推进韶关百顺村、湖南江华、云南鲁甸三个对口帮扶点扶贫工作，不断加快扶贫步伐。

陈照星同志专注扶贫济困，奉献爱心。2017 年，他带头赴百顺村开展六期慰问活动，累计捐赠各类物资共计 384,331元。

陈照星同志积极动员，广泛开展产业扶贫。2017 年，他主导帮助江华县举办两场招商引资推介活动、开展百顺村喇叭潭水电站收购改造工作、主动认领山西隰县村级光伏发电站、通过总部饭堂采购渠道助力消费扶贫、帮助贵州省惠水和瓮安两个国家级贫困县发行债券共计 15.5 亿元，为促进当地经济发展做出重大贡献。

陈照星同志热心助学，情系教育。2017 年，公司启动“公益江华行”活动，面向江华县捐赠 80 万元爱心基金，专门用于当地贫困大学生资助、山区教育援建和社会公益事业；联合京东商城举办“爱心点亮希望，书香流溢山区”捐书助学活动，为南雄市 48 个贫困村捐书 22548 册，书架 48 组。

陈照星同志关爱员工，亲如兄弟。陈照星同志在公司上下树立以人为本的管理理念，营造正能量的企业文化、和谐融洽的企业人际关系，建立激励监督机制，明确能上能下的干部机制，充分调动员工积极性、能动性，提高员工满意度并帮助员工进行自我约束。

立足新时代，年轻睿智的陈照星同志，将延续顽强拼搏、锐意进取、勇往直前、永不止步的干事业的“精气神”，为中国梦、东证梦不断奋斗，继续书写更加辉煌的精彩人生。

找到正确的方向坚持走下去

——访华润双鹤药业股份有限公司党委书记、总裁李昕

2017 年 8 月 23 日，华润双鹤召开年度中期业绩说明会。在会上，公司董秘对外披露，公司在今年上半年实现营收 30.76亿元，同比增长 8.08%；归母净利润 5.21 亿元，同比增长 20.13%；扣非净利润 5.02 亿元，同比增长 24.25%；经营活动产生的现金流量净额 6.43 亿元，同比增长 108.97%。

经历了外部政策环境陡然改变，内部转型改造亟待推进等一系列挑战后，华润双鹤不但实现了软着陆，而且又重新起飞。在华润双鹤总裁李昕看来，这一连串优良业绩的背后并无特别的原因，只是选择正确的方向，努力并坚持走下去。

顺应医改方向，推动企业转型

如果将医药行业比作一个生态圈的话，那么行业食物链上的所有成员都可视为这个生态圈中的“生物”。近年来，针对我国医疗体制的痼疾，决策层连续推出一系列重磅改革政策，打破了这一生态圈的旧有平衡状态。

政策的威力无远弗届，推动医药行业运转的“机关枢纽”正在日趋公开化和透明化。巨变之下，所有的“生物”都在嗅闻趋势的变化，体察自身的优势与劣势，试图在新的平衡建立之时，能够占据更有利的生态位。

也许是华润双鹤拥有战地药厂的基因，在面临壮士断腕的方向抉择时，并未长考就做出了顺应潮流，拥抱变化的决定。李昕认为，转型先人一步，机遇则多人一分，企业在其间得到的先发优势就越明显。他告诉丁香园，公司的转型决策是在 2014 年底做出的，“十三五”会是华润双鹤转型升级的时间窗，即在 2015、2016、2017 这三年实现公司的转型，2018、2019、2020 这三年完成公司的升级。

华润双鹤的转型首先体现在组织架构的调整上。对这家公司的发展历史稍有了解的人都知道，输液产品曾为公司的发展壮大立下了汗马功劳，至今仍是产品线上的重要角色。李昕介绍说，此前，华润双鹤输液产品的生产和销售是彼此相对独立的两条线。在市场繁荣时，这样的架构尚能满足公司发展所需，但市场发生变化后，产销协同无法快速响应的缺点便暴露出来。

譬如在原有的架构下制定下月生产计划时，一般是由销售部门上报至营销管理中心，而后转至生产管理中心，并传达至各个企业。这一流程的周期短则一周，长则半月，完全无法适应快速变化的市场。这导致市场需要的产品有可能不在生产计划中，而正在生产的产品却不一定适合当下的市场需求。

为此，公司于 2016 年在西北区域试点输液产销一体化的运营模式，通过一年试运行，西北公司运营效率提升，经营质量改善，利润大幅增长，为输液业务全面推行“产销一体化”树立了标杆。目前，华润双鹤已经下辖有四个生产与销售紧紧捆绑的产销一体化的独立法人实体公司，为响应快速变化的市场奠定了良好的基础。

组织架构调整带来了人员的整合，而人员的整合则直接推动效率的提升。据李昕介绍，2016 年，华润双鹤通过各种形式减员 2000 余人，大幅提高了人均效能。同时还将精益管理的理念融入日常生产管理，在全公司范围内打造精益标杆工厂和标杆车间，推广五星级卓越运营体系评价。

谈及减员增效，李昕坦言，对于职工个人而言，固然要面临失业的风险，但对企业而言，如果不下决心优化人员结构打造高效队伍，企业不可能有光明的未来。事实上，将企业的人力资源打造成有进有出的活水，更利于激发未来的发展后劲。根据目前的观察，减员后留下的双鹤员工，不仅收入方面得到了大幅提升，而且他们更加珍惜自己的岗位，同时企业文化和凝聚力也得到了良性提升。这也是双鹤为未来升级做的非常重要的一步准备工作。

提升产品品质，确立先发优势

随着中国经济进入新旧动能的换挡期，中国医药市场也减缓了快速前行的步伐，进入到中速增长的态势，李昕表示，尽管增速下降，但在全球范围内，中国医药市场仍然是一个充满机遇的市场，不过想要抓住其中的机遇，不仅需要灵敏的触觉，同时也需要敢于坚持，敢于求变的胆魄。

2014 年，安徽省公布了“53 种不需要输液疾病清单”，此后福建、云南、新疆等省区的个别医院也发布了门诊输液相关的监管政策。2015 年，江苏省《转发关于进一步加强抗菌药物临床应用管理工作通知的通知》要求加强输液监管，涉及省内约 460 家医院。此后一段时间，全国各省纷纷加大限输力度，在“限抗、限输”的政策环境下，输液市场容量急剧减少，已由原来全年的 120 - 130 亿瓶降至目前的 90 亿瓶。而李昕对此表示，这并不是输液市场的底部，在未来萎缩至 60 - 70 亿瓶也是有可能的。

行业寒冬的迅速到来，给以输液产品为支柱的华润双鹤形成较大的挑战。所幸的是，公司对此早有预期，并一直在有意识地以盈利为核心持续对输液产品结构进行调整转型，压缩输液份额。目前，输液业务销售收入占主营业务收入的比重仅为 35% 左右。

不过，李昕同时表示，“能吃药不打针，能打针不输液”这个世卫组织提倡的医学基本原则，目的是减少输液意外（过敏反应、肝肾等重要脏器伤害）的发生，但临床必须使用的输液治疗是无法限制的，盲目限制反而违背医学原则。实际上，市场对高品质的输液产品有很大的需求。

有鉴于此，华润双鹤选择将“升级品质”作为抢占输液产品先发优势的抓手，并制定了“一轴两翼”的战略发展规划，即充分发挥双鹤在输液领域的品牌、规模、覆盖等核心能力，打造引领行业标准的安全性质量控制平台；通过丰富营养性输液、治疗性输液产品，形成产品梯队，提升输液业务盈利；对医院客户开展延伸服务，协助其提升管理效率，形成稳定的信息交互网络与合作关系。

以华润双鹤近年来一直潜心打造的基于 BFS 技术的输液产品为例，这是一种吹塑、灌装、封口在一台设备上连续完成的自动化工艺过程。这一技术使吹灌封操作均在无菌状态下的同一工位完成，不受操作室内空气的影响，能够最大限度地降低操作人员对无菌生产的干扰，提供了更高的无菌级别

保证，因此BFS技术也被誉为药品包装的创新革命。

据李昕介绍，华润双鹤正在积极推进BFS的准入和销售，加大对BFS产品安全优势的宣传力度，加强售后服务，扩大BFS影响力。BFS目前已收录至中国输液安全专家共识之中，这为后续市场推广提供有力的支撑，目前双鹤的BFS产品已获得12个省份的准入许可；2017年新增运行两条BFS生产线正在安装调试，调试结束后产能将达到1.4亿袋，具有良好的发展前景。

倾力慢病普药，潜心专科业务

除了输液业务之外，李昕告诉丁香园，双鹤还搭建了慢病普药业务和专科特药业务，以实现业务平台间形成良好的相互承接和协同效应。

随着国家对慢病管理工作的日渐规范和重视，慢病类疾病和慢病管理已经逐步成为医药行业发展的重点关注领域。公司通过多年来在0号、糖适平、珂立苏、冠爽等核心产品经营中的积累，以及并购华润赛科和双鹤利民等公司产品的补充，聚焦在降压、降糖、降脂领域，逐步形成了慢病药物产品群。

尤其在降压领域形成全品类降压产品线。在慢病药物的营销过程中，公司坚持以产品为核心，扩展慢病营销经验。一方面通过“鹤鸣行动”加强对医生的学术教育，尤其加强对基层医生的教育，帮助基层医生开展慢病患者的管理工作，并借助互联网，提高管理效率，扩大品牌宣传。

另一方面，经由“鹤舞行动”开展对患者的宣传和教育，向基层患者及群众宣传高血压防治知识及健康生活理念、免费为患者测量血压、发放健康知识手册、回答各种高血压防治问题及健康咨询等活动，提高患者对双鹤品牌的认知度，满足患者的长期用药和慢病管理需求。

专科业务被李昕视之为中长期业务增长和利润提升的来源。在专科业务的领域选择中，华润双鹤重点发展心脑血管、儿科、肾病、精神/神经、麻醉镇痛、呼吸六个领域，并选择已经有产品基础的儿科和肾科作为首批发展的专科业务领域。

在儿科领域中，华润双鹤重点关注新生儿呼吸窘迫、儿童营养和儿童多动症等；在肾科领域中，以腹膜透析液为主，致力于为透析患者提供药品与服务。未来公司将通过自研、产品合作、并购等多种产品获得形式，逐步拓展专科业务各领域的产品线。

李昕向丁香园介绍说，专科业务主要通过学术代理的经营模式，充分借助专业代理商在准入、医院开发和上量方面的优势开展合作，而公司的学术推广团队专注于开展临床教育与产品知识培训，并对代理商进行专业化的服务与精细化的管理，通过区域协作的方式，共同开拓市场。目前，专科业务虽然规模占比不大，但增速较快，尤其是儿科业务呈双位数增长，有望成为公司未来增长的潜力来源。

华润双鹤作为已上市20年的制药企业，深知只有不断获取新产品才是企业生存之本与发展之道。在“十三五”期间，华润双鹤预计有10个新产品上市，重点分布在呼吸、麻醉和精神/神经三个专科领域，进一步完善1+1+6产品布局。未来三年，华润双鹤将不断加大研发投入，聚焦新产品立项，加快对外合作步伐，每年研发投入与销售占比预计将达到6%。

华润双鹤在2015年制定“十三五”战略时，立下“十三五”末销售规模达100亿，净利润达10亿的目标。而今，这一目标正在稳步达成中。回首担任总裁以来华润双鹤的发展历程，李昕坦言，期间不知走了多少弯路，碰过多少南墙，但唯有一点不变，那就是一旦找到正确方向，华润双鹤便会矢志不渝的奋力前行，或许这才是业绩背后更令李昕自豪的事情。

（来源：丁香园）

20周年成人礼　公募基金在资本市场将更具担当
——访银华基金管理股份有限公司总经理王立新

“孔子讲，吾十有五而志于学，三十而立，四十不惑。古代男子在20岁时就要行冠礼，代表长大成人，公募基金的20年也是从幼年、童年、少年到现在初入成年的发展过程。年轻并逐渐成熟的公募基金，未来将在中国资本市场、资管市场中扮演更有担当的角色。”

20年的历程只是公募基金的成人礼，但在公募行业站岗的“老兵”脸上，却足以涤荡年少的稚嫩和单纯，镌刻岁月沉淀的沧桑和深刻：从参加基金业创始的“莲花山会议”到参与设计国内首只公募基金“基金开元”，从发行封闭式基金到参与开放式基金产品创新，从公募行业创业“新人”到坚守行业20年的“老兵”，银华基金总经理王立新完整经历了公募基金20年的阳光彩虹、栉风沐雨，对公募20年的发展历程也是如数家珍。

【回顾篇】

基金业起步：基金开元从构想到现实

“1998年发展证券投资基金行业的初衷，是发展机构投资者、稳定资本市场，同时为老百姓参与证券市场提供合适的投资工具。当时我国研究国外资本市场发展经验，认为应该把证券投资基金这个工具引进我国资本市场。”

谈起基金行业初创时期的故事，王立新记忆犹新，把20年前行业起步的故事娓娓道来。

1997年11月14日，国务院证券委员会颁布《证券投资基金管理暂行办法》，是我国首次颁布的规范证券投资基金运作的行政法规，标志着基金创设工作正式启动。

1997年底，当时拟发起设立国内首批公募基金的100多人到广东东莞莲花山开会，“莲花山会议”针对基金发起设立开展培训，范勇宏、肖风、王立新、莫泰山等基金行业最早一批发起人悉数参会。“莲花山会议”后，基金的筹备工作开始紧锣密鼓地开展起来。

王立新回忆，“当时我只是干活的，范勇宏、肖风他们是组建基金公司的老总，我们是写公司章程、基金招募说明书这些基础工作，第一只公募基金——基金开元的招募说明书，就是我、当时同事李旭利和基金部的领导一起写出来的。”

作为国内基金业首只公募基金，“基金开元”的美好寓意常常受到行业人士的赞誉。谈及开元基金名称的由来，王立新表示，开元基金名字是我们起的名，开元基金寓意一是开辟基金业发展新纪元，二是我国历史上有著名的开元盛世，开元寓意着行业发展的好兆头，"好名字领导一下子就通过了"。

"万事开头难"，作为行业首只基金，也面临第一份基金招募说明书没有可借鉴材料的窘境。虽然当时基金暂行办法发布了粗略的指引，但介绍基金的书很少，只有香港有一些相关资料。王立新和李旭利、莫泰山合作写作"基金开元"招募说明书，首份招募说明书对照基金暂行办法指引，已经包含了基金投资理念、投资范围、投资方法等基本条款。"我国第一份基金招募说明书就是在当时没有借鉴资料的情况下，一个字一个字这样写出来了。"

首份基金招募说明书出来后，行业就把它当作经典的模版去套用，一度成为此后基金招募时的重要参考文本。"我记得第一份基金招募说明书中还有一些小错误，后来别人抄录时也是以讹传讹传了好几年，后来才规范过来。"

基金的起步阶段是封闭式基金的天下，"老十家"公募基金都发行了封闭式基金，针对基金投资也出台了配售新股、允许保险公司通过购买基金间接开展股票投资等鼓励政策，初出茅庐的公募基金备受监管呵护。

"正式成立了两只根据基金管理暂行办法规范的公募基金后，国务院又开始发文清理'老基金'。"王立新称。

在中国资本市场发展初期，成立了一批受地方政府引导且向普通老百姓公开发行的基金，如淄博基金、蓝田基金等，由于这类基金多数是投向房地产和实业的产业基金，缺乏基本法律规范，监管层要求各地政府对此类不规范基金予以清理，而清理老基金的发起人可以获得公募牌照。在这个政策背景下，易方达、银华、宝盈、融通等基金先后成立。

王立新回忆，当时北京首都创业集团公司清理了四川国债投资基金，这只基金于 1999 年 7 月由开放式基金转为封闭式基金。根据四川国债投资基金 2000 年临时持有人大会决议，四川国债投资基金更名为"天华证券投资基金"，而由此获得了公募牌照的北京首都创业集团公司正式在 2001 年 5 月 28 日成立了银华基金，"基金天华"也相应成为银华基金首只公募产品。

在行业初创阶段，资本市场炒作氛围浓厚。封闭式基金的基金份额在二级市场上市交易，二级市场炒作基金的现象也屡见不鲜，尤其是一些小基金上市炒作到高溢价，1 块钱的基金净值能炒到 2 块钱。封闭式基金回归理性后，上市后又变成折价，这时候认购新基金就不如上市后去二级市场折价买入。

"因此，当时封闭式基金的发行遇到了很大的困难。"王立新称。

开放式基金：打开产品创新之路

开放式基金的推出，解决了封闭式基金折价导致发行难的燃眉之急。

2001 年 9 月，首批开放式基金华安创新、南方稳健成长推出，而准备工作则是从 2000 年就开始了，时任南方基金市场拓展部总监的王立新也全程参与了首批开放式基金的设计和销售工作。

随着开放式基金的推出，公募基金产品的创新速度也开始大大提速。

2002 年之后，许多国外主流的公募产品类型，如债券型基金、混合型基金、保本基金等在国内市场陆续推出。

王立新称，"2002 年，我在南方基金参与了中国市场第一个债券基金——南方宝元基金的设计发行；2003 年南方又推出首只类保本策略的基金——南方避险增值基金，但那时没有担保机制；2002 年 10 月我从南方基金到银华基金，给保本基金引入担保机构，做出真正意义上的保本基金。"

2002 年股市低迷，权益类基金发行困难，怎样开发适合老百姓投资需求的产品也成为各家公募在产品创新时的重要考虑。王立新当时也认为，在市场低迷、投资者风险偏好下台阶时，投资者对稳定收益的保本产品需求最为迫切，他构想的银华保本增值的保本策略同样是 CPPI 策略，但要做到真正"保本"就需要找到肯担保的机构，这才是"保本"的关键。

"当时没有统一规定说什么机构可以做基金的担保机构，"王立新称，"原来说金融机构可以做担保，我们就去找银行，但银行有政策限制不允许入市；后来发现大型企业也可以做担保，我们就找到股东方北京首都创业集团的董事长刘晓光，他是很有开创精神的领导，最后北京首创做了我们的担保人，银华保本增值基金也成为国内第一只有担保机制、真正意义上的保本基金。"

后来的保本基金发行火爆，印证了王立新对市场和客户需求的看法。

2004 年 2 月 16 日，银华保本增值基金公开发行，原本一个月的募集期不到一半时间便售之一磬，到 3 月 2 日正式成立时，银华保本增值基金 17 万认购户累计认购了 60 亿元。

"我们担保额度只有 60 亿元，但基金发行很快就达到了 60 亿，这在当时已经是基金多年发行困难后的'一线曙光'，投资者的欢迎也让市场看到了基金产品创新带来的效果。此后，陆陆续续有公募也通过产品创新发行了规模较大的基金，带来了基金发行的'小阳春'，银华基金也从几十亿规模的小公司一举进入了'百亿规模'公募俱乐部，一下子解决了公司基本的生存问题。"王立新称。

牛熊转换：股票型基金规模坐上"过山车"

从 2004 年至 2005 年底，股票市场开始慢慢筑底，2005 年底股市跌破 1000 点关口，但从 2005 年底开始延续到 2007 年底，为期两年的大牛市将上证综指持续拉升到 6124 点，这也是整个基金业发展最快，尤其是股票型基金发展最为迅猛的时期。

王立新称，牛市开始前，公募基金规模还不到一万亿。伴随着股市节节走高，在短短两年时间里公募基金规模冲到了 3.3 万亿，而且公募规模基本上还是股票基金。当时保险公司全部管理资产只有 3 万亿，公募基金一跃成为中国最大的机构投资人。

由于股票持续上涨，基金的业绩表现也非常好。在那个阶段中，由于公募基金仍实行审批制，新基金发行卡的严，一年只能发一两只基金，很多公募基金通过分红、拆分等各种方式乘势扩大基金规模，老百姓也申购踊跃，成为我国股票型基金发展史上规模增长最快的一段时间。

然而，股票的快速上行也带来了随后的泡沫刺破时的大跌风险。

从 2007 年底 6124 点以后，股市快速掉头下行，叠加 2008 年发生的次贷危机，股市出现巨大跌幅，高点入市的投资者遭受了很大损失。从 2008 年开始到后边若干年，公募基金又处于发展低潮期，股票型基金因为市场下跌造成净值损失和老百姓纷纷赎回，基金规模缩水非常严重。

虽然 2012 年底至 2015 年的创业板行情带动成长股基金盛极一时，也有中邮、华商等成长股投资风格的公司崭露头角，但由于市场波动大、持续性不强，公募基金到目前再没能回到股票型基金大发展的繁荣期。

王立新称，“基金行业是面向普通老百姓、普通个人投资者的投资工具，当基金给老百姓、给投资者赚钱的时候，我们作为从业者很高兴、很满足、也很有成就感。但当市场剧烈波动，净值下跌很多，老百姓高点入市亏损惨重的时候，我们非常痛心，非常煎熬。”

固收类产品逆袭　固守业务规模大增

股票市场的低迷，银行理财产品的爆发式增长推动以固收类基金为主的委外定制基金的快速扩容。

2008 年金融危机之后，中国实施了四万亿的经济刺激计划，政府融资平台、表外银行理财开始大面积出现，我国信贷规模上升很快。在理财市场，投资非标、房地产地方融资平台等理财产品和信托产品由于收益稳定、隐形刚兑，一度成为老百姓理财的主流选择。而公募基金作为净值型产品，波动剧烈，业绩欠佳，再度面临发行困难，备受老百姓冷落。

2012 年以来，随着国家经济增速下台阶，我国进入经济下行新常态，信用债违约和房地产信托风险开始显现，银行资管、信托产品开始把眼光投向场内基金，银行委托基金公司或者通过基金产品进入场内市场。2015 年以后，银行，保险等又开始直接定制基金，成立委外基金或专户，公募行业的持有人呈现机构化的过程。

这个阶段，公募基金规模，尤其是债券等固收类产品发展快速，固收业务规模呈现大幅增长，目前 12 万亿的公募基金中一半是货币基金，而股票基金几乎没有增长。

王立新称，“从银华基金的发展情况看，银华基金的规模增速和结构与整个行业是一致的：2007 年大牛市中，银华基金股票基金规模也到过一千亿，这时公募基金持有人多数为个人；但由于债券业务起步较晚，货基规模过小，当机构持有人增多时，银华基金的规模压力很大，从 2010 年开始，我们扩大机构投资者的比例，大力发展货币基金和社保基金，目前我们的社保规模也已经接近 1 千亿了。”

【行业篇】

主动管理能力是公募核心竞争力

未来的大资管时代，公募基金的核心竞争力是什么？尤其是资管新规后，公募基金未来该如何发展才能立足于未来的资产管理行业？随着近年来资管行业监管环境和市场环境的快速变化，这些问题也常常引发王立新的深思。

在王立新看来，公募基金的核心能力还是股票的主动管理能力，尤其是资管新规之后，货币基金这些现金管理工具将来是银行资管公司的优势，银行因为有客户、有渠道、有资金，也具备一定经验，在开展固收类产品投资领域将更具优势。

王立新分析，银行在短期流动性管理、货币基金、固收领域有很多积累和优势，既有人才队伍，又有资金和渠道，资管新规要求发行净值型产品，银行很可能首先发力货币类产品，有一定积累之后，就会发展依托客户和系统的指数基金，ETF 等工具类产品，回避相对劣势的主动管理方向。

相比银行，基金公司也有很大的优势，比如人才优势、激励机制、主动管理经验等，还有一个比较成熟稳定的投研队伍和多年积累的客户口碑，尤其在主动投资管理能力方面，银行很难在短期内实现超越。

“资管新规对基金公司长期是利好，它基本上要把所有资产管理变成基金这样的净值化管理，这是我们有经验的。但对银行来说是全新的，系统一切都要改，做到净值化管理有一个时间，这就是我们目前的一个优势。长期看则有利有弊了，各类资管公司各有优劣，怎样发挥自己的特长和优势就成为未来的关键。”

公募基金是中国资本市场最大，也是最优秀的机构投资者之一，长期投资业绩也证明了它在投资管理方面的巨大优势，而这一业绩也得到了市场的检验。

数据显示，公募基金为 4.2 亿的有效个人投资者账户提供理财服务，自开放式基金成立以来至 2017 年底，行业累计分红 1.71 万亿元，偏股型基金年化收益率平均为 16.5%，债券型基金年化收益率平均为 7.2%。

“公募基金的投资管理超额收益还是很明显的，这就是公募基金的主动投资管理优势”，王立新称，“公募这样的投研平台建设是需要时间和经验积累的，这是基金公司重要的时间窗口和过渡期。”

然而，公募基金要保持主动管理能力，更核心的问题是要把最优秀的人才和基金经理稳定住，并能够吸引新的人才不断加入。

王立新认为，公司要吸引和稳定优秀人才，相应的就要有激励机制，让优秀人才有一个发挥优势的平台、文化和氛围。银华基金在三年前就开始建立更有吸引力的激励机制，开展增量激励改革等，相当于让基金经理不用出银华基金就有创业的机会，这也是围绕提升主动管理能力来展开的。

【展望篇】

公募基金未来发展的四大方向

随着国家经济的快速发展和居民财富的持续增长，看好大资管行业的发展前景逐渐在成为行业的共识。而整个金融业、银行都得向大资管行业转型，公募基金作为财富管理的重要载体，也将在这一过程中持续收益。

在王立新看来，未来公募基金主要有以下四大发展方向：

一是服务中国老百姓养老是公募基金业发展的重要方向之一。

王立新认为，公募基金应该更多为老百姓服务，为普通者提供更好的投资工具，这是公募基金设立的初心。随着我国养老金税收优惠试点的推出，老百姓未来将在个人养老投资中享受税收优惠，公募行业未来将在服务老龄化社会、缓解我国居民养老压力方面做出贡献。

“随着老龄化社会大到来，我国居民养老将面临巨大的支出，而我国很多地方的基本养老账户很难满足庞大老龄人口潮的养老压力，通过长期投资增值来减缓居民养老压力，公募基金可以发挥长期投资优势，为解决老龄化到来的长远问题做出更多贡献。”

二是被动产品、工具类产品未来将迎来大发展。

王立新认为，目前我国的被动产品发展不足，但随着未来配置型的产品如 FOF、养老金、机构资金需求越来越多，工具类产品的需求也会越来越大，中国的 ETF 市场未来发展空间还有很大潜力。

当然，我国目前指数基金规模较小与我国大盘指数滞涨存在一定关系,美国股市的上涨让绝大多数主动产品跑不过大盘指数,但在我国市场一些细分指数部分可以跑赢沪深300,有可能会率先迎来规模扩容的阶段。

三是新技术将带动资产配置类服务崛起。

随着大数据和 AI 技术发展,通过新技术为投资者做资产配置也方兴未艾。

在王立新看来,老百姓对资产配置产品、提升投资体验存在很大需求,但普通投资者很难理解和学习这类投资,随着新技术的突破,一般的老百姓也可以享受到高净值客户享受的资产配置服务,这是一个很大的市场。

随着智能投顾的大发展,大数据和 AI 对投资管理的影响也在逐步深化,可以预见 20 年后,部分投资管理基金经理就会被机器人替代,机器人为投资者做好大类资产配置,提升持有收益体验都将发生巨大的变化,新技术对未来 20 年的改变将比以往更加快速和深刻。

四是公募基金未来将迎来机构化投资的大潮。

公募基金的定位是为各类投资人提供基础产品和投资管理服务的机构投资者,作为专业投资的管理机构,未来很多财富管理机构可能会委托公募基金来做资产管理,公募基金将扮演最主要的投资管理人的角色。

从美国的经验来看,公募基金规模在资管机构中占据了最大比例,它不但是财富管理最后的管理人,它也是各类养老机构、老百姓养老金 401k 的投资管理人。从这个定位和角色来看,将来公募基金在中国的资产管理市场上还有很大发展空间,将提供最广泛的资产管理服务,有望成为资本市场最大的机构投资者。

王立新称,“公募基金发展的 20 年,已经成为老百姓最重要的投资证券市场的工具,也成为社保等养老机构最重要的投资管理人。未来 20 年,公募基金有望继续成为资管行业发展最快、最规范的机构投资人,公募基金将在引导投资理念、稳定资本市场方面继续发挥积极作用。”

(来源:中国基金报　记者:李树超)

实施“三位一体”战略　打造综合金融服务品牌

——访长城国瑞证券有限公司总裁王勇

在证券行业竞争日趋激烈的当下,打造综合金融服务成为证券公司发展布局中的重要一环,而在推进各项业务协同发展过程中,形成差异化业务发展特色和模式也将助力券商实现平稳较快发展。

在 12 月 22 日发布的“2017 年中国金融机构金牌榜”中,长城国瑞证券有限公司继 2015 年后再次获评“年度最具成长性证券公司”。据了解,长城国瑞证券仅用三年时间,就由重组前的区域性经纪类券商,发展成为目前资质和牌照齐全、经营机构覆盖全国三分之二地区的全国性综合类券商。重组之后其快速发展的驱动力是什么? 在打造综合“金融工具箱”促成长过程中有哪些经验值得借鉴? 带着这些疑问,本报记者采访了长城国瑞证券有限公司总裁王勇。

记者:2015 年以来,长城国瑞证券在资本市场异军突起,请介绍一下公司目前的发展情况如何。

王勇:长城国瑞证券的前身是成立于 1988 年的厦门证券,是中国最早成立的证券公司之一,是一家单一经纪类区域性券商。2015 年 1 月,中国长城资产管理公司成为控股股东后,公司焕发出了生机与活力。公司自重组之初就确立了“全国性、全牌照、有品牌、有特色”一流综合性券商的发展定位,结合股东金控战略确定了“大资管、大投行、大财富、大协同”的“三位一体”发展战略,以资本投行、精品投行为业务特色,实现了公司差异化发展,逐步建立起了核心竞争力。

结合股东背景,公司创造性提出了“SC + AMC”的业务发展模式,坚持自身发展和与长城资产集团协同“双轮驱动”,打造综合金融工具箱,提供一站式金融服务,现已成为行业内发展最快的新型券商之一。

截至 2016 年底,公司总资产、营业收入、净利润分别比 2014 年增长了 222%、141% 和 1400%。2017 年各重要指标继续保持了良好的发展势头,2017 年 10 月末公司实现营业收入同比增长 66%。截至 2017 年底,已设立 36 家营业部和 4 家分公司,设有 2 家子公司,营业网点涵盖全国三分之二地区,初步完成了“全国性”布局。

记者:长城国瑞证券 2015 年和 2017 年两次获评“最具成长性证券公司”,三年来始终保持稳定快速发展,您认为最重要的驱动力有哪些?

王勇:长城国瑞证券之所以能实现持续稳定快速发展,得益于创新的发展理念、清晰的战略定位和有效的发展模式,可以简单归纳为“天时、地利、人和”。

所谓“天时”,是指在我国经济和金融市场不断完善与发展的宏观背景下,金融投资与服务的“供给侧”改革也在不断深化,传统依靠牌照的“通道式”盈利模式已经难以为继,只有具备综合金融服务能力,才能真正满足日趋复杂的市场与客户需求,而公司的发展理念有效契合了市场发展方向。

所谓“地利”,是指依托长城资产集团金控背景,以“资产 + 服务”为转型发展方向,形成了差异化业务发展特色和模式。公司的控股股东——中国长城资产管理股份有限公司是中国四大金融资产管理公司之一,服务网络遍及全国 30 个省、自治区、直辖市和香港特别行政区,设有 31 家分公司和 1 家业务部,旗下拥有 10 多家控股公司,致力于为客户提供包括不良资产经营、资产管理、银行、证券、保险、信托、租赁、投资等在内的“一站式、全方位”综合金融服务。集团公司广泛的市场领域、雄厚的资产实力和资产资源提供了业务发展的广阔天地。

所谓“人和”,是指公司的协同战略。协同是集团公司战略在长城国瑞的延续与落实,是公司一切工作的出发点和落脚点。它分为三个层面,与集团的协同、与各分子公司协同、公司内部协同。协同是一个机制,更是一种理念和文化,经过三年的努力,以长城文化为核心的协同文化已在公司根深蒂固。

记者:关于“大资管、大投行、大财富、大协同”发展战略,其具体的逻辑是什么?

王勇:“大资管”战略。资产管理作为国际投行的主业之一,是公司重点发展方向。依托资源禀赋,长城国瑞证券实施“大资管”先行策略,确立了债券资管、非标资管、资产证券化、私募股权投资四个重点方向，搭建完成了业内较齐全的条线和极具创新力和执行力的专业团队，资管业务连续三年实现高速增长，资产管理规模和报酬率均稳居行业先进水平，发行并承销了包括深交所首单“双绿”ABS（特锐德）、中利ABS等一系列创新工具，并作为唯一央企股东参与完成了山东省第一家国企混改（山东交通运输集团）。资产管理团队因其优异的表现，今年8月底荣获“中国券商资管成长奖”。

“大投行”战略。“资本投行”“精品投行”是公司基于自身设计的投行发展理念，是“大资管”驱动型的业务模式。依托集团公司的整体功能优势和品牌，以“资产+服务”为特色，集“融资”与“融智”于一体，重点开发具有AMC特色的并购重组和再融资产品，结合股票质押、公司债、资产证券化等债务融资工具，以此切入存量资本市场，同步发展IPO、再融资、新三板挂牌等增量市场。2016年下半年才组建完成的投行团队，目前已积累了几十家上市公司客户，业务收入排名已步入行业中游水平，并创造了不少经典案例。如今年5月份，公司成功完成了针对“野蛮人”收购的莫高股份财务顾问项目，这是2003年至今上交所出现的第6次部分要约收购案例，也是唯一一次面对恶意收购开展的部分要约收购。

“大财富”战略。自2013年以来，随着证券公司设立营业部主体资质放开、非现场开户的普及和互联网金融的发展，营业网点已不再是单一的证券交易和开户窗口，其职能更加丰富。长城国瑞证券把财富管理业务的发展目标定位为“以集团为整体建立具有先进互联网技术的大零售体系”，所设置的新型营业部不单纯开展经纪业务、财富管理业务，更是开展投行和资管项目承揽、产品销售、品牌展示、个性服务等业务的重要线下平台，是长城国瑞证券和集团公司全业务链服务的关键线下平台，旨在协助集团建立一个“多产品、一账户”入口，打造长城金融超市。

“大协同”战略。公司的“大协同”主要体现在理念协同、内部协同和外部协同。“大资管”“大投行”和“大财富”已成体系，各自的理念内在都是统一的，这是理念协同；长城国瑞证券内部各条线业务的开展需要在统一的长城文化下，不断促进内部的融合和协作，这是内部协同；通过存量客户的维护、增量客户的开发和新型营业部的建设，助力实现外部协同，即集团层面的协同。

记者：请问长城国瑞证券今后的发展思路是什么？

王勇：十九大报告中指出，“深化金融体制改革，增强金融服务实体经济能力，提高直接融资比重，促进多层次资本市场健康发展”，明确了服务实体经济是金融发展的根本目的，指出了金融和实体经济共生共荣的关系。公司控股股东——中国长城资产管理股份有限公司董事长沈晓明也在最近的新闻专访中表示：“不忘初心，牢记使命。在推进供给侧结构性改革的过程中，将立足不良主业，发挥功能优势，加大不良资产收购处置力度，在化解金融风险、促进经济结构调整、促进产业转型升级等方面作出更大贡献，凸显金融资产管理公司的社会责任和存在价值。”沈晓明还提出，要继续加大业务创新力度，重点在不良资产并购重组、市场化债转股以及综合性金融服务等领域培育核心竞争力，更好地服务于经济社会发展。

长城国瑞证券作为长城资产的核心专业平台，将始终以党的十九大精神为指引，紧紧围绕和认真贯彻长城资产战略方向，从质量、效率和动力提升入手，加大供给侧改革力度，不论加深业务模式探索，还是加快服务方式创新，都要以服务实体经济为出发点。公司今年以来开发的莫高股份要约收购、山东交运集团混改和特锐德“双绿”ABS等一系列项目，都是对配合供给侧结构性改革、服务实体经济的有益探索和努力。今后，长城国瑞证券将继续发挥自身独特优势，打造综合“金融工具箱”，针对客户不同需求，提供全业务链综合服务。

记者：2017年被誉为最严监管年，请您谈一下在主动防范风险方面，长城国瑞证券有哪些举措？

王勇：行稳方能致远，防止发生系统性风险是金融工作永恒的主题。当前，中国的金融形势整体向好，但在国内外多种因素影响下，我国金融领域仍处在风险易发高发期，存在宏观层面的高杠杆风险和跨市场跨业态跨区域的影子银行风险等。防范金融风险，需要监管机构和市场主体共同努力。就长城国瑞证券而言，公司高度重视防控风险工作，在不断完善相关制度和风险合规人才队伍建设的同时，坚持对涉及风险合规的问题实行一票否决。

2016年，近60家券商被监管部门合计开出了近100份罚单，而长城国瑞证券实现了全年“零处罚”。今年距年底还有不到十天，我们将争取再创安全运营佳绩。今后，公司将进一步健全各方面风险防控机制，健全全面风险管理体系，确保稳控风险、守牢底线，层层压实风控主体责任，既防“黑天鹅”也防“灰犀牛”，做到不忽视一个风险，不放过一个隐患，切实发挥国有金融机构市场稳定器和风险减压阀的作用。

（来源：金融时报－中国金融新闻网　作者：记者杨毅）

节能抗霾，看华通热力董事长赵一波如何践行环保

——访北京华远意通热力科技股份有限公司董事长赵一波

一场秋雨一场寒，马上进入10月，寒冷的哈尔滨就要供暖气了，再过一个月，北京也开始供暖了。这让身在南方的小伙伴们倍感羡慕，想起去年冬天火得不行的段子：“你在南方的晴空下冻成冰棍，我在北方的暖气里四季如春。”

暖气虽好，但每年伴随暖气而来的还有北方人民深恶痛绝的梦魇——雾霾。雾霾的成因跟燃煤供暖有很大关系，煤炭燃烧不充分会排放相关有机物、硫酸盐、黑炭等物质，是PM2.5的主要组成成分。

煤炭化石燃烧的传统供暖方式给大气污染治理工作带来了很大的压力，节能环保已经成为供暖行业的必然趋势。今天（9月15日）上市的华通热力就是一家致力于节能环保的新型供暖企业，15年来，坚持智能化、精细化、节能化，依靠供热和节能两项业务做到近9亿的营业额。

加拿大留学归来

赵一波19岁时赴加拿大留学，在加拿大顶尖研究性大学

联盟 U15 成员之一的萨斯喀彻温大学读宏观经济。2002 年毕业回国后，机缘巧合进入与民生相关的供热行业。

“2000 年左右中国的供热行业还比较粗放，但人们已经有了环保意识，我们意识到这个看似传统的行业同时连接节能、环保产业，是一个有很大发展潜力和发展空间的事业。我们国家是发展中国家，节能环保事业一定是长期可持续发展的产业。”赵一波说。

中国的供热情况很特殊，在计划经济时代推行过福利房制度，在福利房的基础上进行供热。上个世纪 90 年代末开始，城市住房制度开始改革，城镇绝大多数住宅归居民个人所有，福利供暖体制失去了基础。

2003 年，《关于城镇供热体制改革试点工作指导意见》出台，指明供热的体制改革的目标和大方向——停止福利性供热，实行用热的商品化，建立城镇供热的市场化运行机制。

华通热力在第一波供热体制改革中率先发力，在北京首创“按需供热节能运行和“合同能源管理－供热运营托管”模式。

在迎合政策的先进的模式下，华通热力迅速打开了市场，2005 年，华通热力在北京的供热面积达到 300 万平方米。

创新模式，突破发展瓶颈

从 2002 年开始，华通热力一直做的是供热系统的托管运营工作，即产权单位或者物业公司把锅炉房等供热系统委托给华通热力管理，这种模式一直持续到 2005 年。

“慢慢行业内涌现出一批类似的供热服务公司，市场竞争日趋激烈，公司出现了发展瓶颈。”赵一波说。

“2005 年，我们在望京的融科·橄榄城尝试做了中国第一个引入资本进入供热行业的项目。我们管它叫供热投资类项目。通俗点说，就是由我们进行供热系统的投资，由我们负责长期运营。在这之前，市场的项目都是开发商投资供热系统。”

对房地产开发商等单位而言，把供暖建设、运营外包给专业的供暖公司，可以优化资金使用，专注于主营业务发展；对客户来说，在专业公司的管理下，能够享受更好的供暖服务；而对华通热力这样的供暖公司而言，也充分发挥了专业化分工的优势，能够获得更大的市场份额和盈利，多方共赢。

2007 年华通热力还成立了全资子公司华意龙达，专门从事供暖投资运营。公司开创的这种模式也得到了行业和开发商的认可；2008 年，华通热力被中国暖通工程师年会组委会授予“热改贡献奖”；2009 年，被中国房地产产业联盟授予“战略联盟供应商”称号。

“这是一个商业模式的突破，这个模式到今天仍是我们的主营业务模式，为我们企业的长期可持续发展奠定了坚实的基础。”赵一波说。

“能源是国家的，我们只是用能单位”

除了合作模式上的创新，华通热力还积极致力于供暖方式和技术上的革新。公司借助清华大学、北京建筑大学、大连理工大学等科研院所的力量，进行产学研合作，开发了多项自主知识产权的创新性技术、产品，如智能供热节能控制系统、分时分区控制系统、供热管网控制优化系统、烟气余热回收、节电控制技术、热泵系统等。这些节能技术被广泛应用在供暖过程中，节约了能源，大大降低了环境污染。

北京的一个高校项目是华通热力节能工程的一个代表项目。学校供暖区域分为教学区和住宅，用燃气热水锅炉供暖。在传统供暖方式下统一供暖，不分住宅还是教学区。而实际上，教学区在夜里几乎没有人，不需要那么强的暖气。而且，靠近锅炉的地方温度更高，远离锅炉的地方由于水温散热，供热效果就没那么好。如果一概而论，容易造成热的地方过热，冷的地方太冷。

华通热力接到任务后，在原有的供暖系统中安装了计算机集中控制系统、气候补偿系统及室温采集系统。有了这些系统的帮忙，就能知道什么时间、什么地点的具体温度是多少，按照不同区域、不同时间的温度需要进行温度调节。同时还安装了烟气冷凝热能回收系统，可以把烟气中的热量回收到供热系统里。

“在北京的居民可以看到锅炉房里冒出很多白色的烟气，这个白色的其实不是污染物，而是含有大量余热的蒸汽。”赵一波说，“燃气是清洁能源，它虽然解决了环保问题，也会带来类似节能的需求。”

为了解决这个问题，提高能源利用效率，华通热力通过与北京建筑大学合作，开发出“防腐高效低温烟气冷凝余热深度利用技术”，并获得了 2014 年度国家技术发明二等奖，也是供热行业到目前为止获得的最高奖项。“（这项技术）可以把烟气中的绝大部分热量回收到供热系统里，烟囱的排烟温度最低可以降到 40 度。”

赵一波说，“坚持把节能事业做好，既是提升企业效益的需要，也是承担社会责任的要求。”

向“三北”地区进军

供热行业的区域壁垒较高，不同的行政区域，在供热市场的准入、供热管理体制、供热方式、供热企业的发展路径方面存在明显差别。尽管如此，早在 2010 年，赵一波就带领团队向东北扩展，进入东北供热和热电市场。

早期，华通热力主要通过节能服务的方式，帮助其他区域的供热企业进行节能技术服务。华通热力通过合同能源管理的方式与当地的供热企业合作，帮助这些供热企业进行供暖系统节能改造，以提高能源使用效率、降低运营成本。并通过在节约的成本中与客户进行分成获得收益。目前，华通热力已经与东北地区的 5 家供热企业签约合作。

虽然华通热力的大本营在北京，但供暖却是一个占据大半个中国的刚性需求，华通热力将剑指广阔的三北市场。

传统供热依靠的是煤炭，会排放出很多污染物；天然气是清洁能源，对大气几乎没有污染。近年来，国家越来越重视环境保护，特别是大气污染治理，不断推进城市供热煤改气的进程。

“北京煤改气已经经历了十余年，但是‘三北地区’（东北、华北、西北）现在还是以燃煤供热为主，对环境污染比较严重。近些年，发改委提出要‘气化三北’，希望在东北、华北、西北地区用天然气完全取代煤炭供热，以期能解决一系列的环保问题。”赵一波说，“这对我们公司来说是一个很好的消息，我们现在正在‘三北地区’尝试拓展相关项目。”

目前，华通热力已经对黄河以北 16 个省市进行了市场调研，针对当地的实际情况采取具体的供热服务模式。虽然都是北方，但是各地的情况还是差异非常明显。

“首先供热价格的取费标准就不一样。比如，最北的黑龙江漠河供热期有六个月，而河南的一些区域就只有三个月。地方的物价局会根据每个冬季的供热能耗的成本，作为一个基数，再加上供热公司日常经营的成本，再加上供热设备设施的维护维修的成本，会有一个指导的价格，当然这个价格根据能耗的变化，每年也许会变化。”赵一波介绍。

公司还在黑龙江、吉林、长春、天津、山东、陕甘宁、新疆成立了7个办事处拓展市场。近些年，非北京市场的业务虽然占比依然很小，但发展速度却比较快。

经过15年的发展，华通热力运营的供暖面积已经超过2400万平方米。2016年，仅仅靠供热和节能两项业务，华通热力总营业额已达到8.63亿元，实现净利润4961.72万元。2017年9月15日，华通热力成功上市，正式登陆资本市场。

“供热运营服务地域壁垒高，部分区域需要供热许可。上市以后，我们将借助资本市场的力量，在这些地方与拥有供热许可的企业采用合资、股权收购的方式进入本地市场，打开全国的业务局面。”赵一波的雄心才刚刚开始。

华通热力　无创新不成长

——访北京华远意通热力科技股份有限公司总经理杨勇

2017年9月15日，深圳证券交易所，随着上市宝钟的敲响，北京华远意通热力科技股份有限公司（简称“华通热力”，股票代码002893）正式登陆深市中小板，致力于打造成为中国城市集中供热第一股。创立15年，身处传统行业的华通热力一路砥砺前行成功登陆资本市场，在华通热力总经理杨勇看来，创新思维是推动华通热力企业发展的不竭动力。

技术创新：产学研一体化　催生技术升级

十年磨一剑，作为专业化能源服务公司的华通热力始终秉承“专注节能、绿色供热”的发展理念，专注于节能技术研发、节能供热投资及节能技术改造业务领域。

“像我们这种行业类型的企业，能耗成本占企业总成本的一半以上，技术提升对企业效益提升的效果立竿见影。基于所处行业的特点，华通热力坚持以技术立企，坚持走技术型企业发展道路，坚持在技术研发、技术改进领域做长期持续的投入。”杨勇表示，“作为民营企业，我们在供热行业里率先走产学研一体的技术创新研发道路，多年来和清华大学、北京建筑大学、重庆大学等高校保持密切合作，并成为行业第一家和知名大学合作共建技术研发中心的民营企业，公司还聘请了国内暖通行业著名教授专家组成顾问团队，常年为企业提供技术指导。”

产学研一体带来的是企业持续的技术整合升级，公司与北京建筑大学合作研发的“防腐高效低温烟气冷凝余热深度利用技术”更是一举荣获2014年国家技术发明二等奖。截至目前，公司先后获得实用新型专利35项、外观设计专利5项、发明专利5项、软件著作权33项。公司掌握的多项具有行业先进水平的节能技术，已广泛用于城市小区锅炉供热系统，为国家节能减排和空气治理做出了积极的贡献。

杨勇表示，这些技术创新成果为华通热力的发展提供了巨大助力，企业研发力量和自主创新能力的提高，确保了企业可持续发展的动力。

经营哲学：大道之行，慢即是快

如果说技术创新是华通热力发展的立企之本，那么管理创新就是华通热力破关的习惯思维。在企业管理层面，华通热力有着自己的一套认知哲学。

“基于我们企业的成长经历，我们认为企业的成长过程是一个不断让自身具备更强大的能力，在企业发展的不同阶段能更有效解决管理张力、人才张力的过程，是一个组织机体自我破坏 - 自我重建的螺旋式循环，在企业发展的不同阶段要通的关一个都不能少，没法绕道，没有捷径。”杨勇表示，“在正确的道路上，坚持创新思维，以慢为快，集量变为质变，这是我们坚守的准则。”

近年来，华通热力的管理创新主要从三个方面着手：建立华通企业标准的现场管理规范；推进组织结构的扁平化；建立企业基层创新的常态化机制。

“随着管理范围的扩展，企业管理不是机构和人员编制机械扩展简单同步做加法的概念。在企业不同的管理规模区间，我们都会感受到企业管理系统的张力，到了临界点，就需要做组织结构的调整、职责分配调整和管理流程的再优化。当我们面临近两百个项目的跨区域管理时，我们今年推行的组织结构扁平化调整就不单纯是迎合近年来流行的管理思想潮流，而完全是我们管理的现实需要。”杨勇如此描述推进组织结构的扁平化的动因。

而现场管理规范和基层创新常态化，则是华通热力基于企业所处阶段的管理创新。在项目现场管理方面，推行具有华通标准的“5S现场管理体系、5S标准机房、4S维保管理体系”等企业管理标准，使华通的现场管理规范提升了一个大台阶，也使得华通热力近年来得以保持安全、平稳、高效的运行；同时，华通热力通过各类主题活动推动组织内部的创造性思维，通过推广微创新项目打造常态化基层创新管理机制。基层创新是企业创新的机制化建设，是企业生生不息的活力来源。

“创新无大小，不囿于现状的积极改变就是创新，创新思维不断推动企业的管理小步快跑，成为华通企业安全高效运行的保障”。杨勇如是说。

服务创新：打造有“温度”的企业

在人们眼中，供暖行业是个基础保障性的“刚性”行业，而在杨勇的眼里，则希望华通热力能够“化百炼钢为绕指柔”，希望把华通热力打造成一个在客户心目中有“温度”的企业。

“从行业特性来说，供热行业具有与生俱来的刚需特性，这种刚需特性也使行业整体形象显得刚性有余而柔性不足。坦率地讲，包括华通热力在内，行业普遍的对供热服务的理解就是提供满足政府规定的温度。而华通热力近几年来一直不断研究和尝试的一个课题，就是把优质的服务能力作为华通企业重要的竞争力系统来培育。”杨勇表示，华通热力努力探索从企业组织结构层面做基于供热服务全流程前后台的重建、从服务的视角做供热产品全流程的分解、在服务流程中设计温暖人心的服务“发热点”、变被动式服务为主动式服务等，全流程、多维度地尝试服务能力的建设和培育。

“做有温度的企业，提供有温度的服务。我相信，在不久的将来，华通热力在为客户提供温暖服务的同时，服务品质也将成为我们重要的核心能力之一。”杨勇对此信心满满。

在杨勇看来，华通热力15年的发展历程就是企业不断创新发展的历程，作为一家没有后台依托的民营企业，华通热力始终不断在技术、管理、服务等各个层面摸索前行：“组织内部的驱动力是驱动组织机体能够不断前行的重要动力来源，创新思维的坚持、创新机制的建设就是重要的、富有主动性的驱动力系统。”

无创造，不成长。在华通热力，创新思维已经成为企业各层面共同的思维习惯。杨勇说，华通热力就是这样一家充满理想的企业，一家希望通过创新驱动发展的企业，一家致力于为客户提供有“温度”的服务的企业，一家致力于让投资人可信赖的企业。

打造甘青藏水泥龙头　掘金“互联网+”

——访甘肃祁连山水泥集团股份有限公司董事长脱利成

60年前，祁连山水泥的开拓者扎根西域，建起了“一五”时期国家重点建设项目——永登水泥厂。公司产能从最初的48万吨发展到现在的2800万吨；资产从5000多万元增加到现在的110亿元。从一个生产基地发展到现在的16家水泥生产基地和9家商砼生产基地的产业集团。2017年，经历一甲子的祁连山交出了一份满意的答卷。

“企业经营的关键在于战略规划，祁连山始终紧跟市场节奏，公司每个发展节点的把握，不仅反映了祁连山人的发展智慧，也一步步提升了公司在区域水泥行业的竞争力”，祁连山董事长脱利成接受中国证券报记者专访时表示。

借力资本　积极布局甘青藏

“六十年前，永登水泥厂建厂时的年产能48万吨。公司上市时，产能也仅120万吨，而现在已经是2800万吨，是甘青藏最大的水泥生产企业。”祁连山董事长脱利成在回忆祁连山这些年的发展时说道，“上市让公司搭上了发展的‘动车’，公司借助资本市场，实现了水泥主业的快速发展。”

1996年6月，祁连山水泥集团在上海证券交易所挂牌，成为甘肃省第二家上市公司。上市以来公司在二级市场共募集建设发展资金20.16亿元，为甘肃省上市公司中再融资次数最多的企业之一。

借助资本市场的力量，祁连山坚持两条腿走路的发展思路，新建和并购同时进行，抢滩布点，加速产能扩张步伐，占据市场主动地位。形成目前掌控兰州、河西、定西、天水、陇南、平庆、甘南，主导青海，辐射西藏的战略格局。

脱利成董事长回忆，当年管理团队提出了“突出主业、做大做强”的发展战略，公司先后在永登、平凉、青海等地投资建设了3条日产2500吨和1条日产3000吨新型干法水泥生产线，并购重组了武山水泥厂、甘肃省浴佛水泥股份有限公司和兰州大通河水泥股份有限公司，祁连山由永登水泥厂迅速发展成为拥有7个水泥生产基地的水泥产业集团。

特别是2010年以后，公司加快了通过产业并购快速扩张的步伐，出资4.8亿元增资扩股酒钢宏达取得60%的股权，打通了河西走廊水泥产业带；出资7800万元合资设立文县祁连山水泥公司（占60%的出资），完成甘肃省最南端的布局；收购甘肃古浪峡水泥公司100%股权，强化河西区域控制权；收购夏河安多公司65%的股权，填补甘南地区的空白，整体布局甘肃南部水泥市场；收购张掖巨龙26%的股权，至此河西走廊水泥产业带得以贯通；收购陇南润基水泥公司100%股权，公司在陇南市场占有率超过95%，通过一系列的资本运作，祁连山区域龙头地位得到有效巩固和提升。

“当时祁连山制定快速布局甘青藏战略的主要考量，一是甘青藏经济建设比较落后，未来基础建设的缺口大，水泥市场前景比较乐观；二是这三个区域石灰石资源以及生产水泥的其他原材料比较丰富，具备一定的资源优势；三是这个三个区域大量的重点基建项目都使用祁连山水泥，市场对祁连山品牌的认可度比较高。”脱利成董事长如是说。

如今，祁连山作为甘青藏区域最大的水泥生产企业，成功跻身国家重点支持的12户大型水泥企业行列；构建了以水泥系列产品为主，发展商品混凝土和骨料，延伸上下游的产业链格局，实现了由单一生产向生产经营、兼并重组和资本运营综合一体化的转变。形成横跨甘、青两省的分布格局，实现甘青藏三省区的市场覆盖。其产品在公路、铁路、机场等重点高端工程市场占主导地位，在甘肃市场占有率达44%，在青海市场占有率达24%。

董事长脱利成总结称公司并购业务主要坚持了三点，一是“不忘初心”，坚持水泥主业；二是“知行合一”，认准目标并付诸行动；三是“唯快不破”，战略布局要精准、快速。

红海厮杀　审时度势调战略

2012年之前，祁连山以快速扩张产能和布局生产点为发展首要任务，公司也曾提出年产能4500万吨的发展目标。

“2012年起，我们开始调整战略，及时刹车，在产能规模达2800万吨后停下了扩张的步伐。”回忆起几年前市场竞争环境，脱利成董事长屡屡感叹道，“太残酷了！”

随着甘青区域水泥产能的不断增加，行业产能严重过剩和市场需求相对不足的矛盾愈发激烈，使得全行业陷入恶性竞争的困境。混乱的市场秩序，直接导致水泥企业的利润被严重挤压。

面对不利的市场环境我们不能坐以待毙，作为区域龙头企业更要以创造性的思维来开展工作，带领企业走出困境。”脱利成董事长强调。2013年以来，祁连山为了缓解产能过剩的矛盾，率先实行“去产能化”的措施和办法。2015年起，公司先后停产了11条2000吨以下的水泥生产线，主动去水泥产能380万吨。践行了大企业的社会责任，维护了行业整体利益。

谈及近几年祁连山的发展，脱利成颇有感触的说“公司最正确的决定是在前几年把该布的点都布好了，把该把握的机会都把握住了。”

祁连山三季报显示，公司2017年1－9月营业收入46.27亿元，同比增长21.99%；归属于上市公司股东的净利润约5.79亿元，同比增长184.52%。有业内人士表示，祁连山今年业绩有望持续超预期，甘青藏区域供求格局改善，公司业绩的价格弹性也初步显现。

降本增效 掘金“互联网＋”

“水泥行业是成熟行业，生产线装备水平大家都不差上下，而盈利差异主要来源于两点，一是成本，二是市场。”脱利成强调，“如何管理好分散在各处的16家生产基地，实现高效管理是企业面临的一大挑战。”

“为此公司主动拥抱‘互联网＋’，建设‘数字祁连山’，目前公司在工业制造过程的信息化已基本完成，这些智能化的管理手段，一方面降低了企业的劳动成本提升了效率，另一方面减少了企业运行过程中的不规范现象。信息化也使整个生产和管理方式发生了质的转变，实现了降本增效的目的。”脱利成董事长特别提到。

目前公司已成功建设了进出厂物流控制管理系统、智能办公系统、人力资源管理系统、安全生产管理系统、采购招标管理平台，全面改造升级了ERP系统。借助信息化手段，打破部门与部门之间、部门与生产基地之间的管理壁垒，实现了基地信息直报，有效推进了两化融合，促进传统产业转型升级。

聊到“互联网＋”在公司的具体运用时，脱利成侃侃而谈：“我们现在水泥生产线完全是信息化，在总部中控室就可以掌握各个水泥生产基地的生产全过程。在物流管理信息化方面，我们设计了专门的信息卡，进出厂门拿卡扫码，过磅装车，全程无人陪护，都是智能化处理。比如你买的水泥，买了多少，是什么标号，都在卡里记录，减少了人力成本，也提高了工作效率。”

据了解，祁连山立足生产基地，促进制造转型。完善DCS信息点增容和生产基地工业现场智能化改造，实现水泥产品配料、生产、操控、物流、分析为一体的水泥生产与资源的信息调度平台，促进水泥制造的工业化、信息化充分融合，全面支撑企业制造向智能与互联网制造转型。

脱利成董事长表示，这些降本增效的措施，实现了公司管理的全面创新与提升。通过实现市场购销、企业经营、生产过程、社会服务等过程的成本降低，益于企业，让利社会，促进企业全面进入信息化时代，推动企业经营与转型发展的提速。

目前，祁连山信息化建设及应用在全国水泥行业名列前茅，被工信部授予“首批国家级两化深度融合示范企业”称号。

优化结构 扬帆起航新征程

脱利成作为甘青藏区域最大的水泥生产企业的掌门人，审时度势，他多次提到未来几年区域内水泥行业整体产能过剩的局面仍将持续。随着环保要求的提高，小水泥厂的生存空间将被进一步挤压，而市场存量企业产能有进一步集中的可能。因此，祁连山在去产能的同时，主动引领区域水泥企业响应错峰生产号召，履行错峰生产的承诺和约定，携手区域同业企业共同维护行业利益。

就在政府提倡企业降杠杆之前，祁连山的管理者居安思危，早在三年前就已经主动降低资产负债率，从最高的40多亿负责降到目前的20多亿元。近年来，公司通过提前归还贷款、置换高利率贷款、降低融资利率等措施，实现财务费用三连降，2017年前三季度财务费用同比下降34%，提升了企业资产质量，夯实了企业竞争实力。

对于公司未来展望，脱利成向中国证券报记者表示，公司将继续强化区域控制力，积极推进西藏区域产能布局，推动企业从“做大做强”向“做优做精”转变。公司将按照中国建材集团“整合优化、提质增效”的总体思路，坚持以提高发展质量和效益为中心，按照中国建材集团的战略部署积极响应“一带一路”号召，以企业的自身行动支持国家“一带一路”战略的实施。

居高声自远，非是藉秋风。祁连山发展的60年一步一个脚印，高瞻远瞩，走出了一条共和国长子该有的路，践行了国有企业该有的担当。回首一甲子，砥砺再奋进。祁连山人将“不忘初心”继续为打造祁连山品牌的百年老店而努力奋斗。

（来源：中国证券报·中证网 作者：蔡添娇 张宪）

发挥党建工作优势 助力实体经济发展

——访光大证券股份有限公司党委书记、董事长薛峰

党的十九大报告对新时代中国特色社会主义发展作出了战略部署，为实现中华民族伟大复兴的中国梦绘就了光辉蓝图。习近平总书记关于深化国企改革、加强党的建设的论述，为做好新形势下国企党建工作提供了根本遵循。

光大证券股份有限公司作为中国证监会批准的首批三家创新试点公司之一，是“世界500强企业”中国光大集团股份公司控股的国有证券公司。在谈及党建工作的重要意义时，光大证券党委书记、董事长薛峰日前在接受上证报记者采访时表示，光大证券是一家央企控股的证券公司，国有企业的本质决定了光大证券姓“党”不姓“商”，党的“红色基因”为公司打上了鲜明的烙印。光大证券以党建为魂创新工作方式，以党建引领激发基层组织活力，以党建优势助力实体经济发展，使公司朝着具有国际竞争力的一流全能型投资银行不断迈进。

党建是企业的“魂”和“根”

薛峰指出，“党建工作解决了企业的‘根’、‘魂’问题，只有明白了光大证券是一家什么性质的企业，在处理重大战略问题的时候方向才不会出错。”

薛峰表示，公司企业文化源自于党的“红色基因”。一是对党忠诚。光大证券的事业是党的事业的一部分，光大证券的干部是党的事业的骨干。对党忠诚是首要的政治要求，是一名党员最基本的政治素养和政治立场。二是道义担当。金融央企肩负着特殊且极其重要的使命，必须站在国家、民族利益的高度来履行企业职责、担当行业大任、坚守道义底线，始终与国家、民族同呼吸、共命运，成为市场竞争中坚守道义的楷模。三是自强进取。自强进取精神是对中国共产党理想信念的实践和印证，是对“自强不息、艰苦奋斗”光荣传统的传承和升华，是在服务实体经济中发挥主力军作用的动力和

支柱。

在薛峰看来，党建工作是国有企业健康发展的重要条件和根本保证，是促进国有企业实现可持续发展、跨越式发展的重要力量源泉，是反映国有企业能否科学发展的“晴雨表”。只有努力做好国有企业党建工作，不断将党组织的政治优势、组织优势和群众工作优势转化为企业的竞争优势、发展优势，才能有效促进深化国有企业体制改革，提升企业综合管理水平，真正树立行业的“良心”标杆。

事实上，不断深入的党建工作也令光大证券员工团队的精神面貌焕然一新。

据了解，目前光大证券除证券经纪人外的境内员工约3400人，党员1600人，党员比例较高。发挥党员的表率作用，对整个员工团队的提升作用非常明显。

2015年，光大证券将企业文化定为“为国家图富强，为天下聚财富”。薛峰告诉记者，“党员员工们明确了自己的身份使命，意识到自己每天都在为国家做事，精神状态是不一样的。同时，发挥党组织作用给光大证券在传统风控合规体系之外带来了纪律、规矩，提升了团队的凝聚力。”

证券业作为人才密集型行业，需要大量高素质的复合型、专业型金融人才，以“人才驱动”推动创新发展。发现并培育优秀人才，始终是证券公司管理工作的重中之重。光大证券把党管干部、党管人才的原则和市场化机制有机结合，持续优化体制机制，以最高的诚意寻找真正优秀的人，以最大的耐心对待每一位具有独立精神的人才，帮助员工实现自我价值，达到个人职业生涯与公司发展目标的最大契合。薛峰说，在重视、爱护人才的价值观念指引下，公司锻造了一支对党的事业无限忠诚，对光证事业充满信心的干部员工队伍，真正做到政治上靠得住、作风上过得硬、专业上有建树、业绩上有表现、市场上有口碑、组织上信得过。近年来，公司人员流失率远低于行业平均水平。人才队伍的稳定性带来员工战斗力的不断提升，为公司的长期发展提供了有力保障。

发挥党建优势　助力实体经济

强有力的党建工作，为光大证券回答了“自己是谁”这一企业生存发展的核心问题。如今光大证券上下数千名员工已经达成了共识：央企控股的金融企业，一定要做国民经济发展和资本市场建设的参与者、推动者。

“认真贯彻落实中央各项方针政策和国家战略部署，这是我们义不容辞的责任。”薛峰表示，“这决定了公司是否具备与金融央企相匹配的视野、格局，决定了未来的市场地位。”

作为资本市场的核心参与主体，证券公司很多业务与实体经济密切相关，但各自“打法”不尽相同，其中的分水岭就在于：业务实践中是以支持实体经济为中心，还是以公司收入为中心；是以服务为目的，还是以赚取利润为目的。换言之，是做一个奉献者还是攫金者。这是评判是否真正回归服务实体经济本源的标准。

谈及此点，薛峰说，十九大报告和全国金融工作会议都强调，金融要回归服务实体经济的本源。在很长一段时期内，促进“金融回归本源”将是金融政策和金融监管的重要导向，直接影响金融行业的发展方向。事实上，2014年以来，公司就一直坚持回归投资银行本源的发展战略，做投融资的安排者、市场的组织者、产品的创设者、流动性的提供者和风险的管理者，为实体经济发展提供必需的市场、产品、制度安排和风险管理。这与金融回归本源的思想一脉相承。

“光大证券经常会遇到一些对公司利润贡献不大，但对实体经济有很大帮助、对区域经济有一定推动作用的项目，我们一定会坚定不移地投入这些项目中。”薛峰表示。

在以“三去一降一补”为主要任务的供给侧改革中，存量重组、动能转换是核心一环。在此过程中，证券公司承担了发现价值、对接价值的重要作用。薛峰告诉记者，光大证券以服务供给侧改革为己任，运用投行思维，依托集团联动优势和自身专业能力，充分挖掘存量资产价值，有效对接资产端、资金端和客户端。一个典型的例子，公司作为财务顾问，策划并协助上市公司南宁糖业设立产业并购基金，成功收购在伦敦交易所上市的跨国食品巨头英联糖业旗下的中国南方业务，助力其顺利跻身中国制糖业前三强。该项目获得市场和当地政府的充分肯定和高度评价。

薛峰表示，政府和社会资本合作（简称PPP）金融模式是公司深耕区域市场的重要金融创新。2017年，在监管部门的大力支持下，公司成立了行业内首家以服务政府和社会资本合作为主的私募基金子公司，PPP相关业务快速发展。截至目前，公司形成了以昆明棚改模式、联合体模式和“以购代建”模式为代表的PPP金融服务模式，与十几家大型企业集团紧密合作，服务区域覆盖云南、浙江、江苏、陕西、安徽等逾10个省份，服务项目涉及片区开发、交通运输、水利工程等多个业务领域，实现募集项目金额超过220亿元，项目储备规模超过800亿元。2017年6月，光大证券凭借“安置性住房‘以购代建’供给侧改革基金”项目，荣获2016年度上海金融创新三等奖。

秉承党建为魂　创新工作方式

光大证券把创新党建工作方式与建设企业文化相结合，将加强党的领导与现代企业管理机制有机融合，借助企业文化的影响，推动国有企业更加规范有序、协调运转。据介绍，光大证券在21年的发展历程中，经过不断的积淀、提炼，形成了以“为国家图富强，为天下聚财富”为核心价值观、以“光大证券十条”为主要内容的企业文化，无不透射着以党建为魂的鲜明特征。

任何一种文化都需要有持续培育、推动、宣讲的过程，干部的言传身教在其中发挥着至关重要的作用，需要公司领导干部率先垂范、以身作则。为充分用好“讲党课”这个“传家宝”，薛峰在日常管理中成为“第一宣讲员”，多次面向党员、干部讲授党课，解读党的政治理论，传授党建工作方法，诠释央企责任担当，明晰公司发展路径。2017年9月，他被聘为中央国家机关党课宣讲辅导员，主讲党课《以党建为魂的企业文化是事业发展的动力源》被评为中央国家机关“党课月”活动20堂示范党课之一。

在薛峰的示范带动下，公司领导班子成员纷纷深入基层联系点，以讲党课的方式宣贯党的方针政策、集团和公司党委的决策部署。各基层党组织按照“就近、灵活、实效”的原则，将十九大会议精神和习近平总书记系列重要讲话作为学习教育的重中之重，通过集体学习、专题培训、网上党校、“三会一课”制度等举措，引导广大党员深入学习领会党的十九大提出的重大战略思想、理论观点、工作部署；通过“党建云”平台、专题展板、宣传手册等渠道，对中央和集团党委的制度、政策、工作要求，以及公司涌现出的典型人物、先进事迹进行广泛宣传，及时宣扬党建“正能量”、传播光大“好声音”。

党建工作与业务经营融合得好不好，效率高不高，还需要扎实的考核来量一量。光大证券党委不断强化经营管理与党建工作“双目标”考核机制，在各单位年度《绩效合同》中明确了党建工作要求及考核分值，并把考核结果与各单位经营业绩考核相衔接，与干部任免、薪酬、奖惩相挂钩，真正使党建“软任务”变成了“硬指标”。与此同时，公司党委还制定了基层党组织考核办法，设计了基层党组织党建工作考核表，明确了落实党建工作责任制、思想建设等六方面的24项考核指标，细化明确了具体的目标任务标准，为基层党组织提供了党建工作“行动指南”。

（来源：上海证券报　作者：张小军　浦泓毅）

无言深耕二十载　甘做鸿图“守护人”

——访广东鸿图科技股份有限公司总裁徐飞跃

2018年初，在肇庆市企业联合会、肇庆市企业家协会主办的2017年度肇庆市企业家活动日上，广东鸿图科技股份有限公司总裁徐飞跃获颁“2016－2017年度肇庆市优秀企业家”荣誉称号。虽然荣誉加身，但徐飞跃依然谦逊温和，对于他来说，这个荣誉是对他多年来的工作的认可；但令他兴奋激动的是，这个荣誉更意味着外界对广东鸿图科技股份有限公司（以下简称“鸿图”）多年来蓬勃发展取得亮眼成绩的又一次肯定与褒奖。

无言深耕逾二十载，徐飞跃从不多言自己的辛劳，却总为鸿图的每一次飞跃感到喜悦。他甘做鸿图的守护者，是因为让企业发展得更茁壮繁荣，就是他与每一个鸿图人的希望与期盼。

紧抓机遇调结构促发展

1993年，徐飞跃进入鸿图，成为了一名满怀热情与信念的鸿图人。年轻的他对企业管理尚未拥有太多经验，他十分庆幸，多年来自己能够与鸿图一同奋斗，共同成长。他告诉记者，鸿图最初主要生产小型摩托车发动机压铸件，产品单一，但因为产品质量好所以十分畅销。但随着时间推移，1997、1998年，行业竞争白热化，鸿图的优势日渐缩小，包括徐飞跃在内的多位鸿图“掌舵者”开始审时度势，最终将目光锁定在正在崛起的汽车市场。他们随后积极推动公司改制，但改制并非易事。“鸿图在改制过程中面临发展资金缺乏的问题，”徐飞跃说，“幸运的是，我们获得了政府的支持，得到资金注入顺利完成改制。”

在改制成功后，鸿图紧抓汽车市场不断发展的机遇迅速调整产业结构，改变产品单一的现状，推动产品向多样化发展。得益于此，鸿图的产品如今发展为包括汽车类压铸件、通讯类压铸件、机电类压铸件三大种类600多个品种。而产品的多样化也极大地增强了鸿图的抗风险能力，2008年金融危机的巨浪席卷而来，鸿图却能临危不惧，镇定应对。徐飞跃回忆道：“当时我们没有气馁，转而努力开拓国际市场，争取抢占国际市场上的一席之地，为鸿图谋得了更大的发展。”

坚持理念勇创新铸品牌

推动产品多样化除了促进鸿图发展，让鸿图在面对危机时更有底气外，也大大地增强了其综合科研实力。徐飞跃介绍，鸿图自成立以来，始终坚守走“科技兴贸”的路线，在改制成功获得长足发展后，鸿图沿着既定的路线继续向前奔跑，他也同样坚守着企业发展理念，积极投入到提高企业科技创新能力的工作中。多年来，鸿图本着“科技是第一生产力”“科技以人为本”的思想，大胆创新，勇于开拓，依靠科技进步，使企业产品结构不断优化升级，促使企业规模日益扩大，更先后组建了广东省唯一的省级精密压铸工程技术研究开发中心和省级企业技术中心，并以两个中心的技术力量为主，与上海交通大学、华南理工大学等国内外高等院校建立产学研合作关系，通过引进企业科技特派员等方式开展科技创新工作。

增强企业科技创新能力后，徐飞跃见证了鸿图的又一次腾飞。“我们的科技成果十分喜人。”走在鸿图的产品展览厅中，徐飞跃神情认真地介绍每一件产品，他熟悉每件产品的构造，对产品的生产过程与工艺更是如数家珍。他自豪地表示，由鸿图生产的汽车零部件铝合金压铸件已被认为定“广东省名牌产品”“广东省高新技术产品”。而目前，鸿图已获得授权专利11项，科技成果鉴定18项，其中移动通讯接收系统底座的生产工艺研究、真空压铸技术开发及应用等9项达到国内领先水平；真空压铸工艺的研究与应用等8项则达到国内先进水平；主导或修订标准11项，其中2项为国家标准；获得科学技术奖40项。

凭借领先的技术水平和优秀的研发团队，鸿图更主持了深圳华为、东风本田、美国通用等公司新产品的研发工作，共同开发新产品1000多款，质量达到国内甚至国际先进水平，大量替代进口产品并实现了产业化生产。由徐飞跃等一众鸿图人用心铸造的鸿图品牌有如璞玉，在长久的用心打磨后，终于大放光彩。

紧跟潮流抢先机早布局

作为国内压铸行业的龙头企业，鸿图的精密压铸产品设计、研发和制造能力与世界先进水平始终保持同步，铝合金精密压铸产品及其集成装配的研制开发技术水平居国内领先地位。但他们并未停下发展的脚步，徐飞跃也陪伴着鸿图一起紧跟潮流，密切关注着国家政策、市场发展的每个动向。

随着时间推移，鸿图的“掌舵者”们从大量的市场调研中敏锐地察觉到，国家对环保越来越重视，对环保提出的要求也越来越高，消费者的需求正在改变，而新能源也正慢慢成为“新宠”。“所以我们在好几年前便已在环保、新能源等方面布局，”徐飞跃说，“我们提前布局，与客户合作，结合客户实际需求共同开发新能源汽车动力电池，更专注研发汽车轻量化构件铸造技术，生产部分可以铝代钢的车身结构件，减轻汽车重量的同时增加结构件的延伸力，从而提高汽车的安全性能。”近日，徐飞跃亲自参与的《汽车轻量化构件精确铸造关键技术及产业化应用》项目还获得了2017年广东省机械工业科学技术奖、广东省机械工程学会科学技术奖一等奖。

事实证明，鸿图又一次成功抢占了先机。近年来，国家大力扶持新能源汽车产业发展，我市也大力实施工业发展

“366”工程和创新驱动“1133”工程，坚定不移发展新能源汽车产业，加快培育产值超千亿元的新能源汽车产业集群，鸿图的提早布局为再次企业加速发展增添了强劲的动力。

在徐飞跃的带领下，鸿图通过并购重组的方式，实现外延式多元化发展，将企业的经营范围扩张到整车领域，已完成收购广东宝龙汽车有限公司 60% 股权，顺利实现了从汽车零部件延伸至整车、新能源汽车等领域的产业战略布局。注视着展厅中陈列的多个种类的新能源汽车结构件，徐飞跃笑意满满：“新能源汽车的兴起并未阻碍鸿图的发展，我们以市场为导向，提前研发适应新能源汽车需求的轻量化结构件，反而深受客户喜爱，销量很好。”

面对未来，徐飞跃信心依旧。他说，鸿图将继续坚持以创新驱动发展，全力提升核心竞争力为目标，保持可持续的健康发展，为肇庆经济发展做出更大贡献。

做百年老店　创百年品牌

——访江苏今世缘酒业股份有限公司董事长周素明

近日，国资背景的江苏今世缘酒业股份有限公司（简称“今世缘”，股票代码“603369”）入选新华社民族品牌工程仪式在京举行。今世缘董事长、党委书记、总经理周素明介绍，下一步，双方将以“缘”文化切入点，围绕品牌建设与传播开展全方位合作，助力今世缘做百年老店、创百年品牌。

半年报业绩亮眼　高端酒高歌猛进

公告显示，今世缘今年上半年实现营业收入 23.6 亿元，同比增长 30.81%；实现归母净利润 8.6 亿元，同增 31.6%。应该说，在白酒企业竞争日趋激烈的环境下，取得这样的成绩实属不易。

据周素明介绍，自 2008 年起，今世缘的综合经济效益就已经跻身中国白酒业“十强”行列。2014 年 7 月，在上交所主板上市，当年实现净利润 6.45 亿元；2015 年净利润为 6.85 亿元，同比增长 6.1%；2016 年，今世缘再次实现突破，净利润跃至 7.54 亿元，同比增长 10.03%；2017 年实现营业收入 29.52 亿元，同比增长 15.57%，实现净利润 8.96 亿元，同比增长 18.21%。

可以说，今世缘近年来一直在高速发展、弯道赶超。从 2004 年到 2015 年，今世缘积极运用现代科技提升传统生产工艺，完成了从半机械化向机械化、再从机械化向智能化的两次飞跃，建成了全国第一个智能白酒酿造车间，不仅为传统白酒行业转型升级和科技创新树立了标杆，还成为全国食品行业工业化与信息化深度结合的典范。

但周素明坦言，今世缘目前依然是一个发展中的企业，未来重点是在局部领域做精、做好、做美。特别值得一提的是，2017 年“今世缘 2017 年高端品牌国缘系列”销售占比达 62%，同比增长 6%；特 A 类以上产品销售占比达 81.8%，同比增长 5%。数据显示，品牌定位从“江苏高端白酒创导品牌”升级为“中国高端中度白酒创领者”的国缘系列白酒表现优异，其销售收入、市场份额持续增长，成功成为今世缘第一大战略品牌，且加快了品牌全国化布局进程。

植入“缘”文化　做足“缘”文章

据周素明介绍，今世缘的前身是涟水县高沟酒厂。二十世纪九十年代，酒厂曾一度亏损三、四亿元，陷入举步维艰的僵局。此后管理层大胆变革，抛弃以往对品牌的传统命名方式，首次在酒类品牌中融入了“缘”的文化元素，“今世缘”这一品牌因此横空出世，并开启了以“缘”文化为品牌定位的新时期。

周素明说，作为中国白酒文化营销的倡导者和先行者，今世缘是因缘而生、随缘而盛的企业。从早期成功的品牌策划，到后来牵手央视寻亲栏目“等着我”，今世缘一直把“缘”作为品牌文化的核心，以“缘”载道，以“缘”立誉，植入“缘”文化基因，做足“缘”文章，极具创意地将中国传统的酒文化和缘文化进行了完美融合，塑造了一个全新个性化文化营销体系，在竞争激烈的中国白酒市场趟出了一条独特的发展道路，创造了中国白酒业的“今世缘现象”。特别是，继“今世缘”品牌后，今世缘又推出全新的“国缘”品牌，唱响“成大事必有缘”品牌宣言，成功进军高端白酒市场，从渠道创新、品牌创新到机制创新，快速完成了企业的调整与转型，打破了长久以来消费者对今世缘“中档酒”的定位，摆脱了与同类产品的恶性竞争。

在周素明看来，简简单单一个“缘”字，几乎涵盖了人与人之间所有美好的情谊——亲缘、情缘、友缘……诚然，无论是亲情、友情还是爱情，都离不开“缘”。围绕“缘”文化，今世缘开始不断为品牌做加法，以“缘”为核心，以“酒”为载体，夯实品牌的“缘”文化属性，培育今世缘文化体系，打造了独具特色的企业品牌形象。

周素明认为，酒文化最重要的是应该跟品牌文化紧密地结合在一起，而今世缘最突出的就是品牌文化优势。“缘”文化如今已经成为今世缘的灵魂，成为今世缘最深厚的文化软实力和核心竞争力。未来，今世缘将继续发挥以“缘”为特色内涵的文化品牌优势，立足于打造最具影响力的文化品牌，做百年企业、创百年品牌。

打造民族品牌　彰显品牌性格

在周素明看来，民族品牌是中华文化的载体，是民族精神的凝聚，牵系着亿万炎黄子孙的情怀。中国白酒是中华文化最具代表性的液态符号，最具民族精神的飘香名片。民族品牌的打造，是包括“今世缘”在内的中国企业义不容辞的责任担当、使命担当。

周素明说，“今世缘”入选新华社民族品牌工程，成为一个承载梦想与荣光大家庭的新成员，不仅为“今世缘”塑造更具内涵、更具魅力的缘文化品牌赋予了新的动能，也必将为“今世缘”实现高质量发展插上腾飞的翅膀。

据了解，新华社民族品牌工程将围绕“今世缘”发展战略，定制系统化的海内外推广方案，为今世缘进一步提升影响力提供有力支持。

周素明相信，今世缘将以搭乘新华社民族品牌工程为契机，依托新华社民族品牌工程传播平台、全覆盖传播网络、全方位服务体系，探索品牌创新升级新路径，构筑品牌人文化、差异化、特色化和场景化的辨识与认知、认同体系，推进“品牌强国”战略，驱动“今世缘”乘风破浪、扬帆远航。

周素明表示，期待通过与新华社的结缘，围绕酒和缘两大主题，做强做大白酒主业，立体化讲好“今世缘”品牌故事，传播“今世缘”好声音，彰显品牌性格，释放品牌力量，点燃品牌精神，缔结民族品牌图腾的时代佳缘。

百年赣粤　千里高速

——访江西赣粤高速公路股份有限公司董事长黄铮

成立于1998年的江西赣粤高速公路股份有限公司（以下简称“赣粤高速”）刚刚走过10个春秋，相对于很多世界百年企业来说，可能尚处于发展的初级阶段。然而在这短暂的岁月中，赣粤高速人却书写了发展史上浓墨重彩的一笔，他们完成了创业、上市、二次创业等多个发展阶段的稳步更替。

2004年，上市四年多的赣粤高速处于二次创业的艰难时期，此时黄铮走马上任。作为总经理的他，深谙肩负的重任，从公司的治理结构、管理体制、发展战略等涉及公司长远发展的关键问题入手，逐项梳理并消除公司发展的障碍，从此赣粤高速步入了发展的快车道。从营业收入来看，2004年突破10亿元，此后一路高歌，2008年实现30.86亿元，截至记者发稿时，2009年的统计数据尚未出台，据了解，仅2009年1月－11月收取的通行费就达22.77亿元，同比增长9%左右。2009年11月28日，在江西省高速公路投资集团有限责任公司（以下简称“江西高速集团”）成立大会上，江西省常务副省长凌成兴指出，加快以高速公路为重点的交通基础设施建设，是省委、省政府作出的重大决策，目前，全省高速公路通车里程达到2433km，2009年在建工程1600km，2010年通车里程将超过3000km，2012年通车里程将突破4000km，到2015年将提前五年完成《江西省2020年高速公路路网规划》，通车总里程将达到4800km左右，实现县县通高速公路的宏伟目标。会上，江西省高管局局长、江西高速集团总经理谢来发也表示，“江西高速集团组建伊始，就将面临着全新的、巨大的考验，2000多公里的建设任务考验我们的建设实力，1000多亿元的投资总额考验我们的融资潜力”。

机会总是青睐有准备的人。据了解，江西高速集团是在赣粤高速控股股东——江西高速公路投资发展（控股）有限公司的基础上组建而成的，这必将给赣粤高速的发展带来新的机遇和挑战。

作为江西省经营管理高速公路最大的企业、江西省目前唯一一家公路类上市公司，目前，赣粤高速管辖高速公路里程达到558km，总资产突破百亿元。有理由相信，五年后，当江西省高速公路通车总里程达到4800km时，赣粤高速管辖高速公路里程必将超过1000km，届时，赣粤高速人“千里高速”的目标将会变成现实，也为赣粤高速打造百年企业奠定更加坚固的根基。

机遇对于赣粤高速来说是难得的，如何把握机遇则是更关键的问题。记者走进中国《交通标准化》理事会副理事长单位——赣粤高速，专访该公司董事长黄铮后，对他们把握机会的能力信心满满，因为“科技兴路”、开源与节流并举、创新管理体制等很多先进的管理理念，在这里都已经转换成了一组组超越想象的数据、一条条现代化的高速公路。

记者：据了解，近期贵公司喜事连连，2009年11月29日江西省省长吴新雄视察了省重点工程——彭泽至湖口高速公路并对当前的工程进展进行了充分肯定，在2009年12月3日举行的九江至景德镇高速公路技术改造项目竣工总结表彰会上，贵公司受到隆重表彰，请简要介绍贵公司今年取得的重要业绩，并分析取得这些业绩的主要原因。

黄铮：今年是赣粤高速部署进一步加强执行力建设、创建学习型企业的第一年，各项经营管理工作成效非常显著，主要表现在：重点工程建设快速推进，彭湖高速一、二期工程和昌奉高速公路进展良好，九景高速公路技改工程全面完工；车辆通行费收入稳步增长，1月－11月收取通行费22.77亿元，同比增长9%左右；投融资工作卓有成效，今年发行短期融资券15亿元，发行利率1.88%，发行率在该品种中属于全国最低水平，节约融资成本近6000万元。参股彭泽帽子山、万安烟家山核电项目已签订意向协议，有关工作正在稳步推进；全面推行道路养护统筹统管模式，养护成本得到有效控制，道路通行能力进一步提升；企业文化建设再创佳绩，公司被交通运输部命名为首批交通文化建设示范单位；开展标杆管理学习调研活动取得初步成效，同行业的先进经验和理念正在逐步吸收转化为公司加强和改进经营管理的实际举措。这些成绩的取得，离不开江西省委、省政府和有关政府部门对公司一贯的关心重视，离不开广大股东特别是控股股东以及社会各界的理解支持，离不开公司决策、管理团队长期坚持的稳中求进的经营理念，离不开全体员工的勤勉履职、扎实工作。这些因素，正是赣粤高速一步步做强做优的基础保证。

记者：从创业之初，您就十分重视科技在企业发展中的重要作用，贵公司作为一家高新企业，成立以来多项成果填补了国内空白。请介绍近五年来取得的主要科研成果、高新技术产品及其应用情况。

黄铮：赣粤高速多年来的快速发展，与公司始终坚持“科技兴路”的战略密切相关。公司本着“以实用为原则，以领先为追求，以降本增效为目的”的科技理念，以科学发展为先导，以科技创新为手段，控制和降低了企业的运营成本，有效提升了企业核心竞争力。从2004年起，公司一直被认定为高新技术企业，2008年按国家新标准再次被认定为高新技术企业。公司拥有一支专业素质高、专研能力强的科研队伍，在公路建设与养护、电子信息、资源与环境等核心技术领域进行了大量的研究和探索，并取得了较好的成果。

过去五年，公司共完成18个科研项目，其中交通部联合科技攻关项目1项、省级科研项目11项、公司自研项目6项。项目成果取得专利5项，正在申请的专利10项，形成软件著作权7项，出版专著1部，获得省部级科技奖5项。在标准制定方面，公司参与并推动了我国第一部《公路沥青路面再生技术规范》（JTGF41－2008）的制定，并正在主持江西省地方标准《沥青路面厂拌冷再生技术指南》的制定。在历时4年的全省第一条高速公路大修改造项目——昌九高速公路技术改造项目中，一系列先进技术成果应用于昌九大修工程，其中一项比较有代表性的技术成果是“沥青路面厂拌冷再生技术”,其填补了国内在这个领域的空白。该技术在全国率先将沥青废料常温再生利用并将其全部应用于路面上基层,不仅实现了半刚性基层柔性化转换,有效根治了半刚性基层高速公路反射裂缝的质量通病,满足了路面结构需求,而且节约了大量资源,减少了环境污染。“PLC 桥梁同步顶升系统”是另一个在昌九技改中自主研发填补国内空白的新技术,该技术在国内首次将同步液压顶升系统、计算机 PLC 信号处理、实时监控技术集成应用于桥梁支座快速检测、养护与更换中,实现了在不中断交通的情况下完成桥梁支座的快速更换。目前,使用该系统集成的专用桥梁顶升车辆已经投入使用。2009 年,公司在九景高速公路技术改造工程和彭湖高速公路建设中,进一步加大了科技研发的创新力度。全年共申报 12 个省级科研项目,1 个交通部联合科技攻关项目。同时为积极落实国家节能战略,2009 年公司完成了“石灰水清洗面层集料技术在彭湖高速公路中的应用”等 3 项江西省交通运输行业首批节能减排示范项目,得到了行业主管部门的高度评价。

未来,公司将继续坚持“科技兴路”的战略,积极致力于高速公路服务产业的技术创新、管理创新和服务创新,力争成为我国高速公路行业的科技先锋。

记者:据《江西日报》报道,2009 年 - 2012 年,江西省全省交通基础设施建设总投资 1114 亿元,其中高速公路建设项目共 28 个,总投资 1020 亿元,融资任务十分艰巨。作为江西省唯一一家公路类上市公司,贵公司 2009 年开展了哪些主要融资工作?取得了怎样的成效?

黄铮:2009 年公司继续深入探索多元化、低成本融资,并取得了较好的成绩:一是招标确定信托贷款,融资成本节约明显。2009 年 11 月,赣粤高速采用信托贷款募集资金 10 亿元,并采用询价方式确定贷款费率,在国内尚属首次。此次贷款向具有资格的 13 家境内金融机构发出询价邀请,通过询价和商务谈判,最终贷款综合费率比同期金融机构贷款基准利率下降 20% 以上,融资成本节约效果明显。二是规模发行短期融资券,发行利率创下新低。2009 年上半年,公司共发行两期短期融资券,发行总金额达 15 亿元,其中第一期 10 亿元短期融资券的发行利率为 1.88%,创国内同期非抵押式债权发行利率新低。与同期银行贷款相比,公司此次融资累计为公司节约融资成本 5000 万以上。三是全面推行商业票据,节约项目建设融资成本。2009 年公司在所有建设项目中全面推行商业票据支付工程款,票据贴现利率最低至 1.6%,不但确保了高速公路项目的建设资金需求,而且为工程建设节约了大量融资成本。

公司自成立以来,不断探索多元化融资的有效途径,合理有效地实施资本运作特别是融资创新,累计融资 100 亿元以上,已经成为江西交通建设重要的投、融资平台。

记者:赣粤高速连续五年荣获中国上市公司优秀董事会“金圆桌奖”,这在同行业和江西省属企业中属唯一一家,请问贵公司如何看待股权变化?

黄铮:作为一家基础设施行业上市公司,地处江西这样一个欠发达的省份,高速公路事业正处于加快发展阶段又离不开上市公司的积极参与。那么,怎样使得这两者的关系形成一种良性的互动?我们一直在思考这个问题。我们鼓励对公司的长期投资,对公司价值的挖掘,共同努力将公司打造成为蓝筹股。对股权文化和股东的回报,我们也有清醒、深刻的认识,把地方经济发展的总体需求、控股股东依法行使的出资人权利要求和广大社会股东的投资诉求三者有机结合、统筹考量,这是我们董事会永恒的使命。在维护股东权益、回报股东上,我们无愧于股东,效果也是良好的,未来也会继续坚持这个方向。

记者:江西高速集团的成立标志着江西省高速公路实现统一融资、统一建设、统一管理、统一经营。据悉,江西高速集团是在贵公司控股股东——江西高速公路投资发展(控股)有限公司的基础上组建而成的,请问按照组建方案贵公司需要开展哪些重要工作?组建省高速集团将对贵公司的发展带来哪些影响?

黄铮:成立江西省高速公路投资集团有限责任公司,是江西省深化经济体制改革的具体步骤,是增强全省高速公路建设和投融资能力的现实需要,是促进全省高速公路持续协调发展的现实需要。江西高速集团成立后,将对全省高速公路实行统一管理,有利于在全省推行统一的管理体系,打破管理主体分散的局面,实现高速公路从路段分割管理向路网整体管控的转变;有利于促进全省高速公路各项管理走向专业化、精细化,进一步提升江西省高速公路整体管理水平。

江西高速集团的成立,有利于赣粤高速充分利用其资源和发挥上市公司优势,进一步拓展公司发展空间,做强做优高速公路主业。目前,江西高速集团正在办理资产划拨、工商变更登记等事宜,并于 2010 年 1 月 1 日正式运作。因江西高速集团是在原大股东——高速控股公司的基础上更名组建的,赣粤高速正积极配合其在证券登记结算公司办理证券账户名称变更手续。

记者:据悉,江西省交通运输厅积极贯彻中央重大决策部署,至 2015 年,全省高速公路通车里程可达 4815km,提前 5 年完成《江西省 2020 年高速公路网规划》中的高速公路建设任务。这对贵公司的发展来说,既是机遇也是挑战,请结合中央的部署和江西省的规划,谈谈贵公司未来发展的重要战略。

黄铮:赣粤高速作为全省高速公路的融资平台,通过多年来稳健务实的经营风格,在资本和证券市场树立了良好的形象。未来几年公司的战略目标是:第一,围绕高速公路运营及建设,挖掘高速公路相关辅业的发展潜力;第二,继续关注省内优质路产资源;第三,密切关注研究能源、房地产、金融等项目,积极寻求能实现公司可持续发展的投资机会。例如,公司拟参股江西万安烟家山核电项目和彭泽帽子山核电项目,就是公司实现可持续发展的有益探索。核电代表新能源的发展方向,具有良好的发展前景,有望成为公司新的利润增长点。总之,公司将秉承积极谨慎的投资原则,寻求安全稳定的投资机会,走规模化、规范化发展道路,将公司打造成为一流的蓝筹公司。

记者:贵公司荣获 2008 年全国交通企业文化建设优秀单位和 2008 年全国首届企业创新文化优秀案奖等荣誉称号,您个人也荣获全国交通企业文化建设先进个人;同时您与联想控股有限公司总裁柳传志、中国移动通信集团公司总经理王建宙、中国航空工业集团公司总经理林左鸣、招商银行行长马蔚华等中国企业界屈指可数的 11 位精英同获首届全国企业文化建设突出贡献人物奖。荣誉来之不易,请简要谈谈企业文化的内涵是什么?贵公司以“路畅人和,提升价值”为企业使命,请问这种企业文化对贵公司发展的意义何在?

黄铮:企业文化是不断发展变革的,赣粤高速成立十多年来,初期只是一种自发的文化,随着企业环境的变化,自然产生一种需求,需要一种文化的统一,就有了我们今天的赣粤高速文化体系。企业文化强调一种终极追求,我们企业文化的使命、愿景就代表了企业的终极追求。使命是企业要向社会、股东、客户等相关群体表达企业存在的根本价值；愿景表示了企业对未来的一种憧憬。赣粤高速作为江西唯一一家公路类上市公司，是江西交通事业发展的重要融资窗口。“路畅人和，提升价值”的使命，阐明了赣粤高速保障道路优质畅通，创造客户、股东、员工三者之间和谐共赢关系，持续提高公司价值，以“业绩、实力、信誉”始终保持蓝筹地位，回报投资者和社会，保持公司持续融资能力的根本使命。明确并信奉、遵守企业所肩负的使命，有利于赣粤高速在时间和空间上永久保持生命的活力，对于打造“百年赣粤”具有十分重要的意义。

记者：赣粤高速提出了打造“百年赣粤”的口号，请问您对公司未来发展是否有信心？

黄铮：公司目前运作良好，我们对公司未来发展很有信心，但任重道远，公司打造“百年赣粤”不光是停留在口头上的，而且已经在战略上付诸行动。当然我们还要谦虚谨慎，完善好内部运作机制，锻炼好自己的队伍，防范经营和投资的风险，这样，做百年老店才不会是一句空话。

铸造业，在这里脱胎换骨

——访科华控股股份有限公司董事长陈洪民

从一个作坊式的小厂，发展成为拥有3000多名员工的上市公司，地处溧阳老区重镇竹箦镇的科华控股股份有限公司，通过不断转型升级，实现了由低端铸造向高端制造突进的高质量发展奇迹，所研发生产的汽车涡轮增压器，以雄居全国第二的产能实力，成为霍尼韦尔、博格华纳、康明斯、卡特彼勒等世界500强企业的优秀配套供应商。

小厂的雄起轨迹，让我们领略到科华控股股份有限公司掌门人陈洪民的智慧与胆魄。

“自2014年新三板挂牌，到今年初在上海证券交易所上市，科华仅用了3年多时间。砥砺前行让我领悟到，只有敢为人先，不断解放思想、创新求变，才能努力向着产业链高端攀升。”昨天，陈洪民在接受专访时表示，在改革开放40周年之际的成功上市，成为科华发展重要的里程碑。科华将以此为新的发展机遇，进一步推动优质资源集聚，高标立企、奋勇争先，朝着百年名企的目标不懈努力。

高标准立企、高质量发展，是科华近年来矢志不渝的追求。陈洪民告诉记者，在与博格华纳、霍尼韦尔等高端客户的接触中，高标准、高要求让科华人看到了差距，更找准了未来高质量发展的出路。为此，科华以“转型升级求突破，破旧立新树标杆”为发展理念，以打造绿色、环保、节能、高效型企业为目标，不断加快转型升级，主动淘汰落后产能。在新建的江苏中关村厂区，投资近12亿元引进了国际最先进的铸造和加工生产线，建成了国内一流的自动化、智能化、数字化、信息化的现代化厂区，树立了行业的标杆。同时，通过对余桥老厂区进行大规模改造，加大新设备、新技术、新工艺的投入，先后荣获中国绿色铸造企业和全国行业综合百强企业。下一步，科华将深入推动转型升级，在更深层次、更高领域推动企业高质量发展。

在这其中，科华立足一个“新”字、改造三个“旧”字——打造全新的工厂，改造旧工艺、旧设备、旧环境，在破旧立新中让企业激发焕发更大的潜力与活力。

基于此，科华最近确立了“三个一”发展战略。据陈洪民介绍，“三个一”就是今年将投资兴建一个新厂区——科华南厂区，计划下半年开工建设，明年初陆续建成投产；改造一个老厂区——余桥厂区，以高起点、高标准、高要求改造，实现老厂区脱胎换骨的变化；创建一个新科华，全面建设人工智能化新科华，以争创全球行业标杆为目标，带动当地铸造产业全面升级发展，为荣获“中国绿色铸造小镇”的竹箦增光添彩。

“实现‘三个一’发展战略，技术创新、科研支撑、人才培养是关键。”陈洪民表示，目前，科华已拥有200多人的科研技术团队和技术研发中心及省级企业（汽车涡轮）技术中心，引进了先进的3D打印技术，并以尖端技术研发获得各类专利70多项。接下来，就是以科研水平的提高不断强化技术支撑，做到第一时间掌握市场动态、抓住市场信息、攻坚技术难题、投入批量生产，让产品得到市场的认可和客户的青睐，使企业成为业界标杆、行业领头羊。

陈洪民说，在人才培养方面，科华已与全国20多所大学院所建立了共建合作关系，并在常州工学院建立了“科华班”。除高薪引进高尖端人才，每年还要引进200多名大学生，对他们不仅给予学历补助，还进行“四步法”教育培养，使之通过培养后走上管理和技术岗位，成为企业新一轮发展的骨干力量。

白手起家勇创业　圆梦扬帆谱新篇

——访西安西拓电气股份有限公司董事长赵新

他，是一名工程师，毕业于西安交通大学，曾经在国企单位担任要职，为了追求梦想，他毅然辞职创办公司。在没有资金，没有产品，没有市场，缺乏人脉和资源的情况下，他仅靠信念与拼搏精神，白手起家，在重重困难面前咬牙坚持，创办了西安西拓电气股份有限公司（简称西拓电气），并将公司成功登陆到新三板。他，就是该公司的董事长赵新，记者近日与赵新进行深入交谈，了解到了不少关于他和他的公司的故事。

梦想支撑　白手起家创办公司

谈起他的创业经历，赵新认为，2006年的4月份，对他的人生来说是一个很大的转折点。他主动放弃了国企高管优越的工作，独自创业，自己开办公司，这对于一个过惯朝九晚五生活方式的人来说的确是很大的挑战,但是他却坚持了下来,一直干到现在都不觉得苦和累。

赵新介绍说,2006 年 4 月份之前,他在西电国际工程公司担任出口开发部部长,主要从事进出口业务,在工作中他学到了很多电气方面的知识,也储备了不少进出口行业的经验。然而他并不甘愿原地踏步,他当时心想,他总不能这样默默无闻,平平庸庸干一辈子,人应该有更高的追求,为社会创造更大的价值。

"我当时的梦想就是把自己积累的知识和经验发挥出来,为电力行业贡献自己的力量。说干就干,辞职后我就创立了公司。现在回想起来,当时我真的是从一无资金,二无人员,更是在没有产品,没有市场,缺乏人脉和资源的情况下,白手起家创办西拓电气的。"赵新回忆道,正是由于他心中梦想的支撑,他努力用自己从事外贸工作和国企培养的经验,再加上他了解到的一些国外电气方面发展的动态,迅速找到了当时还没有在国内大面积应用地变电站主设备的智能在线监测系统这样一个业务的入口,使得他不断地摸索学习,总结各种经验,事业才渐渐有了起色,很快在海外总包业务上取得了业绩。

赵新说,他们并没有因为取得了一些成绩而就此停歇,他和他的团队凭着坚忍不拔的意志,继续向着梦想的彼岸不断扬帆前行。西拓电气还引进了海外合作伙伴的先进技术和产品,参与起草多项智能电网监测设备标准,使其成为特高压和海外 EPC 项目中在监测市场的知名品牌,他们一直在科研的道路上没有止步。

政策助力　不断激发公司创造力

谈及公司快速发展的原因时,赵新表示,高新区发展日新月异,国家、省、市每年都在不断地出台相关政策,这对西拓电气的促进和帮扶作用非常大。特别是今年高新区出台的"5 + N"三次创业政策体系等,西拓电气的确享受到了很多实实在在的优惠和补贴。这些政策的扶持,对加强西拓电气的创新能力、帮助企业聚集创新人才、提高企业知识产权保护意识、拓宽企业融资渠道等方面都起到了积极的作用。

"高新区成立 27 年来,发展成就有目共睹,现在也名列为全国知名的高新区之一,高新区推出的众多帮扶政策的延续性、领先性、精准性,西拓电气在发展的每一个阶段都有深刻的体会。尤其是在资金、平台、人才、市场等方面,高新区给西拓电气给予的支持和帮助让公司上下深受鼓舞。"赵新说,近年来高新区在"双创"等方面持续发力,西拓电气充分享受到了高新区"双创"所带来的红利。公司先后成功登陆新三板(股票代码 835977)、通过了"高新技术企业"认证,获得了"陕西省民营科技企业"、"西安市民营科技企业"、"西安市科技小巨人领军企业"、"西安市民企转型升级示范企业"、"第五届中国创新创业大赛陕西赛区二等奖"、"陕西省中小企业创新研发中心"等荣誉。他个人也荣获了"西安市十佳创业明星"荣誉称号。

赵新坦言,西拓电气能够走到今天,取得了一定的科研成果和诸多荣誉,这与政府的引导和政策的支持,还有高新区和软件园提供的各种"超五星级服务"息息相关。公司上下一直怀着感恩的心,以政府的帮扶和政策的支持为动力,不断激发创造力,增强主动性,为打造一流产品,造福社会而砥砺奋进。

利用"互联网 + "打造电力服务新模式——如何将传统的电力行业和"互联网 + "结合起来,赵新说,他和他的团队从创业之初就思索并行动着,经过多方努力,他们研发出来了相应的硬件和软件平台,能够把"互联网 + "的元素融入到传统的电力服务行业中去。

"过去的电力服务都是人工和纸质化的,传统的配电室人工运维模式安全问题突出、消除隐患迫在眉睫、人工抄表、纸质台账、资源、能源浪费毫无节能。而现在整个电力业态的管理都能通过平台与系统来管理,将数据、档案、诊断,以及传送、展现用互联网云平台的形式来进行管控,既安全,又省事。"赵新介绍说,利用互联网 + 智能运维新模式,对配电室进行标准化改造、改善用电安全、提高管理水平,进行数据挖掘、优化数据分析,实现节能降耗的唯一路径,最终形成电气设备全寿命周期管理体系。

赵新说,近年来西拓电气充分利用"互联网 + ",探索出一条富含公司特色的电力服务新模式,使得公司业务发展不断扩大,继续保持在高电压等级智能在线监测设备市场的稳定增长。公司又紧跟国家的倡导,利用共享经济的模式,实行最大程度地发挥每一种资源的能效,而且还践行绿色环保的理念,实行一站式的解决方案,给客户提供更多的支持,提供更多的增值服务。作为研发企业,公司利用多年海外市场经验,扩展海外销售体系,加快和电力公司的深度合作,促成海外产品本地化的合作生产,并将带电检测云平台作为对用户端的增值服务融入业务推广之中,构建技术壁垒,形成西拓"产品 + 平台 + 服务"的差异化核心竞争力,赋能更多的运营商,智能化地实现线上和线下联动。

二次创业　在新时代力争实现新跨越

进入新时代,赵新带领着他的团队正在二次创业的征程上撸起袖子加油干着。对于此,赵新表示,新时代,新征程,西拓电气也迎来了新机遇,他们将坚定不移地实施二次创业,为西拓电气实现新跨越而不懈拼搏。

"过去西拓电气是一家贸易集成商,现在又要做创新和研发为主的科技型企业,这就使得公司必须转型,进行二次创业,在更新的领域,触碰到更高的天花板,在这种情况下公司启动了二次创业。"赵新说,西拓电气虽然只是一个规模不大的小公司,但是公司始终站在创新创业的潮头,一直在这个潮头探索着。从公司目前的发展来看,西拓电气的发展和国家的导向是比较吻合的,坚定了公司做大做强的信念。

赵新介绍说,2014 年他看到了电力设备技术服务市场的巨大发展潜力和广阔市场前景,在进行了一年全面深入调研后,确定电力设备智能运维服务作为公司未来战略发展方向,于是他带领团队开始二次创业的征程。之后公司推出了自主研发的国内第一家投入应用的免费版带电检测云平台,为带电检测细分领域的参与者提供免费云服务。2016 年底,服务于海量用户侧配电室智能化管理的智能运维管控平台问世;2017 年 9 月,服务于大工业企业电气设备智能管理的电气 SaaS 管理服务平台投入市场。作为一个有社会责任感的企业,公司计划在三年后准备启动 IPO 争取有更大的作为,为建设一个值得员工信赖、受人尊敬、具有社会责任感的新型公司将奋斗不息。

记者手记:初次走进西拓电气,记者就被该公司勇于创新的拼搏精神和积极奋进的创业氛围所感染。看到公司创业十余年来所取得的一系列辉煌成果和荣誉奖项,无不让记者赞叹科技创新、政策引领为科技型企业所带来的巨大转机。3 月 15 日,该公司成功举办"西拓电气智能运维管理平台登陆西安工业云暨 V2.0 版发布会",标志着企业在科研创新的道路上又迈出了坚实的一步。

西拓电气在其掌门人赵新的坚强领导下，始终站在电力行业发展的潮头，一边利用自身储备的众多行业知识和经验积累，一边汲取高新区广袤的沃土养料和政策红利，运用先进的“互联网＋”等技术，开启二次创业的新征程，致力于为行业赋能，成为运营商的运营商，让这个员工超过130人，研发技术人员占比超过六成的科技型企业在新时代焕发出新的活力。没有创新就没有发展，从改变自我到提升团队，再到服务社会，路虽远，相信西拓电气的明天会更加灿烂。

为服务实体经济作出更大贡献

——访中国东方资产管理股份有限公司党委书记、董事长吴跃

“学习贯彻落实好党的十九大精神是当前和今后一个时期的首要政治任务，要把十九大精神作为中国东方开展各项工作的根本遵循，融入到各项工作中去。”中国东方资产管理股份有限公司党委书记、董事长吴跃在接受记者专访时说。

吴跃表示，中国东方将紧紧抓住深化供给侧结构性改革这条主线，在党的十九大精神的指引下，充分发挥好不良资产业务经营优势和全牌照综合金融服务优势，为防范和化解金融风险、服务实体经济作出更大的贡献。

记者：十九大报告提出，深化金融体制改革，增强金融服务实体经济能力。您怎么认识这一精神？

吴跃：这是党中央对金融工作性质与任务的科学认知，是习近平总书记经济金融思想的一项重要内容，是新时代金融工作的行动指南。

它从理论上牢牢抓住了金融的本质与规律。在今年7月份的全国金融工作会议上，习近平总书记强调，“为实体经济服务是金融的天职、是金融的宗旨”。金融体系的核心功能主要有两方面：一是高效率配置资源，二是有效防控风险。金融体系的健康运行，就是要把资源配置给最有效的生产者，实现资源的价值最大化，并且能够有效管理资源跨时空、跨主体配置交易中潜在的各种风险，尤其是系统性风险，以达成经济高质量发展的目标。

它是我国金融实践发展经验与全球范围深刻教训的科学总结。从金融发展的全球历史看，金融体系的萌芽、发育、成长和高度发达，始终离不开为实体经济服务。党的十八大以来，在以习近平同志为核心的党中央领导下，我国金融体系不断深化改革、创新发展，多层次金融市场逐渐完善，金融机构不断提高服务实体经济能力，防控风险能力显著增强。党的十九大提出“深化金融体制改革，增强金融服务实体经济能力”这一来自实践的科学论断，充分肯定了金融发展与实体经济之间的依存关系，说明金融必须而且只能围绕实体经济提供更优质的服务。

在新时代，金融要致力于促进解决不平衡不充分的发展问题，要脱虚向实、回归本源，更应该把服务实体经济作为工作的出发点和落脚点。

记者：中国东方如何贯彻上述精神，发挥独特功能服务实体经济？

吴跃：中国东方自成立以来，始终以防范和化解金融风险为己任，积极服务于国家战略，坚持政策导向，以专业化、市场化手段高效处置不良资产，有效救助风险金融机构，大力促进大型商业银行改革转型、国有企业改制脱困，维护了金融体系稳健运行。在此过程中，中国东方也完成了转型改制，开创了多元化综合经营新格局，不断增强服务实体经济能力。

第一，致力于不良资产主业，防范化解金融风险。为化解已暴露的信用风险，帮助金融体系清除风险包袱，中国东方已累计管理处置各类不良资产过万亿元。中国东方帮助或救助了闽发证券、中华保险、大连银行等多个风险金融机构，使其恢复和增强服务实体经济能力。目前，这些机构已经发展成为中国东方多元化经营和服务实体经济的重要支柱。

第二，多方位补短板，努力化解普惠金融领域发展的不平衡。中国东方旗下各控股公司通过高效率配置资源、管理风险，能够为实体经济提供全价值链、一站式金融服务。

第三，积极推进业务创新，提升服务实体经济效率。加大不良资产业务投入，既是中国东方当前发展的机遇所在，也是公司使命必然。我们积极依托丰富技术储备和实践经验，积极推进业务创新，增加业务的宽度和深度，开展包括市场化债转股、资产证券化、非金融机构不良资产等创新业务。以债转股为例，中国东方积极响应国家决策部署，参与了中国重工等市场化债转股项目。将传统不良资产处置方式中的债转股技术和经验优化并加以运用，为中国东方开展全周期金融服务提供了更多选择与重要抓手，增强了服务实体经济能力。

第四，充分发掘全牌照协同优势，助力供给侧结构性改革深化。中国东方已经转型发展成为全牌照的综合金融服务集团，通过发掘旗下各公司、各业务类型的协同优势，能够在实体经济“三去一降一补”的改革任务上发挥更多作用。一是全牌照经营方式能较好解决资本占用和综合服务的难题，通过集团内的协同服务，能提高不良资产处置的能力和效率，同时，降低信息不对称、谈判协调繁琐等成本；二是通过全牌照业务协同，能够将对客户的全生命周期服务拓展到循环生命周期服务，缓解去产能的矛盾，例如采取投行化手段，帮助产能过剩企业平稳剥离落后产能，通过追加投资等方式支持企业培育新的增长点，重回发展“青春期”。

记者：中国东方去年已经完成了股改，下一步将为实体经济提供哪些综合金融服务？

吴跃：十九大报告强调，建设现代化经济体系，必须把发展经济的着力点放在实体经济上，把提高供给体系质量作为主攻方向，显著增强我国经济质量优势。中国东方将在党的十九大精神指引下，为防范和化解金融风险、服务实体经济作出更大的贡献。

第一，积极聚焦主业，大力支持去杠杆。中国东方将继续通过存量重组、增量优化和动能转换，顺势而为，充分发挥资产管理公司“资产收持、资产重组、资产流转和金融保理”四大功能优势，努力帮助企业降杠杆，支持有较好发展前景但遇到暂时困难的优质企业渡过难关。

第二，积极响应十九大报告提出的“加快建设制造强国，加快发展先进制造业”的号召，促进新产业新业态不断成长。

中国东方将紧紧围绕《中国制造 2025》重点任务，支持传统产业优化升级，支持创新企业，促进我国产业迈向全球价值链中高端。

第三，大力支持国家发展战略，加强基础设施网络建设。为支持“一带一路”倡议、京津冀协同和长江经济带发展，中国东方将继续支持铁路、公路、电网、信息、物流等基础设施网络建设，服务区域协调发展战略。

第四，满足人民日益增长的美好生活需要，深入支持社会领域企业发展。中国东方将继续聚焦医疗健康、养老社区、文化传媒等社会领域企业，提供股权投资、债权融资、上市保荐等方面的服务。

第五，支持“三农”、中小微企业等薄弱环节。中国东方将践行普惠金融理念，依托旗下中华保险、大连银行、东方融通等机构，继续聚焦“三农”、中小微企业、个体工商户等群体，落实乡村振兴战略，积极支持农业供给侧结构性改革，支持实体经济发展薄弱环节。

为“一带一路”保驾护航

——访中国再保险(集团)股份有限公司董事长袁临江

2013 年，习近平主席提出的共建“一带一路”倡议，凝聚了千年东方智慧，传达了全球治理新理念。三年多来，“一带一路”建设影响席卷全球，也给中国保险业带来实实在在的利益。在北京召开“一带一路”国际合作高峰论坛之际，中再集团董事长袁临江接受了本报记者专访。他认为，作为经济全球化新引擎，我国提出的“一带一路”倡议必将给沿线国家乃至全世界带来一个崭新的格局。在这样的新格局下，整个全球产业链条必将发生深刻的变革，中国保险业正是这个链条中不可或缺的重要一环。几年来，中再集团不仅以“再保姓再”推动“保险姓保”，重点围绕“一带一路”对接和服务国家战略，在国家治理、社会保障、防灾减灾、社会管理等国计民生事业中发挥了主导性作用，努力成为国家治理体系和风险管理体系建设的重要一环。作为中国唯一的国有再保险集团，中再集团将履行好国家再保险职能，加快提升发展速度，创造性利用“一带一路”的巨大发展空间，努力成为“一带一路”建设的重要支撑。

提供全面风险保障　助力企业安心“出海”

记者：“一带一路”开放新格局要求保险业为中国企业提供国内、国际协同的全面风险保障安排。近年来中再集团是如何通过再保险方式支持企业“走出去”，让中国企业安心“出海”的？

袁临江：保险业作为重要的现代服务业，拥有完善的风险管理、风险保障与资金融通机制，能够为“一带一路”建设提供风险管理与服务，特别是在互联互通、项目投资、贸易合作、融资支持等方面，保险业更是责无旁贷。“一带一路”建设落地实施，将为保险业提供丰富的可保资源和极其广阔的发展空间。

实际上，中再集团作为中国唯一的国有再保险集团，一直是中国与全球保险互联互通的桥梁和平台。中再经营国际业务并为中国海外利益提供再保险风险保障的历史可以追溯到建国初期，中再集团作为传承“万隆会议”精神的亚非保险再保险联合会(FAIR)执行委员会副主席单位，一直活跃在国际市场尤其是发展中国家市场，是中国保险业对外的标杆企业。近年来，中再集团坚持“保险的保险”独特功能，主动融入“一带一路”国家建设，并将该项工作列为公司“十三五”发展期间最为重要的任务之一。

一直以来，中再集团通过再保险的方式长期支持中国保险业服务“走出去”企业。中国保险业承保的几乎每一单中国海外利益业务都是由中再提供稳定、可靠的再保险支持。同时，集团旗下的中国大地保险近年来也积极为中国走出去企业提供风险保障。粗略估计，近两年中再集团平均每年为“一带一路”建设项目提供约人民币 600 亿元的风险保障。

此外，中再集团积极发挥技术优势，加强金融创新，加大中国海外利益保险产品研发力度。针对一些市场几乎空白的产品，如绑架勒索、恐怖主义等，中再集团通过整合自身劳合社平台经验、国际模型公司技术、第三方服务资源等，进行相关保障产品开发，设计符合行业需求、具有中国特色的安全保障产品，引领中国保险业，保障企业安心出海。例如，针对中国企业和人员走出去面临的境外人身伤害风险，尤其是越来越多的绑架勒索、政治动乱、恐怖袭击等风险，中再集团于 2017 年 5 月 12 日，也是全国防灾减灾日，推动成立了中国安保共同体，并与中国安保共同体签署战略合作协议。通过整合中国安保行业优势资源，建立以“中国保险 + 中国安保”为特色的海外急难救助服务体系，打造“国人国保”的民族品牌，切实可靠地为“一带一路”建设保驾护航。

目前，中再集团正在实施以客户为中心的战略转型，主动对接财政部、商务部、发改委、国资委等国家部委，各地方政府，中投公司、亚投行、丝路基金、亚开行、国开行、进出口银行、中信保等金融机构以及“走出去”大型央企，发挥产品创新和整合优势，为大型项目提供全面风险解决方案。

与此同时，通过积极支持“一带一路”建设项目融资，中再集团协同系统内各单位参与设计重大项目的融资和保险方案，充分利用保险资金长期沉淀的优势、采取 PPP 模式、保险资管计划、基础设施股权及债权计划等方式，为“一带一路”的投资项目提供融资支持。

加速海外布局　打通“一带一路”动脉

记者：中再集团是中国保险企业走出去的先行者。据了解，经过多年的积淀，中再已与 100 多个国家和地区的 1000 余家保险公司、再保险公司和经纪公司建立了直接或间接的再保险业务关系，已覆盖到“一带一路”沿线的主要国家，请您具体介绍下情况。

袁临江：作为 FAIR 执行委员会副主席单位，中再集团多年来一直致力于加强亚非地区保险再保险业的交流与合作，促进亚非地区的共同发展。2013 年，中再集团在北京承办的第 23 届亚非保险再保险联合会大会，有来自全球 61 个国家和地区、300 多家保险再保险和保险经纪机构的 600 余位代表参加大会，就亚非保险业应对社会需求的创新、保险再保险战略合作、巨灾保障和保险新技术等话题展开了深入务实的讨论,对亚非保险再保险业的发展具有很好的现实指导意义。

2011 年 12 月,中再集团成功加入劳合社,国际化战略实施取得历史性突破,实现了几代再保险人的梦想。2014 年 11 月,中再辛迪加 2088 由特殊目的辛迪加转型为“独立辛迪加”,正式以独立席位和品牌承保业务,成为首家在劳合社市场拥有独立经营席位的中国公司。2016 年,中再集团在“海上丝绸之路”的枢纽——新加坡设立分公司,成为中再集团在亚太地区发展再保险业务的重要立足点,为深度参与国际再保险市场竞争又添重要砝码,被当地官方誉为“中新保险合作的里程碑”。此外,中再正在积极探索适时收购或设立直接保险、再保险的海外机构,扩展自身海外服务网络。

2016 年底至今,中再加速推动海外网络搭建。依托新加坡分公司、劳合社辛迪加 2088、FAIR 共同体、纽约和香港代表处等现有海外平台,拓展中国海外利益的当地出单和服务网络。截至目前,已有十余家海外合作伙伴与集团就中国海外利益业务达成或有意向达成合作备忘,共计覆盖 50 多个国家,在东南亚、南亚、中东欧、俄罗斯、中亚、中东、非洲等地区均有合作布点。

倡议成立“一带一路” 国际保险再保险共同体

记者:“一带一路”沿线国家的政治、经济、文化差异较大,让中国企业走得出去、走得稳,需要在支持“一带一路”建设实施中认真做好准备,中再集团在此方面有哪些长远打算?

袁临江:在过去几十年里,中国保险业与中国企业休戚与共,积累了丰富的本土客户服务经验。近年来,中国企业走出去,面临比国内更为复杂甚至艰难的经营环境,更需要中国保险业参与其中,为其开辟国际市场保驾护航。

不仅如此,“一带一路”建设的实施客观上要求更加稳定、充足、全面的风险保障,而目前国内保险公司尚未形成合力,且普遍缺乏海外服务经验和稳定的再保险支持,对于走出去企业的保险供给不足,造成较严重的中国海外利益保费外流,保险自主权亟待加强。

鉴于这种情况,中再集团主动承担国有再保险的责任,提出整合行业力量,成立“一带一路”国际保险再保险共同体(以下简称“‘一带一路’共同体”)。尤其是针对为“一带一路”建设保驾护航的建议,得到了保监会、财政部等上级单位和股东单位的高度认可和支持。中国保监会于 2017 年 4 月 27 日发布《关于保险业服务“一带一路”建设的指导意见》中明确指示,组建行业战略联盟,探索建立保险业“一带一路”共同体。

截至目前,中再集团围绕发起设立“一带一路”共同体事宜开展了大量基础工作。具体包括:一是成立最高规格的专项工作团队,由公司一把手直接主抓,调动集团系统最强资源参与;主动承办保监会相关研究课题;在保监会指导下,开展行业走访,整合行业力量;在深入了解企业痛点和行业诉求的基础上,初步设计共同体运行机制。

不忘初心 铸就辉煌

——记东旭集团有限公司董事长李兆廷

李兆廷,十二届全国人大代表、东旭集团有限公司、东旭光电科技股份有限公司董事长,北京大学名誉校董、中国人民大学董事会董事、北京交通大学董事会董事、河北省青年联合会常委,河北工业大学机械制造专业毕业,正高级工程师,中国共产党党员、中国生产力学会副会长。荣获“2012 创新中国十大年度人物”、“2013 年度最受尊敬上市公司领导者”、“2014 年度中国经济十大创新领军人物”、“2014 品牌中国(电子信息)年度人物”、“2014 年河北省政府质量奖个人奖”、“2015 年上市公司最受尊重董事长”、“2016 年中国十大年度经济人物”、河北省优秀民营企业家”、“石家庄市优秀青年企业家”等荣誉称号和奖项。

不忘初心 实业报国

东旭集团(TUNGHSUGROUP)成立于 1997 年,总部位于北京。东旭集团以振兴民族产业为己任,立志成为受人尊敬的中国实体产业先锋。以“实业报国”理念为指引,在李兆廷董事长带领下,东旭集团目前已发展成为总资产超过 1300 亿元、员工 1.8 万余人的多元产业大型集团公司。目前,东旭集团拥有 200 余家全资及控股公司,旗下有 3 家上市公司东旭光电(000413)、东旭蓝天(000040)、嘉麟杰(002486),业务涵盖光电显示材料、高端装备制造、新能源汽车研发与制造、石墨烯产业化应用、新能源与环保、产业园区、生态健康等多元板块。业务遍及北京、上海、广东、西藏等 20 余个省、自治区、直辖市。

20 年来,伴随着国家的日益强盛,东旭集团也实现了飞速发展。“实业报国是我最大的心愿,国家的崛起,实业是至关重要的环节”,李兆廷董事长曾在一次采访中这样说到。作为行业的领军企业,东旭集团以实业报国为己任,夯实产业基础,推进产业升级,用实际行动践行实业报国。

在东旭集团的众多产业布局中,最受瞩目的是石墨烯。作为目前发现的最薄、强度最大、导电导热性能最强的一种新型纳米材料,石墨烯被称为“黑金”,是“新材料之王”。有专家预言,石墨烯将“彻底改变 21 世纪”,极有可能掀起一场席卷全球的颠覆性新技术新产业革命。东旭集团在 2006 年开始研发石墨烯锂电池,经过数年来的发展布局,集团在石墨烯领域的布局初步完成,已拥有实体公司 8 家。2016 年 7 月,东旭集团推出了世界首款石墨烯基锂离子电池产品——“烯王”。据悉,该产品可在满足 5C(单位时间通过导体横截面的电荷量,1A 等于 1C/s)条件下,15 分钟内充满 4800mAh,实现快速充放电。与此同时,“烯王”还可在 -30 ~ 80℃ 环境下工作,循环寿命更高达 3500 次左右。为此,东旭集团计划在泰州投资 16.5 亿元建设石墨烯基锂离子电池项目。目前,该项目已顺利摘得土地并完成备案。并已成功开发出石墨烯 LED 灯、石墨烯电热膜等系列石墨烯应用产品,均实现产业化重大突破,致力于在煤改电、智慧城市、动力电池等领域大面积应用推广。在石墨烯产业方面,2015 年,东旭集团收购宝安地产,并将其更名为“东旭蓝天”(000040.SZ),成为东旭集团布局新能源产业的平台。2016 年 10 月,东旭集团再次收购嘉麟杰(002486.SZ),成为东旭集团旗下第三家上市公司。未来,嘉麟杰将成为生态健康战略布局平台。除了产业并购,东旭集团继续“做实”产业，发起对上海申龙客车的并购，这也是东旭集团的一次布局。借助此次并购，东旭集团将打造一条从“石墨烯材料－石墨烯包覆磷酸铁锂正极材料－石墨烯基锂离子电池－新能源汽车”的产业链闭环路径。

一提到东旭集团，可能大众并不熟悉，因为它所推出的产品并不直接服务于民众，但在业内或者名企的圈里，东旭集团早已扬名在外。然而，在成立之初，东旭集团只是一个名不见经传的小机械制造厂，主要为电子显像管（CRT）玻璃外壳生产企业提供装备。掌舵人是决定企业发展命运的关键因素，在东旭集团彩色显像管（CRT）彩色玻壳生产设备市场份额占据了国内50%时，东旭集团的掌舵人李兆廷又看准了国内方兴未艾的液晶玻璃基板产业，把东旭集团从机械制造型企业转向了自主创新型企业的轨道上来。

长期以来，液晶玻璃基板生产被国外企业控制，单美国康宁就占据国际市场50%多的份额，日本的旭硝子、电气硝子和安瀚视特又占据了40%多的份额，国内只有东旭集团和彩虹集团两家企业能够生产液晶玻璃基板，其产品销量只占全球份额的3%的份额左右。

要想自己生产液晶玻璃基板，东旭集团几乎得从零开始。“外国人能干的事情，中国人一样能干成！”面对困难，李兆廷董事长没有气馁，他以做民族光电产业的带头人为志向开始了艰难的创业之路，一个个技术难关被攻破、一件件样品下线，从实验室走向生产线……东旭集团的研发团队经过艰苦探索与研发，终于在2008年建成了国内首条自主研发的液晶玻璃基板生产线，打破国外技术垄断、终结了进口平板显示的暴利。旗下上市公司东旭光电发展成为本土第一、世界第四的玻璃基板生产商。

“东旭的20年，来之不易，目前老百姓能够看到3000元钱的液晶电视有东旭一份功劳。”这是李兆廷董事长在2016年中国十大经济年度人物颁奖典礼上的讲话，朴实的话语不仅道出了东旭集团一路走来的艰辛，也彰显了东旭人通过不懈奋斗改善老百姓生活的那份自豪。

2017年，环保被全社会高度关注，东旭蓝天通过收购复星旗下的星景生态，进入环保领域。此外，东旭集团通过收购申龙客车进军新能源汽车领域，并打通“石墨烯材料—石墨烯包覆磷酸铁锂正极材料—石墨烯基锂离子电池—新能源汽车”的产业链闭环。“新能源＋环保”发展模式将促使东旭集团为保持经济社会的可持续发展贡献更多力量。

在工业4.0、中国制造2025等一系列政策“春风”下，中国制造业的发展正在迎来新的机遇，尤其是工业化与信息化的深度融合，大大加快了中国制造向智能制造转型的步伐。东旭集团积极发展高端智能制造产业，也是中国制造向智能制造转变的过程，是以实际行动践行“互联网＋”行动计划和“中国制造2025”行动纲领，其“智能”产品的创造和创新将让现代的城市生活更高端、更智能、更美好、更便利，进而推进新型智慧城市建设。东旭集团将继续立足“新型城市经营者”的角色，充分发挥自身产业优势，积极布局新兴产业，助力新型城市建设。

未来，东旭集团将继续秉承“不忘初心、实业报国”的企业理念，通过持续为产业固本强基，力争成为智能制造、智慧能源等多产业领域的引领者，打造国际知名的大型产业集团。

不忘初心　感恩前行

“感恩”是东旭集团企业文化的精髓。一路走来，东旭集团虽然历经艰难，但也得到了党和国家与社会各界的大力支持和帮助。发展壮大后，东旭人不忘初心，不忘乡梓，不忘感恩，义无反顾地担负起回馈社会的重任，把公益慈善当做事业来用心经营。

随着科技进步的日新月异和国际竞争的日趋激烈，人才资源成为推动经济社会进步的重要力量，我国也一直把教育摆在优先发展的战略地位。东旭集团一直将支持教育事业作为重中之重。东旭集团先后向北京大学、中国人民大学、北京交通大学等高校提供资金支持近两亿元，除用于资助、奖励品学兼优的学生、购买教学设备和实验仪器外，还相继成立了硅酸盐电子玻璃实验室、量子物理崔琦实验室、液晶玻璃国家地方联合实验室等产学研交流平台。

东旭集团的捐助不止于大学，在帮助青少年上，更是大手笔。2014年，东旭集团向由中国少年儿童文化艺术基金会主办的“思源计划”一次性捐款1000万元，助力“思源计划”的全面启动。

怀抱着对祖国和老区人民的眷眷深情，本着对教育的重视，东旭集团积极帮扶晋绥老区。今年2月，东旭集团通过旗下上市公司东旭光电和东旭蓝天共向由原晋绥边区革命前辈后代联合成立的晋绥文化教育发展基金会捐款500万元，用于帮助吕梁老区贫困家庭的优秀学子、建立晋绥根据地信息数据库、捐助晋绥烈士陵园绿化工程及革命烈士收迁安葬等。

贫困人民和灾区群众一直都是东旭人关注的重要群体。东旭集团向河北贫困乡镇捐赠生活生产物资，资助河北省老年公益事业，安排残疾人和下岗职工就业。2008年，在汶川地震发生后，虽然当时的东旭集团并没有今天的实力，但是李兆廷董事长依然在第一时间作出决定，支援地震灾区，贡献自己绵薄之力。2010年，玉树地震，李兆廷董事长毫不犹豫地发出了向地震灾区捐助的命令。在印度洋海啸时，东旭人也伸出了援助之手，向受害的外国友人捐助。东旭集团总裁李青本人也曾先后两次向民进中央开明慈善基金会捐款共计350万元，用于民进社会服务慈善公益项目。

扶贫事业也是东旭人长期倾注心力的领域。授人以鱼不如授人以渔，在今年两会上，作为十二届全国人大代表的李兆廷提出了关于推动企业投资贫困地区农业、助力全面建成小康社会的建议。他指出：“灌水式”“输血式”扶贫模式无法从根本上解决农村贫困问题，应建立有内生动力、有活力的“造血式”长效扶贫模式，企业界更要“产业兴农”“产业扶贫”，创新产业扶贫路径，促进当地农业产业化现代化。

在李兆廷提出扶贫建议同时，更是将扶贫融入到东旭集团的产业布局中。随着全球对可再生、清洁和安全能源需求的日益提升，东旭集团紧扣时代脉搏，开始布局新能源领域，2015年，东旭集团收购第二家上市平台东旭蓝天新能源股份有限公司。本着精准扶贫的原则，东旭蓝天积极响应国家扶贫政策，加大分布式光伏和扶贫项目开拓力度。2016年10月启动建设了8个集中式光伏电站项目以及3个屋顶分布式光伏项目；2016年12月，赠予河北阜平县京台希望小学100千瓦屋顶分布式光伏电站并实现并网；2017年4月，与吉林省汪清县签订100MW光伏扶贫项目；2017年6月，四川东旭电力工程有限公司中标青冈县2017年农村分布式光伏发电PPP项目，将以PPP方式为青冈县内10个乡21个村建设总计26.74MW的户用分布式光伏电站；西藏东旭电力工程有限公司中标平舆县光伏扶贫发电站建设项目，该项目将在县内98个贫困村内建设共计29.4MW的光伏发电装置，其中每个贫困村设计建设规模不超过300KW。在项目建设中，东旭集团也将项目的质量和安全作为重中之重。东旭人将太阳能电池板铺设到住房屋顶或者农业大棚上，“自发自用，多余上网”，农民们既可以自己使用这些电，也可以将剩余的电量卖给国家电网。光伏扶贫惠及百万贫困户，是光荣的公益事业。

除了光伏扶贫，东旭集团还通过旗下上市公司嘉麟杰并购的德青源挺进生态健康产业，开启了产业扶贫的新模式。金鸡产业扶贫项目是德青源独创的精准扶贫模式，由政府提供扶贫政策和财政支持，政策性银行提供金融支持，贫困地区提供劳动力，科研机构提供核心技术，龙头企业提供品牌和营销、加工等全产业链管理，搭建政、银、企、科、农“五位一体”扶贫产业平台，真正落实到人到户的新型“滴灌式”扶贫模式。这样，当地政府收取的租金可作为持续性的扶贫资金来源，项目本身还可以带动当地贫困农户就业增收。目前，河北威县试点成功运营，并已经在河北、西藏、贵州等近 20 个贫困县进行推广，东旭也将利用嘉麟杰的平台优势，继续加速推广金鸡项目产业。这种农业产业扶贫是“造血式”扶贫，既有利于企业健康良性发展，又对当地经济有极大的提升。未来，东旭集团将在该模式基础上继续加强力度，为群众脱贫致富贡献力量。

正是由于在扶贫事业上的执着奉献，东旭集团董事长李兆廷在 2017 年荣任中国扶贫开发协会第五届副会长，并被授予荣誉证书和奖牌，这也成为了东旭集团与扶贫协会开展更多、更紧密合作的里程碑。

常怀感恩之心，做力所能及之事，在公益慈善的道路上，东旭人将以更大力度、更大范围、更多形式开展公益慈善活动，回馈社会。积极履行社会责任，东旭人一直在路上。

梅花香自苦寒来，回首这二十年砥砺奋进的历程，每一位东旭人都感慨良多。在改革开放快速发展的时代背景下，东旭集团实现了飞速发展，不仅成长为中国最大、世界第四的玻璃基板生产商，而且今天的东旭集团已经从单一产业发展为包含高端装备制造、新型显示材料、新能源、节能环保等战略性新兴产业的多元化产业集团。今年，东旭集团还成功收购了国内著名新能源客车制造企业上海申龙客车和环保企业星景生态，进一步完善了东旭集团在战略性新兴产业领域的布局。未来，这些产业都将是东旭集团为中国从制造业大国迈向制造业强国和建设美丽中国贡献力量的着力点。

回首过往，东旭集团在党和政府支持培育下走过了不平凡的二十年。“加快建设制造强国，加快发展先进制造业，推动互联网、大数据、人工智能和实体经济深度融合”，这都将成为东旭集团前进的方向和努力的目标。东旭人紧紧抓住这千载难逢的发展机遇，不忘初心、牢记使命，锐意进取，埋头苦干，为中国从制造业大国迈向制造业强国做出积极贡献。

以振兴民族晶体为己任

——记湖北泰晶电子科技股份有限公司董事长喻信东

“锤炼民族精品，打造世界品牌”。这是湖北泰晶电子科技股份有限公司的企业愿景，也是公司董事长、共产党员喻信东的初心。

这个有着 31 年党龄的老党员告诉企业员工：我们的使命永远和国家的使命紧密联系在一起。十四年砥砺前行，喻信东坚守初心，以振兴民族晶体为己任，带领团队艰苦创业、创新发展，铸就了一个又一个辉煌。

他的初心：振兴民族晶体

习近平总书记指出，核心技术、关键技术、国之重器必须立足于自身。

14 年前，喻信东就深刻体会到，民族制造业被外国人掐脖子的疼。那年，刚刚下海创业的他，一个偶然的机会，拿到了一家世界 500 强公司的晶体销售资质，建立了国内经销商的关系。然而这个合作条件苛刻。

喻信东回忆，合作要先接受对方苛刻的资格审查，并交纳不菲的履约保证金；每笔定货必须提前一两个月签字、付款，但对方从来不用书面的形式回签合同，这意味着只有我方有责任，而对方没有责任。交易不是平等的，承诺也不是平等的。

更重要的是，喻信东强烈感受到了国内市场受到的钳制。在淡季的时候，不管市场能够消化多少，厂商强行要求中国供应商完成销售任务，否则就会扣减所交押金、强行划账。但是在旺季的时候，厂商先保障外资企业为主的客户，而中国的客户放在最后供应。遇到已淘汰的品种，经销商只能自认倒霉。

喻信东介绍，当时 TF 系列小型号的晶体全球只有这家外国工厂生产，所有的用户都要看它的脸色，国内手机厂、电表厂停产待料的事常有发生，中国的 IT、智能电表、军工等诸多产业都受制于它。

被称为信息产业之“盐”的晶体谐振器，是电子信息产业发展不可或缺的基础元器件。理工科出身的喻信东非常清楚晶体的重要性。

喻信东一腔热血。“难道中国人就做不出好晶体?”他下定决心，自己开工厂生产晶体。2005 年，他回到家乡随州发展，成立了泰晶公司。让中国的晶体行业不再受制于国外，就是喻信东成立企业的初心。

他的征程：创新永无止境

一个科技型企业，从零起步，用 11 年时间就成长为主板上市企业，靠的是永无止境的创新。

喻信东曾自豪地说，泰晶的设备和工艺几乎几天一小变、几月大变样。的确，不论走进泰晶旗下哪一个厂区，高度的自动化生产总给人深刻印象。更重要的是这些设备 90% 以上为泰晶自主研发生产。这是泰晶快速走在行业前列的“杀手锏”。对于喻信东来说，最开始也是不得已而为之。

由于国内晶体行业起步晚，技术、人才非常匮乏。晶体的核心制造设备全部被国外垄断，想要制造出取代进口的晶体产品，首先必须攻克设备难题。

创业之初，机械自动化专业毕业的喻信东自己就是技术工人，他和工人们一道边学、边琢磨、边制作，从手工、半手工半自动化模式艰难起步，维系客户。

为了招揽人才，喻信东想尽了办法。他将自己的宿舍腾出来，亲自去超市采购生活用品，只为给外籍专家营造家一般的环境;他重金奖励技术人员,只为营造重视人才的企业环境。

在他的努力下,泰晶引来了行业顶尖专家、基座专家、晶片切割专家和数名日本专家等,建立了完善的人才引进、培养、激励机制,形成了基层研发人员、资深技术骨干、核心研发团队三级梯队结构合理的研发队伍。

创新不辍,初心不变。不论多么困难,喻信东始终坚持将企业的社会责任放在首位。

在泰晶有一款特殊的产品——M6 微型晶体。这款产品直径 1 毫米,长 4 毫米,广泛应用于电脑、笔记本、手机等领域,是 2012 年技术最先进、销售最火爆的产品。它也是一款销量不大,即使亏本喻信东也要坚持生产的产品。

7 年前,这款产品全球只有 3 家企业生产,设备和生产技术完全被日本企业垄断。为了生产出这款产品,泰晶组织了 30 多人的技术团队,经过一年多时间成功攻克了光刻技术,打破了国际垄断,让日本企业措手不及。

2013 年初,日本企业得知泰晶即将研发成功,将产品价格从 1.2 元/只降到 0.4 元/只,这意味着泰晶即便研发成功,产品一上市便亏损。喻信东却坚持要生产这一产品。他说,如果泰晶不做,中国的下游企业就会受制于人,价格也是外企说了算。

打破垄断,虽然艰辛,却很值得。它让越来越多中国造有了自主权和更大的竞争力。通过创新,泰晶已经与全球最先进企业技术同步、工艺同步、产品同步。已经没有国外企业能生产而泰晶不能生产的石英晶体产品了。

喻信东的大胆创新,在行业出了名。泰晶在晶体行业越来越有话语权。2012 年,喻信东荣获全国电子信息行业优秀创新企业家称号;2016 年,他入选国家科技创新创业人才,成为国家电子行业标准《10kHZ200kHZ 音叉石英晶体元件的测试方法和标准值》的起草人之一;2017 年,他入选国家“万人计划”科技创业领军人才。

喻信东自豪地说,中国的晶体这个行业已不再受制于人了,“中兴事件”不会在晶体这个行业重演。

他的目标:做行业领航者

“雄关漫道真如铁,而今迈步从头越”。这是今年初,在泰晶 2017 年度总结大会上,喻信东对全体员工的寄语。

2017 年于泰晶来说,是不平凡的一年。这一年,泰晶的晶体销售达到 22.5 亿只,首次进入全球行业前十,稳居国内龙头地位;这一年,泰晶科技全资子公司——随州润晶电子科技有限公司通过武器装备质量管理体系认证审核并取得证书,标志着泰晶可以全面进军军工领域。

今年初,泰晶科技——武汉理工微纳米晶体智能加工装备工程技术研究中心自主研发的 SMD 微纳米石英晶体封装设备打破行业垄断,再一次实现关键设备的重大突破。泰晶自主品牌产品 TKD - M 系列 M322526MHz 晶体谐振器通过了全球四大通讯方案商之一的联发科技股份有限公司的产品认证,加快融入国际市场。

面对成绩,喻信东说“打造世界品牌,任重道远”。他对所有员工提出了新的目标和要求。而放在首位的是:不忘初心,永远跟党走。他说:“作为一名党员企业家,不仅是企业领导,更是企业表率,应该时刻保持共产党员的初心,在新时代牢记使命砥砺前行。”

展望未来,喻信东表示,随着电子行业快速发展,石英晶体谐振器需求量呈逐年稳步上升趋势,泰晶正迎来前所未有的新机遇。下一步,泰晶的目标是走向行业尖端、引领行业发展。通过持续不断创新,进一步提升产品层次,拓展上下游产业链。未来的泰晶可能不只是生产晶振,还做集成模块,特别是向国家急需的与泰晶现有技术工艺相关的产品进军,为振兴民族工业,为国家战略支撑贡献更大力量。

挚爱心中那抹红

——记湖南艾华集团股份有限公司党委书记、董事长艾立华

人人自有定盘星,万化根源总在心。自 1985 年辞职创业以来的 33 年里,无论是默默无闻还是声名显赫,无论是囊中羞涩还是富甲一方,他始终坚守共产党人的品格,用忠诚和担当谱写挚爱心中那抹红的壮美篇章,他就是湖南艾华集团股份有限公司党委书记、董事长艾立华。

两次申请心愿终达成

艾立华出生于 1958 年,父亲是基层金融机构负责人兼党支部书记,母亲是人民教师,良好的家风厚植了他的红色底蕴。1975 年,高中毕业后成为一家国营企业的技术员的艾立华,向党组织递交了入党申请书,并成为一名预备党员。后来由于种种情况他辞职创业,虽然其间工作繁忙,但他并没有忘记按期向党组织递交转正申请书。然而,在交了 21 个月党费后,他的转正申请仍因历史情况未获通过。

未能成为正式党员,他虽然有些遗憾,但没有因此迷茫,听党话、跟党走的初心坚如磐石。

2003 年,艾立华出差途中在飞机上翻阅画册时,看到一则外资企业招工优先录用中共党员的消息,引起了心灵共鸣。“扬帆远航,离不开灯塔指引;企业发展,更需要党旗引领。”他说。在上级党组织指导下,2004 年,公司在同行业率先成立党组织,并在四川、江苏、新疆等地的子公司建立了党组织,真正做到“企业发展到哪里,党组织就建到哪里,作用就发挥到哪里”。2011 年,公司设立了党委,目前,公司党委下辖 7 个支部、126 名党员,党组织成为企业发展把关定向、凝心聚力、攻坚克难的红色引擎。

经过 33 年的奋斗,当年的小作坊如今发展为拥有约 100 亿元市值、3000 多名员工的铝电解电容器科技集团有限公司,艾立华从一名小作坊老板成为集团公司董事长。

“我要第二次申请入党,而且要争取担任党委书记。这样,党组织的战斗堡垒作用和党员的先锋模范作用才能得到更好发挥。”艾立华向党组织这样表达自己的心愿,2010 年,艾立华终于如愿加入党组织。2014 年,他担任了公司党委书记。

在艾立华的带领下,公司先后出台《党支部先锋活动管理办法》《关于进一步加强党委自身建设的实施意见》等制度规定,并狠抓落实,引领企业在经济下行压力大的情况下逆势

增长、跨越发展。党的十九大召开以来,集团党委深入学习贯彻习近平新时代中国特色社会主义思想和党的十九大精神,把认知上升为认同、把观念上升为信念、把想法上升为做法,以加大党组织工作力度,推动企业质量优化、效率优化、动力优化。目前,公司在完善现代企业制度,引进世界一流人才,加快自主创新、绿色发展,以职工为中心等方面迈出坚实步伐,向着铝电解电容器行业世界最前列的目标大步迈进。

三十三年专注一件事

从默默无闻到行业高峰,辞职创业33年来,艾立华专注于做铝电解电容器一件事。不论遇到任何艰难险阻,他从未停止过努力前行的脚步,始终坚守共产党人坚韧不拔的思想品格。

1992年,正当艾立华的工厂形势喜人的时候,其他4名股东要求退股,几经苦口婆心做工作无果后,艾立华只好与妻子共同上阵,全力投入工作。在一次费尽周折才见到甲方营销经理的推销中,对方拿出一个只有日本企业才能生产出来的铝电解电容器说:"能生产出这个就跟你签合同。"

艾立华的"霸蛮"劲上来了,他带领技术骨干昼夜攻关,很快就把对方需要的产品研制了出来。经检测,产品完全符合对方要求,每年超过1000万元的合同随之签订。对方厂家后来透露,此前联系过多家企业,国内尚无一家能够研制出来。凭着产品的过硬质量和信誉,艾立华的工厂分别与海尔、海信、TCL、雷士、欧普等众多国内外知名企业建立了合作关系,产品销往20多个国家和地区。

1997年,受亚洲金融风暴影响,一直合作很好的四川长虹集团要在9家电容器供货商中精减掉5家。与其他大企业相比,当时艾立华的资江电子元件厂被淘汰的可能性极大。关键时刻,艾立华决定背水一战,倾其所有,将工厂搬到长虹集团家门口——在四川绵阳创办四川绵阳资江电子元件有限公司。尽管当时起步艰难,但几经打拼,终于稳固了与长虹集团的合作关系,企业得以快速向前发展。随后,艾立华又在四川德阳、雅安和江苏南通等地的几个对口销售厂家门口分别设置分厂,这样既降低了物流成本,又能使产品与市场直接对接,确立了比较优势。

国际视野、追求卓越,做世界电容器大王是艾立华心中的梦想。实现这一梦想需要通过资本市场推动企业转型升级,促进现代企业制度建设,他们为此奋斗了8年。2004年,艾华科技集团成立。2015年5月15日,艾华集团终于在上海证券交易所正式挂牌上市,艾华集团由此步入发展快车道。

2017年的行业绩效显示,艾华集团成为国内铝电解电容器龙头企业,全球排名第六,节能照明类铝电解电容器性能处于世界领先地位。这个当初"十几个人,七八条枪"默默无闻的小作坊成为行业的龙头企业,正一天天引起世人的瞩目。

心系百姓挚爱那抹红

走进艾华集团党委会议室,一幅"厚德载物"的书法作品映入眼帘。这既是艾立华的座右铭,也是公司的价值取向。从当初东拼西凑3700元流动资金、租赁1间45平方米的土坯房,到如今拥有数十亿元资产,一路走来,无论钱多钱少、能力大小,艾立华始终践行全心全意为人民服务的宗旨,回报社会,心系百姓。

1986年,当时艾立华刚刚下海创业,手头并不宽裕,为了省钱,他和妻子经常吃五角钱一份的快餐。有一天,艾立华在妻子的陪伴下去一家眼科医院看病。在门诊室,夫妻俩看到一位农民痛得双手抱头在床上打滚。经打听得知,这位伤者在炸石放炮时不慎炸伤了双眼,必须立即手术,否则将失明。然而因为实在无法筹措到400元的手术费,这位农民兄弟决定放弃治疗。艾立华被这一幕震撼了,决不能让"光明"被400元打倒。艾立华倾其所有,凑齐400元交给医生。后来,这位幸运的伤者经手术保住了宝贵的双眼,而本属偶遇伤者、自身同样患有眼疾的艾立华,只是找医生开了一支0.4元的眼药水,便和妻子默默离开了。

艾立华带领公司在保证每位员工"工作有岗位,生活有保障,收入有提高"的同时,让其共享发展成果。公司全额报销员工和附近两个村村民子女从小学到高中的学费,对考上大学和研究生的分别予以奖励。公司为员工办理"五险一金"的同时,设立"李爱仙"爱心基金,对家庭困难的职工给予现金资助,规定大病员工可带薪休假,除了一次性给予救助外,每月还可享有生活补助,"五险一金"由公司全额承担。2008年金融危机时,公司承诺不减员、不降薪……

33年来,艾立华在救死扶伤、敬老爱老、扶贫帮困、抢险救灾、环境保护、捐资助学等慈善活动中先后捐款数亿元。

心之所向,素履以往。艾立华认为,要不忘初心、牢记使命,矢志不渝跟党走,奋力走好新时代的长征路,努力实现成为世界电容器大王的梦想,为实现中华民族伟大复兴的中国梦作出自己的贡献。

像爱护自己的眼睛一样爱护企业

——记南京医药股份有限公司董事长陶昀

使命于心,责任在肩,他像爱护自己的眼睛一样爱护所在的企业,"将南京医药打造成为一个光彩照人的优秀企业"是他坚定的志向和愿望,这就是南京医药股份有限公司董事长陶昀同志,一位党性强、作风正、始终保持工作激情并充满正能量的优秀企业家。

陶昀同志加入南京医药可谓受命于危难之时。2013年前,这家创业及发展已62年、上市17年的上市公司,曾一度辉煌,但因发展方向及思路出现"偏航"、投资失控、经营不善等诸多原因,造成自2010年起连续三年业务亏损,2011－2012年主业亏损每年均为3亿元左右。每况愈下的业绩令全体股东痛心,加上因相关资产处置引发媒体负面炒作不断、监管部门关注,公司内忧外患、积重难返。2013年4月,在市国资委和实际控股股东南京新工集团的密切关注及有力监管下,与ST企业擦肩而过的南京医药按照上市公司规范果断调整领导班子,陶昀毅然服从组织安排,从百货行业跨行进入陌生的南京医药,并当选为公司董事长。上级领导寄予厚望、投资者高度关注、媒体拭目以待、全体南药人更是焦急期盼……

陶昀到任伊始，首先虚心向大家请教，了解企业状况，即便在休息日也在办公室阅读报表材料或约干部员工谈话，早来晚走是常态，没有双休成习惯，用他的话说："我不懂医药，不了解医药行业，但不能不熟悉企业情况。"南药下属子公司60余家，每家企业的主要情况他之后都能如数家珍。陶昀认为"上市公司是所在城市的名片"，他在上任后召开的公司股东大会上就清晰而明确地对外表示："上市公司的首要责任，就是创造效益、创造价值，我们未来要用业绩说话，报表说话"。把脉南药，陶昀在公司职工代表大会上作"业绩为王——我们应有的荣辱观"讲话，强调企业本质就是要盈利，必须牢固树立"业绩为王、投资讲回报"的思想，树立盈利光荣、亏损可耻的荣辱观，对股东负责、对职工负责、对自己负责。他是这么说的，自己更是这么做的，全身心为南药的改错纠偏、扭亏增盈倾注心血和智慧。

在陶昀勤勉敬业、勇于担当的影响及带领下，南药新领导班子及广大干部员工深刻反思企业在过去发展历程中的严重失误，及时纠正公司发展方向和思路，坚定回归医药流通主业，坚持以创新思维主导业务方向，聚焦与世界500强联合博姿战略合作及主营业务盈利两大任务目标，引入外资促发展、精细管理出成效、资产整合抓"止血"、提振信心创价值。在"十二五"期间的2013年至2015年，南药成功实现经营业绩反转并逐渐走出原先的发展困境，步入良性发展的正轨。公司每年销售收入增速均高于行业平均水平，归属于上市公司股东的扣除非经常性损益的净利润由2012年-3亿元左右上升为2015年末的1.45亿元，公司市值从2013年初30多亿元上涨至2015年末近94亿元，在资本市场合理反映企业业绩大幅改善的同时，切实实现了为全体股东包括国有股东创造价值的目标。同时，公司于2014年末完成定增引入境外战略投资者工作，成为业内实施混合所有制改革的首家中外合作A股上市企业（国有持股27.18%、外资持股12%），在业内的规模排名也由第七位步入第六位。步入"十三五"，公司继续保持关键业绩指标稳步增长、整体运营健康发展的良性势头，同时，为降低南药的资产负债率并提升长期盈利能力及核心竞争力，公司2016年4月已启动新一轮非公开发行股票项目（包括员工持股计划），拟募资20亿元。该项目稳步推进并于2017年8月下旬取得证监会批文，预计当年内完成发行。身为企业家，陶昀用无可争辩的经营业绩挽狂澜于既倒，践行了"为股东创造价值、对企业和职工负责"的诺言，令人刮目相看的南药于2016年4月荣获行业"十二五"管理创新奖，陶昀个人荣获2014年南京市五一劳动奖章。

陶昀在南药提出"管理是一门艺术，做不好企业要承认自己技不如人，而不是拿体制做'挡箭牌'，将过咎归结于体制"。无论是在以往工作过的商业系统，还是来到南京医药，他始终讲求"管理有道、大道至简"这一行之有效的方法，坚持"把复杂事情简单化、把日常工作标准化"。

传统产业的"蓝海"在于创新，好模式可以延续企业的生命周期，陶昀要求以创新作为企业发展的加速器，促进南药积极向健康产品与服务提供商转型。他认为企业发展需要"方向、观念和方法"，明确提出"医疗机构业务是南药的主攻方向也是'定海神针'，要稳中求进；药品零售连锁业务是南药未来的突破方向"；他强调"企业发展始终是硬道理，运营模式、标准和人才队伍是发展三要素"，南药的人才应当"融入企业、勇于担当、善于学习"；他倡导"忠诚、钻研、实干"的务实精神；他要求培养"三种责任心和四种能力"（三种责任心：视企业利益为自身利益、对份内份外事都勇于挑重担、恪守职业道德并带头遵章守纪；四种能力：精于管理，善于发现问题、解决问题；勤于经营，擅于赚钱盈利；注重学习，能适应环境变化并不断提高专业水准；团结协同，能带领团队共同前行），他充满深情也满怀期望地告诉南药下属所有企业的干部员工："在历史长河中，一年、两年、甚至十年都是短暂的，但是一个个节点构成了历史，每个员工都是企业历史的创造者，也是见证者，打造一个漂亮的南药，全体南药人的三种责任心和四种能力必不可少"；他提出共同树立起六个"敬畏之心"（敬畏社会的法律、规范；敬畏企业的管理规范和制度；敬畏科学、知识和技术；敬畏自身所从事的职业；敬畏股东和资本；敬畏职工）……在正确思想、理念和价值观引领下，南药人以扭亏增盈的实际行动践行着"诚信勤勉、创新创业、和谐共赢"的企业精神，切实履行好上市公司对国家、社会公众、股东和职工的责任。

优秀的企业家始终牢记使命，心系企业。虽然挽救一个企业是艰难的，尤其是把已连续两年主业亏损3亿元左右的上市公司扭亏为盈更是艰辛变革的过程，但强烈的继续打造南药崭新未来的责任感和面对严峻形势、变革挑战的危机意识，让陶昀时刻殚精竭虑、不敢懈怠，他在南药不止一次提到"战战兢兢、如履薄冰"这八个字，他常说"希望让自己的职业生涯有一个完满的句号，哪怕明天离开南药，我也要把今天的工作做好！"

像爱护自己的眼睛一样爱护企业，秉持责任与坚守，陶昀带给每个南药人正能量。我们相信，在南京医药战略引领、在陶昀和精诚团结的公司领导班子带领下，苦尽甘来的南京医药必将生机勃勃、再创辉煌，为中国的医疗卫生改革和大健康事业做出新的贡献，为全体股东创造更大的价值！

春雨归海　梦想与国家发展同步

——记上海巴安水务股份有限公司董事长张春霖

他是上海巴安水务股份有限公司总经理张春霖，一名深具社会责任的企业家，近日被评选为上海市青浦区第二届领军人才。他把平凡的人生过得并不普通，他在工作岗位上做出的成绩得到了政府领导和业内人士的充分认可。从1999年拿着借来的100万元创业，到2011年深交所上市，主营业务爆发式增长，2017年营业利润2.5亿元。这就是张春霖和他一手创建的巴安水务。作为水处理工程的技术型公司当家人，60后的张春霖属于典型的技术男，然而在他的创业之旅中，踏准国家发展的整体战略，不断寻找蓝海，正是是对创新的坚持才成就了他的梦想。

一个资深"金领"的创业之路

2011年的上市，给巴安水务的创始人带来诸多挑战。"一下子感觉时间不够用。"张春霖有点自嘲地说："虽然我们创业的团队很成熟，但是上市后，发现团队的管理水平跟不上发展了，需要提升，所以我把他们一个个送到商学院去学习，另外还要从外部招聘一批优秀的人才，特别是成熟的行业内人才。”在他看来，随着企业的迅速发展，公司战略的落实和企业文化建设都是必须的过程。

随着巴安水务新的办公大楼和研发基地陆续投入使用，工作环境有了很大的改善，不过张春霖并不满足于这些外在的改变，“最大的一个问题就是，创业的时候，大家憋着一股气，坚持自己的理想。上市成功后，这股气有点松懈了，要把这股气给鼓起来。”他提出，当前巴安水务要搭建政府、资本、人才、技术和市场五大平台，树立新的目标来激励全体员工。

也许1995年主动放下“金领”饭碗，从当时全国最大的电力设计院辞职时，张春霖靠的就是这股“气”。“很多人问我为什么这么好的工作不做。”18年前放弃5万元的年薪，又是旱涝保收的事业单位，在如今编制一个难求的时代看来，仍然是不可思议的一件事情。由于在大学期间对英语花了很大的工夫，所以张春霖的英语水平在设计院也是十分突出的，被安排从事涉外项目的工作，负责引进发电厂设备，对新技术的接触也就比较多。因此下海创业后，张春霖靠工作时积累的信息和渠道，代理国外的技术和设备，赚到了“第一桶金”。然而到了2000年前后，随着通讯事业的发达，市场信息进一步透明，张春霖发现竞争者一下子多了起来，原来的蓝海在迅速变红。经过考虑后，他决定从技术代理经营转向提供技术解决方案。也就是在这个期间，1999年张春霖创办了巴安水处理公司。公司的名字SafBon，源自于他认为英语和法语中两个最美的字，寄托了他对安全和美好的向往。为了克服原有销售团队的技术力量不足，张春霖从原来单位聘用了一批退休的老专家，开始研发空冷发电机组的凝结水精处理系统。这一技术在2年后基本成型，2003年巴安即获得了第一个1000万的大订单，来自位于北方的山西古交发电厂。

也许这就是张春霖所说的机遇，2000年一度沉寂的中国电力行业在2003年伴随着中国经济景气进入大发展，同时随着高压电远距离输送技术的提升，国家发改委对电厂选址的思路有了变化。我国煤产地主要在北方，用电大省则是经济发达的东南沿海。以前多是在南方建电厂，将北方的煤运到南方；这时经过专家研究后，发现在北方建电厂，通过高压线将电送到南方的方式更为经济。由于南方多水，北方缺水，所以北方的电厂则多用空气冷却蒸汽。这也就使巴安研发的空冷发电机组凝结水精处理系统一诞生便迎来巨大的市场空间。巴安水务开始急速扩张。以山西古交发电厂为起点，巴安水务整合500多个供应商，将自己的技术转化为市场成果，陆续为100多个发电厂安装了自己的系统。巴安水务也从一个二三十人的小公司，在与当时国内“巨人对手”的竞争中不落下风，迅速跻身亿元销售额俱乐部，几年之间，销售收入翻了四五十倍。

在大力开拓北方市场时，张春霖敏感地捕捉到了北方缺水的政策性动向。由于国家发改委严令新建电厂不得使用河道和地下水，于是污水处理厂的再生水成为发电厂最可靠的工业水来源。巴安水务研发的再生水回用系统，可以使发电厂把处理后城市污水循环利用，成本低廉。2004年巴安接到华润首阳山发电厂的第一个订单，进入中水深度处理项目中水回用领域。这一环保而经济的系统很快成为巴安的第二大块业务。

从专精电力水处理走向“大环保”公司

2007年对于张春霖和巴安水务都是关键之年，公司决定上市。“2006年之前都是人治，但是在这一年到交通大学安泰经济学院就读EMBA后，管理理念发生了很大的变化。”张春霖开始认识到要把公司做成可持续发展的现代企业，上市是一条必经之路。上市就像是一次压力测试，对整个公司机制和团队能力的一次考验。经过重重考验，2011年9月，巴安水务成功登陆深圳交易所，募资3亿元。

“上市能成就环保企业的发展，实现规模效应。”张春霖告诉记者，上市后使公司搭建政府平台成为可能。上市使巴安实现了资本集聚，将金融资本和产业资本的有效结合，走出了过去因资本束缚只能做总承包项目的困境。股份制改革也使公司建立起了现代企业制度。另外也为公司带来了人才集聚效应，吸引更多的行业精英加盟，增强了企业研发实力。解决了融资平台的跳板问题后，长期耕耘在电力领域的巴安水务再次拓展自己的业务范围：市政水处理、污泥处理和垃圾焚烧发电技术、天然气新能源。在青浦的巴安水务总部就集成了巴安三大技术——直饮水、污水处理和地源热泵，其中最后一项就是通过全封闭的采暖系统，长期为巴安的行政办公大楼提供制冷制热。张春霖非常看好天然气发电领域，他说：“近几年我们国家发现了大量天然气储备，10年内，我国天然气发电的比例，将从今天的不到1%要大大增加。”天然气新能源系统将成为巴安重点开拓的又一领域。

污泥处理则是巴安水务关注的又一水处理延伸领域。过去我国的污水处理只重视水处理，而忽视了水处理后形成的污泥治理，这给城市环境埋下了巨大的环保隐患。随着公众对于这一问题的关注度迅速上升，政府投入污泥治理的步骤也在加快。张春霖说：“这个技术其实上海很早就开始研发，但是走了不少弯路。巴安开发的薄层污泥干化技术，可以利用发电厂的余热蒸汽干化污泥，干化污泥可以转化为低热值的煤用于发电，焚烧后的污泥转化为粉煤灰在市场上出售。这是一个非常环保和循环利用的技术。”他表示这一项目已经过认证，有望成为今后污泥处理的主流技术。

回顾创业路，看起来每一步都走得很顺畅，但张春霖仍有难以忘怀的那些艰难时刻。“很多人不敢去创业和创新，因为感到无从做起。”他想起当年自己创办公司时，从注册开始到财务制度，对一个没有接触过这些领域的工科男来说，真是千头万绪，既麻烦又琐碎。“只能摸着石头过河。在创业过程中只能靠坚定不移和努力不懈，可以去把握机遇。坚韧两个字可以造就企业家精神。”

60后生人张春霖发现企业发展后，随着新鲜血液的注入，也面临着代际交流的问题。“许多年轻的工程师都是8090后，在执行和承压能力上跟6070后不能比，但是他们也有善于创新的一面。”为此，张春霖花了大力气在公司文化和学习型组织建设上。巴安水务不但有系统的企业哲学、企业使命、企业理念与核心价值体系，甚至连新的企业总部大楼外观都神似哈佛商学院。他不惜投入，把员工送到交大、同济等一些商学院去学习。“我希望员工能够有一个放下工作、给自我充电的机会，这样重新梳理工作中碰到的问题，就会有比较清晰的方向。”

技术出身的张春霖相信学习的力量，他自己也在不断寻求新的视野。作为一个民营的水务公司，他发现，“大批的水务企业都集中在北京，行业生态模式跟上海也不同。我们集中在技术创新上,但忽略了政府平台的开发建设,毕竟水务行业与政府的关联度非常高,这是绕不开的。”

正是因为受惠于国家对环保行业的支持,巴安水务的收入大幅增长,“我们的目标是每年营业收入有大踏步的增长。”张春霖毫不怀疑地说:“只有把自己的梦想和国家的发展结合起来,才会成功。”

静水流深

技术,是采访张春霖的关键词。他学技术出身,做技术创业,就连新启用的企业总部也被称为研发大楼,并集成了公司的三项核心技术,就像是一个技术示范案例。因此,当面称他“技术男”,张春霖一点也不介意,他还会告诉记者,哪几项技术就是他自己参与开发的,谈起公司的专利如数家珍。也许正因为这样,张春霖始终把自己的企业放在水乡青浦练塘,远离市中心的繁华打扰,精心耕耘自己的技术富田。

在技术上,张春霖的巴安是高调的,在国内举办了与技术相关的高峰论坛,发布有关行业标准,申请各种技术认证和国家博士后工作站。另一方面,所有见过张春霖的人又都会觉得,他怎么那么像一个国企老总,而不是一个民营企业的创业家。因为他的话语中频频提及国家、政策,又很少谈到他自己的成就,其低调谦和丝毫没有一代创业者常见的那种张扬。就连巴安水务也有这种风格,始终坚守核心业务,专注务实。

很多人会觉得巴安是运气好,每一步都踏准了市场的大势,但是张春霖身上对技术的无比重视和对企业发展的慎重,何尝不是能够抓住一次次机遇的根本所在?在巴安水务的公司哲学里,归结为一句“静水流深、厚德载物”,诠释就是“低调谦逊,平和清静,宽厚包容”。在张春霖的期望中,希望所有员工都能做到慎思、博学、笃行、厚德。主动拥抱变化、研发新技术,让巴安始终跑在市场前面,而韬光养晦、低调做人让巴安规避人为风险和战略失误。

也许名字中带着一个“霖”,张春霖与水有缘,也与水相近。水能润物,也能载物。上善若水,读懂了水的精神三昧,也就读懂了张春霖的创业哲学。

2017
中国证券业年度人物

（排名不分先后）

余德辉	吕　波	敖　宏	李　玮
李德禄	李　昕	窦荣兴	陈照星
王映黎	曹世如	张　丽	王尔宏
吴列进	颜晓斐	刘壮超	王　军
廖　明	郭现生	徐炜中	吴红松
韩正辉	吴国华	唐东雷	胡志荣
陈　重	王　彬	ALEXANDER LIU	LOUISA FAN
欧宗洪	许金超	邱天高	赵一波
黄代放	杨　剑	时景丽	王立新
金　煜	任开宇	秦斯朝	吴明德

余德辉 先生

中国铝业股份有限公司 董事长

余德辉先生，现任本公司董事长、执行董事。余德辉先生毕业于法国高等社会科学研究院、巴黎第十大学经济学院发展经济学专业，经济学博士、教授。余德辉先生在能源、有色、经济、管理方面拥有丰富经验，曾先后担任法国斯佩克环保工程股份公司技术副总经理、总经理，国家环境保护局科技标准司副司长，国家环境保护总局科技标准司副司长、司长并挂职担任内蒙古自治区政府主席助理、包头市常委、副市长，内蒙古自治区政府副主席，中国电力投资集团公司党组成员、副总经理，国家电力投资集团公司党组成员、副总经理。余德辉先生目前还担任中国铝业集团公司总经理、董事、党组副书记。

开启中国铝业绿色低碳高质量发展新征程

在董事长余德辉的领导下，中国铝业坚持“科学掌控上游，优化调整中游，跨越发展下游”的工作思路，加大结构调整、转型升级、创新发展力度，加快改造提升传统动能，培育发展新动能，积极推动公司产业链由橄榄形向哑铃型转变，实现协同化、高质量发展。

科学掌控上游：就是要积极获取国内外优质铝土矿资源，加快矿山建设步伐，提高铝土矿自供率，改善供矿结构，掌握供矿主动权，从源头建立起产业发展优势。近年来，在董事长余德辉的带领下，中国铝业加大了海外资源获取力度，先后在几内亚、印尼、越南、老挝等铝土矿资源丰富的地区开展了资源获取工作，对保障公司供矿安全、打造企业核心竞争力、加快建设具有全球竞争力的世界一流企业具有重要意义。

同时，中国铝业致力于推进资源的综合利用，加大了国内铝土矿资源的开发和选矿、洗矿、脱硫等工艺的研究、改进，资源的集约化利用水平不断提高，为推动铝工业可持续发展、延长国内资源服务年限奠定了有利条件。

优化调整中游：中游指氧化铝和电解铝及配套的炭素、新能源发电等相关产业，也是中国铝业的核心业务。优化调整中游，重点是要通过“加减乘除”，改造提升传统产业，加快困难企业转型发展和低效产能的退出、转移，推动产业向资源、能源、市场、物流等要素的优势区域集中，尤其是要推动电解铝向水能、风能、光伏等清洁能源丰富区域转移，进一步优化产业布局和产能结构，打造产业配套协调发展的大型铝工业基地，实现集群化、协同化发展，降低运营成本，提升核心业务的竞争力水平。

近年来，公司将部分低效能产业转移到有能源和资源优势的内蒙、贵州和广西等地，公司广西华磊、内蒙古华云、贵州华仁等项目陆续建成，重点打造了内蒙包头、广西、贵州、山西四大铝工业基地，炭素、自备电厂等配套产业协同发展，大幅降低了物流等运营成本，2017 年公司电解铝、氧化铝成本竞争力分别进入行业的前 40% 和前 45%。

跨越发展下游：主要是面向航天航空、轨道交通、新能源汽车等高精尖领域，积极向产业链终端和价值链高端延伸，重点推进氧化铝精细化、电解铝合金化、高纯化和材料化进程，大力发展高附加值产品。从具体成果来看，原料型向材料型转型取得重大进展，中铝山东快速响应下游客户需求，成功产出高品质氧化铝，一举改写了用进口氧化铝生产高纯铝的历史，不断加快由冶金级氧化铝向精细氧化铝和高品质氧化铝转型升级的步伐；青海分公司围绕“绿色电解”做文章，由原来的普通铝锭向绿色 99.85 铝、3N 铝等产品转型，加快打造绿色产品基地。

目前，公司已经成长为世界最大的精细氧化铝生产销售企业，产品竞争力显著增强。下一步公司将利用技术、人才优势，充分发挥高新平台作用，大力推动技术创新和新产品研发，全面提升产业发展质量，努力向全球价值链中高端迈进。

吕 波 先生

中海油田服务股份有限公司 董事长

吕波先生，中国国籍，1962年出生，中海油服原董事长，毕业于中国矿业大学企业管理专业，获学士学位，后获中欧国际工商学院工商管理硕士学位，高级经济师。2002年加入中国海洋石油总公司，曾任中国海洋石油总公司人力资源部总经理、中国海洋石油总公司总经理助理、中国海洋石油总公司副总经理、中国海洋石油集团有限公司副总经理等职务，此外吕先生还先后担任中海油能源发展股份有限公司和海洋石油工程股份有限公司的董事长，并兼任中国海洋石油有限公司非执行董事。2016年12月任中海油田服务股份有限公司董事长，自2018年3月28日起，不再担任公司董事长。

确定发展战略 实现“扭亏为盈”

董事会于2016年12月16日任命吕波先生出任中海油田服务股份有限公司的董事长。在职期间，吕波先生勤勉尽责，凭借丰富的管理经验和出色的领导才能，在公司在面临极具挑战的竞争环境下，带领公司打赢了2017年“扭亏为盈”的攻坚战，给资本市场提交了一份满意的答卷；同时在吕波先生的指导下不断完善公司治理，确定了公司中长期新的发展战略。这为提升公司核心竞争力，实现公司的可持续发展奠定重要基础。

一、完善公司治理与风险管控

2017年，吕波先生通过持续完善企业管治、规范三会运作等措施，在充分听取董事会、监事会尤其是独立董事意见建议的基础上，切实保障了股东权益和公司的合规、优质运营。在吕波先生的带领下，董事会结合行业形势，采用优化后的风险评估模型实行全面风险管控，进一步完善内控管理体系，对重大事项动态监管。

二、打赢“扭亏为盈”攻坚战

2016年公司经历上市以来的首次亏损，净利润亏损额达到人民币-114.59亿元。2017年，在吕波先生的指导下，公司上下将实现“扭亏稳赢”作为全年的中心任务。一方面主动开拓国内外市场、努力推广技术服务。2017年公司新签海外合同140个，为历史最多；与此同时，公司还新开拓了4个国家市场并拓展了24个海外新客户，海外市场开拓成果显著。此外，公司装备的使用率和油田技术服务工作量均有不同程度的提升，有效的增加了公司的收入。另一方面，大力实施降本增效措施、不断优化资产和成本结构。2017年公司通过进一步完善采办模式、物资管理方式，加强设备自修、推进自研产品应用、优化资产结构、管理架构，创新人力资源共享机制等多种管理方式，使可变成本进一步有效降低。经过不懈的努力，公司2017年实现净利润人民币7,121万元，其中实现归属上市公司的净利润为人民币3,307万元，圆满的完成了扭亏任务，也兑现了吕波先生在2017年初对资本市场的承诺。

三、创新公司中长期发展战略

在吕波先生的带领下，公司董事会和管理层确定了中长期新的发展思路和双50%的发展战略，为公司创新求变、提升行业核心竞争力和影响力奠定了重要基础。未来公司将坚定发展信念，为实现中长期「双50%」战略目标继续深化改革。一、适应油气行业新格局、新模式，转换增长动力，进一步发挥板块间的协同效应，努力提升技术板块和海外收入贡献占比；二、持续加快科研转化及市场投放，致力在高难度、环保、高端一体化等领域实现技术突破，实现公司技术板块从提供多样性服务到为客户制定一揽子解决方案的服务转型；三、改革、创新管理模式，明确重点区域发展规划，采用灵活的市场策略和商业模式加快潜在市场开拓。

尽管吕波先生不再担任公司董事长，但公司会沿着吕波先生指引的方向坚定的发展下去，一定能够在新格局下重塑升级，书写更美的篇章。董事会、管理层及全体员工对吕波先生为公司“扭亏为盈”和持续健康发展做出的突出贡献表示衷心的感谢！

敖宏 先生

中国铝业股份有限公司 执行董事、总裁

敖宏先生，2015 年 11 月至 2018 年 2 月任本公司执行董事、总裁，现任本公司非执行董事。敖先生毕业于中南大学管理科学与工程专业，博士研究生，教授级高级工程师。敖先生拥有 30 多年的有色金属行业企业工作经验，曾先后担任北京有色金属研究总院副院长并兼任有研半导体硅材料股份有限公司董事长、国瑞电子股份有限公司董事长、香港国晶微电子控股公司董事长，中国铝业公司副总经理并先后兼任本公司监事会主席、中国铝业公司工会主席、中铝科学技术研究院院长、中国稀有稀土有限公司董事长，本公司执行董事、总裁、本公司非执行董事。敖先生目前还担任中铝集团专职党组副书记。

2017 年度，总裁敖宏荣膺中国有色金属工业年度经济人物。

在中国铝业集团有限公司党组的坚强领导下，在中国铝业股份有限公司党委和经营班子的共同努力下，中国铝业总裁敖宏坚决贯彻执行国家各项方针政策和公司各项战略决策，坚持扭亏脱困、转型升级总基调，适应新常态，瞄准新方位，绝地崛起，决战决胜，以改革引领，靠创新驱动，走出了一条持续降本、创新求强之路，取得了提质增效、转型升级的阶段性胜利。在经历了 2014 年的亏损和 2015 年的扭亏为盈之后，中国铝业的经营业绩在 2016、2017 年度取得了较大的提升。公司 2017 年全年营业收入创 2008 年以来最好水平，实现利润总额 30.06 亿元，整体盈利能力稳健提升，氧化铝、电解铝完全成本分别进入行业前 40% 和 45%，并逐步向上攀升。公司经营业绩的改善同样得到了资本市场的关注和认同，2017 年度公司 A 股、H 股、美股股价均大幅上扬，跑赢大盘指数。

在总裁敖宏的带领下，中国铝业把穿透式的精准管理作为避免“中梗阻”的有力举措，首创“早调会 + 专题会”模式，实现了效果评估、问题发现、快速解决、过程督导，系统管控能力不断增强，为各项主要生产技术指标持续优化和降低成本筑牢了根基。按照“干一个成一个”的理念，中国铝业坚持“项目从严、推进从紧、干事从实”，产业布局日趋完善，重点项目优建快投，转型升级势头强劲。

公司分别于 2016 年和 2017 年实施“265598”和“275918”提质增效专项行动方案，通过“横到边、纵到底、全员、全过程、全方位”的立体责任网络，进一步明确了目标和责任，调动了全员的积极性，保证了公司提质增效专项行动方案的贯彻执行。

在资本市场方面，公司积极与各金融机构开展合作，分别设立了 100 亿元的四则产业投资基金，引入了 100 亿元的国寿投资供给侧改革投资基金。同时，公司充分利用国家市场化债转股的政策机遇，实施市场化债转股总规模达 126 亿元，成为国家发改委向国务院推荐的中央企业市场化债转股标杆项目。

此外，为了进一步降本增效，公司充分发挥整合优势。致力于打造“大营销、大采购、大物流、平台化、国际化、金融化”战略布局，把握供给侧结构性改革机遇，发挥优势，主导产品售价跑赢市场，库存大幅下降，进出口业务创造新的突破。中国铝业 2017 年加快物流整合步伐，大力拓展物流市场，物流成本持续降低，助力公司降本增效。

励精图治、创新求强，在公司董事长余德辉、总裁敖宏的坚强带领下，公司在多年的摸爬滚打、拳打脚踢、爬坡过坎中，形成了破釜沉舟的底线思维原则、自强不息的成本领先战略、不抛弃不放弃的“两猪”精神、“取势、明道、优术”的稳中求进基调、问题导向穿透整改的倒逼机制、敢打硬仗能打胜仗的中铝气概，为公司的可持续发展以及建设具有全球竞争力的世界一流企业奠定了坚实的基础。

李 玮 先生

中泰证券股份有限公司 党委书记、董事长

李玮先生，1962 年出生，中共党员，经济学博士，高级会计师。现任中泰证券股份有限公司党委书记、董事长，第十三届全国人大代表，中国证券业协会理事，山东省证券业协会会长，山东省金融学会副会长，山东大学校董等职务。曾任莱芜钢铁集团有限公司董事、副总经理、总会计师，鲁银投资集团股份有限公司董事长、总裁，第十二届全国人大代表等职务。

勇于担当的改革奋楫者

中泰证券股份有限公司（原名齐鲁证券有限公司）2001 年成立之初，由于存在着资产质量差、挪用保证金、违规担保等问题，2003 年上半年被中国证监会列为待稽查的高风险券商。2003 年 7 月李玮同志担任董事长以来，带领公司下大气力解决了 3 亿元挪保、1.7 亿元担保等主要风险，组织实施了三项制度改革，推动公司从一家高风险、经纪类券商转变为规范类、综合类券商。

2004 年下半年，天同证券风险显现后，按照省委省政府的工作部署，作为省政府处置天同证券风险领导小组主要负责人，积极参与化解风险工作。2006 年 3 月，齐鲁证券托管天同证券。2007 年 1 月，齐鲁证券成功收购了天同证券证券类资产，安置了天同证券 1200 余名员工，完成了整合山东证券资源工作，一个新的齐鲁证券诞生。

2007 年以来，面对公司重组初期百业待兴、实力羸弱的严峻形势，组织推动实施发展战略、基础管理、业务体系、人才队伍、合规风控、企业文化六大建设工程，公司逐步发展成为全国大型综合类券商。近年来，面对经济高质量发展和资本市场依法全面从严监管的新形势、新要求，公司认真贯彻落实党的十九大、中央经济工作会议和全国金融工作会议精神，以服务实体经济为根本宗旨，积极实施综合金融服务商战略、大客户战略、高端人才战略、省内外并重发展战略、创新驱动战略和国际化战略六大战略，公司成长为集证券、期货、基金等为一体的综合性证券控股集团，核心竞争力和服务实体经济的能力进一步提升。截至 2017 年底，公司总资产 1322 亿元，净资产 341 亿元。近几年，公司共为 900 多家企业提供股权债券融资、新三板挂牌、跨境融资等服务，融资额 4000 多亿元；服务客户 600 多万，管理客户资产近万亿元。公司先后荣获“最具成长性投行”“最具创新力证券公司”“优秀保荐机构”“中国区突破债券投行君鼎奖”“证券公司投资者教育与服务优秀单位”等称号；2017 年，公司（本部）荣获全国文明单位称号；公司多次被山东省政府授予“山东省金融发展贡献奖”“山东省金融创新奖”等荣誉称号。

在带领公司转型升级、实现高质量发展的同时，积极履行社会责任。认真贯彻落实中国证监会和中国证券业协会精准扶贫工作部署，担任公司扶贫工作领导小组组长，推动公司与 10 个国家级贫困县区签订结对帮扶协议，与 10 余个贫困县企业签订财务顾问协议。2017 年推动完成了国家级贫困县企业—陕西盘龙药业 IPO 项目 1 个、威德环境新三板挂牌项目 1 个、贵州重庆债券项目 2 个，为贫困地区融资 29.17 亿元。其中，公司保荐承销的陕西盘龙药业是陕西省贫困县第一家上市公司。公司 2017 年荣获“最佳消费扶贫贡献奖”“杰出社会责任奖”等荣誉称号。

李玮同志近几年荣获“全国五一劳动奖章”“山东省劳动模范”等荣誉称号。

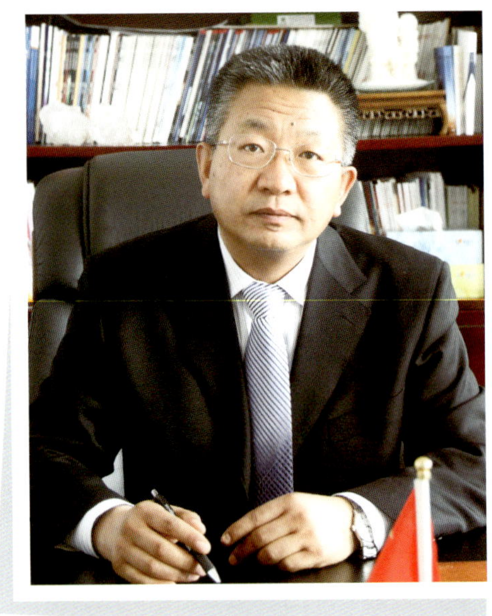

李德禄 先生

内蒙古兰太实业股份有限公司 党委副书记、董事长

李德禄先生，中共党员，1964 年出生，高级经济师，高级会计师，内蒙古工业大学 MBA 教育中心工商管理硕士研究生导师，曾任阿拉善盟财政局工企科副科长、科长；阿拉善盟经济体制改革委员会副主任；阿拉善盟经贸委党委委员、副局长（期间兼任阿拉善盟经济体制改革委员会副主任，主持体改委工作）；内蒙古太西煤集团股份有限公司党委书记、副董事长、副总经理；历任中盐吉兰泰盐化集团有限公司党委书记、副董事长、总经理、内蒙古兰太实业股份有限公司党委副书记、董事长、副董事长。现任内蒙古兰太实业股份有限公司党委副书记、董事长。

心系兰太 践行多元化发展之路

李德禄同志自担任股份公司董事长以来，带领董事会始终坚定不移的执行国家的方针、政策、法规；以企业持续健康和谐发展为己任，他十分重视研究企情，以为企业、社会、股东、员工高度负责的态度，坚持一切从实际出发，牢牢把握企业发展命脉，坚持“以盐为基础、多种经营、横向拓宽、纵向延伸”的经营理念，面对企业新的发展形势新的经营任务，李德禄同志和公司经营班子不断思考和完善发展思路，认真贯彻落实公司经营发展战略，在全面分析公司发展优势的基础上，制定了公司“三年滚动”发展的阶段性目标，着力打造以盐为主体，以盐化工和医药产业为两翼的“一体两翼”产业转型新格局，集中力量推动企业多元化转型发展战略的稳步实施，为公司发展经营指明了方向。同时，按照《公司法》、《公司章程》赋予的职责，充分发挥董事会的战略决策作用，以攻坚克难的坚毅和勇气，解放思想、改革创新、科学发展，在公司发展、经营管理和规范运作等方面取得了良好的成绩。公司产业规模与管理水平不断迈上新的台阶，企业信誉度和美誉度大幅提升。

在以李德禄同志为董事长的领导班子的共同努力下，公司 2017 年资产总额达 67.17 亿元，实现营业收入 32.9 亿元，利润总额达 4.35 亿元，较 2016 年增加 2.97 亿元；经过多年的发展，兰太实业已发展成为集制盐、盐化工、生物制药、矿产资源开发为一体，横跨内蒙古、青海、江西等三省（区）六地的大型上市企业集团。目前，随着企业金属钠新增产能的释放和纯碱规模效益的发挥，兰太实业基础化工和精细化工核心产业优势更加凸显，制盐和生物医药产业协调发展，企业风险管控和抗压能力显著增强，核心竞争力、品牌影响力更加突出，产品和产业结构更趋合理，公司产业发展、资本运营、人才强企、文化塑企的集团化运营模式日趋成熟并不断完善，多元化发展格局已形成并步入良性发展轨道。

2017 年公司经济效益实现大幅增长，创新转型和规模效益成效强劲显现，营业收入和利润创造了公司成立以来的历史最好水平，各项运营管理工作迈上新的台阶，企业总体保持稳定高效运行并呈现良好的发展态势，为地区经济社会发展做出了积极贡献。

多年来，公司以其良好的经济效益和社会声誉，先后被评为“国家高新技术企业”、“中国化工企业 500 强”、“中国化工最具发展潜力的上市公司”、“国家知识产权优势企业”、“内蒙古自治区盐化工企业研究开发中心”、“内蒙古自治区盐化工工程技术研究中心”等荣誉称号。同时，公司还建立了“吉兰泰盐湖博士工作站”、“吉兰泰盐湖与盐化工产业院士专家工作站”等科技组织。

李昕 先生

华润双鹤药业股份有限公司 党委书记、董事、总裁

李昕先生，1957 年 12 月出生，毕业于沈阳药科大学抗生素制造专业，学士学位，教授级高级工程师。曾任沈阳第一制药厂原料药车间工艺员、车间主任、对外协作处处长、研究所所长、副厂长；东药集团常务副总经理；北京医药集团有限责任公司董事、常务副总经理。现任华润双鹤药业股份有限公司党委书记、董事、总裁。

坚定方向 果敢前行

近年来，医疗卫生体制改革在深水中前行，受“两票制、一致性评价、分级诊疗、限抗限输”等一系列医改新政影响，医药企业面临前所未有的挑战。在此形势下，华润双鹤党委书记、总裁李昕审时度势未雨绸缪，先人一步在“十二五”末期即开始谋划布局转型战略，并制定了在“十三五”战略期完成转型升级的具体目标，坚持不懈地通过优化资源配置，调整产品结构，推动产业升级等措施，实现了产品质量、组织效率、市场竞争能力等大幅提升。

当市场机遇来临时，奔跑前行，加快发展，是对时局的把握；当市场形势变化时，审时度势，调整结构，更是智者之选。

2005 年，以李昕为首的管理团队明确制定了“十一五”发展战略，提出了“二次创业”战略构想，遵从“有所为，有所不为”的原则，重新梳理产业方向和产业结构，逐步退出商业，聚焦工业，退出天然药物领域和其他非主营领域。转让、出售和重组了部分子公司，优化资产质量，由外延式扩张转变为内涵式增长，逐步走上了健康可持续的发展道路。

2010 年，华润双鹤成为华润集团一级利润中心，着重提升内部管理效率，全面融入华润文化和各项管理体制。在内部要求和内控标准不断提高的同时，充分考虑外部环境变化对企业的巨大影响。李昕顺势而为，紧抓政策导向，准确把握行业发展新动态，通过持续合理地进行组织变革、资源整合和优化商业模式推动协同增效，进一步聚焦心脑血管、输液、内分泌三大领域，并努力拓展儿科、肾科两个专科领域，主业竞争优势与核心竞争力显著提升，公司实现发展新跨越。

肩负着国有企业在国家经济发展中的崇高责任，2015 年，李昕带领管理团队制定了“十三五”发展战略，聚焦“1+1+6”战略领域，通过内涵式发展和外延式并购，致力成为中国领先的制药企业，并立下“十三五”末销售规模达 100 亿，净利润达 10 亿的目标。

从 2012 年到 2016 年，华润双鹤主营业务收入从 40.37 亿元增长为 53.67 亿元，净利润(归属母公司)从 5.84 亿元增长到 7.14 亿元，这一组组数据的背后，是一条充满坎坷行之不易的道路，更是一条历经磨难却不忘初心的征途。回首近年来华润双鹤的发展历程，最令人欣慰的就是一旦找到正确的发展方向，便会众志成城全力以赴的果敢前行，或许这才是业绩背后更令李昕自豪的事情。

窦荣兴 先生

中原银行股份有限公司 党委书记、董事长

窦荣兴先生，1963 年 3 月出生，河南邓州人，中共党员，管理学博士，高级经济师，河南省银行业协会副会长，河南财经政法大学、河南工业大学兼职教授，硕士研究生导师。历任招商银行郑州分行副行长，中信银行郑州分行党委书记、行长，中信银行总行批发业务总监兼公司银行部总经理，河南省政府金融服务办公室副主任。现任中原银行股份有限公司党委书记、董事长。并当选为第十三届全国政协委员会委员。个人先后被授予 2015 年河南经济人物；新浪金麒麟 2015 最具贡献银行业领袖；新浪金麒麟 2016 年最具社会责任银行家；新浪 2017 十大经济年度人物新锐奖等荣誉称号。

勇挑重担，圆满完成中原银行新设重组工作

"受任于改革之际，奉命于重组之间"，2013 年 8 月，他接过河南省金融改革创新的大旗，挑起改革重组中原银行的重担。中原银行的重组涉及省内原 13 家城商行，覆盖地域之广，资产规模之大史无前例。按照"依法合规、市场运作、政府推动、积极稳妥、统筹兼顾"的工作原则，妥善处理与政府、股东、高管、员工四者的关系。历经准备动员、清产核资、做实资产和股价折价、筹建开业四个阶段，历时 16 个月的时间，中原银行于 12 月 26 日正式对外营业，在中国金融史上留下了浓墨重彩的一笔，受到了中国银监会的高度评价。

远见卓识，大力推动中原银行数字化转型

面对复杂的经济形势、激烈的行业竞争和迅速发展的互联网金融，凭借对于金融科技的超前思维，他带领全行坚持"科技立行、科技兴行"的理念，持续加大科技投入，致力于实现向科技银行、数字银行和未来银行的跨越式发展。一是着力推进数字化转型。邀请麦肯锡咨询公司提供数字化转型战略咨询，通过建立跨职能实体团队、实现双速 IT 交付等手段扎实推进转型进程。二是金融科技产品不断迭代更新。永续贷、ETC 信用卡等产品方便快捷、服务生活，一经上线即火爆市场；手机银行 4.0、直销银行实现全智能化指尖银行，收到用户的广泛好评；交易银行、供应链金融等持续线上提升，客户体验得到全面优化。依靠科技力量，银行竞争力不断提升，向行业领跑者大步迈进。

情系中原，积极履行中原银行肩负的社会责任

在带领中原银行发展的同时，他明确提出，中原银行是中原人自己的银行，银行与社会是唇齿相依、互惠互利的共同体，应积极履行自身肩负的社会责任。从不断深化银政合作，到探索 PPP 模式支撑地方经济；从以扶持大企业转型为"纲"助推产业结构调整，到全力支持大众创业和扶"微"助"农"，再到大力发展普惠金融，将"下乡"作为重要发展战略，作为我省首家省级法人银行，中原银行自组建成立以来，就肩负起服务地方经济、履行社会责任的担子，步坚行远。

雷厉风行，及时带领中原银行抢登香港资本市场

为了进一步提升抗风险能力，开拓成长空间，经过深入研判资本市场的当前形势和发展趋势，他与董事会果断做出登陆香港资本市场的决定，迅速全面启动筹备工作。在他的带领下，中原银行高效完成了财务审计、股权确权、国有股减持、招股书撰写、国际路演、承销定价等一系列复杂的工作，于 2017 年 7 月 19 日成功在香港联合交易所主板挂牌上市，创造了金融企业从成立运营到上市仅用时两年半的最快记录，书写了资本市场的一段传奇。

陈照星 先生

东莞证券股份有限公司 党委书记、董事长

陈照星先生，1975 年 12 月出生，毕业于暨南大学经济学院。现任东莞证券党委书记、董事长兼总裁，公司扶贫工作领导小组组长，东证锦信投资管理有限公司董事长，广东证券期货业协会副会长，东莞市证券期货业协会会长。

1998 年至 2005 年，历任东莞证券经纪业务部业务经理，办公室副主任、主任、董事会秘书。2005 年以来，先后担任东莞证券总裁助理、华联期货有限公司董事长、东莞证券副总裁、东莞证券董事长兼总裁、东莞证券党委书记。曾获多项荣誉称号，被评为广东省优秀团干，东莞市人民政府 2010-2011 年度东莞市金融工作先进个人，东莞市十大经济人物等荣誉。

勤勉尽职、行稳致远的责任担当

陈照星同志始终把企业发展放在首位，按照东莞市委、市政府的要求，切实抓好企业经营决策，用实实在在的工作推动企业稳健发展、科学发展、和谐发展。在他的带领下，东莞证券成为东莞市首批“倍增计划”试点企业，实现了 IPO 项目“五子登科”，启动了“金钻财富”业务，开创了东证可转换公司债券（生益科技）、资产证券化（厦门工学院）业务先河，并斩获“2017 年度税收突出贡献奖”“2017 年新三板投行先锋”“2017 年度卓越综合金融服务奖”“广东省守合同重信用企业”“金融消费权益保护工作先进单位”等多项殊荣。在他的带领下，公司 2017 年实现营业收入 19.77 亿元，净利润 7.51 亿元；净资产收益率 13.11%，如纳入上市券商比较范围，公司净资产收益率高于同期 31 家 A 股上市券商，排名第一位。在他的带领下，公司全员戮力同心，充分发挥专业优势，主动挖掘客户资源，积极增收、创收，不断推动业务发展。2017 年，公司大投行在激发业绩大踏步上升的同时，进一步夯实项目质量把控；公司大经纪业务倾力打造钻石系客户服务体系，推进证券经纪业务从通道式服务向财富管理增值服务转型；大资管业务努力化解各类风险，以打造“旗峰理财”这一品牌作为长远目标；子公司东证锦信成功向私募基金子公司转型，在利用股权投资天然优势的同时积极推动产业基金和并购基金。在他的带领下，公司不断提高科技创新能力、强化运营能力、提升服务能力，以创新驱动公司发展。东莞证券数据中心 2018 年 1 月 2 日正式上线启用，该项目能支持 700 万以上客户数量、5 万亿以上行情压力，将有效支撑公司未来 5-10 年的业务发展需求。2018 年 2 月，公司智能投顾“财富小宝”正式诞生，它是经纪业务“钻石”服务体系的又一载体，至此公司客户服务实现了线上、线下协同交互，成功迈上了智能化、信息化的新平台。

2018 年，陈照星同志提出“科技强司”、“机制强司”、“整合强司”、“人才强司”、“文化强司”五个强司方略，未来，公司三年的工作战略方向将紧紧围绕五个强司进行部署。在陈照星同志的带领下，东莞证券必将稳抓机遇、谋求发展，不断增值，行稳致远。

王映黎 女士

山东省国际信托股份有限公司 党委书记、董事长

王映黎女士，1961 年 9 月出生，中共党员，新加坡南洋理工大学工商管理硕士，高级工程师，拥有证券从业资格、期货从业资格。现任山东省鲁信投资控股集团有限公司党委常委，山东省国际信托股份有限公司党委书记、董事长。1992 年 12 月起加入山东国信，曾任基金贷款管理部经理、副总经理、总经理，在信托行业拥有约 25 年的丰富经验。

王映黎女士在任期间，始终坚持稳健经营、稳中求进的核心理念，构建了“根植山东，辐射全国，走向国际”的发展格局，在巩固传统业务优势的基础上，大力谋求转型创新，山东国信业务主动管理能力稳步提升、深耕细作资本市场业务成效显著、回归本源业务确立了行业领先优势。全力推进上市工作，公司于 2017 年 12 月在香港联合交易所主板成功挂牌上市，成为内地信托公司登陆国际资本市场第一股和港股信托第一股，也成为 23 年来首家在境内外交易所独立上市的中国信托公司。

在王映黎女士的领导下，山东国信在中国信托业协会开展的 2015-2017 年度信托行业评级中连续三年获得最高评级 A 级，先后获得“诚信托－卓越公司奖”、“诚信托－管理团队奖”、“最佳创新信托公司”、“最佳社会责任信托公司”、“最佳金融服务机构”、“卓越金融企业风险控制奖”、“中国最具区域影响力信托公司”等二十余项全国性、行业性大奖。带领山东国信逐步发展成为综合实力领先、品牌美誉度高的综合金融和财富管理服务提供商。

曹世如 女士

成都红旗连锁股份有限公司 党委书记、董事长、总经理

曹世如女士，成都红旗连锁股份有限公司党委书记、董事长、总经理。全国第九、十、十一次妇代会代表，四川省第九次党代会代表、四川省第十、十一、十二届人大代表，成都市第十、十一、十二、十三次党代会代表，成都市第九、十、十七届人大代表。现任四川省妇联常委、四川省企业家妇女联合会主席、成都市工商联副主席。

勇担上市公司责任 助力精准扶贫工作

来源社会，回报社会，是红旗连锁在创立之初就提出并一直贯彻至今的企业精神，更是红旗品牌社会责任的核心理念。多年来，红旗连锁人一直信守自己的承诺，积极参与赈灾救危、修建希望小学，捐助贫困学子、患病儿童、困难职工 ...... 即使在公司最困难的时候也从来没有间断。红旗连锁成立后已累计为社会捐赠达五千多万元。

作为四川本土大型零售企业，红旗连锁与成都金堂、蒲江、龙泉驿、都江堰、邛崃，阿坝、巴中、江油等地签署了战略合作协议，提供销售渠道，助推当地经济发展。近年来，公司还与省贸促会、省妇联等部门一起，在广元旺苍县、巴中市、简阳等地开展产业精准扶贫项目。通过产业精准扶贫，帮扶当地贫困户脱贫致富。

2017 年 6 月 24 日，红旗连锁党委书记、董事长、总经理曹世如个人通过成都市慈善总会向茂县山体垮塌灾区捐助 300 万元；8 月 10 日，红旗连锁通过四川省慈善总会向九寨沟地震灾区捐款 100 万，帮助灾区抗震救灾、重建家园；8 月 17 日，曹世如董事长个人还成立了“曹世如博友精准扶贫小组”，收集扶贫帮扶线索，积极开展精准扶贫工作，目前已经在凉山、简阳等地实施数十件帮扶。9 月 5 日，红旗连锁与达州市宣汉县峰城镇仁义村达成意向，为他们村的桃花米提供销售平台。

11 月 3 日，攀枝花市人民政府与红旗连锁签署战略合作协议。双方将在产销对接、市场拓展、产业精准扶贫等方面加强合作，促进地方经济增长和产业发展，助力农户增收致富，实现多方共赢。

新时代，新征程，新作为。作为居民日常生活的好邻居，红旗连锁将不断创新、竭力满足消费者需求，加快推进‘连锁+互联网+金融’战略，做好各项便民服务，为建设高品质和谐宜居生活城市贡献力量。共同引领零售新业态发展。

张丽 女士

上海浦东发展银行香港分行 行政总裁

张丽女士2010年起加入上海浦东发展银行股份有限公司，被任命为上海浦东发展银行香港分行行政总裁（行长）。作为香港分行行政总裁（行长），主要负责浦发银行在港业务的整体管理及策略发展，并向总行行长汇报工作。张丽女士系北京大学经济学学士，中国人民银行研究生院金融学硕士，2011年任浦发银行香港分行首任行政总裁（行长）至今，此前在中国建设银行总行国际部工作，并先后担任中国建设银行南非约翰内斯堡分行及香港分行执行副行长。

在加入浦发银行前，张丽女士于2006年至2010年间担任中国建设银行香港分行执行副行长。先后负责分行的中国业务部、公司银行部、金融机构部及资金部等。赴任香港之前的2002-2006年，张丽女士任中国建设银行南非约翰内斯堡分行执行副行长，分管风险管理、营业部、财务部、合规部、内审部及人力部等。

张丽女士的银行业生涯始于1990年研究生毕业加入建设总行，1991年加入建设银行总行国际业务部，此后在建行总行国际部及金融机构部等多个岗位任职。张女士在建行20年的杰出服务为其赢得了多项奖励和荣誉，包括全建行系统评选的首届“十大杰出青年”及中央金融工委评选的首届“全国金融系统青年岗位能手”等。

张丽女士在银行界从业近30年，其中海外工作经验15年，是中资银行市场化及国际化经营和发展的亲历者和实践者。繁忙工作之余张丽女士亦担任多项香港金融业公职，包括香港中国金融协会副主席，香港中国并购协会创会副主席，香港中国企业协会会董，香港中资银行业协会常务理事，港股100强研究中心顾问委员会顾问等，并笔耕不辍，先后发表《香港中资企业新角色与新使命》《新形势下香港中资金融业定位》等文章及在北大汇丰商学院、香港城市大学MBA讲堂、“燕集香江”财经论坛、沪港金融合作论坛演讲。

王尔宏 先生

国元国际控股有限公司 董事总经理

王尔宏先生，汉族，1968年12月出生，中共党员，毕业于上海财经大学，经济师。现任国元证券股份有限公司总裁助理、国元国际控股有限公司董事总经理、香港中资证券业协会常务理事。

王尔宏先生曾任安徽省滁州市财政局副主任科员；安徽省信托投资公司滁州证券部经理、国元证券股份有限公司深圳营业部经理、总裁助理兼深圳分公司总经理。

在国内证券市场工作二十余年，在营业部推行“规范化、标准化、流程化”建设，获评“全国十大营业部”荣誉称号，成为公司的先行者和典范，并形成可持续、可复制的发展模式；建立专业化的客户服务和营销体系，做大做强传统经纪业务，同时积极探索资管、投行等业务，推动营业部转型升级。

2013年以来，王尔宏同志带领国元国际经营管理团队，以打造功能完善的国际化投资银行为目标，积极实施全球化的经营战略，构建多元化的业务平台；努力拓展业务范围，勇于抢抓市场机遇；实现了业务发展模式的全面转型，收入结构的持续优化，经营业绩的成倍增长。国元国际的综合竞争能力、国际化经营管理水平得到快速提升；已初步建设成为业务牌照齐全、业务多元化、经营国际化的海外投资银行。在香港中资券商中确立了明显的优势地位，并正在成为其中的佼佼者；为国元国际长期稳健可持续发展奠定了坚实的基础。

五年多来，国元国际营业收入、税后利润、股票交易量、资产规模等屡创佳绩，实现了历史性的突破。公司已连续三年获评“最佳港股券商”等荣誉称号，2015年获港交所颁发“沪港通交易大奖”，2016年获评腾讯网“最佳港股券商”大奖及“用户体验最佳”单项奖等。同时，还主动履行企业社会责任，大力倡导公益文化，捐款捐物资助慈善机构，身体力行服务弱势群体，并荣获香港社会服务联社颁发『商界展关怀』殊荣，市场知名度和社会影响力显著提升。

吴列进 先生

广东中盈盛达融资担保投资股份有限公司 董事长

吴列进先生，全国人大代表，地方金融专家，地方政府经济发展顾问，全国担保行业领军人物，中国最具影响力担保人、高级信用管理师。现任上市公司广东中盈盛达融资担保投资股份有限公司（股票代码：01543.HK）董事长。

2003 年，吴列进先生作为金融高端人才被市政府引进佛山，负责牵头组建团队创立了佛山最早融资担保机构。2008 年荣获全国十大“中小企业信用担保机构领军人物”的称号，2011 年被佛山市人民政府授予“2010 年金融创新奖（金融创新人才奖）”，被中共佛山市委组织部、市人社局、市科技局联合评为“佛山市创新领军人才”；2016 年被评为“广东十大经济风云人物”等。2017 年 9 月被佛山市政府认定为 2016 年度金融高级管理人才。2007 年至 2017 年担任广东省人大代表，2018 年当选第十三届全国人大代表。

吴列进先生目前兼任中国融资担保行业协会副会长、广东省信用协会会长、广东省信用担保协会常务副会长、广东省融资担保业协会监事长、广东省科技金融促进会副会长、广东省安徽商会副会长、佛山市安徽商会常务副会长、佛山市工商联（总商会）副会长、佛山市信用担保行业协会党委书记等社会职务，是地方金融和工商界杰出的领导者。

吴列进先生还受聘为佛山市中小企业局专家、佛山市顺德区经促局经济决策咨询顾问、华南国际经济贸易仲裁委员会（深圳国际仲裁院）仲裁员、佛山仲裁委员会仲裁员、徽商双创导师、广东省信用管理师担保职业资格考试教材主编及授课专家，广东财经大学金融专业研究生校外导师，浙江大学管理学院、华南理工大学管理学院、财政部科研所研究生部等特聘教师。

吴列进先生在财务、金融、投资、证券、法律和现代企业管理等方面具备了深厚的理论积累和丰富的实战经验。自 2003 年参与创立中盈盛达以来，他充分整合各方资本和社会资源，逐步探索出一种“政府引导、社会参与、专业化经营和市场化运作”的融资担保混合所有制模式。在他的领导和管理下，中盈盛达已成为同时具有省、市、区三级政府国资参股背景，跨区域经营、集团化管理和市场化运作的普惠金融机构，并成为国际资本市场首家以融资担保作为主体的上市公司。中盈盛达先后获得“最具潜力上市公司”、“最佳创新上市公司”、“中国最具成长性融资担保公司”、“全国十大最具影响力担保机构”和“广东省金融创新奖”等荣誉。

颜晓斐 先生

上海环境集团股份有限公司 党委副书记、董事长

颜晓斐先生，汉族，1966年7月出生，硕士研究生学历，教授级高级工程师。1989年7月参加工作，1995年6月加入中国共产党。历任上海市政工程研究院助理工程师、工程师、团总支书记，上海市政工程管理局办公室副主任科员、主任科员，上海市政资产经营发展有限公司总经理助理兼工程管理部经理、副总经理，上海市城市建设投资开发总公司计划财务部副总经理、项目计划部副总经理，上海市城市排水有限公司常务副总经理、总经理、党委副书记，上海环境集团有限公司党委书记，上海城投控股股份有限公司副总裁等职，现任上海环境集团股份有限公司董事长、党委副书记。

创新求索谋发展 责任使命擎担当

颜晓斐同志自担任公司董事长以来，坚持以党的十九大精神和市十一次党代会精神为指引，围绕五大发展理念：1、践行创新发展理念、强科技、重管理；2、践行协调发展理念，拓市场、识大局；3、践行绿色发展理念，提标准、保安全；3、践行开放发展理念，创模式、树品牌；4、践行开放发展理念，创模式、树品牌；5、践行共享发展理念，接资本、利股东。以提升企业核心竞争力为目标，以严守安全底线为根本，快速拓展“2+4”业务市场，不断提高建设和运营管理水平，努力做好城市的“主力军”和“子弟兵”。

个人奖项：上海市重点工程实事立功竞赛记功；上海市重点工程实事立功竞赛建设功臣；上海市总工会职工信赖的经营（管理）者；上海世博工作优秀个人；上海市环境保护先进个人等。

刘壮超 先生

宜华生活科技股份有限公司 董事长

刘壮超先生，1988年出生，宜华生活科技股份有限公司（前身：广东省宜华木业股份有限公司）董事长。现任汕头市第十四届人民代表大会代表；政协汕头市澄海区第十届委员会常委；中南林业科技大学客座教授；香港中国商会常务理事；中国国际商会常务理事；中国家具协会第六届理事会副会长；广东省家具商会第七届理事会副会长；第十届广东省企业联合会、广东省企业家协会理事会副会长；汕头市工商业联合会（总商会）第十五届执行委员会执行委员；第七届汕头市青年企业家协会副会长；汕头市商标协会副会长；汕头市家具商会第二届理事会名誉会长。

开放与创新，引领家居变革的掌舵者

刘壮超先生自小耳濡目染其父亲传奇的创业历程并接受企业继承人的精英教育。2008年，他就学于美国 Pepperdine University 佩珀代因大学商管学院期间，以优异的成绩获得了最高的荣誉奖学金——“校董荣誉奖”，成为该院校第一位获得“校董荣誉奖”的华人留学生。

与生俱来的优秀经商基因，加之前沿的专业管理知识储备，刘壮超先生很快便在企业中站稳脚跟，成为一名素质过硬的企业管理者。2010年5月至2011年9月，刘壮超先生于宜华木业（美国）有限公司任副总裁；2011年9月至2015年11月，任广东省宜华木业股份有限公司首席运营官；2015年11月至2016年5月，任广东省宜华木业股份有限公司总经理。于此同时，刘壮超先生亦不忘与时俱进，时刻更新自己的管理思维及方法。在职期间，他继续深造，以优异的成绩毕业于北大国际 MBA 高层管理班，并再接再厉攻读美国福坦莫大学 DPS（金融管理博士）。刘壮超志存高远、乐学勤思，注重创新进取、学以致用，善于融会贯通、跨界整合，以产融结合优化企业资源配置，打造全新业态，加速全球化新布局。

在公司任职期间，刘壮超先生厚积薄发，主管国内外市场营销工作，全面负责公司在中国市场的渠道建设及“宜华家居体验馆”布局规划；将宜华在美国公司成功运作的先进模式引入国内市场，积极推广低碳环保，绿色健康家居理念，全力打造绿色环保家居的国内市场营销体系；顺应时代趋势，积极推动公司“互联网＋泛家居”一体化战略，战略规划并主导建设宜华“Y+生态系统”，打通全产业生态链，促进生态融合，加速升维布局，引领家居行业服务提升与变革；面向新世代消费群体打造社区生活方式体验店，构建宜华“新零售6+”模式，融汇原创家居、精品软装、智能科技、文化创意、娱乐休闲等创新业态，带来创新时尚、科技智能、品质品味、好玩有趣、舒适便捷的体验价值。

2016年5月，广东省宜华木业股份有限公司顺利更名为宜华生活科技股份有限公司，担任副董事长、总经理的刘壮超成功推动企业实现从传统的家居制造企业转型升级为住居生活一体化服务商。随后，刘壮超先生大力深化企业内部改革，革新产供销运营模式，加快推进终端新概念门店实施和智能化战略布局步伐，积极拥抱人工智能时代的到来。

基于显著的改革成果和优秀的业绩表现，凭借卓越的领导力和高效的执行力、敏锐的洞察力和独到的战略眼光，以及国际化的前瞻性思维，刘壮超先生于2017年4月被推选为宜华生活科技股份有限公司董事长，继续引领企业顺应时代潮流，不断开拓创新。

王 军 先生

包头东宝生物技术股份有限公司 董事长

王军先生，内蒙古自治区九届、十届、十一届人民代表大会代表，“全国乡镇企业家”，“内蒙古自治区优秀中国特色社会主义建设者”。曾兼任中国日用化工协会及明胶分会副理事长。现任本公司董事长、内蒙古东宝经贸有限公司执行董事、东宝圆素（北京）科贸有限责任公司董事长。包头市第一届商标品牌协会会长。

传承创新 续写百年企业的梦想与坚持

多年来，在王军董事长的带领下，公司从成功接收重组包头市精胶厂，到现在成为内蒙古第一家创业板上市的民营企业。东宝生物团队积极开拓、不断进取，获得了一个又一个丰硕成果，体现出其卓越的领导才能。东宝生物曾荣获“全国明胶行业先进企业”、“内蒙古自治区首批大众创业 万众创新示范基地”、包头市首批“百年老店”等多项荣誉。

经过多年不懈努力，他主持的胶原蛋白项目组与中科院理化所合作成功开发出“圆素”牌小分子量骨胶原蛋白肽，产品质量指标达到国际同类产品先进水平，属高品质的胶原蛋白产品。2015 年初，胶原蛋白新产品“圆素”骨肽上市，该产品采用国家专利技术生产，产品具有色泽白、易溶解、无异味、分子量小、易吸收等特点，受到了消费者的认可和青睐。

王军董事长重视企业产学研创新工作，公司的技术创新以及所取得的研发成果在行业内具有明显优势。近年来，东宝生物获得多项中国发明专利，并拥有自治区级企业技术中心、研究开发中心、中科院理化所—东宝生物胶原蛋白与明胶生物工程应用研发中心，与中科院理化所等单位联合实验室被认定为首批中国轻工业明胶重点实验室。

在王军董事长的领导下，在清晰宏大的战略目标指引下，公司积极开展资本运作业务，通过资本市场积极筹措公司发展所需资金。公司实行一厂两址运营模式，其中，公司生态园区为 2014 年再融资募投项目，该项目已正式投产、全面运营；2017 年，公司根据宏观经济发展形势和行业发展趋势，结合公司的实际运营情况，再次推出再融资项目，募集资金主要投向“年产 3500 吨明胶扩建至年产 7000 吨明胶项目“和“年产 2000 吨胶原蛋白项目”。项目建成投产后，将大幅扩大公司生产经营规模，提升盈利能力，进一步提升公司行业地位。王军董事长提出将东宝生物生态科技园打造成为中国明胶行业“五个第一”，即智能化技术第一、产品质量第一、生产（经营）规模第一、效益第一、生产（工作）环境第一，志在建成亚洲明胶样板工厂，这充分体现了王军董事长高度的战略格局和对行业多年来如一日的投入和挚爱。

另一面，王军董事长热爱社会公益事业，积极参加各类公益活动，树立企业良好的公众形象。曾带领组织公司参加印度洋海啸、汶川地震、玉树地震灾区捐款和土右旗、固阳县扶贫、包头市同心工程、包头市博爱一日捐、“关爱工程进校园”等多项公益活动，获得了广泛好评及社会各界的赞誉，为社会进步做出贡献。公司还荣获了“关爱工程进校园”公益捐赠活动“爱心单位”等多项荣誉。

廖明 先生

白银有色集团股份有限公司 董事长

廖明同志现任白银有色集团董事长、党委副书记、白银市委常委，正高级工程师。

2014 年担任董事长以来，认真贯彻落实新发展理念，积极抢抓“一带一路”和供给侧改革等重大历史机遇，以建设国际知名、国内一流跨国公司为目标，以高端化、多元化、国际化为方向，做强做优传统产业，培育发展新兴产业，开拓海外市场，并将传统产业与金融投资贸易、数据信息、现代物流等新兴产业相嫁接，从全产业链、全价值链打造综合竞争力，企业业绩稳步增长，发展保持良好态势。

与此同时，2017 年 2 月 15 日白银有色集团成功实现首发上市，成为目前国内 A 股市场有色行业唯一一家整体上市的大型国有企业，使白银有色集团从一个破产重组的老国企发展成为建立了现代企业制度、具有可持续发展能力和行业影响力的优质上市公众公司。

白银有色集团先后入选国家“循环经济模式典型案例”，获得“全国循环经济工作先进单位”、“国家技术创新示范企业”、“全国首批资源综合利用‘双百’工程骨干企业”、“全国五一劳动奖状”和“全国先进基层党组织”等国家级荣誉称号。

2017 年白银有色集团在全国 500 强企业中排名第 271 位，在有色行业排名第 12 位，在中国 100 大跨国公司中排名第 78 位。

郭现生 先生

林州重机集团股份有限公司 董事长

郭现生先生，1962年出生，河南林州人，中共党员，在职研究生学历，高级经济师。现任林州重机集团股份有限公司第四届董事会董事长兼总经理、林州重机集团控股有限公司执行董事、鸡西金顶重机制造有限公司执行董事、北京中科虹霸科技有限公司董事长、鄂尔多斯重机能源有限公司执行董事、林州重机林钢钢铁有限公司执行董事。

1987年12月，郭现生先生在当时的河南林县建立了林县重型煤机设备厂，注册资本70万元，经营煤矿机械配件和机件加工。1994年3月，郭现生先生以林县重型煤机厂为核心，组建了林州重机（集团）公司并担任董事长兼总经理，带领公司全体员工艰苦奋斗，短短几年时间，使公司迅速成长为当地具备一定规模的煤矿设备经销商。为完善公司治理谋求更大的发展，2002年5月，郭现生等24名自然人共同发起设立了林州重机（集团）有限公司，注册资本5,000万元。2008年2月，为借助资本市场发展壮大，适应上市要求，公司由有限公司整体变更为股份有限公司，注册资本增加到14,360万元；2009年12月，注册资本增加到15,360万元。2011年1月，公司在深圳证券交易所成功上市，股票简称：林州重机，股票代码：002535，是安阳市首家上市的民营企业。借助资本平台，公司得以实现跨越式发展，目前，公司已发展成为国内唯一的集钢铁铸锻、能源装备、高新技术装备、矿井建设与运营、金融租赁服务于一体的能源装备综合服务商，注册资本已达801,683,074元。集团现下属七家全资子公司、五家控股子公司、十家参股子公司。

郭现生先生热衷慈善，累计向社会捐款2000多万元。他先后被授予“优秀中国特色社会主义事业建设者”、“感动安阳杰出战略投资者”、安阳市“劳动模范（先进工作者）”、安阳市“优秀人大代表”、安阳市“二十佳企业家”、河南省“创先争优优秀共产党员”、河南省“五一劳动奖章”、河南省“推进创建劳动关系和谐企业先进工作者”、河南省“劳动模范”、“全国优秀企业家”等荣誉称号。

徐炜中 先生

华泰期货有限公司 董事、总裁

徐炜中先生，任华泰期货有限公司董事、总裁，复旦大学工商管理硕士，金融经济师，1993 年进入期货行业，历任期货公司市场部经理、营业部总经理、公司副总经理、公司总裁、董事。在中国期货行业耕耘二十四载，历经中国期货业不断发展壮大的艰难历程，积累了非常丰富的期货及衍生品业务和管理经验；对期货行业未来转型创新发展有着深刻的认识和理解，致力于推动期货行业的建设和健康发展。

2015 年底加入华泰期货，2016 年起任公司总裁，兼任中国期货业协会第四届理事会会员理事、经纪业务委员会委员、互联网金融专业委员会主任委员，广东证券期货业协会第六届理事会副会长，大连商品交易所第三届理事会理事。

锐意创新 打造六大核心能力建设

近两年，在徐炜中先生的带领下，公司开启了业务与管理创新的新征程。徐炜中先生着眼于金融业创新发展的大趋势，立足期货行业风险管理功能的发挥，服务国家战略和实体经济发展，从战略高度和长远角度，确立了公司“十三五”发展战略规划，坚持构建一条以投研为核心的金融衍生品全业务链，涵盖财富管理、资产管理、风险管理、场外期权和国际业务等服务内容，以公司北上广深四大业务中心，5 大分公司、39 家营业部、3 家风险管理子公司以及美国、香港 2 家境外子公司为触角的服务网络，并依托母公司华泰集团 300 多家机构，为客户提供覆盖国内国外、场内场外、期货现货的综合金融服务。

2017 年，公司锐意进取，在推进创新发展中不断取得新突破。公司的客户权益、资产管理规模始终保持行业前列，尤其是场外期权业务继续领跑，市场占有率超过 60%，稳居行业第一；完成增资 6 亿元，净资产达到 25 亿元，资本实力跃居行业前列；行业内率先设立了第二家风险管理子公司，两家子公司围绕各自特色谋求业务模式创新和突破，实现差异化发展；成功上线了行业内首款全功能移动终端“期赢天下”APP，率先升级金融服务，打造一站式、智能化、全方位、线上线下融合的客户服务体系；国际化业务发展步伐稳步推进，美国子公司取得了期货经营牌照；初步完成了全面风险管理体系建设，在监管分类评价中获得历史最佳成绩。

公司在各大交易所及主流媒体评奖中捷报频传，获得“中国最佳期货公司”等 40 余项荣誉；成功承办了国际期货大会分论坛，作为中期协、交易所理事以及专业委员会单位，勇担行业责任，公司品牌影响力进一步提升；不忘初心，响应国家脱贫攻坚号召，在贫困地区开展了一系列“保险 + 期货”项目，充分发挥专业优势，积极履行社会责任。

在带领公司迅速发展的同时，徐炜中先生特别注重履行公司的社会责任，带领公司积极参与公益事业，积极开展精准扶贫工作，为国家扶贫攻坚贡献力量。公司在中期协 2016–2017 期货公司扶贫工作情况考评中获得第四名。

徐炜中先生对期货行业发展具有前瞻性的、深刻的认识和理解。在金融混业经营、期货行业白热化的竞争趋势下，认为唯有不断优化体制机制，确立新的目标，打造专业化、差异化核心竞争力，率先转型，才是应对未来竞争的唯一出路。并聚焦期货及衍生品服务实体经济，提出了期货公司打造差异化核心竞争力的六大能力建设，即财富管理能力、机构服务能力、投研能力、IT 支持能力、风险管控能力和国际化发展能力。将六大核心能力建设，作为公司的战略重点和主攻方向，坚定转型创新，聚焦为客户创造价值，重构层次分明、线上线下立体化、全方位的客户服务体系，并致力于改变行业生态，引领行业发展，积极推动中国期货市场建设。

吴红松 先生

海通期货股份有限公司 党委书记、总经理

吴红松先生，1971年8月生，中共党员，本科学历，硕士学位，中级经济师。1990年12月参加工作，2002年起任海通证券股份有限公司大庆营业部总经理；2009年起担任海通证券股份有限公司黑龙江分公司党委书记、总经理。2016年7月起任海通期货股份有限公司党委书记，2016年9月起任总经理，兼上海海通资源管理有限公司董事长、海通期货香港有限公司董事。

以“一体两翼”为引领 坚持国际化发展方向

吴红松先生具有20余年金融领域从业经验，曾先后担任海通证券股份有限公司黑龙江分公司党委书记、总经理，海通证券－海通新能源股权投资管理有限公司董事长等职务。2016年7月起，吴红松先生担任海通期货股份有限公司党委书记、总经理。面对重大人事调整、分类监管降级等不利因素影响，他紧密团结带领经营团队，一方面做好维稳工作，保持客户稳定、业务稳定和员工稳定；另一方面立足本业，抓住商品期货爆发的有利时机，大力开拓市场，实现了公司规模实力和品牌影响力的持续提升。2016年度海通期货盈利能力稳健增长，客户权益保持较高规模，市场份额行业第一，达到8.43%；在业内再次率先通过ISO9001:2015质量体系认证，内部管理更加规范、高效；全面、认真落实各项监管政策，合规展业、恪守底线，未发生风险事故，受到监管部门的充分肯定。2016年度，海通期货荣获四大交易所奖项逾40项。

2017年以来，期货市场发展迎来诸多重要机遇，豆粕、白糖期权正式推出，股指期货松绑，铁矿石国际化、原油期货上市步伐加快。面对良好的发展契机和新的市场环境，吴红松同志提出以“一体两翼”为引领，以传统经纪业务为本体，全方位拓展资管业务，做优做强风险管理业务；建设“人才、IT、研发、合规风控”四根支柱；同时，坚持国际化发展方向，切实做好商品期权、原油期货等新上市品种的良好开局等一系列前瞻性战略。海通期货各项业务稳步发展，继续保持行业领先地位，尤其是市场份额再创新高；子公司海通资源管理有限公司首批获得豆粕期权、白糖期权做市商资格，商品期权上市以来，运行平稳，发展势头良好。同时，为服务国家脱贫攻坚战略，服务三农发展，海通期货积极开展“保险＋期货”、场外期权精准扶贫工作。目前已开展4个场外期权精准扶贫项目，共为4个贫困县的企业和农户提供了30余万元产业保险费用支持，规避了1271余万元名义本金风险，取得明显效果，受到了当地党委政府及农户的一致好评。

韩正辉 先生

中投天琪期货有限公司 董事、总经理

韩正辉先生，中投天琪期货有限公司董事、总经理，深圳前海中投天琪资本管理有限公司董事长，中共党员，哈尔滨工业大学工商管理硕士，复旦大学高级工商管理硕士，高级国际商务师，大连商品交易所会员委员会委员，郑州商品交易所财务委员会委员。

攻坚克难 实现公司在新形势下转型发展

中投期货一直以来恪守“服务客户风险管理，追求客户资产增值”的企业使命，坚持“以客户为中心”的经营理念，秉承“忠诚 尽责 廉洁 团结 专业 创新 进取 卓越”的企业精神，以公司深圳总部为中心，联合北京、上海、哈尔滨等 9 家营业部以及 200 多家中投证券营业部的服务网络，致力于在商品期货经纪、金融期货经纪、资产管理业务、证券投资基金销售业务等方面为客户提供专业化、综合化多样服务，并运用期货工具服务现货企业，取得了一项又一项突破性成就。公司连续多年获得交易所“年度市场服务奖”、“优秀会员金奖”、“十大期货投研团队”“最佳商品期货服务奖”等多项荣誉。

作为一家有着 20 多年历史的期货公司，中投期货伴随着行业的发展而成长，虽然在过去几年遇到了一些波折和困难，但近 3 年来，在以韩正辉总经理为首的领导班子经营下，公司迅速在管理方式和发展策略上做出转变。组织开展“学华为、促发展”的学习活动，在思想上和观念上形成统一，明确了公司发展目标和方向，提升了员工的凝聚力，公司员工积极性、主动性及创造性得到充分发挥，工作效率大幅提升。在面临市场竞争日益激烈、全行业规模萎缩的情况下，韩正辉同志深刻认识到当前期货市场以市场需求为导向，期货品种体系逐渐完善，风险管理、服务实体经济及创新业务成为期货行业未来发展方向和着力点等行业趋势，引领公司在变革中求发展，转型中求突破，变不利为主动，率先垂范、攻坚克难，带领公司全体员工发挥主动性、创造性，逆势实现公司资管产品规模、收入双增长，资管业务进入行业前列。

同时韩正辉同志亲自带队，积极调研，公司首次参选的大商所“保险＋期货”项目成功入围，为公司在“保险＋期货”“场外期货”等创新业务的实践打开了良好的局面。在服务实体企业方面，韩正辉同志牢牢抓住十九大对金融市场“深化金融体制改革，增强金融服务实体经济能力”的定位，从期货品种、衍生工具种类、市场政策以及交易所政策支持、期货子公司业务创新、实体企业参与方式等方面全面入手，全方位布局，亲自带队，先后与美的集团、建发股份、青岛海尔、西部矿业、乐凯华光等世界 500 强及中国工业龙头企业建立合作关系。公司不仅仅为这些企业提供套期保值服务，更逐渐成为这些企业主的信息平台、定价顾问和采购销售平台，成为企业管理风险、稳定经营的利器。

在带领企业发展的同时，公司积极响应国家号召，履行社会责任，韩正辉同志亲自挂帅，多次前往国家扶贫开发工作重点县阳原县进行实地走访调研，拜访当地政府、企业、农户，深入了解当地扶贫工作需要，积极开展、扎实推进精准扶贫工作，取得了明显的成效。

中投期货在韩正辉同志的带领下，按照监管要求依法合规经营，外抓业务，内抓管理，强调责任与担当，勤勉尽责，民主务实，在公司中逐渐形成积极进取，以奋斗者为本的工作理念，争做业务带头人，为实现公司向财富管理转型的角色转变上打牢基础、铺平道路。作为中投期货的总经理，公司的领导和旗手，韩正辉同志克己勤勉，审慎为任，带领中投期货在新常态下坚步前行，实现跨越式发展！

吴国华 先生

徽商期货有限责任公司 党支部书记、董事长

吴国华先生，1967 年 11 月出生，1986 年 7 月参加工作，毕业于复旦大学企业管理专业，硕士研究生学历，高级经济师。徽商期货有限责任公司董事长、党支部书记，安徽大学经济学院兼职教授、硕士生导师，安徽省证券期货业协会副会长，安徽省青年企业家协会常务理事，郑商所战略委员会委员，上期所调解委员会委员，大商所工业品委员会委员。安徽省五一劳动奖章获得者、两次获得省属企业优秀共产党员、一次省属企业优秀党务工作者、三次获得“杰出掌门人”称号，入选省属企业“538 英才工程”等。

走专业化道路 建设国内一流期货公司

2007 年，徽商期货公司由于多种原因导致原公司高管人员几乎全部缺位，法人治理结构严重失衡；经纪业务连年亏损，员工干劲低迷。吴国华同志初到公司倡导“观念不大，企业就做不大”，“走专业化道路，建设国内一流期货公司”，力争“三年做到省内一流，三到五年做到国内一流”，“紧贴市场，紧跟政策”，追求实效，不断创新。

2007 年以来，徽商期货公司进入健康快速发展的时期，吴国华同志狠抓合规运营、廉政建设、管理体系、业务发展、服务质量、精准扶贫。公司从 2006 年以前亏损发展到 2017 年利润总额 1.4 亿元；公司客户数量从 2006 年 9 百多个到超过 11 万个；日均交易量从不足 1 千手到 100 万手左右，高峰时曾突破 160 万手；公司年期货交易量在 2012 年、2013 年、2015 年、2016 年四度破 1 亿手，2017 年 1.4 亿手，年交易额 7.21 万亿元，交易量、交易额已连续多年居全国前十；公司保证金、利润等数据在几年内增长超百倍。公司净资产收益率连续五年位居全国期货行业前两名，2013 年、2016 年全国期货行业第一。各项经营指标在安徽省内同行中位居第一，并占全省 50% 左右份额。公司分类评价从 D 类到现在每年 BBB 级。

徽商期货公司顺利走出困境并不断发展壮大所取得的经验被中国科技大学作为 MBA 案例收入教材，并被录入国家学位委员会中国管理案例共享中心；2017 年 9 月，由合肥工业大学整理采编的《徽商期货的特色资管业务》入选了“中国管理案例共享中心。近年来，公司获得各类荣誉 100 多项，荣获 “全国青年文明号”、“安徽省廉政文化示范点”、“第五届安徽省省属企业文明单位”，连续多年获大商所“优秀会员金奖”、郑商所“市场发展奖”、上期所“优秀会员”及中金所专项奖励，中国财经风云榜“投资者最满意期货公司”、“中国最佳区域影响期货公司”、“中国期货机构最佳金融创新奖”，“金牌产业服务期货公司”， 2017 年度大连商品交易所“十大期货投研团队”称号（第 3 名）等，此外，公司还取得 13 项软件著作权。

2007 年至今，徽商期货公司未发生任何违法违纪、法律诉讼等案件。近年来，公司共订立制度近 200 项，并在制度执行中保持及时维护和更新，狠抓落实、流程规范，形成了“遇事找制度而不是找领导”的制度文化。公司注重管理创新，将企务公开、民主监督、风险防控融入廉政文化建设工作理念，并紧密结合企业实际，扎实开展廉政文化建设活动，逐步培育形成了独具特色的廉政文化，真正体现行业特色和企业特色。公司积极响应号召，高度重视，不仅将精准脱贫工作列入重点工作任务，而且切实履行社会责任。通过将产业扶贫和家庭扶贫相结合，力争做到全省贫困县企业“风险管理无盲区，财富管理有出路”，公司还在 2017 年中国期货业协会扶贫工作评比中取得排名第二的成绩。

唐东雷 博士

津上精密机床（中国）有限公司 行政总裁兼执行董事

唐东雷博士，津上精密机床（中国）有限公司行政总裁兼执行董事，负责集团的整体管理、策略规划及业务发展。唐博士拥有哈尔滨工业大学精密机械与仪器学士学位、日本信州大学精密工程硕士学位及东京工业大学精密机械系统工程博士学位。

在唐博士的带领下，集团发展成为行业领先的数控高精密机床制造商。自2010年起，集团多次获平湖市政府颁发“明星企业”称号，2017年获平湖市“功勋企业”称号、嘉兴市“嘉兴市十佳外资企业”称号。唐博士本人亦获得“嘉兴市优秀留学回国人才奖”、“嘉兴市劳动模范”、“平湖市优秀企业家”、“平湖市功勋企业家”等称号。

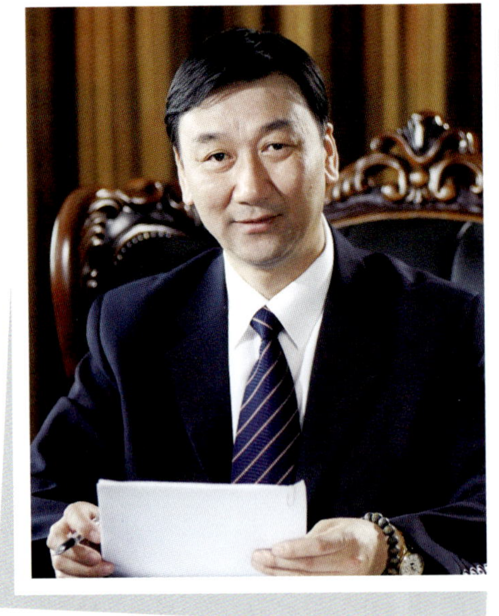

胡志荣 先生

华荣科技股份有限公司董事长、总经理

胡志荣先生，1962年出生，EMBA，经济师，高级经营师。1985年创办乐清县柳市控制开关厂并担任厂长，1995年5月改制成立华荣投资并担任董事长，2003年8月通过华荣投资成立华荣集团并担任董事长、总经理，2010年12月作为主要发起人设立华荣股份。2010年12月起任发行人董事长、总经理，现还兼任华荣集团董事长，华荣投资董事长，四川华荣、上海丽邦、江苏丽邦、尊荣游艇执行董事，富士电梯副董事长，西昌兴海监事。

胡志荣同志对事业执著追求，勇于开拓创新，经营业绩卓著。他带领华荣公司依法经营、诚信纳税，经营效益一直保持稳中向好、好中提质的态势，确定了公司成为防爆电器行业的龙头地位。2017年5月24日，公司在上海证券交易所A股成功上市（股票简称：华荣股份，股票代码：603855）。他个人曾获得上海市职工信赖经营管理者；上海市嘉定区先进制造业杰出经营者；上海市嘉定区劳动关系和谐优秀企业家；上海市嘉定区优秀中国特色社会主义事业建设者；首届上海市嘉定区“光彩之星”等多项荣誉称号。他同时还担任上海市嘉定区政协委员；嘉定区工商联常委；嘉定区商会副会长；中国电器工业协会常务理事；中国电器工业协会防爆电器分会理事长等社会职务。

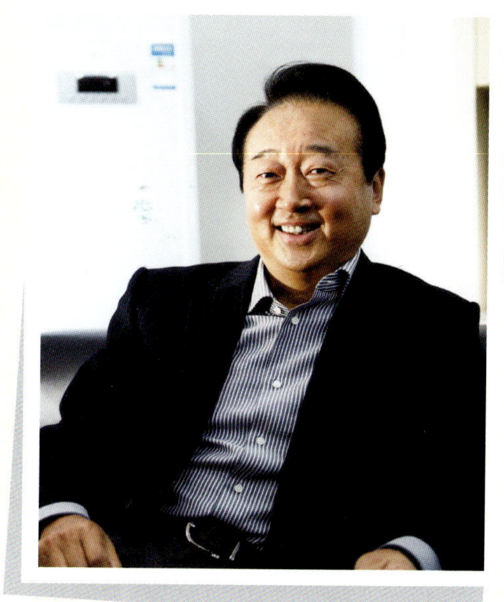

陈 重 先生

新华基金管理股份有限公司 董事长

陈重先生，金融学博士。历任原国家经委中国企业管理协会研究部副主任、主任；中国企业报社社长；中国企业管理科学基金会秘书长；重庆市政府副秘书长；中国企业联合会常务副理事长；享受国务院特殊津贴专家。现任新华基金管理股份有限公司董事长。

王 彬 女士

国投瑞银基金管理有限公司 总经理

王彬女士，国投瑞银基金管理有限公司总经理，董事，中国籍，香港中文大学工商管理硕士，高级经济师，兼任国投瑞银资本管理有限公司董事及国投瑞银资产管理（香港）有限公司董事。曾任国投泰康信托有限公司副总经理兼董事会秘书、国投瑞银基金管理有限公司副总经理兼董事会秘书、国投泰康信托有限公司资产管理部经理兼董事会秘书，北京京能热电股份有限公司董事会秘书、北京国际电力开发投资公司董事会秘书、北京市人民政府新闻处主任科员、北京天然气联合公司职员。

ALEXANDER LIU 先生

博士眼镜连锁股份有限公司 董事长

ALEXANDER LIU 先生，曾用名刘晓，1962 年出生，澳大利亚国籍。自 1993 年 3 月起，与 LOUISA FAN 以个体工商户形式开始经营管理博士眼镜品牌和 President optical 品牌的眼镜连锁零售门店，并于 1997 年 4 月与 LOUISA FAN 创立博士眼镜连锁股份有限公司，现任公司董事长。

LOUISA FAN 女士

博士眼镜连锁股份有限公司 董事、总经理

LOUISA FAN 女士，曾用名范勤，1969 年出生，澳大利亚国籍。自 1993 年 3 月起，与 ALEXANDER LIU 以个体工商户形式开始经营管理博士眼镜品牌和 President optical 品牌的眼镜连锁零售门店，并于 1997 年 4 月与 ALEXANDER LIU 创立博士眼镜连锁股份有限公司，现任公司董事、总经理。

欧宗洪 先生

融信中国控股有限公司 董事会主席、执行董事、行政总裁

欧宗洪先生，融信集团创办人，2014 年 9 月起出任本公司董事，2014 年 12 月起担任本公司主席，并于 2014 年 12 月调任为本公司执行董事及获委任为行政总裁，欧先生主要负责制定本集团整体发展战略及日常运营。彼于房地产发展及建筑行业积逾 20 年经验，欧先生于 1995 年 8 月成立莆田市交通工程有限公司，从事高速公路建设。2000 年 4 月，开始投身房地产相关业务并成立莆田市交通房地产开发有限公司。2003 年 9 月，欧先生成立融信集团（前称福建融信房地产开发有限公司）。欧先生自 2011 年 10 月起出任中国人民大学董事。2012 年 4 月起出任福建省企业与企业家联合会常务副会长。亦于本公司的附属公司担任多项职务，包括 2014 年 9 月起出任 Rongda Company Limited 唯一董事、2014 年 9 月起出任融泰有限公司唯一董事、自 2003 年 9 月起出任融信集团董事、2011 年 1 月至 2013 年 2 月出任融信漳州房地产董事，2014 年 10 月起出任福建融晟美董事。欧先生分别于 2011 年 12 月及 2014 年 6 月获颁授为第十四届及第十五届福建省优秀企业家。彼亦于 2008 年 4 月获嘉许为福建省十大杰出青年企业家银奖。

许金超 先生

农银汇理基金管理有限公司 总经理

许金超先生，高级经济师、经济学硕士。许金超先生 1983 年 7 月进入中国农业银行工作，历任中国农业银行河南省分行办公室副主任、处长、副行长，中国农业银行山西分行党委副书记，中国农业银行内蒙古自治区分行党委书记、行长，中国农业银行采购管理部总经理，中国农业银行托管业务部总经理。2014 年 12 月起任农银汇理基金管理有限公司董事。2015 年 5 月 28 日起任农银汇理基金管理有限公司总经理。

邱天高 先生

江铃汽车股份有限公司 董事长

邱天高先生，1966 年出生，毕业于华中科技大学，拥有工业工程硕士学位，高级工程师，现任江铃汽车集团公司党委书记、董事长，江铃汽车股份公司董事长。同时任中国机械工程学会理事，江西机械工程学会理事长，江西省汽车工业协会会长和南昌市企业联合会会长。2010-2015 年度连续被评为江西省优秀创业企业家，2015 年被授予江西省劳模称号。

赵一波 先生

北京华远意通热力科技股份有限公司 董事长

赵一波先生，1978 年出生。1997 年至 2001 年就读于加拿大萨省大学。2008 年 3 月获得北弗吉尼亚大学 EMBA。2002 年起，历任北京华远意通供热科技发展有限公司执行董事、董事长，2014 年 10 月起，任北京华远意通热力科技股份有限公司董事长，2014 年 10 月至 2017 年 10 月，任北京华远意通热力科技股份有限公司总经理。

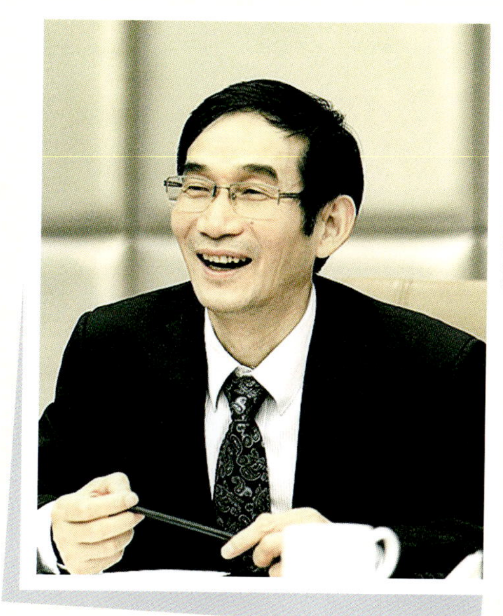

黄代放 先生

泰豪科技股份有限公司 董事长

黄代放先生，毕业于清华大学，获工学学士、工商硕士学位，现任泰豪集团董事会主席、泰豪科技有限公司董事长。于1988年创立泰豪公司，带领团队致力于信息技术的研发和应用，业已形成以智慧能源、军工装备、数字创意、智慧城市、创业投资业务为主的发展格局，旗下泰豪科技股份有限公司为江西省民营企业首家上市公司。个人先后荣获团中央、科技部、全国青联授予的“中国优秀青年科技创业奖”，江西省委、省政府授予的“江西省突出贡献人才”。

杨 剑 先生

泰豪科技股份有限公司 总裁

杨剑先生，毕业于南昌大学，获管理科学与工程专业博士研究生学位，现任泰豪科技股份有限公司总裁、江西省青年联合会副主席、江西省青年企业家协会会长。个人先后被授予江西省“优秀企业家”、江西省“青年五四奖章”、第一财经“年度创新力特别人物奖”、“211企业经营管理人才”称号等荣誉。

时景丽 女士

中车财务有限公司 党委书记、董事长

时景丽女士，1965 年 3 月出生，中共党员，北京交通大学工商管理硕士，现任中车财务有限公司董事长、党委书记。历任：济南机车车辆厂财务处副处长；济南机车车辆厂财务部部长兼党支部书记；济南机车车辆厂总会计师、济南轨道交通装备有限责任公司董事、总会计师；中国北车股份有限公司董事会办公室常务副主任兼证券事务代表、期间兼任资本运营部部长；中国北车集团财务有限公司总经理、董事长；中车财务有限公司董事长兼党委副书记。

王立新 先生

银华基金管理股份有限公司 总经理

王立新先生，经济学博士，中国证券投资基金行业最早的从业者，已从业 20 年。他参与创始的南方基金和目前领导的银华基金是中国优秀的基金管理公司。曾就读于北京大学哲学系、中央党校研究生部、中国社会科学院研究生部、长江商学院 EMBA。先后就职于中国工商银行总行、中国农村发展信托投资公司、南方证券股份有限公司基金部；参与筹建南方基金管理有限公司，并历任南方基金研究开发部、市场拓展部总监。现任银华基金管理股份有限公司总经理、银华财富资本管理（北京）有限公司董事长。此外，兼任中国基金业协会理事、香山论坛发起理事、秘书长、《中国证券投资基金年鉴》副主编、北京大学校友会理事、北京大学企业家俱乐部理事、北京大学哲学系系友会秘书长、北京大学金融校友联合会副会长。

2008 年 4 月，荣获中国证券报颁发的“中国基金业 10 年特别奖”；2012–2013 年，连续两年获得理财周报颁发的“最受尊敬总裁”奖；2010–2014 年，连续五年获得“十大基金掌门人”奖；2016 年 11 月，荣获第一财经日报颁发的“CFV 十年基金管理人”；2018 年 5 月，荣获上海证券报颁发的“公募基金 20 周年行业领军人物”奖；2018 年 5 月，荣获新浪财经颁发的“基金行业杰出领军人物奖”；2018 年 6 月，荣获中国证券报颁发的“中国基金业二十年领军人物”奖。

金 煜 先生

上海银行股份有限公司 党委书记、董事长

金煜先生，1965 年 2 月出生，博士研究生，毕业于复旦大学金融学专业，高级经济师。现任上海银行党委书记、董事长、执行董事，上海银行（香港）有限公司董事长，申联国际投资公司董事，上海商业银行有限公司董事。曾任中国建设银行上海市分行营业部总经理助理、副总经理，中国建设银行上海市分行国际业务部副总经理、总经理，中国建设银行上海市分行营业部总经理，中国建设银行上海市分行副行长，中国建设银行新加坡分行总经理，中国建设银行国际业务部总经理，上海银行党委书记、副董事长、行长，上银基金管理有限公司董事长。

任开宇 先生

金元顺安基金管理有限公司 董事长

任开宇先生，经济学博士，毕业于吉林大学商学院，现任金元顺安基金管理有限公司董事长。

任开宇先生长期从业于证券、基金行业，拥有二十余年的金融业管理经验，曾任金元证券股份有限公司副总裁，分管投行业务。自 2010 年 9 月起兼任金元顺安基金董事长，并于 2016 年 9 月始担任专职董事长。在任开宇先生的领导下，金元顺安保持了较好的快速稳健增长的趋势，人才集聚，整体管理资产规模已突破千亿，致力于以长期稳定的优秀投资业绩回报投资人。

金元顺安的经营之道

基金公司的竞争优势的首要源泉是拥有的人才资源，如何建立有效的管理机制吸引高素质的人才队伍，是公司发展的关键。2016 年，在任开宇先生的领导下，金元顺安基金开始实施酝酿已久的事业部制改革，通过建立有效的内部管理机制，理顺管理关系，吸引优秀队伍的加入，使得公司的投资管理能力和市场开拓能力得到迅速的提升，管理规模快速增长，逐步树立了公司的品牌形象，使公司走上了良性发展的轨道。

长期以来，公司始终将保护投资者利益作为经营管理工作的重中之重，尤其是在投资理念上，面对资本市场的风云变幻，如何保护好投资者利益更凸显其重要性。近年来，在任开宇先生的倡导下，公司在投资研究团队建设方面，也开始了新的尝试，在价值投资框架下大力加强量化投资团队的建设，逐步实现投资策略的转型，不断努力提升客户服务能力和改善客户服务体验。

任开宇先生将要打造与众不同的金元顺安基金，并将继续深化事业部制改革和投资团队建设，与优秀的同行相敬为师，一同前行。

秦斯朝 先生

中证鹏元资信评估股份有限公司 副总裁、评级总监

秦斯朝先生，经济学硕士，毕业于中国科学技术大学，具备中国证监会认可的证券评级业务高级管理人员资质，具备证券执业资格，具备香港证券及期货从业员资格。曾在蚌埠市第二中学、晨星信息（深圳）有限公司任职。现任公司副总裁兼评级总监，兼任中国证券业协会证券资信评级委员会委员、深圳经济特区金融学会理事，具有十年评级行业从业经验。

吴明德 先生

锦天城律师事务所 主任、高级合伙人

吴明德律师毕业于上海工学院（现上海大学）电机工程系，主要在上海办公室工作。

吴律师曾任新疆广播事业局党委秘书、国家地震局和全国人大法制委员会领导秘书、中央政法委员会领导秘书、司法部部长秘书、办公厅秘书处副处长、中央政法委员会研究室处长、司法部司法协助局办公室负责人、中国国际律师交流中心主任、司法部律师司副司长、司法部律师公证司副司长、中华全国律师协会秘书长、司法部律师公证司巡视员、中国公证协会副会长、中国证监会二、三届发审委委员、亚洲太平洋律师协会理事、海峡两岸关系协会理事、上海证券交易所上市委员会委员。

吴律师在经济杂志刊物、奋斗杂志刊物、法中法律家交流协会刊物、日本律师联合会刊物、亚太律协会刊、香港律协会刊发表过学术论文。